广州珠江装修工程公司是具有独立法人资格的国有企。作为全资子公司隶属广州市政府领导下的国有大型企——广州珠江实业集团有限公司。

广州珠江装修工程公司1987年3月经广州市城乡建设委会批准定为建筑装修壹级企业；1990年12月经国家建设核定为建筑装饰装修工程施工壹级企业；1992年12月经家建设部审核，评定为甲级装饰设计甲级公司；1994年国务院发展研究中心、国家统计局、国家建设部评定，行为全国装饰最大经济规模企业的第２５位，最佳经济益企业第１９位；多年来，连续被广州工商行政管理局予"重合同、守信用"称号。2003年12月通过了质量、境、职业健康安全三个体系的认证。在2003年、2004年续被中国建筑装饰协会评定为"中国建筑装饰行业百强业"。

公司成立以来，在广州承接了白天鹅宾馆、花园酒、天河体育中心、国际金融大厦、世界贸易中心、好世大厦等特级、一级建筑工程的装饰设计与施工，在外地接了北京中国银行总行大厦、中组部办公大楼、佛山南枫丹白鹭酒店、五邑华侨广场、珠海市中级人民法院审办公楼、昆明佳华广场酒店、昆明阳光高尔夫会所、广南宁新朝阳商业广场、海南三亚海珠江花园酒店、南三南田温泉度假区等工程的设计与施工。2004年9月，成功标阿尔及尔新机场候机楼室内装修工程，开创了广州珠装修工程公司海外施工的先例。

公司历年来所完成的工程项目均受到投资方及社会各的好评。其中获国家金质奖的白天鹅宾馆，获国家最高筑奖——"鲁班奖"的花园酒店、广州世界贸易中心、州天河体育中心、广州东山广场、广州好世界大厦以及评为广东省全优样板工程的国际金融大厦等工程，倍受业内外人士瞩目。近年，我们承接完成的广东南海枫丹鹭酒店、广州花园酒店翻新改造装修工程等项目分别于01年、2002年、2003年荣获全国建筑装饰奖。

公司一贯注重合同，恪守信用，尤其注重工程质量，极发挥各专业配备齐全、施工经验丰富的优势，充分利先进的技术设备及运用先进的ＣＡＤ系统，精心设计，心施工，"尽心尽力、尽善尽美"，竭诚为社会各界提优质服务。

佛山南海国税局在建项目

广州建设工程交易中心在建项目

佛山南海国税局在建项目

广州珠江装修工程公司
GUANGZHOU PEARLRIVER
DECORATION ENGINEERING CO.

公司地址：广东省广州市华乐路27号
邮政编码：510060
总机电话：020-83850380
传真号码：020-83814680
公司网址：www.zjzx8.com
Email：bgs@zjzx8.com

KBB 自动门
安全、舒适、可靠
电话：010—69748800
地址：北京市昌平区水库路57号
客服热线：800—810—9839
网址：www.kbb.com.cn
北京凯必盛自动门技术有限公司

西安瑞祥大酒店大堂效果图

西安瑞祥大酒店大堂效果图

保定秀兰酒店走廊效果图

保定秀兰酒店门厅效果图

保定秀兰酒店大堂效果图

郑州百盛外立面效果图

ZXD 中鑫装饰

董事长
林楚鑫

深圳中鑫装饰

公司简介

深圳市中鑫建筑装饰工程有限公司（前身为深圳市朗峰装饰设计公司，2004年8月全权收购更名重组）是国家建筑装饰施工二级企业、乙级设计单位，并荣获ＩＳＯ９００１质量体系认证证书。现为深圳市装饰协会理事单位，中国建筑装饰协会会员单位。

公司专业从事室内外装饰工程和空调、水电、消防安装工程及幕墙工程的设计与施工。公司自成立以来，坚持以“以诚为本，务实创新”为企业经营宗旨，现为具一定规模、配套完整的专业化公司。作为一个致力于创造美好空间的装饰公司，在追求经济效益和社会效益的同时亦不忘塑造文化口味。深圳商报大厦（又名奥林匹克大厦）。被称为深圳的报业旗舰，公司承担了质量要求极高、施工最复杂、交叉作业面最广的大堂一至四层精装修工程及广场园林绿化改造工程，中鑫人依靠科学管理的工作方法，精心策划、合理组织，终于圆满如期完成任务，在验收会上，得到与会专家一致首肯：“做工精细，用料考究。”这是对中鑫人的最大的褒奖。该项目已被评为优质样板工程。公司还承接了保定秀兰大酒店装饰工程（3000万元，五星级，正在施工）；珠海九洲湾畔水会装饰工程（2000万元，即将竣工）；中山中海翠林兰溪一期工程（200万元，竣工）；北京万客隆洋桥店装饰工程（400万元，竣工）。

更名重组短短数月，成绩斐然。公司在优化工程管理的同时，积极倡导“一业为主，全面发展”的经营方针，不断提高相关配套产业的技术改良，以降低工程成本。公司以大型商业楼和购物中心装饰设计为主，并在施工过程中培养了一支素质优良、技术过硬、善于协调的工程管理技术人员。

中鑫人在追求经济效益的同时，始终将品质、服务视为生命，并愿与同行业共创辉煌。

地址：深圳市车公庙天安数码城创新科技广场 B-1607 室
电话：0755-83433351　　传真：0755-83433352
邮编：518048　　邮箱：szszx@126.com

广东省建筑装饰工程有限公司

GUANGDONG CONSTRUCTION DECORATION ENGINEERING CO.,LTD

开拓 创新 提高 发展

广东省建筑装饰工程有限公司有着20年的历史，是建设部核发的具有装饰工程专业施工一级资质和建筑装饰甲级设计资质的企业，同时具有增项建筑幕墙工程承包二级资质和机电设备安装工程专业承包二级资质。

20年来，公司紧紧围绕“在开拓中创新，在创新中提高，在提高中发展”十八字方针，弄潮于莫测商海，劈波斩浪，取得了一串串骄人的成绩：公司承接的江西南昌银翔大厦幕墙工程被评为建设部鲁班奖工程；云南省金融保险综合大楼装饰工程荣获国家工程建设质量银奖；广东软件科学园办公楼工程获广东省建设工程金匠奖；公司承接的“番禺移动通信大楼装饰工程”、清远市地税局培训综合楼装饰工程、江西省检察院技术侦察楼装饰工程获省优良样板工程；清远市人民政府办公大楼装饰工程和佛山市中级人民法院审判综合楼装饰工程获广东省建筑装饰优良工程。2002年，公司承接了广州新白云国际机场航站楼第三标段精装修工程，是广州地区唯一一家单独投标、中标新机场航站楼的装饰公司。对于有幸参与这项世纪工程，公司广大员工感到十分光荣，按照市委、市政府和业主提出的“建世纪工程，创千秋伟业”的目标，全力以赴、精心组织、精心施工，出色地完成了新机场的装修工程施工任务，获得了业主、监理单位以及上级主管部门的好评，并多次得到了各级领导的表扬和肯定。

20年来，无论是在五星级酒店装饰工程、地铁车站装饰工程、大型幕墙工程中，还是在高品位高规格的音乐厅装饰工程、大规模运动场馆装饰工程及机场、客轮装饰工程上，广装人都可以应付自如，所到之处皆留下好的口碑，赞誉之声不绝于耳。

纵观这些建筑，每一座都体现不相同的美，风格迥异，而室内外的装修，恰如画龙点睛，体现着建筑文化的丰富内涵，赋予了造型艺术生命的活力。广装人真可谓是成功运用装饰艺术的典范。

广州新白云机场航站楼候机室（待评鲁班奖）

江西南昌银翔大厦（获鲁班奖）

广州番禺移动通信营业厅
（获省优良样板/市优质工程装饰奖）

广州国际会展中心外观（市优质工程装饰奖）

地址：广州市东风东路703号之29幢11楼
电话：020-87657798　87653389
E-MAIL: gdjzzs@gdcic.net

广州新白云机场航站楼

佛山中等法院
（获广东省建筑装饰优良工程）

北京扶桑建筑装饰有限公司

董事兼总经理　　俞晓星

北京扶桑建筑装饰有限公司创办于 1991 年 6 月，具有建设部核准的建筑装饰装修工程壹级资质和建筑装饰设计甲级资质，并取得 ISO9001-2000 质量管理体系认证、ISO14001-1996 环境管理体系认证和 OHSAS18001-2001 职业健康安全管理体系认证，为中国建筑装饰协会和北京市建筑装饰行业协会会员。

公司现有注册资本 200 万美元，职工 130 多人，其中具有中级以上技术职称的管理人员 50 余人 .

公司成立 12 年来，所从事的工程先后七次获得北京市优秀工程奖。如：经贸部亚太高级培训中心工程、丰台小井综合服务楼工程、文轩宾馆工程（中宣部旧办公楼改造）、北京市政协办公楼工程;万商大厦 E 座工程（建行石景山支行工程）、北京市新华书店王府井书店工程、黑龙江省电力有限公司客户用电服务中心工程。

本公司永远以诚信为本、顾客至上为服务宗旨，热情周到地为社会各界提供全方位的服务。

地址：北京市朝阳区东土城路 5 号
邮编：100013 电话：010-64296979
传真：64223553

富城大厦 27 层总裁办公室

黑龙江省电力调度大厅

金隅世纪城首层大堂

人民大會堂國宴廳是人
重要的外事場所，做工
的装飾水平和悠久的文人民大會堂國宴廳是人
重要的外事場所，做工
的装飾水平和悠久的文

門接待外國元首的最
了澳澳文明大國先進
勢。

釣魚臺國賓館芳菲苑

釣魚臺國賓館中唯一一座現代風格建築，地處釣魚臺中心，樓內面積22800M2，樓外11000M2的草坪，內外裝飾耐容高雅，被稱爲“園中之園”，先後接待各國元首、政府首腦和國際各界知名人士6萬余人，舉世矚目的“六方會談”也在此舉行。

北京中銀大厦

中國銀行北京中銀大厦是世界著名華裔建築大師貝聿銘的封筆之作，其四季大堂高46米，面積3600M2，是世界上最大的共享空間，是中華人民共和國成立50周年的五大標志性建築，目前已成爲國內外知名建築學院的現場教學示範基地。

門接待外國元首的最
了澳澳文明大國先進
勢。

釣魚臺國賓館芳菲苑

釣魚臺國賓館中唯一一座現代風格建築，地處釣魚臺中心，樓內面積22800M2，樓外11000M2的草坪，內外裝飾耐容高雅，被稱爲“園中之園”，先後接待各國元首、政府首腦和國際各界知名人士6萬余人，舉世矚目的“六方會談”也在此舉行。

北京中銀大厦

中國銀行北京中銀大厦是世界著名華裔建築大師貝聿銘的封筆之作，其四季大堂高46米，面積3600M2，是世界上最大的共享空間，是中華人民共和國成立50周年的五大標志性建築，目前已成爲國內外知名建築學院的現場教學示範基地。

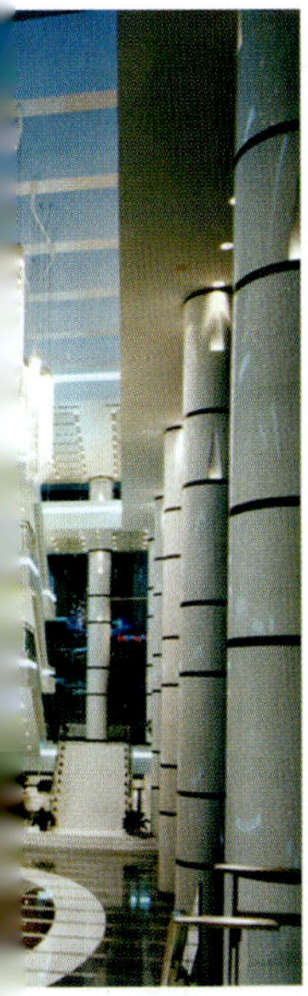

接待外國元首的最
澳澳文明大國先進

釣魚臺國賓館芳菲苑

釣魚臺國賓館中唯一一座現代風格建築，地處釣魚臺中心，樓內面積22800M2，樓外11000M2的草坪，內外裝飾耐容高雅，被稱爲“園中之園”，先後接待各國元首、政府首腦和國際各界知名人士6萬余人，舉世矚目的“六方會談”也在此舉行。

北京中銀大厦

中國銀行北京中銀大厦是世界著名華裔建築大師貝聿銘的封筆之作，其四季大堂高46米，面積3600M2，是世界上最大的共享空間，是中華人民共和國成立50周年的五大標志性建築，目前已成爲國內外知名建築學院的現場教學示範基地。

中建南方

SOUTH DECORATION

公司简介

深圳市中建南方装饰工程有限公司（以下简称中建南方公司），成立于1998年，注册资本1000万元人民币，是一家大型的专业建筑装饰公司。公司自成立以来获得了国家建设部审批颁发的建筑装饰装修施工壹级、装修装饰设计甲级、机电设备安装叁级、建筑智能化叁级等多类企业资质。中建南方公司现为中国建筑装饰协会会员，中国室内装饰协会会员、深圳市建筑装饰行业协会理事单位，并已通过ISO9001：2000、ISO14001：1996、ISO18001：2001三质量体系认证。

中建南方公司实行在董事会领导下的总经理负责制。公司辖设七部（室）、五个分公司，即公司办公室、人力资源部、财务部、经营部、工程部、设计部和贯标办公室；山西、江西、广西、海南、河南分公司。年均员工2300人，并拥有一批具有精湛业务技术及丰富现场施工管理经验的专业设计与施工管理人才。公司现有建筑、结构、室内装饰、环境艺术、电气、暖通、给排水、消防、建筑经济等专业的工程技术人员105人；且大部分具有大专以上学历，其中高级职称5人，中级职称25人，初级职称40人；具有壹级项目经理资质的8人，贰级项目经理资质的7人。中建南方公司以重信守约、优质高效为经营服务宗旨，坚持抓管理、重质量、精施工，以优质的施工质量和合理的价格争市场、创品牌、最大限度的满足客户的要求。公司自组建以来，在以质量求生存、服务求发展的指导思想下，先后完成了国家电力调度中心写字楼、新加坡雅科本（深圳）公司写字楼、德国西门子（深圳）公司写字楼、北京翠宫大酒店、无锡鸿都大酒店、深圳彭年大酒店、深圳丹枫白露公寓酒店、湖南华天大酒店，青岛麒麟酒店、秦皇岛海景假日酒店，家乐福全国连锁超市（共十八个店）、法国乐华梅兰建材超市，泰国易初莲花连锁超市，北京嘉和丽苑高级公寓、北京怡景园公寓等一大批名牌精品工程。

二十一世纪是知识的世纪、科技的世纪；回顾过去，总结现在，展望未来，中建南方公司在多年的奋斗历程中，总结创建了适合自己长足发展的经验和体系，取得了更广泛的社会实效。我们相信，中建南方公司“以人为本、回报社会”的企业文化将会走向更加科学化、规范化的企业发展姿态，迎接新世纪装饰行业更高、更新的挑战。衷心期待着与您的合作！

深圳福田中心区福华路399号中海大厦9楼　邮编：518048
（0755）82950220　传真：（0755）82950219
http://www.szsde.com　E-mails：szsde@szsde.com

防火玻璃系统

［广东金刚玻璃科技股份有限公司在国内独家研制的防火玻璃系统，是具有优良防火功能的高科技安防产品。］

产品特点： 高强度单片铯钾防火玻璃，可在1000℃的高温烈焰中保持一个多小时不软化不爆裂，耐火等级可达E120；强度为钢化玻璃的1.5～3倍；透光性同普通浮法玻璃；可加工性良好，能加工为夹层玻璃、中空玻璃、低辐射镀膜玻璃、防炸弹玻璃等。

高强度低辐射镀膜（Low—E）防火玻璃，具有高强度铯钾防火玻璃优良的防火及各项性能，还具有优越的隔热节能性能，辐射率小于0.25，最低可达0.11，室外光反射率仅为13%。

高强度单片铯钾防火玻璃作外墙在火灾发生时的情形

执行标准： GB15763.1—2001，JGJ113—2003，JGJ102—2003，GB/T18915.2—2002，ASTMC1376—97

应用范围： 可构筑成防火玻璃幕墙，防火隔断、防烟分区、防火门窗等防火玻璃系统及防炸弹玻璃系统，适用于需有防火要求的玻璃幕墙、内隔断、门窗等一切建筑。

应用工程实例： 广东奥林匹克体育场（见左图）、广州国际会议展览中心、哈尔滨国际会议体育中心等。

防炸弹玻璃系统

［广东金刚玻璃科技股份有限公司在国内独家研制的防炸弹玻璃系统，是一种有效应对炸弹恐怖袭击的全新安防产品。］

执行标准： Q/GDJG4—2003 防炸弹玻璃及系统

GSA—TS01—2003 Standard Test Method for Glazing and Window Systems Subject to Dynamic Overpressure Loadings

产品经公安部安全与警用电子产品质检中心、爆炸灾害预防控制国家重点实验室、美国权威防爆检测机构ABS Consulting测试，防爆性能优良，可经受174psi*ms的爆炸冲击，远远超过美国100psi*ms的军用防护标准。

应用范围： 产品适用于外交使馆、金融机构、重要人物接待室、大型重点建筑以及需要预防炸弹、枪击的重要场所等。已应用于新加坡驻印尼大使馆、中国驻伊拉克大使馆新馆等工程。

产品特点： 在经受某种当量的炸弹爆炸攻击时，防炸弹玻璃具有保持完好或非穿透性破坏（爆炸冲击背面无玻璃碎飞溅）、整体不脱离框架的高安全性能。防炸弹玻璃系统由防炸弹玻璃及其支撑结构共同组成，其特殊的支承框架能确保防炸弹玻璃在受到爆炸冲击波作用时，自身会产生振荡，吸收爆炸产生的瞬时冲击能量；同时具有防炸弹冲击波、防子弹、防火的综合良好性能。

ABS Consulting
RISK CONSULTING DIVISION

Minimum Capacity for Performance Condition 1 (No Break)

Test Item	Section	Pressure(psi)	Impulse(psi-ms)
1	6mm×6mm	10	122.6
3	8mm×8mm	13.3	156.5
5	10mm×10mm	15.4	170
8	6mm×6mm×8mm	15.5	174.5

Performance Condition 1 is the highest protection level specified in the GSA test protocol. Test items 5 and 8 may survive higher loads but were not tested above the levels shown.

（美国ABS防炸弹玻璃激波管检测结果）

廣東金剛玻璃科技股份有限公司
GUANGDONG GOLDEN GLASS TECHNOLOGIES LTD.
http://www.golden-glass.com
地址：广东省汕头市大学路叠金工业区 邮编：515063
TEL:0754-2511103 2535205（销售） FAX:0754-2535211
E-mail:jiangang@pub.shantou.gd.cn

南京地铁奥体中心
JYA 200

西湖文化广场

南苑大酒店

上海华宝

浙江电视大学演播大楼

中浙太阳国际公寓

温岭行政中心

郑州康利达装饰工程有限公司

董事长：薛景霞女士

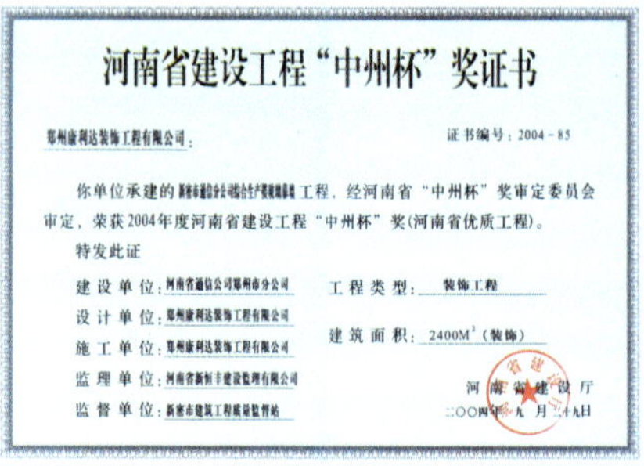

河南省建设工程"中州杯"奖证书

郑州康利达装饰工程有限公司：　　证书编号：2004－85

你单位承建的[illegible]工程，经河南省"中州杯"奖审定委员会审定，荣获2004年度河南省建设工程"中州杯"奖(河南省优质工程)。

特发此证

建设单位：河南省通信公司郑州市分公司　　工程类型：装饰工程

设计单位：郑州康利达装饰工程有限公司　　建筑面积：2400M²（装饰）

施工单位：郑州康利达装饰工程有限公司

监理单位：河南省新恒丰建设监理有限公司

监督单位：新密市建筑工程质量监督站

河南省建设厅

二〇〇四年九月二十九日

證　書

郑州康利达装饰工程有限公司

你单位参加建设的 郑州绿城大厦 工程

荣获 2003 年度中国建筑工程鲁班奖（国家优质工程）

参建内容　室内装饰

特发此证

二〇〇三年十[illegible]月

公司简介

郑州康利达装饰工程有限公司于1990年注册成立，经过十多年发展，已成为一个集装饰工程设计、施工、家具系列开发为一体，具有相当规模、拥有雄厚经济实力的设计及施工的经济实体。公司目前各种技术力量雄厚，拥有员工800余人，专业技术人员58人，其中教授级高工2人，国家一级注册建筑师2人，高级工程师8人，高级装饰设计师12人，一级建造师2人，一、二级项目经理16人，造价工程师4人，拥有现代化施工机械设备120余台，注册资金1200万元，是中国建筑装饰装修工程专业承包壹级企业、中国建筑装饰设计甲级单位，并具有建筑幕墙、金属门窗等施工资质。公司于2002年8月顺利通过ISO9001：2000国际质量体系认证。是中国装饰行业知名度较高的非公有制民营企业。

公司自成立以来，遵循市场经济发展规律，把创建"高起点、高品味、高标准、高质量"工程作为企业追求卓越的根本目标，实行符合市场经济管理的体制，建立了创新化、专业化的管理队伍。公司在设计上注重与国际接轨，融合了中、西方室内外装饰的经典，结合市场消费群体各层次的需求，设计并施工了一批高贵、典雅、质优的装饰精品，深受用户赞誉。所建工程合格率100%，优良工程率80%。公司自从事装饰行业以来，安全事故为零的业绩得到了行管部门的高度评价。公司具有多年丰富的宾馆、酒店、商业、银行、证券、电信、邮政等装饰设计及施工经验，其中郑州市人大办公楼（绿城大厦）装饰工程获得2003年度中国建筑工程鲁班奖和2004年度全国建筑工程装饰奖、上街区电信局生产大楼装饰工程获得河南省最高质量奖"中州杯"奖及"全国建筑工程装饰奖"、新密市通信分公司综合生产楼幕墙工程获得2004年河南省最高质量奖"中州杯奖"。

公司近几年承担过的装饰设计施工工程主要有：中央党校大礼堂、中央党校崇学山庄宾馆、郑州市人大办公大楼、郑州长城饭店(四星级)、三门峡电信生产大楼、新密市电信局综合大楼室内外装饰(19层、玻璃幕墙)、郑州市上街区金融综合大楼、中国长城铝业公司电视台演播大厅、河南省移动通河南通信第二长途枢纽大楼（国家重点项目）郑州新世纪大厦(三星级)、河南移动通信公司办公综合楼（22层）、西亚斯大学行政办公楼、河南联通公司办公大楼外幕墙、巩义市行政中心办公大楼等装饰装修工程。

公司连续3年获中国建筑装饰行业百强企业，还先后荣获河南省建筑装饰"优秀企业、"先进企业"、河南省建设工程质量管理"先进企业"、郑州市"重合同、守信用"先进企业等荣誉。公司董事长薛景霞荣获全国劳动模范"五一劳动奖章"、全国"三八红旗手"，并在2003年当选为十届全国人大代表、中国建筑装饰协会常务理事、河南省建筑业协会副会长、河南省建筑装饰协会副理事长。

我公司愿在各界朋友的支持下继续努力，加强管理，不断创新，为社会提供越来越多的装饰精品工程。

郑州通信公司第二长途电信枢纽大厦

郑州绿城大厦（市人大办公楼）荣获2003年度"鲁班

新密市通信分公司综合大楼幕墙工程
荣获2004年"河南省优质工程奖""中洲杯"

地址：郑州市农业路22号兴业大厦A401室

电话：0371－65336665/65336858　传真：0371－65336959

http://www.konita.com　E－mail:kld@konita.com

松本照明

ISO-9001 CCC CQC CE　　国家免检产品

松本造，当然好

松本照明有限公司成立于2002年4月，是中国著名的建材生产商广东省伟雄集团的旗下公司，中国领先照明灯具供应商之一。

公司坐落在中国灯饰之都中山市古镇镇，并建立了4000多平方米的商务中心。该中心集产品环境展示、商务办公于一体，是目前亚洲最大、最先进的专业灯饰展示平台之一。

松本照明设有两大生产基地和两大研发中心：古镇生产基地占地面积达13800多平方米，并拥有二十多位资深设计师的灯饰研发中心。顺德生产基地设立在中国四大高新技术开发区之一的顺德市，占地面积达13万多平方米，拥有三十多位专业开发工程师，集照明、灯具、电子于一体的研发中心。

松本照明拥有先进的生产、检测设备，为产品质量提供了强有力保障。公司已通过了德国莱茵TÜV公司ISO9000认证、国家强制性3C认证、CQC认证、国家消防认证，荣获了"国家免检产品"证书。并且是中国照明协会常务理事单位，中国质量检验协会理事单位，中国饭店协会理事单位，中国建设装饰协会常务理事单位。

在实施全球化、多模式的营销策略下，积极参加国内外的各种大型照明展览会，现产品销售网络已覆盖全球三十多个国家和地区。对于国内市场，松本照明设立了以华东、华南、华北、华中、西南、西北、东北等地区为中心的商务总部，拥有一支近三百名训练有素的专业商务人员队伍，不断加大营销网络的纵深建设力度。

松本照明现有员工1000多名，本着建立以人为本的企业文化，以"智慧、创新、领先、服务"的共享价值观为导向，形成了一支具有坚强、凝聚力的战斗队伍，不断推动企业的可持续发展。

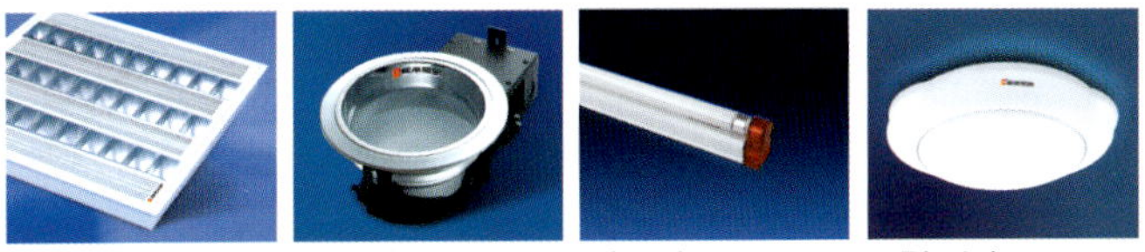

灯盘系列　筒灯系列　支架系列　吸顶灯系列

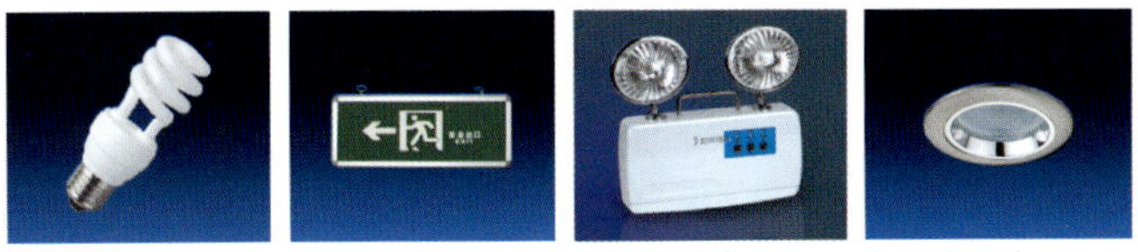

节能灯系列　消防应急标志灯系列　消防应急系列　嵌入射灯系列

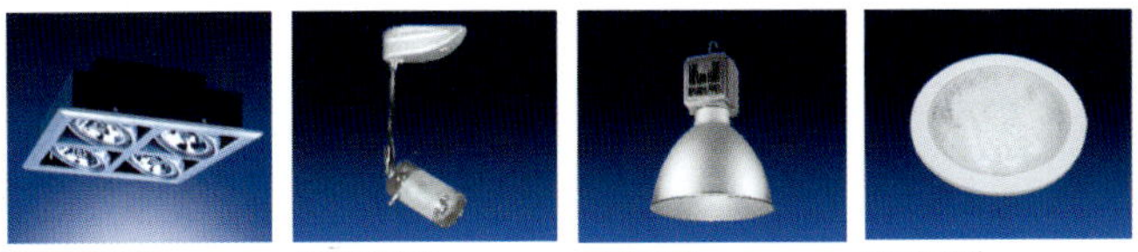

格栅射灯系列　吊杆射灯系列　工矿灯系列　厨卫灯系列

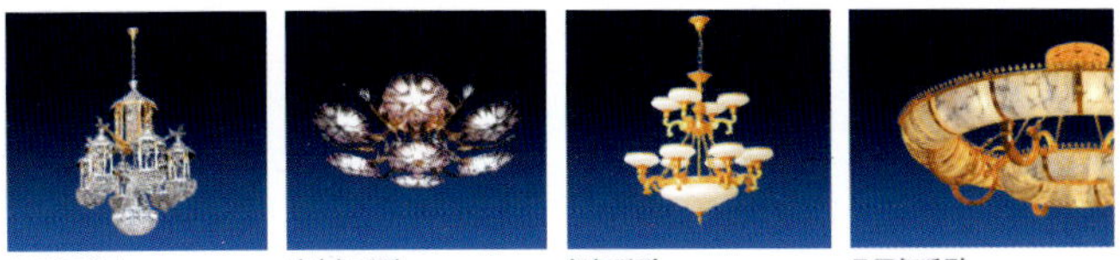

水晶灯系列　玻璃灯系列　铜灯系列　云石灯系列

- 2003年12月松本照明全部产品荣获国家权威性免检证书。
- 2003年09月获得德国莱因公司质量体系TÜV ISO9001证书。
- 2003年11月我司全系列产品已获得国家强制性3C认证证书。
- 2005年01月荣获国家消防认证。

中国照明协会理事单位　　中国建筑装饰协会理事单位

ADD:广东中山市古镇中兴大道冈东商厦A栋　TEL:+86-760-2345888　FAX:+86-760-2347222

Http://www.soben.com.cn　E-mail:soben@soben.com.cn

坚朗®
门窗幕墙配件专家
KIN LONG®
Specialist in Door&Window and Glass-Wall Fittings
铝合金门窗五金配件
门窗幕墙配件专家
三十年来，
坚朗见证了点支式幕墙技术的诞生，发展……
WWW.KINLONG.COM
香港坚朗建筑五金(集团)有限公司
深圳市坚朗建材有限公司
公 司：深圳市八卦岭工业区535栋三楼
E-mail:mail@kinlong.com
电 话：(0769)7943668 7943788
传真：(0769)7943188
南方区销售部：(0755)82451851
华东区销售部：(021)64088712
北方区销售部：(010)88411712
东南区销售部：(0571)86806535
东北区销售部：(024)24323726
西南区销售部：(0871)5349728
中东区销售部：(0532)85837632
西北区销售部：(029)86155705

深圳瑞和装饰工程有限公司

SHENZHEN RUIHE DECORATION ENGINEERING CO.,LTD.

建筑装饰设计甲级、施工一级企业

经营范围：承接室内外建筑装饰设计与施工、建筑幕墙设计与施工、机电设备安装工程、钢结构工程、消防设施工程、建筑智能化工程

行业内率先通过ISO9001、ISO14001、OHSAS18001体系认证的企业之一；

连续三年被评为全国建筑装饰行业百强企业；

深圳市工商行政管理局授匾“重合同守信用”企业；

中国建筑装饰协会常务理事单位

深圳市装饰协会常务理事单位；

中国建筑装饰协会优秀单位会员

深圳市装饰行业优秀企业。

深圳市民中心大会堂

深圳市民中心大会堂主门厅

深圳市玛雅城健身俱乐部外景

深圳市玛雅城健身俱乐部四层酒吧

公司地址：深圳市华强北路赛格科技园4栋西9-10楼

电话：0755-83762666　传真：0755-83768373 邮编：518028

E-mail:ruihedec@public.szptt.net.cn　Http://www.sz-ruihe.com

木林森

建筑装饰设计工程有限公司

Mulinsen Architecture & Design Engineering Devise Co.

MULINSEN

木林森建筑装饰工程有限公司位于重庆市渝北区，自九四年成立至今的十二年来紧紧围绕“以工程为龙头，以人才为根本、以管理为中心”的经营方针，连续不断地在企业内部进行质量升级和管理创新，成功地走出了一条围绕市场办企业的发展之路。曾多次出色承建各类大、中型建筑装饰设计施工任务，为企业赢得了良好的声誉，博得了广大业主的信赖，业务的网络以重庆为中心，覆盖全国及东南亚地区，对办公、司法、金融、酒店、娱乐、观演、医疗、保健、教育、通讯交通及家居等空间的装饰均有涉猎。

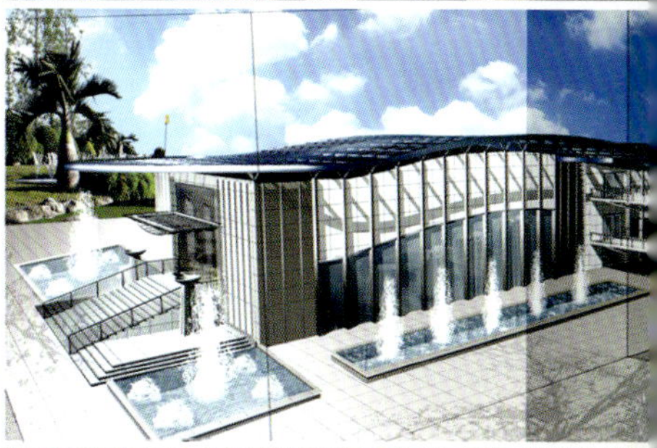

前，公司属国家建设部核定专项工程勘察设计甲级资质、施工一级资质的双甲企业，重庆市筑装饰协会、勘察设计协会、教育协会、市工商联合会、中国工业设计协会会员单位，重庆劳动用工年检、安全施工认可合格单位，连续四年被评为重庆市“重守”企业、银行资信认“AA+”企业，2004年初通过ISO9001:2000质量体系认证。

司注册资金1000万元，年平均生产总值在5000万以上。现具有一、二级施工项目经理12名，有一支专业配置合理、技术过硬、素质较高的设计、施工、技术管理人才队伍，以及训练有、持证上岗、常年稳定的专业施工队伍和一批以建筑装饰产业关链的经济技术生产协作单，并以七部两室的组织机构模式，从生产部门、技术部门到协调支持部门，在各个环节均建了规范的制度和流程，在质量控制方面，制定了高于国标的企业标准与定额。以诚实、守信、质、互利的技术服务和完善的售后服务，作为企业立业之本，发展之本。公司自成立以来，纪守法，严格规范企业行为，在设计及施工管理中从未发生过责任事故和投诉案件。在管上初步形成了独特的木林森企业文化及风格，团队意识和良好的合作精神使企业有能力担众多高难度的装饰项目。

地址 中国·重庆市渝北区松石北路124号附8号
电话 023-67790318 传真 023-67792774
电邮 movingsun@126.com 邮编 401147

木林森® MuLinSen
建筑装饰设计工程有限公司

中国建筑装饰协会主编

2004年
中国建筑装饰行业年鉴

CHINA BUILDING DECORATION INDUSTRY YEAR-BOOK

中国建筑工业出版社

图书在版编目（CIP）数据

2004年中国建筑装饰行业年鉴/中国建筑装饰协会主编.-北京：中国建筑工业出版社，2005
ISBN 7-112-07460-6

Ⅰ.2... Ⅱ.中... Ⅲ.建筑装饰-建筑业—中国—2004—年鉴 Ⅳ.F426.9-54

中国版本图书馆CIP数据核字（2005）第058871号

责任编辑：唐炳文
责任设计：肖广慧
责任校对：汤小平

中国建筑装饰协会主编
2004年
中国建筑装饰行业年鉴
*
中国建筑工业出版社出版、发行（北京西郊百万庄）
河北省欣航测绘院印刷厂印刷
*
开本：880×1230毫米 1/16 印张：56 1/2 插页：20 字数：2345千字
2005年12月第一版 2005年12月第一次印刷
印数：1—2,000册 定价：**180.00**元
ISBN 7-112-07460-6
（13414）

本社网址：http: //www.cabp.com.cn
网上书店：http: //www.china-building.com.cn

谨以本年鉴献给

中国建筑装饰协会第六届会员代表大会

以及为中国建筑装饰行业发展作出贡献的每一位人士

《中国建筑装饰行业年鉴》编辑委员会

《中国建筑装饰行业年鉴》编辑部

前　言

（2004年卷·总第四卷）

年鉴有三个性质：昨天的实录，今天的镜子，明天的见证。年鉴有七个特点：年度性、综合性、宏观性、全面性、系统性、真实性和权威性。

在建设部的关心下，在各级建设行政主管部门的支持下，在各地方建筑装饰协会以及业内企业家、学者、专家的配合下，中国建筑装饰协会主办主编的中国建筑装饰行业年鉴，从2001年第一卷开始，到2005年已由中国建筑工业出版社出版发行了第四卷。

在建设部所属指导的42个社团中，目前编辑出版发行《年鉴》的只有中国建筑业协会和中国建筑装饰协会。中国建筑装饰行业年鉴的出版，是建筑装饰成为建筑业三大行业之一的又一标志，是建筑装饰行业生产力发展、科技进步、行业文化和精神文明建设的重要成就。

2002年12月28日出版发行的《2001年中国建筑装饰行业年鉴》共分十大部分：行业公告、行业综述、政策法规、业内重大活动、地方行业发展、调研报告、行业表彰 、室内设计、企业运作、家庭装饰。共271篇，150万字，650页。其中包括建设部有关领导在中国建筑装饰协会重大活动上的讲话、建筑装饰协会系统、单位和个人及有关方面资深人士撰文105篇。

中国建筑装饰协会2003年1月9日在北京友谊宾馆召开了有300位代表出席的“五届二次理事会”；1月10日在人民大会堂小礼堂举行了有700位代表出席的“2002年全国建筑工程装饰奖颁奖大会”。此时正逢《2001年中国建筑装饰行业年鉴》出版发行，赠送与会代表人手一册。而后，中国建筑装饰协会还将此年鉴赠送给了建设部领导及部属各司局、有关政府部门、兄弟协会，以及重点装饰工程业主、各地骨干装饰企业、材料生产供应厂商、设有室内设计、环境艺术或相关专业大专院校等有关单位。政府主管部门及业内人士普遍给予我国建筑装饰行业第一部年鉴以充分肯定和高度评价。

《2002年中国建筑装饰行业年鉴》共分十一大部分：行业公告、行业表彰、行业综述、政策法规、业内重大活动、地方行业发展、室内设计、企业运作、WTO与装饰、家庭装饰、幕墙工程。共335篇，比2001年年鉴的271篇增加了24%。165万字，826页，比2001年年鉴的650页增加了27%。在2003年9月1日～3日中国建筑装饰协会在北京京丰宾馆召开的有上千人与会的首次“全国建筑装饰行业科技大会”上发行，再次受到业内的充分肯定和高度评价。

《2003年中国建筑装饰行业年鉴》共分十一大部分：行业公告、行业综述、行业表彰、政策法规、业内重大活动、地方行业发展、室内设计、企业运作、幕墙工程、家庭装饰。共373篇，比2002年年鉴的335篇增加了15%。190万字，954页，比2002年年鉴的826页增加了15%。在2004年9月2日～4日北京京丰宾馆举行的有1300人参会、规模空前的“庆祝中国建筑装饰协会成立20周年大会”上出版发行。

2001年、2002年、2003年中国建筑装饰行业年鉴，均被中国建筑装饰协会列为当年的十件大事之一。年鉴编委会和编辑部同仁对自己的不断创新工作颇有成就感。

在听取了各方面的意见或建议后，我们对《2004年中国建筑装饰行业年鉴》进行了调整、充实、改进和提高。本年鉴重点在“中国建筑装饰协会成立20周年庆典活动”。将“行业大事记”单列。把“行业表彰”压缩到“行业公告”中。因2004年7月1日《行政许可法》施行，本会由行业管理主体转变为行业主管部门，故在 “政策法规”中加上了“行业管理”一节。充实了“行业综述”。因幕墙业发展甚为迅速，且多位业内资深人士论文难以割舍，故增加了“幕墙工程”篇幅。本年鉴共分十大部分：行业大事记、行业公告、行业综述、政策法规、业内重大活动、地方行业发展、室内设计、企业运作、幕墙工程、家庭装饰。

谨以本年鉴献给中国建筑装饰协会第六届会员代表大会，以及为中国建筑装饰行业发展做出贡献的每一位人士，祝中国建筑装饰行业全面、协调和可持续发展，百姓安居乐业。

《中国建筑装饰行业年鉴》编委会

二〇〇五年六月

目 录

第一部分 行业大事记

第二部分 行业公告

第三部分 行业综述

第四部分　政策法规

·市场管理·

·技术标准·

·协会发展·

·行业管理·

第五部分 业内重大活动

·中国建筑装饰协会成立20周年庆典活动·

·全国建筑装饰行业信息化建设工作会议·

·中国建筑装饰协会五届三次理事会·

·中国建筑装饰协会五届四次理事会暨2004年装饰奖颁奖大会·

·业内其他重要活动·

·行业自律公约·

·调研报告·

·舆论导向·

第六部分　地方行业发展

第七部分　室内设计

第八部分　企业运作

第九部分　幕墙工程

·行业发展·

·理论总结·

·技术创新·

第十部分　家庭装饰

附　录

第一部分

行业大事记

2004年中国建筑装饰协会和行业发展大事记

中国建筑装饰协会信息部　中国建筑装饰协会信息咨询委员会

一月

▲1月2日，建设部科学技术司发出“关于印发《建设部科技示范工程立项形式审查要点》的通知”（建科综函[2004]001号），通知指出，为规范建设部科技示范工程立项的形式审查要求，根据《建设领域推广应用新技术管理规定》和《建设部推广应用新技术管理细则》，我司制定了《建设部科技示范工程立项形式审查要点》。同日还发出“关于印发《建设部科技成果推广项目立项形式审查要点》的通知”（建科综函[2004]002号），通知指出，为规范建设部科技成果推广项目立项的形式审查要求，根据《建设领域推广应用新技术管理规定》和《建设部推广应用新技术管理细则》，我司制定了《建设部科技成果推广项目立项形式审查要点》。

▲1月5日，由建设部主管、中国房地产及住宅研究会主办、中国房地产及住宅研究会住宅设施研究会承办的月刊《中国住宅设施》正式出版发行。

▲1月8日，中国消费者协会把“诚信•维权”定为2004年主题，重点对十大行业进行监督检查，“装修”居第二位，督检的主要内容包括商品和服务质量、卫生、安全、价格、计量、营销宣传等。

▲1月10日，北京市龙发装饰集团有限公司在著名的五星级王府饭店举行新春联谊会，中国建筑装饰协会会长马挺贵、行业发展部主任王本明、住宅装饰委员会（筹）副秘书长张仁、北京市建筑装饰协会理事长朱希斌等业界领导、首都主要新闻媒体以及有关方面人士200多人出席。北京龙发装饰公司是北京乃全国知名的家装企业，多年来年产值均上亿元，是在全国第一家倡导完税的家装企业，因在2003年防控SARS中表现出色，成为北京市政府电视宣传片的举例。马挺贵会长、朱希斌理事长向龙发装饰公司董事长王显表示祝贺。

▲1月11日，南京市装饰行业协会召开第四次会员代表大会，选举产生第四届理事会及其领导人员，名誉会长：南京市建委主任傅阳、市建工局副局长余信祥，会长：原南京市委建设工委副书记闵义来，副会长：南京市装饰行业管理办公室主任朱炳生、南京装饰集团有限公司副总经理兼南京金鸿装饰工程有限公司总经理徐荣、南京金陵建筑装饰有限责任公司董事长孙帼强、南京室内装饰工程有限公司董事长兼总经理吴葆生、南京装饰联合总公司董事长兼总经理许炯、南京香江华建工程有限公司总经理郑敏、南京深圳装饰安装工程有限公司总经理魏新民、江苏港宁装饰装璜有限公司董事长刘安平、南京柏森实业有限责任公司副总经理杨堂学、南京富海装饰工程有限公司总经理仇学富、苏州金螳螂建筑装饰有限公司南京分公司经理任建国。秘书长：原南京市建筑装饰协会副秘书长孙建设，副秘书长：南京市装饰行业管理办公室副主任傅精宏、原南京市建筑装饰协会副秘书长周立芹（驻会）。

▲1月12日～15日，根据建设部、民政部有关文件的要求，中国建筑装饰协会召开了“2003年度述职工作总结暨布置2004年工作会”。会议分三个阶段：一是秘书长、副秘书长、秘书处所有部门副职以上的负责人以及部分专业委员会的负责人进行述职，其他工作人员进行工作总结；二是研究并布置2004年协会工作；三是学习十六大报告、传达全国建设工作会议精神。马挺贵会长强调，2003年我会的工作取得了很大的成绩，可用“三个增强”概况：总揽全局的能力增强了、为企业为行业提供高层次服务的能力增强了、在会员企业和业内的凝聚力增强了，得到了行业及社会的进一步的认可。

建设部汪光焘部长对我们装饰协会和装饰行业的两次评价就是最好的总结：第一次是汪部长在“全国建筑装饰行业科技大会”上这样讲道：“中国建筑装饰协会完全可以信赖”，“建筑装饰行业科技大会对促进建筑业与房地产业的健康发展将起到重要的作用”。第二次是汪部长在刚刚闭幕的2004年全国建设工作会议上的讲话，用整整一段来讲全国建筑装饰行业的工作，强调“重视建筑装饰装修业的发展。”包括六个方面的工作。汪部长的这两次评价，是对装饰协会和装饰行业在建设领域地位的提升。我会在缺少政府职能的条件下开展工作，积极探索行业协会在市场经济条件下的生存之路。一个领导集体的价值观、思想境界决定这个集体的发展，我们在提高服务层次上进行了创造性的工作，摸索行业发展规律和协会工作规律，已从感性提高到了理性，从探索到自由安排工作，这是一种升华。

▲1月13日，建设部部长汪光焘在“2004年全国建设工作会议”上作题为《开拓进取 推动建设事业持续健康发展》的讲话。第三大部分：抓住机遇，改革创新，促进建设事业健康发展。2004年着力抓好八方面的工作，其中第四方面：深化建筑业改革，加强建筑市场监管，提高工程质量和安全水平，中国建筑装饰协会马挺贵会长出席。

汪光焘部长指出，重视建筑装饰装修业的发展。充分发挥装饰装修业对建材、轻工等相关产业的拉动和就业的促进作用。健全装饰装修产品开发、设计、施工、部品生产、管理和服务的产业系统，建立和完善生产、供给、销售和服务一体化的生产组织方式。积极推广先进适用成套技术，不断提高建筑装饰装修业的工业化水平和建筑装饰装修产品的综合品质。加强对建筑装饰装饰市场的监督，规范装饰装修企业行为，严格市场准入和清出。大力推行一次性整体装修，减少因二次装修可能对房屋造成的破坏及环境污染。加强对室内环境质量检测工作，提高建筑装饰装修质量，保证人们居住和使用安全。

▲1 月 13 日，鸡西市建筑装饰协会召开二届三次理事会议。会长王世德认真全面地传达了中国建筑装饰协会五届三次理事会精神，总结了 2003 年鸡西市建筑装饰协会工作的成绩。他指出，去年协会很好地发挥了桥梁纽带作用：一是为会员单位提供了服务。宣传普及了建筑装饰法律、法规和装饰知识；开展了培训工作，提高了从业人员素质；开展了创优评选活动，促进了装饰工程质量提高；搭建了市场住处平台，推广新技术、新工艺、新产品；协助金洲等 3 家装饰企业建立现代化生产加工木型配件工厂，并召开专门会议推广室内装修配件工厂加工，到现场装配或组装现场的交流会，加快了工厂化的步伐；提升了家装社会地位，强化监督，维护了家装市场秩序；二是当好了行政主管部门的参谋和助手。为解决室内装饰装修管理的职能，提供了专题报告，代建设局起草了地方规范文件，进行了建筑装饰市场调查。

会议部署了 2004 年协会工作：一是以中国建筑装饰协会的工作思路指导本会工作；二是继续深入贯彻落实《建筑装饰行业科技进步的若干意见》，搞好服务；三是寻找新的行业发展思路，扶植重点企业发展；四是加大培训力度，努力提高设计和施工操作人员技术水平，继续开展创先评优活动；五是依法规范家装市场，提高整体水平；做好信息收集传递工作，指导行业发展；六是当好行政主管部门的参谋和帮手；七是继续发挥好协会四个职能作用。会议还通过了调整、增补理事、常务理事的提案。

▲1 月 13 日，中共苏州市委做出《中共苏州市委、苏州市人民政府关于表彰 2003 年度苏州市私营经济发展先进市（区）、私营企业发展先进园区、私营企业 60 强、民营创业能手、集体和个人的决定》（苏发[2004]3 号），并在同日由苏州市委、市政府召开的“全市民营经济工作会议”上进行了表彰。苏州金螳螂企业（集团）有限公司荣获“2003 年度私营企业纳税十强”，且名列第三名，建筑及装饰业中仅此一家。2 月 3 日，中国建筑装饰协会向苏州金螳螂企业（集团）有限公司发出贺信，表示热烈的祝贺！并指出，这不仅是苏州金螳螂企业（集团）有限公司的荣耀，而且是我国建筑装饰行业的光荣。贺信望苏州金螳螂企业（集团）有限公司继续走在全行业的前列。

▲1 月 14 日，吉林省延边州建筑业协会装饰分会召开 2003 年总结会议，延边电视台也参加了会议。会议由副主任刘建华主持，主任刘侃作 2003 年工作总结报告，田和副主任作 2004 年工作要点报告，副秘书长高凡介绍了延边州建设局制订的装饰装修管理规定和工人培训情况，延边州建筑业协会秘书长宫世玉要求大力发展延边建筑装饰行业。3 月 29 日，装饰分会召开主任会议，会议强调：一是呼吁州建设局尽快出台装饰装修管理规定；二是准备接收州建设局“委托”的职能工作；三是促进企业做专做强做精；四是加强自律工作，强化协会的行业代表性。

▲1 月 18 日，中国建筑装饰协会秘书处召开会议，传达中共中央政治局委员、国务院副总理曾培炎 1 月 16 日在建设部的讲话指示，传达会由常务副会长兼秘书长徐朋主持，他强调，要认真学习落实曾培炎副总理的指示精神，协会工作只有与政府主管部门的工作相结合，协会的工作才有价值，春节后要组织研究市场形势变化给装饰行业带来的影响，围绕建设部的中心工作，进行行业调研，装饰行业如何形成长效机制，加强协会自身建设。参加此会的有会长马挺贵，副秘书长张京跃、房箴，综合部主任王毅强、副主任杜桂玲，职员张军莉、张熳红，信息部主任兼《中国建筑装饰》主编黄白、职员纪敏、张兰美，质量技术部副主任熊翔、张振路、职员李卫青，国际部职员宿玲，设计委员会（筹）副秘书长田德昌、郭红星、职员刘剑，住宅装饰装修委员会（筹）副秘书长张仁、张爱宁，职员张颖、郭艳等 20 人。

▲1 月 19 日，江苏省建筑工程管理局与省建筑装饰协会共同发出《关于表彰 2003 年江苏省建筑装饰优质工程的决定》（苏建管[2004]3 号），共 82 项装饰工程获省优，其中金奖 5 项、银奖 77 项，决定号召，争取使省装饰工程质量水平进入全国最先进行列。这 5 项金奖工程是：常泰建筑装璜工程有限公司承建的丹徒县地税局培训中心大楼；南京金陵国际装饰设计工程实业有限公司承建的苏州雅戈尔富宫大酒店；苏州金螳螂建筑装饰有限公司承建的常熟饭店 1、5 号楼、南京下关大厦（1～4F）；南京长岛建筑装饰工程有限公司承建的常熟饭店 3、4、6、7、8 号楼；南京金鸿装饰工程有限公司承建的南京下关大厦（5～19F）装饰工程。

▲1 月 20 日，国家劳动和社会保障部部长郑斯林签署部令第 21 号《最低工资规定》，自 2004 年 3 月 1 日起施行。

▲1 月 22 日，大年初一早 8：30，20 集轻喜剧《将装修进行到底》以它雄厚的实力在激烈的竞争中脱颖而出，成为央视猴年第一部电视剧，在第一套节目中与全国电视观众见面。由中视影视文化公司俞胜利工作室、中央戏剧学院等单位联合摄制的《将装修进行到底》，成为猴年第一剧的关键在于它是一部全新题材的电视剧．是我国首部反映家庭装修的戏。家装近些年一直是热门，但关于家装的戏却只有这一部。《将装修进行到底》独辟蹊径地选择以“装修”为切入点，构思巧妙，通过 10 个家庭装修的故事，揭示出了不同职业、不同身份、不同家庭，男男女女的追求和理想，以及生活中耐人寻味的酸甜苦辣。该剧另一个看点，是会聚了影、视、歌、主持全明星阵容，这样的阵容为近几年少有。20 集的故事中，每集都有一两个观众十分熟知、喜爱的大明星，而且都是主演。如范伟、许戈辉、陈明、雪村、吴启华、韩影、方青卓、茹萍、伊春德、孙逸飞等。业内舆论认为，以《将装修进行到底》为标志，家装正式进入我国主流文化之中。

▲1 月 29 日，陕西省建筑装饰协会公布《陕西省建筑装饰行业自律公约》（陕建装发[2004]002 号）。

▲1 月 30 日，中国建筑装饰协会召开“全国建筑装饰行业信息化建设会议”筹备工作会，会议由常务副会长兼秘书长徐朋主持，参加的有副秘书长张京跃、房箴以及相关部门的负责人王毅强、黄白、王本明、田万良、高世彦、熊翔、张熳红。会议就行业信息化建设会议的思路、重点、内容、组织领导及分工等问题进行了讨论，认为此会主题是贯彻十六大精神，实现行业跨跃式发展；要争取信息产业部、建设部的支持，制定《行业信息化建设的若干意见》，选择好演讲

人和题目，声势热烈，开拓务实。总体组织工作由徐朋负责，房箴主抓，信息咨询委员会、信息部及行业发展部承办，综合部配合。会议强调要为4月召开的大会认真开展行业调研。

▲1月30日，建设部发出《关于加强住宅工程质量管理的若干意见》（建质[2004]18号）。

二月

▲2月2日，中国建筑工程总公司在北京举行中建总公司的创始人之一、第一任总经理、中国建筑装饰协会一至四届理事长张恩树《建筑文集》发行座谈会。全国政协委员、党组书记、副总经理张青林在座谈会上讲话指出，此会表达我们中建总公司历任领导同志，几代中建员工和关心、支持中建总公司改革与发展的社会各界朋友们对我们老领导张恩树同志的感激之情。这本文集的发行是一件具有重要价值的大事情。张恩树的这本《文集》，首先是一本反映中国建筑业坚持改革开放方针的时代《文集》；更是一本集中反映中建总公司创建、起步、探索、发展的实践《文集》；又是一本体现大型建筑企业主要领导者领导风范的资政《文集》；同时是一本反映恩树思想政治品质、业务领导能力和工作作风等综合素质的品格《文集》。这本文集作为时代文集、实践文集、推进文集、资政文集和品格文集同广大读者见面，这是我们全体中建人的光荣和骄傲，具有其存史、资政、育人的重要价值。

张青林强调，还是一本面向全国建筑装饰行业的推进《文集》。建筑装饰行业是建筑业的三大组成部分之一，在近20年来有了相当速度的发展，这与张恩村同志的大力推进是分不开的。中国建筑装饰协会是1984年成立的，从那时起恩树同志就担任该协会的理事长，直到今天他还担任名誉会长。文集中大约有一半的份量24篇文稿是集中阐述建筑装饰行业的，从这里我们可以清晰的感受到装饰行业的发展进程，领略到装饰行业的生产特点，领悟到装饰行业的经营特性，从而去创造有别于土建工程的生产方式和经营管理模式，这对于我国建筑装饰装修这一新兴行业的强劲发展，对于我们中建现有装饰装修业务更快发展，都有着很强的现实针对性。

▲2月2日，中国建筑装饰协会与河北省建筑装饰协会、石家庄市装饰装协会在石家庄市共同召开了“建筑装饰行业信息化建设征询意见座谈会”，此为业界猴年开展的第一项工作。会议指出，行业信息化包括企业和协会，不是搞不搞而是为了生存及发展必须搞的问题，以适用业内要求快速、准确、规范的竞争需求。当前的主要问题：一是局域网、资料存储等技术准备；二是资源共享与网络安全等管理应用；三是如何建立并有效利用足够支持的数据库；四是如何降低企业及协会投资信息化建设和培训从业者的成本，提高企业竞争和协会服务的效率和水平；五是如何将其纳入及充实企业文化；六是以大会论坛的形式为宜。此会是2003年深圳、苏州座谈会的继续，十分富有启发性，为全国性会议奠定了良好的基础。

参加座谈会的有中国建筑装饰协会信息部主任兼《中国建筑装饰》主编黄白、行业发展部主任王本明、信息咨询委员会副秘书长高世彦，河北省建筑装饰协会副秘书长刘纪堂、副秘书长兼信息咨询委员会主任，《河北建筑装饰》主编李希元，石家庄市装饰协会会长刘亚东、秘书长赵秀民（石家庄通力装饰公司董事长兼总经理）、常务副秘书长张永学，有石家庄骨干装饰企业石家庄常宏装饰公司总经理王跃、总工程师崔宝琳，河北斯特龙装饰公司总经理贾轩，石家庄佳林装饰公司总经理黄克培、副总经理王建永，石家庄雅虹装饰公司总经理董文军，石家庄海山装饰公司技术开发部经理李瑞平，通力装饰公司事业部经理胡秀娟，河北红房子家居广场总经理张会玲等17人。会后，中国建筑装饰协会一行3人参观了上述企业、典型工程，并做了进一步的沟通。

▲2月3日，中共中央纪委和监察部共同公布《关于领导干部利用职权违反规定干预和插手建设工程招标投标、经营性土地使用权出让、房地产开发与经营等市场经济活动，为个人和亲友谋取私利的处理规定》。

▲2月3日，江苏省建筑工程管理局做出《关于表彰2003年度全省建筑管理先进单位、先进个人的决定》（苏建管企[2004]4号），先进中包括：南京市装饰行业管理办公室主任朱炳生。2月11日，江苏省建筑工程管理局发出《关于表彰2003年度江苏省建筑业优秀项目经理的通知》（苏建管企[2004]5号），其中装饰企业一级项目经理4人：溧阳市建筑装潢工程有限公司刘加春、常泰建筑装潢工程有限公司苏岩、南京金鸿装饰工程有限公司李若凡、扬州市化磊建筑装饰工程有限公司华景泰。

▲2月3日，《北京晚报》公布《今年政府拟办56件重要实事》，其中第35件为：强化流通领域商品质量监管，重点对建筑装饰材料等涉及公众消费安全的商品进行监督抽查，每季度向社会公布检查结果，积极引导安全消费。同时明确政府主要责任单位为市工商局和市质量技术监督局。

▲2月4日，《北京晚报》原引新华社消息：美国国务院昨天宣布，布什总统已要求国会从下一年度预算中拨款12亿美元，贷给联合国用于纽约总部大楼的装修。美国务院发言人理查德·鲍彻说，在1日公布的2005财政年度预算案中，布什建议从外国行动费用部分中划拨这一贷款。鲍彻说，这一建议为实现联合国秘书长安南提出的总部大楼整修计划“提供了有实际意义的实施方案”。

如果国会批准这一预算案，联合国将按5.5%的利息，在30年内偿还这笔贷款。鲍彻称，从长期来看，美国出借这笔贷款最多只能做到“不赚不赔”。但他也承认，作为联合国会费的最大分摊国，美国本来也必须承担22%的装修费用。安南当天正在华盛顿与布什和美国国务卿鲍威尔会面。他在两年前提出了全面整修总部大楼的计划，并表示希望能在2004年10月开始付诸实施。这次装修估计需要花费12亿美元，安南曾建议由联合国各成员国提供25至30年期的无息贷款来支付这笔费用。

▲2月5日，建设部发出《关于表彰2003年度中国建筑工程鲁班奖（国家优质工程）获奖单位的通报》（建质

[2004]21 号），共 82 项工程获此奖项，82 家承建企业，124 家参建单位，其中包括 41 家建筑装饰企业参建的 28 项工程，是历年鲁班奖（国优）获奖建筑装饰企业和工程数量最多的一年。

▲2 月 9 日，中国建筑装饰协会召开专门会议，学习建设部汪光焘部长在“2004 年全国建设工作会议”上的讲话，特别是有关装饰行业发展的专论。会议展开了热烈的讨论。会议由常务副会长兼秘书长徐朋主持，他指出，要善于把协会的工作纳入到建设部的中心工作中去，应逐步建立这样的工作思路和方法，提高最终产品质量，认真抓好家装，特别是投诉、市场准入等突出问题，挖掘家装消费潜力。全国建筑装饰行业信息化建设工作会议，要上升到贯彻落实“全国建设工作会议”精神的高度。参加会议的协会副秘书长有张京跃、房箴，各部门负责人王毅强、王本明、黄白、熊翔、王燕鸣、樊淑玲、田德昌、张仁、张爱宁、张嫚红等。

▲2 月 10 日，美国驻华大使馆新馆在北京亮马河第三使馆区开工建设，总投资 2.75 亿美元，约合 23 亿人民币，建筑设计为史基摩、欧文&美尔公司，承包商为杰筑可道合资公司，北京建工集团参与。建筑风格为中国城市院落和园林模式。

▲2 月 12 日，福建省泉州市建设局公布《关于加强装饰装修工程竣工验收备案管理的通知》（泉建建[2004]3 号）。

▲2 月 12 日～17 日，辽宁省建设厅提出了转移政府职能，在辽宁省装饰协会开展行业管理试点工作的要求。根据辽宁省及省建设厅领导的指示精神，辽宁省装饰协会会同省建设厅共同组成小组，对全国进行建筑装饰行业管理的调研，小组成员有辽宁省建设厅建管处胡林涛，辽宁省装饰协会会长杨帅邦、副会长兼秘书长田平。调研小组对全国建筑装饰行业管理的先进地区北京、深圳和上海相继进行了实地考察，与北京市建筑装饰协会理事长朱希斌、常务副秘书长郭仁智，深圳市装饰行业协会会长何文详、副秘书长兼工会主席韩雪梅，上海市装饰装修行业协会会长李洪鑫、秘书长赵海、常务副秘书长薛德兴等当地协会领导进行了座谈。

此次辽宁省建设厅以辽宁省装饰协会为“转移政府职能进行装饰行业管理”工作的试点，对省建设厅业务管理的其他 25 家省协会（学会）具有一定的借鉴作用。本次调研工作得到了中国建筑装饰协会的大力支持，调研小组与中国建筑装饰协会常务副会长兼秘书长徐朋、副秘书长房箴进行了沟通。中国建筑装饰协会表示，此举对全国各地建筑装饰协会的行业管理工作具有示范效果，对中国建筑装饰协会进行全行业管理工作具有范例意义。中国建筑装饰协会信息部主任兼会刊《中国建筑装饰》主编黄白参与了实地调研工作。2 月 22 日完成调研报告，其思路：一是市场与行业谁来管、管什么；二是我国建筑装饰行业发展现状；三是装饰协会行业管理管什么、怎么管；四是当前的主要问题及根据辽宁省的实际情况，提出转移政府职能对辽宁省装饰协会进行装饰行业管理试点工作的建议。

▲2 月 16 日，中国建筑装饰协会积极响应建设部机关党委和建设部第一社团党委的号召，21 人为中华健康快车基金会和中国少年儿童基金会捐款 2900 元，其中个人 900 元，居建设部第一社团党委领导下的 15 个社团捐款的第五位，表达了装饰界对贫困地区广大农民兄弟和贫困孩子的一片爱心。

▲2 月 17 日～19 日，汕头市工商联、劳动和社会保障局共同在林百欣国际会展中心举行“非公有制企业用工招聘会”，汕头市装饰协会组织属下 20 多家会员单位参会，达到了双方用工和求职的满意效果。

▲2 月 18 日～19 日，四川省建筑装饰协会组团一行 28 人考察深圳装饰行业，重点参观了麒麟山庄、威尼斯酒店、信息枢纽大厦等典型装饰工程。

▲2 月 19 日，人事部和建设部共同做出“关于印发《建造师执业资格考试实施办法》和《建造师执业资格考核认定办法》的通知”（国人部发[2004]16 号）。

▲2 月 19 日，建设部党组副书记、副部长刘志峰在“2004 年建设部直属机关党的工作会议”上提出，要以邓小平理论和“三个代表”重要思想为指导，在以胡锦涛同志为总书记的党中央领导下，坚持执政为民的宗旨，弘扬求真务实的精神，为民、务实、清廉，全面推进党的建设，为全面完成建设部和各直属单位的中心任务，推进建设事业的发展做出新的贡献。我们一定要深刻领会胡锦涛同志“七一”重要讲话提出的，“群众利益无小事”，“要时刻把群众的安危冷暖放在心上”，“要心里装着群众，凡事想着群众，工作依靠群众，一切为了群众”，“为群众诚心诚意办实事，尽心竭力解难事，坚持不懈做好事”，“研究群众利益，关心群众疾苦，体察群众情绪”等重要观点。在工作中一定要牢固确立执政为民的宗旨，切实摆正人民公仆的位置，始终坚持人民的利益高于一切，认真做好人民群众要求我们做好的一切事情，以实际行动履行好公务员的职责，以务实的工作落实好“三个代表”重要思想的根本要求。

▲2 月 23 日，江苏省建筑装饰协会幕墙工程委员会在无锡市召开成立大会暨首次会员代表大会，经大会选举，王建峰任主任，夏立友任常务副主任兼秘书长，讨论通过了《江苏省建筑装饰协会幕墙工程委员会管理办法》。江苏省建管局副局长杜学伦、省建筑装饰协会会长毛家泉、秘书长朱志明等有关方面领导及会员企业 60 多人出席。目前全国已成立幕墙工程委员会的装饰协会有北京、上海、辽宁、深圳等地。

▲2 月 24 日，青海省建设厅厅长王西明在全省建设工作会议上讲话指出，要加大对家居装修行业的管理力度，促进家居装修发展，拓宽消费空间。

▲2 月 24 日，中国建筑装饰协会召开会议，选举协会工会委员会。会议由协会常务副会长兼秘书长徐朋主持，综合部主任王毅强作了说明，参加会议的有协会秘书处综合部、信息部、质量技术部、国际部、培训部及培训中心、设计委员会（筹）、住宅装饰装修委员会（筹）、铝制品委员会、中华建筑报等部门的工作人员 32 人，协会秘书处提名 8 人，经差额 1 人、无记名投票选举由 6 人组成的协会工会委员会：综合部主任王毅强、住宅装饰装修委员会副秘书长张爱宁、中华建筑报装饰版主编李廉、培训部主任兼培训中心主任王

燕鸣、质量技术部李卫青、信息部主任兼会刊《中国建筑装饰》主编黄白，同日，将推荐名单报建设部工会批准。

▲2 月 24 日，大连市建委副主任王忠国带领各处室负责人到大连市建筑装饰行业协会，召开题为“建言献策”的座谈会，诚恳地希望装饰企业提出意见，与会装饰企业老总十分感动，争相坦诚直言，提出了有关企业资质、专业化发展、项目招投标等意见，王忠国副主任很重视，有的当场拍板决定，有的立即拿回去研究解决。

▲2 月 25 日，杭州市建筑装饰协会召开三届二次会员代表大会，中国建筑装饰协会常务副会长兼秘书长徐朋、浙江省建筑装饰行业协会理事长董宜君等有关方面领导出席，大会听取了杭州市建筑装饰协会陆秀乔理事长的工作报告，听取了徐朋关于中国建筑装饰行业发展的几点思考的报告，会议认为，这个报告有很强的前瞻性和指导性，使业内进一步认清了中国建筑装饰行业的地位、作用、发展前景和努力方向（本刊第 4 期已全文刊载）。会议强调，要以高度的政治责任感，把协会办成一个政府支持、行业拥护、会员满意，富有生命力的社团组织。

▲2 月 26 日，中国建筑装饰协会在北京·中国国际贸易饭店召开“中国门业峰会”。本次会议除对门业发展趋势做主旨报告外，还在会上推介了一批优秀品牌企业和产品，同时对为中国建筑事业做出贡献的门业企业进行了表彰，并由建设部、中国建筑装饰协会的领导颁发奖牌和证书。中国著名的建筑承包商、房地产开发商和星级宾馆的基建领导及著名设计师出席了会议，同与会的门业企业交流、联谊，共同探讨中国门业的科技发展与应用，为优秀门业企业的市场开拓建立了良好的基础。

▲2 月 28 日《北京晚报》报道《中国室内装饰行业发展“十年”规划纲要》指出，近 10 年来全国室内装饰工程量以年均 30%以上的高速增长，预计到 2005 年家装产值将由目前的 2000 亿元上升至 6000 亿元以上。

▲2 月 28 日，原浙江省建筑装饰协会发出更名通知，指出，由于近年来我省建筑装饰行业的迅速发展，装饰企业队伍不断扩大，为了协会的名称更加名符其实，经我会常务理事会讨论决定，将“浙江省建筑装饰协会”更名为“浙江省建筑装饰行业协会”，现已经浙江省建设厅、省民政厅批准更名。到目前为止，建筑装饰协会称“行业”或“业”的已有 12 个：上海市装饰装修行业协会、深圳市装饰行业协会、江西省装饰行业协会、吉林省建筑装饰业协会、苏州市装修装饰行业协会、徐州市装修装饰行业协会、扬州市装饰行业协会、连云港市装饰装修行业协会、云南省建筑装饰行业协会、西安建筑装饰装修业协会、南京市装饰行业协会、大连市建筑装饰行业协会。

三　月

▲3 月 1 日，建设部发出《关于公布 2003 年建筑业企业资质升级企业名单的公告》，公告指出，根据《中华人民共和国建筑法》和《建筑业企业资质管理规定》（建设部令第 87 号），我部对 2003 年申请资质升级的建筑业企业进行了资质审查。现将经我部批准的 557 家建筑业企业名单予以公布。其中，主业为建筑装修装饰工程专业承包一级资质企业 96 家；主业为建筑幕墙工程专业承包一级资质企业 1 家。

在此之前，全国原有建筑装修装饰工程专业承包一级资质企业 474 家，现共有 570 家；全国原有建筑幕墙工程专业承包一级资质企业 90 家，现有 91 家。现有甲级装饰工程设计单位 426 家，甲级建筑幕墙工程设计单位 123 家。同时具有一级装饰施工和甲级装饰设计资质的企业增加了 45 家，现为 276 家；同时具有一级幕墙施工和甲级幕墙设计资质的企业增加了 5 家，现为 74 家。

▲3 月 1 日，中国建筑装饰协会发出“关于《中国建筑装饰协会成立 20 周年回顾与展望》一书征稿的通知”（中装协[2004]011 号），通知指出，1984 年 9 月 11 日，中国建筑装饰协会宣告成立，到 2004 年 9 月 11 日，中国建筑装饰协会成立整整 20 周年。此时，正是中华人民共和国建国 55 周年。这是一个非常值得回顾与展望的时期。为此，中国建筑装饰协会研究决定编辑出版《中国建筑装饰协会成立 20 周年回顾与展望》一书，特向业内征稿。回顾，既可是一位老者满怀深情的思索，也可是一位少者新奇的探求；既可是一篇悠悠岁月，也可是一篇细细追忆；既可是对某个事件系列的串联，也可是对某件事情单独的讲述；既可是一件业内大事的记录，也可是对一件名不见经传的小事；既可是对中国建筑装饰协会的直接感受，也可是通过从业对协会间接的心得；既可是一事一议，也可是随笔散文。展望，既可是对行业发展的深刻理解，也可是对事物行进轨迹的粗浅刻画；既可是对某一专业领域未来的看法，也可是对某一重要问题的分析；既可是对政策法规走向的理解，也可是对行规行约建立的推测；既可是高瞻远瞩，也可是登高一望；既可是对学术问题的阐述，也可是对技术环节的评论；既可是全国性的，也可是区域性的。

通知强调，回顾与展望，是非常有意义的，人生难得有几次对某几件重大事件的回顾与展望，既能使人感慨万千，又能使人体会品味，既能鼓舞斗志，又能启迪心智。于行业、于协会发展有利，于单位、于个人进步有益。我们期望本书能成为中国建筑装饰协会贯彻“三个代表”的记录，成为我国建筑装饰行业全面建设小康社会的追求，成为一本从业人员的教科书。

▲3 月 1 日，河南省建筑装饰协会做出《关于表彰 2003 年度河南省建筑装饰行业先进单位和先进个人的决定》（豫建装字[2004]2 号），决定指出，为鼓励先进，依据豫建装字[2003]20 号文件精神，在各市主管部门和各专业委员会组织推荐的基础上，按照先进单位和先进个人的评选办法进行认真评审，经研究决定授予郑州康利达装饰工程有限公司等 63 个单位为“2003 年度河南省建筑装饰行业先进单位”，授予李革委等 64 名同志为“2003 年度河南省建筑装饰行业先进个人”，希望受表彰的先进单位和个人，继续努力，再接

再厉，与时俱进,开拓创新，开创全省建筑装饰行业工作的新局面。

▲3月2日，《北京晚报》原引新华社讯，以“上海市市长韩正一身正气斥歪风——行业协会不自律伸手捞钱动心计”为题的报道，因正值全国人大十届二次会议在北京开幕的前一天，故引起社会广泛关注。报道指出：本应是企业的自律组织，但一些行业协会却变了味，在2004年3月1日召开的“上海市工业商业工作会议”上，行业协会的种种弊端遭到上海市市长韩正的痛斥。韩正历数当前行业协会存在的两大弊端：一是成了养人的机构；二是充当“二政府”的角色，成为政府部门继续向企业伸手的捞钱载体。目前上海有150多家行业协会，一些行业协会捞钱的手段到了荒唐的地步。如上海市某行业协会居然向下属门窗制造安装企业发令：“企业必须由协会咨询辅导建立ISO9000质量体系，不得向专业咨询公司咨询，否则将取消其评定各中‘先进’的资格。”

韩正市长认为，行业协会普遍存在两大问题亟待解决：一是为了养一堆人，就成立一个行业协会，向企业收费，增加了企业负担；二是不少行业协会成了政府的附属物，充当“二政府”。有些部门名义上是改革了，不方便、也不敢再直接做的事就让自己领导下的行业协会去做。很多行业协会成为政府部门收费载体。这几年来，上海政府部门的审批收费，包括转移到行业协会向企业收取的费用，每年多达45亿元。这中间有合理部门也有不合理部门，但因为是政府部门审批的，合理的部门到2004年7月1日《行政许可法》实施后，都会变为不合理的收费。

▲3月3日，上海市装饰装修行业协会公布《上海市住宅室内装饰装修工程人工费参考价》，原“指导价”同时作废。

▲3月4日，中国建筑装饰协会信息咨询委员会专家工作座谈会在北京•中国国贸大饭店多功能厅召开。到会的专家有王炜钰、饶良修、罗劲、王少南、陈作璋、蔡广订、张宝贵、李怀之、陈晋楚、梁家斑、胡春芝、吴承辉、费琪、高建林。出席会议的领导和有关方面负责人有中国建筑装饰协会名誉会长兼专家组总顾问张恩树、会长马挺贵、常务副会长兼秘书长徐朋、副秘书长房箴，信息咨询委员会理事长崔勇，副理事长兼秘书长田万良、副秘书长高世彦、专家办公室主任鲁心源，还有设计委员会（筹）秘书长田德昌，技术质量部副主任熊翔、张振路、主管专家委员会工作的李卫清，《装饰名品》副总编郎志春。会议首先由鲁心源汇报了2003年专家组的主要工作，然后由徐朋和崔勇分别介绍了2004年的重点工作，随后进行了专家座谈。

▲3月4日，中国建筑装饰协会在北京中国国际贸易中心召开了“中国壁纸发展高峰论坛”，这是中国建筑装饰行业第一次就壁纸类产品举办专题论坛，是为了更好的把壁纸产品与中国建筑装饰工程市场实现对接。本次论坛共分为五个部分：一是中国建筑装饰协会会长马挺贵、中国旅游饭店业协会领导讲话，宣布中国壁纸强势企业名单；二是由行业内专家就壁纸行业的发展趋势及如何利用中国巨大的市场空间做主旨报告；三是强势企业推介企业和介绍产品；第四部分是颁发奖牌与证书，领导同与会代表合影留念；五是与会代表联谊酒会。四、五星级饭店、著名一级资质建筑装饰公司、大型房地产开发商的决策者和材料管理人员100多人与会。本次论坛为广大壁纸生产企业搭建了一个与需方相互交流、建立牢固友谊与合作关系的平台，为壁纸生产经营企业在中国市场拓展业务提供了切实的帮助，为壁纸行业的健康发展做了最直接有效的工作。

▲3月6日，常州建筑装饰协会召开成立大会暨首届会员大会，中国建筑装饰协会发去贺信：喜闻常州建筑装饰协会成立，中国建筑装饰协会向你们表示热烈的祝贺！常州市地处我国经济发达的长江三角区，近几年来经济发展迅速，当地的建筑装饰企业为城市的建设和美化做出了突出的贡献。常州建筑装饰协会的成立，将更能发挥好双向服务的职能，当好政府与企业的桥梁和纽带，将为推动常州建筑装饰行业的发展做出更大贡献，真诚的祝愿常州建筑装饰协会蒸蒸日上，祝所有会员单位兴旺发达！

这是江苏省首家由企业联合办会的常州建筑装饰协会成立，其办会原则是“自愿入会，自理会务，自聘人员，自筹经费”，协会性质是“共同决策，共同管理，共尽义务，共享权利”。江苏省装饰装修行业协会会长毛家泉到会祝贺给予充分肯定，称彻底摆脱了行业协会二政府的角色，没有官方色彩，与国际接轨，是行业协会的发展方向。该会会长何业光，常务副会长兼秘书长吴继周，首批会员131名。

▲3月8日～9日，为了贯彻2003年12月28日中国建筑装饰协会五届三次理事会会议精神，研究2004年协会重点工作的落实，中国建筑装饰协会在广州颐和山庄——颐和大酒店召开“2004年全国建筑装饰协会秘书长工作会议”。中国建筑装饰协会名誉会长张恩树、会长马挺贵、常务副会长兼秘书长徐朋、副秘书长张京跃、房箴出席了会议。会议的主要议题：一是听取中国建筑装饰协会常务副会长兼秘书长徐朋关于2004年协会重点工作的报告；二是听取中国建筑装饰协会副秘书长房箴关于“二个办法”——全国有成就的资深室内建筑师和杰出的中青年室内建筑师评选办法，全国室内建筑师技术岗位能力评审认证办法，“三个方案”——2003年度中国建筑装饰行业百强企业评价推介工作方案，在中国建筑装饰成立20周年庆祝活动中表彰优秀企业家、优秀地方装饰协会、优秀协会工作者、优秀会员单位评选活动方案，中国建筑装饰协会成立20周年文艺汇演方案的说明；三是听取中国建筑装饰协会会长马挺贵的会议总结讲话。

中国建筑装饰协会名誉会长张恩树在会议上讲了话。会议分别由马挺贵和徐朋主持。会议由广州市建筑装饰协会承办。参加会议的有北京、上海、重庆、广州、深圳、汕头、东莞、佛山、江苏、南京、苏州、常州、无锡、湖北、武汉、宜昌、辽宁、沈阳、大连、黑龙江、鸡西、大庆、吉林、山西、太原、大同、安徽、合肥、福建、福州、四川、成都、贵州、江西、陕西、西安、山东、济南、青岛、浙江、杭州、温州、云南、昆明、广西、乌鲁木齐、内蒙古、长沙等48个地方建筑装饰协会和解放军建筑装饰协会的秘书长。参加会议的还有中国建筑装饰协会综合部、行业发展部、信息部、技术质量部、国际部、培训部、培训中心等7个部门，信息咨询、电气、铝制品、厨卫、施工、材料、设计（筹）、住宅（筹）等8个委员会的负责人，以及《中国建筑装饰》、中国建筑装饰网、《中华建筑报》、《中国建筑装饰装修》、《广东建筑装饰》、《广州建筑装饰》等业内媒体主编。

这是自中国建筑装饰协会2003年4月21日～23日在北京九华山庄召开的首次全国建筑装饰协会秘书长工作会议之后举行的第二次同类会议，当时出席的有30个地方建筑装饰协会的负责人。广州会议比北京会议规模更大，人气更旺。与会多数代表在北京抗击SARS时建立了深厚的友情，时隔近一年相见，格外亲切。

▲3月9日，建设部建筑市场管理司做出《关于批准北京高能筑博建筑设计有限公司等33家企业工程设计资质转正及中山市中明格兰特幕墙装饰实业有限公司等10家企业工程设计资质延期转正的通知》（建市设函[2004]13号），通知指出，经审查，批准北京高能筑博建筑设计有限公司等33家企业工程设计资质暂定级转为正式级别，中山市中明格兰特幕墙装饰实业有限公司等10家企业工程设计资质暂定级延期转正。其中，建筑装饰专项工程设计甲级资质转正企业10家；建筑幕墙专项工程设计甲级资质转正企业1家；建筑幕墙专项工程设计乙级资质转正企业2家；建筑幕墙专项工程设计乙级资质延期一年转正企业1家。

▲3月10日，江苏省建筑装饰协会发出《关于表彰2003年度优秀装饰协会和工作人员的决定》（苏建装[2004]11号），优秀装饰协会有5个：南京市装饰行业协会、苏州市装饰装修行业协会、扬州市装饰行业协会、镇江市建筑装饰协会、常州市建筑装饰协会。优秀装饰协会工作人员有18位：周立芹、王仁鑫、孔全林、黄静贤、何佰春、王家国、朱镇修、吴继周、许艇、邱晓娟、应文魁、丁亚力、邵樾、王广荫、梁刚、张丹、朱卫国、王朝辉。

▲3月10日，吉林省松原市建委发布《松原市建筑工程安全生产措施费管理办法》，规定单独发包的装饰工程费率为1.01%。

▲3月12日，北京市消费者协会发布“北京市家庭装修环境污染情况调查报告”显示：在调查的294户北京消费者家庭中，有近1/3居民家中空气环境污染。甲醛和苯最高污染值分别超出标准值的3.5倍和50倍。调查发现，消费者自购材料造成的污染情况比较严重，主要是消费者购买时注重价格比，忽略了环保因素，图便宜造成装修污染。检测结果中反映的消费者家庭装修污染状况不容乐观。调查显示，在294户消费者家庭中，室内空气质量优良的为209户，占总数的71%；空气环境污染的为85户，占总数的29%，其中，轻度污染的为44户，占15%，中度污染的为12户，占4%，重度污染的为29户，占10%。在294户消费者家庭中，家庭装修后甲醛超标的44例，占总数的15%；苯超标78例，占总数的26.5%。

在空气环境污染的85户消费者家庭中，属于开发商精装修造成污染的两户，占发生污染总数的2.35%；属于装修公司代购材料造成污染的26户，占发生污染总数的30.58%；属于业主自购材料造成污染的57户，占发生污染总数的67.05%。专家进一步分析说，居民室内空气环境中甲醛和苯两个污染物室内浓度高于室外，表明这两种污染物主要是由室内装修造成的。目前，苯已被确定为致癌物质，主要来自于油漆、涂料中的溶剂、稀释剂和添加剂。由于装修完工的时间较短，苯还没有能够得到完全释放，可能是造成苯超标的主要原因。

▲3月12日～14日，石家庄市装饰协会在位于市中心的人民会堂举办“第四届装饰设计展览评比”，吸引了28个单位432幅作品参展参评，共有数千名业内人员、公装业主、家装消费者和石家庄铁道学院、河北师范大学、河北经贸大学等高校相关专业师生参观，普遍反映设计作品水平较前又有新的提高。经专家反复比较、认真评审，共有32幅作品获奖，石家庄常宏装饰公司、上海荣欣装潢公司分获公装、家装最佳设计奖，石家庄特艺达装饰公司、北京业之峰装饰（河北）有限公司分获公装、家装最佳创意奖，石家庄雅虹装饰设计公司、石家庄博宏装饰公司、石家庄市大石代空间艺术设计公司、北京东易日盛装饰公司石家庄分公司等单位分获公装、家装一等奖。

▲3月15日，中国建筑装饰协会常务理事、河南省建筑装饰协会副会长、郑州康利达装饰工程有限公司董事长薛景霞出席了在北京召开的十届全国人大二次会议，她是我国建筑装饰行业惟一一位全国人大代表，在2003年十届全国人大一次会议上当选的。

▲3月15日，《关于我国家装投诉居高不下的调研报告》在2004年第3期《中国建筑装饰》上发表，课题组组长是黄白。

▲3月15日，北京市建筑装饰协会发出《建筑装饰设计师从业资格和评审办法（试行）》。

▲3月15日，大庆市建筑装饰协会发表《大庆市家装行业调研报告》。这是一篇质量颇高的行业调研报告，这表明大庆市虽然不太大，建筑装饰协会起步也较晚，但协会已具备了行业管理的大致思路和基本能力，十分了不起。报告包括：大庆市家庭装饰行业专业化管理办法、大庆市家庭装饰工程投诉解决办法、大庆市家庭装饰装修设计施工合同书、大庆市家庭装饰装修工程质量验收标准、大庆市建筑装饰装修行业自律公约等五个附件。

▲3月15日，石家庄市装饰协会公布《关于表彰2003年石家庄建筑装饰行业优秀项目经理的决定》，决定指出，为了表彰项目经理对我市建筑装饰工程所做出的突出贡献，激励项目经理不断提高装饰工程管理水平，为社会贡献更多的精品工程，协会决定对评选出的2003年度26位优秀项目经理进行表彰，授予罗烈坪等18人优秀一级项目经理、刘剑鸿等8人优秀二级项目经理的荣誉称号。望受表彰的项目经理再接再厉，做出更大成绩。

一级优秀项目经理：石家庄特艺达装饰工程有限公司罗烈坪、河北正信建筑装饰工程有限公司孙军霞、石家庄市通力建筑装饰工程有限公司宫庆祥、石家庄海山建筑装饰工程有限公司曲明、石家庄海山建筑装饰工程有限公司邱中国、石家庄海山建筑装饰工程有限公司王长力、石家庄海山建筑装饰工程有限公司刘春晖、石家庄海山建筑装饰工程有限公司石作高、石家庄海山建筑装饰工程有限公司赵正平、河北长城建筑装饰工程公司刘江扣、石家庄雅虹装饰设计有限公司梁贵成、石家庄雅虹装饰设计有限公司郑益江、石家庄雅虹装饰设计有限公司张全功、河北省四建装饰工程公司吴玉波、石家庄常宏建筑装饰工程有限公司孙德峰、石家庄常宏建筑装饰工程有限公司刘月增、河北斯特龙装饰工程有限公司鲁萌、河北省室内装饰工程有限公司康凯。

二级优秀项目经理：石家庄市洪涛装饰工程有限公司刘剑鸿、石家庄市通力建筑装饰工程有限公司马海峰、石家庄市通力建筑装饰工程有限公司郭爱民、石家庄市佳林装饰工程有限公司冯天敬、石家庄市佳林装饰工程有限公司李军峰、石家庄海山建筑装饰工程有限公司倪伟、石家庄海山建筑装饰工程有限公司邢志永、石家庄海山建筑装饰工程有限公司郑红义。

▲3 月 18 日，建设部做出公告第 218 号“关于发布《建设部推广应用和限制禁止使用技术》的公告”。

▲3 月 18 日，由中国建筑装饰协会工程委员会编辑的《全国建筑工程装饰奖获奖工程项目经理荣誉专辑》出版，编辑的目旨在了解这些行业发展的宝贵财富、为打造建筑装饰业精品工程的精英们，以期更好地为市场经济服务，为促进建筑装饰行业的发展服务。本书共分三大部分：一是获 2001～2002 年的所有获“全国建筑工程装饰奖”工程的项目经理名单；二是将部分奖获奖工程的项目经理经验介绍；三是以图文并茂的形式向读者介绍荣获“全国建筑工程装饰奖”的部分企业。

▲3 月 19 日，财政部、国家发展和改革委员会共同做出“关于发布 2003 年全国性及中央部门和单位行政事业性收费项目目录的通知”（财综[2004]21 号）。

▲3 月 19 日，中国建筑装饰协会马挺贵会长参加了在江苏省南通市召开的“江苏省建筑装饰协会 2004 年会员代表大会暨 2003 年优质装饰工程表彰”大会。马会长在讲话中充分肯定了江苏省建筑装饰协会的工作，对江苏省建筑装饰协会成立 15 年来取得的成绩给予了高度的赞扬，他特别指出，江苏省有 13 个地级城市，除盐城市外，其余 12 个市都成立了建筑装饰协会，绝大部分协会在人员配置、策划项目、创造性开展工作方面做出了积极、认真的努力，形成了协会的凝聚力和号召力。江苏省是我国建筑装饰协会建设最系统、最健全的省之一，为推动江苏省建筑装饰行业发展做出了重要贡献，同时，也为全国地方建筑装饰协会建设做出了榜样，为全国建筑装饰行业发展做出了突出贡献。江苏省建筑装饰协会 200 多家会员单位代表参加了会议，南通市建设局沈文华局长及各 12 个市建筑装饰协会负责人参加了会议。会后，江苏省建筑装饰协会与江苏省建管局副局长杜学伦、江苏省建筑装饰协会会长毛家泉、秘书长朱志民，共同就建筑装饰协会的工作进行了深入的研讨。

▲3 月 19 日，为落实“全国建筑装饰协会秘书长工作会议”精神，黑龙江省建筑装饰协会在哈尔滨召开第一次会长扩大工作会议。会议协会秘书长吴景阳主持。常务副会长柴千对协会 2003 年的工作做了总结，结合中国建筑装饰协会 2004 年的重点工作做了具体布置。副会长刘汉忠通报了省建管会议精神。副秘书长赵兴武向大会详细介绍了“全国建筑装饰行业秘书长工作会议”精神，并向参会代表分发了关于参加“全国建筑装饰行业信息化工作会议”的有关文件。与会代表对协会2003年工作总结及2004年的重点工作进行了充分讨论，并予以通过。代表们一致认为本次会议非常及时、非常重要，表示要积极配合建国 55 周年、中国建筑装饰协会成立 20 周年的系列活动，展示黑龙江装饰人的风采，全面贯彻十六大精神，提升协会服务水平，全面推动黑龙江建筑装饰行业健康有序发展，增强全行业的凝聚力，把协会工作搞好、搞活。

▲3 月 19 日，河南省建筑装饰协会做出《关于公布 2003 年度“河南省 30 强装饰企业”评价活动评选结果的通知》（豫建装字[2004]5 号），这 30 强是：林州市建筑工程三公司、河南省大鹏装饰工程有限公司、中国建筑第七工程局建筑装饰工程公司、郑州康利达装饰工程有限公司、河南省江海集团建筑装饰工程有限公司、河南维依装饰工程有限公司、河南丰源装饰安装工程有限公司、郑州泰运装饰设计工程有限公司、郑州联升建筑装饰设计有限公司、河南省科瑞装饰工程设计有限公司、河南江都装饰安装工程有限公司、河南国基装饰工程有限公司、鹤壁市天艺装饰有限公司、河南省亚太工程有限公司、河南省第五建筑工程有限责任公司、漯河市天桥建筑工程公司。

▲3 月 20 日，中国建筑装饰协会马挺贵会长同福建省建设厅副厅长翁玉耀、福州市晋安区副区长林继锵等有关方面领导，共同参加了福州市第一家家装市场的开业庆典。此家家装市场，是在福建省建筑装饰协会的积极组织和认真准备下组建的，目前共有 42 家有资质的正规企业入驻市场。马挺贵会长在致词中，对家装市场的开业表示祝贺，并对福建省建筑装饰协会的工作给予了表扬，认为家装市场的开业，填补了福州市住宅装饰装修市场的空白，是为社会、为行业、为企业和广大消费者办的一件好事、实事。同时马挺贵会长指出，协会要发挥了解行业，熟悉企业的优势，把住宅装饰装修市场管理好，为政府建设主管部门分忧，为广大消费者解难。1997 年中国建筑装饰协会倡导并组织家装有形市场，实践证明，这是一种好形式，希望福建省能有更多的家装市场，更好的规范市场。

马会长在福州期间，还出席了 3 月 20 日下午召开的“福建省建筑装饰协会二届七次常务理事会”，福建省建筑装饰协会 30 余家常务理事单位的代表参加了会议。此次常务理事会是专题研讨如何规范市场，将装饰企业做专、做精、做强。福建省建设厅副厅长翁玉耀、建设厅建管处处长周武进参加了会议。会议认真分析了福建省建筑装饰行业在全国的地位，找出行业发展中的不足，提出了规范行业发展的意见和建议，会议气氛民主、热烈，发言积极踊跃。

▲3 月 22 日，农业部、财政部、劳动和社会保障部、教

育部、科学技术部、建设部共同做出《关于组织实施农村劳动力转移培训阳光工程的通知》（农科教发[2004]4号）全国阳光工程办公室设在北京市农展馆南里11号农业部科技教育司。

▲3月23日，建设部发出公告第219号《建设部关于公布批准的工程设计资质企业及第五批建筑工程设计事务所名单的公告》，公告指出，根据《中华人民共和国建筑法》和《建设工程勘察设计企业资质管理规定》（建设部令第93号），现将经我部审查批准的工程设计资质企业及第五批建筑工程设计事务所名单予以公布。其中有建筑装饰专项工程设计甲级资质企业74家，建筑幕墙专项工程设计甲级资质企业11家、乙级企业42家。

▲3月23日《北京晚报》报道，民政部近日宣布了对中国饭店协会的处罚决定。中国饭店协会因擅自修改章程，并超出章程规定的业务范围进行活动受到责令改正的处罚。据民政部有关负责人介绍，《社会团体登记管理条例》规定，社会团体制定或修改章程，应当在限期内报登记管理机关核准。中国饭店协会在未经登记管理机关核准备案的情况下，将擅自修改后的章程在网上公布，违反了《社会团体登记管理条例》的规定。

▲3月24日，浙江省建筑装饰行业协会三届二次常务理事会上，由协会秘书长陈孟坡提议，15位企业家增补为常务理事，其中有两位女企业家：温州云艺装饰有限公司总经理叶绿、浙江福田建筑装饰工程有限公司总经理张跃迅。这二家公司均为一级装饰施工、甲级装饰设计企业。

▲3月24日，江苏省建筑装饰协会发出《关于开展2003年度江苏省建筑装饰优秀企业评选活动的通知》（苏建装[2004]11号），条件有二条，一是纳税额：要求一、二、三级企业分别为120万元、60万元和10万元以上；二是主业产值：要求一、二、三级企业分别为4000万元、2000万元和300万元以上。

▲3月24日，浙江省建筑装饰行业协会家装委员会召开2003年度会员代表大会，成功地进行了会长的竞选，杭州新海洋油漆涂装工程有限公司总经理于有祥当选。在此之前，2004年1月该会材料委员会换届，以改革的精神进行了竞选上岗的尝试，产生了会长，得到了业内的肯定，浙江省民政厅民间组织管理局的领导指出，此举开创了浙江省行业协会工作的先河，也是协会工作的创新，新华社浙江记者站对此做了报道。2004年3月24日浙江省建筑装饰行业协会举行三届二次会员代表大会，会长董宜君在工作报告中特别指出了此事。

当日晚，浙江省建筑装饰行业协会在省广电集团音乐厅举行“浙江省建筑装饰行业‘亚厦杯’文艺汇演”，节目多来自装饰企业的自编自演，经来自中国建筑装饰协会、浙江省总工会、省建设厅、省民间组织管理局等有关方面的专家所组成的9人评比小组审定，浙江亚厦装饰集团选送的越剧选段《十八相送》被评为特别奖，浙江昆仑建设集团股份有限公司的滚龙珠《狮舞》、杭州二建装饰分公司的歌舞《中国人》和杭州康盛装饰工程有限公司的时装表演《健康之秀》荣获一等奖。

▲3月25日，青海省建设厅做出《2003年度外省进青建设队伍业绩考核结果的通知》（青建工[2004]60号），其中包括装饰企业。合格的有江苏金岛装饰工程有限公司、南京金马装潢工程公司、深圳市建筑装饰集团（有限）公司、深圳海外装饰工程公司、深圳市南利装饰工程公司、深圳广田装饰设计工程有限公司、沈阳远大铝业工程有限公司等7家装饰企业。不合格的有兰州宏达装饰工程有限责任公司、深圳粤航装饰设计工程公司、西安飞机工业装饰装修股份有限公司等3家装饰企业。

▲3月27日，建设部发出“建设部关于贯彻落实国务院《关于进一步加强安全生产工作的决定》的意见”（建质[2004]47号）。

▲3月28日，由建设部工程质量安全监督与行业发展司与中国建筑标准设计研究院共同编制的《全国民用建筑工程设计技术措施——建筑产品选用技术——建筑·装修》一书，近由中国计划出版社出版发行，全书大16开，400多页，定价58元。中国建筑装饰协会鲁心源、黄白等参加了该书的审查工作。

▲3月29日，福建省建设厅召开“全省建筑业工作会议”，强调2004年工作，包括加强装饰装修市场管理，重点是加强对家庭装饰装修市场的规范管理。省建设厅副厅长翁玉耀在大会上讲话指出：装饰装修是建筑业的重要组成部分，随着经济发展和生活水平的提高，装饰装修的作用日益显现，装饰装修产值在建筑业中所占份额越来越大，估计在30%以上，且与百姓的生活和身体健康关系重大。今年装饰装修市场管理重点是加强对家庭装饰装修市场的规范管理，各地要引导企业通过市场化运作，成立家装市场，鼓励装修企业进入家装市场，并加强对进场企业管理，建立质量管理、检测、投诉、协调、惩处机制，完善服务体系，既规范市场，又方便百姓，体现为民服务。加强对装修质量安全的监管，特别要加强装修室内环境质量的检测与验收，把好装修材料进场关，禁用对环境有污染的装修材料，要把室内环境污染及检测情况作为竣工验收必备条件。开展住宅小区菜单式装修成品房销售试点。

▲3月30日，广州市建筑装饰协会发出《关于开通广州市建筑装饰协会网站的通知》（穗建装协[2004]9号），网址：www.020.com.cn。

▲3月31日，吉林省延边朝鲜族自治州建设局发出《延边朝鲜族自治州建筑装饰装修工程管理暂行办法》（延州建制[2004] 14号）。

▲3月31日，由中国建筑装饰协会铝制品委员会和中国建筑装饰协会信息部共同编制的《建筑幕墙行业技术标准规范汇编》由中国建筑工业出版社出版发行，本书共十五部分：一是建筑结构、二是钢结构、三是幕墙、四是防火、五是防雷和采光、七是相关工程、八是物理检测、九是外窗检测、十是铝型材、十一是玻璃、十二是密封胶、十三是天然石材、十四是紧固件、十五是其他，共计98篇，是本书主编邱建辉和黄白组织付德安、刘智龙、张芹、穆伟、耿滨、张志华、刘晓东、黄庆文等业内专家从众多标准规范中优选

出来的。全书16开，530万字，547页，185元/册。此举填补了我国幕墙行业出版的一大空白，有利于幕墙工程质量提高，有利于幕墙行业科技进步，颇受业内欢迎。

四月

▲4月1日，建设部人事教育司召开“建设行业人才建设工作座谈会”，会议由杨忠诚、张其光副司长主持，建设部社团管理处处长刘平星、专业人才与培训处处长陶建明、劳动与职业教育处处长陈博，以及建筑、安装、造价、监理、房地产、规划、物业管理、市政和中国建筑装饰协会等9家协会的负责人与会，会议主题是贯彻中央人才工作会议精神，对行业队伍现状及培训工作现状进行调研，探索《行政许可法》实施后行业培训工作的新思路。会议指出，行业协会开展培训工作，当务之急是转变观念，不应再依靠行政指令性的方法，不一定要委托、要指令，应积极开拓培训新思路、新办法。会议强调，市场经济是业绩竞争、实力竞争、优势竞争，协会是取之不尽的金矿，要靠大家挖掘。

▲4月1日，北京市第十二届人大常委会第十次会议通过《北京市无障碍设施建设和管理条例》。

▲4月1日，上海市装饰装修行业协会家装专业委员会与上海市消费者权益保护委员会家庭装饰专业办公室联合发出《关于执行室内空气质量检测有关问题的通知》，通知指出，一是《住宅装饰装修验收标准》(DB31/31-2003)已于2004年3月15日起施行，凡于此日及其以后签订的《室内装饰装修施工示范合同》，室内空气质量应符合上述标准规定的要求；二是检测费用应由消费者承担；三是装饰企业如在广告、说明书等向消费者公开表示愿意承担全部或部分检测费用的，应视为合同要约给予履行；四是空气质量超标的，应分清是家装企业的还是消费者造成的，由责任者承担把返工费用；五是当事人发生纠纷的，可通过协商、调解、仲裁解决；六是检测单位应是经政府认证的。

▲4月1日，由宜昌市建筑装饰协会主办、主编的《宜昌市首届室内装饰设计大赛获奖作品集》出版，大16开，50页，彩色胶版印刷，比较精美。

▲4月1日，南京市建委、市房产管理局共同做出《关于加强南京市房屋装饰装修管理的通告》。

▲4月2日，大同市建筑装饰协会做出任免通知，原协会名誉会长许世立解聘，免去王志宏常务理事职务；聘请大同市建筑委主任秦志国为协会名誉会长，新增补常务理事：市工程质量监督站站长张俊来、市永达装饰公司总经理戴正东、市新概念装饰公司总经理王锁海。

▲4月4日～在4月15日，北京市发改委在《北京晚报》上公开征求《北京市物业服务收费管理办法》，网络点击达48874人次，共反馈意见1825份，集中在十大方面，其中第九方面为：不应该设立装修管理费项目。如果设立，应取消现行普遍收取的装修押金。

▲4月5日～6日，济南装饰协会受市建委和建管局的委托，组成专家组对济南市2003年度济南市境内的优秀装饰工程进行了评选。济南市自1998年起已经连续六年开展了优秀装饰工程的评选。通过这项活动的开展，有力的促进了济南市建筑装饰行业设计水平和工程质量的提高，推动了行业的发展。此次评选出的工程，与往年相比在技术水平和设计水平方面都有较大的提高，在设计方面更加新颖，出现了许多亮点，更加注重使用功能，时代性、文化性、地域性突出，个性鲜明，新材料、新技术应用更为广泛，工程质量水平普遍提高，社会效益和经济效益更为明显，代表了济南市的最高水平。

被评选为济南市2003年度优秀装饰工程的有11项：山东万得福装饰工程有限公司施工的颐正大厦内装、山东德泰装饰有限公司施工的颐正大厦内装、山东省永隆装饰工程有限公司施工的颐正大厦、深圳市深装总装饰工程工业有限公司施工的山师大外国专家留学生楼、山东万得福装饰工程有限公司施工的济南将军大厦、济南宏磊装饰工程有限公司施工的济南将军大厦、山东省装饰集团总公司施工的山东大学大鲁能信息科技研发综合楼、中建八局二建公司施工的山东省审计厅办公楼、山东展鸿华商装饰工程有限公司施工的泉城大酒店西楼首层大堂、山东福缘来装饰有限公司施工的槐荫区检察院办公大楼、山东富达装饰工程有限公司施工的济南长途汽车总站装饰改造工程。

▲4月6日，中共中央政治局常委、中央纪委书记吴官正日前到建设部视察中央纪委第三次全会及国务院第二次廉政工作会议精神落实情况，专题听取建设部等部门关于城市拆迁和清欠问题情况汇报。他指出，要坚持以“三个代表”重要思想为指导，按照中央的统一部署，加强城市拆迁管理，抓紧清欠建设工程款和农民工工资，切实维护人民群众的利益，实践“三个代表”重要思想，坚持立党为公、执政为民，我理解就是要做到为民、爱民、富民、安民，实现好、维护好、发展好人民群众的根本利益。中共中央政治局委员、国务院副总理曾培炎陪同检查并作了讲话，中央书记处书记、中央纪委副书记何勇一同参加了检查。

▲4月6日，大连市公安消防局发出《关于建筑内部装修工程采用装修材料有关问题的通知》(公消[2004]防字32号)，通知强调，装修工程应到公安消防报建和验收。

▲4月8日，建设部发出“关于印发《建筑施工企业主要负责人、项目负责人和专职安全生产管理人员安全生产考核管理暂行规定》的通知”(建质[2004]59号)。

▲4月8日，贵州省安顺市工商局发出《关于加强安顺市建筑装饰装修企业和装饰材料市场管理的通知》(安市工商[2004]21号)。4月13日，安顺市建筑装饰协会向会员企业转发了此文件。

▲4月9日，吉林省延边州建设局召开“2003年工程质量竞赛总结暨2004年工程质量监督工作会议”，表彰优秀，其中包括装饰行业，延边白山建筑装饰有限公司承建的白山大厦新楼客房、曼哈顿练歌厅装饰工程获吉林省优质工程奖；延边白山建筑装饰有限公司、延边迁禧装饰工程有限公司获省优企业；吉林延边天宇装饰有限现任公司韩英景、延边白山建筑装饰有限公司田合、延边志达装饰有限公司骆庆

与获省优秀项目经理。

▲4月12日～13日，为了全面贯彻十六大精神，坚持用新型工业化和高新技术改造传统产业，加快信息化建设步伐，是实现我国建筑装饰行业跨跃式发展和提高竞争力的根本途径。为此中国建筑装饰协会在北京华润饭店召开了来自全国39个城市有300位代表出席的“全国建筑装饰行业信息化建设工作会议”。会议的主要内容有六方面：一是听取建设部、中国建筑装饰协会、信息产业部、国家版权局等有关方面领导的重要讲话；二是听取6位来自建设部科技司、国务院发展研究中心、国家信息中心等有关部门领导、专家的专题报告；三是讨论通过中国建筑装饰协会提出的《关于建筑装饰行业信息化建设工作的若干意见》的文件；四是举办有19位业内专家、学者、企业家进行演讲的“网络投资与建设”和用于提高的“网络应用与管理”的二个专项论坛；五是同时召开有30个地方建筑装饰协会负责人参加的“全国建筑装饰协会媒体座谈会”并形成纪要；六是表彰113家“全国建筑装饰行业信息化先进单位”。

出席会议有建设部总工程师兼建筑市场管理司司长金德钧、建设部信息化领导小组副组长兼科技司司长赖明、国务院发展研究中心产业部副部长冯飞、信息产业部信息化推进司司长季金奎、国家版权局版权管理司副司长王自强、中国计算机用户协会秘书长于永顺、国家信息中心副主任胡小明、中国建筑装饰协会名誉会长张恩树、会长马挺贵、常务副会长兼秘书长徐朋等有关领导。开幕式和闭幕式由徐朋主持。本次会议系全行业首次召开，既是2003年9月“全国建筑装饰行业科技大会”的延续，也是中国建筑装饰协会为提高服务层次加强行业管理的重要措施。

▲4月12日，中国建筑装饰协会发出《关于开展全国室内建筑师技术岗位能力评审认证试点工作的通知》（中装协[2004]16号）。

▲4月12日，建设部办公厅发出《关于2004年第一季度全国建筑施工事故情况的通报》（建办质[2004]24号），其中包括：2月25日9时15分，由福建省惠安县建筑工程公司承建的晋江市霞行村行元大厦改造工程，施工人员在7至8层的竹脚架上凿打建筑外墙饰面砖时，竹脚手架架体超载失稳整体坍塌，造成5人死亡、7人受伤。

▲4月12日，《北京晚报》等媒体上公布，今年以来消费需求旺盛，以“住、行、讯”为代表的三大消费热点呈现旺销态势，一季度全市经济增长速度高达13.8%，再创10年新高，其中装饰材料增长67.6%。

▲4月15日，最高人民检察院、建设部、交通部、水利部共同发出《关于在工程建设领域开展行贿犯罪档案查询试点工作的通知》（高检会[2004]2号）。

▲4月15日，杭州市建筑业协会做出《关于公布2003年度杭州市先进建筑施工企业、优秀经理、优秀项目经理的通知》（杭建协[2004]10号），其中包括装饰企业。先进企业有浙江圣大建筑装饰有限公司。优秀经理有浙江圣大建筑装饰有限公司的陈萧耿、杭州天工装饰工程有限公司的封福良。优秀项目经理有浙江广通装饰工程有限公司的杨东栋、浙江富厦建筑装饰工程有限公司的耿协进、杭州大宇装饰有限公司的童霞、杭州天工装饰工程有限公司的金伟明。

▲4月15日，洛阳有色金属加工设计院原总设计师、中国建筑装饰协会四届理事会理事、铝制品委员会副秘书长刘智龙突发心梗不幸逝世，享年64岁，4月21日刘智龙追悼会在洛阳举行，中国建筑装饰协会铝制品委员会秘书长宋协昌、副秘书长邱建辉及刘智龙生前友好出席，他积极参加建筑装饰协会工作，为我国幕墙行业发展作出了重要贡献。

▲4月16日，上海市政府决定，长约2km的百年上海外滩将统一风格，褪去临滩建筑玻璃幕墙，以重现欧洲古典建筑外观为标志，全面恢复其“万国衣冠”的古典建筑形象，“复古”整治全面启动。

▲4月16日，四川省人大常委会8次会议批准修改《成都市建筑施工现场监督管理规定》，该规定为1997年7月23日成都市十二届人大常委会26次会议通过，同年经四川省八届人大常委会29次会议批准。2003年11月13日成都市十四届人大常委会2次会议通过。在总则中明确：本规定所指建筑施工现场，是指各类房屋建筑及其附属设施的建造、装饰装修和现其配套的线路、管道、设备的安装，以及市政基础设施工程施工场地。

▲4月19日，山东省建设厅和省建筑工程管理局共同发出《关于2004年山东省建筑装饰装修市场秩序专项治理工作的意见》。

▲4月19日，江苏省建工局发出《关于做好2004年全省住宅装饰装修施工企业资质年检工作的通知》（苏建管装[2004]2号），具体工作由省装饰装修发展中心负责。

▲4月20日，西安建筑装饰装修业协会做出《关于表彰“安全质量优秀企业”的决定》（西装协[2004] 007号），近几年来，我市建筑装饰企业认真贯彻执行国家和建设主管部门的各项政策法规，企业整体素质，综合管理水平和安全质量水平不断提高，涌现出了一批工程质量优、安全管理好的企业，受到了用户的好评。根据企业申报，评委考核评审，决定对8家“安全质量优秀企业”，在全行业中予以表彰：西安发记营造建筑有限公司、西安市鑫龙建筑装饰工程（集团）有限公司、西安市蓝码克装修工程（集团）有限公司、浙江省嵊州市环影装饰工程有限公司西安分公司、西安博亚装饰工程有限公司、西安北方环境工程有限公司、西安潮兴建筑装饰工程有限责任公司、陕西方圆装饰装修工程设计有限公司。

▲4月20日，为落实4月6日建设部科学技术司发出“关于征集‘执行《建设部推广应用和限制使用技术》公告需变动的技术标准规范’的通知”，中国建筑装饰协会召开专门会议给予落实，会议由副秘书长房箴主持，他指出，按照建设部的通知要求，我们一是要提出修订相应规范相应条款的建议，二是提出制订建筑装饰行业亟需规范的建议。与会的有协会信息部主任兼会刊《中国建筑装饰》主编黄白，质量技术部副主任熊翔、李卫青，信息咨询委员会专家组办公室主任鲁心源，施工委员会秘书长顾国华，材料委员会主任严克明、高级工程师尹惠兰，住宅装饰装修委员会（筹）

副秘书长张仁，中国建筑学会室内设计分会副会长饶良修，北京市贝丽亚建筑装饰工程有限公司总经理高建林，原深圳洪涛装饰工程公司技术顾问唐曾烈等参加了讨论。会议认为，相应规范相应条款修订的建议，可广泛征求业内意见，由施工委员会会同质量技术部办理，可上“中国建筑装饰网”；相应规范相应条款修订的建议，分轻重缓急，设计方面的可考虑室内设计文件深度规定、制图标准，室内设计节点、大样、详图集，幕墙装饰设计制图标准，施工方面可考虑公共建筑装饰工程施工规范，住宅装饰装修工程验收规范。

▲4 月 20 日，《北京晚报》报道，1996 年开始实施的《北京市建筑市场管理条例》大部分内容已不能适应目前北京市建筑市场管理的实际情况，其中规定的大部分管理方式和管理手段已被法律、行政法规规定的新的管理方式和手段所替代。为此，北京市政府建议废止这个条例。

▲4 月 20 日，《北京晚报》报道，当前北京市工商局受理的家装投诉增多，主要是家装公司未按合同约定使用装修材料，用户难讨“违约金”。

▲4 月 21 日，《北京晚报》以“打工妹工地厕所惨死能否适用工伤赔偿——法援中心苦寻遇害时间”为题报道：一名年仅 22 岁的外地女孩在工作地点上厕所时被歹徒残忍地杀害了，她究竟是不是在工作时间内遇害，能否申请工伤赔偿，所有的难题都留给了她年迈而困苦的双亲。4 月 20 日，在北京市东城区法律援助中心的帮助下，一场刑事附带民事赔偿的官司在二中院开庭。2003 年 9 月，河南来京的小娜在朝阳区一家社区服务中心找到了工作，签了为期一年的劳动合同后，被派到东城区一个高档住宅小区的 4 号楼当清洁工。11 月 6 日下午 1 时许，小娜到 4 号楼地下室上厕所时，遇到了正在楼里装修的民工宋喜军。因为地下室的厕所非常简陋，宋喜军发现里面有个年轻姑娘后就动了歹念。在小娜出来时宋喜军突然蹿出来，提出要与小娜发生性关系，在遭到严词拒绝后，宋喜军欲对小娜实施强暴。小娜拼命反抗，并大声叫喊求救，惊恐的宋喜军连续 3 次卡住小娜的喉咙，直到小娜停止了呼吸。

小娜的父亲张林得知女儿惨死的噩耗后，赶忙从河南老家来到北京。然而出事地点的物业公司称地下室还没建好，不属于自己管理，所以不应承担赔偿责任；社区服务中心则表示小娜根本不应该到地下室去，那里不是她的工作区域，因此中心没有责任。但是出于人道考虑，可以给予小娜的家人一万元以内的补偿。无奈的张林找到了东城区法律援助中心，法援中心当即选派了华鼎律师事务所的一级律师刘文元接手此案。此时恰逢新的《工伤事故赔偿条例》出台，工伤认定的范围扩大了，刘律师和法援中心决定为小娜申请工伤赔偿，所以认定小娜被害的时间就成了关键。几天后，东城警方破获了此案，抓住了宋喜军。北京市法医鉴定中心开具了小娜于 2003 年 11 月 6 日被害死亡的证明，然而因为鉴定上没有说明遇害的具体时间，依然无法证明小娜是在工作时间被害的，法援中心决定通过打一场刑事附带民事赔偿的官司，以确定小娜的遇害时间。在昨天的庭审中，31 岁的宋喜军对自己用残忍手段杀害小娜的犯罪事实供认不讳。他说自己一直未婚，平时经常看一些黄色录像，那天在厕所里听到小娜的声音便起了歹意。在法庭上，小娜的父亲张林第一次见到宋喜军，面对着杀死自己女儿的凶手，张林内心的悲愤溢于言表。北京市东城区司法局副局长王士中和东城区法律援助中心郭秀华主任说，小娜的案件和家庭情况正是法律援助的典型，他们会尽最大的努力，不仅要让凶手得到惩罚，也要为小娜的家人争得一些实际的经济赔偿。

▲4 月 22 日，建设部发出“关于印发《建设事业技术政策纲要》的通知”（建科[2004]72 号）。

▲4 月 22 日，《经济日报》报道，南京市民栗某入住新房才三个月，就发现他和他的母亲同时患上了血液性疾病——再生障碍性贫血，经南京市环境检测中心对其住房进行室内环境检测，发现甲醛超标 12.6 倍，挥发性有机物超标 3.3 倍。于是栗某将装饰公司告上法庭，经过长达 9 个月的审理，2003 年 7 月南京市玄武区法院做出判决，消费者胜诉获赔 59065 元。

▲4 月 26 日，建设部做出“关于批准《环境景观——亭廊架之一》等 25 项国家建筑标准设计的通知”（建质[2004]73 号），其中与建筑装饰工程有关的有三部：标准图《环境景观——亭廊架之一》，标准设计号 04J012-3，编号 GJBT-725，编制单位：中国建筑标准设计研究院、深圳市柏涛环境艺术设计有限公司。标准图《游泳池附件安装及设备选用》，标准设计号 04S107，编号 GJBT-736，编制单位：中国建筑标准设计研究院、中国游泳协会。标准图《室内消火栓安装》，标准设计号 04S202，编号 GJBT-737，编制单位：机械工业第一设计研究院。

▲4 月 26 日，杭州市建筑业协会发出《关于公布 2003 年度杭州市建筑工程“西湖杯”奖的通知》（杭建协[2004]11 号），共 83 个，其中有一批装饰企业获得参建奖：深圳市美术装饰工程有限公司装修的浙江省中医院综合病房楼、华鼎建筑装饰工程有限公司与浙江银建装饰工程有限公司共同装修的浙一医院门诊楼、杭州东升铝幕墙装璜有限公司装修的联银大厦、杭州鸿顺建筑装饰工程有限公司装修的杭州市采荷第二小学、浙江华天装饰工程有限公司装修的浙江省社会主义学院教学综合楼、浙江金鼎装饰工程有限公司装修的浙江省烟草公司联建大楼、浙江龙邦装潢工程有限公司装修的绿都世贸Ⅱ期 A 座和余杭区博物馆、杭州天工装饰工程有限公司装修的余杭国税大厦。

▲4 月 27 日～28 日，来自全国 23 个地区的建设行政主管部门、装饰协会、教育协会、大专院校、企业和培训机构的 39 名专家代表相聚北京，参加了由中国建设教育协会和中国建筑装饰协会共同召开的“建筑装饰行业工人职业技能培训与鉴定工作（首次）座谈会”，中国建设教育协会理事长李竹成和中国建筑装饰协会常务副会长兼秘书长徐朋出席会议并讲话。本次会议旨在装饰行业贯彻落实国家和建设部对技能型人才培养、把职业技能培训与鉴定工作扎扎实实开展起来，做细做好的精神和要求。

▲4 月 28 日，山西省建筑装饰协会做出《关于“2003 年度山西省建筑工程装饰奖”获奖工程的公告》（晋建装协

字[2004]4号)，共23项。同日还发出《关于表彰“2003年度山西省优秀建筑装饰企业和优秀项目经理”的决定》(晋建装协字[2004]5号)。

▲4月28日，上海市建委和市监察委员会共同做出《关于贯彻落实建设部2004年整顿和规范建筑市场秩序工作安排的实施意见》(沪建建[2004]263号)，总体目标有两个：一是建筑市场方面；二是家庭装饰装修市场方面。意见要求进一步加大对家庭装饰装修市场检查力度，家庭装饰装修企业公共道德、法制意识和诚信有明显提高；工程粗制滥造、材料以次充好、不履行装饰合同的不良行为得到有效整治；执行国家和本市住宅装饰装修强制性标准和规范的状况明显好转；加强行业自律，深入开展创建本市家庭装饰装修行业规范服务达标活动。家装市场的整顿重点是：重点查处施工单位擅自使用不符合国家标准和规范的装饰装修材料的行为，特别是地板假冒树种、以次充好；木器涂料和内墙涂料有害物质超标；人造板及制品中甲醛等有害物质限量超标等三大类家装问题。

职责分工：上海市装饰装修行业协会负责本市家庭装饰装修市场会员单位进行专项检查。工作步骤和时间安排：3月～5月由家装企业自查并整改，6月～8月由上海市装饰装修行业协会组织对家装企业的复查，9月～11月由市领导小组组织全面抽查，抽查率不低于20%。

▲4月30日，中国建筑装饰协会做出《关于表彰2004年全国建筑装饰工程优秀项目经理的决定》(中装协[2004]023号)，共165名。

▲4月30日，《北京青年报》等媒体上公布北京市工商局12315消费者投诉中心和北京市消费者协会统计的今年一季度全市投诉情况，装修材料在各类投诉中居第三位。

五月

▲5月9日，厦门市建筑装饰协会发表《关于我会人事变动的报告》，决定由厦门市建设与管理局城市执法管理处处长朱奖怀任会长，原厦门市建委计财处原处长洪乃命任秘书长。

▲5月10日，建设部发出“关于印发《关于外国企业在中华人民共和国境内从事建设工程设计活动的管理暂行规定》的通知”(建市[2004]78号)。

▲5月10日，中国建设教育协会和中国建筑装饰协会共同发出《关于开展建筑装饰工人职业技能培训和鉴定工作的意见》(中装协[2004] 027号)。中国建筑装饰协会公布《会议纪要》。

▲5月10日，中国建筑装饰协会召开“中国建筑装饰协会成立20周年活动筹备工作汇报会”，会议由常务副会长兼秘书长徐朋主持，参加会议的有副秘书长张京跃，综合部主任王毅强、副主任杜桂玲，行业发展部主任王本明，信息部主任兼会刊《中国建筑装饰》主编黄白，质量技术部李卫青，信息咨询委员会秘书长田万良，住宅装饰装修委员会(筹)副秘书长张爱宁，设计委员会(筹)副秘书长郭红星，《中华建筑报》副总编赵刚、张兵，《中国建筑装饰装修》副主编潘信群等。在听取了各相关部门负责人的汇报后，徐朋布置了文字工作的安排，他强调：协会成立20周年和家装会，是我们的制高点工作，对本届理事会是一个考验，活动的宗旨就是推动行业发展，提高我会对地方装饰协会、会员单位的凝聚力，对社会产生影响，有思想水准、业务水平，获得很好的结果；二是要研究行业关键性的问题，提升协会指导行业发展的能力，使本会成立领导中国建筑装饰行业的权威机构；三是要扎实工作，不惜力，务实；四是各相关部门一定要互相配合，主动支持。徐朋还向与会者介绍了新近调到协会综合部工作的董子华：男，56岁，原《中国建设报》记者部副主任，曾在深圳长城家具装饰工程有限公司任副总经理近五年，1986年到报社前在中建一局工作。

▲5月10日，石家庄市装饰协会发出《关于加强和改进家装委员会工作的意见》，意见指出，家装委员会的工作定位是石家庄市装饰协会的分支机构；家装委员会领导机构做出调整，协会会长刘亚东兼任家装委员会主任，副秘书长邹鸣杰主持日常工作，郑宜生副主任负责教育、培训、经验交流、职称评定、行业评优等工作，范林副主任负责制订行业制度、行业指导管理、咨询服务、受理并调解投诉等工作；家装委员会会员单位既为协会会员单位，区别是前者为钛金材质会员牌，后者为铜材质会员牌，只交一份会费。当前的重点工作：一是大力发展会员企业，同时加强行业自律，对投诉不断、信誉下滑、经帮助不改的会员企业，取消会员资格，不实行终身制；二是提倡良性竞争和诚信经营；三是修订《石家庄市住宅室内装饰装修工程施工合同书》；四是加强持证上岗培训；五是配合中国建筑装饰协会，抓好室内设计人员从业资格评定；六是组织好每两年一次优秀家装企业评选，建立行业信用等级制度；七是组织好每年两次业内交流，以强带弱，共谋发展。

▲5月12日，中国建筑装饰协会发出《关于举办中国建筑装饰协会成立 20 周年有关活动的通知》(中装协[2004]028号)，活动共有项：一是开中国建筑装饰协会会员代表大会(特别会议)；二是举办中国建筑装饰行业文艺演出大会；三是召开全国家装行业发展大会；四是举办建筑装饰行业部分协会工作者和企业代表座谈会；五是举办有关评选表彰活动；六、举办建筑装饰行业书法绘画摄影大展、编辑出版《中国建筑装饰协会成立20周年回顾与展望》文集。

同日，中国建筑装饰协会还发出《关于庆祝中华人民共和国成立55周年暨中国建筑装饰协会成立20周年文艺演出的通知》(中装协[2004]025号)，通知要求：晚会时间约100分钟，自编自演的节目16～18个，其中歌舞类占40%，曲艺相声小品类占25%，其他占35%。节目由各地方建筑装饰协会组织并推荐。组委会办公室主任：房箴，副主任：田万良、王毅强、张兵，成员：杜玲玲、杜桂玲。

▲5月12日，中国建筑装饰协会在杭州举行“全国建筑装饰工程优秀项目经理表彰大会”，中国建筑装饰协会会

长马挺贵出席大会，并发表题为“总结经验，再接再厉，努力创造更多精品工程”的讲话。165位受到表彰的项目经理，是从中国建筑装饰协会已评完三届、共389项的“全国建筑工程装饰奖”中挑选出来的，起到了良好的行业示范作用。刚更名的中国建筑装饰协会施工委员会承办了该活动。

▲5 月 14 日，在建设部党组召开的树立和落实科学发展观学习辅导报告会上，建设部党组书记、部长汪光焘作了题为“树立和落实科学发展观，推进建设事业持续健康发展”的报告。报告会由建设部副部长刘志峰主持，建设部副部长仇保兴、傅雯娟，中纪委驻部纪检组组长姚兵出席。汪光焘在报告中提出，树立和落实科学发展观，是全面贯彻“三个代表”重要思想和党的十六大精神的要求，是我们解决前进道路上面临的矛盾和问题，顺利推进全面建设小康社会的强大思想武器，是妥善应对我国经济社会发展关键时期可能遇到的各种风险和挑战的正确选择，是提高党的执政能力和执政水平的迫切需要。汪光焘强调，要全面正确认识当前的形势，贯彻好国务院的一系列政策措施，把思想真正统一到中央关于经济工作的部署上来，充分发挥好建设部的职能作用，以高度的政治责任感和紧迫感，加大工作力度，提高工作效率，保证国家宏观调控目标的实现。

▲5 月 14 日，贵州省遵义市建筑装饰协会发出《关于表彰 2003 年度遵义市装饰装修行业先进企业、先进个人的通知》[遵市装协（2004）03 号]，通知指出，为推动我市装饰装修行业健康发展，促进装修市场公平竞争，提高行业整体水平，形成比、学、赶、帮、互争先进的良好氛围，经各装饰企业推荐，协会理事会评选出 2003 年度遵义市装饰装修行业 4 家先进企业、4 位先进个人。先进企业：遵义市飞亚装璜有限责任公司、遵义雅高装饰有限责任公司、遵义润丰装饰工程有限公司、遵义市精汇装璜设计工程有限公司。先进个人：谭显明、沈必胜、夏晓东、李学中。

▲5 月 15 日～18 日，中国饭店协会、中国建筑装饰协会等单位共同在北京·中国国际展览中心主办“2004 年中国国际饭店业博览会”。期间，两会联合组织了“2004 年最佳酒店室内设计、建筑装饰工程企业、室内设计师”的推荐活动，经两会组成的专家共同评审，共评出 21 件最佳饭店设计作品、9 家最佳饭店建筑装饰工程企业和 20 位最佳饭店室内设计师。5 月 27 日，两会共同做出《关于表彰“2004 年最佳酒店室内设计、建筑装饰工程企业、室内设计师”的决定》。

▲5 月 17 日，建设部信息化工作的领导小组办公室和建设部科学技术司共同发出《关于召开建设领域企业信息化发展论坛的通知》（建科信函[2004]045 号），8 月 27 日～8 月 28 日北京国谊宾馆举行。中国建筑装饰协会曾于 2004 年 4 月 12 日～13 日在北京召开“全国建筑装饰行业信息化建设工作会议”。

▲5 月 17 日，中国建筑装饰协会召开“家装发展大会筹备工作会议”，会议由副秘书长房箴主持，参加会议的有协会常务副会长兼秘书长徐朋、副秘书长张京跃，有关部门综合部主任王毅强、董子华，行业发展部主任王本明，信息部主任兼会刊《中国建筑装饰》主编黄白，质量技术部副主任熊翔，信息咨询委员会副秘书长高世彦，《装饰名品》副主编郎志春，住宅装饰装修委员会（筹）副秘书长张仁、张爱宁、郭艳，设计委员会（筹）副秘书长郭红星，厨卫工程委员会秘书长张俊鹏，《中华建筑报》副总编张兵，装饰周刊主编李廉，《中国建筑装饰装修》副主编潘信群等。在听取了张仁的筹备策划方案后，与会者就会议宗旨、重点、论坛形式及内容等问题广泛地发表了意见。

徐朋指出，家装发展大会的宗旨有三个方面：一是提供行业交流的平台，促进家装行业发展；二是推动一次性装修成品房，引导科学消费；三是切实加强行业自律，做百姓放心、让百姓得实惠的工程。本次会议的标志性成果是发布《关于我国家装行业的指导意见》，应虚实结合，可操作性强，以体现本会对行业的指导能力。当前最重要的工作是调研，由王本明牵头。论坛的核心问题是报告题目和报告人，应分专业设置。我们要整理出国家有关家装的政策，以作为本次大会的背景，以表现出本会的政治修养和工作基础。房箴强调，从现在起家装发展大会筹备就进入实际操作阶段，要求有关各部门认真研究落实本次会议精神。

▲5 月 17 日，建设部人事教育司致文件中国建筑装饰协会《关于同意增补王毅强同志为副秘书长的批复》（建人教直[2004]26 号），批复指出，你会关于增补王毅强同志为副秘书长的报告收悉。经研究，同意你会增补王毅强同志为副秘书长。批复同时抄送建设部建筑市场管理司和社团第一党委。

▲5 月 18 日，原江苏省建筑装饰协会根据省政府“一业一会和同一行业设立行业协会”的要求，经省民政厅以苏民管[2004]36 号文件的批复，更名为“江苏省装饰装修行业协会”，该会发出更名通知（苏建装[2004]21 号）。目前我国地方装饰协会称“行业协会”的，已有 14 个。

▲5 月 18 日，西安建筑装饰装修业协会在西安好世界大酒店召开了“建筑装饰装修行业软件正版化大会”，会议由常务副秘书长赵洁心主持，参加的有西安市建委主任王德安、协会会长田自立、市装饰办主任白磊、市版权局处长赵甚荣、市建委设计处副处长张晓波、科教处处长耿玉龙、市装饰办副处级调研员黄柱子。此次会议旨在增强企业软件正版化的意识，使企业以最低成本完成软件正版化，避免不必要的版权纠纷。通过这次会议，西安装饰企业对软件正版化有了足够的重视和更深的认识，使企业在软件正版化的路上找到了一个高性比的解决方案，同时表达了西安市装饰行业对国产软件的支持。这是一个多方共赢的会议，使西安市装饰行业软件正版化工作迈上一个新的台阶。

▲5 月 19 日～21 日，由大连轻工业学院艺术学院与美国威斯康州立大学在大连市共同举办“2004 年大连国际室内设计教育研讨会”，共收到来自美国、英国、日本、韩国、南非、中国等 47 所大学的 54 篇学术论文。会议由大连轻工业学院艺术学院院长任文东教授与美国威斯康州立大学人文学院院长 Robin　douthit 教授共同主持，清华大学美术学院环艺系主任郑曙旸教授、中央美术学院王铁副教授等知名

学者到会作了演说。

▲5 月 20 日，建设部发出“关于印发《二级建造师执业资格考核认定指导意见》的通知”（建市[2004]85 号），要求各省、自治区、直辖市二级建造师考核认定工作原则应于 2004 年 10 月 31 日前结束。

▲5 月 20 日，中国建筑装饰协会建筑电气委员会在西安召开了“2004 年电气新产品、新技术新闻发布会”。加速电气产品的更新换代、促进行业的发展成为本次会议的宗旨。中国建筑装饰协会建筑电气委员会理事长花恒久、常务副理事长崔家勤参加了会议，会议期间邀请了建筑电气生产厂家、高等院校学者、各设计单位电气专家和设计人员、供电部门、房地产商、施工单位以及《西北建设报》、《西安晚报》、《三秦都市报》、《华商报》和《建筑电气资讯》等媒体参会。会议由崔家勤副理事长主持，上海惠隆科技公司、西安大兴电气有限责任公司、安耐奇新能源科技有限责任公司等厂家分别对各自的新产品及新技术作了详尽的介绍，西安交通大学、西北设计研究院等多名专家进行了专题讨论。最后由西安建筑科技大学信控学院教授、陕西省自动化学会智能建筑与楼宇自动化专业委员会主任任庆昌作了学术报告。

▲5 月 24 日，建设部直属机关工会发出《关于中国建筑装饰协会成立工会暨委员会选举批复》（建机工[2004]7 号），批复指出，2004 年 5 月 15 日报告收悉，经研究，同意你单位成立工会，工会由王毅强、李廉、黄白、王燕鸣（女）、李卫青（女）、张爱宁（女）等 6 名同志组成，王毅强任主席，李廉、黄白任副主席，王燕鸣任组织委员，李卫青任经费审查委员，张爱宁任女工及文体委员。中华建筑报工会也将成立。6 月 1 日，王毅强、李廉、黄白召开碰头会，研究了近期协会工会的工作。

▲5 月 24 日，贵州省遵义市建筑装饰协会发出《关于表彰荣获装饰工程质量奖的通知》[遵市装协（2004）05 号]，通知指出，为提高我市装饰行业整体水平，推动装饰企业不断创建精品工程，经装饰协会理事研究，决定设立装饰工程质量奖。经装饰企业积极申报，我们聘请有关专家对企业报送的装饰工程经审查资料、现场考察等严格评选程序，评选出我市装饰工程质量奖四项：遵义市飞亚装潢有限责任公司承建的遵义市红花岗区人大办公楼改造装饰工程，遵义市精汇装璜设计有限公司承建的卞氏菜根香遵义澳门店装修工程，遵义雅高装饰有限责任公司承建的中国交通银行遵义分行营业大楼装饰工程，遵义润丰装饰工程有限公司承建的遵义朝阳小学艺术中心楼装修工程。

▲5 月 27 日，吉林省建筑装饰业协会二届二次理事会在长春召开，理事长邱久才作了题为“团结奋斗　开拓创新　为繁荣吉林建筑装饰业而努力”的报告，他强调，全省装饰行业产值 23 亿元，其中家装为 12 亿元，协会要开创新局面。会议调整了协会理事会部分成员。

▲5 月 27 日，原国有独资深圳晶宫设计装饰工程公司与原上级主管深圳奥康德集团举行产权转让签约仪式，100%股权全部转让给晶宫员工，公司总经理沈俊强表示从此直面市场，大干一番。至此，深圳近改制全部民营的老牌装饰企业有深装集团、深装总、洪涛、黎源、美术、建艺、设计、南利、蛇口等企业。

▲5 月 28 日，中国建筑装饰协会发出“关于组织编制《民用建筑工程施工图编制深度图样》（建筑装饰）分册的通知”（中装协[2004]033 号）。

▲5 月 28 日，“中国建筑装饰协会建筑电气委员会 2004 年年会暨第二届中国建筑电气行业发展论坛”在北京·中国科技会堂召开。主要议题有：建筑电气行业现状及发展趋势，国内外建筑电气行业新产品新技术报告、我国低压电器出口形势报告，电气产品认证与国际标准，设计院电气工程设计体制改革，奥运工程电气招标与设计方案，小康社会的城镇化建设与建筑电气市场商机，信息化社会中的智能建筑，成功企业技术创新、营销模式与现代企业制度报告等。

中国建筑装饰协会名誉会长张恩树、常务副会长兼秘书长徐朋、副秘书长房箴、电气委员会副理事长崔家勤、中国电工技术学会常务副理事长周鹤良、中国电器工业协会副秘书长李峰、中国建筑学会建筑电气委员会原秘书长王炳霖、建设部住宅产业化专家委员会住宅部品组副组长陈燕、中国房地产业协会城市开发委员会秘书长王平以及中国建筑业协会和中国勘察设计协会等领导出席了会议。

▲5 月 28 日，江苏省建工局与省装饰装修行业协会共同颁发《江苏省建筑装饰优质工程奖评审办法》（苏建管质[2004]第 20 号）。

▲5 月 29 日，《北京晚报》报道：装修工牛世栋在为人装修时竟打起了抢劫的主意，并在入户抢劫过程中施暴杀死了一对母子。近日，33 岁的牛世栋为自己 10 年前的恶行偿了命———遵照北京市高级法院院长下达的执行死刑命令，北京市第二中级法院将牛世栋押赴刑场执行死刑。1994 年，牛世栋来到北京做装修工，好逸恶劳的牛世栋总对人抱怨没挣到什么钱。1994 年 8 月，牛世栋在为家住东城区的赵某家装修厨房时了解到，赵的丈夫炒股票有钱，平时只有赵某和孩子在家。心起歹念的牛世栋便预谋抢劫赵某家。在装修结束后一个月，牛世栋携带尖刀来到赵某家，刚好赶上赵家房门和防盗门都没锁。牛世栋闯入屋内向赵某索要钱财。赵某拒绝并跑到阳台向外呼救，牛世栋追上阳台，用刀向赵颈、头面、胸等处猛扎了数刀，赵某身子一软躺在了阳台地面上。这时牛世栋转身看到赵某 7 岁的儿子边跑边喊，他又蹿回屋里抓住孩子，连刺数刀。牛世栋连杀两人后抢走了一个红色手包，而包里除了钥匙、证件，只装着 2 元零钱。迅速逃离北京的牛世栋过起了隐姓埋名的生活。2003 年 3 月，隐藏在黑龙江省鹤岗市的牛世栋，在当地公安机关的严打整治行动中落网。至此，这桩悬案终于告破。

▲5 月 30 日，由大连市建筑装饰行业协会等单位共同主办的“第十一届大连国际城市建设装饰材料及配套设备展览会暨第二届大连住宅产业交易博览会”在大连星海会展中心举行，第四届（2004·科勒杯）大连室内设计大赛也同期召开，大连市副市长宋增彬、市建委主任孙吉春等领导在大连装饰协会秘书长杨昭富陪同下参观了展会。

六　月

▲6月1日，吉林建筑工程学院建筑装饰学院，是一所经教育部批准的独立学院，由吉林省建筑装饰集团有限公司全额投资，我国建筑装饰行业惟一一所大学，现建设校舍近10万m^2，建校5年来，现在全国24省市招生，已有12个专业的近3000名学生。吉林建筑装饰学院董事长、吉林省建筑装饰集团有限公司董事长孙爱东，是中国建筑装饰协会常务理事、吉林省建筑装饰业协会副会长。

▲6月2日，国家质检总局、国家发改委、商务部、建设部、公安部、国家工商总局、国家环保总局、电监会等部门在北京联合召开"全国建材市场专项整治工作电视电话会议"，会议确定2004年集中整治三类重点产品：一是钢铁行业的"地条钢"；二是装饰行业的家装污染危害人民群众身体健康的热点问题，以人造板为重点，加大对制售有毒害物质超标的室内装饰装修材料违法犯罪活动的整治力度；三是建筑行业的脚手架用钢管和扣件。主要措施：一是将监督重点下沉，着重抓农村地区和城乡结合部等执法薄弱环节；二是确定一批劣质人造板重点区域，开展集中整治；三是支持相关行业协会组织打假扶优协会网，开展政府与企业的联手打假。健全四项制度：一是落实打假责任制；二是进一步推进实施"黑名单"制度；三是重要情况报告制度；四是加强监督检查制度。会后九部委发出《关于深入开展建材市场专项整治工作的通知》（国质检执联[2004]240号）。

▲6月3日，建设部建筑市场管理司在北京国谊宾馆召开"建筑装饰、建筑幕墙以及轻型房屋钢结构、建筑智能化、环境工程、景观等六个专项设计资质标准修订会"，中国建筑装饰协会设计委员会（筹）秘书长田德昌、铝制品委员会秘书长宋协昌参会并发表意见。

▲6月4日，江苏省建设厅、省建筑工程管理局和省统计局共同发出《关于公布2003年度江苏省建筑装饰10强企业名单的通知》（苏建管综[2004]24号），依次是：苏州金螳螂建筑装饰股份有限公司、江苏苏鑫装饰（集团）公司、苏州苏明装饰有限公司、江苏建伟幕墙装饰工程有限公司、江苏合发集团有限责任公司、苏州工业园区美瑞德建筑装饰有限公司、苏州市华丽美登装饰装璜有限公司、常泰建筑装璜工程有限公司、江苏华盛装饰工程有限公司、无锡王兴幕墙装饰工程有限公司。10强中有5家在苏州，包括前三名金螳螂、苏鑫、苏明和第六、七名美瑞德、华丽美登。

▲6月6日，中国建筑装饰协会会刊2004年第6期刊登"我国家装政策法规要点及行业发展大事记"，由黄白撰写。

▲6月6日，《北京晚报》报道：如今有72%的北京人了解室内环境污染问题，倒退到2000年，"了解"的仅有39%。当装修工程或新买的家具出现污染问题时，50.5%的人会选择退换，36%的人表示会通过法律的手段来解决存在的污染问题，而两年前的调查数字分别仅为26.5%和9.5%。这是有关单位室内环境监测中心昨天公布的一项最新调查结果。调查显示，60.7%的被访者知道甲醛是目前城市居民住宅和写字楼室内的有害气体，比2002年36.5%的认知比例有了大幅提高。46%的被访者提到苯等挥发性气体是目前城市居民住宅和写字楼室内的有害气体，而两年前的提及率只有8%。但是目前消费者对放射性物质氡的危害认识不高，从调查看处于最低点。　对室内空气中有害物质的来源，93.2%的被访者知道室内装饰装修会造成室内环境污染；88.7%的被访者认为室内有害气体来自于建筑装饰材料（排在前三位的依次是油漆、内墙涂料和人造板），比2002年69.5%的认知比例有了显著提高。

▲6月8日~9日，中国建筑装饰协会在四川省九寨沟县召开了"2004年中国建筑装饰协会会长工作会议"，中国建筑装饰协会12位正、副会长参加了会议，浙江省、江苏省、重庆市、四川省建筑装饰协会会长也应邀参加了本次工作会议。会议由中国建筑装饰协会会长马挺贵主持并致词，常务副会长兼秘书长徐朋做工作报告。中国建筑装饰协会副秘书长张京跃、综合部主任王毅强、行业发展部主任王本明、信息咨询委员会秘书长田万良也参加了会议。

▲6月8日，苏州市装修装饰行业协会发布《关于授予2003年度"苏州市建筑装饰优秀企业"的决定》（苏装行协[2004]17号），同日与苏州市消费者协会公布《关于授予2003年度"苏州市住宅装饰诚信企业"的决定》（苏装行协[2004]18号）（苏消协发[2004]第17号），8月4日与苏州市建设局共同做出《关于授予2003年度苏州市第九届建筑装饰"天堂杯"优质工程的决定》（苏建质[2004]43号），同日，协会还做出《关于授予苏州市建筑装饰"天堂杯"（外省市）优质工程（市优）的决定》（苏装行协[2004]21号）、《关于授予2003年度"天堂杯"住宅装饰优质工程（市优）的决定》（苏装行协[2004]20号）。

▲6月9日下午，承担京民大厦西配楼游泳馆装修改造工程的北京锐标装饰装潢有限公司的施工人员，用聚氨酯防水材料对游泳馆地面做防水处理，此时另一组施工人员在游泳馆上方二层平台用氩弧焊接不锈钢扶手。溅落的焊花引燃了一层地面的聚氨酯防水材料起火，并迅速蔓延，尽管北京市消防部门立即出动了8个消防中队和1个特勤大队，36部消防车，还是导致10人死亡，39人受伤。事故发生后，北京市委书记刘淇，市委副书记、市长王岐山，公安部副部长白景富，市委副书记强卫等领导立即赶赴现场，刘淇、王岐山要求：全市建筑装修业要以此次火灾事故为鉴，认真执行消防安全制度，杜绝一切火灾隐患。

▲6月9日，北京京民大厦因装修造成特大火灾事故，北京市委书记刘淇，市委副书记、市长王岐山，公安部副部长白景富、市委副书记强卫等领导立即赶赴现场，刘淇、王岐山要求：全市建筑装修业要以此次火灾事故为鉴，认真执行消防安全制度，杜绝一切火灾隐患。当日下午北京市建委也召开了"安全生产紧急会议"，通报安全事故情况，北京市建委当日召开，北京市建筑装饰协会理事长朱希斌、常务副秘书长郭仁智参加。次日下午协会召开有130多家装饰企

业负责人参加的紧急会议，朱希斌传达了市委市政府市建委领导的要求，他强调，全市4000多个公装工地、50万户家装工地、装饰行业年产值1000多亿元、20多万从业人员（达到初中水平的不到30%），务必引以为戒。

▲6月10日，建设部部长汪光焘指出，建筑业是整个建设活动的总和，主要包括业主、工程咨询和承包商三部分。为此，建设部工作重点为：一是建立真正的市场主体，二是加强政府干预市场缺陷的能力。以提高竞争强度，建立公平市场环境。贯彻《行政许可法》的要点是，行业协会能够自律的政府不管。

▲6月10日，中国建筑装饰协会铝制品委员会迁址：北京市宣武区陶然亭路53号，邮编：100054，电邮：lx@wall21.com，电话：010-83515237、83516497、83530828。

▲6月10日，上海市装饰装修行业协会发出《关于开展2004年建筑室内设计师资格考核工作的通知》（沪装协[2004]第042号），通知指出，我会2002年、2003年对本市室内设计从业人员进行了资格评审认定工作，现已有2000名获得证书，根据国内外有关办法，现进行2004年建筑室内设计师资格考核。

▲6月11日，"2003年（首届）全国十大建设科技成就颁证暨《建设科技》专家座谈会"在北京新大都饭店举行，"十大建设科技成就"评选是在建设部科技司支持下，由建设部科技发展促进中心和《建设科技》杂志共同组织，经相关单位及各地建设行政主管部门推荐，经建设部专家委员会评审而产生的，其中有一项是关于建筑装饰行业的：第八项：幕墙系统工程技术的重大创新——大型建筑外墙生态智能系统——珠海市晶艺特种玻璃工程有限公司KGE。

▲6月14日～27日，中国建筑装饰协会应国际室内设计协会（International Interior Design Association 简称：IIDA）、美国建筑师协会旧金山分会（A Chapter of the American Institute of Architects San Francisco 简称：AIA San Francisco）和旧金山市市长助理Mark Chandler的邀请，组成12人的代表团，相继对美国的旧金山、费城、华盛顿、纽约、洛杉矶、夏威夷等六个地区进行了行业考察，期间访问了AIA San Francisco和IIDA，并进行了工作交流。

▲6月15日，176名中国装修技术工人赶赴雅典，参加奥运会临时场馆、展台建设和部分体育场的后期装饰装修工程。这是我国首次大规模向雅典奥运会派遣技工。据2004年6月12日《北京晨报》报道，雅典方面负责中国技工的食宿，人均月薪4000元人民币以上。

▲6月16日美国华盛顿《世界日报》以"汕头防弹玻璃美军有意采购——防弹效果更好，价格却只要一半"为题报道中国建筑装饰协会理事、汕头经济特区金刚玻璃幕墙有限公司董事长庄大建的事迹：在全球一片反恐、防恐气氛下，各国民用、商用乃至军用设施供不应求，面对庞大的反恐商机，广东汕头市郊一家民营玻璃厂，自行研制达到美国军方两倍标准的廉价防炸防弹玻璃系统，可综合防御爆炸、步枪射击、持续强力敲击以及火灾等，产品跻身国际市场。

据香港太阳报报道，汕头"金刚玻璃厂"董事长庄大建，12年前承包汕头濒临倒闭的国营玻璃厂，由生产挡风遮雨的普通玻璃，到加工幕墙钢化玻璃、节能玻璃，直至现在成功研制防火玻璃、防炸防弹等高科技玻璃产品。据报道，这种高性能防炸防弹玻璃的价格仅及外国产品的一半，每英尺约1270元人民币。庄大建透露，目前美军有意采购该种高于美国订定标准而价钱低过一半的廉价玻璃，重新装备美军装甲车，盼减少美军频遭袭击的伤亡。而解放军总装备部亦将该防炸玻璃系统列入采购计划。

▲6月18日，建设部综合财务司、住宅与房地产业司共同做出《2003年全国城镇房屋概况统计公报》，公报分三部分：

一是城镇房屋基本情况。到2003年底，全国城镇房屋建筑面积140.91亿m²，其中住宅建筑面积89.11亿m²，占房屋总面积的63.24%。东部、中部和西部房屋建筑面积分别为72.18亿m²、40.04亿m²和28.69亿m²，分别占全国城镇房屋建筑面积的51.23%、28.41%和20.36%。东部、中部和西部住宅建筑面积分别为44.67亿m²、25.84亿m²和18.6亿m²，分别占全国城镇住宅建筑面积的50.13%、28.99%和20.88%。

二是城镇居民住房水平。全国城镇人均住宅建筑面积23.67 m²，其中东部、中部和西部分别为25.06 m²、21.99 m²和23.05 m²。全国城镇户均住宅建筑面积77.42 m²，户均成套住宅套数0.83套。东部、中部和西部户均住宅建筑面积分别为78.96 m²、74.98 m²和77.32 m²；户均成套住宅套数分别为0.87套、0.78套和0.82套。

三是城镇私有（自有）住宅情况。全国城镇私有（自有）住宅建筑面积71.44亿m²，住宅私有（自有）率80.17%，其中东部、中部和西部私有（自有）住宅建筑面积分别为36.2亿m²、20.26亿m²和14.97亿m²，住宅私有（自有）率分别为81.05%、78.42%和80.47%。

▲6月18日晚，深圳市装饰行业协会成立18周年庆典晚会及颁奖大会，在绵绣中华剧场隆重召开。中国建筑装饰协会名誉会长张恩树、会长马挺贵、常务副会长兼秘书长徐朋、广东省建设厅副厅长陈英松、深圳市人大副主任宋枝旺、市副市长吕锐锋、市政协副主席周长瑚、市总工会副主席梁耀发、市建设局副局长黄瑞、总工程师李荣强以及市民政局、工业经济联合会、建筑业协会的领导、市装饰行业的企业代表5000多人出席了大会。会议进行了大型文艺歌舞演出，600多位演职人员参演。

演出过程中，分别对获得"深圳市装饰行业优秀企业"的39家企业；获得"深圳市装饰行业达标装饰企业"的17家企业；获得"深圳市装饰行业设计作品奖"的150家企业及个人；获得"深圳市装饰行业金鹏奖"的75项工程进行了表彰。并在晚会现场颁发了奖杯、奖状和证书，将晚会气氛一次次推向高潮，使深圳市装饰行业洋溢在欢乐、胜利的喜悦之中。

▲6月22日，江苏省装饰装修行业协会做出《关于表彰2003年度"江苏省建筑装饰优秀企业"的决定》（苏装协[2004]28号）、《关于表彰2003年度"江苏省优秀家庭装饰

示范企业”的决定》(苏装协[2004]29 号)。

▲6 月 22 日，江西省建设厅印发“关于发布江西省地方标准《歌舞娱乐场所消防安全技术标准》的通知”(赣建设[2004]25 号)。这在全国还是第一部。

▲6 月 22 日，无锡市装饰协会做出《关于表彰 2003 年度“无锡市装饰优秀企业”的决定》(锡装协[2004]05 号)。

▲6 月 23 日，青海省发展和改革委员会发表《关于加快我省行业协会发展与改革的意见》。

▲6 月 25 日，中华全国总工会副主席、书记处第一书记张俊久在广东省、深圳市工会负责人的陪同下，专门听取了深圳市装饰行业协会工会关于签订工资协商协议、探索行业工会发展新路子的工作汇报，并给予肯定。

▲6 月 26 日，安徽省十届人大常委会 10 次会议通过“关于修改《安徽省建筑市场管理条例》的决定”，明确“装饰装修工程的设计、施工”必须遵守本条例。原条例是 1995 年 12 月 30 日安徽省八届人大常委会 21 次会议通过的。

▲6 月 28 日，公安部消防局主持召开国家标准《建筑内部装修防火施工规范》审定会，主编单位是中国建筑科学研究院防火所。2003 年 10 月 25 日，公安部消防局在中国建筑科学研究院召开“国家标准《建筑内部防火施工及验收规范》送审稿审查会”。中国建筑装饰协会信息部主任兼《中国建筑装饰》主编黄白作为审查委员会成员参加了审查会。

▲6 月 28 日，杭州市建委做出“关于废止《杭州市城建档案和科技档案保密规定》等 40 个文件的通知”(杭建法发[2004]528 号)，通知指出，为一更好地贯彻实施《行政许可法》，根据市政府办公厅杭政办函[2003]174 和 306 号文件精神，我委对 2003 年 12 月 31 日前印发的文件进行了清理，经委办公会审议，决定废止《杭州市城建档案和科技档案保密规定》等 40 个文件，自公布之日起停止执行。有关装饰装修的包括四件：1996 年 7 月 7 日颁发的《关于加强杭州市建筑装饰设计管理的通知》(杭建规发[1996]266 号)、1996 年 7 月 10 日公布的《杭州市建筑装饰工程质量监督暂行办法》(杭建管[1996]118 号)、1999 年 6 月 23 日公布的《关于进一步加强和规范建筑门窗、建筑幕墙生产许可管理的通知》(杭建工发[1999]294 号)、2000 年 3 月 15 日颁发的《关于实行住宅初装修和推广一次成型装修房的通知》(杭建房[2000]40 号)。

▲6 月 30 日，建设部做出“关于印发《建设行政许可听证工作规定》的通知”(建法[2004]108 号)、“关于印发《建设部机关行政许可责任追究办法》的通知”(建法[2004]109 号)、“关于印发《建设部机关对被许可人监督检查的规定》的通知”(建法[2004]110 号)、“关于印发《建设部机关实施行政许可工作规程》的通知”(建法[2004]111 号)四个文件。

▲6 月 30 日，上海市装饰装修行业协会召开“落实上海家装行业规范服务达标验收标准考评动员大会”，182 家首批参加验收的家装企业积极响应，协会出版发行了《上海市家庭装饰装修行业规范服务达标验收标准宣传手册》，并设立了监督热线：021-63743803。

七月

▲7 月 2 日，建设部部长汪光焘签署建设部令第 127 号“建设部关于废止《城市房屋修缮管理规定》等部令的决定”，决定指出：《建设部关于废止<城市房屋修缮管理规定>等部令的决定》已于 2004 年 6 月 29 日经建设部第 37 次常务会议讨论通过，现予发布，自发布之日起生效。废止的建设部部令共六个：《城市房屋修缮管理规定》(建设部令第 11 号，1991 年 7 月 8 日发布)、《城市供水企业资质管理规定》(建设部令第 26 号，1993 年 2 月 4 日发布)、《建筑装饰装修管理规定》(建设部令第 46 号，1995 年 8 月 7 日发布)、《城市车辆清洗管理办法》(建设部令第 47 号，1995 年 8 月 7 日发布)、《城市燃气和集中供热企业资质管理规定》(建设部令第 51 号，1996 年 7 月 1 日起发布)、《村镇建筑工匠从业资格管理办法》(建设部令第 54 号，1996 年 7 月 17 日发布)。

2002 年 11 月 1 日国务院做出了《国务院关于取消第一批行政审批项目的决定》(国发[2002]24 号)，其中，国家经贸委被取消 46 个，包括装饰企业的资质审批。建设部被取消 135 项，包括“房屋装饰装修审批”(序号 318)，当时设定的依据是《建筑装饰装修管理规定》(建设部令第 46 号)。

▲7 月 3 日，《北京晚报》公布北京市“12315”投诉举报中心总结今年上半年全市产品质量投诉情况，商品类和服务类均有上升趋势，其中服务类投诉更是猛涨五成之多。商品类投诉量居前三位的分别是：家电、百货、装修材料类——主要问题是材料的房屋。服务类投诉居前三位的分别是：中介咨询服务、居民服务、装饰装修服务类——主要问题是经营者提供的材料经检测甲醛超标或存在其他质量问题，不赔偿消费者损失，经营者在约定时间内未完工、不支付违约金。

▲7 月 3 日，江苏省装饰装修行业协会在南京举行“江苏省装饰装修行业文艺汇演”，共报送节目 34 个，其中 1/3 是由装饰企业原创。中国建筑装饰协会常务副会长徐朋、副秘书长房箴，江苏省建管局局长高学斌、副局长顾颜晴、汪士和、杜学伦、赵华中，江苏省装饰装修行业协会会长毛家泉等有关方面领导观看演出。7 月 28 日，江苏省装饰装修行业协会做出《关于表彰江苏省装饰装修行业文艺汇演获奖节目和优秀组织单位的决定》(功装协[2004]34 号)。

▲7 月 5 日，建设部部长汪光焘发布中华人民共和国建设部令第 128 号《建筑施工企业安全生产许可证管理规定》，包括装修工程的新建、扩建、改建和拆除等有关活动的企业。

▲7 月 7 日，成都市建筑装饰协会做出《关于表彰 2004 年度成都市建筑装饰“金蓉杯”获奖工程的决定》(成建装字[2004]027 号)，7 月 9 日发出《关于表彰“成都市 2004 年度建筑装饰工程优秀项目经理”的决定》(成建装字[2004]028 号)，7 月 14 日，《关于公布“成都市第五届建筑装饰设计作品大赛”获奖单位、个人及作品的通知》(成建装字[2004]029 号)，同时公布的还有 2004 年度 10 名优秀装饰设计师。

▲7 月 8 日，中国建筑装饰协会会长马挺贵在协会行业发展部主任王本明、北京市建筑装饰协会理事长朱希斌的陪同下，先后考察了北京市大钟寺蓝景丽家家居广场、万家灯火装饰城、元洲装饰公司、东易日盛装饰公司，重点了解企业的运作思路、管理机制等方面的问题，为开好家装发展大会进行调研。

▲7 月 9 日，中国建筑装饰协会收到建设部人事教育司直属处的《调研提纲》，共六条：一是政府哪些工作应转移或委托给社团来做？二是社团应具备哪些条件来承接政府转移或委托的工作？三是社团自养自律机制建设方面做得如何，采取了哪些措施？政府对社团的管理哪些方面应该加强，哪些方面需要弱化？目前社团在发展中面临的问题与困难是什么？对今后社团发展有何好的建议和意见？

▲7 月 9 日～10 日，合肥市建筑业管理局召开“2004 年上半年工作总结大会”，局长张长准在讲话中也总结了装饰工作，认为规范管理，装饰市场发展趋势良好，表现在三个方面：一是加大对装饰市场的查处力度，无资质的施工现象得到一定整治，上半年对查出的 41 家无资质证书的装饰“公司”，在责令停止经营活动的同时，通过新闻媒体和信息网进行曝光，从而加大对装饰市场的整治力度，有力地打击无资质企业的非法经营，以逐步规范装饰市场和施工企业行为；二是完善装饰工程质量监督体系，强化工程质量监督，把装饰工程质量监督管理与促进企业自身建立质量管理体系结合起来，从企业源头抓好装饰工程质量；三是举办装饰、建材展示会，规范市场管理。为规范我市家装市场管理，正确引导家装消费，今年春季我们在省博物馆兴办了“合肥市 2004 年春季装饰、建材展示会”，共有 56 家单位同台参展，其中装饰企业 30 家（外地进肥企业 4 家），建材市场 3 家，建材商 23 家，到场参观咨询的人数近三万人次，消费者与参展企业签订意向设计协议 150 余份，交易额达 500 多万元，展会的成功举办，标志着合肥市家装业呈现出更规范、良好的发展趋势。

2004 年下半年工作重点是整顿建筑装饰市场秩序，加强对装饰市场、施工队伍（包括外来进肥装饰企业）以及从业人员的监督管理，加大对违法行为的查处力度，继续对无资质的企业进行专项检查整治，使无照、无资质的施工得以有效控制，促进装饰装修业走向规范有序发展。

▲7 月 9 日～11 日，建设部建筑市场管理司在北京九华山庄组织“2004 年甲级建筑装饰设计专项资质初审”，具体工作由中国建筑装饰协会负责。

▲7 月 10 日，中国建筑装饰协会发出《关于中国建筑装饰协会秘书处部门负责人聘任的通知》（中装协会[2004]037 号），通知说，经中国建筑装饰协会会长办公会研究决定，聘任董子华为秘书处综合部副主任。

▲7 月 12 日，建设部做出“关于批准《钢筋焊接网混凝土楼板与剪力墙构造详图》等二十项国家建筑标准设计的通知”（建质[2004]116 号），其中有关装饰工程的有三项：编号 GJBT-751，标准设计号 04J114-2，中国建筑标准设计研究院新编标准图《石膏砌块内隔墙》；GJBT-752，04J601-1，中国建筑标准设计研究院新编标准图《木门窗》；GJBT-753，04J621-2，中国建筑标准设计研究院和长春现代门窗科技有限公司合编标准图（代替 00J621-2）《电动采光排烟天窗》。

▲7 月 12 日，常州市建筑装饰协会做出《关于表彰 2004 年常州市家庭装饰优质工程的决定》（常装协[2004]10 号）和《关于表彰 2004 年常州市建筑装饰优质工程的决定》（常装协[2004]11 号）。

▲7 月 13 日，建设部办公厅对中国建筑装饰协会请示作了批复，批复指出，经研究并征得分管部领导的同意，同意你会召开全国住宅装饰装修发展大会。希望会议能围绕着规范装饰装修行业，加强企业诚信建设和探索解决室内装饰装修污染这几个主要问题，务求通过这次会议，促进住宅装饰装修行业的健康发展。

▲7 月 13 日，深圳市装饰行业协会家装委员会召开“家装工程招投标意向会议”，会议认为，此项行业管理制度，将推动家装业更加规范有序发展。

▲7 月 14 日，青海省人民政府办公厅发出《关于印发规范和发展行业协会暂行规定的通知》（青政办[2004]135 号）和《关于培育发展行业协会的指导意见》（青政办[2004]136 号）。

▲7 月 14 日～15 日，中国建筑装饰协会会长马挺贵在副秘书长张京跃、材料委员会主任委员郑纪文等陪同下，考察了北京森华人造板有限公司、北京陶瓷厂、北京森德散热器厂和北京诚外城家具装饰材料市场、十里河灯具市场等装饰材料生产、供应厂商，马会长表示，装饰材料生产、供应的优劣，直接关系到装饰工程产品的质量，本会将在评选“全国建筑工程装饰奖”的过程中，推荐一批优秀的装饰材料生产、供应厂商和名牌产品，希望饰材生产、供应厂商向装修承包商以至投资者、消费者提供更优质环保的产品。

▲7 月 16 日，杭州市建筑装饰协会与市建筑业协会共同举办学习《行政许可法》讲座，邀请浙江省建设厅法规处处长管建平作辅导报告。会议指出，行业协会要贯彻《行政许可法》，实现行业自律管理。

▲7 月 17 日《北京晚报》报道，北京市朝阳区检察院以涉嫌“重大责任事故罪”，对北京京民大厦特大火灾中的 4 名主要直接责任人批准逮捕。这 4 名主要涉案嫌疑人分别是：北京锐标装潢公司法人代表张道醇；锐标公司项目经理朱家龙；锐标公司焊工队长陈宝东；锐标公司瓦木油工队长田和朋。

自 6 月 9 日京民大厦特大火灾发生以后，有关部门立刻组成了事故调查组对该起事故开展调查，并先后对张道醇等事故直接责任人进行了刑事拘留审查。公司项目经理朱家龙为现场施工负责人，在施工过程中，朱家龙安排陈宝东任队长的焊工队负责游泳池二层不锈钢栏杆的焊接；安排田和朋任队长的瓦木油工队负责改造游永池一层防水层。但张道醇和朱家龙二人均未对两个施工队的有关人员进行必要的安全防护教育培训。事故当天 13 时许，瓦木油工队的工人在游泳池一层地面涂刷聚氨酯防水涂料时，发现焊工也在二层作业，因一二层之间无隔离层，遂将此情况报告给朱家龙及田和朋。但田和朋为赶工期，让工人趁焊工休息时继续施工；而朱家龙则要求焊工队队长陈宝东用木板对两个作业区进行简单隔离，并继续施工，致使焊工作业时焊接渣掉落到防水涂层上引起火灾，并造成11人死亡、37人受伤。

▲7月18日，黑龙江省建筑装饰协会第二次会长工作会议在辽宁省沈阳市召开，会议由秘书长吴景阳主持。会议首先由常务副会长柴千做协会2004年上半年工作总结和下半年工作计划，会议审议通过2003年度黑龙江省建筑装饰优秀企业、优秀项目经理名单、黑龙江省建筑装饰优质工程奖（龙江杯）获奖工程名单。会议以全票通过宋执卿为黑龙江省建筑装饰协会会长，高立志、王军增补为协会副会长。

▲7月19日，为进一步规范物业服务收费行为，提高物业服务收费透明度，维护业主和物业管理企业的合法权益，促进物业管理行业的健康发展，根据《中华人民共和国价格法》、《物业管理条例》和《关于商品和服务实行明码标价的规定》，国家发展和改革委员会和国建设部共同制定并发布了《物业服务收费明码标价规定》。

▲7月19日，成都市建筑装饰协会发出《关于表彰“成都市2004年度建筑装饰工程优秀项目经理”的决定》（成建装字[2004]028号），通知指出，为了大力提高我市建筑装饰行业的整体水平，激励广大项目经理发挥更大的积极性、创造性、多创精品工程，以提高企业的知名度和市场竞争力，经研究，决定表彰李波等15名项目经理为“成都市2004年度建筑装饰工程优秀项目经理”。望受表彰者再接再厉，永攀高峰。更望各单位的项目经理们向他们学习，努力提高项目施工管理水平，争创优质工程，为成都经济跨越式发展贡献自己的最大力量！这15位优秀项目经理是：李波、丁晶、姚文明、刘杰、黎辉、刘春江、 曾海东、刘先云、晏平、吴耀勇、王常海、丁涛、陈志刚、曾建华、严利民。

▲7月20日～22日，根据业内的呼声和《行政许可法》的实施，中国建筑装饰协会起草了《住宅装饰装修企业行业准入与清出自律管理办法（试行）》，征求了部分省市建筑装饰协会的意见，分别在石家庄、杭州、沈阳，与河北省建筑装饰协会与石家庄市装饰协会、浙江省建筑装饰行业协会、辽宁省装饰协会、吉林省建筑装饰业协会家装委员会共同组织的征求意见座谈会，其思路、管理框架得到了充分肯定，认为这是业内盼望已久的大好事，恰逢其时，应尽快出台，并提出了相应的修改意见。

管理办法起草小组回来后经修改，形成送审稿，在7月23日中国建筑装饰协会20周年筹备工作会上研究讨论，得到一致赞同，会议认为经过大家艰苦努力终于找到了一个可行的行业管理的突破口和切入点，同时提出了使办法中条文更加严谨的意见。经中国建筑装饰协会会长办公会议审议通过后，即在全国部分地方进行试点。

▲7月27日，建设部办公厅做出《关于对中国房地产及住宅研究会等四单位擅自举办行业性评比活动的通报》（建办住房[2004]62号），通知指出：根据一些地方和单位的举报并经初步查实，中国房地产及住宅研究会、建设部城乡规划管理中心、建设部科技发展促进中心、中国风景园林学会未经批准，在近期擅自举办“2004年全国人居经典建筑规划设计方案竞赛”活动，引起了强烈反响；个别新闻媒体还将其误导为是建设部等单位主办的中国房地产最高奖项，严重影响了建设部的声誉。鉴于中国房地产及住宅研究会等四单位擅自举办的行业性评比活动，违反了《建设部关于严格控制评比、达标、表彰活动的管理办法》（建办[2001]38号）、《建设部办公厅关于坚决制止各种乱评比活动的通知》（建办秘[2002]52号）、《关于不得开展商业性评比活动的通知》（建办秘[2003]45号），部决定对中国房地产及住宅研究会、建设部城乡规划管理中心、建设部科技发展促进中心、中国风景园林学会通报批评；并责成上述四家主办单位立即自查自纠，消除影响，将整改情况报部。

通知强调，部机关各单位、部属各单位和部管各社会团体，要引以为戒，严格执行建办[2001]38号文件等规定，不得擅自举办行业性评比活动，更不得开展商业性评比活动；确需开展的行业性评比活动，必须经分管副部长同意后方可进行。各地建设行政主管部门和部系统的企业、事业单位，也要提高识别能力，严防受骗上当。

▲7月28日，中国建筑装饰协会召开“2003年度中国建筑装饰行业百强企业审定会”，再次确定了评审原则以及方式方法。会议由百强企业评价推介活动组委会主任、中国建筑装饰协会副秘书长房箴主持，参加会议的有中国建筑装饰协会常务副秘书长徐朋，百强企业评价推介活动组委会副主任、中国建筑装饰协会信息部主任兼会刊《中国建筑装饰》主编黄白，组委会办公室副主任、《中华建筑报》总编助理朱时均。

▲7月28日，浙江省建筑装饰装修行业协会幕墙专业委员会召开成立大会，中国建筑装饰协会副秘书长张京跃、省协会会长董宜君等有关方面负责人及首批40多家会员企业代表出席，会议选举省协会副会长、中南集团总经理吴建荣为幕墙委会长。

▲7月29日，中国建筑装饰协会召开“庆祝协会成立20周年筹备分工会议”，筹备工作进入倒计时，会议由副秘书长房箴主持，副秘书长王毅强作分工说明，常务副会长兼秘书长徐朋作动员，会长马挺贵作会议小结。庆祝活动组委会，组长：徐朋，副组长：房箴，成员（8人）：张京跃、王毅强、郑纪文、田万良、黄白、王本明、张爱宁、王燕鸣。下设六个小组（确定了各自的工作内容）：

会务组，组长：王毅强，副组长：田万良、王燕鸣，成员：高世彦、杜桂玲、张军莉、张兰美、张颖、刘超，信息委、培训中心有关人员。

文件组，组长：王本明，副组长：董子华、郭红星，成员：刘剑、宿玲。

联络组，组长：黄白，副组长：张爱宁、张仁，成员：高俊、郭艳。

宣传组，组长：邓千，副组长：董子华、于冰，成员：李廉、朱时均。

展览展示组，组长：田万良，副组长：高世彦、张振路，成员：信息委、材料委有关人员。

演出工作组，组长：房箴，副组长：张兵、杜桂玲，成员：张文、张春艳。

九个分项活动负责人：开幕式及内蒙古苏尼特左旗希望小学捐款仪式——王毅强，学术报告会——王本明，五届二次会员代表大会——张京跃（颁奖——田德昌、顾国华、杜桂玲），文艺晚会——房箴、张兵，家装发展大会——房箴、张爱宁、张仁（论坛•管理——张爱宁、设计——于冰、成品房——王本明），百强企业授牌仪式及经验交流会——邓千、朱时均，协会工作者、专家、企业家座谈会——张京跃、黄白，书画摄影展——张仁，希望小学设计方案及图纸——田德昌。

徐朋在动员讲话中强调，这是第五届理事会的制高点工程，务求全胜，不能出大差错。马挺贵指出，本次会议，分工明确，责任落实，协会20周年庆祝活动层次高、内容丰富、涵盖面广，是难得的行业发展机遇，是协会工作水平的集中展示，希望大家咬咬牙，全力百米冲刺。

参加会议的有协会秘书处各部门全体工作人员及相关专业委员会的负责人：王本明、黄白、张兰美、高俊、杜桂玲、董子华、张军莉、刘超、张效平、熊翔、李卫青、王燕鸣、樊淑玲、宿玲、田万良、高世彦、张爱宁、张仁、张颖、郭艳、顾国华、沈绶章、田德昌、郭红星、宋协昌、华敬友、张振路、张仲玲、李廉、朱进均、张兵、于冰、高峰等。

▲7月29日，中国建筑装饰协会召开“庆祝中国建筑装饰协会成立20周年协会会员系列表彰审定会”，系列表彰包括协会贡献奖、优秀协会工作者、优秀协会、优秀会员单位四部分，会议细化了评审的原则以及方式方法。会议由中国建筑装饰协会副秘书长房箴主持，参加会议的有副秘书长兼综合部主任王毅强、综合部副主任杜桂玲、信息部主任兼会刊《中国建筑装饰》主编黄白、行业发展部主任王本明。

八　月

▲8月1日，湖北省宜昌市建筑装饰协会与市建设局建设工程质量检测站共同成立室内空气有害物质检测分站，主要检测TVOC、甲醛、苯、氡四项，收费：公装800元/点（四项），家装1000元/户，可任选其中两项，每项不少于300元。

▲8月2日，江苏省人民检察院、省监察厅、省建设厅和省建筑工程管理局共同发出《江苏省工程建设领域违纪违规防治办法》（苏建监[2004]272号）。

▲8月3日，原南京市建筑装饰协会经市民政局宁民社[2004]196号文件批准更名为：南京市装饰行业协会。

▲8月3日，安徽省建筑装饰协会召开第二届会员代表大会，中国建筑装饰协会名誉会长张恩树、安徽省建设厅厅长谢志平出席大会，大会听取了李增堂作的安徽省建筑装饰协会第二届会员代表大会筹备工作报告，听取和审议通过王金平作的大会工作报告，大会宣读并审议《安徽省建筑装饰协会章程》、《安徽省建筑装饰行业协会会费管理办法》、《安徽省建筑行业自律公约》，通过了省装协第二届理事会理事名单、常务理事名单和理事会名誉会长、会长、副会长、秘书长和法人代表名单。名誉会长：刘梅生，会长：王金平，副会长：李增堂、王晓魁、谢发明、卫先嘉，秘书长兼法人代表：陈幼年。

张恩树、谢志平在大会上讲了话，对大会召开表示热烈祝贺，肯定了协会几年来取得的成绩，指出协会今后要做的工作和发展方向。会后张恩树在李增堂陪同下走访了合肥建工装饰工程有限公司今年申报的优秀建筑装饰奖工程项目、皖龙港装饰公司和佳饰家建材装饰市场。

▲8月4日，黑龙江省鸡西市建筑装饰协会发出《关于表彰2003年度鸡西市优秀建筑装饰装修设计、施工工程的决定》（鸡装饰字[2004]6号），决定指出，为了推动我市建筑装饰装修业的水平不断提高，经评审小组评定出鸡西市2003年度优秀建筑装饰装修施工项目6项、优秀建筑装饰装修设计3项。希望各被评上的装饰装修设计施工企业，不断为提高我市建筑装饰装修水平而努力。

优秀工程有：鸡西市德业装饰公司施工的镪粤美食城，鸡西市阳光装饰装修公司施工的市政府五楼办公室、会议室，鸡西市昊月装饰工程有限公司施工的上海滩休闲广场，鸡西圣缘装饰装修公司施工的电业局客服中心会议室，鸡西圣缘装饰装修公司施工的电业局客服中心实验室，鸡西市晨耀装饰公司施工的鸡西饭店。优秀设计有：鸡西市德业装饰公司设计的镪粤美食城，金画笔电脑设计培训中心设计的鸡西市博物馆顶棚，金画笔电脑设计培训中心设计的虎林市政府会议室。

▲8月6日，上海《解放日报》发布“诚信企业榜”，在说明中指出：日前国家工商管理总局向社会公布了1329家2003年全国“守合同重信用”企业，上海有127家位居其中。包括上海海直建设工程公司，总经理唐海金为中国建筑装饰协会理事，企业连续两年（2002年度和2003年度）被中国建筑装饰协会评为“中国建筑装饰行业百强企业”。

▲8月8日，中国建筑装饰协会发出“关于发布《住宅装饰装修行业自律管理企业准入与清出办法（试行）》及进行试点工作的通知”（中装协[2004]042号）。

▲8月8日，中国建筑装饰协会与中国海员建设工会全国委员会联合发出《关于共同表彰“全国建筑装饰优秀企业家”的决定》（中装协[2004]038号），通知指出，为进一步提高我国建筑装饰优秀企业家的社会知名度和社会地位，全心全意依靠职工办企业，积极推动全国建筑装饰行业基层工会组织的建立，促进我国建筑装饰行业可持续发展，经中国海员建设工会全国委员会与中国建筑装饰协会研究决定，在庆祝中国建筑装饰协会成立20周年活动中，对20年来为我国建筑装饰行业发展做出重要贡献的张鸣等312名优秀企业家授予“全国建筑装饰优秀企业家”荣誉称号。

▲8月10日，中国建筑装饰协会和中华建筑报社共同发出《2003年度中国建筑装饰行业百强企业评价推介公告》，百强企业包括内装企业82家、幕墙企业12家、土建

增项装修企业6家，指标由6个（产值、利润、税金、总资产、增加值、市场评价）减少了2个（增加值、市场评价），并不要求提供税单复印件，减轻了企业负担。产值门槛比上年增加25%（8000万元～1亿元）；平均产值比上年增加66%（1.5亿元～2.5亿元）。

▲8月10日，武汉市职称改革工作领导小组发布了《武汉市建筑装饰设计专业技术人员评聘技术职务试行意见》，8月18日，武汉市人事局和市建委共同转发了该意见，同时宣布指定武汉建筑装饰协会为此项工作的社会化受理单位。武汉市建筑装饰设计专业技术人员评聘技术职务分三档四类：高级建筑装饰设计师、建筑装饰设计师、助理建筑装饰设计师和建筑装饰设计员。武汉建筑装饰协会会长彭国云对此十分兴奋，认为这是协会为行业服好务的重大举措和行业管理制度的重要创新。

▲8月10日，西安市建委发出《关于建筑装饰行业贯彻执行陕西省建筑市场管理条例有关问题的通知》（市建发[2004]166号），再次强调装饰行业决不能多头管理。

▲8月10日，吉林省建筑装饰业协会做出《关于颁发2004年度吉林省建筑工程装饰奖（省优质工程）的决定》（吉建装协字[2004]8号），共19项。

▲8月16日，是西安发记营造建筑有限公司成立10周年，中国建筑装饰协会致贺电表示热烈祝贺。贺电说，西安发记营造建筑有限公司作为业内知名的一级建筑装饰施工、甲级建筑装饰设计企业，已成为我国建筑装饰行业发展的排头兵。刘兆培董事长作为中国建筑装饰协会第五届理事会常务理事，关心行业发展，热心协会事业，对此我会深表感谢。因我会将于9月2日～4日在北京举行“庆祝中国建筑装饰协会成立20周年活动”，现正为筹备紧张时期，故我会有关领导不能亲往出席，特请鉴谅。值此之机，我会邀请贵公司来京参加“庆祝中国建筑装饰协会成立20周年活动”。祝贵公司事业兴旺，企业发达，获得更辉煌的成就。

西安建筑装饰装修业协会的贺信指出，发记公司积极支持参与协会的各项活动，被评为协会工作的优秀企业和协会工作的积极分子单位。目前公司已成为全行业势力很强的龙头企业。西安发记营造建筑有限公司十年来，艰苦创业的经验证明，企业的发展关键是靠一个好的法人，才能带出一个好的领导班子，才能带出一支素质高的员工队伍。有了好的法人，企业发展才能有新的思路、新的理念、新的举措、新的业绩，才能不断开创新的局面。衷心祝愿发记公司，发挥优势、开拓创新、再上新台阶，为我们西安建筑装饰行业的发展做出新的、更大的贡献！

▲8月16日，民政部、国家发展和改革委员会、国务院国有资产监督管理委员会共同发出《关于举办“全国行业协会成就汇报展览会”的通知》（民函[2004]196号），通知指出，随着我国改革开放的逐步深入、社会主义市场经济体制的不断完善以及政府职能的转移，行业协会在规范行业行为、维护市场秩序，推动社会公平竞争和国际交流与合作方面做出了积极贡献，特别是我国加入WTO后，行业协会在国家经济建设中的地位越来越突出。为了全面展示我国行业协会在市场经济活动中特别是我国加入WTO后的工作业绩，宣传行业协会在社会经济活动中的地位和作用，激励我国行业协会的改革和发展，提高我国行业协会的社会公信力和国际竞争力，推动行业协会为实现全面建设小康社会的宏伟目标发挥更大的作用，决定于12月9日～11日在北京举办“全国行业协会成就汇报展览会”。要求参展协会必须是改革开放以来发挥积极作用、取得显著成就或有突出成果的各类行业协会。

9月14日，建设部办公厅发出《关于组织参加“全国行业协会成就汇报展览会”的通知》（建办办函[2004]562号），建设部作为展会协办部门，从建设部业务管理的42个社团中确定了21个社团参展，中国建筑装饰协会名列其中。

▲8月17日，中国建筑装饰协会培训中心与江苏省建管局培训中心、省装饰装修行业协会共同在苏州举行有150多人参加的“一级建造师（装饰装修工程专业）执业资格考前培训班”，出席开班仪式的有江苏省建管局副局长顾炎晴、江苏省装饰装修行业协会会长毛家泉、中国建筑装饰协会培训中心副主任王晓铮等，主持人是江苏省建管局教育中心科长朱跃斌。此班同期还在吉林、武汉、南京等地举行。

▲8月19日，建设部建筑市场管理司发出《关于批准安徽电信工程有限责任公司等355家企业工程勘察设计资质转正和合肥市建筑设计研究院等97家企业工程勘察设计资质延期转正的通知》（建市设函[2004]26号），其中，包括建筑装饰甲级工程设计资质转正7家、建筑幕墙甲级工程设计资质转正4家、建筑幕墙乙级工程设计资质转正6家、建筑幕墙甲级工程设计资质延期一年转正2家。

▲8月19日，上海市装饰装修行业协会召开2004年第二次会长会议，会长李洪鑫提议原上海市建筑装饰协会秘书长、上海市装饰装修行业协会发展战略研究中心主任潘志昌任协会名誉会长，得到与会副会长一致赞同。

▲8月20日，上海市委副书记、市长韩正在会见部分该市行业协会代表时指出，要切实发挥行业协会“服务企业、规范行业、发展产业”的作用。一方面政府部门一些可以由行业协会承担的职能，应当尽快转移给行业协会，辅以必要的扶持措施，推动行业协会加快发展，另一方面，要实现政府部门与行业协会的完全脱钩，使行业协会真正做到公正独立、规范运作。他强调，行业协会要坚持走“自我管理、自我约束、自我发展”的道路，坚持服务市场化、专业化的方向，强化行业自律，不断提高行业协会的公信力和号召力。副市长周太彤、胡延照等有关方面负责人参加了会见。

▲8月20日，中国建筑装饰协会培训中心受劳动和社会保障部劳动就业培训指导中心的委托，承担的装饰镶贴工和涂裱工两个模块《职业技能鉴定国家题库》的开发的考试用书的编写工作在苏州召开审定会，参加会议的有劳动和社会保障部劳动就业培训指导中心命题处处长张灵芝、江苏省建管局教育中心科长朱跃斌、苏州市建设局教育处处长乔军莉及参与编写工作的专家，会议由协会培训中心副主任王晓铮主持。会议充分肯定了前期的工作，决定10月底完成全

部工作。此项工作得到在上海市装饰装修行业协会、江苏省建管局教育中心、苏州市建设局等单位的支持。

▲8 月 24 日，深圳市装饰行业协会召开工艺美术师职称申报、全国室内建筑师资格评审答疑会，前者工作是政府委托，后者工作是中国建筑装饰协会委托，会议由深圳市装饰行业协会企业管理部主任王惠主持，外语只是深圳市工艺美术师参评的参考。

▲8 月 25 日～9 月 5 日，建设部组织 2004 年度建筑业企业晋升一级资质初审工作会，包括专业装饰施工和幕墙施工企业，中国建筑装饰协会副秘书长张京跃参加。

▲8 月 26 日～29 日，河南省建筑装饰协会与郑州教育电视台共同主办的“首届环保家居文化节”在郑州紫荆山广场结束，共接待消费者 5 万人（次），签订意向家装合同 400 余份，收集相关信息 8000 多条。

▲8 月 27 日，建设部部长汪光焘在出国前夕到中国建筑装饰协会调研。同行的还有建设部副部长黄卫，以及建设部人事教育司司长李秉仁、建筑市场管理司司长王素卿、工程质量安全监督与行业发展司副司长吴慧娟、标准定额司副司长杨融、建设部社团第一党委书记徐义屏等的建设部有关部门负责人。时间为一个半小时。汪部长一行阅读了中国建筑装饰协会提供的书面报告，听取了中国建筑装饰协会会长马挺贵、常务副会长兼秘书长徐朋的工作汇报，王素卿、吴慧娟、李秉仁相继作了发言，黄卫副部长讲话之后，汪部长作了重要讲话。他高度概括和总结了中国建筑装饰协会的经验，充分肯定了中国建筑装饰协会的工作，建议建设部社团第一党委配合人事教育司进一步总结中国建筑装饰协会的经验，以推动建设部业务管理的 40 个社团的工作。

黄卫指出搞好协会工作的“十二字”方针：

提高层次——中国建筑装饰协会进行了《建筑装饰行业在国民经济中的地位和作用》课题的研究，这很好，还要进行技术标准的制订。从行业发展的全局考虑工作，从对社会的贡献求行业发展，为了行业发展要提高嗓门、提高层次。

规范管理——装饰协会实行了全员聘任和末位淘汰制，这很好。这昆汪部长插话：这这么好的办公环境的协会还没有。黄副部长接着说，但与国外的行业协会相比还有很大差距，我们要与国外的行业比，形成一整套协会建设和行业发展的理论和体系。

强化服务——中国建筑装饰协会确有凝聚力，一开会能有上千人，是因为你们能为企业办实事，这也是为什么希望小学能筹集捐款 150 万元的原因。行业协会的作用要作专门的研究，谁准备的越充分，谁就越能发挥作用。希望中国建筑装饰协会胆子更大一些，思路更开阔一些，考虑做点大事，为行业服务，更好地回报社会。

汪部长最后作了总结讲话。他说，我早来 20 分钟，主要想看看协会的精神面貌，结果很好。中国建筑装饰协会成立 20 周年，换届后三年的工作突出，使我们看到了协会的发展方向，建议人事司牵头社团第一党委给予配合，认真总结中国建筑装饰协会 20 年来有声有色的工作，特别是近三年的发展情况。

关于中国建筑装饰协会的工作特色，他认为有四个：一是在发展中找到准确定位；二是找准服务对象，主要是企业服务；三是行业自律，方向完全对头，行业自律管理，是信用社会的必然；四是推动行业发展，以科技、设计促进行业发展。

关于协会如何进一步开展工作，体现新时期协会工作的重要性，汪部长指出四点：一是要更新观念，中装协是企业家办协会，责任、地位、位置转变得好；二是建立创新机制，把社会的资源组织起来，协会由过去的 50 多人发展到现在的 170 多人，协会发展重要的要有制度作保障，包括理事会、秘书处、行业自律管理等；三是积极寻求行业发展，通过协会和全行业的努力，现在就不存在多头管理了，这是通过工作改变的；四是协会领导班子和谐，这是事业成功的保障。

关于协会工作和行业发展的制度和机制，他认为这是根本，汪部长引用了温家宝总理的一句话，人是重要，但制度比人更重要。汪部长指出，按照部党组的要求加强政治思想工作。最后汪部长强调，凝聚起来不容易，但散起来却容易。预祝中国建筑装饰协会成立 20 周年活动圆满成功。

▲8 月 27 日，浙江省建筑装饰行业协会召开三届三次会长会议，会议由会长董宜君主持，出席会议的有省建设厅副厅长赵如龙和协会副会长丁欣欣、王宝良、陈耀光、景政治、吴建荣、程健敏、戴震华，以及秘书长、副秘书长、家装委和材料委会长。会议首先由陈孟坡秘书长进行 2004 年上半年工作的汇报，然后研订了四季度的工作，主要为：一是 10 月举行全省百强装饰企业表彰大会；二是出台《浙江省建筑装饰科技发展条例》；三是与省劳动与社会保障厅共同建立省建筑装饰技工技能鉴定站；四是筹备 2005 年召开全省首届建筑装饰行业运动会。浙江省建筑装饰行业协会积极进行行业管理制度创新，特别是民主选举了协会设计、家装、幕墙、材料委员会的会长和副会长，在全国建筑装饰行业引起强烈反响。

▲8 月 28 日，中国建筑装饰协会做出《关于颁发协会工作贡献奖和表彰优秀协会、优秀协会工作者、优秀会员单位的决定》（中装协[2004]043 号），决定指出，改革开放以来，建筑装饰行业已发展成为我国社会主义物质文明和精神文明的一个重要组成部分，在推动国民经济发展和社会进步方面做出了重大贡献。这些成就的取得，凝聚了全国各地方建筑装饰协会、会员单位、协会工作者的智慧和心血，是全行业从业者共同不懈努力的结果。

2004 年 9 月 11 日，恰值中国建筑装饰协会成立 20 周年，经各地方建筑装饰协会和我会秘书处的推荐，我会审定，现决定对 31 位 20 年来对协会工作做出突出贡献的老协会工作者颁发“协会工作贡献奖”；对 46 个优秀协会、94 位优秀协会工作者和 245 家优秀会员单位分别授予“优秀协会”、“优秀协会工作者”和“优秀会员单位”的称号。通知强调，中国建筑装饰协会号召全行业向这些个人和单位学习，为使建筑装饰行业在全面建设小康社会中发挥更大的作用，促进行业的全面、协调和可持续发展做出更大的贡献。

九月

▲9月2日～4日，中国建筑装饰协会在北京京丰宾馆举行庆祝成立20周年活动，主题为“全面推动行业生产力发展，促进行业精神文明建设”，全国政协副主席李蒙、全国人大常委会原副委员长布赫、建设部副部长黄卫等有关方面领导以及代表全国建筑装饰行业64个地方建筑装饰协会和全军建筑装饰协会、20多万家企业、1000多万从业者的1300多位代表与会。活动分为系列：

第一，大会举行了向内蒙古自治区锡林郭勒盟苏尼特左旗希望小学捐赠仪式，副会长叶远西代表中国建筑装饰协会和捐赠企业讲话。

第二，同时召开五届二次会员代表大大会，主要议题：一是由常务副会长兼秘书长徐朋做工作报告；二是由副秘书长张京跃做三项议案的说明并表决：修改章程——主要是地址变更、副会长的产生、会费标准。决定王毅强为中国建筑装饰协会副秘书长。增补11位协会高级顾问：建设部原副部长、中国建筑业协会会长郑一军，建设部原副部长、中国建筑学会会长宋春华，建设部原副部长、中国房地产业协会会长杨慎，建设部原副部长、中国土木工程学会会长谭庆琏，建设部原副部长、中国供水排水协会会长李振东，建设部原总工程师许溶烈，国家建材局原局长、中国建筑材料工业协会会长张人为，中建总公司原党组书记、中国建筑文化艺术协会会长张青林，中国建筑金属结构协会会长杜宗翰，中国饭店业协会会长韩明，中国旅游饭店协会会长侣海岩。

第三，“全国建筑装饰行业书法、绘画、篆刻摄影展”在中国建筑文化中心举行。建设部原常务副部长、全国人大环境与资源保护委员会副主任委员叶如棠等有关方面领导出席及专业人士200多人出席开幕式。

第四，作为我国建筑装饰行业文化的重要标志、历时三个多小时、由24个节目组成的题为“全国建筑装饰行业职工用心装饰世界文艺晚会”，在著名的北京展览馆剧场演出。文艺演出、书法绘画和行业年鉴共同构筑了行业文化，也是行业文化建设的重要标志。

第五，同时召开“应对入世挑战，做大做强经验交流会”，宣读了“2003年度（第二届）中国建筑装饰行业百强企业评价推介公告”，并颁发了证书。

第六，是举行了全国住宅装饰装修行业发展大会。分三大部分进行：一是开幕式，二个主题报告；二是三个论坛；三是闭幕式，公布行业评价、宣布家装企业准入与清出行业自律管理试点协会、500家家装企业诚信宣言。

第七，是“老协会工作者、专家、企业家座谈会”，主题是：回顾与展望。议程：一是由会长马挺贵致辞；二是由名誉会长张恩树做主题讲话；三是《张恩树建筑文集》签名赠书仪式。出席座谈会的代表共27人，张恩树、马挺贵、徐朋、许溶烈、符曜伟、钱宜伦（女）、石连峰、霍明远、黄白、唐澄、田万良、鲁心源；沙启云、赵兴斌、洪涛、潘志昌、解淑惠（女）、王志杰（女）、居乃巩，刘亚东；何镇强、李宁（女）、周锦云、王少南；汪家玉、陈国宏、吴葆生。

本次活动共有两个方面5位资深人士的演讲：一方面是庆祝中国建筑装饰协会成立20周年大会的主题报告，有3位：中国建筑装饰协会会长马挺贵的《中国建筑装饰行业20年回顾及展望》，北京大学经济管理学院院长刘伟教授的《建筑装饰行业的发展与全面建设小康社会》，全国有成就资深室内建筑师、清华大学美术学院环艺系主任郑曙旸教授的《我国建筑装饰设计的若干理论与实践问题》。另一方面是家装发展大会的主题演讲：一是建设部住宅产业化促进中心推广处处长孙克放的《我国住宅产业政策、市场形势与发展趋势》；二是国家工商总局消费者权益保护局副局长卢艳刚的《当前诚信体系建设与行业自律》。不仅具有很高的学术价值，而且具有很重要的行业指导意义。在家装发展大会上——管理、设计、精品房装修三个论坛上31位的演讲，内容丰富，阐述深刻，有层次，水平高。

大会共进行了四大方面、10类、1769个单位和个人（次）的行业表彰和评价：一是312名 全国建筑装饰优秀企业家；二是78位全国有成就资深室内建筑师和231位全国杰出中青年室内建筑师；三是31位协会工作贡献奖、46个优秀协会、94位优秀协会工作者和245家优秀会员单位；四是160家家装质量服务诚信企业、285家家装优秀企业和287项家装示范工程。若加上424家家诚信宣言发起企业的证书、铜牌的发放，总的工作量高达2193个。

大会派送给每位代表的每套文件资料共七件，包括文件两份，《中国建筑装饰协会五届二次会员代表大会文件汇编》、《全国住宅装饰装修行业发展大会文件汇编》；资料五份，《2003年中国建筑装饰行业年鉴》、《中国建筑装饰协会成立20周年回顾与展望》、《全国建筑装饰行业书法、绘画、篆刻优秀作品集》、2004年第9期《中国建筑装饰》、2004年8月6日《中华建筑报》，以及大会纪念徽章、纪念盘，均是中国建筑装饰协会特为本次大会精心策划编辑出版的，共约400多万字、共重30多斤，内容丰富，质量上乘，特别是具有“行业教科书”意义的《回顾与展望》受到与会代表、特别是中青年建筑装饰企业家的广泛赞赏。

本次大会非常成功，达到了预期的目的：一是展示了协会和行业的风采，密切了我会与地方建筑装饰协会的关系，增强了协会和行业的凝聚力。二是本次大会层次高，规模大，资料水平高，演讲水平高，隆重热烈，如此复杂的活动，会中套会，得到了兄弟协会的一致赞赏，与会代表反映热烈。本次活动符合企业的需求，表彰了一批行业先进。此次庆典，是协会工作的制高点，进一步探索了协会的工作规律，提供了高层次的服务，推动了行业发展，本次大会是集中的反映。三是活动立意高，内容丰富，有很多创意和创举，会务工作安排详尽，扩大了行业影响，提高了协会工作水平，谋划详尽，有关各方均发挥了重要作用，工作都做得非常细致。

▲9月6日，《都市文化报》上刊登上海市装饰装修行业协会2004年招聘相关业务管理人员广告——中层干部四个

岗位：建筑装饰专业委员会、建筑幕墙专业委员会、装饰设计专业委员会副秘书长，信息化管理和智能系统方面专家。基本条件是：一是有较强的独立组织协调能力和文字编写能力，熟练掌握电脑技术，性格开朗，有责任心，语言表达能力强，具有良好的亲和力和沟通能力；二是熟悉掌握相关装饰专业知识，懂得施工技术与装饰艺术，具有3年以上的相关企业管理经验；三是本科以上学历，40岁以下。在介绍协会本身，广告语是：本协会是社会团体组织，承担服务企业、规范行业、发展产业的职责。这是一项行业重要创新。

▲9月6日，来自欧洲、美洲、亚洲和澳大利亚的近百位医学专家齐聚伦敦，参加为期5天的首届“儿童白血病国际科学大会”，科学家们将交流儿童白血病研究的最新成果，并探讨近年来该病发病率增加的原因。伦敦卫生与热带医学学院流行病学教授迈克尔·科尔曼在会上称，从20世纪初到20世纪末，儿童白血病发病率几乎增加了5倍，而1～4岁的儿童更是高发人群，20世纪90年代这个年龄段出生的孩子发病率比1911～1915年多了7倍。另一份研究报告指出，在20世纪60年代至90年代这段时间里，英格兰和威尔士的儿童白血病发病率从每百万40例增加到了45例。

英国目前每年约有500名15岁以下的儿童患上白血病，约100名儿童死于该病。通过科学家的努力，儿童白血病患者的死亡率已经大大降低，从20世纪60年代的每百万人26例减少到了20世纪90年代的每百万人10例。但是在预防儿童白血病上，人类却一筹莫展，其主要原因是我们对它的发病机理还没有搞清楚。医学界普遍认为这种癌症始于胎儿在子宫内发育的时候。布里斯托尔大学医学物理学教授阿兰·普里斯提出：杀虫剂和环境污染是元凶。这些有害物质由母亲传给胎儿，导致白血病的产生。在这次大会上，科学家们将从遗传、环境、饮食等方面来探讨儿童白血病的病因，还将考虑以往被忽视的因素如早期饮食、光污染、接触有毒物质和怀孕期间用药不当等。据9月14日《环球时报》报道，该大会并没有认为儿童白血病的病因与装饰装修有关。

▲9月6日，劳动和社会保障部、建设部共同发布《建设领域农民工工资支付管理暂行办法》（劳社部发[2004]22号）。

▲9月6日，《人民日报》在“行业协会大家谈”栏目中发表9篇文章，加上8月16日4篇、8月30日4篇，关于行业协会发展讨论的文章计17篇。2004年第11期《中国建筑装饰》全部刊发。

▲9月7日，汕头经济特区金刚玻璃幕墙有限公司在北京天伦王朝酒店举行“防炸弹玻璃认证新闻发布会暨建筑物防炸弹设计报告会”。2004年6月16日美国华盛顿《世界日报》以“汕头防弹玻璃美军有意采购——防弹效果更好，价格却只要一半”为题报道中国建筑装饰协会理事、汕头经济特区金刚玻璃幕墙有限公司董事长庄大建的事迹：在全球一片反恐、防恐气氛下，各国民用、商用乃至军用设施供不应求，面对庞大的反恐商机，中国广东汕头市郊一家民营玻璃厂，自行研制达到美国军方两倍标准的廉价防炸防弹玻璃系统，可综合防御爆炸、步枪射击、持续强力敲击以及火灾等，产品跻身国际市场。

▲9月10日，中国建筑装饰协会安排参加协会20周年庆祝活动的会务工作人员到九华山庄进行全面体检，除有其他事者均参加，绝大部分人无新发疾病，大家非常感谢协会领导的这一安排，认为充分体现了“以人为本”的精神，表示将更加努力工作。参加体检的有黄白、张兰美、高俊、王本明、田德昌、熊翔、张军莉、张兵、高世彦、李玲、郭丽芸、陈立军、宋兆英、杜婷、陈京明、沈绶章、樊淑玲、宿玲、张爱宁、张仁、张颖、郭艳、刘超、刘剑等24人。

▲9月11日，由国资委组织的“中央企业职工技能大赛”在长春市举行，中国新兴建设开发总公司装饰公司张隽在351名选手中脱颖而出，荣获铜奖。张隽参加的制图员CAD比赛，分理论和实际操作二部分，张隽在三个小时中完成了平时需三天才能完成的工作量，取得优异成绩。这是2004年10月15日《新兴建设》报道的。

▲9月13日，上海市装饰装修行业协会为首批31位“建筑装饰专业评标专家”举行隆重的颁证会，出席会议的有市建设工程招投标办副主任顾祖惠、评标专家管理科科长魏汉章、协会会长李洪鑫、副会长兼建筑装饰专业委员会秘书长潘根林，会议由协会副会长兼秘书长赵海主持。31位装饰专业评标专家是：洪兆雄、高超一、王橙胜、楼一筠、葛明哲、郭伟光、程伟力、程国伟、叶冬美、张亿中、刘西平、吴梦良、周其文、陆永良、陈忠华、张涛、沈洪发、钱昌文、唐海金、马正康、刘永豪、陈新、曹伟中、张耀明、王利雄、晏绪飞、王美华、肖之跃、吴成方、王新友、慰迟宁。

▲9月17日～19日，由宜昌市建设局主办、宜昌市建筑装饰协会承办的“宜昌市首届家装赶集会”在市中心夷陵广场隆重举办，出席开幕式的有宜昌市政府副秘书长肖兴乐，市建设局总工程师吴刚、副局长李绍停，市建筑装饰协会会长肖汉光、秘书长李建新，中国建筑装饰协会信息部主任兼会刊《中国建筑装饰》主编黄白、住宅装饰装修委员会（筹）副秘书长张仁、湖北省建筑装饰协会马潇等有关方面负责人，肖兴乐、吴刚、张仁、马潇、肖汉光分别代表有关方面致辞和讲话。在“家装发展专题讲座”上黄白和张仁就“当前我国家装市场形势及应对策略”及“家装行业企业市场准入及清出试行要点”分别做了讲座，与会 的30多家企业老总及20多位建校师生普遍反映，报告精彩，有些在发展中迷惑的思路豁然开朗，受益匪浅，希望协会以后能多组织此类讲座。

▲9月18日、19日下午1时，中央电视台二台“激情创业”节目，播出中国建筑装饰协会信息咨询委员会专家组办公室主任、全国建筑装饰协会优秀工作者鲁心源关于“如何当好家装公司经理”的讲座。

▲9月20日，杭州市令第207号公布修改《杭州市建筑装饰工程管理办法》。

▲9月20日，中国建筑装饰协会常务副会长兼秘书长徐朋，前往湖南省株洲市参加湖南鸿扬家装设计公司培训中心开学典礼，考察了教学楼、试验楼和宿舍楼，徐朋对鸿扬公司抓好施工层工人的培训给予充分的肯定，责承协会行业发展部对家装行业的操作工人培训进行调研。

▲9月21日，美国环境保护署赠与中国二笔各15万美元的款项，用于以社区为基础的创新项目，以解除因室内装修以及厨房、室内供热方式引起的室内空气污染对人类健康的严重威胁。2004年9月21日《新京报》指出，中美两国结成“室内清洁空气伙伴关系” 联手解决这类问题。

▲9月21日，上海市政府法制办发出“关于《上海市住宅室内装饰装修管理办法(草案)》征询公众意见的公告”，该办法明确上海市装饰装修行业协会依法开展工作，包括制定行规行约，进行行业自律管理，开展行业服务，规范行业行为，受理家装咨询和投诉。根据协会工作人中职业化的要求，目前上海市装饰装修行业协会正积极进行内部建设，与政府相配套的实施细则和制度已进入制定或论证阶段。

▲9月22日，北京市建筑装饰协会家装委员会召开专门会议，讨论加强行业管理事宜：一是《北京市住宅装饰装修行业自律管理企业准入与清出办法（征求意见稿）》；二是《北京市家庭居室装饰装修行业诚信满意单位达标验收标准（征求意见稿）》。会议认为，此两个文件是深得民心，对规范家装行业、提升行业诚信水平非常有必要，交由家装年度理事会审议通过试行。会议听取了家装委员会秘书长李玉洁关于参加中国建筑装饰协会成立20周年活动汇报，特别是全国家装发展大会精神。会议由理事长朱希斌主持。

▲9月22日，上海市装饰装修行业协会发出《关于对上海业星家庭装潢有限公司处理决定》（沪装办[2004]第065号），决定指出，因该公司工程粗制滥造，以次充好，投诉不断，拖欠材料商款，与业主签订家装合同后人去楼空，根据协会章程，经协会常务理事会讨论通过，决定撤消该公司总经理沈志良协会常务理事、家装委常务理事、设计委常务理事，并开除该公司会籍，配合工商、公安部门依法处理。这是我国地方建筑装饰协会对任职最高的从业人员违反行规的第一起处理。

▲9月25日，中国建筑装饰协会名誉会长张恩树、会长马挺贵在北京会见了协会常务理事、全国建筑装饰优秀企业家、全国有成就资深室内建筑师、深圳市洪涛装饰工程有限公司董事长兼总经理刘年新，刘年新汇报了企业由国有独资改制为民企近一年的工作，市场形势十分喜人，在北京长安街沿线已有人大会堂、中银大厦、国电大厦等装饰工程业绩10多项，2004年产值有望达到10亿元。从装饰工程业绩的规模、名气和档次来看，深圳洪涛在全国可谓名列前茅。中国建筑装饰协会领导十分高兴深圳洪涛所取得的突出业绩，鼓励刘年新成为全国第一。参加会见的还有中国建筑装饰协会行业发展部主任王本明、信息部主任兼会刊《中国建筑装饰》主编黄白、信息咨询委员会秘书长田万良、综合部副主任杜桂玲等。

▲9月25日，全国综合类核心期刊《建筑经济》在北京召开四届一次编委会，编委会主任、中国建筑设计研究院党委书记樊康主持会议，主编申月红汇报工作并听取大家意见，建设部工程质量安全监督与行业发展司副司长徐波以及新当选的来自行业协会、企业、院校的编委出席，会议分析了当前建筑业的发展形势，研定了《建筑经济》的定位：用现代经济学的视角解释建筑活动的各种行为。会议还讨论了栏目的设置、经营的办法、活动的开展等相关业务问题。与会人士对《建筑经济》报有充分信心。中国建筑装饰协会信息部主任兼会刊《中国建筑装饰》主编黄白也参加了会议，他已连续二届出任《建筑经济》编委。此次编委会气氛民主，层次高，内容丰富，成果显著，在定位问题上有突破。

十月

▲10月9日，建设部工程质量安全监督与行业发展司发表严正声明：近日有人冒用建设部工程质量安全监督与行业发展司司领导的名义，向地方建设行政主管部门推销书籍，现我司严正声明，我司领导从未以任何名义委托任何单位、个人推销任何物品，请有关单位谨防此类骗局。

▲10月10日，太原市建筑装饰协会发出《关于表彰“2003年度先进装饰企业和优良建筑装饰工程”的决定》（并装协字[2004]第6号）。

▲10月13日～15日，“《全国住宅装饰装修行业自律管理企业准入与清出办法》首批试点工作情况交流会”在福建武夷山世纪桃源大酒店召开。中国建筑装饰协会副秘书长房箴出席会议并作总结讲话。会议由住宅装饰装修委员会（筹）委员会副秘书长张仁主持。全国首批试点的17个地方省、市建筑装饰协会和6个积极申请第二批试点单位的建筑装饰协会主管领导和具体负责此项工作的同志参加了会议。17个试点地方建筑装饰协会包括1个直辖市：重庆市；4个省：黑龙江、吉林、辽宁和福建；6个省会城市：西安、武汉、南京、石家庄、昆明、长沙；6个重点城市：厦门、东莞、大同、金华、哈密和汕头。6个积极申请第二批试点单位的建筑装饰协会是：江苏省、山西省、陕西省、大连市 、宜昌市和温州市。

▲10月16日，成都市建筑装饰协会召开“成都市装饰行业发展现状座谈会”，会议由市建委建管处曾进处长主持，会议强烈反映的问题是装饰行业的拖欠款——施工保证金、垫资施工费、验收质量保证金，企业不堪重负，要求政府解决，成都市建筑装饰协会秘书长张桂芳希望企业多向政府反映问题，提出解决办法。铁二局、恒基、富森、美家居、田园、粤海、新空间等装饰企业总经理与会。

▲10月17日，建设部精神文明办副主任、中国建设职工研究会秘书长秦书星、建设部精神文明办朱秀云处长、中国建筑装饰协会住宅装饰装修委员会（筹）副秘书长张仁在上海市建委精神文明委张旗处长的陪同下，考察了上海市家装行业创建规范服务达标活动的情况，听取了上海市装饰装修行业协会会长李洪鑫、秘书长赵海、家装委秘书长郑祥钧等负责人的工作汇报。秦书星认为，以此次创建规范服务达标活动为契机，加强行业管理，走出行业协会发展的新路子。10月27日《都市文化报·装饰周刊》以“上海的经验可以向全国推广”为题对此作了详细报道。

▲10月18日，建设部建筑市场管理司召开“设计施工一体化企业资质标准制订准备会”，根据建设部领导的指示

和《行政许可法》关于减少企业行政审批的要求，决定先在装饰、幕墙、智能、消防四个进行资质试点，其指导思想：一是有利于企业审报，减轻企业负担；二是有利于企业和行业发展；三是切实可行。其中“装饰装修工程企业专业承包资质等级标准”委托中国建筑装饰协会起草，11 月中旬上报送审稿。据此，中国建筑装饰协会立即成立了由副秘书长房箴为组长，王本明、黄白、田德昌、顾国华等部门负责人为成员的制订小组，并于 10 月 21 日、25 日分别在北京和南京召开了座谈会。协会还在石家庄、深圳、杭州等有关地方专门征求业内意见。

▲10 月 18 日，浙江省临安市建筑业协会家装专业委员会举行成立大会。这是自 1999 年湖南省湘潭市建筑业协会成立家装委员会后，第二个地方建筑业协会成立的家装专业委员会。

▲10 月 20 日，财政部、建设部共同公布《建设工程价款结算暂行办法》（财建[2004]369 号）。

▲10 月 20 日，《北京九三社讯》报道：北京宏美特艺建筑装饰设计设计工程公司董事长、北京市政协委员、九三学社成员钱宏伟被中共北京市委评为“为首都建设做出贡献的统一战线先进个人”。

▲10 月 20 日，《北京晚报》报道：一项调查显示，刚装修的居室 90%的室内污染超标。尽管各种室内空气净化产品在宣传上都以杀菌彻底为卖点，但专家认为，目前市场上的空气净化产品都只是针对某一种污染有效果，还没有一种产品可以“统杀”所有的室内污染。据当日召开的“中国首届室内环境净化治理行业发展研讨会”报告，2004 年国内室内环境净化治理产品销售额将超过 100 亿元。市场上的空气加湿器在调节室内空气湿度的同时可以吸附室内空气中的悬浮物和少部分有害物质；滤网式空气净化器可以有效净化悬浮物和少部分有害物质，但对臭味异味、病原菌、病毒、微生物及装饰装修造成的空气污染根本无法消除。空气净化效果较好的采用分子综合技术的空气净化器，售价不菲，但对有毒气体释放量大、释放速度快、装修质量较差的室内污染空气的处理有些力不从心。业内人士指出，国内室内空气净化产品治理效果还没有统一的标准，有的空气净化器与检测报告标明的净化效果能达到 90%以上的指标不符，造成消费者对室内空气净化产品的检测报告效果到底是否具有真实性产生怀疑。针对这些情况，有关方面正在加紧制定《中国室内环境净化治理产品效果测试》行业标准。

▲10 月 25 日，最高人民法院做出《关于审理建设工程施工合同纠纷案件适用法律问题的解释》（法释[2004]14 号）。

▲10 月 25 日，中国建筑装饰协会做出《关于委托第二批 9 个地方建筑装饰协会进行全国住宅装饰装修行业自律管理企业准入与清出试点工作决定的通知》（中装协[2005]056 号），第二批 9 个地方建筑装饰协会为：北京市建筑装饰协会、江苏省装饰装修行业协会、陕西省建筑装饰协会、山西省建筑装饰协会、宜昌市建筑装饰协会、温州市建筑装饰协会、大连市建筑装饰行业协会、衡水市建筑装饰协会、保定市建筑装饰协会。连同首批 17 个，共 26 个。

▲10 月 26 日，深圳市装饰行业协会公布《深圳装饰行业工程投标自律公约》。这是全国建筑装饰行业第一个关于装饰工程投标的行业自律公约。

▲10 月 26 日，浙江省建筑装饰行业协会公布《浙江省建筑装饰行业科技进步条例（2004 年～2007 年）》。这在全国是首创。

▲10 月 26 日，重庆市建筑业管理办公室与重庆市建筑装饰协会共同召开“2004 年重庆市建筑装饰协会年会暨 2003 年度行业表彰大会”。此次业内活动受到建设行政主管部门及有关方面领导前所未有的重视，出席大会的有市建委副主任程志毅、纪检组组长任万和、巡视员林建，建管处处长陈登烈、副处长邹晓波，勘察设计处处长邹俊才，科教处副处长陈天玲，市民政局民间组织管理局局长刘韵秋、市消委会副秘书长王化田、市技监局技监处副处长王茜，以及装饰企业会员代表 240 多人。大会由丁域庆主持。大会听取了理事长喻上沛以“树立科学发展观促进装饰行业发展”为题的工作报告，举行了颁发 6 个奖项、100 多面奖牌的仪式。程志毅副主任在讲话中指出，重庆 2004 年固定资产投资高达 1600 亿元，其中城建投资占 505 以上，全市将有一个 10 年的高速发展期，装饰行业应同步发展提高，他强调协会应培养一批强势企业，加强对行业的自律监督管理，加快制定行业地方技术标准，指出装饰是一个科技含量较高的行业，因此协会在加强自身建设中要着重提高文化素养和相应的科技知识。刘韵秋局长强调，协会要真正树立“有为才有位”的思想，为会员维权和服务。重庆金飞装饰工程有限公司总经理周智勇代表获奖企业发了言。

▲10 月 27 日，河南省建筑装饰协会发出《关于开展河南省建筑装饰设计师资格转评全国室内建筑师资格的通知》（豫建装字[2004]17 号）。

▲10 月 27 日，河北省衡水市建筑装饰装修协会发出通知，开展行业两项重要评优：一是首届衡水市建筑工程装饰奖；二是首届衡水市建筑装饰装修优秀企业评选表彰，将于年底举行颁奖活动。该会会长：侯玉东，秘书长：辛跃智，网址：hzx.hsjiaju.com。

▲10 月 28 日，由中国建筑装饰协会铝制品委员会主办，深圳市坚朗建材有限公司承办的第一届“坚朗杯”幕墙门窗行业精英高尔夫球赛，在世界著名的高尔夫球胜地——深圳市观澜湖高尔夫费度球场举行。大赛设：一等奖 1 名，奖杯、现金 2 万元人民币；二等奖 1 名，奖杯、现金 1.2 万元人民币；三等奖 1 名，现金 8000 元人民币；优秀奖 9 名，奖杯、球杆；另外，设荣誉奖 4 名，奖球杆；纪念奖多名，高尔夫球赛精美纪念品一个。

中国建筑装饰协会名誉会长张恩树、会长马挺贵，中国建筑金属结构协会副秘书长兼门窗幕墙委员会主任黄圻等业界领导，以及全国幕墙门窗行业的各大工程企业的总经理、高层管理人员 70 多位参加。中国建筑装饰协会常务理事、深圳市坚朗建材有限公司白宝鲲总经理致开幕式词，马挺贵会长开彩球。这是一次行业创新，一次行业盛会。

▲10 月 28 日，福州市建筑装饰协会发出更换会长和迁

址的通知，通知指出，经协会二届二次理事会及常务理事会讨论，同意邓捷辞去会长职务，选举福州闽发建筑工程有限公司法人代表林上成为新一任会长，已报福州市建设局和市民政局核准通过。同时，协会乔迁新址：福州市东水路 88 号闽发大厦 10 层 06 室，邮编：350011，电话：0591-87538672。10 月 30 日，协会发出更换会长和迁新址后的第一份行业文件《关于申报 2004 年福州市建筑装饰优良工程的通知》，网站启用：www.fzzs.com.cn。

▲10 月 29 日，国家发展改革委、财政部共同做出《关于注册建造师执业资格考试收费标准及有关问题的通知》（发改价格[2004]2389 号），通知指出，综合知识考试，每人每科 10 元（其中，付给人事部每人每科 4 元）。专业知识考试，每人每科 35 元（其中，付给人事部每人每科 10 元）。收费单位应严格按照批准的收费项目和标准执行，不得自行增设收费项目和提高收费标准，并自觉接受价格、财政部门的监督检查。

▲10 月 29 日，中国建筑装饰协会向所属专业委员会、秘书处各部门发出“关于转发建设部党组《关于认真学习贯彻党的十六届四中全会精神的通知》及学习安排”（中装协[2004]058 号）。11 月 23 日，中共中国建筑装饰协会党总支发出《关于召开学习贯彻党的十六届四中全会精神座谈会的通知》，11 月 29 日在协会秘书处举行，马挺贵会长作总结讲话，协会党员、秘书处全体工作人员和各专业委员会负责人参加。

▲10 月 30 日，上海市装饰装修行业协会召开有 20 家国有装饰企业负责人参加的“国有装饰企业改制研讨会”，会议由建筑装饰委员会秘书长潘根林主持，已完成改制的美达、住总等装饰公司介绍了各自的经验。委员会理事长谢建伟等在发言中强调，此会非常及时，切中行业时弊。

▲10 月 30 日，中国建筑装饰协会会长马挺贵在协会信息咨询委员会秘书长田万良、深圳市装饰行业协会会长何文祥的陪同下，专门考察了深圳市美佳装饰设计工程有限公司。中国建筑装饰协会领导为深圳美佳装饰公司的题词悬挂在公司接待室，室内没有其他装饰品，故十分醒目。会长马挺贵的题词是：“奋斗拼博，共创辉煌。”常务副会长兼秘书长徐朋的题词是：“诚信为谱美誉，创新又铸佳绩。”

▲10 月 30 日，中国建筑装饰协会一届理事，二、三届副理事长，四届荣誉理事、北京市建委原总工程师、北京市建筑装饰协会顾问刘导澜因病逝世，享年 81 岁。他曾为我国建筑装饰行业发展和协会工作提高作出重要贡献。

十一月

▲11 月 2 日，陕西省建筑装饰协会发出《关于表彰陕西省建筑装饰工程优秀设计、优质工程、优秀项目经理的决定》（陕建装发[2004]016 号）。

▲11 月 3 日，石家庄市首届“十大女杰”颁奖典礼在石家庄市电视台世纪演播厅隆重举行，十大女杰同时荣立二等功，其中有两位装饰界女杰：一位是河北省斯特龙企业集团董事长、全国建筑装饰优秀企业家刘书英；一位是河北红房子家居广场有限公司董事长蔡英敏。这是河北日报报业集团 2004 年 11 月 4 日《都市时讯》报道的。

▲11 月 4 日，石家庄市装饰协会会长刘亚东、秘书长赵秀民一行与石家庄市税务部门进行沟通。石家庄市税务部门的领导指出，一是 2003 年全市建筑业，包括土建、房地产、装修产值为 150 亿元，上交所得税才 500 万元，2004 年也差不多，税收形势严峻；二是税率不能变；三是如果不建正常账，将按产值 10%纯利征税 33%。经石家庄市装饰协会领导说明装饰行业实际情况，税务部门领导同意“核实征收”，享受此待遇的装饰企业比例为业内企业总数的 50%，其他行业为 30%以下。业内对石家庄市装饰协会为企业办实事的此举十分赞赏。

▲11 月 5 日，中国室内装饰协会在中室协字[2004]第 031 号文件中明确：中国室内装饰协会对全国室内装饰行业企业资质的管理，过去受政府部门委托，现在属于行业自律。

▲11 月 8 日，建设部发出公告第 278 号《关于建设部机关直接实施的行政许可事项有关规定和内容的公告》，包括装饰施工企业、装饰设计单位资质审批。

▲11 月 8 日，人事部办公厅、建设部办公厅共同发出《关于 2004 年度一级建造师考试日期安排有关问题的通知》（国人厅发[2004]114 号），通知指出：原定于 2004 年 11 月 13 日、14 日举行的一级建造师执业资格考试推迟到 2005 年 3 月 12 日、13 日举行。

▲11 月 8 日，深圳市装饰行业协会召开“深圳市贯彻行业自律管理企业准入与清出大会”，200 多家家装企业到会，大会由会长何文祥主持并主讲，他指出，深圳市建设局决定，到 2005 年 6 月，现有“家装资质”的企业够条件的转入现行三级资质中，其余的将不再管理，针对此情，恰逢中国建筑装饰协会出台《家庭装饰行业自律管理企业准入与清出管理办法（试行）》，行业协会代表的是行业的利益，要强化行业协会进行行业管理的作用，为此深圳市装饰行业协会联合市物业管理协会决定，凡是在深圳市的家装企业均应纳入此系统，本项工作于 2004 年年底前结束。深圳市装饰行业协会家装委主任刘英强表示，深圳市家装行业年产值 100 多亿元，但正规军市场份额仅占 20%，我们一定要认真落实中国建筑装饰协会关于家装企业行业准入与清出自律管理办法，在社会上造势，协会将提供“顾问”式的服务。正在深圳进行装饰企业资质二合一调研的中国建筑装饰协会信息部主任兼《中国建筑装饰》主编黄白也参加了大会并就中国建筑装饰协会关于家装企业行业准入与清出自律管理办法作了说明。

▲11 月 8 日～9 日，由中国建筑装饰协会与上海市装饰装修行业协会共同主办、上海市装饰装修行业协会承办的“2004 年全国住宅装饰装修行业高峰论坛”在上海市好望角大酒店（中国科学院上海分院学术交流中心）举行。本次论坛，是继 2004 年 9 月在北京召开的“全国住宅装饰装修行业发展大会”后的一次重要会议，全国 40 多个省市的建筑装饰协会工作者和业内企业近 200 名专业人士参加了本

次为期两天的高峰论坛。本次论坛的主题是：落实“全国住宅装饰装修行业发展大会”精神，推动以规范服务达标活动为主要内容的住宅装饰装修行业自律、诚信体系建设，介绍并推广上海市住宅装饰装修行业开展规范服务达标活动的先进经验。论坛采取了会议报告、互动交流、参观考察等多种形式。

会议由上海市装饰装修行业协会会长李洪鑫主持，上海市建设和管理委员会副主任孙建平致欢迎词，中国建筑装饰协会会长马挺贵作了“加强诚信建设，推动住宅装饰装修行业可持续发展”的主旨报告，专题报告有：上海市精神文明建设办公室活动指导处处长陆建设的“上海市家装行业创建规范服务达标的新探索”、上海市装饰装修行业协会秘书长赵海的“上海市家装行业创建规范服务达标的实施情况”、建设部住宅产业化促进中心推广处处长孙克放的“住宅全装修——推动住宅产业现代化的重要切入点”。专题演讲有：百安居中国有限公司副总裁史德文的“企业发展规模与经营模式的选择”、上海荣欣家庭装潢有限公司总经理陈国宏的“行业业态发展模式的思考和实践”、武汉嘉禾装饰（集团）公司总裁钱俊雄的“住宅装饰装修企业如何突破发展极限”、中国建筑装饰协会行业发展部主任王本明的“住宅装饰装修行业科技发展的展望与实施”。

▲11 月 8 日，《北京晚报》报道，我国每年由室内空气污染引起的死亡人数已达 11.1 万人，每天大约是 304 人，同时造成 107 亿元的经济损失。由于室内环境的恶化，我国的肺癌发病率以每年 26.9%的惊人速度递增；目前 80%的白血病发病率与室内空气污染有直接关联；因装修污染引起上呼吸道感染而导致重大疾病的儿童约有 210 万名。

▲11 月 9 日，广州市建筑装饰协会与广东中山市小揽镇建筑装饰商会举行交流活动，广州市建筑装饰协会会长许和铁、秘书长易自华及部分装修承包商会员企业参观了小揽镇建筑装饰商会会员厂商中山市鹰皇灯饰胡限公司，小揽镇建筑装饰商会代表参观了广州市建筑装饰协会会员厂商广州秀珀化工有限公司、广州东松三雄电器照明有限公司。这种业内交流在全国还不多见。

▲11 月 10 日，由常州市总工会主办、常泰建筑装璜工程有限公司承办的“常州市首届职工艺术节‘常泰杯’新建设者歌手大赛”，在市文化宫圆满结束，在两天时间内，58 名参赛歌手通过初赛、复赛、决赛，其中 26 名获奖。这是装饰企业参与和谐社会的尝试。

▲11 月 11 日，中国建筑装饰副会长、西安龙鑫企业集团董事长冯林在陕西省海外联谊会第三届理事会上当选为理事。该公司不久前被评为“2004 年度陕西房地产新锐企业”。公司出版有企业内刊《今日鑫龙》，建有网站 www.xljt.cn。

▲11 月 12 日，由中国建筑装饰协会和《中华建筑报》共同主办的“首届中国建筑装饰百强企业峰会”在海南博鳌举行，中国建筑装饰协会常务副会长兼秘书长徐朋出席并作主旨讲话。会上百强企业发表诚信及合作联盟倡议书。

▲11 月 14 日，全国建筑装饰优秀企业家、EMBA、36 岁的上海聚通装饰有限公司总经理徐国俭当选由上海市浦东区委区政府组织的“第十一届浦东新区十大杰出青年”。

▲11 月 16 日，建设部发布《建设工程项目管理试行办法》（建市[2004]200 号）。

▲11 月 16 日，中国建筑装饰协会会长马挺挺贵签署中国建筑装饰协会公告：2004 年全国建筑工程装饰奖评审会已于 2004 年 11 月 4 日～5 日在北京召开，经评审组评定：2004 年全国建筑工程装饰奖(公共建筑装饰类)获奖工程 125 项，获奖承建单位 136 个，获奖参建单位 7 个；2004 年全国建筑工程装饰奖(公共建筑装饰设计类)获奖工程 26 项，获奖设计单位 26 个；2004 年全国建筑工程装饰奖(建筑幕墙类)获奖工程 31 项，获奖承建单位 31 个。

▲11 月 16 日，中国建筑装饰协会召开“加强密封胶行业管理座谈会”，研究制订《密封胶行业管理指导意见》，参加会议的有商务部反倾销司副司长李振中，中国建筑装饰协会副秘书长张京跃，铝制品委员会秘书长宋协昌、副秘书长邱建辉，材料委员会副秘书长孟小平，以及张广义等专家。11 月 23 日协会还召开了部分密封胶生产厂商征求意见。

▲11 月 16 日，杭州市建筑装饰协会召开家庭装饰工作委员会成立暨 2005 年家装行业发展研讨会，浙江省建筑装饰行业协会、杭州市建委、市民间组织管理局、市建筑装饰装修商会等有关部门负责人出席，会议由杭州市建筑装饰协会副秘书长叶平平主持，秘书长楼志武宣读了市建委和市民间组织管理局的批复，与会代表举手表决通过了《章程》的由 17 名理事组成的首届理事会，会长：杭州市建筑装饰协会副理事长傅祖华，秘书长：俞求真。会议决定 2005 年的重点工作：一是开展家装行业调研，为行业立法作好准备；二是开展家装评优活动；三是协助市建委开展技术职称评定工作；四是进行从业人员技术培训，特别是“四大员”：安全员、质检员、施工员、资料员；五是加强自身建设，特别是会员发展，与省装饰协会家装委、杭州市装饰商会等有关单位合作，树立杭州家装行业新形象。

▲11 月 18 日～19 日，建设部在上海召开全国建筑业改革与发展经验交流会，建设部副部长黄卫在题为“贯彻落实科学发展观，加快改革步伐，促进建筑业持续健康发展”的主报告中，总结了我国建筑业的主要成就，分析了近年来建筑业改革与发展取得的经验和存在的问题，提出了加快建筑业改革与发展的重要性和紧迫性。他概括指出，建筑业支柱产业的地位和作用日益突出，国际竞争力逐步提升。建筑业规模持续扩大，对国民经济发展的支柱作用日益增强。2001 年至 2003 年，建筑业总产值的增长率均超过 20%。2003 年，建筑业总产值增长了 24.6%，增加值增长了 21.8%；建筑业产业规模达到新的历史高点。全社会建筑业实现增加值 8181.3 亿元，占 GDP 的比重达到 6.9%。同时，2003 年建筑业实现固定资产投资 3.34 万亿元，占全社会固定资产投资的 60%，拉动了中下游产业的良性发展。更重要的是，建筑业吸纳了超过 3000 多万农村富余劳动力进城就业，成为部分地区县域经济增长和农民增加收入的重要来源。

黄卫还代表建设部部署了加快建筑业改革与发展的七

项重点工作：一是创新政府工程监管体制，提高建筑效率，维护良好市场环境。二是丰富招投标方式，提倡合理的低价中标，政府投资工程应进入有形市场。三是加强对政府投资工程的监管，实行政府投资工程规范化、程序化。四是完善质量安全管理，加快建筑企业“转型接轨”步伐，积极开拓国际市场。五是大力发展工程总承包和现代工程咨询服务体系，提高项目投资的综合效益。六是积极推进建筑业企业技术进步，努力转变建筑业经济增长方式。七是大力发展劳务企业，抓好农民工教育培训，从根本上提升建筑业劳动者和全行业的整体素质。

▲11 月 18 日，位于北京朝阳区朝阳门外工体北路“酒吧一条街”内的卡利宾酒吧热闹异常，200 多位建筑装饰企业的电气设计师欢聚一堂，参加由中国建筑装饰协会建筑电气委员会主办、施耐德电气（中国）投资有限公司协办的“梅兰社”电气设计师俱乐部成立大会。出席成立大会并剪彩的有中国建筑装饰协会副秘书长房箴、建筑电气委员会理事长花恒久、施耐德电气（中国）投资有限公司销售总监殷涛，房箴代表中国建筑装饰协会对“梅兰社”电气设计师俱乐部成立表示热烈祝贺，花恒久代表主办、承办单位致辞。出席此活动的还有中国建筑装饰协会信息部主任兼会刊《中国建筑装饰》主编黄白，材料委员会主任委员郑纪文，建筑电气委员会副理事长崔家勤、办公室主任杨柳、会员部主任何政伟、常务副秘书长兼《建筑电气资讯》总编何志祥，设计委员会（筹）刘剑，施耐德电气（中国）投资有限公司北方区销售经理李卫东、分散市场客户经理闫小冰等。这是我国建筑装饰行业第一个电气设计师组织。

▲11 月 19 日，“2004 齐鲁装饰行业实战经营高层论坛”在济南举行，中国建筑装饰协会信息咨询委员会副秘书长高世彦在开幕式上致辞，在会上，中国建筑装饰协会信息咨询委员会专家组办公室主任鲁心源就“建筑装饰工程投标”、信息咨询委员会专家组陈晋楚就“装饰装修施工项目管理”、李书德就“室内设计的发展未来”、洪忠轩就“时代设计追求温情自然”等有关方面进行了讲演。

▲11 月 22 日，国家质检总局公布的强化木地板和大芯板产品质量抽查结果显示，强化木地板的抽样合格率是 84.1%，而用来制作家具、门窗、吊顶、地面和墙裙装饰装修等的细木工板，也就是人们常说的大芯板合格率只有 52.7%。这两种不合格的产品都存在甲醛超标等质量问题。本次抽查中有 6 种强化木地板产品甲醛释放量未达到强制性国家标准，严重者超出标准 1.67 倍。有 18 种大芯板产品甲醛释放量超标，有的产品高达标准极限值的近 6 倍。静曲强度反映了产品承载受力的能力，有两种强化木地板和 27 种大芯板产品静曲强度不合格，在使用中容易出现断裂等问题。有的大芯板横向静曲强度还达不到标准值的一半。

▲11 月 22 日，杭州市建委发出《关于实施建筑装饰工程施工许可单制度的通知》（杭建市发[2004]923 号）。

▲11 月 23 日，中国建筑装饰协会发出《关于协会专业委员会负责人聘任的通知》（中装协[2004]060 号），通知说，鉴于张俊鹏已经辞去协会厨卫工程委员会秘书长一职，经中国建筑装饰协会会长办公会议研究决定，从即日起沈绥章为协会厨卫工程委员会秘书长，张兵（女）为副秘书长。沈绥章原为协会施工委员会副秘书长，张兵原为《中华建筑报》副总编。

▲11 月 23 日，浙江省金华市装饰装修协会召开“金华市住宅装饰装修行业自律企业准入与清出试点工作会议”，69 家家装企业与会，会上公布“实施细则”。金华市装饰装修协会成立于 1993 年 4 月，担负着全市建筑装饰工程年产值 15 亿元的行业管理工作。协会地址：金华市八一南街百家居三楼，邮编：321017，电话：0579-2477868，传真：2477802，网站：www.zzjj.net。

▲11 月 24 日，为了认真贯彻党的十六届四中全会对协会提出的 12 字方针“提供服务，反映诉求，规范行为”，福建省建筑装饰协会 2004 年年会暨建筑装饰装修发展论坛在福州召开，福建省建设厅副厅长翁玉耀、省工程建设质量管理协会会长、省建筑装饰协会顾问杨纶钊、省建筑业协会会长池颂光、中国建筑装饰协会行业发展部主任王本明以及厦门、漳州、莆田装饰协会的负责人、会员企业代表 120 多人出席，会议由钟昌辉理事长主持，常务副会长张福如作了题为《抓住机遇　务实创新　为做大做强我省建筑装饰装修行业而努力的工作报告》。

6 位论坛演讲者及其演讲题目是：王本明“树立科学发展观，促进装饰行业健康发展”、张福如“做大做强我省建筑装饰企业”、福州大天装饰工程有限公司总经理向湘“室内环境设计中传统与现代的融合”、省王建装修公司沈怀阳主任“借肋闽南石材优势拓展省外幕墙企业”、厦门辉煌装修工程有限公司副总经理郭嘉庆“积极走出去　开拓外地装饰市场”、福州安润家庭装饰工程有限公司总经理彭晓“品牌建设是家装企业发展的重要课题”。

翁玉耀副厅长高度评价此次活动，指出协会要强化行业自律管理，池颂光会长强调省装饰协会应恢复为省一级行业协会，得到与会代表的热烈欢迎。会议为全省 20 强装饰企业颁了奖。目前，福建省年装饰工程产值 100 多亿元，占全省建筑业总产值的 1/6，会议指出要借年均 20%以上的装饰行业发展速度，做大做强装饰企业。

▲11 月 25 日，建设部办公厅发出《关于沈阳富城建筑装饰有限公司和宁夏二建集团有限公司拖欠农民工工资造成恶劣影响的通报》（建办市函[2004]697 号），通报指出，《国务院办公厅关于切实解决建设领域拖欠工程款问题的通知》明确要求，“已获得工程款的建筑业企业，要优先偿付拖欠农民工和工人的工资”。《国务院办公厅转发建设部等部门关于进一步解决建设领域拖欠工程款问题意见的通知》进一步提出，“按照谁承包，谁负责的原则，总承包企业对所承包工程的农民工工资负全责”，对“劳动用工、工资发放情况进行日常动态监督，采取有效措施，确保农民工工资按时足额发放”。

沈阳富城建筑装饰有限公司在承建沈阳市苏家屯区信盟花园北三期工程过程中，没有采取有效措施对农民工工资发放情况进行日常动态监督，确保农民工工资按时足额发放。特别是在包工头携款潜逃后，没有认真地妥善处理，导致了被拖欠工资的7名农民工服安眠药的恶性事件。

沈阳富城建筑装饰有限公司和宁夏二建集团责任有限公司严重违反了国办《通知》的要求，造成了极为恶劣的影响。现决定，对沈阳富城建筑装饰有限公司和宁夏二建集团责任有限公司给予通报批评，并由辽宁省建设厅和宁夏回族自治区建设厅分别对沈阳富城建筑装饰有限公司和宁夏二建集团责任有限公司作出相应处罚。

▲11月25日，重庆市建筑装饰协会乔迁新址：重庆市渝中区长江一路58号B1幢6-2、3、4号（鹅岭车站旁重庆市建委院内），邮编：400014，会长：喻上沛；副会长：叶瑞进（主持全面工作）；常务副秘书长：肖能定。因工作需要李学荣不再担任协会代理秘书长。电话：综合部023-63672662，负责人陈正敏；家居工作部63672585，负责人韩波；材料设施部63672585，负责人朱涛；宣教培训部63672662，负责人肖能定（兼）。

▲11月26日，建设部建筑市场管理司做出《关于批准北京市建筑设计研究院等362家企业工程勘察设计资质转正及北京工业大学建筑勘察设计院等67家企业工程勘察设计资质延期转正的通知》（建市资函[2004]41号），其中，建筑装饰专项工程设计甲级资质转正的有2家：黑龙江高维建筑装饰设计有限公司、浙江亚厦装饰集团有限公司；建筑幕墙专项工程设计甲级资质转正的有4家：佛山市兴发幕墙门窗有限公司、河北振海铝业集团有限公司、华北铝业有限公司、温州市亚飞铝窗有限公司。建筑装饰专项工程设计甲级延期一年转正的有2家：石家庄市通力建筑装饰工程有限公司、鹤岗市中北金利建筑装饰工程有限公司。

▲11月26日，在河北省工业经济联合会召开的第三次会员代表大会上，石家庄市装饰协会被评为河北省先进行业协会，不仅成为河北省经济类社团中30个先进协会之一，而且是石家庄市工业经济联合会推荐的唯一的一个先进协会，受到表彰和奖励。该协会撰写的经验材料《服务是协会工作的生命线》受到河北省、石家庄市两级工业经济联合会的好评，并被收入河北省工业经济联合会编印的经验材料汇编。河北省建筑装饰协会副秘书长刘纪堂、衡水市建筑装饰装修协会会长侯玉东被授予“河北省先进行业协会工作者”称号。

▲11月28日《北京晚报》以“政府投资‘代建制’遏制源头腐败”为题报道，为进一步规范政府投资行为，提高政府投资工程的建设管理水平和投资效益，北京市宣武区政府一改以往各单位自行操作建设项目的做法，开始着手建立符合市场经济要求的政府投资工程建设管理模式“代建制”，从源头上遏止腐败，减少不必要的损失。所谓“代建制”，是由政府部门设立的专业化的项目管理单位对政府投资项目实施全程代理，项目建成后交付使用单位的一种项目实施方式。以往，政府建设项目都是由各单位自行操作实施，这种做法往往由于自行操作实施单位缺少专业知识而造成人力、物力、财力浪费，甚至出现违反基本建设程序的现象，为暗箱操作留下空间。代建期间，代建单位将按照合同约定代行项目建设的投资主体职责，有关行政部门对实行“代建制”投资项目的审批程序不变，其主要适用于宣武区政府投资占工程总投资50%（含）或政府参与投资并出资100万元以上的新建工程、50万元以上的装修改造工程。中国建筑装饰协会有关专家参与了此项制度的制订。

▲11月29日，浙江省建筑装饰行业协会召开“204年浙江省建筑装饰优秀项目经理表彰大会暨行业发展论坛”，会议由秘书长陈孟坡主持，会长董宜君以及优秀企业代表发言，会议认为，此会标志着浙江省项目经理队伍的发展又迈上新台阶。

▲11月29～30日，根据十六届三中会全确定的科学发展观的要求，为加强行业发展的理论建设，总结装饰行业在企业管理、市场运作、设计与施工等方面的特殊规律，使企业和行业在科学理论指导下可持续发展，及时传播2004年11月海南博鳌召开的中国装饰百强企业峰会精神，江苏省装饰装修行业协会在苏州市举办了“首届江苏省装饰企业高层论坛”，省装饰协会领导、有关学者、专家、全国装饰百强中的江苏企业、全省装饰10强企业的负责人等100多人聚首苏州，共同探讨企业发展之路。

江苏省装饰装修行业协会毛家泉会长所作的“研究市场经济规律，争取更大发展空间”的专题演讲，深刻分析了当前市场状况，行业特点、企业成功经验，从理论高度提出了企业发展思路，引起了与会人士的强烈反响；东南大学黄凯教授从新环境条件下企业竞争、注重创新的竞争与发展、关于组织与文化建设等方面提出的学术报告，分析了当今经济全球化，新的企业经营环境发展规模经济新思维，指出了企业准确定位与创新以做大做强的新思路，并介绍了国内外知名企业的成功案例，引起到会企业家的极大兴趣；苏州金螳螂建筑装饰股份有限公司董事长倪林、南京百会装饰工程有限公司赵峥副总经理、南京金鸿装饰工程有限公司总经理徐荣、南京香江华建筑装饰工程有限公司董事长倪映辉、江苏建设装饰工程有限公司总经理杨大伟、苏州苏明装饰公司总经理朱维新等在论坛上分别就企业管理、市场定位与发展、开拓国际市场、做专做精装饰工程、企业文化建设等方面介绍了实践经验，探索了企业发展的新思路，极大地丰富了论坛内容，对江苏省今后的企业经营发展产生了积极影响。

首届高层论坛成功的举办取得了很好的效果，正如毛家泉会长在总结时所指出的“论坛的举办很及时、很必要，演讲有特色、研讨有深度是一次形式好、内容好、效果好的装饰行业高层论坛，今后将继续举办，并将根据企业需要深入企业宣讲，以促进更多企业进步的全省行业发展。

▲11月29日，上海市建设和管理委员会、市房屋土地资源管理委员会发出《关于开展本市玻璃幕墙建筑普查工作的通知》（沪建建[2004]834号），普查内容为2004年12月31日前竣工的玻璃、金属和石材组合幕墙，重点是8层以上高层和8层以下人流密集区域和青少年或幼儿活动公共场所，具体工作由上海市装饰装修行业协会建筑幕墙专业委员会负责，由市幕墙检测中心配合，2005年1月15日～2月底为专业巡查，3月进行抽查。据上海市装饰装修行业协

会建筑幕墙专业委员会了解，上海现有幕墙建筑1500座，数量居世界首位，面积1200万㎡，涉及19个区县、200多家施工企业。此举旨在落实建设部《玻璃幕墙工程技术规范》和《上海市建筑物使用安装安全玻璃规定》等规定。

▲11月29日，江苏省建筑工程管理局发出《关于加强我省装饰装修企业统计工作的意见》（苏建管装[2004]3号），这是我国第一个关于装饰行业统计工作的指导性政府文件。

十二月

▲12月1日，建设部发出“关于印发《建筑施工企业安全生产管理机构设置及专职安全生产管理人员配备办法》和《危险性较大工程安全专项施工方案编制及专家论证审查办法》的通知”（建质[2004]213号），二个文件均中指出，本办法适用于“装修工程的新建、改建、扩建和拆除等活动。”

《建筑施工企业安全生产管理机构设置及专职安全生产管理人员配备办法》第六条，建设工程项目应当成立由项目经理负责的安全生产管理小组，小组成员应包括企业派驻到项目的专职安全生产管理人员，专职安全生产管理人员的配置为——装修工程按照建筑面积：1万平方米及以下的工程至少1人；1万～5万平方米的工程至少2人；5万平方米以上的工程至少3人，应当设置安全主管，按土建、机电设备等专业设置专职安全生产管理人员。

《危险性较大工程安全专项施工方案编制及专家论证审查办法》第三条第七款，建筑幕墙的安装施工被列为其他危险性较大的工程。

▲12月1日，中国建筑装饰协会召开了在京材料专家2005年工作座谈会，到会的专家有：张庆维教授级高工（北京市人民政府专家）、陈作璋教授级高工（中国新型建材委员会副主任）、刘振标高级经济师（五金流通委员会主任）、何星华教授级高工（全国化学建材协调组综合专家组组长）、吕学忠教授级高工（中国科学研究院软件学院硕士生导师）、金谦高工（中国建筑科学研究院化学建材测试中心主任）、蔡光汀教授（北京市高评委委员）、严克明研究员（本会材料委员会主任委员）、高志华教授（中国室内木制品专家组组长）、李毕忠研究员、博士（中科院理化技术研究所研究中心副主任）、马振珠高工（国家建筑材料测试中主主任）、尹慧兰高工（本会材料委员会国际部主任）、高建林高级经济师（中国青年企业家协会理事）、陈奕教授级高工（建设部住宅与产业化技术专家委委员）、田万良（本会信息委副理事长兼秘书长、李怀之教授级高工（《北京建材》执行主编）、鲁心源高级经济师（本会信息委专家组办公室主任）。

参加会议的有本会副秘书长房箴，材料委副秘书长张振路，质量技术部副主任熊翔、李卫青，中华建筑报记者王丽华。房箴介绍了中国建筑装饰协会筹备成立专家委员会简况和协会2005年工作计划中与材料相关的工作及设想。会议对会前部分专家提出的一些建议展开了热烈的、认真的、积极讨论，并提出了2005年有关装饰材料方面的工作的建议：一是参与评定和推荐优秀石材防护剂和优质粘结剂；二是参与研究室内装饰环境污染原及解决措施；三是参加围绕环保材料及有关标准和规范的培训工作；四是组织相关专家参与施工、设计与材料生产的高新材料产业链；五是参与中国建筑装饰网的咨询活动；六是向中国建筑装饰协会的报刊进行定向投稿，并于年底出版《2005年建筑装饰材料名品论文集》。

▲12月1日《都市文化报》和525j.com报道，上海市消费者权益保护委员会和上海市装饰装修行业协会近日联合发布谨防装饰老板卷款逃跑的家装消费警示。警示说：近年来，每遇年关，有的装饰企业由于经营不善，负债较多，装饰老板为躲避债务卷款而逃的事件屡有发生。为了维护消费者的利益，上海市消费者权益保护委员会和上海市装饰装修行业协会联合发布消费警示，提醒消费者谨防少数装饰公司老板年关时卷款逃跑。

上海市家装行业是一个超常规发展的行业，目前仍处在一种上升的态势，由于市场进入门槛低，造成家装企业一哄上，鱼龙混杂。有的家装企业规模偏小、管理混乱、抗风险能力十分薄弱，加上近年来全装修房的推进，投资房的增加，散户装修房骤减，一些不具有市场竞争力的家装企业难以维计。特别是年关将至，各单位进入财务清算阶段，材料商催讨材料款、广告商催讨广告费、民工催讨拖欠工资、业主要求履行装饰合同，一些入不敷出的装饰企业老板为了躲避债务而卷款逃跑，给债主和消费者造成巨大经济损失。

上海市消保委和市装饰协会提醒广大装饰消费者，选择装饰公司时要做到五要：一是要选择有企业法人营业执照、建筑业企业资质证书、行业协会会员证的正规装饰公司；二是要选择规模较大、知名度较高的装饰公司；三是要选择诚信度较高、合同履行能力较强的装饰公司，这些企业一般均是参加创建家装行业规范服务达标和家装工程质量保证金的单位；四是要选择采用《上海市家庭居室装饰装修示范合同》的装饰公司，并根据合同规定，认真填写和选择所有合同项目，明确双方的权利、义务和违约责任；五是要装饰装修过程中要提高自我保护意识，时刻与装饰公司保持联系，一旦发现异常情况，及时向有关部门提诉或举报。另外，支付装饰款时，应按工程进度分期付款，决不可提前支付。

另外，还需做到五不要：一是不要轻信装饰企业广告。有些装饰广告片面吹嘘、夸大其词，其目的是诱骗消费者过高估计广告所宣传的装饰效果。俗话说，耳听为虚、眼见为实，消费者最好到施工现场实地勘察，了解其安全生产、文明施工、规范操作的情况；二是不要迷信低价装饰。有的企业以免设计费、免管理费、材料费市场最低价、人工费打折等低价为诱饵，一旦成交，采取粗制滥造、以次充好、中途加价等种种手法坑害消费者；三是不要轻信熟人介绍。有的消费者轻信熟人介绍，不签订装饰合同，搞什么“君子协定”、“友情操作”，一旦出现装饰纠纷，因缺乏依据或有碍情面而无法妥善解决；四是不要找马路游击队。马路游击队一无执照、二无资质、三无固定营业场所，如果找其装饰，出了问题无处伸冤，卷款逃跑无法追究；五是不要找不可靠的挂靠公司。据调查，卷款而逃的装饰企业，不少是一些装饰公司的挂靠公司，有些总公司只管按月收取一定数量的管理费，对挂靠公司无任何制约措施，极易出现违法违规行为。

▲12 月 2 日，民政部作出《关于表彰全国先进民间组织的决定》（民发[2004]213 号），在总共 540 个受表彰的单位中，有贵州省安顺市建筑装饰协会和成都市建筑装饰协会。这是全国建筑装饰行业和协会的光荣。

决定指出，民间组织是我国社会组织的重要组成部分。多年来，特别是在改革开放、发展社会主义市场经济的新形势下，我国民间组织迅速发展壮大，已遍布全国城乡，涉及社会生活各个领域，基本形成了门类齐全、层次不同、覆盖广泛的民间组织体系。广大民间组织与党和政府同心同德，努力发挥自身优势，积极开展各项活动，不断延伸服务领域，社会作用日益显著，已经成为党和政府联系人民群众的桥梁和纽带，成为促进经济发展、推动社会进步、维护社会稳定和构建和谐社会的重要力量。

为了表彰先进，树立典型，推动我国民间组织健康发展。民政部决定，授予中国钢铁工业协会等 540 个社会团体、基金会和民办非企业单位"全国先进民间组织"称号。这次表彰的全国先进民间组织，在不同领域做出了突出成绩。他们模范遵纪守法，组织机构健全，内部制度完善，运作程序规范，社会责任感强，社会公信度高，在经济和社会发展中发挥了积极的作用，树立了良好的形象。他们是新时期我国民间组织的优秀代表。

希望受到表彰的民间组织珍惜荣誉，再接再厉，开拓进取，在今后的工作中取得新的成绩，创造新的业绩。希望全国各级各类民间组织向受到表彰的先进民间组织学习，以服务国家、服务社会、服务人民为已任，进一步发挥自身优势，奋发有为，扎实工作，切实承担起应尽的社会责任，为服务人民群众，促进经济发展，推动社会进步，构建社会主义和谐社会做出新的更大的贡献！

▲12 月 2 日，中国建筑装饰协会铝制品委员会在郑州市召开地方装饰协会幕墙委员会秘书长工作会议，研究制订 2005 年工作，中国建筑装饰协会副秘书长房箴出席。

▲12 月 4 日～5 日，由河北省建筑装饰协会与中国建筑学会室内设计分会第 23 专业委员会共同主办、邢台建筑装饰学校承办的"河北高校 VS 企业合作论坛暨河北省高校环境艺术设计作品巡回展"在邢台市举行。协办单位有河北大学艺术学院、河北工程学院建筑学院、河北科技大学艺术设计学院、石家庄铁道学院建筑与艺术分院、燕山大学艺术学院、邢台职业技术学院（军需学院）艺术设计系、河北农业大学艺术学院环境艺术系等八所河北省有室内设计专业的高校。本次活动的主题有四：一是学术交流；二是作品巡回展；三是颁奖晚会；四是高校优秀毕业生与知名装饰企业互动，以加强装饰企业与有室内设计专业的高校的合作，促进高校环境艺术专业交流，展示教育科研成果，

2004 年入冬以来连续三天最大的雾于 12 月 4 日早晨突然消散了，邢台宾馆顿时热闹起来，可谓"天助我也"。参加开幕式的有邢台市政协主席崔宝玉、中国建筑装饰协会信息部主任兼会刊《中国建筑装饰》主编黄白、中国建筑学会室内设计分会副会长李书才、河北省建筑装饰协会常务副秘书长刘纪堂、中国建筑学会室内设计分会第 23 专业委员会主任王跃；有燕山大学艺术学院艺术系副主任秦崇伟、河北农业大学艺术学院环境艺术系主任卢国新、邢台建筑装饰学校党委书记赵春波、校长信文峯等各高校相应学院、系的负责人及优秀毕业生、部分硕士研究生；有石家庄常宏建筑装饰工程有限公司总经理王跃、总工程师崔宝琳、石家庄佳林装饰工程有限公司黄克培、石家庄大石代空间设计制作有限公司总经理张迎军、河北广厦装饰工程有限公司董事长闫士杰、河北正信建筑装饰工程有限公司董事长兼总经理潘继强、唐山方舟建筑装饰工程有限公司常务副总经理曹越英、河北丽都建筑装饰工程有限公司董事长赵良波、河北斯特龙装饰工程有限公司等河北大型知名装饰，共约 100 多人。会场两侧展示着环境艺术设计作品，会议结束后还将到各高校展出。

本次活动十分成功。业内舆论认为，目前我国建筑装饰行业约有从业者 1000 多万人，其中室内设计人员约 50 万人，院校是制造这些业内最稀缺资源的加工厂。由建筑装饰行业协会与室内设计学术团体共同组织业内大型装饰企业"集体采购"院校毕业生，达到合作共赢，同时将装饰市场的人才需求信息最直接地反馈给学界和行业管理部门，这在建筑装饰行业是一大创新，有在业内推广的价值。

▲12 月 6 日，北京市地方标准《简易自动喷水灭火系统设计规程》公布并开始实施，全市五类民用建筑必须设置自动喷水灭火系统：一是面积超过 1000 m²的餐馆、茶馆；二是建筑物总面积大于 2000 m²的商店、超市及其库房；三是单体建筑物面积大于 2000 m²的旅馆、招待所、旅游度假中心；四是建筑面积大于 500 m²，设置在民用建筑内的商店、对外营业餐厅及其厨房、地下室旅馆；五是独立建造的、国家标准《建筑设计防火规范》所定义的歌舞娱乐放映游艺场所，凡建筑面积大于 500 m²时，均应设置自动喷水灭火系统。北京市规划委强调，当国家标准尚未规定，但符合北京市应设置简易自动喷水灭火系统条件的场所，应执行北京市标准。已建建筑物凡未达到要求的，应由所属单位加紧设置自动喷水灭火系统，并保证在 12 个月内通过验收。

▲12 月 6 日，为加强徐州市专家学者与装饰企业间的信息交流,不断提高全市室内设计水平，由徐州市装饰装修行业协会与中国建筑学会室内设计分会 20 委员会共同举办的"第二次室内设计学术论坛报告会"在徐州市金诺装饰工程有限公司举行。中国矿业大学、徐州工程学院、徐州建筑职业技术学院的专家学者及 15 位装饰企业老总和设计师们共 80 余人参加了论坛会。

本次论坛由两会副会长、徐州市金诺装饰工程有限公司总经理杨宗石主持。徐州市室内装饰管理办公室主任、徐州市装饰装修行业协会常务副会长侍建怀致贺词。论坛报告会分三部分进行，5 位人士作了学术交流发言：一是徐州市装饰装修行业协会严孝友秘书长向参会人员详细介绍了江苏省装饰行业高层论坛的信息；二是徐州工程学院环艺工作室杜鹏主任从概念、空间、色彩以及材料等多方面对室内设计

的流行趋势的演讲；三是徐州建筑与艺术系孙亚峰主任作了“现代家具与设计”的报告，从概念、精神、民族、美学等多方面对家具的实用性与装饰性进行了深入的分析。四是徐州天地人装饰设计工程有限公司主案设计陈云就住宅装饰设计实例的演讲；五是中国矿业大学建筑工程学院胡伟副教授关于欧洲 11 国考察观感及欧洲室内设计的发展和流行趋势。专家学者们图文并茂、热情洋溢的学术报告使与会同志耳目一新，受益匪浅。

会后，专家学者与企业老总们又就如何加强信息交流，进一步提高全市室内设计水平等问题进行了广泛的交流。大家认为，这次论坛会开得非常成功，今后应经常举办，从而达到资源共享、共同发展之目的，使全市室内设计水平不断提高，装饰装修行业健康发展。

▲12 月 6 日，国家质检总局公布的陶瓷砖产品质量抽查报告警示，一些抛光砖产品放射性核素含量超标，会对人体身心健康造成损害。抽查显示，该产品抽样合格率为 75.8%。究其原因是个别企业只顾增白产品，提高产品档次，配方中过多添加锆类原材料，而忽略了这些原材料放射性核素含量极高的特点，以致其陶瓷砖产品的放射性超标或放射性核素含量达到、接近临界值。据不完全统计，我国目前陶瓷砖生产企业约有近 3000 家左右。由于行业发展较快，产品由供不应求变为供大于求，市场竞争激烈，产品质量参差不齐。消费者面对市场上琳琅满目的陶瓷砖产品常常会感到无所适从，对产品质量优劣的判断主要来自商家或生产企业自身的宣传和产品的价位。质检人员介绍说，由于陶瓷砖的质量问题，经常会造成铺贴后大面积开裂（强度低）、釉面剥落或表面龟裂（抗釉裂性和抗热震性差）、不易清洁（耐化学腐蚀性和耐污染性差）等问题，不但起不到装饰装修效果，还会给消费者造成无限的烦恼。本次抽查就发现有 5 种陶瓷砖产品的断裂模数不合格，在使用中易造成开裂、破裂或表面缺陷。

▲12 月 6 日，国家质检总局公布马桶产品质量抽查显示，北京、上海、广东等 86 家企业生产的 87 种产品，合格 58 种，产品抽样合格率仅为 66.7%。部分质量较差产品包括：上海宏延卫浴设备开发实业有限公司的“卡思卡特”，佛山市德赛陶瓷有限公司的“赛纳”，潮州市枫溪建华建筑陶瓷厂的“美建发”，潮安县万城陶瓷有限公司的“万城”，上海亦和实业发展有限公司的“曼思菲”，佛山市奥米斯洁具有限公司的“中利莱”，潮安县碧维陶瓷制造有限公司的“玉松”，上海斯多丽洁具有限公司的“斯多丽”等品牌中的一些批次产品。

▲12 月 6 日～7 日，中国建筑装饰协会确定 2005 年为“培训年”，为清晰思路，完善内容，中国建筑装饰协会在福建省厦门市白鹭洲大酒店召开“2004 年度全国建筑装饰行业培训工作会议”。会议的主题有三：一是听取中国建筑装饰协会培训部主任兼培训中心主任王燕鸣的 2004 年培训工作总结和中国建筑装饰协会常务副会长兼秘书长徐朋的讲话；二是表彰培训先进单位和个人；三是听取开拓培训思路讲座和介绍培训工作创新。

出席培训工作会议的有中国建筑装饰协会常务副会长兼秘书长徐朋、副秘书长张京跃、培训部主任兼培训中心主任王燕鸣、行业发展部主任王本明、信息部主任兼会刊《中国建筑装饰》主编黄白，施工委员会秘书长顾国华，厦门市建筑装饰协会秘书长洪乃命、副秘书长江清源。会议引起各地建筑装饰协会领导、培训中心负责人，以及中国建筑装饰协会培训中心授权培训机构负责人的重视。武汉市建委杨丽娟、苏州市建设局乔军莉、泉州市建筑行业协会副秘书长林天燧专程到会。会议由张京跃副秘书长主持并作总结讲话。

参加会议的有福建省建筑装饰协会常务副会长张福如，江苏省装饰装修行业协会会长毛家泉、副秘书长刘媛，南京市装饰行业协会副秘书长周立芹，陕西省建筑装饰协会秘书长王卫国，太原市建筑装饰协会副秘书长吴黎明，广州市建筑装饰协会副秘书长罗焕良，武汉建筑装饰协会秘书长郭伟，汕头市装饰协会秘书长辛忠，四川省建筑装饰协会秘书长陈建文，苏州市装修装饰行业协会副秘书长黄静贤，常州市建筑装饰协会秘书长吴继周，杭州市建筑装饰协会副秘书长叶平平，甘肃省建筑装饰协会秘书长朱元华，副秘书长赵健民，安徽省建筑装饰协会副秘书长张红燕，昆明市建筑装饰协会秘书长刘海华，衡阳室内装饰装修协会会长周望生、秘书长罗立新等 16 个省市建筑装饰协会的领导。

有北京市建筑装饰协会培训中心主任申雪梅、上海市装饰装修行业协会培训中心主任丛国梁、辽宁省装饰协会培训中心主任李萍、大连市建筑装饰行业协会培训中心主任隋明、浙江省建筑装饰行业协会培训中心主任张弥、重庆市建筑装饰协会培训中心主任陈正敏、长沙市装饰装修行业协会培训中心主任蒋成青、武汉建筑装饰协会培训中心主任刘立军、宜昌市建筑装饰协会培训中心主任李祖才等 9 个省市建筑装饰培训中心的负责人。有来自北京、上海、天津、呼和浩特、唐山、青岛、临沂、泰安、乌鲁木齐、广州、深圳、佛山、珠海、桂林、郑州、武汉、海安、宁波、南昌、石家庄等 20 个地方的授权培训机构负责人。共 100 多人。

▲12 月 9 日，建设部副部长刘志峰在国务院新闻办公室举办的房地产专题新闻发布会上纵论当前房地产“热点”问题，他指出，我国房地产市场发展总体上是健康的，总量基本平衡，市场供销旺盛，价格基本稳定，但是，部分省市、地区房地产确实存在投资开发过热，在土地开发、房地产开发和房屋拆迁中间确实存在“大量腐败问题”。

一是高档住房销售不畅。刘志峰指出，在房地产市场快速发展的过程中也存在一些问题，特别表现在下面几个方面：一是地方投资过大，价格增长过快。二是部分地区房地产结构性矛盾比较突出，一些地方大户型、高层建筑、高档项目销售不畅，普通住房和经济适用房供应不足。三是住房供应体系还需要进一步健全，市场投入体系尚不能适应居民的住房需要，适合我国国情的住房保障制度还需要建立和完善。四是房地产市场运行、监管和调控体系不完善，市场行为不够规范，虚假广告、合同欺诈以及中介服务、物业管理中心的违法违规行为还没有得到有效遏制。

二是部分地区发展“过热”。刘志峰介绍，目前我们国家有少数地方房地产投资增长过快，土地供应过量，房价上涨也过快，确实有这个苗头。目前人民银行发布了有关文件，采取了包括加强城乡宏观调控，根据不同地区的不同情况增加土地供应量，加强土地价格调控等措施，相信中国房地产市场能够得到持续健康发展。

三是要防范房地产贷款风险。刘志峰特别指出，金融是整个经济发展的血液，房地产的快速发展离不开金融的支持，但同时我们也要防范金融风险。目前，从全国来看，金融对房地产开发贷款也好，个人住房贷款也好，都比较高，大概是 30%至 40%。就全国来讲，开发贷款和个人住房贷款占金融贷款比例和发达国家相比，我们还是比较低的。据我所知，发达国家房地产开发贷款和个人贷款占整个贷款总量的 30%左右，我们目前全国开发贷款和个人贷款余额占整个贷款余额总量的 15%左右。

四是存在“大量腐败问题”。刘志峰还指出，目前在土地开发、房地产开发和房屋拆迁中间，包括城市规划建设中间，有大量腐败问题，有些问题还是比较严重的，中央政府、中央纪委对这个问题都十分重视，我们要加大查处和打击力度。一方面加强职业道德教育，加强行业建设，同时对腐败分子、腐败行为给予打击。

▲12 月 9 日～11 日，由民政部、国家发改委、国资委等部门主办的“全国行业协会成就展汇报展览会”在北京展览馆举行，中国建筑装饰协会、北京市建筑装饰协会、上海市装饰装修行业协会参展，12 月 10 日晚，全国人大常委会副委员长韩启德，民政部部长李学举、副部长姜力，建设部副部长刘志峰等有关方面领导参观展会时，在中国建筑装饰协会、北京市建筑装饰协会、上海市装饰装修行业协会展位旁驻足，给予好评，并与在场的中国建筑装饰协会综合部副主任杜桂玲、信息咨询委员会秘书长田万良合影。

▲12 月 10 日，安装了高级防弹玻璃窗、德国进口防滑地板，我国首座无“铁窗”式防护栏的精神病人住院大楼——北京回龙观医院新病房大楼正式启用。这座六层病房楼建筑面积 12574 ㎡，可容纳 600 名精神病患者住院治疗。据了解，大楼最为特别的地方是除去了传统精神病院的“铁窗”式防护栏，取而代之的是巨大的防弹玻璃窗。窗户的采光面积大，2/3 面积为固定式防弹中空保温玻璃，另 1/3 面积内侧为普通玻璃推拉窗可供换气用，外侧为固定式横窗栏并附有不锈钢防蝇纱。这种防弹玻璃窗可以消除精神病病房的阴森、囚禁感，又能防止病人逃跑、自杀，确保安全。患者坐在房间里就能享受窗外的阳光和美景。据院方称，由于整幢大楼全部安装的是防弹玻璃，因此玻璃是该楼造价最高的建筑材料。

另外，精神病学和心理学专家参与了大楼的色彩设计。避免了使狂躁型精神病患者兴奋的橘黄色、火红色，以及强烈、跳跃的色彩搭配，也避免了使抑郁症患者更加抑郁的灰色和黑色。整幢大楼的色彩是淡绿、淡蓝和浅米色，被这些柔和颜色包围着的精神病患者能很快安定、平静下来。大楼的许多设计细节都体现了对病人的关怀。地面铺的是德国进口的米色防滑地板，以防止患者不慎摔倒；每间病房都配备了轮椅，以便年老体弱患者出入使用；重症监护室的每张病床周围都挂着长长的帘子，以免危重病人接受治疗的情景吓着其他病友；每位住院患者都有了自己的私人空间——不带锁的储物柜；在病房卫生间厕位之间设了矮隔断墙，既有利于保护如厕病人的隐私和安全，又不妨碍护理人员观察厕所内情况。此外全楼均为无障碍设计，有坡道、专用电梯、高低台面等多项设施，为残疾病人或家属提供方便。

▲12 月 12 日，由辽宁省装饰协会组织的《辽宁省装饰装修行业风采录》出版发行，顾问：杨帅邦，主主编：田平，执行主编：刘晓波。全书 140 页，全铜，彩页，编辑的十分有特色。

▲12 月 13 日，中国建筑装饰召开“颁发装饰奖举行五届四次理事会准备工作会”，会议由副秘书长王毅强主持，名誉会长张恩树、会长马挺贵、副秘书长张京跃、房箴出席，会议决定了会务分工，总协调：房箴，会务：王毅强、田万良，文件资料：黄白、王本明，颁奖：熊翔、顾国华。会议强调，这是 2004 年度协会最后一次行业重要活动，要努力展示协会和行业的风彩，开成一次团结、鼓劲的大会。

▲12 月 13 日，中国建筑装饰协会召开《建筑装饰专项工程设计—施工企业资质等级标准》（送审稿）评议会，会议由副秘书长房箴主持，王本明作主说明，参加会议的有会长马挺贵、副秘书长张京跃以及黄白、顾国华、田德昌、郭红星、张仁等，会议认真讨论并通过送审稿（第五稿）及起草说明、编制报告，认为基本符合建设部委托我会制订的意图和装饰行业发展趋势，当日向建设部建筑市场管理司报送《建筑装饰装修专项工程设计—施工企业资质等级标准（送审稿）编制说明和调研报告》。

▲12 月 13 日，中国建筑装饰协会工会召开会议，通过中华建筑报社成立工会的报告，讨论了近期协会工会工作。会议由工会主席王毅强主持，副主席黄白、李廉（中华建筑报社工会主席），委员张爱宁、李卫青参加。

▲12 月 14 日，广州市建筑装饰协会在珠江新城精英装饰设计中心举行“广州市建筑装饰设计论坛”，130 多位设计师与会。主讲人及其演讲题目是：广东省装饰总公司设计室主任李智“客户与设计师的互动——谈炳胜酒家设计心得”、广州市第三装修有限公司总设计师曹海涛“点评西餐厅的装修设计”、广州开珠江建筑装饰集团主笔设计王成“生态仿生学——城市中的方舟”、广州珠江装修工程公司总工程师陈万里“餐饮空间设计发展趋势”，马来西亚资深设计师杨佩贤、香港灯光设计师吴剑雄也作了演讲。

▲12 月 16 日，《中国建设报》、《新京报》等媒体报道，美国绿色建筑委员会（USGBC）宣布推出新的商业建筑室内装饰绿色评级系统（LEED- CI）。这是 USGBC 推出的第三个评级系统，前两个分别是现有建筑绿色评级系统（LEED-EB）和新建建筑绿色评级系统（LEED-NC）。该系

统针对的对象包括户主、住户、室内设计师、建筑室内装饰建筑师以及安装专业人员。评级内容包括：空间选择、节水节能、照明和照明控制、内部建筑系统和家具的使用、室内环保质量如综合排放标准等。最近在波特兰举办的绿色建筑展上举办了 LEED-CI 的推介仪式。美国绿色建筑委员会目前正在开发商业建筑结构绿色评级系统。

▲12 月 18 日，600 多位室内设计人员参加了由上海市装饰装修行业协会与上海市人事局职业能力考试院共同制定的《上海市室内设计专业技术水平认证暂行办法》的高、中、助理三个等级的考试。此举创新了室内设计人才评价管理制度。

▲12 月 18 日，天津市河西区技术监督局与天津红星美凯龙国际建材家具广场（河西店）共同推出“商品质量信誉卡”，参加新闻发布会的有天津市环境装饰协会秘书长王文焕、副秘书长曹莉云，天津市河西区政府副区长盖刚、区生技术监督局局长李平、区产品质量监督检验所所长王毅，天津市家具协会会长高同庆，天津红星美凯龙国际建材家具广场总经理沈耀俊、副总经理尹向阳、谈津伟，天津报业集团所属的 10 多家媒体。这是装饰材料家具交易市场，政府市场管理和协会行业管理相结合的一项创新活动。2004 年春节第一天央视首播的电视连续剧被《将装修进行到底》的赞助商，就是红星美凯龙。这部电视剧被业内视作建筑装饰行业文化建设的一个重要标志。中国建筑装饰协会信息部主任兼会刊《中国建筑装饰》主编黄白、信息咨询委员会秘书长田万良也出席了此活动。

▲12 月 20 日，江苏省装饰装修行业协会作出“关于贯彻中国建筑装饰协会《住宅装饰装修行业自律管理企业准入与清出办法（试行）》的实施意见”。

▲12 月 21 日～22 日，有近 600 位业内精英人士出席的“中国建筑装饰协会五届四次理事会暨 2004 年（第四届）全国建筑工程装饰奖颁奖大会”在北京举行，前者在友谊宾馆召开，后者在人民大会堂三楼小礼堂举行，除 2001 年协会理事会暨首届全国建筑工程装饰奖在北京新侨饭店召开外，其他三次均在北京友谊宾馆召开协会理事会，在人民大会堂三楼小礼堂举行装饰奖颁奖大会。对此，业内已形成习惯。

中国建筑装饰协会五届四次理事会的主要议程有：一是听取中国建筑装饰协会常务副会长兼秘书长徐朋的工作报告；二是听取中国建筑装饰协会副秘书长张京跃的提案说明，中国建筑装饰协会第五届理事会经过第六次调整，原有理事 384 名，常务理事 136 名，现有理事 394 名，常务理事 153 名；三是听取两个形势报告：商务部世界贸易组织司副司长张向晨的“我国入世后的形势及发展趋势”，国务院发展研究中心市场研究所所长任兴洲的“宏观调控对市场的影响”。中国建筑装饰协会会长马挺贵作理事会总结。期间，还举行了“东鹏杯”全国室内设计大奖赛颁奖会和“玉环之光”迎新春联谊晚会。

人民大会堂三楼小礼堂是中国建筑装饰协会举行“全国建筑工程装饰奖”颁奖大会的福地。自 2001 年建设部批准设立“全国建筑工程装饰奖”以来，中国建筑装饰协会在人民大会堂三楼小礼堂举行了三次颁奖活动：第一次是 2001 年 12 月 25 日，第二次是 2003 年 1 月 9 日，第三次是 2003 年 12 月 29 日。2004 年 12 月 22 日是第四次。

在主席台前排就座的有全国政协副主席、农工民主党常务副主席李蒙，全国人大常委会原副委员长布赫，建设部党组成员、副部长黄卫，建设部原常务副部长、全国人大常委、环境与资源委员会副主任委员、中国建筑装饰协会高级顾问叶如棠，建设部原副部长、全国政协委员、中国建筑学会会长、中国建筑装饰协会高级顾问宋春华，建设部原总工程师、中国建筑装饰协会高级顾问许溶烈，中国建筑工程总公司原党组书记、全国政协委员、中国建筑文化艺术协会会长、中国建筑装饰协会高级顾问张青林，建设部建筑市场管理司司长王素卿，建设部工程质量安全监督与行业发展司副司长徐惠娟，中国建筑装饰协会名誉会长张恩树、会长马挺贵、常务副会长兼秘书长徐朋。大会由徐朋主持。

马挺贵致辞。黄卫代表建设部讲话，他强调，近年来，中国建筑装饰协会卓有成效地开展了一系列工作。中国建筑装饰协会在加强“双向服务”，努力提高服务的层次和质量，强化行业自律，推动行业精神文明建设等工作中，充分发挥了协会在联系政府、服务企业、促进行业健康发展方面的巨大作用。2005 年我国入世的前过度期已经届满。面对新的发展形势、新的工作任务，我们要更加深入地学习十六届四中全会精神，以“三个代表”重要思想为指导，努力开创我国建筑装饰行业发展的新局面，为我国全面实现小康社会做出新的更大贡献！

大会发行了中国建筑装饰协会编辑出版的《中国建筑装饰行业发展里程碑——中国建筑装饰协会成立 20 周年庆典活动专辑》、《2004 年全国建筑工程装饰奖获奖工程作品集》，受到与会代表普遍赞赏。

▲12 月 22 日，北京市消防协会城市规划与建筑防火专业委员会在贵州大厦举行成立大会。北京市消防协会隶属北京市消防局管理的一个行业协会，挂靠在中国建筑科学研究院防火所，是北京市消防协会将成立的 7 个专业委员会的第一个专委会，城市规划与建筑防火专业委员会首出理事会由来自公安部消防局、北京市消防局、市建委、市规委等政府主管部门，科研、大专院校及设计单位，消防企业和生产厂商及有关单位四部分人士 57 位组成，主任：中国建筑装饰协会第四届理事会理事、中国建筑科学研究院防火所所长、北京市消防协会常务理事李引擎，副主任：北京市消防局防火部建审处副处长袁宝平、赵克利、清华大学土木水利学院副院长石永久、市规委勘察设计处处长于春普。会议讨论通过了李引擎所做的工作报告，专业委工作细则。会议指出，行业协会有两大依托：一是政府，二是企业，要在行业管理、自律、参政、服务四方面加强工作，提高行业和社会认知、认可度。中国建筑装饰协会信息部主任兼会刊《中国建筑装饰》主编黄白当选为委员。

▲12 月 22 日下午，中国建筑学会室内设计分会在人民

大会堂三楼小礼堂举行成立 15 周年庆祝活动，200 多位业内人士参加。

▲12 月 23 日，中国建筑装饰协会四届理事会理事、河南新大地装饰工程有限公司原常务副总经理、河南省建筑装饰协会副秘书长杨东洲追悼会在郑州市举行，河南省建筑装饰协会秘书长王晓惠等有关方面领导以及杨东洲的生前友好出席，中国建筑装饰协会通过河南省建筑装饰协会向杨东洲的亲属表示慰问。杨东洲，1962 年生人，他积极参加建筑装饰协会工作，担任国家标准《住宅装饰装修工程施工规范》（GB50327-2001）编制组成员，为建筑装饰行业发展作出了重要贡献，因患肠癌不治英年早逝，年仅 42 岁，业内深感悲痛。

▲12 月 24 日，中共深圳市委办公厅、深圳市人民政府办公厅共同发布《深圳市行业协会民间化工作实施方案》（深办发〔2004〕19 号），在我国系首份。

▲12 月 24 日，深圳市装饰行业协会作出《关于撤消家装监管分会的决定》，决定说，根据市建设局深建复[2004]459 号文件批复，家装监管分会因违规操作，其资格被注销。经协会六届八次理事会通过，决定撤消家装监管分会。

▲12 月 27 日～28 日，建设部汪光焘部长在北京召开的“2005 年全国建设工作会议”上所作的工作报告中要求：“要进一步加强对装饰装修市场的监管，保证室内居住健康的环境。”国务院副总理曾培炎给大会致贺信。建设部刘志峰副部长作了会议总结。会议主旨是以科学发展观统领全局，贯彻中央经济工作会议精神，加强宏观调控，压缩基建规模，构建和谐社会，避免经济大起大落，协作合作办大事。中国建筑装饰协会会长马挺贵、副秘书长张京跃也参加了会议，并于 2004 年 12 月 29 日在协会秘书处向全体工作人员进行了传达。

▲12 月 27 日，建设部建筑市场管理司发表《关于对一些报社、杂志社要求建筑业企业参加其升级情况展示的严正声明》，声明指出，2004 年建筑业企业资质升级工作目前正在进行。近期，我们发现一些报社、杂志社等单位要求建筑业企业参加其升级情况展示，甚至打电话称不交费参加展示就不批准资质升级。对此，我司严正声明：凡报社、杂志社等单位举办的资质展示等活动非我司授权，与建筑业企业资质升级工作无关。对以我司名义从事经营活动的单位或个人，我司保留诉讼于法律的权利。特此声明。

▲12 月 27 日，长沙市房屋产权管理局发出《关于加强住宅装饰装修行业自律管理的通知》（长房政发[2004]101 号），通知指出，同意作为中国建筑装饰协会团体会员的长沙市城市房屋装饰装修行业协会在全市进行此项工作，同意协会制定实施细则，大胆肩负起行业管理之职责，要求协会的家装工程监管委员会，设立投诉电话，切实加强家装工程的监督管理、工程评估、投诉处理。

▲12 月 28 日，中国建筑装饰协会第五届理事会理事、上海市装饰装修行业协会副会长、上海新丽装饰工程有限公司总经理陈丽在“全国工商联女企业家第三次会员代表大会”上当选为副会长。

▲12 月 28 日，大同市建筑装饰协会与大同市物业管理协会共同发出《关于住宅装饰装修实行行业自律管理企业准入与清出办法的通知》（同装协[2004]第 15 号）（同物协[2004]第 10 号）。大同市建筑装饰协会为中国建筑装饰协会 17 个家装行业准入试点协会之一。

▲12 月 28 日，深圳市室内设计师协会成立庆典暨第二次会员代表大会在深圳五洲宾馆召开。深圳深圳市规划局副局长洪灵海、市国土资源与房屋管理局副局长刘永根等有关方面负责人出席。400 多人参加的大会选举产生会长：张维君（深圳市美术装饰工程有限公司总工程师），副会长：张嘉林（深圳大学基建处副主任）、赵庆祥（深圳市室内设计职业鉴定所所长）、蔡强（深圳大学艺术设计院环境艺术设计系主任），秘书长：赵庆祥。该会出版物《深圳室内设计》，网站：www.A963.com。这是我国第一个地方室内设计协会。中国建筑学会室内设计分会 10 年前曾称“中国建筑学会室内建筑师分会”。

▲12 月 29 日，四川省建筑装饰工作年会在成都举行，省人大常委会副主任刘永顺、省建设厅副厅长谭正亚、于桂等有关方面领导出席并讲话。会员企业代表 250 人与会。大会由装饰协会会长赵平、陈小龙分别主持，执行会长杨乾芳、陈小龙分别作了工作汇报。四川现有装饰企业 2000 多家，占全省建筑业企业的 33%，其中一级 16 家、二级 600 多家，从业人数 20 万人，2004 年装饰工程产值 90 亿元。市场份额本省企业只占 1/3。大会强调要全力推动四川省建筑装饰行业发展。大会表彰了 2004 年四川省建筑工程装饰奖、2003 年度四川省建筑装饰优秀企业和项目经理、全省有成就的室内建筑师和优秀家装设计师。

▲12 月 30 日，建设部发出建设部公告[2004]300 号《关于公布 2004 年建筑业企业资质升级企业名单的公告》，公告指出，根据《中华中华人民共和国建筑法》和《建筑业企业资质管理规定》（建设部令第 87 号），我部对 2004 年申请升级的建筑业企业进行了资质审查。现将我部批准的 1137 家建筑业企业名单予以公布。特此公告。其中，主项资质等级建筑装修装饰工程专业承包一级企业 132 家，主项资质等级建筑幕墙工程专业承包一级企业 16 家。

全国原有主项资质等级建筑装修装饰工程专业承包一级企业 572 家，增加了 132 家，现为 704 家；全国原有主项资质等级建筑幕墙工程专业承包一级企业 90 家，增加了 16 家，现为 106 家。同时具有一级装饰施工和甲级装饰设计资质的企业原有 276 家，增加了 12 家，现为 288 家；同时具有一级幕墙施工和甲级幕墙设计资质的企业原有 74 家，增加了 3 家，现为 77 家。

▲12 月 30 日，福建省建设厅发布《关于加强房屋建筑和市政基础设施工程施工招标投标管理的若干规定（试行）》（闽建筑[2004]80 号），文件第四条规定：“装修、幕墙等专项工程的设计与施工分开招标的，允许有相应施工资质的设计中标单位参加施工投标。”

我国家装政策法规要点及行业发展大事记

中国建筑装饰协会信息部 中国建筑装饰协会信息咨询委员会

一、党和国家领导人指示

■1991年12月5日，时任国务院副总理朱镕基指出：还要发展一些新兴行业，比如家庭装饰，本身可以变成一个行业。

■1996年春节，现中共中央政治局委员、上海市市长、时任上海市常务副市长陈良宇给上海建材集团百姓家装公司"为民办实事，让民得实惠"的题词，已成为我国家装从业者努力工作的目标和口号。

■1997年，现全国政协主席、中共中央政治局常委，时任中共中央政治局委员、北京市委书记、市长贾庆林在《昨日市情》第165期上批示，要求北京市建委制定家装管理办法。

■2001年4月16日，现中共中央政治局委员、湖北省委书记、时任建设部部长俞正声在建设部召开的"全国整顿和规范建筑市场秩序工作会议"上所作的题为"突出重点，狠抓落实，进一步开展整顿和规范建筑市场秩序工作"的报告中指出：

今年我们要抓住当前直接危害广大人民切身利益、社会反映强烈、群众可参与程度高的问题，进行集中整治，力争取得阶段性成果。在这次整顿和规范建筑市场秩序中，各地要狠抓当前薄弱环节和薄弱地区，特别是要加强对建筑装饰装修的监督管理。近几年来，一些不懂建筑结构专业知识的单位和人员充斥建筑装饰装修市场，不仅造成了建筑装饰装修质量通病严重，还随意开挖孔洞破坏承重结构，给人们日后的居住和使用安全留下了隐患。更有一些不法之徒，为牟取暴利而使用假冒伪劣的装饰装修材料，既严重损害了用户的健康，又埋下了重大火灾隐患。

2001年建设部要努力改变对建筑装饰装修，特别是住宅装饰装修企业及其行为管理不力的状况，在年内出台《建筑装修工程质量管理规定》，尽快建立和完善有关住宅装修合同、保修、赔偿、投诉等管理制度，依法将建筑装饰装修的设计、施工单位全部纳入资质管理的轨道，并会同有关部门，对建筑装修所用的材料、辅料的技术要求以及装修后的室内环境要求，进一步做出规定，维护广大人民群众的切身利益。在建立严格的规定和规范的基础上，今年要对建筑装饰装修市场，特别是住宅装饰装修市场开展大检查，重点是依法检查在装修工程中是否擅自变动房屋建筑主体和承重结构，对于涉及建筑主体和承重结构变动的，必须在施工前委托原设计单位或具有相应资质等级的设计单位提出设计方案；在装修过程中，施工企业要使用符合要求的材料和辅料，并严格控制粉尘、污染物、噪声、振动等对居民区和城市环境的污染及危害；严肃查处建筑装饰装修企业转包和挂靠等违法行为。对于检查中发现的问题，要依法对责任单位和责任人做出严厉的处罚。

■2003年，温家宝总理在《互联网信息择要》（特刊）"室内装修污染严重，规范市场刻不容缓"一文中上批示：此事关系居民生命健康，应引起重视。

■2003年10月27日，全国人大常委会副委员长李铁映在十届全国人大常委会五次会议上所作的《全国人大常委会执法检查组关于检查〈中华人民共和国建筑法〉实施情况的报告》中指出：劣质装修材料造成环境污染，甚至危害住户健康等，成为消费者投诉的热点。

二、建设部领导指示

■2002年1月7日，建设部在北京召开了"全国建设工作会议"，中共中央委员、建设部部长汪光焘作了题为"贯彻扩大内需方针加快建设事业发展"的报告，他指出2002年建设工作主要任务有八项重点工作，其中第四项要求是：要加强对建筑装饰装修，特别是住宅装饰装修工程质量的监督，对违反法律法规和工程建设质量安全强制性条文，以及在装饰装修中擅自变动房屋建筑主体和承重结构，导致严重质量安全隐患，危害市场经济秩序的违法行为和有关责任人，要严肃查处，决不手软。

■2002年2月23日，建设部副部长郑一军在"全国工程质量安全监督工作会议"上讲话中指出：要狠抓最薄弱环节，开展专项治理，一是勘察，二是装修，特别是家庭居室的装饰，以减轻居室污染为主要内容的装修质量。前一阶段做了大量工作，建设部和国家质检总局、环保总局对于居室环境的卫生标准，对于居室装修使用材料和卫生标准，做了一系列的工作，陆续出台，希望大家把这项工作抓紧。

■2003年9月21日，中共中央委员、建设部部长汪光焘在中国建筑装饰协会组织的"全国建筑装饰行业科技大会"上的讲话中指出：加强行业管理，保障广大人民群众根本利益。当前，建筑装饰装修行业引发的社会矛盾很突出。尤其是装饰装修的环保问题，已经引起了国家领导人的高度重视。要严格实行产品的准入和建筑工程室内环境检测验收制度。逐步推行产品标示制和产品成分标签制，提高产品品质透明度。我国已经颁布了10种主要装饰材料有害物质限量标准和民用建筑室内环境控制规范。要积极开展产品认证工作，加快淘汰不符合环保和产业发展要求的技术和产品，禁止未经国家有关部门认证的产品上市流通。要加强建筑装饰工程施工过程环境指标控制，高度重视装饰工程竣工后的室内环境检测和验收工作，确保广大人民群众的身心健康。

■2003年10月30日，建设部副部长刘志峰在"住房制度改革与住宅产业现代化会议"上的讲话中指出：一是以安全环保、舒适便捷、配套完善为特征的住宅装修质量亟待加快推进；二是要健全市场服务体系，规范发展中介服务、物业管理和住房装饰装修活动，建立统一的市场体系，不断完善市场机制，充分发挥市场的自我调节能力；三是建立部品体系，包括结构部品、外围护、内装、厨卫、设备、智能化、小区配套七大部品体系。

■2004年1月13日，中共中央委员、建设部部长汪光焘在“2004年全国建设工作会议”上讲话中布置了2004年应着力抓好的八方面的工作，其中第四方面是：深化建筑业改革，加强建筑市场监管，提高工程质量和安全水平，指出：重视建筑装饰装修业的发展。充分发挥装饰装修业对建材、轻工等相关产业的拉动和就业的促进作用。健全装饰装修产品开发、设计、施工、部品生产、管理和服务的产业系统，建立和完善生产、供给、销售和服务一体化的生产组织方式。积极推广先进适用成套技术，不断提高建筑装饰装修业的工业化水平和建筑装饰装修产品的综合品质。加强对建筑装饰装饰市场的监督，规范装饰装修企业行为，严格市场准入和清出。大力推行一次性整体装修，减少因二次装修可能对房屋造成的破坏及环境污染。加强对室内环境质量检测工作，提高建筑装饰装修质量，保证人们居住和使用安全。

■2004年3月18日，建设部副部长刘志峰在“部分省市住宅产业化工作座谈会”上的讲话中指出：住宅工业化一次装修取得了一定成效。上海市从2001年开始在全市开展新建住宅菜单式全装修试点工作，从开始3000套试点到去年的11万套，取得了明显成果，2004年要求新建住宅全装修达到40%。北京、广州等地精装修住宅也已经成为新的卖点。

关于住宅装修问题。目前，提供毛坯房的做法已经满足不了市场的需求，也不适应社会化大生产发展趋势。住宅的二次装修不仅造成质量隐患、资源浪费、环境污染，而且也不利于住宅产业现代化的发展。提供成品住宅，实现住宅装修一次到位，已经成为新趋势。建设部2002年印发了《商品住宅装修一次到位实施导则》（建住房[2002]190号）文件，有力地推进了住宅工业化装修的进程。上海市积极开展了新建住宅菜单式全装修试点工作，取得了很好的经验和成绩。据测算，每套新建住宅按照一次装修到位比自行装修可节约成本15%～25%，而且省时、省力，减少浪费和扰民现象。做好住宅装修一次到位，一是确定准确的住宅性能定位，把握市场发展态势，提供适销对路的装修品位。二是正确认识住宅装修统一性和特殊性的关系，即共性与个性的关系。共性主要体现在装修上，个性主要体现在装饰上，装饰是在装修基础的点缀，如布艺、挂件、家具等等。

当前在推广工业化装修等方面还存在着税费等障碍。工作重点是在装修以及相关的经济技术政策问题等方面，应当抓紧研究和突破。要加快研究和制定装修等新技术应用标准和技术导则，为加快新技术推广提供标准依据。重点应在住宅装修等方面，建立推进住宅产业现代化发展新机制。

■2004年4月12日，建设部总工程师兼建筑市场管理司司长金德钧在中国建筑装饰协会主办的“全国建筑装饰行业信息化建设工作会议”上的讲话指出：建筑装饰行业要认真落实光焘同志的讲话精神，与时俱进，加强行业自律，提高行业服务和行业管理的水平和能力。当前，建筑装饰行业，特别是家装引发的投诉居高不下，尤其是环境污染问题，已引起了国家领导人的高度重视。群众利益无小事，我们一定要以高度的责任感，做人民满意的工程。

■2004年12月27日，建设部在北京召开的“2005年全国建设工作会议”上，汪光焘部长在所作的工作报告中提出要求：“要进一步加强对装饰装修市场的监管，保证室内居住健康的环境。”

三、国家政策

■2001年3月15日九届全国人大四次会议通过的《中华人民共和国国民经济和社会发展第十个五年计划纲要》中提出：发展以居民住宅为重点的房地产业和装修装饰业。

纲要指出，这是我国进一步调整经济结构，发展服务业，提高供给能力和水平，发展面向生活消费和服务业的一项国策。

■1999年8月20日，国务院办公厅《关于转发建设部等部门关于推进住宅产业化提高住宅质量若干意见的通知》（国办发[1999]72号），要求：加强对住宅装修的管理，积极推广一次性装修或装修模式，避免二次装修造成的破坏结构、浪费和扰民现象。

■2001年10月31日，国务院办公厅《关于进一步全国整顿和规范建筑市场秩序的通知》，要求做好“大力整顿和规范装饰装修工程活动和装饰装修材料市场秩序，加强管理，确保装饰装修工程质量”等六方面专项整治重点工作。

■2001年11月13日建设部召开“全国整顿和规范建筑市场秩序第三次电视电话会议”，现中共中央政治局委员、湖北省委书记、时任建设部部长俞正声强调：建筑装饰装修特别是住宅的装饰装修，直接关系到广大人民群众的生命财产安全。各级建设行政主管部门都要坚决贯彻国务院办公厅“通知”的要求，切实加强对建筑装饰装修特别是住宅装饰装修工程质量的监督，对违法违规的责任单位和责任人，要坚决依法做出严厉处罚。

■2002年5月24日，建设部、国家计委、国家经贸委、财政部国、国土资源部、国家工商行政管理总局、监察部等七部委联合做出《关于整顿和规范房地产市场秩序的通知》（建住房[2002]123号），关于装饰装修的有一条：房地产开发企业销售商品房时设置样板房的，应当说明实际交付的商品房质量、设备、装修与样板房是否一致；未作说明的，实际交付的商品房应当与样板房一致。

四、国家法律

■**《中华人民共和国建筑法》**（1998年3月1日起施行）：涉及建筑主体和承重结构变动的装修工程，建设单位应当在施工前委托原设计单位或者具有相应资质条件的设计单位提出设计方案；没有设计方案的，不得施工。（第四十九条）违反本法规定，涉及建筑主体和承重结构变动的装修工程擅自施工的，责令改正，处以罚款；造成损失的，承担赔偿责任；构成犯罪的，依法追究刑事责任。（第七十条）

■ **《建设工程质量条例》**（国务院令第 279 号）（2000 年 1 月 30 日起施行）：本条例所称建设工程，是指土木工程、建筑工程、线路管道和设备安装工程及装修工程。（第二条）涉及建筑主体和承重结构变动的装修工程，建设单位应当在施工前委托原设计单位或者具有相应资质条件的设计单位提出设计方案；没有设计方案的，不得施工。房屋建筑使用者在装修过程中，不得擅自变动房屋建筑主体和承重结构。（第十五条）违反本条例规定，涉及建筑主体和承重结构变动的装修工程，没有设计方案擅自施工的，责令改正，处 50 万元以上 100 万元以下的罚款；房屋建筑使用者在装修过程中擅自变动房屋建筑主体和承重结构的，责令改正，处 5 万元以上 10 万元以下的罚款。有前款所列行为，造成损失的，依法承担赔偿责任。（第六十九条）

■ **《中华人民共和国环境噪声污染防治法》**（1997 年 3 月 1 日起施行）：在已竣工交付使用的住宅楼内进行室内装修活动，应当限制作业时间，并采取其他有效措施，以减轻、避免对周围居民造成环境噪声污染。（第四十七条）

■ **《中华人民共和国安全生产促进法》**（2003 年 1 月 1 日起施行）：建筑和装修材料必须符合国家标准。禁止生产、销售和使用有毒、有害物质超过国家标准的建筑和装修材料。（第二十四条）违反本法第二十四条第二款规定，生产、销售和使用有毒、有害物质超过国家标准的建筑和装修材料的，依照产品质量法和有关民事、刑事法律的规定，追究行政、民事、刑事法律责任。（第三十八条）

■ **《物业管理条例》（国务院令第 379 号）**（2003 年 9 月 1 日起施行）：对物业管理区域内违反有关治安、环保、物业装饰装修和使用等方面法律、法规规定的行为，物业管理企业应当制止，并及时向有关行政管理部门报告。有关行政管理部门在接到物业管理企业的报告后，应当依法对违法行为予以制止或者依法处理。（第四十六条）业主需要装饰装修房屋的，应当事先告知物业管理企业。物业管理企业应当将房屋装饰装修中的禁止行为和注意事项告知业主。（第五十三条）

■**《建设工程安全生产管理条例》（国务院令第 393 号）**（2004 年 2 月 1 日起施行）：本条例所称建设工程，是指土木工程、建筑工程、线路管道和设备安装工程及装修工程。（第二条）

五、行政法规

■1997 年 4 月 15 日，建设部发出《家庭居室装饰装修管理暂行办法》（建建[1997]92 号）。

■1997 年 6 月 26 日，建设部发出《关于委托中国建筑装饰协会协助做好家庭居室装饰有关管理工作的通知》（建建[1997]149 号）。

通知要求协会做好的五项工作：一是指导家装管理工作；二是做好个体家装从业者的管理，包括登记注册、培训考核、技能鉴定、持证上岗等工作；三是做好全国家装交易市场的指导和受理家装投诉等工作；四是制订《家装合同》文本；五是为完善和修订《家庭居室装饰装修管理试行办法》做好准备。

■1997 年 11 月 3 日，建设部建筑业司和中国建筑装饰协会联合发出《关于在部分城市开展家庭居室装饰装修管理试点工作的意见》（建建企[1997]45 号）。

■2002 年 3 月 5 日，建设部令第 110 号《住宅室内装饰装修管理办法》。

六、技术政策规范

■2001 年 12 月 9 日，建设部与国家质量监督检验检疫总局联合发布国家标准《住宅装饰装修工程施工规范》（GB50327-2001）。

■2001 年 11 月 26 日，建设部与国家质量监督检验检疫总局联合发布国家标准《民用建筑工程室内环境污染控制规范》（GB50325—2001）。

■2001 年 12 月 10 日，国家质量监督检验检疫总局发布“室内装饰装修材料有害物质限量 10 个国家强制性标准”。

■2002 年 7 月 18 日，建设部发布《商品住宅装修一次到位实施导则》（建住房[2002]190 号）。

■2004 年 4 月 22 日，建设部发布《建设事业技术政策纲要》（建科[2004]72 号）：推广应用工业化装修技术，提高装修施工水平，实施新建住宅土建装修一体化，向消费者提供精装修商品房。（24.5）要严格执行国家有关标准，加强对装饰装修材料有害物质的控制，保障室内空气质量达标。（26.3）对于装修工程，应开发应用小型机械和手持机具，通过机具的优化组合取得最佳效益。（27.4）

七、住宅——家装发展与全面建设小康社会

2002 年，城镇居民购买新旧住房和建房支出总额（不含居民租赁住房支出）达到 8000 亿元左右，占城镇居民最终消费支出的 29.4%。个人购买商品住宅占商品住宅销售面积的 95%，推动了商品住宅建设的高速增长，带动了城镇住宅建设的发展。与此同时，农村住宅建设也随着农民收入水平的提高，逐步更新换代，投资稳步增加。2002 年，全国城乡住宅建设投资达到 9407.1 亿元，占全社会固定资产投资的 21.8%，占 GDP 的 9.2%；城乡住宅竣工面积达到 13.1 亿m²。

住宅建设是社会经济发展的重要推动力量。1998 年以来的 5 年，随着商品住宅建设的快速发展，以住宅为主的房地产业保持了持续高速增长，房地产开发投资年均增长 19.5%，年增长额保持在固定资产投资增长额的 30%左右，直接和间接拉动 GDP 增长每年保持在 2 个百分点以上。

住宅建设的作用贯穿全面建设小康社会始终。目前我国居民住房条件有了较大改善。2002 年，城镇人均住房建筑面积达到 22.8 m²，农村人均住房面积达到 26.5 m²。但目前的居住水平，仅仅是与总体小康目标相适应、满足基本居住需要的水平。在全面建设小康社会过程中，由于我国工业化、城市化和城市建设处于加速阶段，住宅科技进步贡献率不断提高，地区之间发展不平衡等因素，住宅建设特别是城镇住宅建设仍有巨大的潜力，还将长期保持持续发展，并成为贯穿我国全面建设小康社会始终的重要的推动力量。住宅建设

发展的长期性和可持续性，首先表现为城镇住宅总量需求将长期保持在较高水平。

按照 2020 年我国城镇居民人均住宅建筑面积达到 32 ㎡估算，2003～2020 年间，我国城镇新建住宅竣工面积应当达到 140 亿㎡左右。住宅总量需求来源于三个方面：一是现有城镇居民住房改善的需求，年均约需要新建住宅 2.8 亿㎡；二是城镇化进程加快城市人口增加的住房需求，年均约需要新建住宅 2.6 亿平㎡；三是现有 110 多亿平方米旧住宅更新改造的需求，按照 50 年折旧计算，年均约需要新建住宅 2.2 亿㎡。

在保持总量增长基础上，我国城镇住宅建设的长期持续增长，还着重表现在住宅产业现代化的不断推进方面。住宅建设的科技进步，住宅建设质量的不断提高，既可以增加住宅的有效供给，扩大消费需求；也由于单位面积住宅投资的增加，推动全社会住宅投资和消费的增长，成为促进住宅建设、拉动投资和消费增长的新的动力。但总体看，目前我国住宅建设仍处于粗放型发展阶段，呈现出“四低两高”的特点，不能适应居民住房需求转型的要求。

“四低”：一是工业化水平低。建筑材料、部品尚未形成系列化、规模化的配套生产体系，部品的配套性、通用性差、生产规模小；二是成套技术集成度低。住宅产业的技术研发、推广和应用还主要以单项技术或产品为主，缺乏有效集成和整合，尚未形成配套化、系统化的成套技术体系；三是劳动生产率低。我国建筑工人的平均劳动生产率约为发达国家的 1/5，科技进步对住宅产业的贡献率，低于农业近 8 个百分点，距离集约型生产差 18 个百分点左右；四是住宅的综合质量低。特别是声、光、热、空气质量等物理性能、设施设备性能问题突出，跑、冒、滴、漏等工程质量通病还没有得到根治。

“两高”：一是资源消耗高，严重背离国情。我国人均耕地不及世界人均耕地 3.73 亩的 47%，水资源仅是世界人均占有量的 1/4。目前，实心黏土砖每年毁田 12 万亩，污水回用率是发达国家的 25%，建筑能耗占全国总能耗的 25%，建筑物运行能耗浪费严重，采暖地区能耗为相同条件下发达国家的 3 倍左右；二是住宅生产造成的污染程度高，粗放型的住宅生产方式，不适应可持续发展、走新兴工业化道路的要求，不适应改善居民住宅质量的需要。

此外，现有的 110 亿㎡存量住房中，相当一部分旧宅不能满足居民新的住房需求。住房建筑工程质量，功能质量，设施设备水平和环境配套水平等方面，都需要加大整治改造工作力度。以设施设备水平为例，据 2000 年全国人口普查资料，我国城市家庭中，有 12.54%的家庭没有自来水，28.7%的家庭没有独立式厕所，14.6%的家庭没有独立式厨房。小城镇和农村的问题更加突出。从住宅区的环境和配套水平方面看，相当一部分城市住宅区脏、乱、差的问题仍没有解决，推行社会化、专业化的物业管理难度很大。

当前，我国住宅发展已经进入了一个新的阶段，住宅建设成为社会经济的重要推动力量。房地产开发投资连续年增长保持在 19%以上，年增长额保持在固定资产投资增长额的 30%左右，直接和间接拉动 GDP 增长在 2 个百分点左右。2003 年全国房地产开发完成投资超过 1 万亿元，同比增长 29.7%，占同期固定资产投资的 23.7%，城乡住宅投资占房地产投资 79.06%，个人购买商品房的比重已达 94.2%。随着我国经济发展，城镇化步伐的加快和居民收入的提高，住宅建设特别是城镇住宅建设仍有巨大的潜力，城镇住宅总量需求将长期保持在较高水平，并成为贯穿我国全面建设小康社会始终的重要的推动力量。按照 2020 年我国城镇居民人均住宅建筑面积达到 32 ㎡估算，2003 年～2020 年间，我国城镇新建住宅竣工面积应当达到 140 亿㎡左右。

住宅是一种高值性、耐用性的特殊商品，已经成为居民所有家庭财产中的最有价值财产。在住宅总量持续增长，住房消费对舒适健康环保要求越来越高的情况下，中国的住宅建设只能走科技含量高、经济效益好、资源消耗低、环境污染少、人力资源得到充分发挥的新型发展道路。这既是我国国情所决定的，也是住宅保持健康发展所决定的。同时这也是提高住宅综合质量，延长住宅使用寿命的必然选择。我国的人口密度是世界均值的 3 倍，人均自然资源是世界均值的 1/2，其中人均水资源量是世界均值的 1/4，人均耕地面积不到世界均值的一半。森林覆盖率为 16.55%，比世界平均水平低 10.45 个百分点。全国人均占有森林面积为 0.128 公顷，相当于世界人均森林面积的 1/5。城市垃圾年产生量以每年 8%的速度递增，主要污染物排放总量仍处于较高水平。全国水土流失面积达 367 万Ｋ㎡，约占国土面积的 38%，平均每年新增水土流失面积 1 万Ｋ㎡；荒漠化土地面积已达 262 万Ｋ㎡，并且每年还以 2460 Ｋ㎡的速度扩展，等等。总体上看，我国经济指标表现良好，速度指标名列前茅，资源指标处于世界低位，资源消耗大，环境指标比较严重，可持续发展面临严峻挑战。我们一定要从政治上、全局上，充分认识推进住宅产业现代化的重要意义，增强责任感和紧迫感。要充分认识到推行住宅产业现代化，是解决住宅粗放型生产方式的根本途径，是贯彻落实十六届三中全会“五个坚持”、“五个统筹”精神，坚持以人为本，树立全面、协调、可持续的发展观，促进经济社会和人的全面发展精神的具体体现。也是提高居住质量、全面实现小康目标的必然要求。

八、我国家装行业发展大事记（1986～2003 年）

▲1986 年 1 月 6 日，时任国务院总理赵紫阳在住房改革汇报会议上讲：装饰行业为什么发展不起来？在国外这个行业很活跃，老百姓搬进新房以前总想装修一下。

▲1986 年 1 月 28 日，时任国务院副总理万里在听取了建设部部长叶如棠的工作汇报后指示：赵总理多次讲过，建筑装饰行业发展不够快，能否首先在几个大城市里组成装修专业队伍。叶如棠部长说这项工作要搞能否由我们建设部来牵头，万里副总理当时表示，应该由建设部来牵头。

▲1991 年 12 月 19 日，时任国务院总理李鹏在中南海接见出席“全国建设工作会议和全国施工工作会议”的代表时指示：新建住宅的内装修不要千篇一律，要满足用户的不同要求，建筑公司搞一些标准装修的住宅，也可以留一些不

装修的住宅，由住户按自己的不同要求装修。比如有的住户要地毯，有的要墙纸，有的要浴盆等。很多老房子要改造，实际上主要是装修，内部要求现代化一些。搞住宅工程，不能不重视内部装修，一定要十分注意这个问题。在我国，装饰行业需有一个较大的发展。建设主管部门要加强对建筑装饰装修的指导和管理。

▲1992 年 5 月 12 日，为期三天的中国建筑装饰协会第三次会员代表大会在河南省郑州市圆满结束。大会通过了张恩树理事长“解放思想　奋力开拓　努力推进建筑装饰行业再上新台阶”的讲话；协会“团结开拓　勇于创新　为共提高我国建筑装饰行业水平而奋斗”的工作报告；刘正发常务副理事长“抓住机遇　再展宏图　大力发展建筑装饰行业”的大会总结报告等三个大会文件。讨论修改了协会章程。经 242 名代表选举，产生了由肖桐、张恩树、刘正发、许溶烈、傅鹏等 77 人组成的第三届理事会和由 31 人组成的常务理事会。大会同时召开了“全国居室装饰工作研讨会”，与会代表参观了河南省建筑装饰协会举办的全国首次家装展。大会收到了建设部侯捷部长，叶如棠副部长等有关方面领导为大会专发的贺电及题词。在协会三届一次常务理事会议上周干峙副部长当选为协会顾问。刘陆平、邵岐获荣誉理事。

▲1992 年 6 月 18 日，由中国建筑装饰协会会同中国建筑科学研究院、上海解放塑胶集团公司等七单位共同主办的“米兰花杯全国城市家庭居室装饰设计方案有奖大赛”在北京宣布开始，此活动旨在大力发展居室装饰，美化人民生活。当年 11 月初评完毕，1993 年 2 月在京终评颁奖。1993 年 2 月 22 日，历时 8 个月的“米兰花杯全国城市家庭居室装饰设计方案竞赛”在北京揭晓，钱宜伦、窦以德副理事长主持 2 月 16 日终评会。17 件作品获奖，并在国贸中心公展。此全国性家装评比活动系首次，社会影响颇大，各界评价均佳。

▲1995 年 4 月 18 日，建设部勘察设计司与中国建筑装饰协会共同发出《关于举办全国“康居杯”住宅装修装饰室内设计作品邀请赛的通知》，承办单位是中国建筑装饰协会北京培训中心、北京维奥米建筑装饰材料有限公司、房地产信息报社（北海）。

4 月 25 日，中国建筑装饰协会石材委员会在北京培训中心举行四届二次理事会，出席会议的有中国建筑装饰协会理事长张恩树、副理事长兼工程委员会会长傅鹏、副秘书长张秀良、常务秘书黄白、信息咨询委员秘书长田万良，中国集体企业协会常务副会长兼秘书长周世英，北京市建筑装饰协会副秘书长郭仁智，原深圳市装饰行业协会副秘书长，北京鑫泰装饰工程有限公司总设计师庞雨霖等有关方面人士，会议由石材委员会常务副会长兼秘书长严克明主持，他汇报了石材委员会管理中国建筑装饰协会北京培训中心、成立中外合资的北京维奥米建筑装饰材料有限公司、承办“康居杯”住宅装修装饰室内设计作品邀请赛等项工作。会议决定增补 3 位常务理事：王燕鸣、刘革、王嘉声。

6 月 27 日，建设部勘察设计司与中国建筑装饰协会共同举办“家庭装修装饰问题暨 95 ’‘康居杯’住宅装修装饰室内设计作品邀请赛研讨会”，出席会议的有中国建筑装饰协会理事长张恩树、副理事长兼工程委员会会长傅鹏、副理事长刘导澜，建设部勘察设计司副司长窦以德，建筑设计处副处长郭保宁，《中国建筑装饰》主编黄白，石材委员会秘书长严克明、副秘书长王燕鸣等，会议强调，1994 年家装产值已达 190 亿元，发展速度超过 30%，已呈“群众运动”之势，必须赶快立法。

9 月 28 日～10 月 4 日，由建设部勘察设计司和中国建筑装饰协会共同主办，《中国建设报》和北京维奥米建筑装饰协会有限公司联合承办的“’95 全国‘康居杯’住宅装修装饰室内设计作品邀请赛”在北京·中国革命博物馆举行。从全国各地参赛的 400 多幅作品中选择了 300 多幅参展。出席开幕式的有建设部副部长李振东，建设部原副部长、中国建筑业协会会长廉仲，中国建筑装饰协会理事长张恩树，建设部勘察设计司副司长窦以德等有关方面领导，开幕式由窦以德主持，张恩树致词辞，李振东、廉仲、张恩树剪彩，邀请赛秘书长、北京维奥米建筑装饰有限公司董事长王燕鸣宣读 16 项获奖名单。建设部副部长、中国建筑装饰协会顾问叶如棠为展会题词：“室小何须大，和谐情更浓。”

▲1995 年 12 月 16 日，北京市消费者协会共受理投诉上万件，其中家装的投诉比上年增长 50%以上，成为投诉热点，首次进入北京市消费者十大投诉之列。北京市有 20 万户乔迁新居，加上旧居新装修，年家装消费约 20 亿元。

▲1996 年 1 月 24 日～26 日，建设部召开“全国建设工作会议”，侯捷部长在工作报告中指出，制定了建筑装饰劳动定额系列标准，是法制建设取得重大进展的标志之一，而装饰装修粗糙，则是一些地区住宅工程质量的主要问题之一。要求对装饰装修的各个环节实施全方位、全过程的质量管理与监督，大力推行建筑装饰工程合同示范文本。中国建筑装饰协会副秘书长霍明远出席此会。

▲1996 年 2 月 8 日，中国建筑装饰协会召开秘书处工作联席会，正副理事长、秘书长，各部门各专业委员会负责人出席，会议由石连峰秘书长主持。会议汇报了 12 个试点地区装饰协会的工作，强调家装工作要有突破。

▲1996 年 9 月 5 日，建设部副部长叶如棠在“全国小康住宅开工小区经验交流暨第五次规划设计方案评审会议”上强调，要避免二次装修带给住户的干扰和浪费，实行“菜单式”装修设计方案。

▲1996 年 10 月 10 日，河南省建筑装饰协会筹备成立家庭装饰委员会。

▲1996 年 11 月 12 日，建设部公司社团办公室以建社管函[1996]82 号文件致中国建筑装饰协会，同意成立中国建筑装饰协会家庭装饰委员会，其主要任务是：积极开展调研工作，协助政府主管部门制定家庭装饰方面的政策、法规及技术标准，规范家庭装饰市场，加强行业管理，组织人才培训和技术交流；引导家庭装饰行业健康发展。要求按社团管理的有关规定，尽快组建该委员会，待具备条件后报建设部审批。

▲1996年11月28日～30日，经建设部批准，中国建筑装饰协会在南京市召开“全国家庭装饰工作研讨暨经验交流会”，出席会议的有中国建筑装饰协会会长张恩树，建设部建筑业司企业管理处处长谢少宁，江苏省建委副主任徐益民，省建工局副局长毛家泉，省建筑装饰协会理事长邱良，中国建筑装饰协会副会长兼秘书长石连峰、副秘书长霍明远，以及4个专业委员会16个地方装饰协会的代表130多人。 这是中国建筑装饰协会召开的第二次专门研究家庭装饰行业管理的会议。谢少宁宣读了建设部关于同意中国建筑装饰协会成立家庭装饰委员会的批复。会议着重讨论了建设部建筑业司委托中国建筑装饰协会起草的《关于加强全国家庭装饰行业管理的指导意见》、《全国家庭装饰行业公约》、《中国建筑装饰协会家庭装饰委员会（筹）细则》等文件。会议决定成立由石连峰、霍明远、钟晓春、田万良、洪涛、李秀、邱良、李永洲、王国栋9人组成的家装委员会筹备组。此会议是由中国建筑装饰协会家庭装饰委员会（筹）承办，南京广奇装饰工程有限公司协办。

▲1997年2月14日，中国消费者协会公布1996年消费者对家庭装饰的投诉情况，全国18个投诉热点，家装居第13位；12个对消费者权益损害最多的行业，家庭装饰名列第9位（4月11日公布）；13个发生欺诈行为最多的行业，家庭装饰位居第7位（4月28日公布）。家庭装饰成为社会投诉热点。

▲1997年4月15日，建设部以建建[1997]92号文件颁布《家庭居室装饰装修管理试行办法》。该文由中国建筑装饰协会起草。起草小组负责人黄白，成员有田万良、钟晓春等。4月24日，建设部在北京召开《家庭居室装饰装修管理试行办法》座谈会，建设部建筑业司副司长、中国建筑装饰协会副会长张鲁风主持，黄白，田万良、钟晓春等参加。

▲1997年4月30日，在建设部、北京市建委、市工商局支持下，由中国建筑装饰协会主办的全国首家“北京市百姓家庭装饰市场”成立开业，廉仲、张百发、张恩树、张鲁风、石连峰、王纪平、李秀等领导出席。

▲1997年6月18日，建设部公司社团管理办公室以建社管[1997]25号文件做出《关于成立中国建筑装饰协会家庭装饰委员会的批复》。

▲1997年6月26日，建设部以建建[1997]149号文件做出《关于委托中国建筑装饰协会协助作好家庭居室装饰有关管理工作的通知》，赋予五项职能。

▲1997年7月10日，河南省建设厅以豫建建[1997]40号文件公布《河南省家庭居室装饰装修管理暂行办法》。这是我国第一个有关家装管理的地方性法规。

▲1997年8月4日，湖北省建设厅以鄂建建[1997]188号文件做出《关于委托湖北省建筑装饰协会协助做好家庭居室装饰有关管理工作的通知》。这是我国第一个地方建设行政主管部门关于家装管理向装饰协会的委托文件， 开了一个好头。

▲1997年8月5日，河南省建设厅以豫建建[1997]51号文件做出《关于委托河南省建筑协会协助做好家庭居室装饰装修有关管理工作的通知》。

▲1997年9月3日，中纪委印发“《中国共产党员领导干部廉洁从政若干准则（试行）》实施办法”，装修问题在第六节“禁止讲排场、比阔气、挥霍公款、铺张浪费”的第三十三条：违反规定用公款装修住房的，依照《纪律处分条例》第八十三条的规定处理。超过规定标准的装修费用，由个人负担。该办法12月23日公布见报。

▲1997年9月11日，上海市工商局、市建委共同以沪工商合[1997]425号文件做出《关于使用民用住房装饰施工合同推荐文本的通知》。这是我国第一个家装工程施工合同文本。

▲1997年9月25日～27日，中国建筑装饰协会与建设部建筑业司共同在北京举行“全国家庭居室装饰管理试点工作会议”，28个省市的60多位代表与会。建设部总工程师姚兵、中国建筑装饰协会会长张恩树、建设部建筑业司副司长方学良等领导出席。石连峰秘书长主持。

▲1997年10月15日，江苏省建委、省建管局、南京市建委、市建工局共同发出通知，举办“江苏省家庭装饰市场管理宣传月系列活动”，江苏省建筑装饰企业协会、南京市建筑装饰协会给予积极配合。这是我国第一次由地方建设行政主管部门主办的家装市场管理宣传活动。

▲1997年10月24日，安徽省建设厅以建管字[1997]552号文件做出《关于委托安徽省建筑装饰协会协助做好家庭居室装饰有关管理工作的通知》。

▲1997年10月28日，由中国建筑装饰协会主编的内部资料《家庭装饰管理文件资料汇编》出版，大16开，195页。这是我国第一本有关家装管理的书籍。

▲1997年11月3日，建设部建筑业司与中国建筑装饰协会共同以建建企[1997]45号文件做出《关于在部分城市开展家庭居室装饰装修管理试点工作的意见》，决定联合组成试点工作办公室，在北京、天津、上海、太原、沈阳、大连、鞍山、南京、合肥、济南、深圳、武汉、郑州、成都、西安等15个城市试点。

▲1998年1月3日，建设部建筑业司、建设监理司公布1998年工作要点，要求“加强装饰装修行业管理，会同中国建筑装饰协会推进家庭装饰试点工作。”

▲1998年2月16日，中国消费者协会公布一项全国性调查，家装被列为1997年消费者最不满意的10大服务性行业之首。

▲1998年3月10日，上海市建筑装饰协会家庭装饰委员会发出《关于受理家庭居室装饰装修企业资质推荐的通知》[沪家装委（1998）第1号]。这是我国地方建筑装饰协会第一次参与家装企业资质审查工作。

▲1998年3月24日，广东省建委以粤建施发[1998]6号文件做出《关于加强广东省家庭居室装饰装修管理工作的意见》。

▲1998年3月27日，杭州市房管局、建管局、工商局做出《关于设立杭州新时代家庭居室装饰装修工程交易管理

中心的公告》。

▲1998年3月15日，中国建筑装饰协会、北京市建委、市工商局、市建筑装饰协会共同在劳动人民文化宫等首都繁华街道进行“3.15”家庭装饰消费咨询活动。这是我国建筑装饰协会首次在“3.15”中进行家装宣传活动。

▲1998年4月7日，合肥建管局、工商局共同做出《关于成立合肥市家庭居室装饰装修市场管理试点工作领导小组的通知》（合建管[1998]36号）。

▲1998年4月20日，温州市建设局、房管局共同以温建建[1998]091号文件做出《关于委托温州市建筑装饰协会协助做好家庭装饰有关管理工作的通知》。

▲1998年5月22日，沈阳市建管局与建筑装饰协会共同召开“沈阳市装饰装修行业先进企业暨市装协家庭装饰委员会成立大会”，共同表彰12家’97沈阳市先进装饰企业。

▲1998年6月4日，建设部建筑业司与中国建筑装饰协会共同做出《关于召开家庭居室装饰装修管理试点城市工作座谈会的通知》（建建企[1998]11号）。

▲1998年7月6日，西安市建委以市建发[1998]169号文件公布《西安市家庭居室装饰装修管理试点工作实施方案》。

▲1998年7月10日，重庆建委公布《重庆市家庭居室装饰装修管理暂行办法》和《关于加强家庭居室装饰装修管理的通告》。

▲1998年6月19日，江西省建设厅致省装饰行业协会《关于同意建立南昌市家庭装修交易市场加强家庭装修规范管理的批复》（赣建建字[1998]26号）。

▲1998年6月23日，成都市家庭居室装饰装修管理试点工作领导小组办公室公布《成都市开展家庭居室装饰装修管理试点工作报告》。

▲1998年7月6日，西安市建委以市建发[1998]169号文件公布《西安市家庭居室装饰装修管理试点工作实施方案》。

▲1998年7月10日，重庆建委公布《重庆市家庭居室装饰装修管理暂行办法》和《关于加强家庭居室装饰装修管理的通告》。

▲1998年7月28日，上海市建筑装饰协会家庭装饰委员会向社会上公布《家庭装饰装修工费指导价》。

▲1998年7月28日，河南省建设厅以豫建建[1998]56号文件批准《河南家庭装饰施工企业资质标准》。

▲1998年8月5日，无锡市建委颁发《无锡市家庭居室装饰装修管理暂行规定》[锡建施（1998）第11号]。

▲1998年8月27日，温州市政府颁发《温州市城镇房屋装修管理规定》[温政（1998）12号]。

▲1998年9月1日，苏州市建筑装饰协会以苏装秘字（1998）第002号文件授予20项工程以第三届“天堂杯”优秀装饰工程奖，以苏装协秘字（1998）第003号文件表彰6家装饰企业为“家庭装饰住户满意单位”。

▲1998年10月6日，建设部以建建函[1998]292号文件给江苏省建委“对《关于明确建筑装饰装修归口管理的紧争请示》的复函”，强调支持地方人民政府把“住宅建成后住户室内装饰”这部分职能定给地方建设行政主管部门，至于除此之外的装饰装修，则应全部归建设行政主管部门管理，要求各地认真抓好装饰装修行业管理。

▲1998年11月13日，武汉市建委做出《关于委托武汉建筑装饰协会协助作好家庭居室装饰有关管理工作的通知》（武建办字[1998]183号）。同日，还做出《关于组建武汉家庭居室装饰装修有形市场的批复》（武建办字[1998]182号）。

▲1998年11月19日，沈阳市建管局颁布《沈阳市家庭居室装饰装修管理暂行办法》（沈建管发[1998]51号）。

▲1998年12月31日，北京市11个家庭装饰交易市场98年签合同6520具，是97年5.68倍；家装工程量2.3853亿元，为上年的4.78倍。其中百姓家装市场签合同2999个，家装工程量1.0032亿元，分别为97年的3.2和2.8倍。

▲1999年1月28日，时任中国建筑装饰协会信息咨询委员会副秘书长王本明主编的《家庭装修顾问》一书由北京出版社出版发行，全书21万字。

▲1999年2月7日，上海卫视台报道，改革开放20年中国最流行的50句语言，包括“装饰装修”。

▲1999年2月9日，上海市建委与市技术监督局共同发布《上海市住宅装饰装修验收标准》。上海市已有60%的居民进行家装消费，户均3万元，全市约100亿元。

▲1999年2月15日，北京市政府宣布1999年为本市将办60件实事，其中第45件是：规范住房装修市场，使广大居民装修住房更放心、更满意。在全市推行统一的家庭装修合同文本，以法律文书形式维护当事人的利益。

▲1999年2月24日，中国消费者协会公布1998年消费者投诉四大热点，家庭装修位列第二。消费者要求“装修业自律”。

▲1999年4月5日，成都市消费者协会做出《关于成立成都市消费者协会家庭装饰装修投诉中心的决定》（成消协[1999]第16号）。

▲1999年4月15日，由中国建筑装饰协会家庭装饰委员会（筹）主编的《家庭装饰装修法规标准选编》由中国建筑工业出版社出版发行，主编：黄白，副主编：田万良、钟晓春。

▲1999年4月19日～22日，中国建筑装饰协会在北京市杏林山庄召开“第二次全国家庭装饰管理试点工作会”。第一次会议是1997年11月建设部建筑业司与中国建筑装饰协会在北京宝灵城宾馆召开的。出席第二次家装管理工作会议的有中国建筑装饰协会会长张恩树，建设部建筑管理司副司长符曜伟、建筑业发展处处长李礼平，中国建筑装饰协会秘书长谢少宁，北京市建委副总经济师范魁元以及15个试点城市的代表，会议由中国建筑装饰协会副秘书长霍明远主持，由家装委员会（筹）承办。谢少宁秘书长作了“家装管理试点工作报告”，家装委员会（筹）负责人钟晓春就试点工作具体情况进行了通报。会议认为试点工作取得很大成绩，经验教训值得汲取。同时宣布2000

年试点工作结束。

▲1999 年 6 月 8 日，北京市建筑装饰协会召开家庭装饰委员会第一次会员代表大会。

▲1999 年 6 月 21 日，深圳市建设局与市装饰行业协会共同召开“家庭装饰管理工作研讨会”，会议认为，家装实行行业管理最好由协会担当。

▲1999 年 7 月 15 日，上海市建筑装饰协会家庭装饰委员会一届三次会员代表大会召开，公布《上海市家庭装饰行业自律公约》，表彰家装信得过企业。装饰协会秘书长潘志昌兼任家装委员会主任。

▲1999 年 8 月 27 日，沈阳市建筑工程管理局、市工商局共同颁发“关于统一使用《家庭装饰装修工程交易合同》的通知”（沈建管通[1999]82 号）。

▲1999 年 9 月 1 日，浙江省政府令第 113 号《浙江省住宅区物业管理办法》施行。第二十四条对装修做出规定：“业主或非业主使用人装修房屋，应当事先通知物业管理企业。物业管理企业应当将装修房屋的注意事项告知业主或非业主使用人。物业管理企业发现在装修过程中有违反有关规定时，应当通知行为人立即停止并改正。对拒不改正的，应当及时告知业主委员会并报有关行政管理部门依法处理。”

▲1999 年 9 月 9 日，苏州市建筑装饰协会公布《关于授予苏州市第四届“天堂杯”优秀装饰工程奖和第二届“家庭装饰用户满意单位”的决定》（苏装协秘字[1999]第 005 号）。

▲1999 年 9 月 22 日，北京市建委公布《北京市家庭居室装饰装修工程承发包及施工管理暂行规定（试行）》（京建筑法[1999]413 号）。

▲1999 年 10 月 10 日，沈阳市建筑工程管理局印发《关于加强家庭居室装饰装修管理的通知》（沈建管通[1999]93 号）。

▲1999 年 10 月 28 日，无锡市建委公布《无锡市家庭居室装饰装修资格管理办法》（锡建施[1999]第 17 号）。

▲1999 年 11 月 16 日，成都市建委公布《成都市家庭房屋装饰装修工程质量检验规定》（城建委发[1999]404 号）。

▲1999 年 11 月 19 日，深圳市市长李子彬签发市政府令第 90 号《深圳市家庭居室装修管理规定》。

▲2000 年 1 月 2 日，中国消费者协会公布 2000 年第一号消费警示与忠告：家庭装饰，安全比美更重要。2000 年消费主题是：明明白白消费，1 月份消费主题是：明明白白装修。

▲2000 年 1 月 5 日，西安《新居室》杂志被国家新闻出版署评为“第二届全国百种重点社科期刊”。该刊总编为中国建筑装饰协会第四届理事会常务理事洪涛。

▲2000 年 1 月 8 日，上海市建筑装饰协会家庭装饰委员会主编的《最新家庭装潢实用手册》，由上海科技文献出版社出版，举行首发式。

▲2000 年 1 月 19 日，天津市建委、市工商局共同颁发《天津市家庭装饰装修施工合同》（建筑[2000]71 号），3 月 1 日正式施行。

▲2000 年 1 月 25 日，中国消费者协会公布 1999 年消费者投诉的十大热点问题，其中第九大热点问题是家装：房屋装修不规范，“游击队”问题解决难。1999 年消费者对装修方面的投诉 16923 件，比 1998 年增加 1959 件，增幅 13.1%。主要：一是家装市场对属下公司重收费轻管理，该对装修质量进行监督的却不履行职责；二是由家装公司自制的装修合同内容不完整，有的内容有失公平；三是家装公司资质能力参差不齐，偷工减料，做工粗糙，后期服务无保证；四是一些装修“游击队”拿到钱就走人，出了问题找不到被投诉方，消费者投诉解决难。

▲2000 年 2 月 19 日，北京市政协九届三次会议结束，7 位委员递交了 4 份有关家装立法加强行业管理的提案，这在全国十分罕见。

▲2000 年 2 月 23 日，建设部部长俞正声在由国务院新闻办举行的“当前住房制度改革和住宅建设基本情况”新闻发布会上说，房地产对 GDP 的拉动在 1.5 个百分点以上，未来几年内还将是拉动经济增长的重要因素，2000 年将进一步调动城镇居民的买房积极性。1999 年，我国住宅投资继续保持 20%以上的增长速度，带动了建材、装修、家具、家电等行业的发展，其中，每户大城市居民的新房装修费平均达 4 万元。

▲2000 年 3 月 28 日～4 月 27 日，中国建筑装饰协会建筑五金委员会在北京举办“6 升水便器配套系统及卫生间成套设备展示推广会”，以积极贯彻落实国家四部委建住房[1999]295 号文件中关于“在住宅中禁止使用 9 升水以上的便器，推广一次冲洗过程水量为 6 升便器”的要求。

▲2000 年 4 月 1 日，大同市建委做出《关于组建“大同市家庭装饰市场”的意见》（同建发[2000]第 68 号），该文件明确规定家庭装饰市场的性质是：从事家庭装饰的交易场所，由市建筑装饰协会同有关企业共同出资（含技术、场地）组建的有限责任公司性质的经济实体，具有独立承担责任的法人资格。这是我国建设行政主管部门第一次对“家庭装饰市场” 性质做出的准确定义。

▲2000 年 4 月 4 日，大同市建委做出《关于加强我市家庭装饰市场管理的规定》（同建发[2000]第 69 号），明确规定：委托授权大同市建筑装饰协会为全市家庭装饰行业管理单位，协助市建委管理有关家庭装饰市场的具体工作。这是我国建设行政主管部门第一次明确用“委托授权”向建筑装饰行业社团组织转移政府职能。

▲2000 年 4 月 17 日，国家建材局做出“关于批准、发布《6 升水便器配套系统》等 4 项行业标准的通知”（建材行管[2000]94 号），中国建筑装饰协会建筑五金委员会组织制定的《6 升水便器配套系统》（JC/T856-2000）为推荐性标准。

▲2000 年 6 月 7 日，建设部致河南省建设厅《关于建筑装饰装修归口管理问题的复函》（建建函[2000]181 号），针对河南省建设厅《关于明确建筑装饰装修归口管理的紧急请示》（豫建建[2000]20 号）批示：国务院批准的建设部三定方案（国办发[1998]86 号）提到：“住宅建成后住户室内

装饰的指导职能，下放给地方人民政府”，其中的“住宅建成后住户室内装饰”是指家庭居室的装修装饰，其主要属性是建筑装修装饰。这部分家庭居室装修装饰由地方建设行政主管部门管理，会更有利于保障建筑工程的质量和住户生命财产的安全。我们认为地方人民政府应该把家庭居室装修装饰的管理职能定给地方建设行政主管部门。

▲2000 年 6 月 20 日，中国建筑装饰协会发出《关于举办全国首届家居装饰设计大奖赛的通知》[中装协（2000）第 17 号]，该活动由中国建筑装饰协会主办，协办为中国建筑学会室内设计分会，承办为中国建筑装饰协会家庭装饰委员会、e 家家居网(www.e-jia.com)和《新居室》杂志社。征集时间 2000 年 7 月 1 日～12 月 31 日。

▲2000 年 7 月 1 日国家劳动和社会保障部第 6 号令《招用技术工种从业人员规定》施行，其中包括“装饰装修工”，为应持职业资格证书就业的工种。

▲2000 年 7 月 1 日，深圳市税务局制定的《深圳市家庭居室装饰装修税收暂行办法》开始实施，规定家装公司在开工前须先办理纳税登记，完工后按综合代征率 5.75%全额征收各种地方税，由各征收分局（所）委托家装所在地物业单位代征。此为全国第一部家装税收规章。

▲2000 年 7 月 14 日，由深圳市建设局、市装饰行业协会共同主办的“深圳市 2000 年装饰设计作品展”历时 5 天在深圳大剧院圆满结束，此展首次分“公共建筑室内装饰、家庭装饰、建筑幕墙”三个专业展出和评选，400 多幅作品参展参评，汇集了深圳装饰行业近两年的装饰设计作品，数量、质量、档次均超过往届，经评委会评审，评出一等奖 25 个、二等奖 40 个、三等奖 51 个。

▲2000 年 7 月 15 日，建设部副部长叶如棠在第 7 期会刊《中国建筑装饰》上发表“家居装饰改革势在必行”。

▲2000 年 7 月 25 日，北京市建筑装饰协会家庭装饰委员会为提高家装设计师的素质和品味，此日及 8 月 2 日、8 月 8 日就家装的功能、色彩和家具分别举办了三场由中国建筑设计院室内设计所总建筑师黄德龄、清华大学美术学院环境艺术系副主任李风松、中国建筑学会室内设计分会副会长饶良修授课的家装设计师讲座，500 多位家装设计师参加，中国建筑装饰协会行业发展部与北京市建筑装饰协会家庭装饰委员会、e 家家居网（www.e-jia.com）同时进行了对家装设计师的书面调研。

▲2000 年 8 月 7 日，苏州市建筑装饰协会做出《关于授予苏州市第三届“家庭装饰用户满意单位”的表彰决定》（苏装协秘字［2000］09 号），共 13 家；同时做出《关于授予苏州市第五届“天堂杯”优秀装饰工程奖的决定》（苏装协秘字［2000］008 号）共 49 项，表扬奖 6 项。

▲2000 年 8 月 9 日《光明日报》以“家居杂志涌动时尚化浪潮”为题报道，近家装杂志又出五种：1999 年 4 月创刊的《时尚家居》，1999 年 9 月创刊的《世界家苑》，2000 年上半年中国文联创办的《缤纷》、天津社会科学院创办的《室内风景》，以及《瑞丽家居》等，这些家装杂志出版者的创办动机和动力是，如今家装已成为中国人最大的经济和文化热点。目前，我国惟一的老牌家装杂志《新居室》（原《家具与生活》）2000 年发行量增长了 30%，已占家装杂志消费市场最大的份额，家装杂志后起之秀有天津科技出版社主办的《家》等。

▲2000 年 8 月 22 日，上海市建筑装饰协会家庭装饰委员会根据经营行为、工程质量、社会信誉、企业管理、施工产值 5 项指标，对评出的 29 家“’99 上海市信得过家装企业”，举行了郑重的颁证大会。

▲2000 年 8 月 31 日，由中国建筑装饰协会、北京市建筑装饰协会与 e 家家居网站（www.e-jia.com）联合组成的调研小组在《中国建筑装饰》第 9 期上发表“北京市家装设计师资源市场配置调研报告”。

▲2000 年 9 月 20 日，安徽省建设厅向全省发出《关于转发省建设厅“三定方案”规定的通知》（建人[2000]358 号）。安徽省人民政府办公厅 9 月 2 日做出《关于印发安徽省建设厅职能配置内设机构和人员编制规定的通知》，内中明确“划入职能：原省轻工总会承担的住宅建成后住户室内装饰装修的指导职能。”

▲2000 年 10 月 7 日，《光明日报》以“‘九五’期间我国居民实现由温饱向小康跨越”为题，报道国家统计局报告住宅装饰成为时尚：“九五”期间我国城乡居民生活质量进一步改善，整体上实现了由温饱向小康的跨越，主要表现在四个方面，其一是“居民住宅面积不断扩大，生活环境明显改善。预计 2000 年城镇居民人均居住面积将达 $10m^2$，比 1999 年扩大近 $2m^2$，住宅装饰成为时尚。

▲2000 年 10 月 16 日，《实用家装手册》由成都市建筑装饰协会、成都装饰网、成都市百姓家庭装饰装修市场共同主编出版，64 开本，小巧实用。

▲2000 年 10 月 21 日～22 日，由北京市建筑装饰协会主办、家庭装饰委员会承办的“2000 年秋季清清楚楚搞家装义务咨询大会”在中国革命博物馆举行，24 个家装交易市场和 180 多个家装公司参加，展会共接待观众 5 万人（次），发放各种家装材料 80 多万份，家装工程合同 1500 多项、6200 万元。此展是一次规模大、水平高、权威性强的家装咨询盛会。

▲2000 年 10 月 25 日，成都市建委颁发《成都市家庭居室装饰装修管理暂行规定（试行）》（成建委发[2000]506 号）。

▲2000 年 10 月 30 日，上海市建筑业管理办公室和上海市轻工纺织办公室共同向上海市建筑装饰协会和上海市室内装饰行业协会发文《关于对上海市家庭装饰市场实行统一归口管理的通知》（沪建建管（2000）第 115 号），市建委、市经委《关于对本市家庭装饰市场实行统一归口管理的请示》，已经市政府批准同意[沪府办秘（2000）003710]。根据市领导的批示精神，遵照“统而不乱、平稳过渡、循序渐进、逐步规范”的指导原则，具体管理事务委托新组建的上海市家庭装饰行业协会承担。

▲2000 年 10 月 29 日 1995 年 12 月 26 日经浙江省八届人大常委会第 25 次会议通过的《 浙江省实施〈中华人民共和国消费者权益保护法〉办法》，经浙江省九届人大常委会

第23次会议修订并公布，从2001年1月1日起施行，其中，第三十一条：“从事住宅装修的经营者，应当和消费者局面约定施工期限、施工质量、施工费用、质量保证方式、违约责任等内容；由经营者提供装修材料的，应当局面约定材料的名称、规格、等级、价格等。经营者对装修部位应当在一年内予以保修。”这是我国第一部保护家装消费者的省一级地方立法。第二章第十八条：“行业主管部门、行业协会应当加强行业管理和行业自律，根据保护消费者权益的要求，规范经营者的行为，明确经营者的责任。行业主管部门或行业协会可以和消费者协会达成有关保护消费者权益行业规范的约定。”这应当成为我们建设行政主管部门和建筑装饰协会从事家装行业管理运作的新框架。

▲2000年10月30日，北京市建筑装饰协会家装委员会公布《北京市家庭居室装修装饰设计人员从业资格评审办法（试行）》，这在全国属首次。

▲2000年11月6日，由成都市建筑装饰协会开办的“成都装饰网”正式开通注册http://www.cdzs.net。

▲2000年11月15日，北京市建筑装饰协会召开“行业管理创新”新闻发布会——万家网·FM365网上家装企业优惠季活动、北京市建筑装饰协会培训中心成立、《北京市建筑装饰协会家装委员会家庭居室装饰装修设计人员从业资格评审办法（试行）》。

▲2000年11月7日，经成都市建筑业管理局批准、市民政局登记备案，成都市建筑装饰协会家庭装委员会成立。

▲2000年11月24日，北京市建筑装饰协会家装委员会宣布成立“天衡诚信家装技术服务中心绿色家装环境技术检测站”， 主要工作：一是进行家装室内空气污染检测，出具报告；二是鉴定装饰材料的环保；三是评选绿色家装设计施工企业；四是宣传绿色环保家装知识。

▲2000年12月8日，河北省建筑装饰协会举行“河北省家装市场发展建设研讨会”， 河北省建设厅、省工商局给予支持，中国建筑装饰协会会长张恩树及各届相关人士百余人出席。

▲2000年12月20日，北京市建筑装饰协会家装委员会根据市建委有关领导的意见召开会长办公会，讨论“北京市家装行业‘十五’规划”（征求意见稿）。

▲2000年12月27日，根据建设部标准定额司批复给中国建筑装饰协会“关于同意编制《住宅装饰装修施工规范的函》（建标标[2000]36号）的要求，受建设部标准定额司的委托，中国建筑装饰协会作为主编单位，在建设部招待所（广建宾馆）召开“《住宅装饰装修施工规范》编制方案第一次工作会议”。 确定了该规范编制的框架——指导思想、原则、大纲、章节目录、程序、进度计划、工作分工；成立该规范编制组，确定编制组参编单位、成员。建设部标准定额司副司长焦占栓、标准规范处处长周锡全出席并作重要讲话。出席会议的有中国建筑装饰协会及其3个专业委员会、5个省市建筑装饰协会、1家科研单位、11个家装企业的代表共20人。

▲2000年12月30日，国家统计局宣布，家庭装饰和旅游、教育已逐步形成2000年新的三大消费热点。

▲2001年1月4日，北京《监理周刊》以“原始人也搞‘装修’”为题，公布福建省文化厅对三明市万寿地区考古发现：距今2万年的原始人就懂得用石头“装修”自己所谓的“居室”，甚至懂得简易的防潮防水办法。

▲20001年1月9日，中国建筑装饰协会家庭装饰委员会（筹）在北京·广西大厦举行新世纪新春联谊会，中国建筑装饰协会会长张恩树、副会长石连峰，建设部建筑管理司副司长符曜伟，中国建筑装饰协会秘书长谢少宁、副秘书长霍明远、张京跃、行业发展部主任兼《中国建筑装饰》主编黄白、信息咨询委员会副秘书长王本明、专家组办公室主任鲁心源，中国建筑学会室内设计分会会长张世礼、副会长劳智全，北京市建筑装饰协会理事长兼家装委员会会长朱希斌、总顾问李秀等首都家装界人士270多位出席，张恩树、符曜伟、朱希斌、张世礼等领导分别讲话，向全国家装行业从业者拜年，预言新世纪新年我国家装行业再创新高。联谊会由家装委员会（筹）负责人钟晓春、副秘书长格根塔娜分别主持。

▲2001年1月17日，北京市建筑装饰协会家装委员会在北京前门潮洲大酒楼举行新世纪新春联谊会，庆贺北京家装行业取得的突出成绩，中国建筑装饰协会副会长石连峰以及黄白、王本明、鲁心源、北京市建筑装饰协会理事长兼家装委员会会长朱希斌，市建筑装饰协会总顾问李秀、常务副秘书长郭仁智、副秘书长兼培训中心主任周利华，家装委员会副会长彭炳全、秘书长崔世海、副秘书长黄飞莉等100多人与会。石连峰、彭炳全、朱希斌等领导分别作了讲话，希望新的领导集体团结多做行业创新工作。

▲2001年1月18日，河南省建筑装饰协会家装委员会成立，协会副秘书长金世雄任家装委主任兼秘书长，副主任刘亚峰，副秘书长要健、张继珠、胡建强、刘世尧，通过了《章程》和《行业公约》。

▲2001年1月21日，上海市工商局和市建委共同做出“关于推行作用《上海市家庭居室装饰装修施工示范合同》（2001版）的通知”（沪工商合[2001]第106号），通知指出，1999年3月1日以（沪工商合[2001]第106号文件颁发的家装施工示范合同“对保护消费者合法权益、规范装饰市场交易行为起到了积极作用。” 2001版合同自2001年3月1日起在全市推行。

▲2001年2月20日，河北省建筑装饰协会在石家庄市召开“家装交易市场企业行业管理座谈会”，会议呼吁加强家装法制建设，尽快制定《河北省家装工程质量验收规定》、《河北省家装施工合同》，明确家装监理单位，家装交易市场入驻企业资质审查标准。

▲2001年3月3日，建设部科技司公布《住宅产业技术政策纲要（初稿）》，其中有关家装的有：提倡新建住宅装修一次到位，必要时可由承建商按交钥匙方式实行菜单式装修；厨卫是住宅的核心部位，设计者应建立整体设计观念，综合考虑装饰装修等多方面因素，使厨卫达到卫生、方便、安全和舒适的要求；积极推广6升、扶持开发4.5升节水型

便器配套系列技术。

▲2001 年 3 月 5 日，浙江省建筑装饰协会家庭装饰委员会召开有 140 多人出席的首届年会，会议通过了浙江省建筑装饰协会会长、家装委员会会长董宜君所作的“关于浙江省家装行业管理创新”的工作报告，浙江省建设厅赵如龙厅长、省民间组织管理局陈金伟局长、省工商联詹天佑秘书长等领导作了的讲话，颁奖表彰了 2000 年度浙江省家装行业 30 家优秀企业和 5 名先进工作者，会议交流总结了家装行业管理的先进经验。

▲2001 年 3 月 5 日，纪念雷锋的日子，国标《住宅装饰装修施工规范》编制组成员、深圳市居众家庭装饰工程有限公司董事长兼总经理刘海宁将 5 万元支票交到公司工会主席手中，宣布“居众员工救助基金”成立。

▲2001 年 3 月 15 日，第九届全国人民代表大会第四次会议批准的《中华人民共和国国民经济和社会发展第十个五年计划纲要》，在第二篇“经济结构”，第五章“发展服务业，提高供给能力和水平”，第一节“发展面向生活消费和服务业”中指出：“深化城镇住房制度改革，落实住房分配货币化政策，发展以居民住宅为重点的房地产业和装修装饰业，规范发展物业管理业。”

▲2001 年 3 月 16 日，中国建筑装饰协会家装委员会（筹）在北京人大会堂召开“质量服务信得过企业”颁证大会，中国建筑装饰协会副会长石连峰、副秘书长谢少宁、副秘书长张京跃，北京市建委建管处处级调研员彭炳全、市工商局消保处处长陈建成为首批北京地区 37 家“质量服务信得过企业”颁发了铜牌。

▲2001 年 3 月 21 日，北京市建委在北京西苑饭店召开了“北京市家装监理试点工作新闻发布会”，中国建筑装饰协会会长张恩树，建设部建筑管理司副司长徐波、监理处处长燕平，北京市建委总工程师原祖荫、建筑业管理处处长朱和平，中国建筑装饰协会家装委员会（筹）与北京部分家装重点企业、材料厂商及新闻媒体出席，与会领导为首批家装监理试点单位颁发了监理资质证书。会议同时进行了“中国家装企业与材料厂商共同联盟”、“世纪阳光住宅项目与中装协家装委员会（筹）”签约仪式。

▲2001 年 3 月 22 日，太原市建筑装饰协会发出“关于调整家装管理委员会与增补协会副秘书长与常务理事的决定”（并装协字[2001]第 3 号），太原市建筑装饰协会家装管理委员会主任：杨凯（中国建筑装饰协会理事），副主任：王茂春、单晓卫，委员：石磊、李松侠。

▲2001 年 3 月 28 日，经上海市政府批准，由原建设和轻工家装饰协会合并的、由上海市建委归口管理的“上海市家装行业协会”成立，建设部建筑管理司副司长徐波、中国建筑装饰协会秘书长谢少宁等有关方面领导及当地业内人士 700 多人与会。这是全国第一个独立的家装行业协会。

▲2001 年 4 月 16 日，建设部俞正声部长在建设部召开的“全国整顿和规范建筑市场秩序工作会议”上所作的题为“突出重点，狠抓落实，进一步开展整顿和规范建筑市场秩序工作”的报告中指出：今年我们要抓住当前直接危害广大人民切身利益、社会反映强烈、群众可参与程度高的问题，进行集中整治，力争取得阶段性成果。在这次整顿和规范建筑市场秩序中，各地要狠抓当前薄弱环节和薄弱地区，特别是要加强对建筑装饰装修的监督管理。近几年来，一些不懂建筑结构专业知识的单位和人员充斥建筑装饰装修市场，不仅造成了建筑装饰装修质量通病严重，还随意开挖孔洞破坏承重结构，给人们日后的居住和使用安全留下了隐患。更有一些不法之徒，为牟取暴利而使用假冒伪劣的装饰装修材料，既严重损害了用户的健康，又埋下了重大火灾隐患。

2001 年，建设部要努力改变对建筑装饰装修，特别是住宅装饰装修企业及其行为管理不力的状况，在年内出台《建筑装修工程质量管理规定》，尽快建立和完善有关住宅装修合同、保修、赔偿、投诉等管理制度，依法将建筑装饰装修的设计、施工单位全部纳入资质管理的轨道，并会同有关部门，对建筑装修所用的材料、辅料的技术要求以及装修后的室内环境要求，进一步做出规定，维护广大人民群众的切身利益。在建立严格的规定和规范的基础上，今年要对建筑装饰装修市场，特别是住宅装饰装修市场开展大检查，重点是依法检查在装修工程中是否擅自变动房屋建筑主体和承重结构，对于涉及建筑主体和承重结构变动的，必须在施工前委托原设计单位或具有相应资质等级的设计单位提出设计方案；在装修过程中，施工企业要使用符合要求的材料和辅料，并严格控制粉尘、污染物、噪声、震动等对居民区和城市环境的污染及危害；严肃查处建筑装饰装修企业转包和挂靠等违法行为。对于检查中发现的问题，要依法对责任单位和责任人做出严厉的处罚。

▲2001 年 4 月 18 日，由共青团深圳市委、市青联等单位联合举办的“2000 年度深圳 10 大杰出青年”评比揭晓，深圳市建筑装饰（集团）有限公司总工程师兼设计院院长姜峰、深圳市海大家居装饰有限公司总经理高峰榜上有名。

▲2001 年 4 月 20 日～21 日，中国建筑装饰协会在深圳银湖旅游中心召开“第二届全国家庭装饰行业管理经验交流会”。会议的主要议题，一是听取业界领导的讲话的报告，二是总结交流经验，三是表彰先进，并征求建设部建筑管理司起草的《建筑装饰装修工程质量管理规定》的意见。出席会议的有中国建筑装饰协会会长张恩树，建设部建筑管理司行业发展处处长刘宇新，勘察设计司市场管理处调研员栗元珍，深圳市建设局副局长李平，建筑管理处处长王景德，中国建筑装饰协会副会长石连峰、汪家玉，秘书长谢少宁，副秘书长霍明远、张京跃。李平、刘宇新、栗元珍相继作了讲话。张恩树作了题为“为民办实事，让民得实惠”、谢少宁作了题为“抓住机遇，开拓前进，全国提高我国家居装饰装修行业服务水平”、钟晓春作了题为“正视现实，放眼未来，努力探索家装行业发展新途径”的报告。

大会对“四项优秀” 进行了表彰并颁发奖牌：54 家全国优秀家装标兵企业、122 家全国优秀家装企业、15 个全国优秀装饰协会、32 个全国优秀家装市场； 为荣获“‘欧典杯’全国首届家居设计大赛”7 金、18 银、25 铜奖的家装企业和个人举行了颁奖仪式。参加会议的有黄白、李晓宝、张军莉、田万良、钟晓春、格根塔娜、王燕鸣、何文祥、副秘书长韩雪梅、朱希斌、陈少平、柏春宇、杨昭富、张文学、郭伟、牛合顺、金世雄、王卫国、范长顺、田自立、白磊、赵洁心、杨凯、陆浩生、朱镇修、劳智权、洪涛、邓千，共28个省市区、68个地方建筑装饰协会的负责人和家装企业的代表400多人。

▲2001年4月26日，山西省建设厅做出《关于全面提高我省住宅质量的若干意见》（晋建建字[2001]134号），其中第八条是“住宅工程初装饰（装修）管理必须规范”：一是多层住宅推广一次性装修或菜单式装修模式，一次性达到设计的使用功能条件。实行初装修的，必须执行建设部《住宅工程初装饰施工验收办法》，不得降低标准、任意甩项，卫生间厨房等部位必须由施工单位统一施工。二是高层住宅建筑的湿作业装修工作必须实行一次性装修或菜单式装修模式，由施工单位一次完成。

▲2001年5月9日，建设部公布《建设部关于进一步整顿和规范建筑市场秩序的意见》（建建[2001]94号），强调“特别要加强对建筑装饰装修工程建设活动的监督管理”。要求“要加强对建筑装饰装修特别是住宅装饰装修工程质量的监督，重点是依法监督在装修工程中不得擅自变动房屋建筑主体和承重结构；对于涉及建筑主体和承重结构变动的，必须在施工前委托原设计单位或者具有相应资质等级的设计单位提出设计方案；在装修施工中，施工企业要严格执行有关防治城市环境污染的规定，控制粉尘、污染物、噪声、振动等对居民区的影响。凡违反这些规定的，要依法对责任单位和责任人做出严厉处罚。”

▲2001年5月21日，甘肃省召开“全省整顿和规范建筑市场秩序工作会议”，刘祖和副厅长在工作报告中强调，整顿建筑装修市场，维护广大人民切身利益。他指出：近些年来，随着人民群众生活不平的不断提高，人们开始追求生活居住环境的改善，为建筑装修装饰市场提供了较大的机会。但由于市场的混乱，不仅民用房屋特别是住宅质量通病严重，还因在开发和装修过程中随意降低设计施工标准，违反设计施工操作规程，甚至开槽挖洞破坏承重结构，给人们的居住和使用安全留下了隐患。更有一些不法之徒，为牟取暴利而使用假冒伪劣的建筑和装修材料，既严重损害了用户的健康，还埋下了重大的安全隐患。

刘祖和副厅长要求：2001年，我们要努力扭转城市政府对房地产市场和建筑装修市场包括住宅装修市场管理不力的状况，充分调动和发挥行业协会的积极作用，加强监管，结合贯彻建设部《建筑装修工程质量管理规定》，以提升人居环境质量为目的，依法将房地产开发企业和建筑装修企业全部纳入统一资质管理轨道，尽快建立和完善有关开发和装修合同、保修、赔偿、投诉管理制度。同时要对房地产市场和建筑装修市场开展大检查，重点查处房地产企业违反建设程序和强制性标准开发建设行为；查处装修企业转包、违法分包、挂靠和无证经营的行为；检查关于在装修工程中不得擅自变动房屋建筑主体和承重结构等规定的执行情况；凡是违反规定的，要依法对责任单位和责任人做出严厉处罚。以期规范房地产和装修市场秩序，保证广大人民的合法利益。

▲2001年5月25日，经北京市建委、市规委提倡，中国建筑装饰协会支持，由北京市建筑装饰协会和市勘察设计协会共同主办的“2001年第二届北京美化家居展览会”在建设部中国建筑文化中心举行。出席开幕式的有建设部原副部长廉仲，北京市原常务副市长张百发，中国建筑装饰协会副会长石连峰、副秘书长霍明远，北京市建委副总经济师范魁元，北京市建筑装饰协会名誉理事长王宗礼、理事长朱希斌、总顾问李秀、常务副秘书长郭仁智、副秘书长周得华等领导。300多家饰材厂商和家装企业与会。

▲2001年5月26日，由北京市建筑装饰协会与北京市勘察设计协会共同主办，北京市建筑装饰协会理事长朱希斌总策划、华绍先主编的《北京市获奖家居装饰工程集锦》出版，全书大16开，200页，全彩胶印。

▲2001年6月1日，江苏省南通市建委与市工商局共同发出《家庭居室装饰装修工程施工合同（示范文本）》（通建委[2001]170号）。2001年南通市建委从四个方面加强家装行业管理：2月8日做出《关于委托南通市工程建设协会家庭装饰分会协助做好家庭装饰有关管理工作的通知》（通建委[2001]30号）；5月21日公布《关于加强住宅建筑装饰装修管理确保房屋安全的通知》（通建委[2001]141号）；5月30日颁发《南通市家庭装饰装修施工企业资格标准（试行）》（通建委[2001]165号）。

▲2001年6月16日，北京市规委和建委共同举行与会代表1500人的“整顿和规范建筑市场秩序大会”，会上宣布，先期重点治理的是目前投诉热点的住宅装饰装修质量。北京市现有四级以上建筑业企业4695家，从业人员56.7万人，加上外地进京队伍，共110万人。

▲2001年6月18日，北京市统计局在《北京青年报》上公布，据对全市装饰企业、1500户城镇居民家庭和1800家餐饮、宾馆、娱乐、商业等公共建筑（经营场所）的装饰工程情况的一次性抽样调查，2000年全市装饰工程产值高达190亿元，约占全市全社会固定资产投资总额的14.6%。家装中，73.6%的家庭户均3万元以内，1%的超过10万元，户均350元/m^2。

▲2001年7月28日，中国建筑装饰协会培训中心举行了“全国家装监理人员培训试点班”开学典礼，出席典礼的有建设部建筑管理司副司长张鲁风、建设监理处处长燕平，中国建筑装饰协会常务副会长兼秘书长徐朋、副秘书长张京跃、培训管理部主任蓝弢，北京市建筑装饰协会常务副秘书长郭仁智等有关部门领导，担任本次培训试点的授课教师陈一山、周兰芳、孟雁北、李鹏耀、吴承辉、许国忠及首期60名学员。

▲2001年7月31日，中国建筑装饰协会发出《关于举办吉事多中国首届卫浴空间设计大奖赛的通知》（中装协[2001]22号），由中国建筑装饰协会主办，家庭装饰委员会（筹）承办，吉事多卫浴（中国）有限公司协办并全程赞助。

8月20日，中国建筑装饰协会同时在北京、上海和广州三地召开新闻发布会，中国建筑装饰协会常务副会长兼秘书长徐朋出席了上海的活动并在会上讲话。

▲2001年8月8日，北京市建筑装饰协会家装委员会在市政协礼堂召开了第一届第三次理事扩大会，市建筑装饰协会理事长、家装委员会会长朱希斌作了题为“促进北京市家装行业健康发展　更好地为市民家居装饰装修服务”的报告，会上宣布荣获2000年度家装信得过市场、优秀企业、先进企业。优秀家装企业（16家）：龙发、东易日盛、阔达、元洲、中侨、迪克斯、亚光亚、佳佳维、惠佳信、轻舟世纪、今朝、京穗、兴世达、东方逸品、庄典、业之峰、大楚风雅装饰公司。

▲2001年8月16日，中国建筑装饰协会在北京·中国国际贸易中心举办“第八届中国国际星级饭店建筑装饰博览会暨第二届中国家庭装饰博览会”，200多家国内外厂商参展。出席开幕式的有中国建筑装饰协会高级顾问、建设部原副部长肖桐，中国建筑装饰协会高级顾问、建设部原副部长、中国科学院院士、中国工程院院士周干峙，建设部原副部长廉仲，中国建筑装饰协会名誉会长张恩树、会长马挺贵、常务副会长兼秘书长徐朋、原副秘书长霍明远、副秘书长张京跃，北京市建筑装饰协会会长朱希斌，河南省建筑装饰协会副秘书长金世雄，黄白、蓝弢、杜桂玲、李卫青、张军莉、崔勇、田万良、王本明、郑纪文、钟小春、沙启云、洪涛。马挺贵会长致开幕词，肖桐、周干峙、廉仲、张恩树、马挺贵、徐朋、朱希斌为展会开幕式剪彩。开幕式由信息咨询委员会副理事长兼秘书长田万良主持。

▲2001年9月14日，苏州市建筑装饰协会做出《关于授予苏州市第六届“天堂杯”优秀装饰工程奖的决定》（苏装协秘字[2001]008号）和《关于授予苏州市第四届“家庭装饰用户满意单位”暨“苏州市2000年度家庭装饰优质工程奖”的决定》（苏装协秘字[2001]009号）。

▲2001年9月18日，由中国建筑装饰协会家庭装饰委员会（筹）、上海市家庭装饰行业委员会、河南省建筑装饰协会家庭装饰委员会共同组织的“上海—河南家装业高峰论坛”在郑州举行，参加者220多人。会议研讨的主题：一是郑州家装市场容量调研分析；二是郑州本地家装企业发展现状出路；三是上海家装业发展历程现状及趋势；四是室内设计文化在家装业发展中的地位和作用；家装连锁经营之路。

▲2001年9月24日，中国人民银行在《北京晚报》等首都媒体上公布的一项最新调查显示，居民选择储蓄的目的依次是：教育费、买（建）房装修、养老。2001年8月底，我国城乡居民储蓄存款余额达7.06万亿元。

▲2001年11月1日，国务院召开“全国严厉打击传销、整顿和规范建筑市场、强化税收征管电视电话会议”，中共中央政治局常委、国务院副总理、全国整顿和规范市场经济秩序领导小组组长李岚清出席并讲话，受国务院委托，建设部部长俞正声部长宣读了10月31日《国务院办公厅关于进一步全国整顿和规范建筑市场秩序的通知》，要求做好“大力整顿和规范装饰装修工程活动和装饰装修材料市场秩序，加强管理，确保装饰装修工程质量”等六方面专项整治重点工作。

▲2001年11月13日，建设部召开“全国整顿和规范建筑市场秩序第三次电视电话会议”，俞正声部长强调，按照10月31日《国务院办公厅关于进一步全国整顿和规范建筑市场秩序的通知》的要求，做好“大力整顿和规范装饰装修工程活动和装饰装修材料市场秩序，加强管理，确保装饰装修工程质量”等六方面专项整治要重点工作。他指出：“建筑装饰装修特别是住宅的装饰装修，直接关系到广大人民群众的生命财产安全。各级建设行政主管部门都要坚决贯彻国务院办公厅《通知》的要求，切实加强对建筑装饰装修特别是住宅装饰装修工程质量的监督，对违法违规的责任单位和责任人，要坚决依法做出严厉处罚。”

▲2001年11月14日，国家工商行政管理总局消费者保护局召开“家装市场整顿座谈会”，会议由消费者保护局副局长刘小平主持，参加者有消费者保护局商品消费保护处副处长刘家明、服务消费保护处郑善爱，中国建筑装饰协会行业发展部主任兼《中国建筑装饰》主编黄白、办公室兼行业自律委员会办公室主任王本明，中国本材流通协会副秘书长郝丽华、编辑高飞，中国室内装饰协会副秘书长张丽，木制品委员会秘书长高志华。会议决定整顿家装市场。

▲2001年11月20日，由成都市建委主办，成都市建筑装饰协会、市房地产开发企业协会和市勘察设计协会共同承办的“成都第三届居室室内设计大赛总结表彰大会”举行，市建委主任刘玉成、主办部门和承办单位及获奖单位代表100多人出席。会议指出：加入WTO后，我们要学习国外先进理念，与国际接轨，设计一定要有超前性；在注重传统文化的基础上积极吸收外来文化，注重个性特色；开发行业要与装饰行业联手，共促两业发展。

▲2001年11月29日～30日，根据建设部标准定额司11月19日“关于召开国标《住宅装饰装修施工规范》审查会议的通知”（建标标函[20001]65号），由建设部标准定额司主持的“《住宅装饰装修施工规范》审查会议”在北京国谊宾馆召开，受建设部委托由中国建筑装饰协会主编的国家标准《住宅装饰装修施工规范》（送审稿）通过审查。会议纪要认为“原则通过，补充不足”。出席会议的有建设部标准定额司副司长、中国建筑装饰协会常务理事陈重，标准定额司原副司长、全国建设市场稽查特派员办公室副主任焦占栓、标准定额司规范处副处长杨瑾峰、建设工程质量安全监督和行业发展司施工质量技术处调研员邵长利，以及相关规范的负责人、部分规范编制组成员、专家和使用单位负责人共38人。按计划，建设部年内将给予发布。

▲2001年12月9日，建设部做出“关于发布国家标准《住宅装饰装修工作施工规范》的通知”（建标[2001]266号），通知说：根据我部《关于印发“2000至2001年度工程建设国家标准制订、修订计划”的通知》（建标[2001]87号）的要求，由我部会同有关部门共同编制的《住宅装饰装修工作施工规范》，经有关部门会审，批准为国家标准，编号为

GB50327-2001，自2002年5月1日起施行。其中，3.1.3、3.1.7、3.2.2、4.1.1、4.3.4、4.3.6、4.3.7、10.1.6为强制性条文，必须严格执行。本规范由建设部负责管理和对强制性条文的解释，中国建筑装饰协会负责具体技术内容的解释，建设部标准定额所组织中国建筑工业出版社出版发行。

▲2001年12月23日，《光明日报》发表中国建筑装饰协会课题组的文章《提高建筑装饰的文化品位，满足人民群众的文化需求》。

▲2001年12月24日《经济日报》发表中国建筑装饰协会课题组的文章《建筑装饰业：充满生机和活力——建筑装饰行业在国民经济和社会发展中的地位和作用》。

▲2002年1月7日～8日，建设部在北京召开了“全国建设工作会议”，部长汪光焘作了题为《贯彻扩大内需方针加快建设事业发展》的报告，他指出2002年建设工作主要任务有八项重点工作，其中第四项要求是：要加强对建筑装饰装修，特别是住宅装饰装修工程质量的监督，对违反法律法规和工程建设质量安全强制性条文，以及在装饰装修中擅自变动房屋建筑主体和承重结构，导致严重质量安全隐患，危害市场经济秩序的违法行为和有关责任人，要严肃查处，决不手软。

▲2002年1月18日，建设部公布《建设部2002年整顿和规范建筑市场秩序工作安排》，其中要求：整顿和规范建筑装饰装修特别是住宅装饰装修活动，确保装饰装修工程质量，重点解决住宅装饰装修活动中擅自变动房屋建筑主体和承重结构，以及使用对人体有害的装饰装修材料等问题，对违法违规的责任单位和责任人，要依法做出处罚。

▲2002年2月1日，广州市建筑装饰协会根据广州市建委《广州市家庭装饰装修管理办法》（穗建筑[2001]208号）和《关于家庭居室装饰装修工程施工企业资格审查有关事项的通知》（穗建筑[2001]410号），做出《广州市家庭居室装饰装修企业资格证审批公告》，申请70多家，通过43家。

▲2002年2月2日《中华建筑报》报道，上海市消费者协会发出2002年第一号消费警示：消费者千万要留神，谨防家装骗子卷款潜逃。四家被通报的家装公司是：上海弘群建筑装饰材料有限公司第一分公司、上海群姓建筑装饰有限公司长宁公司、上海家友装饰设计有限公司、上海久菱装潢设计有限公司。

▲2002年2月4日，青海省建设厅厅长王西明在“全省建设工作会议”上指出：要加强对建筑装饰装修，特别是住宅装饰装修工程质量的监督，对违反法律法规和工程建设质量安全强制性条文，在装饰装修中擅自变动房屋建筑主体和承重结构，以及使用假冒伪劣建筑装饰材料导致严重质量、安全隐患的有关责任人，要严格查处，决不手软。

▲2002年2月7日，江苏省建筑装饰协会召开家庭装饰委员会首届会员代表大会，江苏省建管局副局长顾炎睛、省建筑装饰协会会长毛家泉、朱镇修副会长、居乃巩秘书长及会员企业代表76人出席，会议由副会长同庆轩主持。大会选举产生家装委员会首届理事会，主任兼秘书长孙建设，常务副主任王文斌，副秘书长陆国建、陆春南，大会讨论通过《家装委员会管理办法》、《优秀家装示范企业评选办法》及《家装委员会会员会费标准》。

▲2002年2月23日，建设部郑一军副部长在“全国工程质量安全监督工作会议”上讲话指出：要狠抓最薄弱环节，开展专项治理，一是勘察，二是装修，特别是家庭居室的装饰，以减轻居室污染为主要内容的装修质量。前一阶段做了大量工作，建设部和国家质检总局、环保总局对于居室环境的卫生标准，对于居室装修使用材料和卫生标准，做了一系列的工作，陆续出台，希望大家把这项工作抓紧。

▲2002年2月23日，建设部工程质量安全监督与行业发展司副司长、中国建筑装饰协会副会长王素卿在题为“加强政府监管，努力提高工程质量安全生产工作水平”的报告中指出，当前建筑工程室内环境污染严重，引起社会关注。她强调，要认真执行建设部110号令《住宅室内装饰装修管理办法》，对在住宅中擅自变动承重结构的要依法严肃查处。在住宅装饰装修中，禁止使用污染物释放量超标的装饰装修材料，以使住宅室内有一个清新洁净的环境。

▲2002年3月1日，由北京市建筑装饰协会和勘察设计协会共同主办的“北京市第三届建筑装饰成就暨第三届美化家居展”在全国农业展览馆举行，建设部原副部长廉仲，中国建筑装饰协会名誉会长张恩树、会长马挺贵、荣誉理事石连峰等有关方面领导出席展会开幕式。

▲2002年3月3日，建设部部长汪光焘签发中华人民共和国建设部令第110号《住宅室内装饰装修管理办法》，自2002年5月1日起施行。

▲2002年3月10日，北京市工商局12315消费者投诉中心统计报告，2001年北京市消费者十大申诉投诉热点，家装位居第五，占总投诉量的2.92%，集中在“目前使用的合同多是各家装公司自拟的，其中陷阱颇多。”申诉投诉对象七成为游击队。

▲2002年3月15日，山西省建设厅副厅长夏志朴在“全省整顿和规范建筑市场秩序暨建筑业表彰大会”上讲话中指出，2001年加强了对建筑装饰装修的监督管理。2002年重点工作之一仍要加强对建筑装饰装修业的管理，未取得建筑行政主管颁发的建筑装饰装修资质证书的单位，不得从事建筑装饰装修活动。认为室内装饰装修引起的室内环境污染问题，已成为当前媒体和社会关注的影响人民群众身体健康的热点问题，这是一个薄弱环节，应给予重视和解决。

▲2002年3月15日，《北京晚报》报道，北京市质监局开通“12365”投诉举报电话一年来共接收投诉10300件，装饰装修材料成为2001年8大投诉热点，且位居第6位；在5大烦恼中，位居第3位。

▲2002年3月18日，中国消费者协会公布“中国城镇消费者消费状况调查”。该会近对上海等全国19个大中城市的四大消费热点——饮食、衣着、医疗保健、家庭装修进行消费习惯、行为以及有悖科学消费的商品和服务的认知状况进行调查，结果发现：部分家装消费者消费态度不科学。为此，中消协副会长兼秘书长宁望鲁指出，协会

为 2002 年“科学消费”年宣传主题确定的一个基本目标是：以保护消费者安全权和知情权为核心，以监督食品、药品和装饰材料等热点消费领域为重点，全面提高消费者素质，适应 WTO 需求。

▲2002 年 3 月 22 日，杭州市建委做出《杭州市 2002 年整顿和规范建筑市场秩序工作意见》[杭建工通知（2002）50 号]，通知要求：加强对建筑装饰装修特别是住宅装饰装修工程的质量监督。重点是依法监督应招标的装饰装修工程必须招标和在装饰装修工程中擅自变动房屋建筑主体和承重结构问题。施工企业要严格执行有关防治环境污染的规定，严格禁止使用对人体有害的装饰装修材料，房管部门要切实加强对住宅装饰装修的管理，进一步规范整顿家庭装修市场。对违法违规单位和责任人，要依法做出处罚。

▲2002 年 3 月 27 日，建设部办公厅公布《工程勘察设计廉政责任书》（建办监[2002]21 号），从 2002 年 5 月 1 日起在设计、施工、监理中推行“廉政责任书”制度，其中规定：“甲方不准要求、暗示或接受乙方和相关单位为个人装修住房。”“乙方不准接受或暗示为甲方、相关单位和个人装修住房。”

▲2002 年 3 月 27 日，四川省建设厅公布《四川省 2002 年整顿和规范建筑市场秩序的意见》，规定的范围是投资在 50 万元以上在建（包括新开和在建）的各类房屋建筑的装饰装修的违法违规行为。要求整顿和规范建筑装饰装修特别是住宅装饰装修活动，确保装饰装修工程质量。涉及变动房屋建筑主体和承重结构的，要有报批手续。严禁使用对人体有害的装饰装修材料。对于违法违规的责任单位和责任人，要依法做出处罚。

▲2002 年 4 月 1 日，最高人民法院《关于民事诉讼证据的若干规定》的司法解释开始施行：环境污染致人伤害等 8 类民事诉讼举证责任由加害人承担，新规则采用举证责任倒置的原则，将举证责任划给了加害人一方。如装饰装修造成的环境污染致人伤害，不由业主来证明装饰装修公司或厂商有过错，而要由装饰装修公司或厂商来证明自己的行为无过错。其他 7 类民事诉讼举证责任由加害人承担的有：医疗纠纷、专利侵害、高度危险作业致人损害、共同危险行为致人损害、缺陷产品致人损害、搁置物或悬挂物致人损害、饲养动物致人损害。

▲2002 年 4 月 2 日，根据建设部 110 号令《住宅装饰装修管理办法》，为加强家装行业管理，北京市建筑装饰协会家庭装饰委员会决定成立“住宅装饰装修工程质量检测中心”。

▲2002 年 4 月 2 日，广州市建筑装饰协会成立家庭装饰委员会，主任：广州家庭之星装饰有限公司总经理黄翔。

▲2002 年 4 月 3 日，青海省建设厅发布《青海省 2002 年整顿和规范建筑市场秩序实施意见》，要求各级建设行政主管部门要切实加强对建筑装饰装修，特别是住宅室内装饰装修工程质量的监督，重点是依法监督和查处在装修工程中擅自变动房屋建筑主体和承重结构、在建筑装饰装修中使用假冒伪劣的装饰装修材料问题，如有发现，对违法违规的责任单位和责任人，要坚决依法做出严厉处罚。

▲2002 年 4 月 4 日，《中国青年报·青年时讯》报道北京市北京工商局公布 2001 年度 10 大消费者投诉，其中，装饰装修服务名列第 8 位。

▲2002 年 4 月 8 日，山东省建设厅、省建管局决定，从 2002 年二季度起全省开展建筑装饰装修市场专项治理活动，重点是加强建筑装饰装修特别是家庭居室装饰装修工程质量监督，杜绝装饰装修过程中擅自变动建筑主体、改变承重结构、乱砸乱建现象。根据家庭装饰装修中投诉多、解决处理较复杂的情况，实施建立装饰装修保证金制度，以保证按照合同进行赔偿，确保工程质量；六是加大对家庭居室装饰装修管理力度。按照建设部《住宅室内装饰装修管理办法》、《山东省家庭居室装饰装修管理办法》和《山东省家庭居室装饰装修专业资格管理细则》的有关规定，清理整顿无证施工队伍。

▲2002 年 4 月 9 日，中国建筑装饰协会家装委员会（筹）工作由协会秘书处直接管理。

▲2002 年 4 月 24 日～25 日，为了进一步落实 2002 年国家新闻出版署批准创办《中国建筑装饰装修》杂志的办刊宗旨：“坚持四项基本原则，贯彻江泽民同志：三个代表“重要思想，指导全国建筑装饰装修行业健康发展及企业管理，规范建筑装饰装修市场。”中国建筑装饰协会常务副会长兼秘书长徐朋分别召开了“装饰设计施工企业”和“装饰出版人”两个座谈会，专门研究刊物出版发行的市场定位问题，讨论有效率，认识一致，有很多具有规律性的真知卓见。参加此座谈会的有中国建筑学会室内设计分会会长张世礼、北京花旗建设发展有限公司董事长费祺、北京筑邦建筑装饰工程有限公司总经理孟建国、北京艾迪尔装饰有限公司总经理罗劲、深圳瑞和装饰工程有限公司副总经理杜玲玲、《时尚·先生》主编逄伟、中国建筑学会室内设计分会会刊《中国室内》主编赵虎、《中国建材报·装饰世界》主编虞建华，以及中国建筑装饰协会副秘书长房箴、会刊《中国建筑装饰》主编兼行业发展部主任黄白。

▲2002 年 4 月 25 日，中国建筑装饰协会名誉会长张恩树、常务副会长兼秘书长徐朋应邀分别出席在上海和广州举行的第二届吉事多卫浴空间大赛新闻发布会，并会见了当地建筑装饰协会负责人。

▲2002 年 4 月 26 日，青海省建设厅召开“全省建设工程质量安全监督工作座谈会”，省建设厅副厅长杨峰林在报告中指出，当前存在的主要问题，包括装饰装修过程中擅自变动承重结构，任意增加楼层荷载的现象时有发生。从此次全省建设工程质量大检查和质量投诉情况来看，在装饰装修过程中，随意施工，观感差，“渗、漏、堵、空、裂、粗”，直接影响了建筑工程的使用功能，给住户使用带来诸多不便，住户反应强烈，称之为“住着担心，看着难心，想着伤心”的“三心”牌工程。对于这些质量通病，我们要下大力气治理。

▲2002 年 5 月 8 日，上海市装饰装修行业协会上报上海市建筑业管理办公室《关于整顿规范家庭装饰建筑材料市

场秩序的实施报告》[沪装协（2002）第 004 号]。

▲2002 年 5 月 14 日，江苏省民政厅批准成立“江苏省建筑装饰协会家庭装饰委员会”，并颁发“社会团体分支（代表）机构登记证书”。

▲2002 年 5 月 21 日，建设部住宅产业化促进中心在广州召开现场会，交流广州保利花园 95%以上住房人进户后不需要进行二次装修的经验，建设部向全国开发商提出，尽力把不需“返工”的房子交到消费者手中，让令人生厌的二次装修成为历史。据建设部的调查，在未来二三年内，家装消费的国内生产总值会以 30%的速度增长，达到 2000～3000 亿元。

▲2002 年 5 月 24 日，建设部、国家计委、国家经贸委、财政部国、国土资源部、国家工商行政管理总局、监察部七部委联合做出《关于整顿和规范房地产市场秩序的通知》（建住房[2002]123 号），关于装饰装修的有一条：房地产开发企业销售商品房时设置样板房的，应当说明实际交付的商品房质量、设备、装修与样板房是否一致；未作说明的，实际交付的商品房应当与样板房一致。

▲2002 年 5 月 25 日～27 日，受建设部委托、由中国建筑装饰协会培训中心组织的首期国家标准《住宅装饰装修工程施工规范》（GB50327—2001）学习班暨师资班在北京举行，中国建筑装饰协会副秘书长房箴、培训中心副主任杨建伟出席开班仪式，由教研室主任李健、陈一山主持。江西省装饰行业协会会长王儒明、江苏省建筑装饰协会副秘书长兼南京市建筑装饰协会副秘书长孙建设以及来自北京、广西、河北、山西、湖北、河南、安徽、湖北等地的 30 多位高层次人士出席，规范组副组长、中国建筑装饰协会行业发展部主任兼会刊《中国建筑装饰》主编黄白，规范组主要成员、中国建筑装饰协会办公室主任王本明进行了讲解。

▲2002 年 5 月 28 日，苏州市建设局做出“关于印发《苏州市住宅装饰装修企业资格管理办法》的通知”（苏建筑[2002]17 号）。

▲2002 年 6 月 19 日，广州市建筑装饰协会发出《关于加强对家庭居室装饰装修企业管理的通知》（穗建装协[2002]7 号），通知指出：统一使用国家工商总局监制、广州市工商局印制的《家装工程施工合同》；积极参加协会活动；凡不参加市建委要求的培训、协会组织的有关业务学习或有违法乱纪的，协会将不予年审；各企业每季度末填报《家装企业基本情况统计表》。

▲2002 年 6 月 27 日，江西省建设厅做出：“关于印发《江西省住宅室内装饰装修施工企业资质管理暂行办法》的通知”（赣建字[2002]4 号）。

▲2002 年 6 月 29 日，《中华人民共和国清洁生产促进法》经九届全国人大常委会第 28 次会议通过，国家主席江泽民以主席令第 72 号公布，自 2003 年 1 月 1 日起施行。第二十四条：建筑工程应当采取节能、节水等有利于环境与资源保护的建筑设计方案、建筑和装修材料、建筑构配件及设备。建筑和装修材料必须符合国家标准。禁止生产、销售和使用有毒、有害物质超过国家标准的建筑和装修材料。第三十八条：违反本法第二十四条第二款规定，生产、销售有毒、有害物质超过国家标准的建筑和装修材料的，依照产品质量法和有关民事、刑事法律的规定，追究行政、民事、刑事法律责任。

▲2002 年 7 月 2 日，重庆市建筑装饰协会做出《关于撤消家装委员会的通知》（重建发[2002]12 号），理由是原则上不设专业委员会，只设立与业务范围相关的工作部门。

▲2002 年 7 月 2 日，北京市工商局在《北京晚报》报道，据 12315 消费者投诉中心、市消费者协会统计，2002 年上半年北京市的五大投诉是：手机、食品、美容、家装、商品房。家装名列第四位。通过对家装投诉的分析发现，异地经营正成为解决家庭装修纠纷的瓶颈。如今，许多装饰公司在怀柔、密云、门头沟等郊区县登记注册，实际却在城区经营，一旦出现装修质量纠纷，属地工商部门很难与该公司取得联系，致使投诉解决难度加大。此外，一些装饰公司为外地人注册，没有固定经营场所，出现问题也无法与之取得联系。

▲2002 年 7 月 3 日，为学习贯彻两部新国标《民用建筑工程室内环境污染控制规范》（GB50325—2001）和室内装饰装修材料有害物质限量十个国家强制性标准，由中国建筑装饰协会主办、《中华建筑报》报社承办的“全国百家企业实施新国标·承诺环保健康装饰《北京宣言》暨中华建筑报变更主管主办单位新闻发布会”，在人民大会堂河南厅隆重举行。出席会议的有全国政协副主席万国权，全国人大环境与资源委员会副主任委员、原建设部常务副部长、中国建筑装饰协会高级顾问叶如棠，建设部副部长郑一军，国家质量监督检验检疫总局副局长王秦平，质量监督司副司长王步步，全国政协委员邵华，国家认证认可监督管理委员会副主任梁杰，国家标准化管理委员会副主任石保全，建设部标准定额司司长杨鲁豫，建设部建筑市场管理司副司长，中国建筑装饰协会副会长符曜伟，中国建筑装饰协会会长马挺贵，中国建筑工程总公司党组书记兼副总经理张青林。中国质量检验协会会长李保国，中国建筑设计研究院院长张文成，中国建筑装饰协会副会长，深圳市建筑装饰（集团）有限公司董事长兼总经理汪家玉，中国建筑装饰协会副会长、北京港源建筑装饰工程有限公司董事长王波，北京电视台常务副台长徐道礼。会议由中国建筑装饰协会常务副会长兼秘书长、《中华建筑报》报社社长徐朋主持，中国建筑装饰协会会长马挺贵讲话。

▲7 月 3 日～6 日，第四届中国国际建筑装饰博览会在广州广交会举行，这是由中国建筑装饰协会与中国对外贸易广州展览公司共同主办的，参展商 1100 多家，展位 3000 多个。中国建筑装饰协会名誉会长张恩树在信息咨询委员会秘书长田万良的陪同下出席了展会开幕式。展会后张恩树赴深圳会见了深装集团、远鹏、新鹏都等当地知名装饰企业家，并看望了《现代装饰》杂志社。

▲7 月 4 日，北京市工商局做出《关于贯彻装饰装修材料 10 项强制性国家标准，落实市场建材有害物质超标专项整治工作的通告》，要求：一是严禁无照经营；二是油漆、

板材必须实行索证索票，所有经营者必须建立销售台帐，票证要真实有效，出售商品后要出具信用单（卡）；三是所售商品要有产品合格证和检测报告。在2002年7月1日以后，装饰装修材料涉及10项新标准的，必须严格执行新标准；四是未经许可禁止使用“绿色”“环保”以及“奥运”等标志；五是市场内经营者要掌握10项强制性标准的基本知识，以及各类商品的标识、检测报告的识别和商品的感官检查方法等内容；六是各市场要高度重视建材市场专项整治工作，对市场内部商品一次全面检查，对损害人民生命健康和安全的商品，要依法查处并清出市场；七是各市场要落实《市场分类分级管理规范》、《市场索证索票办法》、《市场预警警示制度实施办法》，落实经营主体不良行为记录和网上公示的制度，建立市场警示公布栏，强化市场的信誉意识，完善各项监管制度，营造良好的市场环境。

▲2002年7月8日，中国建筑装饰协会会长马挺贵、常务副会长兼秘书长徐朋在发展部主任王本明、综合部主任王毅强、北京市建筑装饰协会理事长朱希斌、家装委员会秘书长崔世海的陪同下，考察了北京阔达建筑装饰工程有限责任公司和北京业之峰装饰有限公司。

▲2002年7月18日，建设部公布“关于印发《商品住宅装修一次到位实施导则》的通知”（建住房[2002]190号）。

▲2002年7月18日，天津市十三届人大常委会第34次会议通过《天津市建筑市场管理条例》，7月18日，市人大常委会以津人发[2002]20号文件印发。该条例明确包括“装修工程”。并明确：从事家庭居室装饰装修工程的单位，应当取得家庭居室装饰装修资质证书，具体办法由市人民政府制定。

▲2002年7月30日，中央电视台二频道“经济信息联播”晚间9：30播报：原引《科技日报》的消息，我国每年室内装修污染案达400起，致使1.5万人受害。

▲2002年8月1日，北京市建筑装饰协会在市政协礼堂举行“执行国家标准•创建环保健康室内环境活动大会”。中国建筑装饰协会会长马挺贵等有关方面领导出席。

▲2002年8月22日，北京市建筑装饰协会家庭装饰委员会召开第二届会员代表大会，通过北京市建筑装饰协会理事长兼家庭装饰委员会会长朱希斌的工作报告和三年财务报告，副会长黄飞莉的修改会员章程的报告，选举产生了第二届理事会，朱希斌连任会长，会议表彰了一批优秀家装企业、家装市场。会议提出在市建委领导下，经过三年奋斗，创“六个一流”：一流全国家装行业管理水平、一流家装设计水平、一流家装施工水平和环保健康水平、一流正规家装企业和家装市场——60%以上市场占有率、一流家装市场管理水平、一流家装企业管理水平。出席会议的有中国建筑装饰协会名誉会长张恩树、副秘书长房箴，北京市建筑业联合会秘书长程振东，市工商局市场处副处长李晓梅，市社团办处长王杰，市市场协会秘书长国杰，市建筑装饰协会总顾问李秀等有关方面负责人和家装企业会员代表共298人。

▲2002年9月5日～8日，广州市建筑装饰协会家居装饰委员会、装饰材料委员会与广州住博会共同在广州天河体育中心举办“广州首届家居装饰节”，广州市建筑装饰协会常务副会长兼秘书长易自华、副秘书长罗焕良、关帆、办公室主任刘淑霏、家居装饰委员会主任黄翔、广州市建筑业联合会常务副会长兼秘书长李万年、行业信息部主任姚巨仁等有关方面负责人出席。

▲2002年9月9日～10日，由中国建筑装饰协会主办，河南省建筑装饰协会和《新居室》杂志社共同承办，北京欧德装饰材料有限公司冠名的“2002年第二届‘欧典杯’全国居室装饰大赛颁奖大会及居室装饰设计研讨会”在河南省郑州市召开。参加会议的200多位代表分别来自北京、上海、重庆、河南、湖北、陕西、四川、辽宁、湖南、广东、江苏、浙江、云南、广西、宁夏等15个省市区的家装企业。出席大会有中国建筑装饰协会常务副会长兼秘书长徐朋，原河南建设厅厅长、河南省人大常委会法制委员会主任委员、中国建筑装饰协会常务理事、河南省建筑装饰协会会长洪盈，河南省建设厅副厅长刘洪涛、建管处处长张达，中国建筑装饰协会常务理事、《新居室》杂志社总编辑洪涛，河南省建筑装饰协会秘书长王晓惠、副秘书长金世雄、杨东洲，中国建筑学会室内设计分会副会长饶良修、李书才，北京欧德装饰材料有限公司总裁闰培金等有关方面负责人。

▲2002年9月19日，成都市建筑装饰协会会同市建委联合为8个优秀公共装饰工程和10个家装诚信企业举行颁奖大会。出席此活动的有四川省建设厅原副厅长、省建筑装饰协会会长杨乾芳，成都市建委副主任袁峰、总工程师李隆海，成都市建筑装饰协会秘书长张桂芳、副秘书长蒲生龙等。这是落实2002年8月四川省副省长邹广严为成都装饰行业的题词“发展装饰行业，美化人民生活”的一项重要工作。

▲2002年9月20日～23日，由中国建筑装饰协会和中国房地产协会共同主办的“中国（福州）住宅装饰文化博览会暨住宅成品房发展论坛”在福州举行，主题是“倡导装饰文化，弘扬家居艺术，美化生活环境。”建设部原副部长、全国人大常委会环境与资源保护委员会副主任委员、中国建筑装饰协会高级顾问叶如棠，中国建筑装饰协会常务副会长兼秘书长徐朋，中国房地产协会秘书长顾云昌等有关方面负责人出席会议并作专题讲座。常务副会长兼秘书长徐朋、行业发展部主任王本明还会见了福建省建筑装饰协会、福州市建筑装饰协会的领导，召开了有5家装饰企业参加的座谈会，沟通了行业情况。

▲2002年9月23日，深圳市装饰行业协会召开有市住宅局、市物业协会及上百家家装企业代表参加的“2002深圳放心家装工程高峰论坛”，20多家家装企业在会上签署了《深圳市家装企业放心家装工程自律公约》。

▲2002年9月26日，由中国建筑装饰协会主办、浙江省建筑装饰协会承办的“首届中国住宅装饰产业发展论坛”在杭州萧山国际酒店召开。中国建筑装饰协会名誉会长张恩树、会长马挺贵、常务副会长兼秘书长徐朋，浙江省建设厅副厅长赵如龙，中国房地产协会秘书长顾云昌，中国建筑装

饰协会副秘书长房箴，浙江省建筑装饰协会秘书长崔承毅，杭州市建筑装饰协会秘书长傅祖华等有关方面领导，以及来自北京、上海、天津、重庆、江苏等地建筑装饰行业的专家、学者、企业家共150余人参加了本届论坛。

▲2002年10月29日，成都市建委、市工商局共同发出“关于推广使用《成都市家庭装饰装修工程施工合同》的通知”（成建委发[2002]662号）。通知指出：随着人民生活水平的不断提高，我市家庭装饰装修工程量逐年增大，同时因合同不规范引起的家装投诉也呈上升趋势。为规范家装市场行为，切实保护装修业主和施工单位双方的合法权益，经研究决定从2003年1月1日起在全市范围内的家庭装饰装修活动中，推广使用由成都市建设委员会编制、成都市工商行政管理局监制的《成都市家庭装饰装修工程施工合同》（2002年版）。

▲2002年11月8日，由沈阳市建筑装饰协会起草的《家庭装修工程质量验收规范》经沈阳市质量技术监督局批准发布，作为沈阳市地方规范DB/T2101.F04—2002，自2002年12月8日起实施。该标准主要起草人（9人）：丁玉松、牛占宇、黄志勇、李志远、刘添福、王宏林、赵国涛、王允波、王文武。

到2002年底，全国制定有地方家装工程质量验收标准的计沈阳共有7部：1997年5月20日上海市建委批准的《住宅建筑装饰工程技术规程》（DBJ08—62—97）、1997年9月11日河南省建设厅公布的《湖南省家庭居室装饰装修施工工艺及验收标准》（YJG32—97）、1999年3月13日武汉建筑装饰协会制定的《武汉市家庭装饰工程质量验收暂行规定》、2000年1月10日江苏省质量技术监督局批准的《住宅装饰标准》（DB32/381—2000）、2000年2月18日北京市建委发布的《家庭居室装饰工程质量验收标准》（DBJ/T01—43—2000）、2000年10月21日深圳市建设局发布的《深圳市家庭装饰装修工程质量验收标准》。

▲2002年11月25日，由中国建筑装饰协会主办、中国建筑学会室内设计分会和吉事多（中国）卫浴有限公司共同协办的“中国第二届卫浴空间设计大赛”颁奖仪式在北京保利剧院举行，奖金总额为16万元，本次大赛共评出19个优秀奖；金、银、铜奖各1名，并获得免费参加2003年度德国法兰克福工业产品商务考察团。中国建筑装饰协会名誉会长张恩树、会长马挺贵等领导出席并为获奖者颁奖。常务副会长兼秘书长徐朋发表了贺辞。仪式由中央电视台主持人贺贝奇、北京电视台主持人向真主持。仪式后中央交响乐团向与会的1000多位代表演奏了中外名曲。

▲2002年12月7日，中央电视台“焦点访谈”节目以“一次性装修的烦恼”为题，报道北京一房地产商一次性装修样板房与实际用房材料、灶具设备严重不符、假冒伪劣的情况，业主奋起而起诉。主持人敬一丹还报告了中国消费者协会的统计，2002年全国消费者有关一次性装修的投诉有1.2万起，占全国全部投诉的5%。

▲2002年12月7日，中国建筑装饰协会会长马挺贵在行业发展部主任王本明陪同下，出席好美佳家超市在北京第二家的开业仪式。

▲2002年12月13日，由建设部政策研究中心住宅厨房卫生间研究所、中国房地产及住宅研究会厨房卫生间委员会与宁波方太厨具有限公司共同承担的课题《住宅集成化厨房》通过建设部组织的专家审定会审定。

▲2002年12月13日，中国质量万里行促进会、《中国质量报》联合投诉办公室发布2002年第12号投诉警示，提醒消费者注意选购涂料。我国每年因建筑装饰装修涂料引起的急性中毒约400起，中毒人数达1.5万人。

▲2002年12月16日，安徽省建设厅公布《安徽省住宅室内装饰资质暂行办法》（建管[2002]368号）和《安徽省建筑装饰装修暂行办法》（建管[2002]373号）。

▲2002年12月31日，北京市宣武区法院下达民事判决书，依法判决某装饰公司一次性付给秦女士装修费、装修拆装费、木地板费、检测费、医疗补偿费、精神损失费等共计11.9891元。事因是2000年4月秦女士与某装饰公司签定环保装修合同，但搬进去后一家4口就连续不断的感冒，2001年6月请有关单位检测，结果室内甲醛超出国家标准9倍，秦女士多次与装饰公司协调未果遂将其告上法庭。2003年1月3日中央电视台晚间新闻联播，以“全国首起家装污染损害案受害人获赔”为题作了报道，与2003年1月2日《北京晚报》报道的不同点是，中央电视台明确了原告和被告的名字。

▲2003年1月9日《中国建设报》、1月10日《中华建筑报》上发表了中国建筑装饰协会会长马挺贵、常务副会长兼秘书长徐朋共同署名的文章“发展建筑装饰业 为全面建设小康社会做贡献”。

▲2003年1月13日，北京市人大十二届一次会议召开，市委书记兼市长刘淇作政府工作报告，其中强调，继续办好60件实事，其中包括“对板材、涂料、灯具等建筑装饰材料加强监督检查”。

▲2003年1月17日，《人民日报》报道中国消费者协会宣布，2003年10大消费者维权重点，第三个是“装修业”。

▲2003年2月14日《中华建筑报》报道，2002年上海市家装业产值220亿元，各类企业1.6万家，市场份额正规军和游击队分别占30%和70%。上海市工商局公布第7批“上海市著名商标”，上海市家装业首次有两家企业“荣欣”与“佳园”进入此列，这标志着上海市家装业进入品牌时代。值得注意的是，这二家企业都是上海市装饰装修行业协会家装委员会的副会长单位。

▲2003年2月17日，江苏省建筑装饰协会做出《关于表彰2002年江苏省家庭装饰优质工程的决定》（苏建装[2003]3号），有61项工程荣获2002年度江苏省家庭装饰优质工程奖。

▲2003年2月20日，南京市民间组织管理局做出《关于同意南京市建筑装饰协会家庭装饰委员会登记的批复》（宁民社[2003]22号），明确家装委员会是南京市建筑装饰协会下设的分支机构，是南京市建筑装饰协会的组成部分，不具有法人资格，其法律责任由南京市建筑装饰协会承担。

该分会不得再设立分支机构。南京市建筑装饰协会家装委员会主任孙建设，秘书长韩鲁嘉。

▲2003 年 2 月 21 日，北京市国土房管局公布《北京市居住区物业管理服务标准》，包括装修管理等 10 个方面，分商品房物业标准和非商品房（经济适用房、直管、自管、回迁房）两部分，其装修管理是共同的标准：有健全的装修管理服务制度；查验业主装修方案，与业主、施工单位签订装修管理协议，告知业主装修注意事项；装修期间，对装修现场进行巡视检查，严格治安、消防和房屋安全管理；对进出小区的装修车辆、装修人员实行出入证管理，调解因装修引发的邻里纠纷；业主装修结束后，应进行检查。对违反装修协议的要进行处理，问题严重的报行政管理部门；及时清运装修垃圾，集中堆放时间不得超过 3 天。

▲2003 年 3 月 1 日，由广州市建筑装饰协会家居装饰委员会起草制定的《广州市家居装饰工程验收办法》（GJJW-B01-2003）公布实施。

▲2003 年 3 月 6 日，中央电视台 3 频道晚 11 点的“两会专题报道”播出，出席全国十届人大一次会议的代表黄双月，她呼吁“加强住宅装修立法”。她建议要用法律形式来解决住宅装修中出现的问题，保障民众身体健康。针对住宅装修带来的环境污染问题，有关部门已经制定了《居室空气中甲醛的卫生标准》、《室内装饰装修材料人造板及其制品中甲醛释放限量》等十多项国家强制性标准。但这些标准及范围有限而且多是评价体系，不带有强制性。为此代表们建议：一是继续补充完善各类环境标准，为执法提供依据。二是严格管理建材生产和销售环节，禁止使用超标原料，从源头上遏止污染。三是修改完善现有的相关法律法规或出台新的法律，明确责任，明确责罚。

▲2003 年 3 月 7 日，福建省建筑装饰协会做出《关于表彰 2002 年度福建省住宅装饰行业质量服务诚信企业的决定》，共 20 家企业获得表彰。

▲2003 年 3 月 12 日，中国建筑装饰协会发出《关于举办全国电视家居设计大赛的通知》（中装协函[2003]04 号），通知指出，经建设部批准，中国建筑装饰协会与中央电视台共同于 2003 年 3 月～6 月在央视第二套广告经济信息“生活”栏目中举办“第二届全国电视家居设计大赛”。

▲2003 年 3 月 13 日《中国建材报》记者韩生华采访了正在出席全国人大十届一次会议的代表、中国建筑装饰协会常务理事、郑州康利达装饰工程有限公司（一级装饰施工、甲级装饰设计企业）董事长薛景霞，3 月 14 日该报以“3·15 来临，全国人大代表薛景霞代表呼吁减少装修投诉关键在设计”为题做了报道。

▲2003 年 3 月 15 日《北京晚报》报道，服务类投诉居高不下，装修位居第二位，突出问题是服务行业有法不依。

▲2003 年 3 月 19 日，中国建筑装饰协会常务副会长兼秘书长徐朋、行业发展部主任王本明、住宅装饰装修委员会（筹）副秘书长张爱宁、张仁到建设部，向市场管理司副司长王宁、施工监管处处长刘哲汇报家装工作，市场管理司领导强调家装行业管理工作就由中国建筑装饰协会主管，并委托制订住宅装饰装修工程专业承包企业资质管理办法及资质标准。5 月 23 日，由中国建筑装饰协会副秘书长房箴主持，讨论由住宅装饰装修委员会（筹）起草的家装企业资质管理办法及资质标准（讨论稿），王毅强、黄白、鲁心源、熊翔、张爱宁、张仁等参加。会议指出，资质管理办法及资质标准既要与公装协调又要突出家装特点；既要体现政府市场管理，又要突出协会行业管理；弱化职称强调从业资格，将目前全国 90%以上无资质的家装企业纳入行业管理之中。会议决定按照大家意见修订，尽快完成送审稿。

▲2003 年 3 月 21 日，深圳市装饰行业协会发出《关于在全市家装企业启动实行履约保函的通知》，通知说，此举系根据市建设局意见，拓宽为会员单位的服务层面，发挥协会整体对外优势，为规范家装市场，提高家装企业诚信度，有效控制投诉，工作于 4 月底完成，不参加者今年不予年审。经协会与有关保险公司协商推出二个优惠保险项目：一是人身意外伤害保险：原价每人一年保费 100 元，保额 10 万元，现由协会集中购买，每人一年保费降为 80 元，保额不变，另送 2000 元意外伤害保险，如企业内员工较多，也可以减速半办理，即每人一年保费 40 元，保额 5 万元，另送 1000 元意外伤害保险；二是汽车保险，原保费五折办理。

▲2003 年 4 月 4 日，广州市建筑装饰协会举行“认准家装资格证，家居装修有保证”新闻发布会，此举旨在建立广州家装行业信用秩序，具体措施：一是编制实施《广州市家居装饰装修行业质量验收办法》；二是家装委员会与媒体进行良好合作，统一展示；三是家装委员会设立二部投诉电话；四是成立工程质量投诉质量小组；五是整合材料商资源；六是行业自律，对违反行业公约者每月通报曝光。

▲2003 年 5 月 1 日，郑州市建委公布《关于我市建筑工程实行装修一次到位的意见》，要求新建、扩建和改建的各类房屋建筑工程，竣工时应实行装修一次到位。

▲2003 年 5 月 4 日，苏州仲裁委员会发出《关于设立苏州仲裁委员会装修装饰行业办事处的批复》（苏裁字[2003]第 004 号），苏州市装修装饰行业协会会长孔全林任办事处主任。目前成立装饰仲裁机构的，全国有江苏省的苏州市和湖北省的宜昌市。

▲2003 年 5 月 20 日，中国建筑装饰协会发出《关于对 2002 年评出的“全国住宅装饰装修质量服务诚信企业”进行复查认定，并继续开展 2004 年评选认定“全国住宅装饰装修质量服务诚信企业”活动的通知》（中装协[2003]18 号）。

▲2003 年 5 月 23 日，石家庄市市政府令第 129 号《石家庄市城市住宅室内装饰装修管理办法》公布。

▲2003 年 5 月 27 日，北京市建筑装饰协会做出“关于转发中共北京市城市建设工作委员会、市建委、市国土资源房管局《关于加强房屋装修管理，进一步抓好民工和社区防控非典工作的通知》的通知”，要求业内结合实际，制定具体措施，认真贯彻落实，夺取抗击非典、做好家装工作双胜利。

▲2003 年 6 月 8 日，国务院总理温家宝签署国务院令

第379号《物业管理条例》已经2003年5月28日国务院第9次常务会议通过，现予公布，自2003年9月1日起施行。其中有二条涉及装饰装修。第四十六条：物业管理区域内违反有关治安、环保、物业装饰装修和使用等方面法律、法规规定的行为，物业管理企业应当制止，并及时向有关行政管理部门报告。有关行政管理部门在接到物业管理企业的报告后，应当依法对违法行为予以制止或者依法处理。第五十三条：业主需要装饰装修房屋的，应当事先告知物业管理企业。物业管理企业应当将房屋装饰装修中的禁止行为和注意事项告知业主。

▲2003年6月11日，中国建筑装饰协会召开“北京家装企业家行业管理研讨会”。

▲2003年7月2日，《北京晚报》以“劣质装修招来咳嗽、胸闷、掉头发8岁男孩子秃了头”为题报道。乔迁新居本是件大喜事，可吴先生一家入住新房不久，8岁儿子小雄的头发就开始大把大把地脱落，几乎成了秃子。吴先生千方百计地寻找原因，最终发现元凶竟是伪劣的家装材料，经权威部门检测，其新房内空气中的甲醛含量大大超标。7月1日下午，记者在吴先生家见到了小雄，孩子的脑袋已经剃光，但仍可以看到他脑后一块块的“黑白斑”，黑的是发根，白的则是头发大把脱落后露出的头皮。吴先生指着刚从自己和孩子的卧室地板下拆除的大芯板，气愤地告诉记者，他是2002年8月与一家装饰设计公司签订家庭装修合同的，11月底新房装修完毕，一家三口于2003年2月住进了新房。新房内整日散发着刺鼻的气味，但吴先生刚开始并未留意，可没过多久他妻子、儿子小雄就陆续出现咳嗽、咽痛、呼吸不畅、胸闷等症状，儿子小雄甚至开始脱发。4月初，孩子每天大量掉头发，起初是头右侧秃了一块，到后来头发越掉越多，秃的几块慢慢连成了一片，除顶部还有些头发外，下面的几乎全掉光了。吴先生夫妇带着小雄到医院检查了数次，医院判断孩子脱发原因有三种：一是头癣；二是缺乏钙铜铁锌等微量元素；三是家庭装修引起。吴先生带孩子去检测后，前两种可能被排除了。难道是家装出的问题？可新买的家具都是实木的，地板也有检测报告，那么元凶究竟是什么？吴先生给记者放了一段他与装饰公司设计师之间的手机谈话录音，设计师告诉他，可能是铺垫地板的大芯板的问题，当时公司买的80元一张的，不是太好。吴先生于是请室内环境监测中心为其新房检测，检测结果令吴先生大吃一惊，“室内空气中甲醛含量超过《室内空气质量标准》（GB/T18883-2002）标准值，为国家标准的5.6倍。”目前，吴先生已准备向北京市仲裁委员会申请仲裁，要求对方赔偿其经济和精神损失。

▲2003年7月3日，《北京青年报》报道，家住北京市海淀区的刘女士不久前购买了一套商品房，兴奋之余开始着手准备新房子的装修事宜。经过细心挑选，刘女士与某装饰公司签订了装修合同，并就装修材料的质量作了明确的约定。装修完工后未经验收，刘女士即入住，但没多久刘女士就感到全身不适，出现头痛、嗜睡、咳嗽等症状。刘女士找到装饰公司索赔，装饰公司言称完全是按照合同约定的材料进行装修的，刘女士的不适与家装无关，拒绝赔偿。由于房子不适于居住，刘女士不得不搬进旅馆住宿。其与装饰公司的几次交涉，都毫无结果，刘女士一气之下请来室内环境监测中心对其房屋室内环境进行检测，查明室内空气中甲醛含量超过国家标准。刘女士拿着检测结论再次来到装饰公司，公司仍诡辩是按约定装修的，甲醛含量超标与其无关。无奈刘女士一纸诉状将装饰公司告至西城区法院，要求装饰公司赔偿装修、检测费、查询费及旅馆住宿费。法院审理认为，装饰公司应按合同约定进行家装，保证工程用料的质量，提供安全健康的居住环境，装饰公司在施工过程中使用了不合格的产品导致室内空气中甲醛含量超标，对因此造成的损失应承担相应责任。法院判决支持了刘女士的诉讼请求。

▲2003年7月5日，由北京市建筑装饰协会与望京正时家居广场联合主办的“北京市家居装饰消费学校”开学。

▲2003年7月6日，中共北京市委宣传部与北京电视台共同拍摄了12集专题片《非凡抗击》在北京电视台三频道播放的第8集“和衷共济”中，在说明北京市政府做出限制民工返回本地，切断传染源，各级政府和企业做了大量行有效的工作，民工情绪迅速稳定下来了，播出一民工说他十分安心在京，请家里放心，这位民工和许多正在洗手的民工均身穿背后印有“龙发装饰”字样的黄色短衫。这不仅是北京龙发建筑装饰工程有限公司的光荣，也是建筑装饰行业的光荣。

▲2003年7月11日，20集轻松电视剧《将装修进行到底》在北京举行开机仪式，主演有香港凤凰卫视主持人许戈辉，以及雪村、陈明、韩影等。这是我国第一部以家装为题材的电视连续剧。据2003年8月13日《北京晚报》报道，许戈辉在两集的单元剧中扮演内外得兼的贤惠妻子女主角祁红，她嫁给了一个美国老公，故事围绕着装修是因中美文化差异而产生的种种矛盾，引出众多涉外婚姻的甜酸苦辣。读过MBA的许戈辉说，结婚是她的一直渴望。这是我国第一部以家装为题材的电视连续剧。

▲2003年7月29日，中国消费者协会在《北京晚报》公布了九大行业消费陷阱，其中家庭装修位居第三。据该会调研，市场上70%的建材产品无检测报告，不少厂商把刚刚达到国家“室内装饰装修材料有害物质限量”标准的产品夸大标称为“环保”甚至“绿色”。有些厂商采取以假乱真、偷梁换柱的手法，坑蒙消费者。比如将低等品、等外品的建材产品冒充高等品出售给消费者，购买建材时展示的样品与实际销售的产品不符，混级装箱，以次充好。一些不法厂商，为了牟取暴利还故意使用与名牌产品和畅销产品相近、相似的名称，以假乱真，甚至伪造检测报告和产品说明书，将国产的说成进口的，把人工合成的称为天然的，蒙骗消费者。

▲2003年7月30日《北京晚报》以“玻璃墙晃乱我们的生活”为题报道，是要经济补偿还是要正常生活？住在北京北京市福绥境街道中直社区的180户居民坚决地表示：他们不想要钱，也不愿忍受对面大楼玻璃幕墙的刺激，如果开发商不能诚心解决问题，居民们将走上法庭讨回公道。在福绥境街道中直社区东侧大约100米的地方，去年盖起了一幢

高层商用楼，大楼的外立面采用了一种具有反光作用的玻璃幕墙。每天下午4点半到5点多，阳光照到大楼的玻璃幕墙上，强烈的反光直射进西侧中直社区居民家中。据居民反映，视线触及对面楼层玻璃后再看其他东西时，眼前就一团黑。有的居民家里已经连续换了三次窗帘，而且一次比一次厚，颜色一次比一次深，但还是挡不住对面刺眼的反光。因为这事儿，家住14号楼的钱辉佑老先生夫妻俩十分苦恼，两人均患有白内障和眼底病，刺目的强光使两人生活十分不便。据了解，中直社区3栋居民楼向东的180户居民都不同程度地受到这种光污染的侵害。

专业人士表示，长时间在光污染环境下工作和生活的人，视网膜和虹膜都会受到不同程度的损害，视力会急剧下降，白内障发病率高达45%，同时还会伴有头昏心烦，甚至失眠、食欲下降、情绪低落、身体乏力等类似神经衰弱的症状。暑热天气，玻璃幕墙强烈的反射光线进入居民楼房内，还会使室内温度增高。然而，环保部门的回答让居民感到很失望，因为目前国家既无防治光污染的法律法规，又没有明确哪个部门负责解决这类扰民问题，因此解决起来十分棘手。有关人士介绍说，遇到这种情况，双方当事人应通过友好协商加以解决；协商不成的，可根据国家《环境保护法》的有关规定，请求当地环保部门处理，也可提起民事诉讼，由法院通过民事诉讼程序解决。正在积极协调此事的福绥境街道司法所所长唐国英介绍说，这几天居委会和司法所代表居民一方正与商用楼的开发商协商解决。开发商表示愿意按人头或户头进行一定的经济补偿，而不再改动玻璃幕墙。但受侵害的180户居民表示，他们并不是为了获得什么赔偿，只要求对方采取玻璃贴膜等技术消除反光现象就可以了，毕竟大家要在这里长久地住下去。

▲2003年8月8日，由中国建筑装饰协会与中央电视台共同组织的“第二届全国电视家居设计大赛”在大连市举行颁奖典礼，中国建筑装饰协会会长马挺贵、常务副会长兼秘书长徐朋和大连市的领导为15位获奖设计师颁奖。此次活动从2003年3月底开始到7月15日截止，共收到来自全国各地的参赛作品412件。4月22日，中国建筑装饰协会组织王炜玉、王铁、鲁心源等专家进行了第一次评审，7月16日组织了郑曙旸等9位专家进行了第二次评审。本次活动由中国建筑装饰协会设计委员会（筹）承办。

▲2003年8月10日，吉林省《东亚经贸新闻》报道，著名歌唱家于文华在北京演电视剧《都是装修惹的祸》，因表演太投入，嗓子突然严重失声，暂不能唱歌，不能说话。于文华与老搭档尹相杰分饰该剧男女主角。7月25日在摄影棚中拍戏，戏中：一家人买了新房，女主角（于文华饰）老婆十分辛苦，请人装修，辛辛苦苦劳累了两个多月，好不容易装修的漂漂亮亮，谁料，男主角老公回家一看，不仅对装修质量不满意，还指责老婆太老实，让搞装修的人骗了！老婆认为如此费力不讨好，一时怒火万丈，指责老公不仅不出力，还像老爷一样指手画脚，夫妻俩大吵大闹起来……戏演得很到位。哪知，于文华演戏太投入，嗓音太高太大，拍着拍着嗓子突然叫不出声“哑”了，导演赶快喊停，派人把于文华送到中央音乐学院嗓音研究所治疗。至8月8日，于文华病情有所好转，但仍不能说话。

▲2003年8月15日，《北京晚报》报道，8月14日晚6时许，一名30多岁的装修工在给六层一家住户装修完毕出门后，发现钥匙落在屋中，于是爬上楼道窗户，试图从这个窗户爬进相距2m远的住户家中，但因脚滑摔至楼下，当即气绝。

▲2003年8月22日，浙江省建筑装饰协会家庭装饰委员会召开第二次会员代表大会，选举产生第二届理事会及其领导机构，浙江省建筑装饰协会会长董宜君连任家装委会长，浙江省装饰有限公司副总经理崔承毅任家装委副会长兼秘书长，另外6位副会长是吴建荣、胡仕伟、周建中、裘之星、周国团、谢梁龙。

▲2003年8月28日～31日，由南京市建委主办、南京市装饰行业管理办公室承办的“2003年南京家装文化节”在江苏展览馆举行，有60多家有资质、信誉好的家装企业参加，活动贯彻市建委制定的《南京市住宅装修装饰管理办法》、《江苏省住宅装饰质量标准》、《南京市家庭合同示范文本》、《南京市家庭装饰指导价格》和南京市建筑装饰协会家装委员会制定的《南京市家装行业公约》。

▲2003年9月6日，《北京晚报》报道，当日下午，北京天通西苑18号楼10层一住户家装，装修工正要打通客厅和卫生间的隔墙突然倒塌，两名装修工中的一人被砸伤，被砸的装修工身体呈跪状，胸部大出血，神志不清，急送医院抢救。

▲2003年9月11日～14日，浙江省建筑装饰协会在杭州国际和平展览馆举行“2003年浙江国际住宅产业博览会暨2003年度浙江省优秀建筑装饰工程颁奖大会”，浙江省建设厅副厅长赵如龙、省民政厅社团管理局局长陈金伟等有关方面领导出席。大会同时还举办了“浙江省成品房精装修名家论坛”等活动。

▲2003年9月20日，北京市建筑装饰协会家装委员会会同市商委联合北京获得“绿色环保家装市场”称号的15家家装建材市场，以“科学环保，健康家装”为题，共同发起“2003年环保家装联合推广月”，为市民健康家装提供优质服务。

▲2003年9月25日，北京市建筑装饰协会家装委员会召开二届一次理事扩大会暨表彰大会，中国建筑装饰协会常务副会长兼秘书长徐朋、荣誉理事石连峰、住宅装饰装修委员会（筹）副秘书长张爱宁、张仁、北京市建委总工程师原祖荫、人事处处长李盟、市商委商品流通处副处长唐永宏、市工商局消保处副处长陈建成、合同处处长王珊、市消协主任罗刚、协会名誉理事长王宗礼、协会总顾问李秀等有着方面领导出席，会议听取了徐朋、王宗礼和协会理事长兼家装委员会会长朱希斌所作的工作报告，市规委勘察设计处工程师、协会家装委员会副会长黄飞莉宣读了表彰2002年度13个“信得过家装市场”、16个“优秀家装企业”、18个“先进家装企业”和216个“优秀会员单位”，举行了隆重的颁奖典礼。

▲2003年10月25日，修改后的《江苏省物业管理条例》颁布，第四章物业管理服务与收费第十九条第四款：物业装饰装修的安全性能、垃圾清运等管理服务。第五章物业的使用和维护第三十条：业主或者使用人装饰装修房屋，应当事先告知物业管理企业。物业管理企业应当将房屋装饰装修的禁止行为和注意事项告知业主或者使用人。物业管理企业发现业主或者使用人有损坏承重结构等行为时，应当及时劝阻，并向有关主管部门报告。

▲2003年10月27日，全国人大常委会副委员长李铁映在十届全国人大常委会五次会议上所作的"全国人大常委会执法检查组关于检查〈中华人民共和国建筑法〉实施情况的报告"中指出："劣质装修材料造成环境污染，甚至危害住户健康等，成为消费者投诉的热点。"

▲2003年11月4日和6日，上海市文明办副主任陈振民、文明办活动指导处副处长曾崇信和中央文明办公室调研处处长杜丹分别到上海市装饰装修行业协会调研，探讨由行业协会组织推动行业精神文明建设的新路子。上海市装饰装修行业协会组织的"上海市家庭装饰装修行业规范服务达标活动"得到中央文明办、上海市文明办的高度重视和充分肯定，指出，行业协会要从维护会员企业整体利益出发，取得大多数会员对协会的支持，要把行业自律与行业精神文明建设结合起来，发挥自律功能，强调售后服务。

▲2003年11月18日，《北京晚报》报道，在11月20日"世界儿童日"到来之际，中国儿童卫生保健疾病防治指导中心与有关单位宣布共同启动全国城市儿童白血病患者室内环境污染检测调查工作，为儿童白血病与室内环境污染的关系寻找答案。有关专家介绍，目前儿童白血病患者呈增加之势。不少专家怀疑，白血病的病因与环境因素有关，装修房屋所使用的油漆中含有有害物质，儿童吸入后有发生白血病的可能。此次调查针对全国14岁以下的城市儿童白血病患者，室内环境监测中心及其全国的会员单位将免费对这些孩子家庭的室内环境污染进行检测。全国的儿童白血病患者可通过中国室内环境网（www.cietc.com）进行检测单位的查寻和登记。

▲2003年11月24日，国务院总理温家宝签署国务院令第393号《建设工程安全生产管理条例》，包括"装修工程"。12月4日建设部做出"关于宣传和贯彻《建设工程安全生产管理条例》的通知"（建质[2003]236号）。

▲2003年11月25日，北京市代市长王岐山签发市府令第139号《北京市建筑工程施工许可办法》，要求在本市行政区域内进行工程投资额在30万元以上或者建筑面积在300㎡以上的房屋装饰装修工程，建设单位应当领取施工许可证。旧有房屋装饰装修工程的开工，是指开始进行拆改作业。房屋装饰装修工程应当取得房屋所有权人同意。新建房屋装饰装修工程可以随同房屋建筑工程领取施工许可证。

▲2003年12月11日，南昌许多媒体以"满堂红一夜人去楼空"为题广泛报道，号称"深圳家装四小龙"的满堂红装饰公司拖欠民工工资、材料商及部分业主装修押金等上百万元无法追索，对业内外震动很大，一时间业主不敢找外地家装公司。满堂红在杭州、南京、天津、济南等地也相继发生过类似事件，一走了之，可见并偶然。因满堂红在深圳总部和江西分公司的法人代表均是卢有吉，故江西省装饰行业协会立即向深圳市装饰行业进行通报，并请深圳市装饰行业敦促卢有吉务必严肃、稳妥处理好此事。2003年第6期江西省装饰行业协会会刊《江西建筑装饰》以"南昌'满堂红事件'震惊业内外——当地政府有关部门正调查处理"为题进行了报道。

▲2003年12月29日，中国社会科学院编辑的《2004年中国社会蓝皮书》在《北京晚报》作了介绍。消费结构——居民生活质量告别"生存型"转向"发展型"。2003年预计居民消费水平达4000元，比上年增长6%左右，城镇居民的居住水平继续提高，购买公房和商品房以及装修支出已上升至占消费比例的10%。商品房销售面积仍保持了高速度，2003年1至9月为1.5189亿㎡，比上年同期增长36%，住房的热销带动了建材装修和家具的热销。

蓝皮书指出，2004年居民的消费结构将随着消费的增长继续向小康型和质量型发展，消费热点仍将集中有住房和装饰、汽车、移动电话和高性能、高质量的家电商品。估计到2003年底储蓄余额可达10.6万亿元，增长22%，人均可达8200元，比上年人均增长1400元；55%的居民有债券、股票、外币储蓄、手存现金等金融资产，到2003年底居民的金融资产将达到14万亿元。说明大部分居民手头宽裕了，已过上着吃穿有余的小康生活。

▲12月29日，广州市国土资源与房屋管理局公布《广州市城市房屋拆迁评估技术规范（试行）》（穗国房字〔2003〕831号），《规范》第十条（装修装饰评估）：评估价格包括房屋装修装饰部分的价格，但应单独评估。房屋装修装饰部分价格=房屋装修装饰重置价格×（耐用年限-实际使用年限）÷耐用年限。房屋装修装饰重置价格应按照本市房屋装修装饰工程定额标准的有关规定评估。各类房屋装修装饰的耐用年限：住宅8年；办公用房7年；商场、店铺、餐馆等营业性用房5年；厂房、仓库5年。估价人员可结合实地查勘情况，根据装修装饰档次、质量、维护、保养、使用情况以及功能、经济等方面的折旧因素综合确定折旧率或成新率。但与按直线折旧计算的差异不宜超过30%。

▲2003年12月30日，《北京晚报》报道市质监局"12365"热线电话接到的投诉统计，装修建材产品类位居2003年六大申诉产品类别排序之五；装饰材料名列2003年十大被申诉产品排序的第七位。

▲2003年12月30日，北京市建筑装饰协会宣布，一个由十几种风格系列、集数百套方案而成的家装选择系统，将在2004年两节假日经济到来之际正式出台。12月31日《北京晚报》认为，届时消费者就可以享用专家们为千家万户科学设计的各种装方案了。业内专家评价说，这不啻打向"拼凑式"家装设计的一记重拳，最终使招摇撞骗的"设计师"无机可乘。北京市建筑装饰协会指出，该系统首先在北京龙头家装企业阔达装饰公司运行。

中国建筑装饰协会章程

（2004年9月2日中国建筑装饰协会五届二次会员代表大会通过·第三次修改）

第一章　总　则

第一条　本会全称：中国建筑装饰协会

英文全称：CHINA BUILDING　DECORATION

ASOCIATION　缩写：CBDA

第二条　本会性质：本会是由全国各地区、各部门从事建筑装饰管理、设计、施工、材料生产、产品营销、中介服务、科研、教育等企业、事业单位、社会团体和个人自愿结成的、非营利的全国性行业社会组织。

第三条　本会宗旨：坚持党的基本路线，遵守国家宪法、法律、法规，遵守社会道德风尚，执行国家有关政策。协助并参与业务主管单位加强建筑装饰行业管理,按照建设有中国特色社会主义的基本要求，培育、建立和完善建筑装饰市场运行机制和行业自律机制。适应时代发展需要，充分发挥联系政府与企业间的桥梁纽带作用，反映行业呼声，维护行业利益，全心全意为会员服务，为提高我国建筑装饰行业整体水平而奋斗。

第四条　本会业务主管单位为中华人民共和国建设部，并接受其业务指导。本会登记管理机关为中华人民共和国民政部，并接受其监督管理。

第五条　本会注册地址：北京海淀区三里河路21号甘家口大厦南楼10层。

第二章　业务范围

第六条　本会业务范围：

（一）贯彻落实国家有关建筑装饰行业的方针、政策；协助业务主管单位制定有关行业管理、市场管理的法规、部门规章，制定有关行业技术规范、标准；

（二）协助业务主管单位加强建筑装饰设计、施工、安装制作企业的资质管理，协助制定资质管理办法、资质分级标准，接受其委托进行资质初审、年检及有关资质动态管理工作；

（三）调查、分析并掌握全行业基本情况，向业务主管单位提出行业发展规划、发展政策建议，反映行业存在的问题和困难，参与业务主管单位的市场监管和行业调控工作，为行业发展营造良好的市场环境；

（四）推动行业结构调整和企业改制，逐步构建符合市场需求和行业特点，层次分明、专业配套的行业结构体系；逐步建立符合现代企业制度要求，符合未来发展方向的企业组织制度，保持行业较强的发展力，普遍提高企业的竞争力；

（五）制定行规行约，逐步建立行业自律机制，保护行业的整体利益。

（六）开展行检行评活动、奖优罚劣，树立先进企业、典范工程和名优产品，推动建筑装饰行业质量、效益的普遍提高；

（七）开展国内外学术、技术、经济情报、市场信息交流，推广新技术、新产品、新材料、新机具，举办技术讲座、专题研讨会、各类展览等项活动，促进行业技术进步；

（八）建立培训基地，开展装饰行业各类人才培训，提高行业从业人员整体素质；

（九）指导企业加强管理,建立现代企业制度，努力提高工程质量，提高效益，增强竞争力。协助企业开辟国外市场，拓展新的经营领域；

（十）协调行业间生产经营和技术合作,以及产、供、销的衔接，维护会员单位合法权益；

（十一）编辑出版报刊、杂志、手册、教材及其他有关学术、技术资料，运用网络技术，加快行业信息传播和流通；

（十二）对地方建筑装饰协会进行业务指导。

第三章　会　员

第七条　本会会员分为单位会员和个人会员。

（一）单位会员：取得中华人民共和国法人资格，从事建筑装饰行业管理、设计、施工、材料生产、产品营销、中介服务、科研、教育的企业、事业、社会团体等单位。

（二）个人会员：从事建筑装饰行业相关工作，未受过剥夺政治权利的刑事处罚并具有完全民事行为能力的中华人民共和国公民。

个人会员资格分为：

资深会员：从事建筑装饰或相关专业工作至少15年以上、对协会或行业有突出贡献者，或由于他们的身份、经历、地位对加速行业发展做出帮助者；

会员：从事建筑装饰或相关专业工作至少1年以上的专业人士。

第八条　申请加入本会的单位及个人，必须具备下列条件：

（一）拥护本会章程；

（二）有加入本会的意愿；

（三）在建筑装饰行业中具有一定的影响；

（四）遵纪守法，履行行业自律原则，热心行业建设，支持本会工作。

第九条　会员入会程序

（一）单位申请入会需提交入会申请书、会员登记表、中华人民共和国法人资格的证明材料和其他有关资料；

个人申请入会需提交入会申请书、会员登记表、身份证复印件、学历或专业培训证明。

（二）单位会员由本会秘书处或其授权的专业委员会批准；

个人会员：资深会员由本会秘书处提名并由理事会或常务理事会表决批准，未获批准的提名人选，一年内不得再次提名；会员由本人向本会秘书处提出入会申请，并由本会秘书处批准，未获批准的提名人选，半年内不得再次提名。

（三）单位会员由本会秘书处制发统一的中国建筑装饰协会会员证书。

个人会员由本会秘书处制发统一的中国建筑装饰协会个人会员证书。

第十条　会员享有下列权利：

（一）本会的选举权、被选举权和表决权；

（二）参加本会的活动；

（三）获得本会服务的优先权；

（四）对本会工作的批评建议权和监督权；

（五）入会自愿、退会自由。

第十一条　会员履行下列义务：

（一）执行本会的决议；

（二）维护本会合法权益；

（三）完成本会交办的工作；

（四）按规定交纳会费；

（五）向本会反映情况，提供有关资料。

第十二条　会员实行统一集中管理。会员发展工作由本会秘书处及其授权的专业委员会按本《章程》执行。未经本会秘书处授权的专业委员会不得发展会员。经本会秘书处授权发展会员的专业委员会必须严格执行统一会员证书、统一会费标准、统一收费票据的规定。如发现有违反本规定的行为，秘书处将收回授权。

第十三条　会员退会应书面通知本会，并交回会员证书。

会员如果一年不交纳会费或无理拒绝参加本会任何活动的，视为自动退会。如会员一时经济困难，由会员提出书面申请，经秘书处批准，可缓交会费一年。

第十四条　会员如有严重违反本章程的行为，经常务理事会表决通过，予以除名。

第十五条　本会会员实行年度注册制度。

第四章　组织机构和负责人产生、罢免

第十六条　本会的最高权力机构是会员代表大会，会员代表大会的职权是：

（一）制定和修改章程；

（二）选举和罢免理事；

（三）审议理事会的工作报告和财务报告；

（四）决定终止事宜；

（五）决定其他重大事宜。

第十七条　会员代表大会代表由本会及各省、自治区、直辖市有关协会，在本会会员中按一定条件和比例推荐产生。会员代表大会须有2/3以上会员代表出席方能召开，其决议须经到会会员代表半数以上表决通过方能生效。

第十八条　会员代表大会每届四年，因特殊情况需提前或延期换届的，须由理事会表决通过，报业务主管单位审查并经登记管理机关批准同意。但延期换届最长不超过一年。

第十九条　本会设理事会。理事会是会员代表大会的执行机构，在会员代表大会闭会期间领导本会开展日常工作，对会员代表大会负责。

理事单位由本会及各省、自治区、直辖市有关协会推荐，经秘书处审议后，提请会员代表大会选举。个人会员担任理事，由秘书处审议后，提请会员代表大会或理事会、常务理事会选举。

理事是理事单位的人格化代表，由理事单位的一名主要领导人出任。理事由于工作变动或个人原因不能履行代表理事单位的职责时，由理事单位及时提出变更理事人选的公函，报秘书处审议后，提请理事会或常务理事会批准。

理事会成员中，代表企事业单位的名额不少于2/3。个人会员理事名额不超过1/30。

第二十条　理事会的职权是：

（一）执行会员代表大会的决议；

（二）选举常务理事，选举和罢免会长、副会长、秘书长；

（三）筹备召开会员代表大会；

（四）向会员代表大会报告工作和财务状况；

（五）决定增补和更换理事；

（六）决定设立办事机构、分支机构、代表机构和实体机构；

（七）决定副秘书长、各机构主要负责人的聘任；

（八）领导本会各机构开展工作；

（九）批准秘书处拟定的协会管理制度；

（十）决定其他重大事项。

第二十一条　理事会须有2/3以上理事出席方能召开，其决议须经到会理事2/3以上表决通过方能生效。

第二十二条　理事会每年至少召开一次会议，情况特殊的，也可采用通讯形式召开。1/3以上理事或秘书处报请会长同意，可以提议召开理事会。

第二十三条　本会设常务理事会。在理事会闭会期间行使第十八条第一、三、五、六、七、八、九、十项的职权，对理事会负责（常务理事的人数不超过理事人数的1/3）。

第二十四条　常务理事会须有2/3以上常务理事出席方能召开，其决议须经到会常务理事2/3以上表决通过方能生效。

第二十五条　常务理事会至少半年召开一次会议，情况特殊的也可采用通讯形式召开。1/3常务理事或秘书处报请会长同意，可以提议召开常务理事会。

第二十六条　本会设会长1人，副会长若干人，其产生和任免程序执行建设部、民政部和本会《章程》的有关规定，为体现企业家办会的精神，副会长人选不超过20人，并应以企业家为主，可适当吸收材料生产企业及经销企业为副会长企业单位。

本会设名誉会长1人，高级顾问若干人。

第二十七条　本会设秘书处。

秘书处是理事会领导下的常设办事机构，实行理事会领导下的秘书长负责制。

秘书处设若干工作部门，其设立程序执行建设部、民政部和本会《章程》的有关管理规定。

秘书处设秘书长1人，副秘书长若干人（不超过5人），上述人员须是社团的专职人员，任职年龄一般不超过60周岁，其产生和免去程序执行建设部、民政部和本会《章程》的有关管理规定。

第二十八条　本会设若干工作机构。

工作机构是本会为开展某项特定工作的需要而设立的专门从事该项工作的内部机构。工作机构以工作委员会的形式设立，在理事会的领导下开展工作，秘书处负责协调、监督和指导其日常工作，其设立程序和工作范围执行建设部、民政部和本会《章程》的有关管理规定。

工作委员会设主任委员 1 人，副主任委员若干人，其人选由秘书长提名，经理事会或常务理事会审议通过后，由理事会聘任。

第二十九条　本会设若干分支机构。

分支机构是本会为开展业务活动的需要，按其业务范围科学划分而设立的专门从事业务活动的内部机构。分支机构以专业委员会或分会的形式设立，在理事会的领导下开展工作，秘书处负责协调、监督和指导其日常工作，其设立程序和业务活动范围执行建设部、民政部和本会《章程》的有关管理规定。

专业委员会或分会设主任委员 1 人，副主任委员若干人，其人选由秘书长提名，经理事会或常务理事会审议通过后由理事会聘任。

第三十条　本会设立若干代表机构。

代表机构是本会在会址以外某省级行政区域设置的代表本会从事活动、承办本会交办的工作任务的内部机构。代表机构以代表处的形式设立，在理事会的领导下开展工作，秘书处负责协调、监督和指导其日程工作，其设立程序和工作范围执行建设部、民政部和本会《章程》的有关管理规定。

代表处设主任 1 人,其人选由秘书长提名，经理事会或常务理事会审议通过后由理事会聘任。

第三十一条　工作委员会、专业委员会和代表处是本会的组成部分，本身不具有独立法人资格。上述机构必须遵守本会《章程》，接受本会的领导和管理，其名称前应冠以本会名称。

上述机构不得制订《章程》、发展会员、收取会费。可以在本会《章程》规定的原则下制订自己的管理办法，在本会的授权范围内开展活动、发展会员（其发展的会员应属本会）、收取会费（收取的会费应属本会所有，本会可按一定比例分配给其使用）。

上述机构不得再设立分支机构。

第三十二条　本会会长、副会长、秘书长必须具备下列条件：

（一）坚持党的路线、方针、政策，政治素质好；

（二）在本会业务领域内有较大影响；

（三）会长、副会长最高任职年龄不超过70周岁，秘书长为专职；

（四）身体健康，能坚持正常工作；

（五）未受过剥夺政治权利的刑事处罚的；

（六）具有完全民事行为能力。

第三十三条　本会会长、副会长、秘书长如超过任职年龄的，须经理事会表决通过，报业务主管单位审查并经登记管理机关批准同意后，方可任职。

第三十四条　本会会长、副会长、秘书长任期每届四年，任期最长不超过两届。因特殊情况需延长任期的，须经会员代表大会2/3以上表决通过，报业务主管单位审查并经登记管理机关批准同意后方可任职。

第三十五条　本会会长为本会法定代表人。如因特殊情况需由副会长或秘书长担任法定代表人，应报业务主管单位审查并经登记管理机关批准同意后，方可担任。

本会法定代表人不兼任其他团体的法定代表人。

第三十六条　本会会长行使下列职权：

（一）召集和主持理事会或常务理事会；

（二）检查会员代表大会、理事会、常务理事会决议的落实情况；

（三）代表本会签署有关重要文件。

第三十七条　本会秘书长行使下列职权：

（一）主持办事机构开展日常工作，组织施实年度工作计划；

（二）协调各分支机构、代表机构、实体机构开展工作；

（三）提名副秘书长以及各办事机构、分支机构、代表机构和实体机构主要负责人，交理事会或常务理事会决定；

（四）决定办事机构、代表机构、实体机构专职工作人员的聘用；

（五）受理事长委托，签署有关重要文件。

（六）处理其他日常事务。

第五章　资产管理、使用原则

第三十八条　本会经费来源

（一）会费；

（二）捐赠；

（三）政府资助；

（四）在核准的业务范围内开展活动或服务的收入；

（五）其他合法收入。

第三十九条　本会单位会员会费：一般单位会员会费为1500元/年，理事单位会费为3000元/年。常务理事单位会费为6000元/年，副会长单位会费15000元/年。

理事单位应一次缴清一届会费并由本会秘书处统一收取。

第四十条　为体现理事、常务理事、副会长和会长单位对协会工作的支持，凡当选上述协会职务的企事业单位应一次性向协会赞助一定数额的事业发展基金。

第四十一条　本会经费必须用于本章程规定的业务范围和事业的发展，不得在会员中分配。

第四十二条　本会建立严格的财务管理制度，保证会计资料合法、真实、准确、完整。

第四十三条　本会配备具有专业资格的会计出纳人员。会计不得兼任出纳。会计人员必须进行会计核算，实行会计监督。会计人员调动工作或离职时，必须与接管人员办清交接手续。

第四十四条　本会的资产管理必须执行国家规定的财务管理制度，接受会员代表大会和财政部门的监督。资产来源属于国家拨款或社会捐赠、资助的，必须接受审计机关的监督，并将有关情况以适当方式向社会公布。

第四十五条　本会换届或更换法定代表人之前，必须接受登记管理机关和业务主管单位组织的财务审计。

第四十六条　本会的资产，任何单位、个人不得侵占、私分和挪用。

第四十七条　本会专职工作人员的工资和保险、福利待遇，参照国家对事业单位的有关规定执行。

第六章　章程的修改程序

第四十八条　本会章程的修改，须经理事会表决通过后报会员代表大会审议。

第四十九条　本会修改的章程，须在会员代表大会通过后15日内经业务主管单位审查同意，并报登记管理机关核准后生效。

第七章　终止程序及终止后的财产处理

第五十条　本会完成宗旨或自行解散或由于分立、合并等原因需要注销的，由理事会或常务理事会提出终止动议。

第五十一条　本会终止动议须经会员代表大会表决通过，并报业务主管单位同意。

第五十二条　本会终止前，须在业务主管单位及有关机关指导下成立清算组织，清理债权债务，处理善后事宜。清算期间，不开展清算以外的活动。

第五十三条　本会经登记管理机关办理注销登记手续后即为终止。

第五十四条　本会终止后的剩余财产，在业务主管单位和登记管理机关的监督下，按照国家有关规定，用于发展与本会宗旨相关的事业。

第八章　附　则

第五十五条　本章程经2001年6月6日会员代表大会表决通过。

第五十六条　本章程的解释权属本会理事会。

第五十七条　本章程自本会登记管理机关核准之日起生效。

中国建筑装饰协会五届理事会名单（第六次调整）

2001年6月6日中国建筑装饰协会第五届会员代表大会选举产生第五届理事会。此后，第五届理事会相继进行了六次调整：2001年12月24日五届一次常务理事会、2002年7月16日五届二次常务理事会、2003年1月9日五届二次理事会、2003年12月28日五届三次理事会、2004年9月3日五届二次会员代表大会、2004年12月21日五届四次理事会。现公布如下。

中国建筑装饰协会第五届理事会六次调整一览表

协会职务	2001年6月6日五届理事会	2001年12月24日五届一次常务理事会			2002年7月16日五届二次常务理事会			2003年1月9日五届二次理事会			2003年12月28日五届三次理事会		
		调整	增补	合计	调整	增补	合计	调整	增补	合计	调整	增补	合计
名誉会长	1			1			1			1			1
高级顾问	3			3			3	1		2			2
荣誉理事	4			4			4			4			4
会　长	1			1			1			1			1
常务副会长	1			1			1			1			1
副会长	7			7			7		7	14	1		13
常务理事	85	3	3	85	6	35	114	5	13	122	6	20	136
理　事	287	2	4	289	13	84	360	11	19	368	19	35	384
秘书长	1			1			1			1			1
副秘书长	2		1	3	1		2			2			2

协会职务	2004年9月3日 五届二次会员代表大会			2004年12月21日 五届四次理事会			总计			
	调整	增补	合计	调整	增补	合计	原有	调整	增补	合计
名誉会长			1			1	1			1
高级顾问		11	13			13	3		11	13
荣誉理事			4			4	4			4
会　　长			1			1	1			1
常务副会长			1			1	1			1
副会长			13			13	7	1	7	13
常务理事			136	2	19	153	85	22	90	153
理　　事			384	20	31	395	287	65	173	395
秘书长			1			1	1			1
副秘书长		1	3			3	2		1	3

中国建筑装饰协会信息部　中国建筑装饰协会信息咨询委员会

二〇〇五年一月十一日

名誉会长　高级顾问　荣誉理事

名誉会长：张恩树　中国建筑装饰协会第一、二、三、四届理事会会长

高级顾问：叶如棠　中国建筑装饰协会第三届理事会高级顾问　全国人大环境与资源保护委员会副主任委员　建设部原常务副部长

周干峙　中国建筑装饰协会第三、四届理事会高级顾问　中国科学院院士　中国工程院院士　建设部原副部长

杨　慎　中国房地产业协会会长　建设部原副部长

宋春华　中国建筑学会会长　建设部原副部长

谭庆琏　中国土木工程学会会长　建设部原副部长

李振东　中国供水排水协会会长　建设部原副部长

郑一军　中国建筑业协会会长　建设部原副部长

许溶烈　中国建筑装饰协会第一、二、三届理事会副理事长　第四届理事会荣誉理事　建设部原总工程师

张人为　中国建筑材料工业协会会长　国家建筑材料工业局原局长

张青林　中国建筑文化艺术协会会长　中国建筑工程总公司原党组书记

杜宗翰　中国建筑金属结构协会会长

韩　明（女）　中国饭店业协会会长

侣海岩　中国旅游饭店协会会长

荣誉理事：（按姓氏笔划为序）

石连峰　中国建筑装饰协会第四届理事会副会长

刘正发　中国建筑装饰协会第四届理事会副会长

徐正忠　中国建筑装饰协会第四届理事会副会长

窦以德　中国建筑装饰协会第四届理事会副会长

中国建筑装饰协会第五届理事会领导机构

会　　长：马挺贵　中国建筑工程总公司原总经理

常务副会长兼秘书长：徐　朋　中国建筑工程总公司原副总经理

副 会 长：（13人　按姓氏笔划为序）

丁域庆　重庆港庆建筑装饰有限公司总经理

王　波　北京港源建筑装饰工程有限公司董事长

王素卿（女）　建设部建筑市场管理司司长
叶远西　深圳市广田装饰设计工程有限公司董事长
冯　林　西安市鑫龙建筑装饰工程有限公司董事长
朱兴良　苏州金螳螂企业（集团）有限公司总裁
汪家玉　深圳市建筑装饰（集团）有限公司董事长兼总经理
黄　恒　武汉凌云建筑装饰工程有限公司董事长
陈国宏　上海荣欣家庭装潢有限公司总经理
张　钧　北京业之峰装饰有限公司董事长兼总裁
符曜伟　建设部建筑市场管理司原副司长
谢建伟　上海市建筑装饰工程有限公司总经理
魏　光　黑龙江国光建筑装饰工程有限公司总经理

副秘书长：张京跃　中国建筑装饰协会第四届理事会副秘书长
房　箴　中国建筑装饰工程公司原总建筑师
王毅强　中国建筑工程总公司原办公厅公共关系处处长　中国建筑装饰协会综合部主任　工会主席

常务理事

（153人·按姓氏笔划为序）

丁域庆	丁欣欣	马挺贵	孔全林	孔祥清	王素卿（女）	王　波	王　跃
王文焕	王文良	王金生	王儒明	王　冶	王永强	王　飞	王毅强
邓　千	尤东明	毛家泉	冯　林	史应标	史是伟	石超刚	叶远西
叶大岳	叶德才	叶荣恒	孙尚高	孙爱东	朱希斌	朱兴良	朱葆荣
西志敏	衣宏伟	许和铁	刘晓一	刘仲麟	刘年新	刘兆培	庄其铮
师　健	忻国梁	李洪鑫	李晓东	李　淳	李　宁（女）	李介平	李永奇
邱锦生	邱久才	张京跃	张　颖（女）	张　鸣	张福如	张建民	张朝煊
张玮文	张　钧	张文学	张玉军	张世礼	张汉清	张洪根	张桂芳（女）
沙启云	肖汉光	肖能定	杨建强	杨志凌	杨晓芬（女）	杨杰宗	何星华
何文祥	何永富	陈英松	陈小龙	陈　辉	陈　军	陈国宏	陈婵英（女）
陈建文	陈华方	陈幼年	陈金荣	陈立飞	苏建青	苏少彬	苏有玉
吴元炜	吴葆生	吴建荣	何　勇	汪家玉	汪　维	沈汉通	花恒久
严克明	孟建国	房　箴	屈　智	林芷珊（女）	林　擘	罗醒民	周文麟
周建中	周锡全	周志勇	周汉智	姜代云	胡家奇	胡圣明	董宜君（女）
钟传荣	施伟民	施森彬	洪　涛	洪　瀛	洪兆雄	赵　敏	赵建国
赵建波	赵兴斌	赵文广	赵月书（女）	赵铁利	郭忠山	高　健	袁大陆
徐　朋	唐海金	唐同海	黄志同	黄　恒	符曜伟	崔　勇	康治军
曹永清	曹安闽	梁　铭	粟立民	彭国云（女）	程源明	韩学政	程新明
蓝　政	谢建伟	裘之星	蔡培辉	潘耀生	潘育明	薛景霞（女）	魏　光
魏　坤							

理　　事

（394名·按地区、按姓氏笔划为序）

北京市（61）

马挺贵	男	中国建筑工程总公司	原总经理
王　波	男	北京港源建筑装饰工程有限公司	董事长
王宗礼	男	北京市人大常委会城建环保委员会	主　任
王素卿	女	建设部建筑市场管理司	司　长
王燕鸣	女	中国建筑装饰协会培训部兼培训中心	主　任
王毅强	男	中国建筑装饰协会	副秘书长
王永强	男	《中国建筑装饰装修》	常务副社长

邓　千	女	《中华建筑报》	总编辑
宋协昌	男	中国建筑装饰协会铝制品委员会	秘书长
庄其铮	男	北京建峰建设装饰工程集团有限有限公司	总经理
田万良	男	中国建筑装饰协会信息咨询委员会	副理事长兼秘书长
田德昌	男	中国建筑装饰协会设计委员会（筹）	秘书长
刘仲麟	男	北京弘高建筑装饰设计工程有限公司	副董事长
刘晓一	男	中国建筑装饰工程公司	党委书记
华敬友	男	中国建筑装饰协会材料委员会	秘书长
朱红革	男	北京乾图室内环境设计有限责任公司	总经理
朱希斌	男	北京市建筑装饰协会	理事长
闫志人	男	中信室内装修工程公司	总经理
沈绶章	男	中国建筑装饰协会厨卫工程委员会	秘书长
沈天丽	女	中铁建设集团有限公司装饰公司	总经理
苏建青	男	北京贝盟国际建筑装饰工程有限公司	总经理
张爱宁	女	中国建筑装饰协会住宅装饰装修委员会（筹）	副秘书长
张利杰	男	北京城建长城装饰工程有限责任公司	总经理
张　鸣	男	北京建谊建筑工程有限公司	总经理
张洪根	男	北京金隅集团有限公司	常务副总经理
曹安闽	男	北京阔达建筑装饰工程有限责任公司	董事长
张世礼	男	中国建筑学会室内设计分会	会　长
张京跃	男	中国建筑装饰协会	副秘书长
张玉军	男	中国建筑进出口总公司	总经理
吴元炜	男	中国建筑装饰协会原暖通空调委员会	原理事长
吴　晞	男	北京清华工美建筑装饰工程有限公司	董事长兼总经理
陈　辉	男	北京东易日盛装饰有限责任公司	董事长
陈华方	男	北京市建筑装饰设计工程公司	总经理
陈立飞	男	中国建筑业协会	副秘书长
李　秀	女	北京市建筑装饰协会	总顾问
何玉如	男	北京市建筑设计研究院	总建筑师
何星华	男	中国建筑装饰协会材料委员会	主任委员
孟建国	男	北京筑邦建筑装饰工程有限公司	总经理
房　箴	男	中国建筑装饰工程公司	原总建筑师
杨怀谦	男	首都航天机械公司民品集团	原副总经理
严克明	男	中国建筑装饰协会材料委员会	主任委员
郑纪文	男	中国建筑装饰协会材料委员会	主任委员
胡家奇	男	北京北方建磊装饰装修中心	总经理
费　祺	女	北京花旗建设发展有限公司	董事长
赵丽萍	女	北京晨光马宝装饰公司	总经理
高　峰	男	北京伟业达展览有限公司	总经理
		中国建筑装饰协会材料委员会	副秘书长
周锡全	男	中国工程建设标准化协会	秘书长
徐　朋	男	中国建筑工程总公司	原副总经理
顾国华	男	中国建筑装饰协会施工委员会	秘书长
常显忠	男	北京菲尼有限公司	原总经理
符曜伟	男	建设部建筑市场管理司	原副司长
黄　白	男	中国建筑装饰协会信息部	主　任
		会刊《中国建筑装饰》	主　编

眭志华	男	北京中建华腾装饰工程有限公司	总经理
崔　勇	男	中国建筑装饰协会信息咨询委员会	理事长
蔡　强	男	北京市建筑工程装饰公司	原总经理
沈汉通	男	北京住总装饰有限责任公司	董事长
张　钧	男	北京业之峰装饰有限公司	董事长兼总裁
李国田	男	北京佳莹漆业有限公司	总经理
刘素玲	女	北京蓝格赛海龙星电器设备商业有限公司	经　理
蒋　英	女	北京豪邦涂料有限公司	董事长
魏　坤	男	中国装饰有限公司	董事长
天津市（10）			
王文焕	男	天津市环境装饰协会	秘书长
张立海	男	天津市龙川汇腾装饰工程有限公司	董事长
陈锦石	男	金丰环球装饰工程(天津)有限公司	董事长
张建民	男	天津市建设装饰工程公司	总经理
赵　敏	男	天津市建委建筑业管理办公室	处　长
张和平	男	中国建筑第六工程局装饰工程公司	总经理
李文鹏	男	天津市南洋装饰工程公司	总经理
康　庄	男	天津华惠安信装饰工程有限公司	董事长
刘　捷	男	天津市艺术建筑装饰联合公司	总经理
蔡　磊	男	天津市房屋建筑装饰工程有限公司	总经理
上海市（19）			
田厚春	男	中建三局东方装饰设计工程公司	总经理
张永定	男	上海汇丽(集团)有限公司	董事长
忻国梁	男	上海市装饰装修行业协会	常务副会长
赵　海	男	上海市装饰装修行业协会	秘书长
陈　丽	女	上海新丽装饰工程有限公司	总经理
陈　新	男	华鼎建筑装饰工程有限公司	总经理
汪　维	男	中国建筑装饰协会材料委员会	副主任
罗云贵	男	上海宏誉建筑装璜有限公司	董事长
施森彬	男	上海康宇铜门设计工程有限公司	总经理
洪兆雄	男	上海蓝天房屋装饰工程公司	总经理
唐海金	男	上海海直建设工程公司	总经理
康治军	男	上海金茂建筑装饰有限公司	总经理
谢建伟	男	上海市建筑装饰工程有限公司	总经理
戴嘉桢	男	上海大华装饰工程有限公司	原常务副总经理
张洪星	男	上海建筑装饰（集团）有限公司	董事长
李洪鑫	男	上海市装饰装修行业协会	会　长
陈国宏	男	上海荣欣家庭装潢有限公司	总经理
朱建涛	男	上海百姓家庭装潢有限公司	副董事长
吴成方	男	上海东徽建筑装饰工程有限公司	总经理
重庆市（12）			
丁域庆	男	重庆港庆建筑装饰有限公司	总经理
陈宗云	男	重庆四维瓷业股份有限公司	董事长兼总经理
李淳凌	男	重庆西南铝型材装饰装修工程公司	总经理
肖能定	男	重庆市建筑装饰协会	常务副秘书长
张天虹	男	重庆宏图装饰工程有限公司	董事长兼总经理
张　建	男	重庆渝远建筑工程设计装饰有限公司	董事长

喻上沛	男	重庆市建筑装饰协会	理事长
吴毅勋	男	广厦重庆一建（集团）装饰工程公司	总经理
周　勃	男	重庆港鑫建筑装饰设计工程有限公司	董事长兼总经理
周智勇	男	重庆金飞建筑装饰工程有限公司	董事长兼总经理
张海文	男	重庆金字塔装饰有限公司	总经理
张仁希	男	重庆金梭装饰设计工程有限公司	董事长
河北省（8）			
王　跃	男	石家庄常宏建筑装饰工程有限公司	总经理
王保山	男	石家庄雅虹装饰设计工程有限公司	董事长
刘亚东	男	石家庄市装饰协会	会　长
张铁军	男	石家庄宏昌建筑装饰集团公司	董事长兼总裁
赵秀民	男	石家庄市通力建筑装饰工程有限公司	董事长兼总经理
		石家庄市装饰协会	秘书长
贾　轩	男	河北斯特龙装饰工程有限公司	总经理
赵春旺	男	河北省建设厅市场处	副处长
		河北省建筑装饰协会	秘书长
蓝　政	男	河北省建设标准化办公室	副主任
		河北省建筑装饰协会	会　长
山西省（8）			
马凤祥	男	山西五一广告设计装饰工程有限公司	总经理
史应标	男	山西省建筑装饰协会	会　长
刘泽彪	男	山西圣通装饰工程有限公司	总经理
杨　凯	男	太原市建筑装饰协会	秘书长
周仁德	男	山西宏德建筑装璜工程有限公司	总经理
屈　智	男	山西省建筑装饰工程总公司	常务副总经理
霍小强	男	香港神采设计装饰工程山西有限公司	董事长
石　磊	男	山西森永建筑装饰工程有限公司	总经理
内蒙古自治区（6）			
李正艺	男	内蒙包头正艺装饰工程有限公司	总经理
杨　英	男	呼和浩特市建筑工程管理局	局　长
杨志凌	男	中国智宝集团	总　裁
张　雪	女	内蒙古永新建筑装饰工程有限公司	董事长兼总经理
甄小兵	男	内蒙古自治区建筑厅建筑业处	处　长
刘历程	男	呼伦贝尔纵横安全技术装饰工程有限公司	董事长
黑龙江省（8）			
王世德	男	鸡西市建筑装饰协会	会　长
关润柏	男	黑龙江省润恒装饰工程有限公司	总经理
赵兴斌	男	黑龙江省建筑装饰协会	常务副会长
赵月书	女	黑龙江高维建筑装饰工程有限公司	总经理
魏　光	男	黑龙江国光建筑装饰工程有限公司	总经理
吴景阳	男	黑龙江省建设厅建管处	副处长
		黑龙江省建筑装饰协会	秘书长
冯雪冬	男	哈尔滨麻雀装饰工程有限公司	董事长
龚　璞	男	大庆市建筑装饰协会	秘书长
吉林省（13）			
从廷才	男	长春市建筑装饰装修协会	秘书长
孙爱东	男	吉林省建筑装饰集团有限公司	董事长

西志敏	男	吉林省太阳神建筑装饰工程有限公司	董事长
刘京超	男	长春星光大厦	总经理
张文学	男	吉林省建筑装饰业协会	秘书长
周玉春	男	长春市建筑装饰装修协会	副会长
袁大陆	男	长春东方装璜工程有限公司	董事长兼总经理
温铁义	男	长春长江装饰装璜有限公司	董事长兼总经理
邱久才	男	吉林省建设厅	副厅长
		吉林省建筑装饰业协会	会　长
祝庆俊	男	吉林省凯基建筑装饰工程有限公司	总经理
冯晓刚	男	吉林省浩昌装饰工程有限公司	董事长
张　勇	男	长春一汽实业建筑装饰有限公司	董事长
吕丰日	男	长春建工集团温馨鸟装饰装璜有限责任公司	董事长
辽宁省（16）			
王文良	男	日林建设集团有限公司	董事长
田　平	男	辽宁省装饰协会	副会长兼秘书长
石俊庆	男	辽宁荣昌集团有限公司	董事长
李以哲	男	沈阳飞机制造公司铝合金结构工程公司	总经理
吕丰日	男	长春建工集团温馨鸟装饰装璜有限责任公司	董事长
张　颖	女	澳连建筑装饰工程有限公司	副总经理
金丽华	女	大连建筑装饰设计工程有限公司	董事长兼总经理
杨昭富	男	大连市建筑装饰行业协会	秘书长
周文麟	男	大连盛大建筑装饰工程有限公司	董事长兼总经理
赵铁利	男	沈阳黎东幕墙装饰有限公司	总经理
赵文广	男	大连红太装饰工程公司	总经理
高超伦	男	沈阳穗港装饰工程公司	董事长
郭忠山	男	沈阳远大铝业工程有限公司	副董事长
戴纪峰	男	沈阳市建筑装饰协会	原秘书长
于秋生	男	辽宁省建设厅建管处	副处长
		辽宁省装饰协会	副会长
李耀庚	男	沈阳市富恒装修工程有限公司	董事长
山东省（17）			
王建森	男	济南市建筑装饰协会	原秘书长
王培欣	男	山东省齐鲁装饰设计院	院　长
王　喆	男	山东永隆建筑装饰工程有限公司	总经理
王金生	男	青岛金楷装饰工程有限公司	董事长兼总经理
叶德才	男	青岛德才装饰安装工程有限公司	董事长兼总经理
赵建国	男	青岛市装饰集团公司	总经理
孙宪华	男	山东华兴（石材）机械集团公司	总经理
李晓东	男	山东德泰装饰有限公司	总经理
刘声元	男	济南盛顺装饰有限责任公司	董事长兼总经理
邹红军	男	山东省中鲁建筑集团总公司装饰公司	经　理
杨建强	男	青岛东亚装饰总公司	总经理
林纪国	男	青岛市建筑装饰协会	秘书长
逄桂华	女	山东省装饰集团总公司	总经理
程源明	男	山东省建筑装饰协会	会　长
李文艺	男	山东文艺建筑装饰工程有限公司	总经理
林　擘	男	山东万得福装饰工程有限公司	董事长
秦卫东	男	烟台宫苑建筑装饰有限公司	董事长

江苏省（20）

孔全林	男	苏州市装修装饰行业协会	会　长
毛家泉	男	江苏省装饰装修行业协会	会　长
刘安平	男	江苏港宁装璜有限公司	董事长
孙帼强	男	南京金陵建筑装饰工程有限责任公司	总经理
许　炯	男	南京装饰联合总公司	总经理
朱兴良	男	苏州金螳螂企业（集团）有限公司	总　裁
李　宁	女	江苏省建筑装饰设计研究院	院　长
李德田	男	扬州日模邗沟装饰工程有限公司	董事长兼总经理
闵义来	男	南京市装饰行业协会	会　长
吴葆生	男	南京市室内装饰工程成套总公司	总经理
何天定	男	镇江市建筑装饰工程公司	总经理
倪　林	男	苏州金螳螂建筑装饰股份有限公司	董事长
张　涛	男	南京长岛建筑装饰工程有限公司	总经理
施伟民	男	南京装饰（集团）有限公司	总经理
查佐良	男	锡山市金城金属门窗安装有限公司	总经理
何亚光	男	常泰建筑装璜工程有限公司	总经理
尤东明	男	苏州市贝特装饰设计工程有限公司	董事长兼总经理
陈惠南	男	江苏华润（集团）公司	总经理
唐春潮	男	江苏常熟开关厂	董事长
郑　敏	女	南京香江华建工程有限公司	总经理

安徽省（5）

卫先嘉	男	合肥建工装饰有限责任公司	董事长
李海林	男	马鞍山市艺建装饰有限责任公司	总经理
陈幼年	男	安徽省建筑装饰协会	秘书长
罗伟民	男	合肥市建筑装饰装修管理处	主　任
		合肥市建筑装饰协会	秘书长
王金平	男	安徽省建筑装饰协会	会　长

浙江省（17）

丁欣欣	男	浙江亚厦装饰集团有限公司	董事长
王永虎	男	杭州金迪门业有限公司	总经理
吴建荣	男	浙江中南建设集团公司	董事长
周锦云	男	温州云艺装饰有限公司	董事长
		温州市建筑装饰协会	会　长
于利生	男	武林建筑工程有限公司	副总经理
余笑华	男	温州迈斯环境艺术规划公司	总经理
何永富	男	杭州之江有机硅化工有限公司	总经理
张跃迅	女	浙江福田装饰工程公司	总经理
徐建光	男	杭州月兔灯饰有限公司	董事长
崔承毅	男	浙江省室内装饰公司	副总经理
蒋敖树	男	浙江省建筑设计研究院	副总建筑师
董宜君	女	浙江省建筑装饰行业协会	理事长
陆秀乔	男	杭州市建筑装饰协会	理事长
裘之星	男	杭州亚加装潢有限公司	总经理
周建中	男	杭州中冠装饰工程有限公司	总经理
饶应军	男	杭州长城精细化工有限公司	总经理
潘信强	男	宁波建乐装潢公司	总经理

湖南省（5）

石超刚	男	湖南省建筑装饰协会	原会长
杨　忆	男	湖南华天装饰有限公司	总经理
周芳文	男	株洲市建设局	副局长
李　忠	男	湖南六建装饰设计工程有限责任公司	总经理
陈忠平	男	湖南鸿杨家庭装饰设计工程有限公司	董事长

江西省（11）

王儒明	男	江西省装饰行业协会	理事长
包秋胜	男	江西省康盛广告装饰工程有限公司	总经理
苏少彬	男	江西圳昌装饰工程有限公司	董事长兼总经理
邹诗耀	男	南昌市建筑管理局	局　长
龚龙彪	男	江西利达装饰工程有限公司	董事长兼总经理
粟立民	男	江西南方建筑装璜配套公司	总经理
雷小平	男	赣州装饰工程公司	总经理
汪红屏	男	南昌金昌装饰设计工程有限公司	总经理
汤瑞兴	男	江西省美华建筑装饰工程有限责任公司	董事长
李小平	男	南昌家庭装修服务有限公司	董事长
徐锦刚	男	江西建工装潢公司	总经理

福建省（11）

王　业	男	福建天华建筑装饰工程有限公司	总经理
林上成	男	福州市建筑装饰协会	会　长
连俩进	男	厦门市建筑装饰协会	副会长
邱锦生	男	福建嘉华装饰工程有限公司	总经理
张福如	男	福建省建筑装饰协会	常务副会长
张安龙	男	厦门市港龙装修工程有限公司	总经理
郑秋霖	男	福州星美装饰绿化工程有限公司	总经理
林　鹰	男	厦门华丽设计装修工程有限公司	总经理
叶　斌	男	福州国广一叶建筑装饰工程有限公司	董事长
戴健全	男	福建省五建装饰装修工程有限公司	总经理
潘雨铮	男	福州经济技术开发区时代装修有限公司	董事长

河南省（8）

杨东洲	男	河南新大地装饰工程有限公司	常务副总经理
杨　坤	男	河南省大鹏装饰工程有限公司	总经理
洪　瀛	男	河南省建筑装饰协会	理事长
赵安敏	男	洛阳市建筑装饰协会	秘书长
赵建波	男	洛阳天鹰装饰工程有限公司	总经理
薛景霞	女	郑州康利达装饰工程有限公司	董事长
王晓惠	男	河南省建筑装饰协会	秘书长
黄海军	男	河南银龙装饰工程有限公司	总经理

湖北省（16）

李兴儒	男	湖北珠江龙装饰设计工程有限公司	董事长
张晓曦	男	湖北省建筑装饰协会	副会长
黄　恒	男	武汉凌云建筑装饰工程有限公司	董事长
沙启云	男	中国人民解放军建筑装饰协会	副会长兼秘书长
杨杰宗	男	武汉科艺建筑装饰设计工程有限公司	总经理
李建新	男	宜昌市建筑装饰协会	秘书长
肖汉光	男	宜昌市建筑装饰协会	会　长
彭国云	女	武汉建筑装饰协会	理事长

程新明	男	湖北鼎元建筑装饰工程有限公司	董事长
潘耀生	男	武汉华达建筑装饰设计工程有限公司	董事长兼总经理
阳德广	男	武汉凌宏建筑装饰工程有限公司	董事长兼总经理
许春建	男	湖北龙泰建筑装饰工程有限公司	董事长兼总经理
胡圣明	男	湖北高艺集团有限公司	董事长
高　健	男	武汉旺轩建筑装饰有限公司	董事长兼总经理
童　林	男	武汉澳华装饰设计工程有限公司	总经理
熊钢发	男	武汉建工集团装饰工程有限公司	总经理
广东省（53）			
王炽文	男	广东省建筑装饰工程有限公司	副总经理
毛国强	男	中国建三局深圳装饰设计工程公司	总经理
陈婵英	女	广东省建筑装饰集团公司	董事长兼总经理
区荣大	男	广东世纪达装饰工程有限公司	董事长
叶荣恒	男	广东三水市博德精工建材有限公司	总经理
叶远西	男	深圳市广田装饰设计工程有限公司	董事长
叶大岳	男	深圳远鹏装饰设计工程有限公司	总经理
叶家豪	男	深圳市奇信装饰设计工程有限公司	董事长
王洪涛	男	广州城建开发装饰有限公司	董事长
冯　烈	男	深圳市美佳装饰设计工程有限公司	董事长
许和铁	男	广州市建筑装饰协会	理事长
杨晓芬	女	广州市第四装修有限公司	总经理
陈　军	男	东莞市三立灯饰有限公司	营销总经理
白宝鲲	男	深圳市坚朗建材有限公司	总经理
庄大建	男	汕头经济特区金刚玻璃幕墙有限公司	总经理
庄伟明	男	深圳市科源建筑装饰工程有限公司	总经理
孙尚高	男	深圳海外装饰工程公司	董事长
刘年新	男	深圳市洪涛装饰工程有限公司	董事长兼总经理
刘海云	男	深圳市建艺装饰设计工程有限公司	董事长兼总经理
何文祥	男	深圳市装饰行业协会	会　长
衣宏伟	男	深圳市美术装饰工程有限公司	董事长兼总经理
周汉智	男	广东省华侨建设工程公司	总经理
李介平	男	深圳瑞和装饰工程有限公司	董事长兼总经理
李碧辉	男	佛山市顺德区建筑装饰协会	秘书长
陈英松	男	广东省建设厅	副厅长
		广东省建筑业协会	秘书长
甘庆新	男	深圳文业装饰设计工程有限公司	总经理
陈金荣	男	广州市美术公司	总经理
汪家玉	男	深圳市建筑装饰（集团）有限公司	董事长兼总经理
沈俊强	男	深圳市晶宫设计装饰工程有限公司	总经理
王翠霞	女	深圳康利石材集团有限公司	董事长
彭国水	男	深圳市新国俊建筑装饰设计公司	董事长
胡志滨	男	深圳市海川实业公司	总经理
张朝煊	男	深圳长城家俱装饰工程有限公司	董事长兼总经理
张汝成	男	中山市盛兴幕墙有限公司	总经理
张玮文	男	深圳市南利装饰工程有限公司	总经理
张汉清	男	深圳市维业装饰设计工程有限公司	董事长
张治黄	男	深圳市深装总装饰工程工业有限公司	总经理
孙佐强	男	深圳市中航装饰设计工程有限公司	总经理

罗　忆	男	珠海市晶艺玻璃工程有限公司	总工程师
宋　祥	男	珠海市建设委员会工程科	副科长
林芷珊	女	广州珠江装修工程公司	总经理
林杭洲	男	汕头市豪华装饰工程总公司	总经理
林勇生	男	深圳方大装饰工程有限公司	总经理
吴君文	男	深圳市安星装饰设计工程有限公司	总经理
苏有玉	男	深圳市设计装饰工程有限公司	总经理
姚锐红	男	深圳华加日铝业有限公司	总经理
唐同海	男	广州市第三装修有限公司	董事长
关　超	男	华辉装修建筑工程公司	总经理
温尚霖	男	TCL 国际电工（惠州）有限公司	总经理
王　冶	男	广东省装饰总公司	总经理
梁　铭	男	深圳金粤幕墙装饰工程有限公司	董事总经理
潘育明	男	深圳市新鹏都装饰工程有限公司	董事长
庄志伟	男	深圳市深建华辉装饰工程有限公司	董事长
海南省（5）			
王　飞	男	海南金海岸装饰工程公司	总经理
刘仕伦	男	海口南光幕墙装饰工程有限公司	总经理
吴乾武	男	海南省建筑装饰协会	理事长
姜代云	男	海南金厦工程实业有限公司	董事长兼总经理
郑　涛	男	海南雅园装饰工程有限公司	董事长
广西壮族自治区（6）			
王世园	男	广西自治区建筑装饰协会	副理事长兼秘书长
刘学勤	男	南宁市建设局建筑管处	处　长
刘定真	男	广西建工集团桂港建筑装饰有限公司	总经理
黄志同	男	广西建林装饰工程有限公司	董事长
李杨柳	男	广西南宁市装饰工程有限公司	总经理
黎　明	男	南宁美格装饰公司	总经理
四川省（11）			
张桂芳	女	成都市建筑装饰协会	副秘书长
王竹宏	男	成都王安产业有限公司	董事长
陈小龙	男	中铁二局集团装饰装修工程有限公司	董事长兼总经理
陈建文	男	四川省建筑装饰协会	秘书长
何　勇	男	四川亨帝建筑装饰有限公司	总经理
赵　平	男	四川华西建筑装饰工程有限公司	总经理
常　健	男	四川省建筑装饰协会	原副会长兼秘书长
谢　宇	男	四川兴泰来装饰工程有限责任公司	总经理
杜其友	男	四川泰兴装饰工程有限公司	董事长
黄　燕	男	四川省新空间实业有限公司	总经理
龙　涛	男	成都市华达建筑装饰工程有限公司	总经理
贵州省（4）			
李　云	男	中建四局装饰工程公司	总经理
陈　林	男	贵州通海装饰工程有限责任公司	董事长兼总经理
罗醒民	男	贵州省建筑装饰协会	理事长
彭有庆	男	贵州省建筑装饰协会	秘书长
云南省（5）			
史建祥	男	云南省建设厅建筑业处	科　员
刘　燕	女	云南白杨室内设计工程有限公司	总经理

朱葆荣　男　云南省建筑装饰行业协会　理事长
黄地怀　男　云南同力建筑装饰有限公司　总经理
张达昆　男　云南旅游装饰工程有限公司　董事长

青海省（6）

马丽琼　女　青海致丰设计工程有限公司　总经理
师　健　男　青海省建筑装饰协会　秘书长
侯宝良　男　青海深青建筑装饰工程有限公司　董事长
索跃宁　男　西宁市建设局　总工程师
刘　砖　男　青海四宁建筑装潢有限公司　总经理
马静宇　男　青海海天实业有限责任公司　董事长

宁夏回族自治区（5）

王东河　男　宁夏自治区建筑厅建管处　处　长
李国梁　男　宁夏华丽建筑装饰有限公司　总工程师
史是伟　男　宁夏建筑装饰协会　理事长
徐　庆　男　银川市建委　副主任
丁梅霞　女　银川百姓住宅装饰工程有限公司　总经理

陕西省（17）

王　锋　男　陕西省建运工程有限责任公司　总经理
王跃民　男　陕西新艺华室内设计装饰有限公司　总经理
孔祥清　男　陕西省建筑装饰协会　理事长
白　磊　男　西安建筑装饰装修业协会　副会长兼秘书长
许建富　男　西安蓝宇建筑装饰工程有限责任公司　总经理
任树东　男　西安西航祥和铝业装饰工程有限公司　总经理
李精忠　男　西安多国建筑艺术装潢公司　总经理
刘兆培　男　西安发记营造建筑有限公司　董事长
杨东生　男　西安市彼特装饰工程公司　董事长
花恒久　男　中国建筑装饰协会建筑电气委员会　理事长
苑　康　男　陕西省镜寰建筑装饰实业公司　总经理
洪　涛　男　《新居室》杂志社　总编辑
冯　林　男　西安鑫龙建筑装饰工程有限公司　董事长
李永奇　男　西安飞机工业装饰装修工程股份有限公司　总经理
崔家勤　男　中国建筑装饰协会建筑电气委员会　副理事长
樊曙阳　男　陕西金华龙设计装饰有限责任公司　董事长
付　强　男　西安大彩设计工程有限责任公司　总经理

甘肃省（6）

邓仕能　男　甘肃兰穗装饰工程有限责任公司　总经理
倪敏德　男　甘肃省建筑装饰工程公司　经　理
温　浩　男　甘肃省陇海装饰工程有限责任公司　总经理
刘　武　男　甘肃省建筑企业兰山装饰设计工程公司　总经理
韩学政　男　甘肃省建筑装饰协会　常务副会长
蔡培辉　男　甘肃辉丽建筑装饰工程有限公司　董事长

新疆维吾尔自治区（6）

刘燕虹　男　新疆城市建筑装饰设计院　董事长
克依木木胡提　男　乌鲁木齐市建筑装饰协会　会　长
叶家权　男　新疆华凌建筑装饰设计工程有限公司　总经理
赵　林　男　新疆建工集团二建装饰公司　总经理
钱少华　男　新疆建工(集团)二建公司　副总经理
曹永清　男　新疆建筑业协会　副会长兼秘书长

第二部分

行业公告

建设部批准 2004 年主项资质装饰工程专业承包一级幕墙工程专业承包一级企业名单

2004 年 12 月 30 日，建设部发出建设部公告[2004]300 号《关于公布 2004 年建筑业企业资质升级企业名单的公告》，公告指出，根据《中华中华人民共和国建筑法》和《建筑业企业资质管理规定》（建设部令第 87 号），我部对 2004 年申请升级的建筑业企业进行了资质审查。现将我部批准的 1137 家建筑业企业名单予以公布。特此公告。

其中，主项资质等级建筑装修装饰工程专业承包一级企业 132 家，主项资质等级建筑幕墙工程专业承包一级企业 16 家。

全国原有主项资质等级建筑装修装饰工程专业承包一级企业 572 家，增加了 132 家，现为 704 家；全国原有主项资质等级建筑幕墙工程专业承包一级企业 90 家，增加了 16 家，现为 106 家。

同时具有一级装饰施工和甲级装饰设计资质的企业原有 276 家，增加了 12 家，现为 288 家；同时具有一级幕墙施工和甲级幕墙设计资质的企业原有 74 家，增加了 3 家，现为 77 家。

中国建筑装饰协会信息部

中国建筑装饰协会信息咨询委员会

二〇〇五年一月三日

主项资质等级建筑装修装饰工程专业承包一级企业名单

序号	证书编号	企业名称	法定代表人
1	B1034011010107	北京市辅仁装饰工程有限公司	刘　巍
2	B1034011010808	北京广鑫元装饰装修工程有限公司	林广扬
3	B1037011010503	北京大信施装饰工程有限公司	郑基云
4	B1034011022802	北京修一装饰工程有限公司	徐安国
5	B1037011010203	北京鹏信装饰设计有限公司	樊禄云
6	B1034011010901	北京深港装饰工程有限公司	李　伟
7	B1034011011504	北京环洋经典建筑发展有限责任公司	胡　戎
8	B1037011010204	北京艺豪建筑装饰设计工程有限公司	叶　红
9	B1034011010902	北京辰辉建筑安装工程有限公司	付素河
10	B1034011011302	北京高辉汇能装饰工程有限公司	刘福才
11	B1034011011505	北京利福源装饰工程公司	谢利中
12	B1034011010809	北京南艺建筑装饰工程有限公司	庄秋靓
13	B1037011010504	北京晶艺中盛装饰工程有限公司	邱奕宝
14	B1034011011506	北京乾建防水装饰工程有限责任公司	张岩刚
15	B1032011010601	北京威格玛建筑装饰工程公司	王金福
16	B1034111010501	北京金碧筑业装饰工程有限公司	韩元富
17	B1031012010201	天津市捷荣装饰实业公司	杨春发
18	B1034012010501	天津市福莱特装饰设计工程有限公司	李云飞
19	B1034031010105	上海东亚联合装饰有限公司	徐　闯
20	B1031031010401	上海美术设计公司	王濂洪
21	B1034031011002	上海中远汇丽建筑装潢有限公司	刘　勇
22	B1034031010903	上海鹿岛建设公司	王金来
23	B1034031012001	上海意迅装饰设计工程有限公司	田砚勤
24	B1036031011501	上海富强建筑装饰有限公司	金宗伟
25	B1031031010101	上海盛勤建筑装饰工程有限公司	尹顺林

续　表

26	B1033050011301	重庆冠龙装饰工程公司	聂光华
27	B1034050011201	重庆木林森建筑装饰设计工程有限公司	刘文贤
28	B1034013090201	河北中原环保装饰有限公司	刘计锁
29	B1034013070301	石家庄市佳林装饰工程有限公司	崔维敏
30	B1034013010502	石家庄市大宇装饰工程有限公司	李志琴
31	B1034014088201	山西安民装饰工程有限公司	薛安民
32	B1034014010601	山西鑫天成建筑装饰工程有限公司	杜建明
33	B1034014010602	山西圣通装饰工程有限公司	刘哲彪
34	B1034015060201	内蒙古大盟装饰工程有限公司	金　侯
35	B1034023010202	黑龙江东北通圆建筑装饰工程有限公司	杨雪飞
36	B1034023010308	黑龙江乔信建筑装饰工程有限公司	葛志刚
37	B1034023010402	黑龙江圣龙建筑装饰工程有限公司	李　勇
38	B1034022010203	吉林省正业通建筑装饰有限责任公司	安宏伟
39	B1034022010103	吉林省腾跃装饰装璜有限公司	李淑芝
40	B1037022010401	长春长江装饰装璜有限公司	温铁义
41	B1034022040201	辽源市五一装饰工程有限公司	汪进文
42	B1034021010204	辽宁嘉春装饰工程有限公司	丁嘉春
43	B1034021070201	辽宁凌云装饰装修工程有限公司	凌　云
44	B1034021010203	沈阳建筑装饰装修有限公司	刘文利
45	B1034021010401	沈阳市飞翔装饰有限公司	刘兴贵
46	B1034021010205	沈阳迅兴建筑设计装饰工程有限公司	孙洪利
47	B1034021020103	大连开建装饰工程有限公司	王　震
48	B1034021021303	大连金州华厦建筑装饰工程有限公司	孙学金
49	B1034021020104	大连乾豪建筑装饰工程有限公司	王晓光
50	B1034021021302	大连阿尔滨集团装饰工程有限公司	赵明阳
51	B1034021020101	大连嘉丽装饰工程有限公司	罗淼麟
52	B1034021020102	大连中信建筑设计装饰工程有限公司	董　学
53	B1034021020302	大连五环建筑装饰工程有限公司	曲　祥
54	B1034021020303	大连泰桑建筑装饰工程公司	丁兆连
55	B1037021020201	大连百施得装修有限公司	李竹桥
56	B1034021020401	大连嘉源装饰工程有限公司	杜曼曼
57	B1034037060203	山东文芝建筑装饰工程有限公司	李文艺
58	B1034037010204	山东富达装饰工程有限公司	于明杰
59	B1034037020204	青岛德才装饰安装工程有限公司	叶德才
60	B1034037020205	青岛威尔工程有限公司	王晓培
61	B1034037021201	青岛海尔家居集成股份有限公司	杨绵绵
62	B1034037060204	烟台市正泰装饰工程有限公司	曲在本
63	B1034037090201	泰安市华威装饰有限责任公司	李　建
64	B1032037070501	潍坊市装饰发展总公司	傅继礼
65	B1034032010306	江苏省宝隆装饰工程有限公司	胡志英
66	B1034032080201	江苏南国装饰工程有限公司	周兴道
67	B1034032010307	江苏信达装饰工程有限公司	汪锡明

续 表

68	B1034032101101	苏州国贸建筑装饰工程有限公司	马朝明
69	B1034032058302	苏州市天一实业有限公司	顾旭明
70	B1034032050106	苏州合展设计营造有限公司	沈晨冰
71	B1034032058102	常熟华联装璜工程有限责任公司	沈俊元
72	B1034032058301	昆山市华鼎装饰有限公司	袁振红
73	B1034032080001	淮安苏源装饰工程有限公司	高　超
74	B1031032100201	扬州市华发装饰装璜配套公司	梁云彪
75	B1034032068301	南通四建装饰工程有限公司	瞿羌军
76	B1034034010106	安徽鑫明装饰有限责任公司	孙玉明
77	B1034034010107	安徽省恒瑞建筑装饰设计工程有限公司	陈子峰
78	B1037036010201	江西伟谊装饰工程有限公司	马加宁
79	B1034033011001	浙江天工装饰工程有限公司	封福良
80	B1034033078101	浙江加兰装饰工程有限公司	杨庭贵
81	B1034033078302	浙江省东阳市中南建筑装饰有限公司	蒋正伟
82	B1034033040201	浙江雅迪装饰工程有限公司	陈　刚
83	B1034033080001	浙江开达装饰工程有限公司	翁小明
84	B1034033010901	浙江深美装饰工程有限公司	沈宝兴
85	B1034033010603	杭州南华建筑装饰工程有限公司	陈剑殷
86	B1034033030202	温州市中天装饰工程有限公司	李　胜
87	B1034033010402	杭州大昌盛建筑装饰工程有限公司	赵祥林
88	B1034033050201	湖州市建工集团建筑装饰有限公司	王仲元
89	B1034033028201	慈溪市新豪城装饰有限公司	赵晓权
90	B1033035050201	福建同成装饰设计工程有限公司	黄范斌
91	B1034035090201	福建省安消装饰工程有限公司	周　松
92	B1034035030201	福建科贝建筑装饰工程有限公司	林亚冶
93	B1034035050103	福建省明隆装饰工程有限公司	颜少明
94	B1034035060201	福建省豪门装饰工程有限公司	黄金武
95	B1034035050401	福建联胜装璜有限公司	林嵩山
96	B1034035010103	福州榕都装饰工程有限公司	宋秀云
97	B1034035010401	福州星美装饰绿化工程有限公司	郑伙霖
98	B1033035220301	厦门市金腾建筑装饰工程有限公司	卢彩金
99	B1034035020606	厦门百利达设计装饰工程有限公司	赵龙民
100	B1034035052101	泉州市美家装饰工程有限公司	连明泉
101	B1034035050304	泉州新时代装饰工程有限公司	康安玉
102	B1034035050305	泉州亚特装璜有限公司	翁锦瑞
103	B1104041010101	郑州市联升建筑装饰设计有限公司	杨恩席
104	B1034041010501	河南和信装饰工程有限公司	姚晓峰
105	B1034042010204	湖北恒辉建筑装饰工程有限公司	徐汉群
106	B1034042010603	湖北艺海建筑装饰工程有限公司	阎　坤
107	B1034042010301	湖北当代建筑装饰工程有限公司	杨庆和
108	B1034042010205	武汉科艺建筑装饰设计工程有限公司	杨杰宗
109	B1034042010502	武汉建开装饰工程有限责任公司	童建国

续 表

110	B1034042011103	武汉东湖设计装饰有限责任公司	李 重
111	B1034042010302	武汉银翰艺术工程有限公司	杨继东
112	B1034043020401	湖南艺光装饰装璜有限责任公司	陈光河
113	B1034044030424	深圳市飞龙装饰设计工程有限公司	彭仁亚
114	B1034044030425	深圳市中装设计装饰工程有限公司	邓会生
115	B1034044030305	深圳市艺建装饰设计工程有限公司	史绍光
116	B1031044030421	深圳市三九装饰工程有限公司	罗国海
117	B1034044040202	珠海市建安建筑装饰工程有限公司	李金宝
118	B1034044060401	佛山市中南装饰工程有限公司	犟书宽
119	B1034053011201	云南海天装饰工程有限公司	周仲青
120	B1034053010202	云南科达装饰设计工程有限公司	王永红
121	B1034052010301	贵州泰源装饰工程有限公司	陈锦武
122	B1034052010101	贵州华顺鸿腾装饰工程公司	廖 勇
123	B1034052010302	贵州家喻装饰工程有限公司	胡家玉
124	B1034051010604	成都市四建装饰有限责任公司	廖晓东
125	B1034051010105	成都倍特装饰工程有限公司	柳荣春
126	B1034061010402	陕西大洋立恒装饰有限公司	杨坤伟
127	B1034061010302	陕西碧煌装饰工程有限公司	陈碧煌
128	B1034062010212	甘肃兰艺建筑装饰设计工程有限公司	石 岩
129	B1034062010213	甘肃活泉装饰工程有限公司	寇林恩
130	B1034062010214	甘肃嘉祥建筑装饰工程有限公司	吕风玲
131	B1034062010215	甘肃金信设计装饰工程有限公司	狄建林
132	B1034046010103	海南中智维建筑装饰工程有限公司	王慧民

主项资质等级建筑幕墙工程专业承包一级企业名单

序号	证书编号	企 业 名 称	法定代表人
1	B1044011011502	北京兴安门窗墙装饰工程有限公司	潘俊清
2	B1044011010603	北京新燕幕墙装饰工程有限公司	董 光
3	B1044011010604	北京建兴泰建设科技有限责任公司	夏春阳
4	B1044031011402	上海远大铝业工程有限公司	康宝华
5	B1044013030201	秦皇岛开发区秦渤装饰工程有限公司	张桂芳
6	B1044023010802	哈尔滨东轻幕墙装饰有限公司	翟春城
7	B1041036010301	江西建工装璜公司	徐锦刚
8	B1044033038101	瑞安市建筑装璜公司	谢永进
9	B1044042010301	武汉凌宏建筑装饰工程有限公司	阳德广
10	B1044044030701	深圳市信义幕墙装饰工程有限公司	李贤义
11	B1046044030503	深圳南玻幕墙工程有限公司	卢文辉
12	B1044044040201	珠海大潮幕墙实业有限公司	王平政
13	B1044046010102	海南新华黎明幕墙有限公司	黄桂洲
14	B1044052010301	贵州金冠幕墙产品开发公司	杨丽萍
15	B1044021010503	沈阳太美幕墙网架工程有限公司	胡静波
16	B1044051010501	四川关内平原设计装饰技术工程有限责任公司	张世忠

建设部批准

703家一级建筑装修装饰工程、106家一级建筑幕墙工程专业承包、427家甲级建筑装饰工程设计、125家甲级建筑幕墙工程设计企业名单

2001 年下半年，建设部对全国建筑业企业，包括建筑装修装饰工程专业承包企业和建筑幕墙工程专业承包企业进行资质就位工作，先后分五批——2001 年 10 月 6 日建设部公告第 38 号、2002 年 1 月 16 日建设部公告第 42 号、4 月 15 日建设部公告第 44 号、6 月 28 日建设部公告第 49 号审定。分别批准主业为建筑装修装饰工程专业承包一级资质企业第一批 14 家、第二批 66 家、第三批 118 家、第四批 268 家、第五批 9 家，共 475 家。

2004 年 3 月 1 日，建设部发出《关于公布 2003 年建筑业企业资质升级企业名单的公告》，其中，主业为建筑装修装饰工程专业承包一级资质企业 96 家，全国 29 个省市区（不包括港、澳、台）现共有 571 家。同时具有一级装饰施工和甲级装饰设计资质的企业增加了 46 家，共 277 家（注△者）。

2004 年 3 月 1 日之前，建设部分别批准主业为建筑幕墙工程专业承包一级资质企业第二批 12 家、第三批 23 家、第四批 55 家，共 89 家。2004 年 3 月 1 日，建设部发出《关于公布 2003 年建筑业企业资质升级企业名单的公告》，其中，主业为建筑幕墙工程专业承包一级资质企业 1 家，全国 18 个省市区现共有 90 家。同时具有一级幕墙施工和甲级幕墙设计资质的企业增加了 5 家，共 74 家（注△者）。

建设部自 1990 年 11 月 17 日以（90）建设字第 60 号文件对建筑装饰工程设计企业实行资质等级、市场准入制度以来，1992 年 11 月 9 日进行了修订并以建设[1992]786 号文件颁发，2001 年 1 月 9 日再次修订并以建设[2001]9 号文件颁发《建筑装饰工程设计企业资质等级标准》。

2004 年 3 月 9 日，建设部建筑市场管理司做出《关于批准北京高能筑博建筑设计有限公司等 33 家企业工程设计资质转正及中山市中明格兰特幕墙装饰实业有限公司等 10 家企业工程设计资质延期转正的通知》（建市设函[2004]13 号），其中，建筑装饰专项工程设计甲级资质转正企业 10 家、建筑幕墙专项工程设计甲级资质转正企业 1 家。

2004 年 3 月 23 日，建设部发出公告第 219 号《建设部关于公布批准的工程设计资质企业及第五批建筑工程设计事务所名单的公告》，其中有建筑装饰专项工程设计甲级资质企业 74 家。全国 26 个省市区现共有 427 家甲级建筑装饰工程设计企业。同时具有甲级装饰设计和一级装饰施工资质的企业增加了 45 家，共 276 家（注△者）。

建设部自 2000 年 6 月 30 日颁发《建筑幕墙工程设计专项资质分级标准》（建设[2000]126 号），对建筑幕墙工程设计企业实行资质等级、市场准入制度以来，2004 年 3 月 23 日增加了建筑幕墙专项工程甲级资质企业 12 家，全国 20 个省市现共有 125 家甲级建筑幕墙工程设计企业。同时具有甲级幕墙设计和一级幕墙施工资质的企业增加了 5 家，共 74 家（注△者）。

2004 年 12 月 30 日，建设部发出建设部公告[2004]300 号《关于公布 2004 年建筑业企业资质升级企业名单的公告》，公告指出，根据《中华中华人民共和国建筑法》和《建筑业企业资质管理规定》（建设部令第 87 号），我部对 2004 年申请升级的建筑业企业进行了资质审查。现将我部批准的 1137 家建筑业企业名单予以公布。

其中，主项资质等级建筑装修装饰工程专业承包一级企业 131 家，主项资质等级建筑幕墙工程专业承包一级企业 16 家。

全国原有主项资质等级建筑装修装饰工程专业承包一级企业 572 家，现为 703 家；全国原有主项资质等级建筑幕墙工程专业承包一级企业 90 家，现为 106 家。同时具有一级装饰施工和甲级装饰设计资质的企业原有 277 家，增加了 12 家，现为 289 家（注△者）；同时具有一级幕墙施工和甲级幕墙设计资质的企业原有 74，增加了 3 家，现为 77 家（注△者）。

现公布如下，排序不分先后。

中国建筑装饰协会信息部

中国建筑装饰协会信息咨询委员会

二〇〇五年三月三日

全国703家建筑装修装饰工程专业承包一级资质企业名单

北京市（103家）

1. 中国建筑一局装饰公司△
2. 中国建筑装饰工程公司△
3. 中铁建厂工程局装饰工程总公司
4. 中信室内装修工程公司△
5. 东方泰隆建筑装饰工程有限公司
6. 国润建设有限公司
7. 北京市京深装饰工程公司
8. 北京中建恒基建设投资有限公司
9. 北京菲尼有限公司△
10. 北京巍明建筑装饰工程有限公司
11. 北京弘高建筑装饰设计工程有限公司△
12. 北京市建筑工程装饰公司△
13. 北京金丰环球远大装饰工程有限公司△
14. 北京洲际建筑装饰设计与工程有限责任公司△
15. 北京港源建筑装饰工程有限公司△
16. 北京国都建筑装饰工程有限公司△
17. 中艺建筑装饰有限公司
18. 北京花旗建设发展有限公司△
19. 北京城建长城装饰工程有限责任公司△
20. 北京燕佳建筑工程有限公司
21. 北京筑邦建筑装饰工程有限公司△
22. 北京神龙建筑装饰工程有限公司△
23. 北京聚鑫装璜工程有限责任公司
24. 北京中建华腾装饰工程有限公司△
25. 北京侨信装饰工程有限公司△
26. 北京津樑装饰工程有限责任公司△
27. 北京益置建安装饰有限公司
28. 北京房修二华泰建筑装饰工程有限公司
29. 北京诺思威建筑装饰工程有限公司
30. 北京捷通机房设备工程有限公司
31. 北京爱地鑫装饰艺术有限责任公司
32. 北京华尊装饰工程有限责任公司
33. 北京永通建筑装饰工程发展有限公司
34. 北京建峰建设装饰工程集团△
35. 北京市金厦艺林装饰装修工程有限公司
36. 北京美仑装饰工程有限公司
37. 北京优高雅装饰工程有限公司
38. 北京迅航装饰工程有限责任公司
39. 北京丽贝亚建筑装饰工程有限公司△
40. 北京中建乐孚装饰工程有限责任公司
41. 北京华开建安装饰工程有限公司
42. 北京天图设计工程有限公司△
43. 北京金碧合力建筑设计工程有限公司
44. 北京长迪建筑装饰工程有限公司
45. 北京扶桑建筑装饰有限公司△
46. 北京清华工美建筑装饰工程有限公司△
47. 北京嘉寓装饰工程有限公司
48. 北京中远广田装饰工程有限公司
49. 北京贝盟国际建筑装饰工程有限公司△
50. 北京龙头建筑装饰工程有限公司
51. 北京住总装饰公司△
52. 北京建谊建筑工程有限公司△
53. 北京华夏建筑装饰工程有限公司
54. 北京市上瑞装饰工程有限责任公司
55. 北京国建建筑装饰工程有限公司
56. 北京中建科装饰工程有限责任公司
57. 北京艺成园装修设计有限公司
58. 中建二局装饰工程公司△
59. 北京宏美特艺建筑装饰设计工程公司
60. 北京市建筑装饰设计工程公司△
61. 中国装饰有限公司△
62. 北京东华绿源装饰工程有限公司
63. 北京市创意达装饰公司
64. 北京恒宇建筑装饰工程有限公司
65. 北京银都世纪装饰工程有限责任公司
66. 北京市凯伯特装饰工程有限公司
67. 北京今典装饰工程有限公司
68. 清华大学土建工程承包总公司
69. 北京道丰建设投资有限公司
70. 北京荔恒元装饰有限责任公司
71. 北京建兴达建筑门窗有限责任公司
72. 北京磊鑫装饰设计工程有限公司
73. 北京市富美达建筑装饰工程公司
74. 北京硕泽建筑装饰工程有限公司
75. 北京皇家建筑装饰工程有限公司
76. 北京中建海外装饰工程有限公司
77. 北京艺力设计工程有限公司
78. 北京中冠建筑装饰有限责任公司
79. 北京中建华昊装饰工程有限公司
80. 北京百合装饰有限公司
81. 北京鸿建装饰工程有限公司
82. 北京市厚洋装饰有限责任公司
83. 北京新唐建筑装饰工程有限责任公司
84. 北京市太通建筑装饰公司
85. 北京市崇文城建装饰装修工程公司
86. 北京天龙装饰公司
87. 北京登峰装饰工程有限公司

88．北京市辅仁装饰工程有限公司
89．北京广鑫元装饰装修工程有限公司
90．北京大信施装饰工程有限公司
91．北京修一装饰工程有限公司
92．北京鹏信装饰设计有限公司
93．北京深港装饰工程有限公司
94．北京环洋经典建筑发展有限责任公司
95．北京艺豪建筑装饰设计工程有限公司
96．北京辰辉建筑安装工程有限公司
97．北京高辉汇能装饰工程有限公司
98．北京利福源装饰工程公司
99．北京南艺建筑装饰工程有限公司
100．北京晶艺中盛装饰工程有限公司
101．北京乾建防水装饰工程有限责任公司
102．北京威格玛建筑装饰工程公司
103．北京金碧筑业装饰工程有限公司

天津市（15家）

1．金丰环球装饰工程（天津）有限公司△
2．中国建筑第六工程局装饰工程公司△
3．天津市南洋装饰工程公司
4．天津市昆仑工程装饰公司
5．天津市鲁班建筑装饰公司
6．天津恒益建筑装饰工程有限公司△
7．天津市建设装饰工程公司
8．天津华惠安信装饰工程有限公司
9．天津美图装饰设计工程有限公司
10．天津市艺术建筑装饰联合公司
11．天津天美室内外装饰有限公司
12．天津市圣美装饰工程有限公司
13．天津市国厦装饰机电工程有限公司
14．天津市捷荣装饰实业公司
15．天津市福莱特装饰设计工程有限公司

上海市（45家）

1．中建三局东方装饰设计工程公司△
2．华鼎建筑装饰工程有限公司△
3．上海建筑装饰（集团）有限公司△
4．上海中企建筑装饰工程有限公司△
5．上海新丽装饰工程有限公司△
6．上海康业建筑装饰工程有限公司△
7．上海市建筑装饰工程有限公司△
8．上海海直建设工程公司△
9．上海蓝天房屋装饰工程公司
10．上海大华装饰工程有限公司△
11．上海正方建筑装饰工程有限公司
12．上海美达建筑装潢工程有限公司
13．上海东尼建筑装饰有限公司
14．上海现代建筑设计（集团）有限公司
15．上海世家装饰实业有限公司
16．上海华亮建筑装饰有限公司
17．上海景泰建筑装潢有限公司△
18．上海恒利益建装潢工程有限公司
19．上海健尔斯装饰工程有限公司△
20．上海东昌建筑装饰工程有限公司△
21．上海金茂建筑装饰有限公司
22．上海华懋建筑装饰工程有限公司
23．上海锦丽华建筑装潢工程有限公司
24．上海申雅装饰工程有限公司
25．上海室内装饰（集团）有限公司△
26．上海华晖装饰装修工程有限公司
27．上海住总集团建筑装饰有限公司△
28．上海艺高装饰工程有限公司
29．上海建筑装饰集团申兴装饰工程公司
30．上海优高雅建筑装饰有限公司
31．上海宏誉建筑装潢有限公司
32．上海住安建筑装饰工程公司△
33．上海建威建筑装饰工程有限公司
34．上海南市建筑装饰有限公司
35．上海鸿立装饰设计工程有限公司
36．上海福兴建筑装潢有限公司
37．上海秋元华林建筑装饰有限公司
38．上海东顺建筑工程有限公司
39．上海东亚联合装饰有限公司
40．上海美术设计公司△
41．上海中远汇丽建筑装潢有限公司
42．上海鹿岛建设公司
43．上海意迅装饰设计工程有限公司
44．上海富强建筑装饰有限公司
45．上海盛勤建筑装饰工程有限公司

重庆市（18家）

1．重庆渝远建筑工程设计装饰有限公司△
2．重庆港庆建筑装饰有限公司△
3．重庆金梭装饰设计工程有限公司△
4．重庆德辉装饰工程有限公司△
5．重庆港鑫建筑装饰设计工程有限公司△
6．重庆皇城装饰工程公司△
7．重庆金宇装饰工程有限公司△
8．重庆志宇建筑装饰工程有限公司△
9．重庆宏图装饰工程有限公司△
10．重庆大方建筑装饰设计工程有限公司△
11．重庆金飞建筑装饰工程有限公司△
12．重庆聚金建筑装饰工程有限公司
13．重庆东方建筑装饰（集团）有限公司△
14．重庆海狼装饰有限公司
15．重庆三荣实业发展有限责任公司

16. 重庆立信装饰工程有限公司
17. 重庆冠龙装饰工程公司
18. 重庆木林森建筑装饰设计工程有限公司

河北省（21家）

1. 河北建设集团装饰工程有限公司△
2. 河北长城建筑装饰工程公司△
3. 河北斯特龙装饰工程有限公司△
4. 河北省四建装饰工程公司△
5. 石家庄市大吉装饰有限公司
6. 石家庄常宏建筑装饰工程有限公司△
7. 石家庄特艺达装饰工程有限公司△
8. 石家庄市通力建筑装饰工程有限公司△
9. 石家庄雅虹装饰设计工程有限公司△
10. 石家庄宏昌建筑装饰集团公司
11. 石家庄市博宏装饰工程有限公司
12. 唐山方舟建筑装饰工程有限公司△
13. 唐山市集林装饰有限公司
14. 唐山市唐新装饰设计工程有限公司△
15. 秦皇岛市富立装饰有限公司△
16. 秦皇岛市金盛达装饰工程有限公司
17. 秦皇岛艺腾装饰工程有限公司
18. 保定白云建筑装饰有限责任公司△
19. 河北中原环保装饰有限公司
20. 石家庄市佳林装饰工程有限公司△
21. 石家庄市大宇装饰工程有限公司

山西省（7家）

1. 山西省建筑装饰工程总公司
2. 山西万兴隆装璜设计有限公司
3. 香港神采设计装饰工程山西有限公司
4. 山西三利装饰有限公司△
5. 山西安民装饰工程有限公司
6. 山西鑫天成建筑装饰工程有限公司
7. 山西圣通装饰工程有限公司

内蒙古自治区（2家）

1. 内蒙古永新建筑装饰工程有限公司
2. 内蒙古大盟装饰工程有限公司

黑龙江省（18家）

1. 黑龙江国光建筑装饰工程有限公司△
2. 黑龙江省高维建筑装饰工程有限公司△
3. 黑龙江长城装饰工程有限公司△
4. 黑龙江四海园装饰有限公司△
5. 黑龙江省喜盈门建筑装饰工程有限公司
6. 哈尔滨君艺建筑装饰有限公司
7. 哈尔滨市亚泰装饰工程有限公司
8. 哈尔滨世纪千华建筑装饰工程有限公司
9. 哈尔滨建大建筑装饰机电工程有限公司
10. 鹤岗市中北金利建筑装饰工程有限公司△
11. 双鸭山市黑鸭子装饰有限责任公司
12. 大庆市华隆建筑装饰公司
13. 哈尔滨东志建筑装饰工程有限公司
14. 哈尔滨新长城建筑装饰设计工程有限公司
15. 黑龙江志阳装饰工程有限公司
16. 黑龙江东北通圆建筑装饰工程有限公司
17. 黑龙江乔信建筑装饰工程有限公司
18. 黑龙江圣龙建筑装饰工程有限公司

吉林省（13家）

1. 吉林省凯基建筑装饰工程有限责任公司
2. 吉林省百洋装饰集团有限公司
3. 吉林省太阳神建筑装饰工程有限公司△
4. 吉林省浩昌装饰工程有限公司
5. 长春东方装璜工程有限公司△
6. 长春建工温馨鸟建筑装饰有限公司
7. 吉林省建筑装饰集团有限公司△
8. 一汽实业建筑装饰工程有限责任公司
9. 吉林化建环艺装饰工程有限公司
10. 吉林省正业通建筑装饰有限责任公司
11. 吉林省腾跃装饰装璜有限公司
12. 长春长江装饰装璜有限公司
13. 辽源市五一装饰工程有限公司

辽宁省（33家）

1. 辽宁东联装饰工程有限公司
2. 辽宁三立美术装饰工程公司
3. 辽宁荣昌装饰装修工程有限公司△
4. 沈阳嘉丰装饰设计工程有限公司△
5. 沈阳瑞德装饰工程有限公司△
6. 沈阳白云穗港装饰工程有限公司△
7. 沈阳市中元建筑装饰工程公司△
8. 沈阳大洋装饰工程有限公司
9. 沈阳海鸟装饰工程有限公司△
10. 大连盛大建筑装饰工程有限总公司△
11. 大连建筑设计装饰工程有限公司△
12. 大连通信装修工程有限公司
13. 大连红太装饰工程公司
14. 大连豪特建筑装饰设计工程有限公司
15. 澳连建筑装饰工程有限公司△
16. 丹东画院装饰工程有限公司△
17. 沈阳中联装饰工程有限公司
18. 辽宁集美装饰工程有限公司
19. 辽宁嘉春装饰工程有限公司△
20. 辽宁凌云装饰装修工程有限公司
21. 沈阳建筑装饰装修有限公司△
22. 沈阳市飞翔装饰有限公司
23. 沈阳迅兴建筑设计装饰工程有限公司
24. 大连开建装饰工程有限公司

25. 大连金州华厦建筑装饰工程有限公司
26. 大连乾豪建筑装饰工程有限公司
27. 大连阿尔滨集团装饰工程有限公司
28. 大连嘉丽装饰工程有限公司
29. 大连中信建筑设计装饰工程有限公司△
30. 大连五环建筑装饰工程有限公司
31. 大连泰桑建筑装饰工程公司
32. 大连百施得装修有限公司
33. 大连嘉源装饰工程有限公司

山东省（44家）

1. 山东省鸿鑫工程有限公司△
2. 山东天元建设集团装饰工程(临沂)有限公司
3. 山东万得福装饰工程有限公司△
4. 山东剑桥装饰工程有限公司△
5. 山东省永降装饰工程有限公司△
6. 山东省齐鲁装饰设计院△
7. 山东展鸿华商装饰工程有限公司△
8. 山东省装饰集团总公司△
9. 山东德泰装饰有限公司△
10. 山东福缘来装饰有限公司△
11. 山东德丰装饰工程有限公司
12. 山东雅都建筑装饰有限公司
13. 青岛雅托装饰有限公司
14. 青岛东亚建筑装饰有限公司△
15. 青岛市装饰集团公司△
16. 青岛金楷装饰工程有限公司
17. 青岛颐金建筑装饰工程有限公司
18. 青岛希尔装饰装潢有限公司△
19. 中国建筑第八工程局装饰公司
20. 济南盛顺装饰有限责任公司△
21. 淄博美达装饰设计工程有限公司
22. 淄博政联装饰工程有限公司△
23. 蓬莱文成建筑装饰工程有限公司
24. 烟台宫苑建筑装饰工程有限公司
25. 烟台天成建筑装饰工程有限公司△
26. 潍坊鸢港装饰工程有限公司
27. 潍坊百汇装饰工程有限公司
28. 日照市蓝天实业有限公司
29. 泰安精英装饰有限责任公司△
30. 泰安鲁润装饰装潢有限责任公司△
31. 泰安市鲁泉装饰工程公司
32. 泰安金缔建筑装饰工程有限公司
33. 青岛大造装饰工程有限公司
34. 青岛格里法装饰设计工程有限公司
35. 烟台建源建筑装饰有限公司
36. 山东福思特建筑装饰有限公司
37. 山东文艺建筑装饰工程有限公司
38. 山东富达装饰工程有限公司
39. 青岛德才装饰安装工程有限公司
40. 青岛威尔工程有限公司
41. 青岛海尔家居集成股份有限公司
42. 烟台市正泰装饰工程有限公司
43. 泰安市华威装饰有限责任公司
44. 潍坊市装饰发展总公司

江苏省（62家）

1. 江苏绿美艺建筑装饰设计工程有限公司
2. 江苏众达装饰有限公司
3. 江苏建设装饰工程公司△
4. 江苏雄国装饰工程有限责任公司△
5. 江苏省新江南营造集团华宇装饰有限公司
6. 江苏港宁装璜有限公司△
7. 江苏鼎宏装饰工程有限责任公司△
8. 江苏旭日新装饰有限公司
9. 江苏省装饰幕墙工程有限公司
10. 南京长岛建筑装饰工程有限公司△
11. 南京柏森实业有限责任公司△
12. 南京百会装饰工程有限公司△
13. 南京装饰工程有限公司△
14. 南京金陵建筑装饰有限责任公司△
15. 南京深圳装饰安装工程公司△
16. 南京市时代装饰工程公司
17. 南京金陵国际装饰设计工程实业有限公司
18. 南京富海装饰工程有限公司△
19. 南京香江华建工程有限公司△
20. 南京市室内装饰工程有限公司△
21. 南京装饰联合总公司△
22. 南京金鸿装饰工程有限公司△
23. 中外合资南京皇冠装饰工程有限公司
24. 苏州金螳螂建筑装饰股份有限公司△
25. 苏州工业园区美瑞德建筑装饰有限公司△
26. 苏州工业园区国发国际建筑装饰工程有限公司△
27. 苏州市建筑装饰工程有限公司
28. 苏州金鼎建筑装饰工程有限公司△
29. 苏州市华丽美登装饰装璜有限公司
30. 苏州苏明装饰有限公司△
31. 常熟市新苑地建筑装饰工程有限公司
32. 苏州华宇建筑装饰工程有限公司
33. 镇江市华泰建筑装饰工程有限公司△
34. 南通市建筑装饰装璜公司
35. 扬州日模邗沟装饰工程有限公司△
36. 中惠(江苏)建筑装饰工程有限公司
37. 无锡长城装璜有限公司
38. 无锡市江大建筑装饰工程有限公司△

39．宜兴京城装饰工程有限公司
40．常州市华东装璜总公司
41．江苏环亚建设工程有限公司
42．常泰建筑装璜工程有限公司△
43．武进市华盛装饰公司
44．武进市装璜工程总公司
45．盐城七彩虹建筑装饰工程有限公司
46．长江建筑装饰工程有限公司
47．南京建发装饰工程有限公司
48．南京恒建装饰（集团）有限公司
49．南京环达装饰工程有限公司
50．江苏国大装饰工程有限公司
51．无锡市华东建筑装饰工程有限责任公司
52．江苏省宝隆装饰工程有限公司
53．江苏南国装饰工程有限公司
54．江苏信达装饰工程有限公司
55．苏州国贸建筑装饰工程有限公司
56．苏州市天一实业有限公司
57．苏州合展设计营造有限公司△
58．常熟华联装璜工程有限责任公司
59．昆山市华鼎装饰有限公司
60．淮安苏源装饰工程有限公司
61．扬州市华发装饰装璜配套公司
62．南通四建装饰工程有限公司

安徽省（12家）

1．安徽东怡装饰工程有限公司△
2．安徽省装饰工程公司
3．安徽安兴建设装饰设计工程有限责任公司
4．安徽合肥泰利美术装饰公司
5．安徽省徽商集团创元装饰工程有限公司
6．安徽恒信装饰工程有限责任公司△
7．安徽华誉装饰工程有限公司
8．合肥达美建筑装饰工程有限责任公司
9．合肥建工装饰工程有限责任公司
10．马鞍山市艺建装饰有限责任公司
11．安徽鑫明装饰有限责任公司
12．安徽省恒瑞建筑装饰设计工程有限公司

浙江省（30家）

1．浙江金鼎建筑装饰工程有限公司△
2．浙江广艺建筑装饰工程有限公司
3．浙江飞耀装潢工程有限公司
4．浙江华天装饰工程有限公司
5．浙江亚厦装饰集团有限公司△
6．浙江银建装饰工程有限公司
7．浙江省嵊州市环影装饰工程有限公司
8．浙江福田建筑装饰工程有限公司
9．杭州大宇装饰有限公司
10．杭州装潢工程有限公司
11．杭州萧山建筑装饰实业有限公司
12．武林建筑工程有限公司△
13．宁波建乐建筑装潢有限公司△
14．温州云艺装饰有限公司△
15．嘉兴市大都市装饰有限责任公司
16．浙江省省直飞天装饰工程股份有限公司
17．浙江名邦装饰工程有限公司
18．宁波大丰装饰工程有限公司
19．浙江正华装饰设计工程有限公司
20．浙江天工装饰工程有限公司
21．浙江加兰装饰工程有限公司
22．浙江省东阳市中南建筑装饰有限公司
23．浙江雅迪装饰工程有限公司
24．浙江开达装饰工程有限公司
25．浙江深美装饰工程有限公司
26．杭州南华建筑装饰工程有限公司
27．温州市中天装饰工程有限公司
28．杭州大昌盛建筑装饰工程有限公司
29．湖州市建工集团建筑装饰有限公司
30．慈溪市新豪城装饰有限公司

湖南省（14家）

1．中国建筑第五工程局建筑装饰公司△
2．湖南吉粤装饰有限公司△
3．湖南驷马装饰设计工程有限公司△
4．湖南建工集团装饰工程有限公司△
5．湖南六建装饰设计工程有限责任公司△
6．湖南四建华银工程有限公司
7．湖南华意建筑装修装饰有限公司
8．湖南省中南建设装饰总公司△
9．湖南省建筑装饰总公司△
10．湖南银华装饰有限公司
11．湖南通程建筑装饰工程有限公司
12．长沙广大建筑装饰有限公司
13．长沙市新宇建筑装饰工程有限公司
14．湖南艺光装饰装璜有限责任公司

江西省（17家）

1．江西利达装饰工程有限公司△
2．江西圳昌装饰工程有限公司△
3．江西融城建筑装饰工程有限公司△
4．江西省电力装璜有限责任公司
5．江西南方建筑装潢配套公司△
6．江西省室内装饰成套工程总公司
7．江西龙华建筑装饰工程有限公司
8．江西省康盛广告装饰工程有限公司△
9．南昌金昌装饰设计工程有限公司△
10．南昌长江建筑装饰工程公司△

11. 赣州装饰工程公司△
12. 赣州市天星装饰工程有限公司
13. 江西省美华建筑装饰工程有限责任公司
14. 江西建工装潢公司△
15. 吉安装饰工程总公司
16. 江西陆海建设工程有限公司
17. 江西伟谊装饰工程有限公司

福建省（54家）

1. 福建省泉州宏星装璜有限公司△
2. 福建天华建筑装饰工程有限公司△
3. 福建京华装饰装修有限公司
4. 福建省室内成套用品设计装修公司
5. 福建金亨装饰设计工程有限公司△
6. 福建金三角装饰工程有限公司△
7. 福建嘉华装饰工程有限公司△
8. 福建喜来登设计装饰工程有限公司
9. 福建省五建装修装饰工程公司△
10. 福建永盛设计装饰工程有限公司△
11. 福建隆恩建筑装饰工程有限公司△
12. 福建海山装饰装修工程有限公司
13. 福州融港侨装饰设计有限公司
14. 福州市兴雅达装饰装修有限公司△
15. 武夷装修工程（福州）有限公司△
16. 厦门华丽设计装修工程有限公司△
17. 厦门艺发装饰有限公司△
18. 厦门东方设计装修工程有限公司△
19. 厦门泛华工程有限公司
20. 厦门辉煌装修工程有限公司△
21. 合程(厦门)建筑装饰工程有限公司
22. 泉州市豪太装饰工程有限公司
23. 泉州粤港装饰工程有限公司△
24. 兴美（福建）装饰工程有限公司
25. 福州市康辉装修工程有限公司
26. 福州市直形象策划有限公司
27. 福州鹏程建筑装修设计工程有限公司
28. 福建雅利达安装装修工程有限公司
29. 福州永裕装璜装修工程有限公司
30. 福州经济技术开发区时代装修有限公司
31. 福州柏联装璜装修有限公司
32. 福建国广一叶建筑装饰设计工程有限公司
33. 厦门市美裕装修设计工程有限公司
34. 厦门市港龙装修工程有限公司
35. 厦门金威集团有限公司
36. 厦门市华盟装修工程有限公司
37. 厦门建利设计装修有限公司
38. 厦门邮电纵横装饰工程有限公司
39. 厦门市海富装修工程有限公司
40. 厦门市泉艺设计装饰工程有限公司
41. 厦门龙安盛装修工程有限公司
42. 福建同成装饰设计工程有限公司
43. 福建省安消装饰工程有限公司
44. 福建科贝建筑装饰工程有限公司
45. 福建省明隆装饰工程有限公司
46. 福建省豪门装饰工程有限公司
47. 福建联胜装璜有限公司△
48. 福州榕都装饰工程有限公司
49. 福州星美装饰绿化工程有限公司
50. 厦门市金腾建筑装饰工程有限公司
51. 厦门百利达设计装饰工程有限公司
52. 泉州市美家装饰工程有限公司
53. 泉州新时代装饰工程有限公司
54. 泉州亚特装璜有限公司

河南省（11家）

1. 河南省江海集团建筑装饰工程有限公司
2. 河南泛亚数码建设有限公司
3. 河南省亚太工程有限公司
4. 河南省大鹏装饰工程有限公司△
5. 中国建筑第七工程局建筑装饰工程公司△
6. 郑州康利达装饰工程有限公司△
7. 周口豫深装饰工程有限公司
8. 洛阳天鹰装饰工程有限公司△
9. 中国建筑二局洛阳装饰工程公司
10. 郑州市联升建筑装饰设计有限公司
11. 河南和信装饰工程有限公司

湖北省（25家）

1. 湖北鼎元建筑装饰工程有限公司△
2. 湖北华艺装饰设计工程有限公司
3. 湖北龙泰建筑装饰工程有限公司△
4. 湖北翔宇置业发展有限公司△
5. 湖北凌志装饰工程有限公司△
6. 湖北星辰房地产装饰工程有限公司△
7. 湖北美格建筑装饰设计工程有限公司
8. 武汉建工集团装饰工程有限公司△
9. 武汉华达建筑装饰设计工程有限公司△
10. 德信物业发展(武汉)有限公司
11. 武汉市鑫金建筑安装装饰工程有限公司△
12. 武汉恒华装饰工程有限公司
13. 武汉旺轩建筑装饰有限公司△
14. 武汉市方正装饰工程有限公司△
15. 普时(武汉)建筑安装工程有限公司
16. 武汉澳华装饰设计工程有限公司
17. 武汉豪强装饰工程有限公司△
18. 湖北珠江龙装饰设计工程有限公司△
19. 湖北恒辉建筑装饰工程有限公司

20．湖北艺海建筑装饰工程有限公司
21．湖北当代建筑装饰工程有限公司△
22．武汉科艺建筑装饰设计工程有限公司
23．武汉建开装饰工程有限责任公司
24．武汉东湖设计装饰有限责任公司
25．武汉银翰艺术工程有限公司

广东省（81家）

1．中国联和承造实业有限公司△
2．广东建雅室内工程设计施工有限公司△
3．广东广发装饰工程公司
4．广东华艺装饰工程有限公司
5．广东省装饰总公司△
6．广东省集美设计工程公司△
7．广东省建筑装饰工程有限公司△
8．广东省华侨建筑装饰公司△
9．广东省八建集团装饰工程有限公司
10．广东开平二建集团装饰工程公司△
11．广东省建筑装饰集团公司△
12．广东省美术设计装修工程公司△
13．广州城建开发装饰有限公司△
14．广州珠江装修工程公司△
15．广州市设计院工程建设总承包公司△
16．广州市美术公司△
17．广东建华装饰工程有限公司
18．广州市第一装修公司
19．广州市第二装修公司
20．广州市第三装修有限公司△
21．广州市第四装修公司△
22．华辉装修建筑工程有限公司△
23．深圳市华典装饰工程有限公司△
24．深圳市广胜达装饰设计工程有限公司△
25．深圳市特艺达装饰设计工程有限公司△
26．深圳市科信建筑装饰设计工程有限公司
27．深圳圳通工程有限公司
28．深圳市建艺装饰设计工程有限公司△
29．深圳市新鹏都装饰工程有限公司△
30．深圳新科特种装饰工程公司△
31．深圳市设计装饰工程有限公司
32．深圳市深建华辉装饰工程有限公司△
33．深圳市深装总装饰工程工业有限公司△
34．深圳长城家俱装饰工程有限公司△
35．深圳市南利装饰工程有限公司△
36．深圳市洪涛装饰工程有限公司△
37．深圳市建筑装饰(集团)有限公司△
38．深圳粤航装饰设计工程公司△
39．深圳市美术装饰工程有限公司△
40．深圳市晶宫设计装饰工程有限公司△
41．深圳城市建筑装饰工程有限公司△
42．深圳远鹏装饰设计工程有限公司△
43．深圳瑞和装饰工程有限公司△
44．深圳市美芝装饰设计工程有限公司△
45．深圳市广田装饰设计工程有限公司△
46．深圳市维业装饰设计工程有限公司△
47．深圳华丽装修家私企业公司△
48．深圳市华南装饰设计工程有限公司△
49．深圳市奇信装饰设计工程有限公司△
50．深圳市中航装饰设计工程有限公司△
51．深圳市黎源建筑设计装饰工程公司
52．深圳海外装饰工程公司△
53．深圳市科源建筑装饰工程有限公司△
54．深圳市茂华装饰工程有限公司△
55．深圳市宝鹰装饰设计工程有限公司△
56．深圳市新国俊建筑装饰设计工程有限公司△
57．深圳市华剑装饰设计工程有限公司△
58．深圳市文业装饰设计工程有限公司△
59．中国建筑第三工程局深圳装饰设计工程公司△
60．汕头市建安装饰工程总公司△
61．汕头市晶莹建筑装饰安装有限公司
62．汕头市振侨装修工程总公司
63．汕头经济特区建华国际装饰工程有限公司△
64．韶关市粤源建筑装饰工程有限公司
65．江门市绿之洲建筑装饰工程有限公司
66．广东世纪达装饰工程有限公司△
67．广东中泓设计工程有限公司
68．广州珠江建筑装饰集团公司
69．珠海美吉丽装饰工程有限公司△
70．深圳市博大装饰工程有限公司△
71．深圳市安星装饰设计工程有限公司
72．深圳市嘉信装饰设计工程有限公司
73．深圳市中建南方装饰工程有限公司
74．广东爱得威建筑装饰安装工程有限公司
75．中山市中银装饰工程有限公司
76．深圳市飞龙装饰设计工程有限公司
77．深圳市中装设计装饰工程有限公司△
78．深圳市艺建装饰设计工程有限公司
79．深圳市三九装饰工程有限公司
80．珠海市建安建筑装饰工程有限公司
81．佛山市中南装饰工程有限公司△

海南省（7家）

1．海南金厦工程实业公司△
2．海南中汇建筑装饰工程有限公司△
3．海南雅园装饰工程有限公司△
4．海南金海岸装饰工程有限公司△
5．海南皇城装饰实业有限公司

6. 海南嘉恒建筑装饰工程有限公司△
7. 海南中智维建筑装饰工程有限公司

广西壮族自治区（2家）

1. 广西建林装饰工程有限责任公司
2. 广西建工集团桂港建筑装饰有限公司△

四川省（16家）

1. 四川金惠建筑装饰工程有限公司
2. 四川怡安建设工程有限公司△
3. 四川华西建筑装饰工程有限公司△
4. 四川泰兴装饰工程有限责任公司△
5. 四川兴泰来装饰工程有限责任公司△
6. 四川亨帝建筑装饰有限公司△
7. 四川省三通企业(集团)有限责任公司△
8. 中铁二局集团装饰装修工程有限公司△
9. 中铁四局集团建筑装璜有限公司
10. 成都导向设计装饰工程有限公司△
11. 成都粤海装饰工程有限公司△
12. 成都合诚工程有限公司
13. 四川华尔派建筑装饰工程有限公司
14. 四川时代装饰工程有限公司△
15. 成都市四建装饰有限责任公司
16. 成都倍特装饰工程有限公司

云南省（12家）

1. 云南白杨建筑装饰工程有限公司△
2. 云南艺峰装饰有限公司△
3. 云南龙都装饰设计工程公司△
4. 云南泰信装饰工程有限公司△
5. 云南同力建筑装饰有限公司
6. 云南凯捷装饰工程有限公司
7. 云南艺隆装修有限公司△
8. 云南翼发装饰工程有限公司△
9. 云南高新装饰工程有限公司
10. 云南万成装饰工程有限责任公司
11. 云南海天装饰工程有限公司
12. 云南科达装饰设计工程有限公司

甘肃省（18家）

1. 甘肃省建筑企业兰山装饰设计工程公司△
2. 甘肃丽新建筑装饰有限公司
3. 甘肃辉丽建筑装饰工程有限公司△
4. 甘肃金牛装饰工程有限责任公司△
5. 甘肃兰穗装饰工程有限责任公司
6. 甘肃省建筑装饰工程公司△
7. 甘肃陇海装饰工程有限责任公司△
8. 兰州宁远艺术装璜有限责任公司△
9. 兰州亚美装饰工程有限责任公司
10. 甘肃奇龙装饰有限公司
11. 兰州豪斯设计装饰有限责任公司△
12. 甘肃麦岛广告装饰工程有限公司
13. 甘肃恒安装饰工程有限公司
14. 甘肃同大建筑环艺工程有限公司△
15. 甘肃兰艺建筑装饰设计工程有限公司
16. 甘肃活泉装饰工程有限公司
17. 甘肃嘉祥建筑装饰工程有限公司
18. 甘肃金信设计装饰工程有限公司△

陕西省（16家）

1. 陕西艺林装饰工程有限公司△
2. 陕西省镜寰装饰实业有限公司△
3. 西安市建筑装饰工程总公司△
4. 陕西金华龙设计装饰工程有限责任公司
5. 西安市多国建筑艺术装潢公司△
6. 西安市鑫龙建筑装饰工程有限公司△
7. 西安市彼特装饰工程公司△
8. 西安洪涛装饰设计工程有限公司△
9. 西安发记营造建筑有限公司△
10. 西安泛华建筑装饰工程有限责任公司
11. 耀华建筑装饰工程有限公司△
12. 西安艺格建筑装饰工程有限责任公司
13. 西安市蓝码克装修工程（集团）有限公司
14. 西安铭山装饰装修工程有限公司△
15. 陕西大洋立恒装饰有限公司
16. 陕西碧煌装饰工程有限公司

宁夏回族自治区（1家）

1. 宁夏爱华建筑装饰工程有限公司

贵州省（5家）

1. 中国建筑第四工程局装饰工程公司
2. 贵州通海装饰工程有限责任公司
3. 贵州泰源装饰工程有限公司
4. 贵州华顺鸿腾装饰工程公司
5. 贵州家喻装饰工程有限公司

新疆维吾尔自治区（1家）

1. 新疆羚羊建筑装饰企业有限公司

全国106家建筑幕墙工程专业承包一级资质企业名单

北京市（10家）

1. 北京建黎铝门窗幕墙有限公司△
2. 北京江河幕墙装饰工程有限公司△
3. 北京北方建磊装饰装修有限公司△

4. 北京京藤幕墙工程有限公司
5. 北京南隆建筑装饰工程有限公司△
6. 北京鸿恒基幕墙装饰工程公司△
7. 北京泓申铝质工程有限责任公司△
8. 北京兴安门窗墙装饰工程有限公司
9. 北京新燕幕墙装饰工程有限公司
10. 北京建兴泰建设科技有限责任公司

天津市（2家）

1. 天津建工幕墙装饰有限公司
2. 天津市华方幕墙装饰工程有限公司△

上海市（15家）

1. 上海科胜幕墙有限公司△
2. 上海信安幕墙建筑装饰有限公司△
3. 上海富艺幕墙工程有限公司△
4. 上海杰思工程实业有限公司△
5. 上海住总金属结构件有限公司△
6. 上海美特幕墙有限公司△
7. 上海邝沛幕墙有限公司△
8. 上海迪蒙幕墙工程技术有限公司△
9. 上海高新铝质工程合作公司△
10. 上海华艺铝制品有限公司△
11. 上海东江建筑装饰工程有限公司△
12. 上海金桥瑞和装饰工程有限公司△
13. 上海金浦装潢工程有限公司
14. 和兴玻璃铝业（上海）有限公司△
15. 上海远大铝业工程有限公司△

河北省（4家）

1. 河北振海铝业集团有限公司△
2. 石家庄市海山建筑装饰工程总公司△
3. 秦皇岛渤海铝幕墙装饰工程有限公司△
4. 华北铝业有限公司△

辽宁省（12家）

1. 沈阳黎明门窗幕墙制造安装工程公司△
2. 沈阳凯达铝业工程有限公司△
3. 沈阳军鼎建筑装饰装修工程有限公司△
4. 沈阳黎东幕墙装饰有限公司△
5. 沈阳飞机制造公司铝合金结构工程公司△
6. 沈阳黎新玻璃幕墙有限公司
7. 沈阳凯兴装饰工程有限公司△
8. 沈阳远大铝业工程有限公司△
9. 中外合资辽宁东林瑞那斯股份有限公司
10. 海城桦峪铝业工程有限公司
11. 鞍山市永安集团有限公司
12. 沈阳太美幕墙网架工程有限公司

山东省（5家）

1. 山东津单幕墙有限公司△
2. 山东天幕集团总公司△
3. 青岛永鑫幕墙有限公司△
4. 山东雄狮建筑装饰工程有限公司△
5. 秦皇岛开发区秦渤装饰工程有限公司

江苏省（12家）

1. 江苏省建伟幕墙装饰工程有限公司△
2. 江苏合发集团有限责任公司△
3. 江苏苏鑫装饰(集团)公司△
4. 江苏锡厦铝业有限公司△
5. 南京金中建幕墙装饰有限公司△
6. 南京开元黎星铝塑幕墙有限公司
7. 常州黎明玻璃幕墙工程有限公司△
8. 常州华艺铝型材有限公司△
9. 武进市苏南建筑装璜工程公司
10. 常熟市华丽坚装饰工程有限公司
11. 无锡王兴幕墙装饰工程有限公司△
12. 锡山市金城金属门窗安装有限公司△

浙江省（5家）

1. 浙江宝业幕墙装饰有限公司△
2. 杭州东升铝幕墙装璜有限公司△
3. 温州市亚飞铝窗有限公司△
4. 上虞市亚厦铝业有限公司
5. 瑞安市建筑装璜公司

福建省（1家）

1. 福州联丰建筑装饰工程有限公司

湖南省（2家）

1. 中建(长沙)不二幕墙装饰有限公司△
2. 中国建筑第五工程局金属门窗厂△

湖北省（4家）

1. 武汉凌云建筑装饰工程有限公司△
2. 湖北高艺装饰工程有限公司△
3. 武汉高鹏装饰工程有限公司
4. 武汉凌宏建筑装饰工程有限公司

广东省（21家）

1. 广东粤铝建筑装饰有限公司
2. 广东科浩幕墙工程有限公司△
3. 广州铝材厂装饰工程公司△
4. 广州铝质装饰工程有限公司△
5. 深圳中航幕墙工程有限公司△
6. 深圳金粤幕墙装饰工程有限公司△
7. 深圳市光华中空玻璃工程有限公司△
8. 深圳市瑞华幕墙装饰工程有限公司△
9. 深圳市三鑫特种玻璃技术股份有限公司△
10. 深圳粤源装饰工程有限公司△
11. 深圳华加日铝业有限公司△
12. 深圳市方大装饰工程有限公司△

13．珠海兴业幕墙工程有限公司△
14．珠海市红海幕墙有限公司△
15．珠海市晶艺玻璃工程有限公司△
16．中山市盛兴股份有限公司△
17．汕头经济特区金刚玻璃幕墙有限公司△
18．南海市兴发幕墙门窗有限公司△
19．深圳市信义幕墙装饰工程有限公司△
20．深圳南玻幕墙工程有限公司
21．珠海大潮幕墙实业有限公司

重庆市（1家）

1．重庆西南铝装饰工程有限公司△

海南省（2家）

1．海口南光幕墙装饰工程有限公司△
2．海南新华黎明幕墙有限公司△

云南省（2家）

1．云南门窗工程公司△
2．昆明市室内装饰配套公司

四川省（3家）

1．四川华西蜀港装饰工程有限公司△
2．成都铝合金豪华装饰工程公司
3．四川关内平原设计装饰技术工程有限责任公司

陕西省（2家）

1．西安飞机工业装饰装修工程股份有限公司△
2．陕西中金装饰工程有限公司

贵州省（1家）

1．贵州金冠幕墙产品开发公司

黑龙江省（1家）

1．哈尔滨东轻幕墙装饰有限公司

江西省（1家）

1．江西建工装璜公司△

全国427家建筑装饰工程设计甲级资质企业名单

北京市（49家）

1．中国建筑装饰工程公司△
2．中国装饰有限公司△
3．中建一局装饰公司△
4．中寰艺高建筑装饰工程有限公司
5．中建科产业有限公司装饰设计有限公司
6．中外园林建设总公司
7．中信室内装修工程公司△
8．五洋建筑装饰工程有限公司
9．华堂建筑装修工程有限公司
10．希利德建筑装饰工程有限公司
11．北方环境艺术装修公司
12．北京中建华腾装饰工程有限公司△
13．北京清华工美环境艺术设计所△
14．北京市建筑工程装饰公司△
15．北京市建筑装饰设计工程公司△
16．北京市泛华装饰工程有限责任公司
17．北京菲尼有限公司△
18．北京港源建筑装饰工程有限公司△
19．北京建峰建设装饰工程集团△
20．北京建谊建筑工程有限公司△
21．北京金丰环球远大建筑工程有限公司△
22．北京侨信装饰工程有限公司△
23．北京贝盟国际建筑装饰工程有限公司△
24．北京洲际建筑装饰设计与工程有限公司△
25．北京住总装饰公司△
26．北京筑邦建筑装饰工程有限公司△
27．北京弘高建筑装饰设计工程有限公司△
28．北京国建展示装饰设计公司
29．北京华美装饰工程公司
30．北京中房长虹装饰工程公司
31．北京宝科技术开发中心
32．北京正华建筑设计事务所
33．北京市辛迪森建筑装饰设计工程有限公司
34．北京中建银舍建筑装饰有限公司
35．北京城建长城装饰工程有限责任公司△
36．北京人福工程设计公司
37．北京房修艺建筑设计有限责任公司
38．北京国伟装饰工程有限公司
39．北京津梁装饰工程有限责任公司△
40．北京丽贝亚建筑装饰工程有限公司△
41．北京天图设计工程有限公司△
42．北京国都建筑装饰工程有限公司△
43．北京扶桑建筑装饰有限公司△
44．北京花旗建设发展有限公司△
45．中国光大国际经济技术合作有限公司
46．中国新兴建设开发总公司
47．北京神龙建筑装饰工程有限公司△
48．北京北方天宇建筑装饰有限责任公司
49．中铁建工集团北京装饰工程有限公司

上海市（25家）

1．中建三局东方装饰设计工程公司△
2．华鼎建筑装饰工程有限公司△
3．上海市建筑装饰工程有限公司△
4．上海市大华装饰工程有限公司△
5．上海建筑装饰（集团）总公司△

6. 上海景泰建筑装潢工程公司　△
7. 上海康业建筑装饰工程有限公司△
8. 上海新丽装饰工程有限公司△
9. 上海东江建筑装饰工程有限公司
10. 上海民利室内装修承包工程公司
11. 上海索艺建筑工程咨询有限公司
12. 上海敦煌建筑设计有限公司
13. 上海同济室内设计工程公司
14. 上海中企建筑装饰工程有限公司△
15. 上海住总集团建筑装饰设计所△
16. 上海东昌建筑装饰工程有限公司△
17. 上海健尔斯装饰工程有限公司△
18. 上海海直建设工程公司△
19. 上海蓝天房屋装饰工程公司
20. 上海海艺建设股份有限公司
21. 上海华辉装饰工程有限公司
22. 苏中建设集团股份有限公司
23. 上海美术设计公司△
24. 上海室内装饰（集团）有限公司△
25. 上海市住安建筑发展有限公司△

天津市（5家）

1. 金丰环球装饰工程(天津)有限公司△
2. 中建六局装饰工程公司△
3. 屹昌装饰设计工程（天津）有限公司
4. 天津开发区艺豪环境设计有限公司
5. 天津恒益建筑装饰工程有限公司

重庆市（19家）

1. 重庆港庆建筑装饰设计有限公司△
2. 重庆宏图装饰工程有限公司△
3. 重庆大方建筑装饰设计工程有限公司△
4. 重庆西南铝型材装饰装修工程公司
5. 重庆志宇建筑装饰工程有限公司△
6. 重庆皇城装饰工程公司△
7. 重庆东方建筑装饰（集团）有限公司△
8. 重庆川美实业有限公司
9. 重庆渝远建筑工程设计装饰有限公司△
10. 重庆金宇装饰工程有限公司△
11. 重庆港鑫建筑装饰设计工程有限公司△
12. 重庆金梭装饰设计工程有限公司△
13. 重庆金字塔装饰公司
14. 四川美术学院设计装饰公司
15. 华康装饰（重庆）有限公司
16. 重庆金飞建筑装饰工程有限公司△
17. 重庆木林森建筑装饰设计工程公司△
18. 广厦重庆建筑装饰工程有限公司
19. 重庆德辉装饰工程有限公司△

广东省（70家）

1. 中国联和承造实业有限公司△
2. 广东建雅室内工程设计施工有限公司△
3. 广东省华侨建设工程公司
4. 广东省华侨建筑装饰配套公司△
5. 广东省集美设计工程公司△
6. 广东省建筑装饰工程有限公司△
7. 广东省建筑装饰集团公司△
8. 广东省装饰总公司△
9. 广东建设实业公司
10. 广州市中联设计工程公司
11. 广州珠江建筑装饰集团公司
12. 广州市设计院工程建设总承包公司△
13. 广州市白云山建筑装修工程公司
14. 广州市城建总公司装饰有限公司△
15. 广州市第三装修有限公司△
16. 广州市第四装修有限公司△
17. 广州市美术公司△
18. 广州珠江装修工程公司△
19. 华辉装修建筑工程公司△
20. 深圳市建筑装饰（集团）有限公司△
21. 深圳市洪涛装饰工程有限公司△
22. 深圳市深装总装饰工程工业总公司△
23. 深圳长城家俱装饰工程有限公司△
24. 深圳海外装饰工程公司△
25. 深圳市南利装饰工程有限公司△
26. 深圳华丽装修家私企业公司△
27. 深圳瑞和装饰工程有限公司△
28. 深圳市广田装饰设计工程有限公司△
29. 深圳市华南装饰设计工程有限公司△
30. 深圳市建艺装饰设计工程公司△
31. 深圳市晶宫设计装饰工程公司△
32. 深圳市科源建筑装饰工程有限公司△
33. 深圳市美术装饰工程有限公司△
34. 深圳市美芝装饰工程有限公司△
35. 深圳市奇信装饰设计工程有限公司△
36. 深圳市深建华辉装饰工程有限公司△
37. 深圳市维业建筑设计工程有限公司△
38. 深圳市新鹏都装饰工程有限公司△
39. 深圳市粤航设计装饰工程公司△
40. 深圳文业装饰设计工程有限公司△
41. 深圳新科特种装饰工程公司△
42. 深圳远鹏装饰设计工程有限公司△
43. 深圳市中航装饰设计工程有限公司△
44. 深圳市新国俊建筑装饰设计工程有限公司△
45. 深圳市安星装饰设计工程有限公司

46. 深圳市宝鹰装饰设计工程有限公司△
47. 中建三局深圳装饰设计工程公司△
48. 广东开平二建集团公司装饰工程公司△
49. 广东世纪达装饰工程有限公司△
50. 汕头经济特区建华国际装饰工程有限公司△
51. 广东建华装饰工程有限公司
52. 广东省美术设计装修工程公司△
53. 深圳市华剑装饰设计工程有限公司△
54. 深圳粤源装饰工程有限公司
55. 深圳市广胜达装饰设计工程有限公司△
56. 深圳市茂华装饰工程有限公司△
57. 深圳市特艺达装饰设计工程有限公司△
58. 深圳蛇口建筑装饰工程公司△
59. 汕头市爱富兰装饰工程有限公司
60. 汕头市百得建筑装饰设计有限公司
61. 深圳市华典装饰工程有限公司△
62. 广东中弘设计工程有限公司
63. 珠海市美吉丽装饰工程有限公司△
64. 汕头市建安装饰工程总公司△
65. 佛山市中南装饰工程有限公司△
66. 揭阳市新理念装饰设计有限公司
67. 深圳市中装设计装饰工程有限公司△
68. 深圳市博大装饰工程有限公司△
69. 深圳艺涛装饰设计工程有限公司
70. 广东永耀设计顾问有限公司

江苏省（33家）

1. 江苏省建筑装饰设计研究院
2. 江苏港宁装璜有限公司△
3. 江苏雄国装饰工程有限责任公司△
4. 江苏友联建设有限总公司
5. 苏州金鼎建筑装饰工程有限公司△
6. 苏州金螳螂建筑装饰有限公司△
7. 苏州工业园区国发国际建筑装饰工程有限公司△
8. 苏州苏明装饰有限公司△
9. 南京装饰工程有限公司△
10. 南京长岛建筑装饰工程有限公司△
11. 南京金鸿装饰工程有限公司△
12. 南京金陵建筑装饰工程有限责任公司△
13. 南京深圳装饰安装工程有限公司△
14. 南京佳的环境空间设计有限公司
15. 南京柏森实业有限公司△
16. 南京市室内装饰工程有限公司△
17. 南京装饰联合总公司△
18. 扬州日模邗沟装饰工程有限责任公司△
19. 镇江市华泰建筑装饰工程有限公司△
20. 常泰建筑装璜工程有限公司△
21. 东方华圣（常州）建筑装饰有限公司
22. 无锡东方新格环境设计装饰工程有限公司
23. 无锡市江大建筑装饰工程有限公司△
24. 南京富海装饰工程有限公司△
25. 南京香江华建工程有限公司△
26. 南京百会装饰工程有限公司△
27. 江苏华盛装饰工程有限公司
28. 江苏建设装饰工程公司△
29. 苏州建筑装饰设计研究院有限公司
30. 苏州工业园区美瑞德建筑装饰有限公司△
31. 苏州合展设计营造有限公司△
32. 江苏鼎宏装饰工程有限责任公司△
33. 南京万方装饰设计工程有限公司

河北省（20家）

1. 中建二局装饰工程公司△
2. 河北省室内装饰工程有限公司
3. 河北省四建装饰工程公司△
4. 河北斯特龙装饰工程有限公司△
5. 河北省石家庄市通力建筑装饰工程有限公司△
6. 唐山市唐新装饰设计工程有限公司△
7. 石家庄常宏建筑装饰工程有限公司△
8. 石家庄雅虹装饰设计工程有限公司△
9. 唐山建设（集团）公司
10. 石家庄市博宏装饰工程有限公司
11. 保定白云建筑装饰有限责任公司△
12. 河北建设集团装饰工程有限公司△
13. 石家庄市佳林装饰工程有限公司△
14. 河北长城建筑装饰工程公司△
15. 石家庄特艺达装饰工程有限公司△
16. 河北正信建筑装饰工程有限公司
17. 河北新中原建筑装饰工程有限公司
18. 秦皇岛市富立建筑装饰有限公司△
19. 唐山方舟建筑装饰工程有限公司△
20. 石家庄市博宏装饰工程有限公司

内蒙古自治区（1家）

1. 中房集团新雅建设装饰有限公司

辽宁省（33家）

1. 辽宁海外装饰工程有限公司
2. 辽阳市胜利装潢工程有限公司
3. 沈阳飞机工业集团铝合金结构工程公司
4. 沈阳黎东幕墙装饰有限公司
5. 沈阳新帝装饰工程有限公司
6. 沈阳白云穗港装饰工程有限公司△
7. 沈阳讯兴建筑设计装饰工程有限公司
8. 沈阳天地建设发展有限公司
9. 沈阳海鸟装饰工程有限公司△

10. 沈阳远大铝业工程有限公司
11. 沈阳东宇环境艺术工程设计有限责任公司
12. 沈阳市范·兄弟设计有限公司
13. 澳连建筑装饰工程有限公司△
14. 大连建筑设计装饰工程有限公司△
15. 大连市建筑装饰设计研究院
16. 大连盛大建筑装饰工程有限总公司△
17. 大连壹阁室内装饰设计有限公司
18. 大连中信建筑设计装饰工程有限公司△
19. 丹东画院建筑装饰工程公司△
20. 营口瑞那斯铝业有限公司
21. 鲁迅美术学院艺术工程总公司
22. 锦州市美华装饰装修工程有限公司
23. 辽宁恒烽装饰有限公司
24. 沈阳瑞德装饰工程有限公司△
25. 沈阳市中元建筑装饰工程公司△
26. 辽宁荣昌装饰装修工程有限公司△
27. 辽宁嘉春装饰工程有限公司△
28. 沈阳嘉丰装饰设计工程有限公司△
29. 辽宁日林建设集团建筑设计研究院
30. 沈阳日汇装饰工程设计有限公司
31. 锦州凌云装饰装修工程有限责任公司
32. 沈阳天野装饰工程有限公司
33. 沈阳建筑装饰装修有限公司△

吉林省（3家）

1. 吉林省建筑装饰集团有限公司
2. 吉林省太阳神建筑装饰工程有限公司△
3. 长春东方装潢工程有限公司△

黑龙江省（6家）

1. 黑龙江国光建筑装饰工程有限公司△
2. 黑龙江高维建筑装饰设计有限公司△
3. 哈尔滨新长城建筑装饰设计工程有限公司
4. 鹤岗市中北金利建筑装饰工程有限公司△
5. 黑龙江长城装饰工程有限公司△
6. 黑龙江四海园装饰有限公司△

山东省（23家）

1. 中建八局装饰公司
2. 山东省装饰集团总公司△
3. 山东齐鲁装饰设计院△
4. 山东永隆建筑装饰工程有限公司△
5. 山东展鸿华商装饰工程有限公司△
6. 山东剑桥装饰工程有限公司△
7. 山东德泰装饰有限公司△
8. 山东万德福装饰工程有限公司△
9. 青岛东亚装饰总公司△
10. 青岛市装饰集团公司△
11. 泰安鲁润装饰装潢有限责任公司△
12. 山东精英装饰有限公司△
13. 山东省鸿鑫工程有限公司△
14. 青岛希尔空间设计事业有限公司△
15. 青岛格里法装饰设计工程有限公司
16. 淄博市政联装饰工程有限公司△
17. 安艺格建筑装饰工程有限责任公司
18. 中国建筑第八工程局第二建筑公司
19. 青岛金楷装饰工程有限公司
20. 山东福缘来装饰有限公司△
21. 青岛建设装饰集团有限公司
22. 济南盛顺装饰有限责任公司△
23. 烟台天成建筑装饰工程有限公司△

江西省（12家）

1. 江西圳昌装饰工程有限公司△
2. 江西南方建筑装璜配套公司△
3. 江西粤昌装饰设计工程有限公司
4. 江西省康盛广告装饰工程有限公司△
5. 江西融城建筑装饰工程有限公司△
6. 江西利达装饰工程有限公司△
7. 江西美华建筑装饰工程有限公司
8. 赣州装饰工程公司△
9. 赣州市跨世纪装饰有限责任公司
10. 南昌长江建筑装饰总公司△
11. 南昌金昌装饰设计工程有限公司△
12. 江西建工装璜公司△

浙江省（10家）

1. 浙江省室内装饰公司
2. 浙江金鼎建筑装饰工程有限公司△
3. 浙江亚厦装饰集团有限公司△
4. 杭州国美建筑装饰设计有限公司
5. 杭州典尚建筑装饰设计有限公司
6. 温州市云艺建筑装饰设计院△
7. 杭州潘天寿环境艺术设计有限公司
8. 杭州天澜建筑装饰设计院有限公司
9. 武林建筑工程有限公司△
10. 宁波建乐建筑建潢有限公司△

福建省（22家）

1. 福建天华建筑装饰工程有限公司△
2. 福建省泉州宏星装璜有限公司△
3. 福建嘉华装饰工程有限公司△
4. 福建天正装修工程有限公司
5. 福建隆恩建筑装饰工程有限公司△
6. 福建永盛设计装饰工程有限公司△
7. 福州国广一叶建筑装饰工程有限公司
8. 福建金亨装饰设计工程有限公司△

9．武夷装修工程（福州）有限公司△
10．泉州粤港装饰工程有限公司△
11．厦门市港龙装修工程有限公司
12．厦门建利设计装修有限公司
13．厦门华丽设计装修工程有限公司△
14．厦门东方设计装修工程有限公司△
15．厦门辉煌装修工程有限公司△
16．厦门艺发装饰有限公司△
17．福建省五建装修装饰工程公司△
18．福建省兴雅达装饰装修工程有限公司△
19．福建金三角装饰工程有限公司
20．厦门市路桥景观艺术公司
21．晋江市豪斯装璜有限公司
22．福建联胜装潢有限公司△

河南省（6家）

1．郑州康利达装饰工程有限公司△
2．中建七局建筑装饰工程公司△
3．河南省大鹏装饰工程有限公司△
4．河南穆氏设计装饰有限公司
5．洛阳天鹰装饰工程有限公司△
6．中国建筑第七工程局第三建筑公司

湖北省（18家）

1．湖北中南信业建筑装饰工程公司
2．湖北高艺装饰工程有限公司
3．湖北鼎元建筑装饰工程有限公司△
4．湖北龙泰建筑装饰工程有限公司△
5．武汉华达建筑装饰设计工程有限公司△
6．武汉凌云建筑装饰工程有限公司
7．武汉建工集团装饰工程有限公司△
8．武汉市鑫金建筑安装装饰工程有限公司△
9．湖北翔宇置业发展有限公司△
10．武汉市方正装饰工程有限公司△
11．湖北凌志装饰工程有限公司△
12．湖北羿天建筑装饰设计有限公司
13．湖北当代建筑装饰工程有限公司△
14．湖北珠江龙装饰设计工程有限公司△
15．湖北星辰装饰工程有限公司△
16．武汉东方艺术装饰工程有限公司
17．武汉豪强装饰工程有限公司△
18．武汉旺轩建筑装饰有限公司△

湖南省（10家）

1．中建五局建筑装饰公司△
2．湖南省水利水电勘测设计研究总院
3．湖南先锋装饰设计工程有限公司
4．湖南吉粤装饰有限公司
5．湖南华天装饰有限公司
6．湖南建工集团装饰工程有限公司
7．湖南六建装饰设计工程有限责任公司
8．湖南省中南建设装饰总公司
9．湖南省建筑装饰总公司
10．湖南驷马装饰设计工程有限公司

安徽省（4家）

1．安徽恒信装饰工程有限责任公司△
2．安徽艺源建筑艺术设计有限责任公司
3．安徽东怡装饰工程有限公司△
4．安徽省电力设计院

广西壮族自治区（1家）

1．广西建工集团桂港建筑装饰公司△

海南省（6家）

1．海南中汇建筑装饰工程有限公司△
2．海南中建建筑装饰设计工程公司
3．海南金海岸装饰工程公司△
4．海南金厦工程实业公司△
5．海南雅园装饰工程有限公司△
6．海南嘉恒建筑装饰工程有限公司△

四川省（11家）

1．中铁二局集团装饰装修工程有限公司△
2．四川华西建筑装饰工程有限公司△
3．四川三通企业集团有限公司△
4．四川泰兴装饰工程有限责任公司△
5．四川亨帝建筑装饰有限公司△
6．四川兴泰来装饰工程有限责任公司△
7．四川辰宇装饰安装设计有限责任公司
8．成都粤海装饰工程有限公司△
9．四川怡安建设工程有限公司△
10．成都导向设计装饰工程有限责任公司△
11．四川时代装饰工程有限公司△

云南省（7家）

1．云南白杨室内设计工程有限公司△
2．云南龙都装饰设计工程公司△
3．云南艺隆装修有限公司△
4．云南泰信装饰工程有限责任公司△
5．云南旅游装饰工程有限公司
6．云南翼发装饰工程有限公司△
7．云南艺峰装饰有限公司△

陕西省（16家）

1．陕西省镜寰建筑装饰实业公司△
2．陕西中金装饰工程有限公司
3．西安飞机工业装饰装修工程股份有限公司
4．西安航空发动机（集团）有限公司装饰工程分公司
5．西安洪涛装饰设计工程有限公司△
6．西安市彼特装饰工程公司△

7. 西安市鑫龙建筑装饰工程有限公司△
8. 西安发记营造建筑有限公司△
9. 西安大彩设计工程有限责任公司
10. 西安市建筑装饰工程总公司△
11. 西安市蓝码克装修工程有限责任公司
12. 西安市裕华建设有限责任公司
13. 陕西艺林建筑装饰工程有限公司△
14. 耀华建筑装饰工程有限公司△
15. 西安市多国建筑艺术装潢公司△
16. 西安铭山装饰装修工程有限公司△

甘肃省（12家）

1. 甘肃陇海装饰工程有限责任公司△
2. 兰州市兰穗装饰工程公司
3. 甘肃金牛装饰工程有限责任公司△
4. 兰州宁远艺术装璜有限责任公司△
5. 甘肃省建筑装饰工程公司△
6. 兰州时代建筑艺术装饰工程公司
7. 甘肃省建筑企业兰山装饰设计工程公司△
8. 甘肃金信设计装饰工程有限公司△
9. 甘肃同大建筑环艺工程有限公司△
10. 兰州豪斯设计装饰有限责任公司△
11. 甘肃辉丽建筑装饰工程有限公司△
12. 兰州泽林装饰设计有限责任公司

新疆维吾尔自治区（2家）

1. 新疆建筑装饰设计研究院
2. 新疆城市建筑装饰设计有限公司

山西省（3家）

1. 山西三利装饰有限公司△
2. 山西南方装饰艺术设计院
3. 山西晓凯装饰设计有限公司

全国125家建筑幕墙工程设计甲级资质企业名单

北京市（13家）

1. 中国新兴建设开发总公司
2. 北京泓申铝质工程有限公司△
3. 北京金粤装饰工程有限责任公司
4. 北京江河幕墙装饰工程有限公司△
5. 北京嘉寓装饰工程有限公司
6. 北京鸿恒基幕墙装饰工程公司△
7. 北京建黎铝门窗幕墙有限公司△
8. 北京北方建磊装饰装修有限公司△
9. 北京南隆建筑装饰工程有限公司△
10. 北方国际合作股份有限公司
11. 北京金易格幕墙装饰工程有限公司
12. 北京港源建筑装饰工程有限公司
13. 北京京藤幕墙工程有限公司

上海市（18家）

1. 上海恒利益建装潢工程有限公司
2. 上海美特幕墙有限公司△
3. 上海住总金属结构件有限公司△
4. 上海金粤幕墙有限公司
5. 上海富艺幕墙工程有限公司△
6. 上海高新铝质工程合作公司△
7. 上海玻璃机械厂
8. 上海远大铝业工程有限公司△
9. 上海杰思工程实业有限公司△
10. 上海科胜幕墙有限公司△
11. 上海邝沛幕墙有限公司△
12. 上海金桥瑞和装饰工程有限公司△
13. 上海东江建筑装饰工程有限公司△
14. 和兴玻璃铝业（上海）有限公司△
15. 上海迪蒙幕墙工程技术有限公司△
16. 上海信安幕墙建筑装饰有限公司△
17. 上海金浦装璜工程有限公司
18. 上海华艺铝制品有限公司△

天津市（2家）

1. 天津市华方幕墙装饰工程有限公司△
2. 金丰环球装饰工程（天津）有限公司

重庆市（1家）

1. 重庆西南铝装饰工程有限公司△

广东省（26家）

1. 广州铝质装饰工程有限公司△
2. 广州铝材厂装饰工程公司△
3. 深圳市方大装饰工程有限公司△
4. 深圳中航幕墙工程有限公司△
5. 深圳华加日铝业有限公司△
6. 深圳金粤幕墙装饰工程有限公司△
7. 深圳市光华中空玻璃工程有限公司△
8. 深圳市深建华辉装饰工程有限公司
9. 深圳市新鹏都装饰工程有限公司
10. 深圳西林实业股份有限公司
11. 深圳百荣铝业有限公司
12. 深圳市三鑫玻璃工程有限公司△
13. 深圳市科源建筑装饰工程有限公司
14. 深圳市瑞华幕墙装饰工程有限公司△
15. 珠海市红海幕墙有限公司△

16．珠海市晶艺玻璃工程有限公司△
17．广东金刚玻璃科技股份有限公司△
18．中山市盛兴股份有限公司△
19．广东世纪达装饰工程有限公司
20．南海市兴发幕墙门窗有限公司△
21．深圳粤源装饰工程有限公司△
22．珠海兴业幕墙工程有限公司△
23．深圳市茂华装饰工程有限公司
24．广东科浩幕墙工程有限公司△
25．深圳市信义幕墙装饰工程有限公司△
26．佛山市兴发幕墙门窗有限公司

江苏省（12家）

1．江苏省建伟幕墙装饰工程有限公司△
2．江苏合发集团有限责任公司△
3．江苏锡厦铝业有限公司△
4．江苏苏鑫装饰（集团）公司△
5．苏州苏明装饰公司
6．常州黎明玻璃幕墙工程有限公司△
7．常州华艺铝型材有限公司△
8．无锡金城幕墙装饰工程有限公司△
9．无锡王兴幕墙装饰工程有限公司△
10．常泰建筑装璜工程有限公司
11．南京金中建幕墙装饰有限公司△
12．苏州金螳螂建筑装饰有限公司

河北省（5家）

1．河北振海铝业集团有限公司△
2．石家庄市海山建筑装饰工程总公司△
3．秦皇岛渤海铝幕墙装饰工程有限公司△
4．华北铝业有限公司△
5．石家庄四站铝合金装饰工程处

辽宁省（14家）

1．辽宁泰丰铝业装饰工程有限公司
2．沈阳黎明铝门窗工程公司△
3．沈阳飞机制造公司铝合金结构工程公司△
4．沈阳远大铝业工程有限公司△
5．沈阳强风铝业工程有限公司
6．沈阳黎东幕墙装饰有限公司△
7．沈阳凯兴装饰工程有限公司△
8．沈阳凯达铝业工程有限公司△
9．营口瑞那斯铝业有限公司
10．澳连建筑装饰工程有限公司
11．鞍山市永安集团有限公司
12．沈阳军鼎建筑装饰装修工程有限公司
13．大连红太装饰工程公司
14．沈阳军鼎建筑装饰装修工程有限公司△

黑龙江省（1家）

1．哈尔滨市东方墙业装饰有限公司

福建省（1家）

1．福建六建建工集团公司

山东省（4家）

1．山东天幕集团总公司△
2．山东津单幕墙有限公司△
3．山东雄狮建筑装饰工程有限公司△
4．青岛永鑫幕墙有限公司△

江西省（2家）

1．南昌长江建筑装饰工程公司
2．江西省美华建筑装饰工程有限责任公司

浙江省（5家）

1．浙江宝业幕墙装饰有限公司△
2．浙江省江南建筑装饰工程公司
3．温州市亚飞铝窗有限公司△
4．杭州东升铝幕墙装璜有限公司△
5．武林建筑工程有限公司

湖北省（4家）

1．湖北高艺装饰工程有限公司△
2．湖北鼎元建筑装饰工程有限公司
3．武汉凌云建筑装饰工程有限公司△
4．武汉华达建筑装饰设计工程有限公司

湖南省（3家）

1．中建（长沙）不二幕墙装饰有限公司△
2．中国建筑第五工程局金属门窗厂△
3．湖南吉粤装饰有限公司

河南省（1家）

1．中国建筑第七工程局第三建筑公司

海南省（2家）

1．海南新华黎明幕墙有限公司△
2．海口南光幕墙装饰工程有限公司△

四川省（3家）

1．四川泰兴装饰工程有限责任公司
2．四川华西建筑装饰工程有限公司
3．四川华西蜀港装饰工程有限公司△

云南省（2家）

1．云南门窗工程公司△
2．昆明室内装饰配套公司

陕西省（6家）

1．陕西艺林装饰工程有限公司
2．陕西中金装饰工程有限公司△
3．西安航空发动机（集团）有限公司装饰工程分公司
4．西安飞机工业装饰装修工程股份有限公司△
5．西安艺格建筑装饰工程有限责任公司
6．西安西航集团铝业有限公司

全国一级装饰施工、一级幕墙施工、甲级装饰设计、甲级幕墙设计企业按地区数量排序一览表

中国建筑装饰协会信息部　中国建筑装饰协会信息咨询委员会

全国703家一级建筑装修装饰工程专业承包企业按地区数量排序一览表

（单位：家）

序号	地　区	原有	新增	共计
1	北京市	87	16	103
2	广东省	75	6	81
3	江苏省	51	7	62
4	福建省	41	13	54
5	上海市	38	7	45
6	山东省	36	8	44
7	辽宁省	19	14	33
8	浙江省	19	11	30
9	湖北省	18	7	25
10	河北省	18	3	21
11	重庆市	16	2	18
12	甘肃省	14	4	18
13	黑龙江省	15	3	18
14	江西省	16	1	17
15	四川省	14	2	16
16	陕西省	14	2	16
17	天津市	13	2	15
18	湖南省	13	1	14
19	吉林省	9	4	13
20	安徽省	10	2	12
21	云南省	10	2	12
22	河南省	9	2	11
23	海南省	6	1	7
24	山西省	4	3	7
25	贵州省	2	3	5
26	广西壮族自治区	2	0	2
27	内蒙古自治区	1	1	2
28	宁夏回族自治区	1	0	1
29	新疆维吾尔自治区	1	0	1

全国427家甲级建筑装饰工程设计企业按地区数量排序一览表

（单位：家）

序号	地　区	原有	新增	共计
1	广东省	61	9	70
2	北京市	46	3	49
3	辽宁省	30	3	33
4	江苏省	27	6	33
5	上海市	22	3	25
6	山东省	18	5	23
7	福建省	16	6	22
8	河北省	12	8	20
9	重庆市	16	3	19
10	湖北省	10	8	18
11	陕西省	14	2	16
12	江西省	11	1	12
13	甘肃省	7	5	12
14	四川省	7	4	11
15	浙江省	9	1	10
16	湖南省	2	8	10
17	云南省	4	3	7
18	河南省	6	0	6
19	黑龙江省	5	1	6
20	海南省	6	0	6
21	天津市	4	1	5
22	安徽省	4	0	4
23	吉林省	3	0	3
24	山西省	0	3	3
25	新疆维吾尔自治区	2	0	2
26	内蒙古自治区	1	0	1
27	广西壮族自治区			1

全国106家一级建筑幕墙工程专业承包企业
按地区数量排序一览表　（单位：家）

序号	地区	原有	新增	共计
1	广东省	18	3	21
2	上海市	14	1	15
3	辽宁省	10	2	12
4	江苏省	12	0	12
5	北京市	7	3	10
6	山东省	4	1	5
7	浙江省	4	1	5
8	河北省	4	0	4
9	湖北省	3	1	4
10	四川省	2	1	3
11	天津市	2	0	2
12	湖南省	2	0	2
13	云南省	2	0	2
14	陕西省	2	0	2
15	海南省	1	1	2
16	福建省	1	0	1
17	重庆市	1	0	1
18	贵州省	0	1	1
19	黑龙江省	0	1	1
20	江西省	0	1	1

全国124家甲级建筑幕墙工程设计企业
按地区数量排序一览表　（单位：家）

序号	地区	原有	新增	共计
1	广东省	22	3	25
2	上海市	17	1	18
3	辽宁省	13	1	14
4	北京市	11	2	13
5	江苏省	9	3	12
6	陕西省	6	0	6
7	河北省	5	0	5
8	浙江省	3	2	5
9	湖北省	4	0	4
10	山东省	4	0	4
11	湖南省	3	0	3
12	四川省	3	0	3
13	天津市	2	0	2
14	海南省	2	0	2
15	江西省	2	0	2
16	云南省	2	0	2
17	重庆市	1	0	1
18	黑龙江省	1	0	1
19	福建省	1	0	1
20	河南省	1	0	1

全国通过ISO9000国际质量体系认证
399家建筑装饰企业名单

2004年6月12日，建设部办公厅发出《关于加强大型公共建筑质量安全管理的通知》（建办质[2004]35号），其中明确规定，设计、施工、监理、材料设备供应单位，应通过ISO9000质量体系认证。

自1996年我国建筑装饰行业开始推行ISO9000国际质量体系认证以来，到2005年5月，全国共有27个省市区的399家建筑装饰企业通过认证。其中，通过ISO9001的358家；ISO9002的40家；ISO9000、ISO14001和OHSAS18001三项认证的有60家； ISO90001和ISO14001两项认证的有26家，ISO9001和ISO9002两项认证的有6家；ISO14001的2家。

通过认证最多的排在前六位的是：广东省85（深圳市63）、北京市48、上海市43、江苏省38（苏州市14）、辽宁省36、福建省22家。

现公布如下，排名不分先后。

中国建筑装饰协会信息部
中国建筑装饰协会信息咨询委员会
二〇〇五年五月十二日

北京市（48家）

1. 北京市建筑装饰设计工程公司　ISO9001
2. 北京市建筑工程装饰公司　ISO9002　ISO14001　OHSAS18001
3. 北京港源建筑装饰设计工程有限公司　ISO9001　ISO9002　ISO14001
4. 中建一局四公司装饰公司　ISO9002
5. 北京菲尼有限公司　ISO9001　ISO14001　OHSAS18001
6. 北京住总装饰公司　ISO9001
7. 北京建谊建筑工程有限公司　ISO9001　ISO14001
8. 中国建筑装饰工程公司　ISO9001
9. 北京贝盟国际建筑装饰工程有限公司　ISO9001
10. 北京城建长城装饰设计工程公司　ISO9001
11. 北京花旗建设发展有限公司　ISO9001
12. 中国装饰有限公司　ISO9001　ISO14001　OHSAS18001
13. 北京北方建磊装饰装修有限公司　ISO9001
14. 北京金粤装饰工程有限公司　ISO9001
15. 中信室内装修工程公司　ISO9001　ISO14001　OHSAS18001
16. 中铁建厂工程局装饰工程有限公司　ISO9002
17. 北京中航黎明幕墙有限责任公司　ISO9001
18. 北京弘高建筑装饰工程有限公司　ISO9001　ISO14001　OHSAS18001
19. 北京恒诚建筑装饰工程有限公司　ISO9002
20. 北京国都建筑装饰工程有限公司　ISO9001　ISO14001　OHSAS18001
21. 北京神龙天宇建筑装饰工程有限公司　ISO9001
22. 北京中建华昊亚装饰工程有限公司　ISO14001　ISO14001
23. 北京市凯伯特装饰工程有限公司　ISO9001
24. 北京金丰环球远大装饰工程有限公司　ISO9001
25. 北京市三鸣博雅装饰有限责任公司　ISO9001　ISO14001
26. 北京蓝岛嘉辉装饰工程有限公司　ISO9001
27. 北京业之峰装饰有限公司　ISO9001　ISO14001
28. 中艺建筑装饰有限公司　ISO9001
29. 北京华运装饰工程有限责任公司　ISO14001
30. 北京扶桑建筑装饰有限公司　ISO9001　ISO14001　OHSAS18001
31. 北京侨信装饰工程有限公司　ISO9001　ISO14001　OHSAS18001
32. 北京市上瑞装饰工程有限责任公司　ISO9001　ISO14001　OHSAS18001
33. 北京捷通机房设备工程有限公司　ISO9001
34. 北京贝丽亚建筑装饰工程有限公司　ISO9001　ISO14001　OHSAS18001
35. 北京长迪建筑装饰工程有限公司　ISO9002
36. 北京龙头建筑装饰工程有限公司　ISO9001　ISO14001　OHSAS18001
37. 中国建筑一局装饰公司　ISO9001　ISO14001
38. 北京久世兴建筑安装饰设计有限公司　ISO9001　ISO14001
39. 北京登峰装饰工程有限公司　ISO9001　ISO14001　OHSAS18001
40. 北京北方午间正达装饰工程有限公司　ISO9001
41. 北京实创装饰工程有限公司　ISO9001
42. 北京圣点世纪装饰工程有限公司　ISO9001
43. 北京庄典装饰工程有限公司　ISO9001　ISO14001
44. 鑫好达（北京）装饰工程有限公司　ISO9001　ISO14001
45. 北京中建海外装饰工程有限公司　ISO9001　ISO14001　OHSAS18001
46. 北京益置建安装饰有限公司　ISO9001　ISO14001　OHSAS18001
47. 北京乾建防水装饰工程有限责任公司　ISO9001
48. 中建一局装饰公司　ISO9001　ISO14001　OHSAS18001

广东省（85家）

1. 深圳市建筑装饰（集团）有限公司　ISO9001　ISO14001　OHSAS18001
2. 深圳市洪涛装饰工程公司　ISO9001　ISO14001　OHSAS18001
3. 深圳市深装饰总装饰工程工业有限公司　ISO9001　ISO14001　OHSAS18001
4. 深圳市南利装饰工程有限公司　ISO9001
5. 深圳长城家具装饰工程有限公司　ISO9001

6. 中建三局深圳装饰设计工程公司　ISO9001
7. 深圳瑞和装饰工程有限公司　ISO9001　ISO14001　OHSAS18001
8. 深圳市深建华辉装饰工程有限公司　ISO9001　ISO14001　OHSAS18001
9. 深圳市晶宫设计装饰工程有限公司　ISO9001
10. 深圳市粤航设计装饰工程公司　ISO9001
11. 深圳市广田装饰设计工程有限公司　ISO9001
12. 深圳远鹏装饰设计工程有限公司　ISO9001　ISO14001　OHSAS18001
13. 深圳市文业装饰设计工程有限公司　ISO9001
14. 深圳市维业建筑设计工程有限公司　ISO9001　ISO14001　OHSAS18001
15. 深圳市奇信装饰设计工程有限公司　ISO9001　ISO14001　OHSAS18001
16. 深圳市科源建筑装饰工程有限公司　ISO9001
17. 深圳市美术装饰工程有限公司　ISO9001
18. 深圳市新科特种装饰工程有限公司　ISO9001
19. 深圳市美芝装饰工程有限公司　ISO9001
20. 深圳海外装饰工程公司　ISO9001　ISO14001　OHSAS18001
21. 深圳市设计装饰工程有限公司　ISO9001
22. 深圳市茂华装饰工程有限公司　ISO9001
23. 深圳市华南装饰设计工程有限公司　ISO9001
24. 深圳市华丽装修家私企业公司　ISO9001
25. 深圳市先科装饰工程公司　ISO9001
26. 深圳市中航装饰设计工程有限公司　ISO9001
27. 深圳市安星装饰设计工程有限公司　ISO9001
28. 深圳市深港机电装饰工程公司　ISO9001
29. 深圳市飞龙美术装饰工程有限公司　ISO9001
30. 深圳市宝鹰装饰设计工程有限公司　ISO9001
31. 深圳市朗峰装饰设计工程有限公司　ISO9001
32. 深圳市枫叶装饰设计工程有限公司　ISO9001
33. 中建七局装饰工程公司深圳分公司　ISO9001
34. 深圳华加日铝业有限公司　ISO9001
35. 深圳方大装饰工程有限公司　ISO9001
36. 深圳百荣铝业有限公司　ISO9001　ISO9002
37. 深圳中航幕墙工程有限公司　ISO9001
38. 深圳西林实业股份有限公司　ISO9001
39. 深圳富诚幕墙装饰工程有限公司　ISO9001
40. 深圳金粤幕墙装饰工程有限公司　ISO9001　ISO14001　OHSAS18001
41. 深圳市新鹏都装饰工程公司　ISO9001
42. 深圳泰然铝合金工程有限公司　ISO9001
43. 深圳家乐装饰工程有限公司　ISO9001
44. 深圳南玻幕墙工程有限公司　ISO9001
45. 深圳市建业自然装饰工程有限公司　ISO9001
46. 深圳市新百森装饰工程有限公司　ISO9001
47. 深圳丽景装饰工程有限公司　ISO9001
48. 深圳广胜达装饰设计工程有限公司　ISO9001
49. 深圳市瑞华幕墙装饰工程有限公司　ISO9001
50. 深圳市光华中空玻璃工程有限公司　ISO9001
51. 深圳市三鑫玻璃工程有限公司　ISO9001
52. 深圳粤源装饰工程有限公司　ISO9001
53. 深圳南威建筑装饰工程有限公司　ISO9001
54. 深圳市瑞华幕墙装饰工程有限公司　ISO9001
55. 深圳市嘉信装饰设计工程有限公司　ISO9001　ISO14001　OHSAS18001
56. 深圳汉顿建筑装饰工程有限公司　ISO9001
57. 深圳市倪阳设计有限公司　ISO9001
58. 深圳市华剑装饰设计工程有限公司　ISO9001
59. 深圳市新国俊建筑装饰设计工程有限公司　ISO9001
60. 深圳市广胜达装饰设计工程有限公司　ISO9001
61. 深圳蛇口建筑装饰工程公司　ISO9001
62. 深圳市建艺装饰设计工程公司　ISO9001　ISO14001　OHSAS18001
63. 中国联和承造实业有限公司　ISO9001　ISO14001
64. 广东建雅室内工程设计施工有限公司　ISO9001
65. 广东建设实业公司　ISO9001
66. 广东省装饰总公司　ISO9001
67. 广东兴发铝型材集团公司　ISO9001
68. 广东省建筑装饰集团公司　ISO9001　ISO14001　OHSAS18001
69. 广东建华装饰工程有限公司　ISO9001　ISO14001　OHSAS18001
70. 广东省建筑装饰工程有限公司　ISO9001
71. 广东世纪达装饰工程有限公司　ISO9001
72. 广东中泓设计工程有限公司　ISO9001
73. 广州市第一装修公司　ISO9001
74. 广州市第三装修有限公司　ISO9001
75. 广州市第四装修公司　ISO9001
76. 广州铝材厂装饰工程公司　ISO9001
77. 广州珠江装修工程公司　ISO9001　ISO14001

	OHSAS18001
78．汕头金刚玻璃幕墙有限公司	ISO9001
79．汕头市豪华装饰工程总公司	ISO9001
80．汕头市爱富兰装饰工程有限公司	ISO9001
81．广东星艺装饰有限公司	ISO9001
82．广州铝质装饰工程有限公司	ISO9001
83．珠海三原色室内设计有限公司	ISO9001
84．广州城建开发装饰有限公司	ISO9001 ISO14001 OHSAS18001
85．深圳市中深建装饰设计工程有限公司	ISO9001 ISO14001 OHSAS18001

上海市（43家）

1．上海市建筑装饰工程有限公司	ISO9001 ISO9002 ISO14001
2．上海市大华装饰工程有限公司	ISO9002
3．上海景泰建筑装潢工程公司	ISO9002
4．上海金茂建筑装饰有限公司	ISO9001 ISO9002
5．上海康业建筑装饰工程有限公司	ISO9001
6．上海东亚建筑实业有限公司	ISO9002
7．上海建筑装饰（集团）总公司	ISO9002
8．上海蓝天房屋装饰工程公司	ISO9001 ISO14001 OHSAS18001
9．上海健尔斯装饰工程有限公司	ISO9001
10．上海高新铝质工程合作公司	ISO9001
11．上海美特幕墙有限公司	ISO9001
12．上海杰思工程实业有限公司	ISO9001
13．上海科胜幕墙有限公司	ISO9001
14．上海百姓家庭装潢有限公司	ISO9002
15．上海金桥瑞和装饰工程有限公司	ISO9001
16．上海海直建设工程公司	ISO9001 ISO14001 OHSAS18001
17．上海千思装饰实业有限公司	ISO9002
18．上海正方建筑装饰工程有限公司	ISO9002 ISO9001
19．上海新亚建筑装饰工程有限公司	ISO9002
20．上海新丽装饰工程有限公司	ISO9001
21．中建三局东方装饰设计工程公司	ISO9001
22．上海中企建筑装饰工程有限公司	ISO9002
23．上海秋元华林建筑装饰有限公司	ISO9001
24．上海东江建筑装饰工程有限公司	ISO9001 ISO14001 OHSAS18001
25．上海华懋建筑装饰工程有限公司	ISO9001
26．上海海艺建设股份有限公司	ISO9002
27．上海华辉装饰工程有限公司	ISO9001
28．上海世家装饰实业有限公司	ISO9001
29．上海美旗室内设计装饰有限公司	ISO9001 ISO14001
30．上海居云室内装潢有限公司	ISO9001
31．上海居乐建筑装潢有限公司	ISO9001
32．上海华唐装潢有限公司	ISO9001
33．上海红蚂蚁装潢设计有限公司	ISO9001
34．上海居丽建筑装潢工程有限公司	ISO9001
35．上海上房装饰有限公司	ISO9001
36．上海中创装饰设计工程有限公司	ISO9001
37．上海进念室内设计装饰有限公司	ISO9001
38．上海盛亚建筑装潢工程有限公司	ISO9001
39．上海正方建筑装饰工程有限公司	ISO9001
40．上海宝立建筑装饰工程有限公司	ISO9002 ISO9001
41．上海住总金属结构件有限公司	ISO9001
42．上海菱海建筑装饰潢有限公司	ISO9001
43．上海中远江丽家庭装潢有限公司	ISO9001

江苏省（38家）

1．南京金陵建筑装饰工程有限责任公司	ISO9001
2．南京装饰工程公司	ISO9001
3．南京金鸿装饰工程有限公司	ISO9001
4．南京长岛建筑装饰工程有限公司	ISO9001
5．南京室内装饰工程成套总公司	ISO9001
6．南京富海装饰工程有限公司	ISO9001
7．南京百会装饰工程有限公司	ISO9001
8．南京金陵国际装饰设计工程实业有限公司	ISO9001
9．南京香江华建工程有限公司	ISO9001 ISO14001 OHSAS18001
10．南京柏森实业有限责任公司	ISO9001
11．南京装饰联合总公司	ISO9001
12．江苏港宁装璜有限公司	ISO9001
13．江苏建设装饰工程公司	ISO9001
14．江苏苏鑫装饰（集团）公司	ISO9001
15．苏州金螳螂建筑装饰股份有限公司	ISO9001 ISO14001 OHSAS18001
16．苏州工业园区美瑞德建筑装饰有限公司	ISO9001
17．苏州市贝特装饰设计工程有限公司	ISO9001
18．苏州市华丽美登装饰装璜有限公司	ISO9001
19．苏州金鼎建筑装饰工程有限公司	ISO9001
20．苏州市建筑装饰工程有限公司	ISO9001
21．苏州市工业园区国发国际建筑装饰工程有限公司	ISO9001
22．苏州东港装饰装璜有限公司	ISO9001

23. 苏州苏明装饰公司　ISO9001
24. 苏州华宇建筑装饰工程有限公司　ISO9001
25. 张家港市金都装饰有限责任公司　ISO9001
26. 常熟华联装潢工程有限公司　ISO9002
27. 镇江市华泰建筑装饰工程有限公司　ISO9001
28. 扬州日模邗沟装饰工程有限责任公司　ISO9001
29. 无锡金城幕墙装饰工程有限公司　ISO9002
30. 无锡市华东建筑装饰工程有限责任公司　ISO9002
31. 无锡东方新格环境装饰工程有限公司　ISO9001
32. 常泰建筑装璜工程有限公司　ISO9001　ISO14001
33. 无锡市锡佛装潢有限公司　ISO9001
34. 江苏省建伟幕墙装饰工程有限公司　ISO9001
35. 江苏环亚建设工程有限公司　ISO9001　ISO14001
36. 南京富海装饰工程有限公司　ISO9001　ISO14001　OHSAS18001
37. 江苏国大装饰工程有限公司　ISO9001
38. 常熟金龙装饰有限责任公司　ISO9001

湖北省（10家）

1. 武汉凌云建筑装饰工程有限公司　ISO9001　ISO14001　OHSAS18001
2. 武汉建工集团装饰工程有限公司　ISO9001
3. 武汉天立装饰工程有限公司　ISO9001
4. 湖北翔宇置业发展有限公司　ISO9001
5. 武汉市方正装饰工程有限公司　ISO9001
6. 科艺建筑装饰设计工程有限公司　ISO9001
7. 武汉凌宏建筑装饰工程有限公司　ISO9001　ISO14001　OHSAS18001
8. 湖北远东电机工程服务有限公司　ISO9002
9. 湖北艺海建筑装饰工程有限公司　ISO9001
10. 湖北珠江龙装饰设计工程有限公司　ISO9001　ISO14001　OHSAS18001

陕西省（6家）

1. 西安飞机工业装饰装修工程股份有限公司　ISO9001
2. 西安市彼特装饰工程公司　ISO9001　ISO14001
3. 西安大彩设计工程有限责任公司　ISO9001
4. 西安市鑫龙建筑装饰工程（集团）有限公司　ISO9001
5. 西安发记营造建筑有限公司　ISO9001
6. 陕西中金装饰工程有限公司　ISO9001

辽宁省（36家）

1. 辽宁泰丰铝业装饰工程有限公司　ISO9001
2. 沈阳远大铝业工程有限公司　ISO9001
3. 沈阳黎东幕墙装饰有限公司　ISO9001　ISO14001　OHSAS18001
4. 沈阳强风铝业工程有限公司　ISO9001
5. 沈阳凯兴装饰工程有限公司　ISO9001
6. 沈阳黎明铝门窗幕墙制造安装工程公司　ISO9001
7. 沈阳白云穗港装饰工程有限公司　ISO9001
8. 沈阳飞机制造公司铝合金结构工程公司　ISO9001
9. 大连红太装饰工程公司　ISO9001
10. 大连建筑设计装饰工程有限公司　ISO9001
11. 大连开建装饰工程有限公司　ISO9001
12. 大连通信装饰装修公司　ISO9001
13. 大连班雅装饰装修有限公司　ISO9001
14. 澳连建筑装饰工程有限公司　ISO9001
15. 辽宁强大铝业工程有限公司　ISO9001
16. 大石桥宏远装饰工程有限责任公司　ISO9001
17. 辽宁荣昌装饰装修工程有限公司　ISO9001　ISO14001
18. 沈阳瑞德装饰工程有限公司　ISO9001
19. 沈阳市中元建筑装饰工程公司　ISO9001
20. 辽宁日林建设集团建筑设计研究院　ISO9001　ISO14001
21. 辽宁三立美术装饰工程有限责任公司　ISO9001
22. 锦州凌云装饰装修工程有限公司　ISO9001
23. 沈阳天地建设发展有限公司　ISO9001　ISO14001　OHSAS18001
24. 大连嘉源装饰工程有限公司　ISO9001
25. 大连泰桑建筑装饰工程公司　ISO9001
26. 大连嘉丽装饰工程有限公司　ISO9001
27. 大连乾豪建筑装饰工程有限公司　ISO9001
28. 大连阿尔滨集团装饰工程有限公司　ISO9001　ISO14001　OHSAS18001
29. 鲁迅美术学院艺术工程总公司　ISO9001　ISO14001
30. 辽宁嘉春装饰工程有限公司　ISO9001　ISO9002
31. 辽宁东联装饰工程有限公司　ISO9001
32. 辽宁宏远装饰工程有限公司　ISO9001
33. 沈阳黎新玻璃幕墙有限公司　ISO9001
34. 沈阳市富恒装修工程有限公司　ISO9001　ISO14001
35. 沈阳辰星装饰装修有限公司　ISO9001
36. 大连南方装饰工程有限公司　ISO9001

河北省（11家）

1. 石家庄常宏建筑装饰工程有限公司　ISO9001　ISO14001　OHSAS18001

2. 石家庄海山建筑装饰工程总公司　ISO9001
3. 石家庄市通力建筑装饰工程有限公司　ISO9001
4. 河北斯特龙装饰工程有限公司　ISO9001
5. 秦皇岛渤海铝幕墙装饰工程有限公司　ISO9001
6. 唐山市唐新装饰设计工程有限公司　ISO9001　ISO14001
7. 石家庄四站铝合金装饰工程处　ISO9001
8. 石家庄市佳林装饰工程有限公司　ISO9001
9. 石家庄雅虹装饰设计工程有限公司　ISO9001　ISO14001　OHSAS18001
10. 秦皇岛金盛达装饰工程有限公司　ISO9001
11. 石家庄市洪涛装饰工程有限公司　ISO9001　ISO14001　OHSAS18001

天津市（12家）

1. 天津市建设装饰工程公司　ISO9001　ISO14001
2. 天津市金厦建设装饰工程公司　ISO9002
3. 天津惠顺装饰工程有限公司　ISO9002
4. 天津市艺术建筑装饰联合公司　ISO9001　ISO14001　OHSAS18001
5. 天津建工幕墙装饰有限公司　ISO9001
6. 天津南洋装饰工程公司　ISO9001　ISO14001
7. 金丰环球装饰工程（天津）有限公司　ISO9001
8. 中国建筑第六工程局装饰工程公司　ISO9001
9. 天津鑫平装饰工程有限公司　ISO9001
10. 天津华惠安信装饰工程有限公司　ISO9001
11. 天津开发区金泰达建筑装饰有限公司　ISO9001　ISO14001
12. 天津恒益建筑装饰工程有限公司　ISO9001　ISO14001　OHSAS18001

河南省（3家）

1. 中建七局建筑装饰工程公司　ISO9001
2. 中建二局洛阳装饰工程公司　ISO9002
3. 郑州康利达装饰工程有限公司　ISO9001

贵州省（1家）

1. 中建四局装饰工程公司　ISO9001

黑龙江省（14家）

1. 黑龙江省国光建筑装饰工程有限公司　ISO9001　ISO14001　OHSAS18001
2. 黑龙江省高维建筑装饰工程有限公司　ISO9001
3. 黑龙江省喜盈门建筑装饰工程公司　ISO9001
4. 黑龙江乔信建筑装饰工程有限公司　ISO9001
5. 黑龙江省龙港装修有限责任公司　ISO9001
6. 黑龙江省新巨丰装饰工程有限公司　ISO9001
7. 哈尔滨君艺建筑装饰有限公司　ISO9001
8. 哈尔滨世纪千建筑装饰工程有限公司　ISO9001
9. 哈尔滨恒誉装饰工程有限公司　ISO9001
10. 哈尔滨新长城装饰公司　ISO9001
11. 哈尔滨亚泰装饰工程有限公司　ISO9001
12. 松竹集团黑龙江长城公司　ISO9001
13. 黑龙江圣龙建筑装饰工程有限公司　ISO9001
14. 黑龙江信德装饰工程有限公司　ISO9001　ISO14001

山东省（12家）

1. 山东省齐鲁装饰设计院　ISO9001
2. 山东津单幕墙有限公司　ISO9002
3. 山东省装饰集团总公司　ISO9001
4. 山东万得福装饰工程有限公司　ISO9001　ISO14001
5. 烟台西飞铝业有限公司　ISO9002
6. 中建八局装饰公司　ISO9001
7. 山东精英装饰有限公司　ISO9001
8. 山东省剑桥装饰工程有限公司　ISO9001
9. 山东展鸿华商装饰工程有限公司　ISO9001
10. 山东三箭建设工程股份有限公司装饰总公司　ISO9001　ISO14001　ISO80001
11. 山东金楷装饰工程有限公司　ISO9001　ISO14001　ISO80001
12. 山东福缘来装饰有限公司　ISO9001　ISO14001

山西省（3家）

1. 山西省建筑装饰工程总公司　ISO9001
2. 太原市现代建筑装饰工程有限公司　ISO9001
3. 山西圣通装饰工程有限公司　ISO9001

四川省（5家）

1. 铁二局集团装饰装修工程有限公司　ISO9001
2. 绵竹市宏建建筑装饰有限责任公司　ISO9001
3. 四川亨帝建筑装饰有限公司　ISO9001
4. 四川华西建筑装饰工程有限公司　ISO9001　ISO14001　OHSAS18001
5. 成都全兴广告装饰有限公司　ISO9001

湖南省（3家）

1. 长沙不二幕墙装饰工程公司　ISO9001
2. 中国建筑第五工程局建筑装饰公司　ISO9001

3．湖南六建装饰设计工程有限公司　ISO9001

江西省（10家）

1．江西圳昌装饰工程（集团）有限公司　ISO9001 ISO14001 OHSAS18001
2．江西融城建筑装饰工程有限公司　ISO9001
3．江西省康盛广告装饰工程有限公司　ISO9001
4．江西利达装饰工程有限公司　ISO9001
5．江西省装饰总公司　ISO9001
6．江西南方装潢配套公司　ISO9001
7．江西美华建筑装饰工程有限责任公司　ISO9001
8．南昌新颖装饰机电消防工程有限公司　ISO9001
9．南昌长江建筑装饰工程公司　ISO9001
10．赣州装饰工程公司　ISO9001

浙江省（9家）

1．浙江亚厦装饰集团有限公司　ISO9001
2．浙江江南建筑装饰工程公司　ISO9002
3．浙江九鼎日盛装饰工程有限公司　ISO9001
4．武林建筑工程有限公司　ISO9001 ISO14001 OHSAS18001
5．嵊州市环影装饰工程有限公司　ISO9001
6．浙江华天装饰工程有限公司　ISO9001
7．浙江福田建筑装饰工程有限公司　ISO9001
8．浙江省时代建筑装饰有限公司　ISO9001 ISO14001 OHSAS18001
9．温州市嘉和家装有限公司　ISO9001

广西壮族自治区（2家）

1．广西建工集团桂港建筑装饰公司　ISO9001
2．广西建林装饰工程有限公司　ISO9001

内蒙古自治区（2家）

1．中国天诚集团新雅建筑工程设计装饰总公司　ISO9002
2．内蒙古大盟装饰工程有限公司　ISO9001`

重庆市（8家）

1．重庆宏图装饰工程有限公司　ISO9001
2．重庆金字塔装饰公司　ISO9001
3．重庆渝远建筑工程设计装饰有限公司　ISO9001
4．重庆港庆建筑装饰有限公司　ISO9001
5．重庆港鑫建筑装饰设计工程有限公司　ISO9001
6．重庆金梭装饰设计工程有限公司　ISO9001
7．重庆金宇装饰工程有限公司　ISO9001
8．重庆金飞建筑装饰工程有限公司　ISO9001

云南省（2家）

1．云南白杨室内设计工程有限公司　ISO9002
2．玉溪市富豪建筑装饰公司　ISO9001

海南省（4家）

1．海南金厦工程实业公司　ISO9001
2．海南嘉恒装饰工程有限公司　ISO9001
3．海南雅园装饰工程有限公司　ISO9001
4．海南中汇建筑装饰工程有限公司　ISO9001

安徽省（5家）

1．安徽省装饰工程公司　ISO9001
2．安徽华誉装饰工程有限公司　ISO9002
3．安徽安兴建设装饰设计工程有限责任公司　ISO9001
4．马鞍山市艺建装饰有限责任公司　ISO9001
5．合肥建工装饰工程有限责任公司　ISO9001

福建省（22家）

1．福建天华建筑装饰工程有限公司　ISO9001
2．福建嘉华装饰工程有限公司　ISO9001
3．福建省永盛设计装饰工程有限公司　ISO9001
4．福建省五建装修装饰公司　ISO9001
5．厦门华丽设计装修工程有限公司　ISO9001
6．合程（厦门）建筑装饰工程有限公司　ISO9001
7．厦门辉煌装修工程有限公司　ISO9001
8．福州人文装修建筑工程有限公司　ISO9001
9．泉州市豪太装饰工程有限公司　ISO9001
10．福州国广一叶建筑装饰工程有限公司　ISO9001
11．厦门港龙装修工程有限公司　ISO9001
12．福建金亨装饰设计工程有限公司　ISO9001
13．厦门市百将设计装饰工程有限公司　ISO9001
14．泉州市恒达信装饰工程有限公司　ISO9001
15．泉州市粤港装饰工程有限公司　ISO9001
16．福建省工程建设承包公司　ISO9001
17．福州经济技术开发区时代装修有限公司　ISO9001
18．福州市兴雅达装饰装修工程有限公司　ISO9001 ISO14001 OHSAS18001
19．福建隆恩建筑装饰工程有限公司　ISO9001
20．福建金三角装饰工程有限公司　ISO9001
21．福建喜来登设计装饰工程有限公司　ISO9001
22．福建伟高装修设计工程有限公司　ISO9001

吉林省（5家）

1．吉林浩昌装饰工程有限公司　ISO9001
2．吉林鑫源建筑装饰装修有限公司　ISO9001
3．吉林省太阳神建筑装饰工程有限公司　ISO9001
4．长春东方装潢工程有限公司　ISO9001
5．一汽实业建筑装饰工程有限责任公司　ISO9001

甘肃省（1家）

1．甘肃陇海装饰工程有限责任公司　ISO9001

2004 年度鲁班奖（国优）41 家装饰企业参建 34 项工程获奖名单

2005 年 1 月 8 日，中国建筑业协会发出《关于 2004 年度中国建筑工程鲁班奖(国家优质工程)评选结果的通知》（建协[2005]1 号），共 84 项。其中，41 家装饰企业参建 34 项工程获奖；其中，沈阳远大铝业工程有限公司荣获 4 项、苏州金螳螂建筑装饰股份有限公司荣获 3 项，秦皇岛渤海铝幕墙装饰工程有限公司荣获 2 项。我们特向这些建筑装企业表示热烈祝贺！这是全行业的光荣。现转载如下。

中国建筑装饰协会信息部　中国建筑装饰协会信息咨询委员会

二〇〇五年一月十二日

序号	工程名称	参建单位
1	北师大国际学术交流中心	黑龙江国光建筑装饰工程有限公司 秦皇岛渤海铝幕墙装饰工程有限公司
2	北京市永泰园住宅小区	北京五连顺装饰装潢有限公司
3	天津博物馆	天津市鲁班建筑装饰公司
4	河北农业大学综合教学楼	河北建设集团装饰工程有限公司 石家庄市鑫达佳艺装饰工程有限公司
5	雍景台	上海荣欣家庭装潢有限公司大连分公司 合程(厦门)建筑装饰工程有限公司 大连永明消防装饰工程有限公司
6	东软信息技术学院图书馆	沈阳白云穗港装饰工程有限公司
7	吴太商务中心	沈阳远大铝业工程有限公司
8	黑龙江工程学院教学综合楼	福建省泉州远泰幕墙装饰工程有限公司
9	震旦国际大楼	上海新丽装饰工程有限公司 沈阳远大铝业工程有限公司
10	中国残疾人体育艺术培训基地	江苏省建伟幕墙装饰工程有限公司
11	沪东造船厂技术中心大楼	沈阳远大铝业工程有限公司
12	镇江邮电通信指挥中心	江苏合发集团有限责任公司 苏州金螳螂建筑装饰股份有限公司
13	江苏检验检疫综合实验楼	深圳市方大装饰工程有限公司 深圳长城家俱装饰工程有限公司 深圳海外装饰工程公司
14	苏州市国家税务局综合业务用房	苏州金螳螂建筑装饰股份有限公司
15	扬州市供电公司生产经营调度用房	苏州金螳螂建筑装饰股份有限公司
16	浙江大学新校区图书信息中心 A、C 楼	常州通用幕墙装饰工程有限公司
17	金华信息港大楼	湛江经济技术开发区耀华建筑装饰工程有限公司
18	临沂市人民医院主体大楼	深圳市广田装饰设计工程有限公司 深圳中航幕墙工程有限公司
19	安阳市行政中心综合办公楼	石家庄市海山建筑装饰工程总公司 北京侨信装饰工程有限公司
20	洛阳市公安通讯信息指挥中心	石家庄四站铝合金装饰工程处
21	湖南出版科技园-科技文化活动中心宾馆	海南金海岸装饰工程有限公司
22	三亚喜来登酒店工程	北京城建长城装饰工程有限责任公司 海南新思路装饰工程有限公司
23	博鳌亚洲论坛国际会议中心索菲特大酒店	上海中远汇丽建筑装潢有限公司
24	贵州电视大楼	中铁建工集团北京装饰工程有限公司
25	云南省人民政府办公楼	中国建筑第三工程局深圳装饰设计工程公司
26	西安咸阳国际机场新航站楼工程	上海蓝天房屋装饰工程公司
27	青海省邮政指挥调度中心综合楼	甘肃省建筑装饰工程公司
28	天津泰达图书馆工程	上海金粤幕墙有限公司
29	淄博广播电视中心大楼	中国建筑第八工程局装饰公司 北京弘高建筑装饰设计工程有限公司
30	信息产业部电子第 29 研究所 3 号综合楼	北京中建华腾装饰工程有限公司 沈阳远大铝业工程有限公司
31	湖南省游泳跳水中心	深圳市三鑫特种玻璃技术股份有限公司
32	华为科研中心	深圳华加日铝业有限公司
33	济南军区“221 工程”	山东省鸿鑫工程有限公司
34	中组部办公楼	秦皇岛渤海铝幕墙装饰工程有限公司

建筑装饰企业历年鲁班奖（国优）统计

（1990～2004年）

自1990年中国建筑业鲁班奖（国优）增加建筑装饰企业“参建奖”以来，到2004年，我国共有182家建筑装饰企业承建的223项装饰工程荣获鲁班奖（国优）。

其中，获得2项及其以上的企业有50家，获得1项的有124家。

获得最多18项的有1家：沈阳远大铝业工程有限公司。获得14项的有1家：武汉凌云建筑装饰工程有限公司。获得10项的有1家：深圳海外装饰工程公司。获得9项的有1家：中建三局东方装饰设计工程公司。获得8项的有1家：秦皇岛渤海铝幕墙装饰工程有限公司。获得7项的有1家：苏州金螳螂建筑装饰股份有限公司。

获得6项的有3家：深圳市建筑装饰（集团）有限公司、深圳市深装总装饰工程工业有限公司、深圳长城家俱装饰工程有限公司。获得4项的5家：中国建筑装饰工程公司、深圳市洪涛装饰工程公司、天津市建设装饰工程公司、浙江宝业建筑装饰工程有限责任公司、中建三局深圳装饰设计工程公司。获得3项的8家：深圳市南利装饰工程公司、西安飞机工业装饰装修工程股份有限公司、中山市盛兴幕墙有限公司、广州珠江装修工程公司、北京中建华腾装饰工程有限公司、沈阳白云穗港装饰工程有限公司、河北建设集团装饰工程有限公司、北京城建长城装饰工程有限责任公司。

获得2项的有28家：沈阳黎明铝门窗工程公司、澳连建筑装饰工程有限公司、屹昌装饰设计工程（天津）有限公司、武汉华达建筑装饰设计工程有限公司、中国联和承造实业有限公司、北京贝盟国际建筑装饰工程有限公司、上海健尔斯装饰工程有限公司、上海美特幕墙有限公司、深圳市美术装饰工程有限公司、武汉建工集团装饰工程有限公司、上海新丽装饰工程有限公司、深圳华加日铝业有限公司、广东湛江经济开发区耀华建筑装饰工程公司、深圳中航幕墙工程有限公司、深圳市三鑫特种玻璃技术股份有限公司、江苏合发集团有限责任公司、北京侨信装饰工程有限公司、石家庄市海山建筑装饰工程总公司、深圳市方大装饰工程有限公司、黑龙江国光建筑装饰工程有限公司、山东省鸿鑫工程有限公司、上海蓝天房屋装饰工程公司、深圳市广田装饰设计工程有限公司、绍兴县六建铝门窗装饰工程有限公司、哈尔滨金马装饰工程有限责任公司、金丰环球装饰工程（天津）有限公司、中铁建厂工程局装饰工程总公司、上海市建筑装饰工程有限公司。

现将我们按年度、按企业获奖数量、按地区、按地区获奖数量四种形式排序附后，以供业内查询参考。

中国建筑装饰协会信息部
中国建筑装饰协会信息咨询委员会
二〇〇五年五月八日

附一：

建筑装饰企业历年鲁班奖（国优）按年度排序

年度	序号	建筑装饰工程名称	参建单位
1990	1	北京亚运村	深圳市南利装饰工程公司
	2	天津民航机场航站楼	天津市建设装饰工程公司
1992	3	上海太平洋大饭店	中建三局深圳装饰设计工程公司
1994	4	武汉东湖风景区磨山楚天台(阁)	武汉建工集团装饰工程有限公司
	5	上海国际贸易中心	中建三局东方装饰设计工程公司
	6	洛阳市百货大楼	深圳市建筑装饰（集团）有限公司
	7	天津广播电视塔	武汉凌云建筑装饰工程有限公司
1995	8	广州世界贸易中心	广州珠江装修工程公司
	9	佳木斯邮电局电信综合楼	黑龙江名都建筑装饰工程有限公司
	10	北京西站地铁综合大厅	北京城建长城装饰工程有限责任公司
	11	内蒙古天元商厦	伟民港澳装饰有限公司
	12	绍兴咸亨大酒店一期工程	绍兴马鞍建筑装潢公司
	13	湖北省建设银行营业楼	武汉凌云建筑装饰工程有限公司
	14	北京华科综合楼	沈阳黎明铝门窗工程公司
	15	青岛海关业务楼	深圳海外装饰工程公司
	16	天津日报社业务综合楼	武汉凌云建筑装饰工程有限公司
			天津市工程建设装饰有限公司
	17	上海新民晚报现代印刷中心业务楼	上海新丽装饰工程有限公司
			浙江宝业建筑装饰工程有限责任公司
	18	武汉可口可乐联合广房	中建三局东方装饰设计工程公司
			中建三局深圳装饰设计工程公司

1997	19	上海广播大厦主楼	武汉凌云建筑装饰工程有限公司
	20	洛阳国际金融大厦	深圳市建筑装饰（集团）有限公司
	21	广州东山广场主楼	广州珠江装修工程公司
	22	武汉泰合广场	武汉建工集团装饰工程有限公司
	23	北京光大大厦	深圳华加日铝业有限公司
	24	北京西单国际大厦	沈阳远大铝业工程有限公司
	25	军事医学科学院东区科研主楼	深圳市天地成幕墙有限公司
	26	沈阳凯莱大酒店	辽宁海外装饰工程有限公司
	27	北京王府井世纪广场	中国联和承造实业有限公司
			北京世星装修工程有限公司
	28	长春名门饭店	深圳市洪涛装饰工程公司
			深圳市装饰工程工业总公司
	29	绍兴邮电局移动通信综合楼	浙江宝业建筑装饰工程有限责任公司
			绍兴县六建铝门窗装饰工程有限公司
	30	洛阳科技贸易中心(牡丹城)	中国联和承造实业有限公司
			中建三局东方装饰设计工程公司
	31	武汉招银大厦	武汉凌云建筑装饰工程有限公司
			武汉华达建筑装饰设计工程有限公司
	32	全国人大常委会会议楼	北京贝盟国际建筑装饰工程有限公司
			北京华峰服务装饰有限公司
1998	33	天津泰达大厦	武汉凌云建筑装饰工程有限公司
	34	天津市计委信息中心	武汉凌云建筑装饰工程有限公司
	35	秦皇岛市邮电局电信综合楼	武汉凌云建筑装饰工程有限公司
	36	哈尔滨新加坡大酒店辰龙康乐宫	深圳海外装饰工程公司
	37	中国石油大厦	上海健尔斯装饰工程有限公司
1998	38	上海东方国际广场办公楼	上海美特建材高科技有限公司
	39	交通银行杭州分行金融大楼	广东湛江经济开发区耀华建筑装饰工程公司
	40	宁波市石油大厦	宁波建乐建筑装璜有限公司
	41	济南电力调度大楼	威海际高空调装饰工程有限公司
	42	广州宜安广场	广州盛仁建筑装饰工程有限公司
	43	广州大都会广场	广州市第四装修公司
	44	湖北省电力调度综合楼	中建三局东方装饰设计工程公司
	45	深圳五洲宾馆	深圳市洪涛装饰工程公司
	46	哈尔滨市闽江住宅小区	哈尔滨天通装饰材料有限公司
	47	中保财产保险有限公司内蒙古自治区分公司综合大厦	内蒙古永新建筑装饰工程有限公司
	48	天津邮电通信网管理中心	沈阳远大铝业工程有限公司
			深圳粤航装饰设计工程公司
1999	49	北京东环广场	中央工艺美术学院室内装饰工程公司
	50	北京京盛广场	深圳长城家俱装饰工程有限公司
	51	天津今晚报大厦	武汉凌云建筑装饰工程有限公司
	52	天津医科大学总医院门诊楼	天津市建设装饰工程公司
	53	包头市工商局综合办公大楼	沈阳黎明铝门窗工程公司
	54	哈尔滨丽景天地综合楼	哈尔滨金马装饰工程有限责任公司
	55	无线大厦	深圳中航幕墙工程有限公司
	56	新兴大厦	建设集团宁波装饰工程公司
	57	广州好世界大厦	广州珠江装修工程公司
	58	甘肃省邮电管理局通讯指挥辅助楼	澳连建筑装饰工程有限公司
	59	新疆海德酒店	深圳长城家俱装饰工程有限公司
	60	山东省工商银行银工大厦	山东省中建装饰设计工程有限公司
	61	中国工商银行营业办公楼	北京中建华腾装饰工程有限公司
	62	上海南新雅大酒店	上海东亚建筑实业有限公司
	63	中国人民银行山西省分行综合楼	秦皇岛渤海铝幕墙装饰工程有限公司
	64	上海十六铺交银大厦	深圳海外装饰工程公司
	65	天津金融科技教育中心Ａ区	中建六局装饰工程公司
	66	天津开发区外商投资服务中心滨海大厦	屹昌装饰设计工程（天津）有限公司
			秦皇岛渤海铝幕墙装饰工程有限公司

1999	67	湖南平和堂商贸大厦	武汉凌云建筑装饰工程有限公司
			深圳市装饰工程工业总公司
	68	长春金融培训中心	澳连建筑装饰工程有限公司
			陕西华强装饰有限公司
	69	东北电力负荷预测中心	深圳南利装饰工程公司
			沈阳远大铝业工程有限公司
	70	苏州新城花园酒店	苏州金螳螂建筑装饰有限公司
			苏州市华丽美登装饰装潢有限公司
	71	青岛广播电视中心	青岛零零一装饰有限公司
			深圳市海外装饰工程公司
	72	武汉建银大厦主楼	武汉华达建筑装饰设计工程有限公司
			上海富艺幕墙工程有限公司
	73	中国长江三峡工程开发总公司总部综合大楼	中建三局深圳装饰设计工程公司
			武汉凌云建筑装饰工程有限公司
	74	云南烟草公司综合业务大楼	深圳长城家俱装饰工程有限公司
			深圳海外装饰工程有限公司
	75	绍兴电力调度通讯中心	绍兴县六建铝门窗装饰工程有限责任公司
			浙江宝业建筑装饰工程有限责任公司
	76	北京电力生产调度中心	沈阳远大铝业工程有限公司
			中建二局一公司装饰公司
2000	77	长治市国家税务局国税大厦	长治市玉海装潢有限公司
	78	哈尔滨荣耀世纪	哈尔滨市金马装饰工程有限责任公司
	79	大连理工大学伯川图书馆	大连盛大建筑装饰工程有限公司
	80	青岛天泰广场A座	青岛市装饰集团公司
	81	杭州阳光电信广场	浙江银建装饰工程有限公司
	82	福州吉祥大厦	福州闽港建筑开发有限公司
	83	郑州火车站主站楼	常州华艺铝型材有限公司
	84	深圳市中心医院门诊楼	深圳市建业自然装饰工程有限公司
	85	肇庆市国家税务局培训教学楼	肇庆市装饰工程有限公司
	86	广西国联大厦	厦门百荣铝制品工程有限公司
	87	贵州省电力科研综合楼	深圳金粤铝制品有限公司
	88	昆明巫家坝机场航站楼	云南昌达装饰工程有限公司
	89	北京·中国国际贸易中心二期工程	北京中建华腾装饰工程有限公司
	90	武汉邮件处理中心生产主楼	中建三局东方装饰设计工程公司
	91	上海金燕大厦主楼	上海建筑装饰工程有限公司
	92	北京市公共交通运营交通指挥中心	北京永通建筑装饰工程发展有限公司
			北京北国建筑装饰工程有限公司
	93	天津国际金融培训大厦	金丰环球装饰工程(天津)有限公司
			北京中工环海建筑装饰工程有限公司
	94	上海城市规划展示馆	上海健尔斯装饰工程有限公司
			秦皇岛渤海铝幕墙装饰工程有限公司
	95	上海奉贤邮电大厦	无锡王兴幕墙装饰工程有限公司
			中建三局东方装饰设计工程公司
	96	安徽省邮电通信调度中心	武汉凌云建筑装饰工程有限公司
			深圳新科特种装饰工程公司
			中建三局东方装饰设计工程公司
	97	武汉瑞通广场A座	深圳海外装饰工程公司
			西安飞机工业装饰装修工程股份有限公司
	98	南昌银翔大厦	广东省建筑装饰工程有限公司
			深圳洪涛装饰工程公司
	99	西安·中国西部电子商城	深圳市德港装饰工程有限公司
			中山市盛兴幕墙有限公司
	100	中国建设银行山西省分行综合营业大厦	山西万兴隆装璜设计有限公司
			沈阳远大铝业工程有限公司
2001	101	现代盛世大厦	北京中建华齐亚装饰工程有限公司
	102	桂林高尔夫乡村休闲世界有限公司假日酒店工程	中建八局第二建筑公司装饰公司

2001	103	福建省高级人民法院审判法庭综合大楼	中铁建厂工程局装饰总公司
	104	绍兴市邮政处理中心工程	浙江宝业建筑装饰工程有限责任公司
	105	中华世纪坛	深圳市建筑装饰（集团）有限公司
	106	中国人民保险公司天津分公司营业楼	金丰环球装饰工程（天津）有限公司
	107	呼和浩特第二长途电信枢纽工程	汕头市振侨装修工程总公司
	108	哈尔滨长途电信枢纽扩建工程	黑龙江省新建源建筑装饰工程有限公司
	109	吉林市电信枢纽楼	沈阳黎东幕墙装饰有限公司
	110	上海民防大厦	和兴玻璃铝业（上海）有限公司
	111	中信广场	山东德泰装饰有限公司
	112	山东国际会展中心	深圳市建筑装饰（集团）有限公司
	113	杭州萧山机场航站楼工程	深圳市美术装饰工程有限公司
	114	武汉图书馆新馆	深圳市美术装饰工程有限公司
	115	深圳公路主枢纽管理控制中心	深圳西林实业股份有限公司
	116	中山大学珠海校区教学楼	中山市盛兴幕墙有限公司
	117	深圳市国税局税务征收综合大楼	深圳市科源建筑装饰工程有限公司
	118	玄奘三藏法师院	陕西慧业装饰工程有限公司
	119	明园石油文化公寓	新疆天悦装璜工程有限公司
	120	昆明官房大厦	江苏合发集团有限责任公司
	121	天津海关综合设施工程	屹昌装饰设计工程（天津）有限公司 秦皇岛渤海铝幕墙装饰工程有限公司
	122	首都图书馆新馆	深圳市深装总装饰工程工业有限公司 北京市辅仁装饰工程有限公司
	123	浦东新区办公中心主楼	上海锦丽华建筑装潢工程有限公司 上海申纬建筑装饰工程有限公司
	124	南京文化艺术中心	深圳市三鑫特种玻璃技术股份有限公司 苏州金螳螂建筑装饰有限公司
	125	湖南长沙黄花机场航站楼扩建工程	深圳市深装总装饰工程工业有限公司 武汉凌云建筑装饰工程有限公司
	126	昆明邦克大厦	沈阳远大铝业工程有限公司 深圳长城家俱装饰工程有限公司
2002	127	宣新大厦	深圳市建筑装饰（集团）有限公司
	128	中国北京劳动力市场业务用房	秦皇岛渤海铝幕墙装饰工程有限公司
	129	北京东方广场酒店	北京北方建磊装饰装修中心
	130	上海红塔大酒店	上海杰思工程实业有限公司
	131	上海科技馆	沈阳远大铝业工程有限公司
	132	北京市第二中级人民法院审判楼	北京侨信装饰工程有限公司
	133	苏州大学理工实验大楼	苏州苏明装饰公司
	134	常州市第二人民医院门急诊住院楼	常泰建筑装璜工程有限公司
	135	浙江德清会展中心	浙江华天装饰工程有限公司
	136	温州市青少年活动中心	南京装饰联合总公司
	137	荣城博物馆	深圳市华南装饰设计工程有限公司
	138	临沂桃园大厦	山东天元建设集团装饰工程（临沂）有限公司
	139	福建会堂	福建天华建筑装饰工程有限公司
	140	武汉大学生命科学学院	湖北创威建筑装饰工程有限公司
	141	金汇大厦	中山市盛兴幕墙有限公司
	142	中国石化开元大厦	深圳市洪涛装饰工程公司
	143	广东奥林匹克体育场	广东建华装饰工程有限公司
	144	美丽华酒店（原农资批发市场）	深圳长城家俱装饰工程有限公司
	145	贵阳站房	中铁建厂工程局装饰工程总公司
	146	天津民航学院图书馆	天津市建设装饰工程公司
	147	大连东方信息技术研修学院教学楼	沈阳白云穗港装饰工程有限公司 大连亿达装饰工程有限公司
	148	上海市久事大厦	上海康业建筑装饰工程有限公司 上海正方建筑装饰工程有限公司
	149	天目大厦	苏州金螳螂建筑装饰有限公司 沈阳远大铝业工程有限公司

2002	150	湖州电力能源调度中心	浙江广艺建筑装饰工程有限公司
			浙江宝业幕墙装饰有限公司
	151	萧山经济技术开发区综合服务大楼	沈阳远大铝业工程有限公司
			深圳海外装饰工程公司
	152	洛阳市国税局综合楼	石家庄市海山建筑装饰工程公司
			中国建筑装饰工程公司
	153	中国人民银行长沙中心支行住宅综合楼	湖南吉粤装饰有限公司
			秦皇岛渤海铝幕墙装饰工程有限公司
	154	青海省农业银行营业办公培训综合楼	中国建筑装饰工程公司
			重庆西南铝型材装饰装修工程公司
	155	国家电力调度中心工程	上海凌云振升股份有限公司
			北京神龙建筑装饰工程有限公司
	156	中保人寿湖北分公司培训综合楼	中建三局东方装饰设计工程公司武汉分公司
			深圳市文业装饰设计工程有限公司武汉分公司
	157	中国人民解放军南京军区空军综合楼	沈阳远大铝业工程有限公司
			上海建筑装饰（集团）有限公司
	158	国航呼和浩特客货销售及航空培训中心（内蒙古国航大厦）	中国天诚集团内蒙古新雅建筑工程设计装饰有限公司
			西安飞机工业装饰装修工程股份有限公司
	159	辽宁省总工会办公大楼	沈阳远大铝业工程有限公司
			沈阳白云穗港装饰工程有限公司
			鲁迅美术学院艺术工程总公司
	160	海信大厦	中国建筑装饰工程公司
			沈阳远大铝业工程有限公司
			苏州金螳螂建筑装饰有限公司
	161	河北大学教学主楼	河北建设集团装饰工程有限公司
			沈阳飞机制造公司铝合金结构工程公司
			河北省室内装饰工程有限公司
2003	162	全国海关信息管理中心	北京南隆建筑装饰工程有限公司
	163	北京国际俱乐部扩建工程（外交公寓）	深圳海外装饰工程公司
	164	中国农业发展银行山西省分行 12 号综合楼	深圳市方大装饰工程有限公司
	165	哈尔滨医科大学附属第二医院医技住院楼	深圳市文业装饰设计工程有限公司
	166	南京海关业务技术专用楼	上海市建筑装饰工程有限公司
	167	丽水市中心医院门、急诊综合大楼	温州云艺装饰有限公司
	168	青岛海悦广场-高层公寓楼	青岛东亚建筑装饰有限公司
	169	山东邮政技术中心	山东省永隆装饰工程有限公司
	170	成都双流国际机场航站楼工程	北京城建长城装饰工程有限责任公司
	171	重庆两路广场（希尔顿酒店商务大厦）工程	重庆西南铝装饰工程有限公司
	172	甘肃省广播电视中心工程	甘肃省建筑企业兰山装饰设计工程公司
	173	中银大厦	沈阳远大铝业工程有限公司
	174	中国农业银行山东省分行营业综合楼	深圳市建筑装饰（集团）有限公司
	175	北京大学第一医院第二住宅部干部外科病房楼工程	北京建谊建筑工程有限公司
	176	京西宾馆会议楼	北京建筑工程装饰公司
			北京贝盟国际建筑装饰工程有限公司
	177	中国广播电视音像资料馆	北京美仑装饰工程有限公司
			北京京藤幕墙工程有限公司
	178	天津市第一中级人民法院审判综合楼	天津市建设装饰工程公司
			北京江河幕墙装饰工程有限公司
	179	黑龙江科技馆	沈阳远大铝业工程有限公司
			黑龙江国光建筑装饰工程有限公司
	180	交银金融大厦	上海东昌建筑装饰工程有限公司
			上海美特幕墙有限公司
	181	黄岩区行政大楼	武林建筑工程有限公司
			深圳市设计装饰工程公司
	182	中国人民银行济南分行金库营业楼	山东省鸿鑫工程有限公司
			深圳市深装总装饰工程工业有限公司
	183	晋江市电力大厦	福建嘉华装饰工程有限公司
			上海美特幕墙有限公司

2003	184	郑州绿城大厦	中国建筑装饰工程公司河南分公司
			郑州康利达装饰工程有限公司
	185	佛山电力工业局生产调度大楼	力基铝业工程有限公司
			中建三局东方装饰设计工程公司
	186	湖北省通信指挥调度中心	武汉凌云建筑装饰工程有限公司
			汕头市美高装修有限公司
	187	漓江饭店扩建工程	上海蓝天房屋装饰工程公司
			深圳市广田装饰设计工程有限公司
			深圳市南利装饰工程公司
	188	河南省南阳市金凯悦东方酒店	西安飞机工业装饰装修工程股份有限公司
			深圳海外装饰工程公司
			深圳市深装总装饰工程工业有限公司
	189	华北电力大学图书馆	石家庄市洪涛装饰工程有限公司
			河北建设集团装饰工程有限公司
			辽宁泰丰铝业装饰工程有限公司
2004	190	北京市永泰园住宅小区	北京五连顺装饰装潢有限公司
	191	天津博物馆	天津市鲁班建筑装饰公司
	192	东软信息技术学院图书馆	沈阳白云穗港装饰工程有限公司
	193	北方大厦	沈阳远大铝业工程有限公司
	194	黑龙江工程学院教学综合楼	福建省泉州远泰幕墙装饰工程有限公司
	195	中国残疾人体育艺术培训基地	江苏省建伟幕墙装饰工程有限公司
	196	沪东造船厂技术中心大楼	沈阳远大铝业工程有限公司
	197	苏州市国家税务局综合业务用房	苏州金螳螂建筑装饰股份有限公司
	198	扬州市供电公司生产经营调度用房	苏州金螳螂建筑装饰股份有限公司
	199	浙江大学新校区图书信息中心 A、C 楼	常州通用幕墙装饰工程有限公司
	200	金华信息港大楼	湛江经济技术开发区耀华建筑装饰工程公司
	201	洛阳市公安通讯信息指挥中心	石家庄四站铝合金装饰工程处
	202	湖南出版科技园-科技文化活动中心宾馆	海南金海岸装饰工程有限公司
	203	博鳌亚洲论坛国际会议中心索菲特大酒店	上海中远汇丽建筑装潢有限公司
	204	贵州电视大楼	中铁建工集团北京装饰工程有限公司
	205	云南省人民政府办公楼	中国建筑第三工程局深圳装饰设计工程公司
	206	西安咸阳国际机场新航站楼工程	上海蓝天房屋装饰工程公司
	207	青海省邮政指挥调度中心综合楼	甘肃省建筑装饰工程公司
	208	天津泰达图书馆工程	上海金粤幕墙有限公司
	209	湖南省游泳跳水中心	深圳市三鑫特种玻璃技术股份有限公司
	210	华为科研中心	深圳华加日铝业有限公司
	211	济南军区“221 工程”	山东省鸿鑫工程有限公司
	212	中组部办公楼	秦皇岛渤海铝幕墙装饰工程有限公司
	213	北师大国际学术交流中心	黑龙江国光建筑装饰工程有限公司
			秦皇岛渤海铝幕墙装饰工程有限公司
	214	河北农业大学综合教学楼	河北建设集团装饰工程有限公司
			石家庄市鑫达佳艺装饰工程有限公司
	215	震旦国际大楼	上海新丽装饰工程有限公司
			沈阳远大铝业工程有限公司
	216	镇江邮电通信指挥中心	江苏合发集团有限责任公司
			苏州金螳螂建筑装饰股份有限公司
	217	临沂市人民医院主体大楼	深圳市广田装饰设计工程有限公司
			深圳中航幕墙工程有限公司
	218	安阳市行政中心综合办公楼	石家庄市海山建筑装饰工程总公司
			北京侨信装饰工程有限公司
	219	三亚喜来登酒店工程	北京城建长城装饰工程有限责任公司
			海南新思路装饰工程有限公司
	220	淄博广播电视中心大楼	中国建筑第八工程局装饰公司
			北京弘高建筑装饰设计工程有限公司

2004	221	信息产业部电子第 29 研究所 3 号综合楼	北京中建华腾装饰工程有限公司
			沈阳远大铝业工程有限公司
	222	雍景台	上海荣欣家庭装潢有限公司大连分公司
			合程(厦门)建筑装饰工程有限公司
			大连永明消防装饰工程有限公司
	223	江苏检验检疫综合实验楼	深圳市方大装饰工程有限公司
			深圳长城家俱装饰工程有限公司
			深圳海外装饰工程公司

附二：

建筑装饰企业历年鲁班奖（国优）按企业获奖数量排序

获奖次数	获 奖 企 业	获奖年份	获 奖 工 程
18	沈阳远大铝业工程有限公司	1997	北京西单国际大厦
		1998	天津邮电通信网管理中心
		1999	东北电力负荷预测中心
		1999	北京电力生产调度中心
		2000	中国建设银行山西省分行综合营业大厦
		2001	昆明邦克大厦
		2002	辽宁省总工会办公大楼
		2002	上海科技馆
		2002	天目大厦
		2002	萧山经济技术开发区综合服务大楼
		2002	海信大厦
		2002	中国人民解放军南京军区空军综合楼
		2003	黑龙江科技馆
		2003	中银大厦
		2004	北方大厦
		2004	震旦国际大楼
		2004	沪东造船厂技术中心大楼
		2004	信息产业部电子第29研究所3号综合楼
14	武汉凌云建筑装饰工程有限公司	1994	天津广播电视塔
		1995	天津日报社业务综合楼
		1995	湖北省建设银行营业楼
		1997	上海广播大厦主楼
		1997	武汉招银大厦
		1998	天津泰达大厦
		1998	天津市计委信息中心
		1998	秦皇岛市邮电局电信综合楼
		1999	湖南平和堂商贸大厦
		1999	中国长江三峡工程开发总公司总部综合大楼
14	武汉凌云建筑装饰工程有限公司	1999	天津今晚报大厦
		2000	安徽省邮电通信调度中心
		2001	湖南长沙黄花机场航站楼扩建工程
		2003	湖北省通信指挥调度中心
10	深圳海外装饰工程公司	1995	青岛海关业务楼
		1998	哈尔滨新加坡大酒店辰龙康乐宫
		1999	青岛广播电视中心
		1999	云南烟草公司综合业务大楼
		1999	上海十六铺交银大厦
		2000	武汉瑞通广场A座
		2002	萧山经济技术开发区综合服务大楼
		2003	北京国际俱乐部扩建工程（外交公寓）
		2003	河南省南阳市金凯悦东方酒店
		2004	江苏检验检疫综合实验楼

9	中建三局东方装饰设计工程公司	1994	上海国际贸易中心
		1995	武汉可口可乐联合广房
		1997	洛阳科技贸易中心(牡丹城)
		1998	湖北省电力调度综合楼
		2000	上海奉贤邮电大厦
		2000	安徽省邮电通信调度中心
		2000	武汉邮件处理中心生产主楼
		2002	中保人寿湖北分公司培训综合楼
		2003	佛山电力工业局生产调度大楼
8	秦皇岛渤海铝幕墙装饰工程有限公司	1999	天津开发区外商投资服务中心滨海大厦
		1999	中国人民银行山西省分行综合楼
		2000	上海城市规划展示馆
		2001	天津海关综合设施工程
		2002	中国北京劳动力市场业务用房
		2002	中国人民银行长沙中心支行住宅综合楼
		2004	北师大国际学术交流中心
		2004	中组部办公楼
7	苏州金螳螂建筑装饰股份有限公司	1999	苏州新城花园酒店
		2001	南京文化艺术中心
		2002	天目大厦
		2002	海信大厦
		2004	镇江邮电通信指挥中心
		2004	苏州市国家税务局综合业务用房
		2004	扬州市供电公司生产经营调度用房
6	深圳市深装总装饰工程工业有限公司	1997	长春名门饭店
		1999	湖南平和堂商贸大厦
		2001	首都图书馆新馆
		2001	湖南长沙黄花机场航站楼扩建工程
		2003	中国人民银行济南分行金库营业楼
		2003	河南省南阳市金凯悦东方酒店
6	深圳市建筑装饰（集团）有限公司	1994	洛阳市百货大楼
		1997	洛阳国际金融大厦
		2001	中华世纪坛
		2001	山东国际会展中心
		2002	宣新大厦
		2003	中国农业银行山东省分行营业综合楼
6	深圳长城家俱装饰工程有限公司	1999	北京京盛广场
		1999	云南烟草公司综合业务大楼
		1999	新疆海德酒店
		2001	昆明邦克大厦
		2002	美丽华酒店（原农资批发市场）
		2004	江苏检验检疫综合实验楼
4	天津市建设装饰工程公司	1990	天津民航机场航站楼
		1999	天津医科大学总医院门诊楼
		2002	天津民航学院图书馆
		2003	天津市第一中级人民法院审判综合楼
4	深圳市洪涛装饰工程公司	1997	长春名门饭店
		1998	深圳五洲宾馆
		2000	南昌银翔大厦
		2002	中国石化开元大厦
4	浙江宝业建筑装饰工程有限责任公司	1995	上海新民晚报现代印刷中心业务楼
		1997	绍兴邮电局移动通信综合楼
		1999	绍兴电力调度通讯中心
		2001	绍兴市邮政处理中心工程
4	中建三局深圳装饰设计工程公司	1992	上海太平洋大饭店
		1995	武汉可口可乐联合广房
		1999	中国长江三峡工程开发总公司总部综合大楼
		2004	云南省人民政府办公楼

4	中国建筑装饰工程公司	2002	洛阳市国税局综合楼
		2002	青海省农业银行营业办公培训综合楼
		2002	海信大厦
		2003	郑州绿城大厦
3	西安飞机工业装饰装修工程股份有限公司	2000	武汉瑞通广场A座
		2002	国航呼和浩特客货销售及航空培训中心（内蒙古国航大厦）
		2003	河南省南阳市金凯悦东方酒店
3	中山市盛兴幕墙有限公司	2000	西安·中国西部电子商城
		2001	中山大学珠海校区教学楼
		2002	金汇大厦
3	广州珠江装修工程公司	1995	广州世界贸易中心
		1997	广州东山广场主楼
		1999	广州好世界大厦
3	深圳市南利装饰工程公司	1990	北京亚运村
		1999	东北电力负荷预测中心
		2003	漓江饭店扩建工程
3	北京城建长城装饰工程有限责任公司	1995	北京西站地铁综合大厅
		2003	成都双流国际机场航站楼工程
		2004	三亚喜来登酒店工程
3	北京中建华腾装饰工程有限公司	1999	中国工商银行营业办公楼
		2000	北京·中国国际贸易中心二期工程
		2004	信息产业部电子第29研究所3号综合楼
3	沈阳白云穗港装饰工程有限公司	2002	辽宁省总工会办公大楼
		2002	大连东方信息技术研修学院教学楼
		2004	东软信息技术学院图书馆
3	河北建设集团装饰工程有限公司	2002	河北大学教学主楼
		2003	华北电力大学图书馆
		2004	河北农业大学综合教学楼
2	沈阳黎明铝门窗工程公司	1995	北京华科综合楼
		1999	包头市工商局综合办公大楼
2	澳连建筑装饰工程有限公司	1999	长春金融培训中心
		1999	甘肃省邮电管理局通讯指挥辅助楼
2	屹昌装饰设计工程（天津）有限公司	1999	天津开发区外商投资服务中心滨海大厦
		2001	天津海关综合设施工程
2	武汉华达建筑装饰设计工程有限公司	1997	武汉招银大厦
		1999	武汉建银大厦主楼
2	中国联和承造实业有限公司	1997	北京王府井世纪广场
		1997	洛阳科技贸易中心(牡丹城)
2	北京贝盟国际建筑装饰工程有限公司	1997	全国人大常委会会议楼
		2003	京西宾馆会议楼
2	上海健尔斯装饰工程有限公司	1998	中国石油大厦
		2000	上海城市规划展示馆
2	上海美特幕墙有限公司	2003	交银金融大厦
		2003	晋江市电力大厦
2	深圳市美术装饰工程有限公司	2001	杭州萧山机场航站楼工程
		2001	武汉图书馆新馆
2	武汉建工集团装饰工程有限公司	1994	武汉东湖风景区磨山楚天台(阁)
		1997	武汉泰合广场
2	上海新丽装饰工程有限公司	1995	上海新民晚报现代印刷中心业务楼
		2004	震旦国际大楼
2	深圳华加日铝业有限公司	1997	北京光大大厦
		2004	华为科研中心
2	广东湛江经济开发区耀华建筑装饰工程公司	1998	交通银行杭州分行金融大楼
		2004	金华信息港大楼
2	深圳中航幕墙工程有限公司	1999	无线大厦
		2004	临沂市人民医院主体大楼
2	深圳市三鑫特种玻璃技术股份有限公司	2001	南京文化艺术中心
		2004	湖南省游泳跳水中心

2	江苏合发集团有限责任公司	2001	昆明官房大厦
		2004	镇江邮电通信指挥中心
2	北京侨信装饰工程有限公司	2002	北京市第二中级人民法院审判楼
		2004	安阳市行政中心综合办公楼
2	石家庄市海山建筑装饰工程总公司	2002	洛阳市国税局综合楼
		2004	安阳市行政中心综合办公楼
2	深圳市方大装饰工程有限公司	2003	中国农业发展银行山西省分行12号综合楼
		2004	江苏检验检疫综合实验楼
2	黑龙江国光建筑装饰工程有限公司	2003	黑龙江科技馆
		2004	北师大国际学术交流中心
2	山东省鸿鑫工程有限公司	2003	中国人民银行济南分行金库营业楼
		2004	济南军区“221工程”
2	上海蓝天房屋装饰工程公司	2003	漓江饭店扩建工程
		2004	西安咸阳国际机场新航站楼工程
2	深圳市广田装饰设计工程有限公司	2003	漓江饭店扩建工程
		2004	临沂市人民医院主体大楼
2	绍兴县六建铝门窗装饰工程有限公司	1997	绍兴邮电局移动通信综合楼
		1999	绍兴电力调度通讯中心
2	哈尔滨金马装饰工程有限责任公司	1999	哈尔滨丽景天地综合楼
		2000	哈尔滨荣耀世纪
2	金丰环球装饰工程（天津）有限公司	2000	天津国际金融培训大厦
		2001	中国人民保险公司天津分公司营业楼
2	中铁建厂工程局装饰工程总公司	2001	福建省高级人民法院审判法庭综合大楼
		2002	贵阳站房
2	上海市建筑装饰工程有限公司	2000	上海金燕大厦主楼
		2003	南京海关业务技术专用楼
1	天津工程建设装饰有限公司	1995	天津日报社业务综合楼
1	黑龙江名都建筑装饰工程有限公司	1995	佳木斯邮电局电信综合楼
1	伟民港澳装饰有限公司	1995	内蒙古天元商厦
1	绍兴马鞍建筑装潢公司	1995	绍兴咸享大酒店一期工程
1	北京世星装修工程有限公司	1997	北京王府井世纪广场
1	北京华峰服务装饰有限公司	1997	全国人大常委会会议楼
1	深圳市天地成幕墙有限公司	1997	军事医学科学院东区科研主楼
1	辽宁海外装饰工程有限公司	1997	沈阳凯莱大酒店
1	深圳粤航装饰设计工程公司	1998	天津邮电通信网管理中心
1	内蒙古永新建筑装饰工程有限公司	1998	中保财产保险有限公司内蒙古自治区分公司综合大厦
1	上海美特建材高科技有限公司	1998	上海东方国际广场办公楼
1	宁波建乐建筑装璜有限公司	1998	宁波市石油大厦
1	威海际高空调装饰工程有限公司	1998	济南电力调度大楼
1	广州盛仁建筑装饰工程有限公司	1998	广州宜安广场
1	广州市第四装修公司	1998	广州大都会广场
1	哈尔滨天通装饰材料有限公司	1998	哈尔滨市闽江住宅小区
1	中央工艺美术学院室内装饰工程公司	1999	北京东环广场
1	陕西华强装饰有限公司	1999	长春金融培训中心
1	苏州市华丽美登装饰装潢有限公司	1999	苏州新城花园酒店
1	青岛零零一装饰有限公司	1999	青岛广播电视中心
1	建设集团宁波装饰工程公司	1999	新兴大厦
1	上海富艺幕墙工程有限公司	1999	武汉建银大厦主楼
1	山东省中建装饰设计工程有限公司	1999	山东省工商银行银工大厦
1	上海东亚建筑实业有限公司	1999	上海南新雅大酒店
1	中建二局一公司装饰公司	1999	北京电力生产调度中心
1	中建六局装饰工程公司	1999	天津金融科技教育中心A区
1	北京永通建筑装饰工程发展有限公司	2000	北京市公共交通运营交通指挥中心
1	北京北国建筑装饰工程有限公司	2000	北京市公共交通运营交通指挥中心
1	北京中工环海建筑装饰工程有限公司	2000	天津国际金融培训大厦
1	长治市玉海装潢有限公司	2000	长治市国家税务局国税大厦
1	大连盛大建筑装饰工程有限公司	2000	大连理工大学伯川图书馆

1	无锡王兴幕墙装饰工程有限公司	2000	上海奉贤邮电大厦
1	青岛市装饰集团公司	2000	青岛天泰广场A座
1	浙江银建装饰工程有限公司	2000	杭州阳光电信广场
1	深圳新科特种装饰工程公司	2000	安徽省邮电通信调度中心
1	福州闽港建筑开发有限公司	2000	福州吉祥大厦
1	常州华艺铝型材有限公司	2000	郑州火车站主站楼
1	广东省建筑装饰工程有限公司	2000	南昌银翔大厦
1	深圳市建业自然装饰工程有限公司	2000	深圳市中心医院门诊楼
1	肇庆市装饰工程有限公司	2000	肇庆市国家税务局培训教学楼
1	厦门百荣铝制品工程有限公司	2000	广西国联大厦
1	深圳金粤铝制品有限公司	2000	贵州省电力科研综合楼
1	云南昌达装饰工程有限公司	2000	昆明巫家坝机场航站楼
1	深圳市德港装饰工程有限公司	2000	西安·中国西部电子商城
1	山西万兴隆装璜设计有限公司	2000	中国建设银行山西省分行综合营业大厦
1	北京中建华齐亚装饰工程有限公司	2001	现代盛世大厦
1	中建八局第二建筑公司装饰公司	2001	桂林高尔夫乡村休闲世界有限公司假日酒店工程
1	北京市辅仁装饰工程有限公司	2001	首都图书馆新馆
1	汕头市振侨装修工程总公司	2001	呼和浩特第二长途电信枢纽工程
1	黑龙江省新建源建筑装饰工程有限公司	2001	哈尔滨长途电信枢纽扩建工程
1	沈阳黎东幕墙装饰有限公司	2001	吉林市电信枢纽楼
1	上海锦丽华建筑装潢工程有限公司	2001	浦东新区办公中心主楼
1	上海申纬建筑装饰工程有限公司	2001	浦东新区办公中心主楼
1	和兴玻璃铝业（上海）有限公司	2001	上海民防大厦
1	山东德泰装饰有限公司	2001	中信广场
1	深圳西林实业股份有限公司	2001	深圳公路主枢纽管理控制中心
1	深圳市科源建筑装饰工程有限公司	2001	深圳市国税局税务征收综合大楼
1	陕西慧业装饰工程有限公司	2001	玄奘三藏法师院
1	新疆天悦装璜工程有限公司	2001	明园石油文化公寓
1	北京北方建磊装饰装修中心	2002	北京东方广场酒店
1	沈阳飞机制造公司铝合金结构工程公司	2002	河北大学教学主楼
1	河北省室内装饰工程有限公司	2002	河北大学教学主楼
1	中国天诚集团内蒙古新雅建筑工程设计装饰有限公司	2002	国航呼和浩特客货销售及航空培训中心（内蒙古国航大厦）
1	鲁迅美术学院艺术工程总公司	2002	辽宁省总工会办公大楼
1	大连亿达装饰工程有限公司	2002	大连东方信息技术研修学院教学楼
1	上海康业建筑装饰工程有限公司	2002	上海市久事大厦
1	上海正方建筑装饰工程有限公司	2002	上海市久事大厦
1	上海杰思工程实业有限公司	2002	上海红塔大酒店
1	苏州苏明装饰公司	2002	苏州大学理工实验大楼
1	常泰建筑装璜工程有限公司	2002	常州市第二人民医院门急诊住院楼
1	浙江广艺建筑装饰工程有限公司	2002	湖州电力能源调度中心
1	浙江宝业幕墙装饰有限公司	2002	湖州电力能源调度中心
1	浙江华天装饰工程有限公司	2002	浙江德清会展中心
1	南京装饰联合总公司	2002	温州市青少年活动中心
1	深圳市华南装饰设计工程有限公司	2002	荣城博物馆
1	山东天元建设集团装饰工程（临沂）有限公司	2002	临沂桃园大厦
1	福建天华建筑装饰工程有限公司	2002	福建会堂
1	湖北创威建筑装饰工程有限公司	2002	武汉大学生命科学学院
1	湖南吉粤装饰有限公司	2002	中国人民银行长沙中心支行住宅综合楼
1	广东建华装饰工程有限公司	2002	广东奥林匹克体育场
1	重庆西南铝型材装饰装修工程公司	2002	青海省农业银行营业办公培训综合楼
1	上海凌云振升股份有限公司	2002	国家电力调度中心工程
1	北京神龙建筑装饰工程有限公司	2002	国家电力调度中心工程
1	深圳市文业装饰设计工程有限公司武汉分公司	2002	中保人寿湖北分公司培训综合楼
1	上海建筑装饰（集团）有限公司	2002	中国人民解放军南京军区空军综合楼
1	北京建筑工程装饰公司	2003	京西宾馆会议楼
1	北京美仑装饰工程有限公司	2003	中国广播电视音像资料馆
1	北京京藤幕墙工程有限公司	2003	中国广播电视音像资料馆

1	北京南隆建筑装饰工程有限公司	2003	全国海关信息管理中心
1	北京江河幕墙装饰工程有限公司	2003	天津市第一中级人民法院审判综合楼
1	石家庄市洪涛装饰工程有限公司	2003	华北电力大学图书馆
1	辽宁泰丰铝业装饰工程有限公司	2003	华北电力大学图书馆
1	深圳市文业装饰设计工程有限公司	2003	哈尔滨医科大学附属第二医院医技住院楼
1	上海东昌建筑装饰工程有限公司	2003	交银金融大厦
1	温州云艺装饰有限公司	2003	丽水市中心医院门、急诊综合大楼
1	武林建筑工程有限公司	2003	黄岩区行政大楼
1	深圳市设计装饰工程公司	2003	黄岩区行政大楼
1	青岛东亚建筑装饰有限公司	2003	青岛海悦广场-高层公寓楼
1	山东省永隆装饰工程有限公司	2003	山东邮政技术中心
1	福建嘉华装饰工程有限公司	2003	晋江市电力大厦
1	郑州康利达装饰工程有限公司	2003	郑州绿城大厦
1	重庆西南铝装饰工程有限公司	2003	重庆两路广场（希尔顿酒店商务大厦）工程
1	甘肃省建筑企业兰山装饰设计工程公司	2003	甘肃省广播电视中心工程
1	北京建谊建筑工程有限公司	2003	北京大学第一医院第二住宅部干部外科病房楼工程
1	力基铝业工程有限公司	2003	佛山电力工业局生产调度大楼
1	汕头市美高装修有限公司	2003	湖北省通信指挥调度中心
1	北京五连顺装饰装潢有限公司	2004	北京市永泰园住宅小区2
1	天津市鲁班建筑装饰公司	2004	天津博物馆3
1	石家庄市鑫达佳艺装饰工程有限公司	2004	河北农业大学综合教学楼
1	上海荣欣家庭装潢有限公司大连分公司	2004	雍景台
1	合程(厦门)建筑装饰工程有限公司	2004	雍景台
1	大连永明消防装饰工程有限公司	2004	雍景台
1	福建省泉州远泰幕墙装饰工程有限公司	2004	黑龙江工程学院教学综合楼
1	江苏省建伟幕墙装饰工程有限公司	2004	中国残疾人体育艺术培训基地
1	常州通用幕墙装饰工程有限公司	2004	浙江大学新校区图书信息中心A、C楼
1	石家庄四站铝合金装饰工程处	2004	洛阳市公安通讯信息指挥中心
1	海南金海岸装饰工程有限公司	2004	湖南出版科技园-科技文化活动中心宾馆
1	海南新思路装饰工程有限公司	2004	三亚喜来登酒店工程
1	上海中远汇丽建筑装潢有限公司	2004	博鳌亚洲论坛国际会议中心索菲特大酒店
1	中铁建工集团北京装饰工程有限公司	2004	贵州电视大楼
1	甘肃省建筑装饰工程公司	2004	青海省邮政指挥调度中心综合楼
1	上海金粤幕墙有限公司	2004	天津泰达图书馆工程
1	北京弘高建筑装饰设计工程有限公司	2004	淄博广播电视中心大楼
1	中国建筑第八工程局装饰公司	2004	淄博广播电视中心大楼

附三：

建筑装饰企业历年鲁班奖（国优）按地区排序

获奖项数	获 奖 企 业	获奖年份	获 奖 工 程
一、北京市（25家企业获35项奖）			
4	中国建筑装饰工程公司	2002	洛阳市国税局综合楼
		2002	青海省农业银行营业办公培训综合楼
		2002	海信大厦
		2003	郑州绿城大厦
3	北京城建长城装饰工程有限责任公司	1995	北京西站地铁综合大厅
		2003	成都双流国际机场航站楼工程
		2004	三亚喜来登酒店工程
3	北京中建华腾装饰工程有限公司	1999	中国工商银行营业办公楼
		2000	北京·中国国际贸易中心二期工程
		2004	信息产业部电子第29研究所3号综合楼
2	北京贝盟国际建筑装饰工程有限公司	1997	全国人大常委会会议楼
		2003	京西宾馆会议楼

2	北京侨信装饰工程有限公司	2002	北京市第二中级人民法院审判楼
		2004	安阳市行政中心综合办公楼
2	中铁建厂工程局装饰工程总公司	2001	福建省高级人民法院审判法庭综合大楼
		2002	贵阳站房
1	北京世星装修工程有限公司	1997	北京王府井世纪广场
1	北京华峰服务装饰有限公司	1997	全国人大常委会会议楼
1	中央工艺美术学院室内装饰工程公司	1999	北京东环广场
1	北京永通建筑装饰工程发展有限公司	2000	北京市公共交通运营交通指挥中心
1	北京北国建筑装饰工程有限公司	2000	北京市公共交通运营交通指挥中心
1	北京中工环海建筑装饰工程有限公司	2000	天津国际金融培训大厦
1	北京中建华齐亚装饰工程有限公司	2001	现代盛世大厦
1	北京市辅仁装饰工程有限公司	2001	首都图书馆新馆
1	北京北方建磊装饰装修中心	2002	北京东方广场酒店
1	北京神龙建筑装饰工程有限公司	2002	国家电力调度中心工程
1	北京建筑工程装饰公司	2003	京西宾馆会议楼
1	北京美仑装饰工程有限公司	2003	中国广播电视音像资料馆
1	北京京藤幕墙工程有限公司	2003	中国广播电视音像资料馆
1	北京南隆建筑装饰工程有限公司	2003	全国海关信息管理中心
1	北京江河幕墙装饰工程有限公司	2003	天津市第一中级人民法院审判综合楼
1	北京建谊建筑工程有限公司	2003	北京大学第一医院第二住宅部干部外科病房楼工程
1	北京五连顺装饰装潢有限公司	2004	北京市永泰园住宅小区 2
1	中铁建工集团北京装饰工程有限公司	2004	贵州电视大楼
1	北京弘高建筑装饰设计工程有限公司	2004	淄博广播电视中心大楼

二、天津市（6 家企业获 11 项奖）

4	天津市建设装饰工程公司	1990	天津民航机场航站楼
		1999	天津医科大学总医院门诊楼
		2002	天津民航学院图书馆
		2003	天津市第一中级人民法院审判综合楼
2	屹昌装饰设计工程（天津）有限公司	1999	天津开发区外商投资服务中心滨海大厦
		2001	天津海关综合设施工程
2	金丰环球装饰工程（天津）有限公司	2000	天津国际金融培训大厦
		2001	中国人民保险公司天津分公司营业楼
1	天津工程建设装饰有限公司	1995	天津日报社业务综合楼
1	中建六局装饰工程公司	1999	天津金融科技教育中心A区
1	天津市鲁班建筑装饰公司	2004	天津博物馆 3

三、河北省（8 家企业获 18 项项）

8	秦皇岛渤海铝幕墙装饰工程有限公司	1999	天津开发区外商投资服务中心滨海大厦
		1999	中国人民银行山西省分行综合楼
		2000	上海城市规划展示馆
		2001	天津海关综合设施工程
		2002	中国北京劳动力市场业务用房
		2002	中国人民银行长沙中心支行住宅综合楼
		2004	北师大国际学术交流中心
		2004	中组部办公楼
3	河北建设集团装饰工程有限公司	2002	河北大学教学主楼
		2003	华北电力大学图书馆
		2004	河北农业大学综合教学楼
2	石家庄市海山建筑装饰工程总公司	2002	洛阳市国税局综合楼
		2004	安阳市行政中心综合办公楼
1	中建二局一公司装饰公司	1999	北京电力生产调度中心
1	河北省室内装饰工程有限公司	2002	河北大学教学主楼
1	石家庄市洪涛装饰工程有限公司	2003	华北电力大学图书馆
1	石家庄市鑫达佳艺装饰工程有限公司	2004	河北农业大学综合教学楼
1	石家庄四站铝合金装饰工程处	2004	洛阳市公安通讯信息指挥中心

四、山西省（2 家企业获 2 项奖）

1	长治市玉海装潢有限公司	2000	长治市国家税务局国税大厦
1	山西万兴隆装璜设计有限公司	2000	中国建设银行山西省分行综合营业大厦

五、内蒙古自治区（2家企业获2项奖）

1	内蒙古永新建筑装饰工程有限公司	1998	中保财产保险有限公司内蒙古自治区分公司综合大厦
1	中国天诚集团内蒙古新雅建筑工程设计装饰有限公司	2002	国航呼和浩特客货销售及航空培训中心（内蒙古国航大厦）

六、辽宁省（12家企业获33项奖）

18	沈阳远大铝业工程有限公司	1997	北京西单国际大厦
		1998	天津邮电通信网管理中心
		1999	东北电力负荷预测中心
		1999	北京电力生产调度中心
		2000	中国建设银行山西省分行综合营业大厦
		2001	昆明邦克大厦
		2002	辽宁省总工会办公大楼
		2002	上海科技馆
		2002	天目大厦
		2002	萧山经济技术开发区综合服务大楼
		2002	海信大厦
		2002	中国人民解放军南京军区空军综合楼
		2003	黑龙江科技馆
		2003	中银大厦
		2004	北方大厦
		2004	震旦国际大楼
		2004	沪东造船厂技术中心大楼
		2004	信息产业部电子第29研究所3号综合楼
3	沈阳白云穗港装饰工程有限公司	2002	辽宁省总工会办公大楼
		2002	大连东方信息技术研修学院教学楼
		2004	东软信息技术学院图书馆
2	沈阳黎明铝门窗工程公司	1995	北京华科综合楼
		1999	包头市工商局综合办公大楼
2	澳连建筑装饰工程有限公司	1999	长春金融培训中心
		1999	甘肃省邮电管理局通讯指挥辅助楼
1	辽宁海外装饰工程有限公司	1997	沈阳凯莱大酒店
1	大连盛大建筑装饰工程有限公司	2000	大连理工大学伯川图书馆
1	沈阳黎东幕墙装饰有限公司	2001	吉林市电信枢纽楼
1	沈阳飞机制造公司铝合金结构工程公司	2002	河北大学教学主楼
1	鲁迅美术学院艺术工程总公司	2002	辽宁省总工会办公大楼
1	大连亿达装饰工程有限公司	2002	大连东方信息技术研修学院教学楼
1	辽宁泰丰铝业装饰工程有限公司	2003	华北电力大学图书馆
1	大连永明消防装饰工程有限公司	2004	雍景台

七、黑龙江省（5家企业获7项奖）

2	黑龙江国光建筑装饰工程有限公司	2003	黑龙江科技馆
		2004	北师大国际学术交流中心
2	哈尔滨金马装饰工程有限责任公司	1999	哈尔滨丽景天地综合楼
		2000	哈尔滨荣耀世纪
1	黑龙江名都建筑装饰工程有限公司	1995	佳木斯邮电局电信综合楼
1	哈尔滨天通装饰材料有限公司	1998	哈尔滨市闽江住宅小区
1	黑龙江省新建源建筑装饰工程有限公司	2001	哈尔滨长途电信枢纽扩建工程

八、上海市（21家企业获34项奖）

9	中建三局东方装饰设计工程公司	1994	上海国际贸易中心
		1995	武汉可口可乐联合广房
		1997	洛阳科技贸易中心(牡丹城)
		1998	湖北省电力调度综合楼
		2000	上海奉贤邮电大厦
		2000	安徽省邮电通信调度中心
		2000	武汉邮件处理中心生产主楼
		2002	中保人寿湖北分公司培训综合楼
		2003	佛山电力工业局生产调度大楼

2	上海健尔斯装饰工程有限公司	1998	中国石油大厦
		2000	上海城市规划展示馆
2	上海美特幕墙有限公司	2003	交银金融大厦
		2003	晋江市电力大厦
2	上海新丽装饰工程有限公司	1995	上海新民晚报现代印刷中心业务楼
		2004	震旦国际大楼
2	上海蓝天房屋装饰工程公司	2003	漓江饭店扩建工程
		2004	西安咸阳国际机场新航站楼工程
2	上海市建筑装饰工程有限公司	2000	上海金燕大厦主楼
		2003	南京海关业务技术专用楼
1	上海美特建材高科技有限公司	1998	上海东方国际广场办公楼
1	上海富艺幕墙工程有限公司	1999	武汉建银大厦主楼
1	上海东亚建筑实业有限公司	1999	上海南新雅大酒店
1	上海锦丽华建筑装潢工程有限公司	2001	浦东新区办公中心主楼
1	上海申纬建筑装饰工程有限公司	2001	浦东新区办公中心主楼
1	和兴玻璃铝业（上海）有限公司	2001	上海民防大厦
1	上海康业建筑装饰工程有限公司	2002	上海市久事大厦
1	上海正方建筑装饰工程有限公司	2002	上海市久事大厦
1	上海杰思工程实业有限公司	2002	上海红塔大酒店
1	上海凌云振升股份有限公司	2002	国家电力调度中心工程
1	上海建筑装饰（集团）有限公司	2002	中国人民解放军南京军区空军综合楼
1	上海东昌建筑装饰工程有限公司	2003	交银金融大厦
1	上海荣欣家庭装潢有限公司大连分公司	2004	雍景台
1	上海中远汇丽建筑装潢有限公司	2004	博鳌亚洲论坛国际会议中心索菲特大酒店
1	上海金粤幕墙有限公司	2004	天津泰达图书馆工程

九、江苏省（10家企业获17项奖）

7	苏州金螳螂建筑装饰股份有限公司	1999	苏州新城花园酒店
		2001	南京文化艺术中心
		2002	天目大厦
		2002	海信大厦
		2004	镇江邮电通信指挥中心
		2004	苏州市国家税务局综合业务用房
		2004	扬州市供电公司生产经营调度用房
2	江苏合发集团有限责任公司	2001	昆明官房大厦
		2004	镇江邮电通信指挥中心
1	苏州市华丽美登装饰装潢有限公司	1999	苏州新城花园酒店
1	无锡王兴幕墙装饰工程有限公司	2000	上海奉贤邮电大厦
1	常州华艺铝型材有限公司	2000	郑州火车站主站楼
1	苏州苏明装饰公司	2002	苏州大学理工实验大楼
1	常泰建筑装璜工程有限公司	2002	常州市第二人民医院门急诊住院楼
1	南京装饰联合总公司	2002	温州市青少年活动中心
1	江苏省建伟幕墙装饰工程有限公司	2004	中国残疾人体育艺术培训基地
1	常州通用幕墙装饰工程有限公司	2004	浙江大学新校区图书信息中心A、C楼

十、山东省（11家企业获12项奖）

2	山东省鸿鑫工程有限公司	2003	中国人民银行济南分行金库营业楼
		2004	济南军区"221工程"
1	威海际高空调装饰工程有限公司	1998	济南电力调度大楼
1	青岛零零一装饰有限公司	1999	青岛广播电视中心
1	山东省中建装饰设计工程有限公司	1999	山东省工商银行银工大厦
1	青岛市装饰集团公司	2000	青岛天泰广场A座
1	中建八局第二建筑公司装饰公司	2001	桂林高尔夫乡村休闲世界有限公司假日酒店工程
1	山东德泰装饰有限公司	2001	中信广场
1	山东天元建设集团装饰工程（临沂）有限公司	2002	临沂桃园大厦
1	青岛东亚建筑装饰有限公司	2003	青岛海悦广场-高层公寓楼
1	山东省永隆装饰工程有限公司	2003	山东邮政技术中心
1	中国建筑第八工程局装饰公司	2004	淄博广播电视中心大楼

十一、浙江省（11 家企业获 15 项奖）

4	浙江宝业建筑装饰工程有限责任公司	1995	上海新民晚报现代印刷中心业务楼
		1997	绍兴邮电局移动通信综合楼
		1999	绍兴电力调度通讯中心
		2001	绍兴市邮政处理中心工程
2	绍兴县六建铝门窗装饰工程有限公司	1997	绍兴邮电局移动通信综合楼
		1999	绍兴电力调度通讯中心
1	绍兴马鞍建筑装潢公司	1995	绍兴咸亨大酒店一期工程
1	宁波建乐建筑装璜有限公司	1998	宁波市石油大厦
1	建设集团宁波装饰工程公司	1999	新兴大厦
1	浙江银建装饰工程有限公司	2000	杭州阳光电信广场
1	浙江广艺建筑装饰工程有限公司	2002	湖州电力能源调度中心
1	浙江宝业幕墙装饰有限公司	2002	湖州电力能源调度中心
1	浙江华天装饰工程有限公司	2002	浙江德清会展中心
1	温州云艺装饰有限公司	2003	丽水市中心医院门、急诊综合大楼
1	武林建筑工程有限公司	2003	黄岩区行政大楼

十二、福建省（6 家企业获 6 项奖）

1	福州闽港建筑开发有限公司	2000	福州吉祥大厦
1	厦门百荣铝制品工程有限公司	2000	广西国联大厦
1	福建天华建筑装饰工程有限公司	2002	福建会堂
1	福建嘉华装饰工程有限公司	2003	晋江市电力大厦
1	合程（厦门）建筑装饰工程有限公司	2004	雍景台
1	福建省泉州远泰幕墙装饰工程有限公司	2004	黑龙江工程学院教学综合楼

十三、河南省（1 家企业获 1 项奖）

1	郑州康利达装饰工程有限公司	2003	郑州绿城大厦

十四、湖北省（4 家企业获 19 项奖）

14	武汉凌云建筑装饰工程有限公司	1994	天津广播电视塔
		1995	天津日报社业务综合楼
		1995	湖北省建设银行营业楼
		1997	上海广播大厦主楼
		1997	武汉招银大厦
		1998	天津泰达大厦
		1998	天津市计委信息中心
		1998	秦皇岛市邮电局电信综合楼
		1999	湖南平和堂商贸大厦
		1999	中国长江三峡工程开发总公司总部综合大楼
		1999	天津今晚报大厦
		2000	安徽省邮电通信调度中心
		2001	湖南长沙黄花机场航站楼扩建工程
		2003	湖北省通信指挥调度中心
2	武汉华达建筑装饰设计工程有限公司	1997	武汉招银大厦
		1999	武汉建银大厦主楼
2	武汉建工集团装饰工程有限公司	1994	武汉东湖风景区磨山楚天台(阁)
		1997	武汉泰合广场
1	湖北创威建筑装饰工程有限公司	2002	武汉大学生命科学学院

十五、湖南省（1 家企业获 1 项奖）

1	湖南吉粤装饰有限公司	2002	中国人民银行长沙中心支行住宅综合楼

十六、广东省（38 家企业获 82 项奖）

10	深圳海外装饰工程公司	1995	青岛海关业务楼
		1998	哈尔滨新加坡大酒店辰龙康乐宫
		1999	青岛广播电视中心
		1999	云南烟草公司综合业务大楼
		1999	上海十六铺交银大厦
		2000	武汉瑞通广场A座
		2002	萧山经济技术开发区综合服务大楼

10	深圳海外装饰工程公司	2003	北京国际俱乐部扩建工程（外交公寓）
		2003	河南省南阳市金凯悦东方酒店
		2004	江苏检验检疫综合实验楼
6	深圳市深装总装饰工程工业有限公司	1997	长春名门饭店
		1999	湖南平和堂商贸大厦
		2001	首都图书馆新馆
		2001	湖南长沙黄花机场航站楼扩建工程
		2003	中国人民银行济南分行金库营业楼
		2003	河南省南阳市金凯悦东方酒店
6	深圳市建筑装饰（集团）有限公司	1994	洛阳市百货大楼
		1997	洛阳国际金融大厦
		2001	中华世纪坛
		2001	山东国际会展中心
		2002	宣新大厦
		2003	中国农业银行山东省分行营业综合楼
6	深圳长城家俱装饰工程有限公司	1999	北京京盛广场
		1999	云南烟草公司综合业务大楼
		1999	新疆海德酒店
		2001	昆明邦克大厦
		2002	美丽华酒店（原农资批发市场）
		2004	江苏检验检疫综合实验楼
4	深圳市洪涛装饰工程公司	1997	长春名门饭店
		1998	深圳五洲宾馆
		2000	南昌银翔大厦
		2002	中国石化开元大厦
4	中建三局深圳装饰设计工程公司	1992	上海太平洋大饭店
		1995	武汉可口可乐联合广房
		1999	中国长江三峡工程开发总公司总部综合大楼
		2004	云南省人民政府办公楼
3	中山市盛兴幕墙有限公司	2000	西安·中国西部电子商城
		2001	中山大学珠海校区教学楼
		2002	金汇大厦
3	广州珠江装修工程公司	1995	广州世界贸易中心
		1997	广州东山广场主楼
		1999	广州好世界大厦
3	深圳市南利装饰工程公司	1990	北京亚运村
		1999	东北电力负荷预测中心
		2003	漓江饭店扩建工程
2	中国联和承造实业有限公司	1997	北京王府井世纪广场
		1997	洛阳科技贸易中心(牡丹城)
2	深圳市美术装饰工程有限公司	2001	杭州萧山机场航站楼工程
		2001	武汉图书馆新馆
2	深圳华加日铝业有限公司	1997	北京光大大厦
		2004	华为科研中心
2	广东湛江经济开发区耀华建筑装饰工程公司	1998	交通银行杭州分行金融大楼
		2004	金华信息港大楼
2	深圳中航幕墙工程有限公司	1999	无线大厦
		2004	临沂市人民医院主体大楼
2	深圳市三鑫特种玻璃技术股份有限公司	2001	南京文化艺术中心
		2004	湖南省游泳跳水中心
2	深圳市方大装饰工程有限公司	2003	中国农业发展银行山西省分行12号综合楼
		2004	江苏检验检疫综合实验楼
2	深圳市广田装饰设计工程有限公司	2003	漓江饭店扩建工程
		2004	临沂市人民医院主体大楼
1	伟民港澳装饰有限公司	1995	内蒙古天元商厦
1	深圳市天地成幕墙有限公司	1997	军事医学科学院东区科研主楼
1	深圳粤航装饰设计工程公司	1998	天津邮电通信网管理中心
1	广州盛仁建筑装饰工程有限公司	1998	广州宜安广场

1	广州市第四装修公司	1998	广州大都会广场
1	深圳新科特种装饰工程公司	2000	安徽省邮电通信调度中心
1	广东省建筑装饰工程有限公司	2000	南昌银翔大厦
1	深圳市建业自然装饰工程有限公司	2000	深圳市中心医院门诊楼
1	肇庆市装饰工程有限公司	2000	肇庆市国家税务局培训教学楼
1	深圳金粤铝制品有限公司	2000	贵州省电力科研综合楼
1	深圳市德港装饰工程有限公司	2000	西安·中国西部电子商城
1	汕头市振侨装修工程总公司	2001	呼和浩特第二长途电信枢纽工程
1	深圳西林实业股份有限公司	2001	深圳公路主枢纽管理控制中心
1	深圳市科源建筑装饰工程有限公司	2001	深圳市国税局税务征收综合大楼
1	深圳市华南装饰设计工程有限公司	2002	荣城博物馆
1	广东建华装饰工程有限公司	2002	广东奥林匹克体育场
1	深圳市文业装饰设计工程有限公司	2003	哈尔滨医科大学附属第二医院医技住院楼
1	深圳市文业装饰设计工程有限公司武汉分公司	2002	中保人寿湖北分公司培训综合楼
1	深圳市设计装饰工程公司	2003	黄岩区行政大楼
1	力基铝业工程有限公司	2003	佛山电力工业局生产调度大楼
1	汕头市美高装修有限公司	2003	湖北省通信指挥调度中心

十七、海南省（2家企业获2项奖）

1	海南金海岸装饰工程有限公司	2004	湖南出版科技园-科技文化活动中心宾馆
1	海南新思路装饰工程有限公司	2004	三亚喜来登酒店工程

十八、重庆市（2家企业获2项奖）

1	重庆西南铝型材装饰装修工程公司	2002	青海省农业银行营业办公培训综合楼
1	重庆西南铝装饰工程有限公司	2003	重庆两路广场（希尔顿酒店商务大厦）工程

十九、云南省（1家企业获1项奖）

1	云南昌达装饰工程有限公司	2000	昆明巫家坝机场航站楼

二十、陕西省（3家企业获5项奖）

3	西安飞机工业装饰装修工程股份有限公司	2000	武汉瑞通广场A座
		2002	国航呼和浩特客货销售及航空培训中心（内蒙古国航大厦）
		2003	河南省南阳市金凯悦东方酒店
1	陕西华强装饰有限公司	1999	长春金融培训中心
1	陕西慧业装饰工程有限公司	2001	玄奘三藏法师院

二十一、甘肃省（2家企业获2项奖）

1	甘肃省建筑企业兰山装饰设计工程公司	2003	甘肃省广播电视中心工程
1	甘肃省建筑装饰工程公司	2004	青海省邮政指挥调度中心综合楼

二十二、新疆（1家企业获1项奖）

1	新疆天悦装璜工程有限公司	2001	明园石油文化公寓

附四：

建筑装饰企业历年鲁班奖（国优）按地区获奖数量排序

地 区	装饰企业数	鲁班奖（国优）数	地 区	装饰企业数	鲁班奖（国优）数
广东省	38	82	福建省	6	6
北京市	25	35	陕西省	3	5
上海市	21	34	山西省	2	2
辽宁省	12	33	内蒙古	2	2
湖北省	4	19	海南省	2	2
河北省	8	18	重庆市	2	2
江苏省	10	17	甘肃省	2	2
浙江省	11	15	河南省	1	1
山东省	11	12	湖南省	1	1
天津市	6	11	云南省	1	1
黑龙江省	5	7	新 疆	1	1

中国建筑装饰协会公告

2004年全国建筑工程装饰奖评审会已于2004年11月4日～5日在北京召开，经评审组评定：2004年全国建筑工程装饰奖(公共建筑装饰类)获奖工程125项，获奖承建单位136个，获奖参建单位7个；2004年全国建筑工程装饰奖(公共建筑装饰设计类)获奖工程26项，获奖设计单位26个；2004年全国建筑工程装饰奖(建筑幕墙类)获奖工程31项，获奖承建单位31个。现将获奖工程及获奖单位公告如下。

中国建筑装饰协会　会长　馬挺貴

二〇〇四年十一月十六日

2004年全国建筑工程装饰奖

（公共建筑装饰类，排名不分先后）

一、北京市：（共12个工程）

1. **工程名称**：北京王府世纪大厦
   承建单位：ZJ0400011 北京华开建安装饰工程有限公司
   承建范围：第七至九层室内装饰装修。
2. **工程名称**：法律出版社综合业务办公楼
   承建单位：ZJ0400021 北京建谊建筑工程有限公司
   承建范围：地下第一至二层，地上第一至六层等室内装饰装修。
3. **工程名称**：中国美术馆
   承建单位：ZJ0400031 北京城建四建设工程有限责任公司
   承建范围：室内装饰装修。
   参建单位：ZJ0400038 北京清华工美建筑装饰工程有限公司
   参建范围：室内装饰装修。
4. **工程名称**：民政部办公楼
   承建单位：ZJ0400041 北京城建一建设工程有限公司
   承建范围：第二、三号办公楼室内装饰装修。
5. **工程名称**：北京南粤苑宾馆
   承建单位：ZJ0400051 中国新兴建设开发总公司
   承建范围：室内外装饰装修。
6. **工程名称**：中国石油技术开发公司办公楼
   承建单位：ZJ0400061 北京港源建筑装饰工程有限公司
   承建范围：第五至七层等室内装饰装修。
7. **工程名称**：北京世纪远洋宾馆
   承建单位：ZJ0400071 北京中远广田装饰工程有限公司
   承建范围：第一、四、六至十八层等室内装饰装修。
8. **工程名称**：中国城市规划设计研究院办公楼
   承建单位：ZJ0400081 中国装饰有限公司
   承建范围：第一至五层等室内装饰装修。
   参建单位：ZJ0400088 中艺建筑装饰有限公司
   参建范围：第六至十三层等室内装饰装修。
9. **工程名称**：北京市统计局业务办公楼
   承建单位：ZJ0400091 北京中建华腾装饰工程有限公司
   承建范围：第一至四层等室内装饰装修。
10. **工程名称**：中国工商银行数据中心生活楼
    承建单位：ZJ0400101 北京筑邦建筑装饰工程有限公司
    承建范围：室内装饰装修。
11. **工程名称**：北京市海淀区机关办公楼
    承建单位：ZJ0400111 北京弘高建筑装饰设计工程有限公司
    承建范围：第一、二、四层等室内装饰装修。
12. **工程名称**：人民大会堂山东厅
    承建单位：ZJ0400121 山东省装饰集团总公司
    承建范围：室内装饰装修。

二、天津市：（共2个工程）

13. **工程名称**：天津市迎宾馆四号楼
    承建单位：ZJ0400131 天津市建设装饰工程公司
    承建范围：A区第一至二层室内装饰装修。
    承建单位：ZJ0400132 天津市艺术建筑装饰联合公司
    承建范围：B区第一至二层室内装饰装修。
14. **工程名称**：天津市鼓楼商业街
    承建单位：ZJ0400141 天津华惠安信装饰工程有限公司
    承建范围：街景及室内外装饰装修。

三、河北省：（共4个工程）

15. **工程名称**：石家庄市总工会一宫会堂
    承建单位：ZJ0400151 石家庄雅虹装饰设计工程有限公司
    承建范围：大厅、球类馆等室内装饰装修。
    参建单位：ZJ0400158 河北斯特龙装饰工程有限公司
    参建范围：观众厅、休息厅、主席团会议室等室内装饰装修。
16. **工程名称**：石家庄世贸广场
    承建单位：ZJ0400161 石家庄常宏建筑装饰工程有限公司
    承建范围：名品商场、渔人码头餐厅、客房等室内装饰装修。
17. **工程名称**：唐山市乐亭县文化中心
    承建单位：ZJ0400171 唐山方舟建筑装饰工程有限公司

承建范围：室内装饰装修。

18. **工程名称：**唐山宾馆一号楼

承建单位：ZJ0400181 唐山方舟建筑装饰工程有限公司

承建范围：室内装饰装修。

四、山西省：（共 1 个工程）

19. **工程名称：**中国建设银行晋中分行营业楼

承建单位：ZJ0400191 太原市现代建筑装饰工程有限公司

承建范围：室内装饰装修。

五、内蒙古自治区：（共 2 个工程）

20. **工程名称：**满洲里铁路联检报关大楼

承建单位：ZJ0400201 呼伦贝尔纵横安全技术装饰工程有限公司

承建范围：室内装饰装修。

21. **工程名称：**通辽市新世纪大酒店

承建单位：ZJ0400211 江苏华泰装饰工程有限公司

承建范围：第一至三层大堂等公用区域，第五至十四层客房等装饰装修。

六、辽宁省：（共 8 个工程）

22. **工程名称：**大连虹源大厦

承建单位：ZJ0400221 深圳市南利装饰工程公司

承建范围：第一至二层大堂室内装饰装修。

23. **工程名称：**鞍山市地方税务局综合办公楼

承建单位：ZJ0400231 辽宁东联装饰工程有限公司

承建范围：第一层洗浴中心，第四至十二层等室内装饰装修。

24. **工程名称：**中国刑警学院图书馆

承建单位：ZJ0400241 沈阳迅兴建筑设计装饰工程有限公司

承建范围：室内装饰装修。

25. **工程名称：**沈阳棋盘山碧月潭度假村酒店

承建单位：ZJ0400251 沈阳瑞德装饰工程有限公司

承建范围：室内外装饰装修。

26. **工程名称：**大连市人大会议楼

承建单位：ZJ0400261 大连盛大建筑装饰工程有限公司

承建范围：第一至三层、第五层等室内装饰装修。

27. **工程名称：**辽宁国际会议中心

承建单位：ZJ0400271 深圳市南利装饰工程公司

承建范围：B 区，C 区，第十二号楼等室内装饰装修。

28. **工程名称：**大连希尔顿酒店

承建单位：ZJ0400281 南京长岛建筑装饰工程有限公司

承建范围：第三、四层，第三十二至三十六层等室内装饰装修。

29. **工程名称：**沈阳恒信大厦

承建单位：ZJ0400291 辽宁荣昌装饰装修工程有限公司

承建范围：室内装饰装修。

七、吉林省：（共 4 个工程）

30. **工程名称：**长春市东北证券大厦

承建单位：ZJ0400301 吉林省凯基建筑装饰工程有限责任公司

承建范围：室内装饰装修。

31. **工程名称：**长春华侨饭店

承建单位：ZJ0400311 长春长江装饰装璜有限公司

承建范围：第一、二分区室内装饰装修。

32. **工程名称：**长春市第一汽车会堂

承建单位：ZJ0400321 长春一汽实业建筑装饰工程有限责任公司

承建范围：室内装饰装修。

33. **工程名称：**吉林省南湖宾馆主楼

承建单位：ZJ0400331 沈阳白云穗港装饰工程有限公司

承建范围：室内装饰装修。

八、黑龙江省：（共 5 个工程）

34. **工程名称：**黑龙江省科技馆

承建单位：ZJ0400341 黑龙江国光建筑装饰工程有限公司

承建范围：共享空间、展厅、贵宾厅、报告厅、会议室、办公室等室内装饰装修。

35. **工程名称：**大庆九号院宾馆

承建单位：ZJ0400351 黑龙江省高维建筑装饰工程有限公司

承建范围：一号别墅，会馆，B 栋别墅等室内装饰装修。

承建单位：ZJ0400352 大庆市华隆建筑装饰公司

承建范围：A、C、D 栋别墅室内装饰装修。

36. **工程名称：**黑龙江省民政救灾通讯中心综合楼

承建单位：ZJ0400361 黑龙江锦秀建筑装饰工程有限公司

承建范围：第一至九层装饰装修。

37. **工程名称：**哈尔滨国际会展体育中心一号工程体育馆

承建单位：ZJ0400371 黑龙江省龙港装修有限责任公司

承建范围：室内装饰装修。

38. **工程名称：**哈尔滨工业大学第二校区教学主楼

承建单位：ZJ0400381 哈尔滨正海建筑装饰有限责任公司

承建范围：第一至十层装饰装修。

九、上海市：（共 10 个工程）

39. **工程名称：**上海外滩金融中心办公楼

承建单位：ZJ0400391 上海市建筑装饰工程有限公司

承建范围：第一至八层装饰装修。

40. **工程名称：**上海衡山宾馆

承建单位：ZJ0400401 上海康业建筑装饰工程有限公司

承建范围：大堂、部分客房等装饰装修。

41. **工程名称：**上海金光外滩金融中心酒店(威斯汀大酒店)

承建单位：ZJ0400411 上海新丽装饰工程有限公司

承建范围：第十六至二十六层客房装饰装修。

42. **工程名称：**上海震旦国际大楼

承建单位：ZJ0400421 中建三局东方装饰设计工程公司

承建范围：第七至三十四层电梯厅和储藏室，第三十五至三十七层室内装饰装修。

43. **工程名称：**上海古象大酒店

承建单位：ZJ0400431 上海市第七建筑有限公司

承建范围：第一至三层装饰装修。

参建单位：ZJ0400438 上海古象建筑装饰工程有限公司

参建范围：第一至三层装饰装修。

44. 工程名称：上海宝钢生产指挥中心办公楼

承建单位：ZJ0400441 上海康业建筑装饰工程有限公司

承建范围：大堂、办公用房、食堂、车库、计算机档案楼等装饰装修。

45. 工程名称：上海工行电子计算机中心

承建单位：ZJ0400451 上海建筑装饰(集团)有限公司

承建范围：办公区和培训区装饰装修。

46. 工程名称：上海海洋大厦

承建单位：ZJ0400461 苏中建设集团股份有限公司

承建范围：第二十八至二十九层装饰装修。

47. 工程名称：上海市财政局地方税务综合楼

承建单位：ZJ0400471 中建三局东方装饰设计工程公司

承建范围：第四层装饰装修。

48. 工程名称：上海光大国际酒店

承建单位：ZJ0400481 上海海直建设工程公司

承建范围：B 座第六至二十一层客房、总统套房等装饰装修。

十、江苏省：（共 10 个工程）

49. 工程名称：南京理工大学学术交流中心

承建单位：ZJ0400491 苏州金螳螂建筑装饰股份有限公司

承建范围：第一至四层装饰装修。

50. 工程名称：苏州市工商行政管理局综合办公楼

承建单位：ZJ0400501 苏州苏明装饰有限公司

承建范围：第一标段第一至三层装饰装修。

51. 工程名称：常熟沿江经济开发区行政办公大楼

承建单位：ZJ0400511 苏州金螳螂建筑装饰股份有限公司

承建范围：主楼一层大堂，裙楼全部等装饰装修。

52. 工程名称：常熟饭店

承建单位：ZJ0400521 南京长岛建筑装饰工程有限公司

承建范围：第三、四、六、七、八号楼装饰装修。

53. 工程名称：中国工商银行江苏省分行营业部营业综合楼

承建单位：ZJ0400531 中国江苏国际经济技术合作公司

承建范围：主楼第十七至二十七层装饰装修。

承建单位：ZJ0400532 南京金鸿装饰工程有限公司

承建范围：第二标区装饰装修。

54. 工程名称：宜兴市农村信用联社营业大楼

承建单位：ZJ0400541 常泰建筑装璜工程有限公司

承建范围：第一至十层装饰装修。

55. 工程名称：南京市天丰大酒店

承建单位：ZJ0400551 南京富海装饰工程有限公司

承建范围：大型宴会厅、门厅、大中型舞台以及配套的厨房、包间、办公室、酒吧、客房等装饰装修。

56. 工程名称：镇江市第一人民医院门急诊综合大楼

承建单位：ZJ0400561 南京金陵建筑装饰有限责任公司

承建范围：门诊大厅，第一至三层共享空间，西南立面雨蓬等装饰装修。

57. 工程名称：扬州烟草专卖局综合楼

承建单位：ZJ0400571 深圳市建筑装饰(集团)有限公司

承建范围：第一至六层装饰装修。

58. 工程名称：无锡太湖国际会议中心小山别墅

承建单位：ZJ0400581 深圳长城家俱装饰工程有限公司

承建范围：地下一层，地上第一层室内装饰装修。

十一、山东省：（共 7 个工程）

59. 工程名称：山东省农业银行营业办公楼(银河大厦)

承建单位：ZJ0400591 山东福缘来装饰有限公司

承建范围：地下一层，地上第一、五、二十二至二十八层室内装饰装修。

承建单位：ZJ0400592 山东省齐鲁装饰设计院

承建范围：第一层四季大厅、办公门厅、电梯厅、后门厅，第七至八层办公部分等室内装饰装修。

60. 工程名称：民航烟台机场国内候机楼

承建单位：ZJ0400601 烟台市正泰装饰工程有限公司

承建范围：室内装饰装修。

61. 工程名称：青岛伊都锦商厦

承建单位：ZJ0400611 青岛东亚建筑装饰有限公司

承建范围：室内装饰装修。

62. 工程名称：临沂市双月园会所

承建单位：ZJ0400621 山东万得福装饰工程有限公司

承建范围：室内装饰装修。

63. 工程名称：青岛市总工会教育培训暨文化艺术中心

承建单位：ZJ0400631 青岛建设装饰集团有限公司

承建范围：地下第一至二层，地上第一层大堂、会议室，第十七至十八层等室内装饰装修。

64. 工程名称：中国人寿保险公司泰安分公司办公楼

承建单位：ZJ0400641 泰安鲁润装饰装潢有限责任公司

承建范围：室内外装饰装修。

65. 工程名称：泰安市公安局办公楼

承建单位：ZJ0400651 山东精英装饰有限公司

承建范围：室内装饰装修。

十二、安徽省：（共 2 个工程）

66. 工程名称：安徽金海港大酒楼

承建单位：ZJ0400661 安徽省徽商集团创元装饰工程有限公司

承建范围：室内装饰装修。

67. 工程名称：合肥金色海岸沐浴餐饮休闲中心

承建单位：ZJ0400671 合肥建工装饰工程有限责任公司

承建范围：大堂、第一至五层等室内装饰装修。

十三、江西省：（共 1 个工程）

68. 工程名称：井冈山计划干部培训中心(映山红宾馆)

承建单位：ZJ0400681 赣州装饰工程公司

承建范围：室内外装饰装修。

十四、浙江省：（共 12 个工程）

69. 工程名称：绍兴咸亨大酒店

承建单位：ZJ0400691 浙江亚厦装饰集团有限公司

承建范围：第一至六层室内装饰装修。

70. 工程名称：杭州市第六人民医院医疗综合楼

承建单位：ZJ0400701 浙江省建工集团有限责任公司

承建范围：室内外装饰装修。

71. 工程名称：宁波市新闻文化中心

承建单位：ZJ0400711 宁波建乐建筑装潢有限公司

承建范围：室内装饰装修。

72. 工程名称：中国江南水乡文化博物馆

承建单位：ZJ0400721 浙江昆仑建设集团股份有限公司

承建范围：四大展厅陈设布展及室内装饰装修。

参建单位：ZJ0400728 浙江龙邦装潢工程有限公司

参建范围：办公区域及楼梯等室内装饰装修。

73. 工程名称：杭州雷峰塔

承建单位：ZJ0400731 浙江亚厦装饰集团有限公司

承建范围：主塔第一至八层室内装饰装修。

承建单位：ZJ0400732 杭州金星铜工程有限总公司

承建范围：主塔内铜装饰、铜雕、铜工艺美术陈列品等室内装饰装修。

参建单位：ZJ0400738 中天建设集团有限公司

参建范围：第四标段室内装饰装修。

74. 工程名称：乍嘉苏高速公路嘉兴管理服务中心

承建单位：ZJ0400741 浙江大都市装饰有限公司

承建范围：住宅部 A 管理后勤楼、别墅、对外服务中心等室内装饰装修。

75. 工程名称：诸暨市人民医院附属江东医院

承建单位：ZJ0400751 浙江耀江建设集团股份有限公司

承建范围：室内装饰装修。

76. 工程名称：杭州海关大楼

承建单位：ZJ0400761 浙江省长城建设集团股份有限公司

承建范围：室内装饰装修。

参建单位：ZJ0400768 浙江亚厦装饰集团有限公司

参建范围：第六至十二层办公室、会议室、贵宾餐厅等室内装饰装修。

77. 工程名称：桐乡市行政综合楼

承建单位：ZJ0400771 杭州大宇装饰有限公司

承建范围：主楼南北大堂、中庭，双间办公室、会议室、贵宾厅等室内装饰装修。

承建单位：ZJ0400772 浙江省一建建设集团有限公司

承建范围：主楼第一至十一层单间办公室，第一至六层公共走廊，图书馆第一至四层，会议中心第一层等室内装饰装修。

78. 工程名称：绍兴县行政中心

承建单位：ZJ0400781 温州云艺装饰有限公司

承建范围：门厅、中厅、贵宾厅、陈列厅、领导办公室、会议中心等室内装饰装修。

79. 工程名称：绍兴大剧院

承建单位：ZJ0400791 广东省建筑装饰集团公司

承建范围：第一层东西两侧电梯厅，第二至三层电梯厅、前厅大堂等室内装饰装修。

80. 工程名称：宁波栎社机场二期扩建航站楼

承建单位：ZJ0400801 上海蓝天房屋装饰工程公司

承建范围：第二标段室内，咖啡厅、商场、国内国际贵宾候机厅等装饰装修。

十五、福建省：（共 5 个工程）

81. 工程名称：厦门国际银行新办公大楼

承建单位：ZJ0400811 福建京华装饰装修有限公司

承建范围：第一至六层室内装饰装修。

82. 工程名称：泉州宝珊花园西会所

承建单位：ZJ0400821 泉州粤港装饰工程有限公司

承建范围：地下第一层、地上第一至三层室内装饰装修。

83. 工程名称：厦门日月谷温泉度假村酒店

承建单位：ZJ0400831 厦门市港龙装修工程有限公司

承建范围：第一至四层室内装饰装修。

84. 工程名称：福建省国税干部培训中心

承建单位：ZJ0400841 福建嘉华装饰工程有限公司

承建范围：第一至五层室内装饰装修。

85. 工程名称：厦门悦华酒店展鸿阁

承建单位：ZJ0400851 厦门辉煌装修工程有限公司

承建范围：室内外装饰装修。

十六、河南省：（共 3 个工程）

86. 工程名称：郑州市人大办公楼

承建单位：ZJ0400861 河南省第五建筑安装工程有限公司

承建范围：室内装饰装修。

承建单位：ZJ0400862 郑州康利达装饰工程有限公司

承建范围：第四至十一层室内装饰装修。

87. 工程名称：河南通信鹤壁分公司通信科技城

承建单位：ZJ0400871 鹤壁市天艺装饰有限公司

承建范围：室内装饰装修。

88. 工程名称：开封市开封府

承建单位：ZJ0400881 河南天龙建安股份有限公司

承建范围：正厅、主院等装饰装修。

十七、湖北省：（共 5 个工程）

89. 工程名称：武汉中信大厦

承建单位：ZJ0400891 武汉华达建筑装饰设计工程有限公司

承建范围：裙房第一至三层，主楼第三至十九层等室内装饰装修。

90. 工程名称：武汉邮电科学研究院光通信培训中心

承建单位：ZJ0400901 武汉科艺建筑装饰设计工程有限公司

承建范围：第四至九层室内装饰装修。

91. 工程名称：武汉体育中心

承建单位：ZJ0400911 武汉澳华装饰设计工程有限公司

承建范围：西区第一、二、四层，东区第一层等室内装饰装修。

92．**工程名称：**武汉市委会议中心
承建单位：ZJ0400921 武汉建开装饰工程有限责任公司
承建范围：室内装饰装修。
93．**工程名称：**武汉汽车客运总站
承建单位：ZJ0400931 湖北王氏建筑装饰设计工程有限公司
承建范围：室内外装饰装修。

十八、湖南省：（共3个工程）

94．**工程名称：**株洲华天大酒店
承建单位：ZJ0400941 湖南华天装饰有限公司
承建范围：室内装饰装修。
95．**工程名称：**长沙同升湖通程山庄酒店
承建单位：ZJ0400951 湖南通程建筑装饰工程有限公司
承建范围：室内装饰装修。
96．**工程名称：**长沙湘麓山庄
承建单位：ZJ0400961 海南金海岸装饰工程有限公司
承建范围：一号楼、综合楼室内装饰装修。

十九、广东省：（共12个工程）

97．**工程名称：**广州市电力调度大楼
承建单位：ZJ0400971 广州市美术公司
承建范围：主楼第三至三十二层，副楼第一至五层、第七层等室内装饰装修。
98．**工程名称：**广东省储备粮管总公司办公大楼
承建单位：ZJ0400981 华辉装修建筑工程有限公司
承建范围：第一层大堂，第九至十四层等室内外装饰装修。
99．**工程名称：**广州颐和大酒店
承建单位：ZJ0400991 广州市第三装修有限公司
承建范围：地下一层中餐厅，标准房等室内装饰装修。
承建单位：ZJ0400992 广东省装饰总公司
承建范围：第一层大堂、第七层总统房等室内装饰装修。
100．**工程名称：**深圳华为科研中心
承建单位：ZJ0401001 深圳市洪涛装饰工程公司
承建范围：综合楼第四至二十一层等室内装饰装修。
承建单位：ZJ0401002 深圳海外装饰工程公司
承建范围：科研楼第二至三座电梯间、会议室、卫生间等室内装饰装修。
承建单位：ZJ0401003 深圳市华南装饰设计工程有限公司
承建范围：科研楼第一座，综合楼贵宾区等室内装饰装修。
101．**工程名称：**深圳市世界金融中心
承建单位：ZJ0401011 深圳市华剑装饰设计工程有限公司
承建范围：A座大堂，A、B、C座标准层电梯间、公共走道等室内装饰装修。
102．**工程名称：**深圳市国家税务局大鹏教育基地
承建单位：ZJ0401021 深圳市华典装饰工程有限公司
承建范围：室内装饰装修。
103．**工程名称：**中山移动通信综合大楼
承建单位：ZJ0401031 深圳市维业装饰设计工程有限公司
承建范围：地下第一层，第一至十二层，附楼等室内装饰装修。
104．**工程名称：**东莞市长安国际酒店
承建单位：ZJ0401041 东莞市附城东城装修设计工程有限公司
承建范围：大堂、商务中心、西餐厅、歌舞厅等室内装饰装修。
105．**工程名称：**云浮市政府迎宾馆
承建单位：ZJ0401051 广州珠江装修工程公司
承建范围：室内装饰装修。
106．**工程名称：**深圳恒丰海悦国际酒店
承建单位：ZJ0401061 深圳市广田装饰设计工程有限公司
承建范围：大堂、客房、大中庭等室内装饰装修。
107．**工程名称：**深圳横岗外商服务综合楼(君逸酒店)
承建单位：ZJ0401071 深圳市文业装饰设计工程有限公司
承建范围：第一至二十八层室内装饰装修。
108．**工程名称：**揭阳市地方税务局办公楼
承建单位：ZJ0401081 广东汕特装饰工程有限公司
承建范围：室内装饰装修。

二十、广西自治区：（共3个工程）

109．**工程名称：**广西玉林云天民俗文化世界
承建单位：ZJ0401091 广西建工集团桂港建筑装饰有限公司
承建范围：A区第二层、第四至五层，C区第一至三层等室内装饰装修。
110．**工程名称：**广西自治区人民医院门诊综合楼
承建单位：ZJ0401101 广西建林装饰工程有限责任公司
承建范围：主楼第一至二层，医技楼第四至七层等室内装饰装修。
111．**工程名称：**南宁市地方税务局培训中心综合楼
承建单位：ZJ0401111 广西建工集团第三建筑工程有限责任公司
承建范围：室内外装饰装修。

二十一、海南省：（共1个工程）

112．**工程名称：**三亚市喜来登酒店
承建单位：ZJ0401121 南京香江华建工程有限公司
承建范围：总统套房及西南区第二至三层等室内装饰装修。

二十二、重庆市：（共2个工程）

113．**工程名称：**重庆市公安边防总队办公楼
承建单位：ZJ0401131 重庆金梭装饰设计工程有限公司
承建范围：第一至六层室内装饰装修。
114．**工程名称：**重庆市北碚供电局办公大楼

承建单位：ZJ0401141 重庆金飞建筑装饰工程有限公司
承建范围：第一至十三层室内装饰装修。

二十三、四川省：（共 3 个工程）

115．**工程名称**：成都家园国际酒店
承建单位：ZJ0401151 中铁二局集团装饰装修工程有限公司
承建范围：第一至二层共享空间、大堂门厅，第三至八层电梯厅，第一至三层旋转楼梯，四季厅 T 型楼梯等室内装饰装修。
承建单位：ZJ0401152 四川希望华西建设工程总承包有限公司
承建范围：古家村食府、套房、别墅、多功能会议室等室内装饰装修。

116．**工程名称**：中国人民银行甘孜州中心支行办公楼
承建单位：ZJ0401161 四川乐城装饰工程有限责任公司
承建范围：室内外装饰装修。

117．**工程名称**：内江电信枢纽网管楼
承建单位：ZJ0401171 中铁二局集团装饰装修工程有限公司
承建范围：裙楼第一至三层，主楼第一至十七层等室内装饰装修。

二十四、云南省：（共 2 个工程）

118．**工程名称**：云南省邮政业务综合楼
承建单位：ZJ0401181 云南同力建筑装饰有限公司
承建范围：室内装饰装修。

119．**工程名称**：龙凤祥大酒店
承建单位：ZJ0401191 云南旅游装饰工程有限公司
承建范围：室内外装饰装修。

二十五、陕西省：（共 4 个工程）

120．**工程名称**：西安曲江宾馆惠宾苑
承建单位：ZJ0401201 西安市鑫龙建筑装饰工程(集团)有限公司
承建范围：主楼第一至二层，第一、二号别墅等室内外装饰装修。

121．**工程名称**：ZJ0401211 西安王子饭店
承建单位：陕西大洋立恒装饰有限公司
承建范围：室内装饰装修。

122．**工程名称**：延安丽融商厦
承建单位：ZJ0401221 西安洪涛装饰设计工程有限公司
承建范围：地下商场，第一至四层等室内装饰装修。

123．**工程名称**：长庆油田综合科研办公楼
承建单位：ZJ0401231 天津市南洋装饰工程公司
承建范围：A 段门厅、电梯厅，D 段第一层走道、第二层精装修，E 段门厅、报告厅等室内装饰装修。

二十六、甘肃省：（共 1 个工程）

124．**工程名称**：兰州货运东站运输信息综合楼
承建单位：ZJ0401241 甘肃同泰建筑环艺工程有限公司
承建范围：室内外装饰装修。

二十七、青海省：（共 1 个工程）

125．**工程名称**：中国科学院青海盐湖研究所综合实验楼
承建单位：ZJ0401251 江苏省江建集团有限公司
承建范围：室内装饰装修。

2004 年全国建筑工程装饰奖

（公共建筑装饰设计类，排名不分先后）

一、北京市：（共 3 个工程）

1．**工程名称**：中国石油技术开发公司办公楼
设计单位：ZJ0430013 北京港源建筑装饰工程有限公司
设计范围：建筑装饰设计。

2．**工程名称**：法律出版社综合业务办公楼
设计单位：ZJ0430023 北京建谊建筑工程有限公司
设计范围：建筑装饰设计。

3．**工程名称**：人民大会堂山东厅
设计单位：ZJ0430033 山东省装饰集团总公司
设计范围：建筑装饰设计。

二、河北省：（共 1 个工程）

4．**工程名称**：石家庄市总工会一宫会堂
设计单位：ZJ0430043 河北斯特龙装饰工程有限公司
设计范围：建筑装饰设计。

三、内蒙古自治区：（共 1 个工程）

5．**工程名称**：满洲里铁路联检报关大楼
设计单位：ZJ0430053 呼伦贝尔纵横安全技术装饰工程有限公司
设计范围：建筑装饰设计。

四、辽宁省：（共 2 个工程）

6．**工程名称**：沈阳恒信大厦
设计单位：ZJ0430063 辽宁荣昌装饰装修工程有限公司
设计范围：建筑装饰设计。

7．**工程名称**：中国刑警学院图书馆
设计单位：ZJ0430073 沈阳迅兴建筑设计装饰工程有限公司
设计范围：建筑装饰设计。

五、吉林省：（共 2 个工程）

8．**工程名称**：长春华侨饭店
设计单位：ZJ0430083 长春长江装饰装璜有限公司
设计范围：建筑装饰设计。

9．**工程名称**：吉林省南湖宾馆主楼

设计单位：ZJ0430093 沈阳白云穗港装饰工程有限公司
设计范围：建筑装饰设计。

六、黑龙江省：（共 2 个工程）

10. 工程名称：黑龙江省科技馆
设计单位：ZJ0430103 黑龙江国光建筑装饰工程有限公司
设计范围：建筑装饰设计。

11. 工程名称：大庆九号院宾馆
设计单位：ZJ0430113 黑龙江省高维建筑装饰设计有限公司
设计范围：一号别墅、会馆、B 栋别墅建筑装饰设计。

七、上海市：（共 2 个工程）

12. 工程名称：上海衡山宾馆
设计单位：ZJ0430123 上海康业建筑装饰工程有限公司
设计范围：建筑装饰设计。

13. 工程名称：上海宝钢生产指挥中心办公楼
设计单位：ZJ0430133 上海康业建筑装饰工程有限公司
设计范围：建筑装饰设计。

八、江苏省：（共 1 个工程）

14. 工程名称：常熟沿江经济开发区行政办公大楼
设计单位：ZJ0430143 苏州金螳螂建筑装饰股份有限公司
设计范围：建筑装饰设计。

九、山东省：（共 1 个工程）

15. 工程名称：青岛伊都锦商厦
设计单位：ZJ0430153 青岛东亚建筑装饰有限公司
设计范围：建筑装饰设计。

十、浙江省：（共 6 个工程）

16. 工程名称：中国江南水乡文化博物馆
设计单位：ZJ0430163 浙江省装饰有限公司
设计范围：建筑装饰设计。

17. 工程名称：桐乡市行政综合楼
设计单位：ZJ0430173 杭州大宇装饰有限公司
设计范围：建筑装饰设计。

18. 工程名称：绍兴咸亨大酒店
设计单位：ZJ0430183 中国美术学院风景建筑设计研究院
设计范围：建筑装饰设计。

19. 工程名称：乍嘉苏高速公路嘉兴管理服务中心
设计单位：ZJ0430193 浙江耀江建筑设计研究有限公司
设计范围：建筑装饰设计。

20. 工程名称：宁波栎社机场二期扩建航站楼
设计单位：ZJ0430203 上海蓝天房屋装饰工程公司
设计范围：建筑装饰设计。

21. 工程名称：绍兴大剧院
设计单位：ZJ0430213 广东省建筑装饰集团公司
设计范围：建筑装饰设计。

十一、福建省：（共 1 个工程）

22. 工程名称：厦门日月谷温泉度假村
设计单位：ZJ0430223 厦门天诺设计顾问有限公司
设计范围：建筑装饰设计。

十二、河南省：（共 2 个工程）

23. 工程名称：郑州市人大办公楼
设计单位：ZJ0430233 郑州康利达装饰工程有限公司
设计范围：建筑装饰设计。

24. 工程名称：河南通信鹤壁分公司通信科技城
设计单位：ZJ0430243 鹤壁市天艺装饰有限公司
设计范围：建筑装饰设计。

十三、湖南省：（共 2 个工程）

25. 工程名称：长沙同升湖通程山庄酒店
设计单位：ZJ0430253 湖南通程建筑装饰工程有限公司
设计范围：建筑装饰设计。

26. 工程名称：长沙湘麓山庄
设计单位：ZJ0430263 海南金海岸装饰工程有限公司
设计范围：一号楼、综合楼建筑装饰设计。

2004 年全国建筑工程装饰奖

（建筑幕墙类，排名不分先后）

一、北京市：（共 1 个工程）

1. 工程名称：高等教育出版社业务楼
承建单位：ZJ0450011 北京建工一建装饰工程分公司
承建范围：A、B、C 三个标段外檐的全部石材装修。

二、天津市：（共 1 个工程）

2. 工程名称：天津泰达图书馆
承建单位：ZJ0450021 上海金粤幕墙有限公司
承建范围：玻璃幕墙、石材幕墙、金属幕墙、钢结构、预应力撑杆柱、点式幕墙。

三、山西省：（共 1 个工程）

3. 工程名称：忻州电信生产楼
承建单位：ZJ0450031 石家庄市海山建筑装饰工程总公司
承建范围：外立面幕墙及其他装饰工程。

四、内蒙古自治区：（共 1 个工程）

4. 工程名称：包头火车站站房
承建单位：ZJ0450041 沈阳强风铝业工程有限公司
承建范围：玻璃幕墙、铝板幕墙、干挂石材幕墙。

五、辽宁省：（共 4 个工程）

5. 工程名称：大连理工大学科技园大厦
承建单位：ZJ0450051 大连红太装饰工程公司
承建范围：外墙复合铝板、白色微晶石干挂、镀膜玻璃挂落、钢架玻璃雨篷等。

6. **工程名称**：大连海事大学综合楼
承建单位：ZJ0450061 深圳市奇信装饰设计工程有限公司
承建范围：外墙施工。
7. **工程名称**：政协辽宁省委员会委员活动中心
承建单位：ZJ0450071 沈阳远大铝业工程有限公司
承建范围：第一至十一层的外立面（窗除外）。
8. **工程名称**：玛莉蓝总统大厦
承建单位：ZJ0450081 沈阳凯兴装饰工程有限公司
承建范围：主楼二十八层，裙楼五层的装修。

六、江苏省：（共3个工程）

9. **工程名称**：江苏大上海国际商务中心
承建单位：ZJ0450091 无锡王兴幕墙装饰工程有限公司
承建范围：建筑幕墙。
10. **工程名称**：镇江邮电通信指挥中心
承建单位：ZJ0450101 江苏合发集团有限责任公司
承建范围：建筑幕墙。
11. **工程名称**：恒基中心01幢
承建单位：ZJ0450111 南京开元黎星铝塑幕墙有限公司
承建范围：A片外装饰建筑幕墙及门窗工程。

七、浙江省：（共4个工程）

12. **工程名称**：杭州市第六人民医院医疗综合楼
承建单位：ZJ0450121 江苏苏鑫装饰（集团）公司
承建范围：建筑幕墙。
13. **工程名称**：义乌建设市场交易大楼
承建单位：ZJ0450131 浙江宝业幕墙装饰有限公司
承建范围：铝塑板幕墙、干挂花岗石、隐框上悬窗等。
14. **工程名称**：绍兴县行政中心
承建单位：ZJ0450141 浙江中南建设集团有限公司
承建范围：南楼裙房、便民中心、报告厅外装饰。
15. **工程名称**：宁波电信综合大楼
承建单位：ZJ0450151 宁波建乐建筑装潢有限公司
承建范围：幕墙工程外立面。

八、河南省：（共1个工程）

16. **工程名称**：郑州大学体育馆
承建单位：ZJ0450161 河南红革玻璃装饰工程有限公司
承建范围：塑铝板、玻璃幕墙、玻璃门。

九、湖南省：（共1个工程）

17. **工程名称**：长沙金帆大厦
承建单位：ZJ0450171 湖南吉粤装饰公司
承建范围：干挂石材、铝板、玻璃幕墙装饰及外墙灯光等。

十、广东省：（共9个工程）

18. **工程名称**：南华大厦
承建单位：ZJ0450181 深圳金粤幕墙装饰工程有限公司
承建范围：明框玻璃幕墙、单层铝板幕墙、干挂花岗石幕墙、点式玻璃天棚、落地大玻璃和玻璃栏杆。
19. **工程名称**：深圳市盐田区行政文化中心
承建单位：ZJ0450191 深圳市科源建筑装饰工程有限公司
承建范围：建筑幕墙。
20. **工程名称**：广州国际会议展览中心
承建单位：ZJ0450201 深圳市三鑫特种玻璃技术股份有限公司
承建范围：建筑幕墙。
21. **工程名称**：保利城花园写字楼
承建单位：ZJ0450211 深圳市新鹏都装饰工程有限公司
承建范围：裙楼石材幕墙、塔楼玻璃及铝板幕墙、首层大堂装饰装修。
22. **工程名称**：广州地铁二号线车站
承建单位：ZJ0450221 广州市第三装修有限公司
承建范围：沿线搪瓷钢板16个车站的公共区搪瓷钢板装修工程。
23. **工程名称**：佛山市地方税务局综合楼
承建单位：ZJ0450231 广东世纪达装饰工程有限公司
承建范围：第一至二十四层外幕墙工程。
24. **工程名称**：中山市古镇镇青少年活动中心
承建单位：ZJ0450241 广州铝质装饰工程有限公司
承建范围：外墙饰面干挂石幕墙、全玻璃；铝合金玻璃幕墙及部分造型饰线。
25. **工程名称**：广东广播中心
承建单位：ZJ0450251 中山盛兴股份有限公司
承建范围：外装饰工程。
26. **工程名称**：深圳市都会100大厦
承建单位：ZJ0450261 深圳市新国俊建筑装饰设计工程有限公司
承建范围：裙楼第一层至五层外墙干挂石材幕墙工程及部分湿贴石材工程。

十一、海南省：（共1个工程）

27. **工程名称**：博鳌亚洲论坛会议中心
承建单位：ZJ0450271 海口南光实业投资有限公司
承建范围：外装饰、会议中心与酒店之间采光顶连廊、酒店北入口钢结构雨棚。

十二、四川省：（共3个工程）

28. **工程名称**：绵阳市博物馆
承建单位：ZJ0450281 四川亨帝建筑装饰有限公司
承建范围：外装饰工程。
29. **工程名称**：绵阳市地方税务局综合大楼
承建单位：ZJ0450291 中国建筑装饰工程公司
承建范围：外装饰工程。
30. **工程名称**：成都城市之心
承建单位：ZJ0450301 武汉凌云建筑装饰工程有限公司
承建范围：玻璃幕墙、石材幕墙、铝板及装饰网架、玻璃橱窗和门厅及外装饰柱等。

十三、甘肃省：（共1个工程）

31. **工程名称**：甘肃省电信公司武威分公司通信枢纽楼
承建单位：ZJ0450311 甘肃陇海装饰工程有限责任公司
承建范围：外立面玻璃幕墙、石材幕墙、铝塑板幕墙。

附：关于开展2004年全国建筑工程装饰奖评选工作的通知

中装协[2004]014号

各省、自治区、直辖市建筑装饰协会，全军装饰协会和有关委托单位：

为提高我国建筑装饰工程管理水平，推动建筑装饰行业整体水平的不断提高，现将2004年第四届全国建筑工程装饰奖的评选工作安排通知如下。

1．根据全国建筑装饰行业的发展的实际情况，经我会研究，今年全国建筑工程装饰奖共分为三大类：公共建筑装饰类、建筑幕墙类、公共建筑装饰设计类。公共建筑装饰类可申报承建奖和参建奖。建筑幕墙类只申报承建奖。

2．公共建筑装饰类按公共建筑装饰类评选办法和申报表的要求进行申报，建筑幕墙类工程按建筑幕墙类评选办法和申报表的要求进行申报，公共建筑装饰设计类按公共建筑装饰设计类评选办法和申报表的要求进行申报。各类别均需根据要求单独报送全套申报材料。

3．公共建筑装饰类严格按照公共建筑装饰类申报分配名额申报，不得超名额申报。公共建筑装饰类申报分配名额不包括建筑幕墙工程的名额。同一建筑工程多个承建单位按一个名额申报。中国人民解放军建筑装饰协会的会员单位统一向中国人民解放军建筑装饰协会申报，不参加各地方的申报，也不占用各地方的名额。今年公共建筑装饰类全国范围内共分配139个名额，最终奖励的数量约为120个左右。

4.各地区在推荐过程中应充分考虑外埠企业在本地施工的优秀工程。

5．评选工程范围为2002年1月1日至2003年6月30日期间通过竣工验收的建筑装饰工程。请根据2004年各地区申报名额安排今年本地区的初评初审推荐工作。

6．今年的申报工作自2004年3月20日开始。各省、自治区、直辖市建筑装饰协会和委托单位应按照评选办法及分配名额进行初审初评，并将初评初审情况在本地区行业内公示15日无异议后，于2004年7月20日前将推荐名单和申报材料报送我会，同时缴纳相应的申报费。

7．经各省、自治区、直辖市建筑装饰协会和委托单位向我会推荐的每个工程项目均需缴纳申报费，每项工程的承建单位2000元，参建单位1000元，设计单位1000元。申报费一经缴纳，概不退还。各地区可根据实际情况收取适当的初审初评费用，建议不超过4000元。

8．2004年7至8月，我会将对全部上报的申报材料进行审核，对申报材料合格的工程进行公示。2004年9至10月进行工程复查，11月中旬完成专家评审，11月底前公布评审结果，12月召开颁奖大会。

9．有关评选工作的有关事宜，我会还将通过中国建筑装饰网 **www.ccd.com.cn**“全国建筑工程装饰奖”专题栏目和《中华建筑报》向行业发布，敬请关注。评选办法和申报表可从中国建筑装饰网 **www.ccd.com.cn** “全国建筑工程装饰奖” 专题栏目下载。

10．评选工作是一项政策性和专业技术性较强的工作，请各地方协会确定人员，并加强评审纪律教育，保证评选工作质量，认真组织好本地区的初评初审工作。

11．各地区接到此通知后，请将此通知内容报送当地建设行政主管部门备案。

12.装饰奖各类别材料报送地址、咨询及联系方式如下：

公共建筑装饰类：

联系地址：北京市海淀区三里河路21号甘家口大厦南楼10层　中国建筑装饰协会质量技术部

邮政编码：100037　联系人：熊翔、李卫青

电　话：010-88389192，88389190

传　真：010-88389190，88382788

建筑幕墙类：

联系地址：北京市丰台区六里桥北里5号院
中国建筑装饰协会铝制品委员会

邮政编码：100073　联系人：宋协昌、邱建辉

电　话：010-63403540，63423040

传　真：010-63403540

公共建筑装饰设计类：

联系地址：北京市海淀区三里河路21号甘家口大厦南楼10层　中国建筑装饰协会设计委员会（筹）

邮政编码：100037　联系人：郭红星、刘剑

电　话：010-88389165

传　真：010-88382788

13.装饰奖各类别各阶段的有关费用请按下列要求汇入我会，请各申报单位在银行汇款单上注明“装饰奖公共建筑装饰类申报费用”、“装饰奖建筑幕墙类申报费用”、“装饰奖公共建筑装饰设计类申报费用”字样。

银行汇款开户名：中国建筑装饰协会

银行汇款开户行：北京市商业银行甘家口支行

银行汇款账号：01090315500120105251830

中国建筑装饰协会

二〇〇四年三月二十五日

附件一：《2004年全国建筑工程装饰奖（公共建筑装饰类）各地区申报名额分配表》（略）

附件二：《全国建筑工程装饰奖（公共建筑装饰类）评选办法》（略）

附件三：《全国建筑工程装饰奖（公共建筑装饰类）申报表》（略）

附件四：《全国建筑工程装饰奖（公共建筑装饰类）工程复查实施细则》（略）

附件五：《全国建筑工程装饰奖（建筑幕墙类）评选办法》（略）

附件六：《全国建筑工程装饰奖（建筑幕墙类）申报表》（略）

附件七：《全国建筑工程装饰奖（建筑幕墙类）工程复查实施细则》（略）

附件八：《全国建筑工程装饰奖（公共建筑装饰设计类）评选办法》（略）

附件九：《全国建筑工程装饰奖（公共建筑装饰设计类）申报表》（略）

2003年度中国建筑装饰行业百强企业评价推介

公　告

为了更好地贯彻“扶大、扶优、扶强”的战略方针，促进行业信用秩序的建立和可持续发展，中国建筑装饰协会、中华建筑报社开展了“2003年度中国建筑装饰行业百强企业评价推介”活动。

2003年度中国建筑装饰行业百强企业评价范围包括主业是建筑装修装饰工程专业承包企业、主业是建筑幕墙工程专业承包企业以及主业是房屋建筑工程施工总承包增项为建筑装修装饰工程的企业。评价方法是根据建筑装饰企业2003年度综合实力，包括年度建筑装修装饰工程或建筑幕墙工程施工和设计结算收入营业总额、年度建筑装修装饰工程或建筑幕墙工程施工和设计利润总额、年度建筑装修装饰工程或建筑幕墙工程施工和设计各类税金总额、企业总资产等相关指标进行综合评价。

根据《2003 年度中国建筑装饰行业百强企业评价推介活动方案》所确定的原则和工作程序，在企业自愿参加，各省、自治区、直辖市建筑装饰协会初审推荐的基础上，中国建筑装饰协会、中华建筑报社组织专业人员对申报资料进行了严格的抽查、审计，并按评价标准进行严密的统计、核算，然后组织专家对入围企业进行了严格的评议、审核。现公布评价结果。

附：2003年度中国建筑装饰行业百强企业评价推介名单

中国建筑装饰协会　中华建筑报社

二○○四年八月十日

附：

2003年度中国建筑装饰行业百强企业评价推介名单

建筑装饰装修工程专业承包商（82家）

1. 苏州金螳螂建筑装饰股份有限公司
2. 浙江亚厦装饰集团有限公司
3. 深圳瑞和装饰工程有限公司
4. 深圳海外装饰工程公司
5. 中国建筑装饰工程公司
6. 深圳市广田装饰设计工程有限公司
7. 深圳市科源建筑装饰工程有限公司
8. 深圳市南利装饰工程有限公司
9. 深圳市洪涛装饰工程有限公司
10. 深圳远鹏装饰设计工程有限公司
11. 广东省建筑装饰工程有限公司
12. 河南省大鹏装饰工程有限公司
13. 中铁二局集团装饰装修工程有限公司
14. 深圳长城家俱装饰工程有限公司
15. 北京港源建筑装饰工程有限公司
16. 深圳市建筑装饰（集团）有限公司
17. 深圳市维业装饰设计工程有限公司
18. 深圳市奇信装饰设计工程有限公司
19. 深圳市晶宫设计装饰工程有限公司
20. 上海市建筑装饰工程有限公司
21. 中建三局东方装饰设计工程公司
22. 上海建筑装饰（集团）有限公司
23. 郑州康利达装饰工程有限公司
24. 宁波建乐建筑装潢有限公司
25. 北京建谊建筑工程有限公司
26. 中建三局深圳装饰设计工程公司
27. 大连盛大建筑装饰工程有限公司
28. 浙江广艺建筑装饰工程有限公司
29. 北京市建筑装饰设计工程公司
30. 上海蓝天房屋装饰工程公司
31. 福建嘉华装饰工程有限公司
32. 山东万得福装饰工程有限公司
33. 北京东易日盛装饰有限责任公司
34. 石家庄雅虹装饰设计工程有限公司
35. 上海康业建筑装饰工程有限公司
36. 广东省装饰总公司
37. 西安市鑫龙建筑装饰工程（集团）有限公司
38. 合肥达美建筑装饰工程有限责任公司
39. 黑龙江国光建筑装饰工程有限公司
40. 深圳市新鹏都装饰工程有限公司
41. 广东世纪达装饰工程有限公司
42. 上海海直建设工程公司
43. 河北斯特龙装饰工程有限公司
44. 深圳市华剑装饰设计工程有限公司
45. 安徽恒信装饰工程有限责任公司
46. 广州珠江装修工程公司
47. 深圳市美芝装饰设计工程有限公司
48. 上海大华装饰工程有限公司
49. 广东绿之洲建筑装饰工程有限公司
50. 浙江飞耀建筑装饰工程有限公司
51. 广州市美术公司
52. 北京中建华腾装饰工程有限公司
53. 北京弘高建筑装饰设计工程有限公司

54. 江西利达装饰工程有限公司
55. 北京扶桑建筑装饰有限公司
56. 深圳市美术装饰工程有限公司
57. 北京市建筑工程装饰公司
58. 青岛东亚建筑装饰有限公司
59. 北京金丰环球远大装饰工程有限公司
60. 深圳市设计装饰工程公司
61. 深圳市华南装饰设计工程有限公司
62. 广州市第四装修有限公司
63. 苏州苏明装饰有限公司
64. 沈阳白云穗港装饰工程有限公司
65. 华鼎建筑装饰工程有限公司
66. 唐山市唐新装饰设计工程有限公司
67. 武林建筑工程有限公司
68. 中国装饰有限公司
69. 浙江福田建筑装饰工程有限公司
70. 江苏省新江南营造集团华宇装饰有限公司
71. 广东建雅室内工程设计施工有限公司
72. 青岛大造装饰工程有限公司
73. 常泰建筑装璜工程有限公司
74. 南京装饰联合总公司
75. 福建喜来登设计装饰工程有限公司
76. 天津市圣美装饰工程有限公司
77. 天津市南洋装饰工程公司
78. 苏州市华丽美登装饰装璜有限公司
79. 中信室内装修工程公司
80. 上海正方建筑装饰工程有限公司
81. 南京金鸿装饰工程有限公司
82. 南京金陵建筑装饰有限责任公司

建筑幕墙工程专业承包企业（12家）

1. 沈阳远大铝业工程有限公司
2. 沈阳黎东幕墙装饰有限公司
3. 辽宁泰丰铝业装饰工程有限公司
4. 浙江亚厦幕墙有限公司
5. 上海杰思工程实业有限公司
6. 上海高新铝质工程股份有限公司
7. 江苏苏鑫装饰（集团）公司
8. 西安西航集团铝业有限公司
9. 西安飞机工业装饰装修工程股份有限公司
10. 和兴玻璃铝业（上海）有限公司
11. 石家庄市海山建筑装饰工程总公司
12. 南京金中建幕墙装饰有限公司

主业为建筑工程施工总承包

增项为建筑装修装饰工程的企业（6家）

1. 上海市第一建筑有限公司
2. 浙江耀江建设集团股份有限公司
3. 浙江中南建设集团有限公司
4. 上海市第七建筑有限公司
5. 日林建设集团有限公司
6. 浙江省一建建设集团有限公司

附：

关于开展2003年度中国建筑装饰行业百强企业评价推介活动的通知

各省、直辖市、自治区建筑装饰协会：

为迎接入世挑战，更好地贯彻“扶大扶优扶强”的行业发展战略，2002 年度首次开展的中国建筑装饰行业百强企业评价推介活动，得到了行业的认同，产生了较为广泛的社会影响。实践表明，按照国际惯例，由行业协会主办，新闻媒体承办，采用市场评价的方式，向政府主管部门、工程业主及全社会宣传推介本行业百强企业，对于提升业内骨干企业的社会知名度，进而形成比较优势和核心竞争力，具有特别重要的作用。

为了使评价推介活动更有效率和公平，百强企业评价推介活动组委会在广泛征求业内意见和建议，认真总结首次百强评价推介工作经验的基础上，决定把百强企业评价推介作为每年行业的公益性活动开展，以促进我国建筑装饰行业信用秩序的建立，行业的可持续发展。

现将《2003 年度中国建筑装饰行业百强企业评价推介活动方案》发给你们，请你们将本通知和活动方案及时转发给本地建筑装饰协会及相关建筑装饰企业。如有问题请及时向我们反馈和商量。

资料报送：中国建筑装饰行业百强企业评价推介活动组委会办公室

地　　址：北京市阜成路 81 号院 2 号 楼　　　邮　　编：100036

联 系 人：辛冬莲　　朱时均

电　　话：010－88137941　88115509　　　传　　真：010－88139316　88115509

E－mail ： zhusjbj@vip.sina.com

中国建筑装饰协会咨询电话：010－88389180　　　联 系 人：黄　白

附：2003 年度中国建筑装饰百强企业评价推介活动方案

中国建筑装饰协会　　中华建筑报社

二〇〇四年三月二十五日

2003年度中国建筑装饰行业百强企业评价推介活动方案

中国建筑装饰行业百强企业评价推介活动组委会

（二〇〇四年三月二十五日）

一、目的和意义

中国建筑装饰行业百强企业评价推介活动，是中国建筑装饰协会为迎接入世挑战，更好地贯彻“扶大、扶优、扶强”的行业发展战略，促进建立我国建筑装饰行业信用秩序，行业可持续发展的重大举措。

按照国际惯例，由行业协会主办，新闻媒体承办，采用市场评价的方式，体现效率与公平，向政府主管部门、工程业主及全社会宣传推介本行业百强企业，对于提升业内骨干企业的社会知名度，进而形成比较优势和核心竞争力，具有特别重要的作用。

二、评价办法

1. 由中国建筑装饰协会主办，《中华建筑报》社承办，企业自愿参评，各地方建筑装饰协会初审。

2. 评价范围：建筑装修装饰工程专业承包企业、建筑幕墙工程专业承包企业、增项为建筑装修装饰工程或建筑幕墙工程的工民建企业。

3. 企业参评入围下限：年建筑装修装饰工程或建筑幕墙工程结算收入营业总额1亿元人民币以上。

4. 企业所提供的数据，以当地注册会计师事务所审计后的财务报表、统计表（C103表）为依据。

5. 本评价为行业公益活动，评价过程中不收任何费用。

6. 评价结果在媒体上的公告、新闻发布会、座谈会、证书及标牌制作成本费，每家2000元。

7. 2003年度评价方案所做的调整是：取消了工程增加值、市场评价两项指标和税单的复印件。

8. 参与此活动的协会或个人如有违反本活动方案的，取消其工作资格，并给予行业通报。企业如有违反本活动方案的，取消其参评资格，并给予行业通报。

三、综合评分的年度主要指标及其权数（分值）的确定

1. 参评企业2003年度建筑装修装饰工程或建筑幕墙工程施工和设计结算收入营业总额（50分）

2. 参评企业2003年度建筑装修装饰工程或建筑幕墙工程施工和设计利润总额（20分）

3. 参评企业上交2003年度建筑装修装饰工程或建筑幕墙工程施工和设计各类税金总额（20分）

4. 参评企业总资产（10分）

四、计算依据和标准

1. 综合分值得出：分别求出入围的100家装饰企业4项指标的平均值，然后以每个入围企业4项指标值分别除以相应的平均值，得出分值系数，再将分值系数乘以权数（分值），将4项指标分值相加，得出该企业的综合分值。

2. 集团型企业计算：如以集团名义上报，集团必须具备装饰企业资质，纳入合并报表的企业必须是集团控股下限51%的企业。

2003年度中国建筑装饰行业百强企业评价标准表

主　要　指　标	金额（亿元）	标准分	实际得分
1. 参评企业2003年度建筑装修装饰工程或建筑幕墙工程施工和设计工程结算收入营业总额(50分)			
2. 参评企业2003年度建筑装修装饰工程或建筑幕墙工程施工和设计利润总额（20分）			
3. 参评企业上交2003年度建筑装修装饰工程或建筑幕墙工程施工和设计各类税金总额（20分）			
4. 参评企业总资产（10分）			
总　分			

注：企业仅填写金额一栏，精确到小数点后面二位。标准分、实际得分、总分由活动组会组织专家评定填写。

五、数据来源和明细

1. 参评企业2003年度建筑装修装饰工程或建筑幕墙工程施工和设计工程结算收入营业总额：按2003年度经会计师事务所审定的财务报表数及统计表（C103表）填列。

2. 参评企业2003年度建筑装修装饰工程或建筑幕墙工程施工和设计利润总额：按2003年度经会计师事务所审定的财务报表及统计表（C103表）填列。

3. 参评企业上交2003年度建筑装修装饰工程或建筑幕墙工程施工和设计各类税金总额（当年上交各类税金总额）：按财务报表营业税、所得税及财务帐册中的印花税、个人所得税、城市建设维护税、教育费附加、车船使用税、土地税、房产税等合计填列。

4. 参评企业总资产：按2003年度经会计师事务所审定的财务报表数填列。

六、评选方法和程序

1．参评企业于2004年5月31日前将本企业材料报所在地装饰协会，由各省市区建筑装饰协会对参评企业按本方案确定的统一评价标准进行初审。

然后由各省市区建筑装饰协会将本区域参评企业评价次序报告及企业参评资料统一报送“2003 中国建筑装饰百强企业评价推介组委会办公室”。

2．由百强企业评价推介活动组委会办公室组织业内相关专家进行审定，对入围的100家企业按比例或随机进行抽查，抽查内容为企业上报的全部资料。

3．入围的100家企业将在《中华建筑报》和中国建筑装饰网予以公示。

七、企业上报资料

1．2003年度中国建筑装饰行业百强企业评价标准表。

2．经会计师事务所审定的2003年度财务报表及统计表（C103表）复印件。

3．参评企业施工和设计资质证书。

八、百强企业推介活动

《中华建筑报》是中国建筑装饰协会主办、经国家新闻出版署批准、面向全国发行的唯一权威性建筑装饰行业新闻媒体。为了进一步扩大中国建筑装饰行业百强企业评价活动的社会影响，提升百强企业的社会知名度和市场竞争力，将百强评价活动落到实处，作为百强企业评价推介的承办单位，《中华建筑报》社将牵头调动尽可能覆盖全国的媒体资源，采取多种形式，对百强企业进行深入、系统的宣传，并向各级建设行政主管部门、相关业主行业协会、工程招投标机构、建筑装饰幕墙工程业主及全社会广为推介。

具体推介活动包括：

1．在北京举行“中国建筑装饰行业百强企业评价新闻发布会”，发布百强评价结果，颁发放证书和奖牌，召开座变会，广泛邀请建设行政主管部门、工程招投标机构、建筑装饰幕墙工程业主、相关行业协会领导与会，并广泛邀请新闻媒体进行宣传报道。

2．在中国建筑装饰协会主办的《中华建筑报》、《中国建筑装饰》、《中国建筑装饰装修》、中国建筑装饰网及相关媒体上刊发百强企业名单。

3．牵头组织媒体记者对百强企业进行深入、系统采访，集中撰写一批有深度、力度的专题报道，并根据企业需要在《中华建筑报》及相关媒体刊发。

4．组织百强企业经验交流会。

九、百强企业评价推介活动组织机构

中国建筑装饰行业百强企业评价推介活动组委会

主　　任：房　箴　中国建筑装饰协会副秘书长

副 主 任：邓　千　中华建筑报社总编辑

　　　　　黄　白　中国建筑装饰协会信息部主任

　　　　　　　　　兼《中国建筑装饰》主编

中国建筑装饰行业百强企业评价推介活动组委会办公室

主　　任：邓　千

副 主 任：朱时均

证书、标牌制作及媒体公告等费用，请电汇中华建筑报社

户　　名：中华建筑报社

开 户 行：招商银行北京分行西三环支行

帐　　号：2082231310001

中国建筑装饰行业百强企业评价推介历年排序

（2002～2003年度）

中国建筑装饰协会自2003年决定由《中华建筑报》具体组织“中国建筑装饰行业百强企业评价推介”活动后，至2004年已经进行了2002年度和2003年度两届。实践表明，由业内媒体组织业内企业行业评价，是按国际惯例运作的一项得业内人心的活动。

真正的国际惯例，是排序。鉴于我国的国情和行业的现状，虽然在公布评价推介的名单中，是按规定的指标根据分数排的序，但并没有直言说明。对此，我们现在的评价推介，只部分符合国际惯例。

为给今后的评价推介工作完全按国际惯例运行打下基础，我们做了这两届评价推介的统计工作，供业内参考。

中国建筑装饰协会信息部

二〇〇四年十一月十六日

主业建筑装修装饰工程专业承包企业

企　业　名　称	2002年	2003年
苏州金螳螂建筑装饰有限公司	1	1
浙江亚厦装饰集团有限公司	2	2
深圳海外装饰工程公司	3	4
中国建筑装饰工程公司	4	5
深圳市广田装饰设计工程有限公司	5	6
深圳市洪涛装饰工程有限公司	6	9
深圳市科源建筑装饰工程有限公司	7	7
宁波建乐建筑装潢有限公司	8	24
深圳远鹏装饰设计工程有限公司	9	10
泰安鲁润装饰装潢有限公司	10	
深圳瑞和装饰工程有限公司	11	3

上海建筑装饰（集团）有限公司	12	22
深圳市建筑装饰（集团）有限公司	13	16
四川华西建筑装饰工程有限公司	14	
中建三局东方装饰设计工程公司	15	21
上海市建筑装饰工程有限公司	16	20
深圳市奇信装饰设计工程有限公司	17	18
广东省建筑装饰工程有限公司	18	11
郑州康利达装饰工程有限公司	19	23
浙江广艺建筑装饰工程有限公司	20	28
北京港源建筑装饰工程有限公司	21	15
中铁二局集团装饰装修工程有限公司	22	13
福建嘉华装饰工程有限公司	23	31
大连盛大建筑装饰工程有限公司	24	27
北京建谊建筑工程有限公司	25	25
北京市建筑装饰设计工程公司	26	29
山东万得福装饰工程有限公司	27	32
深圳长城家俱装饰工程有限公司	28	14
湖南华天装饰有限公司	29	
中建三局深圳装饰设计工程公司	30	26
北京弘高建筑装饰设计工程有限公司	31	53
广州珠江装修工程公司	32	46
上海海直建设工程公司	33	42
湖南通程建筑装饰工程有限公司	34	
唐山方舟建筑装饰工程有限公司	35	
上海蓝天房屋装饰工程公司	36	30
上海康业建筑装饰工程有限公司	37	35
北京侨信装饰工程有限公司	38	
大连红太装饰工程公司	39	
广东省装饰总公司	40	36
深圳华丽装修家私企业公司	41	
武林建筑工程有限公司	42	67
深圳市美芝装饰设计工程有限公司	43	47
广州市第三装修有限公司	44	
沈阳白云穗港装饰工程有限公司	45	64
深圳市维业装饰设计工程有限公司	46	17
广东世纪达装饰工程有限公司	47	41
北京金丰环球远大装饰工程有限公司	48	59
苏州苏明装饰公司	49	63
广州市第四装修有限公司	50	62
浙江圣大建筑装饰有限公司	51	
大庆市华隆建筑装饰公司	52	
河北斯特龙装饰工程有限公司	53	43
西安市鑫龙建筑装饰工程（集团）有限公司	54	37
石家庄雅虹装饰设计工程有限公司	55	34
青岛东亚建筑装饰有限公司	56	58
常泰建筑装璜工程有限公司	57	73

北京中建华腾装饰工程有限公司	58	52
广州市美术公司	59	51
黑龙江国光建筑装饰工程有限公司	60	39
浙江福田建筑装饰工程有限公司	61	69
南京装饰联合总公司	62	74
上海健尔斯装饰工程有限公司	63	
北京市上瑞建筑装饰工程有限责任公司	64	
浙江飞耀建筑装饰工程有限公司	65	50
江苏省新江南营造集团华宇装饰有限公司	66	70
深圳市华南装饰设计工程有限公司	67	61
广东建雅室内工程设计施工有限公司	68	71
北京市建筑工程装饰公司	69	57
上海大华装饰工程有限公司	70	48
北京国都建设发展有限公司	71	
湖北龙泰建筑装饰工程有限公司	72	
中国装饰有限公司	73	68
南京金陵建筑装饰有限责任公司	74	82
大连开建装饰工程有限公司	75	
华鼎建筑装饰工程有限公司	76	65
北京长迪建筑装饰工程有限公司	77	
北京贝盟国际建筑装饰工程有限公司	78	
北京住总装饰有限责任公司	79	
湖南六建装饰设计工程有限责任公司	80	
中信室内装修工程公司	81	79
广州珠江建筑装饰集团公司	82	
南京金鸿装饰工程有限公司	83	81
深圳市南利装饰工程有限公司		8
河南省大鹏装饰工程有限公司		12
深圳市晶宫设计装饰工程有限公司		19
北京东易日盛装饰有限责任公司		33
合肥达美建筑装饰工程有限责任公司		38
深圳市新鹏都装饰工程有限公司		40
深圳市华剑装饰设计工程有限公司		44
安徽恒信装饰工程有限责任公司		45
广东绿之洲建筑装饰工程有限公司		49
江西利达装饰工程有限公司		54
北京扶桑建筑装饰有限公司		55
深圳市美术装饰工程有限公司		56
深圳市设计装饰工程公司		60
唐山市唐新装饰设计工程有限公司		66
青岛大造装饰工程有限公司		72
福建喜来登设计装饰工程有限公司		75
天津市圣美装饰工程有限公司		76
天津市南洋装饰工程公司		77
苏州市华丽美登装饰装璜有限公司		78
上海正方建筑装饰工程有限公司		80

主业建筑工程施工总承包增项建筑装修装饰工程企业

企业名称	2002年	2003年
浙江耀江建设集团股份有限公司	1	2
中天建设集团有限公司	2	
浙江省长城建设集团股份有限公司	3	
日林建设集团有限公司	4	5
北京北国建筑工程有限责任公司	5	
浙江中南建设集团有限公司	6	3
上海市第一建筑有限公司		1
上海市第七建筑有限公司		4
浙江省一建建设集团有限公司		6

主业建筑幕墙工程专业承包企业

企业名称	2002年	2003年
沈阳远大铝业工程有限公司	1	1
北京北方建磊装饰装修有限公司	2	
沈阳黎东幕墙装饰有限公司	3	2
浙江宝业幕墙装饰有限公司	4	
和兴玻璃铝业（上海）有限公司	5	10
石家庄市海山建筑装饰工程总公司	6	11
西安飞机工业装饰装修工程股份有限公司	7	9
西安西航集团铝业有限公司	8	8
上海杰思工程实业有限公司	9	5
沈阳黎明门窗幕墙制造安装工程公司	10	
广州铝质装饰工程有限公司	11	
辽宁泰丰铝业装饰工程有限公司		3
浙江亚厦幕墙有限公司		4
上海高新铝质工程股份有限公司		6
江苏苏鑫装饰（集团）公司		7
南京金中建幕墙装饰有限公司		12

2004年建筑装饰幕墙行业推荐产品厂家名单

中国建筑装饰协会铝制品委员会

（二〇〇四年二月一日）

中国建筑装饰协会铝制品委员会委托专家组，对以下建筑幕墙施工、安装企业，材料生产企业进行了抽查、重审，施工安装及材料生产质量优良。委员会认为可以在行业进行推广，同时希望用户继续关注推广幕墙施工安装、材料生产厂家的产品质量。本委员会将对推广企业及材料厂家做不定期的检查。现公布如下：（排名不分先后）

一、建筑幕墙制作安装企业：

江苏省建伟幕墙装饰工程有限公司 0510-6608358
上海金桥瑞和装饰工程有限公司 021-54311113
西安飞机工业装饰装修工程股份有限公司 029-6629082
南海市兴发幕墙门窗有限公司 0757-85334156
广东世纪达装饰工程有限公司 0757-86783818
广东金刚玻璃科技股份有限公司 0754-2511241
上海高新铝质工程股份有限公司 021-62274766
大连红太装饰工程公司 0411-4795338
深圳中航幕墙工程有限公司 0755-83446188
广东粤铝建筑装饰有限公司 020-83189023
深圳市光华中空玻璃工程有限公司 0755-25802393
上海华艺铝制品有限公司 021-65040228
石家庄市海山建筑装饰工程总公司 0311-6215738
沈阳强风铝业工程有限公司 024-86532499
石材幕墙：北京磊鑫装饰设计工程有限公司 010-63810456

二、高档门窗制作安装企业：

青岛腾龙铝业有限公司 0532-7806528
上海国仕幕墙工程有限公司 021-50891666

三、幕墙、门窗铝型材企业：

广东开平铝业集团股份有限公司 0750-2215623
广东大明铝合金型材有限公司 0765-3351676

四、幕墙、门窗镀膜玻璃企业：

苏州华东镀膜玻璃有限公司 0512-65282672
广东金刚玻璃科技股份有限公司 0754-2511241
玻璃深加工：佛山市中南玻璃有限公司 0757-82121587

五、硅酮结构胶生产企业：

郑州中原应用技术研究开发有限公司 0371-7612203
硅酮结构胶 MF881（双组分），MF899（单组分）
广州市白云化工实业有限公司 020-87232885
硅酮结构胶 SS622（双组分）、SS621（单组分）
杭州之江有机硅化工有限公司 0571-82377776
硅酮结构胶 JS-8000（双组分）、JS-6000（单组分）

六、氟碳喷涂幕墙铝单板企业：

香港成功国际（集团）有限公司 0769-3313854
铝塑复合板、铝蜂窝板企业：
常州中化勤丰塑料有限公司 0519-8812721
超薄型石材蜂窝板企业：
常州长青艾德利复合材料有限公司 0519-5912888

七、建筑幕墙门窗五金配件企业：

门窗五金配件：
深圳市立兴杨氏门窗配件有限公司 0755-27197868
石材干挂件：北京爱乐贴商贸有限公司 010-68680204
点支式玻璃幕墙配件：
深圳市坚朗建材有限公司 0755-82403000
化学锚固：上海倍尔固建筑科技有限公司 021-36080568

八、建筑幕墙用胶条（三元乙丙胶条）企业：

江阴市华东塑胶制品有限公司 0510-6204828
青岛美德橡塑有限公司 0532-7252034
江阴市伟业幕墙材料有限公司 0510-6203788

关于共同表彰“全国建筑装饰优秀企业家”的决定

中装协[2004]038号

为进一步提高我国建筑装饰优秀企业家的社会知名度和社会地位，全心全意依靠职工办企业，积极推动全国建筑装饰行业基层工会组织的建立，促进我国建筑装饰行业可持续发展，经中国海员建设工会全国委员会与中国建筑装饰协会研究决定，在庆祝中国建筑装饰协会成立20周年活动中，对20年来为我国建筑装饰行业发展做出重要贡献的张鸣等312名优秀企业家授予“全国建筑装饰优秀企业家”荣誉称号。

特此决定。

附：全国建筑装饰优秀企业家名单（排名不分先后）

中国海员建设工会全国委员会　中国建筑装饰协会

二〇〇四年八月八日

附：

全国建筑装饰优秀企业家名单

编号	姓　名	性别	单　位　名　称
1	张　鸣	男	北京建谊建筑工程有限公司
2	陈华方	男	北京市建筑装饰设计工程公司
3	蒋清林	男	北京磊鑫装饰设计工程有限公司
4	眭志华	男	北京中建华腾装饰工程有限公司
5	尉　坤	男	中国装饰有限公司
6	杨　劲	女	北京东易日盛装饰有限责任公司
7	何　宁	男	北京弘高建筑装饰设计工程有限公司
8	王　凯	男	北京天图设计工程有限公司
9	李晋渝	女	北京金丰环球远大装饰工程有限公司
10	王　波	男	北京港源建筑装饰工程有限公司
11	刘玉山	男	北京鸿恒基幕墙装饰工程公司
12	高建林	男	北京丽贝亚建筑装饰工程有限公司
13	钱宏伟	男	北京宏美特艺建筑装饰设计工程公司
14	马文生	男	北京迪克斯装饰工程（集团）有限公司
15	沈　凯	男	北京港源建筑装饰工程有限公司
16	张　钧	男	北京业之峰装饰有限公司
17	褚粉生	男	北京中建海外装饰工程有限公司
18	王　蓓	女	北京爱家投资管理有限公司
19	郜烈阳	男	中国建筑装饰工程公司
20	刘晓一	男	中国建筑装饰工程公司
21	谢建伟	男	上海市建筑装饰工程有限公司
22	陈　丽	女	上海新丽装饰工程有限公司
23	张洪星	男	上海建筑装饰（集团）有限公司
24	张敏亮	男	上海住总集团建设发展有限公司
25	陈　新	男	华鼎建筑装饰工程有限公司
26	周其文	男	上海建筑装饰集团申兴装饰工程公司
27	屠　杰	男	上海欧亚建设发展有限公司
28	孙效读	男	上海健尔斯装饰工程有限公司
29	马正康	男	上海东昌建筑装饰工程有限公司
30	田厚春	男	中建三局东方装饰设计工程公司
31	刘海韵	男	上海杰思工程实业有限公司
32	傅华东	男	和兴玻璃铝业（上海）有限公司
33	朱克勤	男	上海美特幕墙有限公司
34	茅廷良	男	上海住总金属结构件有限公司
35	唐家安	男	上海金粤幕墙有限公司
36	陈国宏	男	上海荣欣家庭装潢有限公司
37	朱建涛	男	上海百姓家庭装潢有限公司
38	黄　振	男	上海进念室内设计装饰有限公司
39	史德文	男	上海百安居装饰工程有限公司
40	徐国俭	男	上海聚通建筑装潢工程有限公司
41	蒋佳学	男	上海千思装饰实业有限公司
42	李培华	男	上海汇丽集团家庭装潢工程有限公司
43	杨培毅	男	上海上房装饰有限公司
44	蒋万龙	男	上海美旗室内设计装饰有限公司
45	董宪民	男	上海昊元建筑装饰工程有限公司
46	朱　斌	男	上海全筑建筑装饰工程有限公司
47	李文鹏	男	天津市南洋装饰工程公司
48	康　庄	男	天津华惠安信装饰工程有限公司
49	张建民	男	天津市建设装饰工程公司
50	刘　捷	男	天津市艺术建筑装饰联合公司
51	李云飞	男	天津市福莱特装饰设计工程有限公司
52	陈宗云	男	重庆四维瓷业（集团）股份有限公司
53	李淳凌	男	重庆西南铝装饰工程有限公司
54	刘忠厚	男	重庆市西铝工业公司
55	丁域庆	男	重庆港庆建筑装饰有限公司
56	周智勇	男	重庆金飞建筑装饰工程有限公司

57	张海文	男	重庆金字塔装饰有限公司
58	黄　琦	男	重庆金梭装饰设计工程有限公司
59	吴毅勋	男	广厦重庆建筑装饰工程有限公司
60	刘冰野	男	重庆大方建筑装饰设计工程有限公司
61	胡志刚	男	重庆志宇建筑装饰工程有限公司
62	王金山	男	重庆皇城装饰工程公司
63	沈德彬	男	重庆立信装饰工程有限公司
64	刘伦馀	男	重庆利来装饰工程有限公司
65	李景煌	女	唐山市唐新装饰设计工程有限公司
66	刘书英	女	河北斯特龙装饰工程有限公司
67	王万华	男	河北省室内装饰工程有限公司
68	王　跃	男	石家庄常宏建筑装饰工程有限公司
69	董文军	男	石家庄雅虹装饰设计工程有限公司
70	屈　智	男	山西省建筑装饰工程总公司
71	庹贵宾	男	山西三利装饰有限公司
72	刘哲彪	男	山西圣通装饰工程有限公司
73	贾树毅	男	太原市晋粤装饰有限公司
74	石　磊	男	山西森永建筑装饰工程有限公司
75	张　雪	女	内蒙古永新建筑装饰工程有限公司
76	杨朝晖	男	中国天诚集团内蒙古新雅建筑工程设计装饰有限公司
77	刘桂芬	女	呼伦贝尔纵横安全技术装饰工程有限公司
78	金　候	男	内蒙古大盟装饰工程有限公司
79	赵　佳	男	沈阳黎东幕墙装饰有限公司
80	高超伦	男	沈阳白云穗港装饰工程有限公司
81	石俊庆	男	辽宁荣昌装饰装修工程有限公司
82	李红光	男	沈阳瑞德装饰工程有限公司
83	赵文广	男	大连红太装饰工程公司
84	金丽华	女	大连建筑设计装饰工程有限公司
85	王文良	男	日林建设集团有限公司
86	周泊霖	男	大连盛大建筑装饰工程有限公司
87	袁大陆	男	长春东方装璜工程有限公司
88	西志敏	男	吉林省太阳神建筑装饰工程有限公司
89	祝庆俊	男	吉林省凯基建筑装饰工程有限责任公司
90	杜伯洋	男	吉林省百洋装饰集团有限公司
91	陈兴海	男	吉林省宝鑫建筑装饰工程有限责任公司
92	张　勇	男	长春一汽实业建筑装饰工程有限责任公司
93	刘学书	男	黑龙江国光建筑装饰工程有限公司
94	魏　光	男	黑龙江国光建筑装饰工程有限公司
95	王　巍	男	哈尔滨瑞和建筑装饰工程有限公司
96	赵月书	女	黑龙江省高维建筑装饰工程有限公司
97	王　巍	男	大庆市华隆建筑装饰公司
98	孟宪君	男	哈尔滨君艺建筑装饰有限公司
99	王永枫	男	黑龙江锦秀建筑装饰工程有限公司
100	何天定	男	江苏华泰装饰工程有限公司
101	查佐良	男	无锡金城幕墙装饰工程有限公司
102	王伟民	男	苏州市华丽美登装饰装璜有限公司
103	孙帼强	男	南京金陵建筑装饰有限责任公司
104	倪　林	男	苏州金螳螂建筑装饰股份有限公司
105	朱兴良	男	苏州金螳螂企业（集团）有限公司
106	朱维新	男	苏州苏明装饰有限公司
107	金鑫南	男	江苏苏鑫装饰（集团）公司
108	何亚光	男	常泰建筑装璜工程有限公司
109	徐　荣	男	南京金鸿装饰工程有限公司
110	丁欣欣	男	浙江亚厦装饰集团有限公司
111	吴建荣	男	浙江中南建设集团有限公司
112	潘信强	男	宁波建乐建筑装潢有限公司
113	陈萧耿	男	浙江圣大建设集团有限公司
114	陈　刚	男	浙江雅迪装饰工程有限公司
115	金吉祥	男	浙江广艺建筑装饰工程有限公司
116	张跃飞	男	浙江飞耀建筑装饰工程有限公司
117	张跃迅	女	浙江福田建筑装饰工程有限公司
118	王苗夫	男	浙江耀江建设集团股份有限公司
119	张　奕	男	浙江省建工集团有限责任公司
120	吴家平	男	中天建设集团有限公司
121	叶　绿	女	温州云艺装饰有限公司
122	王　喆	男	杭州大宇装饰有限公司
123	章国庆	男	浙江省湖州市建工集团建筑装饰有限公司
124	厉生荣	男	浙江华天装饰工程有限公司
125	祝旭慷	男	杭州南鸿装饰工程有限公司
126	周建中	男	杭州中冠建筑装饰工程有限公司
127	谢再省	男	宁波三星建筑装饰有限公司
128	岑行耀	男	宁波市怡和装饰工程有限公司
129	范晓秋	男	浙江大都市装饰有限公司
130	何永富	男	杭州之江有机硅化工有限公司
131	周国团	男	浙江九鼎建筑装饰工程有限公司
132	裘之星	男	浙江亚加装饰工程有限公司
133	黄善提	男	杭州正楷装饰工程有限公司
134	王理顺	男	杭州陶都建材实业有限公司
135	卫先嘉	男	合肥建工装饰工程有限责任公司
136	赵晓春	男	安徽安兴装饰工程有限责任公司
137	毕勇华	男	安徽省徽商集团创元装饰工程有限公司
138	蒋建良	男	合肥达美建筑装饰工程有限责任公司
139	刘善庆	男	马鞍山艺建装饰有限责任公司
140	王多广	男	安徽三户建筑装饰工程有限公司
141	欧阳太奋	男	福建伟高装修设计工程有限公司
142	邱锦生	男	福建嘉华装饰工程有限公司

143	陈　水	男	厦门辉煌装修工程有限公司
144	张安龙	男	厦门市港龙装修工程有限公司
145	王卫平	男	福建永盛设计装饰工程有限公司
146	戴建全	男	福建省五建装修装饰工程公司
147	车祝志	男	泉州粤港装饰工程有限公司
148	粟立民	男	江西南方建筑装潢配套公司
149	龚龙彪	男	江西利达装饰工程有限公司
150	汤瑞兴	男	江西省美华建筑装饰工程有限责任公司
151	苏少彬	男	江西圳昌装饰工程（集团）有限公司
152	孙建中	男	吉安装饰工程总公司
153	陈万洵	男	江西仁达企业发展有限公司
154	齐晓峰	男	江西洪都建筑装潢有限公司
155	李耀辉	男	南昌长江建筑装饰工程公司
156	李晓东	男	山东德泰装饰有限公司
157	杨建强	男	青岛东亚建筑装饰有限公司
158	林　璧	男	山东万德福装饰工程有限公司
159	张启荣	男	青岛永发装饰安装有限公司
160	巩月同	男	山东省装饰集团总公司
161	孙成安	男	山东省潍坊市百汇装饰工程有限公司
162	陈学军	男	烟台义泰装饰工程有限公司
163	杨发之	男	山东福缘来装饰有限公司
164	王培欣	男	山东省齐鲁装饰设计院
165	王培印	男	山东津单幕墙有限公司
166	刘声元	男	济南盛顺装饰有限责任公司
167	徐　森	男	山东展鸿华商装饰工程有限公司
168	刘胜利	男	山东精英装饰有限公司
169	薛景霞	女	郑州康利达装饰工程有限公司
170	杨　坤	男	河南省大鹏装饰工程有限公司
171	黄海军	男	郑州金海贸易发展有限公司
172	雷从庚	男	河南省税银建筑装饰有限公司
173	代　丽	女	河南鹰承建筑装饰工程有限公司
174	张育文	男	郑州粤发装饰设计工程有限公司
175	贾建军	男	郑州泰运装饰设计工程有限公司
176	刘亚峰	男	河南省科瑞装饰工程设计有限公司
177	杨恩席	男	郑州市联升建筑装饰设计有限公司
178	李革委	男	河南红革玻璃幕墙装饰工程有限公司
179	孔令伟	男	郑州市星星装饰有限公司
180	陈保国	男	河南省第五建筑安装工程有限公司
181	仲宏继	男	河南江都装饰安装工程有限公司
182	田德霖	男	开封市鹿鸣装饰工程有限公司
183	武禹甫	男	河南省富鸿装饰设计工程有限公司
184	熊钢发	男	武汉建工集团装饰工程有限公司
185	潘耀生	男	武汉华达建筑装饰设计工程有限公司
186	钱俊雄	男	武汉嘉禾装饰工程有限公司
187	童　林	男	武汉澳华装饰设计工程有限公司
188	杨杰宗	男	武汉科艺建筑装饰设计工程有限公司
189	朱春华	男	湖北春华工程建设有限公司
190	王慕琪	女	湖北王氏建筑装饰设计工程有限公司
191	张彦胜	男	恩施兴州建设工程有限责任公司
192	程新明	男	湖北鼎元建筑装饰工程有限公司
193	胡圣明	男	湖北高艺装饰工程有限公司
194	许春建	男	湖北龙泰建筑装饰工程有限公司
195	李兴儒	男	湖北珠江龙装饰设计工程有限公司
196	李贻农	男	湖南六建装饰设计工程有限责任公司
197	彭庆光	男	湖南通程建筑装饰工程有限公司
198	周雄辉	男	湖南高岭建设集团股份有限公司
199	张就成	男	中山盛兴股份有限公司（原中山市盛兴幕墙有限公司）
200	何锐强	男	中山市环境艺术设计工程有限公司
201	汪家玉	男	深圳市建筑装饰（集团）有限公司
202	刘年新	男	深圳市洪涛装饰工程有限公司
203	叶国陶	男	深圳市奇信装饰设计工程有限公司
204	沈俊强	男	深圳市晶宫设计装饰工程有限公司
205	叶大岳	男	深圳市远鹏装饰设计工程有限公司
206	李苏华	男	深圳市美芝装饰设计工程有限公司
207	李介平	男	深圳瑞和装饰工程有限公司
208	张伟文	男	深圳市南利装饰工程有限公司
209	潘育明	男	深圳市新鹏都装饰工程有限公司
210	张汉清	男	深圳市维业装饰设计工程有限公司
211	倪　阳	男	深圳市极尚建筑装饰设计工程有限公司
212	白宝鲲	男	深圳市坚朗建材有限公司
213	张朝煊	男	深圳长城家俱装饰工程有限公司
214	梁　铭	男	深圳金粤幕墙装饰工程有限公司
215	高　刚	男	深圳海外装饰工程公司
216	张治黄	男	深圳市深装总装饰工程工业有限公司
217	刘海云	男	深圳市建艺装饰设计工程有限公司
218	周福新	男	深圳市嘉信装饰设计工程有限公司
219	叶剑彪	男	深圳市华剑装饰设计工程有限公司
220	彭作栋	男	深圳市广田装饰设计工程有限公司
221	徐凯宏	男	深圳市博大装饰工程有限公司
222	官锦强	男	深圳城市建筑装饰工程有限公司
223	庄志伟	男	深圳市深建华辉装饰工程有限公司
224	刘海宁	男	深圳市居众装饰设计工程有限公司
225	高　峰	男	深圳市海大家居装饰有限公司
226	叶　强	男	深圳市华南装饰设计工程有限公司
227	庄伟明	男	深圳市科源建筑装饰工程有限公司
228	董家清	男	深圳市家家喜居家装饰工程有限公司
229	孙超美	女	广州珠江建筑装饰集团公司

230　陈婵英　女　广东省建筑装饰集团公司
231　陈金荣　男　广州市美术公司
232　林芷珊　女　广州珠江装修工程公司
233　唐同海　男　广州市第三装修有限公司
234　王　冶　男　广东省装饰总公司
235　黄剑豪　男　广州市第四建筑工程有限公司
236　杨晓芬　女　广州市第四装修有限公司
237　陈　刚　男　广州市交达装饰有限公司
238　黄志同　男　广西建林装饰工程有限责任公司
239　刘定真　男　广西建工集团桂港建筑装饰有限公司
240　黄锦镇　男　海南雅园装饰工程有限公司
241　姜代云　男　海南金厦工程实业公司
242　王　飞　男　海南金海岸装饰工程有限公司
243　赵　平　男　四川华西建筑装饰工程有限公司
244　陈小龙　男　中铁二局集团装饰装修工程有限公司
245　何　勇　男　四川亨帝建筑装饰有限公司
246　何明义　男　中国建筑第四工程局装饰工程公司
247　胡家玉　男　贵州家喻装饰工程有限责任公司
248　邓　勇　男　云南弘邓建材装饰有限公司
249　张达昆　男　云南旅游装饰工程有限公司
250　王熙权　男　云南昶泰来装饰设计工程有限公司
251　李保能　男　云南建设装璜有限责任公司
252　刘　燕　女　云南白杨建筑装饰工程有限公司
253　戴文浩　男　昆明天品尚艺装饰工程有限公司
254　张兆军　男　云南筑意空间装饰工程有限公司
255　黄　焰　女　云南博艺装饰工程有限公司
256　李永奇　男　西安飞机工业装饰装修 工程股份有限公司
257　任树东　男　西安西航集团铝业有限公司
258　刘兆培　男　西安发记营造建筑有限公司
259　张　志　男　陕西中金装饰工程有限公司
260　淡　勃　男　西安市蓝码克装修工程（集团）有限公司
261　冯　林　男　西安市鑫龙建筑装饰工程（集团）有限公司
262　杨义强　男　西安艺格建筑装饰工程有限责任公司
263　秦金权　男　西安洪涛装饰设计工程有限公司
264　王　东　男　陕西天音装饰设计工程有限公司
265　马鸿明　男　西安青云空调装饰安装公司
266　杨坤伟　男　陕西大洋立恒装饰有限公司
267　温　浩　男　甘肃陇海装饰工程有限责任公司
268　蔡培辉　男　甘肃辉丽建筑装饰工程有限公司
269　王进喜　男　甘肃奇龙装饰有限公司
270　买天荣　男　甘肃同泰建筑环艺工程有限公司
271　狄建林　男　甘肃金信设计装饰工程有限公司
272　牛　毅　男　甘肃金牛装饰工程有限责任公司
273　杨海明　男　西宁艺海装饰工程有限公司
274　魏显清　男　西宁装饰工程公司
275　刘　砖　男　青海四宁建筑装潢有限公司
276　于　疆　男　青海省华侨装饰设计工程有限公司
277　徐德官　男　西宁杰庆装饰工程有限公司
278　蔡继红　男　武汉凌云建筑装饰工程有限公司
279　唐海金　男　上海海直建设工程公司
280　洪兆雄　男　上海蓝天房屋装饰工程公司
281　史永平　男　石家庄市海山建筑装饰工程总公司
282　王京江　男　北京洪涛石材养护有限公司
283　任建国　男　山东福思特建筑装饰有限公司
284　罗淼麟　男　大连嘉丽装饰工程有限公司
285　饶应军　男　杭州长城精细化工有限公司
286　区荣大　男　广东世纪达装饰工程有限公司
287　施森彬　男　上海康宇铜门设计工程有限公司
288　庄其铮　男　北京建峰建设装饰工程集团
289　张宝贵　男　北京宝贵石艺科技有限公司
290　倪岩林　男　北京神龙建筑装饰工程有限公司
291　柳本鹏　男　龙口龙怡建筑配套工程有限公司
292　陈庆国　男　济南千禧亚虎实业有限责任公司
293　石建立　男　北京凯必盛自动门技术有限公司
294　邹名哲　男　湖南华天铝业有限公司
295　叶东鲁　男　北京中远广田装饰工程有限公司
296　张经甫　男　北京美巢装饰材料有限责任公司
297　倪春胜　男　北京华尊装饰工程有限责任公司
298　吴　晞　男　北京清华工美建筑装饰工程有限公司
299　吴葆生　男　南京市室内装饰工程有限公司
300　郭占庚　男　北京森德散热器有限公司
301　潘玉兰　女　北京市兴隆灯饰批发市场
302　张仁飞　男　浙江利益五金工业有限公司
303　徐建光　男　元光德控股集团公司（旗下杭州月兔实业有限公司）
304　刘　勇　女　上海汇丽集团有限公司
305　朱弟雄　男　湖北凯乐新材料科技股份有限公司
306　黄天杰　男　深圳市乐天品特涂饰有限公司
307　周松奎　男　江苏日出化工有限公司
308　薛和平　男　天宝产业控股集团有限公司（原安徽工贸实业总公司）
309　张德恒　男　郑州中原应用技术研究开发有限公司
310　李和昌　男　广州市白云化工实业有限公司
311　谢　光　男　青岛腾龙铝业有限公司
312　周　臻　男　北方国际合作股份有限公司

关于表彰2004年全国建筑装饰工程优秀项目经理的决定

中装协[2004]023号

各省、自治区、直辖市建筑装饰协会，全军建筑装饰协会，各建筑装饰施工企业：

为推动我国建筑装饰行业整体水平的不断提高，树立建筑装饰工程施工管理者的先进标兵，进一步激励广大施工管理人员发挥出更大的积极性和创造性，建造更多的精品工程，中国建筑装饰协会决定，在对“全国建筑工程装饰奖获奖工程项目经理”颁发证书的基础上，开展“2004年全国建筑装饰工程优秀项目经理”评选活动（中装协[2004]012号文件）。

经中国建筑装饰协会组织专家评选，现评出卓菁等165名项目经理荣获“2004年全国建筑装饰工程优秀项目经理”荣誉称号，特予以表彰。

附件：2004年全国建筑装饰工程优秀项目经理名单（排名不分先后）

中国建筑装饰协会

二○○四年四月二十九日

附件：

2004年全国建筑装饰工程优秀项目经理名单

姓名	公司名称	证书编号
卓菁	广州珠江装修工程公司	ZY040001
车春保	南京金陵建筑装饰有限责任公司	ZY040002
涂立山	湖南华天装饰有限公司	ZY040003
周文鹏	大连盛大建筑装饰工程有限公司	ZY040004
方荣植	深圳市南利装饰工程公司	ZY040005
刘远星	深圳市洪涛装饰工程公司	ZY040006
张少武	石家庄常宏建筑装饰工程有限公司	ZY040007
崔宣博	唐山方舟建筑装饰工程有限公司	ZY040008
曹德华	沈阳白云穗港装饰工程有限公司	ZY040009
张传涌	大连盛大建筑装饰工程有限公司	ZY040010
徐怀正	上海市建筑装饰工程有限公司	ZY040011
李庆华	上海建筑装饰（集团）有限公司	ZY040012
崔为民	上海新丽装饰工程有限公司	ZY040013
苏宏平	上海蓝天房屋装饰工程公司	ZY040014
许家庭	合肥建工装饰工程有限责任公司	ZY040015
陈婵英	广东省建筑装饰集团公司	ZY040016
黄耀芳	广州市第四装修有限公司	ZY040017
卓国雄	广西建林装饰工程有限责任公司	ZY040018
张渝文	重庆金字塔装饰公司	ZY040019
曾凡政	重庆西南铝装饰工程有限公司	ZY040020
任树东	西安西航集团铝业有限公司	ZY040021
谢兴龙	浙江亚厦装饰集团有限公司	ZY040022
简社	深圳瑞和装饰工程有限公司	ZY040024
张庆华	北京清华工美建筑装饰工程有限公司	ZY040025
丁海富	浙江亚厦装饰集团有限公司	ZY040026
陈增德	福建嘉华装饰工程有限公司	ZY040027
颜泽猛	北京北方建磊装饰装修有限公司	ZY040028
刘炎斌	中国建筑第四工程局装饰工程公司	ZY040029
杨震	苏州金螳螂建筑装饰有限公司	ZY040030
潘俊	武汉华达建筑装饰设计工程有限公司	ZY040031
孟建军	中国建筑装饰工程公司	ZY040032
蔡荣根	上海海直建设工程公司	ZY040033
曾东	广州珠江装修工程公司	ZY040034
刘俊杰	广东省装饰总公司	ZY040035
郑文达	广东省装饰总公司	ZY040036
赵平	四川华西建筑装饰工程有限公司	ZY040037
彭利	山东德泰装饰有限公司	ZY040038
丁域庆	重庆港庆建筑装饰有限公司	ZY040039
屈原忠	重庆皇城装饰工程公司	ZY040040
高树江	北京城建长城装饰工程有限责任公司	ZY040041
陈春喜	北京港源建筑装饰工程有限公司	ZY040042
于喜久	北京侨信装饰工程有限公司	ZY040043
陈建东	北京中建华腾装饰工程有限公司	ZY040044
杜玉铭	中国建筑装饰工程公司	ZY040045
谷晓峰	中国建筑装饰工程公司	ZY040046
马福祥	天津市艺术建筑装饰联合公司	ZY040047
陈连祥	天津市建设装饰工程公司	ZY040048
张立民	天津华惠安信装饰工程有限公司	ZY040049
孙德峰	石家庄常宏建筑装饰工程有限公司	ZY040050
郑益江	石家庄雅虹装饰设计工程有限公司	ZY040051
屈智	山西省建筑装饰工程总公司	ZY040052
张立国	内蒙古永新建筑装饰工程有限公司	ZY040053
陆青礼	沈阳白云穗港装饰工程有限公司	ZY040054
栾文浩	大连建筑设计装饰工程有限公司	ZY040055
李长杰	大连红太装饰工程公司	ZY040056
朱永成	沈阳黎东幕墙装饰有限公司	ZY040057
赵成志	沈阳黎东幕墙装饰有限公司	ZY040058
马福权	沈阳强风铝业工程有限公司	ZY040059
张宏峰	长春东方装璜工程有限公司	ZY040060
耿直	吉林省凯基建筑装饰工程有限责任公司	ZY040061
王健儒	黑龙江国光建筑装饰工程有限公司	ZY040062
孙连胜	黑龙江高维建筑装饰工程有限公司	ZY040063
于福东	哈尔滨新长城建筑装饰设计工程有限公司	ZY040064
屈凤祥	黑龙江四海园装饰有限公司	ZY040065
赵春涛	黑龙江四海园装饰有限公司	ZY040066

张　滨	黑龙江锦秀建筑装饰工程有限公司	ZY040067
迟新明	哈尔滨市新元建筑装饰有限责任公司	ZY040068
吴有伟	上海建筑装饰（集团）有限公司	ZY040069
薛建军	上海建筑装饰（集团）有限公司	ZY040070
季　杰	上海新丽装饰工程有限公司	ZY040071
倪永桃	上海新丽装饰工程有限公司	ZY040072
徐　欣	上海市建筑装饰工程有限公司	ZY040073
唐劲松	中国建筑第三工程局深圳装饰设计工程公司	ZY040074
王永尧	上海市第七建筑有限公司	ZY040075
邓惠根	上海市建筑装饰工程有限公司	ZY040076
顾卫华	上海科胜幕墙有限公司	ZY040077
周庆成	和兴玻璃铝业（上海）有限公司	ZY040078
顾　磊	上海蓝天房屋装饰工程公司	ZY040079
田　荣	上海蓝天房屋装饰工程公司	ZY040080
仇学富	南京富海装饰工程有限公司	ZY040081
夏明泉	苏州金螳螂建筑装饰有限公司	ZY040082
朱兴泉	苏州金螳螂建筑装饰有限公司	ZY040083
魏国忠	苏州金螳螂建筑装饰有限公司	ZY040084
杭晓阳	江苏华盛装饰工程有限公司	ZY040085
杨堂富	南京柏森实业有限责任公司	ZY040086
李若凡	南京金鸿装饰工程有限公司	ZY040087
周国良	苏州苏明装饰公司	ZY040088
徐少华	浙江省建工集团有限责任公司	ZY040089
蒋贤国	浙江八达建设集团有限公司	ZY040091
张洪梁	武林建筑工程有限公司	ZY040092
杨贤彪	浙江耀江建设集团股份有限公司	ZY040094
刘　宗	浙江雅迪装饰工程有限公司	ZY040096
章国庆	湖州市建工集团建筑装饰有限公司	ZY040097
吕　巍	浙江省一建建设集团有限公司	ZY040098
陆妙贤	浙江广艺建筑装饰工程有限公司	ZY040099
周新海	合肥建工装饰工程有限责任公司	ZY040100
樊友煌	厦门辉煌装修工程有限公司	ZY040101
王振坤	福建嘉华装饰工程有限公司	ZY040102
潘河吉	福州经济技术开发区时代装修有限公司	ZY040103
傅安安	江西圳昌装饰工程（集团）有限公司	ZY040104
雷　斌	赣州装饰工程公司	ZY040105
董延永	山东万得福装饰工程有限公司	ZY040106
郭同华	青岛东亚建筑装饰工程有限公司	ZY040107
任志强	山东永隆装饰工程有限公司	ZY040108
尹祚恒	济南盛顺装饰有限责任公司	ZY040109
党延华	山东万得福装饰工程有限公司	ZY040110
庄建功	青岛东亚建筑装饰有限公司	ZY040111
王　涛	青岛建设集团公司	ZY040112
孙镜毅	山东高阳建设公司	ZY040113
韩祥泽	山东寿光第一建筑有限公司	ZY040114
纪丛军	青岛金楷装饰工程有限公司	ZY040115
张银安	漯河市天桥建筑工程公司	ZY040117
于　斗	郑州康利达装饰工程有限公司	ZY040119
胡春波	湖北鼎元建筑装饰工程有限公司	ZY040120
杨　平	武汉凌云建筑装饰工程有限公司	ZY040121
李生信	武汉凌云建筑装饰工程有限公司	ZY040122
刘智军	武汉豪强装饰工程有限公司	ZY040123
陈运新	湖北艺美建筑装饰工程有限公司	ZY040125
冯荣远	武汉华达建筑装饰设计工程有限公司	ZY040126
周奇飞	湖南高岭建设集团股份有限公司	ZY040127
肖新民	湖南六建装饰设计工程有限责任公司	ZY040128
叶吉轩	湖南吉粤装饰有限公司	ZY040129
何旭和	广州市美术公司	ZY040130
何泽联	广州市美术公司	ZY040131
陈耿明	广东省建筑装饰集团公司	ZY040132
李为民	广州珠江装修工程公司	ZY040133
黄荣开	广州铝质装饰工程有限公司	ZY040134
王慧千	广东建雅室内工程设计施工有限公司	ZY040135
李建国	广州市美术公司	ZY040136
何锐强	中山市环境艺术设计工程有限公司	ZY040137
庄加彪	深圳市科源建筑装饰工程有限公司	ZY040138
庄志仪	深圳市科源建筑装饰工程有限公司	ZY040139
田　力	深圳粤航装饰设计工程公司	ZY040140
陈志辉	深圳长城家俱装饰工程有限公司	ZY040141
陈宝星	深圳海外装饰工程公司	ZY040142
庄志伟	深圳市深建华辉装饰工程有限公司	ZY040143
王海军	深圳市深建华辉装饰工程有限公司	ZY040144
刘海云	深圳市建艺装饰设计工程有限公司	ZY040145
毛吕仙	深圳市建艺装饰设计工程有限公司	ZY040146
董　毅	深圳市建艺装饰设计工程有限公司	ZY040147
冯　翔	深圳市建筑装饰（集团）有限公司	ZY040148
陈远仁	深圳市美芝装饰设计工程有限公司	ZY040149
林东明	深圳海外装饰工程公司	ZY040150
邓新泉	深圳市洪涛装饰工程公司	ZY040151
陈远浩	深圳市洪涛装饰工程公司	ZY040152
梁明辉	深圳市新鹏都装饰工程有限公司	ZY040153
徐世元	重庆金飞建筑装饰工程有限公司	ZY040156
王建明	重庆港庆建筑装饰有限公司	ZY040157
李会军	重庆皇城装饰工程公司	ZY040158
王才旭	中铁二局集团装饰装修工程有限公司	ZY040159
曾官粟	成都建工装饰装修有限公司	ZY040160
卿　黎	四川华西建筑装饰工程有限公司	ZY040161
陈　桥	中国建筑第四工程局装饰工程公司	ZY040163
李保能	云南建设装璜有限责任公司	ZY040164
颜　艳	甘肃金牛装饰工程有限责任公司	ZY040165
罗俊彦	兰州市南利装饰工程有限公司	ZY040166
林艳军	甘肃金牛装饰工程有限责任公司	ZY040167
戈连海	中国装饰有限公司	ZY040168
周胜林	厦门市港龙装修工程有限公司	ZY040169
姜洪楷	温州云艺装饰有限公司	ZY040170
张　超	广东建华装饰工程有限公司	ZY040171
庄志杨	深圳市科源建筑装饰工程有限公司	ZY040172
牙高峰	广西建工集团第一建筑工程有限责任公司	ZY040173
郭玉伟	石家庄市海山建筑装饰工程总公司	ZY040177
胡德军	石家庄市海山建筑装饰工程总公司	ZY040178

关于颁发协会工作贡献奖和表彰优秀协会、优秀协会工作者、优秀会员单位的决定

中装协[2004]043号

改革开放以来，建筑装饰行业已发展成为我国社会主义物质文明和精神文明的一个重要组成部分，在推动国民经济发展和社会进步方面做出了重大贡献。这些成就的取得，凝聚了全国各地方建筑装饰协会、会员单位、协会工作者的智慧和心血，是全行业从业者共同不懈努力的结果。

2004年9月11日，恰值中国建筑装饰协会成立20周年，经各地方建筑装饰协会和我会秘书处的推荐，我会审定，现决定对31位20年来对协会工作做出突出贡献的老协会工作者颁发"协会工作贡献奖"；对46个优秀协会、94位优秀协会工作者和245家优秀会员单位分别授予"优秀协会"、"优秀协会工作者"和"优秀会员单位"的称号。

中国建筑装饰协会号召全行业向这些个人和单位学习，为使建筑装饰行业在全面建设小康社会中发挥更大的作用，促进行业的全面、协调和可持续发展做出更大的贡献。现公布名单如下（排序不分前后）。

附件一：协会工作贡献奖名单

附件二：优秀协会名单

附件三：优秀协会工作者名单

附件四：优秀会员单位名单

中国建筑装饰协会

二〇〇四年八月二十八日

附件一：

协会工作贡献奖名单（31人）

序号	姓名	性别	协会
1	张恩树	男	中国建筑装饰协会名誉会长
2	石连峰	男	中国建筑装饰协会原秘书长
3	霍明远	男	中国建筑装饰协会原副秘书长
4	田国祥	男	中国建筑装饰协会原秘书长
5	倪有根	男	中国建筑装饰协会原副秘书长
6	钱光正	男	中国建筑装饰协会原副秘书长
7	吴元炜	男	中国建筑装饰协会原暖通空调委员会理事长
8	赵文德	男	中国建筑装饰协会原暖通空调委员会秘书长
9	钱宜伦	女	中国建筑装饰协会原副理事长兼化学材料委员会理事长
10	王宗礼	男	北京市建筑装饰协会名誉理事长
11	李　秀	女	北京市建筑装饰协会顾问
12	西广智	男	北京市建筑装饰协会秘书长
13	华绍先	男	北京市建筑装饰协会
14	朱桂棠	男	上海市装饰装修行业协会名誉会长
15	邱　良	男	江苏省装饰装修行业协会原会长
16	居乃巩	男	江苏省装饰装修行业协会原秘书长
17	万蕴芳	女	成都市建筑装饰协会原秘书长
18	李清盛	男	成都市建筑装饰协会原副秘书长
19	赵健民	女	甘肃省建筑装饰协会副秘书长
20	王志杰	女	辽宁省装饰协会原秘书长
21	王志斌	男	沈阳市建筑装饰协会原秘书长
22	解淑惠	女	河南省建筑装饰协会原秘书长
23	金世雄	男	河南省建筑装饰协会原副秘书长
24	杜玲玲	女	深圳市装饰行业协会原副秘书长
25	傅　鹏	男	中国建筑装饰协会原副会长兼工程委员会理事长
26	胡翠珍	女	中国建筑装饰协会原工程委员会
27	唐　澄	男	中国建筑装饰协会材料委员会名誉主任
28	沈纯平	男	中国建筑装饰协会材料委员会办公室主任
29	孟庆芝	男	中国建筑装饰协会材料委员会财务部主任
30	史是伟	男	宁夏建筑装饰协会理事长
31	王东河	男	宁夏建筑装饰协会秘书长

附件二：

优秀协会名单（46个）

序号	名称
1	北京市建筑装饰协会
2	上海市装饰装修行业协会
3	安徽省建筑装饰协会
4	合肥市建筑装饰协会
5	武汉建筑装饰协会
6	宜昌市建筑装饰协会
7	福建省建筑装饰协会
8	辽宁省装饰协会
9	大连市建筑装饰行业协会
10	沈阳市建筑装饰协会
11	甘肃省建筑装饰协会
12	汕头市装饰协会
13	广州市建筑装饰协会
14	河南省建筑装饰协会
15	洛阳市建筑装饰协会
16	河北省建筑装饰协会

17　石家庄市装饰协会
18　中国人民解放军建筑装饰协会
19　重庆市建筑装饰协会
20　浙江省建筑装饰行业协会
21　杭州市建筑装饰协会
22　黑龙江省建筑装饰协会
23　大庆市建筑装饰协会
24　鸡西市建筑装饰协会
25　四川省建筑业协会装饰分会
26　成都市建筑装饰协会
27　陕西省建筑装饰协会
28　西安建筑装饰装修业协会
29　山西省建筑装饰协会
30　太原市建筑装饰协会
31　大同市建筑装饰协会
32　贵州省建筑装饰协会
33　天津市环境装饰协会
34　江苏省装饰装修行业协会
35　南京市装饰行业协会
36　苏州市装修装饰行业协会
37　深圳市装饰行业协会
38　江西省装饰行业协会
39　吉林省建筑装饰业协会
40　长春市建筑装饰装修协会
41　济南装饰协会
42　泰安市装饰装修行业协会
43　新疆建筑业协会
44　中国建筑装饰协会施工委员会
45　中国建筑装饰协会信息咨询委员会
46　中国建筑装饰协会北京培训中心

附件三：

优秀协会工作者名单（94人）

序号	姓名	性别	协会
1	朱希斌	男	北京市建筑装饰协会理事长
2	贾中池	男	北京市建筑装饰协会专家办公室主任
3	郭仁智	男	北京市建筑装饰协会常务副秘书长
4	彭纪俊	男	北京市建筑装饰协会总工程师
5	杨　丹	女	北京市建筑装饰协会幕墙门窗委员会副秘书长
6	栾　龙	女	北京市建筑装饰协会
7	石　澜	女	北京市建筑装饰协会副秘书长
8	周利华	女	北京市建筑装饰协会副秘书长
9	黄飞莉	女	北京市建筑装饰协会副秘书长
10	李洪鑫	男	上海市装饰装修行业协会会长
11	赵　海	男	上海市装饰装修行业协会秘书长
12	潘志昌	男	上海市装饰装修行业协会常务顾问
13	潘根林	男	上海市装饰装修行业协会副会长
14	郑祥钧	男	上海市装饰装修行业协会副秘书长
15	黄仰鹤	男	上海市装饰装修行业协会幕墙委员会秘书长
16	高志萍	男	上海市装饰装修行业协会研究中心副主任
17	朱茂盛	男	上海市装饰装修行业协会家装委员会副秘书长
18	俞镔昌	男	上海市装饰装修行业协会行业管理部主任
19	徐金良	男	青岛市建筑装饰协会常务副秘书长
20	何木松	男	湖北省建筑装饰协会副秘书长
21	李建新	男	宜昌市建筑装饰协会秘书长
22	张福如	男	福建省建筑装饰协会常务副会长
23	韩学政	男	甘肃省建筑装饰协会副会长
24	关　帆	男	广州市建筑装饰协会副秘书长
25	陈孟坡	男	浙江省建筑装饰行业协会秘书长
26	王晓惠	女	河南省建筑装饰协会秘书长
27	赵乐丽	女	河南省建筑装饰协会副秘书长
28	崔宗杰	男	河南省建筑装饰协会副秘书长
29	赵安敏	男	洛阳市建筑装饰协会秘书长
30	王军涛	男	商丘市建筑装饰协会秘书长
31	张　雷	男	开封市建筑装饰协会秘书长
32	刘纪堂	男	河北省建筑装饰协会副秘书长
33	刘亚东	男	石家庄市装饰协会会长
34	侯玉东	男	衡水市建筑装饰装修协会秘书长
35	沙启云	男	中国人民解放军建筑装饰协会秘书长
36	赵兴武	男	黑龙江省建筑装饰协会副秘书长
37	毕诗宽	男	鸡西市建筑装饰协会副秘书长
38	龚　璞	男	大庆市建筑装饰协会秘书长
39	张桂芳	女	成都市建筑装饰协会秘书长
40	杨昭富	男	大连市建筑装饰行业协会秘书长
41	孙　普	男	大连市建筑装饰行业协会副秘书长
42	王丽芬	女	大连市建筑装饰行业协会会员部主任
43	徐丽莉	女	沈阳市建筑装饰协会副秘书长
44	哈　波	女	陕西省建筑装饰协会副秘书长
45	赵洁心	女	西安建筑装饰装修业协会常务副秘书长
46	张广礼	男	大同市建筑装饰协会秘书长
47	钟建华	男	贵州省建筑装饰协会秘书长
48	辛　忠	男	汕头市装饰协会秘书长
49	张红燕	女	安徽省建筑装饰协会培训部主任
50	罗伟民	男	合肥市建筑装饰协会秘书长
51	屠筱南	女	合肥市建筑装饰协会副秘书长
52	刘　媛	女	江苏省装饰装修行业协会副秘书长
53	丛廷才	男	长春市建筑装饰装修协会秘书长
54	王儒明	男	江西省装饰行业协会理事长
55	曾凡珩	男	江西省装饰行业协会副秘书长
56	何文祥	男	深圳市装饰行业协会会长
57	韩雪梅	女	深圳市装饰行业协会副秘书长
58	曾祥永	男	深圳市装饰行业协会
59	赵世忠	男	济南装饰协会会长
60	李　莉	女	济南装饰协会副秘书长

61	孙正林	男	聊城市装饰装修行业协会副秘书长
62	陈建英	女	泰安市装饰装修行业秘书长
63	陈小龙	男	四川省建筑装饰协会执行会长
64	赵　平	男	四川省建筑装饰协会会长
65	曹永清	男	新疆建筑业协会副会长兼秘书长
66	花恒久	男	中国建筑装饰协会建筑电气委员会理事长
67	杨　柳	女	中国建筑装饰协会建筑电气委员会培训部主任
68	何正伟	男	中国建筑装饰协会建筑电气委员会会员部主任
69	顾国华	男	中国建筑装饰协会施工委员会秘书长
70	陈京明	男	中国建筑装饰协会施工委员会综合部主任
71	杨天军	男	中国建筑装饰协会施工委员会工程部主任
72	郑纪文	男	中国建筑装饰协会材料委员会主任委员
73	汪　维	男	中国建筑装饰协会材料委员会主任委员
74	严克明	男	中国建筑装饰协会材料委员会主任委员
75	尹慧兰	女	中国建筑装饰协会材料委员
76	张仲玲	女	中国建筑装饰协会材料委员会副秘书长
77	刘增祥	男	中国建筑装饰协会材料委员会
78	诸秋萍	女	中国建筑装饰协会材料委员会副秘书长
79	黄　白	男	中国建筑装饰协会信息部主任兼会刊《中国建筑装饰》主编
80	田万良	男	中国建筑装饰协会信息咨询委员会秘书长
81	王本明	男	中国建筑装饰协会行业发展部主任
82	鲁心源	男	中国建筑装饰协会信息咨询委员会专家组办公室主任
83	高世彦	男	中国建筑装饰协会信息咨询委员会副秘书长
84	王燕鸣	女	中国建筑装饰协会培训部兼培训中心主任
85	杨　凯	男	太原市建筑装饰协会秘书长
86	董宜君	女	浙江省建筑装饰行业协会会长
87	毛家泉	男	江苏省装饰装修行业协会会长
88	孙建设	男	南京市装饰行业协会秘书长
89	孔全林	男	苏州市装修装饰行业协会会长
90	王广荫	男	南通市装饰装修行业协会会长兼秘书长
91	梁　刚	男	连云港市装饰装修行业协会秘书长
92	朱镇修	男	无锡市装饰协会秘书长
93	邓学才	男	镇江市建筑装饰协会会长
94	陈秋铭	男	扬州市装饰行业协会会长

附件四：

优秀会员单位名单（245家）

序号	单位名称
1	北京港源建筑装饰工程有限公司
2	北京侨信装饰工程有限公司
3	中国建筑装饰工程公司
4	北京菲尼有限公司
5	中信室内装修工程公司
6	北京耀华玻璃装饰工程有限公司
7	天津市艺术建筑装饰联合公司
8	天津市龙川装饰工程有限公司
9	合肥建工装饰工程有限责任公司
10	上海荣欣家庭装潢有限公司
11	上海市建筑装饰工程有限公司
12	上海海直建设工程公司
13	上海新丽装饰工程有限公司
14	上海蓝天房屋装饰工程公司
15	上海住总集团建设发展有限公司
16	上海大华装饰工程有限公司
17	上海美旗室内设计装饰有限公司
18	上海天宏建筑装潢有限公司
19	重庆港庆建筑装饰有限公司
20	重庆金字塔装饰有限公司
21	重庆皇城装饰工程公司
22	重庆渝远建筑工程设计装饰有限公司
23	重庆新空间装饰有限责任公司
24	重庆金飞建筑装饰工程有限公司
25	重庆利来装饰工程有限公司
26	湖北王氏建筑装饰设计工程有限公司
27	湖北春华工程建设有限公司
28	武汉旺轩建筑装饰有限公司
29	武汉凌云建筑装饰工程有限公司
30	武汉建工集团装饰工程有限公司
31	武汉凌宏建筑装饰工程有限公司
32	湖北鼎元建筑装饰工程有限公司
33	武汉科艺建筑装饰设计工程有限公司
34	湖北高艺装饰工程有限公司
35	武汉华达建筑装饰设计工程有限公司
36	甘肃辉丽建筑装饰工程有限公司
37	甘肃金信设计装饰工程有限公司
38	甘肃陇海装饰工程有限责任公司
39	厦门市港龙装修工程有限公司
40	深圳市建筑装饰(集团)有限公司
41	深圳市广田装饰设计工程有限公司
42	深圳市远鹏装饰设计工程有限公司
43	深圳瑞和装饰工程有限公司
44	深圳市维业装饰设计工程有限公司
45	深圳市嘉信装饰设计工程有限公司
46	深圳金粤幕墙装饰工程有限公司
47	深圳市美佳装饰设计工程有限公司
48	深圳市华剑装饰设计工程有限公司
49	深圳长城家俱装饰工程有限公司
50	深圳市中航装饰设计工程有限公司
51	深圳市深建华辉装饰工程有限公司
52	深圳市宝鹰装饰设计工程有限公司
53	深圳市极尚建筑装饰设计工程有限公司

54 深圳市深装总装饰工程工业有限公司
55 深圳市新鹏都装饰工程有限公司
56 深圳市南利装饰工程有限公司
57 深圳城市建筑装饰工程有限公司
58 深圳市文业装饰设计工程有限公司
59 深圳市建艺装饰设计工程有限公司
60 深圳市晶宫设计装饰工程有限公司
61 深圳市设计装饰工程公司
62 深圳市美术装饰工程有限公司
63 深圳市奇信装饰设计工程有限公司
64 深圳市洪涛装饰工程有限公司
65 深圳市科源建筑装饰工程有限公司
66 珠海市艺之居装修设计工程有限公司
67 珠海市建安建筑装饰工程有限公司
68 广东爱得威建筑装饰安装工程有限公司
69 三原色(珠海)室内设计装饰有限公司
70 广州市美术公司
71 广州市第三装修有限公司
72 广州珠江装修工程公司
73 广东省装饰总公司
74 广东建雅室内工程设计施工有限公司
75 广东省建筑装饰集团公司
76 广州珠江建筑装饰集团公司
77 广州华业鸿图设计装饰有限公司
78 佛山市中南玻璃有限公司
79 沈阳远大铝业工程有限公司
80 沈阳黎东幕墙装饰有限公司
81 沈阳白云穗港装饰工程有限公司
82 辽宁荣昌装饰装修工程有限公司
83 沈阳市富恒装修工程有限公司
84 大连红太装饰工程公司
85 大连百施得装修有限公司
86 大连中信建筑设计装饰工程有限公司
87 大连乾豪建筑装饰工程有限公司
88 大连嘉源装饰工程有限公司
89 大连永春建筑装饰工程有限公司
90 大连泰桑建筑装饰工程公司
91 大连盛大建筑装饰工程有限公司
92 大连阿尔傧集团装饰工程有限公司
93 大连建筑设计装饰工程有限公司
94 大庆市华隆建筑装饰公司
95 日林建设集团有限公司
96 澳连建筑装饰工程有限公司
97 沈阳天地建设发展有限公司
98 沈阳瑞德装饰工程有限公司
99 沈阳四德建筑装修设计工程有限公司
100 黑龙江国光建筑装饰工程有限公司
101 黑龙江省高维建筑装饰工程有限公司
102 哈尔滨新长城建筑装饰设计工程有限公司
103 哈尔滨君艺建筑装饰有限公司
104 温州市嘉和装饰有限公司
105 四川亨帝建筑装饰有限公司
106 中铁二局集团装饰装修工程有限公司
107 四川华西建筑装饰工程有限公司
108 成都市华达建筑装饰工程有限公司
109 郑州康利达装饰工程有限公司
110 河南省大鹏装饰工程有限公司
111 郑州金海贸易发展有限公司
112 郑州粤发装饰设计工程有限公司
113 河南省科瑞装饰工程设计有限公司
114 河南红革玻璃幕墙装饰工程有限公司
115 河南省建筑工程学院
116 河南元正装饰工程设计有限公司
117 郑州市星星装饰有限公司
118 河南鹰承建筑装饰工程有限公司
119 洛阳天鹰装饰工程有限公司
120 河南江都装饰安装工程有限公司
121 河南省富鸿装饰设计工程有限工程
122 商丘市瑞博广告装饰有限公司
123 商丘市众原建筑装饰工程有限公司
124 河北省室内装饰工程有限公司
125 石家庄雅虹装饰设计工程有限公司
126 石家庄常宏建筑装饰工程有限公司
127 石家庄市通力建筑装饰工程有限公司
128 广西建林装饰工程有限责任公司
129 杭州之江有机硅化工有限公司
130 浙江环影装饰工程有限公司西安分公司
131 杭州亚加装潢有限公司
132 西安发记营造建筑有限公司
133 西安市比特装饰工程公司
134 西安市建筑装饰工程公司
135 西安市建筑装饰工程总公司
136 西安北方环境工程有限公司
137 西安向阳吉利门窗厂
138 陕西港华建筑饰业工程有限公司
139 江苏建设装饰工程有限公司
140 苏州金螳螂建筑装饰股份有限公司
141 南京装饰联合总公司
142 江苏百姓装饰工程有限公司
143 苏州市日月幕墙装饰工程有限公司
144 苏州颐德装饰工程有限公司
145 常泰建筑装璜工程有限公司
146 苏州市贝特装饰设计工程有限公司
147 常熟华联装璜工程有限责任公司
148 苏州苏明装饰有限公司
149 苏州市红蚂蚁装饰设计工程有限公司

150 江苏苏鑫装饰(集团)公司
151 长春东方装璜工程有限公司
152 吉林省太阳神建筑装饰工程有限公司
153 长春一汽实业建筑装饰工程有限责任公司
154 吉林省百洋装饰集团有限公司
155 吉林省宝鑫建筑装饰工程有限责任公司
156 江西圳昌装饰工程(集团)有限公司
157 江西南方建筑装潢配套公司
158 江西利达装饰工程有限公司
159 南昌金昌装饰设计工程有限公司
160 江西建工装潢公司
161 山东德泰装饰有限公司
162 山东省永隆装饰工程有限公司
163 山东省齐鲁装饰设计院
164 山东万得福装饰工程有限公司
165 山东福缘来装饰有限公司
166 山东鑫彤装饰设计工程有限公司
167 青岛东亚建筑装饰有限公司
168 青岛德才装饰安装工程有限公司
169 青岛建设装饰集团有限公司
170 青岛金楷装饰工程有限公司
171 烟台义泰装饰工程有限公司
172 宁夏爱华建筑装饰工程有限公司
173 山东省装饰集团总公司
174 北京磊鑫装饰设计工程有限公司
175 北京富邦装饰铝板有限公司
176 北京金易格幕墙装饰工程有限公司
177 石家庄市海山建筑装饰工程总公司
178 苏州华东镀膜玻璃有限公司
179 国家建筑材料工业建筑防水材料产品质量监督检测中心
180 佛山市中南玻璃有限公司
181 重庆西南铝装饰工程有限公司
182 北方国际合作股份有限公司
183 沈阳沈飞集团铝业幕墙工程有限公司
184 上海高新铝质工程股份有限公司
185 沈阳强风铝业工程有限公司
186 江苏省建伟幕墙装饰工程有限公司
187 上海金桥瑞和装饰工程有限公司
188 青岛金晶股份有限公司
189 广西建工集团桂港建筑装饰有限公司
190 广东金刚玻璃科技股份有限公司
191 廉江市建筑安装工程总公司西安分公司
192 西安蓝宇建筑装饰工程有限责任公司
193 西安德凌装饰工程有限责任公司
194 西安洪涛装饰设计工程有限公司
195 北京宝贵石艺科技有限公司
196 北京市京联筑龙建材有限公司
197 东莞市大兴化工贸易有限公司
198 江西省美华建筑装饰工程有限责任公司
199 广东世纪达装饰工程有限公司
200 陕西新艺华装饰设计工程有限责任公司
201 临沂市双飞装饰有限公司
202 深圳粤航装饰工程有限公司
203 赫福高隔断装饰制品(上海)有限公司
204 宁波东天机械科技有限公司
205 北京洛斐尔商贸有限公司
206 杭州金迪家私装饰有限公司
207 厦门中卫阳光雕塑有限公司
208 佛山市穗光装饰材料有限公司
209 北京丽贝亚建筑装饰工程有限公司
210 上海莱诚装潢有限公司
211 北京倍丽明金属建材有限公司
212 北京达驰装饰工程有限公司
213 深圳市新国俊建筑装饰设计工程有限公司
214 北京汇利装饰工程有限公司
215 济南千禧亚虎实业有限责任公司
216 北京克莱德环境工程有限公司
217 北京伟业窗饰遮阳帘有限公司
218 包头市正艺装饰工程有限责任公司
219 北京市兴隆灯饰批发市场
220 深圳市鸿日实业有限公司
221 南京市室内装饰工程有限公司
222 上海康宇铜门设计工程有限公司
223 好美家装潢建材有限公司
224 温州市利益实业有限公司
225 无锡羊尖迪达锁业有限公司
226 元光德控股有限公司
227 佛山市南海联邦装饰工程有限公司
228 吉事多卫浴有限公司
229 固立保安制品有限公司
230 上海标准件十厂
231 北京天明兴业科技发展有限公司
232 北京森德散热器有限公司
233 杭州金星铜世界装饰材料有限公司
234 北京金建经济技术服务公司
235 北京兴百设备安装工程有限责任公司
236 天宝新业控股集团有限公司
237 江西省美华建筑装饰工程有限责任公司
238 湖南六建装饰设计工程有限责任公司
239 中国航空港建设总公司装饰装修工程公司
240 北京意莱德科技发展有限公司
241 广州市第四装修有限公司
242 中国装饰有限公司
243 深圳市中建南方装饰工程有限公司
244 安徽安兴装饰工程有限责任公司
245 黑龙江润恒建筑装饰工程有限公司

关于表彰“全国建筑装饰行业信息化建设先进单位”的决定

中装协[2004]017号

党的十六大提出了“坚持以信息化带动工业化，以工业化促进信息化”的要求，建设部也制定了《建设部信息化工作管理办法》、《2003～2008年全国建筑业信息化发展规划纲要》、《建设事业信息化“十五”计划》等一系列文件。全面贯彻十六大精神，坚持用新型工业化和高新技术改造传统产业，加快信息化建设步伐，是我国建筑装饰行业实现跨跃式发展和提高竞争力的根本途径。为此，2004年4月12日～14日，中国建筑装饰协会在北京召开“全国建筑装饰行业信息化建设工作会议”。本次会议系业内首次召开，既是2003年9月“全国建筑装饰行业科技大会”的延续，也是中国建筑装饰协会为提高服务层次加强行业管理的重要举措。

为了促进建筑装饰行业的信息化建设，褒奖业内为此所做出的努力，中国建筑装饰协会决定表彰行业一批信息化建设先进单位。经地方建筑装饰协会及有关单位推荐，中国建筑装饰协会评定，有113家单位荣获“全国建筑装饰行业信息化建设先进单位”称号，包括行业协会4家、业内媒体9家、建筑装饰工程企业69家、建筑幕墙工程企业9家、家装工程企业15家、增项装饰的土建工程企业3家、专业软件1家、材料供应厂商3家，他们是我国建筑装饰行业信息化的榜样。

现公布如下（排序不分前后）。

附：全国建筑装饰行业信息化建设先进单位名单

中国建筑装饰协会

二〇〇四年四月十二日

全国建筑装饰行业信息化建设先进单位名单

行业协会（4家）

1. 中国建筑装饰协会信息咨询委员会
2. 上海市装饰装修行业协会
3. 吉林省建筑装饰业协会
4. 黑龙江省建筑装饰协会

业内媒体（9家）

1. 中国建筑装饰协会“中国建筑装饰网”
2. 北京市建筑装饰协会会刊《北京装饰》
3. 深圳市装饰行业协会会刊《深圳装饰》
4. 上海鸿洋电子商务有限公司
   “我爱我家——上海家庭装饰网”
5. 吉林省建筑装饰业协会“吉林建筑装饰网”
6. 辽宁省装饰协会“辽宁建筑装饰网”
7. 成都西建科技实业有限公司“中国建材第一网”
8. 福州永同佳电子科技有限公司“福建装饰装修网”
9. 河南省建筑装饰协会“河南建筑装饰网”

建筑装饰工程企业（69家）

1. 中国建筑装饰工程公司
2. 北京市建筑工程装饰公司
3. 北京港源建筑装饰工程有限公司
4. 北京筑邦建筑装饰工程有限公司
5. 北京建谊建筑工程有限公司
6. 北京贝盟国际建筑装饰工程有限公司
7. 北京弘高建筑装饰设计工程有限公司
8. 北京神龙建筑装饰工程有限公司
9. 中信室内装修工程公司
10. 北京天图设计工程有限公司
11. 深圳市建筑装饰（集团）有限公司
12. 深圳市洪涛装饰工程有限公司
13. 深圳长城家俱装饰工程有限公司
14. 深圳海外装饰工程公司
15. 深圳市奇信装饰设计工程有限公司
16. 深圳市极尚建筑装饰设计工程有限公司
17. 深圳市华剑装饰工程有限公司
18. 深圳蛇口建筑装饰工程公司
19. 广东省建筑装饰集团公司
20. 广州市第三装修有限公司
21. 广州市第四装修有限公司
22. 汕头经济特区雅达环境艺术设计事务所
23. 山东万得福装饰工程有限公司
24. 山东德泰装饰有限公司

25. 山东金缔建筑装饰工程有限公司
26. 山东福缘来装饰工程有限公司
27. 山东省鸿鑫工程有限公司
28. 山东省永隆装饰工程有限公司
29. 青岛市东亚建筑装饰工程有限公司
30. 青岛金楷装饰工程有限公司
31. 青岛希尔空间设计有限公司
32. 黑龙江国光建筑装饰工程有限公司
33. 黑龙江高维建筑装饰工程有限公司
34. 黑龙江锦秀建筑装饰工程有限公司
35. 哈尔滨新长城建筑装饰设计工程有限公司
36. 大庆市华隆建筑装饰公司
37. 苏州金螳螂建筑装饰有限公司
38. 苏州苏明装饰公司
39. 苏州市建筑装饰工程有限公司
40. 常州华东装璜有限公司
41. 河北斯特龙装饰工程有限公司
42. 石家庄常宏建筑装饰工程有限公司
43. 石家庄雅虹装饰设计工程有限公司
44. 唐山市唐新装饰设计工程有限公司
45. 上海市建筑装饰工程有限公司
46. 上海新丽装饰工程有限公司
47. 上海蓝天房屋装饰工程公司
48. 天津华惠安信装饰工程有限公司
49. 天津市艺术建筑装饰联合公司
50. 天津市南洋装饰工程公司
51. 吉林省建筑装饰集团有限公司
52. 吉林省宝鑫建筑装饰工程有限责任公司
53. 吉林省凯基建筑装饰工程有限责任公司
54. 山西三利装饰工程有限公司
55. 山西圣通装饰工程有限公司
56. 香港神采设计装饰工程山西有限公司
57. 湖北珠江龙装饰设计工程有限公司
58. 武汉华达建筑装饰设计工程有限公司
59. 辽宁荣昌装饰装修工程有限公司
60. 沈阳白云穗港装饰工程有限公司
61. 安徽省徽商集团创元装饰工程有限公司
62. 西安市蓝码克装修工程（集团）有限公司
63. 中国天诚集团新雅建筑工程设计装饰有限公司
64. 江西圳昌装饰工程（集团）有限公司
65. 甘肃金信设计装饰工程有限公司
66. 福建国广一叶建筑装饰工程有限公司
67. 厦门辉煌装修工程有限公司
68. 郑州康利达装饰工程有限公司
69. 新疆羚羊建筑装饰企业有限公司

建筑幕墙工程企业（9家）

1. 深圳金粤幕墙装饰工程有限公司
2. 深圳市方大装饰工程有限公司
3. 深圳市三鑫特种玻璃技术股份有限公司
4. 广东粤铝建筑装饰有限公司
5. 武汉凌云建筑装饰工程有限公司
6. 湖北鼎元建筑装饰工程有限公司
7. 沈阳远大铝业工程有限公司
8. 上海高新铝质工程股份有限公司
9. 石家庄市海山建筑装饰工程总公司

家装工程企业（15家）

1. 上海百姓家庭装潢有限公司
2. 上海荣欣家庭装潢有限公司
3. 上海千思装饰实业有限公司
4. 上海百安居装饰工程有限公司
5. 上海全筑建筑装饰工程有限公司
6. 北京业之峰装饰（集团）有限公司
7. 苏州市贝特装饰设计工程有限公司
8. 苏州市红蚂蚁装饰设计工程有限公司
9. 苏州旭日装饰工程有限公司
10. 常州市恒晶装饰工程有限公司
11. 哈尔滨麻雀装饰工程设计有限公司
12. 武汉嘉禾装饰工程有限公司
13. 山西森永装饰工程有限公司
14. 成都雅舍实业有限责任公司
15. 郑州市星星装饰有限公司

增项装饰的土建工程企业（3家）

1. 中国建筑工程第八工程局第一建筑公司
2. 金山石油化工建筑公司
3. 无锡市锡山三建实业有限公司

专业软件（1家）

1. 北京市建筑装饰协会“装修质量验收软件”

材料供应厂商（3家）

1. 深圳市坚朗建材有限公司
2. 上海建配龙建材配送有限公司
3. 沈阳嘉美新石艺（护理）装饰有限公司

关于全国有成就资深室内建筑师和全国杰出中青年室内建筑师的评价公告

中装协[2004] 045 号

改革开放以来，我国建筑装饰行业迅猛发展，为推动国民经济发展和社会进步做出了重大贡献。这些成就的取得，凝聚了全国广大建筑装饰设计人员的智慧和心血，是全体室内建筑师共同努力的结果。

2004 年 9 月 11 日，恰逢中国建筑装饰协会成立 20 周年，经各地方建筑装饰协会和我会秘书处的推荐，我会组织专家进行评价，现对为我国建筑装饰设计业做出卓著贡献的 78 位人士授予“全国有成就资深室内建筑师”的称号，对为我国建筑装饰设计业做出显著成绩的 231 位人士授予“全国杰出中青年室内建筑师”的称号。

中国建筑装饰协会号召全行业向这些人士学习，为不断提高我国建筑装饰设计水平，促进行业的全面、协调和可持续发展做出更大的贡献。特此公告，名单如下（排序不分前后）。

附件一：全国有成就资深室内建筑师名单

附件二：全国杰出中青年室内建筑师名单

中国建筑装饰协会

二〇〇四年八月二十八日

附件一

全国有成就资深室内建筑师名单（78 人）

姓　名	单位名称
北京市（29 人）	
王炜钰	清华大学建筑建筑学院
张世礼	中国建筑学会室内设计分会
饶良修	中国建筑学会室内设计分会
郑曙旸	清华大学美术学院环艺系
曾　坚	中国建筑学会室内分会
何振强	清华大学美术学院
黄德龄	中国建筑设计研究院环艺分院
黄　林	清华工美环艺所
白　山	北京清华工美建筑装饰工程有限公司
张德山	北京清华工美建筑装饰工程有限公司
张绮曼	中央美术学院
李风松	清华大学美术学院环境艺术系
贾延良	中信室内装饰公司
梁士英	清华大学美术学院环境艺术系
朱仁普	北京建筑工程学院
邹湖莹	清华大学建筑学院
潘吾华	清华大学美术学院
陈增弼	中国明式家俱学会
房　箴	中国建筑装饰协会
沈绶章	北京城建长城装饰工程有限责任公司
孟建国	中国建筑设计研究院环境艺术分院
王　铁	中央美术学院
朱忆林	北京市建筑设计研究院
劳智权	中国建筑学会室内设计分会
李书才	中国建筑学会室内设计分会
吴观张	北京市建筑设计研究院
吴得绳	北京市建筑设计研究院
张国良	北京市建筑设计研究院金厦艺林装饰公司
马炳坚	北京市古代建筑设计研究院
天津市（3 人）	
朱小平	天津美术学院环境艺术系
张文忠	天津大学建筑学院建筑系
章又新	天津大学建筑学院建筑系
上海市（6 人）	
来增祥	同济大学建筑城规学院
王世慰	上海现代建筑装饰环境设计研究院
庄　荣	同济大学建筑城规学院
薛文广	上海同济室内设计工程公司
童勤华	同济大学建筑城规学院
陈启民	上海市装饰装修行业协会设计委员会
重庆市（4 人）	
郝大鹏	四川美术学院
丁域庆	重庆港庆建筑装饰有限公司
陈永昌	重庆建筑大学环境艺术系
陆震伟	重庆建筑大学环境艺术系
中国人民解放军建筑装饰协会（1 人）	
罗果志	武汉凌云建筑装饰工程有限公司
河北省（1 人）	
崔宝琳	石家庄常宏建筑装饰工程有限公司
内蒙古自治区（1 人）	
杨志凌	中国智宝集团
黑龙江省（2 人）	
赵兴斌	黑龙江省建筑装饰协会
魏　光	黑龙江国光建筑装饰工程有限公司
辽宁省（2 人）	
张书鸿	东北大学艺术学院
田　平	辽宁省装饰协会
大连市（2 人）	
任文东	大连轻工业学院艺术设计学院

王慎仁　大连海王建筑设计装饰工程有限公司
山东省（1人）
周长积　山东建筑工程学院艺术设计学院
江苏省（3人）
李　宁　江苏省建筑装饰设计研究院
高祥生　东南大学建筑学院
王　琼　苏州金螳螂建筑装饰股份有限公司
浙江省（4人）
王国梁　中国美术学院环境艺术系
俞雄伟　中国美术学院设计基础教学部
周锦云　温州云艺建筑装饰设计院
朱炳仁　杭州市金星铜工程有限公司
福建省（2人）
林　鹰　厦门华丽建筑装饰工程有限公司
薛光弼　福州大学建筑系
广东省（12人）
陈万里　广州珠江装修工程公司
史庆堂　华南工学院
林学明　广州集美组
赵　健　广州美术学院设计分院
刘年新　深圳市洪涛装饰工程有限公司
江崇元　深圳市洪涛装饰工程有限公司
成湘文　深圳长城家俱装饰工程有限公司
楚梦兰　深圳新科特种装饰工程有限公司
丁培道　深圳市装饰行业协会
郭　杰　深圳市建艺装饰设计工程有限公司
吴家骅　深圳大学建筑系
徐应祥　深圳市广田装饰设计工程有限公司
四川省（2人）
牟　江　四川大学建筑与环境学院
刘有达　四川华西建筑装饰设计有限公司
陕西省（3人）
安志峰　中国建筑西北设计研究院
陆　楣　西安美术学院建筑环境艺术系
霍维国　西北大学

附件二

全国杰出中青年室内建筑师名单（231人）

姓　名　　　　单　位　名　称
北京市（56人）
周家斌　中国建筑学会室内设计分会
马怡西　北京清华工美建筑装饰工程有限公司
林　洋　北京清华工美建筑装饰工程有限公司
奚聘白　北京清华工美环境艺术设计研究所
苏　丹　清华大学美术学院环境艺术系
李爱新　北京建谊建筑工程有限公司
张宇峰　中国建筑装饰工程公司
齐建会　中国建筑装饰工程公司
谢　峰　中国建筑装饰工程公司
李　民　中国建筑装饰工程公司
李　劲　北京市辛迪森建筑装饰工程设计有限公司
黄昌宜　北京市辛迪森建筑装饰工程设计有限公司
宋　超　北京扶桑建筑装饰有限公司
白海波　北京丽贝亚建筑装饰工程有限公司
刘亮週　中信室内装修工程公司
韩　军　北京港源建筑装饰工程有限公司
刘立群　北京港源建筑装饰工程有限公司
李滔滔　北京港源建筑装饰工程有限公司
杜　今　北京市花旗建设发展有限公司
赵　虹　中国建筑设计研究院室内设计研究所
刘　嵘　中国建筑设计研究院室内设计研究所
张　晔　中国建筑设计研究院室内设计研究所
盛　燕　中国建筑设计研究院室内设计研究所
康　军　北京筑邦建筑装饰工程有限公司
张志奇　华堂建筑装修工程有限公司
陈　辉　北京东易日盛装饰有限责任公司
廖　焉　北京廖焉环境艺术设计工程有限公司
谢　江　清水和熙联合建筑设计有限公司
宋　冬　钓鱼台装饰工程有限公司
李　沙　北方工业大学艺术设计分院
邢力军　北京中建华腾装饰工程有限公司
刘　意　北京侨信装饰工程有限公司
韩　旺　北京菲尼有限公司
熊　涛　北京洲际建筑装饰设计与工程有限责任公司
陈华德　北京金丰环球远大装饰工程有限公司
苏健平　中国装饰有限公司
卫德新　北京北方建磊装饰装修有限公司
丁　慧　北京天图设计工程有限公司
扆苏昌　北京市建筑装饰设计工程公司
康　溟　北京贝盟国际建筑装饰工程有限公司
黄　伟　北京泓高建筑装饰设计工程有限公司
石风暴　中建一局装饰公司
毛国兴　中艺建筑装饰有限公司
周为民　北京住总装饰有限责任公司
齐　瑞　北京建工一建装饰工程分公司
麻　昌　北京中远广田装饰工程有限公司
肖三发　北京城建长城装饰工程有限责任公司
张　钧　北京业之峰装饰有限公司
班广生　北京金易格幕墙装饰有限公司
付永平　北京金易格幕墙装饰有限公司
朱　卫　北京鸿恒基幕墙装饰工程有限公司
王立英　北京东亚铝业有限公司
相炳哲　北京中建建筑设计院六所
郭瑞勇　北京艺术设计学院室内设计专业研究室

陈中生　北京九尾狐文化传播有限公司
黄湘陵　北京龙发建筑装饰工程有限公司

上海市（13人）

叶　铮　上海工程技术大学
屠为群　上海新丽装饰工程有限公司
范　云　上海现代建筑装饰环境设计研究院
沈立东　上海现代建筑装饰环境设计研究院
王传顺　上海现代建筑装饰环境设计研究院
方　琪　上海东昌建筑装饰工程有限公司
朱　斌　上海全筑建筑装饰工程有限公司
殷啸峰　上海荣欣家庭装潢有限公司
陈建伟　上海市建筑装饰工程有限公司
郑　鸣　上海同济室内设计工程有限公司
卢　铭　上海建筑装饰（集团）有限公司
杨晓绮　上海建筑装饰（集团）有限公司
胡晓云　上海美术设计公司

天津市（10人）

李炳训　天津美术学院艺术设计学院
刘　杰　天津市建筑设计研究院
邱景亮　天津大学建筑学院环境艺术系
阚曙彬　天津市禅智艺术设计中心
刘鸿明　天津市建设装饰工程公司
韩静雳　天津市华惠安信装饰工程有限公司
肖　青　天津市福莱特装饰设计工程有限公司
张　强　天津市建筑设计研究院
边　放　天津市博朗酒店管理公司
栗　晋　天津市南洋建筑装饰装璜设计事务所

重庆市（7人）

熊道枢　重庆港庆建筑装饰有限公司
李　舟　重庆金字塔装饰有限公司
王　以　重庆金字塔装饰有限公司
潘召南　四川美术学院设计艺术系
赵　宇　四川美术学院设计艺术系
黄　绮　重庆金棱装饰设计工程有限公司
许　亮　重庆工商大学设计艺术学院

中国人民解放军建筑装饰协会（2人）

丁　艺　上海蓝天房屋装饰工程公司
李　浩　上海蓝天房屋装饰工程公司

河北省（2人）

张迎军　石家庄市大石代空间艺术设计制作有限公司
白晓坤　石家庄雅虹装饰设计工程有限公司

山西省（1人）

武晋峰　山西三利装饰有限公司

内蒙古自治区（2人）

杨青山　内蒙古建筑职业技术学院
刘厉程　呼仑贝尔纵横安全技术和装饰工程有限公司

黑龙江省（5人）

冯雪冬　哈尔滨麻雀装饰工程设计有限公司
范宏伟　黑龙江国光建筑装饰工程有限公司
王兆明　哈尔滨唯美源装饰设计有限公司
陈　松　黑龙江国光建筑装饰工程有限公司
吕勤智　哈尔滨工业大学建筑学院

吉林省（4人）

董　赤　吉林艺术学院设计学院
齐伟民　吉林建筑工程学院环境艺术系
刘学文　东北师范大学美术学院环境艺术系
屈彦波　长春东方装璜工程有限公司

辽宁省（13人）

马克辛　鲁迅美术学院环境艺术设计系
张　颖　澳连建筑装饰工程有限公司
孙洪利　沈阳迅兴建筑设计装饰工程有限公司
李正伟　营口市东方装修工程公司
孙宝宏　大连宏美装饰工程有限公司
张津墚　大连阳光灿烂建筑室内设计工程有限公司
纪　伟　大连英特利装饰设计工程有限公司
匡　飞　大连华辉装饰设计有限公司
黄世岩　大连大学土木建筑工程系
陈晓蔓　大连大学土木建筑工程系
唐　建　大连理工大学艺术系
刘士海　大连海地装饰艺术有限公司
盖永成　亚联集团大连中信装饰公司

山东省（5人）

巩月同　山东省装饰集团总公司
杨友军　山东万得福装饰工程有限公司
宋春燕　山东万得福装饰工程有限公司
陈学军　烟台义泰装饰工程有限公司
党　蔚　青岛建设装饰集团有限公司

江苏省（15人）

李若凡　南京金鸿装饰工程有限公司
刘　涛　苏州金螳螂建筑装饰股份有限公司
崔国宝　苏州金螳螂建筑装饰股份有限公司
孙天文　苏州金螳螂建筑装饰股份有限公司
朱伟刚　苏州金螳螂建筑装饰股份有限公司
陈卫潭　苏州金螳螂建筑装饰股份有限公司
宋微建　苏州金螳螂建筑装饰股份有限公司
姜亚洲　苏州金螳螂建筑装饰股份有限公司
高超一　上海金螳螂环境设计研究有限公司
姜　樱　苏州金螳螂建筑装饰股份有限公司
金范九　苏州工业园区美瑞得建筑装饰有限公司
殷　彤　苏州国贸建筑装饰工程有限公司
周浩明　无锡江南大学设计学院
许建春　南京师范大学美术学院艺术设计系
赵　军　南京东南大学环境艺术系

安徽省(3人)

曲　建　安徽艺源建筑艺术设计有限公司
许家庭　合肥建工装饰工程有限责任公司
陶余桐　安徽安兴装饰工程有限责任公司

浙江省(11人)

陈耀光　杭州典尚建筑装饰设计公司
陈　涛　中国美术学院风景设计院
陈　坚　中国美术学院风景设计院
金　捷　杭州合艺建筑环境设计公司

俞国民 杭州国美建筑设计院
徐征野 浙江省装饰有限公司
张子平 浙江省装饰有限公司
骆 骏 浙江耀江建筑设计研究院有限公司
范晓秋 浙江省嘉兴市大都市装饰公司
张 毅 浙江大学建筑设计研究院
陈 林 陈林设计事务所

江西省(2 人)

肖蔚群 江西财经大学/江西省水平装饰有限公司
熊建新 南昌大学艺术与设计学院工业设计系

福建省(6 人)

向 湘 福州大天装饰设计有限公司
叶 斌 福建国广一叶建筑装饰设计工程有限公司
李学峰 厦门市环亚设计装饰有限公司
孙建华 厦门天诺设计顾问有限公司
苗 壮 福州大学土建学院建筑系
陈孝生 福州大千环艺设计工程有限公司

河南省(6 人)

杨 彬 郑州杨彬装饰设计工程有限公司
贾建军 郑州泰运装饰设计工程有限公司
张继珠 郑州泰运装饰设计工程有限公司
叶 苹 河南科技大学建筑工程学院
胥昌群 郑州市创意装饰设计有限公司
范 军 郑州水清木华装饰设计工程有限公司

湖北省(1 人)

陈顺安 湖北省美术学院

广州市(16 人)

曹海涛 广州市第三装修有限公司
陈 刚 广州市交达装饰有限公司
黄少彬 广东名典装饰工程有限公司
林芷珊 广州珠江装修工程公司
徐 孚 广州珠江装修工程公司
郑斐一 广州市美术公司
何泽联 广州市美术公司
何旭和 广州市美术公司
潘向东 广州城市组
曾秋荣 广州华地组
陈向京 广州集美组室内设计工程有限公司
蔡文奇 广州集美组室内设计工程有限公司
张 宁 广州集美组室内设计工程有限公司
曾芷君 广州集美组室内设计工程有限公司
梁建国 广州集美组室内设计工程有限公司
何 星 广州铝质装饰工程有限公司

深圳市(26 人)

李 阳 深圳海外装饰工程公司
张立平 深圳海外装饰工程公司
梁 晖 深圳海外装饰工程公司
张 凉 深圳海外装饰工程公司
何东斌 深圳市深建华辉装饰工程有限公司
彭 刚 深圳市晶宫设计装饰工程有限公司
余宏俊 深圳市设计装饰工程有限公司
杨邦胜 深圳市洪涛装饰工程有限公司
孙大壮 深圳市洪涛装饰工程有限公司
魏雪松 深圳市洪涛装饰工程有限公司
孟松涛 深圳市洪涛装饰工程有限公司
周 际 深圳市图人设计有限公司
洪忠轩 深圳市南利装饰工程有限公司
乔 辉 深圳市南利装饰工程有限公司
何潇宁 深圳长城家俱装饰工程有限公司
姜 峰 深圳市建筑装饰（集团）有限公司
袁晓云 深圳市建筑装饰（集团）有限公司
陈俊伊 深圳市建筑装饰（集团）有限公司
倪 阳 深圳市极尚建筑装饰设计工程有限公司
刘 波 深圳市刘波室内设计有限公司
虞汉悦 深圳市拓步家居装饰设计工程有限公司
谭伟武 深圳市深港建筑装饰工程有限公司
蔡 强 深圳大学艺术与设计学院
焦 山 深圳市美佳装饰设计工程有限公司
肖 文 深圳市新鹏都装饰工程有限公司
孙继忠 深圳市德港装饰工程有限公司

东莞市（4 人）

钱际宏 广东星艺装饰有限公司
林志宁 广州名匠装饰有限公司东莞分公司
张 星 东莞创达装饰有限公司
张雪松 东莞市瑞和风装饰有限公司

汕头市(2 人)

郑少文 汕头市博一景观设计有限公司
李仕鸿 汕头经济特区建华国际装饰工程有限公司

广西壮族自治区（5 人）

吴 昆 广西建科究院桂科诚建装饰工程有限公司
全燕京 广西建工集团桂港建筑装饰有限公司
刘宇青 广西建工集团桂港建筑装饰有限公司
韦静云 广西建林装饰工程有限责任公司
覃炳宏 广西建林装饰工程有限责任公司

四川省(7 人)

张 灿 四川创视达建筑装饰设计有限公司
肖 波 成都全兴广告装饰有限公司设计事务所
张国强 中铁二局集团装饰装修工程有限公司
乐晓兰 四川乐城环境艺术设计有限公司
张晓莹 成都多维装饰设计事务所
唐卓韧 成都市华南建筑装饰公司设计所
吴小霖 成都上林设计装饰工程有限公司

云南省(2 人)

张兆军 云南筑意空间装饰工程有限公司
赵关屏 云南建设装璜有限公司

陕西省(3 人)

余 平 西安大彩设计工程有限责任公司
胡文安 西安大彩设计工程有限责任公司
吴 昊 西安美术学院环境艺术系

甘肃省(2 人)

张建成 甘肃建成建筑装饰艺术有限责任公司
颜 艳 甘肃金牛装饰工程有限责任公司

关于表彰"2004年最佳酒店室内设计、建筑装饰工程企业、室内设计师"的决定

2004年5月15日～18日，中国饭店协会、中国建筑装饰协会等单位共同在北京·中国国际展览中心主办"2004年中国国际饭店业博览会"。

中国饭店协会、中国建筑装饰协会联合组织了"2004年最佳酒店室内设计、建筑装饰工程企业、室内设计师"的推荐活动，经两会组成的专家共同评审，共评出21件最佳饭店设计作品、9家最佳饭店建筑装饰工程企业和20位最佳饭店室内设计师。

现公布名单如下。(排序不分先后)

中国饭店协会
中国建筑装饰协会
二〇〇四年四月二十七日

2004年最佳饭店室内设计作品(21件)

成都索菲特万达大饭店
张家港华芳金陵国际酒店
北京国宾酒店
重庆渝州宾馆
甘肃阳光大厦
南京丁山香格里拉酒店
天府丽都喜来登饭店
常州大酒店
哈尔滨龙门大厦贵宾楼
吉林省乐府大酒店
Bygone 概念餐厅
China dragon 酒吧
西安唐城宾馆大堂改造
深圳市圣廷苑酒店
北京新疆驻京办事处综合楼
北京王府井大饭店
山西国际贸易中心中心大堂
山西国际贸易中心五层酒店大堂
陕西咸阳国际大酒店
天伦大酒店
上海西郊宾馆

2004年最佳饭店建筑装饰工程企业(9家)

深圳长城家俱装饰工程有限公司
深圳海外装饰工程公司
安徽恒信装饰工程有限责任公司
深圳瑞和装饰工程有限公司
苏州金螳螂建筑装饰有限公司
黑龙江国光建筑装饰工程有限公司
深圳市洪涛装饰工程有限公司
中国建筑装饰工程公司
深圳市中建南方装饰工程有限公司

2004年最佳饭店室内设计师(20位)

曹海涛	许　刚	张　青	张英贤	张　磊	付　余	方　辉
崔国宝	王　琼	陈卫潭	李波扬	洪忠轩	孙大壮	杨邦胜
孟松涛	徐　萍	齐建会	李　劲	谢　江	宋　冬	

关于全国住宅装饰装修质量服务诚信企业（2004年度）优秀企业和示范工程的评价公告

中装协[2004]046号

改革开放以来，住宅装饰装修行业已发展成为我国社会主义物质文明和精神文明建设的一个重要组成部分，为推动国民经济发展和社会进步方面做出了重大贡献。这些成就的取得，是全行业从业者共同不懈努力的结果。

2004年9月11日，恰值中国建筑装饰协会成立20周年，经各地方建筑装饰协会的推荐，我会组织专家评价，现授予160家为“全国住宅装饰装修质量服务诚信企业”、285家为“全国住宅装饰装修优秀企业”、287项工程为“全国住宅装饰装修示范工程”的称号。

中国建筑装饰协会号召全行业学习先进，为使我国住宅装饰装修行业在全面建设小康社会中发挥更大的作用，促进行业的全面、协调和可持续发展做出更大的贡献。现公布名单如下（排序不分前后）。

附件一：全国住宅装饰装修质量服务诚信企业（2004年度）名单

附件二：全国住宅装饰装修优秀企业名单

附件三：全国住宅装饰装修示范工程名单

中国建筑装饰协会

二〇〇四年八月二十八日

附件一：

全国住宅装饰装修质量服务诚信企业（2004年度）名单

编号	企业名称
0001	上海荣欣家庭装潢有限公司
0002	上海百姓家庭装潢有限公司
0003	上海进念室内设计装饰有限公司
0004	上海欣龙建筑装潢设计工程有限公司
0005	上海千思装饰实业有限公司
0006	上海汇丽集团家庭装潢工程有限公司
0007	上海聚通建筑装潢工程有限公司
0008	上海美旗室内设计装饰有限公司
0009	上海雅庭装饰设计工程有限公司
0010	上海划云建筑装饰工程有限公司
0011	上海新筑室内装潢有限公司
0012	上海祖茂室内装饰设计有限公司
0013	上海上房装饰有限公司
0014	上海业星家庭装潢有限公司
0015	上海唐诚建筑装潢工程有限公司
0016	上海百安居装饰工程有限公司
0017	上海正飞家庭装潢有限公司
0018	上海依格装饰设计有限公司
0019	上海民佳室内装潢设计有限公司
0020	上海双翎家庭装潢有限责任公司
0021	上海昊元建筑装饰工程有限公司
0022	上海全筑建筑装饰工程有限公司
0023	上海帕特门家居装饰有限公司
0024	上海刚德家庭装潢工程有限公司
0025	上海尚泉装饰设计工程有限公司
0026	上海维荣室内装饰有限公司
0027	上海雅高室内设计装饰有限公司
0028	上海三石室内装饰有限公司
0029	上海菱海建筑装潢有限公司
0030	上海今典设计装饰有限公司
0031	上海红月建筑装潢有限公司（正大装潢）
0032	上海知本建筑装饰工程有限公司
0033	上海志高装潢有限公司
0034	上海天泉建筑装饰工程有限公司
0035	上海新乐建筑装潢工程有限公司
0036	上海申水艺术装潢工程公司
0037	上海典佳装潢设计有限公司
0038	上海申瑞室内装潢有限公司
0039	上海波涛装饰工程有限公司
0040	上海青苹果室内装潢有限公司
0041	上海亿唐室内装潢设计有限公司
0042	上海民众家庭装饰有限公司
0043	上海建配龙建筑装潢设计工程有限公司
0044	上海星杰装潢有限公司
0045	上海鼎族室内装饰设计有限公司
0046	上海剑杰建筑装潢工程有限公司
0047	上海千椽装潢有限公司
0048	上海中远汇丽建筑装潢有限公司

0049 上海欧坊装饰设计有限公司
0050 上海同济联合建设技术有限公司
0051 上海九百集团装饰工程有限公司
0052 上海天地家庭装饰有限公司
0053 上海盛亚建筑装潢工程有限公司
0054 上海艺境室内装饰有限公司
0055 上海申英室内装潢有限公司
0056 上海新寓建筑工程有限公司
0057 上海荣芝装潢有限公司
0058 上海虹源建筑装潢工程有限公司
0059 上海天宏建筑装潢有限公司
0060 上海红蚂蚁装潢设计有限公司
0061 杭州中冠建筑装饰工程有限公司
0062 杭州亚加装潢有限公司
0063 浙江九鼎建筑装饰工程有限公司
0064 杭州嘉艺城建建筑装饰工程有限公司
0065 杭州康盛装饰工程有限公司
0066 杭州金鸿装饰工程有限公司
0067 杭州名师装饰设计工程有限公司
0068 杭州正源室内装饰有限公司
0069 杭州南鸿装饰工程有限公司
0070 杭州国盛装饰有限公司
0071 杭州新时家装饰有限公司
0072 杭州万圣装饰工程有限公司
0073 杭州东浩装饰工程有限公司
0074 杭州欧林家居装饰有限公司
0075 杭州正楷装饰工程有限公司
0076 杭州中翔装饰有限公司
0077 杭州新寓装饰有限公司
0078 杭州森佳装饰工程有限公司
0079 杭州天辰装饰设计工程有限公司
0080 宁波市怡和装饰工程有限公司
0081 宁波市良友建筑装潢有限公司
0082 深圳市居众装饰设计工程有限公司
0083 深圳市海大装饰设计工程有限公司
0084 深圳市时代装饰设计工程有限公司
0085 深圳市蒙恩思家居装饰工程有限公司
0086 深圳市万丰装饰设计工程有限公司
0087 深圳市馨意庭居家装饰工程有限公司
0088 深圳市名雕家居设计装饰工程有限公司
0089 深圳市经典家居装饰设计工程有限公司
0090 深圳市雅典居家居装饰设计工程有限公司
0091 深圳市兴雅鸿家居装饰工程有限公司
0092 增城市荣合装饰工程有限公司
0093 广州华业鸿图设计装饰有限公司
0094 重庆港鑫建筑装饰设计工程有限公司
0095 重庆宏图装饰工程有限公司
0096 重庆丽飞装饰设计工程有限公司
0097 重庆华力设计装饰工程有限公司
0098 广厦重庆建筑装饰工程有限公司
0099 重庆云海建筑装饰工程有限公司
0100 重庆志宇建筑装饰工程有限公司
0101 重庆金饰源装饰工程有限公司
0102 重庆市英图杰装饰工程有限公司
0103 重庆市腾龙实业集团装饰工程有限公司
0104 重庆市创美装饰工程有限责任公司
0105 重庆耀麒建筑装饰装潢有限公司
0106 重庆互惠贸易有限公司
0107 重庆九阳建筑装饰有限公司
0108 重庆视觉色装饰有限公司
0109 重庆九鼎日盛装饰工程有限公司
0110 沈阳市辰星装饰装修有限公司
0111 沈阳黎天装饰工程有限公司
0112 沈阳鸿基装饰工程有限公司
0113 沈阳市富恒装修工程有限公司
0114 营口市凯厦装修设计工程有限公司
0115 山西森永建筑装饰工程有限公司
0116 北京阔达建筑装饰工程有限责任公司
0117 北京市惠佳信建筑装饰工程有限公司
0118 四川美家堂装饰工程有限公司
0119 四川省新空间建筑装饰实业有限公司
0120 成都田园装饰工程有限公司
0121 成都市华达建筑装饰工程有限公司
0122 四川省红地装饰艺术有限公司
0123 成都三高装饰工程有限责任公司
0124 贵州家喻装饰工程有限责任公司
0125 贵阳标典建筑装饰工程有限公司
0126 无锡市雅风装饰装潢有限公司
0127 无锡市创佳装饰装潢有限公司
0128 无锡市大千装饰装潢服务有限公司
0129 无锡市精工建筑装饰工程有限公司
0130 青岛拜占庭装饰设计有限公司
0131 青岛昌恒涂装工程有限公司
0132 青岛大造（国际）装饰工程有限公司
0133 青岛成成空间装饰广告有限公司
0134 苏州市红蚂蚁装饰设计工程有限公司
0135 常州市华东装潢总公司
0136 大连雅奇装饰工程公司
0137 大连顺意诚信装饰装修工程有限公司
0138 北京东易日盛装饰有限责任公司

0139　北京业之峰装饰有限公司
0140　温州市立高建筑装饰工程有限公司
0141　温州百特利艺术装饰配套有限公司
0142　浙江青川装饰有限公司
0143　北京轻舟世纪建筑装饰工程有限公司
0144　温州市满堂红装饰工程有限公司
0145　宁波三星建筑装饰有限公司
0146　温州市华汇艺术装饰工程有限公司
0147　温州市嘉和装饰有限公司
0148　北京龙发建筑装饰工程有限公司
0149　宁波荣欣装潢有限公司
0150　北京居然之家家居市场
0151　北京迪克斯装饰工程有限公司
0152　广州市恒美环境装饰设计工程有限公司
0153　大连岩松装饰工程有限公司
0154　云南瑞林木业有限公司
0155　昆明港都装饰工程有限公司
0156　乌鲁木齐平安装饰设计工程有限公司
0157　乌鲁木齐巴比松装饰装修有限公司
0158　黑龙江省润恒建筑装饰工程有限公司
0159　青岛海尔家居集成股份有限公司
0160　广州市祥盛装饰设计工程有限公司

附件二：

全国住宅装饰装修优秀企业名单

优秀企业名称

贵州省（2家）
贵州家喻装饰工程有限责任公司
贵阳标典建筑装饰工程有限公司
天津市（5家）
天津市家世界家饰装修有限公司
天津市阳光家园环境艺术设计工程有限责任公司
广东星艺装饰有限公司天津分公司
天津开发区金泰达建筑装饰有限公司
北京恩普装饰工程有限公司
山西省（10家）
山西万兴隆装潢设计有限公司
山西森永建筑装饰工程有限公司
山西三利装饰有限公司
大同美丽家园装饰设计有限责任公司
大同市伊鑫装饰有限责任公司
山西阳光居然装饰工程有限公司
香港神采设计装饰工程山西有限公司
介休市高云广告装饰工程有限公司
山西圣通装饰工程有限公司
太原地毯城
安徽省（5家）
安徽省绿色风装饰工程有限责任公司
安徽省合肥市凯业装饰工程有限公司
合肥皖龙港装饰工程有限公司
安徽省金盛装饰工程有限责任公司
安徽山水图文艺术有限公司
湖南省（3家）
湖南省随意居装饰设计有限公司
长沙自在天装饰设计工程有限公司
湖南鸿扬家庭装饰设计工程有限公司
湖北省（21家）
武汉澳华装饰设计工程有限公司
北京天诺装饰有限公司武汉分公司
武汉市雅庭装饰设计工程有限公司
武汉文锦装饰设计工程有限公司
武汉嘉禾装饰集团有限公司
武汉名仕装饰工程有限公司
湖北今人装饰工程有限公司
北京市惠佳信建筑装饰有限公司武汉分公司
北京迪克斯装饰工程有限公司武汉分公司
武汉天立装饰工程有限公司
武汉市今日装饰工程有限公司
武汉市金思路装饰设计工程有限公司
武汉邦达装饰设计工程有限公司
湖北青骑士装饰设计工程有限公司
武汉鸿扬家庭装饰设计工程有限公司
武汉居众装饰设计工程有限责任公司
宜昌市创意装饰装修工程有限公司
宜昌沄锦园林装饰工程有限责任公司
宜昌市瑞林装饰设计工程有限公司
名仕居装饰工程有限公司
宜昌三的装饰工程有限公司
宜昌金冠装饰设计工程有限公司
宜昌市三禾装饰工程有限公司
宜昌名邸装饰工程有限公司
黑龙江省（5家）
哈尔滨麻雀装饰工程设计有限公司
鸡西市第二建筑工程公司装饰分公司

鸡西市昊月装饰工程有限公司
鸡西德业装饰有限公司
鸡西市阳光装饰装修有限责任公司

浙江省（18 家）

杭州南鸿装饰工程有限公司
杭州森佳装潢工程有限公司
杭州正楷装饰工程有限公司
浙江九鼎建筑装饰工程有限公司
宁波怡和装饰工程有限公司
杭州亚加装潢有限公司
杭州嘉艺城建装饰工程有限公司
杭州新寓装饰有限公司
宁波荣欣装潢有限公司
杭州中冠建筑装饰工程有限公司
宁波三星建筑装饰有限公司
宁波市良友建筑装潢有限公司
杭州国盛装饰工程有限公司
宁波南天装饰设计工程有限公司
杭州正源室内装饰有限公司
宁波经济技术开发区银翔装饰工程有限公司
杭州康盛装饰工程有限公司
杭州万圣装饰工程有限公司

四川省（7 家）

成都市雅舍实业有限公司
成都市家和装饰工程有限责任公司
成都田园装饰工程有限公司
成都市华达建筑装饰工程有限公司
四川省红地装饰艺术有限公司
四川美家堂装饰工程有限公司
四川省新空间建筑装饰实业有限公司

广东省（6 家）

广州市交达装饰有限公司
广州华业鸿图设计装饰有限公司
广东俊景建设工程有限公司
增城市荣合装饰工程有限公司
广东星艺装饰有限公司
佛山市顺德区龙江南天装饰设计工程有限公司

辽宁省（19 家）

沈阳天天装饰工程有限公司
沈阳统代装饰工程有限公司
沈阳铭轩装饰工程有限公司
沈阳黎天港穗装饰工程有限公司
沈阳建亚装饰工程有限公司
辽宁万丰装饰装修有限公司
沈阳鑫驰装饰工程有限公司
沈阳市辰星装饰装修有限公司
沈阳黎建装饰工程有限公司·都室家装
鞍山市绿园装饰工程有限公司
沈阳鸿基装饰工程有限公司
沈阳市富恒装修工程有限公司
沈阳富而特装饰装修工程有限公司
沈阳辽海装饰工程公司
沈阳方大装饰设计工程有限公司
沈阳海天建筑装饰工程有限公司
沈阳京汇装饰工程有限公司
鞍山市乔赛家居装修工程有限公司
大连嘉丽住宅产业集团有限公司

陕西省（3 家）

西安发记营造建筑有限公司
西安嘉华装饰工程有限公司
西安市蓝码克装修工程（集团）有限公司

河南省（12 家）

洛阳市东兴装饰设计工程有限公司
河南美巢荣欣家庭装潢有限公司
郑州市星星装饰设计工程有限公司
郑州市正开装饰设计有限公司
河南时代装饰设计工程有限公司
河南大地装饰设计工程有限公司
河南省大鹏装饰工程有限公司
河南超凡装潢设计工程有限公司
河南省开封市这样装饰有限公司
河南成方装饰设计工程有限公司
郑州泰运装饰设计工程有限公司
洛阳天鹰装饰工程有限公司

重庆市（16 家）

重庆利来装饰工程有限公司
广厦重庆建筑装饰工程有限公司
重庆自由之子装饰设计公司
重庆四相环艺装饰工程有限公司
重庆云海建筑装饰工程有限公司
重庆同诚装饰工程有限公司
重庆金玉庭装饰设计工程有限公司
重庆天古装饰艺术设计工程有限公司
重庆丽飞装饰设计工程有限公司
重庆佳天下装饰工程有限公司
重庆九鼎日盛装饰工程有限公司
重庆视觉色装饰工程有限公司
重庆新空间装饰有限责任公司

重庆金飞建筑装饰工程有限公司
重庆壁玉煌装饰装修工程有限公司
重庆远景装饰工程有限公司

江苏省（26家）

苏州市红蚂蚁装饰设计工程有限公司
苏州市大陆装饰工程有限公司
江苏锦华建设发展有限责任公司
南通金房子装饰设计有限公司
无锡市创佳装饰装潢有限公司
无锡市东方新格环境设计装饰工程有限公司
常州市恒晶装饰工程有限公司
无锡市大千装饰装潢服务有限公司
镇江市嘉禾装饰有限公司
南通万艺广告装饰有限公司
扬州爱文装饰装潢有限公司
扬州新城晋鼎室内装潢有限公司
南通金泉装饰有限公司
昆山旭日装饰工程有限公司
南京钟凯丽装饰工程有限公司
苏州市贝特装饰设计工程有限公司
南通成事装饰设计有限公司
南通文博装饰设计有限公司
江苏省镇江市千豪装饰有限公司
苏州市台北装饰工程有限公司
南通市崇川金屋室内装饰中心
徐州天地人装饰设计工程有限公司
无锡市雅风装饰装潢有限公司
苏州市樱花工程有限公司
苏州颐德装饰工程有限公司
南通蓓蕾装潢工程有限公司

广西壮族自治区（6家）

广西建林装饰工程有限责任公司
广东星艺装饰有限公司南宁分公司
广西南宁市雅阁装饰工程有限公司
广西南宁市品格装饰工程有限公司
广西桂林市桂圳装饰工程有限责任公司
广西桂林柏城装饰工程有限公司

江西省（5家）

南昌心诚装饰有限公司
江西鸿扬家庭装饰设计工程有限公司
南昌金银禾装饰行公司
江西省赣州市聚美环境艺术有限公司
江西银河装饰有限公司

山东省（23家）

淄博新杰装饰设计工程有限公司
淄博金城装饰工程有限公司
淄博怡康居装饰有限公司
淄博鲁王装饰装潢有限公司
山东精英装饰有限公司
山东金缔建筑装饰工程有限公司
泰安欧典装饰有限责任公司
泰安市仁达铝业装饰有限责任公司
德州嘉冉装饰有限公司
德州圣吉装饰工程有限公司
山东正亚装饰工程有限公司
潍坊百汇装饰工程有限公司
潍坊鸢港装饰工程有限公司
山东新华中装饰安装工程有限公司
山东万得福装饰工程有限公司
济南广兴大胡子装饰设计有限公司
山东天齐置业集团股份有限公司
济南永盛装饰工程有限公司
济南嘉和方圆装饰工程有限公司
济南新潮装饰工程有限公司
济南中鼎装饰有限公司
枣庄市银都装饰工程有限公司
青岛海尔家居集成股份有限公司

上海市（48家）

上海荣欣家庭装潢有限公司
上海百姓家庭装潢有限公司
上海进念室内设计装饰有限公司
上海千思装饰实业有限公司
上海汇丽集团家庭装潢工程有限公司
上海美旗室内设计装饰有限公司
上海雅庭装饰设计工程有限公司
上海聚通建筑装潢工程有限公司
上海全筑建筑装饰工程有限公司
上海申瑞室内装潢有限公司
上海划云建筑装饰工程有限公司
上海昊元建筑装饰工程有限公司
上海刚德家庭装潢工程有限公司
上海天地建筑装饰工程有限公司
上海双翎家庭装潢有限公司
上海上房装饰有限公司
上海艺境室内装饰有限公司
上海欧坊装饰设计有限公司
上海菱海建筑装潢有限公司
上海百安居装饰工程有限公司
上海同济联合建设技术有限公司
上海好美家好便利装饰工程有限公司

上海民众家庭装饰有限公司
上海帕特门家居装饰有限公司
上海九百集团装饰工程有限公司
上海正飞家庭装潢有限公司
上海尚泉装饰设计工程有限公司
上海三石室内装饰有限公司
上海剑杰建筑装潢工程有限公司
上海典佳装潢设计有限公司
上海建配龙建筑装潢设计工程有限公司
上海红蚂蚁装潢设计有限公司
上海申远室内装潢有限公司
上海理尚建筑装饰设计工程有限公司
上海盛亚建筑装潢工程有限公司
上海青苹果室内装潢有限公司
上海鼎族室内装饰设计有限公司
上海民佳室内装潢设计有限公司
上海今典设计装饰有限公司
上海申英室内装潢有限公司
上海亿唐室内装潢设计有限公司
上海麦浪设计装饰有限公司
上海维荣室内装饰有限公司
上海厚祥装潢设计有限公司
上海居丽建筑装潢工程有限公司
上海嘉时置业有限公司
上海中远汇丽家庭装潢有限公司
上海云兰装饰木业有限公司

云南省（13 家）

云南东陆装饰工程有限公司
昆明佳园装饰工程有限责任公司
昆明中策装饰有限公司
云南艺海装饰工程有限公司
云南鹏展装饰工程有限公司
昆明豪阁家居设计装饰有限公司
云南理想装饰设计工程有限公司
昆明重光室内装饰有限责任公司
云南东华装饰工程中心
昆明天森木业有限公司
昆明百安园装饰工程有限公司
云南创艺装饰工程有限公司
云南瑞林木业有限公司

福建省（13 家）

福建国广一叶建筑装饰设计工程有限公司
厦门百将设计装饰工程有限公司
福建省中恒装饰工程有限公司
福州旭日东升装饰设计工程有限公司
福建省华远设计装饰工程有限公司
福建协盛装饰设计工程有限公司
福州经济技术开发区时代装修有限公司
福建省闽武长成装饰工程有限公司
福州千年宏祥装饰工程有限公司
福州好日子装饰工程有限公司
福州开盛装饰工程有限公司
福州沐川装饰设计工程有限公司
福州安润福家庭装潢设计有限公司

北京市（11 家）

北京东易日盛装饰有限责任公司
北京业之峰装饰有限公司
北京元洲装饰有限公司
北京龙发建筑装饰工程有限公司
北京惠佳信建筑装饰工程有限公司
北京轻舟世纪建筑装饰工程有限公司
北京阔达建筑装饰工程有限责任公司
北京亚光亚装饰工程有限责任公司
今朝装饰设计有限公司
北京鸿利博雅装饰设计有限公司
北京中侨装饰工程有限公司
北京海天环艺装饰工程有限公司

吉林省（4 家）

吉林省名宇家居装饰有限责任公司
吉林省铭仕装饰设计工程有限公司
长春市环达实业有限公司优琦家具装饰工程分公司
吉林省绿野空间装饰设计有限公司

附件三：

全国住宅装饰装修示范工程名单

企业名称	项目经理	设计师	工程名称
天津市（8 项）			
天津市家世界家饰装修有限公司	丁　勇	郭　隽	万科水杉苑杜先生家
天津市家世界家饰装修有限公司	张　盛	冯　冰	美震裕阳张女士家

天津市阳光家园环境艺术设计工程有限责任公司	李 健	边 敏	半岛蓝湾天泽园10-1连体别墅
天津市红苹果建筑装饰工程设计有限公司	吴 云	王 治	罗马花园乙-2-301李女士家
广东星艺装饰有限公司天津分公司	郭 华	冷金良	米兰水西园22-6-502
天津开发区金泰达建筑装饰有限公司	薄一祺	刘立岩	开发区恬园别墅齐女士家
北京恩普装饰工程有限公司	曹书宝	张启荣	莱茵春天黄先生家
北京恩普装饰工程有限公司	张国平	王 强	天津金色阳光住宅商品房
内蒙古自治区（1项）			
内蒙古运筹木业有限责任公司装饰装潢分公司	王志军	黄咏梅	内蒙古财政厅职工宿舍
黑龙江省（5项）			
黑龙江省润恒建筑装饰有限公司	胡宇涛	宋 维	优胜美地曾庆国先生家
哈尔滨麻雀装饰工程设计有限公司	张建威	张象鹏	红星花园2-381号
大庆市公仆装饰设计公司			大庆世纪家园SA06-1-302室
大庆英伟装饰工程有限公司	李 巍 王者春	孙 英	大庆世纪家园SA07-1-301室
大庆英伟装饰工程有限公司			大庆东风新村10区30号楼3单元401室
山西省（4项）			
山西三利装饰有限公司	刘贵宝	罗润元	天地坛电力小区5-702室戴女士家
山西森永建筑装饰工程有限	石 磊	石 磊	张晋辉家
大同美丽家园装饰设计有限责任公司	赵 福	魏俊华	大同市新世纪花园18-1-1
大同市伊鑫装饰有限责任公司	吕 瀚	袁佳德	凤凰花园6-4-6
安徽省（3项）			
合肥皖龙港装饰工程有限公司	杨志玉	王 珏	合肥市六安路七号华信大厦七楼
安徽省绿色风装饰工程有限责任公司	王学堂	刘晓丽	合肥市亳州路1号世纪家园3幢601室
安徽山水图文艺术有限公司	王广利	宋秀丽	合肥市美菱大道549号银成公寓407室
四川省（12项）			
成都市雅舍实业有限公司	周太友	杨明山	锦城豪庭
四川省新空间建筑装饰实业有限公司	姜小罡	陈 忠	蜀风花园城唐氏家
成都市华达建筑装饰工程有限公司	毛中柏	王晓华	青白江阳光花园住宅
成都市雅舍实业有限公司	王伯银	孙晓波	青华坊
成都景山环境设计有限公司	李兴国	伍亚军	绵阳小岛春天花园单体别墅
成都景山环境设计有限公司	李兴国	伍亚军	华阳左岸花都二期样板房
成都市华达建筑装饰工程有限公司	罗会益	周 品	置信丽都王先生家
成都市雅舍实业有限公司	何侣峰	蓝 山	河滨印象
成都田园装饰工程有限公司	李继平	彭成鸿	浣花溪山庄C型
四川省新空间建筑装饰实业有限公司	代圣军	周 品	蜀风花园城彭氏家
四川美家堂装饰工程有限公司	唐国军	曾 勇	万科城市花园二期50-A-301
成都市家和装饰工程有限责任公司	孙跃进	张 娅	望园居
贵州省（1项）			
贵州家喻装饰工程有限责任公司	何克行	杨 也	张秀云家
湖北省（29项）			
武汉澳华装饰设计工程有限公司	汪贤虎	唐宏武	同馨花园1栋3单元902室
武汉澳华装饰设计工程有限公司	徐园孙	周雅婷	时尚欧洲3栋3门1301室
武汉澳华装饰设计工程有限公司	冯文斌	李 海	名都花园10栋1门10B
武汉嘉禾装饰集团有限公司	卢亚宏	谢忠诚	紫菘名门A座11楼2室

武汉嘉禾装饰集团有限公司	鲁 林	刘洪斌	青青美庐 1 号楼 5 单元 101 室
湖北宜昌市名仕居装饰工程有限公司	闵春蓉	周时明	世纪欧洲城姚宅家
湖北青骑士装饰设计工程有限公司	韩风兰	段志强	世纪华庭样板房
湖北青骑士装饰设计工程有限公司	韩风兰	段志强	东海花园样板房
武汉达芬奇美苑装饰设计工程有限公司	叶良忠	王 锋	陈玮家
湖北今人装饰工程有限公司	杨 俊	张国燕	新绿美地
深圳市雅庭居家装修设计工程有限公司洪山分公司	张德利	冯晓勋	狮城名居 7-1-602 胡先生家
武汉市雅庭装饰设计工程有限公司	吴卫东	胡国梁	怡景花园 D-1001
武汉名仕装饰工程有限公司	储呈珠	梁珍娟	丰竹园二栋四门 3-402 号
武汉天立装饰工程有限公司	梅时平	曾黎娟	金银湖汀香水榭别墅
武汉市堂皇主题装饰工程有限公司	卞玉辉	肖 军	美丽家园王宅
武汉市金思路装饰设计工程有限公司	余少平	黄林海	鹏程花园涂宅
居众装饰设计工程有限责任公司	邢行军	张 榆	武汉东湖林语 20 栋 1 单元
北京天诺装饰集团武汉分公司	王庆松	金 龙	福星城市花园孙女士家
北京迪克斯装饰工程有限公司武汉分公司	段长福	沈 果	天梨豪园杜女士家
北京迪克斯装饰工程有限公司武汉分公司	谢传海	周 游	都市花园李先生家
湖北名佳装饰设计工程有限公司	李 坤	张春生	香江新村胡宅
湖北百姓装饰股份有限公司	李金霞	胡怀东	学府佳园别墅
武汉邦达装饰设计工程有限公司	严学启	唐云进	狮城名居 2-1703
北京惠佳信建筑装饰有限公司武汉分公司	王绍群	张 华	元辰国际 B21203 室
北京惠佳信建筑装饰有限公司武汉分公司	张明亮	余俊娟	西北湖世纪华庭 C 栋 902
武汉市今日装饰工程有限公司	梅琼辉	李 为	海天一色听涛阁 6-7
武汉文锦装饰设计工程有限公司	肖永春	柳鸿宾	世纪家园复式楼
宜昌永耀装饰有限责任公司			龙腾佳苑 14-1-10 室
宜昌市三禾装饰工程有限责任公司			星苑小区星桂阁 9－21 室
宜昌金冠装饰设计工程有限公司			畔山林中 B4-101 室
宜昌名邸装饰工程有限公司			新世纪广场嘉景庭 2006 室
宜昌市艺墅家环艺装饰设计工程有限公司			民生丽岛 3-1-1 样板间
浙江省（46 项）			
杭州正楷装饰工程有限公司	王金法	陶黄珠	萧山区绿都世贸广场 A 幢一单元 901 室
杭州正楷装饰工程有限公司	王金法	赵丽芬	绿都世贸广场 D 幢三单元 902 室
杭州全筑建筑装饰工程有限公司	季有富	凌华昆	华立江南水乡别墅
杭州九鼎建筑装饰工程有限公司	叶宫楼	胡坚强	杭州山水人家美林泉 11 幢 2 单元 1102
杭州南鸿装饰工程有限公司	徐 龙	金 淑	南杭州富春山居微雨居 33 号童宅
杭州南鸿装饰工程有限公司	张柏钦	郦潘刚	杭州静怡花园 5 幢 2103 室顾宅
杭州森佳装潢工程有限公司	张应吾	贾华琴	浙江东阳市横店镇康庄路小康别墅 1 号楼
杭州正源室内装饰有限公司	李维伟	张意帆	中大风栖
杭州源之通装饰工程管理有限公司	陈敏迅	胡鸿伟	绿园小区银杏苑 3 幢 12A02 室
杭州铭品装饰工程有限公司	项均伟	张一良	余杭区桃花源湖畔村 22 号
杭州新寓装饰有限公司	江金忠	潘 涛	临平梅堰小区 40 幢 2 单元 304 室
杭州市亚加装潢有限公司	杨 捷	薛如意	杭州海月 金棕榈 8-1-701
杭州东浩装饰工程有限公司	王高生	谭海铨	杭州三江花园董宅
杭州名居室内装饰设计有限公司	周 戟		秀水山庄

杭州国盛装饰工程有限公司	张金伟	江爱军	世纪花园27幢别墅装修工程
杭州三方装饰工程有限公司	何青松	商利平	拱墅区盛德公寓
杭州嘉艺城建装饰工程有限公司	张 频	张益宇	下城区中大凤栖复式公寓
舟山市周末阳光装饰设计有限公司	顾武良	马小霞	丹桂园赵宅
舟山盛庭家居装饰有限公司	张小军	王定波	唐汉臣住宅装饰装修
杭州安鑫装饰工程有限公司	周益波	周小安	山水人家美林泉5幢2单元101室
杭州中冠建筑装饰工程有限公司	詹绍军	周杭峰	朝晖现代城
杭州天辰装饰设计工程有限公司	刘献华	朱志凯	之江公寓望江楼临江阁20FB室
杭州欧林家居装饰有限公司	邵德良	王顺姣	杭州市下城区东河锦园4幢1702室陈宅
杭州康盛装饰工程有限公司	张宝韦	姜 春	杭州萧山开元名都周宅
杭州万圣装饰工程有限公司	陈亚万	马 灵	杭州临平新城二期18-301
宁波市怡和装饰工程有限公司	蔡德润	岑行耀	江东区华光城54号604室装饰工程
宁波市江东十杰装饰工程有限公司	祝尚院	李慧霞	丰华名都余宅
宁波荣欣装潢有限公司	王 辉	王红波	宁波常青藤小区136号908室
宁波市良友建筑装潢有限公司	方吉军	黄之敏	天一家园167号303室
宁波三星建筑装饰有限公司	管群飞	潘湖兵	宁波钱隆山庄09幢
宁波鼎天装饰设计工程有限公司	李恒飞	乐琴艳	天一家园二期57号504室
宁波南天装饰设计工程有限公司	毛小伦	郑增暖	海曙区丰华名都黄小姐家
宁波经济技术开发区银翔装饰工程有限公司	俞成昭	关雅彬	家东花园7号405室
宁波经济技术开发区银翔装饰工程有限公司	余红斌	郑忠华	锦江年华12幢205室
浙江省温州市华汇艺术装饰工程有限公司	麻月东	严 行	温州市江滨路朔门大厦
浙江青川装饰有限公司	陈志尖	周晓忠	温州市新城绿洲花苑5幢802室
温州市尚锦室内外环境艺术有限公司	陈正铁	陈正铁	安澜大厦2903室
温州丽园装饰工程有限公司	叶贤贵	陈水平	国信嘉和花园A10-304
温州市嘉和装饰有限公司	陈海誉	缪晓钢	嘉和花园B2幢702室
温州市嘉和装饰有限公司	裴剑云	郭胜洁	银都花园C幢202室
温州市立高建筑装饰工程有限公司	许阳进	计阳进	美好花园
温州西雅图装饰工程有限公司	郑晓东	吴晓玫	温州安澜大厦A幢1601室
温州市圣夏装饰设计工程有限公司	陈芍克	潘 晓	国际花园春2幢
温州新太阳景观艺术装饰工程有限公司	林开銮	孙士元	瓯北阳光大道王府大厦20A-20D
浙江省温州市华汇艺术装饰工程有限公司	陈伟锋	汤李亮	温州市大士门宝纶大厦
温州迈斯环境艺术规划有限公司	邓 鹏	余笑华	温州市银都花园别墅B-105室
广东省（11项）			
广州市交达装饰有限公司	陈 勇	陈 刚	南国花园许宅
广州市交达装饰有限公司	陈良华	陈 刚	丽水庭园马宅
广州金雅利装饰设计工程有限公司	陈 锋	傅应龙	南海雅居乐雍景豪园帝景台林宅
广州华业鸿图设计装饰有限公司	叶国辉	钟育宣	海珠区滨江东路931号汇美景台何宅
广东俊景建设工程有限公司	朱晋怀	庞晓建	广东军区经济适用住房2栋1702刘宅
广东俊景建设工程有限公司	朱晋怀	庞晓建	广东军区经济适用住房3栋1102程宅
广州市恒美环境装饰设计工程有限公司	胡化桥	邹 璇	广州市大观中路科学城简宅
广州闲庭精品装饰有限公司	夏源华	曾水泰	广州市天河区东圃广场名雅居11楼05
广东星艺装饰有限公司	余静思	毛征平	时代花园珊瑚湾3栋杨宅
广东星艺装饰有限公司	王定群	沈广峰	南湖雅居乐陈宅
佛山市顺德区龙江南天装饰设计工程有限公司	马伟坤	夏叠有	梅先生别墅

辽宁省（17项）

沈阳市富恒装修工程有限公司	叶志兵	田　鑫	成龙花园4号4-8-B座住宅
沈阳黎天港穗装饰工程有限公司	马继斌	王春月	现代家园
丹东大明建筑装饰工程有限公司	明曰阳	王德峰	丹东市意达城中花园2号1703
沈阳建亚装饰工程有限公司	冯希利	李　健	浑南记者公寓张宅
沈阳统代装饰工程有限公司	张　旭	姚　兰	抚顺银河湾别墅
沈阳统代装饰工程有限公司	张　旭	孙德强	现代家园
沈阳富而特装饰装修工程有限公司	崔　娜	黄广亮	华泰新都徐先生家
沈阳市辰星装饰装修有限公司	赵国涛	王　楠	克莱斯特9号7-2号
沈阳市辰星装饰装修有限公司	赵国涛	孙一婷	抚顺河畔嘉园B2142
沈阳黎建装饰工程有限公司·都室家装	张卫东	鞠　颖	凯兴花园样板房1号
沈阳黎建装饰工程有限公司·都室家装	张卫东	齐显峰	凯兴花园样板房2号
沈阳鸿基装饰工程有限公司	曲永娥	杨鸣宇	万科新城郑宅
沈阳鸿基装饰工程有限公司	曲永娥	侯玉秀	新华社记者公寓李宅
沈阳富而特装饰装修工程有限公司	崔　娜	黄广亮	明华欣居园王先生家
大连嘉丽住宅企业集团有限公司	曹善江	翟晓林	北京康泉新城
大连嘉丽住宅企业集团有限公司	黄建祥	罗　宏	常州奥林匹克花园
大连嘉丽住宅企业集团有限公司	杨志坚	罗　宏	镇江恒美家园

重庆市（29项）

重庆视觉色装饰工程有限公司	蒋　斌	周　彤	重庆市华立天地豪园C5-102
重庆市粤高装饰设计工程有限公司	梁杰华	高　君	重庆市天龙城市花园B栋A单元32-3
重庆市英图杰装饰工程有限公司	佘文兴	吴永胜	重庆市万州区何女士家
重庆九鼎日盛装饰工程有限公司	林建平	陆　群	重庆市南岸区丹龙路江山多娇A幢31-1尹宅
重庆丽飞装饰设计工程有限公司	田厚健	刘　莉	重庆市芳草地城市先锋陈女士家
重庆广博装饰工程有限公司	扶鹏宇	杨　洪	重庆市九龙坡区杨宅
重庆壁玉煌装饰装修工程有限公司	杨　宏	李国虹	重庆市大渡口区天辰华府辰景苑7-2-31
重庆四相环境艺术装饰工程有限公司	韩　波	韩　亮	重庆市江北旭日凤凰城B3-5-1
重庆自由之子装饰设计工程有限公司	赵俊生	刘　强	重庆时代豪苑35-1
重庆正宇装饰工程有限公司	张　劲	袁　瑾	重庆市东界龙湖余先生家
重庆金玉庭装饰设计工程有限公司	李明万	王春雷	重庆市南坪帝景名苑别墅A型101号
重庆金飞建筑装饰工程有限公司	周世瑜	陶　平	重庆市杨家坪珠江花园邵宅家
重庆耀麒建筑装饰装璜有限公司	王双祥	秦中亮	重庆市渝北区锦绣山庄E-2
重庆耀麒建筑装饰装璜有限公司	张　剑	秦中亮	重庆市渝北区汇景台齐云阁B1-D-2-2
重庆利来装饰工程有限公司	刘伦馀	梁永红	重庆市龙湖花园跃层
重庆利来装饰工程有限公司	刘伦馀	梁永红	重庆市玫瑰山庄别墅
广厦重庆建筑装饰工程有限公司	徐高峰	程　煦	重庆市金紫山住宅小区A1住宅房
广厦重庆建筑装饰工程有限公司	徐高峰	李　俊	重庆市金紫山住宅小区A3住宅房
重庆同诚装饰工程有限公司	伍振裔	杨　平	重庆市巴渝世家1栋32-8号
重庆同诚装饰工程有限公司	伍振裔	陈　路	重庆市亲江家园A栋14-1号
重庆天古装饰艺术设计工程有限公司			重庆市汇景台云起山庄别墅
重庆新空间装饰有限责任公司			重庆市九龙坡区杨家坪天鹅堡别墅
重庆市利马装饰设计有限责任公司			重庆市沙坪坝华宇广场逸景楼30-1
重庆丽达装饰工程有限公司			重庆市场家坪金都香榭佳星阁2-6-2
重庆佳天下装饰工程有限公司			重庆恒通云鼎国际B座30-7

重庆金飞建筑装饰工程有限公司			重庆市渝中区大溪沟静园郑宅
重庆大鸟装饰设计工程有限公司			重庆市龙湖花园欧阳丽嘉私宅
重庆美的家装饰工程有限公司			重庆江北塔坪平常人家 B 栋 13-4
重庆远景装饰工程有限公司	王华林	陈 琳	重庆东方家园礼苑张女士 C 座 17-2
陕西省（2 项）			
西安发记营造建筑有限公司	赵丽枫	王 一	新兴港湾住宅样板间
西安市蓝码克装修工程（集团）有限公司	张 联	冯 刚	红叶大厦田宅
河南省（15 项）			
郑州市星星装饰有限公司	张现国	王保江	宝景花园 19 号楼复式住宅
河南美巢荣欣家庭装璜有限公司	冯其洋	吕晓芳	金水区南阳路太极公馆 1 号楼 1001 室
河南美巢荣欣家庭装璜有限公司	庞 磊	庞 磊	金水区经三路明鸿新城 11 号楼 3 单元 36 号
洛阳市东兴装饰设计工程有限公司	张六其	乔 凯	洛浦御博城 5 号楼 1 单元 102 室
河南省大鹏装饰工程有限公司	马 见	王智慧	太极公馆 2 号楼 3 单元 401 室
河南大地装饰设计工程有限公司	张 华	曹金勇	加州风情住宅小区连体别墅
河南时代装饰设计工程有限公司	张宪珍	刘世尧	金成房地产水云华俯 2 号楼 203 室
河南时代装饰设计工程有限公司	张宪珍	孔仲迅	金成房地产水云华俯 2 号楼 205 室
郑州市正开装饰设计有限公司	牛拥军	牛拥军	中方圆小区
开封市鹿鸣装饰工程有限公司	田德霞	田德霖	开封竹韵郕 A 区 202 座
河南省开封市金世纪建筑装饰安装有限责任公司	吕善同	牛上云	开封市晋平苑小区一号楼一单元三层西户
河南超凡装潢设计工程有限公司	周家松	师向生	世纪之星花园 2 号楼 2 单元 11 楼
郑州泰运装饰设计工程有限公司	宗 强	贾建军	建业花园 62 号楼赵先生家
河南省华表装饰工程有限公司	杨亚峰	陈 曦	家和万事小区 32F 别墅
开封市这样装饰有限公司	刘其浩	荣 成	荣勋花园一期 4 号楼西单元 4 楼东户
江苏省（16 项）			
镇江市嘉禾装饰有限公司	朱 维	何 奇	阳光花苑张宅
江苏锦华家世界装饰工程有限责任公司	徐 培	王 雁	东方名苑 B 座 810 室
常泰建筑装潢工程有限公司城北家装分部	董钻荣	匡志连	钟楼区荆川路 6 号别墅
无锡市大千装饰装潢服务有限公司	张礼千	刘庭汝	惠钱一弄 48 号 49 号
无锡市创佳装饰装潢有限公司	姚洪初	胡智伟	新世纪花园一期 18 号-1102
徐州天地人装饰设计工程有限公司	陈 云	陈 云	徐州二环北路春华园 A7 座
南通成事装饰设计有限公司	明金余	王志华	新建新村 87-202
南通万艺广告装饰有限公司	万建国	许君娴	学田花苑 95 幢 101 室
江苏华泰装饰工程有限公司	赵 镇	魏国成	锦江花园 L3 幢
苏州仁和装潢设计有限公司	戴云贵	戴建功	香格里拉 27 号
苏州颐德装饰工程有限公司	任生远	周 艳	陆以平先生别墅
苏州市台北装饰工程有限公司	汤建平	沈建刚	苏州市沧浪区佳安别院 25 幢别墅
苏州市工匠装饰设计工程有限公司	濮雪根	胡元刚	都市花园 33 幢 702 室
无锡市精工建筑装饰工程有限公司	孙隐樵	孙隐樵	金瑞家园 28 号
南通市崇川金屋室内装饰中心	杨红均	何伟杰	翡翠花苑 9-402
苏州美瑞德建筑装饰有限公司	毛国平	周浩明	吴江市七都镇陆宅
吉林省（7 项）			
长春市朝阳区辰邦环艺空间设计工作室	单连君	董 赤	某先生家
北京龙发建筑装饰工程有限公司长春公司	陈克兵	孙卫华	鸿城国际花园洋房 54 幢 103 室
长春市环达实业有限公司优琦家具装饰工程分公司	桂幸星	沈连俊	锦江花园四区

长春市环达实业有限公司优琦家具装饰工程分公司	高立伟	应向峰	豪园别墅
吉林省名宇家居装饰有限责任公司	刘继德	赵宇超	雅仕园社区常宅
吉林省名宇家居装饰有限责任公司	刘继德	荣国慧	阳光城社区怡景园杨宅
吉林省铭仕装饰设计工程有限公司	武　剑	魏　波	威尼斯花园 37-107 室
江西省（3 项）			
南昌心诚装饰有限公司	龚国滨	万成斌	千禧颐和园东 6 栋 702
南昌金银禾装饰行公司	舒险峰	杨　勇	千禧颐和园东 10 栋 B1002 室
江西省赣州聚美环境艺术有限公司	卫　琳	陈庆丰	景园小区 6 栋 2 单元 304
广西壮族自治区（4 项）			
广西建林装饰工程有限责任公司	梁永才	韦静云 左　加	荣和景江园 22 号楼 11-B-C 室
广东星艺装饰有限公司南宁分公司	周升亭	徐　桔	逸景园黄宅
南宁市雅阁装饰工程有限公司	唐永辉	朱雄斌	百花园住宅小区楼中楼住宅 7 栋 1 单元 201 室
广东星艺装饰有限公司南宁分公司	凌　峰	王时雨	秀山花园梁宅
山东省（15 项）			
淄博金城装饰工程有限公司	司志怀	国承峰	淄川般阳生活区土矿局 27 号住宅楼
山东精英装饰有限公司	张成锡	王玉顺	肥城矿业集团西区住宅楼
山东天齐置业集团股份有限公司	吕　超	张合忠	新世界阳光花园 7 号楼
山东天齐置业集团股份有限公司	吕　平	王向昌	济南交专 1 号住宅楼
济南广兴大胡子装饰设计有限公司	徐建伟	张　磊	阳光舜城重华苑 2 号楼 303 室
山东万得福装饰工程有限公司	张培同	孙振宇	山景园
山东新华中装饰安装工程有限公司	刘兴法	张　勇	山东济南绿景嘉园住宅
济南中鼎装饰有限公司	林召荣	韩　均	中创开元山庄 B-3-1 住宅楼
威海市元洲装饰工程有限公司	于召文	孙志伟	威海市海上明珠花园 19 号楼 503 室
威海市大华爱家装饰有限公司	刘　成	马三泉	威海市华能城市花园颂涛居 502 室
威海市美室装饰有限公司	王　健	王　莎	威海市杏花垣小区 408 号 302 室
威海市典雅装饰有限公司	徐文革	宝　琦	威海市王府家园 2 号楼 1 单元 507 室
德州美迪装饰工程有限公司	李逸航	藏洪图	德州电业局马庄 4 号宿舍楼
枣庄市银都装饰工程有限公司	彭贡领	赵世民	枣庄光明西路茗仕绿荫园小区四楼一单元东户
青岛海尔家居集成股份有限公司	李滨川	任　亮	桐安雅居
上海市（39 项）			
上海百姓家庭装潢有限公司	谢昌启	张皆秉	澳洲路 288 弄 18 号 202 室
上海进念室内设计装饰有限公司	李建仁	汪　耘	绿地世家
上海千思装饰实业有限公司		赵　然	永业公寓
上海荣欣家庭装潢有限公司	汤爱媛	卢刚勇	罗山绿洲别墅
上海美旗室内设计装饰有限公司	黄　勇	姜海芳	望族苑
上海雅庭装饰设计工程有限公司	陈卫德	陈　培	华敏世纪广场
上海聚通建筑装潢工程有限公司	赵鉴白	苏　力	曼克顿豪庭
上海全筑建筑装饰工程有限公司	陈　文	朱　斌	城市经典
上海艺境室内装饰有限公司	徐　军	翟亚琴	汤臣豪园
上海欧坊装饰设计有限公司	饶文渝	刘明哲	新上海花园
上海菱海建筑装潢有限公司	谢卫中	陈　龙	长寿路 999 弄 27 号 14C 室
上海百安居装饰工程有限公司	董远国	徐佳斌	丁香路 999 弄 9 号 1702 室
上海同济联合建设技术有限公司	何秋生	陈伟平	半岛豪门

上海民众家庭装饰有限公司	陈　伟	冯　琦	富平路 399 号 7 号 701 室
上海帕特门家居装饰有限公司	许海均	吴海峰	高援朝公寓
上海剑杰建筑装潢工程有限公司	张万柱	陈俊俊	家化滨江苑
上海典佳装潢设计有限公司	唐文霞	段灵敏	黄兴绿苑
上海建配龙建筑装潢设计工程有限公司	冯建敏	陶　伟	政立路 1585 弄 29 号 602 室
上海红蚂蚁装潢设计有限公司	杨正义	卢　刚	松江放生池周公馆
上海理尚建筑装饰设计工程有限公司	戚盛展	范泉洲	普陀区长寿路 1028 弄 21 号 1 楼 102 室
上海盛亚建筑装潢工程有限公司	吴建雄	王骞之	虹桥高尔夫别墅
上海今典设计装饰有限公司	韦明浩	王黎明	万科慰秀园
上海申英室内装潢有限公司	丁江平	刘兴华	龙东大道 666 弄 19 号
上海亿唐室内装潢设计有限公司	曾雅明	吴青田	斜土路 628 弄 12 号 3703 室
上海中远汇丽家庭装潢有限公司	汪　翼	魏端阳	新上海花园
上海双翎家庭装潢有限公司	吴　浩	田　勇	白玉兰花园
上海美旗室内设计装饰有限公司	吴红兵	蒋　瑛	浦东世纪花园
上海雅庭装饰设计工程有限公司	乔宪冠	王剑珮	华光花园
上海聚通建筑装潢工程有限公司	姚俊华	苏　静	龙柏花苑
上海欧坊装饰设计有限公司	饶文渝	徐　燕	剑桥景苑
上海建配龙建筑装潢设计工程有限公司	冯建敏	王雪兰	和田路 229 弄 2 号 1001 室
上海民佳室内装潢设计有限公司	龙凤礼	周　昶	白玉路 699 弄 7 号 1502 室
上海上房装饰有限公司	王　峰	丁建华	西雅图小区
上海申瑞室内装潢有限公司	胡耀熙	黄宏诚	宜昌路 588 弄 13 号 901 室
上海青苹果室内装潢有限公司	杨贤文	郑勇成	第五大道
上海鼎族室内装饰设计有限公司	任雪官	吴军宏	苏州明日家园
上海三石室内装饰有限公司	孙立德	苏　箭	刘利聪公寓
上海麦浪设计装饰有限公司	薛兴文	李　明	路易凯旋宫
上海维荣室内装饰有限公司	陈维荣	全福兴	建德南郊别墅
云南省（6 项）			
云南东陆装饰工程有限公司	王明光	范晓宁	个旧别墅
昆明佳园装饰工程有限责任公司	丁家宇	李　军	龙泉地产江东花城
昆明中策装饰有限公司	闻永明	钟春艳	凤凰城复式楼
云南艺海装饰工程有限公司	刘兴泽	桂俊杰	阳光海岸别墅区 A-13
云南理想装饰设计工程有限公司	任　伟	顾晓晶	滇池路挪威森林 12 栋 26 号
昆明重光室内装饰有限责任公司	张　宁	罗红斌	万源小区 4-1-701
北京市（11 项）			
北京业之峰装饰有限公司	黄根忠	孙晓雨	金港国际 6 号楼 4 单元 1501 室
北京轻舟世纪建筑装饰工程有限公司	汪国友	马　冉	亦庄金地格林小镇
北京阔达建筑装饰工程有限责任公司			朝阳区甘露园王晨
北京东易日盛装饰有限责任公司		范　轶	北京百旺家园
北京龙发建筑装饰工程有限公司	黄湘陵	罗　帅	百旺花园刘宅
今朝装饰设计有限公司	瞿　建	张晓光	门头沟冯村家园李宅
北京惠佳信建筑装饰工程有限公司	何建华	祝瑞捷	张亚坤家装
北京亚光亚装饰工程有限责任公司		刘成良	都市芳园张翟
北京中侨装饰工程有限公司	林　翔	刘明骅	康宁居 1-4-202
北京元洲装饰有限责任公司	刘保军	王素芳	天通苑
北京鸿利博雅装饰设计有限公司	余和平	刘伦爽	亚运村新新家园 17 号

全国住宅装饰装修行业自律诚信宣言及500家签名企业名单

（2004年9月4日全国住宅装饰装修行业发展大会通过）

全国住宅装饰装修行业自律诚信宣言

我们，全国住宅装饰装修行业500家企业，今天向全社会，向广大消费者郑重宣誓：

合法经营　诚实守信　保质保量　健康环保　文明施工

规范服务　注重功能　以人为本　依法纳税　回报社会

500家诚信宣言签名企业名单

企　业　名　称

北京市（43家）

北京居然之家家居市场

北京瑞博文装饰设计有限公司

北京中侨装饰工程有限公司

北京双博装饰设计有限公司

北京东易日盛装饰有限责任公司

北京东方家园丽泽装饰装修市场

北京红星美凯龙国际家具建材广场有限公司

北京迪克斯装饰工程有限公司

北京惠佳信建筑装饰工程有限公司

北京轻舟世纪建筑装饰工程有限公司

北京鸿利博雅装饰设计有限公司

北京元洲装饰有限责任公司

北京家和家美家居市场

北京阔达建筑装饰工程有限责任公司

今朝装饰设计有限公司

北京业之峰装饰有限公司

北京亚光亚装饰工程有限责任公司

北京望京正时家居市场

北京龙发建筑装饰工程有限公司

北京兴世达时创装饰工程有限公司

北京市奥发宏星建筑装饰工程有限公司

北京蓝景丽家大钟寺家居广场市场有限公司

北京海天环艺装饰工程有限公司

北京京洋装饰装潢设计有限公司

北京圣点世纪装饰工程有限公司

北京大琪装饰设计有限公司

北京市京南集美装饰工程有限公司

北京实创装饰工程有限公司

北京北方午间装饰工程有限公司

北京装典装饰工程有限公司

北京居泰隆科贸有限公司

北京东百发建材有限公司

北京东方龙家居装饰有限责任公司

北京鑫顺馨装饰设计有限公司

北京海鹏装饰工程有限公司

北京城外诚家居广场

上海百安居装饰工程有限公司北京金四季家居装饰分公司

鑫达好（北京）装饰工程有限公司

北京恒友装饰有限公司

北京京昌回龙观建材城

北京环三环家居折扣店有限公司

北京万家灯火家居装饰市场有限公司

北京热线装饰设计有限公司

天津市（6家）

天津市家世界家饰装修有限公司

天津市阳光家园环境艺术设计工程有限责任公司

天津市红苹果建筑装饰工程设计有限公司

广东星艺装饰有限公司天津分公司

天津开发区金泰达建筑装饰有限公司

北京恩普装饰工程有限公司

上海市（74家）

上海新筑室内装潢有限公司
上海祖茂室内装饰设计有限公司
上海业星家庭装潢有限公司
上海唐诚建筑装潢工程有限公司
上海正飞家庭装潢有限公司
上海依格装饰设计有限公司
上海雅高室内设计装饰有限公司
上海知本建筑装饰工程有限公司
上海志高装潢有限公司
上海天泉建筑装饰工程有限公司
上海新乐建筑装潢工程有限公司
上海申水艺术装潢工程公司
上海波涛装饰工程有限公司
上海星杰装潢有限公司
上海千橡装潢有限公司
上海九百集团装饰工程有限公司
上海新寓建筑工程有限公司
上海荣芝装潢有限公司
上海虹源建筑装潢工程有限公司
上海天宏建筑装潢有限公司
上海百姓家庭装潢有限公司
上海进念室内设计装饰有限公司
上海欣龙建筑装潢设计工程有限公司
上海千思装饰实业有限公司
上海荣欣家庭装潢有限公司
上海汇丽集团家庭装潢工程有限公司
上海美旗室内设计装饰有限公司
上海雅庭装饰设计工程有限公司
上海聚通建筑装潢工程有限公司
上海全筑建筑装饰工程有限公司
上海申瑞室内装潢有限公司
上海划云建筑装饰工程有限公司
上海昊元建筑装饰工程有限公司
上海刚德家庭装潢工程有限公司
上海天地建筑装饰工程有限公司
上海新巢室内装饰工程有限公司
上海双翎家庭装潢有限公司
上海上房装饰有限公司
上海名绅实业有限公司
上海艺境室内装饰有限公司
上海欧坊装饰设计有限公司
上海菱海建筑装潢有限公司
上海百安居装饰工程有限公司
上海同济联合建设技术有限公司
上海好美家好便利装饰工程有限公司
上海民众家庭装饰有限公司
上海帕特门家居装饰有限公司
上海红月建筑装潢有限公司
上海尚泉装饰设计工程有限公司
上海三石室内装饰有限公司
上海剑杰建筑装潢工程有限公司
上海典佳装潢设计有限公司
上海建配龙建筑装潢设计工程有限公司
上海红蚂蚁装潢设计有限公司
上海申远室内装潢有限公司
上海理尚建筑装饰设计工程有限公司
上海盛亚建筑装潢工程有限公司
上海青苹果室内装潢有限公司
上海鼎族室内装饰设计有限公司
上海民佳室内装潢设计有限公司
上海今典设计装饰有限公司
上海申英室内装潢有限公司
上海亿唐室内装潢设计有限公司
上海麦浪设计装饰有限公司
上海维荣室内装饰有限公司
上海厚祥装潢设计有限公司
上海居丽建筑装潢工程有限公司
上海嘉时置业有限公司
上海中远汇丽家庭装潢有限公司
上海中景装饰设计工程有限公司
上海和满园装潢有限公司
上海同济高技术有限公司
上海云兰装饰木业有限公司
上海莱诚装潢有限公司

重庆市（29家）

重庆港鑫建筑装饰设计工程有限公司
重庆志宇建筑装饰工程有限公司
重庆市腾龙实业集团装饰工程有限公司
重庆耀麒建筑装饰装璜有限公司

重庆宏图建筑工程有限公司
重庆金飞惠雅家居成套装饰工程有限公司
重庆大鸟装饰设计工程有限公司
重庆金玉庭装饰设计工程有限公司
重庆九鼎日盛装饰工程有限公司
重庆市英图杰装饰工程有限公司
重庆利来装饰工程有限公司
重庆华力设计装饰工程有限公司
重庆云海建筑装饰工程有限公司
重庆丽飞装饰设计工程有限公司
重庆丽达装饰工程有限责任公司
重庆市同城装饰工程有限公司
重庆互惠贸易有限公司
重庆四相环境艺术装饰工程有限公司
重庆市创美装饰工程有限责任公司
重庆市粤高装饰设计工程有限公司
重庆九阳建筑装饰有限公司
重庆壁玉煌装饰装修工程有限公司
重庆市自由之子装饰设计工程有限公司
重庆视觉色装饰有限公司
广厦重庆建筑装饰工程有限公司
重庆天古装饰艺术设计工程有限公司
重庆远景装饰工程有限公司
重庆美的家装饰工程有限公司
重庆金饰源装饰工程有限公司

河北省（3 家）

邯郸市铁林建筑装修工程有限公司
邯郸市中北建筑装饰有限公司
河北保定市自动装饰工程有限公司

山西省（14 家）

山西万兴隆装潢设计有限公司
大同市伊鑫装饰有限责任公司
大同市南北装饰有限责任公司
大同市亨达实业有限责任公司
山西森永建筑装饰工程有限公司
山西泓海环保装饰有限公司
山西三利装饰有限公司
山西阳光居然装饰工程有限公司
香港神采设计装饰工程山西有限公司
介休市高云广告装饰工程有限公司
山西圣通装饰工程有限公司
太原地毯城
大同市瑀丰实业有限责任公司
山西杰美华盛装饰工程有限公司

黑龙江省（4 家）

鸡西市第二建筑工程公司装饰分公司
哈尔滨麻雀装饰工程设计有限公司
大庆市雅豪装饰工程有限公司
黑龙江润恒建筑装饰工程有限公司

吉林省（4 家）

长春市自由空间设计装饰有限公司
吉林省方明装饰有限公司
吉林省博彩装饰工程有限公司
吉林省铭仕装饰设计工程有限公司

辽宁省（21 家）

沈阳市辰星装饰装修有限公司
沈阳黎天港穗装饰工程有限公司
沈阳鸿基装饰工程有限公司
沈阳市富恒装修工程有限公司
营口市凯厦装修设计工程有限公司
锦州百姓家庭装饰市场
沈阳方大装饰设计工程有限公司
沈阳富而特装饰装修工程有限公司
沈阳建亚装饰工程有限公司
沈阳京汇装饰工程有限公司
沈阳黎建装饰工程有限公司·都室家装
沈阳辽海装饰工程公司
沈阳铭轩装饰工程有限公司
沈阳天天装饰工程有限公司
沈阳统代装饰工程有限公司
辽宁万丰装饰装修有限公司
沈阳鑫驰装饰工程有限公司
锦州市鑫光装饰装修有限公司
大连雅奇装饰工程公司
大连顺意诚信装饰装修工程有限公司
大连岩松装饰工程有限公司

山东省（23 家）

淄博金城装饰工程有限公司
淄博怡康居装饰有限公司
山东新华中装饰安装工程有限公司

山东天齐置业集团股份有限公司
济南广兴大胡子装饰设计有限公司
山东万得福装饰工程有限公司
山东三塑集团大舜装饰广场
济南贵恒家庭装饰市场
日照市泰升装饰有限责任公司
日照港建筑安装工程有限公司
德州市德美装饰有限公司
德州市大彩饰业有限公司
德州市金友实业有限公司
枣庄市银都装饰工程有限公司
威海大华爱家装饰工程有限公司
莱芜市金碧装饰配套有限公司
莱芜市永发装饰设计工程有限公司
莱芜市创艺装饰工程有限公司
青岛海尔家居集成股份有限公司
青岛拜占庭装饰设计有限公司
青岛昌恒涂装工程有限公司
青岛大造（国际）装饰工程有限公司
青岛成成空间装饰广告有限公司

江苏省（28家）

苏州市台北装饰工程有限公司
樱花工程有限公司
南通市崇川金属室内装饰中心
徐州天地人装饰设计工程有限公司
江苏锦华建设发展有限责任公司
南通文博装饰设计有限公司
南通成事装饰设计有限公司
苏州市贝特装饰设计工程有限公司
苏州红蚂蚁装饰设计工程有限公司
南通金泉装饰有限公司
扬州新城晋鼎室内装饰潢有限公司
扬州爱文装饰装潢有限公司
常州华东装璜有限公司
南通万艺广告装饰有限公司
镇江市嘉禾装饰有限公司
无锡市大千装饰装潢服务有限公司
常州市恒晶装饰工程有限公司
南通市金房子装饰设计有限公司
苏州市大陆装饰工程有限公司
无锡市创佳装饰装潢有限公司
苏州颐德装饰工程有限公司
无锡市精工建筑装饰工程有限公司
南京佳思达室内装潢有限公司
江苏百姓装饰工程有限公司
苏州工业园区京都幸弘装饰工程有限公司
无锡市雅风装饰装潢有限公司
无锡东方新格环境设计装饰有限公司
苏州仁和装潢设计公司

安徽省（7家）

安徽省绿色风装饰工程有限责任公司
安徽省合肥市凯业装饰工程有限公司
合肥皖龙港装饰工程有限公司
安徽省金盛装饰工程有限责任公司
安徽山水图文艺术有限公司
安徽寰宇装饰工程有限公司
安徽华然装饰有限责任公司

浙江省（45家）

杭州康盛装饰工程有限公司
杭州金鸿装饰工程有限公司
杭州名师装饰设计工程有限公司
杭州新时家装饰有限公司
杭州万圣装饰工程有限公司
杭州中翔装饰有限公司
温州市立高建筑装饰工程有限公司
温州百特利艺术装饰配套有限公司
温州市满堂红装饰工程有限公司
温州市华汇艺术装饰工程有限公司
杭州亚加装潢有限公司
杭州全筑建筑装饰工程有限公司
杭州国盛装饰工程有限公司
杭州正楷装饰工程有限公司
杭州嘉艺城建装饰工程有限公司
杭州九鼎建筑装饰有限公司
杭州南鸿装饰工程有限公司
杭州森佳装潢工程有限公司
杭州正源室内装饰有限公司
杭州源之通装饰工程有限公司
杭州铭品装饰工程有限公司
杭州新寓装饰有限公司

杭州东浩装饰工程有限公司
杭州名居室内设计有限公司
杭州三方装饰工程有限公司
杭州天辰装饰工程有限公司
杭州中冠建筑装饰工程有限公司
杭州欧林家居装饰有限公司
杭州安鑫装饰工程有限公司
宁波怡和装饰工程有限公司
宁波市江东十杰装饰工程有限公司
宁波荣欣装潢有限公司
宁波市良友建筑装潢有限公司
宁波三星建筑装饰有限公司
宁波鼎天装饰设计工程有限公司
宁波南天装饰设计工程有限公司
宁波经济技术开发区银翔装饰工程公司
舟山周末阳光装饰工程有限公司
舟山盛庭家居装饰有限公司
浙江青川装饰有限公司
温州市嘉和装饰有限公司
杭州市立高建筑装饰工程有限公司
杭州万圣装饰工程有限公司
杭州新时家装饰有限公司
杭州康盛装饰工程有限公司

江西省（7家）

江西省赣州市聚美环境艺术有限公司
南昌心诚装饰有限公司
江西鸿扬家庭装饰设计工程有限公司
南昌市星运装饰工艺工程有限公司
南昌鑫达好装饰有限公司
江西银河装饰有限公司
赣州金信装饰工程有限公司

福建省（11家）

福建国广一叶建筑装饰设计工程有限公司
厦门百将设计装饰工程有限公司
福建省中恒装饰工程有限公司
福州旭日东升装饰设计工程有限公司
福建省华远设计装饰工程有限公司
福建协盛装饰设计工程有限公司
福州经济技术开发区时代装修有限公司
福建省闽武长成装饰工程有限公司
福州千年宏祥装饰工程有限公司
福州安润福家庭装潢设计有限公司
福州好日子装饰工程有限公司

河南省（21家）

郑州泰运装饰设计工程有限公司
郑州市星星装饰设计工程有限公司
河南省大鹏装饰工程有限公司
郑州市正开装饰设计有限公司
河南成方装饰设计工程有限公司
商丘市美图装饰工程有限公司
商丘业之峰装饰有限公司
郑州市天伦装饰工程有限责任公司洛阳九都路分公司
洛阳天鹰装饰工程有限公司
洛阳市东兴装饰设计工程有限公司
河南大地装饰设计工程有限公司
河南美巢荣欣家庭装潢有限公司
河南省开封市这样装饰有限公司
开封市鹿鸣装饰工程有限公司
开封试金世纪建筑装饰安装有限责任公司
河南省华表装饰工程有限公司
河南超凡装潢设计工程有限公司
洛阳市兆辉装饰工程有限公司
洛阳市天鹤装饰设计工程有限公司
洛阳市尚格设计装饰工程有限公司
河南时代装饰设计工程有限公司

湖北省（21家）

湖北百姓装饰股份有限公司
武汉天立装饰工程有限公司
湖北今人装饰工程有限公司
武汉澳华装饰设计工程有限公司
武汉文锦装饰设计工程有限公司
湖北名佳装饰设计工程有限公司
武汉市雅庭装饰设计工程有限公司
武汉嘉禾装饰集团有限公司
武汉居众装饰设计工程有限责任公司
湖北青骑士装饰设计工程有限公司
北京惠佳信建筑装饰有限公司
武汉弘润装饰工程有限公司
武汉鸿扬家庭装饰设计工程有限公司
武汉市堂皇主题装饰工程有限公司

武汉邦达装饰设计工程有限公司
宜昌三的装饰工程有限公司
名仕居装饰工程有限公司
宜昌市瑞林装饰设计工程有限公司
武汉海龙装饰设计工程有限公司
武汉名仕装饰工程有限公司
湖北恩施市兴州建设工程有限责任公司
宜昌永耀装饰有限责任公司
宜昌金冠装饰设计工程有限公司
宜昌市三禾装饰工程有限责任公司

广东省（21家）

广州市祥盛装饰设计工程有限公司
广东天问工程顾问有限公司
广州金雅利装饰设计工程有限公司
广州华业鸿图设计装饰有限公司
广州市华浔品味装饰有限公司
广东俊景建设工程有限公司
广州市祥盛装饰设计工程有限公司
增城市荣合装饰工程有限公司
广州市恒美环境装饰设计工程有限公司
广东星艺装饰有限公司
佛山市顺德区龙江南天装饰设计工程有限公司
深圳市时代装饰设计工程有限公司
深圳市馨意庭居家装饰工程有限公司
深圳市名雕家居设计装饰工程有限公司
深圳市雅典居家居装饰设计工程有限公司
深圳市兴雅鸿家居装饰工程有限公司
深圳市万丰装饰设计工程有限公司
深圳市海大装饰有限公司
深圳蒙恩思装饰工程有限公司
深圳经典家居装饰工程有限公司
深圳居众装饰设计工程有限公司

广西省（4家）

广西建林装饰工程有限责任公司
广东星艺装饰有限公司南宁分公司
广西南宁市雅阁装饰工程有限公司
广西南宁市品格装饰工程有限公司

四川省（12家）

四川省新空间建筑装饰实业有限公司
成都市华达建筑装饰工程有限公司
成都田园装饰工程有限公司
四川美家堂装饰工程有限公司
四川省红地装饰艺术有限公司
成都市家和装饰工程有限责任公司
成都景山环境设计有限责任公司
成都市鑫芮装饰有限责任公司
成都市川豪装饰有限责任公司
成都三高装饰工程有限责任公司
成都市洋龙装饰工程有限公司
成都市雅舍实业有限责任公司

贵州省(2家)

贵州家喻装饰工程有限责任公司
贵阳标典建筑装饰工程有限公司

云南省（12家）

云南东陆装饰工程有限公司
云南艺海装饰工程有限公司
昆明重光室内装饰有限责任公司
昆明弘佳装饰工程有限公司
昆明为天贸易有限公司
云南家世纪装饰工程有限公司
昆明昌恒装饰工程有限公司
大理百高装饰工程有限责任公司
昆明雅庭美装饰设计工程有限公司
昆明天森木业有限公司
云南瑞林木业有限公司
昆明港都装饰工程有限公司

青海省(3家)

西宁装饰工程公司
青海深青建筑装饰工程有限公司
青海省华侨装饰设计工程有限公司

陕西省（3家）

西安发记营造建筑有限公司
西安嘉华装饰工程有限公司
西安市蓝码克装修工程卫（集团）有限公司

新疆维吾尔自治区（3家）

乌鲁木齐平安装饰设计工程有限公司
乌鲁木齐巴比松装饰装修有限公司
新疆现代装饰工程有限公司

关于表彰庆祝中国建筑装饰协会成立20周年活动文艺晚会演职人员的决定

中装协[2004]050号

在庆祝中国建筑装饰协会成立20周年活动中举办的全国建筑装饰行业职工“用心装饰世界”文艺晚会已圆满落幕。本次文艺晚会的成功组织是各地方建筑装饰协会、会员企业和有关单位大力支持的结果，是各参演单位积极奉献的结果，是建筑装饰行业全体职工精神文明建设的丰硕成果。为表彰所有参与文艺晚会工作的相关单位与人员，庆祝中国建筑装饰协会成立20年活动组委会特设立如下六个奖项：优秀表演奖（20个）、最佳创作奖（12个）、最佳风格奖（6个）、最佳组织奖（演出单位）（12个）、最佳组织奖（地方协会）（19个）、最佳撰稿（1个）。

希望建筑装饰行业全体职工以他们为榜样，将建筑装饰企业文化建设提升到一个新水平，取得精神文明建设和物质文明建设双丰收。现公布名单如下。（排序不分先后）

中国建筑装饰协会

二OO四年九月三日

一、优秀表演奖

陈瑶、胡蓉、钟绮雯、陈莎莉、郭欣、毕珊女子民乐组合《我爱建筑装饰》

周志华、徐莜安相声《好字当头》

周凌洁、赵峥男女声二重唱《逛新城》

渠文侠唢呐独奏《喜庆》

蔡顺英、周文耀小品《私房钱》

魏晓彬、龚莉莉女声二重唱《七彩人生》

赵一凡男声独唱《装扮你的世界》

温虹戏曲串唱

车斗印男声独唱《天下黄河九十九道弯》

林剑琦、周俊等歌伴舞《中国人》

陈晶晶等歌舞《五星红旗》

龚依、潘志强等扬剧表演唱《扮靓咱们的火车站》

王正启、倪正红等舞蹈《金陵之光》

刘曼利、赵婷等音乐摇滚快板《华泰在江岸腾飞》

北京市建筑装饰协会合唱《家装市场之歌》

大连红太装饰工程公司器乐合奏《今天是个好日子》

朱光、许静波男女声二重唱《用心装饰世界》

朱岚、唐燕等时装情景秀

李向东、李虹男女声对唱《新居赞》

南京金陵建筑装饰有限责任公司舞蹈《欢庆秧歌》

二、最佳创作奖

广州珠江建筑装饰集团公司珠江艺术团女子民乐组合《我爱建筑装饰》

吉林省建筑装饰集团有限公司东北二人转《周老汉装修》

浙江飞耀建筑装饰工程有限公司相声《好字当头》

中铁二局集团装饰装修工程有限公司男女声对唱《新居赞》

深圳市家家喜居家装饰工程有限公司小品《私房钱》

扬州日模邗沟装饰工程有限公司女声二重唱《七彩人生》

上海蓝天房屋装饰工程公司男声四重唱《蓝天铁军之歌》

扬州市华发装饰装璜配套公司扬剧表演唱《扮靓咱们的火车站》

南京金陵建筑装饰有限责任公司舞蹈《金陵之光》

江苏华泰装饰工程有限公司音乐摇滚快板《华泰在江岸腾飞》

黑龙江国光建筑装饰有限公司男女声二重唱《用心装饰世界》

北京市建筑装饰协会合唱《家装市场之歌》

三、最佳风格奖

黑龙江国光建筑装饰有限公司

苏州金螳螂建筑装饰股份有限公司

南京金陵建筑装饰有限责任公司

武汉旺轩建筑装饰有限公司

南京长岛建筑装饰公司

集美家具城市场

四、最佳组织奖（演出单位）

吉林省建筑装饰集团有限公司

苏州金螳螂建筑装饰股份有限公司

中铁二局集团装饰装修工程有限公司

杭州二建建设有限公司装璜分公司

上海蓝天房屋装饰工程公司

武汉旺轩建筑装饰有限公司

辽宁荣昌装饰装修有限公司

大连红太装饰工程公司

黑龙江国光建筑装饰有限公司

广州珠江建筑装饰集团公司

南京金陵建筑装饰有限责任公司

集美家具城市场

五、最佳组织奖（地方协会）

深圳市装饰行业协会

江苏省装饰装修行业协会

苏州市装修装饰行业协会

镇江市建筑装饰协会

浙江省建筑装饰行业协会

太原市建筑装饰协会

山西省建筑装饰协会

北京市建筑装饰协会

吉林省建筑装饰业协会

中国人民解放军建筑装饰协会

广州市建筑装饰协会

扬州市装饰行业协会

徐州市装饰装修行业协会

南京市装饰行业协会

陕西省建筑装饰协会

黑龙江省建筑装饰协会

辽宁省装饰协会

大连市建筑装饰行业协会

四川省建筑装饰协会

六、最佳撰稿

黑龙江国光建筑装饰有限公司　张德祥

第三部分

行业综述

推动我国建筑装饰材料行业快速发展

——在中国建筑装饰协会材料委员会2004年年会暨总结表彰大会上的讲话

中国建筑装饰协会　会　长　马挺贵

（二〇〇四年十二月二十一日·北京中苑宾馆）

一、我国建筑装饰行业发展情况

1．建筑装饰行业在国民经济中的地位和作用日趋增强

建筑装饰行业伴随着我国改革、开放的历程，得到了超常规发展。目前已成为在国民经济中占有重要地位，对经济和社会发展发挥重要作用，并得到全社会高度重视的行业。

2004年是中国建筑装饰协会成立20周年，这20年是我国建筑装饰行业飞速发展的20年，也是取得卓越成绩的20年，更是我国建筑装饰企业从无到有，从小到大，从弱到强的20年。我国建筑装饰业经过20年的艰苦奋斗取得了巨大的进步，成就了一批勇于开拓、具有高度社会责任感的企业家和有品位的工程精品；同时，也提升了行业协会的社会地位和影响。特别是自2001年中国建筑装饰协会第五届会员代表大会以来，协会提出了“二次创业”的奋斗目标，在不断加强自身建设的基础上，抓行业调查；抓应对“入世”；抓国企改革；抓家装管理；抓科技进步，并召开行业科技大会、行业信息化建设会议、行业培训工作会议等一系列重要会议，在行业发展的方向性、方针性的大问题上为企业提供高层次的服务，赢得了企业的高度评价。

据调查统计，我国建筑装饰行业2003年完成工程产值已达8300亿元。其中居民住宅装饰装修工程产值达4800亿元，各类公共建筑物装饰装修工程产值达3500亿元。多年来，平均增长速度超过20%，高于同期全国经济增长9%的发展速度。

建筑装饰行业在我国改革开放的进程中，最早引入市场机制。目前，已发展为以民营经济为主体的行业，民营企业占建筑装饰企业总数99%以上。民营企业由于机制上的灵活，使之发展异常迅猛。目前，我国建筑装饰已经产生出工程产值达10亿元的民营企业。中国建筑装饰协会自2002年起，每年根据综合实力评出中国建筑装饰行业的百强企业。涌现出如苏州金螳螂、浙江亚厦、深圳瑞和、深圳海外、沈阳远大、北京东易日盛等一大批资质等级高、资本运作高效、工程质量优良、装备水平先进、运行机制现代、经济实力强盛、发展势头强劲的优秀企业。

2．建筑装饰行业的发展充满生机和活力

党的十六大提出全面建设小康社会目标，国民经济要保持7%以上的发展势头，这无疑为建筑装饰行业提供更大的发展机遇。

我国1979年人均住房平均3.7 m²，到2010年按建设部颁布的小康社会住宅标准，1户1套，每人1间，人均将达到35 m²左右。全国增加住宅总需求达到120亿m²。从现在起，每年要完成住宅建设20亿m²，加上农业转移人口，总共每年要完成26亿m²。按预测住宅建设量，每年新建住宅装饰装修工程量在5000亿元以上。到2010年，家装二次装修市场年产值将达到3000亿元。仅此家装测算：2010年产值将达到8000亿元。

从公装分析：北京申奥成功，到2006年将新建、改建800家涉外星级宾馆、饭店，有近40座体育场需要新建、改造，加上中央商务区、中关村高新技术开发区建设步伐加快以及配套的公共设施，总体建设规模在3万亿元左右。上海申办国际博览会成功，新一轮城市建设将投资7000亿。全国现有696个县级以上的城市，同时要建设数以千计的小城镇，这些都为建筑装饰行业发展提供了新的空间。

到2010年，我国建筑装饰市场规模总产值将达到1.4万亿元左右，前景十分看好，发展充满生机和活力。

二、我国建筑装饰材料行业发展情况

总体上看，20年来，我国建筑装饰材料行业随着房地产、建筑装饰业的发展得到了快速发展。目前，中国已经成为世界上装饰材料生产大国、消费大国和出口大国。材料主导产品不仅在总量上连续多年位居世界第一，而且人均消费指数已接近和高于世界先进水平。如我国的石材年生产量居世界第一位，贸易出口额仅次于意大利，排名世界第二位。2003年石材产量超过1.9亿千万 m³。陶瓷：中国已成为世界上最大的生产和消费大国。据有关部门统计，建筑陶瓷年产量已超过26亿m²，卫生陶瓷已超过5500万件。涂料：年产最居世界第二位，仅次于美国，2003年产量为241.5万t。2003年我国木地板产量达2.11亿m²，产销量跃居世界前列。家具成为生产、消费和出口大国。建筑五金年产值达1100亿元，成为五金生产大国。门窗市场近几年世界需求量增长强劲，一直保持在5亿樘左右，中国门窗销售量占世界的30%。

20年的发展，我国一些地区已经形成了规模较大的建材生产基地和龙头企业。如以厦门为中心的闽南金三角，是一个世界性的石材加工基地，有4000多家石材生产企业，石材产量和产值居全国首位。福建惠安是著名的雕艺之乡，全县有石材、木雕企业1300多家，年产值75亿元。浙江玉环县水暖阀门企业800多家，年产值70亿元，成为我国最大的水暖阀门生产基地。广东佛山地区大型建筑陶瓷生产企业有380多家，流通企业数超过500家，已经成为世界的建筑陶瓷生产中心。此外，像南海铝型材生产基地、温州锁具之都、广东小榄五金制品生产基地、水口镇水龙头生产基地、河北安平县丝网产销基地等都是规模较大的建材生产基地。北新建材、金隅集团、大连实德、康利石材已成为龙头企业。

20年的发展，在我国一些地区和城市出现了一些具有一定规模的建材市场和和建材超市。如：上海好美家、东方家园、北京城外诚、十里河一条街、居然之家等。据不完全统计全国材料市场经营面积在3000 m²以上的约有2500家，营业额约2000亿元左右。其中北京就有200家左右经营面积

200 万㎡（而北京的商场也只有 150 万㎡）。另外国际建材生产商、销售商大量涌入中国市场(如英国百安居、法国欧倍德、瑞典的宜家家居等)，既带来了先进经营理念和经营方式，又对国内的建材生产、流通、市场带来极大的冲击。

装饰业的发展带动了装饰材料行业的快速发展，新材料的研发和使用也促进了装饰行业的进步。装饰业产值 60%～70%来自于材料设备。而装饰工程质量的优劣很大程度上取决于装饰材料产品质量的好坏。凡是优质工程，所选用的材料大多是名优品牌材料和新型装饰材料。装饰材料质量的好坏是和老百姓和装饰企业息息相关的。有害材料危害人们的健康，为亿万百姓深恶痛绝。只有不生产、不销售、不使用有毒有害的伪劣产品，才能让百姓放心、舒心、满意，企业才能发展，市场才能扩大。

当前建材行业存在问题主要有两个：

一是：一方面，随着科技的进步，新的纳米、复合、自控等技术在材料生产中推广、普及，新材料、新产品层出不穷，提高了材料质量、环保和健康水平。另一方面不少厂家缺乏产品质量意识、品牌意识，注重在花色、式样、包装上做文章，产品不规范、不标准，致使低质伪劣产品又大量充斥市场，鱼目混珠，给装饰产品和百姓生活带来非常严重的影响。

二是：生产企业如雨后春笋，产量、品种急剧增长，而市场竞争越演越烈。我国是建材生产大国、消费大国，但不是强国。建筑装饰材料品种达千万种之多，大的门类也有几十种。在同一种材料的生产中，国内不同地区的生产厂家少则几十，多则上千。小儿多，多而散，缺乏行业龙头企业，虽然产量、品种不断增长，质量不断提高，但市场竞争非常激烈。以北京市场为例，形成了 1/3 盈利，1/3 维持，1/3 亏损的局面。所以，市场经济的今天，我们的企业家们在展望美好前景的同时，一定要看到危机。

三、希望与要求

今年初，国家民政部对中国建筑装饰协会内部机构进行调整，将原五金、石材、化学建材三个委员会合并重组为材料委员会。这一重大举措有利于今后行业健康有序的发展。新的材料委员会包括的专业范围更广，发展有更大的空间，更有利于建材行业与装饰业的全面合作。同时，材料委可发挥资源整合后的整体优势，更好的为会员企业服务。今后材料委员会的一项重要职责就是推进承包商与材料制造商、经销商之间的合作，让更好的、优质的、信得过的材料用于建筑装饰装修工程，进而推动行业的发展。在此，我提出几点希望和要求：

1．加强自身建设，开展行业自律

2005 年，中国建筑装饰协会工作的主题是培训年、管理年、合作年。各专业委员会都要围绕这一主题开展工作，更好的为企业服务。协会是市场经济的产物，需要我们创造性地开展工作。只要符合协会章程，对发展行业有利，对企业兴旺有利，就应大胆去开拓。同时要坚持实事求是，讲信誉、办实事、求实效。目前，建筑装饰材料行业发展较快，但行业的诚信度不高，自律水平低，存在着很多使消费者与投资者疑惑、焦虑的行为，损害了行业形象，败坏了行业声誉。因此，要把建立行业诚信体系，加强行业自律作为一项重要的任务，充分发挥市场机制下行业的自我管理、自我监督、自我约束、自我规范、自我更新的功能。同时专业委员会还要加强自身建设，提高自身素质，提高认识市场及材料专业的水平，加强制度建设。全国有上百万家建材生产流通企业，发展会员是中国建筑装饰协会材料委员会的一项重要工作。只有队伍壮大了，活动才有影响，才有效果。

2．搭建供需平台，构筑企业联盟

材料委员会成立后，很重要的一项工作是为装饰企业和建材生产、销售企业搭建供需平台。明年有意组建“全国建筑装饰产业链联盟”，由重点房地产企业、优势装饰公司、知名品牌材料生产商、建材市场等链体组成“产业链联盟体”，形成以房地产、建筑装饰为龙头，带动产业链体品质全面提升，共同打造优质建筑及优质装饰工程的新格局。其宗旨是“讲诚信、搭平台、铸联盟、共繁荣”。这是一项新事物，希望大家共同参与、共同打造、互动互惠、合作共赢。

3．推介品牌，打造基地

市场需要名优产品，老百姓喜欢知名品牌。协会就要根据市场的需要向社会推介品牌产品，打造更多的龙头企业和建材生产基地。“全国建筑装饰装修材料知名品牌、优质品牌”推介工作，中国建筑装饰协会已进行了两次，100 多家企业产品得到了认可，受到企业和消费者的欢迎。入选者，由中国建筑装饰协会和中国房地产协会联合颁发证书及证牌，并由双方联合向房地产开发商、建筑承包商、装饰企业、星级宾馆、建筑设计单位推荐使用。

建材基地的推介，也是中国建筑装饰协会、中国房地产业协会和地方政府共同开展的。会上将向“全国建筑装饰名优品牌生产(采购)定点企业”颁发证书，授予“中国精品生产(采购)基地”称号。

名优建材产品推介和打造建材基地工作有益于行业的发展，是贯彻“扶大、扶优、扶强”的重大举措，也是推动建筑业、装饰业发展的举措。这样的活动今后要长期开展下去。

4．树立科学发展观，走可持续发展道路

建材企业要想得到长足的发展，产品要想占领广阔的市场，必须树立科学的发展观，走可持续发展道路。只有以科学的理念作指导，企业才能制定出符合市场规律的发展战略；只有不生产、不销售伪劣产品，企业才能受到社会和百姓的欢迎；只有树立质量和品牌意识，企业才能在激烈的市场竞争中立于不败之地。

建材生产企业要全面提升素质，提高科技水平和管理水平。从“能源浪费大、资源消耗高、环境污染严重、效益低下”的圈子，走上依靠科技进步和全面提高素质的可持续发展的路子。

同志们：随着政府职能的转移，行业协会越来越多地承担起行业管理职能。我深信：建筑装饰行业在国民经济中的地位会越来越显著，行业的发展越来越充满生机和活力；建筑装饰行业的发展必将带来建筑装饰材料业快速发展，材料行业前景十分广阔。

今天，参加材料委员会首届年会的代表都是行业内的精英，我代表中国建筑装饰协会再次向各位代表，并通过你们向全国更多建材企业的朋友表示感谢和问候!我衷心地希望，本次会议能开成一个务实的会议，对我国建筑装饰材料行业发展起到积极的推动作用！

关于我国建筑装饰行业发展的几点思考

——2004年2月25日在杭州市建筑装饰协会三届二次会员大会上的讲话

中国建筑装饰协会　常务副会长兼秘书长　**徐　朋**

非常高兴出席今天的大会，首先让我代表中国建筑装饰协会对杭州市建筑装饰协会三届二次会员大会表示祝贺！衷心祝愿杭州市建筑装饰行业取得更大的成绩，会员企业更加兴旺发达。

刚才听了陆理事长的工作报告，2003年杭州市建筑装饰协会做了大量的工作，为推动行业发展、为会员企业服务取得了突出的成绩。这些年来浙江省建筑装饰协会、杭州市建筑装饰协会对中国建筑装饰协会的工作都给予很大的支持，在这里，我向浙江省建筑装饰协会、向杭州市建筑装饰协会表示衷心的感谢。

昨天晚上，我与陆理事长在一起的时候，她邀请我作一个有关当前中国建筑装饰行业发展形势的发言，没有什么准备，谈几点思考。

一、建筑装饰行业的地位作用和发展前景

2004年1月13日，建设部在北京召开了“2004年全国建设工作会议”。中国建筑装饰协会马廷贵会长出席了这次会议。在汪光焘部长的报告里，有相当一段话对建筑装饰行业提出了要求：“重视建筑装饰装修业的发展。充分发挥装饰装修业对建材、轻工等相关产业的拉动和就业的促进作用。健全装饰装修产品开发、设计、施工、部品生产、管理服务的产业系统，建立和完善生产、供给、销售和服务一体化的生产组织方式。积极推广先进实用的成套技术，不断提高建筑装饰装修业的工业化水平和建筑装饰装修产品的综合品质。加强对装饰装修市场的监督，规范装饰装修企业行为，严格市场准入和清出。大力推行一次性整体装修，减少因二次装修可能对房屋造成的破坏及环境污染。加强对室内环境质量检测工作，提高装饰装修质量，保证人们居住和使用安全。”

我本人到协会工作才两年半的时间，中国建筑装饰协会有一批老同志长期从事协会工作，比如说负责会刊《中国建筑装饰》的黄白同志，据他介绍，这些年来在全国建设工作会议上，在部长的工作报告中对建筑装饰装修行业讲这么多话，这是第一次。汪光焘部长2003年出席了我会在北京举行的“全国建筑装饰行业科技大会”，并且作了非常重要的讲话。在准备这个讲话稿子的过程中，我参与了。他有一系列关于推动建筑装饰行业发展的想法，都体现在工作报告里边了，特别突出强调了发展建筑装饰行业的重要性。

这一届中国建筑装饰协会是在2001年换届的，换届后的秘书处感觉到，要能够真正推动装饰装修行业的发展，一定要研究和论证一下建筑装饰行业的发展问题，或者是这个行业的发展对国民经济的发展和社会进步究竟有一个什么样的地位和作用。以至于在2001年的后半年，我们大约用了6个月的时间，组织几十位专家完成了一个课题，即“建筑装饰行业在经济发展和社会进步中的地位和作用”，在2001年12月24日《经济日报》上全版发表了。这篇文章公布以后，引起国家宏观经济部门和行业经济管理部门的高度重视，包括中央电视台在内的媒体的重视。建筑装饰行业的作用是：

1．推动了国民经济的发展。当时这个报告作为我们协会的调查分析，在2000年我们这个行业的产值是5500亿元。2003年，我们又对2002年这个行业发展规模作了进一步调查分析是7200亿，说明这个行业具备了一定的经济规模，有一个很好的发展速度。由于统计口径不一样，不能简单地和我们国家的GDP作比较，说它占了多少。但至少这个行业的产值应该说和GDP作比较的话，它已经占有了一个相当重要的比例。

据我们的统计分析，7200个亿的产值里面，公共建筑的装饰装修是3000亿，老百姓的家庭装饰装修是4200亿。几次的中央经济工作会议，一个非常重要的指导思想就是刺激需求，通过扩大消费需求推动经济发展。4200个亿的家庭装饰装修，在推动我国经济发展上起到一个十分重要的作用。

2．解决了国家改革和发展的一个非常重要的课题。就是保证在改革过程中的社会稳定。扩大就业，是保持稳定的一个非常重要因素。在2000年的统计分析里面，这一年我们这个行业就业人数是900万到950万，2002年大约是1000万。由于建筑装饰行业的发展导致相关产业增加了大量的就业机会。如建筑装饰装修材料流通领域的就业人数就有450万。目前建筑装饰装修材料市场是最火爆的市场，大城市、中等城市、县城都是如此。建筑装饰行业的发展带动了整个材料生产行业的繁荣，大幅度地提高了建筑装饰装修材料产品的科技含量。更重要的是，在中国实现小康水平的过程中，不可缺少的就是改善人们居住环境的生活质量。在我们这个课题的研究过程中，许多专家讲，现在应该更广泛地看好建筑装饰装修行业在中国的蓬勃发展所带来的一系列社会方面及其他方面的收益。比如，现在全国有二百多所高等院校

有了装饰设计专业，或者是环境方面的一些专业。这个行业的发展对于新闻媒体的推动，对于广告业的繁荣，都带来很多的市场机会。

大家也许会看到，住宅装饰装修的发展普遍地提高了老百姓艺术鉴赏能力，富裕起来的中国老百姓对参与改造自己家庭环境的热情极高、意识极强。既相信设计师、又不相信设计师，这种主动的参与意识是想把自己的文化品位通过自己的参与表现出来。甚至连家庭客厅的电视背景墙是石头的好还是布艺的好，还是木材的好，能构成家庭的争论。这面墙做成欧式的还是中式的，也是家庭讨论的内容。有些记者跟我们讲，我们看到那些老头、老太太在街里为自己家的装修买参考书，普遍地提高了人们对于艺术和文化的欣赏能力。同时通过家庭装饰装修，普遍提高了中国国民的环保意识。从最初关心自己家庭的环保，从而延伸到关心社会的环保。有一次座谈会，一位很有影响的老教授讲，生活环境质量变了以后，能够改造人们过去不文明的习惯。大家在一个装修得非常漂亮的五星级饭店大厅里，谁会在地上随便吐痰，对人们的行为是一个约束。

3. 建筑装饰行业的发展，不仅推动了物质文明建设，同时也推动了精神文明建设。我觉得这些说法是很有说服力的，不是我们牵强附会地突出地位和作用。这次中国建筑装饰协会在学习全国建设工作会议的文件当中，大家都觉得建设部把建筑装饰行业提高到这么一个重要位置，应该说对我们协会的工作，对行业的发展，都是一个很大的支持。2004 年是我们中国建筑装饰协会成立 20 周年，2003 年协会会长工作会议和九月份的常务理事会，大家都有一个共同的想法，能不能在 20 周年举办一个全行业的文艺演出大会，歌颂我们的行业发展，歌颂改革开放以后所取得的成就，同时也展现行业的文化风采。在职工自娱自乐之中推动企业的文化建设，改善和提升我们行业的社会形象。这个文艺演出大会的设想已在 2003 年 12 月中国建筑装饰协会五届三次理事会上获得通过，现在我们正在做筹备工作。浙江省建筑装饰协会工作做得非常好，3 月将在全省范围内举行汇演，准备选送到北京参加演出大会的节目。通过这些形式，扩大我们行业的社会影响，提高社会各方面对我们行业的认知度，从而为我们会员企业的发展创造一个比较好的环境。

这些年来建筑装饰行业处于一种超常规的发展状态。很多同志提出一个新的问题：对未来市场的判断，对未来市场的预期怎么来考虑。有的同志讲，2008 年以后，这个行业究竟是一个什么样的状况，市场形势会有一个什么样的变化？需要研究。这个意见很好。前一个阶段，原北京市一位老领导说，我们土建公司的同志要做好准备，积极发展建筑装饰业务，房子盖到一定程度是要饱和的，而装饰装修是永远不会衰败的。这个话应该说是准确的。现在到欧洲国家去看一看，能看到多少塔吊；到日本去看一看，还有多少建筑工地。的的确确，房子盖到一定程度是会饱和的。我们中国就目前来讲，还处于一个高速发展的阶段，2003 年北京的开工面积是欧洲整个施工面积的 7 倍。北京 2003 年开工面积大约 1 亿m²。2003 年杭州市的商品房开发面积是 2600 万m²，.相当于北京的 1/4，这个规模已经很不小了。这种发展规模能够延续多长时间，恐怕一下子我们还说不清楚。但有一条肯定是，房子盖到一定的程度是会饱和的。我想在 2008 年以前，整个建设的规模恐怕不会小。有的同志讲，可能会延伸到“上海世博会”之前，2010 年。也有的同志讲，面对中国入世以后，特别是五年以后，全面的对外开放，下一步分析中国市场的建设规模，现在还不是很容易做出正确的判断。

我相信通过几年的高速建设或者快速发展，将来建设规模和速度和现在相比，肯定是有区别的。但是，有一条颠覆不破的真理：房屋的不断翻修改造，随着生活水平的提高，这种投资的能力也不断地加大。就饭店业来讲，五年做一次全部翻新改造周期，这是饭店管理的基本格局。最近，我们同中国旅游饭店协会合作开展了一些活动，在接触的过程中，了解到他们预计在大规模的饭店建设相对平稳以后，2010 年以后每年的饭店业的更新改造的投资要达到 4000 个亿。所以从这个角度出发，我们这个行业有很好的市场前景和发展前景。

前几个月，时任辽宁省省长、现国家商务部部长的薄熙来同志找到辽宁省建设厅的负责同志，给他们提出了这样一个课题：在东北老工业基地改造过程中，建筑装饰装修处在一个什么样的位置，怎样通过建筑装饰装修的进步，改善东北老工业基地的投资环境。这是一位省长做的工作部署。辽宁省建设厅、省装饰协会的同志很快就和中国建筑装饰协会研究怎么回答这个课题，共同组织了调研组到北京、深圳、上海考察，并写出了调研报告。

人们到一个城市里来，首先从这个城市外边的装饰装修，能看到这个城市的文化水平，看到这个城市的开放程度，看到这个城市如何对待历史和对待未来的发展。这不就是投资的环境吗。一个公共设施，饭店、文化、体育设施，银行，商店等，室内外装饰有水准、有品位，我们就会对这个城市产生很好的印象。我想薄熙来同志讲的是有一定道理的。

现在大家都有一种普遍的反应，到了上海后，觉得这个城市的国际化水平不断地在提高。我们的领导同志对这个行业的发展越来越重视了，认为它是投资环境的一部分。现在辽宁省建设厅已决定向辽宁省建筑装饰协会转移职能。陆理事长讲过，杭州市下一步要不断地接受政府职能的转移，这完全符合政府改革的方向。所以，我相信在这种氛围下，行业发展会有很好的前景。

二、建筑装饰行业发展的三个思考

第一个思考：十六届三中全会的一个非常突出的贡献，就是在全面贯彻发展是硬道理的指导思想下，形成的科学发展观。在国家发展观的调整之下，研究我们行业的未来发展，应该提到议事日程上来了。

第二个思考：是十六大提出来通过信息化带动工业化，工业化促进信息化，走新型工业化的道路。在这种思想指导下，怎样通过信息化建设，推动我们这个劳动密集型的建筑装饰装修行业实现跨越式发展，这是我们行业协会应该讨论的问题。

第三个思考：是在2003年召开的“全国建筑装饰行业科技大会”提出的，怎样进一步推动我们行业、企业科技创新能力，提高竞争力。在这里我和同志们交换一下意见。

1. 十六大提出的发展观。大家都知道，这就是五个“坚持”。这里面最突出的就是“以人为本，全面协调的可持续”的发展观。不只是看经济增长，而是在经济增长基础上的物质文明、政治文明、精神文明的全面发展，包括人的全面发展，人和自然的和谐发展。不仅在经济建设过程中，既要满足当代人的需要，又不能对后人构成危害。

十六届三中全会以后，人们对未来发展的判断，有了一个新的更高层次的更科学的认识，就是可持续的发展观。深圳最近做出了一个非常重要的决定，调整深圳初步进入现代化的时间表，由过去的2005年调整到2010年，来源于适应发展观的要求。过去我们过于看重GDP，过于看重引进外资，而忽视整个社会的全面进步，深圳在解释为什么要调整到2010年初步实现现代化的目标，就是考虑了一系列的社会发展指标，诸如如何改善农民收入分配水平，如何解决就业率、减少失业率，如何解决控制社会犯罪、保持社会稳定的问题，如何进一步改善深圳市的生态环境，保持整个社会的可持续发展问题等等。可持续发展观是十六届三中全会的一个重大贡献，它是在总结了我们历史上国家在发展过程中的经验和教训基础上提出来的。这种发展观、这种发展意识上的战略性调整，对于我们思想敏锐的企业家来讲，应该联想到你的企业的发展观需要作一些什么样的调整，应该有一些什么样新的思考。

建筑装饰协会也要研究我们行业的发展观。就我的理解，建筑装饰行业是反映中国特色的一个行业，也是在中国经济蓬勃发展的过程中，建筑业专业化分工越来越细的结果，是生产力进步的表现。建筑装饰行业既古老又新兴。所谓古老，中国历史上就有建筑装饰装修。说它是一个新兴的行业，是改革开放以后焕发了青春，蓬勃发展起来的一个行业。在某种意义上来讲，在国外没有这个行业，这绝对是属于中国国情中国特色的一个行业。所以现在像我们这样的一个协会，和国外搞国际交流，找不到一个同我们完全同样性质的民间组织。欧洲、美国有室内设计协会，香港也叫室内设计。真正形成建筑装饰装修行业这绝对是改革开放以后的中国所特有的。

随着整个经济规模、建设规模不断扩大，档次不断提高，需要一支专业化的队伍来完成这个建设项目，以保证这种工程建设的质量和工程建设的水平。在这种市场需求下逐步壮大了我们这个行业，而且这个行业的发展将越来越重要。特别是中国的家庭装饰装修，在国外更难以找到。

我到协会之前，由于10多年分管中建总公司的海外业务，到过一些国家，特别是发达的西方七国，没有任何一个国家的老百姓对自己家装表现出中国人这种热情，包括精力上的投入，经济上的投入。除非在欧洲一些国家的豪宅，否则一般的公寓绝对没有现在中国人的家装水平高。所以现在我们国家提倡的一次性精装修很难到位，老百姓自己积极参与的消费习惯，自己动手的要求，不仅影响成品装修的发展速度，甚至已经干扰了专业人员的工作。

目前在建筑装饰装修行业又形成了一个新的分工，即家庭装饰装修，是中国特色。以至于住宅的装饰装修因为体现中国特色，中国国情的一个社会现象、经济现象和文化现象。城市里头，商品房也好，房改房也好，新房子、老房子几乎没有不搞装修的，成为一种全社会的现象，经济现象，消费规模极大。中国的汽车消费，至少在最近的几年里，绝对不会超过家庭装饰装修的消费。在2000年的调查分析中，我们这个行业增加值是1750个亿，2001年国家计委公布的汽车行业的发展计划中，到2005年的增加值才达到1250个亿。北京汽车保有量最大的是北京东郊的一个小区，这里的住户基本上都是白领，汽车保有量接近7%，而装饰装修是100%。

家装还是一种社会文化现象，老百姓希望通过家庭装修来体现自己的文化品位，表现自己的档次，成为一种文化现象。装饰装修业的发展也导致文化上的繁荣，现在市场上能够提供给老百姓的参考书，固定的出版物不下几十种。这个行业的的确确是在中国特殊的市场环境、特殊的历史发展时期形成的行业，取得了极大的进步，目前仍有很大的发展前景。

20世纪80年代初，首当其冲是香港进入内地搞星级饭店的装修，大量是我们提供劳务。时隔20多年，现在我们国家的装饰装修企业，不仅能施工，而且设计了一大批五星级饭店。设计、施工、以及材料的水平都有了极大的进步，完成了一系列非常有影响的工程。同时在我们这个行业里面造就了一批企业家。在企业拼搏、协会努力、政府支持下，这个行业得到了迅速的发展，企业的竞争力有了普遍的提高，这是成绩。

但是一定要看到，我们这个行业迅速发展的历史给我们带来的一系列的缺欠。

第一，我们这个行业，是在市场的极度膨胀，急剧扩大，竞争压力不大的情况下发展起来的。我讲的是历史，不是现在。过去没有这个行业，是在填补空白的历史时期发展起来的。在竞争压力不大，利润空间较大的情况下形成的管理粗放，集约化程度低的问题始终没有得到克服。土建公司某种程度上的管理水平比装饰装修行业的管理水平高的确是事实。一方面，因为土建公司的历史悠久，更重要的改革开放以后的土建公司，无论招投标也好，竞争也好，企业压力极大，利润空间相对的低。在这种市场条件下，逼迫土建公司加强管理，降低成本，努力由粗放变集约。

第二，长期使用廉价劳动力，使用一些参差不齐的、以资源浪费为主要特点的各种建筑装饰装修材料，质量不一，价格不一，成本压力不大，对技术进步要求的迫切性不强。重商务轻技术的倾向在行业里面表现得比较明显。所谓重商务也是中国市场的特点，商务活动到位，拿工程的可能性就很大，而不是完全凭借自己的技术实力。以至于对技术进步，技术创新的要求的迫切性表现得不突出。这和时代发展、社会要求形成了一定的反差。

第三，由于发展的速度很快，导致行业的发展缺乏足够的理论支持，包括设计、施工、管理在内，也包括适应这个行业发展市场管理的理论研究和实践不到位。比如说，行业发展没有进入国家的渠道。到目前为止，支撑这个行业发展的一系列理论建设没有跟上。无论是企业管理、学科建设、学术讨论，同土建专业的公司相比都有一定的距离。我们的老会长张恩树同志很希望能写出一本《建筑装饰装修概论》，打算在今年20周年时写出来，可能写出来学术水平不会高，因为研究不到位，时间太短。显然这又是一个短缺。

第四，企业进入市场的门槛比较低，加上我们管理又跟不上，有些管理处于交叉状态。特别是我们这个行业快速发展，处在中国经济转型的历史时期，由计划转入市场，整个社会消费，整个市场秩序都处于一个浮躁的状态。不成熟的市场、不成熟的经营者、不成熟的消费者交织在一起，使得我们这个行业的诚信建设已经成为当前行业发展急迫要解决的问题。社会上经常提到说我们这个行业的投诉多。家装企业直接接触老百姓，管理上的很多问题需要自己去做检讨，譬如我们的诚信意识、诚信水平，我们的服务水平、服务意识等等。假定说我们是一个不成熟的经营者，那么老百姓也是在这个转轨历史时期一个不成熟的消费者，交织在一起不能完全说是我们企业的责任。但怎样加强诚信建设，使自己能够保持可持续发展，这是一个很艰巨的任务。

根据十六届三中全会可持续发展的思想，为了推动我们行业健康地发展，建议大家考虑以下几个问题：

第一，建议企业的负责同志分析一下自己企业的发展，评估以下几个方面的问题：

一是你这个企业有没有什么特色，有没有什么技术专长，评估一下你这个企业的竞争力。如果有能力，评估一下你这个企业的核心竞争力。我们前年在武汉开应对入世后行业发展的战略研讨会，这个会大家觉得开得好，及时，因为中国刚入世，入世是怎么一回事大家还不是非常理解。入世以后会带来一系列什么样的战略思考，需要很好的研究。这次会议给大家一个提示，应对入世的挑战，中国企业，不仅是我们建筑装饰行业，一个共同特点是没有特色，专业化发展的目标不清晰，没有自己专业的技术优势，企业趋同，差异不大，这是中国企业的最大弱点。也就是说你能干的我也能干，我不能干的大概你也困难，你可能比我干的好一点，但是我稍一认真，兴许比你还强。大家在一个技术水平的平台上，在缺乏专业技术优势情况下开展竞争，竞争突出地体现在两个方面：一个是打价格战，一个叫打商务战。形成企业特色，构筑企业专长，是迎接挑战的战略性措施。

二是你这个企业有没有抗风险能力。现在中国企业的生命周期比较短，特别有一些知名度比较高，形成了社会影响，某些还被大家认为是品牌，结果这些企业也突然地消失了。有的可能是在市场经济不成熟的条件下，鱼目混珠，本身就是假的；有的则是缺乏抗风险能力，特别是企业规模经营小，做不到“东方不亮西方亮”。在计划经济条件下企业都有安全感，而在市场经济条件下，企业应该有危机感。新一届党中央，国务院领导，代表人民群众的根本利益，下决心解决拖欠民工工资问题，已受到社会的好评，受到人民的支持，这是有目共睹的。但是，从另外一个角度看，这些事情也就是在中国，政府才能去做，任何一个成熟的市场经济的国家，政府都不会出面去做这种工作。因为他们之间是合同关系、是契约关系，既有合同就要有风险。作为承包商你知道业主没有钱，为什么还要给他干呢？这不是你的合同风险吗？你对业主判断风险吗？假定说我们不是从中国的社会主义制度出发，把它看成一个纯市场经济行为，政府不应该管这个事。它反映了承包商的风险意识不足。业主在选择承包商时，总是希望把自己的风险打到最低，承包商选择业主，也要把这种风险打到最低。没有风险不叫市场经济。过去中建总公司在伊拉克，做了很多个在国际上受到赞誉的工程，包括水电站、大坝等等。伊拉克作为一个赖皮的国家，拖欠工程款，甚至通过政府的途径谈判也解决不了问题。对中建最大的帮助，就是海湾战争，由联合国出面对伊拉克进行索赔，像这样的市场你中建只能撤出来，不能再继续干了。一个国际承包商要有能力从风险上判断和选择市场。当然在中国有特殊国情，有些工程政府叫你干你不能不干，至于业主叫你干，有时候判断不了他究竟有没有钱，判断不了他有信用没信用，这种情况是有的。以至于业主欠你的钱，你欠材料商的钱、欠民工的钱。以至于外国公司到中国之前，不知道这水有多深，他觉得在中国谁都敢借钱，谁都敢花钱，谁都敢不还钱，这不成为一个严重缺乏诚信的市场了吗。所以更应该有商业合作的风险意识。至于市场经济成熟了，又有了那个条件下的风险。有时候我们容易以感情代替合同，对商务活动抱极大希望，有钱能使鬼推磨，对行贿抱大希望，从而更冲淡了危机意识。入世以后，肯定企业会重新洗牌，特别是大企业，重组并购可能会越来越活跃，所以一个企业要有抗风险能力，对危机要有一个紧迫感，才能有可持续发展。

第二，是研究发展质量问题。首先要研究一下企业文化建设。2003年全建筑装饰“科技大会”上的企业家论坛，“制度、战略、文化”这是企业家论坛的主题。我们有10位企业家在论坛上作了非常好的讲演，有2位企业家讲企业文化讲得非常好，这2位都是深圳的。他们把企业文化建设抓得很好，抓出效果来了，真正用企业文化建设支撑企业管理制度，支撑企业精神，形成了企业员工的共同价值观。如果你问企业负责人，你有没有企业文化，很多企业负责人会说有。但有一些企业的确是挂在墙上的，写在纸上的，没有企业文化的执行力，抓得很不够，更没有真正实现企业文化的价值。其次，就是企业的诚信能力。十六届三中全会的“决定”里，根据市场经济发展的一般规律，针对我国市场经济秩序存在的突出矛盾和问题指出，形成以道德为支撑，产权为基础，法律为保障的社会信用制度，是建设现代市场经济体系的必然条件，是规范市场经济秩序的治本之策。大家觉得，能够把在中国解决诚信问题提升到十六大的报告中来，这是一个很大的突破。诚信问题，应该是通过全社会的共同努力，特别是包括政府在内的共同努力才能解决的。这次大家可能看到一个数字，就目前拖欠工程款，政府工程占的比例很大。可能与相当一部分同形象工程、业绩工程有关联。所以，一些专家学者希望，在国务院抓这项工作的过程当中，认真地分析官员行为，有一些讲法是很尖锐的。

当然，我们现在是讲企业的诚信问题，应该看到国家的整个市场经济秩序在逐步完善，企业的诚信意识在提高，大家都在努力提高自己的诚信能力，改善自己的社会形象。有的企业家还讲，诚信是企业的核心竞争力的组成部分。这是在我们中国的特殊说法。如果我们从核心竞争力的本意来理解，它具有某些方面的知识产权，自己独有的创新技术、别人又暂时不能模仿的技术，是核心竞争力的组成部分。在中国把诚信说成是核心竞争力，我觉得这是有道理的。最近报纸公布，在世界100个知名品牌里中国进去了一家——海尔。某种程度上海尔的品牌能够得到国际上的承认，就是诚信和售后服务。究竟它的技术标准高过国际其同类产品有多少，这个不大好说。但是它构成一个品牌是和诚信有关系的。解决诚信问题是中国建筑装饰协会今年的工作计划的一个内容，但是，难度很大。不管难度多大，从协会的角度，提高会员企业的诚信能力的工作一定要做。

第三，我想请大家考虑一下可持续发展和员工素质的关系。从国家来讲可持续发展是物质文明、政治文明、精神文明的协调发展，是人的全面发展，是人和自然的和谐发展。从企业来讲，企业家素质、员工素质是可持续发展的首要条件。我非常高兴地看到我们这个行业已经有一批比较成熟的企业家了，这些同志是我们行业的宝贵财富，企业家是我们行业发展的台柱子。所以，珍惜他们、支持他们，是我们协会要做的工作。中国建筑装饰协会在今年的工作安排里面就有帮助这些企业家扩大自己影响，形成自己形象的宣传、推介工作，为他们发展创造一个好的环境。企业的可持续发展，员工的素质非常重要。如何看待提高员工素质问题，就要看企业家的意识，企业负责人对这项工作的重视程度。我们非常希望会员企业对员工素质的教育培养有一个长远打算，千方百计地做好提高员工素质的工作。去年我到上海一家军转民企业里去开会，这家企业主要是做幕墙，一年能做到2至3个亿。这家企业的总经理跟我讲，说我这里有一个核心竞争力，就是让我的员工保持军队的传统。很多业主看到这个企业员工的纪律好，作风好，地方的企业又学不了，成为公司的核心竞争力了。究竟什么是核心竞争力？能够战胜别人的竞争力就是核心竞争力，能够赢得市场就是核心竞争力。有人说企业家要注意“三本”——资本、成本和人本。我觉得说得非常对，没有资本没法做生意，没有成本没法有效益，没有人本没法可持续发展。十六届三中全会谈到可持续发展的时候，要求坚持以人为本。提高企业员工素质，是以人为本的一个重要组成部分。

2. 怎样理解走新型工业化的道路，实现我们这个行业的跨越式发展问题。十六大报告指出，要坚持以信息化带动工业化，以工业化促进信息化，走出一条科技含量高、经济效益好、资源消耗低、环境污染少、人力资源优势得到充分发挥的新型工业化的路子。工业化是一个过程，是一个历史进程，我们国家工业化的道路已经几十年了。现在最重要的是对于工业化有了新的认识，这就是以信息化带动工业化，以工业化促进信息化，然后走出一条新型工业化的发展道路。结合我们这个行业，全面地提升行业和会员企业的信息化建设水平，是实现跨越式发展的一个非常有利的途径。

我通报一下中国建筑装饰协会近期的工作安排，4月12日在北京召开“全国建筑装饰行业信息化建设工作会议”，将有建设部、信息产业部、国务院研究发展中心等有关部门的负责同志，向我们介绍国家信息化建设的现状和趋势，中国建筑装饰协会将要提出《建筑装饰行业信息化建设的若干意见》，还将有十几个业内企业介绍计算机技术、网络技术在企业管理过程中的应用经验和做法，并做一些演示。这个会的目的之一就是要解决和提高对信息化建设的认识问题。目的之二就是让大家学到基本操作的要领。目前，企业在计算机和网络技术的应用上参差不齐，有的企业做得很好，比如苏州的金螳螂公司，已实现了无纸化办公。苏州金螳螂建筑装饰有限公司在我们百强企业里面2002年排在第一名。这个公司在局域网的建设上很有水平，整个网络技术已经应用到整个企业管理的全过程。前些天我到一个企业去，和这个企业的负责人讲，我们下个月要开一个信息化建设的会议，主要是解决计算机应用问题和网络技术的应用问题。这个企业负责人和我讲，电脑已经是人手一台了，我说都在做什么呢？打字啊，把自己的资料储存啊。后来我跟他简单地介绍了其他企业的计算机介入了管理全过程的状况。这位总经理对先进技术的渴求是十分积极和热情的，他表示自己要参加会议，还要带一批技术人员参加。这件事说明在我们会员企业中网络技术发展的不平衡，又说明大家十分渴望能够尽快的掌握它。现在网络技术在企业管理中的应用发展很快。

约在五六年前，我到中建一局四公司，项目经理给我演示了整个网络技术对项目的工期、成本和质量控制的全过程，使我很开眼，是一个很好地学习机会。他还给我讲了一个故事，当然这个故事是事实。他说北京的一所大学教学主楼招标，最后就决定在三个公司里找一家，其中就有他们。这三家公司就完成这个大楼，没有任何技术问题和管理问题，怎么办？他们苦思冥想终于找到了和另外两家公司相比的优势，他们把这所大学的校长和基建处的同志请来，看计算机对项目管理全过程的控制。看了演示以后，校长就拍板了，选择他们承建这个项目，认为他们管理的透明度非常高。迎接未来的挑战，不管早一点，晚一点，网上的招标和投标，网上的投标报价，网上采购等交易过程，都会实现。在这种情况下，如果我们企业跟不上信息化的要求，还满足于劳动密集型的手工操作，那么这个企业肯定是落后了。

基于这个情况，中国建筑装饰协会正在做会议的筹备工作，我非常希望杭州的同志能够踊跃参加这个会议。传统的工业化是在实现了工业化以后才出现的信息化，而我们中国一个有利的机遇是在其他国家完成了工业化以后，进入了信息化的年代，再继续建设工业化。以至于我们说用信息化来带动工业化。从目前来讲，信息技术的广泛运用，已经使人类的生产活动和社会生活发生了极大的变化，进入了一个信息化和智能化的历史时期。信息化时代，特别是入世以后一个很大的特点，以世界为舞台，导致信息技术、资本、人才等生产要素的国际交流和竞争已经变为现实。你没有这个技术，企业掌握不了这个技能，就很难参与市场活动，更不要说竞争了。有一位知名的管理学家讲，谁掌握了信息技术谁就掌握了未来的生产力。我所以讲这些就是为了提高大家对信息化的认识，缩小企业间的发展差距。同时也要看到，现在发展很好的企业，恐怕也是起步于最近一两年的时间，需要进一步地完善成熟。即使是目前还没有认识到的企业现在也不晚，但是不宜再拖。

10 年前我到韩国和大宇公司谈判，大宇公司办公楼的一层是他对未来住宅建筑设计的展示厅，介绍未来的住宅建筑是什么样的。2010 年住宅，2030 年住宅的设计构思都体现出信息化技术进入了人类家庭生活，温度可以调控的，地板有多种使用用途的，包括大的客厅可以成为家庭内部的高尔夫练习场，可以练球，并有屏幕帮你纠正动作，床是藏到墙里的等一系列属于智能化控制来解决你生活中的一系列问题。这些公司利用对未来信息技术发展趋势的判断，来保持自己在某一类建筑设计的领先水平。

为什么说用信息化技术来改造建筑装饰装修技术可以实现跨越式发展呢？有以下几个理由：一是信息化管理进入我们整个的企业管理的过程以后，它能够给我们提供更多的数据，能够给我们提供各方面的分析，从而有助于从粗放管理向集约管理的转化；二是把计算机和网络技术引入生产过程，有助于促进生产方式的变革，生产技术水平的提高，现在有些企业做到了。譬如下料，过去基本是人工下料，引入电脑以后，同手工操作形成很大的反差，促进工艺过程的精细化，降低材料消耗，提高了工艺水平；三是促进管理思想更新。通过计算机的管理和运用，把随意性较大的管理变为程序化和制度化的管理，有利于实现跨越式管理。

3．当前如何提高企业的技术创新能力、核心竞争力。有一句比较时髦的话，就是当代的营销是卖产品还是卖知识，这是决定企业的水准。如果不下决心去增加目前建筑装饰装修产品的科技含量，提高它的附加值，我们这个行业未来发展，将会受到极大的限制。建筑业作为一种劳动密集行的产业，增加工程的附加值有它特殊的作用。建筑装饰产品的使用价值，不仅表现在物质上又表现在文化上，有物质消费功能，又有文化消费功能，因为它有文化的附加值。不管怎么说，就是加大我们行业的技术创新能力，提高我们行业的技术水平。增加我们建筑装饰产品的科技含量，是下一步整个行业发展很重要的内容，有这样几件事情，希望同志们能够注意一下：

第一，希望大家能够认真地看一下 2003 年“全国建筑装饰行业科技大会”上中国建筑装饰协会提供的一个文件《关于建筑装饰行业科技进步的若干意见》，里面第一次提出了我们行业的 10 项创新技术，第一次提出了技术示范工程，第一次提出来了这个行业科技进步的发展思路。希望大家认真研究一下，因为这个文件集中了相当一批专家对我们行业的技术进步提出了可供参考的思路。

第二，一定要在提高设计水平上下工夫。设计是我们行业的龙头，也是我们这个行业科技含量最高的组成部分。就目前来讲，单独从事建筑装饰工程设计的公司不是很多，大量的设计还是在施工企业里面。也就是说，在某种程度上我们的设计水准怎么样，可能跟我们中标不中标很有关系，当然这是从实用主义的角度来考虑的。更重要的，我觉得提高产品的附加值和科技含量，一定要从设计做起。繁荣建筑装饰设计创作是协会这几年来一直在做的工作，前年在武汉召开的应对入世的战略研讨会上，我们做出这样一个分析，面对入世挑战，我们行业发展在硬件上有两大弱项：一个是设计，一个是材料。在软件上有两大弱项：一个是诚信，一个是服务。所以在那次会议上把提高设计水平放在一个非常重要的位置上来。提高设计水平，一定要强调建筑装饰设计在功能上的合理性，千万不要偏面注重效果图的表现能力；一定要注意设计的文化品位。我非常希望企业负责人重视设计师队伍的建设，特别是每一个企业能够有一名自己的领衔设计师，或者是总建筑师，总设计师，逐步形成自己的设计品牌。

当前突出强调的是要提高设计师的思想水平，解决设计在理念上同国际先进水平的接轨问题，提高设计人员的审美能力。过去我们认为美不美，往往是用中国人的思维，现在中国入世了，经济一体化了，作为上层建筑的文化意识，人们对美的鉴赏能力是国际化的，在这一点上，我们的设计师从思想和理念以及技巧和手段上，还有很大的局限性。在我们企业里培养一批有素质的设计师，特别是培养出能够在社会上有一定影响力的设计师，是反映这个公司水准的一个很重要的组成部分。为了实现这些目的，中国建筑装饰协会也好，各个省市协会也好，都在非常注意交流创作思想，交流创作构思、技巧和手段，进行了一系列相关设计的竞赛活动，为新人创造一个展露头脚的机会。

要不断地推进设计界的国际交流，就中国建筑装饰协会来讲，今年要组织几个活动：如“国际设计论坛”，现在正在和国外的一些设计机构联系，请一些比较知名的室内设计师作报告，也组织一些我们国内有成就的设计师做学术报告。中国建筑装饰协会还将在下半年组织一个家装发展大会，并将举办一次家装设计师论坛，让家装设计师有一个交流创作体会的机会。

另外，中国建筑装饰协会还将进一步办好《中国建筑装饰装修》杂志。这本杂志目前是我国关于室内设计比较权威的杂志，主要表现在它的专业性和学术性，具有实用性和权威性，既给设计思想，又给设计技巧。我非常希望杭州市的企业及室内设计师能够踊跃在这本杂志上发表自己的作品。使这本杂志成为造就中国室内设计大师的摇篮，培养中青年室内设计师的园地。在今年中国建筑装饰协会成立 20 周年的时候，打算评出 50 位有成就的资深室内设计师和 100 位杰出青年室内设计师。这是结合中国建筑装饰协会成立 20 周年的一次性表彰活动。我们还打算由媒体来出面主办，每年评出 100 名年度的优秀设计师，通过这些活动，繁荣建筑装饰设计创作，为宣传、推荐优秀设计师提供一个平台。因为设计师想取得社会的认可，某种程度上和歌星有同样的特点，歌星叫包装，我们叫推荐、叫宣传。光靠设计师作为一个自由职业者的个人努力，他的影响力只能在一个很小的范围内。从推动行业发展，提高设计水平的角度，我们要宣传这些优秀的设计师，推荐这些优秀的设计师，是我们行业协会应该做的一项工作。

第三，建议每一个企业都要认真考虑一下，今后企业的技术发展方向。怎样建设一个有核心技术的企业，形成一个有技术特色的企业，在能够完成一般性的工程竞争过程当中，形成自己的专业技术优势，增强自己的竞争优势。刚才我讲，中国企业发展趋同，解决这个问题要靠企业自己的选择，靠企业自己的努力。推动建筑装饰企业向专业化方向发展，这是协会最近几年多次会议上一直强调的一项工作。有了比较明确的专业化发展方向，就有可能形成你的技术特长。这一点上，我们很高兴地看到，有些企业走这条道路了。比如说，有一个企业只做医院的装饰装修，在他参加医院的室内设计投标过程当中，业主向他提出来的一系列的要求，他不仅能够充分地理解，还提出了一系列希望业主进一步考虑的问题。医院有一系列工艺和各种卫生指标要求，如手术室、观察室、病房等，这家公司利用他们所掌握的专业化知识和国际医院设计的一些成功案例，向业主介绍。你想我们其他公司在医院项目上和他竞争的时候，你能讲出来这些问题吗？你跟他不是一个竞争的平台了，这个时候你再有商务能力，除非是极特殊情况，在一般的情况下，你会输。基于历史上我们的专业化发展的方向普遍不足，和外国公司比，区别很大。外国企业认为，一个什么都能干的企业，可能是什么都干不好的企业。我们在介绍自己公司的时候，很难讲出公司特长是啥？

1989 年我到美国福路丹尼尔公司去考察，这个公司多年都排名在 225 家国际承包商的前 5 名左右。人家讲，我们全部的一百几十亿美元的产值，只做两类项目，第一是石油化工，第二是电力设施。业主找我们建高速公路，我们不做，这不是我们的专长。福陆丹尼尔公司把全世界各地石油的化学特性全都掌握，炼油的工艺全都掌握，最新研制的一系列石油设备都掌握，价格全都掌握，为投资业主做前期可行性论证、组织设备制造、采购设备、提供工艺方案、提供所有的价格、提供系列服务。他们是靠区别于其他任何企业的专业化的优势来获得项目。听听人家对石油的理解和你干过一二个这类工程，就不是一个概念啦。根据自己的实际情况，选择一下符合长期发展的专业化的方向，是一个重要的战略。最近，中国旅游饭店业协会让我们中国建筑装饰协会介绍一下中国在饭店上的建筑装饰公司有谁，这真出了个大难题。虽然能谈几个，但谈几个不行啊，那不成垄断了吗？所以我想，形成技术特色是企业技术进步的一个很重要的问题，当前知识经济时代很重要的技术进步是企业应该有知识产权，有专利，这些能构成企业的核心技术。这些对于我们某些企业还有可能，对大多数企业来讲可能是今后的希望。希望企业一定要努力。

以上是一些个人从业体会，愿与大家共同探讨。祝杭州市建筑装饰行业和协会工作走在全国的前列。

关于装饰行业发展若干问题的思考

——2004年5月18日在山西省建筑装饰协会首届四次理事会上的讲话

中国建筑装饰协会常务副会长兼秘书长　徐　朋

非常高兴出席今天的大会，首先让我代表中国建筑装饰协会（以下简称中装协）对山西省建筑装饰协会（以下简称山西装协）首届四次理事会表示祝贺！同时，感谢山西装协对中装协工作的支持；感谢在座的各位企业家积极地参加中装协组织的各项活动。

这些年来，山西省建筑装饰业发展速度很快，山西装协做了大量的工作。我们也看到省建设厅非常支持我们协会的工作，张厅长亲自参加了这次会议。相信今后山西省建筑装饰业会有一个更快更好的发展。

刚才听了史应标会长的工作报告，这是一个非常好的报告。我感到，山西装协对于协会工作规律的认识，对于行业发展的认识，对于反映企业对行业发展的理解，政府希望协会做的一些工作的理解，都是很到位的。我相信，通过落实这次会议的各项工作任务，山西省的建筑装饰业一定会有一个新的发展。

昨天与史会长在一起交谈，他希望我讲一点有关中国建筑装饰行业改革和发展的意见。没有什么准备，谈几点个人的思考，仅供同志们参考。

一、建筑装饰行业的地位、作用和发展前景

改革开放以后，我们国家建筑装饰行业发展的速度非常快。2001 年这一届中装协换届以后，我们组织的第一个行业发展的调研课题叫做“建筑装饰行业在国民经济和社会进步中的地位和作用”。通过这个调研，我们希望能够从定性和定量的两个角度分析一下行业发展的现状，考虑一下行业发展的未来。这个调查报告于 2001 年 12 月 24 号在《经济日报》上全文登载了。

调查报告这一系列数字公布以后，引起了政府有关方面和相关媒体的高度重视。当年的数字比我们现在的数字要小。到前年为止，我们整个行业的产值是 7200 个亿，其中公共建筑装饰的产值是 3000 个亿，老百姓家庭装饰装修的产值是 4200 个亿。也就是说中国的建筑装饰行业具备了一定的规模，有一定的发展速度，还有一定的发展潜力。

这个行业的从业员工，我们的统计是 1000 万。20 年来，如何创造更多的就业机会，是中国改革和发展中遇到的一个非常大的问题。我们这个行业，可以说是大量的容纳了农村的剩余劳动力，不仅在我们行业内部形成了一定的就业规模，同时也为相关产业部门，相关行业提供了更多的就业机会，创造了相当大的就业空间。我们 2001 年作这个课题的时候，建筑装饰装修材料流通领域的从业人员是 450 万人。

大家从一些社会现象上就可以感到，当前中国什么市场最火爆？不管是大城市、中等城市以至于县城，建筑装饰装修材料的流通市场最活跃，这是大家普遍感觉到的一种社会现象。建筑装饰装修行业的发展带动了其他产业和行业的发展，促进了整个经济结构的调整。比如说，推动建材行业的发展。从其他方面讲，我们这个行业的发展也带动了相关领域，如文化事业的繁荣和发展，比如说相关新的刊物和媒体的广告业等等。

我们这个行业的发展，还普遍地提高了我们社会的生活质量。很多同志讲，建筑装饰不仅提高了我们工作环境、生活环境的质量，同时也促进了社会精神文明的建设。在一次和专家座谈上，有一个专家就讲：如果说一个人有随地吐痰的习惯，那么，在一个装修档次很高的五星级饭店大堂里，这种坏习惯他会自觉地改正。

生活水准的提高，必然导致人们文化水准的提高。特别是在目前的中国，还有一个社会现象，就是老百姓普遍重视自己的家庭装饰装修。真正让中国的老百姓认识到环境的重要性，家庭的装饰装修起到很大作用。老百姓在这个过程中，认识到环保的重要性。所以说，中国老百姓普遍的环保意识的提高，是和家庭的装饰装修分不开的。

我们这个行业的发展，不仅促进了我们国家的物质文明建设，同时也大幅度地提高了我们国家的精神文明建设。就是说，我们这个行业在整个经济发展和社会进步当中具有举足轻重的地位和作用。它形成了一定的经济规模，而且还有很大的消费潜力。

应该说，通过我们这些年来党和政府反腐倡廉，现在家庭的装饰装修基本都属于个人消费，能够有 4200 亿的个人消费市场容量，这在其他行业里是不多的。所以我曾经和国务院发展研究中心的专家一起讨论过：为什么汽车的发展引起国家这么高的重视，而建筑装饰行业的发展似乎没有像汽车这样引起各有关部门的重视。在某种程度上，汽车的的确确是一个很大的个人消费市场，但我们说，它远远不及中国老百姓家庭住宅的装饰装修的消费投入。

在 2001 年我们作的课题里，建筑装饰行业所形成的附加值是 1750 个亿。在第二年国家计委公布的五年计划里，我国汽车工业发展到 2005 年的附加值为 1250 个亿。

附加值是一个什么概念呢？就是说你这个行业的发展，给社会带来什么贡献。构成附加值的组成部分，第一个是你开了多少工资？开了多少工资，反映了你解决了多少社会就业；第二是你形成了多少利润；第三是你形成了多少税金；第四是你形成了多少折旧。这四项构成了你这个行业对社会产生的贡献。从这个角度上看，我们这个行业对社会是有贡献的。

下一步行业发展的前景怎么样？我想有这样几个关键性的因素：

一个是就近期来讲，2008年的奥运会、上海的世博会、中国加入WTO等所有这些都会进一步保持和推动中国建设规模的不断提高，推动新一轮建设工程项目档次和水准的不断提高，这就为我们从事建筑装饰装修事业带来很好的市场前景。

老百姓的生活水平肯定会不断地提高，家庭对整个住宅消费的能力肯定会不断地提高。城市化建设的水平也会提高，特别是小城镇建设，作为当前我们国家的国策，下一步会有很大的发展。所有这些应该说，我们这个行业下一步有很好的发展前景，应该充满信心。

但是我们也应该看到，近期国务院采取了一系列措施，防止某些行业、领域经济过热，适当地控制基本建设规模。按照我们现在对社会主义发展规律的认识和科学的发展观，探讨整个社会经济和环境的协调可持续发展问题，那么对基本建筑的规模，就一定要有所控制。

但从整体上看，我们这个行业的市场下一步还是很广阔的。这个行业的发展引起了有关政府方面的高度重视。今年1月13号，全国建设工作会议上，汪光焘部长在工作报告里，对建筑装饰装修行业的发展提出了明确的要求，下面我把这段话给大家念一下。汪部长说："重视建筑装饰装修业的发展，充分发挥建筑装饰装修业对建材、轻工等相关产业的拉动和就业的促进作用，健全装饰装修产品开发、设计、施工、产品生产、管理服务的产业系统，建立和完善生产供给、销售和服务一体化的生产组织方式，积极推广先进实用的成套技术，不断提高建筑装饰装修业的工业化水平和建筑装饰装修产品的综合品质，加强对装饰装修市场的监督，规范装饰装修企业行为，严格市场准入和清除，大力推行一次性整体装修，减少二次装饰可能对房屋的破坏及环境污染。加强对室内环境质量检测工作，提高装饰装修质量，保证人们居住和使用安全。"

我本人是2001年到协会来工作的，时间不长。一些老的协会工作者向我介绍，历史上我们国家的建设工作会议，在部长报告里，用这么长的一个段落，提出对建筑装饰装修行业发展的要求，这是第一次。这么一大段话，反映出建设部对我们这个行业发展的重视。就是我跟大家介绍的第一问题。

二、建筑装饰行业历史发展过程中存在问题分析

我们国家的建筑装饰行业的发展，是应改革开放之大潮，在市场需求的情况下迅速发展起来。

历史上，我们国家经济发展水平不高。盖完房子，地上抹完水泥沙浆，墙上刷完大白，整个房子就算是交工了。改革开放以后，随着建设规模的扩大，房屋建设水准的提高，从建筑业剥离出来了一个专门的行业，这就是中国的建筑装饰业。在整个经济高速度发展的过程中，这个行业有了一个高速度发展的市场机会。

我们看到，这个行业是体现了中国特色的一个行业。我完全赞成国家统计局对中国建筑业三个组成部分的统计原则。在我们国家的产业结构中，建筑业分为三个部分：一个是土建工程，土木工程建筑业；一个是建筑装饰工程建筑业；一个是安装工程建筑业。这就是通常我们讲的土建，装饰和安装。这在国家产业结构的明细里，是明确规定的。

但我们有些同志说，到国外去考察，想了解一下建筑装饰行业是怎么管理的；建筑装饰协会是怎么工作的。我跟这些同志讲，你在国外找不到一个象中国这样一个产业部门和对口的协会机构，这的的确确是中国在高速发展过程中，形成的一个建筑业专业化发展的一个产业部门，是生产力进步的表现，并具有它的特殊性。

这些年来，我们这个行业的发展，形成了一批有实力的企业，造就了一批企业家，也造就了一批优秀的设计师和项目经理。他们为我们整个行业的发展奠定了基础，创造了条件。到目前为止，全国已经拥有一级工程承包的建筑装饰企业570家，一级设计资质企业426家，一级幕墙承包企业91家，甲级幕墙设计企业123家。

在这次重新资质就位的过程当中，山西省过去有3家一级资质建筑装饰企业，现在为4家。所有这些企业，企业家，设计师，项目经理，以及广大工人群众，构成了我们这行企业发展的基础。

但是，我们也应该看到，在我们这个行业发展过程中，还确实存在着一些什么问题和遗憾，我觉得有这么几个方面的问题。

第一点，是这个行业是在市场急剧膨胀、急剧扩大的过程当中发展起来的，甚至可以说这个行业曾经有一个填补中国市场空白的历史机遇。在这个过程中的一个时期，这个行业的竞争压力不大，利润空间却很大，甚至有一个暴利期。以至于我们重新分析这个历史过程，某些消极方面的影响对行业后来的发展极为不利。譬如说管理粗放，集约能力差，特别是与土建公司的管理水平、技术水平，包括管理思想，形成了很大的差距。在这一点上，我们这个行业的工作者要头脑清醒，要有自知之明。

第二点，就是我们这个行业长期使用廉价劳动力，使用以资源浪费为特点的材料，所构成的建筑装饰工程产品，质量不一，价格不一，成本压力不大，对技术进步的要求不迫切，重商务轻技术。一些企业某些发展阶段，不是靠实力，不是靠技术进步，不是靠管理创新，而是靠其他的东西。这些也是我们和土建公司的差距。

我本人在中建工作多年，一直负责中建的海外工程。到我离开中建公司的时候，中建的海外业务一年是20亿美元，170亿人民币。这个期间，我曾经兼管过中建的科技，所以对中国建筑技术的进步，有一些体会。

所有国内外大的建筑公司，如果不形成自己某一个领域里的技术优势，很难拿到比较大的工程。例如中建在前些年拿深圳的帝王大厦钢结构工程，如果没有多年形成的钢结构方面的技术优势，那是绝对拿不到帝王大厦的。土建工程面临着技术竞争的极大压力。这个时候，对技术进步要求的迫切程度就比较强。

而我到协会工作以后，觉得我们的企业里对技术进步的需求远远不如土建企业。我们这个行业大量的工作还是靠手头活儿。你认真一点，出来的活儿工艺标准就好一些；马虎

一点，这个活儿恐怕就不那么精细。所以在技术进步方面，缺乏那种迫切的意识。

协会换届以后，我们下决心要开一个行业的科技进步大会，贯彻小平同志科技是第一生产力的思想，让我们这个行业的企业家，技术人员有一点科技创新的压力，促进我们这个行业生产力的发展。

现在大家都觉得去年的科技大会开得好，一方面是提高了思想认识，一方面找到了技术创新的途径和方法。但是，我觉得仅仅是开始。这次会议后，我们决定在全行业搞科技示范工程。为推动行业的科技进步，中装协提出了一个《建筑装饰行业科技进步的若干意见》，这个文件的起草和形成很困难，因为没有历史上的工作基础。

我们国家这些年来，建筑科技的进步，一直有建设部的十项新技术。这十项技术在推进我们国家建筑业科技进步的过程中产生了巨大影响和效果。我们仿效这种作法，请我们业内的总工程师、设计师，以及和我们这个行业相关的一些同志，共同讨论提出建筑装饰行业十项创新技术。

这个文件我们下发了，但光靠一个文件不够，还需要一个时间，才能够真正在我们这个行业里形成技术进步的压力，形成技术进步这样一种发展趋势。我想，这是能做到的。这是我讲的第二个问题。

第三个点，就是这个行业发展很快，但行业的发展缺少理论基础。我们也可以和建筑业作一下比较，比如在学科的设置上，和建筑业相关联的建筑学也好，工民建也好，给排水也好，这些专业的学科都有很长的历史，而我们建筑装饰装修是个新的专业，学科建设的理论知识，管理方面的理论知识，都很不到位。所以我们的老会长张恩树同志，一直说能不能够在近期写出一本《建筑装饰管理学》来。

现在全国已有200多所大学，有和我们这个行业相关联的专业。有的地方，像吉林省还有了建筑装饰学院，今年已经列入教育部正式的招生计划。这所大学是我们建筑装饰企业的私人投资，这是一种进步。但是，真正把行业的理论基础建立起来，还要我们做很多工作。

我们今天谈这些问题，目的是什么？就是说研究我们行业的改革和发展，要看到我们在历史发展过程当中，还存在大量的问题、遗憾和不足。只有正视这些问题，我们才能够实事求是地、客观地研究今后我们的发展，探讨应该采取的措施、方法和步骤。

三、企业战略、制度、文化与竞争力问题

下面我再谈一谈企业战略、制度、文化与竞争力问题。这个题目很广泛，而且是一个永恒的主题，一下子讨论不清楚。但是我们已有一个很好的开端。去年的科技大会，我们有一个企业家论坛，企业家论谈的主题就是六个字：制度、战略、文化。

在会议筹备过程中，有两个题目，我们感到讲起来比较困难。其中一个就是企业制度。请我们自己的同志讲企业制度，可能会讲出一点体会来，但缺乏理论根底。所以最后我们请国务院研究发展中心的一位研究员，他在我们企业家论坛上有一个很好的讲演。另外，就是企业的核心竞争力问题，我们请了国家的航空航天大学的管理学院的院长，一位老教授来讲，他是专门研究核心竞争力的。

除了这两个报告以外，我们十位企业家作了讲演，讲的水平很高。

下面，我想跟同志们交换的一个意见，就是针对我们行业企业特点，要考虑几个什么样的问题：

第一个问题，目前我们这个行业里还有一部分国有企业。协会2001年换届以后，召开的第一个会议，就是国企改制的经验交流会。建筑业是全竞争产业，建筑装饰行业更是在改革开放以后应运而产生的行业。在2001年的统计调查里，如果不说企业规模，仅就企业个数，建筑装饰企业里国有企业不到5%。

促进国有资本的退出，推进企业股份制改造，这是协会应该抓的一项工作。2001年那次经验交流会大家感觉非常好。在同样一个政策下，有的地方，有的省市改制工作进展就很顺利；有的地方却是寸步难行。通过那次交流，大家都有一些新的认识和提高。

另外一个与此相关联的问题，是当前民营企业管理制度的规范化问题。在科技大会的企业家论坛上，国务院研究发展中心的那位研究员，重点讲家族企业制度。家族企业在一个历史阶段，有它的进步性。但是，怎样从企业制度上，从我们的行业特点上，从历史发展过程中去发挥家族企业的优势，减少家族企业的弊病，这也是我们要考虑的。我希望大家研究一下有关家族企业在国外和国内的发展历史，怎么扬其长，弊其短，保证我们的企业能够兴旺发达。

我觉的史会长讲了一个很重要的问题，就是中国企业的发展周期问题。多长时间淘汰一些企业，在某种程度上，和企业制度有一定的关系，应该讨论从制度上解决企业发展的问题。从制度上解决，不管你是国有企业，是股份制企业，还是家族式的企业，要有一个适合你发展的体制和机制，这是核心。所以，我们在召开国有企业改制座谈会时，最后得出一个结论：改制不是目的，改制后形成一个新的机制才是目的。我们很多企业改制后也没有成功，因为它没有形成一个适应市场经济需要的机制。

第二，讲战略问题，竞争力问题。去年企业家论坛里大家谈得很多，内容也非常丰富。这里我只和大家交换一个意见，就是你这个企业有没有特色，有点什么优势。没有特色的企业，没有专长的企业，就很难谈你的什么发展战略。

“入世”以后，中国企业发展的参照系应该是国外企业。因为市场国际化了，不是自己跟自己比了。只要一比，中国企业和外国企业在发展模式上的区别就出来了。外国企业专业化发展水平非常高，在某个专业领域里，形成它的竞争优势，技术优势，形成它的特色。中国企业一个很大的特点，就是企业趋同。企业趋同，就是你这个企业能干什么，我也能干什么；我能干什么，你也能干什么。

我是1987年分管中建的海外业务的，当时在国际市场上向人家介绍中建，是个什么公司呢？我们会经常讲，中建是国务院直接领导的，职工27万。能干什么呢？化工、冶金、

机械、轻纺等一大串工业项目，至于民用建筑，什么大会堂、体育馆、医院、五星级饭店，什么都能干。外国公司听了以后，就有点愣，然后他就问：徐先生，那么你的公司主要是做什么？我说搞工程啊，水利工程、核电工程、高速公路都能干。他越听越糊涂，他问你这个公司到底是哪个类别的。

那时我们真不了解国际市场。直到1989年，我到美国的福录丹尼尔，这是一个经常排名在世界承包商前五位的公司，终于明白了什么叫专业化。福录丹尼尔是世界上最大的承包商之一，只搞两类工程项目：一类是石油化工，一类是电站。全世界所有的产油地区，油的品质它全部都清楚，世界最新化工的研究成果以及设备全清楚。所有的工程报价全部在他的电脑里边，最快的一个月修订一次，全部报价是把图纸输入以后，计算机系统提供整个设备、材料明细，然后价格就出来了。能够给业主做项目投资的可行性论证，能够做设计，能够做施工。完工以后由他组织试生产，最后交钥匙，包括对你的员工培训。

当时我们中建也向国际市场表白，做石油化工是我们的长项。60年代大庆油田炼油厂是中建建设的；70年代东方红炼油厂，全套设备是中建安装的；80年代杨子乙烯是中建做的。但是如果跟国际同行福录丹尼尔比，那水平差得太多了。

中国公司见着啥就干啥，见着啥就能干啥，这是由其客观历史阶段形成的，也是由市场特点决定的。

我们现在看得很清楚，如果形成不了自己的专业优势，不把专业化作为企业的一个战略目标，在新的历史发展阶段就不适应形势了。所以现在有些企业谈企业发展战略，我就问他：你这个企业，什么是你的技术绝窍？什么是你的管理特色？技术特色？你要是说不出来，就得考虑考虑，因为整个社会经济发展到今天，中国“入世”了，企业面临着一个重新洗牌的大形势，你要想做成“百年老店”，现在就得考虑这个问题了。

从某种意义上说，现在的竞争就是经营特色的竞争。我非常高兴地看到，在我们这个行业里边，正在形成一批专业化的公司。我知道一个专门做医院的装饰公司，他能够把整个医院的装饰装修考虑得非常清楚。医院基建处的负责人，都没有他们理解得深。他会向医院介绍，根据医院的工艺要求，你应该把握一个什么样的标准，国际上大医院装饰装修是什么标准，用什么材料，整个价格会是多少。我们国家一些大医院是怎么做的，等等这些情况他都非常清楚。

在这种情况下，在众多参与竞争的公司面前，业主会选择哪家公司呢？常常是非他莫属。所以我们所谈的竞争力，特别是核心竞争力，就是你有的别人没有，短期别人又模仿不了的，这就是你的核心竞争力。

这家公司老板对我讲，近期他不准备进入其它领域，他想守住医院的这块阵地，进一步探讨医院装饰装修规律。

前些日子我跟一些大的装饰公司讲：我们哪家公司是做饭店装饰最有权威的公司？哪家公司对饭店大堂设计，宴会厅设计，厨房设计有更多的理解？形成自己的专业优势？

我非常高兴地看到，前年我们深圳有一个公司，成功的完成了8个五星级饭店。其中3个是设计和施工，5个是设计。所以去年我们在中国旅游饭店协会的年会上，专门为他们组织了一场报告，请他的总建筑师做一个全面的介绍。那些饭店的总经理都来听。这些老总们听了以后，非常受启发，觉得这是一个做五星级饭店非常有专长的一个公司，今后要和这家公司合作。

以后这家装饰公司非常感谢协会，认为协会做了一件非常有意义的工作。我说这仅仅是一个开端。

从协会的角度，我们希望行业形成一些有特色的企业，形成一批有专长的公司，只有这些企业才能参与国际竞争，特别是中国市场上的国际竞争。

在研究企业战略的时候，同志们要研究一下公司的专长和特色，研究一下核心竞争力。而我们目前这些甲公司、乙公司、丙公司，大家都在一个起跑线上，都是在一个平台上，我们之间的竞争，表现的不是技术和特色上的竞争，而是价格的竞争，是商务竞争，相互压价，彼此贬损。所有这些，不符合未来企业的发展方向。所以我想从现在起，大家都要考虑一下这个问题。

另外就是如何加强中国公司之间的合作。我们国内企业的合作意识和国际大企业比有差距。这些年我个人的经历，中建公司在国外最怕的就是遇到中国公司，不是怕遇到外国公司。如果遇到中国公司，中国公司与中国公司之间就很难合作。同类的条件遇到外国公司就容易解决，就是通过经济合作，共利益享的原则去处理彼此之间的经济关系。中国公司之间合作就此较困难。

大家都说日本的建筑业发展得好。日本建筑业有个非常重要的特征，每一个工程都不是一家干的，都是在商会的协调下，这个工程由你来牵头，由两家，三家组成一个联合体；另外一个工程由另一个公司来牵头，组成一个联合体。它保证行业内的利润平均化。所以日本建筑业没有行业内的恶性竞争。

以前有人说过：“三个中国人打不过一个日本人，一个中国人能打败三个日本人”。日本企业抱团，这在国际竞争中表现得非常充分，而我们的企业太缺乏合作精神了。

前年，我们在武汉开了一个“入世”战略研讨会，我跟大家讲，中国的公司包括大公司，重组的可能性都很小，小公司更是如此。很多中国公司的负责人，叫做企业家也好，他的思维定式，往往不是合作为了促进公司发展，而是一谈到合作，就是谁当董事长，今后谁说了算。

所以真正能称为中国企业家的，如果不从思想和观念上有一个大的调整和改变，下一步发展就会很困难。我非常希望我们的建筑装饰企业能够在合作意识上有一点改善，有一点提高。

前几天，有一个能完成8000万到一个亿的装饰公司，他的负责人给我讲下一步的发展思路。他说他打算把比他小一些公司组织起来，然后一起合作，利用他在当地市场的影响，给大家创造拿工程的机会。他本人想加入某一个大公司，作为这家大公司的股东，谋求今后长期发展。他这个想法，我觉得就好。我觉得这是一种意识的改变，是一种可喜的现象。

下面再讲一下文化。应该说我们的建筑装饰企业的负责人，都有一定的文化层次。我们建筑装饰工程的产品具有双重属性：一个是它有物质功能；另一个它有文化功能。也就是说我们的产品具有物质方面的消费属性；也具有文化方面的消费属性。所以在某种程度上，我们给社会提供的是具有艺术和文化的品味的产品。些年来，我们建筑装饰企业的负责人，都很重视企业文化建设，这反映在去年的科技大会上，有几个非常好的讲演，反映出我们的行业在文化建设方面的成果。但是，我感到当前我们行业还有一个非常重要的课题，就是怎么样把我们行业的文化建设和诚信建设结合起来，这是一个很大的课题。

前年在武汉的“入世”研讨会上，我有一个发言，就是面对入世的挑战，我们这个行业在硬件上有两个短缺：一个是设计；一个是材料。软件上的两个短缺：一个是服务；一个是诚信。

诚信作为市场经济的一种行为准则，道德准则，在成熟的市场经济条件下，交易双方一般都能够遵守这些准则。但是在不成熟的市场经济环境里边，情况却大不一样。因此，诚信就可能成为核心竞争力的组成部分，这一点越来越突出。

中国的市场经济环境逐步成熟，消费者逐步理智，人们对经营者诚信方面的要求越来越高。在这种情况下，我们企业的文化建设，应该把重点放到提高到企业诚信意识和诚信水准上来，提高到我们企业服务水准上来。

历史上，中国是一个缺少诚信和服务意识的国家，特别是在计划经济体制下。这些年来，整个中国市场也好，老百姓的意识也好，对诚信和服务的要求不断提高。下一步对我们行业的考验，对企业的考验，诚信和服务是一个非常重要的组成部分。我们的企业负责人，要适应市场经济发展的需要，把诚信和服务放在重要位置上来。这是我讲的企业制度、战略、文化和竞争力问题。

四、关于科技进步、装饰设计及家装问题

我希望我们所有的企业负责人，都能够研究一下你哪个企业的科技进步规划，研究一下如何提高企业的创新能力。通过科技进步，技术创新，怎么样形成自己的技术特色，形成专业优势。

如果大家还想再深入一步，那就把中装协关于我们行业科技进步的若干意见，十项新技术认真看一看，哪些是适合我们的。这条路早走早主动，晚走可能被动。特别在当前，我们一些公司已经意识到，科技进步是形成自己竞争优势的重要组成部分。人家行动了，你还没有想法，那么下一步企业发展就可能被动。

再就是我们一定要建设行业的旗舰式企业。协会在支持所有企业发展的同时，要坚持扶大、扶优、扶强的方针，要造就一批有国际竞争力的中国建筑装饰企业。也就是说，要立足于提高这些企业的国际竞争能力。

这个道理很简单，每一个国家都希望自己能够获得更多的国际资源。所有国家之间的经济技术合作，它的载体是企业，而不是政府。没有一批有国际竞争力的企业，你这个国家没有办法参加国际经济大循环。任何一个国家在国际上获得经济上的好处，它都是以企业为载体而获得的，除非是通过战争的手段，重新瓜分资源。从这个角度上，中装协希望成就一批有国际水平的建筑装饰企业。

我希望山西能出现这样一批企业。为什么，这样有利于行业发展，有利于我们山西省的一些企业更好的参加国内国际竞争。通过这些企业的发展，带动其它企业的发展。

目前我们有一个非常突出的问题，就是我们相当多的企业规模都很少。小企业或者中小企业有它的优势，更多的发展中小企业符合中国的国情。但是一个行业里边一定要有一批有一定规模的企业。企业没有一定规模，抗风险能力就差。

市场经济条件下，不可能没有风险。一般来说，五个工程项目能够赢三个，就比较成功啦。在国际市场上有一句话，叫做没有风险的项目。对承包商的考验，就在于你有没有抗击风险的措施，有没有转嫁风险的能力。我们有一些建筑装饰企业，有的具有转嫁风险的能力，有的就没有转嫁风险的能力。而在国际工程总包、分包当中，特别是同业主的关系中，每一个工程都需要你考虑一系列排除风险的措施，这是对你承包商能力的考验。我讲这些，就是说在一个成熟的市场经济里的风险，与不成熟的市场经济里的风险，表现形式虽有很大区别，但是有风险是共同的。你没有一定规模，抗风险能力就弱，今后不可能没有风险。中装协正在搞“百强企业”评价推介活动。去年是第一次，今年还要搞。这个活动产生了很好的效果。就是说，从协会的角度，要全面的支持企业发展，要成就一批中国的有影响有规模的装饰企业。

我注意到，目前我们的企业正在讨论一个问题，是先做大再做强呢，还是先做强再做大呢？其实它是一个辩证的关系，相附相成的关系，不存在一个先后顺序问题。在做大的时候一定要考虑做强，有质量的发展，而不是没有质量的片面强调规模的扩大；而做强得的时候，你必须想到，不大你能强吗？所以我希望我们山西的企业，今后能够发展成一定的规模，特别是希望我们企业之间能够加强合作，扩大企业实力，迅速地提高企业的竞争能力。

下面我讲一讲设计问题。“入世”之初，我们讨论了行业发展的一个短缺，或者叫做一个弱项，就是我们的设计。

中国市场国际化以后，竞争首先表现在科技含量最高的部分，这就是设计。现在大家已经看到，一些相当大的工程，设计已经被外国人拿去了。那么多的工程在竞标当中，中国公司不得不和外国公司组成联合体竞标，这样才能有获标的机会，包括现在北京的奥运项目，几乎没有一个竞标项目纯粹是由中国公司独自来完成的。

我们也应该看到，设计水平的提高是有一个过程的。80年代初，我们不能独立完成五星级饭店的设计，连三星级饭店的设计都很困难。现在我们能够比较好的完成五星级饭店的设计以及施工，反映了我们的进步。

设计水平的提高，不是一朝一夕的事。长期以来，我们在繁荣建筑设计方面，有很多思想方面的桎梏，我们的创作思想极不活跃，支撑我们提高设计水平的物质条件有多方面

的欠缺。目前我们已经加入了经济联合国，成为国际市场的一个成员。那么一个很简单的道理，经济是基础，经济上国际一体化了，就决定上层建筑特别是在文化领域方面也应该有新的判断和认识。比如说什么是好看，什么是美，通行的国际审美原则是什么，对美的理解是什么，在这一点上，我们和国外比，至少是研究它的历史很短。领悟什么是国际的审美情趣，我们体会的时间也很短。我们不得不承认，外国某些设计咨询公司，某些设计师，他的作品无论是在文化上，无论是在技术上都高我们一筹。所以我们有些同志不理解，为什么那些奥运项目设计给外国公司或者中国与外国合作的公司，不服气。我想你也不能不服气，比如上海的金茂大厦，上海的歌剧院，假定你对建筑设计有一定的理解的话，你会感悟到这个工程不是中国人的手笔。不是我们自卑，我们不搞虚无，但我们应该看到差距。

由于工作的关系，我跑过100多个国家。所以我强烈地感到，提高我们设计的水平，下一步还要做很多工作。作为建筑装饰行业，如果不能首当其冲地从设计上解决自己的科技进步问题，你这个行业发展，就有一个瓶径。所以我们要加强中国设计师之间的交流，加强我国设计师和外国设计师之间的交流。如果我们的设计师拿不出来被国际上承认的作品，那么我们中国建筑装饰行业在发展过程当中就是一个大的缺撼。

北京的中国歌剧院这个工程建设完毕以后，我觉得一定成为被中国老百姓承认的一大景观。当年这个工程设计争论最激烈的时候，我们的《中华建筑报》记者去访问这个项目的设计师——法国人安德鲁。他讲了他作品的思路，最后他讲了一个问题，说很多中国同行都在讨论什么是我们民族的建筑特点，到现在我也没弄明白，什么是法国建筑的特点，不知道中国的同行研究出来没有。

到底什么是中国建筑的民族的文化特点，什么是中国民族建筑的符号？大屋顶吗？说这就是中国民族特点？很难。所以我们说，加强中外的文化融合是我们造就一批中国优秀设计师的一个很重要的组成部分，是我们能够提供给社会一些不朽作品的一个很重要的思想基础。

改变一些社会的偏见，支持一下我们设计师的创作，给他们创造一个更宽松的创作环境，可能就会成就一批好的设计师，好的设计作品。

从协会的角度来讲，为了提高我们的设计水平，繁荣设计创作，特别是能够成就一批我们这行业优秀的设计师，这几年我们也作了一些工作。例如搞了一系列的论坛，中外交流。另外，在上级支持下，我们办了一个给设计师的刊物。我们是想它办成为我们这个行业学术和专业有一定权威的刊物，现在正方朝着这个方向努力。这个刊物就是向社会推荐我们的设计师，通过推荐作品推荐设计师。

我们的设计师也是自由职业者，他需要社会对他的推介。某种程度上，不排除他和歌星有同样的成长特点，要人包装，如果协会不能向国际上介绍一批中国有成就的室内设计师，那么我们这个行业的学术水平，在国际上就很难被国际承认。

今年是中国建筑装饰协会成立20周年，现在协会已经决定，表彰有成就的资深室内设计师50位，他们要有社会公众认可的作品，要有专著。同时，也要表彰100名有成就的中青年室内设计师，这项活动可能刚刚开始。下一步，中装协要大力宣传我们这50名资深室内设计师。例如现在已经80岁高龄，还在设计第一线的清华大学王玮钰教授。如果不加大对这些人的宣传的力度，那么究竟谁是你这个行业设计的领军人物，他的学术水平怎么能够被国际同行承认。同时，也是更重要的，我们还要成就一批中青年室内设计师。

我们山西的企业，一定要利用一系列论坛，一系列设计竞赛，包括这本刊物，介绍你公司的设计师。如果一个公司，有几位被当地认可的设计师，你这个公司的社会知名度就会高。所以，我想提高设计水平，是下一步我们要做的一个非常重要的工作。

最后一个问题，谈一谈关于进一步发展住宅装饰装修的问题。

十六大结束以后，汪光焘部长在传达十六大精神的过程中，要求建设部各个单位要研究一下，围绕着如何建设小康社会，建设部要做哪些工作。

中装协给汪部长有一个报告。我们提出全面地提高住宅装饰装修水平，提高人们的居住环境质量。这不仅是发展我们这个行业的问题，更重要的它是建设小康的组成部分。

建设部重视中装协工作。这和我们承担着住宅的装饰装修行业发展任务有关。我也非常高兴地看到我们山西省建筑装饰协会非常重视家装行业的发展。前年，在太原协助我们组织了"三北"地区住宅装饰装修行业发展的一个讨论会。方才在史会长的报告里就专门提出了下一步如何重视家装行业的发展问题，我觉得这些都非常重要。

中装协打算在今年的9月份，召开一个住宅装饰装修行业发展的大会。这个大会是中装协来主办的，相信一些政府部门会非常支持这次大会，包括建设部，国务院发展研究中心，国家工商总局，国家环保局等等。另外还有一系列协会，像中国房地产协会，中国消费者协会等等，都希望把这次会议开好。现在我们正在进一系列的准备工作行。这个会议的指导思想就是"三个代表"，通过我们的行业发展更好的服务于社会，给老百姓提供更多的好的家装工程。

会议的内容，第一是交流我们家装企业发展的经验，特别是经营管理和设计方面的经验；第二是交流我们家装企业诚信建设方面的经验，提高我们整个诚信建设的水平；第三个是交流一下成品房装修的做法和经验。因为一次性精装修到位，代表了住宅建设的发展方向。我们的企业，怎么适应这种发展方向，调整我们的思路，确定我们新的发展目标。现在无论是北京，上海，还是广州，相当一部分人都在买成品房了。在这种情况下，我们的家装企业怎么能够创造更多的成品房的商业机会，需要考虑。所以在这个会上，我们还要组织一个专门的论坛。我希望大家踊跃出席这次会议，通过这次会议来促进我们家装行业的发展。

今天，作为同行，和大家交换一些工作意见，我讲得不一定准确，特别是对行业发展过程中应该有一点自我反省的问题。

以上仅供同志们参考。谢谢大家！

在中国建筑装饰协会 2003年总结及学习会上的讲话

中国建筑装饰协会第五届理事会常务副会长兼秘书长 徐 朋

（二〇〇四年一月十三日）

结合这次总结及学习会，我想讲三个问题。

一、学习十六届三中全会“决定”的几点体会

十六届三中全会是一次十分重要的会议。这次会议对于把中国特色的社会主义推向前进，具有深远的现实意义和历史意义。通过学习，要进一步认清形势和任务，充分认识深化经济体制改革的重要性和紧迫性。全面把握完善社会主义市场经济体制的目标和任务，结合行业和协会工作，贯彻三中全会方针，是我们今后一个阶段的重要工作。

我讲的不是辅导，只是仅就同建筑装饰行业发展及协会工作有关的几个方面谈一下学习体会。

（一）如何理解“完善社会主义市场经济体制的目标”？

一是“决定”从“五个统筹”的角度提出了新的“发展观”，即统筹城乡发展、统筹区域发展、统筹经济社会发展、统筹人与自然的和谐发展、统筹国内发展和对外开放。发展是执政兴国的第一要务，全会把对“发展”的规律性认识提升到了一个新的高度。

二是在目标的确定上，保证了改革的连续性。其一是“决定”重申了要在更大程度上发挥市场配置资源的基础性作用，使市场机制发挥更大作用；其二是继续推进企业改革，增强企业活力和竞争力。企业是市场主体，企业活力、竞争力是国家综合竞争力的基础。在这方面，我们要做四个方面的工作，即国企改革，发展非公有制经济，完善法人治理结构，建立现代企业制度，这些都是我们协会正在做，或今后更要做好的工作。2001 年协会换届后，我们就着手了推进国有装饰企业的改制工作，接着又着手了民营企业建立现代企业制度的调研，这次全会的“决定”又增强了我们搞好这些工作的信心；其三健全国家宏观调控体系，完善政府的社会管理和公共服务职能，这是政府改革。上述三个方面构成了保证改革连续性的主要内容。

三是决定强调了改革要有强有力的体制保障。这就是改革不是目的，不是为改革而改革，改革是为了发展。改革的目的是从体制和机制上为发展创造条件。正如，在推进股份制改革中，我们认识到股份制不是目的，造就企业发展的体制和机制，推动生产力发展才是目的。

（二）怎样理解股份制是公有制的主要实现形式。

党的十四届三中全会以来，我们党就发展股份制和混合所有制经济形成了一系列思想观点和政策意见，十六届三中全会又发展了这些思想。决定中指出：“要适应经济市场的不断发展的趋势，进一步增强公有制经济的活力，大力发展国有资本、集体资本和非公有资本参股的混合所有制经济，实现投资主体多元化，使股份制成为公有制的主要实现形势”。这段话是对马克思主义股份制经济的创造性发展。

其一，尽管股份制产生于资本主义社会，但它是市场经济的必然产物。一是多元投资主体代替单一投资是企业运行的基本组织形式；联合、重组和流动不仅导致股份制的形成和企业财产组织形式的变化，而且也成为市场经济条件下企业获取经济利益的一种手段；二是股份制在多元股东的治理下，导致内部管理逐步规范，运行机制富有活力，提高了企业决策水平。股份制使私人资本转化为社会资本，成为社会联合的生产方式，即社会主义生产方式的过渡形式。股份制具有产权清晰、权责明确、管理科学等优点，公有制经济通过股份制形式实现，更有利于公有资本的保值增值并推动国民经济的发展；三是相当长一段时间内，我们对公有制实现形式的认识有很大的局限性，如把国营看成是公有制的正宗形式。事实证明，由单一国有资本或公有资本构成的公有制，产权主体实质上虚置，经营责任不落实，机制呆滞，缺乏活力和效率，也缺乏有效的监督和约束。股份制具有解除上述弊端的功能。特别是在某些企业，公有资本处于控制地位，有利于凝聚和推动更多的社会资本，扩大公有资本的幅射功能，提高国有经济影响力、带动力，提升整个公有经济的竞争力，如最近的中国银行、中国建设银行注入 450 亿美元的国有资本，进行股份制改造就是如此。

要充分理解股份制是在市场经济条件下，公有制巩固与发展的有效途径。十六届三中全会的重大贡献是肯定了股份制是公有制的主要实现形式。

协会成立后，我们积极地推动了国有企业的股份制改造工作，学习了十六届三中全会的决定，认识又进一步提高了，这项工作还要继续坚持下去。这项工作我们已有了一定基础，也有了一些体会，譬如“晚改不如早改”、“改制不是目的，形成新的机制才是目的”等等。建筑装饰行业是改革开放后才迅猛发展起来的，民营已成为主体，解放思想，继续推进企业的股份制仍然是一项重要的工作。通过学习要进一步提高对股份制经济重要性的认识，继续抓好这项工作。

（三）有关规范市场秩序和建立信用制度问题。

十六届三中全会“决定”，根据发展市场经济的要求和近几年整顿市场秩序的经验，明确提出了加强统一大市场的形成，规范和发展中介组织，建立社会信用体系，完善行政执法、行业自律、舆论监督、群众参与的市场监管体系，健全产品质量监管机制，严厉打击制假售假，商业欺诈等违法行为，维护和健全市场秩序等的一系列要求。

第一，切实把政府的经济管理职能转移到主要为市场主体服务和创造发展环境上来，不直接干预微观活动，打破行业垄断和地区封锁，建立统一大市场；

第二，健全社会信用体系，加快建设企业和个人信用服务体系。认为这是“规范市场经济秩序的治本之策”。这里要指出的是“全社会”信用意识，即要求政府、企业、个人，都要把诚实守信做为准则。同时要建立信用服务体系，建立惩戒制度，让失信者付出高额代价，并逐步放开信用市场。

第三，加大流通方式改革，发展连锁经营，发展电子商务，加大价格市场化进程，促进公平和有序竞争。

第四，完善行政执法、行业自律、舆论监督、群众参与的市场监管体系，积极发展市场中介服务组织。市场中介组织也称社会中介组织，它是介于政府和企业之间，生产与流通之间，个人和单位之间的，通过协调沟通、评价、监督等活动为市场服务的机构和组织，“决定”根据政府职能转换和市场经济的需要，提出积极发展市场中介服务机构。

中介组织有两大类：

一类是中介服务机构。如会计师事务所、律师事业所、公正仲裁、资信评估；信息中心、研究咨询机构项目评估等。还有经纪人、典当行、拍卖行、职业介绍所、人才中心等；以及市场监督鉴证机构，计量检查、商品检查、质量检查、从业资格认证等市场监督活动。这类机构为合伙人制度，不是有限公司。

另一类是行业自律的中介服务机构。主要是各种协会、同业公会、商会等。这类组织的主要职能是维护企业正当的合法权益，向会员企业提供经济信息、市场预测、技术指导、投资导向、法律咨询、人员培训方面的服务；为企业开展国际交流与合作，代表企业利益反映企业愿望，并向政府提出要求，协商工商企业之间关系，调解纠纷、争端，按市场要求约束企业行为，加强行业自律，反对不正当竞争等等。这些机构有政府不可替代的作用。总之，十六届三中全会又把发展协会提到重要的议程上来了。

按上述要求，我们中装协虽然做了一些工作，但还有很大的差距。其他的不谈，有一点我始终在想，我们如何向市场、向社会、向会员企业提供行业信息、市场信息、价格信息、法律法规信息等等。第二是如何推动企业诚信建设。两年来，我们仅完成了一个文字上的“自律公约”，究竟怎么抓才能落到实处？国家工商局消费者权益保护局很支持我们，但我们没有去利用。总之需要做的工作还很多。上述两件事做好了，行业协会功能更加健全了。

第五，建立信用制度是规范市场的治本之策。“决定”中有这样一段话：“形成以道德为支撑、产权为基础、法律为保障的社会信用制度，是建设现代市场体系的必要条件，也是规范市场经济秩序的治本之策”。这一段话反映了我们对市场经济规律认识的深化。

为什么这么讲？我理解：

1．信用交易是市场经济的主要交易形式，它已经逐步取代了传统的“一手交钱，一手交货”的交易形式，只有讲信用，市场经济才能有配置资源的能力。世界上不少国家都在致力于完善信用制度、信用体系和信用工具，从而达到扩大交易规模，提高竞争能力，促进经济增长的目的。

2．市场经济是信用经济，没有信用，就没有秩序。目前，诚信与否不只是道德问题，深层次的原因则是体制问题，市场交易主体没有承担责任和风险的基础。另一个原因是信用制度不健全，承担失信责任的成本很低，守信者的利益又得不到法律保护。政府的信用最重要，目前拖欠工程款的项目相当一部份来自于政府的政绩工程。

3．市场秩序的核心是公平竞争。公平竞争不仅可以减少投机、降低交易成本，也是抑制腐败的重要手段。没有信用制度无法公平竞争。

4．建立信用制度是入世的需要。它是投资环境的组成部分，是国际合作的基础。诚信短缺，无人合作。提高建筑装饰行业、企业的信用水准，贯彻好自律公约，做到使失信者受到实质性的惩戒，协会还要做大量工作。另外，围绕协会开展的活动要有助于减缓企业失真、失信，如做好百强评比等等。建立企业的信用库，增加对会员企业的信用评价都是协会要考虑的。今后，协会也将要加强同信用服务机构的合作，共同为建立行业信用体系多做工作。

二、关于提高协会工作水平的几点思考

科技大会期间，我一直思考几个问题，在这里和同志们交换一下意见。

第一个问题，大会的五个论坛，都有一个主题，特别是企业家论坛，把“制度、战略、文化”这样题目交给了企业负责人。十位发言的同志做了很好的回答。我在想，我们协会有没有这样问题？如果有，我们自己能否把协会的制度、战略、文化的问卷答出来？此外，几个同志发言中都将企业文化同员工的价值观联系在一起，汪家玉同志讲演中指出“企业文化的核心是价值观”，我又在想我们协会工作人员的价值观是什么呢？第二个问题，张朝煊同志五次修改讲演稿，我们已经交付印刷后，又提出第六次修改。我很敬重张总的敬业精神，但更注意他为什么在题目上加进了“执行力”。“执行力”是刚刚从国外引进来不久的管理学名词，听

了张总的讲演以后，我在想，我们协会的执行力怎么样？第三个问题是科技大会的过程中和会议之后，几乎未听到会员企业的不同声音，基本都是赞同，协会的同志虽然很累，但也都很兴奋，当时我在想，协会工作的确有了一个新起点了，下一步该怎么干呢？是不是自己又给自己出了一个难题呢？我想就上述三个问题谈点个人想法。

第一个问题，关于价值观。

在企业家论坛的"制度、战略、文化"的六个字里，协会都应该有自己的答卷，为什么？我们讲的制度是指体制和机制，协会在市场中生存，必然有适应这种环境的体制、机制问题。协会作为一个中介机构，也应该有它实现目标的战略。但这些我都不讲了，只谈一下协会文化背后的协会工作者的价值观。科技大会后协会的同志很兴奋，为什么？因为它体现了协会同志们的价值。什么是价值观？简单的讲，就是你追求什么，赞成什么，反对什么，它支配着我们的一切行为。以追求事业为目标的人，他工作就努力，学习就勤奋，不仅不满足于一般性的完成任务，还希望有点创新能力；如果只满足上班拿工资，弄得好还能有点奖金，至于工作成果如何则没有要求了，这类人的精神状态同前面的同志区别就大了。至于极个别同志喜欢传点闲话，拨弄点事非，搞点小动作，他的价值取向则另当别论了。一个团体的文化及价值观取决于特定的人群，我们研究的协会文化、协会工作人员的价值观，它必然要区别于政府和企业。

两年多的工作使我体会到，协会有它特殊的工作规律。协会不同于政府机构、更不同于企业。政府是靠权力开展工作，它生产的产品是方针、政策，它是用管理和执法的职能服务社会，造福百姓。企业是靠资本开展经营活动的，通过生产、经销物质的、文化的产品，争取利润的最大化。而协会呢？是在一无权、二无钱的情况下运转的，协会也要生产产品，这就是服务，为会员企业，为行业发展服务，从而得到精神的、物质的回报，借以维持协会在市场条件下的生存和发展。体现协会最大价值的是为会员企业服务，为推动行业发展服务，在服务方面做点事，并争取收到实际效果。回顾协会换届后的实践，凡是在服务上取得会员企业信任的，效果就好，凡是以简单收费为动机的就会让人感到反感。在服务方面，我们已经有了几条经验：一是要在涉及行业发展的方向性、方针性问题上提高为会员企业服务层次；二是找对、找准服务空间，政府要求的但又做不了的、地方协会想做，但又有困难的，会员企业希望的就是我们可能要抓的重点服务项目。譬如说科技大会。第三，协会之间的竞争逼迫我们在服务项目的选择上体现我们的优势，形成中装协的形象和信誉。铝制品委员会及不久要成立的设计委都可能和相关协会、学会的分支机构有竞争，谁能更好选准服务项目，做出服务成绩，谁就能取得主动权。创造工作的前提，是要学会策划项目。实现上述的服务目标，就要提高协会工作人员素质，要考虑以下几个问题：一是怎么办成一个学习型协会。什么是文化，从浅表上理解，至少一个要素是知识。现在会员企业负责人都在希望把本企业办成为一个学习型企业。协会是行业的领路人，我们是否具备同业内企业家、专家讨论和交流行业发展的能力，对我们是一个考验。千万不要因为你是协会负责人，或者是协会工作者，会员企业一般性的承认，甚至给点尊敬就满足了。你谈不出点知识，谈不出点思路，人家从心底里就不佩服你，希望大家一定要有自知之明。协会的工作具有公益特点，但协会不是纯公益机构，协会不是经济组织，也不是超经济组织。协会要在市场中生存，必须要在学习中接受会员企业和市场的考验。

怎样才能成为学习型协会？一是靠大家自觉、主动充电。市场经济的先进性、残酷性就在于竞争。不留情面的逼迫你学习和提高，在学习的动力、毅力、效果上的差距，最后要成为能力上的差距。现在某些同志还在讲糊涂话，总是希望领导按个人情况安排好自己的工作。市场经济要求你要适应工作，能否迎接工作对你的挑战，它已经成为就职和待业的条件。二是一定要提高协会的研究能力，除了协会要统一完成一些课题外，每个同志都有要有一个结合自己工作的调研课题，有一定水准的同志争取具备在某一个领域做学术报告的能力。三是要研究协会的工作规律。换届后，基于对协会工作的理解，我们提出了"策划项目、创造工作"、"经营协会资源，营造和谐氛围"、以及"没有政治责任心干不了协会工作；没有一定能力、水平实现不了高层次为会员企业服务的目标；没有敬业精神完成不了协会任务"等对协会工作规律的初步认识。从建立学习型协会的角度，你不了解行业、不熟悉企业，听不到会员企业要求，自己宏观思维能力及知识面不到位，你又怎么策划项目呢？协会的资源是协会的宝贵财富，但任何资源都有有形的、无形的；潜在的、现实的；有资源而发现不了，这又怎么利用资源呢？所有这些问题来源于学习，来源于研究问题的能力和水平，这就是协会工作规律。行政管理学和企业管理学，是分别研究政府和企业工作规律的。上述内容的一系列教科书就是对政府和企业工作规律多次提炼的研究成果。而协会工作规律，则需要我们自己去总结。现在我们每个部门都有研究自己工作规律的任务。前些天，我在报社讲：要研究协会办报的规律。协会的价值在于服务，服务又有无偿和有偿之分，但相当多的有偿服务都是以无偿服务为基础的，这是协会某种程度的公益性组织所决定的，谁能把握好这个特点，就能扩大有偿服务的市场，就能体现出协会不是缺钱，是缺人。在把握协会工作规律上，我们原有的一些专业委员会比协会秘书处做得好，我观察，他们是把协会工作放在市场条件下考虑的，内部机制好，对接会员企业能力强。而协会秘书处机关化色彩浓，吃苦精神差，危机意识不强，工作压力不大，希望秘书处各部门及几个新专业委引起重视、注意。

二是在价值观上，一定要体现协会合力、整体力。协会秘书处和各专业委员会、各专业委员会之间，以及秘书处各部门虽然干的活不一样，但都是为了一件事，这就是协会的生存和发展。今年协会工作的一个很大特点，就是多联合其他协会，壮大为会员企业服务的能力，提高我们同相关协会的竞争力。这就要求我们内部多合作。我非常希望就协会为整合资源问题做一个专门讨论。同时，我们一定要支持那些顾全大局的同志，支持那些富有合作精神的同志。管理学上有一个公式，叫做现状一浪费=未来。在谈到协会合力、整体力的时候，不可避免要谈到强调协会工作人员的团队精神。有没有互相帮助和谐相处的精神，是一个组织的合力、整体力的文化和道德基础。一个很有修养的人，他的价值观包括在群体中处理好和谐关系的能力。包括处理好同领导的关系，平级之间的关系和同会员企业关系、同地方协会关系。同志之间多点理解、谅解、有点不同意见多做点自我批评，越有姿态人们越尊重你。我非常希望中装协的同志有一个很好的个人行为准则，以及诚信方面的操守，这些不是高标准的要求，应该是生活常识。历史上协会的不团结，每个人都以“损失”付出了代价。今后协会绝对不会出现、至少这届协会不会出现象历史上打成一锅粥的局面。当前，协会内部的团结、配合工作的形势是好的，希望大家共同珍惜。非常不希望历史上不团结的因素影响今天的工作。同志之间亲一点疏一点，在一个团体里也是难免的，但不要扩大它，发展它。创造一个团结共事、和谐相处的环境是我们大家共同的责任。讲政治是中国协会的一大特点，协会虽不是政府、不是企业，但不是超社会的。协会办事是有原则的、是有规矩的，所有这些都是对协会工作人员思想水平，甚至是政治水平的考验。

谈到协会的合力、整体力，就要谈到协会的凝聚力。一个团体有没有凝聚力取决于三条：一是有没有一个公正、公平的工作条件和环境；二是个人的价值取向同组织的价值取向是否一致；三是有没有对未来发展的信心。上述三条，我个人想目前的中装协应该是都具备了，但仍然需要大家共同努力。

第二个问题：关于执行力。

张朝煊同志在讲演中指出：“文化、战略是企业成功的前提，执行力是成功的关键”。它也指出：“企业的执行力由组织能力和制度性能力构成”。一个企业也好，一个组织也好，能否成功的关键在于实践，在于执行过程中的成功与失败。不能说我们的协会没有对工作的规律性认识，不能说没有思路，不能说没有布置和要求。但在贯彻的过程中存在一系列的薄弱环节。

从组织能力来讲：其一是秘书处一杆子插到底的会议多，部门制度未建立起来，包括会议制度、部门内部的工作检查。协会主要的工作和活动计划相当一部分都不是部门提出的，影响了部门积极性的发挥；其二，符合市场经济需要的考核制度不完善、不完备，逐步拉大差距的激励机制不到位；完成任务好的、差的区别不大，工作不到位，还没有压力，甚至出了差错无人追究。奖赏是必要的，但是没有惩戒，绝对没有执行力。到目前为止，从整体上我们还没有形成一套符合协会功能的组织系统，怎样使秘书处内部的部门设置更能体现合理的工作分工和责任考核，秘书处同专业委员会的组织管理关系要怎么样既从实际出发，又保证各司其职，从而使协会的工作有管理、有监督、有责任地进行是我们下一步要认真研究的。现在初步设想，对家装、设计、铝制品、厨卫委员会实行工作目标和收支预算管理，对其他委员会实行工作计划管理。当然这些还需要我们做进一步研究。

从制度性能力来讲：到协会工作以后，一直在思考协会要不要规范化管理问题，最后的结论是：肯定要，只不过是企业和协会有不同的产品生产和工作过程，规范化管理也有不同途径、方法。协会要从协会实际出发，实现规范化管理目标。在这个问题上不管我们决心大小，但一定要明白一个道理，没规矩不成方圆，制度不健全，一个组织或机构，不会有效率、有质量的工作。当前，我们要做什么工作呢？一是先从基础工作做起，每个人起草自己的岗位责任制，并有考核办法，然后由部门负责人汇总，送综合部。各部门重新修改自己的部门职责和部门负责人的目标管理内容，由综合部牵头，2 月份结束这项工作。这项工作一定强调目标及考核定量化。二是进一步研究协会制度的完善问题，以及考核的严肃性；制度是管人的，是约束人的，每个人都要调整自己的心态，就是服从制度。这次到印度出访中，金螳螂公司的朱总讲：“不管他在与不在，金螳螂都可运行，因为是制度在推动企业运转”。朱总在介绍他的体会时还强调：“任何人，特别是对企业有贡献的人，元老级的人，更要在制度管理下工作”。当前，协会要强调的几项制度是：一是按时上下班制度；二是有事请假制度，特别是参加不是由领导安排的活动，一定要请示；有些活动领导是支持的，但是，至少从时间安排上要打个招呼；三是部门的会议制度和专业委员会的秘书长工作会议制度一定要坚持。

什么时候，制度能成为工作人员的习惯，这个组织机构就有共同意志了，就有战斗力了。

提高制度的执行力，是协会内部建设的重要内容。但更重要的是每个工作人员的责任心和敬业精神。真想批评几件事，今天不讲了！当前，作风建设上、思想建设上，要强调认真！我到协会工作难度最大、工作量最大的是文字。如果有的同志有些文字材料写得不好，可能与能力有关系，如果错字、漏字连篇，没有人负责校对，或极不认真，这就是责任心问题了。我想，在 3 月份组织一次内部展览，展览从今天以后，到 3 月 30 日交给我的文字中错误十分典型的材料，借以引起触动。

在张恩树同志《建筑文集》发行座谈会上的讲话

中国建筑装饰协会五届理事会高级顾问　中国建筑文化艺术协会会长
全国政协委员 中国建筑工程总公司原党组书记　副总经理　**张青林**

同志们：

今天是 2004 年 2 月 2 日，我们在这里举行我们中建总公司的创始人之一，第一任总经理张恩树同志的《建筑文集》发行座谈会，以此来表达我们中建总公司历任领导同志，几代中建员工和关心、支持中建总公司改革与发展的社会各界朋友们对我们老领导张恩树同志的感激之情。这本文集的发行是一件具有重要价值的大事情。

张恩树同志的这本《文集》，首先是一本反映中国建筑业坚持改革开放方针的时代《文集》。大家知道从 80 年代初期到 21 世纪的今天，是中国大地展开翻天覆地大变革的时代，在解放思想、实事求是、与时俱进、改革创新的思想路线指引下，中国经济体制从计划经济一步一步地跨入了社会主义市场经济。在这一体制改革演进的过程中，建筑行业率先“下海”，成为城市经济体制改革的突破口，引入竞争机制，实行招标承包；汲取国际经验，开拓国际工程建设市场；调整企业组织结构、改变用工和分配制度等全方位地展开。这些内容在《文集》中的几十篇文稿中都从不同的侧面和不同的年份得到了深刻的反映和计时性的表述，作为我们在建筑业工作的同志读起来倍感亲切。

张恩树同志的这本《文集》，更是一本集中反映中建总公司创建、起步、探索、发展的实践《文集》。这本文集是以成立中国建筑工程总公司以来恩树同志的工作报告为主体内容而汇集成书的。这就是说《文集》更为全面、更为集中、更为深刻地反映出了中建总公司的历史风貌。从中可以了解到当时为什么要创立中建，也了解到如何创建中建，更了解到如何在探索中发展中建。我们知道当时的中建从诞生的那时起就面对三大转变的挑战：一是由行政部门转向实体企业，面对自主经营、自负盈亏的挑战；二是由计划分配任务转向市场竞争，面对“找米下锅”的挑战；三是由国内市场转向国内外大市场，面对第一个“吃海外螃蟹”的挑战。应当说当时总公司勇于更善于面对这样的挑战，打开了良好的局面。因此说这本文集是实践性很强的文集，也可以说是在探索中不断求得创新的文集。尤其是文集中十分鲜明地突出了对外工程承包业务的经营主线，刻画了中建海外事业的实践轨迹，展现了知难而进，破难而成的创新面貌，1984 年中建就已经跨入世界 250 家承包商 21 位的历史辉煌。在这方面文稿深刻透视出的发展海外事业一定要坚持随世界风云的时代而变，随不同国家地区的市场环境而变，随国情和自身情况而变的指导方针和基本经验，这“三随而变”的历史经验对于我们今天要实现“一最两跨”的发展目标来说都是十分有益的。

张恩树同志的这本《文集》还是一本面向全国建筑装饰行业的推进《文集》。建筑装饰行业是建筑业的三大组成部分之一，在近二十年来有了相当速度的发展，这与张恩村同志的大力推进是分不开的。大家知道中国建筑装饰协会是 1984 年成立的，从那时起恩树同志就担任该协会的理事长，直到今天他还担任名誉会长。文集中大约有一半的份量 24 篇文稿是集中阐述建筑装饰行业的，从这里我们可以清晰的感受到装饰行业的发展进程，领略到装饰行业的生产特点，醒悟到装饰行业的经营特性，从而去创造有别于土建工程的生产方式和经营管理模式，这对于我国建筑装饰装修这一新兴行业的强劲发展，对于我们中建现有装饰装修业务更快发展，都有着很强的现实针对性。

张恩树同志的这本文集，又是一本体现大型建筑企业主要领导者领导风范的资政《文集》。张恩树同志长期担任总公司的总经理职务，文集中的文稿多以总经理的角色而成文的，这就是说如何以主要领导岗位来领会文稿的内涵就更有亲切之感和现实意义。我们从中可以学习到作为主要领导者如何分析形势、把握大局，如何判断问题抓住矛盾，如何明确经营方针和重大措施，如何统领班子、员工和团队，如何分步推进，实现改革发展目标等等，都反映了一定要把当前和长远统一起来，需要和可能统一起来，目标和措施统一起来，业务工作和思想政治工作统一起来的领导艺术和领导方法，对于我们后来人不能不说是一种表率，是一种榜样。“资政”二字可以表达我们的这一潜心学习的态度。因此这本文集就应成为我们的资政文集。

张恩树同志这本文集同时是一本反映恩树思想政治品质、业务领导能力和工作作风等综合素质的品格《文集》。恩树同志是一位老党员、老领导，在他 80 多个风雨年华里，在他 60 多年革命生涯中，在他 50 多个建筑事业的岁月里，他在为革命建设事业做出更大贡献的同时，也锤炼了他令人欣慰的高尚品格，成为留给我们的更为宝贵的财富。读文集、思其人、大有文理在行、品格高尚之感。他注重思想修养，思路敏捷，政治敏感性强；他对新事物勇于实践，勤于思考、反思和总结，注重业务能力的提升；他严于律己、宽厚待人，为人正直，作风正派。在他的综合素养之中我感到最可宝贵的就是他把“解放思想、实事求是”这一党的思想路线融进了自己的思想修养之中、品格锤炼之中，并成为这一品格的支撑。凡事都从此出发，对“事”实事求是、对“人”实事求是。在我的回忆中常讲起我在一局安装公司二队任党支部书记时在对待一位因家庭出身能否入党问题上，我受到的“解放思想、实事求是”这一思想路线的教育和体会，实际上当时恩树同志正在担任一局党委书记和局长，没有他老人家的思想解放，也不会有我的勇气和力量。

总之，这本文集作为时代文集、实践文集、推进文集、资政文集和品格文集同广大读者见面，这是我们全体中建人的光荣和骄傲。这本文集既是历史，又是现实，更是未来。我们不可忘记中建的过去，特别是宝贵的经验；更要从当前的实际出发，在继承的基础上，增进创造力，创造新局面。总之，这本文集确实像后记中所讲的“张恩树同志文稿的结集成册出书，更具有其‘存史、资政、育人’的重要价值。”

最后祝德高望重的老领导恩树同志健康长寿、青春永驻。

2004 年中国建筑装饰行业发展

中国建筑装饰协会五届理事会理事　全国优秀建筑装饰协会工作者

中国建筑装饰协会信息部主任兼会刊《中国建筑装饰》主编　工会副主席　**黄　白**

当国民经济发展速度 GDP 为 7%～9%时，建筑业发展速度为 11%～20%时，住宅业发展速度为 18%～20%时，建筑装饰行业发展速度为 18%～20%。进入 21 世纪，我国建筑装饰行业年均发展速度为 18%，2000 年为 5500 亿元，2001 年为 6600 亿元，2002 年为 7200 亿元，2003 年约为 8500 亿元。年均行业总产值约占当年我国 GDP 的 6%左右。其中家装占全国建筑装饰行业年总产值的 45%、50%和 55%，占我国 GDP 的 3%左右。

2000 年、2001 年、2002 年、2003 年全国建筑装饰行业的发展速度分别为 25%、20%、9%和 18%，年均下降 8 个百分点。2001 年比 2000 年下降了 5 个百分点，2002 年比 2001 年下降了 11 个百分点，2003 年比 2002 年增加了 9 个百分点。2003 年是个转折点——从高速增长到大幅下降，再恢复上升保持平均水平。

据国家统计局投资司建筑业处 2004 年 9 月 25 日报告的数字，建筑业 2000 年以来年均发展速度是 20%，特别是 2003 年下半年、2004 年上半年全国进入投资热潮。2004 年我国 GDP 增长 9.5%，比上年多 0.2 个百分点。尽管 2004 年 12 月 27 日建设部汪光焘部长在“2005 年全国建设工作会议”上指出：2004 年全国“公共设施管理业”投资同比增幅已由 1～3 月份的 81.6%回落到 1～11 月份的 23.4%，同比增长已低于全社会城镇固定资产投资增幅；房地产开发投资同比增幅由 1～3 月份的 41.1%回落到 1～11 月份 29.2%。但是全年全社会固定资产投资达 70073 亿元，比上年增长 25.8%，因此，建筑装饰行业保持 18%发展速度是实际的。

若如此，2004 年我国建筑装饰行业的产值约为 10030 亿元，突破了一万亿元大关，占全年 GDP136515 亿元的 7.3%。

本文分四大部分：一是法制建设；二是行业发展；三是协会创新；四是家庭装饰。

一、法制建设

1．政策法规要点

2004 年建设部依然对建筑装饰市场和行业发展给予特别的关注。1 月 13 日，建设部部长汪光焘在“2004 年全国建设工作会议”上题为“开拓进取 推动建设事业持续健康发展”的讲话，第三大部分：抓住机遇，改革创新，促进建设事业健康发展。2004 年着力抓好八方面的工作，其中第四方面：深化建筑业改革，加强建筑市场监管，提高工程质量和安全水平。汪光焘部长指出，重视建筑装饰装修业的发展。提出五方面的要求：一是充分发挥装饰装修业对建材、轻工等相关产业的拉动和就业的促进作用。二是健全装饰装修产品开发、设计、施工、部品生产、管理和服务的产业系统，建立和完善生产、供给、销售和服务一体化的生产组织方式。三是积极推广先进适用成套技术，不断提高建筑装饰装修业的工业化水平和建筑装饰装修产品的综合品质。四是加强对建筑装饰装饰市场的监督，规范装饰装修企业行为，严格市场准入和清出。五是大力推行一次性整体装修，减少因二次装修可能对房屋造成的破坏及环境污染。六是加强对室内环境质量检测工作，提高建筑装饰装修质量，保证人们居住和使用安全。这是建设部历年建设工程会议上对装饰装修行业发展提出指示最多的一次。

在 12 月 27 日，建设部汪光焘部长在北京召开的“2005 年全国建设工作会议”上所作的工作报告中要求：“要进一步加强对装饰装修市场的监管，保证室内居住健康的环境。”

2004 年从国务院到建设部等有关部委关注的焦点是工程款及清欠民工工资问题，10 月 20 日，财政部、建设部共同公布《建设工程价款结算暂行办法》（财建[2004]369 号）。10 月 25 日，最高人民法院做出《关于审理建设工程施工合同纠纷案件适用法律问题的解释》（法释[2004]14 号）。

11 月 25 日，建设部办公厅发出《关于沈阳富城建筑装饰有限公司和宁夏二建集团有限公司拖欠农民工工资造成恶劣影响的通报》（建办市函[2004]697 号），通报指出，《国务院办公厅关于切实解决建设领域拖欠工程款问题的通知》明确要求，“已获得工程款的建筑业企业，要优先偿付拖欠农民工和工人的工资”。《国务院办公厅转发建设部等部门关于进一步解决建设领域拖欠工程款问题意见的通知》进一步提出，“按照谁承包，谁负责的原则，总承包企业对所承包工程的农民工工资负全责”，对“劳动用工、工资发放情况进行日常动态监督，采取有效措施，确保农民工工资按时足额发放”。沈阳富城建筑装饰有限公司在承建沈阳市苏家屯区信盟花园北三期工程过程中，没有采取有效措施对农民工工资发放情况进行日常动态监督，确保农民工工资按时足额发放。特别是在包工头携款潜逃后，没有认真地妥善处理，导致了被拖欠工资的 7 名农民工服安眠药的恶性事件。沈阳富城建筑装饰有限公司和宁夏二建集团责任有限公司严重违反了国办《通知》的要求，造成了极为恶劣的影响。现决定，对沈阳富城建筑装饰有限公司和宁夏二建集团责任有限公司给予通报批评，并由辽宁省建设厅和宁夏回族自治区建设厅分别对沈阳富城建筑装饰有限公司和宁夏二建集团责任有限公司作出相应处罚。

2．实施《行政许可法》

2004 年政府最大的改革是 7 月 1 日《中华人民共和国行政许可法》的正式施行，使我国经济和社会生活发生巨变。

6 月 10 日，建设部部长汪光焘指出，建筑业是整个建设活动的总和，主要包括业主、工程咨询和承包商三部分。为此，建设部工作重点为：一是建立真正的市场主体，二是加强政府干预市场缺陷的能力，以提高竞争强度，建立公平市场环境。贯彻《行政许可法》的要点之一是：行业协会能够自律的政府不管。

7 月 2 日，建设部部长汪光焘签署建设部令第 127 号"建设部关于废止《城市房屋修缮管理规定》等部令的决定"，废止的建设部部令共六个：包括《建筑装饰装修管理规定》（建设部令第 46 号，1995 年 8 月 7 日发布）。

到目前为止，国务院已经进行了三批取消和调整行政审批项目，有关装饰装修的有三项，均在 2002 年 11 月 1 日国务院做出的《国务院关于取消第一批行政审批项目的决定》（国发[2002]24 号）中：一是序号 10，建筑门窗、幕墙生产许可，设定依据："关于印发《建筑门窗生产许可证实施细则》的通知（文号不详）"，"关于印发《建筑门窗、幕墙生产许可证换（取）证实施细则》的通知"（建计[1994]254 号）；二是序号 48，装修工程竣工质量认证，设定依据：《建筑装饰装修管理规定》（建设部令第 46 号）；三是序号 115，房屋装饰装修审批，设定依据：《建筑装饰装修管理规定》（建设部令第 46 号）。

第一批中还有国家经贸委被取消 46 个，包括室内装饰企业的资质审批。

11 月 8 日，建设部发出公告第 278 号《关于建设部机关直接实施的行政许可事项有关规定和内容的公告》，包括装饰施工企业、装饰设计单位资质审批。

各地也采取相应措施，如 6 月 28 日杭州市建委做出"关于废止《杭州市城建档案和科技档案保密规定》等 40 个文件的通知"（杭建法发[2004]528 号），通知指出，为一更好地贯彻实施《行政许可法》，根据市政府办公厅杭政办函[2003]174 和 306 号文件精神，我委对 2003 年 12 月 31 日前印发的文件进行了清理，经委办公会审议，决定废止《杭州市城建档案和科技档案保密规定》等 40 个文件，自公布之日起停止执行。有关装饰装修的包括四件：1996 年 7 月 7 日颁发的《关于加强杭州市建筑装饰设计管理的通知》（杭建规发[1996]266 号）、1996 年 7 月 10 日公布的《杭州市建筑装饰工程质量监督暂行办法》（杭建管[1996]118 号）、1999 年 6 月 23 日公布的《关于进一步加强和规范建筑门窗、建筑幕墙生产许可管理的通知》（杭建工发[1999]294 号）、2000 年 3 月 15 日颁发的《关于实行住宅初装修和推广一次成型装修房的通知》（杭建房[2000]40 号）。

9 月 20 日杭州市令第 207 号公布修改《杭州市建筑装饰工程管理办法》，11 月 22 日，杭州市建委发出《关于实施建筑装饰工程施工许可单制度的通知》（杭建市发[2004]923 号）。

《行政许可法》引起的最大变革是，政府以前是市场和行业都管，现在是政府管理市场，协会管理行业。给建筑装饰带来的最大的实惠是，始于 1986 年历经 18 年深遭业内痛绝、屡经国务院历届领导、中央编制委员会、国务院办公厅协调的装饰市场和行业多头管理的大问题，在 2004 年发生质的变化。建筑装饰市场的多头管理因《行政许可法》的实施在全国得到彻底解决。建筑装饰行业的多头管理在少部分地区尚存。

3. 装饰市场管理

根据 2000 年国务院的"三定方案"和《行政许可法》，政府的职能为"经济调节、市场监管、社会管理、公共服务。"政府建设行政主管部门现进行的装饰市场管理的主要内容为：一是装饰企业资质审批；二是装修施工许可；三是招标代理；四是工程质量验收及环境检测；五是执法监督等。

7 月 5 日，建设部部长汪光焘发布建设部令第 128 号《建筑施工企业安全生产许可证管理规定》，包括装修工程的新建、扩建、改建和拆除等有关活动的企业。

12 月 1 日，建设部发出"关于印发《建筑施工企业安全生产管理机构设置及专职安全生产管理人员配备办法》和《危险性较大工程安全专项施工方案编制及专家论证审查办法》的通知"（建质[2004]213 号），二个文件均中指出，本办法适用于"装修工程的新建、改建、扩建和拆除等活动。"

《建筑施工企业安全生产管理机构设置及专职安全生产管理人员配备办法》第六条，建设工程项目应当成立由项目经理负责的安全生产管理小组，小组成员应包括企业派驻到项目的专职安全生产管理人员，专职安全生产管理人员的配置为——装修工程按照建筑面积：1 万平方米及以下的工程至少 1 人；1 万～5 万平方米的工程至少 2 人；5 万平方米以上的工程至少 3 人，应当设置安全主管，按土建、机电设备等专业设置专职安全生产管理人员。

《危险性较大工程安全专项施工方案编制及专家论证审查办法》第三条第七款，建筑幕墙的安装施工被列为危险性较大的工程。

随着《行政许可法》的逐步实施，各地建设行政主管部门加强了装饰装修市场的管理。如 2 月 12 日，福建省泉州市建设局公布《关于加强装饰装修工程竣工验收备案管理的通知》（泉建建[2004]3 号）。3 月 25 日，青海省建设厅做出《2003 年度外省进青建设队伍业绩考核结果的通知》（青建工[2004]60 号），其中包括装饰企业。合格的有江苏金岛装饰工程有限公司、南京金马装潢工程公司、深圳市建筑装饰集团（有限）公司、深圳海外装饰工程公司、深圳市南利装饰工程公司、深圳广田装饰设计工程有限公司、沈阳远大铝业工程有限公司等 7 家装饰企业。不合格的有兰州宏达装饰工程有限责任公司、深圳粤航装饰设计工程公司、西安飞机工业装饰装修股份有限公司等 3 家装饰企业。3 月 31 日，吉林省延边朝鲜族自治州建设局发出《延边朝鲜族自治州建筑装饰装修工程管理暂行办法》（延州建制[2004] 14 号）。4 月 19 日，山东省建设厅和省建筑工程管理局共同发出《关于 2004 年山东省建筑装饰装修市场秩序专项治理工作的意见》。8 月 10 日，西安市建委发出《关于建筑装饰行业贯彻执行陕西省建筑市场管理条例有关问题的通知》（市建发

[2004]166号），再次强调装饰市场决不能多头管理。

各地还注重市场管理制度的创新，如11月28日《北京晚报》以“政府投资‘代建制’遏制源头腐败”为题报道，为进一步规范政府投资行为，提高政府投资工程的建设管理水平和投资效益，北京市宣武区政府一改以往各单位自行操作建设项目的做法，开始着手建立符合市场经济要求的政府投资工程建设管理模式“代建制”，从源头上遏止腐败，减少不必要的损失。所谓“代建制”，是由政府部门设立的专业化的项目管理单位对政府投资项目实施全程代理，项目建成后交付使用单位的一种项目实施方式。以往，政府建设项目都是由各单位自行操作实施，这种做法往往由于自行操作实施单位缺少专业知识而造成人力、物力、财力浪费，甚至出现违反基本建设程序的现象，为暗箱操作留下空间。代建期间，代建单位将按照合同约定代行项目建设的投资主体职责，有关行政部门对实行“代建制”投资项目的审批程序不变，其主要适用于宣武区政府投资占工程总投资50%（含）或政府参与投资并出资100万元以上的新建工程、50万元以上的装修改造工程。中国建筑装饰协会有关专家参与了此项制度的制订。

与此同时，各地人大常委会加强了装饰市场立法工作，如4月16日，四川省人大常委会8次会议批准修改《成都市建筑施工现场监督管理规定》，该规定为1997年7月23日成都市十二届人大常委会26次会议通过，同年经四川省八届人大常委会29次会议批准。2003年11月13日成都市十四届人大常委会2次会议通过。在总则中明确：本规定所指建筑施工现场，是指各类房屋建筑及其附属设施的建造、装饰装修和现其配套的线路、管道、设备的安装，以及市政基础设施工程施工场地。6月26日，安徽省十届人大常委会10次会议通过“关于修改《安徽省建筑市场管理条例》的决定”，明确“装饰装修工程的设计、施工”必须遵守本条例。原条例是1995年12月30日安徽省八届人大常委会21次会议通过的。

值得重视的是，11月29日，江苏省建筑工程管理局发出《关于加强我省装饰装修企业统计工作的意见》（苏建管装[2004]3号），这是我国第一个关于装饰行业统计工作的指导性政府文件。

4．企业资质管理

资质管理是政府市场管理最重要最直接的手段，建设部加快了审批工作节奏。3月1日，建设部发出《关于公布2003年建筑业企业资质升级企业名单的公告》，公告指出，根据《中华人民共和国建筑法》和《建筑业企业资质管理规定》（建设部令第87号），我部对2003年申请资质升级的建筑业企业进行了资质审查。现将经我部批准的557家建筑业企业名单予以公布。其中，主业为建筑装修装饰工程专业承包一级资质企业96家；主业为建筑幕墙工程专业承包一级资质企业1家。在此之前，全国原有建筑装修装饰工程专业承包一级资质企业474家，现共有570家；全国原有建筑幕墙工程专业承包一级资质企业90家，现有91家。现有甲级装饰工程设计单位426家，甲级建筑幕墙工程设计单位123家。同时具有一级装饰施工和甲级装饰设计资质的企业增加了45家，现为276家；同时具有一级幕墙施工和甲级幕墙设计资质的企业增加了5家，现为74家。

3月23日，建设部发出公告第219号《建设部关于公布批准的工程设计资质企业及第五批建筑工程设计事务所名单的公告》，公告指出，根据《中华人民共和国建筑法》和《建设工程勘察设计企业资质管理规定》（建设部令第93号），现将经我部审查批准的工程设计资质企业及第五批建筑工程设计事务所名单予以公布。其中有建筑装饰专项工程设计甲级资质企业74家，建筑幕墙专项工程设计甲级资质企业11家、乙级企业42家。8月19日，建设部建筑市场管理司发出《关于批准安徽电信工程有限责任公司等355家企业工程勘察设计资质转正和合肥市建筑设计研究院等97家企业工程勘察设计资质延期转正的通知》（建市设函[2004]26号），其中，包括建筑装饰甲级工程设计资质转正7家、建筑幕墙甲级工程设计资质转正4家、建筑幕墙乙级工程设计资质转正6家、建筑幕墙甲级工程设计资质延期一年转正2家。11月26日，建设部建筑市场管理司做出《关于批准北京市建筑设计研究院等362家企业工程勘察设计资质转正及北京工业大学建筑勘察设计院等67家企业工程勘察设计资质延期转正的通知》（建市资函[2004]41号），其中，建筑装饰专项工程设计甲级资质转正的有2家：黑龙江高维建筑装饰设计有限公司、浙江亚厦装饰集团有限公司；建筑幕墙专项工程设计甲级资质转正的有4家：佛山市兴发幕墙门窗有限公司、河北振海铝业集团有限公司、华北铝业有限公司、温州市亚飞铝窗有限公司。建筑装饰专项工程设计甲级延期一年转正的有2家：石家庄市通力建筑装饰工程有限公司、鹤岗市中北金利建筑装饰工程有限公司。

12月30日，建设部发出建设部公告[2004]300号《关于公布2004年建筑业企业资质升级企业名单的公告》，公告指出，根据《中华中华人民共和国建筑法》和《建筑业企业资质管理规定》（建设部令第87号），我部对2004年申请升级的建筑业企业进行了资质审查。现将我部批准的1137家建筑业企业名单予以公布。特此公告。其中，主项资质等级建筑装修装饰工程专业承包一级企业132家，主项资质等级建筑幕墙工程专业承包一级企业16家。全国原有主项资质等级建筑装修装饰工程专业承包一级企业572家，增加了132家，现为704家；全国原有主项资质等级建筑幕墙工程专业承包一级企业90家，增加了16家，现为106家。同时具有一级装饰施工和甲级装饰设计资质的企业原有276家，增加了12家，现为288家；同时具有一级幕墙施工和甲级幕墙设计资质的企业原有74家，增加了3家，现为77家。

为了贯彻《行政许可法》，建设部对现行的60个专项承包企业资质进行了质的改革。原计划是对现行标准进行局部修改，6月3日，建设部建筑市场管理司在北京国谊宾馆召开“建筑装饰、建筑幕墙以及轻型房屋钢结构、建筑智能化、环境工程、景观等六个专项设计资质标准修订会”，中国建筑装饰协会设计委员会（筹）秘书长田德昌、铝制品委员会秘书长宋协昌参会并发表意见。后改为设计施工资质“二合一”，10 月 18 日，建设部建筑市场管理司召开“设计施工一体化企业资质标准制订准备会”，根据建设部领导的指示和《行政许可法》关于减少企业行政审批的要求，决定先在装饰、幕墙、智能、消防四个资质试点，指导思想：一是有利于企业审报，减轻企业负担；二是有利于企业和行业发展；三是切实可行。其中“装饰装修工程企业专业承包资质等级标准”委托中国建筑装饰协会起草，11 月中旬上报送审稿。据此，中国建筑装饰协会立即成立了由副秘书长房箴为组长，王本明、黄白、田德昌、顾国华等部门负责人为成员的制订小组，并于 10 月 21 日、25 日分别在北京和南京召开了座谈会。协会还在石家庄、深圳、杭州等有关地方专门征求业内意见。12 月 13 日，中国建筑装饰协会向建设部建筑市场管理司报送《建筑装饰装修专项工程设计—施工企业资质等级标准（送审稿）编制说明和调研报告》。

企业资质管理的一个十分重要的方面是打击利用政府公信力假冒伪劣，装饰装修也十分严重，企业深恶痛绝。2004 年建设部有关部门公布了若干个声明，如 10 月 9 日建设部工程质量安全监督与行业发展司发表严正声明：近日有人冒用建设部工程质量安全监督与行业发展司司领导的名义，向地方建设行政主管部门推销书籍，现我司严正声明，我司领导从未以任何名义委托任何单位、个人推销任何物品，请有关单位谨防此类骗局。12 月 27 日建设部建筑市场管理司发表《关于对一些报社、杂志社要求建筑业企业参加其升级情况展示的严正声明》，声明指出，2004 年建筑业企业资质升级工作目前正在进行。近期，我们发现一些报社、杂志社等单位要求建筑业企业参加其升级情况展示，甚至打电话称不交费参加展示就不批准资质升级。对此，我司严正声明：凡报社、杂志社等单位举办的资质展示等活动非我司授权，与建筑业企业资质升级工作无关。对以我司名义从事经营活动的单位或个人，我司保留诉讼于法律的权利。特此声明。

5．装饰技术立法

政府在行政立法的同时加强了技术立法，包括装饰装修方面：

4 月 26 日，建设部做出“关于批准《环境景观——亭廊架之一》等 25 项国家建筑标准设计的通知”（建质[2004]73 号），其中与建筑装饰工程有关的有三部：标准图《环境景观——亭廊架之一》，标准设计号 04J012-3，编号 GJBT-725，编制单位：中国建筑标准设计研究院、深圳市柏涛环境艺术设计有限公司。标准图《游泳池附件安装及设备选用》，标准设计号 04S107，编号 GJBT-736，编制单位：中国建筑标准设计研究院、中国游泳协会。标准图《室内消火栓安装》，标准设计号 04S202，编号 GJBT-737，编制单位：机械工业第一设计研究院。

6 月 28 日，公安部消防局主持召开国家标准《建筑内部装修防火施工规范》审定会，主编单位是中国建筑科学研究院防火所。2003 年 10 月 25 日，公安部消防局在中国建筑科学研究院召开“国家标准《建筑内部防火施工及验收规范》送审稿审查会”。中国建筑装饰协会信息部主任兼《中国建筑装饰》主编黄白作为审查委员会成员参加了审查会。

7 月 12 日，建设部做出“关于批准《钢筋焊接网混凝土楼板与剪力墙构造详图》等二十项国家建筑标准设计的通知”（建质[2004]116 号），其中有关装饰工程的有三项：编号 GJBT-751，标准设计号 04J114-2，中国建筑标准设计研究院新编标准图《石膏砌块内隔墙》；GJBT-752，04J601-1，中国建筑标准设计研究院新编标准图《木门窗》；GJBT-753，04J621-2，中国建筑标准设计研究院和长春现代门窗科技有限公司合编标准图（代替 00J621-2）《电动采光排烟天窗》。

12 月 6 日，北京市地方标准《简易自动喷水灭火系统设计规程》公布并开始实施，全市五类民用建筑必须设置自动喷水灭火系统：一是面积超过 1000 ㎡的餐馆、茶馆；二是建筑物总面积大于 2000 ㎡的商店、超市及其库房；三是单体建筑物面积大于 2000 ㎡的旅馆、招待所、旅游度假中心；四是建筑面积大于 500 ㎡，设置在民用建筑内的商店、对外营业餐厅及其厨房、地下室旅馆；五是独立建造的、国家标准《建筑设计防火规范》所定义的歌舞娱乐放映游艺场所，凡建筑面积大于 500 ㎡时，均应设置自动喷水灭火系统。北京市规划委强调，当国家标准尚未规定，但符合北京市应设置简易自动喷水灭火系统条件的场所，应执行北京市标准。已建建筑物凡未达到要求的，应由所属单位加紧设置自动喷水灭火系统，并保证在 12 个月内通过验收。

6．行业协会发展

9 月 15 日，党的十六届四中全会通过的《关于加强党的执政能力的决定》中提出：“发挥社团、行业组织和社会中介组织提供服务，反映诉求，规范行为的作用，形成社会管理和社会服务的合力。”可归纳为 12 字方针是“提供服务，反映诉求，规范行为”。为新时期行业协会发展指明了方向。

7 月 9 日，中国建筑装饰协会收到建设部人事教育司直属处的《调研提纲》，共六条：一是政府哪些工作应转移或委托给社团来做？二是社团应具备哪些条件来承接政府转移或委托的工作？三是社团自养自律机制建设方面做得如何，采取了哪些措施？政府对社团的管理哪些方面应该加强，哪些方面需要弱化？目前社团在发展中面临的问题与困难是什么？对今后社团发展有何好的建议和意见？《调研提纲》反映了建设部关于行业协会建设的所思所想。

各地政府也继续指导行业协会发展，如 6 月 23 日，青海省发展和改革委员会发表《关于加快我省行业协会发展与改革的意见》，7 月 14 日，青海省人民政府办公厅发出《关于印发规范和发展行业协会暂行规定的通知》（青政办[2004]135 号）和《关于培育发展行业协会的指导意见》（青政办[2004]136 号）。

7．装饰行业管理

8 月 27 日，建设部部长汪光焘在出国前一天到中国建筑装饰协会调研。同行的还有建设部副部长黄卫，以及建设部人事教育司司长李秉仁、建筑市场管理司司长王素卿、工程质量安全监督与行业发展司副司长吴慧娟、标准定额司副司长杨融、建设部社团第一党委书记徐义屏等的建设部有关部门负责人。时间为一个半小时。汪部长一行阅读了中国建筑装饰协会提供的书面报告，听取了中国建筑装饰协会会长马挺贵、常务副会长兼秘书长徐朋的工作汇报，王素卿、吴慧娟、李秉仁相继作了发言，黄卫副部长讲话之后，汪部长作了重要讲话。他高度概括和总结了中国建筑装饰协会的经验，充分肯定了中国建筑装饰协会的工作，建议建设部社团第一党委配合人事教育司进一步总结中国建筑装饰协会的经验，以推动建设部业务管理的40个社团的工作。

黄卫指出搞好协会工作的“十二字”方针：提高层次——中国建筑装饰协会进行了《建筑装饰行业在国民经济中的地位和作用》课题的研究，这很好，还要进行技术标准的制订。从行业发展的全局考虑工作，从对社会的贡献求行业发展，为了行业发展要提高嗓门、提高层次；规范管理——装饰协会实行了全员聘任和末位淘汰制，这很好。这时汪部长插话：这这么好的办公环境的协会还没有。黄副部长接着说，但与国外的行业协会相比还有很大差距，我们要与国外的行业比，形成一整套协会建设和行业发展的理论和体系；强化服务——中国建筑装饰协会确有凝聚力，一开会能有上千人，是因为你们能为企业办实事，这也是为什么希望小学能筹集捐款 150 万元的原因。行业协会的作用要作专门的研究，谁准备的越充分，谁就越能发挥作用。希望中国建筑装饰协会胆子更大一些，思路更开阔一些，考虑做点大事，为行业服务，更好地回报社会。

汪部长最后作了总结讲话。他说，我早来 20 分钟，主要想看看协会的精神面貌，结果很好。中国建筑装饰协会成立 20 周年，换届后三年的工作突出，使我们看到了协会的发展方向，建议人事司牵头社团第一党委给予配合，认真总结中国建筑装饰协会 20 年来有声有色的工作，特别是近三年的发展情况。关于中国建筑装饰协会的工作特色，他认为有四个：一是在发展中找到准确定位；二是找准服务对象，主要是企业服务；三是行业自律，方向完全对头，行业自律管理，是信用社会的必然；四是推动行业发展，以科技、设计促进行业发展。关于协会如何进一步开展工作，体现新时期协会工作的重要性，汪部长指出四点：一是要更新观念，中国建筑装饰协会是企业家办协会，责任、地位、位置转变得好；二是建立创新机制，把社会的资源组织起来，协会由过去的 50 多人发展到现在的 170 多人，协会发展重要的要有制度作保障，包括理事会、秘书处、行业自律管理等；三是积极寻求行业发展，通过协会和全行业的努力，现在就不存在多头管理了，这是通过工作改变的；四是协会领导班子和谐，这是事业成功的保障。关于协会工作和行业发展的制度和机制，他认为这是根本，汪部长引用了温家宝总理的一句话，人是重要，但制度比人更重要。汪部长指出，按照部党组的要求加强政治思想工作。最后汪部长强调，凝聚起来不容易，但散起来却容易。预祝中国建筑装饰协会成立 20 周年活动圆满成功。

8. 家装市场管理

家装市场的管理，历来是政府关注的焦点问题。如 2 月 3 日《2004 年北京市政府拟办 56 件重要实事》公布，其中第 35 件为：重点对建筑装饰材料等涉及公众消费安全的商品进行监督抽查，每季度向社会公布检查结果，积极引导安全消费。同时明确政府主要责任单位为市工商局和市质量技术监督局。4 月 4 日～在 4 月 15 日，北京市发改委在《北京晚报》上公开征求《北京市物业服务收费管理办法》，网络点击达 48874 人次，共反馈意见 1825 份，集中在十大方面，其中第九方面为：不应该设立装修管理费项目。如果设立，应取消现行普遍收取的装修押金。4 月 1 日，南京市建委、市房产管理局共同做出《关于加强南京市房屋装饰装修管理的通告》。

2 月 24 日，青海省建设厅厅长王西明在全省建设工作会议上讲话指出，要加大对家居装修行业的管理力度，促进家居装修发展，拓宽消费空间。3 月 29 日，福建省建设厅召开“全省建筑业工作会议”，强调 2004 年工作，包括加强装饰装修市场管理，重点是加强对家庭装饰装修市场的规范管理。省建设厅副厅长翁玉耀在大会上讲话指出：装饰装修是建筑业的重要组成部分，随着经济发展和生活水平的提高，装饰装修的作用日益显现，装饰装修产值在建筑业中所占份额越来越大，估计在 30%以上，且与百姓的生活和身体健康关系重大。今年装饰装修市场管理重点是加强对家庭装饰装修市场的规范管理，各地要引导企业通过市场化运作，成立家装市场，鼓励装修企业进入家装市场，并加强对进场企业管理，建立质量管理、检测、投诉、协调、惩处机制，完善服务体系，既规范市场，又方便百姓，体现为民服务。加强对装修质量安全的监管，特别要加强装修室内环境质量的检测与验收，把好装修材料进场关，禁用对环境有污染的装修材料，要把室内环境污染及检测情况作为竣工验收必备条件。开展住宅小区菜单式装修成品房销售试点。

7 月 9 日～10 日，合肥市建筑业管理局召开“2004 年上半年工作总结大会”，局长张长淮在讲话中也总结了装饰工作，认为规范管理，装饰市场发展趋势良好，表现在三个方面：一是加大对装饰市场的查处力度，无资质的施工现象得到一定整治，上半年对查出的 41 家无资质证书的装饰“公司”，在责令停止经营活动的同时，通过新闻媒体和信息网进行曝光，从而加大对装饰市场的整治力度，有力地打击无资质企业的非法经营，以逐步规范装饰市场和施工企业行为。二是完善装饰工程质量监督体系，强化工程质量监督，把装饰工程质量监督管理与促进企业自身建立质量管理体系结合起来，从企业源头抓好装饰工程质量。三是举办装饰、建材展示会，规范市场管理。为规范我市家装市场管理，正确引导家装消费，今年春季我们在省博物馆兴办了“合肥市 2004 年春季装饰、建材展示会”，共有 56 家单位同台参展，其中装饰企业 30 家（外地进肥企业4家），建材市场3家，建材商23家，到场参观咨询的人数近三万人次，消费者与参展企业签订意向设计协议150余份，交易额达500多万元，展会的成功举办，标志着合肥市家装业呈现出更规范、良好的发展趋势。2004年下半年工作重点是整顿建筑装饰市场秩序，加强对装饰市场、施工队伍（包括外来进肥装饰企业）以及从业人员的监督管理，加大对违法行为的查处力度，继续对无资质的企业进行专项检查整治，使无照、无资质的施工得以有效控制，促进装饰装修业走向规范有序发展。

4月28日，上海市建委和市监察委员会共同做出《关于贯彻落实建设部2004年整顿和规范建筑市场秩序工作安排的实施意见》（沪建建[2004]263号），总体目标有二个：一是建筑市场方面；二是家庭装饰装修市场方面，意见要求进一步加大对家装市场检查力度，家装企业公共道德、法制意识和诚信有明显提高；工程粗制滥造、材料以次充好、不履行装饰合同的不良行为得到有效整治；不执行国家和本市住宅装饰装修强制性标准和规范的状况明显好转；加强行业自律，深入开展创建本市家装行业规范服务达标活动。家装市场的整顿重点是：重点查处施工单位擅自使用不符合国家标准和规范的装饰装修材料的行为，特别是地板假冒树种、以次充好，木器涂料和内墙涂料有害物质超标、人造板及制品中甲醛等有害物质限量超标等三大类家装问题。职责分工：上海市装饰装修行业协会负责本市家装市场会员单位进行专项检查。工作步骤和时间安排：3月～5月由家装企业自查并整改，6月～8月由上海市装饰装修行业协会组织对家装企业的复查，9月～11月由市领导小组组织全面抽查，抽查率不低于20%。

9月21日，上海市政府法制办发出“关于《上海市住宅室内装饰装修管理办法（草案）》征询公众意见的公告”，该办法明确上海市装饰装修行业协会依法开展工作，包括制定行规行约，进行行业自律管理，开展行业服务，规范行业行为，受理家装咨询和投诉。根据协会工作人中职业化的要求，目前上海市装饰装修行业协会正积极进行内部建设，与政府相配套的实施细则和制度已进入制定或论证阶段。

9．材料市场专项整治

装饰材料市场专项整治是2004年国家重点工作之一，6月2日，国家质检总局、国家发改委、商务部、建设部、公安部、国家工商总局、国家环保总局、电监会等九部门在北京联合召开“全国建材市场专项整治工作电视电话会议”，会议确定2004年集中整治三类重点产品：一是钢铁行业的“地条钢”；二是装饰行业的家装污染危害人民群众身体健康的热点问题，以人造板为重点，加大对制售有毒在害物质超标的室内装饰装修材料违法犯罪活动的整治力度；三是建筑行业的脚手架用钢管和扣件。主要措施：一是将监督重点下称，着重抓农村地区和城乡结合部等执法薄弱环节；二是确定一批劣质人造板重点区域，开展集中整治；三是支持相关行业协会组织打假扶优协会网，开展政府与企业的联手打假。健全四项制度：一是落实打假责任制；二是进一步推进实施“黑名单”制度；三是重要情况报告制度；四是加强监督检查制度。会后九部委发出《关于深入开展建材市场专项整治工作的通知》（国质检执联[2004]240号）。

经国家质检总局抽查，装饰材料市场问题十分严重，如：

11月22日，国家质检总局公布的强化木地板和大芯板产品质量抽查结果显示，强化木地板的抽样合格率是84.1%，而用来制作家具、门窗、吊顶、地面和墙裙装饰装修等的细木工板，也就是人们常说的大芯板合格率只有52.7%。这两种不合格的产品都存在甲醛超标等质量问题。本次抽查中有6种强化木地板产品甲醛释放量未达到强制性国家标准，严重者超出标准1.67倍。有18种大芯板产品甲醛释放量超标，有的产品高达标准极限值的近6倍。静曲强度反映了产品承载受力的能力，有两种强化木地板和27种大芯板产品静曲强度不合格，在使用中容易出现断裂等问题。有的大芯板横向静曲强度还达不到标准值的一半。

12月6日，国家质检总局公布的陶瓷砖产品质量抽查报告警示，一些抛光砖产品放射性核素含量超标，会对人体身心健康造成损害。抽查显示，该产品抽样合格率为75.8%。究其原因是个别企业只顾增白产品，提高产品档次，配方中过多添加锆类原材料，而忽略了这些原材料放射性核素含量极高的特点，以致其陶瓷砖产品的放射性超标或放射性核素含量达到、接近临界值。据不完全统计，我国目前陶瓷砖生产企业约有近3000家左右。由于行业发展较快，产品由供不应求变为供大于求，市场竞争激烈，产品质量参差不齐。消费者面对市场上琳琅满目的陶瓷砖产品常常会感到无所适从，对产品质量优劣的判断主要来自商家或生产企业自身的宣传和产品的价位。质检人员介绍说，由于陶瓷砖的质量问题，经常会造成铺贴后大面积开裂（强度低）、釉面剥落或表面龟裂（抗釉裂性和抗热震性差）、不易清洁（耐化学腐蚀性和耐污染性差）等问题，不但起不到装饰装修效果，还会给消费者造成无限的烦恼。本次抽查就发现有5种陶瓷砖产品的断裂模数不合格，在使用中易造成开裂、破裂或表面缺陷。

12月6日，国家质检总局公布马桶产品质量抽查显示，北京、上海、广东等86家企业生产的87种产品，合格58种，产品抽样合格率仅为66.7%。部分质量较差产品包括：上海宏延卫浴设备开发实业有限公司的“卡思卡特”，佛山市德赛陶瓷有限公司的“赛纳”，潮州市枫溪建华建筑陶瓷厂的“美建发”，潮安县万城陶瓷有限公司的“万城”，上海亦和实业发展有限公司的“曼思菲”，佛山市奥米斯洁具有限公司的“中利莱”，潮安县碧维陶瓷制造有限公司的“玉松”，上海斯多丽洁具有限公司的“斯多丽”等品牌中的一些批次产品。

与此同时，各地也加强了相应的措施，如4月6日大连市公安消防局发出《关于建筑内部装修工程采用装修材料有关问题的通知》（公消[2004]防字32号），通知强调，装修工程应到公安消防报建和验收。4月8日贵州省安顺市工商局发出《关于加强安顺市建筑装饰装修企业和装饰材料市场管理的通知》（安市工商[2004]21 号）。

2005 年 1 月 23 日央视一频道晚间新闻报道，国家质检总局决定，2005 年抽查重点为食品、农资、装饰装修材料三大行业。

10．工程事故处理

4 月 12 日，建设部办公厅发出《关于 2004 年第一季度全国建筑施工事故情况的通报》（建办质[2004]24 号），其中包括：2 月 25 日 9 时 15 分，由福建省惠安县建筑工程公司承建的晋江市霞行村行元大厦改造工程，施工人员在 7 至 8 层的竹脚架上凿打建筑外墙饰面砖时，竹脚手架架体超载失稳整体坍塌，造成 5 人死亡、7 人受伤。

6 月 9 日下午，承担北京市京民大厦西配楼游泳馆装修改造工程的北京锐标装饰装潢有限公司的施工人员，用聚氨酯防水材料对游泳馆地面做防水处理，此时另一组施工人员在游泳馆上方二层平台用氩弧焊接不锈钢扶手。溅落的焊花引燃了一层地面的聚氨酯防水材料起火，并迅速蔓延，尽管北京市消防部门立即出动了 8 个消防中队和 1 个特勤大队，36 部消防车，还是导致 10 人死亡，39 人受伤。事故发生后，北京市委书记刘淇，市委副书记、市长王岐山，公安部副部长白景富、市委副书记强卫等领导立即赶赴现场，刘淇、王岐山要求：全市建筑装修业要以此次火灾事故为鉴，认真执行消防安全制度，杜绝一切火灾隐患。当日北京市建委也召开了紧急会议，通报安全事故情况，北京市建委当日下午召开“安全生产紧急会议”，北京市建筑装饰协会理事长朱希斌、常务副秘书长郭仁智参加。次日下午协会召开有 130 多家装饰企业负责人参加的紧急会议，朱希斌传达了市委市政府市建委领导的要求，他强调，全市 4000 多个公装工地、50 万户家装工地、装饰行业年产值 1000 多亿元、20 多万从业人员（达到初中水平的不到 30%），务必引以为戒。

7 月 17 日北京市朝阳区检察院以涉嫌“重大责任事故罪”，对北京京民大厦特大火灾中的 4 名主要直接责任人批准逮捕。这 4 名主要涉案嫌疑人分别是：北京锐标装潢有限公司法人代表有人张道醇、项目经理朱家龙、焊工队长陈宝东、瓦木油工队长田和朋。自 6 月 9 日京民大厦特大火灾发生以后，有关部门立刻组成了事故调查组对该起事故开展调查，并先后对张道醇等事故直接责任人进行了刑事拘留审查。公司项目经理朱家龙为现场施工负责人，在施工过程中，朱家龙安排陈宝东任队长的焊工队负责游泳池二层不锈钢栏杆的焊接；安排田和朋任队长的瓦木油工队负责改造游永池一层防水层。但张道醇和朱家龙二人均未对两个施工队的有关人员进行必要的安全防护教育培训。事故当天 13 时许，瓦木油工队的工人在游泳池一层地面涂刷聚氨酯防水涂料时，发现焊工也在二层作业，因一二层之间无隔离层，遂将此情况报告给朱家龙及田和朋。但田和朋为赶工期，让工人趁焊工休息时继续施工；而朱家龙则要求焊工队队长陈宝东用木板对两个作业区进行简单隔离，并继续施工，致使焊工作业时焊接渣掉落到防水涂层上引起火灾，并造成 11 人死亡、37 人受伤。

二、行业发展

1．企业业绩

（1）鲁班奖（国优）

鲁班奖（国优）是业内传统的衡量企业业绩的主要指标，2003 年度和 2004 年度建筑装饰企业参建奖又有了新的发展。2004 年 2 月 5 日，建设部发出《关于表彰 2003 年度中国建筑工程鲁班奖（国家优质工程）获奖单位的通报》（建质[2004]21 号），共 82 项工程获此奖项， 124 家参建单位，其中包括 41 家建筑装饰企业参建的 28 项工程。

2005 年 1 月 8 日，中国建筑业协会发出《关于 2004 年度中国建筑工程鲁班奖(国家优质工程)评选结果的通知》（建协[2005]1 号），共 84 项，133 家参建单位。其中，41 家装饰企业参建的 34 项工程。其中，沈阳远大铝业工程有限公司荣获 4 项、苏州金螳螂建筑装饰股份有限公司荣获 3 项，秦皇岛渤海铝幕墙装饰工程有限公司荣获 2 项。是历年鲁班奖（国优）获奖装饰企业和工程数量最多的一年。

1987 年设立的鲁班奖（国优），自 1990 年增加建筑装饰企业“参建奖”以来，到 2004 年，我国共有 180 家建筑装饰企业承建的 223 项装饰工程荣获鲁班奖（国优）。其中，获得 2 项及其以上的企业有 45 家，获得 1 项的有 135 家。

获得 18 项的 1 家：沈阳远大铝业工程有限公司。获得 13 项的 1 家：武汉凌云建筑装饰工程有限公司。获得 10 项的 1 家：深圳海外装饰工程公司。获得 9 项的 1 家：中建三局东方装饰设计工程公司。获得 8 项的 1 家：秦皇岛渤海铝幕墙装饰工程有限公司。获得 7 项的 1 家：苏州金螳螂建筑装饰股份有限公司。

获得 6 项的 3 家：深圳市建筑装饰（集团）有限公司、深圳市深装总装饰工程工业有限公司、深圳长城家俱装饰工程有限公司。获得 4 项的 5 家：中国建筑装饰工程公司、深圳市洪涛装饰工程有限公司、天津市建设装饰工程公司、浙江宝业建筑装饰工程有限责任公司、中建三局深圳装饰设计工程公司。获得 3 项的 8 家：深圳市南利装饰工程有限公司、西安飞机工业装饰装修工程股份有限公司、中山市盛兴幕墙有限公司、广州珠江装修工程公司、北京中建华腾装饰工程有限公司、沈阳白云穗港装饰工程有限公司、河北建设集团装饰工程有限公司、北京城建长城装饰工程有限责任公司。

获得鲁班奖（国优）最多的承建商是北京建工集团六建公司——11 项。

（2）装饰工程奖

自 2001 年设立的“全国建筑工程装饰奖”，是与鲁班奖（国优）同一层次的“部级奖”，虽然没有鲁班奖（国优）历史悠久名气大，但逐渐得到业内及社会的广泛认可。

12 月 21 日～22 日，有近 600 位业内精英人士出席的“中国建筑装饰协会五届四次理事会暨 2004 年（第四届）全国建筑工程装饰奖颁奖大会”在北京举行。中国建筑装饰协会五届四次理事会的主要议程有：一是听取中国建筑装饰协会常务副会长兼秘书长徐朋的工作报告；二是听取中国建筑装饰协会副秘书长张京跃的提案说明，中国建筑装饰协会第五届理事会经过第六次调整，原有理事384名，常务理事136名，现有理事394名，常务理事153名；三是听取二个形势报告：商务部世界贸易组织司副司长张向晨的“我国入世后的形势及发展趋势”，国务院发展研究中心市场研究所所长任兴洲的“宏观调控对市场的影响”。中国建筑装饰协会会长马挺贵作理事会总结。期间，还举行了“东鹏杯”全国室内设计大奖赛颁奖会和“玉环之光”迎新春联谊晚会。

人民大会堂三楼小礼堂是中国建筑装饰协会举行“全国建筑工程装饰奖”颁奖大会的福地。自2001年建设部批准设立“全国建筑工程装饰奖”以来，中国建筑装饰协会在人民大会堂三楼小礼堂举行了四次颁奖活动：第一次是2001年12月25日，第二次是2003年1月9日，第三次是2003年12月29日，2004年12月22日是第四次。均在上午举行。在主席台前排就座的有全国政协副主席、农工民主党常务副主席李蒙，全国人大常委会原副委员长布赫，建设部党组成员、副部长黄卫，建设部原常务副部长、全国人大常委、环境与资源委员会副主任委员、中国建筑装饰协会高级顾问叶如棠，建设部原副部长、全国政协委员、中国建筑学会会长、中国建筑装饰协会高级顾问宋春华，建设部原总工程师、中国建筑装饰协会高级顾问许溶烈，中国建筑工程总公司原党组书记、全国政协委员、中国建筑文化艺术协会会长、中国建筑装饰协会高级顾问张青林，建设部建筑市场管理司司长王素卿，建设部工程质量安全监督与行业发展司副司长徐惠娟，中国建筑装饰协会名誉会长张恩树、会长马挺贵、常务副会长兼秘书长徐朋。大会由徐朋主持。

马挺贵致辞。黄卫代表建设部讲话，他强调，近年来，中国建筑装饰协会卓有成效地开展了一系列工作。中国建筑装饰协会在加强“双向服务”，努力提高服务的层次和质量，强化行业自律，推动行业精神文明建设等工作中，充分发挥了协会在联系政府、服务企业、促进行业健康发展方面的巨大作用。2005年我国入世的前过度期已经届满。面对新的发展形势、新的工作任务，我们要更加深入地学习十六届四中全会精神，以“三个代表”重要思想为指导，努力开创我国建筑装饰行业发展的新局面，为我国全面实现小康社会做出新的更大贡献！

大会发行了中国建筑装饰协会编辑出版的《中国建筑装饰行业发展里程碑——中国建筑装饰协会成立20周年庆典活动专辑》、《2004年全国建筑工程装饰奖获奖工程作品集》，受到与会代表普遍赞赏。

12月22日下午，中国建筑学会室内设计分会在人民大会堂三楼小礼堂举行成立15周年庆祝活动，200多位业内人士参加。

（3）百强企业

按照国际惯例，中国建筑装饰行业百强企业评价活动从2003年发起，2004年是第二届，业内的认可度逐渐上升。8月10日中国建筑装饰协会和中华建筑报社共同发出《2003年度中国建筑装饰行业百强企业评价推介公告》，百强企业包括内装企业82家、幕墙企业12家、土建增项装修企业6家，指标由6个（产值、利润、税金、总资产、增加值、市场评价）减少了2个（增加值、市场评价），并不要求提供税单复印件，减轻了企业负担。产值门槛比上年增加25%（8000万元—→1亿元）；平均产值比上年增加66%（1.5亿元—→2.5亿元）。

根据中国建筑装饰协会的作法，一些地方也开始进行当地做强建筑装饰企业的评价，如3月19日，河南省建筑装饰协会做出《关于公布2003年度“河南省30强装饰企业”评价活动评选结果的通知》（豫建装字[2004]5号），这30强是：林州市建筑工程三公司、河南省大鹏装饰工程有限公司、中国建筑第七工程局建筑装饰工程公司、郑州康利达装饰工程有限公司、河南省江海集团建筑装饰工程有限公司、河南维依装饰工程有限公司、河南丰源装饰安装工程有限公司、郑州泰运装饰设计工程有限公司、郑州联升建筑装饰设计有限公司、河南省科瑞装饰工程设计有限公司、河南江都装饰安装工程有限公司、河南国基装饰工程有限公司、鹤壁市天艺装饰有限公司、河南省亚太工程有限公司、河南省第五建筑工程有限责任公司、漯河市天桥建筑工程公司。

6月4日，江苏省建设厅、省建筑工程管理局和省统计局共同发出《关于公布2003年度江苏省建筑装饰10强企业名单的通知》（苏建管综[2004]24号），依次是：苏州金螳螂建筑装饰股份有限公司、江苏苏鑫装饰（集团）公司、苏州苏明装饰有限公司、江苏建伟幕墙装饰工程有限公司、江苏合发集团有限责任公司、苏州工业园区美瑞德建筑装饰有限公司、苏州市华丽美登装饰装璜有限公司、常泰建筑装璜工程有限公司、江苏华盛装饰工程有限公司、无锡王兴幕墙装饰工程有限公司。10强中有5家在苏州，包括前三名金螳螂、苏鑫、苏明和第六、七名美瑞德、华丽美登。

江苏10强含金量充足，如1月13日，中共苏州市委做出《中共苏州市委、苏州市人民政府关于表彰2003年度苏州市私营经济发展先进市（区）、私营企业发展先进园区、私营企业60强、民营创业能手、集体和个人的决定》（苏发[2004]3号），并在同日由苏州市委、市政府召开的“全市民营经济工作会议”上进行了表彰。苏州金螳螂企业（集团）有限公司荣获“2003年度私营企业纳税十强”，且名列第三名，建筑及装饰业中仅此一家。

（4）行业评价

行业评价，是市场经济条件下行业协会进行行业管理的主要方式，为此，2004年中国建筑装饰协会特别加强了此项工作。在9月举行的“中国建筑装饰协会成立20周年庆典活动”上，中国建筑装饰协会共进行了四大方面、10类、1769个单位和个人（次）的行业表彰和评价：一是312名全国建筑装饰优秀企业家；二是78位全国有成就资深室内建筑师和231位全国杰出中青年室内建筑师；三是31位协会工作贡献奖、46个优秀协会、94位优秀协会工作者和245家优秀会员单位；四是160家家装质量服务诚信企业、285家家装优秀企业和287项家装示范工程。加上424家家诚信宣言发起企业的证书、铜牌的发放，总共行业评价达2193

个。特别是8月8日，中国建筑装饰协会与中国海员建设工会全国委员会联合发出《关于共同表彰“全国建筑装饰优秀企业家”的决定》（中装协[2004]038号），奖章类似全国“五一”劳动奖章，使获奖者格外珍视。此外，4月30日中国建筑装饰协会做出《关于表彰2004年全国建筑装饰工程优秀项目经理的决定》（中装协[2004]023号），共165名，也得到业内的重视和好评。

（5）先进人物

2004年建筑装饰行业先进人物层出不穷，如10月20日北京宏美特艺建筑装饰设计设计工程公司董事长、北京市政协委员、九三学社成员钱宏伟，被中共北京市委评为“为首都建设做出贡献的统一战线先进个人”。11月3日，石家庄市首届“十大女杰”颁奖典礼在石家庄市电视台世纪演播厅隆重举行，十大女杰同时荣立二等功，其中有二位装饰界女杰：一位是河北省斯特龙企业集团董事长、全国建筑装饰优秀企业家刘书英；一位是河北红房子家居广场有限公司董事长蔡英敏。12月28日，中国建筑装饰协会第五届理事会理事、上海市装饰装修行业协会副会长、上海新丽装饰工程有限公司总经理陈丽在“全国工商联女企业家第三次会员代表大会”上当选为副会长。

2. 教育和行业文化

2004年全国报考艺术类专业的考生总数约在百万人以上，当年全国艺术类专业招生总数在26万人左右。与此同时，全国2000余所高校中已有700余所高校设立艺术类专业，其中有300余所院校开设美术相关专业。报考美术类专业的考生总数大约占全国艺术类考生总数的80%。室内设计学历教育继续供不应求。

1月22日，大年初一早8：30，20集轻喜剧《将装修进行到底》以它雄厚的实力在激烈的竞争中脱颖而出，成为央视猴年第一部电视剧，在第一套节目中与全国电视观众见面。由中视影视文化公司俞胜利工作室、中央戏剧学院等单位联合摄制的《将装修进行到底》，成为猴年第一剧的关键在于它是一部全新题材的电视剧．是我国首部反映家庭装修的戏。家装近些年一直是热门，但关于家装的戏却只有这一部。《将装修进行到底》独辟蹊径地选择以“装修”为切入点，构思巧妙，通过10个家庭装修的故事，揭示出了不同职业、不同身份、不同家庭，男男女女的追求和理想，以及生活中耐人寻味的酸甜苦辣。该剧另一个看点，是会聚了影、视、歌、主持全明星阵容，这样的阵容为近几年少有。20集的故事中，每集都有一两个观众十分熟知、喜爱的大明星，而且都是主演。如范伟、许戈辉、陈明、雪村、吴启华、韩影、方青卓、茹萍、伊春德、孙逸飞等。业内舆论认为，以《将装修进行到底》为标志，家装正式进入我国主流文化之中。

2004年是建筑装饰行业文化大发展的一年。浙江、深圳、江苏等地的文艺汇演为“中国建筑装饰协会成立20周年庆典活动文艺演出”奠定了良好的基础。

3月24日晚，浙江省建筑装饰行业协会在省广电集团音乐厅举行“浙江省建筑装饰行业‘亚厦杯’文艺汇演”，节目多来自装饰企业的自编自演，经来自中国建筑装饰协会、浙江省总工会、省建设厅、省民间组织管理局等有关方面的专家所组成的9人评比小组审定，浙江亚厦装饰集团选送的越剧选段《十八相送》被评为特别奖，浙江昆仑建设集团股份有限公司的滚龙珠《狮舞》、杭州二建装饰分公司的歌舞《中国人》和杭州康盛装饰工程有限公司的时装表演《健康之秀》荣获一等奖。

6月18日晚，深圳市装饰行业协会成立18周年庆典晚会及颁奖大会，在绵绣中华剧场隆重召开。中国建筑装饰协会名誉会长张恩树、会长马挺贵、常务副会长兼秘书长徐朋，广东省建设厅副厅长陈英松，深圳市人大副主任宋枝旺、市副市长吕锐锋、市政协副主席周长瑚、市总工会副主席梁耀发、市建设局副局长黄瑞、总工程师李荣强以及市民政局、工业经济联合会、建筑业协会的领导，市装饰行业的企业代表5000多人出席了大会。会议进行了大型文艺歌舞演出，600多位演职人员参演。

7月3日晚，江苏省装饰装修行业协会在南京举行“江苏省装饰装修行业文艺汇演”，共报送节目34个，其中1/3是由装饰企业原创。中国建筑装饰协会常务副会长徐朋、副秘书长房箴，江苏省建管局局长高学斌、副局长顾颜晴、汪士和、杜学伦、赵华中、江苏省装饰装修行业协会会长毛家泉等有关方面领导观看演出。7月28日，江苏省装饰装修行业协会做出《关于表彰江苏省装饰装修行业文艺汇演获奖节目和优秀组织单位的决定》（功装协[2004]34号）。

此外，10月28日，由中国建筑装饰协会铝制品委员会主办，深圳市坚朗建材有限公司承办的第一届“坚朗杯”幕墙门窗行业精英高尔夫球赛，在世界著名的高尔夫球胜地——深圳市观澜湖高尔夫费度球场举行。大赛设：一等奖1名，奖杯、现金2万元人民币；二等奖1名，奖杯、现金1.2万元人民币；三等奖1名，现金8000元人民币；优秀奖9名，奖杯、球杆；另外，设荣誉奖4名，奖球杆；纪念奖多名，高尔夫球赛精美纪念品一个。中国建筑装饰协会名誉会长张恩树、会长马挺贵，中国建筑金属结构协会副秘书长兼门窗幕墙委员会主任黄圻等业界领导，以及全国幕墙门窗行业的各大工程企业的总经理、高层管理人员70多位参加。中国建筑装饰协会常务理事、深圳市坚朗建材有限公司白宝鲲总经理致开幕式词，马挺贵会长开球。这是一次行业文化创新和盛会。

3. 幕墙工程

（1）光污染严重

光污染立法成为当前市民关注的热点，如北京市市民2004年年底在北京市政府的网站“首都之窗——宜居北京”上反映，北京的光污染比较严重，白天，玻璃建筑将强烈的太阳光反射到路面上，给道路交通安全带来了极大的隐患；夜间，一些照明灯和霓虹灯正对着居民楼，致使居民在夜间无法正常休息，严重影响了居民的身体健康和心理健康。希望市政府重视光污染的问题，早日出台相关法规和标准。

（2）上海举措

4月16日，上海市政府决定，长约2km的百年上海外滩将统一风格，褪去临滩建筑玻璃幕墙，以重现欧洲古典建筑外观为标志，全面恢复其“万国衣冠”的古典建筑形象，“复古”整治全面启动。

11月29日，上海市建设和管理委员会、市房屋土地资源管理委员会发出《关于开展本市玻璃幕墙建筑普查工作的通知》（沪建建[2004]834号），普查内容为2004年12月31日前竣工的玻璃、金属和石材组合幕墙，重点是8层以上高层和8层以下人流密集区域和青少年或幼儿活动公共场所，具体工作由上海市装饰装修行业协会建筑幕墙专业委员会负责，由市幕墙检测中心配合，2005年1月15日～2月底为专业巡查，3月进行抽查。据上海市装饰装修行业协会建筑幕墙专业委员会了解，上海现有幕墙建筑1500座，面积1200万㎡，涉及19个区县、200多家施工企业。此举旨在落实建设部《玻璃幕墙工程技术规范》和《上海市建筑物使用安装安全玻璃规定》等规定。

（3）成立专门协会

2月23日，江苏省建筑装饰协会幕墙工程委员会在无锡市召开成立大会暨首次会员代表大会，经大会选举，王建峰任主任，夏立友任常务副主任兼秘书长，讨论通过了《江苏省建筑装饰协会幕墙工程委员会管理办法》。江苏省建管局副局长杜学伦、省建筑装饰协会会长毛家泉、秘书长朱志明等有关方面领导及会员企业60多人出席。目前全国已成立幕墙工程委员会的装饰协会有北京、上海、辽宁、深圳等地。

（4）企业贡献

6月11日，“2003年（首届）全国十大建设科技成就颁证暨《建设科技》专家座谈会”在北京新大都饭店举行，“十大建设科技成就”评选是在建设部科技司支持下，由建设部科技发展促进中心和《建设科技》杂志共同组织，经相关单位及各地建设行政主管部门推荐，经建设部专家委员会评审而产生的，其中有一项是关于建筑装饰行业的：第八项：幕墙系统工程技术的重大创新——大型建筑外墙生态智能系统——珠海市晶艺特种玻璃工程有限公司KGE。

6月16日美国华盛顿《世界日报》以“汕头防弹玻璃美军有意采购——防弹效果更好，价格却只要一半”为题报道中国建筑装饰协会理事、汕头经济特区金刚玻璃幕墙有限公司董事长庄大建的事迹：在全球一片反恐、防恐气氛下，各国民用、商用乃至军用设施供不应求，面对庞大的反恐商机，广东汕头市郊一家民营玻璃厂，自行研制达到美国军方两倍标准的廉价防炸防弹玻璃系统，可综合防御爆炸、步枪射击、持续强力敲击以及火灾等，产品跻身国际市场。据《香港太阳报》报道，汕头“金刚玻璃厂”董事长庄大建，12年前承包汕头濒临倒闭的国营玻璃厂，由生产挡风遮雨的普通玻璃，到加工幕墙钢化玻璃、节能玻璃，直至现在成功研制防火玻璃、防炸防弹等高科技玻璃产品。据报道，这种高性能防炸防弹玻璃的价格仅及外国产品的一半，每尺约1270元人民币。庄大建透露，目前美军有意采购该种高于美国订定标准而价钱低过一半的廉价玻璃，重新装备美军装甲车，盼减少美军频遭袭击的伤亡。而解放军总装备部亦将该防炸玻璃系统列入采购计划。

4．新的理念

仅举以下三个例子，说明中国建筑装饰行业正在融入世界经济一体化潮流：

一是2月3日，美国国务院宣布，布什总统已要求国会从2005年度预算中拨款12亿美元，贷给联合国用于纽约总部大楼的装修。美国务院发言人理查德·鲍彻说，在2月1日公布的2005财政年度预算案中，布什建议从外国行动费用部分中划拨这一贷款。鲍彻说，这一建议为实现联合国秘书长安南提出的总部大楼整修计划“提供了有实际意义的实施方案”。如果国会批准这一预算案，联合国将按5.5%的利息，在30年内偿还这笔贷款。鲍彻称，从长期来看，美国出借这笔贷款最多只能做到“不赚不赔”。但他也承认，作为联合国会费的最大分摊国，美国本来也必须承担22%的装修费用。安南当天正在华盛顿与布什和美国国务卿鲍威尔会面。他在两年前提出了全面整修总部大楼的计划，并表示希望能在2004年10月开始付诸实施。这次装修估计需要花费12亿美元，安南曾建议由联合国各成员国提供25～30年期的无息贷款来支付这笔费用。中国有建筑装饰企业准备竞标此装修工程。

二是12月16日，美国绿色建筑委员会（USGBC）宣布推出新的商业建筑室内装饰绿色评级系统（LEED- CI）。这是USGBC推出的第三个评级系统，前两个分别是现有建筑绿色评级系统（LEED-EB）和新建建筑绿色评级系统（LEED-NC）。该系统针对的对象包括户主、住户、室内设计师、建筑室内装饰建筑师以及安装专业人员。评级内容包括：空间选择、节水节能、照明和照明控制、内部建筑系统和家具的使用、室内环保质量如综合排放标准等。最近在波特兰举办的绿色建筑展上举办了LEED-CI的推介仪式。美国绿色建筑委员会目前正在开发商业建筑结构绿色评级系统。中国建筑装饰协会也正在研究建立此系统。

三是12月10日，安装了高级防弹玻璃窗、德国进口防滑地板，我国首座无“铁窗”式防护栏的精神病人住院大楼——北京回龙观医院新病房大楼正式启用。这座六层病房楼建筑面积12574㎡，可容纳600名精神病患者住院治疗。大楼最为特别的地方是除去了传统精神病院的“铁窗”式防护栏，取而代之的是巨大的防弹玻璃窗。窗户的采光面积大，2/3面积为固定式防弹中空保温玻璃，另1/3面积内侧为普通玻璃推拉窗可供换气用，外侧为固定式横窗栏并附有不锈钢防蝇纱。这种防弹玻璃窗可以消除精神病病房的阴森、囚禁感，又能防止病人逃跑、自杀，确保安全。患者坐在房间里就能享受窗外的阳光和美景。据院方称，由于整幢大楼全部安装的是防弹玻璃，因此玻璃是该楼造价最高的建筑材料。

另外，精神病学和心理学专家参与了大楼的色彩设计。避免了使狂躁型精神病患者兴奋的橘黄色、火红色，以及强烈、跳跃的色彩搭配，也避免了使抑郁症患者更加抑郁的灰色和黑色。整幢大楼的色彩是淡绿、淡蓝和浅米色，被这些柔和颜色包围着的精神病患者能很快安定、平静下来。大楼的许多设计细节都体现了对病人的关怀。地面铺的是德国进口的米色防滑地板，以防止患者不慎摔倒；每间病房都配备了轮椅，以便年老体弱患者出入使用；重症监护室的每张病床周围都挂着长长的帘子，以免危重病人接受治疗的情景吓着其他病友；每位住院患者都有了自己的私人空间——不带锁的储物柜；在病房卫生间厕位之间设了矮隔断墙，既有利于保护如厕病人的隐私和安全，又不妨碍护理人员观察厕所内情况。此外全楼均为无障碍设计，有坡道、专用电梯、高低台面等多项设施，为残疾病人或家属提供方便。此装修工程充分体现了“以人为本”。

5. 刑事案件

在行业快速发展并取得突出成就的同时，也有产生于业内不和谐的事件。2004年发生的若干起刑事案件，引起社会上广泛高度关注，给建筑装饰行业蒙上一层阴影，如以下两起：

一起是：4月21日，《北京晚报》以“打工妹工地厕所惨死能否适用工伤赔偿——法援中心苦寻遇害时间”为题报道：一名年仅22岁的外地女孩在工作地点上厕所时被歹徒残忍地杀害了，她究竟是不是在工作时间内遇害，能否申请工伤赔偿，所有的难题都留给了她年迈而困苦的双亲。4月20日，在北京市东城区法律援助中心的帮助下，一场刑事附带民事赔偿的官司在二中院开庭。2003年9月，河南来京的小娜在朝阳区一家社区服务中心找到了工作，签了为期一年的劳动合同后，被派到东城区一个高档住宅小区的4号楼当清洁工。11月6日下午1时许，小娜到4号楼地下室上厕所时，遇到了正在楼里装修的民工宋喜军。因为地下室的厕所非常简陋，宋喜军发现里面有个年轻姑娘后就动了歹念。在小娜出来时宋喜军突然蹿出来，提出要与小娜发生性关系，在遭到严词拒绝后，宋喜军欲对小娜实施强暴。小娜拼命反抗，并大声叫喊求救，惊恐的宋喜军连续3次卡住小娜的喉咙，直到小娜停止了呼吸。

小娜的父亲张林得知女儿惨死的噩耗后，赶忙从河南老家来到北京。然而出事地点的物业公司称地下室还没建好，不属于自己管理，所以不应承担赔偿责任；社区服务中心则表示小娜根本不应该到地下室去，那里不是她的工作区域，因此中心没有责任。但是出于人道考虑，可以给予小娜的家人一万元以内的补偿。无奈的张林找到了东城区法律援助中心，法援中心当即选派了华鼎律师事务所的一级律师刘文元接手此案。此时恰逢新的《工伤事故赔偿条例》出台，工伤认定的范围扩大了，刘律师和法援中心决定为小娜申请工伤赔偿，所以认定小娜被害的时间就成了关键。几天后，东城警方破获了此案，抓住了宋喜军。北京市法医鉴定中心开具了小娜于2003年11月6日被害死亡的证明，然而因为鉴定上没有说明遇害的具体时间，依然无法证明小娜是在工作时间被害的，法援中心决定通过打一场刑事附带民事赔偿的官司，以确定小娜的遇害时间。在昨天的庭审中，31岁的宋喜军对自己用残忍手段杀害小娜的犯罪事实供认不讳。他说自己一直未婚，平时经常看一些黄色录像，那天在厕所里听到小娜的声音便起了歹意。在法庭上，小娜的父亲张林第一次见到宋喜军，面对着杀死自己女儿的凶手，张林内心的悲愤溢于言表。北京市东城区司法局副局长王士中和东城区法律援助中心郭秀华主任说，小娜的案件和家庭情况正是法律援助的典型，他们会尽最大的努力，不仅要让凶手得到惩罚，也要为小娜的家人争得一些实际的经济赔偿。

另一起是：5月29日，《北京晚报》报道：装修工牛世栋在为人装修时竟打起了抢劫的主意，并在入户抢劫过程中施暴杀死了一对母子。近日，33岁的牛世栋为自己10年前的恶行偿了命———遵照北京市高级法院院长下达的执行死刑命令，北京市第二中级法院将牛世栋押赴刑场执行死刑。1994年，牛世栋来到北京做装修工，好逸恶劳的牛世栋总对人抱怨没挣到什么钱。1994年8月，牛世栋在为家住东城区的赵某家装修厨房时了解到，赵的丈夫炒股票有钱，平时只有赵某和孩子在家。心起歹念的牛世栋便预谋抢劫赵某家。在装修结束后一个月，牛世栋携带尖刀来到赵某家，刚好赶上赵家房门和防盗门都没锁。牛世栋闯入屋内向赵某索要钱财。赵某拒绝并跑到阳台向外呼救，牛世栋追上阳台，用刀向赵颈、头面、胸等处猛扎了数刀，赵某身子一软躺在了阳台地面上。这时牛世栋转身看到赵某7岁的儿子边跑边喊，他又蹿回屋里抓住孩子，连刺数刀。牛世栋连杀两人后抢走了一个红色手包，而包里除了钥匙、证件，只装着2元零钱。迅速逃离北京的牛世栋过起了隐姓埋名的生活。2003年3月，隐藏在黑龙江省鹤岗市的牛世栋，在当地公安机关的严打整治行动中落网。至此，这桩悬案终于告破。

三、协会创新

1. 重大活动

（1）协会成立20周年活动

9月2日～4日中国建筑装饰协会在北京京丰宾馆举行庆祝成立20周年活动，是2004年协会工作的重点，主题为“全面推动行业生产力发展，促进行业精神文明建设”，全国政协副主席李蒙、全国人大常委会原副委员长布赫、建设部副部长黄卫等有关方面领导以及代表全国建筑装饰行业64个地方建筑装饰协会和全军建筑装饰协会、20多万家企业、1000多万从业者的1300多位代表与会。活动分为系列：

第一，大会举行了向内蒙古自治区锡林郭勒盟苏尼特左旗希望小学捐赠仪式，副会长叶远西代表中国建筑装饰协会和捐赠企业讲话。

第二，同时召开五届二次会员代表大大会，主要议题：一是由常务副会长兼秘书长徐朋做工作报告；二是由副秘书长张京跃做三项议案的说明并表决：修改章程——主要是地址变更、副会长的产生、会费标准。决定王毅强为中国建筑装饰协会副秘书长。增补11位协会高级顾问：建设部原副部长、中国建筑业协会会长郑一军，建设部原副部长、中国建筑学会会长宋春华，建设部原副部长、中国房地产业协会会长杨慎，建设部原副部长、中国土木工程学会会长谭庆琏，建设部原副部长、中国供水排水协会会长李振东，建设部原总工程师许溶烈，国家建材局原局长、中国建筑材料工业协会会长张人为，中建总公司原党组书记、中国建筑文化艺术协会会长张青林，中国建筑金属结构协会会长杜宗翰，中国饭店业协会会长韩明，中国旅游饭店协会会长侣海岩。

第三，“全国建筑装饰行业书法、绘画、篆刻摄影展”在中国建筑文化中心举行。建设部原常务副部长、全国人大环境与资源保护委员会副主任委员叶如棠等有关方面领导出席及专业人士200多人出席开幕式。

第四，作为我国建筑装饰行业文化的重要标志、历时三个多小时、由24个节目组成的题为“全国建筑装饰行业职工用心装饰世界文艺晚会”，在著名的北京展览馆剧场演出。文艺演出、书法绘画和行业年鉴共同构筑了行业文化，也是行业文化建设的重要标志。

第五，同时召开“应对入世挑战，做大做强经验交流会”，宣读了“2003年度（第二届）中国建筑装饰行业百强企业评价推介公告”，并颁发了证书。

第六，举行了全国住宅装饰装修行业发展大会。分三大部分进行：一是开幕式，二个主题报告；二是三个论坛；三是闭幕式，公布行业评价、宣布家装企业准入与清出行业自律管理试点协会、500家家装企业诚信宣言。

第七，“老协会工作者、专家、企业家座谈会”，主题是：回顾与展望。议程：一是由会长马挺贵致辞；二是由名誉会长张恩树做主题讲话；三是《张恩树建筑文集》签名赠书仪式。出席座谈会的代表共37人，张恩树、马挺贵、徐朋、许溶烈、符曜伟、钱宜伦（女）、石连峰、霍明远、黄白、唐澄、田万良、鲁心源；沙启云、赵兴斌、洪涛、潘志昌、解淑惠（女）、王志杰（女）、居乃巩，刘亚东；何镇强、李宁（女）、周锦云、王少南；汪家玉、陈国宏、吴葆生。

本次活动共有两个方面5位资深人士的演讲：一方面是庆祝中国建筑装饰协会成立20周年大会的主题报告，有3位：中国建筑装饰协会会长马挺贵的“中国建筑装饰行业20年回顾及展望”，北京大学经济管理学院院长刘伟教授的“建筑装饰行业的发展与全面建设小康社会”，全国有成就资深室内建筑师、清华大学美术学院环艺系主任郑曙旸教授的“我国建筑装饰设计的若干理论与实践问题”。另一方面是家装发展大会的主题演讲：一是建设部住宅产业化促进中心推广处处长孙克放的“我国住宅产业政策、市场形势与发展趋势”；二是国家工商总局消费者权益保护局副局长卢艳刚的“当前诚信体系建设与行业自律”。不仅具有很高的学术价值，而且具有很重要的行业指导意义。在家装发展大会上——管理、设计、精品房装修三个论坛上31位的演讲，内容丰富，阐述深刻，有层次，水平高。

大会派送给每位代表的每套文件资料共七件，包括文件两份《中国建筑装饰协会五届二次会员代表大会文件汇编》、《全国住宅装饰装修行业发展大会文件汇编》；资料五份《2003年中国建筑装饰行业年鉴》、《中国建筑装饰协会成立20周年回顾与展望》、《全国建筑装饰行业书法、绘画、篆刻优秀作品集》、2004年第9期《中国建筑装饰》、2004年8月6日《中华建筑报》，以及大会纪念徽章、纪念盘，均是中国建筑装饰协会特为本次大会精心策划编辑出版的，共约400多万字、共约重30多斤，内容丰富，质量上乘，特别是具有“行业教科书”意义的《回顾与展望》受到与会代表、特别是中青年建筑装饰企业家的广泛赞赏。

本次大会非常成功，达到了预期的目的：一是展示了协会和行业的风采，密切了我会与地方建筑装饰协会的关系，增强了协会和行业的凝聚力；二是本次大会层次高，规模大，资料水平高，演讲水平高，隆重热烈，如此复杂的活动，会中套会，得到了兄弟协会的一致赞赏，与会代表反映热烈。本次活动符合企业的需求，表彰了一批行业先进。此次庆典，是协会工作的制高点，进一步探索了协会的工作规律，提供了高层次的服务，推动了行业发展，本次大会是集中的反映；三是活动立意高，内容丰富，有很多创意和创举，会务工作安排详尽，扩大了行业影响，提高了协会工作水平，谋划详尽，有关各方均发挥了重要作用，工作都做得非常细致。

（2）行业协会成就展

8月16日，民政部、国家发展和改革委员会、国务院国有资产监督管理委员会共同发出《关于举办“全国行业协会成就汇报展览会”的通知》（民函[2004]196号），通知指出，随着我国改革开放的逐步深入、社会主义市场经济体制的不断完善以及政府职能的转移，行业协会在规范行业行为、维护市场秩序，推动社会公平竞争和国际交流与合作方面做出了积极贡献，特别是我国加入WTO后，行业协会在国家经济建设中的地位越来越突出。为了全面展示我国行业协会在市场经济活动中特别是我国加入WTO后的工作业绩，宣传行业协会在社会经济活动中的地位和作用，激励我国行业协会的改革和发展，提高我国行业协会的社会公信力和国际竞争力，推动行业协会为实现全面建设小康社会的宏伟目标发挥更大的作用，决定于12月9日～11日在北京举办“全国行业协会成就汇报展览会”。要求参展协会必须是改革开放以来发挥积极作用、取得显著成就或有突出成果的各类行业协会。

9月14日，建设部办公厅发出《关于组织参加“全国行业协会成就汇报展览会”的通知》（建办办函[2004]562号），建设部作为展会协办部门，从建设部业务管理的42个社团中确定了21个社团参展，中国建筑装饰协会名列其中。

12月9日～11日，由民政部、国家发改委、国资委等部门主办的“全国行业协会成就展汇报展览会”在北京展览馆举行，中国建筑装饰协会、北京市建筑装饰协会、上海市装饰装修行业协会参展，12月10日晚，全国人大常委会副委员长韩启德，民政部部长李学举、副部长姜力，建设部副部长刘志峰等有关方面领导参观展会时，在中国建筑装饰协会、北京市建筑装饰协会、上海市装饰装修行业协会展位旁驻足，给予好评。

12月2日，民政部作出《关于表彰全国先进民间组织的决定》（民发[2004]213号），在总共540个受表彰的单位中，有贵州省安顺市建筑装饰协会和成都市建筑装饰协会。这是全国建筑装饰行业和协会的光荣。决定指出，民间组织是我国社会组织的重要组成部分。多年来，特别是在改革开放、发展社会主义市场经济的新形势下，我国民间组织迅速发展壮大，已遍布全国城乡，涉及社会生活各个领域，基本形成了门类齐全、层次不同、覆盖广泛的民间组织体系。广大民间组织与党和政府同心同德，努力发挥自身优势，积极开展各项活动，不断延伸服务领域，社会作用日益显著，已经成为党和政府联系人民群众的桥梁和纽带，成为促进经济发展、推动社会进步、维护社会稳定和构建和谐社会的重要力量。

为了表彰先进，树立典型，推动我国民间组织健康发展。民政部决定，授予中国钢铁工业协会等540个社会团体、基金会和民办非企业单位“全国先进民间组织”称号。这次表彰的全国先进民间组织,在不同领域做出了突出成绩。他们模范遵纪守法，组织机构健全，内部制度完善，运作程序规范，社会责任感强，社会公信度高，在经济和社会发展中发挥了积极的作用，树立了良好的形象。他们是新时期我国民间组织的优秀代表。希望受到表彰的民间组织珍惜荣誉，再接再厉，开拓进取，在今后的工作中取得新的成绩，创造新的业绩。希望全国各级各类民间组织向受到表彰的先进民间组织学习，以服务国家、服务社会、服务人民为已任，进一步发挥自身优势，奋发有为，扎实工作，切实承担起应尽的社会责任，为服务人民群众，促进经济发展，推动社会进步，构建社会主义和谐社会做出新的更大的贡献！

地方装饰协会也得到有关方面的好评，如11月26日，在河北省工业经济联合会召开的第三次会员代表大会上，石家庄市装饰协会被评为河北省先进行业协会，不仅成为河北省经济类社团中30个先进协会之一，而且是石家庄市工业经济联合会推荐的唯一的一个先进协会，受到表彰和奖励。该协会撰写的经验材料《服务是协会工作的生命线》受到河北省、石家庄市两级工业经济 联合会的好评，并被收入河北省工业经济联合会编印的经验材料汇编。河北省建筑装饰协会副秘书长刘纪堂、衡水市建筑装饰装修协会会长侯玉东被授予“河北省先进行业协会工作者”称号，

此外，3月16日中国建筑装饰协会积极响应建设部机关党委和建设部第一社团党委的号召，21人为中华健康快车基金会和中国少年儿童基金会捐款2900元,其中个人900元，居建设部第一社团党委领导下的15个社团捐款的第五位,表达了装饰界对贫困地区广大农民兄弟和贫困孩子的一片爱心。10月26日，浙江省建筑装饰行业协会公布《浙江省建筑装饰行业科技进步条例（2004～2007年)》，这在全国是个首创。

2．行业自律

行业自律，包括外部的行规行约和协会内部的自身建设。

（1）建立工会

3月24日，中国建筑装饰协会召开会议，选举协会工会委员会。会议由协会常务副会长兼秘书长徐朋主持，综合部主任王毅强作了说明，参加会议的有协会秘书处综合部、信息部、质量技术部、国际部、培训部及培训中心、设计委员会（筹)、住宅装饰装修委员会（筹)、铝制品委员会、中华建筑报等部门的工作人员32人，协会秘书处提名8人，经差额1人、无记名投票选举由6人组成的协会工会委员会：综合部主任王毅强、住宅装饰装修委员会副秘书长张爱宁、中华建筑报装饰版主编李廉、培训部主任兼培训中心主任王燕鸣、质量技术部李卫青、信息部主任兼会刊《中国建筑装饰》主编黄白，同日，将推荐名单报建设部工会批准。5月24日，建设部直属机关工会发出《关于中国建筑装饰协会成立工会暨委员会选举批复》（建机工[2004]7号)，批复指出，2004年5月15日报告收悉，经研究，同意你单位成立工会，工会由王毅强、李廉、黄白、王燕鸣（女)、李卫青（女)、张爱宁（女）等6名同志组成，王毅强任主席，李廉、黄白任副主席，王燕鸣任组织委员，李卫青任经费审查委员，张爱宁任女工及文体委员。中华建筑报工会也将成立。12月13日，中国建筑装饰协会工会召开会议，通过中华建筑报社成立工会的报告，讨论了近期协会工会工作。会议由工会主席王毅强主持，副主席黄白、李廉（中华建筑报社工会主席)，委员张爱宁、李卫青参加。

6月25日，中华全国总工会副主席、书记处第一书记张俊久在广东省、深圳市工会负责人的陪同下，专门听取了深圳市装饰行业协会工会关于签订工资协商协议、探索行业工会发展新路子的工作汇报，并给予肯定。

（2）协会更名

2月28日，原浙江省建筑装饰协会发出更名通知，指出，由于近年来我省建筑装饰行业的迅速发展，装饰企业队伍不断扩大，为了协会的名称更加名符其实，经我会常务理事会讨论决定，更名为“浙江省建筑装饰行业协会”，现已经浙江省建设厅、省民政厅批准更名。8月3日，原南京市建筑装饰协会经市民政局宁民社[2004]196号文件批准更名为：南京市装饰行业协会。

到目前为止，建筑装饰协会称“行业”或“业”的已有14个：上海市装饰装修行业协会、深圳市装饰行业协会、江西省装饰行业协会、吉林省建筑装饰业协会、南京市装饰行业协会、苏州市装修装饰行业协会、徐州市装修装饰行业协会、扬州市装饰行业协会、连云港市装饰装修行业协会、无锡市装饰装修行业协会、云南省建筑装饰行业协会、西安建筑装饰装修业协会、大连市建筑装饰行业协会、浙江省建筑装饰行业协会。

3月6日，常州建筑装饰协会召开成立大会暨首届会员大会，这是继汕头装饰协会后全国第二家由企业联合办会的装饰协会，其办会原则是“自愿入会，自理会务，自聘人员，自筹经费”，协会性质是“共同决策，共同管理，共尽义务，共享权利”。江苏省装饰装修行业协会会长毛家泉到会祝贺给予充分肯定，称彻底摆脱了行业协会二政府的角色，没有官方色彩，与国际接轨，是行业协会的发展方向。该会会长何业光，常务副会长兼秘书长吴继周。首批会员131名。

（3）自律公约

2004年各地建筑装饰协会继续加强行规行约的制定，如1月29日陕西省建筑装饰协会公布《陕西省建筑装饰行业自律公约》（陕建装发[2004]002号），10月26日深圳市装饰行业协会公布《深圳装饰行业工程投标自律公约》。这是全国建筑装饰行业第一个关于装饰工程投标的行业自律公约。

9月22日，上海市装饰装修行业协会发出《关于对上海业星家庭装潢有限公司处理决定》（沪装办[2004]第065号），决定指出，因该公司工程粗制滥造，以次充好，投诉不断，拖欠材料商款，与业主签订家装合同后人去楼空，根据协会章程，经协会常务理事会讨论通过，决定撤消该公司总经理沈志良协会常务理事、家装委常务理事、设计委常务理事，并开除该公司会籍，配合工商、公安部门依法处理。这是我国地方建筑装饰协会对任职最高的从业人员违反行规的第一起处理。

（4）上海市长的批评

上海市长韩正对行业协会的批评，在全国引起轰动。3月2日，《北京晚报》原引新华社讯，以"上海市长韩正一身正气斥歪风——行业协会不自律伸手捞钱动心计"为题的报道，因正值全国人大十届二次会议在北京开幕的前一天，故引起社会广泛关注。报道指出：本应是企业的自律组织，但一些行业协会却变了味，在2004年3月1日召开的"上海市工业商业工作会议"上，行业协会的种种弊端遭到上海市市长韩正的痛斥。韩正历数当前行业协会存在的两大弊端：一是成了养人的机构，二是充当"二政府"的角色，成为政府部门继续向企业伸手的捞钱载体。目前上海有150多家行业协会，一些行业协会捞钱的手段到了荒唐的地步。如上海市某行业协会居然向下属门窗制造安装企业发令："企业必须由协会咨询辅导建立ISO9000质量体系，不得向专业咨询公司咨询，否则将取消其评定各种'先进'的资格。"

韩正市长认为，行业协会普遍存在两大问题亟待解决：一是为了养一堆人，就成立一个行业协会，向企业收费，增加了企业负担。二是不少行业协会成了政府的附属物，充当"二政府"。有些部门名义上是改革了，不方便、也不敢再直接做的事就让自己领导下的行业协会去做。很多行业协会成为政府部门收费载体。这几年来，上海政府部门的审批收费，包括转移到行业协会向企业收取的费用，每年多达45亿元。这中间有合理部门也有不合理部门，但因为是政府部门审批的，合理的部门到2004年7月1日《行政许可法》实施后，都会变为不合理的收费。

8月20日，上海市委副书记、市长韩正在会见部分该市行业协会代表时指出，要切实发挥行业协会"服务企业、规范行业、发展产业"的作用，一方面政府部门一些可以由行业协会承担的职能，应当尽快转移给行业协会，辅以必要的扶持措施，推动行业协会加快发展。另一方面，要实现政府部门与行业协会的完全脱钩，使行业协会真正做到公正独立、规范运作。他强调，行业协会要坚持走"自我管理、自我约束、自我发展"的道路，坚持服务市场化、专业化的方向，强化行业自律，不断提高行业协会的公信力和号召力。副市长周太彤、胡延照等有关方面负责人参加了会见。

（5）民政部的处罚

2004年，民政部加大了对违规行业协会的处罚力度。3月23日，民政部宣布了对中国饭店协会的处罚决定。中国饭店协会因擅自修改章程，并超出章程规定的业务范围进行活动受到责令改正的处罚。据民政部有关负责人介绍，《社会团体登记管理条例》规定，社会团体制定或修改章程，应当在限期内报登记管理机关核准。中国饭店协会在未经登记管理机关核准备案的情况下，将擅自修改后的章程在网上公布，违反了《社会团体登记管理条例》的规定。

7月27日，建设部办公厅做出《关于对中国房地产及住宅研究会等四单位擅自举办行业性评比活动的通报》（建办住房[2004]62号），通知指出：根据一些地方和单位的举报并经初步查实，中国房地产及住宅研究会、建设部城乡规划管理中心、建设部科技发展促进中心、中国风景园林学会未经批准，在近期擅自举办"2004年全国人居经典建筑规划设计方案竞赛"活动，引起了强烈反响；个别新闻媒体还将其误导为是建设部等单位主办的中国房地产最高奖项，严重影响了建设部的声誉。鉴于中国房地产及住宅研究会等四单位擅自举办的行业性评比活动，违反了《建设部关于严格控制评比、达标、表彰活动的管理办法》（建办[2001]38号）、《建设部办公厅关于坚决制止各种乱评比活动的通知》（建办秘[2002]52号）、《关于不得开展商业性评比活动的通知》（建办秘[2003]45号），部决定对中国房地产及住宅研究会、建设部城乡规划管理中心、建设部科技发展促进中心、中国风景园林学会通报批评；并责成上述四家主办单位立即自查自纠，消除影响，将整改情况报部。通知强调，部机关各单位、部属各单位和部管各社会团体，要引以为戒，严格执行建办[2001]38号文件等规定，不得擅自举办行业性评比活动，更不得开展商业性评比活动；确需开展的行业性评比活动，必须经分管副部长同意后方可进行。各地建设行政主管部门和部系统的企业、事业单位，也要提高识别能力，严防受骗上当。

中国建筑装饰协会在此方面也有过深刻教训。2003年11月4日，民政部以民管罚[2003]3号文件发出处罚决定书，因中国建筑装饰协会擅自设立两个机构（室内环境检测中心、质量认证指导中心）而被限期停止活动三个月。同时被处罚的还有另外两家全国性社团。一个月后，12月9日民政部以民管罚执字（2003）第3号文件通知中国建筑装饰协会，宣布提前解除对中国建筑装饰协会的行政处罚，即日起可恢复正常业务活动。

（6）室内建筑师从业资格

4月12日，中国建筑装饰协会发出《关于开展全国室内建筑师技术岗位能力评审认证试点工作的通知》（中装协[2004]16号），从而解决了全国30多万室内建筑师从业资格个人行业准入的问题。各地建筑装饰协会纷纷响应，如10月27日，河南省建筑装饰协会发出《关于开展河南省建筑装饰设计师资格转评全国室内建筑师资格的通知》（豫建装字[2004]17 号）。

与此同时，有关地方建筑装饰也在积极探索政府对此的个人市场准入的问题，继深圳等地后，2004 年武汉、上海取得了令人兴奋的进展，8 月 10 日，武汉市职称改革工作领导小组发布了《武汉市建筑装饰设计专业技术人员评聘技术职务试行意见》，8 月 18 日，武汉市人事局和市建委共同转发了该意见，同时宣布指定武汉建筑装饰协会为此项工作的社会化受理单位。武汉市建筑装饰设计专业技术人员评聘技术职务分三档四类：高级建筑装饰设计师、建筑装饰设计师、助理建筑装饰设计师和建筑装饰设计员。这是协会为行业服好务的重大举措和行业管理制度的重要创新。12 月 18 日，600 多位室内设计人员参加了为由上海市装饰装修行业协会与上海市人事局职业能力考试院共同制定的《上海市室内设计专业技术水平认证暂行办法》的高、中、助理三个等级的考试。此举创新了室内设计人才评价管理制度。

（7）协会工作人员招聘

随着我国市场经济的发展，建筑装饰协会也逐渐开始在社会上招聘工作人员，如 9 月 6 日《都市文化报》上刊登上海市装饰装修行业协会 2004 年招聘相关业务管理人员广告——中层干部四个岗位：建筑装饰专业委员会、建筑幕墙专业委员会、装饰设计专业委员会副秘书长，信息化管理、智能系统方面专家。基本条件是：一是有较强的独立组织协调能力和文字编写能力，熟练掌握电脑技术，性格开朗，有责任心，语言表达能力强，具有良好的亲和力和沟通能力；二是熟悉掌握相关装饰专业知识，懂得施工技术与装饰艺术，具有 3 年以上的相关企业管理经验；三是本科以上学历，40 岁以下。在介绍协会本身，广告语是：本协会是社会团体组织，承担服务企业、规范行业、发展产业的职责。这是一项行业重要创新。

3．编辑出版

2 月 2 日，中国建筑工程总公司在北京举行中建总公司的创始人之一、第一任总经理、中国建筑装饰协会一至四届理事长张恩树《建筑文集》发行座谈会。全国政协委员、党组书记　副总经理张青林在座谈会上讲话指出，此会表达我们中建总公司历任领导同志，几代中建员工和关心、支持中建总公司改革与发展的社会各界朋友们对我们老领导张恩树同志的感激之情。这本文集的发行是一件具有重要价值的大事情。张恩树的这本《文集》，首先是一本反映中国建筑业坚持改革开放方针的时代《文集》；更是一本集中反映中建总公司创建、起步、探索、发展的实践《文集》；又是一本体现大型建筑企业主要领导者领导风范的资政《文集》；同时是一本反映恩树思想政治品质、业务领导能力和工作作风等综合素质的品格《文集》；这本文集作为时代文集、实践文集、推进文集、资政文集和品格文集同广大读者见面，这是我们全体中建人的光荣和骄傲；具有其存史、资政、育人的重要价值。张青林强调，还是一本面向全国建筑装饰行业的推进《文集》。建筑装饰行业是建筑业的三大组成部分之一，在近二十年来有了相当速度的发展，这与张恩村同志的大力推进是分不开的。中国建筑装饰协会是 1984 年成立的，从那时起恩树同志就担任该协会的理事长，直到今天他还担任名誉会长。文集中大约有一半的份量 24 篇文稿是集中阐述建筑装饰行业的，从这里我们可以清晰的感受到装饰行业的发展进程，领略到装饰行业的生产特点，醒悟到装饰行业的经营特性，从而去创造有别于土建工程的生产方式和经营管理模式，这对于我国建筑装饰装修这一新兴行业的强劲发展，对于我们中建现有装饰装修业务更快发展，都有着很强的现实针对性。

《中国建筑装饰协会成立 20 周年回顾与展望》编辑的具有行业教科书的性质，得益于 3 月 1 日中国建筑装饰协会发出“关于《中国建筑装饰协会成立 20 周年回顾与展望》一书征稿的通知”（中装协[2004]011 号），通知指出，1984 年 9 月 11 日，中国建筑装饰协会宣告成立，到 2004 年 9 月 11 日，中国建筑装饰协会成立整整 20 周年。此时，正是中华人民共和国建国 55 周年。这是一个非常值得回顾与展望的时期。为此，中国建筑装饰协会研究决定编辑出版《中国建筑装饰协会成立 20 周年回顾与展望》一书，特向业内征稿。回顾，既可是一位老者满怀深情的思索，也可是一位少者新奇的探求；既可是一篇悠悠岁月，也可是一篇细细追忆；既可是对某个事件系列的串联，也可是对某件事情单独的讲述；既可是一件业内大事的记录，也可是对一件名不见经传的小事；既可是对中国建筑装饰协会的直接感受，也可是通过从业对协会间接的心得；既可是一事一议，也可是随笔散文。展望，既可是对行业发展的深刻理解，也可是对事物行进轨迹的粗淺刻画;既可是对某一专业领域未来的看法，也可是对某一重要问题的分析；既可是对政策法规走向的理解，也可是对行规行约建立的推测；既可是高瞻远瞩，也可是登高一望；既可是对学术问题的阐述，也可是对技术环节的评论；既可是全国性的，也可是区域性的。通知强调，回顾与展望，是非常有意义的，人生难得有几次对某几件重大事件的回顾与展望，既能使人感慨万千，又能使人体会品味，既能鼓舞斗志，又能启迪心智。于行业、于协会发展有利，于单位、于个人进步有益。我们期望本书能成为中国建筑装饰协会贯彻“三个代表”的记录，成为我国建筑装饰行业全面建设小康社会的追求，成为一本从业人员的教科书。

3 月 18 日，由中国建筑装饰协会工程委员会编辑《全国建筑工程装饰奖获奖工程项目经理荣誉专辑》出版，编辑的目旨在了解这些行业发展的宝贵财富、为打造建筑装饰业精品工程的精英们，以期更好地为市场经济服务，为促进建筑装饰行业的发展服务。本书共分三大部分：一是获 2001 年～2002 年的所有获“全国建筑工程装饰奖”工程的项目经理名单；二是将部分奖获奖工程的项目经理经验介绍；三是以图文并茂的形式向读者介绍荣获“全国建筑工程装饰奖”的部分企业。

3 月 28 日，由建设部工程质量安全监督与行业发展司与中国建筑标准设计研究院共同编制的《全国民用建筑工程设计技术措施——建筑产品选用技术——建筑·装修》一书，近由中国计划出版社出版发行，全书在16开，400多页，定价58元。中国建筑装饰协会鲁心源、黄白等参加了该书的审查工作。

3月31日，由中国建筑装饰协会铝制品委员会和中国建筑装饰协会信息部共同编制的《建筑幕墙行业技术标准规范汇编》由中国建筑工业出版社出版发行，本书共十五部分：一是建筑结构、二是钢结构、三是幕墙、四是防火、五是防雷和采光、七是相关工程、八是物理检测、九是外窗检测、十是铝型材、十一是玻璃、十二是密封胶、十三是天然石材、十四是紧固件、十五是其他，共计98篇，是本书主编邱建辉和黄白组织付德安、刘智龙、张芹、穆伟、耿滨、张志华、刘晓东、黄庆文等业内专家从众多标准规范中优选出来的。全书16开，530万字，547页，185元/册。此举填补了我国幕墙行业出版的一大空白，有利于幕墙工程质量提高，有利于幕墙行业科技进步，颇受业内欢迎。

12月12日，由辽宁省装饰协会组织的《辽宁省装饰装修行业风采录》于出版发行，顾问：杨帅邦，主主编：田平，执行主编：刘晓波，全书140页，全铜，彩页，编辑的十分有特色。

4．行业调研

（1）行业信息化建设

为开好"全国建筑装饰行业信息化建设工作会议"，中国建筑装饰协会进行了认真的准备，进行了广泛的调研。2月2日，中国建筑装饰协会与河北省建筑装饰协会、石家庄市装饰装协会在石家庄市共同召开了"建筑装饰行业信息化建设征询意见座谈会"，此为业界猴年开展的第一项工作。会议指出，行业信息化包括企业和协会，不是搞不搞而是为了生存及发展必须搞的问题，以适用业内要求快速、准确、规范的竞争需求。当前的主要问题：一是局域网、资料存储等技术准备，二是资源共享与网络安全等管理应用，三是如何建立并有效利用足够支持的数据库，四是如何降低企业及协会投资信息化建设和培训从业者的成本，提高企业竞争和协会服务的效率和水平；五是如何将其纳入及充实企业文化；六是以大会论坛的形式为宜。此会是2003年深圳、苏州座谈会的继续，十分富有启发性，为全国性会议奠定了良好的基础。

4月12日～13日，为了全面贯彻十六大精神，坚持用新型工业化和高新技术改造传统产业，加快信息化建设步伐，是实现我国建筑装饰行业跨跃式发展和提高竞争力的根本途径。为此中国建筑装饰协会在北京华润饭店召开了来自全国39个城市有300位代表出席的"全国建筑装饰行业信息化建设工作会议"。会议的主要内容有六方面：一是听取建设部、中国建筑装饰协会、信息产业部、国家版权局等有关方面领导的重要讲话；二是听取6位来自建设部科技司、国务院发展研究中心、国家信息中心等有关部门领导、专家的专题报告；三是讨论通过中国建筑装饰协会提出的《关于建筑装饰行业信息化建设工作的若干意见》的文件；四是举办有19位业内专家、学者、企业家进行演讲的"网络投资与建设"和用于提高的"网络应用与管理"的二个专项论坛；五是同时召开有30个地方建筑装饰协会负责人参加的"全国建筑装饰协会媒体座谈会"并形成纪要；六是表彰113家"全国建筑装饰行业信息化先进单位"。

出席会议有建设部总工程师兼建筑管理司司长金德钧、建设部信息化领导小组副组长兼科技司司长赖明、国务院发展研究中心产业部副部长冯飞、信息产业部信息化推进司司长季金奎、国家版权局版权管理司副司长王自强、中国计算机用户协会秘书长于永顺、国家信息中心副主任胡小明、中国建筑装饰协会名誉会长张恩树、会长马挺贵、常务副会长兼秘书长徐朋等有关领导。开幕式和闭幕式由徐朋主持。本次会议系全行业首次召开，既是2003年9月"全国建筑装饰行业科技大会"的延续，也是中国建筑装饰协会为提高服务层次加强行业管理的重要措施。

（2）转移政府职能

2月12日～17日，辽宁省建设厅提出了转移政府职能，在辽宁省装饰协会开展行业管理试点工作的要求。根据辽宁省及省建设厅领导的指示精神，辽宁省装饰协会会同省建设厅共同组成小组，对全国进行建筑装饰行业管理的调研，小组成员有辽宁省建设厅建管处胡林涛，辽宁省装饰协会会长杨帅邦、副会长兼秘书长田平。调研小组对全国建筑装饰行业管理的先进地区北京、深圳和上海相继进行了实地考察，与北京市建筑装饰协会理事长朱希斌、常务副秘书长郭仁智，深圳市装饰行业协会会长何文详、副秘书长兼工会主席韩雪梅，上海市装饰装修行业协会会长李洪鑫、秘书长赵海、常务副秘书长薛德兴等当地协会领导进行了座谈。

此次辽宁省建设厅以辽宁省装饰协会为"转移政府职能进行装饰行业管理"工作的试点，对省建设厅业务管理的其他25家省协会（学会）具有一定的借鉴作用。本次调研工作得到了中国建筑装饰协会的大力支持，调研小组与中国建筑装饰协会常务副会长兼秘书长徐朋、副秘书长房箴进行了沟通。中国建筑装饰协会表示，此举对全国各地建筑装饰协会的行业管理工作具有示范效果，对中国建筑装饰协会进行全行业管理工作具有范例意义。中国建筑装饰协会信息部主任兼会刊《中国建筑装饰》主编黄白参与了实地调研工作。2月22日完成调研报告，其思路：一是市场与行业谁来管、管什么；二是我国建筑装饰行业发展现状；三是装饰协会行业管理管什么、怎么管；四是当前的主要问题及根据辽宁省的实际情况，提出转移政府职能对辽宁省装饰协会进行装饰行业管理试点工作的建议。

（3）家装行业发展

3月15日，《关于我国家装投诉居高不下的调研报告》在2004年第3期《中国建筑装饰》上发表，课题组组长是黄白。

3月15日，大庆市建筑装饰协会发表《大庆市家装行业调研报告》。这是一篇质量颇高的行业调研报告，这表明大庆市虽然不太大，建筑装饰协会起步也较晚，但协会已具备了行业管理的大致思路和基本能力，十分了不起。报告包括：大庆市家庭装饰行业专业化管理办法、大庆市家庭装饰工程投诉解决办法、大庆市家庭装饰装修设计施工合同书、大庆市家庭装饰装修工程质量验收标准、大庆市建筑装饰装修行业自律公约等五个附件。

5．行业培训

3月22日，农业部、财政部、劳动和社会保障部、教育部、科学技术部、建设部共同做出《关于组织实施农村劳动力转移培训阳光工程的通知》（农科教发[2004]4号）全国阳光工程办公室设在北京市农展馆南里11号农业部科技教育司。

4月1日，建设部人事教育司召开“建设行业人才建设工作座谈会”，会议由杨忠诚、张其光副司长主持，建设部社团管理处处长刘平星、专业人才与培训处处长陶建明、劳动与职业教育处处长陈博，以及建筑、安装、造价、监理、房地产、规划、物业管理、市政和中国建筑装饰协会等9家协会的负责人与会，会议主题是贯彻中央人才工作会议精神，对行业队伍现状及培训工作现状进行调研，探索《行政许可法》实施后行业培训工作的新思路。会议指出，行业协会开展培训工作，当务之急是转变观念，不应再依靠行政指令性的方法，不一定要委托、要指令，应积极开拓培训新思路、新办法。会议强调，市场经济是业绩竞争、实力竞争、优势竞争，协会是取之不尽的金矿，要靠大家挖掘。

4月27日～28日，来自全国23个地区的建设行政主管部门、装饰协会、教育协会、大专院校、企业和培训机构的39名专家代表相聚北京，参加了由中国建设教育协会和中国建筑装饰协会共同召开的“建筑装饰行业工人职业技能培训与鉴定工作（首次）座谈会”，中国建设教育协会理事长李竹成和中国建筑装饰协会常务副会长兼秘书长徐朋出席会议并讲话。本次会议旨在装饰行业贯彻落实国家和建设部对技能型人才培养、把职业技能培训与鉴定工作扎扎实实开展起来，做细做好的精神和要求。5月10日，中国建设教育协会和中国建筑装饰协会共同发出《关于开展建筑装饰工人职业技能培训和鉴定工作的意见》（中装协[2004] 027号）。中国建筑装饰协会公布《会议纪要》。

8月20日，中国建筑装饰协会培训中心受国家劳动和社会保障部劳动就业培训指导中心的委托，承担的装饰镶贴工和涂裱工二个模块《职业技能鉴定国家题库》的开发的考试用书的编写工作在苏州召开审定会，参加会议的有国家劳动和社会保障部劳动就业培训指导中心命题处处长张灵芝、江苏省建管局教育中心科长朱跃斌、苏州市建设局教育处处长乔军莉及参与编写工作的专家，会议由协会培训中心副主任王晓铮主持。会议充分肯定了前期的工作，决定10月底完成全部工作。此项工作得到在上海市装饰装修行业协会、江苏省建管局教育中心、苏州市建设局等单位的支持。

9月11日，由国资委组织的“中央企业职工技能大赛”在长春市举行，中国新兴建设开发总公司装饰公司张隽在351名选手中脱颖而出，荣获铜奖。张隽参加的制图员CAD比赛，分理论和实际操作二部分，张隽在三个小时中完成了平时需三天才能完成的工作量，取得优异成绩。这是2004年10月15日《新兴建设》报道的。

6．人物纪念

2004年有三位业内资深人士的病逝，颇令业内扼腕，痛心不已：

4月15日，洛阳有色金属加工设计院原总设计师、中国建筑装饰协会四届理事会理事、铝制品委员会副秘书长刘智龙突发心梗不幸逝世，享年64岁，4月21日刘智龙追悼会在洛阳举行，中国建筑装饰协会铝制品委员会秘书长宋协昌、副秘书长邱建辉及刘智龙生前友好出席，他积极参加建筑装饰协会工作，为我国幕墙行业发展作出了重要贡献。

10月30日，中国建筑装饰协会一届理事，二、三届副理事长，四届荣誉理事、北京市建委原总工程师、北京市建筑装饰协会顾问刘导澜因病逝世，享年81岁。他曾为我国建筑装饰行业发展和协会工作提高作出重要贡献。

12月23日，中国建筑装饰协会四届理事会理事、河南新大地装饰工程有限公司原常务副总经理、河南省建筑装饰协会副秘书长杨东洲追悼会在郑州市举行，河南省建筑装饰协会秘书长王晓惠等有关方面领导以及杨东洲的生前友好出席，中国建筑装饰协会通过河南省建筑装饰协会向杨东洲的亲属表示慰问。杨东洲，1962年生人，他积极参加建筑装饰协会工作，担任国家标准《住宅装饰装修工程施工规范》（GB50327-2001）编制组成员，为建筑装饰行业发展作出重要贡献，因患肠癌不治英年早逝，年仅42岁，业内深感悲痛。

四、家庭装饰

家庭装饰是我国国民经济和社会发展新和增长点。据2月28日发表的《中国室内装饰行业发展“十年”规划纲要》指出，近10年来全国室内装饰工程量以年均30%以上的高速增长，预计到2005年家装产值将由目前的2000亿元上升至6000亿元以上。4月12日，《北京晚报》等媒体上公布，2004年以来消费需求旺盛，以“住、行、讯”为代表的三大消费热点呈现旺销态势，一季度全市经济增长速度高达13.8%，再创10年新高，其中装饰材料增长67.6%。

1月8日，中国消费者协会把“诚信·维权”定为2004年主题，重点对十大行业进行监督检查，“装修”居第二位，督查的主要内容包括商品和服务质量、卫生、安全、价格、计量、营销宣传等。

1．投诉和诉讼

家装在成为消费热点的同时继续成为8年来的投诉热点——环境污染是主题。

中国质量万里行2005年1月27日公布“2004年全国六大投诉热点”，装修居第五位。

2004年4月20日《北京晚报》报道，当时北京市工商局受理的家装投诉增多，主要是家装公司未按合同约定使用装修材料，用户难讨“违约金”。4月30日《北京青年报》等媒体上公布北京市工商局12315消费者投诉中心和北京市消费者协会统计的2004年一季度全市投诉情况，装修材料在各类投诉中居第三位。7月3日《北京晚报》公布北京市“12315”投诉举报中心总结今年上半年全市产品质量投诉情况，商品类和服务类均有上升趋势，其中服务类投诉更是猛涨五成之多。商品类投诉量居前三位的分别是：家电、百货、装修材料类——主要问题是材料的房屋。服务类投诉居前三位的分别是：中介咨询服务、居民服务、装饰装修服务类——主要问题是经营者提供的材料经检测甲醛超标或存在其他质量问题，不赔偿消费者损失，经营者在约定时间内未完工、不支付违约金。

北京市工商局2005年1月20日公布“2004年北京十大投诉热点”，在商品类中，装饰材料投诉位居第四；在服务类中，装修投诉位居第五。北京市工商局和市消费者协会2005年3月13日共同公布的2004年度消费者投诉四大热点，其中家装位居第三，合同纠纷成为投诉焦点。

4月22日，《经济日报》报道，南京市民栗某入住新房才三个月，就发现他和他的母亲同时患上了血液性疾病——再生障碍性贫血，经南京市环境检测中心对其住房进行室内环境检测，发现甲醛超标12.6倍，挥发性有机物超标3.3倍。于是栗某将装饰公司告上法庭，经过长达9个月的审理，2003年7月南京市玄武区法院做出判决，消费者胜诉获赔59065元。

2005年3月15日《南京日报》刊登江苏省消费者协会公布的2004年十大投诉热点，“家装问题严重”位居第五位，主要表现在：装修公司自制的装修合同不规范，一些内容对消费者显失公平。装修材料以次充好、偷工减料、做工粗糙，故意拖延交付时间等问题屡屡出现。还有一些无任何资质的装修公司低价揽活，完工后拿到钱就走人，消费者发现问题后，根本找不到被投诉方。

2．纠纷案件

法院受理家装纠纷案件逐年上升。如北京市第一中级人民法院统计，因家装引发的“加工承揽合同”纠纷案件呈逐年上升趋势，2002、2003的2004年分别为11、38和96件。其原因有三：一是家装业主忽视企业资质审查；二是家装公司违约造成装修安全隐患；三是家装业主随意更改合同。

消费者维权的建议：一是当事人要注意相关证据的收集和保存；二是政府和协会要加强市场和行业管理，呼吁成立家装工程价格和质量鉴定专门机构，维护承发包双方公平和公正；三是呼吁成立家装工程价格和质量鉴定专门机构，在“定作人”与“承揽人”因装修价格及质量问题出现纠纷，双方达不成一致的情况下，法院由于无法找到相应的鉴定机构，使得纠纷中出现的一些问题无法处理，或者法院即使找到一定的鉴定部门作出鉴定结论，由于该部门不具有家装业的鉴定资格，当事人对鉴定结论不予认可，给法院处理案件也增加了难度。

3．环境污染

3月12日，北京市消费者协会发布《北京市家庭装修环境污染情况调查报告》显示：在调查的294户北京消费者家庭中，有近1/3居民家中空气环境污染。甲醛和苯最高污染值分别超出标准值的3.5倍和50倍。调查发现，消费者自购材料造成的污染情况比较严重，主要是消费者购买时注重价格比，忽略了环保因素，图便宜造成装修污染。检测结果中反映的消费者家庭装修污染状况不容乐观。调查显示，在294户消费者家庭中，室内空气质量优良的为209户，占总数的71%；空气环境污染的为85户，占总数的29%，其中，轻度污染的为44户，占15%，中度污染的为12户，占4%，重度污染的为29户，占10%。在294户消费者家庭中，家庭装修后甲醛超标的44例，占总数的15%；苯超标78例，占总数的26.5%。在空气环境污染的85户消费者家庭中，属于开发商精装修造成污染的两户，占发生污染总数的2.35%；属于装修公司代购材料造成污染的26户，占发生污染总数的30.58%；属于业主自购材料造成污染的57户，占发生污染总数的67.05%。专家进一步分析说，居民室内空气环境中甲醛和苯两个污染物室内浓度高于室外，表明这两种污染物主要是由室内装修造成的。目前，苯已被确定为致癌物质，主要来自于油漆、涂料中的溶剂、稀释剂和添加剂。由于装修完工的时间较短，苯还没有能够得到完全释放，可能是造成苯超标的主要原因。

6月6日，《北京晚报》报道：如今有72%的北京人了解室内环境污染问题，倒退到2000年，“了解”的仅有39%。当装修工程或新买的家具出现污染问题时，50.5%的人会选择退换，36%的人表示会通过法律的手段来解决存在的污染问题，而两年前的调查数字分别仅为26.5%和9.5%。这是有关单位室内环境监测中心昨天公布的一项最新调查结果。调查显示，60.7%的被访者知道甲醛是目前城市居民住宅和写字楼室内的有害气体，比2002年36.5%的认知比例有了大幅提高。46%的被访者提到苯等挥发性气体是目前城市居民住宅和写字楼室内的有害气体，而两年前的提及率只有8%。但是目前消费者对放射性物质氡的危害认识不高，从调查看处于最低点。对室内空气中有害物质的来源，93.2%的被访者知道室内装饰装修会造成室内环境污染；88.7%的被访者认为室内有害气体来自于建筑装饰材料（排在前三位的依次是油漆、内墙涂料和人造板），比2002年69.5%的认知比例有了显著提高。

10月20日，《北京晚报》报道：一项调查显示，刚装修的居室90%的室内污染超标。尽管各种室内空气净化产品在宣传上都以杀菌彻底为卖点，但专家认为，目前市场上的空气净化产品都只是针对某一种污染有效果，还没有一种产品可以“统杀”所有的室内污染。据当日召开的“中国首届室内环境净化治理行业发展研讨会”报告，2004年国内室内环境净化治理产品销售额将超过100亿元。市场上的空气加湿器在调节室内空气湿度的同时可以吸附室内空气中的悬浮物和少部分有害物质；滤网式空气净化器可以有效净化悬浮物和少部分有害物质，但对臭味异味、病原菌、病毒、微生物及装饰装修造成的空气污染根本无法消除。空气净化效果较好的采用分子综合技术的空气净化器，售价不菲，但对有毒气体释放量大、释放速度快、装修质量较差的室内污染空气的处理有些力不从心。业内人士指出，国内室内空气净化产品治理效果还没有统一的标准，有的空气净化器与检测报告标明的净化效果能达到90%以上的指标不符，造成消费者对室内空气净化产品的检测报告效果到底是否具有真实性产生怀疑。针对这些情况，有关方面正在加紧制定《中国室内环境净化治理产品效果测试》行业标准。

11月8日，《北京晚报》报道，我国每年由室内空气污染引起的死亡人数已达11.1万人，每天大约是304人，同时造成107亿元的经济损失。由于室内环境的恶化，我国的肺癌发病率以每年26.9%的惊人速度递增；目前80%的白血病发病率与室内空气污染有直接关联；因装修污染引起上呼吸道感染而导致重大疾病的儿童约有210万名。

值得重视的是，最高人民法院制定从2002年4月1日起施行的《关于民事诉讼证据的若干规定》的司法解释，包括环境污染致人伤害等8类民事诉讼举证责任由加害人承担，新规则采用举证责任倒置的原则，将举证责任划给了加害人一方。如装饰装修造成的环境污染致人伤害，不由业主来证明装饰装修公司或厂商有过错，而要由装饰装修公司或厂商来证明自己的行为无过错。2005年1月22日中央电视台12频道法制节目中，就报道了上海市第一中级法院2004底判决的一起案例。

4．儿童白血病国际评判

9月6日，来自欧洲、美洲、亚洲和澳大利亚的近百位医学专家齐聚伦敦，参加为期5天的首届"儿童白血病国际科学大会"，科学家们将交流儿童白血病研究的最新成果，并探讨近年来该病发病率增加的原因。伦敦卫生与热带医学学院流行病学教授迈克尔·科尔曼在会上称，从20世纪初到20世纪末，儿童白血病发病率几乎增加了5倍，而1～4岁的儿童更是高发人群，20世纪90年代这个年龄段的发病率比1911～1915年多了7倍。另一份研究报告指出，在20世纪60年代至90年代这段时间里，英格兰和威尔士的儿童白血病发病率从每百万40例增加到了45例。

英国目前每年约有500名15岁以下的儿童患上白血病，约100名儿童死于该病。通过科学家的努力，儿童白血病患者的死亡率已经大大降低，从20世纪60年代的每百万人26例减少到了20世纪90年代的每百万人10例。但是在预防儿童白血病上，人类却一筹莫展，其主要原因是我们对它的发病机理还没有搞清楚。医学界普遍认为这种癌症始于胎儿在子宫内发育的时候。布里斯托尔大学医学物理学教授阿兰·普里斯提出：杀虫剂和环境污染是元凶。这些有害物质由母亲传给胎儿，导致白血病的产生。在这次大会上，科学家们将从遗传、环境、饮食等方面来探讨儿童白血病的病因，还将考虑以往被忽视的因素如早期饮食、光污染、接触有毒物质和怀孕期间用药不当等。据9月14日《环球时报》报道，该大会并没有认为儿童白血病的病因与装饰装修有关。

9月21日，美国环境保护署赠与中国二笔各15万美元的款项，用于以社区为基础的创新项目，以解除因室内装修以及厨房、室内供热方式引起的室内空气污染对人类健康的严重威胁。2004年9月21日《新京报》指出，中美两国结成"室内清洁空气伙伴关系"联手解决这类问题。

5．家装老板卷款逃跑

12月1日《都市文化报》和525j.com报道，上海市消费者权益保护委员会和上海市装饰装修行业协会近联合发布谨防家装老板卷款逃跑的家装消费警示。警示说：近年来，每遇年关，有的装饰企业由于经营不善，负债较多，装饰老板为躲避债务卷款而逃的事件屡有发生。为了维护消费者的利益，上海市消费者权益保护委员会和上海市装饰装修行业协会联合发布消费警示，提醒消费者谨防少数装饰公司老板年关时卷款逃跑。

上海市家装行业是一个超常规发展的行业，目前仍处在一种上升的态势，由于市场进入门槛低，造成家装企业一哄上，鱼龙混杂。有的家装企业规模偏小、管理混乱、抗风险能力十分薄弱，加上近年来全装修房的推进，投资房的增加，散户装修房骤减，一些不具有市场竞争力的家装企业难以维计。特别是年关将至，各单位进入财务清算阶段，材料商催讨材料款、广告商催讨广告费、民工催讨拖欠工资、业主要求履行装饰合同，一些入不敷出的装饰企业老板为了躲避债务而卷款逃跑，给债主和消费者造成巨大经济损失。

上海市消保委和市装饰协会提醒广大装饰消费者，选择装饰公司时要做到五要：一是要选择有企业法人营业执照、建筑业企业资质证书、行业协会会员证的正规装饰公司；二是要选择规模较大，知名度较高的装饰公司；三是要选择诚信度较高、合同履行能力较强的装饰公司，这些企业一般均是参加创建家装行业规范服务达标和家装工程质量保证金的单位；四是要选择采用《上海市家庭居室装饰装修示范合同》的装饰公司，并根据合同规定，认真填写和选择所有合同项目，明确双方的权利、义务和违约责任；五是要装饰装修过程中要提高自我保护意识，时刻与装饰公司保持联系，一旦发现异常情况，及时向有关部门提诉或举报。另外，支付装饰款时，应按工程进度分期付款，决不可提前支付。

另外，还需做到五不要：一是不要轻信装饰企业广告。有些装饰广告片面吹嘘、夸大其词，其目的是诱骗消费者过高估计广告所宣传的装饰效果。俗话说，耳听为虚、眼见为实，消费者最好到施工现场实地勘察，了解其安全生产、文明施工、规范操作的情况；二是不要迷信低价装饰。有的企业以免设计费、免管理费、材料费市场最低价，人工费打折等低价为诱饵，一旦成交，采取粗制滥造、以次充好，中途加价等种种手法坑害消费者；三是不要轻信熟人介绍。有的消费者轻信熟人介绍，不签订装饰合同，搞什么"君子协定"、"友情操作"，一旦出现装饰纠纷，因缺乏依据或有碍情面而无法妥善解决；四是不要找马路游击队。马路游击队一无执照、二无资质、三无固定营业场所，如果找其装饰，出了问题无处伸冤、卷款逃跑无法追究；五是不要找不可靠的挂靠公司。据调查，卷款而逃的装饰企业，不少是一些装饰公司的挂靠公司，有些总公司只管按月收取一定数量的管理费，对挂靠公司无任何制约措施，极易出现违法违规行为。

6. 行业准入与清出

7 月 13 日，建设部办公厅对中国建筑装饰协会请示作了批复，批复指出，经研究并征得分管部领导的同意，同意你会召开全国住宅装饰装修发展大会。希望会议能围绕着规范装饰装修行业，加强企业诚信建设和探索解决室内装饰装修污染这几个主要问题，务求通过这次会议，促进住宅装饰装修行业的健康发展。

7 月 20 日～22 日，根据业内的呼声和《行政许可法》的实施，中国建筑装饰协会起草了《住宅装饰装修企业行业准入与清出自律管理办法（试行）》，征求了部分省市建筑装饰协会的意见，分别在石家庄、杭州、沈阳，与河北省建筑装饰协会与石家庄市装饰协会、浙江省建筑装饰行业协会、辽宁省装饰协会、吉林省建筑装饰业协会家装委员会共同组织的征求意见座谈会，其思路、管理框架得到了充分肯定，认为这是业内盼望已久的大好事，恰逢其时，应尽快出台，并提出了相应的修改意见。管理办法起草小组回来后经修改，形成送审稿，在 7 月 23 日中国建筑装饰协会 20 周年筹备工作会上研究讨论，得到一致赞同，会议认为经过大家艰苦努力终于找到了一个可行的行业管理的突破口和切入点，同时提出了使办法中条文更加严谨的意见。8 月 8 日，中国建筑装饰协会发出"关于发布《住宅装饰装修行业自律管理企业准入与清出办法（试行）》及进行试点工作的通知"（中装协[2004]042 号）。

8 月 27 日建设部汪光焘部长到中国建筑装饰协会调研，对此问题的指示是：协会发展靠行业自律、企业自律，这个方向对，现在很需要这个，信用社会根本的问题是企业自律，从业人员自律，你们要再做工作，尽管现在在法律法规上还要讨论，但是方向正确。

9 月 3 日，中国建筑装饰协会做出《关于委托第一批 17 个地方建筑装饰协会进行全国住宅装饰装修行业自律管理企业准入与清出试点工作决定》（中装协[2005]047 号），第一批 17 个为：重庆市建筑装饰协会、黑龙江省建筑装饰协会、吉林省建筑装饰业协会、福建省建筑装饰协会、西安建筑装饰装修业协会、武汉建筑装饰协会、南京市装饰行业协会、石家庄市装饰协会、昆明市装饰行业协会、长沙市城市房屋装饰装修行业协会、厦门市建筑装饰协会、东莞市建筑装饰协会、大同市建筑装饰协会、金华市装饰装修协会、哈密市建筑装饰行业协会、汕头市装饰协会。

10 月 13 日～15 日，"《全国住宅装饰装修行业自律管理企业准入与清出办法》首批试点工作情况交流会"在福建武夷山世纪桃源大酒店召开。中国建筑装饰协会副秘书长房箴出席会议并作总结讲话。会议由住宅装饰装修委员会（筹）委员会副秘书长张仁主持。全国首批试点的 17 个地方省、市建筑装饰协会和 6 个积极申请第二批试点单位的建筑装饰协会主管领导和具体负责此项工作的同志参加了会议。17 个试点地方建筑装饰协会包括 1 个直辖市：重庆市；4 个省：黑龙江、吉林、辽宁和福建；6 个省会城市：西安、武汉、南京、石家庄、昆明、长沙；6 个重点城市：厦门、东莞、大同、金华、哈密和汕头。6 个积极申请第二批试点单位的建筑装饰协会是：江苏省、山西省、陕西省、大连市 、宜昌市和温州市。

10 月 25 日，中国建筑装饰协会做出《关于委托第二批 9 个地方建筑装饰协会进行全国住宅装饰装修行业自律管理企业准入与清出试点工作决定》（中装协[2005]056 号），第二批 9 个为：北京市建筑装饰协会、江苏省装饰装修行业协会、陕西省建筑装饰协会、山西省建筑装饰协会、宜昌市建筑装饰协会、温州市建筑装饰协会、大连市建筑装饰行业协会、衡水市建筑装饰协会、保定市建筑装饰协会。连同首批 17 个，共 26 个。

7. 行业管理制度创新

比较突出的如，3 月 3 日上海市装饰装修行业协会公布《上海市住宅室内装饰装修工程人工费参考价》，原"指导价"同时作废。

3 月 24 日浙江省建筑装饰行业协会家装委员会召开 2003 年度会员代表大会，成功地进行了会长的竞选，杭州新海洋油漆涂装工程有限公司总经理于有祥当选。在此之前，2004 年 1 月该会材料委员会换届，以改革的精神进行了竞选上岗的尝试，产生了会长，得到了业内的肯定，浙江省民政厅民间组织管理局的领导指出，此举开创了浙江省行业协会工作的先河，也是协会工作的创新，新华社浙江记者站对此做了报道。

4 月 1 日，上海市装饰装修行业协会家装专业委员会与上海市消费者权益保护委员会家庭装饰专业办公室联合发出《关于执行室内空气质量检测有关问题的通知》，通知指出，一是《住宅装饰装修验收标准》（DB31/31-2003）已于 2004 年 3 月 15 日起施行，凡于此日及其以后签订的《室内装饰装修施工示范合同》，室内空气质量应符合上述标准规定的要求；二是检测费用应由消费者承担；三是装饰企业如在广告、说明书等向消费者公开表示愿意承担全部或部分检测费用的，应视为合同要约给予履行；四是空气质量超标的，应分清是家装企业的还是消费者造成的，由责任者承担把返工费用；五是当事人发生纠纷的，可通过协商、调解、仲裁解决；六是检测单位应是经政府认证的。

8 月 1 日，湖北省宜昌市建筑装饰协会与市建设局建设工程质量检测站共同成立室内空气有害物质检测分站。主要检测 TVOC、甲醛、苯、氡四项，收费：公装 800 元/点（四项），家装 1000 元/户，可任选其中二项，每项不少于 300 元。

此外，4 月 1 日，由宜昌市建筑装饰协会主办、主编的《宜昌市首届室内装饰设计大赛获奖作品集》出版，大 16 开，50 页，彩色胶版印刷，比较精美。8 月 26 日～29 日，河南省建筑装饰协会与郑州教育电视台共同主办的"首届环保家居文化节"在郑州紫荆山广场结束，共接待消费者 5 万人（次），签订意向家装合同 400 余份，收集相关信息 8000 多条。10 月 18 日，浙江省临安市建筑业协会家装专业委员会举行成立大会。这是自 1999 年湖南省湘潭市建筑业协会成立家装委员会、2003 年江苏省张家港市建筑业协会成立家装专业委员会后，第三个地方建筑业协会成立的家装专业委员会。

关于政府退出行业管理后协会定位的思考

中国建筑装饰协会五届理事会理事　全国优秀建筑装饰协会工作者
中国建筑装饰协会信息部主任兼会刊《中国建筑装饰》主编　工会副主席　**黄　白**

行业组织或者中介机构能够自律管理的可不设行政许可。
——《行政许可法》第十三条

一、问题的提出

随着我国社会主义市场经济的发展，特别是加入 WTO——加入 WTO 的前提是该国必须是实行市场经济的国家，2003 年，我国政府正式宣布，政府由原来计划经济体制的既管市场又管行业，改为退出行业管理而专注市场管理，正如 2003 年 1 月 7 日中共中央委员、建设部汪光焘部长在“2003 年全国建设工作会议”上讲话所指出的那样：行业管理职能要逐步转移。在这种情况下，建设行政主管部门必须转变观念，从管理行业转向管理市场，不直接干涉企业运作、不直接管理行业具体事物。要通过加强和改进市场管理，更好地履行相关职责，实现更有效的管理和调控。凡是通过市场机制能够解决的，应当由市场机制去解决；通过市场机制难以解决，但通过公正、规范的中介组织、行业自律能够解决的，应当通过中介组织和行业自律去解决。在职能转变过程中，要充分发挥行业协会等社团组织的作用。但发挥行业协会等社团组织的作用，并不是简单地将原来由政府管理的事务转移到社团组织。一些该由企业、公民自行解决的事务，政府不管，社团组织也不应干预。社团组织应当做到自立、自强、自律，决不能籍变相的审批生存发展。

由此，我们面临了一系列需要解答的重要问题：什么是市场，什么是行业，依据是什么？什么是装饰市场，什么是装饰行业，依据是什么？政府管市场管什么，协会管行业管什么，依据是什么？政府管市场怎么管，协会管行业怎么管，依据是什么？

2004 年 1 月 6 日，中共中央政治局常委、国务院总理温家宝在“全国贯彻实施《行政许可法》工作会议”上强调：贯彻实施《行政许可法》，是要进一步加强和改进、而不是削弱和淡化行政管理。政府该管的事情，必须真正管好，不能出现管理真空；政府不该管的事情，要下决心交给市场、企业和社会中介组织。这样才能正确贯彻《行政许可法》，才能加强和改进政府工作。各级政府要严格按照法定的权限和程度行使权力，学会并善于依法处理经济社会事物。要完善行政监督制度，做到有权必有责，用权受监督，侵权要赔偿。温家宝 3 月 6 日在十届全国人大二次会议上所作的“政府工作报告”中指出，要加快政企分开，进一步把不该由政府管的事交给企业、社会组织和中介机构，更大程度地发挥市场在配置资源中的基础性作用。

2004 年 3 月 2 日，建设部副部长黄卫在“全国工程建设管理工作会议”上的报告中指出：从总体上看政府职能转变还远没到位，如管理职能越位、管理手段单一、行政效率不高、服务能力较差等。因此，要以贯彻《行政许可法》为主线，努力政转变政府职能。十六届三中全会提出：深化行政审批制度改革，切实把政府经济管理职能转到主要为市场主体服务和创造良好发展环境上来。只有把行政审批减下来，政府才有精力加强市场监督、社会管理和公共服务；才有精力研究“大事”。

2004 年 7 月 1 日《行政许可法》正式实施，过去我们习惯和认为是“天经地义”的管理事项，以后有些就不再属于行政管理的范畴，或不能再用行政许可的方式进行管理了。急迫的问题还有：政府有《行政许可法》，协会靠什么法律约束？政府退出行业管理后，除政府管理市场以外的内容，都是行业管理的内容吗？在此条件下，行业协会究竟是个什么性质的社会中介组织？协会管行业还需要政府转移或委托吗？会出现“管理真空”吗，出现了怎么办？政府市场管理与协会行业管理的关系是什么，协会还需要坚持“双向服务”吗？协会究竟为谁服务，协会与会员与企业的关系是什么，怎么服务？协会运作行业，靠的是计划经济时代传统的领导讲话、会议，还是行业管理自律制度？如果是制度，就要进行一系列的行业立法，当前行业最需求的是什么？

我曾于 1999～2002 年出任过四年的中国建筑装饰协会行业发展部主任，后任现在的协会信息部主任，仍兼任会刊《中国建筑装饰》主编。长期以来，自己对什么是“行业管理”，知之甚少，未求甚解，想来惭愧。2004 年 2 月 12 日～17 日，我随同辽宁省装饰协会与省建设厅联合调研小组，进行全国建筑装饰行业管理的调研，重点实地考察了北京、深圳和上海三市，遂逐渐产生了上述想法。2004 年 3 月 8 日～9 日在广州参加中国建筑装饰协会召开的“全国建筑装饰协会秘书长工作会议”，中国建筑装饰协会名誉会长张恩树在讲话中提出，行业协会需要重新“定位”，引起与会代表共鸣。

现将自己对这些问题的一些思考记录如下，愿与同业同仁共同探讨，以与时俱进。

二、建筑装饰装修

在讨论上述一系列问题之前，我们首先要弄清究竟什么是“建筑装饰装修”？

1. 国际定义

联合国在 1997 年颁布的《中心产品分类》（CPG, Version 1.0）中把产品分为十大类，“中心产品”包括各种服务在内，建筑与建筑服务被列为第五大类。建筑，包括两大类：房屋、土木工程；房屋包括两类：住宅建筑、非住宅建筑。建筑服务包括八类：房屋的一般施工服务、土木工程的一般施工服务、施工场地的准备、预制构件的组装、特殊工种的施工服务、安装工程服务、建筑装修服务、带有操作人员的施工或拆除设备的租赁服务。

根据联合国的定义，建筑装饰，被称作“建筑装修服务”，是八类建筑服务之一。

在世贸组织 WTO 中，建筑服务贸易包含在《服务贸易总协定》（GATS）中，称为建筑及相关工程服务，包括五类：房屋的一般施工服务、土木工程的一般施工服务、安装与装配服务、建筑装修服务、其他。

根据 WTO 的定义，建筑装饰，被称作“建筑装修服务”，是五类建筑及相关工程服务之一。

由上可见，根据国际惯例，被我国称作“建筑装饰”的，在国际上被称作“建筑装修服务”，被联合国列为八类建筑服务之一，被世贸组织列为五类建筑及相关工程服务之一。

2．我国定义

1994 年国家统计局第一次修订的国家标准《国民经济行业分类与代码》（GB/T4754-94），将原有“建筑业”门类中的“土木工程建筑业”、“线路、管道和设备安装业”、“勘察设计业”调整为“土木工程建筑业”、“线路、管道和设备安装业”、“装饰装修业”。调整的依据是：装饰装修属于建筑业的活动范围并在迅速发展。包括从事对建筑物的内外装修和装饰的施工和安装活动，车、船、飞机等装饰、装璜活动也包括在内。

2003 年国家统计局全部按国际产业分类标准对《国民经济行业分类与代码》（GB/T4754-94）进行了第二次修订，经国家标准化管理委员会批准公布了《国民经济行业分类》（GB/T4754—2002）。新的分类将建筑业划分为四大类行业：房屋和土木工程建筑业、建筑安装业、建筑装饰业、其他建筑业。国家统计局根据 GB/T4754-2002 制定的《三次产业划分规定》，建筑业被划分为第二产业。

《国民经济行业分类》（GB/T4754—2002）指出，建筑装饰业：是指对建筑工程后期的装饰、装修和清理活动，以及对居室的装修活动。包括十一类：门窗的安装；玻璃的安装；防护门窗、防护栏、防盗栏的安装；地面、地板处理、安装；墙面、墙板处理、粉刷；天花板的处理、粉刷；涂漆；室内其他木工、金属制作服务；工程完成后室内装修与保养；房屋的一般维修、装修和保养；其他竣工活动。

由上可见，根据我国《国民经济行业分类》（GB/T4754—2002），建筑装饰是第二产业建筑业的四大行业之一，是指对建筑工程后期的装饰、装修和清理活动，以及对居室的装修活动。

综上所述，无论是国际标准还是我国国家标准，共性是建筑装饰装修都是被划分在建筑之列。区别在于国际标准是依“服务”划分——建筑装修服务；我国标准是按“行业”划分——建筑装饰业。

三、市场和行业

1．什么是市场

所谓“市场”，根据美国第一个诺贝尔经济学奖获得者（1970 年）著名经济学家保罗·萨缪尔森的定义：是一种使买者和卖者聚集在一起相互交易并决定商品的价格和产量的机制。

那么所谓“建筑装饰市场”：是一种使买者和卖者聚集在一起相互交易并决定装饰工程这种商品的价格和产量的机制。

2．什么是行业

所谓“行业”，按照经济学的理论，就是对一类经济活动的称呼。

所谓“建筑装饰行业”，根据《国民经济行业分类》（GB/T4754—2002）的定义：是指对建筑工程后期的装饰、装修和清理活动，以及对居室的装修活动。

建筑装饰包括公共建筑装饰与住宅家庭居室装饰（简称：家装），公装又包括室内装饰与室外幕墙。

3．建筑装饰行业从业主体是谁

根据以上国际标准和我国规范，无论是国际上确定的“建筑装修服务”，还是我国规范定义的“建筑装饰行业”，其都已形成了专有名词，内含从业主体都是“装修承包商”——我国惯称“建筑装饰企业”。建筑装饰装饰行业不是我们以前所理解的“一个包括材料制造、供应、设计、施工、科研、教育、中介服务等”十分宽泛的行业，而是一个“以室内设计、装修施工承包商为主体”的特定行业。这也符合市场经济细分市场、行业的基本原理。

为此，我们做事情，想问题，都应沿着这个思路延伸下去。如此说来，如“工厂化和装配化”，确切地说应是对装饰装修材料制造业——饰材供应商——制造商、销售商而言，而非指建筑装饰行业。根据 2004 年 3 月全国人大二次会议精神的要求，建筑装饰行业的发展方向应是：推进以信息化为主导，机械化为基础的建筑装饰企业现代化建设。机械化与工厂化和装配化的关系是：建筑装饰企业机械化的前提或基础是装饰材料制造业的工厂化和装配化。

四、政府的市场管理

1．政府的职能是什么

十六届三中全会明确提出，政府的职能为：经济调节、市场监管、社会管理、公共服务。

2003 年 1 月 7 日建设部副部长刘志峰在“2003 年全国建设工作会议”闭幕式上讲话中指出，政府的职能是：市场监管，宏观调控，公共服务，社会管理。

2．政府管理市场管什么

在市场经济条件下，市场这种机制会出现“缺陷”，或称“市场不灵”。所谓市场缺陷，即利用市场机制本身或企业、社会团体等社会力量无法解决的问题，所不能为的。有缺陷就要进行干预。谁来干预？政府。政府靠什么干预，靠经济、行政、技术的法律制度，包括行政审批制度，因此政府要立法，建立并完善法制。这种干预，就是政府的市场管理——服务。政府不是不干预市场，干预的只是市场缺陷。市场缺陷存在于市场问题之中。是市场问题，不一定就是市场缺陷。市场问题由市场机制解决；市场缺陷则由政府干预弥补。

尽管市场有缺陷，但是它非常有效地解决了企业生产什么、如何生产和为谁生产的问题。

3．政府管理装饰市场的依据是什么

主要有三方面：

一是国务院给予建设部的“三定方案”。

二是国务院取消的行政审批项目。2002年11月1日国务院做出了《国务院关于取消第一批行政审批项目的决定》（国发[2002]24号），共取消国家各部委行政审批项目789项。其中，国家经贸委被取消46个，包括装饰企业的资质审批。建设部被取消135项，包括“房屋装饰装修审批”（序号318），当时设定的依据是《建筑装饰装修管理规定》（建设部令第46号）；还剩9项，包括装饰企业在内的建筑业企业资质审批、房地产资质审批、施工许可、招标代理、外商投资建筑业企业、项目经理资质、工程质量验收、环境检测等。

2004年7月2日，建设部部长汪光焘签署建设部令第127号“建设部关于废止《城市房屋修缮管理规定》等部令的决定”，共六个，其中包括《建筑装饰装修管理规定》（建设部令第46号，1995年8月7日发布）。

三是2004年7月1日起施行的《行政许可法》。建设部作为国务院行政许可法试点单位之一，经前两批清理之后，建设部仍保留的行政审批项目有100余项，按照《行政许可法》的有关规定可分为三类：有法律依据的行政许可项目、没有法律依据的行政许可项目和不属于行政许可的项目。目前，这三类项目已逐项进行分类整理，于近期上报国务院。对第一类项目，主要是确定审批主体、明确审批依据、条件、程序、时限，落实审批责任；由地方实施的审批项目提出统一的规范性要求。对第二类项目，确有必要保留的，说明理由和具体处理建议，并按行政许可法的规定明确事项、主体、条件、程序、时限等，待提交国务院发布决定一并处理；其他项目，按取消、合并或转移等方式，确定具体处理办法，确保有关工作的稳定性。对第三类项目，主要是根据依法行政的原则，提出完善管理和监督的措施，规范行政行为，提高行政效率。

4．政府管理装饰市场的内容是什么

政府建设行政主管部门现进行的建筑装饰市场管理的主要内容为：建筑装饰企业资质审批、装修施工许可、招标代理、工程质量验收、环境检测、执法监督等六方面，以维护市场秩序。

5．地方政府对协会及其行业管理的措施是什么

这方面尤以上海最为积极，2002年连发四个文件：1月10日上海政府的《上海市行业协会暂行办法》（沪府发[2002]2号），同日上海市政府办公厅的《关于本市促进行业协会发展的指导意见》（沪府办发[2002]1号），7月2日上海市建委的《关于推进上海市建设交通系统行业协会改革的指导意见》（沪建经[2002]469号），10月31日上海市人大常委会公告第78号《上海市促进行业协会发展规定》。

2002年8月15日福建省政府的《关于促进行业协会改革与发展的指导意见》，2003年6月4日北京市建委的《北京市建委行业协会管理办法》（京建法[2003]281号），2003年9月26日南京市政府《关于加快行业协会改革与发展的意见》（宁政发[2003]182号）。

此外，上海市政府还成立了“行业发展署”，北京市政府成立了“行业协会和市场中介发展办公室”，直接指导行业协会的发展和行业管理的形成。

五、协会的行业管理

1．什么是经济类社会中介组织

目前，全国约有90万个不同类型的中介组织。过去很多由政府完成的职能开始向这些社会中介组织转移。在市场经济条件下，经济类的社会中介组织大体分为三大类：

第一类是行业自主类，主要包括各种行业协会、同业公会和商会等。

第二类是经济鉴证类，主要包括律师事务所、会计师事务所、审计事务所、税务事务所、公证事务所、资产评估事务所、质量检验所和计量中心等。

第三类是咨询服务类，主要包括各种咨询公司、服务中心、职业介绍所、产权交易中心、投资公司、证券公司、保险代理公司、租赁公司、经纪人公司和广告公司等。

2．建筑装饰协会在社会中介组织中是什么角色

建筑装饰协会是属于三大类经济类的社会中介组织的第一类——行业自主类的社会经济中介组织，归属中介服务行业。

行业协会关键是行业自主，因此要自律，要进行行业立法，要建立一整套新型的行业管理制度。什么最有力量，是制度。什么最能体现优越性，是制度。正如关于如何“从根本上解决消费投诉居高不下的问题”，中国消费者协会秘书长滕佳才2004年3月15日在《北京晚报》上所强调的那样：经营体系、市场秩序都将影响消费环境，应充分发挥行业协会的作用，可以通过行业自律解决；如果从行业规则上改变，就可以达到“治本”的目的。

3．行业协会的职能是什么

在市场经济条件下，行业协会运作的机制是：法律规范，政府监督，行业自我管理。

行业协会的职能是：法律规范，行业自律。

法律规范，就是要将行业的利益置于国家法律规范之下，否则就是“黑社会”了。

行业自律，行规行约就是行业自律，自律依靠的是制度，制订制度，就是行业立法，行业立法为的是行业服务、行业管理。

4．协会管理行业管什么

协会管理行业，是除政府市场管理内容以外的、不包括经济鉴证类和咨询服务类两大经济类社会中介组织所管理的内容。

5．协会管理装饰行业的依据是什么

主要有四方面：

一是2002年已被国务院取消的行政审批《建筑装饰装修管理规定》（原建设部令第46号）中除“建筑装饰企业资质审批、装修施工许可、招标代理、工程质量验收、环境检测、执法监督等政府职能”外的适用于行业管理的内容。

二是1994年10月24日建设部做出的《关于选择中国建筑装饰协会为建筑装饰行业管理中转变政府职能试点单位的通知》（建人[1994]631号），共8项：

1．协助部制定建筑装饰行业管理的有关政策、法规和行业标准，参与政府决策；

2．在部建筑业司的指导下，加强建筑装饰行业和市场管理；

3．在部建筑业司的指导下，做好地方建筑装饰一级施工企业的资质初审和相关管理工作；

4．组织制订行业规章、从业道德规范，并监督遵守；

5．在建设监理司的指导下，具体实施建筑装饰工程质量抽查，奖优罚劣；

6．开展建筑装饰行业的技术和管理培训；

7．开展建筑装饰行业的国内外信息交流、合作和企业咨询；

8．指导地方协会的工作。

三是1997年6月26日建设部做出的《关于委托中国建筑装饰协会协助做好家庭居室装饰有关管理工作的通知》（建建[1997]149号），共5项：

1．积极做好《家庭居室装饰装修管理试行办法》（建建[1997]92号）的宣传、贯彻和实施工作，协助抓好城市试点，指导家庭居室装饰装修管理工作；

2．协助做好对个体装饰装修从业者的管理，包括登记注册、培训考核、技能鉴定、持证上岗等工作；

3．协助做好全国家庭居室装饰装修交易市场的指导和受理家庭居室装饰装修的投拆等工作；

4．协助制订《家庭居室装饰装修合同》文本等；

5．认真听取各地对做好家庭居室装饰装修管理工作的建议和意见，收集有关资料，为完善和修订《家庭居室装饰装修管理试行办法》做好准备。

从以上13条的内容实质上可以看出，均为协会行业管理的内容，只是需要去掉“协助”。

四是装饰协会多年来进行行业管理的实践。从全国来看，公装的行业管理，均列入当地建设行政主管部门日程，建筑装饰协会多为协助政府进行企业资审、年检等初审工作。家装的行业管理，各地几乎均由建筑装饰协会来管，而且是政府明文委托。如1996年6月建设部做出《关于委托中国建筑装饰协会协助做好家庭居室装饰有关管理工作的通知》（建建[1997]149号）后，根据建设部对中国建筑装饰协会的作法，全国先后有上海、重庆、深圳、湖北、河南、福建、安徽、温州、武汉、南通、苏州、成都等12个省市的建设行政主管部门将家装行业的管理职能委托给当地建筑装饰行业社团。

公装行业管理的前车之鉴是家装。

政府管理和装饰行业协会管理的管理范围、管理依据、管理职能、管理内容、彼此关系、管理约束见下表。

	政　府	建筑装饰行业协会
管理范围	市场管理	行业管理
管理依据	1．国务院 给予建设部“三定方案” 2．国务院取消的“房屋装饰装修”行政审批 3．房屋装饰装修审批	1．国务院取消的“房屋装饰装修”行政审批 2．建设部建人[1994]631号文件 3．建设部建建[1997]149号文件 4．协会行业管理、特别是家装行业管理的实践
管理职能	市场监管，宏观调控，公共服务，社会管理	法律规范，行业自律
管理内容	1．建筑装饰企业资质审批 2．装修施工许可 3．招标代理 4．工程质量验收 5．环境检测 6．执法监督	1．原建设部令第46号的内容 2．建设部建人[1994]631号文件的内容 3．建设部建建[1997]149号文件的内容 4．不包括经济鉴证类和咨询服务类二大经济类社会中介组织所管理的内容
彼此关系	互相监督，服务交易	互相监督，服务交易
管理约束	行政许可法	社会团体管理条例

6．建筑装饰协会代表并保护谁的利益

根据建筑装饰行业的主体是“装修承包商”的定义，建筑装饰协会代表的应是“装修承包商”的利益，而不是饰材供应商——制造商、销售商，更不是投资者和消费者。投资者利益的代表如房地产协会、银行业协会等；消费者利益的代表如消费者协会等。

根据代表谁的利益就保护谁的利益的原则，建筑装饰协会当然保护的是“装修承包商”的利益。反过来说，建筑装饰协会想代表并保护房地产商、金融商、饭店商的利益，可能吗？代表并保护的了吗？

同理，我们以往常说的建筑装饰协会要“保护承发包商的利益”、“家装企业和消费者的利益”，恐怕是自欺欺人的说法。这就是为什么家装消费者有问题多去消费者协会投诉而少有到建筑装饰协会的根本原因，因为消费者协会有最大的可能代表并保护消费者的利益，而建筑装饰协会最大可能的是代表并保护装修承包商的利益。此外，消费者协会有投诉受理制度，建筑装饰协会有吗？如没有，别说投资者和消费者不敢向建筑装饰协会投诉了，就是建筑装饰企业也不愿向建筑装饰协会投诉。因为没有投诉受理制度，没有，投诉就没用。

此外，中国建筑装饰协会与地方建筑装饰协会、地方建筑装饰协会与地方建筑装饰协会、省建筑装饰协会与省内城市建筑装饰协会所代表并保护的行业利益是不一致的。中国建筑装饰协会代表并保护的是全国建筑装饰行业——全国装修承包商的利益，而地方建筑装饰协会代表并保护的是区域性的行业——当地装修承包商的利益。

利益还有竞争的属性。因此，就利益而言，中国建筑装饰协会一项重要行业管理工作是：协调各地方建筑装饰协会的利益；省建筑装饰协会的一项重要行业管理工作是：协调省内各地方建筑装饰协会的利益。如全国建筑工程装饰奖的各地方名额分配、省内有关市的名额分配。协调，靠感情调解，靠道理说服，更靠制度解决。因此，行业协会也要“三讲”——讲感情，讲理性，讲制度。

六、管理真空

1. 为什么会出现管理真空

当前我国建筑装饰市场和行业管理的主要问题是：在我国实行社会主义市场经济体制后的10多年过渡中，政府在一年多的时间内，迅速退出行业管理转而进行市场管理的过程中，政府和协会现均未完全适应各自的角色，协会还未能将这部分政府“转移”出来的“职能”承接过来，行业需求远大于行业供给，以致在政府市场管理与协会行业管理的联接处出现了“管理真空”。

突出表现在四方面的矛盾中：一是公共建筑装饰企业的资质升级和年检的市场动态管理的难度越来越大；二是行业管理不适应行业发展的程度越来越大；三是市场与行业管理的相互脱节越来越大，尤其是尚未建立建筑装饰协会的地区，行业越来越乱。

过去政府是既管市场也管行业，现在是政府退出行业管理，只管市场不管行业。但是当政府退出行业管理而进行市场管理的过程中，政府未能将行业管理的职能真正转移给行业协会，行业协会只是“协助”，而非被“委托”，从而造成行业管理出现的“真空”状态。

2. 当前行业协会的突出问题是什么

如2004年3月2日新华社讯以“上海市长韩正一身正气斥歪风——行业协会不自律伸手捞钱动心计”为题的报道，因正值全国大十届二次会议在北京开幕的前一天，故引起社会广泛关注。报道指出：本应是企业的自律组织，但一些行业协会却变了味，在3月1日召开的“上海市工业商业工作会议”上，行业协会的种种弊端遭到上海市市长韩正的痛斥。韩正历数当前行业协会存在的两大弊端：一是成了养人的机构，二是充当“二政府”的角色，成为政府部门继续向企业伸手的捞钱载体。目前上海有150多家行业协会，一些行业协会捞钱的手段到了荒唐的地步。如上海市某行业协会居然向下属门窗制造安装企业发令：“企业必须由协会咨询辅导建立ISO9000质量体系，不得向专业咨询公司咨询，否则将取消其评定各种‘先进’的资格。”

韩正市长认为，行业协会普遍存在两大问题亟待解决：一是为了养一堆人，就成立一个行业协会，向企业收费，增加了企业负担。二是不少行业协会成了政府的附属物，充当“二政府”。有些部门名义上是改革了，不方便、也不敢再直接做的事就让自己领导下的行业协会去做。很多行业协会成为政府部门收费载体。这几年来，上海政府部门的审批收费，包括转移到行业协会向企业收取的费用，每年多达45亿元。这中间有合理部门也有不合理部门，但因为是政府部门审批的，合理的部门到2004年7月1日《行政许可法》实施后，都会变为不合理的收费。

韩正市长强调，要医治行业协会的这两大弊端，关键在于真正实现行业协会与政府完全脱钩，鼓励、扶持行业协会的发展，将政府部门可以也应该转移出去的部分职能转移到行业协会去，使其真正做到公正独立、规范运作，成为企业自律的协会。

七、若干问题的讨论

1. 政府、企业、协会生产的产品是什么，靠什么运作？

在社会经济活动中，政府生产的是叫做“公共服务”的产品，包括法律、国防、警察等，运作手段靠的是“行政执法”，简称“权力”。企业生产的是叫做“商品服务”的产品，运作手段靠的是“市场力量”，简称“钱”。

公共服务产品，简称“公共品”，是指这样一种商品，其效用不可分割地影响公众，而不管其中任何人是否愿意消费，例如一项根据SARS的保健措施对所有人都起了保护作用，而决不只是那些付钱接种疫苗的人。而商品服务产品，简称“私人品”，如面包、如果被一个人消费，就不可能被另外的人消费。

那么，行业协会生产的产品的是什么？运作靠的是什么呢？我认为：行业协会生产的是叫做“行业服务”的产品，运作手段靠的是“行业自律”。

公共服务产品与行业服务产品的区别是，前者供给全社会，而后者只供给本行业。

在行业管理未到位的过渡阶段，协会运作主要靠的是“感情”。感情的力量也是巨大的。

社会不同利益集团生产的产品和运作手段见下表。

社会利益集团	生产的产品	运作手段
政　府	公共服务	行政执法
企　业	商品服务	市场力量
协　会	行业服务	行业自律

2. 政府职能还能“转移”吗

按照《行政许可法》和温家宝总理在十届全国人大二次会议上所作的《政府工作报告》中关于“进一步把不该由政府管的事交给企业、社会组织和中介机构”的要求，是市场管理的事，政府必须做好；是行业管理的事，协会必须做好。因此，也就不存在什么政府职能“转移”的问题了。

2004年7月1日以后，“转移政府职能”的名词将淡出中国社会，取而代之的是“把不该由政府管的事交行业协会”。

3. 行业管理还需要政府委托吗

根据中国的现实国情，“把不该由政府管的事交行业协会”，还需要政府主管部门明文委托，同时协会要制订一整套相应的行业管理和行业自律的制度。

4. 还有“双向”服务吗

在市场经济条件下，全社会只在一个为全体公众服务的利益集团，那就是政府。既然如此，怎么还会有一个社会中介组织向政府提供服务，如果是这样的话，从管理的角度上说，协会就应该管理政府。这显然是荒谬的。

“双向服务”的提出，是我国由计划经济向市场经济过渡的特殊产物，正如政府官员兼协会领导职务一样，双方在这一时期互有需求，俗称“方便”。随着《行政许可法》的正式实施，“双向服务”也将结束。正如国务院第四任总理朱镕基所说过的那样：“行业协会要真正办成代表企业利益的社团组织。”从利益出发，行业协会代表行业的利益，为行业服务。

是政府的事，如果需要协会去做，政府则要购买协会的劳务和服务，如2003年4月SARS暴发，上海市建委立即拨款一百万元购买了上海市装饰装修行业协会防控 SARS管理的服务和劳务，当时，上海市家装行业的会员有1000多家，90%以上是民营企业，90%以上是小型企业，在建工地多而散，20多万的施工人员均来自全国各地的农民工，防范“非典”工作的任务十分艰巨。为了充分发挥群防群治的优势，协会决定构筑防范“非典”网络，网络的组成为：协会——大组——小组——企业——工地——从业劳务人员。在协会的统一组织协调下，将1000多家会员单位分成9个大组，每个大组按会员多少分成3～5个小组，每个小组分管几个到十几个会员单位，每个企业管好所辖工地，每个工地管好每一个施工劳务人员，通过六级网络，把健康登记、体温测试、现场消毒、个人防范、疫情报告等各项工作落实到每一个企业和每一个从业劳务人员，实现防非工作全覆盖，做到一个不漏。5月7日～5月29日，协会共抽调9辆专用车，出动540人次，对340个企业的1620个工地进行了抽查，抽查覆盖占5208个在建工地的31%。

“装饰企业资质初审”，政府也要购买协会的劳务和服务。

经协会同意政府可以购买协会的劳务和服务，说明协会与政府就服务与被服务而言，是一种服务“交易”。其中含意，一是自愿，二是有偿。因此，会出现温家宝总理在十届全国人大二次会议上所作的《政府工作报告》中“有权必有责，用权受监督，侵权要赔偿”的要求。

如果说这是新时期的“双向”服务的话，则可以描述为：行业协会一方面为行业服务；另一方面，经协会同意政府可以购买协会的劳务和服务。为“政府服务”的前后区别是，以前是“无偿”，现在是“购买”。历史名词“双向服务”，是有特定的含义的，本质上是要求行业协会为政府提供无偿服务，“双向服务”错在：一是彼此位置倒置；二是免费服务。在新时期，除非赋予其新的含义，否则就不应再延用下去。

2003年12月3日，新疆维吾尔自治区人民政府办公厅做出的“关于转发自治区民政厅《关于促进行业协会商会发展的指导意见》的通知”（新政办发[2003]167号）中指出：政府要求行业协会提供服务，应通过“购买服务”的方式进行。

5．政府与协会的关系

政府与协会的关系，一是互相监督；二是服务交易。

6．行业协会领导的特征是什么

在市场经济条件下，政府官员是政治家，企业经营者是企业家，那么行业协会的领导是什么呢？过去有一种说法叫做“社会活动家”，不太准确，行业协会领导的主要特征是“政治家”，至少是“社会活动家”。

7．“企业家办会”对吗

不久前，在一次业内活动中，山西省建筑装饰协会会长史应标突然问我：企业家办会对吗？因我从没有想过这个问题，故一时语塞。

长期以来，我国协会的组成人员主要来自三部分：一是在任或卸任的政府主管官员；二是来自企业事业单位在任或卸任的经营者专业技术人员，三是近年来从社会上招聘的一般工作人员。

有一种说法叫做“企业家办会”，这是相对于“政府官员办会”提出的，因为过去和现在协会领导组成的主体是前政府官员。根据协会领导的主要特征是“政治家”的逻辑，不管行业协会的组成人员来自何方——政府、企业、社会，行业协会应该是“职业政治家办会”，至少是“职业社会活动家办会”。

8．行业协会靠什么法律来规范

政府现有《行政许可法》来约束，那么行业协会呢？总不能总是靠一部1989年制定的《社会团体管理条例》来规范，应制定《行业协会管理条例》。正如2004年2月底广东省十届人大二次会议，朱思宜等11名代表提出了“关于尽快出台广东省行业协会管理条例的建议和议案”，吴青等11名代表提出了“尽快制定广东省行业协会条例的议案”，本次人大会议主席团会议决定这两件合并为一项立法议案，交省人大有关专门委员会办理。

9．行业管理应由谁认可

长期以来，在建筑装饰协会乃至业内有一种成型的认识，业内的事首先应得到政府的认可，如室内设计师从业资格的认定，政府不认，协会做这些有什么意义。这种成见在政府既管市场又管行业的时代，是对的。

那么，在市场经济条件下，特别是《行政许可法》的实施，业内的事首先是应得到行业协会的认定，然后才可能是得到政府的认定。与计划经济的思维方式正好相反。

但是，业内的事，需要有制度，包括什么层次的会议批准——会员代表大会、理事会、常务理事会、会长办公会、秘书长工作会、秘书处工作会等程序，协会内部、外部工作规则、奖惩等自律制度。

10．行业管理的举措应向谁请示

在市场经济条件下，凡是行业管理的举措，均应向协会的会员代表大会、理事会、常务理事会、秘书长工作会、会长办公会等协会不同层次决定的请示，而不应再向政府请示。政府若批准则可能违反《行政许可法》，同理，协会也可能违法。

需要说明的是，协会不同层次的决定，也应建立相应的制度，谁来决定，决定什么。

11．行规行约为什么失灵

中国建筑装饰协会以及各地方建筑装饰协会均出台过“行业自律公约”，但均失灵。问题的关键是，没有建立违规的惩罚制度。

市场失灵，应由政府进行干预；行业失灵，则应由协会干预。协会若没有干预行业失灵的制度，就有如政府没有干预市场失灵的制度——导致市场秩序乱了一样，行业秩序乱了，如再没有人出面维护，行业就更乱了。这就是为什么业内反映行业越来越乱的一个根本性的原因。如果说以前主要责任是在政府的话，那么2004年7月1日《行政许可法》实施后，主要责任则应由行业协会承担。

12．什么是"二政府"

"二政府"就是几乎完全沿用政府的行政办法进行"行业"管理。有人戏言，老大干不好的事，老二就更干不好了。

13．会员的会费是什么

会员的会费是什么，是会员企业用以购买协会的劳务与服务，与协会进行的交易的费用。

企业入会，特别是缴纳会费，就如同股民购买股票一样。协会就如同一支股票，但是同业协会恐怕不止是一家，如在北京，有中国建筑装饰协会、中国建筑学会室内设计分会、中国室内装饰协会、北京市建筑装饰协会、北京市室内装饰协会等，至少有5支同类的股票。同业企业欲参加哪家协会，是企业的自由，正如股民欲购哪支股票是股民的自由一样，关键是看哪支股票能使股民保值增值——哪家协会为会员服务得好。如果协会没有为会员服务好，更别说不为会员服务了，企业就以不缴纳会费的方式——不购买这支股票或抛售这支股票表示自己的意愿，同时另行选择其他的股票——加入其他协会并缴纳会费。

协会是为会员服务，特别是提供高质量的服务，还是以赢利为目的变着法的想挣企业的钱，企业一点都不愚蠢，很快就能识破。因此，协会工作不能抱着侥幸的思想，更不能像企业一样唯利是图，特别是不能急功近利，否则路只能是越走越窄。

因此，有多少企业入会、有会员缴纳会费、有多少会员连续多年缴纳会费？有多少会员企业、特别缴纳会费会员的多少，是某协会是否是支"绩优股"的主要标志。会费，也相当于政治市场中的选票。

行业管理，主要通过以会员为主体的企业才能得以实现。行业服务，主要是通过以会员为主体的企业进行资源配置。

14．协会"自养"怎么办

协会的"自养"，主要靠协会向会员企业提供高质量的服务。高质量的服务：一是意味着企业所需求的服务层次是不一样的，但按不同层次标准的服务质量却是一样的；或说不论什么层次的服务，都应按相应的服务标准追求高质量。二是意味着高附加值，即使是最低层次的服务，也会产生高附加值，关键是看谁来服务、服务什么、怎么服务。

协会以高质量的服务实现"自养"的途径：一是以人为本；二是对行业的感情；三是对行业的认知；四是服务制度。

15．建筑装饰协会的资源优势在哪里

因为建筑装饰行业的主体是装修承包商——建筑装饰企业，建筑装饰协会的会员主体是装修承包商，所以，建筑装饰协会可支配的资源优势在装修承包商。

我们发现，经过多年的市场配置，中国建筑学会室内设计分会以及中国室内装饰协会可支配的资源优势在"室内设计"，特别是中国建筑学会室内设计分会对室内设计师的凝聚力逐渐形成，这符合专业化市场细分的原则。而装修承包商的资源，现几乎无人争，为中国建筑装饰协会的优势——垄断资源。

同样，由于市场配置资源的结果，现绝大部分室内设计师供职在建筑装饰企业内，应该说目前建筑装饰协会对室内设计师资源还有一定的可支配能力，但是随着建筑装饰行业市场化程度的提高，室内设计必然按国际惯例走与装修施工分离的道路。因此，未来建筑装饰行业的主体是"装修施工承包商"，建筑装饰协会可支配资源的优势在装修施工。

16．协会领导的需要由任命制向竞选过渡吗

2004年3月24日，浙江省建筑装饰行业协会家庭装饰委员会召开2003年度会员代表大会，第二次成功地进行了会长的竞选。在此之前，2004年1月，浙江省建筑装饰行业协会材料委员会换届，协会以改革的精神进行了竞选上岗的尝试，产生了会长，得到了业内的肯定，浙江省民政厅民间组织管理局的领导指出，此举开创了浙江省协会工作的先河，也是协会工作的创新，新华社浙江记者站对此做了报道。2004年3月24日浙江省建筑装饰行业协会举行三届二次会员代表大会，会长董宜君在工作报告中特别指出了此事。

协会主要领导由任命制转变为通过竞选产生，符合市场经济的行业发展需求，是行业协会一项最重要的自身建设的制度创新。先从专业委员会开始，是个好办法。

八、行业管理制度创新

在当地建设行政主管部门的支持下，各地建筑装饰协会进行了有益的行业管理和行业自律的制度创新，包括三大体系十个方面：体系之一是规范企业行为，包括被政府购买劳务和服务、经济技术标准、企业行为规范、质保金履约保函、行业价格协调、行业工资协商等六个方面；体系之二是个人从业资格认定，包括设计师从业资格评定、职业技能培训岗位鉴定等两个方面；体系之三是建立行业信用秩序，包括投诉仲裁、违规处理等两个方面。

体系之一 ——规范企业行为

被政府购买劳务和服务。2003年4月SARS暴发，上海市建委立即拨款一百万元购买了上海市装饰装修行业协会防控SARS管理的服务和劳务，经过一个多月的努力工作，协会以创新的行业管理和优良的服务留住了这一百万元。

经济技术标准。如深圳市装饰行业协会2001年12月17日施行的《深圳市建筑装饰工程设计文件编制深度试行规定》，上海市装饰装修行业协会装饰设计专业委员会2003年修订、2004年1月1日起在全市施行的《建筑装饰室内设计制图统一标准》、《家居住宅室内设计文件编制深度规定》、《上海市装饰装修行业协会建筑室内设计师出图专用章使用管理办法》、《居室室内设计房型案例设计图范本》、《居室装修预算费用表范例》、《室内设计师网络化管理》等，现正着手制定的有《公共建筑室内设计文件编制深度规定》、《建筑幕墙装饰设计制图标准规定》、《建筑装饰室内设计节点、大样、详图集》、轻钢结构在建筑装饰中的选用规定》等。

还有1999年10月1日武汉建筑装饰协会公布的《武汉市家庭装饰工程质量验收暂行规定》、2003年3月广州市建筑装饰协会家居装饰委员会公布的《广州市家居装饰工程验收办法》（GJJW-B01-2003）等。

企业行为规范。如2000年12月18日广州市建筑装饰协会公布的《广州市建筑装饰行业管理办法》，2002年上海市装饰装修行业协会公布的《上海市家庭装饰行业专业化管理办法》、《住宅小区装饰装修规范化管理的试行办法》，深圳市装饰行业协会2000年8月11日公布的《深圳市装饰设计合同》、2003年6月公布的《深圳市小型装饰装修工程施工合同》（与深圳市建设工程造价管理站共同编制），2003年10月北京市建筑装饰协会的“五统一”：家装工程参考价格、施工合同、验收标准、质量保修、投诉解决。

质保金履约保函。已施行的办法如2002年《上海市家庭装饰工程质量保证金管理办法》、2003年3月6日武汉建筑装饰协会《武汉市住宅装饰装修工程质量保证金管理办法实施细则》等。深圳的每家家装企业将20万元保证金交深圳市装饰行业协会，由协会存入银行，如发生纠纷若企业不补偿，经协会调查裁定，由协会通知银行从该公司保证金中划拨。

2003年3月21日，深圳市装饰行业协会发出《关于在全市家装企业启动实行履约保函的通知》，通知指出，此举系根据市建设局意见，拓宽为会员单位的服务层面，发挥协会整体对外优势，为规范家装市场，提高家装企业诚信度，有效控制投诉，不参加者不予年审。经协会与有关保险公司协商推出两个优惠保险项目：一是人身意外伤害保险：原价每人一年保费100元，保额10万元，现由协会集中购买，每人一年保费降为80元，保额不变，另送2000元意外伤害保险，如企业内员工较多，也可以减半办理，即每人一年保费40元，保额5万元，另送1000元意外伤害保险；二是汽车保险，原保费五折办理。

行业价格协调。深圳市装饰行业协会2000年8月11日发布了《深圳市装饰设计、建筑幕墙设计收费标准（试行）》，上海市装饰装修行业协会家装委员会1999年制定了《家庭居室装饰工程人工费指导价》，2003年进行了修改，由指导价改为参考价，并于2004年3月15日公布了《上海市住宅室内装饰装修工程人工费参考价》。

行业工资协商。2002年7月23日，《深圳市装饰行业工资协商协议书》签字仪式在深圳市人大会堂举行。深圳市装饰行业协会会长何文祥作为100家民营装饰企业的公司方首席代表，深圳市装饰行业协会副秘书长兼行业工会工作委员会主席韩雪梅作为12141名员工方首席代表（现已达200多家，2万多人），在协议书上签了字。工资协商要求，深圳市装饰行业从事经营管理、行政保障和一线生产的固定人员月均工资不低于2000元，临时劳务人员日均工资不低于60元。各企业应于每月25日前向员工全额支付本月工资，不得无故拖欠。各企业依承诺承担各自义务，并独立承担相应法律责任。协会自签订之日起生效，有效期至2005年7月23日止。此举受到深圳市人大常委会、市总工会、市建设局、市劳动局，以及广东省总工会、建设部的肯定。自此，不仅是我国建筑装饰行业，而且是我国行业第一个行业工资协商制度诞生，具有重要的行业示范和导向作用。

体系之二——个人从业资格认定

设计师从业资格评定。在全国尚没有统一的室内设计师从业资格标准之前，目前相继有深圳、北京、大连、辽宁、上海、武汉、浙江、河南等8个省市的建筑装饰协会建立了室内设计师从业资格标准，包括家装的设计师。这些资格标准所在地建筑装饰协会是互相承认的，受到业内普遍欢迎。上海现有1.5万名室内设计师，至2004年3月取得从业资格的已达1915名，其中，特级高级建筑室内设计师15名、高级建筑室内设计师238名、中级高级建筑室内设计师610名、助理高级建筑室内设计师1052名。

各地方积极开展设计师从业资格评定工作，如2000年3月20日深圳市装饰行业协会《深圳市室内设计师从业资格评定办法》、2000年12月18日北京市建筑装饰协会家装委员会《家庭居室装修装饰设计人员做从业资格评审办法（试行）》、2001年7月27日大连市建筑装饰协会《大连市室内设计师职称资格评定暂行办法》、2002年8月28日辽宁省装饰协会《辽宁省装修装饰设计师资格认证暂行办法》、2002年8月30日上海市装饰装修行业协会《上海市装饰装修行业协会建筑室内设计师从业资格认定暂行办法》、2003年5月26日武汉建筑装饰协会《武汉家装企业设计师执业规则（试行）》。

上海市装饰装修行业协会参照“注册建筑师”的做法制定建筑室内设计师做从业资格认定的考试制度，并对2003年协会公布的“制图标准”、“出图专用章”、“收费指导价”、“设计合同”等管理规定进行检查，并作为其结果作为设计师年度考核的指标之一。

特别是经上海、深圳等地装饰协会评定的室内设计师，在当地建设行政主管部门对建筑装饰设计企业的资质审查中得到了认可。2003年深圳市装饰行业协会受市人事局的委托进行中级称职——工艺美术师的评定，为协会评定技术职称开了个好头。

2003年9月5日，河南省建设厅公布《关于开展河南省建筑装饰设计师资格认定的通知》（豫建设标[2003]60号），明确委托河南省建筑装饰协会负责具体工作。这是我国建设行政主管部门制定的第一个建筑装饰行业设计师从业资格制度，具有重要的市场经济意义。

职业技能培训岗位鉴定。2002年11月国家劳动的社会保障部发布第四批国家职业资格标准，其中包括“室内装饰设计从业人员”。2003年5月28日，浙江省建设厅和省劳动和社会保障厅做出的《关于全省室内装饰设计人员从业人员实行职业资格制度有关事项的通知》，要求从2003年7月1日起对全省室内装饰设计从业人员实行行业准入制度。为此，2003年5月经杭州市劳动和社会保障局批准，浙江省建筑装饰协会成立了“室内装饰设计人员职业资格技能鉴定站”，现已认定200多人，共分三个等级：室内装饰设计员（国家执业资格三级）、室内装饰设计师（国家执业资格二级）、高级室内设计师（国家执业资格一级）。

2003年5月5日，四川省建设职业技能岗位鉴定指导中心做出《关于建立四川省建设职业技能岗位鉴定成都建筑装饰协会站的批复》（川建培[2003]014号），批准成都市建筑装饰协会成立“四川省建设职业技能岗位鉴定成都建筑装饰协会站”，在全省范围内对建筑装饰类工种进行初、中级职业技能鉴定。深圳市装饰行业协会在审批家装企业资质前要求企业必须先进行5名以上员工的培训。

体系之三——建立行业信用秩序

投诉仲裁。已公布的办法如2002年《上海市家庭装饰工程投诉处理暂行办法》、2002年9月1日上海仲裁委员会《装饰装修争议简易程序仲裁规则（试行）》、2003年9月北京市建筑装饰协会家装委员会《北京市家庭居室装饰装修工程投诉解决办法》等。目前成立装饰仲裁机构的地方建筑装饰协会，全国有上海、武汉、宜昌、苏州等4市。

违规处理。深圳市装饰行业协会2000年成立“惩戒委员会”强化“行业除名制”，2003年底成都市建筑装饰协会公布《成都市家装企业（个人）不良行为登记备案及处罚办法（试行）》，北京、上海等地装饰协会均设有类似机构，对违反行规者进行通报批评、除名、刊登会刊、新闻媒体曝光、建议建设行政主管部门降低或取消资质等不同程度的处理。

上海市装饰装修行业协会家装委员会2004年3月成立了家装行业自律督导小组，在一届二次会员代表大会上提出2004年工作：一个主题：规范服务达标；两个重点：施工质量和服务质量；三个化：工业化、工厂化专业化；完善四项自律约定：《家装专业委员会常务理事会制度》、《会员单位广告宣传有关规定》、《会员单位从业人员有序流动管理办法》、《关于家装咨询展示会的自律公约》；做好五个方面：尝试开办装饰中介服务公司、研究制定行业准入规则、深化客户满意度调查和会员单位需求调查、建立每年两次的协会新闻发布制度，向媒体发布行业发展最新动态。

2002年3月北京市建筑装饰协会成立了“外地进京装饰企业联谊会”，上海市装饰装修行业协会现正进行进沪装饰企业办理临时会员证书的管理制度，家装委员会制定的《会员单位广告宣传的有关规定》、《会员单位从业人员有序流动管理办法》、《关于家装咨询展示活动的自律公约》等。

此外，还有行业统计、信用评价、建立并推荐装饰工程评标专家等方面行业管理的尝试，均取得了良好的效果。

九、新时期行业协会的定位

1．预期会员需求

以往我们所说的定位，顾名思义，多认为是定准自己的位置。但是若按美国人里斯和特劳特合著的《定位》却不这么看，它认为：要从一个产品开始。那产品可能是一种商品、一项服务、一个机构甚至是一个人，也许就是你自己。但是，定位不是你对产品要做的事。定位是你对预期客户要做的事。换句话说，你要在预期客户头脑里给产品定位。在我们这个传播过度的社会里，要想解决说话有人听的问题，定位同样也是首选思路——据说这是有史以来对美国营销影响最大的观念。定位是一种逆向思维，它不是从你自己开始，而是从预期客户脑子里的观念开始。它不是问你自己怎么样，而是问你在预期客户心目中已有的位置。

行业协会的定位，是协会对预期会员企业要做的事情，这个“事情”叫做“行业服务”；是协会要在预期会员企业的头脑里，给协会向行业供给所需求产品的定位，这个“产品”叫做“行业管理”。

2．行业制度创新

有创新精神的人往往反对定位思维，因为他们认为它限制了创新能力。《定位》却不这么看，它认为：创新精神本身毫无价值可言，它只有在为定位目标服务的时候才能发挥效应。《把信送给加西亚》指出，人类最基本的交换法则是：有投入才有回报，有忠诚才有信任，有主动才有创新。

为此，建筑装饰协会的行业管理制度创新的前提：一是要定位；二是要主动。

十、建筑装饰协会定位的建议

为了弥补政府退出行业管理专注市场管理的“管理真空”，建筑装饰协会的当务之急是定位——进行行业管理的制度创新，为此，提出如下建议：

1．集中协会的主要精力和资源，成立专门机构——如“行业管理部”，积极调研如何进行行业管理。

2．主动取得协会的业务主管部门——建设行政主管部门和协会的行政主管部门——民政行政主管部门的理解、支持、帮助、指导和监管，争取政府“委托”相应的行业管理职能。

3．积极着手制订行业经济、技术、组织、会议等方面的自律管理制度，关键是建立失信惩戒机制。

4．根据需求决定供给的原则，大力向业内提供不同层次标准的高质量服务。

5．召开若干不同形式、不同层次、不同区域的研讨会，总结、交流和推广各地建筑装饰协会现有的行业管理经验，并提升为相应的行业管理制度。

树立科学发展观　促进装饰行业健康发展

全国优秀建筑装饰协会工作者　中国建筑装饰协会行业发展部主任　**王本明**

一、为什么提出科学的发展观

1．我国经济发展战略的划分

发展经济是新中国成立之后的一贯方针，除“文化大革命”期间外，我们一直致力于发展国民经济，但在不同的历史时期，发展战略却有不同。根据我国发展经济的主要战略划分，我国的发展观大致可以分为三个阶段：

一是局部赶超战略。是自建国到1978年改革、开放以前，我们的发展战略，是在各别关系国计民生和有战略意义的生产领域赶超国际先进水平，所以有了大跃进，大炼钢铁、大抓粮食等等战略措施。其结果是个别产业迅速提升，使我国在短时间内，建立起相对独立的工业体系。但比例与结构严重失调，人民生活水平很低。到1978年，我国人均GDP仅为74美元左右，属于极贫穷国家。

二是高增长战略。是自改革、开放到上个世纪末的发展战略，利用调整生产关系，解放生产力，引进国外资金和技术，推进国民经济持续高增长 20 多年时间。这个期间发生了 2 个根本变化：第一就是我们建立了市场经济的初步框架，实现了经济体制的转轨变型；第二是我国经济已经由短缺型转变为富裕型，人们的物质需求得到了比较充分的实现。到上个世纪末，我们已经完成了发展的第一个战略目标，到 2000 年，人均 GDP 已经超过 800 美元，成为全球经济发展最快、时间最长的国家。但在经济高速增长过程中，也引发了一系列社会、经济、环境问题，其中很多问题是深层次，关系发展全局的根本性问题。

三是可持续发展战略。是本世纪开始提出，在党的十六届三中全会得到确立的发展战略。即要树立保持国民经济全面、均衡、可持续发展的思想认识。要实现可持续发展战略，首先就必须树立科学的发展观。科学发展观是针对我国发展中存在的问题，对照和参考国际发展经验，提出的新的发展观。我们要以科学的发展观为指导，实现我国经济与社会发展的第三个战略目标，就是到本世纪中叶，完成现代工业化进程。

2. 提出科学发展观的社会背景

（1）从国际方面看，世界格局多极化和经济全球化两个形势特点非常突出，中国经济的发展，离不开国际经济的交流与合作。随着我国加入 WTO 后，我国产品在出口不断增加的同时，也越来越多的遭遇国际上的技术壁垒。当今的国际技术壁垒主要体现在环境标准方面。不仅产品的质量，技术要安全环保，同时生产过程，包括原材料、生产工艺等要环保，同时对生产环境、工人的健康等都有很明确的标准，这些标准都较大程度的高于我国的实际标准，造成我国产品出口的极大压力。拉动我国经济发展的主要动力有三个方面：第一是投资，第二是消费，第三就是出口，如果产品在国际市场受阻，对我国经济增长的影响极为强烈。中国作为一个发展中国家，却要同后工业化国家在同一个环境标准上竞争，对我国发展战略就是严重的考验。为了确保我国经济与社会发展，能够有一个比较好的国际环境，因此，我国经济要进一步与国际接轨，就要对发展观进行调整。

（2）从国内方面看，首先我国的经济发展的第一、第二步战略目标已经实现，人民物质生活品质已经达到了一定的水平，2003 年，人均 GDP 已经达到 1090 美元，要进一步推动市场的繁荣，就需要有新的需求，这种需求表现得更多的是精神、文化、健康等方面的新需求，因此，需要对经济发展的重点从一、二产业转移到第三产业。其次，以往我们过分看重 GDP、看重财富的思想，确实付出了比较高的环境、资源代价，在综合考核经济发展的环境成本、社会成本等因素后，我们认识到环境安全、资源保证的可持续性问题，也找到了解决问题的主要途径，就是要进行调整我们的发展战略，减少和降低对环境的破坏和对资源的过度开发。同时，从我国的自然资源、自然环境条件、社会发展环境等方面情况，也无法长期支撑原来的发展战略，特别是当前社会存在的一些深层次问题，如果不能妥善解决，我们的发展战略目标很难实现，必须重新审视和策划我们以后的发展道路，使经济与社会协调发展，所以在指导思想方面，必须进行调整。

（3）从借鉴国际发展过程中的经验和教训上分析。按照国际发展的一般规律，22 年是一个重要的发展周期，绝大多数发展中国家，都会在持续发展一个阶段后出现大幅度的动荡或回落，其根本原因在于资源发展优势已经枯竭，而效益与效率没有从本质上提升。西方很多经济学家、社会学家也曾经有过对我国发展表示过类似的悲观论点。我国发展的战略目标是在 2050 年左右赶超先进国家，要成为能够同美国抗衡的第二大经济强国。要实现这个宏伟目标，就必须要避免重蹈其他国家的旧路，防止经济的过度波动，才能长时期的持续发展。所以在发展是硬道理的前提下，我们要综合分析各国发展的成功经验和失败的教训，遵循发展的客观规律，所以，要对发展的战略与策略进行调整。

3. 提出科学发展观的社会意义

科学的发展观是经过长期发展实践得出的结论，也是我们在探索中国发展道路中的一个重要的转折点，其意义十分重大，可以说是我国在发展道路上的一次飞越。

（1）从思想认识上看，提出科学发展观是在尊重科学，执行实事求是思想方法上的一大升华，也是我党执政水平提高，驾御全局能力增强的重要表现。树立科学的发展观，将对我国的政治、经济、文化、科技方面产生重大影响。其对整个社会发展具有长期的指导意义，是保证实现我国发展目标的思想基础。

（2）从社会组织上看，在组织经济和社会生活中，要进行较大的调整。社会的考核体系、评价体系、聘用体系等都会发生变化，引起整个社会体系的变化。我们要重新审视我们需要的是什么样的人才，我们需要的是什么样的业绩，并以科学发展观去重新评价社会现象，以得出正确的评价。可以说科学的发展观是与全面建设小康社会直接联系，并发挥主导作用的社会思想。

（3）从经济发展道路上看，就是要把粗放型的简单扩大再生产转变为注重效益、注重与自然环境协调的集约型发展道路，也是我国发展战略的一次重大改变。这将引发对我国经济结构的新的调整，重新确定国家发展的重点产业集群，通过综合经济实力的增强，提高经济整体质量，对各个产业部门的发展产生重要的影响。一定要在经济发展的同时，提高我国经济的国际竞争能力，不仅要成为制造业的大国，而且要成为制造业强国，同时要成为服务业的大国、强国。

二、什么是科学的发展观

1. 科学发展观的基本内容

从整体上看科学的发展观包含的内容，其本质是尊重自然规律、社会发展规律，依靠科学、依靠技术进步，走符合我国国情，能够提高全民族的整体素质的发展道路，具体看包含以下内容：

（1）以人为本的观点。这是发展的最基本目标，即发展的目标就是要提高人民的生活品质，不仅要满足人们的物质需求，更要满足人的精神、文化、健康等方面的需求，促进人的全面发展与完善。以人为本是社会文明与进步的最重要的表现，因此，要特别强调人性化，注重生命的权利，提高对整个人类的服务能力。这里的人的概念，是全人类的概念，其中特别要注重弱势群体，包括儿童、残疾人在内的生存权、发展权。

（2）同环境条件与资源条件相平衡的观点。就是要保证国家的环境安全和整个自然界的生态平衡，要真正保护好人类共同的家园——地球。要对废水排污、大气污染、固体废物排放、噪声污染、环境污染、森林破坏、草地破坏、人为造成自然灾害、物种丧失、土地沙化进行有效的治理。要更为合理的利用资源，避免和防止耕地减少、水资源浪费、矿产资源浪费、不良品损失等。

（3）经济发展与社会文明、进步相结合的观点。要进一步净化社会发展环境，加大对黄、赌、毒的防治。进而还有艾滋病的防治，假冒伪劣、违法犯罪的防治等。要创造安定、和谐的社会环境，保证各项事业的顺利发展。

（4）可持续发展的观点。就是要走出一条通过科技创新，提高整体竞争力，资源消耗少，经济效益好的发展道路。这是从国家长期发展的角度去制定发展策略，规划发展道路。要保持经济有持久的发展空间和发展动力，也就是要符合我国国情，符合我国市场经济发展规律要求，按客观规律发展。

2．科学的发展观要着重解决哪些问题

从宏观角度看，科学发展观就是要促使我国经济走上可持续发展道路，其重点要解决以下几个方面的问题。

（1）发展形式问题，就是要更严格地按照经济发展的客观规律办事，更科学地走我国的发展道路。要在中央政府宏观调控的基础上，进一步发挥市场机制的作用，优化生产要素的配置，使整体经济走上全面、均衡、可持续发展的道路。

（2）提高效益问题，就是要走内涵式发展道路。没有效益就没有积累，就只能依靠外延式的发展。要提高投入、产出的比率，增加经济效益和社会效益，就必须提高效率。不仅要提高劳动生产率，同时要提高能源利用率，原材料利用率，提高整个社会管理效率，坚决反对铺张、浪费、贪大求洋。

（3）提高竞争力问题，就是要解决经济增长与竞争力提高不同步的问题，这是我国所有经济部门普遍存在的问题。要形成行业在国际市场的竞争力，不仅要解决技术性问题，同时也要解决社会体制、机制方面的问题，也要解决经济方面的问题。其中最重要的是发挥市场机制，充分利用市场的作用，促进新技术、新材料、新工艺的应用，在提高企业竞争力的基础上，提高行业整体的竞争实力。

（4）扩大内需问题，就是要把发展的主要方向放在国内市场，要通过行业的持续改进，创造出新的社会需求，并把新的需求转变为市场消费。逐步减少投资对经济发展的作用，使经济发展主要依赖国内市场需求增长。

3．从建筑装饰行业看科学的发展观

从科学发展观的角度审视，建筑装饰行业不仅具有直接改善人们生活品质的功能，同时，由于具有扩大内需，活跃和繁荣市场，增加就业，调整城乡二元经济结构，拉动相关产业发展，提高我国经济的整体技术含量，增强我国综合国力的产业部门的功能。因此，以建筑业、建筑装饰业和房地产开发业组成的产业群体，是在新的科学发展观指导下，优先发展的主导产业集群。

综观我国建筑装饰行业近20年的高速发展，虽然取得了辉煌的成就，但用科学的发展观总结过去，我们仍然能够发现很多与可持续发展战略不相适应的地方。其中在思想上浮躁与贪图豪华，作风上铺张浪费，在实际工作中，也存在设计上的浮华与铺张、不注重国情、不注重功能；选材上的不切实际的攀比、高档材料的滥用；施工工艺传统、从业者队伍素质低造成了资源的浪费和环境的污染，行业管理规范性差，企业的自律水平和行业的诚信体系建设水平低是最主要的表现。

为了适应科学发展观的要求，必须首先找出我们与发达国家的差距，然后以行业的可持续发展的要求，在宏观上加以调整。要实现从高资源消耗向低资源消耗的转变；从高环境负荷向低环境负荷的转变；从劳动密集型向知识、技术密集型转变；产品与服务的低品质向高品质转变；从粗放式的发展转向内涵式、集约式的发展道路。经过对比分析，建筑装饰行业的科学发展道路，从行业管理的角度看，主要应该在以下几个方面加强工作。

（1）加强行业市场管理，规范行业市场。不仅要对设计、施工单位进行规范管理，同时，还必须对工程业主、投资方进行管理，规范业主、投资方的行为。要净化行业的设计、施工、材料供应等市场环境，把有限的生产力要素进行最佳的组合，形成最大限度的社会有效供给。要特别注重材料的无害化、环保化的改进和施工工艺的安全性、成套性。要根据社会需求，加强行业诚信体系、企业自律体系建设，减少社会管理成本。根据国际行业管理经验，更好地发挥出市场机制在配置社会资源方面的作用，辅以政府宏观调控手段，是保证行业市场健康、有序发展的主要途径。因此，要加快行业的法制建设速度，完善行业的法规、标准、工法等行政、技术法规，使行业管理真正做到有法可依，依法管理。

（2）加快行业内部结构调整。这里包括企业结构、技术结构、人员结构的调整，包括生产组织方式及劳动作业形式的调整。调整要向有利于落实科学发展观的方向发展。企业结构要形成专业化与多元化相结合，形成有利于行业发展的多层次、专业化的企业结构；在材料结构上，要向节能化、生态化、循环化方向发展，加深资源的利用程度；技术结构上要向精细化、环保化、工业化方向发展，要特别注重对信息化技术、环境保护技术的推广应用，使行业的主导技术是符合科学发展观要求的成熟技术；在人才结构上，要向专业化、知识化、复合化方向发展，要特别注重企业决策者和施工作业层这两端的素质提高。

（3）加强和提高设计地位与水平。经验表明，设计水平的高低，决定了装饰工程的人性化水平，资源的利用率水平，从而决定了工程的质量、造价和工艺。设计是建筑装饰行业的龙头，在经济发达国家，设计的地位十分重要，受到特别的重视，从而形成这些国家的企业设计上的优势，成为整个行业开拓国际市场的重要手段。要在建筑装饰行业树立科学发展观，就要提高设计在建筑装饰行业的地位。在提高设计师可持续发展意识和科学设计能力的基础上，确立设计师在工程中的主导地位。加强建筑装饰设计方面的立法、普法和执法，提高设计师的法制观念，依法设计、规范设计，提高设计的规范化水平和设计的深度，也是落实科学发展观的重要内容。

从宏观上看，行业发展的资源基础越来越脆弱，例如，据有关方面调查显示，现在国际上米黄石材资源已经基本枯竭；在我国装修产生的粉尘、噪声、废气、废水等，已成为城市环境污染的主要污染源之一；行业特别是住宅装饰装修行业，已经成为消费者投诉的重点行业，严重打击了消费者的积极性等等，因此，要从根本上解决行业的可持续发展问题，仅有宏观上的调整是不可能实现的，还需要从发展的主体企业的调整与改革入手，对企业的内部关系进行完善，因此，需要行业内广大企业的积极响应与参与。

三、促进装饰行业科学发展的几项举措

建筑装饰行业是一个既古老，又有着青春和活力的行业，同时也是国家可持续发展中的重点行业。要充分发挥出行业在国家发展中的作用，切实实现行业为社会提供改善城市风貌和人民生活水平的功能，实现行业的可持续发展，就必须下大力气，全面提升行业内企业的社会服务能力，提高服务质量。根据我国建筑装饰企业的现状，为树立科学发展观，走可持续发展之路，企业在微观上要尽快解决以下几个方面的问题。

1．提高从业者队伍素质是关键

劳动力永远是生产力中最积极、最具革命性的因素，也是树立科学发展观，实现企业与行业可持续发展的主导因素。提高行业整体素质，落实科学发展观和可持续发展战略，必须真正落实到人的素质提高上，首先从多种形式办教育、搞培训，提高企业劳动力素质入手，打好行业可持续发展的人才基础，因此，企业的人员素质提高，就是树立和落实科学发展观最为关键的问题。

（1）从行业内企业内员队伍现有素质上看，同国家科学发展观和行业的可持续发展有极大的差异。由于建筑装饰行业是一个超常规高速发展的新兴行业，行业从业者队伍的主要构成，是改革开放以来转移的其他产业部门的劳动力，包括大量农村剩余劳动力。企业人员队伍在思想、文化、技术素质方面，距离产业工人的要求有较大的差异、距离。当前建筑装饰行业的企业家和管理层，能够从长远的发展思考问题，能够严格按照客观规律办事的比例较低，与可持续发展的战略要求的队伍素质相差更远。因此企业决策与管理、现场施工劳动力素质低，已经成为制约行业发展的主要瓶颈。提高行业内企业从业者队伍的社会责任感、专业技能、文化水平和环境意识，是行业的当务之急，也是贯彻落实科学发展观的最关键环节。

（2）从行业职业教育的角度上分析，近几年来企业从业者队伍的技术素质，特别是一线施工人员的技术素质有一定程度的提高，但其成本是浪费了大量社会有效资源，形成大量大良产品或者是社会无效供给，给行业整体造成巨大的资源浪费和市场诚信体系严重损失下取得的。这是同可持续发展和科学的发展观要求相违背的培训形式，因此，必须从根本上转变。贯彻科学的发展观，就不仅要把提高从业者队伍素质放在首位，而且要使用现代的教育手段，降低培训成本、减少培训时间，提高培训质量。同时要把培训前移，要在上岗前就加强培训，在实行全员执证上岗的前提下，通过现代化、社会化的方式，提高全行业各层次人员的素质。特别是对一线施工人员的思想道德、技术能力和工作、生活方式的培养和训练，将直接产生出经济效益，节约社会资源，更多的向社会提供合格的产品和服务。

（3）从业者素质提高的高度或水平上分析，通过持续的培训，要使从业者队伍树立起科学发展意识和贯彻可持续发展的思维方式，同时要具有执行可持续发展的工作方法、工程组织形式和考评体系，使从业者素质达到新的高度。

企业的决策者要真正了解国情，掌握国家产业发展政策，熟悉企业各生产力要素状况，制定科学的企业发展战略目标和实施的整体方案。要以身作则，坚持勤俭节约、艰苦奋斗、不断学习、不断创新、科学决策、发扬民主、实事求是的优良作风，以科学的发展观，带领企业走可持续发展的道路。

管理者要坚决贯彻执行企业的科学发展的方针、政策，认真组织实施企业的规章制度和标准。也要发扬勤俭节约、严格核算、克己奉公、敬岗爱企业优良作风。要根据建筑装饰企业的特点和工程的市场运作特征，不断完善企业的规章制度，使企业管理科学化、程序化、规范化。

技术人员要根据建筑装饰行业的技术特征，在施工组织、新技术、新工艺、新材料的推广应用以及施工机具等方面加强研发和应用的力度。要发扬尊重科学、勇于探索、不畏困难、敢攀高峰的优良传统，通过企业的持续性技术创新，提高企业技术装备水平。

设计人员要牢固树立以人为本，规范设计的思想意识，在提高运用专业知识和技能，满足业主及消费者需求的基础上，探索和实施科学发展观的方法和途径。在实际工作中，也要发扬摈弃奢华、注重功能、珍惜资源、保护生态、实事求是、厉行节约的优良作风，把简洁、实用、高雅、文明的作品奉献给社会。

施工作业人员要在树立社会化大生产意识的基础上，提高道德品质和专业技能技巧。要在发扬艰苦奋斗、吃苦耐劳、遵纪守法、文明施工优良传统的基础上，严格执行工艺纪律和工法，减少施工中的随意性因素，提高工程质量和现场的文明化程度，做社会和人民群众满意的工程。

通过企业各层次的培训，使企业全体员工都应该在具体的工作中，尊重和适应社会、自然、技术的客观规律，牢记我国国情。要克服和避免当前行业中存在的不适应科学发展观的陋习，特别是要坚决抵制指导思想上的追求奢华、贪大求洋；实际工作中的铺张、浪费、不计资源成本和环境成本的设计、施工组织和材料生产。要在人性化和环保化方面，形成企业的共识，从队伍上做好可持续发展的人才储备基础。

2．加快行业的科技进步是主要渠道

科学发展观的核心是要依靠科技进步，对最新的科技成果，对传统产业进行现代化工业改造，使之能够适应国民经济与社会发展的需要。因此，科技创新和科技进步，就成为

实现科学发展观的最基本路径。作为建筑装饰行业的技术发展，也就成为行业可持续发展的主要实现形式。

（1）从哪几个方面提高科技创新水平，这是贯彻科学发展观的一个重要问题。应该看到建筑装饰行业的科技创新是一个复杂的系统工程，其包含的国民经济生产部门是多方面的。

首先是材料的技术创新。建筑装饰行业是高消耗自然资源的行业，要做到可持续发展，就必须降低对自然资源的依赖与消耗。其根本方向是降低对自然资源的消耗，因此，要以能够提高资源利用率的复合型、再生型为基本方向。就是要发展资源耗费少，性能更为稳定，对人身心健康更为有利的新型装饰材料。同时，要从减少环境负担的角度出发，积极开发可降解、可回收利用的材料。也要在材料的规格上多样化，提高工程的实际应用水平，减少工程中的材料损耗和废弃料的产生。

其次是在施工技术上，要以减少污染、降低造价、缩短工期、提高质量为目标，推广使用工业化生产技术及成套生产施工技术。特别是要推广能够提高资源利用水平的工厂化技术、半成品和成品技术、机械化、自动化技术，提高施工成品化水平，增加施工的科技含量，提高施工质量，改善施工现场的环境水平，减少工程垃圾。同时要积极研发专用技术、专用工具，减轻施工中的劳动强度，努力提高工程精度和施工效率。

再次是在设计领域开展技术进步。要在尊重自然，合理利用自然资源的基础上，提高设计深度，特别是材料设计的深度，保证最合理、最节约地使用材料。加强设计规范的编制和实施，切实提高资源、能源的利用水平，特别是要从环保节能的角度，制定严格的使用材料和部品的标准。加大设计投入，研究适合我国国情要求的设计规范、设计标准，推广应用新的室内光、声、气等的设计手段和规范、标准。要提高设计效率，在工程施工前必须按规范要求进行设计，并将设计送审后，批准执行，保证设计的科学性、完整性。要在普遍应用计算机应用技术与网络技术的基础上，加大设计思路的创新、设计手段的进步和设计效果的功能化、简约化和人性化，使设计真正能够达到科学指导施工的水平。

最后是在管理上创新，不仅要把先进的通讯技术、计算机网络技术等先进技术应用到企业管理和项目管理之中，还应该通过管理的科学化、程序化、规范化，降低管理成本，提高管理效率。按照科学的发展观进行管理创新，就首先要制度创新，保证管理的科学化、法制化，减少决策的失误和管理的混乱。同时要有与时俱进的观念，按照客观事物的现状，及时调整企业发展的战略和战术，使之适应企业外部的社会、经济、技术环境。

（2）怎样提高行业的科技进步是一个非常现实的问题。要对传统产业进行现代化改造，就必须用当代最先进的技术去装备行业。我们很自豪地看到，我国建筑装饰行业在可持续发展的技术进步方面，已经取得了初步的进展，行业的科技进步水平已经有了本质的提高，但推广应用的还有很大差距。要以科学的发展观加强行业的科技进步，这里主要指的是要优先发展和推广以下几种技术。

第一是信息技术。主要是将计算机应用技术与网络技术、现代通讯技术、自动控制技术等用于工程实践，这是降低社会资源消耗，提高效率的最基本技术。要坚持走信息化促进和带动工业化的道路，通过网络建设与运行，全面提升建筑装饰行业的设计、施工、材料生产的工业化、智能化水平。

第二是环保技术。这是体现以人为本，保证人民健康、安全的技术保障，主要是清洁生产技术、材料安全技术、检测监督技术等，包括建筑装饰清洁施工技术，如干作业施工技术、工厂化加工技术等；无害材料生产技术，如人造木型材技术、水性涂料技术、无甲醛粘结剂技术等；环保安全技术，如空气净化技术、水净化技术等。这是建筑装饰行业可持续发展的物质基础。要坚持走技术标准与环保标准并重的原则，加强行业的整体环保工作，全面提升建筑装饰行业材料、施工的环保安全水平。

第三是节能技术。这是避免过度依赖能源、资源消耗的技术保障，主要是节能设计技术，节能材料与部品制造技术及节能施工技术等。在当前除应在材料生产中加大节能材料与部品的研发和推广，如节水卫浴设备、节能照明设备、节能保温材料、节能玻璃及制品、节能空调设备等外，还应特别注意在设计上节能化技术的推广与应用。要积极应用节约资源、节约能源的设计技术，如自然光、热的采集与利用技术，自然空气循环技术等。最大效率地应用自然能源，减少对人工能源的消耗。

第四是废物回收利用技术。这是提高资源利用率，保护生态环境的主要技术措施，主要是资源回收与分类技术、资源综合利用技术、材料生命周期循环技术等。要以“废弃物是放错位置的资源”的思考，将工程废弃物加以回收，例如工程中不仅废弃金属、废弃玻璃、废弃化学建材可以直接回收利用，就是工程中的废弃木、废弃陶瓷、包装物等，都可通过专有技术进行再利用。要通过相应的经济、技术措施，在建筑装饰工程的加工、安装、施工等环节，建立废物回收的体系，以降低建筑装饰工程给生态环境造成的负荷。

第五是合成技术。这是提高资源利用效率，提高产品品质，更好的满足社会需求的主要技术发展方向，包括化工技术、复合技术等。要积极开发新的化学建材产品，如新型建筑涂料、新型化学建材等，提高材料的品质，增加材料的功能。同时要大力研发复合材料技术，特别是木复合技术，如实木复合、木塑复合、木铝复合等；金属复合，如钢塑复合、铝塑复合等；石材复合，如石材与硅酸盐复合、石材与陶瓷复合等。要通过化学合成技术、材料复合技术，提高材料的可降解、可再利用性能，从而形成可持续发展的技术保证。

同时，为了全面提升行业的科技水平，在决策、管理、执行过程中，就管理理论与方法，企业结构与运作等，也需要进行技术手段上的创新和发展。在提高网络建设水平的基础上，推动电子政务、电子商务的发展，实现无纸化办公和远程控制、监督和协调、服务。

（3）行业科技进步应该达到的水准应该是不仅在工程中大量使用新产品、新技术，使工程的智能化、生态化、精细化水平不断提高，同时要充分满足从业者队伍的健康、安全需要。这就需要用先进的技术装备提高行业设计、施工组织、施工作业、材料生产等环节的自动化、机械化水平。普遍应用当代信息技术、自控技术、环保技术、化学合成技术、纳米技术等新技术，并形成一批拥有自主知识产权，能够带动全行业科技进步的实用技术，在提高质量的同时，提高行业的效率和效益。

我们必须看到，以科技进步为基础，实现建筑装饰行业的可持续发展的社会基础是广大企业，只有企业的技术发展和升级换代，才能有行业的科技进步。企业在技术发展与创新中，要严格按照相应的国际、国内标准进行。在当前，最为重要的是按照ISO9000系列、14000系列和18000系列标准的要求，进行科技进步的创新和落实，以使行业能够尽快与国际标准接轨，为行业参与国际竞争创造技术条件。

3．提高建筑装饰企业生产组织方式的水平是重要基础

企业生产组织方式是生产关系的重要表现形式，要实践科学的发展观，除在生产力方面要有新的突破，还应该在生产关系上进行调整和完善。建筑装饰行业企业以民营为主，又都存在成立时间不长、实力普遍较弱的特点，因此，要进一步发挥市场的机制，督促企业调整内部关系，提高管理水平，使之与发展中的生产力水平相适应。

（1）企业生产组织的现状及其缺陷主要表现在以下几个方面：首先是对人的尊重不足，特别是对人的发展权利比较淡薄，表现在对人的培养，福利等不尊重，管理缺少人性化，造成一定的社会问题，如拖欠工资等；其次是诚信水平差，企业的运作不规范，特别是对业主或消费者的诚信度低。企业由于资产关系的扭曲，造成过度的追求利润，忽视了社会的公平性和平等性，给行业的社会基础造成了极大的损害；再次是管理不规范，缺少制度、标准、规范，整个企业管理过程存在大量的人治现象。同时，在企业运作过程中，不尊重科学、不考虑我国国情、不适应行业特点的现象也比较普遍，例如只包不管、炒作广告等。很多企业广告费用远远高出用于技术研发、技术改造的费用，个别企业在大量拖欠农民工工资的条件下，盲目扩张、滥做广告。要发挥市场机制的作用，通过竞争机制、淘汰机制、兼并机制等的作用，理顺企业的资产关系和生产关系。

（2）企业是发展的主体，而企业内部关系的调整，就是企业可持续发展的动力。提高企业生产组织方式水平，要走人性化、规范化、科学化的道路。要在树立企业做大、做强、做长的思想指导下，通过体制、机制的创新，完善法人治理结构，建立健全企业的规章制度，提高人的素质，完善劳动组织形式，调整经营形式，提高企业诚信度等手段，提高企业生产组织水平。

建立符合可持续发展要求的企业内部产权关系，是企业生产关系的基础。民营企业也有多种形式，有家族制，也有股份制。随着企业的发展和社会的进步，传统的中国式家族式企业，由于传统的雇佣、等级观念的束缚，很难充分调动全部劳动者的积极性、主动性、创造性，很难形成企业内部和谐的人际关系。在企业规模较小时，其弊端尚不明显，当企业规模扩大，经营实力较强时，就会越来越显现，在发展中会遇到越来越多的困难，很难真正做大、做强、做长，将会影响到企业的可持续发展。所以，民营企业也存在现代企业制度的改造问题，主要通过资产关系的调整与重组，企业内部形成科学、合理的生产组织关系，实现企业完善治理结构的目标。

企业生产关系，更多的表现为在生产、交换、分配中的原则、标准、程序和比例关系，因此，建立起符合生产关系要求，满足科学管理需要的规章制度，是企业政治文明，管理由人治走向法制的基础，也是保证生产组织方式人性化的重要条件。要加强在企业内部管理、科技、施工等方面的建章建制、贯标规范工作，形成民主、公平、高效的企业生产关系体系和内部工作机制。

未来的发展需要强大的人才团队，在人才市场竞争日益激烈的情况下，企业可以通过人才的引入与使用机制，从企业外部解决。同时，要把解决人才团队的重点放在企业内部，更多的是要由企业内部形成，并形成育人、用人、留人、奖励人的机制，真正把企业办成学习型、成长型的组织。企业要以员工的人性发展和完善为出发点，积极创造有利于人才形成的内部环境，推动企业职工的学习，提高和促成企业自有人才团队的产生。因此，人才培养计划的科学性和先进性，以及培训计划的贯彻落实情况，将决定企业今后的发展。

同时要提高企业全体人员的道德水准，在诚信待人，优质服务上形成企业的思想共识和行为准则，建立起企业的自律体系，形成与广大业主及消费者、企业职工、材料厂商、分包企业的诚信体系。并要通过企业持续的道德教育、价值观养、品牌建设、企业文化建设和经营观念的形成，构造起符合科学发展观要求的企业道德评价与实施体系，形成行业的自律与诚信体系，造就企业发展的良好外部环境。

企业的精神文明建设，对完善生产组织形式具有重要意义。企业要高度重视员工的精神、文化需求，并以对员工的最大关怀为出发点，最大限度地满足这种非物质需求。实践证明，有条件的建筑装饰企业，通过组织员工开展文艺、体育、旅游、休闲、娱乐等活动，不仅能够提高企业的凝聚力和影响力，更有助于培养员工的纪律观念、团队精神和合作意识，以及崇尚科学、尊重自然、热爱学习、拼搏奉献的精神。在不断满足员工的精神需求的过程中，员工的精神境界升华和道德品质的提高，都会作用于设计、生产与施工过程，提高生产效率和工作效率，直接转化成实际的经济效益。

（3）建筑装饰行业作为劳动密集型行业，企业生产组织方式对各生产要素作用的发挥具有重要影响。要通过对生产组织方式的调整，使企业内部达到经济关系清晰，责任、权利对等，社会人际关系协调，劳动者的积极性、主动性和创造性得到充分发挥，企业的社会知名度和美誉度不断提高，经济效益和社会效益持续增长，才能使企业走上可持续发展的道路。

科学发展观对行业是一个新的课题，还需要举行业之力深入研究，身体力行，不断发展与完善我们的策略和措施。本文仅就个人的学习心得体会，做一个肤浅的解答，不妥之处，请批评指正。

关于当前行业培训的几点思考

中国建筑装饰协会五届理事会理事　全国优秀建筑装饰协会工作者
中国建筑装饰协会培训部主任兼培训中心主任　王燕鸣

一、说唯一与做唯一

最近，经常有培训站跟我反映，说谁谁谁在报纸上打广告，宣传自己是中装协培训中心在本地区唯一的授权培训机构，说这样做不合适，你们应该制止。还把报纸传真给我。很不快。

其实不论是做广告的，还是反映情况的，我都理解。培训市场化，竞争白热化，为了争自己的一席之地，保自己的利益空间，因此，把广告战、价格战作为了一种营销手段。你说你是“唯一一家”，我说我是“独此一家”；你的学费标准定 1000 元，我的学费标准就定 980 元；你作 4×5.5 版位，我就作 8×11 版位，等等。更有甚者，互相贬损，互相诋毁，互相拆台。

结果怎样呢？

我也经常接到不明真相的学员打来的咨询电话，问：他们谁是真的？我应该去哪一家？

最终，报纸渔翁得利，赚大把钞票；学员无所适从，不知选谁可靠；学校两败俱伤，赔本赚吆喝。这种现象比比皆是，绝非培训行当。

想做唯一，是一种气魄，也是一种追求。无可非议。但关键是怎样才能做到。靠在广告上玩文字游戏，自诩自己是唯一，就是了？生员就来了？殊不知，此一时非彼一时，“只要广告做得好，土疙瘩也当黄金卖”的时代过去了，现在的消费者 ，消费心态越来越理性，特别是随着市场经济的健康发展，消费者的选择余地越来越大，皇帝女儿不愁嫁的日子也一去不返了。

唯一是什么？唯一，是特色，是精品，是信誉，是口碑，是不可替代，是不可复制，是经过贬损和诋毁依然不衰、不败。这种唯一，不是靠广告、靠虚张声势、靠花拳绣腿说出来的，而是靠实力、靠内功、靠真刀真枪做出来的，这种唯一，才是名副其实的唯一；这种唯一，不管你说与不说，都是唯一。

在市场经济时代，机会是均等的，竞争是公平的。只要你把眼睛盯住市场，盯住学员，把以学员为本、以服务为本、以质量为本，变成你的核心竞争力，把做广告变成做质量、做服务、做品牌、做口碑，而不是狭隘地盯住对手，盲目地随波逐流，你就能够成为真正的唯一，并且永远立于不败之地。

二、把口号的与时俱进变成行动的与时俱进

近来，在贯彻实施建设部关于建造师师资培训工作中，还能听到这样的说法：“我们正在等建设部的文件呢”，“正在等建设主管部门的通知呢”……

不可否认这些地方的同志本份规矩，组织观念强，但是也不能不说明，在计划经济向市场经济转型过程中，我们有些地方有些同志的思想观念还停留在“看红头文件”、“听领导讲话”、“让干什么才干什么”的“过去时”状态。

殊不知，全社会已进入电子商务时代，Internet、E-mail 信箱已经成为越来越普及的自动化办公手段，极大地提高了工作效率和工作质量。比如，当你录入“中国建造师网"六个字，或者录入 www,coc.gov.cn 英文字母，你就可以看到由建设部建筑市场管理司主办的全国建造师统一管理的网站向社会发布的建造师相关的法律法规、动态信息、公告通知、考试大纲、成绩查询等各类信息。有时当我们习惯地想通过电话了解有关政策或精神时，常被电话那端告知：已在网上公布，请上网查询。

此时，如果你还不会上网，如果你还在苦等“红头文件”，你就不能在第一时间抢占先机，你可能就会掉队。常言兵贵神速，市场犹如战场，别人已做得如火如荼，你还在墨守成规，市场还有你的份额吗？我们必须要真正理解与时俱进的内涵。说一千句与时俱进的话，不如做一件与时俱进的事，不管你有多大年纪，不管你是不是从心里接受眼前的现实，先学会上网，学会收发电子邮件，你就会融入这个时代。

三、队礼、红领巾、锦旗和企业家
——有感于昆明装饰协会捐资助学

他们很小，年龄应该有七八岁的样子；他们很矮，身高约为面前大人的 1/2；但是，他们站得直直地，甚至踮起脚尖，把托在手中的簇新、鲜红的领巾，小心郑重地系在了面前弯着腰的大人们的脖子上，然后向他们致以少先队员的敬礼……

一张张稚气朴实的小脸，一只只高举过头的小手钩织了一个震撼人心的场面， 一个令人难以忘怀的场面， 一个心灵得到升华的场面……

这就是 5 月下旬，昆明市装饰行业协会和昆明市建筑装饰材料行业协会 2004 年工作会议上最后的一项议程——“装饰企业捐资助学献爱心，被资助学校致谢赠锦旗”。

规模并不很大，秩序也不很井然，但是，昆明市装饰行业协会和其麾下的 17 家建筑装饰和建材企业为了孩子、为了教育所作出的义举，感动、感染了在场的每一个人。

看到用了近三个朝代的课桌椅，协会领导当机立断作出决定--

2002 年底，昆明市装饰行业协会领导和一些企业到禄劝角唐乡时，发现该乡角家营小学教学设备陈旧，学生使用的课桌椅破烂不堪，部分课桌椅已经用了三个朝代，有些竟

然还是清朝的！在场人的心揪紧了！

协会领导当机立断作出决定：为学校更换全部500套课桌椅。回到市里，迅速召开紧急会议，号召全体会员单位献爱心，为贫困地区的教育、为贫困地区的孩子尽一份力量。

此举得到了各装饰企业的积极响应和大力支持，大家纷纷出主意想办法，一致决定将设计费的20%用来助学，并一致同意专款专用，落到实处。

很快，第一批捐款到位，300套崭新的课桌椅移交校方。

"百年大计，教育第一，为我省的教育多出一份力，乃整个装饰行业义不容辞的责任"

这是昆明市装饰行业协会[2003]8文件中的一句话。

文件中写道：十年树木，百年树人。国家壮大、民族进步之根本在于国民，国民进步之根本在于知识，知识进步之根本在于教育。教育的重中之重是基础教育。但是，由于我国的教育发展不平衡，城乡差距较大，有的地方的孩子甚至没有机会受教育。虽然国家在大力提倡建设希望工程，但这是不够的。孩子是祖国的未来，让孩子受教育是我们每个公民的责任，是我们各行各业的责任，让我们都来力所能及地尽一份力量。

捐资助学 功在千秋

这是角家营小学武有华校长带领着他的小学生敬献给昆明市装饰行业协会和十七家装饰企业的锦旗上的八个大字。这八个字的内涵是深刻的，这八个字的份量是沉重的。

捐资助学，是捐助教育，捐助未来，是没有回报的。

企业是要经营的，经营是要赚钱的，赚钱是不容易的。

把好不容易赚到的钱捐赠给穷县、穷校的穷孩子，是需要境界的。

没有媒体的记者，没有记者的闪光灯；既不是造势，更不是作秀。一切都是那么真实，自然。而正是这种真实、自然却是那么强烈地撞击着每个人的心扉。

企业有大小，实力有厚薄，捐资有多少，然而，他们的心是一样的红，血是一样的热，情是一样的浓。让我们尊敬他们，学习他们，并记住他们：

昆明市装饰行业协会	昆明大观木制品建材市场
禄劝县跃银建筑公司	云南东陆装饰工程公司
云南理想装饰工程公司	昆明豪阁装饰工程公司
昆明重光装饰工程公司	云南昊升装饰工程公司
云南艺海装饰工程公司	昆明佳园装饰工程公司
昆明中策装饰工程公司	云南为天贸易公司
昆明弘佳装饰工程公司	昆明舒雅园装饰公司
昆明昌恒装饰工程公司	云南信牌装饰工程公司
安宁嘉泰建筑工程公司	云南鹏展装饰工程公司

后记

自从2004年5月24日本人被邀参加了昆明装饰行业协会和昆明市建筑装饰材料行业协会2004年工作会议，亲身感受了动人心弦的赠锦旗仪式后，那场面，那情景，一直挥之不去。

昆明装饰行业协会组织并带领装饰企业捐资助学，虽然只有5万元，也许只是杯水车薪，但是我们感受到了其中蕴涵的激情、责任和精神，也感受到了昆明装饰行业协会在企业中的凝聚力和号召力。

我相信，娃娃们真挚的敬礼，系在企业家颈上的红领巾，挂在企业墙上的锦旗，将给企业家们注入一种无形的、巨大的动力，也将赋予企业家们一种更加神圣的使命感。这种回报是根本不能用金钱来计量的。

执着地做事，扎实地做事，低调地做事，同样也在执着地做人，扎实地做人，低调地做人。

我由衷地敬佩这些装饰企业家们。

我由衷地敬佩昆明装饰行业协会。

科技与人性化

——评2003年全国建筑工程装饰奖

中国建筑装饰协会五届理事会常务理事 全国有成就资深室内建筑师 黑龙江省建筑装饰协会常务副会长 **赵兴斌**

全国优秀建筑装饰协会工作者 黑龙江省建筑装饰协会副秘书长 **赵兴武**

经过业内人士近半年的辛苦工作，2003年全国建筑工程装饰奖终于揭晓。本年度奖是在全国人民上下齐心努力共同战胜"非典"及全国建筑装饰行业科技大会之后评选出来的。人性化与科技则成为本年度有别于前两届奖的最突出的两大亮点。

今年战胜突如其来的"非典"之后，使全国广大群众对健康人居环境有了新的认识，同时对人居环境的人性关爱提出了迫切的要求。"非典"过后，行业及个人在反思以往的设计、施工、材料及企业管理中违反以人为本的表现，对目前我国在总体规划、单体建筑及建筑装饰工作中存在的问题，有碍健康的政策与法规都予以重新认识，从而对建筑装饰工作更增加了责任感与使命感。重新认识建筑装饰行业在城市化进程及全国建设小康社会过程中的重要作用。人们需要充足的阳光、新鲜的空气和环保的建筑装饰材料。提高人居环境质量，实践"三个代表"已成为业内人士工作的宗旨。

2003年全国建筑装饰奖的评审条件中，对于使用功能观感等有关人性化的内容都做出了明确的规定。这使本年度奖在评选过程中已把以人为本的理念原则及对人性化的关爱提到了很高的层面。

以人为本就是充分满足使用功能的要求。建筑装饰的功能包含着生理与心理的两个方面，既适用又美观。人们是通过视觉、听觉、触觉等来感受建筑装饰所带来的适用和愉悦。

本次获奖工程，大多改变了以往只追求华丽，过分装饰或依靠高档材料的堆砌等不良做法。而是从工程的使用功能出发，从适用与美观统盘考虑。山西省建筑装饰工程总公司获奖的北京人民大会堂山西厅装饰工程，充分考虑政治性、地域性、文化性，采用传统的施工工艺与现代材料有机结合，不但充分地体现了三晋悠久的历史文化，同时又把现代设计理念如何融入传统的民族风格当中反映得淋漓尽致。

建筑装饰是建筑总体工程中最后一道工序，它与人们日常生活的关系最直接，最密切。建筑装饰以人为本，人性化的关爱的工作是很具体的、实际的、全面的、细致的。这种工作精神是因地、因时、因人而定的。有其共性，更有其个性。内蒙古永新建筑装饰工程有限公司获奖工程：内蒙古包头市神华大酒店 18 层女士客房，使身临其境者耳目一新。这里没有高档的装饰材料，顶棚使用的材料就是石膏板吊顶和乳胶漆，墙面则采用色彩温馨淡雅的墙纸，卫生间设有女士专用卫生洁具，另外在家具设计和色调上也充分考虑了女士的爱好。整个装饰工程在施工过程中做到了尽善尽美、精益求精。

2003 年全国建筑装饰行业科技大会，是对全国当前建筑装饰科技工作现状全面透彻地分析与总结。2003 年全国建筑工程装饰奖的评选，是对我国近年来建筑装饰科技成果的一次检验。这两项重大的行业活动，对于提高建筑装饰科技水平及科技对建筑装饰发展的重要意义的认识都起到了积极的作用。各地的建筑装饰协会及建筑装饰企业都借这一契机，更广泛的学习，普及建筑装饰技术，出现了学习、应用、提高建筑装饰科学技术的大好形势。

建筑是科学技术的载体，它承载记录着当代科学的发展历史。从西方的岩石结构建筑到东方木结构至现代的混凝土及钢结构建筑，每种形式都体现了建筑与科技的完美结合。建筑与科技密不可分的关系，更进一步提醒建筑装饰业内人士，要在新的历史阶段中更好地发挥科学技术在建筑装饰中的作用。

从本届建筑工程装饰奖的评选过程中，可以反映出目前我国建筑装饰技术在建筑装饰工程的设计与施工中取得的丰硕成果及发展的特点。

首先是建筑技术在建筑装饰业内的普及进入了一个新阶段。众所周知：建筑装饰是建筑总体工程中的重要组成部分。由于建筑装饰是涉及多项学科的行业，建筑装饰业内人士多数由“移民”组成的，有些设计、施工及管理人员没有受过建筑基础知识的培训，甚至有人片面地理解建筑装饰仅仅是粉饰美化而已，不需要建筑技术。经过多年的实践，业内人士已充分认识到掌握建筑技术对行业发展的必要。本届获全国建筑工程装饰奖的北京弘高建筑装饰设计有限公司，平时注重人才的培养，把每项工程都以“确保市优、争创国优”作为共同的心愿和目标。他们获奖的工程是，中国人民大学体育馆装饰工程。该工程为大空间、大尺度，为保证工程质量，项目部在现场精确测量尺寸，用 CAD 画出每一块墙的排版图，施工时按排版图施工。为防止地面石材碎裂，采用背网加强技术，在所有石材不撕掉背网的前提下，在石材背面又刷上一层环氧树脂并撒上粗砂粒，此措施的应用，使地面工程质量得到了有力的保证。

中国建筑装饰技术在数千年的历史实践中形成了独特的风格与体系，并且不断向前发展变化。特别是在改革开放的 20 余年中，装饰技术获得了空前的提高。沥粉贴金、油漆彩绘、木雕、石雕、扁额等传统的工艺技术不但保持着民族文化特色而且不断增添新的生机与活力，与现代科技的交融中更显现出异彩。北京房管一建设经营有限责任公司在古建筑维修方面有着丰富的经验，本届获奖的北京醇亲王府古建修缮工程就是他们的代表作。施工中在保证传统工艺做法的原则下，开展技术创新活动。三交六碗菱花门窗芯屉是古建工程中的高级工艺技术，有着严格的尺寸要求和质量标准。他们在施工中改革电刨刀刃，采用机械加工三交六碗菱花门窗芯屉。这样不但克服了传统手工加工时间长，手法不一的缺点，还大大地提高了效率和工程质量。现在呈现在我们面前的是金碧辉煌、高贵气派的古建筑群，充分再现了文物建筑的昔日风貌。

新技术、新材料的应用，同样推动着装饰的科技发展，工厂化、装配化的装饰发展方向改变了装饰企业的传统经营模式。

中国建筑装饰工程公司获奖的国家电力调度中心装饰工程，在工程中实现门及门套的成品安装方法。合理地设计出基层结构，实现了完全现场组装、现场无油漆作业的施工方式。成品安装方法的运用、工厂化、成品化、免维护既提高工程质量、缩短工期又达到了环保要求。

随着广义建筑装饰思想被业内人士的普遍认同，建筑声学、光学、热工等建筑物理已转向了建筑装饰的设计、施工中。如何在一些专业性很强的工程中（音乐厅、体育场、影剧院等）处理好声、光、热技术问题是建筑装饰向多学科发展延伸的方向。

北京弘高建筑装饰设计工程有限公司获奖的中国人民大学体育馆装饰工程，因体育馆使用功能必须满足声学吸音要求，为此他们特请教中科院声学研究所的专家，经反复试验、调整，最后采用自己加工的木质吸声板，经测试此产品完全可代替国外同类产品，既满足了体育馆的使用功能和装饰要求，又降低了工程造价，创造出符合人们需要的、人性化的空间。

荣获 2003 年全国建筑工程装饰奖的企业大多数是一级建筑装饰施工企业，都有着优秀的施工队伍和丰富的施工管理经验。获奖工程都代表着当地建筑装饰工程的最高水平，可评、可点的内容是多方面的。本文仅就人性化与科技性讲述了个人的感受，希望能起到抛砖引玉的作用。同时希望能有更多的评论文章出现，以推动我国的建筑装饰行业在新的历史时期内有更大的发展，为我国的经济发展和社会进步做出更大贡献，那将是我们的心愿。

2003 年 11 月 28 日

中国建筑装饰协会访美考察散记

中国建筑装饰协会代表团

中国建筑装饰协会历史上曾经组织过两次出访美国进行行业考察的活动。第一次是 1992 年 11 月 6 日～25 日，第二次是同年 11 月 17 日～12 月 6 日，代表成员分别为 29 人和 39 人，所到之地为洛杉矶、芝加哥、旧金山、纽约、华盛顿、拉斯维加斯、圣地亚哥等七个地区，分别由中国建筑装饰协会现任综合部副主任杜桂玲和时任副秘书长霍明远带队。

时隔 12 年，中国建筑装饰协会组织了第三次访美国考察，也是中国建筑装饰协会第四届理事会 2003 年相继组织赴英国、台湾和印度访问考察的第四次海外交流活动。

2004 年 6 月 14 日～27 日，中国建筑装饰协会应国际室内设计协会（International Interior Design Association 简称：IIDA）、美国建筑师协会旧金山分会（A Chapter of the American Institute of Architects San Francisco 简称：AIA San Francisco）和旧金山市市长助理 Mark Chandler 的邀请，组成 12 人的代表团，相继对美国的旧金山、费城、华盛顿、纽约、洛杉矶、夏威夷等六个地区进行了行业考察，期间访问了 AIA San Francisco 和 IIDA，并进行了工作交流。

中国建筑装饰协会访美考察代表团团长：中国建筑装饰协会副秘书长房箴，秘书长：中国建筑装饰协会国际部主任樊淑玲（女），副秘书长：中国建筑装饰协会信息部主任兼会刊《中国建筑装饰》主编黄白，团员：浙江省建筑装饰行业协会秘书长陈孟坡，中国建筑装饰协会常务理事、吉林省建筑装饰集团有限公司董事长兼吉林建工学院建筑装饰学院董事长孙爱东，吉林建工学院建筑装饰学院督察室主任郑培涵，中国建筑装饰协会理事、中建三局东方装饰设计工程公司总经理田厚春，天津市圣美装饰工程有限公司总经理孙志君，杭州余杭第二建筑工程有限责任公司董事长许培章，广州市美术公司总经理助理黄立（女），苏州金螳螂建筑装饰有限公司副总经理杨建惠（女），台湾扬珊石业集团北京扬升石材有限公司副总经理胡琼（女）。

代表团组成来自北京、上海、天津、吉林、浙江、江苏、广东等七个省市，既有工程承包商，也有材料供应商；既有协会工作者，也有教育工作者；既有企业家，也有职业经理；既有国有企业，也有私营企业；既有装修承包商，也有土建承包商。均为业内骨干一级建筑装饰施工、甲级建筑装饰设计企业，行业活跃人士。大部分人曾有在欧洲考察的经历，但赴美国却均系首次。14 人中，男士 8 人、女士 4 人。平均年龄 40 多岁。

此行美国虽时间短暂，但均感收获颇丰，既包括业内直接的启迪，也包含社会间接的感悟，思维方式有了不同程度的转变，思考能力甚至有了飞跃。可毕竟在长则 15 个小时、短则 3 个小时的时差中平均两天一个地方的走马观花，认识既不太全面，也不尽深刻。但代表团愿将见闻心得集纳如下，客观地反映出来，以供同业同仁参考。为叙述方便，以时间为序，其中有些夹叙夹议，不免包含部分个人偏好见解，愿与同仁交流。

6 月 14 日

中国建筑装饰协会访美考察代表团一行 12 人在北京集中，北京时间中午 12 点搭乘美国联合航空公司 UA888 航班，美国人似乎也知道中国人喜欢“8”,美国飞机上的乘务员均为中年妇女或男士，服务风格像家庭，亲切质朴，与中国和日本飞机上的空中小姐根本相反。美国飞机上印刷在餐巾纸上的字也有点意思：our flight attendants can speak over 30 languages and dialects chances are，they speak yours，我们的飞机能使用 30 种以上的语言和方言，说吧。

经过 10 个小时的飞行，当日早晨 8 点 10 分（北京时间晚间 11 点 10 分）到达美国西海岸城市加利福尼亚州的旧金山市 San Francisco。因从中国到美国西部横跨东西半球 7 个半时区，故时差为 15 个小时，既此时在北京时间上退后 15 个小时，代表团中有的人将手表调到美国旧金山时间，有的人则仍为北京时间——加 3 个小时则为美国旧金山时间。从时差来看，6 月 14 日一天共吃了 7 顿饭。旧金山气候比较凉爽，室内需用空调，但比美国东部凉快多了。

中午，我们在一家名为“常满楼”的广东人开的餐馆进餐，从此拉开了在美国除早餐在所住酒店用西餐外，中晚均在中餐馆进餐的序幕。晚餐在一家名为“洪湖楼”的台湾人开的中餐馆进餐，孙爱东在美国超市买了一箱美国啤酒，大家畅饮以示美国之行顺利，心情颇佳，时差反应并不太强烈，从此奏响了常去美国超市考察的序曲。

此超市为会员制，一年一人交 100 美元，享受折扣，空间很大，像个大仓库，内中高起的货架很少，推车很大，为国内的两倍，见美国人均推出满满一车商品。美国的社区均为别墅，内中或周围一般无商店，商业设施均集中在一地，超市特别大，且并联在一起，如我们在洛杉矶住地附近，大超市一个接一个：园艺、一般商品 TARGE、体育用品 CHICK'S——sporting goods 等。我们在美国超市购物，首要的工作是看一看是不是 made in china，中国制造的商品要占 80%以上，但高档次、具有自主知识产权的很少。

餐馆等商业建筑外装均十分有个性和特色，但总体看起来并不显凌乱，与周围环境比较和谐，内装一般，顶均为涂料，墙多为壁纸。

入住的酒店为 Holiday Inn——假日酒店，这只是住“Inn”类酒店开始，以后还住过四类酒店：华盛顿的号称 The world's largest hotel chain 世界最大的西部连锁酒店 Best Western，纽约的 Marriott——万豪酒店管理集团属下的 COURTYARD，拉斯维加斯最大的博彩业酒店集团 CARINO 的 TERRIBLE'S，以及夏威夷的 Waikiki Sand

Villa Hotel。在洛杉矶又住了三天 Holiday Inn。根据是否吸烟及个人爱好，我们分配了客房，两人一间的是孙爱东与郑培涵、黄白与田厚春、陈孟坡与许培章、黄历与胡琼、樊淑玲与杨建惠，房箴、孙志君为单间。

美国室内的电插头均为两个扁一个圆，代表团中大部分人没有做准备，只好在美国采购。两个扁的也能用。

在美国需要使用三频的手机，大部分人均为二频的手机，没有做此准备，故听导游顾小姐的建议购买了 10 美元一张的中文电话卡。

在美国，“Inn”是小酒店或称旅馆、乡村酒店，相当于中国的二星级，比汽车旅馆高一档次，均分布在高速公路两侧，掩映在树木花草之中，建筑造型简单，线条流畅，外墙均为红砖，与周围环境十分协调，安逸恬静。进门通常是一小巧的空间，数把桌椅，内装亦十分简捷，无论是公共空间，还是客房，天花均是“立体涂料”——过去因施工工艺为手工我们曾称“弹涂”，美国好像一度流行过这种装修，我们所住过的所有酒店，以至纽约联合国总部、世界第一大机场——纽约机场过道的天花也都一律如此。

美国四五星级以下酒店均不配给牙刷牙膏，配有香皂及护肤液。大家在国内早已闻听并均有准备。值得指出的是，国内认为美国毛巾不干净，我们均自己携带，这是一个误区，导游们均强调，美国毛巾经过高压蒸煮，其实十分保险。

卫生间磁砖均为 10 mm×10mm，在公共场所也未见有过比此大块的，台面多为人造石材，400 mm×400mm 防滑地砖，砖缝均较大，3～5mm。客房中的水，全部符合饮用标准。客房面积较大，约 15～20 ㎡，四壁均为墙纸。卫生洁具五金均为中档，为美标 American Stand 的。整个室内气氛亲切朴素。特别值得称道是玻璃，防噪声效果非常好，外面高速路上日夜近似轰鸣的噪声，室内几乎听不到。

但室内隔墙隔声却不太良好，如 6 月 14 日晚黄白与田厚春同住一室，倒时差，但不料隔壁有当地年轻人谈笑从午夜 12 点（北京时间次日下午 3 点）多至凌晨 1 点多，声音清晰且有 70dB 左右，使人难以入睡。空调机为老式的在中国早已看不见的横卧空调，噪声很大，估计有 80dB 以上，不少人未能睡好，特别是同住一室的孙爱东和郑培涵，到凌晨 4 点方入眠。

6 月 14 日下午我们参观了美国第三大的大学——世界著名学府斯坦福大学。进入校园，一路上均是小别墅，每座均为上百万美元，居者均为该校的教授及当地富裕人士，是令当地人羡慕的“高尚社区”，社会治安很好，极少发生不测。美国的有钱人或称为中产阶级的人均住在风景如画的“郊区”，门口通常没有护栏，取而代之的是园艺。

我们主要参观了位于斯坦福大学校园中心部分以美国前总统胡佛命名的“胡佛塔”周围的地方。该校建于 1895 年，占地 35 万 K ㎡，其规划、建筑、园林水平国内难于相比，可以说比国内的公园还漂亮。使从下榻酒店到斯坦福大学 40min 车程中感到好像行驶在中国北方某县级市高速公路上的感觉顿时消失，初步感受到美国的实力。所有教室均开放，任人进入。校内有所醒目的天主教堂，室内做仪式的台上正在搭建脚手架，准备装修建造。大学的建筑外装均为大块岩石，内装朴实、自然。房箴十分投入的摄影，樊淑玲、黄立喜欢校园中间一块花园，孙爱东、郑培涵的兴趣在教室，孙爱东手持摄像机到处拍摄，重点考察了一墙上贴满有关考古的信息，显然是考古专业的室内布置。一老妇清洁工在一间教室正跪在地上认真地擦试着椅子，无人监督却一丝不苟。众人皆被感动。

校园中所体现出来的安宁、开放、和谐，也许能够解释世界上包括中国为什么会有这多人想来美国留学。能在这样的大学学习，享受人类最先进的文明，学习能不好吗？送子女到这样的大学还有什么不放心吗？关于此点，从杨建惠在美国上大学的女儿、陈孟坡在美国工作的女儿、女婿的经历中得到了部分证实。

美国交通管理很严格，高速公路限速一般为 70 英里，城里一般为 35～45 英里。美国人开车的车距均很规矩，即使在严重塞车的地方，车距也不是很近。开起车来很少频繁并线，如并线则被认为确有急事，其他车辆均让行。在美国喝酒开车是非常严重的违法事情，如被警察查出司机血液中酒精含量为 0.8mg/ml——相当于一瓶啤酒，会被吊销驾照半年，其成本是像旅游这样的一类公司都不会雇用此人，即意味着失业；以及第二年保险费的大幅度提高，因为社会认为此人是个在交通方面不安全的人，意味人的诚信度的降低。

除高速公路外的路上很少有红灯，代之的是马路地面上的“STOP”停止标记——视为红灯，车行到此均自动减速及停止，避让另一路口的行人或先到的车，我们没有见到不遵守交通规则。行人均走人行横道线，指示通过的信号灯为人的手形，颜色为白色。如行人违反交通规则，美国法律规定是“撞了白撞”。美国人的汽车多为旅行车。华人有钱后多买奔驰、宝马。

在洛杉矶的高速公路上我们碰巧遇到这样一件事，这是一条四车道的公路，突然，我们车的前方出现一辆警车，且逐渐在路上行走呈 S 形，原来是前方可能出现了交通问题，随着警车的减速，后面的汽车相应减速。一会儿，警车避让一边，汽车恢复原速。这是一个多么简便而有效率的方法。

美国公厕，是公共建筑装饰工程的重点，设备和用材均比较讲究，一般不太大，男厕只有一二个小便池，法律规定应有两个卫生纸盒。空间最大的是残疾人用的，一般均为 5 ㎡以上，这在 Holiday Inn、INTER 公司、旧金山的渔人码头等地均等到了证实。卫生间门口标牌均标明 Restroom，只在丹佛尔机场看见了 Toilet，也没见过 Lavatory 和 Washroom。洗手池上方通常立一块牌子，有的上书如：加州政府令抽烟等等以后必须洗手，其他多为雇员 employee 必须洗手。

美国对残疾人非常重视，汽车停车位有专门的残疾人位置，客房门口的门牌标识上有专门的盲文，体现着“以人为本”。美国最醒目的就是蓝色的残疾人标志，就像到处飘扬的美国国旗——此时全美正下半旗悼念刚逝世的前总统里根。

从斯坦福大学出来后，即参观世界著名的硅谷。先是 ORACLE 甲骨文公司——在路的一侧有 7 座全玻璃幕墙的多层建筑，另一侧有一湖，湖边围绕数幢建筑，在 IT 业实力超群。然后参观了 INTER 公司的陈列室，有一些成人带着孩子，这是一个科学普及的好地方。此时正逢中国信息产业部的一位部级干部来访，7 辆警车护送 2 辆加长林肯车。

6 月 15 日

上午，我们参观了旧金山市政府的市政厅、艺术宫——均是美国早期的建筑，无论是建筑本身，还是室内设计与装修施工质量均为上乘之作，感受到美国建筑艺术的装修水平。后上森林公园，这才发现，美国路上很少有人，而这里却见到大量的人，园林水平很高，不少树木是一二百年的，能够反映出建国 235 年的美国人的思维方式。还参观了金门大桥——建于 20 世纪 30 年代的世界上第一座斜拉跨海大桥、九曲花街——一条呈 30 度斜坡有九个半径极小弯的街道、39 号渔人码头——是个以海狮为特色的娱乐街区，以及唐人街等市内著名景观，在旧金山有华人 100 多万人，他们正在争取竞选议员取得政治上的地位，维护华人合法权益。

在美国，发现在路上进行长跑锻炼的人，早晨没有，其他时候均有，特别是在上午至中午 2 点左右锻炼的人较多。据说是因为早晨空气质量不如上午 9 点以后所致。因美国也正值夏天，人们下班后的着装通常是短裤，脚蹬运动鞋或旅游鞋，内穿白色短袜。我们一行人中只有孙爱东和胡琼与国际接了轨。

下午，前往位于旧金山市中心的 AIA San Francisco，美方有三位出面接待，一位是 William Versaci AIA Design Management，一位是 William J. Higgins，AIA Princpal，还有一位是 Tom Johnson。中国建筑装饰协会房箴副秘书长主谈。

AIA 全美会员有 7.2 万人，在前一天结束的 AIA 芝加哥年会上，与会者有 2 万多人。会员多为建筑师，还有相关的从业人员。AIA 负责制订行业技术标准、自律措施、从业者培训、执业认证、信用评价等工作。AIA San Francisco 是全美 AIA 最活跃的分会。在美国，室内设计隶属于建筑设计范畴，室内设计有自己的社团组织 IIDA 和 ASID。AIA 也有室内设计师委员会。美国业主发包工程项目通常分为三部分：一是建筑，二是装修，三是装饰（包含家具及室内空间陈设），外装与建筑主体通常是一个合同，包括幕墙。美国人认为，幕墙在中国单独分包是不可思议的。美国建筑师年薪通常为 7.5 万美元。2003 年美国人均年收入为 2.7 万美元，收入在 4 万美元以上的不享受免费医疗等福利。因此，美国建筑师属于中产阶级、白领阶层。美国的设计师受雇于业主，为业主负责，而不是向施工企业负责。我国装饰行业的室内设计与装修施工二合一体制，设计师很难向业主负责。

AIA San Francisco 办公室正在举行女设计师作品展，有三位给我们留下深刻的印象：Cathi house 与其丈夫共同搞家装，擅长色彩设计，鲜艳、造型别致；Susic Coliver 具有 25 年的剧院设计经验；Cary Bemster 专攻别墅家装。我们想记住她们，希望有机会将其作品介绍给中国同行。

在美国，设计师已经高度专业化，细分市场，如只做家装，家装中只作别墅、专项超市、小型商店、休闲酒店等，如接待我们中的 Tom 就专门设计高尔夫球场，是位 golf Course Architects。在美国没有什么都能做的综合性设计师，因为不专业化就没有饭吃。这点，特别值得中国设计师借鉴。

AIA San Francisco 向我们赠送了设计师名录及相关资料，我们则向美方赠送了中国建筑装饰协会简介、《中国建筑装饰装修》杂志及礼品。

6 月 16 日

上午 9 点 10 分，我们从美国西海岸的旧金山乘坐美联航 UA188 班机，经过 4 小时 40 分钟的飞行，到达了东海岸的华盛顿 Washington。时差比旧金山短 3 个小时，与北京时间相差 12 小时。从华盛顿下飞机后乘坐的一辆直接与进出廊桥相对接的大汽车，然后到进港厅取行李，这在国内机场没见过。华盛顿是个丘陵地带，高速公路地面质量比旧金山的好，两边是茂密近似森林的树木，十分清爽养眼。

晚餐是在一家叫做“佳利好”house of Lion（狮子的家）的湖南人开的餐馆吃的饭。装修气氛亲切、乡情，门厅一侧有一张中式长条桌。用餐后偶然发现一张 6 月 16 日中文版的华盛顿《世界日报》，上有一大标题“汕头防弹玻璃，美军有意采购”，原来说的是我国汕头金刚玻璃公司、中国建筑装饰协会理事庄大建的事迹，胡琼帮助黄白向餐馆的收银员要了这份报纸。在外国看到中国装饰企业的好信息，大家均很高兴。

入住的 Best Western Capital Beltway 在房间中的说明书中称，在 83 个国家和地区中拥有 4100 家连锁经营的酒店均为一个标准：包括 50%的房间为无烟房，每个房间中均有吹风机、熨斗等。卫生间洁具是 TALTAO 牌的，为中档产品。地面为 1000mm×1000mm 的仿灰岩的防滑地地砖，洗手池为灰白麻花岗石台面。门手挂的指示牌有点意思，上书：私人时间 Privacy Please 和请打扫 House Keeping Please，还有一种指示牌是插到锁缝中 Insert into lock 的，上书：请勿打扫 Please do not disturb，与中国的不一样。

酒店餐厅是一个仿旧时船仓式的室内设计，装修风格为怀旧情调，天花上吊着老式的页片式风扇，桌椅、摆设均为旧时船上用品，甚至有些破损，从多是白人用餐的老人们的神态上看，此空间气氛比较地道。

当晚，黄白与孙志君、胡琼、孙爱东、田厚春一齐到酒店一层的酒吧看几乎全部是黑人的跳舞，孙爱东、田厚春先走了，其他三人待了一个多小时，直到 12 点停业为止。美国黑人男女并不因自己的身材过胖或年龄过大而不好意思，反之他（她）们看起来玩得十分尽兴。酒吧的 CEO 告诉我们，你们是第一批来此地的中国人，我不理解，为什么中国人回到酒店就闭门不出只看电视，其实，其实这里并不可怕，挺安全的，人们对外国人很友善。

美国的电视，约有七八个频道，为专业性的，如新闻、体育、电视剧、电影等，体育主要是棒球、垒球、蓝球和高尔夫球，没有足球，使喜欢欧锦赛的人很失望，因 6 月 15 日底特律活塞队战胜洛杉矶湖人队夺得 NBA 总决赛冠军，电视里也就没了蓝球。电视节目一般均很干净，只是后半夜在TBS放映的一部叫做“Sex and City”的电视剧有部分镜头比较暴露。

报纸，酒店免费送给住客，主要是《今日美国American Today》，头版见有高尔夫球伍兹、活塞捧杯等照片。也见到部分华人办的报纸，如洛杉矶的《世界日报》等。

街头报亭大部分报刊均为娱乐的，兼销饮料。

6月17日

我们前往位于华盛顿市郊的IIDA，美方出面接待的有三位：一位是Arbee Associates Michael Polovina Managert（学习公共建筑室内设计），一位是Associate IIDA、Arbee Associates Caroline Maffeo，IIDA strategic business Consultant，还有一位据说是世界最大的办公家具生产供应商Steelcaser（北京有经销商）的Ann A. pierson IIDA A&D Market Manager。Michael是IIDA总部设在芝加哥负责大西洋事务的当值主席，他本人是从事公装室内设计的，与Ann女士的Steelcase公司总部共在一个二层的约有8000㎡的办公楼，美中文化交流中心ACCEC在此也有办公间。IIDA成立于1994年，与中国建筑装饰协会同年成立。美方制订了详细的日程计划书，连同IIDA简介以及钥匙圈、圆珠笔，送给来访者人手一份。我们则向美方赠送了中国建筑装饰协会简介、《中国建筑装饰装修》杂志及礼品。

Michael的女助手Caroline讲解了公司的设计准则是：用户、灵活性、环境、速度。我们参观了包括1936年世界著名家具设计师SC Johnson Wax设计、Steelcase制作的一套原装办公桌椅，以及最新设计的办公家具样品，Michael送给孙爱东两张装饰设计平面布置图纸。

中午，Michael请我们在一家名为“员外楼”的台湾人开的中餐馆进餐，席间，房箴、樊淑玲与他进行了比较深入的谈话。孙爱东就双方合作办学进行了探讨。

我们有这样一个突出印象：装修工程的室内设计似乎是AIA的事；而室内空间的装饰设计才是IIDA管理的范畴。

午后，由Michael陪同，我们参观了华盛顿艺术设计中心Washington Design Center，参观者或带领参观者应是IIDA会员，中心董事助理馆长——一位高大漂亮的美国知识女性听说中国同行来访，十分热情，特别给我们佩带了贵宾VIP的胸标。WDC主要是室内装饰用品，包括家具、陈设、布艺、卫生洁具、整体式厨房等，好似是一个精品装饰展会。我们看到了当今富有美国人的生活品质。

之后，我们参观了白宫、二战纪念广场、华盛顿纪念碑、越战纪念碑、韩战纪念碑、林肯纪念堂等。白宫前的警察十分威武，身材高大，体形均为练过健美的，肌肉发达，警服漂亮。美国的警察均较和善，你与他说话，他均面带微

2004年6月17日中国建筑装饰协会访美考察代表团与美国IIDA交流，参观华盛顿艺术设计中心后在门厅合影。左起：孙爱东、田厚春、许培章、胡 琮（前排）、陈孟坡、IIDA大西洋事务当值主席Michael、房 箴、樊淑玲、黄 立（前排）、孙志君、黄 白。（郑培涵、杨建惠在里面参观还未出来）

笑，且语音平缓，如参观白宫后，房箴一时走错方向，本应向美国红十字会这条街道走，结果却向林肯纪念堂方向走，我们在车上喊他，美国警察帮助他跨过马路上了汽车。

华盛顿当日极热，约有38℃，是我们此行美国最热的一天。下午4点20分集合，4点10分我们参观完林肯纪念堂向约定的地点和时间走去，突遇暴风骤雨，只10分钟众人皆几乎淋透，车到后大家在车上更换了上衣，彼此友谊顿时增进，令人难忘。这场暴雨下了约有半个小时，暑气全无。

6月18日

上午9点乘汽车从华盛顿出发，12点15分到达费城吃中餐，导游一个叶先生，上海籍40多岁，另一个李先生，32岁，原籍天津。接待我们的均为到美国多年的原中国大陆人。参观了位于费城市中心的独立宫、自由钟纪念馆。在费城没住，直奔纽约。

一路听导游讲来美国近10年的感受，主要是中美价值观方面的差异，很有意思，颇受启发。中午在一家叫做 Grand King Buffet 的华人自助餐馆吃饭，此餐馆打出的广告是：海味 Seafood，中餐 Chinese，美式 American，现货 Cuisine。

路途中休息，到一休息区，下车人均面露疲惫之色，返车时神色飞扬，卫生间设在一个大商场中，里面吃喝玩乐应有尽有，特别是一块上书"旅行市场 Travel Mark "的餐厅，香味扑鼻，人头涌动。在美国，均排队，没有插队的，而只要是排队，人们均与服务台的第一人相隔一米远，十分自觉。

在汽车内放着美国著名女歌手 celliue lion 演唱的"The Power of love"的歌声中，我们于晚上7点进入了美国第一大城市纽约 New York。纽约市政设施显得比较破旧，城市道路很差，路旁垃圾随处可见，可谓脏、乱、差，既比不上中国的北京、上海、广州、深圳、大连等城市，也比不了旧金山。塞车严重，从我们入住的 COURTYARD 酒店进纽约市内吃晚饭，正逢下班高峰，20分钟的车程开了2个小时。房箴有个比较贴近的评价：美国市政做得一般的，不如我国；做的好的，我国比不上美国。据导游所说，造成这一现象的主要原因在于美国的各级政府不是向上级负责而是对民众负责，在什么地方花钱、花多少钱由纳税人说了算，据说美国总统布什从华盛顿曾到过纽约7次，纽约市长一次都没有接待陪同过他。

路过"9.11"已清理干净正在准备重建的原世贸广场旧址，感觉十分震撼，那场空前的恐怖，的确是人类的灾难。"9.11"后美国人争相悬挂国旗，爱国之情溢于言表，曾一度脱销，后为中国一家厂商生产供应。

32岁来美国7年的导游李先生向我们讲述了他在"9.11"后的经历。他的公司总部在纽约世贸大楼内办公，那天他正好出差在外，没有遭遇到此灾难，公司中没有人，故均无伤亡。"9.11"后一个星期，社会上不是美国政府在管事，而是美国红十字会。在美国，红十字会非常有威信。什么人能当红十字会志愿者或称为义工，条件十分严格：本人没有违反法律的纪录且心理健康者。能成为美国红十字会志愿者是十分令人羡慕的，因为这是一位高尚的人。企业均为本公司员工有红十字会志愿者而感到自豪，这是企业诚信的标志和荣誉。红十字会志愿者参加红十字会活动，薪水等一切照发，因为你是去做善事去了，是回报社会的机会；如果违反了，企业将受到重罚。

"9.11"后第二天，美国红十字会立即行动，在各地进行募捐活动，如吃麦当劳，每人自愿捐1美元，短短几天，美国红十字会就募捐了几十亿美元，然后发布公告，在纽约世贸大楼旁边方圆多少英里以内、年收入在4万美元的居住者(年收入在4万美元的人方能享受免费医疗等社会保障)，可到美国红十字会领取赈灾款，红十字会同时开出开出单子，向社会征集食品等生活用品，企业踊跃支援，红十字会记录下来，待以后由政府偿还。导游李先生正好符合十字会开出的条件，他去了，一位老年妇女的志愿者接待了他，问他如何证明自己符合条件，他拿出工作证和纳税的税单，这位志愿者上前抱着他哭了，说他真幸运，当即发给他供一星期用的3000美元的票证，据此可到指定超市购买等值生活用品。一周后，他按规定，到红字会领取了一个月一万美元的善款。美国政府一星期后，国会再拨款进行赈灾款。导游李先生说，今后他要让他儿子成为美国红十字会志愿者。

晚上，我们先在一家上海人开的名叫绿杨邨 Green House Chinese Restaurant 的餐馆进餐。后至市中心的时代广场，在著名的美国纽约证券交易所"那斯达克"NASDQ下驻足了20多分钟，第五大道、华尔街显得一片繁荣景象。

中国上海的外滩十分接近纽约，怪不得外国人愿意去上海。纽约主要街道人很多，主要是像我们这样的外国人，但不及中国的人多，离开此地的小街道人就很少了。纽约给人以亲切感，在旧金山、华盛顿、洛杉矶等地，人少得使人有些心虚。美国街道上很少有行人，自行车是锻炼身体用的，难怪胡琼问导游：在美国街头走步是不是挺傻的？

6月19日

我们先参观了位于哈迪逊河出口处为大西洋的纽约自由女神像 Statue liberty，期间船略停在美国早期移民局的爱丽丝岛 Ellis Island。

后到纽约联合国总部参观。我们经过严格的安检——取出身上所有东西，包括皮带，通过警察的目测和机器检测。此行美国这种情形共出现六次：从北京出境到美国、到旧金山入境、自由钟纪念馆、纽约联合国总部、丹佛尔机场、从夏威夷机场出境至日本东京。其中，从北京出境到美国、丹佛尔机场、从夏威夷机场出境至日本东京三次，还要把鞋子放在专门的盒子内、打开行李箱被检查。检查包括所有的旅客。在美国，乘机旅客行李不能上锁，以便随时被检查。

纽约联合国总部外装，没有像电视里看到的那样宏伟、壮观、气派，也没有想到比较陈旧。在中文导游的带领下，我们先参观了理事会大厅——为1937年挪威政府设计捐献的，然后参观了经社理事会——为当年瑞典政府设计捐献的。1954年落成，令人吃惊的是50年来从来没有装修改造过，铁椅子背上管子面的油漆已部分脱落，天花吊顶上"立体涂料"部分已经掉落——陈孟坡当场指出。地毯、墙纸均十分陈旧，走廊地面是水磨石的，从首层至二层的电梯和公共空间空调噪声很大，估有 90 dB 左右，近似轰鸣。如果不是联合国会员国赠送的礼品装饰空间，如伊朗的挂毯、中国象牙雕刻等，很难想象这是一个什么样的空间。

导游说，联合国也曾考虑装修改造，但是钱从何来、装修中如何不影响办公等问题均没得到解决。最后参观了联合国大会大厅——是包括中国在内的 11 国设计师共同完成的，装修最好，草绿色的地毯是新换上的。目前世界上还有 1/6 的人口处于最贫困状态——1 美元/天，这也可能是联合国推迟装修改造的部分原因。

联合国大会分三个层次：一是常任理事会——5 个国家；二是理事会——15 个国家；三是会员国——139 个国家。另有专门的理事会，如经济与社会理事会、儿童基金会等，相当于专门委员会。这也可给我们的行业协会的组织架构以启示。

还考察了洛克菲勒中心、百老汇大道等著名纽约区域。城内的高层住宅均为年收入 4 万美元以下的低收入者。

美国的玻璃幕墙建筑随处可见，特别是市中心商业集中区域的高层、超高层建筑，包括高速公路两边的多层建筑，据说均为上世纪 80 年代后的作品，近年来少有，取而代之的是高性能的中空玻璃窗及石材等复合幕墙。

晚上在一名叫“金龙”Golden Dragon 中餐馆吃饭，我们每顿饭均有酸辣汤，美国人也喜欢。

6 月 20 日

上午 11 点 15 分从美国东部纽约的机场 Newark Libert 乘 UA373 历经 4 个小时 15 分钟到达西部的丹佛尔机场 Denver。因加 3 小时的时差，Denver 当地时间是 2 点 15 分。

下午 3 点 02 分由丹佛尔乘 UA1411 历经 2 小时到达世界第十三大机场的拉斯维加斯 Las Vegas 机场。

在 Newark Libert 时，机场书店有这样几本关于家装的杂志：Good house、House Beautiful、Gardening、House Garden、cooking、Home 等。这天正是西方的父亲节 Father’s Day，所到之处有节日气氛。时差又返回 3 个小时，与旧金山一样了。

Las Vegas 每年游客有 1000 万人，年营业额 200 多亿美元，如果世界上排名 10 大酒店，其中 9 家在此；如果排名 20 大酒店，那么有 17 家在此。全市有酒店 70 多家，客房 10 万间。当日气温 35℃，最高温度 48℃，最低温度 0℃。Las Vegas 所有东西都是从外地运输而来的，棕榈树是以每棵 1.5 万美元引进栽种的。超市中商品 80%为中国制造。福建人主开 suffet 自助餐厅，温州人主攻小商品。Las Vegas 的支柱产业是赌博、色情、军工和展览业。我们参观了位于世界前三位的超大酒店：

世界第一的为米高梅 MGM GRAND，7200 间客房，因 Las Vegas 地处沙漠腹地，干旱严重，希望有树木水源，故外装为绿色幕墙，内装无甚大特色。

第二的是威尼斯，6100 间客房，比较浪漫和卡通，特别是中庭中的花园使人有入小人国之感。地下步行街十分庞大，最出色的是天花顶上所绘的天空装饰，十分逼真，且有动感。

第三的是金字塔 LUXOR，4700 间客房，由世界著名美籍华人建筑大师贝律铭设计，高大的空间，层层递进的阶梯式客房，给人以震撼，想起届时北京的国家大剧院，其空间将令人更加震撼，地面、墙面满铺仿古有自然起伏的岩石，整个室内气氛有古埃及的神秘之感，很有气势。

美国的高档酒店虽然豪华，但是均有较厚实的文化内涵和突出的主题，有感染力和感召力。其他二三星酒店，是显得十分实在、质朴、亲切、和谐。值得我国建筑装饰行业深刻思考。

我们入住的 Casino 管理集团属下的 TERRIBLE’S 室内气氛是欧式的，卫生间墙壁为 10mm×10mm 磁砖，配以防水墙纸，地面为 1000mm×1000mm 仿石地砖。

美国的酒店客房门无门吸，取而代之的是软垫。卫生间除在夏威夷外均没有垃圾桶。导游说，美国的家中卫生间也没有垃圾桶，均放入便池冲掉。

我们惊异地注意到，大批小孩随同家长一道来到 Las Vegas。能带孩子来的地方、且有大批孩子来的地方，究竟是什么地方。当地法律规定，孩子不能在赌场停留，否则将严厉处罚经营者和监护人。色情场所均在远离市区的指定区域内。

我们观看了一场大型喷水表演，十分有气势，在约有 20 多亩地的人工湖中，射程极高的水注随着极佳的音响形成各种造型，制造出来令人心动的大气氛。

赌博机通常都设在酒店大堂内，摆得满满当当，在我们的眼中成了大堂内的装饰品。我们注意到一个有趣的现象：赌博的生产过程是以消费者的目的参加，以消费者的目的结束，而以投资者的目的参与其中，消费者只要一加入就变成了投资者，以娱乐为目的就变成了以营利为目的的举动。而有趣的还不止于此，未参与者以消费者的心理观看投资者的表演；参与者在瞬息万变间体会着投资的心理历程。参与者在未参与者看来是在消费的气氛中全力以赴的实现着迅捷投资。

6 月 21 日

从 Las Vegas 上午 9 点继续向西南，经 3 个小时的车程，下午 4 点到达了美国西海岸的大城市洛杉矶 Los Angeles。晚饭在一家名为“大汗蒙古烤肉”的华人餐馆进餐。仍住 Holiday Inn 酒店。住了三天，是我们此行美国在一地住的最长的地方。

晚上，大家集体考察了位于住地附近的美国超市。此主要为当地中产阶级所光顾，90%的商品为 made in china。超市非常大，人很少，导引购物指示牌醒目明确。超市的对面有一巨大的宜家 IKEA，约有北京宜家的五倍。使人惊奇的是其大型广告词是：Home Furnishings——家装。

在美国，无论大商场还是小商店，购买商品后都要交税，税率（Tax）是 8.25%，计算机给购买者打出一个单子，何时买的、何种商品、数量、单价、总价（Subtotal）、税率、税赋（Tales Tax）、合计价（Total），消费者所付钱、找多少钱、退换商品说明、联系电话、货号、条形码等一应俱全。如洛杉矶的 TARGE 百货超市，如商品非消费者损坏，90 天内可退换；CHICK’S 体育用品是 14 天内。

在美国，我们除了早餐在入住的酒店内吃西餐外，其他都是吃中餐。房箴、陈孟坡、许培章是通常起得最早的人并外出散步。黄白通常起得也较早，在外散步、吃早餐后在餐厅内补写笔记，他说这样感觉要好一些，有时他在入门大厅一角，晚上写当日的，他感觉这样很充实。

美国是一个对吸烟管理十分严格，且见到很少有人吸烟的国家，机场、餐馆、商店、商场等公共空间、部分客房均禁止吸烟，迪士尼等公园规定内只有在吸烟区内才能吸烟，夏威夷海滩则全面禁止吸烟，酒店设有专门的抽烟客房。好莱坞（HOLLYWOOD）环球影城有专门的露天吸烟区，有明显的标识，上面还书有：你吸烟影响了别人的身体健康，请你格外注意。美国的理念是，吸烟尤其影响了他人的身体健康。我们乘座的汽车内也不准吸烟。美国对吸烟的严格管制使我们中 6 位会吸烟的人觉得与国内相比很不自由。

6 月 22 日

这天美国发生了一件大事：私人载人航天器首航成功，高度 100 千米逗留了 3 分钟。轰动全球。

我们主考察美国好来坞（HOLLYWOOD）环球影城，有中文简介说明书，对美国先进的高科技有了直接的认识：一是室外水门打斗 Water　World，喷气水船和令人叹为观止的烟火效果，最惊奇之处在于飞机的腾空而下，整场表演精准而幽默；二是乘坐时间机器超越时空，在一室内感受车动面前影像动的极速——胆量徒然增大；三是 Studio　Tour 乘坐浏览车参观电影制作场所，并感受部分如大白鲨等著名电影的场景；四是观看了两部电影：一个是四度空间的史瑞克 SHREK-4D，另一个是 3D 的施瓦辛格主演的一部火爆枪战电影片断，在座位上体现所有的惊险动作，包括喷水。园内严禁吸烟。后参观了中国大戏院和星光大道——中国人只有两位：成龙和吴宇森。

返回洛杉矶住地的路上，我们进入市中心，参观了刚落成的迪士尼公司投资兴建的一座音乐厅，外装为银色看起为像金属，造型有点像悉尼歌剧院，但比较卡通。市中心最醒目和比较高的建筑是一座高层监狱，外部为一排排狭长的窗户，主要是让犯人通过此感受到自由的可贵。另有一幢政府所属的高层公寓，是给流浪汉和乞丐用的。最不太起眼的建筑是美国建国初期时盖的市政厅。

在洛杉矶人权组织附近，我们看到了大批的流浪汉和乞丐，绝大多数为黑人，没有中国人，在 Los　Angeles 华人 100 多万人，大多数十分勤奋。时值落日，流浪汉和乞丐开始用纸盒搭建临时个人栖身住所。据说，早几年 Los　Angeles 政府曾采取过一次抓流浪汉和乞丐的行动，把他们的东西都给扔了，但是，遭到了人权组织的反对，并起诉到法院，结果政府败诉，赔偿给流浪汉和乞丐每位 172 美元。后来，Los　Angeles 政府把此事交给了一所教会管理，由教会负责他们的衣食住行并提供劳动培训。在纽约，我们也看到在车流中有个别流浪汉在乞讨。

今天恰好是美国前总统克林顿出版《我的一生 My Life》首发，书店里醒目位置摆着这本书，在 Los　Angeles 机场书店，还有克林顿与其夫人希拉里的专柜，广告醒目。

6 月 23 日

主要参观 Disneyland 迪士尼乐园。进入大门后有一尊 Disneyland 开拓者与米老鼠全铜站立像，下面一铭牌说明：要让大人和孩子都高兴。事实证明了这句话。

门票 67 美元，营业时间为早 9 点～晚 9 点，到下午 4 点我们即将离去时仍有大批游客排队等候入园。此时为美国的周三，游人川流不息，是我们在美国看到人最多的地方。来的人多为大人带着孩子，推儿童车的随处可见，儿童车在景点门口有序停放，大人孩子的东西均放在上面，无人偷窃。

进门时与 HOLLYWOOD 时一样，门卫要检查每个人随身携带的包；我们中午出来用餐，出来时与 HOLLYWOOD 时一样，在手背上盖一个“FUN”的黄色标记，再进来时查证并再次验包。

停车场可停车一万多辆。其中有 2 辆黄色的运送学生的校园车引起了我们的关注。校园车车身为铁皮包裹，车尾左侧悬挂一能活动的 STOP 指示牌，如遇情况，可立起，任何车辆包括警车均不准超越。在美国，全社会照顾的弱势人群依次是：孩子、残疾人、妇女、老人，孩子在美国是第一位的。

我们先后参观了水上非洲部落、乘座高科技的悍马车、穿过加勒比海盗窃水洞等，特别是西方的鬼文化，他们充满着欢快的合唱，令人不但不觉得害怕，反而心情舒畅，胆量大增。

晚上，房箴、樊淑玲、黄白、孙志君、孙爱东、田厚春等一起第三次外出考察住店附近的餐馆、酒吧，其中有叫做 HOOTER 和 BJS 的餐馆，据说在洛杉矶十分有名气，吃饭要排队。有两家墨西哥酒吧 MJ 和 TACO 颇具本国特色。我们在 TACO 讨论起一个问题：从汽车自觉在 STOP 停止标记处停车，看人们的自律。黄白提出，在制度安排一定的情况下，社会的文明程度是否随着全体国民的收入普遍的增长而成正比的提高？房箴认为，不一定，人们的收入普遍的增长间接地影响了文明程度，孙爱东则指出，还与对制度的监督程度、人们成长的环境与经历等有关。这一问题一直讨论到我们从东京到北京的飞机上，胡琼等人表示这一提法是值得肯定的。

6 月 24 日

下午 2 点 30 分，我们乘座 UA57 从 Los　Angeles 经过 5 小时 30 分钟到达我们美国此行的最后一个考察地夏威夷。

时差 3 个小时，向后推 6 个小时，与北京时间时差只剩 6 个小时了，将在飞往日本的东京途中调整。日本东京与中国北京没有时差。到达酒店是当地时间晚上 6 点，而北京却是 6 月 25 日凌晨零点。

夏威夷，位于南太平洋，又称俚香山，火努鲁鲁（Honolulu），早年孙中山先生曾在这里活动过。Honolulu 是 1945 年要求加入美国，成为美国第 50 个也是最后一个州。在夏威夷有在我国海南三亚的感觉。但此地甚奇，无地震、无台风、无蛇，年平均气温 16℃，无需空调。社会治安良好。人平均寿命女 86、男 82，故成为晚年休闲首选之地。美国人和日本人分别占 24%，故这里除英语外均配有日文。这里景色非常美好，有多处优良的海湾，游泳冲浪者众，别墅群均在市中心外，均为有产阶级，也有华人甚至是中国人。

别墅的区别在于外墙，美国及欧洲人不设，日本人为树木，华人则为围墙。夏威夷街头整日都拥挤着来此度假的人，特别是有大批的放暑假的学生，“三点式”就如同这里的温柔浪漫的歌舞随处可见。

市内免税店算是此地高档装修之地，但比较起我国同类商场显得比较一般，只是灯光照度很强，估有 300Lx 左右，使人有足够的精力关注商品。在此地购买商品，经验证机票，届时商店委派专人送至机场登机口，使人颇为享受，并感到信用的价值。

6 月 25 日

夏威夷海水没有腥臭味，海水中几乎无任何杂质，海滩质量甚佳，生态环境保护良好，之所以成为世界著名的可持续发展的旅游胜地，奥妙在于其开发的思路与我国沿海城市不一样，夏威夷坚决不发展养殖业。以牺牲环境换来发展经济，这种作法机会成本太大了。这也是“有所为有所不为”的典范。

夏威夷参观的重点是市内建筑和美国军舰亚利山那号纪念堂——有中文简介说明书，使人们再次回忆起 1941 年 12 月 7 日著名的“珍珠港事件”，亚利山那号上的 1177 名海军将士随同此旗舰沉入海底。1962 年纪念堂落成，据主持此项目的美国工程师 Alfred Preis 说：“纪念堂的结构显示中间凹下而延伸至挺拔耸立的两端，代表初遭惨败但终告大胜的过程。而就整体而言，呈现一片祥和，而不显悲伤的气氛。让每个人能够冥思探究内心的感受。” 纪念堂不远处是美国海军退役的“密执安号”，当年日本战败就是在此签订投降协议。来纪念堂参观的人非常多，排成弯弯曲曲长长的队。

夏威夷市内有不少的玻璃幕墙壁建筑，但近年来不发展了，取而代之的是中空玻璃。即使是五星级喜来登大酒店也并非豪华装修，主要体现夏威夷的文化及风情，灯光柔和，大堂开敞，背后就是大海。房箴、黄白、许培章等人早起拍摄了不少夏威夷早晨的动人风景照。

我们对美国酒店装修水平的总体的基本认识是：就装修形式而言，高档的我国比美国相差无几甚至比美国还要好，但中低档的则明显不如美国。就装修的内含而言，特别是文化内涵、环境保护、以人为本、协调性、专业化等方面有较大的差距。虽然这不能与 2003 年美国 GDP 为 10 万亿美元，中国则突破 1 万亿美元——中国只是美国的 1/10 这样的差距相比，但也决非一蹴而就，我们既不可妄自菲薄，也不可自以为是。实事求是最重要。

美国的环境保护十分出色，除类似拉斯维加斯本是沙漠地带以外，所到之处除了道路均是绿地、花草、树木、森林，几乎无土地裸露，天空总是蓝蓝的，几乎没有什么环境污染，高速公路两旁均是呈自然状茂密的森林和植被，14 天来，大家均没有擦皮鞋，来时什么样回来时还是什么样，且无痰。美国是个比较实在且在法律框架下比较自由的国家。

6 月 26 日

上午 9 点 10 分我们乘座 UA879 航班离开 Honolulu，经过 7 个小时的飞行到达了日本东京的成田 NARITA 机场。在机场出港厅内等待了 5 个小时，换乘日本全日空的 NH955 航班回国。日本的机场装修比美国的精致多了，卫生间标志醒目，装修一丝不苟，感觉美国比较实惠也比较粗糙。在这里，我们明显感到有几个不习惯或不适应：

一是通讯。在美国旧金山购买的中文电话卡，没料想到是张 48 州的卡，在第 50 个州的夏威夷没法使用。而美国的三频手机，在日本又不通用，故大家均与国内暂失去联系。

二是语言。我们一行 12 个人中，樊淑玲和胡琼英语最好，黄白等人会一点。在美国，大家深感会英语、甚至会一点——真好，孙爱东等策划回国后恢复英语。在日本机场满耳朵都是日语，而我们之中却没有一个人会说的，幸好机场免税店中营业员中有能说中文的，还觉比较方便。

三是微笑。在美国，正如一路上导游对我们说的那样，人们相视会自然微笑，或如果你对某人微笑，对方则会立即对你微笑，这在美国大家均有同感和实践。而在日本机场则没有，取而代之的是日本人对你的谦卑式的礼节。

我们经过最后 3 个小时的飞行准时到达了首都机场，此时是北京时间晚上 8 点。大家互道珍重，承诺经常联系。中国建筑装饰协会访美考察代表团顺利完成任务。

在前一天晚餐上，大家十分感慨，畅谈此行美国的心得体会，互相提炼友谊的精髓。如大家普遍对孙爱东的吉林建工学院建筑装饰学院提出交流的建议，该学院是经国家教育部批准的独立学院，建院 5 年来，现在 24 个省市招生，有在校大专本科生近 3000 人，吉林大学研究生 200 多人，新建校舍近 10 万m²，陈孟坡希望为浙江省装饰行业办班，杨建惠希望能为企业办函授班并输送学生。

孙爱东与田厚春达成合作意向；孙志君在洛杉矶特意考察了“花园酒店”，将为公司在天津新开发的酒店注入新的理念；许培章将使自己企业的装修部分做专做强做精；胡琼将把中西方文化相融合运用到企业管理之中；黄立将把自己感受细说给企业同仁和亲友；郑培涵将把自己收集的许多英文资料和所记笔记向全院师生传达。房箴、樊淑玲和黄白十分感谢大家对中国建筑装饰协会的支持，相信友谊长存。

通过与 AIA San Francisco 和 IIDA 的交流，达到了初步的互识互信，双方态度诚恳，就进一步交流与合作拟定了相关事宜，将积极推动，共促行业发展。

大家一致称赞，出国交流是中国建筑装饰协会为行业发展办的大好事，如此访问考察，耳闻目睹，亲身感受，收获颇丰，对于开拓视野、调整思维、转变观念、陶冶情操、提高素质、锻炼身体，十分值当，比如大家会笑了、声音小了，希望今后多多组织，并为房箴团长、樊淑玲秘书长为此行美国所做出的努力，以及中国建筑装饰协会国际部的宿玲等的辛劳服务表示感谢，向做出此决策的中国建筑装饰协会会长马挺贵、常务副会长兼秘书长徐朋表示敬意。同时也希望此次出访美国在国内被拒签的 11 位同仁有机会成行。

黄白每天早晚记笔记，多在早餐后的餐厅里，已形成多页，愿受大家之托，执笔将此行美国的访问考察散记整理出来，与大家和业内分享。

参观法国室内装饰家居用品展暨访问 UBI FRANCE 有感

中国建筑装饰协会五届理事会理事　全国优秀建筑装饰协会工作者
中国建筑装饰协会信息咨询委员会副理事长兼秘书长　中国建筑装饰网 CEO　《装饰名品》主编　田万良

从左至右：陈辉、陈耕、田万良、付铁、刘晌、珍妮、陈光、丁晖在法国巴黎维勒班展览中心正门口。

参观与交流的意义

受法国企业国际促进署 UBI　FRANCE、法国驻华领事馆商务处的邀请，在法国驻北京大使馆经济处的安排下，我与中国室内装饰协会秘书长刘晌、正在法国进行培训的建筑师丁晖、北京东易日盛装饰工程有限公司室内建筑师陈辉、北京轻舟世纪建筑装饰工程有限公司总经理陈耕、北京市建筑设计研究院国际合作部副经理陈光一行 6 人，于 2004 年 9 月 5 日～12 日在法国巴黎进行了参观考察访问。

法国十分重视中国市场，2005 年将是法国政府全面推进中法经济、贸易、文化交流关键的一年，为了加强两国的经济文化合作、中法两国共同推动了中法文化年活动。2003 年 10 月 6 日～2004 年 7 月 2 日是“中国年在法国”的活动，也是两国互动发展的第一阶段。第二阶段即“法国年在中国”的活动将借 2004 年 10 月法国总统希拉克访问中国的机会在北京正式开幕。据说法国音乐人让－米歇尔·雅尔（Jean Michel　JARRE）举办的大型音乐会和在北京上空的法国飞行表演将拉开“法国文化年”的序幕，随后登场的将是设计与工业创造展和印象派画展。

UBI　FRANCE 更是把中国的装饰装修市场作为开发合作的重点。法国政府已批准 2005 年 7 月 5 日～9 日在北京中国国际贸易中心举办“法国住房生活展览会”。在 UBI FRANCE 的建议下，法国政府正在考虑给来华参展企业更多补贴和优惠政策。因为对他们来说这不仅仅是一次商务活动，也是中法文化年的谢幕之作。

UBI　FRANCE 邀请我们到法国参观访问观看展览的中心目的，是想通过我们的感受和看法了解中国市场的需求，并为在中国举办展览会、开拓装饰装修市场做准备。

我曾去过巴黎，但在巴黎停留一周这还是第一次。使我有机会更透彻地了解法国装饰装修的概念与发展趋势。在过去的印象中，法国人工作很随意，不太讲效率，而这次参观访问给我留下了不同的印象，无论与驻华使馆的工作交流，还是在巴黎的行程都很有节奏。

我因中国建筑装饰协会成立 20 周年庆典活动（9 月 4 日在京圆满结束）晚飞了一个航班，飞机起飞时间是北京时间 9 月 5 日上午 10：05，国际航班很准时到达巴黎，北京时间晚上 8 点钟正是巴黎下午 2 点。接机十分顺利，UBI FRANCE 派出的接待人员珍妮小姐，讲一口流利的汉语普通话，是一位极有责任感高素质的翻译人员。

我们住在巴黎十六区的隆香酒店 L' HOTEL　ROND DE　LONGCHAMP，房间虽小却十分考究，酒店管理秩序井然舒适方便。因为是古建筑，电梯只能容下两个人，我胖，乘电梯要收腹或面壁。十六区是巴黎最著名的高尚富人区，距酒店 500 米就是 UBI　FRANCE 总部，联络十分方便。从酒店步行到著名埃菲尔铁塔只需 6 分钟，到赛纳河边最多 10 分钟。也许是旅途顺利，在巴黎没有倒时差就进入了正常工作状态。

维勒班展览中心设在巴黎北郊，“法国室内装饰家居用品展”Maison　et　objets 就在那里举行。陪同我们参观展会的法国总策划付铁先生介绍，该展会每年 1 月和 9 月举办两次。这个展览在世界范围内属规模第一。2001 年我参观了在 1 月举办的那届展览会，那年汇聚了这个领域的 2500 个展商，展会面积达 16 万 m²，专业买家到会达到 4.5 万人。9 月 6 日当我们乘车抵达展览会场时，场外既看不到汽球、彩旗飘扬，也看不到大量人群，在展馆 5 号馆 A“俱乐部 CLUB”处我们领了印好名字和条码的可识别入门卡。进入馆内看到的却是另一番景象，参观的专业人士十分踊跃。使我们想起在北京中国国际贸易中心举办的“全国建筑装饰行业订货会”和“中国国际门业暨建筑五金展览会”，真是人气十足。

法国方面介绍，本次展会专业观众有 6 万人，展览展出面积 20 万 m²，3000 多个来自全球的室内饰品生产厂商（绝大部分是欧洲企业，亚洲的企业除日本外其他国家产品被安排在专门指定的亚洲展区，这或多或少带有文化和劳动价值歧视）都租的面积较大，高档装修布饰的展台十分漂亮。全面展示包括：陶瓷艺术品；铜艺、锡艺、美术品；花卉园艺、干花；礼品、镜框、油画；建筑与室内装饰；新型装饰、装修材料与产品；住宅智能化管理技术；室内家具、灯具、装饰物品；餐桌用品、玻璃器皿；家具装饰面料，家居布艺；厨房和浴室设施；花园打理用品；休闲设施，游泳池；酒店设施和办公设施等琳琅满目的带有流行趋势的各类产品。

法国艺术学院 ATELIERS d'ART de FRANCE 的玛丽一阿奈尔·勒布戴和玛丽亚娜·都维耶陪同我们在展会全面参观考察，为了方便我们与参展商交流，除珍妮外法方还请来两位来自中国持法国绿卡的法文的翻译，一个是来自北京宣武区的肖青小姐，一个是来自浙江的许建先生。肖青小姐的法语水平是可以在联合国做同声翻译的，这一点在整个参观过程和座谈会上得到了印证。她和法国的珍妮小姐在我们参观访问交流过程中，工作卓有成效，保障了参观的质量，促进了交流。

第一天，法国朋友为了方便我们特地安排了一个中国餐馆海皇酒店就餐，由于我们 6 个人一致认为要入乡随俗，到法国还是吃西餐，所以这也是在巴黎惟一的中餐。

法国十分重视与中国建筑业的交流，两国政府拟定了“长期培训建筑设计师总统计划”，1998～2005 年有 150 名来自中国有成就建筑设计师在法国的学院或建筑事务所进行为期一年的培训和实践。9 月 6 日下午 6 点我们出席了在法国的中国现代建筑设计观察院 I' Observatoire de I' Architecture dela Chine contemporaine 艺术学院举行的“长期培训建筑设计师总统计划结业典礼”。中国驻法国使馆文化参赞及法国文化部官员及建筑业、美术界的 100 多人出席了鸡尾酒会，作为整个计划的一部分，16 名来自祖国各地的优秀建筑设计师在法国培训结业。弗兰索斯·基德 Francoise GED 女士主持了仪式，逐一向与会者高度评价了来自中国各地的 16 位杰出中青年建筑师，并向他们颁发了结业证书。

在我们同行 6 个人中，丁辉小姐和陈光先生都是在法国进行过培训的建筑师，不仅有一定的法语基础，而且在学术上有一定成就，在这 16 个人当中有许多人他们都比较熟悉。

整个仪式都是在轻松的气氛中进行的。会场就在露天场地，没有横幅、没有背景台，甚至不摆设鲜花，这多少也体现了法国人务实的工作习惯。

为了精心准备 2005 年 7 月在北京中国国际贸易中心举办的“法兰西家居装饰艺术展”，2004 年 9 月 7 日下午 UBI FRANCE 专门组织了法国地方相关协会和有一定知名度的企业与我们座谈，目的是让法国室内陈设品的生产厂商、地方手工艺协会、工业协会更多地了解中国的消费市场，并建立来华参展开展贸易的信心。

我代表中国建筑装饰协会做了主题发言，全面介绍了协会和中国的建筑装饰市场状况，并回答了法国朋友所关心的问题。法国朋友对庞大的中国建筑装饰市场以及改革开放以来中国高速发展的经济十分感兴趣，当我展示了“庆祝中国建筑装饰协会 20 周年大会”1300 多人在大会合影照片时，全场十分惊叹，法国人对中国坚定了信心。

在去法国之前，UBI FRANCE 与中国室内装饰协会就 2005 年 7 月在北京举办“法兰西家居装饰艺术展”已达成共同举办的协议，并已印制了宣传手册。通过交流与交换意见，UBI FRANCE 与中国室内装饰协会一致同意展会由包括中国建筑装饰协会在内的三方共同举办。由于是第一次来中国举办此次展会，2005 年在北京中国国际贸易中心只租了 3 号馆（3000m²）展出法国部分企业室内饰品。

通过法国手工艺协会介绍，法国的室内饰品生产企业规模都相当小，近 80%的生产企业规模工人不足 20 人，欧洲其他国家也大致如此，这反映出文化的多样性，产品设计创新的个性化，难怪这样专业的展会竟有 3000 家生产企业参展。

参加此次座谈会的有法国自动化开发协会、法国艺术学院、建筑科学技术中心、室内装饰纺织品企业协会、法国室内装饰行业艺匠联合会、法国修修弄弄，消闲娱乐工业联合会、室内装饰的增值创新协会等不同行业协会的代表，来自法国北部地区加来省的朗斯地区商会布利达女士 Virbinie Briche-Blida 的发言给我们留下了深刻的印象，著名的里尔旧货市场每年吸引着百万来自全欧洲的游客，使朗斯与欧洲各国的联系更加紧密。朗斯地区商会由不同所有制、不同行业、不同规模的代表性企业组成，工商会根据实际情况为会员提供一系列服务，这种服务涉及市场开发、人力资源、传媒领域、科技咨询、介绍合作伙伴、验证客户及供货商的财政可信度、协同完成出口程序、出具证明甚至签发和认证对外贸易和货物运输业务的文件，建立财政方面的帮助。

座谈会进行了整整一个下午，与会者在不同的角度研讨开发中国市场的各种问题，既反映出他们急于进入中国市场的心情，又反映出他们十分矛盾的心理。这一点在我们参观展览时就有深切的感受。我们向参展商索要 CITALOG，当他们得知我们是中国人时有的企业不愿意给，有的干脆不给，他们对翻译说，中国人仿造能力太强，不放心。这种尴尬的局面在室内纺织装饰饰品上更为突出，通过电脑仿制的印花图案国内纺织新产品价格只相当于欧洲产品价格的 10%～20%。

室内陈设品一般很难或较少申请专利，这也是导致欧洲参展商误解的原因。

通过这个座谈会，法国朋友更多地了解了中国的改革开放和经济实力，我们也切实看到了 UBI　FRANCE 以及法国相关协会对会员高端负责任的工作作风。2005 年他们将以“艺术法国，家中绽放”的文化策略尝试进入中国市场。

9 月 8 日我们的行程安排得非常满，围绕着法国企业进入中国市场的总目标，UBI　FRANCE 为了使我们更多地了解情况，安排我们进行了一系列的参观访问：法国室内装饰培训中 Centre de formation de I'ameublemnt 优良种子 La bonne Graine 工作间；艺术桥商业长廊 Viaduc des Vrts 商店（这是巴黎著名的一条前店后厂的艺术品集中展示销售的街道）；铜、银工作间，艺术桥商业长廊 Viaduc des Vrts 与工艺专业鼓励协会 SEMA 座谈，工艺专业鼓励协会的展览长廊等。

法国的艺术文明著称于世，不仅仅因为她有璀灿的文明史，更得益于其劳动创造性。Centre de formation de I'ameublemnt 是一个培养技术工匠的专业学校，其进行的 I'ameublemnt 优良种子 La bonne Graine 的长期培训工作取得了丰硕的成果。9 月 8 日上午我们到位于巴黎 200Bis boulevard Voltaire 750011 PARIS 的优良种子学校进行了参观，这个学校有悠久的历史。

校长 PASCAL PORTE 先生通过录像向我们讲述了学校的历史，亲自陪同我们在学校进行了参观。室内装饰培训中心是一所私立学校，在学校学习的学生来自法国不同的装饰施工企业和饰品生产厂商，而且是有一定技术水平的年青工人，学生不交学费，除了政府资助私人办学外，学校的收入来自将培训毕业的技术工匠输送到企业中，收取企业的培训费。我们参观了学校各种技能培训，其中包括美术学习、木工（含手工、机械）、布艺缝纫、雕刻、家具、修复、油漆（含金珀工艺）等。法国人认为基础培训和文化艺术教育是可持续发展的沃土。

这几年我们深刻地感到中国建筑装饰业工人技能培训太欠缺，高级技工就更少，文化传承与提高非常薄弱，有关各方虽做出多层次的努力，但始终没有根本解决。我们呼吁国家要在教育规划上有所作为。我国的家装公司、家装市场应该从法国文化与装饰业发展中悟出些道理。陈辉与陈耕两位老板深有体会。

回国后，我把法国“室内装饰培训中心”的资料及录像向中国建筑装饰协会常务副会长兼秘书长徐朋作了汇报，徐朋十分重视，认为借鉴法国的经验，与之进行交流合作是大有益处的。

在著名的艺术桥商业长廊街区，我们参观了一家叫“基耶花艺”的人造花生产企业，接待我们的是 GUILLET 女士是在法国很有名气的艺术大师兼企业总裁。美丽来自设计，展厅内陈设的人造花、木逼真丽质，栩栩如生，在法国上流社会很多重要会场以及世界 500 强企业的活动中经常选择或委托这家企业供货。参观时有人打喷涕，GUILLET 笑得很开心，她幽默地说：“看来你是花粉过敏”。法国的工人每周劳动 35 小时，对手工艺生产企业会带来不少压力，我想她也想来中国寻求发展又怕中国人的学习能力。

巴黎城市规划与城市保护印象

毫无疑问，巴黎是世界上最著名的文化城市。在巴黎有各种博物馆近百个，大型花园、公园、植物园、动物园等 40 多个，任何人要在巴黎全面领略她的历史和名胜都不是一件容易的事，因为整个巴黎市就是一座名符其实的博物馆，自中国到欧洲旅游全面开放后，行业调查显示 66%的游客认为巴黎是最受旅客喜爱的城市。在这里人类遗产太多太多，是真正意义上的无尽的宝藏。法国的旧城保护和文化传承值得我们认真学习。

100 多年前，法国曾拓宽马路，拆掉路边一些古建筑，历史的辉煌也曾遭受了破坏，由于专家和人民的反对，这一错误及时得到了纠正，并通过立法对整个巴黎城市规划建设做出了严格规定。

现在的老城区仍保存着历史风貌，所有的老房子和楼宇做任何装修改造都必须报有关建设行政部门批准，还要进行装修改造方案的审批。修旧如旧，保持历史原貌是所有法国建筑师、室内设计师都遵循的原则。不仅如此，巴黎市政局、法国建设部对老城区的建筑，严格规定房产主或租用人对建筑物 10～20 年必须进行清洁和美容。当然清洁、美容方案均应进行报批和方案审核。如果政府给某地或某建筑物挂牌为保护单位，政府就将拨款帮助维护环境。对保护区内的建筑维修政府也给予经济上的补贴。现在拥有历史痕迹的巴黎老市区，仍然是有成就的中产阶级生活区聚集地，也是最具法国文化和生活时尚的地区。这一地区酒店业的房价也高于其他地区，比如我们住的隆香酒店虽小，却高于巴黎新区的希尔顿等世界品牌的四五星级酒店的价格。

法国朋友谈起北京的房地产开发造成胡同与四合院的破坏及消失都痛心疾首，这不禁使我想到了小时候的生活与老北京的环境。小时候我家住在北京市朝阳门，与同校的聂卫平是邻居。上小学时住奶奶家叫骆驼桥，就是东四十条的位置，现在新保利大厦就坐落在我家原来的房基上。文革后期一声令下，铁道兵开始修地铁，地铁工地指挥所占地拆除了我家原来的院子。与现在北京的交通不同，以当时少得可怜的汽车来说，根本用不着修地铁，这是最早的形象工程，记得修完的地铁，就成了国际友人参观的项目了。

最令人痛心的是，修地铁要先扒掉北京的城墙（应该说城墙是仅次于故宫、长城的第三大文物），拆除各城的城门箭楼，清理掉这些几百上千年的古建筑，还在平地上挖深沟。直到现在我还弄不懂，挖沟就挖沟呗，干嘛要拆城墙？有一种解释，就是“文化大革命”的基础理论叫做“不破不立”。且不说如此宏伟的文物古迹该不该毁坏，就说搞经济也不能“先扒城墙，再从下面挖沟，这不是纯属脱了裤子放屁吗”。

法国的城市与道路交通布局是分布合理的放射状，北京从早年修二环路开始，北京道路设计就是大家都叫熟的“摊大饼”。在法国感觉最内疚的，就是我们中国人太顾眼前利益，如同河流、空气、沙漠的困境，一代代的透支，就会给未来留下一代代的伤痛。中国的高尔夫球场，草坪要喷洒大量农药，因此造成大面积的地下水污染，以破坏环境的代价换取物质上的享受，应该彻底反思了。

长江养育了中华民族，赛纳河则孕育了法兰西民族，造就了世界文化宝库。9 月 6 日晚法国朋友为我们安排了赛纳河观光，赛纳河贯彻巴黎全境，乘座游艇在赛纳河上观光自然是美不胜收，游艇在赛纳河中穿行，两岸绿荫如画，在水面上观看巴黎圣母院更显得气势宏伟，神秘博大。

从艾菲尔铁塔向巴黎东西南北望去，巴黎的城市规划与艺术形象尽收眼底，如同宏伟壮丽的凯旋门（建于1806年，1936年完成）与巴黎新区大门塔（我们都习惯叫这座建筑为新凯旋门，坐落在巴黎新区拉德芳斯 La Defense，1982年由丹麦建筑师设计，1989年7月完成）之间的呼应一样，新旧城区建筑上的交流贯通十分杰出，历史与现代，保护与发展即舒展又协和。新凯旋门形似一座大门，由两座高105m的塔楼组成，顶端连接的天桥建筑把两座大楼连接成整体，整幢建筑用卡拉拉大理石和玻璃覆面。为了使建筑物丰满，具有连贯性，门洞里利用钢缆拉挂了白色的巨大天幕。四部观光电梯可以使游客全面感受巴黎新区的风光。提起巴黎新区（拉德芳斯 La Defense）——各国都称其为美国纽约的曼哈顿，相当于北京的CBD商务区或中关村科技园区，建设这样一个占地130公顷的大型商业、科技、实业区，不仅没有破坏巴黎的风貌，而且给巴黎带来新的活力。

记得有一次我从北京的北海的桥上过，在中南海水面的南端赫然矗立着一个巨大铁蛋，在阳光下尤为妖银刺眼，与周围环境建筑极不协调的国家大剧院封顶了。我停留在桥上，在一片红墙绿瓦之中，在中南海、中山公园、新华门、前门旁边居然要花50亿元建这样一个与古建筑群和城市规划极不和谐调的国家大剧院，破坏中轴线——龙脉整体形象，何苦呢？就为造价60万元/㎡一个座位的奢华还是为了一个国家的荣誉呢？中南海也是古代建筑，从北海桥上透过碧波荡漾的水面看这个金属蛋，景观完唉！据说从空中看更差劲。这种代价，这种无知是用多少钱也换不回来的。

巴黎的交通与汽车印象

巴黎的交通极为便利，为了避免堵车，节省时间，大部分法国人乘地铁外出，地铁在巴黎的交通中举足轻重。在极少的自由活动时间里我们特意去了巴黎新区并抽空去老佛爷商店购物。地铁又快又经济，为了鼓励市民乘地铁、巴黎规定，买够10张票（通用）价格降15%，我们充份享受了这一权利，并6次体验了乘地铁的便利。公共交通车也以旅游消费卡的优惠方式来吸引乘客。在道路比较窄的巴黎市区，我们并没感到交通堵塞。后来我们了解到市政府为了鼓励人民乘地铁、步行或坐公共汽车制定了许多科学的法律，比如在巴黎市内停车收费很高，而在郊外则非常便宜，在市内停车如果整月停放不开则收很少的管理费，对游动的汽车停车收费就更贵，以这种方法来控制不必要的开车收到了明显的效果。

欧洲私家小汽车车型较小，造型功能一流，既讲品味又讲实惠。一般私家车两厢的多，公务车也很少看到北京街头的大奔、大别克、大吉普、奥迪A6等大型车，连广州本田、帕萨特这种车型都太大了。实事求是地说日的本田、小别克与巴黎市区车比都显得大很多。因为巴黎停车车位紧张、路窄，因此大家都不购买大车，当然法国人也有重视环保和节省能源的好习惯，所以在巴黎各种著名品牌的汽车生产企业都不断推出新款家用经济型车，因为法国人浪漫、时尚，所以特好销。

在自由活动的时间里，我们访问了一位专业设计公司的总工程师让•米歇尔，他挺有名气，来接我们时是步行来的，他的办公室就在凯旋门路的第一幢老式楼房四层，我们步行了15分钟才到，设计师这种节俭务实的品格，折射出法国人质朴的性格，也反映出对使用汽车他们很谨慎。我们参观了他的设计公司，并在他的设计室看了他的设计作品，其中有一幢古城堡的室内装修改造设计，方案非常优秀，不仅保证了结构的安全，又保持了建筑物的历史风貌，还解决了现代居住的空间要求，整个工程含设计施工材料达700多万欧元（合7500万人民币）。法国的设计界对中国的室内装饰市场很感兴趣，并将与中国企业进行合作。同行的陈辉、陈耕都是他的合作选择对象。

巴黎街头印象

老城区几乎在每个街角都有餐厅和咖啡屋、酒吧、快餐店等。在巴黎生活是一种享受。离我们住处较近的一个街口有几条放射状的马路，六七家特色各异的餐厅以不同的方式吸引客人就餐。当我们走了一天坐在餐桌旁心情格外好。我们习惯选择露天的座位，在高大的法国梧桐树下，落日的晚霞和阵阵微风吹走了一天的疲劳，聊天喝咖啡十分放松。我们喜欢在那里观赏街上行人、汽车、由近到远的风景。巴黎街头不断变换的带有浓厚法国文化的美丽的流动人群使巴黎城市更具活力。

法国是养狗出名的国家，有人开玩笑“在法国，女人第一、狗第二、男人第三”，与北京楼群小区内的狗不同，法国的狗和主人外出都很安静，不咬不叫。所以在展会的一些展台，在很多餐厅主人都带着狗，有的狗体形很大。据说法国女人在谈论各自的爱犬时，更多的是谈狗所受的教育到了什么级别，是什么毕业。有一次我们吃饭，邻桌的法国人带了一条很大的名犬，在整个吃饭时间那狗十分安静，把头贴在地上一动不动。

巴黎的狗屎太多仍然是个缺憾。同行的刘眀秘书长踩了三次。法国人说，左脚踩狗屎要发财，右脚踩狗屎要交桃花运，一天踩两次就要提升了。法国政府为了保护市容环境，解决狗屎问题，曾组织了专门研制狗屎清理机，并试运营了一段时间，但因收效甚微且成本太高而放弃，现改为城管人员罚款的方式，既没有政府投资又解决了就业，这就叫做“市场配置资源”，现在巴黎街头狗屎比以前少多了。

结束语

短暂的参观访问结束了，我们一行十分顺利地回到了北京。回忆这几天的历程，感觉收获很大。我们看到了国际室内设计与饰品的文化与发展趋势，这是十分重要的信息交流。我们看到了法国在可持续发展的历程中所积累的经验，从而产生如何应对国际市场、参与竞争的考虑。更重要的是我们找到了差距——一个民族、一个国家、乃至一个行业、一个企业都要保持自己的文化，都要从文化教育、艺术情操培养、专业队伍培训做起，夯实基础才能可持续发展，这是我们要认真马上解决的。

我们都喜欢巴黎，希望有机会再去巴黎，但我们更爱自己的祖国、中华文化和我们的行业。以榜样为动力，确定行业发展的目标，是我们这次出国访问的最大收获！

中国建筑装饰协会2004年外事简讯

中国建筑装饰协会国际部

截止到2004年11月底，中国建筑装饰协会2004年主要组织并开展了13次外事接待和交流活动。在2003年国际交流与合作工作的基础之上，2004年进一步加大了对外联系与合作的力度，加强了与国际建筑及室内设计设计水平先进的国家的交流与合作，在与国外相关协会合作方面取得了一定的成效。

中国建筑装饰协会2004年外事活动主要有以下十三项：

一、2004年2月3日，中建纳博克自动门有限公司新任总经理坂德城、纳博克日本总部牧村昌太郎部长等7人来访，受到中国建筑装饰协会常务副会长兼秘书长徐朋接见，双方就自动门市场资讯及公司经营发展策略等相关问题与日方交换了意见。参加会见的还有协会住宅装饰装修委员会（筹）副秘书长张爱宁、国际部主任樊淑玲等人。

二、2004年3月5日，中国建筑装饰协会常务副会长兼秘书长徐朋接见来访的日本索尼公司战略经营研究所所长滨田初美先生等2人，协会国际部主任樊淑玲参加了会谈。会谈中，双方分别就两国的协会工作、经济发展状况及装修市场等方面进行了交流，重点谈到壁纸、PVC管材等化学材料的生产技术和市场情况，探讨今后在此领域开展交流合作的可能性。

三、2004年3月18日，中国建筑装饰协会常务副会长兼秘书长徐朋接见来访的美国金戈投资咨询有限公司董事长金永益等2人，协会国际部主任樊淑玲参加了会谈。双方就建筑装修用电气设施、信息化管理、智能家居等问题展开会谈并探讨了有关外国公司入会等事宜。

四、应美国旧金山市政府、美国室内设计协会（IIID）、美国建筑师协会(AIA)邀请，2004年6月14日～27日，中国建筑装饰协会组织来自北京、上海、广州、浙江、江苏、吉林等六省市8个建筑装饰协会及企业家代表团一行12人赴美国进行了为期14天的访问交流活动。期间与美国室内设计协会、美国建筑师协会就有关协会工作、行业发展、室内设计师认证与技术交流合作等问题互换意见，拟定合作意向；观摩美国室内设计公司的管理及项目运作模式并与其确定了合作方向；代表团还考察、参观了美国6个城市的大学、办公楼、酒店及住宅建设的装饰装修。此次活动受到会员企业好评并与美国行业协会及企业建立起长期合作关系。

五、2004年7月5日，中国建筑装饰协会国际部主任樊淑玲在北京友谊宾馆参加由中国贸促会、法国中小企业联合会和欧中友好协会共同举办的“欧洲中国经贸洽谈会”。法国全国中小企业联合会拥有150多万家中小企业，占法国企业总数的75%，此次访华寻求合作企业220多家。会议期间，樊淑玲代表中国建筑装饰协会与其中10余个相关行业，包括法国建筑行业联合会、装修设计、现代艺术设计、家具装修、建材、园艺公司的法国协会主席和企业家们进行了交流，互通了信息，双方希望今后在各方面加强交流与合作。

六、2004年9月23日，中国建筑装饰协会常务副会长兼秘书长徐朋接见来访的日本东芝照明有限公司总经理松下先生等人。出席会议的还有协会国际部主任樊淑玲。会谈中，日方感谢中装协对新公司成立给予的大力支持，邀请徐朋出席10月举行的新公司成立庆典仪式，并表示以后业务的发展上将与协会进一步加强合作。徐朋对新公司的成立表示祝贺，并表示一定出席庆典，对该公司下一步的业务发展进行了分析，并提出了相应的指导意见。

七、2004年10月26日，中国建筑装饰协会常务副会长兼秘书长徐朋出席日本东芝照明有限公司在北京新世纪饭店举行的成立庆典。徐朋在讲话中表示，新公司的成立意义重大，并预祝公司在各界的帮助和支持下，加快公司的转型和业务的顺利开展。

八、2004年10月27日，日本东芝照明(北京)有限公司董事长清水谦一先生、董事总经理松下信夫先生和公司首席执行官、日本照明协会副会长夸田薰生先生来访，中国建筑装饰协会常务副会长兼秘书长徐朋接见，并就公司的成立、业务发展等相关问题与日方交换了意见，并就加强中装协与日本照明协会的合作达成共识。与会的还有协会住宅装饰装修委员会（筹）副秘书长张仁、国际部主任樊淑玲及中华建筑报社记者等。

九、2004年11月13日，英国欧洲设计联盟主席代表菲利普先生、英国欧洲设计联盟中国首席代表宫璇等3人来访协会，受到中国建筑装饰协会会长马挺贵接见。与会的还有协会国际部主任樊淑玲、设计委员会（筹）秘书长田德昌、国际部宿玲等人。双方就11月底在英举行“中英建筑师、设计师座谈会”的有关问题进行了磋商并拟定了方案。

十、2004年11月18日，英国欧洲设计联盟主席凯林•菲利普女士、英国欧洲设计联盟中国首席代表宫璇、设计师亦飞来访，受到中国建筑装饰协会常务副会长兼秘书长徐朋接见，就2005年3月双方共同在京举办“中英建筑与室内设计合作论坛”的相关事宜作了讨论，商定有关细节。双方还表示今后要进一步加强合作。与会的还有协会副秘书长房箴、国际部主任樊淑玲、设计委员会（筹）秘书长田德昌、国际部宿玲、中华建筑报记者王丽辉等人。

十一、2004年11月29日下午，中国建筑装饰协会国际部主任樊淑玲和清华大学工业系刘济昆教授应邀在北京亮马河饭店参加英国贸易和投资局创意媒体司与英国欧洲设计联盟举办、中国建筑装饰协会协办的“中英设计行业交流论坛”。

2004年11月29日晚，英国驻华使馆和英国欧洲设计联盟在亮马河饭店举行答谢酒会，中国建筑装饰协会会长马挺贵、副秘书长房箴、国际部主任樊淑玲、会长秘书张效平、中国建筑设计研究院环境艺术分院院长兼北京筑邦建筑装饰工程有限公司总经理孟建国应邀出席。在热烈欢快的气氛中，马会长与菲立蒲主席亲切交谈。通过此次活动，双方进一步增进友谊，加强了合作意向。

十二、2004年11月30日，中国建筑装饰协会组织相关会员企业参加由协会协办、英国欧洲设计联盟在北京亮马河饭店举办的“中英设计行业交流论坛”。出席论坛的企业有：中国建筑装饰协会常务副会长兼秘书长徐朋、苏州金螳螂建筑装饰股份有限公司副总经理吉第、中国建筑设计研究院环境艺术分院院长兼北京筑邦建筑装饰工程有限公司总经理孟建国、北京艾迪尔建筑装饰工程公司董事长陈进林，以及深圳海外装饰工程公司、中国建筑装饰工程公司、北京业之峰装饰有限公司、北京港源建筑装饰工程有限公司、北京金丰远大环球装饰工程有限公司、北京弘高装饰工程有限公司、北京清华工美装饰工程有限公司等装饰企业的设计师20多人。

我国建筑幕墙及铝合金门窗的可持续发展

中国建筑金属结构协会副秘书长 **黄圻**

近几年，我国建筑幕墙和铝合金门窗行业结构优化取得明显效果。是响应国家技术创新，提高产品科技含量的结果，是采用新材料、新设备、新工艺、新技术的结果，是全行业科技人员努力的结果，是全行业同仁辛勤工作的结果。为此我感到欣慰。

技术创新和科技进步大大推动了我国建筑幕墙工程市场的发展，加速了建筑幕墙、铝门窗产品质量的升级，新型适销对路产品的开发，进一步拓宽了市场空间。开发研制符合国家建筑节能技术政策的新型幕墙、铝合金节能门窗产品，这些节能产品符合国家建设产业化政策，为今后几年我国建筑业的可持续发展奠定了基本条件。

一、今后几年的创新发展

未来五年，我国铝门窗及建筑幕墙产品还将继续保持稳步增长的事态，预计2004年铝门窗的年产量还将维持在1.5亿m²，在建筑门窗市场占有率将保持在55%以上。但是其产品结构会有极大的改变，断热铝型材、中空玻璃、优质五金配件等产品的铝合金节能门窗的使用比例将大大提高。

建筑幕墙仍将是公共建筑中外维护结构的主导。2008年的北京奥运会工程将是全世界建筑幕墙行业的亮点。奥运主体建筑幕墙工程将是世界顶级幕墙公司展示自己实力和最新技术的舞台，也是国内外幕墙公司拼实力、拼价格的战场。其建筑幕墙技术将以体现建筑主体风格、通透、节能环保、舒适为特点。幕墙的索结构设计、玻璃结构设计等关键的前沿技术将有所突破。2010年我国的建筑幕墙行业的主要技术领域将达到国际先进水平。

二、创新与重大成果

我国铝门窗建筑幕墙行业虽然起步较晚，但起点较高。20年来，始终坚持走先进技术改造传统产业的发展道路。通过技术创新开拓市场，通过引进国外先进技术，不断地开发新产品，形成了优化产业结构可持续发展的技术创新机制，针对工程建设的关键技术，组织科研试验和技术攻关，运用国际同行业最新的前沿技术，建成了一批在国内外同行业中有影响的大型建筑工程，取得了一系列重大成果，受到国内外同业人士的重视和好评。

20年来，一大批国内知名的航空、军工、建材、机械行业，大型企业投入到铝门窗和建筑幕墙行业，以其雄厚的资本，较强的技术力量和先进的管理，为壮大行业队伍，提高行业素质发挥了重要作用，成为开拓市场和技术创新的骨干力量。20世纪90年代以后，又有一大批中外合资企业、外商独资企业和股份制民营企业集团加盟铝合金门窗与建筑幕墙行业，以其新型企业管理机制，先进的专业技术，现代市场运作模式，为推动行业与国际市场接轨，发挥了良好的示范作用。目前铝门窗幕墙行业，已经形成了以100多家大型企业为主体，以50多家产值过亿元的骨干企业为代表的技术创新体系。这批大型骨干企业完成的工业产值约占全行业工业总产值的50%左右，在国家重点工程、大中城市形象工程、城市标志性建筑、外资工程以及国外工程建设中，为全行业树立了良好的市场形象，成为全行业技术创新、品牌创优、市场开拓的主力军。

在国家改革开放政策的推动下，我国铝门窗建筑幕墙行业从引进国外先进技术起步，逐步缩小与国际先进水平差距。80年代，引进了一批铝门窗专用加工设备和生产技术，解决了从无到有，行业是以增量发展为主题。90 年代，以引进建筑幕墙的先进生产技术和新型成套设备为主，相应的引进了国外最新的工程材料及国内的工艺技术，逐步既缩小了与国际先进水平的差距，又掌握了国外前沿技术，这时候的行业是以学习国外先进技术，独立开发中国特色产品的动态发展为主题。

中国目前是全世界第一的建筑门窗、建筑幕墙生产使用大国，巨大的市场潜力和发展机遇，吸引着国际上知名的企业和跨国集团纷纷来华投资办厂，加盟工程建设。中国的建筑幕墙行业紧随国际市场令世界同业人士刮目相看。

三、新技术、新型材料的应用

1. 玻璃产品及结构

随着建筑功能性的要求，各类满足现代技术要求的建筑玻璃孕育而生，具有节能要求的“LOW- E 玻璃”、满足防火性能的“铯钾防火玻璃”、具有自动清洁功能的“自洁玻璃”、使用在夏热冬暖地区“反射型 LOW-E 玻璃”等，玻璃原来仅仅是门窗产品中的一部分，采光是其最主要的功能。随着幕墙技术的发展，玻璃已经远远超过了门窗产品部件的功能，成为建筑玻璃幕墙结构中的一部分，承接幕墙结构受力。玻璃这种晶莹剔透的脆性材料的内在潜力在建筑幕墙中发挥的淋漓尽致。

点支式全玻幕墙的使用，带动了围护结构轻钢空间结构技术及其设计、制造和安装技术的创新，提高了建筑玻璃工程技术的科技含量，推进了不锈钢结构体系和空间拉索结构体系等新技术在玻璃幕墙工程中的运用，把建筑的三维空间带入了新的发展领域。

点支式全玻幕墙体现了建筑物内外空间的通透和融合，形成人、环境、空间和谐统一的美感，它突出点驳接结构新颖的韵律美和玻璃支撑空间结构体系造型的现代感，它充分发挥玻璃、点驳接、支撑系统空间形体的工艺魅力，构成轻颖、秀美的景观效果，成为现代建筑艺术的标志之一。

点支式全玻幕墙在大中城市公共建筑、空港、商务中心等标志性工程中得到应用，空间玻璃幕墙已经成为先行建筑领域的亮点。

2. 屋顶和幕墙密不可分

现代建筑中屋顶和幕墙的结构已经是密不可分了，国家大剧院、杭州大剧院等一大批新型建筑都已用了这种过渡结构设计，我们的幕墙企业要尽快开发。屋面设计及其应用在我国已经逐步开始，但还很不完整，近几年还有待进一步开发并形成一整套完整的理论体系。

四、夏热冬暖地区节能与遮阳

我国地域广阔，从北方严寒的东三省到南国炎热的海南岛，从干燥的西北内陆到潮湿的东南沿海，气候环境差别巨大。只有根据各地建筑气候特点与设计要求，才能正确进行建筑外窗的选择和节能工作的开展。对夏热冬暖地区建筑的基本要求是：建筑物必须充分满足夏季防热、通风、防雨要求，冬季可不考虑防寒、保温。

所谓夏热冬暖地区包括我国南部的海南、台湾、福建大部、广东、广西大部以及云南西南部地区，北回归线横贯其北部，属地理学中南亚热带至热带气候。该地区长夏无冬，温高湿重，气温年较差和日较差均小。该地区气候最冷月平均气温高于 10℃，最热月平均气温 25～29℃，极端最高气温一般低于 40℃，年日平均气温≥25℃的日数为 100～200d，年平均相对湿度为 80%。该地区雨量充沛，是我国降水最多的地区，多热带风暴和台风袭击，易有大风暴雨天气；太阳高度角大，日照较少，太阳辐射强烈。

提高夏热冬暖地区的节能应考虑尽可能利用自然条件，在获得适宜的室内热环境的前提下，得到最大的节能降耗效果。利用适宜的室内温度和自然空气调节，采用门窗的内外遮阳系统，推广采用隔热的节能玻璃，提高门窗的气密性能，讲究门窗的科学设计，合理利用门窗的空气流动。

五、新型建筑材料的应用

我国铝门窗和建筑幕墙行业科技进步和技术创新，改变了行业面貌，提高了产业科技含量，新型建筑材料的应用开拓了市场空间，千丝板、埃特板、微晶玻璃、陶瓷挂板等一大批新型建材在建筑幕墙上使用加速了幕墙技术的发展，建立了新世纪可持续发展的技术基础。

结 束 语

在我国，铝合金门窗与建筑幕墙产品经过 20 年的发展壮大取得了长足的进步，技术得到了发展，形成了具有中国特色的产品结构体系。但是，行业的发展是不平衡的，东西部之间、企业之间、产品之间都存在着明显差距；市场秩序和市场行为不够规范，压价竞争，无序竞争，部分伪劣铝型材和伪劣铝门窗充斥市场的问题尚未得到根治；部分企业研制开发能力和创新能力仍然比较低，企业科技进步机制仍很脆弱，产品开发和产品质量不够稳定，技术储备较少，后劲不足；高新技术产品、新型材料、专用机电一体化的先进工艺设备以及部分特殊原材料仍有空白，和国际先进水平还有一定差距。

我国加入 WTO 之后的新形势，全面与国际市场接轨，参与国际竞争。首先，要继续坚持改革开放的政策，扩大对外经济技术合作，着力发展合资、合作生产的跨国公司，掌握国际行业前沿技术，创建和发展具有国际竞争能力的骨干企业。

2004 年我们要继续深化行业结构调整，结合铝门窗和玻璃幕墙新标准新规范，淘汰一批性能落后，市场信誉低下的老产品。要配合质量监督执法部门，加强市场管理，加大行业自律的宣传力度，提高行业素质，规范市场行为。

欧洲幕墙印象

中国建筑科学研究院研究员 中国建筑装饰协会铝制品委员会专家组专家 **赵西安**

2003年11月，笔者作为铝门窗幕墙委员会专家组访欧团的成员，先后访问了欧洲五国，下面略记考察幕墙工程的一些印象。

欧洲幕墙工程总的感觉是：用料考究，做工精细。幕墙的框料，用的铝型材厚实，表面光洁，拼缝严密；五金件加工精度很高，用起来得心应手。幕墙给人们的印象是高档产品，是工艺品。

一、框支承幕墙

框支承幕墙仍是占有最大的份额，仍是幕墙的主流。

1．单元式幕墙广泛采用

欧洲人工费用高，现场操作工人缺乏，不易招聘，因而节省人工的单元式幕墙是主要类型。在法兰克福美因河畔，两幢圆柱形的单元式幕墙引人注目。Westhafen塔楼采用三角形板块划分，十分独特新颖，吊装单元为两个三角形板块（板块为一层楼高）（图1）；另一幢Main塔楼高58层，采用一层高4m～6m宽的平面或弧面吊装单元（图2），由塔式吊车提升。

图1 Westhafen塔楼双三角吊装单元

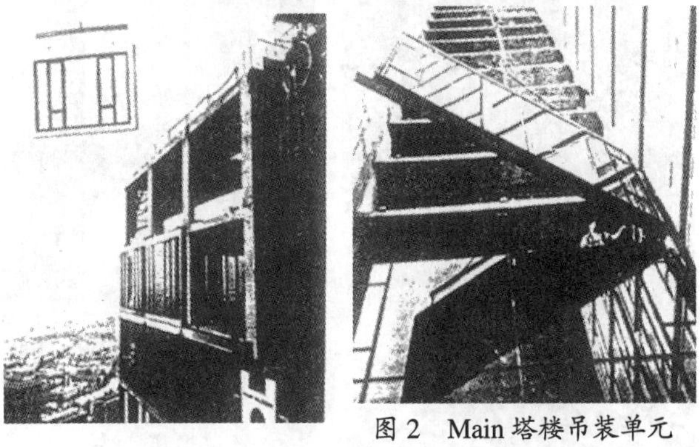

图2 Main塔楼吊装单元

2．隐框幕墙应用很慎重

在见到的玻璃幕墙中，明框幕墙占绝大部分。在少量隐框幕墙中，多数在板缝上附加金属压件，做到结构胶和压件双保险。

3．多数幕墙采用不打胶的明缝

玻璃、铝板和石板的板缝，常采用橡胶条防止渗水，胶条在缝的深处，外观类似于开缝。采用这种明缝，需要高质量的密封胶条和高的施工技术。

4．石材种类多

与国内幕墙石板采用花岗岩板不同，欧洲的石材幕墙除了花岗岩外，还常采用砂岩和凝灰岩等较为低强度的石材，连结方式多为通槽短挂件和背栓连接。

二、点支承幕墙

1．支承装置形式多样，但构造简单

欧洲无台风，无地震，玻璃受到外荷载和作用较小，相应变形也较小。所以点支承头往往不设球铰，直接夹持玻璃，常常直接在金属立柱上伸出两个电瓷瓶似的简单爪具，夹住两侧玻璃。

除玻璃开孔的钢爪外，用得更多的是无需在玻璃上打孔的夹板式支承，夹板可以做成各种艺术形状，简洁美观。

图3 慕尼黑机场酒店单层索网外观（上）和内观（下）

2. 双层通风幕墙的外幕墙常采用点支承

双层通风幕墙的内幕墙一般采用中空玻璃、隔热铝型材的框支承幕墙。外幕墙则常用点支承幕墙，支承结构用单根金属柱（型钢、钢管或铝通），钢爪（或夹片）直接固定在金属立柱上，外幕墙很少见有张拉索杆等柔性支承结构。

3. 单层索网通透美观

单层索网是在刚性边框（结构或建筑物）上，双向张拉钢索，形成网球拍状的支承结构。由于钢索与胶缝位置相同，基本上无遮挡，最典型的工程是慕尼黑机场的 Kampisky 酒店大堂，索网高约 30m，宽约 40m，网格 1.5m×1.5m，索直径为 22mm，采用梅花形夹板，内外通透。在最大风力作用下，挠度为±900mm，约为短跨的 1/30（图 3）。

三、双层通风幕墙

双层通风幕墙在 20 世纪 90 年代欧洲首先采用，表现了节能和隔声的优良性能，一般认为可节能一半，隔声 35～40dB。目前仍在建造双层幕墙工程。2001 年建成的法兰克福安联保险公司（图 4），德意志银行（图 5）均为开敞式外通风幕墙，热通道宽 800 mm～1000 mm，兼作休闲绿色走廊。慕尼黑的戴姆勒一克莱斯勒汽车公司办公楼（图 6、图 10）和奔驰汽车公司的办公楼采用了相似的双层幕墙构造：

图 4　法兰克福安联保险公司（a）双层通风幕墙外观（b）进风口百页

图 5　德意志银行双层通风幕墙

图 6　戴姆勒—克莱斯勒大厦

图 7　杜塞尔多夫 AR G2000 大厦双层幕墙（左）及热通道（右）

外幕墙为立柱点支玻璃幕墙，分层通风单元，本跨进风、邻跨排风的 S 形气流组织。德国杜塞尔多夫的 ARAG2000 大厦（图 7）则采用了隔跨全高风道的通风方式。

图 8　慕尼黑机场第二航站楼双层幕墙（左）和进风口（右）

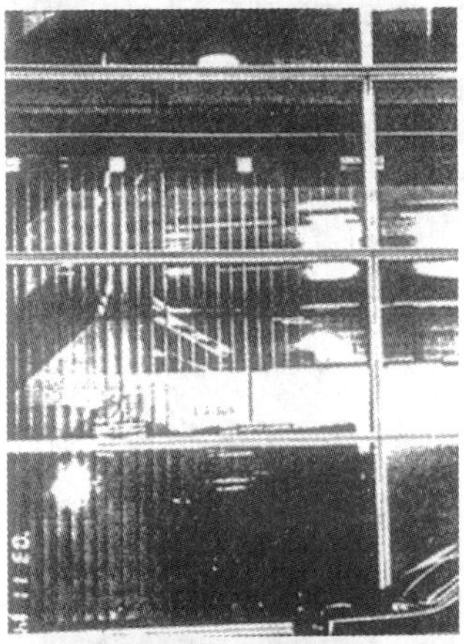

图 9　内通风幕墙

2003 年建成使用的慕尼黑机场第二航站楼（图 8），则全高为一个整体通风单元，内外幕墙均为钢型材支承的明框幕墙，由地面钢格栅进风，到屋面向外排风。热通道宽 800 mm～1000 mm，内设遮阳百页帘。

除大量采用外通风幕墙外，也有一些工程采用封闭式内通风幕墙（图 9）。

四、智能幕墙

（a）

幕墙的遮阳、通风、开启扇和排烟窗开闭等均由计算机控制。探测设备取得外界光线、日照、温度、湿度、风速、风向、雨量等数据后，输入中央计算机按预定方案发出控制指令使电机执行调节，并回馈执行结果，形成智能化的控制系统。

法兰克福的商业银行总行（图 11）、行（图 12）和 Main 塔楼（图 13），都是典型的智能幕墙。法国巴黎阿拉伯中心的外墙由方形窗单元组成，每一个

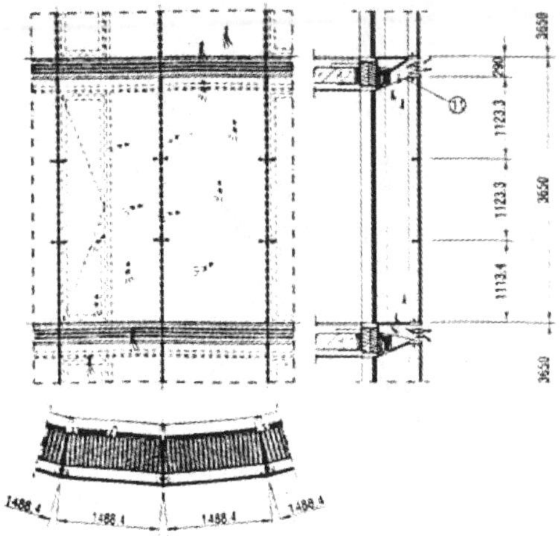

（b）

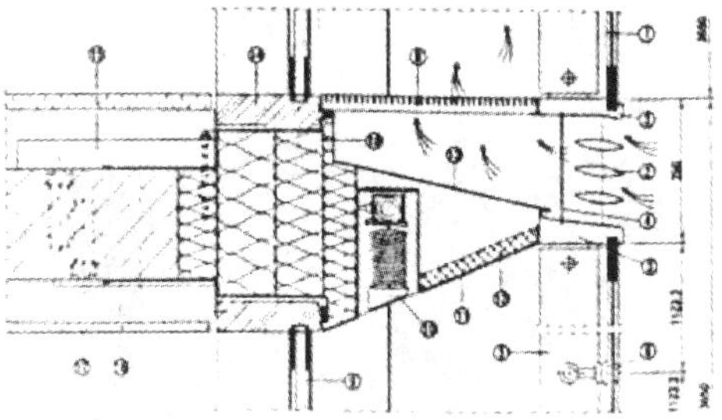

（c）

图 10　戴姆勒—克莱斯勒大厦热通道（a）、气流组织（b）和进风口（c）

图 11　法兰克福商业银行大厦智能幕墙

方窗有许多大小圆孔，由计算机控制其“快门”簾片，使其开启不同的大小，控制通风、日照等条件（图 14）。

图 15 为慕尼黑机场遮阳铝管，遮阳铝管三排，中排可由计算机控制其位置，形成不同程度的阳光遮挡，调节室内光线。

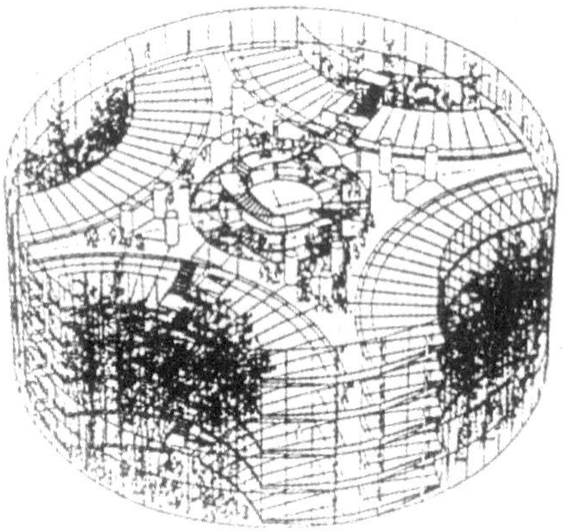

图 12　法兰克福商业银行分行的十字形内幕墙，智能控制花园气候

图 13　Main 塔楼

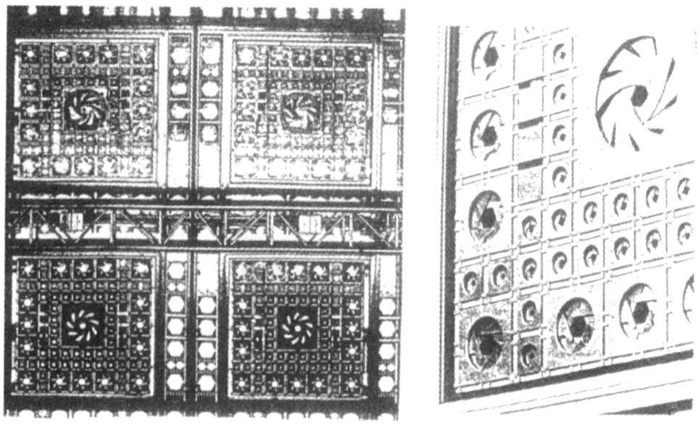

图 14　巴黎阿拉伯中心的幕墙，“快门”式控制孔

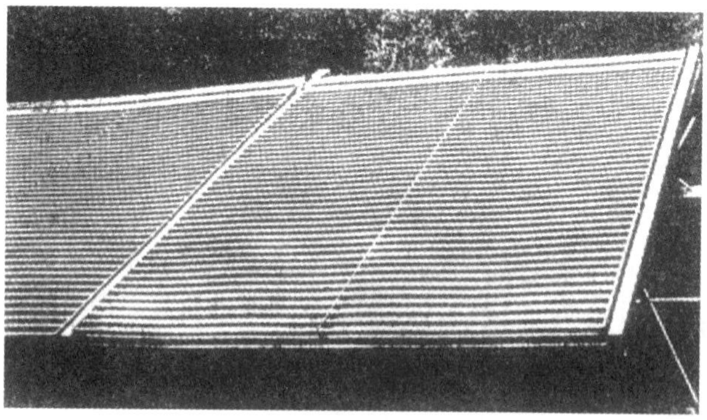

图 15　智能控制铝管遮阳系统

五、采光顶

从几个大工程来看，其采光顶形式多变，风格各异。图 16 为柏林 Sony 中心直径超过 100 m 的双层拉索圆顶。中央为轴，下端实心管，向上演变为花篮。周边为三角形立体管桁架。上、下两层拉索辐射形布置，间隔铺设膜材和玻璃，玻璃为夹板式点支承。透明部分和半透明部分交替形成壮观的图案。

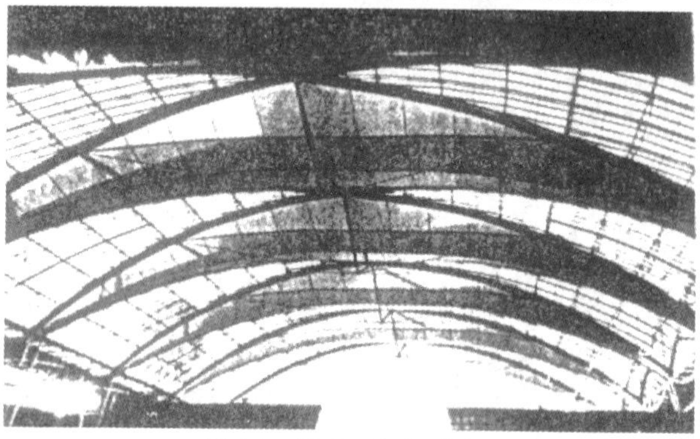

图 16　慕尼黑机场采光顶

慕尼黑机场大采光顶（图 17）由钢板拱斜放；形成菱形和三角形区格，分别设置张拉膜和框支承玻璃，形成半透明和透明交替的圆柱形曲面。

2002 年建成的法兰克福空港火车站巨型椭球状采光顶为倒挂式点支承玻璃。管状钢拱外置，钢拱两侧设双悬臂，减少了钢管拱的数量。X 形钢爪分别设在钢管拱的附加小管上和悬臂的端部（图 18a），采光顶中线和两侧均设了电动排烟窗（图 18b、18c）。

图 17　柏林 SONY 中心大采光顶

(a)

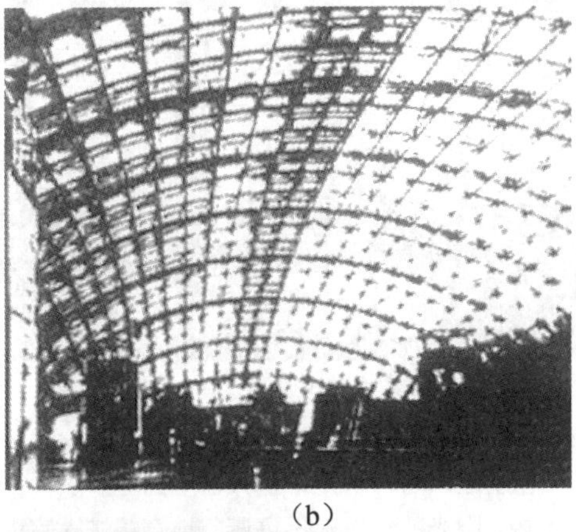

(b)

(c)

图 18　法兰克福空港火车站椭球采光顶，钢结构外置（a），内观（b）、（c），可见中央电动排烟窗带

巴黎卢浮宫主入口的大采光锥（图 19）采用双向带拉索的平面桁架，这工程早已为人们所熟悉。但其地下商业城的倒锥更有特色（图 20），倒锥地面为平面玻璃顶，由正交双向张拉索支承；锥面玻璃主要由固结于玻璃板中央的拉索来吊挂，X 形钢爪只起连结四片相邻玻璃为一个整体的作用，钢爪本身并未由钢索悬挂。起承受玻璃重量的玻璃板中央拉索由带钢管压杆的拉索桁架支承。卢浮宫地下吊锥支承系统受力复杂，拉索纵横交叉，显得有些零乱。

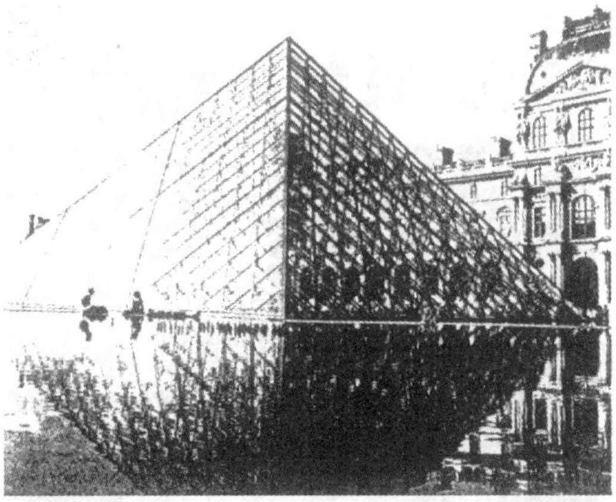

(a)

(b)

图 19　巴黎卢浮宫主入口，大采光锥的白天(a)和夜景(b)

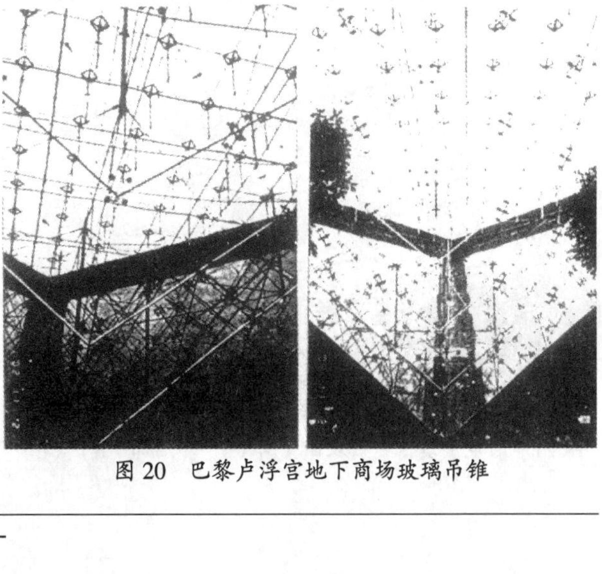

图 20　巴黎卢浮宫地下商场玻璃吊锥

六、双曲索网和张拉膜结构

慕尼黑奥林匹克体育中心的双曲索网结构建于1970年，由一系列双曲索网组成一个对许多运动场馆覆盖的天幕（图21a）。曲面双向钢索的曲率相反，一向上凸，另一方向下凹，互相绷紧，有很大的空间刚度（图21 b、21c）。面板为透明的高分子聚合物，每块16个点支承在钢索上，透明板块平面内不受力，板块之间采用宽胶条防水。30多年过去，板块依旧透明，支承点处亦无明显上凸变形，其技术水平很高。

（a）

（b）

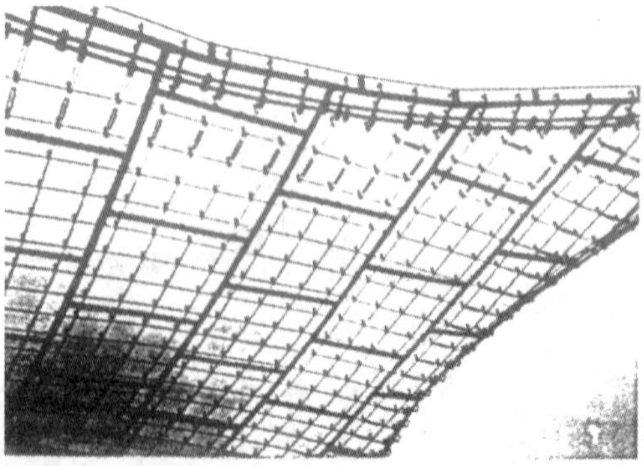

（c）

图21　慕尼黑奥体中心双曲索网（a）和细部（b）、（c）

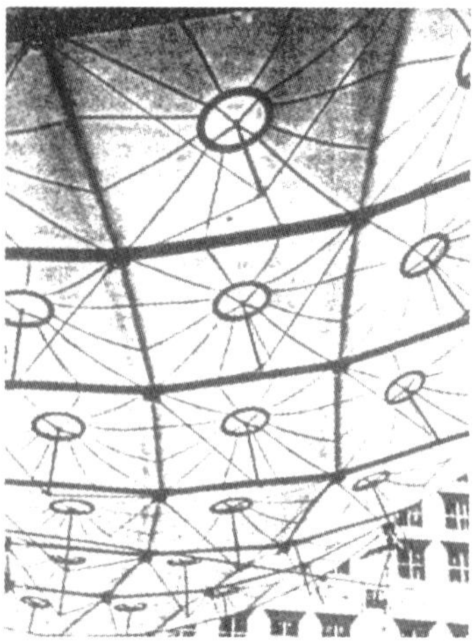

图22　台方斯大门的“云”

与双曲索网不同，张拉膜结构中膜材是受有双向面内拉力的。如图22所示的巴黎台方斯大门下的巨型张拉膜—“云”，每一个正方形膜单元有中心撑杆和下拉索撑开，单元与单元通过金属连结带，主拉索，胶缝连成张拉膜整体，膜材双向受拉力而绷紧成为连续曲面。

七、遮阳技术

1. 采用管遮阳的工程不少

欧洲不少工程采用金属管、陶瓷管作为遮阳设施，上述慕尼黑机场三层铝管智能化遮阳系统（图15）便是一例，图23为巴黎卢浮宫展览大厅采光顶的金属管遮阳装置。

图23　巴黎卢浮宫采光顶钢管遮阳

2. 外置遮阳百页和遮阳卷帘

遮阳百页、遮阳卷帘仍是最量大面广的遮阳手段。如果它们设在室内，阳光的辐射热不可避免地直接进入室内，达不到隔热效果，只能是遮光不遮热。因此欧洲许多建筑在幕墙外侧设置卷帘、百页，电动收放。欧洲环境条件好，容易保持这些设施的清洁（图24）。

图 24　瑞士日内瓦某办公楼室外遮阳帘

3. 遮阳板材料和形式多样

除国内常见的铝制遮阳板外，欧洲还广泛采用不锈钢、玻璃以至石材的遮阳板。电动甚至智能化控制的可调遮阳板在许多工程中采用。

图 25 为瑞士卢布恩市艺术馆幕墙外的固定式不锈钢遮阳板。

许多业主要求遮阳板遮挡阳光，但不遮挡视线，这是难以处理的矛盾。采用反射玻璃遮阳板可以解决这一个矛盾，这就是欧洲广泛采用玻璃遮阳板的原因。图 26 和图 27 分别为瑞士卢塞恩市一产商业大厦和德国慕尼黑机场停车楼的玻璃遮阳板。图 28 为瑞士日内瓦联合国气象组织总部大厦的电动反射玻璃遮阳板。

图 25　瑞士卢塞恩艺术博物馆不锈钢遮阳

图 26　瑞士卢塞恩商业楼的玻璃遮阳板

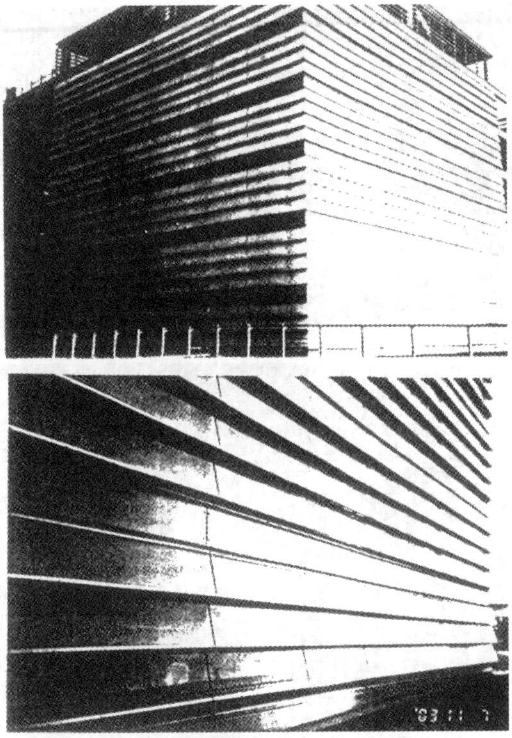

图 27　慕尼黑机场停车楼电动玻璃遮阳板

图 28　日内瓦联合国气象组织总部玻璃遮阳板

八、旋转百页式玻璃幕墙

双层通风幕墙的外幕墙可以由电动旋转玻璃百页构成。电动百页可以由完全开启旋转至完全关闭。开启时为遮阳板，幕墙成为单层（内幕墙）；完全关闭后；遮阳板闭合成为双层幕墙的外幕墙。图 29 为联合国气象组织总部大厦的双层幕墙，外幕墙每层由六块反射玻璃遮阳板组成，图中可见开启和关闭两种状况。

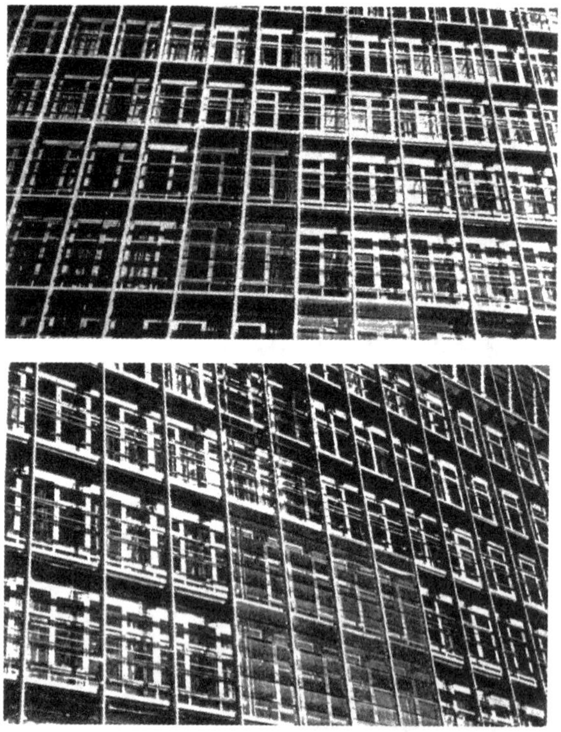

图 29　电动百页式玻璃外幕墙，
其中部分（箭头处）已关闭

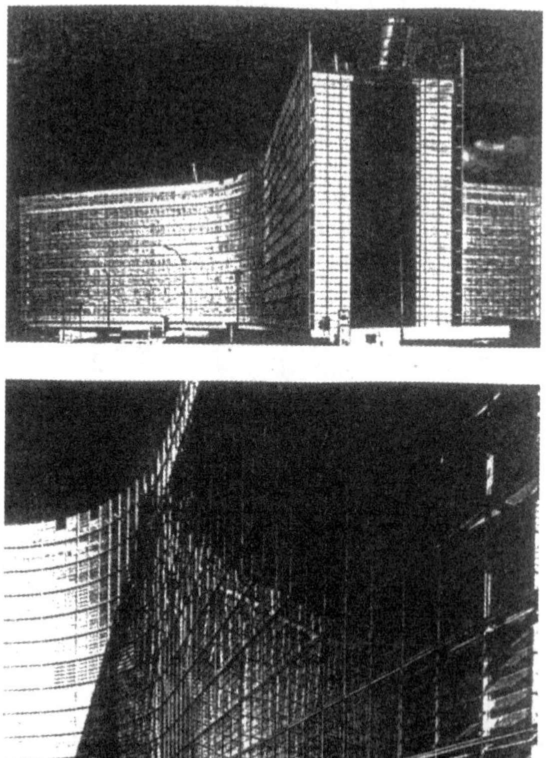

图 30　布鲁塞尔 RBG 大厦双层幕墙，
外幕墙为可旋转玻璃遮阳板

图 30 和图 31 为比利时布鲁塞尔 RBG 大厦的双层幕墙及其构造，每层也是六块电动旋转反射玻璃遮阳板。

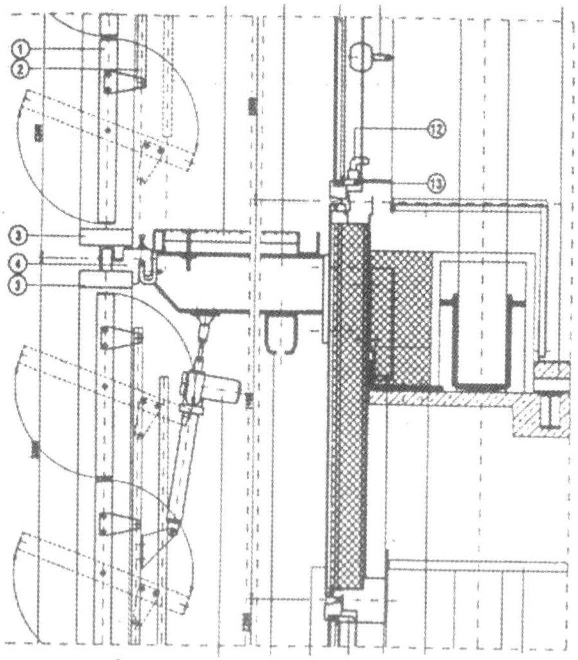

图 31　旋转百页构造

德国 LUG 大厦采用的钢化夹层遮阳板尺度很大，每层四块，750 mm×6000 mm，图 32 示完全关闭时的状态。

综上所述，仅从这几方面笔者所见所闻，就可以从一个侧面反映了欧洲幕墙的技术进步。而这些技术进步，使得幕墙更加安全、实用、美观、实现多功能，更好地满足业主多方面的高要求。为了达到这样的效果，幕墙必须相应有较高的资金投入和技术投入，片面追求最低造价，不可能建造这些高水平的幕墙工程。

图 32　德国 LUG 大厦智能化幕墙，
外幕墙遮阳板已关闭

动态建筑和动态幕墙

中国建筑装饰协会铝制品委员会专家组专家　龙文志

[关键词] 动态建筑　动态幕墙

[摘　要] 本文简介了 11 个案例，探讨和展望了动态建筑和动态幕墙。

一、什么是动态建筑和动态幕墙

根据使用功能或使用要求，能够改变建筑形态和建筑色彩的建筑称之为动态建筑。根据使用功能或使用要求，能够改变形态和色彩的建筑幕墙称之为动态幕墙。动态幕墙是动态建筑的一种，是动态外围护结构的建筑，根据可以通过构件的运动而改变形态的建筑形态也可以利用构件本身或利用构件与周围环境的物理化学作用改变建筑色彩和形态。目前已建成有北京天亚花园（图 1～图 2）和中国国家电力大

图 1　北京天亚花园的屋顶游泳池的关闭外景

图 2　北京天亚花园的屋顶游泳池的打开外景

图 3　国家电力大楼开合屋顶游泳池外景

图 4　国家电力大楼开合屋顶游泳池内景

图 5　北京大厦开合屋顶关闭内景

楼（图3～图4）的屋顶游泳池的开合屋顶，北京大厦为了防止“非典”，加强自然通风，将原建筑固定屋顶改造为开合屋顶（图5～图9）都是动态建筑和动态屋顶；阳光大厦（图10）由一系列微微褶皱的水晶般平面从各自不同角度吸收和反映阳光，以一个倾斜立轴上升，在塔尖达到顶点，由此而形成随阳光照射方位不同而不断变化建筑形态的动态建筑和动态幕墙。

图6　北京大厦开合屋顶三道打开内景

图7　北京大厦开合屋顶二道打开内景

图8　北京大厦开合屋顶外景

图9　北京大厦开合屋顶外景

图10　阳光大厦

动态建筑和动态幕墙已超出常规建筑学和建筑工程学的范畴，成为一项系统工程，需要建筑师、结构工程师和幕墙工程师熟悉机械传动原理，了解机械加工、装配以及物理、化学和自动控制等相关学科专业的知识，需要多学科的协调、各专业的通力合作。动态建筑与动态幕墙在三维空间中引入了时间，在功能及美学上具有独特意义，可以称其为“四维建筑”。静与动、封闭与开放、收敛与张扬、空间和时间，使建筑和幕墙更具鲜明的音乐韵律，改变了传统建筑和幕墙终身不变的形态和色彩，拓宽了建筑和幕墙的新视野和新技术。对现代建筑和幕墙的实践和理论是一种补充和拓展，有着独立的价值和意义。在国外，已建成一些标志性动态建筑建成，但尤以体育场馆的开合屋顶较多，另有专文浅介，本文探讨性简介几个动态幕墙案例：

二、多媒体动态幕墙

案例：上海震旦大厦

上海震旦大厦的19层到33层玻璃幕墙上装有LED多媒体系统，白天是金色外观，晚上为各种动画或广告，临江而立，亮丽耀眼（图11、图12、图13），是多媒体动态幕墙。

图 11　白天的上海震旦大厦

图 12　白天的上海震旦大厦近照

图 13　夜晚的上海震旦大厦

上海震旦国际大楼位于上海市浦东新区陆家嘴金融贸易区，面临黄浦江。整个项目分为主楼、副楼、主副楼连廊、广告塔，地上 45 层，高度 180m，建筑面积 103386 ㎡，为多功能综合性商务楼。由震旦国际大楼上海有限公司投资兴建，上海建工设计研究院进行建筑设计，上海建工集团第四建筑公司土建总承包，并由台湾汉宗股份有限公司承担幕墙设计及主材料供应，由沈阳远大幕墙公司负责辅料、加工、组装及现场吊装。幕墙总面积 35000 ㎡。幕墙全部采用预组半横滑单元式系统，具有良好的抗地震位移及防水功能。幕墙装饰面材为金色、银色反射及透明中空全钢化玻璃，具有良好的隔声隔热效果。工程西立面单元幕墙（主立面，面向黄浦江）19 层至 33 层采用 LED 多媒体系统，该系统与其他 LED 多媒体系统的最大区别是 LED 发光二极管位于玻璃幕墙玻璃内侧，白天外视效果为正常建筑幕墙效果，看不到 LED 发光二极管，只有到晚上 LED 打开并播放多媒体程式时才可见在夜幕中各种巨幅广告、动画。而且该系统的照明亮度恰好掩盖掉晚间从楼层采光区透出的照明光线，不见丝毫的干扰与混淆。采用的是一种新型装饰玻璃，利用镀膜玻璃的导电性能加工成透明电路并配以白光、蓝光 LED、专用浆料等，用激光技术合成。远看玻璃是整块亮，实际是分布均匀的点状 LED 冷光源，不发光时和常见的镀膜玻璃是一样。在设计时应注意 LED 的防水、可拆换性及在吊篮中布线的可操作性。

三、通风调温动态幕墙

案例：德国北来茵威斯特伐置利亚兰德科技园（Science Park.）（图 14、图 15、图 16）

图 14　拱廊玻璃幕墙开启

图 15　拱廊玻璃幕墙关闭

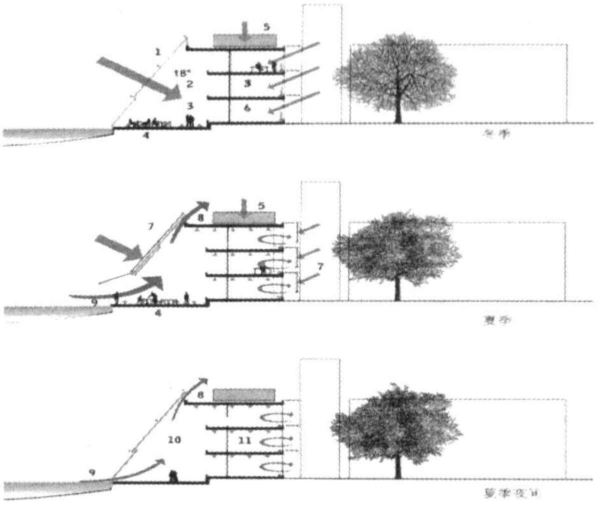

图 16　通风、调温工况示意图

该建筑临湖一面（西侧）设了一面巨大的玻璃幕墙，玻璃幕墙可以根据季节变化而调整：冬季，所有的幕墙玻璃是关闭的，'温室效应'使室温增加；夏季，下面 4.5m 高、7m 宽的玻璃幕墙玻璃可用计算机控制的马达打开，使"拱廊"的室内能够享受湖面的空气，并降低室温，为通风调温动态幕墙。

四、双层玻璃动态幕墙。

案例：德国柏林得比斯大厦（DebiS Building）（图 17、图 18）

得比斯大厦位于柏林波茨坦广场，高 85m，由皮阿诺（Renzo Piano　Building Wokshop）设计，1998 年完工，是一种双层玻璃动态幕墙，内层玻璃可开启，外层玻璃百页可部分开启或全开，便于良好自然通风，外层玻璃百页全闭，则是双层结构玻璃幕墙。

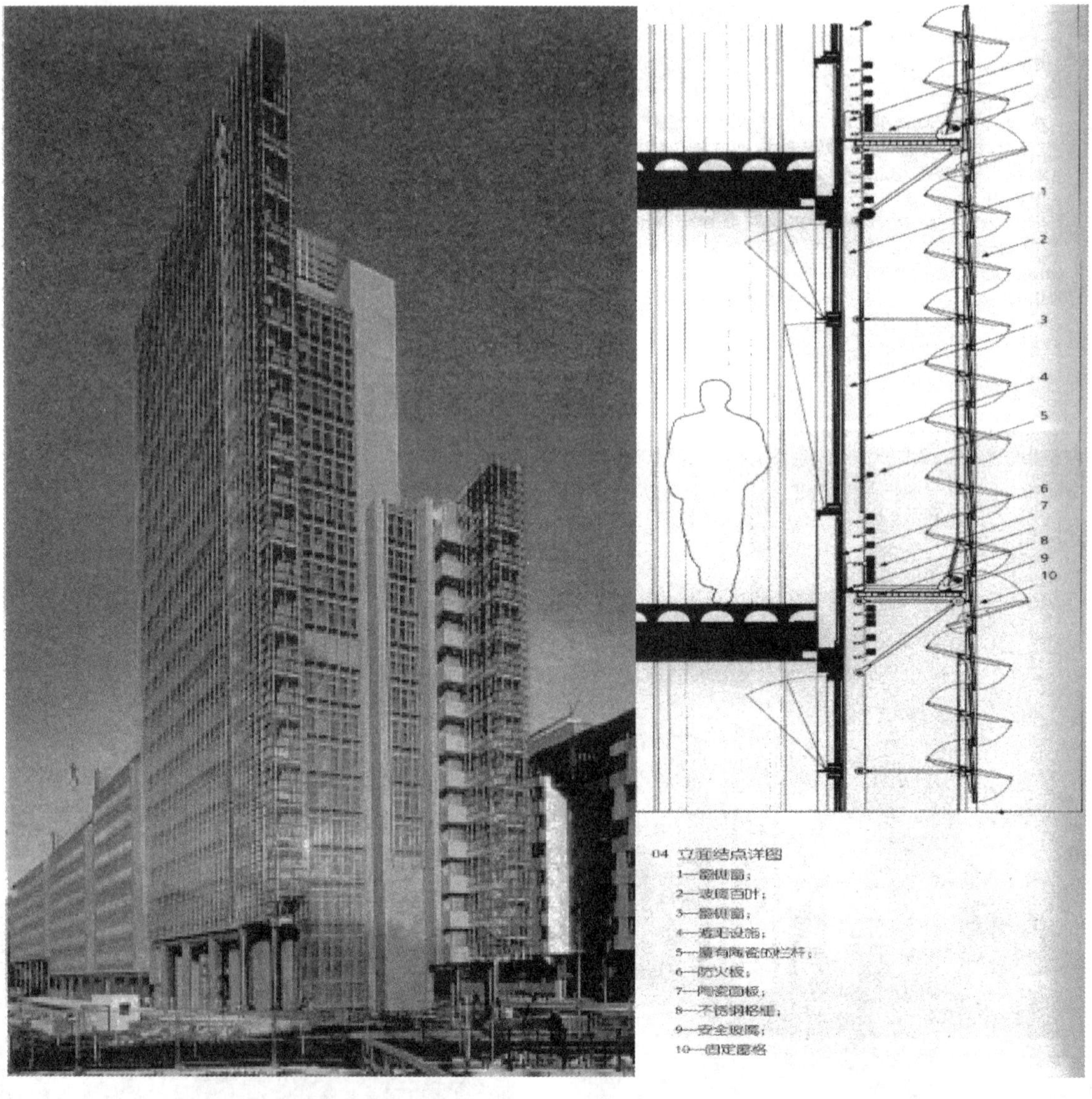

图 17　塔楼是全透明的，当天气适合时可打开外层玻璃百页，室内可全通风。

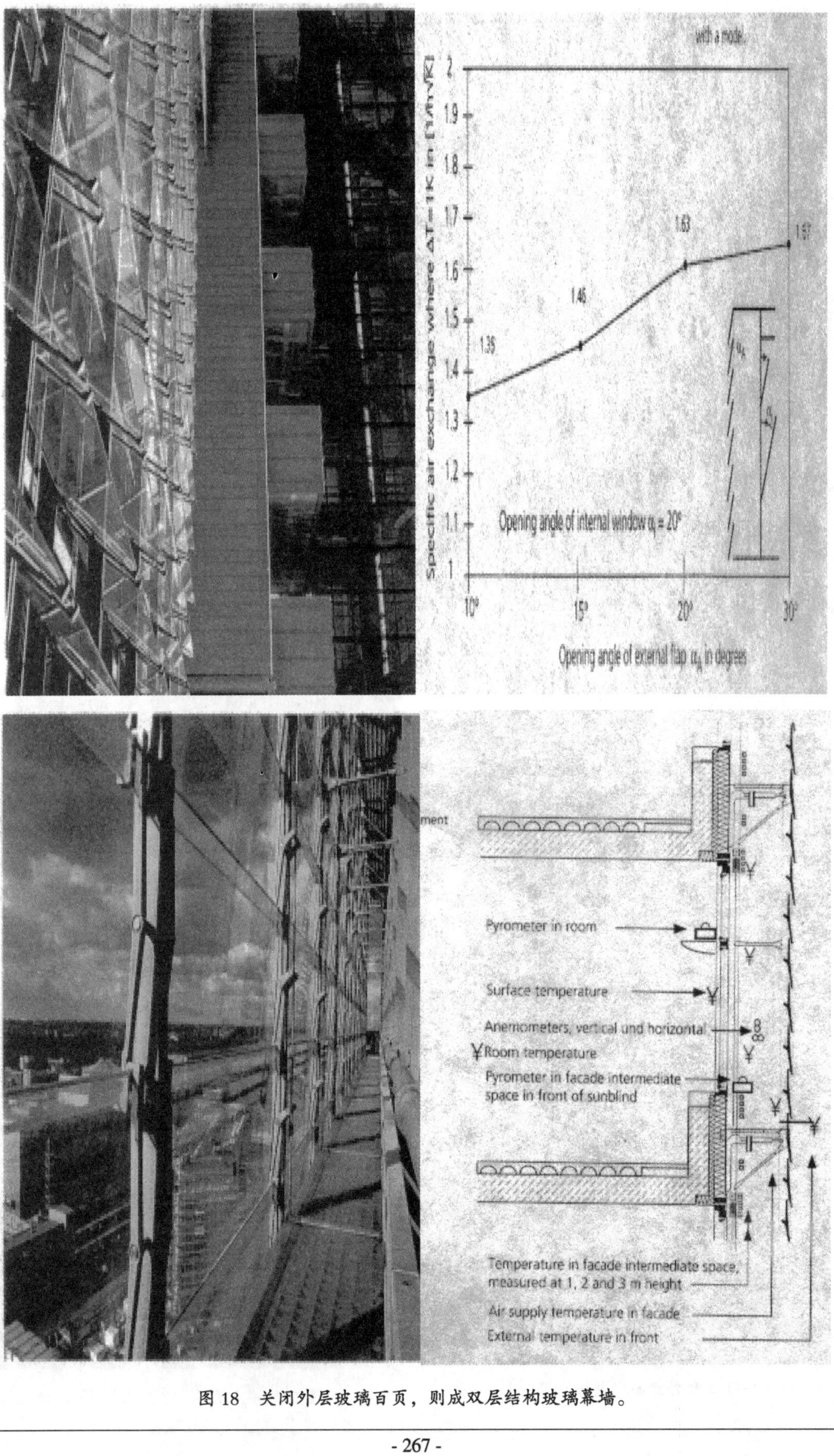

图 18　关闭外层玻璃百页，则成双层结构玻璃幕墙。

五、动态光电动态幕墙

案例：ZED 工程（图 19、图 20）

ZED 工程的外层光电板可随太阳光的入射角度而转动，使其达到最大的发电效率；当光电板全开或部分开启，既能发电，又能遮阳和良好自然通风；当光电板全闭，是双层结构的光电动态幕墙。

蝴蝶状平面的中部有一开口风道，开口内装有两部垂直的风力涡轮机

图 19　ZED 工程外立面

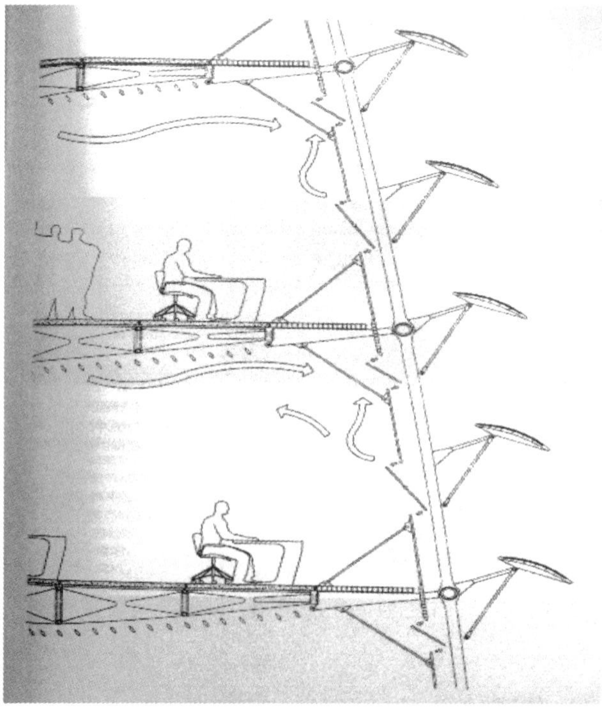

图 20　ZED 工程外立面光电板张开

六、变色动态幕墙——纽约 42 大街的新摄影棚

案例：美国纽约 42 大街的幕墙。（图 21、图 22）

变色幕墙是另一种形式的动态幕墙。美国纽约 42 大街的新摄影棚的幕墙是一种尝试。纽约百老汇 42 大街的转角处，行人每晚都可享受独特的景观：戏院外墙的霓虹灯、街区的商标以灯光设备的形式反射在阁楼与办公大厦的外墙上。钢肋片从街道外墙结构前面的楼板上悬挂下来。发光外表的不锈钢百叶固定在这些钢肋片上。百叶细孔的外表将光线分散在幕墙的周边并且反射到附近街区空间。竖向的钢截面与凹入的平衡梁将结构分为间隔的区域。在白天，外墙只通过三束白色的灯光来照明，但是晚上，多层的灯光外表开始浮现。

在晚上，半透明的帷幕拽下，灯光均匀的照射在帷幕上，为外界的各种颜色提供了变幻的演戏舞台。每个幕墙区域都分配了一种单独的颜色作为它们的基本照明，在这基本颜色之上可以增加三种颜色。入口区域上面的屏幕是用三种不同的重叠照明系统来进行激活的。使用了 300 多个灯座，使用电脑装置混合 256 种颜色，可以达到 500 种颜色。灯光的转换状态与街道的步调相协调：凌晨，灯光闪亮的节奏极为稳重、缓慢，白天，灯光安静祥和，晚上，灯光颜色变化多端,映射着 42 大街的变化氛围。

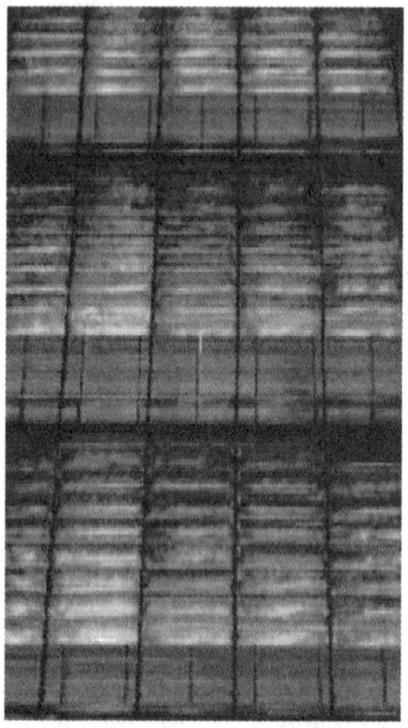

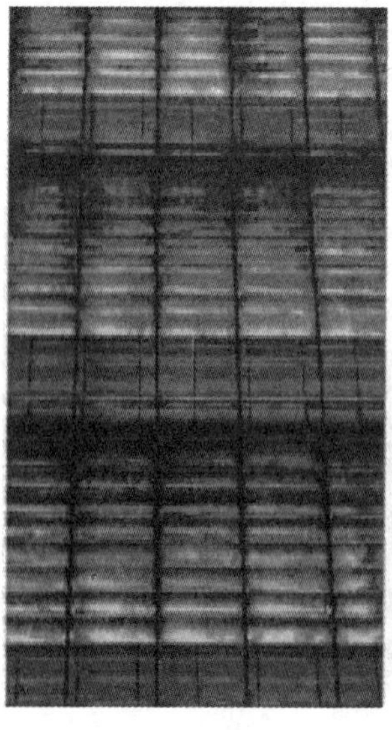

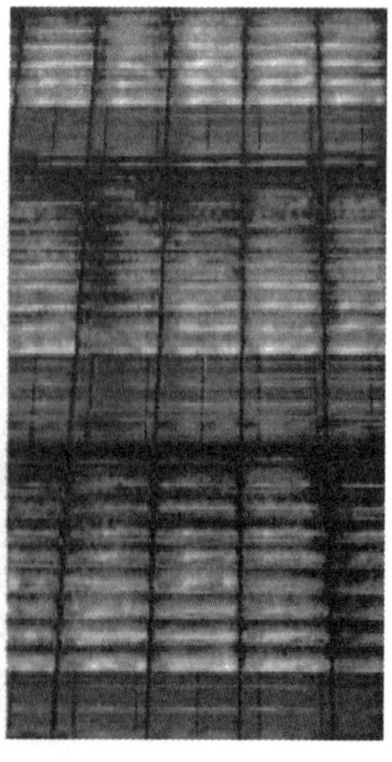

图 21　美国纽约 42 大街幕墙的色彩变换

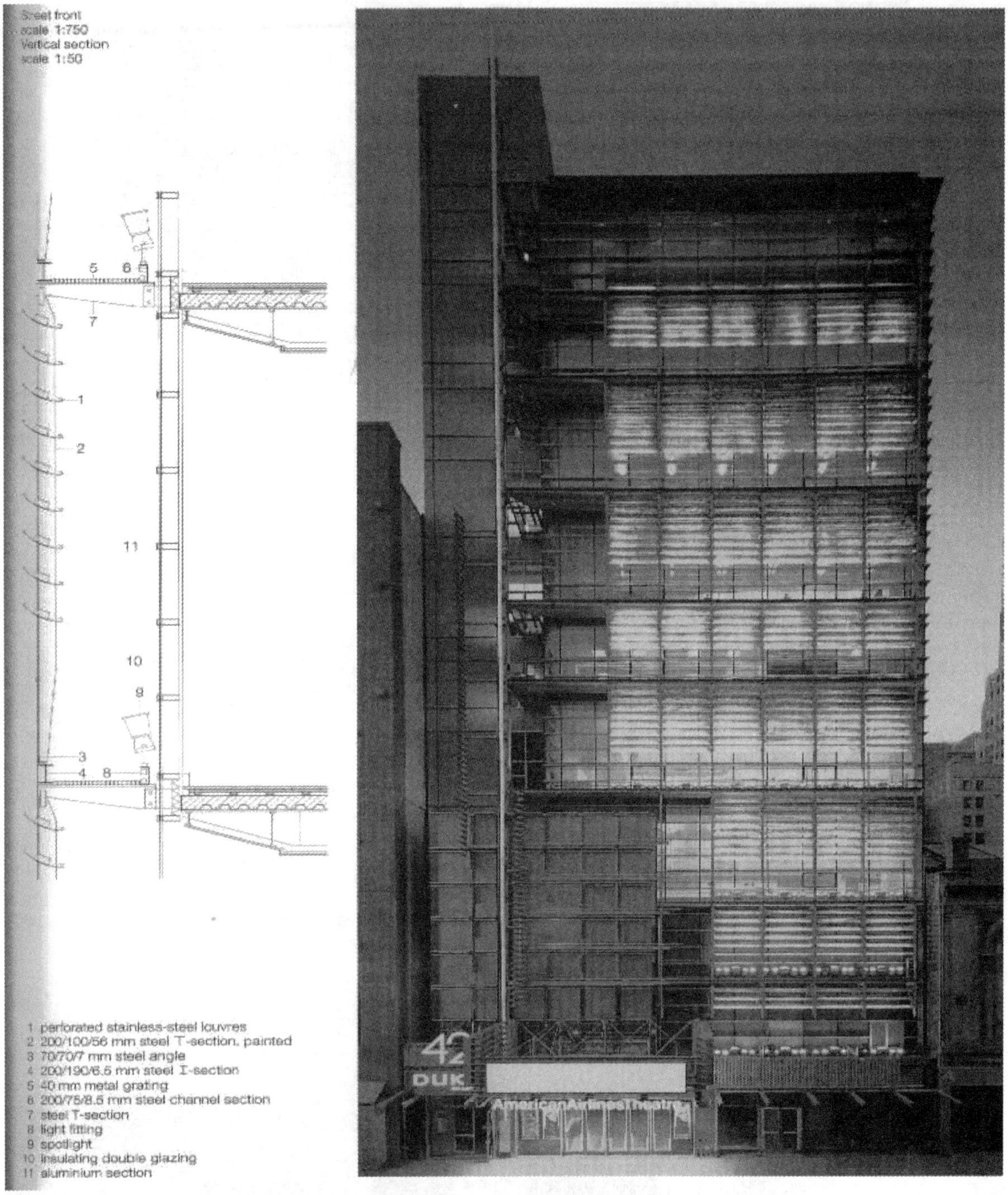

图 22　美国纽约 42 大街幕墙的剖面及夜景色彩

七、遮阳板动态幕墙

案例：巴黎大学研究所幕墙（图 23、图 24）

遮阳板动态幕墙的遮阳板全开或部分开启时，则是单层幕墙加外遮阳系统；当遮阳板全闭时，则是双层结构的幕墙；状态的功能和外立面光照都是动态的。大学研究所（巴黎）的幕墙是一种尝试，此建筑坐落在 Monde Du Arabe 研究院旁边，此建筑由两块平行的板块组成，通过金属的跨梁与阶梯连接在上部的屋顶上。建筑的总面积为 6700 ㎡，其中包括一个图书馆、两个演讲厅以及一些用于教学与行政管理的小教室。板块的外侧表面通过开窗法留出空隙，然后将玻璃结构覆盖在空隙上，作为板块的第二层，精心设计的玻璃的几何形状，使得综合楼外观成为一个艺术品，光线的折射、反射与颜色的搭配，创造出不同效果，在板块的窄边的表面上，透明的工业玻璃设计为封闭的外表面。在长边的表面上，与楼层等高的玻璃元件和后面的墙面形成 45° 的斜面，用作为遮阳的屏蔽。单独的竖向元件都固定在水平钢型材的框架上。网格锚固在外墙之上并且用拉杆支撑，建筑的外观呈现不同的变化：有时呈现敞开与透明的状态，有时呈现封闭的状态。

图 23　巴黎大学研究所幕墙外立面

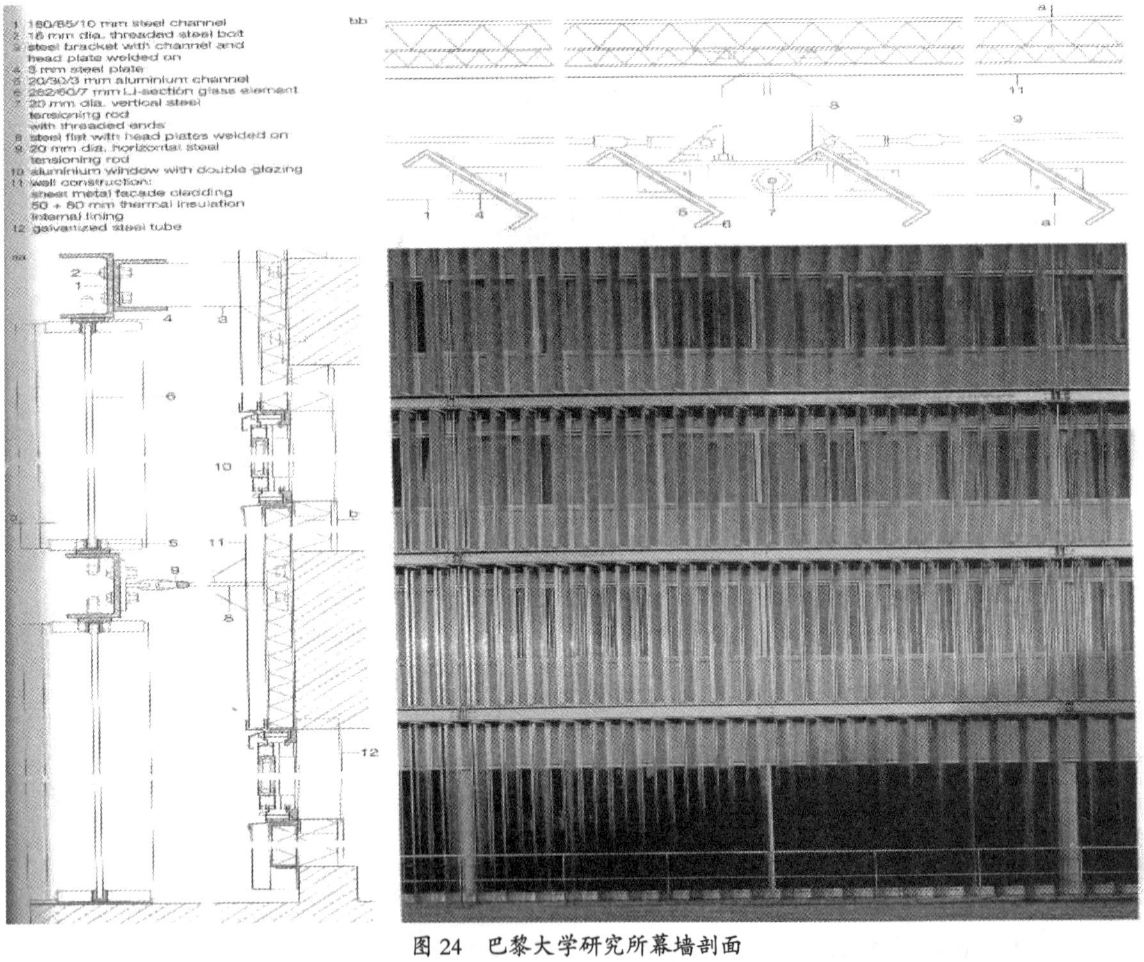

图 24　巴黎大学研究所幕墙剖面

八、Sweeny 教堂——美国印第安纳波立思

教堂室内采用白色为主色调，通过设在西南面 9.35m×3.06m 玻璃采光，5 道竖向玻璃支撑和 16 道横向玻璃支撑将其分割成 80 个 0.75m×0.75m 的小格栅（图 25）竖向玻璃与地板和天花板相连，横向玻璃通过硅酮结构胶与竖向玻璃粘接，在水平方向支承同时，还保证体系的稳定，支撑的玻璃都是 6mm+6mm 彩色镀膜的夹层玻璃。通过精心设计，随着光线入射角的变化，在横向玻璃之间不断折射、反射，产生光干涉现象,在室内形成独特、奇妙的彩色光影（图 26 ），开启了玻璃立面三维动态可能性。

这个案例可看出建筑师对哥特式建筑空间和彩色镀膜玻璃的现代化诠释，由于点式玻璃技术的应用，形成没有金属框格的空间，光线通过不同角度上的玻璃的折射、反射和干涉，‘雕塑’的光影随着时间变化起舞，这个看似简单而

图 25

图 26

实则独具匠心的设计，将点式玻璃助这一结构元素与建筑美学相契合，成为独具特色的艺术建筑空间。

九、动态建筑和动态幕墙的展望

现代建筑和幕墙虽然是有一定创造性，但是，这些建筑和幕墙仍然是以传统的建筑模式与技术为基础。建筑物在日新月异地变化着，新时代建筑和幕墙追求美感的侧重点不再是比例或顺序，而是活力和动态，这是建筑艺术的延续和发展，新时代的新型建筑和幕墙要求高度创造性，要求设计师们大胆、创新和个性化。新时代的动态建筑和动态幕墙不妨作以下大胆展望或设想：

例如能够借助铰链和滑道改变外形，墙壁和屋顶可以重新排列组合，房间可以扩大或缩小，也可以由长方形变成多边形，甚至还能从一处整体移到另一处；许多建筑物可以整体旋转，使太阳能电池始终对着太阳等。

例如建筑物中遍布多种智能传感器用于检测应力、畸变、沉降、裂纹、腐蚀以及各种构件的其他功能。建筑物中可能会装上环境传感装置，用于检测空气的温度、湿度和污染。通过墙壁和房顶对空气进行过滤，这些信息都将反馈到一个中央处理机构，以保证建筑的安全与“健康”。

例如表现出曲线美，建筑平面图上的曲线看上去会比直线多，幕墙分格和窗户可能是圆形、椭圆形或其他无拘无束的形状；而且能够随时间、功能和人的意愿其形态和曲线可以变化。

例如幕墙玻璃，可由传统的透明玻璃转换为变色玻璃，白天和晚上色彩不同；季节不同，则色彩也不同；这些玻璃光彩夺目。有些透明，有些不透明，有些是蓝色，有些则是晶莹的黄色，而且透明度和色彩可随时间、功能或者要求而变化；也有些是闪烁着广告图文的红绿相间的条纹；整体建筑可由多种色彩组合而成一种艺术建筑，如果它表现的是一幅画，则这幅画也是能够变化的、动态的。

展望新时代的动态建筑和动态幕墙，将令人眼花缭乱和激动！“日出江花红胜火，春来江水绿如兰”，让我们展开双手，迎接动态建筑和动态幕墙的红火春天吧！

本文仅作参考，不妥之处，敬请指正。

参考文献：

1.《解读动态建筑》 作者：刘朔坦;李卓;宋晓冰

2.《美国专家预测本世纪五个建筑风格》 New Page 4

3.《Double-Skin Facades》 Prestel

4.《建筑视界》第 2 期 沈阳远大企业集团主办

5. Andrea Compagno, lntelligent Glaas Facades,Birkhauser

6.《北京三个开合屋顶》 魏东海

搭建供需平台　构筑企业联盟

——2004年12月21日在中国建筑装饰协会材料委员会2004年年会暨总结表彰大会上的报告

中国建筑装饰协会五届理事会理事　全国优秀建筑装饰协会工作者
中国建筑装饰协会材料委员会主任委员　**郑纪文**

一、装饰材料行业发展现状

随着我国国民经济持续、快速增长，建筑装饰业迅猛发展。从20世纪80年代中期起步到2003年，仅用20年时间，由一个装饰业产值几乎为零的小行业，发展到装饰总值达8300亿元，成为对国民经济、社会发展和人民生活发挥重要作用的大行业。

建筑装饰业的大发展带动了装饰材料业的大提升。20年来装饰材料业发生了六大变化：

1．生产持续快速增长。我国建材工业的规模保持稳步增长。2004年上半年，比上年同期增长12%以上。建材主导产品不仅在总量上连续多年位居世界第一，而且人均年消费指数已接近或高于世界平均水平。在石材、陶瓷墙地砖、涂料、木地板、家具、建筑五金等方面，年产量和产销量均位居世界前列。我国已跃升为装饰材料生产大国、消费大国和出口大国。2010年，建材工业总值预计达到1万多亿元，成为我国经济的重要增长点。

2．产品质量全面提升。装饰材料业坚持以人为本，加强技术创新，实施品牌战略，提高国际竞争力，创出了一批知名品牌产品。一是产品质量优良化。产品不仅使用功能好，还必须环保、节能、节水、隔声、安全、美观。二是产品品种多元化。如建筑门窗发展到钢、木、铝、塑、玻璃钢等多门类、多品种。三是企业管理协调化。实行现代企业管理制度。四是生产设备先进化。依靠先进技术和设备，生产高品质产品。五是企业性质民营化。民营企业已成为主力军，机制灵活、适应性强。六是企业创新持续化。

3．区域特色经济形成。经济发展，社会需求，促进区域特色经济迅猛发展。南安市有建材企业1700多家，年产值150亿，占市工业产值的53%。广东云浮市素有“云石之乡”之称，规模企业4000多家。浙江省玉环县，水暖阀门企业800余家，2003年总产值达到70亿元，成为全国最大的水暖阀门生产基地。河北曲阳县，雕刻企业2226家，2003年产值8亿元。河北安平县，丝网企业1.7万多家，2003年产值65亿元，出口4500万美元。区域经济的发展，带动了行业的发展，为装饰行业发展做出了贡献。

4．龙头企业做大做强。有经济实力的能够引领行业发展的有国际竞争力的龙头企业和企业集团逐步发展起来。北京金隅集团培育打造了天坛家具、TOTO、森德散热器、森华木业、长城家具等一大批具有国际竞争力的知名品牌企业。北新建材年产3000万m²和500万m²的石膏板生产线投产后，将引领石膏板行业蓬勃发展。温州五洲、宝得利、华光等8家民营制锁企业，组建强强集团。海尔集团投资1.8亿元，建造亚洲最大的整体厨房生产基地。另外如立邦涂料、上海汇丽、大连实德、湖北凯乐、安徽工贸等龙头企业都在逐步发展。

5．建材市场迅猛发展。建筑装饰业与装饰材料业的快速发展，促进建材市场流通业迅猛发展。当前，全国经营面积在3000 m²以上的招商制市场，约有2500家，营业额约2000亿元左右。北京各类建材市场超过200家，营业额约300亿元左右。东方家园、好美家、百安居等国内外建材超市迅猛发展；居然之家、大钟寺、城外诚等经过整合，扬长避短，再创辉煌。

6．展会搭建供需平台。建筑装饰与装饰材料业蓬勃发展的同时，装饰材料展会快速发展。据不完全统计，全国每年以各种名义举办的建材及相关专业展会近300个。对业内是新产品、新技术展示和交流的窗口，对工程和消费者是商贸洽谈和采购平台。我国是装饰材料生产大国，但不是强国。总体上还处于中低水平，必须与时俱进，开拓创新，加速发展。

二、协会工作简要回顾

1984年9月正式成立中国建筑装饰协会。1985年、1986年中国建筑装饰协会石材委员会、化学建材委员会和建筑五金委员会相继成立。原三委会，在中国建筑装饰协会的领导和关怀下，经过20年的探索，开拓创新，积累经验，为行业发展做了一些有益的工作。这些工作既是前20年的简要总结，也是今后可以借鉴的经验。

1．当好政府部门助手。化学建材委员会协助政府部门起草了《关于加强技术创新，推进化学建材产业化的若干意见》、《国家化学建材产业“十五”规划和2010年发展规划纲要》、《国家化学建材标准体系框架》、《关于发布化学建材技术和产品的公告》、《关于加强建筑涂料生产与应用管理工作的意见》、《我国建筑涂料高新技术综合配套研究》的立题论证等工作。五金委员会在调查研究的基础上起草了《中国建筑五金行业发展规划》，提出《关于制订行业产品质量标准》、《关于开展全国质量认证工作》等建议。石材委员会两次参与了花岗岩板材、荒料、大理石板材、荒料等国家标准的研讨与评审，参加了金属与石材幕墙国家标准的制订评审工作。

2. 对石材矿山资源进行调查。石材委员会把石材资源开发与评估作为服务重点。经石材委员会评估并提出开发建议的有：黑龙江省北部(绥棱县)林区石材资源和萝北县石材及其他矿产资源；河南嵩山县花岗岩矿山资源；北京门头沟区石材及其他矿产资源；内蒙古赤峰市花岗岩资源；山东省泰安花岗岩资源；浙江金华地区石材资源；福建福鼎地区玄武岩资源；广西玉林地区花岗岩(岑溪红)资源；四川雅安卢山宝兴地区红色花岗岩及汉白玉资源；河北丰润县大理石资源等20座矿山资源。

3. 引进新技术.开发新产品。石材委员会与意大利、日本、德国等石材设备生产商进行联系后引荐给石材企业，并向他们推荐国内质优价廉的石材生产设备与加工材料。五金委员会从1995年开始，在国家建材局和建设部的支持下，组织行业优势企业，用五年时间投资十几万元，成功研制开发“6升水坐便配套系统”节水项目，制订和发布了行业标准。

4. 加强国际间的交流与合作。五金委员会从1993年开始，组织企业经理、厂长、高级工程技术和企业管理人员，赴美、法、德、澳等国家进行考察，组织24团次，220余人次。石材委员会大量接待客户，特别是外商。根据他们的要求联系生产厂家，推荐供货；推荐企业会员参加国内外各类建材、石材和建筑装饰方面的展览会、展销会、博览会、交易会。

5. 贯彻实施品牌发展战略。五金委员会推荐、中国建筑装饰协会颁证及由五金委员会直接推荐颁证的有346家次和405家次，分别荣获“首届全国建筑装饰材料信得过产品”，“全国建筑装饰行业优秀产品”，“中国建筑五金行业名牌产品”、“中国建筑五金行业知名品牌”产品等。有53家企业和49名经理厂长分别荣获优秀企业家称号。

6. 引导企业开拓市场。五金委员会先后成功举办了近30次建材、消防、五金、家具等展览会。中国北京国际家具及木工机械展览会和中国国际五金商品博览会，已成为具有影响力的品牌展会。化学建材委员会先后举办了10次“化学建材产品展览会”、“全国建筑用塑料管、塑料门窗产品展示会”、“中国化学建材精品及设备展览会”、“中国国际化学建材与门窗加工技术装备展览会”。石材委员会先后举办了10次“国际石材工业及技术装备展览会”。

7. 开展行业培训班。1988年、1989年石材委员会与深圳市建筑科学中心交流培训部合作举办了“深圳市建筑饰面材料研修班”。与台湾方面合作举办了“石材干挂技术研讨研修班”，2000年举办了“石材表面防护、石材养护培训班”。化学建材委员会先后举办了13期“全国建筑涂料生产与应用政策与技术培训”等各种培训班。在建设部科技司、中国建筑装饰协会的支持下，建立了“中国建筑装饰协会培训中心上海站海川基地”，先后举办了20期“乳液涂料制造与施工应用技术”培训班。

8. 举办研讨会交流会。化学建材委员会先后召开了“全国建筑装饰装修新材料、新工艺、新技术、新设备技术研讨会”、“中国建筑涂料产业发展战略与合作论坛”、“全国(上海)住宅建设绿色塑料管材管件新技术与产品推广交流研讨会”等20多次技术交流研讨会。五金委员会先后举办了“建筑五金行业发展研讨会”、“行业发展与名牌产品推广研讨会”、“五金产品及企业发展研讨会”、“五金行业入世对策研讨会”等。

9. 加强信息咨询服务。化学建材委员会充分利用《化学建材》杂志(双月刊)和《化学建材市场》(月刊)传递市场信息，为企业提供自我宣传的信息窗口，至今已分别出版118期和170期。石材委员会创办“建筑装饰石材”。五金委员会会刊《装饰与五金》，共出刊51期，总数达15万册。创办了“中国建筑装饰五金网”（www.cdh-jj.com）。五金委员会先后编辑出版了《中国建筑装饰实用手册・五金篇》、《中国建筑五金大全》、《中华之光——中国优秀五金企业精选》、《中国五金名品》等书刊。

材料委员会秘书处于2004年4月份筹划出刊《中华建筑报・建材周刊》，现已出刊30多期。先后采访宣传了100多位行业内专家及有影响的建材生产、销售厂家负责人。《建材周刊》在业内产生较好反响。

10. 加强协会自身建设。1985年以来，石材委员会已经召开了六次全国会员代表大会，累计拥有会员企业近千家。化学建材委员会每年召开年会，讨论和汇报协会的工作情况，交流企业产品开发和营销经验等。五金委员会坚持以会聚友，每年召开年会，基本上做到目标化、规范化和制度化。

三、几点工作体会

1. 要牢牢掌握服务这个大方向。服务是协会工作的灵魂。协会是社会中介组织，它的宗旨是服务。服务有无偿服务和有偿服务，两者关系必须统筹好，任何时候都要把服务放在第一位。

2. 要切实树立创新务实的作风。协会是市场经济的产物，是个新事物。需要我们创造性地开展工作。只要符合协会章程，对行业发展有利，对企业兴旺有利，就应大胆去开拓。同时要坚持实事求是，讲信誉、办实事、求实效。

3. 要建立一套适合协会工作的机制。协会是政府和企业的桥梁。一定要走企业家办会的路子，使有影响的企业家参与行业管理和决策，实行民主管理，民主办会。同时，加强自身建设，提高人员素质，建立“自养、自立、自强、自律”的工作机制。

四、今后工作基本思路

总的思路是:遵照科学发展观的要求，坚持以人为本的发展理念，提高服务工作能力，发挥整合重组优势，构筑供需平台，以高度的敬业精神，创新务实，团结奋进，促进行业可持续发展。

1. 抓住发展机遇，找准服务工作定位。建筑装饰业与装饰材料业相互促进、协调发展。重组后的材料委员会，服务工作的定位是什么?根据中国建筑装饰协会[2004]034 号文件精神，中国建筑装饰协会领导的历次指示、行业发展和企业需求，我们认为:

(1) 材料委的服务定位：一要为建筑装饰工程和广大消费者推介符合国家标准的装饰装修材料；二要为装饰装修材料企业推介装饰设计、施工企业和工程信息，帮助材料企业开拓国内外市场。在设计、施工和材料间构筑平台，打造完整的建筑装饰服务产业链。

(2) 材料委的服务范围：包括建筑装饰装修工程所涉及的材料、部品、机具和设施等装饰需求供应体系。

(3) 材料委的服务机制：要在中国建筑装饰协会的统一领导下，处理好材料委与专业部、施工委、省市装饰协会的关系，发挥优势，调动各方积极性，共同为发展行业服务。

2. 构筑供需平台，促进“两业”共同发展

(1) 扶大、扶优、扶强，向工程单位推介全国“名优品牌建筑装饰装修材料”、“名优材料生产（采购）定点企业”、“名优材料采购定点市场”、“名优材料生产（采购）基地”等。

(2) 供需诚信结盟。组织建筑装饰设计、优势施工和材料生产企业，诚信结盟，规范自律，互惠互利，共同发展。

(3) 供求信息交流。通过举办装饰材料、家具、五金、石材等各类展览会、产品推介会、工程信息发布会和会刊、网站等，加强供求之间和国内外之间的交流与合作。

3. 以住宅装饰为龙头，推动材料行业技术进步。环保住宅，取决于环保材料的应用。我国装饰材料业要根据国家的产业政策，以住宅装饰装修需求为龙头，以国际先进水平为目标，积极开发生产“环保、节能、节水、安全、美观”的装饰材料；要积极开发推广新产品、新材料和新技术；要严格执行国家标准，不合格产品不生产，不出厂；要对从业人员进行岗位培训，提高职业技能；要适时举办研讨会、高峰论坛等，引导行业发展提高；要通过技术创新，打造品牌，提高国际竞争力。材料委要把向住宅装饰企业推介使用“三新”产品作为工作重点。同时要协助政府相关部门制订规则、标准。组织业内专家，加强技术咨询服务，推动行业技术进步。

4. 坚持科学发展观，走持续发展之路。各材料企业要按照科学发展观的要求，树立科学发展理念，走可持续发展之路。要树立以人为本的企业品质理念。要树立以质量为中心的产品功能理念。要树立现代管理制度为核心的协调发展理念，使企业各项管理协调发展、以先进管理保障产品质量。要树立以企业文化为合力的文化建设理念，企业文化是企业的合力，通过企业文化建设，提高企业凝聚力；要树立以创新为源动力，企业要持续发展，关键要适应社会需求，坚持创新。持续创新才能保障企业持续发展。

5. 以此次会议为起点，开创材料委工作新局面。本次代表大会是材料委组建后的首届年会，参加会议的代表包括装饰材料业的各个门类，范围扩大了，代表性更广泛了。大家在百忙中参加会议，是对材料委工作的支持和寄于希望。

本次大会，一是把领导机构选举好。以优势企业和企业家组成新的领导机构，带领协会和行业开创持续发展新局面；二是要把各项表彰活动组织好。表彰 20 年来为行业发展和协会工作做出贡献的企业家、专家和优秀企业等；三是要把供需诚信结盟大会开好，为构筑供需平台，行业诚信自律，创出一条路子；四是要把各项制度健全好。加强规则建设，为今后工作的规范化打下一个好的基础；五是要把秘书处班子选聘好。秘书处是协会日常办事机构，对做好协会工作关系甚大；六是要把以后工作安排好。明确方向、任务和目标。

在大家的共同努力下，本届大会，一定能够开成一个团结的大会，创新的大会，成功的大会，在中国建筑装饰协会领导下，以本次会议为新的起点，全面开创材料委工作的新局面。

我国化学建材发展回顾和前景

中国建筑装饰协会信息咨询委员会专家组专家
中国建材工业经济研究会新型建材专业委员会理事长
王少南

一、化学建材的由来和发展的重要意义

众所周知，水泥、钢材、木材是建筑工程中常用的三大建筑材料，而水泥、钢材是由天然无机物质、如矿物和黏土等为原材料制成的。直至 20 世纪中后期，国外研究开发了另一种新型建筑材料，它不用矿物、黏土等为原材料，而是以石油化工为主要原料，用合成的方法制取的，这类材料，我国称之为化学建材。这类建筑材料随着石油化工的科技发展，成型加工和应用技术的提高，品种日新月异，功能和质量在不断提高，其应用领域也不断扩大。这类建材目前主要包括塑料门窗、塑料管道、塑料壁纸、塑料地板、塑料装饰板、泡沫塑料保温材料、建筑涂料、建筑防水、密封材料、建筑胶粘剂等各类产品。化学建材在国内外已发展成为在建

筑工程中不可缺少的一类建筑材料，故被誉为继水泥、钢材、木材之后，第四大类建筑材料。

化学建材一般都具有轻质、高强、耐腐蚀、不霉、不蛀、保温、隔热、吸声、外形美观、易于成型等优良特性，特别在节能、节土、节水、代木等方面具有明显的技术经济优势。因此，它登上现代建筑业的舞台，显示了强大的生命力和广阔的发展前景。

化学建材一般生产效率较高，科技含量高、附加值高，它的发展和应用，对促进我国建材工业的产品结构调整，加快新型建材的发展具有重要意义；它的发展对推动我国石油化工、塑料加工等产业的发展、对促进我国建筑技术水平的发展、建筑功能的提高、建筑居住环境的改善、促进我国建筑业的现代化，对推动国民经济的发展起着重要的作用。建筑塑料制品是一种很好的节能、节木、节土型建筑材料，用以取代部分传统的建筑材料制品，将节约大量宝贵的天然资源，大大降低建筑材料制品的生产能耗和建筑物的使用能耗。保护我国森林资源、保持生态平衡、贯彻可持续发展的方针具有重要意义。

二、化学建材发展历程和存在的主要问题

1. 发展历程

我国化学建材早在20世纪50年代末期就开始研制、生产和应用，但由于当时国民经济和建筑水平比较低，原料的产量也不大，品种也不多，所以发展很缓慢。直到70年代末期，随着我们改革开放和国民经济的迅速发展，化学建材开始受到有关领导部门的重视，从而走上了有组织、有领导、有计划的发展道路，这20多年来，大体可划分为两个发展阶段：第一阶段是1981年至1992年，重点是打基础的阶段，在国家科委的重视和支持下，于1981年12月，在北京由原化工部（牵头单位）、轻工部、国家建材总局、国家建工总局正式成立了化学建材专业组，各地相应成立了分组，全面推动这项工作。这阶段的主要任务是打基础，编制科技发展规划，确定主攻方向，组织科技攻关，引进并建设生产装置，安排原材料配套，开展工程试点，掌握应用技术。第二阶段是1992年到现在，在原国家经贸委领导下，组成了由建设部牵头，化工部、轻工总会、国家建材局、中国石化总公司参加的全国化学建材协调组，重点抓推广应用，大力开拓市场。协调组在有关委、部的关怀和支持下，于1994年8月31日至9月1日在北京召开了"全国化学建材推广应用协调工作会议"，制订了推广应用计划，明确了奋斗目标和工作重点，对下一步工作进行了具体部署。同时提出了《关于加强我国化学建材生产和应用协调发展的若干意见》，并报国务院审批后，由各地实施。这次会议，既是全国化学建材推广应用协调会，又是全国化学建材又一次新的动员大会，对我国化学建材的发展产生了重大影响。

我国化学建材，在各部门、各地区的共同努力下，20多年来，取得了举世瞩目的成绩，已形成了一个新兴的产业，主要表现在以下几个方面：

（1）建立了一批以石油化工为基础的化学建材原材料基地。

（2）建立了成万座化学建材工厂，主要产品已形成了相当的生产规模。

（3）产品工程应用取得了良好的效果，社会、经济效益显著。

（4）不同花色品种、不同档次的化学建材的发展，为改善我国城乡居民的居住条件和改善城镇的面貌作出了贡献。

（5）化学建材技术水平有了明显提高，取得了一批具有国内先进水平的科研成果。

（6）初步建成了一支科研、设计、教育、生产、施工、流通相结合的队伍。

（7）制定了一批标准和规范，建立了有关的质量检测机构。

2. 存在的主要问题

（1）缺乏宏观规划、低水平重复建设尚相当严重。由于对化学建材的发展缺乏宏观规划、指导，信息的导向作用发挥得不够，各地区、各部门之间缺乏统一规划和协调，造成盲目、重复、低水平建设仍相当严重，投资效果发挥得不够理想。如塑料异型材、铝塑复合管等化学建材的项目建设，缺乏统一规划和宏观指导，局部地区生产能力严重过剩，设备开工率低，由于生产雷同、缺乏市场竞争力、被迫限产和停产，造成严重亏损。塑料管材和管件的发展比例严重失调又是盲目发展的一例。据调查统计，我们目前管材和管件的生产能力配比为15：1，而国外正常应用配比为8：1，由于管件的生产能力过小，管材的生产能力就不能很好的发挥。

（2）企业规模小、经济效益差，市场竞争能力低。我国化学建材企业生产规模偏小，达不到经济生产规模，企业生产效率低、生产成本高、经济效益差、发展根基脆弱、市场竞争能力低。我国建筑涂料生产企业，据不完全统计，约在4000家以上，绝大部分是小、土、散的企业，生产规模在1000 t/年以下，而生产达万吨以上规模的很少，占不到1%。国外大公司的涂料厂，年产量都在几万吨乃至几十万吨，品种系列配套，生产效率高，产品质量稳定，成本低。国内涂料厂，由于规模小，品质单一，不能形成系列、配套，生产效率低、效益差。

塑料门窗、塑料管材等化学建材产品也有类似的情况。

（3）原材料、辅料短缺、价高。原材料、辅料、助剂短缺一直是困扰我国化学建材产品质量的提高和发展的瓶颈。如塑料管生产所用的PP和PE树脂，国外牌号很多，形成系列，用户可根据不同用途需要选择不同的牌号专用料。而目前我国PE和PP树脂产量都较大，但适合做管材的树脂不多，尤其适用做城市供水、城市燃气输送用的PE管专用料和建筑冷热水用的PP-R专用料更少。再如：建

筑涂料用助剂，国外品种系列配套，针对不同的涂料品种，不同的要求，都配备有相应的助剂，可选性很强。而我国目前建筑涂料所用的助剂品种较少，且性能较差，由于品种少，常常是采用一种助剂来对付不同的场合，因此，国产涂料在开罐效果、施工性能等方面与国外名牌产品相比，尚有一定差距。

某些原材料，不但紧缺、价高，且质量不稳定，生产中常发现同一厂家不同批号的产品质量差异很大，给化学建材生产厂家在生产工艺和产品质量的控制上造成很大困难。

（4）产品质量不稳定，产品流通市场混乱。目前，国内化学建材产品质量不稳定仍是较为突出的问题，究其原因是多方面的，但最主要的原因是生产企业不严格按配方、工艺规程和产品标准进行生产造成的。

如一些地区出现的门窗变形、型材变色、五金件损坏脱落、密封条开裂等质量问题，主要是门窗生产企业不严格按科学配方、以次充好造成的。再加上流通市场管理不规范，对假冒伪劣产品的打击力度不够，一些制品生产企业，为压低价格条件下仍能获利润，在工艺制作，安装等环节上偷工减料，以假乱真，造成了市场的混乱，严重破坏了塑料门窗的声誉。

（5）产品结构不合理、科技投入不足、创新能力差。目前，我国化学建材产品结构不合理主要表现在高档产品过少，中低档产品过多，产品雷同，规模小，系列不全，配套性差。如建筑涂料，高档产品过少，中低档过多。塑料管，小口径多，大口径少，工程应用选择余地少。

化学建材行业从整体来说，科技投入不足，创新能力差，与企业应成为技术创新主体的国家要求尚较远。在科技开发中，引进的多、消化吸收的少、仿制的多、创新的少。科技经费投入国外工业发达国家一般为产品销售额的6%左右，而目前我国企业科技资金投入在 0.6%～1.0%之间，差距很大。

三、化学建材发展的指导思想和近期的发展目标

1. 指导思想

今后 20 年我国化学建材发展的指导思想是：以提高产品质量、水平、档次、效益为中心，以国内外两个市场需求为导向，以开发节能、节水、节土、代木、绿色环保和多样性为重点。以科技进步和技术创新为先导。加强科研、设计、生产、施工和应用的联合，调整优化产品结构，提高产品质量和功能，增加产品规格和品种，形成某种化学建材产品为核心，包括原材料、生产设备、施工机具、配套材料在内的产业链，实现规模生产经营，逐步完善化学建材产业的技术创新体系、生产管理体系、市场供需体系和售后服务体系。力争到 2020 年，建成能适应国民经济高速发展需要，在国际市场有一定竞争能力的现代化化学建材体系。

2. 近期的发展目标

按全国化学建材协调组组织编写的《国家化学建材"十五"计划和 2010 年发展规模纲要》要求：

（1）2005 年发展目标

① 塑料门窗。以推广 UPVC 塑料门窗为主。到 2005 年，塑料门窗在全国的建筑门窗市场占有率达到 20%以上，其中采暖地区的塑料门窗占有率达到 50%以上，其他有建筑节能要求的地区塑料门窗应用比例不低于 35%。

② 塑料管。以推广 UPVC 和 PE 塑料管为主，并大力发展其他新型塑料管。到 2005 年，塑料管在全国各类管道中市场占有率达到 50%以上。其中：建筑排水管道 70%采用塑料管；建筑雨水排水管道 50%采用塑料管；城市排水管道 60%采用塑料管；建筑给水、热水供应和供暖管道 60%采用塑料管；城市供水管道（DN400mm 以下）50%采用塑料管；村镇供水管道 60%采用塑料管；城市燃气管道（中低压管）20%采用塑料管；建筑电线穿线护套管 80%采用塑料管。

③ 新型防水材料。重点发展改性沥青油毡，积极发展高分子防水卷材，适当发展防水涂料，努力开发密封材料和堵漏材料，到 2005 年新型防水材料在全国工程市场的占有率达到 50%。

④ 建筑涂料。随着建筑涂料的发展，经过淘汰、兼并、重组、联合发展等措施，到 2005 年，我国建筑涂料生产企业规模在 5000 t/年以上的占 10%，1000 t/年以上的占 40%。建筑涂料年产量达到 180 万 t。建筑涂料在外墙装饰中的应用占 45%左右。

（2）2010 年发展目标

① 塑料门窗。到 2010 年，塑料门窗在全国的塑料门窗市场占有率达到 30%，其中，建筑节能地区的塑料门窗占有率达到 50%，沿海地区达到 40%，其他地区达到 10%。

② 塑料管。到 2010 年，建筑排水管道 80%采用塑料管，建筑雨水排水管 70%采用塑料管，城市排水管道的塑料管使用量达到 30%，建筑给水、热水供应和供暖管 75%采用塑料管，城市供水管道（DN400mm 以下）70%采用塑料管，村镇供水管道 80%采用塑料管，城市燃气塑料管（中、低压管）的应用量达到 40%，建筑电线穿线护套管 90%采用塑料管。

③ 新型防水材料。新型防水材料在防水工程中占主导地位，达到 70%以上。逐步淘汰传统的纸胎油毡。

④ 建筑涂料。到 2010 年，建筑涂料企业生产规模 1000 t/年以上占 80%左右，建筑涂料的产量达到 300 万 t。建筑涂料在外墙装饰中的应用占 60%以上。

四、加速发展我国化学建材的几点建议

1. 加强宏观调控和行业管理

目前，我国化学建材行业的一个显著特点是中小企业居多，要使我国化学建材行业健康、持续、高速发展，需要强化政府的宏观调控和进行行业的有效管理。如规划、计划的编制与实施，政策法规的制定和贯彻，必要的行政干涉和指导，大

量的质量监督和技术信息服务工作，培育和规范市场行为以及协调企业行动等等，都要依靠政府有关部门和行业协会强化行业的管理工作，才能促进化学建材行业健康向前发展。

当前各级政府和行业主管部门要在科学预测化学建材产业发展趋势的基础上，编制好本地区、本行业的发展规划，指导解决原料和产品生产、设备和机具制造及工程应用等方面的协调发展问题，对生产布局、企业规模、产品系列等带有全局性、结构性的重要问题做出全面规划，引导化学建材产业走上布局合理、规模适度、规范有序的发展轨道。

2. 强化产品质量和配套工作

产品质量是企业的生命线，是我们工作重中之重。国家和企业、企业和用户的共同点就是产品质量，企业必须紧紧依靠质量创信誉、创名牌，不能用短期行为或不正当行为，靠劣质假冒产品获得实惠。为杜绝假冒伪劣产品流入市场，建议国家有关部门和行业协会建立有效的质量监督机构，认真贯彻国家公布的《产品质量法》和《反不正当竞争法》。制定从生产到流通乃至施工应用等部门层层把好质量关，把产品质量和施工安装质量提高到一个新的水平。

各生产企业要建立和健全质量保证体系，严格按产品标准进行生产；各建筑施工单位，从材料采购到施工，要建立责任制，按施工规范进行施工，并实行工程质量保证期制度；各有关质量监督机构切实加强质量监督管理，做好产品质量合格证的发放和建立产品质量认证制度。

以建筑市场为导向，努力发展系列化、配套化的产品。这里讲的配套是广义的配套，有产品本身内部的配套，有产品间乃至应用技术、产品标准、施工规程、验收规范的配套等等。例如塑料管道，不但要求本身规格系列配套，还必须有相应的管件、密封圈、粘结剂以及工程应用的施工和验收规范的配套等等。其中有某一环节没有解决好都有碍于塑料管的正常使用和发展。

3. 促进一批大型企业集团的形成和发展

目前，国内化学建材企业一般生产规模比较小，由于规模小，产品品种系列少、成本高、生产效率低、市场竞争能力脆弱。一些国外知名公司，通过各种途径，已经或正在进入中国市场，他们的着眼点不是一时的利润，而是"抢滩占地"。特别是我国加入 WTO 后，国内企业面临着越来越激烈的国际竞争。国际竞争的大格局和大趋势，不可能允许我国化学建材企业如此分散地参与国际竞争。改变国内化学建材企业小、土、散、差的现状，尽快培育在国际市场上具有竞争能力的"重量级选手"，已是非常紧迫、不可回避的选择，为此建议采取必要的政策引导和适当行政协调的方式，有计划地重点扶植一些有条件的企业为核心，以资产为纽带，以名牌产品为龙头，组建一批跨地区、跨行业、符合专业分工又有规模经济的大型企业集团，成为"规模大、技术高、牌子响、效益好"的行业排头兵，成为具有国际竞争能力的大型企业。

4. 大力调整产业和产品结构

当前化学建材行业产业和产品结构不尽合理，需要下大力气进行调整才能改变企业规模小、生产工艺落后、产品档次低、质量不稳定、低水平重复建设、地区发展不平衡等问题。根据国家主管部门和行业协会的要求，化学建材企业的生产能力要努力达到如下规模：塑料门窗型材的生产企业 6000t 以上，塑料门窗组装企业 10 万m^2以上；UPVC 塑料管生产企业 1 万 t 以上；建筑涂料生产企业 1000t 以上。近期的产品结构：塑料门窗要针对不同气候地区、不同应用环境和不同建筑类型的需要，发展满足建筑节能、提高建筑性能的不同系列窗型，解决好门窗配件的标准化和通用互换性问题，逐步限制淘汰不符合产业技术发展方向的各种低性能门窗。塑料管要推广应用 UPVC、PE、玻璃钢夹砂管、塑料金属复合管、无规聚丙烯（PP-R）管道等，大力开发新型复合改性管和配套配件，逐步限制、淘汰镀锌钢管、传统铸铁管。建筑涂料将向减少挥发性有机化合物（VOC）、耐候性好、水性化和功能复合方向发展。内墙涂料要发展环保型乳胶漆，外墙涂料要发展高耐候性、高耐玷污性、高保色性和低毒性发展。

5. 加大创新力度，用高新技术改造现有产品，提高行业整体技术水平

我国化学建材行业，从整体来说，产品科技含量较低，产品雷同，产品国际市场竞争能力低。有条件的企业，都应该组建科技研究开发机构，加大科技投入，加大创新力度，采用高新技术和成熟先进的适用技术改造现有产品，提高产品的科技含量、质量和档次。近年来，一些单位，在高新技术产品的开发中，跟踪国外技术发展趋势，与科研单位、高等院校联合，应用纳米技术、有机无机复合、共混技术、二氧化钛光催技术、稀土技术等高新技术，取得了可喜的成果，为行业整体技术水平提高展示了美好的发展前景。

6. 要以战略的高度，加强高素质人才的培养

加入 WTO 后，我国化学建材将面临着激烈的国际市场竞争。我国化学建材要跻身于世界之林，就要尽快培养一批既懂专业技术、又熟悉现代化市场经济制度、国际通行法律以及精通外语的外向型复合人才。

当前，化学建材行业管理人才尤为缺乏，有条件的单位应有计划地定期对企业高、中级经营管理人员进行培训，使他们了解掌握生产管理知识、市场营销认识，努力做到决策科学、管理有效、经营有方。

7. 加快绿色化学建材的发展，提高国际市场竞争力

随着人民生活水平的提高，绿色环保意识的增强，绿色化学建材将是 21 世纪化学建材的发展方向，也将是 21 世纪消费的热点。为此，工业发达国家都非常重视绿色化学建材的发展，都纷纷投入巨资研究开发各种新型绿色化学建材。对绿色化学建材在 21 世纪的战略地位，在国际市场上的战略地位，我们要有足够的认识，努力发展各种新型绿色化学建材产品，以满足我国经济建设需要，并提高国际市场的竞争力。

第四部分

政策法规

·市场管理·

关于印发《建设工程价款结算暂行办法》的通知

财建[2004]369号

党中央有关部门，国务院各部委、各直属机构，有关人民团体，各中央管理企业，各省、自治区、直辖市、计划单列市财政厅（局）、建设厅（委、局），新疆生产建设兵团财务局：

为了维护建设市场秩序，规范建设工程价款结算活动，按照国家有关法律、法规，我们制订了《建设工程价款结算暂行办法》。现印发给你们，请贯彻执行。

附件：建设工程价款结算暂行办法

中华人民共和国财政部
中华人民共和国建设部
二〇〇四年十月二十日

附件：

建设工程价款结算暂行办法

第一章　总　则

第一条　为加强和规范建设工程价款结算，维护建设市场正常秩序，根据《中华人民共和国合同法》、《中华人民共和国建筑法》、《中华人民共和国招标投标法》、《中华人民共和国预算法》、《中华人民共和国政府采购法》、《中华人民共和国预算法实施条例》等有关法律、行政法规制订本办法。

第二条　凡在中华人民共和国境内的建设工程价款结算活动，均适用本办法。国家法律法规另有规定的，从其规定。

第三条　本办法所称建设工程价款结算（以下简称“工程价款结算”），是指对建设工程的发承包合同价款进行约定和依据合同约定进行工程预付款、工程进度款、工程竣工价款结算的活动。

第四条　国务院财政部门、各级地方政府财政部门和国务院建设行政主管部门、各级地方政府建设行政主管部门在各自职责范围内负责工程价款结算的监督管理。

第五条　从事工程价款结算活动，应当遵循合法、平等、诚信的原则，并符合国家有关法律、法规和政策。

第二章　工程合同价款的约定与调整

第六条　招标工程的合同价款应当在规定时间内，依据招标文件、中标人的投标文件，由发包人与承包人（以下简称“发、承包人”）订立书面合同约定。

非招标工程的合同价款依据审定的工程预（概）算书由发、承包人在合同中约定。

合同价款在合同中约定后，任何一方不得擅自改变。

第七条　发包人、承包人应当在合同条款中对涉及工程价款结算的下列事项进行约定：

（一）预付工程款的数额、支付时限及抵扣方式；

（二）工程进度款的支付方式、数额及时限；

（三）工程施工中发生变更时，工程价款的调整方法、索赔方式、时限要求及金额支付方式；

（四）发生工程价款纠纷的解决方法；

（五）约定承担风险的范围及幅度以及超出约定范围和幅度的调整办法；

（六）工程竣工价款的结算与支付方式、数额及时限；

（七）工程质量保证（保修）金的数额、预扣方式及时限；

（八）安全措施和意外伤害保险费用；

（九）工期及工期提前或延后的奖惩办法；

（十）与履行合同、支付价款相关的担保事项。

第八条　发、承包人在签订合同时对于工程价款的约定，可选用下列一种约定方式：

（一）固定总价。合同工期较短且工程合同总价较低的工程，可以采用固定总价合同方式。

（二）固定单价。双方在合同中约定综合单价包含的风险范围和风险费用的计算方法，在约定的风险范围内综合单价不再调整。风险范围以外的综合单价调整方法，应当在合同中约定。

（三）可调价格。可调价格包括可调综合单价和措施费等，双方应在合同中约定综合单价和措施费的调整方法，调整因素包括：

1. 法律、行政法规和国家有关政策变化影响合同价款；
2. 工程造价管理机构的价格调整；
3. 经批准的设计变更；
4. 发包人更改经审定批准的施工组织设计（修正错误除外）造成费用增加；
5. 双方约定的其他因素。

第九条　承包人应当在合同规定的调整情况发生后14天内，将调整原因、金额以书面形式通知发包人，发包人确认调整金额后将其作为追加合同价款，与工程进度款同期支付。发包人收到承包人通知后 14 天内不予确认也不提出修改意见，视为已经同意该项调整。

当合同规定的调整合同价款的调整情况发生后，承包人未在规定时间内通知发包人，或者未在规定时间内提出调整报告，发包人可以根据有关资料，决定是否调整和调整的金额，并书面通知承包人。

第十条　工程设计变更价款调整

（一）施工中发生工程变更，承包人按照经发包人认可的变更设计文件，进行变更施工，其中，政府投资项目重大变更，需按基本建设程序报批后方可施工。

（二）在工程设计变更确定后 14 天内，设计变更涉及工程价款调整的，由承包人向发包人提出，经发包人审核同意后调整合同价款。变更合同价款按下列方法进行：

1. 合同中已有适用于变更工程的价格，按合同已有的价格变更合同价款；

2. 合同中只有类似于变更工程的价格，可以参照类似价格变更合同价款；

3. 合同中没有适用或类似于变更工程的价格，由承包人或发包人提出适当的变更价格，经对方确认后执行。如双方不能达成一致的，双方可提请工程所在地工程造价管理机构进行咨询或按合同约定的争议或纠纷解决程序办理。

（三）工程设计变更确定后 14 天内，如承包人未提出变更工程价款报告，则发包人可根据所掌握的资料决定是否调整合同价款和调整的具体金额。重大工程变更涉及工程价款变更报告和确认的时限由发承包双方协商确定。

收到变更工程价款报告一方，应在收到之日起 14 天内予以确认或提出协商意见，自变更工程价款报告送达之日起 14 天内，对方未确认也未提出协商意见时，视为变更工程价款报告已被确认。

确认增（减）的工程变更价款作为追加（减）合同价款与工程进度款同期支付。

第三章　工程价款结算

第十一条　工程价款结算应按合同约定办理，合同未作约定或约定不明的，发、承包双方应依照下列规定与文件协商处理：

（一）国家有关法律、法规和规章制度；

（二）国务院建设行政主管部门、省、自治区、直辖市或有关部门发布的工程造价计价标准、计价办法等有关规定；

（三）建设项目的合同、补充协议、变更签证和现场签证，以及经发、承包人认可的其他有效文件；

（四）其他可依据的材料。

第十二条　工程预付款结算应符合下列规定：

（一）包工包料工程的预付款按合同约定拨付，原则上预付比例不低于合同金额的 10%，不高于合同金额的 30%，对重大工程项目，按年度工程计划逐年预付。计价执行《建设工程工程量清单计价规范》（GB50500—2003）的工程，实体性消耗和非实体性消耗部分应在合同中分别约定预付款比例。

（二）在具备施工条件的前提下，发包人应在双方签订合同后的一个月内或不迟于约定的开工日期前的 7 天内预付工程款，发包人不按约定预付，承包人应在预付时间到期后 10 天内向发包人发出要求预付的通知，发包人收到通知后仍不按要求预付，承包人可在发出通知 14 天后停止施工，发包人应从约定应付之日起向承包人支付应付款的利息（利率按同期银行贷款利率计），并承担违约责任。

（三）预付的工程款必须在合同中约定抵扣方式，并在工程进度款中进行抵扣。

（四）凡是没有签订合同或不具备施工条件的工程，发包人不得预付工程款，不得以预付款为名转移资金。

第十三条　工程进度款结算与支付应当符合下列规定：

（一）工程进度款结算方式

1. 按月结算与支付。即实行按月支付进度款，竣工后清算的办法。合同工期在两个年度以上的工程，在年终进行工程盘点，办理年度结算。

2. 分段结算与支付。即当年开工、当年不能竣工的工程按照工程形象进度，划分不同阶段支付工程进度款。具体划分在合同中明确。

（二）工程量计算

1. 承包人应当按照合同约定的方法和时间，向发包人提交已完工程量的报告。发包人接到报告后 14 天内核实已完工程量，并在核实前 1 天通知承包人，承包人应提供条件并派人参加核实，承包人收到通知后不参加核实，以发包人核实的工程量作为工程价款支付的依据。发包人不按约定时间通知承包人，致使承包人未能参加核实，核实结果无效。

2. 发包人收到承包人报告后 14 天内未核实完工程量，从第 15 天起，承包人报告的工程量即视为被确认，作为工程价款支付的依据，双方合同另有约定的，按合同执行。

3. 对承包人超出设计图纸（含设计变更）范围和因承包人原因造成返工的工程量，发包人不予计量。

（三）工程进度款支付

1. 根据确定的工程计量结果，承包人向发包人提出支付工程进度款申请，14 天内，发包人应按不低于工程价款的 60%，不高于工程价款的 90%向承包人支付工程进度款。按约定时间发包人应扣回的预付款，与工程进度款同期结算抵扣。

2. 发包人超过约定的支付时间不支付工程进度款，承包人应及时向发包人发出要求付款的通知，发包人收到承包人通知后仍不能按要求付款，可与承包人协商签订延期付款协议，经承包人同意后可延期支付，协议应明确延期支付的时间和从工程计量结果确认后第 15 天起计算应付款的利息（利率按同期银行贷款利率计）。

3. 发包人不按合同约定支付工程进度款，双方又未达成延期付款协议，导致施工无法进行，承包人可停止施工，由发包人承担违约责任。

第十四条　工程完工后，双方应按照约定的合同价款及合同价款调整内容以及索赔事项，进行工程竣工结算。

（一）工程竣工结算方式

工程竣工结算分为单位工程竣工结算、单项工程竣工结算和建设项目竣工总结算。

（二）工程竣工结算编审

1．单位工程竣工结算由承包人编制，发包人审查；实行总承包的工程，由具体承包人编制，在总包人审查的基础上，发包人审查。

2．单项工程竣工结算或建设项目竣工总结算由总（承）包人编制，发包人可直接进行审查，也可以委托具有相应资质的工程造价咨询机构进行审查。政府投资项目，由同级财政部门审查。单项工程竣工结算或建设项目竣工总结算经发、承包人签字盖章后有效。

承包人应在合同约定期限内完成项目竣工结算编制工作，未在规定期限内完成的并且提不出正当理由延期的，责任自负。

（三）工程竣工结算审查期限

单项工程竣工后，承包人应在提交竣工验收报告的同时，向发包人递交竣工结算报告及完整的结算资料，发包人应按以下规定时限进行核对（审查）并提出审查意见。

	工程竣工结算报告金额	审查时间
1	500万元以下	从接到竣工结算报告和完整的竣工结算资料之日起20天
2	500万元－2000万元	从接到竣工结算报告和完整的竣工结算资料之日起30天
3	2000万元－5000万元	从接到竣工结算报告和完整的竣工结算资料之日起45天
4	5000万元以上	从接到竣工结算报告和完整的竣工结算资料之日起60天

建设项目竣工总结算在最后一个单项工程竣工结算审查确认后15天内汇总，送发包人后30天内审查完成。

（四）工程竣工价款结算

发包人收到承包人递交的竣工结算报告及完整的结算资料后，应按本办法规定的期限（合同约定有期限的，从其约定）进行核实，给予确认或者提出修改意见。发包人根据确认的竣工结算报告向承包人支付工程竣工结算价款，保留5%左右的质量保证（保修）金，待工程交付使用一年质保期到期后清算（合同另有约定的，从其约定），质保期内如有返修，发生费用应在质量保证（保修）金内扣除。

（五）索赔价款结算

发承包人未能按合同约定履行自己的各项义务或发生错误，给另一方造成经济损失的，由受损方按合同约定提出索赔，索赔金额按合同约定支付。

（六）合同以外零星项目工程价款结算

发包人要求承包人完成合同以外零星项目，承包人应在接受发包人要求的7天内就用工数量和单价、机械台班数量和单价、使用材料和金额等向发包人提出施工签证，发包人签证后施工，如发包人未签证，承包人施工后发生争议的，责任由承包人自负。

第十五条　发包人和承包人要加强施工现场的造价控制，及时对工程合同外的事项如实纪录并履行书面手续。凡由发、承包双方授权的现场代表签字的现场签证以及发、承包双方协商确定的索赔等费用，应在工程竣工结算中如实办理，不得因发、承包双方现场代表的中途变更改变其有效性。

第十六条　发包人收到竣工结算报告及完整的结算资料后，在本办法规定或合同约定期限内，对结算报告及资料没有提出意见，则视同认可。

承包人如未在规定时间内提供完整的工程竣工结算资料，经发包人催促后14天内仍未提供或没有明确答复，发包人有权根据已有资料进行审查，责任由承包人自负。

根据确认的竣工结算报告，承包人向发包人申请支付工程竣工结算款。发包人应在收到申请后15天内支付结算款，到期没有支付的应承担违约责任。承包人可以催告发包人支付结算价款，如达成延期支付协议，承包人应按同期银行贷款利率支付拖欠工程价款的利息。如未达成延期支付协议，承包人可以与发包人协商将该工程折价，或申请人民法院将该工程依法拍卖，承包人就该工程折价或者拍卖的价款优先受偿。

第十七条　工程竣工结算以合同工期为准，实际施工工期比合同工期提前或延后，发、承包双方应按合同约定的奖惩办法执行。

第四章　工程价款结算争议处理

第十八条　工程造价咨询机构接受发包人或承包人委托，编审工程竣工结算，应按合同约定和实际履约事项认真办理，出具的竣工结算报告经发、承包双方签字后生效。当事人一方对报告有异议的，可对工程结算中有异议部分，向有关部门申请咨询后协商处理，若不能达成一致的，双方可按合同约定的争议或纠纷解决程序办理。

第十九条　发包人对工程质量有异议，已竣工验收或已竣工未验收但实际投入使用的工程，其质量争议按该工程保修合同执行；已竣工未验收且未实际投入使用的工程以及停工、停建工程的质量争议，应当就有争议部分的竣工结算暂缓办理，双方可就有争议的工程委托有资质的检测鉴定机构进行检测，根据检测结果确定解决方案，或按工程质量监督机构的处理决定执行，其余部分的竣工结算依照约定办理。

第二十条　当事人对工程造价发生合同纠纷时，可通过下列办法解决：

（一）双方协商确定；

（二）按合同条款约定的办法提请调解；

（三）向有关仲裁机构申请仲裁或向人民法院起诉。

第五章　工程价款结算管理

第二十一条　工程竣工后，发、承包双方应及时办清工程竣工结算，否则，工程不得交付使用，有关部门不予办理权属登记。

第二十二条　发包人与中标的承包人不按照招标文件和

中标的承包人的投标文件订立合同的，或者发包人、中标的承包人背离合同实质性内容另行订立协议，造成工程价款结算纠纷的，另行订立的协议无效，由建设行政主管部门责令改正，并按《中华人民共和国招标投标法》第五十九条进行处罚。

第二十三条 接受委托承接有关工程结算咨询业务的工程造价咨询机构应具有工程造价咨询单位资质，其出具的办理拨付工程价款和工程结算的文件，应当由造价工程师签字，并应加盖执业专用章和单位公章。

第六章 附 则

第二十四条 建设工程施工专业分包或劳务分包，总（承）包人与分包人必须依法订立专业分包或劳务分包合同，按照本办法的规定在合同中约定工程价款及其结算办法。

第二十五条 政府投资项目除执行本办法有关规定外，地方政府或地方政府财政部门对政府投资项目合同价款约定与调整、工程价款结算、工程价款结算争议处理等事项，如另有特殊规定的，从其规定。

第二十六条 凡实行监理的工程项目，工程价款结算过程中涉及监理工程师签证事项，应按工程监理合同约定执行。

第二十七条 有关主管部门、地方政府财政部门和地方政府建设行政主管部门可参照本办法，结合本部门、本地区实际情况，另行制订具体办法，并报财政部、建设部备案。

第二十八条 合同示范文本内容如与本办法不一致，以本办法为准。

第二十九条 本办法自公布之日起施行。

关于审理建设工程施工合同纠纷案件适用法律问题的解释

法释[2004]14号

2004《最高人民法院关于审理建设工程施工合同纠纷案件适用法律问题的解释》已于2004年9月29日由最高人民法院审判委员会第1327次会议通过，现予公布，自2005年1月1日起施行。

最高人民法院

二〇〇四年十月二十五日

关于审理建设工程施工合同纠纷案件适用法律问题的解释

根据《中华人民共和国民法通则》、《中华人民共和国合同法》、《中华人民共和国招标投标法》、《中华人民共和国民事诉讼法》等法律规定，结合民事审判实际，就审理建设工程施工合同纠纷案件适用法律的问题，制定本解释。

第一条 建设工程施工合同具有下列情形之一的，应当根据合同法第五十二条第（五）项的规定，认定无效：

（一）承包人未取得建筑施工企业资质或者超越资质等级的；

（二）没有资质的实际施工人借用有资质的建筑施工企业名义的；

（三）建设工程必须进行招标而未招标或者中标无效的。

第二条 建设工程施工合同无效，但建设工程经竣工验收合格，承包人请求参照合同约定支付工程价款的，应予支持。

第三条 建设工程施工合同无效，且建设工程经竣工验收不合格的，按照以下情形分别处理：

（一）修复后的建设工程经竣工验收合格，发包人请求承包人承担修复费用的，应予支持；

（二）修复后的建设工程经竣工验收不合格，承包人请求支付工程价款的，不予支持。

因建设工程不合格造成的损失，发包人有过错的，也应承担相应的民事责任。

第四条 承包人非法转包、违法分包建设工程或者没有资质的实际施工人借用有资质的建筑施工企业名义与他人签订建设工程施工合同的行为无效。人民法院可以根据民法通则第一百三十四条规定，收缴当事人已经取得的非法所得。

第五条 承包人超越资质等级许可的业务范围签订建设工程施工合同，在建设工程竣工前取得相应资质等级，当事人请求按照无效合同处理的，不予支持。

第六条 当事人对垫资和垫资利息有约定，承包人请求按照约定返还垫资及其利息的，应予支持，但是约定的利息计算标准高于中国人民银行发布的同期同类贷款利率的部分除外。

当事人对垫资没有约定的，按照工程欠款处理。

当事人对垫资利息没有约定，承包人请求支付利息的，不予支持。

第七条 具有劳务作业法定资质的承包人与总承包人、分包人签订的劳务分包合同，当事人以转包建设工程违反法律规定为由请求确认无效的，不予支持。

第八条 承包人具有下列情形之一，发包人请求解除建设工程施工合同的，应予支持：

（一）明确表示或者以行为表明不履行合同主要义务的；

（二）合同约定的期限内没有完工，且在发包人催告的合理期限内仍未完工的；

（三）已经完成的建设工程质量不合格，并拒绝修复的；

（四）将承包的建设工程非法转包、违法分包的。

第九条 发包人具有下列情形之一，致使承包人无法施工，且在催告的合理期限内仍未履行相应义务，承包人请求解除建设工程施工合同的，应予支持：

（一）未按约定支付工程价款的；

（二）提供的主要建筑材料、建筑构配件和设备不符合强制性标准的；

（三）不履行合同约定的协助义务的。

第十条 建设工程施工合同解除后，已经完成的建设工程质量合格的，发包人应当按照约定支付相应的工程价款；已经完成的建设工程质量不合格的，参照本解释第三条规定处理。

因一方违约导致合同解除的，违约方应当赔偿因此而给对方造成的损失。

第十一条 因承包人的过错造成建设工程质量不符合约定，承包人拒绝修理、返工或者改建，发包人请求减少支付工程价款的，应予支持。

第十二条 发包人具有下列情形之一，造成建设工程质量缺陷，应当承担过错责任：

（一）提供的设计有缺陷；

（二）提供或者指定购买的建筑材料、建筑构配件、设备不符合强制性标准；

（三）直接指定分包人分包专业工程。

承包人有过错的，也应当承担相应的过错责任。

第十三条 建设工程未经竣工验收，发包人擅自使用后，又以使用部分质量不符合约定为由主张权利的，不予支持；但是承包人应当在建设工程的合理使用寿命内对地基基础工程和主体结构质量承担民事责任。

第十四条 当事人对建设工程实际竣工日期有争议的，按照以下情形分别处理：

（一）建设工程经竣工验收合格的，以竣工验收合格之日为竣工日期；

（二）承包人已经提交竣工验收报告，发包人拖延验收的，以承包人提交验收报告之日为竣工日期；

（三）建设工程未经竣工验收，发包人擅自使用的，以转移占有建设工程之日为竣工日期。

第十五条 建设工程竣工前，当事人对工程质量发生争议，工程质量经鉴定合格的，鉴定期间为顺延工期期间。

第十六条 当事人对建设工程的计价标准或者计价方法有约定的，按照约定结算工程价款。

因设计变更导致建设工程的工程量或者质量标准发生变化，当事人对该部分工程价款不能协商一致的，可以参照签订建设工程施工合同时当地建设行政主管部门发布的计价方法或者计价标准结算工程价款。

建设工程施工合同有效，但建设工程经竣工验收不合格的，工程价款结算参照本解释第三条规定处理。

第十七条 当事人对欠付工程价款利息计付标准有约定的，按照约定处理；没有约定的，按照中国人民银行发布的同期同类贷款利率计息。

第十八条 利息从应付工程价款之日计付。当事人对付款时间没有约定或者约定不明的，下列时间视为应付款时间：

（一）建设工程已实际交付的，为交付之日；

（二）建设工程没有交付的，为提交竣工结算文件之日；

（三）建设工程未交付，工程价款也未结算的，为当事人起诉之日。

第十九条 当事人对工程量有争议的，按照施工过程中形成的签证等书面文件确认。承包人能够证明发包人同意其施工，但未能提供签证文件证明工程量发生的，可以按照当事人提供的其他证据确认实际发生的工程量。

第二十条 当事人约定，发包人收到竣工结算文件后，在约定期限内不予答复，视为认可竣工结算文件的，按照约定处理。承包人请求按照竣工结算文件结算工程价款的，应予支持。

第二十一条 当事人就同一建设工程另行订立的建设工程施工合同与经过备案的中标合同实质性内容不一致的，应当以备案的中标合同作为结算工程价款的根据。

第二十二条 当事人约定按照固定价结算工程价款，一方当事人请求对建设工程造价进行鉴定的，不予支持。

第二十三条 当事人对部分案件事实有争议的，仅对有争议的事实进行鉴定，但争议事实范围不能确定，或者双方当事人请求对全部事实鉴定的除外。

第二十四条 建设工程施工合同纠纷以施工行为地为合同履行地。

第二十五条 因建设工程质量发生争议的，发包人可以以总承包人、分包人和实际施工人为共同被告提起诉讼。

第二十六条 实际施工人以转包人、违法分包人为被告起诉的，人民法院应当依法受理。

实际施工人以发包人为被告主张权利的，人民法院可以追加转包人或者违法分包人为本案当事人。发包人只在欠付工程价款范围内对实际施工人承担责任。

第二十七条 因保修人未及时履行保修义务，导致建筑物毁损或者造成人身、财产损害的，保修人应当承担赔偿责任。

保修人与建筑物所有人或者发包人对建筑物毁损均有过错的，各自承担相应的责任。

第二十八条 本解释自二〇〇五年一月一日起施行。

施行后受理的第一审案件适用本解释。

施行前最高人民法院发布的司法解释与本解释相抵触的，以本解释为准。

关于印发《建设工程项目管理试行办法》的通知

建市[2004]200号

各省、自治区建设厅，直辖市建委，国务院有关部门建设司，解放军总后营房部，山东、江苏省建管局，新疆生产建设兵团建设局，中央管理的有关企业：

现将《建设工程项目管理试行办法》印发给你们，请结合本地区、本部门实际情况认真贯彻执行。执行中有何问题，请及时告我部建筑市场管理司。

中华人民共和国建设部

二〇〇四年十一月十六日

建设工程项目管理试行办法

第一条　[目的和依据]　为了促进我国建设工程项目管理健康发展，规范建设工程项目管理行为，不断提高建设工程投资效益和管理水平，依据国家有关法律、行政法规，制定本办法。

第二条　[适用范围]　凡在中华人民共和国境内从事工程项目管理活动，应当遵守本办法。

本办法所称建设工程项目管理，是指从事工程项目管理的企业（以下简称项目管理企业），受工程项目业主方委托，对工程建设全过程或分阶段进行专业化管理和服务活动。

第三条　[企业资质]　项目管理企业应当具有工程勘察、设计、施工、监理、造价咨询、招标代理等一项或多项资质。

工程勘察、设计、施工、监理、造价咨询、招标代理等企业可以在本企业资质以外申请其他资质。企业申请资质时，其原有工程业绩、技术人员、管理人员、注册资金和办公场所等资质条件可合并考核。

第四条　[执业资格]　从事工程项目管理的专业技术人员，应当具有城市规划师、建筑师、工程师、建造师、监理工程师、造价工程师等一项或者多项执业资格。

取得城市规划师、建筑师、工程师、建造师、监理工程师、造价工程师等执业资格的专业技术人员，可在工程勘察、设计、施工、监理、造价咨询、招标代理等任何一家企业申请注册并执业。

取得上述多项执业资格的专业技术人员，可以在同一企业分别注册并执业。

第五条　[服务范围]　项目管理企业应当改善组织结构，建立项目管理体系，充实项目管理专业人员，按照现行有关企业资质管理规定，在其资质等级许可的范围内开展工程项目管理业务。

第六条　[服务内容]　工程项目管理业务范围包括：

（一）协助业主方进行项目前期策划，经济分析、专项评估与投资确定；

（二）协助业主方办理土地征用、规划许可等有关手续；

（三）协助业主方提出工程设计要求、组织评审工程设计方案、组织工程勘察设计招标、签订勘察设计合同并监督实施，组织设计单位进行工程设计优化、技术经济方案比选并进行投资控制；

（四）协助业主方组织工程监理、施工、设备材料采购招标；

（五）协助业主方与工程项目总承包企业或施工企业及建筑材料、设备、构配件供应等企业签订合同并监督实施；

（六）协助业主方提出工程实施用款计划，进行工程竣工结算和工程决算，处理工程索赔，组织竣工验收，向业主方移交竣工档案资料；

（七）生产试运行及工程保修期管理，组织项目后评估；

（八）项目管理合同约定的其他工作。

第七条　[委托方式]　工程项目业主方可以通过招标或委托等方式选择项目管理企业，并与选定的项目管理企业以书面形式签订委托项目管理合同。合同中应当明确履约期限，工作范围，双方的权利、义务和责任，项目管理酬金及支付方式，合同争议的解决办法等。

工程勘察、设计、监理等企业同时承担同一工程项目管理和其资质范围内的工程勘察、设计、监理业务时，依法应当招标投标的应当通过招标投标方式确定。

施工企业不得在同一工程从事项目管理和工程承包业务。

第八条　[联合投标]　两个及以上项目管理企业可以组成联合体以一个投标人身份共同投标。联合体中标的，联合体各方应当共同与业主方签定委托项目管理合同，对委托项目管理合同的履行承担连带责任。联合体各方应签订联合体协议，明确各方权利、义务和责任，并确定一方作为联合体的主要责任方，项目经理由主要责任方选派。

第九条　[合作管理]　项目管理企业经业主方同意，可以与其他项目管理企业合作，并与合作方签定合作协议，明确各方权利、义务和责任。合作各方对委托项目管理合同的履行承担连带责任。

第十条　[管理机构]　项目管理企业应当根据委托项目管理合同约定，选派具有相应执业资格的专业人员担任项目经理，组建项目管理机构，建立与管理业务相适应的管理体系，配备满足工程项目管理需要的专业技术管理人员，制定各专业项目管理人员的岗位职责，履行委托项目管理合同。

工程项目管理实行项目经理责任制。项目经理不得同时在两个及以上工程项目中从事项目管理工作。

第十一条　[服务收费]　工程项目管理服务收费应当根据受委托工程项目规模、范围、内容、深度和复杂程度等，由业主方与项目管理企业在委托项目管理合同中约定。

工程项目管理服务收费应在工程概算中列支。

第十二条　[执业原则]　在履行委托项目管理合同时，项目管理企业及其人员应当遵守国家现行的法律法规、工程建设程序，执行工程建设强制性标准，遵守职业道德，公平、科学、诚信地开展项目管理工作。

第十三条　[奖励]　业主方应当对项目管理企业提出并落实的合理化建议按照相应节省投资额的一定比例给予奖励。奖励比例由业主方与项目管理企业在合同中约定。

第十四条　[禁止行为]　项目管理企业不得有下列行为：

（一）与受委托工程项目的施工以及建筑材料、构配件和设备供应企业有隶属关系或者其他利害关系；

（二）在受委托工程项目中同时承担工程施工业务；

（三）将其承接的业务全部转让给他人，或者将其承接的业务肢解以后分别转让给他人；

（四）以任何形式允许其他单位和个人以本企业名义承接工程项目管理业务；

（五）与有关单位串通，损害业主方利益，降低工程质量。

第十五条　[禁止行为]　项目管理人员不得有下列行为：

（一）取得一项或多项执业资格的专业技术人员，不得同时在两个及以上企业注册并执业。

（二）收受贿赂、索取回扣或者其他好处；

（三）明示或者暗示有关单位违反法律法规或工程建设强制性标准，降低工程质量。

第十六条　[监督管理]　国务院有关专业部门、省级政府建设行政主管部门应当加强对项目管理企业及其人员市场行为的监督管理，建立项目管理企业及其人员的信用评价体系，对违法违规等不良行为进行处罚。

第十七条　[行业指导]　各行业协会应当积极开展工程项目管理业务培训，培养工程项目管理专业人才，制定工程项目管理标准、行为规则，指导和规范建设工程项目管理活动，加强行业自律，推动建设工程项目管理业务健康发展。

第十八条　本办法由建设部负责解释。

第十九条　本办法自 2004 年 12 月 1 日起执行。

建设部公告有关装饰装修行政许可事宜

2004 年 11 月 8 日，建设部发出公告第 278 号《关于建设部机关直接实施的行政许可事项有关规定和内容的公告》。公告指出：《关于建设部机关直接实施的行政许可事项有关规定和内容的公告》已经建设部第 45 次常务会议审议通过，现将建设部机关直接实施的行政许可事项的名称、依据、条件、数量、程序、期限、申请资料目录、办理机构等有关规定和内容公告如下，自公告之日起实施。本公告未涉及的其他具体办理工作流程，执行《建设部机关实施行政许可工作规程》的规定。

有关装饰装修的行政许可规定和内容是：

■建设工程设计单位资质核准

建筑装饰设计甲级资质由建设部审批；建筑装饰设计乙级及其以下资质由省、自治区、直辖市人民政府建设行政主管部门审批，报建设部备案。中央管理的企业直接向建设部申请。

（一）行政许可依据

1.《中华人民共和国建筑法》第十二条、十三条；

2.《建设工程勘察设计管理条例》第七条；

3.《建设工程质量管理条例》第十八条。

（二）行政许可条件

《建筑幕墙工程设计专项资质分级标准》（建设[2000]126 号），《建筑装饰设计资质分级标准》（建设[2001]9 号）。

上述文件在办理场所公开供查阅。

（三）申请材料目录

1. 工程设计资质申报表和电子文档；

2. 企业法人营业执照或合伙企业营业执照副本；

3. 企业章程或合伙人协议；

4．企业法定代表人或合伙企业执行人及主要技术负责人简历及任命（聘任）文件；

5．资质申报表中所列注册执业人员的资格证书或执业注册证书；

6．资质申报表中所列专业技术人员的职称证书、毕业证书、身份证明及个人业绩证明材料；

7．资质申报表中所列注册执业人员、专业技术人员原聘用单位的解聘证明及新单位的聘用证明和省级以上注册管理部门出具的同意注册或变更注册的证明。

企业申请资质增项的，需要提交上述第1、2、3、4、5、6项所列资料及原取得资质证书副本的复印件。

（四）行政许可程序

1．申请人先向所在地的省、自治区、直辖市人民政府建设行政主管部门提出申请，提交有关材料，中央管理的企业直接向建设部申请；

2．省、自治区、直辖市建设行政主管部门对申请材料进行初审，提出初审意见，并将初审意见和全部申请材料上报建设部；

（五）行政许可办理期限

初审期限为20个工作日。

建设部自收到初审意见和材料之日起，在20个工作日内作出决定；因故经分管部长批准，可延长10个工作日。在审批过程中，需要有关部门评审的，评审时间为20个工作日，需要组织专家评审的，评审时间为20个工作日，部门评审、专家评审均不计算在许可办理期限之内。

（六）行政许可数量

无数量限制。

（七）行政许可办理机构

建设部建筑市场管理司

（八）行政许可办理地址、联系电话

办理地址：北京市三里河路9号建设部主楼605房间

联系电话：010—68393487

■建筑业企业资质核准

施工总承包特级、一级和专业承包一级资质由建设部审批；其他由省、自治区、直辖市人民政府建设行政主管部门审批，报建设部备案。中央管理的企业直接向建设部申请。

（一）行政许可依据

《中华人民共和国建筑法》第十二条、十三条，《建设工程质量管理条例》第二十五条。

（二）行政许可条件

具体条件见《建筑业企业资质管理规定》（建设部令第87号），《建筑业企业资质管理规定实施意见》（建办建[2001]24号]，《建筑业企业资质等级标准》（建建[2001]82号）的规定。

上述文件在办理场所公开供查阅。

（三）申请材料目录

1．《建筑业企业资质申请表》（一式四份）和相应的电子文档；

2．企业法人营业执照副本和验资报告；

3．企业章程；

4．近三年财务决算年报表和统计年报表；

5．企业法定代表人和企业技术、财务负责人的任职文件、职称证书、身份证；

6．企业拥有的建造师执业资格注册证书、身份证、社会保险凭证；

7．企业拥有的中、高级工程技术人员的职称证书、身份证、社会保险凭证；

8．资质标准明确要求企业必须具有的特殊专业技术人员的职称证书、身份证、社会保险凭证；

9．资质标准明确要求企业具有自有设备、厂房的，企业需出具购置合同、发票、房屋产权证或房屋租赁合同等相应证明；

10．企业完成的达到资质标准要求的代表性工程的中标通知书、合同、验收等相关资料。

（四）行政许可程序

1．申请人先向所在地的省、自治区、直辖市人民政府建设行政主管部门提出申请，提交有关材料。其中，中央管理的企业直接向建设部申请；

2．省、自治区、直辖市建设行政主管部门对申请材料进行初审，提出初审意见，并将初审意见和全部申请材料上报建设部；

（五）行政许可办理期限

初审期限为20个工作日。

建设部自收到初审意见和材料之日起，在20个工作日内作出决定；因故经分管部长批准，可延长10个工作日。在审批过程中，需要有关部门评审的，评审时间为20个工作日，专家评审20个工作日，专家评审意见在有关媒体上公示10个工作日，部门评审、专家评审及专家意见公示时间均不计算在许可办理期限之内。

（六）行政许可数量

无限制。

（七）行政许可办理机构

建设部建筑市场管理司

（八）行政许可办理地址、联系电话

办理地址：北京市三里河路9号建设部主楼605房间

联系电话：010—68393487

关于开展河南省建筑装饰设计师资格认定工作的通知

豫建设标[2003]60号

各省辖市建委、省建筑装饰协会：

为了加强我省建筑装饰市场管理，提高建筑装饰工程质量，强化建筑装饰设计人员的法律责任，进一步促进建筑装饰设计水平的提高，根据国家有关规定，并结合我省的实际情况，经研究决定在全省建筑装饰行业实行设计师从业资格制度。建筑装饰设计师实行资格认定，具体工作委托河南省建筑装饰协会负责。

为保证建筑装饰设计师资格认定工作的顺利进行，各市、各有关部门应加强领导，并按规定认真做好建筑装饰设计师资格认定的各项准备工作。今后，建筑装饰设计人员从业必须持有建设厅颁发的建筑装饰设计师资格证书，其它部门发放的证书一律无效。

附件：河南省建筑装饰设计人员资格评审办法（试行）

河南省建设厅

二〇〇三年九月五日

附件

河南省建筑装饰设计人员资格评审办法（试行）

第一章 总 则

第一条 为了加强建筑装饰市场的管理，保证建筑装饰工程质量，发挥设计人员的积极性，促进装饰设计水平的提高，结合河南省装饰设计队伍实际，特制定本办法。

第二条 建筑装饰设计人员资格评审标准是为河南省境内从事建筑装饰设计人员设置的专业资格标准。

第三条 建筑装饰设计人员的资格分为：助理建筑装饰设计师（初级）、建筑装饰设计师（中级）和高级建筑装饰设计师三级。

第四条 建筑装饰设计人员应对所承接的装饰工程设计图纸的技术指标和质量负责。其职责主要是根据建设方要求，在满足国家技术规范标准的情况下，对室内室外空间、室内建筑构件、室内家具陈设、照明、绿化等进行技术、经济分析与设计。做到安全适用、优化环境、经济合理，并符消防、供电、通信、环保等部门的要求。

第五条 建筑装饰设计人员资格的基本要求是：遵守国家法律、法规，恪守职业道德，并具备相应专业教育和职业条件者，经过业务能力综合考核后取得建筑装饰设计师资格证书。

第二章 评审条件

第六条 在符合学历条件的要求下，必须满足下列业绩或从业能力中其中一条的，可申请河南省助理建筑装饰设计师（初级）资格认定：

1. 学历要求

1-1：本专业本科以上学历，在建筑装饰设计岗位工作1年以上；相近专业本科以上学历，在建筑装饰设计岗位工作2年以上；相关专业本科以上学历，在建筑装饰设计岗位工作3年以上。

1-2：本专业大专以上学历，在建筑装饰设计岗位工作2年以上；相近专业大专以上学历，在建筑装饰设计岗位工作3年以上；相关专业大专以上学历，在建筑装饰设计岗位工作4年以上。

1-3：本专业中专以上学历，在建筑装饰设计岗位工作3年以上；相近专业中专以上学历，在建筑装饰设计岗位工作4年以上；相关专业中专以上学历，在建筑装饰设计岗位工作5年以上。

2. 业绩

2-1：在市级以上的建筑装饰设计竞赛评优中，获得二等奖1项或三等奖2项；

2-2：在市级以上有正规出版刊号的刊物上公开发表建筑装饰设计作品两幅以上者，省级以上有正规出版刊号的刊物上公开发表建筑装饰设计作品一幅以上者。

3. 从业能力

3-1：独立完成2项300 m²或5项100 m²以上的公用建筑工程装饰设计；

3-2：独立完成6个住宅居室装饰设计。

第七条 在符合学历条件的要求下，必须满足下列业绩或从业能力中其中一条的，可申请河南省建筑装饰设计师（中级）资格认定：

1. 学历要求

1-1：本专业硕士以上学位，从事本专业工作2年以上；相近专业硕士以上学位，在建筑装饰设计岗位工作3年以上；相关专业硕士以上学位，在建筑装饰设计岗位工作4年以上。

1-2：本专业本科以上学历，从事本专业工作4年以上；相近专业本科以上学历，在建筑装饰设计岗位工作5年以上；相关专业本科以上学历，在建筑装饰设计岗位工作6年以上。

1-3：本专业大专以上学历，从事本专业工作5年以上；相近专业大专以上学历，在建筑装饰设计岗位工作6年以上；相关专业大专以上学历，在建筑装饰设计岗位工作7

年以上。

1-4：本专业中专以上学历，从事本专业工作6年以上；相近专业中专以上学历，在建筑装饰设计岗位工作7年以上；相关专业中专以上学历，在建筑装饰设计岗位工作8年以上。

2．业绩

2-1：在全国装饰设计竞赛评优中获三等奖1项，省级装饰设计竞赛评优中获二等奖1项或市级装饰设计竞赛评优中获一等奖1项。

2-2：在有正规刊号的刊物上公开发表过有价值的学术论文两篇或装饰设计作品两幅以上。

2-3：独立撰写著作中的部分章节并已公开出版。

3．从业能力

3-1：独立完成3项300㎡以上的公用建筑工程装饰设计；

3-2：独立完成8个120㎡以上住宅居室装饰设计；

第八条　在符合学历条件的要求下，必须满足下列业绩或从业能力其中一条的，可申请河南省（高级）建筑装饰设计师资格认定：

1．学历要求

1-1：本专业硕士以上学位，从事本专业工作6年以上；相近专业硕士以上学位，在建筑装饰设计岗位工作7年以上；相关专业硕士以上学位，在建筑装饰设计岗位工作8年以上。

1-2：本专业本科以上学历，从事本专业工作8年以上；相近专业本科以上学历，在建筑装饰设计岗位工作9年以上；相关专业本科以上学历，在建筑装饰设计岗位工作10年以上；

1-3：本专业大专以上学历，从事本专业工作10年以上；相近专业大专以上学历，在建筑装饰设计岗位工作11年以上；相关专业大专以上学历，在建筑装饰设计岗位工作12年以上；

2．业绩

2-1：在全国装饰设计竞赛评优中获一等奖1项（二、三等奖2项）或省级装饰设计竞赛评优中获一等奖2项。

2-2：在国家级有正规出版刊号的刊物中公开发表过有价值的学术论文两篇或装饰设计作品两幅以上。

2-3：独立撰写并已公开出版著作。

3．从业能力

3-1：独立完成3项500㎡或4项300㎡以上的公用建筑工程装饰设计；

3-2：独立完成10个120㎡以上住宅居室装饰设计；

本专业是指：室内设计、环境艺术设计、建筑学、工业与民用建筑。

相关专业是指：水、电、暖、通等。

相近专业是指：城市规划设计、园林设计、工业设计、家具设计、舞台美术设计、绘画专业等；

第三章　评审和考核

第九条　河南省建筑装饰设计人员资格的评审和考核工作，由河南省建设厅委托河南省建筑装饰协会组织实施，由省建设厅颁发相应等级的资格证书和资格专用章。

第十条　建筑装饰设计人员申报初级、中级、高级建筑装饰设计师资格时，须经申请人所在单位推荐，当地建设行政主管部门或其委托的相应协会出具意见后报送省建设行政主管部门委托的河南省建筑装饰协会进行评审和考核。

第十一条　评审、考核条件：

1．建筑装饰设计人员资格评审，按本办法第二章规定的条件进行，并参加省级以上的有关业务知识等方面的考试。

2．已取得国家一、二级注册建筑师资格人员可从事建筑装饰工程设计。

第十二条　评审和考核程序

1．申报人在当地建设行政主管部门或其委托相关协会报名；

2．由当地建筑行政主管部门或其委托相关协会报送材料；

3．河南省建筑装饰协会受理申报资料并进行初审；

4．参加省级有关业务能力考试；

5．组织有关专家评审；

6．河南省建设厅颁发相应证书及资格专用章。

第十三条　申报材料：

1．建筑装饰设计人员资格申请表（一式两份）

2．学历证明（原件、复印件各一份）

3．满足相关业绩或相关从业能力的证明材料（原件、复印件各一份）

4．人事关系证明材料（原件、复印件各一份）

5．过去和现在单位出具的反映其执业实践年限、职业道德证明材料（原件、复印件各一份）

6．申报中、高级建筑装饰设计师须提供省级以上有关部门外语考试成绩合格证（原件、复印件各一份）

7．其他有关参考价值的材料（两份）

所有材料原件审核后退回。

第四章　资格管理工作

第十四条　河南省建筑装饰协会受河南省建设行政主管部门委托，负责全省建筑装饰设计人员资格管理工作。

第十五条　凡违反本《办法》的有关规定，以不正当手段取得建筑装饰设计人员资格证书者，按有关规定，由省建筑行政主管部门收回资格证书和资格专用章。

第十六条　取得建筑装饰设计师资格证书的人员，在从事设计工作中因设计引起重大质量问题，所在单位须上报河南省建设行政主管部门，经有关部门审查核实后，取消其设计资格，收回资格证书和资格专用章，三年以后方可重新申请相应资格。

第十七条　受委托的河南省建筑装饰协会对建筑装饰设计人员资格评审工作每年进行一次。

第五章　附　则

第十八条　本办法由河南省建设厅负责解释。

第十九条　本办法自发布之日起执行。

[编者按] 内蒙古自治区是我国少数几个仍然存在装饰行业多头管理且较严重的地区之一。包头市是内蒙古自治区的第二大城市，包头市建委的作法，具有突破性意义，可供相关地区解决此类问题参考。

加强建筑装饰装修管理的通知

包建工[2003]第1号

各建筑装饰装饰装修企业，各旗、县、区建设行政管理部门，中直、区直驻包企业工程建设管理部门：

包头市政府机构改革，将包头市室内装饰工程质量预算检审所全建制由市经贸委划归了包头市建设委员会，包头市建设委员会负责建筑装饰装修的统一管理。为了进一步搞好建筑装饰装修管理，规范市场行为，落实装饰装修工程质量终身责任，促进我市建筑装饰行业健康发展。根据《中华人民共和国建筑法》、《中华人民共和国招标投标法》、国务院279号令《建设工程质量管理条例》、国务院293令《建设工程勘察设计管理条例》、建设部46号令《建筑装饰装修管理规定》等有关法规的规定，现将加强建筑装饰装修管理的有关要求，通知如下：

1. 包头市辖区内的装饰装修工程（含重新进行室内外装饰装修工程），建设单位（业主）都必须履行法定建设程序，统一到包头市行政服务中心、市建委工作柜台办理工程报建、施工图设计文件审查、招投标备案、质量监督登记、施工许可证、竣工验收备案等手续。相关参建企业协助建设单位（业主）办理。

2. 从事装饰装修活动的企业必须具备装饰装修资质，在国家和自治区的建设部门与中装协会对装饰装修企业资质管理没有统一之前，我市目前在建设管理部门取得装饰装修资质的企业和在室内装饰工程质量预算检审所取得的室内装饰资质均合法有效，对装饰资质的管理，目前暂时维持原状。

3. 装饰装修工程必须严格执行国家规范和标准，保证工程质量安全可靠，环境质量符合要求，保证安全文明施工，接受政府监督管理部门的监督。监督管理部门要监督检查建设单位和参建单位质量责任终身制和安全生产责任制的落实情况，重点监督检查装饰装修工程中影响结构安全、影响使用安全和保证环境质量的关键环节和部位，重点监督检查安全文明施工，控制质量和安全事故发生。

包头市建设委员会委托：包头市室内装饰工程质量预算检审所负责房屋建筑独立进行装饰装修工程的质量监督；包头市建设工程质量监督站负责新建工程项目装饰装修分项工程的质量监督；包头市建筑施工安全监督站负责装饰装修工程的安全生产监督和市场监督。

4. 装饰装修企业和从业人员要自觉遵守国家相关法规，严格执行技术规范、标准，规范行为，注重企业信誉建设、注重素质能力的提高，注重企业良性发展，努力创造优良的产品，提高包头市装饰装修水平。

5. 各级监督管理部门要加强对装饰装修工程监督管理，宣传国家的有关法规、规范和标准，纠正违规行为，严肃查处不履行法定建设程序、不办理施工图设计文件审查、不依法进行招标投标、不办理质量、安全监督、不办理竣工验收备案擅自施工和擅自使用的违法违规行为。严肃查处转包挂靠、非法转让业务、出借（卖）证书、图章行为。严肃查处违反强制性标准，存在事故隐患或造成事故的责任单位和责任人员。为规范的市场，维护企业的合法权益，促进我市装饰装修业的健康发展，促进全市装饰装修工程质量水平的全面提升而努力。

包头市建设委员会

二〇〇三年二月二十四日

关于建筑装饰行业贯彻执行陕西省建筑市场管理条例有关问题的通知

市建发[2004]166号

西安市建筑装饰行业各建设单位、施工单位、中介单位：

陕西省人民代表大会常务委员会关于修改《陕西省建筑市场管理条例》的决定，经2004年6月4日陕西省第十届人民代表大会常务委员会第十一次会议通过，自公布之日起施行。《陕西省建筑市场管理条例》（以下简称《条例》）施行后，全市建筑装饰行业各单位能够认真学习，严格执行，依据法律法规赋予的权利维护自身利益，但同时，在我委执法检查的程中，也发现部分单位对《条例》的部分条款理解不透，在遇到干扰企业正常施工活动的行为时，不能依法维护自身的合法权益，因此，现就建筑装饰行业学习、贯彻、执行《条例》的有关问题重申如下：

一、《条例》是指导全省建筑行业发展，维护和规范建筑市场秩序，保证建设工程质量，保护建筑产品交易活动当事人合法权益的地方性法规。其中第二条第二款明确指出："本条例所称的建设工程是指土木建筑工程、设备安装工程、管线敷设工程和建筑装饰装修工程。"《条例》第七条明确说明："省建设行政主管部门主管全省建筑市场。市（地区）、县（市、区）建设行政主管部门主管本行政区域的建筑市场。"西安市城乡建设委员是全市建设行政主管部门，负责管理全市行政区域的建筑装饰装修市场。

二、《条例》第十一条说明：从事建筑装饰施工活动的单位，必须具备相应的条件，按规定向建设行政主管部门申请并取得相应的资质证书。建筑装饰施工资质是依据《建筑法》和《行政许可法》设定的行政许可，是从事建筑装饰施工活动的市场准入资格。《行政许可法》第十五条规定："地方性法规和省、自治区、直辖市人民政府规章，不得设定应当由国家统一确定的公民、法人或其他组织的资格、资质的行政许可。"《行政许可法》第二十二条规定："行政许可由具有行政许可权的行政机关在其法定职权范围内实施。"

三、《条例》第二十一条明确规定："建设单位在工程开工前，应当到建设行政主管部门办理施工许可证。"建设单位申办的建筑装饰工程施工许可证是装饰工程开工的法定凭证。《条例》第三十二条明确规定："建设单位在领取施工许可证前，必须向建设工程质量安全监督机构办理监督手续。"

四、按照《西安市城乡建设委员行政许可决定制度》的要求，西安市建筑装饰业管理办公室负责承办的行政许可事项为：

1．建筑装饰装修工程施工许可。

2．建筑装饰装修工程质量和安全监督申报。

3．建筑装饰装修企业资质核准。

《行政许可法》第五十八条规定："行政机关实施行政许可和对行政许可事项进行监督检查，不得收取任何费用。"

五、西安市建筑装饰装修市场监察工作由西安市工程建设执法监察队建筑装饰工程监察分队承担。（负责人：李军 电话：87458440 13186083882）

建筑装饰工程监察分队目前按区域分为三组：

1．莲湖区、未央区：郑治民（电话：13772089639）
侯　立（电话：13649273367）

2．新城区、灞桥区：邵建平（电话：13060381366）
张　睿（电话：13700226998）

3．碑林区、雁塔区：刘　忻（电话：13700270389）
李海峰（电话：13186105575）

建筑装饰行业各建设单位、施工单位、中介单位应守法经营，依法维护自身合法权益，配合监察人员的工作，凡在执法检查工作中未出示证件或非分队工作人员，有权予以拒绝。

特此通知

西安市城乡建设委员会

二〇〇四年八月十日

关于印发《安顺市室内装饰装修企业资质管理实施办法》的通知

安市建委字[2003]171 号

《安顺市室内装饰装修企业资质管理实施办法》报经市政府审查同意，现印发，请遵照执行。

附：安顺市装饰装修企业资质管理实施办法

贵州省安顺市建设局

二〇〇三年十一月五日

附件：

安顺市室内装饰装修企业资质管理实施办法

为了加强我市室内装饰装修企业资质管理，规范装饰装修市场秩序，确保工程质量和安全，依据 2002 年建设部 110 号令《住宅室内装饰装修管理办法》，贵州省建设厅[2001]150 号文件《贵州省建筑业企业资质管理规定实施细则》（以下简称《细则》）及安顺市政府办公室安府办发[2002]113 号文件《安顺市室内装饰装修企业资质等级标准（试行）》（以下简称标准），结合我市实际情况，特制定本办法。

一、装饰装修企业资质管理

1．市建设行政主管部门负责全市室内装饰装修企业资质的管理工作，市级有关部门配合实施相关资质的管理。

2．各县、区（管委会）人民政府建设行政主管部门负责本地区装饰装修企业资质的管理工作。

二、资质证书的颁发

1．市级室内装饰装修企业资质证书只颁发给在我市行政区域内注册，并符合《标准》规定条件的装饰装修企业。

2．已取得省建设厅颁发的《资质证书》的装饰装修建筑企业不再发证。

3．资质证书由市建设局统一颁发。

三、资质的申请

室内装饰装修企业申请办理资质证书，向企业注册登记机关的同级人民政府建设行政主管部门申请。

四、申报材料

1．装饰装修企业申请资质，应如实填报《室内装饰装修企业资质申请表》一式四份。企业法定代表人必须在《申请表》上签名，并对申请材料的真实性负责。

2．企业的申请材料应当齐全，且手续完备。如出现数据不全，申请表填报不规范、盖章或印鉴不全、字迹潦草难以辩认等情况，资质审批部门不予审批。

3．新设立的企业申请资质，应先由市建设局对其进行资质预审，然后到工商行政管理部门登记注册，取得企业法人营业执照后，再到市建设局办理资质审批手续。

企业申请资质时，应提供下列材料：

（1）装饰装修企业资质申请表；

（2）企业法人营业执照；

（3）企业章程；

（4）企业法定代表人和技术、财务、经营负责人的任职文件、职称证书、身份证；

（5）企业项目经理资格证书、身份证；

（6）企业工程技术和经济管理人员的职称证书；

（7）需要出具的其他有关证件、资料。

4．企业申请资质升级，除上项（1）～（7）所规定的资料外，还应当提供下列资料：

（1）企业原资质证书正、副本；

（2）企业的财务决算年报表；

（3）企业完成的具有代表性工程的合同及质量验收资料。

5．所提供的资料可采用复印件，但必须加盖企业公章。其中资质证书须将正、副本的全部内容进行复印，项目经理资格证书和身份证复印件、企业的技术和经济管理人员职称证书复印件应单独装订。

6．技术、经济管理人员应以本企业固定的在册人员为主，外聘人员须有与企业签订二年以上合同的，方能列入本企业的在册人员。

7．装饰装修企业资质证书为正本和副本，具有同等效力，由市建设局统一印制。根据企业承包业务需要，资质审批部门可以核发证书副本若干本。

五、资质审批

1．市建设局委托安顺市建筑装饰协会协助办理资质管理日常工作，对报送市建设局的企业资质申报材料进行预审，提出意见后报市建设局审批。

2．新设立的装饰装修企业资质申请及企业晋升资质等级时间为每年5～6月办理。

3．装饰装修企业资质审批实行公告制度，一、二级企业资质公告均由市建设局在《安顺日报》上发布。

六、资质年检

1．装饰装修企业资质等级实行年检制度。每年 3～5月为年检时间，年检结束后15日内在《安顺日报》上公布年检结果。

2．凡经安顺市建设局核发资质证书的装饰装修企业，均应接受年检。未经年检的资质证书无效。年检不合格或连续两年年检为基本合格的企业，按其实际达到的条件重新核定资质等级，达不到最低等级的，取消资质。

3．年检内容和具体要求按市建设局当年的通知执行。

七、监督和管理

1．承接室内装饰装修工程的企业，必须取得省级或市级装饰装修企业资质证书，并在其资质等级许可的范围内承接工程。

2．装修人委托企业承接其装饰装修工程的，应当选择具有相应资质等级的装饰装修企业。工程开工前，应向物业管理部门提供装饰装修企业资质证书及有关证件，经验证后，方能开工。

3．资质等级证书是企业参与投标、承接业务的重要凭证，应妥善保管。资质等级证书只限本企业使用，不得涂改、转借、出卖和伪造。如有遗失，应及时向主管单位报告，并登报申明作废后，方可申请补发。

4．企业必须按照《标准》规定的营业范围进行承包工程活动，不得越级承包工程。

5．取得资质证书的企业，因改变单位名称、法人、经济性质，或企业分立、合并、迁移、歇业、被撤销、宣告破产等原因发生变化时，应在一个月内向原资质审批部门审办资质证书变更手续。

八、处罚程序

1．室内装饰装修企业出现重大质量、安全事故，由县、区（管委会）人民政府建设行政主管部门在对事故责任认定20 日内，将事故情况和责任认定意见及资质处罚建议报市建设行政主管部门依法进行资质处罚。

2．企业出现涂改、伪造、转让、出借资质证书，超越资质承揽工程以及其他违规行为的，各级建设行政主管部门查实认定后20日内，将资质处罚的建议报告市建设行政主管部门依法进行资质处罚。

3．企业有其他违法行为时，由各级建设行政主管部门按管理权限依法查处。

4．从事资质管理的工作人员在资质审批和管理过程中玩忽职守、滥用职权、徇私舞弊的，依法给予行政处分；构成犯罪的，依法追究刑事责任。

5．本办法由安顺市建设局负责解释。

6．本办法自发布之日起执行。

抄送：安顺市建筑装饰协会

关于2004年山东省建筑装饰装修市场秩序专项治理工作的意见

各市建委（建设局），建管局（处、办）：

根据国务院、建设部和省政府关于整顿和规范建筑市场秩序工作的部署，为了进一步明确任务，突出重点，狠抓落实，确保整顿和规范装饰装修市场秩序工作取得明显成效，针对2003年全省装饰装修市场专项治理综合检查中发现的问题，决定2004年继续开展整顿和规范装饰装修市场秩序专项治理活动，现提出如下工作意见：

一、指导思想、工作重点和目标

1. 各级建设行政主管部门要切实重视装饰装修市场秩序的整顿和规范工作，以“三个代表”重要思想为指导，认真贯彻十六大和十六届三中全会精神，切实加强领导，严格落实责任制，标本兼治，着眼建立长效机制，狠抓落实，有针对性地对装饰装修市场特别是二次装修活动进行专项治理。

2. 2004年整顿和规范装饰装修市场秩序的重点是：加强对建筑装饰装修特别是二次装修工程质量的监督，坚决杜绝装饰装修过程中擅自变动建筑主体、改变承重结构和乱砸乱建、使用有害物质含量超标材料等现象。依法严肃查处违反法定制度、转包和违法分包、规避招标和招标弄虚作假、违反工程建设强制性标准和偷工减料及工程技术资料建立不规范等问题。规范政府主管部门行政行为，提高行政效率和服务水平。

3. 通过开展整顿规范装饰装修市场秩序活动，力争在去年取得成效的基础上，取得明显的阶段性成果，增强装饰装修市场各方主体的法制意识，依法开展装饰装修活动；使违反法定建设制度的状况明显好转；规避招标和招标投标弄虚作假以及转包、违法分包等问题得到遏制；不执行强制性标准、偷工减料、以次充好、乱砸乱建的局面得到基本扭转；家庭居室装饰装修管理逐步规范化；装饰装修工程质量水平明显提高。

二、强化措施，确保落实

1. 提高认识，切实加强组织领导。各级各部门要充分认识整顿和规范装饰装修市场秩序的紧迫性和艰巨性，切实加强领导，层层落实责任制，明确工作职责，根据本市的情况制定出明确的工作目标和管理措施，确保整顿和规范装饰装修市场秩序顺利进行。各市设立的整顿规范装饰装修市场领导小组，要进一步加强协调和领导，强化装饰行业的统一管理工作。

2. 认真贯彻落实国家、省有关法律和法规，严格按建设程序办事。一要严格执行“两法两条例”，依法行政，严格执法，尽快使行业的管理和发展走上法制化轨道；二要建立健全装饰装修行业的法规体系，根据建设部《建筑装饰装修管理办法》和《山东省家庭居室装饰装修管理办法》，结合实际情况，制定具体的实际细则。三要加强法律法规的宣传，在宣传媒体等社会公开场合，结合案例，宣传装饰装修方面的法律、法规。

3. 建立严格的监督管理体系，强化执法队伍建设，严厉查处违规行为。各市、区（县）要建立健全装饰装修市场管理体系，做到分工明确，责任到位，装饰装修管理部门和执法机构要加强对装饰装修市场的监督检查。加强对执法人员的业务培训和廉政教育，努力提高执法人员的业务素质和执法水平，严格管理执法队伍和执法人员，严格执法程序，严肃执法纪律，减少执法的随意性，做到严格执法，公正执法，文明执法，对于执法犯法或徇私舞弊的执法人员要坚决清除出执法队伍。

4. 加大执法力度，加强对装饰市场的监管。要从招标投标、施工许可、质量监督、安全监督等方面，加大对装饰装修工程，特别是二次装修工程的监管力度，要依法纳入统一管理，装饰装修管理部门要在行业管理中牵头，相关部门相互配合，分工明确，齐抓共管，形成合力，严厉查处装饰装修活动中的违法行为，对查处的问题要严肃处理，做到“查处一个工程，规范一个企业”，“查处一个点，教育一大片”。严厉打击无证、越级或者挂靠承接工程业务以及转包、违法分包等行为。继续完善并严格执行建筑市场准入和清出制度，认真搞好省外装饰企业进鲁的施工资质验证工作，把省外施工队伍依法纳入统一管理范围，依法规范外省装饰企业在我省的经营行为。

5. 加强对装饰装修材料和装饰装修后的室内环境检测。严格按照国家《建筑装饰装修工程质量验收规范》（GB50210－2001）和《民用建筑工程室内环境污染控制规范》（GB50325－2001）对装饰装修材料和装饰装修后的环境进行检测；严把材料的使用关，严禁使用不符合标准、以次充好、影响环境质量的材料；对室内环境质量检测不合格的工程不予备案，不准投入使用。完善省、市、县的环境检测机构，以确保装饰装修的环境质量。

6. 加强监督检查，落实强制性标准。各市要加强对装饰装修工程质量进行日常监督检查，及时查处违反强制性标准的行为和现象。努力提高装饰装修工程质量的管理水平，规范装饰装修工程的技术质量管理，要加强装饰施工现场的管理，搞好安全生产专项治理，开展创建安全文明工地活动。

三、开展装饰装修市场秩序综合检查

1. 检查工程范围：在本省区域内2003年6月以来竣工和在建，工程造价在30万元以上的公共装饰装修工程和住宅装饰工程。

2．检查步骤：各市组织装饰装修施工单位对承建的所有符合检查要求工程贯彻实施有关标准规范、法规、规定的情况进行自查，并填写附表1，各市要把各企业的自查结果和表现作为2004年装饰企业年检的重要依据；在企业自查的基础上，市、县（市、区）主管部门组织检查，各市检查可采用明察暗访，设立举报电话、现场抽查等方式，抽查工程数量不少于符合要求工程总数的20%，其中包括一定数量的住宅装饰工程，各市要抽取不少于4个工程进行环境质量检测。各市于8月20日前完成抽查工作，并将自查、抽查的情况汇总，写成书面材料，并填写附表2，于8月31日前报到省建管局装饰装修管理处。省建设厅、建管局将于9月份对全省整顿规范装饰装修市场秩序专项治理情况进行抽查，对检查情况进行通报。

各市根据当地的实际情况，制定具体的实施方案并报省建管局装饰装修管理处。

山东省建设厅
山东省建筑工程管理局
二〇〇四年四月十九日

装饰施工企业装饰装修项目自查汇总表

附表1

单位名称（盖章）：　　　　联系人：　　　　联系电话：

序号	工程名称	开竣工时间	建设单位	造价（万元）	招投标情况	施工许可办理情况	质量监督办理情况	安全监督办理情况	竣工工程备案办理情况	备注

市整顿规范装饰装修市场秩序情况汇总表

附表2

市名称：

序号	检查内容		检查情况
1	全市组织企业自查情况		工程个数：　造价：　万元
2	全市组织装饰工程检查情况		工程个数：　造价：　万元
3	全市开展室内环境质量检测检查情况		已检测工程个数：　造价：　万元
4	查处违规工程情况	未按规定办理招标	工程个数：　造价：　万元
		未按规定办理工程质量监督	工程个数：　造价：　万元
		未按规定办理安全监督	工程个数：　造价：　万元
		未按规定办理施工许可	工程个数：　造价：　万元
		违反国家强制性标准	工程个数：　造价：　万元
		未按规定进行验收	工程个数：　项数：　项
		室内环境质量一次检测不符合要求	工程个数：
5	查处违规工程整改情况	办理工程质量监督	工程个数：　造价：　万元
		办理安全监督	工程个数：　造价：　万元
		办理施工许可	工程个数：　造价：　万元
		纠正违反国家强制性标准情况	工程个数：　项数：　项
		重新验收	工程个数：
		按国家规定对违规工程处罚	金额：　万元
		责令停工整改	工程个数：

关于加强装饰装修工程竣工验收备案管理的通知

泉建建[2004]3号

各县（市、区）、泉州市经济技术开发区规划建设局、质监站：

为加强对我市建筑装饰装修工程的规范管理，促进装饰装修行业的健康发展，保证工程施工质量，切实提高人民生活和工作环境的质量，根据《福建省房屋建筑工程和市政基础设施工程竣工验收备案管理实施细则》（以下简称《实施细则》）和《民用建筑工程室内环境污染控制规范》、《建筑装饰装修工程施工质量验收规程》等有关规定，结合我市的实际情况，现就加强装饰装修工程竣工验收备案管理有关事项通知如下，请认真贯彻执行。

一、凡新建、扩建、改建的建筑物独立发包的装饰装修工程和对原有建筑物进行室内、外装饰装修的工程都必须按泉州市建设局《关于加强建筑装饰装修管理的通知》（泉建装[2003]7）号文的规定办理工程报建、质量监督、施工许可手续。各级建设行政主管部门应加强装饰装修工程的质量管理，严格查处无证设计、无证施工、无质量监督、无施工许可证的违法违规装饰装修工程。

二、装饰装修工程竣工后，必须经建设行政主管部门批准认可的装饰装修质量检测机构进行室内环境质量检测。主要是对甲醛、苯、氨、氡、总挥发性有机化合物（TVOC）等室内环境污染物浓度的检测，检测结果应符合国家有关规定。室内环境质量没有检测或检测不合格的装饰装修工程不得竣工验收，备案机关不予备案，工程不得投入使用。

三、所有的装饰装修工程竣工验收都必须实行备案制度。工程质量监督机构应向当地建设行政主管部门（以下称备案机关）提交工程质量监督报告，工程质量监督报告应如实反映所监督装饰装修工程的质量和室内环境质量检测情况。建设单位应当在装饰装修工程竣工验收合格后，按《实施细则》规定备齐备案所需的文件材料，重点应提供室内环境质量检测合格文件，向备案机关办理备案手续。

四、为保证工程竣工后的室内环境质量能够符合规范要求，装饰装修工程施工中所使用的材料应采用环保型装饰装修材料，进场的人造木板、涂料、胶粘剂等常用装饰装修材料必须进行有害物含量的检测，检测结果应符合国家规定的室内装饰装修材料有害物质限量十个强制性标准的要求。工程质量监督机构在监督过程中应加强督促和检查，及时纠正违规和违反工程建设强制性条文的行为，严禁工程中使用对人体健康有害的装饰装修材料及国家明令淘汰的装饰装修材料、产品、设备等。

五、各级工程质量监督机构应加强装饰装修工程的质量监督，加强装饰装修工程施工材料质量检测的检查，严格按照国家标准《民用建筑工程室内环境污染物控制规范》的规定检查监督装饰装修工程施工质量，严格核查装饰装修工程质量保证资料，如发现参建各方主体有违反规范或工程建设强制性条文的质量行为要坚决加以纠正，对拒不改正或不按有关规定进行改正的责任主体要列入不良行为记录，及时上报工程所在地建设行政主管部门不良记录管理机构，各地建设行政主管部门不良记录管理机构汇总后及时报市建设局质量安全监督管理科。

福建省泉州市建设局

二〇〇四年二月十二日

延边朝鲜族自治州建筑装饰装修工程管理暂行办法

延州建制[2004] 14号

第一章　总　则

第一条　为了加强全州建筑装饰装修工程活动的监督管理，整顿和规范建筑装饰装修市场秩序，促进建筑装饰装修业健康发展，根据《中华人民共和国建筑法》、建设部《建筑装饰装修管理规定》、建设部《住宅室内装饰装修管理办法》、《吉林省建筑市场管理条例》等法律、法规、规章，结合延边实际，制定本办法。

第二条　本办法适用于在延边州行政区域内对新建、改建、扩建建筑工程和既有建筑物、构筑物进行建筑装饰装修工程活动的所有建设单位和施工等单位。

第三条　全州建筑装饰装修工程管理仍实行分级管理的原则。州和各县（市）建设行政主管部门根据建筑工程的管理范围分别管理各自所属建筑装饰装修工程的招标投标、工程监理、质量监督、施工许可和安全生产监督管理工作。

第二章　资质管理

第四条　凡从事建筑装饰装修工程活动的建设单位和施工单位，必须具有省建设行政主管部门核发的《建筑业企业资质证书》，并在其资质等级许可的范围内承接建筑装饰装修工程，不得超越资质承包、挂靠承包和转包。禁止无资质的单位和个人承接建筑装饰装修工程。

第五条　从事建筑装饰装修工程活动的单位应当向企业所在地县（市）建设行政主管部门申请《建筑业企业资质证书》，经县（市）、州建设行政主管部门初审同意后，报吉林省建设厅审批、发证。

第六条　进入延边州行政区域内从事建筑工程装饰装修活动的外埠施工企业，必须到州建设行政主管部门和工程所在地建设行政主管部门办理单项工程备案，方可参加建筑装饰装修工程投标。

第七条　建筑装饰装修工程开工前，必须要按着项目隶属关系和分级管理原则到各级建设行政主管部门申请《建筑工程施工许可证》后方可施工。申请《建筑工程施工许可证》时，应提交《建筑工程施工许可证管理办法》第四条规定的资料。

第八条　从事建筑装饰装修工程施工的项目经理及有关操作人员必须持证上岗，有关技术工种必须参加职业技能培训和鉴定，取得建设行政主管部门《职业技能岗位证书》后方可上岗。

第三章　招标投标管理

第九条　建筑装饰装修工程项目招标前必须按规定向各级建设行政主管部门进行报建，招标投标必须进入建设工程有形市场进行交易。

第十条　凡州内建筑装饰装修工程项目投资来源为（1）国有资金投资的；（2）国家融资资金投资的；（3）国际组织或外国政府贷款援助投资的；（4）行政事业单位投资的；（5）国有企业或国有企业控股投资的；（6）商品房开发商投资的公用事业项目及涉及公共安全的项目；符合下列标准之一的必须进行招标。

（一）单项合同估算价在市（州）所在地为60万元以上的，县（市）所在地为30万元以上的；

（二）单项合同估算价低于上述规定标准，但项目总投资额在市（州）所在地为100万元以上的，县（市）所在地为50万元以上的。

上述项目投资来源为(1)、(2)、(3)、(4)、(5)项范围内的建筑装饰装修工程按国家标准《建设工程工程量清单计价规范》必须进行公开招标。其他项目可以进行邀请招标。

上述规定范围内不宜公开招标或邀请招标的经同级人民政府批准可以采取直接发包。但工程项目需接受各级建设主管部门的管理。

第十一条　招标人不符合法律规定不能自行办理招标事宜时应委托有资质的招标代理机构办理招标事宜。

第十二条　建筑装饰装修工程项目评标定标活动应遵守《吉林省建设项目招标工程评标定标实施细则》。

第十三条　建筑装饰装修工程合同，应在各级建设行政主管部门备案。

建筑装饰装修工程合同应包括下列主要内容：

1．委托人和被委托人的姓名或者单位名称、住所（地址）、联系电话；

2．装饰装修的房屋间数、建筑面积、装饰装修的项目、方式、规格、质量要求以及质量验收方式；

3．装饰装修工程的开工、竣工时间；

4．装饰装修工程保修的内容、期限；

5．装饰装修工程价格，计价和支付方式、时间；

6．合同变更和解除的途径；

7．合同的生效时间；

8．双方认为需要明确的其他条款。

第十四条　建筑装饰装修工程招标投标活动应接受各级建设主管部门招投标机构的监督。

第十五条　建筑装饰装修工程发生纠纷时，可以协商或者调解解决。不愿协商、调解或者协商、调解不成的，可以依法申请仲裁或者向人民法院起诉。

第四章　质量监督、监理管理

第十六条　建设单位在领取建筑装饰装修《建筑工程施工许可证》前，需提供下列资料到各级建设工程质量监督站办理工程质量监督手续；

1．中标通知书；

2．施工合同、监理合同；

3. 建设、施工和监理单位工程项目负责人和机构组成情况；

第十七条　建筑装饰装修工程必须经过设计，并有完整的施工图设计文件。

第十八条　建筑装饰装修工程所用材料的品种、规格和质量应符合设计要求和国家现行标准的规定。

第十九条　建筑装饰装修工程施工中，严禁违反设计文件擅自改动建筑主体、承重结构或主要功能；严禁未经设计部门确认擅自拆改水、暖、电、燃气、通讯等配套设施。

第二十条　建筑装饰装修工程质量按《建筑工程质量验收统一标准》（GB50300－2001）和《建筑装饰装修工程质量验收规范》（GB50210－2001）验收。

第二十一条　监理单位应根据《监理合同》派监理工程师，应需按工程监理的要求，对建筑装饰装修工程实施监理。

第二十二条　在工程质量监督站的监督下，建筑装饰装修工程竣工验收工作由建设单位负责组织。

第二十三条　建筑装饰装修工程竣工验收应符合下列条件：

1．完成工程设计和合同约定的各项内容；

2．有施工单位出具的工程竣工报告；监理单位出具的工程质量评定报告；设计单位出具的工程质量检查报告；检测单位出具的室内环境质量检测报告；公安消防部门出具的认可文件；

3．有完整的技术档案和施工管理资料；

4．有施工单位签署的工程质量保修书；

5．建设行政主管部门及工程质量监督站等部门责令整改的问题全部整改完毕；

第二十四条　竣工验收合格后，建设单位到当地工程质量监督站办理竣工验收备案手续。

第二十五条　未经竣工验收和备案的工程不得投入使用。

第五章　附　则

第二十六条　对违反本办法的有关单位和个人，依照相应法律、法规予以处罚。

第二十七条　本办法由延边州建设局负责解释。

第二十八条　本办法未尽事宜按有关法律、法规、工程管理规范等执行。

第二十九条　本办法自2004年4月1日起实行。

吉林省延边朝鲜族自治州建设局

二〇〇四年三月三十一日

关于开展本市玻璃幕墙建筑普查工作的通知

沪建建[2004]834号

各区（县）建委（建设局）、房地资源局，各玻璃幕墙建筑的产权和施工单位：

为进一步贯彻落实建设部《玻璃幕墙工程技术规范》和《上海市建筑物使用安装安全玻璃规定》等规定，加强对玻璃幕墙建筑使用的定期检查和维修，确保其在使用过程中的性能稳定和使用安全，决定在本市范围内组织开展玻璃幕墙建筑普查，现将有关事项通知如下：

一、普查内容

从2004年12月31日前竣工使用的，在本市范围内的玻璃幕墙建筑（包括由玻璃、金属和石材组合的幕墙建筑）基本情况。

二、管理部门

本次玻璃幕墙建筑的普查工作由上海市建设和管理委员会（以下简称市建委）会同上海市房屋土地资源管理局（以下简称市房地资源局）负责，各区（县）建委（建设局）、房地资源局，依据本通知要求负责本辖区内玻璃幕墙建筑普查的协调工作。上海市装饰装修行业协会建筑幕墙专业委员会（以下简称市幕墙委员会）依据市建委和市房地资源局的委托，具体承担对自查阶段和巡查阶段的资源汇总分析和组织专业巡查工作。

三、普查方式和步骤

普查工作分三个阶段。

（一）自查阶段。2004年12月15日～2005年1月15日，具体要求如下：

1. 各玻璃幕墙建筑的产权单位和施工单位，应当按照本通知《上海市玻璃幕墙建筑普查情况表》内容，对照建设部《玻璃幕墙工程技术规范》（JGJ102－2003）和《上海市建筑物使用安装安全玻璃规定》进行自查。对涉及多家产权单位的建筑，可委托其物业单位自查，并按规定时间和要求统一填表（包括电子文档）反馈市幕墙委员会，电子文档表格资料均可在上海市建筑幕墙网（www.shjzmq.com）上直接下载。

市幕墙委员会将全部资料汇总分析后，于2005年1月31日前将书面材料和电子文档资料分别报市建委建筑建材处和市房地资源局房屋修缮和改造管理处。

2. 各区（县）房地资源局会同区（县）工程质监部门，督促本辖区内玻璃幕墙建筑的产权单位做好自查和填报工作。市幕墙委员会配合做好自查阶段的相关工作。

（二）　专业巡查阶段。2005年1月15日～2005年2月底，具体要求如下：

1. 市幕墙委员会组织若干工作组，对本市范围内的玻璃幕墙建筑现状进行专业巡查，重点巡查8层以上的高层和8导以下的人流密集区域和青少年或者幼儿活动公共场所的玻璃幕墙建筑。

市幕墙委员会将全部资料汇总分析后，于2005年3月15日前将书面材料和电子文档资料分别报市建委建筑建材处和市房地资源局房屋修缮和改造管理处。

2. 市建筑幕墙检测中心各级配合做好本次玻璃幕墙建筑专业巡查工作，巡查中发现有安全质量隐患的应及时向产权人和该辖区内的房地产资源局和工程质监部门反馈，并对需要检测的玻璃幕墙建筑提出相应的检测方案，报市建委建筑建材处备案。

3. 各区（县）房地资源局和工程质监部门应当做好本辖区内玻璃幕墙建筑专业巡查的协调配合工作。

（三）监督检查阶段。2005年3月。由市建委和市房地资源局统一组织相关部门、有关行业协会、中介检测机构和有关专家参加检查，重点对上述各阶段检查中发现的问题进行专项监督检查，并提出整改意见。

四、有关要求

（一）各区（县）房地资源局和工程质监部门应指定相关机构和专人负责本辖区内玻璃幕墙建筑的普查工作，并依据本通知《各区（县）房地资源局、工程质监站玻璃幕墙建筑普查工作联系表》的要求，于2004年12月15日前统一报市建委建筑建材处。

（二）各玻璃幕墙建筑的产权单位和施工单位，应严格按照本次普查工作的时间节点做好自查工作，并配合做好巡查阶段的普查工作。

附件：1. 上海市玻璃幕墙建筑普查情况表（略）

　　2. 各区（县）房地资源局、工程质监站玻璃幕墙建筑普查工作联系表（略）

上海市建筑和管理委员会

上海市房屋土地资源管理局

二〇〇四年十一月二十九日

·技术标准·

关于印发《建筑安全玻璃管理规定》的通知

发改运行[2003]2116号

各省、自治区、直辖市及计划单列市、新疆生产建设兵团计委（发展改革委），经贸委（经委），建设厅（建委）、质检局、工商局，各直属检验检疫局：

为加强建筑安全玻璃的生产、流通、使用和安装管理，提高建筑工程质量，特制定了《建筑安全玻璃管理规定》，现印发给你们，请按照执行。

附：建筑安全玻璃管理规定

中华人民共和国国家发展和改革委员会
中华人民共和国建设部
中华人民共和国国家质量监督检验检疫总局
中华人民共和国国家工商行政管理总局
二〇〇三年十二月四日

附：

建筑安全玻璃管理规定

第一条　为加强建筑安全玻璃的生产、流通、使用和安装管理，保障人身和财产安全，规范建筑安全玻璃应用，提高建筑工程质量，依据《中华人民共和国建筑法》、《中华人民共和国产品质量法》，制定《建筑安全玻璃管理规定》（以下简称《规定》）。

第二条　本规定所称安全玻璃，是指符合现行国家标准的钢化玻璃、夹层玻璃及由钢化玻璃或夹层玻璃组合加工而成的其他玻璃制品，如安全中空玻璃等。

单片半钢化玻璃（热增强玻璃）、单片夹丝玻璃不属于安全玻璃。

第三条　国内所有从事建筑安全玻璃生产、进口、销售和建筑物建设、设计、安装、施工、监理单位，应执行本规定要求。

地市级以上（含地市级）城市自本《规定》实施之日起的新建、扩建、改造、装修及维修工程等构筑物，应按本规定要求使用安装安全玻璃。

第四条　国家质检部门和工商行政管理部门分别负责对建筑安全玻璃生产和流通领域的产品质量的监督管理，国家检验检疫机构负责进口安全玻璃检验监督管理，建设行政主管部门负责本地建筑物使用、安装建筑安全玻璃的管理监督工作。中国建筑玻璃与工业玻璃协会应通过引导企业遵守行规行约，实行自律，协助政府有关部门督促企业执行本规定。

第五条　安全玻璃生产企业必须按照国家标准组织生产，所有出厂的安全玻璃产品应达到国家标准的要求。

对进口安全玻璃按照国内同类产品的强制性技术规范实施检验，不合格的不得进口。

建设、施工单位采购用于建筑物的安全玻璃必须具有强制性认证标志且提供证书复印件，对国产安全玻璃提供产品质量合格证，对进口产品提供检验检疫证明。以上资料作为工程技术资料存档，资料不全的产品不得使用。

第六条　建筑物需要以玻璃作为建筑材料的下列部位必须使用安全玻璃：

（一）7层及7层以上建筑物外开窗；

（二）面积大于1.5m^2的窗玻璃或玻璃底边离最终装修面小于500mm的落地窗；

（三）幕墙（全玻幕除外）；

（四）倾斜装配窗、各类天棚（含天窗、采光顶）、吊顶；

（五）观光电梯及其外围护；

（六）室内隔断、浴室围护和屏风；

（七）楼梯、阳台、平台走廊的栏板和中庭内拦板；

（八）用于承受行人行走的地面板；

（九）水族馆和游泳池的观察窗、观察孔；

（十）公共建筑物的出入口、门厅等部位；

（十一）易遭受撞击、冲击而造成人体伤害的其他部位。

本款第十一项是指《建筑玻璃应用技术规程》JGJl13和《玻璃幕墙工程技术规范》JGJ102所称的部位。

第七条　安全玻璃生产企业应能够独立组织生产，应有完整的工艺装备，有完善的生产、质量管理体系和严格的规章制度；应建立健全质量检验制度、必备的检验设备和质量管理机构。

安全玻璃生产企业应取得国家指定的强制性产品认证机构颁发的强制性产品认证证书，未取得认证的企业生产的建筑安全玻璃不得出厂、销售和在其他经营性活动中使用。

第八条　建筑物按规定应使用安全玻璃的部位，建设单位不得要求设计单位在设计方案中设计非安全玻璃，也不得要求施工单位安装非安全玻璃。

第九条　设计单位应当按照工程建设强制性标准进行设计，在建筑物按规定应使用安全玻璃的部位，应在设计文件中标明。

第十条　施工单位对进入施工现场的安全玻璃，应核查本规定第五条所要求的产品质量证明材料，安装施工过程中，应严格执行有关设计方案和安装技术标准。对建筑施工人员的培训，应包含安全玻璃安装操作的内容。

监理单位应督促施工单位严格按照批准的设计方案进行施工。

第十一条　在本规定第六条第（三）、（四）、（五）项所列部位的安全玻璃安装施工完成后，由建设单位组织设计、施工、监理等有关单位进行中间验收，未经中间验收或验收不合格的，不得进行下一道工序施工。

第十二条　处罚

（一）因安全玻璃本身质量问题造成重大经济损失或人身伤亡事故的，安全玻璃生产企业负相应法律责任，质量监督部门应对其产品质量进行监督检查，对其不符合质量要求的，应按有关规定对其进行处罚，强制性认证机构应按相关规定撤销其认证证书。

按有关规定进行处罚，认证机构应负相关的法律责任。

（二）对违反本规定销售不合格安全玻璃的单位，其销售的产品造成重大经济损失或人身伤亡事故的，销售单位应负相应法律责任。

（三）对违反本规定进口不合格安全玻璃的贸易关系人，其进口产品造成重大损失或人身伤亡事故的，应负相应的法律责任。

（四）对违反本规定的建设、设计、施工、监理单位，由建设行政主管部门按照有关规定，给予相应处罚。对违反规定销售不合格安全玻璃的单位，由工商行政管理部门依法予以查处。

第十三条　本规定由国家发展和改革委员会会同有关部门负责解释。

第十四条　本规定自2004年1月1日起施行。

关于印发《前期物业服务合同（示范文本）》的通知

各省、自治区建设厅，直辖市建委、房地局，新疆生产建设兵团建设局：

为了贯彻《物业管理条例》，规范前期物业管理活动，引导前期物业管理活动当事人通过合同明确各自的权利与义务，减少物业管理纠纷，我部制定了《前期物业服务合同（示范文本）》，现印发给你们，供建设单位与物业管理企业签约参考使用。

中华人民共和国建设部

二〇〇四年九月六日

前期物业服务合同（示范文本）

甲方：________________；
法定代表人：________________；
住所地：________________；
邮编：________________。

乙方：________________；
法定代表人：________________；
住所地：________________；
邮编：________________；
资质等级：________________；
证书编号：________________。

根据《物业管理条例》和相关法律、法规、政策，甲乙双方在自愿、平等、协商一致的基础上，就甲方选聘乙方对（物业名称）提供前期物业管理服务事宜，订立本合同。

第一章　物业基本情况

第一条　物业基本情况：

物业名称________________________；
物业类型________________________；
座落位置________________________；
建筑面积________________________。
物业管理区域四至：
　　东至________________________；
　　南至________________________；
　　西至________________________；
　　北至________________________。
（规划平面图见附件一，物业构成明细见附件二）。

第二章　服务内容与质量

第二条　在物业管理区域内，乙方提供的前期物业管理服务包括以下内容：

1．物业共用部位的维修、养护和管理（物业共用部位明细见附件三）；

2．物业共用设施设备的运行、维修、养护和管理（物业共用设施设备明细见附件四）；

3．物业共用部位和相关场地的清洁卫生，垃圾的收集、清运及雨、污水管道的疏通；

4．公共绿化的养护和管理；

5．车辆停放管理；

6．公共秩序维护、安全防范等事项的协助管理；

7．装饰装修管理服务；

8．物业档案资料管理。

第三条 在物业管理区域内，乙方提供的其他服务包括以下事项：

1．________________________；

2．________________________；

3．________________________。

第四条 乙方提供的前期物业管理服务应达到约定的质量标准（前期物业管理服务质量标准见附件五）。

第五条 单个业主可委托乙方对其物业的专有部分提供维修养护等服务，服务内容和费用由双方另行商定。

第三章 服务费用

第六条 本物业管理区域物业服务收费选择以下第种方式：

1．包干制

物业服务费用由业主按其拥有物业的建筑面积交纳，具体标准如下：

多层住宅：________元/月.平方米；

高层住宅：________元/月.平方米；

别墅：________元/月.平方米；

办公楼：________元/月.平方米；

商业物业：________元/月.平方米；

______物业：________元/月.平方米。

物业服务费用主要用于以下开支：

（1）管理服务人员的工资、社会保险和按规定提取的福利费等；

（2）物业共用部位、共用设施设备的日常运行、维护费用；

（3）物业管理区域清洁卫生费用；

（4）物业管理区域绿化养护费用；

（5）物业管理区域秩序维护费用；

（6）办公费用；

（7）物业管理企业固定资产折旧；

（8）物业共用部位、共用设施设备及公众责任保险费用；

（9）法定税费；

（10）物业管理企业的利润；

（11）________________。

乙方按照上述标准收取物业服务费用，并按本合同约定的服务内容和质量标准提供服务，盈余或亏损由乙方享有或承担。

2．酬金制

物业服务资金由业主按其拥有物业的建筑面积预先交纳，具体标准如下：

多层住宅：________元/月.平方米；

高层住宅：________元/月.平方米；

别墅：________元/月.平方米；

办公楼：________元/月.平方米；

商业物业：________元/月.平方米；

____物业：________元/月.平方米。

预收的物业服务资金由物业服务支出和乙方的酬金构成。

物业服务支出为所交纳的业主所有，由乙方代管，主要用于以下开支：

（1）管理服务人员的工资、社会保险和按规定提取的福利费等；

（2）物业共用部位、共用设施设备的日常运行、维护费用；

（3）物业管理区域清洁卫生费用；

（4）物业管理区域绿化养护费用；

（5）物业管理区域秩序维护费用；

（6）办公费用；

（7）物业管理企业固定资产折旧；

（8）物业共用部位、共用设施设备及公众责任保险费用；

（9）________________________。

乙方采取以下第___种方式提取酬金：

（1）乙方按______（每月/每季/每年）______元的标准从预收的物业服务资金中提取。

（2）乙方________（每月/每季/每年）按应收的物业服务资金______%的比例提取。

物业服务支出应全部用于本合同约定的支出。物业服务支出年度结算后结余部分，转入下一年度继续使用；物业服务支出年度结算后不足部分，由全体业主承担。

第七条 业主应于______________之日起交纳物业服务费用（物业服务资金）。

纳入物业管理范围的已竣工但尚未出售，或者因甲方原因未能按时交给物业买受人的物业，其物业服务费用（物业服务资金）由甲方全额交纳。

业主与物业使用人约定由物业使用人交纳物业服务费用（物业服务资金）的，从其约定，业主负连带交纳责任。业主与物业使用人之间的交费约定，业主应及时书面告知乙方。

物业服务费用（物业服务资金）按____（年/季/月）交纳，业主或物业使用人应在______（每次缴费的具体时间）履行交纳义务。

第八条 物业服务费用实行酬金制方式计费的，乙方应向全体业主公布物业管理年度计划和物业服务资金年度预决算，并每年____次向全体业主公布物业服务资金的收支情况。

对物业服务资金收支情况有争议的，甲乙双方同意采取以下方式解决：

1．________________________；

2．________________________。

第四章 物业的经营与管理

第九条 停车场收费分别采取以下方式：

1．停车场属于全体业主共有的，车位使用人应按露天车位______元/个·月、车库车位______元/个·月的标准向乙方交纳停车费。

乙方从停车费中按露天车位______元/个·月、车库车位______元/个·月的标准提取停车管理服务费。

2．停车场属于甲方所有、委托乙方管理的，业主和物业使用人有优先使用权，车位使用人应按露天车位元/个·月、车库车位______元/个·月的标准向乙方交纳停车费。

乙方从停车费中按露天车位______元/个·月、车库车位______元/个·月的标准提取停车管理服务费。

3．停车场车位所有权或使用权由业主购置的，车位使用人应按露天车位______元/个·月、车库车位______元/个·月的标准向乙方交纳停车管理服务费。

第十条　乙方应与停车场车位使用人签订书面的停车管理服务协议，明确双方在车位使用及停车管理服务等方面的权利义务。

第十一条　本物业管理区域内的会所属______（全体业主/甲方）所有。

会所委托乙方经营管理的，乙方按下列标准向使用会所的业主或物业使用人收取费用：

1．______________________________；

2．______________________________。

第十二条　本物业管理区域内属于全体业主所有的停车场、会所及其他物业共用部位、公用设备设施统一委托乙方经营，经营收入按下列约定分配：

1．______________________________；

2．______________________________。

第五章　物业的承接验收

第十三条　乙方承接物业时，甲方应配合乙方对以下物业共用部位、共用设施设备进行查验：

1．______________________________；

2．______________________________；

3．______________________________。

第十四条　甲乙双方确认查验过的物业共用部位、共用设施设备存在以下问题：

1．______________________________；

2．______________________________；

3．______________________________。

甲方应承担解决以上问题的责任，解决办法如下：

1．______________________________；

2．______________________________；

3．______________________________。

第十五条　对于本合同签订后承接的物业共用部位、共用设施设备，甲乙双方应按照前条规定进行查验并签订确认书，作为界定各自在开发建设和物业管理方面承担责任的依据。

第十六条　乙方承接物业时，甲方应向乙方移交下列资料：

1．竣工总平面图，单体建筑、结构、设备竣工图，配套设施、地下管网工程竣工图等竣工验收资料；

2．设施设备的安装、使用和维护保养等技术资料；

3．物业质量保修文件和物业使用说明文件；

4．______________________________。

第十七条　甲方保证交付使用的物业符合国家规定的验收标准，按照国家规定的保修期限和保修范围承担物业的保修责任。

第六章　物业的使用与维护

第十八条　业主大会成立前，乙方应配合甲方制定本物业管理区域内物业共用部位和共用设施设备的使用、公共秩序和环境卫生的维护等方面的规章制度。

乙方根据规章制度提供管理服务时，甲方、业主和物业使用人应给予必要配合。

第十九条　乙方可采取规劝、______、______等必要措施，制止业主、物业使用人违反本临时公约和物业管理区域内物业管理规章制度的行为。

第二十条　乙方应及时向全体业主通告本物业管理区域内有关物业管理的重大事项，及时处理业主和物业使用人的投诉，接受甲方、业主和物业使用人的监督。

第二十一条　因维修物业或者公共利益，甲方确需临时占用、挖掘本物业管理区域内道路、场地的，应征得相关业主和乙方的同意；乙方确需临时占用、挖掘本物业管理区域内道路、场地的，应征得相关业主和甲方的同意。

临时占用、挖掘本物业管理区域内道路、场地的，应在约定期限内恢复原状。

第二十二条　乙方与装饰装修房屋的业主或物业使用人应签订书面的装饰装修管理服务协议，就允许施工的时间、废弃物的清运与处置、装修管理服务费用等事项进行约定，并事先告知业主或物业使用人装饰装修中的禁止行为和注意事项。

第二十三条　甲方应于________（具体时间）按有关规定向乙方提供能够直接投入使用的物业管理用房。

物业管理用房建筑面积________平方米，其中：办公用房______平方米，位于__________；住宿用房______平方米，位于__________；

______用房______平方米，位于__________。

第二十四条　物业管理用房属全体业主所有，乙方在本合同期限内无偿使用，但不得改变其用途。

第七章　专项维修资金

第二十五条　专项维修资金的缴存______________。

第二十六条　专项维修资金的管理______________。

第二十七条　专项维修资金的使用______________。

第二十八条　专项维修资金的续筹______________。

第八章　违约责任

第二十九条　甲方违反本合同第十三条、第十四条、第十五条的约定，致使乙方的管理服务无法达到本合同第二条、第三条、第四条约定的服务内容和质量标准的，由甲方赔偿由此给业主和物业使用人造成的损失。

第三十条　除前条规定情况外，乙方的管理服务达不到本合同第二条、第三条、第四条约定的服务内容和质量标准，应按______的标准向甲方、业主支付违约金。

第三十一条　甲方、业主或物业使用人违反本合同第六条、第七条的约定，未能按时足额交纳物业服务费用（物业服务资金）的，应按_______的标准向乙方支付违约金。

第三十二条　乙方违反本合同第六条、第七条的约定，擅自提高物业服务费用标准的，业主和物业使用人就超额部分有权拒绝交纳；乙方已经收取的，业主和物业使用人有权要求乙方双倍返还。

第三十三条　甲方违反本合同第十七条的约定，拒绝或拖延履行保修义务的，业主、物业使用人可以自行或委托乙方修复，修复费用及造成的其他损失由甲方承担。

第三十四条　以下情况乙方不承担责任：

1．因不可抗力导致物业管理服务中断的；

2．乙方已履行本合同约定义务，但因物业本身固有瑕疵造成损失的；

3．因维修养护物业共用部位、共用设施设备需要且事先已告知业主和物业使用人，暂时停水、停电、停止共用设施设备使用等造成损失的；

4．因非乙方责任出现供水、供电、供气、供热、通讯、有线电视及其他共用设施设备运行障碍造成损失的；

5．__________________________。

第九章　其他事项

第三十五条　本合同期限自___年___月__日起至____年__月__日止；但在本合同期限内，业主委员会代表全体业主与物业管理企业签订的物业服务合同生效时，本合同自动终止。

第三十六条　本合同期满前____月，业主大会尚未成立的，甲、乙双方应就延长本合同期限达成协议；双方未能达成协议的，甲方应在本合同期满前选聘新的物业管理企业。

第三十七条　本合同终止时，乙方应将物业管理用房、物业管理相关资料等属于全体业主所有的财物及时完整地移交给业主委员会；业主委员会尚未成立的，移交给甲方或代管。

第三十八条　甲方与物业买受人签订的物业买卖合同，应当包含本合同约定的内容；物业买受人签订物业买卖合同，即为对接受本合同内容的承诺。

第三十九条　业主可与物业使用人就本合同的权利义务进行约定，但物业使用人违反本合同约定的，业主应承担连带责任。

第四十条　本合同的附件为本合同不可分割的组成部分，与本合同具有同等法律效力。

第四十一条　本合同未尽事宜，双方可另行以书面形式签订补充协议，补充协议与本合同存在冲突的，以本合同为准。

第四十二条　本合同在履行中发生争议，由双方协商解决，协商不成，双方可选择以下第___种方式处理：

1．向__________仲裁委员会申请仲裁；

2．向人民法院提起诉讼。

第四十三条　本合同一式___份，甲、乙双方各执___份。

甲方（签章）　　　　　　乙方（签章）

法定代表人　　　　　　法定代表人

______年___月___日

附件一：

物业构成明细

类　型	幢　数	套（单元）数	建筑面积（平方米）
高层住宅			
多层住宅			
别　墅			
商业用房			
工业用房			
办公楼			
车　库			
会　所			
学　校			
幼儿园			
_____用房			
合　计			
备　注			

附件二：

物业共用部位明细

1．房屋承重结构；

2．房屋主体结构；

3．公共门厅；

4．公共走廊；

5．公共楼梯间；

6．内天井；

7．户外墙面；

8．屋面；

9．传达室；

10．__________；

11、__________。

附件三：

物业共用设施设备明细

1．绿地_________平方米；

2．道路_________平方米；

3．化粪池______个；

4．污水井______个；

5．雨水井______个；
6．垃圾中转站______个；
7．水泵______个；
8．水箱______个；
9．电梯______部；
10．信报箱______个；
11．消防设施______；
12．公共照明设施______；
13．监控设施______；
14．避雷设施______；
15．共用天线______；
16．机动车库______个 ______平方米；
17．露天停车场______个______平方米；
18．非机动车库______个______平方米；
19．共用设施设备用房______平方米；
20．物业管理用房______平方米；
21．________________________；
22．________________________。

附件四：

前期物业管理服务质量标准

一、物业共用部位的维修、养护和管理
1．________________________；
2．________________________；
3．________________________。

二、物业共用设施设备的运行、维修、养护和管理
1．________________________；
2．________________________；
3．________________________。

三、物业共用部位和相关场地的清洁卫生，垃圾的收集、清运及雨、污水管道的疏通
1．________________________；
2．________________________；
3．________________________。

四、公共绿化的养护和管理
1．________________________；
2．________________________；
3．________________________。

五、车辆停放管理
1．________________________；
2．________________________；
3．________________________。

六、公共秩序维护、安全防范等事项的协助管理
1．________________________；
2．________________________；
3．________________________。

七、装饰装修管理服务
1．________________________；
2．________________________；
3．________________________。

八、物业档案资料管理
1．________________________；
2．________________________；
3．________________________。

九、其他服务
1．________________________；
2．________________________；
3．________________________。

《前期物业服务合同（示范文本）》使用说明

1．本示范文本仅供建设单位与物业管理企业签订《前期物业服务合同》参考使用。

2．经协商确定，建设单位和物业管理企业可对本示范文本的条款内容进行选择、修改、增补或删减。

3．本示范文本第六条、第七条、第八条、第九条第二款和第三款、第二十条、第二十一条、第二十二条、第二十四条所称业主，是指拥有房屋所有权的建设单位和房屋买受人；其他条款所称业主，是指拥有房屋所有权的房屋买受人。

关于印发《业主临时公约（示范文本）》的通知

建住房[2004]156号

各省、自治区建设厅，直辖市建委、房地局，新疆生产建设兵团建设局：

为了贯彻《物业管理条例》，推动建立业主自我管理与自我约束的机制，维护全体业主的共同利益，我部制定了《业主临时公约（示范文本）》，现印发给你们，供建设单位制定《业主临时公约》参考使用。

中华人民共和国建设部

二〇〇四年九月六日

业主临时公约(示范文本)

第一章　总　则

第一条　根据《物业管理条例》和相关法律、法规、政策，建设单位在销售物业之前，制定本临时公约，对有关物业的使用、维护、管理，业主的共同利益，业主应当履行的义务，违反公约应当承担的责任等事项依法作出约定。

第二条　建设单位应当在物业销售前将本临时公约向物业买受人明示，并予以说明。

物业买受人与建设单位签订物业买卖合同时对本临时公约予以的书面承诺，表示对本临时公约内容的认可。

第三条　本临时公约对建设单位、业主和物业使用人均有约束力。

第四条　建设单位与物业管理企业签订的前期物业服务合同中涉及业主共同利益的约定，应与本临时公约一致。

第二章　物业基本情况

第五条　本物业管理区域内物业的基本情况

物业名称________________________;

座落位置________________________;

物业类型________________________;

建筑面积________________________。

物业管理区域四至：

东至________________________;

南至________________________;

西至________________________;

北至________________________。

第六条　根据有关法律法规和物业买卖合同，业主享有以下物业共用部位、共用设施设备的所有权：

1. 由单幢建筑物的全体业主共有的共用部位，包括该幢建筑物的承重结构、主体结构，公共门厅、公共走廊、公共楼梯间、户外墙面、屋面、______、______、______等;

2. 由单幢建筑物的全体业主共有的共用设施设备，包括该幢建筑物内的给排水管道、落水管、水箱、水泵、电梯、冷暖设施、照明设施、消防设施、避雷设施、______、______、______等;

3. 由物业管理区域内全体业主共有的共用部位和共用设施设备,包括围墙、池井、照明设施、共用设施设备使用的房屋、物业管理用房、______、______、______等。

第七条　在本物业管理区域内，根据物业买卖合同，以下部位和设施设备为建设单位所有：

1. ________________________;

2. ________________________;

3. ________________________;

4. ________________________。

建设单位行使以上部位和设施设备的所有权，不得影响物业买受人正常使用物业。

第三章　物业的使用

第八条　业主对物业的专有部分享有占有、使用、收益和处分的权利，但不得妨碍其他业主正常使用物业。

第九条　业主应遵守法律、法规的规定，按照有利于物业使用、安全、整洁以及公平合理、不损害公共利益和他人利益的原则，在供电、供水、供热、供气、排水、通行、通风、采光、装饰装修、环境卫生、环境保护等方面妥善处理与相邻业主的关系。

第十条　业主应按设计用途使用物业。因特殊情况需要改变物业设计用途的，业主应在征得相邻业主书面同意后，报有关行政主管部门批准，并告知物业管理企业。

第十一条　业主需要装饰装修房屋的，应事先告知物业管理企业，并与其签订装饰装修管理服务协议。

业主应按装饰装修管理服务协议的约定从事装饰装修行为，遵守装饰装修的注意事项，不得从事装饰装修的禁止行为。

第十二条　业主应在指定地点放置装饰装修材料及装修垃圾，不得擅自占用物业共用部位和公共场所。

本物业管理区域的装饰装修施工时间为____________，其他时间不得施工。

第十三条　因装饰装修房屋影响物业共用部位、共用设施设备的正常使用以及侵害相邻业主合法权益的，业主应及时恢复原状并承担相应的赔偿责任。

第十四条　业主应按有关规定合理使用水、电、气、暖等共用设施设备，不得擅自拆改。

第十五条　业主应按设计预留的位置安装空调，未预留设计位置的，应按物业管理企业指定的位置安装，并按要求做好噪音及冷凝水的处理。

第十六条　业主及物业使用人使用电梯，应遵守本物业管理区域的电梯使用管理规定。

第十七条　在物业管理区域内行驶和停放车辆，应遵守本物业管理区域的车辆行驶和停车规则。

第十八条　本物业管理区域内禁止下列行为：

1. 损坏房屋承重结构、主体结构，破坏房屋外貌，擅自改变房屋设计用途;

2. 占用或损坏物业共用部位、共用设施设备及相关场地，擅自移动物业共用设施设备;

3. 违章搭建、私设摊点;

4. 在非指定位置倾倒或抛弃垃圾、杂物;

5. 违反有关规定堆放易燃、易爆、剧毒、放射性物品，排放有毒有害物质，发出超标噪声;

6. 擅自在物业共用部位和相关场所悬挂、张贴、涂改、刻画;

7. 利用物业从事危害公共利益和侵害他人合法权益的活动;

8. ________________________;

9. 法律、法规禁止的其他行为。

第十九条　业主和物业使用人在本物业管理区域内饲养动物不得违反有关规定，并应遵守以下约定：

1. ________________________;

2. ________________________。

第四章　物业的维修养护

第二十条　业主对物业专有部分的维修养护行为不得妨碍其他业主的合法权益。

第二十一条　因维修养护物业确需进入相关业主的物业专有部分时，业主或物业管理企业应事先告知相关业主，相关业主应给予必要的配合。

相关业主阻挠维修养护的进行造成物业损坏及其他损失的，应负责修复并承担赔偿责任。

第二十二条　发生危及公共利益或其他业主合法权益的紧急情况，必须及时进入物业专有部分进行维修养护但无法通知相关业主的，物业管理企业可向相邻业主说明情况，在第三方（如所在地居委会或派出所或__________）的监督下，进入相关业主的物业专有部分进行维修养护，事后应及时通知相关业主并做好善后工作。

第二十三条　因维修养护物业或者公共利益，业主确需临时占用、挖掘道路、场地的，应当征得建设单位和物业管理企业的同意，并在约定期限内恢复原状。

第二十四条　物业存在安全隐患，危及公共利益或其他业主合法权益时，责任人应当及时采取措施消除隐患。

第二十五条　建设单位应按国家规定的保修期限和保修范围承担物业的保修责任。

建设单位在保修期限和保修范围内拒绝修复或拖延修复的，业主可以自行或委托他人修复，修复费用及修复期间造成的其他损失由建设单位承担。

第二十六条　本物业管理区域内的全体业主按规定缴存、使用和管理物业专项维修资金。

第五章　业主的共同利益

第二十七条　为维护业主的共同利益，全体业主同意在物业管理活动中授予物业管理企业以下权利：

1．根据本临时公约配合建设单位制定物业共用部位和共用设施设备的使用、公共秩序和环境卫生的维护等方面的规章制度；

2．以批评、规劝、公示、_____等必要措施制止业主、物业使用人违反本临时公约和规章制度的行为；

3．__________________________；

4．__________________________。

第二十八条　建设单位应在物业管理区域内显著位置设置公告栏，用于张贴物业管理规章制度，以及应告知全体业主和物业使用人的通知、公告。

第二十九条　本物业管理区域内，物业服务收费采取包干制(酬金制）方式。业主应按照前期物业服务合同的约定按时足额交纳物业服务费用(物业服务资金)。

物业服务费用（物业服务资金）是物业服务活动正常开展的基础，涉及全体业主的共同利益，业主应积极倡导欠费业主履行交纳物业服务费用的义务。

第三十条　利用物业共用部位、共用设施设备进行经营的，应当在征得相关业主、物业管理企业的同意后，按规定办理有关手续，业主所得收益主要用于补充专项维修资金。

第六章　违约责任

第三十一条　业主违反本临时公约关于物业的使用、维护和管理的约定，妨碍物业正常使用或造成物业损害及其他损失的，其他业主和物业管理企业可依据本临时公约向人民法院提起诉讼。

第三十二条　业主违反本临时公约关于业主共同利益的约定，导致全体业主的共同利益受损的，其他业主和物业管理企业可依据本临时公约向人民法院提起诉讼。

第三十三条　建设单位未能履行本临时公约约定义务的，业主和物业管理企业可向有关行政主管部门投诉，也可根据本临时公约向人民法院提起诉讼。

第七章　附　则

第三十四条　本临时公约所称物业的专有部分，是指由单个业主独立使用并具有排他性的房屋、空间、场地及相关设施设备。

本临时公约所称物业的共用部位、共用设施设备，是指物业管理区域内单个业主专有部分以外的，属于多个或全体业主共同所有或使用的房屋、空间、场地及相关设施设备。

第三十五条　业主转让或出租物业时，应提前书面通知物业管理企业，并要求物业继受人签署本临时公约承诺书或承租人在租赁合同中承诺遵守本临时公约。

第三十六条　本临时公约由建设单位、物业管理企业和每位业主各执一份。

第三十七条　本临时公约自首位物业买受人承诺之日起生效，至业主大会制定的《业主公约》生效之日终止。

承 诺 书

本人为__________________（物业名称及具体位置，以下称该物业）的买受人，为维护本物业管理区域内全体业主的共同利益，本人声明如下：

一、确认已详细阅读_________（建设单位）制定的“×××业主临时公约”（以下称“本临时公约”）；

二、同意遵守并倡导其他业主及物业使用人遵守本临时公约；

三、本人同意承担违反本临时公约的相应责任，并同意对该物业的使用人违反本临时公约的行为承担连带责任；

四、本人同意转让该物业时取得物业继受人签署的本临时公约承诺书并送交建设单位或物业管理企业，建设单位或物业管理企业收到物业继受人签署的承诺书前，本承诺继续有效。

承诺人（签章）

______年___月___日

《业主临时公约（示范文本）》使用说明

1．本示范文本仅供建设单位制定《业主临时公约》参考使用。

2．建设单位可对本示范文本的条款内容进行选择、修改、增补或删减。

3．本示范文本第三条、第三十七条所称业主是指拥有房屋所有权的房屋买受人，其他条款所称业主是指拥有房屋所有权的建设单位和房屋买受人。

【编者按】 关于包括装修的歌舞娱乐场所消防安全技术标准，江西的这一标准在全国还是第一个。对全国具有普遍的指导意义。

关于发布江西省地方标准《歌舞娱乐场所消防安全技术标准》的通知

赣建设[2004]25号

为了贯彻"预防为主，防消结合"的消防工作方针，完善歌舞娱乐场所消防安全设计，减少火灾危害，确保人民生命和财产安全，江西省建设厅、江西省质量技术监督局和江西省公安消防总队共同组织设计、装修、质监和消防等方面的技术专家，依据国家现行消防标准、规范，参照外省市有关资料，结合我省实际，完成了《歌舞娱乐场所消防安全技术标准》的编制工作。经有关部门会审，现批准为江西省地方标准，编号DB36/433-2004，自2004年7月1日起施行。

本规程由江西省建设厅负责管理，江西省公安消防总队负责解释工作，各单位在使用中有何问题，请及时函告。

江西省建设厅

二〇〇四年六月二十二日

前 言

为进一步加强江西省歌舞娱乐场所消防安全管理，确保人民生命和财产的安全，根据省政府工作部署，江西省建设厅、江西省质量技术监督局和江西省公安消防总队决定编制江西省地方标准《歌舞娱乐场所消防安全技术标准》。

为做好标准的编制工作，成立了由省建设厅、省质量技术监督局和省公安消防总队分管领导及各职能部门人员组成的编制领导小组，并从我省建设、消防部门抽调设计、装修、消防等方面的专家组成编制组，依据国家现行的消防标准、规范，参照其他省市有关资料，结合我省的消防管理实际情况，完成了标准的编制工作。

本标准的主要技术内容是：1．总则；2．总平面布局和平面布置；3．安全疏散；4．建筑装修防火；5．灭火设施；6．消防电气；7．防烟与排烟。

本标准由省建设厅负责管理，在执行标准中遇到特殊情况，应在建设行政主管部门的主持下，由建设单位、设计单位和消防监督机构协商解决。

在标准执行期间，由省公安消防总队负责具体解释、收集意见工作。鉴于本标准编制时间紧，经验有限，各单位在执行过程中，应结合工程实践，注意积累资料和总结经验，如有需要修改和补充的，请将意见和建议寄至江西省公安消防总队建审处（地址：南昌市抚生路168号，邮政编号：330009，电话：0791-6558412），以便修订时参考。

本标准主编单位：江西省公安消防总队、江西省建筑标准设计办公室。

本标准参编单位：江西省建筑设计研究总院 、南昌市建筑设计研究院、南昌有色冶金设计研究院、江西省环球建筑设计院、江西省建设工程质量监督管理总站、江西圳昌装饰工程（集团）有限公司。

本标准编制人员：孙虹波 戴 持 曹文锋 王伟元 蔡希熊 唐国强 俞志敏 黄 宁 付安安 曾悦雷 彭 华 王建军

本标准的编制，自始至终得到省建设厅、省质量技术监督局和省公安消防总队领导和关心，以及各有关单位的大力支持，在此一并表示衷心感谢。

1 总 则

1.0.1 为了贯彻"预防为主，防消结合"的消防工作方针，保障歌舞娱乐场所的消防安全，防止和减少火灾的危害，结合本省的实际情况，制定本标准。

1.0.2 本标准适用于本省行政区域内建筑面积50m^{2}及50m^{2}以上的下列室内场所：

1 舞厅、卡拉OK厅、夜总会等歌舞娱乐类场所；

2 具有娱乐功能的音乐茶座、酒吧和餐饮类场所；

3 网吧、电子游艺厅等游艺、游乐类场所；

4 桑拿浴室、按摩院等场所。

1.0.3 歌舞娱乐场所的消防设计除应符合本标准的规定外，尚应符合国家现行的消防法律、行政法规和技术标准的规定。

2 总平面布局和平面布置

2.0.1 歌舞娱乐场所的总平面布局应符合城市规划的要求，满足消防法规对防火间距、消防扑救环境、消防车道和消防水源的规定。

2.0.2 歌舞娱乐场所应设置在一、二级耐火等级的建筑物内。

2.0.3 歌舞娱乐场所宜设置在建筑内的首层、二层或三层的靠外墙部位。当必须设置在建筑的其他楼层时，尚应符合下列规定：

1 不应设置在地下二层及二层以下。当设置在地下一层时，地下一层地面与室外出入口地坪的高差不应大于10m；

2 一个厅、室的建筑面积不应大于200m^2；且该厅、室除设置外窗和通向直接连接安全出口的疏散走道的门外，不应开设其他的门窗洞口；

3 一个厅、室的疏散出口不应少于两个，当一个厅、室的建筑面积小于 50m^2 时，可设置一个疏散出口；

4 应设置火灾自动报警系统和自动喷水灭火系统；

5 应设置防、排烟设施。

2.0.4 歌舞娱乐场所不应毗连或设置在文物古建筑和博物馆、图书馆建筑内，不应毗连火灾危险性为甲、乙类的仓库，不应在居民住宅楼内改建歌舞娱乐场所。

2.0.5 歌舞娱乐场所不应设置在锅炉房（包括直燃型吸收式冷温水机组机房）、可燃油油浸电力变压器室、燃气箱式调压站、发电机房的上一层、下一层或贴邻。

2.0.6 歌舞娱乐场所内不应敷设可燃气体管道和甲、乙、丙类液体管道。

2.0.7 设有火灾自动报警系统且需要联动控制自动喷水灭火系统或机械防烟、排烟系统等消防设施的歌舞娱乐场所，应按《火灾自动报警系统设计规范》的要求设置消防控制室。

2.0.8 歌舞娱乐场所与其他建筑相毗连或附设在其他建筑物内时，应当按照独立的防火分区设置。与其他场所之间应采用耐火极限不低于 2.00h 的非燃烧体隔墙和耐火极限不低于 1.00h 的非燃烧体楼板隔开。当墙上必须开门时应设置不低于乙级的防火门。

2.0.9 歌舞娱乐场所内疏散走道两侧的隔墙应采用耐火极限不低于 1.00h 的非燃烧体，房间隔墙应采用耐火极限不低于 0.50h 的非燃烧体，屋顶承重构件应采用耐火极限不低于 1.00h 的非燃烧体。

2.0.10 歌舞娱乐场所的隔墙应砌至梁板底部，不宜留有缝隙。管线穿越隔墙、楼板的空隙应采用不燃烧材料填塞密实。

2.0.11 歌舞娱乐场所的包房应开设可开启面积不小于房间地面面积 2%且不小于 0.48m^2 的外窗，外窗的短边长度不应小于 0.9m，且除窗帘外，不应用其他材料遮挡。

2.0.12 歌舞娱乐场所设在地下一层的包房应将外窗开向具备天然采光和自然通风条件的窗井，开窗要求应按本标准第 2.0.11 条执行。

2.0.13 歌舞娱乐场所内的房间不应设置在袋形走道的两侧和尽端。当房间的门必须设备在与疏散走道相连的袋形短走道内时，应符合下列要求：

1 房间门距短走道入口的疏散距离不应大于 5m；

2 房间的总建筑面积不应大于 75m^2。

3 安全疏散

3.0.1 歌舞娱乐场所的疏散出口数量和疏散距离应符合国家消防技术标准的要求，且疏散出口数量不应小于 2 个，当其建筑面积大小于 50m^2 时，可设置 1 个疏散出口。

3.0.2 歌舞娱乐场所疏散走道和安全出口的净宽度不应小于 1.40m，其疏散总宽度，除国家消防技术标准另有规定外，应根据其通过人数按不小于 1.0m/百人计算确定。

3.0.3 设在商住楼或含有住宅的综合楼内的歌舞娱乐场所与住宅部分的安全出口应完全分开设置。既有建筑内设置的能满足 5 人/m^2 总疏散人数需要的露天疏散平台直通室外地坪的楼梯可与歌舞娱乐场所的疏散楼梯合用。

3.0.4 设在建筑物地下一层的歌舞娱乐场所的安全出口应直通室外。

3.0.5 歌舞娱乐场所的疏散人数应根据该场所的建筑面积按 0.5 人/m^2 计算。

3.0.6 歌舞娱乐场所疏散用的楼梯间宜靠外墙设置，并应直接天然采光和自然通风，当不能直接天然采光和自然通风时，应增设正压送风设施。封闭楼梯间的门应采用乙级防火门。

3.0.7 安全出口或疏散出口应按照双向疏散的原则分散布置，相邻 2 个安全出口或疏散出口最近边缘之间的水平距离不应小于 5.0m。

3.0.8 歌舞娱乐场所的疏散通道不应设有少于 3 级的踏步，安全出口不应设备门槛，紧靠门口 1.40m 内不应设置踏步。

3.0.9 歌舞娱乐场所的疏散门应向疏散方向开启，不得采用卷帘门、转门、吊门和侧门推拉门，门口不应设置影响疏散的镜面装饰物和遮挡物。

3.0.10 歌舞娱乐场所不应在疏散走道、疏散楼梯、疏散出口和安全出口处设置栅栏，不应在外窗安装影响消防安全疏散和应急救援的固定护栏。

3.0.11 歌舞娱乐场所在营业或使用期间应保证疏散通道和安全出口通畅，配有门锁的疏散门应保证在发生火灾时，人员无需借助钥匙或其他工具等即可从内部向疏散方向开启，开启力不应大于 130N。

3.0.12 歌舞娱乐场所设置的常开防火门应具有发生火灾时自动关闭的功能；常闭防火门上应当张贴常闭防火门应随时处于关闭状态的警示用语；包房的疏散门背后应张贴告之顾客疏散通道、安全出口的位置和安全疏散路线的安全疏散示意图。

4 建筑装修防火

4.0.1 歌舞娱乐场所外墙开设的窗口周围 2m 范围内和窗口下方不应设置采用可燃材料制作的容易造成火灾蔓延的门楼、灯箱、广告牌。

4.0.2 歌舞娱乐场所在装修时，不应减少安全出口、疏散出口、疏散走道的数量和设计所需的净宽度。

4.0.3 歌舞娱乐场所装修设计应尽量避免采用在燃烧时产生大量浓烟或有毒气体的材料。

4.0.4 歌舞娱乐场所设置在建筑物四层及四层以上时，室内装修的顶棚材料应采用 A 级装修材料，其他部位应采用不低于 B1 级的装修材料。当设置在地下一层时，室内装修的顶棚、墙面材料应采用 A 级装修材料，其他部位应采用不低于 B1 级的装修材料。

4.0.5 歌舞娱乐场所的疏散通道和安全出口的门厅，其顶棚装饰材料应采用 A 级装修材料，其他部位应采用不低于 B1 级的装修材料。

4.0.6　除第 4.0.4 条、第 4.0.5 条的规定外，歌舞娱乐场所内装修材料的燃烧性能等级，不应低于表 4.0.6 的要求；当同时装有火灾自动报警系统和自动灭火系统时，除顶棚外，其内部装修材料的燃烧性能等级可在表 4.0.6 规定的基础上降低一级。

表 4.0.6　装修材料燃烧性能等级

顶棚	墙面	地面	隔断	固定家具	装饰织物			其他装饰材料
					窗帘	帷幕	家具包括	
A	B1	B1	B1	B2	B1	B1	B1	B2

4.0.7　歌舞娱乐场所除演艺厅和具有卡拉 OK 功能的包房外，墙面不应设置软包。

4.0.8　歌舞娱乐场所的演艺厅和具有卡拉 OK 功能的包房墙面可局部采用软包装修，其填充材料和外面包覆材料均应采用燃烧性能等级不低于 B1 级的材料，且软包面积不应超过该房间墙面面积的 20%。

4.0.9　歌舞娱乐场所内的配电箱、灯具、电源开关、电源插座等电气设施不应直接安装在低于 B1 级的装修材料上。

5　灭火设施

5.0.1　歌舞娱乐场所按国家消防技术标准需设置室内、外消火栓系统和自动喷水灭火系统的，其消防用水量、水压和设置要求应满足现行国家消防技术标准的规定。

5.0.2　歌舞娱乐场所宜设置消防卷盘，其间距应保证有一股水流能到达室内地面任何部位，其消防用水量可不计入消防用水总量。

5.0.3　下列歌舞娱乐场所应设置自动喷水灭火系统：

1　设在建筑地下一层或地上四层及四层以上；

2　设在高层民用建筑中

3　设在单层、多层建筑的首层、二层、三层，且建筑面积超过 300m^2。

5.0.4　按国家消防技术标准不需设置自动喷水灭火系统的既有建筑内增设歌舞娱乐场所后，需增设自动喷水灭火局部应用系统的，当市政管网压力能满足系统工作要求且引入管的管径不小于 DN80 时，其喷淋供水可直接由环状市政管网提供；当歌舞娱乐场所建筑面积小于 200m^2 时，其喷淋供水可直接由室内消火栓系统供水干管提供，但其水压应满足系统要求。

5.0.5　当消防用水引入管设置水表时，水表口径应与引入管管径相同。

5.0.6　歌舞娱乐场所除应按《建筑灭火器配置设计规范》的要求配置灭火器外，每间包房内应在醒目和便于取用配置一具 2kgABC 干粉灭火器。

6　消防电气

6.0.1　歌舞娱乐场所消防用电设备供配电系统的设计，应根据国家消防技术标准确定用电负荷的等级，并根据负荷等级采取相应的供电措施。

6.0.2　歌舞娱乐场所需要双电源供电的用电设备容量在 100KW 及以下，而又难以从地区电力网取得第二电源时，可从邻近的建筑物取得第二低压电源，否则应设置 EPS 或自备柴油发电机组作为备用电源。

6.0.3　歌舞娱乐场所的配电线路明敷时应采用低烟无卤型电线电缆，并窗金属管或金属线槽敷设。暗敷时可采用普通电线电缆，并穿金属管或阻燃硬质塑料管敷设在不燃烧体结构内。

6.0.4　歌舞娱乐场所应在下列部位的墙面或顶棚上设置应急照明：

1　疏散走道、楼梯间、防烟楼梯间前室、消防电梯间及其前室、合用前室；

2　演艺厅等公共活动场所；

3　建筑面积超过 50m^2 的包房；

4　消防控制室及其他发生火灾时仍需坚持工作的场所。

6.0.5　歌舞娱乐场所疏散用的应急照明应保证地面的水平照度不低于 0.5lx，连续照明供电时间不应少于 30min。

6.0.6　歌舞娱乐场所疏散用的应急照明灯平时应处于点亮状态，当采用蓄电池的应急灯时，应采用三线式配线，以使蓄电池平时处于充电状况。但符合下列情况之一者除外：

1　在非营业时间仅由值班人员负责管理时；

2　可由天然采光识别安全出口和疏散方向时。

6.0.7　歌舞娱乐场所应设置发光疏散指示标志，安全出口和地下层的疏散走道应设置电光源型疏散指示标志。

6.0.8　安全出口或疏散出口指示标志宜设在出口的顶部或靠近出口上方的墙面上，标志的下缘距门的上边缘不宜大于 0.3m。当安全出口或疏散出口位于疏散走道的侧面时，应在其前方位置的顶棚下设置疏散指示标志，标志的下缘距门的上边缘不宜大于 0.3m，并与疏散方向垂直。疏散指标标志的方向指标标志应指向最近的安全出口。

6.0.9　疏散走道的疏散指示标志应设在疏散走道及其转角处的地面上或距地面 1.00m 以下的墙面上，且应符合下列要求：

1　设置的墙面上时，电光源型疏散指标标志间距不应大于 10m，蓄光型疏散指示标志间距不应大于 5m。

6.0.10　悬挂在大厅等大空间场所顶棚下的疏散指示标志应能满足人员在任一点均能看见标志。其下边缘距地面的高度不应小于 2.0m，且不应大于 3.0m；电光源型疏散指示标志间距不应大于 20m，蓄光型疏散指示标志间距不应大于 10m；

6.0.11　电光源型疏散指示标志和火灾应急照明应采用蓄电池组集中供电方式，当疏散指示标志和火灾应急照明总功率小于 1KW 时，可采用自带蓄电池供电。

6.0.12　歌舞娱乐场所设置蓄光型疏散指示标志时应满足下列要求：

1　设置场所和部位应有连续的光线照明，对于荧光灯，光照度不应低于25Lx；对于白炽灯，光照度不应低于40Lx；

2　停止外部光源照射30min后，其表面任一蓄光部分的发光亮度不小于100cd/m^2；

3　不应设置在含有红光成分较高的场所。

6.0.13　下列歌舞娱乐场所应设置火灾自动报警系统：

1　设在建筑地下、半地下或地上四层及四层以上；

2　设在高层民用建筑中；

3　设有集中式空气调节系统的；

4　设在单层、多层民用建筑的首层或二、三层，且建筑面积超过500m^2。

6.0.14　卡拉OK厅及其包房内，应设置声音或者视供像警报，能够在火灾发生初期将各卡拉OK房间的画面、声音消除，播送火灾警报，引导人员安全疏散。

7　防烟与排烟

7.0.1　歌舞娱乐场所的下列部位应设自然通风方式或机械排烟方式的排烟设施：

1　建筑面积超过100m^{2}且人员集中、可燃物较多的场所；

2　中庭；

3　长度超过20m的内走道；

4　建筑面积超过50m^{2}的地下层房间、地上无窗或设有固定窗的房间。

7.0.2　歌舞娱乐场所的下列部位可采用自然通风方式的排烟设施：

1　设有自动喷水灭火系统，长度小于40m且可开启外窗面积不小于1.2m^{2}的疏散走道；

2　未设自动喷水灭火系统，长度小于40m且可开启外窗面积不小于2m^{2}的疏散走道；

3　可开启外窗面积不小于室内面积2%的大厅和包房。

7.0.3　可开启外窗的面积应按下列要求计算确定：

1　当开窗角大于70^{0}时，其面积可按窗面积计算；

2　当开窗角小于70^{0}时，其面积应按水平投影面积计算；

3　当采用侧拉窗时，其面积应按开启的最大窗口面积计算。

7.0.4　不能实现自然通风排烟的歌舞娱乐场所应设置机械排烟系统，排烟按计算确定，且应符合下列要求：

1　设有自动喷水灭火系统的场所的走道的排烟量不应小于6000m^3/h；未设自动喷水灭火系统的场所的走道的机械排烟量不应小于7200m^3/h；

2　净空高度大于6m的场所，排烟量应按不小于60m^3/h·m^{2}计算。

7.0.5　地下室设有机械排烟系统时，应同时设置补风系统，补风量不应小于排烟量的50%。

7.0.6　机械排烟系统的排烟口风速不宜大于10m/s，排烟管道必须采用不燃材料制作；管道内风速，当采用金属管道时不宜大于20m/s，当采用内表面光滑的混凝土等非金属材料管道时，不宜大于15m/s。

7.0.7　机械排烟管道周围有可燃物时，应采用不燃材料进行隔热，并应与可燃物保持不小于150mm的距离。

7.0.8　歌舞娱乐场所用于排烟的可开启外窗和机械排烟口应设在顶棚或墙面的上部。该防烟分区内的任一点至最近的机械排烟口或可开启外窗的水平距离不应大于30m。

7.0.9　歌舞娱乐场所应配置化学氧消防自救呼吸器，配置数量应满足下列要求：

1　每个灭火器配置点配置2具；

2　包房内按座位数50%的数量配置。

江西省地方标准

歌舞娱乐场所消防安全技术标准

DB36/433—2004

条文说明

1　总　则

1.0.1　本条规定了制定本标准的目的，要求保障歌舞娱乐场所的消防安全，防止和减少火灾的危害，保护人身和财产的安全。

1.0.2　规定本标准主要适用于我省范围内建筑面积50m^{2}及以上的歌舞娱乐场所。对于小于50m^{2}的场所，可参照本标准执行。由于本标准规定的是歌舞娱乐场所应具备的消防安全条件，对于经审批合格已投入使用的歌舞娱乐场所，仍应在规定的期限内，按本标准的要求进行整改。

1.0.3　本标准不可能把有关规范所有内容包括在内，故本条规定，在消防工作中，除了要执行本标准所规定的消防安全技术标准的要求外，还要遵循国家有关方针、政策和其他防火规范。

2　总平面布局和平面布置

2.0.1　针对歌舞娱乐场所发生火灾时容易蔓延，疏散、扑救难度大，甚至容易波及周围建筑物，因此在总平面设计时必须符合城市规划的要求和有关规范的规定，确保安全。

2.0.2-2.0.3　歌舞娱乐场所群死群伤火灾多发，为保护人身安全，减少财产损失，对歌舞娱乐场所的耐火等级和设置部位做出相应规定。

“一个厅、室”是指歌舞娱乐场所内一个相对独立的单元，该单元必须符合下列规定：

1 应有直接对外出口或直通安全疏散通道；

2 单元与单元之间应采用不低于 2.00h 的非燃烧体隔墙隔开。

大多数火灾案例表明，人员死亡绝大部分都是由于吸入有毒烟气而窒息死亡的。因此，对歌舞娱乐场所做出了防烟、排烟要求。并按有关规范规定设置自动喷水灭火系统和火灾自动报警系统。

2.0.7 消防控制室是建筑物内防火、灭火设施的显示控制中心，也是火灾时的扑救指挥中心，地位十分重要。因此对设有火灾自动报警系统且需要联动控制自动喷水灭火系统或机械防烟、排烟系统等消防设施的歌舞娱乐场所，必须设置消防控制室。

2.0.8-2.0.9 考虑歌舞娱乐场所存在火灾危险性大，发生火灾时，为了不致蔓延至毗连或附设的其他建筑，造成重大损失，特规定歌舞娱乐场所应按独立的防火分区设置。对场所之间，则采用耐火极限不低于 2.00h 的非燃烧体隔墙和耐火极限不低于 1.00h 的非燃烧体楼板隔开，将火灾限制在一定区域内，以减少人员伤亡。并对疏散走道两侧的隔墙和屋顶承重构件的燃烧性能和耐火极限作了规定。

2.0.10 房间隔墙未砌至梁板底部，管线穿越隔墙、楼板留有缝隙或堵塞不严实，一旦发生火灾时，将会成为火势蔓延和烟气扩散的途径，故作此条规定。

2.0.11-2.0.12 歌舞娱乐场所的包房必须布置在靠外墙或天井部位，并能向外开窗。布置在地下一层的包房，应设置窗井开窗（图 2.0.12）。并对窗户的开户面积和最小长度作出了规定，以利排烟和灭火救援，且窗户内外不能设置妨碍应急救援的固定护栏。

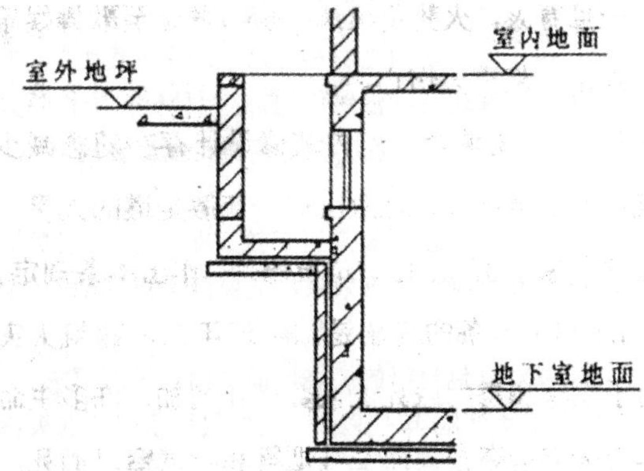

图 2.0.12 窗井示意图

2.0.13 歌舞娱乐场所内的房间，如果设置在袋形走道的两侧或尽端，不利于人员疏散，如某地一歌舞厅设置在袋形走道尽端，火灾时歌舞厅疏散出口被烟火封堵，人员无法逃生，致使 13 人死亡。对既有建筑内，设置在具有两个安全出口的疏散走道上的袋形短走道的房间，则对其疏散距离和房间的总建筑面积作了限制（图 2.0.13）。

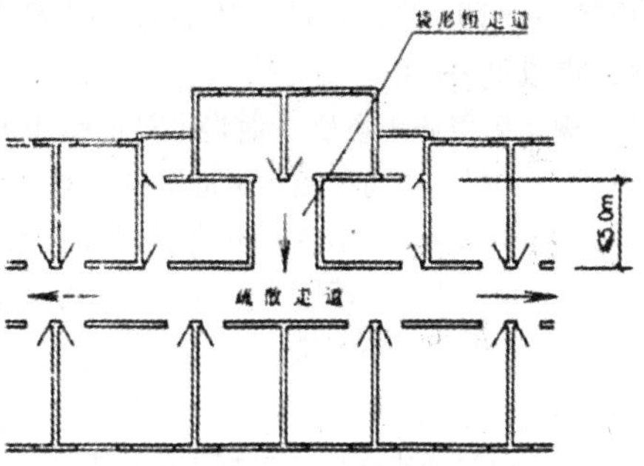

图 2.0.13 袋形短走道示意图

3 安全疏散

3.0.1 歌舞娱乐场所疏散出口不少于两个的规定，是考虑到当其中一个疏散出口被烟火封堵时，人员可以通过另一个出口逃生。对于建筑面积 50m^2 的厅、室，因面积不大，人员数量较少，疏散比较容易，所以可设置一个疏散出口。

3.0.2 对于歌舞娱乐场所，除按原规定应根据其通过人数，按不少于 1.0m/百人计算疏散走道宽度外，并明确疏散走道还应和安全出口一样，净宽度均不应小于 1.40m。

3.0.3 本条对新建的设在商住楼或含有住宅的综合楼内的歌舞娱乐场所与住宅部分安全出口应安全分开，符合《建筑设计防火规范》（2001 年版）第 5.4.2 条规定。

根据实际情况，既有建筑中，有的商住楼或综合楼的疏散楼梯是先疏散到裙房部分的露天平台上，再疏散到室外地面上。设在该楼内的歌舞娱乐场所的其中一个安全疏散楼梯与之共用，考虑到是原已建的建筑，要求再新增设一个单独楼梯困难过大。另外，该室外露天平台和疏散楼梯是敞开的，烟火释放较快，故该楼梯可以合用。

露天平台面积按 5 人/m^2 的指标确定，是根据住宅部分居住总人数计算。

3.0.4 安全出口应直通室外（包括通过符合规范要求的底层楼梯间，再到达室外的安全出口），是考虑到地下层，地下层与地上层如果没有进行有效的分隔，容易造成地下层火灾蔓延到地上建筑。

国外有关标准提出有类似规定，如英国《统一建筑规范》规定，地下室的出口应直通建筑外部，法国《公共建筑物安全防火规范》也有相应规定。

3.0.5 歌舞娱乐场所的疏散人数应根据该场所的建筑面积按 0.5 人/m^2 计算，是根据《高层民用建筑防火规范》（2001 年版）第 4.1.5 条对歌舞娱乐场所人员控制指标确定的。

3.0.6 楼梯间必须靠外墙设置，是为了有利于楼梯间的直接采光和自然通风。如果没有通风条件，进入楼梯间的烟气不容易排除，疏散人员无法进入。没有直接采光，紧急疏散时，即使是白天，使用也不方便。至于当不能满足靠外墙设置楼梯间时的规定，与国家规范相应条文相吻合。

3.0.7　同一建筑中楼梯出口距离不能太小，因为两个楼梯出口之间距离太近，安全出口集中，会使人流疏散不均匀而造成拥挤，还会两个出口同时被烟堵住，使人员不能脱离危险地区而造成重大伤亡。

3.0.8　规定歌舞娱乐场所疏散走道处的踏步不应少于3级，是考虑到一般这类场所疏散走道采光很差，紧急疏散时少于3级踏步的高差太小，人员容易误判而跌倒，引起慌乱，造成伤亡。靠门1.40m范围内设置踏步，由于踏步距门过近，疏散时，人一出门不习惯下台阶，容易造成跌倒，引起伤亡。

3.0.9　由于歌舞娱乐场所人员较密集，同时，要求所设的公共疏散门必须向疏散方向开启，否则遇到紧急情况时，会使出口堵塞，造成人员伤亡。门口设置镜面装饰物或遮挡物，会使人员疏散找安全出口困难以及产生不必要的误导。

3.0.10　疏散走道、疏散楼梯、疏散出口和安全出口外设置栏栅，不仅影响疏散畅通，而从调查实际情况看，很多业主常把栏栅锁住，一旦发生火情，人员根本无法逃出，有很大隐患。

歌舞娱乐场所不应在外窗上装固定护栏，以便于消防人员在发生火情时，利用外窗进入室内急救人员和扑灭火情。

3.0.11　歌舞娱乐场所为了便于管理，疏散门会配有门锁，因此，规定凡配有门锁的疏散门，应保证在发生火灾时，人员可无需借助钥匙或其他工具等，即可从内部向疏散方向开启。规定开启力不应大于130N，是考虑一般人员都能开启。

3.0.12　在条规定处张贴警示用语和疏散示意图，用于提示进入歌舞娱乐场所的人员需有高度的警惕性，也便于一旦发生火情时，对逃出路线有所了解。

4　建筑装修防火

4.0.1　本条规定是为了防止歌舞娱乐场所外墙窗口附近采用可燃材料制作的门楼、灯箱、广告牌，一旦着火，火势将迅速从窗口蔓延至歌舞娱乐场所内，引起重大伤亡。

4.0.2　据调查，室内装修设计存在随意减少建筑内的安全出口、疏散出口和疏散走道的数量和宽度的现象，为防止这种情况出现，作出本条规定。

4.0.3　本条的提出是源于近年来，建筑火灾中由于烟雾和毒气致死的人数迅速增加，许多生命并非为火灾所夺去，而是被烟雾和毒气窒息而死。例如1986年4月天津某居民楼火灾中，有4户13人全部遇难，其实大火并没有烧到他们的家，甚至其中一户门外2m处放置的一只满装的石油气瓶，事后仍安然无恙，是烟雾和毒气夺去这13条生命。有关部门的研究证明，在火灾中产生烟雾和毒气的室内装修材料主要有机高分子材料和木材，这些材料燃烧时产生的有毒有害气体包括一氧化碳、二氧化碳、二氧化硫、硫化氢、氯化氢、氰化氢、光气等，由于内部装修材料品种繁多，它们燃烧时产生的烟雾、毒气数量种类各不相同，目前对烟密度、能见度和毒性进行定量控制尚有一定困难。为了引起设计人员和消防监督部门对烟雾毒气危害的重视，在此条中对产生大量浓烟或有毒气体的内部装修材料提出尽量“避免使用”这一基本原则。

4.0.4　近年来，歌舞娱乐场所屡屡发生一次死亡数十人或数百人的火灾事故，其中一个重要的原因是这类场所使用大量可燃装修材料，发生火灾时，这些材料产生大量有毒烟气，导致人员在很短的时间内窒息死亡。因此，本条对这类场所的室内装修材料做出相应规定。当这类场所设在地下一层时，安全疏散和扑救火灾的条件更为不利，故本条对地下建筑的要求比地上建筑更加严格。符合本条所列情况的歌舞娱乐场所，不论设置在多层、高层还是地下建筑中，其室内装修材料的燃烧性能等级按本条规定执行。当歌舞娱乐场所设置在单层、多层或高层建筑中的首层或二、三层时，按本标准4.0.6条相应的规定执行。

4.0.5　疏散通道和安全出口门厅是火灾发生时人员逃生的主要通道，因而对装修材料的燃烧性能要求较高。

4.0.6　歌舞娱乐场所虽然一般建筑面积并不是很大，但因它们多处于市区临街地段，且容纳人员的密度较大，情况比较复杂，时有明火出现，并设有很强的灯光设备，因此引发火灾的危险概率高，火灾造成的后果严重，故对它们的装修材料燃烧性能等级提出了较高要求。但考虑到歌舞娱乐场所装修标准要求较高，为了满足美学和声学需要，采用了一些燃烧性能等级较低的材料进行装修。为了不降低整体安全性能，规定设置消防设施以弥补装修材料的燃烧等级不够的问题。美国标准NFPA101《人身安全规范》中规定，如采用自动灭火措施，所有装修材料的燃烧性能等级可降低一级。日本《建筑基准法》规定，如采取水喷淋等自动灭火措施和排烟措施，内装修材料可不限。在参照上述两国规定的同时，考虑到歌舞娱乐场所人员火灾危险性大，容易导致群死群伤，所以在采用自动灭火措施后，对影响安全的顶棚材料燃烧等级仍不降低，其他内部装修材料的燃烧性能等级可比无自动灭火措施时的要求降低一级。

4.0.7　由于软包的填充材料通常采用中密度海棉，外面包裹材料采用棉和化纤的混纺织物，这两种材料未作防火处理时燃烧性能等级较低，且燃烧时容易产生有害气体，故作此限制。

4.0.8　考虑到演艺厅和具有卡拉OK功能的包房墙面装修材料既要有良好的装饰效果，又要满足吸音功能要求，所以允许采用一定比例的软包装修。但因这些场所的火灾危险性大，所以对软包材料的燃烧性能提出比较严要求。

4.0.9　20世纪80年代以来，由电气设备引发的火灾占各类火灾的比例日趋上升。电气火灾日益严重的原因是多方面的：1）电线阵旧老化；2）违反用电安全规定；3）电器设计或安装不当；4）家用电器设备大幅度增加。另外，由于室内装修采用的可燃材料越来越多，增加了电气设备引发火灾的危险性。为了防止配电箱、电源开关、电源插座等电气设备产生的火花引燃周围的可燃物，以及上述设备和灯具连续使用所产生的热传至装修材料上，引起材料过热，阴燃起火，规定其不应直接安装在低于B1级的装修材料上。

5 灭火设施

5.0.1 本标准是对国家现行相关规范的补充，消防给水系统的设置及其要求与现行国家规范相同，其室内外消防系统应具备正常工作的基本条件。

5.0.2 考虑到歌舞娱乐场所内部构造复杂，场内人员较密集，出现火灾时火势蔓延速度快，危险性极大的特点，建议所配置的消火栓增设自救用的消防卷盘，以便于工作人员等自救，争取有效控制火灾初期火势的发展或扑灭初期火灾，最大限度地减小火灾可能造成的危害，为消防人员成功灭火创造有利条件。要求所设置的消防卷盘应满足至少一股水流能达到室内地面任何部位，以扑救火灾初期的有限火势。一旦消防人员到场，动用主消火栓灭火，此时消防卷盘的作用就相对很小，流量也小，可退出使用，其消防用水量可不计入消防用水总量。

5.0.3 根据《建筑设计防火规范》（2001年版）第8.7.1B条和《高层民用建筑防火规范》（2001年版）第7.6.4条规定要求，明确应设置自动喷水灭火系统场所的范围。

5.0.4 在既有建筑内设置歌舞娱乐场所后，根据本标准，需设置自动喷水灭火局部应用系统的，其系统除应满足正常工作的压力外，本还应满足在作用面积和喷水强度情况下的流量要求，但因考虑到很多现有改成歌舞娱乐场所的建筑物受其先天条件的限制，市政引入管管径很难满足系统所规定的满流量负荷需要，在增设消防水池和加压泵设备又十分困难的情况下，根据自动喷水灭火系统成功灭火的实例，其中绝大多数火灾的扑灭都是靠系统在火灾初期开启不多于4个喷头作用而完成的。本条对引入管径的条件作了以上规定。

当既有建筑物改造的歌舞娱乐场所面积较小时，考虑到增设喷淋系统所受条件的限制，允许喷淋系统供水直接由室内消火栓系统供水干管提供，但其水压应满足系统要求。这里的室内消火栓系统主干管指的是不会直接受消火栓系统中单根立管上阀门影响的供水干管。如消防简图（图5.0.4a）中所示的接管点A或B可作为增设喷淋系统的引水点，就按选择接入。考虑到喷淋系统规模小，只有一个防火分区，此时喷淋系统组成可参照简图（图5.0.4b、5.0.4c），其它要求仍按现行《自动喷水灭火系统设计规范》执行。

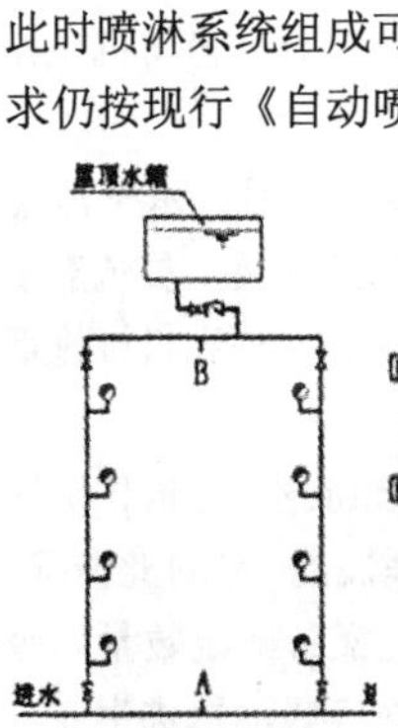

图5.0.4a

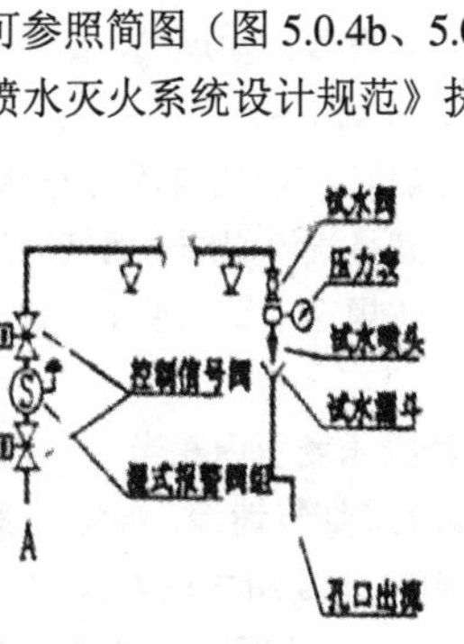

图5.0.4b

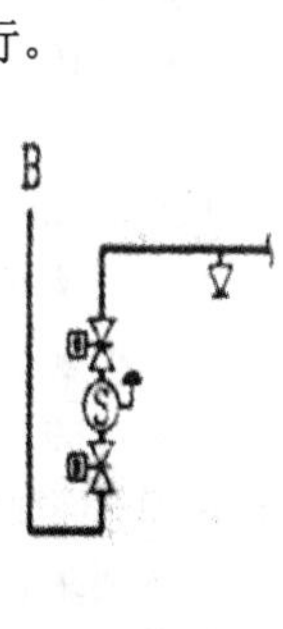

图5.0.4c

5.0.5 既有建筑物内所设置的歌舞娱乐场所，由于条件限制，其消防引入管管径在很多情况下是本标准所规定的消防系统供水的最小管径。为了最大限度地满足消防系统的供水要求，本条提出水表口径应与引入管口径相同，以减少通过其的水压损失。

5.0.6 实际情况表明，很多歌舞娱乐场所的火灾起因是由于发生在包厢内的人员不慎而引发，包厢内配备一具操作简便的ABC干粉灭火器，有助于及时把火险排除在萌芽状态。

根据《建筑灭火器配置设计规范》（1997年版）规定，歌舞娱乐场所属中危险级，主要是A类火灾，同时考虑其他类别火灾可能性，配置ABC类干粉灭火器。此类灭火器的最小配置级别为5A（即装药量为2kg灭火器），每A的最大保护面积为15m^2。根据规范要求配置，场所需要灭火级别为Q=K（S/U），最不利点为地下层，应附加1.3系数，在无水消防系统的情况下，K=1.0，此时，2公斤级ABC干粉灭火器的实际保护面积为S=QU/1.3K=（5×15）/（1.3×1）=58m^2。加上包房以外的其他公共走道等场所已经布置了包含包房保护范围在内的灭火器数量，基本上都能满足使用要求。

6 消防电气

6.0.1 歌舞娱乐场所的消防用电设备供配电系统，应按现行的国家标准《建筑设计防火规范》、《高层民用建筑设计防火规范》、《民用建筑电气设计规范》、《工业与民用供电系统设计规范》等的规定进行设计。

6.0.2 歌舞娱乐场所的消防用电设备主要是一些分散的小容量负荷，如消防水泵、防排烟设施、火灾报警系统、自动灭火系统、应急照明、疏散指示标志等，当其消防用电设备容量在100KW及以下，可从邻近的建筑物取得第二低压电源或设置EPS、自备柴油发电机组作为备用电源。

6.0.3 根据对火灾造成严重人员伤亡事故的分析，有毒烟气是造成火灾人员死亡的主要原因之一；含卤的电缆在火中释放的毒性是很可怕的。如果把在30min可致人死亡的气体浓度的毒性判定为1的话，那聚氯乙烯的毒性指数为15.01，而无卤聚烯烃的毒性指数为0.79。火灾时，强烈弥漫的浓烟使受害者辨不清方向，因而延长了在火中滞留的时间。

四川省消防研究所在编制《塑料编缘阻燃及耐火电缆分级和要求》行业标准时所进行的各种电缆测试的数据表明：聚氯乙烯绝缘氯乙烯护套和交联聚乙烯护套的电缆，提供测试的部分产品的烟气毒性（浓度）6.15mg/L不合格，而其他种类绝缘和护套的电缆均通过烟气毒性（浓度）12.4mg/L的测试。

因此，作出了对歌舞娱乐场所的配电线路明敷时应采用低烟无卤电线电缆的要求。

6.0.4 火灾实例证明，歌舞娱乐场所火灾造成严重的人员伤亡事故，与有无应急照明和疏散指示标志有一定关系。为防止触电和通过电气设备、线路扩大火势，需要在火灾时及时切断起火部位及其所在防火分区的电源，如无应急照明，人们在惊慌之中势必混乱，加上烟气作用，更易引起不必要的伤亡。本条除规定疏散走道、楼梯间、防烟楼梯间前室、消防电梯间及其前室、合用前室以及演艺厅等人员密集的公共活动场所和建筑面积超过 $50m^2$ 的包房需设应急照明外，并对消防控制室及其他发生火灾时仍需坚持工作的场所也规定了应设应急照明。

歌舞娱乐场所采用蓄电池组作为火灾应急照明和疏散指示标志的电源。

6.0.5　由于歌舞娱乐场所人员较密集，为了保证人员安全顺利的疏散，所以本条规定了供人员疏散用的应急照明的照度不应低于 0.5Lx，连续照明供电时间不应少于 30min。

6.0.6　为确保火灾时应急照明灯能够正常使用，故作出疏散用的应急照明灯平时应处于点亮状态的要求。采用三线式配线，是为了保证应急灯的关闭时，其蓄电池也处于义电状态。

6.0.8　本条中对安全出口或疏散出口指示标志的设置位置作了具体要求（图 6.0.8）。

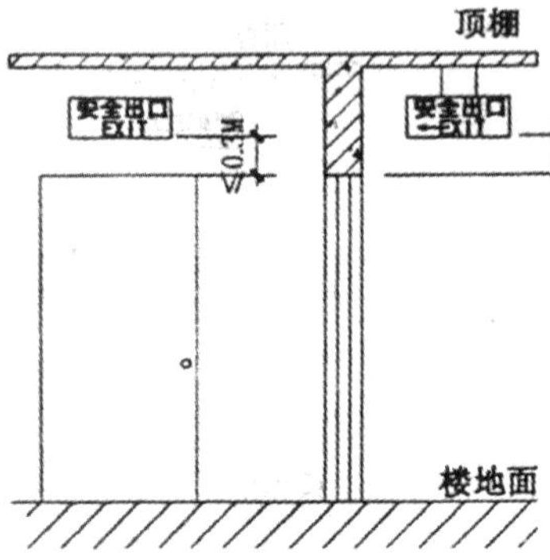

图 6.0.8　疏散出口指示标志的设置位置示例

6.0.9　本条中规定了疏散指示标志应设在距地区不超过 1.00m 的墙面上，具体设计时可结合实际情况在这个范围内选定安装位置。这个范围符合一般人行走时目视前方的习惯，容易发现标志。

本条中分别对电光源型和蓄光型疏散指示标志设在墙面上和地面上的间距作了具体规定（图 6.0.9）

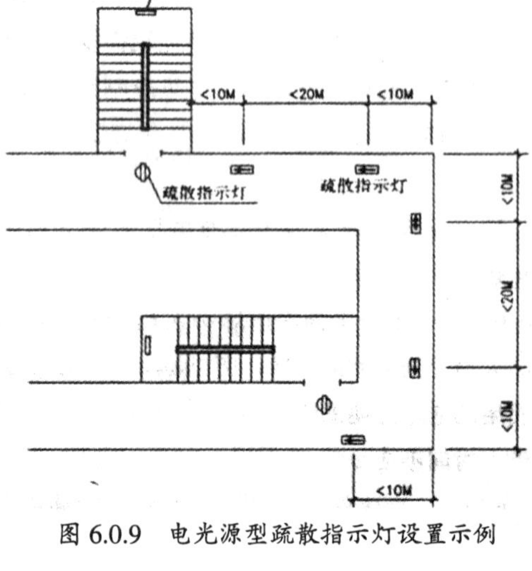

图 6.0.9　电光源型疏散指示灯设置示例

6.0.10　条中对悬挂在大厅等大空间场所顶棚下的疏散指示标志所设的位置及电光源型和蓄光型疏散指示标志的安装高度和间距作了具体规定（图 6.0.10）。

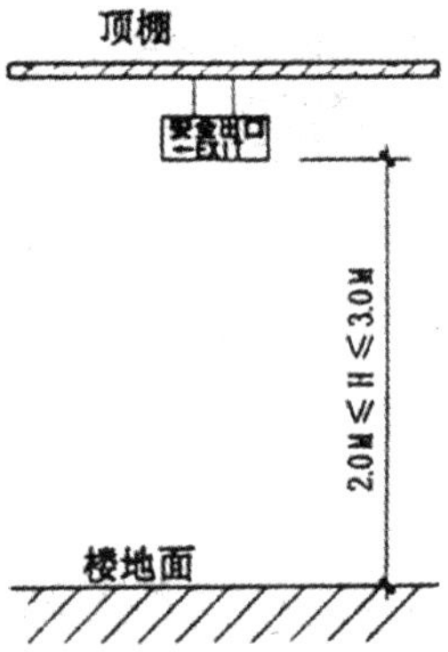

图 6.0.10　大空间场所疏散指示灯安装高度示例

7　防烟与排烟

7.0.1　本条列出歌舞娱乐场所需设置排烟的部位，目的是当该部位发生火灾或受火灾影响时，通过排烟对烟气进行控制，保持该部位烟层一定高度的能见度，便于人员疏散和消防队员进行扑救。

7.0.2　本条对歌舞娱乐场所可自然排烟的部位及开窗面积做了规定：

1　走道长度小于 40m，是根据《建筑设计防火规范》（2001 年版）第 5.1.1A 条相关条文规定；

2　走道自然排烟窗面积应不小于 $2m^2$，经计算符合自然排烟窗面积应大于排烟走道面积 2%的现行有关规范条文规定要求；

3　当走道设置了自动喷水灭火系统时，其火灾强度减弱，加之建筑装修对走道装饰材料做了限制，可适当减小开窗面积但不小于 $1.2m^2$。

7.0.4　歌舞娱乐场所设置在既有独立建筑和多层或高层建筑物某几层当中，故其防火、孙烟与机械排烟量的计算，除按国家有关规范计算确定外，还应满足本条中第 1、2 款最小排烟量的要求。

7.0.5

1　火灾时烟气上升，并积聚在楼板、梁、垂壁形成的上部储烟空间，为有效排除烟气，要求可开启外窗与机械排烟口设在顶棚或外墙上部；

2　自然排烟时，烟气靠浮力与热压作用，水平流速 0.3～0.8m/s，为满足气流组织、烟气合理排放及人员疏散量大距离条件，本条规定了距离要求，并将其并列到机械排烟口距离条文中。

7.0.9　歌舞娱乐场所内相当多人思想放松，专情休闲娱乐，一旦发生火灾，烟气迷漫，难免心理慌乱，针对此情况，本条要求在歌舞娱乐场所内的有关部位配备一定数量呼吸面罩，借助具有防火、防烟、防热自生氧呼吸面罩逃生或等待救援。

上海市住宅装饰装修验收地方标准（DB 31/T30－1999）

上海市技术监督局 1999-01-11

上海市建设委员会发布 1999-03-15 实施

一、范　围

本标准规定了住宅装饰装修的基本原则，给排水管道、电气、抹灰、镶贴、木制品、门窗、吊顶、花饰、涂装、裱糊、卫浴设备等各项工程的验收要求、验收方法及验收质量判定。

本标准适用于已交付使用的新建住宅和使用中住宅二次装饰装修的验收，也适用于供需双方签定装饰装修合同中的质量依据。

二、基本原则

1．住宅装饰装修（以下简称装饰）应遵守法律、法规和有关规定，并应遵循安全、美观的基本原则，在设计与施工中必须贯彻国家、行业和地方有关安全、防火、环保、建筑、电气、给排水等现行标准和技术规程。

2．装饰设计施工必须确保建筑物原有安全性、整体性，不得任意改变建筑物的承重结构，不得破坏建筑物外立面，若需开安装孔洞，在设备安装后应按原有外墙装饰效果修整。

3．装饰应在业主的分户门以内的住户面积范围进行，不得占用公用空间，不得因装饰影响毗邻房屋的安全及使用环境。

4．采购的装饰材料质量应符合该产品有关标准的质量要求和设计要求，供货单位应提供产品质保书或检验报告。施工前，必须对材料进行验收，合格后方可进行施工。如供需双方有争议时，可由市级法定建材质检机构仲裁检验。

5．装饰不得随意改变排水立管、给水管道、地漏、便器的位置，不得随意增设卫浴设施。

6．厨房装饰时严禁移动燃气表具，燃气管道不得暗敷，不得穿越卧室，穿越吊平顶内的燃气管道不得有接头。如确需移动表具，应由业主向燃气主管部门提出申请，经同意后方能施工。

7．对安装、使用有特殊规定的材料制品和设备施工应按其产品说明书的规定进行。

8．供需双方在住宅装饰前应签订施工合同。合同中应包括设计要求，材料选型和等级，施工质量、期限和保修期等内容。在选材时应优先采用节能型、阻燃型和环保型装饰材料及用具。

三、给排水管道

1．基本要求

a．给排水管材、管件的质量必须符合标准要求，排水管应采用硬质聚氯乙烯排水管材。

b．施工前需检查原有的管道是否畅通，然后再进行施工，施工后再检查管道是否畅通。隐蔽的给水管道应经通水检查，新装的给水管道必须按有关规定进行加压试验，应无渗漏，检查合格后方可进入下道工序施工。

c．排水管道应在施工前对原有管道临时封口，避免杂物进入管道。

d．管外径在 25mm 以下给水管的安装，管道在转角、水表、水龙头或角阀及管道终端的 100mm 处应设管卡，管卡安装必须牢固。管道采用螺纹连接在其连接处应有外露螺纹，安装完毕应及时用管卡固定，管材与管件或阀门之间不得有松动。

e．安装的各种阀门位置应符合设计要求，便于使用及维修。

f．所有接头、阀门与管道连接处应严密，不得有渗漏现象，管道坡度应符合要求。

g．各种管道不得改变管道的原有性质。

2．验收要求和方法

a．管道排列应符合设计要求，管道安装应固定牢固，无松动，龙头、阀门安装平整，开启灵活，出水畅通，水表运转正常。采用目测和手感的方法验收。

b．管道与器具、管道与管道连接处均应无渗漏。采用通水的方法，目测和手感的方法检查有无渗漏。

c．水管安装不得靠近电源，水管与燃气管的间距应不小于 50mm，用钢卷尺检查。

四、电　气

1．基本要求

a．每户应设置分户配电箱，配电箱内应设漏电断路器，漏电动作电流应不大于 30mA，有过负荷、过电压保护功能，并分数路出线，分别控制照明、空调、插座等，其回路应确保负荷正常使用。

b．导线的敷设应按装饰设计规定进行施工，线路的短路保护、过负荷保护、导线截面的选择，低压电气的安装应按国家现行标准和上海市有关规定进行。

c．室内布线除通过空心楼板外均应穿管敷设，并采用绝缘良好的单股铜芯导线。穿管敷设时，管内导线的总截面积不应超过管内径截面积的 40%，管内不得有接头和扭结。导线与电话线、闭路电视线、通信线等不得安装在同一管道中。

d．照明及电热负荷线径截面的选择应使导线的安全载流量大于该分路内所有电器的额定电流之和，各分路线的容量不允许超过进户线的容量。

e．接地保护应可靠，导线间和导线对地间的绝缘电阻值应大于 0.5MΩ。

f.进户的PVC塑料导线管的管壁厚度应不小于1.2mm。

g．电暖器安装不得使用普通插座，不得直接安装在可燃构件上，卫生间插座宜选用防溅式。

h．插座离地面应不低于200 mm。线盒内导线应留有余量，长度宜为150 mm，接线时相线进开关，零线直接进灯头，螺口灯头相线不应接外壳，照明灯开关距地高度宜为1.3 mm，开关不宜装在门后。

i．吊平顶内的电气配管，应按明配管的要求，不得将配管固定在平顶的吊架或龙骨上。灯头盒、接线盒的设置应便于检修，并加盖板。使用软管接到灯位的，其长度不应超过 lm。软管两端应用专用接头与接线盒，灯具连接牢固。金属软管本身应做接地保护。各种强、弱电的导线均不得在吊平顶内出现裸露。

2．验收要求和方法

a．工程竣工后应向业主提供线路走向位置尺寸图，并按上述要求逐一进行验收，需隐蔽的电气线路应在业主验收合格后方可进行隐蔽作业。

b．面向电源插座的相线和零线位置为右相左零，有接地孔的插座，其地线插孔应为上方位置，接地应可靠。开关插座应安装牢固。采用目测和手动的方法检查，并采用电路测试的专用工具检验插座上的相线、零线和地线位置是否符合要求。

c．导线与燃气管路的间隔距离按表1的规定，并用钢卷尺进行检查。

导线与燃气管道间隔距离 mm　　表1

类别／位置	导线与燃气管之间距离	电气开关接头与燃气管间距离
同一平面	≥100	≥50
不同平面	≥150	

d．施工完毕，应进行电器通电和灯具试亮试验，验证开关、插座性能是否良好。

五、抹灰

1．基本要求和验收方法

表面应洁净、接搓平顺、线角顺直、粘接牢固，无脱层、无爆灰和裂缝等缺陷。采用目测的方法验收。

2. 抹灰质量允许尺寸偏差及验收方法应符合表2的要求。

抹灰质量允许尺寸偏差及验收方法 mm　　表2

项　目	允许偏差	验收方法	
		量具	测量方法
表面平整度	≤4	2m靠尺和楔形塞尺	每室测量不少于两处，取最大值
立面垂直度	≤5	2m托线板	每室随机选一面墙，测量不少于三处，取最大值
阴阳垂直度	≤4		
阴阳方角正度	≤4	用方尺和楔形塞尺	每室随机测量一阴阳角

3．用小锤轻轻敲击检查有无空鼓声，空鼓而不裂的面积不大于200cm² 为合格，全数检查。

六、镶　贴

1．墙面镶贴

a．基本要求和验收方法

镶贴应牢固，表面平整干净，无漏贴错贴；缝隙均匀周边顺直，砖面无裂纹，掉角，缺楞等现等。采用自然光线下目测的方法验收。

b．用小锤在墙面上全数轻轻敲击，空鼓声应小于200cm2。

c.墙面镶贴允许尺寸偏差及验收方法应符合表3的规定。

墙面镶贴允许尺寸偏差及验收方法 mm　　表3

项　目	允许偏差		验收方法	
	石材	墙面砖	量具	测量方法
表面平整度	≤2.0	≤2.0	2m靠尺、楔形塞尺	每室随机选一墙面测量不少于两处，取最大值
垂直度	≤3.0	≤2.0	1m托线板	
阳角方正	≤3.0	≤2.0	方尺、楔形塞尺	
接缝高低	≤0.5	≤0.5	游标卡尺	
接缝平直	≤2.0	≤2.0	拉线、钢直尺	
缝隙宽度	≤2.0	≤1.0	钢直尺	

2．地面镶贴

a．基本要求同 1.a

b．用小锤在地面上全数轻轻敲击，不得有空鼓声。

c．有排水要求的地砖镶贴坡度应满足排水要求，与地漏结合处应严密牢固。

d．未经楼面负载验算，不得在楼面上镶贴花岗石、大理石等厚重的材料。

e.地面镶贴尺寸允许偏差及验收方法应符合表4的规定。

地面镶贴允许尺寸偏差及验收方法 mm　　表4

项　目	允许偏差	验收方法	
		量　具	测量方法
表面平整度	≤2.0	2m靠尺、楔形塞尺	每室测量不少于两处，取最大值
接缝高低	≤0.5	钢直尺和楔形塞尺	
接缝平直	≤2.0	接线、钢直尺	
缝隙宽度	≤2.0	钢直尺	

3．墙面安装玻璃或镜子时，应保证其安全性，边角处不得有尖口和毛刺，潮湿区域应作特殊处理。

七、木制品

1．壁橱及吊橱

a．基本要求和验收方法

造型、结构和安装位置应符合设计要求。框架应采用榫头结构（细木工板除外）。表面应砂磨光滑，不应有毛刺和锤印，采用贴面材料时，应粘贴平整牢固，不脱胶，边角处不起翘。橱门应安装牢固，开关灵活，下口与底片下口位置平行。小五金安装齐全、牢固，位置正确。采用目测和手感的方法验收。

b．壁橱及吊橱的制作尺寸偏差和验收方法应符合表 5 的规定。

壁橱及吊橱制作尺寸允许偏差及验收方法 mm　　表 5

项目		允许偏差	验收方法	
			量具	测量方法
壁橱吊橱	橱门缝宽度	≤1.5	楔形塞尺	每橱随机选门一扇，测量不少于两处，取最大值
	垂直度	≤2.0	线锤、钢卷尺	
	对角线长度（橱体、橱门）	≤2.0		

注：本表指标以 1m 为基础，超过 1m 以百分比类推

3．木地板

a．基本要求和验收方法

木地板表面应洁净无沾污，刨平磨光，无刨痕、刨茬和毛刺等现象。木阁栅应牢固，间距应符合要求，铺设应牢固，不松动，行走时地板无响声。地板与墙面之间应留 8 ～10 mm 的伸缩缝，用目测和手感的方法验收。

b.木地板的铺设尺寸偏差和验收方法应符合表 6 的规定。

木地板的铺设尺寸允许偏差及验收方法 mm　　表 6

项目	允许偏差	验收方法	
		量具	测量方法
上口平直度	≤3	5m 拉线	每面至少测量二处，取最大值
面板垂直度	≤2	线锤和钢直尺	
表面平整度	≤1.5	1m 靠尺和塞尺	
面板间隙宽度	≤2.0	钢直尺	

4．细木工

a．基本要求和验收方法

表面光滑，线条顺直，楞角方正，不露钉帽，无刨痕，毛刺，锤印等缺陷，安装位置正确，割角整齐，接缝严密，与墙面贴紧，采用目测和手感的方法验收。

b.细木制品安装允许偏差及验收方法应符合表 7 的要求。

细木制品安装尺寸允许偏差及验收方法 mm　　表 7

项　目		允许偏差	验收方法	
			量具	测量方法
窗台板 窗台盒	两端高低差	≤2	水平尺和楔形塞尺	全数检查
	两端距窗洞长度差	≤3	钢卷尺	
踢脚板、顶角线	下沿口平直	≤3	5m 拉线、钢卷尺	
门、窗套	内侧平直	≤3		

八、门　窗

1．铝合金门窗

a．材料要求和验收方法

铝合金窗型材的壁厚规格宜不小于 1.4mm，门型材的壁厚规格宜不小于 2.0mm，检验时，壁厚用精度为 0.02mm 游标卡尺测量。

b．基本要求和验收方法

门窗的品种规格、开启方向及安装位置应符合设计规定。门窗安装必须牢固，横平竖直，高低一致，窗框与洞口之间的伸缩缝内腔宜采用闭孔泡沫塑料、发泡聚苯乙烯等弹性材料分层填塞。表面用嵌缝膏密封，应平整、无裂缝，门窗应开启灵活，无倒翘，无阻滞及反弹现象，关闭后密封条应处于压缩状态，五金配件齐全，位置正确，外观洁净，大面无划痕、碰伤、锈蚀等缺陷；涂膜大面平整光滑，厚度均匀，无气孔。外门外窗应不渗漏水，检验时对照设计图纸和文件，采用目测和手感方法验收。

c．铝合金门窗的安装尺寸偏差及验收方法应符合表 8 的规定。

铝合金门窗安装尺寸允许偏差及验收方法 mm　　表 8

项目		允许偏差	验收方法
门、窗框槽口对角线之差	≤2000	±2.0	用钢卷尺测量，随机抽查不少于三处，取最大值
	>2000	±2.0	
门、窗框槽口对边之差	≤2000	±2.0	
	>2000	±2.0	
门窗框扇搭接宽度差	≤2m2	±2.0	
	>2m2	±2.0	
门窗框（含拼樘料）垂直度		±2.0	用线锤和水平靠尺，随机选一扇进行测量
门窗框（含拼樘料）水平度		±1.5	用水平靠尺，随机选一扇进行测量
门窗开启力， N		≤60	用 100N 拉力测试仪抽查不少两扇，取最大值
门窗横框标高		≤5	用钢卷尺任测两处，取最大值
门窗竖向偏离中心		≤5	用线锤和钢卷尺任测两处，取最大值
双层门窗内外框（含拼樘料）中心距		≤4	用钢卷尺任测两处，取最大值

2．PVC 塑料门窗

a．材料要求及验收

当门、窗构件长度超过规定尺寸时，其内腔必须加衬增强型钢，增强型钢的壁厚应不小于 1.2mm。

b．基本要求及验收方法同 8.1.2。

c．PVC 塑料门窗安装尺寸允许偏差及验收方法应符合表 9 的规定。

PVC 塑料门窗的安装尺寸允许偏差及验收方法 mm　表 9

项　目		允许偏差	验收方法	
			量具	测量方法
门窗框槽口对角线尺寸之差	≤2000	≤3	用 3m 钢卷尺	每室随机测两处，取最大值
	>2000	≤5		
门窗框（含拼樘料）垂直度	≤2000	≤2	线锤和水平靠尺	
	>2000	≤3		
门窗框（含拼樘料）水平度	≤2000	≤2	水平尺	
	>2000	≤3		
门窗横框标高		≤5	用 1m 钢直尺	
双层门窗内外框（含拼樘料）中心距		≤4		
门窗竖向偏离中心		≤5	线锤、钢直尺	
注：本表所列量具精度均为 1mm。				

3．木门窗

a. 木门窗的安装尺寸偏差及验收方法应符合表 10 的规定。

木门窗的安装尺寸允许偏差及验收方法 mm　表 10

项　目	允许偏差		验收方法	
			量具	测量方法
框的正、侧面垂直度	≤3		托线板和钢卷尺	全数检查
框对角线长度差	≤2		钢卷尺	
框与扇、扇与扇接触处高低差	≤2		用钢直尺和楔形塞尺	
门、窗扇与框的留缝宽度	1.5～2.5		楔形塞尺	
门扇与地面留缝宽度	内门	6～8		
	卫生间	10～12		
	厨房门			

九、吊　顶

1．基本要求及验收方法

吊顶安装应牢固，表面平整，无污染、折裂、缺棱、掉角、锤伤等缺陷。粘贴固定的罩面板不应有脱层；搁置的罩面板不应有漏、透、翘角等现象。吊顶位置应准确，所有连接件必须拧紧、夹牢，主龙骨无明显弯曲，次龙骨连接处无明显错位。采用木质吊顶、木龙骨时应进行防火处理，在嵌装灯具等物体的位置要有防火处理。采用目测的方法验收。

2．罩面板、吊顶的安装尺寸偏差及验收方法应符合表 11 的规定

罩面板、吊顶安装尺寸允许偏差及验收方法 mm　表 11

项目	允许偏差	验收方法	
		量具	测量方法
表面平整	≤2	1m 钢直尺、楔形塞尺	随机测一处垂直的两个方向，取最大值
接缝平直	≤3	5m 拉线、钢直尺	拉线检查，不足 5m 拉一次，超过 5m 拉两次，随机测至少两次，取最大值
压条平直	≤3		
接缝高低	≤1	钢直尺、	随机测量不少于两处，取最大值
压条间距	≤2		随机测量不少于两处，取最大值
吊顶水平	±5		

十、花　饰

1．外观及验收

花饰表面应洁净，图案清晰，接缝严密，花饰安装必须牢固，不得有裂缝、翘曲、缺棱掉角等缺陷。采用目测和手摇的方法验收。

a．花饰安装的尺寸偏差及验收方法应符合表 12 规定。

花饰安装的尺寸偏差及验收方法 mm　表 12

项　目	允许偏差		验收方法
条形花饰	水平方向全长	≤3	目测
	垂直方向全长	≤3	

十一、涂　装

1．溶剂型涂料

a．清漆

清漆涂刷质量及验收应符合表 13 的规定。

清漆涂刷质量要求及验收方法 mm　表 13

要　求	验收方法
木纹清晰、棕眼刮平	应在涂料实干后，正视目测或手感
平整光滑	
裹楞、流坠、皱皮大同无，小面明显处无	
颜色基本一致，无刷纹	
不允许有漏刷、脱皮、斑纹	

b．混色漆

混色漆涂刷质量要求及验收应符合表 14 的规定。

混色漆涂刷质量要求及验收方法 mm　表 14

要　求	验收方法
透底、流坠、皱皮大面无，小面明显处无	应在涂料实干后，目测或手感。允许偏差用精度为 1mm 的钢直尺测量，分色装饰线在 5m 的长度内检查
平整、光滑均匀一致	
分色裹楞大面无，小面允许偏差不大于 2mm	
装饰线分色线偏差不大于 2mm	
颜色一致，刷纹通顺	
不允许有脱皮、漏刷、泛锈	

2．水乳性涂料

墙面、顶面平整，无掉粉、起波、漏刷等现象；无明显色差、泛碱、返色、刷纹；无显著砂眼、流坠、起疙、溅沫。检验应在涂料干燥后，在自然光线下采用目测和手感的方法验收。

十二、裱　糊

裱糊壁纸（布）的质量要求及验收方法应符合表15的规定。

裱糊壁纸（布）的质量要求及验收方法 mm　　表15

要　求	验收方法	
色泽一致无明显色差	应在裱糊干燥后进行，目测	
花纹图案吻合恰当		
与顶角线、踢脚板拼接紧密无缝隙		
粘贴牢固，不得有漏贴、补贴、脱层		
阴阳转角棱角分明		
表面无皱折、污斑、翘边、波纹起伏		
壁纸垂直度3m内，不大于4m	用3m钢卷尺、楔形塞尺	每室随机测量两处，取最大值。
壁纸（布）接缝不大于0.5m	用游标卡尺	
注：半年内不应出现上述缺陷。		

十三、卫浴设备

1．基本要求和验收

卫生洁具外表应洁净无损坏。卫生洁具安装必须牢固，不得松动；排水畅通无堵；各连接处应密封无渗漏；阀门开关灵活。采用目测和手感方法验收。安装完毕后进行不少于2h盛水试验无渗漏，盛水量分别如下：便器低水箱应盛至板手孔以下10mm处；各种洗涤盆、面盆应盛至溢水口；浴缸应盛至不少于缸深的三分之一；水盘应盛至不少于盘深的三分之二。

2．卫生洁具安装的一般规定

a．卫生洁具的给水连接管，不得有凹凸弯扁等缺陷。

b．卫生洁具固定应牢固。不得在多孔砖或轻型隔墙中使用膨胀螺栓固定卫生器具。

c．卫生活具与进水管、排污口连结必须严密，不得有渗漏现象，坐便器应用膨胀螺栓固定安装，并用油石灰或硅酮胶连结密封，底座不得用水泥砂浆固定。浴缸排水必须采用硬管连接。

十四、质量验收及判定

1．验收程序

管道、电气及其他隐蔽项目应在转入下道工序前由双方签字验收。

装饰竣工后，施工方应先自行检查，若符合要求，可交付业主验收，验收记录表见附录A。

2．质量判定

a．在判定中涉及安全及重要使用性能的给排水管道、电气、卫浴设备三项分项目必须全部合格。其余分项目90%以上合格，则判该装饰项目质量合格。

b．若在验收中发现有不符合验收要求的项目，施工方应进行整改，整改后对不合格项次进行复验，直至达到要求。

十五、装饰装修质量保证

自交付使用日起一年内出现非使用不当产生的装饰质量问题，施工方应予以修复。

附录A

（提示的附录）

住宅装饰装修质量验收记录表

项目名称	实测结果		判定结果	验收人签名	
				甲　方	乙　方
给排水管道	材料验收				
	安装验收				
电气	材料验收				
	安装验收				
抹灰					
镶贴	材料				
	墙面				
	地面				
木制品	材料验收				
	吊壁橱				
	护墙板				
	木地板				
	细木制品				
门窗	材料验收				
	铝合金				
	塑料				
	木门窗				
吊顶					
花饰					
涂装	材料验收				
	清漆				
	混色漆				
	水乳性涂料				
裱糊					
卫浴设备	材料验收				
	安装验收				
质量判定					
竣工日期			同意竣工签名		
施工地点				合同编号	

需复测项目名称	复测结果	判定结果	验收人签名	
			甲方	乙方

广州市城市房屋拆迁评估技术规范（试行）

穗国房字〔2003〕831号

广州市国土资源与房屋管理局

（二〇〇三年十二月二十九日）

第一章　总　则

第一条（制定依据）

为了维护房屋拆迁当事人的合法权益，规范城市房屋拆迁评估行为，根据《城市房屋拆迁管理条例》、《广州市城市房屋拆迁管理办法》、《房地产估价规范》、《城镇土地估价规程》和参照建设部《城市房屋拆迁估价指导意见》的有关规定，结合本市实际，制定本技术规范。

第二条（适用范围）

凡在本市市辖区范围内国有土地上进行被拆迁房屋评估，适用本技术规范。

第三条（估价对象）

拆迁评估对象为被拆迁房屋及其附属物和其占用范围内的国有土地使用权。

第四条（估价目的）

估价目的统一表述为"为确定被拆迁房屋货币补偿金额而评估其房地产市场价格"。拆迁补偿估价报告不适用于拆迁补偿之外的其他用途。

第五条（价值定义）

房屋拆迁评估的价值定义是被拆迁房屋的房地产公开市场价值。房屋拆迁评估不考虑租赁、抵押等权利限制的影响。

评估价格不包括历史旧城区范围内被拆迁住宅房屋补偿金额增加20%的部分。

第六条（估价时点）

拆迁估价时点一般为房屋拆迁许可证颁发之日。拆迁规模大、分期分段实施的，以当期（段）房屋拆迁实施之日为估价时点。

第七条（房屋用途、建筑面积、占地面积）

被拆迁房屋和补偿安置用房的用途、建筑面积、占地面积应以房地产权证所列登记事项为依据。

第八条（现场实勘）

评估机构应对被拆迁房屋进行实地查勘，做好实地查勘记录，拍摄有关照片。

实地查勘记录应由实地查勘的估价人员、拆迁人或受委托代理人、被拆迁人或受委托代理人（被拆迁人自行委托评估的，拆迁人无需签字）签字认可。

被拆迁人不同意在实地查勘记录上签字的；或者因被拆迁人原因不能对被拆迁房屋进行实地查勘，拆迁人可申请免勘评估，评估机构应在估价报告中予以说明。

第九条（已拆除房屋评估）

已拆除房屋的估价，需由纠纷受理机构（市国土资源和房屋管理局裁决处或法院）出具"已拆除房屋估价通知书"。评估机构可根据当事人填报的估价对象情况，参照相同或类似地段同类房屋进行估价。

第十条（装修装饰评估）

评估价格包括房屋装修装饰部分的价格，但应单独评估。

房屋装修装饰部分价格=房屋装修装饰重置价格×（耐用年限－实际使用年限）÷耐用年限

房屋装修装饰重置价格应按照本市房屋装修装饰工程定额标准的有关规定评估。

各类房屋装修装饰的耐用年限：住宅8年；办公用房7年；商场、店铺、餐馆等营业性用房5年；厂房、仓库5年。

估价人员可结合实地查勘情况，根据装修装饰档次、质量、维护、保养、使用情况以及功能、经济等方面的折旧因素综合确定折旧率或成新率。但与按直线折旧计算的差异不宜超过30%。

第十一条（估价报告）

评估机构应按《房地产估价规范》的规范格式出具估价报告。

由拆迁人委托或共同委托（包括摇珠方式）的成片被拆迁住宅房屋评估，评估机构应出具整体估价报告和分户估价报告。整体估价报告应采用文字式，分户估价报告可采用表格式。

估价报告必须由专职注册房地产估价师签名并加盖评估机构公章。

第十二条（估价结果表示）

估价结果以人民币为计价的货币单位，精确到元。

第十三条（估价资料存档）

评估机构应将估价报告与下列资料整理存档：

（一）评估委托合同；

（二）房屋拆迁许可证；

（三）被拆迁房屋的权属证明材料及其他有关证明材料；

（四）估价对象的实地查勘记录、照片等资料；

（五）评估涉及的有关参数等资料；

（六）其他涉及评估的有关资料。

估价报告及有关资料至少应保留十年。

第二章　住宅房屋评估

第十四条（评估方法）

住宅房屋评估，可只采用一种估价方法。能收集充分市场交易实例的，应优先采用市场比较法评估；没有条件采用市场比较法的，可采用成本法评估。住宅房屋评估可参考住宅房屋拆迁评估指导价格。

第十五条（市场比较法）

采用市场比较法时，应在被拆迁房屋同一供需圈收集成交时间不超过1年的市场交易案例，并确定与估价对象的区位、建筑结构等相同或相近的3个以上的可比实例。

可比实例的单项修正不超过20%，综合修正不超过30%。

楼层、朝向等个别因素修正，可参照本规范第十七条的规定。

第十六条（成本法）

采用成本法时，应当采用房地分别评估综合计价的方式，确定估价对象的价格。

房屋占用范围内的土地价格应采用市场比较法、基准地价修正法或成本法等方法求取。

建筑物重置价格的费用构成应符合《房地产估价规范》的有关规定。建安费用应按照本市建筑工程定额标准的有关规定评估。

楼层、朝向等个别因素修正，可参照本规范第十七条的规定。

第十七条（基准价格修正法）

对于成片或成栋被拆迁房屋，可用市场比较法或成本法确定某类型房屋的基准价格，然后根据不同房屋的楼层、朝向、采光、通风、功能布局、成新度、维护保养等因素，对该基准价格进行适当的修正，由此得出不同房屋的评估价格。

估价对象价格=某类型房屋的基准价格×（1+楼层修正系数）×（1+朝向修正系数）×（1+其他因素修正系数）+房屋装修部分价格

（一）朝向修正

朝向以厅房阳台为准,修正系数可参考表1。

成片密集的砖木结构房屋，一般不进行朝向修正。

（二）楼层修正

楼层修正可参考表2。

（三）其他因素修正

其他因素是指功能布局、成新度、维护保养等在基准价格中未考虑的个别因素。修正幅度由估价人员根据实地查勘情况在±5%范围内确定。

第三章 非住宅房屋评估

第十八条（评估方法）

非住宅房屋宜采用两种以上的估价方法进行估价。如确有困难，只能采用一种方法的，应当说明理由。能收集充分市场交易实例的，应优先采用市场比较法。没有条件采用市场比较法的，可采用收益法；难以确定收益的，可采用成本法等其他方法。

采用市场比较法评估的，按本规范第十五条评估；采用成本法评估的，按本规范第十六条评估。

第十九条（收益法）

采用收益法评估时，房屋的收益、费用计算应符合《房地产估价规范》的有关规定。资本化率的选取可采用安全利率加风险调整值，风险调整值不宜超过5%。

第四章 附 则

第二十条（临时建筑）

未超过批准期限的临时建筑应评估其建筑物重置折旧价。折旧年限按其批准期限计算。

第二十一条（在建工程）

在建工程应采用成本法进行评估。在建工程土地评估以政府管理部门批准的用途和规划设计条件等为依据，工程建设进度以政府管理部门通知停工时的状态为准。

第二十二条（其他规定）

本技术规范未作规定的，应按照国家房地产评估技术规范的有关规定执行。

第二十三条（补偿安置用房的评估）

以产权调换作为补偿安置方式的，对补偿安置用房的评估，参照适用本规范。

第二十四条（施行时间）

本规范与《广州市城市房屋拆迁管理办法》同时施行。此前已颁发房屋拆迁许可证的拆迁项目，其拆迁评估不适用本规范。

住宅房屋朝向修正系数表　　表1

东	南	西	北	东南	东北
2%	3%	0	1%	8%	5%
西南	西北	东西	南北	两单边	三单边
6%	3%	6%	9%	10%	10%

说明：成片密集的砖木结构房屋，一般不进行朝向修正。

住宅房屋楼层修正系数表　　表2

所在层数＼总层数	不带电梯									带电梯高层
	1	2	3	4	5	6	7	8	9	
1	0	0	0	0	0	0	0	0	0	-2%
2		1%	2%	3%	3%	3%	3%	3%	3%	0
3			1.5%	6.3%	6.3%	6.3%	6.3%	6.3%	6.3%	1%
4				2.5%	6.8%	6.8%	6.8%	6.8%	6.8%	2%
5					3%	6.8%	6.8%	6.8%	6.8%	3%
6						2.5%	6.8%	6.8%	6.8%	4%
7							2%	4.8%	4.8%	5%
8								1.5%	3.8%	6%

续表

9									1%	7%
10										9%
11										10%
12										11%
13										12%
14										13%
15										14%
……										……
N-1										$P_{(n-2)}$+1%
N										$P_{(n-1)}$-2%

说明：1．10 层以上的高层建筑，楼层修正系数按 1%递增。

2．高层建筑顶层修正系数为下一层修正系数扣减 2%。

3．带电梯高层住宅楼层修正系数仅适用于补偿安置用房。

·协会发展·

关于转发自治区民政厅《关于促进行业协会商会发展的指导意见》的通知

新政办发[2003]167 号

伊犁哈萨克自治州，各州、市、县（市）人民政府，各行政公署，自治区人民政府各部门、各直属机构：

行业协会、商会是市场经济发展的产物。改革开放以来，尤其是在经济转轨、社会转型和政府职能转换的推动下，我区行业协会数量逐年增加，作用日益增强。

为扶持、促进行业协会的发展，规范行业协会的工作，现将自治区民政厅《关于促进行业协全商会发展的指导意见》转发给你们，请各地各部门认真贯彻执行。

新疆维吾尔自治区人民政府办公厅

二〇〇三年十二月三日

关于促进行业协会商会发展的指导意见

新疆维吾尔自治区民政厅

行业协会、商会（以下统称“行业协会”）是社会团体组织的重要组成部分，是市场经济发展的产物。行业协会由同业经济组织自愿组成，是行业性、自律性的非营利性社会组织。作为社会主义市场经济活动中的一个重要组织，行业协会具有协调市场主体利益、提高市场配置效率的功能。发展行业协会，是规范市场经济秩序，转变政府职能的重要举措。中共中央《关于完善社会主义市场经济体制若干问题的决定》强调要“积极发展独立公正、规范运作的专业化市场中介服务机构，按市场化原则规范和发展各类行业协会、商会等自律性组织。”按照完善社会主义市场经济体制和西部大开发的要求，我们必须尽快培育和发展行业协会，使行业协会在自治区建设中充分发挥作用。

目前，我区行业协会存在着行业代表性差、分布不合理、自身功能不健全、行政依附性强等问题，很难适应市场经济体制的深化和 WTO 的要求。为此，在加强和改善社会团体管理的基础上，特制定自治区促进行业协会发展的指导意见：

一、行业协会发展的指导思想、工作方针和发展目标

发展行业协会，要以企业发展的需要为基点，把握新形势下行业协会工作的规律和要求，努力建立协会与产业发展的良性互动机制。要营造有利于行业协会健康发展的市场环境，按市场化原则规范和发展行业协会组织，充分发挥行业协会的作用。

对行业协会坚持培育发展与监督管理并举的方针，要坚持以培育发展为主线，以培育发展促调整改革，通过发展新的行业协会，为现有行业协会的改革和调整提供经验和示范；要坚持行业协会自主办会和政府依法管理相结合，进一步完善登记管理机关、行业业务主管部门相结合的管理体制。

通过努力，基本形成行业协会市场化生成发展机制；基本形成行业协会分布合理、覆盖广泛的布局结构；基本形成符合社会主义市场经济要求、与国际通行规则相衔接的运作机制；基本形成保障行业协会健康有序发展的法律规范；初步建立起与我区实际相适应、市场化运作、规范化管理的行业协会体系。

二、扩大行业协会的社会覆盖面

行业协会发展会员要打破部门、兵团、地方、所有制界限。要特别注意吸收行业内民营企业、外资企业等各类经济组织入会，进一步提高行业协会覆盖面。要适当放宽入会条件，允许与行业相关的本区高等院校、科研机构和符合条件的外地在疆同业经济组织入会，增强行业协会的代表性。我区在国内具有产业、产品和市场优势的行业，可以积极申请组建全国性的行业协会。

三、优化行业协会的布局和结构

要根据市场发展的情况制定我区行业协会的发展规划，不断优化行业协会的布局和结构。鼓励和支持在优势行业、新兴产业和 WTO 相关领域中，发展和培育一批行业协会，形成有利于自治区经济发展和产业升级、符合国际惯例的行业协会。行业协会也可以根据社会经济发展，以政府和企业的双向需要为标准，按照产品、经营方式、经营环节及服务功能设立；允许不同行业协会的服务领域有所交叉。同一企业根据自身的需要，可以自愿参加不同的行业协会。对大类行业协会和经法律、法规授权或者接受政府委托、具有一定行业管理职能的行业协会，实行“一业一会”。对同一名称的行业协会，在同一行政区域内只设立一个。设立行业协会从实际出发，不搞上下对口。

四、完善和落实行业协会的职能

结合政府机构改革和职能转变，完善和落实行业协会的职能，是培育和发展行业协会的重要内容。行业协会的职能大致分为：为企业服务的职能；自律、协调、监督和维护企业合法权益的职能；协助政府部门加强行业管理的职能等三类。具体是：

1．开展行业调查研究，提出有关经济政策和立法方面的意见和建议，参与有关法规、规章以及行业规划的研究、论证；

2．经行业行政主管部门授权进行行业统计，收集、整理、分析、发布行业信息、资料，编辑、出版刊物；

3．组建信息网络，搜集、整理国内外有关科技、经济、管理等信息资料，加强与国内外同行的联系，组织开展考察、交流、合作等活动；

4．组织人才、技术、职业培训；

5．组织举办本行业的各种展览会、展销会、博览会、招商会等活动；

6．开展行业咨询活动；

7．受行政主管部门委托，组织开展对科技成果的鉴定与评估以及技术攻关、技术交流，新技术、新产品的推广活动；

8．反映会员要求，协调会员关系；

9．制定并监督执行行规行约，规范行业行为协调同行业价格争议，维护公平竞争；

10．经政府部门授权和委托，参与制定行业规划，对行业内重大的技术改造、技术引送、投资与开发项目进行前期论证；

11．参与行业生产、经营许可证发放的有关工作，参与资质审查；

12．组织开展行业检查，评比和创优活动；

13．发展行业和社会公益事业；

14．承担政府部门委托的其他任务等。

五、支持行业协会自主办会

政府支持行业协会的发展，充分发挥行业协会在经济建设和社会发展中的作用。各地各部门应当扶持和促进行业协会的发展，将行业协会的发展规划纳入社会团体的发展规划。清理不适应行业协会发展的政策规定，进一步转变政府管理社会经济活动的方式和方法。支持行业协会协助政府从事行业管理。在实现行业管理的过程中，政府行为和非政府行为要密切配合，有机衔接。

要把推进政会分开作为发展、改革行业协会的重要切入点，从目前主要由政府发起组建行业协会；改为原则上由企业自发组建。政府有关职能部门要在机构、人事等方面与行业协会分开，行业协会办事机构不得与政府有关部门的工作机构合署办公。行业协会的领导一般由企业经营者担任；按协会章程民主选举产生；会长、副会长经推荐、提名的也要通过选举后确定。秘书长采取选举、聘任等形式产生，应选择熟悉行业情况；有责任心、有协调和管理能力的同志担任。已兼任行业协会领导的政府现职工作人员，应逐步退出。

切实推进政会分开，支持行业协会实行“自愿入会、自理会务、自筹经费”。行业协会要有广泛的会员基础，要以企业为依托，以服务会员为宗旨。章程是协会的基本规范，必须由会员代表大会审议通过。要依照章程和有关规定，健全行业协会选举制度和内部组织制度，完善民主监督机制。鼓励行业协会走市场化的道路。行业协会经费主要来源于向会员收取会费，接受企业捐赠和政府资助，以及在章程核准的业务范围内开展服务的收入等方面。政府有关部门委托行业协会承担有关行业管理职责，可给予相应的经费支持；政府要求行业协会提供服务，应通过“购买服务”的方式进行。行业协会可以按本行业建立人事分配制度和社会保障制度，在职称评定、医疗福利等方面与国家事业单位职工同等对待。对由机关流动进入行业协会的工作人员，按机构改革的有关政策规定办理。行业协会应按《中国共产党章程》和有关规定，建立健全党的基层组织。

六、推动现有行业协会的改革和调整

要根据现有行业协会的实际情况，加大改革调整的力度。现有的行业协会要与原发起的单位实行分离。要面向全社会的同行业企业，扩大行业协会的覆盖面，注意吸收民营企业、外资企业等各类经济组织入会，增强行业协会的代表性。

对一些行业覆盖面过大和行业特点不明确的行业协会，要经过梳理，进行细化。对一些不符合产业升级要求和行业日趋萎缩的行业协会，要进行归并、重组。对现有行业协会的调整改革的具体方案由行业协会业务主管部门制定。

不能代表会员利益和缺乏行业代表性的行业协会，应自行解散或由政府行业业务主管部门引导解散，并依法办理注销登记。对一些长期不开展活动、内部管理混乱的行业协会，应予以撤销登记。行业协会注销登记和撤销登记的，要依法进行资产清算。

七、构建有利于行业协会规范发展的管理体制

行业协会不同于其他中介组织，具有自己的特点，民政部门作为民间组织登记管理机关，要为行业协会发展创造好的法制环境。在制定有关政策时，除解决好社会团体共同存在的人、财、物和其他一些问题以外，还要会同业务主管部门，就长期制约行业协会发展的“地位不顺、职能不顺、体制不顺”等突出问题举行调整，要积极开展对行业协会负责人和专职工作人员的培训和经验推广等工作。

社团登记管理机关要切实履行法定职能，负责行业协会的设立、变更、注（撤）销的登记和备案，对行业协会实施年检和监督检查。业务主管部门负责行业协会所涉及的产业发展、行业规范等事务的业务指导和监督，并承担所属行业协会的组织、人事、对外交往、接受境外捐赠、资助等管理事务；监督、指导行业协会遵守宪法、法律、法规和国家政策，依据其章程开展活动。各业务主管部门必须对其所主管的行业协会加强管理和指导。各有关部门和相关单位也要加强对行业协会的监督、支持、指导，共同促进行业协会沿着正确、健康的方向发展。

关于印发规范和发展行业协会暂行规定的通知

青政办[2004]135号

西宁市、各自治州人民政府，海东行署，省政府各委、办、厅、局：

《青海省规范和发展行业协会的暂行规定》已经省人民政府同意，现印发给你们，请认真贯彻执行。

青海省人民政府办公厅

二〇〇四年七月十四日

青海省规范和发展行业协会的暂行规定

第一章　总　则

第一条　为促进本省行业协会的发展，按照市场化原则规范行业协会的组织和行为，维护行业协会的合法权益，根据有关法律、法规，结合本省实际，制定本规定。

第二条　本规定所称行业协会，是指由同业企业及相关经济组织依法自愿组成的同业性、自律性、非营利性社会团体。

第三条　行业协会的宗旨是：遵守国家法律、法规和政策，以行业服务、行业自律、行业协调和维护行业权益为基本职能，组织协调本行业的公共事务，发展行业和社会公益事业，依法维护公平竞争和市场秩序，沟通会员与政府、社会的联系，促进行业健康发展。

行业协会依法自主办会，实行以章程为主的管理原则，其正常活动受法律保护，任何组织或个人不得非法干涉。

行业协会的活动应当符合法律、法规及行业的整体利益和要求，不损害社会公共利益。

第四条　各级人民政府应当促进、扶持行业协会发展，支持行业协会自主办会，独立开展工作。

第五条　行业协会接受登记管理机关的监督管理和业务主管单位的业务指导，登记管理机关和业务主管单位依照法律、法规，对行业协会的活动实施监督管理。

第六条　行业协会之间是平等、协商、合作和协作的关系，具体内容由协会章程规定。

第二章　会员与组织机构

第七条　行业协会实行会员制。对不同区域内、不同所有制和不同经营规模的企业及相关经济组织设立相同的人会标准，保证其平等的入会权利。

同业企业或者经济组织自愿申请加入行业协会的，经行业协会理事会批准，可成为该行业协会的会员单位。会员退会自由。

第八条　会员的权利是：在协会中享有表决权、选举权、被选举权；出席会员大会和参加协会举办的活动；享有协会提供的各种服务；参与制定协会管理制度；协会章程规定的其他权利。

第九条　会员的义务是：遵守法律、法规和协会章程；执行协会决议；缴纳会费；章程规定的其他义务。

第十条　会员对行业协会实施的行业规划、行业自律措施，或者其他决定有异议的，可以提请行业协会复核，或者依法提请政府有关部门处理。

消费者、非会员企业或者其他经济组织，认为行业协会的有关措施损害其利益的，可以要求行业协会调整或者变更有关措施，也可以依法提请政府有关部门处理，或者向人民法院提起诉讼。

第十一条　会员大会或者会员代表大会是行业协会的权利机构。行业协会设立理事会，作为会员大会或者会员代表大会的执行机构，行业协会设立秘书处，作为行业协会的办事机构。

行业协会会长、副会长和理事按照行业协会章程规定的方式选举产生，报有关部门备案。

秘书长是行业协会的专职管理人员，由理事会聘任，也可以按照协会章程规定的其他方式产生，并报有关部门备案。行业协会秘书处必须有专职工作人员。

秘书长、秘书处的职责由行业协会章程规定。

第十二条　设立行业协会的分会、专业委员会及代表机构，依照协会章程，由协会理事会决定，报有关部门备案。

第十三条　行业协会可依法设立咨询、培训、信息、展览、检测等服务机构。

第十四条　行业协会应按本规定和协会章程，建立健全行业规章制度。

行业协会的年度工作报告和财务报告提交理事会或常务理事会通过后，报登记管理机关和业务主管单位备案。

第十五条　行业协会应当与行政管理部门分开，国家公务员不得在行业协会兼职。

第三章 职 能

第十六条 行业协会应当开展行业、地区经济发展的调查，研究行业改革、行业发展以及与行业利益相关的经济、社会问题，代表本行业向国家机关反映涉及行业利益的事项，提出相关的经济政策和立法方面的意见和建议。

有关国家机关在制定地方法规、规章、公共政策、行政措施和行业发展规划时，应当听取行业协会的意见和建议。

第十七条 依照法律、法规授权和政府委托，行使相应职责，处理相关业务。

第十八条 根据国家产业政策和市场需求，组织市场开发，发布市场信息，推介行业产品和服务，开展行业培训，提供咨询服务。

第十九条 制定本行业的行规行约，向政府有关部门提出制定行业质量规范和有关技术、服务标准的建议，或者参与有关技术和服务标准的制定。

第二十条 协调会员与会员、会员与行业内非会员、会员及其他行业经营者、消费者及社会组织的关系和争议。代表本行业参与行业性集体谈判，提出涉及行业利益的意见和建议。

第二十一条 依据法律、法规的规定，代表行业内相关企业或者其他经济组织向政府有关部门提出反倾销调查、反补贴调查或者采取保障措施的申请，协助政府有关部门完成相关调查，并参加反倾销应诉活动。

政府有关部门或社会组织应当支持行业协会参与反倾销、反补贴、反不正当竞争的有关活动。

第二十二条 依照法律法规和政府有关部门的授权、委托，参与制定行业规划，进行行业统计、公信证明、行业准人资格(或资质)和职业资格审核评定，参与行业重大技术改造和技术改进、招商引资、项目论证、产品展览展销等工作。

第二十三条 开展国内外经济交流与合作，参与国际国内有关经济和技术活动，联系同行业国际行业组织参加其活动。

第二十四条 对违反行业协会章程或者行规行约、损害行业整体形象的会员，按照章程规定，采取相应的行业自律措施；对情节特别严重，并造成重大影响者，行业协会可以依据章程规定，取消其会员资格；对行业内违法经营的企业或其他经济组织，行业协会可建议并协助政府有关部门予以查处。

行业协会可根据需要，制定行业内争议处理的规则和程序，并可将有关规则和程序告知政府有关部门。

第二十五条 政府有关部门应当为行业协会提供产业政策、行业信息和咨询，并向国家主管部门反映行业要求。

第二十六条 行业协会不得通过任何方式垄断市场，妨碍公平竞争，损害消费者、非会员企业、其他经济组织的合法权益或者社会公共利益；不得限制会员开展正当的经营活动或者参与社会活动；不得在会员间实施歧视性待遇；不得利用组织优势开展与本行业经营业务相同的经营活动。

行业协会的任何会员不得利用其经营规模、市场份额等优势，限制其他会员在行业协会中发挥作用。

第四章 经费与财务

第二十七条 行业协会经费有下列来源：

1. 会费；
2. 政府资助和政府购买服务的收入；
3. 为企业或其他经济组织有偿服务收入；
4. 捐赠；
5. 其他合法收入。

第二十八条 行业协会会员会费标准，须经会员大会或会员代表大会通过，并列入协会章程；经费使用应当用于行业协会章程规定的业务范围，并接受会员及政府有关部门的监督。

第二十九条 政府或者政府有关部门委托行业协会承担的事务，应当采取购买服务的方式。对设立初期经费确有困难的行业协会，政府及政府有关部门可以按照有关规定给予必要的资助。

第三十条 行业协会应依法建立财务管理制度和会计核算办法。财务预决算报告，须提交会员代表大会或者理事会议审议，年检时交有关管理机关备案。

第三十一条 行业协会专职工作人员的工资福利可以参照国家对事业单位的有关规定执行，具体办法由行业协会理事会决定。

第三十二条 行业协会的合法收入，任何组织和部门不得平调。行业协会的资金盈余不得在协会领导和工作人员之间分配。

第五章 成立登记

第三十三条 行业协会的成立，按照《社会团体登记管理条例》规定的条件、程序，履行申请登记手续，取得社会团体法人资格。

第三十四条 本省行业协会设在省一级，确有必要的行业可在地、市、自治州一级设立代表机构。

第三十五条 行业协会按照国家现行行业分类标准设立，也可以按照产品、经营方式、经营环节及服务功能设立，一业一会，行业协会应当具有行业的代表性。

第六章 附 则

第三十六条 由鉴证类市场中介机构组成的行业协会或者法律、法规规定执业人员必须加入的行业协会，适用本规定。

第三十七条 本规定由省民政厅负责解释。

关于培育发展行业协会的指导意见

青政办[2004]136号

西宁市、各自治州人民政府，海东行署，省政府各委、办、厅、局：

近年来，在党和国家有关民间组织政策的指导下，我省各行业协会保持了稳定、健康发展的势头，在促进产业发展、维护市场秩序、推动政府职能转变等方面发挥了积极的作用。但是，由于我省社会主义市场经济体制尚处于发展和完善的过程中，行业协会在行政管理、自我发展、行业自律等方面都不同程度地存在一些问题。一是各级政府，特别是一些业务主管单位对培育发展行业协会的重要性和紧迫性认识不足；二是相关法律、法规不健全，对行业协会的指导、管理、监督缺乏必要的法律依据；三是行政依附性强，大多数行业协会基本上处于“官办官管官运作”的状况；四是政府职能转变不到位，相当多的行业协会有名无责，有名无实，空负荷运转。

党的十六届三中全会《关于完善社会主义市场经济体制若干问题的决定》提出了“要按市场化原则规范和发展各类行业协会、商会等自律性组织”的新要求。为落实党的十六届三中全会精神，加快我省行业协会发展，经省政府同意，提出如下指导意见。

一、培育和发展行业协会的指导思想和工作目标

指导思想是：以党的十六届三中全会精神为指导，适应事业单位改革和服务型政府建设的要求，以市场化为原则，以各主要产业发展需求为基点，调动业务主管单位和登记管理机关的积极性和创造性，把握社会主义市场经济条件下行业协会的规律和特点，建设职责明晰、结构合理、机制健全、功能完善、运行有序的行业协会运行机制及管理体制，充分发挥行业协会在维护行业合法权益、行业自律、行业服务和行业监督等方面的积极作用，促进全省各类产业健康快速发展。

工作目标是：坚持社会主义市场经济取向，充分发挥市场机制的作用，争取用3～5年的时间，基本形成适应我省各产业发展需要的、与各产业相互支持、协调互动的发展机制；基本形成布局合理、与我省产业结构及产业发展方向相适应的结构体系；基本形成保障行业协会合法权益、促进行业协会健康发展的法律法规体系；初步形成符合社会主义市场经济要求的、与国际通则相衔接的运行机制。

二、进一步明确行业协会的职能

行业协会以行业服务、行业协调、行业自律、维护会员及行业合法权益和行业监督为基本职能。各级政府及有关部门要认真落实《中华人民共和国行政许可法》的有关规定和省政府关于“简政放权，把该由社区、社会中介组织和民间组织管理的事项，全部交给社区、社会中介组织和民间组织去办”的要求，进一步深化政府机构和事业单位改革，推进政府职能的转变，大力扶持行业协会承担以下职责：1. 开展行业调研和统计、行业信息收集与发布；2. 参与制定行业产品标准、技术规范、服务规则；3. 提供行业培训、服务咨询，招商推介、产品展览展销；4. 协助政府制定产业政策和行业规划，参与立法听证；5. 参与行业准入资格、资质和职业资格审核评定及行业重大技术改造、技术引进项目论证、代表行业进行反倾销、反补贴、反垄断等调查和应诉；6. 开展国内外交流与合作；7. 参与国内国际有关经济和技术活动，联系国际同行业组织并参与其活动；8. 协调与行业协会会员相关事务及关系，制定行规行约，负责对会员单位的规范、监督和惩戒，维护市场秩序；9. 承担法律法规和政府委托的行业管理职能以及章程规定的其他职能。

三、优化行业协会的布局和结构

各级政府、各业务主管单位要结合制定“十一五”规划，制定本地区、本部门行业协会的发展规划，进一步优化行业协会的布局和结构，建立健全行业协会的退出机制。争取用两年时间对全省布局不合理的行业协会进行调整，并按照市场化原则，在所有具备条件的行业建立行业协会。要积极引导已成立的行业协会扩大覆盖面，提高行业代表性。特别是要注意吸收行业内民营企业、外资企业等经济组织入会，吸收与行业相关的本省高等院校、科研机构和符合条件的外地在青同业经济组织入会，提高行业协会的科技含量，增强行业协会的发展活力。对名称相近、业务交叉重复，以及分类过细的行业协会，要引导其通过公平竞争，归并重组。对行业特征不明显、业务宽泛的行业协会，要引导其依托主业分类组合。对无办公场所、无活动经费、无专职人员、长期不开展活动及违法、违规的行业协会要依法注销或撤销登记。

在行业协会结构调整中，要坚持从省情出发，努力构建具有我省特色的行业协会整体结构。要特别重视和扶持农、畜、林、水以及为“三农”服务的服务业为纽带的行业协会，推进农牧业产业化的发展进程。要不断适应形势的发展，开拓新的领域，在高新技术、现代服务业、现代物流业、环境保护和其他符合产业发展方向的行业或领域，培育发展功能齐全、行为规范、市场化运作、服务有效的行业协会，推动我省产业结构转型升级。

行业协会的设立要坚持“一业一会”的原则，同一行业内全省性行业协会只能设立一个。西宁市、海西州、海东地区、格尔木市等同业企业比较集中、产品和服务比较优势突出的

地区，可由区域内企业为主发起组建与当地行政区划相应的地区性行业协会。

四、切实推进政会分开

当前，要把推进政会分开作为行业协会改革和发展的切入点，理顺政会关系，扶持行业协会独立办会。现有行业协会要在机构、人员和财务三个方面与政府主管部门脱钩，真正做到依法自主办会，依法接受监督管理。

国家公务员和参照公务员管理的人员不得在行业协会兼职，确有必要时，应按照省委、省政府办公厅《关于党政机关领导干部不兼任社会团体领导职务的通知》要求，办理相关手续。行业协会与政府部门合署办公，即“一个机构、两块牌子”的，必须进行分设，行业协会作为独立的社团法人，必须单独建账，实行财务独立，不得与政府部门、事业单位合账或进行财务集中管理。协会的合法收入，任何个人和单位不得平调。要坚决纠正政府部门及其人员以各种名目从行业协会获取经济利益的行为，涉及违法违纪的要依照有关法规严肃处理。

行业协会脱钩工作必须周密计划，有序推进。各业务主管单位要在今年上半年完成脱钩方案的制定和论证工作，争取用两年时间基本完成脱钩任务，到2006年底以前，要全面完成检查、总结和扫尾工作，并处理好遗留问题。

五、支持行业协会依法自主办会

行业协会是行业自律组织，各级政府及有关部门要以法律法规为依据，以章程为核心，支持行业协会自主办会。要以完善政策和解决好行业协会的职能和机制问题为重点，支持行业协会规范内部管理制度，建立健全民主选举、民主决策、民主管理、民主监督制度。要以效能和服务为原则，进一步改变管理监督方式，减少指令和直接干预，为行业协会提供良好的生存环境和发展空间。行业协会受政府委托，向政府提供服务的，应按照市场经济的基本原则，通过购买服务的方式进行，实行有偿服务。对初创时期经费确有困难的行业协会，政府及有关部门可参照有关的规定给予必要的资助。政府及有关部门在行业管理上应充分听取和吸纳行业协会的意见。要营造良好的法制环境，加大开放力度，推进各行业协会与国内外相关协会的联系与合作。各行业协会要切实按照法律法规的规定，坚持自愿入会、会务自理、人员自聘、经费自筹的发展方向独立办会，规范运作，不断提高自主办会的水平。

六、加快行业协会的能力建设

各行业协会要积极适应社会主义市场经济体制的要求，实现由以行政程序解决问题向“以人为本”，强化服务转变；由单纯依赖政府和上级主管部门向主要依靠企业和会员单位转变；由“等靠要”的工作方式向主动、进取、创新转变；由对上级主管部门负责向对社会、服务对象、捐赠人负责转变；由行政化管理向民主、参与、经营的治理思路转变，努力探索市场经济条件下自律、服务和发展的有效方式，提高行业协会的凝聚力、影响力和带动力。

要以提高行业协会专业化水平为目标，加快工作队伍建设，尽快建设一支具有社会责任感和敬业精神，有较高的业务能力、筹款能力和协调能力的专业队伍，实现行业协会专职人员的年轻化、知识化、专业化。行业协会专职人员的档案、工资、社会保险、职称评定、住房公积金、出国政审等管理事项，应参照国家民政部、人事部《关于全国性社会团体专职工作人员人事管理问题的通知》（民发[2000]263号）的有关规定执行，确保行业协会专职队伍的稳定。

要十分重视行业协会公信能力的建设，建立良好的职业规范，规避道德风险，树立良好的社会形象，为行业协会的持续发展打好基础。

七、完善行业协会的法律规范和管理体制

省政府办公厅印发的《青海省规范和发展行业协会的暂行规定》是我省行业协会开展工作的基本依据和行为准则。各级政府要进一步明确行业协会的工作职责，建立健全内部规章制度，规范政府部门与行业协会之间的协调机制，完善双重管理体制，支持和引导行业协会健康发展。

要加强登记管理机关和业务主管单位之间的协调与配合。民政部门做为登记管理机关，要按照《社会团体登记管理条例》规定的职能，依法实施对行业协会的登记管理和监督，全面负责行业协会的总体规划、布局调整、政策制定和协调等工作；业务主管单位负责本系统行业协会的业务指导、发展和规划，履行《社会团体登记管理条例》规定的相关职能。

八、加强领导、确保行业协会培育发展工作顺利进行

各级政府要把培育发展行业协会作为落实《行政许可法》、转变政府职能的重要内容，全面规划，统筹安排，综合协调，整体推进。省发展和改革委员会、经济委员会、民政厅、人事厅、劳动和社会保障厅、法制办等部门，要通力合作，会同相关部门及业务主管单位，共同负责行业协会的脱钩改革、布局调整、职能确认和发展规划等工作，确保各项工作任务落到实处。要着力解决好行业协会改革和发展中的重大问题，特别是行业协会脱钩工作中人、财、物划转及其他相关问题，保持脱钩重组后行业协会工作的延续性。要研究解决好行业协会专职人员的工资福利、社会保障等问题，建立健全用人机制，增强行业协会的内在活力。要从省情出发，积极探索有利于行业协会发展的财政支持办法和会费改革办法，支持行业协会健康稳定发展。

青海省人民政府办公厅
二〇〇四年七月十四日

关于加快我省行业协会发展与改革的意见

青海省发展和改革委员会

（二〇〇四年六月二十三日）

行业协会是重要的社会中介组织，是由同业经济组织、相关单位和执业人员自愿发起成立，并依法登记的非营利性社团法人机构。行业协会具有行业性、自律性和非营利性的基本特征，发挥着协调市场主体利益、提高市场配置效率的功能。行业协会发展和改革，不仅影响到政府与市场的关系，还在更深层上触及了整个社会的制度安排，从而成为体制改革走向深化和整个社会转型的一个重要标志。

按照十六届三中全会提出的“要按市场化原则规范和发展各类行业协会、商会等自律组织”的新要求，依照“自主设立、自我管理、自律运行、自我发展”的总体思路，加快行业协会的规范发展，对于应对入世挑战，转变政府职能，完善社会主义市场经济，具有重要意义。

一、我省行业协会的发展现状及存在的问题

近年来，我省行业协会发展较快。据统计，全省目前在省级登记管理机关登记在册的367个，其中行业协会98个。主要分布在省级各个部门或单位，涉及化工、农牧业、电力、服务、贸易等行业，基本覆盖了全省的重点行业和支柱产业。

我省的行业协会的发展主要具有以下特点：

一是行业协会的发展速度与行业的发达程度不适应。我省的建筑、交通、餐饮等传统行业较为发达，占40%，这些传统行业中的行业协会数量较多，而一些新兴行业（如通讯、信息等）中的行业协会数量较少。

二是行业协会的重复设置与种类不全并存。由于缺乏行业协会的整体发展规划，一些行业如贸易、流通等行业协会分工较细，重复设置比较突出；而电子、通信等行业协会分类不足，数量较少，种类不全；一部分新兴行业如评估、公证业则至今尚未设立行业协会。

三是行业协会的代表性不强。全省入会企业占行业企业总数比重和入会企业销售额占全行业销售额的比重都很小，从总体上看其代表性不强。

四是协会正常运转比较困难。一方面人员结构不合理，兼职人员居多；另一方面维护行业协会运转的经费来源不足，通过会费和有偿服务收入、财政转移支付、社会捐赠等渠道收入较少。

近年来，行业协会在为行业会员提供政策、市场、价格、技术等信息、维护正常的经济秩序，构建体制新优势，适应政府职能转变等方面做了大量工作。但是，由于我省社会主义市场经济体制尚处于发展和完善过程中，现有行业协会无论是数量、结构，还是体制、机制都存在很多问题：

一是运行体制问题。目前，我省相当多的行业协会有权无责、有名无实空负荷运转，发展机制上行政化倾向普遍。

二是总量的结构问题。行业协会整体发育不足，以国有企业为主，而且集中于传统行业，与全省经济发展的要求不相匹配。

三是功能残缺问题。行业协会会员覆盖率低、代表性不足，协会难以发挥综合协调功能，缺乏对企业的吸引力。而且协会机构不健全，运作仍处于较低水平，仅停留在为企业提供信息咨询服务、组织行业内部交流、开展业务培训等浅层次服务上，行业规划、行业自律、行业政策制定、争端协调、反倾销调查取证等功能尚未健全。

四是发展环境问题。从我们自身看，对培育、发展行业协会的重要性和紧迫性认识不足，在指导、推动、管理、监督行业协会等方面不到位。行业协会法律地位不明确，相关法律、法规不健全，既无相关扶持政策，也无明确的权责规范，一定程度上制约行业协会的健康发展。

此外，行业协会的资金来源没有保障，人才缺失、人员结构不合理等问题也较为突出。

二、行业协会发展规划的基本思路

1．充分认识发展行业协会的意义

在经济全球化和完善社会主义市场经济体制的大背景下，行业协会的改革和发展显得十分迫切和必要。加快行业协会的改革和发展，是应对入世挑战的迫切需要；是建立和完善现代市场体系和制度的重要一环；是转变政府职能的有力支撑，为此必须加快行业协会的发展改革。

行业协会是会员的服务机构。要通过服务，增强行业协会的凝聚力，促进行业的发展。行业协会是会员的自律组织，通过法律法规、行规行约来约束企业的行为，督促企业依法经营。行业协会是会员的代表，有权代表会员提出涉及会员集体利益的意见，健全与政府协商的机制，维护会员的合法权益。行业协会也是行业的协调组织，开展与会员有关的商事和其他事务协调。行业协会要成为企业与政府、企业与社会沟通的桥梁。

2．明确行业协会发展的指导思想、发展目标

根据我省实际，加快行业协会发展的指导思想是：以党的十六届三中全会精神为指导，适应事业单位改革和建设服务型政府的要求，以市场化为原则，以各主要产业发展需求为基点，深化改革，着力创新，建设职责明晰、结构合理，机制健全、功能完善、运行有序的行业协会管理体制和自主、自治、自律、自养的运行机制，充分发挥行业协会在维护会员合法权益、行业自律、行业服务和行业监督等方面的积极作用。

发展行业协会的总体目标是：争取用3～5年的时间，基本形成行业协会市场化生成发展机制；基本形成行业协会分布

合理、覆盖广泛的布局结构；基本形成符合社会主义市场经济要求、与国际通行规则相衔接的运作机制；基本形成保障行业协会健康有序发展的法律规范；初步建立起与我省市场经济发展相适应、运作市场化、管理规范化的行业协会体系。

实现上述总体目标，要贯彻四大原则：

（1）在体制构架上：要实行政会分离原则。政府一般行政管理职能与行业协会职能分离。

（2）在推进策略上：实行增量发展与存量改革并举原则。

（3）在生成机制上：实行自下而上为主和政府推动为辅的原则。

（4）在发展空间上：实行开放性原则。在操作上，分三步走：第一步，建立新体制，发展新增量。第二步，发展增量与改革存量并举。第三步，健全规制，形成体系。

3．行业协会改革和发展的主要任务

行业协会改革发展的任务是：将全省行业协会的发展规划纳入全省国民经济和社会发展规划体系中。通过深化改革，创新体制构架，打破部门化、实现市场化，由政府本位转向市场本位，解决行业协会的独立运作问题。通过统筹规划，调整优化行业协会布局和结构，着力在优势行业、新兴行业和入世相关行业培育和发展有利于全省生产力发展和产业升级、符合国际惯例的行业协会群体。具体工作中要突出一个重点，抓好三个一批。一个重点：在总体上，要着眼于增强城市综合竞争力（行业协会向中心城市集聚是国际趋势），重点在新的四大支柱产业、五大优势行业和待兴行业、现代服务业领域，设立一批跨部门、跨所有制、跨地区的产品和服务类的行业协会。三个一批：

（1）发展一批。因势利导，建立一批完全新型的、具有示范作用的行业协会。

（2）改造一批。

（3）引进一批或升级一批，重点引进以大企业为龙头、以产品为依托的专业性行业协会。

三、推进行业协会改革发展的措施建议

1．走政会脱钩之路，构建新型行业管理体系

行业协会改革涉及整个行业管理体制改革。现行的行业管理体制是计划经济的产物，政府部门是行业管理的唯一主体，行业协会仅仅是政府部门的附属机构，这种体制已不适应市场经济发展的需要。

政会脱钩是行业协会改革的切入点，要通过界定政府行业管理部门和行业协会的职能定位，把属于和适宜于行业协会承担的行业管理和审批职能移交、委托给行业协会行使，构建符合市场经济和WTO规则要求的新型行业管理体系。

（1）人员脱钩。国家公务员或参照国家公务员管理的人员不得兼任行业协会的会长、副会长、秘书长、分会会长、副分会长等领导职务及其他实职性职务，原则上也不兼任名誉职务。凡在行业协会兼任实职的国家公务员、参照国家公务员管理的人员及业务主管单位的在编人员，必须在规定期限内辞去公职或辞去行业协会的实职性职务。

（2）资产脱钩。凡使用政府部门财产的行业协会，在政会脱钩改革期间，应与政府部门签定财产使用合约，规范双方的财产使用关系。为支持行业协会发展，政府可将相关财产，按资产评估值折价出售或无偿拨给行业协会。

（3）财务脱钩。行业协会应有独立的银行帐户和财会人员。凡行业协会与政府部门实行会计合账或财务集中管理的，应在规定期限内完成单独建账，配备财会人员，实现财务独立。政府部门和业务主管单位不得向行业协会收取任何费用，也不得以任何形式从行业协会谋取不正当的经济利益。

凡行业协会的日常机构与政府部门合署的，必须在规定期限内完成分设，在人员、资产和财务等方面做到完全脱钩。

2．进一步深化行业协会管理体制改革

进行行业协会管理体制改革，有利于政会脱钩改革的顺利进行，推动行业协会尽快形成自主、自治、自律、自养的运行机制；有利于行业协会与政府行业管理部门在行业管理中的职能分离，推动政府职能转变；有利于从整体上对全省行业协会的改革与发展进行统筹规划，推动行业协会布局结构的调整；有利于加强对行业协会的监督和管理，推动行业协会规范健康发展。

改革行业协会管理体制，就是在政府管理层面上把行业协会业务主管职能分离开来，探索建立登记机关、行业管理部门与协会主管单位三者之间既相互独立、又协调统一的新型行业管理体制。可组建青海省行业协会管理委员会，委员会下设办公室，经政府授权，履行行业协会业务主管单位的职能。

3．着力调整行业协会的布局结构

调整的目标。彻底改变部分行业协会存在的名称相近相似、业务交叉重复的现状，进一步优化行业协会的种类、结构和布局，从整体上提高行业协会的运行质量和自律水平。

调整的原则。行业协会布局结构调整应遵循下列原则：

（1）对行业特点明确，且符合市场经济和入世要求的行业协会应予以保留，并充实和提高。

（2）对名称相近相似、业务交叉重复的行业协会，应进行合并重组或劝其申请注销登记。

（3）对行业特点不明确、设置不合理的行业协会，应进行分立重组或劝其申请注销登记。

（4）对长期不开展活动或内部管理混乱的行业协会，应予以注销或撤消登记。

（5）对不符合社团重新登记条件的行业协会，应予以注销或撤消登记。

4．研究制定促进行业协会改革和发展的配套政策

目前，国家对行业协会尚未有专门政策规定，其管理是纳入社团管理体系的。省有关部门应结合我省实际，研究制定关于我省现有行业协会的调整改革方案，同时，就行业协会的管理体制、职能定位、办会原则、政会分开、人员待遇等问题做出明确规定，为促进我省行业协会的改革发展提供良好的政策环境。

关于加快行业协会改革与发展的意见

宁政发〔2003〕182号

各区县人民政府，市府各委办局，市各直属单位：

为进一步促进行业协会发展，加快政府职能转变，规范市场经济秩序，现提出我市加快行业协会改革与发展意见如下：

一、指导思想和工作目标

指导思想是：以党的十六大精神为指导，紧紧围绕市委、市政府“富民强市”、加快推进“两个率先”进程的目标，适应企事业单位改革进程和服务型政府建设的要求，坚持“培育发展和监督管理并重”的方针，按照“改革、调整、发展、完善”原则，进一步推进行业协会政会分开、布局调整，使行业协会逐步走上法制化、民主化、市场化和规范化的发展轨道，努力形成适应社会主义市场经济要求、符合国际惯例的行业协会管理体制和运行机制。

工作目标是：到2004年底，完成政会脱钩，布局调整规范到位，培育发展重点推进，管理体制基本完善，运行环境优化改善。

二、进一步明确行业协会的定位及职能

行业协会是由同业经济组织、相关单位和执业人员自愿组成，依法登记，具有非营利性、自律性的社团法人，履行服务、代表、自律、协调等基本职能。

行业协会是市场经济体制中不可缺少的重要组成部分，在经济和社会发展中发挥中介作用，沟通政府和企业的桥梁作用，维护会员合法权益、保障公平竞争的维权作用。各有关部门应大力支持行业协会逐步承担以下职责：开展行业调研和统计、行业信息收集与发布；制定行业产品标准、技术规范、服务准则；提供行业培训、服务咨询，开展合作交流、招商推介；协助政府制定产业政策和行业规划，参与立法听证，进行行业准入资格审查；代表行业进行反倾销、反补贴、反垄断等调查和应诉；协调与行业会员相关的事务及相互关系；制定行约行规，对行业会员市场行为进行规范、监督和惩戒，维护行业秩序；法律规定、政府委托或行业协会章程载明的其它职责。

三、大力推进行业协会改革与发展

1．分类进行行业协会布局调整

要积极推动现有行业协会布局调整，优化结构，建立健全退出机制。要用一年时间，对全市布局不够合理的行业协会进行调整，并按照市场化的原则，在全市所有具备条件的行业建立行业协会。要大力支持依法设立、规范运作、有效履行基本职能的行业协会扩大覆盖面，提高代表性。2004年底，行业协会入会会员数量要基本达到该行业同业组织数量的20%以上、销售额达到同业总量的50%以上；对名称相近相似、业务交叉重复、分类过细的行业协会，要通过平等竞争，进行归并重组；对行业覆盖面过宽、行业特征不明显的行业协会，要引导其分类拆细；对无办公场所、无活动经费、无专职人员、长期不开展活动以及违法、违规的行业协会，要依法注销或撤销。

要坚持“一市一业一会”的设立原则，同一行业内全市性行业协会只能设立1个。部分同业企业集中、行业代表性强、产品或服务比较优势突出的区（县），可由区域内企业为主体发起组建全市性行业协会。

2．抓紧推进行业协会与政府脱钩

要积极推进行业协会市场化改革，现有行业协会要在机构、人员和财务三个方面与政府主管部门彻底脱钩，真正做到政会分开、自主运转、依法接受监督管理。

国家公务员和参照国家公务员管理的人员不得在行业协会兼职，凡是兼职的必须辞去行业协会职务或辞去公职。行业协会与政府部门合署办公，即“一个机构，两块牌子”的，要进行分设。行业协会作为独立的社团法人，必须单独建账，实行财务独立，不得与政府部门会计合账或进行财务集中管理；要坚决纠正政府部门及其人员以各种名目从行业协会获取经济利益的行为，涉及违法乱纪的要依照有关法规严肃处理。

行业协会脱钩工作必须因会制宜、有序推进。各业务主管单位要在2003年底前完成脱钩方案的制订和论证工作，2004年上半年基本完成脱钩，下半年进行检查、总结、扫尾工作，处理遗留问题。

3．加快转变政府职能，理顺政会关系

在政会脱钩的基础上，加快政府职能转变，重点充实与完善行业协会职能，充分发挥行业协会重要作用。各级政府部门要坚决取消不适应行业协会改革与发展的各种限制，为行业协会充分履行职责创造良好环境。行业协会接受政府委托、向政府提供服务的，应按市场经济原则实行有偿服务。政府及相关部门在行业管理上应充分听取和吸纳行业协会的意见。

4．积极培育和发展新型行业协会

要在现有行业协会改革调整和进一步发展的基础上，适应新形势，开拓新领域，重点在高新技术产业、现代服务业、现代物流业、具有比较优势的农业和其它符合产业发展方向、重点经济发展急需行业或领域，扶持、培育和发展一批按照市场化运作、功能齐全、行为规范、服务有效的行业协会。

新设立的行业协会要打破部门、地域和所有制界限，注重吸收行业内民营企业、外资企业、与行业相关的科研院所入会。要坚持“自愿入会、会务自理、人员自聘、经费自筹”，独立办会，规范运作，不断完善内部民主选举、科学决策、会员管理、财务和人事管理等制度。

要营造公平和法制的环境，加大开放力度，加强我市行业协会与国内外相关行业协会的联系与合作。

5．完善行业协会管理体制

要加强制度建设，进一步增强登记管理机关和业务主管部门之间的联系与配合，完善行业协会双重管理体制。民政部门作为登记管理机关，要按照《社会团体登记管理条例》规定的职能，依法实施行业协会登记管理，全面负责行业协会的总体规划、布局调整、政策制定和协调等工作；市、区（县）行业协会的业务主管部门，负责本系统行业协会的业务指导、规划并配合全市行业协会总体规划的制订，履行《社会团体登记管理条例》中规定的相关职能。

对于职能不能涵盖所属行业协会业务范围，或不能对所属行业协会进行行业务指导的主管部门，应按照民政部《关于重新确认社会团体业务主管单位的通知》（民发〔2000〕41号）精神，在今年年底前完成变更调整。

研究制定《南京市行业协会管理暂行办法》及配套政策文件，进一步探索政府部门之间、行业协会之间、政府部门和行业协会之间有效协调机制，完善双重管理体制，支持和引导行业协会规范、健康发展。

6．着力解决行业协会改革发展中相关问题

各级政府部门要大力支持行业协会的改革与发展， 妥善处理行业协会脱钩工作中的人、财、物划转及其他相关问题，确保脱钩重组后行业协会工作的延续性。要研究解决行业协会专职人员的社会保障问题，建立健全用人机制，促进行业协会从业人员职业化；要积极探索财税支持和行业协会会费改革等政策措施。

四、加强组织协调，确保行业协会改革发展工作顺利进行

市体改办、民政局、监察局、法制办负责牵头组织、联合推进全市行业协会的改革与发展工作。市民政局会同相关部门及各行业协会业务主管部门，共同负责行业协会脱钩改革、布局调整、管理职责确认和培育发展等各项工作的具体落实。

南京市政府

二〇〇三年九月二十六日

关于印发《深圳市行业协会民间化工作实施方案》的通知

深办发〔2004〕19号

《深圳市行业协会民间化工作实施方案》已经市委、市政府同意，现予印发，请认真贯彻执行。

中共深圳市委办公厅　　深圳市人民政府办公厅

二〇〇四年十二月二十四日

深圳市行业协会民间化工作实施方案

一、“民间化”的必要性

“民间化”是以还原行业协会独立社团法人地位，重塑政府与社会新型关系，推进行业协会改革和发展为目的，使其组织机构、运作机制、管理职能向“自愿发起设立、按章程自主管理、服务以会员为主”的根本性转变。

（一）“民间化”是行业协会发展的内在要求

据不完全统计，截止2004年9月底，依法由本市同行业或相关行业的经济组织和个体工商户自愿组成非营利自律性的具有产业性质的经济类行业协会146家，涵盖三次产业，原归口31个部门管理，是我市经济社会健康、平稳发展不可缺少的重要力量。早在1995年我市就启动了以逐步实现“人员自聘，工作自主，经费自筹”为目标的行业协会“民间化”进程，随着改革的深化和市场经济体制的逐步建立，客观上需要与之相适应的行业协会的存在与发展。因此，进一步改革我市的行业协会，加快实现“民间化”的条件已经具备，时机已经成熟。

（二）实现“民间化”势在必行

我市行业协会“民间化”工作起步较早，在全国居领先地位。当前，“民间化”工作存在的主要问题是：一是相当部分行业协会由部门根据需要自上而下设立；二是部分行业协会业务和经费依赖原主管部门；三是约有1/3的行业协会的副秘书长以上职务由党政和其他国家机关公职人员及各类事业单位在职人员兼任；四是存在与主管部门合署办公、财务“一本帐”、资产界定不清的现象；五是部门向行业协会转移和委托职能的方式不规范，缺乏评估与监督机制。上述问题的存在不利于行业协会的健康发展，行业协会“民间化”改革迫在眉睫。

二、指导思想、基本原则

（一）指导思想

以党的十六大精神为指导，以服从服务于我市经济社会和谐发展为出发点，以推动行业协会“民间化”为切入点，解放思想，大胆改革，通盘考虑，突出重点，分步推进，确保效果，务必使行业协会真正成为自立、自主、自律的民间组织，努力实现我市行业协会规范、协调发展。

（二）基本原则

1．与政府职能转变、审批制度改革相结合的原则；

2．与对行业协会的指导、监管、规范、服务相结合的原则；

3．近期改革与长远发展相结合的原则；

4．实现政社分开与理顺政社关系相结合的原则；

5．与研究解决“民间化”过程中出现的具体问题相结合的原则。

（三）工作目标

行业协会“民间化”分三步走：第一步，到2004年底前，基本实现组织机构的“民间化”；第二步，2005年上半年，基本实现运作机制的“民间化”；第三步，自2005年下半年起，用2～3年时间，基本形成一支“民间化”的、按市场经济规则和国际惯例运作的行业协会群体。

三、主要任务、工作措施

（一）主要任务

1．“民间化”的范围

在本《方案》颁布实施前成立的，依法由本市同行业或相关行业的经济组织和个体工商户自愿组成非营利自律性的具有产业性质的经济类行业协会（含属行业组织范畴的联合会、促进会、商会、同业公会）。

2．“民间化”的内容

（1）组织机构的民间化。一是人员脱钩。根据国家有关规定，结合我市实际，凡在行业协会任职的党政和其他国家机关公职人员及各类事业单位在职人员须在2004年12月31日前辞去所担任的行业协会职务，并积极配合行业协会按章程进行新负责人的选举，完成相关工作的移交；对确有特殊情况需暂时留任的，经申请批准后，可过渡性留任，但最迟不超过2005年6月30日。二是办公场所基本分开。行业协会应有独立办公处所，与主管部门合署办公的要分开。如有特殊困难的，可保留到2005年6月30日。三是财务独立建账。以2004年会计年度为界，此前的账目要在有关部门的指导监督下进行审计，在审计的基础上分开和清理，使行业协会做到财务独立，单独建账。

（2）运作机制的民间化。一是行业协会的选举、重大决策、内部纠纷调处应由其依照法律法规和协会章程规定自主决定，同时依法接受政府相关部门的指导和监管。二是按“自主设立、自我管理、自律运行、自我发展”的要求，实施对行业协会的分类指导，把例行年检与“民间化”的验收结合起来。三是按有关规定和章程完成行业协会变更登记。四是在有关部门配合下，界定行业协会资产（含固定资产、流动资产）的归属，清产核资，明确各自权属，建立规范的行业协会资产管理制度。五是由市行业协会署牵头，会同纪检、监察、编办、民政等职能部门，指导、监督真正实现了“民间化”、具有公信力的行业协会规范承接和行使政府部门转移或委托的有关职能。

（3）完成组织机构和运作机制的民间化后，要指导行业协会向高级化阶段发展，培育发展一批品牌协会，逐步形成一支按市场化原则和国际惯例运作的行业协会队伍。

（二）工作措施

1．制订既符合国家有关法律精神又有所创新，与国际惯例接轨的《深圳市行业协会条例》，明确行业协会的职能作用、权利义务、与政府的关系等，实现法定化。在新的《条例》未出台前，为利于政府对行业协会的指导和协调，近期由市法制办牵头、行业协会署配合，完成《深圳市行业协会暂行办法》的拟定，争取2005年初颁布实施。

2．市行业协会署要会同有关部门抓紧调研制订相关配套的措施，为政府出台切实可行的政策、支持行业协会改革和发展提供依据。

3．关于“民间化”过程中党政和其他国家公职人员及各类事业单位在职人员脱钩问题，由市委组织部、市人事局尽快制定有关办法，依照干部管理的权限与类型，按要求有序地做好此项工作。

4．关于“民间化”后行业协会党员管理以及党建工作问题，由市委组织部制定有关办法；过渡期内，行业协会党组织关系仍保留在原主管部门，直到出台新的办法止。

5．建立政府与行业协会的沟通机制。市行业协会署及相关部门应与行业协会建立沟通和对话机制，定期听取行业协会的意见，协调处理行业协会面临的相关问题。

6．今后，凡本市同行业或相关行业的经济组织和个体工商户自愿组成的具有产业性质的经济类行业协会的筹备设立，统一由市行业协会署出具业务意见，然后到民政部门办理登记手续；在市行业协会署的指导下，行业协会与原主管部门要加强配合，在规定的时间内按要求完成“民间化”的工作，并做到改革与协会发展两不误。

四、组织领导、实施步骤

（一）组织领导

市行业协会署负责市行业协会“民间化”的组织实施工作。为加强对“民间化”工作的组织领导与协调，建立由有关部门负责同志参加的“民间化”工作联席会议制度，联席会议由分管市领导召集，日常工作由市行业协会署负责。各有关部门要把思想统一到市政府的决策上来，充分认识行业协会改革工作的艰巨性与重大意义，按照市政府的统一部署，做好相关行业协会的梳理与自查，对于违反规定、消极推诿的单位和个人，要追究部门负责人的责任。与“民间化”相关的行业协会要按本《方案》的要求，尽快拟定实施工作计划，并及时反馈实施情况，报告出现的问题。各部门要注意做好行业协会“民间化”后相关工作及配套措施的衔接，积极稳妥推进“民间化”工作，妥善处理好可能出现的矛盾和问题。建立“民间化”工作咨询投诉机制，接受和受理有关的举报和投诉。

（二）实施步骤

本《方案》分三个阶段组织实施：第一阶段，各有关部门按要求积极认真完成自查工作，制定具体实施方案，在2004年底前基本完成行业协会组织机构的民间化；第二阶段，2005年第一季度对第一阶段工作进行检查；2005年上半年，由市行业协会署指导协调，市民政部门积极配合，按有关法规规定完成市级行业协会的变更登记，为行业协会运作机制的“民间化”提供保障；第三阶段，2005年下半年至年底由市行业协会署会同有关部门，完成对“民间化”工作的评估验收，向市政府报告并向社会公布。

·行业管理·

在中国建筑装饰协会调研的讲话

建设部部长 汪光焘

（二〇〇四年八月二十七日）

今天，我和黄卫同志带领有关司局和社团一党委的负责同志，到中国建筑装饰协会来做个调研，与大家一起探索和研究协会工作的规律性，探讨在社会主义市场经济条件下如何做好协会的工作。刚才，黄卫同志和有关司局、社团一党委的负责同志都讲了话，既肯定了协会的工作，又提出了很好的建议，请你们认真研究。正值中国建筑装饰协会成立20周年，我代表部党组对中国建筑装饰协会表示祝贺。

中国建筑装饰协会以邓小平理论和“三个代表”重要思想为指导，以经济建设为中心，坚持服务中心、服务大局，按照全面建设小康社会和完善社会主义市场经济体制的新要求，不断发展、壮大，逐步成为建设领域具有较高凝聚力和号召力的行业社团。20年来，协会创造性地开展工作，在“双向服务”中充分发挥了桥梁与纽带作用，受到了有关部门和行业企业的较高评价。尤其是新一届班子到任以来，从落实“三个代表”的高度做好协会的工作。大家的工作状态很好，改善了协会的办公条件，精神面貌焕然一新，这为协会更好地发展奠定了坚实的基础：

一是在行业的发展过程中积极调研，通过研究，找到了自己的位置。

二是社会主义市场经济的主体是企业，协会的服务对象是企业，这个定位很准。

三是狠抓行业自律和企业自律。这是协会发展的关键，也是社会信用的根本保证。

四是协会的负责人注意转变身份、转变观念、转变工作重点，这一点做得很好。

五是注重机制创新。充分发挥秘书处和各专业委员会的作用，创新机制，以制度作保证。总之，你们做了大量卓有成效的工作，创造了许多好的经验。可以说，协会工作的方向是正确的，工作是活跃的，成效是显著的。

通过中国建筑装饰协会的工作，我们看到了行业协会工作的方向。建议人事教育司牵头，会同有关司局和社团党委，对中国建筑装饰协会的发展进行总结，进而推动部里其他协会的改革和发展，这是我们今天来调研的主要目的。

一、要充分认识新时期行业协会工作的重要性

十六大确立了全面建设小康社会的奋斗目标，到2020年我国人均国内生产总值达到1000美元，意味着我国经济社会发展进入了一个新的关键的历史时期。这个阶段，社会消费升级并且日益多样化，经济发展是个渐进过程，满足人们的需求也有个过程。十六届三中全会《中共中央关于完善社会主义市场经济体制若干问题的决定》提出“积极发展独立公正、规范运作的专业化市场中介服务机构，按市场化原则规范和发展各类行业协会、商会等自律性组织。”这对加强行业协会的管理具有重要指导意义，为行业协会的组织建设指明了方向。中国已加入世贸组织，为了与国际市场经济尽快接轨，以便按国际市场经济的规则更好地实施公平交易和竞争，这更需要加快行业协会的改革与发展工作。

二、要加强行业的组织机制建设

行业协会是行政组织的参谋助手，是联系企业的桥梁和纽带。要适应新的形势发展要求，必须加强协会的自身建设，求真务实，以有求必有应，以自律求自强，以创新求发展，不断提高协会工作水平：

一是协会要成为独立承担民事责任的法人单位，这才能独立、客观、公正地从事行业的协调服务工作。

二是要完善行业协会的管理机制。协会不能比照政府机关或者是事业单位管理，不能政、会或企、会合一。要通过调查研究，建立一套合理的管理机制，要配备适量的专职人员。

三是要制定行业自律公约，要民主协商，自我约束，互相监督，真正实现“三个”服务。

四是要建立健全有关廉洁自律和财务收支管理制度，实行民主建会、民主理财，财务收支公开和民主监督制度。

三、要加强新时期行业协会的思想政治工作

新时期加强行业协会的思想政治工作尤为重要。思想政治工作要寓于业务工作，求真务实，努力做到认识规律性、把握规律性、遵循规律性和运用规律性。要把解决思想问题与解决实际问题紧密结合起来，推进改革发展稳定各项工作。要重视和加强以诚信建设为重点的职业道德建设，通过对先进典型的总结推广，营造争优创先的氛围。要带着对群众的深厚感情，多办得人心、暖人心、稳人心的好事实事。科学地认识和把握新形势下行业协会工作的特点和规律，努力形成新思路、探索新办法，开辟新途径，取得新成效。

谢谢大家！

附录一：

建设部部长汪光焘到中国建筑装饰协会调研侧记

《中国建筑装饰》编辑部　特约观察员

一

在2004年9月2日～4日中国建筑装饰协会在北京京丰宾馆举行有1300多位代表与会的“庆祝中国建筑装饰协会成立20周年活动”的前五天，8月27日，建设部部长汪光焘在出国前夕到中国建筑装饰协会调研。同行的还有建设部副部长黄卫，以及建设部人事教育司司长李秉仁、建筑市场管理司司长王素卿、工程质量安全监督与行业发展司副司长吴慧娟、标准定额司副司长杨融、建设部社团第一党委书记徐义屏等的建设部有关部门负责人。时间为一个半小时。

汪部长一行阅读了中国建筑装饰协会提供的书面报告，听取了中国建筑装饰协会会长马挺贵、常务副会长兼秘书长徐朋的工作汇报，王素卿、吴慧娟、李秉仁相继作了发言，黄卫副部长讲话之后，汪部长作了重要讲话。他高度概括和总结了中国建筑装饰协会的经验，充分肯定了中国建筑装饰协会的工作，建议建设部社团第一党委配合人事教育司进一步总结中国建筑装饰协会的经验，以推动建设部业务管理的40个社团的工作。

8月27日上午8点10分，汪部长独自一人先期到了中国建筑装饰协会，在会长马挺贵、常务副会长兼秘书长徐朋，副秘书长房箴、王毅强的陪同下，相继视察了信息部、《中国建筑装饰》编辑部、行业发展部、家装委员会（筹）、设计委员会（筹）、综合部、质量技术部和副秘书长办公室后，来到会长、秘书长办公室。这是建设部部长第一次到中国建筑装饰协会。秘书处的全体工作人员十分兴奋，热烈鼓掌欢迎。

调研会是在中国建筑装饰协会100多平方米的大会议室举行的，椭圆形大会议桌中间布满鲜花，两侧摆放汇报材料，另一张桌子展示着中国建筑装饰协会历年的主要出版物和会刊、杂志、报纸。汪光焘部长、黄卫副部长及有关司局负责人李秉仁、王素卿、吴慧娟、杨融、徐义屏在椭圆形大会议桌前排就座，中国建筑装饰协会有马挺贵、徐朋、房箴、王毅强、黄白、王本明、邓千也在前排就座。参加会议的还有中国建筑装饰协会综合部副主任杜桂玲、董子华，质量技术部副主任熊翔，信息咨询委员会秘书长田万良、副秘书长高世彦，施工委员会秘书长顾国华，家装委员会（筹）副秘书长张仁、张爱宁，设计委员会（筹）秘书长田德昌等有关部门的负责人。马会长向汪部长一行一一介绍了中国建筑装饰协会与会的人员。

二

汪部长说，我看了这么多协会，没有一个象中国建筑装饰协会有850㎡办公场地、环境这么好的协会。我早来一会儿，就是看一看你们的精神面貌和状态，结果很好。我们来这里调研，一是了解建筑装饰行业的发展前景；二是了解中国建筑装饰协会的工作。因为还其他工作安排，时间紧张，下面请你们汇报20分钟，由于有了文字材料，就不用照本宣科了。

马会长首先作了汇报，他指出，汪部长、黄副部长的到来，这是中国建筑装饰协会成立20年来建设部的领导来协会的第一次，是对我们极大的鼓励和鞭策，我代表协会全体工作人员表示热烈地欢迎。接着他说，中国建筑装饰协会成立于1984年9月，今年是20周年，办公室过去在阜外大街，只有两间房，1999年搬至车公庄大街的华通大厦，2001年9月迁移至此，秘书处工作人员也由过去的8个人发展到现在的20多人，加上专业委员会、《中华建筑报》和《中国建筑装饰装修》杂志社的工作人员总共有170多人。目前协会的机构设置有综合、信息、行业发展、质量技术、国际、培训等五个部门和培训中心，信息咨询、施工、材料、铝制品、电气、厨卫五个专业委员会，正在筹备家装、设计两个委员会。2001年6月协会召开第五次会员代表大会换届。20年来协会从弱到强、从小到大，行业从传统到现代。协会的工作目标，一是向行业及社会提供高层次的服务，“双向服务”，在政府与企业之间起到桥梁纽带的作用；二是推动行业发展。

这时汪部长问：什么叫做“高层次”？马会长回答说，协会过去多为展览展示、研讨会等活动，五届理事会以后有了很大的改变，如我们进行的“建筑装饰行业在我国国民经济和社会发展地位和作用”的调研中关于行业的年产值，国家统计局曾经做出的统计是500多亿元，而我们的统计是5000多亿元，现在是8000多亿元，1000多万从业人员，20多万家企业，据此，我们有针对性地提出行业发展的意见。具体情况，等下请徐朋秘书长汇报。

汪部长问：你们有几位副秘书长？马会长回答说：有三位，在场的有两位——房箴、王毅强，还有一位张京跃，正在参加建筑市场管理司的一个重要会议。

徐秘书长说：协会换届后，过去17年连任四届的协会老会长张恩树，也是中建总公司首任总经理张恩树告诉我们，协会的工作重点是推动行业生产力的发展，三年来，我们主要做了以下几项工作：

一是我们首先进行了“建筑装饰行业在我国国民经济和社会发展地位和作用”的调研，为做好协会工作和制订行业发展意见打下基础。

二是建筑装饰行业企业构成主要是民营企业，国企很少，但是国企均为一级资质的大型企业，改制问题十分突出，于是我们进行了国有建筑装饰企业改制的调研并召开了座谈会，此会促进了国有建筑装饰企业改制实质性的进展，实践表明改制效果很好。

三是我们认为一定要在建筑装饰行业形成一批有实力能参与国际竞争的大型企业，于是我们召开了全行业应对WTO的战略研讨会，具体要解决行业硬件和软件方面的主要问题，硬件——设计和材料，软件——服务和诚信。此外，我们在建设部的大力支持下，向国家新闻出版总署申办了公开出版的杂志《中国建筑装饰装修》。

四是抓科技进步。2003年9月4日在北京召开，汪部长出席并作了重要讲话。在建设部推广的10项科技项目中，无一项是装修的，这次大会实际上是建筑装饰行业对“科技是第一产生力”论述的补课，上千位代表与会，规模空前。

五是抓行业发展。我们非常理解建设部领导对家装的关心，这是全面建设小康社会的重要组成部分，既是消费热点，也是投诉热点，于是我们把家装行业自律管理作为突破口，建立行业诚信体系。与央视共同开展家装设计竞赛。此时汪部长插话：现在央视有专门的“家装”频道，将来你们也要争取有一个频道。

六是抓设计这个龙头。设计是全行业科技含量最高的重要组成部分，组织了设计师的行业评价，以及多方面的作品竞赛活动。

七是抓培训。三年来累计培训业内从业者三万多人次，编写出来40多种、950万字的教材，从2001年起我们已连续三年出版行业年鉴等一批出版物。

说起在中国建筑装饰协会的工作体会，徐朋指出：

一是以服务为宗旨。过去考虑提高行业的整体水平的事比较少，近年来比较多，如为了促进行业信息化建设，我会今年4月召开了全行业的信息化建设工作会议，会议很成功，提高了行业发展层次。2001年我们基本完成了“建筑装饰行业在我国国民经济和社会发展地位和作用”的调研，2002年我们主要促进国有装饰企业的改制。我们已经形成了三个行业发展若干指导意见：一是科技发展；二是信息化建设；三是家装发展。

二是策划项目，创造工作。扩大协会的自养自立能力，协会有公益性质，但不是慈善机构；协会不是企业，但应有自养自立的能力。营造协会，主要是营造协会的和谐气氛，提高企业家办会的能力。协会成立20周年活动的全部内容，是协会去年年底理事会通过的，又经今年6月会长工作会议确定，二次会长工作会议，已经成为研究协会实质性工作的会议，增强了副会长的责任意识，捐赠内蒙古希望小学，就是经一部分企业家的提议，9位副会长一致同意决定的，我们对40多位常务理事企业进行了定向征集，企业自愿参加，业内积极响应，并建议协会不仅给钱，还要给建筑设计方案。我们组织的这台行业文艺晚会，江苏、浙江等地均十分热情，积极选送。

三是把协会当作事业来干。“没有政治责任心干不了协会工作；没有一定能力、水平实现不了高层次为会员企业服务的目标；没有敬业精神完成不了协会任务。”这已成了协会秘书处的座右铭。我和马会长总结了两句话：一是工作压力没有在中建总公司时大，但比在中建总公司时累；二是忘记过去的钱，忘记过去有权，就能进入协会工作角色。过去在中建，年营业额是700多亿元，马总有时批钱上亿或几个亿，如今在协会二三百元钱都要考虑考虑。过去我们对的是局长，中建有一套行之有效的行政系统，现在工作则十分具体。2001年我们刚来协会，秘书处只有8个人，协会加上专业委员会共50多人，挺贵同志没有办公室，我的办公室只有8㎡，现在有了很大地改观。

四是秘书长与会长的分工配合。我配合挺贵同志工作已有17年，挺贵抓上层和复杂事情的协调，重大事情的决策，我作为秘书长主要进行工作的落实和项目的具体策划，包括协会的组织、思想、业务、制度建设。马总是一位每天上班的会长，我们互相沟通得很多，配合默契，现在的中国建筑装饰协会已经形成了一批热爱协会的干部，如黄白，在协会工作了17年，还有王本明，在协会工作也是10多年，工资水平不高，工作很热情，很善于做协会工作。我们现在两本公开的媒体《中华建筑报》、《中国建筑装饰装修》发展得比较好。

此时汪部长问：发行量有多大？徐秘书长回答道：《中华建筑报》五六万份，《中国建筑装饰装修》一万多份。汪部长说，报纸相当于《中国建设报》，杂志相当于《建筑》杂志。

关于工作方面的建议，徐秘书长指出：

一是希望建设部加强家装的管理，2003年全国家装产值4500多亿元，占全国建筑装饰行业产值的50%以上，建设部俞正声部长和汪光焘部长都十分关心家装的问题，强调一定要抓家装，建筑市场管理司王素卿司长——也是我会的副会长，非常支持我会的工作，强调加强行业自律管理。

二是根据细分市场的原则，协会也要细分，装饰协会是建筑业的细分，装饰协会也要细分，这样符合协会发展方向。

三是建议建设部能按照协会工作的规律，给予协会工作和行业发展更多更到位的指导。

三

在听取了马会长、徐秘书长的工作汇报后，汪部长说，现在请各位司长发言，每人一分钟。

王素卿司长首先发言，她说，我虽身为中国建筑装饰协会副会长，但只参加了协会两次活动，此时徐朋说，你到民政部表扬过我们。王素卿说，这是应该的。中国建筑装饰协会很有活力和凝聚力，工作思路清晰，很有想法。有一些协会，我们不是不想交给他们工作做，但是交给他们也做不好，因此不受重视。但是装饰协会不是这样，2000年建议并与当时的勘察设计司共同进行装饰设计市场的调研，成果很好，十分可信，为颁布装饰设计市场准入和分级标准奠定了坚实的基础。家装行业管理，主要是通过行业自律，同时利用会员备案制、企业信用档案等办法，2005年WTO到期，希望协会继续研究，多想想办法。

吴慧娟副司长说，中国建筑装饰协会工作的深度、力度、高度出乎我的意料，装修涉及结构、从业人员培训、环境保护，今后我们将继续加强政府职能的转变，与协会共同商量。

徐义屏书记表示，建设部第一社团党委有17个协会，中国建筑装饰协会工作很有起色，党的十六届三中全会指出，要按照市场化的原则规范发展行业协会。企业寻求自己的合法利益——维护行业的利益是对协会的本质性要求，建议能作为课题共同进行研究。

李秉仁司长指出：中国建筑装饰协会在发展方向和水平上均提高了一个层次，发挥的作用显著，将来为会更加突出，协会领导班子蓬勃向上，会更有作为。

四

黄卫副部长作了重要讲话，他说，部党组对中国建筑装饰协会很重视，汪部长提出研究协会秘书处是如何工作的。这时马会长表示，这是我们盼望了20多年的事了。黄副部长接着强调，只要协会领导班子把协会当作事业来干，就能干得红红火火。希望中国建筑装饰协会带个好头，马会长、徐秘书长这两位工作很认真，到我那里谈起装饰协会工作来是如数家珍。他指出搞好协会工作的"十二字"方针：

提高层次——中国建筑装饰协会进行了"建筑装饰行业在国民经济中的地位和作用"课题的研究，这很好，还要进行技术标准的制订。从行业发展的全局考虑工作，从对社会的贡献求行业发展，为了行业发展要提高嗓门、提高层次。

规范管理——装饰协会实行了全员聘任和末位淘汰制，这很好。这时汪部长插话：这这么好的办公环境的协会还没有。黄副部长接着说，但与国外的行业协会相比还有很大差距，我们要与国外的行业比，形成一整套协会建设和行业发展的理论和体系。

强化服务——中国建筑装饰协会确有凝聚力，一开会能有上千人，是因为你们能为企业办实事，这也是为什么希望小学能筹集捐款150万元的原因。行业协会的作用要作专门的研究，谁准备得越充分，谁就越能发挥作用。希望中国建筑装饰协会胆子更大一些，思路更开阔一些，考虑做点大事，为行业服务，更好地回报社会。

五

汪部长最后作了总结讲话。他说，我早来20分钟，主要想看看协会的精神面貌，结果很好。中国建筑装饰协会成立20周年，换届后三年的工作突出，使我们看到了协会的发展方向，建议人事司牵头社团第一党委给予配合，认真总结中国建筑装饰协会20年来有声有色的工作，特别是近三年的发展情况。

关于中国建筑装饰协会的工作特色，他认为有四个：一是在发展中找到准确定位；二是找准服务对象，主要是企业服务；三是行业自律，方向完全对头，行业自律管理，是信用社会的必然；四是推动行业发展，以科技、设计促进行业发展。

关于协会如何进一步开展工作，体现新时期协会工作的重要性，汪部长指出四点：一是要更新观念，中装协是企业家办协会，责任、地位、位置转变得好；二是建立创新机制，把社会的资源组织起来，协会由过去的50多人发展到现在的170多人，协会发展重要的要有制度作保障，包括理事会、秘书处、行业自律管理等；三是积极寻求行业发展，通过协会和全行业的努力，现在就不存在多头管理了，这是通过工作改变的；四是协会领导班子和谐，这是事业成功的保障。

关于协会工作和行业发展的制度和机制，他认为这是根本，汪部长引用了温家宝总理的一句话，人是重要，但制度比人更重要。汪部长指出，按照部党组的要求加强政治思想工作。最后汪部长强调，凝聚起来不容易，但散起来却容易。预祝中国建筑装饰协会成立20周年活动圆满成功。

马会长表示，部领导给予了我会一定的评价，是对我们的极大的鼓励、鞭策和激励，希望中肯，我们要认真加以理解、消化，不辜负部党组、部领导和行业对我们的希望，再一次感谢部里对我会的重大支持。

最后部领导与中国建筑装饰协会与会人士、秘书处全体工作者合影留念。整个调研活动气氛兴奋、亲切、热烈、和谐，令人回味无穷。

附录二：

中国建筑装饰协会工作汇报

汪光焘部长、黄卫副部长、各位司长：

今年，是我们中国建筑装饰协会成立20周年纪念日。为认真总结中国建筑装饰协会20年来的工作，更好地贯彻"三个代表"重要思想，努力完成建设部党组交给我们的工作任务，我们结合20周年庆祝活动，对协会工作特别是近三年来的工作进行了深入的总结。

中国建筑装饰协会成立于1984年9月11日。协会成立20年来，在行业发展、壮大的同时，协会也从无到有，不断发展、完善，逐步建设成为具有较高凝聚力和号召力的行业社团。20年来，以张恩树同志为代表的前四届协会负责人，开拓性地开展工作，在"双向服务"中充分发挥了桥梁与纽带作用，受到了行业广大企业的高度评价。

2001年6月6日，协会第五届会员代表大会召开，我们这一届班子正式上任。面对部领导的信任，全行业的重托，协会工作怎样做？行业怎么管？对我们来说，都是全新的课题。

幸运的是2001年7月1日，江泽民总书记在中央党校作了关于"三个代表"重要思想的讲话，我们听了以后深受鼓舞和启发。讲话使我们认识了到协会工作抓什么，怎么抓。第一要抓行业生产力的进步；第二要抓建筑装饰作品如何代表先进文化的发展方向；第三是要抓做群众满意的工程。7月13日，我们在协会秘书处召开了有协会领导、部门和在京的协会专业委员会负责人、部分常务理事参加的"学习江总书记'七一'讲话，推动协会工作和行业发展座谈会"。这是我们这一届协会班子召开的第一个重要会议。可以说，三年来，我们的工作始终是围绕上述三个方面开展的。

一、在行业发展的方向性问题上推动生产力的进步

1. 抓行业调研工作，在推动行业生产力的发展上下工夫，作文章。我们这一届班子到任后，经过一个阶段的准备，便启动了"建筑装饰行业在国民经济发展和社会进步中的地位和作用"的调研课题。经过半年浩大、繁琐的调查，我们在国内首次公布了经有关专家认可的第一批关于中国建筑装饰行业发展状况的数据分析：年产值5500亿元，年实现增加值1730亿元；每年提供900多万个就业机会；为相关生产行业提供2750多亿元的大市场。

这一调研报告填补了行业发展资料的空白，奠定了中国建筑装饰行业作为国民经济重要增长点不可动摇的地位。也使我们对行业有了新的认识。随后我们向建设部正式提交了"关于建筑装饰行业在国民经济发展和社会进步中的地位和作用"的报告。

2. 抓国有企业改制。建筑装饰行业是改革开放后发展起来的，国企的数量不足全行业企业总数的千分之五，但地位却举足轻重。推进国有资本从一个劳动密集的全竞争性行业退出，加快对国企进行股份制改造，是涉及行业发展的大事。特别是当时一些国企在改制的过程中，深感艰难与困惑，协会有责任给予引导和启示。于是，我们于2001年下半年在南京召开了"国有装饰企业改制座谈会"。这次会议形成的"早改早主动"、"改制不是目的，转变机制才会成功"的思路，对全行业的改制是一个有力的推动。2002年初，我们向建设部提交了"关于国有建筑装饰企业改制情况的报告"。两年多来的实践证明，南京的改制座谈会以及我们的报告，对于国有建筑装饰企业改制工作，起到了积极的推动作用。

3. 抓行业应对"入世"的对策。2000年我国"入世"，所有企业都面临市场国际化的挑战。建筑装饰企业应该如何应对？协会及时地组织调研，在长春召开了"东北地区应对入世座谈会"；接着又在武汉召开了"全国建筑装饰企业应对入世战略研讨会"。又在上海召开了"应对入世协会改革工作座谈会"，探讨协会的市场化发展方向。

在武汉的战略研讨会上，我们明确提出协会要坚持"扶大、扶优、扶强"的行业发展战略，成就一批有国际竞争力的中国建筑装饰行业旗舰式的企业。2003年全行业开始了"百强建筑装饰企业评价推介"工作，为大企业开展国际竞争创造了条件。

在几次入世战略研讨会上，我们明确提出，应对入世行业发展在硬件上有两大弱项，即设计和材料；软件上有两大弱项，即服务和诚信。这之后，我们采取了一系列措施，提高上述弱项的竞争能力。如在国家新闻出版总署的支持下，出版发行了旨在培养设计师的《中国建筑装饰装修》杂志。我们积极吸收材料商加入协会，发展承包商和材料商的合作，搭建共同合作的平台。中国建筑装饰协会五届三次常务理事会通过了首部《全国建筑装饰行业自律公约》。

4. 抓行业差距，用科技进步推动行业发展。通过深入调研，我们深切地认识到，20年来建筑装饰行业虽然发展迅速，但掩盖不住自身存在的一系列问题：一是管理粗放；二是科技意识淡薄，亟需对小平同志"科技是第一生产力"思想进行补课工作；三是行业的发展缺少理论基础。总之，技术进步发展滞后，已经成为阻碍行业可持续发展的重要因素。

2003年9月21日，我们召开了"全国建筑装饰行业科技大会"。这是建筑装饰行业召开的第一次全国科技大会。会议公布了在部科技司指导下，由协会起草的《关于建筑装饰行业科技进步的若干意见》，第一次提出了要在行业推广十项新技术，开展了科技示范工程活动。汪部长亲临会议并作了重要讲话，极大地鼓舞了全体与会人员。

2004年4月12日，我们又召开了"全国建筑装饰行业信息化建设工作会议"。会议讨论通过了协会提出的《关于建筑装饰行业信息化建设工作的若干意见》。会议的专家报告和经验交流，不仅极大地提高了与会人员的思想认识，也使与会企业具体了解了实现信息化目标、途径和方法。

这两个会议之后，业内企业无论在思想认识上还是在实际工作中，在坚持走科技创新之路，用信息化改造传统产业，形成自己的技术优势等方面，都有了相当大进步

5. 抓好同亿万百姓息息相关的家装工程。住宅装饰装修同广大人民群众的生活紧密相关。十六大结束后，汪部长在传达大会精神时，明确要求部属各单位都要认真研究本单位在全面建设小康社会中，应该发挥什么作用。听了汪部长的传达后，我们更感到家装工作的重要性。但由于家装的分散性、复杂性和不规范性，市场管理难度很大。作为建筑装饰行业协会，几年来我们通过抓行业调研、队伍培训、典型引路、行业自律建设等一系列工作，使家装行业的管理有了一定好转。

几年来，我们多次召开家装设计和施工方面的经验交流会。特别是花了极大的精力宣传贯彻建设部会同国家质量监督检验检疫总局联合发布的《民用建筑工程室内环境污染控制规范》、国家质量监督检验检疫总局发布的"室内装饰装修材料有害物质限量10项强制性国家标准"。2003年7月3日，我们与全国百家建筑装饰工程、建材生产及经销企业、科研检测单位共同发起实施新国标的《北京宣言》，承诺"不生产、不销售、不使用有害物质超标的建筑装饰装修材料。"

2003年5月到11月，"非典"期间，我们与有关部门和单位先后举办了"非典及家装研讨会"、"空调与室内健康环境论坛"。众多专家学者、制造商、承包商聚集一堂，探讨人民群众迫切希望解决的环境安全问题，自觉地承担起为人民群众创造健康居住环境的社会责任。中央电视台对此专题作了深入报道。

在即将召开的全国住宅装饰装修发展大会上，我们将出台经过一年多调研形成的《促进住宅装饰装修行业发展的若干意见》。在中央精神文明办、中国消费者协会的支持下，我们将会同部精神文明建设办公室，共同开展行业诚信体系建设和行业精神文明建设方面的一系列活动，以进一步推动我国住宅装饰装修行业健康发展。

6. 引导建筑装饰设计沿正确方向发展。建筑装饰工程特别是装饰设计，对人们的思想意识，道德情操、艺术修养

具有潜移默化的作用。我国老百姓在温饱问题基本解决之后，对建筑以及居室装饰的关注度大为提高，这已经成了国人积极参与的具有中国特色的文化现象。因此，加强对装饰工程特别是装饰设计的引导，使之代表先进文化的发展方向，就成了协会的重要工作之一。

近年来，我们多次举办了家装设计座谈会，支持为家装设计师专门出版刊物，支持地方协会组织家装设计深入居民小区，与业主就设计和选材进行交流。2002年11月15日，我们与中国工业设计协会等单位在青岛共同主办了"第一届中国青岛国际设计节"，来自美、英、德、日、韩、港、台等20多个国家和地区的装饰企业参展。

2003年8月8日，我们又与中央电视台共同组织了"第二届全国电视家居设计大赛"。中央电视台用四个晚上的黄金时段播报获奖作品。这些活动对于创造有中国特色的建筑装饰文化，都起到了很好的促进作用。

目前，由协会出版的《中国建筑装饰装修》杂志，已成为我国室内设计比较权威的杂志，具有相当的专业性、学术性以及实用性。下一步，我们将进一步办好这本杂志，使之成为我们与国际交流的园地，造就中国室内设计大师的摇篮。

7. 抓培训，在提高从业者的素质上下工夫。抓好行业的培训，是我们抓队伍建设，提高行业素质的一项重要工作内容。去年，我们召开了第一次全行业培训工作会议，对协会的培训工作进行了总结，提出了建立健全并不断完善由项目体系、教材体系、组织体系和证书体系构成的行业培训体系。

几年来，我们相继开发了涵盖建筑装饰行业职业资格、从业资格和职业技能等高、中、低三个层面15个培训项目；编写了包括建造师考试用书在内的培训教材40种共计954万字；建立了全国培训网络；形成了以《中国建筑装饰行业从业资格证书》为主的证书管理体系。据不完全统计，自2000年至2004年上半年，协会培训中心自办培训及协助地方培训各类人员共计30000余人次，发放《中国建筑装饰行业从业资格证书》近6000册，培训建造师考前培训师资、工人职业技能培训师资394人。

此外，我们还建立了专业培训网站，发行了专业培训刊物。

二、以服务为宗旨，"策划项目、创造工作"

几年来，我们通过"双向服务"，既为政府服务，也要为会员企业、为行业发展服务，得到了政府和会员企业的较高评价。我们深深的感到，国家的要求，企业的需求，就是协会的服务重点；政府无暇顾及，企业希望有人牵头去做的事情，就是协会的用武之地。凡是在服务上取得政府和会员企业信任的，效果就好；凡是以简单收费为动机的，就会让人反感而没有好的效果。对于协会如何做好"双向服务"工作，我们有这样几个方面的体会。

1. 在涉及行业发展的方向性、方针性问题上，提高为会员企业服务层次和高度。近年来我们抓的行业调研、国企改革、科技大会，都是涉及行业发展的方向性、方针性问题，具有相当的高度和战略意义。不去研究探讨行业发展方向，不去改善行业发展环境，而把协会工作停留在事无巨细的微观层次上，就很难高屋建瓴，把握全局，高水准的团结全行业完成党和国家交给协会的任务。特别是中国的协会兼有为政府服务的职能，更应如此。

2. 要找对、找准服务空间。这些年建筑业科技进步已经取得了突出成绩，但建筑装饰却成了"一个被遗忘的角落"。在建筑装饰行业科技发展大会上，我们提出建筑装饰行业"十项要推广的新技术"，企业非常欢迎。去年我们召开的"全行业的信息化工作会议"，也是行业发展之急需。协会抓了这件事，提高了与会企业家的认识，开阔了眼界，提供了典型，为行业跨越式发展创造了条件，得到了会员企业的极大欢迎。

3. 在服务项目的选择上，要体现中国建筑装饰协会的优势、形象和信誉。协会作为市场经济的产物，同样面临着竞争，特别是建筑装饰协会，谁能更好地选准服务项目，做出服务成绩，谁就能在市场上取得主动权。马挺贵和徐朋同志到协会工作之前，俞正声部长分别同他们谈话，要他们"一定关心家装，凿墙开洞危及安全，这是建设部的责任。"几年来，协会一直坚持抓家装，在管理交叉的情况下，建设系统没有放弃这块阵地。

市场经济条件下协会的服务，有无偿和有偿之分。但我们非常明确，协会的服务都应该是以无偿服务为基础的，这是协会作为公益性民间组织性质所决定的。同时，也应看到，协会工作具有公益特点，但协会不是纯公益机构；协会不是经济组织，但也不是超经济组织。把握好这个特点，就能在无偿服务的基础上扩大有偿服务的市场。近年来，我们在工作中注意把握好这个尺度，使中国建筑装饰协会有了一个良好的公众形象和行为准则，各项工作都得到了政府和企业的大力支持。

几年来另一个深刻的体会就是协会必须学会"策划项目、创造工作"。这是我们对协会工作规律性认识重要的组成部分。中国建筑装饰协会是一个没有任何政府职能的协会。能不能策划项目，是对协会负责人政治责任心以及宏观能力和工作水平的考验，也是对协会自身资源认识和开发能力的考验。为自己创造工作，则是强调了协会工作者的工作自觉性和忠于职守的敬业精神。几年来，协会的工作基本上都是协会自己策划出来的，特别是我们自己为自己确定了干就要干到一流的工作标准，导致了所有的活动工作量大，工作难度大。如全国行业科技大会主题报告和5个论坛的报告人达50多位，协会工作人员要同每位讲演人多次就讲演内容交换意见。讲稿几经修改后，所有讲稿均收入了会前编辑的文集，在会议期间发放给与会代表，确保了会议的高质量。

目前我们策划的协会成立20周年系列活动，更是如此。要组织行业发展学术报告会；要组织特别会员代表大会，总结对协会工作规律性认识；要召开大企业经验交流会；要召开家装发展大会；同时又要开展对希望小学的捐赠活动；组织职工文艺汇演和职工书法、美术、摄影展。单是一个职工文艺汇演，工作量就相当大。整个工作从选拔节目、排练、报送、审查，都要花很多时间、精力乃至费用。活动这么多，工作这么忙，为什么还要搞这件事？因为行业需要，企业需要，所以我们一定要搞，而且要把20周年系列活动看成是考验协会的"制高点工程"，做到万无一失。

4. “经营协会”和“营造协会”。这是我们对协会工作规律性认识的重要部分。市场经济条件下协会要有一定的经济实力，没经济实力什么事情也办不了。经过我们的努力，2003 年我们有自己的办公场所，有了自己的不动产，具备了更好的为会员企业，为行业发展服务的物质条件。

协会换届后，我们深深感到协会具有一系列资源，不去经营和开发这些资源，是一种极大的浪费，但把潜在的资源变为现实的资源，光有良好的愿望和认识是不行的，需要有责任心和敬业精神，需要一定的水平和能力。所以我们明确的提出了“经营协会、营造协会”的工作思路。

所谓“经营协会”，即经营协会的资源，使它有价值。所谓“营造协会”，就是营造协会秘书处、各专业委员会的和谐气氛，营造同政府、同地方协会、同会员企业的和谐关系。协会与政府部门、与地方协会和会员企业的感情投资和思想交流是极为重要的。这是协会凝聚力的一个重要的因素。我们认为，协会最重要的不是缺钱，缺的是有责任心和敬业精神，掌握协会工作规律的人。

协会工作事在人为，做协会工作不仅需要别人理解，更需要别人帮助。你自己觉得协会重要，别人可能还认为可有可无。这就要善于取得各方面的支持，特别是政府部门对协会的支持。有政府的支持，协会工作就会有力度，这是中国国情。

加强同地方协会的合作，共同完成推动行业发展的任务，是我们的目标。除推动成立地方协会外，三年来，中国建筑装饰协会每年工作安排，都是经过有省市协会秘书长参加的“全国建筑装饰协会秘书长工作会议”讨论通过的，使之成为大家通力合作，共同完成的工作计划。

协会换届后，我们一直探索如何提高企业家办会的能力。几年来协会重大问题、重大活动我们都通过理事会讨论，或征求会员企业的意见，这已经成为我们必须的工作程序。协会换届后，我们又增加了 6 名来自企业的副会长，为使企业家能更多的介入协会的实质性的工作，从 2003 年起，我们每年都召开协会“会长工作会”，来自于企业的副会长以极大的热情出席会议，献计献策，表现出行业领袖的高度责任感。协会随时接受来自于会员企业的监督，2003 年底我们果断地取消了会员企业有反映的、由协会的下属专业委员会组织的三项评比活动。

在协会成立 20 周年时，部分业内企业家提出向希望小学捐款的动议。这个动议在有企业副会长参加的会长工作会议征求意见时，大家一致同意。仅两个多月的时间，会员企业就捐款 150 多万元，表现出会员企业回报社会的高度的责任感。应该说，我们的企业挣钱不容易，但大家为什么还踊跃捐款？这里有责任感、有事业心，有协会的凝聚力，但也有协会与会员企业之间的感情在里面。

由于我们坚持了上述工作和原则，协会才有了凝聚力，会员企业对协会才给予了较高的评价：“这是一个干事的协会，我们愿意跟着这样的协会干！”

三、要把协会工作当个事业干

2000 年底，我们在深圳召开了“协会工作经验交流会”。会议总结时我们讲了这么一段话：“没有政治责任心干不了协会工作；没有一定能力、水平实现不了高层次为会员企业服务的目标；没有敬业精神完成不了协会任务。”这已成了协会秘书处的座右铭。

新的历史时期，行业协会肩负着重要的历史使命。尤其是我国加入 WTO 以后，行业协会在我国政治、经济和社会发展中的作用越来越重要。特别是《行政许可法》正式实施以后，行业管理的主要任务就要落到行业协会的肩上。

经过多年的发展，我国建筑装饰行业已经是一个具有一定经济规模的行业，特别是家庭装饰装修，不仅成为消费热点、经济增长点，又同老百姓生活息息相关。我们这个协会的会员企业大多为民营企业，十分活跃，对协会抱很大期望。面对行业、企业，以及建设部领导委托，能不能干好协会工作，也是对我们新的考验。

三年来我们通过加强协会的组织建设、思想建设、业务建设，使协会秘书处逐步汇聚了一批忠诚于协会工作的老中青干部队伍。目前，秘书处已近 20 人；已批和待批的 9 个专业委员会约 70 余人；报社、杂志社约 80 余人，协会全部人员为 170 余人。协会已成立了党总支、工会。秘书处建立起 10 余个规章制度，协会工作正在由不规范向规范转化。特别是从 2002 年起协会秘书处实行全员聘任，公开向社会招聘干部，实行“未位淘汰”，对于协会的组织建设和思想建设，起到了很好的推动作用。

为加强协会的思想建设，我们在工作人员中进行了价值观的讨论。我们明确提出：“从建立学习型协会的角度，你不了解行业、不熟悉企业，听不到会员企业要求，自己宏观思维能力及知识面不到位，你又怎么策划项目呢？协会的资源是协会的宝贵财富，但任何资源都有有形的、无形的；潜在的、现实的。有资源而发现不了，又怎么利用资源呢？所有这些都来源于学习，来源于研究问题的能力和水平，这就是协会工作规律。”这些方面的要求，正在为协会秘书处工作人员所接受，所实践。

经过几年的努力，中国建筑装饰协会由原来的一个不团结的协会变成为了一个齐心协力、共谋发展的协会；由一个当初办公条件很困难的协会变成了拥有不动产和一报一刊两大媒体资源的协会。同时，也成为一个在经济转轨时期，逐步适应市场经济需要的协会，努力探索工作规律的协会。

我们的工作中还有很多问题和不足，感谢部领导的关怀和支持。中国的协会处于发展过程中，说起来重要实际不重要的现象并未完全改变。做好协会工作需要协会工作者努力外，也需要一个环境，这就是谁来发展协会？为适应市场经济体制的变革，协会也必须淡化官办色彩，这条改革之路怎么走？此外，如何按协会的规律管理协会，都是需要探讨的问题。

我们将积极参加有关办好市场经济体制下的协会规律的探索。更希望在部领导和有关同志们的指导下，把中国建筑装饰协会的工作做得更好。

中国建筑装饰协会

会长马挺贵　常务副会长兼秘书长徐朋

二〇〇四年八月二十七日

关于建筑装饰行业信息化建设的若干意见

中国建筑装饰协会

（二〇〇四年四月十三日 全国建筑装饰行业信息化建设工作会议通过）

建筑装饰行业是建筑业的重要组成部分，是一个劳动密集行业。随着我国人民生活水平的提高和综合国力的加强，建筑装饰行业不仅在建筑业中的比重不断上升、作用日益突出，同时在经济发展和社会进步中，发挥的作用也日益重要。加快建筑装饰行业的发展，提高行业整体运行质量，是全面建设小康社会的一项重要内容，充分利用计算机技术和网络技术，提高企业管理和设计、施工的信息化水平，将是实现建筑装饰行业跨越式发展的重要途径。

一、信息化建设的重要作用

党的十六大提出：信息化是我国加快实现工业化和现代化的必然选择，坚持以信息化带动工业化，以工业化促进信息化，走出一条科技含量高、经济效益好、资源消耗低、环境污染少、人力资源优势得到充分发挥的新型工业化路子。根据这一发展战略要求，加强信息化建设已经成为当前各行各业发展中的一件大事。

人类社会发展到21世纪，已经进入知识经济时代，科教兴国，科技兴业，科技兴企已经成为经济发展的主导类型与基本模式。知识经济的社会物质基础是信息化，在计算机技术普及的基础上，形成的计算机网络技术，改变了人们的生活、工作方式，提高了生产、生活的效率。人类生活已进入了信息化社会，已进入了信息化经济发展和社会进步的各项事业之中，并对整个世界的经济、技术、政治产生巨大而深远的影响。

建筑装饰行业的信息化建设，是以企业的计算机技术为基础，以计算机网络技术为特征的系统工程建设。信息化建设的重要作用主要表现在以下几个方面。

1．提高企业经营管理水平

用现代工业化思路，对传统劳动密集型产业进行现代化改造升级，其中一个重要的途径就是发挥计算机网络技术的优势，改造人们传统的管理思想、生活方式和技术手段。建筑装饰行业内信息化建设的先行者的经验表明，企业更可以利用社会网络平台，沟通信息，调节供求，实现网上招、投标，网上交易等商务活动，大大的降低企业的运营成本。同时，利用网络可以提高企业的设计、管理人员的现代科技意识，提高捕捉科技信息能力、研发能力、设计理念及改进设计手段、施工组织及技术工艺，企业的科技水平和工程中标率持续提高，并形成相互促进的良性发展状态，是企业核心竞争力的重要表现形式。

企业局域网提高了企业、项目的管理水平，不仅能实现企业内部管理的“无纸化”办公，降低管理成本，同时提高企业的管理水平和工作效率。企业网站的运行，加快了决策速度，提高了决策质量，实现企业内部资源的优化配置，发挥出生产力各要素的最大效能，提高企业的经济效益和管理水平。计算机网络化管理，使决策层及时、准确的掌握企业各生产力要素的配置状况及同市场与工程的适应程度，及时、准确地做出应对决策，并通过网络实现有效的远程指挥，提高决策层驾驭市场、工程及企业内部要素的能力。管理层也可以通过网络，了解企业经营状况，并通过计算机网络进行工期、成本、质量等具体环节的控制，保证各项管理措施及时、有效到位。

根据发达国家经验，在工程项目中应用信息技术，仅工程项目减少浪费，降低原材料和工时的消耗，降低管理成本的幅度在10%以上，项目创利水平大幅度提高。行业内已经建立局域网的企业，利用现代信息技术，提高了企业的管理水平，实现了远程会议、远程办公，不仅节约了大量差旅费、办公费，同时提高了决策的速度，更有利于抓住时机，实现企业低成本的迅速扩展。

2．对工程质量提高的保障作用

利用计算机网络提高建筑装饰工程的质量，主要表现为技术质量和环保质量两个主要方面，其中技术质量主要包括工程的精度和安全性两个方面，环保质量主要是空气中有害物质的释放量控制。

首先通过网络不仅可以大大提高设计的速度，同时可以控制各分项工程的风格、色彩、质地、造型，保证各项工程设计质量和集成化程度，形成整体风格的统一；准确计算材料中有害物质的排放量，保证材料设计环保品质；科学的划分功能区域，从总体上使布局合理、流程科学；提高设计的标准化、细化程度，使设计图纸标准、规范，从而保证总体设计的质量。

其次是通过网络平台，了解和掌握更多的材料信息，并对材料的技术性能、环保性能、规格及花色、价格等详细资料进行阅读、比较，更有利于准确的选择和采购材料，保证材料的技术、环保质量达到规范要求，并能及时应用到新材料、新产品，特别是科技含量高的换代型产品。

最后是在施工过程中的质量控制方面，更能够通过计算机对工程的测量放线、材料的配比、施工工艺等进行操作和控制，将提高工程的精度，特别是在应用工厂化生产、现场装配式施工形式中，技术资料信息的传递、加工过程的控制等方面，必须依据计算机及计算机网络技术，才能从技术上保证生产加工的准确性，提高部品精度，从而保证工程的质量。

3．有利于行业管理

现代化信息建设主要表现在电子政务及电子商务网络的建立与应用，这将成为今后行业管理与协调、控制、指导的主要形式。可以大大加快行业相关数据的搜集、整理、计算、传播和应用的速度，更有效的引导行业，减少并消除行业市场运行的盲目性，提高行业管理的效率和水平。譬如，它能够及时的进行统计分析，并对行业的市场景气指数、价格的波动进行测算，对工程信息资源等给予及时地发布。在宏观上对行业健康、有序的发展给予正确地指导。其他行业信息化建设的经验表明，通过提高信息的传播数量和质量及传播速度和范围，将惠及行业内的各类企业，特别民营企业、中小企业从中取得的收益更为明显。成为实现建筑装饰行业跨越式发展的基本技术条件。

网络电子政务平台的建立，使行业行政主管部门、业内企业及广大从业者，可以同时利用信息网站，进行行业管理的具体工作，如资质申报、资料审查、资质年检、企业晋级、人员职称评定、企业等级评定等具体的行业管理措施，可以在网上操作。也可以通过网上进行行业政务会议、行业培训等。同时能够利用网络平台，向行业内传播政策法规、标准条例等政务信息，提高管理的透明度，保证在社会监督下，公开、公正、公平地进行行业管理。同时电子政务的建立，可以使政府主管部门从繁琐的行业管理的日常工作中解脱出来，以更大的精力进行宏观发展的研究与调控，也有利于政府职能的转换和发挥行业内其他中介组织的作用，提高行业管理的办事效率，转变工作作风，按照与国际惯例接轨的相关管理程序和管理办法，市场经营活动的规范化。通过信息网络平台，可以对重点工程、大型工程实施有效的监督和控制，保证投资的效益和工程的质量。

二、建筑装饰行业信息化建设的现状

建筑装饰行业正在从粗放型向集约型发展的转变，信息建设作为这种转变的催化剂，已经开始引起业内人士的重视。经过近几年的努力，我国建筑装饰行业信息化建设取得了一定成绩，特别是计算机技术在设计、施工中的应用，已经有了实质性的进展，其中使用计算机进行辅助设计、计算机出图等方面，推广应用已比较普遍，在高资质等级企业中，已经接近100%。但计算机网络技术的应用相对滞后，还存在着很大的发展空间，所以，行业信息化建设的总体水平较差，距行业发展要求仍有较大差距。

1．建筑装饰行业信息化建设的现状

（1）传统信息传播渠道和形式仍占主导地位。现在行业内的书刊、杂志、报纸等传统信息媒体仍占据很高的比例，据不完全统计，业内发行的纸制信息资料达到200种，其中有公开发行的报纸、杂志，也有没有刊号、内部发行的杂志及报纸。

对比之下，建筑装饰行业的网站建设相对滞后，由国家信息中心、中国建筑装饰协会信息咨询委员会共同建立的《中国建筑装饰网》，开通在1997年，应是行业内成立时间最早、运作时间最长的专业网站，现在已经有一定规模，网站内容比较齐全，点击率已超过1万人次/日。但据协会调查，一级资质企业仅有近40%建立了企业局域网，二级资质企业建立企业局域网的不到5%，而建立局域网站的企业与《中国建筑装饰网》实现链接的企业，只占建立局域网企业的10%左右，因此我国建筑装饰行业一二级资质的企业，真正实现企业信息网站建设的不到5%。据对住宅装饰专业企业的调查，企业投资传统媒体的广告费用，是投资计算机网络建设的5～10倍。

（2）电子政务建设滞后，管理成本居高不下。由于缺乏统筹规划，存在着大量重复建设，开发应用领域窄，信息资源共享程度低，网络体系不健全等实际问题，我国建筑装饰行业的电子政务建设处于原始阶段，虽然有部分地方协会及协会相关组织设立了与建筑装饰行业联系的网站，社会上的新浪、搜狐等网站，也设有建筑装饰行业的专业网页，但资源急待整合。

由于行业信息资源整合力度严重不足，造成信息资源的浪费，大量行业内急需的政务信息无法有效地向业内传播，虽然近几年来，政府主管部门通过网上资质申报、网上税务申报等推动了企业的信息化建设，但由于企业网站建设覆盖面小，行业内通过电子网络实施管理的渠道和形式没有建立。因此，在建筑装饰行业投资行业网站建设，基本是处于亏损状态，投资很难收回，各网站的经营运转步履为艰。

（3）电子商务建设阻力较大。由于建筑装饰工程投资主体多元化，涉及的材料种类多、品种繁杂，各地区、各生产企业的质量、价格差异大，因此工程的整个运作过程的影响因素多，工程的运作方式比较特殊。行业的经济交流与合作，商贸洽谈与合同关系的确立等活动，主要以传统的方式进行，并具有极强的惯性，所以行业内的电子商务建设难度很大。

建筑装饰行业电子商务难以推动，有多种因素。当前虽然各网站建筑装饰行业电子商务平台较多，但真正实现网上招投标、材料与部品采购、技术转让与交易等有实质内容的几乎是零，大量上网进入网站的目的，只是检索、查询、浏览与咨询等，只是为传统的商务活动做前期准备。

2．信息化建设滞后的原因

（1）行业内企业规模普遍较小。建筑装饰行业内企业数量虽然很多，但绝大多数是成立不到10年的新企业，正处在资本、技术、人才的初期积累阶段，经营实力不强，技术优势不明显，人员素质较低，生产作业方式传统，管理形式粗放，既使是高资质等级企业，也同其他行业的大型、骨干企业有很大差距，市场竞争又十分激烈，领导者的首要任务是抓工程的承揽与实施，在信息化建设的投入力度就少，资金和专业人才很难到位。

（2）受行业运作模式的影响。建筑装饰市场的运作，在现阶段仍然是以面对面的直接交易为主，并存在大量的社会关系和感情因素，设计、施工企业从现代信息交流渠道中，直接产生的经济效果不明显。同相关的行业，如建筑装饰材料行业相比，积极性就差。特别是从事住宅装饰装修的企业，使用的频率低，发挥的作用也差，从而影响到企业现代信息化建设的积极性，形成非良性的循环。

（3）缺乏现代信息意识，思想上不够重视。现代信息网络技术建立时间短，人们认识还需有个过程；特别是在建设初期，需要有较大的投入，并需要有专业知识、技术的支持。由于认识上的短缺，导致在资金、人力的投入不足。

（4）自我封闭，保护主义思想严重。各专业的、地方的局域网站，被投资者认为是自有资源，不愿同其他的网站链接的思想严重，造成各网站的内容单一，信息的质量和数量同行业发展的要求有较大的差距，所以点击率很低，阻碍了信息化技术优势的发挥。有些地区和部门仅把网站建设做为一项“形象工程”，缺乏专业技术人员和技术、信息的再投入，只建不联、只建不转的现象也比较普遍，使网站成为某些组织及机构的摆设，不仅使网站难以在行业发展中发挥作用，也降低了网站的影响力，提高了成本。

三、加强建筑装饰行业信息化建设的几点意见

根据党的十六大提出的“坚持以信息化带动工业化，以工业化促进信息化的精神，以及《中共中央关于制定国民经济和社会发展第十个五年计划的建议》中提出“大力推进国民经济和社会信息化，是覆盖现代化建设全局的战略举措”的要求，建设部已做出《2003～2008 年全国建筑业信息化发展规划纲要》、《建设部信息化工作管理办法》及《建设事业信息化“十五”计划》等文件。贯彻这些精神和要求，加强建筑装饰行业的信息化建设，是推进建筑装饰行业产业升级，实现行业的跨越式发展的有效途径。结合建筑装饰行业的特点，着重从以下几个方面入手。

1．提高思想认识，特别是各级领导的思想认识

现在应该在行业内尽快补上现代信息化建设这门课程，必须以当代科技发展的国际化、社会化的高度，认识信息化建设的紧迫性。从信息化的国际发展及未来应用的角度提高业内企业家的认识，特别是高资质等级设计、施工单位决策层要进行有针对性的培训，并通过系列的会议、论坛、观摩、访问、讲座等形式，提高对现代信息化建设的重要性、必要性的认识。决不能把网站建设仅看成为企业宣传的一种手段，要从社会发展、技术进步和国际经济一体化的高度，以企业在未来社会生死存亡的角度，认识信息化建设的意义。

各地方建筑装饰协会，要采取切实的行动，提高行业对信息化建设的认识水平，如通过“扶大、扶优、扶强”行业发展战略的实施，向信息化建设较为完善、信息建设已见效果的企业倾斜，在全国建筑工程装饰奖、科技推广示范项目和企业实力评价等活动中，要把企业的软件正版水平和企业局域网建设等内容作为考核条件。要通过一系列工作，促使全行业认识到，信息化建设是覆盖现代化建设全局的战略举措，是体现科技是第一生产力的重要载体，是企业提高管理水平和技术能力，增强企业核心竞争力，推动企业超常规跨越式发展的前瞻性基础工作，从而提高企业、行业领导抓好信息化建设的积极性。

2. 加大信息化建设的投入，形成行业内的信息网络基础

要在对行业信息化建设现状进行详细调查研究的基础上，结合行业的科技进步，加大对信息化建设的资金、技术与人才的投入力度，提高信息化在行业内企业的覆盖程度。在不断提高计算机技术和网络技术水平的过程中，提高正版化水平和结合行业的实际的研发能力，争取开发出符合建筑装饰行业特点，企业投资较少，使用效果更为显著的各类管理、设计、施工组织软件，以最经济、合理的投资，建立企业的信息化系统。

各地方建筑装饰协会和业内企业，要把推动企业信息化建设投资、专业人员培训、信息技术研发和企业内部配套加以制度化，争取用3至5年左右时间，在普及企业计算机应用技术的基础上，着手建立以公司本部为核心的网络与通信系统、经营管理信息系统、综合项目管理系统、工程设计集成化系统和办公自动化系统。使具有建设行政主管部门核发资质的建筑装饰设计、施工企业都建立起企业自身的局域网站或在《中国建筑装饰网》中设立独立的网页。在推动企业信息化建设的基础上，使行业内信息网络系统获得广泛应用。

在行业信息化建设中，要吸取以往的经验教训，切实加强正版化水平，要把正版化同推动我国信息产业的发展结合起来。我国自己开发的设计、管理软件，已经达到能够满足应用的水平，要坚决贯彻国务院的有关文件精神，推动信息产品的国产化水平不断提高。国产软件具有价格低，功能适用，使用方便等优势。在清除盗版软件的同时，要积极应用国产化软件。各地建筑装饰协会在认真研究和总结信息化建设的投资形式、投资规模、投资内容和投资比例的基础上，向行业内推荐优秀的网络企业及适用的软件。

3．加快行业内信息资源的整合，更大范围地实现行业内网站的链接

在行业信息化建设中，要根据建设部发展规划纲要要求，统筹规划，避免重复建设，提高信息化建设的经济效益。加强信息化建设的标准化，加大网络互联。在对行业信息资源整合中，达到资源共享的目标。要充分发挥现有行业网站的作用，搞好目前的网站链接。

当前，现有的地方协会及专业委员会的网站，要尽快实现同《中国建筑装饰网》的链接；对已建立企业局域网站的企业，要通过有效的工作，实现同《中国建筑装饰网》网站的链接；争取用2年的时间，使建立企业局域网站的企业有80%以上实现同《中国建筑装饰网》的链接，使行业信息资源得到有效的整合。同时，要将《中国建筑装饰网》同建设部信息中心网站、北京市及各地方建设行政主管部门网站进行链接；也要进一步同建材、质检环保等专业网站及社会其他网站的链接，为行业内部提供更广泛、更实用、更权威的信息。

4．更好地发挥协会的作用，加强《中国建筑装饰网》的建设

由中国建筑装饰协会主办的网站《中国建筑装饰网》，已经运行了近7年，积累了网络运行的很多经验，聚积了一批网络人才，在社会具有一定的知名度，为行业信息化建设做出了重要贡献。要发挥中国建筑装饰协会在信息化方面的作用，就要发挥《中国建筑装饰网》在技术、市场上的优势。在为各地方建筑装饰协会及各专业委员会、各企业进行专业技术、市场服务的同时，要进一步提高工作人员的专业素质和职业责任感，在现有的基础上，扩大网站容量，增加网站内容，提高运行质量。特别要在服务的深度和广度上下功夫，

发挥出中国建筑装饰协会网站的主导作用。

提高《中国建筑装饰网》服务的深度，要增加网站的专业知识层面的内容。除提供行业景气指数等宏观经济导向服务外，还要在工程设计、施工方面提供更为专业的信息服务内容，特别是针对从业者的实际情况安排好交流内容，办成互动式的交流平台。提高服务的广度，要扩大《中国建筑装饰网》的行业覆盖面和信息覆盖面，在实现行业内更广泛的链接的基础上，改进网站的版面，扩展网站内容，增加服务项目，完善网站技术，提高安全性和标准化水平，加大信息的专业性、权威性、知识性，提高网站的点击率。争取用1～2年时间，使网站内容扩充2倍，日点击率超过3万人次。特别是行业市场景气度指数、工程信息等对行业有导向性的信息的发布，要做到及时、准确，真正能够达到资源共享、利益共享的目标。

5．加快电子政务的实施速度

要按照国家“统筹规划、资源共享、面向公众、保障安全”和建设部《建设事业信息化“十五”计划》等建设电子政务的要求，从基础设施建设、专业技术开发、人员培训和安全保障等方面入手，扎扎实实推动行业电子政务的实施。要实现行业内的协同建设，防止各自为政，避免重复建设；在电子政务实施中要讲求实效，注重实用，打破地区分割，实现网络资源的共建共享、互联互通，并以行业管理的具体内容为突破口，推动行业内的政务公开。

首先是中国建筑装饰协会及各地建筑装饰协会要将协会工作、各项活动、办事方法等通过网站向业内公布，对协会开展的全国建筑工程装饰奖、百强企业评价推介，室内设计师上岗资格的培训、考核、评定，以及会员管理和行业管理的具体工作，逐步转为网上操作，使各地方协会、各企业同协会网站实现办公联网。进一步推动行业内其他政务活动公开和网上作业，如资质管理、企业评价、市场综合监督、企业信用档案、工程质量、安全管理等的网上作业，以电子政务建设推动行业信息化建设，提高企业网站建设的基础设施水平和应用水平，形成电子政务建设与企业网络技术应用的相互促进、相互支持与相互推动的良性循环。

各地方装饰协会，行业内已建立的局域网站的企业，要高度重视网络的安全，并采取严密的措施，防范事故，特别是防范网络遭到人为破坏。要制定严格的规章制度，设计周密的防破坏、保安全的预案，使用先进技术，确保网络安全，为电子政务的顺利实施提供安全保障。要严格执行建设部《信息化管理办法》，加强网络人员的安全培训。积极采用安全新的技术，保证网络的畅通，全面提升网络的安全性。

6．逐步加强行业电子商务建设

电子商务虽然在建筑装饰行业具有很大难度，但随着我国建筑装饰市场的规范化，我国工程市场将越来越透明、公开，将为电子商务建立良好的市场环境，要在既有电子商务平台中，特别是中国建筑装饰协会主办的《中国建筑装饰网》及各地方建筑装饰协会的网站中，立足未来发展电子商务的要求，尽快建立和扩充商业信息数据库，特别是建筑装饰材料与工程项目的数据库，搭建商品交易平台，制定电子商务的运行法规、准则，确定电子商务市场的准入制度、监控程序，在不断扩充内容、完善手段的基础上，争取在市场规范化进程中，使电子商务有实质性进展。

当前，行业内的网站，要以务实的态度，以更积极的服务精神，首先从相对简单的个体采购者在互联网上组成采购联合体，进行建筑装饰材料网上交易中的商务洽谈、采购入手，积累商务运行经验，锻炼业务队伍，完善商务操作规范和标准，提高商务交易的安全性、标准化，提高网络对商务活动的监督、协调、控制的操作能力。然后向建筑装饰施工企业正在施工的装饰工程中，材料的集中采购和工程的招、投标等领域延伸与发展，逐步推行建筑装饰行业的电子商务的深入发展。

7．加大行业信息建设的合作和引资力度

信息化建设的一个重要因素是资金、技术的投入，要通过社会化的途径为行业提供资金和技术保证。根据行业的实际情况，解决信息化建设的资金技术来源是一项重要工作内容，要利用行业内转制和资本重组的有利机会，积极引导和吸收社会资金、技术投入建筑装饰行业的信息化建设，逐步实现行业信息化建设资金的多元化、社会化。要以开放的态势，在更广泛的投资空间中发展和促进行业的信息化建设。

今后一段时间，行业协会作为行业管理的主体，在行业信息化建设中除引导行业内企业投资信息化建设外，还要进一步解放思想，加强同IT产业的交流与合作，特别是社会专业信息企业的优秀资本和高等院校与科研机构的先进技术，提高行业信息化资本的运作质量和技术创新能力。

8．树立行业内信息化建设示范企业，推广信息化建设典型经验

我国信息化建设已经有近10年的时间，对建筑装饰行业产生了重要的影响，但我国建筑装饰行业信息化建设很不平衡，有些企业作为信息化建设的先行者，在信息化建设方面有很多成功的经验，取得了可喜的成绩。树立行业内信息化建设中的样板，不仅可以增强行业内信息化建设的信心和决心，也可以为行业内其他企业进行信息化建设提供学习、借鉴的样本，可以避免企业信息化建设中弯路。

各地建筑装饰协会要深入企业，掌握地区行业信息化建设的一手资料，及时总结这些企业的成功经验，向行业内广泛传播，成功经验的传播，不仅可以彰显先进企业的实力，有助于优势企业的市场拓展，也可以使正在进行和将要进行信息化建设的企业减少尝试时间，提高网站建设质量水平。协会要将此项工作纳入工作的议事日程，发挥协会了解行业、熟悉企业的优势，积极组织力量，搜集和整理行业内在信息化建设方面的典型经验，形成有影响力的文章、经验介绍，向业内宣传、推介，并尽快组织推广实施。

中国建筑装饰协会认为，抓住信息化建设，带动建筑装饰行业实现跨越式、可持续发展的时机已经成熟。行业内要认真贯彻执行国家信息化建设的方针、政策，落实建设部信息化建设规划要求和管理办法，迅速提高行业的信息化建设水平，促进行业生产力水平全面提高，为全面建设小康社会做出更大贡献。

附：《关于建筑装饰行业信息化建设若干意见》的说明

中国建筑装饰协会　常务副会长兼秘书长　**徐　朋**

（二〇〇四年四月十三日）

同志们：

本次全国建筑装饰行业信息化建设工作会议，向大家提交了一份由中国建筑装饰协会编制的《关于建筑装饰行业信息化建设的若干意见》，这是本次会议的重要文件。“若干意见”是中国建筑装饰协会对开展行业信息化建设的指导性文件，现就“若干意见”，做如下说明。

一、为什么要制定《关于建筑装饰行业信息化建设的若干意见》

行业的信息化建设关系到行业发展、企业的发展，已成为企业是否有竞争力和发展潜力的重要组成部分。信息化是个十分广泛的概念，我们这里所讲的信息化，是指计算机技术和网络技术在建筑装饰行业设计、施工及经营管理中的应用。下面我讲一下为什么要制定若干意见。

1. 人类社会发展到21世纪，社会信息化水平不断提高，计算机技术的普遍推广和网络技术的广泛应用，改变了人们生活及工作方式，极大的提高了生产和生活效率，信息化已进入了经济发展和社会进步的各项事业之中。就全社会讲，最近几年电子政务的年增长速度持续超60%，电子商务从企业建立网站数量和登陆网站的点击数量的增长速度更快，表明我国信息化发展势头十分强劲，网上交易逐步变为现实，最近国务院已做出“电子签名”的有关法律规定。在这种形势下，相关产业的信息化水平不断提高，特别是建筑施工企业，无论是在经营管理，以及项目管理，特别是项目的全过程进度，质量及成本控制上，计算机的应用已取得突出成绩，成为企业技术进步和核心竞争力的组成部分，在这种情况下，建筑装饰行业能否适应形势发展需要，将面临着非常现实的考验。目前，无论是建设行政主管部门、税务、工商管理等行政管理机构在他们管理的范围内，比如资质报审、报税、工商登记审查等工作已全面使用了计算机技术。在这种情况下，企业已不是用不用计算机的问题了，而是必须要用了。总之，企业的信息化建设，已成为生存、竞争、特别是已成为可持续发展的最重要技术手段。面对这情况，行业协会需要有一个文件，指导会员企业搞好信息化建设。

2. 为了更好的解决提高思想认识和发展不平衡的问题。我国建筑装饰行业在计算机技术和网络技术应用上已经取得了很大的进步，相当一部分企业结合本企业情况，已经将计算机技术和网络应用于企业经营管理，并形成了可供推广的经验，如苏州金螳螂公司已实现无纸化办公，深圳海外装饰公司通过网络技术可控制、调整公司内部生产力要素，并进行优化组合。但从总体上看，我们还存在着很大差距，发展不平衡是一个突出的特点。信息化建设的一个主要经验是领导要提高认识，而当前我国建筑装饰行业信息化建设的突出问题是部分企业的领导认识上的不足。当前解决行业信息化建设的核心问题，是提高企业负责人的认识问题，只有这样才能解决业内企业发展不平衡问题。现在已有相当一部分企业建立了企业内部局域网，并实现同社会网站的链接，在企业管理、项目管理中发挥了作用。但相当一部分企业在信息化建设方面处于起步阶段，有的甚至是朦胧的空白状态，个别的企业负责人还错误的认为信息化就是用计算机打字和存储资料，对网络技术的认识也是处于极为原始的状态。要在行业内形成加大信息化建设力度和建设速度，就要提高业内对信息化建设的重视程度的认识，逐步缓解发展不平衡的问题，这也需要有一定指导性意见。

3. 协会在学习贯彻十六大精神时，特别重视对“工业化带动信息化，信息化促进工业化”，用新型工业化思想改造传统产业的学习和理解。在西部大开发的战略中，西部省份普遍研究如何抓住机遇实现跨越式发展的问题；在振兴东北老重工业基地中，东北各省份也在研究如何抓住机遇，实接跨越式发展的问题。我国的建筑装饰行业，是一个典型的以手工操作为主的劳动密集型行业，用新型工业化思想改造这一传统的重要途径就是要加快计算机技术和网络技术的推广和应用。为什么加快计算机技术、网络技术的推广和应用是实现跨越式发展的重要途径呢？我想有三点：其一，信息化技术的引入，有助于改变由手工操作而形成的带有小农色彩的管理思想，使管理过程，特别是决策过程的程序化、制度化，改变管理思想的随意性、随机性，改变管理决策中过度的依靠经验，而不是依靠科学，它将极大地提高企业负责人和管理层的素质。其二，全面提升企业的管理水平、管理效率，提升企业的发展质量。譬如说，仅就采购这一项，通过网络平台，加大加快信息沟通，更大范围内调节供求，并实现网上交易。特别是无纸化办公将大幅度降低运营成本，并有助于规范所有管理过程。至于把计算机技术应用于项目管理，就可以在动态中及时、准确地控制进度、质量和成本。根据发达国家的经验，在工程项目中应用信息技术，可节约成本约为10%。所有这些都会带来实现管理升级，超常规发展的可能性。目前，已大量应用于设计过程的计算机技术，已说明了这个问题，如能广泛的应用于其他管理过程，将必收到同样的效果。其三，有利于实现生产技术手段的工业化，逐步减少劳动密集的成分。目前，建筑装饰装修工程基本有两个生产过程，一是工厂生产过程，一是现场生产过程，计算机技术已大量应用于工厂生产过程，如幕墙工程的工厂生产，石材、瓷砖、木材等材料的切割技术等等。进一步掌握和研发计算机技术在现场生产中的应用，将是我们这个行业生产方式上的巨大革命，必将跨越式地推动行业工艺水平、生产技术水平的提高。基于上述原因，计算机和网络技术应用将为跨越发展创造条件。

4. 建设部已做出“2003～2008年全国建筑业信息化发

展规划纲要”、“建设部信息工作管理办法”及“建设事业信息化十五年计划”等一系列有关文件。建设部对信息化要求，包括了整个建设事业和建筑业，但不同的行业还有各自的特点，需要结合本行业的特点进行细化，变成行业可操作的规划及具体方法和步骤。因此，若干意见是力求结合建筑装饰行业特点的文件，是把建设部的要求得以贯彻执行的细化。

行业的信息化发展很快，正在成为我国信息化建设的主要战场之一，把握行业特点，更好地把信息化同行业发展联系起来，这正是我们要做的工作。中装协抓住关键性的历史机遇，为实现行业的可持续发展，提出了“建筑装饰行业信息化建设若干意见”，并召开了今天的大会，这是为推动行业发展的战略性选择，是中装协提高为会员企业服务层次的实质性工作步骤，相信在实践中会产生积极的成果。

5. 为了指导各地方协会，和会员企业共同搞好行业内的信息化建设。 必须要有明确的目标，科学的方法和切实可行的措施。

根据行业内的调查，各地方协会、行业内企业对信息化建设不仅有认识方面问题，也有技术方面的需要。很多地方协会及会员企业反映，由于行业内缺少在信息化建设方面的指导性文件，协会及企业在行动上缺乏指导思想和明确的目标，以及切实可行的措施。制定一个适应行业需要的信息化建设的指导性文件已是势在必行了。

二、关于制定的过程

这些年来，在“中国建筑装饰网”的基础上，中装协信息咨询委员会在推动行业信息化建设上做了大量的工作。这次在“若干意见”的初稿阶段，是由中国建筑装饰协会信息咨询委员会受秘书处委托进行的。信息咨询委员会在认真进行行业调研的基础上，参阅有关资料，于 2003 年 12 月初提出了第一稿，初稿总字数 13000 多字，在讨论修改阶段，协会分别在河北、北京、山东、江苏等地召开了部分企业的座谈会，对信息化建设的现状，部分先进企业达到的水平，企业信息化建设中存在的主要问题等进行了分析、研究。在此基础上先后修改了 4 稿，在征集了部分企业、专家意见后，确定了在本次会议下发的文件稿，最后定稿为 9000 多字。

在此，对为编制《关于建筑装饰行业信息化建设若干意见》提供了帮助，做出贡献的其他地方建筑装饰协会、协会工作者、企业负责人表示衷心的感谢！

几年来，协会为推动行业发展，曾就几个方面提出过指导工作的文件，如“关于建筑装饰行业科技进步的若干意见”等，包括本次提出的“信息化若干意见”都是在集思广益中形成的，但也都是需要在实践中不断修改的，我们非常希望能得到各方面的批评意见，以便做进一步的改进。

三、若干意见的主要内容

《关于建筑装饰行业信息化建设的若干意见》共分为三部分：

第一部分是讲信息化建设的重要作用：突出指明了信息化在企业管理中的重要作用。主要是从微观角度讲的，力求同我们工作结合的更密切一些，没有更多地从宏观方面展开，目的为了具体地提高业内人士对计算机技术、网络技术的认识水平，形成推动信息化建设的动力。

第二部分是建筑装饰行业信息化建设的现状。这里需要说明的是，在这一段我们只是一般性地讲一下建筑装饰行业在信息化建设上取得的成绩，重点分析了行业在信息化建设方面存在的差距和不足，进而分析了信息化建设滞后的原因，目的是进一步提高业内人士对面临的形势和环境的认识，增强推动信息化建设的压力和紧迫感。

第三部分是加强建筑装饰行业信息化建设的几点意见，也是对搞好信息化建设的几点措施的设想。根据国家方针、政策，结合我国建筑装饰行业的特点，提出了 8 条具体的措施，目的是使各地方协会、企业在开展信息化建设时，能够有一个参考的依据和行动的指导。

我们再一次强调，这只是一个指导性意见，由于能力所限和时间仓促，可能阐述得不准确，我们希望省市协会、会员企业一定要从实际出发，安排自己的工作计划。

四、如何贯彻和落实“关于建筑装饰行业信息化建设的若干意见”

1. 提高思想认识，积极的采取有效行动，推动若干意见的贯彻落实。在某种意义上讲，谁把握了信息化建设，谁就把握了未来市场，是否能够审时度势、高瞻远瞩的对待信息化建设是对企业家的考验。所有在信息化建设上做出成绩的企业，都是把它当作一把手工程来对待的。我衷心的希望，我们所有会员企业的负责人要有危机感和紧迫感，切实把信息化建设放在工作的重要位置，加大资金、技术、人才的投入。各地方协会，要认真根据会员单位实际情况确定工作重点，逐个落实，把企业的信息化建设落实在实际工作中。

这里要特别强调一下，我们行业中、小企业多，若干意见对中、小企业的指导性更强，希望能更多地引起中、小企业，特别是家装企业的重视。

2. 加强在行业信息化建设中分类引导、协调和交流工作。特别是做好通盘规划和起步阶段的操作；协调 IT 企业和会员的合作；交流会员企业经验，举办不同培训班、座谈会，培训不同专业人员。协会内部的各种媒体要加强有关信息化建设的宣传，不仅宣传提高认识的过程，还要宣传、介绍一系列操作问题的解决方案，保持信息化建设过程的持久性。

3. 要在业内逐步树立信息化建设的样板，以先进企业带动行业信息化建设，示范和样板是有说服力的。逐步缩小行业内信息化建设的差距。中装协和省市协会要不断的对全国及地方行业信息化建设进行评估，在整体述评中掌握情况，形成优秀案例，为其他企业借鉴，要继续表彰优秀企业，发挥示范效应。

4. 各会员企业，要认真的按“若干意见”和这次会议的要求行动起来，一是作好规划，二是充实力量，三是提供必要的资金投入。晚行动不如早行动。切记不要把信息化建设做为形象工程，要收到实际效果。

5. 在贯彻若干意见时，要及时同中国建筑装饰协会进行沟通，为进一步完善若干意见积累资料。

谢谢大家！

全国建筑装饰协会媒体座谈会纪要

中国建筑装饰协会

（二〇〇四年四月十二日）

2004年4月12日～13日，中国建筑装饰协会在北京召开“全国建筑装饰行业信息化建设工作会议”。期间，召开了“全国建筑装饰协会媒体座谈会”。会议主题是：提高建筑装饰协会信息化效率。

中国建筑装饰协会会长马挺贵出席了会议。会议由协会副秘书长房箴主持。协会信息部主任兼会刊《中国建筑装饰》主编黄白、信息咨询委员会秘书长兼“中国建筑装饰网”总监田万良、副总监高世彦等协会信息化主管部门负责人参加了会议。

与会代表有北京、上海、湖南、黑龙江、长春、吉林、江西、福建、广州、深圳、汕头、安徽、合肥、江苏、苏州、常州、甘肃、大连、山东、济南、泰安、长沙、乌鲁木齐、河北、浙江、杭州、陕西、河南、武汉、内蒙古等30个地方建筑装饰协会和中国人民解放军建筑装饰协会的领导及网管人员，包括《中华建筑报》、《中国建筑装饰装修》等报刊、会刊、网站等建筑装饰协会系统各种媒体的负责人。

中国建筑装饰协会信息咨询委员会理事长崔勇就“中国建筑装饰网的运行与管理”、上海市装饰装修行业协会“上海家庭装饰网——我爱我家”网管部经理王剑峰就“行业协会网站作用的发挥”、北京市建筑装饰协会常务副秘书长郭仁智就“发挥会刊在业内的指导作用”、深圳市装饰行业协会副秘书长兼工会主席韩雪梅就“会刊在行业中的地位和作用”为题相继进行了主题发言，引起了与会人士的重视。

一、我国建筑装饰行业媒体信息资源的现状

会议回顾了我国建筑装饰行业媒体信息资源的现状。我国建筑装饰行业的信息化发展与国家的改革开放同步，信息化水平与行业发展同步提升。全行业媒体信息资源，现可分为六类：

1．装饰协会系统的公开和内部媒体。公开的为中国建筑装饰协会主办的《中国建筑装饰装修》和《中华建筑报》，各专业委员会和地方装饰协会的媒体均为内部的，包括中国建筑装饰协会“会刊”《中国建筑装饰》（正式称呼为“内部资料出版物”）。

协会9个专业委员会，办“会刊”的有6个委员会：信息咨询委员会的《装饰名品》、铝制品的《建筑幕墙》、建筑电气《建筑电气资讯》、原五金委员会《装饰与五金》、原化学建材委员会的《化学建材市场信息》)、原石材委员会《建筑装饰石材》。8个培训中心，只有北京培训中心《培训简报》。

现有75个地方建筑装饰协会，办“会刊”的约占20%、10多种，如北京市建筑装饰协会的《北京装饰》和《北京家庭装饰》、上海市装饰装修行业协会的《上海装饰》、天津环境装饰协会的《天津装饰》、广州市建筑装饰协会的《广州装饰》、深圳市装饰行业协会的《深圳装饰》、汕头市装饰协会的《会员通讯》、江苏省建筑装饰协会的《江苏装饰》、苏州市装修装饰行业协会的《苏州装修装饰》、成都市建筑装饰协会的《成都装饰》、浙江省建筑装饰协会的《浙江建筑装饰》、安徽省建筑装饰协会的《安徽装饰》、陕西省建筑装饰协会的《陕西建筑装饰简讯》、辽宁省装饰协会的《辽宁装饰》、沈阳市建筑装饰协会的《沈阳装饰》、大连市建筑装饰协会的《大连装饰》、太原市建筑装饰协会《太原建筑装饰》等。

2．业内公开的相关媒体。如中国建筑学会室内设计分会的《室内设计与装修》和《家饰》、西安市工业合作联社主办的《新居室》、中国建筑装饰装修材料协会的《装饰装修天地》、上海市装饰装修行业协会的《都市文化报·装饰周刊》、深圳市建筑装饰（集团）有限公司的《现代装饰》、广东珠江建筑装饰集团公司的《广东建筑装饰》、中国建筑金属结构协会的《中国建筑金属结构》等近10种。

3．建筑业中的公开和内部相关媒体。包括建设部主办的《中国建设报·建材与装饰周刊》（原装饰周刊）、中国建筑金属结构协会铝门窗幕墙委员会的《铝门窗与幕墙》、香港门窗幕墙协会的《门窗幕墙信息》、中国建筑装饰材料信息网的《现代装饰》、建设部住宅产业促进中心的《住宅产业》、中国房地产及住宅研究会的《中国住宅设施》、全国工商联住宅产业商会的《中国住宅》等10多种。

4．装饰企业所办内部媒体。如北京港源建筑装饰工程有限公司的《港源人》、深圳市建筑装饰（集团）有限公司的《装饰集团》、苏州金螳螂建筑装饰有限公司的《金螳螂企业》、上海市建筑装饰工程有限公司的《新装饰》、深圳海外装饰工程公司的《海外装饰》、深圳广田投资集团有限公司的《广田之声》、浙江中南建设集团有限公司的《中南报》等10多种。

5．社会公开出版的媒体。包括境内外媒体，如《当代设计》、《摩登家庭》、《美化生活》、《时尚》等10多种。

6．网站及E-mail。如中国建筑装饰协会的门户网站“中国建筑装饰”。为我会大部分专业委员会、个别培训中心、20%的地方装饰协会、所有的内业相关媒体、几乎所有的大中型装饰企业，建立了少量网站、大部分为E-mail。570家一级装饰施工、91家一级幕墙施工企业中，建立网站的不到30%。

建筑装饰协会能够“整合”的信息资源是本会系统、会员企业的公开和内部媒体、网站和E-mail，其他五类建筑装饰协会可以间接指导。

二、建筑装饰协会信息化建设亟待解决的问题

建筑装饰行业信息资源，体现在媒体上可分为六类：一是建筑装饰协会系统的公开和内部媒体；二是业内公开的相

关媒体；三是建筑业中的公开和内部相关媒体；四是建筑装饰企业所办内部媒体；五是社会公开出版的媒体；六是互联网站和 **E-mail**。

目前协会信息化整合的资源，主要是建筑装饰协会系统、会员企业的公开和内部媒体、网站和 **E-mail**，其他五类信息资源协会可以间接指导。

与工业化国家相比，我国建筑装饰行业的最大问题，是工业化程度不高。与会代表指出，当前我国建筑装饰协会信息化建设亟待解决以下四方面的问题：

1．管理问题。目的是提高建筑装饰行业信息资源的综合利用和共享水平，着眼点为：一是信息项目管理，研究建筑装饰行业信息项目不同于一般工业项目的特殊的管理规律。二是信息资源管理，包括业务流程重组、资源要素整合、组织机构变革等。三是信息人才的培训和选拔。四是行业信息政策的制订和实施（美国等工业化国家其信息管理部门主要是靠政策来管理全国的信息活动）。五是信息工作的体制与机制，主要是信息不对称条件下的制度设计或制度安排问题。

2．经济问题。目的是提高建筑装饰行业信息产品的收集、整理、分析、加工和供给的效率和质量，着眼点为：企业信息化建设的主要动机和动力是，投资信息化能获得实实在在的商业收益；协会信息化建设的主要动机和动力是，投资信息化能获得实实在在的行业收益。　主要解决投资协会信息化成本的分摊或收益的来源。

3．技术问题。目的是建立起协会邮件系统、公共信息系统，逐步深入，扩大实施范围。着眼点为：建立协会的内联网和系统平台，把各部门的主要工作都纳入到内部网络上来，实现单一部门信息化、跨部门信息化、整体信息化，行业信息化四个阶段的跨跃。

4．电脑“扫盲”问题。由于历史的原因，我国建筑装饰协会的领导及工作人员大部分为 60 岁上下的中老年人，大部分人不会电脑（打字），大部分协会没有电脑，大部分协会没有会刊。建筑装饰协会在提倡行业信息化的同时，也应与时俱进，积极进行电脑扫盲。没有行业协会的信息化，就不可能有行业的信息化。

三、加快建筑装饰协会信息化建设的主要措施

会议认为，根据需求决定供给的原则，加快建筑装饰协会信息化建设，当前应主要采取以下四方面措施：

1．协会自身信息化的建设

（1）人才。信息化是人才密集和人才依赖型的事业，要“以人为本”，实现职业化、专业化。积极进行电脑“扫盲”。

（2）运作。采用知识管理的模式，将收取、采集和积累的业内数据有效率地转化为有价值、易于利用的信息，对信息进一步加工、分析和整理，归纳成有认识规律价值的知识，通过建筑装饰企业广泛而持久的利用，从而提升全体从业人员的智能水平。

（3）管理。提高业内外、国内外同业信息资源利用的能力，提高协会向行业及社会提供信息产品的效率、信息披露的程度。可考虑恢复 1994 年 8 月 4 日成立的“全国建筑装饰行业报刊联谊会”的活动，或成立“全国建筑装饰行业信息协调工作小组”，在中国建筑装饰协会的领导下，专门研究并运作协会信息化建设，成为同业同仁有归属感、有凝聚力的“家”。

2．协会媒体信息化的建设

（1）“会刊”。协会各专业委员会、各培训中心、各地方建筑装饰协会均应在一二年内成立会刊编辑部，出版至少为双月刊的内部资料出版物（会刊），为本专业、本区域的会员企业及行业提供有效率的信息产品。

（2）运作。报刊成败的基础在于编辑，成败的关键在于市场。《中华建筑报》、《中国建筑装饰装修》以及各地方建筑装饰协会的公开媒体，要进一步提高市场运作水平，在市场中求生存求发展。《中国建筑装饰》、《装饰名品》等协会以及各地方建筑装饰协会的内部资料出版物（会刊），要进一步提高行业运作水平，在行业中求生存求发展。办刊经费应从会费中列支，专款专用，并尝试“准经营”方法。全面提高媒体编辑出版人员的信息化水平。

各媒体均应实现编辑电子编务——利用计算机和网络手段，按照编辑出版的流程要求，建立适合编辑部稿件采编管理及其生产出版的系统。

尝试数字化期刊——以数字形式存储于光、磁等介质上，并可通过计算机设备在本地或远程读取连续出版物，它是现代 IT 技术发展的产物。

（3）精品。提高质量，打造精品。中国建筑装饰协会的媒体的定位是办成具有国际水平的高质量的精品报刊。专业委员会的媒体要办成本专业具有全国最高水平的高质量的精品刊物。地方装饰协会的媒体要办成本地区最高水平的高质量的行业精品刊物。

3．协会网络信息化——电子社（团）务的建设

（1）运作。协会各专业委员会、培训中心，各地方建筑装饰协会，解放军建筑装饰协会均应在一二年内建立自己的电子邮件箱，有条件的可筹建网站。

三年内建立起协会系统的内联网和系统平台——局域网（LAN）、城域网（MAN）和广域网（WAN），组织邮件系统和公共信息系统，逐步提高协会高速网络技术应用水平。加强协会网络与企业及社会相关网络的沟通与交流。

（2）投资。要加大投资力度，欢迎相关企业投资协会信息化建设，或以共同建立伙伴、外协外包、协（会）与企（业）整合等多种市场化运作模式。企业可通过收取软件使用、系统维护及其他服务费用以回收其对信息网络系统的投资、运行和维护费用。

4．组织保障

（1）大力发展会员企业，提高在行业中的覆盖面。地

方建筑装饰协会在本地区有资质的装饰企业中，专业委员会在本专业领域内的装饰材料厂商中，会员企业应占1/3以上，其中重点、骨干企业均应在内。

（2）大力发展地方装饰协会，省、自治区争取在三年内在1/3以上的地级市中建立建筑装饰协会。这方面江苏省建筑装饰协会做得最好，全省13个市，已有12个成立了建筑装饰协会（余下一个盐城，只是因为建筑装饰企业过少之故现暂未成立）。

（3）推进以信息化为主导，机械化为基础的建筑装饰企业现代化建设。工厂化、装配化是装饰材料生产供应厂商在流通领域内的主攻方向，而机械化才是建筑装饰工程企业的发展方向。

促进住宅装饰装修行业发展的若干意见

中国建筑装饰协会

（二〇〇四年九月三日）

住宅装饰装修行业是同广大人民群众生活紧密相关的建筑服务业，是具有中国特色的社会、经济、文化现象。住宅装饰装修行业始终得到党中央、全国人民代表大会、国务院、建设部及各级政府相关部门的高度重视。为了全面落实党的十六大精神，完成建设部委托中国建筑装饰协会，协助管理住宅装饰装修行业市场的工作任务，更好地发挥住宅装饰装修行业在全面建设小康社会中的作用，推动行业健康、有序的发展，中国建筑装饰协会在行业调研的基础上，制定《关于住宅装饰装修行业发展的若干意见》，作为各地方建筑装饰协会进行行业管理，以及企业，制定发展规划、市场战略和经营管理方针的依据。

一、加强行业指导，提高行业整体运行水平

住宅装饰装修行业发展时间短，市场发育仍不完善，要加强行业指导，完善行业市场体系，提高行业整体运行水平。

1．继续加快市场建设，特别是有形住宅装饰装修市场建设

大型中心城市，要根据建设部1997年关于住宅装饰装修管理试点城市的要求，建立能够满足城市发展和住宅开发建设需要，有利于居民装修的有形市场。地区中心城市，也要建设能够辐射周边小城镇建设，满足城市发展和广大人民群众住宅装饰装修需求的有形市场。要特别研究在加快小城镇建设过程中更好地发挥有形市场的作用，减少马路游击队的冲击。

在有形市场建设中，既要积极组建，又要防止过多、过滥。要把市场建设与市场管理相结合，努力提高有形市场的质量和诚信程度。要积极做好对有形市场的宣传和引导，使其为行业发展和公众利益服务 。

2．完善住宅装饰装修法规、标准建设

要认真贯彻执行关于住宅装饰装修的相关法规、标准，规范市场，提高工程质量。有条件的地方建筑装饰协会，要积极、主动地协助政府，尽快制定并颁布实施《住宅装饰装修管理办法（或条例）》，规范市场各方的行为。行业比较发达的地区，还应制定并实施《住宅装饰装修工程验收规范（或标准）》、《住宅装饰装修工程评优标准》等配套的技术法规。随着我国住宅装饰装修市场的细分化，要特别注意细分市场中相关技术标准的制定与实施，从工程施工、材料、服务等方面，规范业主与企业的行为。

3．要以推广一次装修为重点，研究多层次的消费需求，探索住宅装饰装修行业发展的新模式

要认真研究成品房后的市场形势，支持企业探索以多种经营方式和途径参与的可能性。各地协会要积极联合房地产协会，加强双方会员单位的信息交流、合作，共同促进成品房品质的提高。

我国住宅开发建设和社会需求具有多样性，以及存量住宅的改造性装修，我国住宅多种装饰装修形式并存的状况将长期存在。在积极推广成品房的同时，要认真研究二次装修的消费特点，逐步形成住宅开发、装饰装修、房屋管理与维修一体化的住宅产业化体系。

4．加强住宅装饰装修行业调研，实施分类指导，促进行业健康发展

要以建立符合市场经济规律要求的体制、机制为重点，重点调查研究行业再生产过程中生产、分配、交换、消费环节中存在的漏洞及不合理的现象，从社会再生产循环过程中和发展行业生产力，完善生产关系中发现问题、纠正偏差、健全制度，求得行业市场的稳步扩展和运行质量的不断提高。

要抓住企业的法人治理结构、劳动组织、工资分配、项目承包、作业层管理等环节，进行调查研究。要完善企业制度建设，建立规范的合同关系、科学的分配体制与工资发放机制，健全住宅装饰装修项目的承包监管、验评机制，提出科学的分析和有前瞻性的指导。

行业调研要针对行业、企业发展的难点、重点、热点问题，实行不间断地跟踪调查和分析、研究，利用政府主管部门、行业协会了解宏观经济政策，掌握行业发展趋势，熟悉企业运作状况的有利条件，为行业和企业提供有效的帮助。

5．提高社会化和工厂化生产水平

要改变住宅装饰装修传统施工生产方式，发展社会化和工厂化生产。改变湿作业施工工艺，推广工厂化加工，现场组装式干作业施工方法，有助于住宅装饰装修工程缩短工期、降低造价、减少污染、保证质量。坚持工厂化同社会化的大生产结合起来，并遵循市场配置资源的原则。

企业应尽可能将现场加工制作，转移到生产加工基地，提高工厂化生产水平，确保材料与部品的品质。条件成熟的企业，还可以加大材料、部品的模数化、标准化、成品化的开发与加工力度，根据住宅装饰装修工程特点，研制符合工程要求的新型材料和部品，并注意发展社会性的配套。

二、加快住宅装饰装修行业科技创新

提高住宅装饰装修行业科技含量，促进住宅装饰装修材料、部品的更新换代，第一是环保，第二是适用，第三是智能化，是住宅装饰装修行业生产力发展的必然趋势。让更多科技成果应用于住宅建设，构筑更为舒适、安全的住宅是全社会科技进步地重要组成部分，也是住宅装饰装修行业可持续发展的必备技术条件。

1．加快新技术的推广应用

2003 年，中国建筑装饰协会公布已在行业内推广应用的 10 项新技术，并开展了建筑装饰行业科技示范项目的申报、审批和推广活动，它都涵盖了住宅装饰装修企业。各地建筑装饰协会、住宅装饰装修企业要对科技创新项目予以高度重视，认真细致的组织实施，推动住宅装饰装修工程科技水平的不断提高。

有条件的住宅装饰装修企业，应该参照中国建筑装修协会关于科技示范工程项目的管理办法，结合住宅装饰工程单项工程量小、工期短的特点和本企业技术发展的要求，制订企业内部的科技示范项目管理办法，组织实施企业内部的科技示范工程的推广，并将企业科技示范工程与中国建筑装饰协会科技示范项目实行对接，使科技成果得到迅速的推广应用。

我国住宅建设科技含量不断增加，智能化家居已经出现，并在不断发展，住宅装饰装修企业要认清科技发展的新形势，结合成品房的实施，研究智能化产品的施工、安装技术，以适应行业科技发展的要求。

2．积极推动材料技术的进步，提高工程的环保水平

住宅装饰装修企业要加强同材料、部品生产制造企业之间的交流和合作攻关，要从材料更新入手，改变传统工艺，提高工程质量。要优先使用不产生废弃物的标准化、成品化产品。要以推动成品房，提供“菜单式”装修为重点，在材料、部品模数化、标准化和成品化的基础上，推广“集成式家居”、“智能化家居”等科技含量高，能够切实保证环境安全的产品。

当前工作的重点是提高装修工程的环境质量水平。从坚持使用有毒物质排放达标的材料及部品入手，进而全面推广使用无毒、安全、环保型材料，为人民群众创造一个安全、卫生、舒适的生活环境。

3．制定施工工法，严格工艺纪律

住宅装饰装修属于劳动密集型行业，编制规范的工法，有助于确保产品质量。要将施工的技术特征、操作步骤和程序、动作要领等用文字的形式固定下来，并培训作业层严格按照工法要求进行施工，从而保证作业层面的所有人员，按照统一的标准进行操作。对传统的工种、常规性材料要编制工法，对改进性新技术和更新换代材料，也应该编制工法，经评审后予以推广应用。

工艺纪律是质量、安全的保障，制定科学、完备的工艺纪律，是企业成熟、质量技术有保障的标志，也是企业科技工作的重要内容。

4．加快住宅装饰装修行业信息化建设，以信息化带动行业升级

以电子计算机应用技术和计算机网络技术为内容的信息化建设，是对传统行业实行现代化改造，实现行业跨越发展的技术保障和必由之路。各地建筑装饰协会和住宅装饰装修设计、施工企业，必须高度重视信息化建设。

要在完善当前计算机辅助设计的基础上，使计算机应用技术逐步延伸至投标报价、工程现场、合同档案、材料、劳动人事等企业管理的专业领域，逐步实现企业设计、施工与经营管理的自动化。要在正版化的基础上，引入新的专业管理软件。在引进软件的同时，加强企业软件的开发，形成拥有自主知识产权的计算机应用技术。

推广计算机网络技术，达到资源共享，优化企业内部生产力要素的配置。有条件的企业，要建立企业内部的局域网和自有网站，建立起企业本部核心的网络与通信系统、经营管理信息系统、综合项目管理系统、工程设计集成化系统，实现工程的远程控制和无纸化办公。同时，要实现同《中国建筑装饰网》及其他专业网站的链接，及时捕捉政务、商务信息，保证企业发展的需要。

5．提高设计水平，满足人们文化需求

要提高设计的科技含量和艺术水平，增加文化价值，营造安全、舒适、美观的生活环境。要充分利用群众乐于参与家庭装饰装修设计的积极性，举办社会性装饰设计活动，使其感受乐趣并提高其艺术修养。企业要制定设计标准，确定设计深度，保证设计的质量，提高设计的整体水平。

三、提高企业管理水平、加强企业诚信建设

企业是住宅装饰装修市场的主体，是发展住宅装饰装修行业生产力的基础。加强企业管理，规范市场行为，是企业增强经营实力，提高活力的根本途径。

1．完善企业制度，形成企业特色，提高核心竞争力

企业的体制和机制是决定企业命运的头等大事，要研究企业战略、经营方针、文化建设等。住宅装饰企业的制度建

设。家族式、有限公司等，各有利弊，但都要发挥优势，并要使其完善、规范。住宅装饰企业在“做优、做强”的同时，要力求“做长”，在稳定中发展。要按照国家管理建筑业企业的相关要求，对劳动用工计划、劳动保险、工程合同、造价、工程量统计与表报、资质年检等环节进行制度化、规范化管理。

企业必须建立符合市场要求的管理机制，从设计、材料与部品研发、质量控制与服务水平等，形成企业特色，并转化为企业的核心竞争力。各地建筑装饰协会，要从行业可持续发展的高度，对企业的规范化建设进行分类引导、指导、督促和帮助。

2．推动企业认证，提高规范化管理水平

加入 WTO 后，导致国内市场的国际化，企业要通过第三方认证的过程，提高企业的整体管理水平，加快同国际接轨的步伐。

住宅装饰装修企业，都应进行 ISO9000 系列质量管理与质量保障体系认证、ISO14000 系列环境管理认证、ISO18000 系列职业安全管理认证。为适应未来住宅装饰装修市场发展的需要，当前应特别注重 ISO14025 环境标志与声明——III型住宅装饰装修环境标志与声明标准的认证。通过咨询、认证过程，理顺企业内部管理程序和管理方法，实现质量、安全、环保目标。

设立分公司和实行加盟联营的住宅装饰装修企业，认证必须覆盖全部分公司、分部、连锁店及加盟商。要以统一的管理、质量控制、环境控制和安全控制标准，进行全过程的监督，使管理标准渗透到企业的全部环节和整个过程。

3．全面提升项目管理水平

住宅装饰装修工程项目管理，长期以来是企业管理的薄弱环节，也是消费者投诉的重点。规范工程项目运作，必须从转变项目承包人入手。具有组建劳务承包企业条件的企业，应尽快组建自己的专业劳务分包企业。理顺企业内部的项目运作关系，有益于提高项目管理水平。

为了规范企业的工程运作，应尽快建立企业的物流平台，规范材料采购渠道，提高仓储运输能力，保证工程质量、造价。有条件的企业，应该建立自己的材料采购系统、物资管理系统，防止假冒伪劣材料流入工程。

4．支持企业走专业化发展道路

经过近 10 年的发展，我国住宅装饰装修企业的规模差异很大，特点不同，根据产业发展的一般规律，专业化分工是行业及企业发展的必由之路。在我国住宅装饰装修行业进入成熟期，生产力水平达到一定程度之后，专业化发展是必然趋势。当前，企业要深入研究市场，分析本企业的经营优势，根据企业的自身特点，选择好今后发展的专业细分市场。并在专业市场上不断总结经验，完善经营管理，形成技术优势或核心竞争力。

各地方建筑装饰协会，要加强对企业的引导，帮助企业确定专业方向，并向企业提供有效的专业市场信息，支持和扶助企业在专业市场上的发育和成熟。

5．加强企业诚信建设，改善企业形象

经中国建筑装饰协会会长办公会批准，2004 年 8 月 8 日协会做出 了“关于发布《住宅装饰装修行业自律管理企业准入与清出管理办法（试行）》及进行试点工作的通知”（中装协[2004]042 号），作为加强企业自律，全面规范市场的最基础标准。我国从事住宅装饰装修的企业，应该取得行业的准入资格，各地建筑装饰协会，应该把以行业准入标准的申报、审核和颁证工作，作为整顿和规范住宅装饰装修市场的重要内容，把尽可能多的企业纳入行业管理的范畴。

在中央精神文明办公室指导下，中国建筑装饰协会还将同建设部精神文明办公室共同开展住宅装饰装修行业规范服务达标活动。规范服务达标活动是在行业准入和清出制度基础上的诚信体系建设，对于达到标准的企业，将给予认定，并最终对企业服务水准评定等级。各地建筑装饰协会，要将此项活动作为规范市场的重要手段，组织力量予以落实。

各地建筑装饰协会，要把实行准入和清出制度，同精神文明建设与企业自律结合起来，向社会公布标准，落实服务达标，提升社会对住宅装饰装修企业服务的监督和认知力；及时披露、公布企业投诉及诚信状况，为诚信企业开拓市场和获得客户服务。要逐步把企业引导到依靠技术创新和规范服务方面，建立包括对消费者及员工、农民工、材料供应厂商诚信在内的企业诚信体系。

四、加快人才培养，提高从业者队伍素质

从业者队伍素质低，是我国住宅装饰装修行业生产力发展的瓶颈。因此，加快人才培养，造就一支符合行业发展要求的从业者队伍，是保证行业生产力发展的重要工作内容。

1．加快企业家队伍培养，形成一支专业化管理人才队伍

成功企业家的培养，不仅包括思想上的教育，也包括决策、指挥能力上的培养。在按照市场竞争规律，由市场机制不断筛选、淘汰企业及企业家的同时，还要通过专题讲座、观摩、研讨等多种形式的教育、培训，提高既有企业家的思想道德水准和驾驭企业、市场的能力。

各地建设行政主管部门、各地方建筑装饰协会，要积极为有求知欲，想干事业的企业家提供进修、学习和交流的机会，并把开展住宅装饰装修行业企业家培训作为一项重要的工作内容。

2．加快设计师队伍的培养

住宅装饰装修行业设计师队伍来源广泛，专业能力和思想境界差距很大，必须开展由针对性的、多层次、多种形式的培训、竞赛、参观、交流，才能切实提高设计师队伍的整体素质。建设行政主管部门，建筑装饰协会及相关

社会团体，住宅装饰装修企业，都应该把设计师队伍培训作为一项重要的基础性工作，积极组织开展有利于设计师成长的活动。

对设计师的培训，要与专业技术职称的评定与晋级相结合，以评带考、以考带训，既要使设计师学到知识，提高了思想觉悟，又要让设计师的专业能力得到社会认可，设计师的劳动与创造得到尊重。中国建筑装饰协会已经开始了对室内建筑师的岗位技能认定工作，部分地区在设计师评定上的做法和经验，应该得到全行业的高度重视并应积极组织企业内的设计人员参加此项工作。

3．加快项目经理队伍的培养

当前住宅装饰装修工程的承包人，在施工组织、计划、材料与人员管理、成本控制、质量控制等方面与国家规定的标准有很大的差距，必须用建造师的培训内容，对现有住宅装修项目承包人进行系统的培训，配以规范的考核、评定，以注册建造师为上岗执业的必备条件。

要教育住宅装饰装修工程项目承包人摒弃农村小生产的传统意识，树立为消费者提供服务与收入水平相联系的观念，树立现代工业化生产的经营理念，养成产业工人的作风和习惯。

4．加快专业管理队伍的培养

企业的专业管理人员，应该取得由建设行政主管部门颁发上岗证后才能开始工作。使管理人员具备基本素质，保证工程的质量、安全、进度和成本。

考虑到住宅装饰装修行业管理层结构跳跃大，人员素质差距大，文化层次和实际技能悬殊。在搞好管理层培训时，必须有针对性地组织培训内容、确定培训形式和落实教材、师资，要特别注意把取证与收入挂钩。

5．加快技工队伍的培养

住宅装饰装修企业的施工队伍文化水平较低，技术素质参差不齐，接受新事物能力弱，影响了行业生产力的发展。近几年住宅装饰装修技工队伍的水平有了很大的提高，但这种提高是以浪费了大量社会资源、消费者和企业支付了高昂的代价取得的，社会成本过高，行业损失过大。

建设部委托中国建筑装饰协会编制的装饰技术工人培训教材，应该作为住宅装饰装修企业对技术工人进行培训的范本。建设行政主管部门、建筑装饰协会和住宅装饰装修企业可以根据当地及企业的具体情况，进一步划分等级，将应知、应会进一步细化，分等级的进行培训。

输出劳动力的省、市，要从源头进行培训、考核，就地组织农村剩余劳动力进行岗前培训，经考核合格后，再向城市输送。住宅装饰装修企业用工时，也要破除用工中的宗法色彩，实行竞争上岗和严格记录、考核。

除专业技术外，要逐步树立施工作业层的团队意识，纪律观念，协作精神。全行业必须高度重视农民工的思想品德、职业道德修养教育，形成一支敬岗爱业、勤于钻研、遵纪守法、技艺精湛的技工队伍。

中国建筑装饰协会对发展中国住宅装饰装修行业具有坚强的信心，深信在党和国家的领导下，通过全行业的努力，我国住宅装饰装修业将在全面建设小康社会中始终发挥重要的作用。住宅装饰装修行业的生产力水平，还将会有更大的提高。

附：关于《促进住宅装饰装修行业发展的若干意见》的说明

中国建筑装饰协会常务副会长兼秘书长　**徐　朋**

（二〇〇四年九月三日）

《促进住宅装饰装修行业发展的若干意见》（以下简称若干意见）作为全国住宅装修发展大会的重要文件，在这次会议上已下发到各地方协会和广大会员单位。现就“若干意见”涉及到的问题做一个简要地说明。

一、为什么要编制若干意见

1.住宅装饰装修已经成为一个重要的产业部门

住宅装饰装修行业是建筑装饰行业的最重要的组成部分，已经形成年工程产值达4500～5000亿元的规模，随着我们住宅开发建设的持续增长和 住宅二级市场、三级市场的逐步活跃，整个住宅装饰装修市场规模将不断扩大。

住宅装饰装修为我国个人消费及服务业提供了新的发展空间，形成每户一次消费达数万元的新消费项目，对培育和扩大内需，增强经济活力，加快货币流转，提升经济运行质量起到了积极的作用。

住宅装饰装修行业，每年直接及间接使用农村转化剩余劳动力达到900多万人，同时也为城市剩余劳动力和大专院校毕业生开辟了新的就业机会。

住宅装饰装修业的直接成果，就是改善了人们的居住环境，使生活的流程更为科学、合理，环境更为优雅、舒适。成为全而建设小康社会的重要组成部分。

在我国，住宅装饰装修设计已成为老百姓以极大热情参与的社会文化现象，它提升了人们的审美情趣，培养了全民族的艺术创造能力和鉴赏水平。我国的住宅装饰装修行业已经成为具有中国特色的社会、经济、文化现象。

2.当前行业的状况需要有一个指导意见

由于住宅装饰装修行业是近十几年才蓬勃发展起来的，历史上没有成熟的管理经验可以借鉴，虽然做了大量有益于行业发展的工作，取得了较大成绩但仍存在着不足。诸如：企业数量多、规模小、管理水平低。从业者队伍素质参差不齐，行业诚信程度较低；只包不管，以次充好，无营业执照、无施工资质、无办公地点的“三无”装修施工队伍还在扰乱行业市场；生产技术传统，工程质量低，环境污染严重；投诉数量多，行业整体形象差。阻碍了消费者投资住宅家居装修的信心和积极性，给住宅装饰装修市场的拓展和行业的可持续发展造成障碍。多头管理现象未得到根本的解决。企业资质多样化，企业主管部门多元化，影响了专业住宅装饰装修企业的发展和市场的规范化管理。

要认真解决好当前存在的问题，需要有一个全面、系统的，能够从全局和宏观的角度，能够覆盖全国的行业发展的意见，以利行业的健康发展。

3.落实建设部的委托，需要编制一个指导意见

1997 年，建设部委托中国建筑装饰协会协助管理住宅装饰装修市场，部分省、市建设行政主管部门相继发文，委托当地建筑装饰协会管理住宅装饰装修行业。各地接受委托的建筑装饰协会，除积极协助建设行政主管部门制定相关法规、标准外，认真从事住宅装饰装修市场管理，提供了一系列管理经验，特别是北京、上海及有关省、市建筑装饰协会做了一系列开创性的工作。中国建筑装饰协会也曾在 1977 年和 2001 年召开了住宅装饰装修的专门会议。所有这一切都为形成目前的指导意见创造了条件。

编制若干意见的指导思想为：一是促进行业生产力的发展。二是规范行业市场，加强诚信建设。创造一个更为良好的公开、公正、公平的外部环境，保证市场各方主体的合法权益。三是提高企业的管理水平，形成企业特色，提高竞争力，特别是核心竞争力。

自 2003 年全国建筑装饰行业科技大会之后，中国建筑装饰协会就开始了“若干意见”的编制工作，在进行市场调研和企业调研，掌握了第一手资料的基础上，于 2004 年 2 月完成第一稿。向北京、上海、浙江、湖北等地装饰协会征求意见，各地对若干意见提出了很多建设性意见，在征求意见的基础上，又进行了修改，形成了讨论稿。讨论稿在全国住宅装饰装修发展大会预备会议上，又一次征求与会者的意见，修改后定稿。

本次“若干意见”的编制过程，是集中业内集体智慧的过程，但是由于全国各地家装行业发展的极不平衡，又给编制工作带来难度，加上受我们水平的限制，“若干意见”肯定还存在一些问题，希望大家在试行的阶段提出更宝贵的意见，使其更加完善。

二、“若干意见”的主要内容

促进住宅装饰装修行业发展的若干意见共有四大部分，20 条具体意见。

其中第一部分是加强行业指导、提高行业整体运行水平，具体讲了五点意见：第一是继续加快市场建设，特别是有形住宅装饰装修市场建设；第二是完善住宅装饰装修法规、标准建设；第三是要以推广一次精装修为重点，研究多层次的消费需求，探索住宅装饰装修行业发展的新模式。这里必须强调，一次性装修代表了住宅装修的消费方向，也符合行业产业化发展和工业化生产的原则。一方面它符合住宅开发通国际接轨的原则，又符合国家的产业政策。大家一定要认清形势，创造积极参与的条件。但同时也要看到，住宅装饰装修的消费需求是多样化的，特别是二次装修、散户市场仍有一定规模，企业一定要研究市场的变化，找到适合自己的发展空间；第四是加强住宅装饰装修行业调研，实施分类指导，促进行业健康发展。推动家装行业发展，必须坚持从实际出发，地区之间发展差距极大，企业之间发展差距更大，必须分类指导；第五是提高社会化和工厂化生产水平。社会化生产是行业发展的必然，工厂化是实现社会化的基本形式，加大社会化、工厂化的力度，将会大幅度提高行业生产力的整体运行水平。

第二部分是加快住宅装饰装修行业科技创新，具体讲了五点意见：第一是加快新技术的推广应用；第二是积极推动材料技术的进步，提高工程的环保水平；第三是制定施工工法、严格工艺纪律，建筑装饰装修行业属于劳动密集型，工法与工艺纪律对保证工程质量，具有突出的作用；第四是加快住宅装饰装修行业信息化建设，以信息化带动行业升级；第五是提高是设计水平，满足人们文化需求。设计在住宅装饰装修中占据重要位置，也是行业当前的薄弱环节，又是老百姓以极大热情积极参与的部分，必须加大设计管理的力度，带动工程水平的提高，让老百姓在参与中减少苦恼、享受快乐，这是我们的努力方向。

第三部分是提高企业管理水平，加强企业诚信建设。也具体讲了 5 点意见：第一是完善企业制度，形成企业特色，提高核心竞争力；第二是推动企业认证，提高规范化管理水平；第三是全面提升项目管理水平；第四是支持企业走专业化发展道路；第五是加强企业诚信建设，改善企业形象。

第四部分是加快人才培养，提高从业者队伍素质，具体讲了 5 点意见：第一是加快企业家队伍的培养；第二是加快设计师队伍的培养；第三是加快项目经理队伍的培养；第四是加快专业管理队伍的培养；第五是加快技工队伍的培养。

下面我就“若干意见”的内容重点强调三个问题。

第一点是关于企业核心竞争力问题。

编制“若干意见”的目的，就是要发展行业生产力，而发展行业生产力的关键在企业，特别是要看企业有没有核心竞争力，住宅装饰装修行业的发展，关键在于提高企业竞争力。

企业核心竞争力是多方面的优势的转化，诸如企业制度、企业文化、发展战略、经营方式、市场选择、专业技术、成信与服务等等。要提高企业核心竞争力，就要在规范管理的基础上，通过管理创新、技术创新、服务创新来实现。

当前，家装企业一定要研究如何建立起适应本企业发展要求的企业制度。无论是股份制企业制度或家族式的企业制度，都要扬长避短、发挥优势。不仅力争做大做强，还要力争做长，减少一点昙花一现的发展过程。要完善法人治理结构、建立和健全规章制度、完善企业内部的运行机制。从科技进步上看，要以信息化改造传统产业，提高工厂化、社会化生产水平。要提高生产力要素的整合、配置能力，走专业化发展的道路，提升自己的专业技术水平。要提高人才聚集和利用能力，下决心加强培训，并通过严格考核，奖惩结合，全面提升从业者队伍素质。

企业的专业化发展是行业生产力发展的必然趋势，市场的细分导致企业的专业化。住宅的装饰装修已经是专业化了，但我高兴得看到，有的企业选择了二次装修市场，有的选择了水电、橱柜的改造为自己专业化发展方向。特别是推广一次性精装修比例增大后，市场的专业化发展的速度会加快，市场的格局将产生很大的变化，企业要认真研究市场变化后的企业发展战略，通过走专业化道路，提高市场占有率。

所有的企业都要走科技进步的道路。要认真落实行业科技大会确定的技术发展方针，坚持以科技进步推动住宅装饰装修行业的生产力发展。在“若干意见”中，用了专门的一大部分，具体提出推动行业技术进步的内容、方法和措施，这些举措是经过企业实践后得出的经验，应该引起广大企业的高度重视，我们非常希望提高对科技进步的认识，不能说起来重要，干起来不重要。一定要积极推广十项新技术，搞好科技示范工程，形成自己的技术绝活。

第二点是企业的诚信建设问题。

加强企业自律意识是提高行业、企业社会服务能力的重要条件。当前，企业自律水平低，行业诚信建设滞后，已经严重制约了行业的发展，影响了消费者的信心。多年来，各地方建筑装饰协会在这方面做了大量工作，取得了可喜的成绩。中装协也在 2002 年 8 月建立和公布了“行业自律公约”，并配合各地方协会开展了“诚信企业”评比活动。所有这些活动在不同程度上产生了一定的效果，但整个工作还有一定差距。中装协下决心会同各地方协会及相关的政府部门加大这项工作力度，并争取收到实际效果。

现在初步设想，分三个层次抓行业诚信体系的建设。第一、先试行行业准入与清出制度。长期以来，全国住宅装饰装修行业没有一个行业准入和清出制度，造成业内企业良莠不齐，存在大量不合格企业和马路游击队充斥市场。虽然部分省、市在以前曾经根据市场要求，设立了住宅装饰装修资质，但都只在地区内有效。同时，随着我国行政许可法的实施，很多地区的住宅装修资质成为实施行政许可法后清理、撤销的对象。因此，住宅装饰装修的行业准入问题就不仅显得更为突出，同时在历史上利用家装资质管理企业上出现了真空。为此，协会建立并启用一套以诚信体系建设为依据的行业准入与清出制度，作为进行企业自律体系建设的基础性制度，实施对行业内企业的动态管理。

“准入与清出”的管理办法在酝酿的过程中得到了许多地方协会的支持和拥护，并主动参与办法的修改工作。“准入与清出”管理办法在网上公布后，已有 20 多个地方建筑装饰协会主动要求试点。中装协已决定委托重庆市等 17 个地方建筑装饰协会进行首批试点。在总结经验后逐步推开。我们希望受中装协委托开展试点的地方协会认真地完成试点工作，中装协在必要的时候召开会议，研究扩大试点和逐步推开的问题。

行业诚信体系建设的第二层次的工作，是开展规范服务达标活动，中装协在行业调研中发现，上海市建筑装饰装修行业协会同市精神文明办公室联合搞的规范服务达标活动，权威性强，可操作强大，效果好，不仅对行业自律的影响深远，还大大提高了企业管理水平，因此，决定借鉴上海的经验，同中央精神文明建设办公室及建设部精神文明办公室联合，把这项活动在全国有条件的地方逐步推广。协会已编制了服务达标的相关标准，下一步我们准备在总结上海经验的基础上开展这项活动的试点工作。

行业诚信体系建设的第三步则是在行业准入与清出、行业规范服务达标的基础上，把行业的全面诚信体系建设同全行业的精神文明建设结合，对企业的全面服务质量进行进一步的评定，具体划分出服务等级，作为对企业最终的行业评价，并严格实行动态管理，从而构成行业诚信建设的完整体系。

我们希望把规范服务达标活动的组织实施，作为加强行业自律的长效机制，在贯彻实施中，逐步构造行业近期和长期发展的诚信体系。同时把服务达标活动，以及推进全行业的精神文明建设，作为推动企业生产力发展的一项重要举措，从服务上提升行业及企业的竞争力。让更多的客户享受到满意的服务。

我们这次会议中，关于行业诚信体系的建设，一直得到中央精神文明建设办公室、国家工商总局消费者权益保护局，以及中国消费者协会的大力支持，他们多次听取汇报，并提出非常好的意见。中国消费者协会正式出文支持建设部精神文明建设办公室同中装协共同组织的 500 家企业“诚信宣言”签名活动。 中央精神文明建设办公室将对建设部精神文明建设办公室和中装协关于开展规范服务达标活动做出批示，我感谢这些部门对我们的支持。我也希望获得“诚信企业”称号的企业，参加“诚信宣言”签名的企业严格要求自己，身体力行，履行自己的诺言，做出行业诚信的表率。

第三是加强行业培训工作。

我们这个行业是一个后发产业，社会人才储备严重不足，已经成为行业可持续发展的瓶颈。推动行业生产力的可持续发展，一要靠科技进步，二就是要靠从业者素质的提高。所以，中国建筑装饰协会计划把培训工作作为重点，准备提出一个全方位的对住宅装饰装修从业人员培训方案，以全面提高行业素质，推动行业升级。设想要从配套教材的编写和培训工作的组织两方面入手，推动行业全面培训工作的展开，并计划在近期内进行以下两个层次的培训。

第一是管理层的专业技术培训，具体包括4个专业：一是家装工程经理，主要培训对象是项目承包人；二是住宅装饰设计，分为初级和中级两个级别，培训对象是在岗的设计师；三是质量管理培训，也分为两个级别，培训对象是质量监督员，巡视员等质检人员；四是材料管理培训，培训对象是企业的库管人员，工程项目中的材料员。

第二是操作层的工人技能培训，具体包括了已有教材的四个工种，即：镶贴工、涂裱工、金属加工和木工，工人培训中的水、电工，我们将尽快编写教材。

住宅装饰装修行业培训的目标是，全员培训，持证上岗，这些工作的落实，需要企业负责人提高认识，今后企业的差距，将表现为员工素质的差距。

三、贯彻“若干意见”的措施和意见

中国建筑装饰协会编制“若干意见”的目的，是从行业发展的全局出发，为我国住宅装饰装修市场发育与管理提出宏观规划，是想为各地方协会具体开展工作提供思路和扩大工作空间，为行业发展策划更多的活动内容，因此，希望各地方协会高度重视，认真的学习、贯彻，为此，提出几点意见。

（一）认真搞好学习、宣传

1.要认真组织行业内企业学习、宣传“若干意见”

各地方建筑装饰协会要以发展行业生产力为目标，认真学习“若干意见”。“若干意见”内容比较丰富，包含的经济、技术、文化内容较多，在措施和方法也有创新，对促进行业生产力和完善、规范行业市场将起到积极的作用，希望各地方协会积极组织家装委员会及秘书处工作人员，认真学习，领会要领，提高责任心和使命感。

各住宅装饰装修专业企业，也要认真学习“若干意见”，作为调整企业发展战略，制订企业市场开发策略的依据。不仅领导层要认真学习，管理层和设计师也应该认真学习，以形成企业内部科学的发展观。

2.协会媒体要进行充分报道

中国建筑装饰协会各媒体将充分报道本次发展大会及“若干意见”，扩大社会宣传效果。各地方装饰协会，也要把宣传本次大会和若干意见作为今后一段时间内的重要内容，在行业内媒体上进行广泛宣传，同时要与社会媒体联合，就“若干意见”中的重点内容，进行宣传报道。

3.积极同相关部门联系，争取支持，共同组织行业内活动

整顿行业市场，发展行业生产力是一项社会性系统工程，要同政府部门，相关行业协会通力合作。无论是中装协，还是各地方协会都积极争取政府部门和协会的支持，在共同努力下完成 “若干意见”的要求。

4.认真向广大消费者进行宣传

要想把我国住宅装饰装修行业市场整顿、治理好，就离不开消费者的理解、支持和规范自身的行为。要把本次发展大会和“若干意见”中的具体措施，通过宣传渠道，尽快让消费者知晓。有条件的地方，要在地区的主流媒体上作充分报道，并将宣传活动深入到新建住宅小区、主要街道，形成较强的社会舆论力量，以规范消费者的行为。

（二）结合本地区实际情况制定落实计划

我国住宅装饰装修地区市场发展行不平衡，因此，各地建筑装饰协会要根据地区经济、技术、文化特点，进一步制定本地区的实施计划。

1.认真落实组织机构

“若干意见”对建立协会住宅装饰装修专业委员会给予了高度重视，实践证明各地装饰协会的家装专业委员会，能否很好的发挥作用，对行业发展影响极大。住宅装饰装修行业管理的工作量大、难度高、专业性强，如果没有完备的工作班子和年富力强的专业人员，就不能完成如此艰巨的任务。各地建筑装饰协会要把落实“若干意见”作为协会加强组织建设、业务建设和思想建设的重要契机，加快协会自身建设的速度。

2.组织好行业准入和清出的试点活动

此次召开发展大会和下发若干意见之后，将在行业内启动准入与清出制度的试点工作。此项工作的政策性强、社会影响力大、工作量也非常大，要认真学习、掌握好标准。这项制度目前仅仅是试点、一定要在认真总结，逐步完善后再推开。

3.根据地区情况和企业特点，有重点落实“若干意见”的要求

“若干意见”的内容很丰富，一定要根据需要有针对性的有重点的安排。譬如要认真分析市场、研究如何更好切入成品房装修业务；譬如要认真研究如何形成企业特点，发展核心竞争力；譬如，如何使企业制度有利于形成有利企业长期发展的机制，适应企业不断创新的要求；譬如，如何使企业的培训工作收到实效，在提高员工素质上提升企业管理水平等等。

我们十分强调，落实“若干意见”要进行创造性的工作，更要不断总结各地区的经验，改进“若干意见”的不足。一定要加强中装协同各地方的合作，共同完成推动行业发展的任务。

关于发布《住宅装饰装修行业自律管理企业准入与清出办法（试行）》及进行试点工作的通知

中装协[2004]042号

各地方建筑装饰协会：

住宅装饰装修（简称：家装）企业的行业准入与清出、服务达标、精神文明建设等是家装行业自律管理的重要组成部分。根据业内的呼声和行业发展的需求，我会制订了《住宅装饰装修行业自律管理企业准入与清出办法（试行）》，经2004年8月6日中国建筑装饰协会会长办公会议批准，现给予发布。

本办法的实行，采取试点的方式。试点工作的原则是“追求效率，注重实效，兼顾公平”，由地方建筑装饰协会提出试点申请，我会审批委托。试点单位的基本条件是：

1．省、自治区建筑装饰协会区域内，省会城市及其他2个以上的地级市已成立了建筑装饰协会，且积极性高，具有基本工作条件。

2．直辖市和没有省、自治区建筑装饰协会的地方建筑装饰协会，可直接提出申请。

3．地方建筑装饰协会，根据本地区实际情况，制订相应的实施细则，包括工作、组织、管理、业务等方面的制度。

试点的时间为一年，在此期间内的基本要求是：

1．试点省、自治区其区域内1/2以上的地级市成立地方建筑装饰协会。

2．试点地方建筑装饰协会区域内在工商行政部门注册的1/2以上的家装企业持有行业准入证书，纳入了属地化行业自律管理。

3．鼓励大胆创新，如对在工商行政部门注册的法人公司与个体工商户实行分类管理。

我会将在2004年9月2日～4日经建设部批准的“全国住宅装饰装修行业发展大会”上宣布分批试点单位的名单。将适时召开试点工作经验总结表彰会。一年后在全国全面推开。争取二三年内在全国建立并完善这项行业自律管理制度。

申请试点工作报告，请于8月28日前与我会张爱宁、张仁联系，电话：010-88389017、88389037，传真：010-88382988。

中国建筑装饰协会

二〇〇四年八月八日

住宅装饰装修行业自律管理企业准入与清出办法

（试行）

中国建筑装饰协会

（二〇〇四年八月八日）

第一章　总　则

第一条　为了加强住宅装饰装修（简称：家装）行业自律管理，保护家装消费者的合法权益，维护家装企业的合法利益，保障家装工程质量和公共安全，促进家装行业可持续发展，参照国际惯例，制定本办法。

第二条　本办法所称“家装”，是指为了保护住宅建筑主体结构，完善住宅的使用功能，采用装饰装修材料或饰物，对住宅建筑内部表面和使用空间环境所进行的处理和美化过程的建筑活动。

第三条　本办法所称“行业准入”，是指企业按照本办法进入家装行业的从业资格。本办法所称“行业清出”，是指企业违反本办法被取消家装行业的从业资格。

第四条　在中华人民共和国境内从事家装工程的企业，应当取得中国建筑装饰协会颁发的《家装企业行业准入证书》，方可从事家装活动，并参加建筑装饰协会组织的行业评价等相关活动，享受行业相关服务。

第五条　中国建筑装饰协会负责全国家装行业的自律管理。家装行业实行属地化管理。经中国建筑装饰协会委托的地方建筑装饰协会（包括省、直辖市、自治区建筑装饰协会及其区域内的建筑装饰协会）负责本区域内家装行业的自律管理。

第六条　《家装企业行业准入标准》，由中国建筑装饰协会统一制订。《家装企业行业准入证书》的印制、备案、发放、收缴，由中国建筑装饰协会统一管理。

企业申办《家装企业行业准入证书》，由省、直辖市、自治区区域内的地方建筑装饰协会审批，省、直辖市、自治区建筑装饰协会核准，报中国建筑装饰协会备案。

第二章 行业准入标准

第七条 企业经工商行政主管部门登记，包括法人公司与个体工商户，有固定的办公场所，相应的作业人员和施工机具。

第八条 企业1年内承担过5项以上、单项造价5万元以上或10项以上、2万元以上的家装工程，质量合格。

第九条 企业经理具有2年以上从事家装管理的经历并具有相应的从业资格；技术负责人具有2年以上从事家装技术管理经历并具有相应的从业资格；财务人员具有相应的从业资格。

第十条 企业有相应从业资格的家装工程技术管理人员不少于4人，其中工程技术人员不少于3人，建筑结构、建筑学或环境艺术（室内设计、艺术设计、美术）的人员不少于1人。

第十一条 企业有相应从业资格的木工、瓦工、油漆工、电工、水暖工、质量安全员等专业技术人员。

第十二条 企业为建筑装饰协会会员单位，遵守政府相关法律法规和建筑装饰协会《家装行业自律公约》。

第三章 行业准入

第十三条 家装企业自愿向企业注册所在地的建筑装饰协会申请《家装企业行业准入证书》。

第十四条 新设立的家装企业，到工商行政主管部门登记并取得企业工商营业执照后，到地方建筑装饰协会申请《家装企业行业准入证书》，行业准入预备期为一年，应当提供下列有效申请资料：

（一）家装企业行业准入申请表；

（二）企业工商营业执照；

（三）企业法人代码证和法定代表人身份证；

（四）企业营业场所使用证明；

（五）税务登记证；

（六）企业经理、技术负责人、财务负责人、工程技术管理人员、技术人员的聘任文件和相应的从业资格资料。

（七）企业与员工签订的有效劳动合同证明。

（八）企业管理制度，以及需要出具的其他有关证明和资料。

第十五条 地方建筑装饰协会对家装企业申请《家装行业准入证书》进行审批、核准，应当从受理申请之日起20个工作日内完成。

当地建筑装饰协会应当定期在业内及当地公众媒体上公示，并将审批结果在业内及当地公众媒体上公告。

第十六条 地方建筑装饰协会负责本区域内家装企业的行业准入年检、日常的行业管理和服务。年检结论、相应处罚按本办法报中国建筑装饰协会备案。

第十七条 家装企业行业准入年检，除应提供本办法第十四条所列资料外，还应当提供下列资料：

（一）行业准入证书的正、副本；

（二）企业的财务决算年度报表。

第四章 行业清出

第十八条 家装企业证书申请和年检的资料必须真实，不得弄虚作假，不得伪造、出借、转让《家装企业行业准入证书》。

第十九条 家装企业行业准入年检的结论分为：合格、不合格两种，其结论记录在《家装企业行业准入证书》的副本内，并在业内及当地公众媒体上公布。不合格的，给予半年的整改期，逾期未能改正的，撤消《家装企业行业准入证书》和建筑装饰协会会员证书。

第二十条 家装企业在准入预备期内或年检时有下列行为之一的，建筑装饰协会不予批准：

（一）违反政府相关法律法规；

（二）违反建筑装饰协会《家装行业自律公约》。

第二十一条 家装企业符合《家装行业准入标准》的，且在过去一年未发生本办法第十九条所列行为之一的，年检结论为合格；否则，定为不合格。

第二十二条 有本办法第十九条所列行为之一的，由地方建筑装饰协会做出业内口头警告、业内媒体通报、吊销行业准入证书和协会会员证书、公众媒体曝光；建议省、直辖市、自治区建筑装饰协会、中国建筑装饰协会给予相应行业处罚，提请相关政府主管部门进行相应行政处罚。

第二十三条 家装企业在规定时间内没有参加行业准入年检的，其行业准入证书自行失效，且一年内不得重新申请。

第二十四条 家装企业因破产、倒闭、撤消、歇业的，应将行业准入证书交回地方建筑装饰协会予以注销，并在业内及公众媒体上公布。

第二十五条 家装企业变更名称、地址、法定代表人、技术负责人等，应当在变更后的20天内，到地方建筑装饰协会办理行业准入证书变更手续。

第二十六条 伪造或者采取不正当手段骗取《家装企业行业准入证书》的，吊销行业准入证书，并在业内及公众媒体上公布。

第二十七条 家装企业转让、出借《家装企业行业准入证书》的，责令改正；情节严重的，吊销行业准入证书。

第二十八条 家装企业遗失《家装企业行业准入》证书的，应当在业内及公众媒体上声明作废，然后按程序补办；否则视作自动清出。

第二十九条 到异地经营的家装企业，持《家装企业行业准入证书》，到当地建筑装饰协会登记备案。地方建筑装饰协会应当给予家装行业准入，纳入行业管理范畴，提供相应行业服务。

第三十条　地方建筑装饰协会及其工作人员未按本办法履行职责的，企业可向地方建筑装饰协会直至中国建筑装饰协会投诉举报；情况属实的，由中国建筑装饰协会责令其改正，并做出内口头警告、业内媒体通报、公众媒体曝光等相应处罚。

第五章　附　则

第三十一条　本办法经中国建筑装饰协会会长办公会议通过，由中国建筑装饰协会负责解释。

第三十二条　地方建筑装饰协会可以根据本办法，结合本地区的实际情况，制定相应的实施细则。

第三十三条　本办法自公布之日起试行。

关于《住宅装饰装修行业自律管理企业准入与清出办法（试行）》有关问题的说明

《住宅装饰装修企业行业准入与清出自律管理办法（试行）》起草小组

1.《行政许可法》实施后，政府和行业协会各自的职能是什么?

十六届三中全会明确提出，政府的职能为：“经济调节，市场监管，社会管理，公共服务。”2003年1月7日建设部副部长刘志峰在“2003年全国建设工作会议”闭幕式上的讲话中指出，建设部的职能是：“宏观调控，市场监管，社会管理，公共服务。”

行业协会的职能是：法律规范，行业自律。

在市场经济条件下，特别是《行政许可法》实施后，政府的职能之一是管理市场；建筑装饰协会的职能之一是通过行业自律管理家装。

2. 什么是“行业准入与清出”？从业资格与企业资质是什么关系?

本办法所称“行业准入”，是指企业按照本办法进入家装行业的从业资格。本办法所称“行业清出”，是指企业违反本办法被取消家装行业的从业资格。

企业从业资格是行业准入；企业资质是市场准入。企业从业资格是行业准入的底线。

3. 协会的“行业准入与清出”与政府的“市场准入与清出”有何区别？是什么关系?

协会的“行业准入与清出”，属于行业自律管理的范畴。政府的“市场准入与清出”，属于政府的行政许可的范畴。

在市场经济中，市场会有缺陷，政府依据《行政许可法》利用行政的力量干预市场缺陷，包括“市场准入与清出”。行业也会有缺陷，协会也依据《行政许可法》利用自律的手段干预行业缺陷。

市场管理与行业管理分属政府和行业协会，是相辅相成的关系。

4. 行业准入与清出同建立行业诚信体系是什么关系?

行业准入与清出，解决的是企业对于家装行业的“上岗与下岗”——得到或失去从业资格的问题，是一项行业管理制度。作为行业准入与清出，是建立行业诚信体系的基础。协会通过行业诚信评价，如优秀企业、达标等表彰先进的活动，以提升企业及全行业的诚信度，提供家装消费者多层次的选择。

5. 为什么全称为“住宅装饰装修”，简称为“家装”？

在建设部的有关政策法规中，“家庭居室装饰装修”与“住宅装饰装修”均使用过，且以前者使用得最早和最多。在20世纪90年代中国出现家装现象后，社会上多用“家装”，且形成约定俗成。

故我们考虑两者兼顾，全称为“住宅装饰装修”，简称为“家装”。

6. 该管理办法中定义“家装”的依据是什么?

依据的是由中国建筑装饰协会主编、建设部2001年12月9日以建标[2001]266号文件批准的国家标准《住宅装饰装修施工规范》（GB50327-2001）中“术语”一节中，关于“住宅装饰装修 Interior decoration of housings”的定义。

7. 为什么实行“低门槛准入”？

目前，我国年生产5000多亿元家装工程产品的20多万家企业、700多万从业人员现处于无人管理的真空状态。家装企业既有“法人公司”，也有包括工作室在内的“个体工商户”，且后者约占家装企业总数的50%左右。

家装从业者多为农民。目前国家“三农”政策是，大力支持农村富裕劳动力进城务工，且能在城市中安居乐业。

为此，我们设计的企业行业准入的第一个条件是：企业经工商行政主管部门登记，包括法人公司与个体工商户，有固定的办公场所，相应的作业人员和施工机具。以最大限度的覆盖行业管理和服务范围，将过去认为的“游击队”主体——法人公司与个体工商户团结凝聚起来，通过提供培训教育、调整利益关系、规范运作行为等行业服务，提升从业者整体素质水平，将农民变成合格的产业工人。

8. 家装行业管理中国建筑装饰协会与地方建筑装饰协会的关系是什么？

相对于中国建筑装饰协会，地方建筑装饰协会，包括省、直辖市、自治区建筑装饰协会及其区域内的建筑装饰协会，如江苏省有省装饰装修行业协会，12 个地市中 11 个有建筑装饰协会；河北省有省建筑装饰协会，11 个地市中 7 个有建筑装饰协会。

我们所设计的这项行业管理制度分三个层次管理：一是中国建筑装饰协会；二是省、直辖市、自治区建筑装饰协会；三是省、直辖市、自治区建筑装饰协会及其区域内的建筑装饰协会。

因此，企业申办《家装企业行业准入证书》，由省、直辖市、自治区区域内的地方建筑装饰协会审批，省、直辖市、自治区建筑装饰协会核准，报中国建筑装饰协会备案。自下而上的三个管理层次是审批——核准——备案。

省、直辖市、自治区建筑装饰协会起牵头作用，调整本区域内不同地方建筑装饰协会的利益关系。中国建筑装饰协会的工作指导只对省、直辖市、自治区建筑装饰协会。

尚未成立省、自治区建筑装饰协会的地方，如广东、新疆维吾尔自治区等地，其区域内的建筑装饰协会可直接对中国建筑装饰协会。

9. 家装行业管理为什么实行“委托制”？

委托，既体现了中国建筑装饰协会与地方建筑装饰协会在家装行业管理与服务上的指导与被指导的关系；也确定了彼此代表的行业利益的关系，地方建筑装饰协会代表的是所在区域内装饰行业的利益，中国建筑装饰协会代表全行业的利益。同时，表明责、权、利的一致性。家装行业实行属地化管理。

《家装企业行业准入标准》由中国建筑装饰协会统一制订。《家装企业行业准入证书》的印制、备案、发放、收缴，由中国建筑装饰协会统一管理。

经中国建筑装饰协会委托的地方建筑装饰协会（包括省、直辖市、自治区及其区域内的建筑装饰协会）负责本区域内家装行业的自律管理。

10. 处罚违反该办法的依据是什么？

我们认为，只要违反政府相关法律法规，以及违反建筑装饰协会《家装行业自律公约》，就应当进行相应的行业处罚，包括“行业除名制”。

11. 为什么要“行业清出”？如何进行？

有“准入”就有“清出”。不能只“准入”不“清出”。

我们主要想解除业内及消费者对家装企业准入后如果违反本管理办法怎么处罚的顾虑，加大企业违反行规的成本，并使违规的成本足够的大。如违反政府相关法律法规、违反建筑装饰协会《家装行业自律公约》的，我们设计的行业惩戒性措施由低至高依次是：

由地方建筑装饰协会做出业内口头警告、业内媒体通报、吊销行业准入证书和协会会员证书、公众媒体曝光；建议省、直辖市、自治区建筑装饰协会、中国建筑装饰协会给予相应行业处罚，提请相关政府主管部门进行相应行政处罚。

12. 从业人员持证上岗的培训工作怎样做？

我们正在制订配套计划，成立专门的培训部门，研究编写简明培训上岗教材。

13. 企业取得《家装企业行业准入证书》后进入家装行业的活动范围有多大？

可从事家装活动——不受限制，并参加建筑装饰协会组织的行业评价等相关活动，享受行业相关服务。

14. 为什么把“准入”与会员结合起来？

根据国际惯例，行业管理是通过二个层实现的：一是“行业的准入与清出”；二是“会员的准入与清出”。

“行业的准入与清出”主要是调整企业在社会上的行为；“会员的准入与清出”主要是调整企业在业内的关系。

15. 为什么对建筑装饰协会也做出违规的规定？

本管理办法规定：地方建筑装饰协会及其工作人员未按本办法履行职责的，企业可向地方建筑装饰协会直至中国建筑装饰协会投诉举报；情况属实的，由中国建筑装饰协会责令其改正，并做出内口头警告、业内媒体通报、公众媒体曝光等相应处罚。

这条规定，不仅体现行业公平，而且力图从制度上防止“行业腐败”。

16. 该办法的论证过程？

我们已于 7 月 20 日～22 日，征求了部分省市建筑装饰协会的意见，分别在石家庄、杭州、沈阳，与河北省建筑装饰协会与石家庄市装饰协会、浙江省建筑装饰行业协会、辽宁省装饰协会、吉林省建筑装饰业协会家装委员会共同组织的征求意见座谈会，其思路、管理框架得到了充分肯定，认为这是业内盼望已久的大好事，恰逢其时，应尽快出台，并提出了相应的修改意见。

回来后经修改，形成送审稿，在 7 月 23 日中国建筑装饰协会 20 周年筹备工作会上研究讨论，得到一致赞同，会议认为经过大家艰苦努力终于找到了一个可行的行业管理的突破口和切入点，同时提出了使办法中条文更加严谨的意见。

关于委托 17 个地方建筑装饰协会进行住宅装饰装修行业自律管理企业准入与清出首批试点工作单位的决定

中装协[2004]047 号

根据中国建筑装饰协会 2004 年 8 月 8 日做出的“关于发布《住宅装饰装修行业自律管理企业准入与清出办法（试行）》及进行试点工作的通知”（中装协 [2004]042 号）的精神，经中国建筑装饰协会会长办公会议研究，同意以下 17 个地方建筑装饰协会的试点申请，作为第一批住宅装饰装修行业自律管理企业准入与清出的试点工作单位。

试点工作时间为一年。届时经中国建筑装饰协会考核，验收合格后，正式委托你们进行住宅装饰装修企业准入与清出的行业自律管理。

请你们按照“追求效率，注重实效，兼顾公平”的试点工作原则和试点工作要求，切实负起责任，注意协调有关方面关系，制定实施细则，大胆创新，建立并完善住宅装饰装修行业自律管理制度，促进行业可持续发展。

我会将在 10 月初召开试点工作座谈会，进一步统一思想，交流各试点单位实施细则。

17 个地方建筑装饰协会名单如下：

重庆市建筑装饰协会	武汉建筑装饰协会	东莞市建筑装饰协会
黑龙江省建筑装饰协会	南京市装饰行业协会	大同市建筑装饰协会
吉林省建筑装饰业协会	石家庄市装饰协会	金华市装饰装修协会
辽宁省装饰协会	昆明市装饰行业协会	哈密市建筑装饰行业协会
福建省建筑装饰协会	长沙市城市房屋装饰装修行业协会	汕头市装饰协会
西安建筑装饰装修业协会	厦门市建筑装饰协会	

中国建筑装饰协会

二〇〇四年九月三日

《全国住宅装饰装修行业自律管理企业准入与清出办法（试行）》首批试点工作情况交流会会议纪要

中国建筑装饰协会

（二〇〇四年十月十五日）

2004 年 10 月 13 日～15 日，“《住宅装饰装修行业自律管理企业准入与清出办法（试行）》首批试点工作情况交流会”在福建武夷山世纪桃源大酒店召开。中国建筑装饰协会副秘书长房箴出席会议并作总结讲话，会议由住宅装饰装修委员会（筹）委员会副秘书长张仁主持。

全国首批试点的 17 个地方省、市建筑装饰协会和 6 个积极申请第二批试点单位的建筑装饰协会主管领导和具体负责此项工作的同志参加了会议。17 个试点地方建筑装饰协会包括 1 个直辖市：重庆市；4 个省：黑龙江、吉林、辽宁和福建；6 个省会城市：西安、武汉、南京、石家庄、昆明、长沙；6 个重点城市：厦门、东莞、大同、金华、哈密和汕头。6 个积极申请第二批试点单位的建筑装饰协会是；江苏省、山西省、陕西省、大连市 、宜昌市和温州市。

部分省市建筑装饰协会邀请了当地建设行政主管部门和工商行政主管部门的领导出席了会议，提出了很好的意见和建议。

一、会议交流

与会代表普遍反映，2004 年 8 月 8 日中国建筑装饰协会“关于发布《住宅装饰装修行业自律管理企业准入与清出办法（试行）》及进行试点工作的通知”（中装协 [2004]042 号）下发各地方建筑装饰协会、在中国建筑装饰网、《中国建筑装饰》、《中华建筑报》等行业媒体上公布，特别是在 9 月 2 日～4 日有 1300 多位代表出席的“中国建筑装饰协会成立 20 周年庆祝活动及全国住宅装饰装修行业发展大会”上，受到了建筑装饰地方协会和广大家装企业的普遍欢迎，反响强烈。

行业自律管理的思路，得到了 8 月 27 日到中国建筑装饰协会进行调研的建设部部长汪光焘、副部长黄卫，9 月 2 日建设部副部长黄卫在“中国建筑装饰协会成立 20 周年庆祝大会”上的讲话，9 月 3 日建设部建筑市场管理司司长王素卿在“全国住宅装饰装修行业发展大会”上讲话的肯定。

会议认为，在当前市场规模大、管理弱、行业管理仍存在政出多门、多头管理的情况下，中国建筑装饰协会经过深入调研，多方征求意见，反复修改文件，积极努力找准切入点，及时出台了这个管理办法，填补了行业管理空白，对家装行业鼓舞很大，进一步鼓励了地方建筑装饰协会搞好行业管理的热情和积极性。

会议指出，目前情况下非常有必要从行业自律管理的角度，建立健全家装企业行业准入与清出管理机制，进一步规范市场，建立企业诚信体系。结合精神文明建设，坚持科学发展观，努力促进家装行业健康、有序、可持续发展，为全面建设小康社会做贡献。

与会代表在发言中认为：

1. 在市场经济条件下，特别是《行政许可法》实施以后，政府管市场，协会通过行业自律管理家装行业，是非常必要的、及时的。家装企业的准入与清出是解决家装企业从业资格的有效途径，也是一项行业自律管理的机制。

2. 通过行业诚信评价，加强精神文明建设，不断提升企业和全行业的诚信度，解决目前家装市场多头管理、市场混乱、无序竞争、无证施工等现象。

3. 希望通过这项举措，促进全国住宅装饰装修市场健康发展，提高家装行业的诚信度和美誉度，积极为广大消费者提供科学、环保、美观、实用、健康的家装服务，是全行业贯彻落实"三个代表"重要思想和党的十六届四中全会"以民为本"执政要务的具体体现。

二、相关问题的确定

对与会代表提出的一些问题，会议统一了认识，协调了立场，对相关问题进行了确定：

1. 试点工作时间，暂定为一年，争取三年后全面铺开。

2. 准入证书全国通用，异地施工企业可到当地建筑装饰协会登记备案。目前有证的企业自愿转入，无证的企业进入准入审批程序。

3. 审批程序，一是以试点地方建筑装饰协会审批为主，省建筑装饰协会和中国建筑装饰备案为辅。二是以省建筑装饰协会或委托单位为主，组织准入与清出试点工作。

4. 将本办法文件中第22条调整合并为：建立企业自愿退出机制。

5. 逐步建立健全"五个统一"：统一合同文本，统一施工规范，统一验收标准，统一工程造价，统一投诉解决渠道；

6. 管理层和操作层培训，拟采取地方与全国培训相结合或自培、委托代培办法，尽快完善统一教材、统一大纲、统一题库、统一师资；

7. 工本费收取标准，企业申请办理《全国住宅装饰装修行业自律管理企业准入证》工本费全国统一为200～500元，各地方建筑装饰协会可根据当地经济和行业发展状况，在本范围内确定本地工本费标准。费用包括：证书（正、副本），申请表（一式两份），工作人员劳务费，通联费，年检复查费用等。其中，地方建筑装饰协会50%，省建筑装饰协会30%，中国建筑装饰协会20%。

《全国住宅装饰装修行业自律管理企业准入证》的正、副本及申请表，由中国建筑装饰协会统一印制，统一编号，由各省市建筑装饰协会统一领取。

三、平稳顺利有效推进试点工作

会议指出，各地方建筑装饰协会在试点过程中会不断出现新的问题，希望及时总结经验，及时反馈信息，不断总结完善，各地都要努力争取建设行政主管部门及有关政府部门的理解与支持，争取试点工作平稳顺利有效推进。

此项工作试行中，如遇建设部及有关地方建设行政主管部门出台相关家装市场管理规章时，中国建筑装饰协会将再行研究相应执行办法。

关于在会员企业内开展建筑装饰设计师上岗能力认证工作的决定

中国建筑装饰协会五届三次理事会通过

（二〇〇三年十二月二十八日）

随着我国建筑装饰行业的发展，建筑装饰设计人员迅速增加，据不安全统计目前已达30万人。全国有200余所大专院校设立了建筑装饰设计及其相关专业，每年在校学生近万人，成为企业技术人员队伍的强大后备力量。

多年来广大设计人员积极进取、努力工作，完成了大批工程项目，为建筑装饰行业的发展做出了重要贡献。由于建筑装饰设计人员的专业技术上岗能力、水平、层次、级别的认证问题始终没能解决，因此使得这个庞大的设计人员队伍技术素质良莠不一，不仅影响工程设计水平的提高和工程质量的保证，也不利于设计市场秩序的整顿。近年来不断出现功能设计不合理，艺术水准不高的问题，甚至对建筑的消防和结构造成了一定的事故隐患，这些都与从业人员的能力有直接关系。对设计人员进行技术能力认证，提高设计人员的综合素质，已是设计行业迫在眉睫的任务。

根据广大设计人员的强烈愿望，企业和市场的迫切需求，为充分调动设计人员的积极性、创造性，在行业内规范设计人员队伍的管理，增强企业发展内力，我们认为应在会员企业内开展建筑装饰设计师上岗能力的认证工作。为此决定：

一、中装协应和希望开展此项工作的各省、市、自治区、直辖市等地方建筑装饰协会加强合作，共同完成此项工作。

二、仅在会员企业内进行，不面向全国及全行业。

三、建筑装饰设计师的技术能力的认证仅为上岗资格。

四、为确保此项工作圆满完成，成立由专家组成的工作机构，严格工作程序、严格工作制度和纪律。

五、如果理事会批准本提案，可由协会设计委员会筹备工作小组拟订详细的工作方案、计划及相关的评审办法。

建筑装饰行业工人职业技能培训与鉴定工作座谈会纪要

中国建筑装饰协会

（二〇〇四年五月十日）

2004年4月27日～28日，来自全国23个地区的建设行政主管部门、装饰协会、教育协会、大专院校、企业和培训机构的39名专家代表相聚北京，参加了建筑装饰行业工人职业技能培训与鉴定工作首次座谈会，中国建设教育协会理事长李竹成和中国建筑装饰协会常务副会长兼秘书长徐朋出席会议并讲话。

这次会议是由中国建筑装饰协会和中国建设教育协会共同组织的，其宗旨是为了在装饰行业贯彻落实国家和建设部对技能型人才培养、把职业技能培训与鉴定工作扎扎实实开展起来，做细做好的精神和要求。

与会代表首先听取了李竹成理事长和徐朋秘书长的讲话，之后围绕着《关于开展建筑装饰行业工人职业技能培训和鉴定工作的意见》进行了认真热烈的交流和研讨，共同就装饰行业工人培训和鉴定工作特点、组织机构设置、师资队伍建设和教材使用、证书发放等问题，统一了思想，达成了共识；就此项工作的启动、运作和推广提出了现实的思路和方法，探讨了可行的手段和模式。

一、装饰行业工人培训与鉴定工作已成当务之急，迫在眉睫；中国建筑装饰协会两年多的努力已为培训和鉴定工作的开展奠定了基础，创造了条件。

在国民经济分类中，建筑装饰业与房屋和土木工程建筑业、建筑安装业并列构成建筑业。然而就是这个迅猛发展的、已经拥有了20万家企业1100万从业人员的行业却始终没有独立的工种设置，也没有相应的岗位标准和鉴定规范，技能培训基本处于空白状态，生产力水平的提高与行业发展的速度和水平极不适应。为此，2001年11月22日，建设部人事教育司致函中国建筑装饰协会，委托编制建筑装饰行业职业技能岗位标准、鉴定规范、试题库和培训教材，并提出工作要求。在建设部主管部门的关心、支持和指导下，中国建筑装饰协会培训中心已完成了全部职业标准、规范制定和教材、题库的编写工作，填写了建筑装饰行业长期以来工种不明确、技能无标准、鉴定无规范、培训无教材的空白，为贯彻落实国家和建设部对一线操作人员进行技能培训与鉴定的规定和要求创造了条件，特别是针对装饰行业的职业特点进行的培训鉴定工作模式的探讨，也为此项工作的开展奠定了一定基础。

二、国家对技能型人才培养的要求和各级政府主管部门对此项工作的重视和支持，构建了前所未有的人才建设大环境。

中共中央国务院关于进一步加强人才工作的决定、劳动和社会保障部关于加强高技能人才队伍建设及职业技能鉴定工作的总体要求和发展目标，以及建设部在全国建设职业技能岗位培训与鉴定现场经验交流会上提出的规定和要求，为此项工作的开展提供了强有力的政策支持，引起了各地建设主管部门和有关方面的高度重视和支持。

山东省建设管理局的典型引路，为与会者提供了成熟的经验和做法。该地区健全的机构，完整的体系，规范的运作，是其装饰行业从业人员培训鉴定工作起步早、规模大、规范化、效果好的重要保证。他们提出的以省、市、县为基础建立网络体系，调动企业参加培训的积极性和构建师资考评员网络的经验和做法，无不体现出政府主管部门的支持力度，为与会者提供了启示，拓展了思路。

自从两协会为开展装饰行业工人职业技能培训与鉴定工作发出《关于成立建筑装饰行业工人职业技能鉴定培训与鉴定工作指导小组的函》以来，这项工作得到了全国大多数地区和单位的高度重视和积极响应。本次会议前已推荐上报107位专家。这次专家会议，山东、武汉、江苏、苏州、天津、宁夏等地区都是建设教育主管部门领导亲自出席；呼和浩特市建委主任带队，一行四人参会。他们的到会和他们在会议上表现出来的积极和热情的态度，对这项工作提出的具体可行的意见和建议，使与会的行业协会、大专院校、企业和培训机构等方面的代表颇受鼓舞，信心倍增。

因故未参会的地区也以文字形式对本地区该项工作的开展情况作了介绍。

三、与会代表畅所欲言，求真务实，就培训与鉴定工作的组织、师资、教材、证书和考评活动达成共识。

1. 为保证这项工作的迅速推进，顺利开展，各地要在本地区建立一个具有协调、整合、指导作用的工作班子，在建设主管部门的统筹安排和指导下，明确分工和各自职责，克服各种困难，把工作落在实处。在此基础上推荐1～2人参加全国专家指导小组。

2. 建立培养一支熟悉行业特点、了解专业技术、具有教学和鉴定工作经验、德才兼备的师资、考评员队伍。

3. 使用建设部委托中国建筑装饰协会编写的教材，在这个问题上中装协已经与国家劳动部门协商一致，而且劳动部已经委托中国建筑装饰协会培训中心开发装饰镶贴工、装饰涂裱工职业2004版技能鉴定国家题库，并编写配套考试用书。

4. 在证书发放问题上，与会者同意《意见》中的三种方案，可根据当地具体情况作出选择，只要有利于这项工作的开展，各地可因地制宜，在条件不成熟时可采用某种过渡办法，边工作，边协调。鉴于装饰行业工人流动性强的特点，建议增强所发证书在全国的通用性。

5. 根据行业、企业、工人现状，在此工作启动阶段，在条件比较成熟的地区开展以考评带培训的试点，探索一种打破常规、迅速激活工人学习热情并见实效的工作模式，实现培训功效四合一，即：培训机构和企业合一，施工和培训合一，考评和质检合一，现场和考场合一，以此解决一些装饰行业工人技能培训和鉴定工作的特殊性问题。

此外，与会专家们还就加强舆论宣传工作，转变企业和工人的学习理念；研究创新教学教法，保证培训鉴定质量；建立配套政策制度，加强监管查处力度等问题提出了很好的思路和办法。

与 2003 年 8 月份中国建筑装饰协会召开的建筑装饰行业工人职业技能培训与鉴定工作研讨会相比，本次参会代表热情更加高涨，认识更加统一，工作更加务实，大家都在想方设法抓落实，搞协调，迎难而上。北京地区提出的以考评带培训的思路，不失为一种在启动阶段迈出培训鉴定工作第一步的可行的办法，引起了与会者的强烈反响，得到了大家的认可和赞同。不少地区都表示，回去就开始启动，抓试点，抓典型，选几家大企业先搞起来。虽然工作有难度，但是有国家政策，政府支持，靠行业自律，社会联动，一面启动，一面发展，一面规范，一面调整，装饰行业的工人职业技能培训与鉴定工作就一定能做细做好，做强做大。

关于开展建筑装饰工人职业技能培训和鉴定工作的意见

中装协[2004] 027 号

各地方建筑装饰协会、各地方建设教育协会、各会员单位、各培训机构：

为了贯彻落实建设部、劳动和社会保障部联合发布的[2002]73 号文件精神，以及建设部 2003 年在湖南长沙召开的建设职业技能岗位培训与鉴定工作现场经验交流会精神，积极推进建筑装饰行业生产操作人员的职业技能岗位培训和鉴定工作，大力提高装饰行业职工队伍的素质，现提出如下指导性意见。

一、提高认识，明确任务，把建筑装饰行业职业技能岗位培训和鉴定工作列入重要日程。

2001 年 11 月建设部人事教育司委托中国建筑装饰协会，制定了建筑装饰行业装饰木工、装饰镶贴工、装饰涂裱工、装饰金属工、幕墙制作工和安装工六个职业技能岗位标准、鉴定规范，并配套编写了技能鉴定试题库和培训教材，填补了建筑装饰行业长期以来工种不明确、技能无标准、鉴定无规范和培训无教材的空白，为贯彻落实国家和建设部对一线操作人员进行技能培训鉴定的规定和要求奠定了基础，创造了条件。

因此，根据建筑装饰行业的特点，为迅速提高行业生产力水平，推动行业生产力的发展和职业资格证书制度的实施，按照国家和建设部的要求，各地要把建筑装饰行业职业技能培训和鉴定工作列入重要日程，制定出详细的培训计划，整合各种资源，动员一切力量，认真组织实施。

二、实事求是，因地制宜，扎实有效地开展建筑装饰行业职业技能岗位培训和鉴定工作。

1．组织保证

各地要根据当地建设行政主管部门的统一部署开展工作，并积极争取劳动部门的支持和指导。要把工作的计划、实施方法和步骤主动向建设教育主管部门请示报告，争取把此次工作纳入各地建设职业技能岗位培训和鉴定工作的统一计划和管理之中。

在此基础上，各地要组建一个具有协调、整合、指导作用的工作班子，为这项工作提供组织保证。建议请建设教育主管部门牵头，由行业协会、教育协会、有关培训机构、企业组成工作班子。与此同时，各地还应建立一支熟悉行业、懂专业、具有培训和鉴定工作经验的专家队伍，为这项工作提供技术支持。

为了加强对此项工作的指导，请每地区推荐 1～2 人，组建全国建筑装饰行业工人职业技能培训与鉴定工作专家指导小组（以下简称全国指导小组），小组设：顾问、主任、副主任及成员。主要职责：选建培养试点，交流推广经验，探索创新模式，在全国范围内协调指导开展工作。

2．抓好试点

各地方要了解本地区建筑装饰行业从业人员现状，确定培训任务和培训目标；然后根据本地区现有的技能培训鉴定机构和配套设施情况，进行整合、改造或新建，使之具备开展装饰职业技能培训和鉴定的条件。工作初期，各地可指定或推荐一批条件较好的培训鉴定机构作为试点，给予重点培育和扶持，然后总结经验，以点带面，全面推开。

3．整合资源

由于这项培训工作量大面广，各地方要广泛动员和发挥各方面的积极性，依托各类中专学校、职业学校、技工学校和大中型建筑企业的职工学校、培训中心、协会以及在教育和劳动部门注册的社会力量办学机构，利用现有培训资源，建立技能培训基地，形成培训网络，以达到事半功倍之效果。

4．师资培训

建立一支既熟悉技能培训方法又了解装饰专业技术且具有良好职业道德的师资和考评员队伍，是有效地并高质量地开展培训和鉴定工作的必要条件。因此，各地方要选派一批具备相应条件的师资和考评员，参加培训，通过培训后，承担各级各类的培训鉴定任务，并通过对师资和考评员队伍进行再教育，不断提高培训质量。

根据技能培训工作的要求和建筑装饰行业自身的特点，各培训机构和教学及管理人员，还要在加强培训过程管理的同时，研究和摸索出建筑装饰行业工人技能培训鉴定的模式，以满足装饰行业职业技能培训与考核鉴定的特殊要求。

5．教材使用

根据73号文件“各地建设行政主管部门要在劳动保障行政主管部门的综合指导下，组织实施本地区建设行业的职业技能培训、鉴定工作，并按照统一标准、统一命题、统一考务管理、统一证书的原则及规定的程序开展鉴定工作”的要求，经与国家劳动和社会保障部协商，各地可统一使用建设部委托中国建筑装饰协会编写、中国建筑工业出版社出版的建筑装饰行业职业技能《岗位标准、鉴定规范、习题集》和培训教材，开展培训和鉴定工作，在劳动和社会保障部推出国家题库和考试用书之后再进行调整 。

6．证书发放

（1）在与劳动部门协商好的地区，对经考核鉴定合格者，可颁发由劳动保障部统一印制、省市建设和劳动两部门共同用印的《职业资格证书》。

（2）在尚未协调好的地区，可一边协商一边开展培训鉴定工作，对经考核鉴定合格者，先颁发由建设部统一印制的《建设职业技能岗位证书》。

（3）考虑到装饰行业工人流动性强的特点，为便于从业人员在全国范围内流动，也可以根据实际需要，颁发由中国建筑装饰协会和中国建设教育协会联合用印的《装饰行业工人岗位技能证书》（暂定），作为补充，行业内认可。

7．开展考评活动

鉴于装饰行业一线操作人员的特点，为激活其参加培训的热情和积极性，根据中国建筑装饰协会颁布的装饰行业工人职业技能标准和鉴定规范，先对一批符合条件的在施工程的操作人员进行技能考评、定级、颁证，以考评带动培训，切实推进建筑装饰行业职业技能培训鉴定和持证上岗工作的开展。考评结果将在媒体和网站上给予公布。

三、工作步骤

（一）2004年5月

1．各地组建本地区培训鉴定工作指导小组，并推荐出任全国指导小组成员名单。

2．制定2004年度培训计划，确定符合条件的培训鉴定试点单位名单。

（二）2004年5～6月

1．举办各工种师资培训。

2．各地上报符合条件的培训鉴定试点单位名单。

3．组织开展考评活动。

（三）2004年7～9月

召开全国指导小组会议，指导各地开展培训试点，总结摸索经验，建立培训鉴定基地和模式，并交流经验。

（四）2004年10月

全面展开培训工作。

附：全国建筑装饰行业工人职业技能培训与鉴定工作专家指导小组领导名单

中国建筑装饰协会
中国建设教育协会
2004年5月10日

全国建筑装饰行业 工人职业技能培训与鉴定工作 专家指导小组

顾　问：马挺贵
主　任：徐　朋
副主任：李竹成　耿品惠　张京跃
成　员：各地方专家指导小组负责人

全国建筑装饰行业 工人职业技能培训与鉴定工作办公室

主　　任：王燕鸣
副 主 任：王晓峥
工作人员：刘增辉　杨喜成　李　奇 等

浙江省建筑装饰行业科技进步条例

（2004～2007年）

浙江省建筑装饰行业协会
（二〇〇四年十月二十六日）

一、现状与存在问题

1．建筑装饰行业是一个既古老又新兴的行业，20年来发展迅猛，在设计理念、材料更新、施工工艺和从业人员培训等方面取得可喜成就。行业的质量水平、文化品位、环保水平和人员素质上有很大提高。我省已拥有一批资质等级高，在设计、施工、管理方面有特色的优势企业，也创造出一大批社会满意，在国内有一定知名度的精品工程。

2．我省建筑装饰行业的发展水平与省外、国外先进水平相比还是有不少差距。科学技术对行业的贡献率低；工业化程度不高；现场以手工操作为主，劳动强度大；资源消耗严重；粉尘、噪声、污水等环保问题多。

3．计算机辅助设计已经普及，软件开发已经达到了一定水平，但在设计理念、思想、文人、审美情趣、艺术表现手法、采用高科技材料和环保上同国际先进水平相比有较大差距，缺乏创新和独特的设计风格。

4．材料和饰品的科技含量、质量水平总体上看仍然较低。品种、规格、花式和质量、性能、技术上与国际先进水平相比有很大差距。节能材料和环保材料的研发与推广更为欠缺。

5. 除幕墙工程施工技术，已突破传统的技术，机具装备水平已较高外。装饰施工工艺总的看来，机具装备比重不高，装备结构层次低。施工组织技术落后，电子计算机、通讯设备等利用深度、配套系统化运用不够。

二、指导思想和目标

6. 按照党的十六大提出的我国经济发展的要求，我省建筑装饰行业科技进步的指导思想，是以“三个代表”重要思想为指导，全面贯彻“科技是第一生产力”的方针，努力走出一条科技含量高、经济效益好、资源消耗低、环境污染少、人力资源优势得到充分发挥的新型工业化道路。行业发展模式由粗放型转为集约型，由依靠简单扩张规模转向依靠科技进步，提高发展质量，使行业走上可持续发展的轨道。

7. 积极开展具有中国特色的建筑装饰设计文化的研究与实践，争取在中国传统文化与国际审美情趣的结合上，以及新型材料的掌握与运用等方面有所突破。造就一批国内与国际知名的室内设计师、幕墙设计师，提高建筑装饰设计的国际竞争力，创造一批具有标志性的建筑装饰设计精品。

8. 在严格市场准入的基础上，以现代技术、环保标准，对传统的功能性装饰材料进行改造。建筑陶瓷、五金配件、金属型材、木质材料、化学建材等进行技术更新和产品升级换代。要积极开发一批新型防水材料、五金配件、新型涂料、胶粘剂、紧固连接配件等。到 2007 年，新型材料与制品在工程中的应用要提高 10 个百分点。环保性能达标材料在工程中占百分比重达到 90%以上。

9. 引进和研发应用适合建筑装饰工程特点的测量、加工、组装、修缮机具和设备。研究制订与工厂化施工相配套的机具设备、工艺和操作规程。到 2007 年企业现场施工机械化程度达到 80%以上。

10. 研究适应我国国情的住宅环境功能与质量、文化品位、艺术情趣、卫生条件等。将个性化、专业化、标准化与人们生活舒适化有机结合。到 2007 年，一次精装修成品房达到新建住宅的 50%以上。

11. 进一步提高幕墙工程的科技含量和管理创新，到 2007 年要继达到国际先进水平，进一步完善各类幕墙的使用功能、安全性能和质量水平。

12. 积极推广 ISO 系列的认证，利用计算机网络技术、现代企业管理知识和国际建筑工程项目运作的法则，创造出适合我国国情的企业管理和工程项目管理的新模式，积极开拓国际市场。

三、当前要重点推广应用的新技术

13. 推广智能化技术在住宅小区安全防范系统、信息服务系统、设备监控系统和物业管理系统中的应用。

14. 推广智能防盗门技术和防爆玻璃门技术。

15. 提高建筑围护结构及设备节能水平，采用智能及节能型门窗。采用新型保温材料，提高屋面和墙体保温性能。

16. 积极利用太阳能技术，采用太阳能热水器，利用太阳能为小区内公共照明、草坪灯提供能源等。

17. 采用箱式变压器供配电方式及分时计价用电技术。

18. 积极采用变频、分质供水等供水技术，保障水压稳定，提高饮用水水质。推广应用6升水以下及不同出水的卫生设备。

19. 运用雨水收集的办法，作为备用水源，对水景用水进行回收循环处理，达到标准后用于小区的绿地灌溉。

20. 针对装饰工程质量通病，开展顶棚、幕墙采光顶及墙面裂缝的研究与防治。

21. 计算机在企业管理、项目管理、材料及部品加工、现场施工中测量、放线、放样等的应用技术。

22. 完善提高单元式幕墙、点支式幕墙的生产加工及安装施工技术，推广多功能节能式幕墙。

23. 推广天然及人造块材的精加工、异形加工、挂装、整体打磨等技术。

24. 继续提高木制品工厂化、成品化及现场组合安装等技术。

25. 提高金属板、玻璃表面精加工、异形加工、组合安装等技术。

26. 积极应用高强度、抗裂、抗老化胶粘剂的粘结施工技术及新型铆栓配件等应用技术。

27. 积极开展与应用新型保温、隔声材料，复合型管材、新型涂料及新型面材等。

28. 推广应用小型金属活动脚手架，石材切割吊装搬运，测量放线、安装维修等机具。

29. 建筑物清洗、补强、保温、石材翻新、木制品等整修翻新。古建筑、文物等修复、保护技术。

四、推动行业科技进步的措施

30. 进一步明确企业是行业科技进步的主体。要学习企业参与科技进步的相应政策、措施。协会要当好企业的参谋，保护企业的权益，降低企业投资技术创新的风险，提高企业科技进步的积极性。

31. 在行业内树立一批科技示范工程和示范企业，加大宣传力度，扩大示范工程和示范企业的市场影响。对严格按国家标准生产与销售的材料企业，予以表彰，并大力推广国家及省的知名品牌材料。

32. 加大企业自有技术的研发力度，鼓励小企业开展小改小革，由易到难。对有研发能力的大企业，要利用他们的雄厚资金、人才、先进设备等承接国家及省级科技项目，并积极开展已有科研成果向生产力的转化，提高企业经济效益。

33. 联合省级有关厅局，倡导健康消费，规范市场，协助政府做好市场准入工作，限制落后，打击假冒伪劣产品进入市场。

34. 建立行业科技进步激励体制，对重视科技进步，积极应用新技术的优秀工程项目和企业进行表彰奖励，并建议与企业资质等级挂钩，招投标中给予加分。对在科技进步中做出突出贡献的个人予以奖励，并制订相应的政策、措施，使获奖人员在职称评定、工资、执业资格升级上得到优惠。

35. 加强国际交流和合作，引进人才和技术，力争实现我省建筑装饰行业技术创新的跨越式发展。

关于发布常州市家庭装饰行业管理有关办法的通知

常州市各家装企业、各会员单位：

为维护消费者合法权益，保护家庭装饰行业从业者合法利益，促进常州市家庭装饰行业可持续发展，经常州建筑装饰协会研究，决定建立常州市家庭装饰行业管理制度，现发布《常州市家庭装饰企业诚信考评暂行办法》、《常州市家庭装饰行业专业化管理暂行办法》、《常州市装饰装修企业(个人)不良行为处罚办法(试行)》和《常州市家庭装饰工程投诉处理暂行办法》四个家庭装饰行业管理文件，请遵照执行。

有何问题，请及时向我会反映。

常州建筑装饰协会

二〇〇四年五月二十七日

常州市家庭装饰企业诚信考评暂行办法

常装协[2004]04号

第一条　为了进一步整顿和规范全市家装行业秩序，推动企业诚信经营，全面提高企业综合素质，协助政府主管部门加强对家装企业市场行为的监管，按照常州市建筑装饰行业自律公约的规定，结合我市实际，制定本暂行办法（以下简称“办法”）。

第二条　本办法适用于本市行政区域范围内主营业务从事家庭装饰装修工程设计与施工，已参加常州建筑装饰协会，具有施工资质或家装施工资质的会员企业。

第三条　常州建筑装饰协会成立诚信考评委员会进行年度综合考评，具体工作由家装专业委员会组织开展。

第四条　家装企业诚信考评内容为：市场行为评价、业主对企业的评价二个方面。

第五条　诚信考评采取综合评分的办法，满分100分，其中市场行为评价50分，业主对企业的评价50分，具体分值计算见“考评评分标准”（附件一）。

家装企业诚信考评根据企业得分情况分为A、B、C三类，即得分在70～100分（含70分）之间的为A类（优秀企业），得分在40～70分（含40分）为B类（合格企业），得分在40分以下为C类（不合格企业）。

第六条　家装企业诚信考评（以下简称“诚信考评”）每年进行一次，考评期为当年1月1日至12月31日，各家装企业应在次年1月31日前向常州建筑装饰协会报送诚信考评手册及有关申报资料。（考评内容当年为准）。

第七条　参评家装企业必须如实填报考评手册中当年度各项评价表的自评内容和得分（加分、扣分）情况并提供证明材料复印件（原件备查），不得弄虚作假，有虚报、瞒报或其它不正当行为的，一经发现将取消考评资格。

第八条　诚信考评结果，由常州建筑装饰协会考评委员会讨论确定，并分类排序向社会公布。

第九条　诚信考评A类（优秀企业）企业由常州建筑装饰协会授予年度优秀诚信家装企业的称号。

第十条　家装企业有以下情况之一的，实行一票否决制。

1．发生四级以上质量、安全事故，受到行政主管部门处罚的。

2．违反有关法律法规，造成严重后果或社会不良影响，被吊扣从业证照、资质证书的。

3．违反行业自律公约，不良行为受到常州建筑装饰协会调查处理的。

第十一条　无故不参加诚信考评或连续三年被评为最后五名的，将予以通报批评，并在媒体上予以通告。

第十二条　本暂行办法自2004年度起实行。

附件一：常州市家庭装饰企业诚信考评评分标准

附件二：常州市家庭装饰企业诚信考评手册（略）

附件三：诚信考评申报材料明细表（略）

附件一：

常州市家庭装饰企业诚信考评评分标准

一．市场行为评价（满分50分）

市场行为评价是指本企业从事家装工程设计与施工活动所获得的各项奖惩情况，分为得分项目、扣分项目和加分项目。加分项目分值超过满分部分的分值作为附加分值，作为参考。

1．得分项目：

（1）企业当年受到国家、省级行政主管部门或行业协会行文表彰的，分别得15、12分。

（2）企业当年受到市级行政主管部门或行业协会行文表彰的，得10分。

（3）企业当年承接的家装工程项目获得国家、省、市优质工程奖或优秀设计奖的，分别得10、8、5分。

（4）及时缴纳税费的，得5分。

（5）企业施工资质年检合格的，得5分。

（6） 获得重合同守信用单位称号的，得5分。

2．加分项目：

（1） 获得银行资信AAA级的，加3分，获得银行资信AA级的，加2分，获得银行资信A级的，加1分。

（2）通过ISO9000（2000版）质量管理认证的，加3分。

（3）通过ISO14000（1996版）环境管理认证的，加3分。

（4）通过ISO18000职业健康安全管理认证的，加3分。

（5） 企业从业人员从业资格符合资质要求，上岗人员从业培训持证上岗率100%，加5分；设计人员已被认定为中级室内建筑师职业资格的有1人加1分；各工种工人经培训考评被认定为高级技师的有1人加2分，技师的有1人加1分，高级工的有1人加0.5分。

3．扣口分项目

（1） 企业及其部门、个人或者所承接的家装工程项目当年受到国家、省、市级行政主管部门或行业协会行文通报批评或处罚的，每项分别扣15、12、10分。

（2） 企业施工资质年检不合格的，扣5分。

（3）对承接的家装工程转包给无正规资质的装饰公司或个人施工被投诉，情节较轻未造成不良影响的，扣 5分。

（4） 企业不按国家相关标准、规范进行施工或偷工减料造成质量事故，引起投诉，情节较轻的，扣5分。

（5）企业不使用有关部门监制的正规格式合同被投诉或被发现的，扣5分。

（6） 企业不履行合同相关条款，单方违约或随意增减项目，引起投诉，情节较轻的，扣3分。

（7） 企业不按报价单购买材料，以次充好，造成纠纷或质量不合格引起投诉，扣3分。

（8）企业不履行保修两年的责任引起投诉，情节轻的，扣3分。

（9） 野蛮施工，给业主或邻居造成损失而被投诉，情节轻的，扣3分。

（10） 贬损同行企业和从业者被举报，经核实，情节轻的，扣3分。

二、业主对企业的评价（满分50分）

业主对企业的评价由常州建筑装饰协会家装专业委员会对企业当年全部家装工程项目随机抽查5个项目，发出顾客满意度反馈表，根据顾客反馈情况进行综合后算出平均分值。

具体评价项目为：

1．对企业的服务态度的综合评价

很满意的，得10分；满意的，得8分； 一般的，得5分；不满意的，扣10分。

2．对企业的施工质量及验收程序的评价

很满意的，得10分；满意的，得8分；一般的，得5分；不满意的，扣10分。

3．对企业的设计效果的评价

很满意的，得8分；满意的，得5分；一般的，得3分；不满意的，扣8分。

4．对企业负责采购的施工材料的评价

很满意的，得4分；满意的，得2分；一般的，得1分：不满意的，扣4分。

5．对企业规范收费的评价

很满意的，得8分；满意的，得6分；一般的，得4分；不满意的，扣8分。

6．对企业的回访及保修服务的评价

很满意的，得10分；满意的，得8分；一般的，得5分；不满意的，扣10分。

常州市家庭装饰行业专业化管理暂行办法

常装协[2004]05号

第一章　总　则

常州建筑装饰协会（以下简称装饰协会）是全市装饰企业（包括家装企业）的行业自律性、民间性、权威性的社团组织，在拓展企业的市场意识、提高家庭装饰水平和调解业务纠纷等方面负责对会员单位进行指导、帮助和管理。

装饰协会将学习和推行兄弟城市行业协会的经验，成立专业委员会，采用专业化管理方式，不断提高对家装行业发展的推动力度，通过定期开展会员企业诚信考评，促进各家装会员单位规范经营，树立行业和企业的社会信誉。

第二章　家庭装饰设计专业化管理

第一条　装饰协会及下属专业委员会，对从事家庭装饰设计业务的单位和人员进行指导、监督和管理。

第二条　家庭装饰设计推行规范服务，设计服务规范应符合以下要求：

（一）向客户公开设计服务内容和标准，提高服务透明度。

（二） 设计服务主要包括：初次洽谈、现场勘测、初步方案设计、施工详图绘制、材料选定、现场跟踪指导和软装饰布置等流程。其中施工详图绘制和材料选定必须由客户书面认可才能生效。

（三） 每套设计方案应包括平面、立面、顶面布置图、原始房形图、水电管线图、现场制作家具图和局部效果图等。

第三条　在设计收费无标准规定的情况下，可根据企业品牌、设计师和等级（应经过相关部门或行业协会考核评定取得相关从业资格证书）和服务内容与客户商定具体标准。

第四条　专业委员会对会员单位的设计岗位进行抽查，检查设计服务是否公开、规范，设计收费是否合理。

第五条　专业委员会定期或不定期组织会员单位和会员个人举办优秀设计作品比赛，对优秀作品进行表彰并向社会公布宣传。并组织开展设计标准的研究和制订。

第三章　家庭装饰施工专业化管理

第六条　装饰协会及下属专业委员会组织各会员单位的施工管理人员和工人进行培训，并要求主要施工管理人员具备从业资格，在家庭装饰行业中推行项目经理管理制。

第七条　水电安装、油漆涂装和泥水施工逐步由专业班组完成，鼓励会员单位组建水电安装和涂饰专业施工队伍，引导企业走施工专业化道路。

第八条　分析研究普遍存在的施工质量问题，会同有关部门逐步制定和完善施工规范和验收标准，并要求会员单位接受培训，贯彻实施。

第九条　定期或不定期地组织专业人员对会员单位的施工现场随机抽查，对不合格单位出具整改报告，限期改进。定期组织评定优秀施工企业和优质工程，并在行业内通报表彰。

第四章　家庭装饰材料专业化管理

第十条　装饰协会及下属专业委员会对装饰材料质量进行调查分析，提出禁用和淘汰落后产品的资料，供会员单位参考。并要求会员单位尽量选用经政府部门认定的部品和绿色环保、节能型材料。

第十一条　协会推广工厂化、半成品的装潢产品，吸收家具等其他相关企业加入协会。鼓励会员单位采用工厂化生产的住宅部品件。

第十二条　协会鼓励材料生产、供应企业加入协会。协会鼓励数个会员单位共同成立专业材料配送公司，并制订相应的管理办法，指导和扶植企业合理运作。

第十三条　材料供应商和会员单位发生材料质量纠纷，由协会组织进行材料质量鉴定，作为调解的依据。

第五章　家庭装饰中介专业化管理

第十四条　客户自聘的监理公司或监理人员，应具备监理资质，遵守协会的各项规定，否则，在发生纠纷时，可认定其监理行为无效，该监理项目的证明资料不作为调解依据。

第十五条　装饰协会聘请资深律师担任长期法律顾问，受理会员单位与客户、材料商、新闻媒体、监理公司的纠纷，负责咨询、调解和诉讼代理。

第十六条　会员单位进行重大广告宣传和大型商业推介活动前，应报装饰协会备案。

第十七条　装饰协会鼓励会员单位进入装饰有形市场开展经营活动；积极推行家装工程五统一管理（统一合同文本、统一验收标准、统一报价参考标准、统一第三方强制监理、统一第三方回访与赔付）和质量保证金，一站式服务等制度。

第六章　罚　则

第十八条　会员单位有以下行为之一的，装饰协会可根据情节予以警告、经济制裁和行业内部通报批评，直至取消会员资格。

（一）　违反《常州市建筑装饰行业自律公约》和《常州市装饰装修企业（个人）不良行为处罚办法》被调查处理的。

（二）　拒绝社会监督，不处理客户投诉的。

（三）　在广告媒体上刊登使用不实荣誉称号误导消费者的。

（四）　具有明显的不正当竞争的广告宣传，违反广告法行为的。

第七章　附　则

第十九条　本办法由常州建筑装饰协会解释。

第二十条　本办法自发布之日起实施。

常州市装饰装修企业(个人)不良行为处罚办法（试行）

常装协[2004]06 号

第一条　企业将工程转包给无正规资质、资格证书的装饰公司(队伍)施工或允许无正规资质、资格证书的装饰队伍挂靠使用本企业资质、资格证书承揽工程被投诉的，情节轻的由本协会责令其停止违规行为限期整改，同时给予通报批评；对情节严重、在社会上造成不良影响的，经核实后，报请市建设行政主管部门进行查处。

第二条　企业不使用经工商管理部门监制的合同示范文本被投诉或被发现，第一次由本协会给予批评，同时责令其改正；第二次经核实后在行业内进行通报批评；第三次则在媒体上予以通告。

第三条　企业不按国家相关标准规范进行施工或偷工减料造成质量事故，引起投诉，情节轻的由本协会促其尽快妥善解决，并对其进行批评；如拒不接受协会调解或情节严重的，经核实后，在行业内通报批评；性质恶劣、影响极坏的则建议市建设行政主管部门吊销其企业资质，并在行业内除名。

第四条　企业不履行合同相关条款，单方违约或随意增减项目，引起投诉，情节轻的由本协会促其尽快妥善解决，并对其进行批评；如拒不接受本协会调解或情节严重，性质恶劣的，经核实后，作出在行业内通报批评或在媒体上通告等处罚。

第五条　企业不按报价单购买材料、以次充好，造成工程质量不合格引起投诉，一般投诉由本协会促其尽快妥善解决，并对其进行批评；情节严重、引起媒体曝光的，经核实后在行业内通报批评，如被法院判决败诉的，则建议市建设行政主管部门暂停资质年检。

第六条　企业不履行保修两年的责任引起投诉，情节轻的由本协会责其尽快改正，并对其进行批评；如拒不改正或情节严重的则经核实后，作出在行业内通报批评或在媒体上通告等处罚。

第七条　野蛮施工，给业主或邻居造成损失而被投诉，情节轻的由本协会责令其尽快妥善解决，并对其进行批评；如拒不改正或情节严重的，经核实后，作出在行业内通报批评的处罚。

第八条　企业负责人卷款潜逃或恶意拖欠工人 2 个月以上工资引起投诉，首先由本协会责令其立即妥善解决，并在行业内进行通报批评；情节严重、性质恶劣的，经核实后，作出在行业内除名、同时在媒体上曝光，并上报市建设行政主管部门处罚。

第九条　贬损同行企业和从业者被举报，一经核实，情节轻的由本协会对其进行批评责令并其立即改正；如不立即改正情节较重，经核实后，作出在行业内给予警告处罚；性质恶劣的，则在媒体通告，同时进行行业除名处理。

第十条　企业管理人员或设计人员严重违法乱纪被政府相关部门处罚，由本协会对相关违纪人员在全行业进行通报批评或除名处理，并责令所属企业对其进行处理。

第十一条　有其他不良行为的，如搞价格欺诈、发生安全事故等，则视其情节轻重，由本协会对其给予批评、警告、媒体通告等处罚。

第十二条　当事人或企业对上述处罚决定不服的，可以在接到处罚通知之日起 5 日内向本协会申请复议，装饰协会接到复议申请之日起 7 日内作出复议决定。如对处罚决定既不申请复议，又拒不执行的，则对其在媒体上进行通告。

凡是因上述不良行为受到本协会批评和处罚的企业，都必须将整改情况 3 日内电话、10 日内书面向本协会进行报告。

如企业在一年内受到 3 次(项)及以上行业内通报批评或受到 2 次(项)以上媒体通告处罚的，则建议市建设行政主管部门暂停其资质年检。

第十三条　对企业(个人)的举报、投诉应实事求是，实行书面实名。本协会负责为客户以外的举报、投诉者保密。

第十四条　本试行办法自发布之日起试行。举报电话：0519—6600170。

附：《常州市装饰装修企业(个人)不良行为登记处理备案表》(略)

常州市家庭装饰工程投诉处理暂行办法

常装协[2004]07 号

第一则　总　则

第一条　为保护家庭装饰消费者和从业企业的合法权益，正确、及时处理客户对家庭装饰工程（以下简称家装工程）投诉，根据《中华人民共和国产品质量法》（以下简称产品质量法）、《中华人民共和国消费者权益保护法》及《常州市家庭装饰行业专业化管理暂行办法》的有关规定，制定本办法。

第二条　常州建筑装饰协会(以下简称常州装饰协会)，受理家庭装饰工程的投诉，依照本办法执行。

第三条　常州装饰协会配备专职人员或委托有关机构，负责处理家装工程投诉。

第四条　对受理的消费者投诉案件，应当根据事实，依照法律、行政法规和规章以及合同条款或双方约定公正合理地处理。

第二章　投诉受理

第五条　消费者投诉应当符合下列条件：

（一）　有明确的被投诉人；

（二）　有具体的投诉请求、理由和事实经过；

（三）　被投诉人属于常州装饰协会的会员企业；

（四）　非会员单位的投诉按规定转送其他部门处理。

第六条　消费者投诉应当提供书面材料，并载明以下内容：

（一）　消费者姓名、住址、电话号码（含传呼机、手机号码）、邮政编码；

（二）　家装工程地址，施工单位名称及负责人姓名；

（三）　投诉人的要求、理由及事实、相关证据（包括签订的正规合同）

（四）　投诉日期。

第七条　消费者委托代理人进行投诉活动的，应当向常州装饰协会递交授权委托书。

第八条　下列投诉不予受理：

（一）　超过保修期，被诉方不再负有违约责任的；

（二）　已达成调解协议，且没有新情况、新理由的；

（三）　消费者无法证实自己权益受到侵害的；

（四）　对存在争议的产品无法实施检验鉴定的；

（五）　消费者知道或者应当知道其权益受到伤害之日起超过二年的，或者超过规定或约定期限的；

（六）　法院、仲裁机构、有关行政机关或消费者协会已受理或者处理的；

（七）　不符合国家法律、法规及规章规定的。

第九条　常州装饰协会应当在接到投诉材料后七日内，以书面形式通知投诉人，做出如下处理：

（一）投诉符合规定的，予以受理；

（二）投诉不符合规定的，告知不予受理的理由。

第三章　投诉处理

第十条　对消费者的投诉应当予以登记，并及时处理。

第十一条　受理家装工程投诉的案件，属于民事争议的，采用调解方式予以处理。

第十二条　对举报被投诉人未履行《产品质量法》规定

的“三包”义务引起的产品质量争议，应当责令其改正；

第十三条 对举报生产、销售伪劣商品行政违法行为的投诉，应当移送有管辖权的行政执法部门处理；对构成生产、销售伪劣商品犯罪行为的投诉，应当移送司法机关处理。

第十四条 进行家装工程争议调解时，应当征得投诉人和被投诉人的同意，调查核实投诉情况，认定有关事实。

第十五条 对举报家装工程不符合家庭装饰管理规定、家庭装饰合同约定的工期、材质、工艺、质量等级内容或双方约定及江苏省住宅装饰质量标准的，被投诉人应视具体情况负责返：工、整改及经济赔偿。

第十六条 对有争议的家装工程需要进行质量检验、鉴定的，应在征得投诉人和被投诉人同意后，指定有权机构进行，其检验、鉴定费用由投诉人预付，处理终结时，该费用由败诉者支付。

第十七条 负责家装工程争议调解的责任人员组织当事人进行调解，达成一致意见的，应当签订《家庭装饰工程争议调解书》，由投诉人和被投诉人自觉履行。

第十八条 调解书应当写明投诉请求。事实、调查核实情况和当事人协商的结果，调解书由投诉人、被投诉人，调解人签名。加盖公章，送达双方当事人。

第十九条 常州建筑装饰协会应当在接到消费者投诉之日起三十日内终结调解，对于复杂的家装工程投诉处理可延长三十日，调解不成应当及时终止调解，争议双方可通过以下途径解决：

（一） 根据双方达成的仲裁协议提请仲裁机构仲裁。

（二） 向人民法院提起诉讼。

第二十条 常州建筑装饰协会应当建立和健全投诉档案管理制度，档案的保管期，可根据投诉的重要性和保留价值等具体情况确定。

第二十一条 常州建筑装饰协会应当建立投诉处理信息统计制度，投诉处理情况及时向行业或社会公布，对影响重大的投诉及时报有关政府主管部门。

第四章 附 则

第二十六条 本办法由常州建筑装饰协会负责解释。

第二十七条 本办法自颁布之日起实施。

[编者按] 江苏省有 12 个地级市，其中 11 个成立了装饰协会，在装饰行业协会组织建设方面居全国领先地位，最适合进行区域性行业管理。江苏省装饰装修行业协会是各地装饰协会工作最有效率的协会，多年来走在全国的前列。江苏省装饰装修行业协会决定贯彻中国建筑装饰协会《住宅装饰装修行业自律管理企业准入与清出办法（试行）》，并参加第二批全国的试点，在全国具有重大意义；其实施意见，本身就是一项重要的行业管理制度创新。

当前，在政府职能进一步转变，经济调节、市场监管、社会管理和公共服务职能基本到位的同时，行业协会填补行业管理的空白就显得格外紧迫和重要。运用行业自律的办法进行行业管理，这种思路已得到建设部领导的充分肯定，下面就看我们怎么做了。做的关键是建立一整套行业管理的制度，正如国务院总理温家宝所指出的那样，人固然重要，但制度更重要。我们衷心希望江苏省装饰装修行业协会及其地方装饰协会，以及正在和准备试点的装饰协会，不拘一格，开拓创新，以建立统一、开放、竞争、有序的家装行业，使百姓更加安居乐业。

关于贯彻《住宅装饰装修行业自律管理企业准入与清出办法（试行）》的实施意见

各市装饰协会：

鉴于当前住宅装饰装修市场规模大、管理弱，行业管理仍存在政出多门、多头管理的现状，中国建筑装饰协会经过深入调研，多方征求意见，及时出台了《住宅装饰装修行业自律管理企业准入与清出办法(试行)》(以下简称《办法》)。从我省目前住宅装饰市场现状，非常有必要从行业自律管理的角度，建立健全家装企业准入与清出管理机制，进一步规范市场，建立企业诚信体系，结合精神文明建设，坚持科学发展观，努力促进我省家装行业健康、有序、可持续发展，为全面建设小康社会作出应有的贡献。

中国建筑装饰协会根据中装协[2004]042 号文件精神，经会长办公会议研究，同意我会的申请，将我会列为第二批全国住宅装饰装修行业自律管理企业准入与清出省级试点工作单位。为此，我会将依据全省家装行业现状，提出在全省贯彻《办法》的实施意见。

一、统一思想，提高认识。在当前市场经济条件下，特别是《行政许可法》实施以后，政府管理市场，协会通过行业自律管理家装行业是十分必要的、及时的。家装企业的准入与清出是解决家装企业从业资格的有效途径，也是一项行业管理的机制。通过行业诚信评价，加强精神文明建设，不断提升企业和全行业的诚信度，解决目前家装市场混乱，无序竞争、无证施工、马路游击队猖獗的现象。希望通过这项举措，促进全省家装市场健康发展，提高家装行业的诚信度，积极为广大消费者提供科学、环保、美观、实用、健康的家装服务，这是全行业贯彻落实“三个代表”重要思想和党的十六届四中全会“以民为本”执政要务的具体体现。

二、相互沟通，试点先行。各省辖市协会按中装协[2004]042号文件精神，结合本市实际情况，本着“追求效率，注重实效，兼顾公平”的试点工作原则，从行业自律管理的角度出发，能干则干，试点先行，提出具体实施计划。与本市建设（建筑）行政主管部门汇报沟通，取得支持，并将计划报省装协备案。

三、审批程序，收费标准。按《办法》第六条《家装企业行业准入标准》由中装协统一制订，《家装企业行业准入证书》的印刷、备案、发放、收缴，由中装协统一管理、统一编号，省装协统一领取。企业申办《家装企业行业准入证书》，由各省辖市装饰协会审批，经省装协核准，统一报中装协备案。对家装企业的申请，各市协会应在受理后13个工作日内完成审批报省协会，省协会在收到后7个工作日内完成核准、发证工作。各省辖市协会并负责本市范围内家装企业的行业准入年检及日常的行业管理和服务。每年年检结论，相应的处罚情况按《办法》规定经省协会统一报中装协备案。

关于申请办理《家装企业行业准入证书》的工本费收取标准，全省统一为400元（包括证书正、副本，二份申请表，工作人员的劳务费，通讯联络费、年检复查费用等）。其中，各省辖市协会50%，省协会30%，中装协20%。

附：中装协[2004]042号文（略——编者）

江苏省装饰装修行业协会

二〇〇四年十二月二十日

北京市家庭居室装饰装修工程投诉解决办法

北京市建筑装饰协会家装委员会

（二〇〇三年九月）

第一章　总　则

第一条　根据北京市建设委员会[1999]413号文件明确，北京市建筑装饰协会受市建委委托，负责家居装饰行业的管理工作。负责受理家庭居室装饰装修投诉工作的部门是各区县建设行政主管部门、北京市建筑装饰协会家装委员会。

第二条　住宅装饰装修消费者、经营者因住宅装饰装修工程质量发生争议，属于入驻市场装饰装修企业，可直接向该入驻市场投诉。

第二章　受理投诉的范围

第三条　具有北京市建委签发的施工等级资质证书的家装施工企业承作的家装工程。

第四条　入驻北京市各家居市场的家装施工企业，并经所在市场认证的家装工程。

第五条　符合北京市建筑装饰协会家装委员会所制定的“五统一”规定的家装工程。

凡具备以上条件的均属受理投诉范围。

第三章　解决办法

第六条　解决住宅装饰装修工程质量纠纷，以北京市《家庭装饰工程质量验收标准》及工商局统一制定的《北京市家庭居室装饰装修施工合同》约定的工期、材质、工艺、质量等级等内容为依据，首先由施工企业法人单位负责解决。

第七条　入驻家居市场的装饰装修企业要与市场质量部门签订《住宅装饰装修工程质量保证书》，交纳一定数量质量保证金。当出现工程质量问题的企业拒绝返工维修时，市场质检部门有权动用质量保证金以维护消费者权益，维护市场信誉。

第八条　市场调解检查人员应当听取各方意见，认真调查工程状况，详细填写现场检查记录，分清责任，提出处理意见，如需返修的应书面通知施工单位，限期返工或维修。施工单位应当按照调解部门提出的意见，向消费者提出返修计划，并交质检部门备案。调解结束或返修合格后，投诉方、被投诉方、检查或调查人员三方签字。

第九条　家居市场质量管理部门对家庭装饰工程质量纠纷调解无效，争议双方均可向市建筑装饰协会家装委员会申诉，家装委员会接受投诉并设法调解。当调解无效，争议双方可通过以下途径解决：

（一）根据双方达成的仲裁协议，提请仲裁机构仲裁。

（二）向人民法院提起诉讼。

第四章　其他争议的解决办法

第十条　工期延误问题

（一）因施工单位原因造成的工期延误，北京市建筑装饰协会家装委员会应当要求施工单位增加施工力量，及时供应材料，合理安排工序。

（二）消费者应当积极配合施工单位，提供施工所需的条件，保证施工顺利开展

（三）住宅装饰装修工程合同中有明确规定工期延误违约责任的，应当严格按照合同规定的违约条款来处理工期延误的纠纷。

第十一条　拖欠工程款问题

（一）消费者应根据合同约定，按期向施工单位支付工程款，否则应承担违约责任。

（二）消费者无力支付工程款或故意拖欠工程款时，经家居市场或市装协家装委员会同意后，施工单位可暂停施工。

第十二条　企业与消费者因家庭装饰工程引发的治安刑事案件由公安机关处理。

成都市家装行业自律公约、纪律委员会工作制度、不良行为处罚办法

成都市建筑装饰协会家装分会

（二〇〇三年十一月十一日）

成都市家装行业自律公约

为了加强对本市家装行业的管理，建立健全企业信用体系，共同维护家装市场的正常秩序，保护消费者和家装行业的合法权益，特制定如下家装行业自律公约。

一、自觉遵守国家和各级政府的有关法律、法规及管理规定，服从市政府有关部门的监督管理，接受行业协会和广大消费者的监督，依法纳税，做遵纪守法、诚信经营企业。

二、坚持质量第一的原则，严格执行国家有关标准、规范，精心设计、精心管理、精心施工，不偷工减料，不使用不达标的材料和假冒伪劣材料，确保装修的工程质量、环境质量合格，按期完工，及时保修，争创精品工程、品牌企业。

三、增强行业自律意识和道德观念，提倡公平竞争，守合同、讲诚信，不搞价格欺诈，及时处理投诉。不贬损同行，不转包，不挂靠，不接纳行业除名人员，不恶意拖欠工人工资。加强企业间的团结与合作，共同净化市场环境，维护市场秩序，保护企业和消费者的合法权益。

四、加强企业和从业者的自律教育，积极参与行业内外的交流和培训，努力提高企业和从业人员的综合素质。文明施工，杜绝安全事故。

五、行业各单位和个人均应相互监督，共同自觉遵守自律公约。对违反者实行不良行为登记备案，并根据情节轻重分别给予行业通报批评、警告、除名（同时在媒体通告和建议建设行政主管部门吊扣资质和资格证书）等处罚。

六、如违反本公约有关规定，自愿接受家装行业纪律委员会的调查处理。

签约单位（盖章）：　　　　　　代表人（签字）：

附：成都市家庭装饰装修企业（个人）不良行为登记备案表

成都市家庭装饰装修企业（个人）不良行为登记备案表

企业名称（或个人姓名）	
不良行为	1. 企业将工程转包给无正规资质、资格证书的装饰队伍施工或允许无正规资质、资格证书的装饰队伍挂靠使用本企业资质、资格证书承揽工程 2. 企业不使用《成都市家庭装饰装修工程施工合同》 3. 企业不按国家相关标准规范进行施工或偷工减料造成质量事故，引起投诉 4. 企业不履行合同相关条款，单方违约或随意增减项目，引起投诉 5. 企业不按报价单购买材料、以次充好，造成工程质量或装修环境检测不合格引起投诉 6. 企业不履行保修两年的责任引起投诉 7. 野蛮施工，给业主或邻居造成损失而被投诉 8. 企业负责人卷款潜逃或恶意拖欠工人 2 个月以上工资引起投诉 9. 企业对其从业人员以公司名义接私单不处理、不上报 10. 贬损同行企业和从业者或接纳行业除名人员 11. 企业管理人员或设计人员严重违法乱纪被政府相关部门处罚 12. 其他
备案记录	

家装行业纪律委员会工作制度

为了保证《成都市家装行业自律公约》顺利实施，维护家装市场的正常秩序，规范家装市场行为，保护消费者和家装企业的合法权益，特成立了“成都市家装行业纪律委员会”，其工作制度如下：

一、自觉遵守国家和各级政府的有关法律、法规，在市建委的领导下，在成都市建筑装饰协会的指导下，本着公平、公正、公开的原则，对我市家装企业违反《成都市家装行业自律公约》的情况进行监督处理。

二、按照《成都市家庭装饰装修企业（个人）不良行为处罚办法》（简称《处罚办法》）规定，一般轻的不良行为投诉由家装分会令其纠正。家装纪律委员会只受理拒不纠正和情节严重的不良行为投诉。

三、家装纪律委员会受理投诉后，按当事企业（个人）回避的制度，每次从家装分会常务理事中抽定 3 人与原选的

4人组成7人小组对投诉事件进行调查核实后，按照《处罚办法》作出处罚决定并书面通知受处罚单位（个人）。

四、受处罚单位（个人）接到处罚决定后，如不服，应在5日内向家装纪律委员会递交申诉书及详细证明材料。如5日内未收到受处罚单位的申诉材料，则视为接受家装纪律委员会的处罚。

五、家装纪律委员会接到申诉书及证明材料后，3日内开会复议，7日内作出复议结果并进行处罚。

六、被投诉单位对家装纪律委员会的调查取证工作应积极配合。对故意不配合或作假证者，都将受到在行业内通报批评的处罚。

七、家装纪律委员会成员应对举报者保密，并且廉洁奉公，秉公办事，不徇私情。如有违反，一经查实，将给予停止其家装纪律委员会成员资格，并在行业内通报批评的惩处。

投诉电话：028-86273832　85559095

成都市家庭装饰装修企业（个人）不良行为处罚办法（试行）

《成都市家装行业自律公约》及《成都市家庭装饰装修企业（个人）不良行为登记备案》经反复讨论，并于2003年11月14日成都市建筑装饰协会家装分会第二届会员大会通过，并正式开始实施，全体家装分会会员都应带头认真执行。对违反者，情节轻的，由家装分会令其改正，拒不纠正和情节严重的，则由家装分会纪律委员会核实情况后按下列处罚办法提出处理意见，由家装分会具体实施。

第一条　企业将工程转包给无正规资质、资格证书的装饰公司（队伍）施工或允许无正规资质、资格证书的装饰队伍挂靠使用本企业资质、资格证书承揽工程被投诉的，情节轻的由家装分会责令其停止违规行为，同时给予批评；对情节严重、在社会上造成不良影响或转包挂靠单位被业主起诉的，由家装纪律委员会核实后，建议请市建委暂停资质年检。

第二条　企业不使用《成都市家庭装饰装修工程施工合同》被投诉或被发现，第一次由家装分会给予批评，同时责令其改正；第二次则由家装纪律委员会核实后在行业内通报批评的处罚；第三次则在媒体上对其通告。

第三条　企业不按国家相关标准规范进行施工或偷工减料造成质量事故，引起投诉，情节轻的由家装分会促其尽快妥善解决，并对其进行批评；如拒不接受协会调解或情节严重的，经家装纪律委员会核实后，在行业内通报批评；性质恶劣、影响极坏的则建议市建委吊销其企业资质，并在行业内除名。

第四条　企业不履行合同相关条款，单方违约或随意增减项目，引起投诉，情节轻的由家装分会促其尽快妥善解决，并对其进行批评；如拒不接受协会调解或情节严重，性质恶劣的，由家装纪律委员会核实后，作出在行业内通报批评或在媒体上通告等处罚。

第五条　企业不按报价单购买材料、以次充好，造成工程质量或装修环境检测不合格引起投诉，一般投诉由家装分会促其尽快妥善解决，并对其进行批评；情节严重、引起媒体曝光的，由家装纪律委员会核实后决定在行业内通报批评，如被法院判决完全败诉的，则建议市建委暂停资质年检。

第六条　企业不履行保修两年的责任引起投诉，情节轻的由家装分会责其尽快改正，并对其进行批评；如拒不改正或情节严重的则由家装纪律委员会核实后，作出在行业内通报批评或在媒体上通告等处罚。

第七条　野蛮施工，给业主或邻居造成损失而被投诉，情节轻的由家装分会责令其尽快妥善解决，并对其进行批评；如拒不改正或情节严重的，由家装纪律委员会核实后，作出在行业内通报批评的处罚。

第八条　企业负责人卷款潜逃或恶意拖欠工人2个月以上工资引起投诉，首先由家装分会责令其立即妥善解决，并在行业内进行通报批评；情节严重、性质恶劣的，则由家装纪律委员会核实后，作出在行业内除名，同时在媒体上曝光，并上报市建委吊销其资质的处罚。

第九条　企业对其从业人员以公司名义接私单不处理、不上报被举报，情节轻的，由家装分会责令其改正；情节严重者，由家装纪律委员会核实后，作出在行业内通报批评或在媒体上进行通告的处罚。

第十条　贬损同行企业和从业者或接纳行业除名人员被举报，一经核实，情节轻的由家装分会对其进行批评责令并其立即改正；如不立即改正或情节较重，由家装纪律委员会核实后，作出在行业内给予警告处罚；性质恶劣的，则在媒体通告，同时进行行业除名处理。

第十一条　企业管理人员或设计人员严重违法乱纪被政府相关部门处罚，由家装分会对相关违纪人员在全行业进行通报批评或除名处理，并责令所属企业对其进行处理。

第十二条　有其他不良行为的，如搞价格欺诈、发生安全事故等，则视其情节轻重，由家装分会对其给予批评、警告、媒体通告等处罚。

第十三条　1. 当事人或企业对上述处罚决定不服的，可以在接到处罚通知之日起5日内向家装分会纪律委员会申请复议，家装分会纪律委员会接到复议申请之日起7日内作出复议决定。如对处罚决定既不申请复议，又拒不执行的，则对其在媒体上进行通告。

2. 凡是因上述不良行为受到家装分会和家装纪律委员会批评和处罚的企业，都必须将整改情况3日内电话、10日内书面向家装分会进行报告。

3. 如企业在一年内受到3次（项）及以上行业内通报批评或受到2次（项）及以上媒体通告处罚的，则建议市建委暂停其资质年检。

第十四条　对企业（个人）的举报、投诉应实事求是，实行书面实名。家装分会负责为客户以外的举报、投诉者保密。

第十五条　本试行办法从2004年1月1日起实行。举报电话：028-86273832。

第五部分

业内重大活动

·中国建筑装饰协会成立20周年庆典活动·

会议报道：

建筑装饰行业发展又一个里程碑

——记中国建筑装饰协会成立20周年庆典活动

《中国建筑装饰》编辑部　特约观察员

2004年9月11日，是中国建筑装饰协会成立20周年。20年前，发起成立中国建筑装饰协会的第一代创业者们，无疑是高瞻远瞩的；20年后，中国建筑装饰协会第五届理事会以“二次创业”的精神举办系列庆祝活动，无疑是承上启下，创造了新的辉煌。

1984年11月15日～17日，建设部与中国建筑装饰协会在北京共同召开的“全国建筑装饰管理工作会议暨庆祝中国建筑装饰协会成立10周年大会”，在我国建筑装饰行业发展史上是具有里程碑的事件。大会的主题是：总结改革开放以来建筑装饰行业管理的经验，分析当前行业管理中存在的主要问题，探讨深化行业改革的措施，明确今后一段时期的工作。中心任务是：抓住当前有利时机，按照市场经济的要求，全面系统地研讨建筑装饰行业管理的突出问题。目的是：适应市场经济需求，认真履行职能，充分发挥装饰协会作用，理直气壮抓好建筑装饰行业管理工作，进一步提高我国建筑装饰行业水平。这是我国惟一一次由建设行政主管部门组织召开的有关全国建筑装饰行业管理工作的会议。是全国建筑装饰精英企业第一次大聚会，人气很旺。

出席大会的有全国人大常委会副委员长李锡铭，中央纪委原常务书记韩光，建设部常务副部长叶如棠、副部长李振东，建设部建筑业司司长姚兵、副司长张允宽，勘察设计司副司长窦以德、建设监理司副司长何俊新、人事教育劳动司副司长兼部建设部社团办公室主任王德楼、标准定额司副司长王绍臣、中国建筑业协会会长廉仲、中国室内装饰协会秘书长李遵、中国建筑工程总公司总经理马挺贵等有关负责人。中国建筑装饰协会9个专业委员会，45个地方建筑装饰协会，64位全国优秀建筑装饰协会工作者，中国建筑装饰协会首次评出的全国118家信得过建筑装饰工程施工企业的代表，中央电视台、经济日报等15家首都新闻媒体的记者，共300多人。在北京钓鱼台国宾馆芳菲苑为“94’全国信得过建筑装饰工程施工企业”和“全国优秀建筑装饰协会工作者”举行了隆重的颁奖仪式。

李锡铭、韩光、侯捷、谭庆琏、周干峙、肖桐、张恩树、姚兵、刘正发、许溶烈、钱宜伦等有关方面领导为大会题词。叶如棠、肖桐、姚兵、李遵在大会做了讲话。张恩树理事长做了题为“适应市场经济要求　充分发挥协会作用　进一步提高我国建筑装饰行业水平”的工作报告。会议讨论了建设部委托中国建筑装饰协会起草的《建筑装饰装修管理规定》（征求意见稿），1995年8月7日建设部令第46号颁发。

中国建筑装饰协会同期召开了三届二次理事会。决定重点落实1994年10月24日建设部下发的《关于选择中国建筑装饰协会为建筑装饰行业管理中转变政府职能试点单位的通知》（建人[1994]631号）。

会议分发的资料有《中国建筑装饰行业发展回顾与展望》、《建筑装饰工程概预算与投标报价手册》、《建筑装饰行业政策法规标准定额选编》、《中国建筑装饰工程企业名录大全》等书籍资料。

如果说1994年有300位代表全国500万从业者的“庆

祝中国建筑装饰协会成立 10 周年大会”是我国现代建筑装饰行业发展第一个里程碑的话，那么，2004 年 9 月 2 日～4 日，有 1300 多位代表全国 1000 万从业者的“中国建筑装饰协会成立 20 周年庆典的活动”，规模空前、内容空前、层次空前、盛况空前，无论对于建筑装饰行业发展还是建筑装饰协会进步，都必将载入史册并产生深远的历史影响，则可谓中国建筑装饰行业发展史上第二个里程碑。

第二个里程碑是由以下一系列活动构建和组成的。

一、中国建筑装饰协会成立20周年庆祝大会暨向希望小学捐赠仪式

2004 年 9 月 2 日上午，主题为“全面推动行业生产力发展，促进行业精神文明建设”的中国建筑装饰协会成立 20 周年庆祝大会暨向希望小学捐赠仪式在北京京丰宾馆大礼堂隆重举行。代表全国建筑装饰行业 64 个地方建筑装饰协会和全军建筑装饰协会、20 多万家企业、1000 多万从业者的 1300 多位代表精神饱满，意气风发，斗志昂扬，喜形于色。建设部办公厅等 100 多个单位及个人向大会致贺。全场对出席大会的国家领导人、建设部领导和各有关方面负责人报以热烈的掌声。

在主席台前排就座的有全国政协副主席李蒙，全国人大常委会原副委员长布赫，建设部副部长黄卫，内蒙古自治区人大常委会副主任兼秘书长哈斯巴根，建设部原副部长、中国房地产业协会会长杨慎，建设部原副部长、中国土木工程学会会长谭庆琏，建设部原副部长、中国供水排水协会会长李振东，建设部原副部长、中国建筑学会会长宋春华，建设部原副部长、中国建筑业协会会长郑一军，民政部社团登记服务中心副主任乔申乾，中国建筑装饰协会名誉会长张恩树、会长马挺贵、常务副会长兼秘书长徐朋。大会由徐朋主持。

在主席台就座的还有建设部办公厅主任朱中一，建设部人事教育司司长李秉仁，建设部建筑市场管理司司长王素卿，建设部机关党委书记、建设部精神文明办公室主任杨忠诚，建设部第一社团党委书记徐义屏、副书记国中河，建设部工程质量安全监督与行业发展司副司长徐波，中国建筑工程总公司原党组书记、中国建筑文化艺术协会会长张青林，全国工业经济联合会秘书长吴敦廉，中国建筑金属结构协会会长杜宗翰，中国饭店业协会会长韩明，内蒙古自治区人大常委会法制工作委员会副主任王永祥，内蒙古自治区锡林郭勒盟副盟长范金星，北京市建委委员朱和平。

有中国建筑装饰协会副会长：重庆港庆建筑装饰有限公司总经理丁域庆、北京港源建筑装饰工程有限公司董事长王波、深圳市广田投资集团有限公司董事长叶远西、西安市鑫龙建筑装饰工程有限公司董事长冯林、苏州金螳螂企业（集团）有限公司总裁朱兴良、深圳市建筑装饰（集团）有限公司董事长兼总经理汪家玉、上海荣欣家庭装潢有限公司总经理陈国宏、北京业之峰装饰有限公司董事长兼总裁张钧、建设部建筑市场管理司原副司长符曜伟、上海市建筑装饰工程有限公司总经理谢建伟、黑龙江国光建筑装饰工程有限公司总经理魏光。还有中国土木工程学会副秘书长罗祥麟等。

出席大会的有安徽省合肥市建筑业管理局局长张长淮、铜陵市建筑工程管理局局长范茂林、山东省济南市建筑管理局副局长赵世忠、江苏省徐州市建设局局长张俊生、河南省商丘市建委副主任张道路等地方建设行政主管部门的负责人。

参加大会的有 64 个地方建筑装饰协会和全军建筑装饰协会的 120 多位领导：北京市建筑装饰协会理事长朱希斌、常务副秘书长郭仁智、副秘书长周丽华，天津市环境装饰协会秘书长王文焕，上海市装饰装修行业协会名誉会长潘志昌、会长李洪鑫、秘书长赵海、家装委员会秘书长郑祥钧、战略研究发展中心副主任高志萍、幕墙委员会秘书长黄仰鹤，重庆市建筑装饰协会常务副秘书长肖能定，中国人民解放军建筑装饰协会秘书长沙启云，河北省建筑装饰协会常务副秘书长刘纪堂、副秘书长李希元，石家庄装饰协会会长刘亚东、秘书长赵秀民，山西省建筑装饰协会会长史应标、秘书长赵劲杉，太原市建筑装饰协会会长姚吉生、秘书长杨凯，大同市建筑装饰协会办公室主任王维，内蒙古建筑装饰协会副会长杨朝晖，黑龙江省建筑装饰协会常务副会长赵兴斌、秘书长吴景阳、副秘书长赵兴武，大庆市建筑装饰协会会长龚璞、副秘书长乔向军，鸡西市建筑装饰协会会长王世德，吉林省建筑装饰业协会会长邱久才、秘书长张文学、家装委员会秘书长邹涛涌，长春市建筑装饰装修协会秘书长丛廷才，辽宁省装饰协会会长杨帅邦、秘书长田平、副秘书长杨东新、李晓波、顾问王志杰，沈阳市建筑装饰协会秘书长丁玉松，大连市建筑装饰行业协会秘书长杨昭富、副秘书长孙普，丹东市建筑装饰协会秘书长高忠宝，济南装饰协会会长赵世忠、副秘书长李莉，青岛市建筑装饰协会副秘书长徐金良，江苏省装饰装修行业协会会长毛家泉、秘书长朱志明、副秘书长刘媛、顾问居乃巩，南京市装饰行业协会会长闵义来，常州市建筑装饰协会会长何亚光、常务副会长吴继周、秘书长许艇，连云港市装饰装修行业协会秘书长梁刚，镇江市建筑装饰协会会长邓学才，无锡市装饰协会秘书长朱镇修，苏州市装修装饰行业协会会长孔全林、常务副秘书长王家国、市消费者协会装修装饰行业监督站站长严小平，扬州市装饰行业协会会长陈秋铭，泰州市装饰行业协会副会长韩秋宏，宿迁市建筑装饰协会常务会长王朝晖、副秘书长刘璞，徐州装饰装修行业协会会长侍建怀，连云港市装饰行业协会副会长梁刚，南通市装饰行业协会会长王广荫，安徽省建筑装饰协会会长王金平、常务副会长李增堂，合肥市建筑装饰协会秘书长罗伟民，浙江省建筑装饰行业协会会长董宜君、秘书长陈孟坡，温州市建筑装饰协会会长周锦云、副秘书长叶绿，江西省装饰行业协会会长王儒明、副秘书长曾凡珩，福建省建筑装饰协会常务副会长张福如，福州市建筑装饰协会秘书长叶斌，厦门市建筑装饰协会副会长连俩进，河南省建筑装饰协会副理事长解淑惠、副秘书长崔宗杰，洛阳市建筑装饰协会秘书长赵安敏，开封市建筑装饰协会副会长张雷，湖北省建筑装饰协会常务理事、武汉建筑装饰协会秘

书长郭伟、副秘书长李玲、家装委员会理事长邓葭芬，宜昌市建筑装饰协会秘书长李建新，广东省装饰行业协会秘书长陈书全，广州市建筑装饰会长许和铁、副秘书长关帆，深圳市装饰行业协会会长何文祥、秘书长冯桂兰，汕头市装饰协会秘书长辛忠，广西建筑装饰协会副秘书长庞云，云南省建筑装饰行业协会会长兼秘书长朱葆荣，昆明装饰行业协会秘书长刘海华、培训中心主任赵曼丽，贵州省建筑装饰协会会长罗醒民，四川省建筑装饰协会秘书长陈建文、副秘书长张涛，成都市建筑装饰协会秘书长张桂芳，青海省建筑装饰协会会长魏贤清、秘书长卢世玉，陕西省建筑装饰协会会长孔祥清、副秘书长哈波，西安建筑装饰装修业协会常务副秘书长赵洁心、质量办公室主任马爱玲，甘肃省建筑装饰协会常务副会长韩学政，乌鲁木齐建筑装饰协会副秘书长林国顺、家装委员会主任赵付平。还有新疆建筑业协会副会长兼秘书长曹永清、四川省建筑业协会会长杨乾芳等兄弟协会的领导。

各地代表，包括中国建筑装饰协会常务理事、理事均由当地建筑装饰协会组团而来。

出席大会的还有全国有成就资深室内建筑师：中国建筑学会室内设计分会会长、清华大学美术学院教授张世礼，副会长：中国建筑设计研究院室内设计研究所高级建筑师饶良修、北京建筑工程学院教授李书才、黑龙江省建筑装饰协会常务副会长赵兴斌；名教授：清华大学美术学院何振强、同济大学建筑城规学院来增祥、四川大学建筑与环境学院牟江等室内设计界同仁。

在前一天结束的出席中国建筑装饰协会铝制品委员会四届四次理事会的150多位代表也参加了大会。

大会首先马挺贵会长致开幕辞，他说，中国建筑装饰协会走过的20年，也是我国建筑装饰行业伴随着改革开放进程发展壮大的20年。目前，建筑装饰行业已经成为对国家经济发展和社会生活起着重要作用、得到全社会高度重视的行业。他强调，2001年协会第五届会员代表大会以来，五届理事会在行业发展的方向性、方针性大问题上为企业提供高层次的服务，赢得了企业的高度评价。马挺贵表示，通过这次盛大的庆典活动，将展现行业风采，提升行业影响，构筑行业诚信，进一步激发干劲，鼓舞士气，实现行业大发展、大提高。**（全文见本专辑）**

接着，黄卫副部长发表了重要讲话，他代表建设部和汪光焘部长对大会表示热烈地祝贺！他指出，建筑装饰行业是一个对国家做出重大贡献的行业。中国建筑装饰协会是一个有凝聚力、有战斗力的协会，是一个非常有前途的协会。中国建筑装饰协会20年前成立，我们很多老同志为这个协会的发展倾注了很多的心血。协会第五届理事会新的班子成立以后，认真学习"三个代表"的重要思想，在凝聚人心、为行业大发展谋划方面做了很重要的工作。建设部一直很重视建筑装饰行业的发展和中国建筑装饰协会的工作，六天前的8月27日，汪部长就亲自到中国建筑装饰协会调研，对建筑装饰行业的发展和中国建筑装饰协会的工作给予了肯定，也提出了要求。黄卫强调，中国建筑装饰协会要按照"提高层次，规范管理，强化服务"十二字方针进一步开展工作。现在我们已经有了20年经验的积累，我相信，中国建筑装饰协会和建筑装饰行业一定会在今后的时期里取得更多的成绩，能够取得更好的发展。**（全文见本专辑）**

大会举行了向内蒙古自治区锡林郭勒盟苏尼特左旗希望小学捐赠仪式，中国建筑装饰协会副会长、深圳广田投资集团有限公司董事长叶远西代表中国建筑装饰协会和捐赠企业讲话，他说，能够代表中国建筑装饰行业站在这个讲台上，心情非常激动。由中国建筑装饰协会发起、组织的，中国建筑装饰行业向内蒙古锡林郭勒盟苏尼特左旗捐赠希望小学的善举，终成正果，今天正式启动了。这一行动不仅满足了行业内企业家的心愿，也充分体现了我们对人生价值的不懈追求。乐善好施是中华民族的美德，关心和帮助弱势群体，是新一代党和国家领导集体十分关注的事情，西部大开发战略，也是我国经济发展的重要战略举措。中国建筑装饰行业，作为我国改革、开放以后重新焕发青春与活力的古老行业，经过20多年的发展，已经由幼稚走向成熟。今天，我们行业能够集体奉献爱心，为国家的西部大开发战略、为内蒙古的经济与教育事业，做一点实实在在的事情，是行业成熟的标志，是行业内企业家成熟的标志，是行业全力践行"三个代表"重要思想的标志！

教育是我们的立国之本，给青少年一个健康的体魄和智慧的大脑，既是社会的责任，也是我们的责任，更是民族的希望所在。看到贫困地区孩子们渴望知识、向往未来的眼神，深深打动着我们的心灵，促使我们必须采取行动，去实实在在地帮助他们。所以，教育事业是全国人民的共同事业，也是每个成功人士应该为其奉献的事业，今天，由中国建筑装饰协会牵头，给了我们一个回报社会，为中华民族复兴做出新贡献的机会，不仅感到非常自豪，同时也认识到那是我们应尽的责任和义务，感谢中装协及时组织了这次善举，为我们提供了尽责任和义务的机会。我国西部地区蕴藏着丰富的资源，但经济发展却相对落后，其中一个重要的原因是人才缺乏，导致观念陈旧、资讯贫乏、技术落后，发展西部地区的教育事业，是国家经济可持续发展的重要环节，也是我国西部腾飞的重要基础。愿我们的微薄之力，能够为苏尼特左旗的发展，为苏尼特左旗的孩子们，提供切实有效的帮助，使他们能够插上知识的翅膀，成为推动苏尼特左旗的经济发展和社会进步的一代英才。我们还将继续努力，为把学校建成具有现代化教学设施，体现地区特色的标志性建筑，做出我们的贡献。最后，祝美丽的内蒙古早日腾飞！祝苏尼特左旗的孩子们茁壮成长，早日成材！

内蒙古自治区锡林郭勒盟副盟长范金星代表全盟93万草原各族人民和将进入希望小学就读的学生及其家长们发表了充满激情的讲话，他向中国建筑装饰协会和捐资助学的建筑装饰企业家表示衷心地感谢，表示全力以赴把这所希望小学办成一所条件好、水平高的民族学校，以回报建筑装饰行业的深情厚谊。马挺贵会长向范金星副署长捐赠了156.50万元的支票和设计方案图纸，锡林郭勒盟苏尼特左旗回赠了锦旗——上书："全力扶持草原儿女建学校，真情奉献牧区人民感谢您。”这一捐赠均来自中国建筑装饰协会常务理事单位，均为行业位居前列的大型建筑装饰企业，体现了我们建筑装饰企业的社会觉悟，提升了建筑装饰行业的社会影响。

捐赠仪式后，与会领导和1300多位代表到会场外合影留念，有关方面来宾、各地方建筑装饰协会负责人在合影前排就座，人气鼎盛，气势磅礴。

大会派送给每位代表的每套文件资料共七件，包括文件两份《中国建筑装饰协会五届二次会员代表大会文件汇编》、《全国住宅装饰装修行业发展大会文件汇编》；资料五份《2003 年中国建筑装饰行业年鉴》、《中国建筑装饰协会成立 20 周年回顾与展望》、《全国建筑装饰行业书法、绘画、篆刻优秀作品集》、2004 年第 9 期《中国建筑装饰》、2004 年 8 月 6 日《中华建筑报》，以及大会纪念徽章、纪念盘，均是中国建筑装饰协会特为本次大会精心策划编辑出版的，共约 400 多万字、共重 30 多斤，内容丰富，质量上乘，特别是具有“行业教科书”意义的《中国建筑装饰协会成立 20 周年回顾与展望》受到与会代表、特别是中青年建筑装饰企业家的广泛赞赏。

大会还安排了深圳市三叶制漆有限公司、深圳市坚朗建材有限公司等 40 多家优秀装饰材料制造商参会，与 1300 多家装修承包商密切接触，双方交易活跃，效果十分明显。

二、大会主题报告会

开幕式后，大会进入主题报告会。会议由徐朋主持。主题报告由三位进行演讲：中国建筑装饰协会会长、教授级高级工程师马挺贵题为“中国建筑装饰行业 20 年的历史回顾与展望”的报告（**全文见本专辑**），北京大学经济管理学院院长、博士生导师刘伟教授题为“建筑装饰行业的发展与全面建设小康社会”的报告，全国有成就资深室内建筑师、清华大学美术学院环艺系主任、博士生导师郑曙旸教授题为“我国建筑装饰设计的若干理论与实践问题”的报告。

马挺贵指出，我国建筑装饰行业经历了 20 年的高速发展，已经由萌芽走向成熟，由传统走向现代，由初级走向高级。如何在行业内树立科学的发展观，推动行业健康、全面、可持续发展，已经成为极为重要的课题。因此，有必要对我国建筑装饰行业进行全面、系统的回顾与总结，并就其今后的发展做出展望。他的演讲分为三大部分：一是课题的提出；二是中国建筑装饰行业发展 20 年回顾；三是中国建筑装饰行业的发展展望。马会长强调，我国建筑装饰行业在未来发展中，市场还会进一步扩大，企业的市场运作也更加规范，法制建设也将更为健全，设计、施工、科技水平将不断提高，材料的种类、花色、质量性能及环保水平将会有更大的提高，装饰行业在全面建设小康社会中的作用将会越来越大。因此，建筑装饰行业是一个充满生机与活力的行业，前途光明前景广阔。我衷心的希望，通过 20 年的回顾、总结和展望，通过全行业的共同努力，推动全行业的大发展，大提高。

刘伟教授的演讲分三大部分：一是中国经济现在究竟发展到什么水平，下一步发展前景怎样；二是当前中国经济增长究竟发生了什么问题，怎样评价现在的宏观调控；三是中国的高速经济增长到底能持续多长时间，怎样才能把握持续增长的历史机会。他指出，建筑装饰行业是一个年轻的行业、朝阳的行业。近 20 年来，建筑装饰是增长最快、最活跃的行业之一。20 年来，中国经济的年均增长是 9.36%，而建筑装饰行业达到 20%以上，几乎成倍地高于全国的经济增长。因此，任何一个工业化发达国家，建筑及围绕建筑的装修装饰和房地产业这个群落是不可或缺的主导群落。他强调，建筑装饰行业的发展与国家全面建设小康社会的指导思想是一致的，建筑装饰行业的前景是非常广阔的。9 月 8 日《中华建筑报·建材周刊》报道了他对该报记者的采访，他强调，建筑装饰行业是对国民经济增长贡献最大的行业之一，未来五年内建筑装饰行业保持 40%的增长速度，一定没问题。

郑曙旸教授的演讲分引言——中国建筑装饰行业与室内设计；20 年间跳跃发展的设计实践；由空间功能演变所引发的展望三大部分。他指出，室内设计作为一门独立的专业，在世界范围内的真正确立是在 20 世纪 60、70 年代之后，现代主义建筑运动是室内设计专业诞生的直接动因。在这之前的室内设计概念，始终是以依附于建筑内界面的装饰来实现其自身的美学价值。自从人类开始营造建筑，室内装饰就伴随着建筑的发展而演化出众多风格各异的样式，因此在建筑内部进行装饰的概念是根深蒂固而易于理解的。现代主义建筑运动使室内从单纯的界面装饰走向空间的设计,从而产生了一个全新概念的室内设计专业。他表示，中国室内设计 20 年间跳跃发展的历程成为世界近百年设计史的缩影，使我们得以在一代人的时间内，审视室内从传统装饰走向现代设计的全貌，从而引发对空间功能未来演变的展望。

三、中国建筑装饰协会五届二次会员代表大会

中国建筑装饰协会这样的特别会员代表大会，在历史上还是第一次。五届二次会员代表大大会的主要议题：一是由常务副会长兼秘书长徐朋做工作报告；二是由副秘书长张京跃做三项议案的说明并表决；三是宣读三方面的行业评价。大会由副会长、深圳市建筑装饰（集团）有限公司董事长兼总经理汪家玉主持。

徐朋的工作报告分为三大部分：一是五届会员代表大会以来的主要工作；二是几点工作体会；三是今后一个时期协会工作的总体思路。他强调，今年是中国建筑装饰协会成立 20 周年，回顾 20 年，经过所有从业者的努力拼搏，深得改革开放之利的建筑装饰行业，已经成为我国国民经济的一个重要组成部分，在推动经济和社会的全面发展中具有重要的地位和作用。展望未来，我们可以自信地说，建筑装饰行业在全面实现小康社会奋斗目标的进程中，还会更大的发展，再创辉煌。（**全文见本专辑**）

张京跃所做三项议案的说明并表决的：

一是关于修改章程——主要是地址变更、副会长的产生、会费标准。

二是决定王毅强为中国建筑装饰协会副秘书长。

三是增补 11 位协会高级顾问：建设部原副部长、中国房

地产业协会会长杨慎，建设部原副部长、中国建筑学会会长宋春华，建设部原副部长、中国土木工程学会会长谭庆琏，建设部原副部长、中国供水排水协会会长李振东，建设部原副部长、中国建筑业协会会长郑一军，建设部原总工程师、中国建筑装饰协会第一、二、三届理事会副理事长、第四届理事会荣誉理事许溶烈，中国建筑工程总公司原党组书记、中国建筑文化艺术协会会长张青林，中国建筑金属结构协会会长杜宗翰，国家建材局原局长、中国建筑材料工业协会会长张人为，中国饭店业协会会长韩明，中国旅游饭店协会会长侣海岩。

加上叶如棠（全国人大环境与资源保护委员会副主任委员、建设部原常务副部长、中国建筑装饰协会第三届理事会高级顾问）和周干峙（建设部原副部长、中国科学院院士、中国工程院院士、中国建筑装饰协会第三、四届理事会高级顾问），中国建筑装饰协会现有高级顾问 13 位。

大会宣读了三个方面的行业表彰和评价：

一是由中国海员建设工会全国委员会和中国建筑装饰协会联合做出的《关于共同表彰“全国建筑装饰优秀企业家”的决定》（中装协[2004]038 号），共 312 名优秀企业家授予“全国建筑装饰优秀企业家”荣誉称号。

二是中国建筑装饰协会《关于全国有成就资深室内建筑师和全国杰出中青年室内建筑师的评价公告》（中装协[2004] 045 号），对为我国建筑装饰设计业做出卓著贡献的 78 位人士授予“全国有成就资深室内建筑师”的称号，对为我国建筑装饰设计业做出显著成绩的 231 位人士授予“全国杰出中青年室内建筑师”的称号。

三是中国建筑装饰协会《关于颁发协会工作贡献奖和表彰优秀协会、优秀协会工作者、优秀会员单位的决定》（中装协[2004]043 号），决定对 31 位 20 年来对协会工作做出突出贡献的老协会工作者颁发“协会工作贡献奖”；对 46 个优秀协会、94 位优秀协会工作者和 245 家优秀会员单位分别授予“优秀协会”、“优秀协会工作者”和“优秀会员单位”的称号。

中国建筑装饰协会号召全行业向这些个人和单位学习，为使建筑装饰行业在全面建设小康社会中发挥更大的作用，促进行业的全面、协调和可持续发展做出更大的贡献。

马挺贵会长作了会议总结讲话，他说，中国建筑装饰协会五届二次会员代表大会已经圆满完成了各项议程，马上就要闭会了。首先让我对大家在本次会议中紧张而富有成效的工作，表示衷心的感谢！向在本次大会上受到表彰的优秀企业家，资深设计师、杰出的中青年设计师，优秀协会和优秀协会工作者们，表示热烈的祝贺！

他指出，自 2001 年五届一次会员代表大会以来，在大家的共同努力下，协会的工作有了很大进展，取得了可喜的成绩，得到广大会员单位和行业的首肯。由于客观形势在不断变化，协会工作也必须与时俱进，不断跟上前进的步伐，更加程序化、规范化。按照协会章程规定，有些工作的决策需要由会员代表大会审议表决通过，在庆祝协会成立 20 周年活动之际，特别召开了本次会员代表大会，这在协会历史上还是第一次，所以本次会议是一次极为重要，有特殊意义的会议。

马会长总结讲话分三部分：一是对五届一次会员代表大会以来工作的评价；二是对行业发展和协会工作的展望；三是本次会员代表大会的意义和作用。他强调，本次会员代表大会，通过对协会章程的部分条款进行修改，使协会章程更能适应行业发展的要求，我们还通过了聘请顾问的议案，也是协会工作制度的重大改革，使协会工作能够更多的聚集社会各界力量，集中全行业的智慧，充分发挥顾问在指导行业管理、行业发展中的作用，为推动行业生产力的发展做更高层次的服务。

马会长指出，在本次会员代表大会上，我们集中表彰了一批优秀企业家和协会工作者，同时就资深设计师和有杰出成就的中青年设计师给予认定，也是行业期待以久的一件大事。此次会员代表大会上的表彰数量较大，涉及的面比较广，在协会发展史中还是第一次，在很大程度上还有还账的性质。此次会员代表大会的所有这些内容，对协会工作都有重要影响，有些是战略性举措，能够更好地为行业进一步发展，创造有利的内、外条件，因此，本届会员代表大会，在中国建筑装饰协会发展历程中，将会占有重要位置。会员代表大会是短暂的，但我们的工作是长远的，任务是艰巨的，目标是高层次的，希望各位代表认真领会本次会员代表大会的精神，把协会工作推向新的高度。**（全文见本专辑）**

四、全国建筑装饰行业书法、绘画、篆刻摄影展

9 月 1 日～4 日，由中国建筑装饰协会主办的“全国建筑装饰行业书法、绘画、篆刻摄影展”在中国建筑文化中心举行，《全国建筑装饰行业书法、绘画、篆刻优秀作品集》同时出版发行。

出席开幕式的有建设部原常务副部长、中国建筑装饰协会第三、五届理事会高级顾问、全国人大环境与资源保护委员会副主任委员叶如棠，中国建筑装饰协会会长马挺贵，建设部机关党委书记、建设部精神文明办公室主任杨忠诚，建设部综合财务司计划处处长刘育明，中国美术家协会副主席曾成刚，中国美术馆馆长杨立舟，中国建筑文化中心主任李逢春，清华大学美术学院副院长、中国美术家协会常务理事刘巨德，文化部文化阁书画院副院长、中国文联出版社行政总监曾正国，中国建筑文化艺术协会常务副会长兼秘书长、

《中国建设》杂志社社长兼总编王大恒，中国建筑材料协会副会长雷前治，中国消费者协会 3.15 信息咨询中心主任张玉霞，中国摄影家协会原副主席袁毅平，中国建筑摄影研究会会长刘杰，国家建材展贸中心主任生美心，中国土木工程学会副秘书长唐美树、罗祥麟、刘海鹰等各界人士 200 多人。

开幕式由中国建筑装饰协会常务副会长兼秘书长徐朋主持。活动由协会住宅装饰装修委员会（筹）副秘书长张仁统筹。

马会长在致辞中说：在中华人民共和国成立 55 周年喜庆日子即将到来之际，中国建筑装饰协会也即将迎来 20 岁华诞。今天我们在这里——中国建筑文化中心隆重举行庆祝中国建筑装饰协会成立 20 周年“全国建筑装饰行业书法、绘画、篆刻、摄影大展”开幕式。我代表中国建筑装饰协会，代表全国建筑装饰行业 20 万家企业、1000 万员工，向出席今天开幕仪式的各位领导、各位来宾、各位朋友和同志们表示热烈的欢迎和衷心的感谢！

他指出，20 载春秋写巨篇，建筑装饰凯歌传。伴着改革开放的雄健步伐，我国建筑装饰行业走过了由小到大，从传统到现代的 20 年辉煌历程。全国建筑装饰行业人才济济，藏龙卧虎，不乏丹青高手，书道能人；有专业也有业余，流派纷呈，万紫千红。多年以来，全国建筑装饰行业的广大书法、摄影爱好者在建筑装饰、美化城市、美化家居环境等方面都发挥了重要作用，展现了聪明智慧和艺术才华。他们在继承传统、弘扬主旋律、修身养性、陶冶情操、在创建企业文化、促进行业精神文明建设中也都发挥了昂扬向上的积极作用。

马会长表示，为庆祝中国建筑装饰协会成立 20 周年，展示全国建筑装饰行业广大员工的精神风貌和精神文明建设的丰硕成果，我们在全国近千幅书法、绘画、篆刻、摄影作品中甄选出 200 多幅不同风格、不同流派的优秀作品举办这次展览，以答谢党和政府、社会各界多年以来对中国建筑装饰行业的关怀与支持。在此，也对业内热情参与此次活动的所有员工、业内人士表示衷心地感谢！由于时间仓促，此次展览疏漏与错误在所难免，敬请领导们、朋友们以及社会各界批评指正。祝展览会圆满成功！谢谢大家！

参与展出协办的 4 家家装企业家参加了开幕式：北京东易日盛装饰集团总裁杨劲、董事长陈辉，北京龙发装饰集团董事长王显、总经理王振杰、副总经理黄湘陵，北京迪克斯装饰有限公司董事长李忠、总裁马文生，湖南鸿扬装饰设计工程有限公司董事长陈忠平、总经理谢鑫。北京清华工美建筑装饰工程有限公司协助了布展。

全国建筑装饰优秀企业家、2003 年北京市外来务工十大杰出青年杨劲代表装饰企业发言，她说，丹青妙笔写风流，建筑装饰展雄风。值此秋风送爽，大地流金之际，由中国建筑装饰协会主办，东易日盛、龙发、迪克斯、鸿扬等家装企业协办的“庆祝中国建筑装饰协会成立 20 周年，全国建筑装饰行业、绘画、篆刻优秀作品展”今天隆重开幕了，我代表协办企业和广大从业者表示诚挚热烈的祝贺！中华民族传统文化源远流长，诗、书、画、印堪称四绝。艺术源于生活，笔墨当随时代。我们建筑装饰行业是旭日东升的朝阳产业，建筑装饰行业也是藏龙卧虎、人才辈出的行业；家庭装饰是艺术，是科学，是文化；让我们携起手来，弘扬传统文化，唱响主旋律，用我们勤劳的双手，聪明的智慧，诚信经营，优质服务，促进企业精神文明建设，书写建筑装饰行业更加美好、光辉灿烂的明天！

本次活动是我国建筑装饰行业发展历上首次举办如此浩大的全行业的艺术展览，涵盖了书法、绘画（油画、漫画）、摄影、雕塑等艺术品种，规模大，展出面积 3000 多平方米，本次活动影响面大，特别是开幕式隆重热烈，艺术气围浓厚，剪彩仪式简短精彩，鼓舞人心，充分展示了中国建筑装饰行业广大员工的精神风貌和文化艺术品味，是我国建筑装饰行业文化的重要体现。

五、全国建筑装饰行业职工文艺晚会

9 月 2 日晚 7 点半，作为我国建筑装饰行业文化的重要标志、历时三个多小时题为“全国建筑装饰行业职工用心装饰世界文艺晚会”，在著名的北京展览馆剧场演出，建设部原副部长、中国土木工程学会会长谭庆琏，建设部原副部长、中国供水排水协会会长李振东，中国建筑装饰协会名誉会长张恩树、会长马挺贵、常务副会长徐朋等在关方面领导及与会的全体代表欣赏了我国建筑装饰行业发展史上第一次的全行业文艺晚会，64 个地方建筑装饰协会的领导前排就座。演出节目单印刷得十分精美。

这一重大的行业创新其元素由以下主持人和 24 个节目依次组成：

主持人：

阴皓明（苏州金螳螂建筑装饰股份有限公司）

范　威（南京长岛建筑装饰工程有限公司）

赵金杰（特邀）　王英华（特邀）

1. 合唱《祖国颂》

演出单位：北京市建筑装饰协会

2. 舞蹈《欢庆秧歌》

演出单位：南京金陵建筑装饰有限责任公司

3. 小品《私房钱》（自编）

创作：张福生

表演者：蔡顺英、周文耀

演出单位：深圳市家家喜居家装饰工程有限公司

4. 歌伴舞 《中国人》
编舞：程育清、廖原
表演者：林剑琦、周俊等
演出单位：杭州二建建设有限公司装璜分公司
5. 相声 《好字当头》（自编）
创作：徐筱安、周志华
表演者：周志华、徐筱安
演出单位：浙江飞耀建筑装饰工程有限公司
6. 女声二重唱 《七彩人生》（自编）
作词：小元、翔平，作　曲：佳讯、启云
演唱者：魏晓彬、龚莉莉
演出单位：扬州日模邗沟装饰工程有限公司
7. 唢呐独奏 《喜庆》（自编）
表演者：渠文侠等
演出单位：徐州建筑装潢有限公司
8. 男女对唱　《新居赞》（自编）
作词：李向东，作曲：曾继明
表演者：李向东、李虹
演出单位：中铁二局集团装饰装修工限公司
9. 时装表演 《时装情景秀》（自编）
表演者：朱岚、唐燕等
演出单位：苏州金螳螂建筑装饰股份有限公司
10. 男声独唱《天下黄河九十九道弯》
表演者：车斗印
演出单位：山西森永建筑装饰工程有限公司
11. 合唱 《家装市场之歌》（自编）
创作：朱希斌、赵建国
演出单位：北京市建筑装饰协会
12. 舞蹈 《金陵之光》（自编）
编舞：陈东
表演者：王正启、倪正红等
演出单位：南京金陵建筑装饰有限责任公司
13. 男女声二重唱 《逛新城》（自编词）
作词：高守信，作曲：才生
表演者：周玲杰、赵峥
演出单位：杭州国盛装饰工程有限公司
南京百会装饰工程公司
14. 扬剧表演唱 《扮靓咱们的火车站》（自编）
作词：胡小元、杨翔平，曲：戈弘
表演者：龚依、潘志强等
演出单位：扬州市华发装饰装璜配套公司
15. 东北二人转 《周老汉装修》（自编）
创作：满立勇、李占合
表演者（特邀）：郑小飞、谢艳丽
送演单位：吉林省建筑装饰集团有限公司
16. 戏曲串唱
演唱者：温虹
演出单位：西安西航集团铝业有限公司
17. 歌舞《五星红旗》
演唱者：陈晶晶　伴舞：雷焱、叶松等
演出单位：武汉旺轩建筑装饰有限公司
18. 民乐合奏《今天是个好日子》
改编：李长杰
演出单位：大连红太装饰工程公司
19. 男声四重唱
《蓝天铁军之歌》
作词：薛锡祥，作曲：左翼建
《阿拉木汗》
演唱者（特邀）：八百斤演唱组夏燕生、宋夫来、李志渝、叶宝根
送演单位：上海蓝天房屋装饰工程公司
20. 女子民乐组合 《我爱建筑装饰》（自编）
作词：江荣宇，作曲：王子
表演者：陈瑶、胡蓉等
演出单位：广州珠江建筑装饰集团艺术团
21. 男声独唱《装扮你的世界》（自编）
作词：徐朋，作曲：张宇桦
演唱者：赵一凡
演出单位：苏州金螳螂建筑装饰股份有限公司
伴舞：武汉旺轩建筑装饰有限公司
22. 《烦恼装修》（自编）
表演者（特邀）：句号、黑妹、姜超
送演单位：辽宁荣昌装饰装修有限公司
23. 音乐摇滚快板《江苏华泰，在江岸腾飞》（自编）
文学撰稿：陈亦兵，音乐创作：王威
编导：朱元淦　徐国富
表演者：刘曼利、赵婷等
演出单位：江苏华泰装饰工程有限公司
24. 男女声二重唱 《用心装饰世界》（自编）
作词：艾明波，作曲：魏光
演唱者：朱光、许静波
演出单位：黑龙江国光建筑装饰有限公司
伴舞：南京金陵建筑装饰有限责任公司

演出结束后，不少代表向中国建筑装饰协会领导表示对演出成功的祝贺，中国建筑装饰协会领导上台与全体演职员合影，致贺、慰问、留念。

这是一台亲切、质朴、气氛热烈、互动强烈、令人感动的演出，演职员由建筑装饰企业员工与少量专业演职员相结合，节目制作和选择的基本原则是尽可能自己创作。24 个节目，自编的为 15 个，占 60%。演出前一周，20 多家企业的 280 多位演职员在北京工程兵招待所集中，精心策划，反复排练，房箴、魏光等领导深感责任重大，寝食不安，最后在十分惊险的排演中，确定了以江苏选送的节目为基础逐步展开，一次成型。

本台演出，江苏表现十分突出，动手早，积极性高，态度认真，作风扎实，工作细致，7 月 3 日进行了江苏省装饰

装修行业协会成立15周年文艺晚会，7月28日协会做出《关于表彰江苏省装饰装修行业文艺会演获奖节目和优秀组织单位的决定》（苏装协[2004]34号）。浙江、深圳等地装饰协会也组织了当地的行业文艺会演。

在演出直接成本十分低廉的情况下，创造了一个行业奇迹，演出十分成功。我们还应记住这些付出卓越心智的人名：

文艺晚会总顾问：马挺贵；总策划：徐朋、房箴，总导演：魏光，艺术监督：高守信，执行导演：沈跃生，助理导演，谢沐含，总撰稿：张德祥，总协调：张兵，舞美总监：沈跃生，音乐总监：沙晓斌，灯光音响效果：贾中福，编舞：马勇，音响：肖鹏飞，舞美制作：郭小竟，化妆：唐欢，服装：刘雅琴，舞台监督：沙晓斌，前台主任：阴皓明、张春艳，后台主任：朱光、张文，剧务：顾晓燕。组会委会成员：徐朋、房箴、朱希斌、毛家泉、董宜君、魏光、许和铁、何文祥、杨帅邦、李洪鑫、王晓惠、孔祥清、肖能定、田平、张文学、赵兴斌、彭国云、张福如、王儒明、江荣宇、梁铭。

六、应对入世挑战做大做强经验交流会

9月3日上午，"应对入世挑战，做大做强经验交流会"在京丰宾馆同期召开。中国建筑装饰协会名誉会长张恩树、会长马挺贵、常务副会长兼秘书长徐朋出席。中国建筑业协会、中国房地产业协会、中国建材工业协会、中国消费者协会、中国饭店协会、中国旅游饭店业协会负责同志到会祝贺。中央电视台、中央人民广播电台、北京电视台、天津电视台、人民日报、中国日报、中国新闻社、新华社、瞭望周刊、中国经济时报、中国房地产报、中国建材报、中华建筑报、北京晚报、北京青年报等媒体的记者到会进行采访，搜狐网还对交流会进行了现场直播。荣膺全国建筑装饰行业百强称号的企业代表及其他企业代表共数百人参加了会议。会议由中国建筑装饰协会常务理事、《中华建筑报》总编邓千主持。

会议宣读了"2003年度中国建筑装饰行业百强企业评价推介公告"，并颁发了证书。82家建筑装饰装修工程专业承包商，12家建筑幕墙工程专业承包企业和6家主业为建筑工程施工总承包、增项为建筑装饰装修工程的企业荣膺百强称号。这标志着中国建筑装饰行业"扶大、扶优、扶强"的战略正在顺利实施，也标志着有越来越多的装饰企业正在提升国际竞争力、打造旗舰型企业的发展道路上迅跑。

徐朋发表了讲话，他表示，最近两年中国建筑装饰协会结合入世，组织过几次和入世相关的活动，目的就是为了应对入世后我们面临的两个市场压力，一是国内市场逐步国际化的压力，二是"走出去"的压力，这种压力有的已变为现实，有的正在逐步变为现实。协会要求和希望部分企业做大做优做强，鼓励和支持企业开拓两个市场，利用两种资源，积极参与国际大循环，造就一批行业的领军企业，不仅有竞争力，还要有抗风险的实力，能够在中国市场上同跨国公司竞争，也能在国外市场上较量。而为他们创造条件，让市场了解他们，让社会认可他们，为这些企业创造一个"扶大扶优扶强"的环境，则是协会的责任，也是协会工作的重点。同时，中国建筑装饰行业百强企业的评价，对企业的促进作用不可能一蹴而就，目前只是提供了市场和社会一个认知的渠道，但相信只要坚持下去，这个活动就会变成权威活动，对企业发展产生很大的推动作用。

徐朋认为，还有相当多的企业没有参与评价活动，这个问题不能忽视。徐朋提出今后此项工作的要求：一是加强评价活动，加强活动在企业中的影响；二是继续保持公正、公平、公开的原则；三是介绍百强企业的经验不光是百强企业受益，行业发展也同样受益，中装协准备下一步在海南博鳌发起百强论坛；四是要求百强企业确立新目标、新战略和新策略，全面提升企业竞争力，要有宏观意识，树立科学发展观，坚持行业的可持续发展。**（全文见本专辑）**

当选百强企业的苏州金螳螂建筑装饰股份有限公司、北京东易日盛装饰有限责任公司、广东世纪达装饰工程有限公司、深圳长城家俱装饰工程有限公司、合肥达美建筑装饰工程有限责任公司、上海蓝天房屋装饰工程公司、上海正方建筑装饰工程有限公司代表在交流会上进行了经验交流。

再次荣登百强企业榜首的苏州金螳螂建筑装饰股份有限公司总经理倪林在题为"打造建筑装饰业百年老店"的发言中，将金螳螂的多年来之所以取得较快发展归结于企业灵活的机制和体制，一切以市场为中心、一切为客户服务的宗旨和强调诚信意识，依靠质量占领市场，依靠信用赢得客户，因而树立起的良好的社会形象。北京东易日盛装饰有限公司在激烈家装市场竞争中，注重质量和企业品牌化、规模化的比较优势，总结出了管理系统化、永远处于招聘状态、提高客户满意率、创建人才梯队化、设计师职业化等一系列管理措施，推行"预算管理、成本控制"的管理理念，为公司创造核心竞争力提供了有力的保障。

知名厂商、中建纳博门自动门有限公司总经理坂德诚先生，受日本全国自动门协会和田友一会长和日本株式会社纳博克本田侑三社长委托，向中国建筑装饰协会成立20周年和本次会议发表祝贺致辞。

通过两年来的百强评价活动，目前全国许多大型建筑装饰企业已将争创行业百强、跻身行业百强当成提高企业整体水平的有效措施，不少企业已将百强证书纳入投标工程文件之中，且置于明显处。中国建筑装饰协会、中华建筑报社有信心、有能力把中国建筑装饰行业百强企业评价办成年度例行的、权威的行业评价活动。

七、全国住宅装饰装修行业发展大会

全国住宅装饰装修行业发展大会分三大部分进行：一是开幕式，二个主题报告；二是三个论坛；三是闭幕式，公布行业评价、宣布家装企业准入与清出行业自律管理试点协会、500家家装企业诚信宣言。大会由中国建筑装饰协会副秘书长房箴主持。

9月3日上午，“全国住宅装饰装修行业发展大会”在京丰宾馆同期举行。出席大会的领导有中国建筑装饰协会名誉会长张恩树、会长马挺贵，建设部建筑市场管理司司长、中国建筑装饰协会副会长王素卿，建设部机关党委书记、建设部精神文明办公室主任杨忠诚，国家工商总局消费者权益保护局副局长卢艳刚，国家环保总局规划财务司副司长刘启凤，建设部住宅产业化促进中心推广处处长孙克放，建设部工程质量安全监督与行业发展司综合处处长王树平，中国消费者协会副秘书长武高汉，中国建筑材料工业协会秘书长陈国庆，中国房地产业协会副会长潘其源，中国建筑装饰协会副会长、北京业之峰装饰集团董事长兼总裁张钧，中国建筑装饰协会副会长、上海荣欣家庭装潢有限公司总经理陈国宏。

马挺贵会长在大会上致辞，他说，本次住宅装饰装修发展大会，是自2001年5月中国建筑装饰协会在深圳召开“全国住宅装饰装修工作会议”以来的一次最为重要的会议，是在我国住宅装饰装修行业迅速发展、市场形式发生重大变化情况下，为了规范市场、整顿行业、推动行业生产力发展而召开的一次重要会议，也是中国建筑装饰协会接受建设部委托，具体管理住宅装饰装修行业以来的一次最为重要、对行业发展具有重要指导作用的一次会议，是在我国住宅装饰装修行业发展中具有里程碑意义的一次重要会议。

他强调，本次住宅装饰装修行业发展大会，就是在这一指导思想下的一次全国性行业盛会，衷心希望大家在本次会议期间畅所欲言，为行业发展献计献策，同时，本次会议的相应政策、措施应该引起全行业的高度重视，我衷心希望，本次会议能够开成一个有实际效用的会议，能对我国住宅装饰装修行业发展起到积极推动的会议，能使我国住宅装饰装修行业迈向新的高度的会议。（**全文见本专辑**）

王素卿司长代表建设部在大会上讲话，她说，建设部汪光焘部长和黄卫副部长原来计划参加今天的大会，由于工作原因，两位领导今天都不能出席。但在8月27日，汪光焘部长和黄卫副部长等到中国建筑装饰协会调研时，特别强调了对这次会议的高度重视，并致以了热烈祝贺，表明了建设部领导对中国建筑装饰协会工作的肯定，也表明了对发展我国住宅装饰装修的重视。住宅装饰装修是建筑装饰装修行业的重要组成部分，也是我国全面建设小康社会的重要内容。因此，建设部高度重视住宅装饰装修行业的发展,希望这个行业能够给老百姓创造出更多的健康、安全、舒适的居住环境,提升人们的生活质量。

她强调，中国建筑装饰协会的工作，在住宅装饰装修行业管理上成就是很显著的，在完成政府委托的任务各方面是很值得依赖的。

她指出，当前，中国建筑装饰协会从加强行业自律建设体系出发，规范家装企业的行业准入行为，同时通过开展家装企业规范服务达标活动，以及把企业的诚信体系建设与行业精神文明建设结合起来，加强行业管理。家装行业是一个新兴的行业，这个行业有许多自己的特点，需要研究的问题。希望通过上述几个方面的活动、工作和深入研究，不断总结经验，完善办法，使我国住宅装饰装修行业诚信建设和自律管理水平有一个新的提高，使行业的生产力水平取得更大地进步。我国住宅装饰装修行业一定能为全面建设小康社会做出更大地贡献。（**全文见本专辑**）

大会由两位权威人士进行了主题演讲：一是建设部住宅产业化促进中心推广处处长孙克放的“住宅全装修　推进住宅产业现代化的重要切入点”；二是国家工商总局消费者权益保护局副局长卢艳刚的“树立科学发展观　实施行业信用管理 促进住宅装饰装修行业规范发展”。

9月3日下午～9月4日，家装发展大会分别召开了三个论坛，由31位有深刻心得的从业者代表进行了演讲：

管理论坛（12位演讲，中国建筑装饰协会住宅装饰装修委员会（筹）副秘书长张爱宁负责，分别由吉林省建筑装饰业协会秘书长张文学，全国优秀装饰协会工作者、北京市建筑装饰协会常务副秘书长兼《北京装饰》主编郭仁智，全国优秀装饰协会工作者、合肥市建筑装饰协会秘书长罗伟民主持）：

中国建筑装饰协会副会长、北京业之峰装饰集团董事长兼总裁张钧的“家装企业规模化发展经营的战略探索”、北京华盛时代广告公司策划人李光斗的“家装行业如何打造名牌企业及营销策略”、北京迪克斯装饰有限公司总经理马文生的“家装市场形势分析与企业经营对策”、北京东易日盛装饰公司特许经营中心总监张平的“连锁特许经营走入家装的探讨”、湖南鸿扬家庭装饰设计工程有限公司董事长陈忠平的“建设家装产业工人队伍　促进行业迈上新的台阶”、北京硕联管理咨询有限公司总经理沙尔玛的“论家装行业的服务意识”、上海市建筑行业协会家装委员会秘书长郑祥钧的“政府职能转移情况下的行业管理”、云南昆明东陆装饰有限公司董事长姚勇的“开拓东盟装饰市场的启示”、北京市建筑装饰协会理事长朱希斌的“建筑装饰协会是家装行业管理的主体”、深圳市时代装饰工程有限公司总经理曲毅的“借鉴国外经验加速打造住宅装修产业化”、辽宁省建筑装饰协会家装委副主任、辽宁沈阳辰星建筑装饰工程有限公司董事长赵国涛的“寻求正规家装企业的健康发展之路”、北京龙发装饰集团运营总监杨卫涵的“因势而动，管理为市场服务”。

设计论坛（11位演讲，《中国建筑装饰装修》主编于冰负责，分别由全国有成就资深室内建筑师、辽宁省装饰协会秘书长田平，重庆市建筑装饰协会常务副秘书长肖能定，全国有成就资深室内建筑师、黑龙江建筑装饰协会常务副会长赵兴斌，全国优秀装饰协会工作者、成都市建筑装饰协会秘书长张桂芳主持）：

中国建筑科学研究院物理所光学室主任李铁南的“住宅光环境的设计”、四川美术学院设计系教授潘召南的“消费时代的消费设计”、江苏省建筑设计研究院家装设计研究所所长裴晓军的“住宅环境设计的动态性”、北京金地房地产有限公司设计师王小根的“空间的物质主义表现”、苏州樱花装饰工程有限公司董事长松永波男（日本籍）的“新世纪的室内设计”、大连理工大学环境艺术系教授唐建的“论家装设计师专业知识的构成”、北京乾图室内环境设计有限责任公司总经理朱宏格的“家居设计的人性化”、江南大学设计学院教授、博导周浩明的“住宅装修中的IAQ控制”、北京业之峰装饰有限公司研发总监侯舒信的“中国家装设计的文化思考”、科马卫生间设计开发工程有限公司总经理史以的“建筑与室内设计一体化、装修安装工程产业化”、西班牙阿莱圣德家居设计公司设计师赵磊磊“室内设计与配饰”。

精品房装修论坛（8位演讲，中国建筑装饰协会行业发展部主任王本明负责，分别由全国优秀装饰协会工作者、上海市装饰装修行业协会秘书长赵海，武汉建筑装饰协会家装委员会理事长邓葭芬，全国优秀装饰协会工作者、江苏省装饰装修行业协会会长毛家泉，全国优秀装饰协会工作者、济南装饰协会副秘书长李莉主持）：

上海市房屋土地资源管理局产业处处长李娟娟的“我国一次精装修成品房的发展趋势”、天津市华厦房地产开发有限公司总经理闫红星的“一次精装修成品房施工企业选择方式及要点”、北京恩普建筑装饰工程有限公司总经理张国平的“天津开发区阳光新干线住宅一次精装修施工组织的几点体会”、北京阔达装饰有限公司总经理张丽的“从万芳园精装修看工程的前期谈判”、大连嘉丽集团总裁罗淼麟的“成品房的问题及对策”、北京东易日盛装饰有限公司董事长陈辉的“与房地产开发商合作中的几点体会与思考”、中国建筑装饰协会行业发展部主任王本明的“关于一次精装修的调研报告”、海尔集团家居事业部部长黄品的“海尔家居精装修工程工厂化管理初探”。

9月4日下午，全国家装发展大会举行闭幕式，大会由中国建筑装饰协会副秘书长房箴主持。主要议题：一是徐朋作“关于《住宅装饰装修行业发展若干意见》的说明”；二是宣布《关于委托17个地方建筑装饰协会进行住宅装饰装修行业自律管理企业准入与清出首批试点工作单位的决定》（中装协[2004]047号）；三是宣布《关于全国住宅装饰装修质量服务诚信企业（2004年度）、全国住宅装饰装修优秀企业和全国住宅装饰装修示范工程的评价公告》（中装协[2004]046号），被评价并授牌的共732个单位，包括160家家装质量服务诚信企业、285家家装优秀企业和287项家装示范工程；四是在中国消费者协会支持下的500家家装企业诚信宣言、授牌仪式；五是优质品牌材料厂商支持发言。

在主席台上就座的有黑龙江省建筑装饰协会常务副会长、全国有成就资深室内建筑师赵兴斌，江苏省装饰装修行业协会会长、全国优秀建筑装饰协会工作者毛家泉，中国建筑装饰协会副会长、全国建筑装饰优秀企业家、上海荣欣家庭装潢有限公司总经理陈国宏。

徐朋作了“关于‘住宅装饰装修行业发展若干意见’的说明”，全文分三部分：一是为什么要编制若干意见；二是“若干意见”的主要内容；三是贯彻“若干意见”的措施和意见。他强调，我们十分强调，落实“若干意见”要进行创造性的工作，更要不断总结各地区的经验，改进“若干意见”的不足。一定要加强中国建筑装饰协会同各地方装饰协会的合作，共同完成推动行业发展的任务。**（全文见本专辑）**

17个被委托进行住宅装饰装修行业自律管理企业准入与清出首批试点工作的地方建筑装饰协会是：一个直辖市——重庆市建筑装饰协会；四个省——黑龙江省建筑装饰协会、吉林省建筑装饰业协会、辽宁省装饰协会、福建省建筑装饰协会；六个省会城市——西安建筑装饰装修业协会、武汉建筑装饰协会、南京市装饰行业协会、石家庄市装饰协会、昆明市装饰行业协会、长沙市城市房屋装饰装修行业协会；六个重要城市——厦门市建筑装饰协会、东莞市建筑装饰协会、大同市建筑装饰协会、金华市装饰装修协会、哈密市建筑装饰行业协会、汕头市装饰协会。

这是当前我国家装发展最重要的行业管理制度创新。大会期间，又有多个地方建筑装饰协会提出申请。中国建筑装饰协会将于10月上旬召开试点工作座谈会，交流各地的“实施细则”后，审定第二批试点地方建筑装饰协会。

500家家装企业诚信宣言代表宣誓，举起右手，由湖南鸿扬装饰设计工程有限公司总经理谢鑫领誓，全场起立，声音洪亮，表情凝重，场面颇为震撼，十分感人。

八、老协会工作者、专家、企业家座谈会

9月3日下午，能产生多样人生感慨和感悟的“庆祝中国建筑装饰协会成立20周年老协会工作者、专家、企业家座谈会”在京丰宾馆召开，受中国建筑装饰协会的特别邀请，一批当年多为四五十岁的老协会工作者、专家、企业家相聚在北京京丰宾馆，参加庆祝中国建筑装饰成立20周年这一重要系列活动，兴奋地呼唤彼此的名字，握手、拥抱，深情的目光，亲切的交谈，不禁的话题，不舍的思念。

座谈会的主题是：回顾与展望。主要议程：一是由中国建筑装饰协会会长马挺贵致辞；二是由中国建筑装饰协会名誉会长张恩树做主题讲话；三是与会代表发言；四是《张恩树建筑文集》签名赠书仪式，五是与会代表合影留念。

出席座谈会的代表共37人，包括27位特邀代表，其中，中国建筑装饰协会12人、地方建筑装饰协会8人、专家学者4人、企业家3人。业内应记住他（她）们的名字：张恩树、马挺贵、徐朋、许溶烈、符曜伟、钱宜伦（女）、石连峰、霍明远、黄白、唐澄、田万良、鲁心源；沙启云、赵兴斌、洪涛、潘志昌、解淑惠（女）、王志杰（女）、居乃巩，刘亚东；何镇强、李宁（女）、周锦云、王少南；汪家玉、陈国宏、吴葆生。

马会长在致辞中说，你们敬业求实，忠于职守，艰苦奋斗，创造性开展工作的精神，是行业及协会的一笔巨大财富，将永远鼓舞和鞭策后人，继承传统，全力以赴地搞好协会工作。中国建筑装饰协会自五届理事会换届以来，提出了“二次创业”的奋斗目标，这是在老同志已经开创的协会工作基础上，与时俱进，开拓进取的目标。经过三年多的努力，通过一系列策划项目，创造性开展工作的过程，正在逐步实现即定的目标，这其中既有现在从业者及协会工作者的努力，也包含了老同志们的热情帮助和有力支持，在这里，向一切为协会工作做出贡献的人们表示感谢！

马会长高度评价担任中国建筑装饰协会四届会长、长达17年的张恩树，称他是中国建筑装饰协会的创立者，协会的优秀领导人，是行业内德高望重的领袖，也是行业内会员企业的知心朋友。他强调这次座谈会还要进行《张恩树建筑文集》的签名赠书仪式。“文集”收集了大量在协会工作期间的文章，是协会发展历程的写照，是协会工作的总结，也是协会工作者值得保留的珍贵文献资料。**（全文见本专辑）**

张恩树名誉会长在主题讲话中指出，非常高兴参加今天这个座谈会，看到这么多的老同志、老朋友在一起，共同回顾行业20年的发展历程，并为下一步的更大发展献计献策，这是件大好事。大家都有比较丰富的行业管理经验，也都热爱行业、关心协会工作，应该把自己的真见卓识传授给大家。

他的讲话分两大部分：一是行业发展中存在的问题及对策；二是建设什么样的协会、如何建设协会。

张恩树指出，为了完成协会的工作任务，就必须加强秘书处的建设。协会决不能成为养老机构，而应该是一个团结、实干、讲求效率的组织。协会是高度组织化、专业化的机制。要增强工作人员素质，在秘书处工作的人员，不仅需要有热爱行业，克己奉公、热心服务的思想品德，还必须要有专业知识，而且应该是技术、经济、艺术、法律等专业的复合型人才，结构合理。同时要具有组织能力、社会交往能力和活动策划能力，这样才能团结会员单位，掌握行业实际情况，发现行业中的问题，研究解决的方法，使秘书处能够更贴近会员、贴近工程、贴近行业。因此，协会秘书处的工作人员一定要年富力强，有实际工作经验，人品还要好，这是协会组织建设的一个重中之重。**（全文见本专辑）**

在会长马挺贵致辞、名誉会长张恩树做主题讲话后，许溶烈、霍明远、唐澄、石连峰、王志杰、刘亚东、潘志昌等老一辈协会工作者相继发了言。情绪均比较激动，言语真切，对中国建筑装饰协会的这个座谈会给予高度评价。

会议举行了《张恩树建筑文集》签名赠书仪式，张恩树为每一位与会人士在《张恩树建筑文集》的扉页上书赠签名，大家排成一队，恭请书赠，张恩树站着为每一位签名赠书，握手致意。两个小时的会议洋溢着亲切祥和、深情厚谊的气氛，是一种可遇不可求的人生享受**（详细报道见本专辑）**。

九、形象策划、媒体报道及舆论反映

中国建筑装饰协会对这次活动进行了整体形象策划，具体由信息咨询委员会实施，包括会场内外的宣传牌、大会主席台及论坛会背景、大会指引标识、电脑投影、动画音响制作等，各有特色，统一有序，营造了很好的大会气氛。

中国建筑装饰协会成立20周年庆典活动，引起了我国主流新闻媒体的关注和广泛报道。中央电视台9月2日整点新闻三次滚动播出庆典活动新闻及对徐朋秘书长的采访。辽宁电视台“装修到你家”、苏州广播电视总台“文化生活”频道、深圳《现代装饰》等地方主流媒体均制作了专题报道。

9月1日《中国建材报》1版“中装协将为希望小学捐款”，9月3日《人民日报》6版“中国建筑装饰协会向希望小学捐款”，9月3日《中国建设报》头版头条“中装协会回顾装点经济社会二十年”，9月6日新华社《瞭望周刊》第7页“建筑装饰行业要提高责任”，9月6日《中国经济时报》7版“中国建筑装饰百强企业评出”，9月7日《科技日报》1版“朝着工厂化产业现代化迈进　家装企业首入装饰百强”，9月8日《中国建材报》1版“2003年度中国建筑装饰行业百强企业评价隆重揭晓　提高竞争力　打造旗舰企业”，9月8日上海《都市文化报》2版“推动行业生产力发展　促进行业精神文明建设——中装协举办成立20周年盛大庆祝活动”，9月9日《中国建设报》2版“建筑装饰行业书画展开幕”，9月10日《北京晨报》34版“中国建筑装饰行业百强企业评价揭晓”，9月13日《人民日报》15版“建筑装饰业：正视问题求发展”等。

此外，网站也积极进行报道，如搜狐网9月3日上午对百强企业授牌做大做强经验交流会进行了现场直播，人民网发表了“推动生产力发展　促进精神文明建设——中国建筑装饰协会成立20周年系列庆祝活动纪实”等文章，千龙新闻网发表了“全国500家家装企业要诚信　是否过硬上网查查看”等文章，中新网发表了“中国建筑装饰百强企业评价揭晓”等文章，中国别墅网发表了“提升国际竞争力　打造旗舰企业”，焦点网的题目是“家装企业首次昂首进行装饰行业百强行列”。

中国建筑装饰协会媒体的宣传工作十分出色，受到与会领导和代表的广泛好评。《中华建筑报》会前逐渐烘托气氛，大会期间连出三期报纸，进行及时全方位的报道，会刊《中国建筑装饰》、中国建筑装饰网发挥各自优势，对大会进行了有效率的宣传报道，特别是大会表彰和和评价公告等，《中国建筑装饰装修》以“家居环境”为主题为家装发展大会出了一期专刊。

十、会务工作总结

1．精心策划，高效运作

中国建筑装饰协会为此活动作了长达近一年的精心准备工作。2004年7月28日，专门成立了庆祝活动组委会，组长：徐朋，副组长：房箴，成员（8人）：张京跃、王毅强、郑纪文、田万良、黄白、王本明、张爱宁、王燕鸣。横向分六个小组，纵向分九个项目，责权明确。

六个小组是：

会务组，组长：王毅强，副组长：田万良、王燕鸣，成员：高世彦、杜桂玲、张军莉、张兰美、张颖、刘超，信息委、培训中心有关人员。

文件组，组长：王本明，副组长：董子华、郭红星，成员：刘剑、宿玲。

联络组，组长：黄白，副组长：张爱宁、张仁，成员：高俊、郭艳。

宣传组，组长：邓千，副组长：董子华、于冰，成员：李廉、朱时均。

展示组，组长：田万良，副组长：高世彦、张振路，成员：信息委、材料委有关人员。

演出组，组长：房箴，副组长：张兵、杜桂玲，成员：张文、张春艳。

九个分项活动负责人是：开幕式及内蒙古自治区锡林郭勒盟苏尼特左旗希望小学捐款仪式——王毅强；大会主题报告会——王本明；五届二次会员代表大会——张京跃（颁奖——田德昌、顾国华、杜桂玲）；文艺晚会——房箴、张兵；家装发展大会——房箴、张爱宁、张仁（论坛·管理——张爱宁、设计——于冰、成品房——王本明）；百强企业授牌仪式及经验交流会——邓千、朱时均；老协会工作者、专家、企业家座谈会——张京跃、黄白，书画摄影展——张仁，希望小学设计方案及图纸——田德昌。

大会的最后实质性筹备和大会期间的会务工作，基本上是按上述分工有秩序地运作的。大家团结和谐，人人奋勇向前，超强度、超水平发挥了各自的作用。会务工作人员共60多人，包括协会直接为大会服务的工作人员和会员企业增援的工作人员各30多人，如北京港源、京科、建谊、青科、杭州之江、中望等。如果没有会员企业无偿的支持，会务工作就不可能顺利进行。

大会期间，会务工作分工和大会需求相结合，加上以前协会办会的经验，会务工作人员资源配置更为合理，从而形成了中国建筑装饰举办业内活动的基本工作框架、互相配合默契和高效率的工作团队：

策划、统筹、协调：徐朋、房箴、张京跃、王毅强。

来宾邀请、通知发送：王毅强、杜桂玲等。

会议联络、回执登记：黄白、张爱宁、张兰美、高俊等。

文件资料准备、制作：王本明、黄白、董子华、张兰美、高俊、刘超等。

会议会场形象安排：田万良、杜桂玲、高世彦、宋兆英等。

代表登记录入：张兰美、高俊、刘超等。

会务收费、食宿安排：杜桂玲、张军莉、王燕鸣、郭丽云、陈立军、李玲、周英等。

迎接代表、文件资料装运派送：王本明、黄白、郭红星、宿玲等。

主席台座次、迎宾安排：张爱宁、张仁、张颖、宿玲等。

合影安排：田万良、黄白、高世彦等。

颁奖安排：顾国华、杨天军、陈京明等。

车辆安排：田万良、张仁、高世彦等。

2．协会领导率先垂范，全身心投入

三天的会议，中国建筑装饰协会领导在超强度的工作中，精神饱满，全身心地投入，以身做责，率先垂范，展示了行业领袖的风采。会长马挺贵共进行了六场演讲：一是在中国建筑装饰协会成立20周年庆祝大会暨向希望小学捐赠仪式上的致辞，二是题为《中国建筑装饰行业20年回顾及展望》的大会主题报告，三是在中国建筑装饰协会五届二次会员代表大会总结讲话，四是在全国建筑装饰行业书法、绘画、篆刻摄影展开幕上的致辞，五是在全国住宅装饰装修行业发展大会上的致辞，六是在老协会工作者、专家、企业家座谈会上的致辞。

常务副会长兼秘书长徐朋共主持了四场会议：一是中国建筑装饰协会成立20周年庆祝大会暨向希望小学捐赠仪式，二是大会主题报告会，三是全国建筑装饰行业书法、绘画、篆刻摄影展开幕式，四是老协会工作者、专家、企业家座谈会。进行了两场演讲：一是中国建筑装饰协会五届二次会员代表大会工作报告，二是在应对入世挑战做大做强经验交流会上的讲话。会前的文字量十分浩大，审阅、修改的约有400万字。

3．演讲层次高，内容丰富

本次活动共有两个方面5位资深人士的演讲：

一方面是庆祝中国建筑装饰协会成立20周年大会的主题报告，有3位：中国建筑装饰协会会长、教授级高级工程师马挺贵的“中国建筑装饰行业20年回顾及展望”，北京大学经济管理学院院长、博士生导师刘伟教授的“建筑装饰行业的发展与全面建设小康社会”，全国有成就资深室内建筑师、清华大学美术学院环艺系主任、博士生导师郑曙旸教授的“我国建筑装饰设计的若干理论与实践问题”。

另一方面是家装发展大会的主题演讲：一是建设部住宅产业化促进中心推广处处长孙克放的“我国住宅产业政策、市场形势与发展趋势”；二是国家工商总局消费者权益保护局副局长卢艳刚的“当前诚信体系建设与行业自律”。不仅具有很高的学术价值，而且具有很重要的行业指导意义。

在家装发展大会三个论坛上31位的演讲，内容丰富，阐述深刻，有层次，水平高。

4．地方协会支持，组团办法好

中国建筑装饰协会现有80个地方建筑装饰协会，此次与会的达 64 个，占 80%，是历次大会来的最多的一次。1994 年参加庆祝中国建筑装饰协会成立 10 周年大会的代表为 300 多人，而此次庆祝中国建筑装饰协会成立 20 周年大会的有 1300 多人。

各地代表，包括中国建筑装饰协会常务理事、理事均由当地建筑装饰协会组团而来，江苏省、上海市、广东省、四川省、重庆市和河南省分别以 189 人、118 人、92 人、58 人、42 人和 40 人位居前六位。其中上海不但有正副团长，还分成六个小组，由正副组长具体负责。江苏全省共 12 个地级市，省装饰装修行业协会率其中 11 个地方装饰协会领导及会员代表与会，如苏州 20 人、常州 18 人。

上海市装饰装修行业协会家装委员会在大会开幕的前一天在京丰宾馆还召开了理事会，也是一项行业创新。

行业大会，特别是大规模的会议，由地方建筑装饰协会组团而来，是个好办法，对于提高会议质量、保证会议规模、降低会议成本具有至关重要的作用，特别是在与会员代表沟通信息、协调关系、平和矛盾方面作用显著。有关地方建筑装饰协会及其会员代表非常配合，互相没发生什么摩擦，化解了一些矛盾，大家均比较满意，效果很好。

9 月 6 日，中国建筑装饰协会会长马挺贵、常务副会长兼秘书长徐朋逐一签字给组团突出的 28 个地方建筑装饰协会分别致信，衷心感谢对大会的有力支持。

5.“捆绑式”表彰，高效公平

在此次大会上，中国建筑装饰协会共进行了四大方面、10 类、1769 个单位和个人（次）的行业表彰和评价：

一是 312 名 全国建筑装饰优秀企业家；二是 78 位全国有成就资深室内建筑师和 231 位全国杰出中青年室内建筑师；三是 31 位协会工作贡献奖、46 个优秀协会、94 位优秀协会工作者和 245 家优秀会员单位；四是 160 家家装质量服务诚信企业、285 家家装优秀企业和 287 项家装示范工程。

若加上 424 家家诚信宣言发起企业的证书、铜牌的发放，总的工作量高达 2193 个，时间十分短暂，任务非常繁重。

为此，协会根据“效率优先，兼顾公平”的原则多次进行研究，权衡利弊，最后决定采取“捆绑式”方法，实施了两项措施：一是采取 2004 年 4 月中国建筑装饰协会在北京召开的、有 300 位代表与会的“全国建筑装饰行业信息化建设工作会议”表彰 113 家“全国建筑装饰行业信息化建设优秀企业”，由所在地建筑装饰协会领导上台领取的办法；二是在大会期间，分施工、设计、家装、协会四个小组，由顾国华、田德昌、张爱宁、杜桂玲分别负责与相关地方建筑装饰协会及其代表联络。实践表明，此举得到了有关地方建筑装饰协会、受到表彰和评价的代表及大会的普遍理解和肯定，由于协会四个小组工作到位，总体效果良好。

6. 派送资料有效率，内容丰富价值高

本次大会向代表派送的 7 种、300 多万字、编辑出版直接成本 500 多元的文件资料 1350 套，总重量共约达 20 多吨，平均每位代表约 15kg。代表们普遍反映，虽然资料很重，但是质量好，内容丰富，十分有价值，几乎没有什么会议能与此会相比，会务费交得太值了。大会文件资料几乎无人丢弃，全都打包带回或托运。陕西省建筑装饰协会组团时特意通知 20 多位代表携带行李箱与会，显示了预见性。

本次大会的文件、资料发放，会前的回执为 728 人，协会秘书处估计能到会 1000 人，文件资料按 1100 人准备，但是实际来了 1300 多人。9 月 1 日报到的当晚上 9 点，所有准备的文件资料全部发光，此时到会的重庆 42 人、河南 40 人、常州 18 人及一些代表尚没领到。于是协会紧急商请印刷厂加印《2003 年中国建筑装饰行业年鉴》、《中国建筑装饰协会成立 20 周年回顾与展望》、《全国建筑装饰行业书法、绘画、篆刻优秀作品集》等有关资料 250 套，并告诉有关协会负责人，请他们转告所组团的代表，协会一定保证大家的资料。第二天，来一份资料，就立即通知这几个协会代表团团长来领取一份。

大会合影照片和代表通讯录，于次日上午 11 时和下午 2 时到达会场，会务组当即组织分发。实践表明，大会的文件、资料、合影、通讯录满足了绝大部分与会代表的需求，普遍反映中国建筑装饰协会是一个说话有诚信、工作有效率的协会。

西安建筑装饰培训中心向大会赠送该会常务副秘书长赵洁心编写的《建筑市场实用英语》一书 100 本，大会转送给了优秀装饰协会和优秀协会工作者。

有一套好的会议文件、资料，及时分发大会合影、通讯录，是确保会议成功的基础之一。大会的《秩序册》起到了至关重要的作用引导。

7. 文艺演出、书法绘画展，行业文化、精神文明标志

业内及社会充分肯定，建筑装饰行业有文化，但是直到“全国建筑装饰行业职工用心装饰世界文艺晚会”和“全国建筑装饰行业书法、绘画、篆刻摄影展”及《全国建筑装饰行业书法、绘画、篆刻优秀作品集》的出版发行，才能确切地说，建筑装饰行业有文化——文艺演出、书法绘画展和行业年鉴，是我国建筑装饰行业文化的主要标志。连同央视 2004 年猴年第一部 20 集轻喜剧《将装修进行到底》，建筑装饰行业文化正式进入我国主流文化之中。

文艺演出、书法绘画展和行业年鉴，是我国建筑装饰行业文化和精神文明建设成果的主要标志。

8. 家装准入试点，行业自律管理一大创新

中国建筑装饰协会 2004 年 8 月 8 日公布的“关于发布《住宅装饰装修行业自律管理企业准入与清出办法（试行）》及试点工作的通知”（中装协[2004]042 号），此次作为大会文件印发，在与会代表、特别是在地方建筑装饰协会和家装企业家中引起强烈反响，普遍反映此举非常得行业之人心。

首批试点协会的宣布，使一些还存在模糊认识的地方建筑装饰协会领导纷纷要求加入试点工作行列。

行业自律管理作为发展方向，得到了建设部领导的充分肯定，汪光焘部长强调关键是建立行业管理制度。

本次活动最重大的成果之一，不仅是终于找到了一个合法、合理的家装行业管理的突破口，而且是建筑装饰行业建立具有实质性意义行业自律管理制度的良好开端，意义非同寻常。

本次行业表彰和公布业内评价，特别得到两个相关部门的帮助，一个是协会与中国海员建设工会全国委员会共同表彰“全国建筑装饰优秀企业家”；一个是在中国消费者协会支持下的500家家装企业诚信宣言、宣读承诺书并授牌。效果非常好。

9. 协会秘书处总结大会活动，“制高点工程”圆满竣工

2004年9月6日，中国建筑装饰协会召开“中国建筑装饰协会成立20周年庆典总结工作会议”，出席会议的有会长马挺贵、常务副会长兼秘书长徐朋，副秘书长房箴、王毅强，会议由徐朋主持，马挺贵讲话。参加会议的有黄白、张兰美、高俊、张仁、张爱宁、张颖、郭艳、杜桂玲、董子华、张军莉、高世彦、顾国华、田德昌、郭红星、刘剑、魏光、张兵、邓千、樊淑玲、宿玲、张振路、熊翔、李卫青、张文、张春艳、顾晓燕等26人。

张爱宁、张仁、郭红星、黄白、魏光、高世彦、顾国华、张振路、王毅强相继就各自负责的工作进行了初步小结，一言以蔽之：此会空前。随后，徐朋进行了总结，他谈了两点：

第一，听了刚才的小结，每位发言者均是表扬别人，大家都有了把事情办成功的喜悦，大家对不足的分析均是积极向上，而非埋怨，是出以公心，志同道合的体现。本次大会，规模空前、史无前例、意想不到，内容最为丰富。通过大会的锻炼，反映出中国建筑装饰协会与地方建筑装饰协会、会员企业的精诚团结，心往一处想，劲往一处使，达到了空前的团结，各部门之间创造条件、互相支持、相互协调，令人感动。是协会的价值观把大家融合在一起，有了共同的荣誉感，归属感，团结配合，体现了协会极强的生命力。我们到协会三年零三个月，很有成就感。大家以协会的成功为自己的追求，在业内树立了良好的形象，中国建筑装饰协会的确是一个很有希望的协会。

徐朋指出，这么多的地方建筑装饰协会与我会同心同德，出了问题主动承担责任、化解矛盾，中国建筑装饰行业从来没有象现在这样团结奋进。上海、江苏、四川等地的组团效果很好，企业的主动参与文艺晚会意识很强。实践表明，经营协会，大量无偿的服务所形成的协会实力，协会才有可能开展业内及社会欢迎的有偿服务，协会的市场和社会价值才能体现出来。协会最缺乏的是能够按照协会运作规律利用行业及社会资源的人才。

徐朋认为，此次大会没有出现大的纰漏，大会筹备的工作量非常大，协会经受住了以下能力的考验：一是对推动行业发展的能力的考验；二是对组织大型活动的能力的考验；三是对协会公共关系能力的考验；四是对我会与地方建筑装饰协会合作能力的考验，通过此会，大家的关系更加和谐了；五是对策划项目、经营行业资源能力的考验；六是对协会打硬仗能力的考验，关键时刻干部要冲得上去，我们已形成了一批热爱协会工作的干部，这就是给予我们极大信心的力量所在，特别是兢兢业业、受了委屈批评仍然努力工作的同志，如房箴、王毅强等人，这就是集体主义的精神境界，因此可以说，我会是一个有战斗能力的协会、工作环境愉快的协会，大家彼此关系的和谐十分突出，有困难也很愉快，我们对本会的前途充满信心，实现了协会上一个台阶的目标。

第二，强调几项工作：一是汪部长到我会调研已成为历史，其他兄弟协会也有很多优点，我们要保持清醒的头脑，不宜过多的宣传，有时表扬也有一定的负作用，我们只是要进一步踏踏实实的做自己的事就是了；二是少宣传自己，多宣传地方建筑装饰协会，创造与地方建筑装饰协会和谐共事、长期合作的条件。三是大会的后续工作要做好，包括对所有组团协会、参加演出的单位和个人的个性化的感谢信，由我和马会长共同签字发出，抓紧刻制文艺晚会的光盘以及剧照的整理；四是准备编辑《中国建筑装饰协会成立20周年庆典活动文集》；五是准备年底的协会理事会和建筑工程装饰奖的颁奖活动。

接着，马会长作了总结，他谈了四点：

一是本次大会非常成功，达到了预期的目的，对大家表示非常的感谢。此次大会，展示了协会和行业的风采，密切了我会与地方建筑装饰协会的关系，增强了协会和行业的凝聚力。刚才，各部门、各项目负责人均进行了小结，确有不少感人的人和事。

二是本次大会层次高，规模大，资料水平高，演讲水平高，隆重热烈，如此复杂的活动，会中套会，得到了兄弟协会的一致赞赏，与会代表反映热烈。本次活动符合企业的需求，我们表彰了一批行业先进。此次庆典，是协会工作的制高点，进一步探索了协会的工作规律，提供了高层次的服务，推动了行业发展，本次大会是集中的反映。

三是活动立意高，内容丰富，有很多创意，如书法绘画、聘请10位协高级顾问等，是协会工作的创举，会务工作安排详尽，扩大了行业影响，提高了协会工作水平，谋划详尽，大会通知下发的早，多次宣传，报刊发挥了重要作用，《中华建筑报》表现好，宣传鼓动起到了很大作用。本次活动得到了各部门、各地方建筑装饰协会和会员企业的大力支持，100多个节目选择出20多个，1000多幅书法绘画作品选择出100多幅，信息部所做的具有个性化的老协会工作者、专家、企业家座谈会邀请书等，工作都做得非常细致。

四是存在的问题，主要是协调、沟通的不够。

马会长最后强调，大家顾全大局，有非常高的组织纪律性，这是协会的宝贵财富，是协会工作的基础，非常值得表扬。对于大家的敬业精神，再次表示感谢。

中国建筑装饰协会领导曾经立下宏愿，要把中国建筑装饰协会成立20周年庆典活动作为一项“制高点工程”来干，现在可以说，通过精心设计、精心施工，“制高点工程”圆满竣工；建设部汪光焘部长在中国建筑装饰协会调研时曾给予建筑装饰行业发展和协会工作充分肯定，现在可以说，天道酬勤，本次活动是一个圆满的答复和印证。

中国建筑装饰协会和行业从来没有象现在这样意气风发，斗志昂扬，中国建筑装饰协会成立20周年庆典活动，已成为国庆55周年的建筑装饰行业最好的一份献礼，已当之无愧的成为行业发展和协会进步的第二个里程碑。

人生一大享受

——记庆祝中国建筑装饰协会成立20周年老协会工作者、专家、企业家座谈会

《中国建筑装饰》编辑部 特约观察员

前排左起：钱宜伦、王少南、刘亚东、马挺贵、唐澄、何镇强、许溶烈、张恩树、石连峰、徐朋、潘志昌、符曜伟、汪家玉、鲁心源、陈国宏

后排左起：郭仁智、解淑惠、李宁、吴葆生、彭作林、赵兴斌、王志杰、杜玲玲、徐金良、居乃巩、沙启云、曾凡珩、高志萍、黄白

一、座谈会的主题

如果你现年二三十岁，你能想象你四五十岁的情景吗？如果你现年三四十岁，你能想象你五六十岁的情景吗？如果你与一批人共事达20年，且工作配合良好朋友感情颇深，某一日突然会见，你是什么感觉？会产生什么样的人生感慨？能感悟出些什么？这些复杂的感受均在2004年9月3日召开的“庆祝中国建筑装饰协会成立20周年老协会工作者、专家、企业家座谈会”集中涌现出来了——受中国建筑装饰协会的特别邀请，一批当年多为四五十岁的老协会工作者、专家、企业家相聚在北京京丰宾馆，参加庆祝中国建筑装饰成立20周年这一重要系列活动，兴奋地呼唤彼此的名字，握手、拥抱，深情的目光，亲切的交谈，不禁的话题，不舍的思念。

座谈会的主题是：回顾与展望。主要议程：一是由中国建筑装饰协会会长马挺贵致辞；二是由中国建筑装饰协会名誉会长张恩树做主题讲话；三是与会代表发言；四是《张恩树建筑文集》签名赠书仪式，五是与会代表合影留念。

会议由中国建筑装饰协会常务副会长兼秘书长徐朋主持。

二、座谈会的邀请

中国建筑装饰协会为此活动做了精心准备，座谈会由协会副秘书长张京跃牵头，信息部主任兼会刊《中国建筑装饰》主编黄白负责组织，秘书处多次召开会议，研究会议方案，选择与会代表，协会领导多次听取筹备工作汇报，并做出具体部署。共发了两次请柬。

第一次是7月30日，是信函的形式，文字如——许溶烈同志：2004年9月11日，中国建筑装饰协会成立20周年。中国建筑装饰协会将于9月2日～4日在北京京丰宾馆举行庆祝活动，期间计划于9月3日下午召开“协会工作者、专家、企业家座谈会”，邀请部分中国建筑装饰协会的老领导、地方建筑装饰协会的老领导、专家学者和装饰企业家的代表出席，共同回顾与展望中国建筑装饰协会和行业的发展。您作为建设部原总工程师、中国建筑装饰协会第一、二、三届理事会副理事长、第四届理事会荣誉理事（有不准确之处请及时提出更正），为建筑装饰协会和行业的发展做出了重要贡献，我会诚邀您届时出席，以表中国建筑装饰协会及全行业对您的敬意和谢意。现请您于8月20日前，告诉我们您届时能否亲临，与您最方便的联系方式（详细地址、邮

编、电话、手机）。地方建筑装饰协会的老领导请参加当地建筑装饰协会组团一并来京与会，请有关建筑装饰协会安排好衣食住行。

根据第一次邀请函的反馈，中国建筑装饰协会 8 月 20 日发出的第二次邀请—— 一份特制的精美请柬，文字如：

李宁同志：中国建筑装饰协会定于2004年9月3日下午 2：00～5：00 在北京京丰宾馆（北京市西四环南路 61 号）西大休息室召开“庆祝中国建筑装饰协会成立 20 周年·协会工作者、专家、企业家座谈会”，共同回顾与展望中国建筑装饰协会和行业的发展。您作为江苏省建筑装饰设计院院长、江苏省装饰装修行业协会副会长、中国建筑装饰协会第四、五届理事会常务理事为建筑装饰协会和行业的发展做出了重要贡献，我会诚邀您届时出席，以表中国建筑装饰协会及全行业对您的敬意和谢意。感谢您的光临。

正是这被与会代表称为人性化、个性化、人情味很浓、别具一格的请柬，使绝大部分被邀的代表克服年事已高、身体多病、出国访问、公事繁忙等困难欣然与会。许溶烈说，他一生接到过无数个请柬，从来没有见过写得很详细、如此令人感动的请柬，与一般的通知不一样，这是一种文化的体现，自收到第一次邀请函后就决定下来，不能不来。唐澄说，请柬写得如此之细，将本人过去的主要经历均写上了，说明协会和行业对自己从业的肯定。李宁说，她把这个请柬特意放在了书桌上，以资长久的纪念，真是十分感谢中国建筑装饰协会。钱宜伦特意前一天从国外赶回，她说，难得协会工作得这么细致。

三、出席座谈会的代表

出席座谈会的代表共 37 人，其中特邀代表 27 人，包括中国建筑装饰协会 12 人、地方建筑装饰协会 8 人、专家学者 4 人、企业家 3 人，业内应记住他（她）们的名字：

中国建筑工程总公司原总经理、中国建筑业联合会原副会长、中国建筑装饰协会第一至四届理事会理事长、第五届理事会名誉会长、中国建筑装饰协会工作贡献奖获得者**张恩树**，中国建筑工程总公司原总经理、中国建筑装饰协会第五届理事会会长**马挺贵**，中国建筑工程总公司原副总经理、中国建筑装饰协会常务副会长兼秘书长**徐朋**，建设部原总工程师、中国建筑装饰协会第一、二、三届理事会副理事长、第四届理事会荣誉理事**许溶烈**，建设部建筑市场管理司原副司长、中国建筑装饰协会第五届理事会副会长**符曜伟**，中国建筑科学研究院原副院长、中国建筑装饰协会第一届理事会理事、第二、三届理事会副理事长、第四届理事会常务理事、原化学材料委员会理事长、中国建筑装饰协会工作贡献奖获得者**钱宜伦（女）**，中国建筑物资公司原党委书记兼副总经理、中国建筑装饰协会第三届理事会秘书长、第四届理事会副会长、第五届理事会荣誉理事、中国建筑装饰协会工作贡献奖获得者**石连峰**，中国建筑装饰协会第二、三、四届理事会副秘书长、中国建筑装饰协会工作贡献奖获得者**霍明远**，中国建筑装饰协会第二、三届理事会常务秘书、第三、四、五届理事会理事、原行业发展部主任、信息部主任、会刊《中国建筑装饰》主编、全国建筑装饰协会优秀工作者**黄白**，北京建材集团原党委书记、中国建筑装饰协会三届理事会理事、第四届理事会常务理事、原建筑五金委员会理事长、材料委员会名誉主任、中国建筑装饰协会工作贡献奖获得者**唐澄**，中国建筑装饰协会第三、四、五届理事会理事、信息咨询委员会秘书长、全国建筑装饰协会优秀工作者**田万良**，北京市建筑装饰专业指导小组办公室原专职副主任、北京市建筑装饰协会原常务副秘书长、中国建筑装饰协会第三、四届理事会理事、中国建筑装饰协会原工程委员会副理事长、信息咨询委员会专家组办公室主任、全国建筑装饰协会优秀工作者**鲁心源**。

有中国人民解放军建筑装饰协会副会长兼秘书长、中国建筑装饰协会第四届理事会理事、第五届理事会常务理事、全国建筑装饰协会优秀工作者**沙启云**，黑龙江省建筑装饰协会原秘书长、常务副会长、中国建筑装饰协会第四届理事会理事、第五届理事会常务理事、全国有成就资深室内建筑师**赵兴斌**，《新居室》（原《家具与生活》）杂志社总编辑、中国建筑装饰协会第二届理事会理事、第三、四、五届理事会常务理事**洪涛**，上海市建筑装饰协会原秘书长、上海市装饰装修行业协会名誉会长、中国建筑装饰协会第三、四、五届理事会理事、全国建筑装饰协会优秀工作者**潘志昌**，河南省建设厅原总工程师、河南省建筑装饰协会原秘书长、副理事长、中国建筑装饰协会工作贡献奖获得者**解淑惠（女）**，辽宁省装饰协会原秘书长、中国建筑装饰协会第四届理事会理事、中国建筑装饰协会工作贡献奖获得者**王志杰（女）**，江苏省装饰装修行业协会原秘书长、中国建筑装饰协会工作贡献奖获得者**居乃巩**，石家庄市建筑工程管理局原党委书记、石家庄市装饰协会会长、中国建筑装饰协会第三、四、五届理事会理事、全国建筑装饰协会优秀工作者**刘亚东**。原中央工艺美院环境艺术系教授、中国建筑装饰协会第一、二、三届理事会理事、全国有成就资深室内建筑师**何镇强**，江苏省建筑装饰设计院院长、江苏省装饰装修行业协会副会长、中国建筑装饰协会第四、五届理事会常务理事、全国有成就资深室内建筑师**李宁（女）**，温州云艺装饰有限公司董事长、浙江省建筑装饰行业协会副会长、温州市建筑装饰协会会长、中国建筑装饰协会第四、五届理事会理事、中国工艺美术大师、全国有成就资深室内建筑师**周锦云**，中国建筑装饰协会信息咨询委员会专家组专家、中国建材经济研究会新型建材专业委员会副主任**王少南**。

有全国建筑装饰优秀企业家：深圳市建筑装饰（集团）有限公司董事长兼总经理、深圳市装饰行业协会副会长、中国建筑装饰协会第四、五届理事会副会长**汪家玉**，上海荣欣家庭装潢有限公司总经理、中国建筑装饰协会第五届理事会副会长**陈国宏**，南京市室内装饰工程有限公司董事长兼总经理、江苏省装饰装修行业协会副会长、南京装饰行业协会副会长、中国建筑装饰协会第三届理事会理事、第四、五届理事会常务理事、原建筑五金委员会副理事长**吴葆生**。

参加座谈会的还有中国建筑装饰协会会长秘书张效平、信息部副主任董子华，全国建筑装饰协会优秀工作者：北京市建筑装饰协会常务副秘书长、《北京装饰》主编郭仁智，黑龙江省建筑装饰协会副秘书长赵兴武，江西省装饰行业协会副秘书长曾凡珩，青岛市建筑装饰协会副秘书长徐金良，原上海市家庭装饰行业协会副秘书长、上海市装饰装修行业协会战略研究发展中心副主任高志萍。有深圳市装饰行业协会原副秘书长、深圳瑞和装饰工程有限公司副总经理、中国建筑装饰协会第四届理事会理事、中国建筑装饰协会工作贡献奖获得者杜玲玲（女），全国建筑装饰优秀企业家、深圳市广田装饰设计工程有限公司总经理彭作栋、经营部经理周清（女）等。

《中华建筑报》总编助理朱时均、文字记者敖娟、摄影记者李中民等到会采访。

座谈会开始后，由黄白按上述顺序和内容一一介绍了来宾，每介绍到一位，来宾都起身向大家致意，会场洋溢着亲切祥和、深情厚谊的气氛。

四、马挺贵会长致辞

马会长说，今年是中国建筑装饰协会成立20周年，回顾协会20年的发展历程，取得的辉煌成就，我们深感由衷的高兴与骄傲。这些成就，深深的凝聚着老协会工作者和老企业家们的辛勤和汗水，正是由于大家的共同奋斗，使我国建筑装饰行业不断发展，成为了在国民经济发展和社会文明进步中，日益发挥重要作用的行业。你们敬业求实，忠于职守，艰苦奋斗，创造性开展工作的精神，是行业及协会的一笔巨大财富，将永远鼓舞和鞭策后人，继承传统，全力以赴的搞好协会工作。

他指出，今天，协会老工作者、专家、企业家们聚首北京，回顾历史，总结经验，展望未来，出谋划策，再一次畅谈国运昌盛，经济发展和社会文明进步，并为行业的发展、协会工作迈向新高度，贡献大家的智慧与经验，这是本届理事会的幸事！是全行业的幸事！衷心希望大家畅所欲言，尽情舒怀，把最宝贵的财富留给现在的企业家和协会工作者们，留给全国建筑装饰行业，以惠后人！

他表示，中国建筑装饰协会自五届理事会换届以来，提出了“二次创业”的奋斗目标，这是在老同志已经开创的协会工作基础上，与时俱进，开拓进取的目标。经过三年多的努力，通过一系列策划项目，创造性开展工作的过程，正在逐步实现即定的目标，这其中既有现在从业者及协会工作者的努力，也包含了老同志们的热情帮助和有力支持，在这里，向一切为协会工作做出贡献的人们表示感谢！

马会长强调，这次座谈会，我们还要进行《张恩树建筑文集》的签名赠书仪式。张恩树同志是中国建筑装饰协会的创立者，也是协会的优秀领导人，担任协会会长长达17年，现在还是中国建筑装饰协会的名誉会长，是行业内德高望重的领袖，也是行业内会员企业的知心朋友。《张恩树建筑文集》收集了大量在协会工作期间的文章，是协会发展历程的写照，是协会工作的总结，也是协会工作者值得保留的珍贵文献资料，让我们以热烈掌声，感谢老会长在行业发展中的耕耘、成果和贡献！**（全文见本专辑）**

称张恩树为行业内德高望重的领袖和业内会员企业的知心朋友，这一崇高评价在行业发展中还是第一次。

五、张恩树名誉会长主题讲话

张恩树说，非常高兴参加今天这个座谈会，看到这么多的老同志、老朋友在一起，共同回顾行业20年的发展历程，并为下一步的更大发展献计献策，这是件大好事。大家都有比较丰富的行业管理经验，也都热爱行业、关心协会工作，应该把自己的真见卓识传授给大家。

他的讲话分两大部分：一是行业发展中存在的问题及对策；二是建设什么样的协会、如何建设协会。

他指出，协会不是财政拨款，也不是盈利性组织。协会的经费是和行业发展、企业利益结合一起的。协会是行业利益的代言人，也是行业自律的组织。也就是协会工作的基本点是创新，是与时俱进，是不断适应行业发展的总体环境，研究新情况，解决新问题，这也构成协会在市场经济条件下存在的最坚实的基础。

张恩树强调，为了完成协会的工作任务，就必须加强秘书处的建设。协会决不能成为养老机构，而应该是一个团结、实干、讲求效率的组织。协会是高度组织化、专业化的机制。要增强工作人员素质，在秘书处工作的人员，不仅需要有热爱行业，克己奉公、热心服务的思想品德，还必须要有专业知识，而且应该是技术、经济、艺术、法律等专业的复合型人才，结构合理。同时要具有组织能力、社会交往能力和活动策划能力，这样才能团结会员单位，掌握行业实际情况，发现行业中的问题，研究解决的方法，使秘书处能够更贴近会员、贴近工程、贴近行业。因此，协会秘书处的工作人员一定要年富力强，有实际工作经验，人品还要好，这是协会组织建设的一个重中之重。**（全文见本专辑）**

六、与会代表发言

因座谈会只安排了两个多小时，故仅有7位代表相继有机会发了言，很多人准备了书面发言稿。他们在热烈祝贺中国建筑装饰协会成立20周年的同时，油然而生一番人生感悟和感慨，不少人发言时声音激动地有些颤抖。

许溶烈：乘兴而来，有感而发。十分感谢中国建筑装饰协会，因为只有这样的座谈会才有机会与老朋友相见。建筑装饰的科技含量与我国国民经济的发展同步，成绩突出令人感叹。我们应该很好的总结一下，推动一下，团结一切可以团结的力量，共同推动行业生产力的发展。协会应该是企业家的协会，就是应当由企业家来担任领导，不是政府的御用工具，是协助政府工作、规范企业行为的社团。希望中国建筑装饰协会和装饰行业的内含不断扩大，以马挺贵为首的中国建筑装饰协会为行业发展做出更大地贡献。

霍明远：我今年75岁，2002年12月被医院诊断为癌症，现在最大地担心是今后见不到大家了，今天见面很不容易。协会成立20周年感受很深，是时代的产物，建筑业发展的结果。协会艰苦奋斗20年，集中体现了物质文明和精神文明。五届理事会“二次创业”提得好，抓大事，站得高，看得远，是历届最好的领导班子。今天特别感动！

唐　澄：人逢喜事精神爽。国庆55周年即将来临，喜逢中国建筑装饰协会成立20周年生日，十分高兴！20个春秋的业绩，历历在目。许多事有若昨天。我们张恩树老会长常说一句话：“办协会要有自己的特色，装饰企业和装饰设计要有自己的风格，不能千篇一律，不能搞过去是全国一片红，今天是全国一片白，盲目抄袭欧式；材料是装饰的基础，要有危机感，不能全进口，要有国产上档次的材料……”；兢兢业业的石连峰常务副会长，办会谨慎，措词谨严，他那日式的“拉网小调”，至今仍绕耳际；爱关心人的霍明远秘书长，颇有开拓进取的风格，作风喜人；善于联系人的杜（桂玲）大小姐，对人热情可亲，工作原则果敢；久久不忘的黄白《中国建筑装饰》，内容精细，新闻传递快捷，他本人知识广泛，善于从事协会工作，为人谦逊。岁月流逝很快，我虽退出协会多年，但对中装协的人和事常在脑海中浮现，难以忘怀。祝大家工作顺利，在家休养的同志健康长寿，家庭幸福！值得高兴的是，中国建筑装饰协会与时俱进，比我任常务理事时刮目相看了，将五金、化学材料、石材等三个委员会合并为一个材料委员会，此举完全正确，建议材料委员会领导也象中装协一样由同业有名望的企业家担任。我为马会长、徐秘书长和现任协会的全体同志感到高兴，耳目一新。我是一个在政府、大型国企、北京市政协都工作的人，沧海人生，好事多谋，我深信中国建筑装饰协会30岁时会更加辉煌、更加风光！

石连峰：近来身体欠佳，2004年7月1日突患腰椎病，一时不能动。张恩树既是我的行政（中建总公司）也是我的协会领导，20多年来，装饰协会和装饰行业发生了天翻地覆的变化，逐渐成为了企业利益的代表，我深信装饰行业明天会更美好。

王志杰：我在1995年就提出，企业家要有“主宰”行业发展的意识，协会应把大家的主动意识都调动起来，肩负起社会责任感。希望看到装饰行业满园春色，万紫千红。

刘亚东：我是装饰世家，代代相传，从我至孙子辈。协会工作是好汉不愿搞懒汉搞不了的事，但我却乐此不疲，愿继续发光发热。

潘志昌：这样的机会非常难得，在座的都是共事20年的老朋友，心情很不平静，我人80岁了，1989年上海市建筑装饰协会成立，我一干就是16年。我在想，中国的建筑装饰协会发展模式应该是个什么样？如何定位？装饰协会的工作人员应该职业化、专业化，开创一整套行业管理制度，我相信这一天的到来。

七、徐朋秘书长的总结

常务副会长兼秘书长徐朋一直非常认真地听取代表们的发言，他十分抱歉地对大家说，实在是因时间的关系，座谈不得不告一段落，大家言犹未尽。他表示，非常感谢过去协会工作者的开创性工作。1984年中国建筑装饰协会成立时，正是党召开十一届三中全会，中国建筑装饰协会应改革开放而生，从小到大，从很困难到有一定的规模。非常感激协会和行业的一代开拓者，这是协会和行业的宝贵财富，《张恩树建筑文集》就是代表——张青林有一个很好的讲话——请大家看一看会刊《中国建筑装饰》2004年第4期。五届理事会按照这样的思路，努力成为行业的领路人，企业的代言人，行业管理的主体。三年来我们一直为此而奋斗，在继承中发展，感谢大家对我们工作的肯定。8月27日建设部汪光焘部长到我会调研时说，调研比参加大会更重要，对中装协充满着希望和感情。我们也深感工作压力更大。

徐朋指出，协会工作是门学问，包括工作人员的职业性、宏观的思维能力、对行业发展的深刻理解和认知、对企业和协会的感情。我们一定要把协会办成一个学习型的协会，通过不懈的努力，在老协会工作者、专家、企业家帮助下，努力推动行业生产力的发展。我们决不辜负在座各位的希望。同时请各位多关心协会，多关心行业发展。衷心祝各位身体健康，全家幸福！

八、《张恩树建筑文集》签名赠书仪式

会议举行了《张恩树建筑文集》签名赠书仪式，张恩树为每一位与会人士在《张恩树建筑文集》的扉页上书赠签名，大家排成一小队，恭请书赠，张恩树站着为每一位签名赠书，握手致意，解淑惠还为未能到场的原河南省建筑装饰协会副秘书长、家装委员会理事长、中国建筑装饰协会工作贡献奖获得者金世雄代领一本，并请张恩树书赠签名，大家对这位80岁高龄、协会卓越的领导人致敬，祝他健康长寿，场面十分亲切感人。

会议还向与会代表赠送了《2003年中国建筑装饰行业年鉴》、《中国建筑装饰协会成立20周年回顾与展望》、《全国建筑装饰行业书法、绘画、篆刻优秀作品集》、2004年第9期《中国建筑装饰》、9月3日《中华建筑报》和一个象征着健康祝愿的小型按摩器。

最后与会全体人士合影留念，大家相约2008年、2020年、2030年再相聚。

人生能有几个20年——能组织、参加这样的活动，乃人生一大享受。

对我国家装行业发展的再认识

—— 全国家装行业发展大会主题演讲与论坛演讲述评

中国建筑装饰协会五届理事会理事　全国优秀建筑装饰协会工作者
中国建筑装饰协会信息部主任兼会刊《中国建筑装饰》主编　工会副主席
黄　白

前 言

2004年9月2日～4日，中国建筑装饰协会在北京举行了有1300多位代表参加的"中国建筑装饰协会成立20周年庆典活动"，盛况空前。期间，于9月3日～4日召开了"全国家装行业发展大会"。大会由两位权威人士进行了主题演讲，由31位有深刻心得的从业者代表分别在三个论坛上进行了演讲，其中有两位外籍人士：一位是日本籍的苏州樱花装饰工程有限公司董事长松永波男，另一位是新加坡籍的北京硕联管理咨询有限公司总经理沙尔玛。

这些主题演讲和论坛演讲，既有建设部和国家工商总局的有关部门的负责人，也有地方房地产管理部门的主管官员、装饰行业协会的领导；既有家装承包商，也有房地产开发商、材料制造商。内容丰富，思想活跃，层次颇高，具有足够的代表性，可视作对我国家装行业发展若干问题的又一次重新认识。也令人感叹，家装行业确有高人、高论、高招。我们应该记住以下为我国家装行业做出突出贡献的人士：

主题演讲：一是建设部住宅产业化促进中心推广处处长孙克放的"住宅全装修　推进住宅产业现代化的重要切入点"；二是国家工商总局消费者权益保护局副局长卢艳刚的"树立科学发展观　实施行业信用管理 促进家装行业规范发展"。

管理论坛（12位演讲者）：中国建筑装饰协会副会长、北京业之峰装饰集团董事长兼总裁张钧的"家装企业规模化发展经营的战略探索"、北京华盛时代广告公司策划人李光斗的"家装行业如何打造名牌企业及营销策略"、北京迪克斯装饰有限公司总经理马文生的"家装市场形势分析与企业经营对策"、北京东易日盛装饰公司特许经营中心总监张平的"连锁特许经营走入家装的探讨"、湖南鸿扬家庭装饰设计工程有限公司董事长陈忠平的"建设家装产业工人队伍促进行业迈上新的台阶"、北京硕联管理咨询有限公司总经理沙尔玛的"论家装行业的服务意识"、上海市建筑行业协会家装委员会秘书长郏祥钧的"政府职能转移情况下的行业管理"、云南昆明东陆装饰有限公司董事长姚勇的"开拓东盟装饰市场的启示"、北京市建筑装饰协会理事长朱希斌的"建筑装饰协会是家装行业管理的主体"、深圳市时代装饰工程有限公司总经理曲毅的"借鉴国外经验加速打造住宅装修产业化"、辽宁省建筑装饰协会家装委副主任、辽宁沈阳辰星建筑装饰工程有限公司董事长赵国涛的"寻求正规家装企业的健康发展之路"、北京龙发装饰集团运营总监杨卫涵的"因势而动　管理为市场服务"。

设计论坛（11位演讲者）：中国建筑科学研究院物理所光学室主任李铁南的"住宅光环境的设计"、四川美术学院设计系教授潘召南的"消费时代的消费设计"、江苏省建筑设计研究院家装设计研究所所长裴晓军的"住宅环境设计的动态性"、北京金地房地产有限公司设计师王小根的"空间的物质主义表现"、苏州樱花装饰工程有限公司董事长松永波男的"新世纪的室内设计"、大连理工大学环境艺术系教授唐建的"论家装设计师专业知识的构成"、北京乾图室内环境设计有限责任公司总经理朱宏格的"家居设计的人性化"、江南大学设计学院教授、博导周浩明的"住宅装修中的IAQ控制"、北京业之峰装饰有限公司研发总监侯舒信的"中国家装设计的文化思考"、科马卫生间设计开发工程有限公司总经理史以的"建筑与室内设计一体化、装修安装工程产业化"、西班牙阿莱圣德家居设计公司设计师赵磊磊"室内设计与配饰"。

精品房装修论坛（8位演讲者）：上海市房屋土地资源管理局产业处处长李娟娟的"我国一次精装修成品房的发展趋势"、天津市华厦房地产开发有限公司总经理闫红星的"一次精装修成品房施工企业选择方式及要点"、北京恩普建筑装饰工程有限公司总经理张国平的"天津开发区阳光新干线住宅一次精装修施工组织的几点体会"、北京阔达装饰有限公司总经理张丽的"从万芳园精装修看工程的前期谈判"、大连嘉丽集团总裁罗淼麟的"成品房的问题及对策"、北京东易日盛装饰有限公司董事长陈辉的"与房地产开发商合作中的几点体会与思考"、中国建筑装饰协会行业发展部主任王本明的"关于一次精装修的调研报告"、海尔集团家居事业部部长黄品的"海尔家居精装修工程工厂化管理初探"。

上述33位的主题演讲和论坛演讲，对自己启发很大，并引起了一些联想，愿提供出来，以此作一个沟通，与业内同仁共同探讨。

一、对家装行业发展的判断

1. 家装行业起步认定

演讲者比较统一的认识是：我国家装行业起步时间为20世纪90年代初，即约从1990年起，其中上海、北京、广州、深圳四个城市相对运作得早一些。

如张钧认为，"家装"在我国是在20世纪最后10年才有的概念，这四个城市的家装运作摸索比较早，上海可能1993、1994年就开始了，北京大概是1997年，在德胜门第一家装饰市场开始运作，拉开了北京家装业发展的序幕。深圳的企业做的也是如火如荼，广州的企业也做的非常成熟，他们应该是装修的发源地，在施工，工艺，设计方面有非常独到的见解。20世纪最后10年，应该是家装行业发展的初期，那时的市场需求比较低，装修队一统天下。到了北京的1997年、1998年、1999年三年，有规模的装修队陆续成立公司，开始高速发展，形成一些积淀，开始了全国拓展的步伐。马文生也认为，北京的家装行业产生发展至今有7七年多。杨卫涵说，家装行业在1997年逐步成型以来，一直处于高速发展状态。

家装比公装晚诞生约10年，因此公装比家装成熟一些或说家装现还比较幼稚是自然的。广东，特别是深圳，不仅是公装的发源地，也是家装的发祥地。家装同公装最大的一个不同是，家装是从“游击队”起步；而公装一上来就是“正规军”——从土建公司走出来并逐渐相对分离。

2. 家装行业评价

卢艳刚指出，近年来我国家装行业快速发展，在增加就业、带动经济发展、改善人民生活方面日益发挥重要作用。孙克放指出，我国的家装业在近10年的时间内发展极为迅速，其市场容量和行业规模的扩展，已超过家电产业和汽车产业，形成兴旺发达的“朝阳产业”，据中国建筑装饰报告，到2003年，我国建筑装饰行业年产值已达8000亿元左右，其中家装产值约4500亿元，行业内共有企业近20万家，从业者队伍达到1000余万人，年实现增加值超过2000亿元。家装已成为全面建设小康社会的重要内容，是改善人民居住环境质量的根本途径，是实现住宅产业现代化的重要切入点。

朱希斌指出，北京家装年产值已达400多亿元，比20世纪90年代增长10多倍，占全国总量的1/10，位居各兄弟省市之首。从业人员有10万多人，比10年前增加了10多倍。北京有120多家建材家俱市场，其中营业面积2万m²以上的有46家，本地和外埠连锁经营的市场有9家。有29所大专院校开设装饰装修类专业，每年在校培养的学生1000多人，由院校、企业设立的科研机构就有10多家，基础研究、应用研究都取得了成果，形成了对科教事业发展的推动力。

各地家装行业发展也十分迅速，如上海年产值达220多亿元、深圳100多亿元、成都90多亿元。

业者对我国家装年产值占整个建筑装饰行业产值的50%以上、高达4000多亿元而兴奋不已。张钧表示，中国建筑装饰市场有8000亿元的年产值，比我了解的7000多亿元还要多些，家装领域的产值规模要占到建筑装饰全部产值的50%以上，能够达到4000多亿元，比较家电企业，它的社会总量总值也就是4000亿元左右，我们这个行业的市场需求非常之大。陈忠平指出，家装的产值可与中国的家电行业、汽车产业相媲美，我们这些人真是很伟大，很了不起，家装企业适应了这么一个巨大的市场。李光斗指出，建筑装饰行业有8000亿元，这个数字非常惊人，比如说牛奶行业到现在为止也没有达到1000亿元，我们是它的8倍，一个人天天喝牛奶能喝到什么程度，但是装房子拿出他一生的积蓄来。张平表示，家装行业这10年来保持以每年20%以上的高速增长，市场容量之大，发展速度之快，行业分布之广，已超过国内的汽车产业和家电产业，其发展为一般传统行业所罕见，发展前景十分广阔，是一个朝阳工业，也是极具投资诱惑力的项目。

松永波男表示，改革开放之初，中国几乎没有室内设计的专业人才，边学边干用20年的时间走了西方近100年的路，设计水平也逐步向国际靠拢，少数优秀设计已达到国际水平，尽管我们存在问题和误区，总体水平尚待提高，但应该说我们以自己的聪明才智，取得了惊人的成绩，我们有理由骄傲。潘召南表示，改革开放20余年似乎浓缩了西方资本国家百年发展的进程，昨天的梦还没完，今天已成真。人人内心澎湃着希望，直觉记忆中的传统得失观在这个消费时代已被冲刷得仅成为反作用力下的口头语，其意义多是互慰、自嘲，语境中明显带有求之不得和患得患失的意味。因为我们无法拒绝心底里对富足优越生活的强烈渴求。家装行业经过10年能做成现在这个样子，陈忠平认为究其原因，是因为家装行业有一批特别敬业的精英分子。从这次会议来看，家装行业得到全社会的认可，但是家装行业的产品质量和服务质量离全社会和行业的认可还有很大的差距。

3. 市场竞争态势

王本明指出，我们判断家装市场受了三个方面比较大的挤压：一是一次精装修在北京等大城市从事施工往往都不是家装企业，主要是大的做公共建筑物装修企业做的施工；二是随着这一两年我国对到城市务工农民工的管理政策，应该说逐步在放松，马路游击队在整个家装工程中所占的比重，最近这一年多不但没有下降，可能还有所提高；三是由于专业化，很多材料部品厂商向施工阶段延伸，也挤压了很多家装企业的市场份额。

朱宏格认为，我们面对的是一个什么样的市场，是一个非常不成熟的市场，这个庞大的像巨人一样的市场突然间地站立在同样不成熟的我们面前，当手足无措的我们还没来得及决定用商业的还是艺术的面孔去迎接他时，它早已把我们逼到了恶性竞争的死角，当我们来不及问为什么的时候，许多畸形的建筑已经矗立在我们面前了。马文生认为这是对家装企业的威胁，此外，亟待建立的行业公平交易秩序，这是隐藏着的、巨大的、几乎每天都能遇到、感受到的挑战。杨卫涵指出，一些房地产开发商成立了装饰公司，一些公装公司涉足精装项目甚至个性化家装业务，一些建材销售商成立了直营的装饰中心，这些都将对单独从事家装业务的企业产生影响，以致对整个行业的发展产生长久的影响。

黄品根据海尔对目前北京精装修80个楼盘进行的调查发现：现在许多开发商自己成立全资装修公司的占30%，属于精装修的土建队伍的占30%，集成总包——这个项目委托1或2家装饰企业来做装修的总施工的占10%，属于人工辅料分工或是单纯人工分包占30%。

大家比较公认现实的家装市场“三大竞争对手”：一是游击队——工程承包商；二是家居超市——材料供应商；三是精品房精装修——房地产商。

但是，家装市场的“三大竞争对手” 却对近五年来的公装市场，基本上构不成什么威胁。在公装市场，正规军已经一统天下。在北京，家装市场的“三大竞争对手”基本上都是外地人，为什么？

4．企业比较优势

如今家装工程合同内还能剩余什么呢？在装修合同之外被外包设计施工的有室内外门窗、木地板、整体橱房、卫浴、家具等；DIY采购的有磁砖、灯具、家具、卫浴五金、窗帘、橱房水盆、锁具、暖气、墙纸、涂料等几乎所有可以由业主自己动手的装饰材料。家居超市的装修利益是这样分配的，以北京百安居2004年10月复合木地板铺设施工（含踢脚板、过桥等辅材）费用为例，12元/m²，其中百安居2.00元/m²，专业木地板铺装公司3.50元/m²，装修工人6.50元/m²。而卫浴、暖气、室内门等均为免费安装。

家装企业现存的比较优势：一是旧房改造、新房拆除；二是电线铺设、水管安装；三是与外包外购的施工协调，如贴磁砖；四是少量木作、固定家具及特型部位施工。家装企业越来越接近“纯装修”。正如“百安居”卖装修DIY，而“宜家”卖装饰DIY一样。

这是市场配置资源的合理结果，业者大可不必怨天由人。其实，公装早已是如此，装饰材料均是“甲供”。值得提醒的是，公装对家装多有研究，但家装却对公装不甚了解。公装的今天，就是家装的明天？

5．走出去

值得关注的是，云南东陆装饰工程有限公司等一小批家装企业，利用自己的比较优势进行开拓东南亚国际家装市场的有益尝试。姚勇强调，今天，我们中国建筑装饰业的精英在此探讨的话题也许就是我们产业全球化的开始。这也许还只是第一步，但迈出的第一步可能就是我们成功的开始，外国资本不也是在同样的困难下到中国淘金的吗？

他指出，“引进来，走出去”在国内装饰业发展大好趋势下，中国建筑业在海外承包工程的成功给我们的启示，我们看到相对受中国经济文化影响较深的东盟国家，在那里有大量我们需要的珍稀木材，急切需求的装饰业市场。他指出，由于长期形成的消费习惯和装饰业市场未得到正确的引导，当地的中高收入者的家庭消费意向主要放在汽车、电器类，轻轻松松花费几万美金，却没有更好地提高住宅品质的意向。当我们介绍我们的家装实例给他们时，他们都很惊异：“原来生活可以这样过”。可以看出这样的市场只要前期稍加引导就可以得到丰厚的回报。境外开拓家装市场所面临的困难：一是因家装产业的特殊性，集高强化管理和整体服务于一体。技术含量相对较高，管理相对严格，类似于海外投资技术装配工厂，但在面对面的装饰服务中，还要求现场工作人员有一定素质修养。而东盟国家劳工普遍文化素养较低，使得我们减慢本地化进程，加大我们的生产成本和管理投入；二是当地虽然劳动力成本相对低廉 但劳动生产率低下。施工速度普遍缓慢，一套300 m²的别墅，装修工期在8～12个月；三是受各国政府支付问题困扰。我们目前与邻国的业务结算现在只能大部分用现金支付。民间项目在支付问题上信用较好，但政府工程就比较麻烦；四是日前在缅甸做生意的有实力的云南公司，十有八九被缅方拖欠货款。

二、当前家装行业的主要问题

1．从工商行政管理部门看

卢艳刚指出，国家工商总局消费者权益保护局一直关注着家装行业发展，重视家装市场秩序规范和消费者权益保护问题，家装业存在不少问题，根据《2003年全国工商行政管理机关消费者申诉举报情况》分析，家装是2003年全国消费者申诉举报的10大热点问题之一。实际上自1996年后，在长达8年的时间中家装一直位居全国消费者投诉前列。

消费者申诉的主要问题有：建材质量差，甲醛等有害物质严重超标；装修工程偷工减料，粗制滥造；管线掩埋不按标准施工，安全隐患多；拖延工期，出现问题后拒付违约金；不履行约定的“三包”责任，或是实施“半截子工程”，骗取消费者预付款后逃之夭夭等等。在这些问题中，除建材质量外，集中体现为装饰装修服务企业诚信度低，自律水平差。

他强调，近年来，因家装而损害消费者合法权益、特别是损害消费者人身安全和财产安全的申诉大量增加。有的装修后室内有毒有害物质严重超标，成为危害消费者健康的无形杀手；有的装修后留下漏水隐患、漏电隐患、失火隐患、脱落隐患、管道堵塞隐患等众多安全隐患，一旦发生给消费者人身和财产造成重大损失；不少装修企业、甚至是规模较大的装修企业，利用格式合同侵害消费者合法权益，在自己拟定的格式合同中，增加消费者义务，排除、限制消费者依法变更、解除合同的权利，排除、限制消费者依法请求支付违约金、请求损害赔偿、提起诉讼等法定权利。

上述问题，卢艳刚分析其根源在于缺失信用管理。企业缺失信用管理，信用意识和自律意识弱，导致有意或无意地失信行为；行业缺失信用管理，行业组织对行业内企业的失信行为缺乏管理力和影响力；政府管理部门缺失信用管理，对失信企业惩戒不力，企业失信的代价不高，守信的内在动力不够。由于这三方面的原因，导致家装行业内出现大量企业的失信行为，最终影响行业形象和行业发展。

2．从房地产业管理部门看

孙克放认为，一些不容忽视的问题主要表现在：家装市场和行业管理不健全，企业的诚信度低，自律水平差，装修质量粗糙、用材污染环境，达不到国家规定的标准，使得家装工程投诉居高不下，影响了行业均衡全面可持续发展，在一定程度上影响了人民的健康。因此，加强家装业的管理，建立生产和产品的诚信体系和环保安全体系，改变传统的装修方式已刻不容缓。

3．从家装企业看

马文生作了五方面系统的阐述：第一方面是各自为政市场准入门槛难迈：一是入赘改“姓”；二是“附加值”难载；三是“娘家”门难寻；四是“标尺”失效；五是“工程”界定不明。第二方面是追根溯源，管理锢疾难医：一是思维短路；二是游击队变异。第三方面是怪圈林立，媒体难以“破译”：一是“明星”难当；二是量“刑”无度；三是行业引导欠缺。第四方面是权利义务失衡，维权无度：一是权利义务失衡；二是失衡有悖公平交易原则；三是弱者定性不准；四是检测机构有悖公证。第五方面内外兼修，打造强势公司：一是诚信加专业；二是事前维权；三是管理制度严格；四是管理形式专业；五是设计师要专业；六是利用法律维护自己。他强调，家装行业会不断发现问题，解决问题，寻求新的发展。

其实，从全国来看，精装修房售后服务和质量投诉是最多的。黄品的调研也证实了这一点。

三、家装行业发展的新特点

1．工程管理

家装与公装工程管理的全过程完全不同，对人员的要求也是截然不同的。如让公装的项目经理去管理家装，实际上杀鸡用了牛刀，可绝不是说，他用牛刀就能杀了鸡。实际上，杀鸡的刀和杀牛的刀它根本就不同，马文生指出，这是因为做家装的管理和公装管理完全是两回事：公装管理主要是侧重整个项目，可称为项目经理，他们一要懂全面的技术，如暖通、电工、结构等；二是要做协调工作，其中，包括技术层面上的协调，外围、相关联的部门的协调等。家装不然了，如果我们也叫“项目经理”的话，与公装最大的区别是，技术含量不是关键要件，其主要的工作是如何做好这个服务，需要去面对消费者，并站在消费者的角度去体会消费者的感受，最终归结在服务上。帮助消费者做消费，哪些地方多花一些钱，哪些地方少花一点，如何让消费者感觉到物有所值，甚至物超所值；在整个服务过程中如何令消费者省心、省力、省钱、舒心。

2．外包施工

演讲者认为，我国装修施工队规范化的管理，处于非常落后的局面，对于如何提升家装行业的整体管理水平，这是一个非常大的弱项。可能今天穿的是一家公司的衣服，可能明天就穿着其他公司的衣服；今天穿“正规军”的衣服，可能明天穿着“游击队”的衣服。陈忠平指出，当前家装行业最大的问题，是施工质量的问题；家装企业的问题70%是施工质量问题。根源是施工人员游离于公司管理框架之外：

一是大多数家装公司是签了合同以后，以外包的形式包给施工队的，一般提几十个点，作为管理、运营和品牌维护的费用，还有70%是该给施工队的，施工队基本上是以外包的形式，以包代管。外包，是目前作为公司降低管理成本，提高管理效率，提高运营效率一个很有效的手段。这种施工队98%以上是来自于农村，2%可能是来自于城市的下岗职工。

二是装修师傅，家装工人是通过师傅带徒弟的形式一个一个带出来的，而不是受过什么科学、严格、正规的训练，他们对于什么标准、什么科学往往是不屑一顾的。你说要他对业主态度好一点，要做好服务，他说我在家里做木工的时候，一天请我吃午餐，伙食特别好，业主对我服务的特别好，我还要为别人服务，我不干的。师傅以这些不良习惯不以为耻反以为荣，在这种情况下，他对公司规范标准是不接受的。这些师傅的文化程度不高，学习能力差，专业技能也弱，不良习气也多，组织纪律差，在城市生活的困难多。

从外包施工来看，家装与公装究竟有什么区别？家装的特许经营与公装的挂靠究竟有什么区别？

3．工程合同

马文生认为，家装和公装是截然不同的两件事，建设工程施工合同是用来规范公装的施工项目，而有些人包括一些相关行业的主管单位将“家装”视为“装修工程”，比较严谨地说，家装合同应该是《合同法》当中的加工承揽合同，如订购东西一样，需要一个等待加工的过程，而不是一个工程。而不能简单地认为只要用墙砖就是“建筑工程”了，确切地说，家装实际上是通过特定的工艺把各种材料组合成定制的“产品”，因此，应称为“家装承揽”。

马文生的这一观点显然站不住脚。家装的合同是与公装的是不一样，不是一个示范文本，建筑业法规调整的范围一般是三五十万元以上的公装工程。但并不能因为不是一个工程合同，而否定家装属于建筑或建设行为。

四、家装行业的游击队

1．游击队的市场份额

张钧表示，家装游击队是对正规军最大的威胁，因为约70%～80%的市场份额还在游击队的手里。正规军有相当长的路要走，还有相当大的市场份额要去攻克。赵国涛说，在同“路边游击队”的竞争中，正规家装公司的市场份额增长幅度不是很大，仅从沈阳每年房产竣工量来看，沈阳的家装市场年产值在30亿元左右，而这其中正规家装公司能拿到的份额却不到20%，这个市场份额，严重制约了正规家装公司的发展，也给消费者和社会带来了一些相关问题。

如何对待游击队的问题，实质上是如何对待“三农”的问题。

2．游击队的变异

业者认为，在正规军与游击队战斗多年以后，突然发现游击队没有被正规军歼灭，又出现了新情况，用马文生的形容是：“塔利班”（基地组织，穿军装的土匪）如雨后春笋。这种基因变异的原因是什么呢？做游击队市场认同度太低，但正规军、品牌公司坚持不做，为什么？他们大多数原在正规军中供职，他们认为正规军的代价太大了。如果这个代价真是苦练企业内功，通过企业的技术、服务等各个方面的修炼来获得市场，那么当然值得，但是不是，这个代价很大程度上是家装行业乃至社会现实给企业带来的额外代价、额外的交易成本，这种无功损耗包括了巨大的经济成本、精力成本。

家装的收益之所以比公装高，是因为消费者多不要发票和政府现没强调收税所致。“放水养鱼”对弱势行业是对的，但不能永远，我以为家装业目前这种状态恐怕只有二三年了。公装从一开始就没有享受到家装这种待遇，现在不是逐渐锻炼得很强吗。家装行业将来一定会为自己这10多年的超高收益付出超高的成本，买单的主要是现在的“正规军”，而游击队可能不在此列，因为历朝历代均不向游击队收税，多是“招安”或“整编”。这可能就是当今一大部分原正规军者重回游击队的重要原因之一吧？也许也是游击队至今仍受百姓欢迎的原因之一吧？

3．游击队的生命力

游击队之所生命力旺盛也不无道理，马文生分析道，就像一些小区门口的菜贩一样，工商所、城管抓住了，罚你一百，明儿还来，为什么，是利益驱使，因为这儿有需求。经过这几年来正规军及行业主管部门压迫下，游击队开始“变异”成了一种新的形式，暂且称其为“塔利班”吧，这种“变异”后的“塔利班”危害就更大了，在合法外衣的掩护下，借价格优势更容易取得消费者信任，而一旦出了问题，依游击队战术之制胜宝典——逃，从而屡战屡胜。

4．媒体与行业主管部门

马文生认为，目前的家装业还不是打击的阶段，瑕疵的出现和解决也是在不断修正自己的一个过程。发现问题不是坏事，正说明存在问题，需要改正，改正的过程也是一个不断进步的过程。而在报道的过程中，如果是负面报道，媒体应该掌握一个比较合理的比例，以每报一次正规军，一定要报七十次游击队这样的比例是比较合理的，否则就容易误导消费者，不利于正规企业的发展。为什么会造成对于个别媒体、个别职业操守不良的记者的不公正报道，最重要还是行业主管部门，虽然大家天天在说要保护整个行业的正规企业，打击游击队，而且与媒体的沟通机会也非常多，但个别的行业管理部门只是为管理而管理，并没有起到服务企业的作用，没起到很好的引导作用，从而也影响了媒体的正面报道。

马文生分析的是有道理的，以前的行业主管部门是政府，而当2004年7月1日《行政许可法》正式实施、政府退出行业管理而专心市场管理后，如今的“行业主管部门”是建筑装饰协会。

5．游击队的变迁

游击队，系战争年代的名词，是相对于正规军的组织形式。我国建筑装饰行业的游击队与正规军的区别，有两种分法：一是按企业资质，既是否具有建设行政主管部门颁发的装修装饰工程企业专业承包资质证书；二是按市场资源配置。对待游击队的态度，置予对立面的办法：一是打击围剿并消灭；二是招安收容及整编。置予友军的办法：一是进行培训；二是晋升为“武工队”乃至输送至正规军。

我国现代建筑装饰行业起步于改革开放后，以企业资质为代表的政府建设行政主管部门的管理始于1989年5月30日建设部公布《建筑装饰工程施工企业资质等级标准》［（89）建施字224号］，此前的1978～1989年十一年中，建筑装饰企业主要以游击队的形态发生和发展，且占绝对数量的是公装，家装几乎没有。1989年后，一部分实力强大的游击队，主要是从土建企业相对分离出来的企业，被纳入公装正规军的系列。20世纪80年代末90年代初，我国的公装正规军约500家左右，主要存在于大城市及沿海发达城市。约从1993年后，随着邓小平南巡讲话的作用我国经济的提速，公装正规军亦大发展，这种趋势一直沿续至今。90年代建筑装饰行业的正规军与游击队之间主要矛盾，主是在公装市场上。

20世纪90年代末21世纪初，游击队在公装市场上几乎无所作为。退出公装市场的游击队，一部分被正规军收编或仍以挂靠的形式与正规军保持一致，成本是缴纳10%～15%的挂靠费；另一部分则挥师大举进入了家装市场，如北京、上海的保有量均约在30～50万人。

我国家装企业约诞生于20世纪90年代初，约比公装晚10年。值得回味的是，家装大发展与公装同时，也是1993年后。只经过三年既矛盾尖锐，1995年成为有正式国家统计消费者投诉的热点，且至今均位居全国每年10大投诉前列。政府建设行政主管部门对家装市场失灵的干预始于1997年4月15日建设部颁发《家庭居室装饰装修管理试行办法》（建建[1997]92号）。到20世纪末21世纪初，我国建筑装饰企业保有量约到25家，其中公装约3万家，家装为22万家，其绝大多数为无资质的游击队。如北京，公装加上家装的正规军只有1700多家，而游击队则高达3万多家，游击队数量是正规军的18倍。

从整个建筑装饰行业来看，如以公装和家装市场来分，公装是正规军，家装是游击队；若从家装市场来分，有资质的是正规军，无资质的是游击队。不能当自己从游击队成为正规军后，就立即声称要联合围剿、以致企图消灭游击队，因为一是不公平公正，二是缺乏职业道德，但如何收编呢？

建设部部令110号《住宅室内装饰装修管理办法》第36条要求：“装修人违反本办法规定，将住宅室内装饰装修工程委托给不具有相应资质等级的企业，由城市房地产行政主管部门责令改正，处五百元以上一千元以下的罚款。”但从2002年3月5日该办法实施至今，尚未听说有哪位房主因找了游击队装修而遭政府罚款的，2004年10月20日上海《都市文化报》也证实了这一点，为什么会这样？

有趣的问题还有：一是我国建筑装饰行业无论是公装企业还是家装公司，其前身多为游击队，游击队变为正规军，主要是市场配置资源的结果，还是政府行政干预市场失灵的产物？二是家装正规军只占20%的市场份额，是市场配置资源的无耐，还是政府市场准入制度的缺陷？三是游击队长期占居80%的市场份额，为什么游击队仍然深受百姓欢迎？四是市场上对游击队仍有可持续趋势的需求，根据需求决定供给的市场经济原则，政府市场管理和协会行业管理应供给什么，是打击还是引导？五是如何设置或调整市场和行业壁垒？

五、家装行业的特许经营

“连锁特许经营”的装修模式，是以品牌、技术或商标为知识产权的特许经营方式。孙克放认为，在家装行业中独树一帜的成功经营体系往往会发展成连锁特许经营模式，对装修领域中生产方式的变革和生产经营的标准化、规范化的提高具有深远的影响。

1．特许经营的条件

张平认为，家装市场广阔发展的空间、地区发展的差异化，是发展家装特许的最佳切入时机。在国内的家装市场中，这么热闹的市场也就是北京、上海、广州、深圳、南京、武汉、重庆等这些经济比较发达的城市。更多的中小城市，家装市场才刚刚处于形成阶段，或者是保持上升的发展势头，与这种发展势头所形成的最直接的对比就是这些区域的家装市场中，真正有实力，有品牌，管理又相对规范的家装企业，却少之又少，甚至为零。按照家装行业的发展规律，这一行业从起步到快速发展，再到规范和完善，至少要经历三到五年的发展周期，这也就为家装行业导入特许经营提供了巨大的市场切入空间。

家装特许经营的条件，实际上就是“比较优势”。任何一家具有比较优势的家装企业，都可以到相对弱势的地区发展，问题是：你有什么比较优势、在哪、多少？我国装饰企业之所以难以形成核心竞争力实际上最缺少的就是比较优势。

2．特许方的条件

作为特许方，如何能够保证加盟商在经营过程中系统地提供支持，是关键中的关键。输出包括企业品牌、文化、人才、持续发展的战略规划等几个重要环节。制约加盟方发展和盈利的首要问题是特许方的经营模式和管理体系的完善程度。而特许方的经营模式和管理体系完善程度，也是目前家装行业特许方给予加盟方最重要的输出。家装企业特许经营的根本是“管理”，家装行业不同于零售企业，它没有任何有形的产品，虽然隶属于服务行业，但不等同于传统意义上的服务行业，家装还是手工操作，涉及设计、施工、材料、家居、保修等多个环节，服务周期长。特许经营一般采取了两种主要模式：一种是直营分公司，还有一种是特许加盟公司。

3．加盟商的条件

北京家装的特许经营近二三年比较活跃，业之峰、东易日盛、元洲、龙发等北京家装“四小龙”做了有益的探讨。我们应该有胸怀，允许各种模式进行各种探讨，哪怕是失败。

北京家装公司	直营公司	特许加盟公司
业之峰	28 家	50 家
东易日盛	18 家	32 家
龙发	16 家	15 家
元洲	2 家	38 家

如何选择加盟商，业之峰的实践经验颇具代表性：一是“嫌贫爱富”，太没有经济能力的坚决不找，这样的人他再投入的时候，不会投入太多，广告业不投，整个财力、人力、物力都不投，会给特许方带来很大的负面。二是一定要找有企业经验的人，有失败和有成功经验的人都可以，这样的人对企业经营才有感悟，企业经营的时候，更多的要靠他自己的悟性。三是一定要认同企业文化。四是一定要专注做事，太大的老板不选，因为他自己不做这件事，不关注，不在乎，不派专人来做，一定要他专注、投入，最好是他本人做，资本在 100～300 万元更适合于加盟商。五是一定要找看重投资回报的，而不找过于看重便宜和贵的。六是学历、素质。

4．投资人的条件

据张平介绍，北京东易日盛的做法有两个模式：一个是 A 模式——针对中小家装企业整体解决方案；另一个是 B 模式——针对投资人的投资和创业的方案。统称为“中国优质家装检定系统”。

“针对投资人的投资和创业的方案”，这是目前我国家装特许经营的要害问题。创建企业，的确是个投资行为。但建筑装饰行业投资人的选择是：公装均为业者，而家装多为业外人士。公装从没有“针对投资人的投资和创业的方案”。此外，一个企业自称“中国优质家装检定系统”，可就把事说大了。

六、家装行业的室内设计

1．室内设计传统

松永波男关注的是传统文化，他认为目前中国有几种不同的态度，由此带来不同的设计思想，呈现出不同的作品面貌：一类是视传统样式为不可更改的经典，墨守陈规，追求空间视觉形象的形似，空间界面的文章做及很足，表面上看十分的中国味，但从空间的整体效果来看却好似一道舞台布置，显得俗气做作。第二类是试图在现代建筑中体现传统文化的气息，设计上适当选取传统建筑及至民间工艺等具有中国文化特征的构件、饰品作为符号，或加以适当的变形重构，与现代建筑内部空间的结构与功能相结合，有点类似于国外后现代主义和装饰主义的手法，作品总体品味较高，有较高艺术水准。第三类是在立足现代和未来的前提下，从传统文化的深层而不是形象化上的表态，探索中国人审美心理、思想观念和美学取向，并通过现代空间、现代材料、现代的手法表达出来，作品往往看不出设计者对传统的刻意追求，传统文化的精神在现代建筑中自然流露出来，体现了过去与今天乃至未来的联系和跨跃。后两类作品是中国上流室内设计阶层一种理想的设计理念和个别实现的范例，无法普及，因为这对设计者自身的艺术修养、文化功底、说斗能力有非常高的要求，当然还有大众的接受能力。

他特别提出批评的是，近年来一种冠名为“欧陆风格”的设计风潮几乎吹遍了 960 万平方公里的中国大陆，不知谁造就了这一名字。但似乎可能源于房产商。事实上我们不应该反对在中国有“欧陆风格”的室内设计风格，但如此泛滥实属不当。

2．设计师的责任

唐建指出：设计师要具备五项技能能力：一是客户能力；二是草图能力；三是方案能力；四是表达能力；五是现场能力。要具备五方面的知识：一是原理知识；二是建筑知识；三是技术知识；四是经济知识；五是法规知识。

朱宏格认为，要有满足三方面空间的功能性：一是空间的功能性；二是舒适性功能；三是精神功能。把握四点实施手段：一是空间剪裁；二是材质组合；三是光影控制；四是色彩搭配。在实施过程中要全程私人化服务。他提出：一个国家全民素质的提升取决于人们审美水平的高低，在我们从装修这一行业中淘金的同时，是否还肩负着一份责任？

潘召南强调，随着经济的迅猛发展，设计更加迎合社会的需要。但是喜庆过后，留下的仍是头脑冷静和现实的社会。任何地区总是保留着其独特的基本文化形态。如果这一观点是正确的话，那么，消费时代的消费设计，我们就应创造融本民族传统的风格于当代艺术为一体的设计作品。

裴晓军主张体现了动态设计家居理念：一是超越了以往单体设计的表象的审美经验，体现了动态设计家居理念；二是以标准化、工厂生产组装化、品牌化、人性化、智能化、生态理念等确定的住宅内部基本环境，这个环境可以容纳不同阶层人群的不同成分，容纳各种文化的因素，解决共性与个性的矛盾问题，

王小根解释"样板间"：是开发商为了推广楼盘而采用的一种推销手段，引发客户对未来生活的一种畅想，从而引发客户的购买冲动。他说的"购买冲动"是符合经济学原理的。其实，所谓"理性消费"指的是选择的动机，而决定的和动力则来自于"冲动"。设计师在设计过程中也应如此。

侯舒信认为，影响中国家装设计风格的基本上只有四种：欧式、中式、港式、融合。松永波男强调，我们根植中国这块土地，我们的服务对象是中国人，民族的文化精神、审美态度、美学观、宇宙观是流在我们血液里的，民族的东西不等于是传统的东西，今天我们要探索的是本民族时代的室内设计方向。为什么要说是方向，而不是风格，因为它是，也应该是以多种风格面貌出现的，越是说是民族的，越是世界的，这是我们今天应为之努力的方向。

李娟娟说要特别要注意两个设计：一个是功能的设计，一个是细部的设计。

3．设计人员的挂靠

张平指出，要特别注重设计师职业化、专业化的培养，以解决企业和行业发展的一大弱项。马文生作了一个比喻，现在的装饰公司和医院的从业人员构成相近，设计师中有医生——设计师、护士——绘图员，而现状是大多数家装公司给顾客"看病"都是护士，而护士是不能给人看病的。

问题的关键：一是家装设计的从业者，到底是工程设计师还是营销业务员？公装设计的从业者，主要发展倾向是工程设计师；二是家装设计师与公装设计师一样，很少自养，均为外包，家装的特许经营与公装的挂靠究竟有何区别？

4．设计师的执业

沙尔玛认为，中国出现大量的装修集团化生产，装修行业是规模化生产。在国外，规模很小，一般就是一个设计事务所来主导一些设计，如果规模大一点，就要几个设计事务所联合起来做，工程及施工也分工。除了规模化装饰装修以外，装修设计是生产流程化的模式，很多设计师在装饰公司里面设计流程化管理。在国外就没有了，一个设计师和一个小团队解决问题，他们的机会没这么多，要求比较高，出方案也慢。发达国家的设计师必须有执照。

七、精装修房

1．家装产业化

曲毅认为，家装产业化是住宅产业化的一个重要分支，通过装修施工这个最后环节直接造就终极产品给终端用户。家装产业化实际上就是使设计、施工、材料生产等环节达到标准化、系列化、集约化、装配化，从而实现产业现代化。

家装产业化，集中体现在家装行业所称的"精装修房"，在房地产行业则称为"全装修房"。《商品住宅装修一步到位实施细则》规定："装修一次到位，是指房屋交钥匙前，所有功能空间的固定面全部铺装和粉刷完成，厨房和卫生间的基本设备全部安装完成。"用李娟娟的解释是指：在交房前套内所有功能空间的固定面和管线全部铺装和粉刷完成，厨房和卫生间的基本设施全部安装到位，具体可以分为菜单式装修和全装修两种。

李光辉指出，精装修房一般都是价位较高的楼盘。消费者对精装修房的要求，材料要环保，健康舒适；智能控制，富于个性化；信誉良好，品质优良；手续齐全、合同清晰；省时省力，踏实放心。随着人们精品意识的增强，对材料、工艺、家具、家电及个性化风格的更完全的要求，建筑不仅要求功能齐全，而且需要美观舒适，东方特色与西方经典相互补短，要求越来越高。

关于精（全）装修房，房地产界与装饰界、房地产业主管官员与开发商的看法有一致之处，也有几乎完全不同的思维，分歧也是显而易见的。

2．房地产业官员的认识

李娟娟认为，从毛坯房到全装修房是一个革命，涉及了方方面面，从设计、施工、开发、监督管理和质量备案，从企业到政府都会有一个非常大的变革，同时里面也存在了一个利益的重新分配，所以不同的立场、不同的行业对全装修会有不同的想法，

全装修，是建设部住宅产业化促进中心的主要倡导的大方向，其思路是：居民经济水平提高给装修带来了"大需求"，2003 年我国居民本外币储蓄余额达到 11 万亿元，比上年增长 17.4%。富裕起来的中国人从有能力"买好房"，走向有能力"装好房"。进而步入买"全装房"的时代。经济比较发达的北京、上海、广东等地的全装修住宅在市场上的份额逐步加大，上海、北京的中高档住宅中全装修住宅估计已接近 25%。

孙克放指出，轻装修、重装饰日渐成为潮流，而迎合这一潮流的全装修住宅也会成为市场的主流产品，在未来的住宅市场上大行其道。从毛坯房过渡到全装修房，这实际是一次生产方式上的变革，而工业化装修方式则是代表了未来装修的发展趋势。从现在开始到 2010 年，是全装修住宅发展的关键五年，是住宅装修方式大转变的五年，是为毛坯房最终退出市场铺平道路的五年。许多省市建设行政主管部门在

制定当地住宅产业化目标时，都将实现住宅全装修定在这五年的范围内，可见推行全装修住宅已形成大气候。实现住宅全装修是中国住宅产业现代化的必由之路。

3. 房地产开发商的认识

闫红星指出，精装修房为什么推而不进？大部分开发商的认识都差不多。总的来看操作难度比较大，由于精装修房环节复杂，管理成本大，容易出现问题。具体的问题：

一是精装修工程必须和销售协调，保证交房时达到一个精致。有三点不足：第一点在销售的后期，即使有再好的物业自然的折旧也在所难免，无形中要增加再投入，否则客户是不会认可的；第二点开发公司对于业主的保修期一定长于装修公司的保修期，这两个保修期之差在这个时间里面，发生了一些问题一定要开发商负责；第三点材料的选用，设计的风格等等周期在一年左右，所以在项目的后期或者是个别项目的中后期，余房再一次精装修就变成了负担。

二是装修方案的统一性和个性化的矛盾。近十年的初装修交房，给业主们养成了自己装修的习惯，尽管事情繁琐，但是装修的风格、价位完全是按照自己的意图去做，所以满意程度相对较高，而精装修交房，作为一个项目不可能每户一种风格，每户一个价位。还必须保持一个相对的统一性，因此从形式上，必然对个性化有所影响。

三是细化管理，减少投诉。精装修是初装修的一个延续或者是一个细化，如果没有一个好的基础，精装修是很难把一个产品做得更加精细。在初装修和精装修交接中主要是抓这么几项：

检查初装修质量、所有的安装工程、初装修的使用功能。

四是造价和税收。如 400 元/㎡的精装修，销售税和增值税等 8.5%左右，交税的时候开发商要交 1.5%的搭建基金。总而言之我们把每平方米装修费用放在售价当中，开发商承担 44 元/㎡的费用，同时业主购买我们的房子，也要增加 9 元/㎡左右的费用。在造价不增加的情况下，也可以用其他的方式，比如合同由装饰公司和业主定，装修的费用能省 49 元/㎡。

4. 家装界的认识

张国平相信精装修成品房在市场上的成功是必然的，装饰公司的利益与开发商的利益是绑在一起，我们的甲方不但是开发商，还包括业主，只有这样做成品房装饰公司才会有希望，陈辉认为精装修并没有真正解决现实的问题：一是扰民问题，由于精装修并不是为客户量身定做的设计，所以客户入住以后改动的意向比较强，造成入住后第二次装修的期限可能由五年左右减少到三年左右。装修将重新进入到扰民状态；二是有不低于 10%的客户在收到精装修房以后立即进行重装，而不是等到三四年后才全部打掉；三是降低造价，合同是签大合同，但是施工是分开签的，没有形成真正有效的批量生产；三是设计费虽降低了，但是是建立在降低客户满意度的基础上；四是主材部分确实有效降低了成本，但是是建立在缺乏个性以及以次充好或者是欺诈；五是质量保证，　由于地产商发包的时候大量压低发包价，精装修项目大部分都在盈亏平衡点上，但是光交税就是 6 个多点，可能设计又是免费的，可能样板间还要免费，可能中间一些变更又是不给你钱的，一些变更根本签不来，所以最后大部分项目处于亏损状态。真正的公司想在这里面运作盈利很难。精装修根本解决不了问题：一是客户的个性化问题；二是项目的规范化操作。

陈辉强调，我国对国外精装修的误解，他认真研究过美国和意大利。美国其实没有做精装修，而是初装修——简单、简朴、档次低的基本装修。意大利精装修是除了建筑结构外，想怎么改就怎么改，而我们的精装修不让人改。

黄品认为精装修有缺陷：一是消费者的消费理念还不成熟；二是主材配置的标准确定规范；三是开发商一味追求经济方面的利益导致精装修整体品质的降低；四是付款方式条件比较苛刻，家装企业很难接受；五是验收的标准不规范，导致双方交工验收的时间非常长，家装企业隐蔽性风险因素不断增加。目前做精装修的有五类企业：一是国外大型建材零售企业，像百安居、欧贝德，有很大店面大卖场支撑，很多开发商觉得交给他们很安全，材料品种比较齐全；第二是国内材料企业，如像上海辉利、大连嘉丽，有产品支撑，很容易就把项目拿下来；三是国内生产部品的企业，像海尔生产部品、生产厨房或者是空调等等；四是公装公司，如苏州金螳螂、深圳长城等大型公装企业；五是家装企业，目前大规模进入精装修的很少，有的仅仅小心翼翼在尝试，原因在于吃了不少亏，首先不具备这种资本整合的能力，以前的运作方式都是散户现金流很好，不需要自己垫资，现在等于自己垫资，还得花很多精力要拖欠款。

张丽说，一次性精装修成品房的推广在市场中遇到比较大的阻力，追究其原因是多方面的，其中对个性化的需求是不容忽视的原因，如果不能把一次性精装修成品房的个性化装修同住宅开发建设相结合，满足人们文化、艺术、价值多方面的需求，提供符合家庭个性化要求的住宅，推广一次精装修将越来越困难。

5. 部品的全面研发

其实，关于全装修主张的“部品”，是早有的概念，最初源于日本。日本在 20 世纪 60 年代初期就提出了住宅实行部品化、批量化生产的概念；70 年代大企业联合组建集团进入住宅产业；80 年代设立优良部品认证制度；90 年代开始以产业化方式生产住宅通用部件，其中 1418 类部件取得“优良住宅部品认证”。日本的住宅工厂已对住宅从结构到装修，从室外到室内全部实现了工厂制作、现场装配。曲毅认为，在标准的制定和材料及部品的生产方面，我们与日本的差距至少 20 年。

我国改革开放初期，原国家城乡建设环境保护部（现建设部）情报所（现中国建筑设计研究院信息分院）文献室的日文专家，约在 1983 年从日本引进，那时还成立了“中日建筑产品厂商联合会”，一度十分活跃。现在房地产界关于“部品”的研究，主要沿袭了日本的制度。那么，欧美呢？我国的采取的主流经济制度主要是美国的，约从1994年经过五年的努力，毛坯房迅速普及全国；约从1999年经过五年努力，日式的全装修目前只占市场份额的1/4。如果陈辉了解的美国等国家确是实情的话，那么日式的与美式的能融合吗？我们是否也应该结合国情认真研究一下欧美的“全装修”呢？

6. 全装修推广

罗森麟认为，成品住宅推广以及住宅产业化发展政府政策是关键。他算了一笔账：以1亿元的房地产的产值为例，装修企业的营业税3.78%，部品增值税是17%，企业所得税按12%的税前利润，这样就是396万元，不管你有没有利润先收。这一算2238万元是死账，还有重复施工带来的损失，排渣损失费50元/㎡，我们给政府创造资源3238万元。这就是税收带来资源损失和给国家带来的好处。

王本明的账是这样算的：整个税收在房地产开发是32.28%，就是1亿元房地产产值国家要收走3228万。当前税种和税率对于买房者：印花税是1.5%、契税是1.5%、公共维护基金是0.5%，总税率买房者要掏3.5%；开发商营业税是5%，印花税是0.5‰，还有各种基金，开发商的总税率要超过9%。如果加上装饰公司增加3.5%左右的税，就超过了12%。如果你一套精装修费用是10万元，其中有1.2万元是上交给国家财政的。因为做整体装修，材料、部品购买等等环节重复上税。因此，税收是制约一次精装修非常重要的问题，建设部住宅产业化促进中心也把这个作为一个重要的课题，现与中国建筑装饰协会联合做，要给有关方面对一次精装修的税收问题提一个建议。

王本明指出，开发商要求装修企业应该建立三个主要的平台：一是生产加工制作的基地。作为开发商来讲，一家装饰公司自己没有一个后方生产基地，你要承接我这样大规模的整体精装修是不可思议的，生产加工制造基地很重要，作为开发商说你可以是自营，也可以是加盟、连锁这种形式，但是你一定要有一个水平比较高的生产加工基地，主要是以木制作为主，还要兼有一些金属、石材等等加工手段；二是要有一个物流配送的平台，因为这直接考虑到是成本或者说价格的问题，应该说你能够直接从生产厂商拿到第一手价格，并有质量、供货期等等这些方面的保证，房地产开发商他特别看重这个能力；三是民工培养和管理的平台，因为目前我们这个行业施工作业量，应该说主要还是农民工，培养、培训问题，管理确实是开发商非常看重的一个问题。

八、家装行业的自律管理

关于家装行业自律管理，上海和北京二个装饰协会的工作在全国十分突出。新时期行业协会的生命力在于行业自律制度创新的能力。随着《行政许可法》的实施，建筑装饰协会成为名符其实的行业管理主管部门，方法是行业自律。

1. 行业准入

我国家装是以民营中小企业为主体的行业，业内企业几乎均为民营、私营企业。张钧指出，家装是中国市场充分竞争的行业，甚至说是激烈竞争的行业，激烈的竞争使大家的生存环境日益严酷，同时行业本身的局限性制约了企业的发展，也使企业的诸多矛盾暴露出来。李光斗认为，现在家装行业为什么竞争这么激烈，是因为市场和行业进入的壁垒还没有到足够的高。但是随着规范化，进入任何一个行业的壁垒都会高。因此你就要拥有品牌，没有品牌你要创品牌。

现阶段我国家装壁垒十分有趣：一方面是市场壁垒超现实的高，主要为现行装修施工企业资质三级标准中注册资金要求50万元以上的设置，使现存的20多万家家装企业绝大多数没有资质，市场准入为政府行政许可；另一方面是当政府根据《行政许可法》于2004年7月1日正式当退出行业管理后，行业准入没有。结果是“两头空”：市场壁垒设置过高，使大多数企业无法进入；行业壁垒岂止是过低，而是没有。为扭转行业管理的真空状态， 8月8日中国建筑装饰协会做出“关于发布《家装行业自律管理企业准入与清出办法（试行）》及进行试点工作的通知”（中装协[2004]042号），实行的是低门槛制度，如企业为经工商行政主管部门登记，包括法人公司与个体工商户。9月3日，中国建筑装饰协会做出《关于委托17个地方建筑装饰协会进行家装行业自律管理企业准入与清出首批试点工作单位的决定》（中装协[2004]047号），17个地方建筑装饰协会包括1个直辖市：重庆市；4个省：黑龙江、吉林、辽宁和福建；6个省会城市：西安、武汉、南京、石家庄、昆明、长沙；6个重点城市：厦门、东莞、大同、金华、哈密和汕头。

用行业自律的思路进行行业管理，在8月27日建设部汪光焘部长、黄卫副部长到中国建筑装饰协会调研，9月2日建设部黄卫副部长在“中国建筑装饰协会成立20周年庆祝大会”上的讲话和9月3日建设部建筑市场管理司司长王素卿在“全国家装发展大会”上的讲话，以及国家工商总局消费者权益保护局副局长卢艳刚在当日的主题演讲中，均作了肯定。

2. 建筑装饰协会是家装行业管理的主管部门

朱希斌解释的理由有七点：

一是建筑装饰是建筑业的延伸。随着改革开放，经济发展，建筑物内外装饰水平的提高，建筑装修工作量与土建结构工作量形成了1：1的比例，各占50%的份额，装饰装修是建筑业奉献给社会的亮点，为了做好装饰装修工作，各级建设行政主管部门倡导成立了建筑装饰协会，是建筑装饰事物发展的必然，是人类美化生活空间的需要。

二是家装属于住宅产业链的组成部分。住宅建设的管理国家明确由各级建设主管部门负责，家装是建筑装饰业的重要组成部分，家装工程产值占建筑装饰工程产值50%左右，建筑装饰协会自然是家装行业管理的主体，承担必须做好的天职。

三是家装是艺术。塑造人的舒适、温馨的生活环境，满足人类不断追求美的需求，这样就需要不断的提高家装的设计水平。装饰设计是建筑装饰业独特具备的雄厚的优越条件，能够打造家装的精品，不断提高人的美化家居的水平，建筑装饰协会就应该把家装行业管理工作做好。

四是家装确保安全。不能为扩大居住空间，随意破坏墙体承重结构，不能为了所谓“方便”，随意拆改破坏煤气、热力、电力管线、随意破坏防水层，随意增加地面厚度，增加建筑物的荷载，把住宅装修成危险房屋。建筑装饰协会隶属于建设主管部门，是家装行业管理的主体，自然要对家装修安全承担社会责任，因此，建筑装饰协会对家装行业管理不但要抓，而且要严格抓好，对广大人民群众的生命安全负责。

五是土建结构的延伸。用独特的材料、独特的工艺，打造人的居住精品舒适空间。这样就要求不断地规范家装工程质量验收标准、家装工程工艺规程。这样就要求不断地采用新技术、新工艺、新材料、新机具，提高家装工程质量水平。这又是建筑装饰协会应该做好的工作，而且是有条件做好的工作。

六是家装必须环保健康，建设部颁发了《民用建筑室内空气质量控制规范》标准，家装必须贯彻落实，空气质量达标，有利于人的身体健康，这是建筑装饰协会必须做好的责任。

七是党的十六大提出了今后20年全面建设小康社会的奋斗目标。家装改善人民群众的居住条件，是全面建设小康社会的重要体现；做好家装工作，是建筑装饰协会学习贯彻邓小平理论，“三个代表”重要思想的重要体现，所以建筑装饰协会要以饱满的政治热情、强烈的责任感把家装工作切实承担起来。

北京市建筑装饰协会多年来，上上下下通过反复学习讨论，确定了建筑装饰协会是家装行业的主体，确定了做好家装工作是建筑装饰行业的头等大事的地位，只有做好的义务，没有做不好的权力。在这样提高认识，统一思想的基础上，经过北京市建委、北京市政府社团办批准、北京市建筑装饰协会成立了家装委员会，受政府的委托协助市建委做好家装行业管理工作，配备11名干部，不断研究采取措施，推动北京市家装工作开展。

我们以前说，行业协会是行业管理的主体，自2004年7月1日《行政许可法》正式施行后，确切地说，政府是市场管理的主管部门；行业协会是行业管理的主管部门。

3．行业自律管理制度创新

上海市装饰装修行业协会做出了积极的探索：一是关于家装企业禁止聘用违规从业人员；二是广告宣传；三是行业咨询展会。特别是创建规范服务达标活动，从现场管理规范，从现场告示、现场施工组织、现场安全施工措施、现场文明施工、施工人员持证上岗等五个方面加以规定，从细处要求企业做到施工规范化、进度程序化、组织科学化，促进企业加大现场管理力度。

4．网络化管理会员

郑祥钧指出，目前上海市装饰装修行业协会有家装会员企业1500多家，数量大，规模不一，企业所处地区也十分分散，有市区的，也有郊区的；有开设在新建的物业小区里面，也有开设在大卖场里面。对于这种情况，用原来的方式去管理是远远不够的。为此我们调查研究，倾听部分会员企业的意见，决定在家装会员企业中，建立网络化的管理，也就是以县、区划分，建立十个大组，在大组下面再设立若干个小组，大组长由区县骨干企业担任。大组主要目的是组织会员企业学习、交流，吸取会员企业的工作经验，倾听会员企业在行业工作中的建议和意见，及时把会员，把协会有关的规定等转达到各个会员企业。在家装会员企业中实行网络化管理体系，对整个家装行业的管理起到了一个质的变化，而且在实践中发挥了重要的作用。

典型的如2003年4月上海地区出现SARS病例以后，政府建设行政主管部门对家装行业的防非管理非常重视。家装行业的防非难度很大，一是施工人员多，当时上海第一线操作人员就有30万之多；二是企业工地分散，约有5万多工地分散在全市各个角落；三是中小企业管理薄弱，存在着很多卫生安全的隐患。针对这种特殊的情况，协会依托网络化的管理体系，组织各个大组落实防范工作，并取得了巨大的成功。市建委当时给协会的150万元防控SARS拨款全部留在了协会。

5．协会工作目标

北京市建筑装饰协会确定的今后10年北京家装行业工作奋斗目标：

一是虚心学习兄弟省市先进经验，虚心学习世界各国好的经验，创立全国家装设计一流、施工一流、环保一流、服务一流、行业管理一流，更好的为百家装装服务。

二是动态管理，扶强扶大，培养一批年产值在x亿元以上旗舰式家装设计施工集团企业，抢占全国29个省市家装市场，传播北京家装文化，为全国家装行业发展做出贡献。

三是积极准备，抢占国外市场。按照我们国家几千年悠久民族文化的历史，较高的设计水平，丰富的施工经验，廉价的劳动力，丰富的装饰装修材料资源，世界上未来的家装的生力军应该是中华民族的，北京市有名牌的家装公司应该采取各种方式，走出国门，到世界各国抢占家装市场。

四是以诚信为主题，完善家装行业准入、优质服务达标和企业管理规范化制度。把家装企业做强做大，具有抗风险的能力。推动全行业的精神文明建设，以崭新的精神面貌，开创北京家装行业自律管理工作的新局面，为全面建设小康社会做出更大贡献。

根据2004年8月16日民政部、国家发展和改革委员会、国务院国有资产监督管理委员会共同发出的《关于举办“全国行业协会成就汇报展览会”的通知》（民函[2004]196号），确定的今后行业协会工作“三大”目标：一是规范行业行为和维护市场秩序；二是推动社会公平竞争和国际交流与合作；三是提高行业协会的社会公信力和国际竞争力。

九、家装行业的发展对策

1．行业发展速度

北京大学经济管理学院院长、博士生导师刘伟教授2004年9月2日在“中国建筑装饰协会成立20周年庆祝大会”上的主题报告中指出：建筑装饰行业是一个年轻的行业、朝阳的行业，近20年来建筑装饰是增长最快、最活跃的行业之一。20年来中国经济的年均增长是9.36%，而建筑装饰行业达到20%以上，几乎成倍地高于全国的经济增长。因此，任何一个工业化发达国家，建筑及围绕建筑的装修装饰和房地产业这个群落是不可或缺的主导群落。建筑装饰行业的发展与国家全面建设小康社会的指导思想是一致的，建筑装饰行业的前景是非常广阔的。建筑装饰行业是对国民经济增长贡献最大的行业之一，未来五年内建筑装饰行业保持40%的增长速度，一定没问题。

建筑装饰行业未来五年年均发展速度可达40%以上，这并非危言耸听，据国家统计局投资司2004年9月25日透露的数字，2000年以来，建筑业年均发展速度20%。以往实践数据表明，建筑装饰行业发展速度约高于建筑业的7%～17%。家装行业发展速度肯定会在25%以上。那么，企业也要有与行业保持大体一致的发展速度。

2. 行业发展方向

卢艳刚指出：一是要按照科学发展观要求，转变观念，提高认识，创新思路，用新的发展思路实现家装行业更快更好发展。二是按照科学发展观要求，家装行业发展要坚持以人为本原则，从广大消费者的根本利益出发，制定发展规划，寻求解决行业发展问题的治本之策，保证广大消费者充分享受到行业发展的成果。三是要按照科学发展观要求，注重统筹兼顾、注重协调发展。注重统筹兼顾行业内不同利益主体的利益关系、经营者和消费者之间的利益关系，特别是不同层次经营者和不同收入水平消费者的利益需求；注重家装行业发展与社会经济发展的协调，与城市发展、城镇化建设和房地产业发展的协调，与农村经济发展和农民改善居住条件的要求相协调，辩证地认识和处理与家装行业发展相联系的各方面关系，实现家装行业的全面、协调、可持续发展。

他表示，国家工商行政管理总局消费者权益保护局一直注重加强和改善服务领域的消费者权益保护工作。在家装服务方面，消费者权益保护局将与行业协会加强沟通协调，共同努力，充分利用企业信用分类监管制度，在不断完善的12315消费者申诉举报网络基础上，初步建立了集消费者申诉举报、行政执法、市场监督为一体“一个中心、分级执法”的保护消费者权益执法体系，为规范企业行为，促进行业规范发展，积极发挥职能作用。

3. 企业发展模式

北京业之峰对“家装企业规模化发展经营”的理解是：家装企业将传统的主营业务——家装从市场深度和广度上做到规模化，并以其为依托，向家装相连或相邻方向发展相关或非相关产业，以达到提高综合竞争力和抵御单一方面市场风险能力的目的，从而使企业走向真正集团化发展的道路。张钧认为规模化的基本条件：一是人才结构必须适应规模化；二是一定要适时适度地看大气候和自己的资金状况；三是核心业务要有优先顺序，知道什么是核心的业务，一定要把它做好做透。相对时期的专业化专心度，做事情不能广杂太多，什么都做，往往都做不好，避免广而不专，博而不精，有所为有所不为也是非常重要的，全都打出去就没有力量了。四是要避免盲目扩张，量力而行，量入为出。

“向家装相连或相邻方向发展相关或非相关产业”，这不是“多元化”吗？公装则不讲究这个，而是强调专业化发展经营。侯舒信对此的意见是，经过这些年的发展，家居产业的完善，家装将向两个方向发展：一是专业化发展的方向，其将对家装文化、人的生活方式、等作深入地研究，研发出服务于各种生活状态下、各种生活方式的产品，引领人们生活方式及潮流；另一个是产业化发展的方向，将专业化的设计转化成大规模生产的价格低廉的产品供大多数人使用。

史以认为，建筑与室内设计应一体化，装修安装工程应产业化。姚勇指出，将以专业化推动科技创新，以科技创新促进专业化，修炼内功，巩固专业优势，建设科学管理模式；以企业兼并，战略联盟、连锁经营等行为完成规模化、产业化模式的转变。龙发认为家装企业在今后必定向着两个方向发展：一个是围绕着装饰行业发展需求为核心而建立的相对多元化产业结构的实力型、综合性的大型公司，一个是专业化的单一服务性公司。

王本明认为，市场会形成三类主要的企业：第一类企业就是有比较大品牌的企业，主攻方向配合房地产开发商做一次精装修；第二类就是比较专业化的企业，主要是根据各个消费层次进行个性化的二次精装修；第三类就是专业分包性的企业，劳务分包或专项安装。

众所周知，企业的核心竞争力来自比较优势，比较优势的形成是专业化。回想90年代中期的公装也提出过“多元化发展”，但是绝大多数实践均以失败告终，故现在绝大多数公装公司，特别是现有的572家装修专业承包和91家幕墙专业承包企业均实行专业化的经营模式。公装企业的失败之路，家装还需要重新走一遍吗或说家装有特例吗？随着综合型家装公司的装修内容越来越少，专业化家装公司则越来越多。专业化形成的比较优势，带来的不仅是专业技能的提高，而且是市场份额的扩大，这将是我国家装企业发展的主攻方向。

4. 做大做强

对此，张钧说得不错：对于企业发展来说，实际上有序经营，活着是非常重要的，一个企业一时的灿烂、光鲜，并不能说明什么，持续地活着，持续的渗透力，持续地发展，才更绵延，更健康，也更重要。做大做强是非常有意义的，先做大再做强是可以实现的，其实做强再做大更重要。

国家、军队等国家机器的概念是“强大”。强大，其本质的意思就是有力量，过去我国计划经济时代还有一首流行歌曲，叫做《我们工人有力量》。企业一定要将强大分开论述吗？我们说“世界500强”，“建筑装饰行业百强”，有人说过“世界500大”吗？对于以中小企业为主、为特点的建筑装饰、特别是家装行业，恐怕主要是通过做专、做精达到做强。值得思考的是，在现任美国国务卿、四星上将鲍威尔五角大楼办公桌的玻璃下压着他最欣赏的一句古希腊史学家的箴言：在所有力量的显示中，克制是最令人折服的。

5．品牌战略

李光斗指出，企业战略的核心是品牌战略，有品牌战略之后，企业无论是采取哪种方式，是先大后强，先强后大，还是边大边强，这三种战略都离不开品牌战略。品牌传播产品质量、设计艺术、家居文化、生活方式、生活品位、品牌理念、品牌故事等。品牌建设有四大定律：一是品牌传播的意识要强；二是美誉度要靠自己来建立；三是加强传播的强度和跨度；四是要选择强势媒体。

李光斗认为，家装是卖生活方式、卖灵感、卖设计、卖细节、卖艺术、卖经典、卖专业、卖自然、卖环保、卖关爱、卖享受。他的这一营销理念，值得业者重视。

6．市场开拓

企业是行业创新的主体，我们主张百花齐放，不轻易或特别地否定或赞成某一种经营模式，只要有利于企业和行业的生产力发展，就支持大胆地实践，以促进行业的繁荣。演讲者认为家装市场的开拓，目前有如下几个值得探讨或可一试。

一是特许经营。特许经营连锁加盟有的行业能做，有的行业不能做。对于一个以工人手工为主、没有任何固定的整齐划一的有形产品、没有任何国内外可借鉴的经验、无法和任何传统行业相提并论的家装行业来说，利用特许经营这一先进的商业模式，能不能做？为什么？尤其是在目前国内特许经营行业还没有完整意义上的规范，整个家装市场还处在一个相对滞后、幼稚和混乱的状态下，家装行业的特许经营，处在一个非常关键的发展阶段。

连锁经营是一种降低成本实现规模经营的常用作法。这种企业的品牌，就是它的市场价值和核心竞争力。但连锁经营有两个问题：一是规模庞大，分散各地，统一管理相当困难；二是在许多连锁店中哪一家出了问题就会影响整体。尤其是在加盟连锁中，有的企业为了追求快速扩大规模，或者从收取加盟费中赢利而盲目吸收加盟者。特许双方和利益趋动是：不管之前有怎样的认识，都存在一种急于盈利，短期行为。特许方的隐患是：为了尽快获得他的网络，拓展地盘，以招兵买马的方式发展加盟商，降低加盟商的条件，降低加盟商的费用，造成了很多加盟商的素质参差不齐。这种加盟连锁的做法等于出卖品牌，往往是占了小便宜而吃了大亏。原来经营管理水平不同的企业用了同块令人信任的牌子，其中就有伪劣者了。

当然，要加盟的企业都达到相同的水平在开始是也不大可能，而且，要各个企业始终保持同样的质量标准也有相当难度。关键在于连锁经营的管理。总部要有强烈的整体品牌意识，首先把抓统一的质量作为中心工作。其次要有严格的规章制度，制定统一的质量与服务标准，规范所属企业的服务，真正象“麦当劳”一样，全世界都是同样的食物和服务。这二条并不太难，难的是最后一条，要落实。

家装的前车之鉴是：公装。

二是精装修房。这是家装公司与公装企业的一个交汇点。张钧的分析有一定道理：公装公司做大项目行，付款方式难受一点也能忍受，但是菜单式的做不了，服务做不了，服务态度也不到位，验房的时候，老百姓一提到问他就烦。找家装公司，家装公司没有有规模的，没有品牌的称不上数量级的更多，资本金投入没有那么大，家装企业做得再大，单一项目可能做得不大，受到巨大的单一项目的挑战。地产商非常的犹豫，不知道找谁。

孙克放称“集成装修”，认为这是由住宅建设开发商、建材供应商和家装企业三大产业搭建一个平台，构筑产业战略联盟，实施住宅集成装修，达到多方共赢的目标。参与平台搭建的多是品牌企业，这种“品牌叠加”所产生的效应使集成装修更具市场竞争力，更能确保全装修住宅的高品质。集成装修是建立在工业化生产和现代供应方式的基础上，而品牌的参与和加盟是在此基础上提升了装修产品的价值，体现了产业化生产方式所带来的效益。

陈辉指出的出路：一是尊重市场渐进推进，有人喜欢有人不喜欢，喜欢的先用，不喜欢的人保留自己的权利；二是理解市场重新定位精装修，到底是初装修还是精装修，现在分不清楚是初装修还是精装修；三是让家装企业与消费者直接对话，进行深一步个性化操作。

张丽认为，从精装修楼盘整体发展趋势来看，家装企业要想承接大型项目的施工，必须具备相应的实力和综合技术管理能力，提高整体的管理水平，建立家装企业适应大型工程项目的施工组织结构、施工管理程序、材料组织供应，以及企业内部管理配套体系。要在工程设计、论证阶段就与房地产商结合，并针对今后设计和施工中的问题提出积极的建议，实事求是帮助房地产开发企业解决一些问题，并且有预见性的做好配套。有针对性解决业主个性化改造的问题，只有这样才能与开发商形成双赢的局面。

三是散装。一个是二手房，二手房很难集中做精装修，二手房是一个很大的市场空间。第二是二次装修的客户，也是家装企业一个很大的空间；第三是高档的别墅、豪宅，个性化很强的客户资源。

四是“一站式”采购。消费者在家居超市中直接与家装设计人员一起选择装修部品材料，由设计人员和施工人员一条龙服务。百安居的装修服务就是采用这种方式解决产品与施工之间的衔接问题。

五是公装。北京业之峰、东易日盛、龙发等家装公司现都在从事并加强此方面业务。家装企业要想做公装，需有别于家装的另类思维。关键是家装面对的是消费者，公装面对的是投资者。公装企业经过多年反复失败的实践，现在一般不介入家装。但家装向公装挺进，符合专业化发展的市场经济规律吗？

六是资本运作。张钧认为，可能最后的家装企业也会向集中化、少数化、规模化、垄断化发展，拥有更充足的资金，将是企业在收购、并购方面有更大的施展空间。

七是“走出去”。据姚勇介绍，目前由于东盟国家对外国投资设置的种种限制因素，中国装饰企业在这些国家的投资主要应以合资合作的形式，以谋求各种便利条件，以境外连锁经营的模式，移植我们成功的经验；以我们先进的企业文化，经营理念带动整体行业发展。因此，必须考虑相关配套材料的供应、本地化人才的培训、管理等因素，引进相应的材料供应和工料一体的经销商，建立配套物流配送体系，配置管理、培训人才等。前期中国装饰企业可以以探路的形式先在当地设立办事机构，积极做分公司筹备工作。当各方面的创业环境、条件一旦成熟，就能成功的跨出海外连锁经营的第一步。 东盟国家木材等建筑装饰原材料资源丰富，但加工工艺和材料的多种利用都尚待改进，中国装饰企业在立足于专业装饰业务外，要更多的发展产业内的横向合作与共享，利用本地资源深化加工，丰富产品的多种利用，以期形成国际化的产业链优势。

7. 民工培训

王本明喜欢引用毛泽东主席的一段名言：“中国的问题是农民的问题”。家装业的问题是将农民转变为合格的产业工人。相对于写字楼的员工来看，应该给予民工更多的关爱，更多的培训，更多的提升，更多的理解与沟通，但是实际上现在的公司，对于他们更多的是责备，更多的是索取，更多的是不管。又要马儿不吃草，又要马儿长得好，这种事情哪里会有。

湖南鸿扬家装公司采取了两个办法：一是把装修师傅拉入到公司管理框架之内，以前家装公司工程部有经理、施工队长，下面就不管了，现在要继续管到班组长，再管到普通的师傅身上去，每一个人都不落下，就像张艺谋的电影一样《一个都不少》，把他们管起来。二是把每一个工人纳入到公司的人力资源的管理范围之内。家装企业对写字楼的员工有初试、面试、职前培训、岗前培训，在职培训，也有考核、辞退、晋升，是不是把这个体系搬到装修师傅的体系上去，这样才能把这一块儿薄弱的一环，缺失的这一环能够弥补起来。

但是这种办法有两个风险：一是成本压力。如果把这些工人都拉到公司来管理的话，这种管理成本要多高，工资成本要多高，这种培训的成本又要多高？这种成本我们能不能够背得起；二是政策风险。你原来是劳务工，只管施工队长，他生也好死也好，有保险也好没保险也好，跟企业没关系，但是真正纳入公司的管理之后，这些问题公司都要管，政策上面，企业能不能担得起这个风险？

上述的问题，与公装所遇到的一样。值得讨论的是，在公装中几乎全国各地均有广东人，但在家装中似乎除广东外各地均没有，不知是为什么？

8. 核心价值观

沙尔玛指出，服务意识是价值观问题，办企业的唯一宗旨就是让客户满意。一个员工也好，总经理也好，部门经理也好，谁得罪了客户，如同被视为犯罪。有了这种意识，再转化到操作当中去，就形成了服务经济环境下可操作的企业价值观。很多成功的企业，如美国或西方的一些大企业和中国成功的那些企业，都有陈述企业的价值观，而且都是围绕客户这个中心，或者是以顾客为中心设立的。

导致顾客不太满意的最终结的是什么问题呢？是态度，在企业运做中，要注意态度。不是一个企业倒闭，顾客会流失，不是因为企业搬家顾客会流失，也不是因为你的企业被其他的企业兼并了，顾客会流失，也不是竞争，同行这么多，在分摊你的蛋糕，抢走了你的顾客群，也不是服务或产品。最关键的是我们的态度。要达到顾客完全满意的三个关键：一是卓越的产品和服务；二是我们的服务方式，是不是亲切的对顾客服务；三是卓越的服务意识，实现顾客的需求。当真正树立给顾客服务的心态时，企业才能获得最高的利润，企业如果有了核心价值观，相应的文化体系就会产生，我们围绕着这个顾客满意度价值观去组建和建设企业文化就会比较容易，就有内容。建设出一些非常独特性的文化，打造我们的核心竞争力。

黄品认为，一个做得好的企业，家装回头客源会达到20%～30%。

结语：

我们过去习惯的思维方式是“没有机会”或“等待机会”，但国外却不这么认为，而是强调“创造机会”。《把信送给加西亚》的作者美国人阿尔伯特•哈伯特（Elbert Hubbard）在另一部名著《自动自发》中强调“机会来自于苦干”。苦干的表现是：对待工作——勤奋；对待单位——敬业；对待领导——忠诚；对待自己——自信。

他指出，机会是不会花费气力去寻找那些浪费时间、偷懒的人；机会好像总是落在那些忙得无暇自己成就的人身上。就逻辑而言，机会应该会找那些时间充裕的人，但事实上，机会却是为那些有梦想和实施计划的人显现。我们总以为机会是活的、会动的，它会主动找到那些愿意迎接机会的人，事实上刚好相反，机会是一种想法和观念，它只存在于那些认清机会的人心中。失败者的借口通常是“没有机会”，他们将失败的理由归结为没有人垂青他们，好事总是让别人捷足先登。而那些意志坚强的人则决不会这样找借口，他们不等待机会，而是靠自己的苦于努力去创造机会。他们深知惟有自己才能拯救自己。做任何事情总是等待机会是极其危险的。一切努力和热望都可能因为等待机会而付诸东流，而机会最终也不可得。“没有机会”， 只是失败者的推诿之辞。

机会包含于每个人的人格中。伟大的成功永远属于那些富有奋斗精神的人，而不是那些等待机会的人。应该牢记，良好的机会完全在于自己的创造。如果认为个人发展机会掌握在他人手中，那么他一定会失败。现在家装企业创造机会的能力比什么都重要。让我们努力，共同创造家装企业和行业发展的机会。

美国总统罗斯福连续第四次当选总统时，有记者请他谈谈连任的感想。他没说什么，只是请记者吃煎鸡蛋，等记者实在吃不下去时，他说“知道四任总统的滋味了吧！” 家装行业的喜怒哀乐，业内一线人士最有发言权。我只略知一二，以上文字仅供同仁参考及讨论。

在中国建筑装饰协会成立20周年庆祝大会上的讲话

建设部副部长　**黄　卫**

（二〇〇四年九月二日）

尊敬的李蒙副主席、布赫副委员长、各位建设部的老领导：

同志们、朋友们：

今天，中国建筑装饰装饰协会在这里举行隆重庆祝协会成立20周年的大会，我谨代表建设部对大会的召开，对中国建筑装饰装饰协会的成立20周年，表示热烈的祝贺！

建筑装饰业是我国建筑行业里很重要的组成部分，改革开放以来，建筑装饰行业一千万的员工对我们国家的社会发展和经济建设做出了重大的贡献。20年来，建筑装饰行业是一个对国家做出重大贡献的行业。

在风风雨雨的20年里，我们有一个很好的协会——中国建筑装饰协会。中国建筑装饰协会是一个有凝聚力的协会，是一个有战斗力的协会。从今天参加会议的1300多位代表的人数和踊跃的程度就可以看出。

中国建筑装饰协会20年前成立，我们很多老同志为这个协会的发展倾注了很多的心血。协会第五届理事会新的班子成立以后，认真学习“三个代表”的重要思想，在凝聚人心、为行业大发展谋划方面做了很重要的工作。从国家的发展来看，中国建筑装饰协会是一个非常有前途的协会。

我们国家正处于大规模的经济建设时期。建筑装饰业和建筑业有个非常好的发展时期。我们一定要抓住这个机会，更好地发展建筑装饰业。

建设部一直很重视建筑装饰行业的发展和中国建筑装饰协会的工作。8月27日，汪光焘部长亲自到中国建筑装饰协会调研，对建筑装饰行业的发展和中国建筑装饰协会的工作做出了肯定，也提出了要求。

在这个调研会上，我提出，中国建筑装饰协会过去做了很多的工作，我们希望今后能在“提高层次，规范管理，强化服务”这三个方面进一步开展工作，更好地凝聚全行业的力量，为建筑装饰行业的发展、国家的经济建设、社会的发展做出新贡献。

现在我们已经有了20年的经验的积累，我相信，中国建筑装饰协会和建筑装饰行业一定会在今后的时期里取得更多的成绩，能够取得更好的发展。

谢谢大家！

在中国建筑装饰协会成立20周年庆祝大会上的致辞

中国建筑装饰协会会长　**马挺贵**

（二〇〇四年九月二日）

尊敬的李蒙副主席、布赫副委员长、黄卫副部长，各位领导、各位嘉宾，同志们、朋友们：

首先，让我代表中国建筑装饰协会向全国人大、全国政协以及建设部、民政部、中国海员建设工会领导同志以及建设部有关司局、中国消费者协会等兄弟协会各位领导在百忙中参加中国建筑装饰协会成立20周年庆祝大会，表示衷心的感谢和热烈的欢迎！对来自全国各地的建筑装饰协会的代表，广大会员企业代表以及对协会工作做出贡献的老协会工作者代表，表示热烈的欢迎！

中国建筑装饰协会走过的20年，也是我国建筑装饰行业伴随着改革开放进程发展壮大的20年。目前，我国建筑装饰行业已经成为对国家经济发展和社会生活起着重要作用，得到全社会高度重视的行业。据统计，到2003年，我国建筑装饰行业年产值已达8000亿元，其中家庭装饰装修产值约为4500亿元，行业共有企业20多万家，从业者达1000余万人，年实现增加值超过2000亿元。

建筑装饰行业的发展，对加快国民经济结构调整，带动相关产业的发展，扩大和培育内需，美化城市建设，提高城市现代化水平，特别是转移农村剩余劳动力，增加就业岗位，提高包括农村人口在内的全体人民的素质和生活质量，都具有重要的作用。

实践证明，建筑装饰行业的发展，不仅增强了社会的物质基础，也极大地丰富了社会的精神财富。特别是与广大人民群众息息相关的家庭装饰装修行业，极大的提高了人民群众文化艺术修养，成为体现中国国情的社会、经济、文化现象。在人们的物质与精神生活中，已经占据了相当重要的位置，已经成为我国全面建设小康社会的重要内容。

经过20年的艰苦奋斗，建筑装饰行业取得了巨大的进步，成就了一批勇于开拓进取、具有高度社会责任感的企业家队伍；造就了一批高质量、有品位的工程精品；同时，也提升了行业协会的社会地位和影响。特别是自2001年协会第五届会员代表大会以来，协会提出了“二次创业”的奋斗目标，在不断加强自身建设的基础上，抓行业调查；抓应对“入世”；抓国企改革；抓家装管理；抓科技进步并召开了行业科技大会、行业信息化建设会议，行业培训工作会议等一系列行业重要会议，在行业发展的方向性、方针性的大问题上为企业提供高层次的服务，赢得企业的高度评价。同时，我们对在市场经济环境下如何做好协会工作的规律，进行了深入的探索。目前，中国建筑装饰协会正在向着建设成为具有高度凝聚力、适应市场经济环境的行业协会而努力奋斗。

中国建筑装饰行业发展的20年，是为国民经济发展和社会进步做出贡献的20年。在中国建筑装饰协会成立20周年之际，我们深切地感到，协会的每一项工作，行业每一点进步，都是在建设部、民政部等国家行政主管部门领导下，在全国各省市协会以及全行业1000多万员工的共同努力下，在各兄弟协会的鼎力支持和配合下取得的。我们一定要以党的十六届三中全会提出的树立科学的发展观为指导，以这次系列庆祝活动为载体，达到全面推动行业发展的目的。

我们相信，通过这次盛大的庆典活动，将展现行业风采，提升行业影响，构筑行业诚信，并必将进一步增强干劲，鼓舞士气，实现行业大发展、大提高的目的。

把协会工作做好，是历史赋予我们协会工作者的不可推卸的责任。我们只有以高度的政治责任感和历史使命感，扎扎实实、埋头苦干、全心全意地服务于全行业的企业和同仁，不辜负党和国家的重托，会员企业对我们的信任。

我们这次会议得到了中央精神文明建设办公室、国家工商总局、国家环保总局、中国海员建设工会、建设部有关司局、中国消费者协会等兄弟协会及广大的会员企业多方面的支持和帮助，在此表示衷心的感谢。

各位领导、各位嘉宾、同志们、朋友们，在中国建筑装饰协会成立20周年之际，我们迎来了建国55周年。让我们共同祝愿我们的祖国繁荣昌盛，祝愿我们的行业兴旺发达。祝愿同志们身体健康，事业有成，万事如意！再次感谢各位领导和同志在百忙中出席我们的大会。谢谢大家！

中国建筑装饰行业20年回顾及展望

——2004年9月2日在中国建筑装饰协会成立20周年庆祝大会上的主题报告

中国建筑装饰协会会长　教授级高级工程师　**马挺贵**

我国建筑装饰行业经历了20年的高速发展，已经由萌芽走向成熟，由传统走向现代，由初级走向高级。如何在行业内树立科学的发展观，推动行业健康、全面、可持续发展，已经成为极为重要的课题。因此，有必要对我国建筑装饰行业进行全面、系统的回顾与总结，并就其今后的发展做出展望。

一、课题的提出

1．行业发展已达到的规模和品质，要求我们进行总结和预测

建筑装饰行业伴随改革、开放的历程，得到了超常规发展，已经成为在国民经济中占有重要比重，对经济和社会发展发挥重要作用，并得到全社会高度重视的行业。

据调查统计，我国建筑装饰行业2003年完成工程产值已达8300亿元。其中居民住宅装饰装修工程产值达4800亿元，各类公共建筑物装饰装修工程产值达3500亿元。多年来，平均增长速度超过20%，高于同期全国经济年增长9%的发展速度。

20年来，行业的设计、施工组织、施工工艺、材料生产等方面产生了质的变化，在普遍实现计算机辅助设计的基础上，设计创作不断繁荣，传统的施工工艺逐步得到改造，新型装饰材料层出不穷，材料的更新换代速度不断加快，并创造了大量的各类优质工程，行业运行品质不断提升。

行业的市场运行状况基本良好，符合我国国情和市场经济规律的客观要求。尽管当前存在着很多急待解决的问题，但从发展的全局，从战略的角度看，行业仍然具有良好的前景，有极大的发展空间。因此，如何进一步发展行业生产力，理顺生产关系，使行业在更为科学的思想指导下发展，需要我们对行业发展的历程进行充分的回顾，并就当前存在的问题进行战术性调整，创造更好的发展环境，以推动行业健康、有序地发展。

2．行业在全面建设小康社会中的地位，要求我们进行总结和规划

党的十六大提出了“全国建设小康社会”的中期奋斗目标，现在流行一句话：小康不小康，关键看家装（住房），进一步提升了建筑装饰行业在促进国民经济发展，提高人民生活水平、身体素质，推动社会文明与进步中的地位与作用。既是对行业的鼓舞和激励，也是行业的义务和责任。如何推动行业走向更高层次、更加科学的发展轨迹，是我们肩负的重要历史使命。

当前，从中央到地方，从经济工作者到社会工作者，都已形成了统一的认识，就是建筑装饰行业的发展，对培育和扩大内需，活跃国内市场，创造和增加就业岗位，缓解社会就业压力，带动相关产业发展，推动国民经济持续增长等方面，发挥着重要作用。对推动我国城市化水平的提高，加快国民经济结构调整，促进我国村镇建设，改善包括农村人口在内的全体人民的生活质量，也发挥着日益突出的作用。

建筑装饰行业的发展，不仅增加了社会的物质基础，同时也增加了社会的精神财富。建筑装饰作品的艺术性、直观性和科学性，弘扬着“以人为本”的光辉思想，对人们的思想意识，道德情操、艺术修养的提高，具有重要的推动作用，已成为社会精神文明建设的重要组成部分。

建筑装饰行业的发展，不仅美化了城镇、为人们创造了美观、舒适、健康的工作和生活环境，同时，培养了人们科学、文明、卫生的生活习惯，陶冶了精神，提升了民族的审美情趣和艺术品位，增加了社会责任感，对保证社会安定，促进社会和谐，推动社会文明与进步也具有重要作用。

在今后的发展中，建筑装饰行业的地位与作用，还会得到进一步的巩固与加强。因此，也要求我们认真查找行业发展及我们工作中的不足，并制定相应的策略加以改进，加快装饰行业的发展。

3．用科学的发展观指导行业发展，要求我们进行反思和展望

党的十六大提出了我国社会与经济发展的新的发展观，十六届三中全会又进一步概括为“科学发展观”并进行了深入的阐述，这将对我国建筑装饰行业产生直接的影响。科学发展观的核心是坚持以人为本，促进社会经济全面、协调、可持续发展，正确处理好经济建设与资源利用和生态环境保护的关系。改革开放以来，部分地区、部分产业加快发展战略，在增强国力的同时，也引发一些问题，如环境资源的破坏、贫富差距扩大等。树立科学的发展观，对我国建筑装饰行业的发展具有同样重要意义。核心是要对传统产业进行现代化工业改造，把行业发展真正转移到依靠科技进步和提高劳动者素质的轨道上来，走出一条资源消耗低，经济效益高的可持续发展道路，实现以科学的发展观指导行业发展，已成为一项重要的任务和使命。需要我们梳理过去，研究问题，探讨今后的发展，使行业在发展中始终充满活力，实现可持续发展的目标。

二、中国建筑装饰行业发展20年的回顾

中国建筑装饰行业20年的发展，是以改革、开放以后的特区建设为突破口，然后向全国各地扩展，逐步发展、壮大起来的。行业发展历程是思想解放、艰苦奋斗、勇于创新的20年。其中既有社会思想认识提高，经济高速发展与社会进步的外部环境因素，也有行业内部管理创新、生产力要素品质提高等内部因素。总结20年行业的发展，深入分析行业发展的社会、经济、文化与科技背景，概括起来有以下几个突出的特点。

1．行业长时期高速、平稳发展

我国建筑装饰行业自80年代中期开始起步，从不被人重视的传统小行业，飞跃发展成为社会高度重视的大行业，行业产值从几乎为零，增长到8000亿元以上，仅仅用了20年时间，其年发展速度持续多年达到20%以上。

回顾80年代初期，我国的建筑装饰生产力处于极原始状态，工程主要由港、澳公司承包，国内队伍只能分包劳务，获取的只是劳务费用，在市场中处于被动地位。经过20年的学习、探索和创新，现在，我国建筑装饰生产力发展到相当的高度，国内企业已经具备了承接任何装饰装修工程的能力，已经成为我国建筑装饰工程市场的主导力量。

我国建筑装饰行业发展有2个比较明显的时期划分，90年代中期以前，公共建筑装饰装修发展迅速，90年代中期之后，由于住宅私有化得到具体落实，人们对住宅装饰装修的热情空前高涨，住宅装饰装修发展迅速，到2003年，家装产值已达5000亿元规模，成为我国建筑装饰行业的最重要组成部分。

进入新世纪以来，受北京申奥、上海申世博会成功等国际大型活动的拉动，公共建筑装饰再一次出现了新的高潮，市场容量又有新的增长。同时，自上个世纪末开始的我国城镇化建设和住房制度改革，激发我国房地产业、建筑业和住宅建设持续高速增长。这就使得我国建筑装饰行业在相当长一段历史时期内，呈现和保持了高速度的增长。

2．建筑装饰行业持续发展具有坚实的社会基础

对人类尊重、关注水平的提高，是人类社会发展的基本标志。创造更为人性化的社会氛围，是社会文明、进步的最基本特征。体现以人为本的经济发展和社会进步，使人们更为关注自身的生存环境，是社会发展的根本目标。在社会发展的前提下，渴望一个更能促进人类全面发展的工作、生活、学习环境，是人类的最本能的追求。正是由于人们对人类自身的尊重和对建筑物的理解产生的飞跃，为建筑装饰行业的持续发展奠定了坚实的社会思想理论基础，并形成推动建筑装饰行业发展的思想认识体系。为了提高建筑的人性化程度，就必须通过装饰装修手段，改善人们的生活环境，已经成为全社会思想的共识。

现在把改善工作、学习、居住环境作为首要需求的人数在不断增加。无论是单位还是居民个人，投资装饰装修的意识越来越强烈，这种强烈追求提高生活品质的社会认识，还将继续为行业发展提供思想认识上的长久支持。

3．建筑装饰行业持续发展具有雄厚的经济基础

我国建筑装饰行业的发展，是社会生产力水平发展到一定阶段的必然产物，是我国综合经济实力不断增强的必然要求。因此，我国建筑装饰行业20年的发展，具有雄厚的物质基础。

近20年时间，我国宏观经济增长很快，国内生产总值到2003年已经达到1万5千亿美元，人均国内生产总值，已经由1978年的不足100美元，增长到1000美元，国家整体经济实力，排在世界第6位，已经由极贫穷国家，发展成为中等收入的发展中国家。我国经济恩格尔系数已经接近40%，表明我国人民生活水平提高，在住、行方面的消费比重增加，这就为建筑装饰行业的发展，提供了坚实可靠的经济条件。

我国综合实力不断增强，各项事业得到了全面的发展，特别是旅游业、金融业、商业、房地产开发业等第三产业的发展，直接拉动了行业市场的扩展。我国由计划经济转轨变型为市场经济，我国经济类型，也迅速由短缺型转化为富余型，尤其加工制造业发展迅速，各种材料的生产产量不断增长，花色、品种、规格越来越丰富，使行业发展具备强大的物质基础。由于我国经济结构调整，产生的大量剩余劳动力需要转岗，加上大量农民工进城，就为传统的劳动密集型行业提供了充足的劳动力。以上几方面的因素形成了完备的生产力要素供给体系，持久支撑着行业的发展需求。

4．建筑装饰行业内部形成了适应市场经济要求的体制和机制

建筑装饰行业是最早引入市场机制，采用市场化运作的行业，这也是行业能够长期保持旺盛活力，不断取得辉煌成就的重要原因之一。

建筑装饰行业是以民营经济为主体的行业。在建筑装饰企业中民营企业占99.2%，近几年，国有资本通过企业改制，还在逐步退出，所以这个比例还会增加。虽然存在着企业规模普遍偏小，经营实力不强的客观现象，但从起步之时，就实行了市场机制的运作，使企业建立起了同市场机制相适应，适应市场要求的内部管理体制，完善了现代企业法人治理结构、运行机制，形成了适应生产力发展水平的生产关系格局。

正是由于市场机制的作用，建筑装饰行业内的竞争机制、用人机制、激励机制、分配机制等，在我国经济生活中都具有时代性和超前性，都比较早的与国际运作惯例接轨。

行业内的设计水平、材料生产能力、施工组织和后期服务质量的不断提高，同国际先进水平的差距已经越来越小，其根源在于政府的束缚力弱，是企业自主经营，独立面对市场运作的结果。建筑装饰行业的民营所有制结构、市场化运作，都切实为企业、行业发展提供了生产关系条件。

经过近 20 年的市场整合，我国建筑装饰行业内企业格局发生了重大变化。目前，我国建筑装饰已经产生出年工程产值达 10 亿元的民营企业，形成了一批资质等级高、资本运作高效、工程质量优良、装备水平先进、运行机制现代、经营实力强盛、发展势头强劲的优势企业，行业内的企业结构、技术结构正在向多层次、多元化、合理化方向发展。

我们说建筑装饰行业内的体制与机制基本适合市场经济规律的要求，并不是想掩盖目前存在的问题，特别是目前市场经济框架仍不完善，行业诚信体系和企业自律水平有待提高是一个突出问题。民营企业社会约束力差，自主性和随意性强，法制观念比较淡薄，将影响行业的可持续发展，必然加以改进和提高。

5．建筑装饰行业的发展得到了科学技术的有力支持

当前科学技术的发展，不仅提高了人们对客观世界的认识程度，也提供了新的技术装备，产生出新的产品、技术和工艺，从而提高了人们改造自然、创造新生活的能力。我国建筑装饰行业的发展，始终得到现代科学技术的有力支持，是建立在现代科学技术迅速发展的基础之上的。

科学技术的发展，改变了建筑装饰行业的劳动手段。电子计算机的普遍应用和大量适用于装饰工程的施工机具的研发和推广，提高了行业管理、设计、施工水平和材料生产水平，节省了投资，减轻了劳动强度，提高了工程质量。

科学技术的发展，特别是材料科学的前沿技术，如纳米技术、复合技术等的应用，提高了材料的质量和水平，也使装饰工程由传统性向功能性转化，提高了装饰工程的质量和水平。

技术的发展，对建筑物的规模、功能和使用提出了新的要求，必然带来施工组织和施工工艺的变革，促进行业的市场细分和专业化，推动了行业的发展。

6．建筑装饰行业聚集了一大批人才

行业的发展，离不开人才，经过 20 年的发展，建筑装饰行业从业者队伍已经由 80 年代初期不足万人，发展到现在的 1400 万人。装饰行业聚集了一大批人才，形成了推动行业发展的坚强团队，为行业的可持续发展铸就了坚实的基础。

目前，我国建筑装饰行业共有设计师约 80 万人，全部接受过专业教育。共有各类管理人员约 100 万人，绝大部分也接受过专业教育。施工作业层人员约 1200 万人，绝大部分是转化的农村剩余劳动力，其中 5%约 60 万人员，具有比较丰富的施工经验和熟练的技巧，成为行业内的能工巧匠，这些人才，构成了发展我国建筑装饰行业的中坚。

截止到 2003 年，全国有 200 多所高校，设立有与建筑装饰相关的专业，在校生超过 4 万人，每年能向行业输送约 1 万名毕业生。（吉林省长春市，由企业出资成立了建筑装饰学院，现有在校生已经超过 6000 人）。同时，由企业出资，创办了百余所研究院、所，各类成人教育，企业人才培训工作也非常活跃，成为提高行业整体素质的坚实后盾。

通过对中国建筑装饰行业 20 年发展的回顾，我们可以看出，我国建筑装饰行业生产力水平稳步提高，生产关系不断完善，是扎扎实实地发展起来的，中国建筑装饰行业 20 年，是取得辉煌成就的 20 年，是有着坚实的社会基础，雄厚的经济基础，科技的有力支持及适应市场要求的体制、机制和充沛的劳动力资源优势的，是为我国国民经济发展和社会文明、进步做出突出贡献的 20 年。

三、中国建筑装饰行业的发展展望

中国经济列车仍将高速前进，中国建筑装饰行业也仍将继续发展。如何预测我国建筑装饰行业未来的走势，其发展有什么特点，如何应对行业生产力发展中存在的问题，怎样树立科学的发展观，推动行业全面、均衡、可持续发展，这是一个重要的课题。展望我国建筑装饰行业发展的态势可以有以下几个方面的预测。

1．行业发展总体规模与水平的评估与预测

为实现党的十六大提出全面建设小康社会的目标，要求我国经济仍要保持 7%以上的年增长速度，同时要求各行业协调发展，这将为我国建筑装饰行业提供更大的发展机遇，拥有更大的发展空间。

从家装分析：截止到 2003 年底，我国 GDP 超过 1.5 万亿美元，人均 GDP 已超过 1000 美元，城镇人均住宅面积 20 ㎡。我国的发展目标是到 2010 年，GDP 人均 1500 美元；人均 GDP 的增长，必然带来恩格尔系数的变化，既吃、穿在可支配收入中的比重要降低，小康水平的恩格尔系数应该在 30%，按 1978 年到 2002 年人均住房增加的变速，我国 1978 年人均住房平均 3.7 ㎡，到 2010 年应该是人均 30 多平方米。按建设部颁布的小康社会住宅标准，1 户 1 套，每人 1 间，按现行住宅建设标准，应是人均 35 ㎡左右，每人需要增加 15 ㎡，全国增加住宅总需求达到 120 亿㎡。按 6 年计算，每年要完成住宅建设 20 亿㎡。加上农业转化人口的最低住房保证，总共每年要完成住宅建设 26 亿㎡。

通过以上的测算表明，我国住宅建设与全面实现小康社会的目标，还有很大缺口。当前房地产市场存在的问题很多，其中住宅的销售价格和老百姓的可支付购买力之间有差距，需要调整。但随着住宅开发建设规模的增大，住宅装饰装修市场的规模也会不断扩大，为建筑装饰行业市场扩展提供了发展空间，按预测住宅建设量，每年新建住宅的装饰装修工程量应该在 5000 亿元以上。

按照我国城市住宅建设的速度测算，到 2010 年，我国城市住宅存量将达到 150 亿㎡以上，受社会发展、家庭结构、居民消费水平、消费方式、消费结构等因素变化的影响，及二级房地产市场的发展，存量住宅的改造性装修将会不断增加。所以，二次装修市场将会有更大的发展空间。按每年有 10%左右的存量住宅进行装饰装修，每平方米 200 元计算，2010 年家装二次装修市场年产值将达到 3000 亿元。

根据以上测算，仅住宅装饰装修部分，2010 年将达到 8 千亿元以上的水平，所以，国家发展计划中提出，发展以居民住宅装饰装修为主的建筑装饰业是科学的、准确的。

再从公装方面分析：北京地区由于申办 2008 年奥运会成功，将拉动北京地区建筑装饰行业向大规模、高标准方向发展。2002年，北京的开复工面积超过1亿m²。到2006年，北京将新建、改建800家涉外星级宾馆、饭店，有近40座体育场馆需要新建、改造，同时，中央商业区、中关村高新技术开发区的建设步伐也已加快，与此相配套的公共设施建设，城区改造等建设工程，总体建设规模在3万亿左右，将为建筑装饰市场提供巨大的、新的发展空间。奥运的机遇，同时给河北、天津、山东等局部地区的建筑装饰市场，带来了生机和活力。

上海地区由于申办2010年国际博览会成功，以及启动了以黄浦江两岸开发为重点的新一轮城市建设，用7000亿打造一个全新上海，将给建筑装饰行业以更大的推动力，上海建筑装饰行业将在原来就非常高的层次上，又有一轮新的大发展。

随着中国国力的增强，各种地区性国际会议、活动的举办，将带动地区性建筑装饰行业市场的发展，我国有一批在国际上具有相当知名度，又具备举办大型国际性活动的城市，例如广东的深圳、广州，辽宁的大连，江苏的南京、苏州，浙江的杭州、宁波，福建的厦门，陕西的西安，四川的成都等，都会有国际性的大型经济、技术性专业会议，文体活动等举办的机会。这些活动，都会按国际要求对地区城市建设提出新的标准，从而带动地方城市改造和基础设施建设，为建筑装饰行业提供新的发展空间，从而拉动建筑装饰行业规模的扩大和档次的提高，给地区建筑装饰市场带来新的发展机遇。

在国家现代化发展过程中，城镇建设的速度还将加快。我国现有696个县级以上城市，同时，要建设数以千计的小城镇，转化农业人口。在城镇化建设中，不仅要有住宅的开发建设，同时，文化、教育、医疗等方面的建设量也十分巨大，这些都将为建筑装饰行业的发展提供新的发展空间。

全面建设小康社会将会进一步降低我国的恩格尔系数，使人们有更多的财力和时间，丰富自己的业余生活，投资到旅游、健康、学习、娱乐，这将会产生更多的旅游、休闲设施需求，需要进一步开发建设。在总量增加的同时，由于对环境的要求不断提高，更新改造性装修的周期缩短，所以近几年我国公共建筑装饰装修还将保持强劲发展势头。由于建筑装饰行业为包括工业在内的所有经济与社会部门提供服务，其增长率将长期高于同期国民经济增长速度。因此，我国公共建筑装饰装修市场，从总体上分析，将保持在15%～20%之间的发展速度，其峰值应该为年工程量6000亿元以上。达到峰值的时间应该在2010年前，随后会有所回落。

这里我顺便提一下有关宏观调控的问题，20年我国经济持续高速发展，产生了巨大的累积性效应，经济高速发展形成的惯性，增强了行业的抗风险能力，所以，短期的经济政策调整，不会对我国建筑装饰市场产生强烈影响，建筑装饰行业仍将得以长期、稳定、高速增长。总体分析我国建筑装饰市场规模，在2010年，将达到1万4千亿元左右。

2．行业技术发展的预测与展望

科技是第一生产力，是行业发展的重要物质条件。我国建筑装饰行业面临用现代工业手段，对传统产业进行全面技术改造和技术升级，以适应社会科技水平不断提高的重要。展望我国建筑装饰行业的技术发展，在以下几个领域会有所突破。

一是材料生产制造和流通领域，将向三个方向发展。首先是材料的制造技术，新的纳米、复合、自控等技术的推广、普及，不仅提高新型材料的产量，而且大幅度提高材料的质量、环保、健康水平，在外观上更为人性化、舒适化，内在品质上更为环保化、节能化、科学化。第二是材料的模数化、标准化和成品化的发展方向，将以更好地满足工程施工需要为目的，研制生产施工更为简便，施工质量更有保证的材料。第三是材料流通的规范化，以电子商务为主要标志的现代销售体系的建立和广泛应用。将更加规范材料市场流通，降低流通成本，提高名、优、新材料的市场占有率，推动行业发展。

二是施工领域总体上将向信息化和工业化两个方向发展。信息化主要体现在设计、施工管理技术上的发展，表现在计算机应用技术与计算机网络技术在行业的推广与普及，真正使企业建立起以公司总部为核心的网络与通信、经营管理信息、综合项目管理、工程设计集成化和办公自动化系统，并同行业网站实现链接，对外达到资源共享，对内实现管理自动化和工程的远程控制。工业化主要体现在施工组织与施工作业上的技术发展，表现在以现代装备提升施工技术，改变施工工艺，创新施工工法，提高劳动生产率。其主要包括两个方面的基本内容：一是实施工厂化加工，现场组装式施工；二是提高施工的机械化、自动化程度。信息化和工业化两者具有紧密的联系，相互支持、相互促进。

三是由于建筑物对其功能、安全等要求的专业化、高新化及科技水平不断提高，要求其装饰装修的专业化程度越来越高，使得我国建筑装饰工程市场不断细分，并逐步形成专业化施工技术。

3．行业市场运作态势的预测与展望

随着我国社会主义市场经济体制的不断完善，建筑装饰行业的法制将更为健全。在工程的立项审批、资信状况、工程的监控等方面，一批法规、标准将逐步健全，使市场环境得到进一步的净化。有形的建筑装饰市场，规范的招、投标程序，依法行政的市场管理，将进一步提高市场竞争的“公平、公开、公正”程度，为行业发展和企业的进步提供更为良好的外部环境。

随着我国行政许可法的实施和国家管理体制的改革，将会有越来越多的行业管理职能转移到行业协会，协会在行业发展中的作用会越来越大。将以市场经济的运行原则，对企业的社会服务能力及质量作出评价，对企业的市场行为进行指导、调整、约束，逐步建立起行业的诚信体系，规范行业的市场运作，提高行业整体运行品质，综合素质不断提高。

随着企业市场主体地位的加强，企业的运行机制将不断完善。

随着我国加入WTO，我国国内市场已经国际化，同样，也降低了我国企业进入国际市场的门槛，为企业走出国门到国际工程市场承揽工程创造了机遇。

随着我国国民经济的调整和科学发展观的逐步确立，建筑装饰行业在总体规模不断增长的同时，行业市场的运行态势也将发生变化，将逐渐发育成为一个规范、成熟的市场。

4．影响行业发展的因素分析及对策

我们在分析了行业发展的利好因素后，也应看到行业今后发展中的不利因素，当前行业存在着以下几个方面的问题，影响着行业的可持续发展，需要我们认真采取有效对策。

第一是我国建筑装饰企业规模普遍偏小，成立时间短，经营实力差，特别是设计能力和水平不高，将会影响行业向更高层次发展。

第二是行业的诚信度差，自律水平低。建立投资者与消费者的信心，是可持续发展的基础，但目前行业存在着很多使消费者与投资者疑惑、焦虑和气愤的行为，损害了行业形象，败坏了行业声誉。因此，要把建立行业诚信体系，加强行业自律作为一项重要的任务。

第三是环境控制水平有待进一步提高。建筑装饰工程使用材料种类多，其中有很多是对人体有害的材料。虽然在国家颁布实施 10 种主要装饰材料有害物质限量规范以后，在城市市场中有了很大改观，但距离国际先进水平仍有极大的差距。要在材料生产销售市场管理和使用中，严格执法，严防流入工程。

第四是政策、法规滞后。行业的发展速度快，市场规模在扩大的同时不断细分，使得政策、法规、标准的制定与实施，落后于行业发展的实际要求，特别是技术性立法与执法的体系建设不健全，影响到行业的健康、有序发展。

第五是从业者队伍的素质较低，很难适应今后行业的发展。行业的可持续发展，需要人们去具体实施，没有适应行业新发展形势的企业家、项目经理、工程技术人员和施工工人队伍，行业就不可能真正实现在高层次上发展。

第六是理顺行业管理关系问题。长期以来，建筑装饰行业的归口管理得不到真正的彻底解决，造成政出多门，企业负担过重，行业市场混乱的局面，严重阻碍了行业的发展，在国家颁布实施行政许可法后，应该严格执法，认真清理行业市场管理机构，实现行业的统一管理。

解决影响建筑装饰行业生产力发展的主要矛盾，是一项系统工程。需要政府的指导与支持，行业协会加强引导和扶助，社会关注与监督，企业自身调整思路，采取具体措施，行业发展过程中存在的问题就可以有效地解决。

5．企业可选择的发展战略

建筑装饰行业要树立科学的发展观，走出一条依靠科学技术和提高劳动者素质，实现资源消耗低、经济和社会效益高的可持续发展道路。现在有一个时髦的话题，就是企业生命周期问题，有专家说我国企业的周期率在 3～7 年左右。这是我国民营企业发展过程中必须跨越的一道门槛。

建筑装饰市场一方面由于经济和社会的发展，市场总容量不断扩展，另一方面，各种工程的功能、要求不同，又必然对不同工程项目有不同的专业化要求，也就是说市场将进一步细分。现在大的专业划分已有幕墙、公装和家装，从专业的角度看，既使是公装又分很多类型，分金融、宾馆、饭店、学校、医院、博物馆、会堂等专业，即使是宾馆又进一步细分为大堂、客房、餐饮、娱乐等专业。建筑装饰企业由一个主业起家，当它完成了最初的资本积累，需要扩大规模时，就面临“是多元化发展还是专业化发展？”的抉择。

正确给企业定位，是制定发展战略的基础。根据对我国建筑装饰行业发展的判断，未来行业市场将会有一个重新洗牌的过程，过多、过滥的现象不会长期存在。这一过程将会产生企业发展、淘汰两种结局，因此行业内的企业在今后的发展中，应该选择以下两条发展战略。

一是专业化发展战略，由于建筑功能不同，专业性能要求不同，规范、标准不同，对工程质量、安全、卫生、使用材料等就有不同要求，所以，要求设计、选材、施工具有不同的专业知识和技能，企业只有具备高水准的专业知识、技术、业绩才能占领这项专项市场并将这个市场做专做强做大做长。市场的专业化，要求企业认真将市场细分，根据自身的条件和优势，选择一个特定的细分市场，作为企业的目标市场，并制定出服务于目标市场的管理制度体系和开展目标市场的全方位开发策略，从而形成连带的业主关系，最终构建出一个能够满足企业发展需求的牢固的客户群体。这一战略符合行业市场的未来发展方向，也是国际间企业成功发展的经验。

专业化发展战略，需要企业从两个方面进行深入细致的工作，第一是要准确地选择和确定目标市场，第二是要充分调整企业内部资源、整合优势。这方面要早谋划、早定位、早下决心，争取主动。

二是多元化发展战略。市场经济的规律是利润平均化，对行业而言，一个新型行业出现初期，会有高额利润率，但随着市场的发展，其利润逐年降低，最后与其它行业基本相同。对企业而言，当企业在单一行业中发展到一定规模后，要追求更高利润和提高经营效果及抗风险能力，往往选择多元化发展道路。实现企业多元化发展战略。此战略比较适合目前已经形成较大规模，具有较强品牌优势的企业，也是国际大公司的成功发展经验。

实施多元化发展战略，不仅能够增加新的利润领域，同时能够更好地规避市场风险，全面提升企业的经营实力。但发展目标选择过多或选择失误，将酿成战略性错误，不仅不会产生新的利润，反而会拖垮主营业务。因此，不能盲目扩张，要求先选择熟悉的相关行业，实施稳步推进的策略，很多装饰企业选择了房地产、建材生产经营、行业媒体及中介机构，作为多元化发展的新领域，取得了很好的业绩，很值得类似企业学习、借鉴。

在市场经济的大潮中，淘汰自不必说。要想求得发展就必须给自己在市场定好位，做出明智选择，制定正确的发展战略。

走哪条路？要根据企业自身的条件确定。可以是企业自身，也可以是多个企业采取股份制、兼并、联营的方式进行。做专、做强、做大，这也是当前的发展趋势。若多元化经营还可以与相关产业、相关企业进行多种合作，做大、做强。

但是无论是专营还是多营，都要走依靠科技进步和提高劳动者素质的道路。练好内功，提高经营管理水平，是企业永恒的主题。

综上所述，我国建筑装饰行业在未来发展中，市场还会进一步扩大，企业的市场运作也更加规范，法制建设也将更为健全，设计、施工、科技水平将不断提高，材料的种类、花色、质量性能及环保水平将会有更大的提高，装饰行业在全面建设小康社会中的作用将会越来越大。因此，建筑装饰行业是一个充满生机与活力的行业，前途光明前景广阔。我衷心地希望，通过 20 年的回顾、总结和展望，通过全行业的共同努力，推动全行业的大发展，大提高。

中国建筑装饰行业的设计理论与实践

—— 2004年9月2日在中国建筑装饰协会成立20周年大会上的主题报告

全国有成就资深室内建筑师　清华大学美术学院环艺系主任　博士生导师　教授　**郑曙旸**

引言：中国建筑装饰行业与室内设计

室内设计作为一门独立的专业，在世界范围内的真正确立是在20世纪60、70年代之后，现代主义建筑运动是室内设计专业诞生的直接动因。在这之前的室内设计概念，始终是以依附于建筑内界面的装饰来实现其自身的美学价值。自从人类开始营造建筑，室内装饰就伴随着建筑的发展而演化出众多风格各异的样式，因此在建筑内部进行装饰的概念是根深蒂固而易于理解的。现代主义建筑运动使室内从单纯的界面装饰走向空间的设计,从而产生了一个全新概念的室内设计专业。

“从地理位置考虑，室内设计可分为三个区域，欧洲、北美和亚洲。在欧洲，室内设计仍然是建筑或艺术装饰的一部分。换句话说，室内设计还没成为一个有力和统一的行业。在北美，室内设计有着大约一百年的历史，有着能影响立法的全国性的联盟以及非常大的经济增长。在亚洲，室内设计在中日韩经济发展的促进下发展很快。虽然有着不同的文化和背景，它们面临着相同的挑战[1]。”

建筑装饰与室内设计都属于空间设计的概念，建筑装饰的发展有着悠久的历史，而室内设计则是20世纪60、70年代之后才作为一门单独的专业发展壮大的。在世界范围内室内专业的发展基本上是按照两条线进行的：一条线是以建筑设计的概念；另一条线则是以建筑装饰的概念。前者以“室内设计”称谓名副其实，后者则只能以“室内装饰”命名。

无论是“室内设计”还是“室内装饰”都存在具体的设计问题。室内设计是包括空间环境、室内装修、陈设装饰在内的建筑内部空间的综合设计系统，涵盖了功能与审美的全部内容。而室内装饰则是以空间的视觉审美作为其设计的主旨。室内设计的概念代表了现代世界的主流，而室内装饰的概念则具有强烈的传统意识。

国外发展的现状是以发达的工业化国家作为主要背景。从室内设计的概念出发体现出以下特征：

- 完善的知识产权保护机制与科学运行的设计市场。
- 探索未来生态建筑条件下的室内绿色设计方式。建立与生态建筑相符的室内环境系统，最终实现室内的绿色设计，实现人类诗意地栖居于大地的理想。
- 完善材料与构造体系，以人居环境的基本需求为标准，从家具与设备的空间体系入手，创造适合各种特殊功能需求的室内。
- 设计风格的多样性与对应于特定功能空间设计语言统一性的共存，表现出成熟的设计理念与设计市场。

国内发展的现状脱离不了现代化进程中过渡时期的制约。从室内装饰的概念出发体现出以下特征：

- 设计的价值概念尚未在社会完全确立，知识产权得不到应有的保护，设计市场尚未完全建立。表现于设计中普遍的简单抄袭现象，和以施工代设计的所谓“免费设计”运行模式。
- 尚未在设计理念上彻底完成从“装饰”到“设计”的过渡。表现在追求空间界面表象的浮华效果，而忽视实用功能的深入推敲。
- 缺乏应有的材料与构造意识，表现在滥用材料和不恰当地运用材料，不能从空间构造的高度去考虑设计问题。

尽管室内设计所服务的行业在中国有着“建筑装饰”和“室内装饰”两种称谓。但这并不妨碍它的发展，“中国室内设计发展的步伐在全世界是最快的。”[2]这是由于特殊国情所造就的。

一、20年间跳跃发展的设计实践

1949年中华人民共和国成立后因为众所周知的原因，我们沿袭了前苏联的建筑设计体系，这种体系造就了50年代俄罗斯新古典主义与中国传统装饰符号相混和的建筑样式，成为一个时代的建筑象征。因此可以说在70年代之前，以现代主义建筑为特征的室内设计，并没有在中国发展起来。横在中国设计师面前的是两座大山：一座谓之“中国传统”；一座谓之“外国现代”。始于1978年的改革开放，对于中国设计界的意义非同小可，尤如打开了一道封闭已久的水闸，一切都被汹涌而入的洪水冲得面目全非。于是在20年间演出了一场跳跃发展的活剧。

1. 跳跃演进的历史必然

三种因素促成的合力

改革开放，商品经济的发展，为当代中国室内设计的起飞奠定了基础；单个空间的个性化要求，为设计者提供了相对于工业产品设计更为自由的设计天地；高额的商业投资利润，成为设计施工行业发展的催化剂。三种因素的合力，使中华大地上升腾起一股前所未有的装修热潮。这股热潮造就了一大批装饰装修公司，带动了相关行业的发达兴旺。在这里我们暂且不论其风格的差异和水平的高低，就其过程而言，在不到20年的时间内，中国室内设计以跳跃发展的态势迅速走过了西方国家近百年所经历的路程。

逆向发展的奇特现象

在世界室内空间的全部设计总量中，居住空间占据了最大的份额，其次是工作空间，最后才是公共空间。这样的排序符合人类生活行为需求的本能。大多数发达国家的室内设计也是这样发展起来的。室内最终脱离建筑成为一个独立专业，这样的一个发展顺序是符合逻辑的。

然而中国的室内设计却走过了一条逆向发展的道路：从公共空间开始到工作空间，然后再到居住空间。而且集中表现在最具功能特点的三类建筑。即：酒店——写字楼——住宅。

打开国门的最初年代，需要吸引大量的境外投资者进入中国，住的问题首当其冲。开拓具有丰富资源的旅游市场，首要解决的问题也是住。受这种双重刺激，依靠灵活的投资政策，从20世纪80年代初到90年代的10年间，在中国的大地上从无到有地冒出了数以万计大大小小符合国际标准的酒店。现代意义的中国室内设计由此迈出了第一步。从空间形象的审美概念出发，追求表面效果的设计成为主流。

标准化的工作空间代表了现代办公概念的各类工作场所。诸如：办公室、办事处、事务所、营业所之类。符合现代办公概念的室内空间在中国出现是在20世纪90年代的中期，至今还有相当一批工作空间未能够达到这样的标准。现代标准化工作空间的设计，强化了大陆设计师的室内功能概念，促进了室内设计功能化特征的体现。

真正具有现代室内设计意义的住宅，在中国的出现是在20世纪90年代的后期。因为只有当人们的钱包日益鼓胀，人均占有的建筑面积日益增大，住宅作为商品进入寻常百姓家时，设计的委托才能变为现实。国内居住空间的室内设计在短短的五六年间实现了从公共空间(酒店)到工作空间(写字楼)的设计概念转换。这是一个十分有趣的现象。从最初追求酒店豪华的空间氛围回归到注重实用功能方便生活的本原。

市场需求的拉动作用

中国大陆的各类行业自20世纪90年代中后期才开始真正按照市场经济的规律运行，至今还不到10年光景。因此发展很不平衡，仍然处于转型的阵痛之中。

艺术设计类产业的发展必须靠市场作为动力才能运行。市场是否规范又直接影响艺术设计产业的发展。由于室内设计所服务的建筑装饰行业是一种综合性很强的业态，与这种业态相关的市场涉及材料、工程施工、设计三个大的方面。20年来这三个方面的市场发展是极不平衡的。其中发展最快种类最全的数材料市场；相对成熟定位趋稳的是工程施工市场；只有设计市场还在步履艰难的初期阶段。

在改革开放建筑装饰行业大发展的初期，困扰业者最大的问题是“巧妇难为无米之炊”。不要说新型装饰材料，就是一般建筑材料的供给也十分紧张。由于建国后特定的历史与社会环境，我们既没有自己的装饰材料生产体系，也不可能或不需要进口此类材料。许多新型的材料不要说用，连见都没有见过。当时的设计者对材料的奢望只能是在梦中实现。今天这种材料供应商踏破门槛的盛况是想也不敢想的。在经过20年的发展之后，现在我们面对的是一个相对完备的装饰材料市场，这个市场由进口合资与国内开发两部分组成，已经能够满足室内设计各方面的需求。

建筑装饰工程施工市场的建立得益于建设的飞速发展，在初期我们只有建筑施工的概念，而缺乏室内施工精装修的概念，工具落后施工水平低。广东深圳受靠近港澳的地理优势的影响，和特区所具备的开放政策环境，最先开始发展了建筑装饰的工程施工市场，一大批年轻的专业技术工人在实践中迅速成长，一个个专业装饰公司相继成立。这股风在短短的数年中由南向北迅疾席卷全国，形成了今天庞大的装饰工程施工队伍。相对廉价的国内劳务市场和国家的政策性保护，几乎使所有境外投资设计建造的各类建筑高档室内装修施工都被国内公司承揽。高质量的技术要求逼迫我们向世纪一流的施工水平看齐。于是在很短的时间内有一大批工人掌握了目前最先进的技术，加上原有的各类工种以及不同档次的公司，形成了国内高、中、低三个层次的装饰工程施工市场。

与前两类市场蓬勃发展形成鲜明对比的是设计市场。由于知识产权概念的淡漠，和长期以来在人们思想中对脑力劳动价值的漠视，目前的室内设计市场还是极不规范，甚至可以说尚未建立。虽然经过这些年来各类学校的培养和社会不同艺术与技术人员的转行，已经有了一支数量可观的设计师队伍。每年的出图量难以数计，甚至能有一个工程的透视效果图堆满几间房的现象。不少设计者非但拿不到应有的报酬，还要忍受所谓“免费设计”的盘剥。设计业内缺乏自律机制的低价竞争，加之招投标的不规范，不少装饰公司在工程前期的设计投入十分巨大。由于不是统一设计方案的施工竞标很难形成公平竞争。因此将设计从施工市场中彻底剥离，以形成与建筑设计同样的室内设计市场，才能从根本上改变目前这种无序的状况。

2. 迅速转换的设计概念

从界面装饰到空间设计

作为室内由于本身就是建筑的组成部分，其基本的形态是一个六面围合的虚拟空间。这个虚拟形态在空间的表象上是以地面、墙体、顶棚构成的实体界面，因此最能够表达设计概念的自然也就是这些实体界面。于是室内设计者在最初也总是把文章做在界面上。“装修”这个词非常贴切地反映了这样一个现实。如果室内设计者在理念上难以跳出装饰的巢臼，那么室内装饰作为这个专业的称号也就是理所当然。从本质来讲装饰应该是室内设计者的看家本领，这一点也用不着回避，反而需要大力张扬。只是室内设计师需要时空的理念，用四维空间的概念去进行装饰。

空间是一个非常广义的概念。大到物质世界形成的本原，小到一个具体的界定，一座房间的内部虚空。在艺术设计的概念中，只有对空间加以目的性的限定，才具有实际的意义。这种目的性的限定就是研究各类空间环境中静态实体、动态虚形以及它们之间关系的功能与审美问题。

装饰则是一个限定性针对性很强的概念。总是可以对应于各类物化的实体。在艺术设计的概念中，装饰是具有美学价值的物化存在样式，它以不同的艺术风格、造型图案、色彩质地传递出不同的审美意向。

空间与装饰的理念在室内设计专业成为一个左右其发展方向的词汇界定。基于空间理念的设计表现为一个四维时空的连续整体，它是一个环境设计的概念，通俗地说这种艺术表现形式就是房间内部总体的艺术氛围。如同一滴墨水在一杯清水中四散直至最后将整杯水染成蓝色，如同一瓶打开盖子香水的浓郁气息在密闭的房间中四溢。以空间理念完成的设计受体给与人的总体感受是理性的、概念的、综合的。而基于装饰理念的设计表现则在很大程度上维系于二维或三维空间的界面，它所传递的是一种附着于空间实体之上的艺术审美理念，在时间上多表现为线性单向。以装饰理念完成的设计受体给与人的总体感受是感性的、具体的、细腻的。

作为中国室内设计者的总体设计概念，也就在20年间完成了从界面装饰到空间设计的转换。

从盲目追风到概念定位

流行是一种审美的社会文化现象，任何一种艺术风格或样式都有着自己发生发展以至衰落的过程，艺术样式的流行似乎有着自己特殊的演变模式。这是一种沿着纵轴螺旋上升的空间曲线模型。当原点沿着上升的曲线行进到与出发时的空间坐标点相反方向时，所表现出的形态正好与之相反。而当原点盘旋一圈，上升到与出发点相对的同一坐标点时，则表现出与之相同的形态。在服饰的流行中这一点表现得尤为明显：诸如裙子的长短、裤腿的宽窄、鞋跟的粗细等等。室内设计是一种综合了空间与时间因素在内的四度空间的艺术，由于受制因素较多，因此流行的螺旋曲线在时间和空间上相对要比之其他艺术设计显得长而广。从世界范围来看室内设计装饰风格的演变，一般总是以数十年上百年，甚至更长期为自己的一个螺旋线轮回。

每一种风格样式总是要维持一段相对稳定的时期。一般来讲社会文化层次逾高，流行的周期就逾长。

由于中国处于长期封闭后又豁然开放的特殊国情，特别是社会公众的审美水平与消费心理远没有达到符合时代要求的成熟程度，因此在室内设计装饰风格流行的问题上就表现得异乎寻常。

由于设计品味的高低，决定于设计者本身的水准，也决定于其设计能否被当时当的社会大众所接受。因此在当代中国，设计样式的决定权在很大程度上属于使用者。所以社会的艺术设计流行趋势就几乎被使用者左右。

在中国一般文化层次是社会的主流，处于这个层次的绝大多数人在审美意识上有着较强的从众心理，对各类室内设计的装饰风格并没有更深的理解，往往社会的流行就是自己的喜好，人家采用什么，自己也要采用什么。至于自己所处的环境条件是否允许这样做却不去过多的考虑。在目前的商业化潮流下，盲目追求所谓的时髦。一种装饰材料，或是一种新的设计样式，在这种大众潮流的冲击下，要不了多久就会被用俗，一旦俗了也就不时髦了，于是又开始新一轮的追求。

但是这种状况在进入21世纪后有了明显的变化。受城市发展和住宅商品化的影响，大陆房地产市场全面启动。在北京住宅楼市异常火爆，平均每天都有新楼开盘。为了商业竞争的需要各开发商大打概念牌，从而使设计个性化的理念得以张扬，并影响到整个室内设计行业。从中国室内设计界近两年所举办的各类设计评奖来看，有明确设计概念定位的作品越来越多，开始呈现百花齐放的景象。

二、由空间功能演变所引发的展望

1. 中国现象引发的启示

中国室内设计20年间跳跃发展的历程成为世界近百年设计史的缩影，使我们得以在一代人的时间内，审视室内从传统装饰走向现代设计的全貌，从而引发对空间功能未来演变的展望。

从浮华的外表到内在的生活

从20世纪70年代物质匮乏中走过来的中国人，在20年间迅速演进了从炫耀浮华的外表风格追求到注重实际内在生活质量全过程。

•炫耀浮华的空间外表装饰只能迎合处于商品经济初期人们那种满足于虚荣心追求的心理，属于低文化层次的空间功能追求。

• 社会、经济、技术的改变最终不会影响人对生活空间功能质量本质的追求。

空间功能回归于人性的本质

人类作为大自然生物链的一环，虽然处于顶尖位置，反而使其对自然生态环境产生无穷的依赖。本身建造的生存空间也将最终融会与自然。

•平房——楼房——平房、郊区——闹市——远郊，居住方式与地点选择的改变，反映出回归自然的人类天性。

•追求开放通透的空间，摆脱封闭狭小的空间束缚，反映出人们对阳光空气的渴望。与自然环境最大限度的交流成为空间功能首要的选择。

2．数字化生存方式的影响

以计算机网络技术引发的信息革命正在改变着我们的生活，对于室内设计者来讲这是一个全新的课题，它所带来的影响将直接改变生活空间的功能。

改变现实生活方式的可能性

居住、工作、社会活动构成了人类生活行为的全部。由此衍生出三大类功能性质完全不同的室内空间：居住空间、工作空间、公共空间。数字化生存方式对这种传统的生活模式将造成何种影响，成为室内空间设计者考虑的首要问题。

•是数字化生存方式取代传统的生活方式，还是两种方式兼而有之共荣共生。

•人的生活行为模式会因为数字化生存方式受到何种强度的改变，并最终对室内空间的设计产生何种影响。

两类空间融会的思考

居住与工作在人的全部生活中占据了绝大多数的时空。而数字化生存方式最有可能对这两类空间的设计造成影响。两类空间是否最终合而为一，这是一个值得探讨的问题。

•工作是否成为人类生活的必须？这个命题决定了数字化生存方式中家庭办公能否成立的前提。

•如果两类空间融会，从室内设计的角度出发，空间的功能设置将会产生何种变化。

复杂功能的桎梏与简单操作的祈求

人类创造了各种工具协助自己生活得更为便利，但工具复杂功能的桎梏却限制了人身的自由，沦为工具的奴隶还是自如操作的主宰。同样影响未来室内空间功能的设置。

•简化操作与自主控制成为数字化生存方式需要攻克的主要难关。

•智能化空间，包括机器人介入人类生活将会使室内空间产生何种影响。

3．人性化绿色空间的追求

建立与生态建筑相符的室内环境系统，最终实现室内的绿色设计，成为我们对未来的展望——实现人类诗意地栖居于大地的理想。

从封闭再次走向开放

在人类漫长的发展历程中，只是在工业化之后我们的室内环境才趋向于封闭。正是因为封闭才产生了诸多的环境问题。如何打破封闭使室内再次走向开放，成为衡量室内环境是否绿色的天平。

•摆脱人工气候的控制，在高技术的层面回归于自然。

•环境因素成为人类生存利益的主体，创造融会于自然环境的建筑内部空间。

•恢复已退化的自然环境区域，将自然生态循环的过程整合于建筑之中。

良性循环的生态系统

自然环境本身就是一个生态循环的系统，作为生态建筑的室内环境首先在于其系统循环的良性化。这是室内环境绿色设计的基本点。

•建立与地球生态系统相适应，能够良性循环的建筑生态系统。

•在三个方面实现室内环境系统的技术改造：空间的形式、朝向、采光、通风等方面的优化；太阳能开发与智能系统利用；自然循环的可再生天然材料。

•德国实验性生态建筑的启示——德国国会大厦太阳能穹顶与自然通风系统。

可供回收的产品体系

从一种单纯的意识形态发展成为一种真正的经济要素：建立可供回收的产品体系是室内走向绿色设计的必由之路。

•耗费最少资源或实现资源自给的100%的生态建筑

•建立与生态建筑相适应的室内可供回收产品体系

与之相配的空间形态

仅做到技术层面的室内环境生态化，还不是完整的室内绿色设计。我们还需要满足人类精神追求的高文化品位的环境氛围。

•建筑物的生态学——着眼于综合环境与气候因素，将其转化为高品质、高舒适度、完美形式的空间。

•局限于对节能和生态设备的表现还是结合为建筑自身的构成元素。[3]

注　释：

［1］［2］董伟.中美室内设计教育发展比较.交流·沟通·融合—国际室内设计教育论文集，长春：黑龙江美术出版社，2004

［3］郑曙旸.绿色设计之路——室内设计面向未来的唯一选择.建筑创作，2002（10）

在中国建筑装饰协会五届二次会员代表大会上的讲话

中国建筑装饰协会会长　马挺贵

（二〇〇四年九月二日）

各位代表：

中国建筑装饰协会五届二次会员代表大会已经圆满完成了各项议程，马上就要闭会了。首先让我对大家在本次会议中紧张而富有成效的工作，表示衷心的感谢！向在本次大会上受到表彰的优秀企业家、资深设计师、杰出的中青年设计师、优秀协会和优秀协会工作者们，表示热烈的祝贺！

自2001年五届一次会员代表大会以来，在大家的共同努力下，协会的工作有了很大进展，取得了可喜的成绩，得到广大会员单位和行业的首肯。由于客观形势在不断变化，协会工作也必须与时俱进，不断跟上前进的步伐，更加程序化、规范化。按照协会章程规定，有些工作的决策需要由会员代表大会审议表决通过，在庆祝协会成立20周年活动之际，特别召开了本次会员代表大会，这在协会历史上还是第一次，所以本次会议是一次极为重要，有特殊意义的会议。

本次会员代表大会，听取了徐朋常务副会长兼秘书长的工作报告，对中国建筑装饰协会章程中的部分条款进行了修改，通过了聘请协会顾问的议案，同时为资深设计师、有成就的杰出中青年设计师、优秀企业家和优秀地方协会、优秀协会工作者进行了表彰并颁发证书和奖状。会议的内容非常丰富，开得也非常成功。下面，我就协会有关工作讲几点意见。

一、对五届一次会员代表大会以来工作的评价

2001年，协会进行了换届选举，新一届协会领导班子组建以后，提出了“二次创业”的奋斗目标，加大了双向服务的力度。四年来，协会认真进行了“全国建筑工程装饰奖”的评审、颁奖工作，鼓舞了行业的士气，对提高我国建筑装饰工程质量起到了巨大的推动作用；协会组织了不生产、不销售、不使用有毒有害物质材料的“北京宣言”活动，对推动环保材料的应用，贯彻国家环保标准起到了重要的社会宣传与工程规范作用；协会创办了一报一刊，使《中华建筑报》和《中国建筑装饰装修》专刊成为行业内重要的经济、技术交流的平台，增强了行业的社会影响；我们还进行了协会秘书处人事制度、工作制度的改革，实施“协会秘书长工作会议”和“会长工作会”制度，召开了协会工作经验交流会及研讨会，对总结协会工作规律，搞好协会工作起到了重要的作用。以中国加入世贸组织为契机，举办了“全国建筑装饰行业迎对WTO研讨会”，提高了行业整体的国际感觉；同时，协会为了提高从业者队伍的整体素质，召开了全国建筑装饰行业培训工作会议，并加大了培训工作力度，使行业内注册建造师、室内建筑师、技术工人培训形成了较为完整的体系。

此外，协会每年还有重点的安排了针对行业发展的若干活动，主要有：

2001年，在深入学习和领会“三个代表”重要思想的基础上，协会重点进行了“建筑装饰行业在国民经济与社会发展中地位与作用”，以及“建筑装饰行业企业改制”、“建筑装饰行业在社会文化建设中的作用”、“加强行业自律、做人民群众满意工程”四个课题的调查研究，并在年底形成了一批重要文章，分别在《经济日报》、《光明日报》等国家级报纸上发表，极大的提升了行业的社会影响力，为行业的发展创造了一个新的社会环境。

2002年，在落实党的十六大提出的全面建设小康社会奋斗目标中，协会同国务院发展研究中心合作，进行了“住宅装饰装修投资与消费特点”、“建筑装饰与全面建设小康社会”等课题的研究，召开了“住宅装饰装修产业发展研讨会”等会议，把以居民家庭装修为主的建筑装饰行业提高到新的社会意义，引起各级政府的高度重视，开创了行业发展的新局面。

2003年，在受到非典严重影响的形势下，协会在科技是第一生产力，促进行业可持续发展的指导下，成功的召开了“全国建筑装饰行业科技大会”，在做了大量行业调研的基础上，编制了“推动建筑装饰行业科技进步的若干意见”，开展了科技示范工程活动，揭开了行业科技创新和管理创新的新篇章。随后又召开了“全国建筑装饰行业信息化工作会议”，作为科技大会的延伸，起到了推动行业生产力发展的巨大作用。

2004年，是中国建筑装饰协会成立20周年，我们围绕中国建筑装饰协会成立20周年庆典，组织了一系列活动，包括学术报告、会员代表大会、住宅装饰装修行业发展大会，行业表彰、文艺汇演、书法、绘画、摄影展，百强企业推介，协会工作者座谈会等，旨在展现行业风采、提升行业影响、鼓舞行业士气、进一步推动行业生产力的发展，在全面建设小康社会中发挥更大作用。

总结几年来的工作，中国建筑装饰协会能够与时俱进，针对行业发展中的重点问题，以推动和完善行业生产力发展

为目标，认真履行自己的职责，扎扎实实的干实事。协会策划的项目，起点高、层次深、范围广，涉及全行业，年年都有新举措、新提高，对行业发展起到了重要的推动作用。可以说，协会确定的“二次创业”目标正在逐步实现，中国建筑装饰协会是一个学习型、发展型的协会，是在行业内有较强凝聚力和号召力的协会。

二、对行业发展和协会工作的展望

中国建筑装饰行业，经过 20 多年的发展，现在已经形成了较强的产业规模。在全面建设小康社会的进程中发挥了重要作用。随着我国综合国力的增强，国际地位的提高和人民生活状况的改善，无论是公共建筑装饰装修，还是住宅装饰装修，在未来 10 年，仍将会有很大的市场扩展空间，也将继续得到全社会物质与精神的强有力支持。所以，行业发展的前景非常光明，行业从业者的舞台越来越大，在行业发展中，所有从业者要有坚强的信心和决心。

在行业发展的大好形势下，我们也要看到行业发展中的不足，设计与材料、诚信和服务都是行业发展中存在的突出问题。当前最为重要的就是如何树立科学的发展观，使行业走上资源消耗低、经济和社会效益好的可持续发展道路。要求我们利用社会的、经济的、科技的、文化思想的手段，推动行业的科技进步和社会化专业分工；要求我们解放思想，优化配置生产力要素，挖掘生产力要素潜力，调整和完善生产关系，更好的使我国建筑装饰行业走向均衡、全面、可持续发展的道路。

在社会主义市场经济框架的建设中，政府对行业管理的职能必然会转移到协会，行业协会就成为完成上述任务的主体，特别是在行政许可法颁布实施之后，行业协会在行业管理中的地位将会得到加强，在指导行业发展中的作用也会日益突出。协会要成为行业利益的代表、行业发展的引路人、行业管理的主体，因此，搞好协会建设，就成为发展行业生产力的一项重要的基础性工作，我们要以这样的高度来认识协会工作的重要性和紧迫性。

中国建筑装饰协会已经充分认识到肩负的历史使命，正在加快协会自身的思想建设、制度建设、业务建设，以适应行业发展的要求，同时要改变当前地方建筑装饰协会数量少，覆盖面低的状况，加快推动和支持地方协会的建设工作。在加强自身建设的基础上，加强策划项目、创造性开展工作的能力，要给自己加压力，提高工作的主动性，要从行业发展的全局出发，为发展行业生产力，不断制定新的目标，出台新的举措，增加新的服务内容。在这方面，希望得到各级建设主管部门、各地方协会、广大会员单位的支持、监督。

今后协会的工作重点，要放在行业发展、企业发展的战略性研究层面，要从宏观经济政策和经济形势的分析研究入手，制定行业的中、长期发展规划、发展战略；要采取关系全局的战略性举措，规范和整顿行业市场，为行业创造一个能保持市场健康、有序的长效机制；要以战略性思维引导企业规范经营，在市场中做大、做强、做精、做专、做长。这些工作，都是中装协的工作，也是各地建筑装饰协会的工作，都需要全行业的参与，并得到广大会员单位的支持。共同促进行业生产力迈向新的发展水平。

三、本次会员代表大会的意义和作用

本次会员代表大会，是在庆祝中国建筑装饰协会成立 20 周年之际召开的。中国建筑装饰协会成立已经 20 年了，20 年的磨砺和艰苦奋斗的历程，成就、教训和经验，是中国建筑装饰协会和会员单位的一笔宝贵财富，也是值得我们认真总结和庆贺的一件大事，是一次难得的机遇。因此，中国建筑装饰协会决定，以庆祝中国建筑装饰协会成立 20 周年为载体，举办一系列活动，以回顾历史，展示现在，展望未来。

本次庆祝中国建筑装饰协会成立 20 周年系列活动，是经过协会一年多准备、组织的大型活动，内容非常丰富，充分考虑了活动的学术性、群众性、喜庆性，很多活动是行业空前的。所以，我们把这次活动定义为本届理事会的制高点工程，全力以赴地保证活动品质。全部活动为期三天。在庆祝活动中，召开会员代表大会，就行业发展和协会工作中的一些急待解决的问题，通过会员代表大会，予以解决，是符合协会章程的，也是协会工作民主化、制度化、规范化的重要体现，所以，本次会员代表大会在整个活动中，具有极为突出的作用。同时，借会员代表大会之机，请代表们出席此次举办的一系列庆祝活动。

本次会员代表大会，通过对协会章程的部分条款进行修改，使协会章程更能适应行业发展的要求，我们还通过了聘请顾问的议案，也是协会工作制度的重大改革，使协会工作能够更多的聚集社会各界力量，集中全行业的智慧，充分发挥顾问在指导行业管理、行业发展中的作用，为推动行业生产力的发展做更高层次的服务。在本次会员代表大会上，我们集中表彰了一批优秀企业家和协会工作者，同时就资深设计师和有杰出成就的中青年设计师给予认定，也是行业期待以久的一件大事。此次会员代表大会上的表彰数量较大，涉及的面比较广，在协会发展史中还是第一次，在很大程度上还有还账的性质。此次会员代表大会的所有这些内容，对协会工作都有重要影响，有些是战略性举措，能够更好地为行业进一步发展，创造有利的内、外条件，因此，本届会员代表大会，在中国建筑装饰协会发展历程中，将会占有重要位置。

各位代表，会员代表大会是短暂的，但我们的工作是长远的，任务是艰巨的，目标是高层次的，希望各位代表认真领会本次会员代表大会的精神，把协会工作推向新的高度。同时希望大家在北京期间能够生活好、工作好、休息好。

谢谢大家。

中国建筑装饰协会五届二次会员代表大会工作报告

中国建筑装饰协会常务副会长兼秘书长　徐　朋

（二○○四年九月二日）

各位代表：

现在我受中国建筑装饰协会秘书处的委托，向五届会员代表大会二次会议报告自2001年6月6日五届会员代表大会召开以来，秘书处开展的主要工作以及今后一个时期协会工作的思路，请予审议。

一、五届会员代表大会以来的主要工作

在五届理事会及常务理事会的领导下，在广大会员单位的大力支持下，几年来，秘书处按照协会提出的以“三个代表”重要思想为指南，以“二次创业”为中心，以服务为宗旨，与时俱进，推动行业大发展大提高的新时期协会工作方针，努力开拓创新，在服务政府、服务企业方面、在促进行业生产力发展方面上了一个新的台阶：

1. 坚持“双向服务”的宗旨，积极探索新的服务途径，努力提高协会的服务层次

围绕建筑装饰行业发展中存在的问题，开展了深入的调查研究，完成了一批有价值的调研报告。2001 年下半年，协会投入大量的精力，完成了“建筑装饰行业在国民经济发展和社会进步中的地位和作用”的调研报告，首次以大量的数据分析，描述了行业整体概况，论证了建筑装饰行业在拉动内需，推动国民经济持续发展以及在改变我国二元经济结构，扩大就业，保持社会稳定，改变善人们居住环境，促进社会进步方面所处的重要地位和作用。这篇报告，引起了国家宏观经济管理部门和行业主管部门的高度重视，在社会上也对建筑装饰行业产生了广泛的正面影响。针对国有建筑装饰企业改制中存在的问题，协会组织完成了“关于我国建筑装饰行业国有企业改制的调研报告”，分析了国有装饰企业的现状，提出了改制的方向和模式，提高了国有装饰企业深入改革的认识，加快了国企改革的进程。并召开了“国有建筑装饰企业改制座谈会”通过几年的实践证明效果是好的。

针对加入世界贸易组织后我国建筑装饰行业面临的挑战与机遇，召开了全国建筑装饰企业应对WTO战略研讨会。会议结合建筑装饰行业发展现状，分析了面临的形势，提出了对策。会上听取了专家对WTO规则的介绍，交流了企业为应对WTO所采取的措施。会议不仅提高了与会者的国际意识，而且明确了应对WTO当前要作的主要准备工作，增强了入世后企业发展的信心。

建立了协会主办的、面向全社会的舆论宣传阵地。经过协会多方面的努力，协会现在已拥有了公开发行的一报一刊，即《中华建筑报》和《中国建筑装饰装修》杂志，实现了行业长期期盼的、能够代表行业自己的、公开发行的报纸和期刊的愿望。目前，《中华建筑报》作为行业报的特色和影响得到了进一步的提升，《中国建筑装饰装修》杂志也逐步得到了广大设计人员的认可以及业主和国外同行的重视。

制定颁布了《全国建筑装饰行业自律公约》。十六届三中全会的决定指出，要形成以道德为支撑，以产权为基础，以法律为保证的社会信用制度，这是建设现代市场经济体系的必然条件，是规范市场经济秩序的治本之策。针对行业内存在的“诚信缺失”问题，协会认为首先应在制定全行业普遍遵守的自律公约上取得突破，以此推动行业自律体系的逐步建立。五届三次常务理事会通过了这个公约，体现了协会自律性行业管理组织的性质，推动了行业自律工作的进行。

开展了“年度中国建筑装饰行业百强企业评价推介活动”。这是协会为迎接入世挑战，贯彻协会“扶大、扶优、扶强”的战略方针，本着“公平、公正、公开”以及企业自愿的原则，参照国际惯例，运用市场评价和媒体主办的方式，向社会和业主推介行业优秀企业的一项重要举措。目的是增强本土企业的知名度，提高市场占有率，促进行业的可持续发展。这项活动已开展了两年，在不断总结经验，完善评价方法的基础上，现已得到了业内企业的普遍重视和社会的认可，申请参加的企业越来越踊跃，对企业和行业发展的积极作用正日益显现出来。

2. 紧紧抓住促进行业生产力发展这个根本，促进行业发展模式的转变

首次成功召开了“全国建筑装饰行业科技大会”。这次大会是在全国深入学习贯彻党的“十六大”精神和“三个代表”重要思想，全面实现建设小康社会奋斗目标的形势下召开的一次重要会议。会议针对行业科技进步发展速度相对缓慢的现状及成因，提出了“关于建筑装饰行业科技进步的若干意见”，确定了行业科技发展的指导思想和目标，以及推动行业科技进步的建议和措施。会议还表彰了50项获“全国建筑装饰工程科技奖”的工程，以及110篇“首届全国建筑装饰行业优秀论文”。这次会议得到了建设部的高度重视，汪光焘部长亲临会议并作了重要讲话，科技部徐冠华部长委托石定寰秘书长出席了会议。这次会议明确了建筑装饰行业今后要着重依靠科技进步推动行业的可持续发展的方针，提高了全行业科技创新的意识，促进了行业和企业发展模式由粗放向集约的转变，是行业发展史上具有里程碑意义的一次大会。

首次成功召开了“全国建筑装饰行业信息化建设工作会议”。这次会议是为了全面贯彻十六大提出的以信息化带动工业化，以工业化促进信息化，走出的一条中国特色的新型工业化发展道路的精神，具体落实“ 全国建筑装饰行业科技大会”提出的行业科技进步措施的一次重要会议。会议讨论通过了《关于建筑装饰行业信息化建设工作的若干意见》，提出了以信息技术改造建筑装饰行业，是实现我国建筑装饰行业跨越式发展和提高企业竞争力的根本途径的方针，对于行业发展具有十分重要现实意义和深远的战略意义。

圆满完成了三年“全国建筑工程装饰奖”的评选表彰工

作。拥有行业自己的大奖，是行业企业共同的愿望。为保证大奖的含金量，协会作了周密的布置，各个环节都用制度进行了约束。保证了评奖工作的公平、公正和公开。三年来，共评出400余项获奖工程，其中包括公装、家装、幕墙和设计等工程。通过“全国建筑工程装饰奖”的评选工作，提高和增强了企业的质量意识和创优积极性，树立了一批优秀企业品牌，目前该奖已经得到了全社会的承认，对促进行业的健康发展起到了积极的作用。

从战略高度认识培训工作的重要意义，开创了行业培训工作的新局面。根据形势发展的要求，我们提出了“加大培训力度、加快培训速度、扩大培训对象、增加培训内容、确保培训质量”的培训工作方针；首次成功召开了行业培训工作会议；逐步建立了行业培训工作的组织体系、项目体系和证书体系。受建设部的委托，协会进行了家装监理培训的试点；编制了建筑装饰行业六个工种的职业技能岗位标准、鉴定规范、试题库和培训教材；注册建造师装饰专业的考试大纲和考试指导用书，并进行了师资培训。培训工作的开展，为行业的发展和企业竞争力的提高奠定了基础，创造了条件。

除了以上开展的重点工作，几年来，协会还在展览展示、技术交流等方面作了大量的工作，编辑发行了中国建筑装饰行业年鉴、编写了建筑装饰装修施工工法，组织了各类旨在提高设计水平的设计竞赛等活动。协会的内部刊物《中国建筑装饰》成为大家十分喜欢的刊物。

为了配合协会成立20周年的庆祝活动，协会还组织了行业职工文艺汇演，向希望小学捐款等大型活动，向社会展示建筑装饰行业的社会责任感和蓬勃向上的行业精神面貌，提高行业的整体社会形象。

二、几点工作体会

1．要有强烈的使命感和责任感

协会工作没有硬指标，工作弹性大，但行业发展中需要研究、解决的问题很多，有大量的工作等待我们去做，所以要有强烈的使命感和责任感，才能主动去研究问题，寻找解决的方法。我们深深认识到：没有高度的使命感和责任感干不了协会工作，没有一定的业务能力也干不好协会工作。就是说要做好协会工作要有自觉性和主动性，同时要有专业知识和社会工作者的技能。正是以高度的使命感和责任感，我们主动地开展了上述工作并收到了实质的推动行业发展、扩大行业影响的效果。

2．行业协会要走企业家办会的路子，实行民主管理、平等协商

行业协会是由企业组成的社团组织，是代表企业和行业整体利益的，因此必须走企业家办会和民主管理的道路。装饰行业以非公有制企业为主体，企业家们热爱企业，关心行业发展，具有驾驭市场能力强、熟悉行业的特点，充分发挥他们的知识才干是完成协会工作任务的重要条件，同时也给了企业家参与行业管理，加强行业自律的机会。正是基于这种认识，我们增加了出自于企业的副会长，扩大了企业的代表性，同时建立了例会性质的全国装饰协会秘书长工作会和会长工作会，广泛听取企业家对协会工作的意见和建议，发挥了企业家的作用，进一步提高了协会的工作水平。

3．要善于策划项目，创造工作，并创造性地开展工作

行业协会要提高在行业内的号召力和凝聚力，就必须加强同会员单位的沟通与交流，善于发现和抓住影响行业发展和企业发展的焦点问题，有针对性地、创造性地举办活动。只有不断为会员单位和行业发展提供高层次、高质量的服务，才能与会员单位建立和加深感情基础，得到他们的信任和支持。策划项目的前提是要进行深入的调查研究，了解企业发展中遇到的热点和难点问题，了解行业发展的动态和趋势，通过认真的研究与思考，提出解决问题的措施或思路，为政府分忧，为会员单位解难。

4．要不断加强协会的自身建设

协会是社团组织，在市场经济体制下，具有鲜明的中介组织特性，因此它的运作方式既不同于政府机关，也不同于企事业单位。如何发挥好它在政府和企业之间的桥梁和纽带作用，还需要协会在自身的思想、组织、业务建设上不断努力。几年来，协会在自身建设方面提出了“经营协会、营造协会”的理念，廓清了对协会工作指导思想上的一些模糊概念；在人员管理上，通过聘任制，引入了竞争机制，调动了工作人员的积极性；同时要求协会工作人员要认真学习、善于思考，鼓励成为行业专家，使协会转变成为一个学习型的协会。同时，我们还着重进行了全国建筑装饰协会系统的建设，积极推动和支持成立地方装饰协会，为今后更好地履行行业协会的职能做好必要的组织准备。

三、今后一个时期协会工作的总体思路

现代行业协会是市场经济的产物，在市场经济体制框架内，行业协会具有不可替代的地位与作用。自党的十四大明确了我国经济体制改革的方向是建立有中国特色的社会主义市场经济以来，党和政府以及全社会对行业协会的地位的认识不断深入，在实际工作中，行业协会的作用也越来越重要。这就为我们实际从事协会工作的同志提出了一个严肃而迫切的课题：处于经济体制转轨期间的中国行业协会，如何借鉴国外行业协会的经验，走出一条具有中国特色和适应市场经济需要的行业协会的道路来。

1．要按照中央提出的科学发展观，引导行业可持续地健康发展

党的十六大提出了我国社会与经济发展的科学发展观，十六届三中全会的决定又进行了深入的阐述。科学发展观的核心是坚持以人为本，促进经济社会全面、协调、可持续的发展，正确处理好经济建设与资源利用和生态环境保护的关系。科学发展观是党对社会主义现代化建设规律认识的进一步深化，是党执政理念的一个飞跃，必然要对我国今后的社会与经济发展产生深刻而广泛的影响。因此，我们必须认真学习领会中央提出科学发展观的重要意义，在指导行业发展的过程中，自觉树立和落实科学发展观。建筑装饰行业前二十多年的发展，基本上是一种粗放式的发展模式，靠的是低水平扩张，拼价格，企业差异性小，核心竞争力不突出。要使装饰行业可持续地健康发展，这种发展模式必须加以改变。全面落实科学发展观，核心是要把行业的发展真正转移

到依靠科技进步和提高劳动者素质的轨道上来，使行业真正走上科技主导、人力资源优势得到充分发挥的新型工业化道路。推动行业科技进步要坚持以企业为主体，加强自主研发，加强技术集成和创新，形成企业独特的技术优势和核心竞争力。在设计理念上要突出以人为本，树立节约资源、保护环境的观念，体现对人的关爱和体贴，通过我们所作的工程，全面提升建筑物内外的环境质量，全面提升建筑装饰工程的物质消费功能和文化消费功能。要根据科学发展观的要求，加强行业发展的理论建设，推动同边缘学科的融合，总结概括出装饰行业在企业管理、市场运作、设计与施工组织等方面的特殊规律性，使行业在科学理论的指导下健康发展。

2．要积极探索市场经济条件下协会工作的规律性，强化企业家办会方向，健全协会功能，全面提高协会工作水平

是否能够真正落实协会的服务宗旨，是一个事关协会工作方向的大问题，也是协会有无凝聚力，甚至生命力的关键所在。在市场经济条件下，协会只有通过服务才能赢得生存的空间。因此，协会工作一定要紧紧围绕“双向服务”这个根本宗旨，为行业的发展多办好事、多办实事，真正体现出协会是政府的参谋助手和会员单位的“娘家”、“靠山”的价值来。几年来，协会围绕如何为行业发展提供高层次的服务，做出了不懈的努力，也取得了可喜的成效，特别是几年来，协会在一些事关行业发展的战略性、前瞻性的问题上，投入了大量的精力，作了深入的调研，形成了几篇很有价值的课题报告和指导性意见，对指导行业发展产生了重大意义。今后协会还要在这方面继续努力，加强同地方协会合作，为行业发展提供更高层次的服务，共同完成行业发展的任务。与此同时，协会还要在超前服务方面有所突破，要根据装饰市场和企业面临的一些热点和难点问题，进行深入调研，提出解决方案，规范市场秩序，引导企业自我调整，增强企业的应变能力和市场竞争力。

在市场经济条件下开展协会工作，必须要树立“经营协会”的理念。在市场经济体制下，行业协会作为社会中介组织，它的产出品就是服务，包括无偿和有偿的服务。无偿服务是协会提供给社会的主要产出品，而有偿服务又是协会生存的先决条件，两者的关系必须统筹好。协会要不断地策划项目，创造工作，提高服务的价值。这就要求我们提供的服务首先是政府或企业需要的，否则根本没有实现价值的可能，通过有效的服务工作，协会不但能够补偿成本的支出，并且还要获得协会自身发展的必要物质条件，因此，协会要在政策允许的范围内，不断提供有市场需求的有偿服务项目，增强协会经济上的自养、自立能力，为更好地发挥协会作用奠定牢固的物质基础。

3．全面提升行业的诚信水平，在全面建设小康社会中发挥更大的作用

市场经济在一定意义上讲是一种契约经济。营造诚信守约的信用环境，加强行业自律工作是行业协会的实行行业自律管理的一个重要职能，可以说，行业协会如果不能够起到行业自律组织的作用，在市场经济条件下就没有其存在的必要。因此，加强企业的自律意识，完善行业的自律管理是协会工作一个永恒的主题。人无信不立，企无信不旺。创造诚信守约的信用环境，既是规范市场经济秩序的治本之策，更是发展先进生产力的必然要求。解决目前行业存在的诚信缺失问题，首先是要在行业内大力宣传诚信企业，树立企业的品牌意识，树立企业的良好形象和企业家的人格魅力。其次是要建立行业的多边信誉约束机制，加强外部的监督和引导，规范从业者的经营行为，维护市场秩序。要充分利用现代社会传播媒介的信息传递和交流的作用，拓展社会参与信用监督的渠道，使从业者的价值取向与社会意识取向趋于一致，使失信成本大大高于通过不正当竞争所预期的收益。三是要建立健全惩戒机制，通过法制与德治的合力，他律与自律的共同作用，惩戒失信行为，以保障良好的市场经济秩序。协会一定要在推动行业诚信建设上发挥更大的作用。

4．一定要把从业人员素质的提高放到重要的位置上来

人是生产力要素中最活跃的因素，建筑装饰行业的高速发展，对从业人员的素质提出了更高的要求，行业整体素质的提高最终也要体现在从业人员整体素质的提高上。培训工作是行业协会的重要职能之一，也是行业发展大计的根本。提高全行业从业人员的素质，当务之急是要进一步加强协会的培训工作，把培训工作作为提高从业人员素质、促进行业发展的重要手段和途径。培训工作要以解放思想，开拓创新的精神，逐步建立符合市场经济需求的从业人员的职业资格制度，整合全社会的培训资源，逐步建立行业培训工作的组织体系、项目体系和证书体系。

5．要进一步提高协会工作人员的职业化程度，加强协会的思想建设、组织建设和业务建设

在市场经济条件下开展协会工作，对协会工作人员提出了更高的要求。协会工作人员在思想上要清醒地认识到，随着政府职能的转移，政府工作的主要精力将放在宏观调控、市场监管、公共管理和社会服务方面，大量行业管理的具体工作将会由行业协会承担起来，如果没有强烈的责任感和使命感，将贻误行业的发展，辜负政府对协会的信任和企业对协会的期望。工作中要知难而进，勇于开拓创新。目前我国正处在由计划经济向市场经济转轨期间，原有一些计划经济时期的体制性障碍仍然存在，一些有悖与时代发展的传统思维方式和做法继续干扰着我们协会的工作，这就要求我们要进一步解放思想，转变观念，只要是有利于行业生产力发展的事情，看准了就大胆去干，在工作中不断完善。要注意不断总结工作中的经验和教训，努力提高驾驭协会工作全局的能力和策划项目的能力。这就要求我们协会工作人员要认真学习和领会党和国家的政策方针，研究新形势下行业发展的特点和变化的趋势，提高认识和判断问题的能力，真正把协会办成一个学习性的协会。

各位会员代表：

今年是中国建筑装饰协会成立20周年，回顾20年，经过所有从业者的努力拼搏，深得改革开放之利的建筑装饰行业，已经成为我国国民经济的一个重要组成部分，在推动经济和社会的全面发展中具有重要的地位和作用。展望未来，我们可以自信地说，建筑装饰行业在全面实现小康社会奋斗目标的进程中，还会更大的发展，再创辉煌。

谢谢大家。

关于修改《中国建筑装饰协会章程》的决定

（2004年9月2日中国建筑装饰协会五届二次会员代表大会通过）

我会现行《章程》是在2001年6月6日召开的中国建筑装饰协会第五届会员代表大会上表决通过的。几年来，由于客观形势的发展及协会工作的需要，《章程》中的个别条款需要根据现实情况予以必要的修改。经中国建筑装饰协会秘书处提议，现决定对下列三个条款进行修改：

1.《章程》第五条，本会注册地点：北京市西城区阜城门外大街6号，建议修改为本会注册地点：北京海淀区三里河路21号甘家口大厦南楼10层。

2.《章程》第二十六条，本会设会长1人，副会长若干人（不超过10人），其产生和任免程序执行建设部、民政部和本会《章程》的有关规定，副会长中代表企事业单位的名额不少于2/3，建议修改为本会设会长1人，副会长若干人，其产生和任免程序执行建设部、民政部和本会《章程》的有关规定，为体现企业家办会的精神，副会长人选不超过20人，并应以企业家为主，可适当吸收材料生产企业及经销企业为副会长企业单位。

3.《章程》第三十九条，本会单位会员会费：一般会员会费为1500元/年，理事单位会费为2000元/年。建议修改为一般会员会费为1500元/年，理事单位会费为3000元/年。常务理事单位会费为6000元/年，副会长单位会费15000元/年。

关于增补中国建筑装饰协会高级顾问的决定

（2004年9月2日中国建筑装饰协会五届二次会员代表大会通过）

为便于各有关单位的沟通，获得各有关单位对中国建筑装饰协会工作的支持，经中国建筑装饰协会秘书处提议，现决定增补下列11位同志为中国建筑装饰协会高级顾问。

中国房地产业协会会长	建设部原副部长	杨　慎
中国建筑学会会长	建设部原副部长	宋春华
中国土木工程学会会长	建设部原副部长	谭庆琏
中国供水排水协会会长	建设部原副部长	李振东
中国建筑业协会会长	建设部原副部长	郑一军
中国建筑装饰协会第一、二、三届理事会副理事长 第四届理事会荣誉理事	建设部原总工程师	许溶烈
中国建筑文化艺术协会会长	中国建筑工程总公司原党组书记	张青林
中国建筑金属结构协会会长		杜宗翰
中国建筑材料工业协会会长	国家建材局原局长	张人为
中国饭店业协会会长		韩　明
中国旅游饭店协会会长		佀海岩

关于增补王毅强同志为中国建筑装饰协会副秘书长的决定

（2004年9月2日中国建筑装饰协会五届二次会员代表大会通过）

根据中国建筑装饰协会工作需要，按《中国建筑装饰协会章程》规定，经中国建筑装饰协会常务副会长兼秘书长徐朋的提议，现决定王毅强同志为中国建筑装饰协会副秘书长。

在全国住宅装饰装修行业发展大会上的致辞

中国建筑装饰协会会长　**马挺贵**

（二〇〇四年九月三日）

各位领导、各位同仁、女士们、朋友们，早上好！

首先，我代表中国建筑协会，向各位领导、各位同仁积极参加本次会议表示热烈的欢迎并致以衷心的感谢，衷心预祝本次大会取得圆满成功。

本次住宅装饰装修发展大会，是自 2001 年 5 月，中国建筑装饰协会在深圳召开“全国住宅装饰装修工作会议”以来的一次最为重要的会议，是在我国住宅装饰装修行业迅速发展、市场形式发生重大变化情况下，为了规范市场、整顿行业、推动行业生产力发展而召开的一次重要会议，也是中国建筑装饰协会接受建设部委托，具体管理住宅装饰装修行业以来的一次最为重要、对行业发展具有重要指导作用的一次会议，是在我国住宅装饰装修行业发展中具有里程碑意义的一次重要会议。

我国住宅装饰装修行业，作为建筑装饰业的重要组成部分，市场规模在不断扩大。据协会统计，2003 年全国住宅装饰装修行业工程产值已达近 5000 亿元，从事住宅装饰装修的企业有 20 多万家，从业者队伍达到 1000 多万人，发展以居民住宅装饰装修为主的建筑装饰行业，已经列入我国国民经济与社会发展目标，受到各级政府、社会各界的高度重视，住宅装饰装修业已经成为我国全面建设小康社会的重要内容，管理好行业市场，也已经成为中国建筑装饰协会的重要工作内容。

经过近 10 年的高速发展，我国住宅装饰装修行业，在国家住房制度改革和房地产开发的强劲作用下，得到了良好、广阔的发展空间，到 2003 年，我国住宅装饰装修工程总量已经达到近 5000 亿元水平。随着我国全面建设小康社会的深入发展，居民对住宅的要求还会有进一步的提高，我国住宅装饰装修行业还将迎来更大的发展空间，行业的发展前景极其光明，我们的事业将蓬勃日上、永往直前，在未来 10 年时间里，还将有 8000 亿元左右的发展空间。

在行业市场规模不断扩大，行业生产力水平不断提高的总形势下，我们也必须看到行业发展中的不足，其中企业规模普遍偏小，技术档次并没有拉开，传统工艺和管理方法仍然是行业的主要形式，消费者的投诉率居高不下，人民群众投资住宅装修消费的信心不足，行业的自律水平、诚信程度差的问题，并没有从根本上得到解决，我国住宅装饰装修行业技术、管理发展的空间十分巨大，作为协会工作者的责任仍然深重的压在我们的肩上，推动行业生产力要素的优化配置，发掘生产力发展的更大空间，仍然是各级协会的一项重点中心工作。

鉴于行业市场发展的客观要求，中国建筑装饰协会下定决心，在进行中国建筑装饰协会成立 20 周年庆祝活动之际，召开此次住宅装饰装修行业发展大会。为了保证会议的质量，中国建筑装饰协会进行了大量的社会调研，深入分析了行业当前存在的主要问题，并积极、大胆的进行了探索性研究。在本次会议期间，中国建筑装饰协会将推出《关于促进住宅装饰装修行业发展的若干意见》，出台《住宅装饰装修行业自律管理企业准入与清出办法（试行）》，开展试点工作和住宅装饰装修行业服务达标活动，这一切具有战略性、全局意义的举措，将揭开我国住宅装饰装修行业发展的新的篇章。

我国住宅开发建设的形势一片大好，但新的开发形式和住宅装饰装修运作的变化，给我们带来新的机遇与挑战，要求我们与时俱进、大胆创新、不断探索，这是时代赋予我们的责任，也是我们所有从业者的责任和骄傲。本次住宅装饰装修行业发展大会，就是在这一指导思想下的一次全国性行业盛会，衷心希望大家在本次会议期间，畅所欲言，为行业发展献计献策，同时，本次会议的相应政策、措施，应该引起全行业的高度重视，我衷心希望，本次会议能够开成一个有实际效用的会议，能对我国住宅装饰装修行业发展起到积极推动的会议，能使我国住宅装饰装修行业迈向新的高度的会议。

在全国住宅装饰装修行业发展大会上的讲话

建设部建筑市场管理司司长　中国建筑装饰协会副会长　**王素卿**

（二〇〇四年九月三日）

同志们：

首先，我代表建设部向“全国住宅装饰装修行业发展大会”的胜利召开表示热烈的祝贺！对出席大会的国家工商行政管理总局、国家环保总局、中国消费者协会的领导表示衷心的感谢和热烈的欢迎！

建设部汪光焘部长和黄卫副部长原来计划参加今天的大会，由于工作原因，两位领导今天都不能出席。但在 8 月 27 日，汪光焘部长和黄卫副部长等到中国建筑装饰协会调研时，特别强调了对这次会议的高度重视，并致以了热烈祝贺。表明了建设部部领导对中国建筑装饰协会工作的肯定，也表明了对发展我国住宅装饰装修的重视。

住宅装饰装修是建筑装饰装修行业的重要组成部分，也是我国全面建设小康社会的重要内容。因此，建设部高度重视住宅装饰装修行业的发展,希望这个行业能够给老百姓创造出更多的健康、安全、 舒适的居住环境,提升人们的生活质量。

在今年年初召开的“2004 年全国建设工作会议”上，汪部长在报告中专门讲建筑装饰装修行业的重要作用和工作内容。其中，对住宅装饰装修的提出了一系列的具体要求，主要包括：一是要健全装饰装修产品开发、设计、施工、部品生产、管理和服务的产业系统。二是要积极推广先进适用成套技术，提高工业化水平。三是要加强市场监督，规范企业行为，严格市场准入和清出。四是要大力推行一次性整体装修。五是要加强对室内环境质量监测工作，保证使用安全等等。上述内容体现了贯彻中央提出的科学发展观的要求，也是行业可持续发展的重要标志。上述内容体现了中央提出的科学发展观，也是行业可持续发展的重要内容和目标。

经建设部批准，中国建筑装饰协会召开了此次大会。这次大会将进一步研究住宅装饰装修行业特点，制定行业发展的指导意见，这也是我国住宅建设产业化的一个必然要求。中国建筑装饰协会只有牢牢地把握促进行业发展中的主题，在规范市场、提高企业竞争力、发展行业生产力上下功夫，这个行业就能充满生机，充满凝聚力，更好地团结会员企业，为人民群众做出满意的成绩来。

随着政府职能的转移，行业协会越来越多地承担起行业管理的职能。这几年来，中国建筑装饰协会在家装方面做了大量工作，开展行业现状的调研，协助建设部制定了有关的规章、办法和技术标准，也积极制定了一些加强行业自律的管理办法。应该说，中国建筑装饰协会的工作，在住宅装饰装修行业管理上成就是很显著的，在完成政府委托的任务各方面是很值得依赖的。

参加本次会议的代表有 1300 多位，有这么多企业参加，不仅反映了中国建筑装饰协会在行业内的号召力、影响力和凝聚力，也反映出行业内广大企业对构筑行业诚信体系，规范行业市场的期待和信心。

在中国消费者协会的支持下，建设部精神文明建设办公室和中国建筑装饰协会联合组织 500 家家装企业开展“诚信宣言”的签名活动，希望参加这些活动的企业要认真承诺自己的宣言，做行业自律模范。

当前，中国建筑装饰协会从加强行业自律建设体系出发，规范家装企业的行业准入行为，同时通过开展家装企业规范服务达标活动，以及把企业的诚信体系建设与行业精神文明建设结合起来，加强行业管理。家装行业是一个新兴的行业，这个行业有许多自己的特点，需要研究的问题。希望通过上述几个方面的活动、工作和深入研究，不断总结经验，完善办法，使我国住宅装饰装修行业诚信建设和自律管理水平有一个新的提高，使行业的生产力水平取得更大地进步。我国住宅装饰装修行业一定能为全面建设小康社会做出更大地贡献。

最后，祝大会圆满成功！

树立科学发展观　实施行业信用管理
促进住宅装饰装修行业规范发展

——2004 年 9 月 3 日在“全国住宅装饰装修行业发展大会”上的主题报告

国家工商总局消费者权益保护局副局长　**卢艳刚**

很高兴参加今天的会议。中国建筑装饰协会在我国住宅装饰装修业快速发展的基础上，经过充分准备，深入调研，组织召开我国住宅装饰装修行业发展大会，研讨我国住宅装饰装修行业发展中存在的问题，引导并促进我国住宅装饰装修行业持续健康发展，我认为非常必要，很有意义。

国家工商总局消费者权益保护局关注住宅装饰装修行业发展，重视住宅装饰装修市场秩序规范和消费者权益保护问题，我代表国家工商总局消费者权益保护局对本次大会隆重召开表示热烈祝贺!借此机会，我很高兴能和大家一起，就住宅装饰装修行业的发展问题，共同研讨，相互交流。下面我讲几点意见。

一、树立科学发展观，指导行业发展

新一届党中央提出的科学发展观，是我们党对社会主义现代化建设规律认识的进一步深化，是对邓小平理论的丰富和发展，是全面建设小康社会、实现现代化、解决中国特色社会主义的发展问题的根本指针。科学发展观的根本要求是统筹兼顾，实质是实现更快更好发展，核心是坚持以人为本，从人民群众的根本利益出发谋发展、促发展，切实保障人民群众的发展利益。解决我国住宅装饰装修行业的发展问题，要贯彻落实科学发展观，以科学发展观为指导。

首先要按照科学发展观要求，转变观念，提高认识，创新

思路，用新的发展思路实现住宅装饰装修行业更快更好发展。

其次，按照科学发展观要求，住宅装饰装修行业发展要坚持以人为本原则，从广大消费者的根本利益出发，制定发展规划，寻求解决行业发展问题的治本之策，保证广大消费者充分享受到行业发展的成果。

此外，按照科学发展观要求，注重统筹兼顾、注重协调发展。注重统筹兼顾行业内不同利益主体的利益关系、经营者和消费者之间的利益关系，特别是不同层次经营者和不同收入水平消费者的利益需求；注重住宅装饰装修行业发展与社会经济发展的协调，与城市发展、城镇化建设和房地产业发展的协调，与农村经济发展和农民改善居住条件的要求相协调，辩证地认识和处理与住宅装饰装修行业发展相联系的各方面关系，实现住宅装饰装修行业的全面、协调、可持续发展。

二、住宅装饰装修行业存在的问题，其根源在于缺失行业信用管理

近年来，我国住宅装饰装修行业快速发展，在增加就业、带动经济发展、改善人民生活方面日益发挥重要作用。但是，也存在不少问题。根据《2003 年全国工商行政管理机关消费者申诉举报情况》分析，住宅装饰装修是 2003 年全国消费者申诉举报的 10 大热点问题之一。消费者申诉的主要问题有：建材质量差，甲醛等有害物质严重超标；装修工程偷工减料，粗制滥造；管线掩埋不按标准施工，安全隐患多；拖延工期，出现问题后拒付违约金；不履行约定的“三包”责任，或是实施“半截子工程”，骗取消费者预付款后逃之夭夭等等。在这些问题中，除建材质量外，集中体现为装饰装修服务企业诚信度低，自律水平差。

上述问题，其根源在于缺失信用管理。企业缺失信用管理，信用意识和自律意识弱，导致有意或无意的失信行为；行业缺失信用管理，行业组织对行业内企业的失信行为缺乏管理力和影响力；政府管理部门缺失信用管理，对失信企业惩戒不力，企业失信的代价不高，守信的内在动力不够。由于这三方面的原因，导致住宅装饰装修行业内出现大量企业的失信行为，最终影响行业形象和行业发展。

三、建立健全行业信用管理制度，促进住宅装饰装修行业规范发展

市场交易的基础是信用。在市场经济条件下，行业发展的根本动力在于社会对行业服务、行业产品的需求。在住宅装饰装修服务上，广大消费者对住宅装饰装修服务的需求推动行业发展，而住宅装饰装修行业信誉直接影响消费者对住宅装饰装修服务的需求，影响行业发展的空间。因此，健全行业信用管理制度，实施行业信用管理，维护行业信誉，是解决住宅装饰装修行业规范发展的治本之策。实施行业信用管理，需要行业内企业和组织的积极参与。

首先，行业内企业要由注重对企业有形资产的管理转为注重对企业无形资产的管理，使企业对有形资产的管理服从和服务于企业对无形资产的管理。企业对无形资产的管理就是企业对自身商誉和自身信用的管理。企业生产经营最终形成两方面积累，一是财富的积累，二是商誉的积累。商誉的积累是企业盈利能力的积累，从发展看，它比财富的积累更重要。因此，著名企业都将企业无形资产的管理放在首位，实施自身品牌战略。

其次，行业组织要将对行业信誉的管理作为首要目标，积极改革创新，维护行业信誉。行业组织在指导行业内企业建立健全信用管理制度、为企业的信用管理提供行业服务的同时，要充分发挥其影响力和管理力，加强行业的信用管理，特别是加强对行业内失信企业的管理、引导和规范。

四、遵循市场经济规律客观要求，切实尊重和维护广大消费者的合法权益

在市场经济条件下，社会生产、交换都是围绕满足消费者的消费需求、实现消费者的消费权益来进行，因此，市场经济在一定程度上是消费者主权经济。尊重和维护广大消费者的消费权益是市场经济的客观要求。1993 年 10 月颁布的《消费者权益保护法》明确规定消费者享有 9 项权利，经营者应对消费者履行 10 个面的法定义务，在总则中强调：“保护消费者的合法权益是全社会的共同责任”，并设专章规定国家机关对消费者合法权益进行保护。

近年来，因住宅装饰装修而损害消费者合法权益、特别是损害消费者人身安全和财产安全的申诉大量增加。有的装修后室内有毒有害物质严重超标，成为危害消费者健康的无形杀手；有的装修后留下漏水隐患、漏电隐患、失火隐患、脱落隐患、管道堵塞隐患等众多安全隐患，一旦发生给消费者人身和财产造成重大损失；不少装修企业、甚至是规模较大的装修企业，利用格式合同侵害消费者合法权益，在自己拟定的格式合同中，增加消费者义务，排除、限制消费者依法变更、解除合同的权利，排除、限制消费者依法请求支付违约金、请求损害赔偿、提起诉讼等法定权利。

针对经营者利用格式合同侵害消费者合法权益的行为，2004 年 3 月 15 日国家工商行政管理总局发布的《关于处理侵害消费者权益行为的若干规定》中，规定工商行政管理机关除责令其改正外，在企业信用监管信息中予以记载，运用信用管理手段加强对其管理。维护消费者权益需要政府部门、行业内企业、行业组织及社会各方面的共同努力，行业内企业和行业组织尤其要正确认识维护消费者的权益与维护企业发展和行业发展的辩证关系，不断制定和完善维护消费者权益的管理措施和管理制度，实现企业发展、行业发展与维护消费者消费权益的统一。

五、工商行政管理机关要为住宅装饰装修行业规范发展积极发挥职能作用

按照中央提出的建立健全社会信用体系、实施信用管理

的精神，工商行政管理机关正在开展“金信工程”建设，逐步对企业实行信用分类监管。以企业登记的“经济户口”信息为基础，工商行政管理机关将对企业经营行为日常监管反映的企业信用信息进行记录保存，依据企业信用分类标准，将企业相应地划分为绿牌企业（守信企业）、蓝牌企业（警示企业）、黄牌企业（失信企业）和黑牌企业（严重失信企业），并进行有针对性的管理。对绿牌企业予以重点扶持，并可享受年检免审等优惠待遇，实行企业信用激励机制；对蓝牌企业在日常监管中予以提示，实行警示制度：对黄牌企业进行重点监管，采取案件办理后跟踪回查、年检时重点审查，并向社会公开其违法记录等监管措施，实行企业失信惩戒机制；对黑牌企业公开违法记录，吊销营业执照并及时公告，对典型案件予以曝光，实行企业严重失信淘汰机制。通过对企业实行信用分类监管，建立和完善企业信用激励机制和失信惩戒机制，引导监督企业诚信经营，促进企业自身的信用建设。

在对企业经营行为的日常监管上，工商行政管理机关积极履行市场监管和行政执法的职责，受理消费者申诉举报，调解消费纠纷，开展市场监督检查和市场专项整治，查处不正当竞争、侵害消费者权益及其他各种违法案件，依法保护消费者和经营者的合法权益。近年来，在对消费者的服务体系和工商行政管理执法体系建设上，以全国统一的12315消费者申诉举报专用电话为依托，消费者权益保护局不断推进12315消费者申诉举报网络进商场、进社区、进村镇，不断完善12315消费者申诉举报服务体系；通过12315电话，消费者能及时和工商行政管理机关取得联系，申诉消费纠纷和举报违法行为。在不断完善的12315消费者申诉举报网络基础上，初步建立了集消费者申诉举报、行政执法、市场监督为一体“一个中心、分级执法”的保护消费者权益执法体系，及时查处侵害消费者权益案件和其它违法案件。仅2004年上半年，全国工商行政管理机关查处侵害消费者权益案件74370件，案值57064万元，其中服务消费案件13370件，案值3246万元；查获涉及装饰装修方面的假冒伪劣钢材 10028t、水泥 53278t、木材 2249m^3、胶合板 25964 张；受理装饰装修服务申诉 3744 件，其中质量方面的2256件。

国家工商行政管理总局消费者权益保护局，一直注重加强和改善服务领域的消费者权益保护工作。在住宅装饰装修服务方面，消费者权益保护局将与行业协会加强沟通协调，共同努力，充分利用企业信用分类监管制度和“一个中心、分级执法”的保护消费者权益的执法体系，为规范企业行为，促进行业规范发展，积极发挥职能作用。

住宅全装修　推进住宅产业现代化的重要切入点

——2004年9月3日在“全国住宅装饰装修行业发展大会”上的主题报告

建设部住宅产业化促进中心推广处处长　**孙克放**

一、面对新局面的房地产业

（一）2003 年，中国房地产业快速增长，城镇居民居住水平和人居环境进一步提高和改善，到2003年底，全国城镇房屋建筑面积达140.91亿㎡，其中住宅建筑面积89.112亿㎡，占房屋建筑面积的比重为 63.24%，全国城镇人均住宅建筑面积23.67㎡（农村人均住房面积25.8㎡），全国城镇户均住宅建筑面积77.42㎡。

（二）2004年1至～7月，在国家宏观政策的指导下，中国房地产开发投资累计达6055亿元，同比增长28.6%；累计销售商品房1.34亿㎡，同比增长25.2%；商品房空置面积为96783万㎡，同比下降0.8%；平均销售价为每平方米2724元，同比上升12.9%。中国房地产业在市场和政府两只手的掌控下出现新的格局。

（三）面临新时局，中国住宅进入到一个新的发展期

1. 住宅开发建设进入以土地控制为中心的调整增长期；
2. 中低收入者住房进入以经济适用型住房为中心的普通解困期；
3. 房地产业进入以品牌为中心的资本扩张期；
4. 居民购房进入以扩房、保值、舒适为中心的理性消费期；
5. 住宅销售价格进入以现房为中心的稳步攀升期；
6. 住宅产品进入以追求品质为中心的更新换代期；
7. 住宅产业现代化的实施进入以技术集成为中心的起步期。

二、面对房地产业发展的住宅装修业

（一）房地产业快速增长为装饰装修行业提供了广阔的发展空间

2004年1～7月，我国商品住宅投资4111亿元，同比增长28.1%，办公楼投资297亿元，增长31.5%，商业营业用房投资766亿元，增长35.6%。上述商品住宅、办公楼、商业、营业用房都是装饰装修行业的“大市场”，只要这个大市场有了平稳的大发展，才能有装修行业的大发展。另一方面是居民经济水平提高给装修带来了“大需求”，2003年我国居民本外币储蓄余额达到 11 万亿元，比上年增长17.4%。富裕起来的中国人从有能力“买好房”，走向有能力“装好房”，进而步入买“全装房”的时代。经济比较发达的北京、上海、广东等地的全装修住宅在市场上的份额逐步

加大，上海、北京的中高档住宅中全装修住宅估计已接近25%，出现了一批象奥林匹克房地产开发公司、上海仁恒房地产开发公司、上海珠江房地产公司这样专建全装住宅的开发公司，成为市场竞争中的强者。

（二）装饰装修“朝阳产业”是实现住宅产业现代化的重要切入点

我国的住宅装修业在近10年的时间内发展极为迅速，其市场容量和行业规模的扩展，已超过家电产业和汽车产业，形成兴旺发达的“朝阳产业”，有关资料显示，到2003年，我国建筑装饰行业年产值已达8000亿元左右，其中家庭装饰装修产值约4500亿元，行业内共有企业近20万家，从业者队伍达到1000余万人，年实现增加值超过2000亿元。住宅装修已成为全面建设小康社会的重要内容，是改善人民居住环境质量的根本途径，是实现住宅产业现代化的重要切入点。

（三）住宅装修一次到位即做到全装修出售给消费者，是一个无可置疑的大趋势

但在实施的过程中除了存在购房者观念转变问题外，还存在着其他一些不容忽视的问题，主要表现在装修市场管理不健全、企业的诚信度低、自律水平差、装修质量粗糙、用材污染环境，达不到国家规定的标准，使得住宅装修工程投诉居高不下，影响了行业均衡全面可持续发展，在一定程度上影响了人民的健康。因此，加强住宅装修业的管理，建立生产和产品的诚信体系和环保安全体系，改变传统的装修方式已刻不容缓。

（四）亟需技术政策和经济政策支持的住宅装修业

住宅装饰装修业的发展，一要靠市场的发育，二要政策的引导。建设部从2001年10月开始先后下达了有关装修的施工设计管理、资质、计价、环保、验收等文件共10个，2002年7月18日发布的《商品住宅装修一次到位实施导则》及配套的《商品住宅装修一次到位材料、部品技术要点》，在住宅装修领域起到了重要的引导作用。导则发布的目的在于：逐步取消毛坯房，直接向消费者提供精装修成品房，规范装修市场，促使住宅装修生产从无序走向有序。此后，很多地方省市主管住宅建设的行政部门，也结合当地实际情况发布了类似文件，提出了实施计划和工作目标，有的也制定出相关的政策，鼓励开发企业建精装修房。上海率先提出全装修住宅的建设目标：2002年3万套（已落实32100套），2003年10万套，到2005年，新建住宅基本实现全装修。上海市新建住宅全装修第一批试点项目共计123个项目，涉及16个区，共计638万㎡建筑面积。试点项目坚持“质量可靠、价格合理、规范运作、取信于民”的原则，建设全装修住宅受到广大消费者欢迎。已交付使用的1万套全装修住宅的入住率达90%，满意率也在90%以上。

事实证明，一个好的政策可以影响一个产业。在全装修房迅速崛起并成为新的经济增长点时，政策的导向变得十分重要。《商品住宅装修一次到位实施导则》发布已整整两年的时间，企业在装修实践中遇到了各种困难，有些甚至感到茫然，不知所措。有些实际问题待我们去探索、去解决。比如，建全装修住房，开发企业与装修施工单位“重复上税”的问题，因装修住宅售价增高“购买者契税增加”的问题，全装修住宅质量评定的问题等等。建设部住宅产业化促进中心将与中国建筑装饰协会共同针对上述问题进行研讨，并提出一些政策性的解决方案。为建全装修房的开发商提供更好的交易平台，引导住宅装修业的健康发展。

三、面对住宅装饰装修市场的生产方式变革

用住宅装修一体化(全装修)来取代离散化的装修，无疑是一种革新，其本质是用科技密集型的规模化工业生产取代劳动密集型的粗放的手工业生产，从而全面提升中国住宅装修的档次和品质。全装修住宅具有鲜明的产业化特征，它不但打破了陈旧的装修体制，更重要的是将住宅产业引向集约化建设的轨道，是一次质的飞跃。全装修住宅引发了购房者消费意识上的变革，引发了装修部品材料供应方式的变革，引发了装修生产方式的变革，“三大变革”托起了住宅装修走向产业现代化的一片蓝天。

（一）消费意识上的变革

买毛坯房还是买装修房，对于普通老百姓来说是一个消费意识上的转变。绝大部分消费者在装修方面是外行，这是他们的“短项”，让一个外行去发挥他的“短项”怎么能不累呢？消费者的“长项”恰恰是购物、是选择用什么装饰品、什么家具来装点自己的家。毛坯房这一“过渡性产品”让购房者的消费意识停留在传统的“自给自足”的生产方式上。“马路装修游击队”正适应了这种陈旧的观念，占据了初期的家装市场，再加之装修质量问题层出不穷，给广大购房者留下了不良印象，影响了全装修住宅的大面积推广。随着住宅量的增加和消费者购房目的“差异性”增大，住宅不再是消费者固守的居窝，装修也随之成为“身外之物”。

轻装修、重装饰日渐成为潮流，而迎合这一潮流的全装修住宅也会成为市场的主流产品，在未来的住宅市场上大行其道。消费者看到提供给他们的全装修住宅质量优、价格宜、样式多，自然就会摈弃旧的装修方式，去买品质上乘的全装修房。这种消费上的变革是基于两种根本原因，第一是价值取向的理性化，第二是全装修住宅的优质化。据上海房地局组织的一项调查显示，在欲购房人群中有80%的人认为全装修房是发展的趋势，其中有68%的人打算在两年内购买全装修住宅，比去年增加20%。上海市不单在高档住宅中推行全装修房，也要在中低价位的住宅中推行，全装修住宅不再是高档房的专利。购房者消费意识的变革是住宅向全装修转变的原动力。

（二）装修部品材料供应方式的变革

1．装修部品材料的质量直接影响到全装修住宅的工程质量和环境质量，这是保证全装修住宅高品质的前提。因此，对于材料部品的来源和质量认定尤为重要。国内的装修材料的供应方式多属于摊位式的。摊位式的大型装饰材料市场对于零散的店铺销售来说的确是进了一大步，集中式的销售给消费者带来了方便，对产品和材料的把关程度也有所提升，但是在材料、产品的进货渠道上，在价格的协调上和售后服务上，仍然缺乏统一性，难以形成产品集群的整体规模效益，在质量管理环节易出现漏洞，经营上也会受到制约。北京市中大型装饰装修材料市场有113家，销售摊位7万间，竞争激烈，真正实现赢利的不足20%。现在这种状况在逐步改善，尤其是"建材超市"式的经营模式开始占据家庭装修部品的半壁江山。这种先进的装修部品材料供应方式具有如下的明显优点：

（1）大资本支持；

（2）大规模采购；

（3）低价销售；

（4）产品材料销售与装饰企业捆绑在一起，质量保证体系健全；

（5）对入超市的产品和材料质量给予认定和保证；

（6）形成品牌效应，发展连锁经营，产生规模效益；

（7）采用现代物流管理手段，大大减少流通环节，让利于民。世界知名的建材连锁超市进入中国抢滩都获得了成功，如瑞典的宜家、德国的欧倍德、欧洲的百安居等。这预示着中国装修建材的物流整合已经开始，这种整合一定会使中国的家庭装修业摆脱陈旧固有的模式向集约化、工业化方向前进。

2．与"建材超市"几乎同时出现在装修领域的另一个亮点是"专业化集团采购模式"。即以"团购联盟"的形式组织实施统一的部品市场准入和采购活动。这是运用市场机制建立起来的部品保证体系。在形成规模采购的同时，提高质量，降低成本，这正是全装修住宅的优势所在。大连住宅产业化协会部品集团采购专业委员会于2004年4月成立．这不仅是国内首家以社团组织形式成立的住宅部品集团采购联盟，也是大连在加快住宅产业化进程中的一个创新和有益的尝试。采购联盟编制统一标准，将推荐产品、慎用产品、采购材料部品分三类编目，并通过商务网络联系开发商，搭建一个资源共享，互通信息，形成合力的操作平台。

（三）装修生产方式的变革

从毛坯房过渡到全装修房，这实际是一次生产方式上的变革，而工业化装修方式则是代表了未来装修的发展趋势。许多开发企业和建材部品供应商共同探索住宅全装修之路，取得了不小的成果，值得大家去推广：这些装修模式包括：

1．"一站式"采购装修模式。即在超市中直接与设计人员一起选择装修部品材料，由设计人员和施工人员一条龙服务。百安居的装修服务就是采用这种方式解决产品与施工之间的衔接问题。

2．"集成装修"模式。由住宅建设开发商、建材供应商和装修企业三大产业搭建一个平台，构筑产业战略联盟，实施住宅集成装修，达到多方共赢的目标。参与平台搭建的多是品牌企业，这种"品牌叠加"所产生的效应使集成装修更具市场竞争力，更能确保全装修住宅的高品质。集成装修是建立在工业化生产和现代供应方式的基础上，而品牌的参与和加盟是在此基础上提升了装修产品的价值，体现了产业化生产方式所带来的效益。上海恒大集团的"集成装修"模式汇集了314家品牌供应商和3家一级资质的装修施工企业，成立"恒大战略联盟"，使集成装修的理念变成一种可操作的生产模式，为全装修住宅的实现创造了条件。

3．"连锁特许经营"的装修模式。这是以品牌、技术或商标为知识产权的特许经营方式。在装修行业中独树一帜的成功经营体系往往会发展成连锁特许经营模式。这对装修领域中生产方式的变革和生产经营的标准化、规范化的提高具有深远的影响。北京的东易日盛装饰有限公司2004年获得"中国优秀特许品牌奖"，进入中国优秀特许品牌10强行列。这个建立7年的家装公司，2003年产值达到3.6个亿，2004年的产值目标将达6亿元，现已形成规模化、专业化、集团化、产业化的竞争优势，成为我国装饰行业内具有相当规模的家居产业集成商，其品牌估价为9.83亿元。北京东易日盛装饰公司将自身的管理、设计、施工、服务等方面的资源和经验，归纳整理出一套完整的知识产权体系和"优质家装检定系统"，为建立装修业的诚信机制做出了贡献，并推动了品牌特许经营事业的发展。

4．"家具专业整合"装修模式。家具生产企业借助雄厚的机加工实力。直接给消费者或开发公司服务，体现了工业化生产的优势，近几年在家装市场上异军突起。全装修住宅中的大件木工制品和机加工产品大都已由现场加工转为工厂加工。家具厂上门免费测量，拿回工厂加工，再到现场拼装，省时省材保质量，这种专业化的服务很快赢得了消费者的青睐，与无加工场地的家装公司相比具有明显的优势。目前装修公司与家具厂家联合，进行专业整合的情况越来越多，这十分有利于装修整体水平的提高。家具专业施工队进入装修市场是竞争的结果。代表先进生产力的装修模式才会具有明显的竞争能力。竞争促进了住宅装修业的繁荣发展。

从现在开始到2010年，是全装修住宅发展的关键五年，是住宅装修方式大转变的五年，是为毛坯房最终退出市场铺平道路的五年。许多省市建设行政主管部门在制定当地住宅产业化目标时，都将实现住宅全装修定在这五年的范围内，可见推行全装修住宅已形成大气候。实现住宅全装修是中国住宅产业现代化的必由之路。

在老协会工作者、专家、企业家座谈会上的致辞

中国建筑装饰协会会长　**马挺贵**

（二〇〇四年九月三日）

各位老前辈、老朋友：

非常高兴在这里见到这么多建筑装饰协会的老前辈、老工作者和老企业家，首先，我代表中国建筑装饰协会，对各位接受协会的邀请表示衷心的感谢！对各位的到来表示热烈的欢迎！对各位在我国建筑装饰协会和行业发展建设中做出的突出贡献致以崇高敬意！并预祝座谈会圆满成功！

今年是中国建筑装饰协会成立20周年，回顾协会20年的发展历程，取得的辉煌的成就，我们深感由衷的高兴与骄傲。这些成就，深深的凝聚着老协会工作者和老企业家们的辛勤和汗水，正是由于大家的共同奋斗，使我国建筑装饰行业不断发展，成为了在国民经济发展和社会文明进步中，日益发挥重要作用的行业。你们敬业求实，忠于职守，艰苦奋斗，创造性开展工作的精神，是行业及协会的一笔巨大财富，将永远鼓舞和鞭策后人，继承传统，全力以赴的搞好协会工作。

今天，协会老工作者、专家、企业家们聚首北京，回顾历史，总结经验，展望未来，出谋划策，再一次畅谈国运昌盛，经济发展和社会文明进步，并为行业的发展、协会工作迈向新高度，贡献大家的智慧与经验，这是本届理事会的幸事！是全行业的幸事！衷心希望大家畅所欲言，尽情舒怀，把最宝贵的财富留给现在的企业家和协会工作者们，留给全国建筑装饰行业，以惠后人！

中国建筑装饰协会自五届理事会换届以来，提出了“二次创业”的奋斗目标，这是在老同志已经开创的协会工作基础上，与时俱进，开拓进取的目标。经过三年多的努力，通过一系列策划项目，创造性开展工作的过程，正在逐步实现即定的目标，这其中既有现在从业者及协会工作者的努力，也包含了老同志们的热情帮助和有力支持，在这里，向一切为协会工作做出贡献的人们表示感谢！

这次座谈会，我们还要进行《张恩树建筑文集》的签名赠书仪式。张恩树同志是中国建筑装饰协会的创立者，也是协会的优秀领导人，担任协会会长长达17年，现在还是中国建筑装饰协会的名誉会长，是行业内德高望重的领袖，也是行业内会员企业的知心朋友。《张恩树建筑文集》收集了大量在协会工作期间的文章，是协会发展历程的写照，是协会工作的总结，也是协会工作者值得保留的珍贵文献资料，让我们以热烈掌声，感谢老会长在行业发展中的耕耘、成果和贡献！

再一次预祝座谈会圆满成功！祝老协会工作者及老专家、企业家们身体健康、生活愉快！谢谢大家！

在老协会工作者、专家、企业家座谈会上的讲话

中国建筑装饰协会第一、二、三、四届理事会会长
五届理事会名誉会长　全国建筑装饰协会工作贡献奖　**张恩树**

（二〇〇四年九月三日）

同志们、同仁们：

大家下午好！首先，向20年来为发展建筑装饰行业做出贡献的同志们表示崇高的敬意。非常高兴参加今天这个座谈会，看到这么多的老同志、老朋友在一起，共同回顾行业20年的发展历程，并为下一步的更大发展献计献策，这是件大好事。大家都有比较丰富的行业管理经验，也都热爱行业、关心协会工作，应该把自己的真见卓识传授给大家。

我国建筑装饰行业能够发展到如此大的规模，一年有8000亿元以上的产值，占到国内生产总值的7%左右，在经济发展和社会文明进步中发挥了重要的作用，为了改善城乡人民的生活环境，提高生活质量，家庭装饰发展得很快，已经提到重要的地位。装饰行业的大发展、大提高，是与我们大家的共同努力分不开的，各位老协会工作者，老企业家，为此做出了突出的贡献。判断以往的20年，我们取得的成绩是辉煌的，行业的发展也是健康的，体现了各级行业协会工作的成绩。

由于现代建筑装饰行业在我国起步时间较晚，行业和市场发育还不完全，也存在一些问题，有些问题还是深层次的，战略性的，需要我们今后认真对待，加以研究、解决。下面，我就行业发展和协会工作存在的问题及对策讲两点意见。

一、行业发展中存在的问题及对策

改革、开放以后，我国经济高速发展，对外联系不断加强，在我国南方沿海城市，以特区建设为内容，出现了建设热潮，牵动了现代建筑装饰行业的迅猛发展。由于长期受计划经济的制约和建设理念的影响，那时还没有专业的装饰公司，港台及一些海外公司，纷纷到大陆占领市场，而且覆盖率较大，因此，带动国内行业，从南到北纷纷组建了专业装饰公司，所以，我国现代装饰起步晚，专业的装饰公司组成的时间也短。

鉴于当时装饰市场处于萌芽状态，工程的利润率较高，一些公司仓促上阵，招揽人员，承接工程，在缺乏理论指导的情况下，开始了行业市场的运作，其结果是企业只追求商业利益，人员的专业素质不高，盲目的模仿和抄袭港

台模式，有些作品脱离了我国国情和地方风情，甚至有的家庭装修，也模仿酒店的模式，陷入了误区。讲求豪华、表现浮躁，追求形式、忽视功能，铺张浪费之风，至今仍在延续。这已不仅是技术问题，而是危害精神文明建设的社会不良风气，所有这些，与我们行业的理论建设和理论指导不够有密切的关系。

中国建筑装饰协会成立20周年了，也可以说我国现代装饰行业发展的20年，20年来，我国现代装饰业有了迅猛的发展和极大的提高。新的20年，也就是新形势、新情况、新问题，要求走上新台阶的20年，行业发展中的主要工作内容应该是体制创新和理论建设，特别是理论建设要加强，要增强理性、克服盲目性。要在总结20年发展经验的基础上，搞出符合国情的，有中国特色的建筑装饰系统的理论，以指导行业健康、有序的可持续发展。

中央提出要建立科学的发展观，我们要认真研究落实。行业内树立可持续发展的科学发展观，就是要研究我国国情，制定科学的发展战略，大力解决装饰市场存在的思想认识和实际工作中的误区。对业主、管理部门、企业家等都要提高认识，重新认识和了解国情、民意、文化文脉。要坚决贯彻执行国家可持续发展战略，因地制宜、量力而行地发展行业，要遵循行业发展的客观规律，跳出阻碍行业健康发展的怪圈。我认为北京重新审查奥运场馆建设，提出节俭办奥运，推迟一年建成，对“鸟巢体育场”停建，重新瘦身，是个好例子，表明国家已经把科学发展观落实到具体建设项目之中。这种指导思想的转变，会对我们这个行业产生比较大的影响，比如：节约资源、以人为本，注重功能、简约化，打造健康的生活和工作环境等，要认真的进行研究。

行业发展也存在着重新定位的问题，建筑装饰行业的发展，是我国经济发展和社会进步的必然要求，在今后还会有更大的发展空间，但行业走什么样的发展道路，提出什么样的发展目标，采取什么样的发展方式，这是战略性思考，需要行业去研究。贪大求洋，不切实际，形式主义的抄袭、模仿、浪费资源等，都不符合我们是一个发展中国家的国情，也违背了行业存在的基础，当前就是为全面建设小康社会服务的这一宗旨，因此，要把行业的发展战略，置于我国国情和国家整体发展战略中加以研究。要站的高、看的远，积极探索我国建筑装饰行业发展的客观规律，并提出理论指导意见。

企业的发展也非常需要理论的指导，有的装饰公司，面临强手如林，激烈竞争的态势，感到了巨大的压力，不但效益低下，而且处于生存的困境。这就是缺乏理论指导的最基本的表现，适者生存、优胜劣汰的规律，要求企业的发展战略符合国家的、行业的发展战略。企业发展要适应外部环境，就要提高装饰公司的整体素质，其中最关键的是提高人员的素质，所以要加强培训，全面培训包括总经理在内的所有人员，吸纳优秀人才。可喜的是，专门的建筑装饰学院已有建树，我们也有一批研究院、所，但主要都是研究技术问题的，对经济发展的战略研究不够，对企业的经营管理、发展战略的影响力不足，这些问题，都要在今后的发展中加以解决。

二、建设什么样的协会，如何建设协会

协会是社会主义市场经济的需要，在整个社会经济生活中有其不可替代的作用。协会既是会员之家，也是企业家的群众性民间社团组织，更是具有独立法人地位的社团组织，所以协会应该是一个按照章程规定程序和方法，在市场中独立运作的社会组织机构。

由于长期受计划经济的影响，我国的协会组织，总的看还处在发育期阶段，正逐步向成熟期发展。建筑装饰协会在全国各地已经成立了80多家，和中国建筑装饰协会逐步形成网络联系，有了很大的进展，是很可喜的现象，仔细分析我国建筑装饰行业协会，有几种不同形式：

第一种是没有官办色彩的协会，由企业联合发起，民政部门注册成立的协会，如广东省汕头市装饰协会、江苏省常州市建筑装饰协会等，他们完全属于民间性的社团组织、是行业自律性组织，协会的领导机构由会员民主选举产生，主要领导都是行业内的企业家。北京市装饰协会提出，下届会长由热爱行业的在职企业家担任，也是在淡化官办色彩。这可能会成为协会方向性的作法。

第二种是有官办色彩的协会。形式是现职的领导干部（公务员）兼任协会的会长、秘书长、理事会成员中的比例很大，协会领导人（会长、秘书长）由行政主管机构指定，协会的活动由行政主管部门审批。实质上这种官办色彩的协会，成子政府部门的附属，成为“二政府”的工作机制。

第三种，有的地区没有适应行业的发展，片面强调“一业一会”，把装饰协会纳入到建筑业协会，成为没有法人地位的二级机构，降低了装饰协会的地位，这种作法不符合经济发展的要求，也不能适应装饰市场的发展，因此，也得不到装饰企业的支持。深圳成立的行业协会服务署，提出了“一业多会”的思路，就是要防止一会垄断，阻碍行业的发展，这种工作思路，更符合未来市场经济发展的要求。作为一个成熟的行业协会，不能怕竞争，而是应该欢迎竞争，因为有竞争就有压力，就有动力。更不能人为地搞拉郎配，把几个协会合并在一起，对行业发展极为不利。

第四种，装饰协会的领导机构，是由企业家任专职的会长、秘书长，企业家在副会长、常务理事中占绝大多数，但也有部分业内行业管理者和资深专家参加，工作人员招聘。中装协及北京、上海、广州、深圳等协会，由于协会是由业内企业家组成，又有专职的领导集体和工作班子，所以，协会活动及工作内容对行业发展推动有力，企业支持，得到社会及行业的好评，受到的制约机制也正在逐步的改革之中。

根据我国相关法律、法规，只要有规定数量的企业发起，得到民政机构批准，即可成立行业协会。协会的目标就是促进企业发展和行业整体水平的提高，所以协会紧密结合市场经济的发展和社会变革，面向市场，贴近企业，形成有效的、有凝聚力的组织，在发展中展现自己的魅力。搞好协会工作，不是靠权力，而是要努力通过组织各种行业需要，企业满意的活动，把企业联系在一起。

协会不是财政拨款，也不是盈利性组织。协会的经费是和行业发展、企业利益结合一起的。协会是行业利益的代言人，也是行业自律的组织。也就是协会工作的基本点是创新，是与时俱进，是不断适应行业发展的总体环境，研究新情况，解决新问题，这也构成协会在市场经济条件下存在的最坚实的基础。

随着我国市场的国际化，协会工作的重点应该是提高企业的整体素质，在不断提高企业人员素质的基础上，全面提升企业的管理水平，引导企业在市场竞争中不断提高竞争能力，打造国际化的竞争力，使企业在全球经济一体化条件下取得更大的发展空间。所以，加强培训工作，是贯穿协会始终的一项重要内容，也是行业发展中迫切需要，对行业发展全局具有重要影响的一项任务。协会在抓住培训工作，提高全行业从业者的思想素质、技术素质和经营素质的同时，协会也会在改革中，在实际工作中不断发展，并逐步同更多的国际协会开展业务，使协会的运作同国际化接轨。

在当前，要重点呼吁解决协会的官办色彩问题。经验表明，官办色彩越浓的协会，工作的效果就越差，组织的活动少、内容也很难切合行业发展需要。要在政府机制改革中，实现协会建设“与政府互动，与企业协同、与社会融合、与改革同步”的方针，逐步建立协会应有的体制和机制。要减少协会的官办色彩，就要坚决走企业家办会、民主办会的道路，协会的领导机构，包括理事会、常务理事会、秘书长、会长等，应当由企业家组成，并应通过民主选举的方式组建，这样才能保持住协会的活力；才能更准确地体现我们这个行业生产关系的状况；才能更好地发挥业内企业家的智慧，实现其使命感和责任感；才能及时发现行业中存在的问题，使协会更能为行业做出高层次的服务。

为了完成协会的工作任务，就必须加强秘书处的建设。协会决不能成为养老机构，而应该是一个团结、实干、讲求效率的组织。协会是高度组织化、专业化的机制。要增强工作人员素质，在秘书处工作的人员，不仅需要有热爱行业，克己奉公、热心服务的思想品德，还必须要有专业知识，而且应该是技术、经济、艺术、法律等专业的复合型人才，结构合理。同时要具有组织能力、社会交往能力和活动策划能力，这样才能团结会员单位，掌握行业实际情况，发现行业中的问题，研究解决的方法，使秘书处能够更贴近会员、贴近工程、贴近行业。因此，协会秘书处的工作人员一定要年富力强，有实际工作经验，人品还要好，这是协会组织建设的一个重中之重。

协会秘书处也应该改善办公环境，提高工作手段，当前要适应信息化社会的要求，尽快建立协会网站，并同企业与中国建筑装饰协会的链接，以便于更好的开展工作。一些地方协会的信息化建设滞后，已经影响到协会工作的顺利进行，协会的信息化建设不能落在会员单位的后面，否则还怎么为会员单位提供服务呢。

谈了一些看法，仅供大家参考。行业还会发展，协会工作也还会有更大进步。最后，祝大家身体健康，心情愉快。

在迎接入世挑战做大做强企业经验交流会上的讲话

中国建筑装饰协会常务副会长兼秘书长　**徐　朋**

（二〇〇四年九月三日）

各位来宾，各位代表，新闻界的朋友们：大家好！

首先，我代表中国建筑装饰协会以及建筑装饰行业的所有同仁，向各位领导、各位来宾、新闻界的朋友们表示衷心的感谢——感谢你们在百忙之中，抽出宝贵的时间出席今天的会议，更感谢你们对中国建筑装饰行业一如既往的关心和支持，同时，我们迫切地希望能够得到你们的帮助，非常欢迎各位出席今天的会议，就企业如何做大做强进行经验交流。

2002 年 5 月，中国建筑装饰协会在武汉召开了“应对入世的战略研讨会”，中国入世，意味着中国市场的国际化，加上中央一再强调的“走出去”的发展战略，鼓励和支持企业开拓两个市场，利用两种资源，积极参与国际大循环，造就一批行业的领导企业，不仅有竞争力，还要有抗风险的实力，能够在中国市场上同跨国公司竞争，也能在国外市场上较量，已经成为行业协会的重点。中装协明确提出，“扶大扶优扶强”是行业的发展方针。为此，几年来，开展了一系列的相关工作和活动。通过百强对企业进行评价推介就是其中一个活动。

中国建筑装饰行业百强企业评价推介活动始于 2003 年，这项活动逐步为广大企业所认识，它已逐步成为更好贯彻“扶大、扶优、扶强”的战略方针，促进行业信用秩序的建立和可持续发展的比较有效的方式，也逐步被市场和社会认可。

今年开展的“2003 年度建筑装饰百强企业评价推介”活动是第二届，评价范围包括主业是建筑装修装饰工程专业承包企业、主业是建筑幕墙工程专业承包企业以及主业是房屋建筑工程施工总承包增项为建筑装修装饰工程的企业。评价的依据主要是企业 2003 年度综合实力。2002 度评价，我们设计了七项指标，通过一年的实践，大家认为应该简化，本年度调整为四项，即营业结算收入、利润总额、税金总额和企业总资产等相关指标进行综合评价。

本次建筑装饰百强企业评价，是在企业自愿参加，各省、自治区、直辖市建筑装饰协会初审推荐的基础上进行的，主办单位仍为中国建筑装饰协会、中华建筑报社，并由中华建筑报社承办的，这也是按国际惯例，目的是发挥媒体的作用，减少一点“行政色彩”，多一点非官方的舆论评价。中华建筑报社很认真组织专业人员对申报资料进行了严格的抽查、审计，并按评价标准进行严密的统计、核算，然后组织专家对入围企业进行了严谨的评议、审核。经过半年的努力工作，最终评出百强企业。

本届建筑装饰百强企业评价活动具有以下特点：

一是完善了评价方法，改进了评价指标。中国建筑装饰协会和中华建筑报社在认真总结2002年度百强企业评价工作经验，广泛征求业内意见和建议的基础上，进一步完善了工作程序，修订评价标准，使评价更科学、更客观。

基于百强评价是“评强”，而非“选优”，取消了增加值、市场评价这两项与“强”关联度不高的指标，加重了年度建筑装修装饰工程或建筑幕墙工程施工和设计结算收入营业总额、保留了年度建筑装修装饰工程或建筑幕墙工程施工和设计各类税金总额和企业总资产等指标。

二是企业踊跃参评，入围门槛大幅提高。本届建筑装饰百强企业评价参评下限为年度建筑装修装饰工程或建筑幕墙工程结算收入营业总额10000万元人民币，比上届增加了2000万元。行业内有影响、够条件的优势企业基本上都报名参评。最终入围的百强企业的年度建筑装修装饰工程或建筑幕墙工程结算收入营业总额平均达到29762万元，比上届增加9300万元，增长了45.7%。

三是骨干企业成长壮大，品牌价值显著提升。百强企业的发展历程集中反映了建筑装饰行业的运行特点，一批综合实力强、市场信誉高、竞争有优势的骨干企业继续保持领先水平。苏州金螳螂建筑装饰股份有限公司再次荣登榜首；苏州金螳螂、浙江亚厦、深圳瑞和、沈阳远大、深圳长城、深圳海外等建筑装饰企业，已成为建筑装饰行业有影响力的知名品牌。

四是家装企业长足进步，昂首进入百强企业。尽管家装已成为我国新的消费热点，其总产值已占全国建筑装饰行业年总产值的50%以上，但以往家装企业给人的印象是规模小，经营服务不规范。今年，以家庭装饰为主业的北京东易日盛装饰有限责任公司进入了百强行列，以不容置疑的事实证明，不论是经营规模，还是管理水平，家装企业都已取得长足进步。

两届百强企业评价推介的实践证明，按照国际惯例，由行业协会主办，新闻媒体承办，采用行业评价的方式，向政府主管部门、工程业主及全社会推介本行业百强企业，无论是对于百强企业本身，还是整个建筑装饰行业的发展都具有重要意义。

第一，连续两届建筑装饰行业百强企业评价得到了行业的普遍认同，产生了较为广泛的社会影响，百强企业可以借此机会充分展现自己，进一步强化、提升企业的品牌价值，增强品牌竞争力。因此，中国建筑装饰百强企业评价将有力推动优势企业进一步做大做强。

第二，中国建筑装饰行业百强企业评价，遵循“公开、公平、公正”的原则，以企业的综合实力为着眼点，客观、准确、全面地展示了中国建筑装饰行业骨干企业的风貌，为工程业主选择装饰施工队伍提供了准确、可靠的评价信息。争创百强企业的过程，就是加强自律，共铸诚信的过程。因此，中国建筑装饰百强企业评价将有力促进行业信用秩序的建立。

第三，中国建筑装饰行业百强企业评价为建筑装饰企业提供了一面镜子，可以看清自身在行业中的地位，了解竞争的实力，把握行业的发展趋势。百强企业无一不是在激烈的市场竞争的大潮中，搏风击浪，百折不挠的优秀企业，他们是中国建筑装饰行业的表率。榜样的力量是无穷的。向百强企业看齐，争创百强企业的过程，就是不断奋斗的过程。因此，中国建筑装饰百强企业评价将有力地激发建筑装饰企业的积极性和创造性。

近年来，建筑装饰行业随着房地产业、建筑业的发展已经成为国民经济的重要产业。2003年是我国建筑装饰行业的高速发展年，根据相关统计数据推测，全国建筑装饰行业产值超过8000亿元。建筑装饰市场的繁荣，拉动了20多个相关产业的发展。据统计，建筑装饰行业每年为建材业提供了2750亿元的市场容量，使建材行业连年保持了10%以上的增长速度。建筑装饰行业每年为林工产品带来近700亿元的市场空间。据国家旅游局统计，每年仅饭店宾馆新建和改造带来的装修工程量就在500亿左右。这一行业还带动了物流产业的繁荣与发展。我国建筑装饰行业现有企业20余万个，从业人员1000余万人，为扩大就业，促进城乡共同繁荣起到了积极作用。

当前，我国正处在快速发展时期。国家“十五”规划的基础设施建设、西部大开发、东部地区进一步开发开放、东北老工业基地振兴等重大战略的实施，为我国建设事业的快速发展创造千载难逢的良机，建筑装饰行业有着广阔的发展前景。但是，我国建筑装饰行业整体上仍属于粗放型行业，与全面建设小康社会的宏伟目标对建筑装饰行业提出的要求还存在着差距，其特点表现为“四低二高”：工业化水平低、成套技术集成度低、劳动生产率低、建筑产品的综合质量水平低；资源消耗高，污染程度高。因此，建筑装饰行业必须立足人民的利益和群众的需求，加快科技创新、管理创新，探索适合国情的行业发展新路子，积极推进产业化、现代化，逐步实现建筑装饰行业生产方式从粗放型到集约型的转变，提升整体水平。

百强企业作为行业的主力军，抓住重要战略机遇，在技术创新、资源优化配置、产权改革等方面取得了优异的成绩。这些企业是中国建筑装饰行业的脊梁！责无旁贷地肩负推动行业发展的责任。我真诚地希望有更多的企业争创百强、跻身百强。真诚地希望通过这些活动，增进企业交流，提高管理水平，提升综合实力，全力推动建筑装饰行业持续健康发展。但是，也必须说明，百强企业评价推介活动，只是一种方法，不是最终目的。最终的目标是造就有国际竞争力的旗舰式企业。

作为主办单位——中国建筑装饰协会、中华建筑报社有信心、有能力把中国建筑装饰行业百强企业评价办成年度例行的、权威的行业评价活动。为此，我们将禅思竭智，不懈努力。

祝百强企业百尺竿头，更进一步，强者更强！愿更多的企业奋起直追，后来居上！祝这次迎接入世挑战做大做强经验交流会取得成功！

“建筑装饰行业职工用心装饰世界文艺演出”观后感

全国优秀建筑装饰协会工作者　中国建筑装饰协会行业发展部主任　王本明

为了庆祝中华人民共和国建国55周年暨中国建筑装饰协会成立20周年，由中国建筑装饰协会组织的大型职工文艺演出“用心装饰世界”，2004年9月2日在北京展览馆剧场成功上演。一台结合建筑装饰行业特点，有较高艺术水准，表现行业精神文明建设成果的文艺演出，历时三个多小时，凝聚了行业的精气神，鼓舞了行业的斗志。由于前期给我安排了一个小角色，有幸参加了排演的走台，虽然没能最后成行，但有幸接触到了众多的企业演员。并观看了现场演出，体验了编排的辛苦和演出的强大振撼力和影响力，心中颇有感受，概括为以下几点。

1．确实反映了行业精神文明建设的成果

本场文艺演出弘扬了主旋律，节目既品位高雅，又体现了时代特征、行业特征、从业者队伍特征。特别是参加演出的单位，绝大多数是民营企业，却表现了良好的社会责任感、纪律性和协作性。以大连红太装饰工程公司为代表的演出人员，服从命令，严格纪律，保证了在短短几天内，就完成了整台节目的合练和最后成功演出。武汉旺轩建筑装饰有限公司、南京金陵建筑装饰有限责任公司的舞蹈演员，出色地为其他单位的歌手伴舞，精心苦练，动作的艺术性没有丝毫的降低；有些节目不仅跨单位，而且是跨地区组合，如新编男女声二重唱《逛新城》，就是由杭州国盛装饰工程有限公司的女演员和南京百会装饰工程公司的男演员合作演出的。整台节目的编排、演练无不体现了企业和演员顾全大局、相互协作、追求完美、敬岗爱业、任劳任怨、蓬勃向上的精神风貌，展示了行业良好的道德品质，反映了行业精神文明建设的成果。

有人说民营企业只认钱，不注重精神文明建设，这是对民营企业及企业家的误解。本次送演节目的很多民营企业家，为了自己企业的节目能够入选，除聘请了高水平的专业演员，进行艺术上、技术上的指导外，还反复向组委会表示搞好节目的信心，希望自己的节目能够反映出企业的精神面貌。像东北的“二人转”这样的曲艺形式，也表现的是行业精神文明建设和物质文明建设的成果。事实说明，在建筑装饰行业内，有远见的民营企业家，十分重视精神文明建设，重视企业的文化建设与作风的培养，并采取了切实有效的措施，在企业生产力发展的同时，提升了企业的精神文明建设水平。

2．确实反映了建筑装饰行业的文化素质

综观整台节目，除合唱《祖国颂》、男声二重唱《中国人》及女声独唱《五星红旗》外，都是自编或改编的节目，其中自创自编的节目占到70%以上。所有演职人员，几乎都是企业的职工，既有第一线的生产操作工人，也有设计师，也有企业的高层负责同志。但演出的水准却是专业水平的，在服装、场景、灯光、编舞等方面，体现了较高的艺术与文化品位。金螳螂建筑装饰股份有限公司的时装情景秀，服装设计的文化底蕴和艺术风格，都有赶超专业服装设计专业的创作意味；扬州日模邗沟装饰工程有限公司的女声二重唱《七彩人生》，词、曲及演唱都具有超专业的水准。特别是中国建筑装饰协会及地方建筑装饰协会的领导，也参与了演出的创作，表现了行业整体的创作热情。中铁二局集团装饰装修工程有限公司自编的男女对唱《新居赞》、金螳螂建筑装饰股份有限公司创作的男声独唱《装扮你的世界》、黑龙江国光建筑装饰有限公司创作的《用心装饰世界》等，都体现了行业的文化、艺术素质水平。

在表演形式上，整台节目也具有多样性。演出的节目形式，达到近20种，既有威风振撼，也有情意绵绵；既有激扬高亢，也有细微周到；既有宏观赞扬，也有微观表彰，整台节目的艺术多样性，可以同中央电视台的“春节联欢晚会”媲美。特别是像扬剧表演唱《扮靓咱们的火车站》这样的地方小剧种，音乐摇滚快板这样的新型表演形式，在其他文艺演出中非常罕见。此次演出表现的艺术水准，反映了行业内职工文化活动的经常性，器具的演奏技巧之高，声乐演唱的美妙，舞蹈表演的精彩，都反映演员训练有素，决不是短期速成的艺术修养。整场演出的艺术风格及艺术水准，体现了建筑装饰行业的文化、艺术素质在市场经济的运作中不断提高，可以说是水平不让专业演员。整场演出的高水平，也是行业技术与艺术相统一的要求，是行业可持续发展的重要物质条件与精神财富的储备。

3．确实得到了行业内的欢迎和支持

为了配合中国建筑装饰协会的职工文艺演出，各地都进行了精心的准备，浙江、江苏等部分地区举行了地区内的行业文艺演出，并将优秀节目送到中国建筑装饰协会，协会共收到报名节目85项，最后确定了25项参加演出。仅从报送节目的数字上，就可看出此项活动在行业内受欢迎的程度。

由行业协会举办全国性职工文艺演出，这在我国经济与社会生活中并不多见，为此，中国建筑装饰协会的尝试是宝贵的。这不仅包括程序上的规范化，为活动提供了坚实的基础，同时，行业协会的号召力、凝聚力与影响力，也成为成功演出的重要条件。经过理事会审议通过，广泛的宣传，提高了行业的认识程度，也是成功演出的社会基础。

在市场经济条件下，企业之所以能够出资、出人参加行业的文艺活动，其关键是文艺演出一是个良好的宣传平台，很多节目不仅体现了行业的特点，同时反映了企业的经历、业绩，如浙江飞耀建筑装饰工程有限公司的相声《好字当头》、江苏华泰建筑装饰工程公司的现代摇滚快板“江苏华泰，在江岸腾飞”等，都直接把文艺演出与企业的经营思想、发展经验等结合起来，不仅艺术形式新颖、而且对企业的宣传效果也非常突出。

4. 确实表现了行业发展的美好前景

参加本次演出的演职人员共280多人，队伍庞大，反映了行业的人才济济，后继有人。特别是本次演出绝大多数是年青人，很多是80年代出生的一代新人，具有良好的艺术修养，又热爱行业，专业知识与能力很强，展现了80年代的年青人有个性、有朝气，将会成为行业发展的骨干。

演出无论从形式上，还是从内容上看，都表现出行业的勃勃生机，具有敢于迎接一切挑战的精神状况。无论是集体性节目，还是个性化节目，都结合了行业的实际市场内容，表现了建筑装饰工程的成果。所有演出节目，都反映了建筑装饰行业具有进步、发展雄厚的社会基础和良好的社会环境，建筑装饰行业，特别是家庭装饰装修业，已成为人民群众喜爱参与的行业。个别企业邀请了个别专业演员，演出的节目也是由企业自编，例如著名的800斤演唱组，演唱的是上海蓝天房屋装修工程公司自编的《蓝天铁军之歌》，表明行业内的事情社会的认知度很高。特别是本次演出的2个小品节目，由深圳市家家喜居室装饰工程有限公司表演的《私房钱》、由辽宁荣昌装饰装修有限公司送演的《烦恼装修》，都不仅反映了行业目前存在的问题，也揭示了行业中存在的光明、积极的因素，反映了行业的发展前景。

演出的阵容整齐、内容健康、风格高雅、底蕴十足，不仅表现了建筑装饰行业的既有实力，体现了企业发展的信心和决心，也反映了行业厚积薄发、发展的前景一片光明，表现了从业者队伍对行业发展的信心和决心。

应该感谢所有演职人员，他们的辛勤劳动，为我们奉献了精神上的享受。也感谢上海、江苏、浙江等地方协会的同志，是他们把地方业内企业的精神风貌带到北京，展现了行业的风采，鼓舞了行业。更要感谢行业内的企业，是他们两手都抓，而且抓的实、抓的硬，才造就了行业的物质文明建设的辉煌和精神文明建设的硕果。

“用心装饰世界”

——参加中国建筑装饰协会成立20周年庆祝活动有感

全国优秀建筑装饰协会工作者 黑龙江省建筑装饰协会副秘书长 赵兴武

2004年9月2日是中国建筑装饰行业的大喜日子，来自全国各省、市、自治区、直辖市的1300多位会员代表着全国1000万建筑装饰从业者满怀激情汇集到北京，共同庆祝中国建筑装饰协会成立20周年。

历时三天的活动给每一位参会代表都留下了极其深刻的印象，大家一致认为本次大会开得好，欢庆务实、内容丰富、振奋精神。

开幕式上马会长的主题报告全面系统、客观真实地总结了中国建筑装饰协会发展20年的历程，从无私奉献、艰苦创业到与时俱进、全面发展，协会的两大历史阶段可以看出中国建筑装饰协会是随着我国的改革开放、实践三个代表精神、为实现中国的小康社会全面务实工作先进的民间社团组织，在这里面汇集着一大批对行业热爱、充满着激情、智慧、无私奉献的协会工作者和企业家。

为贫困地区捐赠希望小学是中国建筑装饰协会发展20年回报社会的一次善举，深得业内人士的支持和社会的赞许，体现出建筑装饰行业的社会责任感，同时也提高行业的整体社会形象。

大会表彰全国建筑装饰优秀企业家、优秀协会工作者、全国有成就资深室内建筑师和全国杰出中青年室内建筑师、中国建筑装饰行业百强企业评价推介等活动，已证明我们的行业发展已经成为我国社会主义物质文明和精神文明的一个重要组成部分，通过我们辛勤工作为推动国民经济发展和社会进步方面做出了贡献，这也是中国建筑装饰协会成立20年来丰硕成果的具体表现。

中国建筑装饰协会是人材聚集的团体。从装饰装修工作中可以体现出我国传统的和现代的先进文化完美结合，全国建筑装饰行业书法、绘画、篆刻、摄影展，虽然时间很短，但是充分展示了中国建筑装饰协会广大会员的文化素质和实力，向全国展示了我们的行业广大员工蓬勃向上的精神面貌，正如徐朋秘书长在展览前言中写到：全国建筑装饰行业人才济济，卧虎藏龙；不乏丹青妙手、书道能人；有专业也有业余，可谓流派纷呈、万紫千红……

“用心装饰世界”全国建筑装饰行业职工文艺演出把这次庆祝活动推向了高潮，来自全国各地的节目大多是自编、自导、自演的，虽然有些节目还略显稚嫩，便她却反映着我们行业的心声，感人肺腑、催人泪下，这里凝结着我们行业主创人员的智慧和汗水，为大会奉献了这么一台宣传主旋律积极向上，反映我们自己生活的好节目。黑龙江国光建筑装饰公司的男女生二重唱：“苦也不说，累也不说，用心装饰世界，这就是我们装饰行业的精神世界”。朴实无华的语言道出了装饰人的酸甜苦辣，也反映出了装饰人的崇高精神面貌。

正是有了这样的人，组成了这样的一个集体，才呈现了我国欣欣向荣、朝气蓬勃的这样一个产业——建筑装饰行业。为我们的事业歌唱，为我们的明天起舞，祝愿中国建筑装饰行业如日中天、再创辉煌……

·全国建筑装饰行业信息化建设工作会议·

会议报道：

用信息化推动我国建筑装饰行业跨跃式发展

——记“全国建筑装饰行业信息化建设工作会议”

《中国建筑装饰》编辑部　特约观察员

一、会议简况

党的十六大提出了“坚持以信息化带动工业化，以工业化促进信息化”的要求，建设部也制定了《建设部信息化工作管理办法》、《2003～2008 年全国建筑业信息化发展规划纲要》、《建设事业信息化“十五”计划》等一系列文件。全面贯彻十六大精神，坚持用新型工业化和高新技术改造传统产业，加快信息化建设步伐，是实现我国建筑装饰行业跨跃式发展和提高竞争力的根本途径。为此，2003 年 4 月 12 日～13 日，中国建筑装饰协会在北京华润饭店召开了来自全国 39 个城市有 300 位代表出席的“全国建筑装饰行业信息化建设工作会议”。

本次会议系全行业首次召开，既是 2003 年 9 月“全国建筑装饰行业科技大会”的延续，也是中国建筑装饰协会为提高服务层次加强行业管理的重要措施。

会议的主要内容有六方面：一是听取建设部、中国建筑装饰协会、信息产业部、国家版权局等有关方面领导的重要讲话；二是听取 6 位来自建设部科技司、国务院发展研究中心、国家信息中心等有关部门领导、专家的专题报告；三是讨论通过中国建筑装饰协会提出的《关于建筑装饰行业信息化建设工作的若干意见》的文件；四是举办有 19 位业内专家、学者、企业家进行演讲的“网络投资与建设”和用于提高的“网络应用与管理”的两个专项论坛；五是同时召开有 30 个地方建筑装饰协会负责人参加的“全国建筑装饰协会媒体座谈会”；六是表彰“全国建筑装饰行业信息化先进单位”。

出席会议有建设部总工程师兼建筑管理司司长金德钧，建设部信息化领导小组副组长兼科技司司长赖明，国务院发展研究中心产业部副部长冯飞，信息产业部信息化推进司司长季金奎，国家版权局版权管理司副司长王自强，中国计算机用户协会秘书长于永顺，国家信息中心副主任胡小明，中国建筑装饰协会名誉会长张恩树、会长马挺贵、常务副会长兼秘书长徐朋等有关领导。开幕式和闭幕式由徐朋主持。

参加会议的有中国建筑装饰协会副秘书长张京跃、房箴以及信息部、综合部、质量技术部、国际部、培训部等协会秘书处职能部门，信息咨询、施工、铝制品、厨卫工程、材料、电气、设计（筹）、家装（筹）等专业委员会和培训中心的负责人。

本次会议引起了地方建设行政主管部门的关注，如山东省建管局装饰处科长杜洪岭，济南市建管局装饰办副主任李莉，大连市建委副主任王忠国、刘庆茂，安徽省建设厅建筑安全办公室主任陈幼年，宿州市装饰办科长崔明，宿州市装饰办主任刘前，芜湖市装饰办主任谢涧中等参加了会议。

参加会议的有解放军建筑装饰协会秘书长沙启云和 30 个地方建筑装饰协会的领导或信息化工作主管部门负责人：北京市建筑装饰协会常务副秘书长郭仁智，上海市装饰装修行业协会副会长薛德兴、行业管理部主任俞镔昌，甘肃省建筑装饰协会会长张国杰，黑龙江省建筑装饰协会副秘书长赵兴武，吉林省建筑装饰业协会秘书长张文学，辽宁省装饰协会副秘书长杨东新，大连市建筑装饰协会秘书长杨昭富，江苏省建筑装饰协会网络部主任涂林阳，苏州市装修装饰行业协会会长孔全林、副秘书长黄静贤，常州市装饰协会副秘书长许艇，广州市建筑装饰协会信息部副主任陆中岳，深圳市装饰行业协会副秘书长韩雪梅，汕头市装饰协会办公室副主任林士楷，山东省建筑装饰协会副秘书长杜洪岭，济南装饰协会副秘书长李莉，泰安市装饰装修行业协会副会长孙兆水，河北省建筑装饰协会副秘书长李希元，安徽省建筑装饰协会副会长陈幼年、培训部主任张红燕，合肥市建筑装饰协会副秘书长徐凡，武汉建筑装饰协会会长彭国云，湖南省建筑装饰协会办公室副主任蒋杰，长沙市城市房屋装饰装修行业协会秘书长曾庆丰，江西省装饰行业协会办公室副主任高瑾，福建省建筑装饰协会办公室副主任张新金，浙江省建筑装饰协会办公室主任施其林，杭州市建筑装饰协会办公室副主任来刚，陕西省建筑装饰协会办公室副主任高碧辉，河南省建筑装饰协会信息部主任徐宏峰，内蒙古自治区建筑装饰协会副秘书长张伯荣、信息部主任李玉玺，乌鲁木齐市建筑装饰协会办公室副主任倪志刚等。

各地建筑装饰协会对此会十分重视，做了大量动员工作，如3月22日江西省装饰行业协会发出“关于转发中国建筑装饰协会《召开全国建筑装饰行业信息化建设工作会议通知》的通知”（赣装协安[2004]02 号），反映出江西省装饰行业协会对行业信息化的高度重视和敏捷的意识。组织10人以上代表与会的有大连、合肥、深圳、苏州、黑龙江、吉林、山东等地方建筑装饰协会，特别是北京，做出了突出贡献。

参加会议的代表来自北京、上海、天津、广州、深圳、东莞、佛山、汕头、哈尔滨、大庆、长春、沈阳、大连、石家庄、唐山、济南、泰安、青岛、南京、苏州、常州、安徽、合肥、宿州、芜湖、武汉、西安、太原、南宁、杭州、福州、厦门、郑州、成都、南昌、长沙、乌鲁木齐、呼和浩特、兰州等39个大中城市。基本上反映出我国建筑装饰行业信息化发展的程度，这些地区是比较高并正在积极发展的。

中国建筑装饰协会特为会议准备的《全国建筑装饰行业信息化建设工作会议文件资料集》同时出版发行。中国建筑装饰网、《中国建筑装饰》、《装饰名品》、《中华建筑报》、《中国建筑装饰装修》五大中国建筑装饰协会媒体对大会进行了全方位的集中报道。

二、大会开幕式

4月12日，大会举行了隆重的开幕式。出席大会并在主席台就座的领导有建设部总工程师兼建筑管理司司长金德钧，建设部信息化领导小组副组长兼科技司司长赖明，国务院发展研究中心产业部副部长冯飞，信息产业部信息化推进司司长季金奎，国家版权局版权管理司副司长王自强，中国计算机用户协会秘书长于永顺，中国建筑装饰协会名誉会长张恩树、会长马挺贵、常务副会长兼秘书长徐朋，开幕式由徐朋主持。

首先由马挺贵会长致开幕词，他在阐述了本次大会的意义、目的和主要内容后，希望行业内的企业，能够跟上信息化的步伐，实现建设部信息化发展规划纲要目标，率先实现行业的信息化。为实现我国建筑装饰行业跨越式发展提供坚强的物质保障条件。

随后，金德钧总工程师作了重要讲话，他代表建设部向“全国建筑装饰行业信息化建设工作会议”表示了热烈的祝贺，然后他指出，全面贯彻十六大精神，坚持用高新技术改造传统产业，加快信息化建设步伐，是我国建筑装饰行业实现跨跃式发展和提高竞争力的根本途径。中国建筑装饰协会这次召开行业信息化建设工作会议，是贯彻“三个代表”重要思想，落实党的十六大精神，提高协会服务层次，加强行业管理的重要举措。建设部历来十分重视建筑装饰行业的发展，建筑装饰行业要认真落实光焘同志的讲话精神，与时俱进，加强行业自律，提高行业服务和行业管理的水平和能力。最后，他预祝“全国建筑装饰行业信息化建设工作会议”圆满成功！

季金奎司长就信息化建设的内容及重要性进行了阐述，他指出，计算机技术和互联网的应用是世界发展趋势，在经济全球化的今天，信息化水平已是衡量国家发展水平的重要标志，信息产业部对社会各行业推进信息化工作表示全力支持。最后，他还就建筑装饰行业信息化建设提出四点建议：一是要提高对信息化的认识；二是要以科学发展观为指导，以应用为主导；三是要统筹规划，分步实施，着眼规划，立足当前；四是要抓典型、抓示范，总结交流

经验，分类指导。

王自强副司长就版权保护方面的问题作了讲话。他指出，目前我国软件盗版情况比较严重，破坏了公平竞争的市场环境，阻碍了产业的发展，只有通过版权保护，才能为市场提供强大的支持。他呼吁我国建筑装饰企业使用正版软件和国产软件。

四位领导讲完话后，在主席台上就座的领导与全体代表在集体合影留念。在前排就坐的有在主席台上的各位领导，各省市区建筑装饰协会的负责人。

三、主题报告和论坛演讲

开幕式结束后，中国建筑装饰协会常务副会长兼秘书长徐朋就“关于建筑装饰行业信息化建设工作的若干意见”做了说明、建设部信息化领导小组副组长兼科技司司长赖明就“建设事业信息化工作”、国务院发展研究中心产业部副部长冯飞就“全面建设小康社会与信息化建设”、国家信息中心副主任胡小明就“中国信息产业的现状一发展趋势”、中国经济互联网副总经理孙大奇就“企业的信息化建设与网络建设”、北京科普兰德科技有限公司副总裁杨俊伟就“高效、节约成本的采购服务体系——BMMP 三维实景建材交易平台”、IBM 公司制造部中国区经理许正就“传统企业的 e 化之路”相继做了主题发言。

19 位业内专家、学者和企业家，分别在“网络投资与建设”、“网络应用与管理”两个专业论坛上进行了演讲，既有公装企业，也有家装企业；既有内装企业，也有幕墙企业；既有材料供应商，也有软件开发商；既有政府官员，也有大学学者；既有总经理，也有网络主管。可谓比较全面。

网络投资与建设论坛——由中国建筑装饰协会信息咨询委员会秘书长兼“中国建筑装饰网”总监田万良、行业发展部主任王本明分别主持，10 位专家、企业家相继演讲：

北京施惠特科技有限责任公司总经理张青“建筑装饰企业信息化建设的实施步骤与方法”、北京神龙建筑装饰工程有限公司总经理助理陈保安“信息化是提高民营企业竞争力的必然选择”、中望龙腾科技有限公司北京公司总经理徐立军“国产软件的发展与应用”、清华大学网络应用研究所副所长王小明“企业局域网建设中的技术与投资内容分析”、石家庄常宏建筑装饰工程有限公司总经理王跃“企业局域网建设中的几个关键问题”、上海荣欣家庭装潢有限公司总经理陈国宏“信息化是企业资源优化配置的保证”、欧特克远东有限公司中国区销售经理姜中强“Discreet 可视化表现在建筑装饰的应用”、国家版权局宣传处处长段玉萍“正版化与发展民族信息化产业”、深圳极尚建筑装饰工程有限公司总经理倪阳“基础网络的应用带来实用高效的信息环境平台”、广东东鹏陶瓷有限公司信息部经理邝锦初“以信息化建设提高企业市场占有率”。

网络应用与管理论坛——由中国建筑装饰协会信息咨询委员会副秘书长兼“中国建筑装饰网”副总监高世彦、信息部主任兼会刊《中国建筑装饰》主编黄白分别主持，10 位专家、企业家相继演讲：

广东省建筑装饰集团公司总工程师陈耿明“信息化在施工中应用实践”、深圳三鑫特种玻璃技术股份有限公司办公室主任石志并“信息化是保证建设工程品质的物质条件”、北京建谊建筑工程有限公司信息部经理周巨樟“以信息化带动企业的专业化发展”、深圳金粤幕墙装饰工程公司信息部主任朱峰“信息化建设是企业文化建设的重要组成部分”、深圳海外装饰工程公司副总经理赵春生“信息化在企业项目管理中的应用”、哈尔滨麻雀装饰工程设计有限公司董事长冯雪冬“麻雀设计系统：一个装饰企业信息化的体验”、苏州金螳螂建筑装饰有限公司信息部主任马文“企业局域网站安全防范的几点体会”、常州华东装璜有限公司人力资源部总监王启阳“信息化管理实现利润最大化的探索”、北京恒智天城科技有限公司经理程浩“工程资料管理软件的应用”。

中国建筑装饰协会名誉会长张恩树、会长马挺贵、常务副会长兼秘书长徐朋自始至终地参加了论坛，认真听取了专家、学者、企业家的演讲，使与会代表体会到什么是“与时俱进”；专家、学者、企业家的演讲，使人们体会到什么是“企业信息化”；与会代表对信息化的执著精神，使会议体现出什么是“行业的信息化”。

四、建筑装饰协会媒体座谈会

全国建筑装饰协会媒体座谈会于 4 月 12 日晚召开，中国建筑装饰协会会长马挺贵出席了会议。会议由协会副秘书长房箴主持，协会信息部主任兼会刊《中国建筑装饰》主编黄白、信息咨询委员会秘书长兼“中国建筑装饰网”总监田万良、副总监高世彦等协会信息化主管部门负责人参加了会议。

与会代表来自北京、上海、湖南、黑龙江、长春、吉林、江西、福建、广州、深圳、汕头、安徽、合肥、江苏、苏州、常州、甘肃、大连、山东、济南、泰安、长沙、乌鲁木齐、河北、浙江、杭州、陕西、河南、武汉、内蒙古等 30 个地方建筑装饰协会和中国人民解放军建筑装饰协会的领导及网络主管，包括《中华建筑报》、《中国建筑装饰装修》等报刊、会刊、网站等建筑装饰协会系统各种媒体的负责人。

会上，中国建筑装饰协会信息咨询委员会理事长崔勇就“中国建筑装饰网的运行与管理”、上海市装饰装修行业协会“上海家庭装饰网——我爱我家”网管部经理王剑峰就“行业协会网站作用的发挥”、北京市建筑装饰协会常务副秘书长郭仁智就“发挥会刊在业内的指导作用”、深圳市装饰行业协会副秘书长兼工会主席韩雪梅就“会刊在行业中的地位和作用”为题相继进行了主题发言，引起了与会人士的重视。

与会人士讨论了建筑装饰协会信息化建设亟待解决的共同利益的问题，就加快建筑装饰协会信息化建设的主要措施达成基本共识，并形成了《会议纪要》。

五、大会闭幕式

4 月 13 日下午，会议圆满完成了预定的议程，举行闭幕式。中国建筑装饰协会名誉会长张恩树、会长马挺贵、常务副会长兼秘书长徐朋，各地方建筑装饰协会负责人和来自各地的会议代表出席了闭幕式。闭幕式由徐朋主持。

中国建筑装饰协会信息部主任兼会刊《中国建筑装饰》主编黄白宣读了中国建筑装饰协会《关于表彰全国建筑装饰行业信息化建设优秀企业的决定》，张恩树、马挺贵、徐朋三位中国建筑装饰协会领导为 113 家全国建筑装饰行业信息化建设优秀企业颁发了证书，包括行业协会 4 家、业内媒体 9 家、建筑装饰工程企业 70 家、建筑幕墙工程企业 9 家、家装工程企业 15 家、增项装饰的土建工程企业 2 家、专业软件 1 家、材料供应厂商 3 家。

中信室内装修工程公司总经理助理林东、吉林省宝鑫建筑装饰工程有限公司董事长陈兴海代表获奖企业，在会上结合自身实际对此次大会的圆满举行发表了感言。

根据上海市装饰装修行业协会行业管理部主任俞镔昌等代表的建议，中国建筑装饰协会对这次发奖颁证形式尝试了改革，由地方建筑装饰领导为获奖企业代领：由北京市建筑装饰协会常务副秘书长郭仁智代表北京、上海市装饰装修行业协会行业管理部主任俞镔昌代表上海、江苏省建筑装饰协会副会长、苏州市装修装饰行业协会会长孔全林代表江苏、山东省建筑装饰协会副秘书长杜洪岭代表山东省、黑龙江省建筑装饰协会副秘书长赵兴武代表黑龙江、深圳市装饰行业协会副秘书长韩雪梅代表广东、河北省建筑装饰协会副秘书长李希元代表河北、吉林省建筑装饰业协会副会长杨霁野代表吉林、太原市建筑装饰协会副秘书长吴黎明代表山西、辽宁省装饰协会副秘书长杨东新代表辽宁、天津市环境装饰协会常务理事刘卫泉代表天津、江西省装饰行业协会办公室副主任高瑾代表江西、武汉建筑装饰协会常务理事钱俊雄代表湖北、成都市建筑装饰协会常务理事周国英代表成都、中国建筑装饰协会信息咨询委员会副秘书长代表协会、网站、河南、福建、西安、甘肃、安徽、新疆等地，15 位代表分两批到主席台领取了证书，几十台数码相机蜂拥而上，争相记录下这一光荣的时刻；与会代表报以热烈的掌声，对获奖单位表示热烈祝贺。

与会代表普遍反映，这次评选先进，为我国建筑装饰行业树立了一批加快信息化进程的榜样，既体现了行业活动的公益性（无任何费用），又有了行业的鼓励性和示范性；这种颁奖形式，既解决了荣誉的表现形式问题，又体现了工作的效率与公平。

马挺贵会长做了大会总结讲话，他重点就行业如何落实本次会议精神，推动全行业信息化建设谈了四点意见。一要进一步提高"信息化建设"的思想认识；二要切实加快信息化建设的速度，提高行业计算机应用技术和计算机网络技术的应用水平；三要建立全行业的信息网络，加大行业内信息链接的力度；四要抓好经验总结，继续推广典型经验。

马会长指出，全国建筑装饰行业信息化建设工作会议，经过两天的会期，基本完成了预定的议程，今天就要胜利闭幕了，今天，我们还对业内信息化建设的先进单位进行了表彰，起到了典型引路、带动行业的作用。同时，中国建筑装饰协会就行业的信息化建设，提出《关于建筑装饰行业信息化建设若干意见》，作为本次会议的重要文件，下发到各地方建筑装饰协会及业内企业。可以说，本次会议从宏观到微观，从思想认识到技术措施，从普及型技术到专业化技术，从共性的标准化到个性的特殊化，都进行了广泛的交流。与会代表提高了认识，掌握了新的知识，获取了新的信息。将在今后的信息化建设中得到更好的运用，发挥出更大的作用。

中国建筑装饰协会对本次会议进行了近一年的筹备工作，成立了会议组委会，主任：中国建筑装饰协会常务副会长兼秘书长徐朋，副主任：中国建筑装饰协会副秘书长房箴、信息咨询委员会秘书长田万良，成员：中国建筑装饰协会综合部主任王毅强、行业发展部主任王本明、信息部主任兼会刊《中国建筑装饰》主编黄白，进行了大量的调研论证，相继在深圳、济南、苏州、石家庄等地召开有当地建筑装饰协会领导和业内骨干企业参加的座谈会。中国建筑装饰协会在 2003 年 12 月 28 日在北京召开的五届三次理事会上做出了会议举行的具体目标、内容、时间等决策，在 2004 年 3 月 8 日在广州召开的有 48 个地方建筑装饰协会参加的"全国建筑装饰协会秘书长工作会议"上进行了布置。中国建筑装饰协会领导在杭州、广州、深圳、北京、江苏、福建、河南等地方建筑装饰协会召开的会议上进行了广泛的宣传，得到了业内有深度的响应。

本次会议的会务工作主要由中国建筑装饰协会信息咨询委员会和中国建筑装饰协会信息部、会刊《中国建筑装饰》编辑部承担，与会代表对大会有效率的会务工作普遍表示满意。

闭幕式后，中国建筑装饰协会举行了盛大的晚宴，由中国建筑装饰协会副秘书长张京跃主持，与会代表十分重视这一业内重要的交流机会和场合，气氛热烈和谐。与会代表和领导形成的共识是：本次会议既是一次内容非常丰富，专业技术性极强的会议，又是一次推动我国建筑装饰行业信息化建设的动员会和誓师会，是在我国建筑装饰行业信息化建设中，具有里程碑意义的一次会议。本次会议规模虽然没有当初估计的那么大，但是实际效果很好。业内愿携手共进，努力用信息化推动我国建筑装饰行业的跨跃式发展。

在全国建筑装饰行业信息化建设工作会议上的讲话

建设部总工程师兼建筑市场管理司司长　**金德钧**

（二〇〇四年四月十二日）

各位领导，各位代表：

首先，我代表建设部向“全国建筑装饰行业信息化建设工作会议”表示热烈的祝贺！

党的十六大提出了“坚持以信息化带动工业化，以工业化促进信息化”的要求，建设部也制定了《建设部信息化工作管理办法》、《2003～2008 年全国建筑业信息化发展规划纲要》、《建设事业信息化“十五”计划》等一系列文件。全面贯彻十六大精神，坚持用高新技术改造传统产业，加快信息化建设步伐，是我国建筑装饰行业实现跨跃式发展和提高竞争力的根本途径。中国建筑装饰协会这次召开行业信息化建设工作会议，是贯彻“三个代表”重要思想，落实党的十六大精神，提高协会服务层次，加强行业管理的重要举措。

大会还要表彰 113 家“全国建筑装饰行业信息化建设先进单位”，这将为我国建筑装饰行业树立一批加快信息化进程的榜样。

建设部历来十分重视建筑装饰行业的发展，汪光焘部长在“2004 年全国建设工作会议”上的讲话中指出：要重视建筑装饰装修业的发展。充分发挥装饰装修业对建材、轻工等相关产业的拉动和就业的促进作用。要健全装饰装修产品开发、设计、施工、部品生产、管理和服务的产业系统，建立和完善生产、供给、销售和服务一体化的生产组织方式。要积极推广先进适用成套技术，不断提高建筑装饰装修业的工业化水平和建筑装饰装修产品的综合品质。要加强对建筑装饰装修市场的监督，规范装饰装修企业行为，严格市场准入和清出。大力推行一次性整体装修，减少因二次装修可能对房屋造成的破坏及环境污染。加强对室内环境质量检测工作，提高建筑装饰装修质量，保证人们居住和使用安全。

建筑装饰行业要认真落实光焘同志的讲话精神，与时俱进，加强行业自律，提高行业服务和行业管理的水平和能力。

当前，建筑装饰行业，特别是家装引发的投诉居高不下，尤其是环境污染问题，已引起了国家领导人的高度重视。群众利益无小事，我们一定要以高度的责任感，做人民满意的工程。

最后，预祝“全国建筑装饰行业信息化建设工作会议”圆满成功！

在全国建筑装饰行业信息化建设工作会议开幕式上的致词

中国建筑装饰协会　会　长　**马挺贵**

（二〇〇四年四月十二日）

尊敬的各位领导、各位嘉宾、同志们：

早上好！

经中国建筑装饰协会近一年的筹备，“全国建筑装饰行业信息化建设工作会议”今天隆重开幕了。首先，我代表中国建筑装饰协会，向出席今天会议开幕式的建设部总工程师金德钧、科技司司长赖明，国务院发展研究中心产业部副部长冯飞，信息产业部信息化推进司司长季金奎，国家版权局版权管理司副司长王自强、中国计算机用户协会秘书长于永顺，国家信息中心副主任胡小明等各位领导、嘉宾表示衷心的感谢！向出席会议的建筑装饰界的同仁及信息产业界的朋友们表示热烈的欢迎！并预祝大会圆满成功！

去年 9 月，中国建筑装饰协会召开了“全国建筑装饰行业科技大会”，拉开了装饰业科技兴业、科技兴企的序幕。如何进一步推动行业的技术进步，实现以现代工业思想对传统产业的改造和升级，这是中国建筑装饰行业面临的重大课题，也是中国建筑装饰协会的重点工作。党的十六大提出了“以信息化带动工业化，以工业化促进信息化”的经济发展方针，根据建设部制定的《2003～2008 年全国建筑业信息化发展规划纲要》、《建设部信息化工作管理办法》及《建设事业信息化“十五”计划》等文件的要求，中国建筑装饰协会把信息化建设作为推动行业科技进步和促进可持续发展的重要任务加以落实。本次会议，既是落实党和国家方针政策，推动行业全面、均衡、可持续发展的大会；也是结合行业、企业客观需要，具有很强专业技术性，指导性的大会；是对推动行业信息化建设产生重大影响力的大会。

本次大会我们特别邀请了建设部、信息产业部、国家版权局的领导作重要讲话，同时还邀请了国务院发展研究中心、国家信息中心、建设部科技司、行业发展司及中国经济互联网的领导做专题报告，并举办两个专业论坛，聘请国家版权局、清华大学、信息产业界的企业和行业内在信息化建设中先行一步的企业，就计算机应用技术、网络应用技术进行专题研讨。同时还召开全国建筑装饰协会媒体座谈会，就协会的信息化建设进行专业讨论。本次会议内容丰富，结合行业及企业的实际，具有较强的超前性、先进性、实用性和指导性。

人类社会发展到21世纪，已经进入知识经济时代，知识经济的物质基础是社会的信息化，是否能够尽快实现企业、行业的信息化，将决定企业的生死存亡，决定行业的兴衰。为此，中国建筑装饰协会制定了《关于建筑装饰行业信息化建设的若干意见》，对行业内企业信息化建设进行具体指导，并通过本次会议，提高全行业对信息化建设重要性的认识，同时为行业的信息化建设提供经济、技术投资的参考和借鉴。我们希望行业内的企业，能够跟上社会信息化的步伐，实现建设部信息化发展规划纲要目标，率先实现行业的信息化。为实现我国建筑装饰行业跨越式发展提供坚强的物质保障条件。

同志们：信息化是覆盖现代化全局的战略举措，我们要抓住机遇，加大全行业信息化建设的力度，为加快实现全面建设小康社会做出新贡献！

再次感谢各位领导、嘉宾光临大会，感谢企业界的朋友出席会议。

祝大会圆满成功！

在全国建筑装饰行业信息化建设工作会议闭幕式上的讲话

中国建筑装饰协会　会　长　**马挺贵**

（二〇〇四年四月十三日）

同志们：

全国建筑装饰行业信息化建设工作会议，经过2天的会期，基本完成了预定的议程，今天就要胜利闭幕了。首先让我代表中国建筑装饰协会向获得“全国建筑装饰行业信息化建设先进单位”称号的单位和企业表示热烈的祝贺！并再次对各位出席本次会议表示衷心的感谢！本次会议，是2003年全国建筑装饰行业科技大会之后的又一次全国性全行业的大会。会议期间，大家听取了建设部产业信息部，国家版权局等单位领导的讲话，听取了国务院发展研究中心、国家信息中心、中国经济互联网、清华大学等单位专家的报告。在2个专业论坛上，又有信息产业的企业家和国家版权局的专家及业内的十几家优秀企业介绍了经验。

今天，我们还对业内信息化建设的先进单位进行了表彰，起到了典型引路、带动行业的作用。同时，中国建筑装饰协会就行业的信息化建设，提出《关于建筑装饰行业信息化建设若干意见》，作为本次会议的重要文件，下发到各地方协会及业内企业。可以说，本次会议从宏观到微观，从思想认识到技术措施，从普及型技术到专业化技术，从共性的标准化到个性的特殊化，都进行了广泛的交流。与会代表提高了认识，掌握了新的知识，获取了新的信息。将在今后的信息化建设中得到更好的运用，发挥出更大的作用！因此，本次会议既是一次内容非常丰富，专业技术性极强的会议，又是一次推动我国建筑装饰行业信息化建设的动员会、誓师会，是在行业信息化建设中，具有里程碑意义的一次会议。

我国建筑装饰行业是一个年产值8000亿元左右，有近20万家企业的大行业，今天参加会议的同志只是一少部分，但却是行业内的骨干企业，本身就在信息化建设方面做出了一定成绩，希望能够把这次会议的精神得到认真的贯彻执行，把企业的信息化建设搞得更出色，使信息化为企业的发展、市场的拓展、工程质量的提高和企业各项工作的开展提供新的技术支持和物质保证。

下面，我重点就行业如何落实本次会议精神，推动全行业信息化建设谈四点意见。

第一，要进一步提高“信息化建设”的思想认识。本次会议的一个重要目标就是提高全行业对信息化建设的重要认识。通过两天的会议，参会同志确实提高了认识水平。但我们必须清醒地看到，行业内的大多数企业对此仍没有足够的认识，因此，对本次信息大会的后期宣传就特别重要，一定要使行业内的中、小企业家能够认识到，企业的信息化建设决不是可干可不干的工作内容，而是关系到企业如何适应市场、提高市场竞争力的大事，是影响企业各项工作，决定企业生存和发展的全局性、战略性工作。人类社会已经进入知识经济时代，知识经济的物质条件就是社会的信息化。社会信息化水平的不断提高，必将对整个社会的经济、政治产生重大影响，在这种大环境、大趋势下，我们不抓紧提高自身的信息化水平，怎么能够在科技不断进步、社会文明不断提高的未来社会中，取得继续生存和发展的空间。因此，要贯彻落实本次信息化建设工作会议的精神，要突出宣传信息化建设的重要性，要坚定不移地把信息化建设作为实现行业跨越式发展的必由之路，要从这个高度去提高行业信息化建设的认识水平。

第二，要切实加快信息化建设的速度，提高行业计算机应用技术和计算机网络技术的应用水平。本次会议，很多专家的报告，深入分析了企业信息化建设的投资、技术内容，指明了信息化的实施方法与步骤，中国建筑装饰协会也编制了《关于建筑装饰行业信息化建设的若干意见》，这些都为加快行业信息化建设指明切实可行的道路和方法，现在的关键是如何落实这些措施。各地建筑装饰协会，要以全心全意为会员企业服务的思想帮助企业，尽快建立企业的局域网，提高企业管理、项目管理水平。本次会议大量的经验表明，通过建立企业局域网，使企业管理产生了革命性变革，提高了效率，降低了成本，增强了项目的创利能力，提高了企业经济效益水平。这些经验很有说服力，要通过认真的工作，对行业内企业进行调研，有针对性地做工作。对有一定经济实力、企业领导支持的企业，给予重点的指导、扶持，使其尽快建立起企业的信息化系统。

第三，要建立全行业的信息网络，加大行业内信息链接的力度。我们行业的信息资源非常丰富但整合的力度严重不足，致使资源浪费，效率低下。本次会议的一项重要任务，就是要加大资源的整合力度，要按照国家“统筹规划、资源共享、面向公众、保障安全”和建设部信息化管理的要求，尽快实现行业内信息平台的链接。行业内在信息网络建设中，要遵循科学的规律，按当代科学要求搞好信息网络。要破除本位主义，以现代意识认识行业网络建设的重要性，要有从我做起，从现在做起的自觉性，才能真正感受到现代网络技术对自己、对行业的巨大作用，才能真正达到资源共享的目标，才能真正表现出信息网络的强大生命力。

第四，要抓好经验总结，继续推广典型经验。我国建筑装饰行业的信息化建设工作刚刚起步，在今后开展的推动行业信息化建设中，会有大量的企业，在信息化建设过程中产生好的经验。及时总结这些经验，及时在行业内进行传播，不仅会使其他企业少走弯路，降低风险，节约投资，同时也可提高行业内投资信息化建设的信心和决心。另一方面，计算机应用与计算机网络技术发展很快，技术的更新换代速度很高，企业在应用这些技术时，也同样会遇到技术选型、投资效益分析等问题，还需要我们不断有新的典型企业经验，对行业内进行持续的指导，才能使行业的信息化同社会技术发展相匹配，才能发挥出传统产业在信息化建设方面的后发优势，尽快实现整个行业的现代信息化建设。

同志们：我们开了一个非常好的大会，鼓舞了人心，激发了加快信息化建设的热情，对行业实现由传统产业向现代化产业的过渡与改造，发挥行业在全面建设小康社会中的更大作用，将起到重大的推动作用。再一次感谢与会的地方协会、行业内企业对中国建筑装饰协会工作的大力支持和积极参与。感谢优秀企业的精彩经验介绍与专家的高水准报告，感谢会务组和华润饭店的辛勤工作，并祝大家在信息化建设中取得更大成绩！

关于我国建筑装饰协会信息化建设的一点认识

中国建筑装饰协会五届理事会理事　全国优秀建筑装饰协会工作者

中国建筑装饰协会信息部主任兼会刊《中国建筑装饰》主编　工会副主席　**黄　白**

根据党的十六大报告提出的“坚持以信息化带动工业化，以工业化促进信息化。”“走新型工业化道路，必须发挥科学技术作为第一生产力的重要作用，注重科技进步和提高劳动者素质，改善经济增长质量和效益。”的要求，建设部的《建设部信息化工作管理办法》（建科[2003]150 号）、《2003～2008 年全国建筑业信息化发展规划纲要》（建质[2003]217 号）、《建设事业信息化“十五”计划》（建科[2003]239 号），以及“全国建筑装饰行业科技大会”精神，为了推进我国建筑装饰协会信息化建设，提高服务层次，加强行业管理，以行业信息化带动行业工业化，以行业工业化促进行业信息化，中国建筑装饰协会将召开“全国建筑装饰行业信息化建设工作会议”。

因工作的关系，我参加了此次会议的筹备，现就我国建筑装饰协会信息化建设谈一点个人认识，供同业同仁参考。

一、我国建筑装饰行业媒体信息资源的现状

我国建筑装饰行业的信息化发展与国家的改革开放同步，信息化水平与行业发展同步提升。

全行业媒体信息资源，现可分为六类：

1．装饰协会系统的公开和内部媒体。公开的为中国建筑装饰协会主办的《中国建筑装饰装修》和《中华建筑报》，各专业委员会和地方装饰协会的媒体均为内部的，包括中国建筑装饰协会“会刊”（正式称呼为“内部资料出版物”）《中国建筑装饰》。

协会 11 个专业委员会，办“会刊”的有 6 个委员会：信息咨询（《装饰名品》）、五金（《装饰与五金》）、铝制品（《建筑幕墙》）、化学建材（《化学建材市场信息》）、建筑电气（《建筑电气资讯》）、石材（《建筑装饰石材》）。8 个培训中心，只有北京培训中心（《培训简报》）。

76个地方建筑装饰协会，办“会刊”的约占20%、10多种，如北京市建筑装饰协会的《北京装饰》和《北京家庭装饰》、上海市装饰装修行业协会的《上海装饰》、天津环境装饰协会的《天津装饰》、广州市建筑装饰协会的《广州装饰》、深圳市装饰行业协会的《深圳装饰》、汕头市装饰协会的《会员通讯》、江苏省建筑装饰协会的《江苏装饰》、苏州市装修装饰行业协会的《苏州装修装饰》、成都市建筑装饰协会的《成都装饰》、太原市建筑装饰协会《太原建筑装饰》、浙江省建筑装饰协会的《浙江建筑装饰》、安徽省建筑装饰协会的《安徽装饰》、陕西省建筑装饰协会的《陕西建筑装饰简讯》、辽宁省装饰协会的《辽宁装饰》、沈阳市建筑装饰协会的《沈阳装饰》、大连市建筑装饰协会的《大连装饰》等。

2．业内公开的相关媒体。如中国建筑学会室内设计分会的《室内设计与装修》和《家饰》、西安市工业合作联社主办的《新居室》、中国建筑装饰装饰装修材料协会的《装饰装修天地》、深圳市建筑装饰（集团）有限公司的《现代装饰》、广东珠江建筑装饰集团公司的《广东建筑装饰》、中国建筑金属结构协会的《中国建筑金属结构》等近10种。

3．建筑业中的公开和内部相关媒体。包括建设部主办的《中国建设报·装饰周刊》、中国建筑金属结构协会铝门窗幕墙委员会的《铝门窗与幕墙》、香港门窗幕墙协会的《门窗幕墙信息》、中国建筑装饰材料信息网的《现代装饰》、建设部住宅产业促进中心的《住宅产业》、中国房地产及住宅研究会的《中国住宅设施》、全国工商联住宅产业商会的《中国住宅》等10多种。

4．装饰企业所办内部媒体。如北京港源建筑装饰工程有限公司的《港源人》、深圳市建筑装饰（集团）有限公司的《装饰集团》、苏州金螳螂建筑装饰有限公司的《金螳螂企业》上海市建筑装饰工程有限公司的《新装饰》、深圳海外装饰工程公司的《海外装饰》、浙江中南建设集团有限公司的《中南报》、深圳北新装饰设计工程有限公司的《北新装饰》等10多种。

5．社会公开出版的媒体。包括境内外媒体，如《当代设计》、《摩登家庭》、《美化生活》、《时尚》等10多种。

6．网站及E-mail。如中国建筑装饰协会的门户网站“中国建筑装饰”。为我会大部分专业委员会、个别培训中心、20%的地方装饰协会、所有的内业相关媒体、几乎所有的大中型装饰企业，建立了少量网站、大部分为E-mail。474家一级装饰施工、90家一级幕墙施工企业中，建立网站的不到50%。

我会能够“整合”的信息资源是建筑装饰协会系统、会员企业的公开和内部媒体、网站和E-mail，其他五类我会可以间接指导。

二、建筑装饰协会信息化建设亟待解决的问题

建筑装饰行业信息资源，体现在媒体上可分为六类：一是建筑装饰协会系统的公开和内部媒体；二是业内公开的相关媒体；三是建筑业中的公开和内部相关媒体；四是建筑装饰企业所办内部媒体；五是社会公开出版的媒体；六是互联网站和**E-mail**。

目前协会信息化整合的资源，主要是建筑装饰协会系统、会员企业的公开和内部媒体、网站和**E-mail**，其他五类信息资源协会可以间接指导。

与工业化国家相比，我国建筑装饰行业的最大问题，是工业化程度不高。当前我国建筑装饰协会信息化建设亟待解决以下三方面的问题：

1．管理问题。目的是提高建筑装饰行业信息资源的综合利用和共享水平，着眼点为：一是信息项目管理，研究建筑装饰行业信息项目不同于一般工业项目的特殊的管理规律。二是信息资源管理，包括业务流程重组、资源要素整合、组织机构变革等。三是信息人才的培训和选拔。四是行业信息政策的制订和实施（美国等工业化国家其信息管理部门主要是靠政策来管理全国的信息活动）。五是信息工作的体制与机制，主要是信息不对称条件下的制度设计或制度安排问题。

2．经济问题。目的是提高建筑装饰行业信息产品的收集、整理、分析、加工和供给的效率和质量，着眼点为：企业信息化建设的主要动机和动力是，投资信息化能获得实实在在的商业收益；协会信息化建设的主要动机和动力是，投资信息化能获得实实在在的行业收益。 主要解决投资协会信息化成本的分摊或收益的来源。

3．技术问题。目的是建立起协会邮件系统、公共信息系统，逐步深入，扩大实施范围。着眼点为：建立协会的内联网和系统平台，把各部门的主要工作都纳入到内部网络上来，实现单一部门信息化、跨部门信息化、整体信息化，行业信息化四个阶段的跨跃。

4．电脑“扫盲”问题。由于历史的原因，我国建筑装饰协会的领导及工作人员大部分为60岁上下的中老年人，大部分人不会电脑（打字），大部分协会没有电脑，大部分协会没有会刊。建筑装饰协会在提倡行业信息化的同时，也应与时俱进，积极进行电脑扫盲。没有行业协会的信息化，就不可能有行业的信息化。

三、建筑装饰协会信息化建设的目的

行业信息化带动工业化的基础是企业信息化，行业信息化的主体是企业。进而建立协会信息化，从而实现行业信息化。协会信息化和企业信息化在行业信息化的规划和标准规范下健康发展。以企业信息化为基础，推进协会信息化；以行业信息化为动力，带动行业工业化；以行业工业化促进行业信息化。

建筑装饰行业信息化，是指信息技术，特别是信息网络技术在行业运行的各个环节中充分渗透的过程，通过对包括信息咨询网、企业信息发布网、电子商务网等在内的行业信息网的建设，形成建筑装饰行业综合信息服务网，以提高行

业的信息资源的综合利用。

建筑装饰企业信息化，是指信息技术，特别是信息网络技术在企业生产、经营各个环节中充分渗透的过程，以提高企业的专业化比较优势的市场核心竞争力。企业信息化运作的目标：一是企业研发和设计施工的信息化；二是嵌入式信息技术在传统工程产品中的应用；三是企业生产和服务流程电子化和网络化；四是企业内部管理信息化；五是企业外部资源管理信息化；六是企业员工教育信息化；七是企业知识管理信息化。

建筑装饰协会信息化建设的主要目的，是建立行业的信息咨询服务体系，主要包括：

一是建立协会系统及会员企业内部资料出版物的互换制度，加强资源共享；二是建立包括企业基本信息在内的行业权威性数据库，以准确、及时、实用、广泛地提供企业和行业信息；三是建立网络信息发布系统，包括行业资讯、市场行情、研发和设计施工信息、预测分析、专题咨询、专家系统；四是行业服务流程的电子化和网络化；五是协会内部管理信息化；六是协会外部资源管理信息化；七是行业培训教育信息化；八是行业知识管理信息化。

四、建筑装饰行业信息化建设的思路、工作重点和方针

建筑装饰行业信息化建设的思路：在国家“统筹规划、国家主导、统一标准、联合建设、互通互联、资源共享”二十四字方针的基础上，结合我国建筑装饰行业的实际情况和特点，围绕行业信息资源的开发利用，不断提高协会和企业信息技术的应用水平，用信息技术带动我国建筑装饰行业的结构调整、发展和产业升级。

建筑装饰行业信息化建设的重点：一是要积极运用信息网络技术，从改造建筑装饰企业的传统市场、经营和基础管理模式入手，在业内逐步推广各种电子信息技术；二是建立企业内部和外部的信息网络，把信息技术应用到企业的设计、施工、经营、管理、人力资源、科技创新等各个运作环节；三是提高协会、特别是媒体供给行业信息产品的效率和质量，服务层次和水平，进而形成区位优势、专业优势和全行业优势；四是提高企业的专业化运作水平，进而形成比较优势，建立核心竞争力；五是着重加强行业信息资源的整合，实现信息资源的综合利用。

建筑装饰行业信息化建设的方针：整体规划、分步实施、重点突破、带动全局。

整体规划。信息化建设要从协会信息化和企业信息化的整体上有一个发展规划，而行业信息化将更加注重整个行业信息资源的整合和解决行业内共性的问题。

分步实施。整体规划进行细分，从易处入手，从关键业务入手，从单位相互独立的子系统入手，先解决企业的当务之急，然后逐步分成几个阶段来具体实施，最后再按照整体规划要求，整合成一个协会信息化和企业信息化的完整的信息系统。

重点突破。根据信息化实施的一些基础条件，在行业内部选择部分管理基础较好、具有一定信息化基础的建筑装饰企业和地方建筑装饰协会作为行业中的试点，加以扶持，在这些地方协会和企业逐步建立完整的信息系统。其运行的成功会为协会信息化和企业信息化建设树立榜样。

带动全局。寻求适当的时机，利用重点突破的成绩，在业内扩大试点，进而提高行业对信息化建设的认识水平，增强行业信息化收益大于成本的信心,从而带动整个行业信息化的进程。

五、建筑装饰行业信息化建设评估

（一）协会和企业网站评估量表

指标	起步	发展中	完成	得分
信息量				
原创性（15分）	5'— 大部分文章转载其他网站内容，没有注明原文发布地址，类别划分不尽科学	10'— 部分文章具有原创性；或者转载文章注明了原文发布地址，经过了较为科学的归类，能够体现网站（栏目）的主题	15'— 大部分文章具有原创性；或者转载文章注明了原文发布地址，经过了科学的归类，能够很好地体现网站(栏目)的主题	
信息组织				
共享性（6分）	1'- 在互联网发布，但没有采用顶级域名、二级域名或者转向域名	3'- 在互联网发布，采用了顶级域名、二级域名或者转向域名	3'- 在互联网发布，采用了顶级域名、二级域名或者转向域名 3'- 在百度、雅虎、Google、搜狐等搜索引擎中能够方便搜寻到	
容量（8分）	1'- 内容单元太少；或者内容单元太多，以至于搜寻起来非常困难和麻烦 1'- 有导航资源	3' 信息量大小合适；或者尽管量大但搜寻清晰方便。 2'- 导航资源有初步的分类	3'- 信息量大小合适；或者尽管量大但搜寻清晰方便。 5'- 围绕网页中相关主题，针对性组织导航资源	
浏览（10分）	2'- 浏览过程容易使人混淆，并且不符合人们的习惯。网页不容易被找到，返回的路径不清晰	6'- 只有很少的几个地方会让学习者迷失路径，找不到下一个网页在哪里	10'- 导航清晰无缝，浏览者总是非常清晰地知道网站的各个块面，并清晰知道如何到达那里	

总体美学（6分）	2'- 网页上图片元素很少或者几乎没有。在布局与排版上没有变化。或者一一颜色花哨、排版变化过多导致浏览者难以辨认	4'- 有一些图片元素，但并不一定有助于学习者对概念、思想和相互关系的理解。在字体、字号、色彩和布局方面有一些变化	6'- 适当的、符合主题要求的图片元素被用来建立视觉的联系，帮助学习者加深对概念、思想以及相互关系的理解。在字体选择、以及字号、色彩的差别方面运用得当，有一致性	
技术集成				
内部结构（4分）	2'- 采用一般网页编辑器建站的网站：采用了相应的文件夹放置同一栏目的网页 采用文章管理系统的网站：仅仅设置了一级栏目	4'- 采用一般网页编辑器建站的网站：采用了相应的文件夹放置同一栏目的网页，采用了合适的栏目、网页命名规则； 采用文章管理系统的网站：根据网站设计意图设置了合适的栏目层级	4'- 采用一般网页编辑器建站的网站：采用了相应的文件夹放置同一栏目的网页，采用了合适的栏目、网页命名规则； 采用文章管理系统的网站：根据网站设计意图设置了合适的栏目层级	
物理（3分）	1'- 不超过6个断裂的链接，或者错误的链接、丢失的图片、糟糕的表格尺寸、错别字和语法错误	2'- 有一些断裂的链接，或者错误的链接、丢失的图片、糟糕的表格尺寸、错别字和语法错误	3'- 没有物理方面的问题	
专项支持（3分）	1'- 通过链接公共免费程序，进行专项应用支持	2'- 根据具体需求，在网站内运用了专门的应用程序	3'- 根据具体需求，在网站内运用了专门的应用程序，并进行了一定的修改	
合 计：				

（二）办公自动化系统（OA）规范

1. 文档管理系统规范

系统设计	自定义公司的组织层次结构 记录整个文档的生命周期的相关信息 对文档的访问权限和用户的操作权限进行分别控制 系统架构采用 B/S 结构，操作简便，界面美观，系统设置模块采用 C/S（Notes Client），并具有较强的安全性能。 具有良好的扩展性能和可移植性，要求系统的整体架构能适应企业将来的发展，实现和集团管理系统集成提供基础和技术可能。 统与邮件整合在一起
系统功能	系统维护 组织架构定义 系统基本数据维护 标准模板文档维护 文档活动日志 归档 文档管理 权限控制 文档的浏览 记录文档的浏览用户和浏览时间，统计点击率 类别自定义 文档发布 查询文档
系统特色	1. 系统的整体开发模式选用 B/S 和 C/S 模式 2. 开发工具采用优秀，开发语言使用 Lotuscript、Java、Javascript、HTML、CSS 等，它具有优异的可视化编程功能，使用该工具可直接开发基于 Notes Client 和 IE 浏览器的用户界面，以及流程控制、权限控制。 3. 程序编制过程严谨规范，结构清晰，注释全面，力求保证代码的质量，确保系统运行稳定。 4. 为用户提供完整的用户文档

2. 工作流程的确定以及有效性的评定

（1）公司的规模、体系结构的复杂程度。

（2）模块的种量、数量。

（3）每一模块制定的依据和科学性。

（4）实施后有效性的评价： 办公时间、管理效率、行政人员使用情况（以行政助理为参考）等项考核。

（5）系统稳定性、维护性、可操作性等指标的考核。

（6）是否是自行开发?委托？合作？还是成品购买？

（三）信息资源的科学合理使用

财务软件使用和数据安全备份。

材料系统，包括材料信息库，价格、供应商信息库，物流、进销存等。

投标体系，设计信息库包括历年的分类作品等。

工程信息管理：包括能够知道工程进度、变更后的图纸、已经目前材料的购买情况等。

项目资源计划（PRP）：以项目为目标驱动的资源管理包括工程、资金、财务、材料、投标、业务等综合性的信息。

资源管理体系：人力资源的管理：人力软件、员工满意度、事业驱动、视频频道等。

（四）工地、工程等网络信息化的评估

各工地同总部的连接数量、连接方式、实施网络信息化后的办公效率。各工程的开竣工间，工程管理、工程进度追踪、材料购买等。

（五）中心机房建设评估

先进性、科学性、网络监控、信息产品采购、管理、盘点、维护、报废等。

（六）材料所体现

（七）移动办公的网络使用率

六、建筑装饰协会信息化建设的措施

加快建筑装饰协会信息化建设，当前应主要采取以下四方面措施。

（一）协会自身信息化的建设

1．人才。信息化是人才密集和人才依赖型的事业，要“以人为本”，实现职业化、专业化。大力进行电脑“扫盲”。信息人才分信息主管、信息专业人员、一般信息工作者三档。知识要以广、专、新为特点，能力要以参谋、协调、表达为特长。

2．运作。采用知识管理的模式，将收取、采集和积累的业内数据有效率地转化为有价值、易于利用的信息，对信息进一步加工、分析和整理，归纳成有认识规律价值的知识，通过建筑装饰企业广泛而持久的利用，从而提升全体从业人员的智能水平。

3．管理。提高业内外、国内外同业信息资源利用的能力，提高协会向行业及社会提供信息产品的效率、信息披露的程度。可考虑恢复 1994 年 8 月 4 日成立的“全国建筑装饰行业报刊联谊会”的活动，或成立“全国建筑装饰行业信息协调工作小组”，在中国建筑装饰协会的领导下，专门研究并运作协会信息化建设，成为同业同仁有归属感、有凝聚力的“家”。

（二）协会媒体信息化的建设

1．“会刊”。协会各专业委员会、各培训中心、各地方建筑装饰协会均应在一二年内成立编辑部，出版至少为双月刊的内部资料出版物（会刊），为本专业、本区域的会员企业及行业提供有效率的信息产品。

2．运作。报刊成败的基础在于编辑，成败的关键在于市场。《中华建筑报》、《中国建筑装饰装修》以及各地方建筑装饰协会的公开媒体，要进一步提高市场运作水平，在市场中求生存求发展。《中国建筑装饰》、《装饰名品》等协会以及各地方建筑装饰协会的内部资料出版物（会刊），要进一步提高行业运作水平，在行业中求生存求发展。办刊经费应从会费中列支，专款专用，并尝试“准经营”方法。全面提高媒体编辑出版人员的信息化水平。

各媒体均应实现编辑电子编务——利用计算机和网络手段，按照编辑出版的流程要求，建立适合编辑部稿件采编管理及其生产出版的系统。

尝试数字化期刊——以数字形式存储于光、磁等介质上，并可通过计算机设备在本地或远程读取利用的连续出版物，它是现代 IT 技术发展的产物。

3．精品。提高质量，打造精品。中国建筑装饰协会的媒体的定位是办成具有国际水平的高质量的精品报刊。专业委员会的媒体要办成本专业具有全国最高水平的高质量的精品刊物。地方装饰协会的媒体要办成本地区最高水平的高质量的行业精品刊物。

（三）协会网络信息化——电子社（团）务的建设

1．运作。协会各专业委员会、培训中心，各地方建筑装饰协会，解放军建筑装饰协会均应在近年内均应建立自己的电子邮件，有条件的可筹建网站。

三年内建立起协会系统的内联网和系统平台——局域网（LAN）、城域网（MAN）和广域网（WAN），组织邮件系统和公共信息系统，逐步提高协会高速网络技术应用水平。加强协会网络与企业及社会相关网络的沟通与交流。

2．投资。要加大投资力度，欢迎相关企业投资协会信息化建设，或以共同建立伙伴、外协外包、协（会）与企（业）整合等多种市场化运作模式。企业可通过收取软件使用、系统维护及其他服务费用以回收其对信息网络系统的投资、运行和维护费用。

（四）组织保障

1．大力发展会员企业，提高在行业中的覆盖面。地方装饰协会在本地区有资质的装饰企业中，专业委员会在本专业领域内的装饰材料厂商中，会员企业应占 1/3 以上，其中重点、骨干企业均应在内。

2．大力发展地方装饰协会，省、自治区争取在 1/3 以上的地级市中建立装饰协会。这方面江苏省建筑装饰协会做得最好，全省 13 个地市，已有 12 个成立了建筑装饰协会，余下一个盐城，只是因为建筑装饰企业过少之故现暂未成立。

3．推进以信息化为主导，机械化为基础的装饰企业现代化建设。这是根据 2004 年 3 月全国人大二次会议精神的要求，原意为“推进以信息化为主导，机械化为基础的军队现代化建设”。由此可见，工厂化、装配化是装饰材料生产厂商流通领域的主攻方向，而非装饰企业的发展方向。

信息化在企业项目管理中的应用

深圳海外装饰工程公司　副总经理　**赵春生**

当今世界经济格局发生了重大的变化，企业所面临的共同问题是更加激烈的市场竞争。企业的项目管理技术为了紧跟不断变化的市场竞争需求，也要不断地在其广度和深度上加以完善和更新，那么利用信息化技术实施项目管理，将成为企业竞争制胜的有力武器

一、海外装饰信息化管理系统

海外装饰信息化管理系统包括 OA 自动化办公系统及各业务子系统，整个系统相当于一个整合平台，既可直接使用，也可二次扩充。不仅包括了办公自动化应用中最常用的功能，如公文处理、收发文处理、表单处理、业务流程处理、文档管理、分布式数据发布等，还包括公司自行开发的“生产力要素管理信息系统”、“经营管理信息系统”、“项目(施工)管理系统”、“人力资源管理系统”、“财务管理系统”及等多个业务子系统。随着应用的推广和深入，信息化管理系统已经成为海外装饰的管理信息系统的神经中枢，担负着整个系统的数据传递与共享、以及应用功能无缝连接的工作。

海外装饰信息管理系统通过企业内外资源的“协同”和系统各功能模块之间的“协同”，以高度共享、有序、集成和个性化的信息，高效和规范的电子化业务流程，强大的分析统计以及灵活的自定义功能，获得对组织准确的宏观和微观上的认识和分析，从而提升管理能力和核心竞争力。

二、海外装饰信息管理系统子系统功能

1．装饰行业生产力要素信息管理优化系统

长期以来，中国建筑装饰行业一直是作为土建行业的附属行业而存在，装饰只是建筑的一部分，因此装饰的设计施工基本上沿用土建工程的规范，很少有把装饰作为独立的行业来进行管理探索。直到改革开放后，装饰行业才获得独立发展，并随着外商投资增加和我国经济、社会的高速发展和人民生活水平的日益提高，其市场需求不断增长，所占市场份额日渐增大，据有关资料统计，到 2001 年，装饰行业的年总产值已经达到 6600 亿元。

但由于国内建筑装饰企业在设计和施工上一直没有一个完整统一的行业规范，尤其是在高级装饰装修方面，相应的劳务、施工机具、装饰材料和工艺技术也没有完整统一的准入、使用标准，使用能力也不强，因此无法很好地满足市场的需求。

同时，加入 WTO 后，国外装饰企业更关注中国庞大的市场。我们与国外装饰同行的竞争差距也日趋清晰。特别是在设计领域表现得尤为明显，国外设计师的设计思路与手法新颖，对新的装饰材料、新的工艺技术的见解与使用均有独到之处，而我们的设计师理论水平虽不差，但实际水平没法比，究其原因，主要是输在视野不够开阔，头脑中缺乏新材料、新工艺的数据库。这些差距表明，如果我们不努力提高国内装饰行业的生产力水平，便无法应战携强势而来的众多海外兵团，更谈不上长远的发展。

作为国内最早成立的专业装饰工程公司，我们试图通过二十多年的实践与摸索，总结探索一套适应装饰企业管理与发展的经验与规范。“装饰行业生产力要素信息管理优化系统”即是我们的探索之一。

建立“装饰行业生产力要素信息管理优化系统”主要基于两个基本点：一是生产力和生产关系的辩证关系；二是装饰行业的行业特点。

作为一种物质生产方式，建筑装饰的生产经营活动自然也跳不出生产力和生产关系的辨证矛盾规律。因此，识别行业生产力要素，改善和提高生产力水平同时调整不适应生产力发展的生产关系，是提升装饰行业发展水平的关键所在。

根据长期实践总结，我们将建筑装饰行业中最主要的、起决定性作用的生产力要素归纳为人员、机具、材料、技术四大方面。即：劳动者素质、机具使用开发程度、材料质量与特性、技术先进程度，代表着建筑装饰行业的生产力水平，同时决定着建筑装饰行业的资源配置、市场份额、分配比例等生产关系，而这些生产关系是否与装饰行业的生产能力相匹配，又制约着建筑装饰行业各生产力要素的发展。如何优化装饰行业的生产力与生产关系，使之相互促进而发展，就是我们这个系统需要解决的问题。

相对于土建行业而言，装饰行业则具有自身的特点，概括起来大致有：其一，项目规模普遍较小，平均工程量为 300～400 万元，要维持市场份额必须扩大工程数量；其二，工程项目区域分布广，装饰公司难以整合和发挥集团优势。相反，企业规模越大，工程项目越多，管理的难度和幅度也越大；其三，装饰工程生产周期短，平均生产周期只有 2 个半月，因此通常是多项工程同时开工，这样就需要大量的人才储备。

鉴于以上分析结果，本着进一步加强企业的即时服务控制能力，解决项目经理部工程运作中的难题，全面支持工程投标和项目管理，更新管理思路、开拓管理视野、提升管理水平的目的，从 2002 年开始，我们着手开发“装饰行业生

产力要素信息管理优化系统”，并在2003年上半年进行了完善。下面就这个系统作一下具体介绍。

该信息系统的搭建平台是互联网。

搭建流程为：制定准入信息准则、按准则收集编入信息、将输入信息转化为输出信息、不断优化信息四个环节。

首先，我们对系统的准入信息和资源做出了明确规定，制定了筛选信息和资源的准则和方法，如：在材料信息方面，我们统计了以往和公司打交道的合格供应商名录并编制了《合格供应商清单》；在劳务信息上，先在程序文件中确定资格能力要求，后制定了《项目经理部劳务清单》、《劳务管理办法》；机具信息和资源的选择也在质量、环境、职业安全健康体系文件的《施工过程质量控制程序》中作了规定。

而后按照上述相关的标准和方法，我们通过供、需方的内外沟通和反馈渠道，收集了公司项目经理部及总部相关部门以往的经验并进行甄选，列出必要的资源和信息，支持系统的有效运作，并将输入的信息和资源转化为输出的信息资源，提供服务并实现增值。

同时该系统秉承持续改进原则，根据“PDCA”的循环方法，授予部分权限给提供信息资源的相关部门随时进行修订更改，再由系统管理员统一定期管理维护，致力于营造一个动态、发展的模式，不断更新信息，精练栏目，优化整合，去粗取精，去芜存菁。

该系统的内容主要针对人员、机具、材料和技术四大要素的管理，相应地搭建有劳动力、施工机具、材料信息、施工技术等四个子系统，并同时具备信息功能、管理功能以及优化功能。

（1）劳动力子系统。人、机、料和技术作为装饰行业的最主要生产力要素，只有在生产关系中才能良性互动、对立统一。而单独的生产力要素都必须在“人”这个最重要也最活跃的生产力要素的作用下，在实际的生产过程中结成一定的生产关系，不断地相互作用、相互转化，才能形成现实的生产力。因此，**劳动力子系统**是其中最重要的组成部分。

劳动力子系统将劳动力分成三大类：管理人员、设计人员及操作人员，共设置了6个栏目：最新信息、最新人力信息、优秀员工、劳务相关法律法规、每周一星和劳务管理办法。目前该系统共收集了134个施工班组、1872个劳务人员、235个优秀施工班组的信息，可以快捷地查询各级管理人员及设计师的详细个人资料；也便于项目施工班组的选择，每成立一个项目经理部，都可以通过网络挑选要素组建成自己想要的班组，甚至在施工过程中由于淘汰了一些不合格的班组后也可以到网上挑选班组应急。

劳动力子系统不但使企业能够组合最适合的人选干好自己的工程，还便于对从业人员进行管理，提高劳务素质，从而能更好地调动其他生产力要素的积极性和有用性，提升生产力水平。

（2）材料信息子系统。装饰材料的质量直接关系到装饰工程的造价和效果，而且材料往往牵制着施工技术和工艺的发展。一个装饰工程做下来，所涉及的材料种类很多，材料价格占到整个装饰工程造价的70%～85%。所以掌握大量的材料信息对经济管理与项目施工管理就很重要。

在材料信息子系统中，信息分为材料和供应商两部分，有新材料推介、最新材料信息、供应商推介、新加入供应商、合格供应商评定标准、材料法律法规等栏目，其主要特点是信息容量大，涵盖十二大类材料价格信息近10000条，材料供应商800多家。每一家材料供应商都严格按照体系文件中的合格供应商评定标准来进行评定。该系统的另一特点是大部分的材料信息都配有图片，能直观地反映材料的原貌和特性。此外，系统还可以帮助查询各类材料的国家验收标准。

系统完全面向市场、紧跟市场，按市场规律收集、代谢材料信息，指导企业的市场经营活动，注重对各种新材料的推介以及价格信息的不断更新，是一个完全动态的系统。

作为材料信息平台，系统规范了材料的使用标准，为项目投标报价提供了价格参考，为设计师构思选材提供了数据库，也为企业集中采购材料控制成本提供了便利；施工单位能及时、快捷地查询自己所需的材料，满足了开工前准备期短的需要；装饰行业各企业也可以通过此系统分享材料信息和价格，起到规范材料市场的辅助作用。由于共享了一批质优价廉、环保健康的材料，也从工程源头上保证了顾客满意。

（3）施工机具子系统。装饰工程现场分隔较细，主要靠简单且常用的小型电动工具，大型机械设备几乎没有，但新型工具层出不穷，因此，对新型工具及使用方法的掌握也显得尤为重要。

施工机具子系统注重推介新机具的使用方法及合格的机具供应商，包括展示常用机具和最新机具，介绍使用、检测维修方法和注意事项，合格的机具供应商名录。

（4）技术支持子系统。由于装饰行业新工艺、新材料的更新较快，系统紧跟整个装饰行业劳动生产率的革新与改进动向。**技术支持系统**主要注重“四新”技术的推介，精品工程策划书、施工工法在项目施工中的推广，设置了技术动态、最新技术信息、推陈出新、推介书目、材料验收、法律法规、书库、精品工程策划书、工法等栏目，能够为项目部提供“零距离”的技术支持。

该系统的作用：“工欲善其事，必先利其器”。随着建筑装饰行业分工越来越细，对各种要素的优化整合及支配能力成为企业制胜的核心竞争力，“装饰行业生产力要素信息管理优化系统”建成后，为我们企业对人和物的有序管理提供了极大便利，它将原来分散的、静止的生产力要素组合成了系统的、动态的信息平台，方便了大家从各系统中找到自己需要的信息资源，并利用网络支持功能使各要素自由组合，优化配置，满足了设计施工各环节、各步骤的具体要求，为投标报价、设计选材、施工选材、成本分析、材料采购等方面提供了很大的支持。在编写施工组织设计、选择技术骨干、组建项目经理部、安排工艺流程、查询标准规范、远程技术疑难回应、优化劳务队伍等方面也发挥了积极的作用。同时也为设计师们提供了强有力的数据库支持。

“科学技术是第一生产力”，“装饰行业生产力要素信息管理优化系统”即是用科技来推动企业发展、提高生产力水平的一次尝试。目前它已在我们的企业中显示了局部优势，如果在整个行业中推广，相信也将对行业的发展有所助益。在座的都是行业内的专家，我们也更希望得到行业同仁的指正乃至参与，使其进一步完善和更广泛应用，并最终成为建筑装饰从业者手中的一把锋利宝剑，成为推动行业科技进步的奠基石！

2．其他业务子系统系统功能

（1）OA 系统自动化办公系统（信息化管理整合平台）。要提供了公文管理、档案管理、信息发布、信息交流、日常办公、远程办公等办公功能，并做为各业务子系统的整合平台，各子系统可在这个统一平台上相互独立并协同工作。

（2）经营管理信息系统。提供与各公司、办事处以及客户沟通的统一平台，通过对企业价值流、信息流、物流、资金流的业务管理，令企业各环节共同协作面对市场，持续、灵活、快捷地实现企业完善的“数据——信息——决策——控制”的业务流程，使企业在战略上实现集中监控，远程零距离管理，整合所有资源，在战术上实行分布式经营，减低经营风险，实现规模经济。

具体功能包括流程设置、经营信息管理、项目信息管理、客户资料管理、营销管理、统计分析等，不仅满足企业经营管理系统安全、稳定、功能强大的要求，同时还赋予企业最大的灵活性，并且提供与其他系统的完美接口，轻松实现企业现在及将来各系统的无缝集成，保护企业现在和将来的投资。

（3）综合项目（施工）管理系统。通过项目（施工）管理系统，可以实现对项目申请、项目立项、项目计划、项目控制、项目费用、项目成员、项目文档、权限控制等一系列管理的信息化管理，同时，还要实现：

● 通过系统的应用，实现从施工报价到项目成本核算的转换；

● 由核算后的成本制定项目总体及分区进度计划；

● 根据核算后的成本及分区进度计划进行资金、材料管理，通过核算后的成本及进度计划进行人工管理；

● 通过对材料、人工的管理生成进度报告；

● 实现项目公文管理，项目质量、安全管理，项目决算编制的信息化。

● 通过技术支持模块推介国内外“四新”技术、提供强大技术后盾的信息平台，包括公司技术中长期发展规划、技术法规、推陈出新、施工工艺、材料验收、项目施工参考资料、项目信息化管理、公司书库等栏目，通过信息的及时更新和保持与项目部的即时通讯保证前沿的、适用的、动态的技术支持。

项目管理模块具体功能：

- 创建任何类型的项目
- 分解项目
- 项目人力资源使用
- 项目物料使用
- 项目进度安排
- 评估项目成本和收入
- 监控项目
- 获得各种分析报告
- 项目实时调整
- 会议管理
- 安全性控制
- 搜索
- 管理所有项目信息
- 项目组协同工作

（4）工程设计集成化系统。设计人员信息、设计合同、设计记录、设计图纸等信息的录入、修改、删除、查询等。系统支持照片和多媒体信息。可通过浏览和条件查询方式，查找相关计信息资料。

对设计合同的登记、投标、签约的管理，针对各设计室编制设计策划、设计院（片区）下达设计任务书，设计院总工程师审批、设计室图纸（创作）设计、设计院总工程师(片区)评审、设计院加盖出图章和图纸（方案）确认等环节对设计进行统计分析，做出相应的评估和审查。

（5）人力资源管理系统。人力资源系统的功能管理大致分为人力资源管理与人事管理,实现功能如下：

信息管理，包括人员信息、单位信息的录入、修改、删除、查询、表文件输出和信息校核等。系统支持照片和多媒体信息。

信息查询，通用的浏览和条件查询方式，可制定报表，查询结果可按任意定义的表格、名册格式输出打印。

统计报表，可以自定义上级部门以及本单位所需要的各种统计报表。

权限管理——系统提供多极用户管理和授权模式，特别适合人力资源管理部门对有关信息的保密工作要求。

招聘信息，包括人员及岗位需求与申请管理、招聘计划制订、面试通知发布、应聘资料筛选处理、发布人员录用通知等，并建立招聘资源库。

招聘管理，可制定招聘计划和选拔甄选，并将结果经汇总后记录以供查询。

（6）文档管理系统。分为公文管理和档案管理两部分，具体功能如下：

公文管理

公文管理系统中实现文件、信息的流转、审批、催办督办等功能，并对文件、信息处理情况提供了简单易用的实时监控机制，方便领导及时掌握单位工作人员的工作情况。

档案管理

提供包括档案管理、档案利用、报表设计、档案统计、全文检索在内的全面的功能模块；提供国家标准的文档体系结构，类目设置，序列编排；采用严格、合理的体系结构，系统具有良好的安全性。

三、利用信息化提高项目管理水平

下面仅以项目（施工）管理为例，说明如何在综合办公平台下各子系统如何协作完成项目管理的信息化管理。

（一）以往项目管理中普遍存在的问题及信息化解决方案

存在问题

1．装饰工程分项工程数量较大，分项工程包含材料种类繁多，装饰工程工作周期较短，预算定额很难保证既能基本准确地反映项目成本，又不会导致工作量过大失去实效性；

2．企业内部的信息共享程度低，各种不同类型的文件无法转换，具体项目管理过程中形成的数据报表形式、内容很难统一，没有完整的上报表体系，造成大量重复劳动；

3．信息传递不流畅，分散的项目实施过程中相应数据的调整、变更在进行修改时，不能同原始记录保持链接，不能高效地进行数据交流，实际上就是没有相应的渠道加强总部与各项目部及项目部间的即时沟通；

4．协同工作能力差，导致工作效率低。特别是项目管理过程中一些需要多部门协作完成的工作，由于不能及时沟通或者协调力度不够，导致工作不能很好地完成。

解决方案

上述问题可以在统一的企业信息化管理平台上得到完美解决，信息化管理系统可实现针对某个项目的有关公文、经营信息、人事、资产、客户、物资采购等方面的综合管理，并消除企业内部的各类信息孤岛，实现企业各部门与项目部、各人员之间的信息共享和协同工作。

以海外装饰信息化管理系统为例，整个信息管理系统涵盖了企业文档管理、项目（施工）管理、经营信息管理、工程设计集成化管理、人力资源管理、财务管理、及自行开发的“生产力要素优化系统等七个层面的内容，实现了企业全方位的资源管理整合，同时通过灵活的组合和强大的自定义功能，也为公司各经营单位提供了个性化的项目（施工）管理系统方案。

协同办公平台上的项目管理系统可实现：

（1）项目管理系统可以在项目进行的整个过程中管理与项目相关的所有信息，使得项目的进展情况一目了然。它为所有指定的人员在任何时间、任何地点安全且精确地提供与其项目角色匹配的项目信息（包括人力、财务、时间进度、项目流程等），使项目随时处于监控状态，并可实时进行调整。

（2）项目管理模块可对项目进行各种角度的分析，帮助管理者分析项目进展的状况、人力和物料使用的状况以及相关的预算和费用支出，它可以帮助用户及时发现影响项目进展的因素从而对项目做出调整，达到项目管理的最优化。

（二）如何利用信息化管理系统提高项目管理水平

1．利用项目管理模块进行项目分解。通过项目管理模块，可以把一个大型的项目逐层分解为可控制、可执行和可调整的子项目。项目管理模块支持多达十级的项目分解，并定义子项目与其他各级子项目之间的关系。

可分解为如下生命周期：项目申请、项目立项、项目计划、项目控制、项目费用、项目成员、项目文档、权限控制等。

（1）项目申请、项目立项。项目（施工）管理系统管理通过**经营信息管理系统**可查询和项目相关的基本信息：项目名称、类别、状况、财务状况，与项目相关的合同、客户资料、交易、文档、请求及项目部成员等以方便项目申请、和立项。

通过与**经营信息管理系统**和**文档管理系统**的模块相结合，进行项目标书和合同的评审、以及设计标书的评审和设计的最终确认并存档；

同时利用**系统的信息门户**使客户和业务合作伙伴参与到项目申请和立项的过程中来，项目人员可以及时与外部资源交流并接受其反馈，共享合同、项目进展情况等项目信息。

（2）组建项目经理部、制定项目计划。通过**生产力要素管理系统中的劳动力子系统**可迅速组建项目经理部。

通过**项目管理系统和生产力要素管理系统中的施工技术子系统**，用户可以对项目建立若干个计划，编写《精品项目策划书》，同时通过**报价及成本核算模块**制定企业成本核算定额模板，内容包括各分项工程成本指导价格，通过施工图报价，自动生成项目成本分析、材料人工需用总计划、分区域材料人工需用计划；并以此为依据，对项目的施工准备、进度、预算、相关文档、工作流、访问权限管理等进一步制定合理计划，最后通过计划来指导和推进项目的进展，这些计划的建立是保证项目完成的基础。

（3）施工过程中的项目监控。利用项目管理系统和生产力要素管理系统中的材料信息子系统和施工机具子系统，进行施工准备中的专业分包商进场、物资进场、施工机具及检测设备进场等施工准备活动；

利用项目管理系统中的项目控制子系统和系统中的工作流管理系统对每一个项目施工中的技术交底、特殊过程确认等建立监控；

通过监控记录，在项目实施过程中及时记录材料人工采购、消耗、库存，准确反映项目材料人工的全面情况，实现材料人工的动态管理；项目经理和项目部成员可利用**OA 系统中的信息交流子系统**可以对该项目进行全面交流，项目经理可以布置工作任务，项目成员可以反馈进展信息，还可就项目进行中的问题进行探讨，并跟踪项目相关的请求。

同时通过**进度管理模块，**根据材料人工需用总计划、分区域材料人工需用计划、项目总体合同进度要求，结合项目资金、人力资源情况，生成总进度计划以及分区域进度计划。在项目实施过程中，根据材料、人工的消耗情况生成进度报表；

（4）项目费用的控制。**通过文档管理系统和财务管理系统，收集**与项目信息相关的一些统计和报告，可以从项目类型、项目状态、项目所属部门、项目负责人等不同标准对项目进行统计分析，并对项目实施过程中的调整、变更进行及时跟踪，反馈到成本以及报价中，项目结束后自动生成基于原报价基础上的工程决算，这些报告将为决策者提供相应的决策支持。

（5）项目成员的管理。**利用文档管理系统中**强大的搜索功能，可以从项目名称、类型、安全级别、项目负责人、项目部成员、项目相关客户等为标准对项目进行搜索，**利用生产力要素管理系统中的劳动力子系统，**对项目部成员进行统一管理，动态优化和挑选合格的管理人员和施工班组。

（6）项目相关的文档信息的管理。**通过 OA 系统的文档管理子系统，**可以管理所有与项目有关的文档资料和竣工资料，编制项目需要的各种公文的样板，包括联系单、会议纪要、变更通知、任务单、技术交底记录…..，建立公文档案库，实现公文的信息化管理；

还可以通过 OA 系统的信息交流子系统，将所有与项目相关的信息都可以透露给项目中特定的团队，例如项目建议书、合同书或者项目评价书等。

（7）权限控制的信息化管理。**通过信息管理平台各子系统的权限控制模块，**可以决定项目信息访问权限，通过对项目成员的控制，可以决定项目信息传播的范围，进而有效的进行项目管理。

（8）管理项目的所有资源。**最后，项目管理模块与其他模块共同组成项目的完整信息。**用户通过一张项目卡片，可以获得所有有关项目的信息，包括项目评价书、各种方案、交易情况、相关客户情况、工作流程等。无论这些信息通过哪个模块的应用被录入或被修改，只要与选定的项目相关，它就会自动成为项目信息库的一个组成部分。

2．提供完善的网上项目管理服务。

（1）利用项目管理系统中的项目周期管理模块监控项目实施全过程，管理项目的整个周期，即对项目的启动、计划、执行、控制和结束等的几个环节实施对该项目的全方位控制，并通过与工作流管理系统和文档管理系统的结合，保证这些工作的高效进行并完成相应数据库的更新。

（2）利用质量安全管理模块，收录项目质量安全管理的各种规章、验收规范、验收表格，根据项目进度计划编制质量检验计划、安全管理计划，根据计划对项目实施动态质量、安全管理，通过质量检验表直接生成质量评定结果。

（3）可以通过网上服务窗口将项目实施过程中出现的各类情况的实况和处理进程采用数码录像、数码照片等方式随时动态地展示给项目管理部门即时处理，同时开通与项目有关的讨论区和留言区，就可以让项目部人员在有关人员的指导下解决问题，使公司机关、项目部融为一体，也是机关项目管理部门针对项目部的要求做出迅速反应的重要保证。

结　语

总之，海外装饰项目管理系统是借助协同办公平台，通过多子系统协同办公，实现对工程项目的信息化管理进而实现对项目的人、财、物进行恰当的分配和管理，最终实现合理的项目运作，提升项目管理水平。

在今天，企业信息化建设已经成为整个中国企业界关注的命题，尤其是国家决策层出台了对企业信息化建设的推行规划后，越来越多的中国企业已经意识到针对自身企业的实际应用、高效、先进、稳定的信息管理系统的建设已经迫在眉睫。

海外装饰在上述的企业信息化建设框架的基础上，链接可持续利用时间长、回报高的各种专业的应用业务系统，将逐步建立一个优秀、友好、标准化、扩展轻松的“海外装饰信息化管理系统”也大大降低了重复建设、技术过时、实施失败等各种风险，从而从根本上解决了对 IT 投资保护的问题，使得公司在将来的发展再也不会为一两套业务系统的问题而头疼或由此形成企业发展的瓶颈，并促进海外装饰朝着高效、敏捷、健康的方向高速发展。

企业局域网站安全防范的几点体会

苏州金螳螂建筑装饰有限公司　信息部主任　马　文

一、金螳螂企业网络概况

金螳螂企业局域网是一个信息点较为密集的千兆局域网络系统，它所联接的现有数百个信息点为在整个企业内办公的各部门提供了一个快速、方便的信息交流平台。同时，通过专线与 Internet 连接，提供 WEB、邮件、FTP 服务；通过安全高效的 VPN 网络，实现国内各分公司、各项目工程部、移动办公人员通过因特网从远程安全地访问总公司内部网络。高速交换技术的采用、灵活的网络互连为整个金螳螂提供了快速、方便、灵活的通信平台的同时也为网络的安全带来了更大的风险。因此，金螳螂企业在信息化规划时，也建立起了一套完整、可操作的网络安全解决方案，实现对局域网全面的安全管理。

二、金螳螂网络安全规划

在计算机网络日益成为日常办公不可或缺的工具时，计算机网络安全也引起了我们的高度重视。金螳螂企业在进行网络安全规划时，综合考虑企业局域网的特点，根据产品的性能、价格、潜在的安全风险进行综合考虑，提出了金螳螂企业的网络安全解决方案，希望和大家一起交流和探讨。

● 将安全策略、硬件防火墙、漏洞扫描、入侵检测等方法结合起来，构成一个统一的防御系统

● 通过网络版防毒墙，对网关、邮件、服务器、工作站由中央控制台统一控制和管理，实现全网统一防病毒

● 通过网络管理软件和硬件防火墙结合的方法，监控网络运行状况和内部工作站通过 USB、邮件、因特网等方式窃取数据

● 制定详细严格的数据备份、灾难恢复策略，保证数据和网络系统的安全。

● 定期进行漏洞扫描，审计跟踪；定期查看网管软件、网络版防毒墙、防火墙日志，及时发现问题，解决问题

三、金螳螂网络安全解决方案

1. 网络结构

在分析金螳螂企业局域网的安全风险时，金螳螂企业局域网按访问区域可以划分为三个主要的区域：内部网络、VPN 区域、Internet 区域。

内部网络：按照所属的部门、职能、安全重要程度分为以下子网：中心服务器子网、设计子网、投标子网、办公子网。在网络安全方案设计中，我们基于安全的重要程度和要保护的对象，通过三层交换机将整个局域网划分为四个虚拟局域网（VLAN），即：中心服务器子网、设计子网、投标子网、办公子网。

VPN 区域：金螳螂企业各分公司、各工程项目部、移动办公人员通过 VPN 远程安全访问总公司内部网络。采用 VPN 方式访问公司网络，安全稳定，实施效果好。

Internet 区域：将提供 WEB、邮件、FTP 服务的公共服务器架设在防火墙的 DMZ 区中，与内部网络隔离，避免公开服务器的安全风险扩散到内部网络。

2. 内部网络安全措施

网络安全系统是建立在网络系统之上的，网络结构的安全是网络安全系统成功建立的基础。在整个网络结构的安全方面，金螳螂企业局域网采用以下网络安全防范方面的措施来建立我们的网络安全体系。

● 访问控制：制订严格的管理制度，我们建立了相应的《账号及口令管理规范》、《用户权限管理制度》。

● 内外网隔离：在内部网与外部网之间，设置防火墙实现内外网的隔离与访问控制，通过交换机的 VLAN 实现将不同功能和安全级别的子网分开。

● VPN 平台：结合金螳螂企业的实际需求，对实施效果、成本和风险、硬件和网络方案等进行了充分的调研和论证后，金螳螂企业建立了整个企业的 VPN 网络平台。采用 VPN 方式访问公司网络，安全稳定，实施效果好。

● 网络安全检测：任何系统得安全都是相对的，没有一个网络操作系统是绝对安全的，我们定期对网络系统进行安全性分析，对问题及时发现并修正。

● 审计与监控：审计是记录用户使用计算机网络系统进行所有活动的过程，它是提高安全性的重要工具。我们通过硬件防火墙管理软件，可以实时监控网络流量、VPN 用户使用情况、审计用户上网、收发邮件等情况。通过网络管理软件，我们可以对整个局域网进行监控，发现问题及时防范。

● 网络防病毒：通过网络版防毒墙，对网关、邮件、服务器、工作站由中央控制台统一控制和管理，实现全网统一防病毒。合理设置邮件服务器和网络版防毒墙，防止垃圾邮件；定期上网查看最新流行病毒，查看系统漏洞，升级系统补丁。

● 网络备份系统：制定详细严格的数据备份策略，并且数据备份有专人负责。

● 重要数据备份：如设计、投标资料，财务数据，通过备份软件定期自动备份到磁带库。数据还原我们可以还原到每日、每周、每月、每年的数据。

系统备份：利用备份软件远程定期备份服务器系统。一旦网络系统瘫痪或出错，我们可以迅速恢复网络系统。

双机热备：对于重要服务器应用采用双机热备技术，比如我们的OA系统、邮件系统、AD服务器，我们采用双机热备技术，保证数据的安全和稳定性，即使在一台服务器出错情况下，其中另一台服务器也可以迅速接管那一台服务器的工作。

● 安全管理

为了保护网络的安全性，除了在网络设计上增加安全服务功能，完善系统的安全保密措施外，安全管理规范也是网络安全所必须的。安全管理策略一方面从纯粹的管理上即安全管理规范来实现，另一方面从技术上建立高效的管理平台（包括网络管理和安全管理）。安全管理策略主要有：定义完善的安全管理模型；建立长远的并且可实施的安全策略；彻底贯彻规范的安全防范措施；建立恰当的安全评估尺度，并且进行经常性的规则审核。当然，还需要建立高效的管理平台。

安全管理原则

多人负责原则：信息部门需要有一个系统主管，负责规划网络安全和分配网络安全工作，系统主管下面设置若干系统管理员，每一项与安全有关的活动，必须有两人或多人负责。这些人应是系统主管指派的，他们忠诚可靠，能胜任此项工作；他们应该签署工作情况记录以证明安全工作已得到保障。

任期有限原则：一般地讲，任何人最好不要长期担任与安全有关的职务，以免使他认为这个职务是专有的或永久性的。为遵循任期有限原则，信息部门人员不定期地循环任职，并规定对工作人员进行轮流培训，以使任期有限制度切实可行。

职责分离原则：信息部门人员不要打听、了解或参与职责以外的任何与安全有关的事情，除非系统主管批准。

安全管理的实现

信息部门应根据管理原则和该系统处理数据的保密性，制定相应的管理制度或采用相应的规范。具体工作是：

a. 根据工作的重要程度，确定该系统的安全等级

b. 根据确定的安全等级，确定安全管理的范围

c. 制订相应的机房管理制度，对于安全等级要求较高的系统，要实行分区控制，限制工作人员出入与己无关的区域。出入管理可采用证件识别或安装自动识别登记系统，采用磁卡、身份卡等手段，对人员进行识别、登记管理。

d. 制订严格的操作规程，比如建立和注销账号、数据备份、电脑调配等

e. 操作规程要根据职责分离和多人负责的原则，各负其责，不能超越自己的管辖范围。

f. 制订完备的系统维护制度

g. 对系统进行维护时，应采取数据保护措施，如数据备份等。故障的原因、维护内容和维护前后的情况要详细记录。

h. 制订应急措施，要制定系统在紧急情况下，如何尽快恢复的应急措施，使损失减至最小。

基础网络的应用带来实用高效的信息环境平台

全国建筑装饰优秀企业家　全国杰出中青年室内建筑师
深圳市极尚建筑装饰设计工程有限公司总经理　　倪　阳

针对装饰企业信息化建设的现状，我们通过自身信息化建设的工作实践，并在结合本企业经营管理思路的推行应用过程中有了一些体会和初步的认识，也逐渐形成了自己的一些看法，现与大家共同交流和研讨。

观点一：我们企业信息化建设所用到的技术并不一定需要最先进的，但关键要适合企业运作的特定阶段，为企业现实运作服务，提高工作效率，降低营运成本。庞大先进的软硬件系统如不匹配特定管理要求和阶段，会影响企业的正常运作方式，而其本身的成本也是相当高的。

企业推广信息化建设在不同类型、不同规模的企业是不同的。且成熟的应用领域更偏重业务范围定性、定量明确的企业，如生产型企业有固定的产品生产经营模式，成熟的销售网络系统和管理模式。装饰企业则不同，特别是偏重设计类型的公司其运作方式也不尽相同，而不同的公司又都有自己特定的做法。总的情况看来，目前国内的软硬件市场也很少看到符合我们行业的整体性解决方案。因此我们的信息化建设从一开始就应该是从适合我们经营现实的角度出发，建立一个高效、低耗的企业信息交换平台，这个平台将在企业经营管理和持续发展中起到桥梁的作用。而不会因其相对较高的成本和维护费用成为企业经营的拖累。

观点二：中小企业在发展信息化进程中由于自身及市场要素的不确定性多且变数较大，不同于大型企业那样可以制定相对确定的阶段目标，因此我们信息化工作的开展只能从最基本的信息化统计应用开始，在基础信息框架搭建好后再试图去灵活组合应用已积累的共享信息资源。

网络信息平台的搭建有两种方式，自上而下与自下而上。我们通常是会采取后一种方式，由简单而扎实的信息基础工作开始，注重经验的积累，如输入管理理念、文件信息、工作流程、过程记录统计等。因此，我们较快地实施了管理过程无纸化计划，实现了异地轻松管理、控制、协调业务流程的理想。

观点三：信息化不单纯是一种技术手段，更多的应该跟

企业的经营管理、文化建设、体制机制的完善融合在一起，并形成一种互动的持续发展关系。

信息化建设不应该只是通过技术手段，改变企业原有的经营模式从而跟上所谓的信息化进程的脚步。它应该是潜移默化地在企业原有经营秩序没有被打乱的情况下，循序渐进地改变着企业，影响着员工的行为方式，让大家觉得信息化所运用的手段成为工作习惯，甚至成为一种生活方式的同时，企业的信息化建设也在逐步地进行、展开并健康发展着。

总之，我们企业很早就敏感的意识到电脑网络对当代社会的影响和意义，这种革命的紧迫性使得我们一开始就在"找死"和"等死"之间求生存，拼命搭上这班"快车"，不能被信息时代所抛弃。回想这个过程，感到很值得回味。当初，我们早就建立了局域网，当时只是设计制图人员在用电脑，随着技术的逐渐普及，我们的行政、工程人员开始使用电脑，办公也实现了电子化。我们的局域网络也在逐步的扩大，我们建立了数据服务器到后来通过虚拟 VPN 手段，实现了城市之间分支机构、项目组的互联，信息交换逐步完善。

不过我们很快发现这一切技术上的变化更新，只不过是实现了企业经营管理的电子化而已，这样的变化并不是我们独有的，庞大的网络只是实现了我们工作期间的文件交换而已，并没有更多的用途，就像花费巨资建立的高速公路，结果发现只有拖拉机在跑。诺大的网络空间成为巨大的浪费。通过集思广益，我们认为带有浓厚技术色彩的网络，能为公司的经营管理和文化建设等方面带来巨变。

随后，我们建立了公司内部的 web 服务器，开通了局域网论坛，并设立了经营管理，如新技术新材料库、设计论坛、员工论坛、休闲娱乐等专门区域。如此，公司通知、指示，员工抒发感想、提出建议等空间瞬间扩大，以前只能每月在企业内部《简报》上发表一次文章的员工，现在可以即兴发挥了。

但是，新技术很快改变了这种时效性不够强的交流形式，一个基于局域网的即时通信软件被安装到每一个人的电脑上，即时的、点对点交流成为可能，并且互传管理文件、设计文件等。特别是在设计过程中，大量的项目现场照片和相关意向概念图片、参考图片资料在筛选、整理编辑工作变得简单和轻松自如。最让人难忘的是：几年来我们与美国 RTKL 设计公司在上海、大连、武汉、深圳合作几个大的设计项目时，大量的图形文件是通过越洋传递信息的，除了时间差的因素外，彼此都感到很便捷，我们相信今后的信息传递速度会更快。在整个网络信息建设过程中我们也加强了各类文件的安全管理，增加了私密性保护措施，实现不同权限系统内的文件共享。同时，我们还定期进行网络系统信息知识培训、培养信息化专业性人才，落实各部门、各项目的月、年工作计划系统编制，宏观调控及保证实施的制定与输入，包括合同编制、保存，客户跟踪回访信息纪录。严格规定函件接收与发送程序、分类存档，为此信息系统建设逐渐完备，工作变得简单，有效率，有效益。 值得欣慰的是，我们在以下几个方面取得了明显的工作绩效，从而逐步建立完善的企业核心竞争力体系。

网站的市场推广

网站建设

公司同时注册了 artmost.com 以及同名的.com.cn 和.cn 的域名，还有"倪阳"、"极尚"、"中意坊"等网络实名，以保护企业各个品牌在网络上的唯一身份。

公司建立网站后随即通过行业协会及相关网站的链接，推广了公司的形象和业务，也成为一个企业对外发布信息的平台。网站除公司介绍外，更重要的是有一个作品发布和管理的平台。完全实行网上发布招聘信息，人力召集和储备，向潜在客户展示我公司的设计和施工实力，并通过英文版将公司推向海外市场展示。的确，公司网站发布几年来，我们赢得了好多项目，而且有几个具有重要影响和意义的项目，如深圳工业展览馆的前期策划设计、东莞巨无霸的华南 MAII 商业空间设计等项目。

利用网络轻松实现客户沟通

建立 ftp 站

ftp 站的建立增进了，企业内部和企业与各个合作伙伴之间的文件传递，我们为每一个客户和合作伙伴开设账号，达到文件传递的安全性。

比如，设计方案完成后，将其放在 ftp 服务器的此客户专署目录下，客户来这里取文件、查看、审定、确认，到我们进行下一步设计，中间不需要人力往返，大大节约了时间和资金，其方便性得到广大客户的认可。

项目视频数字化的制作与推广

项目完工后，我们会为项目拍摄视频片断，如地产类对不同户型、不同客户定位、不同风格的设计进行精选角度拍摄并配词、配音、配乐，渲染项目功能、空间、环境、风格等的说服力和艺术性效果。

针对这些视频精选片断，通过与网站配套的 VOD 服务器，向互联网展示我们的作品，同时以 VCD 的形式送给客户，调动客户的想象力，让客户能更多地感受到项目的感染力。

网络技术重塑了企业文化的活力

一些技术手段的应用，对我们的企业文化建设所带来的改变也是显而易见的。首先表现在我们内部沟通方面，我们企业迄今创办了六十多期的《简报》，是我们员工发表文章、观点、评论的一个重要平台，它是月刊的形式，因此它的机动性、即时性就很弱，公司建立内部论坛以来这个情况被彻底改变，现在可以随时到论坛发表，而且其他的员工可以回复讨论。企业的一些经营管理的问题也可以在这里由大家参与意见，拓宽了企业与员工沟通。也使员工创作的灵感不至于被《简报》一个月的发表期所磨灭，成为员工之间汇集思想，交流情感的方式，变成一个工作生活中不可缺少的组成部分。大家在其中共享成功的喜悦、人生的感悟、思维的凝练、认知的提高，“她”真正把“文化”融入进了企业的内涵。另外，公司历年来组织的集体旅游、娱乐、聚餐、生日庆贺、重要会议、庆典等活动都由专人拍摄数码照片，然后整理、归档到公司服务器中，大家可以随时欣赏、回味，对发扬员工团队精神，新员工入司教育均起到了良好的作用和效果。

我们很感谢员工为公司付出的辛勤劳动，同时也感谢在他们身后支持、鼓励他们的亲人。因此，我们通过技术手段把他们“请”到公司元旦晚会的现场，来表达他们对企业、对员工的期望、寄托和感触。

2004 年元旦前夕公司几位骨干出差，一个由企业员工组成的特别采访小组分别先后来到了几位骨干家中完成了对其家人的采访，并以 DV 记录了全过程并独立完成编导、剪接、制作工作。元旦晚会上，在没有任何前兆的情况下，特别节目开始了，母亲对儿子的期望，妻子的支持，儿子的天真可爱，突然在投影屏幕中展示在他们的面前，这些真实的纪录是他们以前不曾看到、听到、想到的，同时也为全体员工留下了深刻印象。最后，我们把晚会的全过程用 DV 录制下来，做成 VCD，发送给每一位员工，让每一位员工亲属都有机会感受到企业的文化气氛，使得亲属们对员工的工作更有信心，更支持他们，也更支持了我们的企业。

回顾六年来我们使用网络技术的经历过程，一方面是可喜可贺，另一方面我们也感到对网络技术运用的局限和困惑。我们希望在夹缝中求生存的这种方式通过企业自身实力的提升和网络技术、软硬件开发水平的提升得到一个全方位高一层次的发展提升机遇，我们同时也希望全行业的网络技术应用管理水平能力程度能够成为当代信息社会的最大受益者之一。

会刊在行业中的地位和作用

全国优秀建筑装饰协会工作者　深圳市装饰行业协会副秘书长兼工会主席　**韩雪梅**

会刊在行业中的地位和作用，业内人士都有深刻的体会。会刊作为行业的内部资料性刊物，具有较强的专业性、专一性。读者群体也是一些特定的企业和工作人员。所以其内容、影响力、覆盖面和其他社会媒体相比，有一定局限性。但会刊在具体行业和领域中的地位和作用又是其他媒体所不同的。我们协会在办刊的实践中体会到会刊的地位和作用主要体现在：

一、记载行业发展的历史

会刊无论办刊方针、栏目设置、刊物质量如何，其传统的功能是记载行业历史，见证行业发展。装饰行业会刊的内容一般包括国家或本地区的行业政策法规、行业信息、市场动态、企业的管理模式、设计理念、工程展示或者材料资讯等等。每个时期都有着不同的内容。这些内容在一定程度上反映了当时、当地行业的发展态势。通过这一期期的会刊，我们也就在整体上把握了行业历史发展的脉络。企业和行业的进步也在此得到体现。

会刊比其他媒体更全面、更深入地载录了行业的发展。所以，会刊作为内部历史资料，起着了解行业和研究行业的作用。深圳市装饰行业协会 1987 年创办《深圳装饰》会刊。创办 17 年来由原来的季度刊，改为双月刊，已办 69 期，由普通的纸张、文字信息到图文并茂的彩版，深受装饰企业的欢迎。自 2001 年起入选深圳特区文献，作为优秀刊物由市图书馆收藏，供社会查阅。这说明了社会对行业会刊的重视，也说明了会刊的地位和作用。

二、架起行业交流的桥梁

协会不是行政机关。协会与会员单位也不是上下级关系。会刊因此不能是工作指令性的。会刊有汇集、记载信息的作用。但它又不能仅仅是行业信息的平白记录。会刊是协会、会员单位、政府、各行业、业主之间沟通交流的桥梁和纽带，是展示企业风采、树立行业形象的舞台。这是会刊最普遍的功能。例如各级政府颁发的各种法规文件，每年各协会评出的优秀装饰企业、优质装饰工程的公布，新工艺、新材料的介绍，装饰设计的论坛，就连装饰公司地址、电话的变更都会通过会刊发布信息。

各协会会刊在全国业界免费互相派发，互相学习，互相促进，对地区甚至全国装饰业的发展有着推动的作用。宣传政策法规，是引导窗口；刊登学术言论，是学习窗口；介绍优秀企业、精品工程，是宣传窗口；传递各类信息，是交流窗口。而会刊本身更是一个形象（行业、协会、企业甚至个人形象）窗口，会刊的“窗口”作用不言而喻。

三、推动行业信息化建设

装饰行业信息的来源主要是业内和社会的公开媒体、各个协会、装饰企业的内刊。为装饰行业以及本地区的企业提供了有效的信息资讯。为了适应现代社会的发展，随着信息化时代企业的需要，网络信息化建设，例如网站、OA 系统、E-MAIL 等相继出现和应用在行业管理工作中。会刊在这方面发挥着巨大的“推动器”的作用。比如提高编辑人员和撰稿人的计算机水平，利用网络优化采编、出版流程，发挥网络快速搜索处理信息的功能，使用光碟进行会刊的存档工作，在网站上开辟电子专栏，构建会刊信息数据库，甚至建立会刊的专门网站等。

深圳市装饰协会于2001年与深圳市科筑信息技术有限公司合办了行业网站，现已成功运行3年。协会文件、通知等信息全部在网站公布；文件打印、存储、浏览、获取外界信息、传递信息等都通过互联网进行。这样做既改善了员工的办公环境和条件，也节约了人力物力，提高了工作效率和办公质量。例如，过去协会发一封信给几百家会员单位，需要人手打印及邮寄，费时费力费钱，而网络办公就轻易解决了这个问题，快速准确且成本低廉。

深装协网站自建立以来，从企业和市场的实际需求出发，坚持创新服务，在收发文的基础上探索、深化网络功能。装饰工程招投标系统、投诉纠纷即时处理系统、装饰作品发布宣传系统、装饰论坛、安居会员俱乐部及各类信息服务栏目都已逐步完善并升级。

例如2002年开通的网上家装市场，记录了近200家家装企业的资料，近300种家装作品，200多项（仅2004年）家装招标项目及相关材料信息和装修知识。此系统是对现有市场交易的补充和完善，大大方便了企业和市场、个人相互之间的沟通，无形中也促进了社会消费；人才服务栏目登录了企业招聘职位618个，个人求职简历2750个，促进了行业人才的合理流动，在一定程度上也提高了社会就业率。

又如2003年“非典”期间，深圳市装饰行业工会举办工会工作经验交流会不能聚众开会，及时在深圳装饰网上开辟了“工会工作经验交流”栏目，调动企业的积极性，到年底5个多月就有12家发布20多篇信息，达到了交流的目的。我们协会现有单位会员372家，可是，加入网站的单位会员却达到了870多家，其中不少非协会会员的相关专业单位也加入了我们的网站。说明深圳装饰网已受社会欢迎，个人会员 6428个，供需信息总数15442个，2003年网站点击率达60 万人次，各界人士可随时随地浏览信息，大大促进了深圳装饰业的无纸化办公进程。

我们正在努力开发装饰行业网站的潜力，准备把电视电话会议、远程教育培训、在线考试等作为行业网站的服务发展方向。

这些工作，都是与会刊密切相关的。会刊带动了行业的网络信息化建设，行业的信息网络建设依托会刊创建起来并健康成长着。

四、探索行业先进的文化

从城市装饰文化的建构到家居文化的塑造，装饰行业的会刊发挥了不可替代的宣传作用。这里所说的“行业文化”是无形的，是行业在长期的发展中所自觉形成的，并为广大会员单位接受、遵守的发展宗旨、价值观念等的综合反映。很多企业都有意识地创建内刊，作为宣传企业文化的舆论阵地，那么行业的内刊也就成为了探索行业文化的载体。如有意识地宣传、培养全行业的诚信观念、绿色环保观念、人文关怀观念等等，形成了装饰行业特有的行业精神，提升了行业品质和形象，促进了行业文化的形成，从而推动了行业的发展。

这方面的工作我们刚刚起步，体会还不是很深刻。但是，我们坚信这是会刊应该努力发挥好的一个重要作用。

五、促进行业学术发展

组织、推动行业的学术研究是会刊的一个重要方向。会刊既要反映本行业的学术成果，又要组织推动学术研究。协会充分发挥会刊在这两方面的作用，通过会刊组织学术研究，开展学术活动，促进行业学术发展。例如提供热点、前瞻性讨论课题、刊发或向其他公共媒体推荐高质量的学术论文、研究成果或其他科技应用信息。在条件许可的情况下，会刊可以牵头，组织区域性甚至全国性的学术研讨会，开展会刊之间的研讨、举办技术培训班等。会刊可以也应该成为行业理论发展的前沿，成为永不闭幕的学术会议。发挥会刊在这些方面的优势，对加强行业的学术理论探讨，推动整个行业的发展无疑将起到举足轻重的作用。

这方面的工作我们还在探索。但是，我们深刻地感觉到会刊在这里具有不可替代的重要使命。

六、办好会刊三要素

随着中国加入WTO后政策的放开，行业协会面临更大的机遇与挑战，协调、自律、监管、服务功能需要进一步加强，社会地位必须进一步提高，会刊扮演的角色、地位和作用也必须逐步转变。那么如何进一步办好会刊及增强会刊在行业中的地位和作用呢？

第一，要得到会员单位的支持。会刊是为会员单位服务的，其信息来源、读者群体都是本行业的企业及相关人群，离开企业的支持、创新发展，会刊的存在和发展也就成了无源之水，无本之木，地位和作用也就无从体现。

第二，要有充足的办刊经费。办刊经费不足，是阻碍会刊上品质、上水平的关键因素。版式设计、刊物装帧、稿酬这都离不开资金。资金的来源主要包括协会的投入以及潜在的宣传广告费用，在注重社会效益的同时也要有一定的经济效益。

第三，要充分发挥编委会的作用。会刊的撰稿、组稿、审稿、校稿以及版面设计、印刷刊发这些流程都离不开编委会的有效运作。创办会刊如何定位，办刊的方向和内容，如何提高办刊质量，增强刊物的可读性、学术性、适用性、引导性，发挥编辑人员的创新精神，办出特色，拓宽受众面，坚持可持续发展的办刊思想，这都需要编委会的努力。

全国兄弟协会都有很多很好地办刊经验和好的做法。我们一定好好地向大家学习，把我们的会刊办得更好。

信息化建设提高了装饰企业运作效率

中国建筑装饰协会五届理事会常务理事　全国建筑装饰优秀企业家
济南装饰协会副会长　山东万德福装饰工程有限公司董事长　　林　擘

山东万得福装饰工程有限公司是经山东省人民政府批准，成立于 1993 年 1 月 20 日的中外合资企业，注册资本为 1670 万元人民币，投资总额为 1795 万元人民币。

公司现具备了由国家建设部颁发的建筑装饰施工一级资质、建筑装饰设计甲级资质，以及消防工程安装二级资质、建筑幕墙安装二级资质、城市及道路专业照明二级资质等诸多的资证。凭借专业资深的技术力量、严明科学的管理体制、敬业高效的经营团队、诚信经营的良好信誉，公司目前年经营业绩过亿元，每一项工程均达到“优良”标准，自 2001 年起通过了 ISO9001 国际质量管理体系认证、ISO14001 环境管理体系认证、ISO18001 职业安全认证，并荣获“全国建筑装饰行业百强企业”称号、“全国优秀施工企业”称号、“全国重合同守信用企业”等荣誉称号。

信息化建设无疑是当今企业管理中最时髦的概念之一，作为一家现代化企业，特别是装饰行业的现代化企业，不发展信息化建设几乎是不可想象的。作为全国建筑行业百强企业的山东万得福装饰工程有限公司尤其重视开展信息化的建设和管理，并通过信息化管理和建设降低了各项管理成本，提升了工作效率。

一、基础情况

（一）硬件建设

自公司成立初期起，经过 11 年多的发展，公司目前已拥有计算机近百台，笔记本电脑 30 余台，网络服务器（大型且函大容量存储器）3 台，高端交换机 2 台，各式打印机 50 余台，复印机 15 台，传真机 50 余台，其他硬件若干。

（二）软件建设

以当今最流行的视窗操作系统为依托，以 MRPⅡ(制造资源计划)为核心，建立了适合公司发展的管理平台，引进了适合预算工作的建通软件、石成软件，适合我公司人力资源管理的朗新人力资源管理软件，辅助公司管理的企业勘查设计管理信息系统，适合工程验收的隐蔽验收记录系统管理软件，各类办公自动化管理子系统，并且我公司聘请专业资深人士研制开发了适合公司运行的财务管理软件、材料管理软件和材料调研软件。

（三）网络信息化建设

我公司在现有的硬件、软件及人员配备上，已经建立了较为完善的内部办公网络系统，并实现了公司内部资源的共享，逐步建立和提升了网络管理和安全系统，保障了网络和信息的基本安全。另外公司已经实现了与 Internet 相连接，建立了独立的商业网站，并有专人进行设计与维护及时地提供自己的商业信息，保持整个网站的实用性与可观赏性。同时可以通过因特网将全国各地的分支机构组织到内部网络中。公司人员外出时使用的笔记本电脑，可以在任何地方以打长途电话的方式远程连接到公司网络，或者通过当地的 ISP 以网络漫游方式经因特网与公司内部网络连接，保持了及时的沟通。

（四）公司内部网络化管理

1．办公内部网络系统的管理。建立完善了公司《内部网络管理实施细则》，做到有章可循，有法可依。在公司内部搭建局域网，实现了整个公司（共 9 个部门）的办公网络化管理，各部门可以通过现有的软件平台实现信息的共享与利用。实现打印机的网络共享，提高了工作时效，节省了人力物力。实现了公司内部电话网络集成化管理，即开通内部电话程控网，实现网络资源的共享。具备了公司专有的电子信箱，实现了信息的无纸化传递。

2．建立经营管理信息系统。公司在企业管理方面，自 2002 年起运用了以 MRPⅡ为核心的经营信息系统，并通过实际操作逐年提升了基于人力资源、财务、行政事务、政务、管理子系统以及涉及管理职能部门的辅助管理系统，使管理信息资源逐步得到共享，逐步提高了公司运营管理的水平。

3．综合项目（施工）管理系统。公司逐步确立和完善了综合项目管理系统的总体框架，建立和完善了项目管理工作流程和项目管理系统的信息流程，推广应用了计划进度控制、估算与费用控制、采购管理和材料控制、质量控制、费用进度、综合监测、设计管理、采购管理、施工管理、合同管理、项目财务管理、项目电子文档管理系统、隐蔽验收记录系统管理、项目管理信息协同平台等共十二个子系统的部分功能。

4．工程设计集成化系统。公司逐年引进、开发、推广用于工程设计方面的软件，提高工程设计技术水平；广泛利用数据库技术、模型设计技术，逐步扩充了三维协同设计集成系统，深化详细设计阶段的集成化应用，解决了 CAD 技术与传统设计管理模式之间的差异，使设计工作规范化、标准化和系统化，优化设计流程，建立了协同设计环境，使得设计工作呈现高效益、高效率、高质量的状态，提高了设计信息的共享性与复用性，实现了公司生命周期内的信息共享。

5．人力资源管理系统。公司自 2002 年起引进了朗新人力资源管理软件，建立了员工的统一编码和有关数据标准，组成了一个共享数据库，与以上相关子系统相连接，使得在人员各项管理中得到充分应用，并建立了一套完善的体系，如图所示。

6．档管理系统。公司建立了纸文及电子文档有效可行的管理办法，并出台了相关管理细则，从而形成并完善了一套有效、可行的归档程序：一是文档的形成签署、审批；二是收集积累；三是编制目录；四是整理需归档的文件；五是鉴定归档的文件，确定归档文件的档案属性；六是检测归档的文件；七是编制归档说明；而针对于电子文档的特性还要

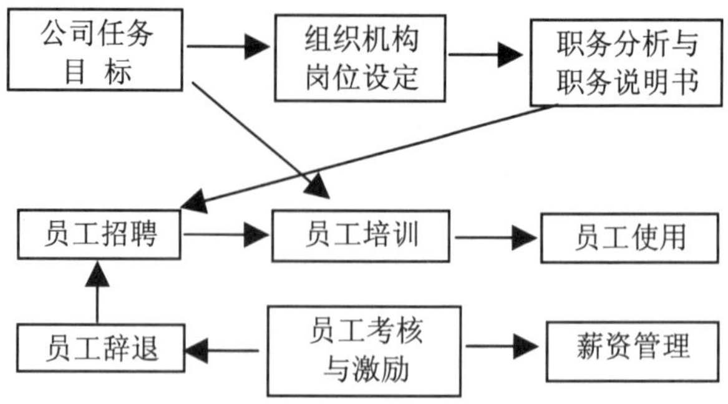

完成：存入磁、光介质（含压缩归档等方式）；复制备份；确定载体标识。

（五）信息资源的科学化管理

1．软件的使用和数据的安全备份。部署了网管系统、防火墙、与病毒防护系统等；建立了网络数据自动备份系统和 VPN 系统；逐步实施全局整体的网络安全，制定了网络系统安全建设规划，建立了一个较为完整的集防入侵、防病毒、传输加密、认证和访问控制于一体的，包括有较完备安全制度的，动态的信息系统安全体系。

2．材料系统管理。自 1999 起公司聘请专业资深人士研制开发了适合公司运行的材料管理软件和材料调研软件，通过日常收集操作可以提供在工地材料、库存材料、材料的市场价格、成本价格、材料定点采购供应商的各类信息数据，并可进行各项数据的比较，以灵敏的市场信息取得了价格上的优势。

3．投标体系管理——建立各项数据库

（1）在建工程数据库：收录、编辑投标工程信息来源、分类、计划步骤、项目实施步骤等基础数据信息，并对整个工程提供了基础数据指导。

（2）投标工程数据库：利用标书制作软件，制作各类工程（酒店类、综合楼类、办公楼……）标书，同时配备专人进行软件的维护，信息的收集、编辑、更新。

4．工程信息管理及项目资源管理

（1）工程信息管理：建立了以下系统和数据库： 二维工程设计系统、 三维协同设计系统、设计信息资源管理系统和设计资源数据库：其中主要包括信息流程的跟踪与监控，面向外部的电子公文交换、文档共享、收发文管理、档案管理、财务管理、人力资源管理、固定资产管理、项目统筹管理、标准规范管理、质量管理、采购管理、客户关系管理、决策支持管理等功能模块。

广泛收集了经营决策方面的信息，建立了资源库（客户资源库、市场信息库、合同数据库等），实现市场信息综合分析与管理，实现客户资源管理，逐步实现辅助决策，并建立了企业管理资源数据库。

（2）项目资源管理：建立了以下系统和数据库：建立了以计划进度控制、费用/进度综合监测等为核心，研究和建立了国内先进通行的估算与报价体系，收集各种与报价相关的信息，逐步建立各种与报价相关的数据库，建立估算与报价系统、项目费用控制系统及风险分析系统。建立了项目电子文档管理系统和项目文档数据库，实现项目全过程的信息管理和共享，实现工作流的控制和管理，实现了文档的版本控制、共享浏览、权限管理、文档的状态跟踪、文档发布管理与控制等。建立和完善了项目采购管理和材料控制系统及项目材料数据库，实现了材料库的标准化，现场材料的信息化管理。建立了企业级和项目级材料数据库、供货商数据库等，以满足国内大型项目和竞争的需要。

二、信息化建设的成效

经过大量的投入，多年的建设，信息化建设是成功的，投资效益是显著的。这主要体现在以下几个方面：

1．计算机技术和信息化建设在企业管理上全面应用。我公司加强了企业的基础工作，提高了企业职工素质和企业管理水平。通过运用各类管理软件，理顺了企业组织机构、作业流程和资源配置关系，强化了各项业务制度与工程管理制度，建立了规范的数据环境与人机协同作业环境。

2．竞争能力提高。由于设计施工水平的提高，施工工艺的进步，企业管理的加强，企业工程质量逐年提高，装饰工程优良率也逐年提高，增强了山东万得福装饰公司在国内市场的竞争能力，经济效益显著提高。如 MRP 系统的应用，所取得的量化效益主要表现为：装饰工程提前竣工率提高 4%，装饰工程生产周期缩短 40%，采购周期缩短 60%，市场开发周期缩短 40%，废品率降低 0.1%，库存占用资金降低 25%，原材料利用率提高 15%，成本核算工作效率提高 50 倍以上，产品毛利润增长 10%左右。

三、信息化建设的体会

1．领导重视。首先，从中国建筑装饰协会到济南市装饰协会把信息技术的推广应用作为重要的大事来抓，为我公司推广应用信息技术创造了良好的外部环境。其次，山东万得福装饰公司历届领导对这项工作一贯重视，集团领导和分子公司领导，曾在资金紧张的情况下挤出钱来搞信息化建设。目前已把企业信息化建设列入企业发展规划，作为企业的一项重要工作来抓。

2．推广应用信息技术和发展信息产业需要高技术复合型人才的支撑。我公司在企业信息建设的过程中，十分注重人才的培养工作，通过学位教育、出国深造和工程实用技术培训等多种渠道，按照专业技术，多层次培训复合型人才。目前全公司拥有计算机应用专业技术人员近 100 名，其中硕士以上研究生 16 名，人员分布比较合理，有的从事工程管理、工程设计软件技术的应用，有的从事计算机硬件、计算机网络、数据库技术、国际互联网技术的研究和开发。这批人促进了山东万得福装饰公司信息化建设的进步，加快了企业现代化管理的进程。

3．软、硬件投资比较恰当。应用计算机技术必须解决好三要素，即：硬件、软件和人，三者缺一不可。我们认为软、硬件投资比例适当，才能取得投资最佳效果，山东万得福装饰公司在计算机应用的软件费、硬件费、人才培训费、维修费的投资比例约为 3：3：3：1，这是比较合理的。

建筑装饰企业信息化实施步骤与方法

北京施惠特科技有限责任公司　总经理　**张　青**

一、建筑装饰行业信息化发展现状和趋势

根据建设部2003年底下发的《建设事业信息化"十五"计划》要求，建筑装饰行业信息化发展的重点任务也分为三大部分，即建设事业电子政务建设工作、建设行业信息化建设工作、建设企业信息化建设工作。其中建设企业信息化工作涉及上千万的建筑装饰企业，企业信息化建设的水平直接关系到整个行业信息化建设的成败。

建筑装饰企业信息化在行业内部发展很不平衡，有些企业局域网已搭建，而有些企业还未开展网络建设。集成性信息管理系统应用很少，部分企业只采用了财务系统、材料管理系统、人事管理系统等独立软件，无法将企业日常信息交流、市场经营管理、项目过程管理、采购过程管理、人力资源管理等统一集中于企业信息化平台之上，信息孤岛阻碍了企业信息化整体水平。

建筑装饰行业企业信息化建设处于起步阶段。

二、企业信息化要想取得成功，应该遵循以下十大要点

1．提高企业的效益和竞争力为目标。这里所说的效益包括经济效益和社会效益、这里所说的竞争力包括在国内市场和国际市场赢得或保持竞争优势的能力。企业搞信息化无论是工程设计施工或是管理都要注意效益，要有利于增强企业竞争力。企业信息化的目的务必明确，并需把它用来作为衡量企业信息化成败的标准。

2．体制改革及与其相匹配为前提。我国正处于经济转轨时期，从计划经济过渡到市场经济，占主体地位的国有企业正在经历一场深刻的体制改革。企业搞信息化，用信息技术改造企业也好，用信息系统改进管理也好，都不能无视这一重大变革，而与体制改革过程相脱节。企业改革是为了企业发展，信息化要适应企业的改革与发展，并为其服务。

3．以企业管理的规范与优化为基础。企业信息化是三分技术、七分管理，不能单纯靠技术人员的努力，必须有全体管理人员特别是高层管理者的积极参与或领导。信息化是为了改进管理，提高管理效率，而在管理制度不健全、管理机构不稳定时，一句话，在管理还不规范，甚至趋向劣化的情况下，追求信息化必败无疑。在整顿和加强管理的基础上推进信息化，用信息化促使企业管理的重组和革新，才会走向成功之路。

4．信息资源的深入开发和充分利用为核心。重硬轻软、重信息设备轻信息内容，以及重规划轻实施，乃是政府部门信息化的通病，也是企业信息化的通病。企业信息化能否奏效的关键，在于对企业内外的数据和信息的整理和分析，以及这些数据或信息在生产、经营和管理中发挥作用的程度。数据库或数据仓库也好，信息系统或信息网络也好，它们的功能就表现在其内含的信息资源的有效利用上。在信息时代，把信息提炼为知识，再把知识激活为智力，使其成为经济和社会不断发展的源泉尤为紧迫。

5．围绕企业的产出为重点。企业的产出表现为工程成果和服务。企业搞信息化要紧紧围绕着产出，为其降低成本、提高质量、快速供应、持续创新、缩小施工生产周期，以及增进业主的满意度服务。

6．信息技术的战略性应用为特色。信息技术的战略性应用表现在它能改变竞争环境而使企业获得竞争优势。但实际中在战略创新和管理变革并非易事。这涉及到企业战略信息系统的建立和应用，战略信息系统使企业从争取优势的高度来认识信息技术的应用，并强调这种应用要同企业发展战略和组织目标相联系相配合。

7．建筑装饰行业的信息化标准为准绳。建筑装饰行业有上万个企业，在这么多数量的企业中，企业的性质和类型各异，规模大小不一样，存在的主要问题也互不相同。因此，各企业的信息化工作不可能完全一致，建设什么样的信息系统仍应视企业本身的条件、需求和力量而定。但应该尽可能遵循行业信息化标准，使实施有章可循，同行间也可互相交流。

8．行业信息服务的社会化与产业化为方向。企业的信息技术改造，信息系统或网络的建设和运行，信息资源的采集、加工和分析，既可以依靠企业自身的力量，由企业自己特别是内设的信息部门来搞，也可以寻找企业外部的力量，委托给专门的系统集成商或软件企业来完成。前一种方式往往是不经济的，甚至是难以完全做到的。后一种方式是发展的方向，但仍需要企业内部组织人员参与配合和操作使用。在企业信息化过程中，企业尤其是众多的中小企业，要利用社会专业化分工的优越性，注意从外部寻找技术资源和信息资源。

9．以提高人员素质为根本。企业信息化与其他任何工作一样，最终决定于人及其素质。人员的培训和提高水平是根本性问题。专业人员的技术和创造力固然重要，企业领导干部的观念和智慧以及全体职工的信息化意识和整体素质尤为重要。这个问题的解决非一日之功，需持之以恒。

10．以建立求变创新和诚信的企业文化为灵魂。求变创新就是要根据时代潮流塑造企业新的追求目标。展望未来，不断寻求新思想，这是企业文化必须倡导的观念和信仰。企业文化把"道德规则"列为企业文化的最重要组成部分，其道德规则的核心为"正确的市场行为"和"诚信"。

企业信息化以上十个要点是认识问题，但更主要的是实践问题，需要在不断实践中去摸索和创新。只有这样，企业信息化才能沿着一条健康有序且全面均衡发展之路前进。

企业信息化建设战略规划

企业信息化建设必须根据企业需求，把握行业法规和标

准，从系统工程的观点，科学准确地制定企业信息化战略规划。建筑装饰行业制定一个好的企业信息化发展规划是搞好建筑装饰企业信息化的重要基础。制定规划的过程是统一企业领导和职工对信息化的必要性和重要性认识的过程。同时明确企业信息化建设的目标、重点任务和切入点。

企业信息化最好的指导方针是："效益驱动、总体规划、重点突破、分步实施"。目前，企业在制定信息化战略规划时要么随意性很大，要么期望不切实际，造成信息化实施以失败告终。克服这种现象应该把握两点：满足企业需求、遵循行业法规和标准。企业需求是战略规划的出发点，要满足企业需求个性化趋势及动态变化性。为此，企业需求应该用系统工程的理论和方法发展成为"需求工程"，为全面准确制定企业战略规划打下良好基础。行业法规和标准是制定企业信息化战略规划的宏观指导原则。

建筑装饰行业信息化建设战略规划必须要建立起建筑装饰行业企业信息化公共框架体系方案，它是在大量分析、综合企业需求的基础上完成的。按照企业的特点，共同从整体上构思和设计信息网络和信息系统框架。其中，功能模型是系统的功能结构框架、数据库模型是系统的数据结构框架、体系结构模型是系统功能和数据关联的结构框架。

建筑装饰行业企业信息化公共框架体系方案应该满足以下要求：

1．一体化集成管理体系——以全局战略决策支持系统为主导，以工程项目过程综合管理系统和集成办公自动化系统为"两翼"，实现一体化集成管理体系。

2．面向核心技术的新型管理体系——以互联网络技术为核心，实现企业内部协同办公、经营管理、项目管理、质量控制及人力资源管理等，构造统一、动态的各类业务系统。

3．全面规划建筑装饰企业信息资源库——以企业数据仓库的理念和主体数据库的架构为指导，以知识和创新能力为凝聚点，全面规划企业信息资源库系统，以满足企业在全局决策、集成管理和工程过程管理等方面的需求。数据仓库是以传统的数据库技术作为存储数据和管理资源的基本手段，以统计分析技术提取企业有价值的信息资源。

4．系统综合性支撑平台——系统平台是信息系统运行和应用开发的支撑环境。随着企业信息化建设的向前发展，构造具有广泛开放性、动态组合性和功能完善性的综合性支撑平台十分必要。

建筑装饰企业信息化总体框架体系方案

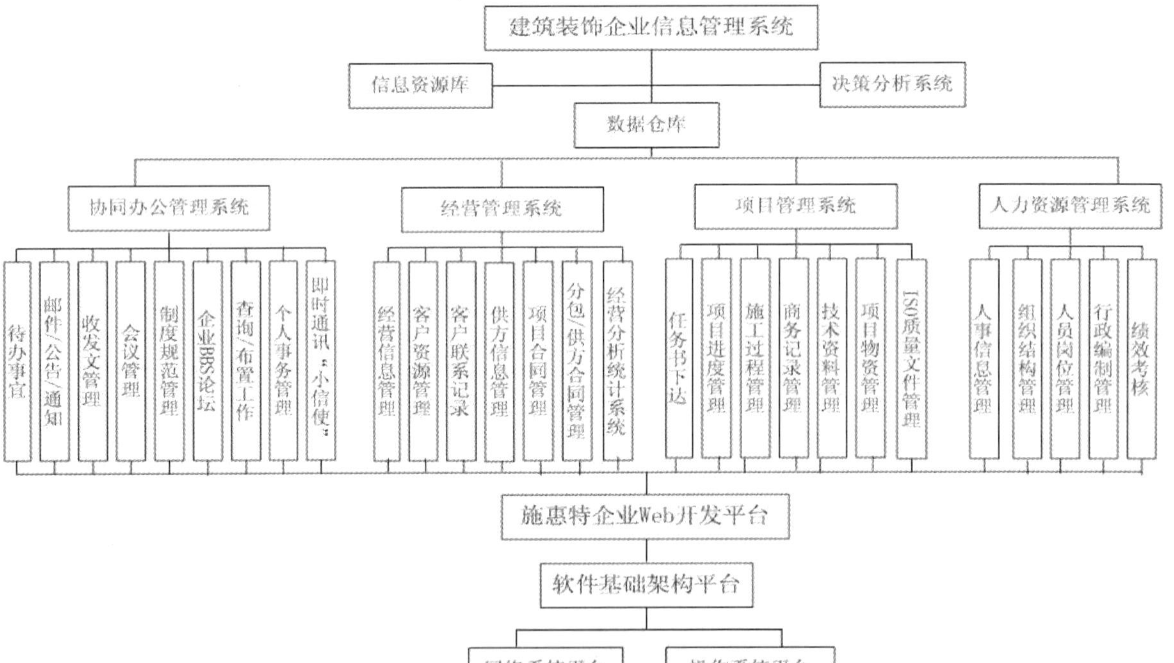

建筑装饰企业信息化实施步骤

软件开发是复杂的，其不可预见因素较多、可供选择的设计方案也众多。了解企业级管理软件开发过程非常重要，这样有利于企业在信息化实施过程中做到心中有数。具体如下：

1．需求分析阶段。需求分析是软件生命周期的一个重要阶段，它确定用户需要系统提供什么样的功能以满足工作上的要求。通过开发方和用户方的相互协作制订需求分析说明书，经过双方共同评审、认可，完成对软件的需求分析，在系统的需求调查基础上开展下一步工作。

软件开发商应该本着诚实科学的态度，尽力从多方获取用户各部门的第一手资料，并将按照软件研发的规范要求，结合其已有的相关开发经验，整理出用户信息管理系统的具体需求并对这些需求进行分析，为系统的详细设计提供完备而准确的信息。

2．总体设计阶段。总体设计又称初步设计，由软件开发商完成。通过这个阶段的工作进行系统的初步设计，确定系统的具体实现方案；进行软件的结构设计。确定软件开发平台是否可实现用户所有需求。

3．功能定制开发阶段。由技术人员按用户需求在软件开发平台上定制各类业务表单和工作流程，开发人员对用户特殊需求予以编码级的实现。其间要对该系统采用的新技术或特殊功能进行论证，以确保该系统满足在准确性、可行性、实用性、先进性等方面的技术要求。

4．系统测试阶段。功能定制开发完成后进入系统测试阶段，对于一个开发项目来说，开发过程是否规范将直接决定所开发出来系统的质量。主要表现在两个方面，一是开发过程中的每一个阶段都应有规范的技术文档；二是开发过程中的每一个环节都应有严格的质量控制措施，以及相应的测试手段、测试案例和测试修改文档。同时，在开发过程中，根据实际情况软件开发商还将多次与用户沟通座谈，以保证系统一直满足需求。

5．系统试运行阶段。应用软件系统的主要功能初步开发结束后即可上系统试运行，在试运行中继续对系统进行测试和不断完善，并进行不断的软件维护工作，使系统按照用户预期的效果运行。根据系统的复杂程度不同，系统试运行阶段有可能分多期。

6．系统验收阶段。应用软件系统经过一段时间的试运行及调试修改后，应该经过开发组与用户、相关专家的联合测试、验收。

7．系统正常运行维护阶段。在应用软件系统经过正式验收后，该系统进入系统正常运行维护阶段，这期间软件开发商应定期进行服务回访。

系统的实施实例：

系统的实施并不一定要一次实施完全，应按重点分类先上、逐步实施完善的原则。各阶段的主要工作如下表所示：

项目阶段	项目目标	主要任务
第一阶段： 需求调查及确认	确定项目主要目的和重点、实施范围和策略、组织结构及成员、详细实施计划、确认业务需求、业务流程的描述等。	项目的初步实施计划、制定项目实施的规范及标准、启动项目、技术分析及规划、建立系统技术环境、企业组织结构确定、企业业务流程的描述、分析。
第二阶段：系统开发	系统功能定制开发	系统总体设计、功能定制开发、系统测试
第三阶段:系统安装调试	系统安装、调试	系统安装配置及确认　　内部系统性能、安全等测试
第四阶段：系统试运行	用户对系统的确认	正式运行系统的安装及测试、用户对系统的确认、系统性能、安全等测试
第五阶段：系统验收	双方最终认可系统软件	双方对系统进行验收

三、建筑装饰企业信息管理集成系统功能表

建筑装饰企业信息管理集成系统的功能要根据企业的实际需求来选择，现以北京施惠特公司建筑装饰企业信息管理系统为例，列出部分功能以供参考。

分类	分系统	功能分类	模块功能说明
协同办公管理	信息台	任务接收	工作任务的接收、查看，任务的督办、查办。
		内部邮件	局域网内个人邮箱。
		公告/通知	发布企业新闻、通知、公告。
		内部短信	短信留言功能，提供内部沟通交流的空间。
	小信使	局域网内 QQ 功能	协助工作、实时沟通。发送即时消息和文件，显示当前工作任务、邮件、通知。
	工作安排	个人工作安排	进行每日或周期性个人日程安排，可与工作安排同时显示。
		布置工作	方便制定部门工作日程安排进行网上任务分派，并以图表形式显示。
		工作安排查询	查看任务完成情况，及时监控工作任务进度。
	通讯录	个人通讯录	个人亲属、同事、朋友、同学、客户、商业伙伴等通讯记录。
		企业通讯录	全院人员的通讯录。
	个人设置	修改密码	可自定义进入密码。
		页面风格	可按个人喜好修改页面风格。
		菜单情况	可按工作习惯修改个人菜单显示状态。
		状态选择	可设置目前的工作状态，包括：正常、出差、事假、病假、忙碌、暂时不在等。
	系统设置	权限管理	可根据部门角色、身份角色、管理角色、系统角色授权，系统自动生成相应的操作页面。
		数据备份	对用户的数据进行定期备份。
		系统控制台	可在控制台进行系统配置、在线人员管理、小信使、系统广播、重新建库、系统日志等工作。
项目管理部分	经营管理系统	客户资源管理	客户基本信息管理、联系记录、往来文件。
		项目信息管理	项目基本信息管理、子项目信息管理、项目组人员管理、项目进度管理。
		合同信息管理	合同基本信息、收费进度控制、合同变更、合同评审。
		分包合同管理	分包合同信息、付费情况控制、分包合同评审。
		经营管理统计分析	项目信息统计、合同信息统计、分包合同信息统计、项目人员统计……

项目管理部分	项目文档管理系统	商务记录管理	用户提供资料管理
			我方提供资料管理
			商务洽谈记录
		技术资料管理	工程技术交底管理
			规范、图集管理
			工地现场记录等
	项目物资管理	物资采购管理	供货商管理
			物资合同信息管理
			物资合同审批
		物资出入库管理	物资入库管理
			物资出库管理
			项目物资统计汇总
	项目质量控制系统	质量检查	质量计划及评审记录
			工程质量评定表
		客户服务	工程回访记录
			客户满意度调查
	项目成本控制系统	费用管理	项目日常费用管理
			项目特殊费用管理
		成本统计	项目成本费用汇总
综合办公管理	收发文管理	收文管理	实现了收文管理和公文审批等工作，主要包括议案、请示、工作报告、通报、通知、公告、函件、工作总结等。
		发文管理	实现了发文管理和公文审批等工作，主要包括议案、请示、工作报告、通报、通知、公告、函件、工作总结等。
	综合管理	车辆管理	包括单位车辆的维护、用车申请审批、车辆使用情况查询、车辆年检记录。
		会议管理	包含会议申请、会议准备、会议通知、会议安排、会议记要等管理功能。
		部门工作	部门月计划管理、部门月总结管理；个人请示/申请（请假申请、出差申请、用车申请、物品领用申请）；部门请示/申请；通用审批单。
人事管理系统	人力资源管理系统	组织结构管理	设置与企业组织结构有关的信息。
		人员岗位管理	设置企业员工的岗位职责。
		行政编制管理	设置企业的行政编制。
		人事信息管理	人员基本信息
			学历学位情况
			职务变动
			注册师职业资格
			专业技术职称
			专业技术等级
			劳动合同
			奖惩情况
			培训信息
			工作单位变动情况
			出国情况
			人员变动情况
			学术团体
			外语能力
			家庭情况
			党派
		人力资源信息统计	人员基本信息汇总表
			人员资质信息汇总表

信息化管理——实现利润最大化的探索

常州华东装璜有限公司　人力资源部总监　王启阳

序　言

近十年来，因为计算机和网络的发明，带动了人类信息化的飞速发展，有人称之为人类历史上的第三次工业革命，我国政府已经把“信息化带动工业化”明确为重大国策。

若干年后，不懂得信息化管理，就如同现在不使用电灯、电视机、电冰箱，将会感到生存的诸多不便一样。积极推动装饰行业的信息化管理，是我们刻不容缓需要学习的新课题。

这里把我们在信息化管理实现利润最大化探索的体会，与那些想在装饰企业低价位竞争中取得效益最大化、管理上不断探索的同行进行交流。

一、信息化管理理念探索

我们研究信息化管理，首先要知道什么叫信息。在英文中 Information,翻译成中文就是信息、情报。信息的定义，在近 80 年来，居然有八种说法之多。随着人们对信息的研究，从不同角度，不同行业，各自有各自的定义，至今没有统一公认的解释。例如,2001～2002 年清华大学的教科书，是引用 70 年代美国人的定义,信息是数据经过人们加工后的产品。去年 7 月，山西大学、南开大学、山东大学、郑州大学联合编写的教材，把信息定义为：在传递和交换过程中，具有某种潜在价值或实用价值的数据、事实和知识。我认为这个定义是具有普遍性的，他精炼的定义了信息的属性，也就是可传递性、价值性和知识性。对我们研究信息化管理，具有指导意义。

1. 一种商品进货携带的信息。一种商品进货携带的信息，是我们研究信息化管理从一个商品开始抓起，去解剖它、分析它，提取我们有用的信息，这在传统的经验化管理中是忽略的问题。实际上每选购一种材料，他身上带着十五种信息，他们是商品的俗名（学名）、品牌、规格、生产厂家（含厂地）、供应商名称、计量单位（最小包装）、商品单价、数量、商品总价、购买时间、使用项目工地（工段）、采购员名称、产品品质检测报告、产品环保检测报告、产品合格证，这些信息不管你用不用，都是客观存在的。其中哪些信息对我们实施信息化管理是有用的，在传统管理中，是没有经验的。

2. 装饰行业原始管理抛弃的信息。在我们的传统管理中，财务上只要有采购商品的名称、商品单价、总价、购买时间、供应商名称，就可以完美的生成应付账款，其他的诸多信息对研究应付账款是没有用的，也就随着商品采购单据将其他信息抛弃掉了。我们研究信息化管理就是要从这些被扔掉的信息中，找回有利于我们管理的重要信息和信息流。

3. 垃圾信息中丢掉了什么。我们把每笔商品丢掉的信息完整地采集回来，进行按项目或按年度统计分析，你会发现如下重要的有价值的信息，它们是你属下常用的品牌名称；百种材料的年消耗总量（项目消耗总量）；公司主要供应商年供货总金额；百种辅材的生产厂家和年供货量（项目供货量）；一平方米贴砖主材和辅材的平均用量及损耗率；一平方米吊顶各种材料的平均用量及损耗率；一平方米展开油漆的各种材料平均用量及损耗率……大家是否注意到，这些有用的信息恰恰是我们提升企业竞争力非常有价值的数据，国家定额中相关数据只是支持你在投标过程中核算的依据，而我们丢掉的信息数据恰恰是支持你在施工过程中能否获得利润的依据。有的公司苦心经营了十几年,一点数据积累都没有,这是一个多么大的损失啊。

二、成本控制从哪里下手

要想知道从哪里入手，就要了解自己管理中的费用组成的全部情况是如何构成的。每个公司都有自己的管理模式，大体相同，小部分不同。

我以我公司的工装项目实例作了分析，确定我们应该入手的方向（见图示）。

装修工程造价组合分析

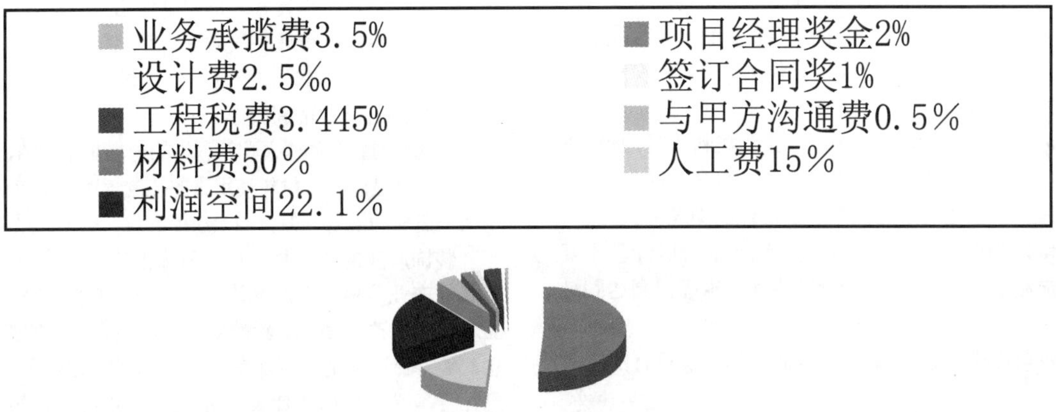

这些数据比例，有些是公司明文规定提取的，有些是按统计规律估算的。

我们可以看到其中最大的三块，一是材料，二是利润空间，三是人工费用。利润空间不是利润，这里边还含有材料补差和人工补差，还含有项目部办公费用，其结余部分才会形成利润。这图表就给我们指出了研究的方向，先从大块费用研究调控。

采购管理应该是我们装饰企业信息化管理的切入点，从降低材料费用，也就是降低采购单价、降低材料损耗率上入手。由此引发的诸多管理方法，就是我们提升的可控空间。

采购管理中的信息流

企业内流向采购管理的信息流

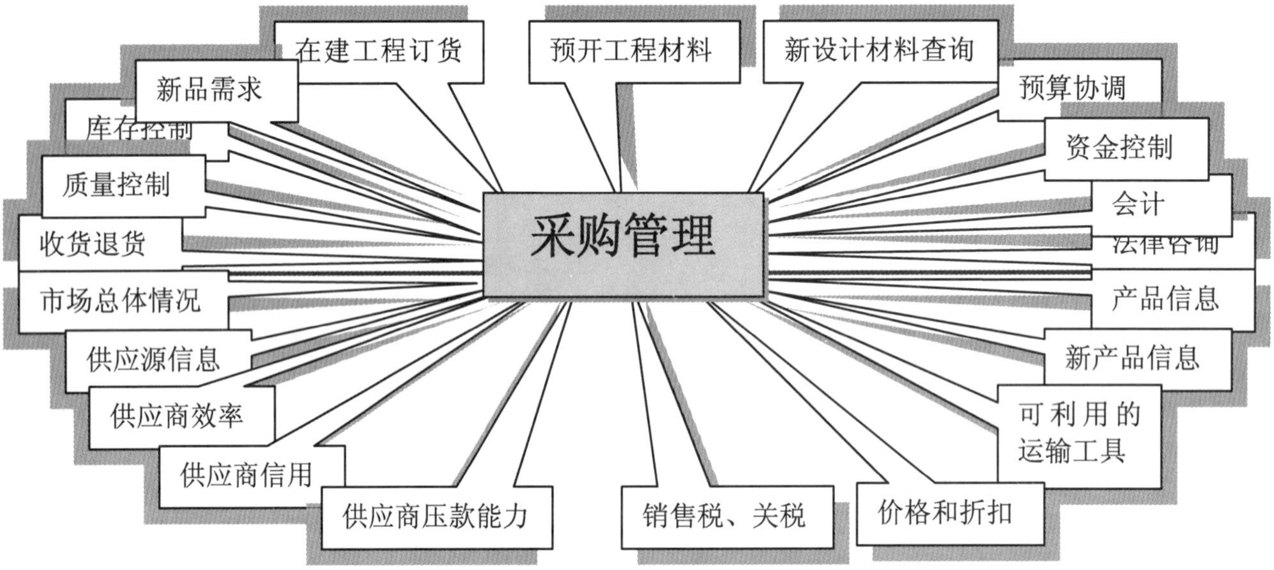

企业外部流向采购管理的信息流

从这个图表，我们很清楚的看到采购管理是企业信息流的交汇点，也就是节点。装饰企业信息化管理我们从采购管理入手。

三、采购供应管理是实现利润最大化的一个途径

1. 利用采购信息建立企业定额。建立自己的企业定额，是走向市场经济，装饰企业的核心竞争力，国家颁布的定额，是计划经济的产物，多数企业还在依赖着这个定额，在现阶段，实际上是两种定额在运作，绝大多数企业就是在这两种定额的差价中获利。中国加入 WTO 了，国外的企业是没有国家定额一说的，只有自己的企业定额。企业定额标准管理的好坏，决定企业在市场竞争中的生存的关键。一旦我们国家跟世界完全接轨，没有自己企业定额的公司，将在竞争中被淘汰，这已经是不容置疑的前景。

我们可以利用自己企业多个项目工程材料统计，加权平均可以得到目前企业管理水平下各工序材料真实的损耗率，并在日后的施工中加以压缩控制达到最优的损耗率。

我们可以利用自己企业多个项目统计中可以计算出真实的人工定额水平，并在日后的管理中加以压缩提高达到最优化。

上述两项优化的结果，就会形成企业的真实可行的定额依据。

2. 重构企业供应链。从年统计材料供应信息中，分析出用量集中的材料，对其实行标准化和简化，使企业的材料相对集中，提高使用数量，达到提高自己和供应商谈判的地位，改变自己的供应链结构，从简化供应环节中节约出材料供应成本，从跟零售商讨价还价，提升为跟批发商、地区总代理商、厂商直接谈判。经过多年的统计，你就有可能拿你的年供货量，去跟更上一层的供应商谈判，重组自己企业的供应链。与供应链上的厂商用协议的方式，对材料的价格、质量和环保质量取得可靠的保证。

3. 信息化管理控制材料的损耗率。在购买材料中拼命压价也是大家熟悉的办法。但是材料费用不仅与采购单价有关，还跟你材料的损耗率、也就是使用量有关，是两个因素决定的。我们传统管理手段对后者因素的管理，往往是心有余而缺乏依据的形式上的管理。对上述两个因素的管理就引入了“采购管理”的新概念。

“购买材料”和“采购管理”的内涵是不同的，简单的地说后者管理是涵盖了材料使用量的控制管理和供应链的管理。这两个概念的混淆，使我们无法提升我们所谓的采购管理。

装饰产业的特点是使用上万家的产品来满足一个用户，而其他产业是用一个产品满足千万家用户的需求。装饰企业面对大量的产品信息、新的环保产品信息，众多的供应商信息，靠经验管理是不可能持续发展的。在采购管理上实施信息化管理必须使用适合装饰企业的专业采购软件，过去国内

没有，我们就使用“进销存”类的软件代替，使用了两年多，更换了几次代用软件都不理想。现在国内有一款“宏汉德工程材料管理信息系统”适合装饰企业的专业软件，我们正在试用，它除了具备进销存软件全部功能外，还能自动计算工程材料的损耗率；工程进度与材料进场的比例监控，同时为供应链的管理提供数据分析。

四、施工过程信息化管理是取得利润最大化的保证

1．工程项目管理核心。在传统的项目管理过程中，现场施工管理和现场公关管理都取得了很好的经验，但是，对成本管理，公司做大以后，就流于形式，无法实质性的调控。比如，有的企业一个材料的购入报销，需要经过五个人签字，他们是项目部的材料员、项目部经理、项目部上级的审计人员、财务部经理、最后到总经理。大家看，这五个人中谁真正了解材料的价格和数量，只有材料员，那么其他四个用什么手段、什么依据去监控它呢，不过是个形式上的签字吧了，并不能真正控制。而项目部材料员，很多都是临时工,忽视他们的作用和技能训练,形成第一线成本控制人员没有力度,整体调控就更是虚名了。

2．施工前的成本控制。施工前我们利用“装饰经理人”数据库提供的，以预算为依据自动生成的“工作量分析”表、“材料汇总表”制定分包计划和在公司供应链中利用批材料数量进行招投标，降低项目采购成本。利用数据库自动生成的各工种“工料损益分析表”数据为依据，选择分包施工队，解决了分包没有依据的被动地位，保证从分包环节做到合理分包，杜绝利润流失。

我们培训出对“材供管理”软件、“装饰经理人”软件、“AutoCAD”软件、“工程资料报验”软件都能熟练使用的大学生，到施工第一线，做采集数据和数据库录入工作。保证了数据的及时性、准确性，提高了施工过程中的成本控制力度和施工信息化管理。

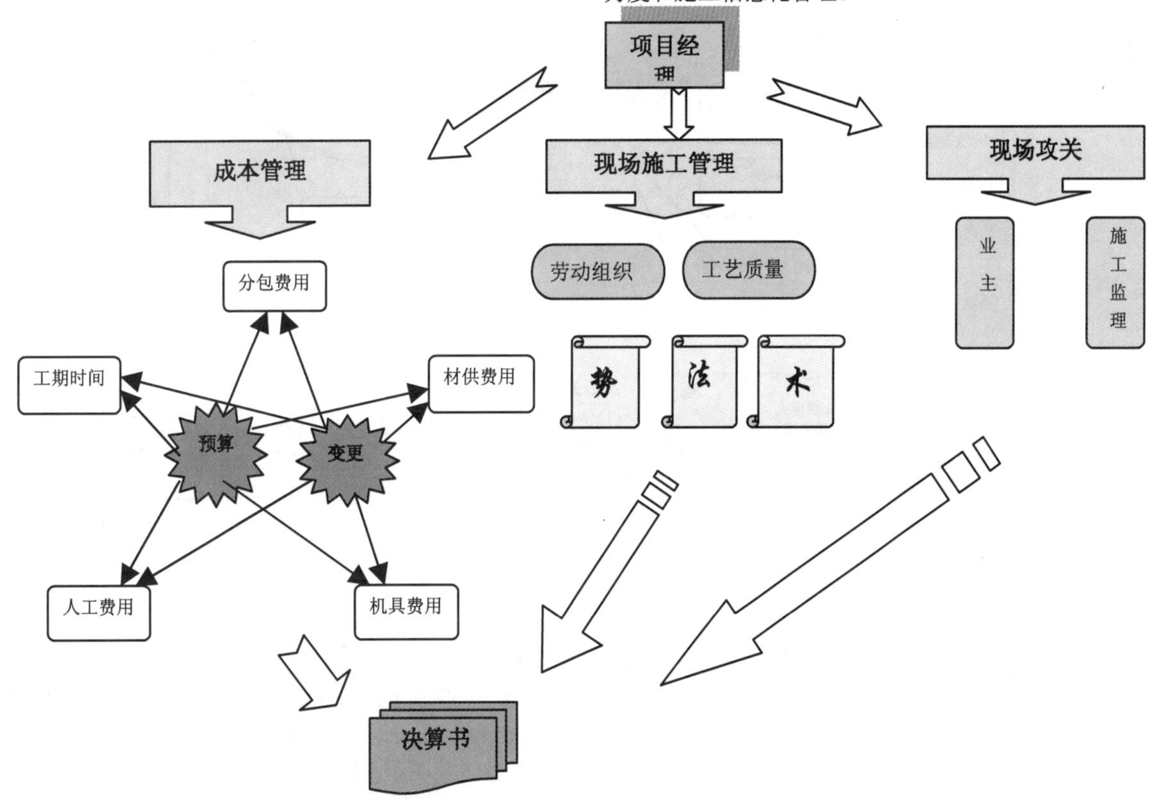

3．施工过程中的成本控制。在装饰工程施工过程中，业主变更是经常发生的事，似乎变更是施工中永恒的话题。业主对装饰变更，就会带来材料费用的变更、人工费用的变更、施工工期的变更，有的还会带来机具费用的变更。

小的变更往往都考虑与业主的关系免费给做了。大一点的变更，由于项目经理不能很快地计算出由此变更产生的各项费用变更，往往变更的次数一多，就无形中损失工程利润。由于项目经理不能很快计算出由此产生的各项费用变更，致使大的变更不能及时得到业主的签证，在决算时业主不认账，造成工程利润不应发生的减少。我们在采用了信息化管理的“装饰经理人”软件，以变更为成本控制核心的管理，就一键轻松解决上述的诸多变更费用同步的生成问题，可以及时找甲方签证,大大提高工作效率。

“装饰经理人”软件只要输入工作量的增减就自动变更相关变更数据，打印出“工料分析清单”，供业主审核，做到对业主变更签证的管理力度，不会发生盲目决策，免单施工。项目管理中要跟踪的管理内容很多，变更管理就是其中一项重要的跟踪管理内容。

五、信息化管理成本的控制链

1．刚柔结合的控制链。

这是一幅我们信息化管理的整个控制关系示意图。其中直箭头指向表示刚性管理关系，飘带形箭头表示柔性指导服务性管理关系。刚性关系是一种从上到下的强制性管理，柔性管理是发挥项目经理和相关人员，根据数据库提供的数据，结合实际情况灵活决策的管理方法。

从图中可以看到原来预算受定额的制约，通过信息化管理后有了另一个材料供应链来支持你的预算，也就是企业定额，这样实际上就形成了两本账。一本是以国家定额为依据的投标预算账，一本是以企业定额为依据的真实的底账。根据两本账的差额就会增加你在投标中的竞争力，准确决策你的让利幅度。

从图中可以看到采购管理的基础工作是实现材料的企业标准化和品种的简化，其次是努力改变企业的谈判地位，用采购量的杠杆，建设企业自己的采购供应链队伍，改变以门户单打独斗为利用利益捆绑的多家企业团队参与竞争。

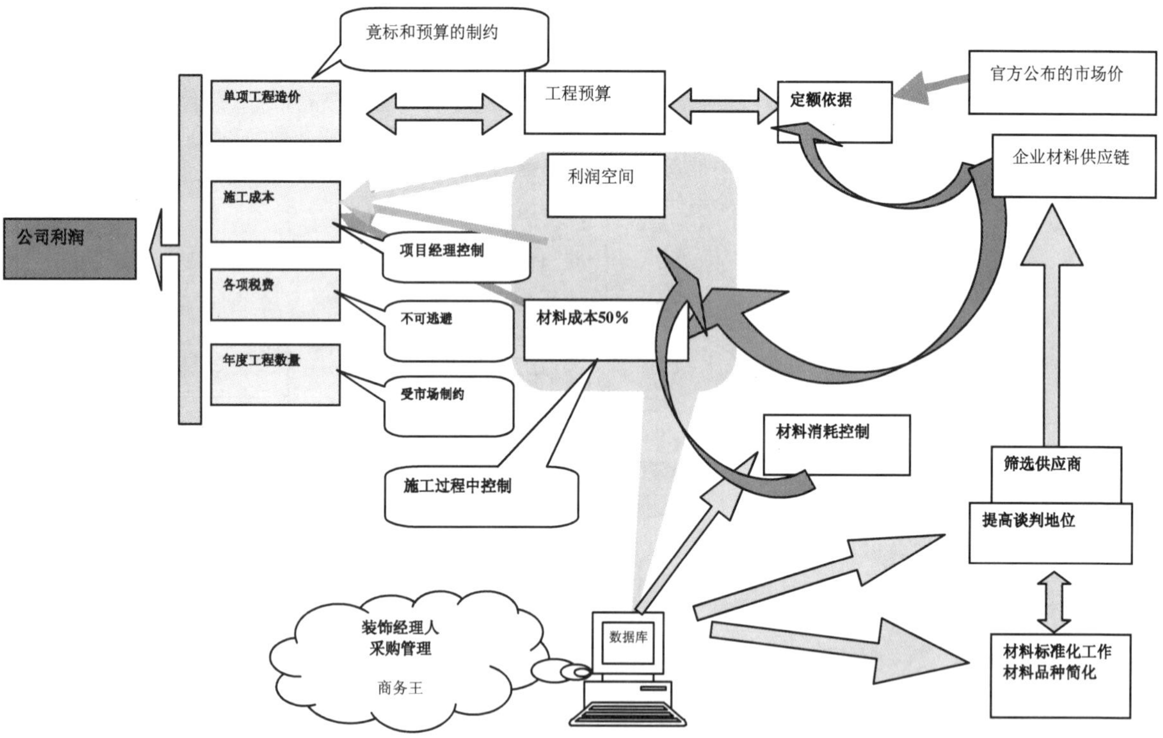

我们的信息化管理，在施工管理上是使用两个软件共同来完成整个成本控制链，一个是专业的“材供软件”，一个是“装饰经理人”，两个数据库的衔接，正好是柔性管理衔接，是发挥项目经理才干的空间

2. 分包过程的常见失误。装饰企业实现利润最大化，和下面四个因素相关：单个工程造价、年度工程承揽总数、单个项目施工成本、公司各项税费滚费。单项工程造价，受国家定额和竞标环境的制约，不可能如愿以偿；年度工程承揽总数，受市场竞争大环境制约，你不可能如愿接到足够的项目；各项税费滚费，是不可逃避的，只有单项工程成本控制是你可以掌握的，在施工成本中，约 50%是材料费，人工费用约占 13%～15%，如果这两块成本我们能准确地控制起来，才是你真正可能获得利润最大化的途径。恰恰传统的管理,老板们都把注意力投在竞标上，投在信息捕捉上，投在逃税漏税上，满足于虚设的成本控制,不可能实现利润最大化。

在一个项目中，由于在分包过程中无论是老板还是项目经理，都是凭经验在讨价还价中，在不确定的情况下，仓促决策，包工头的惯用手法是“会叫的孩子有奶吃”。这样你失去了单个项目中应该获得的最大化利润，影响了你下一个项目竞标费用的支付能力。如此恶性循环，在装饰行业内，出现一个怪现象：当你是一个工匠时，凭你的手艺，第一年到城市打工，第二年，你就可以发展成一个包工头，第三年，有不少人就买了小汽车，逐渐富裕起来。但当你另立门户，成立公司，项目工程承接的多了，就会发现你又在逐年走下坡路，事业表面上看挺大，实际上却是负债累累，濒临破产的危险，直到关门倒闭。他们从下到上，又从上到下，循环往复，像在做布朗运动，只有极个别人能跳出这个能带线，把企业做大做强。所以，信息化管理将是提升每一个老板跨越能带线要炼的内功，跨上新的管理台阶和进入新的竞争领域，必须学会更精细的数字化管理，也就是信息化管理。

3. 我公司使用“装饰经理人”案例。

在工装管理上：为项目部随时提供数据分析服务，解决合理分包；解决一变更为核心的成本事先预控；解决各类分包人工工资管理；解决变更中各分包工段材料、工作量、工期、人工费用的同期变更。在材料供应上，用项目材料批数量在供应链中实行招投标，降低材料成本 20.7%。

在家装管理上：解决低报价工程中设计部门、公司管理、包工头三者利益合理分配的问题，调整工作流程，保证订单的施工质量和按期施工的执行。

六、信息化管理的体会

我们在装饰企业的信息化管理中，重点解决的四大问题。首先，体现了对整个供应链资源进行管理的思想，利用公司的材料统计分析结果，不断调整自己的供应链，实现成本最小化，同时改变传统的与供应商讨价还价的对立关系，变为与供应链团队协同参与竞争，实现双赢，变单个门户团队参与竞争成为众多企业加盟的大团队竞争。

其次，体现同步工程的精益生产管理，和敏捷制造管理的思想。

第三，体现事前计划与事中控制的思想。

第四，体现企业财务管理与工程协同的思想，改变公司财务资金调度迟后于工程进度的传统弊病，提高财务资金管理的准确性和使用效率。

1．信息化管理的三环相扣。所谓三环相扣，是信息化管理的三个层面深度的相扣。只有实行三环相扣的信息化管理，才是我们装饰行业完整的信息化管理。

第一环，信息采集和共享。这里尤其要对在同一路径下多次发生的信息流，和在同一环节中多个信息流的交汇节点，给予充分的重视和采集，实现企业内部信息共享。

第二环，对于采集的信息分析处理（DM 信息挖掘），发现前所未知的可控空间，提高企业管理手段。

第三环，重组企业资源配置，重组企业管理流程。

这就是我讲的信息化管理的三环相扣，缺一不可。尤其对于大型装饰企业，信息化管理的三环相扣更能发挥大企业增加收益的作用。

2．信息化管理的杠杆作用。信息化管理在装饰企业成本控制上的作用，在公司财务报表中，不能直接看到，因为它创造的效益都在财务记账过程中被隐含了。比如，通过信息化管理，材料采购比预算成本节余的部分并没有记录在财务科目中，财务记录的是实际发生成本，所以人们就忽略了对它作用的研究。在整个工程项目中，采购成本的下降成果，可能被材料消耗率，或者被人工窝工费用吞噬掉，从而使管理者不知道哪一项管理是成功的，哪一项管理是失败的，好坏不分，永远是一笔糊涂账。用采购管理在整个项目中的作用来分析：假定一个工程的材料成本占工程总造价的 50%，整个工程利润是 5%，如果我们材料采购成本下降 10%，所节约的成本相当于该工程利润增加了 5%，这就是材料成本管理的杠杆作用。这么大的作用，却没有被老板认识，不是很痛心吗？经验告诉我，对于没有进行材料供应控制的企业，在材料采购上，节约 10%～20%，是相当轻松的事。

信息化管理的成效，只有在决算中发现利润大幅提高，或在财务年终分析上，发现资产收益率解会大幅提高，其他因素不可能带来杠杆作用时的提高。

资产收益率增加一倍，在项目中意味着占用同样的资产、不增加人工、不增加材料、不增加时间，完成了两个同样的工程所赚取的利润。这就是真正的事半功倍效应，也是我们提升的管理方向。

所以信息化管理的优势，在低成本竞争中，能提高企业的核心竞争力；在同等业务量上，由于效率和控制的提高，能提高项目利润率和资产收益率；在低价位竞争中，能提高投标中标率，能提高工程决算速度。

3．实行信息化管理的障碍。在装饰企业中，是否能实现信息化管理的关键，是企业老板观念的提高，意识转变的问题。如果一个老板掉进成功者的陷阱，只相信自己的经验，不相信数据库统计分析出来的数据，信息化管理不可能在企业中全面实现。

其次，误把电算化误认为是信息化，这是错误的，电算化，是把原来用手工操作的工作变为计算机操作，大大提高了工作效率，但这不是信息化管理，而是电算化。

第三，信息化管理不是立竿见影的工作，需要一个积累信息的过程，不是花钱买个面包就能吃饱的事，有些老板就对它失去了耐心。

第四，信息化管理是个个性化很强的工作，现实又没有量身订做的软件，有些老板就以“不好用”一言闭之。

第五 信息化管理专业很强，企业缺乏这样的管理人才，难以开展工作，这也是我们装饰行业整体素质偏低的现象。走信息化管理的道路，就要聘请或者培养专业的人才。

第六，企业资金周转困难，影响制约了一些老板在信息化管理上的资金投入。

第七，信息化管理得不到企业内相关人员的支持与配合，有的会发生直接与“粮仓里的耗子”发生利益冲突，他们会千方百计来否定信息化管理，如果一个企业的老板再把握不准，听信谗言，势必会使信息化管理夭折。

第八，相关操作人员，计算机水平达不到要求，也是妨碍他们正常使用软件的障碍。

4．信息化管理与原始管理的差别。

	原始管理	信息化管理
成本控制	事后诸葛亮 流于形式	防患于未然 及时可靠
团队竞争力	门户团队	门户团队 + 材料供应链团队
资金流控制	资金控制 迟后于业务	资金控制 协同于业务
优质质量保证	随机用工 无统一质量保证	筛选技能高超 工人重组团队
综合竞争力	差（低效）	强（高效）

结 束 语

我们在装饰企业信息化管理 也只是刚刚在 探索，把我们的观念和体会向各位领导汇报一下，不对之处请各位领导批评指正。

最后我送各位老板一句警言共勉：

未来企业的竞争就是信息化管理水平的竞争，

不做第一，就是最后。

家装企业要加强信息化建设

上海荣欣家庭装潢有限公司

上海荣欣家庭装潢有限公司自公司成立始就开始了信息化的建设。从小规模的工作组到总公司的大型局域网再到与上海所有分公司的网络互联，公司的信息化建设已经很具规模。同时给公司带来经济效益。1998 年开发上海市第一个家庭装潢预算系统，结束荣欣装潢公司家庭装潢手工预算的时代，开创家庭装潢预算的新格局，得到了广大客户的赞语，1999 年再次研发了物流、结算等模块，把预算、仓库、结算三块连接起来，使得一些信息资源共享，提高了生产力。荣欣公司由很多分公司，分布在全市各区，我们就采用分公司拨号上网连到总公司的服务器来传输信息。

自 2002 年上半年开始，我公司响应上海政府信息化建设的号召，开始了公司现代化信息化的进一步建设。我们与 IT 产业界有名的神州数码公司开展合作，共同改造和完善了公司的网络，建设信息资源网络真正实现了企业内部的资源共享，把公司的业务、设计、预算、工程、物流、财务、结算、人事等部门进行流程整合。

要实现信息化建设必须从两方面着手，即办公系统管理网络化和信息资源管理科学化。

下面分别介绍荣欣公司在这两方面的具体建设。

一、办公系统管理网络化

1．信息化建设的基础——网络架设

（1）中心机房的建立

作为一切数据交换的中心、所有 IT 设备的核心管理部分，中心机房是极为重要的一个组成部分。中心机房基础的构成：

防静电地板：防静电地板是机房不可缺的一部分。

空调：状态良好，质量稳定的吸顶式或立式空调是确保机房温度保持的关键设备。

独立的弱电接地：为了完全排掉电器设备产生的静电，独立的接地线必不可少

UPS 设备：为了确保中央控制系统能够持续的运转，不被意外的电力中断或者电压的突变造成系统故障以至影响整个公司业务的运作，30 分钟到 8 小时的在线式 UPS 可以确保所联系设备的稳定运行。

（2）局域网的建立

作为将各个独立的工作站相联系，将各类数据进行交换的“道路”基础。在公司总部、江宁分部、四川北路分部三个部分，建立局域网。

公司总部共有三幢楼组成，在楼与楼之间将采用光纤联接方式确保数据传输稳定。

主办公楼有六层，布线时考虑采用每层独立制作水平布线，再通过线缆将各层水平机柜相连。

第六层将设置 50 ㎡中心机房，其他部分将分别设置办公室，因此该层数据交换将设置在机房内，同时考虑到将来语音系统升级，以及办公室布局与余量，设计信息点 144 个。

第五层有几间培训用教室，设计信息点 48 个。

第四层有一个集中了设计人员的大的设计部、图书馆与交流中心，设计信息点 72 个。

第三层主要为经理办公室及各类办公室、会议室，设计信息点 48 个。

副楼中设计信息点 48 个，展示楼内有相关设计部门，设计信息点 48 个，共计信息点 408 个。其中将从中心机房向其他楼层与楼内每处铺设 25 路大对数电缆，以满足今后每处 25 路直线或分机需要。

（3）设备

公司总部均使用 100 兆交换至桌面，机房设置中心交换机 1 台 CISCO3524、客户端交换机 1 台 CISCO2950，在其余楼层和两处副楼内各设置客户交换机 1 台，共计 7 台 CISCO2950 。

（4）广域网的建立

通过申请电信的 ISDN 线路，以总部为中心分别与江宁分部和四川北路分公司相连，同时考虑今后的升级需要，在各端预留 DDN 线路接口。

A．主干中心路由器：采用 CISCO3662，支持 4 路 DDN 线路接入、8 路 ISDN 接入，并可根据需求进行升级。

B．分支路由器：2 台 CISCO2620，支持 DDN 线路与 ISDN 线路各一路接入

C．各个单点分布采用 ISDN 专线拨号也实现了与总部联网

通过以上建设，将使荣欣装潢公司的 OA 普及使用与 ERP 的推广打下坚实的基础。

2．办公自动化——OA 系统

公司内部快速实施了 Domino/Notes R5 邮件系统及相关的 OA 应用。现已使用的模块如下：

（1）邮件：可以收发邮件，定义惯用选项，邮件加密、回执，本地复本，个人通讯录，制定邮件定则，离开办公室定则，邮件授权。

（2）工作日历：个人日历、群组日历、待办事宜。可

以安排会议、约会、事件、提示等。待办事宜可以定义个人待办事宜、群组待办事宜，可以定义待办事宜的优先级。

（3）论坛：可以有匿名论坛署名论坛，可以发起讨论主题，可以答复主题。邮件帐号申请：用户可以在系统中提交邮件帐号申请。提交部门领导审批同意后，可以转交至邮件系统管理员处办理。

（4）发文系统：用户可以在系统中填写发文，系统可以生成文号。可以简单定义发文流程。待领导审核通过后，系统可以将文件发送到指定的收文人。同时可以打印。

（5）工作重点通报：用户可以向领导汇报本周的工作情况及下周的工作安排。

（6）领导讲话：查看领导近期的讲话。

（7）办公用品申请：通过 OA 系统直接在网络上申请办公用品。

（8）装潢材料采购申请：通过 OA 系统直接在网络上申请装潢材料的采购。

（9）网上借款、报销：通过 OA 系统直接在网络上进行借款和报销。

由于 OA 系统的实行，使荣欣公司向无纸化办公迈出了坚实的一步。并且使公司各个部门，如设计、工程、人事的流程具体化、标准化。实现了部门之间的信息共享。公司网路配置有四台专门的中小型服务器，分别是域服务器、邮件服务器、应用服务器及 ERP 系统服务器。它们负责比如网络用户的管理、邮件及文档的管理和 ERP 系统的管理，这样一来使得公司的网络更加有效率。

3．介绍自己的现代化渠道——公司网站

公司的对外网站（http://www.shanghai-rongxin.com）于 1999 年起就已建立，随着公司的发展与壮大，历经数次改版逐步完善起来，现已成为一个较好的对外宣传公司改革创新的窗口。网站空间现由上海百神计算机软件开发有限公司（上海商情）提供，网站建设与日常维护则由本公司独立完成。网站内开设有公司动态、营业网点、1：1 样板房、优秀个案、装潢小常识、报刊文摘、媒体报道、推荐材料、网上订单、关于荣欣等 10 个小栏目，较为详细地介绍了公司方方面面的各种信息，鉴于公司的设计与施工能力的优势及行业特点，其中的优秀个案栏目更是成为网站的重点栏目，为与公司在上海教育频道播出的名牌节目《家庭装潢指导》保持同步，力求做到周周更新。

公司 2002 年底开始向外推出一系列重大举措，如荣欣的“工业化”装潢理念和诚信服务五大承诺等更是在网站上第一时间发布，有力地宣传了公司的现代化改革。2003 年 3 月以来，网站累计访客数已超过 3 万人次，几乎每日都有客户通过网站的网上订单栏目发来电子邮件咨询各类业务问题，其中的不少客户最后与公司成功达成了业务协议，网站成了客户了解公司、公司开拓业务的便捷的新渠道。

4．现代会议形式——视频会议

公司信息化进程的利益重要方面就是视频会议。分别在总公司、四川北路分部、浦东分部开通了远程视频会议，由于公司分部多而且分布地方广，对像召开全员工会议带来很大不便，有了这一套设备就解决了此类问题。

二、信息资源管理科学化

1．软件使用和数据的安全备份

（1）软件使用方面：公司所采用的软件包括操作系统，应用软件都是正版软件，受到法律的保护，一旦出现问题软件供应商会及时进行维护。

对于自行开发的软件都具有很强的权限设置，比如用户的级别及操作权限、软件的有效使用期设置以及加密保护等。

（2）数据的安全备份方面：数据的安全备份主要针对服务器。采用了磁带备份、双硬盘备份及网络备份等措施。

除了以上的安全措施以外，公司还具有专门的防病毒服务器，并且每三天定期升级一次。

2．信息资源管理科学化的重中之重——ERP

为了真正实现企业资源的合理规划，公司果断地针对行业特性和公司本身的发展开发 ERP。荣欣内部资源的整合，按照企业内部资源管理的要求，借助企业资源计划（ERP）、办公自动化（OA）等，连接研发、生产、供应、营销、服务等环节，实现对人力、财力、物力和技术等资源的优化。下面分别对 ERP 系统中各个模块的流程进行说明：

（1）业务模块：客户信息输入（客户的姓名、地址、职业等，房型、房价等信息）、设计协议、合同签订。

（2）设计模块：设计派工、上门测绘、设计画图、完成交图等。

（3）预算模块：预算派工、按图预算。

（4）工程模块：工程派工、进度控制、分部验收、总体验收。

（5）物流模块：材料申购、采购议价、进库验收、发料运输。

（6）其他有财务、人事、售后服务、结算等模块，同时建立材料库、供应商信息库、在施工信息库、设计信息库等。

以上就是我们公司在信息化建设进程中所做的努力，在公司领导的大力支持和全体员工的共同努力下，公司的信息化建设确实得到了飞速发展，随着整个系统的不断完善，大大改善了公司各项流程，提高了效率，增加了经济效益。但是在信息化给我们带来利益的同时也让我们看到了许多需要进一步改善的地方，我们将为公司信息化建设而继续努力。

应用信息技术　开创协会工作新局面

上海市装饰装修行业协会

上海市装饰装修行业协会到 2004 年 4 月有会员企业 1807 家，个人会员 2450 名。众多的会员和几何级数增长的信息已无法用传统的管理模式来进行管理和处理，2002 年上海市装饰装修行业协会秘书处局域网管理系统就此应运而生，整个系统已经投入正常的使用中，取得了较明显的成效，而且在功能和安全性方面还在不断的增强与扩展之中。协会的信息管理系统由三个部分组成：

一、基础硬件网络设备

包括中央数据服务器、100/1000MB 交换机、局域网络和终端 PC 机等硬件设备。

局域网是实现资源共享的基础，根据我协会的自身特点，目前建立的以星型拓扑结构为主的网络。通过交换机将各个数据点连接起来，所有数据有一台至强型服务器集中处理，并且利用活动目录技术，实现有权限的数据共享机制。

局域网的操作非常的简单，目前我行业协会聘用专业的技术顾问为每个协会工作人员分配账号和登录密码。工作人员无论是使用笔记本、台式机还是 PDA，只要将自己的终端设备连接入网络，并输入正确的用户名和密码，就可以登录到域中，访问相关的数据了。而且在每个数据点还配有小型 HUB，作为数据点的扩充之用。

自从搭建了局域网之后，各个专业委员会之间的数据交换明显加快，所有协会的文件、公告、通知等都通过局域网中的消息服务器处理，而且通过软件支持可以将内网与外网连接，这样各区的分协会点也能实现所有数据文件的共享，明显地提高了工作效率。以前协会如果有文件要传送的话，往返需要一个小时，现在只要几分钟就可以将相关数据文件送达到有关主管部门。

二、MIS 信息管理系统

目前我协会使用的是按照市建委规定标准编制的软件系统，使用 PB5.0 和 MSSQL6.5 实现，主要是对所属企业会员与个人会员的基本信息进行管理。其特色功能与优点有以下几点：

1．智能化的数据录入。申请入会的企业可以按照申请表的规范填写基本信息，然后生成数据文件，系统可以自动将数据文件导入数据库中，完成申请会员的工作。这样操作的优点是可以节省工作人员手工输入数据的工作时间，而且还可以将误输入降到最低。

2．功能强劲的快速查询与多条件组合查询。以前要查询一个会员企业的信息，必须要在档案室翻查半个小时。现在系统的查询功能，可以在几秒内将符合查询条件的所有记录显示在屏幕上，而且可以根据查询企业信息为主线，继续进行下一步的操作，如编辑、统计、图表、分析和打印等。大大提高了工作效率。

3．多种格式的报表统计功能。统计报表可以完全按照自己的需求进行自定义，优点：操作简单，运用灵活。

4．各种证书的打印功能。我协会有多种不同格式和规格的会员证书、资质证书等。系统可以自行打印各种证书，免去了人工填写证书的工作。

5．信封打印功能。我协会经常会向会员邮寄协会各种通告、会议通知等邮件。信封打印可以根据数据库中的企业信息生成统一格式的信封标签，然后进行打印。省去了工作人员以往手工填写成千上万个信封的工作。

整个系统使用标准的 WINDOWS 界面风格，实现标准化、规格化和人性化设计。整个操作流程简单方便、易学易用。全部使用菜单命令和向导完成系统的所有操作。企业申请会员只要提交一张数据盘即可，系统可自动导入数据。然后工作人员根据导入的数据进行修正和交验即可入库保存。如需查询企业信息，只要在右键菜单中选择相关的操作命令即可显示查询界面，然后选择查询条件就可以得到会员信息。得到会员信息之后，还可以在右键菜单中选择相关的操作命令进行下一步的操作，如编辑、打印、统计、分析和图表等。如上级主管部门需要会员信息列表，可以按照所需信息字段，自行组合报表，然后打印或导出成各种流行的数据文件格式。

目前的 MIS 系统为我协会的日常工作带来无比的方便和快捷，节省了大量的查询档案信息的时间，为提供更好的会员服务打下了扎实的基础。协会秘书长可以即时地掌握会员的最新情况，对我协会开展下一步的工作提供了有力的参考数据。

三、系统安全与数据备份系统

目前，有关计算机系统安全的定义并不统一。鉴于信息、数据的重要性，在设计计算机网络系统的安全时，参照 C2 标准在网络环境下的解释，我协会将努力通过相应的手段达到二项安全目标：

1．身份识别。是验证通信双方身份的有效手段，用户向其系统请求服务时，要出示自己的身份证明，最简单的方法是输入 UserID 和 Password。而系统应具备查验用户的身份证明的能力。身份判别是安全系统最重要功能之一，

UserID 和 Password 是最常用也最方便的身份认证方法。

2．存取权限控制。防止非法用户进入系统及防止合法用户对系统资源的非法使用是存取控制的基本任务。在开放系统中，网上资源的使用应制订一些规定：一是定义哪些用户可以访问哪些资源，二是定义可以访问的用户各自具备的权限，这是存取权限控制的主要任务。

3．数据备份。系统进行自动的数据备份，同时服务器通过备份系统进行数据文件镜像制做，实现数据的“双保险”。

协会所有工作人员必须拥有自己的 ID 号和密码，PC 根据密码进行有限数据访问，所有登录密码进行 MD5 加密算法，确保密码的安全性。WIN2000 的活动目录可以保证每个工作人员只能访问属于自己的数据。虽然目前微软系统有很多漏洞，但是我协会经常进行系统补丁的安装，确保系统的安全性。

数据备份在硬件方面使用 RAID 镜像技术实现，在软件方面则由 MIS 系统负责数据库的自动分布式备份，这样就给数据加上了“双保险”。

目前在系统的安全性方面没有很大的漏洞。2 年多正常的系统运行也证明了系统是可靠的，安全的。今后，我协会还会加大在系统安全和数据备份方面的投资，将使用硬件防火墙、网络流量监控系统、IP 地址跟踪系统，还将首次采用俄罗斯著名的防黑软件来加强我协会服务器系统的防黑能力。

积极推行信息化建设　有效提高管理效率

北京港源建筑装饰工程有限公司

北京港源建筑装饰工程有限公司是北京市建筑装饰行业重点企业之一，公司于 1992 年成立以来，以中方北京城建集团及合资外方的资源优势为依托，坚持依据 ISO9000 质量管理体系、ISO14001 环境管理体系标准和企业内部持续改进的一套管理制度，积极推进企业信息化建设工作，有效实施科学、规范的管理，逐步积累形成了企业的管理优势，并较快地进入并保持了在北京市同行业的领先地位。

公司具有建设部批准的建筑装饰装修工程专业承包一级、建筑装饰专项工程设计甲级、建筑幕墙工程专业承包一级、建筑幕墙工程专业设计甲级等四个一（甲）级”资质，企业具有较强的综合实力，承建的装饰装修工程多次获得鲁班奖（国优）、长城杯、市级优质样板工程、市级优质工、全国建筑工程装饰奖等奖项。

在企业年经营规模持续稳定上升的情况下，公司依靠信息化手段提高了管理效率，做到了企业全员人数的增长速度大大低于经营规模和经济效益的增长速度，近三年管理人员人数保持在 150～180 人范围。信息化手段促进了人员素质和结构的优化，推动了企业各项管理的科学化、规范化和程序化水平。下面把我公司积极运用计算机、网络等现代化手段，优化组合资源信息，实现互通共享，促进公司管理，提高管理效率的主要做法作介绍。

一、领导重视、组织健全、制度健全

实施标准、科学、规范的管理，让公司领导较为敏锐地意识到了计算机及相关资源成为管理辅助手段的必要性，为了保证公司信息化建设工作的有效开展，公司成立了由总经理任组长，行政、财务、技术系统领导任副组长和信息管理工程师及相关人员参加的信息化建设领导小组，在办公室设立了由具有计算机专业知识人员担任的专职信息管理工程师岗位，制定了公司信息化建设管理制度，对计算机软硬件管理和有关知识培训做出了明确规定，制定了公司信息化建设工作规划，并在每年的工作计划安排中分解细化，提出了每年度需要推进落实的相关工作。

二、舍得投入，配置计算机软硬件，搭建信息网络

港源装饰公司推行信息化建设的时间比较早， 早在 1998 年起，公司就把利用计算机这一现代化办公手段作为提高公司管理效率的一项重点工作来实施。1998 年至今，公司在信息化建设方面投入的资金每年以几何级递增，仅 2003 年一年公司就投入 98 万余元，在硬件方面由原来的仅有 9 台台式机发展到了现在的拥有 50 多台笔记本和 100 多台台式机，公司计算机配备使用的普及率达到了 93%。在软件方面更是投入近 50 万元完全实现了设计、物资管理、经营管理、财务管理、工程项目管理软件的正版化。公司在 2001 年底完成了企业内部局域网的搭建工作，局域网挂接的服务器设置了镜像存储，在服务器上备份的数据都会在备份磁盘中同时存储，保证了数据的安全性。之后，我们依托内部局域网基础完善了经营管理信息系统、财务管理信息系统、物资进销存管理信息系统等网络版的运行及有效使用。物资系统建立了材料信息库、合格供应商信息库，经营、财务系统运用专业软件建立了相应的数据库，设计、技术及机电分公司实现了有效链接，公司通过网络理顺了各业务部门的工作流程，部门领导和系统领导有效掌控工作。

三、加强培训，努力提高全体员工的信息化应用水平

公司重视现代科学管理体系中人及其意识能力的作用，

在搭建信息网络的过程中，同样借鉴运用“木桶原理”指导信息化建设的管理培训工作。在软硬件都已完备到位的前提下，适时在全公司范围内开展了计算机知识及操作能力的培训，按照普及型、提高型、高级应用型三个等级由信息管理工程师实施内部培训，培训结束，均按学习内容进行考核，要求及格率达到95%以上。公司每年安排3～4期计算机知识的培训，增加了计算机程度考核以甄别其计算机应用程度。预算、财务、物资、工程等系统管理人员使用专业软件则以参加外部专门的培训为主，需要什么用什么，用什么学什么，学以致用。

内外培训相结合，公司全体人员运用计算机进行管理的意识和能力得到了整体提高，全公司管理人员基本做到人人懂计算机知识、人人会用计算机工作，工作中积累的成果和资料，通过计算机保存下来，形成信息库和资料库。

就这样，信息、资源能够做到有效积累，并通过具备相应能力的人的纽带作用，保证了网络搭建有效，真正实现链接畅通，做到真正意义上的资源共享，达到提高工作效率的目的。

四、现代科技手段与公司管理机制有机结合，转化为生产力

公司推进信息化建设目的很明确，就是要将它转化为生产力，为企业创造效益。港源公司既有国有企业好的管理基础，又有合资企业好的管理机制，在公司，管理人员的积极性和主动性能较好地被调动起来，这些年来，公司在管理人员人数相对较少的情况下持续稳定地完成了较高的产值，这与积极运用计算机、网络等先进手段提高效率是有一定联系的。

公司复合型管理人才与信息化手段有效结合，让有限的人力资源发挥了较大的作用。公司内部分公司统筹管理多个工程项目，财务系统对分公司、投资公司实施监控管理，港源特色的两级管理一级核算，期间的管理协调，指导服务较大范围地使用了计算机和专业软件，缩减了环节，降低了内耗。

公司行政管理通过内部局域网，已逐步实现办公无纸化，降低了办公成本，提高了信息反馈速度。公司经理层沟通决策也较多地用到了互联网，保证了信息传递的及时性，提高了决策速度。

设计、技术、经营、物资系统在公司信息化建设总体要求下建立的信息资料库，有效支持了市场营销系统的投标运作，并形成了互动，“网络营销”也正在与公司传统的竞争市场模式结合起来。

五、打造平台、扩展效能

公司于2002年底注册了以公司名称缩写的国际域名，并与互联网进行了链接，建立了公司网站，实现了公司网站与同业主要网站的链接。通过网站的建立，公司面向社会，展示宣传自己的空间更为广阔，不少业主通过浏览公司的网站，对公司的实力有了更进一步的了解，并找到公司联系业务。公司领导直接关注并指导公司网站的持续改进，其形象和功能的改善能有效保证。在网站建设方面我们正在准备增设后台数据库，以便更好地在INTERNET与浏览者实现交互式沟通。

企业内部网是信息化建设的触媒剂，几年来，我们公司内部的网络及信息化建设又为办公自动化平台（OA）系统的导入打下了基础。OA系统覆盖了行为科学、信息科学、管理科学、社会学、系统工程等多种学科，OA的应用是企业现代化、科学化管理的标志之一，我公司已将OA系统的导入列入2004年信息化建设的一项重点工作提上了工作议程，拟在2004年内实现企业内部的信息平台搭建及运行。为此，公司对管理人员提出了进一步提高计算机操作水平和增强办公自动化意识的要求，相应的培训将同步跟进。

与此同时，公司还投资设立了以网络电话和OA平台开发服务为经营内容的上海港源复高科技有限公司，在面向社会提供产品服务的同时，对公司信息化建设也起较好的促进互动作用，公司信息化建设的前景将更广阔，效益也将越来越明显。

·中国建筑装饰协会五届三次理事会·

会议报道：

中国建筑装饰协会召开五届三次理事会

《中国建筑装饰》编辑部　观察员

一、大会简况

2003年12月28日，中国建筑装饰协会五届三次理事会在北京友谊宾馆召开，理事单位代表300多人参加了会议。建设部副部长黄卫为大会发来贺信。出席大会的有建设部人教司杨忠诚副司长，中国建筑装饰协会名誉会长张恩树、会长马挺贵，副会长重庆港庆建筑装饰有限公司总经理丁域庆、西安市鑫龙建筑装饰工程有限公司董事长冯林、深圳市建筑装饰（集团）有限公司董事长兼总经理汪家玉、上海荣欣家庭装潢有限公司董事长兼总经理陈国宏、北京业之峰装饰有限公司董事长兼总裁张钧、建设部建筑市场管理司原副司长、巡视员符曜伟、上海市建筑装饰工程有限公司总经理谢建伟、黑龙江国光建筑装饰工程有限公司总经理魏光，以及理事单位的代表300多位。会议由副会长汪家玉主持。

会议的主要议题有五：一是听取常务副会长兼秘书长徐朋所作的“新起点　新局面　为全面建设小康社会做贡献”的工作报告；二是审议关于调整、增补部分理事、常务理事、副会长，修改协会章程中会员交纳会费条款，举办中国建筑装饰协会成立20周年活动，在会员单位内开展建筑装饰设计师上岗能力认证工作等四个提案；三是听取会长马挺贵所作的“为全面提高建筑装饰行业的发展质量而努力”的总结讲话；四是听取由国务院政策研究室宏观司司长宋宁、中国旅游饭店协会会长韩明主讲的专场报告会；五是出席12月29日在人大会堂举行的“2003年全国建筑工程装饰奖颁奖大会”。

大会期间，与会理事还与参加颁奖大会的代表共同出席了中国建筑装饰协会12月28日晚举行的盛大的“迎新春联谊晚会暨晚宴”。

出席大会理事包括35个地方建筑装饰协会的领导人，他们是：北京市建筑装饰协会理事长朱希斌、常务副秘书长郭仁智，天津市环境装饰协会秘书长王文焕，上海市装修装饰行业协会会长李洪鑫、副会长潘根林，重庆市建筑装饰协会理事长喻上沛、副秘书长肖能定，中国人民解放军建筑装饰协会秘书长沙启云，河北省建筑装饰协会秘书长刘纪堂，石家庄市装饰协会会长刘亚东，山西省建筑装饰协会会长史应标、秘书长赵劲彬，太原市建筑装饰协会秘书长杨凯，内蒙古建筑装饰协会副秘书长张伯荣，黑龙江省建筑装饰协会秘书长吴景阳、常务副会长赵兴斌、副秘书长赵兴武，鸡西市建筑装饰协会会长王世德，大庆市建筑装饰协会秘书长龚璞，吉林省建设厅副厅长兼省建筑装饰业协会会长邱久才、秘书长张文学，长春市建筑装饰装修协会秘书长周玉春，辽宁省装饰协会副秘书长刘小波，大连市建筑装饰协会副秘书长孙普，山东省建管局装饰处处长兼建筑装饰协会副会长刘玉涛，济南市建管局装饰办副主任兼装饰协会副秘书长徐文东，青岛市建筑装饰协会副秘书长徐金良，江苏省建筑装饰协会会长毛家泉，苏州市装修装饰行业协会会长孔全林，安徽省建筑装饰协会会长王金平、常务副会长兼秘书长李增堂，合肥市建管局装饰办主任兼市建筑装饰协会秘书长罗伟民，浙江省建筑装饰协会会长董宜君、秘书长陈孟坡，江西省装饰行业协会办公室主任高瑾，福建省建筑装饰协会常务副会长张福如，河南省建筑装饰协会会长洪瀛、秘书长王小惠，广州市建筑装饰协会副秘书长关帆，深圳市装饰行业协会会长何文祥，东莞市建筑装饰协会副秘书长张树清，成都市建筑装饰协会秘书长张桂芳，陕西省建筑装饰协会副秘书长哈波，西安市建委装饰办主任兼市建筑装饰装修业协会秘书长白磊、常务副秘书长赵洁心，甘肃省建筑装饰协会常务副会长韩学政等。

二、建设部黄卫副部长贺信

建设部黄卫副部长为大会发来贺信，全文如下：

中国建筑装饰协会五届三次理事会会议

贺　信

中国建筑装饰协会：

欣悉中国建筑装饰协会五届三次理事会和2003年全国建筑工程装饰奖颁奖大会召开，我谨代表建设部并以我个人的名义预祝理事会会议和颁奖大会举办成功，向各位理事表示亲切的问候，并通过你们向全国建筑装饰行业广大员工表示亲切的问候！

中国建筑装饰行业作为建筑业的重要组成部分，已经成为全面建设小康社会的重要内容，在我国物质文明和精神文明建设中发挥了重要作用。多年来，中国建筑装饰协会充分发挥了联系政府与业内企业的桥梁和纽带作用，紧紧抓住影响行业发展的方向性、方针性的大事，提高为会员企业的服务层次，为推动行业健康、有序发展做了大量卓有成效的工作。

衷心祝愿中国建筑装饰行业能够在学习贯彻十六大精神，全面建设小康社会中做出更大贡献！

预祝五届三次理事会和2003年全国建筑工程装饰奖颁奖大会圆满成功！

建设部　副部长　黄卫

2003年12月28日

黄卫副部长的贺信为五届三次理事会和2003年全国建筑工程装饰奖颁奖大会取得圆满成功奠定了良好的基础，给予参加全体代表很大的信心和鼓舞。

三、徐朋秘书长的工作报告

徐朋的“新起点 新局面 为全面建设小康社会做贡献”的工作报告，分两大部分，一是关于2003年工作回顾和体会；二是关于2004年工作安排。

第一部分中分为八个方面：一是推动行业技术进步，召开了“全国建筑装饰行业科技大会”；二是迎接入世挑战，抓住行业发展的薄弱环节，提高行业、企业的管理水平；三是加强行业发展调研，并完成政府委托的工作；四是加强了协会的出版工作和相关的信息交流；五是培训工作进一步发展；六是国际交流有了突破性进展；七是关于展览展示工作；八是探讨协会工作规律，加强协会自身建设。徐朋指出，2003年是我们国家发展具有深远意义的一年，党的“十六大”报告中描绘了全面建设小康社会、开创中国特色社会主义事业新局面的宏伟蓝图，这不仅为我们建筑装饰行业的发展指明了方向，也为我们建筑装饰行业提供了更大的发展空间。2003年我国建筑装饰行业不仅经受住了SARS的严峻考验，而且在新的形势面前，紧紧抓住了发展机遇，做了大量的富有成效的工作，无论行业还是协会工作都有了长足的进步。

第二部分中分为十个方面：一是继续落实和贯彻科技大会的目标和措施，促进行业生产力水平的提高；二是加快信息化改造装饰装修传统产业的步伐，并力求取得实际效果；三是全面推进家装行业的发展，改善行业诚信形象；四是大力促进设计水平的提高 ，增强行业技术实力；五是围绕提高项目管理水平，开展一系列活动；六是认真抓好评比和展览活动，增强行业影响力；七是搞好协会成立20周年活动，推动行业发展与提高；八是加强培训和国际合作；九是加强协会的自身建设，提高协会自身素质；十是解决2003年未完成的工作。徐朋强调，面对2004年的繁重工作，我们一定要把学习贯彻“三个代表”重要思想新高潮不断引向深入，紧紧围绕全面建设小康社会的宏伟目标，找好发展定位，争创发展优势，把思想和行动统一到中央对明年经济工作的总体要求和部署上来， 坚持为会员企业办实事、求实效。在会员企业、理事、常务理事的支持下，为全面推动我国建筑装饰行业的快速、健康发展而努力。

四、大会提案

副秘书长张京跃宣读了《关于调整、增补部分理事、常务理事、副会长的提案》和《修改协会章程中会员交纳会费条款的提案》，并就此两项提案作了说明。副秘书长房箴宣读了《关于举办中国建筑装饰协会成立20周年活动的提案》和《关于在会员单位内开展建筑装饰设计师上岗能力认证工作的提案》，并就此两项提案作了说明。

值得指出的是，在大会前一天晚上召开的预备会上，与会各地方建筑装饰协会的领导对“关于在会员单位内开展建筑装饰设计师上岗能力认证工作的提案”给予非常的关注。

大会采取同意、不同意、弃权三种情况举手表决的方式，征询与会代表意见。工作报告和四个提案全部获得一致性通过，没有不同意或弃权的。

五、马挺贵会长的总结讲话

马挺贵会长题为“为全面提高建筑装饰行业的发展质量而努力”的总结讲话分为三大部分：一是对2003年中装协工作的基本评价；二是对当前形势和任务的分析；三是2004年的工作部署。

他表示，在这次会上，徐朋秘书长所作的报告对中国建筑装饰协会2003年的工作做了全面的、客观的总结。从这个报告中可以得出这样一个基本结论：即将过去的一年是中装协围绕行业发展方向性问题进行探索，提高为会员企业服务层次取得新突破的一年；是克服各种困难，拓展协会生存空间取得新成果的一年；是协会创造工作、策划项目、主动进取，取得跨跃式发展的一年。这些成绩的取得，与各位理事的大力支持、热诚工作是分不开的，它是大家心血的结晶。中国建筑装饰协会感谢大家一年来恪尽职守的工作。

他强调，2004年的工作安排是以贯彻十六大精神及中央经济工作会议总体要求为指导，结合行业实际情况，在分析目前的形势和任务的基础上，经秘书长会、会长会议研究确定的。2004年的工作安排概括起来就是“十件大事，六项重大活动”。这些都是关系全行业发展的大事，也是企业发展的大事，同时也是关系加强行业协会建设，协会如何在行业、在市场经济中发挥作用的很重要的工作。这些工作在徐朋秘书长的工作报告中已经叙述的很深刻、很细致了。

他指出，守望过去是为了展望未来，展望未来是为了走得更高更远。我们不能沉湎于过去的成绩，要乘势而上，从战略角度充分认识建筑装饰行业在国民经济和可持续发展中的重要意义，增强紧迫感和责任感，持之以恒地在行业发展中不断完善我们的工作，为实现我们的战略构想和工作目标而努力奋斗。

六、专场报告

国务院政策研究室宏观司司长宋宁作了全面介绍当前我国经济发展的形势报告，也可以说是“中央经济工作会议”的辅导讲话，使我们学习到把握判断经济形势的方式方法和思维方式。他的报告分三大部分：一是2003年的经济形势；二是2004年经济的预期；三是关于改革发展的几个问题。

关于2003年的经济形势，他认为非常好，扭转了我国遇到金融危机后8年来的影响，有三个标志：一是实现了速度与效益的平衡，GDP达11.58万亿元（约1.48万亿美元），相当于美国经济总量的1/9，超过了英、法，居世界第四位。我国经济自1998年来逐季下降，2003年初出现了转折，年初预计9.9%,实际8.5%。控制SARS的时间比较短，三个月问题不太大，但是一年以上则十分严重，此次疫情仅旅游业就损失2000多亿元。经济比预期恢复的要快，实际上也是对一季度过热经济的降温。中国经济基本上还是一个速度型的经济，全国盈亏相抵利润有8000亿元，同比增长40%，财政收入约为21500亿元，同比增长40%，超收3000亿元，其中55%为经济，30%为征管。二是投资，出口拉动很强，全年投资增长30%，特别是房地产和基建最快，这是80年代中期以来所没有的，现在投资多由市场决定，民间投资增多，出口4200亿美元，此外美元持续贬值，也使中国的经济搭上了顺风车。如美国的蓝领的工资是中国的40倍。我国的GDP主要靠投资。如今户均四五万元的装修很一般，消费结构的升级带动整个消费的升级。三是政府投资力度相对减弱，企业行为是紧盯着市场——有市场有效益的投资，整个经济活力增强。

他认为2003年的主要问题，一是SARS主要影响低收入者。二是就业形势严峻，600万下岗工人还未就业，20多万大学生未找到工作，2004年将有2400万人要就业，GDP每增长一个百分点只能解决80万人就业。三是“三农”问题，粮食减产，耕地减少，年产量8500～8600亿斤，缺口1000多亿斤。

关于2004年的经济形势，他强调经济并不过热。但是GDP达到8%以上，电力十分紧张。美国经济2003年第四季度达到8.2%，全年可达4%，美国经济是中国的9倍。日本止住持续10年的经济下滑开始增长。WTO三年过渡期到期。改革投融资体制。2004年的经济目标是7%。关键是引导经济可持续发展。我国的能源消耗是美国的5～10倍。国家要强大——就是别人对付不了你的东西。强，不是靠钱，而是靠科技，中国GDP是俄国的3倍，但是在美国眼中中国不如俄国强。中国的经济要从主要由投资拉动转为靠消费拉动，防止通胀。

关于改革发展问题，农业税每年要降低一个百分点，要解决“三无”（无地、无业、无保障）农民问题，商业银行改制，国有企业改革，混合所有制的形成，政府职能转移，目前政府还是管了很多不该管的事，越权、越位，因此要严格执行《行政许可法》，加强中介组织包括行业协会的作用。应建立科学的发展观——全面可持续。由SARS引发的启示是：人与自然、人与人、国与国、单位与单位要互相依存。

中国旅游饭店协会会长韩明介绍了旅游饭店业的发展现状及其趋势。她指出，饭店业是一个传统产业，计划经济时期表现为短缺经济。改革开放后发展十分迅速，现已成为第三产业中的支柱。到2002年底，全国有宾馆饭店30多万家，营业收入2500亿元，其中星级饭店8880家，营业收入915亿元；现有社会旅馆8.4万家，个体旅馆18.4万家，营业收入1200亿元，其他旅馆2万家，共产生工农业收入400亿元，占总产值的8%。目前饭店业与国际接轨趋于细分市场：商务、经济、度假、会议型，强调在专业化竞争中形成比较优势，并形成核心竞争力。目前单店经济的占80%，集团企业不多。110多家酒店管理公司管理着上千家饭店，我国百强饭店前20位的均为管理型企业，其中有10家进入世界饭店500强。她认为，消费服务业市场化发展最快的是饭店业，世界饭店业500强中的前20强均在中国从事经营活动，由此推动中国饭店业国际化步伐加快。一年365天，其中假日114天，因此假日经济、会展经济迅速发展起来，并对饭店业产生巨大推动作用。

她指出，目前全国有餐饮网点350万多个，其中96%为个体私营企业，从业人员170万人，2002年营业额5094亿元，同比增长16.6%，连续15年以两位的速度增长。发展趋势是连锁经营，企业规模化。

她表示，饭店业与装饰业有着天然的联系，饭店的室内设计要依据市场细分的原则从饭店的需求和定位出发。韩明会长希望与中国建筑装饰协会保持良好的合作关系。

七、迎新春联谊晚会暨晚宴

2003年12月28日晚，中国建筑装饰协会邀请参加理事会和颁奖大会的500多位代表共同出席在友谊宾馆友谊宫聚英厅举行的盛大的“迎新春联谊晚会暨晚宴”。席间，业内同仁表演了节目，如广州市美术公司总经理助理黄立的京剧、长春建筑装饰协会的东北二人转、《中国建筑装饰装修》杂志记者的小提琴独奏、北京集美家居建材城大合唱、以及芭蕾舞等，演出由中国建筑装饰协会常务理事深圳金粤幕墙装饰工程有限公司总经理梁铭、北京东易日盛装饰有限公司办公室主任羊枣主持。

演出精彩，气氛热烈，体现了中国建筑装饰协会的凝聚力，展示了中国建筑装饰行业职工的文化风采。

八、百强企业推介暨新闻发布会

2003年12月27日，中国建筑装饰协会在五届三次理事会召开前夕举行“全国建筑装饰百强企业推介暨新闻发布会”，新闻由中国建筑装饰协会常务副会长兼秘书长徐朋发布，《中华建筑报》总编邓千主持。出席会议的有5家相关行业社团的负责人：中国建筑业协会李燕鹏主任、中国房地产业协会王惠敏主任、中国旅游饭店协会秘书长蒋齐康、中国饭店协会秘书长陈新华、中国建材工业协会秘书长陈国庆，相关媒体30家，百强企业代表12家，苏州金螳螂建筑装饰有限公司董事长倪林、深圳市建筑装饰（集团）有限公司董事长汪家玉、上海市建筑装饰工程有限公司总经理谢建伟等企业家分别作了介绍。参加会议的还有中国建筑装饰协会副秘书长房箴、信息部主任兼《中国建筑装饰》主编黄白、行业发展部主任王本明等共30多人。

向相关行业协会推介全国建筑装饰百强企业，是中国建筑装饰协会进行全国建筑装饰百强企业评价活动的重要组成部分，就是要通过这种方式，让全国建筑装饰百强企业享受到应得的行业利益和市场份额，以体现“扶大扶优扶强“的战略方针，创造我国建筑装饰行业最优企业良好的发展环境。今后中国建筑装饰协会将把此项工作策划调整得更好。

中国建筑装饰协会的上述活动在中国建筑装饰协会领导的精心策划、大会指挥房箴和副指挥田万良、黄白、王毅强的具体领导以及协会全体工作人员的努力下进行得十分顺利，与会代表对中国建筑装饰协会有条不紊的大会组织工作表示满意。

借用马挺贵会长在理事会上的总结讲话作为本报道的结语：2004年春天来得早，1月22日就是春节了。这次大会是我们理事会羊年的最后一次聚会，在此我代表中国建筑装饰协会向各位理事提前拜个早年，祝大家在新的一年里工作突飞猛进、事事顺心如意、合家幸福安康。

新起点　新局面　为全面建设小康社会做贡献

——中国建筑装饰协会五届三次理事会工作报告

中国建筑装饰协会　常务副会长兼秘书长　徐　朋

（二〇〇三年十二月二十八日）

第一部分：关于2003年工作回顾和体会

2003年是我们国家发展具有深远意义的一年，党的“十六大”报告中描绘了全面建设小康社会、开创中国特色社会主义事业新局面的宏伟蓝图，这不仅为我们建筑装饰行业的发展指明了方向，也为我们建筑装饰行业提供了更大的发展空间。2003年我国建筑装饰行业不仅经受住了SARS的严峻考验，而且在新的形势面前，紧紧抓住了发展机遇，做了大量的富有成效的工作，无论行业还是协会工作都有了长足的进步。

一、推动行业技术进步，召开了“全国建筑装饰行业科技大会”

经建设部批准，协会召开了有千余位业内人士参加的“全国建筑装饰行业科技大会”。本次会议实现了预定目标即贯彻落实“三个代表”重要思想，发展行业生产力，确立“科技是第一生产力”的思想，增强行业科技创新意识，探索技术创新的方法和途径，通过科技进步，全面提高行业的发展质量。会议期间，协会下发了《关于建筑装饰行业科技进步的若干意见》，提出了“建筑装饰行业十项推广技术”，公布了首批“建筑装饰行业科技示范工程项目计划名单”。会议除建设部、科技部和国家信息中心的3位专家做主题报告外，在分别举行的五个论坛上，有49位业内专家、学者做了学术报告。做为历史上首次全行业的科技大会，此次大会不仅得到社会的广泛关注，同时也得到了建设部、科技部领导同志的支持和全体与会代表的好评，对于推动行业的科技进步既是一次动员，又是一次交流，产生了极为深远的影响。

二、迎接入世挑战，抓住行业发展的薄弱环节，提高行业、企业的管理水平

（一）开展了百强企业评比推介活动

面对入世，中国企业将面对规模和抗风险能力的挑战，协会为贯彻“扶大扶优扶强”的行业发展战略，首次开展了“2002年度中国建筑装饰行业百强企业”评比推介活动。本次活动本着公平、公正、公开，以及自愿和为企业严守商业秘密的原则进行。这项工作得到了各地方协会和广大企业的积极响应，今后将成为我国建筑装饰行业年度例行的评价活动。百强企业评出后，协会专门召开了新闻发布会，并向相关有投资能力的协会、各省、市招标机关发出了情况通报，召开了有部分百强企业参加的以“如何做大做强”为题目的座谈会和记者招待会，在推介中扩大活动影响，为企业“做大做强”创造氛围和环境。

（二）召开了项目经理经验交流会，完成了“全国建筑工程装饰奖”评审工作

2003年8月11日协会召开了全国项目经理经验交流会、观摩会，表彰了全国建筑工程装饰奖获奖工程项目经理，共有206家装饰企业的250项工程、279名项目经理获得表彰。在总结过去两年全国建筑工程奖工作的基础上，顺利地完成了全国建筑工程装饰奖评奖活动。此项工作从3月份开始，8月份各地共推荐工程201项，经过资料审查，10月份对工程进行了全面的复查，11月进行了终评，共评审出115项建筑装饰工程、24项建筑幕墙工程荣获2003年全国建筑装饰工程装饰奖。全国建筑工程装饰奖评奖活动仅完成两届，已在社会上产生极大影响，这是好事，但也为评审工作带来了新的课题。今年的评奖工作一直得到各地方协会和会员企业的支持，基本上做到了控制数量、保证质量。

（三）促进设计水平的提高和着手开展了对材料的评价活动

2003年内协会组织了一系列关于设计方面的活动，同旅游饭店业协会举办“饭店设计高峰论坛”；与中央电视台合作举办第二届全国家居电视设计大奖赛。本次大赛共征集到412件作品。8月21至23日连续三天在中央电视台播送获奖作品介绍，8月24日晚黄金时段中央电视台播出了一个半小时的决赛及颁奖大会实况。这项活动不仅表彰了一些优秀的家居设计人员，更重要的是起到了引导消费者理性消费，提高消费者的文化鉴赏能力、倡导先进的家居装饰文化的作用，是一次先进文化的社会普及实践。与此同时协会加强了同材料商的合作，同中国房地产协会共同通过市场评价来推介科技含量高的建筑装饰材料。

（四）加强诚信建设

企业诚信建设是行业发展一大弱项。为推动行业自律体系的逐步建立，今年上半年秘书处在以往工作的基础上，又先后在四个省、市召开了座谈会，听取了近200名企业和部分地方协会的意见，对行业自律公约的内容和表述作了进一步的完善，并在4月召开的全国地方协会秘书长会议上又进一步征求了意见。2003年协会常务理事会通过了“中国建筑装饰行业自律公约”，为下一步建立行业信用制度打好了基础。

三、加强行业发展调研，并完成政府委托的工作

（一）开展了行业调研和研讨

在去年的“建筑装饰行业在国民经济和社会进步中地位和作用”和“国有建筑装饰企业改制”等课题的基础上，协会开展了“民营装饰企业建立现代企业制度”的课题调研，主要针对民营企业在行业占绝大多数的实际，探讨如何引导企业管理创新，促进其健康发展。该课题目前仅取得了初期成果，将作为今年的重点继续进行。另外，与国务院发展研究中心合作，启动了“住宅装饰装修消费特点和规律”课题的调研，力图从扩大内需、拉动经济增长和增加就业等几个角度，研究挖掘消费潜力、完善消费服务、改进消费习惯，使建筑装饰行业在全面建设小康社会中发挥更大作用。协会

已于近期同国务院发展研究中心交换了意见，将于近期以不同形式反映课题成果。

（二）围绕应对“非典”，开展了一些活动

突如其来的非典为行业发展带来了新课题，在调研基础上，协会举办了一些专项研讨会。6月份协会举办了“北京家装研讨会”。8月份协会与中国建筑学会暖通空调专业委员会、中华建筑报社三单位联合主办了“空调与健康室内环境高峰论坛暨新技术新产品展示会”，有400余名生产厂家、专家学者、装饰公司负责人出席，就如何改进空调健康指标进行了广泛研讨，中央电视台做了详细报导。11月份协会与中国医师协会共同举办了“中国医院建筑设计与装修主题峰会”。有150多家医院领导、负责人及部分装饰设计施工单位共200人参加了会议。会议针对SARS后如何提高我国医院在建筑规划设计、结构设计与装饰装修方面的水平，进行了16个专题报告发言，使医疗卫生界和建筑与建筑装饰界形成了提高医院建设水平和卫生安全水平的共识，为协会跨行业间的合作积累了经验。

（三）完成了政府委托的工作

受建设部委托，协会开展了家装市场调研工作，编写了《住宅装饰装修施工企业资质管理办法》、《住宅装饰装修施工企业资质标准》的送审稿。参与了建筑装饰企业资质升级评审工作。承担了2003年全国建筑装饰设计资质换证的初审工作以及全国建筑装饰设计资质等级标准的修订工作，通过在全国范围内广泛征求地方装饰协会和设计单位意见，经专家反复论证，起草和编写了新的设计资质等级标准，已上报建设部有关主管部门。

四、加强了协会的出版工作和相关的信息交流

由协会主管、主办的公开出版物《中华建筑报》质量不断提高，已逐步成为建筑装饰行业唯一大报，读者群不断扩大。今年还主持召开了关于空调及健康环境的高峰论坛，承办了中国建筑装饰行业百强企业评比推介活动，其作为行业报的影响力得到了进一步的提升。国内外发行的《中国建筑装饰装修》逐步得到业内认可和肯定，成为设计师喜欢的一本“专业、学术、权威”刊物。杂志社不久前与中国旅游饭店业协会联合召开的关于饭店设计论坛，收到了很好的效果。上述一报一刊已经成为行业发展、协会工作的媒体资源。

作为内部工作刊物的《中国建筑装饰》，2003年由96页增加到100页，每期约20万字，图文并茂，从内容和形式上都有了进一步的提高，已经成为会员企业必备的工作手册。其他各专业委员会出版的内部刊物《装饰与五金》、《装饰名品》、《建筑电气资讯》、《石材》、《建筑幕墙》的质量也不断提升。此外，协会还出版了《2002年中国建筑装饰行业年鉴》、《2003年首届全国建筑装饰行业优秀科技论文集》、《全国建筑装饰行业科技大会演讲论文集》。以及结合行业和企业的需求，协会与有关专业委员会、地方协会和企业联合编辑出版了《中国优秀建筑装饰企业运作示范集》、《建筑装饰装修行业最新标准法规汇编》、《建筑装饰企业管理体系认证手册》、《住宅室内装饰设计实例图集》、《家庭装饰装修行业技术标准汇编》、《建筑幕墙技术标准规范汇编》等书籍，上述书籍的出版不仅方便了业内人士，也进一步繁荣了建筑装饰出版市场。

为了提高中国建筑装饰协会和地方协会的综合服务能力，提升行业优势，提高服务层次，加强行业管理，一年来协会多次到各地进行了信息化工作调研。在此基础上，结合我国建筑装饰行业的实际情况和特点，围绕行业信息资源的开发利用，在国家“统筹规划、国家主导、统一标准、联合建设、互通互联、资源共享”二十四字方针的指导下，协会对行业的信息化建设进行了全面规划，起草了《关于我国建筑装饰协会信息化建设的指导意见》（讨论稿），下发给各地方协会进行讨论，为明年的信息化工作会议做了准备。

五、培训工作进一步发展

2003年，协会围绕策划培训项目，编写培训教材，实施培训指导，提供培训服务的工作目标，开展一系列工作。全部完成了建设部委托的建筑装饰行业工人职业技能岗位标准、鉴定规范、习题集和培训教材的制定、编写和出版工作。完成了建设部委托的建造师装饰装修专业一级大纲和指导书的编制工作。在建立并逐步完善协会培训体系方面：一是完成了项目经理向建造师转型过渡期内项目经理培训的定位和课程改造、教材更新；二是推出了装饰监理、装饰设计和装饰造价从业资格培训项目；三是正在组织编写智能建筑师和装饰水电工的岗位标准和培训教材，推出了《全国建筑装饰装修行业培训系列教材》，对项目经理、装饰监理、装饰设计和装饰造价项目启用了《中国建筑装饰行业从业资格证书》，对工人技能师资培训启用了《中国建筑装饰行业师资培训合格证书》，在全国建立了45个培训工作点站。组织召开了全国建筑装饰行业培训项目发布暨工人职业技能培训研讨会。建立了专家、师资、教材、试题、培训站和学员六个信息资源库以及证书查询系统。全年共计新编和改编并出版教材35种、970万字、15.9万册；截至11月份，自办培训和与全国各培训工作站合作培训项目经理、装饰监理、装饰设计、装饰造价、工人职业技能师资和考评员等3062人，393人接受了继续教育。另外，铝制品委员会与协会培训中心合作，举办了两期幕墙方面的培训班，共培训人员200多人。

六、国际交流有了突破性进展

协会成立国际部以来，对外联络工作开创了新的局面。2003年共接待7次来访的国外使馆机构及公司，为他们提供在华开展业务的咨询服务。今年协会组织了3个代表团分别赴英国、台湾考察访问和赴印度出席国际会议。通过这些出访，创造了协会和会员企业国际交流与合作机会。英国欧洲设计联盟已表示明年上半年访华；英国、台湾的部分企业同参加此次出访的某些会员企业的实际性合作正在探讨之中；国际室内建筑师/设计师联盟已表示今后将加强同中装协在设计领域的合作。应该看到，今年是我们第一次组团出访，没有经验，今后要进一步研究协会组团的规律，总结经验和不足，把今后的国际交流做好。

七、关于展览展示工作

成功地召开了第十届中国国际门业暨建筑装饰五金展、第十届全国建筑装饰行业订货会、第十届中国国际星级饭店装饰材料博览会、首届全国建筑电气行业发展论坛、第六届中国（北京）国际家具及木机械展览会、第四届中国国际建筑装饰材料及配套产品博览会、2003 年秋季全国五金商品交易会暨第四届国际五金商品博览会、第三届中国（厦门）国际石材工业及技术装备展览会等。这些活动为沟通供求信息，推广新材料、新技术、新产品、新工艺起到了积极作用。

八、探讨协会工作规律，加强协会自身建设

（一）召开了协会高层工作会议

为加强中国建筑装饰协会与地方装饰协会的合作，共同推动我国装饰行业的发展，2003 年 4 月 21 日协会第一次召开了全国装饰协会秘书长工作会议，就协会全年重点工作向各地装饰协会征求了意见。8 月 7 日协会在黑龙江召开了第一次会长工作会议，研究了中装协今年的工作计划和活动安排。同志们反映，这是一次行业领袖峰会，创造了协会所有领导人为行业发展做贡献的机会。

（二）推动了地方成立装饰协会

为了适应行业和协会工作的发展，协会领导加强了对地方建设主管部门的宣传工作，使一些地方的建设主管部门对组建地方建筑装饰协会的认识和积极性有了较大的提高，并取得了一定的效果。目前，我国地级以上城市成立装饰协会的有 75 家，会员单位 1 万多家。

（三）加强了协会组织建设、制度建设

加强了组织机构建设。协会先后两次调整了秘书处工作部门。加强了协会制度建设，逐步完善了协会的会议制度、公文管理制度、大型活动管理制度及各项办公规定。完成了协会标识的注册工作，为打造协会品牌和长远发展创造了条件。

人事制度改革有了新的进展，在实行全员聘任制基础上落实了末位淘汰制。制定了《岗位聘任制管理办法》和《岗位工资分配管理暂行办法》。根据建设部关于社团领导进行工作述职的要求，协会除对领导以外，也按聘任制要求对全体工作人员进行述职、测评、总结。协会参加了“第三届北京建筑及房地产行业人才资源招聘会”，面向社会招聘了部分有较高学历（MBA）、年富力强的年轻同志充实到协会工作人员中，协会秘书处已增加到20人。

成立了党总支。2003 年经报请建设部社团党委批准，中装协成立了党总支和两个支部，建立健全了协会党的组织，有力促进了党对协会工作的领导。

协会 2003 年 9 月底搬迁了新址，不仅改善了办公环境，而且使协会成为有不动产的协会。在这里，我向为协会乔迁新址做出贡献的会员企业表示谢意。

现在，我将协会的财务状况向理事会报告一下。

自五届二次理事会以来，协会一天天壮大起来。由于工作需要，工作人员的增加，特别是 2003 年既要交付购办公用房的一期付款，又要支付原办公室 1～10 月份的房租，加上新办公室又要增加设备，本年度费用支出规模较大。

五届二次理事会以来，协会的总收入：395 万元。其中包括：会费收入：113 万元；咨询服务收入：241 万元；其他收入：41 万元。

总支出：415 万元。其中包括：管理费、交通费、电话费、印刷费、邮寄费共：74 万元；差旅费、会议费共：14 万元；职工工资及福利费共：92 万元；房租：55 万元；购置固定资产：167 万元；其他支出：13 万元。

以上收支相抵尚结亏 20 万元。协会剩余的应付购房款：639 万元。目前协会的账面余额为：106 万元。

我们相信 2004 年协会经费将会有进一步好转，除会费稍微会有增加外，在支出方面不会再出现房租费用，协会有能力维持收支平衡。

各位理事：

2003 年协会工作取得的成绩，是与五届理事会的正确领导和在座各位理事的大力支持分不开的，在此，我代表秘书处向各位表示衷心的感谢。

成绩是要肯定的，但也存在不足。11 月 4 日民政部对我协会未经民政部批准成立“室内环境检测评价中心”和“质量认证工作指导中心” 给予处罚。接到通知后，协会正确对待了民政部的处罚决定，采取有效措施进行整改。民政部根据我协会的实际工作情况和整改措施，已于 12 月 9 日提前两个月正式下文解除对我协会的处罚。尽管处罚使协会工作受到了一些影响，但是，中装协作为一个成熟的协会，坏事已经变成了好事。

当前协会面临的一项十分重要的工作就是按章程完成协会的组织建设。有的会员企业长期不交会费，有的理事、常务理事多次不出席会议，长此以往，必然造成协会组织上的涣散。协会五届二次常务理事会已通过对不能按时参加会议的理事、常务理事的处理决定，协会秘书处将坚决贯彻。协会将进一步研究严明协会纪律、整顿协会组织的工作，本次会上将对连续两年未交会费的企业按自动退会处理。

其次，原列入 2003 年的某些内容，因不同原因，有的未能完成，这将会增加 2004 年工作压力。

第二部分：关于 2004 年工作安排

协会将全面贯彻党的十六大和十六届三中全会精神，牢牢把握发展这个执政兴国的第一要务，以实现全面建设小康社会为奋斗目标，以加快发展为总的基调，以“二次创业”为主题，以制度创新和技术创新为强大动力，以提高行业生产力水平为根本出发点，继续实施科技兴企、科技兴业的战略，加快行业社会信用体系的建立，提升行业信息化水平，推动全行业的健康发展。

一、继续落实和贯彻科技大会的目标和措施，促进行业生产力水平的提高

全国建筑装饰行业科技大会期间，我们曾明确指出：开会不是目的，贯彻才是根本。2004 年协会将全力落实好科技大会提出的目标和措施，全面提升行业发展质量和竞争力，使行业真正走上一条依靠科技进步的良性发展轨道。一要加大对建筑装饰行业 10 项新技术的推广和应用。逐步把成熟技术由单项向成套转化，强化技术集成能力，形成企业技术特色。二要继续搞好科技示范工作。争取通过一到二年的努力，使获奖工程和 10 项新技术结合起来，坚持以工程项目为载体的技术创新方向，降低创新成本，并提高其生命力。三是加强企业和行业的工法建设，继续完善行业技术标准，做好工法审查和定稿工作，全面提高工艺水平。四要积极推广工厂化生产的经验，逐步用技术密集型的工厂化、社会化的工业生产替代劳动密集型的现场的手工业生产。交流与推广工厂化生产经验，将要成为今年协会在推进技术创新和改进生产方式方面的工作重点。

二、加快信息化改造装饰装修传统产业的步伐，并力求取得实际效果

党的十六大提出要用信息化、工业化改造传统产业，这是摆在建筑装饰行业面前的一个重大的课题，同时也是一个影响行业发展的带有方向性、战略性的大事。协会要把行业的信息化建设作为明年的一项重要工作来抓，计划召开行业信息化工作会议。由于会议内容和参加人员的不同，信息化工作会议准备分两次召开。初步计划于3月份召开以媒体资源为主要内容的信息化工作会议，充分开发和整合中国建筑装饰协会、地方协会和会员企业的各类网站、公开和内部出版物，加强全面合作与交流，加快信息资源的开发和网站建设，实现资源共享。

以计算机技术为内容、以网络技术为特征的系统工程建设的信息化工作会议计划于明年5月份召开，借以提高行业的整体技术装备水平。网络技术在有的会员企业中已达到相当的水平，但发展很不平衡，我们已经具备了召开这样会议的条件。会议期间将下发经过征求意见的《关于我国建筑装饰协会信息化建设的指导意见》，邀请一些知名专家及企业做专题学术报告和企业之间的经验交流及现场演示。各地方协会和企业要根据自己的实际情况，加大投资、加快培训、提高研发能力，并加强制度配套，从而使计算机技术在企业决策、内部管理的全程运作及监控等中得到广泛应用。同时实现网上招、投标，网上交易等商务活动，降低管理成本，实现内部资源的优化配置，提高企业的经济效益和管理水平。在此基础上，促成行业电子政务及电子商务网络的建立与应用，使其成为今后行业内管理与协调、控制、指导的主要形式。逐步将会员管理和行业管理的具体工作转为网上进行，同时进一步推动行业内其他政务活动的公开和网上作业，沟通信息，调节供求，提高行业管理效率和透明度。

三、全面推进家装行业的发展，改善行业诚信形象

住宅装饰装修在扩大内需，创造就业机会，实现企业利润和国家税收，以及带动相关产业发展等方面发挥着重要作用，其不仅成为消费热点、经济增长点和全面建设小康社会的重要组成部分，同时也成为体现中国特色和中国国情的社会、经济、文化现象。为此，协会把对家装的发展研究做为2004年主要工作，拟于2004年下半年召开全国家装行业发展大会，以提升家装的社会地位，提高家装的服务水平和行业管理质量，并向社会提供老百姓可以信赖的家装信息和必要的咨询服务。

1．做好家装调研

为了开好家装发展大会，要集中协会力量，会同有关部门做好专门调研。一是调研市场及百姓消费需求。二是系统地总结家装行业的理论和实践，了解家装企业的现状，研究其发展规律。三是总结交流企业发展战略、制度、文化、人才培养，特别是专业化发展方向的经验，推动企业形成自己的经营特色，探讨提高企业的核心竞争力的方法和途径。四是研究进一步提高一次性精装修工程比例，以推进家装“工业化”。五是会同有关政府部门全面论证“家庭装饰装修与全面建设小康社会的关系”，提高行业的社会认知度。

2．加快建立家装行业的信用服务体系

进一步整顿家装市场、提高诚信能力，在全面提高企业素质中，提高做群众满意工程的能力。完善行业自律、舆论监督，维护和健全市场秩序。在行业里引领装饰装修科技进步的潮流，宣传提倡先进、科学、环保健康的装饰装修活动，引导科学和健康消费。积极有效地协调好装饰装修企业和广大消费者在装饰消费领域里的关系，使企业得到发展，人们得到实惠，推动社会主义市场经济和小康社会建设与发展。

3．对家装发展大会的构想和安排

此次大会力求开的有声势、有内容、有影响、有实际效果。除动员家装企业积极参加外，还要动员政府、研究机构和社会人士参加。除举办“家装和小康社会研讨会”外，还要举办一系列企业经验交流活动，同时还要举办有消费者参加的“家装企业诚信建设论坛”、有房地产商参加的“家装企业生产工厂化和一次性精装修”论坛。另外，还要进行一些奖项评比及家居博览会、作品展示、消费者咨询服务等活动。

四、大力促进设计水平的提高，增强行业技术实力

目前，我国建筑装饰设计理念和表现技巧等整体水平同国际先进水平相比还有较大差距，因此要继续把提高设计水平作为一项在近几年常抓不懈的工作来抓。

一是开展多种形式的学术交流活动。明年计划举办一次高水平的国际设计论坛，要组织国际和国内有影响的设计大师、专家做专题报告，研讨建筑装饰设计的新思想、新理念、新技术、新成果。举办多种形式，包括和有投资能力的协会联合举办的设计竞赛，造就名家，培养新人。

二是配合中装协成立20周年活动，开展评选全国有成就的资深室内建筑师和杰出的中青年室内建筑师活动。

三是尽快促成对建筑装饰设计人员上岗资格的认定以及家装设计人员的从业资格认定工作，肯定设计人员的创造性劳动，调动他们的积极性。明年要同部分地方协会合作，开展全国室内建筑师上岗资格的认定工作。

四是积极发展设计人员作为个人会员入会，根据职业特点，开展一些个人会员愿意参加的活动，扩大协会在设计单位和设计人员中的影响。

五、围绕提高项目管理水平，开展一系列活动

明年协会继续组织有关获奖项目的观摩和交流以及对获奖工程项目经理的表彰活动，与获奖工程的项目经理颁证工作结合起来，继续推出一批优秀项目经理。在地方装饰协会的配合下，策划一至二次现场观摩和经验交流活动，扩大获奖项目、企业的知名度，调动项目经理的积极性，提高获奖工程项目经理的荣誉感和知名度。

六、认真抓好评比和展览活动，增强行业影响力

全国建筑装饰工程装饰奖的评奖活动从2001年开始，一直受到各省、市建筑装饰协会和会员企业的重视，特别通过三届的评审和宣传工作，这个奖项的价值已被社会普遍肯定，给行业发展和进步注入了极大的推动力。当前要认真总结三年评审工作中的经验和不足，形成更加完善和可行的评审程序、制度和纪律。一定要确保这个奖项的含金量，除组建高质量的专家库以外，还要进一步研究如何发挥好专家复查和评审中的作用，保证评奖工作的公正、公平和公开。

继续与中国房地产协会和中国建筑科学研究院进行合作，开展全国建筑装饰装修材料优质品牌推介工作。这项工作对于协会来说是一个新的工作领域，也是协会工作很有发展前途的领域，开展好这项工作有利于加强装饰装修施工企业、设计单位与材料生产厂商的合作。

继续开展2003年度全国装饰行业百强企业评价推介活动。2002年度的评价活动虽然是第一次进行，但是引起了社会各界的重视，特别是新闻媒体和有关协会和相关招标机构得知我们的评价依据以后，都认为百强是包括企业信誉在内的综合实力的象征，不仅有利于行业发展，也是对社会负责任。今年要在办法上有所改进，减少一些繁琐的报表，减轻企业工作量。我们也希望更多企业参加这项活动。

继续做好对2002年评出的“全国住宅装饰装修质量服务诚信企业”的复查认定工作，以及做好2004年的评选推荐工作。

要做好以下展览和展示活动：

第十一届中国国际门业暨建筑装饰五金展览会，第十一届全国建筑装饰行业订货会，第十一届中国国际星级饭店装饰材料博览会，第十二届中国（昆明）建筑装饰材料博览会及中国——东盟住宅与建筑科技展览会，2004年全国建筑装饰材料及配套设备内蒙古博览会，第七届中国（北京）国际家具及木机械展览会，第六届中国国际建筑装饰材料及配套产品博览会，首届中国百家建筑五金行业龙头企业“三大”发展战略高峰论坛暨知名品牌与新技术、新产品交流推广展示会，春季国际五金展暨第五届国际五金商品博览会，秋季第六届国际五金商品博览会，亚洲五金交易会等。

七、搞好协会成立20周年活动，推动行业发展与提高

在20周年活动中，协会将以“全面贯彻‘三个代表’重要思想，研究新情况，分析新问题，实现大提高，推动大发展。”为指导思想，力求热烈、简朴、有实效。相当多的活动要与协会其他工作结合起来，力求不增加会员企业的负担。整个活动的安排将以议案形式在本次会议表决，这里不再讲了。

八、加强培训和国际合作

积极探索建设、劳动主管部门、各地方协会和中装协四位一体的、开放式的联合培训模式，组织完成二级建造师考试大纲和指导书的编写；继续丰富和扩展培训体系，改良老项目，策划新项目，完成正在进行的项目，提升层次和水平；配合建造师培训的需要，与大学合作开设成人在职学历教育；为适应市场和企业的需求，开展装饰设计人员培训考评、地方互认试点工作；在继续扩建培训网络的同时，加强培训管理，规范办学行为，提高培训质量；择机召开全国培训工作站工作会议。

在国际交流与合作方面，要有针对性、有重点地加强同有关国际组织与机构的联络与合作，开好国际设计研讨会，并争取获得更多的同业国际信息，做好明年的组团出国考察工作。目前，已能确定下来的是应美国室内装饰协会和美国建筑师协会邀请组团赴美国交流、考察，并探讨对装饰企业高级管理人员和设计师的培训、交流项目。其他组团活动，我们将在听取会员企业的意见后再做安排。

九、加强协会的自身建设，提高协会自身素质

协会要想成为行业利益的代表，行业管理的主体，行业发展的领路人，必须有健全的工作系统，有扎实牢固的会员单位基础，有较高的自身素质。因此，协会要进一步加强自身建设，提高自身素质。

一是要继续加大发展会员工作的力度，支持和推动组建地方装饰协会，提高覆盖面，提高代表性。并注意吸收装饰材料生产和经销商以及房地产商入会，扩大协会的群众基础。要加强与地方装饰协会和会员企业的交流、联系与合作，形成协会开展工作的骨干力量。

二是要继续加强协会的组织建设、制度建设和规范化管理，完善协会机构，健全协会制度，提高协会工作效率和政策水平。加强协会秘书处与专业委员会的工作协调，保证协会工作的整体性、一致性。继续完善协会秘书处工作人员的岗位聘任制，逐步形成明确的工作目标、工作责任和工作纪律。

三是进一步加强协会党的工作，建立健全党组织及党的活动的各项制度，提高协会工作人员的思想政治素质，形成抓实事、办实事、讲实效的工作作风。

四是要加强协会业务建设。中国建筑装饰协会是一个没有政府行政职能的行业社团，这就特别需要协会在市场经济条件下找准自己的位置。在科技大会以后的新的高度和起点上，创出为会员企业服务的新水平。

十、解决2003年未完成的工作

2003年未完成的工作任务，仍然是明年的工作内容，包括未完成的家装方面的课题，会员企业中的室内建筑师资格认定，行业自律公约的贯彻实施，继续推动和支持成立地方协会等。要保证今年工作同明年工作的衔接，安排好明年工作计划。

2004年的工作十分繁重，上述报告所涉及的课题，诸如2004年“全国建筑工程装饰奖”评奖办法的改进和名额分配，围绕协会成立20周年的全国文艺演出大会的部署和安排，有成就的资深室内建筑师和杰出的中青年室内建筑师及优秀地方协会、优秀协会工作者、优秀企业家的评选尚需做出更具体的安排。总结2003年的工作经验，我们将于3月中旬召开全国的秘书长工作会议，上下结合做出具体计划。此外，我们将召开会长办公会，共同决策重大事宜。同志们，这里我需再一次陈述。协会换届以来，我们一直强调，中装协和地方协会是合作关系，有个别协会在章程里把中装协当成是自己的上级领导机关，是不准确的。但是也需说明，中装协作为全国性协会对省、市协会具有指导的责任。各省、市协会作为中装协的团体会员，也应该履行会员的义务，积极参加中装协组织的活动是不可推卸的责任。中装协和地方协会共同承担着推动行业发展的任务。

各位理事：

面对2004年的繁重工作，我们一定要把学习贯彻“三个代表”重要思想新高潮不断引向深入，紧紧围绕全面建设小康社会的宏伟目标，找好发展定位，争创发展优势，把思想和行动统一到中央对明年经济工作的总体要求和部署上来，坚持为会员企业办实事、求实效。在会员企业、理事、常务理事的支持下，为全面推动我国建筑装饰行业的快速、健康发展而努力。

谢谢大家。

为全面提高建筑装饰的发展质量而努力

——在中国建筑装饰协会五届三次理事会上的总结讲话

中国建筑装饰协会　会　长　马挺贵

（二〇〇三年十二月二十八日）

各位理事：大家好！

2003年即将过去，我们聚首北京，盘点中国建筑装饰协会过去一年工作的得失，共同商议新一年行业的发展大计。在岁末最繁忙的时候，大家能够放下手边的工作，专程赶来参加本次理事会，充分体现了大家对行业发展的关心、对中装协工作的热忱。对此，我代表中装协向大家表示衷心的感谢。

在这次会上，徐朋秘书长所作的报告对中装协2003年的工作做了全面的、客观的总结。从这个报告中可以得出这样一个基本结论：即将过去的一年是中装协围绕行业发展方向性问题进行探索，提高为会员企业服务层次取得新突破的一年；是克服各种困难，拓展协会生存空间取得新成果的一年；是协会创造工作、策划项目、主动进取，取得跨跃式发展的一年。

这些成绩的取得，与各位理事的大力支持、热诚工作是分不开的，它是大家心血的结晶。中装协感谢大家一年来恪尽职守的工作。

本次会议通过了关于明年具体工作的几项提案，就明年的工作做了详细的部署。现在，我就2003年中国建筑装饰协会工作的基本评价，目前面临的形势和任务，2004年工作部署的工作谈几点意见。

第一部分：对2003年中装协工作的基本评价

2003年是在全面建设小康社会的开局之年，是国家领导集体新旧交替的换届之年。这一年里，在新一届党和国家领导人的带领下，我们战胜了突然袭来的“非典”病魔，继续保持了国民经济的快速增长，在世界面前又一次展示了面对考验无坚不摧的中国人民的气概。

在过去的这一年里，中国建筑装饰协会工作也取得了显著成效，尽管工作受到了“非典”等方面的影响，但大家克服困难，经受考验、努力工作，仍然圆满完成了全年的任务，特别是今年重中之重的“全国建筑装饰行业科技大会”，开得尤为成功，得到了上级主管领导及社会各界的好评。正如徐朋秘书长工作报告中所陈述的：召开全国建筑装饰行业科技大会，进行针对性的专题调研，组织行业内百强企业的评比推介，发展和健全地方协会组织，加强协会自身建设，开展全国建筑装饰专业注册建造师和室内设计的职称的评审等一系列工作，对推动建筑装饰行业生产力水平的提高，促进行业的可持续发展，为会员企业办实事，为行业整体素质的提高方面都取得了应有的效果。这些成效可以用三个“增强”来概括：一是协会在为会员企业提供高层次服务的过程中，扩大了与各大相关部委、政府主管部门、相关兄弟协会及其他社会团体各界的联系，由此带来的中装协在社会各界中认可度明显增强了；二是协会总揽全局、高层次提升“双向服务”的调控能力增强了；三是协会与各地方协会、会员企业的凝聚力增强了。这是协会两年来坚持“扶大、扶优、扶强”方针，积极为建筑装饰业“入世”策划准备的结果；是紧紧抓住“扩大会员企业覆盖面，发展地方协会”这一根本点，一心一意谋发展的结果；也是坚决贯彻落实十六大精神，不断深化改革、最大程度地发挥协会桥梁、纽带作用，针对行业中出现的新情况和新问题加强引导的结果。

2003年已成为历史，新的一年即将到来，中国建筑装饰协会的工作将全身心地投入新的工作中。

第二部分：对当前形势和任务的分析

中央经济工作会议刚刚闭幕，会议以邓小平理论和“三个代表”重要思想为指导，贯彻党的十六大和十六届三中会精神，明确了明年经济工作的总体要求和主要任务。

我国建筑装饰行业已经发展成为年工程产值超过8000亿人民币的行业，在培育和扩大内需，创造更多的就业机会，带动相关产业发展和产品更新换代，推动国民经济和社会发展方面具有重要的作用。从行业的特点和行业发展的经济规模、社会地位和行业具有的物质消费与文化消费的属性上分析，都要求有一个跨部门的社会团体去协调、指导、管理、组织行业内的各项专业活动。在行业培训、行业评比、行业信息交流等方面发挥协会的服务指导作用，从而使行业资源得到优化配置，促进行业生产力的发展。这项使命责无旁贷的落到协会的身上，特别是我国建筑装饰行业民营企业多，了解和反映他们的意见和要求，发挥企业的经济优势、专业技术与管理优势，提高行业管理的整体水平和效率，这都需要协会发挥作用。为此，协会必须明确行业形势和任务，分析行业的发展的优势及面临的困难和挑战，从行业发展的角度为行业提供远景预测。

第一方面我谈一谈行业及协会工作呈现的利好态势

一是市场商机利好。中央经济工作会议确定明年我国固定资产投资规模将近5万亿元，比2003年增加12%，相应装饰行业的投资规模也同比增长。在具体工作部署中强调“振兴东北”，恢复士气，这是我国继实施沿海发展战略、西部大开发后的又一重大战略决策。目前“振兴东北”的总投资为610亿元的首批100个大型建设项目已启动。

2004年是全面建设小康社会的第二年，全国住宅工程竣工面积将超过17亿m²，较2003年增加19%，预计住宅装饰装修的产值将达4800亿元。以北京为例，今年建筑工程开复工面积达到12000万m²，住宅销售达2400万m²，代表首都经济格局的中关村、中央商务区、金融街等重要区域建设项目不断增加，全市573家星级饭店有110家计划在两年内改造。

2004年是奥运工程的开工建设年。据悉，北京将有4～5项大型奥运场馆项目12月份开工建设。一大批大型奥运项目在全国上马，不仅为我们的装饰企业提供了市场空间，同时也为我们的装饰企业提供了施展才能、创造时代装饰精品的广阔舞台。

二是政策利好。中国加入WTO五年过渡期即将结束，随着市场的国际化，我国经济体制改革和政治体制改革的步伐将会加快，政府转变职能的步伐也将加快。上海市人民代表大会常务委员会下发了关于《上海市促进行业协会发展规定》的公告，很多政府的职能在逐步转移，为促进行业协会的发展提供了政策上的支持。可以说协会在政策利好态势下，可以找到一条发展的道路、一个极为广阔的发展空间，并且可以成功转型为自治性的与国际接轨的行业协会。

基于这上述利好的态势，中国建筑协会要研究政策，把握良好的市场机遇，促进协会工作向国际化、市场化的全面接轨。

第二我谈一谈行业发展及协会工作面临的挑战

一是，为兑现加入WTO的承诺，我国政府目前已经允许境外建筑企业注册独立法人，并享受国民待遇。我们预测在重大项目上的碰撞不久将成为现实。最近有消息报道，日本在华注册的独立法人企业正在迅速增长。这些企业将会以其强大资金实力、技术实力与我们的企业展开激烈的竞争。

我们以已经结束设计招标的六个北京奥运建设项目为例，境外设计师拿走了相当一大部分大型工程设计权，只有两个小一些场馆为中方独立设计。在奥运工程设计上，所呈现的中外设计师主客场易位现象，为中国建筑装饰企业承接奥运工程的装饰项目带来挑战。我们必须有危机感、紧迫感，抓紧人才、技术水平的提高，争取在竞争中取胜。

二是市场运作极不规范。肢解项目、最低价中标，垫资和拖欠工程款以及行业内企业素质（部分）低等问题严重影响着行业的发展。

第三部分：2004年的工作部署

2004年的工作安排是以贯彻十六大精神及中央经济工作会议总体要求为指导，结合行业实际情况，在分析目前的形势和任务的基础上，经秘书长会、会长会议研究确定的。2004年的工作安排概括起来就是“十件大事，六项重大活动”。这些都是关系全行业发展的大事，也是企业发展的大事，同时也是关系加强行业协会建设，协会如何在行业、在市场经济中发挥作用的很重要的工作。这些工作在徐朋秘书长的工作报告中已经叙述的很深刻、很细致了，我不再重复。

下面我仅就“中国建筑装饰企业信誉评价中心”的建设问题谈一下协会的工作部署。

建立中国建筑装饰企业信誉评价体系是建立良好的公开、公平、公正的市场竞争环境的需要，是规范企业行为维护行业整体利益的需要，也是提高企业素质，与国际接轨的需要。它不仅需要通过加强法制的措施（诸如企业资质、市场准入、合同公证制等），还必须辅之以职业道德规范的建立和职业道德水平的提高，还要完善行政执法、行业自律、舆论监督、群众参与相结合的市场监督体系。中装协九月份颁布的“全国建筑装饰行业自律公约”，应当成为全行业塑造企业市场信誉、规范行业行为的准则，必须自觉遵守、执行。中国建筑装饰协会一年一度进行的“全国建筑工程装饰奖”的评选，“全国建筑装饰行业百强企业”的推介，“全国建筑装饰工程科技示范工程”的推介，“全国建筑装饰优秀项目经理”的评选，“全国建筑装饰材料优质品牌”推介工作以及协会明年对“全国住宅装饰装修质量服务诚信企业”的评选认定工作都是基于建立一个全国性的对企业业绩及信誉评价体系的角度来策划的。在经济全球化的今天，诚实守信已越来越为社会所重视。企业信用已不仅仅关系到自身发展，而且是关系到整个国家和社会长远发展的大问题。规范企业市场行为，营造良好的信用环境和投资环境已成为行业协会的使命。协会要研究当前我国企业信用体系建设面临的问题、对策及未来趋势等问题，对如何建立同国际接轨的企业信用体系、建立行业相对独立完整的统计体系、建立完善信用档案和公示制度、建立企业信用观念和信用防范意识，是我们和各兄弟协会、地方协会要认真研讨的。

我们高兴地看到，建设部正加紧进行建筑行业的诚信体系建设和信用制度建设的工作。很多地方协会也在加紧完善行业公约的修订工作和建立企业良好业绩和不良行为的记录档案，并组织更多的企业参加到“守信企业”的公示活动中来，企业的诚信意识在不断提高。

我国加入世贸组织已有两年。按照国际惯例和市场经济的要求，政府是通过法律、行政的手段对经济进行间接的、宏观的管理，由行业协会实施对行业、企业的直接管理。因而协会工作的任务将越来越繁重，无论是从长期来看，还是从2004年的工作讲，还是从建立信誉评价体系来讲，有两件事情必须，一是大力发展地方协会，二是加强协会自身建设的问题。这是基础工作，否则其他工作就变成了无源之水、无本之木。

从行业看，存在着地方协会少、会员覆盖面小，没有形成协会完整工作网络问题。即使是在经济发展快，建筑装饰市场繁荣的沿海地区，很多城市也没有组建装饰行业协会，行业协会的组织机构系统不健全。这意味着协会所能掌握的企业和行业的信息不充分，协会的协调作用就难以发挥。不仅在行业发展、管理、政府职能转移，维护企业和消费者利益方面带来影响，也严重影响了协会工作的力度，信誉体系也建立不起来。因此必须加快地方协会的建设，扩大协会的覆盖面。

从长远看，随着中国的入世，与国际接轨，政府职能的转变，要求协会独立的完成工作。转变思想工作作风，把强调客观、埋怨的情绪转变到“工作靠努力”、“有为才能有位”工作状态中来。同时还要提高思想认识，创造性的开展工作。我们一直强调，没有敬业精神就干不了协会工作，没有能力和水平也干不好协会工作，关键是协会要从行业发展的全局考虑问题，创造性的开展工作。要与时俱进，不断创新，坚持服务宗旨，不断深入探索协会工作规律，把握协会工作的特点，加强组织建设、制度建设、思想建设、文化建设，在协会各项工作中开创出新局面。

同志们！

守望过去是为了展望未来，展望未来是为了走得更高更远。

我们不能沉湎于过去的成绩，要乘势而上，从战略角度充分认识建筑装饰行业在国民经济和可持续发展中的重要意义，增强紧迫感和责任感，持之以恒地在行业发展中不断完善我们的工作，为实现我们的战略构想和工作目标而努力奋斗。

2004年春天来得早，1月22日就是春节了。这次大会是我们理事会羊年的最后一次聚会，在此我代表中装协向各位理事提前拜个早年，祝大家在新的一年里工作突飞猛进、事事顺心如意、合家幸福安康。

关于调整协会章程中会员交纳会费条款的决定

中国建筑装饰协会五届三次理事会通过

（二〇〇三年十二月二十八日）

由中国建筑装饰协会五届会员代表大会表决通过的《中国建筑装饰协会章程》已经执行两年半了。在执行过程中，部分会员企业由于地址变更、电话变更、具体工作人员调动等特殊原因，推迟或延缓了交纳会费的时间，因此，一些会员企业对《中国建筑装饰协会章程》第三章第十三条款中规定的“会员企业一年未交纳会费视为自动退出”的时间期限提出了意见。同时协会秘书处根据少数会员单位无视协会章程，长期未交纳会费，也不参加协会任何活动的情况，参照相关协会的章程，也提请理事会修改关于会员交纳会费的相关条款。

为进一步加强会员单位的管理和加大会费收缴工作的力度，明确会员的责任和义务，经会长办公会及秘书长办公会研究，拟对《中国建筑装饰协会章程》第三章第十三条款进行调整，将条款中的未交纳会费期限由一年变为两年，调整内容为：“会员如果两年未交纳会费或无理由不参加本会任何活动的，视为自动退会，秘书处将在会刊上刊登通告。”

关于举办中国建筑装饰协会成立20周年活动的决定

中国建筑装饰协会五届三次理事会通过

（二〇〇三年十二月二十八日）

2004年9月中国建筑装饰协会即将成立20周年，20天后又将迎来我国建国55周年纪念日。

中国建筑装饰协会成立20年来，为中国建筑装饰行业的发展做出了不可磨灭的贡献，为中国建筑装饰的历史抒写了美好篇章。20个春秋，倾注了建筑装饰行业广大员工和协会工作者的心血；20年，从改革开放之初到今天的美好成果，我们积累了一笔价值不凡的物质财富和精神财富。

为全面展示中装协成立20年来为我国国民经济建设，特别是为我国建筑装饰行业的蓬勃发展，改变广大人民群众居住条件和居住环境方面所做出的重大贡献，同时为努力实现党的十六大所提出的全面建设小康社会的伟大目标做出更大的贡献，中装协拟定于2004年举办成立20周年系列活动。

20周年活动总的指导思想为：全面贯彻“三个代表”重要思想，通过贯彻“二次创业”精神，创造新起点，确定新目标，在行业大发展大提高中，为全面建设小康社会做贡献。”

按照上述原则，准备开展以下活动：

一、举办中国建筑装饰行业文艺演出大会

本次文艺演出大会的目的在于歌颂建筑装饰行业20年来取得的成就，活跃职工文化生活，推动企业文化建设，展现建筑装饰行业文化风采，增强职工凝聚力，提高行业社会影响力。为加强对演出大会的领导，拟组成演出大会组委会，组委会的初步人选和演出初步方案附后。根据工作进展，下步可能还会增加一些同志，我们特别希望会员企业为我们推荐有这方面经验的组委会办公室工作人员。

二、举办建筑装饰行业发展与小康社会高峰论坛

本论坛除业内人士参加外，将有政府官员、经济及社会发展的相关理论工作者参加。进一步探讨建筑装饰行业的改革与发展、及其在全面建设小康社会中的地位和作用，研讨如何提高行业及企业国际竞争力，如何改善行业发展的外部环境，使其能更好地在全面建设小康社会中做出更大的贡献。

三、举办建筑装饰行业老工作者座谈会（包括企业和协会）

回顾总结装饰行业20年来的发展历程，展望行业未来，探讨如何积极实践“三个代表”重要思想，创建行业发展的新起点，确立行业发展的新目标，开创行业发展新局面。

四、举办评选表彰活动

20年来，建筑装饰行业涌现出大批的优秀地方协会、协会工作者、企业家、项目经理，他们为行业的发展做出了积极的贡献。为此，本次活动将评选表彰全国优秀地方协会、优秀协会工作者、优秀企业家，优秀项目经理，同时配合进行中国建筑装饰行业有成就的资深室内建筑师和杰出的中青年室内建筑师评选推介活动。

20周年活动的初步设想：

本次活动要举办得热烈、简朴、有实效，拟将安排在明年9月举行，尽量与协会其他工作结合起来，力求不增加会员企业的负担。此次活动的举办要达到中装协与各省市协会沟通与促进的目的；达到行业内企业之间相互学习、相互交流的目的；达到促进建筑装饰文化进步的目的。

这次我们主要将行业文艺演出大会和评选推介有成就的资深室内建筑师和杰出中青年室内建筑师的初步设想提交你们，其他详细方案将在广泛征求意见的基础上，于明年3月份秘书长工作会议上具体研究讨论。

协会成立20周年活动是行业发展的一件大事，希望各地方协会广大会员单位大力支持，积极参与。

附件1

组委会组成人员名单

组委会名誉主任：马挺贵
组 委 会 主 任：徐　朋
组委会副主任：房　箴　朱希斌　毛家泉　董宜君
　　　　　　　魏　光　许和铁　何文祥
组 委 会 成 员：杨帅邦　王晓惠　孔祥清　肖能定
　　　　　　　张文学　赵兴斌　李洪鑫　彭国云
　　　　　　　张福如　王儒明　江荣宇　梁　铭
组委会办公室主任：房　箴
　　　　副主任：田万良　王毅强　杜玲玲

附件2

关于庆祝中国建筑装饰协会成立20周年文艺汇演方案

中国建筑装饰协会拟在2004年9月协会成立20周年，新中国成立55周年到来之际，由协会牵头，自筹经费，组织本会所属会员单位和员工举办一次全国建筑装饰行业文艺汇演，并在汇演基础上排演一台具有一定艺术水平的综合晚会，作为协会成立20周年和国庆55周年的献礼。

一、晚会活动方案背景

2003年8月在黑龙江召开的会长工作会上，协会秘书处提交了中国建筑装饰协会成立20周年活动的方案，经会长们研究讨论一致通过了方案的主要内容，并着重研究了文艺汇演的组织方案。今年9月份根据会长工作会修订意见，在全国建筑装饰行业科技大会期间，协会秘书处又召开座谈会，邀请了部分地方协会负责人和企业的领导，专题讨论了20周年文艺演出方案，参会20多位代表，对协会举办20周年系列活动表现出极大的热情，对协会组织20周年文艺演出，表示大力支持并积极参与。会上，大家对文艺演出的内容和形式以及组织方案，机构组成提出了很多很好的建议。根据会长工作会和座谈会大家提出的建议，我们制定了“中国建筑装饰协会成立20周年文艺汇演方案”提交本届理事会讨论。

二、文艺晚会举办时间：2004年9月

三、文艺晚会举办地点：北京（场馆待定）

四、文艺汇演组织形式

1. 由企业及企业员工自报，省、市协会组织选送的形式。各省市协会可根据实际情况，组织本地区文艺汇演或选拔赛，举办形式不限。经评比选拔、挑选具有较高艺术水平的节目以磁带或光盘形式报中装协审核。不组织会演和选拔赛的省、市可将节目以磁带或光盘形式直接报中装协。

2. 节目内容均以反映本行业以及与建筑装饰装修有关内容和主题的独唱、合唱、歌舞、小品、相声、器乐演奏等演出形式。

3. 所有上报节目经汇演组委会专家小组认定后，由中装协安排地点和时间集中排练提高，并最终确定晚会节目组成和演出顺序。

4. 为充分调动各地方协会，各演出单位参与的积极性，大会将设置优秀演员、优秀创作、优秀节目和优秀组织金、银、铜奖。该奖项将由组委会人员、专家及观众投票评出。

五、文艺汇演的宣传报道

为使这台从不同角度、不同侧面、不同表演形式反映我国建筑装饰行业蓬勃发展，展示我国建筑装饰企业和员工风貌的晚会能在全行业、全社会产生一定影响，特别是创作出的优秀节目，成为广大群众喜闻乐见，广为流传的节目，文艺汇演经过编排后，拟在全国部分有影响的电视卫星频道统一播出。同时中装协将组织相关媒体对文艺汇演和获奖节目给予宣传报道。

六、文艺汇演组织机构

成立文艺汇演（晚会）组委会：负责汇演的组织、策划、协调与管理。组委会人员由中装协及部分地方协会负责人组成。文艺晚会设总策划、艺术总监、总导演等专职人员。组委会下设：活动组和专家组，活动组负责资金筹集、演出组织管理对外宣传等；专家组负责节目审定、创作排练、晚会节目统筹、策划与确定以及评奖工作等。

附件3

关于开展全国有成就的资深室内建筑师和杰出的中青年室内建筑师评选工作的方案

改革开放以来，我国建筑装饰行业迅猛发展，在国民经济和社会生活中起着日益重要的作用，整个行业形成了

巨大的生产规模，造就了一支人数众多的设计师队伍。特别是经过市场经济的洗礼，我国建筑装饰设计人员的综合素质有了显著提高，完成了一大批高标准、高水平的建筑装饰工程项目。许多设计作品走出国门，在世界上许多国家和地区展现了中华文化的魅力和中国现代设计师的才华。

为激发广大设计人员的责任感与荣誉感，加强设计师队伍的正规化建设，加快科技创新步伐，确立设计的“龙头”作用，表彰设计人员对我国建筑装饰行业发展所做的贡献，配合中国建筑装饰协会成立20周年活动，建议开展评选有成就的资深室内建筑师和杰出中青年室内建筑师工作。

一、评选工作应在全国范围的会员企业开展。凡设计单位、施工企业、大专院校、个人设计所、工作室的设计人员都可参加评选。建议本次评选人数为：有成就的资深室内建筑师不超过30人，杰出的中青年室内建筑师不超过100人。

二、有成就的资深室内建筑师必须具有30年以上设计工作实践，为在行业内具有较高知名度，做出过突出贡献的设计师、专家、学者、教授和协会工作者。杰出的中青年室内建筑师从事设计工作必须5年以上，并在工程设计中取得优异成绩。有特殊贡献者，可破格评选。由于有成就的资深室内建筑师和杰出中青年室内建筑师，具有较大的社会影响，因此必须坚持高标准，高水平。在评选过程中，我们要坚持宁缺毋滥的原则，保证评选质量，做到公平、公正、公开和众望所归。

三、为保证评选工作顺利进行，应建立下列组织领导机构：

1. 有成就的资深室内建筑师和杰出的中青年室内建筑师评选领导小组；

2. 有成就的资深室内建筑师和杰出中青年室内建筑师评审委员会。

领导小组由中国建筑装饰协会及省市装饰协会有关领导及业内专家组成。评审委员会由协会领导及有关专家组成。

四、有成就的资深室内建筑师和杰出的中青年室内建筑师申报时，由两位业内知名人士及工作单位推荐，地方装饰协会初审，经评审委员会审查后，报领导小组批准，由中装协授予荣誉称号，并颁发证书等。

五、建议从2004年初开始评选工作，在中国建筑装饰协会成立20周年之际的庆祝活动中予以公布。

六、如果常务理事会批准本方案，将另行编制有关“评选办法”。

关于调整增补部分理事、常务理事、副会长的决定

中国建筑装饰协会五届三次理事会通过

（二〇〇三年十二月二十八日）

自中国建筑装饰协会五届理事会成立以来，部分理事、常务理事、副会长单位由于企业法人的调整及其人事变动，希望能按协会《章程》及时进行调整。同时，根据有关地方协会推荐增补了部分理事，根据秘书处提名增补部分常务理事，并经五届三次理事会同意。

一、不再担任五届理事会理事（19人）

1. 杨乾芳　四川省建筑装饰协会原会长
2. 郑　强　四川亨帝建筑装饰有限公司原总经理
3. 柏春宇　重庆市建筑装饰协会原副秘书长
4. 陆浩生　苏州市装修装饰行业协会原会长
5. 张克勤　广西建工集团桂港建筑装饰有限公司原总经理
6. 黄柏青　天津华惠安信装饰工程有限公司原董事长
7. 钟晓春（女）　中国建筑装饰协会家庭装饰委员会（筹）原秘书长
8. 陈一龙　北京中建华腾装饰工程有限公司董事长
9. 王志杰　辽宁省装饰协会原秘书长
10. 周德才　营口东林瑞那斯股份有限公司原董事长
11. 于　兵　丹东画院装饰工程有限公司原董事长
12. 唐定发　合肥市建筑业协会原秘书长
13. 董立武　洛阳天鹰装饰工程有限公司原总经理
14. 胡建强　河南银龙装饰工程有限公司总经理
15. 陆铁军　南京装饰（集团）有限公司原董事长兼总裁
16. 张志林　深圳市美术装饰工程有限公司原总经理
17. 张　哲　陕西中金装饰工程有限公司总经理
18. 唐荣玉　中大耀华实业有限公司
19. 郎　伟　长春星宇家装广场原总经理

二、不再担任五届理事会常务理事（6人）

1. 杨乾芳　四川省建筑装饰协会原会长
2. 郑　强　四川亨帝建筑装饰有限公司原总经理
3. 钟晓春（女）　中国建筑装饰协会家庭装饰委员会（筹）原秘书长
4. 于　兵　丹东画院装饰工程有限公司原董事长
5. 董立武　洛阳天鹰装饰工程有限公司原总经理
6. 陆铁军　南京装饰（集团）有限公司原董事长兼总裁

三、不再担任五届理事会副会长（1人）

1. 陆铁军　南京装饰（集团）有限公司原董事长兼总裁

四、增补为五届理事会理事（35人）

1. 陈建文　四川省建筑装饰协会秘书长
2. 何　勇　四川亨帝建筑装饰有限公司总经理
3. 肖能定　重庆市建筑装饰协会副秘书长
4. 孔全林　苏州市装修装饰行业协会会长
5. 刘定真　广西建工集团桂港建筑装饰有限公司总经理
6. 康　庄　天津华惠安信装饰工程有限公司董事长
7. 眭志华　北京中建华腾装饰工程有限公司总经理
8. 田　平　辽宁省装饰协会副会长兼秘书长
9. 金丽华（女）　大连建筑装饰设计工程有限公司董事长
10. 石俊庆　辽宁荣昌集团董事长
11. 罗伟民　合肥市建筑装饰协会秘书长
12. 赵建波　洛阳天鹰装饰工程有限公司总经理
13. 黄海军　河南银龙装饰工程有限公司总经理
14. 倪　林　苏州金螳螂建筑装饰有限公司董事长
15. 蒋　英　北京豪邦涂料有限公司董事长
16. 陈金荣　广州市美术公司总经理
17. 张海文　重庆金字塔装饰有限公司总经理
18. 张仁希　重庆金梭装饰设计工程有限公司董事长
19. 张安龙　厦门市港龙装修工程有限公司总经理
20. 叶家豪　深圳市奇信装饰设计工程有限公司董事长
21. 刘声元　济南盛顺装饰有限责任公司董事长兼总经理
22. 杨杰宗　武汉科艺建筑装饰设计工程有限公司总经理
23. 李建新　宜昌市建筑装饰协会秘书长
24. 龚　璞　大庆市建筑装饰协会秘书长
25. 郑秋霖　福州星美装饰绿化工程有限公司总经理
26. 刘兆培　西安发记营造建筑有限公司董事长
27. 张立海　天津市龙川汇腾装饰工程有限公司董事长
28. 邓仕能　甘肃兰穗装饰工程有限责任公司总经理
29. 胡圣明　湖北高艺集团董事长
30. 徐锦刚　江西建工装潢公司总经理
31. 蔡培辉　甘肃辉丽建筑装饰工程有限公司董事长
32. 肖汉光　宜昌市建筑装饰协会会长
33. 衣宏伟　深圳市美术装饰工程有限公司董事长兼总经理
34. 施伟民　南京装饰（集团）有限公司总经理
35. 刘京超　长春星光大厦总经理

五、增补为五届理事会常务理事（20人）

1. 许和铁　广州市建筑装饰协会会长
2. 陈建文　四川省建筑装饰协会秘书长
3. 何　勇　四川亨帝建筑装饰有限公司总经理
4. 赵建波　洛阳天鹰装饰工程有限公司总经理
5. 张　颖（女）　澳连建筑装饰工程有限公司副总经理
6. 孔全林　苏州市装修装饰行业协会会长
7. 肖汉光　宜昌市建筑装饰协会会长
8. 肖能定　重庆市建筑装饰协会副秘书长
9. 周智勇　重庆金飞建筑装饰工程有限公司总经理
10. 陈华芳　北京市建筑装饰设计工程公司总经理
11. 张汉清　深圳市维业装饰设计工程有限公司董事长
12. 高　健　武汉旺轩建筑装饰工程有限公司董事长
13. 叶德才　青岛德才装饰安装工程有限公司董事长兼总经理
14. 刘兆培　西安发记营造建筑有限公司董事长
15. 胡圣明　湖北高艺集团董事长
16. 蔡培辉　甘肃辉丽建筑装饰工程有限公司董事长
17. 何　星　广州市第四装修有限公司董事长
18. 林　擘　山东万得福装饰工程有限公司总经理
19. 杨建强　青岛东亚装饰总公司总经理
20. 施伟民　南京装饰（集团）有限公司总经理

·中国建筑装饰协会五届四次理事会暨2004年装饰奖颁奖大会·

会议报道：

装饰行业精英的聚会

——记中国建筑装饰协会五届四次理事会暨2004年全国建筑工程装饰奖颁奖大会

《中国建筑装饰》编辑部　特邀观察员

一、会议简况

自2001年以来，全国建筑装饰行业就形成了一个企盼——中国建筑装饰协会年度理事会暨全国建筑工程装饰奖颁奖大会，这是行业精英的年度聚会，是全行业最优秀人士的会晤与团聚，一年仅此一次。

2004年12月21日～22日，有近600位业内精英人士出席的"中国建筑装饰协会五届四次理事会暨2004年（第四届）全国建筑工程装饰奖颁奖大会"在北京举行，前者在友谊宾馆召开，后者在人民大会堂三楼小礼堂举行，除2001年协会理事会暨首届全国建筑工程装饰奖在北京新侨饭店召开外，其他三次均在北京友谊宾馆召开协会理事会，在人民大会堂三楼小礼堂举行装饰奖颁奖大会。对此，业内已形成习惯。

中国建筑装饰协会五届四次理事会的主要议程有：一是听取中国建筑装饰协会常务副会长兼秘书长徐朋的工作报告；二是听取中国建筑装饰协会副秘书长张京跃的提案说明；三是听取二个形势报告：商务部世界贸易组织司副司长张向晨的"我国入世后的形势及发展趋势"，国务院发展研究中心市场研究所所长任兴洲的"宏观调控对市场的影响"。中国建筑装饰协会会长马挺贵作理事会总结。期间，还举行了"东鹏杯"全国室内设计大奖赛颁奖会和"玉环之光"迎新春联谊晚会。

人民大会堂三楼小礼堂是中国建筑装饰协会举行"全国建筑工程装饰奖"颁奖大会的福地。自2001年建设部批准设立"全国建筑工程装饰奖"以来，中国建筑装饰协会在人民大会堂三楼小礼堂举行了四次颁奖活动：第一次是2001年12月25日，第二次是2003年1月9日，第三次是2003年12月29日。2004年12月22日是第四次。

大会发行了中国建筑装饰协会编辑出版的《中国建筑装饰行业发展里程碑——中国建筑装饰协会成立20周年庆典活动专辑》、《2004年全国建筑工程装饰奖获奖工程作品集》，受到与会代表普遍赞赏。

二、五届四次理事会

出席12月21日召开的中国建筑装饰协会五届四次理事会的有名誉会长张恩树、会长马挺贵、常务副会长兼秘书长徐朋，副秘书长张京跃、房箴、王毅强，副会长：北京港源建筑装饰工程有限公司董事长王波、北京业之峰装饰有限公司董事长兼总裁张钧、建设部建筑市场管理司原副司长符曜伟、上海市建筑装饰工程有限公司总经理谢建伟、黑龙江国光建筑装饰工程有限公司总经理魏光。会议由马挺贵会长、谢建伟副会长分别主持。

有42个地方建筑装饰协会的领导：北京市建筑装饰协会理事长朱希斌、常务副秘书长郭仁智，上海市装饰装修行业协会会长李洪鑫、秘书长赵海、副秘书长潘根林，天津市环境装饰协会秘书长王文焕，中国人民解放军建筑装饰协会秘书长沙启云，河北省建筑装饰协会常务副秘书长刘纪堂，石家庄装饰协会会长刘亚东，山西省建筑装饰协会秘书长赵劲彬，太原市建筑装饰协会副秘书长吴黎明，内蒙古建筑装饰协会秘书长杨志凌、副秘书长杨朝辉，黑龙江省建筑装饰协会会长宋执卿、秘书长吴景阳、常务副会长赵兴斌、副秘书长赵兴武，鸡西市建筑装饰协会副秘书长李艳华，大庆市建筑装饰协会秘书长龚璞，吉林省建筑装饰业协会会长邱久才、秘书长张文学，长春市建筑装饰装修协会秘书长丛廷才，辽宁省装饰协会秘书长田平、副秘书长李晓波，大连市建筑装饰行业协会秘书长杨昭富、办公室主任李杰，山东省建筑工程管理局装饰处处长、省建筑装饰协会副会长刘玉涛，济南装饰协会秘书长王培良、副秘书长赵传凯，青岛市建委副主任、市建筑装饰协会会长卢举林，泰安市装饰装修协会秘书长陈建英、副秘书长孙凤军、马春蕾，江苏省装饰装修行业协会会长毛家泉、副秘书长刘瑷，南京市装饰行业协会秘书长孙建设，安徽省建筑装饰协会会长王金平、秘书长陈幼年、副会长李增堂，合肥市建筑装饰协会副秘书长屠筱兰，浙江省建筑装饰行业协会会长董宜君，杭州市建筑装饰协会办公室主任俞求真，江西省装饰行业协会会长王儒明，福建省建筑装饰协会常务副会长张福如，河南省建筑装饰协会会长洪瀛、副秘书长崔宗杰，洛阳市建筑装饰协会秘书长赵安敏，开封市建筑装饰协会副秘书长张雷，湖北省建筑装饰协会副秘书长何木松，武汉建筑装饰协会会长彭国云，宜昌市建筑装饰协会会长肖汉光，深圳市装饰行业协会会长何文祥，东莞市建筑装饰协会副秘书长张树清，广西建筑装饰协会副秘书长庞云，四川省建筑装饰协会秘书长陈建文，成都市建筑装饰协会秘书长张桂芳，云南省建筑装饰行业协会会长朱葆荣，陕西省建筑装饰协会副秘书长哈波，甘肃省建筑装饰协会会长韩学政等。

常务副会长兼秘书长徐朋所作的五届四次理事会工作报告分两大部分。第一部分关于2004年的主要工作，包括十个方面：一是隆重召开协会成立20周年庆祝大会，向全社会展示了建筑装饰行业的崭新风貌；二是成功召开了五届二次会员代表大会，明确了协会今后一个时期的总体工作思路；三是推动住宅装饰行业制度创新，加强住宅装饰行业的管理；四是加快以信息化改造装饰行业的步伐，召开了全国建筑装饰行业信息化建设工作会议；五是积极探索新的培训模式，创造培训市场，行业培训工作得到进一步发展；六是构筑行业宣传阵地，信息交流和出版工作得到进一步加强；七是积极开展行业评价，扩大优秀企业和工程项目的社会影响力；八是大力促进设计水平的提高，增强行业的技术实力；九是国际合作工作取得进一步进展；十是积极完成政府委托的工作。

徐朋还向理事会报告了协会的财务状况，强调协会真诚的感谢各地方建筑装饰协会以及广大的会员单位多年来给予我们的关怀、帮助和支持。

第二部分关于2005年的工作安排，包括三方面：一是关于“培训年”工作；二是关于“管理年”工作；三是关于“合作年”工作。徐朋阐述了这三项重点工作的基本思路、理念、内容。徐朋指出，2005年是协会换届的一年，在建设部的领导下，全面完成协会换届工作是2005年的工作重点，一定要集思广益、全力以赴地完成好换届任务。要以换届为契机，认真总结五届会员代表大会以来工作，一方面要进一步坚持企业家办会的方向，更好的体现市场经济条件下的协会性质；一方面要认真总结市场经济条件下协会的工作规律，千方百计的提升协会秘书处的工作能力。最近，协会秘书处召开了学习十六届四中全会“加强党的执政能力建设决定”讨论会。加强党驾驭市场经济的能力，协会要提高自己的工作能力，包括：推动行业发展的能力、策划和组织重大活动的能力、调动会员企业积极性的能力、在开展工作上获得各方面支持的能力和协会工作人员忠于职守热爱协会工作的能力。通过换届使中国建筑装饰协会再创一个新的工作高度、一个新的工作起点。

徐朋强调，2004年，协会工作取得了一定的成绩，2005年，协会将面临更加繁重的工作，我们一定要在党的十六届四中全会精神的指导下，按照中央经济工作会议的部署，在理事和会员单位的大力支持下，进一步提高协会在社会主义市场经济条件下的工作能力，围绕全面建设小康社会的宏伟目标，在科学发展观的指导下，进一步推动我国建筑装饰行业的全面、协调和可持续发展。

马挺贵会长在五届四次理事会的总结讲话中，就当前的形势和我们的任务提出三点意见。第一点对当前形势的基本估计：一是国家宏观调控政策，将会对建筑装饰行业产生重大影响；二是入世对行业发展的影响会越来越大；三是科学的发展观，将对行业发展产生极为重大的影响；四是产业模块化发展，对行业内企业的影响会越来越大。

第二点是2005年工作安排的总体思路：一是要从当前行业面临的形势来认识；二是要从会员企业单位的需要来认识；三是要从协会工作的角度提高认识。

第三点是对如何落实本次会议精神，完成2005年的工作提几点意见：一是要提高对2005年工作重要性的认识：一是要提高对2005年工作重要性的认识；二是需要广大企业家的积极参与；三是还要有协会系统的通力合作；四是要调动各方面的积极因素。

马挺贵强调，2005年的工作非常繁重，意义重大，各位都肩负着推动行业可持续发展的艰巨任务，希望在本次理事会后，大家能够围绕2005年的重点工作，团结奋斗，把我国建筑装饰行业推向一个新的发展水平。

副秘书长张京跃作了“关于调整中国建筑装饰协会五届理事会成员的提案”，他在提案的说明中指出，自中国建筑装饰协会五届三次理事会召开以来，由于人事变动，以及会员企业发展的不平衡性，原有理事会成员需根据情况的变化做必要的调整。根据本会章程，为保持理事会成员的代表性及理事会的议事决策职能，在征求各地方建筑装饰协会意见的基础上，经秘书处研究，提出对理事会成员进行调整的议案。五届四次理事会讨论通过了此提案：变更副会长1人、常务理事10人、理事30人；增补理事31人、常务理事19人；辞去理事职务2人；因年龄之故不再担任理事2人；因病逝世1人；因连续两年不交纳会费、不参加协会活动，取消其理事会成员资格的常务理事2人、理事15人。中国建筑装饰协会第五届理事会经过第六次调整，原有理事384名，常务理事136名；现有理事394名，常务理事153名。

中国建筑装饰协会开了一个很好的理事会，听取并通过了徐朋秘书长的工作报告，形成了对2004年工作总结和2005年工作安排的统一意见；通过的几个提案，对加强协会的组织建设、思想建设和业务建设也具有极为重要的意义。总之，以科学发展观统领全局，开了一个成功的大会，团结奋进的大会，也是在中国建筑装饰协会历史上有重大意义的大会。

三、2004年装饰奖颁奖大会

12月22日，事先几乎没有预料，人们一早醒来，发现京城深夜下了一场入冬后的首场大雪，使人们很自然地联想起中国的著名谚语“瑞雪照丰年”——好兆头，参加2004年全国建筑工程装饰奖的500多位代表们——包括参加中国建筑装饰协会五届四次理事会和中国建筑装饰协会材料委员会年会的代表，大家不禁精神振奋，心情调节至最佳。

2004年全国建筑工程装饰奖的颁奖地——人大会堂三楼小礼堂喜气洋洋，在主席台前排就座的有全国政协副主席、农工民主党常务副主席李蒙，全国人大常委会原副委员长布赫，建设部党组成员、副部长黄卫，建设部原常务副部长、全国人大常委、环境与资源委员会副主任委员、中国建筑装饰协会高级顾问叶如棠，建设部原副部长、全国政协委员、中国建筑学会会长、中国建筑装饰协会高级顾问宋春华，建设部原总工程师、中国建筑装饰协会高级顾问许溶烈，中国建筑工程总公司原党组书记、全国政协委员、中国建筑文化艺术协会会长、中国建筑装饰协会高级顾问张青林，建设部建筑市场管理司司长王素卿，建设部工程质量安全监督与行业发展司副司长徐惠娟，中国建筑

装饰协会名誉会长张恩树、会长马挺贵、常务副会长兼秘书长徐朋。大会由徐朋主持。

在主席台上就座的还有建设部第一社团党委书记徐义屏，中国建筑金属结构协会会长、中国建筑装饰协会高级顾问杜宗翰，中国海员建设工会全国委员会建设工作部部长李长春，中国饭店业协会会长、中国建筑装饰协会高级顾问韩明，国家工商总局巡视员谢林，河南省建筑装饰协会会长洪瀛，北京市建筑装饰协会理事长朱希斌，吉林省建筑装饰业协会会长邱久才，黑龙江省建筑装饰协会会长宋执卿，江苏省装饰装修行业协会会长毛家泉，上海市装饰装修行业协会会长李洪鑫，浙江省建筑装饰行业协会会长董宜君，江西省装饰行业协会会长王儒明，青岛市建委副主任、市建筑装饰协会会长卢举林，中国建筑装饰协会副会长王波、张钧、符曜伟、谢建伟、魏光。

马挺贵会长首先作了振奋人心的致辞，他说，在2005年即将到来之际，我们在人民大会堂隆重举行第四届全国建筑工程装饰奖颁奖大会。首先，让我代表中国建筑装饰协会向所有获奖企业表示热烈祝贺！向出席今天大会的各位领导、嘉宾、代表表示热烈欢迎！向各地建设行政主管部门、各地建筑装饰协会对几年来评奖工作的积极支持和辛勤工作表示衷心的感谢！向长期关心我国建筑装饰行业发展的各界朋友和各位同志表示诚挚的谢意！

马挺贵指出，改革开放以来，在建设部的领导下，在广大行业从业者的共同努力下，我国的建筑装饰行业已经成为对国家经济发展和社会生活起着重要作用，得到全社会高度重视的行业。据统计，到2003年，我国建筑装饰行业年产值已达8000多亿元，行业共有企业近20万家，从业者达1100余万人，年实现增加值超过2000亿元。为了表彰业内的先进企业，创造精品工程，推动行业发展，经建设部批准设立了“全国建筑工程装饰奖”。这是行业建设与发展的一件大事。三年来，这一奖项在行业乃至全社会的影响越来越大，参评的企业越来越多，参评项目的档次、造价和质量越来越高。特别是今年又增加了工程设计奖的评选，这对于推动我国建筑装饰业作为一个系统工程的发展，无疑将起到积极的促进作用。今年我们还高兴地看到，在获奖单位中，二级企业的比例明显增加，打破了一级知名企业垄断大奖的局面，说明了行业的中小企业也在大踏步地前进。

他认为，2004年的评奖工作，经各省、自治区、直辖市建筑装饰协会认真组织，在申报、初评、筛选，推荐和公示的基础上，又经中国建筑装饰协会组织的专家组开展复查、评审的严格程序，最终有125项公共建筑装饰工程，31项幕墙装饰工程，26项装饰设计工程荣获“全国建筑工程装饰奖”。所有获奖工程都代表了我国现阶段建筑装饰工程的最高水平，都是业内的精品与典范工程。

马挺贵强调，我国加入世贸组织的过渡期即将结束，面对新形势、新任务，我们要更加深入地学习十六届四中全会精神，以“三个代表”重要思想为指导，努力开创我国建筑装饰行业发展的新局面，为全面实现小康社会做出更大贡献！最后，祝大家新年快乐，身体健康，事业发达！

接着，主席台上领导为获奖企业一一颁奖，大会达到高潮。

中国建筑装饰协会理事、全国建筑装饰优秀企业家、大连红太装饰工程公司总裁赵文广代表获奖企业在会上发言。他说，“全国建筑工程装饰奖”是全国建筑装饰行业的品牌工程，也是对广大施工企业、设计单位的最高奖赏。自2001年设立以来，对于全面提升企业经营理念、管理水平和全行业整体素质，对于打造中国建筑装饰业的精品工程、名牌产品，促进企业科技进步，树立科学发展观，推进企业名牌战略等都起到了催化和推进作用。同时，“全国建筑工程装饰奖”的评比工作，让建筑装饰企业共同分享了改革、发展、拼搏、创新和勇创一流所带来的丰硕成果，大大提升了企业的核心竞争力，提高了企业的市场占有率和经济效益，同时也提高了企业的社会知名度。他表示，获奖企业将在已有的基础上总结经验、完善管理，不断提高广大设计人员、项目管理人员的业务水平，增强和提高驾驭工程项目和市场的能力，不断创造出更多更优秀、更具时代特点、文化内涵更丰富、与世界潮流接轨并具中国特色的建筑装饰工程精品。

随后，黄卫副部长代表建设部发表了题为“努力开创我国建筑装饰行业发展的新局面”热情洋溢的演讲。他表示，在喜迎2005年到来之际，第四届全国建筑工程装饰奖颁奖大会在人民大会堂隆重召开了，我代表建设部表示热烈的祝贺！

黄卫指出，改革开放以来，我国建筑装饰行业已发展成为对国民经济和社会生活起着重要作用，得到全社会高度重视的行业之一。2003 年我国建筑装饰行业完成的工程产值已达 8000 亿元。其中各类公共建筑物装饰装修工程产值达 3500 亿元，住宅装饰装修工程产值高达 4500 亿元。行业共有企业达 20 万家，从业人员达 1100 余万人，年实现增加值超过 2000 亿元。实践证明，建筑装饰装修行业的发展，不仅增强了社会的物质基础，同时也极大地丰富了社会的精神财富。对于培育和扩大内需，活跃国内市场；对于创造和增加就业机会，缓解就业压力；对于提高我国城市化水平，加快国民经济结构调整；对于促进我国村镇建设，提高包括农村人口在内的全体人民的素质和生活质量，推动社会文明和进步发挥着越来越重要的作用。

他认为，为进一步推动建筑装饰行业发展，提高建筑装饰企业的管理水平和工程质量，充分发挥行业龙头企业的示范带动作用，建设部于 2001 年批准设立了全国建筑工程装饰奖。这是一项代表中国建筑装饰工程最高水平的行业大奖。经过三年的工作，参评的企业越来越多，参评项目的档次、造价和质量越来越高。这一奖项已经成为我国建筑装饰企业加强管理，提高工程质量的奋斗目标，在业内以及全社会引起了高度的重视，形成了巨大的影响。

他希望获奖企业把这次获奖作为企业发展的新起点，继续保持荣誉，努力开拓创新，加强企业管理，再创精品工程，真正发挥好获奖企业的带头示范作用，为促进行业整体水平的提高做出新的贡献。

黄卫强调，近年来，中国建筑装饰协会卓有成效地开展了一系列工作。中国建筑装饰协会在加强“双向服务”，努力提高服务的层次和质量，强化行业自律，推动行业精神文明建设等工作中，充分发挥了协会在联系政府、服务企业、促进行业健康发展方面的巨大作用。2005 年我国入世的前过度期已经届满。面对新的发展形势、新的工作任务，我们要更加深入地学习十六届四中全会精神，以“三个代表”重要思想为指导，努力开创我国建筑装饰行业发展的新局面，为我国全面实现小康社会做出新的更大贡献！最后，祝大家在新的一年里事业发达，再创佳绩！

大会最后进行了最显示行业人气的合影，在合影前排就座的除主席台上的领导外，还有中国建筑装饰协会副秘书长张京跃、房箴、王毅强，信息部主任兼会刊《中国建筑装饰》主编黄白，信息咨询委员会秘书长兼中国建筑装饰网 CEO、《装饰名品》主编田万良等；各地方建筑装饰协会领导有：天津市环境装饰协会秘书长王文焕、中国人民解放军建筑装饰协会秘书长沙启云、河北省建筑装饰协会常务副秘书长刘纪堂、石家庄装饰协会会长刘亚东、山西省建筑装饰协会秘书长赵劲彬、黑龙江省建筑装饰协会秘书长吴景阳、吉林省建筑装饰业协会秘书长张文学、长春市建筑装饰装修协会秘书长丛廷才、辽宁省装饰协会秘书长田平、大连市建筑装饰行业协会秘书长杨昭富、山东省建筑工程管理局装饰处处长、省建筑装饰协会副会长刘玉涛、安徽省建筑装饰协会秘书长陈幼年、福建省建筑装饰协会常务副会长张福如、湖北省建筑装饰协会副秘书长何木松、武汉建筑装饰协会会长彭国云、深圳市装饰行业协会会长何文祥、广西建筑装饰协会秘书长庞云、四川省建筑装饰协会秘书长陈建文、陕西省建筑装饰协会副秘书长哈波、甘肃省建筑装饰协会会长韩学政等；还有苏州金螳螂建筑装饰股份有限公司总经理杨震、深圳市洪涛装饰工程有限公司董事长兼总经理刘年新等知名装饰企业家。

Sohu.com 等媒体做了现场报道。中山市松本照明有限公司、深圳市坚朗建材有限公司等会员厂商对“两会”的召开给予了支持。

四、其他活动

12 月 21 日，中国建筑装饰协会材料委员会 2004 年年会暨总结表彰大会在北京中苑宾馆举行，这是材料委员会成立后的首届会员代表大会。160 多位与会代表听取了中国建筑装饰协会马挺贵会长题为“推动我国建筑装饰材料行业快速发展”的讲话和材料委员会主任委员郑纪文所作的工作报告；中国建筑装饰协会副秘书长张京跃宣读了中国建筑装饰协会《关于五金、石材、化学建材委员会合并重组为材料委员会相关问题的通知》，大会对业内优秀厂商和做出突出贡献的从业人士进行了颁奖表彰；大会审议通过了《中国建筑装饰协会材料委员会工作规则》和《材料委员会专家顾问组工作规则》；发出了成立“全国建筑装饰产业联盟”的倡议书；大会选举产生了材料委新一届领导集体，名誉主任委员：唐澄，主任委员（3 名）：郑纪文、严克明、何星华，副主任委员 33 名，秘书长：华敬友，副秘书长（5 名）：张振路、张仲玲（女）、高峰、孟小平（女）、诸秋萍（女）。

12 月 21 日中午，会议举行了“首届‘东鹏杯’全国室内设计大奖赛”颁奖仪式，该项活动是由中国建筑装饰协会主办、广东东鹏陶瓷股份有限公司协办、北京科普兰德有限公司承办的历时 9 个月，评委会从近千件投稿中评选出特、一、二、三等奖 13 名，创意奖 60 名。中国建筑装饰协会副秘书长房箴在颁奖仪式上讲了话，他认为，这些获奖作品不但是精品，而且代表着装饰行业设计师当前的水平，他强调，我们的设计师既要总结成就，又看到不足，设计界应以此共勉。全国有成就资深室内建筑师、上海现代建筑装饰环境设计研究院有限公司资深顾问总建筑师王世慰等业内资深人士为获奖人员颁了奖。

12 月 21 日晚，中国建筑装饰协会、中国房地产业协会与浙江省玉环县政府共同组织的“‘玉环之光’迎新春联谊晚会”在友谊宾馆举行。活动由中国建筑装饰协会常务副会长兼秘书长徐朋主持，会长马挺贵发表了热情洋溢的演说，名誉会长张恩树为玉环县“中国建筑装饰精品生产（采购）基地”授牌。玉环县地处浙江省东南沿海，为 51 万人的小岛，是连续六年的“中国综合实力百强县”，200 年名列全国各县第 28 位、浙江省第 9 位，2003 年 GDP116。29 亿元，财政收入 12.21 亿元，支柱产业包括阀门、家具等，2002 年阀门产值 50 亿元，其中低压阀门占国内市场和出口市场份额的 50%以上。2003 年家具年产值 10 亿元，其中出口 5000 万美元。

马挺贵会长在演说中表示，今天是玉环之光迎新春联谊晚会，我首先向玉环县县委、县人大、县政府、县政协的各位领导以及到会的各位嘉宾表示热烈的欢迎和衷心的感谢！改革开放以来，在县委县政府的领导下，玉环经济迅猛发展，形成了水暖、阀门制造，新古典家具等区域特色经济。并涌现出了一批名优品牌产品和名优品牌生产（采购）定点企业。聚精会神搞建设，一心一意谋发展，是玉环县社会经济迅速发展的宝贵经验。

马挺贵指出，为发展建筑装饰行业产业链，使建材生产企业、建筑装饰业、房地产业共谋发展、共铸辉煌。经过地区申报、专家考评，中国建筑装饰协会和中国房地产业协会决定：联合授予玉环县“中国水暖、阀门精品生产（采购）基地”和“中国新古典家具精品生产（采购）基地”称号。建筑装饰业的发展，房地产业的发展，离不开材料业的发展，建筑、建筑装饰工程的质量也主要取决于材料的质量。

马挺贵认为，加强装饰业，建材业合作，由优势建筑装饰公司，重点房地产开发商，知名建筑设计院，知名品牌材料、部品、生产、建材市场等优势链体，组成“全国建筑装饰产业链联盟体”。形成以建筑装饰、房地产为龙头，带动产业链体品质全面提升，共同打造优质建筑及优质建筑装饰工程的新格局。其宗旨是“讲诚信、搭平台、铸联盟、共辉煌”。产业链的打造是新事物，需要大家共同参与，共同打造，产业链各链体发挥各自优势，建立诚信体系，互动互惠，合作共赢。我们真诚期望通过成立“全国建筑装饰产业链联盟”这一举措，共谋发展，合作共赢。欢迎具备资格的设计、施工、材料等企事业单位积极参与。祝与会企业，事业有成，祝诸位身体健康，心想事成。

玉环县县长陈伟义做了讲话，他说，今晚我们相聚首都北京，相聚在友谊宾馆，共同见证和分享玉环被授予“中国水暖、阀门精品生产（采购）基地”和“中国新古典家具精品生产（采购）基地”这一份殊荣。在此，我谨代表中共玉环县委、玉环县人大、玉环县人民政府、玉环县政协，向中国建筑装饰协会、中国房地产协会的各位领导及各位嘉宾致以最诚挚的问候和最衷心的感谢！

他介绍说，玉环位于东海之滨，由玉环本岛、楚门半岛和135个外围岛屿构成，县域总面积2300平方公里，其中陆域面积378平方公里。总人口近60万。改革开放以来，玉环发生了翻天覆地的变化，实现了由一个海岛小县向繁荣富庶的海岛强县的历史性跨越。曾六度跻身“中国综合实力百强县”行列，2003年国内生产总值116.29亿元，社会经济发展综合指数在全国2000多个县市中列第28位。玉环是股份制经济的发祥地之一，工业是玉环的支柱产业，全县共有工业企业8337家。玉环是享誉海内外的“中国阀门之都”，也是我国唯一的国家级阀门出口生产基地。现有阀门生产和加工企业800多家，自营出口权企业70多家,年产值达90多亿元，产品销往国内及欧美等100多个国家和地区。玉环又是华东地区最大的家具生产基地，拥有生产企业250多家，自营出口权企业30多家，生产的欧式古典家具远销中东、欧洲、加拿大等30多个国家和地区。一年一度的玉环国际家具博览会盛况空前，正吸引着全球各地客商纷涌而至。中国水暖阀门和新古典家具精品生产（采购）基地落户玉环，对提升玉环水暖阀门、家具产业层次，打响行业品牌必将产生深远的影响。

陈伟义县长指出，我们十分感谢中国建筑装饰协会、中国房地产业协会对我们的关心和支持，我们在接受这份殊荣的同时，也同时接受了一份责任。我们将化更大的力气，做更大的努力，把阀门和家具两大产业做精、做美，真正成为全国、全世界的精品。希望获得认证的玉环企业，加大技改投入，提升产品档次，加强内部管理，创建自主品牌，为两大精品采购基地的建设提供强大的支撑。我们政府的相关部门要制定更加有力的政策，提供一流的服务，为企业发展提供良好的发展环境。我们相信，在中国建筑装饰协会、中国房地产协会以及各位领导的大力支持下，通过两大基地的建设，玉环的先进特色制造业基地建设一定会结出累累硕果，吸引大批国内外客商前来采购商品，共图发展。

席间，北京空军政治部文工团为与会代表表演了“开心就好”等13个精彩的文艺节目，会场气氛十分热烈。出席此活动的还有中国建筑装饰协会信息咨询委员会专家组的专家王炜钰、李引擎、鲁心源、王铁、李怀之、何星华等位，以及出席中国建筑装饰协会材料委员会2004年年会来自20多个省市的200多位代表。

2004年，是个令人难忘的一年。

中国建筑装饰协会五届四次理事会工作报告

中国建筑装饰协会　常务副会长兼秘书长　徐　朋

（二○○四年十二月二十一日·北京友谊宾馆）

各位理事：

我受秘书处的委托，向五届四次理事会做 2004 年工作情况以及 2005 年工作安排的报告，请予审议。

第一部分　关于 2004 年的主要工作

2004 年是协会成立 20 周年。20 年来，建筑装饰行业伴随改革开放的进程发展壮大，协会工作也在广大会员单位的支持和历届理事的共同努力下取得了突出的成绩。为了纪念协会历史上这一光辉的时刻，五届三次理事会确立了以庆祝协会成立 20 周年活动为契机，以推动行业发展、扩大行业影响为主线的全年工作思路，并围绕庆祝协会成立 20 周年展开了一系列的活动。

一、隆重召开协会成立 20 周年庆祝大会，向全社会展示了建筑装饰行业的崭新风貌

9 月 2 日中国建筑装饰协会成立 20 周年庆祝大会在北京隆重召开，全国人大、全国政协、建设部的领导及建设部的部分老领导参加了会议，到会的代表达 1300 多人。黄卫副部长代表建设部做了重要讲话。20 周年庆祝活动有三个突出的特点：一是建设部主要领导给予极大的支持和关注，大会之前汪光焘部长、黄卫副部长及部分司局领导到协会秘书处调研，不仅肯定了行业的发展，还肯定了中国建筑装饰协会是一个有凝聚力和战斗力的协会，并对今后工作提出一系列要求，进一步明确了协会的工作方向；二是整个活动紧紧抓住推动行业发展为主题。马挺贵会长、刘伟、郑曙旸教授围绕同行业发展关系密切的课题做了学术报告，受到了与会代表的热烈欢迎；三是把物质文明和精神文明建设结合起来，扩大了行业的社会影响。庆祝大会的一项重要内容是向希望小学捐款。这一善举，充分体现了全行业对我国老少边穷地区及教育事业的支持，体现了捐资企业家对人生价值的不懈追求和回馈社会、乐善好施的美德。庆祝活动期间，我们还举办了全国建筑装饰行业书法、绘画、篆刻、摄影展和全国建筑装饰行业职工文艺晚会，400 多幅书画、摄影作品，以及 24 个节目集中展示全国建筑装饰行业广大员工的艺术才能和行业精神文明建设的丰硕成果。庆祝活动期间还组织了部分老协会工作者、专家、企业家座谈会，会议始终洋溢着亲切友谊的气氛，大家深深感到中国建筑装饰协会是一个温暖的协会。

协会成立 20 周年系列庆祝活动层次高、规模大、内容丰富，展示了协会和行业的风采，体现了中国建筑装饰协会与各地方装饰协会的团结协作精神，达到了预期的目的。在此，我代表中国建筑装饰协会，向为协会成立 20 周年系列庆祝活动作出贡献的所有地方装饰协会、企业和个人表示最衷心的感谢。

二、成功召开了五届二次会员代表大会，明确了协会今后一个时期的总体工作思路

这次会议，回顾了五届一次会员代表大会召开三年以来协会在坚持“双向服务”，探索服务途径，提高服务层次方面和紧紧抓住促进行业生产力发展方面开展工作的基本情况，总结了搞好协会工作的初步体会，提出了今后一个时期按照中央提出的科学发展观，引导行业可持续发展，进一步探索市场经济条件下协会工作规律的总体思路。会议通过了修改章程等三个决定。

与中国海员建设工会全国委员会共同表彰了全国建筑装饰行业优秀企业家。对为我国建筑装饰设计作出突出贡献的设计师进行了行业评价推介，分别授予了全国有成就资深室内建筑师和全国杰出中青年室内建筑师的荣誉称号。对 20 年来对协会工作作出突出贡献的老协会工作者、地方装饰协会和协会工作者，以及会员单位授予了优秀协会、优秀协会工作者和优秀会员单位的荣誉称号。

三、推动住宅装饰行业制度创新，加强住宅装饰行业的管理

住宅装饰行业是建筑装饰行业的重要组成部分，不仅与广大人民群众的生活密切相关，而且受到国务院及各级领导的高度重视。针对住宅装饰行业在高速发展中出现的一些问题，特别是行业准入问题，协会通过大量的调研，于 8 月 8 日下发了《住宅装饰装修行业自律管理企业的准入与清出试行办法》，这是住宅装饰行业管理制度的一个创新。为全面推进家装行业的发展，协会于 9 月 3 日～4 日在北京召开了全国住宅装饰装修行业发展大会。会议分别安排了管理、设计、精品房装修等三个论坛。会议的一个重要成果是讨论通过了协会提出的《促进住宅装饰装修行业发展的若干意见》。《意见》从加强行业指导、加快科技创新、提高企业管理水平，加强诚信建设、加快人才培养等几个方面，提出了促进住宅装饰装修业健康发展的措施和意见。

会议的另一项重要成果是授权 17 个地方协会进行住宅装饰装修行业自律管理的准入与清出的试点。在中国消费者协会的支持下，组织了 500 家家装企业诚信宣言和授牌仪式。为了落实这次会议精神，协会于 10 月 11 至 12 日又在

福建召开"全国住宅装饰装修行业自律管理准入清出试点工作情况交流会"；为交流上海市装饰装修行业协会的"规范服务达标活动"的经验，在上海市装饰装修行业协会的大力支持下，又于11月8～9日在上海举办了"全国住宅装饰装修行业高峰论坛"。2004年是协会抓家装行业力度最大的一年，也是取得较好效果的一年。

四、加快以信息化改造装饰行业的步伐，召开了全国建筑装饰行业信息化建设工作会议

2004年4月，为贯彻党的十六大精神，用新型工业化思想加快对传统产业的改造，协会在北京召开了全国建筑装饰行业信息化建设工作会议。会议听取了建设部、信息产业部和国家版权局等有关方面领导的重要讲话，讨论通过了协会提出的《关于建筑装饰行业信息化建设工作的若干意见》，组织了"网络投资与建设"和"网络应用与管理"两个专项论坛。会议期间召开了有30个地方协会负责人参加的全国建筑装饰协会媒体座谈会。全国建筑装饰行业信息化建设工作会议既务虚又务实，从宏观到微观，从思想认识到技术措施都进行了广泛的交流，达到了提高认识，了解动态，推动信息技术在行业应用的目的。

五、积极探索新的培训模式，创造培训市场，行业培训工作得到进一步发展

目前，全行业的培训工作基本形成了以中国建筑装饰协会为主干，地方装饰协会和各类培训机构参加合作的行业培训网络体系，较为完整的、行业特点突出的培训项目及配套教材和大纲。截至目前，已开办了高中低三个层次的13个培训项目，据不完全统计2004年全行业共培训了近3万人，相当于2002年以前全行业培训人数的总合。12月上旬，协会又在厦门召开了第三次全行业的培训工作会议，对2005年的培训工作做出了部署。

六、构筑行业宣传阵地，信息交流和出版工作得到进一步加强

协会会刊《中国建筑装饰》从内容到形式又有了进一步的提高。《中华建筑报》和《中国建筑装饰装修》的读者群不断扩大，同时还开展了一些围绕行业有影响的活动，扩大了自身的影响。"中国建筑装饰网"（www.ccd.com.cn）的建设得到进一步加强，目前日点击率已达两万人次，成为国内第一的行业门户网站和协会工作的信息平台。协会今年的出版工作也很活跃，目前已出版发行了240万字的《2003年中国建筑装饰行业年鉴》、140万字的《家庭装饰装修行业技术标准规范汇编》、530万字的《建筑幕墙行业技术标准规范》，为配合协会成立20周年编辑了《中国建筑装饰协会成立20周年回顾与展望》、《中国建筑装饰协会成立20周年庆典活动专辑》，另外还编辑了《全国建筑装饰行业信息化建设文件资料集》、《建筑幕墙技术论文集》，再版了《建筑装饰工程施工实用手册》。

七、积极开展行业评价，扩大优秀企业和工程项目的社会影响力

2004年全国建筑工程装饰奖的评审工作已顺利结束，今年评奖的工作质量也有一定提高，公平公正，以及公开性比以前有所加强。

2003年度中国建筑装饰行业百强企业评价推介活动受到更多企业的支持和重视。2004年是第二届，入选企业平均工程结算收入比第一届增长了45.7%，反映出参评企业发展质量普遍提高，这项活动的号召力和权威性有了进一步的提升。10月份我们又在海南博鳌召开了"做大做强"的经验交流会。目前，房地产业界、旅游饭店业界十分重视这方面信息，协会秘书处也在通过各种渠道提高百强企业的社会影响。

此外，与中国房地产业协会共同举办的名优材料推荐活动进展顺利，这项工作也得到了企业的拥护和社会的认可。

八、大力促进设计水平的提高，增强行业的技术实力

协会制定了全国室内建筑师技术岗位能力评审认定办法及相关规定，编写了全国室内建筑师技术岗位能力评审认定所需培训教材，并在26个省市开展了此项工作。分别组织了"吉事多"卫浴空间及"鹰牌杯"和"东鹏杯"商用空间设计大赛。与中国饭店协会合作组织完成了全国最佳饭店设计施工企业、最佳饭店设计和优秀饭店室内设计师的评选。编辑出版了《第二届CCTV家居设计大赛作品集》。

九、国际合作工作取得进一步进展

应美国旧金山市政府和美国室内设计协会、美国建筑师协会的邀请，中国建筑装饰协会于6月组织了六省市的协会及企业家代表团对美进行了为期14天的访问交流。在京接待了英国欧洲设计联盟主席，并与其就在英举办中英建筑师、设计师座谈会事宜进行了磋商并拟定了方案。在京举办了中英设计行业交流论坛，行业部分知名企业的设计人员参加了会议。

十、积极完成政府委托的工作

完成了建设部委托的《建筑装饰专项工程设计施工企业资质等级资质标准》整合的调研、论证和编制起草工作，现已上报建设部。参与了建设部组织的装饰设计、施工企业资质升级的审查工作。

现在我将协会的财务状况向理事会报告一下。

五届三次理事会以来，截止到2004年11月底，协会总收入：242万元。其中包括：会费收入：116万元。咨询服务收入：108万元。其他收入：18万元。

总支出：227万元。其中包括：交通费、电话费、印刷费、办公费、邮寄费、其他支出等：72万元。差旅费、会

议费、教育培训费：26万元。职工工资及福利费：129万元。

以上收支相抵，尚结余：15万元。协会扣除2004年已付购房款125万元后，剩余的应付购房款：514万元。其他应付款：31万元。目前协会的帐面余额181万元。

在此，我们真诚的感谢各地方建筑装饰协会以及广大的会员单位多年来给予我们的关怀、帮助和支持。

各位理事：协会今年工作总体来说较好的完成了年初的工作计划，这是在大家支持和共同努力下的取得的结果，但是也有一些工作完成的不够理想，有些工作抓得还不够深入和细致，今后应该进一步改进。

第二部分 关于2005年的工作安排

不久前召开的党的十六届四中全会，通过了《加强党的执政能力》的决定，2005年是全面实现“十五”计划目标，并为“十一五”计划开局奠定坚实基础的关键性一年。刚刚结束的“中央经济工作会议”，从全局和战略的高度，全面分析了当前国际国内形势，提出了明年工作的总体要求和六项主要任务，是协会明年工作的基本指导方针。同时明年又是我国加入世界贸易组织的第四个年头，许多前过渡期的保护政策将退出市场，我国经济将更深入更全面地融入世界经济一体化的潮流之中，企业将面临更激烈的竞争。随着国家宏观经济调控政策效应逐步显现出来，与建筑装饰行业密切相关的房地产和基础设施投资规模将受到一定程度的抑制，市场将会有一定变化。

根据“中央经济会议”提出的抓住主要矛盾，抓准关键环节，抑制经济运行中的不健康不稳定因素，保持经济发展的良好势头的要求，协会秘书处在对建筑装饰行业当前存在的问题进行研究后认为，明年协会的工作重点是抓培训，全面提升从业人员素质；抓管理，全面提升企业管理水平；抓合作，打造企业和行业的国际竞争力。明年是全行业的培训年、管理年和合作年，通过我们的共同努力，争取继续保持行业旺盛的增长态势。

一、关于“培训年”工作

中共中央和国务院2003年召开了“全国人才工作会议”，建设部也于今年10月召开了“全国建设人才工作会议”，会议要求建设系统一定要站在党和国家事业发展大局的高度，站在实现建设事业持续健康发展的高度，充分认识抓好建设人才工作的重要意义，以高度的政治责任感和历史使命感，把建设人才工作作为一项重要而紧迫的任务，摆在各项工作的突出位置，抓紧抓好。协会确定明年是全行业的培训年，是落实中央提出的科学发展观，落实中央和建设系统人才工作会议精神的重要举措。

抓紧抓好培训工作，首先，是要从提高对培训工作的认识入手。建筑装饰行业的迅速发展提供了大量的就业机会，而绝大多数从业人员、特别是民工都没有经过专业训练。建筑装饰行业作为典型的劳动密集型行业，从业人员的素质不仅决定了企业的发展前途，也决定了行业的发展前途。建筑装饰行业要想真正走上以科技为主导、人力资源优势得到充分发挥的新型工业化道路，加强对各类各层次人员的培训是我们的必然选择，因此，不论是企业还是协会都必须充分认识到人员培训对我们事业发展的重要意义。

第二，要进一步探索市场经济条件下行业培训工作的规律性，针对目前培训对象高度分散和流动性强，培训机构已全面进入市场化运作的特点，要根据市场和行业的运行规律，逐步建立起适应行业培训工作要求的体制和机制，包括根据市场需求设立培训项目，运用市场激励机制整合社会各方面的培训资源。第三，要以创新和务实的精神抓好培训工作的三个环节，一是加强培训教材的建设，保证教材的实用性、科学性及时效性；二是加强师资队伍的建设，即要重视师资的理论水平，又要重视师资的实践经验，即要重视师资的学识，又要重视师资的师德；三是加强培训组织体系的建设，要以开放、合作、规范为原则，逐步建立起适应市场要求的行业培训的组织体系。

2005年培训工作要抓的重点是“三点一面”，“三点”即企业管理者、装饰设计人员和建造师，“一面”即一线操作人员。为配合明年的培训年，协会将采取以下措施：

1．加强舆论宣传，提高全行业对培训工作的认识，营造全行业共抓培训的氛围。

2．调动一切积极因素、协会办班、企业办班、协会同专业教育机构共同办班，在提高办班质量上下功夫。

3．组织短期企业主要经营管理人员培训班，聘请学者或政府工作人员，介绍有关经济形势和最新管理理念，提高企业经营管理人员对经济形势的把握，更新管理知识，提高管理能力。

4．组织完成全国室内建筑师技术岗位能力认定培训教材，配合室内建筑师技术岗位能力认定工作，开展对设计人员的培训工作。

5．加大项目经理向建造师制度过渡的培训工作力度，继续指导、帮助各地组织开展好建造师考前培训。特别是帮助那些行业发展比较落后，考生较少，组织不起培训班的地方解决考生的考前培训问题。

6．启动对一线操作人员的培训和职业技能鉴定工作，争取各方面的支持，整合各方面的资源，在过去试点的基础上，争取一年内为行业培养出1000～1200名技师和高级技师，培训20000名初、中、高级技术工人，以保证完成建设部对培训工作的指标要求。

7．积极争取与劳动和社会保障部、全国总工会的有关机构合作，筹备举办全国建筑装饰行业工人职业技能竞赛，扩大工人培训的影响，提高工人参加培训的积极性。这是一件大事，做为今年培训工作的重点。

8．根据教育部关于职业教育与培训创新工程的要求，积极探讨培训项目与大专院校教育接轨、职业资格培训与国家学历教育相结合的途径，加速培养符合企业需要，理论与实践能力俱佳的高素质应用型人才，增强行业培训工作的生命力。

9．配合住宅装饰装修行业市场准入与清出自律管理工作，开展对住宅装饰装修领域从业人员的系列培训。

10．启动远程培训工程，进一步完善在线培训和在线考试系统，以满足不同地区、不同情况学员的培训需求。

二、关于“管理年”工作

管理是永恒的主题，之所以确定2005年为“管理年”，是因为协会换届以后，每年都有一个工作侧重点，虽然这些内容都与提高管理水平有关系，但都没有把全面提升管理水平作为一个突出的重点来抓，特别是由于一系列困难，协会始终未能在协助政府在加强装饰市场管理中更好地发挥作用。2005年作为“管理年”应该有它的特点，我们将在市场管理、行业管理、企业管理三个层面上多做工作：

1．协助政府抓好市场管理。在市场管理方面，以当前建设部建筑装饰施工与设计企业资质整合为契机，积极协助建设行政主管部门做好资质的就位工作，我们将召开必要的会议，辅导企业理解新资质标准，动员企业积极申报，扩大资质管理的覆盖面。

会同政府有关招投标管理机构及省市建筑装饰协会，全面启动建筑装饰行业招投标情况的调查，提出协会意见，以求营造公平市场环境。

2．协会作为行业管理的主题，在加强行业管理上发挥好服务、指导、协调和监督的作用。初步拟定以下几项工作：

一是在科技大会和信息大会的基础上逐步建立行业的科技发展体系，从树立科学发展观的角度，把清洁施工、减少工程垃圾列入科技创新活动。

二是加强对住宅装饰装修行业市场准入与清出自律管理试点工作的指导，进一步推广上海家装企业规范服务达标活动，争取制定全国性的规范服务达标活动标准，在试点基础上逐步推开。加强对行业自律公约的执行力度，逐步由一般性的诚信承诺向表彰和惩戒相结合，使行业自律向既能控制又能操作的水准上发展。初步设想当前以部分幕墙企业在投标和挂靠两方面的业内自律管理为契机，提升全行业的自律水平。

三是加强行业评价体系的建设。在坚持为全体会员企业服务的基础上，继续实施“扶大、扶优、扶强”行业发展战略，要吸引更多的企业参加百强企业的评价推介活动。继续做好“全国建筑工程装饰奖”评奖活动以外，协会初步设想会同银行、税务、工商行政部门开展对企业资信评价的试点，会同政府有关部门拟定行业职业经理人标准，逐步推开对“室内建筑师”的上岗资格的认定工作。

四是针对目前行业存在的突出问题，如拖欠工程款、垫资及农民工管理等问题，积极开展相关调研，提出协会的意见。加强行业统计工作，为行业管理提供真实的数据依据。要加强对中小企业的政策及咨询服务，促进其健康发展。

3．指导企业提高管理水平。进一步指导企业完善法人治理结构，提高企业的现代化管理水平。召开企业改制后经营与管理的经验交流会。推动企业重组和兼并，逐步形成全国性或区域性的龙头企业。通过调研，提出行业优化企业结构、资本结构的指导意见，适时召开企业资本运作研讨会，通过交流经验，提高企业在市场经济条件下发展自己的能力。以全面提高项目管理水平为内容，开展项目合约、投标报价、项目过程管理、农民工管理和追讨工程款方面的经验交流活动。进一步做好家装企业“连锁经营”的调研，引导家装企业走联合共赢的发展道路。

4．根据当前的管理分工，要加强对建筑门窗幕墙密封胶的行业管理。协会通过建立以用户为中心的行业评价体系，逐步规范建筑用密封胶的行业准入，建立起以标准为中心的产品质量保证体系和完善的售后服务体系，使建筑用密封胶行业管理有所突破。

三、关于“合作年”工作

市场经济既是竞争的经济，又是合作的经济，共赢的概念已成为处理事物的准则为人们所接受。积极推进国际经济技术合作，迎接入世挑战；积极推进行业之间和企业之间的合作，提升竞争实力；积极推进协会同有关政府机构及相关协会的合作，提升协会工作质量，是2005年一大工作特点。

利用国内外两个资源，开拓国内外两个市场，积极的推动我国装饰企业进入国际市场，实施“走出去”的发展战略，是中央一直倡导的方针，特别是入世以后，中国市场逐步国际化，就是在国内市场，也包含了国际竞争和合作，我们已有不少企业在这些方面取得了经验和成绩，在入世后的第四年，积极主动地开展国际经济技术合作，已势在必行。围绕上述设想，开展以下活动：

1．召开全国的建筑装饰行业国际合作经验交流大会。以合作共赢为主题，交流在国内同外商在设计、施工、材料、新技术推广等方面的合作的经验，交流会员企业在国内市场进行国际合作的经验和开展国外工程承包的经验，会议初步确定在五月份。

2．举办中英建筑及室内设计论坛。论坛由中国建筑装饰协会、英国欧洲设计联盟、中国建筑学会联合主办，中国建筑装饰协会承办。本次论坛除设计思想及技术的交流以外，创造会员企业和我国设计师同英国设计师的合作机会。目前，中英双方为确保论坛质量正积极做准备工作，初定在3月份于北京召开。

3．召开2005（北京）室内设计国际论坛。争取由欧洲、美国、加拿大及日、韩及东南亚、台湾等相关机构会同中国建筑装饰协会联合组织，这将是中国建筑装饰行业的第一次大型的专业化、高水准的室内设计国际交流活动，初拟年底前在北京召开。

4. 加强资格认证和专业培训的国际合作。初拟争取同美国室内装饰协会对中国室内建筑师的认证工作有所进展。在我国建筑装饰建造师中开展英国特许建造师的注册活动。同英国伦敦艺术学院在建筑遗产保护维修设计与施工技术培训上开展合作。争取以此为起点，增加上述内容的其他国别和其他专业的合作。

5. 开展好菲迪克条款的讲座和交流活动。

6. 加强开拓国际市场的调研，推进面对面的国际合作的探讨。目前初拟安排三个出国考察团组，第一个为赴中东、埃及、南非团组，第二是赴北欧团组，第三个团组将根据会员企业要求安排。

全面推动企业和行业之间的合作，是 2005 年工作的一项重要内容：

一是从建筑装饰行业产业链的角度，加强同上游产业（建材生产和流通企业）的合作，同下游产业（房地产商以及其他终端客户）的合作。 在横向上发展同机电安装、智能化等产业部门的合作。协会将为跨行业企业间的合作创造条件。今晚我们将会同浙江省玉环县建立起产业链的合作关系。

二是积极支持企业在各方面的优势互补的合作，鼓励企业兼并重组，鼓励企业强强联合，特别是在大项目上的联合竞标，支持会员企业在技术及产品开发，专业化生产分工中的社会化合作；三是积极支持会员企业同国外企业的合作。单打独斗是计划经济的观念，合作共赢是市场经济的观念，顺应潮流，加强合作，将有广阔市场空间。

加强协会之间的合作，协会同政府和有关事业单位的合作，有助于提高协会工作水平和扩大协会生存和发展空间。要继续做好以下工作：

要继续总结和提升中国建筑装饰协会与各地方装饰协会的工作指导和合作关系，开好会长、全国地方装饰协会秘书长工作会议，认真研究有利于促进全国各级协会共同开展活动的途径和方法。支持在没有装饰协会的地方成立协会，包括以企业自愿发起形式成立的协会。同类协会之间有竞争并不奇怪，坚持合作才能共同发展。要加强同其他协会的合作，特别是同有投资能力协会的合作。今后，我们将继续同中国房地产业协会、中国旅游饭店业协会、中国饭店业协会以及中国消费者协会等社团的合作。要注意加强中国建筑装饰协会同地方政府的合作，最近在同郑州市人民政府合办展览过程中，以及同浙江玉环县人民政府开展“中国建筑装饰产业链”的活动，给我们以很好的启示，它有助于扩大协会开展活动的影响力。明年我们将继续与全国总工会海员建设工会合作，开展企业家的评比工作；同劳动及社会保障部、全总开展工人技能竞赛活动；在中央精神文明办及建设部精神文明办领导的支持下共同开展好以诚信建设为主要内容的行业精神文明建设和企业文化建设。争取继续同中央电视的合作，开展 2005 年的 CCTV 家装设计大奖赛。

2005 年的工作除了抓好上述三项重点工作外，还要继续抓好下列工作：

1. 继续做好协会开展的各项行业评价与展览展示工作。在不断完善评审制度的基础上，继续做好 2005 年全国建筑工程装饰奖的评选工作；加强与中国房地产协会、中国建筑科学研究院等单位的合作，进一步扩大对优质品牌材料的推介的范围和影响，密切建筑装饰施工企业与优质材料生产厂商的合作。

2. 进一步办好协会的公开出版物，扩大《中国建筑装饰装修》及《中华建筑报》的社会和市场影响，成为人们喜爱的行业大刊大报。继续办好会刊《中国建筑装饰》，搞好全年的出版工作。

3. 切实加大支持成立地方协会和加大发展会员和会员管理力度。

4. 加强“中国建筑装饰网”的建设，丰富内容、提高时效，积极推进行业信息化建设，推进企业信息技术的应用，降低管理成本，提高企业科技含量。

5. 召开好 2005 年的会长工作会，使来自于企业的会长在行业发展中更好的发挥作用。

同志们：2005 年是协会换届的一年，在建设部的领导下，全面完成协会换届工作是 2005 年的工作重点，一定要集思广益、全力以赴地完成好换届任务。要以换届为契机，认真总结五届会员代表大会以来工作，一方面要进一步坚持企业家办会的方向，更好的体现市场经济条件下的协会性质；一方面要认真总结市场经济条件下协会的工作规律，千方百计的提升协会秘书处的工作能力。最近，协会秘书处召开了学习十六届四中全会“加强党的执政能力建设决定”讨论会。加强党驾驭市场经济的能力，协会要提高自己的工作能力，包括：推动行业发展的能力、策划和组织重大活动的能力、调动会员企业积极性的能力、在开展工作上获得各方面支持的能力和协会工作人员忠于职守热爱协会工作的能力。通过换届使中国建筑装饰协会再创一个新的工作高度、一个新的工作起点。

各位理事：2004 年，协会工作取得了一定的成绩，2005 年，协会将面临更加繁重的工作，我们一定要在党的十六届四中全会精神的指导下，按照中央经济工作会议的部署，在理事和会员单位的大力支持下，进一步提高协会在社会主义市场经济条件下的工作能力，围绕全面建设小康社会的宏伟目标，在科学发展观的指导下，进一步推动我国建筑装饰行业的全面、协调和可持续发展。

谢谢各位。 祝大家新年快乐。

中国建筑装饰协会五届四次理事会总结讲话

中国建筑装饰协会　会长　**马挺贵**

（二〇〇四年十二月二十一日·北京友谊宾馆）

各位理事：

五届四次理事会已经圆满完成了各项议事日程，马上就要闭幕了，首先，向各位理事在本次会议上的辛勤而卓有成效的工作，表示衷心的感谢！对本次会议取得的成果表示衷心的祝贺！

同志们：我们开了一个很好的大会。在本次理事会上，我们听取并通过了徐朋秘书长的工作报告，形成了对2004年工作总结和2005年工作安排的统一意见；通过的几个提案，对加强协会的组织建设、思想建设和业务建设也具有极为重要的意义。总之，我们开了一个成功的大会，团结奋进的大会，也是在中国建筑装饰协会历史上有重大意义的大会。

下面，我想就当前的形势和我们的任务讲三点意见。

第一点对当前形势的基本估计。

党的十六届三中全会确立了在科学发展观指导下，我国经济发展与社会文明进步的新发展模式；党的十六届四中全会，在加强党的执政能力建设的决议中，提出了要提高驾驭市场经济的能力；最近召开的中央经济工作会议上，又做出了加强宏观调控的决定。这些，都需要我们首先对行业当前的形势有一个基本估计。对当前宏观及中观形势的估计和判断，可以从四个方面来分析。

一是国家宏观调控政策，将会对建筑装饰行业产生重大影响。

从宏观经济发展上看，随着我国经济发展，人民生活水平的提高和国家在国际上政治、经济地位的不断提升，建筑装饰行业具有极大的发展空间。我们在保持对行业发展充满信心的同时，也要看到行业发展的外部环境也是在不断变化，将对建筑装饰行业的发展带来深层次的影响。

为了保证整个国民经济的全面、协调和可持续发展，2004年，国家出台了一系列宏观调控措施。国家宏观调控措施的出台，对装饰行业上下游相关产业的影响更大，间接影响建筑装饰行业。特别是金融信贷政策、农业政策及对农民工相关政策等，其中，控制基建投资规模的政策，使基建投资规模、建筑业和房地产业开发速度下降，会对建筑装饰市场产生极大的影响。银行利率的提高、贷款担保难度的增加、要求对农民工招收与使用必须办理“三险”、按月发放工资，特别是建立工资保障基金等变化，以及对企业诚信度要求的提高，必然会增加企业市场运作的难度和提高管理成本，同时市场也将得到进一步净化和规范。根据“中央经济工作会议”对2005年工作的总体要求和主要任务，国家宏观调控的力度还将强化、深入，因此，对建筑装饰行业的考验还将持续强化。

为了适应国家宏观调控的要求，全行业要采取积极的措施，协会要加强行业的指导，并尽快同银行、工商行政管理、建设行政主管部门等相关部门合作，建立行业内信誉评价体系；企业也要加强管理，规范经营，增强经营实力，特别是要提高企业的诚信水平，加强品牌知名度建设，完善企业对员工，特别是农民工的工资、福利问题的处理，以及工程的资金运作水平。这些都需要按照当前国家的政策进行调整，才能规避经营风险，完善经营管理体系，提高企业在国家宏观调控下的市场运作能力，使企业能够更好的抵御宏观市场变化带来的风险。（这个问题会议将专门邀请国务院研发中心任兴洲同志作专题报告，我就不展开讲了）

二是入世对行业发展的影响会越来越大。

2005年入世后的过渡期就将结束，中国的建筑装饰行业将全面向世界开放，这对中国建筑装饰行业的发展将产生多大的影响？我们现在怎么评估这种影响？是一个非常重要的问题。应该采取什么样的措施应对入世后的挑战和机遇，更是当前行业内必须面对的一个重要的现实问题。中国入世后的近三年时间，国际公司凭借雄厚的资金实力，丰富的市场运作经验，先进的市场经营理念，和世界范围的品牌知名度，以及极强的诚信度等优势，在中国市场开拓，不仅力度极大，取得的业绩和发展速度也极为迅速。这种态势的发展，也确是我国企业在市场运作中的薄弱环节，将构成对我国企业的巨大威胁和持久的压力，需要我们去仔细地研究，认真地对待。

中国建筑装饰行业拥有的巨大市场和广阔的发展空间，不仅是中国企业的资源，在中国“入世”之后，也将成为全世界企业的共有资源，任何一个有眼光的企业家，都不会放过中国市场的开拓。关于这一点，我们在2002年行业应对“入市”研讨会上就已经做过重点的强调。近两年，我们也反复强调这个观点，并且指出，国外公司将首先在设计领域，尤其是材料领域冲击中国市场。现在看来，不仅设计和材料，在施工方面，国外企业也已经通过和国内企业合作等途径，进入我国装饰市场。面对这种局面，一方面我们要积极实施“扶大扶优扶强”的战略；另一方面我们要走“联合、联盟”的路子。但是，我们的绝大多数企业，缺乏最基本的认识，更谈不上投入力量加以研究，探索应对的策略和措施。很多国内企业现在仍然热衷于商业广告战、价格战等自相残杀的市场竞争，而对真正的危机却十分茫然。因此，在增强企业资金实力、信誉水平和管理能力的基础上，研究和掌握国际市场运作规律，了解国际工程运作规则，特别是国际工程市场中带资、垫资工程的运作惯例，提高全行业的国际竞争意识，将是我国建筑装饰行业的一个非常重要的课题。这个课题，我们今天请来了商务部 WTO 司张向晨同志，作专题报告，我就不多阐述了。

三是科学的发展观，将对行业发展产生极为重大的影响。

改革开放以来，我国经济实现了 25 年的高速增长，创造了世界经济发展史上的神话。但是增长方式主要是靠要素投入的扩大（劳动力、土地、材料、资金）换取的，也是以较高消耗和严重污染换来的。我国的资源是有限的，能源、生态环境等问题已成为我国经济与社会发展的制约因素。科学发展观，就是在这个大的背景下提出的，必然会对既有的经济结构、社会结构产生极大的影响。我们必须清醒地认识到，在科学发展观指导下，建筑装饰行业的发展方向和发展道路也需要进行研究和调整。

综观我国建筑装饰行业的发展历程和当前的现状，我们能够看到很多方面是同科学发展观不相协调的，行业的资源依赖程度高，对生态环境破坏大，以人为本的原则，在行业中没有得到更充分的体现。而全行业企业规模小，技术水平低、人员素质低与行业地位与作用不匹配。企业在培训和科技方面的投入严重不足，市场环境还存在很多不利于经济发展、社会和谐的因素。这些问题，都是建筑装饰行业生存和发展的硬伤，也是行业可持续发展的严重障碍，需要我们在树立科学发展观的基础上，加以解决，才能保证行业未来的生存和发展。

落实科学发展观，就要求加强对“五个统筹发展”的理解，以加快行业的科技进步为途径，全面提升行业内的“以人为本”意识、生态环境意识和节源节能意识。为实现这个目标，需要从行业的多元化培训入手，以管理创新、技术创新为突破口，全面提升行业的运行品质。企业也要在加强培训，提高人员素质的基础上，全面提高企业的管理水平，使企业的人、财、物、信息流处于良性循环状态，并同整个经济发展和社会进步协调共进，以实现可持续发展的目标。

四是产业模块化发展，对行业内企业的影响会越来越大。

经济的发展，在专业化的基础上，会向产业模块化方向发展，最后必然形成较大的产业集群或产业链条。这种产业集群内部，产业界限会逐步模糊，内部的交融会不断加强，这也将对集群内不同产业之间形成强大的调整作用力。建筑装饰行业处于房地产业、建筑业及建材业构成的产业集群中，这个集群具有在国民经济和社会发展中地位重要、作用突出，整个模块发展迅速等显著的特点。同时这个产业模块中，存在着经济、技术的关联度高，技术特性近似等客观事实。因此，在产业模块内部，行业之间的渗透就必然十分明显。建筑装饰行业在这个模块中，处于整个产业链条的末端，又被认为是与消费者联系更为直接，投资少利润丰厚的行业，所以其他行业向建筑装饰行业伸延的趋势就必然明显。我们已经看到，在当前推动一次精装修成品房的大背景下，房地产开发商、房屋建筑总承包商、建材生产商经销商等，都会参与建筑装饰行业的市场竞争，如百安居以雄厚的物质资源作后盾，年营业额已超过 10 亿元，对我们行业内的企业构成长期的压力。

产业模块化发展，是一种经济现象，或者说是经济发展的客观规律。我们必须充分认识其对我们行业发展的作用力和影响力。企业要保持旺盛的生命力，实现持续发展，不仅要提高人员素质，提升技术水平，完善企业内部管理，还需要在思想上、行为上有所转变。其中，很重要的一条，就是要走联合、合作的道路，以现代企业发展模式，通过行业内资金、技术的交融，迅速以低成本增强企业的经济、技术力量，并在专业市场中取得技术上的优势，建立相对稳固的业主群体资源，提高企业的市场地位，从而形成企业的核心竞争力。这也是我们今后要解决的一个重要课题。中国建筑装饰协会新组建成立了材料委员会，新材料专业委员会成立后专业更广，空间更阔，2005 年将组建“产业链联盟”，讲诚信，搭平台，铸联盟，共繁荣。

通过以上的分析，我们应该清醒的看到，我国建筑装饰行业的发展，虽然前途光明，但也存在大量亟待解决的问题。因此，协会的任务依然十分艰巨。

第二点是 2005 年工作安排的总体思路。

在本次理事会上，我们确定了中国建筑装饰协会 2005 年是“培训、管理、合作年”，这是 2005 年工作的主题。要通过培训提高企业从业者的思想素质、业务素质和技术素质；加强市场管理、行业管理、企业管理的创新，提高科学管理水平；加强国内、国际合作，创新发展渠道，提高我国建筑装饰行业的整体运行水平。会上，徐秘书长已就 2005 年的工作内容作了详细说明，秘书处还要拿出更详细的工作计划，把全年的工作落实到具体的活动中去。在这里我主要是强调对 2005 年工作主题的理解，要有一个完整的、高次层的认识，才能把 2005 年的工作安排好、落实好。

一是要从当前行业面临的形势来认识。

前面我们已经分析了当前行业面临的形势，也可以说，我国建筑装饰行业当前正处在一个非常关键的时期，不仅各方面的希望、需求和压力加大，行业内部存在的问题也日益显现，并对行业的发展构成威胁和阻碍。不尽快解决这些问题，行业的可持续发展就会成为空谈。以科学发展观统领全局，适应国家宏观调控，应对入世挑战，就需要通过思想认识上的提高和切实开展有针对性的工作，全面提升行业的发展能力。根据我们的判断，当前行业最需要解决的，一是全行业走“科技进步和提高素质”的路子；二是规范和完善行业、市场、企业管理；三是加强行业的合作意识，才能适应入世以后，我国在科学发展观指导下的行业发展。所以，我们把 2005 年的工作主题定为“培训、管理、合作”上，就是抓住了行业发展的主脉。

根据我们对行业发展形势的判断，建筑装饰行业虽然具有极大的发展空间，但行业内企业的发展历程并不会轻松，行业、企业面临的困难非常巨大，行业内企业必须要加强内功的集敛，通过自身的不断完善，提高企业抵抗竞争风险的能力、工程项目的创利能力、社会服务能力等经营能力。要通过培训、管理和合作的方式，使企业得到全面的发展和提高，才能全面提升行业生产力要素的水平，提高生产力要素的利用效率，才能真正落实科学发展观，使行业发展达到与自然的和谐，真正实现以人为本，推动行业全面、均衡、可持续发展。因此，2005 年工作安排的综合性、系统性较强，对解决行业当前面临的主要问题的作用力就会更大。

二是要从会员企业单位的需要来认识。

企业是市场的主体，是我们各项工作的落脚点。进入新世纪以后，特别是最近两年，很多企业的发展速度明显减慢，有些企业甚至出现了产值规模下降，利润水平也大幅下降的情况，这同整个行业的持续增长，部分企业超常规、跨越式发展，形成了鲜明的对照。分析其原因，主要是这部分企业内部存在着思想观念陈旧、管理措施不力、人员素质不高、技术落后等阻碍发展的因素，当然也有业主肢解工程、拖欠工程款、市场上恶性竞争、低价中标等方面的原因。社会生产力的整体水平在不断提高，企业必须与时俱进，通过培训，员工提高素质，管理创新适应市场，加强合作扩大发展空间、渠道，走依靠科技进步和提高素质的路子，突破企业发展的制约，企业就会在市场竞争中，特别是在入世后的国际竞争的大背景下不被淘汰。

同时还要看到，我们行业内的绝大多数企业至今仍没有国际竞争的感觉，企业管理还停留在原始的、家族式的、粗放型的形态上，缺乏适合市场经济规律要求的合作意识、共赢观念、诚信理念等，都是制约企业发展的障碍，也是企业发展中必须尽快解决的问题。因此，特别需要行业协会发挥指导作用，站在整个行业的高度，给企业一个警示，为企业的发展提供咨询和帮助，使企业能够在减少成本投入的前提下，有效地加以克服。

三是要从协会工作的角度提高认识。

本届理事会换届之后，提出了“二次创业”的奋斗目标，在协会年度工作安排上，都是根据形势、企业需求、行业亟待解决的问题做出的，我们每年都有重点、有主题、有特色。在确定 2005 年工作主题时，我们考虑到，协会工作要有指导性、前瞻性和可操作性，就必须把协会工作同行业需求、广大会员企业的长远利益结合起来，要站得高、看得远、才能为行业、为企业提供高品质的服务。因此，我们把 2005 年的工作重点，放在同广大会员单位紧密联系，又十分务实的内容上，并希望以此作为突破口，全面提升协会的工作质量。

协会是党驾驭市场经济的重要工具，协会工作质量，在很大程度上反映了党驾驭市场经济的能力。协会要增强驾驭市场的能力，就必须提高以下五个方面的能力，即：适应社会主义市场经济，促进行业科学发展的能力；加强行业指导、推动行业可持续发展的能力；策划和组织行业活动的能力；调动广大会员企业积极性的能力和协调各种社会资源及关系的能力。

要提高这些能力，就要针对行业、企业的需求，开展各种能够促进行业发展，满足会员单位发展需要，特别是长远发展需要的活动。经过反复的研究，我们认为“培训、管理、合作”是今后行业内要解决的带有普遍性，又比较突出的问题，把其作为 2005 年工作的主题，有利于协会工作的持续推进，也有利于使协会工作更能贴近行业及企业的实际，既提高了协会在行业内的凝聚力和号召力，也使协会整体工作保持了连续性，使协会工作再迈上一个新的台阶。

协会是行业的社会组织，协会不仅要实施“扶大、扶优、扶强”的战略，形成地区或行业内的龙头企业，同时，协会的工作内容，必须惠及行业内的所有企业，要对整个行业的发展负责。因此，协会不仅要指导优势企业的发展，同时也要对行业内的弱势企业进行帮助，要对中、小企业存在的问题进行研究，要为中、小企业的生存与发展搭平台，铸联盟（所有业内中、小企业、也包括建材、市场等），出谋划策。而培训、管理与合作，是当前中、小企业在发展中存在的带有共性的核心问题，所以，协会必须把此作为2005年的工作重点，并下力量把这些工作落实到行业内企业发展中去，使所有不同规模、不同类型、不同所有制企业共同受益。

协会的工作宗旨是民主办会。办好协会的事，需要广大企业的支持与参与，因此，协会的各项工作，都要有企业家参与并调动企业家的积极性，要想企业家之所想，急企业家之所急，这是协会确定工作重点、开展活动的重要原则。在确定2005年的主题时，我们进行了充分的行业调研，也充分考虑了行业内企业家的需求，并广泛地征求了行业内企业家的意见和建议，因此，我们对2005年工作重点的确定和安排是准确、务实的。

第三点是对如何落实本次会议精神，完成2005年的工作提几点意见。

2005年的工作重点已经确定，下一步的工作就是要全面落实。总的看，2005年的工作内容很多，任务量也很大，落实这些工作，还存在很大的困难，为圆满完成2005年的工作，应着力做好以下几个工作。

一是要提高对2005年工作重要性的认识。

协会换届几年来，每年的工作都得到了落实，其中最关键的一条就是大家高度重视，认真参与落实。2005年工作，安排的总体思路是在对当前形势的基本估计的基础上做出的，是从企业需要，从全面提升协会工作质量提出的。搞好2005年的工作，有很多有利的条件，一是行政许可法实施后，协会参与行业管理的机会将随着政府职能转移而不断增加，例如此次建设部关于建筑装饰专业设计与承包资质整合工作，就委托中国建筑装饰协会进行前期调研、及资质等级标准编制的工作，为今后协会进行从业资格认证、关键岗位培训等创造了有利的条件；二是几年来协会所开展的工作，得到行业内的认可，为2005年工作打下了良好的基础；三是2005年安排的工作专业技术性强，活动的规模也相对会小一些，组织的难度就会相对减少。所以，只要我们真抓实干，2005年的工作任务是完全可以圆满实施的。

在树立信心的基础上，我们也要对2005年工作的艰巨性有充分的认识。2005年的工作，除了重点工作以外，还有大量既有的常规性工作。首先是工作量很大；其次是很多工作还是我们不熟悉或不很熟悉的新工作，如何确保工作质量，也需要我们去学习、研究、探索；第三是虽然有些工作专业性、技术性强，但工作质量、水平都有待提高，我们要从落实十六届三中全会、四中全会的精神的高度，以提高对市场经济的驾驭能力和全面提高协会工作质量的高度来认识，全力以赴地完成好。

协会的宣传资源要积极、持久地宣传协会2005年的主题工作，网站、报刊要宣传报道好本次会议，阐明2005年重点工作的意义，及时报道2005年各项活动的内容，引导企业积极参与到2005年的各项活动中去。及时报导开展各项工作的经验，使行业提高对2005年各项工作的认识。

二是需要广大企业家的积极参与。

企业是市场的主体，是我们各项工作的落脚点，企业家是我们行业发展的宝贵财富，也是行业发展的中流砥柱。协会的工作，必须要依靠广大企业、企业家的支持与参与，特别是在协会担任理事、常务理事、副会长的企业家，对协会工作和行业发展，就更肩负着重要责任，因此，要顺利完成2005年的工作，就要发挥企业家的聪明才智，最大范围地动员企业参与，大家齐心协力把2005年的工作做好。特别是2005年的培训工作，既有决策层、管理层的，也有施工现场工人的培训，需要全行业企业的参与；2005年的资质管理也涉及行业内所有企业，也是全行业的一件大事；2005年企业管理创新的探索、合作的开展等，都是全行业发展中的大事，必须动员广大企业积极参与。

三是还要有协会系统的通力合作。

2005年的重点工作方向确定了，但还要具体落实到各项活动上，因此，秘书处还要组织落实，认真与各地方装饰协会、专业委员会及企业研究，拿出全年可操作的工作计划，在2005年年初的秘书长工作会议上进一步研究、确定。希望各地装饰协会，也能够针对2005年的重点工作方向，在培训、管理和合作的具体内容上，结合本地区行业发展的实际情况，提出自己的意见和建议，共同完善2005年的工作计划。

四是要调动各方面的积极因素。

要办好全行业的事，就决不能单打独斗。2005年确定的工作重点就有合作，完成2005年的工作也要依靠合作的态度、合作的方式，以合作创造共赢的局面。要合作就要调动各种社会力量，形成合力，因此，注重发挥各种社会资源的优势，也是我们顺利完成2005年工作的重点。我们不仅要同建设行政主管部门、相关的政府机构合作，还要与各类社会组织等合作，加强沟通、交流，在发展行业的总目标下，合作举办一系列活动，共同搞好2005年的工作任务。

各位理事：2005年的工作非常繁重，意义重大，各位都肩负着推动行业可持续发展的艰巨任务，希望在本次理事会后，大家能够围绕2005年的重点工作，团结奋斗，把我国建筑装饰行业推向一个新的发展水平。

谢谢大家。

关于调整中国建筑装饰协会五届理事会成员的决定

中国建筑装饰协会五届四次理事会

（二〇〇四年十二月二十一日·北京友谊宾馆）

自中国建筑装饰协会五届三次理事会召开以来，由于人事变动，以及会员企业发展的不平衡性，原有理事会成员需根据情况的变化做必要的调整。根据本会章程，为保持理事会成员的代表性及理事会的议事决策职能，在征求各地方建筑装饰协会意见的基础上，经秘书处研究，提出对理事会成员进行调整的议案，经五届四次理事会讨论决定如下：

一、由于人事变动，以下理事会成员做如下变更

副会长单位（1人）：

武汉凌云建筑装饰工程有限公司由陈木林变更为黄恒董事长

常务理事单位（10人）：

1．武汉凌云建筑装饰工程有限公司由陈木林变更为黄恒董事长

2．上海金茂建筑装饰有限公司由高振川变更为康治军总经理

3．广州市第四装修有限公司由何星变更为杨晓芬总经理

4．广东省华侨建设工程公司由李魁舜变更为周汉智总经理

5．深圳市设计装饰工程公司由罗自超变更为苏有玉总经理

6．西安飞机工业装饰装修工程股份有限公司由徐忠义变更为李永奇总经理

7．北京建峰建设装饰工程集团由孙建峰变更为庄其铮总经理

8．安徽省建筑装饰协会由李增堂变更为陈幼年秘书长

9．山东省建筑装饰协会由程曾惠变更为程源明会长

10．黑龙江高维建筑装饰工程有限公司由张乙明变更为赵月书总经理

理事单位（30人）：

1．武汉凌云建筑装饰工程有限公司由陈木林变更为黄恒董事长

2．上海金茂建筑装饰有限公司由高振川变更为康治军总经理

3．广州市第四装修有限公司由何星变更为杨晓芬总经理

4．广东省华侨建设工程公司由李魁舜变更为周汉智总经理

5．深圳市设计装饰工程公司由罗自超变更为苏有玉总经理

6．西安飞机工业装饰装修工程股份有限公司由徐忠义变更为李永奇总经理

7．北京建峰建设装饰工程集团由孙建峰变更为庄其铮总经理

8．安徽省建筑装饰协会由李增堂变更为陈幼年秘书长

9．山东省建筑装饰协会由程曾惠变更为程源明会长

10．黑龙江高维建筑装饰工程有限公司由张乙明变更为赵月书总经理

11．金丰环球装饰工程（天津）有限公司由陈康权变更为陈锦石董事长

12．重庆渝远建筑工程设计装饰有限公司由钟传荣变更为张建董事长

13．广厦重庆建筑装饰工程有限公司由邓思宁变更为吴毅勋总经理

14．江苏华润集团有限公司由陈志平变更为陈惠南总经理

15．沈阳沈飞集团铝业幕墙工程有限公司由冯玉良变更为李以哲总经理

16．武汉建工集团装饰工程有限公司由郇盛永变更为熊钢发总经理

17．深圳市文业装饰设计工程有限公司由陈耀福变更为甘庆新总经理

18．广州城建开发装饰有限公司由祁汉斌变更为王洪涛董事长

19．深圳市中航装饰设计工程有限公司由肖临骏变更为孙佐强总经理

20．深圳市安星装饰设计工程有限公司由林俊生变更为吴君文总经理

21．中国建筑第四工程局装饰工程公司由刘炎斌变更为李云总经理

22．南京长岛建筑装饰工程有限公司由赵亮变更为张涛总经理

23．华辉装修建筑工程有限公司由崔志忠变更为关超总经理

24．湖南华天装饰有限公司由谷波涛变更为杨忆总经理

25．马鞍山市艺建装饰有限责任公司由邵增志变更为李海林总经理

26．新疆华凌建筑装饰设计工程有限公司由候炜变更为叶家权总经理

27．乌鲁木齐市建筑装饰协会由赵俊卿变更为克依木木胡提会长

28．杭州市建筑装饰协会由陶友淼变更为陆秀乔理事长

29．南京市装饰行业协会由余信祥变更为闵义来会长

30．福州市建筑装饰协会由邓捷变更为林上成会长

二、增补以下单位为理事单位，以下人员为理事（31人）

1. 上海市装饰装修行业协会赵海秘书长
2. 上海东徽建筑装饰工程有限公司吴成方总经理
3. 中铁建设集团有限公司装饰公司沈天丽总经理
4. 南京香江华建工程有限公司郑敏总经理
5. 成都市华达建筑装饰工程有限公司龙涛总经理
6. 天津市艺术建筑装饰联合公司刘捷总经理
7. 天津市房屋建筑装饰工程有限公司蔡磊总经理
8. 中国建三局深圳装饰设计工程公司毛国强总经理
9. 新疆建工集团二建装饰公司赵林总经理
10. 长春一汽实业建筑装饰有限公司张勇董事长
11. 长春建工集团温馨鸟装饰装璜有限责任公司吕丰日董事长
12. 深圳市深装总装饰工程工业有限公司张治黄总经理
13. 深圳市美佳装饰设计工程有限公司冯烈董事长
14. 湖北珠江龙装饰设计工程有限公司李兴儒董事长
15. 杭州金迪门业有限公司王永虎总经理
16. 宁波建乐装潢公司潘信强总经理
17. 浙江福田装饰工程有限公司张跃迅总经理
18. 温州迈斯环境艺术规划公司余笑华总经理
19. 黑龙江省润恒装饰工程有限公司关润柏总经理
20. 内蒙包头正艺装饰工程有限公司李正艺总经理
21. 山西圣通装饰工程有限公司刘泽彪总经理
22. 长春市建筑装饰装修协会丛廷才秘书长
23. 中国建筑装饰协会铝制品委员会宋协昌秘书长
24. 中国建筑装饰协会厨卫工程委员会沈绶章秘书长
25. 中国建筑装饰协会材料委员会华敬友秘书长
26. 中国建筑装饰协会住宅装饰装修委员会（筹）张爱宁副秘书长
27. 中国建筑装饰协会设计委员会（筹）田德昌秘书长
28. 中国装饰有限公司魏坤董事长
29. 北京金隅集团有限公司张洪根常务副总经理
30. 日林建设集团有限公司王文良董事长
31. 中国建筑装饰协会王毅强副秘书长

三、增补以下单位为常务理事单位，以下人员为常务理事（19人）

1. 中国装饰有限公司魏坤董事长
2. 北京金隅集团有限公司张洪根常务副总经理
3. 上海海直建设工程公司唐海金总经理
4. 上海蓝天房屋装饰工程公司洪兆雄总经理
5. 杭州之江有机硅化工有限公司何永富董事长
6. 浙江亚厦装饰集团有限公司丁欣欣董事长
7. 沈阳黎东幕墙装饰有限公司赵铁利总经理
8. 日林建设集团有限公司王文良董事长
9. 青岛金凯建筑装饰工程有限公司王金生总经理
10. 武汉科艺建筑装饰工程有限公司杨杰宗总经理
11. 吉林省太阳神建筑装饰工程有限公司西志敏董事长
12. 佛山市三水博德精工建材有限公司叶荣恒董事长
13. 深圳市美术装饰工程有限公司衣宏伟总经理
14. 广州市美术公司陈金荣总经理
15. 广州市第三装修有限公司唐同海董事长
16. 海南金海岸装饰工程有限公司王飞总经理
17. 成都市建筑装饰协会张桂芳秘书长
18. 中国建筑业协会陈立飞副秘书长
19. 中国建筑装饰协会王毅强副秘书长

四、因工作变动，以下人员申请辞去理事职务（3人）

1. 广东省建设厅杨扬
2. 河北省四建装饰工程公司侯建军
3. 中国建筑科学研究院建筑装修研究所翟庆祥

五、因年事已高，以下人员不再担任理事职务（2人）

1. 上海市装饰装修行业协会原名誉理事长朱桂棠
2. 上海市装饰装修行业协会名誉理事长潘志昌

六、因病去世（1人）

洛阳有色金属加工设计院原总设计师、中国建筑装饰协会铝制品委员会副秘书长刘智龙

七、以下单位和人员因连续两年不交纳会费、不参加协会活动，取消其理事会成员资格常务理事单位（2人）：

1. 秦皇岛渤海铝幕墙装饰工程有限公司总经理李爱森
2. 开平二建集团公司装饰工程公司总经理关宇壮

理事单位（15人）：

1. 秦皇岛渤海铝幕墙装饰工程有限公司总经理李爱森
2. 开平二建集团公司装饰工程公司总经理关宇壮
3. 北京市红星建筑涂料厂总工程师刁艳燕
4. 北京大钟寺家居广场有限责任公司总经理吴晓
5. 重庆建筑大学兴城工程总承包公司总经理刘佳杰
6. 吉林省蛟河市天岗经济开发区主任庞海林
7. 江苏日出（集团）公司董事长李文甲
8. 丽宝弟（常州）集团公司总经理史树之
9. 佛山新景实业有限公司总经理何显光
10. 广州天河华夏冷气装饰工程有限公司总经理谢军
11. 四川省建材工业科学研究院副院长秦钢
12. 西安鸿雁电器厂厂长张淑韬
13. 鞍山工商联装修工程有限公司总经理纪十
14. 天津市康居新住宅发展有限公司总经理李秋生
15. 徐州九鼎网架公司（解放军6108工厂）总经理刘星宇

·业内其他重要活动·

会议报道：

贯彻协会五届三次理事会精神　　落实协会2004年重点工作

全国建筑装饰协会秘书长工作会议在广州召开

《中国建筑装饰》编辑部　观察员

一、会议简况

为了贯彻2003年12月28日中国建筑装饰协会五届三次理事会会议精神，研究2004年协会重点工作的落实，2004年3月8日～9日，中国建筑装饰协会在广州颐和山庄——颐和大酒店召开“2004年全国建筑装饰协会秘书长工作会议”。中国建筑装饰协会名誉会长张恩树，会长马挺贵，常务副会长兼秘书长徐朋，副秘书长张京跃、房箴出席了会议。

会议的主要议题：一是听取中国建筑装饰协会常务副会长兼秘书长徐朋关于2004年协会重点工作的报告；二是听取中国建筑装饰协会副秘书长房箴关于“二个办法”——全国有成就的资深室内建筑师和杰出的中青年室内建筑师评选办法，全国室内建筑师技术岗位能力评审认证办法，“三个方案”——2003年度中国建筑装饰行业百强企业评价推介工作方案，在中国建筑装饰成立20周年庆祝活动中表彰优秀企业家、优秀地方装饰协会、优秀协会工作者、优秀会员单位评选活动方案，中国建筑装饰协会成立20周年文艺汇演方案的说明；三是听取中国建筑装饰协会会长马挺贵的会议总结讲话。

中国建筑装饰协会名誉会长张恩树在会议上讲了话。会议分别由马挺贵和徐朋主持。

会议由广州市建筑装饰协会承办。

参加会议的有北京、上海、重庆、广州、深圳、汕头、东莞、佛山、江苏、南京、苏州、常州、无锡、湖北、武汉、宜昌、辽宁、沈阳、大连、黑龙江、鸡西、大庆、吉林、山西、太原、大同、安徽、合肥、福建、福州、四川、成都、贵州、江西、陕西、西安、山东、济南、青岛、浙江、杭州、温州、云南、昆明、广西、乌鲁木齐、内蒙古、长沙等48个地方建筑装饰协会和解放军建筑装饰协会的秘书长。

参加会议的还有中国建筑装饰协会综合部、行业发展部、信息部、技术质量部、国际部、培训部、培训中心等7个部门，信息咨询、电气、铝制品、厨卫、施工、材料、设计（筹）、住宅（筹）等8个委员会的负责人，以及《中国建筑装饰》、中国建筑装饰网、《中华建筑报》、《中国建筑装饰装修》、《广东建筑装饰》、《广州建筑装饰》等业内媒体主编。

这是自中国建筑装饰协会2003年4月21日～23日在北京九华山庄召开的首次全国建筑装饰协会秘书长工作会议之后举行的第二次同类会议，当时出席的有30个地方建筑装饰协会的负责人。广州会议比北京会议规模更大，人气更旺。与会多数代表在北京抗击SARS时建立了深厚的友情，时隔近一年相见，格外亲切。

作为会议文件之一，会议向每位代表发放了中国工业经济联合会2004年2月2日出版的第11期协会《通讯》，其“编者按”引人注目。编者按指出：2003年12月24日《光明日报》刊发长篇报道——“协会市场化生存探索者”，向广大读者推介中国建筑装饰协会探索行业协会在市场经济条件下的工作规律方面所取得的成功经验，该文认为，远大的理想和清晰的理念，是中装协能够找准市场经济条件下协会的工作定位和工作方向，取得不俗业绩的重要精神驱动力。中装协领导表示：如何按照市场经济规律创造性的开展协会工作，在政府与企业间架好桥梁，系好纽带，仍然是协会工作的新课题，仍然是中装协在探索的发展之路。相信在协会、会员企业的共同努力下，这条路会越走越宽广。今天，本刊全文转发《光明日报》此文，以飨读者。

会议开幕的当天，正值“三八国际妇女节”，会议向与会女代表中国建筑装饰协会综合部副主任杜桂玲、国际部主任樊淑玲、材料委员会副秘书长张仲玲、培训部主任兼培训中心主任王燕鸣、住宅装饰装修委员会（筹）副秘书长张爱宁、《中华建筑报》总编邓千、《中国建筑装饰装修》主编于冰、河南省建筑装饰协会秘书长王晓惠、设计委员会主任程玲、四川省建筑装饰协会秘书长陈建文、成都市建筑装饰协会秘书长张桂芳、深圳市装饰行业协会秘书长冯桂兰、杭州市建筑装饰协会秘书长叶平平、大连市建装饰协会家装委员会副主任李杰、云南省建筑装饰行业协会秘书处俞文，会务组女工作人员广州市建筑装饰协会秘书处梁建英、材料委员会主任兰芳、家装委员会主任助理赵艳、广州第三装修有限公司办公室程倩霞等近20位装饰行业女性从业者表示祝贺，并通过她们向全行业的女性从业者表示祝贺！

建筑装饰协会拥有一大批职业道德、敬业精神良好的女性工作者，是建筑装饰行业兴旺发达的标志这一。

二、会议工作报告要点

常务副会长兼秘书长徐朋在关于2004年协会重点工作的报告中，就协会今年工作的指导思想、方式、方法、以及工作要点，着重谈了九方面的工作：

第一是4月12日在北京召开的“建筑装饰行业信息化建设工作会议”，通知已于2月29日下发，到会的大部分地方建筑装饰协会均已收到。中国建筑装饰协会想方设法下大力气地组织这个活动，就是要推动行业跨跃式的发展，希望各地建筑装饰协会认真积极组织会员企业参会。

第二是将于9月举行的“全国家装行业发展大会”，群众利益无小事，这是一个关系人民群众切身利益的大会。

第三是中国建筑装饰协会成立20周年文艺汇演，这是一次前所未有的行业文化建设和宣传的活动。

第四是中国建筑装饰协会成立20周年活动的整体安排，指导思想是：立足行业发展，服务于“二次创业”，一些地方建筑装饰协会已经行动起来了，如浙江省建筑装饰协会3月26日、深圳市装饰行业协会6月18日的文艺汇演，江苏、黑龙江等地建筑装饰协会均在积极准备。

第五是百强企业评价推介活动，经过2002年度首次评价推介工作，我们取得了举办这类行业公益性活动的一些经验：一是有了比较完整的评价推介办法和组织程序；二是抓了推介活动——在2003年12月28日中国建筑装饰协会五届三次理事会同时召开了向中国房地产业协会、中国饭店业协会等相关业主行业协会推介的新闻发布会，汪家玉、倪林、谢建伟三位企业家在会上作了发言，其水平充分体现了本业的风范，引起了有投资能力行业协会的重视，完全符合“扶大扶优扶强”的战略发展要求，有利于行业发展，今年将按国际惯例继续进行下去；三是“排序”已有大量的国内外先例，关键是不要错在“乱”字上，因此一定要保持活动的公益性，重在“推介”，坚持三年必有成果。3月2日上海市市长韩正痛斥协会“捞钱”，他强调，关键是政府把职能真正转移给行业协会。今年我们进行了一系列行业评比活动，都要坚持行业公益性原则。

第六是大力提高行业设计水平，一是要加强行业调研，特别是中外合作设计单位的调研；二是要大力宣传本土的设计师；三是一定要办好《中国建筑装饰装修》杂志，成为室内设计师的园地，给年轻人创造出人头地的机会，从2005年起我们计划由媒体评出年度100位设计师；四是恢复全国建筑工程装饰奖中的“设计奖”；五是筹备设计论坛；七是我会设计委员会经民政部批准后大力发展会员。

第七是加强行业培训工作，当前的重点工作是“建造师”的培训、考核、认定，此项工作均由我会来运作。

第八是加强国际交流，2003年我会组织了赴英国、台湾和印度的行业考究交流活动，今年将有赴美国的活动，这是与国际接轨的好办法。

第九是大力发展会员，积极推动地方建筑装饰协会的成立与完善。

关于2004年的协会工作，徐朋强调了三点意见：

第一是务实，突出实际效果，要点是推动行业可持续发展，跨跃式的发展，提升行业发展质量，是应对WTO、贯彻中央经济工作会议、“两会”精神，以形成科学的发展观。2004年工作的重中之重：一是信息化大会，二是家装发展大会，三是协会成立20周年的活动。

第二是要从实际出发，继续探索协会工作规律，对于当前地方建筑装饰协会的组织形式，中国建筑装饰协会不干预。根据市场经济的原则，协会也要细分，但一定要看到，市场细分、行业细分，这是生产力发展的要求，我们不赞成把已经是一级协会的建筑装饰协会搞成分会。我们要把协会办成学习型的协会，策划项目，创造工件。

三是党和国家十分关心中介组织的发展，建设部汪光焘部长在“2004年全国建设工作会议”上专门论述了一大段包括六个方面的对建筑装饰发展的要求，这个讲话体现了建设部对建筑装饰行业发展十分重视。我们要积极落实汪部长的讲话精神，把工作做好。

徐朋作了几项中国建筑装饰协会组织机构资源整合的通报：

第一是民政部近对中国建筑装饰协会的机构做出批复，信息咨询、建筑电气两个委员会保留；工程委员会改称为“施工委员会”，秘书长仍为顾国华；陶瓷卫生洁具委员会改称为“厨卫委员会”，秘书长张俊鹏；不能细分的原建筑五金、石材、化学材料三个委员会合并为“材料委员会”，顾问为原五金委员会名誉理事长唐澄，轮值主任委员为原五金委员会理事长郑纪文、原石材委员会理事长兼秘书长严克明、原化学材料委员会理事长何星华，感谢他们为行业所做出的积极贡献，秘书长为原《中华建筑报》副总编华敬友，副秘书长为原五金委员会秘书长张仲玲。

第二是重新向民政部申报的铝制品委员会改为“幕墙委员会”，秘书长为新上任的原中建五局副局长、中建(长沙)不二幕墙装饰有限公司总经理宋协昌。

第三是尚未经民政部批准的有设计、家装、自律、专家四个委员会。

三、重点讨论

房箴副秘书长就今年协会开展的“二个办法”和“三个方案”进行了扼要说明。

会议分三个小组，在三个组长北京市建筑装饰协会常务副秘书长郭仁智、福建省建筑装饰协会常务副会长张福如、广州市建筑装饰协会秘书长易自华和三个联络员中国建筑装饰协会行业发展部主任王本明、信息部主任兼会刊《中国建筑装饰》主编黄白、技术质量部副主任熊翔的分别组织下，进行了两个半天的讨论，发言十分热烈，针对性很强。

中国建筑装饰协会名誉会长张恩树，会长马挺贵，常务副会长兼秘书长徐朋，副秘书长张京跃、房箴分别参加了三个组的讨论。

3 月 9 日中午，三个组的组长和联络员向常务副会长兼秘书长徐朋、副秘书长房箴作了汇报。

代表们认为：

一是协会理事会是研究决定干什么，而秘书长工作会议是研究决定怎么干。全国建筑装饰协会秘书长工作会议，布置一年的工作，统一认识，协调立场，这种会议形式和内容很好，应成为协会的一种会议制度。

二是今年协会活动十分丰富，任务十分繁重，希望在向业内提供有效率高层次服务的同时，尽可能地减化一些不必要的程序。

三是行业管理要创新，在 7 月 1 日《行政许可法》正式实施以后，政府将专注市场管理，协会将担负起行业管理的重任，应加快研究如何进行行业管理，并加以制度创新。

四、会议总结

中国建筑装饰协会马挺贵会长就本次会议的成果和研讨的主要问题进行了会议总结。

他指出，这次会议的成果：是继 2003 年 4 月北京召开的全国建筑装饰协会秘书长工作会议后的第二次会议，早沟通早交流，这种形式和内容得到大家的肯定，今后将成为中国建筑装饰协会的例会。徐朋秘书长通报了 2004 年协会的 9 项重点工作，讲得很好，代表们反映今年工作安排的多了一些，我们要通过为行业提供高层次的服务，成为行业的领路人、行业管理的主体和行业利益的代表。

关于几项活动的认识，他认为，信息化建设、家装行业发展大会和协会成立 20 周年是重中之重。百强评价推介是国际惯例，应该搞并应搞好，建议各地建筑装饰协会也搞本地区装饰企业的评价推介，以体现企业的大和强，但一定不能“乱”。设计师的认定，按国际惯例还是叫“室内建筑师”为宜，这将有利于今后纳入政府的“注册建筑师”序列，并符合国际惯例，全国应统一称谓和评审办法：资深室内建筑师四年一次、杰出室内建筑师两年一次为宜。关于家装资质，中国建筑装饰协会已有方案并上报了建设部。

马挺贵会长指出，本次会议是一个成功、硕果累累的会议，增强了信心，达到了共识，代表们提出的大量建设性意见和建议，我们回去后要认真加以研究，尽快以正式文件下发。汪部长在“2004 年全国建设工作会议”上关于建筑装饰装修的讲话，包括六个方面，表明建设部非常重视建筑装饰装修工作，希望各地建筑装饰协会以高度的责任感积极贯彻落实。不管政府职能转移到不到位，我们协会都应该自强、自立、自律。

他代表与会近百位代表对广州建筑装饰协会卓有成效的会务工作表示感谢！

张恩树名誉会长在讲话中指出，协会工作要杀出一条血路——创新，上海市长批评协会，关键是“政会分开”。我们决不能有依赖政府的思想，协会要重新定位，知难而进。不能成为“养老机构”，而应成为学习型的协会。装饰协会并入建筑业协会是错误的，企业并不需要“一揽子”的协会。协会归根到底是为企业服务，代表本业企业利益。秘书长是协会工作成败的关键，是协会运行的中枢。前不久中国建筑装饰协会遇到的困难，并没有把中国建筑装饰协会吓倒，趴下，新一届协会领导做了大量促进行业发展的工作，以积极的态度应对困难，比上届好，我们协会工作者一定要对得起这个行业，决不能安于现状，愿与大家共勉。

广州市建筑装饰协会会长许和铁抱病前来会议并讲话，他强调，广州建筑装饰协会同仁要借这次会议的东风，振兴广州建筑装饰行业。

广州市建筑装饰协会主办、中国建筑装饰协会副秘书长张京跃主持了欢迎晚宴，广州市建筑装饰协会领导和副会长以及秘书处工作人员悉数出席，有广州市建筑装饰协会秘书长易自华、副秘书长关帆、罗焕良，家装委员会主任黄翔、主任助理赵艳、陈嘉华，材料委员会主任兰芳、主任助理陈清客、邓宝凌，工程委员会办公室主任余振文，广东省建筑装饰集团公司董事长兼总经理陈婵英，广东省建筑装饰工程有限公司董事长兼总经理万国华，广东省装饰总公司总经理王冶，广州珠江装修工程公司总经理林芷珊，广州第三装修有限公司董事长唐同海、董事总经理何伟雄，广州市第四装修有限公司书记陈奕明、副总经理杨晓芬，五羊装饰设计工程公司副总经理蔡长青，广州第四建筑工程有限公司总经理助理何星等，还有广东佛山鹰牌陶瓷的代表。

五、业内活动

会后，中国建筑装饰协会领导在广东进行了一系列业内活动。

会长马挺贵在协会行业发展部主任王本明、综合部副主任杜桂玲的陪同下，3 月 10 日前往佛山考察，召开了“佛山建筑装饰协会发起单位座谈会”，与近 20 家单位共同商讨成立佛山市建筑装饰协会事宜，考察了鹰牌陶瓷公司、东鹏陶瓷公司、广东世纪达装饰工程有限公司，马会长并为广东世纪达装饰工程有限公司题词勉励。

3 月 11 日，马会长前往省政府办公大楼，同广东省建设厅副厅长陈英松就成立广东省建筑装饰协会广泛地交换了意见，并取得共识。下午，马会长前往珠海，同珠海市建设局党组书记、局长郭仲秋就成立珠海市建筑装饰协会进行了认真、细致的研讨，珠海市建筑装饰协会发起单位三原色装饰公司总经理符军；艺之居装饰设计工程有限公司董事经理成铁均；珠海市建安建筑装饰工程有限公司董事长兼总经理李金宝；伟民（港澳）投资发展集团董事长张伟民、副总经理张国鹏等参加了会谈。马会长座谈后，参观了三原色装饰公司在九洲大道上的家居设计中心。

3 月 12 日，马会长与广东省民政厅张汝文厅长、广东省民间组织管理局社团办王嘉岐主任就成立广东省建筑装饰协会之事同民政部门交换了意见，得到了民政部门的支持。

常务副会长兼秘书长徐朋在协会副秘书长房箴、设计委员会（筹）秘书长田德昌、综合部主任王毅强、《中国建筑装饰装修》主编杂志于冰陪同下，3 月 10 日上午出席了由广州市建筑装饰协会易自华秘书长、关帆副秘书长在广东迎宾馆召开的“广州装饰企业设计师座谈会”，10 余设计师分别介绍了企业的经营情况和设计方面的工作状况并对当前建筑装饰设计方面存在的问题和工作中的体会、意见发表了各自的看法。徐朋做了简要总结，他指出两个多小时的座谈会开得很紧凑，大家发言踊跃，效果很好，提高设计水平、繁荣设计创作是协会的重要工作。20 多年来我国装饰设计水平有很大提高，但与国外目前现有的水平相比差距是客观存在的。如何理解把握新的设计理念，把国际的审美观与中国的民族特色有机溶合是摆在每一位设计师面前的研究课题。协会在这方面已经做了很多工作，例如，目前创办了为设计师交流、学习的《中国建筑装饰装修》杂志，准备成立设计委员会。下一步将积极开展一些活动，比如组织设计师论坛、设计竞赛、评定推介优秀设计师、组织设计师出国访问考察团组、解决设计师职称问题，在条件成熟的时候成立设计师俱乐部等等。徐朋勉励大家，加强学习，开拓思路，创作出更多的设计精品。易自华就大家提出的一些意见和建议作了回答，并表示今后将多开展一些这样的座谈会，为促进行业的发展、推动协会工作做出努力。

同日下午徐朋一行在易自华的陪同下走访了广州第三装修有限公司、广州市美术公司、广州珠江装修工程公司，了解改制的情况，听取了企业生产经营情况的汇报。

3 月 11 日，徐朋一行在广州珠江装修工程公司林芷珊总经理、曾东总工程师的陪同下，参观了南海市枫丹白露大酒店一、二、三期工程并听取了工程情况介绍，徐朋、房箴对设计、施工都给予了较高的评价。

3 月 12 日徐朋一行在东莞市建筑装饰协会副秘书长张树清的陪同下走访了东莞市东城设计装修有限公司，与企业负责人刘仲荣、刘铎瀛进行了座谈。徐朋勉励他们利用珠三角经济发展的优势，做强企业，做大市场。随后徐朋一行参观了由该公司装修的东莞长安镇长安国际酒店，并对他们的施工质量给予了好评。

3 月 13 日，徐朋一行五人来到深圳市拜访了深圳市装饰行业协会，并在该会会长何文祥、秘书长冯桂兰、副秘书长韩雪梅的陪同下走访了深圳海外装饰工程公司、深圳市广田装饰设计工程有限公司、深圳市建筑装饰（集团）有限公司、深圳市华剑装饰设计工程有限公司、深圳市维业装饰设计工程有限公司。在深海外装饰工程公司，徐朋在高刚总经理的陪同下观看了企业信息管理 OA 系统的演示，了解了公司网络建设并参观了设计师选材中心，徐朋对该公司近几年的发展特别是企业管理和建设方面做出的成绩给予了表扬。在深圳期间，徐朋、房箴一行还参观了由奇信、瑞和、深装集团、维业等装饰企业设计施工的深圳市民中心工程，由华剑装饰公司施工的深圳世界金融中心工程，华南装饰公司施工的华为科研楼工程和已建成的威尼斯酒店。14 日上午中徐朋、房箴等在深装协的安排下会见了深圳长城、远鹏、洪涛、三鑫、维业等部分装饰企业的领导。

名誉会长张恩树 3 月 10 日～13 日在协会信息部主任兼会刊《中国建筑装饰》主编黄白、信息咨询委员会副秘书长兼中国建筑装饰网副总监高世彦、深圳市装饰行业协会会长何文祥、秘书长冯桂兰、副秘书长韩雪梅的陪同下，考察了深装集团、深圳广田、远鹏、倪阳·极尚、洪涛、长城、瑞和、华剑、广东粤铝、深圳坚朗、东莞华峰幕墙等装饰企业，特别是与深装集团董事长兼总经理汪家玉、深圳洪涛装饰公司董事长兼总经理刘年新就国有资本全部退出的企业改制进行了深入的沟通，对这两家在全国有重要影响的大型装饰企业的改制表示赞赏。

六、结　语

广州颐和山庄——颐和大酒店坐落在广州著名的南湖风景区，依山傍水，现代时尚与中国传统风格相结合，十分有特色，由广州第三装修有限公司施工。广州颐和山庄，自称广州的颐和园，有一山，不高，散步较容易到达山顶。山上有二亭，一大亭上书一幅对联：白云水碧霞芬澄辉生机凭造化，月明星朗玉澜涌翠瑞气在颐和。一小亭上联曰：山色因心远，湖光入目凉。

于是，出席“2004 年全国建筑装饰协会秘书长工作会议”的代表们怀着愉悦的心情，离开了载入行业发展史册的广州。

北京九华山庄是块福地，广州颐和山庄也是块福地。

在2004年中国建筑装饰协会会长工作会上的总结讲话

中国建筑装饰协会　会长　马挺贵

（二〇〇四年六月九日）

各位会长：

经过一天的会议，已经完成了各项议程，2004年中国建筑装饰协会会长工作会议就要闭幕了。首先对各位会长对协会工作的高度负责精神和会议期间所发表的见解表示衷心的感谢！

本次会长工作会，是一次高层次、高效率、高质量的会议，是一次成功的会议，取得实效的会议。这是各位会长共同努力的结果，必将为顺利实现中国建筑装饰协会今年的工作目标，奠定坚实的思想基础和组织保证，总结本次会议，我想讲三点意见。

一、对本次会议的评价

本次会议是一次成功的会议，具有重要的指导意义。在本次会长工作会上，协会秘书处向各位会长通报了全年的工作内容，大家进行了认真的研究、讨论。可以看出，大家对今年协会安排的工作非常重视，最近在建设部系统学习贯彻十六届三中全会精神时，部党组要求全国建设系统，都要为实现小康社会的奋斗目标，做些实际工作。协会2004年的工作安排，就是围绕这个总目标，所做的系统安排，很多是具有前瞻性、探索性的工作，但都是行业发展中亟待解决的问题。有些工作内容，是本届理事会任职期间的具有制高点性质的项目。会上，各位会长对协会今年的工作安排给予了充分肯定，提出的意见和建议都非常有价值，是各位会长认真履行会长职责，发挥自己专业学识和经验优势，站在行业发展，协会整体工作的角度，以战略性的眼光分析问题的结果，是高层次、高水平思维的体现，将对今年协会的工作产生积极的指导意义。

大家对今年工作给予了肯定，认为中装协今年的工作安排内容非常丰富，思想性和指导性很强，组织安排得很细，抓住了历史的机遇，是非常有价值的活动，对行业发展的意义重大。大家一致表示支持中装协的工作，协助完成今年的工作任务。

大家一致认为，中国建筑装饰协会的庆典活动要和社会联动，要邀请更广泛的社会团体、相关机构参加我们的活动；对于中装协计划搞的捐赠希望小学活动，大家也一致表示赞同，并表态积极参与，会后秘书处要认真研究、慎重组织，更好的提升中装协的影响力、认可度。大家还提出了很多很好的意见和建议，都是具有重要指导价值的意见。我相信，秘书处在认真落实本次会议精神的基础上，会对今年的工作安排做出必要的调整，使其更加完善，协会今年的工作必定会迈向新的台阶。

二、会议提出的主要问题

本次会议上，大家经过仔细的审阅，认真的分析，对中装协的工作提出了大量建议，大家提出的带有普遍性问题，总结归纳有以下几个方面：

1．对20年庆典活动提出建议。主要包括要制定安全预案，进一步完善组织，要有纪念品，要设立特殊贡献奖等。

2．对行业带有方向性发展的问题，这是我们今年活动重在展望的重要体现，主要包括如何在行业树立科学的发展观；当前的经济调整政策形势下，将会对建筑装饰行业产生哪些影响；行业的发展目标是什么；建筑家装企业如何定位；建筑装饰行业如何进入国际市场；企业做专，还是做大，如何利用社会资源；行业从业者的职业健康与安全等。这些都是行业发展中的重要课题。

3．关于家装问题。家庭装修产值达到4300亿元，从业人员800多万，我们行业内企业，从事家庭装修的占绝大多数，客观地讲，中装协近几年对家装行业的引导、管理不够，此次召开住宅装饰装修发展大会，就是要加强住宅装饰装修的指导与管理。会上大家提出的对家装公司经营模式的探讨；协会如何在市场准入、企业资质、奖项上加强对家装行业的引导和管理，还要进行专题研讨，对今后召开的家装发展大会，还要进行深入的研究，把此次大会组织好。

4．关于下次中国建筑装饰协会会长会的安排，各位会长就时间、地点等提了建议，我们已经有了一个基本看法，会后还要经过认真研究后再确定。

对于大家提出的问题，今后要专门组织会议进行研究，并把这些问题作为今后工作的重点内容，安排到工作日程之中。

三、关于加强协会自身建设的问题

各位会长一定要关心协会自身建设，加强协会的思想建设、组织建设和业务建设是一个永恒的主题，这是由我国社会架构和市场经济发展要求决定的。自2001年中国建筑装饰协会五届理事会换届以来，协会在各种场合和各次会议上，都反复强调这个问题，很希望引起大家的高度重视。

我们要对自己的地位和作用有一个准确的认识。协会是行业的社团组织，是行业管理主体、企业利益代表、行业发展的引路人，是政府、企业间的桥梁和纽带，随着中国市场经济体制的不断完善，政府职能的转移，协会在社会经济生活中的地位越来越重要，协会在行业内的作用也会越来越突出。搞好中国建筑装饰协会的工作，将对行业发展、企业发展具有决定性的意义。工作内容多、工作量大，但是协会工作又有很大的弹性，只能是依靠提供高质量的服务，才能在社会上找到发展的空间。所以协会几年来，在工作中都反复强调“没有高度的责任心和使命感，就干不好协会工作”，以此来提高协会秘书处的思想水平。协会决不能成二政府，决不能让会员单位感觉到脸难看、事难办，绝不能对行业存在的焦点、热点问题视而不见，态度冷漠。要把中国建筑装饰协会办成一个发展型、学习型、服务型的协会，首先就要提高协会工作人员的思想道德品质，要提高协会工作人员的敬业精神、职业操守、奉献态度，协会工作才能不断迈向新台阶，协会才能不断提高在行业内的凝聚力。在这方面，特别希望各位会长高标准、严要求，不断为协会的思想建设工作提出好的建议和意见，使协会领导班子和秘书处的思想道德水平迈上一个新水平。

组织建设是协会面临的又一个重要问题，没有完整的组织体系、广泛代表性的会员单位队伍、精干的秘书处工作班子，协会的工作就不可能代表和含盖全行业，也不可能系统地承接政府职能，也不可能完成协会的全面工作。在这方面，我们不仅要加强中装协秘书处和专业委员会的建设，还要做协会的宣传者、鼓动者、组织者，积极为建立各地方建筑装饰协会组织、发展壮大会员单位做切实有效的工作，协会组织建设的工作目标才能实现。各位会长在行业内有较高的认知度，具有一定的代表性和权威性，在这方面还要继续努力多做工作。

协会的业务建设，直接关系到协会的号召力和凝聚力，也关系到行业的发展。所以，它既反映协会的形象，也展现协会的实力，体现协会在社会中的地位和作用。除协会工作的正常业务，解决行业发展及企业中存在的热点、难点问题，还要精心策划项目，创造新的工作领域和服务空间，这是发展协会的一项重要工作。几年来，协会进行了大胆的探索，也取得了一定成绩，特别是依靠各位副会长出点子，支招儿，提思路，大家共同努力，使协会的专业服务工作不断迈向新水平。

各位会长：

我们开了一个很好的会，高效、成功的会，对更好完成今年各项工作起到重要作用，是将会对行业今后发展产生指导意义的会。同时希望积极参加20周年一系列活动和会议。

再次感谢各位会长、重庆市建筑装饰协会、重庆港庆建筑装饰工程公司及所有工作人员的辛勤工作，并祝大家心情愉快，事业兴旺，身体健康。

2004年中国建筑装饰协会会长工作会议纪实

中国建筑装饰协会秘书处

（二〇〇四年六月九日）

中国建筑装饰协会于2004年6月8日～9日在四川省九寨沟县召开了“2004 年中国建筑装饰协会会长工作会议”，中国建筑装饰协会12位正、副会长参加了会议，浙江省、江苏省、重庆市、四川省建筑装饰协会会长也应邀参加了本次工作会议。

会议由中国建筑装饰协会会长马挺贵主持并致词，常务副会长兼秘书长徐朋做工作报告，报告分两个部分，第一部分是汇报了2004年上半年的工作。按照中国建筑装饰协会五届三次常务理事会确定的工作内容，上半年主要完成了六项工作，一是于2004年3月在广州召开了中国建筑装饰协会秘书长工作会议。二是于2004年4月在北京召开了“全国建筑装饰行业信息化建设工作会议”。三是开始了2004年度“建筑装饰行业百强”的评价与推介工作。四是于2004年5月在浙江省杭州市召开了“全国建筑装饰优秀项目经理表彰会”；五是于2004年4月在北京召开了“全国建筑装饰行业培训工作会议”。各项展会如期举办；《中国建筑装饰装修》与会刊《中国建筑装饰》正常出版；《中华建筑报》进行了必要的改版，也在正常运转。六是抓协会的自身建设中，完成了协会秘书处的述职、考评和聘任工作。

第二部分是通报了2004年下半年的工作安排，重点是庆祝中国建筑装饰协会成立20周年系列活动的策划与安排。20周年庆典活动的宗旨是，结合庆祝建国55周年，通过行业的发展，反映我国改革、开放取得的伟大成就，通过践行“三个代表”重要思想，在分析新情况，研究新问题中；探讨行业发展的新思路。通过 20 周年活动扩大行业在社会中的影响，树立行业的良好形象；通过探讨协会工作规律，提高协会工作水平；为完成“二次创业”创造条件。整个活动要尽可能减少会员单位的压力和负担。徐朋介绍了一些具体设想：

计划集中安排3天活动，第一天上午召开中国建筑装饰协会成立20周年庆祝大会，其中包括“中装协成立20周年学术报告会”。当日下午召开“中国建筑装饰协会特别会员代表大会”，并举办“中国建筑装饰行业老工作者座谈会”和“全国建筑装饰行业职工美术、书法、摄影展”，晚上举办“全国建筑装饰行业庆祝20周年职工文艺汇演大会”；第二天上午同时召开“全国建筑装饰行业百强企业授牌报告会”和“全国住宅装饰装修发展大会”，晚上为“用心装饰世界大型文艺演出会”；第三天举办“全国500家家装企业诚信宣言”和“住宅装饰装修投诉中心成立”活动，同时出版文集和制作纪录片。

除中国建筑装饰协会成立20周年庆典活动外，还将进行以下几个方面的工作，一是落实科技大会的促进行业科技进步指导意见，抓好科技示范工程项目；二是抓好行业的信息化建设工作，推动行业的现代工业化改造；三是抓好室内建筑师资格认定工作；四是抓好培训工作，全面落实、实施注册建造师培训和工人技能培训工作；五是继续加强国际交流活动；六是加强协会自身建设。

为了进一步提高行业社会影响力，根据深圳部分企业家的提议拟在20周年庆祝活动中搞一个捐赠活动，向贫困地区捐赠一所希望小学，此次作为会长会议的议案，由协会秘书处落实。

各位会长认真研究了协会2004年的工作安排，一致认为，中国建筑装饰协会2004年的工作安排内容丰富、扎实、细致、周密，代表了行业发展的要求；站的高、看的远，工作有新思路，安排有层次，体现了协会的专业水准和行业指导能力。因此，完全同意协会的工作安排，同时，完全赞同和支持中国建筑装饰协会搞善举，举办捐赠活动，向贫困地区援建希望小学。针对2004年各项工作安排，各位会长也谈了希望和意见、建议。

汪家玉副会长提出：换届后中装协的工作得到了加强，受到全行业的好评，这在广东省建设厅召开的会议上已经表现出来，得到了各方面的支持，中国建筑装饰协会成立20周年，确有值得庆祝、总结的实际内容，要坚持把社会力量融入行业发展；把理论性、知识性活动融入20周年庆典；把庆典活动作为推动行业向阶段发展的里程碑，既要有传统作法，也要有创新，让行业很好地进行总结，使社会更为全面地了解行业，创造行业发展良好的外部环境，会议应该搞一个有保存价值的纪念品，使全国各地的同仁感到协会的感召力。

魏光副会长提出：中国建筑装饰协会如何打造成强势协会，现在社会对中装协的认可有了良好基础，要加强对带动行业发展方面的宣传，特别是要加强对国际的宣传，推广工作，使协会在国际上有认知度，对行业在国际市场上发挥新的积极作用，庆典活动也应该有国际化思想和内容。整个庆典活动的会务组织工作任务很重，会员企业要积极配合，抽调人员参加会务工作，以保证会议有序进行。

谢建伟副会长提出：在庆典活动中，回顾与展望行业发展非常重要，而且应该重在展望。协会要让行业知道未来是什么样。因此，要认真研究行业发展的主要问题，第一是建筑装饰企业永远是分包商的角色，应该如何定位，这既包括协会如何定位的问题，也包括企业在工程市场中如何定位问题，同时包括市场国际化后产生的问题。第二是企业的发展问题，现在改制已基本完成，问题是民营企业如何发展，如何发挥优势，如何在体制、机制上怎么创新，永远是一个人担任老板的企业，做专可以，做大、做强很难。体制、机制决定了企业的发展，现在很多企业没有认识到，思路不清，需要协会加强引导。第三是国际化问题，要研究可能性和条件。装饰公司单打独斗的进入国际工程市场的可能性很小，因此，要给行业讲进入国际工程市场的具体条件是什么，企业如何创造条件，外部市场的环境是什么样的，如何使成熟的土建与装修公司结合。第四是装饰行业的技术发展，今后能发展到什么程度，行业在技术上必须突破什么，信息化、工厂化之后，还会有技术之外的技术，譬如说服务。企业要发展，就必须有清晰的目标，不断突破自我，要符合社会、市场的发展潮流，才能成为行业领头羊，走的更快、更超前，给业内其他企业起到示范作用。协会应该在这方面加强工作。

朱兴良副会长提出：协会为提高行业地位，企业管理水平做了大量实际工作，取得了成绩，但有些工作还要进一步深化，才能发挥出更大的效用，如工厂化问题，在科技大会以后，工厂化问题还应该做进一步研究。

王波副会长提出：组织大型庆典活动，一定要制定安全预案，要想得多，想得细，确保活动的安全性，包括食品卫生安全都要预先考虑到，并制定应急预案，才能确保活动的安全。第二是是否要有一个特殊贡献奖，使长期在行业工作的老同志有荣誉感。第三是否要有成就展，可以和其他展览结合，把精品工程向社会展示，可以使展会有更多看点，提高质量。第四是提升装饰公司水平要走艺术化道路，加强技术与艺术的结合。

叶远西副会长提出：要加大对公共建筑装修的宣传力度，提高社会、政府对公装的认同，使公装企业得到更好的尊重，应该作为协会的一项内容。第二是要研究如何保护建筑装饰行业从业者队伍的身体健康，要从工作条件、施工环境、预防措施等方面加强研究，推广科学的预防方法。第三是大型会议最好能利用周末休息日，避开工作高峰期。第四是协会捐助希望小学，要从设计到施工提供一条龙配套服务，搞成个经典工程、精品工程，要成为地区性的标志性建筑。

丁域庆副会长提出：向贫困地区献爱心，搞捐助活动是善举，不仅应该搞，而且不能简单化，可以以协会的名义倡导，在行业内的职工中进行募捐，动员行业力量，捐助一批希望小学，同时到北京参加捐赠仪式。

张钧副会长提出：希望能对家装企业资质、百强、设计师评审中要单列，体现家装与公装的区别，要研究家装市场与家装企业的发展趋势，包括经营业态、工厂化生产、成品房、人才管理等具体内容，对于住宅装饰装修行业发展大会，建议更广泛的宣传，调动大家的积极性；会议要商业化运作；要请建材家装市场加入；要有任务单，要先召开预备会。

冯林副会长提出：建筑装饰企业在发展到一定规模后，应该走多元化经营发展的路子，特别是要重视资本经营，要放眼社会，参与其他行业改制，通过收购企业、包装项目、资产增值后拍卖，使企业走上良性循环的发展道路。

符曜伟副会长提出：中国建筑装饰协会20周年庆典活动，要围绕主题，对行业的发展战略进行研究，当前应重点研究两个问题，一是建筑装饰行业如何落实科学的发展观，第二个是国家在进行宏观调控时，会给行业带来哪些影响，行业如何发展，要研究，在会长报告中要体现。第三是组织大型活动要做评估，费力费心对行业发展得不到实惠的事不干，第四是要加强同地方政府，相关协会等沟通，搞好关系，确保会议圆满成功。对于建筑装饰行业的改制，重点应放在中、小企业，才能提高行业整体素质。

四川省建筑业协会会长杨乾芳、浙江省建筑装饰行业协会会长董宜君、江苏省建筑装饰协会会长毛家泉、重庆市建筑装饰协会副秘书长肖能定等也在会议上发言。

马挺贵会长做了总结讲话（全文另发）。

本次会议由中国建筑装饰协会副会长单位、重庆港庆建筑装饰有限公司承办，中国建筑装饰协会副秘书长张京跃、综合部主任王毅强、行业发展部主任王本明、信息咨询委员会秘书长田万良也参加了会议。

2004年度全国建筑装饰行业培训工作会议在厦门举行

《中国建筑装饰》编辑部　观察员

一、会议简况

中国建筑装饰协会确定2005年为“培训年”，为清晰思路，完善内容，中国建筑装饰协会于2004年12月6日～7日，在福建省厦门市白鹭洲大酒店召开“2004年度全国建筑装饰行业培训工作会议”。会议的主题有三：一是听取中国建筑装饰协会培训部主任兼培训中心主任王燕鸣的2004年培训工作总结和中国建筑装饰协会常务副会长兼秘书长徐朋的讲话；二是表彰培训先进单位和个人；三是听取开拓培训思路讲座和介绍培训工作创新。

出席培训工作会议的有中国建筑装饰协会常务副会长兼秘书长徐朋、副秘书长张京跃、培训部主任兼培训中心主任王燕鸣、行业发展部主任王本明、信息部主任兼会刊《中国建筑装饰》主编黄白、施工委员会秘书长顾国华、厦门市建筑装饰协会秘书长洪乃命、副秘书长江清源。会议引起各地建筑装饰协会领导、培训中心负责人，以及中国建筑装饰协会培训中心授权培训机构负责人的重视。武汉市建委杨丽娟、苏州市建设局乔军莉、泉州市建筑行业协会副秘书长林天燧专程到会。会议由张京跃副秘书长主持并作总结讲话。

参加会议的有福建省建筑装饰协会常务副会长张福如，江苏省装饰装修行业协会会长毛家泉、副秘书长刘媛，南京市装饰行业协会副秘书长周立芹，陕西省建筑装饰协会秘书长王卫国，太原市建筑装饰协会副秘书长吴黎明，广州市建筑装饰协会副秘书长罗焕良，武汉建筑装饰协会秘书长郭伟，汕头市装饰协会秘书长辛忠，四川省建筑装饰协会秘书长陈建文，苏州市装修装饰行业协会副秘书长黄静贤，常州市建筑装饰协会秘书长吴继周，杭州市建筑装饰协会副秘书长叶平平，甘肃省建筑装饰协会秘书长朱元华、副秘书长赵健民，安徽省建筑装饰协会副秘书长张红燕，昆明市建筑装饰协会秘书长刘海华，衡阳室内装饰装修协会会长周望生、秘书长罗立新等16个省市建筑装饰协会的领导。

有北京市建筑装饰协会培训中心主任申雪梅、上海市装饰装修行业协会培训中心主任从国梁、辽宁省装饰协会培训中心主任李萍、大连市建筑装饰行业协会培训中心主任隋明、浙江省建筑装饰行业协会培训中心主任张弥、重庆市建筑装饰协会培训中心主任陈正敏、长沙市装饰装修行业协会培训中心主任蒋成青、武汉建筑装饰协会培训中心主任刘立军、宜昌市建筑装饰协会培训中心主任李祖才等9个省市建筑装饰培训中心的负责人。

有来自北京、上海、天津、呼和浩特、唐山、青岛、临沂、泰安、乌鲁木齐、广州、深圳、佛山、珠海、桂林、郑州、武汉、海安、宁波、南昌、石家庄等20个地方的授权培训机构负责人。共100多人。

二、王燕鸣培训工作总结

王燕鸣主任的2004年培训工作总结分三个部分：一是工作成绩；二是工作问题；三是工作建议。

关于培训工作成绩，有八项：

一是培训数量增加，2004年1～11月共培训28830人（次），其中上海为1062人，居全国首位，全行业培训数量相当于2002年以前数年的总和；二是培训项目向多元化、多层次发展，初步形成了高、中、低不同层次的13个培训项目，如配合家装行业准入制定教材、江苏的幕墙、南京的工程量清单、大连、杭州、宜昌的工人技能培训等，各有各的特色；三是培训内容突出行业特点，结合中国建筑装饰协会召开的全行业科技大会、协会成立20周年庆祝大会、信息化建设工作会议等开展工作，向专业化、精品化、国际化发展，开发了一批培训项目，装饰装修建造师成为14个行业建造师之一；四是初步建成组织框架，北京、上海、浙江等很多地方建筑装饰协会成立了专门的培训中心，同时成立了一批经协会授权的培训机构，使培训工作社会化、市场化，现只有贵州、青海、黑龙江、西藏等少数几个地区为空白；五是培训工作向规范化健康发展，增加了在有实力的企业中建立培训站的工作，提升企业家的社会责任感，同时取消个别不符合条件的培训机构；六是创造培训项目，合作共赢，如2004年装饰装修建造师考前培训了2830人，找到了自身的比较优势，更大地满足了人才培训需求；七是提高培训层次，我国建筑装饰行业从业人员多数未受过正规教育，学历较低，天津的行业培训结合自学高考，打开了求学的绿色通道；八是通力合作，共同构建装饰行业培训项目系统，现已形成50多种、一千多万字的培训教材。

关于培训工作问题有三项：一是培训规模小，数量少，我国现有25万多家装饰企业、1000多万从业者，如年培训3万人，才不及行业总人数的2.7‰，且主要是管理层人员、大多数农民工尚未得到培训；二是信息渠道不畅，以广告、红头文件形式招收学生的方式收效甚微，问题是企业不知道谁来管培训、培训什么，信息严重不对称，此外，课时缩水、偷工减料，规模和质量问题都很大；三是培训工作基础建设薄弱，垄断、单打独斗等计划经济办培训的思想依然十分严重。

关于今后培训工作的建议有两条：一是树立高度的社会责任感；二是大力进行培训创新。（全文另发）

三、徐朋讲话要点

徐朋常务副会长兼秘书长着重介绍了中国建筑装饰协会工作的思路，2001年换届以来，2002年工作重点是应对WTO，2003年是科技进步，2004年是协会成立20周年庆祝活动，2005 年是管理年、合作年、培训年。本次会议实际上是我会与各地方建筑装饰协会及相关培训机构的合作，从而启动了我会 2005 年的工作，希望大家能讨论出来培训重点、特点、实际效果是什么，如何体现"培训年"？启动 2005 年工作的第二个会议就是 12 月 20 日协会在北京召开的五届四次理事会。

他强调，培训的关键取决于企业家的积极性。关于协会的工作性质，他指出，就是自己找事干的场所，同时协会也是弱势群体。要把协会当作事业来干，"没有政治责任心干不了协会工作；没有一定能力、水平实现不了高层次为会员企业服务的目标；没有敬业精神完成不了协会任务。"这已成了协会秘书处工作的座右铭。协会的优势在于我们有一大批忠于行业、热爱协会的工作者。

徐朋指出，当前我们要着力提高五个能力：一是推动行业发展；二是策划并组织行业重大活动，如培训就业活动；三是调动会员企业积极性；四是协调周围关系、创造工作环境；五是协会工作人员学习的能力。

接着徐朋做了关于题为"解放思想　转变观念　求真务实　全面推进行业培训工作"的讲话，并布置的 2005 年工作要点（全文另发）。

四、颁奖、讲座、关注点

在"运动员进行曲"的伴奏下和掌声中，徐朋常务副会长兼秘书长给予培训先进单位和个人发了奖。

《关于 2004 年装饰行业培训工作的表彰通报》（中装协培[2004]47 号），通报指出：在中国建筑装饰协会五届理事会的领导下，在各地协会、各培训工作站和广大培训工作者的积极努力下，2004 年建筑装饰行业的培训工作取得了新的成绩，出现了一批有市场意识、有创新精神、敢于克服困难、积极创造条件、认真办学、严格管理、为行业培养人才的先进培训工作站和优秀培训工作者。鉴于他们为行业培训工作做出的突出成绩，特此予以通报表彰：

先进培训工作站：上海市装饰装修行业协会培训工作站、杭州市建筑装饰协会培训工作站、昆明市建筑装饰协会培训工作站、大连市建筑装饰行业协会培训工作站、厦门市建筑装饰协会培训工作站、乌鲁木齐市建委培训中心培训工作站、湖北教育学院培训工作站等。

优秀培训工作者：上海市装饰装修行业协会副秘书长汪洋、杭州市建筑装饰协会副秘书长叶平平、昆明市建筑装饰协会秘书长刘海华、厦门市建筑装饰协会副秘书长江清源、大连技术交流培训中心主任隋明、乌鲁木齐市建委培训中心主任吴建新、宁波市建委培训中心劳动技能科科长敖宇峰、湖北教育学院培训部主任雷远春、武汉市建筑工程专修学校校长高进仁、武汉城市建筑职业学校倪新华、宁波海曙区科星思服培训学校校长杨爱明等。

《关于对在建筑装饰行业职业技能国家题库开发与配套考试用书编写工作中做出贡献的上海市装饰装修行业协会等五单位的表彰通报》（中装协培[2004]48 号）：通报指出：2004 年 4 月 6 日，中国建筑装饰协会培训中心受国家劳动和社会保障部职业技能鉴定中心委托，开发装饰镶贴工、装饰涂裱工职业技能鉴定国家题库，并编写配套考试用书。此项工作得到了上海市装饰装修行业协会和江苏省建筑职工教育中心的大力支持，由其牵头组织了上海房地产行业教育中心、江苏省海安县建筑工程学校和苏州建筑职工大学三个单位，出色地完成了规定任务，受到了委托方的充分肯定和赞扬。此项工作的完成，填补了我国建筑装饰行业职业技能培训和鉴定工作的空白，为广泛开展培训和鉴定工作奠定了重要基础。在此，对在这项工作中做出贡献的上海市装饰装修行业协会、江苏省建筑职工教育中心、上海房地产行业培训中心、江苏省海安县建筑工程学校和苏州建筑职工大学予以通报表彰。

随后，河北省创造学会执行会长唐殿强就"创新"、北京十一学校校长马成杰就"培训规律"进行了各半天的讲座，使人知道什么是与时俱进和实事求是。天津市建筑工程职工大学校长魏鸿汉关于将职业培训与学历教育结合的介绍和中国建筑装饰协会培训中心在线教育成为会议代表的兴奋点。职业培训与学历教育结合，一直是难点，目前全国开设有艺术类高自考的只有北京——建筑学、建筑装饰。经教育部和建设部确定的职业培训与学历教育相结合的试点全国有 70 多个，天津市建筑工程职工大学为其中之一，经天津市建筑工程职工大学与中国建筑装饰协会培训中心相商，国家批准，决定从 2005 年 1 月起进行二年制的"环境艺术设计"高等教育自学考试，分专科和本科，并与职业培训相结合，届时同时取得设计员职称。

中国建筑装饰协会培训中心在线教育，是网上教育在建筑装饰行业的创新应用，具有灵活多样、快速实用的特点，与会代表很快就记住了网址：www.cbdatraining.org.cn。

会议还研究了《全国建筑装饰行业职业技能竞赛活动草案》、《培训工作站年检工作制度（讨论稿）》，与会代表认为中国建筑装饰协会培训中心工作很扎实，肯创新，有实效。

五、思　考

中国建筑装饰协会召开"2004 年度全国建筑装饰行业培训工作会议"，使人们有机会重新审视我国建筑装饰行业的培训工作，引发与会代表的一些思考。

目前我国培训领域内计划经济的传统思想仍然十分严重和顽固，那么市场经济的思路是什么呢？是社会化、市场化？那么教育不应该是个产业吗？如果是产业的话，就不能是现在这样的计划经济的收费和市场经济的支出，不赢利就办不下去。企业也没有利益趋动承担本应由行业承担的从业者的培训成本。应象办企业一样办培训（机构）。

行业培训是行业管理的重要组成部分，市场经济的培训工作思路：应将行业培训与行业管理相结合，结合点包括：个人从业资格行业准入与清出、行业评价、行业行为校正等，方能与时俱进，将传统的职业培训提升到一个新阶段，关键是进行行业培训管理工作的创新。因此，当前最重要的培训工作是，进行行业培训管理制度的创新，建立我国建筑装饰行业培训管理制度。制度的力量是最强大的。

2004年12月5日，为期三天的由中共中央、国务院共同召开的“中央经济工作会议”圆满闭幕，12月6日“2004年度全国建筑装饰行业培训工作会议”举行。“中央经济工作会议”给予我们行业培训工作、乃至全行业的管理工作以极强的指导作用。“中央经济工作会议”确定2005年经济工作的总体思路是：全面落实科学发展观，用科学发展观统领经济发展全局，全面增强我国经济整体竞争力。

我国正处于工业化、市场化、国际化程度不断提高的发展阶段。要把从业者迫切要求解决的问题作为培训工作重点，凡是符合科学发展观的事情就全力在赴地做，凡是不符合的就毫不迟疑地改。拿出更多的精力和时间，到基层去，到从业人员中去，察真情、办实事，把实现好、维护好、发展好广大人民群众及装饰从业者的根本利益为工作的出发点和落实点。

党的十六届四中全会通过的《关于加强党的执政能力的决定》中指出，要进一步“发挥社团、行业组织和社会中介组织提供服务，反映诉求，规范行为的作用，形成社会管理和社会服务的合力。”

六、其他收获

中国建筑装饰协会一行在厦门期间，还会见了辉煌、港龙、艺发、东方、华丽等当地优秀装饰企业的负责人并参观了荣获2002年全国建筑工程装饰奖的厦门会展中心酒店，荣获2004年全国建筑工程装饰奖的日月谷、宝龙大酒店、一代佳人娱乐宫、望德龙商务会所等典型装饰工程。

与会代表对厦门建筑装饰协会及装饰企业的鼎力支持深表感谢。

应福建省泉州市建筑行业协会邀请，中国建筑装饰协会副秘书长张京跃、信息部主任兼会刊《中国建筑装饰》主编黄白、培训部主任兼培训中心主任王燕鸣、《中国建筑装饰培训》主编高慧、汕头市装饰协会秘书长辛忠一行五人，参加泉州市建筑行业协会成立20周年庆典。泉州市在厦门以北高速路车程一个多小时，为著名侨乡，私营经济十分发达，制衣、制鞋、建筑被列为该市九大支柱产业。2003 年泉州市建筑业产值71亿元，占福建省建筑业总产值409亿元的17%，其中装饰约5亿元，19家一级建筑施工企业，其中装饰企业占8家；153家二级建筑施工企业，其中装饰企业68家。15万从业者，其中装饰为3万人。

出席此活动的有福建省、泉州市领导，有原福建省建设厅副厅长、省建筑业协会会长池颂光，原省建设厅副厅长、省工程建设质量管理协会理事长、省建筑装饰协会一届理事会理事长、二届理事会顾问杨纶钊，泉州市政府副秘书长兼市建筑行业协会名誉会长洪伯山、市建设局副局长黄金玖、市政府协会改革与发展领导小组办公室副主任吕涌波、市建筑行业协会常务副会长萧则庭、副秘书长林天燧、戚京等，会议由泉州市建设局建筑业科科长、市建筑行业协会秘书长叶向荣主持。全市200多家企业代表与会。

杨纶钊会长指出，福建省建筑装饰协会应作为省一级行业协会，不应成为建筑业协会的二级协会，此种情况将很快得到改变。这从福建省建筑装饰协会常务副会长张福如处也得到证实。个别地区将建筑装饰协会合并到建筑业协会中，既不符合市场细分的原则，也不符合行业发展规律。

泉州市建筑行业协会，原为集体建筑业企业协会，后更名为现名。协会专业工作者5人，常务副会长萧则庭为原市建设局副局长，副秘书长林天燧为原省五建公司宣传科科长，因协会工作出色，市政府协会改革与发展领导小组特奖励奖金3万元，并颁发铜牌一面，这是一个创新。与会领导讲话时全部用普通话，且说得不错，说明区域经济的高度发达。

协会工作出色的反映，如在会议文件《更名换届工作汇报和2005年工作思路》中报告：“仗义执言，坦诚反映‘最低价中标’给企业造成经营困难。我市建筑施工企业普遍反映，目前推行的‘合理最低价中标’实质是最不合理，也不科学，给业主提供了竞相压价的机会，给工程质量埋下了隐患。建筑行业本来就是微利保本行业，在法规不完善、市场不甚规范的社会环境中，强行推行‘最低价中标’，建筑企业为了生存，只好违心地低价投标，导致引起建筑材料以次充好，事故隐患严重存在，将会导致工程质量整体趋降等连锁反应，甚至助长买标围标等腐败现象的发生。协会综合各方面的意见，认真地分析推行‘最低价中标’以来建筑市场状况，多次在与政府的对话中坚持自己的观点，认为在当前建筑市场很不规范的情况下，政府应依法加强建筑市场管理，努力建立公平竞争、规范运行的建筑市场秩序，不应强行干预市场运行，应该还建筑企业一个公平竞争的经营环境。”

此前，福建省建筑装饰协会受省建设厅委托，正进行“最低价中标”的调研，泉州市建筑行业协会的报告，可作为重要参考。在中国建筑装饰协会厦门培训工作会议上，各地代表凡谈起所谓“合理最低价中标”，无不怨声载道。

会议出版了一本《承前启后　再铸辉煌——泉州市建筑行业协会成立20周年纪念文集》，内中有两篇有关装饰的文章：一是市建设局副局长陈桂生的“泉州市建筑装饰行业发展概览”，水平甚高；一是泉州宏星装璜有限公司总经理郭耶选的“建筑装饰企业发展的思考”，有一定深度。鉴于泉州市装饰业的发达，市建筑行业协会已打算成立装饰分会。中国建筑装饰协会一行人的到来，更加强了此方面决心。泉州市装饰教育十分发达，现有2所高校、4所中专开设了室内设计专业，年培养毕业生500多人，其中大专占30%。惠安县为知名建筑之乡，出装修人工及石雕、磁砖。

张京跃副秘书长代表中国建筑装饰协会在大会上发表了祝贺讲话，

福建厦门、泉州之行颇受启发。

解放思想　转变理念　求真务实
全面推进行业培训工作

——在 2004 年全国建筑装饰行业培训工作年会上的讲话

中国建筑装饰协会常务副会长兼秘书长　徐　朋

（二〇〇四年十二月六日）

各位代表，同志们：

2004 年 10 月 29 日建设部在京召开了全国建设系统第一次人才工作会议，要求建设系统一定要站在党和国家事业发展全局的高度，站在实现建设事业持续健康发展的高度，充分认识抓好建设人才工作的重要意义，以高度的政治责任感和历史使命感，把建设人才工作作为一项重要而紧迫的任务，摆在各项工作的突出位置，抓紧抓好。建设部的主管领导同志在会上做了报告和讲话。

在此之前，继 2003 年 12 月 9 日～20 日全国人才工作会议召开之后，2004 年 2 月 10 日国务院批转、教育部制定了《2003～2007 教育振兴行动计划》，《计划》中将“职业教育与培训创新工程” 列为六大工程之一，提出：一是要大力发展职业教育，大量培养高素质的技能型人才，特别是高技能人才；二是以就业为导向，大力推动职业教育，推进办学模式的转变；三是通过多种形式和渠道，大力发展多样化的成人教育和继续教育。

2004 年 6 月 17 日～19 日国家七部委又召开了全国职业教育工作会议，会议的主要任务就是提高对发展职业教育的认识，大力推进职业教育和培训，促进职业教育为现代化建设做出更大贡献。

今天，我们在这里召开装饰行业 2004 年度培训工作会议，目的和任务就是要认真贯彻落实建设部对行业人才培训工作提出的总体精神和要求，研究探讨如何抢抓我国职业教育与培训迎来的前所未有的发展机遇，乘势而上，进一步推进建筑装饰行业人才培养向规模化、多元化、规范化、科学化发展，为促进建筑装饰行业持续、健康、协调、快速发展做出新贡献。

一、提高对行业培训工作重要性和紧迫性的认识

建筑装饰行业的发展和各行各业一样，传统的、手工的、低层次、粗放型生产经营管理方式已经走到尽头，特别是入世三年来日渐激烈的竞争态势，使企业的生存和发展空间受到严重挤压，行业发展也面临着新的瓶颈。

国际经验表明，社会要进步、要发展，必须走新型工业化道路，要依靠科学技术进步，要大力开发人力资源。新型工业化需要大量各级各类应用型、技能型人才，但我国这类人才严重短缺。全国建设人才工作会议对当前建设领域人才现状进行的分析结果是：专业技术人员仅占从业人员的5.5%，低于全国平均水平；人才素质不高，尤其是在一线操作人员中，农民工占到 80%以上，其中 90%是初中以下文化程度；技能水平偏低，技师不足 1%，高级技师不到 0.3%。对于建筑装饰行业而言，囿于多种因素，除了近年来在一些地区培训了一批装饰项目经理和少量的装饰监理、装饰设计人员外，全行业的多层次、多岗位的人员培训，尤其是一线操作层面的技能培训基本处于空白状态，有些地方人才供求失衡，有些地方人才求学无门。尽管我们已在两年前提出构建装饰行业培训体系，两年来也为这个体系的建立、完善和推广做了极大努力，但行业、企业对此体系的认知程度、实践力度还很低，人员素质差、技术水平低，缺失竞争力，已严重制约企业发展，出现生存危机。令人悲哀的是，很多企业、很多企业管理者，对此还处于冷水青蛙状态，尚不以为然；或已经感知危机却不知症结何在。

现实告诉我们，职业教育、人员培训、人才建设已远远滞后于行业发展。事物发展的不二法则就是优胜劣汰，适者生存。国际竞争、行业竞争、经济竞争、科学竞争，归根结底是教育竞争，是人才资源优势竞争。党的十六大和十六届三中全会确立了以人为本，全面、协调、可持续的发展观。人是发展之本，人才培养是重中之重。为此，我们协会将把 2005 年确定为全行业的“培训年”，并以此为起点,紧紧抓住党和国家为我们营造的前所未有的职业教育和人才培训的环境和契机，把行业培训和人才建设工作放在协会、企业工作中的重要位置，真正从思想上高度重视，从行动上求真务实，全力推进行业培训工作广泛深入开展，使建筑装饰行业培训工作有一个突破。

我这里特别希望大家理解，为什么把 2005 年确定为是中装协的“培训年”？也就是说，我们将用全年的精力贯彻落实全国建设人才工作会议精神，大力宣传培训工作对人才培养的重要性，大力宣传人才建设对企业和行业发展的重要性，努力提高全行业各层面对人才培训工作重要性的认识。同时，还要认真、扎实、有效地组织开展培训活动。

二、认清形势，转变理念，创新培训模式，把培训工作做出实效

实事求是地说，协会开展培训工作面临很多问题和困难。

1. 认识不足。随着改革开放的深化，计划经济时代已转轨为市场经济时代，不学习也赚钱的时代结束了，虽然从

个人到企业对培训学习的认识程度有所提高，但提高的程度因地区、因企业、因人员而异；地区经济发展和观念意识转化决定着培训市场化和社会化的进程，决定着企业和从业者对培训和学习的态度；地方建筑装饰行业协会的市场意识和组织协调能力、市场运作能力、开拓创新能力和脚踏实地的办事能力，决定其是否能够承担政府主管部门给予的包括行业培训工作在内的各项委托；政府主管部门对建筑装饰行业发展的认识和态度以及职能转移的力度决定着对装饰行业培训工作的支持力度，因而决定着培训工作开展的广度和深度。

就以这次建造师考前培训为例，有一个地区的建设教育培训中心动手很早，准备充分，但在全省范围内仅招生 25 人。主要原因：一是装饰行业培训未从房建分离出来，从主管部门到企业都没有足够的认识，不了解面临的工作困难；二是缺乏市场意识，培训信息渠道不畅。以传统的红头文件形式发通知，致使以民营为主体的大量装饰企业无法得到培训信息；三是建设行业培训量大、面广、内容多、层次多，归口一家培训机构很难满足需求。

此外，还有的地方，协会去请示主管部门，被告知要服从统一安排。其实建设部早已在建造师网上明确提出建造师考前培训工作市场化运作的五项原则，即：政府规划，行业指导，培训单位组织，市场化运作，考生自愿参加。

2. 条件不足。国家对培训工作要求严格，首先定位是不以盈利为目的，其次凡举办社会性培训活动必须具有完备的培训资格，除了要有办学许可证、法人登记证、法人代码证、收费许可证、税务登记证外，还必须具备培训场所、教学设备、师资队伍和教学管理人员，而协会自身很少能够建立这种软硬件齐备的专业培训机构，因此，很难受到政府委托，或者一旦有了培训机会，也很难规范地开展培训活动。

3. 理念落后。一是地方等中央，协会等建委，等红头文件，等领导发话，等指令性任务，让做才做，不让做不敢力争；不置可否时，也不敢越雷池半步。特别是明明文件已经上网，政府已经放开，还将信将疑；还有的因不知道市场运作的思路和方法，无所适从。所以这次全国范围的建造师考前培训，尽管我们以上网、发函、电话等多种方式向全国所有地方协会发出配合、帮助办班的通知，还是有很多地方没有启动。

二是缺少合作理念，没有共赢意识，打破了旧的垄断，又出现了新的垄断。有政府支持背景的协会，不愿意和别人共享资源，宁可让资源闲置荒废，也不与人合作。更有甚者，自己无暇顾及，却极力反对和阻止别人干。

三是没有整合意识，习惯单打独斗。明明可以发挥社会力量，借助各种优势，扬长避短，共同发展，却抱着“肥水不流外人田”的传统理念，偏要硬着头皮自己干，结果只好“量力而行”，能干什么干什么，干成什么算什么。结果，要么事倍功半，要么毫无建树，等等。

最终的结果是培训市场、企业需求不能得到满足，行业发展受到制约，协会工作也很难打开局面。

我们要清醒地认识目前培训工作的现状和存在的困难，而更多的困难则来自于我们自己。因此我们要牢牢地把握和借助当前职业教育与培训工作的大好环境，解放思想，敞开胸怀，转变理念，找准定位，把滞后变成培训发展空间，把困难当作压力和动力，广泛动员和利用各种社会力量，积极探索和创新培训模式，形成一种政府支持指导，行业、企业、学校联动，全力全面推进培训工作的立体化、社会化、市场化新格局。

当然，各地方协会也要实事求是，因地制宜。培训工作不是一蹴而就的事，也不是激情一时，喊喊口号、写写文章的大轰大嗡，而是要有计划、有思路、有措施、有方法，要有克服困难的魄力和勇气，要有科学的、扎实的工作态度和作风。

特别要和大家探讨的是，我们的协会工作者如何在市场经济条件下加强自身思想建设，不断提高学习能力，提高创新能力，提高协调能力；如何冲破困境和阻力，打造自己的事业和发展空间。我们的装饰行业已经蓬勃发展了 20 年，建造师已经从房建专业里单列出来，然而，有些原本应为独立的装饰行业协会却成了二级专业委员会。不排除这其中有我们自身难于逆转的因素，但是“有为才有位”起着决定性作用。否则，即使天上掉馅儿饼，你也捡不到。

困难和障碍肯定会有，老的解决了，新的又会出现。然而只要我们具有高度的政治责任感和历史使命感，只要我们的所作所为利国、利民、利行业，我们就理直气壮地去作为。我们坚信，有各级领导的关心、支持和指导，有我们不懈的努力和拼搏，培训工作一定会做得有声有色，有形有效。

三、2005 年～2008 年培训工作总体构想

根据建设部全国建设人才会议精神，按照协会打造“培训年”的要求，结合行业培训市场的现状，2005 年～2008 年行业培训工作的总体框架是：进一步建设和完善行业培训体系，推进装饰行业人才培养向规模化、多元化、规范化、科学化发展。

1. 加强培训项目开发、改造和整合力度。从 1999 年开始，我们已经陆续开发完成了以装饰项目经理为主的四个从业资格项目，2003 年我们完成了建设部委托的装饰行业工人六个职业技能岗位标准、规范、题库和教材的编写，并被委托在行业内颁布实行。之后，我们组织召开了多次会议，研讨培训模式和培训方法，为推动行业各层面的培训奠定了基础。

我们将进一步面向企业，面向行业，面向市场，以需求为导向，在尝试开发一些跨行业、边缘化、有生命力、有市场前景的综合性培训项目和专业性较强的培训项目的同时，将已有的从业资格培训与劳动部门的职业资格培训接轨，与高职、高专学校专业课程接轨，提高培训层次，提高行业培训的社会认可度，以满足不同的人才培养需要。

2．加强培训教材建设。为保证培训教材的时代性、实用性、准确性，使之更贴近行业发展现状，对已试用了一年以上的教材——包括新开发项目的配套教材，进行内容更新和修订完善。分别组织培训机构、受训学员、授课教师和编著者专题研讨，提出修订意见和建议。

针对不同层次培训对象的不同特点和不同的培训方式，研发编制多种形式的培训、教辅教材，以便于培训考核，强化培训实效。

为确保教材编写的权威性和使用的广泛性，强化培训教材的理论和实践的有机结合，将重组编写队伍，强化专家力量，组成由协会会长、秘书长挂帅，秘书处各部门负责人、各专业委员会负责人和各地方协会主要领导参加的教材编审工作委员会，切实编写出具有鲜明行业特点、高质量高水准的培训教材，以保证培训质量，使协会系统的培训具有市场竞争力和行业权威性。

3．加强师资队伍建设。随着培训项目的多元化，培训范围的扩大化，尤其是职业培训的市场化带来的培训竞争，对教师的品德素质和教学水平提出了更高的要求。尽管多年来我们一直把教师队伍建设放在重要位置，不断根据实际情况进行调整，已经拥有了一批受学员欢迎的专业课教师，但由于行业培训的特殊性，外聘教师队伍的整体素质不高（如缺乏责任感、重课酬轻质量等），数量和质量也远远不能满足广大的行业培训市场需要。为此，我们已经把教师的师德建设提上日程，但仍缺少有效的、理想的机制，这为我们行业培训提出新课题。

据此，我们将扩大教师的遴选范围，扩充教师队伍数量，提高教师队伍素质。特别要加强"双师型"教师队伍建设。一方面吸收德才兼备、水平和口碑良好的各类教师；一方面按培训项目的课程要求，有计划地为各地培训一批既有理论功底又有实践经验的师资队伍。在师资队伍的管理上，加强对任课教师的政治思想教育，师德教育，引进竞争机制，吐故纳新，优胜劣汰。

4．加强培训组织网络建设。截至目前，中心在全国设有授权培训工作站50家，其中有 2 家工作站因违规被撤销授权，有 26 家工作站一年中因各种原因未开展任何培训活动。只有22家培训站及另外 9 家单项合作单位正常地开展了培训工作，基本分布在16个省、自治区和直辖市。

事实上，现有的培训组织网络覆盖面还很小，推广培训的力度还很弱，尤其是上规模的培训还不多。

因此，必须要把协助指导配合地方协会强化培训工作的基础建设、创造培训条件、逐步开展培训活动作为中国建筑装饰协会培训工作的重点之一。各地方协会领导要善于发现、鼓励、扶持、依靠社会力量开展培训活动，以弥补协会自身硬件条件的不足，凡是符合国家规定、具备办学资格、有良好办学软硬件条件、愿为建筑装饰行业人才培训作贡献的各类培训机构都可以加入装饰行业培训队伍，切实加强行业培训的力度和广度。要把帮助培训工作站（机构）发展作为共同目标，建管合一，规范运作，为扩大培训范围、扩大培训规模、推广培训项目搭建广阔的平台。

在支持、指导和帮助别人的同时，各地方协会组织也要积极寻找并创造自身的比较优势，把竞争变成竞合，把资源垄断造成的荒疏闲置，变成资源共享和合理配置，逐步探索创新一种各级协会之间、协会和培训机构之间、协会和其他社会力量之间、培训机构和培训机构之间优势互补、合作共赢的、多元化的培训模式。

合作是新经济时代的突出特点，各地方协会要实事求是，要立足全局，站在推动行业发展的高度，强化市场意识，积极开拓创新，寻求共同发展的合作之路。

5．加强培训工作者（包括协会工作者）队伍建设。现有培训工作者队伍素质水平参差不齐，培训动机各不相同，以培训为手段，以盈利为目的者不乏其人、其行为。因此，2005 年要在清理整顿培训工作站的基础上，要加强对培训站负责人和协会培训工作组织管理人员进行各种业务素质培训，提升培训工作者的社会责任感，提高培训机构的经营管理水平及培训活动的组织协调和运作能力，并把这种培训制度化。

四、2005年培训工作要点

主题：贯彻落实建设部建设人才工作会议精神，强力打造培训年，全面推进行业培训工作。

1．加强舆论宣传，在报刊媒体上开辟专版宣传培训工作和人才建设的重要意义，提高全行业对培训工作的认识。届时请马挺贵会长、徐朋秘书长撰写专题文章，请各地协会主要负责人撰文，适当时机集结出版。

2．协助地方协会加强培训工作组织建设，配合有需求的地方协会逐步完成开展培训工作应具备的硬件条件建设，并安排专职工作人员、制定切实可行的培训计划，帮助其开展培训工作。

3．利用"培训年"营造培训氛围，提高行业、企业对培训工作重要性的认识，发现和培育2～4个真正的学习型企业（或协会），并总结推广其经验和做法，以带动更多的地区和企业建立学习型组织（将制定学习型组织标准和测评方法）。

4．加大项目经理向建造师制度过渡的宣传力度，帮助地方协会协调好和地方相关部门的关系，继续帮助指导各地（或共同合作）组织开展建造师考前培训，将量大、面广的二级建造师考前培训作为各地方协会 2005 年培训工作的主要内容之一。特别是要想办法帮助那些行业发展比较落后、考生较少、组织不起培训班的地方解决考生的考前培训问题。

5．根据国务院批转、教育部制定的《2003-2007 年教育振兴行动计划》中关于职业教育与培训创新工程的要求，针对建筑装饰行业从业人员学历层次较低、或多数未受过相关专业系统教育的现状，尝试将已经开发和正在开发的培训项目与大专院校相关专业课程接轨并融合，把装饰行业职业

（执业）资格培训和国家学历教育结合起来，借助大专院校优质教育资源，发挥行业培训优势，加速培养符合行业企业需要、理论与实践相结合的高素质应用型人才和高技能型专业人才，以此增强行业培训工作的生命力。

6．针对当前建设领域专业技术人员数量少、素质低、一线操作人员技师不足1%、高级技师不到0.3%的状况，围绕实现建设部近期召开的全国建设人才工作会议提出的“5年培养3万技师和高级技师”目标，强力推进装饰行业工人职业技能培训和鉴定工作，在2005年争取启动两项工程，为装饰行业培养出1000～1200名（年）技师和高级技师，培训20000名（年）初、中、高级技术工人：

（1）在国家教育部、劳动和社会保障部门的支持和指导下，组建从标准制定、教材编写、题库开发、培训考核、鉴定发证一体化的装饰行业人才培训基地试点，探讨装饰行业操作人员培训的方式方法。

（2）与国家劳动和社会保障部、全国总工会、教育部等部门合作举办全国装饰行业工人职业技能竞赛活动（活动办法见另文）。

（3）配合上述两项工程，在建设主管部门、劳动保障部门和相关部门支持下，有计划有步骤地在不同地区、不同企业开展技能等级与工薪待遇挂钩的试点，按级定薪，高能高酬，把接受培训、提高技能水平与从业人员切身利益结合起来，在条件成熟的情况下，根据试点情况制定配套管理办法，把人员培训量、持证上岗率、高技能型人才比例纳入企业管理、资质年检、工程评优等各项规定之中，作为企业规范管理、工程质量保证体系的必备条件之一，从根本上促进行业各级各类人才培训工作有效地开展。

通过启动这两项工程，提出一套（试行）办法，借助政府支持，发动社会力量，通力解决装饰行业工人职业技能培训难的问题。

7．配合住宅装饰装修行业自律管理企业准入与清出试点工作的启动，开展家装领域从业人员系列培训（方案见另文）。

8．开展多层次、多样化的继续教育和专题研讨：

（1）建筑装饰专业建造师考前培训教学方式和教学方法研讨

（2）施工企业应对最高法院最新司法解释操作实务培训

（3）与清华大学联合举办装饰企业高级管理研修班

（4）协会工作者创新能力、运作能力、创造工作能力的研讨

（5）各种从业资格继续教育

（6）计算机网络应用技术培训

（7）其他（如职业经理人培训）

9．为各地培养师资队伍，切实提高培训质量。举办建造师、装饰工程管理、装饰监理、装饰造价、装饰设计、装饰技工等方面的师资培训，逐步形成行业培训师资持证上岗和继续教育制度。

10．启动远程教育培训，尽快建立完善在线培训和在线考试系统，满足不同地区、不同情况学员的学习需求。

11．增大《中国建筑装饰培训》刊物的投入，加大刊物容量，扩大发行范围，宣传业内重视培训工作、创新培训工作、培训质量好规模大的协会、学校和个人。

各位代表，同志们：你们已经克服了很多困难，为建筑装饰行业培训工作做出了积极的努力和重要的贡献，受到了企业、行业、社会的认可和赞誉，在此，我谨代表中国建筑装饰协会，向你们致以崇高的敬意和衷心的感谢！我们也必须看到，在新的形势和要求下，摆在我们面前的培训任务将更加艰巨，更加繁重，更加急迫，困难也仍然会是形形色色，有增无减。但是，我相信，只要我们紧紧抓住这千载难逢的良机，解放思想，转变理念，与时俱进，开拓创新，齐心协力，求真务实，我们的行业培训工作就会呈现新局面，就会为建筑装饰行业健康、协调、持续、快速发展提供有力支持和保证，我们行业协会和培训机构也会得到发展和壮大！

2004年度全国建筑装饰行业培训工作总结

中国建筑装饰协会五届理事会理事　全国优秀建筑装饰协会工作者
中国建筑装饰协会培训部主任兼培训中心主任　王燕鸣

首先，让我代表中国建筑装饰协会培训部和培训中心向一年来给予我们工作极大支持并对建筑装饰行业培训工作做出重要贡献的各位领导、同仁致以最诚挚的感谢！

自从我们2004年10月份发出对全年行业培训工作进行总结的通知后，各地建筑装饰协会、各培训工作站和相关培训合作单位都积极支持和配合我们的工作，截至11月30日，共收到培训工作总结或资料简报44份，其中协会系统21份，这些协会是：北京、上海、重庆、江苏、南京、浙江、杭州、山西、河南、安徽、辽宁、大连、甘肃、广州、深圳、厦门、昆明、长沙、宜昌、绵阳及协会信息咨询委员会；其他为各地各类培训机构（以中国建筑装饰协会培训中心授权工作站为主）。根据培训中心的常规档案资料和截止到11月30日上报的培训总结综合统计，2004年仅1至10月全行业培训各类人员28830人（准确地讲，应为不完全或不准确统计），其中上海装饰协会截至10月份完成各类培训10624人。培训内容包括一级建造师执业资格，装饰项目经理、工程监理、装饰设计、工程造价、幕墙设计师等从业资格和五大员、技术工人，以及与装饰行业相关的政策法规、工艺技术、家装企业管理、继续教育。

纵观全年培训工作，汇总并分析各地提供的培训情况，

为了总结交流经验，研讨新时期、新背景下的新的培训工作思路和工作方法，贯彻建设部人才建设工作会议精神和要求，在协会确定的2005培训年里开创行业培训工作的新局面，让我们共同对2004年的培训工作作一回顾。

一、工作成绩

1. 培训人员数量有所增加。对比2002年初对全国各地方协会进行的培训资源调查结果可以看到，2004年1～11月培训人数（28830）基本相当于2002年以前数年全国全行业培训人数（29600）总和。

2. 培训项目向多层次、多元化发展。随着建筑装饰行业的发展对人才建设的需求和要求，协会逐渐形成了行业的培训体系，截至目前，我们已经拥有了高中低三个层次13个培训项目，即建造师执业资格，装饰项目经理、装饰监理、装饰设计、装饰造价从业资格和装饰木工、装饰镶贴工、装饰涂裱工、金属工和幕墙制作和安装工、装饰水电工、各类继续教育；近期，正在按照协会统一部署，配合住宅委员会筹备推出家装系列培训项目。

除了中国建筑装饰协会培训中心为行业打造的培训项目外，各地方建筑装饰协会还结合当地情况，开展了其他相关专项培训，比如上海装饰协会的“设计师消防安全知识培训”；厦门装饰协会的“文件归档整理规范宣贯培训”和“装饰材料员、取样员培训”；江苏省装饰装修行业协会的“建筑幕墙强制性法规讲座”、“家装企业负责人培训”；南京装饰协会的“工程量清单计价办法培训”；辽宁省装饰协会的“企业法人法律法规普法培训”；等等。此外，不少地方已经克服重重困难，向工人职业技能培训领域挺进。比如，大连建筑装饰协会、杭州建筑装饰协会、宜昌建筑装饰协会等，基本改变了装饰培训项目单一的状况。

3. 培训内容突出行业特点。2003年9月全国建筑装饰行业科技大会和2004年4月全国建筑装饰行业信息化建设工作会议的召开，为提升建筑装饰行业的科技含量、提高行业生产力素质和水平、加速推动建筑装饰行业从技术与艺术的结合上向专业化、精品化、现代化和国际化的高层次、高品位发展。作为为行业发展提供人才支持和保证的培训工作必须根据行业特点开发培训项目，设置培训内容。据此，我们在建设主管部门的关心指导下，在协会的领导下，在业内广大专家的鼎立支持下，基本形成了比较完整、行业特点突出的培训项目及配套的教材和大纲，而且随时根据行业发展不断进行补充、更新、修订和完善。特别是建造师执业资格制度中装饰专业建造师作为14个行业之一被单列，拥有自己独立的考试大纲和考试指导书，充分说明了装饰行业的地位、作用、特点已被认知。因此装饰行业各层面的培训内容毫无疑问地应该突出行业特点，而且应该借此契机大力推动各级各类的培训广泛开展。

4. 培训组织架构已见雏形。和两年前相比较，行业培训工作组织网络正在形成，培训覆盖面日渐扩大。开展培训活动的区域从原来仅有的十几个地方发展为几十个地区；培训主体从协会扩展到各级各类教育培训机构，体现了较强的社会性；有的协会专门注册成立了培训机构，如上海、厦门、浙江等，组建了专职培训工作者队伍；有的协会依托地方相关专业教育培训院校合建培训基地；还有的协会根据不同培训内容，按需选择合作对象。

为了实现协会新一届理事会提出的“加快培训速度、加大培训力度、扩大培训范围、增加培训对象”的要求，根据培训社会化和市场化原则，为了动员各种社会力量，尽快推进行业培训工作广泛、规范开展，我们尝试建立了一批协会系统以外的授权培训工作站，以弥补协会自身在教育培训方面从硬件到软件条件的不足。目前的情况大体可分为协会自办培训和授权工作站培训两种类型（其中，授权工作站培训分为协会站和社会站）。从会议文件中的统计表可看出，有的站开展了培训活动，有的站因各种原因未开展培训活动，还有的地区为单项或专项合作培训。总之，目前除贵州、青海、黑龙江、西藏之外，培训工作都有不同形式、不同程度地开展。目前内蒙、海南正在进行设站洽商，装饰培训市场空白将会越来越小。

5. 培训行为向规范化发展。规范是健康和快速发展的基础和保证。由于中国建筑装饰协会赋予了培训部和培训中心对全行业培训工作“规划、指导、管理、服务”的职能，因此制定培训规划、策划培训项目、编写培训教材、实施培训指导、规范培训行为、推广培训服务，就成了培训部和培训中心的明确工作定位。从教材、教师、设备、设施等基础建设，到教学教法、学员管理、培训质量，有程序、有制度、有方法、有条例。比如，我们将培训计划、师资、教学、教务、质量、证书的管理和广告宣传、自律条例、奖惩规定制定成授权培训工作站必须遵守并严格执行的管理办法，并与之签订合作协议；在工作过程中，我们按照《工作联系制度》和《质量追踪制度》实施服务型管理。现在，各地方凡开展中心培训项目时基本都能做到统一教材、统一大纲、统一证书；在培训组织管理上大多能够执行中国建筑装饰协会培训中心规定的各项制度和约定，培训质量受到社会普遍认可。在对优秀培训工作站进行表彰的同时，我们也对个别违反规定、急功近利、损害学员利益、损害协会和培训中心形象的授权培训工作站给予撤销授权处理。

明年我们将采取年检措施，按规定对授权培训站进行清理，暂时收回或撤销一年以上没有开展培训或培训数量达不到要求的培训站的培训授权，再发展一些有实力、有层次、有规模的培训工作站，同时还要拓展思路，采用多种形式推进培训工作。比如，我们将在有实力的企业建立培训基地，发动和借助企业的力量开展培训活动，既加强企业自训力度，又起到推动和带动作用；更重要的是，以此提升企业家的社会责任感。

6. 积极探索培训模式，寻找和创造培训市场。在计划经济向市场经济转型时期，装饰行业地位及其作用和为国民经济做出的巨大贡献得到广泛的社会认知，特别是行业发展给人才建设提出了要求，给培训工作提供了广阔的发展空间，我们的协会工作者和培训工作者能够以强烈的市场意识，良好的协调能力和优势互补、合作共赢理念，抓住良机，盯住市场，面向企业，以满足人才培训需求定位培训工作方向和目标。充分利用和积极创造自身优势，不等不靠，敢于克服各种困难、迎接挑战，因地制宜，因时制宜地开展培训活动或艰难地缓慢地创造开展培训工作的环境和条件，打造自己的发展空间。

自从2003年6月协会完成了建设部委托制定编写的装饰行业6个工种职业技能岗位标准、鉴定规范、题库和教材并被同意在行业内颁布试行后，针对装饰行业工人培训的特点和难点，8月份专门召开了一次较大规模的培训模式研讨会，今年4月又召开了全国职业技能岗位培训专家工作会议。会后，山东、新疆、大连、重庆、宜昌等地方协会高度重视，积极行动，为启动培训进行各种准备。

大连装饰协会专门组团到山东省建管局学习取经，之后顺利启动工人培训，受到政府、媒体和社会极大关注。

重庆装协多次向市建委、市建管处、科教处汇报并取得支持，由建委科教处陈天玲副处长担任培训工作领导小组组长。在建设主管部门支持下，协会一边发文件，作调研，一边多方协调，选定有实力、有经验的大专院校建立培训基地。

2004年6月份，行业内期待以久的建造师培训全面铺开。按照政府规划、行业指导、培训单位组织、市场化运作、考生自愿参加的原则，部分地方协会以积极的姿态，量力而行的心态，投入了完全市场化运作的一级建造师考前培训，取得了较好的成绩。据培训中心统计，全国有15个协会和7个培训机构自办培训或与中国建筑装饰协会培训中心联合培训了2830人。

通过为企业为市场提供培训服务，既为行业培养人才又能提升行业协会的凝聚力和影响力，同时提升了培训工作者自身的能力和水平，形成良性循环。

由于还有不少地区的培训工作由有关主管部门统一管理，有的地方至今尚未把装饰培训从房建专业中分离出来，所以给协会开展培训工作带来一定难度。为此，有的协会电话中无奈地告诉我们，他们不来参会了，因为开了也没用。另外，在部分地方也存在各级协会之间的协调问题。

对此，浙江省建筑装饰协会找到了一种培训模式，即根据浙江地区的特点，针对本地区培训工作中存在的一些问题，侧重指导协调和开展师资培训，并实施质量督察。对一些难度较大、不易操作的培训项目进行试点，总结经验，组织推广。比如，主动争取当地劳动和社会保障部门的支持，把室内装饰设计人员培训与国家职业资格证书制度接轨；研究、策划并指导开展浙江地区装饰工人培训的思路和方法。他们计划从今年年底开始为一些装饰企业进行订单式培训和鉴定。

昆明建筑装饰行业协会的做法是：把从业资格培训和持证上岗管理有机结合，对经过培训考核取得装饰监理资格证书的人员，以协会名义在媒体发布公告，颁发胸卡和监理人员资格印签，要求一律持证上岗。协会每年还要对其进行一次继续教育，同时换发胸卡。这种做法激发了学员的培训热情，避免了管理与培训两张皮，真正达到培训目的，拓展了培训空间。

还有，广州装饰协会、长沙市城市房屋装饰装修行业协会、绵阳市建筑装饰协会也都在探讨与政府主管部门、大专院校、社会力量办学机构和企业优势互补合作共赢的培训模式，营造全社会、全行业都来关心和重视培训工作的氛围。

找到自身比较优势，发动各种社会力量，整合并合理配置资源，走出一条与众不同的培训工作思路，就会使行业协会的培训工作在市场经济时代事半功倍。

7. 培训层次逐步提升，培训领域正在拓宽。众所周知，建筑装饰行业从业人员素质参差不齐，学历层次较低，多数未受过相关专业系统教育。在建造师考前培训中，这个问题很突出。有相当人员被专业不对口、学历不达标拒之门外。根据国家提出的要培养理论和实践紧密结合的应用型、高技能型人才的要求，天津建筑职工大学和天津高等教育自学考试院提出要在自学高考领域，将我们已经开发和正在开发的培训项目与大专院校相关专业课程接轨并融合，把装饰行业从业资格培训和国家学历教育结合起来，加速培养高素质应用型和高技能型专业人才，从根本上提高行业生产力水平。国家教育部对此事非常重视，亲自参加了天津高等教育自学考试院、天津建筑职工大学和我们共同举办的课程设置和课程内容论证会。这项工程将有效促进高等院校学科建设，拓宽行业培训工作领域，也为建筑装饰行业培养高层次人才打开了一条绿色通道。

8. 通力合作，共同构建协会培训体系。培训工作是全行业的事，是每一位协会工作者和培训工作者的事。多年来，我们的培训工作一直得到各级建设主管部门、地方协会、相关教育培训机构和业内专家的高度重视，在项目开发、教材建设、培训推动等方面给予了政策、人力、物力、智力的大力支持和帮助，形成了我们建筑装饰行业自己的项目体系和教材体系，编写了50余种、1000多万字的《全国建筑装饰行业系列培训教材》。今年，我们又受国家劳动和社会保障部职业技能鉴定中心 委托，开发装饰镶贴工和装饰涂裱工国家题库和编写配套考试用书。这项工作得到了上海市装饰装修行业协会、江苏省建筑职工教育中心和上海房地产行业培训中心、江苏省海安县建筑工程学校以及苏州建筑职工大学积极支持和参与，工作精神、工作水平和工作成果受到劳动部门的肯定和赞扬。

2003年8月，协会领导在北京召开的装饰行业培训项目发布暨工人职业技能培训研讨会上已经对作出重要贡献的协会、专家给予了表彰。今天我们又在这里对支持行业培训工作、为行业培训作出成绩的组织者、培训单位和培训工作者给予表彰，并向他们致以衷心的感谢！

二、存在问题

1．培训规模小，数量少，范围窄，部分地区仍是空白。大家算一道简单的除法题，用我们今年培训的总人数除以全国装饰行业从业人员总数，就可以得出已培训人数占应培训人数的比例，仅为2.7‰！这其中管理层培训要好于操作层，尽管数量少，品种少，但也还在作；而对于大量的技术工人来说，因其长期以来没有岗位标准、没有鉴定规范、没有题库和教材，再加上突出的行业特点以及关系协调等一些因素，培训难度很大，所以培训数量和开展培训的地区极为有限。从统计表中看出，除上海的8603人以外，培训工人数在接近500～1000的地区只有武汉、苏州、大连和乌鲁木齐。其他地区则基本都在40～200人之间。而大部分都是初中级层次，至今还未听说哪个地方有技师和高级技师。当然尽管如此，我们也非常欣喜，因为，在大家艰苦的努力下，装饰行业工人培训终于实现了零的突破！虽然少，但却是星星之火，为我们下一步全面推开工人技能培训、实现建设部提出的5年培训3万技师和高级技师奠定了基础（上述分析仅在协会系统，不包括政府主管部门，比如山东省建管局等组织的装饰工人培训）。

现在，我们有了自己的教材，我们也取得了建设部和劳动部的支持，劳动部已经同意并和我们行业协会共同组织举办全国装饰行业职业技能竞赛。此项活动还将得到很多方面的高度重视和大力支持。我们相信，这将是一个极好的契机，也是一个难得的商机，其他各级各类培训项目也会因此而收到相得益彰的效果。

2．信息渠道不通畅，一方面招生无人，一方面求学无门。装饰企业规模小，多为民营企业，员工流动性强。如果仅以发文件或作广告的方式组织学员很难上规模。有一个地区的省建设主管部门直管的教育中心，通过发红头文件形式组织建造师考前培训，结果仅有25个人报名。这里面不排除认识上的问题，但主要原因之一就是不知道谁管这事，也不知从哪获取信息，因为他们根本见不到政府的红头文件。还有很多学员，因为当地没有装饰类培训，只好绕道周边地区，付出很高代价去学习。经常有外地电话向我们咨询，哪里有装饰从业资格培训。我们最怕接到这类电话，每到此时心里都很着急，很难过。当然这也是催生我们启动远程在线培训和考试系统重要原因之一，通过这种手段和渠道，将解决一些到现在还没有开展装饰培训和培训项目单一的地区学员的学习需求，目前尚不具备培训条件的地方协会也可利用这种方式，和我们一起组织开展培训活动。

对于目前仍以广告形式作为唯一招生手段的培训机构，也要认真思考培训质量和培训规模的关系，思考扩大培训规模的思路和办法，这是一个相辅相成的问题。没有质量就没有规模，没有规模也就没有质量。在市场经济条件下的培训要用市场经济手段运作，学员自愿选择培训机构和培训内容，学员要为自己负责，培训质量好坏不听广告宣传，要凭自身体验。好的质量自然造就品牌，品牌必将带来规模。相反，如果没有规模，导致成本过高，难免会出现课时缩水等偷工减料的行为。特别是有些民办培训机构，为维持生存，本身就存在急功近利的倾向，更易形成恶性循环。

3．培训工作基础建设薄弱，培训工作者的思想建设也存在薄弱环节。协会没有权，也没有钱；协会不是学校，没有教学设施，也没有师资队伍。因此要开展培训，就要学会整合资源，广泛动员和利用社会力量，因地制宜，优势互补，取长补短，取强补弱，打造合作共赢的培训模式。合作是现代社会的必然，合作产生和谐，和谐才能发展。部门垄断、资源垄断、画地为牢、单打独斗都是计划经济时代的产物，正在逐渐成为过去。入世已经三年了，如果我们的思维模式、行为模式还没有和国际接轨，我们现在的教育培训主体地位就会受到冲击和威胁，那时我们面临的不仅是本土竞争对手，而且还要面对比我们强大得多的国际竞争对手。所以，必须首先加强思想建设，从各方面增强自身实力，才能适应装饰行业25家企业1100多万从业人员的培训需求。

4．为我们培训工作过程中的不足、存在的缺陷向大家致歉。协会赋予我们的职能之一，就是服务。但工作中确实存在一些不足，影响了大家的工作。比如，武汉装饰协会订购教材，拖延了7天；昆明装饰协会设立授权站后未及时上网公示；给某些地方学员制作证书超过规定时间；等等。虽然我们内部已对责任人做了严肃处理，在此，我还要代表责任人、代表培训中心向所有因我们工作失误给您造成不良影响的地方协会和培训机构郑重致歉。在细节决定成败的今天，我们一定要强化自身建设，提高服务品质，以高度的社会责任感不折不扣地履行我们的工作职责，也诚恳地希望各位领导和同仁对我们的工作进行督察，并给我们提出宝贵的意见和建议，帮助我们改进和完善工作。

三、两点建议

最后我想提两点希望和大家共勉：一是要树立高度的社会责任感。二是要强化学习意识、市场意识、合作意识、经营意识，创新思路，创新工作，创新局面。

第一点希望我已在会前赶写了一篇题为“论建筑装饰行业培训工作者的社会责任”短文和两篇兔子与乌龟的小品，收在《浅论建筑装饰行业培训》文集中，意在和大家交流自己的心得体会，也希望大家参与交流。大家特别要仔细研读篇首代序，即徐朋秘书长的“关于价值观”一文，这是全书的核心，也是我们做好协会工作和培训工作的思想保证。

第二点希望，因为培训工作是系统工程，有其内在的规律和科学性，特别是如何在市场经济条件下，成功经营培训学校，成功办好各种类型培训班，都应有理性的、专业的指导。为此，我们专门邀请到中国创造学会、著名专家讲师团成员、中国人员测评工程研究会秘书长、国家职业技能鉴定委员会委员唐殿强和北京十一学校校长、海淀区社会力量办学管理协会副会长马成杰为我们作专题报告，对启迪心智，拓展思路，经营好培训学校及组织好各种培训活动，非常有益。

首届"坚朗杯"中国幕墙门窗行业精英高尔夫球赛举行

《中国建筑装饰》编辑部　特邀观察员

幕墙门窗与高尔夫，很难让人把这两个名词放在一起，但是，随着幕墙门窗行业的蓬勃发展，幕墙门窗的精英们也开始注重这种高尚的运动，2004年10月29日，第一届"坚朗杯"幕墙门窗行业精英高尔夫球赛就是为正在焕发着蓬勃生机和活力的幕墙门窗行业打造的精英高尔夫球赛的品牌。

第一届"坚朗杯"幕墙门窗行业精英高尔夫球赛由中国建筑装饰协会铝制品委员会主办，深圳市坚朗建材有限公司承办，在世界著名的高尔夫球胜地——深圳市观澜湖高尔夫费度球场举行。大赛设：一等奖1名，奖杯、现金2万元人民币；二等奖1名，奖杯、现金1.2万元人民币；三等奖1名，现金8000元人民币；优秀奖9名，奖杯、球杆；另外，设荣誉奖4名，奖球杆；纪念奖多名，高尔夫球赛精美纪念品一个。

10月28日晚，到组委会报到的嘉宾达到70余位。此次大赛特邀中国建筑装饰协会名誉会长张恩树、会长马挺贵，中国建筑金属结构协会副秘书长兼门窗幕墙委员会主任黄圻等业界领导，邀请了全国幕墙门窗行业的各大工程企业的总经理、高层管理人员，能请到这么多行业精英们，是令人十分高兴的事情，这也预示着10月29日的球赛将达到预期的盛况。

10月29日，在观澜高尔夫球场上第一届"坚朗杯"幕墙门窗行业精英高尔夫球赛上，作为特邀嘉宾的行业协会领导和中国建筑装饰协会常务理事、深圳市坚朗建材有限公司白宝鲲总经理致开幕式词，马挺贵会长开彩球，比赛正式开始。

赛场上每组参赛的选手又分为A、B两小组，他们分别用自己的方式决定由谁先开球。一时之间赛场上其乐融融，到处充满了行业精英们挥杆的优美身姿。不太会打的，在球童和队友的指导下尝试着，好像这并不是比赛，而是大家互相切磋球艺的训练营。球龄较高的老手，自然是憋足了劲儿向着冠军的宝座冲刺。高尔夫球赛不愧是一种高雅的运动，选手们都是在行业内有所建树的精英，不仅挥杆身姿极其优美，更有选手们说不尽的融洽、绅士的交流联谊。下午2点比赛结束后，在去观澜高尔夫球场乡村俱乐部吃饭的大巴车上，工作人员在与嘉宾的交谈中了解到，有很多嘉宾本身球艺并不是很高，打出一百多杆的成绩，但是高尔夫球场世界一流的环境，参赛嘉宾能结识这么多来自各地的行业精英，与这么多行业精英同台竞技，在球场上边享受打高尔夫球的乐趣边交流感情，特别是精英们幽默诙谐的言语，无论结果怎样，这种氛围带给我们的快乐是无价的。

下午4点半，吃完美味可口的自助餐后，选手们随大巴车到深圳市坚朗建材有限公司参观工厂，嘉宾对坚朗的现状给予了高度评价，对整洁、有序的工厂环境、工人忙而有序的生产操作和先进的生产设备留下很深的印象。参观完毕，来宾又返回伯爵山庄，球赛组委会参加7点半举办的招待酒会，美酒加美味，使嘉宾们忘却了一天来比赛的辛苦，好好享受了一顿丰盛的晚宴。接下来8点半的颁奖典礼文艺节目精彩纷呈，颁奖时刻激动人心。

第一届"坚朗杯"幕墙门窗行业精英高尔夫球赛获奖名单：

荣誉奖：中国建筑装饰协会名誉会长张恩树、会长马挺贵、铝制品委员会秘书长宋协昌、中国建筑装饰协会副秘书长兼门窗幕墙委员会主任黄圻。

冠军：集顺铝业(吉隆坡)有限公司工程董事林羡球。

亚军：深圳市奇信装饰设计工程有限公司董事长叶家豪。

季军：香港协信有限公司董事总经理许忠仁。

最远距离奖和最近洞奖：新加坡SB FAÇADE FTE LTD公司总经理高金标、广东粤铝建筑装饰有限公司总经理冯应章。

优秀奖：(排名不分先后)广东世纪达装饰工程有限公司副总经理韦细华、中山市盛兴股份有限公司董事副总经理冯国敏、北方国际合作股份有限公司副总经理周臻、深圳市金粤幕墙装饰工程有限公司总经理梁铭、珠海市红海幕墙有限公司总经理廖似雷、集顺铝业(吉隆坡)有限公司董事主席陈泰邓、深圳市光华中空玻璃工程有限公司副董事长闫羽。

晚会结束后，与会者感谢坚朗为大家提供这样一个美好的联谊平台，金秋十月，也是收获的季节。在鲜花烂漫，绿树丛丛的鹏城，传来了令人振奋的消息，第一届"坚朗杯"幕墙门窗行业精英高尔夫球赛圆满落下帷幕，收获了今秋一颗耀眼的硕果，标志着我国幕墙门窗行业成功举办了第一场属于自己的高尔夫球赛事。幕墙门窗与高尔夫的完美结合。通过这次比赛，达到了推动行业进步，提升行业影响力的目的，也达到了行业精英们增进友谊、共谋发展的目的。这是一次行业创新，一次行业盛会。

参加开幕式的业界领导

·行业自律公约·

关于公布《全国建筑装饰行业自律公约》的决定

中国建筑装饰协会五届三次常务理事会通过

（二〇〇三年九月二十日）

一、为建立和完善符合社会主义市场经济体制要求的企业信用体系，规范建筑装饰装修市场，维护行业整体利益，制定本公约。

二、凡在中国境内从事建筑装饰设计、施工与材料生产、营销的企业应自觉遵守本公约。

三、自觉遵守国家有关法律、法规及管理规定，接受政府有关部门的监督、管理，守法经营、依法纳税。

四、坚持诚信为本的原则，守合同、重信誉，严格遵守职业道德，不使用环保不达标的材料和假冒伪劣材料，不偷工减料，不贬损同业企业和从业者，不破坏行业内市场秩序，不恶意拖欠材料款和工人工资。

五、坚持公平、公正、公开的市场交易原则，以自有技术实力、管理水平和服务质量参与市场竞争，在工程投标中，自觉抵制违反市场规则的压级压价，不搞低于成本价的恶性竞争，不主动承接垫资工程，自觉维护行业整体利益。

六、坚持质量第一的原则，严格执行国家有关标准、规范，精心设计、精心施工、确保工程质量、确保合理工期和预算造价。

七、坚持客户至上的原则，自觉维护客户的合法利益，认真处理业主的投诉，做好工程的成品保护和工程售后服务。

八、加强企业和从业者的自律教育，加强职业道德建设，提高自律意识，相互监督，互勉互励，不断提高全行业的自律水平。

九、树立安全意识，重视职业健康，控制、减少安全事故。

十、如违反本公约的有关规定，自愿接受中国建筑装饰协会的调查处理。

中国建筑装饰百强企业诚信及合作联盟倡议书

首届中国建筑装饰百强峰会全体代表

（二〇〇四年十一月十四日　海南三亚·博鳌）

中国经济的高速增长，为建筑装饰行业的快速发展创造了难得一遇的历史契机；建筑装饰行业则每年以超过国民经济平均增长速度，为国家的发展推波助澜。

市场规模迅速扩大，行业整体素质稳步提升，工程质量明显提高，科技创新成果频频涌现……这已成为目前中国建筑装饰市场的主流。但我们不能不看到，在目前的建筑装饰市场上践踏诚信原则的事情时有发生：或炮制虚假概念，蛊惑消费者；或偷工减料，欺骗消费者；或虚假承诺，不实宣传……种种欺诈行为，严重扰乱了建筑装饰市场的正常秩序。

党的十六大提出："整顿和规范市场经济秩序，健全现代市场经济的社会信用体系。"党的十六届三中全会在《关于完善社会主义市场经济体制若干问题的决定》中，进一步明确要建立健全社会信用体系，并以此作为完善社会主义市场经济体制的重要内容。

落实党中央的要求，提高建筑装饰行业公信力，加强企业诚信建设，已成为推动行业健康、持续发展的一项刻不容缓的重要工作内容。

今天，我们中国建筑装饰百强企业的代表聚首美丽的博鳌，在探讨行业发展走向、分享成功经验、求索做大做强之路的同时，还应肩起引领行业诚信建设的重任。为此，首届中国建筑装饰百强博鳌高峰论坛全体代表向企业发出倡议：以中国百强建筑装饰企业为主体，成立中国建筑装饰企业诚信及合作联盟，让行业发展的标志性企业成为行业诚信建设的标杆，共同为推动行业的诚信及合作做贡献。我们倡议：

一、严于律己，诚信经营，以企业的自律，引导行业自律，共同维护中国建筑装饰行业的形象。

二、遵守法律法规，严格遵守执行建筑装饰行业的职业道德，自觉接受政府、社会的监督。

三、规范市场行为，共同维护装饰行业整体形象。拒绝恶性竞争、自相残杀；拒绝以垫资、串标、围标等不合法、不合理的手段达到中标的目的。

四、装饰工程施工中，购买和使用符合国家相关标准的建材产品、装饰部品，绝不使用有害物质限量达不到国家标准要求的装饰材料，努力为社会、为人民群众创造安全、健康、舒适的室内环境。

五、用户至上，共同抵制在施工中使用假冒伪劣的装饰材料及部品，共同抵制在施工中偷工减料的丑恶行为。

六、真诚服务，建立共享信息。在盟员间建立起招投标及设计、施工、采购等资源共享网络，推进建筑装饰百强企业信息化发展进程，努力打造优势互补、资源共享、合作共赢的市场环境。

七、坚持做到“宣传诚信，服务诚信，价格诚信，质量诚信，健康诚信”。保证兑现对社会、客户的各项承诺；保证所承接的装饰装修工程质量合格；保证装饰装修工程合同合法；保证装饰装修工程用材质优价实，计算准确无误；保证服务的及时到位。

八、努力提升企业从业人员的道德品行修养，从我做起，从现在做起，全面提高行业队伍的整体素质和工作效率。倡导同业间平等、公开、互助、合作的竞争与交流环境，共同维护良好的行业秩序和环境，坚决抵制扰乱行业秩序的行为。

九、切实保障企业员工尤其是民工的权益，保证他们能够及时、足额地拿到合理的报酬；与我们的材料供应商、分包商建立起长期、稳固的战略合作伙伴关系，在今后产业发展中共同受益。

诚信是中华民族的传统美德，是企业的立身之本。团结合作共赢是力量，是我们企业和行业健康持续发展的保障。在市场经济高速发展的今天，诚信已成为市场经济健康发展的灵魂和生命线，共赢已成为国际社会共同的行为规范，也是现代商业道德的基石。作为行业领头羊的百强企业，更需将企业的发展奠定在坚实的诚信联合的基石之上。同时，我们也有责任、有义务肩负起引领行业建设的重任，并为全行业可持续发展做出贡献。

我们真诚地欢迎有志于变革创新、求真务实、诚信合作、共创价值的优秀建筑装饰企业与我们共同签署这份倡议书。

让我们共携诚信之手，共创中国建筑装饰行业健康、诚信、共赢、发展的美好未来！

石家庄市装饰装修行业自律公约

石家庄市装饰协会

（二OO三年十二月二十三日）

为推动石家庄市装饰装修行业健康有序地发展，维护市场经济秩序，保护本行业和会员单位的合法权益，根据本行业和会员单位的合法权益，根据本行业特点，特制定行业自律公约如下：

一、遵纪守法，自觉自律

严格执行国家有关装饰装修方面的法律法规和地方政府的有关规定，自觉自律维护行业正常秩序，接受社会监督。

二、证照齐全，规范经营

维护行业声誉，执行行业规范，持照（营业执照）持证（资质证或资格证）经营。在工程承包中不出卖、不转让证照，不违法转包。

三、讲求质量，成信为本

坚持质量兴业的方针，精心施工；不偷工减料，不购买、不使用假冒伪劣产品和不符合国家或行业标准的原材料及配件；以诚信为本，重合同，守信誉，做好工程售后服务。

四、公开交易，公平竞争

坚持公开、公平、公正的市场交易原则，以技术实力、管理水平、服务质量参与市场竞争；自觉维护本行业职业道德和利益；提倡企业间的友好合作和联合，增强竞争实力。反对不切实际的压级压价和垫资施工，反对贬低别人抬高自己，扰乱市场、恶性竞争的不良行为。

五、科学管理、提高效益

建立健全企业规章制度和企业文化。树立良好的企业形象和企业风气；尊重科学，保护人才，提高员工素质；施工中要做到质量第一保信誉，安全第一防事故，文明施工不扰民，降低成本增效益。

六、行业督导，有序发展

支持本装饰协会，积极参与本协会组织的各项活动，接受协会的行业督导，推动行业统一、规范、有序的发展。

对本公约，各会员单位及本行业的非会员单位都应该自觉遵守，互相监督。为保证公约的落实，本会对违约单位将给与警告、通报批评，直至取消会员资格的处理；对严重违约或非会员单位违约，将建议政府有关部门给与相应处理。

关于发布实施《深圳装饰行业工程投标自律公约》的通知

各会员单位：

《深圳装饰行业工程投标自律公约》经六届八次理事会讨论，已原则通过。在向全行业征求意见后作出修订，现予发布，自即日起实施。

特此通知

深圳市装饰行业协会

二OO四年十月二十六日

深圳装饰行业工程投标自律公约

近年由于多种原因，频繁出现不合理低价中标问题，恶性竞争严重危害了施工企业的利益，困扰着行业发展，给工程质量及工程顺利进行带来隐患，也不利于廉政建设。为了维护社会和行业的共同利益，全行业必须联合起来，进行自我规范，特制定本约。

一、在工程投标活动中，全体会员必须自觉遵守政府关于低价中标的法规文件的基本精神，承担起节约建设投资、确保工程质量的企业责任。反对并抵制不合理低价投标行为，保证本单位不以不合理低价投标。

二、对有不合理低价投标行为的企业，实行行业处罚。行业处罚分为：1．有一次不合理低价投标行为的，在本市业内通报警告，并从通报发布之日起，一年内不得参与行业各种评优；2．一年内有两次不合理低价投标行为的，自第二次警告通报发布之日起，两年内不得参与行业评优，被处罚单位在理事会任职的，取消其任职资格；3．有三次以上（含三次）不合理低价投标行为的企业，开除会籍，向全国行业通报；建议建设行政主管部门对其给予降低资质等级的处罚。

三、凡低于单项工程成本价投标并中标的，为不合理低价中标。鉴定结论原则上在开工前作出。

四、对已确定为不合理低价中标的项目，协会将致函甲方单位，提醒该工程为不合理低价中标，质量得不到保证；并向市纪委、市监察局建议跟踪该项目实施情况。

五、协会受理对不合理低价中标的投诉，并在重大项目投标中，派出观察员监督。

六、由两个或以上单位提出书面投诉，或两名以上观察员同时对某项投标置疑，所举事实清楚，协会予以受理，交由惩戒委员会（惩委会设专家组）负责调查。如有恶性低价嫌疑，即召开调查会核实（调查会由专家提问，被调查单位应辩，邀请多个单位代表旁听并发言。被调查单位缺席的，视为默认专家组意见）。调查会毕后，专家组作出结论。惩戒委员会依据结论提出处罚意见，报请理事会通过，由协会发布处罚决定。

七、本约由深圳市装饰行业协会解释。

地方建筑装饰行业管理制度的重要创新

——记鸡西市家装行业自律管理大会

《中国建筑装饰》编辑部　观察员

一、鸡西市建筑装饰协会创新行业管理制度

2004年11月26日，黑龙江省鸡西市建筑装饰协会向中国建筑装饰协会送交《关于贯彻“全国住宅装饰装修行业发展大会”精神的报告》（鸡装协[2004]9号），报告指出，参加“全国住宅装饰装修行业发展大会”回来后，我会立即向市政府主管副市长、副秘书长、市建设局局长汇报了会议精神，向协会理事印发了《中国建筑装饰协会成立20周年庆祝活动》、《中国建筑装饰协会五届二次会员代表大会》、《全国住宅装饰装修行业发展大会》等三个会的汇报材料。经过精心筹备，于2004年11月24日召开了“鸡西市住宅装饰装修行业自律管理大会”。现将详情报告如下：

1．会议规模：鸡西市辖一县二市、六个区的建设局主管局长、建筑（住宅）装饰装修行业会员企业的领导、家装个体从业者代表、市府所在地鸡冠区社区办事处领导参加了会议。

2．出席会议的领导：鸡西市建筑装饰协会高级顾问、原市长孙永亮，原市委副书记都兴方，原市政协副主席白玉田；市政府副秘书长高静波，市建设局副局长韩秀国。特邀了市人大城乡办主任、市消协主任、市精神办主任。鸡西市建筑装饰协会会长、副会长、正副秘书长，常务理事到会。报社、电视台记者进行了新闻采访报道。

3．会议主要日程：王世德会长作了“强化自律诚信管理　促进全市住宅装饰装修行业发展”的报告及布置“行业自律管理企业试点方案”；韩秀国副局长宣布了《住宅装饰装修行业自律管理企业准入与清出办法（试行）》；协会印发了《促进住宅装饰装修行业发展若干意见》及“准入与清出办法”的说明；由参加全国500家诚信签字宣誓的鸡西市二建装潢公司经理兰孝光宣读“鸡西市建筑装饰装修行业开展”自律诚信“活动承诺宣言书”，并由17个装饰装修企业法人进行了签约，参加“创优秀诚信企业”活动；市府主管城建副秘书长高静波作了重要讲话。

4．“准入与清出”办法试点工作：从2004年11月～2005年12月，共分宣传贯彻普查登记、申报办证、实施三个阶段，具体实施方案详见会议报告第二部分。

2004年11月30日，中国建筑装饰协会信息部主任兼会刊《中国建筑装饰》主编黄白在收到鸡西报告的当日，立即向主管副秘书长房箴作了汇报，并将全套文件转交给协会住宅装饰装修委员会（筹）副秘书长张爱宁。在12月2日中国建筑装饰协会秘书处各部门及部分专业委员会2004年工作总结和2005年工作计划汇报会上，黄白再次作了汇报，认为这是一项重要的行业创新，值得认真关注，与会的有协会常务副会长兼秘书长徐朋，副秘书长张京跃、房箴、王毅强，综合部、行业发展部、质量技术部、国际部、厨卫工程

委员会、住宅装饰装修委员会（筹）、设计委员会（筹）、中华建筑报社等有关部门的负责人，中国建筑装饰协会十分重视鸡西市建筑装饰协会的这份报告。

二、鸡西市政府副秘书长高静波在大会上的讲话

鸡西市政府副秘书长高静波在“鸡西市住宅建筑装饰装修行业自律管理大会上”代表市政府作了重要讲话。他代表市政府向全市住宅装饰装修行业自律管理大会的召开表示热烈祝贺！向特邀出席这次会议的有关单位领导表示热烈欢迎！高静波副秘书长指出：

住宅装饰装修是建筑装饰装修行业的重要组成部分，也是全面建设小康社会，提高居住水平的重要内容，因此市政府高度重视住宅装饰装修行业的发展，希望这个行业能够给老百姓创造出更多健康、安全、舒适的居住环境，提升人民的生活质量。

在2004年年初召开的“全国建设工作会议”上，建设部汪光焘部长在报告中专门讲了建筑装饰装修行业的重要作用和工作内容。其中，对住宅装饰装修提出了一系列的具体的要求，包括要健全装饰装修产品开发、设计、施工、管理和服务的产业系统，要积极的推广先进的成套技术，提高工业化水平，要加强市场的监管，规范企业的行业，严格市场的准入和清出，要大力推行一次性成品房的装修，要加强对室内环境的质量监测工作，保证使用安全等等。上述的内容体现了中央提出的科学发展观，也是行业可持续发展的重要内容和目标。

2004年9月初中国建筑装饰协会召开的“全国住宅装饰装修行业发展大会”是经建设部批准召开会的一次重要会议，十六大确立了全面建设小康社会的奋斗目标，到2020年我国人均国内生产总值达到1000美元，意味着我国经济社会发展进入了一个新的关键的历史时期。在这个阶段，社会消费升级并且日益多样化，经济发展是个渐进过程，满足人们的需求也有个过程。十六届三中全会《中共中央关于完善社会主义市场经济体制若干问题的决定》提出，“积极发展独立公正、规范运作的专业化市场中介服务机构，按市场化原则规范和发展各类行业协会、商会等自律性组织。”这对加强行业协会的管理具有重要指导意义，为行业协会的组织建设指明了方向。中国已加入世贸组织，为了与国际市场经济尽快接轨，以便按国际市场经济的规则更好地实施公平交易和竞争，这更需要加快行业协会的改革与发展工作。

行业协会只有牢牢地把握促进行业发展中的主题，在规范市场、提高企业竞争力、发展行业生产力上下功夫，这个行业才能够充满生机，充满凝聚力，更好的团结会议单位，为人民群众做出满意的成绩来。

随着政府职能的转移，行业协会越来越多地承担起行业管理的职能。这几年来，我市建筑装饰协会在家装方向做了大量的工作，开展行业现状的调研，协助建设行政主管部门制定了有关的规章和办法，也积极地制定了一些加强行业自律的管理办法。应该说，市建筑装饰协会的工作，在住宅装饰装修方面的管理上成效是很显著的，在完成政府委托的任务各方面是很值得依赖的。

当前，鸡西市建筑装饰协会从加强行业自律建设体系出发，规范市场的准入行为，同时也通过开展企业规范服务达标活动，以及把企业诚信体系建设与行业精神文明建设结合起来，加强行业建设，使我市住宅装饰装修行业诚信建设和自律水平有了一个新的提高，使行业的生产力水平取得了进步，这是对业内企业对构筑行业诚信，规范行业市场行为的具体行动，深信会在市文明办、市消协的指导与支持下，参加自律诚信活动签约的企业能够兑现自己的诺言，创出更多的“诚信企业”。

下边我就认真搞好《住宅装饰装修行业自律管理企业准入与清出办法（试行）》试点工作讲几点希望：

1．要充分认识在我市进行“家装企业准入与清出”办法试点工作的必要性。鸡西市被列入全国第一批试点的地级市，这是中国建筑装饰协会和黑龙江省建筑装饰协会对我市建筑装饰协会和家装企业的信任。随着建筑业的快速发展，人们的居住环境有了空前的改善，买新住宅都得实行装饰装修，仅鸡冠区家装年均3000户，平均每户均4万元，年产值1.2亿元。由于家装产业年产值不断扩大，拉动了内需，已成为全市经济增长点，2003年，家装年产值与2002年同比增加13.8%，成为我市由温饱消费结构向小康富裕型转变的亮点；由于家装行业的快速发展，给再就业增加了门路。全市装饰装修有资质的正规企业18家弹性队伍有800多人，个体装修工人（马路游击队）有5000多人。正规装饰装修企业认为做家装活挣钱少，用户挑剔大，不愿意承接家装工程；装修用户图省钱多数是找“马路游击队”做家装，使我市的无工商执照、无资质、无固定单位的“马路游击队”占据家装市场，从而，带来了质量低、室内环境污染、用户投诉多、市场较混乱、税收丢失等社会问题。

为了加强家装行业的管理，保护消费者的合法权益，维护正规装饰装修企业的合法利益，保障家装工程质量和公共安全，规范家装市场，促进家装行业可持续发展，中国建筑装饰协会在全国17个省、市进行家装企业准入与清出试点工作；这是服务达标，精神文明建设的重要组成部分，是解决安置再就业，强化家装行业管理的新举措，是解决我市家装市场无序竞争，纳入行业自律管理的契机。为此，我们必须以科学发展观，站在全面建设小康社会，提高人们居住环境质量的高度认真搞好试点工作。

2．要认真贯彻执行家装“行业准入与清出办法”。各县（市）区城建行政主管部门要把家装行业管理纳入管理范围，积极认真地按试点工作方案运行，主动协助市建筑装饰协会搞好家装行业企业“准入证”的审批工作。从2005年2月1日起要加大管理监督力度，对无“准入证”者一律禁止从事家装活动。

3．各相关部门要主动配合，通力做好家装行业自律管理工作。住宅装饰装修业涉及千家万户的切身利益，随着社

会经济快速发展，人们生活水平提高，改善与提高居住环境质量，是全面建设小康社会为广大人民谋利益的体现，是规范家装市场，整顿家装企业，发展行业生产力的一项社会性系统工程，需相关部门通力合作，请工商、消协、文明办、劳动就业安置、社区、房产、物业等部门从各自职责的角度，主动配合做好家装行业自律与诚信管理工作。

4．请电台、电视台、报社等新闻媒体紧密配合，做好宣传报道工作。家装行业是个新兴产业，时代赋予我们要以科学发展观，繁荣发展这个与人们息息相关的行业，要以高度的为人们谋利益的责任感，实实在在地抓好行业自律管理，成功地搞好试点工作，为使我市住宅装饰装修行业自律管理工作上新水平，为加速全面建设小康社会的步伐做出新贡献。

三、鸡西市建筑装饰协会会长王世德的报告

中国建筑装饰协会理事、黑龙江省鸡西市建筑装饰协会会长王世德在题为“强化自律诚信管理　促进全市住宅装饰装修行业的发展”的报告中，首先讲，各位领导、各位会员、各位个体从业者代表，“各位个体从业者代表”，这在全国建筑装饰行业由一位业界领导这样称呼，还是第一次，体现了与时俱进，正如他在说明这次会议的背景时所指出的那样：是在鸡西市住宅装饰装修行业迅速发展，市场形式发生重大变化的情况下，为了规范市场，整顿行业，推动行业生产力发展而召开的一次重要会议，也是鸡西市建筑装饰协会接受市政府建设行政主管部门的委托，管理住宅装饰装修行业以来，对行业发展中强化自律与诚信管理具有重要指导作用的会议。

他强调，本次会议，是为了认真贯彻执行中国建筑装饰协会在2004年9月初召开的“全国住宅装饰装修行业发展大会”的精神，宣传《促进住宅装饰装修行业发展的若干意见》；公布《住宅装饰装修行业自律管理企业准入与清出办法（试行）》及在我市试点实施方案，重申《行业自律公约》，举行诚信企业签约仪式；动员住宅装饰装修企业开展“诚信企业”创评活动。为了开好这次会议，向与会同仁们报告两个大问题。一是传达全国住宅装饰装修行业发展大会精神。二是关于在全市住宅装饰装修行业实施自律管理企业准入与清出办法（试行）试点方案。

王世德会长详尽地报告了关于全国住宅装饰装修行业发展大会的主要精神：一是本次大会的盛况；二是全国住宅装饰装修行业发展大会主要精神；三是住宅装饰装修行业，在加快全面建设小康社会步伐中的地位；四是对建筑装饰行业发展总体规模与水平的评估与预测；五是住宅装饰装修实行准入试点，是行业自律的一大创新。

根据中国建筑装饰协会的部署，分三个层次抓行业诚信体系的建设。一是先试行业准入与清出制度；二是开展规范服务达标活动；三是行业准入与清出、行业规范服务达标的基础上，把行业的全面诚信体系建设同全行业的精神文明建设结合，对企业的全面服务质量进行进一步的评定，具体划分出服务等级，作为对企业最终的行业评价，并严格实行动态管理，从而构成行业诚信建设的完整体系。

他指出，住宅装饰装修行业是同广大人民群众生活紧密相关的建筑服务产业，它具有中国特色的社会、经济、文化现象，是全国建设小康社会重要标志之一，这个行业始终得了党中央、全国人大、国务院及各级政府相关部门的高度重视。为了全面贯彻落实十六大和四中全会精神，中国建筑装饰协会从加强行业自律建设体系出发，规范家装企业行业准入行为，同时通过开展家装企业规范服务达标活动，以及把企业的诚信体系建设与行业精神文明建设结合起来，加强行业管理，促进家装行业发展，是一新的创举。让我们在全国住宅装饰装修行业发展大会精神指导下，认真实施试点工作，进一步提高我市住宅装饰装修行业诚信建设和自律管理水平，为全面建设小康社会做出新贡献。

四、鸡西市住宅装饰装修行业实施自律管理企业试点具体方案

王世德会长在大会上宣布了《鸡西市住宅装饰装修行业实施自律管理企业试点的具体方案》，根据中国建筑装饰协会“关于发布《住宅装饰装修行业自律管理企业准入与清出办法（试行）》及进行试点工作的通知”（中装协[2004]042号）要求，鸡西市被列为全国及黑龙江省试点城市之一，具体实施方案如下：

第一阶段：为宣传贯彻阶段。时间11月份通过各种有效形式反复宣传《促进住宅装饰装修行业发展的若干意见》，印发《住宅装饰装修行业自律管理企业准入与清出办法（试行）》，各企业要认真组织员工学习“若干意见”、准入清除办法》及说明，请鸡西日报、鸡西矿工报转载并发相关报导。做好向主管领导汇报宣传，向社会宣传，向行内宣传工作。

第二阶段：为普查登记，申领《家装企业准入证书》阶段，时间2004年12月～2005年1月。

（一）鸡冠区建设局组织各社区办事处，从安置下岗再就业的角度对本社区待业的木工、瓦工、粉刷工、水暖、电工等进行登记注册，向他们宣传“准入与清出办法”，动员组织其成立家装服务合作社或社区服务站，协助其办理工商营业执照，办理申请准入证书手续。请各县（市）区建设局协助抓好办理准入证工作，大体上在2005年1月末办完。

（二）对市直的具备行业准入标准的企业，要在本年12月末前办理申领《家装企业准入证书》，明年一月末前审批，对合格者核发证书。

第三阶段：实施阶段时间：2005年2月1日～12月末。

1．对新成立的家装企业、社区家装服务站、家装服务合作社等个体从业者联合体性质的企业，实行行业准入预备期一年后，经考核达行业准入标准的，再核发“家装企业行业准入证书”。对暂不具备成立家装企业的个人从业者，凡进行登记注册者发从业证，可持证从业一年。

2．对核发“准入证书”的企业，在行文公示后，通过公众媒体上公告。

3．从2005年2月1日起按家装企业行业准入与清出办

法（试行），对市辖域内进行行业自律企业考核管理。认真按“行业清出”规定进行日常监督管理，对无“准入证书”的企业和无从业证者禁止从事家装活动；对违背“准入与清出办法”的，依“行业清出”条款查处。

4．在核发“家装企业行业准入证书”时，各申领证书企业法人与协会签订《家装行业自律公约》，参加家装行业创诚信企业评比活动。

5．2006年3月1日开始进行家装企业准入年检工作。对合格者签署准入结论。对不合格者签发年审结论后，给予半年整改期，对逾期未能改正者，撤销《家装企业行业准入证书》。

为了更好地实施上述方案，要认真做好以下几点工作：

1．鸡西市建筑装饰协会要紧紧依靠市建设局的领导，在政府建设行政主管部门的支持下，搞好试点工作，要及时请示汇报，凡属于行政处罚的要提请行政主管局处理。因县（市）区没有成立建筑装饰协会，请县（市）区建设局协助搞好家装企业行业自律管理企业准入与清出办法（试行）试点工作。

2．要明确与处理好“行业准入与清出”从业资格与企业资质的关系。在市场经济条件下，特别是《行政许可法》实施后，政府的职能之一是管理市场；建筑装饰协会的职能之一是通过行业自律管理家装。

行业准入，是指企业按照试行办法进入家装行业的从业资格。试行办法所称“行业清出”是指企业违反本办法被取消家装行业从业资格。

企业从业资格是行业准入；企业资质是市场准入。企业从业资格是行业准入的底线。

协会的“行业准入与清出”属于行业自律管理范畴，政府的“市场准入与清出”属于政府行政许可的范畴。

行业准入与清出同建立行业诚信体系的关系是：行业准入与清出，解决的是企业对于家装行业的“上岗与下岗”——得到或失去从业资格的问题，它是一项行业管理制度，作为行业准入与清出，是建立行业诚信体系的基础。协会通过行业诚信评价，如优秀企业达标等表彰先进活动，以提升企业及全行业的诚信度，为家装消费者提供多层次选择。

3．积极与相关部门联系，争取支持，共同组织行业内活动。整顿行业市场，发展行业生产力是一项社会性系统工程，在请政府主管部门做后盾的同时，要争取工商、消协、技术质量监督、劳动、房产、物业、社区等部门通力合作，共同努力搞好试点工作。

4．要争取社会媒体进行宣传报道工作。

5．做好从业人员持证上岗的培训工作。要按中装协编写的家装技工培训上岗简明教材，分期培训木工、镶贴工、涂裱工、水电工、金属加工等技术工种人员，对合格者发从业证书，逐步取缔无从业证书者。

五、鸡西市建筑装饰装修行业开展“自律诚信”活动的承诺宣言书

全市建筑装饰装修广大用户：

我们建筑装饰装修企业和家装企业从业者，为了深入贯彻执行“全国住宅装饰装修行业发展大会”精神，根据《全国建筑装饰装修行业自律公约》、《全国住宅装饰装修行业自律诚信宣言》规范装饰行业企业行为，确保装饰市场的健康发展，维护广大消费者利益，在全行业中开展“自律诚信”活动，现承诺宣言如下：

一、自觉遵守国家有关法律、法规及管理规定，接受政府有关部门的监督、管理，守法经营，依法纳税。

二、坚持诚信为本的原则，守合同、重信誉，严格遵守职业道德，不使用环保不达标的材料和假冒伪劣材料，不偷工减料，不贬损同业企业和从业者，不破坏行业内市场秩序，不恶意拖欠材料和工人工资。

三、坚持公平、公正、公开的市场交易原则，以自有技术实力、管理水平和服务质量参与市场竞争，在工程投标中，自觉抵制违反市场规则的压级压价，不搞低于成本价的恶性竞争，不主动承接垫资工程，自觉维护行业整体利益。

四、坚持质量第一的原则，严格执行国家有关标准、规范，精心设计、精心施工，确保工程质量，确保合理工期和预算造价。

五、坚持客户至上的原则，自觉维护客户的合法利益，认真处理业主的投诉，做好工程的成品保护和工程售后服务。

六、加强企业和从业者的自律教育，加强职业道德建设，提高自律意识，相互监督，互勉互励，不断提高全行业的自律水平。

七、树立安全意识，重视职业健康，控制、减少安全事故。

八、如违反本承诺的有关规定，自愿接受市建筑装饰协会的调查处理。

全市家装企业和个体从业者向全社会、向广大消费者郑重承诺：

合法经营，诚实守信，保质保量，健康环保，文明施工，规范服务，注重功能，以人为本，依法纳税，回报社会。

以上承诺宣言，是全行业的“自律公约”，并作为全行业开展评比“自律诚信”活动先进企业的条件，真诚地接受全社会监督。

二〇〇四年十一月二十日

鸡西市建筑装饰协会是贯彻中国建筑装饰协会《住宅装饰装修行业自律管理企业准入与清出办法（试行）》17个试点城市中工作效率最高、力度最强的单位，他们及时向当地政府汇报，并迅即得到当地政府的理解和支持，随后召开“全市实施住宅装饰装修行业自律管理大会”，从而形成了鸡西市建筑装饰行业管理制度的创新，值得各地方建筑装饰协会、特别是试点工作单位认真学习。我们期待鸡西市建筑装饰行业和协会、投资者和消费者届时享受建筑装饰行业管理制度创新的利润，百姓更加安居乐业，行业全面、协调、可持续发展。

·调研报告·

建筑装饰装修专项工程设计—施工企业资质等级标准（送审稿）

建筑装饰装修工程专业承包企业资质分为一级、二级、三级。

一级资质标准：

1．企业近5年承担过2项以上单位工程造价1500万元以上或4项以上单位工程造价750万以上的装饰装修工程设计、施工。工程质量合格。

2．企业经理具有8年以上从事工程管理工作经历或具有执业资格，或具有高级职称或高级室内建筑师从业资格；总工程师具有8年以上从事建筑装饰装修施工技术管理工作经历并具有执业资格或相关专业高级职称；总设计师具有8年以上从事建筑装饰设计工作经历并具有执业资格或相关专业高级职称或高级室内建筑师从业资格；总会计师具有执业资格或中级以上会计职称。

3．企业具有执业资格或中级以上技术职称或高级室内建筑师从业资格人员不少于10人。

企业有执业资格或有职称或具有室内建筑师从业资格的建筑装饰设计（建筑学、室内设计、环境艺术、艺术设计、工艺美术专业）不少于8人。

企业具有一级资质项目经理或一级注册建造师不少于5人，且结构、暖通、给排水、电气等专业人员齐全。企业工程管理人员中的质量员、安全员、造价员、材料员不少于20人，且具有岗位从业资格证书。

4．企业注册资本金1000万元以上，企业净资产1200万元以上。

5．企业近3年最高年工程设计、施工结算收入3000万元以上。

二级资质标准：

1.企业近5年承担过2项以上单位工程造价500万元以上或4项以上单位工程造价250万元以上的装饰装修工程设计、施工。工程质量合格。

2．企业经理具有5年以上从事工程管理工作经历或具有执业资格，或具有中级职称室内建筑师从业资格；技术负责人具有5年以上从事装饰装修施工技术管理工作经历并具有执业资格或相关专业中级以上技术职称或室内建筑师从业资格；设计负责人具有5年以上从事建筑装饰装修设计工作经历并具有执业资格或相关专业中级以上技术职称或室内建筑师从业资格；财务负责人具有执业资格或中级以上会计职称。

3．企业具有执业资格或中级以上技术职称或室内建筑师从业资格人员不少于5人。

企业有执业资格或有职称或具有室内建筑师从业资格的建筑装饰设计（建筑学、室内设计、环境艺术、艺术设计、工艺美术专业）不少于5人。

企业具有二级以上项目经理或二级以上注册建造师不少于4人，且结构、暖通、给排水、电气等专业人员齐全，企业工程管理人员中的质量员、安全员、造价员、材料员不少于10人，且具有岗位从业资格证书。

4．企业注册资本金500万元以上，企业净资产600万元以上。

5.企业近3年最高工程设计、施工结算收入1000万元以上。

三级资质标准：

1．三级设暂定期，企业取得工商登记后，即可向当地建设主管部门按三级标准3、4项申请核发三级暂定资质。暂定期一年，暂定期结束，按三级标准核定转正。

2．企业在暂定期及近3年承接过一项以上单位工程造价30万元以上或6项以上单位工程造价5万元以上的装饰装修工程设计、施工，工程质量合格。

3．企业经理具有3年以上从事工程管理工作经历或初级职称，技术负责人具有3年以上从事建筑装饰施工技术管理工作经历并具有执业资格或相关专业中级以上职称或室内建筑师从业资格；设计负责人具有3年以上从事建筑装饰装修设计工作经历并具有执业资格或相关专业中级以上技术职称或室内建筑师从业资格，财务负责人具有执业资格或初级以上会计职称。

企业具有执业资格或中级以上职称或室内建筑师从业资格人员不少于2人。

企业具有执业资格或职称或室内建筑师从业资格的建筑装饰设计（建筑学、室内设计、环境艺术、艺术设计、工艺美术专业）不少于1人。

企业具有三级以上项目经理或二级注册建造师不少于1人，企业工程管理中的质量员、安全员、造价员、材料员不少于5人，且具有岗位从业资格证书。

4．企业注册资本金10万元以上。

承包工程范围：

一级企业：可承担各类建筑室内、室外装饰装修工程（建筑幕墙工程除外）设计、施工。

二级企业：可承担单位工程合同额1500万元及以下建筑室内、室外装饰装修工程（建筑幕墙工程除外）设计、施工。

三级企业：可承担单位工程合同额在注册资本金2倍以下（最高单位工程合同额500万元以下）的建筑室内、室外装饰装修工程（建筑幕墙工程除外）设计、施工。

关于《建筑装饰装修专项工程设计—施工企业资质等级标准》的编制说明

中国建筑装饰协会

（二〇〇四年十二月十三日）

根据建设部2004年10月18日会议和10月25日给中国建筑装饰协会的委托函的要求，中国建筑装饰协会组织开展了建筑装饰行业设计、施工资质整合的座谈、函调研、资质标准编制、征求行业意见的工作。在部分省、市行业座谈会的基础上，编制了新资质等级标准的讨论稿，4次征求各地意见，进行了5次修改，现在形成了送审稿。现就修改后新标准的有关问题，做一个简要的说明。

一、编制新资质的基本原则

根据建设部建筑市场管理司的要求，新资质标准要适合行业生产力发展的要求，要有利于企业申报，因此，在编制新资质标准时，我们主要遵循以下五项基本原则。

1．重行业实际的原则，目的是要真实反映行业与企业的状况。建筑装饰行业民营企业占绝大多数，人员的社会存在状态与其他成分企业有较大的区别。在建筑装饰行业从事工程技术的专业人员，不论是什么学历，有职称的人员占的比例很小，同时这个行业设计师非常年轻化，人员的流动性很大，所以在过去的资质标准中，虽然人员数量要求并不高，一般企业也都能达到，但人员的职称问题很难解决。本次根据行业的实际情况，加入了执业资格与从业资格的概念，这主要是因为以下几个原因。

（1）执业、从业资格认证是国际通用的对个人从业水平的一种认证，也将是我国对专业人才岗位能力认证的主要方式，符合社会发展的要求，容易同今后逐步完善的执业资格认证接轨。

（2）因为建筑装饰行业是以独立作业为主的技术行业，特别是从事建筑装饰设计的从业者，客观上没有相应的职称序列，实际从业过程中，不论水平如何、从业时间多久，都很难在企业内取得职称。

（3）当前中国建筑装饰协会在行业已开展了岗位能力认证方面的工作，并取得了一定效果。所以，为了真实反映当前建筑装饰企业的工程技术人员状态，给企业真实反映人员结构与水平的申报条件，此次把行业协会已开展的上岗能力资格认证，作为个人从业资格，纳入了考核的标准，强化了个人执业资格，淡化职称的作用。

2．重标准逻辑关系的原则，目的是要科学地反映企业的发展状况。标准中有大量的数字性硬指标，要经得起推敲。长期以来，在资质的数字关系上存在着混乱，造成了“是先有鸡，还是先有蛋”的争论。为了使资质标准中的数字比例关系协调，例如不同等级之间人员数量与结构的比例关系；注册资本金与可承接工程造价范围之间的对应关系；典型工程造价与资质等级允许的承包范围之间的关系等，由于都存在比较密切的逻辑关系，在本次修订中，做了些调整。通过这次调整，力图使各资质等级之间，在数字性硬指标方面更为科学合理，既可以提高企业对资质的重视与实际操作的水平，也可以防止企业越级超范围承包工程，解决了资质等级标准中长期存在的逻辑关系上的矛盾。

3．重业绩的原则，目的是要准确反映企业的经营实力和经营状态。业绩是检验企业市场运作成果的最基本标志，最能反映企业实力。所以，新标准在其他要求方面都有降低，但在业绩考核方面不但没有下降，反而略有提高。由于此次是设计、施工资质一体化，对于原来有设计资质，并比较正常开展设计业务的企业，业绩标准更容易达到。重视业绩水平，是因为资质不是万能的，它只是一个市场准入的必备条件，最后还是要通过市场检验企业的实力和水平。同一个等级的企业，业绩差距很大，业绩越好的，越应该得到晋升，以体现公平的原则。

4．方便企业申报的原则，目的是减轻企业和审核机关的管理成本。此次是两个资质的合并，原来的设计资质和施工资质等级标准要合并为一个新标准，考核的内容就非常多，要满足有些考核条件，企业要花费很多精力，也不符合行业及企业的实际情况，如设计人员的工作面积，现在计算机应用技术与网络技术的推广与应用，人均根本不需要 $15m^2$。本次新资质标准，是以原施工资质为基本条件，加入原设计资质的相关要求编制的，对于原设计资质标准中有关办公场地等要求，此次都给删除。企业按新标准申报，只要对原来的施工资质略作调整即可，既方便了企业申报，也减轻了审批管理机关的工作压力。同时，由于资质等级标准更体现行业和企业实际情况，可以在一定程度上避免企业申报时弄虚作假。

5．提高资质管理覆盖面的原则。建筑装饰行业的施工企业很多，特别是存在着大量专门从事住宅装饰装修的小型企业，不把他们纳入到资质管理的范畴，将影响行业的健康、有序发展，也不利于行业市场的清理整顿。本次新资质标准，在三级上做了比较大的调整，其目的就是要把大量的住宅装饰装修公司纳入到资质管理之中，从而提高资质管理的覆盖率。此次一级资质企业标准基本未动；二级的略有降低；三级的大幅度调低。

二、新资质等级标准条款的说明

第一条是企业业绩水平。我们特别设置了特殊性和一般性两种数字指标，第一组是特殊性指标，指的是工程的结算价，即工程合同签订金额是合法的，但在工程中通过洽商追加造价，形成超资质范围的造价，这是允许的。第二组也是工程结算价，但是在资质范围之内的。此次调整，业绩总量未变，但要求略有提高。由于此次是设计、施工一体化的资质标准，在业绩考核中，加入了设计业绩，设计业绩不是以设计费为标准，而是以设计工程的预算造价或工程结算价为标准，也体现出设计在新资质标准中的地位。企业完成的设计、施工业绩是并列的，并可通用。另外，新的两组业绩指标是可以互换，即1项第一组业绩加2项第二组业绩也可满足业绩要求。

第二条，企业领导层人员指标。我们根据行业市场实际情况，做了较大的调整。首先是从资格上，我们加上了有执业资格及有室内建筑师从业资格的，都可以作为申报资质的人员条件，即取得执业资格的与取得技术职称和行业协会从业能力认证的享受同等待遇。第二是在人员指标上有变动，对企业技术与经济管理人员的总量未做要求，更充分利用了当前企业的人才资源，对于企业的技术行政职务结构，为了体现设计的地位，新标准要求所有企业都必须设立总设计师岗位，并对不同级别的企业的总设计师，做出了相应的规定。

第三条，企业工程技术及经济管理人员指标。结合行业内企业的实际情况，在人员数量上也做了调整。就企业所需工程技术人员数量，在总量上没有具体要求，但对关键性岗位，企业工程技术与经营管理人员的层次有了更为具体的要求。第一是对设计人员的数量有了具体要求；第二是企业工程技术人员的专业配置有具体要求；第三是对中级以上人员的数量有具体的要求，也是为了适应住宅装饰装修企业的特点。

对于企业的工程技术人员的要求，首先是把有执业、从业资格的人员，包含在企业的工程技术人员范围之中，这是一种比较大的变动，有执业、从业资格的人员，包括社会认定及行业认定两种，社会认定就是注册制产生的所有执业人员，都可以作为建筑装饰行业的工程技术人员，包括注册结构工程师、建筑师、造价工程师、监理工程师等。第二种是行业协会认定，即由中国建筑装饰协会及各地方建筑装饰协会（归口建设行政管理系统管理）的个人岗位能力资格的认定，包括高级、中级及初级三个级别。行业从业资格认定，决不能多头管理。

在专业结构上，此次增设了设计方面的人员要求。对原来只有施工资质，没有设计资质的企业，会有一定的困难。但从完善企业的发展力量上看，这种规定有助于提高企业的市场竞争能力，也会给企业发展提供更多的机遇。新资质等级标准中，对设计人员数量及专业结构要求，比原设计资质标准略有降低。

在施工组织力量指标上，一级没有做数量上的调整，但在要求的内容上有较大的变化，即注册建造师逐步取代项目经理。二级、三级企业对项目经理的要求，做了适当的降低，二级由原来要求的5人调整到4人；三级由原来的2人调整到1人。在此次资质标准中，加入了工程管理质量员、安全员、造价员和材料员的数量要求，目的是考核企业工程项目的实际控制能力，提高项目管理水平。

第四条，注册资本金指标。我们略微做了调整，主要是三级的注册资本金，有比较大的下调，一级、二级未动。考虑到我国地区间经济发展水平的差异，从事住宅装饰装修的企业情况不同，所以，是以在全国范围内标准比较低10万元为基本数据，这样，全国范围内从事住宅装饰装修的企业都能纳入到管理的范围。

第五条，工程业绩要求。对一、二级没有做调整，对三级资质企业免除了业绩要求。新办三级企业绝大多数刚刚成立，既使是老企业，绝大多数也都是小规模企业，考核其业绩的意义不大，也很难让其准确上报。在企业资质晋级中需要考核，但二级资质的业绩已经有了明确要求，故对最低资质等级不做业绩要求。

在可承接工程的范围上，新资质标准也做了调整，重点是在二级、三级资质。随着我国经济发展，社会的富裕阶层的人员会增加，原来设定的标准既不符合逻辑关系，也阻碍了行业的规范化管理。此次二级资质调到可承担单项工程造价1500万元以下的工程，同2000年前的资质标准允许的范围一样。由于现在资质标准的级差拉得很大，三级企业可承担的工程范围，引入了注册资本金倍数这一新的概念，这样也便于在三级资质企业内部拉开档次，给企业发展、晋级的机会。

三、新资质等级与老资质等级的对比分析

新资质等级是融合了原有的设计、施工两种资质条件编制的，从总的看，比原来标准有所降低，但局部有调高的要求，同时具有以下几个方面的明显区别。

第一是级差拉大。此次新资质等级标准，由于降低了三级资质的标准，形成了市场的低门槛准入，因此，进一步拉大了同二级资质的差别，从而在三个级别范围内，形成了能够涵盖整个行业的资质标准体系。同时，在具体的标准条件上，也加大了业绩、工程技术人员、项目经理、注册资本金的差距。这种级差，有利于形成较为合理的企业结构，也有利于工程运作的规范化。

第二是三级的体系适应性更强。此次新资质的调整重点是三级资质标准，不仅在资质标准条件上做了较大的调整外，在可承接的工程范围上也做了很大的改动。按照我国建筑装饰市场的划分，住宅装饰装修工程占整个市场的近60%，主要由三级资质或无资质企业承接，另外，三级企业的差别也最大，各项条件对比比较悬殊，因此，在其可承接的工程范围的限定，不能过死，要有一个灵活机动的空间，才能适应市场的需要。

第三，能够避免企业申报时的作假。此次标准的调整，对比老资质标准，在人员要求，特别是工程技术人员的要求上，有了很大的变动，引入了执业资格与从业资格的概念，更切合行业和企业的实际，也提高了企业的自我操作性。新标准对工程技术人员的数量及结构要求，经过企业的努力，是完全有可能达到的，也是企业必须要具备的，因此，就减化了企业弄虚作假的必要性。在此基础上，行业行政主管部门也更便于控制、监督、检查。

第四，强调了关键岗位人员的要求。对比原资质等级标准在人员上的要求，新标准弱化了对人员总量的要求，但对企业的总经理、总工程师、总设计师、总会计师做了规定；对企业的关键技术岗位的人员结构与人员质量也做了具体的要求；同时增加了对项目管理人员的具体数量规定，便于通过资质管理，考核企业的实际工程承包能力。

关于《建筑装饰装修专项工程设计—施工企业资质等级标准》的调研报告

中国建筑装饰协会

（二〇〇四年十二月十三日）

自2004年10月18日建设部市场管理司召开资质整合工作会议，及10月25日给中国建筑装饰协会委托函，将建筑装饰专业资质整合的前期调研和新资质等级标准的编制，委托中国建筑装饰协会之后，中国建筑装饰协会成立了工作小组，开展了行业内的调研工作。于10月21日在北京、10月25日在南京、11月4日在北京、11月5日在石家庄、11月7日在上海、11月9、10日在深圳、11月10日在杭州分别召开了调研座谈会，同时，11月2日利用函调形式，向全国各地方建筑装饰协会及会员单位进行典型调研，收到70个地方装饰协会和400多家不同资质等级装饰企业的回函，相关信息真实可靠。广泛听取了地方建设行政主管部门、地方建筑装饰协会和各资质等级企业的意见，现将意见和建议汇总整理如下：

一、关于资质整合

在调查中，存在着两种不同的意见。

第一是赞同将设计、施工资质合并。这在调查中占绝大多数，主要是具有施工资质，没有设计资质或设计资质级别较低的企业。主要理由有以下几点：

1. 办理设计资质比较困难，当前建筑装饰专项设计资质的申报，部分地区是在规划委员会，有些是在建设厅的勘察设计管理部门，管理的尺度掌握的松、紧不同，但大部分地区掌握得偏严，而且办理的时间长，受理的时间段又很短，所以很多企业办了几年都办不下来，给企业的市场拓展与运作造成了很大的障碍。

2. 原设计资质等级标准定的不合理，有些条件严重背离当前行业的实际情况，如要求每人有15㎡的办公面积，现在都使用计算机辅助设计，根本不需要多大工作面积，因此，为办理设计资质，必然提高了企业的成本。

3. 原建筑装饰装修资质就是包含设计与施工的，是1995年才分开的，当时在行业内引起的反映十分强烈，所以，到目前为止，取得施工资质的企业，绝大多数未取得设计资质，如北京2000多家装饰施工企业，只有120多家有装饰设计资质。在建筑装饰装修工程中，设计与施工不可能完全分离，企业在施工过程中，也需要大量的设计完善工作，因此，把设计、施工资质合并，更有利于提高建筑装饰工程的质量不平，也有利于工程的顺利实施。

4. 政府直接管理经济活动的职能逐步淡化。虽然社会生产在不断细分，但政府的资质管理不可能越来越细，《行政许可法》颁布实施之后，更应该简化行政管理职能，所以，建设部把设计、施工资质合并，有利于简化行政审批，有利于建筑装饰企业的发展与完善，能够减轻企业负担，提高企业的市场运作质量，是建设部从行业企业实际情况出发，为行业、为企业办的一件大好事，利大于弊。

5. 目前已经取得一级施工、甲级设计资质的企业，认为合并与不合并，对企业发展的影响不大，所以支持和反对均表现的不突出。

第二种是对设计、施工资质合并存在疑义。主要是有较高专项设计资质的企业和设计人员，大家普遍存在着以下的担心。

1. 建筑装饰设计是一个专业性极强的设计领域，近几年来发展很快，而且势头很猛，很多企业已经在设计方面，取得了较大的市场优势地位。一旦没有专项的设计资质，设计市场的竞争将会更为激烈，市场的秩序有可能混乱，将影响设计的发展。

2. 目前市场上就存在着不重视设计的实际情况，设计的工作量、技术含量不被重视，设计费难收，知识产权得不到有效保护。资质合并后，设计就会进一步的忽略，设计将有可能被施工吞并，设计行业就更无法得到有效的保护。

3. 现在市场上，很多地方都贯彻执行七部委30号文的要求，设计中标，施工就不能投标，在资质分开时，企业内部设计与施工可以分开，以两个不同的名称分别承接一个工程的设计与施工。资质合并后，企业就只有一个资质，对企业承接工程更为不利。

但大家普遍认为，资质合并对企业不会有太多的负面影响，企业的设计业务量也不仅是靠资质承揽的，关键是靠市场和企业自身实力。

二、关于当前建筑装饰市场的设计、施工资质状况

在调查的区域范围，有建筑装饰装修施工资质的企业数量，约为工商注册登记（含家装企业）的10%左右，其中企业有设计资质的，占有施工资质企业的10%左右，绝大多数施工企业没有取得设计资质。行业内企业资质的基本状态，有以下几种情况。

1. 只有建筑装饰装修专业施工资质，没有建筑装饰专

项设计资质的，占调查总数的 90%左右。目前全国有 572 家一级装饰施工企业，甲级装饰设计资质 427 家，同时具有一级装饰装修施工和甲级装饰装修设计资质的 276 家，占一级装饰装修施工企业的 48%。

2. 有施工资质，同时具有相等级别设计资质的，占调查总数的 3%左右，其中取得一级施工、甲级设计的占一级施工企业比例比较高，在其他级别中，比例很低，如有二级施工资质，同时具有乙级设计资质的数量不多。

3. 建筑装饰企业有施工资质，同时具有低于施工资质级别的设计资质的，占调查总数的 6%左右，其中主要是有一级施工资质的企业，具有乙级设计资质的企业比较多，部分二级施工资质的企业，有低于施工资质的设计资质。

4. 有二、三级施工资质，同时具有高于施工资质级别的设计资质的，占调查总数的极少数，主要分布在大中专院校及建筑设计院开办的建筑装饰企业中。

5. 没有施工资质，仅有设计资质的，在整个调查中江苏有 2 家、浙江有 2 家，其中江苏 2 家为民办的省装饰设计院及金螳螂装饰研究院。浙江 2 家为中国美术学院及省建筑设计院开办的企业。以上 4 个单位建筑装饰专项设计资质均为甲级。另外，石家庄大石代 1 家（乙级）、深圳尚格 1 家（丙级），其他地区未发现有此类企业。

6. 目前市场中存在大量无设计资质，甚至无营业执照的装饰设计工作室等，担当建筑装饰装修工程企业的枪手，这种业态在江、浙及广东等建筑装饰行业发达地区比较流行。这些设计机构由于游离市场和在行业管理之外，所以，不仅不承担任何工程风险及法律责任，同时，由于其未在国家工商行政管理及税务部门注册登记，也不承担社会义务。

根据以上情况，现在装饰市场存在四大缺陷：一是大部分装饰企业没有资质，特别是绝大部分家装公司无资质；二是大部分装饰施工企业无设计资质；三是绝大部分工作室无证无照，枪手、炒更一族横行；四是绝大部分设计人员无政府认可的职称或执业、从业资格。因此，政府必须行政干预装饰市场失灵，行业协会必须协助政府主管部门，校正行业缺陷。建筑装饰市场整顿的任务十分艰巨，其中，资质管理在市场整顿中的作用十分明显，必须坚持对建筑装饰市场的资质管理。同时，也表明此次资质合并工作的范围很大，在行业内，现已取得设计、施工单项资质的企业中，有 97%左右的企业，由于设计、施工资质不对称，需要按新的资质等级标准重新就位。

当前东部建筑装饰行业较发达地区，行业函调情况统计后，业内企业基本情况见表。

三、关于新的资质等级标准

在本次调研中，新的资质标准讨论后，采取了随讨论、随修改、再讨论、再修改的方法，一共修改了 5 稿，经广泛的征求意见，在此基础上形成了最后的送审稿。在全国各地的调查、讨论中，主要的意见有以下几个方面。

第一是要借此次资质等级修订工作之际，将从事住宅居室装饰装修的企业纳入到行业资质管理的范畴。我国现有注册登记的装饰公司数量，是有资质企业的 10 倍以上，就是正常经营中的装饰企业，比有资质的企业多出 4～5 倍，所以，社会上有大量没有资质，但从事装饰装修工程活动的企业，主要集中在住宅居室装修市场中。这种情况如果得不到妥善解决，市场就不能规范，资质管理对市场的作用也会受到很大局限，因此，要把这部分企业纳入到资质管理的范围，才能体现出公平竞争的原则。

第二是工程技术人员的要求，一定要符合行业的特点和企业的实际情况。以往企业在人员方面做假比较普遍，主要原因不是企业没有人，而是企业的设计师、工程技术人员都不够资质标准要求的条件，主要是没有职称。建筑装饰行业以民营企业为主体，企业员工评定职称有一定困难；在国家职称序列中，到目前仍没有建筑装饰专业，很多大专院校毕业生，工作数年甚至十数年，都无法解决职称问题；客观上行业内的人才流动性大，企业也存在只用不评的现象，而对个人的评定没有搞。所以，虽然在企业从事技术工作的人数不少，干的活也很多，但企业有职称的人员数量却很少。

大家一致认为，近几年，社会对个人的岗位执业资格认定和岗位能力认定，已经逐步开展，这对个人的职业能力与资格的认定，应该可以作为对技术人员的认定，成为资质标准中的条件。因此，特别要求把经社会认定的各种注册师以及行业协会认定的各种岗位能力，作为考核企业工程技术人员的条件。

第三是资质等级的级差。大家一致认为，一级资质的标准不能降低，以保证建筑装饰行业施工队伍的高水平；二级可以适当降低，但幅度不能太大；三级资质的标准可以下降多一些。这样有利于吸收更多没有资质的企业办理资质，加入接受管理的范围，也有助于形成一个金字塔的企业结构。现在申报三级资质的企业比较少，很多地区三级企业比二级企业多不了多少，有些地区三级企业甚至比二级还要少，主要原因是三级资质标准要求过高，而能承接的工程量又太小，60 万元工程造价，好的家庭居室装修都会超过此范围，所以有很多企业宁愿无资质承接工程，也不愿办理三级资质。在新资质标准中，应该遵循“低门槛、大级差”的原则来编制。个别企业提出为了更明显的反映出企业的经营实力，建议在建筑装饰行业设立特级资质标准。

第四是专业设计企业的问题，是此次调研中的热点问题。目前社会上存在一定数量的专业设计企业，有些虽然有施工资质，但并不做施工。特别是近几年，在建筑装饰行业发达地区，有专业的建筑装饰研究院，除做装饰工程的设计外，还从事建筑装饰设计的理论研究。这种现象的发生与发展，有利于我国设计水平的提高，更快地赶上国际先进水平，因此，要给他们一个合法的身份，使他们有更大的发展空间。

有人建议，在新资质等级标准中，降低注册资本金要求，删除工程组织人员（项目经理）要求，发给他们相应的资质，但注明其“不可从事工程施工”。也有人建议，在每一级别中，分为A类：设计、施工一体化资质；B类：只从事专业设计资质。

也有人认为，国际上通行的方式是设计师个人注册制度，应该在我国尽快开展起来。在当前注册室内建筑师制度未建立的情况下，就不应该没有专门的设计资质。

第五是三级资质标准的设定是此次新资质标准修订的重点。在降低门槛的同时，要考虑到三级企业的不同，注册资本金10万元与注册资本金300万元、400万元的待遇不能相同，因此，建议在三级资质可承揽工程范围上给予较大的灵活性，以注册资本金的倍数控制其承接工程的范围，其倍数及工程总造价都要低于二级资质企业。

四、关于过渡期问题

对于过渡期的时间、方法、相关的配套措施等，在调研中，主要有以下几个方面的意见和建议。

第一是关于过渡期。绝大多数人认为在整个就位过渡过程中，市场上将有新、老两种资质都有效力，因此过渡期不宜过长，否则会造成市场上的混乱。整个过渡期以一年时间为宜，因为此次就位的工作量很大，工作有一定的难度。个别管理基础性工作扎实的地区，认为半年时间就可以了，有些地区认为整个过渡期要与国家注册建造师考评结合，以2年为宜。

第二是企业就位问题。被调查企业一致认为，现在资质对等，齐全的就应该直接换为新资质。原来资质不对等的企业，也要本着缺什么、补什么的原则，简化企业资质就位的材料申报，例如现在是施工一级资质的企业，只要按新资质等级标准要求，补报建筑装饰设计方面的材料就可以了。要充分利用企业现有的资源，简化申报、审批手续，不要再搞全面就位。

对于市场中大量其他专业承包资质兼营建筑装饰装修的企业，也必须按新的标准进行就位，不够条件的要撤消其建筑装饰资质，以减轻建筑装饰市场的不公平竞争压力。

部分企业认为，要进一步明确建筑装饰装修的工程范围，现在很多改造性工程，涉及部分水、电改造，结构改造等，装饰装修的工程范围不确定，给工程的承揽造成了很多疑点。很多企业都要求总结北京、上海的试点经验，对于一级建筑装饰装修资质企业，可以兼营房屋建筑总承包二级资质以下的工程。

第三是过渡期应该着重解决以下2个问题，设计费取费管理和设计、施工不能同时中标问题。当前市场中存在着设计费难取的状况，如果不明确设计必须付费，并通过建设部发文，建立起设计费收取的机制，资质合并后设计取费将更难。

大家一致认为，当前七部委30号文关于设计、施工不能同时中标的规定，是针对结构工程的，但对建筑装饰工程及市场运作的影响很大，也同此次资质整合的精神完全相悖。应该明确是什么样的工程不能设计、施工同时中标，这一规定是否涵盖所有装饰装修项目，否则，资质整合就会严重阻碍行业发展，企业今后在市场中更不容易运作。在调查中，所有企业这两个问题都高度重视，希望建设部能够有一个具体的意见。

第四是鉴于现在国家还没有实行对建筑装饰行业设计师的注册制度，也没有建筑装饰序列的职称，而市场上约有50万设计人员大部分无职称的状况，应该承认由中国建筑装饰协会评定的室内建筑师岗位能力认定，作为个人从业资格。同时，在对个人从业资格认定上，决不能搞政出多门，多头管理，从业资格的认定由行业协会进行，或作为一种过渡的执业能力认证，由协会和相关单位合作完成。协会应根据行业发展的要求，认真开展好这项工作。

第五是关于建筑装饰装修企业市场准入管理成本问题。新的资质标准实行后，建设行政主管部门对建筑装饰装修企业市场准入管理的范围有了极大的拓宽，同时，管理成本也会大幅度增加，如何在《行政许可法》的框架下，发挥相关行业协会的作用，是使管理收益大于成本，提高管理效率的关键。

一、二、三级建筑装饰装修工程专业承包企业相关资质指标一览表

指　标	一级企业	二级企业	三级企业
总经理平均从业时间（年）	20	16	14
总工程师平均从业时间（年）	21	17	17
总设计师平均从业时间（年）	17	14	7
总会计师平均从业时间（年）	20	18	12
工程技术和经济管理人员平均数量（人）	104	39	26
其中工程技术人员平均数量（人）	73	29	18
其中建筑装饰设计人员平均数量（人）	31	11	4
中级职称以上工程技术人员平均数量（人）	38	17	11
一级项目经理平均数量（人）	11	2	0
二级项目经理平均数量（人）	8	5	3
三级项目经理平均数量（人）	5	2	6
企业平均注册资本金（万元）	2180	780	328
企业平均净资产（万元）	2775	929	553
三年平均最高年设计施工结算收入（万元）	14809	1893	1023
其中年平均施工产值（万元）	10831	1797	897
其中年平均设计产值（万元）	569	101	102
近三年年均设计施工结算收入（万元）	9876	1346	818
近三年年均使用劳务层人员（人）	1196	171	191

关于我国家装投诉居高不下的调研报告

中国建筑装饰协会五届理事会理事　全国优秀建筑装饰协会工作者
中国建筑装饰协会信息部主任兼会刊《中国建筑装饰》主编　工会副主席
《全国家装投诉居高不下调研课题组》组长　**黄　白**

内容提要

自1996年以来，我国家庭装饰装修连续8年处于十大消费热点与投诉热点，并居前列，侵害家装消费者权益的问题既普遍又严重，2003年有增无减，更为突出。2003年暴发的SARS，对家装的卫生防疫健康环保提出了新的要求。

本报告在对全国家装市场发展和行业管理现状给予说明，且以北京为例，对家装投诉累积问题进行归纳分析后认为，家装市场存在的从业者、消费者、装修污染、多头管理、行业管理、管理体制等六大问题，是导致全国家装投诉居高不下的主要矛盾；其中从业者、装修污染、管理体制三大问题，既是导致市场问题矛盾的主要方面，也是当前市场的三大缺陷。

为了落实胡锦涛总书记提出的“群众利益无小事”和新时期党和国家关于发展家装的要求，形成良好的消费预期，增加即期消费，提高充分就业和城镇化水平，大幅度降低居高不下的家装投诉率，全面建设小康社会，本报告向政府主管部门提出进一步完善市场和行业管理的建议，供有关单位和人士作相关提案及研究之用。

本调研课题组由中国建筑装饰协会信息部会同九三学社建设部支社、九三学社北京市委城建委的有关专家共同组成。本调研报告为全国首次。

问题的提出

装饰装修，在联合国和WTO中，被划分在建筑服务中，称“建筑装修服务”；在我国，被划分在建筑业中，称“建筑装饰业”。

家庭装饰装修（又称住宅装饰装修，简称家装），从行业上划分，是建筑装饰行业的三大组成部分（公装、家装、幕墙）；从现代服务业上区分，属于补充性服务业；从产业上细分，则属于现代第三产业中的第二个层次——为生产和生活服务的居民服务业。家装是我国市场化程度最高的行业之一，产业关联度高，关系到社会公共利益和卫生安全。

全面建设小康社会目标的实现，其中取决于城镇化水平的提高。2001年城镇人口占全国总人口仅为37.7%,农村人中仍然高达62.3%。促进城镇化，不仅在于提高农民的收入，而且在于将富裕的劳动力从农村中转移到城市就业并在城市居住。重要的是转得出来且留得住。目前我国每年新增富裕劳动力，城市500万人、农村1400万人，GDP每增加一个百分点，可安排70万人就业。就业的出路在于比第二产业吸纳就业人口高5倍的第三产业，特别是居民服务业。家装是一个劳动密集型高就业率的行业，为政府实现充分就业提供了有力的支持。

自1998年我国停止住房实物分配、逐步实行住房货币化以来，目前商品住宅占城镇住宅投资的83%以上，竣工面积占城镇住宅的43%以上；个人购买商品住宅占商品住宅竣工面积的95%以上，城镇私有住宅占住宅总量的85%以上，城镇居民住房自有率达到74%左右。房改和住宅产业的快速发展，使住宅成为居民的私有财产，并为家装奠定了坚实的基础。

改革开放后发生在我国家庭消费领域内最重大的事件之一就是“家庭装饰”。正如1999年2月7日上海卫视台公布的一项民意调查结果，改革开放20年全国最流行的50句语言，其中之一就是“装饰装修”。

2004年3月7日广州《羊城晚报》做出了这样的描述：改革开放初期，人们消费的最高目标是百元级，即自行车、手表、录音机；20世纪80年代，开始“玩”千元级，有电视、电冰箱、洗衣机；20世纪90年代为万元级，房屋装修、电脑等是人们最大的破费。

我国现代家装业，兴起于20世纪90年代初并很快形成消费热点，是“九五”时期全国十大消费热点之一，年均发展速度超过20%。1999年，全国城镇住宅装饰率就达到98%，装饰住宅2.7亿m^2，540万户，户均装饰装修消费2.2万元，450元/m^2，其中，大中城市及沿海发达地区户均装饰装修消费4万元，800元/m^2，比1998年增长28%。2002年全国家装户均消费5万元，家装产值为4200亿元，占当年全国建筑装饰工程总产值7200亿元的58%；2003年达5100亿元，占当年全行业总产值8640亿元的60%。家装产值已大大高于公装。家装，已成为我国城镇居民继购买住宅后即进行的最大一项消费活动，已成为并将继续成为我国新的消费热点。

据国家统计局2000年12月30日报告，2000年家装与旅游、教育成为全国三大消费热点之一。中国人民银行2001年9月24日统计，家装与教育、医疗和养老成为全国居民选择储蓄的三大目的之一。建筑装饰界认为，2004年及“十五”期间，当我国GDP保持在7%以上时，家装行业仍将以20%以上的速度发展。家装行业已成为我国拉动消费、带动投资、增加就业、扩大内需的新的国民经济增长点。

2003年我国人均国内生产总值（GDP）突破1000美元，国务院总理温家宝在十届全国人大二次会议上所作的《政府工作报告》中认为，这表明经济快速发展，跨上一个重要台阶。国内生产总值（GDP）衡量的是一个国家的经济总量；而人均GDP评价的是一个国家的富裕程度。而经济学家则更多地以后者作为划分经济发展阶段的重要指标——人均GDP突破1000美元，表示国民消费结构开始转变和升级：从保障到享受，从寻求温饱到重视住行，从生活必需到寻求发展。人均GDP突破1000美元的意义，还在于人们将彻底由寻求温饱的重视衣、食消费，转向谋求住行条件的改善，那么多昨天还被视为奢侈的消费，明天将成为寻常百姓家的生活必需品。

以央视猴年第一部电视剧——20集轻喜剧《将装修进行到底》为标志，家装进入我国主流文化之中。

在家装消费形成热点的同时，也成为了投诉热点。家装侵害消费者权益的问题既严重又普遍，自1996年以来，高居历年全国消费者十大投诉前列。投诉对象大部分为“游击队”。投诉消费额的热点：2000年以前是3万元以下，2001年以后为5万元以下。以至于2000年1月全社会消费的主题是：明明白白装修。

每年各地人大、政协会议均有相关提案，特别是2000年2月北京市政协九届三次会议上有7位委员递交了4份有关家装问题的提案，这在全国十分罕见。出席2003年3月全国人大十届一次会议的薛景霞、黄双月、王宝军等代表再次呼吁“加强家装立法”。

2004年3月15日，中国消费者协会将“诚信·维权”定为2004年主题，同时决定对十大热点行业进行重点监督，其中“装修”位居第二，监督内容包括商品的服务质量、卫生、安全、价格、标识、营销宣传，以及是否存在制假售假、欺诈行为等问题。

据中国人民银行报告，到2003年底，我国城乡居民储蓄存款余额已超过11万亿元。分析表明，居民储蓄增长的速度，远远高于居民收入和经济增长的速度。但是，消费热点尚未真正形成，原因在于80%的储蓄者为低收入者，他们更多地是追求储蓄的安全性和流动性，即期消费欲望不足。如何拉动全国家装的即期消费，扩大内需，值得我们认真研究并加以引导。

2003年对我国9.1%GDP的贡献率50%以上是投资，其次是出口，消费还不太足。因此11月29日结束的“中央经济工作会议”把培育新的消费热点继续拉动消费作为2004年的一项重要工作。2004年3月9日的《北京晚报》认为，到目前为止，我国的发展速度靠“三高”（高投资、高能耗、高污染）来支撑，创造单位GDP所用的能源和原材料，消耗掉的金融资源在及带来的环境污染，在全世界都是最高的，但增长的结果仍然表现为“两低”（低质量、低效益）。2003年，我国投资率（全社会投资额占GDP的总额）接近47.5%，而消费率（全社会消费品零售总额占GDP的总额）只到40%，与美国等发达国家不到20%的投资率和超过70%的消费率相比形成鲜明的反差。今后扩大内需的重点应当逐渐转到扩大消费需求，特别是扩大城市中低收入家庭和农民的消费需求上来。

2004年3月6日，国务院总理温家宝在十届全国人大二次会议上所作的“政府工作报告”中指出，我国消费在国内生产总值的比重偏低，不利于国内需求的稳定扩大，不利于国民经济持续较快增长和良性循环。要努力增加城乡居民收入，提高居民购买力水平；加大收入分配调节力度，提高中低收入居民消费能力；发展消费信贷，完善消费政策，改善消费环境；适应消费结构变化，扩大服务消费领域，改善生产供给结构；各项改革措施要有利于增强消费者信心，形成良好的消费预期，增加即期消费。要通过不断努力，逐步改变投资率偏高、消费率偏低的状态。

SARS的出现，使疾病控制专家和建筑装饰界共同认为，SARS作为呼吸系统突发传染病疫情灾害与室内装修污染有一定的间接关系。持续8年的家装高投诉若不解决不但仍会居高不下，而且还会形成新的投诉热点，并成为突发传染病疫情灾害的隐患。为此，使本报告更显重要和紧迫。

九三学社多年来也十分关注家装的问题，如九三学社北京市委地震局支社1996年的提案“尽快立法制止破坏性装修的建议”，范子昌在1997年北京市政协八届五次会议的提案“建议制定法规制止不规范装修房屋”，1998年九三学社北京市委的提案“加大整治居住生活区环境力度，把北京建成整洁优美的首善之区”，2003年九三学社北京市委的提案“关于尽快解决北京市家装投诉居高不下问题的建议”，均受到北京市政府的重视，正进行相关立法。

北京市政府对此问题非常重视。2003年8月初，北京市政协主席程世峨，副市长刘敬民、刘志华分别在市政协一次会议闭会期间九三学社北京市委的党派提案“关于尽快解决北京市家装投诉居高不下问题的建议”上作了重要批示，市建委立即起草了《关于加强家庭居室装饰装修管理的通知》，11月10日交由市政府办公厅请求转发。

本报告的思路是：说明现状，找出问题，提出建议。报告分五大部分：一是行业发展现状；二是行业管理现状；三是主要问题；四是与SARS的关系；五是政府公共政策选择的建议。

一、全国家装市场和行业发展现状

了解全国家装行业发展、法制建设和装饰协会作用三方面情况，是寻找我国家装高投诉率市场缺陷并分析其成因的基础。

1. 行业年产值和发展速度

当国民经济发展速度GDP为7%～9%时，建筑业发展速度为11%～13%时，建筑装饰行业发展速度为18%～20%。

进入21世纪，我国建筑装饰行业以年均18%的速度发展，2000年为5500亿元，2001年为6600亿元，2002年为7200亿元。年均行业总产值约占当年我国GDP的6%左右。其中家装占全国建筑装饰行业年总产值的45%、50%和58%，占我国GDP的3%左右。

如2000年北京市建筑装饰行业产值达560亿元，占全国建筑装饰工程总产值5500亿元的10.1%。其中，公共建筑装饰工程410亿元（内装250亿元，幕墙160亿元），占全国公装工程3000亿元的13.6%；家装工程150亿元，占全国家装工程2500亿元的6%。

2002年北京市建筑装饰行业产值达到800亿元，占全国建筑装饰工程总产值7200亿元的11.1%。其中，公共建筑装饰工程500亿元，占全国公装工程3000亿元的16.6%；家装工程300亿元，比2000年翻了一番，占全国家装工程4200亿元的7.1%，比2000年增加了1.1个百分点。

2000年、2001年和2002年全国建筑装饰行业的发展速度分别为25%、20%和9%，年均18%。2001年比2000年下降了5个百分点，2002年比2001年下降了11个百分点。

2003年我国建筑装饰行业是一个高速发展年，在GDP高达9.1%之时，国务院发展研究中心卢中原在2003年12月8日《经济日报》上的论文认为，2003年建材和家装材料消费增长46.6%。12月14日中央电视台晚间新闻联播报道，建筑和装饰材料发展增幅为151%。由此推测，全国建筑装饰行业发展速度在20%以上，产值达8640亿元，其中家装占60%。

2003年12月29日，中国社会科学院发表《2004年中国社会蓝皮书》，强调我国消费结构——居民生活质量告别“生存型”转向“发展型”。2003年预计居民消费水平达4000元，比上年增长6%左右，城镇居民的居住水平继续提高，购买公房和商品房以及装修支出已上升至占消费比例的10%。商品房销售面积仍保持了高速度，2003年1至9月为1.5189亿m²，比上年同期增长36%，住房的热销带动了建材装修和家具的热销。

蓝皮书指出，2004年居民的消费结构将随着消费的增长继续向小康型和质量型发展，消费热点仍将集中有住房和装饰、汽车、移动电话和高性能、高质量的家电商品。估计到2003年底储蓄余额可达10.6万亿元，增长22%，人均可达8200元，比上年人均增长1400元；55%的居民有债券、股票、外币储蓄、手存现金等金融资产，到2003年底居民的金融资产将达到14万亿元。说明大部分居民手头宽裕了，已过上吃穿有余的小康生活。

2. 从业人员数量

2000年和2001年全国建筑装饰行业就业人数保持在850万人左右，2002年有了创纪录的发展，按国家劳动和社会保障部就业司年初的预测和国家统计局年底的报告，2002年我国新增就业840万人，其中家装业占48%、400万人，是20世纪90年代建筑装饰行业年均增加就业人员50万人的8倍。

对于经济学家来说，失业表明一部分资源没有得到利用：愿意工作并且有能力工作的人没有被用于生产。对失业者及其家庭来说，失业意味着经济拮据以及生活方式的改变：不得不放弃度假，孩子们可能不得不放弃上大学的梦想。失业不仅使失业者得不到收入，它也强烈地打击了他们的自尊心。对年青人来说，有一个工作对培养其工作技能是必要的，不论是专业技能还是守时及责任心这样的基本工作态度。那些长期失业者会变得情绪不满并可能因此丧失工作的习惯。

失业有三种：一是随着季节变换而变化的失业被称为“季节性失业”；二是一些人失业只是由于他们正处于从一个工作转换到另一个工作的过渡之中，这种失业被称为“摩擦性失业”；三是长时期的失业常常是由经济中的结构性因素造成的，这种失业被称为“结构性失业”。因装饰工人大部分来自农村，故这三种失业都存在，且多为“季节性失业”。

充分就业率是判断经济运行形势首位的定性指标。就业是保障人们生存权和和发展权的第一位的问题。国家发展改革委员会宏观经济研究院副院长刘福垣在2004年2月11日《经济日报》上强调，充分就业率应该是判断经济形势的惟一定性指标。建筑装饰行业创造的就业机会居全国首位。

2002年我国建筑装饰行业的从业人员约为1250万人，其中家装占60%、750万人；公装占40%、500万人。室内设计者现约25万人，占全行业从业者的2%。装饰装修施工人员1225万人，其中管理层约占10%、125万人，作业层（劳务层）占90%、1100万人。

2003年我国建筑装饰行业的从业人员约为1500万人，其中家装占60%、750万人；公装占40%、600万人。室内设计者现约30万人，占全行业从业者的2%。装饰装修施工人员1470万人，其中管理层约占12%、170万人，作业层（劳务层）占90%、1300万人。

如北京市建筑装饰行业现有以民工为主体的从业人员50万人，占全国建筑装饰行业1250万从业者的4%；其中，从事公装的占30%、15万人，从事家装的占70%、35万人。2002年北京市35万家装从业人员，主要来自江苏、浙江等南方省市，占全市180万居住半年以上外来人口的20%，占98万进京从事土建工程民工的35%；其中，家装“正规军”占5%、2万人，“游击队”占95%、33万人。全市的家装市场份额，“正规军”占10%、10亿元（比深圳2.3亿元高4.3倍），“游击队”占90%、140亿元。所完成的150亿元家装工程产值在全国仅次于上海市（220亿元），名列第二位；人均年劳动生产率4.3万元，比成都市20万人完成20亿元产值高4.3倍。装修工人均年薪10570元，居北京市40种人均年薪职业的第31位。

3. 企业数量

2000至2002年，我国建筑装饰企业数量保持在25万家左右，经过建设部2001年下半年到2002年中的进行资质重新就位的市场秩序整顿，到2002年底，有建筑装修装饰工程专业承包（施工）资质的企业2万多家，比2000年减少约25%、5000家。有建筑装饰工程专项设计资质企业1500多家，比2000年减少约33%、500家。

25万家建筑装饰企业，其中公共建筑装饰工程企业占8%、2万多家；幕墙工程企业占0.4%、1000多家；家庭装饰工程企业占92%、23万多家。

如北京市现有市建委颁发资质证书的建筑装饰企业1600多家，占全国2.5万家有资质建筑装饰企业的6.4%，其中，家装公司500多家；另有“有照无证”的6500多家，“兼营”的2.6万家，合计各类家装企业3.2万家（上海市现有1.6万家）。

4. 教育

我国培养室内设计人才现有100多所大学、200多所中专中技，如清华大学美术学院、中国人民大学徐悲鸿艺术学院、北京民族大学、北京林业大学、中国矿业大学、沈阳工业大学、天津大学、天津美术学院、武汉科技大学、西安市艺术学校、西安外事学院、西安欧业学院、大庆艺术学校、徐州建筑职业技术学院、南京艺术学院尚美学院、广州市工艺美术职业高级学校、华东师范大学、杭州工艺美术学校、温州大学艺术学院、西北轻工业学院、北方工业大学、无锡轻工业大学、华侨大学、黄河科技学院、淄博学院、海南大学、潮汕职业技术学院、宿迁职业技术学院、华南农业大学、安阳师范学院、南阳理工学院等。

每年毕业学生上万人，多供职于家装企业。我国室内设计专业一直十分热门，市场需求远大于供给。开办了三年的吉林省建筑工程学院建筑装饰学院在校生已达三千人，2004年被批准为全国普通高校。

5. 家装进入主流文化

家装不仅已成为中国人经济生活的消费热点，而且已成为文化生活的消费热点。2000年10月23日，由文化部文化产业司和北京市社会科学院联合主办的“大城市文化产业研讨会”所确定的25个“‘十五’期间北京市含金量最高的文化产业”，其中第21个为“装饰业”。由我国文化行政主管部门将装饰确定为文化产业，意义重大，装饰内含的文化资源将得到更合理的配置，装饰文化业将进一步得到发扬光大。家装引发了社会对家装类媒体的关注和投资热潮，并于2004年春节正式进入我国主流文化国之中。

影视类：喜剧是电视剧节假日争抢的剧种，而众多的喜剧也都想在春节与观众见面，特别是中央电视台一套这块最引人注目、影响最广泛的黄金宝地。20集轻喜剧《将装修进行到底》以它雄厚实力在激烈的竞争中脱颖而出，成为央视猴年第一部电视剧，在大年初一（2004年1月22日）早8：00在第一套节目中与全国电视观众见面。由中视影视文化公司俞胜利工作室、中央戏剧学院等单位联合摄制的《将装修进行到底》，成为猴年第一剧的关键在于它是一部全新题材的电视剧，是我国首部反映家庭装修的戏。

2004年1月19日《北京广播电视报》、1月20日《北京晚报》认为，家装近年来一直热门，但关于家装的戏却只有这一部。《将装修进行到底》独辟蹊径地选择以“装修”为切入点，通过10个家装的故事，揭示了不同职业、不同身份、不同家庭、男男女女的追求和理想，以及生活中耐人寻味的酸甜苦辣。该剧的另一个看点是会聚了影、视、歌、主持全明星阵容，这样的阵容为近年少有。20集的故事中，每集都有一两个观众十分熟知、喜爱的大明星，而且都是主演，如许戈辉、范伟、陈明、雪村、吴启华、韩影、方青卓、茹萍、伊春德、孙逸飞等。

杂志类：历史最长的如西安的《新居室》（原《家具与生活》），比较长的如北京市家具协会的《家具与环境》、深圳的《现代装饰》、原国家建材局的《装饰装修天地》，1999年4月创刊的《时尚·家居》，1999年9月创刊的《世界家苑》，2000年上半年中国文联创办的《缤纷》、天津社会科学院的《室内风景》、天津科技出版社的《家饰》，以及《瑞丽家居》、《国际家居》、《家苑》等20多种。

报纸类：如《中华建筑报·家装》《中国建设报·装饰天地》、《中国建材报·装饰世界》、《建筑时报·家》等。

综合类：几乎所有的社科类报刊、地方报刊都有装修装饰类的专刊、专栏等，如广东的《家庭》、《北京晚报》、《华东信息报》等。

6. 市场份额划分

我国现代建筑装饰行业自改革开放后即实行市场化和国际化，我国装饰企业和从业人员经过20多年的艰苦创业和不懈努力，经与外商竞争，建筑装饰工程市场占有率有了根本性的变化。国内公装与家装占我国的市场份额，前者占95%，后者占100%；国内公装的设计与施工，前者占85%，后者占95%，外商所占15%的装饰设计和5%的装饰施工，主要为大型、高档，特别是外资、合资装饰工程。装饰企业与建筑设计院及院校所占的公共建筑装饰市场份额，前者为80%，后者为20%。目前家装工程的毛利约20%、纯利约7%左右。

如2002年的北京家装市场，新建住宅的70%以上、旧房改造的50%以上被“正规军”所占领。“游击队”的市场份额正在逐步缩小。

二、全国家装行业管理现状

2001年12月9日，建设部与国家质量监督检验检疫总局联合发布国家标准《住宅装饰装修工程施工规范》（GB50327-2001）。这一由中国建筑装饰协会主编的规范的颁布，从而与“发展以居民住宅为重点的装修装饰业”的国策（2001年3月15日九届全国人大四次会议批准《国民经济和社会发展“十五”计划纲要》）、《建筑法》等六部国家法律法规，《民用建筑工程室内环境污染控制规范》（GB50325—2001）（2001年11月26日建设部与国家质检总局联合发布）、“室内装饰装修材料有害物质限量十个国家强制性标准”（2001年12月10日国家质检总局发布）、《住宅室内装饰装修管理办法》（2002年3月5日建设部令第110号）、《商品住宅装修一次到位实施导则》（2002年7月18日建设部发布）等技术立法和行政规章，共同构筑了新时期我国家装市场和行业管理法制的基本框架。

1. 国策

在全国人大通过的国策中，有两次是对家装行业发展的指南，从而确定了20世纪90年代和21世纪前5年我国家装行业发展15年的目标。

第一次是1991年4月9日七届全国人大四次会议通过的《中华人民共和国国民经济和社会发展十年规划和第八个五年计划纲要》中提出："加快住宅建设，发展室内装饰业和新型建筑材料。" 纲要强调这是"八五"期间我国调整居民收入和消费结构，提高人民生活水平的一项国策。

第二次是2001年3月15日九届全国人大四次会议通过的《中华人民共和国国民经济和社会发展第十个五年计划纲要》中提出："发展以居民住宅为重点的房地产业和装修装饰业。" 纲要强调这是我国进一步调整经济结构，发展服务业，提高供给能力和水平，发展面向生活消费和服务业的一项国策。

2. 现行国家法律法规——六部

（1）《中华人民共和国建筑法》（1998年3月1日起施行）：涉及建筑主体和承重结构变动的装修工程，建设单位应当在施工前委托原设计单位或者具有相应资质条件的设计单位提出设计方案；没有设计方案的，不得施工（第四十九条）。违反本法规定，涉及建筑主体和承重结构变动的装修工程擅自施工的，责令改正，处以罚款；造成损失的，承担赔偿责任；构成犯罪的，依法追究刑事责任（第七十条）。

（2）《建设工程质量条例》（国务院令第279号）（2000年1月30日起施行）：本条例所称建设工程，是指土木工程、建筑工程、线路管道和设备安装工程及装修工程（第二条）。涉及建筑主体和承重结构变动的装修工程，建设单位应当在施工前委托原设计单位或者具有相应资质条件的设计单位提出设计方案；没有设计方案的，不得施工。房屋建筑使用者在装修过程中，不得擅自变动房屋建筑主体和承重结构（第十五条）。违反本条例规定，涉及建筑主体和承重结构变动的装修工程，没有设计方案擅自施工的，责令改正，处50万元以上100万元以下的罚款；房屋建筑使用者在装修过程中擅自变动房屋建筑主体和承重结构的，责令改正，处5万元以上10万元以下的罚款。有前款所列行为，造成损失的，依法承担赔偿责任（第六十九条）。

（3）《中华人民共和国环境噪声污染防治法》（1997年3月1日起施行）：在已竣工交付使用的住宅楼内进行室内装修活动，应当限制作业时间，并采取其他有效措施，以减轻、避免对周围居民造成环境噪声污染（第四十七条）。

（4）《中华人民共和国安全生产促进法》（2003年1月1日起施行）：建筑和装修材料必须符合国家标准。禁止生产、销售和使用有毒、有害物质超过国家标准的建筑和装修材料（第二十四条）。违反本法第二十四条第二款规定，生产、销售和使用有毒、有害物质超过国家标准的建筑和装修材料的，依照产品质量法和有关民事、刑事法律的规定，追究行政、民事、刑事法律责任（第三十八条）。

（5）《物业管理条例》（国务院令第379号）（2003年9月1日起施行）：对物业管理区域内违反有关治安、环保、物业装饰装修和使用等方面法律、法规规定的行为，物业管理企业应当制止，并及时向有关行政管理部门报告。有关行政管理部门在接到物业管理企业的报告后，应当依法对违法行为予以制止或者依法处理（第四十六条）。业主需要装饰装修房屋的，应当事先告知物业管理企业。物业管理企业应当将房屋装饰装修中的禁止行为和注意事项告知业主（第五十三条）。

（6）《建设工程安全生产管理条例》（国务院令第393号）（2004年2月1日起施行）：本条例所称建设工程，是指土木工程、建筑工程、线路管道和设备安装工程及装修工程（第二条）。

3. 党和国家领导重视

1996年春节，现中共中央政治局委员、上海市市长、时任上海市常务副市长陈良宇给上海建材集团百姓家装公司"为民办实事，让民得实惠"的题词，已成为我国家装从业者努力工作的目标和口号。

1997年，现全国政协主席、中共中央政治局常委，时任中共中央政治局委员、北京市委书记、市长贾庆林在《昨日市情》第165期上批示，要求市建委制定家装管理办法。

1999年3月26日，时任中共中央政治局常委、中央纪委书记蔚健行在上海市委副书记孟建柱及市建委等有关方面负责人的陪同下，察看了由上海市建委指导的"长宁区家庭居室装饰工程交易市场"，着重了解百姓是否满意，要求建设行政主管部门加强家装行业管理。

北京市政府1999年把"规范住房装饰市场，让市民装修住房放心满意"作为市政府60件为民办实事中的第45件。2002年5月中共北京市第九次党代会市委书记贾庆林的工作报告和2003年1月北京市人大十二届一次会议市委书记兼市长刘淇的政府工作报告，都提出北京要努力发展现代服务业，强调继续办好60件实事，包括家装。2004年2月3日北京市委市政府公布的《北京市2004年要直接关系群众生活方面拟办的56件重要实事》中的第35件是：强化流通领域商品质量监管，重点对建筑装饰材料等涉及公众消费安全的商品进行监督抽查，每季度向社会公布检查结果，积极引导安全消费。同时明确主要责任单位为市工商局和市质量技术监督局。

2003年，温家宝总理在《互联网信息择要》（特刊）"室内装修污染严重，规范市场刻不容缓"一文中上批示："此事关系居民生命健康，应引起重视。"

2003年10月27日全国人大常委会副委员长李铁映在十届全国人大常委会五次会议上所作的"全国人大常委会执法检查组关于检查〈中华人民共和国建筑法〉实施情况的报告"中指出："劣质装修材料造成环境污染，甚至危害住户健康等，成为消费者投诉的热点。"

我国政府主管部门对家庭装饰的行业管理始于1997年，当年4月15日建设部颁发了《家庭居室装饰装修管理暂行办法》（建建[1997]92号）。

4. 地方政府立法

（1）地方政府立法

2000年11月19日，深圳市政府颁布第90号令《深圳市家庭居室装饰装修管理规定》，江都、鞍山、温州、扬州、南京、徐州、四川、石家庄等地方政府均颁布了相应的法规。

1998年8月10日江苏省江都市政府《江都市建筑装饰装修管理办法》（江政办发[1998]158号）、1998年8月19日鞍山市政府令第87号《鞍山市家庭居室装饰装修管理规定》、1998年8月27日温州市政府《温州市城镇房屋装修管理办法》[温政（1998）12号]、1998年11月9日扬州市政府《扬州市市区建筑装饰装修管理暂行办法》（扬政发[1998]303号）、2001年6月20日南京市政府令第197号《南京市装饰装修管理规定》、2003年2月26日徐州市政府令第85号《徐州市建筑装饰装修管理办法》、2003年2月10日四川省政府令第168号《四川省建筑装饰装修管理办法》、2003年5月23日石家庄市市政府令第129号《石家庄市城市住宅室内装饰装修管理办法》等。

（2）省级人大立法

1995年12月26日经浙江省八届人大常委会第25次会议通过的《浙江省实施〈中华人民共和国消费者权益保护法〉办法》，2000年10月29日经浙江省九届人大常委会第23次会议修订并公布，从2001年1月1日起施行。其中：从事住宅装修的经营者，应当和消费者当面约定施工期限、施工质量、施工费用、质量保证方式、违约责任等内容；由经营者提供装修材料的，应当当面约定材料的名称、规格、等级、价格等。经营者对装修部位应当在一年内予以保修（第一章第三十一条）。行业主管部门、行业协会应当加强行业管理和行业自律，根据保护消费者权益的要求，规范经营者的行为，明确经营者的责任。行业主管部门或行业协会可以和消费者协会达成有关保护消费者权益行业规范的约定（第二章第十八条）。

这是我国第一部保护家装消费者的省一级地方立法。应当成为建设行政主管部门进行市场管理和建筑装饰协会从事行业管理运作框架的重要补充。

（3）地方政府建设行政主管部门立法

目前，已有北京、上海、天津、重庆、江苏、无锡、广东、深圳、河南、辽宁、沈阳、鞍山、浙江、杭州、温州、吉林、成都、武汉、安徽、合肥、西安、福建、厦门、江西、大同、山东等26个省市的建设行政主管部门或与工商、技监部门联合颁布了家装市场管理、合同、施工质量标准等三大类行政法规和技术标准规范。其中：

制定**家装管理办法**的相继有江苏、河南、浙江、上海、广东、无锡、重庆、辽宁、沈阳、北京、成都、河北、湖北、广州、南通、安徽等16个省市。

1997年1月24日江苏省建委《江苏省住宅建筑装饰装修管理暂行办法》、1997年7月10日河南省建设厅《河南省家庭居室装饰装修管理暂行办法》（豫建建[1997]40号）、1997年11月5日浙江省建设厅《关于进一步加强住宅装饰管理的通知》[浙建房（97）198号]、1998年2月24日上海市建委《上海市家庭居室装饰装修管理暂行规定》[沪建研（98）第0056号]、1998年3月24日广东省建委施工管理处《关于加强广东省家庭居室管理工作的意见》（粤建施发[1998]6号）、1998年8月5日无锡市建委《无锡市家庭居室装饰装修管理暂行规定》[锡建施（98）第11号]、1998年7月10日重庆市建委《重庆市家庭居室装饰装修管理暂行办法》（渝建发[1998]188号）、1998年11月11日辽宁省建设厅《辽宁省家庭居室装饰装修管理暂行办法》（辽建发[1998]103号）、1998年11月19日沈阳市建筑工程管理局《沈阳市家庭居室装饰装修管理暂行办法》（沈建管发[1998]51号）、1999年9月22日北京市建委公布《北京市家庭居室装饰装修工程承发包及施工管理暂行规定（试行）》（京建法[1999]413号）、2000年10月27日成都市建委《成都市家庭居室装饰装修管理暂行规定（试行）》（成建委发[2000]506号）、2001年1月8日河北省建设厅、省工商局《关于进一步加强对建筑装饰装修市场统一管理的通知》（冀建建[2001]16号）、2001年3月2日湖北省建设厅《关于进一步加强建筑装饰装修管理工作的通知》（鄂建[2001]035号）、2001年4月20日广州市建委《广州市家庭居室装饰装修管理办法》（穗建筑[2001]208号）、2001年5月21日南通市建委《关于加强住宅建筑装饰装修管理确保房屋安全的通知》（通建委[2001]141号）、2001年10月23日北京市建委、市规委、市国土资源和房屋管理局《关于加强新建商品住宅家庭居室装饰装修管理若干规定（试行）》（京建法[2001]616号）、2002年12月15日安徽省建设厅《安徽省建筑装饰装修管理暂行办法》（建管[2002]373号）。

制定**家装企业资质标准**的相继有广州、南通、苏州、江西、上海、大连、成都、安徽、温州、徐州、无锡、沈阳、安顺、厦门等14个省市。

2001年4月20日广州市建委《广州市家庭居室装饰装修管理办法》（穗建筑[2001]208号）、2001年5月30日南通市建委《南通市家庭装饰装修施工企业资格标准》（通建委[2001]165号）、2002年5月28日苏州市建设局《苏州市住宅装饰装修企业资格管理办法》（苏建筑[2002]17号）、2002年6月27日江西省建设厅《江西省住宅室内装饰修施工企业资质管理暂行办法》（赣建字[2002-4号]）、2002年7月8日上海市装饰装修行业协会《受理家庭装饰装修专业级资质推荐》、2002年10月11日大连市建委《大连市装饰装修企业资质管理暂行办法》（大建委发[2002]153号）、2002年11月6日成都市建委《关于同意成都市建筑装饰协会对我市住宅室内装饰装修企业实行资格管理的批复》（成建委发[2002]663号）、2002年12月16日安徽省建设厅《安徽省住宅装饰装修企业企业资质管理暂行办法》（建管[2002]368号）、2003年1月21日温州市建设局、市房地产管理局《关于温州市住宅室内装饰装修专业资质就位工作的通知》（温建建[2003]15号）、5月12日《住宅室内装饰装修专业资质标准》（温建建[2003]137号）、2003年2月26日徐州市政府令第85号《徐州市建筑装饰装修管理办法》、2003年2月27日无锡市建设局《无锡市住宅装饰装修施工企业资质就位实施意见》（锡建管办[2003]9号）、2003年4月3日沈阳市建委《沈阳市家庭装饰装修工程施工企业资质管理暂行办法》（沈建发[2003]40号）、2003年8月8日上海市装饰装修行业协会《关于开展2003年度上海市家装工程专业级企业资质年检工作和启用新资质证书的通知》（沪装协[2003]第055号）、2003年11月5日，贵州省安顺市建设局公布《安顺市室内装饰装修企业资质管理实施办法》（安市建委字[2003]171号）。以及厦门市建委《厦门市家庭装饰装修施工企业资格标准》等。

制定**家装质量验收标准**的相继有上海、北京、成都、武汉、深圳、沈阳、广州等7个省市。

1997年5月20日上海市建委与市技术监督局《住宅建筑装饰工程技术规程》（DBJ08-62-97）[沪建建（97）0455号]、1998年3月5日北京市建筑装饰协会《北京市家庭装饰工程质量验收规定（试行）》、1998年11月16日成都市建委《成都市家庭房屋装饰装修工程质量检验规定》（成建委发[1998]404号）、1999年3月15日上海市技术监督局与建委《住宅装饰装修验收标准》、1999年10月1日武汉建筑装饰协会《武汉市家庭装饰工程质量验收暂行规定》、2000年12月13日深圳市建设局《深圳市家庭装饰装修工程质量验收标准》（深建管[2000]30号）、2003年8月4日北京市建委《家庭居室装饰工程质量验收标准》（DBJ/T01-43-2003）（京建科教[2003]400号）、沈阳市质量技术监督局《沈阳市家庭装修工程质量验收规范》（DB/T2101.F04-2002）、2003年3月广州市建筑装饰协会家居装饰委员会《广州市家居装饰工程验收办法》（GJJW-B01-2003）等。

特别是从2004年3月15日实施的《上海市住宅装饰装修验收标准》，创新了一条“健康指标”，要求每户家装结束后将接受专业机构的室内空气检测，符合空气检测标准才能交付使用。若出现不合格，将立即整改，所有整改费用由装饰公司承担，一旦造成误工，公司将加倍赔偿合同约定的误工费。同时，对所有装饰材料供应商进行筛选，从源头上保证装饰材料的优质、环保。2004年2月16日上海《文汇报》指出，此举将进一步保护消费者权益和健康。

2004年3月15日新华社上海讯，如果装修后的居室内甲醛、苯等有害气体超标，消费者可以拒绝验收房屋，这项全国首创的强制性地方标准从今天起在上海正式实行。新版的上海市《住宅装饰装修验收标准》将空气质量列入住宅装修验收标准，并对空气中游离甲醛、苯、氨、氡和TVOC（总挥发性有机物）等5种主要污染物的浓度作了严格限制。根据规定，居室中游离甲醛含量不得超过0.08mg/m^3，苯的含量不得超过0.09mg/m^3，氨的含量不得超过0.2mg/m^3，氡的含量不得超过200Bq/m^3，TVOC的含量不得超过0.5mg。这项新标准适用于新建住宅、全装修住宅以及二次装修的住宅。当日的《北京晚报》指出，关于室内空气质量验收的5项内容，均涉及居住者人身健康的安全，所以被列为住宅装修验收标准的A类项目，即只要这5项验收内容中有任何一项超过限量标准，就可以判定整个住宅装修工程质量不合格；施工方必须重新整改，如将有问题的板材、油漆等装修材料敲掉重新返工，然后再进行验收，直到符合要求为止。

制定**家装工程合同**的相继有上海、北京、天津、南通等地。

1997年9月11日上海市工商局、市建委《民用住房装饰施工合同》（沪工商合[1997]425号）、1998年3月14日北京市建筑装饰协会《北京市家庭居室装饰工程施工合同》、1998年10月15日天津市建设工程合同管理办公室、天津市环境装饰协会家庭装饰委员会《天津市家庭居室装饰装修合同书》、2001年6月1日南通市建委、市工商局《南通市家庭装饰装修施工合同》（通建委[2001]170号）。

特别是北京市工商局对2003年版的《北京市家庭居室装饰装修工程施工合同》示范文本进行了修订，对签约双方的责任进行了完善，新的示范文本于2004年5月1日起施行。2004年3月10日《北京晚报》以“新版家装合5月启用——装出污染要退款”为题报道，2004年版特别完善了违约责任条款，尤其是增加了家装公司延误工期应承担责任，规定家装公司因自身原因每延误一天，支付给消费者工程造价的千分之二作为违约金；如果经空气质量检测机构检测不达标，而且确属家装公司的责任，通过治理仍然不达标的，家装公司将返还消费者全部装修款。2004年版还增加了有关知识产权的保护义务，要求双方都不能把对方提供的施工图纸、设计方案等资料擅自复制或转让给第三方，也不得用于其他项目。

上海的《住宅装饰装修验收标准》和北京的2004年版《北京市家庭居室装饰装修工程施工合同》示范文本是2004年初我国家装市场管理制度最重大的创新。比公装先进得多。

制定**住宅初装修**核验标准的有上海、天津、北京等地。

1997年3月19日上海市建委《住宅建筑初装饰设计、竣工核验规定》[沪建建（97）第0227号]、1998年1月26日天津市建委《天津市住宅工程初装饰竣工质量核试验标准化程序》（建质安管[1998]30号）、1998年11月17日北京市城乡规划委员会、市建委《北京市住宅工程装修标准暂行规定》（首规办秘字[1998]第278号）。

北京市建委制定的《北京市家装监理企业试点方案》（京建管[2001]127号），编制的《北京市建筑装饰装修工程设计文件编制深度的规定》（DBJ01-612-2002）和《北京市建筑装饰装修工程设计制图标准》（DBJ01-613-2002），这在全国均是突破。

（4）政府政策重点

当前，建设部正把整顿和规范家装市场作为市场管理工作中最薄弱的环节来抓。

2002年1月18日《建设部2002年整顿和规范建筑市场工作安排》中要求：整顿和规范建筑装饰装修特别是住宅装饰装修活动，确保装饰装修工程质量，重点解决住宅装饰装修活动中擅自变动房屋建筑主体和承重结构，以及使用对人体有害的装饰装修材料等问题。对于违法违规的责任单位和责任人，要依法做出处罚。

2002年4月28日，建设部工程质量安全监督与行业发展司在建质综函[2002]21号文件中指出：城市住宅装修中擅自变动承重结构，任意成倍增加楼面荷载等现象普遍，给住宅结构埋下安全隐患；建筑工程室内环境污染严重，引起社会关注。近年来随着人民生活水平的提高，住宅建设和装修不断采用多种新型材料，因建筑材料不达标或施工工艺选用不科学而引发的建筑工程室内环境污染问题也越来越引起社会的关注，建筑工程室内环境污染已经成为制约，建筑工程使用功能充分发挥的因素之一，国务院领导对此也分别做出批示。加大对室内污染和住宅装修擅自变动承重结构问题的治理也是住宅质量工作内容之一，目前我部《建筑工程室内环境污染控制规范》已经发布，各地要尽快开展这项工作，加快对室内环境质量检测机构资格的认定，加强对建筑工程室内环境质量竣工验收的监督检查，交付使用的工程室内环境质量必须符合《规范》的规定。正式委托实行二次装修的住宅也要符合《规范》规定，《住宅室内装饰装修管理办法》也对此做出明确规定，对在住宅装修中擅自变动承重结构的，在即将颁发的办法里都做出了明确规定。在住宅装修中，禁止使用污染物释放量。

2004年1月13日建设部部长汪光焘在“全国建设工作会议”上的讲话，布置了2004年着力抓好八方面的工作，其中第四方面是：深化建筑业改革，加强建筑市场监管，提高工程质量和安全水平，指出：重视建筑装饰装修业的发展。充分发挥装饰装修业对建材、轻工等相关产业的拉动和就业的促进作用。健全装饰装修产品开发、设计、施工、部品生产、管理和服务的产业系统，建立和完善生产、供给、销售和服务一体化的生产组织方式。积极推广先进适用成套技术，不断提高建筑装饰装修业的工业化水平和建筑装饰装修产品的综合品质。加强对建筑装饰装饰市场的监督，规范装饰装修企业行为，严格市场准入和清出。大力推行一次性整体装修，减少因二次装修可能对房屋造成的破坏及环境污染。加强对室内环境质量检测工作，提高建筑装饰装修质量，保证人们居住和使用安全。

2004年4月22日，建设部《建设事业技术政策纲要》（建科[2004]72 号），其中有三条为对装饰装修的要求：推广应用工业化装修技术，提高装修施工水平，实施新建住宅土建装修一体化，向消费者提供精装修商品房（24.5）。要严格执行国家有关标准，加强对装饰装修材料有害物质的控制，保障室内空气质量达标（26.3）。对于装修工程，应开发应用小型机械和手持机具，通过机具的优化组合取得最佳效益（27.4）。

（5）装修一次到位

1999年8月20日，国务院办公厅做出《关于转发建设部等部门关于推进住宅产业化提高住宅质量若干意见的通知》（国办发[1999]72 号），要求“加强对住宅装修的管理，积极推广一次性装修或装修模式，避免二次装修造成的破坏结构、浪费和扰民现象。”

2002年7月18日，建设部做出《商品住宅装修一次到位实施导则》（建住房[2002]190 号）。上海、江苏、北京、广州、深圳、大连等地建设行政主管部门制定了实施细则。2001年6月14日上海市住宅发展局《关于在上海市开展新建住宅菜单式全装修试工作的通知》（沪住宅[2001]175号）、2003年2月20日上海市住宅发展局、市工程建设标准化办公室《上海市新建住宅全装修试点工程装修设计导则》（沪住产[2003]032 号）、2003年5月13日江苏省建设厅《江苏省新建住宅全装修试点工作实施意见》（苏建房[2003] 138 号）。

（6）家装税收管理

2000年7月1日，深圳市税务局制定的《深圳市家庭居室装饰装修税收暂行办法》开始实施，规定家装公司在开工前须先办理纳税登记，完工后按综合代征率5.75%全额征收地方各种税，由各征收分局（所）委托家装所在地物业单位代征。此为全国第一部家装税收规章。

6. 行业管理实践

（1）试点工作。1997年11月3日建设部原建筑业司和中国建筑装饰协会公布了《关于在部分城市开展家庭居室装饰装修管理试点工作的意见》（建建企[1997]45 号），确定了北京、上海、天津、沈阳、大连、鞍山、太原、郑州、西安、成都、济南、合肥、南京、武汉和深圳等15个城市为家庭装饰管理试点城市。试点工作在2001年4月中国建筑装饰协会召开的“第二届全国家庭装饰行业管理经验交流会”上宣布结束。

2000年4月1日，大同市建委做出《关于组建“大同市家庭装饰市场”的意见》（同建发[2000]第 68 号），该文件明确规定家庭装饰市场的性质是：从事家庭装饰的交易场所，由市建筑装饰协会同有关企业共同出资（含技术、场地）组建的有限责任公司性质的经济实体，具有独立承担责任的法人资格。这是我国建设行政主管部门第一次对“家庭装饰市场” 性质做出的准确定义。

（2）向行业协会转移政府职能。1997年6月26日，建设部做出了《关于委托中国建筑装饰协会协助做好家庭居室装饰有关管理工作的通知》（建建[1997]149 号），要求协会做好的五项工作：一是指导家装管理工作；二是做好个体家装从业者的管理，包括登记注册、培训考核、技能鉴定、持证上岗等工作；三是做好全国家装交易市场的指导和受理家装投诉等工作；四是制订《家装合同》文本；五是为完善和修订《家庭居室装饰装修管理试行办法》做好准备。

根据建设部对中国建筑装饰协会的作法，现已有北京、上海、天津、湖北、武汉、河南、福建、安徽、深圳、温州、大同、成都等12个省市的建设行政主管部门向当地建筑装饰协会转移了部分家庭装饰行业管理的职能。

由于多方面的原因，中国建筑装饰协会对建设部转移的部分政府职能至今仍未能落实到位。

1999年11月19日深圳市人民政府令第90号《深圳市家庭居室装修管理规定》第六条：深圳市装饰行业协会在市主管部门的指导下，协助市、区主管部门对家居装修活动进行管理，负责受理家居装修咨询、协调会员间关系，规范会员行为。第三十二条：深圳市装饰行业协会，对会员单位违反协会章程的行为进行查处。这一政府授权，最具有市场经济意义。

2000 年 4 月 4 日，大同市建委做出《关于加强我市家庭装饰市场管理的规定》（同建发[2000]第 69 号），明确规定：委托授权大同市建筑装饰协会为全市家庭装饰行业管理单位，协助市建委管理有关家庭装饰市场的具体工作。这是我国建设行政主管部门第一次明确用“委托授权”向建筑装饰行业社团组织转移政府职能。

2003 年 9 月 16 日，大连市建委发出《关于办理大连市建筑装饰施工企业（市级）资质的通知》，通知明确，大连市建委授权大连市建筑装饰协会办理大连市级装饰装修企业资质的审批工作。

北京市《关于加强家庭居室装饰装修管理的通知》的制度创新：一是管理层次下移——街道办事处和乡镇政府，二是由一家管；三是明确委托市建筑装饰协会进行行业管理——服务协议、受理投诉举报、从业市场准入等。

（3）成立家装行业社团

中国建筑装饰协会以及 76 个地方建筑装饰协会作了大量呼吁性和具体性的基础工作，并成立了专门的家装行业协会（委员会）进行行业管理的有益尝试。

中国建筑装饰协会以及北京、天津、上海、广州、深圳、辽宁、沈阳、大连、江苏、南京、苏州、浙江、福建、河南、武汉、成都等 16 个地方装饰协会现已经成立了家装委员会。

（4）协会领导由任命制向竞选过渡

2004 年 3 月 24 日，浙江省建筑装饰行业协会家庭装饰委员会召开 2003 年度会员代表大会，第二次成功地进行了会长的竞选。在此之前，2004 年 1 月，浙江省建筑装饰行业协会材料委员会换届，协会以改革的精神进行了竞选上岗的尝试，产生了会长，得到了业内的肯定，浙江省民政厅民间组织管理局的领导指出，此举开创了浙江省协会工作的先河，也是协会工作的创新，新华社浙江记者站对此做了报道。2004 年 3 月 24 日浙江省建筑装饰行业协会举行三届二次会员代表大会，会长董宜君在工作报告中特别指出了此事。

协会主要领导由任命制转变为通过竞选产生，符合市场经济的行业发展需求，是行业协会一项最重要的自身建设的制度创新。先从专业委员会开始，是个好办法。

（5）行业管理制度创新

在当地建设行政主管部门的支持下，各地建筑装饰协会进行了有益的行业管理和行业自律的制度创新，包括三大体系十个方面：体系之一是规范企业行为，包括企业行为规范、工程质量保证金、室内设计作业、企业履约保函、行业工资协商等五方面；体系之二是个人从业资格认定，包括设计师从业资格评定、职业技能培训岗位鉴定等两方面；体系之三是建立行业信用秩序，包括投诉仲裁、违反行规行约、行业准入清出等三方面。

体系之一 ——规范企业行为：

企业行为规范。如 2000 年 12 月 18 日广州市建筑装饰协会《广州市建筑装饰行业管理办法》，2002 年上海市装饰装修行业协会《上海市家庭装饰行业专业化管理办法》、《住宅小区装饰装修规范化管理的试行办法》，2003 年 10 月北京市建筑装饰协会的“五统一”：家装工程参考价格、施工合同、验收标准、质量保修、投诉解决。

工程质量保证金。如 2002 年《上海市家庭装饰工程质量保证金管理办法》、2003 年 3 月 6 日武汉建筑装饰协会《武汉市住宅装饰装修工程质量保证金管理办法实施细则》等。深圳的每家家装企业将 20 万元保证金交深圳市装饰行业协会，由协会存入银行，如发生纠纷若企业不补偿，经协会调查裁定，由协会通知银行从该公司保证金中划拨。

室内设计作业。如深圳市装饰行业协会 2000 年 8 月 11 日《深圳市装饰设计合同》和《深圳市装饰设计、建筑幕墙设计收费标准（试行）》、2001 年 12 月 17 日《深圳市建筑装饰工程设计文件编制深度试行规定》，2003 年 6 月《深圳市小型装饰装修工程施工合同》（与深圳市建设工程造价管理站共同编制），2003 年 10 月 28 日上海市装饰装修行业协会装饰设计专业委员会的《上海市装饰装修行业协会建筑室内设计师出图专用章使用管理办法》、《室内设计师网络化管理》等。

企业履约保函。2003 年 3 月 21 日，深圳市装饰行业协会发出《关于在全市家装企业启动实行履约保函的通知》，通知说，此举系根据市建设局意见，拓宽为会员单位的服务层面，发挥协会整体对外优势，为规范家装市场，提高家装企业诚信度，有效控制投诉，工作于 4 月底完成，不参加者今年不予年审。经协会与有关保险公司协商推出两个优惠保险项目：一是人身意外伤害保险：原价每人一年保费 100 元，保额 10 万元，现由协会集中购买，每人一年保费降为 80 元，保额不变，另送 2000 元意外伤害保险，如企业内员工较多，也可以减速半办理，即每人一年保费 40 元，保额 5 万元，另送 1000 元意外伤害保险；二是汽车保险，原保费五折办理。

行业工资协商。2002 年 7 月 23 日，《深圳市装饰行业工资协商协议书》签字仪式在深圳市人大会堂举行。深圳市装饰行业协会会长何文祥作为 100 家民营装饰企业的公司方首席代表，深圳市装饰行业协会副秘书长兼行业工会工作委员会主席韩雪梅作为 12141 名员工方首席代表，在协议书上郑重地签了字。工资协商要求，深圳市装饰行业从事经营管理、行政保障和一线生产的固定人员月均工资不低于 2000 元，临时劳务人员日均工资不低于 60 元。各企业应于每月 25 日前向员工全额支付本月工资，不得无故拖欠。各企业依承诺承担各自义务，并独立承担相应法律责任。协会自签订之日起生效，有效期至 2005 年 7 月 23 日止。

此举受到深圳市人大常委会、市总工会、市建设局、市劳动局，以及广东省总工会、建设部的肯定。自此，不仅是我国建筑装饰行业，而且是我国行业第一个行业工资协商制度诞生，具有重要的行业示范和导向作用。

体系之二——个人从业资格认定：

设计师从业资格评定。在全国尚没有统一的室内设计师从业资格标准之前，目前相继有深圳、北京、大连、辽宁、上海、武汉、浙江、河南等 8 个省市的建筑装饰协会建立了室内设计师从业资格标准，包括家装的设计师。这些资格标准所在地建筑装饰协会是互相承认的，受到业内普遍欢迎。上海现有 1.5 万名室内设计师，至 2004 年 3 月取得执业资格的已达 2300 多名。

2000 年 3 月 20 日深圳市装饰行业协会《深圳市室内设计师从业资格评定办法》、2000 年 12 月 18 日北京市建筑装饰协会家装委员会《家庭居室装修装饰设计人员做从业资格评审办法（试行）》、2001 年 7 月 27 日大连市建筑装饰协会《大连市室内设计师职称资格评定暂行办法》、2002 年 8 月 28 日辽宁省装饰协会《辽宁省装修装饰设计师资格认证暂行办法》、2002 年 8 月 30 日上海市装饰装修行业协会《上海市装饰装修行业协会建筑室内设计师从业资格认定暂行办法》、2003 年 5 月 26 日武汉建筑装饰协会《武汉家装企业设计师执业规则（试行）》。

特别是经上海、深圳等地装饰协会评定的室内设计师，在当地建设行政主管部门对建筑装饰设计企业的资质审查中得到认可。2003 年深圳市装饰行业协会受市人事局的委托进行中级称职——工艺美术师的评定，为协会评定技术职称开了个好头。

2003 年 9 月 5 日，河南省建设厅公布《关于开展河南省建筑装饰设计师资格认定的通知》（豫建设标[2003]60 号），明确委托河南省建筑装饰协会负责具体工作。这是我国建设行政主管部门制定的第一个建筑装饰行业设计师从业资格制度，具有重要的市场经济意义。

职业技能培训岗位鉴定。2002 年 11 月国家劳动和社会保障部发布第四批国家职业资格标准，其中包括“室内装饰设计从业人员”。2003 年 5 月 28 日，浙江省建设厅和省劳动和社会保障厅做出的《关于全省室内装饰设计人员从业人员实行职业资格制度有关事项的通知》，要求从 2003 年 7 月 1 日起对全省室内装饰设计从业人员实行行业准入制度。为此，2003 年 5 月经杭州市劳动和社会保障局批准，浙江省建筑装饰协会成立了“室内装饰设计人员职业资格技能鉴定站”，现已认定 200 多人，共分三个等级：室内装饰设计员（国家执业资格三级）、室内装饰设计师（国家执业资格二级）、高级室内设计师（国家执业资格一级）。

2003 年 5 月 5 日，四川省建设职业技能岗位鉴定指导中心做出《关于建立四川省建设职业技能岗位鉴定成都建筑装饰协会站的批复》（川建培[2003]014 号），批准成都市建筑装饰协会成立“四川省建设职业技能岗位鉴定成都建筑装饰协会站”，在全省范围内对建筑装饰类工种进行初、中级职业技能鉴定。深圳市装饰行业协会在审批家装企业资质前要求企业必须先进行 5 名以上员工的培训。

体系之三——建立行业信用秩序：

投诉仲裁。如 2002 年《上海市家庭装饰工程投诉处理暂行办法》、2002 年 9 月 1 日上海仲裁委员会《装饰装修争议简易程序仲裁规则（试行）》、2003 年 9 月北京市建筑装饰协会家装委员会《北京市家庭居室装饰装修工程投诉解决办法》等。目前成立装饰仲裁机构的地方建筑装饰协会，全国有上海、武汉、宜昌、苏州等 4 市。

违反行规行约处理。如 2003 年 11 月 11 日成都市建筑装饰协会家装分会《成都市家装行业自律公约、纪律委员会工作制度、不良行为处罚办法》，深圳市装饰行业协会 2004 年 1 月 6 日在六届三次会员代表大会上，充实“惩戒委员会”，强化“行业除名制”，北京、上海等地装饰协会均设有类似机构，对违反行规者进行通报批评、除名、会刊及新闻媒体曝光、建议建设行政主管部门降低或取消资质等不同程度的处理。

行业准入清出。2002 年 3 月北京市建筑装饰协会成立了“外地进京装饰企业联谊会”，上海市装饰装修行业协会现正进行的进沪装饰企业办理临时会员证书的管理等。

此外，还有行业统计、信用评价、建立并推荐装饰工程评标专家、装饰行业展览会审批等方面行业管理的尝试，均取得了良好的效果。

三、我国家装投诉居高不下的主要问题

所谓“建筑装饰市场”，根据美国著名经济学家保罗·萨缪尔森的定义：是一种使买者和卖者聚集在一起相互交易并决定装饰工程这种商品的价格和产量的机制。尽管装饰市场有缺陷，但是它非常有效地解决了装饰企业生产什么、如何生产和为谁生产的问题。

所谓“建筑装饰行业”，根据《国民经济行业分类》（GB/T4754—2002）的定义：是指对建筑工程后期的装饰、装修和清理活动，以及对居室的装修活动。

在市场经济条件下，政府不是不干预市场，干预的只是市场缺陷。所谓市场缺陷，即利用市场机制本身或企业无法解决的问题。市场缺陷存在于市场问题之中。是市场问题，不一定就是市场缺陷。市场问题应由市场机制解决；市场缺陷则应由政府干预弥补。

我国家装消费持续 7 年的高投诉率，一定存在着若干市场问题和缺陷。我们若能准确地找出主要问题以及导致问题的主要方面，并能确认市场的缺陷，就能为政府进行宏观调控干预市场缺陷提供依据和方向。

1. 从业者问题

（1）全国

全国对家装投诉的记录始于 1996 年。

1996 年中国消费者协会公布全国 18 个投诉热点，家装位居第十三位；12 个对消费者权益损害最多的行业，家庭装饰名列第九位；13 个发生欺诈行为最多的行业，家装位居第 7 位。家装遂成为我国全社会的投诉热点。

1997 年中国消费者协会统计，家装是 10 大全国消费者最不满意的第二个服务行业。

1998 年家装居四大投诉第二位，消费者强烈要求“装修业自律”。

1999 年家装投诉达到顶峰，被列为 11 个劣质行业之首。中国消费者协会公布消费者投诉的十大热点问题，其中第九大热点问题是家装：房屋装修不规范，“游击队”问题解决难。这年消费者对装修方面的投诉 16923 件，比 1998 年增

加 1959 件，增幅 13.1%。主要：一是家装市场对属下公司重收费轻管理，该对装修质量进行监督的却不履行职责；二是由家装公司自制的装修合同内容不完整，有的内容有失公平；三是家装公司资质能力参差不齐，偷工减料，做工粗糙，后期服务无保证；四是一些装修“游击队”拿到钱就走人，出了问题找不到被投诉方，消费者投诉解决难。

2000 年 1 月 2 日，中国消费者协会公布 2000 年第一号消费警示与忠告：家庭装饰，安全比美更重要。2000 年消费主题是：明明白白消费，1 月份消费主题是：明明白白装修。

2001 年国家工商总局公布全国消费者申诉举报的十大热点，商品房纠纷成为热点之首，包括“不按合同施工装修房屋，使用劣质木材和电料，油漆、涂料含有毒有害物质超标。”

2001 年 6 月 19 日，中国消费者协会公布“千万个绿色消费者在行动”大型调查承诺活动抽样统计表明，98.2%的消费者愿意选择环保家装。

2002 年中国质量协会和全国用户委员会测评结果，全国住宅用户满意度指数仅为 63.3 分（国际上此指标的最高值为 88 分），1/3 住户不满住宅质量和服务。调查显示，住户对室内装修以及户型、布局、自然环境、建筑质量、物业管理这 5 项指标基本满意。

中国质量万里行促进会、《中国质量报》联合投诉办公室发布 2002 年第 12 号投诉警示，提醒消费者注意选购涂料。我国每年因建筑装饰装修涂料引起的急性中毒约 400 起，中毒人数达 1.5 万人。

中国消费者协会宣布，2002 年全国消费者的六大投诉，“房屋及装修建材类”居第四位，占总投诉的 5.9%。

2003 年消费者十大维权重点，第三个是“装修业”。中国消费者协会在 2003 年 7 月 29 日《北京晚报》公布了全国九大行业消费陷阱，家庭装修位居第三。主要表现在市场上 70%的建材产品无检测报告，不少厂商把刚刚达到国家“室内装饰装修材料有害物质限量”标准的产品夸大标称为“环保”甚至“绿色”。有些厂商采取以假乱真、偷梁换柱的手法，坑蒙消费者。比如将低等品、等外品的建材产品冒充高等品出售给消费者，购买建材时展示的样品与实际销售的产品不符，混级装箱，以次充好。一些不法厂商，为了牟取暴利还故意使用与名牌产品和畅销产品相近、相似的名称，以假乱真，甚至伪造检测报告和产品说明书，将国产的说成进口的，把人工合成的称为天然的，蒙骗消费者。

自 2002 年起，商品房一次性装修已成为继物业管理之后又一大投诉热点。2002 年 12 月 7 日，中央电视台“焦点访谈”节目以“一次性装修的烦恼”为题，报道北京一房地产商一次性装修样板房与实际用房材料、灶具设备严重不符、假冒伪劣的情况，业主奋起而起诉。主持人敬一丹报告了中国消费者协会的统计，2002 年全国消费者有关一次性装修的投诉有 1.2 万起，占全国全部投诉的 5%。

精装修楼盘投诉已占到整个房地产投诉比例的 40%，已成为继物业管理之后房地产投诉的又一大热点，投诉焦点集中在装修条款中有关材料及其标准的描述不清引起的矛盾。2003 年 12 月 5 日《中华建筑报》、《新京报》指出，造成这一问题的根本原因在于精装修房市场缺乏统一、明确的行业标准。

2004 年 1 月 8 日《北京晚报》刊登“影响 2003 年北京楼市的十个方面”的报道，其中“精装修标准普及化”位居第八位。其解释是：在高中低档市场上，客户都表现出对精装修的认同趋强态势。在经济条件允许的前提下，买精装修的成品房而不是自己劳神费力，正在成为一种潮流。最新入市的东一时区和远洋山水赠送精装修的均价为 4300～4500 元/m²，位于通州区梨园镇的蓝调沙龙这一郊区楼盘也加入了精装修房的行列，开盘时的均价仅 3800 元/m²。但这一切并不意味着毛坯房的消亡。在日趋多元化的价值取向中，选择精装修的势力与选择个性装修的势力仍难分高低，但是否带精装修不再是楼盘是否高档的标志，而是成为开发商寻觅目标客群并进行定位的一种手段。与其他城市相比，北京楼市一直呈现出更多的文化特征。在过去的一年里，购房者对文化个性的敏感程度趋高。业内人士认为，北京有文化特色的楼盘不一定成功，而成功的楼盘一定是有文化的。与此同时，对文化的认同并不影响日趋精明的客户从产品细节上去判断房屋品质。市场一线的反馈信息显示：高端客户对项目的地理位置、投资潜力、户型舒适度、物业管理的品质等方面更为关注；而中低端客户对工程进度、交房时间、价格及付款方式、交通成本、包含物业管理取费标准在内的生活成本、周边配套服务更为重视。

此外，因装修引发的恶性案件时有发生，影响恶劣。

2003 年 12 月 11 日南昌许多媒体以“满堂红一夜人去楼空”为题广泛报道号称“深圳家装四小龙”的满堂红装饰公司拖欠民工工资、材料商及部分业主装修押金等上百万元巨款无法追索的事件，对业内外震动很大，社会对家装公司特别是外地企业的信誉度产生怀疑，业内对家装业是否适合异地“连锁经营”再次产生疑问。2003 年第 6 期江西省装饰行业协会会刊《江西建筑装饰》以“南昌‘满堂红事件’震惊业内外——当地政府有关部门正调查处理”为题指出，满堂红在杭州、南京、天津、济南等地也相继发生过类似事件，均为一走了之，可见并非偶然。因满堂红深圳总部和江西分公司的法人代表均是卢有吉，故江西省装饰行业协会立即向深圳市装饰行业协会进行通报，并请深圳市装饰行业协会敦促卢有吉务必严肃、稳妥处理好此事。

2003 年 10 月 15 日一早，北京新康家园一男户主出门上班了。由于物业通知暖气加压试水需业主家里留人，女主人便留在了家里等候工程部人员。9 时 15 分左右，女主人听到门铃声，从猫眼看到的是 7 月中旬给自己家装修的包工头武某，自称是来维修的，女主人便开了门。武某很自然地把鞋脱在了门外，随着女主人走进屋。趁女主人不备，武某突然从自带的拎包中抽出一把扳手，对着女主人的头部猛击二十几下。家住高层，新楼中又没有几家住户，女主人只能装死避险。武某见女主人不再动弹，便赶忙走进卧室。女主人乘机拿出手机，按快捷键拨通了她丈夫的电话。可女主人的说话声很快被武某听见，武某又冲出来向女主人的头部连击几扳手。男主人接到求救电话后，马上向小区物业求助。可当保安赶到时，歹徒已顺着有着横梁连接的阳台溜到了楼下住户家，穿上这家住户放在门口的旅游鞋，逃了。2003年12月18日《北京晚报》以“年根：警惕黑手最后的疯狂——包工头杀个回马枪”为题指出：警惕——这种半熟脸的“装修关系”。

2004年2月18日《北京晚报》报道中国消费者协会公布的2003年投诉增幅前11位的商品，装修建材居第10位。

▲中国社会调查所在2004年3月5日《北京晚报》公布2004年全国消费者最为关心、最不放心投诉是否能真正解决的10大领域的问题，装修以69.7%的投票率在商品房、医疗事故、药品后居第四位。

▲中国质量万里行促进会在2004年3月8日《北京晚报》公布“2003年全国10大投诉热点”，装饰材料在购房之后居第二位，主要问题是消费者对有毒有害物质的涂料、木器家具、壁纸、地毯反映较多，其中，实木地板投诉最为突出，塑钢型材质次价高，也是消费者反映的热点。

2004年3月11日，国家工商总局公布“2003年度消费者申诉举报十大热点”，装饰装修服务被排在第六位。2003年装饰材料和装饰装修服务的申诉3.2万件，消费者申诉的主要问题：一是材料质量差，甲醛等有害物质严重超标；二是装修工程偷工减料，粗制滥造；三是管线掩埋不按行业标准施工，安全隐患多；四是拖延工期，出现问题后拒付违约金；五是装修商不履行约定的“三包”责任，或是实施“半截子”工程，骗取消费者的预付款后逃之夭夭。

中国消费者协会和搜狐网共同举办的“十大消费者维权热点难点”在2004年3月16日《北京晚报》上公布，装修名列第5位。

历年全国家装消费者投诉统计一览表（1996～2003）

时间	评价项目	家装	评价部门
1996年	18个投诉热点行业	第13位	中国消费者协会
	12个对消费者权益损害最多行业	第9位	
	13个欺诈行为最多行业	第7位	
1997年	10个消费者最不满意行业	第2位	中国消费者协会
1998年	4大投诉热点行业	第2位	中国消费者协会
1999年	11个劣质行业	第1位	中国消费者协会
	10大投诉热点行业	第9位	
2000年	10大维权重点行业	第1位	中国消费者协会
2001年	10大投诉热点行业	第1位	国家工商局
2002年	6大投诉热点行业	第4位	中国消费者协会
2003年	11个投诉增幅行业	第10位	中国消费者协会
	10大维权重点行业	第3位	中国消费者协会
	10大消费者最为关心、最不放心投诉能否真正解决问题	第4位	中国社会调查所
	10大投诉热点	第2位	中国质量万里行促进会
	10大消费者申诉举报热点	第6位	国家工商总局
	10大消费者维权热点难点	第5位	中国消费者协会 搜狐网

（2）北京市

北京市家装成为投诉十大热点的记录始于1995年，当年市消费者协会共受理投诉上万件，比上年增长50%以上。8年来问题的归纳，我们取2001年、2002年和2003年近期的投诉为参照物。

2001年北京市工商局12315消费者投诉中心统计，消费者十大投诉热点，家装位居第五名，占总投诉量的2.92%，集中在目前使用的合同多是各家装公司自拟的，其中陷阱颇多，申诉投诉对象七成为游击队。北京市质监局开通12365投诉举报电话，2001年来共接收投诉10300件，装饰装修材料成为八大投诉热点且位居第六位，在五大烦恼中位居第三位。

2002年北京市工商局12315消费者投诉中心、市消费者协会统计，消费者十大投诉热点，家装位列第七名。分析发现，异地经营正成为解决家装纠纷的瓶颈。许多家装公司在怀柔、密云、门头沟等郊区县登记注册，实际却在城区经营，一旦出现装修质量纠纷，属地工商部门很难与该公司取得联系，致使投诉解决难度加大。此外，一些装饰公司为外地人注册，没有固定经营场所，出现问题也无法与之取得联系。

家装违规施工严重，如2002年3月30日北京亚运村北苑清友园沿街一住宅楼晨7时50分，16层一住户正装修，民工放置的小液化气罐泄漏遇明火发生爆炸，冲击波将封闭的铝合金窗全部弹出阳台外，正砸在楼下停放着的二辆桑塔纳轿车上，所幸没有伤人，沿街近百米全是碎玻璃。建设部大院等地也多次发生此类事故。北京市燃气集团在2003年7月15日《北京晚报》上公布一项最新调查，三年来近八成用户在家装时曾私自改装燃气管道设施，由于施工人员缺乏燃气常识，成为居民燃气使用的最大隐患。2000年燃气安全事故为45起，2001年为57起，2003年截止6月30日为51起，丧生2人，受伤8人。

2003年北京市消费者对家装的投诉有增无减，有更加突出的趋势。《北京晚报》指出，服务类投诉居高不下，突出问题是服务行业有法不依，装修位居投诉第二位。3月29日《北京晚报》刊登由北京市消费者协会主办，北京晚报、北京晨报等4家媒体共同协办的“2003年北京市消费者关注的十大消费热点问题调查”结果，家装名列第六位：家装材料质量和家装服务问题，占调查总量的53.7%。主办者指出：家装行业侵害消费者权益的行为既严重又普遍。

2003年4月2日中央电视台1频道晚间新闻报道，北京市国土房管局调查消费者对房屋的五大不满，家装位居第三，占投诉热点的23.6%，消费者认为房屋装修质量差，无保证。4月4日《北京晚报》发表市工商局12315投诉中心对2003年一季度投诉新动向的排行，装饰装修服务名列服务类投诉前三位，集中体现在有的家装公司以各种手段骗取消费者信任，签订不正规的家装合同，还有的在保修期内，家装出现质量问题，装饰公司拖延或者拒绝承担维修义务。4月7日《北京广播电视报》原引中央电视台报道，北京市统计局最近对1000户城市居民住房满意度调查显示，住房装修市场混乱已成为北京住房状况五大不足之四，23.6%

被调查住户对家装不满的原因是：房屋装修是居民圆住房梦的最后环节，住房装修业是目前的热门行业，但装修企业使用不符合国家质量要求的装修材料，装修质量也无法保证，影响居民的身体健康，这些成为居民最大的隐忧。北京市质监局在6月14日《京华时报》上公布最近的一项抽查结果，细木工板（俗称大芯板）合格率仅为53.3%，主要问题一是甲醛超标，有的超标竟达到3倍以上；二是市场宣传失真，夸大环保性能。9月13日《建设市场报》原引北京市工商局12315的最新统计，8月家装投诉增二倍，主要问题是质量存在隐患。12月30日《北京晚报》报道市质监局"12365"热线电话接到的投诉统计，装修建材产品类位居2003年六大申诉产品类别排序之五；装饰材料名列2003年十大被申诉产品排序的第七位。

北京市消费者协会在2004年1月3日《北京晚报》上公布2003年全市九大热门投诉，家装名列第四位，并强调家装消费纠纷投诉继续增多。1月15日《北京晚报》公布了一项被调查对象64%为30～50岁、家庭月收入47%在3000～5000元的结果，对于房地产建筑需要改进的四大地方，第一个就是装修质量与材料质量。

综上所述，从业者的问题主要与"游击队"相关，集中在有关安全质量的七个方面：一是合同欺诈；二是异地经营虚假；三是假冒环保材料；四是违规施工；五是一次性装修陷阱；六是投诉解决难；七是恶性事件时有发生。消费者强烈要求加强市场管理和行业者自律。

2. 消费者问题

2002年3月18日，中国消费者协会公布"中国城镇消费者消费状况调查"。该会对上海等全国19个大中城市的四大消费热点——饮食、衣着、医疗保健、家庭装修进行消费习惯、行为以及有悖科学消费的商品和服务的认知状况进行调查，结果发现：部分家装消费者消费态度不科学，特别是家装。中消协2002年"科学消费"年宣传主题确定的一个基本目标是：以保护消费者安全权和知情权为核心，以监督装饰材料等热点消费领域为重点，全面提高消费者素质适应WTO需求。

2002年10月20日，中国消费者协会与国际铜业协会联合启动"倡导科学消费，关注家居布线"。该会进行的这方面的调研显示，有67%的消费者对此不了解。家装不仅要关注个性和美观，而且要十分注意电气安全。

2002年1月14日，《北京晚报》报道，北京市海淀区法院受理的因打掉卫生间防水层、改装暖气设备、改变阳台用途等违规行为引发的邻里官司在北京越来越多，这类家装案件年均增加50%，仅复兴路法庭近来就审理了10多件装修引起的邻里纠纷案件，使本应和睦相处的邻居变成了法庭相见的冤家。

2002年北京市市政管委会一项调查显示，在北京市居民燃气事故中，95%是家装对燃气设施私自改动或封装，以及使用不当所致。

由此可见，家装消费者的问题主要是科学消费，集中在五个方面：一是胡乱电气布线；二是打掉卫生间防水层；三是改装暖气设备；四是改变阳台用途；五是私自改动或封装燃气设施。

3. 装修污染问题

（1）三大社会焦点

家装室内环境污染严重影响百姓身心健康的主要有三：

一是小儿白血病与装修污染。人平均有90%的时间在室内，65%的时间在家里。如果室内空气受到污染，得病的机会将会增加，首先受害的是那些儿童、孕妇、老人和慢性病人。这些人体质差，最容易受到损害，特别是儿童，正在长身体过程中，按体重计算呼吸量比成人高50%，他们80%的时间是生活在室内，因此，受损首当其冲。2002年5月31日，中央人民广播电台早间新闻联播播出，要注意儿童房的装修，否则将危及儿童的身体健康。

近年来，儿童成为白血病的高发人群。据2004年1月30日《北京青年报》报道，流行病学统计，我国白血病的自然发病率为十万为之四，每年约新增白血病患者4万名，其中40%是儿童，并以2～7岁居多。另据2004年2月24日《北京晚报》报道，现在儿童每年患肿瘤的人数为3万多人，白血病的发病人数占1/3，约1万多人，其中3～7岁是白血病发病的高峰时期。

有关小儿白血病与装修污染关系的报道最早见于2001年2月北京有关主流媒体，称经北京市儿童医院血液中心有关医师调查，前来医院就诊的白血病患儿9/10家里曾经装修过。小儿外科主任医师臧晏经过半年的调查发现，在她问诊过的白血病孩子当中，近90%的孩子家中近期都曾经装修过，而且不少孩子家里还是豪华装修。2003年8月23日《北京晚报》，2003年8月24日、2004年1月30日《北京青年报》报道，哈尔滨血液肿瘤研究所2002年收治的1500多例儿童血液病患者，其中白血病患者高达80%，且以4岁孩子居多。在一家儿童医院血液研究所10年收治的1800多名白血病患儿中，有46.7%的孩子家里在发病前半年内进行过装修。哈尔滨血液肿瘤研究所所长马军认为，除了儿童免疫功能较弱外，室内装修材料散发有害气体是"杀手"之一。2004年2月18日上海《都市文化报·装饰周刊》报道，解放军珠江医院全军儿科中心朱为国教授接治的60多例儿童白血病中有1/3患者与家装有密切关系。朱为国教授指出，装修中的有机化合物，尤其是苯，被人体吸收后可使DNA断裂和移位，导致细胞癌，从而患上白血病，尽管患白血病的有大人也有孩子，但儿童更容易发生病变。

家装污染严重可能导致儿童白血病，这一情况不断引起了全国的强烈反响。

2002年北京儿童医院血液中心主任吴敏媛证实，由装修引起的室内环境污染，会增加儿童哮喘病的发病率和过敏性鼻炎，导致儿童铅中毒。至于装修是否会导致儿童白血病，儿童医院还没有做过这方面的调查，因为白血病病因非常复杂，到目前为止，国内外科学家还没有弄清白血病发病的真正病因。吴敏媛教授介绍，白血病的发生与以下因素有关，一是放射性因素。如母亲在怀孕期多次接受过X线照射，父亲接触X射线超过10次，或孩子出生后接触X射线大于3次，儿童患有白血病的可能性就高于正常人群。二是化学因素。如母亲的职业经常接触苯、甲醛等化学物质；母亲在怀孕期间吸烟；孩子在室内室外接触杀虫剂、除草剂。三是遗传因素。染色体畸变人群的白血病发病率高于正常人群。

2004 年 3 月 8 日《北京晚报》公布一项消费警示，妇女更容易受到装修、家具污染、电磁辐射和厨房油烟污染三大室内污染的伤害，而且这种伤害将直接影响到人类的下一代。调查显示，家庭的写字楼中的工作场所中和各种油漆、涂料和胶粘剂中释放的苯，容易影响女性健康，甚至直接影响孕妇的胎儿发育。北京大学基础医学院陈大方教授历时 5 年，以 1500 名妊娠分娩的女工及其新生儿作为研究对象，发现低浓度的芳香烃有机溶剂对新生儿出生体重存在不良影响，可使新生儿出生体重降低和新生儿孕周明显缩短。另外，调查发现，装饰材料和家具中和各种人造板和游离甲醛不仅是可疑致癌物，而且还可以造成妇女有经紊乱和有经异常，当空气中甲醛浓度在 0.24～0.25mg/m^3 时，有 40%的适龄妇女有经不规则。

北京市消费者协会在 2004 年 3 月 12 日《北京晚报》上公布“北京市家庭装修环境污染情况调查报告”，有 1/3 市民家有装修污染。甲醛和苯最高污染值分别超出标准值的 3.5 倍和 50 倍。这是北京市消费者协会在家装业形成发来，首次进行的大型公益调查活动。调查报告指出，居民室内空气环境中甲醛和苯二种污染物明显高于室外，表明这两种污染物主要是室内装修造成的。目前，苯已被确定为致癌物质，主要来自油漆、涂料中的溶剂、稀释剂和添加剂。由于装修完工时间较短，苯还没有能够完全释放，可能是造成苯超标的主要原因。调查报告提醒消费者：面对市场上品种繁多、名目各异的装修材料，一不要图便宜，应尽量到正规的市场或超市去购买；二是选购贴有安全健康认证标志的产品，购买时向经销商索要符合新标准的检测报告；三是让经营者在发票上写明产品名称、有害物质限量、等级等内容；四是在使用材料时尽量留一些小块样品，一旦出现问题可以作为证据。此外，签订家装合同时最好加上居室空气质量条款，一旦装修后出现室内空气污染问题，易于维护自己的合法权益。

《京华日报》2002 年 7 月 17 日原引新华社的报道“家装污染导致儿童白血病没有科学依据”。中国疾病预防控制中心环境所戴自祝研究员指出，到目前为止，我国没有对白血病的病例进行调查统计和分析，白血病致病原因是国际医学界未攻克的难题。家装污染会导致儿童患白血病的说法没有任何科学依据。戴自祝研究员强调，装修引起的室内空气不良会对人造成一些刺激，出现头痛、眼、鼻、咽喉刺激等现象，这叫做不良建筑综合征。出现这种情况并不是一种病，而是一种反应，人离开房间就会消失。对于人对装修引起的室内空气不良的反应，既然还不能叫做病症，也就不会到致癌的程度。从就诊的已患病儿童中调查家中装修情况，再得出装修引发白血病的结论，这种推断的方法是不科学的。

虽然家装是否会诱发小儿白血病还有待进一步考证，但一系列统计数据让医学界不得不产生这样一种推断：室内装修污染极有可能是导致近年儿童白血病高发的一个重要诱因。著名儿童血液病专家、中国工程院院士、北京儿童医院名誉院长胡亚美在多次学术研讨中提出过这个推断。2004 年 2 月 24 日《北京晚报》以“81 岁老院士呼吁社会关注儿童白血病”为题报道，胡亚美院士提醒，因环境引发的恶性肿瘤已成为当今儿童的主要杀手，儿童医院血液中心原来只有 37 张病床，现在达 110 张但还是不够。白血病的病因与环境因素有关，特别是苯，儿童吸入后有发生白血病的可能。因此装修后的房屋最好通风三个月后再入住。

装饰界专家指出，虽然不能肯定白血病患儿是因家装所致，但在同一环境中，对于自身抑癌基因有缺陷的儿童，即缺乏自身免疫力的儿童，家装环境污染的刺激可能是导致白血病的重要诱因。

中国儿童卫生保健疾病防治中心主任戴耀华在“首届中国室内环境污染与儿童身体健康研讨会”上指出：目前中国每年因装修污染而引起上呼吸道感染而死亡的 5 岁以下儿童约有 210 万人，其中 50%以上可能与室内污染有关。

有关专家对目前幼儿园装修越来越豪华所表现出来的室内空气质量深表担忧。据测算，儿童需要新鲜空气 15m^3/h ，若每个儿童教室空间为 5m^3，每小时需换气 3 次。

世界卫生组织将 2003 年世界卫生日的主题定为“为儿童创造健康生活”。据世界卫生组织公布的数字，全球 1/7 的疾病是因环境而起，其中 40%由 5 岁以下的儿童承担。每年全球 5 岁以下儿童人数高达 1090 万，其中 50%以上与饮用水和卫生设施缺乏、室内空气污染、意外事故等有关。为此世卫组织决定在全球开展儿童健康环境计划，确定了 13 种影响儿童健康的环境危险因素，其中最主要的是家庭用水卫生、环境卫生、空气污染、疾病载体、化学危害和意外事故。

居室中常见的有害物质，仅美国环境保护署正式公布的就有 189 种，其中危害较大的主要有甲醛、氨、氡、苯、TVOC、氡以及酯、三氯乙烯、石棉等，其中，大芯板、榉木、曲柳等各种贴面板和各种密度板中的甲醛、油漆中的苯乙烯，是国际卫生组织确认的致癌物，而苯可以引起白血病的再生障碍性贫血也被医学界所公认。这些污染气体释放缓慢，仅人造板中甲醛的释放期就长达 3～15 年。

为了寻找儿童白血病上升的病因，中国儿童卫生保健疾病防治指导中心与有关单位从 2003 年 11 月 20 日“世界儿童日” 起，共同开展针对 14 岁以下城市儿童的“全国儿童白血病患者室内环境污染检测调查”。

2003 年 12 月 4 日《北京日报》公布了经市建委和市质监局批准 6 家主要面对百姓的空气质量检测机构，可进行 19 个项目的检测，重点是甲醛、氨、氡、苯、TVOC 等 5 项，入户检测时间约 1 小时，检测报告 1～4 日内出具，5 项收费约 2000 元。

装修不只是与儿童白血病患者有关，调查表明，在近 10 年的 1200 名老年白血病患者中，有 54.6%的人家中也曾在半年内装修过。

甲醛和苯存在的装修材料与对人体的危害

杀手	装修材料	对人体的危害
甲醛	胶合板、细木工板、中密度纤维板、刨花板、大芯板等人造板材、木材本身、地板革、胶粘剂、人造板加工工艺、人造制品饰面，塑料贴面、壁纸、百页窗，家具、化纤地毯等。贴墙布、泡沫塑料、油漆和涂料等。	当室内空气中甲醛含量达到 $0.1mg/m^3$ 时，人开始嗅到异味并有不适感；当浓度增加到 $0.5mg/m^3$ 时，眼睛有刺激感，强引起流泪；当浓度上升至 $0.6mg/m^3$ 时，咽喉不适或疼痛。浓度若再升高，则会引起恶心、呕吐、咳嗽。当达到 $30mg/m^3$ 时，可造成人死亡 被世界卫生组织确认为可疑致癌物质
苯	涂料、胶合板、地板革、塑料贴面、壁纸、有机溶剂	短时间吸入高浓度可引起以中枢神经抑制作用为主的苯中毒，造成嗜睡、头疼、呕吐、胸部紧束等。长期吸入能导致再生障碍性贫血、血友病和白血病，为严重致癌物质

二是石材放射性与白血病。如 1994 年从四川健康的到北京从事石材加工的小伙潘川，2002 年 7 月 14 日在解放军 307 医院检查出得了急性淋巴细胞白血病，再次引起京城关注。据当天《北京晚报》报道，潘川的主治大夫余医生讲，就目前医院的这些体检结果来看，很难说大理石就是致病原因，但也不排除其中一些危害人体健康的元素会导致患病。已从事放射性研究近 50 年的核工业北京地质研究院的吴慧山教授认为，人造大理石可能存在高放射性和有害气体，其放射性的高低取决于花岗岩填料的多少和本身的放射性，以及作为粘结剂的水泥、石膏的放射性，因为水泥烧制后要渗入一定的灰渣，劣质的灰渣会有较高的放射性，而有些石膏是用一般放射性较高的磷块岩的渣子加工的。

为查清石材究竟是不是致癌症祸根，经《北京晚报》提议，中国石材工业协会的全力支持下，2002 年 8 月 19 日，国家建材工业质量监督检验测试中心和中国地质大学（北京）辐射与环境实验室的专业人员，联合突击检测了那位四川小伙工作过的石材仓库，检测结果证明，四川小伙患血癌，绝对不是石材惹的祸。在场专家肯定地得出结论，石材与癌症无关。2002 年 8 月 20 日《北京晚报》对此作了报道。

三是氡气与致癌。氡是一种放射性气体，潜伏于不合格的水泥、墙砖和石材等装修材料中，可能引发肺癌以及白血病、不孕不育、胎儿畸形、基因畸形遗传等严重后果。环境污染在肺癌诱因中仅次于吸烟排在第二位，美国每年因氡气引起肺癌致死的达 5000～2 万人，我国则高达 5 万人。1994 年以来，卫生部放射卫生监督检测所调查了 14 个城市的 1524 座写字楼和住宅，发现室内氡浓度超标的占 6.8%，最高的超过 6 倍。

中国疾病预防控制中心辐射与核安全医学所研究小组经过 9 年的调研，2003 年 4 月 14 日首次拿出室内氡气污染所造成的肺癌危险度指数：0.19。它意味着当空气中氡浓度每增加 100 贝克/m3 时，在这种环境居住的人的患肺癌的几率就会增加 19%。研究强调，作为排在世界卫生组织所确认的三类人类致癌物中第一类物质当中的放射性物质氡，其室内浓度的高低与房屋选址、设计、选材和装修材料有直接关系，特别是家装时应尽可能少用石材，尤其是花岗岩最好不用。

四是养花与致癌。养花是室内环境装饰的主要手段，但是 2002 年 7 月 7 日，《北京晚报》指出，养花也会致癌？近来京城一些媒体炒作此事，令人不安。该报原引中国预防医学科学院病毒所曾毅院士的判断，致癌和促癌是两个完全不同的概念，促癌物质本身并不会直接导致癌症，人们不必太紧张。经研究，52 种促癌物质的花草中，只有铁海棠等不多的几种是观赏性植物。铁海棠本身以及它的叶、花、果，到种植的土壤里，都含有促癌物质，这些物质很容易被人体吸收。曾毅院士建议，家中最好不要养这些植物。

（2）民事纠纷

随着我国百姓环保意识的增强，因室内装修污染引发的民事纠纷近年来增多，在引起社会广泛关注。

民事纠纷出现家装污染损害案。如 2002 年 12 月 31 日，北京市宣武区法院下达民事判决书，依法判决某装饰公司一次性付给秦女士装修费、装修拆装费、木地板费、检测费、医疗补偿费、精神损失费等共计 11.9891 万元。事因是 2000 年 4 月秦女士与某装饰公司签订环保装修合同，但搬进去后一家 4 口就不断的感冒，2001 年 6 月业主请有关单位检测，结果室内甲醛超出国家标准 9 倍，秦女士多次与装饰公司协调未果遂将其告上法庭。2003 年 1 月 3 日中央电视台晚间新闻联播，以“全国首起家装污染损害案受害人获赔”为题作了报道。

因室内氡气超标，北京世纪城 41 位业主提起诉讼，状告开发商北京金源鸿大房地产有限公司，其中 17 位业主要求解除房屋买卖合同赔偿装修费等损失，2003 年 9 月 12 日经有关单位检测确实如此，北京市海淀区法院判处“金源鸿大”赔偿 41 位业主各 3000 元，并在 2003 年 12 月 6 日《首都新闻》上公布此案结果。

（3）污染程度和污染源

继大气污染、水污染、垃圾污染、噪声和光污染（包括装修噪声和玻璃幕墙光污染）——四大污染后，近年来出现的第五大污染——室内装修环境空气污染，在人们生活中更为突出。

我国室内环境监测机构对大量单位和个人装修后的房屋的空气监测发现，80%的房屋室内都有空气污染，其中 80%属于中度和重度污染，即污染物超过国家标准 2～3 倍。我国每年由于室内空气污染引起的超额死亡人数达 11.1 万人，超额门诊可达 22 万人次，超额急诊可达 430 万人次。1995 年我国为此支出达 107 亿美元。

2002 年 7 月 19 日中国预防疾病控制中心有关专家宣布一项对北京 100 户新装修家庭的调查结果，3 个月内室内仍有甲醛。

2002年7月30日中央电视台二频道“经济信息联播”播报，我国每年室内装修污染案达400起，致使1.5万人受损。

2003年3月12日《北京晚报》公布有关部门对1000户居民进行的一项最新检测结果：九成（88.8%）的北京人家装后空气质量超标，其中，甲醛、氨和苯分别超标占68%、23.4%和8.6%，46.5%的家庭是因为新购的家具污染造成严重的室内空气污染超标。四川省工商局消费者保护处在2003年11月15日公布了今年第三季度对人造板的抽查结果，甲醛超标的为63%，目前四川省工商局已将人造板及其制品列为重点监控商品。

装修污染源主要来自所使用的胶合板、细木工板、中密度纤维板和刨花板等人造板材，因为这些材料所使用的胶粘剂是以甲醛为主要成分的脲醛树脂，板缝中残留的和未参与反应的醛会逐渐向周围环境释放。含有甲醛成分并有可能向外界散发其他各类装饰材料还有贴墙布、贴墙纸、化纤地毯、泡沫塑料、油漆和涂料等。调查还显示，1000户家庭中，请检测机构进行检测的占52.1%，新居装修完入住前检测的占39.9%，发现有问题才做检测的点5.9%，家里有病人为了找病因做检测的占1.98%。

（4）假冒环保材料

环保问题得到媒体的广泛关注。2002年1月11日中央人民广播电台“早间新闻联播”报道，北京市近抽查，强化木地板有三成不合格。2002年5月28日中央人民广播电台“早间新闻联播”播出，家装市场混乱，有50多种涂料假冒环保材料。

2002年3月13日中国消费者协会报告：对北京装饰市场上销售的33个牌号的大芯板进行质量比较实验，结果发现甲醛释放量只有一个符合国家标准《室内装饰装修材料人造板及其制品甲醛释放限量》，97%不符合国标。2002年8月30日国家工商总局公布对北京等地细木工板的质量监督抽查，合格率为33.3%。提醒消费者如发现问题，应及时更换；如果细木工板散发出刺鼻气味，说明甲醛释放量较高，不要购买。

2003年4月14日中国质量万里行促进会发布警示：一些企业在拿“绿色”、“环保”蒙事。据中国建材市场协会对北京市场的暗查，很多产品没有按照国家要求进行检测，漏检产品达40%以上；许多自称“绿色”、“环保”的产品却根本无相关检验报告书。专家提醒说，根据有关规定，只有中国环境标志产品认证委员会颁发的带有“十环”标志的产品才能称为绿色建材产品。在北京十里河建材一条街，所有商家的摊位几乎都在显著位置摆放着各种“绿色”或“环保”标牌，但当暗访人员要求商家出具有害物质检测报告时，90%的摊主拿不出检测报告。在北京环三环建材市场，一家根本没有做有害物质检测的厂家，陈列的板材上却赫然贴着“绿色环保建材”标志。

2003年10月29日中央人民广播电台早间新闻联播报道，国家质检总局近检查了装饰材料市场，其中四成不是环保材料。

2003年11月24日国家质检总局公布的2003年第三季度门窗框用PVC型材质量抽查报告说，造成这种质量问题的一个重要原因是使用了强度低的PVC型材。国家质检总局这次PVC型材抽查产品抽样合格率是85.2%，共抽查了北京、天津、河北、辽宁、上海、山东、福建等10个省、直辖市的54家企业生产的54种产品，合格46种。国家质检总局公布了3种不合格的门窗框用PVC型材产品和生产企业。

国家质检总局在2003年12月8日《北京日报》公布对全国内墙涂料的抽样检查结果，合格率为76.6%。2004年1月6日央视一套“新闻30分”报道国家质检总局对2003年全国产品质量的评价，指出“一些装饰材料问题严重”。

目前装饰材料市场上，商家向消费者提供的产品检测报告多为复印件，让人真假难辩。主要造假形式有：把不知名小企业产品的名称换成知名大企业的、改产品技术指标、由不合格的改合格的。

国家建材测试中心所长马振珠、质量万里行促进协会副秘书长万力、中国涂料工业协会秘书长岳望坤等专家在2003年12月5日《新京报》上指出，北京家装市场装饰材料合格率低，市场状况不容乐观，如大量人造板和胶粘剂甲醛严重超标，在第三季度的抽查中，胶粘剂的合格率只有60%，木地板和强化木地板的合格率仅为20%，目前我国市场只有20%的涂料产品能达到标准。

（5）人大代表舆论

出席2003年3月全国人大十届一次会议的多位代表对家装环境污染问题十分关注，强调要用法律形式来解决家装中出现的问题，保障民众身体健康。

河南代表薛景霞指出：对于室内装饰污染引发的家装投诉已成为人们关注的焦点，她认为百姓投诉很多，一方面说明生活水平提高后，人们在家装方面的消费越来越理性了，对居住环境的要求已从豪华型转向健康环保型；另一方面也说明，装修领域的确存在很多不容忽视的问题，解决这些问题，对国家而言，应该尽快建立健全相关的法律法规，对装饰材料生产和施工单位来讲，必须坚持诚实守信的原则，从设计和施工这个源头上就杜绝劣质建材。

从事医务工作37年的福建人大代表黄双月从2001年起开始关注调查室内环境污染对人体健康的影响，她把室内环境污染分为化学污染、物理污染、生物污染和大气污染四个方面，不合格的建材、油漆、不合理的设计装修都会导致污染，对人体造成危害，她指出：通过我看到的一些资料和我身边的一些人发现家装引起的室内空气污染问题，可以引发一些疾病，比如说哮喘病、小儿智能低下、记忆力减退等等，甚至可以引发白血病，这个问题相当严重。针对住宅装修带来的环境污染问题，有关部门已经制定了十多项国家强制性标准，但这些标准及范围有限而且多是评价体系，不带有强制性。

人大代表王宝军认为：标准是有了，但怎么执行并不明确，特别是没有责罚措施，买商品有质量问题还能索赔呢，装修有污染怎么办？当事人应该受到什么样的惩罚？这都应该有明确的法律依据。为此，代表们建议：一是继续补充完善各类环境标准，为执法提供依据；二是严格管理建材生产和销售环节，禁止使用超标原料，从源头上遏止污染；三是修改完善现有的相关法律法规或出台新的法律，明确责任，明确责罚。

现在的问题是，装修引起的室内环境空气污染，按 2002 年 6 月国家质检总局“室内装饰装修材料有害物质限量 10 项强制性国家标准”的要求，符合环保的装饰材料只占全部装饰材料的 10%。无环保的装饰材料，何来环保的家装。因此，环保装饰材料是关键。

（6）北京市措施

北京市预防医学研究中心副主任高星特地选在 2004 年 1 月 10 日这一天，首次对外界公布了他们对北京人室内环境状况长达 6 年的一项调查的初步结果。高星说，选在这一天有特殊的意义，因为北京人的室内环境污染问题相当突出，已经到了拨打“110”的地步了。从 1997 年开始，北京市预防医学研究中心的研究人员开始了这项调查。他们陆续选取了北京十多个新建小区的 500 多家住户以及 30 多家新建或新装修过的高档宾馆、写字楼、会议中心、科研机构的实验室以及生活在这些环境中的 1 万多人作为调查对象。

研究人员调查的项目主要有影响室内环境质量的氨、甲醛、有机性挥发物、TDI（甲苯二异氰酸酯）、军团菌等。在所调查的住宅、高档宾馆、写字楼、会议中心、实验室等中，甲醛超标的约有 30%～40%，苯超标的约有 20%～30%，有机性挥发物超标的约占 30%～40%，TDI 超标的相对较少，约占 5%～10%。氨超标较高的多为一些高档饭店、写字楼及科研机构。这些污染物主要来源于人造板材、涂料、粘合剂、家具漆、防水涂料等各种装修材料以及家具和家用清洗剂等民用化学品。此外，9%～11%的被调查四星、五星级饭店发现军团菌。

研究人员说，室内污染引起的主要健康危害多表现为多系统、多脏器、多组织、多细胞、多基因损害，如辣眼睛、流泪、咳嗽、胸闷等皮肤刺激症状；头痛、失眠、记忆力下降等神经——精神症状；鼻咽、肺、皮肤、血液癌症；基因、染色体等突变；过敏、哮喘等致敏作用和变态反应；免疫力下降；病态建筑综合征等。调查显示，在被调查的 1 万多人中，有皮肤黏膜刺激症状的约占 30%～40%；出现胸闷、喉部问题的占 30%～40%；鼻炎 40%左右；反应头痛、头晕、乏力、睡眠不好的 30%左右，有过敏症状的 15%，患哮喘病的 3%～5%。更为严重的是，当得知自己的家里被检测出各种污染物后，许多人心理负担明显加重，出现了抑郁症、多疑症等心理疾病，其中有 10%～15%的人心理问题严重。

有关专家指出，严重的室内环境污染问题说明，当前的社会管理严重滞后，科研不到位，这绝不是一部室内环境质量标准、针对建材的十个强制性标准就能解决的。现在市场仍旧充斥着大量伪劣建材就很能说明问题。因此必须从国家层面上制定严格的法律及行业标准、技术规范，规范企业行为，将污染企业和产品毫无留情地逐出市场；同时开展科研攻关，推广安全健康产品。当天，北京市科委、市卫生局、北京疾病防治控制中心等 20 多个政府部门宣布启动“北京室内环境生物净化安全健康示范工程”。

4. 多头管理问题

（1）外部多头管理

我国建筑装饰行业的多头管理问题（建设和轻工）始于 1986 年。建设部对此问题的态度是，2000 年 6 月 7 日建设部致河南省建设厅《关于建筑装饰装修归口管理问题的复函》（建建函[2000]181 号），针对河南省建设厅《关于明确建筑装饰装修归口管理的紧急请示》（豫建建[2000]20 号）批示：国务院批准的建设部三定方案（国办发[1998]86 号）提到：“住宅建成后住户室内装饰的指导职能，下放给地方人民政府”，其中的“住宅建成后住户室内装饰”是指家庭居室的装修装饰，其主要属性是建筑装修装饰。这部分家庭居室装修装饰由地方建设行政主管部门管理，会更有利于保障建筑工程的质量和住户生命财产的安全。我们认为地方人民政府应该把家庭居室装修装饰的管理职能定给地方建设行政主管部门。2002 年 3 月 5 日建设部令第 110 号《住宅室内装饰装修管理办法》第一章第四条：国务院建设行政主管部门负责全国住宅室内装饰装修活动的管理工作。

经过从中央到地方各方面多年的积极努力，始于 1986 年的我国建筑装饰行业的多头管理问题（建设和轻工），近年来在全国范围内得到突破性的普遍解决。2003 一些省市又有了新的突破，如 6 月 11 日，济南市机构编制委员会办公室向市经济委员会、市建设委员会和市建筑管理局做出《关于济南市室内装饰管理办公室变更隶属关系和名称的通知》（济编办[2003]12 号），通知指出：为理顺装饰管理工作关系，经研究，同意济南市室内装饰管理办公室由市经济委员会划归市建筑管理局，名称改为济南市装饰管理办公室。11 月 18 日，湖北省政府做出《关于行业管理办行政管理职能划转的通知》（鄂政法[2003]42 号），其中第七条为：“原省轻工行办承担的室内装饰行业管理和监督职能划归省建设厅，原挂靠在省轻工行办的省室内装饰管理办公室和省室内装饰协会改为挂靠省建设厅。”按此文要求，湖北省建筑装饰协会受省建设厅委托制定职能划转方案。在中共中央政治局委员、湖北省委书记、原建设部部长俞正声的亲自关怀下，湖北省装饰行业多头管理问题得到了彻底解决。

北京市政府对此解决问题非常重视，2003 年 8 月初，北京市政协主席程世峨，副市长刘敬民、刘志华在市政协一次会议党派团体提案《关于尽快解决北京市家装投诉居高不下问题的建议》上批示，明确此事由市建委进行管理。

但是，家装业现在北京、武汉、西安、哈尔滨、成都等大城市仍存在多头管理，历史上遗留下来的建设与轻工的矛盾时有突出，两家的标准、取证、质检、收费、处罚等重复，双重制度作用在同一市场、同一企业上。政府扯皮，协会打仗，企业遭殃，市场混乱，最终消费者受到严重损害。多年来行业及社会反映强烈，呼吁由一家统一归口管理，且以建设行政主管部门管理为宜。

（2）内部多头管理

建设部令第110号《住宅室内装饰装修管理办法》第一章第四条规定：省、自治区人民政府建设行政主管部门负责本行政区域内的住宅室内装饰装修活动的管理工作。但同时又规定：直辖市、市、县人民政府房地产主管部门负责本行政区域内的住宅室内装饰装修活动的管理工作。

上述规定，致使原由建设行政主管部门一家负责的家装管理工作，改为由建设行政主管部门和房地产主管部门两家共管，北京等全国大部分地区对此意见甚大。

多头管理是市场和行业管理制度创新的最大障碍。

5. 行业管理问题

政府建设行政主管部门管理建筑装饰市场的主要依据：一是国务院给予建设部的"三定方案"。二是国务院取消的行政审批项目，2002年11月1日国务院做出《国务院关于取消第一批行政审批项目的决定》（国发[2002]24号），共取消国家各部委行政审批项目789项。其中，国家经贸委被取消46个，包括室内装饰企业的资质审批。建设部被取消135项，包括"房屋装饰装修审批"（序号318），当时设定的依据是《建筑装饰装修管理规定》（建设部令第46号）；还剩9项，包括装饰企业在内的建筑业企业资质审批、房地产资质审批、施工许可、招标代理、外商投资建筑业企业、项目经理资质、工程质量验收、环境检测等。三是《行政许可法》。

建筑装饰协会管理建筑装饰行业的主要依据：一是已被国务院取消的行政审批《建筑装饰装修管理规定》（原建设部令第46号）中除"建筑装饰企业资质审批、装修施工许可、招标代理、工程质量验收、环境检测、执法监督等政府职能"外适用行业管理的内容。二是建设部《关于选择中国建筑装饰协会为建筑装饰行业管理中转变政府职能试点单位的通知》、三是建设部《关于委托中国建筑装饰协会协助做好家庭居室装饰有关管理工作的通知》。四是北京、上海、深圳等先进地方建筑装饰协会行业管理的实践。

公装的行业管理，均列入当地建设行政主管部门日程，建筑装饰协会协助政府进行企业资审、年检等初审工作。家装的行业管理，各地几乎均由建筑装饰协会来管，而且是政府明文委托。

2004年1月6日，中共中央政治局常委、国务院总理温家宝在"全国贯彻实施《行政许可法》工作会议"上强调，贯彻实施《行政许可法》，是要进一步加强和改进、而不是削弱和淡化行政管理。政府该管的事情，必须真正管好，不能出现管理真空；政府不该管的事情，要下决心交给市场、企业和社会中介组织。这样才能正确贯彻《行政许可法》，才能加强和改进政府工作。各级政府要严格按照法定的权限和程度行使权力，学会并善于依法处理经济社会事物。要完善行政监督制度，做到有权必有责，用权受监督，侵权要赔偿。温家宝总理3月6日在十届全国人大二次会议上所作的《政府工作报告》中指出，要加快政企分开，进一步把不该由政府管的事交给企业、社会组织和中介机构，更大程度的发挥市场在配置资源中的基础性作用。

家装的特点是量大、面广、分散、麻烦，业主和承包商均为私人，市场化程度很高，政府直接管理的成本极大，如北京市常年施工工地保有数量，土建：公装：家装=3000个：3万个：30万个，即1：10：100。2003年SARS期间土建有3000多个工地，而家装工地却为前者的100倍，高达3万多个。根据市场经济的国家和地区的经验，家装行业管理的主体应是行业协会，政府只是进行宏观调控干预市场缺陷。

1996年6月建设部做出《关于委托中国建筑装饰协会协助做好家庭居室装饰有关管理工作的通知》（建建[1997]149号）后，根据建设部对中国建筑装饰协会的作法，全国先后有上海、重庆、深圳、湖北、河南、福建、安徽、温州、武汉、南通、苏州、成都等12个省市的建设行政主管部门将家装行业的管理职能委托给当地建筑装饰行业社团。

当前我国建筑装饰市场和行业管理的主要问题是：在我国实行社会主义市场经济体制后的10多年过渡中，在近年来政府退出行业管理转而进行市场管理的过程中，政府和协会现均未完全适应各自的角色，协会还未能将这部分政府"转移"出来的"职能"承接过来，行业需求远大于行业供给，以致在政府市场管理与协会行业管理的联接处出现了"管理真空"。

突出表现在三方面的矛盾中：一是公共建筑装饰企业的资质升级和年检的市场动态管理的难度越来越大；二是行业管理不适应行业发展的程度越来越大；三是市场与行业管理的相互脱节越来越大，尤其是尚未建立建筑装饰协会的地区，行业越来越乱。

过去政府是既管市场也管行业，现在是政府退出行业管理，只管市场不管行业。但是当政府退出行业管理而进行市场管理的过程中，政府未能将行业管理的职能真正转移给行业协会，行业协会只是"协助"，而非被"委托"，从而造成行业管理出现的"真空"状态。

当前行业协会的突出问题是，如2004年3月2日新华社讯以"上海市长韩正一身正气斥歪风——行业协会不自律伸手捞钱动心计"为题的报道，因正值全国人大十届二次会议在北京开幕的前一天，故引起社会广泛关注。报道指出：本应是企业的自律组织，但一些行业协会却变了味，在3月1日召开的"上海市工业商业工作会议"上，行业协会的种种弊端遭到上海市市长韩正的痛斥。韩正历数当前行业协会存在的两大弊端：一是成了养人的机构，二是充当"二政府"的角色，成为政府部门继续向企业伸手的捞钱载体。目前上海有150多家行业协会，一些行业协会捞钱的手段到了荒唐的地步。如上海市某行业协会居然向下属门窗制造安装企业发令："企业必须由协会咨询辅导建立ISO9000质量体系，不得向专业咨询公司咨询，否则将取消其评定各种'先进'的资格。"

韩正市长认为，行业协会普遍存在两大问题亟待解决：一是为了养一堆人，就成立一个行业协会，向企业收费，增加了企业负担。二是不少行业协会成了政府的附属物，充当“二政府”。有些部门名义上是改革了，不方便、也不敢再直接做的事就让自己领导下的行业协会去做。很多行业协会成为政府部门收费载体。这几年来，上海政府部门的审批收费，包括转移到行业协会向企业收取的费用，每年多达 45 亿元。这中间有合理部门也有不合理部门，但因为是政府部门审批的，合理的部门到 2004 年 7 月 1 日《行政许可法》实施后，都会变为不合理的收费。韩正市长强调，要医治行业协会的这两大弊端，关键在于真正实现行业协会与政府完全脱钩，鼓励、扶持行业协会的发展，将政府部门可以也应该转移出去的部分职能转移到行业协会去，使其真正做到公正独立、规范运作，成为企业自律的协会。

对于如何“从根本上解决消费投诉居高不下的问题”，中国消费者协会秘书长滕佳才在 2004 年 3 月 15 日《北京晚报》上强调，经营体系、市场秩序都将影响消费环境，应充分发挥行业协会的作用，可以通过行业自律解决；如果从行业规则上改变，就可以达到“治本”的目的。

6. 管理体制问题

（1）多头管理严重。外部为建设与轻工，内部为建设与房管。始于 1986 年、在世界上独一无二的我国装饰行业多头管理，进入 21 世纪后更为严重。2001 年 3 月 26 日原国家经济贸易委员会做出《关于委托中国室内装饰协会承担全国室内装饰行业资质审查、颁发证书工作的通知》（国经贸产业[2001]297 号），在 2002 年 11 月 1 日国务院做出《国务院关于取消第一批行政审批项目的决定》（国发[2002]24 号），国家经贸委被取消 46 个，包括室内装饰企业的资质审批后，2003 年 2 月 21 日中国室内装饰协会做出《全国室内装饰企业资质管理办法》，2003 年 3 月 3 日原国家经贸委经济运行局做出《关于室内装饰行业资质审查后续工作的复函》（运行函[2003]47 号），原则上同意中国室内装饰协会承担有关室内装饰行业企业资质审查后的后续管理工作。

（2）市场管理“位置”太高。按建设部令第 110 号规定，市场管理最低到县一级，但是家装就如同家政，试想居民家装还要到县建委报建，有可操作性吗？县级管理既不方便百姓家装也不能达到政府市场管理的目的。2003 年春季的防控 SARS，管理位置前移至街道社区、乡（村）镇政府，管理十分到位。

（3）行业管理形成“真空”。目前全国大部分地区家装的市场和行业管理均由政府主管部门一并管理，即便是有些地区政府主管部门发挥当地建筑装饰行业协会的作用，也只是“协助”。当近年来政府退出行业管理，着重进行企业资质、施工安全、工程质量、执法监督等市场管理后，而培训从业者、受理消费者投诉举报、合同执行等行业管理职能并未转移委托给建筑装饰行业协会，行业管理形成“真空”。另一方面，行业协会自身建设和行业自律同样欠缺。

（4）企业市场准入门槛过高清出门槛过低。准入门槛过高：2001 年 4 月 20 日建设部颁布的《建筑装修装饰工程专业承包》企业资质等级标准》，将装饰企业划为三个等级，其中三级资质原意为家装而设，但是 “企业注册资本金 50 万元以上” 的要求，使企业市场准入门槛过高，造成 80%以上的家装公司无法纳入资质管理范围。不得已目前全国有 10 多个省市建设行政主管部门制定了符合当地实际情况的家装资质或资格标准，企业注册资本金下限 5 万元，平均 10 万元。

清出门槛过低：建设部令第 110 号规定家装的最低保修期：在正常使用条件下为两年，有防水要求的厨房、卫生间和外墙的防渗漏为五年。时间过长，不现实。

（5）行业无从业人员资格准入清出制度。特别是室内设计人员，在暂无全国从业资格办法的情况下，不得已目前全国有近 10 个省市的建筑装饰协会和河南省建设厅制定了符合当地行业发展水平的室内设计人员从业资格办法。但是，家装施工人员的培训考核上岗的行业准入清出制度现也未建立起来。

综上所述，我国家装市场现存的从业者、消费者、装修污染、多头管理、行业管理、管理体制等六大问题中，从业者、装修污染和管理体制三大问题是导致家装市场问题的主要方面。分析表明，这三大主要方面的市场问题，也是三个主要的市场缺陷。

四、家装行业与 SARS 的关系

1. SARS 对家装业的影响

据统计，各类建筑竣工面积占整个建筑竣工面积的比例（%）：住宅 38.1、办公用房 20.1、商业和居民服务用房 19.7、其他用房 9.9、厂房 8.7、文化教育用房 3.3、医疗用房 0.9、科研用房 0.3。

我们可以看出，除了 8.7%厂房和 9.9%其他用房，即 18.6%的建筑用房与 SARS 无直接关联外，其他 81.4%的建筑用房均受到 SARS 的直接影响。具体比例大致为：住宅 38.1%、办公用房 20.1%、商业和居民服务用房 19.7%、文化教育用房 3.3%、医疗用房 0.9%、科研用房 0.3%。其中，38.1%的住宅和 19.7%商业和居民服务用房受到 SARS 的直接影响，而且最大，占总建筑面积的 57.8%。

除 0.9%医疗用房是正面的影响，能引起中央和地方政府对医疗用房的大量投资外，其他 80.5%的建筑用房是受 SARS 的负影响。由此可见，从建筑面积上看，八成装饰市场受到 SARS 的直接影响，特别是对占近四成市场份额的家装行业影响很大，如北京的家装企业 5 月产值均下降 80%～90%，行业所受的损失约达 20 亿元，同比下降 2 个左右的百分点。装饰是不受政府关于疫情灾害保护的行业。

2. 北京市家装防控 SARS 的管理

北京市现有社区 2590 个，住宅房屋 2.2 亿 m^2，实行物业管理的约占 2/3，物业管理企业 1700 多家，员工 15 万人，其中70%为外地来京民工。据2003年6月12日《北京晚报》报道，4月21日北京暴发SARS后，93%的社区完全停止了装修活动。

5月23日，为防控SARS，特别是加强零散装修施工工地居民的SARS防控工作，中共北京市委城市建设工作委员会、市建委、市国土资源和房屋管理局共同做出《关于加强房屋装饰装修管理，进一步抓好民工和社区防控非典工作的通知》[京城字（2003）59号]，包括五个方面：一是明确民工防控SARS工作责任制；二是入户装修实行登记申报制度；三是房屋装修实行分类管理；四是加强装修施工现场和员工的SARS防控和管理；五是加强监督检查，严格执法。通知强调了坚持属地化管理的原则，装修现场所在地行业管理部门要严格审查装修企业资质，证照不全的企业一律不得承揽业务；社区居委会、物业管理单位（房屋管理单位，以下统称物业管理单位）负责日常监督检查；承接房屋装修业务的装饰装修企业，对装修期间施工工地和民工的防控SARS工作承担责任。通知特别指出，小区内住宅室内装修，必须严格执行登记申报制度。其中，尚未入住居民的新建小区的住宅室内装修，履行相关手续后即可施工。已入住居民的小区的室内装修，装修企业与装修业主已签订合同并已经开工的必须补办登记申办手续后于6月1日后方可继续施工；装修企业与装修业主签订了装修合同但尚未开工的以及新签订装修合同的项目，必须办理登记申报手续后于6月10日后方可开工。

另外，因处于特殊时期，社区居委会、物业管理单位有权在装修期间对装修人员测试体温和监督检查，对家装企业非典防控措施不到位、造成环境污染或拒绝检查的，社区居委会或物业管理单位有权停止其装修活动。装修业主应配合社区居委会或物业管理单位对装修企业的监督管理。因装修业主干预不停止装修，导致出现非典疫情或造成严重后果的，装修业主须承担相应的法律责任。

北京市国土房管局在5月27日《北京晚报》上报告了该部门随机抽取对全市250个居住小区和130个写字楼落实防控SARS情况的调查。其中包括装修管理：调查的250个居住小区中，有228个小区已全部停止装修活动，占91.2%，其余22个小区都采取了严格的装修监督管理措施，要求装修企业在进入社区前，向物业管理企业进行登记申报，每天对装修人员测量体温，限制施工人员出入等。该局认为，北京社区防控SARS装修封闭式管理基本到位。6月15日《北京晚报》报道，北京2590个社区未发生SARS的占85.2%，有2207个。

5月24日《北京晚报》、5月25日北京电视台等首都媒体报道此讯后引起京城建筑装饰业的强烈反响，认为这是政府SARS暴发以来自第一个有关装饰市场防控SARS的明确具体的管理措施，特点是由社区居委会和物业管理单位进行属地化管理，非常及时到位，现未发现家装业主和承包商家装公司有SARS病例，表示坚决贯彻执行。建筑装饰界指出，以党的文件形式、由市委党的机构与建设行政主管部门共同发布有关装饰市场管理规定，在北京市乃至全国还是第一次。北京市同时迈出解决装饰行业多头问题的实质性步骤。

但是，当防控SARS由应急转为常态后，物业管理单位则存在执法主体错位的问题，北京岳成律师事务所的岳成律师在2003年6月15日《北京娱乐信报》上指出，物业只是服务企业，为社区居民服务，不具有行政处罚权。

3. 上海市家装防控SARS的管理

SARS初起，上海市建委立即拨款100万元购买了上海市装饰装修行业协会防控SARS管理的服务和劳务。协会开拓了紧急状态下行业管理的重大创新。

2003年4月21日，上海市装饰装修行业协会发布《关于加强防范“非典”工作的通知》，要求停办、缓办大规模的行业会议和会展活动。取消了4月份举办的上海市家庭装饰材料展示会和5月份举办的上海市家庭装饰设计咨询展示会，已发出通知的上海市装饰装修行业协会建筑装饰专业委员会成立大会决定延期举行。由于前期进行了大量的广告宣传，准备工作已经就绪，因此受到了较大的损失。4月28日，协会发布《关于进一步加强家庭装饰工地非典型肺炎防范工作的通知》，从进一步加强宣传教育、落实责任制和处置制度、完善报告制度、控制工地人员、做好消毒防范、落实检查制度、启动预警机制等方面，对各会员单位的“非典”防治工作提出了要求。 5月9日，协会发出《关于加强下水管道施工管理，阻断“非典”传播途径的通知》，要求各会员单位在设计、安装立盆或洗涤盆下水道时，必须采用带“P型”或“S型”的存水弯，以阻断废水和废气进入卫生间或厨房间，预防“非典”等疾病的传播。5月12日，协会发布《关于认真贯彻市政府、市建委有关精神，进一步做好装饰工地“非典”防范工作，执行“上海市建筑业企业施工人员从业手册”的通知》，要求各企业的施工劳务人员在固定的工地工作，不得无序流动；要求各企业的每个施工人员必须持有健康证明，向协会申领“从业手册”，规定任何家装企业或工地禁止使用无“从业手册”的施工人员，违者将依据有关规定严肃处理。

当时，上海市家装行业的会员有1000多家，90%以上是民营企业，90%以上是小型企业，在建工地多而散，20多万的施工人员均来自全国各地的农民工，防范“非典”工作的任务十分艰巨。为了充分发挥群防群治的优势，协会决定构筑防范“非典”网络，网络的组成为：协会——大组——小组——企业——工地——从业劳务人员。在协会的统一组织协调下，将1000多家会员单位分成9个大组，每个大组按会员多少分成3～5个小组，每个小组分管几个到十几个会员单位，每个企业管好所辖工地，每个工地管好每一个施工劳务人员，通过六级网络，把健康登记、体温测试、现场消毒、个人防范、疫情报告等各项工作落实到每一个企业和每一个从业劳务人员，实现防非工作全覆盖，做到一个不漏。通过六级网络，发动各企业自查、组与组之间开展互查，在企业自查、互查基础上，再由协会进行抽查，并将自查、互查、抽查情况，由协会汇总、分析、处理后上报市建委、市建管办。

为了加强对企业防非工作的督促检查，协会派出9个督察组，分别赴9个大组，了解各大组防非工作开展情况，帮助企业建立健全各项规章制度，包括：防非责任制度、宣传教育制度、健康登记制度、现场消毒制度、个人防范制度、控制人员流动制度、疫情报告制度和日报告(零报告)等。督察组还对大组防非措施落实情况，进行了抽查。5月7日～5月29日，协会共抽调9辆专用车，出动540人次，对340个企业的1620个工地进行了抽查，抽查覆盖占5208个在建工地的31%。

4. SARS与室内装修环境污染有一定间接关系

2003年4月21日北京暴发的突发传染病疫情灾害SARS，属于呼吸系统疾病。4月10日中国疾病预防控制中心环境与健康相关产品安全所空气质量安全监测室主任徐东群博士指出，目前装修房室内空气中的甲醛、苯、氨等多项污染物质能导致人体免疫力下降，因此SARS与装修室内环境污染两者之间有一定的间接关系。在密闭空间中工作和生活的人患呼吸系统和神经系统疾病比一般人高出45%，目前因室内空气污染导致人体各种疾病的发病率以年均17%的速度上升。据2003年5月22日《北京晚报》报道的一项调查，目前，不少民用和商用建筑室内的空气污染程度是室外空气污染的2～5倍。卫生部、建设部、国家环保总局在室内装饰材料的抽查中发现，具有毒气污染的材料占68%，挥发出300多种挥发性的有机物，能引发呼吸道、消化道、神经系统等30多种疾病。

SARS与家装室内环境污染有一定的间接关系，将成为突发传染病疫情灾害的隐患。

五、政府公共政策选择的建议

综上所述，我们通过了解全国家装市场发展和行业管理现状，对持续8年来位居全国消费者十大投诉前列的家装问题的累积归纳分析，特别是2003年SARS对家装的影响，我们认为家装市场存在的从业者、消费者、装修污染、多头管理、行业管理、管理体制等六大问题，是导致全国家装投诉居高不下的主要矛盾；其中，从业者、装修污染、管理体制三大问题，既是导致市场问题矛盾的主要方面，也是当前市场的三大缺陷。

为了落实新时期党和国家关于发展家装的指示精神和国务院温家宝总理关于“不能出现管理真空”的要求，形成良好的消费预期，增加即期消费，提高充分就业和城镇化水平，大幅度降低全国居高不下的家装投诉率，本报告参照国际惯例，提出以下供政府公共政策选择的建议。

1. 加强法制。尽快修改建设部令第110号《住宅室内装饰装修管理办法》，并由国务院转发。加快行政、技术等市场和行业管理的配套立法。

2. 管理体制。尽快解决外部和内部的多头管理，建立由建设部及各级建设行政主管部门归口管理，街道社区、乡（村）镇人民政府负责基层日常监督检查，质检行政主管部门管理装饰材料，工商、房管、环保、劳动等相关部门配合，统一有序全新的政府市场管理体制。

3. 管理分工。政府主管部门管理市场，包括装饰企业资质审批、装修施工许可、招标代理、工程质量验收、环境检测、执法监督等，维护市场秩序。政府委托建筑装饰协会管理行业，包括规范企业行为、个人从业资格认定、建立行业信用秩序等，实行以会员为主体的行业自律。

4. 管理重点。建立并完善装饰装修材料、家装企业以及从业人员的市场准入清出制度；大力降低室内装修环境污染；积极提倡家装科学消费。

附录1：

深圳市家庭居室装修管理规定

（1999年11月19日深圳市人民政府令第90号发布）

第一章　总　则

第一条　为了规范家庭居室(以下简称家居)装修活动，加强家居装修管理，根据《中华人民共和国建筑法》及有关法律、法规的规定，结合深圳市实际，制定本规定。

第二条　本规定所称家居装修，是指居民为改善居住环境，对居住的房屋进行修饰处理的建筑活动。本规定所称居民，包括村民、业主、承租人及其他使用人。承租人或其他使用人对房屋进行装修，应经房屋所有权人书面授权。

第三条　从事家居装修活动及对其的监督管理，必须遵守本规定。

第四条　家居装修应当保证建筑工程质量和结构安全，符合行业管理、消防、供水、供电、燃气、环境保护等有关规定和标准。家居装修不得涉及公共设施、公共空间。

第五条　深圳市建设行政主管部门（以下简称主管部门）对全市家居装修活动进行统一管理，负责制定家居装修技术规范，负责家居装修者从业资格的管理。

各区人民政府建设行政主管部门（以下简称区主管部门）在市主管部门的指导下，对本行政区域内的家居装修活动进行管理，受理家居装修举报，查处家居装修违法行为。

第六条　深圳市装修行业协会在市主管部门的指导下，协助市、区主管部门对家居装修活动进行管理，负责受理家居装修咨询、协调会员间关系，规范会员行为。

第七条　各物业管理单位在市、区主管部门的指导下，负责家居装修工程开工申报的登记及装修施工现场的管理。

第二章　从业资格

第八条　从事家居装修者，应具备下列条件，并办理工商注册登记：

（一）有固定的办公地点；

（二）专业技术人员不少于3人，主要技术工人持有市主管部门颁发的上岗证；

（三）技术负责人具有3年以上的装修施工管理经验，并具有助理级以上技术职称；

（四）注册资本或资金数额不低于50万元人民币。

第九条　从事家居装修者，应依市政府有关规章向市主管部门申领《承建资格证书》。《承建资格证书》实行年度市验制度，审验内容包括施工业绩、施工质量、安全生产和守法经营情况等。经年审合格者，可继续经营，对年审不合格者，其《承建资格证书》予以注销。《承建资格证书》年度审验办法由市主管部门另行制定。

第十条　取得《承建资格证书》的家居装修者自愿参加深圳市装饰行业协会。

第十一条　市主管部门应当于每年三月在新闻媒体上公布取得《承建资格证书》的装修者名单、地址、电话、《承建资格证书》编号，深圳市装饰行业协会及市、区主管部门应当提供装修者名录，供居民查阅。

第十二条　未取得市主管部门颁发《承建资格证书》者，不得承接家居装修业务。

第十三条　居民应当按规定选择持有市主管部门颁发的《承建资格证书》者承接其家居装修工程。

第三章　开工申报登记

第十四条　家居装修工程实行开工申报登记制度。居民在对家居进行装修前，必须会同其委托的装修者向物业管理单位申报登记，填写由市主管部门统一印制的《家居装修申报表》一式三份，如实申报装修项目、标准、施工人数、拟开工时间和竣工时间等内容，并提交装修合同复印件、交验装修者《承建资格证书》原件，物业管理单位收件后应出具回执。对符合条件者，物业管理单位收到开工申报登记申请后三个工作日内予以登记。居民和装修者在办理开工申报登记时，应分别向物业管理单位交纳1000元装修保证金。

第十五条　对未向物业管理申报登记或不符合规定条件自行开工的家居装修工程，物业管理单位应通知其停止违法行为。

第十六条　禁止物业管理单位向居民硬性指派装修者或推销装修材料。禁止物业管理单位违法收取各种费用。

第四章　施工现场管理

第十七条　家居装修活动，应当服从物业管理单位按本规定进行的施工现场管理。

第十八条　居民可委托工程监理单位对家居装修活动进行监督，并约定支付费用。

第十九条　家居装修活动必须保证建筑物结构和使用安全，禁止下列行为：

（一）改变房屋承重结构；

（二）在承重墙上穿洞，拆除连接阳台的墙体、门窗；

（三）不适当增加楼面静荷载，包括在室内砌墙，超负荷吊顶，安装大型灯具，铺设大理石地板等；

（四）任意刨凿，重击顶板、外墙内侧及排烟管理，不经穿管直接埋设电线或改线；

（五）破坏或者拆改厨房、厕所的地面防水层；

（六）使用不符合消防要求的装修材料；

（七）其他违章装修活动。

确需改变建筑物主体或承重结构，明显加大负荷的，居民应委托建筑物原设计单位或有相当资质的设计单位提出设计方案，报政府设计审批部门审批。

第二十条　楼顶、外管墙、外门窗、阳台的装修及空调的安装及其他装修活动必须符合深圳市规划国土部门的技术标准，保证建筑物外观的协调统一。

第二十一条　禁止擅自改动、暗藏燃气管道设施，确需改动的，应提前一个月向供气单位提出申请，由供气单位组织实施。

第二十二条　禁止将雨水管道用生活污水的排放。

第二十三条　家居装修施工应当保证工程质量，严格按有关规范进行，禁止偷工减料、粗制滥造、野蛮施工；装饰材料不得以次充好、弄虚作假。家居装修工程的保修期为一年，自工程竣工之日起计算。保修期内，装修者负责免费维修，但使用人故意造成的问题除外。

第二十四条　家居装修施工，必须遵守施工安全操作规程，保证作业人员及周围居民和财产的安全。

第二十五条　装修施工作业应遵守消防规定，作业现场应至少配备两个灭火器。

第二十六条　装修垃圾必须袋装，并按照物业管理单位指定的位置、方式和时间进行堆放、清运，对违章堆放、抛弃装修垃圾的，物业管理单位有权责令限期清理，不及时清理的，物业管理单位应代为清理，费用由装修者或居民承担。

第二十七条　家居装修施工作业时间为每天七时至十二时，十四时到十九时。

第二十八条　家居装修者应自开工之日起的三个月内完成装修。

第二十九条　家居装修工程完工后，经物业管理单位检查，如有违章装修或渗漏、堵、损坏等情况，按责任照价赔偿，赔偿费用从装修保证金中扣除，多退少补；如无违章装修行为，应在装修完工后十日内退还装修保证金。

第五章　纠纷的解决

第三十条　家居装修活动，应当签订书面合同、合同统一使用由市主管部门统一印刷的家居装修工程合同示范文本，当事人双方可对该文本进行修改或者补充。

第三十一条　家居装修工程当事人因家居装修活动发生争议，可以向市、区消费者委员会投诉或申请调解，也可按仲裁，或直接向人民法院起诉。

第三十二条　深圳市装饰行业协会，对会员单位违反协会章程的行为进行查处。

第三十三条 市、区消费者委员会根据当事人双方签订的家居装修合同及有关法律、法规、规章及技术标准，规范对纠纷进行调查、调解。

第三十四条 调解人员应当认真听取当事人双方的意见并实地调查，在分清责任的基础上提出调解处理意见。

第六章 税务管理

第三十五条 装修者取得营业执照后，应到税务机关申请税务登记，并依法纳税。

第三十六条 税务机关委托物业管理单位代征有关税款或要求其承担协税工作的，物业管理单位应当接受委托或履行协税义务。

第三十七条 装修者在装修工程开工前，必须持税务登记证到代证单位办理工程登记，完工后缴清应缴税款。

第七章 罚 款

第三十八条 违反本规定第十二条，未取得《承建资格证书》承接家居装修工程业务的，责令其停止违法行为，并处以违法所得两倍的罚款，无违法所得或违法所得难以查清的，处以一万元以下的罚款。

第三十九条 违反本规定第十四条，未向物业管理单位申报登记擅自开工，或者在申报登记时提供虚假资料的，责令改正，补办手续，拒不改正的，可对居民、装修者处以五百元以上一千元以下罚款。

第四十条 违反本规定第十九条，影响建筑物结构或使用安全进行装修的，应责令居民、装修者限期改正；逾期拒不改正的，处以一千元以上一万元以下罚款，造成损害的，居民与装修者连带承担赔偿责任。

第四十一条 违反本规定第二十条，不按照市规划国土主管部门的技术标准进行外装修的，责令居民、装修者改正；情节严重的，处以一千元以上五千元以下的罚款。

第四十二条 违反本规定条第二十一条，擅自改动、暗藏燃气管道设施的，责令居民、装修者改正，拒不改止的，可处以一千元以上五千元以下罚款。

第四十三条 违反本规定第二十三条，不按有关规范进行施工，偷工减料，粗制滥造，野蛮施工，或者装修材料以次充好，弄虚作假影响工程质量的，责令装修者改正，并处以一万元以上五万元以下的罚款，造成损失的，应当予以赔偿。

第四十四条 违反本规定第二十五条，装修现场未配备消防灭火器的，责令装修者改正，拒不改正的， 由消防部门予以处罚。

第四十五条 违反本规定第二十六条，违章堆放、清运装修垃圾的，责令居民、装修者改正，拒不改正的，可处以一百元以上一千元以下罚款。

第四十六条 违反本规定第二十七条，不遵守装修时间限制的，责令装修者改正，并可处以一百元以上一千元以下罚款。

第四十七条 对违反本规定的违章装修行为，物业管理单位均有权制止，责令改正，并应报请有关区主管部门予以处罚。除已作规定者外，本章所设行政处罚由区主管部门做出，市主管部门认为必要时间直接查处家居装修违法行为。

第四十八条 物业管理单位违反本规定第十四条第三款，不按规定办理开工申报登记的，由区主管部门责令改正，并处以二千元以上一万以下罚款。

第四十九条 物业管理单位违反本规定第十六条，向居民硬性指派装修者或推销装修材料，或违法收取各种费用的，由区主管部门责令改正，并处以一万元以上五万以下的罚款。

第八章 附 则

第五十条 本规定自发布之日起施行。

附录 2：

关于加强家庭居室装饰装修管理的通知

（北京市建委 2003 年 11 月 10 日报送市政府办公厅）

各区县建委，各集团总公司，各有关单位：

为加强家庭居室装饰装修（以下简称家居装修）管理，保证家居装修工程质量和安全，维护公共安全和公众利益，根据有关法律法规及《住宅室内装饰装修管理办法》（建设部令 110 号），结合本市实际，通知如下：

一、管理部门

（一）在本市进行家居装修，应严格执行《住宅室内装饰装修管理办法》、《北京市家庭居室装饰装修工程承发包及施工管理暂行规定》（京建法[1999]413 号）和《关于加强新建商品住宅家庭居室装饰装修管理若干规定（试行）》（京建法[2001]616 号）的有关规定。

（二）北京市建设委员会（以下简称市建委）负责全市家居装修活动的监督管理。

各区县建委对本行政辖区内的家居装修活动进行监督管理。

街道办事处、乡镇人民政府依据本通知负责家居装修活动有关监督检查工作。

北京市建筑装饰协会受市建委委托，负责家居装修的行业管理工作。

二、精装修售房

（三）提倡房地产开发企业开发商品住宅时，将家居装修连同住宅主体结构一体设计、施工到位后销售。

（四）提倡房地产开发企业在预售中，向购房人提供装修菜单及样板间展示服务，按购房人意愿进行家居装修设计，连同住宅主体结构一体施工到位后交用。

（五）市、区（县）建设工程质量监督机构应当严格按照《关于加强新建商品住宅家庭居室装饰装修管理若干规定（试行）》（京建法[2001]616 号）中《北京市住宅工程装修部位设计要求和施工（验收）条件》的要求，对商品住宅进行监督检查。

购房人发现所购住宅不符合上述施工（验收）条件的，可向市、区（县）建委举报。

三、装修管理

（六）装修人进行家居装修前，应当与家居装修企业签订家装合同，并且到物业管理企业或者房屋管理机构进行登记，签订家居装修管理服务协议，并交纳一定数额的装修保证金。协议内容应当符合《住宅室内装饰装修管理办法》第十六条规定。

北京市建筑装饰协会可以根据有关规定制定家居装修管理服务协议范本，供装修人、家居装修企业、物业管理企业或房屋管理机构使用。

（七）装修人经原设计单位或者具有相应资质等级的设计单位提出设计方案变动建筑主体和承重结构的，或者装修活动涉及《住宅室内装饰装修管理办法》第六条、第七条、第八条内容的，必须委托具有相应资质的家居装修企业承担装饰装修工作。

（八）装修人或家居装修企业从事家居装修活动，应当严格遵守规定的施工时间，降低施工噪声，减少环境污染。周一至周五的 12 时至 14 时、18 时至次日 8 时之间以及周六、周日全天，不得从事敲、凿、刨、钻等产生噪声的家居装修活动。

家居装修易产生噪声和污染的材料加工不得在住宅楼内进行。物业管理单位应为家居装修材料加工提供必要场所并做好相关管理工作。

（九）装修人委托家居装修企业进行装饰装修的，装饰装修工程竣工后，空气质量应当符合国家有关标准。装修人可以委托由市建委核定资质的检测单位对空气质量进行检测。检测不合格的，家居装修企业应当返工，并承担相应损失。

（十）家居装修竣工后，装修人验收时可按照《家庭居室装饰装修验收标准》进行验收。验收合格后，家居装修企业应当出具家居装修质量保修书。

在正常使用条件下，家居装修工程的最低保修期限为两年，有防水要求的厨房、卫生间和外墙面的防渗漏为五年。保修期自家居装修工程竣工验收合格之日起计算。

（十一）家居装修完工后，购房人没有违反装修管理协议约定行为的，物业管理单位应将装修保证金退还购房人；购房人有违反协议约定行为的，物业管理单位应按协议约定扣除其保证金，同时要求其限期整改，造成公共利益损失的，购房人应承担相应责任。

四、家居装修企业、人员和装饰材料使用管理

（十二）家居装修企业应按照有关规定取得家居装修企业资质。家居装修施工员（工长）必须经过安全生产知识和管理能力考核。

北京市建筑装饰协会负责家居装修施工员（工长）的考核工作。考核不得收费。

（十三）家居装修企业必须与招用的施工人员依法签订劳动合同。家居装修企业应对施工人员进行安全生产教育培训，保证施工人员具备必要的安全生产知识。未经安全生产教育和培训合格的施工人员，不得上岗作业。

（十四）区县工商行政管理部门、区县建委应当加强对本行政辖区内建材市场和家装市场的监督管理。市场管理部门不得允许未取得资质的家居装修企业和应备案未备案的建材供应商在市场内从事经营活动。

五、监督执法

（十五）对家居装修的执法检查由街道办事处或乡镇人民政府及物业部门负责。街道办事处或乡镇人民政府及物业部门发现家居装修违法违规行为时，应及时向区县建委反映有关情况，并由区县建委进行执法处罚。

装修人对家居装修企业违法违规行为、可向区县建委或北京市建筑装饰协会投诉、举报。区县建委或北京市建筑装饰协会应对装修人的投诉、举报及时进行处理。

（十六）商品住宅不满足《北京市住宅工程装修部位设计要求和施工（验收）条件》，市、区县建委应责令商品住宅停止使用，建设单位应重新组织竣工验收。

（十七）未取得资质而从事家庭居室装饰装修活动的企业，处工程合同价款 2%以上 4%以下的罚款。

（十八）家居装修企业违反国家有关安全生产规定和安全生产技术规程，不按照规定采取必要的安全防护和消防措施，擅自动用明火作业和进行焊接作业的，或者对建筑安全事故隐患不采取措施予以消除的，责令改正，并处 1 千元以上 1 万元以下的罚款；情节严重的，责令停业整顿，并处 1 万元以上 3 万元以下的罚款。

（十九）家居装修施工员（工长）未经安全生产知识和管理能力考核以及家装企业未对施工人员进行安全生产教育培训的，责令限期改正，逾期未改正的，责令停产停业整顿，可以并处二万元以下的罚款。

（二十）对于违反家装合同约定，给装修人造成重大损失以及被给予行政处罚的装饰装修企业，由市建委记入市建设行为信用系统。

[编者按] 关于一次精装修，业内众说纷纭，争议很大，分歧不小。为此，中国建筑装饰协会在2004年9月庆祝中国建筑装饰协会成立20周年系列活动——全国住宅装饰装修发展大会中安排了“精品房装修论坛”。兹从中选择出三篇（王本明、李娟娟、陈辉），看看能否将此问题说得比较清楚。此外，另选一篇陈忠平在“管理论坛”上的演讲，读后均令人兴奋。

关于一次精装修的调研报告

全国建筑装饰协会优秀工作者　中国建筑装饰协会行业发展部主任　王本明

今天跟大家汇报的题目就是关于房地产开发一次精装修成品房的调研报告。从1999年建设部等6个部委发出了《关于提高住宅建设质量的若干意见》，国务院转发若干意见，倡导新开发的住宅实施一次性精装修成品房以后，我国住宅装饰装修与房地产开发企业都进行了大量的工程实践，但是到目前为止，状况如何？到底存在着哪些问题，应该说我们掌握得还不是很清楚。为了掌握我国住宅开发建设的第一手资料，深入研究住宅开发建设中的装饰装修活动，切实为推动一次精装修成品房市场占有率的提高，落实建设部住宅产业化发展目标，中国建筑装饰协会决定进行一次关于一次精装修成品房的调查研究。这一个调查研究全部是针对房地产开发商的调查研究。

这一次调查研究，还有其他几个情况。应该说我国的住宅装饰装修企业，前些年发展都很快，但是到2004年3、4月份以后，各个企业的发展速度都有比较大程度的下降。在北京一些比较大的装饰公司，从1997年以后，第一次出现了负增长，同比没有增长，反而下降了。在去年受SARS影响的时期，各个家装企业还都有不同程度的增长，到2004年4、5月份以后，情况又发生了很大的变化。我们判断家装市场受了三个方面比较大的挤压。

1. 一次精装修在北京等大城市从事施工往往都不是家装企业，主要是大的做公共建筑物装修企业做的施工，这样就对家装企业有比较大的挤压。

2. 随着这一两年我国对到城市务工农民工的管理政策，应该说逐步在放松，马路游击队在整个家装工程中所占的比重，最近这一年多不但没有下降，反而还有所提高。

3. 由于专业化，很多材料部品厂商向施工阶段延伸，也挤压了很多家装企业的市场份额。

到底是什么样的情况，这个判断是不是准确，需要有一定的数据进行支撑，所以也需要对这个行业当前到底出现了什么问题，家装企业的增长速度放慢的原因要进行调查研究。

再就是推广一次精装修到现在已经六年时间了，作为一项新的房地产开发形式，我们装饰装修行业还没有研究到位，甚至很多最基本的情况也不掌握。作为一项国家的产业政策，一次精装修将会对我国住宅装饰装修市场产生很长远的影响，不掌握市场的基本情况，就不能够适应市场经济的要求。现在我们很多做法应该说都是盲目的、自发的。我们要通过整理出第一手资料来制定一些相应的措施，逐渐使我们这个行业从盲目自发向理性自觉转变。作为一个专业的住宅装饰装修企业，他如何给自己定位，这是一个战略问题。不能准确把握企业的定位，就不可能制定科学的发展战略，企业要准确定位，就要掌握市场信息，了解市场的准确情况。在这方面作为一个企业，他要做这样一个调查，应该说也比较困难，需要行业协会在这方面组织调研，为会员单位能够提供一个更高层次的服务，所以也需要做这一次调研。

这个调研是今年4月底开始的，大约用了半个月的时间。下面我讲一下这一次调研的样本及调查内容、调查方式。这一次行业调查是中国建筑装饰协会第一次开展的对房地产商的一种调查，因为作为建筑装饰行业和房地产商开发行业之间还有很大的差别，当时我们计划的是要抽查调查样本，数定的是100家，其中是北京25家，上海25家，广东省25家，天津15家，重庆10家，但是后来我们这个调查没有全部做完，我们只做了北京和广东省两个地方。在样本选择上，我们既包括了在全国进行开发建设的房地产商，也包括地区性的房地产商，同时也包括项目性的房地产开发商，就是有一些房地产开发商开发完一个项目，开发商就转成物业商，就没再开发，这样的也都包括在内。截止到今年5月中旬，我们主要是集中在北京和广东两地进行了调查，一共调查48家房地产商，就地区的样本来讲，应该说基本完成了计划。后来上海和其他地区确实由于时间和工作压力的关系，没有展开，以后还会再继续进行这方面的调查。所以这一次只能对北京和广州两地的样本情况和统计的情况跟大家做一个汇报。

应该说我们的调查对象层次都比较高，其中总经理一级占50%，部门经理有50%，部门经理主要是策划部经理占25%，销售部经理占20%，技术部经理5%。一共分了三个层次的问题，是从你是否愿意进行一次性精装修成品房开发入手的，第一个层次就是企业的基本情况，包括成立注册金，总开发面积等等一系列的数据；第二层次就是一次性精装修工程的状况，包括是否愿意开发一次性精装修成品房，已开发精装修成品房的面积，计划开发精装修成品房的面积，单位工程装修的造价，对未来趋势的判断，如何选择设计施工单位等等这样一些内容。第三个层次就是如何实施一次精装修，包括设计施工队伍的选择，设计施工队伍的评价，工程实施过程中的一些评价等等。调查的方式主要是以电话调查为主，部分调查对象应该说也有面对面直接调查，但是绝大部分主要是以电话调查为主。由于建筑装饰协会与房地产开发商联系，以往历史上不够紧密，所以本次调查请中国房地产协会协助，但是还是非常困难，已有调查统计资料只占我们调查的 30%，70%的房地产商一般都以资料保密等等为借口不接受采访，或者是不接受调查。所以实际上我们调查的这 48 家，实际上调查了几百家房地产商，最后才有这些房地产商接受了调查。第三是调查重点，就是调查数据统计资料的整理和分析。

1．当前新开发住宅装饰装修有这么几种主要的形式，这一次对房地产商做的调查，大约有五种形式。一种就是毛坯房，要向购房者提供的就是结构和部分安装工程竣工这样的住宅，任何的功能空间都必须经过装饰装修以后才能满足居住使用要求的房，这叫做毛坯房。第二种就是部分装修的毛坯房，像房地产开发有部分功能空间，一般就是卫生间、厨房经过了装饰装修，满足了使用功能，其余的部分需要购房者自行装饰装修以后才能满足居住要求，这叫做部分装修的毛坯房。第三种就是菜单式装修装饰的毛坯房，就是各个功能空间部品材料都设置了若干种可供选择的方案，经购房者自己决定后，由开发商统一装饰装修，然后提供给购房者这样的住宅。第四种就是一次精装修的成品房，向购房者提供的是通过统一装饰装修，各个功能空间都符合居住要求，这样的住宅是一次精装修。第五种就是全配置式的成品房，这是向购房者提供经过统一装饰装修，设计施工，并且配置全部家电家用日用生活品这样的住宅，这叫做全配置的住宅。一般我们讲第三、四、五这三种，由于不需要购房者进行二次装修，我们都统称为一次精装修的住宅。

2．我们看一下北京的情况，在北京地区我们调查了企业 20 多家，应该说占北京地区房地产开发总量也就是 1%左右，因为北京市有房地产开发商大约是 2000 多家，我们只调查了 20 多家。这 20 多家调查对象他的总房地产开发量，就是这些年来总开发量为 5758.5 万㎡，约占北京房地产开发总量 20%左右，由此可见我们在北京调查的开发商企业实力都要高于地区平均水平，包括一些已经累计开发都在几百万平方米大型开发商，调查占的比重多了一点，所以高于北京市的平均水平。调查对象 2003 年竣工的面积是 597.4 万㎡，其中一次精装修 116 万㎡，一次精装修比重是 19.42%；2004 年计划竣工面积是 726.1 万㎡，其中实施一次精装修的是 157 万㎡，一次精装修比重为 20.63%；2005 年计划竣工面积为 720 万㎡，这其中有 6 家开发商 2005 年没有计划，就是说没有 2005 年计划，有计划一共是 720 万㎡，其中计划的实施一次性精装修是 198 万㎡，一次精装修的比重是 27.5%。一次性精装修的情况还有这么一个调查，就是调查对象关于一次性精装修的态度有三种：一种表示根本就不会开发精装修成品房的 8 家，占调查总数的 38.1%；表示公司只开发一次性精装修成品房的有 7 家，其他就是什么样的房子我都开发。这是北京地区大致总体的统计情况。

3．广东省的情况调查，开发总量是 7229.3 万㎡，深圳万科、广州富丽这些公司开发面积包括在全国其他地区的开发面积，所以总的开发量是比较大的。调查对象 2003 年竣工的面积是 179.55 万㎡，其中实施一次精装修占 78.95 万㎡，一次精装修的比重是 43.93%，2004 年计划实施一次精装修是 89.4 万㎡，一次精装修比重为 49.25%；2005 年计划竣工的面积是 207 万㎡，其中有 8 家没有 2005 年的开发计划，实施一次精装修的计划是 82.8 万㎡，一次精装修的比重是 39.90%。广东省地区明确表示不会做精装修房的有 6 家，占调查总数的 31.58%，只开发一次精装修的有 4 家，这 4 家全国都是广州市的开发商，深圳、佛山没有，深圳、佛山都是不做一次精装修的。

这里需要说明，由于是由中国建筑装饰协会对房地产进行的调查，在调查上面很大程度上依靠了装饰装修公司的介绍和帮助，因为装饰协会到房地产企业去调查，人家一般都不接待，通过咱们会员单位，装饰装修企业中间介绍，才能够完成比较烦琐的调查过程，开发商才配合。所以作为一次精装修成品房的比例，应该说可能要高于目前房地产市场中的实际比例。但是由于我们是对固定样本的连续性调查，所以就一次精装修而言，他所反映的趋势应该是和现在实际是吻合的，量可能不一样，但是趋势应该是吻合的。因为不是 2003 年调查一个企业，2004 年又去调查另外一个企业，我是对一个企业连续跟踪式的调查，所以应该说趋势是准的。

关于一次精装修成品房调查的整理。进一步我们对开发商各种意见，进行了统计整理，第一就是愿意开发一次精装修成品房统计，我们问了这么多房地产开发商，有人说我就愿意开发精装修成品房，理由是什么？大约统计出来是八个方面的理由。这八个方面的理由从宏观到微观，有几个内容：

1．国家有一次精装修指导性政策，又有标准，我们作为行业内企业应该响应国家产业发展政策的要求，这是很多做一次精装修房的开发商理由，这个理由占的比重也是最大的。

2．国际上任何国家都没有卖毛坯房的，只有中国有毛坯房，中国现在已经入世了，要跟国际接轨，房地产开发模式也要跟国际接轨，就是不能卖毛坯房了，要卖精装修成品房，这个理由在调查中占的比重也非常高。

3．现在房地产市场竞争比较激烈，要反映房地产开发商的实力，就是我要做精装修成品房，通过这个来表现开发商的实力和抗风险的能力。

4．购房者需求是多元化的，市场上有购买精装修成品房的需求，在调查过程中凡是精装修成品房的市场销售情况都比较好，销得都比较快，有比较强烈的市场需求。作为开发商就要迎合市场，所以就要做精装修的房子。

5．作为开发商的责任，就是要提供给购房者立即能够使用的精装修房，特别是现在楼盘销售和原来分房不一样，以前一次分房一块就装修了，现在房子有可能一卖卖一年两年，如果不是精装修的话，那么先买房的人也没法使用这个房，今天一户装，明天一户装，这个不可能，要适合现在楼盘销售形势，也需要精装修。

6．为购房者可以大幅度降低装饰装修成本考虑，精装修一般可以节省造价 20%左右，主要是材料的集中采购，装修劳动生产率提高，半成品化等等可以使装修工程造价降下来。

7．要满足当代生活节奏特别快，工作压力比较大这种现实，特别是年轻人没有这种精力自己装修房子，所以就一定要精装修。

8．为了保证楼盘使用功能的安全，特别是现在一些楼盘的智能化水平很高，现代通讯自动化系统、楼宇管理自动化系统、安全防范自动化系统、生活自动化系统，都应用到楼盘开发，如果装饰装修很可能就破坏这些智能化系统，所以一定要进行精装修以后再销售。

下面就是新建一次性精装修成品房的主要类型。实施一次精装修成品房主要的类型大约有五种类型：

1．小户型住宅实施一次精装修到位比较高，也比较多。因为小户型主要针对的是青年人第一次置业的购买群体，这个购买群体应该说工作、生活的压力都比较大，休闲时间比较短，所以小户型实施一次精装修到位。

2．公寓式住宅，因为有一些是住户，还有一部分是买来作为办公设施，如果不精装修两种不同的使用者交叉的干扰太厉害。

3．新建一次性住宅精装修就是以多次置业者为目标，这样的楼盘，主要是针对以老年人养老性居住的楼盘，一般都要做精装修，购房者是已经多次买房，或者说对自己装修房的酸甜苦辣都尝过一次或者几次，年龄比较大，想买一个用于养老，比较省心，这样目标客户的楼盘。

4．针对以投资为目标、为目的购房者的开发楼盘，特别是北京有很多楼盘买了不是为了居住，而是为了租出去的，买房表现为一种资本运作即投资的，这样的房如果不精装修，就不会有人投资，所以一定是精装修，买来以后租给其他人使用。

5．大城市中高档楼盘，有很多要实行一次精装修，一平方米卖到几万，这一般都要给精装修完成，因为这么高的价格，一定要做精装修。这是关于愿意开发一次精装修的。

不愿意进行一次精装修主要的理由。从宏观到微观也有8个：

1．税收问题，整个税收在房地产开发是 32.28%，当前税种和税率对于买房者印花税是 1.5%，契税是 1.5%，公共维护基金是 0.5%，总税率买房者要掏 3.5%；开发商营业税是 5%，印花税是 0.5‰，还有各种基金，总共加起来开发商的税率要超过 9%，如果再把装饰公司税率计算在内，还要增加 3.5%左右，总的税负就要超过 12%，如果你一套精装修费用是 10 万，其中有 1.2 万就是上交给国家财政的。而且因为你是做整体装修，材料、部品购买等等这个环节还有重复上税。所以税收问题是制约一次精装修非常重要的问题。

2．银行按揭会增加购房者的负担。目前银行按揭有两种形式，一种是等额还贷，一种是差额还贷。现在一般银行都执行等额还贷这么一种借贷形式，但是不论是等额还贷还是差额还贷，银行执行都是先还息后还本的原则，就是你从银行借钱，你前一年还的钱，主要还的是利息，比如说你贷款 20 万元，前三年你的还款，主要还的是银行的利息，银行的原则是我先把利息收回来，然后你再还本，这就给跟银行借钱的人造成比较大的负担。特别是有一些人，比如说我一开始定的合同是贷款 20 年，第五年可能就有钱了，我想提前还贷，你和 20 年的再还差距已经不大了。因为你后面那些年的利息已经提前支付给银行了，后面再还钱还的还是你的本金，所以这样就银行信贷形式，按揭也会大大增加购房者的负担，所以尽量要把装饰装修这一块给剥离开，以减少购房者的负担。

3．地域文化特点是不是突出。在调查过程中这个占的比重还比较大。像深圳移民性城市，没有地区比较统一的历史上形成的文化和比较认可的一种风格，所以很难满足全国各地来的购房者的购房在设计风格方面的需求，所以在深圳一次精装修成品房的比重是最低的，这是一个原因。

4．购房者的经济实力、社会地位和消费习惯问题。不愿意进行一次精装修很重要的原因就是建筑装饰装修、住宅装修和室内配饰，这应该是两个相对独立的专业领域，但是在我们国家这两个领域被混淆了。这种混淆就很难向消费者解释清楚。作为消费者他要求的是把配饰和装修捆绑在一块，这样作为开发商就很难满足消费者的这种需求。同时有一些开发商也认为中国大多数人工作时间都不饱满，比较有弹性，买了楼以后有时间，有精力去参与自己住宅的装饰装修。

5．开发商投入产出和风险问题。一次精装修投入的人力、财力、资金、回报率没有办法预见，所以增加了开发商的风险。确实也有一些精装修的楼盘出了问题，造成开发商费力不讨好等等一大堆问题，所以不愿意进行一次精装修开发。

6．开发商对购房者的承诺有问题。一个是交房时间，一个是样板房质量，这两点是突出问题。购房者要求交房时间越早越好，但是如果要进行精装修，这里面就有一个结构、安装、装饰装修互相配合，难度比较大，时间也比较长，可能会耽误交房时间。从样板房质量来讲，因为样板房是先做，还没有开工的时候就先做样板房，到真正全部装修完，开发完时间可能是一、两年，这一两年材料也发生变化了，风格也发生变化了，原来的样板房质量再好，两年以后可能也看不上眼了，开发商认为解决这个问题比较困难，所以就回避了。

7．没有品牌的专业家装公司，这里面主要是指资质证明、相关经验、劳动力来源与水平、企业的标准化规范化、企业的设计能力都与一次性精装修的要求存在着比较大的差距。这个差距没法解决，绝大部分一次精装修房按照工程总量来讲，必须是一级施工资质，甲级设计单位才能承接这样的工程，目前的家装公司能够满足这个条件要求 很少，或者说还没有。如果要用现在这些家装公司，产生一系列的问题，需要开发商去处理，去协调，所以他也不愿意做。

8．施工组织没有保障，成品保护、民工管理等问题对开发商来讲很难接受。几万名民工同时装修十几万平方米，用的民工量很大，民工怎么管理，很多开发商认为这不可思议，所以不愿意干这个事。不愿意进行一次精装修的主要理由大致也是有八个。

目前建的毛坯房主要有以下四种形式：

1．针对工薪阶层开发的楼盘，现在毛坯房所占的比重比较大，或者是毛坯房主要集中在这一部分。

2．针对特殊职业者开发的楼盘，在北京有一些楼盘主要是针对画家、演艺界人士，他们作为目标客户的这种楼盘，一般都卖毛坯房，你自己愿意怎么装就怎么装。

3．针对首次置业的购房者，有参与自己家庭装修的兴趣。

4．特别高档地段开发的楼盘，比如说别墅、豪宅，特别高档的反而个性化要求比较大。

确定一次精装修成品房的方法和途径的调查，我们对房地产开发商也进行了这方面的调查。经过调查确定实施一次精装修成品房的开发一般有这么几个步骤：

1．研究和确定目标购房者，这根据地域、开发成本确定楼盘目标购房者。

2．在确定户型以后，要制定精装修的方案，这是在建筑设计确定以后，要由开发商委托专业的家装公司进行居室内部的装饰装修设计，这一般都要作为售房重要的资料和标准，要向售房者公开。根据楼盘定了装修以后，要确定设计。

3．确定精装修的施工队伍。

开发商对精装修施工队伍最关心的是什么？一是工程组织能力，包括设计、施工的资质，相关的业绩等等。为什么我们在调查里面绝大部分调查一次精装修住宅楼盘，都是由大型一级资质工建住宅企业完成的，像港源、上海建工、四建装饰公司等等这些装饰公司承接大量的整栋楼精装修的项目。因为设计施工资质、相关业绩等等在这方面优于家装企业。二是工程配套能力，主要是材料部品的采购能力，相关手续的办理能力，和建委、质检等等的协调能力，这相对来讲我们住宅装饰装修企业，在这方面也和做工装的企业有比较大的差别。三是工程服务能力，就是交付使用以后工程维护的能力，对业主指导的能力等等，这是作为开发商在选择施工队伍的时候比较关心的问题。

下面根据简单做行业调查资料整理完以后，提一点建议。根据此次调查结果判断，应该说我国住宅装饰装修的形式多样性会长期存在，因为既有只做精装修不做毛坯房，也有表态只做毛坯房不做精装修房，对比实力还比较相当，应该说不仅是新建住宅，同时改造性的这种二次装修也会大量存在。但是有一点，就是在新建住宅中，一次精装修的比重会不断上升，这种趋势很明显。在这种发展过程中，市场应该说会形成三类主要的企业。第一类企业就是有比较大品牌的企业，主攻方向配合房地产开发商做一次精装修；第二类就是比较专业化的企业，主要是根据各个消费层次进行个性化的二次精装修；第三类就是专业分包性的企业，有劳务分包，或者是有专项安装、专项分工的这样分包企业。根据这次和这么多开发商的接触，开发商对于施工企业主要的要求应该有这么三个主要的平台：

第一就是生产加工制作的基地。作为开发商来讲一个装饰公司，自己没有一个后方生产基地，你要承接我这样大规模的整体精装修，这简直是不可思议的，生产加工制造基地很重要。你可以是自营，也可以是加盟、连锁这种形式，但是你一定要有一个水平比较高的生产加工基地，主要是以木制作为主，还要兼有一些金属、石材等等加工。

第二就是要有一个物流配送的平台。因为这直接影响到成本或者说价格的问题。能够直接从生产厂商拿到第一手价格，并有质量、供货期等等这些方面的保证，房地产开发商特别看重这个能力。

第三就是民工培养和管理的平台。因为目前我们这个行业施工作业层，主要还是农民工，培养、培训问题，管理问题确实是开发商非常看重的一个问题。应该有这么三个平台。

另外就是要抓企业制度文化建设。作为开发商看企业的标准化建设如何，开发商很看重设计、施工、材料、环境，你如果没有标准，就无法达标。还有一个就是企业施工设计资质的升级，人才的聚集，民工的管理规范化，这也是作为企业制度建设的重要内容。另外就是抓企业的理念文化建设，要有一个比较准确的市场定位，这个行业是服务性行业，既为开发商服务，也是为广大购房者服务。所以行业处在产业链中游的位置，要有一种合作的意识，这是比较重要的。诚信关系的建立，这也是开发商对行业要求比较高的。包括对材料供应商、总承包单位、建设单位、业主以及企业内员工的诚信关系。作为这一次一次精装修和开发商行业调查就简单跟大家介绍到这里。

毛家泉：刚才王主任对部分城市、部分开发商就一次精装修的问题，以及能够推广和不能推广的原因做了详细的调研和分析，我觉得这个调研报告讲得很好，对于指导我们行业的发展，对于我们家装企业的定位，对于我们寻找商机都具有重要的现实意义。下面我想在给大家五分钟时间，跟王主任进行交流。

提问：王主任，昨天我听了上海房产局的李处长报告，今天听了你的报告，我再想上海更多利用市场调控手段来推动一次精装修房市场，我想问一下你觉得这种政府推动和市场推动两个方面，目前国内你觉得哪一个更重要一些？

王本明：作为一项国家的产业政策，肯定政府推动的作用是非常明显，用一句老话说，肯定会有立竿见影的效果。目前住宅产业化中心和协会正在编写给有关部门的报告，就是对于一次精装修成品房的购买者，要在税收上有一个比较大的优惠，可能要有一个比较大的返税。如果国家有一个财政政策支持产业化发展，那么这个速度可能会很快。但是具体政府能够采取什么样的财政政策来推动进程，这不以我们的意志为转移，那是政府行为。但是有一点可以肯定，大家可能也听了昨天李娟娟的报告都是表达政府的声音，就是政府想办这个事政府就有政府的招，作为企业不可能去改变客观环境，你只能去适应客观环境。咱们没有力量改变国家一项产业政策，因为从1999年国家提出一次精装修成品房这个概念的时候，就不是空穴来风，就已经有了一个既定的目标和既定的想法。当然目前是市场经济，市场的作用应该说市场规律的作用也会发生很大的变化，但是市场是可以引导，市场的变化也不是特别准确，或者是市场变化不是按照一个特定的轨迹变化的，这里面政府的干扰、政府政策的影响和作用会很快、很大的扭转市场的形势。大致应该是这么一个判断。

提问：昨天在会场交流，关于开发商和装饰公司合作上的问题，我们公司也是在做装修房，在交易过程中很多不平等的待遇，作为市场化协会在履行职能的调动之下，未来发展趋势就像上海市政府现在做了一些操作工作，或者是一些法规，或者是作为市场交易的一些依据，比如说装修的定额，现在装修定额，工装有装修定额，目前家装市场没有定额，这是跟客户之间自愿的交易，我觉得这是最公平的。从事家装市场，我觉得这是最纯粹的一种市场经济，但是跟房产商合作有一种强势的态势，跟工装可能在项目上还有一点相像。我觉得从国家政策或者是行业发展角度，是不是可以建议制定一些相关配套的促进双方公平交易的法律条款，实际上最终还是为消费者提供一个比较舒适的价格产品，长期发展我觉得这种环境是非常重要的。与其到将来最后产生问题以后再来纠正，还不如现在就看到这些问题制定政策、法规来做一些调控。

王本明：应该说在推动一次精装修成品房的过程中，肯定会逐步完善和建立一些新的标准法规，这是要有的，但是这个工作应该说主要还是一种政府的职能，作为协会只有参与建议的权利。是我在做调查的时候，也接触了很多房地产开发商，这些房地产开发商也有相当一部分是做精装修的，而且跟咱们装饰公司关系挺好，我侧面打听了一下，好象经济上都没有什么纠纷。精装修工程款付得很到位，从而引发我一个思考，这就是一个社会资源配置的问题，其实有很多好的房地产开发商，他有足够的支付能力，他也非常诚信地开发自己的楼盘，在做自己的事业，但是这种好的社会资源他需要你去开拓，或者你开拓这种社会资源，市场资源你需要有你自己的基础的东西，而我们家装企业往往在这一方面不具备，确实是一个很好的房地产开发商。但是他配置社会资源的时候，他选择装饰装修公司，也要求一级施工，甲级设计，他也要求一大堆条件，所以造成能够入围的往往就是一级资质的企业才有可能进入。但是他们工程做得也很好，当然从质量标准来讲，和做家装的还是有比较大的差距，因为他是做工装出身，但是社会资源的配置过程和形式可能是存在一些问题。开发商也有三六九等，不一样，有一年开发 200 万㎡、300 万㎡，也有 8、9 年开发 3、5 万㎡的，都不一样，可能往往实力不够的开发商跟咱们接触比较多，所以造成房地产开发都不讲信誉，严格来说通过这一次我对房地产开发商从新的角度也有一个认识，实际上绝大部分开发商还是想干事的。

提问：王主任你刚才讲在家装公司和开发商之中存在一个问题，就是一级施工资质和甲级设计资质，但是我们在申请资质的时候，一级资质必须注册资金是1000万以上，人员和项目经理是多少人，这样家装公司来讲，这是一个天，很难达到这个标准，现在在市场上作为家装公司任何标准是市场发展的产物，他们的服务质量、养的设计队伍，作为精装修很难忽略的一道门。但是资质就把这一部分人砍到外面去了。

王本明：资质这恰恰不是协会的事，这是政府的事。

提问：完全可以呼吁。

王本明：我们一直在呼吁，包括目前还在呼吁，咱们只能呼吁，最后决定权不在我们，而是在政府，这是政府的职能，不是协会可以运作。协会了解行业的客观情况，考虑到行业的发展，企业的发展，我们一直在做协调的工作。

深圳装饰设计业发展现状、问题及对策

深圳市装饰行业协会

（二〇〇四年六月十四日）

一、深圳装饰业的作用和地位

装饰是伴随我国改革开放、经济发展、装饰专项投资不断扩大而从土建的分部（分项）工程分离形成的新兴行业。创建特区之初，深圳就凭借毗邻香港的地缘优势，学习、借鉴、创新，从1981年成立全国首个装饰专业公司，到率先在国内形成独立的行业，历20多年发展，创造了非凡的工程业绩。深圳装饰业自20世纪80年代末开始大举挺进全国装饰市场，在各地承接完成了大量的国家、省市、地区的标志性工程和重点项目，精品工程遍及我国东西南北和各大行业，确立了在全国装饰业的龙头地位，获得了行业“排头兵”的美誉，是中国装饰市场无可辩驳的行业品牌，其发展始终代表着中国装饰的最高水平。深圳装饰业在设计、施工、市场经营、行业管理等多方面的开拓和创新，为中国装饰业的新兴与发展积累并提供了宝贵的经验，装饰业成为改革开放以来深圳在全国最具辐射力和影响力的行业之一。

二、行业现状

装饰业发展现已形成了以公共建筑室内装饰为主导，建筑幕墙、家居装饰与之并行的专业格局，其企业在行业中所占比率分别为58%、0.6%、36%。全市现有室内外装饰设计单位200多家（不含家装企业），其中甲级设计单位50多家。设计从业人员约3000人。90年代中期以来，全行业每年完成产值均超过100亿元。由于企业管理费与申报产值挂钩，统计数多年一直徘徊在40～50亿元，大大低于实际产值，不能反映行业成就和经济地位。2003年度年审因管理费减半政策，企业所报产值基本准确。

据不完全统计，全行业完成各项设计产值总指标达到：工程面积：85699565 m² 工程造价：1186679.91万元 设计费：32780.31万元（含幕墙设计费1052.87万元），继续保持了在全国较高的市场份额。装饰业的这些高资质骨干企业，均能独立设计、施工完成五星级酒店、高档会所、办公楼、机场、剧院、博物馆、娱乐城及具有高技术要求的科技、智能化装饰项目，年均产值在2亿元以上，年产值最高的达到5亿多。此外，深圳还拥有全国最优秀的项目经理人才，也是深圳得以继续扩充和占有市场、并能为设计师提供大量创作实践的优势所在。

多年来，装饰市场的项目招标是设计、施工一体化，装饰设计发展一直与施工紧密联系。从事装饰设计的机构以大量兼有甲级设计和一级施工资质的企业为主体，近年随着设计专业市场的形成，施工和设计已逐步分离，一些长期从事装饰设计工作的各类美术、环境设计公司，以及未经工商注册的设计工作室、设计组合纷纷浮出水面，为获得更快发展，向政府提出资质申请，以取得合法经营资格参与竞争。专业机构的增加和专业队伍的扩大，反映了装饰设计市场发展的旺盛需求。

三、存在的主要问题

1. 设计低付费甚至不付费，严重影响了设计市场的健康发展。

装饰设计是一种技术和知识服务行为，无法确定标的，收费标准由国家统一制定。长期以来，我国装饰设计收费几乎完全失控。建设部和国家物价局规定工程造价3%～5%（轻工5～8%），市场交易1%～2%，低于政府规定2%～3%，而外商一般能收到5%～10%。深圳是装饰行业最发达的城市，却是装饰设计收费最低的城市！犹以政府工程为低。在此仅举几例：

深圳政协办公楼扩建工程，面积7000 m²，造价760万元，设计费8万；深圳少年宫公共部分，面积15000 m²，设计费48万；深圳市民中心，面积18000 m²，造价3000万元，设计费57万；深圳五洲宾馆客房改造，工程造价1470万元，设计费50.1万；深圳图书馆，　工程造价2208万元，设计费60万，平均设计费仅38元/m² ……而在北京、浙江、上海、东莞等地装饰设计收费均高于我市。

北京地区设计收费普遍为4%～5%。如北京饭店4.2%；海天皇宫大酒店5%；北京新华人寿大厦5%；北京国际新闻中心4.5%。

浙江地区设计收费普遍为3%～4%。如：杭州新客站3%；萧山机场3.2%；杭州建行大厦3.5%；浙江中行大厦3.5%；宁波大剧院3.3%；宁波华侨饭店4%。

东莞地区设计收费普遍为3%～5%。如：东莞行政中心3.3%、380万元；东莞大会堂3.3%、310万元；东莞大剧院4.2%、375万元。

2. 过度竞争，招标浪费惊人；投标无补偿或少补偿，企业经营风险大。

由于在相当长的时间里，设计招投标几乎是效果图大战，设计的正规程序被颠倒，加之政府对设计投标人数无限制，一项工程几十家去投，竞标的效果图就多得能开展览会。如遇上方案已内定的所谓招标，辛苦做图到头来也不过陪标而已。目前，一般一项大型中高档装饰工程，企业的实际设计成本平均约10～20万元。若中标，有的业主会支付设计费，有的如设计、施工同时中标，作为设计投标条件之一，则免除设计费。对落标者，除少数业主给予补偿外，更多的是风险自担。若以每家实际设计成本10万元计，20家或50家投标，投标者实际设计总成本则在200万或500万，足见浪费之大。目前，一个甲级设计公司每年的设计投标成本约在 200 万元以上，投标无补偿，经营风险增大。

3. 人才候补不足，未来竞争前景堪忧。

深圳是个年轻的城市，高级人才主要靠输入。近年深圳城市建筑装饰项目定位太低，设计师缺乏创品牌的条件；加之高级人才流进来取费低，竞争激烈，工作压力大，福利待遇、事业发展诸方面相比北京、上海，已无明显优势，名利皆无收，吸引人才难，高级设计人才候补严重不足。目前我市的整体制作水平虽无人比肩，但在设计理念、设计创意上，国内名校的部分团队已多有胜出。从各公司人才补充情况看，90 年以前的优秀毕业生一半都到广东、深圳，2000 年前后不到 10%，近年还不到 5%。

4. 建筑幕墙设计亟待制定新标准新规范

深圳市是国内幕墙技术的发源地，拥有的高资质幕墙企业队伍为国内幕墙主力之一。深圳在追求技术发展的同时，也注重节能环保、生态建筑、人文概念、智能化等新的设计理论和观念引入和应用到幕墙设计中，但我市目前的幕墙及门窗设计在某些方面与国际、国内先进水平仍存在一定差距。急待制定新的具有超前意识的标准和规范进行引导。

四、愿望与要求

深圳装饰设计业面对国内、国际的激烈竞争，能否继续保持领先优势，必须采取多种有效措施，并在政府的强力支持下得到落实。政府支持主要还是在政策和资金两方面。

1. 尽快出台专项收费标准及设计文件编制规定等管理文件，初步建立独立的管理体系，提高装饰设计地位和市场规范化程度。

装饰是新兴行业，其发展以设计为龙头。装饰设计有别于建筑设计，装饰设计介于建筑学和环境艺术学（工艺美术学）、工程与艺术之间，有其特殊的行业特点。国家现有的建筑设计文件规范不能完全涵盖装饰，政府对装饰设计的管理相对滞后。设计深度、规则没有统一的要求，既影响到装饰工程的投资计划，决算时往往突破预算，不利于政府控制投资规模，同时也不利于设计自身的规范化发展。由于国家现行的建筑设计收费标准未能按装饰专业特性制定，操作难度大，必须制定装饰设计收费文件。

深圳为方便企业运作，规范装饰设计文件的编制，提高装饰设计质量，行业协会进行了一系列的管理尝试。2000 年 8 月制定印发了《深圳市装饰设计 • 幕墙设计收费标准》，该文件是全国首次对装饰设计各阶段工作内容做出规定的收费文件，给企业市场运作带来便利，至今已再版多次以满足市场要求。之后，2001 年 12 月又制定印发了《深圳市建筑装饰工程设计文件编制深度的试行规定》，这是全国首份装饰设计文件编制深度的行业自律文件。是深圳装饰行业经验与成果的总结，填补了国内管理的空白。

由于缺乏行政约束力，这些文件方便了企业运作，但未能大力推行。

要求：以上文件已经行业多年实践，建议在此基础上修订完善后，以政府名义颁发。在宣传贯彻落实中，至少是政府工程要带头执行，现在政府工程拖欠较严重。按标准取费，设计方就有责任向业主提供高标准的设计文件，这对提升装饰设计的规范化程度具有重要作用。

2. 资助并提升本市设计展活动规格，举办国际性室内设计论坛和竞赛活动，吸引国内、国际名师聚集深圳开展交流，为设计师的更快成长创造条件。

目前，一是国内尚无国际性设计大赛；二是本市行业性活动规格不高，缺乏高层面、高水准的交流，不利于设计师提高；三是没有对设计师的专项权威性评比奖励活动，缺乏激励，同时也影响到行业对设计师品牌的塑造和宣传。

（1）在深圳现有的活动基础上，政府扶持举办国内最高水准的设计展会品牌活动

深圳装饰设计业绩昭昭，在全国业界知名度极高，对国内同行有较大地号召力。但在本市相当一级的层面上未受到应有的重视，即：地位不高。我市两年一届的设计大展水平之高、规模之大，令同业仰慕，受到许多国内专家的高度肯定，吸引众多学者、专家、行协人员都想前来，但由于资金短缺，无法延请更多学者来深指导和交流，也未敢向全国同业发出邀请，难以进一步扩大设计展的影响，提高设计师的知名度。继续小范围的活动，必然对设计师失去吸引力。今年的展会甚至有业主专程从黑龙江赶来遴选设计师。因此，深圳现有的活动基础好，政府给予扶持即可成为国内最高水准的设计展会品牌活动，为宣传、推出深圳设计师品牌搭建平台。

（2）设立“市长杯”，定期举办深圳十佳设计师评价活动，率先在全国推出深圳的设计师品牌群体，赢得更大的市场空间

深圳市装饰业取得了令人瞩目的辉煌业绩，设计实践丰厚，造就了一批杰出的人才，由于缺乏相关评价，迄今在全国行业中谁是著名室内设计大师竟无从数典。目前行协已有深圳十佳设计师评选的计划和方案，由于缺乏资金，难以启动。设计师评价事关设计师个人发展，对行业发展意义重大，已受到企业和广大设计师的热情关注，希望能纳入政府创建设计之都的支持计划中。

（3）政府可将深圳纳入设计之都的三大行业并为一体，举办国际性设计论坛和大赛，再分设专业场点，开展评比交流。这样集中资源优势开展活动，其规模和影响力更大，各专业间也有竞争，收效更多。

3. 率先建立富有中国特色的室内设计理论体系和设计评论体系，指导并带动装饰设计的持续、深入发展。

我国的室内装修已进入了第四个高峰期，形成了一个年产值达 6000 亿元（包括家装）的直接影响国民生产总值的大产业。公共装修工程的数量和规模在全世界堪称第一。与装修施工工程的风起云涌相比，我国在这个领域的理论研究却处于一种“失语”的状态，因为至今还没有一套完整的理论作为设计指导，目前大多是沿用建筑设计理论或作一些翻版。如果装修设计再不提出自己的话语体系，不提出自己的具有行业特色的理论体系，那么，我们就只有两条路可走，一条是跟着西方的设计理论的路子走，一条是跟着建筑设计

理论的路子走，但这些都比较被动，缺少中国的和本行业的特征。如果不迅速改变，如果继续“失语”下去，那么，我们即便是在本行业曾经有过无数优秀的工程实例而产生的行业优势，也可能会随着整体弱势而沉沦。

我们认为，本行业的理论体系应该是包括两大部分：其一是**设计理论和工艺理论指导**，其二是**作品评论**。这两大部分不能完全分割开来，而又应自成体系，因为作品评论的原则和基础是设计、施工理论，反过来，评论又带动理论的发展。

我们拟定近五年内准备完成的研究课题：

A 类课题各高等院校已经完成，我们研究的重点是在 B 类课题：

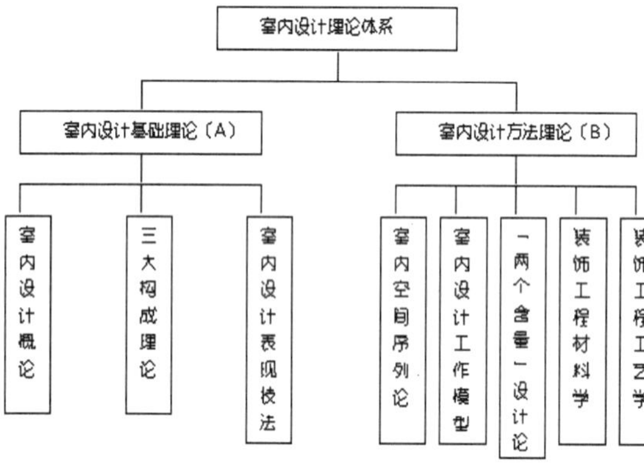

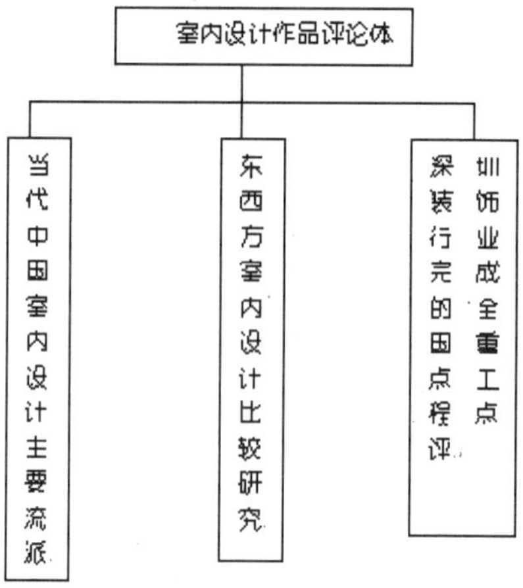

4．设立全设计专业的学院和培训机构

基于各设计专业发展中，对高级人才需求量大，现有设计师急需提高的状况，建立政府的设计中心或基地，其间设立全设计（包括平面、工业、建筑）专业的学院和培训机构，同国际名校联合办学，目前我国还没有一所专业的室内设计学院。我们现有人才的基本功是先进的，但理念上落后，因此，引入国际性的教育交流，可获得先进的设计理念教育，应是当务之急。

关于黑龙江省鸡西市建筑装饰市场的调查报告

鸡建装协字（2003）10 号

鸡西市建设局：

为了进一步深入宣传贯彻《中华人民共和国建筑法》，建筑部颁发的《建筑装饰装修管理规定》、《住宅室内装饰装修管理办法》，《黑龙江省建筑市场管理条例》，我会于 2003 年 11 月中旬至月末，对鸡冠区域内建筑装饰装修市场进行了调研，现报告如下：

一、鸡西市建筑装饰市场现状

经我会调查，我市建筑装饰装修市场发展较快，2001 年至 2003 年 11 月末，年平均产值为 1.2 亿，其中家装 1 亿元，公装 2000 万元，年产值以 13.5%的速度递增。仅鸡冠地区装饰企业已发展到 18 家，其中具有建设行政主管部门核发的二级资质的 1 家，三级资质的 8 家，具有住宅室内装饰资格证书的 6 家；由黑龙江省经委下设的室内装饰行业办公室发的鸡西市巨盛装饰装修工程有限公司为乙级资质；无资质的 2 家。正信、巨丰、昊月 、阳光、德业、京德、国安等 7 家装饰装修企业均有设计室，都可以电脑设计施工图、效果图、立体渲染图。阳光、金洲、昊月 3 家公司已实现了室内装修配件工厂加工，门窗套、木线、暖气罩等到现场组装的工业化作业。近几年来，我市装饰装修工程的设计水平、施工质量在逐年提高，自 2000 年以来有 4 家评为了市的优秀设计，黑龙江省优秀设计 1 项，市优秀装饰装修工程 10 项，省优质工程 6 项。正信、昊月、阳光、晨辉、亚森、华盛、广鑫等企业有限公司被评为市先进装饰企业。

我市建筑装饰行业的快速发展，扩大了内需，已成为全市经济新的增长点，为人民提供了新的适时适量适度的消费市场，成为我市由温饱型向小康型消费结构转变中的亮点。由于装饰行业的发展给扩大再就业增加了门路，目前在我市装饰企业就业的人员有 2000 余人，马路游击队的木、瓦工、水暖、电工、油漆粉刷工近 3000 人（含进城农工）。装饰行业的发展，拉动了相关产业发展，在全部装饰装修工程产值中，有 60%是材料消费，给化工、建材、纺织、机电、家具、饰品、花卉等 10 多个相关产业部门提供了市场。装饰行业发展，改善了我市人们居住环境，提高了人们的文化品味，为我市实现全面建设小康目标，起到了促进作用。

但依照依法行政，加强建筑装饰市场管理，维护和规范市场秩序，保证装饰市场交易当事人的合法权益，促进我市建筑装饰行业的健康发展的法律、法规的规定，尚存在下述问题亟待解决：

1．装饰工程投资单位不履行工程报建、招投标制，自行找设计、施工队伍，进行违法违章装饰装修。

2．装饰施工企业不按装饰工程报建、办理施工许可证、参加招投标、签定合同、项目经理、施工监理、竣工验收、保修等规定程序行事，违法承揽工程。

3．外地设计部门、施工企业进入我市从事装饰活动，不办理准入手续，任意施工。多数是带来图纸，来一二个经营人员，所需技工、劳务人员都是从我市马路游击队中招用。仅2003年发电厂、电业局、金融、邮政、电信、石油公司、服务行业、个体门市房等公装产值近3000万元，被外地队伍拿走。

4．近9000万元的家装工程施工全由“三无马路游击队”承揽，使用有毒有害等不达标的装饰材料，乱拆乱扒，噪声扰民，污染四邻。由于不执行合同、保修制，野蛮施工，以次充好，质量难以保证。用户是眼前图省钱，长远的结果是浪费了钱，叫苦不迭。

5．2003年下半年市经委成立了“室内装饰行业管理办公室”，酿成在国务院、黑龙江省、鸡西市体改“三定方案”实施后，装饰业管理统一归口于建设行政部门管理的合法主体受到肢解，使装饰企业面对两个行政主管部门，无所是从，延续下去，势必混乱。

二、对鸡西市强化建筑装饰行业管理的建议

1．深入宣传贯彻法规，使建筑装饰行业管理纳入法制轨道。

（1）需请求市政府办公室转发《黑龙江省建筑市场管理条例》，由建设局印发建设部《建筑装饰装修管理规定》、《住宅室内装饰装修管理办法》。通知各县（市）区，市直、中省直单位，建筑装饰企业认真贯彻执行。

（2）召开全市贯彻《黑龙江省建筑市场管理条例》会议，请各县（市）区、中省直、市直各单位主管领导参加，部署整顿建筑装饰装修市场，形成建筑装饰装修单位及设计部门，施工企业都依法从事建筑装饰装修活动的氛围。

（3）请求报社、电台、电视台等新闻媒介办专栏、出专题、答记者问等一切宣传形式，反复宣传国家和省、市的装饰装修的法律、法规等。

（4）力争尽早出台鸡西市实施《建筑装饰装修管理规定》细则，使我市建设行政主管部门对装饰行业依法行政。

2．　申明执法主体，明确合法职责。

（1）《建筑法》、《建筑装饰装修管理规定》、《黑龙江省建筑市场管理条例》规定：执法主体是建设行政主管部门。鸡西市只能是市区、县级建设局主管建筑装饰装修行业，负责本区域内的建筑装饰装修市场管理。而经委下属室内装饰装修管理办公室，依据已撤销的轻工部发布的暂行办法管理室内装饰装修行业，是执法依据不合法，执法主体不对，应依国务院体改“三定方案”实施后颁布的法律、法规为准，来确定行政主管部门及其职责。

（2）依法加大建设行政主管部门的管理监督力度，使一切装饰装修活动，都步入法制轨道。

建议建设行政主管部门强化执法监督机构，把建筑装饰装修管理纳入主管科室的职责。充分发挥市编委已审批的与建设局施工企管科两个牌子，办公室设在协会的“鸡西市建筑装饰装修行业管理办公室”的行业管理作用。为强化对建筑装饰装修市场监督管理，应设装饰装修市场管理稽查员2～4人，依法持稽查证上岗，查处违法违章现象，其需经费可否用上交市财政的合法收费和罚款资金解决稽查人员工资及办公费用。协会本着为主管局服务，当好参谋做好帮手，为会员单位和企业服务、维护其合法权宜的宗旨，在局委托的职责范围内，做好行业管理的服务工作，担负起市建筑装饰装修行业管理办公室日常事务工作。

坚决执行建筑装饰装修市场准入的规定。

（3）凡是进行建筑装饰装修工程的单位，承接工程的施工企业，必须执行报建，申请领取施工许可证，实行工程发包与承包招投标，签定合同，项目经理，施工监理，竣工验收，保修等制度。

（4）设计单位，施工企业必须持资质证书，在资质等级许可的范围内从事相关活动。

（5）外地进入本市的施工企业必须依法办理进入手续。

对违犯建筑装饰市场准入，装饰装修工程发包与承包，建筑装饰工程中介服务，建筑装饰工程合同与造价等单位和个人，都要依据法律、法规中“法律责任”条款规定，进行查处。每半年组织一次执法大检查。

3．加强培训，提高设计人员、技工水平，逐步规范从业人员行为。

（1）在2004年底由协会办设计人员培训班，并协助建设局主管部门办理高、中、低级职称证书。

（2）会同劳动技校举办技工培训班，办理技术等级证书，使装饰企业固定技工全部持证上岗，使弹性队伍的技工60%以上持证从业。

（3）在2004年底对企业的正副经理、项目经理、工长要轮流培训，增强其法制意识，提高管理水平。

（4）对从事家装为主的“马路游击队”各种技工中持有技术等级证书的予以登记，核发从业证，动员正规企业吸纳其为固定工或弹性工。

通过培训，使从业者按照建筑装饰装修工程施工规范、验收标准，认真操作，确保工程质量。

以上报告，当否，请批示，盼复。

鸡西市建筑装饰协会

二〇〇三年十二月五日

[编者按] 这是一篇质量颇高的行业调研报告，这表明大庆市虽然不太大，建筑装饰协会起步也较晚，但协会已具备了行业管理的大致思路和基本能力，这是十分了不起的。其他大地方的建筑装饰协会呢？

大庆市家装行业调研报告

大庆市建筑装饰协会

（二〇〇四年三月十五日）

随着我国国民经济的飞速发展，人民生活水平的大幅度提高，我市居民在进入小康社会的同时，更加注重家庭居室的装饰装修，对家居环境的舒适性及美观性要求越来越高，环境保护意识不断增强。

为了科学定量摸清大庆市家装行业的发展状况和资源配置,科学和实事求是的认识家装行业在我市建设高科技现代化城市中的地位和作用,并以此确定我市家装行业的发展战略和发展目标。我会从 2004 年初开始，用了 61 天的时间，对我市市民反映强烈的家装的供需市场、装饰材料市场以及设计、施工企业现状进行了认真调研。调研中我们动员了 110 人，克服了线长面广、交通不便等困难，采取问卷调查、实地考察、召开各种类型座谈会等形式方法。经过对调研情况的梳理，基本上掌握了大庆市家装市场的现状及存在的问题，现报告如下：

一、大庆市家装行业取得的初步成就

通过调研我们发现，大庆市家装行业已经具备了一定规模，成为我市经济新的增长点。在我市居民家庭消费中，家装消费已排在第一位。改善居住条件已成为市民的第一消费需求。从扩大消费，拉动内需的角度，家装行业具有不可忽视的作用。家装行业的发展推动了建材等相关产业的发展，促进了相关产业部门产品的升级和产品技术含量的提高，不仅促进了这些行业的产品结构调整，而且也促进了我市经济结构的调整。家装行业的发展创造了新的就业机会，在吸纳就业人员，维护社会稳定方面发挥了重要作用。家装行业的发展，进一步改善了居民的生活质量，提高了居民生活水平和文化素质，同时推动的人们环保意识的提高。

二、大庆市居住及家装消费现状

我市从 1959 年发现第一口油井，1960 年开始开发，到今天已有 44 年历史，城市建设的兴起和形成始于 1979 年，至今只有 20 多年的历史。经过 20 多年的发展建设，初步形成了中心城区突出，卫星城镇拱卫，绿色空间相隔，快速通道相连，居民小区处处，高楼大厦遍地的格局。市民的生活水平和居住条件发生了根本性的转变，昔日的“青天一顶，荒原一片”变成了今日的“塞北江南”。目前，城市居民相对集中居住在以大庆市政府为中心的萨尔图区、龙凤区、经济技术开发区的东城区；以大庆石油管理局、大庆油田分公司为中心的让胡路、红岗区的西城区，这两个城区现居住城市居民人口占我市总居住人口 60%以上，见表 1。

大庆市东城、西城区主要居民楼分布调查表　表 1

分布 \ 项目		居民楼数量（栋）	已装修户数	未装修户数	备注
居民楼分布地点	东风一至九区	549	4392	20313	
	石油大学	48	384	1776	
	祥阁花园	20	160	740	
	广源	22	176	814	
	北辰一至二区	54	432	1998	
	益民小区	9	72	333	
	义耕小区	58	464	2146	
	新华园	25	200	925	
	银府寓园	4	32	148	
	人民医院	3	24	111	
	南湖景苑	19	152	703	
	万宝一至三区	197	1576	7289	
	老市政府	14	112	518	
	萨尔图中区	150	1200	5550	
	龙凤区政府	19	152	703	
	龙北	22	176	814	
	龙化	19	152	703	
	石化总厂	229	1832	8473	
	市建一公司	138	1104	5106	
	龙凤镇	12	96	444	
	南美花园	5	40	185	
	万隆家园	3	24	111	
	龙凤铁路	8	64	296	
	澳龙新城	6	48	222	
	乙烯一至十区	299	2392	11063	
	卧里屯	155	1240	5735	
	让胡路区	215	1720	7955	
	广厦新城	30	240	1110	
	世纪家园	35	280	1295	
	电业局	27	216	999	
	明湖苑	26	208	962	
	东源新苑	17	136	629	
	管理局油公司	3986	35874	143496	
	合计数量	6423	55370	233665	

从表 1 可以看出，两个城区现有居民楼 6423 栋，居住人口（户）约有 289035 户，现已装修居民约有 55370 户，占总户数的 19%，平均每栋居民楼已进行装修户数约 8～10 家，按每栋楼平均 45 户计算，还有 35 户没有进行装修，如果每栋楼按每年平均按 5～7 户进行装修，还需要五年才能把全栋居民楼装修一遍。事实上随着人们生活水平的提高，

收入日益增加，人们对家的居住条件环境关切要比购买汽车、豪华奢侈品还要热衷，因此，每隔6～8年还要对居室进行再装修。

由此看出，大庆市家装业发展空间是相当大的，每年约有44961户进行装修，户均消费3.5万元，平均用材见表2，约创造家装工程产值约15.74亿元，带动其他产业消费（家具、电器、门窗）约18.16亿元，按从业者人均施工完成产值8万元计算，约能安排就业人员42375人，为地方税收增加收入约1.732亿元。

家装服务对象为消费者，涉及千家万户，和人民群众利益紧密相关，具有广泛的社会性。家装水平的高低是衡量人民群众生活质量的一个重要标志。规范家装行业，繁荣家装市场，对于落实“三个代表”的思想，维护人民群众的切身利益，提高人民群众的生活质量，美化人民群众的生活环境，解决“三农”问题等，都具有重要的意义。

大庆市家装工程户均用材一览表　　表2

序号	饰材种类	金额（元）	家具陈设品	金额（元）	家用电器	金额（元）
1	木材、木线	1800	沙发茶几	5000	空调	4000
2	各类板材	2000	饭桌椅子	1000	排烟罩	680
3	木门、柜门	4000	单双人床	2500	排风扇	300
4	油漆、涂料	1200	书柜写字桌	2500	热火器	1400
5	各种胶剂	800	电脑桌	250	炉具	500
6	壁纸、窗帘	3500	电视柜	800	电脑	8500
7	木制地板	2500	厨房家具	4500	消毒柜	600
8	灯具开关电线	3000	鞋柜	400	微波炉	1400
9	墙地砖理石	4000	钢窗	4500		
10	卫生洁具	1800				
11	五金配件	800				
12	人工费	4300				
13	企业利润	3000				
14	税费上缴	2300		858		695
15	合计	35000		22308		18075

三、装饰材料市场现状

从表1和表2，可以看出大庆市家装市场潜力巨大，加之我市公共建筑装饰及二次装修改造市场，每年可供市场建装总装饰工程量约在14～16亿元之间，蕴藏着巨大商机。装饰材料经销商正是看到了我市建筑装饰市场富有巨大经济商机，而亟待开发。因此我市装饰材料市场经过几年的整合发展，现已初步形成了以新潮北方建筑装饰材料城、万宝友谊装饰材料批发市场为代表的具有省级规模、专业化较强的七大装饰材料市场，经销产品上万种，营业面积达3万多平方米，营业商户1500多家。另外围绕着建筑装饰行业发展的其他产业，以正大方盛、新潮为首4大家具城，以及空调、大理石、不锈钢、塑钢窗、布艺加工企业约有200多家。目前，建筑装饰施工所需材料都可在本市进行采购，极大丰富了建筑装饰行业市场发展，促进了施工企业的良性发展。

四、家装企业现状

我市具有建筑装饰专业承包1～3级施工企业23家，总承包企业涵带建筑装饰资质企业10家，原在轻工办理了设计、施工资质的企业8家，在工商注册，但未在建设行政主管部门批准注册的设计室工作室、单位68家，这说明未获得施工资质的企业的比例远远超过拥有施工资质的正规企业。经我会调查了解，目前由建设主管部门批准的建筑装饰专业承包企业仅有2～3家从事着家庭装修施工，主要占据着高端市场（8万元以上）。绝大部分企业主要从事着公共空间的装饰施工。面对巨大的家装市场，真正从事家装的企业是未获建设主管部门批准的装饰设计工作室、广告及装修服务部、家政企业。

从市场主体角度来看，家装市场从业企业以私营企业居多。私营企业适应市场经济的运作方式，机制灵活，充满活力，发展迅速。就消极的一面看，由于家装行业是一个新兴行业，家装市场是一个新兴市场，市场“游戏规则”尚未完全建立，家装市场准入“门槛”较低,家装私营企业的规模普遍偏小,多数处于资本的原始积累阶段,经营活动是“唯利是图”,侵害消费者权益的事件经常发生。正规工商登记的私营企业如此，更不要说由散兵游勇组成的“马路装修队”了。

五、家装行业存在的问题

多年来关于家庭装饰装修的话题，一直被政府、广大消费者、社会及舆论界所关注。广大市民对我市目前家庭装饰装修市场上存在的正规家庭装饰装修施工企业少，马路游击队充斥市场，坑害老百姓及消费者，建筑装饰材料以次充好，造成室内环境污染以及家装管理没有纳入政府管理体制中去，无章可循等诸多问题反映强烈，意见较大。

1. 政策法规，管理办法跟不上其行业发展的速度。近年来，随着人民生活水平的日益提高，装饰装修进入普通百姓家庭，而且发展势头迅猛。部分家庭拿出近6位数的资金对自己居室进行彻底的维修改造而装饰装修已不是什么新鲜事情。由于其发展速度太快，政府的相关法规、管理办法、职业培训、收费标准不能及时出台，让一些非法企业及个人钻了空子。他们以次充好、野蛮施工、非法谋取高额利润，不使用绿色环保材料，给广大消费者身心造成了伤害，在社会上造成了极坏的影响。

2. 市场管理机制尚待完善。由于大庆市场规模大、地域广阔，至使大多数的家装市场还处于无人管理，无人过问的状况，“马路装修队”、“三无企业”占据了相当大的市场份额，距离有序、规范的市场要求差距甚远。

3. 家装利润空间小，正规企业不愿涉足。由于家装涉及个人家庭利益，过去的教训以及社会舆论、宣传媒体的批评、关注，使部分业主对家装行业产生了消极的态度，加之我市没有一部关于家装的收费标准可以参照执行，还有很多根本不发生什么成本的“马路游击队”充斥着市场，扰乱了正常的价格体系，家庭装饰装修利润空间因此缩小，使正规企业进入市场形成进退两难的境地。

4. 施工资质标准过高，使部分从业者望而却步。从表3不难看出，进入家装市场企业最低是三级企业。按此标准要求管理及技术人员必须达到15人，如果每人每年按平均2万元发放工资，仅管理人员工资一项就要30万元，另外再加上司机、材料员、保管员、后勤人员工资，每年工资支出近40万元。以上还未加上租房、场地各项费用的开支。这对一个从事家装施工的企业的经济负担和承受能力是难以想象的。这也是造成从事家装的单位、个人不愿意到建设行政主管部门办理注册的主要原因。

5. 资质标准高，使家装企业变成了滋生腐败的土壤。根据建设局有关文件规定，申办企业首先在建设行政主管部门注册，要按下列程序办理：先到工商部门核名，由当地财务审计部门审验，报区建设局，报市建设局，报省建设厅审批企业资质，工商局索要相关证件后验明正身方可领取营业执照。从这个程序可以看出，如不能在建设主管部门办理相关证书，企业就无法领到营业执照，也就是说至少要取得两证才能算合法企业。然而就我市而言，有那么多企业没有领取建设主管部门颁发的资质证书。但他们还是领取了营业执照，而且还能年年可以通过检验。因此说腐败行为为这些企业开放了绿灯，企业不得不花钱到其他部门申领资质，从事建筑装饰业施工，从而扰乱了我市建筑市场的秩序。

黑龙江省建筑装饰专业承包企业资质标准　　**表3**

序号	项目＼标准		一级企业	二级企业	三级企业
1	企业经理具有	工程管理经历	8年以上	5年以上	3年以上
		职　称	高　级	中　级	
	技术负责人	工程管理经历	8年以上	5年以上	5年以上
		职　称	高　级	中　级	中　级
2	企业有职称工程技术、经济管理人员	总　数	40人	25人	15人
		中级职称	10人	5人	2人
		工程技术人员总数	30人	20人	10人
3	财务负责人		中级以上	中　级	初　级
4	项目经理		一级5人	二级5人	三级2人
5	注册资金（万元）		1000万元	500万元	50 万元
6	企业净资产（万元）		1200万元	600万元	60万元
7	企业完成工程施工（年）		5年3项1000万元	5年3项50万元	3年3项20万元
8	企业三年最高工程收入		3000万元以上	1000万元以上	最高收100万元

6. 监督检查机制不到位，随意转包现象严重。各种无固定营业场所的小型设计工作室、装饰工程队、家政服务企业根本就没有施工人员，将承揽家装项目转包给“马路游击队”的人员进行施工，由于层层盘剥，本来就利润空间较小的家装项目，通过几次倒手，施工质量得不到保障，等消费者明白过来后再去找这家企业，已人去楼空，联系中断，使这些业主蒙受了巨大经济损失。

7. 马路游击队在损害消费者利益的同时也损害着国家的利益。就我市而言，目前还未出台家装施工管理办法，因此给一些无照经营者和马路游击队钻了空子。经我会调查发现，每一个小区至少有8到10个这样的小团队从事着家装施工。新开楼盘和小区就更多，其总人数几千人，如果按年人均完成产值8万元计算。国家少收缴税费近千万元。另外他们所施工的项目，业主根本得不到国家规定的两年免费保修服务，施工质量也得不到保障，存在着很大的安全隐患，使消费者身心受到了严重损害，广大消费者意见很大。

8. 违法超范围经营，扰乱了市场的正常秩序。目前我市有60多家在各区县工商局注册的装饰设计工作室和广告服务部。工商注册经营范围：首先，是销售各类材料、设备等，而在最后才有室内装饰设计和其他咨询服务项目。这些企业绝大部分未在建设主管部门注册，取得相应的设计或施工资质。由于利益驱使这些企业或单位都在从事着建筑装饰特别是家装设计与施工，这种做法严重违背了建设行政主管部门关于设计与施工分离的原则。企业在未获建设主管部门颁发的企业施工资质情况下，从事着与建筑装饰相关活动和施工，是一种违法超范围经营的行为。

另外，材料经销商打着“周到服务”的幌子，在销售材料的同时，中介马路上的施工人员到消费者及业主家施工作业，从中谋取可观的中介费。还有一部分马路施工人员在承揽家装项目时，积极推荐材料商。由于业主对装饰材料性能、质量、价格大多不太了解，又很少货比三家，盲目听信马路施工人员“热情、周到的”介绍材料商店购买材料。业主购买的材料，如板材确实比别人便宜了 1～2 元钱，但其他材料价格就高出市场价格 10%～15%。却不知他们早已和马路施工人员串通好了，在商家领取了可观的回扣，使消费者蒙受了经济损失。

9．消费者、业主贪图一时便宜，吃亏上当屡见不鲜。一些违法、诈骗人员利用消费者、业主贪图便宜的心理，“主动热情”地为消费者、业主选购材料后在商家索取回扣，同时几个人假模假样地上了一些简单设备进驻了家庭工地，并向消费者、业主索要工程预付款、生活费。晚上在消费者、业主放松警惕的情况下，这伙人卷走了材料，人走楼空，使消费者、业主蒙受了巨大的经济损失。

10．部分消费者消费心态产生偏差。一方面要追求装修的豪华、舒适效果，一方面贪图省钱，部分消费者者在“贪小便宜”的心理作用下，在选择装修队伍时，盲目听信低价广告的宣传，用“最低标中标”的方法确定施工队，到头来后患无穷。而在选好装修队伍后，个别消费者为省钱，不请监理公司进行质量监督，而是自己担任“质检员”，千方百计找施工队的“瑕疵”，以此来拖延或拒付工程款，甚至有的提出索要高额的精神损失费。

11．家装过程中环保问题令人担忧。目前市场上装饰材料玲郎满目、品种繁多，令人眼花缭乱，市场上大多数经销商都能够从正规渠道进货，无论从材质、花色、品种，特别是环保上，都能得到应有的保障。但个别经销商蔑视国家法律、法规，从小作坊以及不正规的厂家进货，致使材料的质量和环保上大打折扣，特别是甲醛、苯，总发挥性有机物等气体严重超标，严重损害了消费者的身体健康，尽管政府部门采取了严厉的打击措施，但他们以所谓的“低价”吸引了顾客，仍然在市场上占有“一席之地”，一些企业贪图暴利以次充好，更有一些家庭在材料选用和采购上无知或贪图“便宜”，大面积使用不环保的材料，至使装修完工后几个月甚至 1～2 年后还有刺鼻的有毒气体难以挥发，使家人换上了经常性头痛、恶心、皮肤瘙痒，严重者换上了血液病，花去的医药费要比“省下”的购材费不知多了多少倍，使消费者、业主蒙受了巨大的精神痛苦和经济损失。

12．大多数消费者家装消费知识缺乏。家庭装饰施工，目前作为一项劳动密集形，各专业大多采取手工作业方式，消费者、业主对施工质量评价的不同看法在所难免。有的消费者不了解有关知识和标准，有时把正常的允许误差，看成是很大的质量问题，由此也发生一定比例的无效投诉和索赔。

六、加强家装行业管理的建议

参照上海、大连、深圳、北京等城市建筑装饰协会行业管理的经验，依据国家建设部 110 号令《家庭室内装饰装修管理办法》，黑龙江省建设厅《关于进一步加强规范建筑装饰市场管理的通知》（建设[2001]33 号）等文件的精神，结合我市家庭建筑装饰装修市场的实际情况，促进和推动我市家庭装饰装修行业的健康发展，协会提出下列建议。

1．做好“三个服务”。一是为政府服务。随着我市经济体制改革不断深入，政府工作职能逐渐转变，越来越多的原政府所管辖的工作及权利下放到了协会，特别是建设行政主管部门对协会的工作支持力度在加大，因此协会要把握住这信任的机遇，与时俱进，随时随地将行业所遇到的问题及时反映、汇报，为政府对行业宏观调控管理出谋划策提供参考和服务。

二是为企业服务。行业协会是市场经济的产物，协会应该是利益的代表者、利益的反映者，而企业则是协会工作的基础，因此，为企业着想，为企业服务，不断提高服务质量是协会工作的重点。

三是做好对消费者投诉处理的服务。家装行业如何保护好消费者、业主的合法权益，是检验我们是否真正实践党中央“三个代表”的要求，代表最广大人民群众的利益。投诉、接待、调解是协会当前的一项重要工作，也是行政主管部门十分关心的一件事。事关人民安居，社会稳定，万不可掉以轻心。这项工作带有很强的政策性、政治性和责任性，一定要做好。

2．设立装饰装修质量监督管理机构。根据黑龙江省建设厅关于授权地方协会负责二次装饰装修质量监督管理工作的通知，大庆市建筑装饰协会在 2004 年上半年设立装饰装修管理办公室，专门负责我市二次装饰装修以及家装施工的质量监督管理工作。凡未在我会登记，接受监督检查验收的二次装饰装修项目，不能作为合格工程交付业主使用。根据规定，督促施工单位进行检查，如督促未见效果或不接受检查验收的施工企业，要给予相应的经济处罚。

3．广开家装市场，为行业发展储备人才。家装是一个新兴的朝阳产业，是美化社会及家庭的光荣使者，家装企业与从事公共空间装饰装修企业存在着本质上的差别，一个优秀的家装企业，虽然从事着“利小”的但又各专业齐全，手艺要好，标准更高的行业，他们要经得起千家万户的“家庭质检员”的检验的锤炼，使企业在从事家装施工过程中得到磨练和总结。通过几年摔打、培养，既锻炼了企业，又为行业发展储备了优秀的各专业人才，更防止了部分人才流失外地。待企业在行业中锻炼成熟后，符合建设行政部门关于申办装饰装修设计、施工资质标准的，由协会推荐企业向市建设局申报 1～3 级建筑装饰设计、施工企业资质。

4．适当降低家装企业资质标准，推动家装行业蓬勃发展。由于家装市场潜力巨大，急需一大批有志从事家装业的企业家投身于此行业中，从而安排下岗失业人员及农民工，带动家庭相关产业的发展，增加地方财政收入。结合我市家装行业实际情况，适当降低家装企业资质，很有必要。

因此我会建议近两年承担过两项以上工程造价 10 万元以上的家装工程的施工，工程质量合格，并获得业主的满意，具有固定营业场所不少于 60 ㎡，注册资金在 15 万元以上，企业领导人在本行业从事工作三年以上，技术人员（具有同行性质毕业的大中专学历）不少于 3 人、技术工人不少于 12 人的企业，可获得经市建设局授权由大庆市建筑装饰协会颁发的家装企业资质证书，企业执工商执照、资质证书。

5．加强家庭装饰装修市场管理，维护和规范市场秩序。本着行业管理规范化、执证上岗制度化、收费标准透明化、施工质量标准化、质量监督管理化、职工培训经常化、家装环保化、家装施工专业化的原则，参照兄弟地方建筑装饰协会的管理经验，结合我市实际情况，制定以下规定及管理办法：

大庆市建筑装饰行业自律公约，大庆市家庭装饰装修行业管理细则，大庆市装饰装修行业培训、执证上岗管理措施，大庆市家庭装饰装修设计收费标准，大庆市家庭装饰装修设计施工合同书，大庆市家庭装饰装修工程质量验收标准，大庆市装饰装修行业环境监测检验实施细则等。

以上公约、措施、细则、办法、标准出台后要反复征求业内和社会各界的意见，修改后报请市建设局审批备案，批复后实施。

6．设立家装行业执法机构。依据建设部［1997］49 号文件关于委托中国建筑装饰协会协助做好家庭居室装饰有关管理工作的通知精神，建议建设行政主管部门，授权大庆市建筑装饰协会强化家装执法监督机构，把家装管理纳入协会议事日程，设立家装行业管理办公室，负责行业管理工作。该办公室的业务由市建设局施工管理科（市场办）监督指导。为了强化家装市场监督管理，应设家装稽查员岗位 2～3 人，依法持稽查证上岗，查处违法违规现象。

7．执行家装市场和行业准入制度。凡是进入家装市场和行业的企业，必须持有建设行政主管部门颁发的施工资质证书和大庆市建筑装饰装修协会颁发的家装施工资质证书。

凡进行家装施工的企业，必须事先到协会家装行业管理办公室执行报建，申请领取家装施工许可证，方能进入小区和家庭内进行施工，纳入专业化管理。

8．强化建筑装饰环境质量管理工作。依据建设部关于加强建筑工程室内环境质量管理的若干意见的通知精神，结合我市行业发展中日益突出的室内环境质量问题以及广大消费者、业主对环境质量检测需要猛增的实质情况，协会已成立了专门的建筑装饰质量监督环境检测工作委员会，并做好以下几个方面工作。

一是依据中华人民共和国质量监督检验建设总局《室内装饰装修材料有害物质限量 10 项强制性国家标准》，积极配合建设行政主管部门制定大庆市建筑装饰装修环境质量管理检测实施细则。

二是建立室内环境竣工验收检测制度。建筑装饰装修工程竣工时，建设单位要按照《规范》要求对室内环境质量检查验收，由协会专业机构对建筑装饰装修工程室内氡、甲醛、苯、氨，总发挥性有机化合物（TVOC）的含量指标进行检测。建筑装饰装修室内有害物质含量指标不符合《规范》规定的不能投入使用。

三是积极开展对有关人员进行室内环境污染与控制知识的培训工作，同时要对市场上建筑装饰材料环境检测指标进行检测、确认，对通过检测的名、优材料要做宣传，媒体、协会网站予以公布、推荐。使消费者、业主使的放心，用的满意。

四是加强对建筑装饰装修环境质量的监督管理，将建筑装饰装修室内环境质量检测工作作为二次装饰装修工程质量监督的重要内容之一，对违反规定的施工企业，建设单位要按照《关于加强建筑工程室内环境质量管理的若干意见》进行处罚。

9．实施“三项工程”。一是宣传、二是培训、三是实行月报年审制度。这三项工程相对独立，但又是一个整体，是使家装行业能健康、迅速发展的十分重要的基础性工程。

——宣传工作。由于家装行业的性质、服务对象，决定了我们的工作必须公开和透明。因此，报刊、广播、电视、网络等各类媒体上，都要有行业的形象，行业的声音。到一定的时候，要排出并公布行业的“排行榜”，并开展年度的“评优”工作。每个企业都应该清楚自己在市场竞争中所处的位置，同样，老百姓也有权知道每个企业真正的实力，做出自己的判断和选择。

——培训工作。通过建立并完善家装从业人员的培训机制，保证我们的服务质量。要运用市场经济运作的方式，确定合格的，具有办学许可的培训机构，由行业协会监督该机构的教学质量，确保教学水平。然后由市主管部门或行业协会定期组织经过培训的人员进行技能等级考试，合格者发给等级证书，作为上岗作业的依据。

——实行月报年审制。通过这项工作，引导企业积极提高工程质量。同时结合年度的企业资质审核制度，设立“最低产值”控制线（达不到“最低产值”线的自动出局），建立企业的升、降级制度，扶优治劣，对劣质企业予以淘汰、除名，促进市场竞争。同时，也为推行“家装企业排行榜”做好基础工作，这项工作做好了，也可为推行小区家庭装饰的招投标制度，开发商择优选择家装企业进行成片、整体装修，奠定一个坚实的基础。

我们希望通过实施上述的各项管理和工作，来整顿家庭建筑装饰装修市场，扶优治劣，使市场混乱的状况逐步得到改善，达到促进家庭装饰市场稳步健康发展的目的。

大庆的家装市场既是一个新兴的市场，有着广阔的发展空间和前景，又是一个问题较多、不成熟的市场。这在给我们的行业管理带来较大困难的同时，也为行业协会发展提供了机遇。在中国加入WTO和政府转变职能下放部分权力的形势下，由计划经济的行业协会，转变为今天的市场经济行业协会的运做理念，创造一个能与国际环境相适应又能平等对话的行业协会。如何定位，如何开展工作，如何做到既不成为“二政府”，又把行业管理寓于服务之中，也是我们面临的新课题。

为了应对这些挑战，我们唯有大胆探索、脚踏实地、努力工作。我们清醒地认识到，加强和完善家庭装饰市场、行业的管理，是一项非常复杂的系统工程，不可能一蹴而就。我们要通过把握行业特点，抓住主要矛盾，有重点、有计划、分步骤地推进各项工作，才有可能符合政府、社会、市民对我们的要求。我们坚信，在社会各方的支持努力下，经过我们一年接一年的努力，一届连一届的奋斗，大庆的建筑装饰装修以及家装行业一定会出现规范有序、兴旺发达、政府放心、民众满意的新局面。

附件——大庆市建筑装饰协会家装行业管理措施：

一、大庆市家庭装饰行业专业化管理办法

二、大庆市家庭装饰工程投诉解决办法

三、大庆市家庭装饰装修设计施工合同书

四、大庆市家庭装饰装修工程质量验收标准

五、大庆市建筑装饰装修行业自律公约

附件一：

大庆市家庭装饰行业专业化管理办法

第一章　总　则

大庆市建筑装饰协会是在中国共产党的领导下，协助政府及建设行政主管部门为繁荣和提高建筑装饰行业整体水平，促进本行业经济、社会、资源、环境、质量、管理和可持续发展的全市性非营业性群众团体。

本协会采用专业化管理方式，不断提高对行业发展的推动力度，修改补充各类行业管理的文件，约束会员单位规范经营，树立行业和企业的社会信誉。

第二章　家庭装饰设计专业化管理

第一条　本协会对从事家庭装饰设计业务的单位和人员进行指导、监督和管理。

第二条　家庭装饰设计从业人员应具备下列条件：

（一）设计人员受过建筑装饰设计及室内设计或相关专业院校的正规教育或培训的；

（二）单位获得建筑装饰设计及家庭设计资质证书的。

第三条　家庭装饰设计推行规范服务，设计服务规范应符合以下要求：

（一）向客户公开设计服务内容和标准，提高服务透明度。

（二）设计服务主要包括：初次洽谈、现场勘测、初步方案设计、详细图纸绘制、材料选定、现场跟踪指导和软装潢布置等流程。其中详细图纸绘制和材料选定必须由客户书面认可才能生效。

（三）每套设计方案应包括平面、立面、顶面布置图、原始房形图、水电线路图、局部效果图等。

第四条　在设计收费尚无统一规定的情况下，可由企业自行与客户商定计费标准，并签订合同。

第五条　协会定期对会员单位的设计岗位进行抽查，检查设计服务是否公开、规范，设计收费是否合理。

第六条　协会定期组织会员单位和会员个人举办优秀设计作品比赛，对优秀作品进行表彰并向社会公布宣传。

第三章　家庭装饰施工专业化管理

第七条　行业协会组织各会员单位的施工管理人员进行培训，并要求主要管理人员具备项目经理资格，在家庭装饰行业中推行项目经理管理制。

第八条　水电安装、油漆涂装和泥水施工逐步由专业班组完成，使企业走施工专业化道路。

第九条　分析研究普遍存在的施工质量问题，会同有关部门逐步制定和完善施工规范和验收标准，并要求会员单位接受培训，贯彻实施。

第十条　定期对会员单位的施工现场随机抽查，对不合格单位提出整改意见。按照《大庆市家庭装饰工程质量验收规定》中的技术要求，提高装修质量水平。

第四章　家庭装饰材料专业化管理

第十一条　协会对装饰材料质量进行调查分析，提出禁用和淘汰落后产品的资料，供会员单位参考。并要求会员单位尽量选用经政府部门认定的产品和绿色环保、节能型材料。

第十二条　协会鼓励材料生产、供应企业加入协会，协会负责向会员单位推荐合作对象。

第十三条　材料供应商和会员单位发生材料质量纠纷，由协会组织进行材料质量鉴定，作为调解的依据。

第五章　家庭装饰中介专业化管理

第十四条　协会定期对会员单位的施工现场随机抽查质检，对达不到质量规范的限期整改。

第十五条　客户自聘的监理公司或监理人员，应具备监理资质，遵守协会的各项规定，否则，在发生纠纷时，可认定其监理行为无效，该监理项目的证明资料不作为调解依据。

第十六条　协会聘请资深律师担任长期法律顾问，受理会员单位与客户、材料商、新闻媒体、监理公司的纠纷，负责咨询、调解和诉讼代理。

第十七条　会员单位进行重大广告宣传和大型商业活动前，应报行业协会备案。

第六章　罚　则

第十八条　会员单位有以下行为之一的，行业协会可以根据情节予以警告、经济制裁和行业内部通报批评，直至取消会员资格。

（一）违反《大庆市建筑装饰行业行为自律准则》的；

（二）拒绝社会监督，不处理客户投诉的；

（三）在广告媒体上刊登使用不实荣誉称号误导消费者的；

（四）具有明显的不正当竞争的广告宣传违反广告法行为的；

（五）接受协会的服务而不履行会员义务的。

第七章　附　则

第十九条　本办法由大庆市建筑装饰协会解释。

第二十条　本办法自发布之日起实施。

附件二：

大庆市家庭装饰工程投诉解决办法

第一章　总　则

第一条　为保护业主和承包商合法权益，正确、及时处理业主对家庭装饰工程（以下简称家装工程）投诉，根据《中华人民共和国产品质量法》、《中华人民共和国消费者权益保护法》及建设部《家庭装饰装修管理办法》的有关规定，制定本办法。

第二条　业主、承包商因家庭装饰工程发生争议，属于入驻家装市场的施工企业单位，业主可直接向家庭装饰市场质量管理部门投诉，也可向市建筑装饰协会投诉。凡是在工商行政管理部门、建设行政主管部门以及大庆市建筑装饰协会注册并取得工商营业执照和施工资质的施工企业，业主可向大庆市建筑装饰协会投诉。大庆市建筑装饰协会有责任就双方提出的问题组织调查、鉴定和仲裁。

第三条　大庆市建筑装饰协会对受理的消费者投诉案件，应当根据事实，依照法律、行政法规和规章以及合同条款或双方约定公正合理地处理。

第二章　投诉受理条件

第四条　业主投诉应当符合下列条件：

（一）有明确的被投诉单位和被投诉人；

（二）有具体的投诉请求、理由和事实经过；

（三）被投诉人属于大庆市建筑装饰协会会员单位；

（四）对非会员单位的投诉按规定转送其他部门处理；

（五）在工商管理部门注册并取得工商营业执照的家庭装饰企业；

（六）采用大庆市建筑装饰协会统一的家庭装饰工程合同的家庭装饰工程。

第五条　业主投诉应当提供书面材料，并载明以下内容：

（一）业主姓名、住址、电话号码、（含传呼机、手机号码）、邮政编码；

（二）家装工程地址，施工单位名称及项目经理姓名；

（三）投诉人的要求、理由及事实、相关证据（包括签订的《大庆市家庭装修合同》）；

（四）投诉日期。

第六条　业主委托代理人进行投诉活动的，应当向市建筑装饰协会递交授权委托书。

第七条　下列投诉不予受理：

（一）过保修期，被投诉方不再负有违约责任的；

（二）已达成调解协议，且没有新情况、新理由的；

（三）业主无法证实自己权益受到侵害的；

（四）对存在争议的产品无法实施检验鉴定的；

（五）业主知道或者应当知道其权益受到伤害之日起超过二年的，或者超过规定或约定期限的；

（六）法院、仲裁机构、有关行政机关或消费者协会已受理或者处理的；

（七）不符合国家法律、法规及规章规定的。

第八条　市建筑装饰协会应当在接到投诉材料后七日内，以书面形式通知投诉人，做出如下处理：

（一）投诉符合规定的，予以受理；

（二）投诉不符合规定的，告之不予受理的理由。

第三章　投诉处理

第九条　对业主的投诉应当予以登记，并及时处理。

第十条　市建筑装饰协会受理家装工程投诉的案件，属于民事争议的，采用调解方式予以处理。

第十一条　对举报被投诉人未履行《产品质量法》规定的“三包”义务引起的产品质量争议，应当责令其改正。

第十二条　对举报生产、销售伪劣商品行政违法行为的投诉，应当移送有管辖权的行政执法部门处理；对构成生产、销售伪劣商品犯罪行为的投诉，应当移送司法机关处理。

第十三条　在进行调解时，应当征得投诉人和被投诉人的同意，调查核实投诉情况，认定有关事实。

第十四条　对举报家装工程不符合家庭装饰管理规定、家庭装饰合同或双方约定及家庭装饰标准的，被投诉人应视具体情况负责返工、整改及经济赔偿。

第十五条　对有争议的家装工程需要进行质量检验、鉴定的，应在征得投诉人和被投诉人同意后，指定法定检验机构或组织有关人员进行质量检验、鉴定。质量检验、鉴定费用由投诉人预付，处理终结时该费用由败诉者支付。

第十六条　组织当事人进行调解，达成一致意见的应当签订《家庭装饰工程争议调解书》，由投诉人和被投诉人自觉履行。

第十七条　调解书应当写明投诉请求、事实、调查核实情况和当事人协议的结果。调解书由投诉人、被投诉人、调解人签名，加盖公章，送达双方当事人。

第十八条　在接到业主申诉书之日起三十日内终结调解。对于复杂的家装工程投诉处理可延长三十日。调解不成的应当及时终止调解，并签订《家庭装饰工程争议终止调解书》。

第十九条　应当建立和健全投诉档案管理制度。档案的保管期，可根据投诉的重要性和保留价值等具体情况确定。

第二十条　应当建立投诉处理信息统计制度，投诉处理情况及时向行业或社会公布，对影响重大的投诉及时报有关政府主管部门。

第四章　附　则

第二十一条　本办法由大庆市建筑装饰协会负责解释。

第二十二条　本办法至颁布之日起实施。

附件三：

大庆市家庭装饰装修设计施工合同书

发包方（以下简称甲方）：________________________________

业主代理人（或甲方代表）：____________　　单位：______________

家庭地址：________________________________

联系电话：________________________________

承包方：（以下简称乙方）：________________________________

项目经理（或乙方代表）：________________联系电话：____________

手机：____________

签订时间：________年________月________日

根据《中华人民共和国合同法》及其它有关法律，结合本市家庭装饰装修的特点，甲、乙双方在平等、自愿的基础上协商一致，就乙方承包甲方的家庭装饰装修工程的有关事宜，达成如下协议：

第一条　工程概况

1.1　工程地点：______________

家庭建筑面积：____________

1.2　工程承包方式，双方商定采取下列第______种承包方式：

（1）乙方包工、包全部材料；

（2）乙方包工、包部分材料，甲方提供部分材料；

（3）乙方包工、甲方提供全部材料。

1.3　工程期限______天。

1.4　开工日期______年______月______日。

1.5　竣工日期______年______月______日。

1.6　合同价款：本合同工程造价为（人民币）______元。

金额大写：____________________。

第二条　甲方工作

2.1　甲方代表负责合同履行及与乙方接洽，对工程质量、进度进行监督。甲方其它家庭成员对工程的意见均需通过甲方代表与乙方接洽；

2.2　开工前______天，甲方应办理好开工许可证及物业管理通行证，为乙方进入现场施工创造条件（以不影响施工为原则）；

2.3　甲方负责提供水源、电源、气源为乙方使用（三通一平具备开工条件）；

2.4　协助乙方做好现场保卫、消防、垃圾处理等工作，并承担相应费用；

2.5　其它未尽事宜，以施工前双方商定为准。

第三条　乙方工作

3.1　委派________项目经理为乙方代表，负责合同的履行，按要求组织施工。保质、保量的按期完成施工任务，解决由乙方负责的各项事宜；

3.2　严格执行施工规范、安全操作规程，做好施工现场的管理；

3.3　保护好原居室内的家具和陈设，保证原居室内上、下水管道的畅通；

3.4　坚持文明施工，保持施工现场的清洁，做好现场垃圾的处理工作；

3.5　工程竣工未移交甲方之前，负责对现场的一切设施和工程成品进行保护。

第四条　工程变更

工程项目及做法如需变动，双方应协商一致，由甲方代表与乙方项目经理签订书面变更单，支付增减项目差后再施工。同时，调整相关费用及工期。凡甲方私自与工人商定更改施工内容所引起的一切后果，甲方自负；给乙方造成损失的，甲方应予赔偿。

第五条　材料供应

5.1　按合同约定由甲方负责提供的材料、设备应为符合设计要求的合格产品，并应按时供应到现场，双方共同验收并办理交接手续；由甲方供应的材料、设备发生了质量问题的损失，责任由甲方承担；

5.2　按合同约定由乙方提供的材料、设备，双方共同验收合格后，方可使用。

第六条　工期

6.1　因下列原因造成工期延期，经甲方确认，工期相应顺延；

a．工程量变化或设计变更；

b．不可抗力；

c．甲方同意工期顺延的其它情况。

6.2　甲方要求比合同约定的工期提前竣工时，应征得乙方同意，支付乙方赶工费用并签订工期变更协议；

6.3　因甲方未按合同完成其应负责的工作而影响工期的，工期顺延，因甲方未按期支付工程款，乙方有权按甲方拖延工程款实际天数顺延工期。

6.4　因乙方责任不能按期开工或无故中途停工而影响工期的，工期不顺延；由乙方原因造成工程质量存在问题的，返工费由乙方承担，工期不顺延并按合同约定工期每超出一天按直接费用的______‰处罚。

第七条　工程质量

7.1　本工程施工质量按《中华人民共和国家庭装饰装修工程施工规范》标准执行；

7.2　工程中所使用的主材，乙方负责购买的由乙方负责向甲方提供检验报告、产品合格证书；甲方购买的主材，由甲方自行负责，不在约定之内。

7.3　木材、石材为天然物品，允许有自然色差与纹理变化，乙方有义务提醒甲方。

第八条　工程验收、工程价款结算及保修

8.1　甲乙双方应及时对隐蔽工程和中间工程进行验收检查，若甲方不按时进行验收检查乙方可自行检查验收，甲方应予以承认；

8.2　工程竣工后，乙方应通知甲方进行验收，甲方应在接到通知三天内组织验收，并办理验收移交手续。如甲方未在规定期限内组织验收，需及时通知乙方，另定验收日期，但甲方应承认竣工日期。

8.3　工程验收合格后，甲方应按乙方提供的工程结算单及有关资料，在三日内结清工程款；

8.4　本工程自验收合格双方签字之日起，保修期为一年，并填写工程保修单；

8.5　如甲方验收不合格，不合格之处由乙方负责处理，甲方不得使用，否则使用房屋视为合格；

8.6　因甲方购买材料未达到国家标准而出现的工程质量问题，乙方不负责；

8.7　因甲方原因工程价款未及时结清，乙方不负责保修。

第九条　安全生产和防火

9.1　甲方或乙方提供的施工图或作业说明，应符合有关防火设计规范，主要包括电气线路、管道、自来水和其它线路管道畅通、合格。

9.2　乙方在施工期间应严格执行《安全技术规范》，注意施工安全。但甲方由于造价问题考虑，减免防火涂料、喷刷阻燃剂等施工，所造成的后果由甲方自负。

第十条　工程价款支付方式

10.1　合同生效后，甲方按下列表中的约定向乙方支付工程款。合同签订之日起，甲方应向乙方预付合同总价款的50%计人民币______________元；工程施工已完成 50%工程量时，甲方应向乙方支付工程总价款的30%进度款，计人民币元；待工程甲方验收合格后，再按工程总价款的17%拨付工程款，计人民币____________元；余剩3%质保款，计人民币________元，____________待__________年__________月日（签订合同之日一年后）确无质量问题时，如数交清质保款予乙方。

10.2　其它方式____________________。

第十一条　违约责任

11.1　甲乙合同双方当事人的任一方因未履行合同的约定或违反国家法律、法规，受到罚款或给对方造成损失，均由责任方承担责任，并按工程总价款的3%按日赔偿给对方造成的经济损失。

11.2　因一方原因，造成合同无法继续履行时，该方应及时通知对方，办理合同终止手续，并由责任方赔偿对方由此造成的经济损失；

11.3　本合同生效后，甲乙双方应严格履行合同所规定的各项条款，不得擅自更改解除合同，否则，违约方将支付给对方工程款的10%违约金，并承担因此造成的经济损失。

11.4　未办理验收手续，甲方提前使用或擅自动用工程成品而造成损失的，由甲方负责。

11.5　甲方未按期支付第二（三）次工程款的，每延误一天，向对方支付违约金__________元。

11.6　由于乙方原因致使工期延误，每延误一天向双方支付违约金______________元。

第十二条　合同争议的解决方式

本合同在履行过程中发生的争议，由当事人双方协商解决；也可由有关部门调解；协商或调解不成的，按下列第种方式解决：

（一）提交______________仲裁委员会仲裁；

（二）依法向人民法院提起诉讼。

第十三条　几项具体规定

13.1　因工程施工而产生的垃圾，由乙方负责运出施工现场，并负责将垃圾运到指定的地点，甲方负责支付垃圾清运费用（大写）________________________元（此费用不在工程价款内）。

13.2　施工期间，甲方将钥匙________把，交给承包人保管。

工程竣工验收后，甲方负责提供新锁________把，由乙方当场负责安装交付使用。

13.3　施工期间，乙方每天的工作时间为：上午点__________分至__________点__________分；下午点__________分至__________点__________分。

第十四条　其他约定事项：______________________________

____

第十五条　附则

15.1　本合同经双方签字（盖章）后生效，合同履行完毕后终止。

15.2　本合同签订后工程不得转包。

15.3　本合同一式________份，双方各执__________份。

15.4　合同附件为本合同的组成部分，与本合同具有同等法律效力。

合同附件

附表1：家庭居室装饰装修工程报价单

附表2：甲方提供装饰装修材料明细表

附表3：乙方提供装饰装修材料明细表

附表4：家庭居室装饰装修变更单

附表5：家庭居室装饰装修验收单

附表6：家庭居室装饰装修结算单

附表7：家庭居室装饰装修保修单

附表8：家庭装修现场签证单

附表9：家庭居室装饰装修工程设图纸或效果图

甲方（签字）：　　　　承包商（盖章）：

业主代表：　　　　委托代理人：

年　月　日　　　　年　月　日

附表1：

家庭居室装饰装修工程报价单

金额单位：元

序号	装饰装修内容及材料规格、型号、品牌、等级	数量	单位	单价	合计金额
1					
2					
3					
4					
5					
6					
7					
8					
9					
10					
11					
12					
13					
14					
15					
16					
17					

甲方代表（签字）：　　　　乙方代表（签字）：

附表2：

甲方提供装饰装修材料明细表

金额单位（元）

材料名称	规格型号	产　地	单　位	数　量	金　额

甲方代表（签字）：　　　　乙方代表（签字）：

附表3：

乙方提供装饰装修材料明细表

金额单位（元）

材料名称	规格型号	产　地	单位	数　量	金　额

甲方代表（签字）：　　　　乙方代表（签字）：

附表4：

家庭居室装饰装修工程变更单

变更内容	原　设　计	新　设　计	增减费用（＋　－）
详细说明：			

注：若变更内容过多请另附说明

甲方代表（签字）：　　　　乙方代表（签字）：

年　月　日　　　　年　月　日

附表 5:

家庭居室装饰装修工程验收单

序号	主 要 验 收 项 目 名 称	验收日期	验收结果	
1	防水工程（卫生间、厨房、阳台）		合　格	不合格
2	抹灰工程（家庭内部）			
3	吊顶工程（明龙骨、暗龙骨）			
4	轻质隔墙工程（板材隔墙、骨架隔墙、玻璃隔墙）			
5	门窗工程（木门窗、铝合金门窗、塑料门窗）			
6	细部工程（木门窗套、窗帘盒、固定橱柜、护栏、扶手装饰）			
7	墙面铺装工程(石材、墙面砖、木材、织物、壁纸)			
8	涂饰工程(家庭内部、水性涂料、溶剂型涂料、美术涂料)			
9	地面铺装(石材、地面砖、实木地板、竹地板、实木复合地板、强化复合地板、地毯)			
10	卫生器具及管道安装工程(卫生间、厨房的洗涤、洁身等卫生器具的安装以及分户进水阀后给水管段，户内排水管段)			
11	电气安装工程(室内布线及电器、灯具安装)			
整体工程验收结果				
年　月　日				

全部验收合格后双方签字盖章

甲方代表（签字）：　　　　　　　　乙方代表（签字）：

附表 6:

家庭居室装饰装修工程结算单

年　月　日

1	合同原金额	
2	变更增加值	
3	变更减少值	
4	甲方已付金额	
5	甲方结算应付金额	

甲方代表（签字）：　　　　　　乙方代表（签字）

附表 7:

家庭居室装饰装修工程保修单

公司名称		联系电话	
用户姓名		登记编号	
装修房屋地址			
设计负责人		施工负责人	
进场施工日期		竣工验收日期	
保修期限	________年________月________日 至________年________月________日		

甲方代表（签字盖章）：　　　　　乙方代表（签字盖章）：

备注：

1．从竣工验收之日计算，保修期为一年。

2．保修期内由于乙方施工不当造成质量问题，乙方无条件进行维修。

3．保修期内如属甲方使用不当造成装饰面损坏，或不能正常使用，乙方酌情收费。

4．本保修单在甲、乙双方签章后生效。

保修联系电话：

附表 8:

家庭装修现场签证单

变更内容	变更前	变更后	增减费用(+.--)

甲方代表签字：　　　　　　　乙方代表签字：

年　月　日　　　　　　年　月　日

附件四：

大庆市家庭装饰装修工程质量验收标准

为提高家庭装饰工程质量，适应家庭装饰市场的需要，大庆市建筑装饰协会参照全国统一标准出台本规定，为家庭装饰质量验收提供依据。企业在家庭装饰施工中应严格遵守结构安全的规定，认真执行施工工艺的要求，努力提高家庭装饰的工程质量。本规定适用于一般家庭装饰。

一、总　则

1.1　为规范家庭装饰市场，提高家庭装饰工程质量，维护消费者权益，制订本规定。

1.2　本规定适用于一般家庭室内装饰工程的质量验收。家庭装饰工程质量验收宜分阶段进行，随工程施工进度先做好基层和隐蔽工程验收，再进行面层和竣工验收。

1.3　家庭装饰除应符合本规定外，尚应符合现行有关标准、规范的规定。

1.4　家庭装饰所用的主要材料及设备，应按设计要求并经住户确认后选用，产品质量应符合现行标准的规定。

1.5　家庭装饰要保证建筑结构的安全，严禁拆改和损坏主体和承重结构：不得在承重墙、抗震墙上开洞；不得任意扩大原有门窗洞口；不得任意楼面荷载；不得任意填充、加厚阳台地面；不得任意凿剔楼、顶板；不得拆除挑阳台上的窗下墙。涉及建筑主体和承重结构变动的装饰工程，应经原设计单位书面同意，并由设计单位提出设计方案。家庭装饰如需更改给排水管线，供暖设施及燃气设施等，必须征得房屋主管及有关部门的同意。

1.6　燃气管道必须由具有燃气资质的单位安装。

1.7　家庭装饰工程的安全、防火、防毒应按国家现行的有关规定执行。

二、卫生器具及管道安装工程

2.1　卫生器具品种、规格、颜色应符合设计、住户要求，管道、管件、洁具等产品质量应符合现行标准。

2.2　管道安装应横平竖直、铺设牢固，坡度符合要求，开关、龙头安装平正，使用灵活方便，明管刷防锈涂料，暗管刷防腐漆。

2.3　给水管道及附件连接严密，经通水试压无渗漏。

2.4　排水管道应畅通，无倒坡、无堵塞、无渗漏，地漏篦子应略低于地面。

2.5　卫生器具安装位置。标高符合设计、住户要求，器具上沿要水平，端正牢固，外表光洁无损伤。

三、电气工程

3.1　电气产品材料必须是符合现行技术标准的合格产品，电气施工人员应持证上岗。

3.2　电气布线应采用暗管敷设，导线在管内不应有结头和扭结，吊顶内不允许有明露导线，严禁将电线直接埋入抹灰层内。

3.3　“相线进开关，零线进灯头”，三孔插座的接地线应单独敷设，不得与工作零线混同；面对插座时应符合“左零右相，接地在上”的规定。

3.4　开关、座安装牢固，位置正确，盖板端正，表面清洁，紧贴墙面，四周无空隙，同一房间开关或插座高度一致。

3.5　电气工程施工完成后，应进行必要的检查和试验如：漏电开关的动作，各回路的绝缘电阻以及电器通过灯具试亮、开关试控制等，检验合格后方能使用。

3.6　工程竣工时应向住户提供配线竣工简图，标明导线规格及暗管走向。

四、吊顶工程

4.1　吊顶工程所用材料的品种、规格、颜色以及基层构造、固定方法应按设计、住户要求，并符合现行标准。

4.2　吊顶龙骨不得扭曲、变形，安装好吊顶龙骨应牢固可靠，四周水平允许偏差为±5 ㎜。

4.3　轻型灯具可吊在主龙骨上，重量大于 3 kg的灯具或吊扇不得与吊顶龙骨联结，应另设吊钩。

4.4　吊顶罩面板与龙骨应连接紧密，表面应平整，不得有污染、拆裂、缺棱、掉角、锤伤等缺陷，接缝应均匀一致，压条顺直、无翘曲现象，罩面板与墙面、窗帘盒、灯具等交接处应严密。

4.5　纸面石膏罩面板一般用镀锌螺钉固定在龙骨上，钉头应涂防锈漆。粘贴的罩面板不得有脱层，搁置的罩面板不得有漏、透翘现象。

五、门窗、封阳台工程

5.1　门窗的品种、规格、开启方向及安装位置应按设计、住户要求，并符合现行标准。

5.2　门窗及零附件质量均应符合现行标准，铝合金门窗应选用不锈钢或镀锌零附件，塑料门窗使用螺钉时，必须事先钻孔，严禁直接锤击钉入。

5.3　门窗安装必须牢固，横平竖直，高低一致，外观无变形、开焊、断裂

5.4　门窗扇应开现象。框与墙体缝内腔应嵌填饱满，缝隙外槽口用密封膏封严，表面平整光滑、无裂缝，防腐处理必须符合有关规定要求。开启灵活，无阻滞和反弹现象。五金配件应齐全，位置正确。

5.5　门窗安装后表面应洁净，大面无划痕、碰伤、锈蚀。涂膜大面平整光滑、厚度均匀、无气孔。

六、细木制品工程

6.1　细木制品（窗帘盒、暖气罩、木护墙、木隔断、包门及

门套、窗套、踢脚板、花饰、装饰线）和固定家具的龙骨、衬板及面板应符合设计、住户的要求。细木制品所用的木材含水率不得大于12%，其外表用料，不得有死节、虫眼和裂缝。

6.2　细木制品与基层必须镶钉牢固，无松动。衬板与面板必须粘结牢固，不得出现起层、起鼓现象。

6.3　窗台板和窗帘盒与基体连接牢固，表面平整、棱角方正，其两侧伸出窗洞以外的长度要一致，同一房间的窗台板或窗帘盒标高一致。

6.4　木护墙表面应平整光洁，棱角方正，线条顺直，颜色一致，不得出现裂缝开胶现象，与踢脚板连接无缝隙。踢脚板应平直，光洁、接缝严密、出墙厚度一致。

6.5　挂镜线、顶角线等木装饰线对接时，宜采用 45° 加胶坡接，接头处不得有错缝、离缝现象。装饰线要求顺直均匀一致，紧贴墙面，交圈收口正确。

6.6　吊柜、壁柜安装牢固，柜门开启灵活。

6.7　细木制品油漆应平整光滑、刷纹通顺、颜色一致，无胶痕。

七、裱糊工程

7.1　壁纸、墙布的品种、颜色和图案，应符合设计、住户的要求，粘接剂应按壁纸和墙布的品种选用。

7.2　裱糊工程的基体应干燥，表面应平整，不同材质基层的接缝处应粘贴接缝带。

7.3　裱糊基体应干燥，表面应平整，不同材质基层的接缝处应粘贴接缝带。

7.4　壁纸、墙布必须裱糊牢固，表面色泽一致，不得有气泡、空鼓、裂缝、翘边、皱折、斑污和胶痕。各幅拼接横平竖直，距 1.5m 正视不显拼缝。

7.5　壁纸、墙布与天花线、踢脚线、贴脸板紧接，不得有缝隙，其边缘平直整齐，不得有纸毛、飞刺。

7.6　阴阳角垂直，棱角分明，阴角处搭接顺光，阳角处无接缝。

八、墙面地面铺贴工程

8.1　石材、墙地砖

8.1.1　石材、墙地砖品种、规格、颜色和图案应符合设计、住户的要求，饰面板表面不得有划痕、缺楞掉角等质量缺陷。不得使用过期和结块的水泥作粘结材。

8.1.2　石材、墙地砖施工前应对其规格、颜色进行检查，墙地砖尽量减少非整砖，且使用部位适宜，有突出物体时应按规定进行套割。

8.1.3　石材铺贴应平整牢固、接缝平直、无歪斜、无污积和浆痕，表面洁净，颜色协调。

8.1.4　墙地砖铺贴应平整牢固、图案清晰、无污积和浆痕，表面色泽基本一致，接缝均匀、板块无裂纹、掉角和缺棱，局部空鼓不得超过数量的 5%。

8.1.5　厨房、厕所的地面防水层四周与墙体接触处，应向上翻起，高出地面不少于 250 ㎜。地面面层流水坡向地漏，不倒泛水、水积水，24h 蓄水试验无渗漏。

8.2　木质地板

8.2.1　木质楼地面的材质、构造以及拼花图案应符合设计、住户的要求，木材的含水率应不大于 12%。

8.2.2　条形木地板的铺设方向，可征求用户的意见，一般走廊、过道宜顺行走方向铺设，室内房间宜顺着光线铺设。木地板与墙之间应留 10 ㎜的缝隙，并用踢脚板封盖。

8.2.3　木质板面层必须铺钉牢固无松动，粘接牢固无空鼓，表面刨平磨光，无明显刨痕、戗茬和毛刺等缺陷。

8.2.4　木板面层，板间隙基本严密，接头位置错开；拼花木板面层接缝对齐，粘、钉严密，无裂纹、翘曲，表面洁净无明显色差。

8.2.5　木质踢脚线接缝严密，表面光滑，高度、出墙厚度一致。

九、涂饰工程

9.1　涂料的品种、颜色、性能应符合设计、住户的要求、产品质量符合现行标准。

9.2　腻子应与基体结合坚实、牢固，不起皮、不粉化、不裂纹，厨房、浴室及厕所应使用具有耐水性能的腻子。

9.3　涂料的品种、颜色以及涂膜应与样板一致。

9.4　油漆表面应平整、光洁，清漆木纹清晰，大面无裹棱、流附和皱皮，颜色基本一致、无刷纹。五金、玻璃洁净。

9.5　乳胶漆严禁脱皮，漏刷、透底，大面无流坠，皱皮，表面颜色一致，无明显刷纹。刷（喷）浆严禁掉粉、起皮、漏刷和透底，刷纹通顺，喷点均匀，门窗灯具洁净。

十、软包工程

10.1　软包（锦缎、皮革）面料和填充料的材质、规格，必须符合设计、住户要求。软包工程的防腐、防火处理应符合有关规定。

10.2　软包工程的木框、衬板的构造，应符合设计要求，钉粘严密、牢固，不得松动。

10.3　软包制作尺寸正确，楞角方正，填充饱满、平整，饰面松紧适度，手感舒适。

10.4　软包安装平顺，紧贴墙面，色泽一致，接缝严密，无翘边和褶皱。

10.5　软包表面应清洁、无污染，拼缝处花纹吻合，无波纹起伏。

十一、地毯工程

11.1　地毯的品种、材质、规格、颜色应符合设计、住户的要求。

11.2　基层必须平整、干燥、清洁、无油污。

11.3　地毯应固定牢固，毯面平整，不起包，不凹陷，不打皱，不翘边，拼缝处密实平整，图案连续，绒面顺光一致，表面干净，无油污损伤。

11.4　地毯收口合理、顺直，收口压条牢固。

附件五：

大庆市建筑装饰装修行业自律公约

为了进一步规范大庆市建筑装饰装修行业的经营行为，推动行业健康有序的发展，维护市场经济秩序，保护本行业会员单位的合法权益，根据本行业的特点，特制定行业自律公约如下：

一　遵章守法，自觉自律

严格执行党和国家以及建设行政主管部门颁发的各项法律法规，自觉自律维护行业发展的正常秩序，接受建设行政主管部门检查指导以及社会监督。

二　合法经营，规范行为

自觉维护行业声誉，严格执行行业标准，规范企业行为，在工程承包中不出卖，不转让证照，不违法转包。

三　团结友爱，共同发展

自觉维护本行业职业道德和公共利益，提倡企业间的友好合作，增进企业间科学有学术交流，精诚团结，互相帮助，推动企业科学进步共同发展。

四　诚实守信，勇于竞争

坚持公开、公平、公正的原则，以优质服务，确保质量，科学管理，参预市场竞争，反对不切实际的压级压价和垫资施工，反对贬低别人抬高自己，扰乱市场，恶性竞争的不良行为。

五　讲究质量，以诚为本

坚持质量兴业方针，精心组织、精心施工，不偷工减料，不购买、不使用假冒伪劣产品、原材料及配件。以诚信为本，重合同，守信誉，做好工程售后服务。

六　科学管理，提高效益

建立健全企业规章制度，贯彻执行 ISO-9000 质量认证标准。树立良好的企业形象和科学风气，提高员工工作素质，确保工程施工安全。科学管理，降低生产运营成本，增加企业效益。

七　行业督导，有序发展

支持建筑装饰协会工作，积极参与协会组织的各项活动，接受协会的行业督导，推动行业统一、规范、有序的发展。

对本公约、各会员单位及本行业的非会员单位都应该自觉遵守，互相监督。为保证公约的落实，本会对违约单位将给与警告、通报批评，直至取消会员资格处理，并在网站予以公布，对严重违约或非会员单位违约，将建议政府有关部门给予相应处理。

2003 年我国建筑装饰行业发展速度研究

中国建筑装饰协会五届理事会理事　全国优秀建筑装饰协会工作者
中国建筑装饰协会信息部主任兼会刊《中国建筑装饰》主编　工会副主席　**黄　白**

多年来，因政府并未对建筑装饰行业进行统计，故相关数字均出自业界，特别是中国建筑装饰协会。关于 2003 年我国建筑装饰行业的发展速度，以及产值，是业内及社会普遍关心的问题。谈一点自己在这方面的研究，供业界做出相关定论及业内参考之用。

一、建筑装饰行业与 GDP 等其他行业、区域行业发展的比例关系

1．与 GDP、建筑业和住宅业发展的比例关系

近 5 年来，我国 GDP 年均增长 6.98%，建筑业总产值年均增长 11.64%。胡锦涛主席 2004 年 4 月 24 日在海南三亚“博鳌亚洲论坛”上发表的主旨讲话中指出，25 年来，中国经济年均增长 9.94%。

2003 年 11 月 29 日召开的“中央经济工作会议”宣布，2003 年我国 GDP 达到 8.5%。2004 年 3 月 5 日举行的全国人大十届二次会议公布，2003 年我国 GDP 达到 9.1%。国家统计局公布，2003 年我国建筑业完成产值 21865 亿元，比 2002 年增长 23%。2004 年 3 月 30 日国务院新闻办公室发表的《2003 年中国人权事业的进展》指出，中国住宅建设正以每年 20%的速度持续增长。

建筑业和住宅业发展速度的平均幅度为 14.5%～21.5%，平均 17.5%。2003 年平均为 21%。

我们对我国装饰行业发展速度有一个经验的判断：当国民经济发展速度 GDP 为 6%～9%时，建筑业发展速度为 11%～23%时，住宅业发展速度为 18%～20%时，建筑装饰行业发展速度约为 20%～25%。

值得注意的是，住宅在国内外历来都属于“人权”。所以家装也属于“人权”的范畴。我们应研究家装与人权的关系。

2．与建筑装饰材料行业发展的比例关系

2003 年我国建筑装饰行业与我国国民经济、建筑业和住宅业发展相协调，是一个高速发展年。2003 年 12 月 14 日中央电视台晚间新闻联播报道，2003 年建筑装饰材料发展增幅为 51%。国务院发展研究中心卢中原发表在 2003 年

12月8日《经济日报》上的专题文章表明，2003年全国建材和家装材料消费增长46.6%。

由上可见，2003年建筑装饰材料业增长46%～51%，如取平均值为48%，建筑装饰业应与建筑装饰材料业同步增长。

3．与相关行业发展的比例关系

据2004年2月12日《经济日报》公布的相关行业2003年的发展情况，央视市场研究股份有限公司：广告业比2002年增长39%，产值1544亿元；商务部商业改革发展司：我国连锁经营企业增长35.1%，前30家产值合计达2704亿元；信息产业部：软件业企业8582家，软件登记1.8万个，完成软件与系统集成收入1600亿元，增长45%，电子百强企业销售收入5933亿元，利税444亿元，其中利润240亿元，这三项指标分别增长31.5%、44%和34%。

从与建筑装饰行业关联度比较大的广告、连锁、软件三个行业来看，2003年分别增长为35%、39%和45%，建筑装饰行业应与其协调增长，如按其平均值约为40%。

4．与区域建筑装饰行业发展的比例关系

据北京市建筑装饰协会的统计，2002年全市建筑装饰行业产值比上年增长20%、达到800亿元，浙江省建筑装饰协会公布的数字与北京相同。

相当于北京市、浙江省建筑装饰行业发展水平的，还有上海、广东、江苏等省市，如计算这五个省市2002年建筑装饰行业的产值，就可达4000亿元。其他20多个省市还没有4000亿元吗。全国2002年行业发展速度如按20%计，产值可达8000亿元。

据深圳市装饰行业协会对201家装饰企业的统计，2003年深圳市装饰行业共完成产值87.24亿元，比上年增长50%以上，装修工程产值上亿元的建筑装饰企业达31家。如各地方建筑装饰行业发展平均速度按25%计、2002年全国建筑装饰行业产值按8000亿元计的话，2003年全国建筑装饰行业产值则可达10000亿元。

5．从2003年大型建筑装饰企业升级来看

一个行业中大型企业的多少及其在一个相对期间数量增长的幅度，是表明该行业发展程度的一项重要指标。建筑装饰行业也不例外。

2001年下半年，建设部对全国建筑业企业，包括建筑装修装饰工程专业承包企业和建筑幕墙工程专业承包企业进行资质就位工作，到2003年底，全国有一级建筑装饰施工企业474家，甲级建筑装饰设计企业344家；一级建筑幕墙施工企业90家，甲级建筑幕墙设计企业112家，2004年3月建设部新批这四类企业，分别增长96家、82家、1家和11家，使总数分别达到570家、426家、91家和123家，分别增长20%、23%、1%和10%。

到2003年底，全国同时具有一级建筑装饰施工和甲级建筑装饰设计资质的企业231家，同时具有一级建筑幕墙施工和甲级建筑幕墙设计企业资质的企业69家，2004年3月分别新增45和5家，使总数分别达到276和74家，分别增长19%和7%（详见下表）。

2003年全国大型建筑装饰企业数量增长一览表

企 业	原有(家)	新增(家)	现有(家)	增长(%)
一级装饰施工	474	96	570	20
甲级装饰设计	344	82	426	23
同时具有二个资质	231	45	276	19
一级幕墙施工	90	1	91	1
甲级幕墙设计	112	11	123	10
同时具有二个资质	69	5	74	7

有的地区增长幅度甚大，如北京市，一级装饰施工企业原有61家，新增25家，现有86家，增长41%，一跃从居广东之后的全国第二名成为第一名，且比广东多11家。如福建省原有24家，新增17家，现有41家，增长70%，从原来全国排名第六晋升二级到了第四名。

居前六名的地区依次是：北京（61+25=86家）、广东（67+8=75家）、江苏（46+5=51家）、福建（24+17=41家）、上海（36+2=38家）、山东（32+3=35家）。

此外，中国建筑装饰协会组织的“中国建筑装饰行业百强企业评价推介活动”，设置的参评建筑装饰企业的产值下限，2002年度为8000万元，2003年提高了2000万元，增至1亿元，增长了25%。提高的原因虽然说是因为2002年度首届评价推介结果发现：百强企业平均每家年工程产值为1.7亿元，其中，装饰装修工程专业承包企业平均每家年产值为1.4亿元；幕墙专业工程专业承包企业平均每家年产值为2亿元，但是也能看出企业随着行业发展的相应速度。

由上可见，大型装饰企业数量经2002年和2003年有了十分快速的增长，平均增长幅度约为21%。

6．相关行业协会判断

2004年2月28日《北京晚报》报道中国室内装饰协会制订的《中国室内装饰行业发展“十年”规划纲要》中指出，近10年来全国室内装饰工程量以年均30%以上的高速增长，预计到2005年家装产值将由目前的2000亿元上升至6000亿元以上。

近10年全国建筑装饰工程产值年均增长30%，这是行业发展速度十分重要的判断。

二、综合比较

如果2003年建筑装饰行业与以上述六个方面进行发展速度的比较，大致推算出比例，我们可以发现：

一是如按建筑装饰行业与国民经济发展速度GDP6%～9%、建筑业发展速度11%～23%、住宅业发展速度18%～20%、2003年建筑业23%和住宅业20%以上发展速度平均21%的比例，建筑装饰行业发展速度为20%～23%。

二是如按建筑装饰材料业2003年增长46%～51%，建筑装饰业应与装饰材料业同步增长，可取平均值48%。

三是如按与建筑装饰行业关联度比较大的连锁、广告、软件三个行业2003年分别增长为35%、39%和45%，建筑装饰行业应与其协调增长，取平均值约为40%。

四是从区域建筑装饰行业来年看，如按2002年全国平均区域建筑装饰行业发展速度为20%，全行业产值则可达8000亿元；2003年全国平均区域建筑装饰行业发展速度为25%，全行业产值则可达10000亿元。

五是2003年大型建筑装饰企业增长幅度约达21%。

六是近10年全国建筑装饰工程产值年均增长30%。

综上所述，如取上述六个方面发展速度的平均值分别为21%、48%、40%、25%、21%和30%，其平均值为30%。如再保守计，幅度可在20%～25%；如取其平均值，2003年建筑装饰行业发展速度可大致确定为23%。

三、我国建筑装饰行业 2000～2003年发展速度讨论

1. 协会公布数字

据中国建筑装饰协会此前公布的数据显示：进入21世纪，我国装饰行业以年均18%的趋缓速度发展，2000年为5500亿元，2001年为6600亿元，2002年为7200亿元。2000年、2001年和2002年全国建筑装饰行业的发展速度分别为25%、20%和9%，年均18%。2001年比2000年下降了5个百分点，2002年比2001年下降了11个百分点，年均下降8个百分点。年均行业总产值约占当年我国GDP的6%左右。

当2003年我国GDP达到9.1%时，装饰行业发展速度应在20%以上。如以20%为基点的话，2003年我国建筑装饰行业的产值将达到8640亿元。

2. 个人研究情况

我个人的研究是这样：如果2002年行业发展速度为9%，则比2001年下降了11个百分点，成了自1989年以来行业的第二次大滑坡。这与当年我国国民经济7.8%的发展速度是不协调的，且不符合行业发展实际情况。

2002年建筑装饰行业的实际产值应在8000亿元以上。2000年、2001年和2002年行业发展速度则分别为25%、20%和21%，年均22%。进入21世纪，我国建筑装饰行业以年均22%有振幅的增速发展。2001年比2000年下降了5个百分点，2002年比2001年增加了1个百分点。

2003年建筑装饰行业发展速度应在23%以上，比2002年增加了2个百分点。如果以23%为基点的话，2003年我国装饰行业的产值将达到9840亿元，占当年GDP116694亿元的8.4%。

2000～2003年全国建筑装饰行业产值和发展速度

		2000年	2001年	2002年	2003年	年　均
协会研究	行业产值（亿元）	5500	6600	7200	8640	6985
	发展速度（%）	25	20	9	20	18
个人研究	行业产值（亿元）	5500	6600	8000	9840	7485
	发展速度（%）	25	20	21	23	22

·舆论导向·

[编者按] 2003年12月16日《人民日报》刊登李建兴的“政府转变职能须充分发挥行业协会的作用”的文章，立即引起中国建筑装饰协会常务副会长兼秘书长徐朋的高度重视，要求本刊给予全文转载。该文分析了政府职能转变与充分发挥行业协会作用的关系，对当前此项工作十分有益。请全国建筑装饰协会工作者认真阅读，从中体会出一些信息。

政府转变职能须充分发挥行业协会的作用

李建兴

实现政府职能转变的一个重要前提，是建立健全行业协会等自律组织。政府转变职能，从管理微观经济事务中解脱出来，实现政企分开、政事分开、政社分开，一些职能要相应地还给企业或转移给市场、社会，这就需要有相应的市场、社会组织来承担。在完善的市场经济体制中，行业中介组织和社会自律组织具有行业自律、维护竞争、行业管理等功能。因此，为了实现政府职能转变的目标，必须加快建立健全各种市场化的行业协会，并充分发挥它们的功能。

一、深化行政审批制度改革，将一些职能转移给行业协会

深化行政审批制度改革是行政管理体制改革的突破口。目前，行政审批制度改革已取得阶段性成果，取消或改变管理方式的行政审批项目达1300多项，约占全部项目总数的33%。但也应看到，行政审批的精简任务仍相当繁重，其中有相当一部分审批项目具有法律、法规或各种具有法律效力的文件、命令的依据，许多不尽合理的项目却是合法的。改革越深化，所涉及的行政审批的“合法性”就越强，改革的难度就越大，越需要有大的勇气和决心。

改革行政审批制度，必须坚持合法原则、合理原则、效能原则。这三个原则是统一的整体，不能割裂开来。我国社会主义市场经济的发展速度相当快，一些法律、法规不可避免地会出现滞后的情况，如果抱住“合法原则”不放，行政审批制度改革就无法深入。正因为如此，“合理原则”、“效能原则”就变得相当重要。所以，国务院要求，设定行政审批要符合社会主义市场经济发展的要求，有利于政府实施有效管理。凡是通过市场机制能够解决的，应由市场机制去解决；通过市场机制难以解决，但通过公正、规范的中介组织、行业自律能够解决的，应通过中介组织和行业自律去解决。对虽符合合法原则，但不符合上述要求的行政审批项目，应当予以取消。

改革行政审批制度要与完善中介组织和发挥行业协会的作用结合起来，通过推进社会中介组织和行业协会建设，向市场、向社会转移政府的社会职能。

二、加快公共服务型政府建设，强化行业协会作用

行政审批制度改革必将推动政府从全能型转变为有限型，从权威行政转变为服务行政，从部门性转变为公共性。实现“经济调节、市场监管、社会管理和公共服务”的政府体制改革目标，应以合理界定政府职能为前提。

公共行政是国家对公共事务的组织与管理，包括政府公共行政与非政府公共行政。政府公共行政的权威直接源于国家权力，而非政府公共行政的权威源于社会，尽管这种权威在市场经济条件下一般须由国家法律认可，但其本质却是社会性的。因此，建立公共服务型政府，必须摒弃公共行政等于政府行政的狭隘观念，树立一种更民主、更开放的服务型的公共行政观，加快体制创新和制度创新。

行业协会作为政府与企业以外的“第三部门”，既是沟通政府、企业和市场的桥梁与纽带，又是社会多元利益的协调机构，也是实现行业自律、规范行业行为、开展行业服务、保障公平竞争的社会组织，其功能是非政府公共行政的重要内容。行业协会公共行政的权威，或源自组织成员的集体委托与授权，或源自法律的授权，或源自社会公认的、与专业能力相联系的公共信任与认可，具有较强的公共性。在政府和非政府组织均能履行的许多功能上，依靠社会自治机制往往能取得更好的效果，如在行业管理的许多方面，政府依靠行政手段也可以达到维护市场秩序的目的，但若依靠行业协会实行行业自律管理，更有利于促进行业的发展和降低行政成本，收到更好的社会效果。

在公共服务型政府建设过程中，一定要重视发挥行业协会的作用，实现政府与社会的合理分权，把一些权力下放给社会。目前，我国在这方面已取得一定进展，但政府部门依然包揽了不少本应或可以由行业协会先行使的职能，比如会计师事务所等执业机构的审批权由政府部门行使和控制。行业协会公共行政职能到位还有很大的空间，政府下放非政府公共行政职能还有很大的余地，这需要各级政府部门不断解放思想、大胆创新，还权给社会，轻装上阵，建设好公共服务型政府。

三、健全行业协会的自律机制，强化自律管理和监督的有效性，为政府转变职能提供支撑

行业协会在建立从业规范、强化资格管理、开展自律监管、维护运行机制、推进行业制度和服务创新等方面发挥着重要作用。行业协会自律已成为市场机制作用的重要表现形式。行业自律与行政监管相比有许多优势，比如，行政监管大多针对结果，行业自律则关注过程，贴近市场，更具敏感性、针对性、及时性和灵活性，能够解决正在出现的问题，更有效率且成本较低。

应该看到，在传统计划经济体制下，政府无所不包，几乎垄断了所有的社会公共权力，行业协会缺乏生存的土壤和发展的空间。目前我国的行业协会大多带有半官方的性质，它们的组织架构和运作方式也染上了浓厚的行政色彩，依靠政府，借用政府的管理职能去行使协会有限的职能，并习惯于听从行政命令，不能创造性地开展工作，发挥其应有的职能作用。如果不对行业协会管理体制进行改革，下放的公共权力就会缺乏良好的受托者。因此，在完善市场组织结构、发挥行业协会作用的过程中，要推动其加强规范发展、自我管理的能力，构建合理的管理机制，加快自律体制建设。比如，健全理事会、专业委员会和日常职能部门的架构，引进社会公众成员参与，充分体现行业管理的代表性和会员的参与性，提高协会自律的公正性、客观性、自主性和独立性，以弥补公信度的不足。同时，政府要大力培育和扶持行业协会的发展，推动相关行业的立法进程，通过立法确保行业协会公共行政职能的确立和到位，并加强对行业协会建设和管理的引导与监督，以保证其行业行政的社会公信度。

让行业协会的声音更响亮

[编者按] 2004年9月21日，中国建筑装饰协会名誉会长张恩树给本刊转来2004年8月16日（4篇）、8月30日（4篇）和9月6日（9篇）《人民日报》“行业协会大家谈”栏目中，关于行业协会发展讨论的文章计17篇。

9月6日《人民日报》的编者是这样说的：随着政府职能的转变以及我国加入世贸组织，行业协会的地位和作用越来越重要，市场和企业对行业协会的需求也越来越多。行业协会面临着发展的机遇，也面临着改革转轨的任务，成为当前经济生活中的一个热点。本报自6月21日起，开展了“行业协会大家谈”的讨论，并连续刊登“关注行业协会”的系列报道。在这次活动即将结束之际，本报日前邀请部分行业协会负责人，就行业协会如何定位、如何代表企业利益和政府利益、发展方向及面临的难题等进行了研讨。研究会的主题是“让行业协会的声音更响亮”。

兹全文刊发上述17篇文章，供业内参考，以促进中国建筑装饰协会的工作和建筑装饰行业的发展。

香港行业协会是怎样运作的（焦点）

《人民日报》记者 刘 韬

危机时刻作用突出

去年的SARS疫情，让香港经历了最困难时期。不过在身处“重灾区”的行业最困难最需要帮助的危机时刻，行业协会发挥了重要作用。

2003年4月初，瑞士当局以疫情为由禁止香港参展商参加苏黎世/巴塞尔钟表珠宝展。“4月1日一大早，我接到电话，称所有香港参展商均须通过卫生检查才能参展，而展会一共8天，检查最快在开展5天后才能完成。这等于是把我们踢出了展会。”香港珠宝制造业厂商会总经理周秉权说起去年在瑞士遭到的不公平待遇，仍然心绪难平：“近2000参展人员都到了瑞士，当局不许我们进展会，却表示可以让我们在瑞士旅游观光。这明显是不公平的！”

展会是珠宝商最重要的销售推广渠道，在瑞士吃了“闭门羹”后，珠宝制造业厂商会一方面联合其他团体对瑞士提出抗议和申诉，另一方面则立即着手制订发生类似情况时的应对方案。果然，5月份，美国“JCK拉斯维加斯珠宝展”提出因SARS拒绝“香港馆”参展。

“JCK 珠宝展”是世界最大的珠宝展之一，业界极为重视。为此，周秉权亲自飞往拉斯维加斯，主动向展会主办方提出自己的方案。“我们要求所有人提供登机前3天内的体检报告，并且提前10天到达，此外在进展览中心前由当地医生再次为每个人做体检。”他说，方案同时通知当地传媒和商会，并明确保证每个人都会严格执行。最终，110多家香港参展商如期参展，也没有出现一例SARS感染病例。

通过实施这一整套紧急方案，去年香港珠宝厂商会成功地组团参与了除巴塞尔展会以外的所有大型国际展会，为业界真正解了“燃眉之急”。

诸如此类的例子，在香港有很多。去年SARS暴发期间，香港零售管理协会积极通过各种求助渠道向各方直接反映行业困难，并尽力减少业界损失。他们召开记者招待会，呼吁业主对零售商户减租一半；他们与大地产商交流，让他们了解行业困境；他们直接跟政府磋商，争取减免差饷和税负；

他们还积极参与推动成立“经济策略小组”，并成为小组内唯一的行业协会成员等等。

良好的运作机制

香港的行业协会据说大大小小有上千个，通常分为两种：一种是像总商会、厂商联合会这类主要由多家商会联合成立的大型商会；另一种就是像珠宝制造业厂商会和香港零售管理协会这样直接面对业界的行业协会。

与内地许多“行政主导”的行业协会不同，香港的行业协会几乎全是民间发起成立的，政府没有任何拨款。在香港，成立行业协会跟成立一家公司一样简单，程序也相近，没有任何限制。通常，商会注册的是“无股本的公众担保有限公司”，如遇公司清盘，每名成员皆须有限度出资分担公司的债务及其他费用等。

作为一家典型的香港行会，香港珠宝制造业厂商会目前拥有 334 家公司会员，30 名专职职员，也是香港珠宝界具有最多厂商会员的商会。厂商会的最高权力机关是全体会员大会，一年开会一次，其下设理事会全体大会，有 33 名理事，其中 23 人组成常务理事会，并下设 19 人的执行委员会。执行委员会为日常决策机关，一个月开会一次。至于决策的落实，则由总经理带领 30 位员工来完成。

为了满足业界的各种需求，珠宝业厂商会的功能很全，涉及展览、刊物、资讯、会籍、教育培训、内地事务、科技发展等。周秉权说，会员是行会赖以生存和发展的最重要因素，我们的角色很清楚，就是“服务会员”。

除了上述应对 SARS 危机这类突发事件外，协会更多的是对会员的日常服务。像香港珠宝制造业厂商会，他们提供的服务主要有组织香港团参加国际珠宝贸易展会，每年主办一次“香港国际珠宝厂商展览会”；出版各类珠宝业工商书刊；调查海内外珠宝商的信用背景，为会员提供信用查询服务；提供财务支援服务；与政府沟通并代表业界参与各项活动；筹办各类讲座和培训，帮助会员提高专业水平等等。

据介绍，每位会员加入珠宝制造业协会都须一次性交 2.9 万元“入会费”，以后每年缴纳年费 6800 元，这个标准在香港是很高的。但是 200 多万元的年费收入对于该协会达 6000 万元的年收入而言，真的只能算是一个零头。协会的绝大部分收入来自办展会和组织展会，这一部分约为 4500 万元，此外还有广告出版收入等。

尽管表面上的年收入很高，但协会是一个非牟利性组织，这些收入既然主要来自于其提供的产品和服务的收入，也就主要用于服务本身的成本上，以“收支平衡”为特征。譬如去年，珠宝制造业厂商会的盈余仅有 70 万元。

至于经费的运用和管理，协会则规定了严格的财务制度。以签领支票为例，只有协会主席、两位副主席和司库 4 个人可以签发支票，但他们没有开立支票的提出权，这是由总经理负责的。在报销单据的时候，则须有负责同事、部门经理、总经理、主席和财务 5 个人的签字才可。而且，他们跟银行还有一个约定，如果支票数额超过 5 万元，将通过电话与总经理核实后才会付款。

“‘阿公’的钱，我们当然要小心打理，实际上，要对会员负责，就必须‘依法办事’，这也是我们 16 年来得以不断发展的重要原因。”周秉权说。

行业共同利益的代表

香港零售管理协会也是在业界具有举足轻重地位的商会，该协会目前有会员公司 500 多家，零售店铺超过 5000 间，其中雇员约占香港全体零售雇员的 2/3。零售管理协会主席余鹏春认为，协会代表的是行业的共同利益，要对与零售商切身利益相关的事务发表一致意见。

零售业是直接面对消费者的行业，因此行业规范化和尊重消费者也就是行业的共同利益。对此，零售管理协会制订了一份《同业守则》，所有参加协会的会员都必须遵守。守则涉及商品售卖、产品安全和相关服务等多方面内容，对于跟消费者有关的定价、退换货、产品安全、赔偿责任、待客态度等都有明确的规定和指引。

有业内人士认为，这份行规很重要，因为店铺做的是消费者的生意，保护消费者利益就是保护零售商的利益，两者是一致的。而且，只有在全行业树立这种观念，才能促进整个行业的发展。

在处理与政府关系上，余鹏春说，要代表行业的共同利益，就必须成为行业与政府之间沟通的桥梁和平台。如今，政府如果要推出零售业新的条例和法律，都会事前征求协会的意见。而协会则及时收集业界意见并反馈政府，从而在公众利益和零售业界之间达成良好的平衡。

余鹏春指出，虽然业界内部在生意上是相互竞争的关系，但在竞争中也有共同点，比如租金、人力资源、市场等，关系到商铺的生存和发展，这就是会员之间的共同平台。“我们在协会内部要放低生意上的竞争，以行业整体利益为出发点，谋求行业的共同利益，这样就能实现行业的协调发展，这也才是协会存在的应有之义。”

《人民日报》(2004 年 08 月 16 日 第十五版)

行业协会说到底是一种经济民主的实现机制。因此，不同国家的行业协会模式主要取决于不同的法律制度和不同的民主形式——

国外行会管理的借鉴意义

北京商业管理干部学院副院长　教授　**杨　谦**

在市场经济条件下，企业为了保护自己的合法权益，维护行业的利益，共同协商解决市场竞争和社会经济生活中一些共性问题如体制、政策、价格、市场份额、技术标准等，往往采用行业协会的方式来达到目的。可以说，企业、政府、行业协会共同构建了市场运作的机制。

国际上行业协会的运行模式，可主要归纳为两种：一种是以美国为代表的“水平模式”，一种是以日本和德国为代表的“垂直模式”。

以美国为代表的“水平模式”是一种主要以企业自发组织、自愿参加为特点的行业协会模式，具有较强的民间性，政府对此既不干预，也不予资助，行业协会为企业提供技术与信息服务，协调政府、企业、消费者之间的关系，同时实力强劲的行业协会与立法、议会保持密切联系，形成长期以来美国人所推崇的以“对立——制衡”为原则的政府与行业协会的关系。

以日本和德国为代表的“垂直模式”是一种政府行政作用参与其中、大企业起主导、中小企业广泛参与的行业协会模式。其突出特点是强调政府的推动作用。行业协会具有庞大的组织机构和较高的组织化程度，协会的覆盖面广。政府与行业协会是一种合作协调关系。

各国的行业协会的职能无非是以下三种。

一是服务职能。其首要任务就是向会员企业提供各种服务，包括信息、咨询、法律方面的服务；组织对企业人员的专业培训服务；沟通国际联络渠道等。

二是协调职能。一方面，在协会内部，要维护会员之间公平竞争的权利，对会员进行必要的协调，反对不公平竞争，甚至制定一些行规或公约，进行集体的自我约束，保证正常的生产和销售秩序；另一方面，在协会外部，代表会员们的利益，协调同其他商会、协会之间的经济利益关系。

三是纽带职能。即成为沟通企业与政府之间双向联系的纽带。行业协会可以接受政府委托，执行一部分管理职能，但更多的情况是在其会员中贯彻政府的宏观管理意图和经济政策，敦促会员遵守国家法规和职业道德等。与此同时，又代表企业的利益，反映企业的要求，向政府提出建议。

行业协会的经费来源主要有三个方面：一是会费，通常占总经费的50%～90%；二是专业活动收入，如培训、发行刊物和出版物等；三是社会捐款，这部分既不固定，比例也较小。此外，还有一些协会由政府部门提供经费，政府不宜做的事务交给协会去办，专款专用。

行业协会与企业的不同点，在于它的非营利性。对于它的成员来讲，它只是一个服务机构。如果是营利性组织，那就变成了行业企业共同出资组建的合资企业了。通常国外的行业协会实行的是理事会决策下的秘书长执行制。协会主席轮流坐庄，秘书长受雇于协会，执行协会的决策。在决策上，通常是通过专业小组或专业委员会提供依据，主席会议进行决策。决策结果交由秘书长执行。既然是非营利组织，会费的收入通常并不丰厚。需要进行活动时，往往是大家坐在一起进行论证，然后由企业进行资助。资助是自愿的。这个时候秘书长的作用就比较大了。他可能要协调协会内的大企业，大家根据情况分担。

行业协会说到底是一种经济民主的实现机制。因此，不同国家的行业协会模式主要取决于不同的法律制度和不同的民主形式。根据我国的情况，日德模式更为适合一些。总结起来，行业协会的基本做法可以概括为：花大家的钱，办行业的事，商业化运作，非营利。对前两句话，我们比较好理解，对后两句话，国内的协会有一个误区。其实商业化运作与非营利目的并不矛盾。商业化运作只是一种经营思路，因此，协会并不排除商业化的运作。但是，商业化运作的目的是为了更好地为企业服务。因此，我国的行业协会不仅要去掉官气，还要学习企业间的民主机制和协会的经营方式。

《人民日报》（2004年08月16日 第十五版）

在迅速崛起的温州服装业背后，有一个很有影响的民间商会——“温州市服装商会”

行业公共服务的亮色

《人民日报》记者　**袁亚平**

服装业，是温州重要的支柱产业之一。全市2500余家服装企业，2003年销售产值352亿元。

温州服装业的背后，有一个很有影响的民间商会——温州市服装商会。

千元会员卡与50万元时尚图书

温州市服装商会在1994年3月成立，现有会员企业1125家。

“我们把商会定位在办成一种公共服务机构，为企业提供各方面的专业服务。”温州市服装商会会长陈敏说。

2004年2月7日，温州市服装商会理事会审议，通过了“成立温州市服装行业创新服务中心”方案。今年4月正式挂牌的温州市服装图书馆就是创新服务成果之一。

步入馆内，清静优雅的阅览区，配置电脑的会员服务区，茶香和咖啡味缭绕的会员休闲区。那些印刷精美的进口图书，连成鲜亮悦目的画廊。

1000元的会员卡等于50万元的时尚图书，温州市服装商会投入50万元，购买国际顶尖服装时尚图书，有的一本书就1万多元，而会员一人一卡，只需1000元。温州市服装图书馆面向服装行业所有企业家、设计师等。图书馆还提供扫描、复印，代拍数码照片，提供光盘拷贝等服务。以前有的企业一年花数万元买进口图书，能用的寥寥。现在钱少花了许多，获得的信息、资料增加了许多。

温州服装信息服务中心日前又告成立。其功能主要为信息检索，数据库运用，多媒体信息整合，提供世界服饰流行款式，定期发布各类温州服装预测，举办各类服饰时尚大赛、设计比赛、模特比赛、知识大赛等，建立商会主导的宣传平台。

温州服装图书馆还准备安装卫星接收器，可以在这里现场观看法国、意大利举行的一些时装发布会、新闻发布会，直接得到世界服装最新信息。

全国硬件最好的设计研发中心

业内人士都知道，服装的生命在设计。温州服装行业中小企业多，缺乏产品设计开发能力，无法支持创新。

商会把在设计上有所突破作为提升行业水准、提高行业美誉度的关键。温州大学国际服装学院有学生、有场地，然而服装教育滞后于服装产业。于是，服装商会借服装学院之力又为企业搭建了一个创新平台。

今年4月，温州市服装设计研究开发中心成立，下设信息部、面料部、设计部，将信息带入行业，以研究开发为核心，以各企业的市场定位为研发目标，开发以服装为主线的系列化产品。同时也作为服装学院培养实用型人才的实践基地，以研发带动教育。

“行业性的研发中心，采取与服装院校合作的方式，这两项在全国都是首创。”温州大学国际服装学院院长欧阳心力说。

中心有女装、男装、休闲装、针织4个设计工作室，每个工作室配备一个设计师、两个副设计师、两个打版师、五个缝纫工艺师。企业只要把自己的产品定位，明确种类要求，工作室从设计、面料、款式直到样品完成，一次承接业务可做100款，由企业确认后，平均一款设计成本只有1000元。著名服装设计师张肇达参观后感叹：“这是我见过的全国硬件最好的一个中心。”

“我们商会、服装学院和服装企业现在有了共同发展的平台。我们准备把设计工作室扩大到10个，满足企业的设计要求。”陈敏满脸兴奋。

有利于行业发展的都可以试

温州服装质量检测中心、温州服装商会职业技术学校相继开业。中国国际（温州）服装特许经营交易会，由温州服装商会主办，一年一度，好评如潮。温州服装商会在2001年7月组织报喜鸟、庄吉、华士、法派、夏梦、金顶针6家企业，作为“中国著名男装品牌赴德国参展团”，至今传为佳话。这些都是商会为行业、为企业办的实事。

“温州服装商会的发展，企业家居功至伟。”有人这样评论。其实，陈敏自己就曾是一位极有成就的企业家。他为了商会工作，辞去了庄吉集团董事长职务，少了50万元年薪的收入，而多出了很多的开支：向商会捐款20万元，每年会费3万元，自备轿车和手机的费用，等等。他以出色的工作受到大家拥戴。去年6月温州市服装商会换届，陈敏以全票当选新一届会长。

陈敏这样总结他做好商会工作的经验：商会工作要“创新、完善、建设、规划”。“创新”是指导方针，贯穿于商会开展的每项活动。无论是制度创新，还是工作方式创新，只要有利于商会作用的提高和整个行业发展的，都可以尝试。“完善、建设、规划”是商会的工作方向。

《人民日报》（2004年08月16日 第十五版）

多给一点成长空间（各抒己见）

南　宇

结合从事行业协会工作的切身体验，再看看那些得到肯定的协会，笔者认为，在当前的条件下，行业协会发挥作用的大小与好坏，不仅看行业协会自身的工作，也有赖于政府，特别是直接主管部门，为行业协会提供的空间。

根据学者对协会的研究，行业协会能否发挥作用，主要由三个因素决定：一、政府提供的空间；二、协会自身的作用；三、协会筹集经费的能力。现在，人们对后两条讨论得不少，而对第一个因素却涉及不多。其实，第一个因素对协会的生存和成长也很重要。在我国现阶段，这个因素至少包括两个方面：一是政府要把属于或可以交给行业协会的职能，逐步归还或交给协会；二是对行业协会的管理或者说是监管，要建立在对协会基本规则的承认和尊重上。

目前，在政府管理体制改革以及行业协会发展的过程中，遇到的一个重要问题是：政府能不能够，或者愿不愿意退出可以由市场或社会发挥作用的领域，从习惯性地包办一切，转变为把不同利益群体的事交还给他们自己设立的组织——协会去办理。政府转变职能是个十分不容易的过程。中国本来就有全能政府的传统，面对转轨时期纷繁复杂的局面，一方面，政府要推动各项事物向前健康发展，避免社会付出不能承受的代价，另一方面，又要改变事事直接过问的习惯，将已经熟悉的工作交给社会去做，自己去学习新的管理手段。如果协会的主管部门一味地强调转轨时期的某些无序，只想依赖行政力量解决问题，不愿意让协会发挥作用，协会怎么可能有大的作为？

当然，中国行业协会在功能上还很不完善，全面地承担起政府应该或可以转移的职能还有一个过程，需要在政府的扶持和自身的努力下不断成长。此外，由于行业协会是为某一群体的利益而存在的，即使在成熟的市场体制下，同样会出这样那样的问题，甚至侵犯其他群体的利益，需要政府对其进行监管。但是，如果主管部门按照传统的思维，把协会看作自己的附庸和下属，随意干涉，行业协会到哪里去寻找成长的空间呢？

行业协会在市场经济国家已存在了数百年，中国行业协会的成长不可能一蹴而就。在行业协会的成长过程中，除了自身的努力，最需要的，是政府承认和尊重协会的独立法人地位，从实际出发加以引导、扶持、规范，还有宽容。从某种意义上讲，行业协会能否健康成长并发挥作用，主管部门的观念、态度和管理水平是起决定作用的。

《人民日报》（2004年08月16日 第十五版）

协会要发挥作用，离不开自身努力，但也需要良好的外部环境——

协会:不要这样管我

（焦点·关注行业协会）

《人民日报》记者　**白天亮**

在采访行业协会的过程中，记者听到不少协会大吐苦水。这些苦水折射出我国行业协会发展过程中遭遇到的某些困境。

政府把协会做的事揽了过去

一家餐饮类协会组织行业内某项比赛，赛前征得了有关部门的同意。活动开展了半年多，眼看到了最后评奖授牌的阶段，却被该部门叫停。是比赛触犯了哪条法律法规吗？是比赛不公平引起企业不满吗？协会反思了好久，没找到答案。让他们意外的是，没过两个月，把比赛停掉的政府部门自己搞起了类似活动，自己发通知、由自己的下属单位亲自组织。原本参赛的企业只好重新参加比赛。协会的负责人感慨：“如果政府什么都要自己做，协会的活动空间就会越来越小，协会也很难保持对企业的吸引力。”

这样的事情并非特例。国家出台了某项冶金类资格认证制度，相关协会经过争取，共同组建了管理委员会，编辑了考试大纲。就在工作进行到关键阶段——开始对企业进行认证时，协会却收到了政府部门的通知，该部门将亲自开展认证事宜，不许协会参与。协会白忙乎一年多，投入的精力物力打了水漂，会员企业也很失望。

政府、协会、企业是市场经济的三大主体，有不同的分工和作用。由于政府是制定政策的一方，协会可以做什么、可以做到什么程度，往往受制于政府。协会发挥作用，固然离不开协会自身的努力，但如果政府总要包办一切，不愿意从可以由市场中介组织发挥作用的领域中退出，协会就会面临“有劲没处使”的困境。从这个角度看，协会的发展有赖于政府职能的转变，政府要把属于或可以由协会承担的职能，干净彻底地交给协会。政府还要充分尊重协会的地位，不能想干涉就干涉。

有靠山的胜过没靠山的

一家装饰类协会，多年前归原轻工局管理，发展了上百个会员，业务搞得红红火火。行业内也还有别的类似协会，归属其他政府部门。尽管业务交叉，但大家或公平竞争，或相互合作，企业对两个协会评价都不错。

后来情况变了。原轻工局撤销，这家协会从此没有了对其业务进行直接管理的政府部门，另一家协会却依然可以依托其政府部门。这家协会很快发现，主管部门撤销，自己如同没了“靠山”，经常会出现两个协会不公平竞争的情形。对方协会所属政府部门出台规定，涉及行业内企业的资质审批，并把这项权力直接授予其下属协会。这样，行业内所有企业的资质审批都必须通过部委的下属协会。没了靠山的协会，不仅失去了公平竞争此项业务的机会，其会员企业也纷纷离开，投靠了另一家。“人家有靠山，我们没靠山，简直办不下去了。”这家协会的负责人大发感叹。

协会之间有竞争，本是件平常事。可是，一旦有政府部门参与其中，竞争就往往变了味。

政府的过多介入不仅表现在竞争方面。某个协会被会员企业指责为“二政府”，协会的负责人很为难，“并不是我们想当‘二政府’，有时候是不当也得当。”由于协会依托的政府部门经常对协会的工作进行具体安排，而且掌握着协会的人事大权，部门而非会员企业便成了协会真正的服务对象。当二者要求不一致时，协会往往不能代表会员企业的利益去呼吁争取。协会也感到自己颇受束缚，但却无可奈何。

目前我国的行业协会，除了要在民政部门统一登记外，一部分协会的业务仍然由各部委直接管理。这种管理体制使这些协会很难发出与主管部门不一样的声音，无法真正为企业服务。

大协会与小协会争利益

车市红火，一家协会在与会员企业交流中萌生出成立二手车分会的想法，专门为做二手车生意的企业提供服务，规范并做大这个市场。

行业协会要成立分会性质的组织，按我国现行规定，必须报主管部门批准。这家协会的主管部门是国资委。行业协会又分为直管协会和代管协会。国资委直接对直管协会进行管理，再委托直管协会对代管协会进行管理。这家想办二手车分会的协会属于代管协会。因此，成立二手车分会的想法要得到国资委的批准，首先要报给直管协会，再由直管协会报给国资委。

哪想到，建议材料送到直管协会那里，却被直管协会看上了，认为是个好点子。他们的材料被压下，直管协会自己向国资委提出类似要求。这家协会一直在等国资委的批准，等来的却是直管协会自己成立了二手车分会的消息，只好到国资委去讨说法。事后，国资委有关机构总算弄清了前因后果，但这家协会的实际损失已难以挽回。

据介绍，分为直管协会和代管协会，一方面是考虑到政府部门不宜直接管得太多太细，委托大行业的牵头协会去管理小协会的党务、外事等方面的事情，更有利于理顺协会和政府的关系。另一方面，大协会和小协会同属一个行业，这种关系也有利于加强行业内部的联系、协调行业内的关系。于是，就有了钢铁、流通等大行业协会，这些协会又分别代管着冶金建设、物流等小协会。从制度上讲，不论怎么代管，大小协会之间都是平等的主体。但在实际过程中，代管体制造成某些直管协会与代管协会争利益，大摆“领导”架子。小协会要办展览，大协会提出要分成。其他行业的协会要同小协会谈业务，大协会却拦了下来，说“我们是他们的上级”。

出现这种情况，不排除某些协会做法上有不妥处，但现有的直管、代管制度，是不是无形中给了大协会“压制”小协会的机会呢？

《人民日报》(2004 年 08 月 30 日 第十五版)

以优质全方位服务吸引企业

中国轻工业联合会

“市场化原则”要求行业协会进一步转变观念，努力摒弃“行政色彩”，代表会员企业的利益，为企业做好服务。不过，协会的服务要得到企业认可，并不是件容易的事。

首先，协会必须深化自身的改革，以规范的制度和严格地执行制度为前提开展工作。这样才能约束全体工作人员的行为，堵塞工作中的漏洞，提高工作效率。

其次，一定的实力是为企业和为行业服务的基础。行业协会不以营利为目的，但却需要有一定的经济基础，增强协会实力，提高服务能力，更好地为企业服务。因此必须在增强协会自身实力上下功夫。认清形势，抓住机遇，切实采取有力措施，结合协会的实际，逐步解决“自强、自立、自养、自主”的问题。

开展多种形式的服务，是行业协会做优做强的必要途径。服务的方式和内容要随着时代的发展不断创新。协会的生命在于活动，服务要寓于活动之中，活动要选择好载体，组织好受企业欢迎、有创意、有特色、有实效的活动，提高服务的质量与价值。只有这样，才能更好地体现服务宗旨，在优质全方位的服务中赢得企业。

※ ※ ※ ※ ※ ※ ※ ※ ※ ※ ※ ※

在协商、协作、协同、协调上下功夫

中国缝制机械协会

协会是市场经济发展的必然产物。在我国市场经济改革不断深化的过程中，作为中介组织的行业协会一定要把企业希望做的事情、而且是一个企业做不了的事情抓住做好，为企业服好务。

为企业服务，关键要改进工作方式，在自律性行业管理上下功夫，即自我约束、自己管理自己。任何想靠国家给一些手段或从行政部门下放一些权力的想法，都是不切实际的，也不可能长久。协会自律性行业管理的特点决定了它的工作方式要采取协商、协作、协同、协调的办法，要争取广大企业家尤其是理事、常务理事、副理事长对协会工作的理解、支持和积极参与。做好自律性行业管理，协会的日常工作还必须坚持公开、公平、公正的原则，对所有会员一视同仁没有私心，不以大压小。不论是哪个会员提出的意见和要求，都要认真对待。

不过，目前协会的法律地位还不明确，国家的各项改革尤其是政府职能转变还不到位，在这种情况下，协会要实现真正的自律性行业管理还很难。这就需要政府的扶持和市场环境的培育，让协会尽快享有国际上通行的对非营利组织的优惠政策。

※ ※ ※ ※ ※ ※ ※ ※ ※ ※ ※ ※

为会员排忧解难增强凝聚力

中国包装技术协会

协会具有跨部门、跨地区、跨所有制的行业优势，还拥有熟悉行业、贴近企业，拥有精通本行业业务的专家学者人才的优势。协会应当利用这一优势，为会员企业排忧解难、提供全方位的服务，增强凝聚力。

协会要积极为会员提供信息服务，采取各种方式，收集和提供国内外各种有用信息，开展交流、发布活动，通过编印发行各种行业报刊、资料、产品目录、采购手册，召开信息发布会、成果发布会、技术交流会等形式，及时把国内外有关技术经济信息和市场信息，传送给企业。对于任何一个协会，信息服务都是一种基本的职能。

会员企业有困难时，协会要主动帮助解决。包装协会有这样一个例子。2003 年 4 月，新入会的一家会员向协会提出了与欧洲某著名国际公司购销合同纠纷一事，请求协会帮助。协会领导班子对此案高度关注，指示协会职能部门，以事实为依据，以法律为准绳，确保会员的正当合法权益不受侵犯，并多次组织召开专家论证会，排除外国公司设置的种种障碍和其他方面的干扰；作为会员单位的代理人，出席中国国际经济贸易仲裁委员会的仲裁庭，取得了仲裁的胜诉。这家会员企业的代表说，该案自 1997 年发生后，遍寻各种办法均未奏效，企业面临破产，没想到加入包协仅一个月，协会就受理并帮助解决了，让人真正感受到协会是企业的“娘家”。

协会为企业排解了难题，自然会得到企业的认同和拥护，协会也不用担心会费收不上来，不用担心搞活动企业不热心。

《人民日报》(2004 年 08 月 30 日 第十五版)

以服务为本协会就有生命力

中国纺织工业协会副会长兼秘书长　**陈树津**

我国纺织行业规模是世界上最大的。行业工作一定要做，这是行业稳定和发展的需要。谁来做？政府机构改革后，专业管理部门没有了，这个责任历史地落到了行业协会的肩上。

中国纺织工业协会这些年把自己定位在“服务”上。我们深刻体会到，只要诚心诚意为行业、为企业服务，协会就一定会有生命力、凝聚力。

在实际工作中，我们主要抓两大类服务，一类是引导式的服务，一类是实地式的服务。

引导式服务。比如协会组织编制“十一五”纺织工业发展规划，纺织行业科学技术进步发展纲要，纺织行业经济运行情况分析，化纤行业预警系统，纺织服装产品流行趋势，投资导向，企业自律活动，职工操作技能大赛，等等。利用行业协会的地位，把行业导向到符合国际发展潮流、符合国家经济发展要求、符合行业整体利益的轨道上来。

实地式服务。比如为省市、地区、企业进行各类咨询活动，举办各种国内外展览会，帮助企业开拓市场，建立纺织产业集群地区试点，帮助实现产业升级，开展人员培训，举行各种技术交流会，制订标准帮助企业信息化建设，解决贸易摩擦对外交涉等等，都是直接为行业、企业实实在在提供服务。

加入世贸组织以来，中国纺织工业出口增长较快，“中国纺织产品将垄断国际市场”等论调在国际上日益盛行。欧洲、美国、土耳其等纺织协会组织不断召开会议，对中国进行指责，他们甚至要求世贸组织推迟取消配额的时间。我们认为中国纺织工业协会应该站出来为中国纺织业界说话。为此，我们经过筹划于今年3月底在北京举行“首届全球纺织经济论坛”，把世界主要纺织生产国家和地区的协会首脑请来，澄清他们对中国纺织业的错误认识，了解我们“后配额时代合作共赢”的主张。这次论坛有19个国家的59个行业组织负责人和30多家著名公司的总裁参加，取得了很好的效果。各国对中国纺织业有了全面客观的认识。现在，纺织工业协会在行业中的威信越来越高。

《人民日报》（2004年09月06日 第十五版）

协会要走市场服务型发展道路

中国施工企业管理协会常务副理事长 **吴协刚**

在我国市场经济体系不断完善和政府职能改革逐步深化的形势下，协会建设和政府职能改革有着密切的关系。要使政府职能在国民经济发展中更好地发挥宏观调控作用，必须走政企分开、政社分开的道路。加强协会的全面建设，使协会在最短时间里承担起由于政府职能“瘦身”而赋予协会的任务。因此，政府职能改革的不断深化是协会发展的必要条件，加强协会建设是政府职能改革的重要保证。协会工作要与时俱进，要跟上政府职能改革的进程，甚至要有超前意识，向现属政府职能但从发展上看应属协会服务功能的领域渗透。

一、要完成向市场服务型转变。在市场经济条件下，协会工作要按市场经济规律办事，要根据企业需要开展工作。协会实行“自愿入会、自选领导、自聘人员、自理经费”的组建原则和“自我管理、自我服务、自我协调、自求发展”的活动方针。协会是企业的协会，协会领导机构要从企业中推荐合适人选来担任，工作人员由协会自主聘用。政府要为协会的发展创造一个宽松、规范、有序的环境。

二、要完成向市场经济观念的转变。协会是非盈利性组织，会费由协会自行确定，其经费除了向会员企业收取会费外，不足部分要靠自己努力工作来解决。在为会员企业开展服务的项目中，按照“保本”原则，制定收费标准，做到协会不补贴，企业不因此加重负担。在这个原则下，协会为企业服务得多、服务得好，协会在经济上就可以自立。在市场经济条件下，协会之间要开展公平竞争，实现优胜劣汰。谁为会员企业服务得好，谁的收费低，谁就得到企业的拥护，谁的会员就多。

三是要转变作风，把为企业服务作为协会唯一的宗旨。要加快政社分开，使协会真正成为以市场为导向的服务机构。协会要提高全体工作人员的服务意识和业务素质。同时，协会作为政府与企业之间的桥梁和纽带，要反映企业的意见、建议和难题，供政府研究问题时参考；随着政府职能的改革，政府有些事交给协会去做后，政府需要了解企业情况，协会有责任进行调查研究，并提出解决问题的建议。把协会真正办成企业的协会，政府的助手，行业发展的带头人。

《人民日报》（2004年09月06日 第十五版）

发挥推动行业可持续发展的重要作用

中国煤炭工业协会常务副会长 **乌荣康**

行业协会的宗旨是服务。衡量服务的好坏的标准是是否帮助企业解决实际问题，是否帮助企业提高经济效益，是否有利于行业的发展。只有企业感觉行业协会真正是自己的“家”，行业协会才能充分发挥影响力和凝聚力。这几年，中国煤炭工业协会帮助企业研究制定发展战略和规划、解决技术难题、提高技术水平、发布以市场信息为重点的各类信息、协调解决不同行业经济矛盾，以及整个行业吸引人才、安全投入、衰老矿区转型等问题，都得到了广大会员单位和企业的肯定。

在代表企业利益方面，行业协会一定要把握好几个原则。

符合国家方针政策的原则。近几年，我们通过“报告”、“人民来信”、“政策建议”等形式，向国务院领导和国家有关部委反映企业的问题，如不合理的负担，增加投入，整顿矿业市场秩序，合理调整煤炭价格，都符合国家法律法规，符合国家的方针政策。

符合市场经济规律的原则。行业协会不单是反映困难和问题，更重要的一条是按市场经济规律提出解决问题的思路和办法，帮助、指导企业用市场经济的规则来改变旧的经济增长方式。

符合有利于煤炭工业可持续发展的原则。不符合办矿条件，不符合环境保护，不符合产业结构调整的企业要求一概不能受理。通过协会的正常工作从源头上（如矿业秩序整顿、资源审查、矿井规划、体系认证等）给予否决。反之，协会则要积极鼓励、引导、帮助落实。

在现阶段行业协会职能尚未从法律上予以规范、国家有关部门与行业协会的工作关系也不清晰的情况下，在政府职能转变的过程中，协会的工作要突出“主动性”：主动地反映行业问题和困难；主动提出对策建议；主动为政府提供决策依据；主动做好衔接和协调工作。注重发挥会员单位的作用，共同完成政府授权委托和交办的各项工作，推动行业管理质量的提高。

《人民日报》（2004年09月06日 第十五版）

探索符合国情的发展道路

中国城市环境卫生协会理事长　**郝圣锟**

从我们多年来从事协会工作的体会看，坚持为行业和政府“双向”服务，是现阶段中国协会组织的正确方向和根本任务。主要要做好这样几项工作。

1．协助政府部门加强行业管理。深入调查研究，提出政策建议，为政府制定行业改革方案、发展规划、产业政策、法律法规等提供预案和建议；接受政府委托，组织起草、修订标准和规范，推进其实施；协助政府部门制定行规行约，加强行业自律，规范行业管理和市场行为，维护企业公平竞争。

2．密切会员单位与政府部门的联系与沟通。及时向政府部门反映行业热点、难点问题和企业、事业单位的愿望与意见。

3．开展中介服务。充分发挥协会的组织优势和人才优势，开展技术咨询、技术推广、学术交流、项目评估、行业评优、人才培训等工作。

4．通过多种形式为会员和广大企事业单位服务。如利用多种媒体及时传递先进技术、管理经验和市场信息；建立专家人才库和基础资料库等。

大力推进协会改革，是国家整体改革的有机组成部分，是开创协会工作新局面、实现协会持续健康发展的根本前提，需要结合经济体制改革和政治体制改革一道进行。国家应制定出社团改革的整体方案，指导和推进社会主义市场经济条件下行业协会的发展和职能作用的发挥。改革的重点应该是，按市场化原则规范和发展行业协会，建立和完善行业协会自立、自强、自律的运行机制；突破影响协会发展的体制性障碍，建立以会员为主体的组织体制和民主办会的管理模式；推进协会活动社会化、国际化，创建中国企业走向国际市场的平台，强化行业协会在国际经济活动中的维权能力。健全协会党的组织，充分发挥基层党组织在行业协会中的政治核心作用，走出一条符合中国国情的行业协会发展新路子。

《人民日报》（2004年09月06日 第十五版）

深化行业协会改革的时机到了

中国物流与采购联合会副会长兼秘书长　**何黎明**

行业协会是市场经济的产物，其作用的发挥与市场经济体制的发育程度和政府机构改革、职能转变的进程紧密相连。要想让行业协会发挥更大作用，政府有关部门首先应该转变观念，为行业协会“松绑”，营造宽松环境。但目前协会的作用发挥得还不够。一些应该由行业协会来做的工作，个别行政部门还是抓住不放，如：培训、标准化、行业统计等。甚至个别政府部门还在用行政隶属和行政管理的思维来研究行业协会的问题。如果政府部门习惯性地包办一切，只想依靠行政的力量解决问题，协会就不可能有大的作为。

目前行业协会存在的问题不容忽视，为适应经济体制改革、市场经济发展的需要，行业协会深化改革的时机到了。

首先，应对全国性行业协会进行清理整顿，对不具备条件，无所作为或严重违规的行业协会进行调整和处理。

其次，要逐步向企业家办会的方向转变。我国的行业协会在创办初期，多数由政府部门支持。随着改革的深入，要逐步摆脱由政府人员控制协会的局面，向企业家办会转变。这样做，有利于实现政会分开，有利于为企业和会员服务。

第三，行业协会一定要坚持服务宗旨。为企业服务，为行业服务，为政府服务，发挥桥梁和纽带作用。

第四，同一行业全国性的协会只能设一家，不宜多家竞争。多家开展竞争的话，将使企业无所适从。一个行业只能有一家全国性行业协会，市场经济发达国家也是这样。当前，应该在现有行业协会的基础上，深化改革，改进提高。

第五，要为协会“自养、自立、自治、自强”创造条件。在市场经济条件下，行业协会要发挥作用，必须摆脱政府附属物的角色。要坚持“自养、自立、自治、自强”的方针，自立和自治的前提是自养，不能自养，就不可能达到自立和自治。行业协会不以营利为目的，但要有偿服务。第六，行业协会要加强自律，规范运作。

《人民日报》（2004年09月06日 第十五版）

找准服务内容探索服务方式

中国电池工业协会副理事长　**周正祥**

电池工业是新能源领域的重要组成部分，已成为全球经济发展的一个新热点。近几年我国电池产量已占世界总产量1/3，其中80%出口。为企业服务是行业协会的宗旨，电池工业的外贸依存度大，协会的服务内容、服务方式就要扣住外贸这一重点，围绕“增强国际竞争力、扩大出口和规避风险”来进行。当前的重点是规避风险。加入WTO后出口工作碰到的主要问题是反倾销和知识产权保护。实施技术壁垒的主要国家和地区是美、日、欧，主要内容是环保、安全和卫生。主要方式是“提高技术标准”、“增加检验、检疫项目”和“改变技术法规”等。为此，我们为企业提供了这样几方面的服务：

1．积极参与国际标准的制、修订工作，维护中方利益。针对IEC国际标准会议上部分国家提出议案拟将S、C、P三型锌锰电池合并为P型电池的情况，协会组织起草了“中国电池工业关于锌锰电池等级合并的意见”，并派员参加有关国际会议，使会议讨论了中方的意见并被采纳，将S、C、P三型合并为S型和P型，从而维护了我国电池行业的利益。

2．参加“技术性贸易措施体系建设”，组织编制“电池出口商品技术指南”。受商务部的委托，组织行业力量，专题研究出口市场，特别是主要出口市场，从标准、技术、环保、政策法规等方面进行研究，找出差距和可能出现的贸易障碍，以便于采取应对策略，从而规避风险。

3．密切注意欧盟动向。去年欧盟公布了一系列关涉电池的新法规、新指令，协会组织专人对此研究，提出我国电池行业的意见，同时广为宣传，提醒企业特别注意这些指令、法规对我出口贸易的影响。

4．加强行业自律，规范外贸市场秩序。在每年的出口工作会议上都有一个保留节目，就是商议对出口电池的最低限价，用行业自律的办法预防国外的反倾销；举办反倾销培训班，使企业懂得法律知识，加强预警，提前防范。

《人民日报》(2004年09月06日 第十五版)

做好政府管理的得力助手

中国香料香精化妆品工业协会理事长　**张殿义**

行业协会既要服务企业，又要服务政府。行业协会必须深入研究专业法规，成为政府实施强制性管理的得力助手，发挥好专业立法的“参政”、“议政”作用，才能得到政府的理解、认可，开创工作新局面。我们的主要做法是：

1．推进行业自律，协助政府对“香料香精和化妆品”产品实施市场准入制。行业自律是行业管理的根本。在国家质检总局全国生产许可证办公室颁布继续对“化妆品”产品和对“香料香精”产品实行生产许可证管理制度的通知下发后，我们积极向全国工业产品生产许可证办公室提出申请，并经全许办的严格审查批准，将两个审查部设在我会。历经两年时间先后编制了有关许可证实施细则。

2．组建标准化技术委员会，做好行业规范管理工作。参与制定产业政策，保护稀有资源。我们经国家有关部门批准，于2001年组建了“全国香料香精化妆品标准化技术委员会”。在对行业标准化状况充分调查的前提下，两年来已完成10项化妆品产品标准和44项香料香精标准的制修订工作，受到政府部门和企业的欢迎，有的已同国际接轨，起到了规范行业的作用。协会还组织力量进行调研，向政府部门提出了我国重要天然香料黄樟油产品管理的产业政策，并进行了三次论证。该意见已被政府有关部门采纳，并已上报国务院法制局。

3．在国际贸易规则制定中，为政府提供技术支持。2003年3月，我国全面禁止来自法国等18个国家和地区疯牛病发病国家含有动物源性原料的化妆品的进口。协会积极向政府提供了世界卫生组织有关化妆品管理的具体法规，我们具有技术性的意见和建议也得到了政府采纳。

中国香化协会多年来不断研究国际专业法规，借鉴外国政府在香料香精化妆品行业不同阶段所采取的管理模式和经验，指导行业管理工作，并成为政府决策部门得力的助手。

《人民日报》(2004年09月06日 第十五版)

像经营企业一样经营商会

温州服装商会会长　**陈　敏**

温州的协会办得比较早，协会很多，分得很细。早在上个世纪80年代末90年代初许多协会就开始成立，比如，不光有打火机协会，打火机的零配件、专用材料等都有协会。因为企业有这种需求，协会是自发形成的。这样产生的协会就很有凝聚力。

在温州，自发形成的协会叫商会，区别于由政府部门成立、归经贸委管理的行业协会。商会挂靠工商联管理。前些年，还发生了挂靠经贸委还是挂靠工商联之争。其实，商会是民营企业自己的组织，是自筹资金、自选领导成立的，没有必要非要归口哪个部门管理。这种争论反映出有些政府部门还在用行政隶属、行政管理的思维对待行业协会的发展。这种观念极大阻碍了行业协会的进一步发展和其作用的发挥。

温州服装商会成立于1994年，有会员单位1100多家，占温州服装企业2000余家的一半以上。这个比例就可以说明，服装商会是比较有凝聚力的。看一个协会能不能代表行业大多数企业的利益，有没有生命力，会员企业占行业的比例很重要。

服装商会组织是完全由民间形成的，商会领导都是由企业选举产生的。所有人员，从秘书长到一般员工，实行全员聘用制，企业化管理。正副会长相当于公司董事局成员，秘书长相当于总经理，日常工作由秘书长具体负责。这样的体制，使我们能够从社会上招聘到有能力、有思想的人才。

我本人是2000年通过竞选当上会长的，三个候选人，真正的差额选举。我当时是庄吉集团的董事长，有十多年企业工作经验，了解企业从初创到创品牌的全过程。前段时间，我辞去了庄吉董事长的职务，全身心搞商会工作，像经营企业一样精心经营商会，其他商会领导也和我一样，全心全意为会员企业服务。因此，现在商会在行业中的声音越来越响亮。

《人民日报》(2004年09月06日 第十五版)

加快立法是协会建设当务之急

中国冶金建设协会秘书长　**焦凤山**

行业协会的定位已十分明确，就是“为会员单位服务，为行业服务，为政府服务”。问题是这个定位还未经国家立法确认。现在政府职能从制度上已有转变，我国加入 WTO 后也更加认识到行业协会的重要性，因此加快国家立法是行业协会建设亟需解决的问题。

首先，加入世贸组织后行业协会要同国际接轨，就需要立法，对行业协会的地位、作用等予以明确界定。再辅之以协会工作人员的努力，使行业协会充分发挥它应有的作用。有的国家甚至在行业经济立法（或修法）前，首先征求行业协会意见，然后拿出法律草案，再提请审议通过。

再次，立法后更有利于保护国家和企业利益。在反倾销和抵制不公平贸易方面，行业协会可以发挥不可替代的作用。国外行业协会这方面发挥了很大作用，我国行业协会在这方面无所作为或者说“作为”不大，事实上和无法可依有关。

第三，立法后有利于维护企业合法权益，有利于减轻政府工作压力，有利于规范行业协会工作。应该说，在企业经济交往中，灰色违章、违法事件层出不穷，如果有法可依，这类事件绝大多数可通过行业协会协调解决，使企业合法权益得到保护，也就大大减轻了政府有关部门的压力。现在行业协会也存在机构重叠，职能交叉等问题，通过立法，可以明确职责、责任和主管部门，这些问题都可迎刃而解。

通过加快立法，明确政府做哪些，不做哪些；协会做哪些，不该做哪些，给协会发挥作用的空间。如行业信息统计、技术标准制订、生产许可证和企业营业资质和个人执业资格认定等基础性和前期工作，都应委托行业协会来承担，并予以制度化，这也是国际上通行的且被证明是成功的做法。总之，国家应加快行业协会立法步伐。国际上通行的、成熟的、又适合我国国情的、看准了的“惯例”，就当机立断，坚决实施。

《人民日报》（2004 年 09 月 06 日 第十五版）

第六部分

地方行业发展

北京市建筑装饰行业

北京市建筑装饰协会

【行业概况】

2004 年是北京市起动奥运工程建设，加快城市建设，向着北京率先基本实现现代化目标迈进的一年。

这一年，北京市建设规模仍保持着高增长势头。建筑工程开复工面积达 1.2 亿m^2。北京市建筑装饰施工企业已发展到 1837 家，其中，一级 129 家（装饰专业为 103 家），二级 491 家，三级 1217 家。幕墙施工企业为 128 家，其中，一级 15 家，二级 67 家。建筑装饰设计资质企业 125 家，其中，甲级 41 家，乙级 81 家，丙级 3 家。

2004 年，我会工作的指导思想是抓住我市建筑装饰行业发展的大好时机，团结广大会员，努力做好服务企业、服务市场、服务行业，服务政府的工作，争取早日实现“北京市建筑装饰行业立足北京，走向全国，奔向世界”的目标。

【协会工作】

一、促进企业提高竞争实力，扩展市场占有率

为此，着重抓了以下五项主要工作：

1. 深入开展创市优工程活动。集中体现在 4 月 15 日成功召开了“北京市建筑装饰工程质量大会”，对 54 项市优工程、42 项行优工程进行了表彰。从设计、认识、培训、材料、科技、标准、评比、诚信等八个方面总结了提高工程质量的基本经验；从“四新”应用技术上总结交流了北京企业的 52 项“四新”技术成果；协会与恒智天成软件公司合作编制了装饰施工资料管理软件，从 4 月份投入市场后，受到业内普遍欢迎。这套实用性很强的软件，有效地提高了工程资料的管理水平，也为全面提高我市建筑装饰工程质量打下了基础。

贯彻新的装饰工程质量验收标准，是抓好质量工作的又一个重要内容，一方面组织了以如何创装饰优质工程为内容的贯标培训班，160 多位主要工程技术主管参加。另一方面，2004 年组织的三次企业总工程师沙龙，就施工组织设计、全国装饰奖工程特点介绍、以及对市优工程的观摩等多项活动，促进了我市建筑装饰工程质量的提高。

在开展创优工程活动的同时。还设立了“北京市建筑装饰工程质量服务满意单位”活动。这项活动的主导思想是动员更多的会员单位在创市优工程的同时，让每一项工程都成为放心、满意工程，促进企业更好地为用户服务，提升企业的整体形象，参预市场竞争。共有 35 家获得了这项荣誉。

2. 推动企业信息化建设。开展企业信息化管理是企业跨跃式发展的重要手段，是进一步提高综合管理水平的重要举措。目前我市重点企业的信息化管理仍处在起步阶段，多数企业缺少信息管理的意识和企业管理水平不高，影响了企业信息化管理的决策。为了推动重点企业的信息化管理，一方面协会在重点企业中组织试点企业，实施开发出具有快捷方便的适合行业特点的标准化管理软件，解决多数企业起步的需求。另一方面，协会起草了“关于北京市建筑装饰装修行业信息化建设实施意见”，作为推动企业实现信息化管理的指导意见。目前，我市一部分重点装饰企业在信息化建设上开始起步，建谊装饰公司已经研发了具有较高水平的信息化管理软件，为下一步在行业内推广打了基础。

3. 面向市场，成功举办了第五届美化家居展览会和全力筹办好 2005 年北京明星建筑装饰企业成就展览会。每年一届的美化家居展是家装行业的一次成果汇报和业内交流的盛会。通过展会组织开展了优秀家居设计作品评选，开展了家居装饰高层论坛会，10 位企业家和专家的演讲发言，对提升我市家装业的整体水平，把握企业发展方向，把企业“做强做大”起到了很好的交流促进作用，论坛会具有一定的前瞻性、指导性。以展示企业成果和开展工程咨询洽谈为特点的展会得到了企业的积极响应，参展诵跃，同时也得到了广大市民的欢迎，取得了很好的企业和社会效益。

针对北京奥运场馆建设和与之配套的巨大的建筑装饰市场，扩展北京企业的市场占有率，让奥运工程选择明星装饰企业，下半年，我会正在积极筹备 2005 年 3 月 2 日～6 日，在北京展览馆举办的北京明星建筑装饰企业成就展览会。目前，招商工作已接近尾声。届时，将全力组织好社会各界到会参观。

4. 组织采购联盟，开展材料信息交流。为了有利于企业采购到质量好、价格优惠的材料，有利提高工程质量，降低工程成本，经过一年来的运作，我会已经有石材等 7 种材料实施联合采购。这项工作是我会一项具有探索性又受企业欢迎的工作。与此同时，在深海外公司的支持下，把他们的材料信息软件无偿为北京装饰企业服务，已经在北京装饰网上启动。作为材料信息服务是增强协会凝聚力的一项重要工作。为此，我会正在积极筹备材料专业委员会的组建工作。

5. 推动加强建筑装饰行业安全生产工作。针对京民大厦装饰施工引起火灾事故。协会受建委委托 6 月 10 日召开了装饰企业生产安全紧急会议，开展了对在施工程的安全大检查，协会在安全生产服务中，主要确定了以下几项任务，一是按照市建委布置加大了对安全员的岗位培训；二是在家装企业中做好工长培训，持证上岗；三是企业每季最后一个月进行安全大检查的同时，由协会组织抽查，促进安全生产工作的落实。现在已初见成效。

二、发挥各专业委员会作用，促进行业整体发展

为了促进行业的整体发展，我会先后组建成立了设计委员会、家装委员会、幕墙门窗委员会、环境保护委员会、培训中心等5个专业机构和古建联谊会，把协会的服务更加专业化和提升服务质量。

1. 设计委员会。是2004年2月5日成立的。主要开展了以下几项工作：一是组织实施“北京市建筑装饰协会建筑装饰设计师从业资料格评审管理办法”，对第一批375设计师申报中、高级建筑装饰设计师从业资料，已经评审委员会进行了评定；二是开展了明星建筑装饰企业成就展资深设计师和杰出青年设计师评选活动，目前，已有68家企业211人参评。三是在参展的明星企业中组织装饰设计大赛活动，已征集了28家近80个设计作品。四是开展国际交流，已组织了美国、日本的专业对口交流。

2. 家装委员会。家装工作不仅涉及众多施工企业也关系到千家万户的百姓利益的一件重要工作。做好家装工作是协会服务政府、服务企业和服务社会的一项十分重要的工作。针对我市家装业发展快、市场竞争激烈，企业素质良莠不齐，一些企业和人员素质低、市场缺乏规范化管理等实际问题，我会把2004年定为诚信家装年，突出抓了以下几个方面的工作。首先，在优秀企业中组织发起了《北京市家装业诚信倡议书》，突出了诚信理念，同时组织重点企业签订诚信满意服务责任书，明确家装委员会与企业的各自责任以及奖惩办法。第二是组织开展评选优秀家装企业、信得过市场活动，促进这些企业带头实施诚信服务。第三是制定有效措施，开展北京市家装行业诚信服务达标标准，及达标验收标准考核办法、实施诚信服务达标责任书，同时，确定了首批46家企业参加达标活动企业，按计划这些企业将于2005年9月经过测评通过达标，验收，正式命名为诚信服务达标企业。通过诚信体系建设，必将进一步推动我市家装行业的精神文明建设和规范化建设。第四是在建立我市家装行业自律体系，加强自律管理的基础上制定了《北京市住宅装饰装修行业自律管理企业准入与清出办法》，这个办法从2004年10月19日开始试行，由我会评审、核准后报中国建筑装饰协会备案。以上这些做法，加大了行业自律管理力度，也突出地体现了协会组织的作为和职责。

3. 室内环境保护委员会。是2004年下半年成立的。它适应了企业的需求也适应了社会的需求，提升了协会专业化服务力度。对贯彻执行《民用建筑室内空气质量标准》，推广设计环保予评价法，开展室内空气检测和室内环保知识普及都在发挥着重要作用。

成立专业机构，发挥专业委员会的作用，这也是加强协会秘书处建设的一项重要内容。由此，协会秘书处已由成立时的6个人发展到30人，加强协会秘书处自身建设就显得尤为重要了。

几年来，我会十分重视人的工作，强调责任与奉献，以市场为中心，把协调和服务作为协会工作的宗旨，依托重点企业和广大会员，努力完成常务理事会确定的各项任务。

当前，从行业发展上看，加强信誉体系建设，进一步做好行业规范和市场监督是关系行业健康发展的重要课题，诸如低价中标等，是值得研究的课题；协会的协调、服务、保护、监督作用的发挥与政府、市场和企业的要求还有较大差距，协会的影响力，凝聚力还较低，主要反映在会员的覆盖面还很低。

天津市建筑装饰行业

天津市环境装饰协会

【协会简介】

天津市环境装饰协会成立于1988年7月31日。

1. 协会宗旨

为装饰行业发展服务，为企业及百姓服务，为政府管理部门服务，做好企业与政府，企业与社会的桥梁和纽带。

2. 协会职能和业务范围

实行行业自律管理，规范行业行为；进行行业调查，促进行业发展，协调会员之间及会员企业与社会各方的关系，保障平等竞争，组织行业评比、交流与合作；进行本行业人员培训，新材料信息交流、咨询服务、承担行政管理部门委托的其他职能。

3. 协会组织

协会下设：四部一室。装饰、幕墙施工工程部，材料、设计部，家装、质量报诉中心、培训部、综合办公室。

4. 会刊及传媒

会刊《天津装饰》，网站《天津装饰网》www.cntdn.com。

【行业概况】

近年来，天津各行业都在迅猛发展，为把天津建成国际大都市，我市建筑装饰行业发展很快，尤其近两年来更为突出，逐步转向有序、规范、健康发展的轨道，但是目前市场的不规范、家装企业规模普遍较小，管理相对落后，其实力不足，仍是影响我市住宅装修行业发展的主要因素，随着当前天津地区的发展和目前市建委对全装修工程的全面推行，将会给住宅装饰行业的发展带来新的机遇和考验。

【协会工作】

1. 为落实建设部《商品住宅装修一次到位实施导则》的通知精神，落实国家节约资源、能源产业政策，配合市建委2005年2月在我市颁布的《天津市住宅装饰装修工程技术标准》（DB29-35-2004）。该标准的实施，将有力地推动新建住宅实施全装修，保证和规范我市住宅装饰装修质量和水平。

2．为提高我市家装设计水平，引导家装设计新理念，多次开展设计大赛，使设计师的专业水平不断提高并组织设计人员参加全国资深、杰出设计师评选活动。

3．组织企业参加全国建筑装饰奖的评选，组织住宅装饰装修企业参加示范工程、优秀企业及诚信宣言等活动。2004年使我市3家企业获全国建筑装饰奖，6个住宅装修企业获19项示范工程等奖项。

4．提高我市整体装饰水平，促进装饰行业发展，组织我市企业赴北京、上海等地参加优质工程观摩、交流及高峰论谈等活动，从而提高我市装饰企业的综合素质，增加企业竞争力。

5．2004年度大力开展会员组织建设、扩大协会开展活动空间，促进行业的发展、重点发展三级、家装企业、独资企业及品牌材料商加入协会组织，加强协会组织建设。总之协会还需进一步转变观念，从提高自身素质着手，以行业发展为中心，加强自身建设，树立为企业服务，为行业服务，为百姓服务的基本思想，增加凝聚力，为促进行业的发展而努力。

上海市建筑装饰行业

上海市装饰装修行业协会

【协会简介】

上海市装饰装修行业协会：SHANGHAI DECORATORS DECORATION ASSOCIATION（缩写：SDDA），是原上海市建筑装饰协会和原上海市家庭装饰行业协会合并，于2002年6月经上海市民政局正式批准成立的新协会。时任上海市陈良宇市长亲自为协会揭牌。

E-mail：sdda@vip.163.com

协会宗旨是加强行业规划，规范装饰装修市场，促进行业、企业综合素质的提高，维护会员合法权益，保障市场平等竞争，为会员发展服务。在企业与企业、企业与政府、企业与社会之间起交流、沟通和桥梁作用。

协会下设建筑装饰、家庭装潢、建筑幕墙、装饰材料、装饰设计和信息技术应用等6个专业委员会。

协会秘书处成立了党组织、团组织和工会组织。设有办公室、行业管理部、技术培训部、宣传企划部等职能部门。

协会依法开展以下工作：制定本行业的行规行约，规范行业行为，进行行业自律管理，开展行业服务，促进行业发展；沟通会员之间、会员与非会员之间及会员与消费者之间的联系和交流，协调争议事项；组织开展行业培训，为会员提供服务；接待住宅装修咨询和投诉；承担市、区（县）建设行政管理部门委托的事项。

【行业概况】

1．会员：协会现有会员4800个，其中，单位会员2000家，个人会员（设计师）2800名。

2．行业产值：全行业年产值约500亿元，从业人员约25万人。

【协会工作】

一、以服务达标为重心，促进家装行业发展

1．制订《上海市家庭装饰装修行业创建规范服务达标验收标准》（试行）。

2．开展首次行业内部考评，106家企业考评合格。

3．制定《关于家庭装饰企业禁止聘用违规从业人员的自律约定》、《会员单位广告自律约定》等。

4．出台《上海市建筑室内装饰设计出图标准》和《上海市家居住宅室内设计文件编制深度规定》

5．继续做好投诉、咨询工作。全年共接受咨询7500起，接受投诉365起。

二、开展竞赛评优

1．建装、幕墙行业评选“信得过”企业。共有74家企业评为“2003年度上海信得过建筑装饰企业”。

2．建装行业评选“优秀项目经理”。77名经理评为“上海市建筑装饰施工企业优秀项目经理”。

3．举办第三届室内设计作品大赛，共有77件作品获奖。

4．制定《装饰材料（产品）推荐实施办法》（试行）。经评审，17家材料（产品）获得推荐。

5．配合中装协开展评优工作。13个建装企业获“2003年度中国建筑装饰行业百强企业”；26位企业负责人获“全国建筑装饰优秀企业家”；15名获“全国建筑装饰工程优秀项目经理”；15项工程获“全国工程装饰奖”；39家获“全国住宅装饰装修示范工程奖”等。

三、规范室内设计师考核体系

我会与上海市职业能力考试院合作，对今年报名的600多名设计师进行考试，对考试通过者，发给由市人事局监制的证书。

四、配合政府工作

1．经建委批准，由我会推荐的31名专家，进入市招标办建装评标专家库。

2．受市建委和市房地局委托，开展全市范围玻璃幕墙普查工作。

3．参加“上海市重点工程实事立功竞赛”。有5家获市级的“优秀公司”、3名“优秀建设功臣”、7个“优秀集体”，13名“记功个人”和3名“优秀组织者”。

五、建立培训基地，开展培训工作。

2004年初，协会建立培训基地，全年完成各类培训13500多人。

重庆市建筑装饰行业

重庆市建筑装饰协会

【协会简介】

重庆市建筑装饰协会主管部门为重庆市建设委员会，登记管理机关是重庆市民政局民间组织管理局。

协会宗旨：为企业、为行业发展服务，为政府管理服务，做企业与政府、企业与社会之间的桥梁和纽带。

协会职能和业务范围：实行行业自律管理；规范行业行为；进行行业调查；制定规划；促进发展提高，协调会员之间以及会员与社会各方的关系，保障平等竞争，组织行业评比、业内交流和对外合作，进行人员培训；接待咨询、投诉；承担行政管理部门委托的其他职能。

协会组织：

会　长：喻上沛

副会长：叶瑞进（主持全面工作，其他副会长略）

常务副秘书长：肖能定

秘书处下设四个部门：综合部、家居工作部、材料设施部、宣教培训部

协会会刊：《重庆建筑装饰》双月刊

【协会概况】

重庆市建筑装饰协会现在会员单位300家左右。其中具有一级建筑装饰施工资质企业18家；一级幕墙施工资质企业1家。

【协会工作】

2004年在重庆市建委的领导下，在中国建筑装饰协会的指导帮助下，在协会秘书处及广大会员、理事、常务理事的共同努力下，2004年年初制定的协会工作计划已经落实和正在落实。在严格执行国家和行业的法律法规，提高行业水平，服务企业，协调各方关系，维护消费者权益，提高协会自身素质和管理水平，遵守廉政规定等方面，做了不少工作，取得了一定的成效。

一、评优评先工作

1．按照重庆市建筑业管理办公室重建办[2001]21号通知精神，我会组织开展2003年度“评优评先”活动。开展“评优评先”活动是为了表彰建筑装饰先进企业和优秀经营者，鼓励全行业树立创优意识，争做精品工程、优质工程，提高会员单位知名度，展现先进企业形象以及建筑装饰管理水平和施工水平。经过会员单位自愿申报，秘书处初审报协会常务理事会审查通过，优质装饰工程奖工程评选经过协会组织专家评审组复查评审，共评选出以下六个奖项：一是重庆市先进建筑装饰企业57家；二是重庆市建筑装饰企业优秀经理40名；三是重庆市优质建筑装饰工程奖10项；四是重庆市优质建筑装饰工程（住宅）奖10项；五是重庆市建筑装饰施工企业优秀项目经理22名；六是协会工作积极分子36名。

2．2004年正值中国建筑装饰协会成立20周年，为推动行业发展，提升行业影响，展现行业风采，构筑行业诚信，中国建筑装饰协会为庆祝成立20周年举办了一系列评选表彰、学术论坛等活动。协会按照中国建筑装饰协会的工作部署，先后组织了由会员单位申报，市装协推荐，报中国建筑装饰协会审定，在这次活动中分别获得122项奖项和称号，分别：一是全国有成就资深室内建筑师4人；二是全国杰出中青年室内建筑师7人；三是全国优秀企业家13人；四是全国优秀会员企业8家；五是全国住宅装饰装修质量服务诚信企业16家；六是全国住宅装饰示范工程29项；七是全国住宅装饰优秀企业16家；八是全国住宅装饰装修行业自律诚信宣言500家发起单位签名活动28家；九是市装协荣获优秀地方协会称号。

我会为了参加中国建筑装饰协会20周年庆祝活动，组成了有40余人重庆代表团参会。这次会议使我市参会代表开了眼界，长了见识，增加了信息，学到了经验。由于较好的组织工作，展现了直辖市装饰行业的精神风貌，得到了中国建筑装饰协会各个部门的好评。中国建筑装饰协会马挺贵会长、常务副会长兼秘书长徐朋亲自签名发来了感谢信，对重庆市装饰协会的工作给予了很好的肯定和较高的评价。

3．为提高装饰行业的设计水平，按照中国建筑装饰协会的安排开展了有关设计方面的两项活动：一是协会作为协办单位在四川美院举办了“当代室内设计动态展”，共有亚太地区116件作品参展，我市经专家评审送展60件作品；二是协会组织了200多家装饰企业参加组织在江北金源大饭店举办的“东鹏杯全国室内设计大奖赛”活动。

二、培训工作

2003年，经向中国建筑装饰协会提出申请，我会争取了成立中国建筑装饰协会培训中心重庆工作站。2004年以来，我们加大培训工作力度。首先认识到从行业发展的战略高度，提升行业整体素质的重要性来开展培训工作。年初，向会员单位发出通知，开展摸底调查工作，以便做到心中有数。同时就培训计划、培训教材、鉴定取证等问题向中国建筑装饰协会培训中心汇报、咨询，切实掌握有关政策规定。

经常向市建委建管处、科教处等行业主管部门汇报培训工作进展情况，争取得到支持和指导，并确定了四川美院、重庆大学、建工技校作为协会培训工作的教学点。多次召开三校联席会议，研究培训工作。成立了培训工作领导小组和培训工作专家小组，并向中国建筑装饰协会推荐了2名专家作为全国建筑装饰行业培训专家组成员。经过半年多的努力，首期建筑装饰装修设计从业资格培训工作已于11月22日正式开课，首期45人。

三、家装处理投诉工作

维护行业声誉和消费者权益，“群众利益无小事”。我们受理消费者对装饰装饰投诉事件，既热情耐心又认真负责。本着公正公平的原则解决双方争端，既维护了企业的合理权益，又维护了消费者的合法权益。2004年1～10月份，协会共处理投诉30件。其中影响较大的重大投诉3起。现已处理27件，处理投诉率90%。特别是处理特殊钢厂老工人罗婆婆

的家装投诉一例，在该厂职工中产生较大影响，同时宣传了建筑法及建管条例，赢得了很好的声誉。罗婆婆还为协会送来了锦旗，过国庆节前，专门打电话问候协会工作人员。

四、协会会员管理工作

加强了会员单位的组织管理工作，年初，秘书处组成两个组，分别走访了会员企业60多家，了解情况、征求意见、掌握信息，下半年，还派专人催收会费，收到一定效果。

五、协会服务领域延伸

协会在社会生活中和行业内部的影响力越来越大，装饰行业产业链正逐步延伸，带动了家具、电器、厨卫、材料等装饰相关企业。2004年1～10月，有27家相关企业主动要求加入协会，扩大了协会的工作范围，也使我们的服务领域延伸到各个相关产业。

六、展会

2004年9月经市建委批准，我会作为主办单位，积极参与了“重庆市第一届建筑装饰暨门业五金展览会”。市我会家居工作部近期启动了“放心家装”活动，在9月份协会主办的建筑装饰展会上已整体亮相，受到社会各界的广泛关注。新成立的材料设施工作部作了大量的前期市场调查摸底工作。

七、秘书处内部管理

2004年协会工作量大，压力较大，但人手少，通过多方面做工作，统一了思想，明确了目标，分工明确，注意相互配合和工作方法，工作效率和工作质量逐步提高，为完成今年的工作任务打下了基础。

八、存在的问题

1. 组织会员单位间的学习交流沟通，及如何促进行业的发展工作研究不够多；

2. 装饰企业特别是家装企业规模普遍偏小，成立时间短，经营实力不强，做大做强的不多。少数企业的诚信度和自律水平低。正规装饰企业与“装修游击队”市场占有率严重失衡，正规企业只有大约20%，企业之间存在不正当竞争问题；

3. 在行业的发展速度加快、市场规模在扩大的同时不断细分，而相关政策、法规标准的制定和实施，与行业发展的实际要求相对滞后。特别是技术性立法与执法的体系建设不健全，影响到行业健康有序发展；

4. 从业者队伍素质有待提高，为适应形势发展的需要，建立起一支新型的企业家队伍，一支新型的建造师（项目经理）队伍，一支新型的设计师队伍和工人队伍，从这个角度看我们的差距仍然不小。企业参与意识、竞争意识不强，创优积极性不高；

5. 协会在规范化管理方面，管理水平、管理手段、管理思路，以及基本的工作条件都还存在较大差距和不足。

（1）如何围绕产业链的发展拓展工作范围和工作思路，如何整合协会资源，打造核心竞争力，有待进一步探讨；

（2）秘书处管理水平、学习思考能力、协调能力等方面与发展要求不相适应，工作层面不够广泛；

（3）协会所收取的会费偏低，协会经费偏紧；

（4）家装行业发展较快，投诉呈上升趋势。

以上是行业面临的现状和存在问题，解决影响行业发展的主要矛盾和问题，是一项系统工程，需要政府的指导和支持，行业协会加强引导和扶助，社会关注与监督，企业自身调整思路，采取具体措施。同时协会要加强自身建设，提高工作水平，行业发展过程中存在的问题是可以逐步有效地解决。只有正视这些问题，我们才能够实事求是地客观地研究和探索出解决问题的方法、措施和步骤。

把协会工作做好，为企业服务，为政府的决策献计献策，是历史赋予行业协会工作者的不可推卸的责任。建筑装饰行业是一个充满生机与活力的行业，前途光明，前景广阔。我们要学习贯彻党的十六届四中全会精神，学习“三个代表”重要思想。用科学的发展观指导行业发展，我们相信通过我们全体会员单位的共同努力，我市建筑装饰行业将会得到新的发展，协会的工作将走上一个新的台阶。

中国人民解放军建筑装饰行业

中国人民解放军建筑装饰协会

【协会简介】

中国人民解放军建筑装饰协会，为军队建筑行业的群团组织，协会于1989年从军队建材协会中产生的建筑装饰专业协会，协会从1989年至今，已走过了16年的里程。

在军队主管部门的领导下，在中国建筑装饰协会的指导下，随着国家改革开放的大好形势和建筑装饰业发展的步伐，军装协工作取得了长足进步，曾三次荣获中国建筑装饰协会授予的全国优秀协会，沙启云秘书长多次评为全国优秀协会工作者。10多年来协会一直坚持“以人为本，服务第一”，始终如一地贯彻党的路线、方针、政策和军队的有关指示，根据国家的产业政策和行业的发展要求，及时为军队企业参与国防建设和地方建设提供信息服务，构筑起新的平台。

【行业概况】

本会现有会员企业27家，其业务，从事建筑装饰、建筑幕墙、建筑门窗、建筑安装、金属网架、轻钢结构、建材生产、建筑设计及教学培训等企业和单位。其中一级施工、甲级设计资质企业有9家，是军队装饰行业的骨干力量，年产值达20多亿元。

【协会工作】

2004年是本会成立以来取得较大成绩的一年，在中国建筑装饰协会成立20周年庆典活动中，军装协评为“全国优秀协会”，常务副会长罗果志荣获“全国优秀资深室内建筑师”称号，副会长兼秘书长沙启云评为“全国优秀协会工作者”，罗果志、沙启云参加两项书法作品展，荣获“优秀作品”。

本会会员单位武汉凌云建筑装饰工程有限公司董事长黄恒增补为中国建筑装饰协会副会长，本会副会长上海蓝天房屋装饰公司总经理洪兆雄、上海海直建设公司总经理唐海金增补为中国建筑装饰协会常务理事。本会洪兆雄、唐海金、蔡继红、史永平被授予“全国建筑装饰行业优秀企业家”。

本会会员企业中，上海海直公司、上海蓝天公司、石家庄海山公司被推荐为“全国建筑装饰行业百强企业”。

在全会企业中承建的四项工程：上海海直公司承建的上海光大国际酒店装饰工程、上海蓝天公司承建的宁波栎社机场航站楼二期扩建装饰工程、武汉凌云公司承建的成都城市之心幕墙工程、石家庄海山公司承建的忻州电信楼幕墙工程被评为全国建筑工程装饰奖。

本会三家企业：武汉凌云公司、上海蓝天公司、石家庄海山公司荣获“全国建筑装饰信息化建设先进单位”。

本会会员中蔡荣根、苏宏平、顾磊、田荣、杨平、李生信、郭玉伟、胡德军等8个评为全国建筑装饰行业优秀项目经理。

2004 年本会坚持开展了一年一度的评先创优活动，评出“金榜企业”11家、“金奖工程”26项、“优秀企业经理”11位、“优秀项目经理”34名、“优秀协会联络员”15名；设计大赛金奖18项、银奖17项、铜奖8项；推荐材料品牌厂家4家。通过评先评优活动提升了企业品牌，激发了创业精神，增强了协会的凝聚力。

2004 年本会所取得的业绩一是坚持以邓小平理论和“三个代表”重要思想为指导，坚持以科学发展观，紧跟建筑装饰业的发展形势；二是不断得到中国建筑装饰协会的大力帮助和支持，依靠本会骨干企业和扩大会员热爱协会并积极参与；三是协会始终坚持求实务真，服务为本，为企业办实事；四是调查研究，创新思路，为行业发展勤奋工作。

石家庄市建筑装饰行业

石家庄市装饰协会

【协会简介】

石家庄市装饰协会成立于1989年，主管部门为石家庄市建设局。本届为第五届理事会，主要领导成员如下：

名誉会长：王进泽　石家庄市建设局局长

顾　　问：杨立众　石家庄市建设局副局长

王文章　石家庄市建设局总工程师

会　　长：刘亚东

常务副会长：刘　成　市建设局建筑管理处处长

副 会 长：（按姓氏笔画为序）

王　跃　王万华　史永平　朱宁顺　吉瑞森　邢洪涛

张双进　张铁军　张增福　赵秀民　贾　轩　董文军

秘书长：赵秀民（兼）

常务副秘书长：张永学

副秘书长：邹鸣杰　张会玲（女）　钟志强　康清源（女）

【行业概况】

2004 年以来，我市装饰企业数量、规模、实力、水平和经营状况都有了新的进步和提高。据统计，我市建筑装饰企业已有190多家，其中一级资质企业14家，二级企业80多家，甲级设计企业13家，并有6家企业通过了ISO9000质量体系认证，均比上年有新的发展。

在全国同行业各项评审中都有不俗 成绩。我市雅虹公司、斯特龙公司和海山公司再一次被评为“中国建筑装饰行业百强企业”。

常宏公司的张少武、孙德峰，雅宏公司的郑益江，海山公司的郭玉伟、胡德军被评为“全国建筑装饰工程优秀项目经理”。

在“全国建筑装饰行业信息化建设先进单位”评比中，我市海山公司、雅虹公司、常宏公司、斯特龙公司被评为先进单位。

省室内、雅虹、常宏、通力、海山等公司被评为“全国协会优秀会员单位”。

斯特龙公司刘书英、省室内公司王万华、常宏公司王跃、雅虹公司董文军、海山公司史永平等同志被评为“全国建筑装饰优秀企业家”。

常宏公司崔宝琳被评为“全国有成就资深室内建筑师”，大石代公司张迎军、雅虹公司白晓坤被评为“全国杰出中青年室内建筑师”。

在“河北省建筑工程装饰奖评比”中，佳林公司的省高级法院工程、蓝翔公司的世贸广场工程、通力公司的中江古玩城工程获“建筑工程装饰奖”。

在我市建筑业企业信用等级评定中，海山、雅虹、常宏、特艺达、博宏、新中原等公司被评为“AAA级企业”。

一年来，我市建筑装饰行业取得地丰硕成果，是各企业自身努力的 结果，是建筑装饰水平的不断提升，是行业进步和发展的体现。这应归功于企业，归功于行业同仁共同努力。

【协会工作】

一、开展多种形式的行业活动，为企业服务

1. 为落实《石家庄市城市住宅室内装饰装修管理办法》，防止野蛮施工和私改房屋结构、私改管线，确保房屋安全，协会与市房屋安全管理办公室、市 房地产协会共同举办“住宅室内装饰装修人员上岗证培训班”。今年已经办班10期，培训520余人，并颁发了上岗证 ，进一步提高了家装企业员工素质。

2. 2004年共举办研讨、讲座活动3次。2004年初在省人防大厦组织了“家装全息管理法”研讨会，由蒋一良主讲，并介绍了企业如何进行家装全过程管理；2月份举办了“建筑装饰企业发展战略讲座”，邀请韩国LG公司营业部经理焦桐先生主讲，从装饰市场分析、项目评估、客户观察、逻辑分析四个方面开启企业老总和部门经理们新的理念，拓宽经营思路，使企业更能适应市场的需求和变化；9月份组织了“装饰企业安居消防知识讲座”，由市安居防火教育培训中心付华瑞主讲，结合行业特点和实例的讲座，使企业受到一次生动而实际的施工安全防火教育。

3. 组织装饰设计评比展览3次。3月协会在人民会堂举办了“第四届建筑装饰设计展览会”，这次展会与“第二届华北建筑装饰及城市建设展览会”同时同地举行，省建设厅有关领导出席了开幕式并参观设计展。本次展会参展作品公装设计282幅，家装设计150幅，共计432幅。其中33幅作品分别获得最佳设计奖，最佳创意奖，一、二等奖和优秀奖；9月份协会与全国装饰材料情报信息网共同举办了“首届石家庄窗饰、床饰最佳设计暨室内装饰艺术展览会”；9月18日协会与《绿色家居》编辑部、河北省产品质量监督检验院联合主办“福人地板”杯绿色家居公益设计大赛，大赛吸引了300多名家装业主和近百名设计师参加活动。大赛收到设计作品102件，经专家评审评出一等奖1名、二等奖2名、三等奖3名、优秀奖10名、最佳创意奖1名。

4．举办产品推介会2次。7月份协会与金德管业集团河北分公司在怀特大厦共同组织金德管材产品推介会；11月份协会与北京圆方北成软件公司在国际大厦召开“石家庄装饰企业竞争力提升研讨会”，同时圆方公司介绍自己开发的装饰设计新软件。

5．2004年地税局出台《石家庄市建筑业税收征收管理办法（试行）》后，装饰企业普遍反映税负偏高，压力较大，并通过各种渠道反映到协会。协会经过调查研究和征求部分大企业的意见，协会出面向地税局反映了当前装饰企业经营状况及实际问题，希望为企业减负，以达到涵养税源的目的。地税局领导表示，一是对企业反映的困难表示理解；二是税率是国家规定，地方无权随意更改；三是经过审计，部分管理较好、财务制度健全、信誉较好的企业实行核实征收。之后协会向有关企业反馈了信息，企业对协会这次活动表示满意。

6．2004年协会进行了两项评审工作。一是根据中国建筑装饰协会《关于开展全国室内建筑师技术岗位能力评审认证试点工作的通知》，协会经过发动和认真组织，评出高级室内建筑师3人，室内建筑师16人，助理建筑师12人；评出高级住宅室内设计师5人，住宅室内设计师7人。二是根据省装协《河北省建筑工程装饰奖评选管理办法》，经企业申报、协会初审初评，推荐蓝翔公司的世贸广场工程、佳林公司的省高级法院工程、通力公司的中江古玩城工程参加省建筑工程装饰奖的评选。

二、为中国建筑装饰协会组织3次调研活动

由于协会工作扎实有效，经常开展行业活动，所以深受中国建筑装饰协会信赖和重视，并经常到我协会组织调查研究，供有关部门决策参考。2004年2月2日中国建筑装饰协会信息部委托我协会组织了一次信息工作调研座谈会，意在为中国建筑装饰协会信息工作会议做准备，以中国建筑装饰协会信息部主任黄白为组长的调研组，听取了常宏公司、通力公司等7家公司在座谈会上的汇报，并到雅虹、常宏、斯特龙等单位现场参观视察。调研组对整个组织座谈情况很满意，认为达到了预期目的。

7月20日中国建筑装饰协会信息部再次委托我协会组织《住宅装饰装修行业自律管理企业准入与清出办法（试行）》座谈会。对该办法进行论证，因为该办法是家装行业内部盼望已久的大好事，因此中国建筑装饰协会十分重视，同时也十分慎重，为了使该办法顺利出台，中国建筑装饰协会决定分组到石家庄、沈阳、杭州召开座谈会，征求对该办法的意见和建议。座谈会开得很成功，为该办法正式出台奠定了基础。为适应市场经济的发展，促进建筑装饰企业的发展，中国建筑装饰协会受建设部委托来石召开建筑装饰施工和设计资质整合调研座谈会，我会和河北省建筑装饰协会共同组织了10家企业参加座谈会。

三、实施行业自律准入与清出办法（试行）的准备工作

《住宅装饰装修行业自律管理　企业准入与清出办法（试行）》是中国建筑装饰协会为家装行业办的一件大好事，为规范家装市场健康有序的发展起到极大的推动作用。我协会经向中国建筑装饰协会申请被确定为全国17个试点协会之一，也是17个试点协会中6个省会城市之一，9月份中国建筑装饰协会向我会颁发了试点单位“委托书”。收到“委托书”后，我们紧锣密鼓地开始着手试行的准备工作。先后起草了“向市建设局的工作报告”、“实施细则”、“家装行业自律公约”、“办证工作制度”、“试点工作安排意见”、“住宅室内装饰装修验收标准（试行）”、“住宅室内装饰装修工程指导价”等文件。到目前试点准备工作已基本就绪，按试点工作安排拟于2005年1月开始实施。这项工作的实施，将对规范我市家装市场、抑制装修游击队、扶持正规家装公司起到关键作用。

四、加强协会自身建设

1．随着建筑装饰行业的不断发展，协会会员队伍也在不断扩大。今年协会发展新会员单位26个，协会发挥自己服务作用和凝聚力把他们团结在自己的周围，向规范化的市场需求迈进一步。

2．根据工作的需要和市场的发展变化，协会对所属的家装委员会进行了调整和加强。由协会刘亚东会长兼任家居装饰委员会主任，并新增设了2名副主任，这两名副主任是家居装饰方面的行家里手，并有明确分工，经过半年多的实践，充分发挥他们的特长，使家装管理工作更加有序，也较好发挥了家装委员会的职能作用。

3．由于行业活动不断增多，特别是培训工作也要逐步加强，经与红房子广场协商，并得到红房子董事长的大力支持，在红房子家居广场成立了协会培训基地，今年已在基地举办上岗培训班10期，举行了发展战略讲座、施工安全防火知识教育等活动。

4．充分发挥理事会作用。7月7日协会召开了五届二次理事（扩大）会。这次会议一是总结了上半年工作，提出了下半年的工作设想；二是传达中国建筑装饰协会有关文件，布置室内建筑师和住宅室内设计师的评审认证工作。

五、协会取得的荣誉

1．协会被市科协授予“石家庄市1999年～2004年科协工作先进集体”荣誉称号；

2．协会被中国建筑装饰协会评为“全国优秀协会”；

3．我协会被市工经联推荐为出席省工经联召开的代表大会的代表。（我市工经联共推荐2个代表，我协会是其中之一）并被评为“全省先进行业协会”。

4．被市民间组织管理工作领导小组评为“优秀社会团体”。

山西省建筑装饰行业

山西省建筑装饰协会

【协会简介】

山西省建筑装饰协会成立于2004年1月。协会成立以来，在山西省建设厅和中国建筑装饰协会的领导支持下，协会建设得到加强，行业建设有了较大的发展，会员企业从成立开始的174家发展到220家，协会的建设和办公条件都进一步加强和改善，为今后的工作打下了良好的基础。2003年协会获“山西省省直社团先进单位”，2004年获“中国建筑装饰协会优秀协会”荣誉。

【行业概况】

通过近几年的努力，行业建设和企业发展有了较大的进步。到2004年，我省具有一级建筑装饰装修专业承包资质的企业由2000年的1家发展到7家，二级资质的企业由50余家，增加到现在的140家，装饰公司中具有装饰设计乙级以上资质的企业近50家，企业素质和竞争力得到提高。

五年来，获“全国建筑工程装饰奖”的工程4项，获“山西省建筑工程装饰奖”的工程47项，获“山西省建筑装饰企业优秀项目经理”的53名。许多企业获得中国建筑装饰协会和省建筑装饰协会优秀企业的表彰。近五年是我省装饰行业奋斗拼搏和不断前进的五年。

【协会工作】

2004年是本届理事会的第五年，主要工作如下：

一、关于企业的改革与发展

企业的改革与发展是根据全国装饰业的发展和我省装饰企业的实际情况确定的，也是协会近几年始终强调的主题。2004年主要做了三件事情。

1．加强与政府主管部门的沟通，完成主管部门委托的工作。2004年协助主管部门开展了企业资质和项目经理资格的初审工作，并及时反映企业的困难和建议。协会领导组织多次进行调研并陪同省建设厅领导到企业进行调研，指导企业工作，并对行业发展提出了建议。

2．进行了专题讲座和交流，开阔了企业发展和改革思路。在召开的四次理事会上，协会请中国建筑装饰协会副会长兼秘书长徐朋作了“关于对行业发展若干问题的思考”的报告，并请省内10多家企业进行大会交流，企业反映热烈，并收到实效。协会组织了部分企业赴大连进行了学习经验、考察，并进行了交流。

二、关于家装工作

我省已正式列为中国建筑装饰协会关于家装准入与清出工作的试点，为家装市场的规范工作进行了专门研究，力争在新一年有所突破。

三、培训工作

关于培训工作，主要是技术工人岗位培训和建造师的培训，一是确定了培训点，二是培训了师资，目前，培训的实施正在进行。

四、关于两优一奖和其他的评选

1．2004年表彰了32家优秀建筑装饰企业，25名优秀项目经理，23项工程获“山西省建筑工程装饰奖”。

2．继省建装饰总公司承建的人大会堂装饰工程参评并获得“2003年全国建筑工程装饰奖”后，2004年太原市现代装饰工程有限公司承建的山西省晋中建行综合楼获“全国建筑工程装饰奖”，山西森永装饰公司等4项家装工程获中国建筑装饰协会“全国住宅装饰装修示范工程”奖。

3．屈智等5名同志获“全国建筑装饰优秀企业家”称号。太原地毯城、大同伊鑫装饰公司等10家单位获“全国住宅装饰装修优秀企业”的表彰。

另外，森永装饰公司还获得了“全国住宅装饰装修质量服务诚信企业”称号，13家企业参加了“全国住宅装饰装修行业自律宣言”。省装协、太原市、大同市建筑装饰协会获全国优秀协会的表彰。杨凯、张广礼获优秀秘书长表彰。

五、全国装饰行业文娱汇演

2004年召开中国建筑装饰协会成立20周年大会和家装行业发展大会，我省太原市、大同市装饰协会都分别组织会员单位参加，是人数最多的一次。

我省的省建装饰总公司，大同市、太原市建筑装饰协会都准备了汇演节目，经报送后确定了太原市建筑装饰协会推荐的由森永装饰公司承办的节目，并在大会进行了演出。这是各市协会和会员企业对行业建设工作的支持，也为我省装饰行业增添了荣誉。

六、关于协会建设和其他工作

1．开通了山西建筑装饰网站，并为会员企业设立了模板页面；会刊《山西建筑装饰》进行了改版。

2．建立了法律顾问，为下步工作做了相关准备。

七、开展了室内建筑师的评审工作

2004年共评审批准了108名室内建筑师。

回顾首届理事会的工作，是协会学习、探索、进步的五年，也为下届理事会打下一定基础。

2004年协会召开了首届六次常务理事会，确定了2005年的六项主要工作如下：

1. 做好换届工作准备，并认真总结首届理事会以来工作。

2．家装企业市场准入和清出工作要有所突破。

3．企业的改革和发展工作要紧紧抓住不放。

4．行业培训工作要有新的举措。

5．全国建筑工程装饰奖和山西省“两优一奖”的评审要继续搞好，注重质量，严格程序和标准。

6．进一步加强协会组织建设，提高服务质量，为会员企业进一步做好服务。

2005年主要工作仍要围绕企业改革和发展，加强协会建设，为行业发展做贡献。

江苏省建筑装饰行业

江苏省装饰装修行业协会

【协会简介】

江苏省建筑装饰协会于 1989 的年 1 月 28 日在南京成立，2004 年 5 月 18 日更名为江苏省装饰装修行业协会。

首任理事长邱良，秘书长汤灵均。

现任会长毛家泉，秘书长朱志明，副秘书长陈沪、刘瑗。

秘书处内设办公室、质量部、信息部、培训部。

下设家装委员会，主任孙建设；幕墙工程委员会，主任王建峰，常务副主任兼秘书长夏立友。筹建材料专业委员会由陶仁寿负责筹建。

我会现有企业会员 300 余家（其中公装企业 200 余家，家装企业 100 余家），《江苏装饰装修》杂志为会刊（双月刊），内部资料、业内交流。

【行业概况】

改革开放 20 多年来，在江苏省委、省政府和各市、县政府的关心、支持下，在各级主管部门的正确领导下，江苏省装饰装修行业得到迅速发展，已经成为拉动江苏国民经济发展又一新的经济增长点。截止 2004 年底，全省共有独立资质装饰企业（含幕墙、金属门窗、不含家装）共 1940 家，从业人员 25 万。年完成产值 350 亿，另外家装企业完成产值约 360 多亿元。到目前为止，现有注册发证主营装饰装修一级企业 63 家、兼营装饰装修一级企业 23 家；主营装饰装修二级企业 287 家；主营装饰装修三级企业 1098 家；主营幕墙工程一级企业 12 家、兼营幕墙工程一级企业 5 家、主营幕墙工程二级企业 33 家；主营幕墙工程三级企业 25 家。

【协会工作】

2004 年，全省装饰装修行业的广大干部职工坚持以邓小平理论和“三个代表”重要思想为指导，认真贯彻落实省委、省政府“两个率先”的精神，树立以人为本，坚持全面协调可持续的科学发展观，紧紧围绕建筑强省的战略目标，解放思想、更新观念、实事求是、与时俱进，为装饰装修行业的发展做出了积极的贡献。省协会在省建设厅、省建管局的指导下，在各市协会及各会员单位的大力支持下，本着“规范行业行为，维护合法权益，搞好双向服务，当好桥梁纽带”的办会宗旨，在促进行业发展的进程中，做了大量富有成效的工作，取得了突出的成绩。归纳总结，主要有以下几个方面：

一、围绕庆祝中国建筑装饰协会成立 20 周年和省协会成立 15 周年，成功举办了文艺汇演，展示了江苏省装饰装修行业的风采

2004 年 7 月 3 日下午，我会在南京紫金大剧院举办了“庆祝江苏省装饰装修行业协会成立 15 周年文艺汇演”，这次文艺汇演不仅是我省装饰装修行业有史以来的第一次，也是我省建筑业有史以来的第一次。中国建筑装饰协会常务副会长兼秘书长徐朋、副秘书长房箴，中华建筑报副总编张兵，中央歌剧院一级编导高守信，省建管局高学斌局长和 4 位副局长以及全省装饰装修行业的职工代表到场观看演出。这次文艺汇演把行业精神、好人好事、职工的精神面貌向社会充分展现了出来，举办得非常成功，反映也非常好。通过筛选，有 8 个节目参加了全国装饰行业文艺汇演，占全部演出节目的 1/3。这次活动，得到了各市协会和有关企业的大力支持。

为了庆祝中国建筑装饰协会成立 20 周年，我会还组织了以毛家泉会长为团长、有 189 人组成的江苏省代表团参加了庆典活动。由于我省工作出色，受到了中国建筑装饰协会的表扬，并收到了马挺贵、徐朋两位会长亲手签名的感谢信。在庆典大会上，我省有 10 名企业家被评为“全国优秀企业家”，有 26 家企业被评为“全国住宅优秀企业”，有 31 家企业被评为“全国住宅诚信企业”，有 16 家企业荣获“优秀会员企业”称号，有 3 家协会荣获“优秀地方协会”称号，有 9 名协会工作人员荣获“优秀协会工作者”称号，有 2 名协会工作人员荣获“协会工作贡献奖”。有 3 人被评为全国有成就资深室内建筑师，有 15 人被评为全国杰出中青年室内建筑师，有 16 项住宅装修工程被评为全国住宅示范工程。

二、成功召开了 2004 年协会会员代表大会，明确了协会今后的工作思路

3 月 18～19 日在南通市召开了江苏省建筑装饰协会 2004 年年会及 2003 年度江苏省建筑装饰、家庭装饰优质工程颁奖大会。全省装饰行业的领导、企业负责人、获得省优质工程单位和会员单位代表 200 余人参加了大会。中国建筑装饰协会马挺贵会长、行业发展部王本明主任应邀出席了本次大会。这次会议总结了过去协会工作的经验，为今后一个时期协会的工作提出了总体思路。会议还表彰了 2003 年度优秀装饰协会和工作人员，为 2003 年度江苏省建筑装饰行业获奖论文的作者和单位颁发了荣誉证书，为 82 项 2003 年江苏省建筑装饰优质工程和 91 项 2003 年度江苏省家庭装饰优质工程获奖单位颁发了奖杯和证书，并审议通过了调整部分理事会成员的决定。中国建筑装饰协会马挺贵会长在会议结束时作了热情洋溢的讲话，对江苏省和地方装饰装修行业协会的工作作了充分的肯定。在会议期间，还邀请了东南大学黎志涛教授、省装饰设计研究院李宁院长、我会毛家泉会长、苏州美瑞德“在水一方”设计师殷彤作了建筑装饰设计专题讲座。

三、成功召开了我会四届二次常务理事会及省优秀装饰企业、家装示范企业颁奖大会

毛家泉会长在大会上传达了中国建筑装饰协会会长工作会议精神。省建管局副局长、我会顾问杜学伦参会并作重要讲话。大会通过了省协会上半年工作总结和下半年工作安排，通过了关于发展个人会员及个人会员会费标准的议案。同时大会还表彰了2003年度省优秀装饰企业、省家装示范企业，表彰了2004年优秀项目经理、行业文艺会演获奖节目和优秀组织单位，并颁发荣誉证书和奖状。到会代表共150余人。同时，幕墙专业委员会也召开首次常务理事会。

四、开展评优工作，树立品牌企业，规范企业行为，促进行业发展

1.开展2003年度江苏省建筑装饰优秀企业和优秀家庭装饰示范企业评选活动。经各省辖市装饰协会初审、推荐，我会秘书处对推荐的企业资料进行复核，并经省建筑装饰优秀企业评审委员会评定，有52家企业被评为2003年度江苏省建筑装饰优秀企业。

根据“江苏省优秀家庭装饰示范企业”评选办法，经各省辖市装饰协会初审、推荐，我会秘书处认真复核，并经江苏省优秀家庭装饰示范企业评审委员会评审，有33家家装企业被评为“2003年度江苏省优秀家庭装饰示范企业”。

2.开展2004年江苏省建筑装饰企业优秀项目经理评选活动。为树立建筑装饰工程管理者的先进标兵，推动我省建筑装饰行业整体水平的不断提高，经省建管局同意，我会决定在全省开展2004年江苏省建筑装饰企业优秀项目经理评选活动，并印发了《江苏省建筑装饰企业优秀项目经理评选办法（试行）》。经各省辖市装饰协会推荐、专家评选，有58人荣获“江苏省建筑装饰企业优秀项目经理”称号。

3.开展2004年度江苏省建筑装饰优质工程和家庭装饰优质工程评选活动。经各省辖市装饰协会初审、推荐，我会组织有关专家复查，并经评审委员会评审，最后以无记名投票表决，确定105项建筑装饰工程、19项建筑幕墙工程被评为“2004年江苏省建筑装饰优质工程”（紫金杯），95项工程被评为“2004度年江苏省家庭装饰优质工程”。

4.配合省建管局开展2003年度江苏省建筑装饰10强企业的评选工作；配合中国建筑装饰协会开展全国装饰装修百强企业的评选工作。根据省建设厅、统计局、省建管局公布的结果，苏州金螳螂、苏明、美瑞德、华丽美登、常州常泰、江苏华盛等6家装饰企业；苏州苏鑫、无锡建伟、江苏合发、无锡王兴等4家建筑幕墙企业被评为“2003年度江苏省建筑装饰10强企业”。

根据中国建筑装饰协会公布的结果，我省苏州金螳螂、苏明、华丽美登、扬州华宇、常州常泰、南京装联、金鸿、金陵等7家装饰企业和苏州苏鑫、南京金中建2家建筑幕墙企业被评为“2003年度全国装饰装修百强企业”。

苏州金螳螂建筑装饰有限公司在全省装饰10强企业和全国百强装饰企业评比中均名列第一名。

5.配合中国建筑装饰协会开展全国建筑工程装饰奖的评选工作。我会积极组织，并参与中国建筑装饰协会组织的复查和评审工作。我省共组织申报了21项工程，其中：公共建筑装饰12项，幕墙装饰8项，设计类一项。经中国建筑装饰协会全国评定委员会评定，我省有17项工程获全国建筑工程装饰奖。其中：公共类12项，幕墙类4项，设计类一项。

6.开展全国室内建筑师技术岗位能力评审认证试点工作。为了规范建筑装饰设计人员管理，加强室内建筑师队伍建设，调动广大设计人员积极性、提升室内建筑师水平的技术定位，提高我国建筑装饰设计人员在国内和国际建筑装饰市场上的竞争能力，为设计单位、装饰企业和设计人员办实事。根据中国建筑装饰协会的总体部署，我会在各市装饰协会的大力支持下，积极开展全国室内建筑师技术岗位能力评审认证试点工作。截至12月10日，全省共有7个市39个企业240人申报室内建筑师和住宅设计师。其中申报高级室内建筑师34人、室内建筑师79人、助理建筑师86人、高级住宅设计师16人、住宅室内设计师25人。经我会初审、专家评审、领导小组审批，31人被评为高级室内建筑师、15人被评为高级住宅设计师、68人被评为室内建筑师、76人被评为助理建筑师、22人被评为住宅室内设计师。

7.开展住宅装饰装修企业准入与清出工作。为贯彻实施中国建筑装饰协会《住宅装饰装修行业自律管理企业准入与清出办法（试行）》，我会于9月6日向中国建筑装饰协会提出我省为试点单位的报告，同时还参加了10月13日中国建筑装饰协会在福建省召开的首批试点单位工作情况交流会。中国建筑装饰协会于10月25日给予书面答复，同意我省为试点单位。我会向12个省辖市装饰协会下发了实施意见，并抄报中国建筑装饰协会。目前，这项工作正在进行中。

五、加强行业培训，开展学术交流活动

为提高装饰行业整体素质，促进行业健康，配合建设行政主管部门的工作，我会开展了以下几个方面的培训工作：

1.为了配合建筑幕墙新规范的实施，举办了1期建筑幕墙新规范学习班；

2.为了加强建筑安全生产管理工作，配合建筑安全生产考试，举办了1期装饰企业负责人考前培训班和1期装饰企业项目经理考前培训班；

3.为了提高我省家装企业的管理水平，举办了2期家庭装饰企业负责人培训班。对企业负责人进行了《安全生产管理条例》的宣贯及建筑装饰装修强制性条文的宣讲，收到了良好的效果。

为了加强装饰行业的理论建设，总结装饰行业在企业管理、市场运作、设计与施工组织等方面的规律性，使装饰行业在科学理论的指导下健康发展。我会于11月29日～30日在苏州市举办了江苏省装饰企业高层论坛。大会由毛家泉会长主持，特邀东南大学经济管理学院黄斌教授做主题演讲，8名成功企业家作交流性发言，到会代表深受启发，反映良好。

为了贯彻十六大精神，用新型工业化思想加快对传统产业的改造，我会在常州市召开了部分装饰企业参加的信息化建设交流会，推动信息技术在行业的应用，并向中国建筑装饰协会推荐了8家装饰企业作为全国装饰行业信息化建设先进单位。

六、重视组织建设，加强信息宣传

1.成立了幕墙工程委员会。在省建管局、省民政厅的关心支持下，我会成立了幕墙工程委员会，并于2月23日在无锡市召开了成立大会。有关领导和60多名代表出席了会议。省建管局杜学伦副局长、我会毛家泉会长出席会议并讲了话。大会选举产生了32名理事和22名常务理事，并成立了第一届幕墙工程委员会理事会。大会通过了“幕墙工程委员会管理办法”、“会费标准”和“工作计划”。会议期间还举办了“幕墙工程专家讲座”，参观了无锡王兴幕墙装饰工程有限公司的新技术、新产品展厅和生产车间、公司设施等，受到与会代表的好评。

2. 完成我会的更名工作。随着市场经济体制的建立和不断完善，行业协会的改革发展工作已经提到相应的高度。按照“一业一会”、同一行业设立行业协会的要求，结合我省装饰装修行业的实际情况，经我会申请，省民政厅批准，我会更名为“江苏省装饰装修行业协会”，从2004年5月18日起启用新的印章。

3. 加强信息宣传工作。2004年我会共编辑印发《江苏装饰装修》会刊6期，共采用稿件226篇，约53万字。在编辑会刊中，坚持办刊的宗旨、目的、特点，认真选用“指导性、社团性、专业性、地域性”强，有江苏特点，有社团内涵，有行业特性的稿件，并结合协会工作重点，及时增辟新的专栏，受到了我省企业和读者的好评。

4. 开展了先进协会和先进工作者的评比工作。为了鼓励和表彰为我省装饰行业协会工作做出贡献的市装协和协会工作人员，经我会组织的评审委员会评定，授予南京市装饰行业协会等8家市协会为2004年度“江苏省优秀装饰协会”荣誉称号；授予吴继周等14人为2004年度“江苏省优秀装饰协会工作者”荣誉称号。

在过去的一年里，各市装协积极开展工作，为我省装饰行业的发展做出了一定的贡献。南京市装饰行业协会以“价格、合同、投诉”为重点，为规范家装市场做好服务工作，以“企业需求”为重点，做好培训工作，抓好公益性活动，为企业开拓思想、开拓市场做好服务。镇江市建筑装饰协会积极发展新会员，成立仲裁办事处和装饰投诉站，办好会刊“家装超市”。扬州市装饰行业协会开展春秋季“家装、建材”交易大会等多样活动，坚持为企业服务。徐州市装饰装修行业协会成立“家庭装饰工程纠纷投诉受理中心”，制定“投诉受理程序”和“投诉解决办法”。2004年受理咨询、投诉80余起，现场咨询、投诉50余起。受理投诉满意率80%以上，来人、来电咨询满意率达100%。常州市建筑装饰协会认真开展行业培训，推动信息化建设步伐，促进全行业素质的提高。无锡市装饰装修行业协会深入调查研究，加快信息流通。苏州市装修装饰行业协会在建设行政主管部门的指导下，认真抓好装饰行业的资质管理、工程质量管理、市场管理以及行业的技术和岗位培训等工作。在总结工作成绩的同时，我们也认识到，2004年协会的工作还存在一些问题和不足,今后应该注重改进，进一步扩大协会凝聚力和影响力。

苏州市建筑装饰行业

苏州市装修装饰行业协会

【协会工作】

贯彻党的十六大提出的全面建设小康社会，落实以人为本、全面协调可持续的科学发展观，落实市府提出的我市要率先建成高水平小康社会，率先基本实现现代化，这些都是装饰行业以及协会工作者面前艰巨而光荣的任务。

一年来，协会自觉接受业务主管部门和登记管理机关的双重管理，以市场经济为导向，以规范行业管理，推进行业自律为目标，以全心全意为企业谋发展、不断提高企业的整体素质、工程质量和知名度为宗旨，切实做好“三个服务”方面，做了一些工作，协会的凝聚力不断增强，信誉度不断提高，协会的队伍不断发展壮大，我们装修装饰企业的老总、管理人员和广大职工，在365个日日夜夜，为此付出了辛勤的劳动和努力，终于取得了可喜的成绩，向领导、向社会、向人民交出了一分较好的答卷。我们主要抓了以下五个方面：

一、继续抓好住宅装饰企业的资质初审工作，推动家装行业的队伍管理

1. 按市局要求继续做好住宅装饰企业的资质初审工作，2004年已上报并取得省住宅装饰资质53家，其中二级企业2家，三级企业18家，对原苏州市家装资质的企业进行套改的33家。

2. 对已取得省住宅装饰企业资质的企业进行年检工作共86家。

二、继续抓好装修装饰企业的创优工作，提升装饰企业的综合管理水平。

1. 按照市建设局的要求，组织抓好一年一度的“天堂杯”建筑装饰优质工程的评选活动。

2004年“天堂杯”的评选工作已是第九个年头，从申报的数量来看共申报了107个项目，（其中市外、省外工种24个），比去年申报数60个，增加78%（其中幕墙工程有15个，占参评数的14%）；住宅装饰类申报“天堂杯”优质工程奖的共96个工程，比去年增加16个，增长20%。

经专家组评审及局评审委审定，2004年获得“天堂杯”公共建筑装饰奖为69个工程，得奖率达83%，获住宅装饰优质工程奖的有79个工程，得奖率达82.3%。对申报市外、省外的24个工程项目，有18个工程项目获得“天堂杯”。

2. 经局主管部门同意，在荣获“天堂杯”工程中按好中选优的原则，推荐申报江苏省优质工程评选的公装为37个工程，住宅装饰类优质工程为31个工程项目，经省局、省装协专家组的评审，我市获省优工程的数量已名列全省第一。

3. 经过协会和专家组认真评选，协会授予17家企业为2003年度“苏州市建筑装饰优秀企业”荣誉称号。

4. 根据中国建筑装饰协会和中消协2004年提出的“诚信、维权”的要求，2004年协会对住宅装饰企业优秀企业的评选，由原来的“用户满意单位”改为与市消协共同评定“苏州市住宅装饰诚信企业”，经两协会共同审定，24家家装企业获此殊荣。

5. 经协会推荐并经省装协评定我市获“省优秀企业”13家，家装企业获“省示范企业”10家。

6. 经省建管局和省装协共同评审我市荣获2003年省优质工程金奖2个，银奖20个，家装精品工程5个，优质工程21个。

7. 2004年我市有四只建筑装饰工程荣获全国建筑工程装饰奖。

8. 经中国建筑装饰协会、中华建筑报社评定，我市金螳螂再次荣登全国建筑装饰行业百强之首，苏州苏明装饰有限公司继续荣登第63强，苏州市华丽美登装饰装璜有限公司、江苏苏鑫装饰（集团）公司首次光荣的步入百强行列。

9. 我市苏州市红蚂蚁装饰设计工程有限公司、苏州市大陆装饰工程有限公司、旭日装饰工程有限公司、苏州市贝特装饰设计工程有限公司、苏州市台北装饰工程有限公司、苏州市樱花装饰工程有限公司、苏州颐德装饰工程有限公司等七家企业荣获全国住宅装饰装修优秀企业称号。

10. 我市的苏州仁和装璜设计有限公司承建的香格里拉27号、苏州颐德装饰公司承建的陆以平先生别墅、苏州台北装饰公司承建的沧浪区佳安别院25幢别墅、苏州工匠装饰公司承建的都市花园33幢702室、苏州美瑞德装饰公司承建的吴江七都镇陆宅等五个工程荣获全国住宅装饰装修示范工程。

11. 我市的台北、贝特、红蚂蚁、樱花、颐德、江苏百姓、京都幸弘等8家企业参加了全国500家住宅装饰装修行业自律诚信宣言。

12. 金螳螂公司朱兴良、倪林、苏明公司朱维新、华丽美登公司王伟民、苏鑫集团金鑫南荣获全国建筑装饰行业优秀企业家。

三、继续抓好装修装饰的行业管理，不断规范行业自律行为

1. 为了理顺各县市装修装饰行业的扎口管理，协会主动与各县市主管部门联系，至今张家港市、常熟市、昆山市、吴江市、太仓市的装饰装修行业均已纳入扎口管理，昆山市政府也专门下文把原轻工主管的室内装饰协会与建设局主管的装饰协会合并，并明确主管部门为建设局。

2. 为了摸清我市家装企业的情况，协会秘书处对市区住宅装饰企业的情况进行了调研，并向市建设局作了专题汇报。

3. 认真抓好投拆监督站的工作，也是加强行管理的主要工作之一。2004年共受理投拆案件92起，比去年减少112起，其中已处理88起，结案率达95.65%。

4. 继续大力发展会员单位，2004年已新增会员55家，协会目前会员单位总数已达315家，其中公装企业104家，住宅装饰企业187家，材料厂商17家，检测单位4家，市场2家，印刷厂1家。

5. 按照省建管局的布置，协会对我市家装企业工厂化生产的情况作了调研，并向省作了专题汇报。

四、继续抓好企业人员的各类培训，促进装饰企业素质的提高

根据市建设局及中国建筑装饰协会的要求和企业的迫切需要，协会2004年配备了专职人员负责此项工作，至今已培训的人员达1300人，其中管理人员210人，操作人员1090人。

五、继续抓好协会的自身建设，提高协会的工作效率

1. 协会对原有的规章制度进行了完善和补充。

2. 召开了两次会员大会和理事扩大大会，总结部署和交流工作经验，表彰先进，促行业提高。

3. 引导企业加强自身建设，组织会员企业参加了全省及全国装饰行业的信息工作会议，我市3家公装企业和3家住宅装饰企业获得了全国装饰行业信息管理的先进单位。

4. 努力办好会刊，使之成为传达政府的政策、法规，表彰先进企业成绩，企业进行信息交流的有力工具，至今已出刊八期。会刊的质量获得了中国建筑装饰协会及省建管局以及兄弟城市协会的一致好评。

5. 为加强企业文化建设，积极组织企业参加省装协成立15周年和中国建筑装饰协会成立20周年活动，得到了中国建筑装饰协会领导和省建管局、省装协领导的好评，并荣获中国建设装饰协会授予的“最佳组织奖”。

6. 积极参加了市组织的“3·15”大型活动。并组织装饰企业参加了市精神文明建设办公室、市消协组织的创建“全国放心消费城市”的大型活动。

7. 组织参加了省局举办的江苏省首届国际建筑科技展览会，我市8家企业16个展位，协会荣获优秀组织奖，金螳螂等4家企业荣获优秀参展奖、布展奖，黄静贤等4人荣获先进个人荣誉称号。

8. 经省装协的推荐，本协会荣获“全国先进协会”光荣称号。

一年来，在中国建筑装饰协会、省装协和行业主管部门的指导下，在全体会员单位的齐心合力下，在协会全体工作人员辛勤工作下，取得了可喜的成绩，对照年初的工作计划，尤其是按照上级对协会工作的要求，会员单位对协会工作的期望，还存在一些不足，有些工作还亟待今后继续努力，如进一步抓好“环保型试点企业”的巩固、发展和考核上抓得还不够有力；经常性的做好对装饰市场情况的深入广泛调查研究抓得不够经常；了解和掌握装饰企业的动态、需求不够及时；为企业做好服务还不够扎实等。根据市政府提出的在三年时间里把苏州市创建成第一个全国放心消费城市的要求，协会今后的工作任务将更艰巨。金鸡报春，我们相信，有行业主管部门的领导、支持，有中国建筑装饰协会、省装协的指导，有广大会员单位的共同努力，有协会工作人员的踏实辛勤的工作，我们的协会工作一定会做得更好。

安徽省建筑装饰行业

安徽省建筑装饰协会

【协会简介】

安徽省建筑装饰协会创建于1988年12月24日，创建时的名称为“安徽省建筑业联合装饰协会”。经会员代表大会选举产生第一届理事41名，常务理事13名，会长马贵波，秘书长蒋祥林。1993年，经安徽省民政厅注册登记，改为“安徽省建筑装饰协会”，成为“省级”建筑装饰行业协会。

1999年，根据《社会团体登记条例》及有关文件精神，重新修改章程，进行严格审查，经安徽省建设厅批准推荐，报送安徽省民政厅社会团体核准登记。2002年，经省质量技术监督局核验，颁发了组织机构代码。2004年5月以前，协会会长王金平，常务副会长、秘书长、法人代表李增堂，副会长陈幼年。

根据安徽省建设厅建设函（2004）126号文批复，安徽省建筑装饰协会于2004年8月3日召开了第二届会员代表大会，选举通过了理事133名，其中常务理事49名，协会现有会员231名。大会选举产生名誉会长刘梅生，会长王金平，副会长李增堂、王晓魁、谢发明、卫先嘉，秘书长兼法人代表陈幼年，副秘书长刘超、刘淑敏、张红燕。

协会内设培训部、财务部、办公室三个职能部门。其中：培训部于2002年经省建设厅有关部门核定为省二级培训资质。2003年，协会有专职工作人员5名，其中：正高级工程师和高级工程师各1名，高级政工师1名，工程师1名，会计师1名。为了适应工作需要，协会于1999年建立了会议管理制度、文件档案管理制度、财务管理制度和培训管理制度，2004年又分别作了修订。上述制度除会议制度外，其他制度都执行较好。文件管理有序，每年清理立卷归档一次，保证了协会自身资料的完整性。财务配备专职会计，严格资金支出，确保开支合理，经省建设行政主管部门审查，均为合格。

协会领导和工作人员按照协会职能，积极地开展工作，从1998年以来，先后在合肥、黄山等市举办装饰施工员、质量员和装饰项目经理、装饰企业“三类人员”等各类培训班33期，4000多名学员参加培训，有效地提高了全省装饰队伍素质；开展创优评选活动，打造了一批“全国建筑工程装饰奖”和“安徽省建筑工程装饰奖”F工程，涌现了一批优秀的技术人才和现代企业管理者。同时，还进行了咨询、调研、室内建筑师和住宅室内设计师的认证等项工作，为促进安徽建筑装饰行业发展做出了积极的贡献。

【行业概况】

1．行业管理机构逐步健全，管理工作不断强化。到目前止，已有合肥、安庆、芜湖、宿州、淮北、马鞍山等市成立了建筑装饰管理机构；合肥市还成立了建筑装饰协会和家庭装饰委员会。2001年，全省建筑装饰行业实行了归口统一管理，理顺了职能交叉关系。在此基础上，省建设厅制定印发了《安徽省建筑装饰装修管理暂行办法》、《安徽省住宅室内装饰企业资质管理暂行办法》等一系列规范性文件，使全省建筑装饰管理工作逐步走上了规范化的轨道。

2．企业规模迅速扩大，队伍素质不断提升。进入90年代，我省的建筑装饰企业有了很大的发展，特别是近几年来建筑装饰企业发展较快。目前，我省建筑装饰企业已有999家（含土建兼营企业、建筑幕墙企业）。其中：一级企业15家（主项12家，增项3家）；二级企业165家（主项114家，增项51家）；三级企业776家（主项539家，增项237家）；建筑幕墙企业43家（主项6家，增项37家）。其中：二级11家（主项4家，增项7家），三级32家（主项2家，增项30家）。近几年来，已有一批企业通过了ISO9000和ISO9001质量认证。

目前，全省施工产值近200亿元，从事装饰设计、施工的员工约20万人。在省建设厅的大力支持下，通过我会的积极培训，装饰队伍素质不断提升。到目前为止，有4000多名管理人员领到了装饰项目经理和装饰质量员、安全员、施工员、预算员培训合格证书。这些同志坚持学用结合，成为建筑装饰行业中的一支主力军。

3．装饰企业的施工能力不断增强，装饰水平不断提高。随着人民群众物质文化水平的不断提高，对住房条件和环境质量提出了更高的要求。成套房的家装标准，由90年代消费2～3万元，发展到现在的5～6万元，有的已达10万元以上。为了满足人民群众的需求，我们的设计人员精心构思绘制新颖的装饰蓝图。我们的装饰项目经理、施工管理人员和广大操作工刻苦钻研、积极地创造和引用新材料、新工艺、新技术，取得了较好的装饰效果。现在，许多装饰企业不仅能够承建高层建筑装饰和一般的中式装饰，还能承建欧式及其他海外多形式的装饰。装饰规模的扩大，装饰档次的提高，有效地增强了装饰企业的施工能力。其中安徽省徽商集团创元装饰公司2004年完成装饰产值1.5亿元，位居首位，合肥达美装饰公司以1.2亿元紧随其后，我省装饰行业在奋力崛起。

4．建造了一批优秀建筑装饰工程，工程质量得到提高。2002年以来，我省有4项自行设计、施工的工程被评为全国建筑工程装饰奖。有22项工程被评为安徽省建筑工程装饰奖。其他建筑装饰工程质量比过去都有较大的提高。合肥达美装饰公司和安徽恒信装饰公司被列入2003年全国装饰百强企业。

【协会工作】

1．成功地召开了第二届会员代表大会，加强了协会的自身建设。这次会议，由于认真准备，得到了中国建筑装饰协会、省建设厅和省民政厅的支持和指导，会议开得隆重而又热烈，成为协会成立15年来意义最为重大的一次盛会。会议审议通过了《安徽省建筑装饰协会章程》、《安徽省建筑装饰协会会费管理办法》和《安徽省建筑装饰行业自律公约》，审议通过了安徽省建筑装饰协会第二届理事会领导成员。接着，召开了二届一次常务理事会，总结了协会上半年的工作，部署了下半年的工作任务，提名并审议通过了协会副秘书长，讨论研究了建筑装饰行业发展中遇到的各种问题。

大会闭幕后，协会领导狠抓协会的制度建设，建立健全了协会的会议管理、财务管理、文档管理以及培训中的教学管理和教师管理等有关制度，使协会各项工作纳入规范化的轨道。

2. 拓展培训思路，培训工作取得了新的成绩。为了全面提高我省建筑装饰管理人员的整体素质，确保装饰工程质量，为全面建设小康社会提供高品位、高质量的建筑产品。去年我会拓展培训思路，加大培训力度，在各市建管处（局）、装饰办和装饰协会的大力支持下，共举办各类培训班 10 期，1500 余名学员参加学习。通过上述各类培训，有效地提高了装饰管理人员的业务水平。

3. 树立品牌，积极开展建筑工程装饰奖的评选工作。2004 年是我省开展评选“安徽省建筑工程装饰奖”活动的第二年。经过企业申报、市级核查初审和省建筑装饰协会组织复查组进行复查评审并报省建设厅审定，全省有 11 家企业承建的 13 项工程被评定为“安徽省建筑工程装饰奖”。其中，有 2 项工程经我会推荐，被中国建筑装饰协会评为“2004 年全国建筑工程装饰奖”。2004 年 12 月份，2 家获奖单位参加中国建筑装饰协会召开的颁奖大会，受到国家建设部和中国建筑装饰协会领导的表彰和奖励。

4. 上下结合，开展全国室内建筑师和住宅室内设计师技术岗位能力评审认证工作。按照中国建筑装饰协会的布置，为了提高评审认证的权威性和准确性，我们积极主动地会同安徽省工程勘察设计协会向全省各市转发了中国建筑装饰协会《关于开展全国室内建筑师技术岗位能力评审认证试点工作的通知》，成立评审委员会。根据参评人员的申报和各市初审情况，我会组织人员审核申报资料，经省评审委员会评审推荐，并经中国建筑装饰协会评审领导小组评定，我省有 9 名同志被评为高级室内建筑师，2 名同志被评为高级住宅室内设计师；另外，经省评审委员会评定室内建筑师 33 名，助理室内建筑师 11 名，住宅室内设计师 8 名。

5. 热情服务，积极完成政府和中国建筑装饰协会委托的各项工作。

（1）协助中国建筑装饰协会为开展庆祝成立 20 周年活动做好准备工作。按照中国建筑装饰协会的通知要求，及时会同各市建管处（局）、装饰办和装饰协会开展了以下工作：

一是开展了“全国优秀建筑装饰企业家”、“优秀地方协会”、“优秀协会工作者”、“优秀会员企业”和“全国百强企业”的评选工作。经过自下而上的审查评选和推荐，全省有 6 名被评选为“全国优秀建筑装饰企业家”，3 名被评为全国“优秀协会工作者”，2 家建筑装饰企业被评为全国“优秀会员企业”，安徽省建筑装饰协会和合肥市建筑装饰协会被评为全国优秀地方协会，2 家企业被列入全国百强企业。

二是开展了全国有成就的资深室内建筑师和杰出的中青年室内建筑师的评选工作。经过自下而上的评选和推荐，全省有 3 名同志被评选为“全国杰出的中青年室内建筑师”。

三是组织企业职工挥毫泼墨，选送了书法作品参加了中国建筑装饰协会举办的建筑装饰行业书法、绘画、篆刻、摄影大展。

四是组团参加中国建筑装饰协会成立 20 周年庆祝大会。上述被评选的优秀集体和个人均受到中国建筑装饰协会领导的表彰和奖励。

（2）参加了中国建筑装饰协会和上海装协在上海举办的“2004 年全国住宅装饰装修行业高峰论坛”，我会及马鞍山、蚌埠、合肥等装饰办负责人参加了会议。

（3）积极参加省民政厅组织的社团工作互查工作，受到了省民政厅及有关兄弟社团的好评，达到了互相学习、共同提高的目的。

6. 从企业的需求出发，为企业提供信息服务。《安徽装饰》是我会的宣传阵地，全年出刊 4 期。2004 年会刊的内容比过去更加新颖，更加贴近装饰企业的实际，成为我省建筑装饰管理人员开展工作的有益参考。随着会员企业的不断增加，读者群正在不断扩大。为了更好地弘扬优秀企业，树立品牌工程，省协会果断决定第四季度对会刊封页改为彩色版印制，受到业内好评。

总之，2004 年是协会人员紧张快干的一年。在各市建管部门和会员企业的支持下，确实做了不少工作，取得了一定成绩。但是，也还存在一些问题。主要是评选全省优秀企业和优秀项目经理及调研活动没有开展起来，申报评选全省装饰工程装饰奖工作发展不够平衡。在新一年里，一定要把这些工作逐步开展起来。

合肥市建筑装饰行业

合肥市建筑装饰协会

【协会简介】

合肥市建筑装饰协会，2003 年元月经合肥市建筑业管理局批准和合肥市民政局核准登记，正式挂牌成立。一届理事会共吸纳会员 162 个，其中理事 135 个，包括建筑装饰装修、装饰设计、专业市场、物业公司等单位及其相关管理部门等。2004 年 2 月，合肥市建筑装饰协会在成立周年之际，又成功召开了一届二次理事会。截至统计有团体会员 174 个，其中理事单位 139 个。

【行业概况】

自改革开放以来，建筑装饰业得以蓬勃发展，业已成为国民经济的重要增长点，并呈现出良好的发展态势。合肥装饰业亦伴随着改革开放而从小到大，由弱变强，从无序走向有序不断发展壮大。截至 2004 年末报表统计：具有建筑装饰装修施工资质（包括家装）的企业 227 家，其中：一级资质 12 家，二级资质 55 家，三级资质 148 家，家装资质 12 家。行业从业人员达 2.1 万人。2004 年装饰产值 12 亿元，完成增加值 1.18 亿元。外出施工产值 4.3 亿元。

【协会工作】

2004 年是不平凡的一年，合肥市建筑装饰协会坚持以党的十六大精神和“三个代表”重要思想以及科学发展观为指针，以促进建筑装饰健康发展为己任，结合行业实际与协会特点，紧紧依靠全体会员单位乃至全行业的共同努力，认真开展各项工作，并取得了较好的工作业绩。

1．成功召开装协一届二次理事会。会议在总结部署协会工作和调整增补领导机构成员的同时，就建筑装饰行业诚信经营自律公约议案和继续办好春秋装饰展会、建立家装业诚信服务体系、统一家装合同示范文本等议题进行了充分而卓有成效的讨论。这些议案、议题在当年的工作实践中，都逐步得到了实施与落实，在行业产生了良好的经济效益和社会效益。

2．配合行政主管部门加强行业管理与服务。一是强化装饰市场管理，加大行业法律法规宣传力度和对无资质施工行为的打击力度，以保护装修资质和协会会员企业的权益。

二是强化装饰工程质量安全工作，敦促企业建立质量安全保障与管理体系，推进施工现场安全文明管理和装饰工程上质量、上水平、上档次。

三是积极帮助企业协调企业与政府、与消费者的关系，协助受理装饰工程的质量投诉 102 件，受理投诉答复率 100%，办结 93 件，结案率 91%。

四是针对现行装饰定额与市场变化及行业发展不相适应的实际情况，协调有关企业联名向安徽省建设工程造价管理总站和市建设工程造价管理站提出调整和修订我省现行装饰定额建议，此举得到了省、市建设工程造价管理部门的高度重视，也为其编制新定额提供了参考依据。

3．卓有成效举办春秋展会和家装系列活动。一是成功举办了年度春、秋两季装饰、建材展示会。两起展会共有 120 家有资质的装饰企业和有生产许可证的建材商参展，到场参观和咨询的人数近 7 万人次，消费者与各参展企业签订意向或设计协议 800 余份，由此产生的交易额近 900 万元。

二是成功举办了合肥市第二届家装设计大赛。2004 年在省博物馆与秋季装饰、建材展示会连体举办了“新华学府花园”杯合肥第二届住宅室内设计大赛，大赛得到了各装饰公司的积极参与和广大市民的广泛关注，共收到 18 家装饰公司 53 幅设计作品，均按统一规格制作展板于展示会现场展示、评选、颁奖。大赛共产生一等奖 1 名，二等奖 3 名，三等奖 5 名，优秀奖 10 名。

三是陆续推出了有利于相关行业共同发展和便民服务的家装系列活动。如，与红旗美家居广场共同举办了“美家居家装设计长廊”活动，四季度组织的由部分装协会员单位暨诚信装饰企业成立“金装联盟”，由装协与物业管理单位共同组织赴小区进行“放心家装”品牌推广，联合万事利房地产开发公司共同举办“2004 汉嘉之恋室内设计大赛”等。

四是开展了对住宅装饰装修市场进行全方位调研活动。通过调研，掌握了目前住宅装饰装修市场第一手资料，整理出题为“务实管理，规范市场，促进住宅装饰行业发展”的调研报告，同时拟就推出的新举措进行论证和组织实施。

4．逐步打造装饰行业诚信体系。2004 年我会郑重地向社会公布了《合肥市装饰行业诚信经营自律公约》，此举受到了社会赞誉和消费者欢迎。同时，协会还举办了两年一度“装饰诚信经营企业”活动，历经宣传发动、资格审核、跟踪监督、收集消费者意见、检查考核和初评公示等环节，最终经综合评审 39 个会员单位获“装饰诚信经营企业”称号，并在秋季展会现场进行了公布、授牌和推介。

5．积极开展行业培训工作。为综合提高装饰行业职工素质，我们把业内人员的教育与培训作为一项重要工作来抓。2004 年开展从业人员培训达 1185 人，其中质检员 112 人，一级建造师考前培训 103 人，安全三类人员培训 800 人，统计人员网上申报培训 170 人。

6．不断强化装饰业宣传工作。一是捕捉宣传契机，展示“自己”。2004 年建管局先后开展“合肥市 10 大建筑工程”评选、拍摄《零度起飞》建筑业电视宣传片和与市电台联合举办“建筑之声”栏目，协会借以这些重大有益活动之际，及时为其提供有关装饰装修宣传文稿、资料图片、节目选题以及相关拍摄的实物实景，籍于其中，借机宣传和展示装饰行业。

二是搭设宣传平台，推出“自己”。204 年我们与建筑业协会共同承办编发《合肥建筑业》，开辟业内宣传园地，又在每周四的《安徽市场报》上专设协办栏目——“装饰天地”，同时利用建管局网站、装饰网，使平面媒体与网络媒体交流互动，逐步形成了行业宣传阵地。并以此平台在不断推出“自己”。

三是扩展宣传空间，树立“自己”。与相关新闻单位建立联系，利用报刊、电台、电视台等传媒，不失时机将我们开展的有益活动和推进的重要工作，以及百姓关注事项进行宣传、报道，据不完全统计今年受中央级、省、市相关新闻媒体正面报道达 60 多次。

7．合肥装饰业在行评中硕果累累。2004 年协会进一步完善了相关行业评选工作，通过一系列的检查、考核、评审，共评出合肥市优秀建筑装饰企业 10 家，住宅室内装饰先进企业 7 家，建筑工程装饰奖 13 个，其中 7 个工程被评为省级装饰工程奖，占全省获奖工程 54%，；装饰工程安全文明示范施工工地 5 个，住宅室内装饰示范工程 8 个，优秀项目经理 24 个，安全文明管理先进集体 10 个，安全文明管理先进个人 20 个，质量管理先进集体 10 个，质量管理先进个人 20 个。在全国装饰行业评比中，我市有 2 家装饰企业被授予全国装饰百强企业，4 名装饰企业法人代表被授予全国装饰优秀企业家，3 人被命名全国杰出中青年室内建筑设计师，5 个家装企业被授予全国住宅装饰先进企业，2 项装饰工程荣获全国装饰工程金奖，3 个住宅装饰装修工程获全国住宅装饰示范工程奖，从而在我市实现此类奖项的零的突破。

8．较好完成“上级”协会交办事项。我会在认真履行职责，做好本职工作的同时，还积极贯彻落实中国建筑装饰协会及安徽省建筑装饰协会下发的各类文件精神，组织装饰行业及企业参与中装协部署的成立 20 周年系列纪念活动和省装协二届理事换届工作,较好地完成上级协会布置的各项任务，从而受到了中国建筑装饰协会和安徽省建筑装饰协会给予好评。2004 年合肥市建筑装饰协会被评为全国优秀地方协会，并有 2 人获全国建筑装饰优秀协会工作者称号。

福建省建筑装饰行业

福建省装饰装修行业协会

【协会简介】

福建省装饰装修行业协会于1995年3月10日成立，业务主管部门是福建省建设厅。协会沟通政府和企业之间的联系，发挥桥梁和纽带作用。

协会接受业务主管部门和委托，参与建筑装饰市场整顿及质量检查；开展"闽江杯"福建省建筑装饰优质工程评选和"中国建筑工程装饰奖"项目的推荐评选工作。根据行业热点、难点问题开展调研活动，反映企业的呼声与要求。开展会员联谊活动。举办各种业务、技术研讨、培训班等，推动行业信息建设，创建"福建装饰装修网"（www. fjzx. org），免费发行《福建建筑装饰》会刊（双月刊，已发行56期）

【行业概况】

协会成立至今，已发展团体会员250多家，绝大多数是在社会上有一定影响、知名度较高的装饰装修企业，其中一级资质企业45家，二级资质企业203家。经过2002年、2003年、2004年度全省建筑装饰行业信得过企业评比，诚信企业共41家。经过四届评先、五届评优活动，已涌现出50多家素质高、管理强、效益好的先进企业和91个能代表我省装饰行业水平的优质工程项目，并推荐参加全国建筑工程装饰奖评选，获奖工程19个，为福建省的装饰企业做强做大作出了贡献。

协会成立10年来，我们积极做到"反映诉求、提供服务、行业规范"，在行业和社会上有一定的知名度、影响力和凝聚力，我们将一如既往地为政府、行业、会员企业服务。

一、行业基本情况

1. 2002年、2003年、2004年行业总产值（含家装）分别约为130亿元、185亿元、220亿元；利润分别约为13亿元、16亿元、19亿元。

2. 2002年、2003年、2004年从业人员为4.6万人、4.9万人、5.5万人。2004年底，行业管理人员4000人、技术人员4.2万人、有职称4万人、一级项目经理460人、二级项目经理2000人、三级项目经理1300人、预算员1500人、设计人员5000人。

二、各类企业基本情况

1. 按资质等级分，一级企业52家（其中幕墙一级施工资质1家），二级企业258家，三级企业193家，无资质企业336家。

2. 按所有制性质分，国有企业3家，集体企业2家，非公有制企业833家。

三、行业管理基本情况

我省实现归口管理后，原二轻部门的省室内装饰装修协会依然滥发施工、设计资质证书和违规出具质量监督报告书、从业人员资格证书。除泉州地区外，其他建设行政主管部门未很好履行市场管理职能，尚未配备专人、专门岗位管理装修。

行业协会建设尚待加强，只有福州、厦门、莆田地区成立一级协会，漳州地区成立二级协会。家装市场管理相对薄弱，福州、厦门、泉州地区均已建成一个家居装修市场，除福州地区南方家装市场入驻企业多、规模较大外，厦门、泉州地区家装市场规模偏小、人气不旺且均由当地原二轻部门的室内装饰装修协会协调管理。我省在商品房开发销售中未推行菜单式装修一次性交房。正规的家装公司只承接家装市场份额的20%，其他80%的份额被马路游击队占领。

【协会工作】

协会自2003年12月于厦门召开会员代表大会以来，在省建设厅及其建筑业处、社团办和省建筑业协会的支持与指导下，紧密围绕我省装饰装修行业的工作重点和企业普遍关注的热点，发挥协会桥梁纽带作用，立足行业，服务企业，积极培育、组建我省家装市场、做大做强我省装饰装修业等方面，开展了一系列的工作，得到了企业和主管部门的好评。

2003年会员代表大会以来的工作回顾：

1. 积极参加中国建筑装饰协会组织的各种活动，提升我省建筑装饰行业地位。

根据中国建筑装饰协会的部署，我省在已评上2003年度建筑装饰行业20强企业的名单中，对照中国建筑装饰协会评选全国建筑装饰行业百强企业的标准，由我会推荐报请中国建筑装饰协会审定，福建嘉华装饰工程有限公司、福建喜来登设计装饰工程有限公司荣获"2003年度全国建筑装饰行业百强企业"称号。

厦门辉煌公司陈水、福建嘉华公司邱锦生、福建伟高公司欧阳太奋、厦门港龙公司张安龙、福建永盛公司王卫平、省五建装修公司戴健全、泉州粤港公司车祝志等7位荣获"2003年度全国装饰行业优秀企业家"称号。

经协会推荐，厦门华丽设计装修工程有限公司林鹰被授予"全国有成就资深室内建筑师"称号；福建国广一叶建筑装饰设计工程有限公司董事长叶斌、福州大天装饰设计有限公司总经理向湘、厦门天诺设计顾问有限公司总经理孙建华、福州大千环艺设计工程有限公司总经理陈孝生、厦门市环亚设计装饰有限公司总经理李学锋等5位被授予"全国杰出中青年室内建筑师"称号。

同时我省申报推荐的4个建筑装饰工程（福建嘉华公司承建的石狮电信大厦室内装饰工程；泉州宏星公司承建的南

安大酒店二标段装饰工程；福建省建工集团总公司承建的福州置地广场幕墙工程；深圳海外装饰公司承建的厦门国际会展中心主楼装饰工程）评上“2003 年全国建筑工程装饰奖”。2004 年 9 月，在庆祝中国建筑装饰协会成立 20 周年的表彰会上，我会再次评上“全国优秀地方协会”，这也是我省全体会员企业的光荣。

2. 开展评优、评先活动，鼓励企业积极开拓省外市场，做大做强我省建筑装饰行业。

协会认真贯彻 2004 年全省建筑业工作会议精神，鼓励并推动企业做大、做强。根据 2003 年年会通过的《2003 年福建省建筑装饰行业“10 强”承包商评价活动实施试行办法》（以下简称“办法”）和协会二届七次常务理事会的决定，于 2004 年 3 月起在全省范围内开展 2003 年度福建省建筑装饰行业“20 强”承包商评价活动。评价活动采用市场评价的方式，遵循公正、公平、公开的原则，由企业自愿参加，经企业所在地装协初审推荐，协会秘书处按《办法》评定企业实际得分，我会二届八次常务理事会终审认定，最后评选出福建嘉华建筑装饰工程有限公司等 20 家企业为“2003 年福建省建筑装饰行业‘20 强’承包商”。

我们通过协会会刊、网站和参加行业高规格会议等形式向装饰行业、工程业主及社会公众推介行业“20 强”承包商，并择优推荐福建嘉华装饰工程有限公司、福建喜来登建筑装饰工程有限公司参加中国建筑装饰协会 2004 年全国百强企业评比推介活动，对规范行业市场、树立品牌企业起到一定的作用。为了加强行业诚信建设和鼓励装饰行业的项目经理再创佳绩，根据《福建省建筑装饰行业信得过企业评选办法》与《福建省建筑装饰行业优秀项目经理评选办法》，我们按照评选工作程序，福建省五建装饰装修工程公司等 41 家企业评为“2003 年度我省建筑装饰信得过企业”；厦门东方设计装修工程有限公司林如山等 30 位评为“2003 年度我省建筑装饰行业优秀项目经理”。

通过评先评优、推荐 20 强企业活动，把我省信誉好、实力强、素质高的装饰企业、企业经理和项目经理评选出来，为行业树立榜样，给企业塑造品牌，扩大社会知名度。同时让更多的业内人士齐心协力，开拓经营，做大做强装饰企业，为我省建筑业的改革和可持续发展作出应有的贡献。

协会还利用信息资源优势，大力鼓励企业发展专业特色，如建筑幕墙、智能化、机电安装等专业，申报资质增项，营造企业发展的良好氛围，推动企业利用自身优势，加快拓展省外市场。2003 年至今，福建省五建装饰装修工程公司、福建永盛建筑装饰工程有限公司、福建喜来登建筑装饰工程有限公司、厦门港龙装饰工程有限公司、厦门辉煌装饰工程有限公司、晋江国安家私装饰有限公司等 17 家一级企业到省外（九省二市）承接工程，设立分支机构，预计 2004 年省外产值可突破 10 亿元。

3. 开展行业调研，组建家装市场，规范市场行为，服务百姓生活。

按照 2004 年福建省建筑业工作会议精神和省建设厅的要求，加强建筑装饰装修市场管理，加快装饰装修行业发展，做大做强装饰装修业是 2004 年建筑业工作的重点之一。为了进一步了解我省装饰装修行业改革发展和市场管理现状，摸清情况，查找问题、总结经验，寻找对策，协会于上半年 4～5 月份，派出工作人员会同各地市装饰协会，分别到福州、厦门、泉州地区召开了有当地行政主管部门、协会和企业负责人参加的装饰装修行业座谈会并开展调研活动。

调研组认真听取有关各方的意见和建议，走访了不同资质等级、不同所有制性质的 8 家装修企业，汇集了 12 家企业调研内容的书面反馈材料和 132 家企业填写的“企业基本情况调查问卷”。协会秘书处综合调研活动全过程的情况，撰写了题为“关于我省装饰装修市场的现状和改革发展对策建议”、“加强对家装行业管理的几点建议”两篇调研报告，呈送省建设厅分管领导和有关部门，为上级主管部门决策提供了依据。

2004 年 3 月 20 日，我会牵头在福州南方建材化工城组建成立了我省首家百姓家装市场，这一举措填补了福州市住宅装饰装修市场的空白，为企业和广大消费者办了一件好事、实事。中国建筑装饰协会马挺贵会长、省建设厅翁副厅长、省建设厅建筑业处周处长专程到会祝贺，同时马会长要求协会要发挥了解行业、熟悉企业的优势，把住宅装饰装修市场管理好，为政府分忧， 为百姓解难。进驻福州家装市场的企业近 40 家，可提供家装咨询、设计、施工、消费投诉等功能的一条龙服务，受到福州百姓的欢迎。

4. 开展“天汇杯”福建省第二届室内设计大奖赛活动与举办建筑装饰设计专题研讨会，配合中国建筑装饰协会办理室内建筑师技术岗位能力评审认证和颁证工作。

建筑装饰设计是我们装饰装修业的灵魂和龙头，这种设计领先的理念已经日益深入人心。我们举办室内设计大奖赛的目的，是要通过大奖赛活动，推出一批能代表我省装饰设计领军水平的精品，满足人民群众日益增长的物质文明和精神文明建设需求，也能促使一大批优秀的室内设计师脱颖而出，为行业的进步与发展起到切实的推动作用。本届的大奖赛活动，参赛的设计师代表作较多，作品的质量水平也比上届有所提高，我省共有各地市、各单位、推荐选送的 125 项公建类室内装饰设计作品、105 项家居住宅装饰设计作品参评。经过评委严格把关，认真评议，最后采用无记名投票方式，评选出本届大奖赛获奖作品公建类、住宅类各 50 项（分别为一等奖 6 项，二等奖 12 项，三等奖 32 项）。

2004 年以来，我们先后举办两场（3 月、9 月各一场）建筑装饰设计研讨会，聘请业内资深教授、知名人士到场演讲，其中有省建筑设计研究院杨子伸教授的“建筑设计与室内装饰设计的关联”、福州大学土建学院室内设计研究所所长苗壮副教授的“室内陈设艺术与简约主义”、福建国广一叶装饰机构董事长、首席设计师叶斌的“室内设计功能与概念”、厦门天诺设计顾问有限公司总经理、首席设计师孙建华的“重塑地域风格——日月谷温泉渡假村设计漫谈”、福州大天装饰设计有限公司室内建筑师韩晶“从传统到现代——论室内设计环境设计中传统与现代的融合”等。

我们还约请部分装饰企业设计师作经验交流，举行室内设计大奖赛作品展示活动等，形式多样，深入浅出，层次分明，内容丰富，为室内设计师们拓展视野、博采众长搭建了交流互动的平台。

在福州、莆田、漳州装饰协会的支持下，我会秘书处受理并办结了我省第一批92名室内建筑师、44名住宅室内设计师、50名助理室内建筑师的技术岗位能力评审认证和颁证工作，另有27名高级室内建筑师、11名高级住宅室内设计师已通过初审呈报中国建筑装饰协会评委会评定。办好此项工作，一方面实现了多年来我们力争装饰设计师们解决任职资格的期盼，也为室内装饰设计师从业人员办了一件实事、好事，得到大家欢迎并肯定。

5. 继续开展2004年（第六届）福建省优质建筑装饰工程“闽江杯装饰奖”评选活动，促进企业提高装饰工程质量水平。

2004年，我省（第六届）装饰工程评优得到了省工程建设质量管理协会的大力支持，促使本届的评优工作圆满完成。秘书处共受理了39个工程申报项目，初审后，基本符合申报条件的有35项，实际参评35项。

从整体参评项目来看，本届评优在装饰工程设计创新上有所突破，比如（1）福州大千环艺设计工程有限公司设计施工的福州融侨锦江 B 区会所装饰工程；（2）厦门天诺设计顾问有限公司设计的厦门日月谷温泉度假村装饰工程。这两个工程在设计创意上的共同点能够把装饰的文化内涵、地域特色、民族风情有机融合在一起，通过设计师画龙点睛的手法，采用因地制宜、就地取材，而不是搞高级装修饰材的堆砌。他们做到降低造价成本，达到价廉物美的最佳艺术效果，这样的装饰设计理念和设计风格值得提倡与推广。在装饰工程质量方面，泉州粤港公司、厦门港龙公司等企业也有较大进步。

在35个参评工程中，经评委会审定有27项工程评为2004年我省“闽江杯装饰奖”。根据省建设厅分管领导的意见，从今年开始我省装饰工程评优纳入“闽江杯”系列奖项，省工程质协杨纶钊会长和王韶国秘书长亲自主持修订了我省一套比较规范且操作性强的装饰工程评优办法，为我们今后更加客观、公正地开展装饰工程评优活动打下了良好基础。企业普遍反映，“闽江杯装饰奖”社会知名度高、品牌好，能够激发企业创优、提高工程质量的热情，对进一步提高我省装饰工程质量起到促进作用。

6. 为行业办实事、为企业办好事，做好投诉受理、反映诉求、协调处理、信息咨询工作。

协会除加强调研向省建设厅有关部门反映行业实情外，根据企业反映的有关招投标工作存在的问题及时向省厅领导和省厅有关处室报告请求处理，如参加工程设计中标后不能参加相应的施工投标问题，省厅在全省建筑业改革与发展会议上和分管领导在协会二届七次常务理事会上明确肯定企业工程设计中标后可以参加相应的施工投标，这样更能保证工程质量与安全，更有利于工程的物化或实现，促进设计行业健康发展，也符合工程建设项目招投标工作有关立法精神和相关规定。

协会利用中国建筑装饰协会受建设部建筑市场管理司委托对现行装饰装修施工和设计资质标准进行整合、编制新资质等级标准在全行业征求意见书的关键时机，开展调研座谈，有地方行业协会、一级施工资质企业、甲级设计资质企业、骨干家装企业代表参加，与会人员一致认为设计、施工资质合并更有利于企业的全面发展，同时认为新资质标准制定更具现实性，也符合《行政许可法》之便民原则，协会秘书处将座谈会情况写成报告及时向中国建筑装饰协会反馈。

协会根据省厅关于“加强对家庭装饰装修市场的规范管理”的要求，引导企业通过市场化运作成立福州住宅装饰市场，建立行业自律体系，经常性与入驻市场企业座谈，就品牌建设、诚信服务、广告宣传等方面相互交流，为广大住宅装修消费者提供服务。还在福建电视台《房产大观园》、《海峡都市报》、《福州日报》、《东南快报》等新闻媒体公布投诉受理电话，接受广大业主、社会各界对企业（特别是家居装修企业）的投诉监督。一年来省内报刊、电视台共报导协会活动、来访、文章达10多篇（次）。

7. 加强信息化建设工作，办好《会刊》和网站，努力提高协会工作服务水平。

一年多来，我们定期出版《福建建筑装饰》会刊，在“福建省装饰装修网站——www. Fjzx. org”上发布各种业内资讯，充分利用会刊和网站的信息资源优势，及时刊载有关行业政策法规，会员企业关注的热点，相互交流装饰装修设计、施工的经验体会，适时传递中国建筑装饰协会及全国各兄弟省市场的业内动态，围绕我省装饰行业的工作重点，力求做到政治导向性强、观点鲜明、可读性高。为更好地配合福州家装市场开展百姓家居咨询活动，秘书处还专门编辑出版了“家居装修篇”，针对百姓需求，重点介绍业主如何选择装修队伍和家装的设计、施工、选材、质量保修等方面知识，为广大消费者提供免费服务。

我们相信在福建省建设厅、省民政厅、省建筑业协会的指导与支持下，在广大会员单位的共同努力下，我会一定能够开创工作新局面，为我省建筑装饰业的可持续发展和建设海峡西岸经济区作出新的贡献。

株洲市建筑装饰行业

株洲市建筑装饰协会

【协会简介】

株洲市建筑装饰协会成立于1990年3月，协会成立之初，面临着许多困难，当时我市的装饰行业发展正值起步阶段，企业和人员素质不高，管理落后，市场混乱，行业整体水平低下。经过三届协会领导班子和理事会常务理事成员的不懈努力，在中国建筑装饰协会和湖南省、株洲市建设行政主管部门以及省装协的领导和支持下，市建筑装饰协会伴随着全市装饰行业的发展壮大而茁壮成长。

15年来，我会充分发挥协会社团组织群策群力的优势。在加强协会建设发展后备力量，搞好技术培训，扩大信息交流，美化亮化城市，改善人们生活居住和工作环境等方面做出了积极地努力，取得了可喜的成绩。1998～2000年荣获中国建筑装饰协会颁发的装饰行业优秀建筑装饰协会称号，得到了省市有关领导的充分肯定。

【行业概况】

我会自成立至2004年底，发展了82家会员单位。其中，二级企业3家，三级企业29家，家装企业50家，第三届协会领导班子具有年轻化、知识化、专业化的特点，更具有开拓性和创新性，协会把从事家居装饰施工的装饰企业纳入到协会组织，既适应了家居装饰行业发展的需要，又为规范家居装饰行业市场，加强行业管理打下了坚实的基础。

【协会工作】

1．开展技术培训，提高人员素质，推行执证上岗制度。按照国家建设部和省、市建设行政主管部门的要求，装饰装修工程施工必然实行执证上岗制度。

2004年，与市建设局科教科配合举办第六期技术工人执证上岗培训班，共培训人员400多人。另外，还积极组织全市装饰施工企业管理人员参加省建设厅举办的项目经理培训班，共送培50多人。通过培训，提高了全市装饰行业的人员素质。

2．为展示我市装饰设计水平，提高装饰企业知名度，促进我市装饰设计水平的提高。2004年“五一”黄金周期间，在市中心广场举办了“装饰作品大奖赛”，20余家装饰企业踊跃参展，市民积极参与投票评比，经过专家评比，有10余家企业得到了不同奖项，受到了企业的好评。

3．为配合市政府打击建筑装饰材料的假冒伪劣和“三无”产品。市装协工作人员在城市的材料交易市场以及城乡结合部四处活动，刺探情报，辨别材料真伪，为政府的定点清楚提供了强有力的证据，共收缴劣质板材15000张、劣质地砖7830㎡、三无油漆409桶，三无木地板1400余捆，受到了市政府的表彰。

4．我会组织装饰企业先后到攸县、郴洲考察革命老区活动，参观了各市洲的装饰工程精品。开阔了视野、丰富了知识、提高了水平、增强了与企业的凝聚力。

5．遵守湖南省建设厅湘建建[2004]318号文件精神，为严格实行市场准入制度，协会对全市无资质的装饰企业进行了一次从业资格的清理。其中查处华兴等八家装饰企业无资质证经营的行动，下达了8份限期整改意见书。对拒不接受整改的企业进行处罚，并登报公示。通过这次活动确保了我市装饰业的健康有序的发展。

6．按照市整顿办的统一部署，市建设局、质安处与我协会组成了联合检查组。检查组对受检工程是否办了施工图审查、施工许可、质量安全监督、竣工验收备案、违法分包、少报多建进行检查，严厉查处了铜锣湾广场不依法报建，违法分包的违规行为。

7．中国建筑装饰协会名誉会长张恩树和湖南省建筑装饰协会的领导对我会进行了考察调研。张会长对我协会的工作给予了好评。在考察了株洲装饰网站和部分优质装饰工程后，临走前欣然题词“株洲装饰、再创辉煌”。

经过一年的努力工作，我市取得了全年装饰业总产值5.8亿元、利税7200万元、增加值超过1.2亿元、全员劳动生产率达72000元/人的好成绩。

江西省建筑装饰行业

江西省装饰行业协会

【协会简介】

理事长：

王儒明　原江西省建设厅副厅长

副理事长：

熊根水　江西省建设厅勘察设计处处长

罗祯云　江西省建设工程造价管理站站长

王爱民　江西省武警消防总队防火部部长

粟立民　江西南方建筑装潢配套公司总经理

秘书长：

章雪儿　江西省建设厅建管处副处长、省装饰管理站站长

副秘书长：

曾凡珩　江西省装饰行业协会秘书处专职干部

根据本会《章程》协会积极做好理事会换届准备工作。一是将调整扩大的理事名额分配各设区市联络处，请他们自下而上提出候选人名单；二是了解工作开展较好的兄弟协会，学习他们行业协会组织建设的经验；三是积极支持和帮

助南昌、萍乡、赣州等地条件趋于成熟的设区市筹建设区市一级的装饰行业协会。这些将为全省装饰行业协会工作创造新局面打下基础。

【行业概况】

根据相关统计资料，在江西“中部崛起”的大潮中，2004年全省装饰装修行业也迈出新的一步。年装饰总产值达 20多亿元，同比增长 16.3%。按照中国建筑装饰协会关于“全国装饰行业百强企业”评介办法，2004 年我省一级装饰企业江西利达装饰工程有限公司首次入选“百强”之一，使我省实现“零”的突破。

截至 2004 年年底止，全省共有 347 家获得建筑装饰装修专业承包资质。其中：一级 18 家，二级 84 家，三级 245 家。按照江西省建设厅颁发的相关规定，全年新增获取家庭装修资质的施工企业 52 家，全省获家装资质的企业已达 164 个。为了适应市场需求，已有极少数家装监理企业问世，但缺乏相应的法规、办法来规范、指导和监督其市场运作行为。

【协会工作】

围绕江西省建设厅中心工作和中国建筑装饰协会的重大活动，我会注重务实工作。

一、参加中国建筑装饰协会成立 20 周年系列庆典活动

在中国建筑装饰协会成立 20 周年系列庆典活动中，组织了 30 多人的代表团参会，有 35 人（单位）次在九个奖项中获奖。

1．由中国海员建设工会全国委员会和中国建筑装饰协会联合发文授予“全国建筑装饰优秀企业家”称号的有 8 人。

2．中装协表彰奖励的“全国杰出中青年室内建筑师”2 人。

3．2003 年度中国建筑装饰行业“百强企业”一个。

4．全国住宅装饰装修优秀企业 5 家。

5．全国住宅装饰示范工程 3 项。

6．江西省装协获“全国建筑装饰行业优秀协会奖”。

7．获全国装饰行业优秀协会工作者 2 人。

8．获中装协“优秀会员单位”奖 6 家。

9．有 9 人的摄影、书画作品参展获“优秀”奖。

10．有 7 个家装公司参与了《全国住宅装饰行业自律诚信宣言》的发起签名活动。

二、从多方面入手，提高我省装饰行业整体综合素质

1．组织专家调研，编制了江西省首部装饰装修工程施工质量管理各项表格，充分反映相关法规、工艺规范、尤其是强制性标准对质量把关的要求。现已成初稿，待进一步征求意见、修订后印发。

2．开展技术讲座，为工贸合作搭建平台。7 月，我会与道康宁（上海）有限公司广州办事处、台玻长江浮法玻璃厂华通公司联合举办了近 200 人参加的幕墙技术讲座，收效较好。秘书处还经常通过报纸、电视等媒体，对住宅装修中的情况、问题作出警示性报道，普及家装常识，以利市场规范。

3．协助省建设厅相关部门开展省优良装饰工程评选工作。经企业申报、专家复查、评委审定共评出 13 项省优装饰工程。另有一项经中国建筑装饰协会评定为“全国建筑工程装饰奖”。

4．全年共出会刊 6 期，宣传相关法律、法规和业内先进经验。

5．派出专人去上海市装饰装修行业协会家装委员会学习家装市场管理经验，受到上海同仁热情接待。

河南省建筑装饰行业

河南省建筑装饰协会

【协会简介】

河南省建筑装饰协会成立于 1986 年，经河南省民政厅批准注册，是全省从事建筑装饰行业的科研、设计、施工、生产、销售、教育、质量监督检测、管理、信息等有关企业、事业单位自愿结成的行业性非营利性社会组织。下设工程委员会、家装委员会、材料委员会、设计委员会、环境污染控制委员会、培训委员会、信息委员会、专家委员会。现有公装、家装、材料、设计等会员单位 235 家。

理事长：洪　瀛

副理事长兼秘书长：王晓惠

协会宗旨：坚持党的基本路线，贯彻改革开放的方针，以经济建设为中心，在经济体制改革中遵纪守法，组织动员全行业抓管理、练内功、增效益，促进全省建筑装饰行业科学、健康、有序和快速的发展。

【行业概况】

随着我国改革开放的不断深入，人民生活水平不断提高，尤其近年来房地产、建筑业的崛起，为装饰装修行业提供了较大的发展空间，已成为市场经济发展中的朝阳产业。而我们河南装饰装修行业经过近十几年的快速发展，得到了不断提高和进步，已形成了一定的规模，涌现了一批优秀的装饰企业，创出了一部分具有代表性的国优、省优工程，培育和造就了一批经验丰富、能力较强的行业技术人才，为河南省美化环境、经济发展起到了一定的推动作用。

据有关资料测算，河南省建筑装饰行业年工程产值 130 亿元，其中公共装饰约 60 亿元，家庭装饰约 70 亿元，建筑装饰行业工程产值年增长率达 25%。

自 2002 年资质就位以来，河南省现有建筑装饰企业 1834 家，其中一级施工资质企业 11 家，二级施工资质企业 898 家，三级施工资质企业 925 家。从业人数达 15 万余人。

【协会工作】

2004 年是求真务实，快速发展的一年。一年来河南省建筑装饰协会在省建设厅的关心和支持下，认真学习“十六大”会议精神，广泛宣传党的各项方针政策，贯彻落实“三个代表”的重要思想，紧紧围绕厅中心工作，本着“搞好双向服务，促进行业发展”的原则，坚持“一年一小变，三年一中变，五年一大变”的发展目标，采取“走出去，请进来”的办法，在常务理事、理事和会员单位的共同努力和积极配合下，组织会员单位广泛开展活动，不断进行省内外行业交流，充分发挥协会的职能作用，有目的、有计划地开展服务工作，促进了我省装饰装修行业的健康、持续发展。

一、积极配合建设行政主管部门，加强对行业的管理和指导

1. 积极协助厅有关处室开展装饰企业资质、项目经理资格的初审工作。一年来，我们积极协助厅建管处、设计处进行装饰企业施工、设计资质及项目经理资格的初审工作。首先组织协会人员认真学习《建筑业企业资质管理规定》、《建筑装饰装修工程专业承包企业资质等级标准》、《建筑装饰设计资质分级标准》，掌握建筑业企业资质审批的标准、方法、步骤以及应注意的问题，分别安排工程委员会、家装委员会、设计委员会参加厅建管处、设计处组织的装饰施工企业资质、设计企业资质、项目经理资格的初审工作，在厅建管处和设计处的指导下，资审人员认真审查企业提交的资料，核实企业申报条件，堵塞申报资料虚假漏洞，保证资审查工作的质量。截止去年年底，我们共参与初审装饰施工企业资质资料 250 家、装饰设计资质资料 12 家，项目经理资格资料 100 多份。

2. 协助建设厅继续开展了河南省的建筑装饰设计师资格认定工作。为了加强我省建筑装饰市场管理，强化建筑装饰设计人员的法律责任，提高建筑装饰设计水平，2003 年建设厅委托我会在全省范围内开展了建筑装饰设计师的资格认定工作，实行全省建筑装饰行业设计师从业资格制度。首批已有 156 人取得了建筑装饰设计师资格证。为了进一步落实此项工作，去年我们继续开展了建筑装饰设计师的认定工作，按照建设厅豫建标[2003]60 号文《关于开展河南省建筑装饰设计师资格认定工作的通知》指示精神，向全省从事装饰设计、施工单位下发培训文件，并通过《会刊》、网站向全省发布认证信息，扩大宣传范围，提高从业设计师参加认证的积极性，从而使设计师及早纳入行业的规范管理。去年 5 月第二期培训学员 80 人，取得建筑装饰设计师资格证 79 人，第三期培训正在报名之中。

3. 开展了《建筑装饰专项工程设计—施工企业资质等级标准》的调研工作。为了便于企业审报资质，减轻企业负担，有利于企业和行业发展，建设部建筑市场管理司委托中国建筑装饰协会对现行《建筑装修工程专业承包企业资质等级标准》和《建筑装饰设计资质标准》进行整合，制定切实可行的新标准，并在全国范围内整集意见，我会按照中装协[2004]57 号文的精神要求，在我省范围内进行广泛调研，下发了调研表，组织部分企业进行座谈，全面了解企业的要求以及想法，认真听取企业的意见与呼声，并将意见和建议以书面材料上报中装协，为国家制定及实施新标准提供了依据，同时也为我省装饰企业市场准入管理，加强行业管理奠定了基础。

4. 开展了我省建筑装饰设计师资格转评全国室内建筑师资格的工作。为规范对全国建筑装饰设计人员的管理，加强室内建筑师队伍建设，保证建筑装饰工程设计质量，保障人民生命财产安全，中国建筑装饰协会下发了《关于开展全国室内技术岗位能力评审认证试点工作的通知》（中装协[2004]16 号文），我会认真对待此项工作。由于我省建筑装饰设计师的资格认证已从去年开始，我协会同中装协进行协商，我省取得建筑装饰设计师资格证书的设计师，按条件可直接转评为全国室内建筑师资格。为此，立即转发《全国室内建筑师技术岗位能力评审认证办法》、《住宅室内设计师评审认证标准》，并让他们了解这次转评的目的和意义以及持证上岗的重要性，使这项工作得到了顺利的开展。目前，我省已有 157 名设计师顺利转评为全国室内建筑师。

二、开展评优表彰活动，促进装饰工程质量的全面提高

1. 组织了“2004 年度河南省建设工程‘中州杯’奖”（省优质工程）的评选工作。一年一度的“河南省建设工程‘中州杯’奖”（省优质装饰工程）评选是建设行政主管部门委托我们的主要工作之一，去年我们认真总结往年评审工作经验，结合实际操作情况，组织有关专家修改了“河南省建设工程‘中州杯’奖”（省优装饰工程）的评选办法，完善评审、服务体系，专门成立装饰工程“中州杯”奖初审专家组，分别对申报的装饰工程进行了初审、复查，从查内业资料、听取建设单位及使用单位意见到实地考察工程都认真落实，严格把握每个环节，保证了装饰工程“中州杯”奖的评选质量，为“河南省建设工程‘中州杯’奖”评审委员会提供了真实、可靠的推荐意见。经评审委员评审，鹤壁市天艺装饰有限公司承建的“河南省通信鹤壁分公司裙楼”、洛阳天鹰装饰工程有限公司承建的“河南移动通信有限责任公司洛阳分公司营业楼”、“河南省大千装饰工程设计有限公司承建的“中国银行河南省分行培训中心”、河南天龙建安股份有限公司承建的“开封府正厅主院”、“开封市审计局培训中心综合楼”、濮阳市恒日建筑装饰工程有限公司承建的“濮阳市人民医院综合楼三楼”、河南华宸工程建设有限公司承建的“郑州市蝶阀厂办公楼”、安阳市宏达建筑有限责任公司承建的“安阳市妇幼保健院门诊综合楼”、开封市第一建筑工程公司承建的“开封军粮供应中心综合楼”、河南红革玻璃幕墙装饰工程有限公司承建的“郑州大学体育馆幕墙”、湛江市建筑工程集团公司承建的“漯河市财政局会计电算、档案综合楼”、郑州康利达装饰工程有限公司承建的“新密市通信分公司综合生产楼”等 12 项装饰工程分别获得了“河南省建设工程‘中州杯’奖”（省优装饰工程）。

2. 组织推荐“全国建筑工程装饰奖”工程。2001 年建设部委托中国建筑装饰协会设立了“全国建筑工程装饰奖”，此奖项每年评选一次，我会每年十分重视此奖项的申报工作，去年我们按照“全国建筑工程装饰奖评选办法”的要求，在我省评选装饰工程“中州杯”奖的基础上，一方面组织企业申报资料，一方面组织专家成立评审委员会进行内审，通过“审核资料、实地考察工程、征求使用单位意见”等程序，严把推荐工程的质量关，使推荐工程从整体效果到内在质量都达到了一定的水平。经过认真审核、筛选，鹤壁市天艺装饰有限公司承建的“河南通信鹤壁分公司裙楼”、河南天龙建安股份有限公司承建的“开封府正厅主院”、河南省第五建筑安装工程有限公司和郑州康利达装饰工程有限公司联合承建的“绿荫大厦”、河南红革玻璃幕墙装饰工程有限公司承建的“郑州大学体育馆”等4项工程以及鹤壁天艺装饰有限公司、郑州康利达装饰工程有限公司的申报工程的设计作品推荐参加评选。10月份我们分别迎接了“2004全国建筑工程装饰奖”装饰工程复查组织和幕墙工程复查组，对我省申报工程的复查验收。最后经评审，我省推荐的3项公共装饰工程，一项幕墙装饰工程、2项工程设计分别获得“全国建筑工程装饰奖”。12月22日，我省五家获奖单位在北京人民大会堂参加了“2004年全国建筑工程装饰奖”的颁奖大会。

3．开展了“绿色建材产品”推荐活动。为了加强对会员单位经营产品的宣传，提高绿色环保产品的知名度，满足广大消费者的消费需求，抵制假冒伪劣产品，引导装饰装修材料市场的规范发展，2002年，我协会首次开展了 “绿色建材产品”推荐活动，推荐公告在《郑州日报》刊发后，在社会上引起了强烈的反响，受到了广大消费者的赞赏。去年我们根据消费者的再次要求以及会员单位的呼声，结合市场实际发展情况，又一次组织“绿色建材产品”推荐活动，对知名品牌产品进行检测。此次收交木制品、陶瓷洁具、油漆涂料等产品40个，这些产品已送往“国家建筑工程室内环境检测中心”进行检测，符合国家有关标准，我会给送检单位颁发了证书和铜牌并在有关媒体进行公告。

4．开展了建筑装饰行业的表彰工作，为了树立良好的行业形象，发挥先进单位和个人的模范带头作用，促进建筑装饰行业的健康发展，我们开展了建筑装饰行业“先进企业”、“先进个人”、“优秀企业家”、“优秀项目经理”评选工作，针对涌现出的效益高、信誉好的先进企业，尽职尽责、在于奉献的先进个人，善经营、会管理的优秀企业家，严管理、重质量的优秀项目经理进行公开表彰，充分发挥他们在行业中的表彰作用，经各市推荐、专家评审，有78家单位被评为“2004年度河南省建筑装饰行业先进企业”， 66名同志被评为“2004年度河南省建筑装饰行业先进个人”，30名同志被评为“2004 年度河南省建筑装饰行业优秀企业家”， 49名同志被评为“2004年度河南省建筑装饰行业优秀项目经理”。我们推荐的郑州康利达装饰工程有限公司、河南大鹏装饰工程有限公司被评为“2003 年度中国建筑装饰行业百强企业”。

三、组织省内外行业交流，推进装饰行业的发展和进步

1．组织会员单位参加中国建筑装饰协会成立20周年庆祝大会。9月2日～4日，中国建筑装饰协会成立20周年庆祝大会在北京京丰宾馆召开，这次庆祝大会层次高，规模大，内容丰富，是我省企业学习、交流的一次好机会，我会组织郑州、洛阳、开封、商丘等市会员单位50余人参加了这次盛会。按照会议安排，我省代表分别参加了“中国建筑装饰协会成立20周年庆祝大会暨向希望小学捐赠仪式”、“大会主题报告会”、“中国建筑装饰协会五届二次会员代表大会”、“全国建筑装饰行业书法、绘画、篆刻、摄影作品展”、“应对入世挑战做大做强经验交流会”、“全国住宅装饰装修行业发展大会”、“老协会工作者、专家、企业家座谈会”以及各专业论坛等活动。我省与会代表认真学习大会报告，聆听专家讲座，使大家在会议中交流，在会议上提高，开阔眼界，拓宽思路，寻求快速、全面发展方向。在这次大会上，我省薛景霞等16位同志被授予“全国建筑装饰优秀企业家”、贾建军等6位同志被授予“全国杰出的中青年室内建筑师”、王晓惠等6位同志被授予“优秀协会工作者”、解淑惠等2位同志被授予“协会工作贡献奖”、赵安敏等10位同志被聘为“中国建筑装饰协会专家工作委员会专家成员”，河南美巢荣欣家庭装璜有限公司等单位承建的15项住宅工程被授予“全国住宅装饰装修示范工程”、洛阳市东兴装饰设计工程有限公司等12家企业被评为“全国住宅装饰装修优秀企业”、河南大地装饰设计工程有限公司等20家企业被授予“全国住宅装饰装修行业自律诚信宣言及签名发起单位”、河南省大鹏装饰工程有限公司等15家单位被授予“优秀会员单位”，我会和洛阳协会也被荣幸评为“优秀协会”。

会议期间，通过学习与交流我省会员单位受益匪浅，感受颇深，同时我会的团队形象再一次受到中装协领导的称赞。

2．组织省内装饰材料厂商赴上海考察。为了让企业开阔眼界，提高业务知识，应对材料市场变化快、产品更新频繁的现象，去年3月份，组织了省内装饰材料厂商一行20余人，赴上海市进行了为期三天的考察活动。在上海考察期间，我们组织参加了“第六届中国国际地面材料及铺装技术展览会”、“全国装饰材料博览会”，帮助企业了解国内外市场新型装饰材料，掌握市场流行趋势，同时我们还与上海市装饰装修行业协会材料委员会及有关单位进行了座谈，探讨装饰材料行业与市场的发展前景。这次活动，不仅为会员单位更新产品、扩大经营提供了依据，而且为我省装饰材料行业的发展起到了一定的推动工作。

3．举办了“家装行业发展研讨会”、“家装行业营销策划论坛会”。为了使家装行业步入良性的发展轨道，促进家装行业的快速发展，我会与郑州教育电视台分别于去年7月份、10月份联合举办了“河南省家装行业发展研讨会”和“河南省家装行业营销策划论坛”，针对我省目前家装行业的经营现状发展趋势、存在问题进行剖析，探讨我省家装行业的发展方向，同时对家装行业的营销战略进行了论证，探索适宜我省企业发展的营销方向，与会人员畅所欲言，以自己企业的发展实例，倡导我省家装行业的发展之路。通过研讨，使大家开阔经营思路，明确发展方向，得到了大家的好评。

4．协助会员单位举办不同形式的交流活动。为了加强会员单位的沟通交流，促进装饰行业的发展，去年我们协助会员单位组织举办了“室内设计高峰论坛”、“新产品、新材料发布会”、“新技术、新工艺应用推广会”等多项活动，为企业提供了学习交流的机会，进一步促进了企业间的交流与合作。此外，我们还组织参加了“北京龙发装饰公司郑州分公司”、“河南大地装饰工程有限公司”、“河南超凡装饰工程有限公司”、“北京迪克斯装饰工程有限公司”“河南永明厨房设备有限公司”等多家单位举办的各类活动，有效地发挥了协会的职能作用，受到了会员单位的称赞。

四、举办不同形式的宣传活动，树立企业的良好形象

1．组织参加了“中国河南英皇建筑设计作品环展暨建筑文明与设计论坛”会展活动。为了繁荣我省城市规划与建筑设计创作，提高我省建筑设计水平，促进国际间的合作与交流，扩大我省建筑设计、房地产开发和建筑装饰企业的国际知名度，由中国贸促会河南分会、郑州市人民政府、河南省建设厅、河南省教育厅联合主办的“中国河南英皇建筑设计作品环球展暨建筑文明与设计论坛”会展活动，于去年5月21日～23日在郑州市博物馆举行，我会紧紧抓住与国外设计大师同台交流的千载难逢机会，按照省建设厅豫建[2004]37号文的精神要求，我们立即组织会员单位的优秀作品参展，为会员单位搭建国际交流平台，提升我省装饰装修行业的设计水平。我们共组织作品50余幅，展会期间，我省会员单位的参展作品得到了英国皇家建筑协会总裁George Ferguson先生设计大师一行的充分肯定，受到了省人大副主任、中国贸促会河南分会会长张以祥，省建设厅厅长查敏等与会领导的好评。同时，我会会员单位从中学到了国外大师的设计风格，设计理念。

2．举办了“河南省首届环保家居文化节”。为了进一步规范我省家装行业的健康发展，加强家装公司与消费者的沟通与交流，体现家装行业的服务特色，去年8月26日～29日，由我会联合郑州教育电台主办的“河南省首届环保文化节暨家装设计作品展”在郑州紫荆山广场隆重开幕。这次活动，全方位展示了我省一流家装企业和名优建材家居产品的精神风貌，引领消费者科学合理地选择正规家装企业，从而达到宣传行业、宣传企业、促进行业的发展。同时也为广大消费者提供了咨询家装知识、选择正规家装公司、选择优质装饰材料的服务平台。

展会期间，参观者、咨询者络绎不绝，设计师耐心细致的介绍，使他们了解了家装知识，掌握了装饰材料的合理使用，受到了消费者的欢迎，部分消费者现场与家装公司签订装修合同。据不完全统计，四天展会共接待消费者咨询达5万人次，收集市场信息8000余个，签订装修意向400余份。针对这次活动，我们对河南大地装饰设计工程有限公司等8家突出贡献企业，河南省凯利装饰工程有限公司等6家新锐企业，王健等9位突出贡献人物，韩晓阳等6位新锐人物，张四海等10位杰出营销策划人进行了表彰。这次活动，不仅使我们的企业收到了良好的经济效益和社会效益，而且为规范我们行业的发展起到了一定的推动作用。

除此之外，5月21～26日我们还与中国建筑学会室内分会第十五专业委员在郑州大学举办了“欧神诺”杯全国室内设计大赛获奖作品巡展活动。

五、加强行业信息传递交流，为行业的发展服务

1．认真编辑出版《河南建筑装饰》会刊。长期以来，《河南建筑装饰》是我们坚持宣传国家和省有关政策法规，介绍装饰技术知识、传授发展管理经验的主要阵地，也是我们与省内外相关单位沟通交流的主要渠道之一，因此，我们把提高刊物的质量放在首位。去年我们不仅对彩色封面进行改版，而且内容采取了图文并茂的形式，从不同角度、不同方位介绍各方面的专业知识，充分体现专业刊物的特点，增加刊物的吸引力，提升会刊的知名度，从而达到了宣传行业，服务于会员单位的目的，得了业内人士的称赞，受到了省新闻出版局的通报表扬。

2．利用新闻媒体，加强行业宣传。多年来，我们十分重视新闻媒体对行业的宣传报道工作，与《大河报》、《郑州晚报》、《河南商报》、《东方家庭报》、河南电视台、郑州教育台等多家主流媒体建立了合作关系，并不断通过媒体宣传行业动态，举办有影响力的活动。去年，我们除与《河南商报》开展“绿色建材产品”推荐活动外，还与《东方家庭报》开展了“诚信家装企业”征集活动，与《郑州晚报》开展了“品牌家装企业”推荐活动。这些工作的开展，为行业的宣传、企业形象的塑造、居民合理的消费、装饰市场的规范起到了一定的作用。同时也为我省企业发展壮大，走出河南，提供了展示的空间。

六、开展了建筑装饰行业建造师考前培训工作

根据国家建设部、人事部有关文件精神要求，原有的企业项目经理改为建造师，这是建筑行业项目管理人员的一次改革，除部分达到一定条件直转外，其余原项目经理必须通过考试获取建造师证。为了使我省从事装饰装修工作项目管理人顺利通过一级建造师执业资格考试，我会与河南省第五建筑安装工程有限公司联合举办了一级建造师装饰装修专业考前培训辅导班。我们从北京、上海聘请资深专家担任授课教师，结合《建造师执业资格考试大纲》和《建造师执业资格考核用书》，针对考试科目，进行专题授课，帮助考生掌握考试的重点和难点及答题技巧，使考生充分做好考前准备，以便顺利过关。为我省装饰装修行业首批参加一级建造师执业资格考试奠定了基础。

七、加强协会自身建设，提高服务质量

1．加强协会内部管理工作。2004年，协会秘书处在贯彻执行上级有关文件精神的同时，认真学习《河南省建设厅社团管理办法》及《社团领导干部实施细则》，明确工作人员的职责，实行工作岗位责任制，完善工作制度、考核制度、财务制度、文档管理制度、考核奖惩制度，加强了秘书处的工作管理。同时我们不断组织工作人员学习党的各项方针，学习行业专业知识，学习深入实际调查研究的工作方法，提高工作人员的业务水平，增强了为会员单位服务的意识。此外，去年又购置电脑、复印机等必要的办公设备，改善了协会的办公环境，并为协会全体工作人员进行了体检，保证了工作人员的身体健康。协会自身力量的加强，为今后的各项工作的顺利开展创造了良好条件。

2．加强与地方协会、会员单位的沟通交流。为了切实搞好协会工作，提高为会员单位的服务质量，缩短与会员单位之间的距离，2003年12月3日，我们召开了“全省建筑装饰协会秘书长联席会”，针对“如何开展好协会工作”进行了沟通交流，探讨新形势下做好协会工作的新路子。同时，我们向全省会员单位下发征求意见函200余份，广泛征求大家的意见，了解企业关心的热点、难点问题，并请会员单位提出合理化建议，找出我们工作中的差距，以便我们转变工作思路，改变工作方法，切实为企业服务好，把协会办成真正的企业之家。这些工作的开展有效地推动协会工作再上新台阶。

湖北省建筑装饰行业

湖北省建筑装饰协会

【协会简介】

湖北省建筑装饰协会现有会员单位 102 个，理事 100 名，常务理事 31 名。

会　长：

傅梦飞　原湖北省建设厅建管处副处级调研员，现已退休

副会长：

彭国云　武汉建筑装饰协会会长

程新明　湖北鼎元建筑装饰工程有限公司董事长

许春建　湖北龙泰建筑装饰工程有限公司董事长兼总经理

潘耀生　武汉市华达建筑装饰设计工程有限公司董事长

蔡继红　武汉凌云建筑装饰工程有限公司总经理

毛国强　中建三局深圳装饰设计工程有限公司总经理

胡圣明　湖北高艺装饰工程有限公司董事长兼总经理

协会的常设机构为协会秘书处

秘书长：张兆鹏

副秘书长：何木松

工作人员：马　潇　伍桂花

【行业概况】

2004 年，湖北省建筑装饰业在中共湖北省委、省政府的正确领导下，在业内广大员工的共同努力下，继续保持了良好的发展态势。主要表现在：

1. 建筑装饰企业的高资质等级数量增多，设计和施工水平进一步提高。2004 年，全省共有建筑装饰企业 411 家，其中一级建筑装饰施工企业 24 家，甲级装饰设计 20 家，一级建筑幕墙企业 4 家，甲级幕墙设计 4 家。二级建筑装饰企业 190 家，乙级装饰设计 49 家。三级建筑装饰企业 219 家，丙级设计 10 家。同 2003 年相比，一级企业增加 7 家，二级企业增加 11 家，三级及其以下企业数量有所减少。企业承担大型和复杂工艺工程的能力比 2003 年有了新的提高。

（1）设计能力有了新的提高。特别是在重点工程设计方面，水平提高较快。如武汉中信大厦室内装饰的设计很有特色，在功能布局、外观造型、选材用材等方面均有独到之处，在全国建筑工程装饰奖评选中，深得专家的好评。同时体现湖北地域文化特点的设计工程明显增多，如武汉市中级人民法院的外墙装饰设计就很有特色，整个建筑物显得很有气势。

（2）施工能力和水平有了新的提高。尤其是在木制品的施工工艺上，更加趋向于“精、细、美”。特别是石材施工，无论是从石材的选料还是加工，以及施工的工艺，都有了较大程度的提高。像武汉华达建筑装饰设计工程有限公司承建的中信大厦，其石材的加工、抛光、拼接、调整色差方面做到了无可挑剔的地步。其他如武汉科艺建筑装饰设计工程有限公司、湖北鼎元建筑装饰设计工程有限公司等企业的石材施工能力和水平都有了较大程度地提高。湖北鼎元建筑装饰设计工程有限公司已掌握陶瓷幕墙的施工技术，该公司在武昌的陶瓷幕墙，金属结构固定牢固，表面平整，给人以整体的美感。

（3）注重总体装饰风格的协调。在 2004 年的湖北装饰市场上，各方主体注重通过环境创新提升装饰品味，注意建筑装饰同整个建筑物的使用功能、地理环境及与周围的建筑群体相协调，装饰的理念、品味和档次向前迈进了一大步。

2. 企业的管理水平有了新的进步。2004 年，湖北省建筑装饰企业普遍注重提高自身的管理水平。加强了工程施工的现场管理，文明施工有了很大的进步，基本上做到了现场材料摆放有序，工序搭接合理，为科学地缩短工期创造了条件。不少企业利用计算机来实行成本管理，加强成本控制，取得了较好的经济效益。加强工程的质量管理和安全管理，工程质量水平有了新的提高。亿元安全事故率处于较低的水平。

信息化建设取得了新的进展，全省计算机的推广应用上了一个新的台阶，目前二级以上的建筑装饰企业大部分都建立了自己的内部网络，实现了资源共享，并在工程设计、工程招投标、材料管理、资料管理、工程预算和结算、资质管理、项目经理管理等方面发挥着越来越重要的作用，计算机已成为大多数企业管理的有力工具。比如武汉嘉禾装饰工程有限公司，2004 年驶入了高速发展的快车道，全年完成产值 1.2 亿元，实现利税 967 万元，其经营足迹不仅遍布武汉三镇，而且向省外扩展，目前他们在湖南长沙、四川成都、广西桂林等地开设了分公司或经营点，已引起业内同行的广泛关注，在 2004 年中国建筑装饰协会召开的上海住宅装饰文明达标会议上，该公司的经验得到了与会人士的广泛认可。

3. 全省建筑装饰在国民经济中的地位和作用进一步得到提升。2003 年全省建筑装饰行业共完成总产值 426.4 亿元，比前年同期增加 15%以上，实现的增加值同比增长 10%以上。它在建筑业产值中所占的比重不断增加。住宅装饰业发展迅速，全省在宜昌市等地进行住宅建筑装饰资质管理试点工作，进展顺利，行业管理进一步规范，工程质量明显提高。

【协会工作】

1. 认真贯彻党中央、国务院关于清欠工作的重要指示，协助政府有关部门做好清欠农民工工资的工作。自 2004 年下半年开始，党中央、国务院对解决拖欠农民工工资的工作给予了极大的关注，温家宝总理亲自作了重要批示。国务院并为此召开了一系列的重要会议，做出了重要部署。中共湖北省委、省人民政府认真贯彻党中央、国务院的部署，在全省范围内开展了解决拖欠工程款和清欠农民工工资的工作。在这一工作中，建筑业企业是工作的重点。省建筑装饰协会积极配合省建设行政主管部门积极开展清欠工作，在遇到群众来信来访时，热情接待，并注意做好解释工作。同时，积极敦促有关企业在可能的条件下做好清欠工作，并把是否拖欠农民工工资作为评先、评优的重要依据之一。

2. 积极配合中国建筑装饰协会开展成立 20 周年纪念活

动。2004年，是中国建筑装饰协会成立20周年的纪念日，为此，中国建筑装饰协会开展了一系列的评先评优活动，包括评选全国优秀建筑装饰企业家、优秀会员单位、优秀住宅装饰示范工程、先进住宅装饰企业、优秀建筑装饰协会工作者等。湖北省评定武汉建筑装饰协会和宜昌市建筑装饰协会等两个协会为先进地方协会；钱俊雄、熊钢发、潘耀生等12名为先进企业家；湖北王氏建筑装饰设计工程有限公司等九家企业为先进会员单位；武汉澳华装饰公司等21家住宅装饰装修企业为全国住宅装饰装修优秀企业；全国住宅装饰装修示范工程共29项；先进协会工作者有何木松、李建新共两人。在庆祝中国建筑装饰协会20周年文艺演出中，武汉旺轩物业有限公司表演的文艺节目获最佳组织奖（演出单位）和最佳风格奖。

3．积极开展创先争优活动，不断提高建筑装饰企业的竞争力。为了充分发挥先进典型的示范带动作用，积极组织开展评选"湖北省先进建筑业企业"、"湖北省优秀建筑业企业经理、湖北省优秀建筑业项目经理"即评"三优"的活动。在初审工作的基础上，经评审委员会审查，协会评定，省建筑装饰协会共评定全省先进建筑业企业13家，优秀企业经理12人，优秀项目经理25人。

4．认真开展评选湖北省优质建筑装饰工程（装饰楚天杯）活动。2004年度省建筑装饰协会共收到各地市州申报的优质建筑装饰工程共47个，其中公共建筑装饰工程36个，幕墙工程11个。经过评委会认真评选，共评选出2004年度湖北省优质建筑装饰工程38个。其中室内装饰工程30个，建筑幕墙工程8个。

5．积极开展家庭装饰管理工作。2004年，武汉建筑装饰协非常重视家庭装饰管理工作。省建筑装饰协会积极支持和武汉建筑装饰协会组织的一系列活动。2004年先后多次参加了在武汉会展中心开展了家装赶集会活动。通过家装赶集会这种形式，既满足了市民的装饰需要，为市民提供良好的服务，另一方面，家装企业也从中得到了消费者，实现了双赢。武汉市还开展了家装进住宅小区的活动。在这方面，宜昌市建筑装饰协会也进行了尝试和探索，2004年9月，宜昌市也开展了家装赶集会活动，受到了社会各界人士的欢迎。

6．组织企业参加中国建筑装饰协会组织的全国建筑装饰工程奖的评选工作。2004年，我省共有五项工程获得"全国建筑工程装饰奖"，分别是：由武汉华达建筑装饰设计工程有限公司承建的武汉中信大厦室内建筑装饰工程、由武汉澳华装饰公司承建的武汉体育中心室内精装修工程、由武汉科艺建筑装饰设计工程有限公司承建的武汉邮科院光通信培训中心大楼室内建筑装饰工程、由武汉建开装饰工程有限责任公司承建的武汉市委会议中心室内改造装饰装修工程、由湖北王氏建筑装饰设计工程有限公司承建的武汉长途汽车客运总站室内建筑装饰工程。工程质量水平比去年有了新的提高。

7．做好《湖北建筑业》的编辑出版工作。2004年我们继续注重提高质量，提高可读性，大力宣传党和政府的有关政策，宣传企业改革与改制的成就，用以指导行业的工作，使这本业内刊物成为沟通政府、协会、企业的一个重要渠道。由于坚持了为行业发展服务的办刊宗旨，注重提高刊物质量，提高可读性，使这本刊物受到了各市州协会和各会员单位的好评。

8．2004年，湖北省建筑装饰协会注意加强协会自身建设，提高协会工作人员的素质。协会工作人员注意努力学习党的路线、方针、政策，提高思想水平和业务工作能力，坚持热心为会员单位服务。

武汉市建筑装饰行业

武汉建筑装饰协会

【协会简介】

武汉建筑装饰协会成立于1988年11月28日，是武汉建筑业联合会下属专业协会。1991年5月15日经武汉市民政局核准成为武汉地区从事建筑装饰设计、施工、管理、装饰材料生产、产品销售、中介服务、科研、教育等企业事业单位自愿结成的具有独立法人资格的社团组织。协会现有会员单位270个。

高级顾问：

李梅芳　原武汉市人大常委会主任

高顺龄　原武汉市副市长、武汉仲裁委员会主任

名誉会长：

陈邂馨　武汉市建委建筑业管理办公室主任

会　长：彭国云

常务副会长：

熊彦琼　武汉市建筑市场管理站副站长

潘耀生　武汉华达建筑装饰设计工程有限公司董事长

蔡继红　武汉凌云建筑装饰工程有限公司总经理

熊钢发　武汉建工集团装饰工程有限公司董事长

许春健　湖北龙泰建筑装饰工程有限公司董事长

楼创洪　中建三局深圳装饰工程有限公司武汉分公司经理

高　健　武汉旺轩建筑装饰有限公司董事长

廖　林　武汉澳华装饰设计工程有限公司总经理

周文祥　武汉建开装饰工程有限公司副总经理

钱俊雄　武汉嘉禾装饰集团有限公司总经理

秘书长：郭　伟

协会秘书处设：综合服务部、行业发展部、家装管理部

分支机构：家装专业委员会、住宅装饰工程质量监理服务中心

【行业概况】

一、企业数量

武汉地区建筑装饰行业的企业数量长期以来就没有一个绝对准确的数字，这是因为：一是统计渠道不一致；二是

目前装饰资质仍由两个部门管理；三是市属企业和省属在汉企业又分别管理；四是装饰企业处在动态之中，新办与消亡同时存在。目前，在武汉市工商局登记注册的装饰企业约2300家（含家装企业）。

1．持建设行政部门资质的装饰企业319家（含建筑幕墙）。市属装饰企业231家，其中一级资质16家，二级资质95家，三级资质120家；省属在汉企业33家，其中一级资质9家；中央在汉企业包括中建总公司下属各局、中外建等有主项或增项装饰资质的企业17家；外省在汉装饰施工企业包括北京、上海、广东、福建等省市38家。

2．持省、市室内装饰行办资质的企业1000余家，其中每年能正常参加资质年检的企业约600余家，还有一部分仅有工商登记无资质证书的企业近1000家。

二、年装饰施工产值

我市建筑装饰行业施工产值主要分两大类，即公装施工产值和家装施工产值，公装施工产值约50亿元；家装施工产值约35亿元，因此，全年装饰施工产值近90亿元。

三、从业队伍状况

我市建筑装饰企业多为管理型企业，公司固定职工包括行政管理人员、经营人员、财务人员、专业技术人员和施工管理人员，而各类施工工人，多为长期合作，整建制，相对稳定的施工队伍，这类人员不在公司的正式编制，他们与企业关系是以经济为纽带的劳务合作关系。目前，我市装饰行业的劳务队伍，多数没有按建设部资质管理规定取得劳务分包企业资质，不具备独立法人资格，不能承担民事责任，因此，在施工过程中出现质量、安全事故均由装饰施工企业负责。

四、市场状况

我市建筑装饰行业仍然处在稳定、持续、快速发展阶段，但市场仍处在多头管理的状况，两个管理部门、两种资质、造成市场管理混乱，制约行业发展，2003年11月18日，省人民政府下发了《省人民政府关于行业管理办公室行政管理职能划转的通知》（鄂政发[2003]42号文）明确将省轻工行办以室内装饰行业管理和督促职能划入省建设厅，原挂靠省轻工行办的室内装饰行业管理办公室和省室内装饰协会转为挂靠省建设厅，至今已有一年多了，划转工作还未到位。

【协会工作】

由于我市装饰行业多年存在多头管理的问题，建筑装饰市场长期处在市场分割的状况，作为在市建委主管、领导下的建筑装饰协会，我们深感责任之重大，如何发挥政府的桥梁和纽带，更好的为行业、为企业服务，一直是我们工作的出发点和立足点。我们在法规不完善、不健全，企业、市场又需要的情况下，不等、不靠，在做好协会的日常工作的同时，围绕行业的发展努力工作，积极探索。

1．多年来我会为装饰行业归口统一做了大量工作，多次向市政府、市人大和市政协呼吁，建议尽快实现建筑装饰行业的归口管理。另一方面我们打破行业（建委、轻工）、地域（市、区、省内外）界线，积极主动、热情服务、接纳了一大批持室内装饰资质的企业入会，并帮助他们申报、办理建筑装饰企业资质。为他们排忧解难。2004年受理资质初审向市建管办申报48家，其中新申报35家，升级9家，增项8家，批准核发资质29家。

2．2004年我们还积极组织开展了各类培训，提高企业和行业整体素质，其中组织送培项目经理培训和继续教育培训近200人次，向省建设厅申报项目经理备案资料154人，配合中装协组织监理人员培训二次，共计165人次。另外，组织农民工培训近3000人。

3．始终把行业自律放在协会工作的首位，2003年以来，我们先后制定和实施了《家装行业公约》、《家装诚信联盟公约》、《武汉家装企业设计师执业规则》和《百万质保金先行赔付管理办法》等行业自律的办法和规定，对提高行业整体素质和水平，更好的为广大消费者服务起到了积极的作用。

4．解决家装市场的难点，规范市场行为。因家装合同的不规范，家装工程的报价不造透明而引发的纠纷和投诉时有发生，为了维护消费者和守法经营者的权益，2004年协会与市工商局合同管理处依照《中华人民共和国合同法》，结合我市家装市场的实际，联合制定、颁布了我市首部规范性、完整性较强的《武汉地区住宅室内装饰装修工程施工合同》范本。截至目前为止已有150家家装施工企业使用示范合同。同时，协会还与市建设工程造价站在深入调查、研究家装市场的基础上，编制了更科学、更适用、更透明的《家装工程综合单价市场指导价》，在社会和业内反响较大，自律、自约已逐步成为行业及企业发展的需要。

另外，协会家装监理中心在一批骨干家装企业中开展第三方监理，在家居装修中推行监理不仅对装修工程质量、进度、合同履行有监管，同时也促进了家装企业管理水平的提高，受到住户及装饰公司好评。

5．开展武汉市建筑装饰设计专业技术职务评聘工作。近几年来，随着装饰行业的快速发展，从事装饰设计的专业人员迅速增加。由于发展快，相应的规范、规则未及跟上，室内装饰设计处于无序、混乱状态，质量低劣、滥竽充数、不合理收费等投诉时有发生。为了加强对广大设计人员的管理和引导，促进其专业水平的提高，协会为规范家装设计市场做了大量的基础工作。

经过近三年的调研、认证，在武汉市人事局帮助、支持下武汉建委决定在全市开展建筑装饰设计专业人员技术职务评聘工作，并将协会作为本市建筑装饰专业职称社会化受理点，第一批评聘工作已经完成，共有273人取得建筑装饰设计师职称，其中高级建筑装饰设计师30人、建筑装饰设计师85人、助理建筑装饰设计师158人。

另外协会还在武汉仲裁委的指导下于2003年5月成立了建筑装饰仲裁中心，并在28个新建小区设立了家装纠纷调解室，及时就近调处一大批家装纠纷。2003年接待家装投诉783件，其中小区调解室受理427件，家装部电话受理148件。仲裁方式解决40件；2004年接待家装投诉562件，其中小区调解室受理232件，家装部电话受理107件，仲裁方式解决40件。武汉仲裁委对协会仲裁中心的工作给予了充分的肯定。

深圳市建筑装饰行业

深圳市装饰行业协会

【行业概况】

2004 年，深圳装饰业在市场竞争更加严酷的条件下，继续在全国市场完成了一大批有重要影响力、造价高的装饰精品工程。行业年产值持续稳步增长。据不完全统计，173 家企业完成年产值近 129 亿元，比去年 210 家企业统计的产值增长 42 亿。其中 118 家公装企业完成 121 亿，55 家家装企业完成 8 亿，室内装饰 96 亿，幕墙 33 亿；市外 85 亿，市内 44 亿。

2004 年，改制成功的企业表现出极大的活力，产值稳步提高，令人振奋。深装总产值较上年提高了 81%；建艺公司产值增长了 10 倍；洪涛产值依旧名列前茅，而增长幅度高达 40%以上；城市、晶宫改制不到一年，产值同比增长了 35%，成功改制使企业发展获得新生。

一级施工企业增加。2004 年经建设部批准，5 家企业获装饰一级资质；2 家获幕墙工程专业承包一级资质；2 家获门窗一级资质；1 家获消防设施工程专业承包一级资质；还有 5 家公司建筑装饰设计资质晋升为甲级；

协会密切结合行业需要进一步深化服务，促进了协调发展。以建造师认定考核、考试和过低价中标危及企业生存等直接关系企业命运的工作为重点，在申报、送审、补报、重报、报名、资格预审等各环节积极主动服务，为企业奔走，争取到主管各方支持；在行业面临恶性竞争时，协会发挥自律职能，制定发布《深圳市装饰工程投标公约》，过低价投标行为受到遏制。

一、承接完成工程再创历史新记录

2004 年全行业承接完成的一批重要项目：人民大会堂湖北厅、中国东盟博览会、中国驻哈萨克斯坦大使馆、中国印钞造币总公司、深圳国际商会中心、上海东方艺术中心、宁波大剧院、北京温特莱中心、澳门新竹宾馆、温州华侨大酒店、天津海上皇宫酒店、上海国际赛车场、重庆江北国际机场、第四军医大学等，继续显示了深圳企业强劲的竞争实力。

在众多重点项目中，洪涛、长城、装饰（集团）、海外公司再创行业新记录。

由洪涛公司独家总承包的广西南宁西苑宾馆改造、扩建工程装饰项目，合同造价 1.5 亿，结算金额超过 2 亿元，是目前全国室内装饰单项造价最高的工程，打破了由该公司 2003 年创造的 1.2 亿的记录；内蒙古 1 号工程是接待国家重要领导人的总统楼，面积近 3 万㎡，造价超过 1 亿元，也是由洪涛设计和施工总承包。此项目成为当年立项、当年设计、当年施工、当年竣工、当年投入使用的业界奇迹；同时洪涛还完成了 6 栋总统楼的设计施工，成果令人瞩目。长城家具以 8561 万的造价承接厦门索菲特大酒店，并与前海控股、美国 BBG、法国雅高缔结了中国第一个产权度假酒店联盟，长城公司成功完成成都、厦门、海口索菲特大酒店装饰项目后，西安、上海、南京和苏州等城市的索菲特酒店装修也委托给长城公司设计。海外公司承接人民大会堂湖南厅的装饰工程后，在工期短、要求高的情况下，把工程当作政治任务来抓，成功完成了这项“高、精、细”的国家级工程。深圳目前规模最大、档次最高的嘉禾电影城室内装饰由深装（集团）独立设计施工，得到了美国专家和业主的高度赞扬，业主还将第二个嘉禾电影城装修也委托其设计施工。

二、工程频获国家奖，奖项总量居全国首位

鲁班奖（国优）、全国建筑装饰工程奖是我国工程最高奖。2004 年深圳 18 家企业获全国建筑装饰工程奖 21 项，获奖比例占该奖总量 13.5%，全国最高；海外、方大、文业、设计、深装总、广田、南利、深装（集团）8 项工程分别摘取了 8 项 2003 年度鲁班奖（国优），其中海外和深装总各有 2 项工程获此荣誉；2004 年度鲁班奖（国优）由广田、中航幕墙、方大、长城、海外、中建三局、三鑫、华加日公司获得。

2003 年全国装饰百强企业评价榜，深圳占 19 席。这些荣誉反映了深圳装饰业领先全国的卓著实力。

2004 年，协会荣获省民政厅“全省先进民间组织”、连续第三年获市人事局“职称工作先进单位”荣誉称号。

三、重大活动

1. 成功举办深圳市第六届装饰设计作品展。装饰设计作品展是本市两年一度的行业盛会，由于该展的规模大、作品质量优、数量多、展事运作成熟，在全国业内有较大影响力而成为深圳装饰行业的品牌活动。2004 年为第六届，于 6 月 7 日～10 日在关山月美术馆一层共四个展厅举行。此届参展作品共计 532 个，展板 588 幅，为历届之最，同时广州、汕头、东莞、中山等市同业的作品首次参展亮相，扩大了作品展的影响力和辐射面。展会期间还举办设计沙龙活动，延请国内资深专家作“展望室内设计的未来——浅议国外室内设计发展动态及我国设计市场的接轨问题”及“建筑装饰与室内声环境”的专题学术讲座。专家还对作品展进行了点评，认为深圳的装饰设计制作水平已达到极致，在很大程度上了代表了中国装饰界的水平，对作品水准及展事组织工作的完善和成熟也予以高度评价。

2. 籍协会 18 周年庆典宣传行业辉煌业绩，与会领导高度评价深圳装饰的历史作用。深圳是中国现代装饰最早形成独立行业的城市，并在领先发展中成为中国装饰的品牌行业和品牌协会。深圳装饰业的辉煌业绩是中国装饰史上最熠灿的篇章，但在竞争非常激烈的市场环境下，深圳装饰面临严峻考验。协会于成立 18 周年之际，在深圳民俗村凤凰剧场，举办大型庆典。到会装饰企业领导和员工共 5000 多人及市人大、市政府、市政协、市总工会、省建设厅、市建设局、中国建筑装饰协会等单位的主要领导或相关领导出席会议。

中国建筑装饰协会马挺贵会长在致辞中高度评价并全面肯定了深圳装饰发展的历史作用。真挚、热情地赞扬："深圳装饰业搏击市场经济大风大浪，创造了大量的新思路、新方法、新经验，成为全国建筑装饰同行的典范，并培育了一大批优秀的企业家、杰出的设计师、项目经理和高水平的能工巧匠。这一大批优秀人才，像种子一样撒向祖国大地，培育起各地的优秀设计、施工企业，带动了全国建筑装饰水平不断迈向新的高度。"深圳的装饰行业，是我国现代建筑装饰行业的发祥地，是现代建筑装饰行业成长发育的摇篮，是全国建筑装饰行业发展的战略储备地，是全国建筑装饰行业发展的黄埔军校。深圳的装饰行业协会，是全国最优秀的建筑装饰行业协会，是名符其实的行业利益代表，行业发展的引路人和行业管理的主体。"

会议为 2004 年 39 家优秀企业、17 家规范服务达标装饰企业、124 项装饰"金鹏奖"、140 项优秀设计作品奖、5 名优秀征文奖举行了盛大的颁奖典礼。

【协会工作】

一、运用自律手段，制定发布工程投标公约，维护社会与行业共同利益

深圳实施最低价中标规定后，企业竞相低投，许多项目竟以低于标的 30%甚至 50%以上中标。这些明显低于工程直接成本的低价中标搞乱了市场，严重危及企业生存，给工程质量及工程顺利进行带来隐患，也不利于廉政建设。协会经调研、咨询，制定了《深圳装饰行业工程投标自律公约》，并全文刊发于特区报，以便社会监督公约的执行。公约的发布得到众多会员单位的一致赞同和认可。公约实施后，协会及时抓住 2 个典型案例，把对不合理低价中标的项目实施全程追踪情况上报建设局，引起了局领导和分管部门的高度重视，并很快对改善中标方法作出部署。

二、以企业发展为重，完成注册建造师、工艺美术师资格申报及评审

1. 注册建造师是我国建设领域新的执业资格制度，建造师是项目承包和整个工程项目质量、进度、安全生产和守法遵章的关键岗位，直接关系企业生存和行业未来发展。因此，建造师考核认定申报成为协会 2004 年的工作重点。协会承担了建造师资料申报、汇总，并参加了省专家评审工作。该工作历时大半年，但申报时间仅只有三天，在任务重、要求高的情况下，协会全体连续通宵达旦工作，送审后与多方协调，争取到较高的通过率，为企业进一步发展创造条件。

与此同时，协会还组织完成了一、二级建造师案例习题和二级考试命题（案例）的编审工作。

2. 市工艺美术师职称评审日常工作部门在协会。2004 年，协会作为职称改革四个试点单位之一，按人事局要求制定提交了评审细化方案，并认真实施取得成绩，连续第三年受到市人事局表彰，获得了职称评审工作先进单位和先进个人的荣誉称号。

三、开展行业调研，提交多个专题报告，为政府的宏观决策服务

2004 年协会接受政府委托，积极开展调研，了解企业要求，形成建议报告，为政府、企业服务。调研工作除对不合理低价中标工程问题，向建设局书面报告外，还向建设局提交了反映企业资质不配套，影响市场拓展的问题和关于项目经理从业行为管理文件修改建议的报告；向市政府提交了关于深圳装饰设计现状问题和对策等报告。

受托完成深圳市设计单位资质编号统计并受托起草《广东省装饰专项工程设计评选管理办法的文件》、《泛珠三角设计活动方案》等文件。

四、行业培训工作取得新突破

协会培训全年共计举办各类培训班 11 期，受训人数达 1637 人。2004 年协会与相关单位联合成立了行业职业技能鉴定所，对装饰木工、油漆工等六个工种进行职业技能培训和鉴定。现已在梅林设立了装饰防水工、抹灰工，油漆工和木工四个工种的实操考核场地，面积 1000 多m²，同时在方大、富城和金粤公司开设了幕墙制作工和安装工的考场。

鉴定所目前已对方大、华加日、中航、金粤等公司的幕墙制作工、安装工和防水工共 139 人进行了培训与实操鉴定，127 人取得了职业资格证书。鉴定所工作的全面开展将大大提高一线从业人员的理论和技能素质，更科学、高效、优质完成施工任务，促进行业规范化管理。

五、成立饰材饰品专业委员会，健全行业服务机构，更好为企业服务

为促进装饰企业与材料厂商、装饰饰品生产商的联盟，提高行业竞争力，协会经行业服务署批准，成立了饰材饰品专业委员会。该专委会旨在宣传推广新材料、新工艺，为材料商与装饰公司、设计师构筑交流合作平台。

六、信息宣传稳定发挥服务作用

2004 年《深圳装饰》改为双月刊，扩大了发行量，共出版 6 期，质量有了进一步提高。2004 年荣获"全国建筑装饰行业信息化建设先进单位"，全行业仅两家会刊获此荣誉。

2004 年装饰网继续稳步运行。网站点击率百万次，现有企业会员总数 1192 家，个人会员 10186 人，供需信息 35493 条，招聘职位总数 791 项，求职简历 6179 个，有效的发挥了服务行业、服务会员的作用。

汕头市建筑装饰行业

汕头市装饰协会

【协会简介】

汕头市装饰协会是经市政府有关部门批准组建的非营利性行业性社会团体，正式成立于 2002 年 1 月 18 日。

汕头市装饰协会本着自愿的原则，按章程要求发展会员。现已发展会员 290 家，包括具有相当实力和知名度的装饰公司、材料供应商、家具饰品商等。

会　长：陈展群

副会长：方　亮　王　淳　庄大建　肖汝朋　陈　维　郑少文　李仕鸿　陈友发　余惠娟　张伟烈

秘书长：辛　忠

【行业概况】

汕头市毗邻港澳台，是我国著名侨乡及最早四大经济特区之一，社会经济发展较快，人民生活较为富裕。汕头人的生活方式、生活态度深受港澳台地区的影响，无论装饰理念、风格，还是装饰用料，都紧跟时代潮流。汕头人杰地灵，潮汕工匠对工艺精益求精，在汕头装饰界涌现出了一大批精通设计、精通施工的装饰人才，创造了一大批风格各异，工艺精湛的优秀作品。汕头的设计、施工人员遍布全国各地，很多高水平的宾馆、商场、办公楼、写字楼的内部装修是由潮汕人设计施工完成的。

除了在全国各地承建公共装修外，家装业也是汕头装饰行业的一个重要支柱，汕头目前有 300 多家家装企业。汕头市是一个最适宜居住的城市，人们对居住环境和质量要求较高，人们买房后一般都投入较大资金加以装修，因此也刺激了整个家装市场向规模化、工艺化、高档化发展，在此基础上也造成了一大批专业家装企业。这些企业在获得家装的丰富经验后，正迅速向周围城镇发展，争取扩大市场份额。

由于政府管理企业方式的改革及市场竞争有序化的要求，汕头市装饰协会应运而生。协会成立以来积极开展行业调查，组织会员签订诚信公约，引导会员企业守法经营，正当竞争。多次组织会员到外地进行参观、学习、调研，努力提高会员的业务水平，积极鼓励会员进行横向联合，将企业“做强做大”，鼓励会员努力开拓市场，向周边城市和国内其他城市发展。据不完全统计，目前从事装饰工作的人员已超过 10 万人，其中相当部分人员长期驻外从事装饰工作。目前协会有一级建筑装饰施工资质企业 5 家，甲级装饰设计资质 4 家，幕墙一级施工企业 1 家。

【协会工作】

2004 年协会主要做了以下的工作：

1．1 月 10 日，汕头市装饰协会会员及嘉宾共 230 多人一起聚集中信渡假村，参加汕头市装饰协会2004年年会。年会期间举行了一系列的文娱表演节目及“新春献爱心，情系贫困户”、“关爱生活·帮助失学儿童”义捐活动，会员们当场慷慨解囊，捐款折大米 6t 及资助 30 名贫困子弟读书，协会特委托《汕头特区晚报》将善款转交到特困户和失学儿童手中。

2．2 月 17～19 日汕头市装饰协会组织了20多家有用工需求的会员企业参加了由汕头市工商联（总商会）、汕头市劳动和社会保障局联合在林百欣国际会展中心举办的汕头市非公有制企业用工招聘会，通过面对面的交流，达到双方用工和求职的满意效果。

3．3 月～4 月份，汕头市装饰协会协办了“品格杯”首届粤东家居装饰设计大赛。

4．5 月 20 日，装饰协会在汕头大学设计院举行了设计师与深圳《现代装饰》杂志专业人士座谈会，共有 30 多位设计师参加了此次座谈会。香港室内设计协会副会长罗锦文先生应邀参加了本次座谈会，并为在座的设计师们详细讲解了当今装饰设计的动态潮流及发展趋势，使设计师们收益非浅，设计师们也抓住跟设计权威人士沟通的机会，提出自己的问题和见解。这样轻松和谐的气氛和交流方式受到与会会员的一致好评。

5 月 29 日组织近 10 家材料供应商座谈，分析目前建筑装饰材料市场。9 月 25 日，举办了近 50 位设计企业负责人参加的“首届汕头建筑装饰设计作品展”发布会暨《家装企业行业准入与清出自律管理办法》座谈会。

5．5 月份组织近 10 家装饰企业在泰安华庭会所举办家装设计咨询活动，9 月 30 日～10 月 3 日协办了在汕头市科技馆举行的汕头第 2 届建筑装饰材料暨家装设计展示博览会，11 月份组织 10 多家装饰材料企业在汇翠时代花园举办品牌建材展示活动。

6．配合中国建筑装饰协会在汕头市开展全国室内建筑师和住宅室内设计师技术岗位能力评审认证工作，经协会初评，将近 20 位会员的资料上报中国建筑装饰协会。

7．9 月 2 日，经中国建筑装饰协会评审，汕头市装饰协会获得“优秀协会”称号，装饰协会辛忠秘书长获得“优秀协会工作者”称号；郑少文及李仕鸿获得“全国杰出的中青年室内建筑师”称号，获奖人员专程赴北京代表汕头市装饰协会参加“中国建筑装饰协会成立 20 周年系列庆典活动”，与全国各省市地方协会进行经验交流，提升汕头市装饰协会的社会形象和品牌。

8．继续编辑出版四期《汕头市装饰协会会员通讯》，向会员传递行业动态、政策法规及市场信息，受到会员的普遍欢迎。

9．为提高我市建筑装饰设计水平，展示我市设计师的实力，推动建筑装饰行业整体水平的不断提高，由汕头市装饰协会主办，《现代装饰》杂志社、靓屋网 houseABC.com

协办，汕头市升达装饰公司和汕头市东方灯饰有限公司赞助的“首届汕头建筑装饰设计作品展”于11月展开，2005年1月15日～18日在潮汕星河大厦展示了入选作品，邀请国际著名专家马奥林，国内知名专家楚梦兰、李益中对作品进行评审，举办了“设计引导装饰行业发展”论坛，以专业、权威、客观、发展、促进为宗旨，总结、宣传、展示装饰设计成果，评选、表彰优秀设计师及其作品，并结集出版《汕头建筑装饰精品集》一书。

广西省建筑装饰行业

广西建筑装饰协会

【协会简介】

广西建筑装饰协会成立于1995年3月18日，2002年9月13日换届选举产生了第三届理事会领导班子。由区建设厅副厅长王芳春任名誉理事长，广西建工集团董事长张家炳任理事长，区建设厅建管处副处长王世园任副理事长兼秘书长。协会成立9年以来，十分注重自身建设，协会秘书处现有专职工作人员4人。办公地址在南宁市鲤湾路10号柳沙大厦11楼。

【协会工作】

2004年，广西建筑装饰协会法制观念严明，模范遵守宪法、法律和《社会团体登记管理条例》，在中国建筑装饰协会和广西壮族自治区民政厅及广西建设厅的指导下，在广大会员单位的大力支持下，经过秘书处全体工作人员的共同努力，发挥了行业的桥梁和纽带作用，为政府、会员单位办了不少实事，同时，也不断加强了协会的自身建设。

一、协助区建设厅加强行业管理

1. 做好装修施工企业资质初审工作。施工企业资质的初审是区建设厅委托协会的一项重要工作。协会在区建设厅建管处的指导下，对申报资质的施工企业，认真审核其申报资料及条件，对新办和晋升资质的企业配合区建设厅建管处进行实地考核，考核情况如实报告建设厅，最后由建设厅审批发证。2004年，共有1家三级装饰施工资质企业晋升为二级企业，28家新办企业获得三级装饰施工资质。另外，还负责对装饰施工企业年检的初审工作，按规定完成了企业资质年检工作任务。

2. 配合建设行政主管部门开展调研活动，当好政府参谋。家庭装修，关系到千家万户老百姓的切身利益，是一个庞大的复杂的系统工程，是大家共同关注的造福于人民大众的一项事业，但也是消费者投诉率高的一个行业。根据建设厅的工作计划要求，我会开展了我区家庭装修行业的调研工作，通过召开座谈会，走访相关单位，电话采访，查阅资料等办法，对我区家庭装修行业的现状及存在的主要问题作了认真的调查，并对如何解决存在问题提出了建议。区建设厅已根据协会的调研报告，正着手制订整顿建筑装饰市场的具体措施，计划用二至三年时间整顿和规范我区家装市场，使建筑装饰行业逐步走上规范、健康发展的轨道。

二、开展评先评优活动，推动行业发展

1. 根据区建设厅的授权，几年来，我会均与建筑业联合会一起联合行动，开展建筑装饰企业的评先评优工作。经过企业的申请，市协会审查上报，最后广西建筑业联合会和建筑装饰协会组织评委评定，2004年评选出先进企业54家、优秀企业经理40位和优秀项目经理264位，为行业树立了榜样。

2. “广西建筑装饰工程优质奖”评选活动我们已经开展了4年，评出了一批具有代表性的优质工程，2004年共有7项工程获得了此项荣誉。通过装饰奖的评选，促进企业建立内部质量管理保证体系，加强质量管理，全面提高了建筑装饰装修企业的管理水平。为了提高我区家庭装修水平，2004还开展了“广西壮族自治区住宅装饰装修工程优质奖”评选活动，共有6项工程获此荣誉。

此项评选工作的开展，对目前仍较为混乱的家装市场起到引导和规范的作用。同时也引导和鼓励家装企业逐步树立品牌意识，提高家装质量。

3. “2004年全国建筑工程装饰奖”我区申报了4项工程，有3项工程榜上有名。获奖单位和项目是：广西玉林云天民俗文化世界，由广西建工集团桂港建筑装饰有限公司承建；广西壮族自治区人民医院门诊综合楼，由广西建林装饰工程有限责任公司承建；南宁市地方税务局培训中心综合楼，由广西建工集团第三建筑工程有限责任公司承建。

三、加强信息交流，促进行业快速发展

当前，我们不仅面临经济全球化的挑战，同时面临信息社会、知识经济的到来。全行业广大企业和从业者迫切需要及时了解当今建筑装饰设计流行趋势、技术发展动态、市场资源情况等。2004年我会秘书处编辑印发了《广西建筑装饰》刊物4期，编发了各类信息、论文、作品等共计40余万字，另外，为撰写广西建筑业年鉴和中国建筑装饰年鉴提供了广西装饰业发展情况的文稿。同时，“广西建筑装饰网站”已开通运行。网站开通后，我们将把各装饰企业、装饰工程招标、材料价格、招商项目及新产品、新材料的推广应用等信息在网上发布，把市场管理制度、交易规则、办事程序以及社会关心的热点、难点问题在网上公开，从而提高装饰装修行业信息传播速度和扩大信息量，为社会为企业提供高效优质服务。

四、协会秘书处不断加强自身建设

1. 按时完成年检换证工作。2004年，广西建筑装饰协会根据区民政厅和建设厅的部署，实事求是填报有关表格，自觉接受上级主管部门的检查，经过区建设厅和民政厅的审定，通过了年检，核发了合格的社团证书。

2. 2004年，协会重视协会秘书处工作人员的思想建设，认真学习贯彻党的十六大精神，深刻领会“三个代表”重要思想，切实做好双向服务，顺利完成了区建设厅布置的各项工作任务，并为大家做了一些有益的工作，如为会员单位到外地参观考察牵线搭桥提供各种咨询服务。经常接受家装投诉，通过协调解决纠纷，使大家把协会看作是自己的家一样。

3．会费收取、管理和使用。会费是我会生存、发展和开展日常工作的经费来源。我会一直严格按照国家财政部、民政部发[2003]95号文的精神收取会费。2004年，我会共收取会费万元，这些会费收取后，主要用于秘书处专职工作人员的工资以及秘书处开展日常工作的办公费用等。会费的收取、管理、使用，每年都由区建设厅计财处组织人员进行严格的审计以及社团管理部门需要会计师事务所的验资、审核。

以上是我会2004年为政府、为企业服务和搞好协会自身建设等方面所做的一些工作。回顾一年来取得的成绩，我们深深感到这些成绩的取得是在区建设厅和民政厅的重视和支持，特别是区建设厅人教处和民政厅社团管理局领导的关心和支持，以及广大会员单位的积极配合下取得的。

当前，我国和我区的发展形势很好，尤其是每年的东盟博览会在南宁的召开，这对我区来说无疑是一件大好事，它将会加快我们的城市建设，给我们的装饰业又带来了新的机遇。协会要坚持实践“三个代表”的重要思想，与时俱进，全面推动设计施工的技术进步，促进我区建筑装饰行业健康、快速发展。

协会工作是一项很重要的社会团体工作，是我们党和国家在新的历史时期一项新的工作内容，是政企分开后政府通往企业的桥梁和纽带。让我们在以胡锦涛同志为总书记的党中央领导下，自觉接受主管部门和民政部门的领导和指导，振奋精神，解放思想，努力工作，在全面建设小康社会的进程中把协会工作提高到一个新的水平。

陕西省建筑装饰行业

陕西省建筑装饰协会

【协会简介】

陕西省建筑装饰协会成立于1996年5月，2002年12月召开第二次会员代表大会，改选换届。

会　长：孔祥清

常务副会长兼秘书长：王卫国

陕西省建筑装饰协会是由陕西省从事建筑装饰工程的施工单位、设计单位、建材生产营销等企业和有关科研、教学单位自愿参加组成的全省性建筑装饰行业组织。

本协会的宗旨是全面贯彻十六大精神，努力实践“三个代表”重要思想，坚持党的基本路线，坚持四项基本原则，遵守宪法、法律、法规和国家政策，以经济建设为中心，贯彻改革开放的总方针；协助建设行政主管部门加强建筑装饰行业管理，充分发挥政府与企业的桥梁纽带作用；反映行业呼声，维护行业利益，全心全意为会员单位服务，促进会员单位适应市场和我国加入WTO后的形势，转换机制，提高效益，开拓创新，与时俱进，进一步提高我省建筑装饰装修行业整体水平，改善人们工作生活环境，为西部大开发、陕西大发展作贡献。

本会业务主管单位为陕西省建设厅，登记管理机关为陕西省民政厅。

组织机构：本会的最高权力机构是会员代表大会，会员代表大会的职权：

1．制定和修改章程；

2．选举和罢免理事；

3．审议理事会的工作报告和财务报告；

4．决定其他重大事宜。

会员代表大会每届五年。因特殊情况需要提前或延期换届，需由理事会表决通过，报业务主管部门审查并经社团登记机关批准同意，延期换届最长不超过一年。理事会是会员代表大会的执行机构，在闭会期间领导本会开展日常工作，对会员代表大会负责。

理事会的职权：

1．执行会员代表大会的决议；

2．选举常务理事，选举和罢免会长、副会长、秘书长；

3．筹备召开会员代表大会；

4．向会员代表大会报告工作和财务收支状况；

5．决定会员的吸收或除名；

6．决定设立办事机构、分支机构、代表机构和实体机构；

7．决定副秘书长、各机构负责人的聘任；

8．领导本会各机构开展工作；

9．制定内部管理制度；

10．决定其他重大事项。

【行业概况】

随着国民经济的迅速发展，人民生活水平的提高，城市化进程的加快，特别是“西部大开发”战略的实施，我省建筑装饰装修行业得到了快速发展。截至2004年底，我省从事建筑装饰装修（幕墙）施工的企业共284家，其中一级18家、二级113家、三级153家；从事建筑装饰装修（幕墙）设计企业共62家，73个设计资质，其中甲级22家、乙级37家、丙级3家。

【协会工作】

2004年我会在省建设厅的领导下，在广大会员单位积极支持和配合下，协会全体同志努力实践“三个代表”的重要思想，认真学习贯彻十六届三中、四中全会精神，坚持科学的发展观，坚持为行业、企业服务的宗旨，较好地完成了各项工作任务。

一、协助政府主管部门加强行业管理工作

一年来，协会认真负责地做好建筑装饰企业资质申报材料的接受、初审和报批工作，指导企业填报申报资料，对5家建筑装饰设计甲级资质、4家建筑幕墙设计资质、2家钢结构设计资质，上报建设厅并经建设部审批转正，换发了新证。新申报多国、铭山公司审批为甲级装饰设计资质；申报蓝码克、铭山、大洋立恒、碧煌公司审批为一级装饰施工资质。向省建设厅申报审批 13 家设计资质，申报经审批一级项目经理 103 人，配合厅设计处对建筑装饰设计资质进行了年检，年检企业 44 家、52 个专项设计资质。

根据省厅对外省企业年检通知，对外省进陕 106 家施工企业进行了年检。协会对申报资质及年检中提出的问题热情解答，帮助企业顺利完成年检工作，并积极配合省建设厅建筑业管理处开展了一、二级建造师考核认定的具体工作，圆满完成了省厅交办的各项工作任务。

二、做好行业的培训工作

抓好行业的培训工作是协会的重要职能，协会经申报建设厅批准，取得建筑装饰培训资质、技术工人考核鉴定资质的基础上，根据陕西省建设厅《关于对建筑企业主要负责人、项目负责人和专职安全生产管理人员安全生产考核的安排意见》，配合省建设科技推广中心对装饰企业 726 名“三类人员”进行了安全生产知识的辅导考试，以确保建筑装饰企业都能申请取得安全生产许可证。对报考一级建造师的 39 人进行了考前辅导。同时，派 2 人参加了建筑装饰行业五大工种师资培训，派 3 名同志参加了建筑装饰装修一级建造师师资培训。

三、组织开展建筑装饰优秀设计、优质工程和优秀项目经理评选活动

为了提高我省建筑装饰装修设计水平和施工质量，培育精品意识，提高行业整体水平，扩大建筑装饰企业的知名度和社会影响力，搭建占领市场的平台，协会组织开展了建筑装饰装修优秀设计、优质工程、优秀项目经理的评选活动。经企业申报、审阅资料、实地考察工程，召开评审会，评选出 15 项优秀设计，其中装饰设计 9 项、建筑幕墙设计 5 项、家装设计 1 项；19 项优质工程，其中建筑装饰工程 14 项、建筑幕墙工程 5 项；项目经理 20 名。

通过评选活动，进一步提高我省建筑装饰设计、施工水平，承建出更多更好的精品工程，为占领市场，扩大企业知名度，提升我省建筑装饰的整体水平起到积极的作用。

四、积极组织企业参加中国建筑装饰协会开展的各项活动

一年来，协会把中国建筑装饰协会组织开展的各项活动作为指导我省建筑装饰行业发展的重要工作抓紧抓好，除在《陕西建筑装饰简讯》刊登宣传外，还专门召开会议进行传达学习、安排部署，认真贯彻落实。

2004 年推荐 3 家企业申报荣获全国装饰行业百强企业，推荐申报西安西航集团铝业公司总经理任树东等 11 名装饰企业负责人荣获“全国建筑装饰优秀企业家”称号。

推荐申报安志峰等 3 人为“全国优秀资深室内建筑师”；推荐申报西安大彩设计工程有限责任公司胡文安等 3 人为“全国杰出青年室内建筑师”。

推荐西安发记营造建筑有限公司等 3 家企业为“全国住宅装饰装修优秀企业”。

推荐西安嘉华装饰工程有限公司等 3 家企业为“自律诚信企业”，这些先进企业和个人都在中国建筑装饰协会成立 20 周年庆祝大会上受到表彰。

同时，向中国建筑装饰协会申报全国高级室内建筑师 3 人、室内建筑师 9 人、室内助理建筑师 1 人，还推荐西安西航集团铝业有限公司承建的西工大科技园天虹大厦外装饰工程为“建筑装饰行业科技示范工程”；西飞装饰公司承建的上海植物园展览温室工程获“建筑装饰工程科技奖”；推荐西安蓝码克装修（集团）有限公司评为“全国建筑装饰行业信息化建设优秀企业”。

在中国建筑装饰协会 20 周年庆祝大会文艺汇演报送节目过程中，西安西航集团铝业有限公司、西飞工业装饰装修工程股份有限公司、西安蓝码克装修（集团）有限公司表现出了极大的热情，都选送了节目，西安西航集团铝业有限公司选送的温虹戏曲串唱获得优秀表演奖，陕西省建筑装饰协会也被评为最佳组织单位。

在中国建筑装饰协会成立 20 周年庆祝大会举行的向内蒙古自治区希望小学捐赠仪式上，西安市鑫龙建筑装饰工程（集团）有限公司捐赠 10 万元，西安发记营造建筑有限公司捐赠 3 万元。省建设厅在建国 55 周年前夕组织的全省建设职工文艺汇演中，陕西艺林实业有限公司、西安市蓝码克装修工程（集团）有限公司各赞助 1 万元。

五、协会召开了二届二次理事会

协会在筹备的基础上，2004 年 11 月下旬在西安邮政大酒店召开了协会二届二次理事会，会上由哈波副秘书长传达了中国建筑装饰协会成立 20 周年庆祝大会的盛况；王卫国秘书长做了题为“以科学发展观为指导，促进我省建筑装饰装修行业持续健康发展”的工作报告，提出了 2005 年工作设想；表彰了评选出的建筑装饰优秀设计、优质工程、优秀项目经理，颁发了奖牌、证书；最后孔祥清会长做了讲话，全体理事合影留念。

六、加强协会自身建设，不断提高工作水平和服务效率

一年来，协会工作人员坚持与时俱进，开拓创新，认真学习十六大精神，学习党的各项方针、政策，学习业务科学知识，学习建筑装饰行业法律、法规文件，学习其他省行业管理的先进经验。注意不断提高自身思想水平和工作水平，本着为政府服务、为行业为企业服务的宗旨，凡是有利于提高企业综合竞争力、凡是有利于提升企业市场占有率的事、凡是能给企业解决难点的事，协会都想方设法协商沟通积极地去做，保护本行业企业的正当利益，以适应改革发展的新形势，适应建筑装饰行业发展的新形势。

为了提高协会自身的信息化建设和办公自动化水平，协会先后购置了微机、复印机、打印机，既提高了办公自动化水平和工作效率，也方便了来协会咨询办事人员的需要。

协会的会刊《陕西建筑装饰简讯》以双月刊发给会员企业。会刊宣传国家和省关于建筑装饰行业的政策、法规、规范，交流行业管理、施工、设计方面的典型经验，提供信息。全年共出刊物 7 期，以提供广大会员企业学习和借鉴。

成都市建筑装饰行业

成都市建筑装饰协会

2004年是成都建筑装饰行业认真贯彻党的十六届三中、四中全会精神，以科学发展观为指导，求真务实、开拓进取，诚信自律、与时俱进、切实推进全行业健康快速发展的一年。

2004年我会被中国建筑装饰协会第五次评为“优秀协会”、被民政部授予“全国先进民间组织”光荣称号。铁二、乐城装饰公司的3项工程获“全国建筑装饰优秀工程”奖；公装、家装、设计师有多家企业和个人共获中国建筑装饰协会37项次表彰获；获四川省建筑装饰协会71项次表彰。

全年行业完成90亿元的产值，从业人员达到26万人左右，为成都经济发展和全面建设小康社会作出了我们的贡献。

2004年我会主要做了以下几件事：

1．继续协助政府主管部门加强了对行业的规范化引导和管理，提高对企业服务的水平和能力。一是积极引导企业认真贯彻执行国家的相关行业方针、政策，促进企业加强管理，不断提高全行业的设计水平和施工质量；二是协助政府清理拖欠民工工资，组织企业研究装饰行业存在的收尾款难、工程决算难、收全工程款难和低价中标干扰市场秩序等问题并向有关部门反映。

2．组织了成都市第五届建筑装饰设计大赛和其他设计交流，努力提高设计水平。

（1）组织了“第五届装饰设计作品大赛”，参赛作品173个。评选出：一等奖7个、二等奖23个、三等奖51个、佳作奖48个；评出田浩、张国强等优秀设计师10人；

（2）我们与四川电视台天天房产栏目联合举办了“信德杯”我爱我家装修设计电视大赛，有26个作品参赛，12个作品获奖；

（3）参加中国建筑装饰协会首届“东鹏杯”设计大赛；

（4）开了三次设计专题座谈交流会。

3．开展建筑装饰“金蓉杯”等评选，促进工程创优。为促进企业创精品工程，提高企业的知名度和市场竞争力，2004年除铁二装饰公司的家园酒店内装、内江电信管网中心内装、乐城装饰公司的甘孜银行办公楼被中国建筑装饰协会评为“全国建筑装饰优秀工程”外，我会开展了“2004年度成都市建筑装饰工程‘金蓉杯’和优秀项目经理”的评选工作。铁二腾昌装饰公司的迪康综合楼内装、粤海装饰公司的攀枝花邮区中心局外装、导向装饰公司的紫荆电影城内装、倍特装饰公司的高新投资办公楼内装等4项工程获“金蓉杯”金奖工程；还有铁二、华达、天卓、倍特、导向、金惠等装饰公司的5项工程获银奖、3项工程获铜奖；评出了优秀项目经理15名。

4．加强行业自律，促进家装业健康发展。为了加强行业自律、规范市场秩序，促进行业健康发展，一是全行业推广应用《成都市家庭装饰装修施工合同》4.5万份、推行《成都家装行业自律公约》，并按行规先后对杰奥装饰公司、北京鑫达好成都分公司及2名违规设计人员在行业内除名，促进了市场秩序的规范。二是3月初配合3·15活动，协会与市消协联合评选出31家“2003年度维护消费者合法权益好单位”，促进企业诚信经营。三是2004年召开了四次家装常务理事会，研讨家装行业存在的问题及对策，促进行业健康发展。

5．成功举办了两次大型建筑装饰展览会和其他展会。2004年4月21日～24日和9月24日～28日，协会分别在市体育场和省展览馆举办了两次大型建筑装饰展，共有45个企业，165个展位，观展人员达5万人次。富森装饰材料市场等多家材料市场还举办了多次促销展示会，实现了营销两旺。富森美家居市场被评为“百城万店无假货市场”。

6．开展了行业培训工作。2004年开展了两次油漆工（涂料）、一次电工培训，参培的153人领取了中级技工的上岗证；动员了19人参加一级建造师的考前培训。

7．成都装饰业荣获全国多项装饰大奖。我市装饰企业的设计、施工、管理、服务水平和行业自律较去年都大有提高。在中国建筑装饰协会庆祝20周年大会上，成都装饰业荣获全国37项次奖励：成都市建筑装饰协会被评为“全国建筑装饰优秀协会”；张桂芳秘书长等3人被评为“全国优秀协会工作者”；陈小龙、赵平两人被评为“全国建筑装饰优秀企业家”；刘有达、牟江两人被评为“全国有成就资深室内建筑师”；肖波、张灿、吴小霖、乐晓兰、张国强、张晓莹、唐卓韧等7人被评为“全国杰出中青年室内建筑师”；中铁二局装修公司被评为“中国建筑装饰行业百强企业”；新空间、华达、美家堂、田园、雅舍、家和、红地等7家品牌家装公司荣获 “全国住宅装饰装修优秀企业”；华达、新空间、景山、雅舍、田园、家和、美家堂等7家公司的12项家装工程荣获“全国住宅装饰装修示范工程”；华达、田园、新空间、美家堂、红地、三高等6家品牌家装企业荣获“全国住宅装修质量服务诚信企业”称号；雅舍、西南建材中心获“全国建筑装饰信息化建设优秀企业”。

华西装饰公司的宋立、全兴广告设计公司的肖波、豪新空间的田浩等在中国建筑装饰协会首届“东鹏杯”大赛上分别获公装一等奖和家装创意奖；富森、国栋、圣象等材料企业先后获四川省、成都市表彰。这些奖项的获得证明了成都装饰业步入了全国建筑装饰行业的前列。

8．努力加强协会自身建设。吸收华润油漆、升达地板等25个单位成为协会新会员，将连续2年不交会费的23个企业在协会除名。2004年我会被中国建筑装饰协会正式增选为常务理事单位。协会秘书处坚持了一月一次办公会例会制度，坚持业务学习，提高了为会员服务的质量和水平，增强了协会的号召力和凝聚力。

贵州省建筑装饰行业

贵州省建筑装饰协会

【协会简介】

贵州省建筑装饰协会成立于 1992 年 10 月，2003 年 4 月换届以后，秘书处现有工作人员 4 人。

名誉会长：张　鹏　贵州省建设厅副厅长

会　　长：罗醒民　贵州省建设厅原总工程师

副 会 长：程　锐　贵州省建设厅施工处处长

副 会 长：荀银敏　贵州省建设厅政务中心主任

副 会 长：彭有庆　贵州省建设工会主席

秘 书 长 ：钟建华

【行业概况】

贵州省现有建筑装饰企业 160 多家（包括房建总承包增项装饰资质 50 家），其中一级 5 家、二级 55 家、三级 50 家。贵州省建筑装饰协会拥有会员单位 150 家。据不完全统计，全省从业人数近 8 万人，全行业装修施工产值约 40 亿元。

【协会工作】

2004 年协会以“三个代表”重要思想为指南，以服务为宗旨，与时俱进，努力开拓创新，在服务政府、服务企业、在促进行业发展方面上了一个新台阶。

一、坚持“双向服务”的宗旨，努力提高协会的服务层次

围绕我省近几年来建筑装饰行业发展中存在问题，协会于 2004 年初对全省二级以上（含二级）装饰企业所承担的施工项目情况进行了调查统计。基本情况是：50～300 万元的项目占 8%，301～500 万元的项目占 10%，501～800 万元的项目占 2%，801 万元的项目占 1%。这组数据说明了我省装饰企业因资质低的原因，所承接的项目普遍较小，但据所承接的施工项目均达到合格以上，这同时也体现了我们的企业从设计到施工管理都是成熟的，也基本具备了承接大型项目的能力。

由于施工资质的不足，使一些具有大型项目施工能力的企业，尽管经过了若干年的发展和努力仍不能满足升级的条件要求，企业不能随着时代的进步而发展，造成我省装饰行业整体发展水平的滞后，这不符合贵州整体经济繁荣的需要。为此，协会将这些实际情况以书面形式呈报了行政主管部门，请求行政主管部门给予企业扶持和帮助，以推动我省装饰行业发展上一个新台阶。调查报告让主管部门更进一步了解了我省装饰行业发展的情况，充分体现了协会服务工作层次的提高。

二、开展行业评优活动，提高企业经营管理水平，促进行业发展和进步

近年来随着我省建筑装饰行业的不断发展壮大，涌现出了一批效益高、信誉好的先进单位，善经营、会管理的先进个人，受到全国及地协会的表彰。

1. 由贵州省建筑装饰协会推荐的中建四局装饰工程公司上海分公司经理何明义、贵州家喻装饰工程有限责任公司董事长胡家玉，经中国海员建设工会全国委员会与中国建筑装饰协会联合评议审核，被评为“全国建筑装饰优秀企业家”。

2. 由贵州省建筑装饰协会推荐的贵州家喻装饰工程有限责任公司、贵阳标典建筑装饰工程有限公司被中国建筑装饰协会评为“全国住宅装饰装修优秀企业”，同时被中国建筑装饰协会授予“2004 年度全国住宅装饰装修质量服务诚信企业”，为我省装饰行业赢得了荣誉，是我省建筑装饰行业的光荣。

3. 中国建筑装饰协会成立 20 周年，全国各地建筑装饰协会根据自身的发展等情况，积极参加全国先进协会、先进工作者评选表彰活动。贵州省建筑装饰协会被评为全国“优秀协会”，钟建华被评为“优秀协会工作者”。

4. 为了促进我省建筑装饰行业的发展，经协会二届三次常务理事会议讨论通过，开展 2003 年度贵州省装饰行业优秀企业评选活动，2004 年 8～9 月申报，经过协会秘书处按照评选条件审核，提交协会二届四次常务理事会评定，评选出中建四局装饰工程公司等 10 家企业被授予 2003 年度“贵州省建筑装饰行业优秀企业”称号。

三、开展技术培训、技术职称评定工作，提高企业整体素质

人是生产力要素中最活跃的因素，建筑装饰行业的高速发展，对从业人员的素质提出了更高的要求，行业整体素质的提高最终也体现在从业人员整体素质的提高上。因此协会把培训工作和专业技术人员的职评工作作为提高从业人员素质、促进行业发展的重要手段和途径。

1. 协会与省建设广播电大于 2004 年 8～9 月组织举办了建筑装饰、消防企业安全员、施工员、质检员培训，为企业培训专业人员百余人，根据全省有资质企业数量，还不能满足使用需要，仍需加强培训工作。

2. 协会自 2002 年受行政主管部门委托，对无主管部门会员单位进行建筑系列工程专业技术职务申报初评推荐工作以来，使一批达到工程技术要求的人员，获得了技术职称。

3. 积极配合中国建筑装饰协会在全国开展的室内建筑师、住宅室内设计师评审认证工作。在协会精心的组织下，从 2004 年 7 月～11 月完成了企业的申报工作，保证了评审工作的顺利进行。协会评审小组按照评审条件对申报人员进行了严格评审，使 96 位符合条件的专业人员取得了相应的岗位能力认证。

四、组织举办展会，提高企业知名度、扩大行业影响力

2004 年 5 月协会主办了以“车子、房子、好日子”为主题的大型联展活动，10 月主办了“2004 年中国（贵阳）现代城市建设博览会”，通过这两次展会，参展企业在宣传品牌、扩大知名度等方面取得了良好的社会效益和经济效益，如贵州家喻装饰工程有限责任公司、贵阳标典建筑装饰工程有限公司、贵州强美建筑装饰工程有限公司等企业在展会上不仅宣传了自己，且订单过百万元。

实施品牌战略是企业生存和发展的关键，因为品牌就是形象，品牌就是信誉，品牌就是实力，品牌就是利润。企业实力增强了，形成了品牌，如果没有形成品牌效应，那么企业的实力就不能得到最大程度的发挥，企业的目标就不能得到很好的实现。而协会主办大型展会，就是为使企业推广企业特色和品牌提供了最佳通道。

五、创办《贵州建筑装饰》内部刊物，全方位服务企业

建筑装饰行业的发展，不仅增强了社会的物质基础，也极大丰富了社会的精神财富，在人们的物质与精神生活中，已占据了相当重要的位置，已成为我国全国建设小康社会的重要内容。

我省装饰企业发展壮大，需要展示形象的平台，需要加强企业之间的交流来相互提高，企业的需要就是行业发展的需要，为此，协会于2004年11月向贵州省新闻出版局申请了由贵州省建设厅主管、协会主办、贵州家喻装饰工程有限责任公司承办的《贵州建筑装饰》内部季刊，为企业创造展示形象和发展的空间，进一步促进企业间的交流与合作，加强行业宣传，探讨装饰行业的发展方向，扩大行业的影响力，促进全省装饰行业的发展进步都显十分重要。申请得到了省新闻出版局的大力支持，刊物于2005年一季度正式创刊。

辽宁省建筑装饰行业

辽宁省装饰协会

【协会简介】

辽宁省装饰协会于1992年经辽宁省民政厅批准成立的独立社团法人单位，在业务主管单位辽宁省建设厅指导下自主开展工作。

辽宁省装饰协会领导机构和秘书处机构设置：

会　长：杨帅邦（辽宁省建设厅原常务副厅长）

副会长兼秘书长：田　平

副秘书长：杨东新　李晓波

秘书处办事机构：综合部、行业部、培训部、技术部、财务中心。

分支机构：门窗幕墙委员会、住宅装饰装修委员会、地暖委员会。

所属实体：辽宁三鼎展览服务有限公司、辽宁金廊建筑工程监理有限公司。

【行业概况】

2004年，在中央“振兴东北老工业基地”的战略方针指导下，在省委、省政府关于高起点、跨越式发展的号召鼓舞下，随着城建工程大规模的展开，我省装饰装修行业战线出前所未有的生机和活力，在拉动经济增长和全面建设小康社会中做出了很大的贡献，显示出极其重要的作用。全年辽宁省装饰装修行业产值达到600个亿，占全省GDP的6%，是建筑业总产值的44%，其中住宅装饰装修占全行业总产值的50%，全省的装饰装修行业以平均20%的速度发展，成为一支在国民经济发展中不可忽视的行业主力军。

在激烈的市场竞争中，我省建筑装饰企业稳步发展，企业实力进一步增强，具有一级装饰施工企业34家，新增15家，总数全国排名第七；甲级装饰设计单位33家，新增3家，居全国第三位；一级幕墙施工企业12家，新增2家，居全国第三位；甲级幕墙设计14家，新增1家，居全国第三。

随着加入WTO，我省企业抓住机会，寻求发展，企业足迹遍布全国，并走出国门，进入国际市场；外省入辽企业增多，为我省装饰行业的注入生机和活力。

34个企业在辽宁省区域承建的39个工程项目获辽宁省建筑工程装饰奖，其中12个项目获全国建筑工程装饰奖；2004年我省表彰了34名优秀项目经理，24名优秀设计师，30名优秀企业家，31名协会工作积极分子。

在中国建筑装饰协会成立20周年庆典活动中，我省组织百余人代表团赴京，会上7家装饰企业跻身于全国百强行列；20个企业获全国优秀会员单位荣誉；8家企业被授予全国住宅装饰装修质量服务诚信企业；19家企业获全国住宅装饰装修优秀企业；17个工程项目获全国住宅装饰装修示范工程；8人被评为全国优秀企业家，4人获全国资深设计师称号，全国杰出的中青年设计师13人榜上有名，我会又一次被评为全国优秀建筑装饰协会。

【协会工作】

2004年在省建设厅、省民政厅和中国建筑装饰协会的领导下，在广大会员单位的大力支持下，我会在行业中开展了一系列卓有成效的工作。

一、加强协会的自身建设是做好行业工作的基本条件

2004年协会确定了“承前、务实、创新、奉献”的总体工作方针，在协会实行了岗位目标责任制，做到了分工明确，系统管理，目标到位，奖评结合，同时，完善了各种制度建设，办公环境得到了改善，确定了协会形象标志文化建设，增加了办公设备，建立了辽宁装饰网站，会刊《新装饰》改版发行，机构设立了“五部一中心”，成立了专家委员会，通过一年的整顿和调整，协会全员在思想认识，服务素质，工作能力上有了很大的提升。

二、配合政府职能转移，做好双向服务工作

2004年年初省建设厅做出了《辽宁省装饰协会作为政府职能转移工作试点单位》的决定，2月初，与省建设厅、中国建筑装饰协会联合成立了调研组，去北京、上海、深圳的兄弟协会调研学习，使我们在行业工作的思想水准、工作实施等方面有了新的认识和提高，为我们更好地去落实试点工作，为全年工作的展开提供了新的思路，新的动力。

2004年我会受省建设厅的委托，做了大量的服务性工作，参与了施工企业资质初审，设计企业资质初审，一级企业资质的复查，项目经理资格认证的复查，一级建造师资格初审及考前培训，质量安全年的复查配合等方面工作，并承办了由省建设厅主办的全省建筑空间与环境设计大赛。协会本着求真务实的精神，圆满地完成了各项工作，受到了省建设厅的好评，年终由省建设厅推荐，被辽宁省民政厅授予“示范社团”的光荣称号。

三、规范家装行业做好准入清出行业自律工作

根据中国建筑装饰协会关于《全国住宅装饰装修行业实行行业的准入清出的工作》的总体部署，结合辽宁省住宅装饰装修行业的实际情况和特点，我们出台了《关于辽宁省住宅装饰装修行业实行行业的准入、清出的实施细则》，建立了评委会和企业代表制，经过严格的评审，目前首批 12 家辽宁省住宅装饰装修行业自律管理企业特级准入，2 家优级准入，15 家基本准入，11 家待评企业，此项工作得到了省政府、省建设厅的充分肯定，得到了社会的极大的关注和赞同。

四、合作、互动、共赢，为振兴东北，构筑行业联盟

振兴东北老工业基地的工作，需要全民去实现，同时也需要我们行业承担起应尽的责任，要求我们东三省行业工作走出一条发展、创新之路。

12 月在沈阳隆重召开了 2004 东北三省秘书长工作会议，会上，黑龙江、吉林、辽宁三省协会秘书长共同签署了合作、互动、共赢的协议，发表了《沈阳宣言》，建立起跨越地区的行业合作互动的机制，构筑起行业工作间的联盟。

辽宁省地市秘书长工作会议在沈阳召开，全省 13 个市的协会秘书长和建委领导汇聚一堂，共商辽宁行业发展的大事，共同建立了合作互动的联动共建的关系，重点讨论了住宅装饰装修行业的准入、清出工作实施方法，确定了 2005 年全省行业工作的总的思路和计划。

十六届四中全会号召我们建立一个和谐社会，这需要建立一个协调、有序、健康的人文环境和社会秩序，从我们自身做起，使行业进入到可持续发展的轨道。其中重要的一点就是要使政府与协会、协会与协会、行业与协会、社会与行业间的合作关系建立起来，形成协作、互动、共赢的联动机制，共谋行业大事，共谋行业发展。

2005 年辽宁省装饰协会工作思路

工作方针：协作　沟通　迎入世挑战
振兴　发展　与世界同行

工作主线：多边协作　管理服务　改革创新

工作重点：合作　管理　培训

云南省建筑装饰行业

云南省建筑装饰行业协会

【协会简介】

本会成立于 1987 年 6 月。

现任理事长：赵正洪　云南省建设厅副厅长

常务副理事长兼秘书长：朱保荣　原云南省建设厅副厅长

下设秘书处。

【行业概况】

我省装饰行业总体水平有很大提高，到 2004 年，我省共荣获“全国建筑工程装饰奖”7 个，其中：有 2 家一级企业荣获 2 个“全国建筑工程装饰奖”。

我省现有一级装饰施工企业 12 家，一级幕墙施工企业 2 家。

会员单位认真贯彻国家有关政策法规，诚信守约，严格合同管理，重视工程质量和回访制度，不拖欠工资，全年无举报事件。

【协会工作】

1. 积极配合中国建筑装饰协会开展“全国建筑工程装饰奖”和“云南省建筑装饰工程优质奖”的评审工作，引导企业坚持装饰工程规范化管理、树立质量第一、优质服务的思想。2004 年由云南同力建筑装饰有限公司承建的云南省邮电综合楼室内装饰装修工程、云南旅游装饰工程公司承建的香格里拉县龙凤祥大酒店室内外装饰装修工程荣获“全国建筑工程装饰奖”。

2. 开展“2003 年度云南省建筑装饰行业 25 强排序评价”活动。通过评强对企业有个基本了解，摸清企业现状，为社会提供一个选择装饰企业的平台，同时也给企业一次彰显自我的机会。评强活动，本着公平、公开、公正的原则，在自愿申请的条件下，采取市场评价的方式计算排序，最终评出云南同力建筑装饰公司等 25 家企业，25 家企业中有地、州、市会员单位，非会员单位，具有一定的代表性、广泛性。评奖结果在《昆明日报》上公布。

这次评奖得到了中国建筑装饰协会和云南省建设厅、广大装饰企业的支持和拥护。中国建筑装饰协会、省建设厅发来贺词，《昆明日报》刊出新闻报导和评论。

3. 为配合中国建筑装饰协会成立 20 周年庆典，协会按中国建筑装饰协会庆典活动安排，结合我省实际情况，向中国建筑装饰协会申报了优秀企业家 8 人，杰出的中青年室内建筑师 2 人，经中国建筑装饰协会审查均获批准。

4. 2004 年 5 月 17 日～21 日，在昆明国贸中心举办全国建筑装饰材料博览会。这次展会是一次多元化展览，吸收了房地产业及相关产业，扩大了规模，观众猛增，收到良好的社会效益和经济效益，活跃了装饰市场。中国建筑装饰协会马挺贵会长参加了开幕式，同时考察了云南弘邓建材装饰公司、云南旅游装饰公司，与企业家进行了座谈，参观了当地典型装饰工程。

5. 积极协助装饰企业搞好职称申报及评定工作。

6. 加强协会组织建设，积极扩大会员队伍，吸收新会员，为协会注入新鲜血液，2004 年底会员单位已有 120 余家。

7. 办好《云南建筑装饰》会刊，提高可读性、指导性、参考性。宣传国家、省有关建筑装饰行业的政策法规，指导行业工作，交流从业心得，学习先进管理经验。

8. 开展培训工作和新定额讲座，提高经营者的技术和管理素质，起到积极作用。

第七部分

室内设计

室内设计风格与文化的探索

中国建筑装饰协会五届理事会副会长　全国建筑装饰优秀企业家　全国有成就资深室内建筑师
黑龙江省建筑装饰协会副会长　黑龙江国光建筑装饰工程有限公司总经理　**魏　光**

面对全球经济一体化的21世纪，整个中国将迎来一个经济、信息、科技、文化高度发展的兴旺时期，社会的物质和精神生活也都会提高到一个新高度，相应地人们对自身所处的生活、生产活动环境的质量，也必将在安全、健康、舒适、美观等方面提出更高的要求。因此，设计创造一个既具有科学性，又有艺术性，既能满足功能要求，又有文化内涵，以人为本，亦情亦理的现代室内环境，将是我们室内设计师的任务。

一、风格与文化的探索

著名建筑设计大师贝聿铭先生说到“每一个建筑都得个别设计，不仅和气候，地点有关，而同时当地的历史、人民及文化背景也都需要考虑。这也是为什么世界各地建筑仍各有其独特风格的原因。”室内设计风格的形成，是不同时代思潮和地区特点，通过创作构思和表现，逐渐发展成为具有代表性的室内设计形式。一种典型风格的形成，通常是和当地的人文因素和自然条件密切相关，又需有创作中的构思和造型特点。

风格虽然表现于形式，但风格具有艺术、文化、社会发展等深刻内涵，从这一深层含义来说，风格又不停留或等同于形式。装饰设计的风格往往是和建筑以至家具的风格流派的紧密结合，有时也以相应时期的绘画，造型艺术，甚至文学、音乐等的风格流派为其渊源和相互影响。

一种风格和流派一旦形成，它又能积极或消极地转而影响文化、艺术以及诸多的社会因素，并不仅仅局限于作为一种形式表现和视觉上的感受。近年来，建筑设计和室内设计在总体上呈多元化，兼容并蓄的状况。室内布置中也有趋于现代实用，又吸取传统特征，在装潢与陈设中溶古今中西为一体。

在十几年室内设计的实践中，对不同的装饰内容，不同的地域和人文环境，不同的功能需要，不同的风格和文化内涵的工程项目，在体现艺术特色和创作个性的同时，对主要表现的装饰内容的风格上进行了探索和研究，将风格的外在因素(民族特性、社会体制、生活方式、文化潮流、科技发展、风俗习惯、宗教信仰、气候物产、地理位置)和风格形成的内在因素(个人或群体创作构思，其中包括创作者的专业素质和艺术素质)相结合，从而赋于所设计装饰的内容具有视觉愉悦感和文化内涵的室内环境，使生活在现代社会高科技、高节奏的人们，在心理上，精神上得到平衡，将体现艺术特点和创作个性的各种风格(传统风格、现代风格、后现代风格、自然风格、混合风格等)溶入我们所设计的具体装饰工程中去，运用物质技术手段和建筑美学原理，创造出功能合理，舒适优美，满足人们物质和精神生活需要的室内环境。

二、实践中的体会

在此列举较为典型的两个装饰工程实例：一为中国传统风格的“北京九华山庄”；一为近百年欧洲新艺术派风格的一类保护建筑“哈尔滨龙门大厦贵宾楼”，以总结、剖析在实践中如何将外在因素和内在因素，风格与文化的结合，从而达到建筑设计的继续和深化，以及创造出理想的文化氛围和使人震撼、愉悦的空间。

1.“北京九华山庄”装饰工程

坐落在北京小汤山温泉疗养区的“九华山庄国际保健俱乐部”地处龙脉，上风上水，为明清两代行宫旧址，占地40万㎡，建筑采用皇家园林的设计风格，环境清幽雅致，五星级酒店管理标准，集保健、会议、休闲、娱乐为一体的大型度假乐园。我公司承建的是整个“九华山庄”的核心部分的室内设计与装修施工（俗称“五大殿”）。

五大殿由主殿和四座偏殿组成。主殿为单檐歇山式，建筑设计为丁字形。在原建筑设计的基础上，我们对功能及空间组织不合理的地方进行了调整。在功能分区上以大堂所在中间正殿为中轴线，咖啡区及总台接待区分为两侧，多功能厅在后殿，餐饮区、医疗保健区分别在左右殿，线路清晰，功能明确。

殿内装饰设计遵循中国传统建筑风格与现代表现手法有机结合的原则，以历史延续和地域文脉的感受，使室内环境突出了民族文化渊源的形象特征。我们把传统建筑的造型、色彩加以归纳整理，让繁琐的雕梁画栋符号化，让久远的历史文化气息隐隐在地面，天花及四壁中流淌，通过意会达到交流，产生一种不可名状，似曾相识的亲切感与充满生机的新鲜感。

由此我们将中国古典建筑中的藻井、檩椽、柱式、栏杆、垂花、雀替、挂落、抱鼓、美人靠等，以美的联想，严谨的法度，对实体空间与虚拟空间进行了艺术形象的重构，对传统造型中的线的表象提炼加工，变的简洁、挺拔，对具象的元素处理，升华为抽象的符号。大堂主墙面迎门而立的壁画，表现了伏羲女娲的形象组合，用青铜铸造，古风颇浓，与光滑的墙面形成对比，夺人注目，体现出“天人和一”的哲学观念。两侧横梁用印度红石板贴成，石板上凿有古代图案夔纹与凤鸟纹，形象优美古拙，配合设计所选用的各种装饰材料，经过工匠的精雕细刻，达到了传神的效果。

“九华山庄”装饰工程是我们把握具有传统风格的神韵又富有时代感的较成功的作品，在此工程的设计和实践过程中，我们体会到中国民族文化和艺术追求神似，追求意境，表达含蓄与神秘，在博大精深的巨大文化遗产中，汲取中国传统风格及文化的“神韵”，弘扬中华文化，同时以现代设计理念与传统风格有机的结合，古为今用，洋为中用。此项工程的作品图片编入建设部主办的《中国当代建筑装饰作品集锦》大型画册，并参加了中国首届建筑装饰成果展览，编入《中国建筑装饰优秀作品选集》一书。

2.“哈尔滨龙门大厦贵宾楼”装饰改造工程

历史沿革

该建筑始建于1901年，1903年落成，为中东铁路宾馆，也是当时最豪华的宾馆。1904 年日俄战争爆发，一度改作临时野战医院。1905 年为沙皇俄国护路军司令部。1906 年为沙皇俄国驻哈尔滨领事馆。1907 年改为沙皇俄国军官俱乐部。1921 年成为中东铁路公司理事会办公楼。1926 年 5 月开始第一次大修改造，由中东铁路管理局工务处承建，1927 年 11 月竣工。

1935 的满铁接收中东铁路后，于 1936 年 6 月对这座建筑进行了第二次大修改造， 1937 年改名为“大和旅馆”并正式开业（当时东北三省沈阳、大连、长春、哈尔滨共有四处均称“大和旅馆”的建筑 ）。张学良将军、爱新觉罗·溥杰等政要曾下榻此处。1946 年 4 月东北民主联军解放哈尔滨，接收东北铁路的干部大部分住在这里。1950 年该建筑划归哈尔滨军事工程学院，成为接待来华苏联军事专家的专家楼。1968 年归还哈尔滨铁路局，初期为铁路医院，同年末改为铁路局招待所，并确认为一类保护建筑。1983 年 10 月改称哈局第一招待所。1989 年恢复哈局招待所名称。1995 年 6 月并入龙门大厦。

1996 年 9 月开始历史上第三次大修改造，由我公司负责设计，承建任务，改名为龙门大厦“贵宾楼”。我们本着保护历史，继承文脉，创造时代精品的原则，使这座哈尔滨最早的豪华宾馆成为哈尔滨市政府拯救重点文物(索菲亚教堂修复、中央大街改造)的又一举措，溶入抢救城市文化的主旋律之中。

设计思想

由于历史的变迁，该建筑的原始技术资料已荡然无存。我们组织了专家对建筑的现状做了测绘，对建筑结构体系、质量做了全面鉴定，形成了测绘图集和结构检测报告，其结论意见是：“该建筑已使用 90 余年，由于使用单位对房屋维护较好，目前基本保持完好，不存在致命损伤，在今后的装修工程中，除局部需对其加固修缮外，主体结构基本不需要做较大的翻修，预期今后在 40～50 年内，仍可安全使用。”据此结论意见，我们在对原建筑认识的基础上，经过反复研究探讨，并请有关专家论证，认为此次改造装修要十分慎重，应本着尊重历史，完善功能，努力保持原建筑的艺术风貌，认真发掘蕴藏的文化内涵，体现“风格修复”的设计思想，使其再现历史辉煌。

该建筑是 20 世纪初哈尔滨出现的一批具有新艺术派建筑风格的大型公共建筑之一。楼高两层，地下一层，砖木结构。黄色粉饰墙面，仿石粉饰的壁柱、阳台、簷口、门窗套等带有新艺术派建筑特征的曲线轮廓和纹样，篷架簷部铸铁纹样，钢架彩色玻璃的入口雨棚，尤其是铸铁支柱顶端与篷架连成一体的树技形支撑，更显见新艺术派建筑处理的特色和装饰手法。

人类社会的发展，不论是物质技术的，还是精神文化的，都具有历史的延续性。追踪时代和尊重历史，就其社会发展的本质讲是有机统一的。19 世纪末至 20 世纪初在欧洲正当学院派复古主义、折衷主义盛行之际，一个试图摆脱旧传统束缚创造新形式的新建筑运动已经兴起，哈尔滨出现的新艺术派运动处理手法几乎遍及各种类型的建筑物，故哈尔滨享有“东方莫斯科”、“东方小巴黎”的美誉。在这种环境背景下诞生的这座建筑，经历了历史的沧桑，几经变迁，功能异变，有些已面目皆非了。

这次工程设计本着科学性与艺术性结合，时代感与历史文脉并重的原则，在解决老建筑增添中央空调、消防、计算机管理等系统的现代化设备设施的同时，着重解决各系统所占有的空间和保持原有风貌及各类艺术造型的矛盾，充分发挥设计人员智慧，使这次难度相当大的改造装修工程能比较成功地实现了技术与艺术的结合。

在查阅大量的历史档案资料和对为数不多的历史见证人了解不同历史时期的情况下，我们决定在主要的公共空间恢复第二次大修改造时的平面布局，既 1935 年满铁接收中东铁路时改为“大和旅馆”的时期，室外建筑保持原有风貌，对已经残损部份加以修复、粉饰。

在宾馆的公共空间内，保留了相当一部分带有新艺术派特征的装饰及构件，做旧如旧，如铸铜转门，理石壁炉，欧式木结构拱券造型，充满西伯利亚情调的木装饰，具有巴洛克、文艺复兴特征的木门及雕刻精美的木制构件，极具审美价值的石膏浮雕纹样，金属铸造的楼梯扶手和罗马陶立克柱式等，面对这些倾诉着历史沧桑而又意犹未尽的物体，这些人类的共同文化遗产在各自历史变迁过程中所形成的外观霄壤之别但又魅力不减，令人叹为观止。

为了达到整体设计思想，在施工中对已经残损部分及新调整布局而需要贯穿连续的部分采用按原风格手法复制，严格按尺度比例制作，达到了以假乱真的视觉效果。对雕刻精美的石膏纹样采用拓版的方法，尽最大努力恢复本来面目。在整体装饰风格统一和谐的设计思想指导下，具有典型特点的金属饰物、木雕造型、灯饰、招牌、铁艺制品、布艺、绿化等均为营造气氛、情调起到了画龙点睛的作用。苏联巡回画派的代表人物列宾、希斯金、列维坦、苏里柯夫等画家的风景、人物肖像的油画点缀其间，更增添环境和谐和所蕴藏的文化内涵。

这项工程的完成，是对保护建筑技术与艺术的探索，是风格与文化的研讨。作为文化结晶物的文物建筑之所以魅力永存，实因文化价值体系的社会意义和人们心理所产生文化价值的判断和看法。该项工程已引起了有关专家、学者和政府管理部门的关注，对如何促进文物建筑的保护和其产生的历史、人文、文化的作用，推动建筑文化、旅游等诸多行业的发展，产生积极的社会意义。此项工程已获得装饰界最高奖项“全国建筑装饰奖”。

三、哲学观点与理念创新

哲学上有一个很重要的概念，就是两次否定、三个阶段，既肯定，否定，否定之否定，也就是在否定的前提下，再有一个新的突破。设计人员要遵循“肯定— 否定—否定之否定”这一“二次否定三个阶段”的哲学原理，赶在别人否定之前先否定自己。因为市场和设计理念在不断的变化之中，创新的成果都是暂时的、相对的，今天的成果不一定是明天的成果，你不打倒自己就会被别人打倒，而与其让别人打倒，不如自己先打倒自己，只有不断地自己打倒自己，才能永远不被别人打倒。

设计这个行业近乎无规则的游戏，而这种哲学观点接受起来并不容易，因为设计人员总认为自己的设计是最完美的，不愿意接受别人的批评。其实当一个好的设计受到欢迎的时候，就说明很快要被别人超越了，而且别人怎么超越，你永远不会知道，如果想处在一定的领先地位，那么就得创新，不断否定自己，使其先进的设计理念和成果永远走在前面，别人只得处于模仿，而你自己已经向更深的层面去研究探索了。

在历史长河中，在社会由量变发展到质变的前夜，时势造英雄，这些人大多游离在一种传统意义上的边缘状态，正是利用这种多元视野和通识之才，当机遇来临时，他们能够以超凡的智慧和胆魄做出开创性的事业，从而为后人搭建起一个全新的平台和道路。生活的辩证法总是这般简单而又无处不在，往往越是急功近利的人越得不到想要的，而越是一步一个脚印，积极进取的人，越容易达到自己追求的境地。

从设计的职业特点来看，这是个人才聚集的地方，在世界四大自由职业中，设计师更需要团队精神，更需要关注哲学、思维层面的创新，理念是统帅，是灵魂，它对设计创新具有指导作用。

设计是一个需要广博知识，专业技能，心态平和的咨询服务。由于这种咨询是创造性构思形成的咨询；这种服务是如何实现创意的技术上的服务。所以，设计的过程是满足人欲望的过程，是实现自我丰富想象力同时贩卖创意的过程。作为设计作品只有经过业主的认可，才能成为产品或商品，而设计方案的拟定，源于多方面的考虑，成品是具象的、有形的；表达的意向却是抽象的、象征的，评判的过程又是一场近乎无规则的游戏，而设计师的功力就在于无规则中找规则，充分满足服务对象的心理感受和个性化需求，达到了人与人的共识，那么就会对作品满意了，这里起作用的还是理念。

随着我国改革开放不断的深入，给室内设计带来了勃勃生机，特别是近几年涌现出很多好的设计作品和颇具实力设计师，一改改革初期一味模仿、克隆之风。室内设计是多元化的，具有很强时尚性，如何把握时代潮流，引导带动设计的风格，预测设计的发展趋势，满足人们个性化、人性化、健康化、舒适化的需求，是设计师在实践过程中不断更新理念，向设计的深层次进军的使命。毫无疑问，室内设计是一门技术与艺术相结合的产物，技术要依靠能力，艺术需要灵感。现代装饰已不是传统概念的手工业生产的产业了，是集科技、建材、工厂化生产、信息化管理、文化内涵于一身的新型产业，这更需要设计师用全新的理念和创新意识理性地面对设计。

当今社会生活节奏日益加快，建筑室内的功能复杂而又多变，室内装饰材料、设施设备，甚至门窗等构配件的更新换代也日新月异，室内设计和建筑装修的“无形折旧”更趋突出，更新周期也日益缩短 ，而且人们对室内环境艺术风格和文化氛围的欣赏和追求，也随着时间的推移而在改变。

当前社会是从工业社会逐渐向后工业社会或信息社会过渡时期，人们对自身周围环境的需要除了能满足使用要求，更注重环境氛围、文化内涵、艺术质量等精神功能的需求。室内设计中不同艺术风格和流派的产生，发展和变换，既是建筑艺术历史文脉的延续和发展，具有深刻的社会发展历史和文化的内涵，同时也必将极大地丰富人们与之朝夕相处活动于其间时的精神生活。

风格与文化的关联，哲学观点与理念创新，就是追求更高层次的和谐，其本质是对人类文明的共同享有和发展，它遵循历史传统更进行超越。

作者：黑龙江国光建筑装饰工程有限公司总经理兼总设计师高级室内建筑师、中国建筑装饰协会副会长、中国建筑学会室内设计分会理事。

从中国文化特征看中国古代建筑及室内设计意念

中国建筑装饰协会理事　全国优秀建筑装饰协会工作者
宜昌市室内装饰行业管理办公室主任　宜昌市建筑装饰协会常务副会长兼秘书长　**李建新**

建筑及室内装饰但凡能成为一个完善的体系，则必然有其深厚的社会文化根源，既不可能无缘无故地产生，也不可能无缘无故地消亡。因此，研究传统建筑及室内装饰，只有结合当时的社会文化背景，才可能探明其真义，也只有这样，才能判别良莠，决定取舍。

一、农耕文明的若干特征及其在建筑及室内设计意念中的反映

中华传统文化的主体，无论是精英文化的诸子百家还是作为民俗文化的民间信仰和风俗，大多可以归纳到"以耕作居于支配地位"、社会分工不发达、生产过程周而复始的农业文明的范畴之中。中华传统文化的一系列基本性格，其根源都深植于这样一种经济生活当中。这种农耕文化以其深刻的影响力，无孔不入地左右着社会生活的各个方面。建筑，尤其是官式建筑，作为社会文化的载体，在许多方面表露出与之相应的特征。

1．务实精神。农人在农耕活动中认识到"利无幸至，力不虚掷"的真理。这种农人的务实之风也感染了文化人，于是"大人不华，君子务实"便成为贤哲们一向倡导的精神。正是这种民族性格使中国人发展形成了实用、理性而不太注重纯科学玄想的特征。这种实用理性的务实精神，在建筑及室内装饰上主要表现为两个方面：

其一是注重结构逻辑的真实性，很少刻意地附加装饰。

中国古典建筑及室内装饰是建立在一套完备的木框结构的技术体系之上的，一直十分注重结构逻辑的真实性的表达与传递。从椽、檩、梁、柱到基础的结构力学传承，关系非常清楚。不仅如此，有些看似装饰物的构件，也有其结构方面的原始需求。如雀替，似乎是为了解决立面构图问题而发展的，但是本身也是出于一种构造上的需要演化而来的。又如室内装饰的"彻上露明造"。为了避免屋顶构架的木材朽坏，最好的办法就是让它们处在一个干燥通风的环境之中。因此，很多时候不在室内另作天花，而是让构造完全暴露出来，对各个构件作适当的装饰处理，就形成了"彻上露明造"。在中国古典建筑及室内装饰中，纯粹装饰的构件是很少的。构件一般是在充分反映用途和构造的情况下，加以有节制的装饰完成的。适用则可，绝不无谓添加。

其二是以人体尺度为出发点，不求高大永恒。

中国古典建筑及室内装饰体系一直坚持着节制的"人本主义"的建造原则。无论什么类型的建筑，都很少建像西方教堂那样超尺度的东西。中国建筑的庞大，是通过小尺度单位的"院"不断有规律地衍生而产生的。不论建筑群多么庞大，人在其中活动，所感受到的永远是与人相亲和的尺度。这种设计取向，正反映出中国传统文化中实用理性思想居于统治地位的特点，迥异于西方在神学迷狂之下所追求的超尺度。

在审美方面，中国建筑给人设定的路径决定了人在其中是以一个个院落为中心对建筑进行审视的。故而在建筑设计中，匠师们仅就院中视野所及进行仔细推敲，而对日光不及的侧面则彻底不管，任其质朴平淡，从而形成了立面构图的"场景式"特征。步移景异，是真切认识古建筑及室内设计的一把钥匙，可以纠正长期以来以西方审美观点来判定中国建筑及室内装饰的误区。

2．恒久变易观念。农业社会人们满足于维持简单再生产，缺乏扩大再生产的动力，因而社会运行缓慢，人体呈静定状态。这样的环境便易于滋生永恒意识，认为世界是悠久的、静定的。好常恶变，反映在精英文化中，则是一种求"久"的观念，反映在民间则是对器具追求"经久耐用"，对统治方式希望稳定守常，对家族祈求延绵永久。

反观建筑及室内装饰，恒久观则导致"守常"意识的产生，如以不变应万变、世界在改变而我心以不变待之等心理。在中国传统的建筑设计及室内设计思想上，对一切的房屋、车、服、礼器等的制作都是采用一种灵活性很大的通用式设计，预计到使用情况有了变化时也可以同样应用。传统的中国式房屋设计原则就采用"通用式"设计思想，"房屋就是房屋"，不管什么用途都希望合乎使用。经久耐用和广泛适应性便成为其追求的目标。与恒久观相辅相成，变易观念在中国也源远流长，并形成"寓变易于保守之中"的特点。历代革新，无不是托古改制，一直走"复故以变今"的思路。这正是农耕经济养育的中华文化在古与今、常与变的问题上的独特表现。

建筑及室内装饰则一方面推行灵活多变的"通用"设计原则，另一方而则渐渐形成成熟的"标准化"建造方式。中国传统建筑体系的框架结构和标准化则满足了这种恒久与变异的社会心理的要求。空间与序列的丰富多彩最终落实到平实而定型的标准化框架之中，成为一种得心应手的方式。

再深一层次，以不变应万变之心理，在对待事物上，则须有深刻的反观内省的能力，于是在中国对"参悟"情有独钟。注重感受、注重点拨与觉悟的思想，可以说贯穿于古代建筑的每一个层次。建筑序列尤如一轴长卷，且走且思，道不尽则思不尽，一直达到高潮有豁然醒悟之感。这一点在园林设计中表现得更为充分。古典建筑及室内装饰在重领悟、重层次、重气氛等方面极下功夫，反倒对单座建筑及室内装饰淡然处之，古人对感受与领悟的追求，远远超过了对于建

筑物及室内装饰本身的注视。建筑及室内装饰以恒久的构件和不变的院落，通过无限“衍生”便能演绎出无穷的变化，从而形成了中国古建群体独有的内涵。

3．中庸思想。“中庸”是中国人的基本精神之一。“中为适应之谓，庸为经久不渝之意”，“中庸”即适用而经久不渝。这一点实际是与“恒久意识”相通的，进而演绎为不偏不倚、允当适度之意。在人格思想上并不注重强烈的自我表现，而是追求执两端而用中的温顺谦和的君子之风。所谓“君子讷讷于言”。农耕文化内向型的特征决定了中国古建筑及室内装饰必然要选择这种重感悟、重内涵的建筑及室内装饰布局方式。

二、宗法特征与建筑及室内设计意念

中华民族以农业社会形态经历了氏族制度解体的过程，在这个过程中民族血缘纽带解体的不充分决定了后世大量地保留了由氏族社会遗留下来的特征。主要由血缘家族组合而成的农业乡村最终形成了中国千年不衰的宗法制度。“家族”与国家在组织、结构方面是致的，国是大的家，家是小的国，具有“家国同构”的特征。以家为起点的特征，导致中国古代建筑及室内装饰以“住宅”为发展原型的特征。在中国古代建筑及室内装饰中有明显的特点表明一切建筑形制均是由住宅发展而来，一切均以住宅概念为原型。中国的住宅却可以改作佛寺，官衙是官员的住宅，佛寺是佛的住宅，皇宫是皇帝的住宅，至于商店也是“前店后居”，是商人的住宅。

总之，似乎没有一种类型的房屋是完全和居住无关的，而且，任何一类建筑及室内装饰似乎都是由住宅发展而来的。

在古代，住宅和房屋之间的含义是没有分别的。最早的时候称为“宫室”，后来叫做“居处”。居处就是生活起居，以至于包括一切户内工作的地方。在这个总概念之下，似无需再作什么房屋种类的详细划分。

三、结论

综上所述，中国古典建筑及室内装饰体系是一套深受农耕意识影响、与宗法社会相协调的体系，它在设计意念上是以“家”为思维起点，以住宅为原型而不断衍生的产物。有此结论，则形成了一种古代建筑及室内装饰体系与社会文化之间关系的初步看法。随着研究的广泛和深入，希望能渐渐挖掘出两者之间更多深层的联系，以求对比当代社会文化状况，对传统建筑及室内装饰遗存进行理解和取舍，从而确立评判传统建筑及室内装饰的一套评价体系。只有这样，才能真正地取其精华，为今所用。

室内设计文化元素的六个重视

周海天

周海天，男，1975 年 10 月出生，温州市人，工程师。1996年毕业于中国美术学院环境艺术系，现任温州云艺建筑装饰设计院副院长兼副总设计师职位。

近年主持与参与的室内设计作品有：杭州新客站（鲁班奖）、绍兴中国轻纺城会展中心（中国建筑工程装饰奖）、杭州雷峰塔（浙江省钱江杯奖）、温州华侨饭店（五星级）等。

室内设计行业随着中国建筑装饰业的兴起与发展而与时俱进。中国的现代室内设计从 20 世纪 80 年代由境外传入兴起，以香港的室内设计师为主体，又从 90 年代初期以中国南方深圳室内设计为龙头，现时已逐步由中国大陆沿海向内地辐射发展，到现阶段江浙一带后来居上，已成为中国室内设计的重心之地。

近年来“两岸三地”室内设计的频繁交流及中国与国际室内设计行业的交流日渐密切，加之网络信息的沟通，使中国的室内设计队伍异军突起并发展迅猛。其最重要的标志就是中国大陆的高档民用建筑的标志——高级酒店室内设计，几乎 99%之多已由中国大陆的室内设计师来主持完成，所以说中国的室内设计与国际室内设计在信息流上，距离正在日益缩短，在设计的理念与手段上正逐步与国际接轨。

中国室内设计即是一个新兴行业，同时也是一个古老传统的行业，谁能说中国那么多优秀的古典建筑，其完美的建筑与室内设计，不令世人叹服。

从首都北京的故宫到西藏的布达拉宫，其精美奂仑的室内装饰与环境艺术，谁能说不是出于一流专业的室内设计师与艺术大师之手，中国传统的室内设计文化正是传统的东方文化与古典建筑艺术的精髓组成部分。

由于中国经济的快速发展与国民消费理念的国际化，使中国现代室内设计经历了从实用性——舒适性——个性化的三次转变过程，室内设计被公认为是建筑设计的延伸，室内设计必须服从建筑设计语言，并和之高度和谐。因此室内设计的三次转变也体现了我国室内设计的不断提升和成熟的过程。尤其是“个性化室内设计时代”的到来，使我们的室内设计的理念发生了巨大变化。

根据我个人近年在室内设计的实践工作中的肤浅体会，认为“个性化室内设计”除与国际室内设计潮流接轨，满足现代人们的工作与休闲的生理和心理需求外，另一个非常重要的原则，就是在具体案例设计中必需重视对民族文化、地域文化、企业文化及业主个人文化素质与审美情趣等文化元素的研究与融入。并提炼与寻找一种最具代表性的文化元素，来作为室内设计中文化元素的切入点，尤其近年来随着国内外人们对传统文化与乡土文化的重新认识与重视，使之传统文化元素，更多的在室内设计中与其他文化领域被广泛引用，现在室内设计界普遍流行的一句话“轻装饰，重文化”，可见文化元素在室内设计中的地位也得到人们的日益接纳与重视。

人们不难发现，在近年的我国室内设计中，不论酒店、娱乐场所、甚之办公楼、厂房中的文化元素也得到普遍应用。且不论其中有许多滥用文化元素所导致的“画蛇添足”与“弄巧成拙”的实例。但却不影响证明一个普遍的真理，即“精神文明建立在物质文明的基础上，文化繁荣建立在物质繁荣的基础上。”这就是中国经济高速发展与繁荣，必然带来建筑装饰中文化与艺术的复兴。

我记得有一篇文章曾介绍20世纪90年代初期美国建筑界提出的“百分之一工程”，即认为在建筑工程的总投资中，必须要有百分之一的资金投资用于建筑室内文化装饰，美国因此应运而生“百分之一公司”，这在当时的中国建筑投资者与室内设计师都认为是一个不现实“天方夜谭”的笑话，因为当时中国的建筑与室内装饰正处于刚起步“实用化”时期。然而在短短的10多年时间，由于中国经济飞速发展与繁荣，使近几年的室内设计中已非常注重其文化元素的含量，环境艺术的投资甚至已普遍超过美国的室内设计“百分之一”的原创理论。

由于我们云艺公司有许多高级文化艺术人材，甚至有国家级艺术大师、浙江省艺术大师及一支优秀的环艺设计与创作队伍，致使室内环艺设计和施工，成为“云艺”一大经营特色，使我在多年的室内设计中文化元素应用中积累了一些知识与经验，现提出来与室内设计师及工艺美术师磋商。

1．要重视中西文化元素交融

人类文明进步，都有赖于人类优秀文化的相互交流，我国自汉代后由于佛教传入与唐代丝绸之路兴盛，造就历史上大量外来文化元素在中国绘画、宗教、建筑、雕塑等文化领域的广泛交融和应用，远到敦煌壁画、云岗石窟……近至北京十大建筑、南京中山陵及上海等城市建设无不是中西文化相互渗透交融的结晶。

事实证明，仁性与知性、道德与科学相互融会贯通，即为中西文化交融的基本观点，是人性之整体，合之双美，离之两伤。所以室内设计应用中西文化元素合壁，要努力寻找中西文化的最佳结合点,不能简单化的抄袭与克隆,在日本、台湾与香港的许多室内设计里就有许多这方面成功的案例，我国的许多新建的高级五星级酒店，如上海的“四季酒店”与“金茂大厦”都是中西文化交融成功的最好实例。

2．要重视室内文化元素的提炼

所谓的室内文化元素，我个人认为是指在特定案例室内设计中“基本文化定位与特定文化符号提炼和应用概念”，即对某种特定文化元素的提炼与浓缩后的一种再简约．再深刻．再具代表性的文化元素符号。所以在室内设计中的文化元素应用，应强调对其文化的精华的吸收与提炼，提倡室内设计中浓郁的文化元素与鲜明的时代气息相结合，反对抄袭、照搬，否则都将成为室内设计中的大败笔。

3．要重视室内文化元素与建筑母体的和谐

室内设计师在做室内设计前，必须认真理解建筑师的建筑母体设计原创理念与建筑文化元素语言内涵及建筑室内不同空间的功能要求，寻找建筑与室内空间的通俗简练的文化元素语言表达定位，如庄重、宁静、欢快、温馨、跳跃等等。比如一个酒店大堂的室内设计应该服从温馨、亲切、尊贵等文化元素语言，因此在该酒店大堂的室内文化元素设计中，如艺术品、图案、色彩、灯光、造型、材料肌理等都应按上述文化元素语言原则去设计与营造。如果文化元素定位偏离了建筑功能的文化语言，如过分严肃和原则或色彩偏冷调都将显得其空间低沉与压抑，达不到建筑功能特定的文化语言要求，同样一幅虽然是出于名画家的大作，但由于作品在内容上、表现形式上、质感上、色调上或空间比例尺度上与建筑功能、空间不和谐都将导致文化元素与室内功能的冲突，不是强化而是削弱了室内功能应有的文化氛围。所以好的室内文化元素应保持与建筑母体文化语言的高度和谐。

4．要重视地域文化元素的运用

在建筑室内设计中文化元素应用都应体现鲜明的地域文化特征，因此在现代的酒店设计中，越是高级宾馆酒店，对地域文化越重视，在酒店星级评定中分数也占得越高，因此在中外文化界流行一个通用原理，既“文化越有民族性就越有国际性”。鲜明的地域文化能营造建筑室内的个性化。香港著名的室内设计师凯勒先生曾说“一个成功的宾馆室内设计，应该重视其地域文化设计，使之给客人一早醒来有个鲜明的地域信号”（大意），可见地域文化元素运用是室内设计中一个重要的手段。

5．要重视企业文化元素在室内设计中应用

现代企业日益重视企业文化在企业品牌战略实施中的应用，现代企业文化是企业持续发展的基础平台，是企业必须借助的一种管理模式和特定的信仰与文化系统来放大的管理功能，因此在由企业行为建设的各类建筑的室内设计中，必须重视企业文化元素的应用，做到恰到好处来体现该企业文化的品牌精髓。

6．要重视业主个人文化元素的应用

在承接业主私建的民用建筑和公寓住宅的室内设计中，往往由于业主不同的文化修养、宗教信仰和艺术情趣，面对室内设计中的文化元素需求与理解也不同，这就关系到满足不同业主“个性化文化”需求在室内设计中文化元素的应用。比如有喜欢中式、欧式、现代式等不同文化风格。在中式风格中，又有喜欢汉风、唐韵、宋味、明式等不同历史时期文化元素。欧式也有不同国家与不同时期的文化元素，同时包括文化艺术品的陈设，如艺术壁画、挂件、摆设品在内容与形式上除与室内设计和谐，更要重视满足不同业主的文化与审美需求。所以好的设计师必须通过不断学习来提高自己丰富的文化艺术修养。

酒店空间的文化

深圳市南利装饰工程公司　**马侠华　洪忠轩**

[提　要] 当代酒店设计受信息网络及传媒影响，设计文化成为共享的世界文化，它所表达的形式受日益复杂的顾客群体需求的不断变化，加入文化主题风格化、个性化的酒店将成为主流，设计师对文化艺术的理解和个人全面素养的提高，是推动酒店设计的必要历程。将中国文化糅合于酒店空间，掀起酒店设计的新东方潮流，使之成为国际酒店空间设计的主导，是我们的目标，也是中国当今设计师的共同情结。

[关键词] 酒店文化　主题空间　元素

背　景

频繁的商务活动和旅游度假，促使世界的酒店业成为世界第一大产业。酒店空间的设计倍受重视。让文化艺术融入酒店空间使之具备高层次的魅力，吸引世界各地不同的客人，并使其获得更多的商业价值，正是设计师孜孜不倦，为之研究的新课题。

今天的游客和商者更有知识，更挑剔，同时也更有求知欲望，他们入住酒店，无论是商务或旅游，都希望由酒店体验当地文化、生态环境,以获得不同的风俗人文，增长见识，培养素质。由此可见，酒店应该是一个"文化艺术殿堂"，将文化艺术融入酒店空间，使之具有独特的文化韵味，吸引更多的宾客，是设计师设计规划中必做的前期功课。

第一章　酒店的文化定位

1.1 文化的定位使酒店获取不同的文化主题

酒店文化是指酒店自成体系的思想观念、文化观念、价值标准、管理模式、经营理念和物质文化环境的总和。每一个成功的酒店，都具备有反映自己特色、个性和精神面貌的酒店文化。酒店的文化定位基于酒店本身的自然环境、民族历史渊源、人文环境、时代特征、政治和经济背景、艺术色彩、经营特色等。了解酒店各因素背后的文化背景，才能决定酒店的主题。

自然环境由酒店所处的城市或地区决定，如周边为现代都市或海滨、山林景区、草原等，酒店的内涵将随着这些自然环境的不同而修改它的设计主题，让酒店融入周围环境，让客人从酒店的氛围到建筑的视觉都感受到地理环境给人的启迪，文化艺术元素的加入，可增加其深远的地区性、个性特征。

民族文化反映不同的国度、不同的民族灿烂的民族文化遗产，是旅游观光者渴望获得知识的旅游目的之一。以民族文化确定酒店的主题，不仅可以吸引宾客，同时也使传统民族文化发扬光大，保持纯真的本土民族文化，也使文化艺术在可持续发展方面得到延伸。

历史文化亦为人文景观，名人文史，是贯穿一个国家数百年、数千年的文化、经济、政治、哲学、艺术等发展的线索。多少外国游客到某处旅游，大多是为了追寻文明史、名胜古迹。如果下榻的酒店能让宾客感受到这种文化遗产的氛围，必将令人留下深刻的印象，酒店也将由于主题的鲜明而扬名于世。

以时代为定位的酒店是根据社会政治、经济、科技发展时代特点或某一重大事件确立主题的，具有深刻意义，对人们影响最深，具有积极向上的，不因时间迁移而被社会淘汰的事件。活动对酒店的形象宣传及内涵精神，具有决定意义，它更具有一份怀旧的情感，让人重温旧地，缅怀历史。

文学艺术有非常丰富的典故、语句、词汇，它们的蕴涵深刻的寓意，赋予酒店所期望的意愿，对社会表达一定的概念。这类酒店易于被人们接受，也反映了酒店本身的精神面貌。如世界著名的香格里拉酒店，意为世外桃源，充满着诗情画意，让人向往。

1.2 酒店空间的文化艺术气氛通过运用不同材质、灯光及艺术摆设来完成

将文化艺术融入到酒店空间中去，主题立意不同，表达的方式也多样，通过酒店的名字、主题景点、摆设、设计元素，均能让人体味到文化艺术的魅力。

确定酒店的文化主题，接着由不同的装饰材质、灯光营造、家具布置，艺术摆设的点缀，共同完成对主题的演绎。如确定某酒店为东方风情的假日情调，必定以东方文化作为主题，以绚丽的色彩，金属光泽质感的材料。传统的图案中提取的元素，通过灯光的明照暗射，营造出神秘、独特的东方神韵。带着浪漫、经典的文化韵味去创造酒店的空间。

第二章　酒店空间的文化营造

2.1 以酒店名字延伸的文化意念空间

以酒店名字延伸的文化意念空间是设计师喜好的表现手法。海南恒涛锦江花园酒店以"花园酒店"命名，并且位于万兴市兴隆旅游区，从建设环境和建筑风格来看，它属于格调高尚的度假酒店。很少有更多类型的工程比度假酒店更具魅力了，它们形式众多，有娱乐场度假村、高尔夫及温泉疗养度假村、都市度假村、季节度假旅馆、住宅式度假村等等，归根到底，共同的特点就是：主题文化鲜明，风格独特，家具、灯具及陈设个性强烈，不受世俗的形式和流派、模式的限制。度假酒店能带来城市酒店无法比拟的愉悦和畅怀！文

化定位、环境塑造、空间营造是设计的关键。

纵观中国各大酒店，特别是四星级、五星级酒店，大多主题酒店都能给来宾留下深刻的印象，从而产生良好的社会效应和经济效应。此酒店位于海南，因其地理位置的关系，人们会联想到大海、蓝天、沙滩、贝壳、鲜花、彩蝶、飞鸟、游鱼、轻风、细雨、白云、阳光……（见图1）。如此众多的

热带风情画幅，设计中我们如何取舍？是否无可适从？其实海南及中国沿海一带的城市以大海为主题的酒店比比皆是。酒店既然用"恒涛锦江花园酒店"定名，那么何不从"江"与"花"上做足文章呢？在建筑师的环境建设中，其实已把"水"发挥得淋漓尽致。

"黄河之水天上来""山因水而幽，水因山而活""叠水游鱼"等等景点将海边风情融入酒店中。建筑学上有一句话："大可以造势，小得以造型"。建筑师已经把"势"造出来了，室内设计就是造型（见图2）。那用什么造型呢？我们把眼睛聚集在"花"上。中国的花千奇百怪，海南奇花异草更是种类繁多，加之花园酒店自然少不了花的文化体现。这是花的形式通过艺术的、意象的、文学的、神话等手法表达。"花仙子""旋花""锦纹""卷草"……这些具深远文化意念的图等等，

图 2

加上组织和变化便构成了本花园酒店的精神画卷。当然主题意境的应用宜精而少，切忌滥用，比如大堂的主背景可用最具形式的"花仙子"点缀其间，其他空间可把灯具、家具、主要屏壁用"花及与花相关的事物"的形态和理念变化嵌接于其中。这样主题得以连续和惯穿，又显得脱俗特别。

从主题理念延伸到材料，便显得不难抉择了。"花草树木"是世间万物根本。现代人追求自然，崇尚于"原本"。我敢说到海南本酒店来的宾客，绝不会来看不锈钢、玻璃和混凝土，她们带着情思、带着梦想来这里寻找都市里看不到的树木和天空……"古人植树为材，截木为材"，五行中把"木"的位置安放在旭日照耀的东方，是一切生命之源（见图3）。由此本酒店要营造休闲的气氛和环保无污染的环境，用些木材是应该的。回头看东南亚等地的度假酒店，木材配合其他环保材料的合理运用，恰恰能给酒店带来温馨舒适的自然境界（见图4）！

图 3

2.2 以地域文化为底蕴的酒店空间充满生命

酒店空间营造往往也以地方文化为背景，使装饰充满可

图 4

持续发展的生命力。榕江大酒店，滨临榕江，背依黄岐山，依山傍水，自然环境优越。在酒店内加入庭园景点，动植物的入主，创造了一个生态空间，注入新酒店文化元素。以揭阳市及相邻潮州市、汕头市为主的潮汕地区，是中国著名的

侨乡，自古以来潮汕地区就以具有浓郁特色的民俗风情，独立的语言文化成为世界文化奇观中不可缺少的组成部分。“京城帝王府，潮汕百姓家”更是描述潮汕民居具有华丽的古典的京派风格，也揭示潮汕文化与中华民族文化息息相通，密不可分的渊源关系。那么，造就榕江大酒店的文化必然是以采撷之传统文化中的精华，以潮汕文化特色的铺展的文化章篇（见图5）。

图5

此案中围绕“岐山、榕水”的文化主题，通过现代的装饰材质和表现手法，运用中国传统的宫廷色彩——金、红、黑、白，营造一个富有地域特征的酒店空间。设计中多处采用隐喻的手法，如莲花的装饰纹样体现榕城其水上莲花的美称，水体代表榕江（见图6）。宾客到达酒店便体会地方文化的人情风俗，倍感亲切。

图6

2.3 名胜古迹与文化历史结合使酒店空间文化气息浓郁

奉化银凤度假酒店的设计即充满历史文化气息。酒店占地近276亩，内有小桥流水，果园竹林，生态环境极为良好，坐拥国家风景名胜区溪口风景区，风景秀丽，历代名人学士留下大量诗词题赋，为周边环境增添文化的芬芳，溪口镇系蒋氏故里，系全国重点文保单位，自然景观和人文景观于一体的风景区。众多名胜吸引古今中外无数游客，银凤度假村就在此诞生。

宁波银凤度假酒店属于改扩建工程，原有银凤山庄已完全不能适应经济发展的要求和客源市场的需求，鉴于以上形势，加上政府接待佳宾首长的要求，把度假村建成按国际五星级酒店，营造设施一流，景观精致，充满生态概念的高级综合度假村，势在必行。回归自然，亲近泥土是新一代都市人的生活时尚。以适合居住、休闲的度假酒店，注重风格创新、材质的运用、灯光的营造。置身于一个休闲写意、澄清纯粹的空间，设备完整齐全的酒店，受呵护的不仅仅是身体，更是一种心灵上、精神上的慰藉，这样的世外空间，正是现代人追求的度假村。别墅小楼带有浓郁的江南韵味，别墅区附近有一片原始竹林，还有一条美丽的河流，静悠的沙滩，恬然自得的游舫，组合如此的诗境画地。别墅小楼如来自童话般让人迷离向往。设计师采用现代的材质、工艺和手法，表现现代中式别墅，重新诠释度假酒店（见图7）。外墙基采

图7

用剁斧石，沉着含蓄的灰色石材，既稳重厚实，体现文化历史的年轮，也使建筑的基部显得平稳均衡。复合铝板构成新的层次，它与以木色塑铝型板做成的檐口一样，都是运用现代环保、科学、健康的新材料表现新中式风格建筑。它们具有防水、防晒、不易变形、免维护及高度自清的性质特点，非常适应建筑的外墙装饰，而这些材质形成了以灰、白、红为主要的色彩体系，在青山绿水中显得那样的幽雅写意且有一股文人气质，给度假者带来全新的身心感受，成为新的视觉焦点。

以历史文化为内涵，天造地设的江南自然风光为衣带，科学、环保、健康的新型材质为框架，休闲而考究的家具为躯干，精美而品位超凡的艺术摆设为点缀，塑造一飘逸脱俗的酒店形象。凤凰的图腾突出本酒店“银凤”的主题（见图8）。酒店建筑翩翩如飞，虽置身山野林间，仍清新高洁，

图8

倍受世人瞩目。

2.4 民族化的酒店空间更具国际化

西南民族宾馆位于四川成都，四川是一个多民族聚居的地区，是我国民族种类最多的省份，素有“民族走廊”之称。自有史记载以来，有数十个民族先后在这里活动、生息、繁衍和相互融合。目前除汉族外，境内仍分布有彝、藏、苗、羌、回、蒙古、土家、傈僳、满、纳西、布依、白、傣、壮等少数民族，多种民族文化以其独特的文化特色，与中华源远流长的文化的糅合、交融，使巴蜀文化更为博大深远。无限的风光，奇绝的文化风情，数千年的时光传承，凝聚四川境内独特的风格，独特的内涵，完好的生态环境，多姿多彩的民族文化内涵，造就她的无限魅力！

大堂主材为石材，石的坚实凝重，仿佛沉淀的民族文化。为大堂展示其脱俗、高品位的文化气质。由古装饰纹样提取元素的吊灯造型，带来新的视觉享受。立面上以米黄色石材为主，金色及暗红色的装饰带为墙体塑造了很“民族”的装饰语言。柱式由原来的方柱包成圆柱，柱帽与天花接壤部分，留空藏光，无形中抬高柱子的高度，视觉上造成空间抬高、透气的灵动气韵。由于大堂通往二层的步行梯处于主入口左边，且刚好形成一个二层高的小中庭，纵向视觉牵扯每一个宾客的视线，形成大堂一大景点。扶栏由大堂的材料构筑，金色的镂空雕花带来一份华贵的优雅，也统一了整个空间（见图9）。

图 9

图 10

餐厅空间注重民族气息。装饰主材以石头、木质、软包、玻璃等材料组构。色彩以传统的金色、红色、黑色及银色为基调，烘托一个欢愉、热烈的餐饮空间。以彝、藏、羌、傣为主题的四个小餐厅使民族学院特色得以体现，将民族特色和异域风情加以提炼，简化，采用现代环保、科学的材质，以概括的手法体现。彝族是一个古老的民族，以瓦板房为居屋，以木板和石板为主材，屋内筑以火塘为中心，彝族喜用木具，有自己的文字，信奉万物有灵的多神崇拜，是极具代表性的一个民族（见图10）。空间提取彝族民居木板天花等几个元素，结合现代的装饰手法及风格，让其充满个性。藏族是能歌善舞的一个民族，感情豪放。喜用红、蓝、黄与鲜艳颜色装饰室内及制作服饰，日常用品喜用铜器（见图11）。而傣族即以吊脚楼为最大的特色。

图 11

各具特色的空间，为大楼增添一道亮丽的风景线。各空间艺术气氛浓郁，处处体现民中华族文化的意韵。全新的设计理念，富含民族特色的文化内涵，使圣洁的校园增添一处深受艺术熏陶的品味空间，也使酒店空间的主题得以拓宽。正应了“越民族，越国际”的口号。

2.5 时代气息的公寓酒店空间诠释现代文化

晶仕国际公寓酒店位于深圳市深南大道上，交通便利，著名的深南大道绿化风景带为这酒店带来优雅的环境。深圳是国际闻名的城市，集经济、旅游为一体的发达现代化城市，商务活动频繁，酒店业发达。公寓式酒店是本行业新兴起的模式，其适应了时代主流市场的大趋势，以适合居住、休闲、

图 12

图 13

商业洽谈的寓所，注重风格的创新、材质的运用、灯光的营造。置身于一个洁净无暇、澄清纯粹的空间，完整齐全的酒店配置，又不失一个家的温馨。精细体现的细节，受呵护的不仅仅是身体，更是一种心灵上、精神上的慰藉，这样写意舒适的空间，正是现代人追求的公寓式酒店（见图 12）。公寓式酒店的套间一般配备有厨房，适应家庭和企业的需求。手法概括、简洁。大块面的微差的浅色乳胶漆，构成素净、整洁的酒店空间（见图 13）。卫生间的墙体部分饰以喷漆玻璃代替，玻璃平滑细腻、光洁通透的质感与墙面厚实浑重形成对话，素淡高雅的家具与地毯，营造一个恬静舒适的空间，结合电视柜及写字台功能的长桌，带来了人文主义的气息。室内暗藏的二次照明为主，营造柔和而抒情的气氛，在适当的墙体转折处藏光，不仅使空间通灵透气、减低隔阻感，也使室内光线充足。

越来越多的公寓酒店不仅为疲于商务的人士提供恰当的商务、居住空间，也推动了酒店业繁荣发展。

第三章　文化酒店设计的发展前景

装饰设计随社会生产力的不断发展而逐步发展，人类的设计经历了手工业时代的设计、机器工业时代的设计、数字化时代的设计三个阶段。工业和科技发展为设计提供了实施的必要手段、材料和技术，同时也为人性的变化创造了经济和物质基础。社会的进步导致装饰设计的发展，装饰设计反过来也推动社会发展。设计思想经历了重形式轻功能→形式与功能并举→轻形式重功能→重技术轻功能→技术与功能并举→轻技术重功能→技术、功能、形式并举→强调个性化、回归自然、人性复苏等阶段的演绎。

当代设计的主流仍然是讲究功能的现代主义设计。设计作为一种实用艺术，其功能性的要求将成为恒久的标准，以满足人类生活功能需要为基本目标，强调的标准化、系统性，对与因日益发达的交通和通讯而变得越来越小的地球来说是一种极为有用的设计方法。在全球经济一体化的今天，它可以为不同国家、操不同语言的人们提供方便。

但是，设计与时代背景息息相关，设计中的结构、造型、色彩等要素都会深深打下时代的烙印，设计帮助我们理解这个时代，理解这个时代人们的愿望、理想、梦想以及失望和隐藏与内心深处的希望和向往。所以，设计不仅是技术标准和功能需要，它还表达了一个社会的哲学思想、意识形态和复杂的文化现象，它以物质的方式来表现人类文明的进步。

酒店空间经历了从当初的单纯住宿功能到现在具有各式各样功能的过程。住宿、饮食、会议和宴会、购物、娱乐、健身、夜总会及酒吧等功能，使其成为 24 小时运转的活生生的有机体。它的装饰设计与社会、客人需求同步，不同国度、地域、民族，其取向各异；不同时代的社会观念导致思维方式的不同；每个酒店的经营目标和价值理念不同；酒店具有更强的人情味和文化意识，所以未来酒店空间的设计更是融合设计师、业主对精神的追求和审美的取向。将现代主义、后现代主义、自然主义、解构主义、古典主义等流派打破单一的局面，集中体现在具有东方文化特点酒店空间的装饰表达上：

1．酒店形象的个性化，以独特的视觉效果感染环境。

2．强调酒店的人文氛围，感情色彩浓厚。

3．艺术和功能更完美的结合，注重艺术与管理的关系。

4．挖掘历史和传统民俗，跨越时代，将空间和时间有机地结合。

5．跳出酒店自身的思维范畴，融合周围环境，与城市规划、环境因素整体协调。

6．以装饰设计为手段，体现酒店的精神主题。

7．“本土化”和“异域化”的热衷，不同民族、区域式的风格再现。

当代酒店设计受信息网络及传媒影响，设计文化成为共享的世界文化，它所表达的形式受日益复杂的顾客群体需求的不断变化，加入文化主题风格化、个性化的酒店将成为主流，设计师对文化艺术的理解和个人全面素养的提高，是推动酒店设计的必要历程。将中国文化糅合于酒店空间，掀起酒店设计的新东方潮流，使之成为国际酒店空间设计的主导，是我们的目标，也是中国当今设计师的共同情结。

（文中工程图片均为洪忠轩设计）

参考资料

1．（英）奥托 ·李瓦尔特编著．酒店空间， 周丽华译．辽宁：科学技术出版社，2000

2．（美）瓦尔特 A·鲁茨，理查德 H·潘纳，劳伦斯·亚当斯编著．酒店设计规划与发展．温泉 田紫薇 谭建华译．沈阳：辽宁科学技术出版社，2000

3．王捷二 彭学强编著．现代饭店规划与设计．广东：旅游出版社，2002

4．（韩）建筑世界杂志社编著．宾馆建筑，李华敏译．天津：天津大学出版社，2001

关于室内设计中几个问题的讨论

全国杰出中青年室内建筑师 深圳市乔辉室内设计工作室 设计总监 **乔 辉**

一、论室内设计中的新、合、和

何谓室内设计中的新、合、和？这里的新、合、和，指的是创新、合作、和谐。

新——先来说说新，即创新。创新是设计行业所以存在的根本理由，不重复前人的、别人的，是原创的，这才是创新的根本。这里说的创新有两个层面：一层是经营模式（功能）的创新，一层是审美上的创新。

经营模式的创新，往往改变着功能布局。随着时代的进步、经济的发展，各个行业在经营模式上都在发生着或即将发生重大变化。好的经营模式，是投资者获利的根本。在以往，经营模式似乎都与室内设计这个行业没有太多关系，但根据这些年来的工作实践，我发现两者不但有关系，而且有密不可分的关系。室内设计师不光要具有审美的修养，也要有商业策划的能力。那么，两者到底有怎样密不可分的关系呢？

当设计师接受设计委托，与业主的技术性沟通就是从商业模式开始的。比如一间餐厅，你是打算卖中餐还是西餐或是快餐？你是想面对高消费的顾客或是中等消费水平的顾客？这些决策都将改变着餐厅的平面布局，因其功能会相应地发生变化。而好的经营模式不只是经营者的问题，对于专业的室内设计师而言，由于其工作经验的积累，也会为委托者出谋献策，以达到室内设计中的最高境界。比如，有一回，我受一个服装业者的委托，请我帮其设计一个专卖店。在设计中，觉得其所租店面较深，在功能规划中总觉不太合理。于是，突发奇想，可不可以利用最里面的空间设计一个小型水吧呢？当我将此想法对其提出来后，委托者也动了念头，商场如战场，出奇制胜也是战术之一。服装专卖与水吧看起来不相关，实际上，水吧虽不产生经济效益，但给了顾客一个休息或考虑是否购买的驻留场所，这也是以人为本的一个服务层面。事实证明，专卖店开业后生意一直不错，水吧甚至成了专卖店的一个吸引顾客的卖点。可见，室内设计师也能为商业模式的创新而做出贡献，这种贡献的价值，是每一个专业的室内设计师所应该去追求的。

不只是商业空间有经营模式的创新，家庭空间的家的经营模式也是可以创新的。从业不久的设计师只是根据委托者的需求来进行工作，而经验丰富的室内设计师会利用专业知识、个人魅力去引导，甚至启发委托者改变某些初衷和理念。这些都会反应在功能设计中。每一个家都是需要每一人去经营的，而多数人都会有一个属于自己的模式。这种模式并非一成不变的，其是多样性的和需要人们去创造和不断尝试的。家是用来生活的，而生活情趣改变着生活的模式，将已有的情趣或潜在的情趣寄托于家的设计中，才是设计师进行家装设计时的真正价值所在。我曾经说服一个从不去健身房的朋友在家里设计了一个健身房。我采用了一个启发式的方法，告诉他，人的体型是可以靠肌肉的增减来改变和强壮的，而不是天生就肌肉发达的。于是，他同意将书房缩小，增加了一个健身房。由于健身房不大，我按照专业的基本健身需要，根据空间大小、形状帮其选购了适用于他的健身器材。其实，他在改变着自己的生活模式，也意味着他经营的模式也相应地在发生变化。对于其个人来说，健身器械的出现就是他生活模式的一个创新。

这种启发和建议因人而宜，但目的都是为了让其生活得更愉快和有情趣，给人们带去快乐，并引发别人的多种潜能，才是与人为善的根本。

审美的创新是陈年话题。其包括造型、色彩、质地等多方面的推陈出新。室内设计的审美在很大程度上取决于委托者的审美修养和设计师本身的权威性。至于流行的就是美的，我觉得倒不一定如此，但至少是可行的和不会出错，招人埋怨的。有时，我也检讨自己：为什么不能去创新呢？其实，审美方面的创新是件不容易的事情。因为这个行业中已有的各种审美形式举不胜举，连抄袭、借鉴的机会都不够啊。但是，我想大凡有事业心的同行一定会去创新而愉悦于他人的一声赞叹。实际上，就当前而言，审美的创新在很大程度上取决于材料的创新。分析一下就知，当前的审美流行风格也不是从天而降、空穴来风，而是因为新材料的不断创新而形成的时尚风格。可见材料的发现和发明需要设计师即时了解和跟进的。其实，好的设计师也能设计一些新的实用的材料才是最重要的。实际上，很多流行的材料也都是某些设计大师为了某个特定的工程而设计的，之后，由于被大众接受喜爱而推广开来。比如香港半岛酒店西餐厅用的波浪板，就是这一案例的典范。审美的创新需要的是职业的素养，并要有冒一定风险的思想准备。

合——再来谈谈合，合即合作。这种合作是多层面的，我觉得其应该包括：设计师与委托人之间的合作；设计师与材料商的合作；设计师与施工队的合作；设计师与设计师内部的合作。离开合作，室内设计师是举步维艰的。

设计师与委托人的合作是从始至终的。从听取委托者的要求到满足委托者的审美需求都是需要坐下来沟通的。设计师不能只凭自己的喜好和兴趣去工作，要能做到结合委托者的意见和想法。实际上，两者之间是一种互相学习的过程。设计师可以从熟练的委托者那里学到很多关于功能设计方面的新动向和新知识；而委托者也能从设计师那里知道空间包括家具饰物新的审美趋势。只有如此，才能共同去完成一件互利于双方的事情。从服务层面上来说，顾客永远是对的，但设计师要尝试和学会去引导和启发委托者。在实际工作中，由于行业发展毕竟才20年时间，设计师整体权威性还有待提高，很多时候委托者不太了解设计师的价值，而总是喜欢我行我素，导致在合作的过程中，设计师处于从属的地位。我想说明的是，既然是合作，就得先合再作，如果你发觉和委托者习性、审美取向、价值观念实在不一致，那么，最好就拒绝去为他服务。设计师与委托者的服务必须建立在互信互惠，有着共同价值取向的基础之上。

设计师与材料商的合作是互利互惠的。材料商会向设计师提供特别多的关于新材料和新工艺的信息，而这些信息对于设计师而言是十分需要和必要的；同时，好的设计师不只是选用现成的材料，也设计新的材料，如同一旦流行开来，也可为材料商带来极大的经济效益。但这种合作要建立在公平公正，并有良好的职业操守的前提下。只有这样，两者的合作才是阳光的和有利于委托者的。由于设计师所处的位置，就要求设计师一定要学会货比三家，为委托者负责。选用既好又实用且价格便宜的材料是每个设计师的职者之一，也是设计师为委托者提供专业和优质服务的一个层面。

设计师与施工队的合作是设计质量的保证。从某种意义上来说，施工队如同设计师手中的笔，笔的质量好坏，从根本上影响着设计作品的质量好坏。既然是笔，就需要了解它、关心它、爱护它，有如剑客与剑的关系，达到彼此融合，你中有我，我中有你。设计师与施工队的良好合作要建立在互相尊重、彼此信任的基础之上。我认识很多施工人员，实际上他们也具有一定的审美修养，只不过他们没有机会去系统的学习罢了，他们具有和设计师一样的潜能，其中不乏人才。在工作中，我也从他们身上学到了不少实际施工经验和新工艺。在人格上尊重他们，善于虚心地听取和接纳他们的意见，对于设计师来说是一件重要的事情。因为，很多施工队不只是跟随一名设计师，实际上，聪明的设计师会从施工人员那里，间接的去了解和学习别的设计师先进的设计手法，何乐而不为呢？

设计师与设计师内部的良好合作是设计质量和时间的保证。其中包括室内设计师之间的合作，也包括室内设计师与建筑师，室内设计师与空调、水电等专业工程师的合作。这些合作需要彼此有耐心和专业素养。

室内设计师之间的合作是互动的，大家能相互包容和尊重，功能设计的好与坏可以通过数字来判断，比如流线的长短、餐厅就坐数量的多少等等，也可以通过是否符合经营模式和理念来检验，而审美是没有好与坏的绝对标准的；室内设计师与建筑师的合作，是建筑风格延继的前提。虽然有很多时候，一个建筑中有很多不同的室内设计风格存在。但作为最基本的一些公共空间的室内设计风格与建筑设计风格还是一定要延继的。这一点在写字楼的建筑与室内设计的关系中最为突出。建筑师会引导并影响着室内设计师的风格，而室内设计师也能为完善建筑师的审美意图贡献一份力量。我觉得，室内设计师在多数情形下一定得领会贯穿建筑师的设计理念和思想；室内设计师与设备工程师的合作往往得不到重视或重视的程度不够，因此，造成实际工作中不协调而导致委托者资金的浪费，其实这种浪费是十分严重的（这在以后的文章中会作详实的报告）。由于室内设计中功能的改变，而导致消防栓、喷淋头、风口等的改变，看起来不太复杂，实际从合作的层面而言，是十分严重的事情。这里，除了委托者的协调，也要求设计师与工程师之前的协调合作要有提前量，而不要等到施工后再去检讨彼此的问题，造成时间和金钱上的浪费。

和——最后讲一讲和，即和谐。这种和谐是建立在如下几大关系上的，包括人造与自然、商业与艺术、灯光与造型、材料的色彩与质感等。

人造与自然的和谐是人类一直在探索的问题。这个问题很复杂，也许两者本质上是不可协调的。但我们必须得在工作中协调它们。在建筑学中，人们越来越讲求自然通风、自然采光，以及建筑园林化的空间。室内设计时，我们也会选用环保的材料和注重绿化水景的设计，以达到人造与自然的和谐统一。比如对于天然大理石、花岗石的选用也越来越少，取而代之的是环保型的微晶石、PVC 材料、玻化砖等等。我想，室内设计师拒绝选用天然的材料，而选用多一些环保的材料，也算是我们对环保的一点贡献吧。

商业艺术的和谐是门高深的学问。艺术是非自然的，是独一无二不可复制的。很多艺术评论家不太认可商业艺术，而商业艺术是实实在在存在的。这种艺术既用来赚钱也陶冶人的情操，给人们带来快乐或忧愁。商业艺术在商场、酒店中的实例举不胜举。商业与艺术的和谐不只是指商业与艺术本身，还要考虑身处其中的人的感受，这才是商业艺术的精华所在。

灯光与造型的和谐现在越来越受到关注。灯光与造型是密不可分的，没有灯光，也就不存在视觉所能见到的造型，好的灯光设计会丰富造型多层次、突显造型的艺术美。灯光可以藏在造型里，造型本身也可以是灯光。两者的和谐，将会令空间环境更具艺术性和品味。

材料的色彩与质感的和谐也是室内设计中的重要课题。材料就像我们手中的颜料，你使用不同的材料，就会呈现不同的色彩，也就具有不同的质感。当前，室内设计中流行的黑胡桃木配以砂钢、玻璃的形式，就是材料色彩与质感、色彩与色彩、质感与质感和谐搭配的典范，因为其在一段时间以来为大众所接受和品味。材料的色彩与质感的搭配形式还有许多尝试和创新的余地，这就要求我们设计师花时间去探索和研究，为这个行业贡献一份力量。

之上，就是我所谓室内设计中的新、合、和，只是泛泛而谈罢了，实际上，以上三要素都可以更深入更详实地展开来谈，这里，我只是作了一个提纲似的文章。我想，随着改革的不断深入，这三要素会越来越受到重视和发扬光大。

创新、合作、和谐就该是我们每一个室内设计的从业者所必须追求的。

二、室内设计师如何“偷懒”

室内设计工作是一项勤力劳心的工作，但室内设计师有没有既不花太多力气又能完成工作的捷径呢？我敢肯定地说：“有”。这条捷径关键词是“偷懒”。核心是抄袭，如果你确定要学习偷懒密技，那么你必须具备以下条件：即你已经不再有创作的热情。

那么，我就来分解一下室内设计师如何“偷懒”吧。

偷懒方法一：以不变应万变。由于电脑绘图的这么多年的积累，不管是效果图的模型还是施工图的模块都已经积累得不少了。接到一个新的设计任务，不再需要重新建摸。不管是武汉的酒店，还是新疆的酒店，同样的地毯，同样的家具；不管是银行的写字楼，还是公安局的写字楼，同样的天花，同样的饰画，不管是2001年的餐厅，还是2004的餐厅，同样的背景造型，同样的门拉手。……仅此几招走遍天下。花那些时间去重新设计建摸的设计师是“傻瓜”，省点力气去玩乐多快活啊，图照画，钱照收，以不变以万变；采用这个方法时，一定要感谢设计软件的发明者，没有他们，就没有我们的今天。

偷懒方法二：简约主义的“旗子”，打着简约主义，少极多的旗子招摇撞骗。立面图上什么也没有，“简约”几笔，犯不着去推敲研究，少极多嘛，什么也不设计就是最好的设计。这一招特别是在按工程平方面积收取设计费时最灵，也最有效。

偷懒方法三：委托者就是上帝。管他专业不专业，管他职业道德不道德，只要委托者要啥，我们就给他啥。少提意见，多照办。不管色彩多么不搭配，都是委托者所要的，与我无关，出了问题问到我，我回答：“你是上帝，我听上帝的”。如此，少费口舌和精力，而稳稳当当地把活干完；

偷懒方法四：照葫芦画瓢。此招既省心又省力，还能得到别人的赞美。大师如何吊顶我跟学；大师怎样处理楼梯我照用。……如此，一定不会有大的错误。你想，有几个委托人看过几个大师的设计作品，就算他看过了，他又记得几个，照葫芦画瓢，瓢还是那个瓢。

以上偷懒方法仅供参考，若你有更多更好的偷懒方法，请您务必告之，我的邮件地址为：偷笑@taolan.com。

三、浅谈商场的室内设计

本人曾设计过深圳天虹商场的深南店、东门店、龙岗新城店、布吉店和新一佳、华润超市以及山东淄博百货大楼等商场项目。对于商场设计有一定的感受。

当前，全国各地的商场越开越多，而且越来越大型化，集吃喝玩乐购物于一体，给人们的生活带来极大的便利，也使人们有了更多的消费选择。

在国外以及香港、台湾、澳门关于商场的设计，不只是审美的问题，其实也包括商业策划的内容，商场的设计师同时也是商业的策划师。他们的工作包括商圈的调查、分析，商业模式的确定和发展等等。

国内商场的设计最初的国际化模式源自20世纪80年代后期的上海华联商场。当时是由台湾的设计师来进行规划和设计的。在此工程中，第一次向国人展示了全新的商场经营模式和理念。

随着时间的推移，商业的不断发展，如今的商场经营模式和理念也有了新的变化。所以室内设计师们也得与时俱进，了解一些更多的关于商场经营的资讯，以确保投资者在商场的使用过程中受益。

根据这些年来国内商场设计的经验，实际上商业策划这一块室内设计师没有太多的发言权。投资者往往委托调查公司或自己作商圈的分析和调查。我想，随着时间的推移，室内设计师必将会依照国际的惯例，参与到这部分的工作中。虽然现在得不到机会去发挥这一份聪明才智，但还是得不断学习和加强重视。在与投资方合作时尽一份义务和慢慢体现自己的价值，以推动行业新的价值观和利益更大化。

经历过商场设计或施工的人也许会认为商场的设计也

不是复杂的事情。好象前期工作，比如商品规划已经被投资者确定，我们不过是制定一下人流动线，对天花、地面、墙面，特别是大堂、中庭等的设计而已。

其实不然，既使商品的规划这样复杂的和花时间的工作已完成，剩下的那些工作也是需要精心规划和仔细研究的，容不得半点懈怠和马虎。

人流动线的规划是商场经营成功与否的重中之重。实际上，我手头的许多商场设计案子由于前期没加入的缘故，本来建筑就不太适合开设一间也许能成功的商场的。我们知道，商场的人流动线最好是双循环路线，尽量避免十字交插式的通道。但实际情况很糟糕，很多商场都是十字交插式的通道。如此，导致人流的混乱和顾客在购物时的心理疲劳。

人流动线在设计时勿必保证清晰明了，通道要宽一些，窄了会造成拥挤和不适，令顾客心理产生反感。通道分主次，由于经营模式的不同，店中店的主通道一般在 3.5m 左右，次通道在 2m 左右，而开敞式零售主通道一般在 2m 左右，次通道在 1.5m 左右；超市的主通道 2m 左右，次通道及货架之间通道为 1.3m 左右，其具体尺寸变化和柱距有一定的关系，所以商场建筑的选择本身就是一项重要的工作，需要具备一定的工作经验方能尽善尽美。

考虑人流动线时务必要考虑消防分区和疏散通道。大型购物的消防分区一般以 4000 ㎡为一个区域划分，消防、疏散通道之间一般不超过 50m 左右。消防分区及疏散通道在室内设计之前，建筑师可能已规划完全，但在进行室内设计时要充分考虑，不要留下安全隐患。

商场面积如果超过 2 万㎡最好设计中庭。这就如同人的肺，给商场一个透气的场所，若能引进阳光那就是最好不过的事情。中庭的设计不宜太复杂，当下比较时尚又经济的作法是选用全玻璃的栏杆，栏杆下的栏河也不用去面饰铝板等，只要喷上白色的乳胶漆就好。也可在栏河处设计广告灯箱，既营造商业气氛，又能在灯箱的出租上为商场创造经济效益。中庭的照明务必要考虑周到，既要明亮又不能产生眩光。在中庭设计时，还务必考虑促销时广告条幅等的悬挂问题，可设能滑动的钢丝轨道等。

自动扶梯的一侧或两侧，顾客手能触及的墙面或栏河面要注意防污以及碰头。通常的做法是面饰铝板或焗漆玻璃，因为这些材料可擦洗，也显得时尚；步行梯要注意选择防滑的材料，每级高度不要超过 15 ㎝。

大堂的设计往往代表了商场的整体形象，是整体形象的代言。大堂的设计除了考虑审美时效性外，还得考虑 CI 的形象、促销位置的面积以及人流量等等。大堂的高度原则上是能做多高做多高，可考虑采用侧送空调风的形式。大堂内若有柱子，要考虑其防撞以及是否会伤害顾客，比如不可有直角或锐角等。大堂的形状最好是圆形、扇形或者多边形，尽量不要用方形，因为方形显得呆板；也使流线有不太顺畅的感觉。

注意休息椅及公用电话的设计。这都是商场以人为本的经营理念的具体表现。休息椅的位置不能阻碍通道，还要安全舒适。休息区与公用电话的位置往往设在同一区域，此区域可设计得休闲、轻松、自然一些。让顾客的心情能得到放松。

综合之前设计的商场，以及对商场空间的多年考察，目前商场的用材，通道地面一般为 600mm×600mm 或 800mm×800mm 的抛光全玻化砖，也有用微晶石的，但造价较高。卖场地面一般为复合木地板，地板与砖之前的收口原先普遍是铜压条，现在最好的收边条是塑料制的，对圆型的收边较为合宜；天花为轻钢龙骨石膏大板及 600mm×600mm 的硅钙板等；局部区域饰有 3mm 复合铝塑或砂钢条、玻璃、镜子等。

可以这样说，商场的用材不象酒店用材那么丰富和有变化，相对而言，显得单一。实际上，商场的基础设计也不必太复杂，如此，反而能更好地衬托出商品的色彩和质地。

灯光设计往往被很多投资者忽略。事实上灯光设计是商场气氛好坏的重要层面。好的灯光设计，既有美学效果，又节约能源，减少商场的运营成本。

现今商场灯光设计的普遍作法是：

一是走道上方有反光灯槽，既起到辅助照明的作用，又能明确地划分出区域空间；走道的主照明一般为 5 英寸或 6 英寸的横插式节能筒灯，一般情况下单插极可；也有采用多支头射灯照明的。

二是卖场上方主照明一般为筒灯，也有采用日光灯照明的，局部照明多为石英射灯或单支头及多支头射灯。其控制方式因商业运作模式而变化。

灯具一般都选用合资或国产的即可，但光源最好选用知名品牌，比如飞利浦或欧斯朗等。好的光源是灯光设计成功与否的关键。其显色性及使用寿命都优于普通的光源，值得一用。

之上只是泛泛之谈。总而言之，商场的室内设计应该是最能反映时代风貌和时尚品味的。看着购物、休闲的人们留连在你所设计的人性化的商场空间中，那是一种多么令人快乐的感受啊。

四、室内设计的灵魂—灯光

灯光是展现一切物体造型、色彩的必要手段。在黑暗的室内，离开灯光，一切都将失去光彩。许多室内设计师都已经开始重视灯光设计，但其程度还远远不够。很多人只是嘴上和意识上认为其重要，但并没有脚踏实地地去研究及付以实践。

我见过不少在造型上、色彩上都十分专业的设计作品，但因为灯光设计不专业的原因，而令其整体设计大打折扣，这的确是一件十分可惜的事情。

在欧美、亚洲一些室内设计发达国家，有专门的灯光设计师，而且有灯光设计行业协会，其灯光设计行业发展得已经相当系统和成熟。我有一个同学在日本某建筑事务所，他告诉我，他们对室内设计中的灯光设计就十分重视，对于某些灯光设计，甚至会做灯光设计实验，通过实验来验证光照效果，来推敲和考量照度的大小等等，这实在让我感到汗颜而觉得任重道远。

灯光设计实在是一门系统、专业而高深的学问。其绝非是我们某些人想象的那么简单，以为就是照亮空间罢了。专业的灯光设计就如同一把刻刀，能重新刻画造型的形体层次和细节；又如同一支彩笔，可以令色彩更富于变化和丰富；专业的灯光设计，还能合理使用能源，节约商业空间运营成本；专业的灯光设计，对于人的视力和健康也是一种保护，体现着以人为本的设计理念。

于商业空间性质的不同，对于灯光设计的要求也有着本质的区别。这些区别体现在灯具的选择上、灯源的照度上、色温以及色彩上。比如商场的灯具多为节能筒灯和日光灯盘，其照度要求就高，平均照度要达到800～1000Lx左右；而酒店的灯具多为节能筒灯、石英射灯，照度一般在400～600Lx左右……等等。而且每个不同性质的空间因其区域的不同，对于灯光设计的要求同样也有极大区别。这不是一句话两句话能说清楚的论题，这里只是泛泛而谈。本文只是要强调灯光设计的重要性罢了。

对于灯光设计，除了思想上重视，更要从行动上来重视。同行们也包括我自己应该踏踏实实地去研究一下其专业理论，并在实践中不断地去总结和创新，这对于这个行业的发展至关重要。如今市面上能购买到的专业的灯光设计书籍，大部份是外国人所著，而中国人自己的专业灯光设计书籍却凤毛麟角，偶尔看到一本也只是轻描淡写，并没有太多有创意的思想和理论，更多的是借鉴和抄袭。在国内我参加过很多装饰论坛，包括互联网上的，对于灯光设计这一块的交流和沟通实在太少，不知道是互相保守呢？还是关于灯光设计方面的知识太过贫乏。我想，在不久的将来，改变这一现状的只会是那些不会在成绩上睡大觉的 “资深”设计师们。的确，按照旧的模式去工作比较顺理成章，打破旧格局、勇于探索和创新实在是一件痛苦的事情。但不能因为痛苦就不去为之，灯光设计水平的提升将会使国内设计师们再上一层楼，也是室内设计新局面的又一个转折点。在大专院校的室内设计教学中，灯光设计教学也是十分薄弱的一个环节，其产生真正的专业化、系统化的灯光设计人才，是一件需要时间来培养的事业。

灯光设计绝非纸上谈兵。很多室内设计师在设计好天花平面布置图后，交给工人施工就不再管关于照明的任何事情。包括我自己，在早些时段，对于灯光施工不闻不问，其实这是非常错误的。灯光由于高度的不同、由于空间的不同、角度的不同、反射物材质、色彩的不同，其照度等等是没有定数的，这也是灯光设计为什么是高深的学问的原因之一。灯光设计是需要根据现场的状况需要不断调整的。即使是从天花板上装一个射灯来照墙上的一幅画，也是需要灯光设计师现场进行指导安装的。如果任由没有灯光设计理念基础的工人师傅来安装，很难得到其理想的灯光效果。如今，在灯光设计实施中，我都要到现场指导施工，有时会根据实际情况，减灯或加灯，又或者将灯的瓦数降低或增加，虽然会有工人埋怨、业主质疑，但这并不会动摇我的信心和决心。当最终的灯光效果出来，埋怨、质疑的人们也就会明白为什么在这件工作上我如此不厌其烦，不惜代价。

曾经有这样一桩发生在三年前的事，让我记忆犹新。在某集团公司办公室的设计中，原先的走道暗装日光管选用的是国产的光管。由于墙面壁纸是灰色的，走道的PVC地材也是灰色的，结果，灯光一打开，空间显出青光来，令人视觉十分不舒服，甚至有工人形容象殡仪馆似的。怎么办？问题出在哪呢？最后经过分析，就出在光源上，于是我建议换掉光源，业主产生了疑问：换光源能改变这一切吗？我告诉业主，因为这批光源是国产的日光管，其荧光粉不合格，所以造成青光。我们将某进口品牌日光管全换上后，空间果然像变魔术一样，变得明亮起来，配合墙、地设计，效果十分清新明亮。可见，灯光设计对于空间而言是多么重要啊！这里还要告诉大家一点小经验，在白色日光灯包括节能筒灯光源选择上最好选择进口品牌，国产的光源虽然便宜，但其荧光粉普遍质量不行，而会产生发青的灯光效果。

看过雅典奥运会的人们都会为开幕式和闭幕式的场馆灯光所震撼和折服：多么绚丽的灯光，多么立体的灯光，多么丰富的灯光。灯光不只有照明的作用，其本身也可以是造型，这实在让人匪夷所思。作为设计灵魂的灯光设计，本身也必将是震撼人的灵魂的，而如此的灯光设计，是需要我们通过艰苦的劳动去获取的，于苦中求乐才是一名专业灯光设计师的工作情形和理念。

粤东信息大厦电信业务演示厅设计

陈　维　　陈伟涛

地　　址：广东省汕头市粤东信息大厦二层

面　　积：4400 ㎡

总 设 计：陈　维（汕头市装饰协会常务副会长　汕头经济特区雅达环境艺术设计事务所董事长）

参加设计：陈伟涛　杨　超　蔡少芬　周　珏

设计单位：汕头经济特区雅达环境艺术设计事务所

这是中国电信广东省公司汕头分公司的一个业务演示厅，围绕着中国电信的企业精神和经营理念，业务演示厅的设计尝试以一种强调人性化，具有艺术感染力和充满科幻色彩的手法，将高科技的通信器材和多媒体技术融为一体，为进入这个演示厅的客人提供一个能够全面、周详地了解现代电信最为先进的资讯、营业器材和各项服务手段以及未来电信与人们生活、工作关系的互动而奇妙的业务演示空间，使客人对电信技术的发展有一个清晰和感性的认识，为了全面展现中国电信营业范围广、技术含量高、营业手段先进、未来发展潜力大等特点，将演示厅按功能展示需求划分为 15 个区域，各个区域色彩气氛的把握和环境、展板、展架、道具的造型设计均以突出主题、烘托展示器械为目的。本项目工程的设计是对电信行业未来的经营模式一次新的探索，对今后电信行业的经营场所的更新是一种新的尝试，对电信业务的增值运营和培养未来消费群体将起到积极的作用。

代表着中国电信企业主打色彩，海洋般深邃的蓝色和生动活泼的 LOGO 扑面而来。

蓝色的科幻之旅将从这里开始。

只要你伸出手来，耳机就会送到你的面前，
科技感和神秘感是您开始互动体验的第一感受。

中国电信的故事

独特的造型，浓烈的气氛，向您展示中国电信的企业形象和企业概况。 5

互动演示区

让客人在蓝色的电信海洋里遨游。

6

互动演示区

感受着水手般自由操控的乐趣。

7

“地球村”

将电信业务演示亭设计为一串串站立的机器人精灵，显示屏隐藏在浑圆可爱的圆球里面，如聪明的小脑袋，向客人诉说着电信世界的秘密。 8

多媒体长廊

红色调的设计起到了调节视觉平衡的作用，这里也是一个承上启下的缓冲区。 9

IT产品展销区

简洁的造型，热烈的色彩氛围，起到衬托IT产品的作用。 10

未来世界

宇宙飞船似的内部空间形状，给人一种置身于茫茫太空中的体验，感受着未来生活和工作的方式。 11

智能家居

卫生间 12

回音廊

电话机发展史话 13

视像会议室

蓝灰色调的环境，线条简练明确，红色轻快而造型现代的坐椅给人一种视觉的愉悦感。 14

网吧

用螺旋延伸的造型来象征互联网不可预测的发展速度和前景。

15

咨询及业务受理区

舒适的坐椅，面对面的洽谈，体现了“以人为本”的服务理念，空间气氛和谐自然。 16

汕头市粤东信息大厦电信业务信息演示厅设计思路

围绕着中国电信的企业精神和经营理念，“汕头市粤东信息大厦电信业务信息演示厅设计”尝试以一种强调人性化、具有艺术感染力和充满科幻色彩氛围，并与高科技的器材、技术融为一体，为进入这个演示厅的客人提供一个能够全面周详的了解现代电信最为先进的资讯、营业器材和各项服务内容以及未来电信与生活的场所，构筑了一个互动而奇妙的展示空间。可以这样说，这个系统工程设计案例，是目前国内电信行业集先进的网络技术和多媒体器材设施于一体的较成功的设计案例之一。

“汕头市电信业务信息演示厅”为15个功能区域：A区——迎宾区、B区——贵宾室、C区——“科幻囊”（导览室）、D区——电信演播厅、E区——导听器材长廊、F1区——中国电信集团公司及标识语标识简介、F2、中国电信故事及电信粤东明珠、G区——“地球村”（电信业务互动演示厅）、H区——多媒体走廊、I区——IT产品展销厅、J区——“未来世界”、K区——多功能视像会议厅（小剧场）、L区——智能家居、M区——回音廊（电话机的发展史）、N区——客户服务中心、O区——自由天地（网吧）、S区——中央控制中心等15部分组成，总装修施工面积4400 m²。

当客人进入电信演示厅，首先感觉到那深邃海洋般的蓝色扑面而来，这是代表中国电信企业的主打色彩。工作人员亲切的迎领你进入 **A 区迎宾区**，轻柔的音乐在空中环绕，宽幅屏幕上播放着中国电信充满动感的广告画面。在这种用心营造的氛围下，中国电信亲切、专业而国际化的定位油然而生。这个区域的设计就像一个开场白，为接下来的互动体验做了一个最初的铺垫。

B 区贵宾室作为接待来访贵宾，为他们提供舒适的休息环境和观赏场所，让客人先入为主了解汕头电信公司的业绩，加深嘉宾们对汕头电信的认知与认同。

真正的蓝色科幻之旅从 **C 区圆形的科幻囊**导览空间开始。每次参观人数控制在20人左右，当20盏地灯旋转着点亮时，半圆形自动门关闭。此时，一个3D制作的主持人出现在环形空间的大型屏幕上，为你介绍整个演示厅的内容和守则等，这个小小的环节，目的是使参观者初步体验一种电信技术带来的科技感、新鲜感。

D 区的电信演播厅，讲述着从古代的通信方式到今天人类采用的通信手段和发展的故事。由7台无缝接拼式投影、150°弧形银幕的同步播放的影片，采用高品质的电脑制作，无论是烽火台、马车邮递或者是现代的地球卫星通讯等立体画面的模拟生动形象，加上现场各种声光电效果配合，在高潮时喷放烟雾等手段的使用，共同创造出一种神秘、科幻又具有趣味性的视听震撼力，进一步抓住了客人的感官需求，增强了进一步了解下去的欲望。

当演播厅的内容结束时，半圆形自动门徐徐打开，客人沿着蓝色走廊走入 **E 区导听器长廊**，也由此开始进入自由互动的旅程。从指示标识的传输桶内提取导听耳机，就是一个小小的互动方式之一，客人须识别和掌握提取的技巧。戴上专用的耳机，目的是使每个人都可以互不干扰的运用触摸纽选择自己想了解的内容。

F1 区中国电信故事的前半部份，壁面上图文并茂的展示着电信集团的发展历程、电信标识LOGO的含义、组织结构、业务管理模式、服务理念和综合实力等等内容。只要触摸任意一台触摸屏的选择纽，电视屏幕上就会即时的显示出各项内容。

在F2区浏览，就像在蓝色的海洋里遨游，蓝色的场景如广袤的海洋，浅蓝色的灯光使装嵌着液晶显示屏的玻璃造型像一张张轻盈俏丽的风帆，而28台电脑触摸屏使客人可以随时随地的选择，感受着水手般自由操控的乐趣。

F 区的重点在后半部分，“粤东信息大厦”、“国际海缆登陆站”、“卫星通信地球站”的实物建筑模型，展示出中国电信公司汕头分公司不断开拓进取的发展实力。形象的证明，汕头分公司不断引进先进的电信设备，在高速率、宽带化、多媒体、大容量的现代通信网络和优质服务这个平台上，已占据粤东通信领域排头兵的地位。

而在演示厅的 **G 区**，是一个象征快捷便利服务的 **“地球村”**。“地球村”集多种电信业务服务项目咨询于一体，由12个多媒体亭组成，每个亭由数个球体显示屏叠置而成。造型设计生动可爱，就象一串串站立的机器人精灵，但浑圆可爱的脑袋里却隐藏着无数电信技术的秘密。它们分别代表着世界上12座城市，只要点击按钮，你就能与地球另一端的朋友面对面的谈天说地，感受着“世界真是小小”的快乐；在随意操作中，生动的网页设计又会带领你去发现许多使用电信服务提高工作效益的奥妙，体验一切尽在把握之中的快乐。

离开地球村，步入 **H 区的多媒体走廊**，圆形的顶灯散发着红色温暖的气息，廊壁的红色板块令人振奋。这条红色通道的色调设计起到了调节视觉平衡的作用，同时也是一个承上启下的缓冲区。人们在这里放慢脚步，从墙上的宽屏电视上看到的是使用电信服务的客户们的生活、工作实况。多层面的客户包括有教育、金融、大型连锁店、国际化企业，也有家庭和个人工作室等，用户实际使用产生的效果短片，无疑为中国电信高质量、高效益服务起到了最好的宣传作用。

随着红色走廊距离的缩短，人们在心理上对电信技术的神秘和现实的距离感也越来越近。而与走廊相连的 **I 区**，是为**通讯产品展销商**提供产品展览的空间，经常性的展示相关的最新系列产品，又为人们打开一扇了解电信技术潮流和发展趋势的窗口。

21世纪的今天，我们仿佛站在巨人的肩膀上，看到信息高速公路中数字化网络交织纵横；光纤、长距离接触、海底电缆；卫星下行链路和微波中继……，电信的光波编织出一道道绚丽的彩虹，在我们的眼前闪烁。然而，人类总是在不断的创造着自己更加理想的未来，而代表着最先进技术之一的电信科技，在人们的面前展开了一幅未来世界的宏伟蓝图。

J 区是一个以“未来世界”为主题的展厅，设计模型近似宇宙飞船的内部空间形状，环形的收缩感给人一种置身于茫茫的太空舱的体验。依然是蓝色调的延续，造成置身于茫茫太空中的现代科技的氛围。

在这里，当你选择第三代移动通信技术（3G）的演示，未来的通信为我们打开了更为广阔的天空。3G技术的成熟，预示着通信技术开始进入规模商用阶段，也预示高科技技术正飞入中国寻常百姓家。我们可以自由自在地享受先进通信给我们带来的诸多方便。比如，视频点播、远程医疗、电子商务、在家办公、异地教学、无纸贸易等，未来通信手段改变着我们的生活和工作方式，乃至影响整个社会的经济发展与文化的观念。

这个船型的“未来世界”是一个充满想象的空间，它告诉人们一个现代的理念：只要你想得的科技就能做得到。人类的优势在于能够思维，如果再插上想象的翅膀，时空的概念就都不在话下，今天乘着这艘充满想象力的飞船出发，明天将在太空中自由翱翔……。

与此同时，人的生活正随着科技的进步在改变，孙悟空上天入地、顺风耳、千里眼的本领已经不再是神化传说。将来，你居住的城市功能格局是按照“一网”“五化”来设计的，数字化、智能化、高速化、综合化和个性化。“一网”就是全球一网，地球仿佛就是一个大家庭，没有了时空地域的阻隔。在未来的智能家居，电信服务甚至可以自动为你操控好衣食住行的方方面面……

L区就是智能家居的展示。用玻璃分隔的空间明快雅致，简约而具有现代感的家居布置把人们带入未来家居的理想境界。未来的家是智能化与个性化相结合的家。采用多功能电子技术新材料构成，采用良好的隔音功能轻质可移式墙板，是一种全新的可调式模式。人们可以根据个人需要来进行设计，根据自己的意愿对房间布局进行任意调整，房间大小按照自己需要间隔成若干间；家具也是多功能的，不仅可以随时改变颜色，还可以按照需要改变结构与形状，在新型材料的帮助下，一张软椅变换为一张餐桌或一张床并非难事。

在这个展示区的大屏幕上，游客可以形象的看到由计算机控制的虚拟智能家居的多种功能演示。

……你出差在外可以随时查看家里的状况，有事即时连接有关部门处理；坐在家里，你可以连线任何地方，看到公司的各个部门的工作，给指令、招集会议；网上银行会准时为你送来个人理财讯息；新闻是为你个人制定的和组合的；你关心的单位会议内容，计算机会整理好显示在墙上的大屏幕；与名目繁多的资料库联接，可以下载任何你想要的资料；可以预先了解世界杯的各场赛事或在网上购物。下班回家的路上只要点击遥控，就可以打开家中的调节器，调整室内的温度和湿度；指示智能人煮饭做菜……。走进家门，一切都已安排得井井有条。

在悠扬的乐曲中，享受完可口的晚餐，坐在大落地窗前的沙发上，啜着一杯美妙的鸡尾酒，看窗外的风景随着你的喜好而变幻无穷，逼真的模拟效果使你想待在什么环境就为你创造什么环境。因此，城市的概念就不再是人口密集的地方，它可以在空中、在地下、在沙漠上、在海洋中……，智能家居在人们的眼前展开了一幅可以无限畅想的美丽画卷。

展望未来固然催人奋发，但回头看看过去的岁月，也同样是对人的一种激励。电信展示厅设计，正是围绕既有展望又有回顾这样的总体构思进行设计的，所以，连接L区的M区讲述的就是关于电话历史这洋一个怀旧的话题。

M区设计由四个造型独特的陈列亭组成，玻璃罩内展示着由早期磁石电话、人工接驳电话到现在的程控电话和多媒体电话等实物，表现出不同时期电话机的面貌。而且触摸屏有不同时期的电话机型功能介绍，人们可以自由的翻看每一种电话机的史料：发明电话的贝尔、发明电报的莫尔斯、发明BBS的两个好朋友克里森和罗斯……，一个个科学家的故事激发着青年人的创造欲望。射灯照射下的实物，又使从那个年代走过来的人体验到一种发自内心的感慨。人类不断进步留下的见证物，凝聚着通信技术发展过程的轨迹。通过过去和现在的实物对比，更进一步拉近了人们对电信科学的感情。

客人走到这里，可以说已经是展示厅的尾声，但是设计的最后部分再一次运用对比的手法作了一个精彩的总结。当人们在**K区多功能视像会议厅**入座后，银幕上播放的是一段生动有趣的《电信 生活》短片，用没有现代通信服务时带给生活的尴尬与现代通信方便、快捷、轻松的情景故事进行对比，让人反思更让人真正在内心感受到电信技术与自己的生活密不可分的关系。多功能视像会议厅的设计线条简练明确，篮灰色调的环境，红色轻快而现代的座椅，整体给人一种视觉的愉悦感。在即将结束整个参观过程的最后时段，这个小小的视像会议厅制造了一种休憩和放松的环境，和一个让人回味的空间。

当客人在N区放下耳机，相信对电信的业务范围都有了清楚的认识。N区在空间布局上划分了咨询和办理业务的区域，方便顾客在这里与工作人员确定自己选择的业务服务项目。随意组合的桌椅、面对面的洽谈，依然为了体现出“以人为本”的精神，给具有业务功能的空间带来和谐自在的气氛。从设计上再一次贯彻着中国电信“用户至上，用心服务”的理念。

在今天，互联网已深入到我们工作和生活的方方面面，了解天下大事；寻找商机沟通客户；网上购物；甚至马上订购一束鲜花送给朋友，只要点击一下鼠标，都能坐享其成，科技的神奇力量就是这样一日千里的推动着我们的脚步。所以在**O区自由天地的网吧**设计中，采用螺旋延伸的造型为主体，来象征互联网不可预测的前景和速度。安装在螺旋体上的电脑，采用不同的网络接入方式。接入ADSL的“网络快车”“宽带以太网”，让人们在上网过程中，真正体验尽情上网冲浪的乐趣和网络高速度带给人的刺激。

而以上的全部控制完完全全由——**控制中心**来一手操纵，中心系统配套设备功能完善,设备先进，操作简便，稳定可靠。一个小小的触摸屏便控制着全部设备器材，数码监控系统更可以储存一个星期的记忆资料呢。

电信业务演示厅15个区域的展示功能设计达到全面的介绍中国电信先进的经营服务理念，在业务的推广应用上，采用互动演示的新手段，使观众对电信技术的发展有一个清晰和感性的认识，探索出电信行业未来的经营模式，每个功能区域围绕一个业务主题展开进行，达到简单，清晰，易懂效果，对电信业务增值运营及培养未来消费群体起到积极的作用。

[编者按] 这是两位对生活十分热爱且追求高质量生活的业内资深人士的心得，充满着善良和人文关怀。如果说有谁对“以人为本”的理解还停留在口号式或图解式的话，此文能告诉您一些真谛。

让公厕实现“零”接触

——一项旨在减少因上公厕而引起传染病交叉感染的建议

全国有成就资深室内建筑师　深圳新科特种装饰工程有限公司总工程师　**楚梦兰**
全国有成就资深室内建筑师　深圳市洪涛装饰工程有限公司总工程师　**江崇元**

肆虐的 SARS 非典以及接踵而至的禽流感给建筑设计师和室内设计师提出了一系列严峻的课题，其中之一就是如何在一些容易发生传染病接触感染的地方，采取必要的措施，防止交叉感染的问题，或者说实现“零”接触的问题。

1. “病从口入”与“病从手入”。常言道，病从口入。在病从口入的过程中，手起着极为重要的作用。和四条腿的动物直接用嘴巴去咬取食物不同，人吃东西是用手把食物放到嘴里的。不管是用洁净的手去取带菌的食物，还是被污染带菌的手去取干净的食物，传染病菌都是用手送到口里去的。所以“病从口入”也可以说是“病从手入”。

由于病从口入与手的干净或不被传染病菌感染，是那么重要，在非典肆虐的时期，卫生专家提醒人们要学会科学地洗手。如要洗好几遍，要用消毒液洗，要手掌、手背、手指、指缝、手腕反复搓揉，清洗多遍，最后还要用流动的水冲洗干净。甚至还规定了洗手的时间不能少于 2～3 分钟。这样做的目的无非是把手上可能接触到的病菌洗掉，进而防止病从口入。

2. 公共厕所是最容易发生传染病交叉感染的地方之一。这里所讲的公厕主要是指各种流动人员集中用厕的地方如：机场候机楼、火车站候车室、水运码头候船室、长途汽车候车室、旅游胜地、风景区、公园、广场、体育场、馆、剧场、音乐厅、影剧院、歌舞剧院、游乐场等娱乐场所，各种医院的门诊楼、学校、幼儿园等处的公共厕所。

通常公共厕所需要用手接触的地方有门把手、小厕间的门、大小便器冲水阀门或按钮、洗手盆的供水开关、洗手液或消毒液供液器的按钮等。下面就是本文对实现“零”接触的一些设想。

3. 公共卫生间不设门。只设门洞不设门扇，进出卫生间不用推拉门扇，一则可使人流进出流畅，二则是避免交叉感染的措施之一。设计时要保证门洞有足够宽度，至少能保证两股人流进出，宽度不小于 1.10m。那些使用率高的公厕如高速公路旁服务中心的公厕，音乐厅、体育馆、以及各种演出场所的公厕在演出、比赛以及表演中间休息时，集中使用往往造成上厕所排长队，这些地方的公厕门洞应更大，宽度可以大到 2000mm 左右。在国外见到过宽度为 2400mm 的公厕门洞。开敞的门洞应注意视线遮挡，有醒目的标识，避免走错门的尴尬发生。

4. 厕所内要有足够多的洗手盆。洗手对于预防“非典”等传染性疾病的重要性，使这个作为厕所的雅称的洗手间，真正地、名副其实地执行其“洗手间”的任务。洗手盆的配制应当加多，女厕洗手盆的数量一般不应少于便器的 2/3，男厕洗手盆的数量一般不应少于大小便器总数的 1/2。在非传染病流行期，洗手盆主要起便后洗手的作用，女厕的洗手盆还担负着整装、美容的功能。在传染病流行期，有足够数量的洗手盆，可以避免洗手排队，减少或避免病菌的传播。

5. 洗手盆采用感应控制出水。洗手盆感应控制出水在酒楼、餐厅和一些旅游胜地的公厕中已普遍采用，不是什么新鲜东西。洗手液或消毒液感应出液的设备也有了，这些都不是太难的技术，只是目前这些设备还不够耐久，质量有待提高。而将感应供液和感应供水组合在一起的洗手盆，国内还没见到，有待开发。这种感应供水和供液的洗手盆的成本可能是导致它难于普及的原因。脚踏控制出水的洗手盆也是一种解决洗手引起的交叉感染问题的方法之一。火车车厢里的洗手盆就是这么做的。

6. 大便器、小便器采用感应控制冲水。独立式小便器采用感应控制冲水也是用得比较多的一种做法。它成本高、质量可靠性差，维修麻烦，往往制约着它的使用。在国外，使用频率高的公厕多采用不锈钢制作的小便槽，根据使用情况采用不间断冲水或定期间断冲水的做法，可以借鉴。大便器不管坐式或蹲式，红外感应式冲水在国内还极为少见。而且按照节能要求，大便器冲水分大小（6L 与 3L），感应式冲水很难做到自动感应区别大水量与小水量。目前蹲便器多用高位水箱，采用拉手控制冲水或扳手控制冲水，都解决不了交叉感染的问题。从经济适用综合考虑，脚踏控制冲水是一种可行的方案。它不易坏，检修方便，也可做成大小水可分别控制的踏板。高档次的公厕应以坐便器（马桶）为主。很多马桶考虑节水要求，设有大小水按钮。按钮要用手去按，解决不了交叉感染问题。解决交叉感染的方法是把冲水按钮改成红外感应式。

顺便提一下，蹲式大便器的形状和冲水方式需要改进。有的蹲式大便器很浅，小便或遇上闹肚子时，会溅到自己的裤腿上。冲水时水压太大会溅到自己身上，或者冲水时水流组织不好，不能把大便冲掉。这些都有待洁具制造商从设计上研究改进。

7. 坐便器一次性自动更新座套。坐便器另一容易造成交叉感染的地方是马桶坐圈。住在酒店内，你可以大胆使用客房里的马桶，因为每天都有清洁人员清扫、消毒，住客走了，会立即对所有洁具进行消毒。公厕中的公用马桶不可能用一次消毒一次，所以不少人不敢用。有的怕传染病，甚至蹲在马桶上解手，这份尴尬可想而知。公厕中蹲式大便器为主是有道理的，然而设置一定数量的马桶也是应该的，使用马桶的卫生安全问题也是必须解决的。可以自动更换马桶垫圈护套的“微电脑多功能马桶”和“微电脑便洁垫”就是解决方案之一。

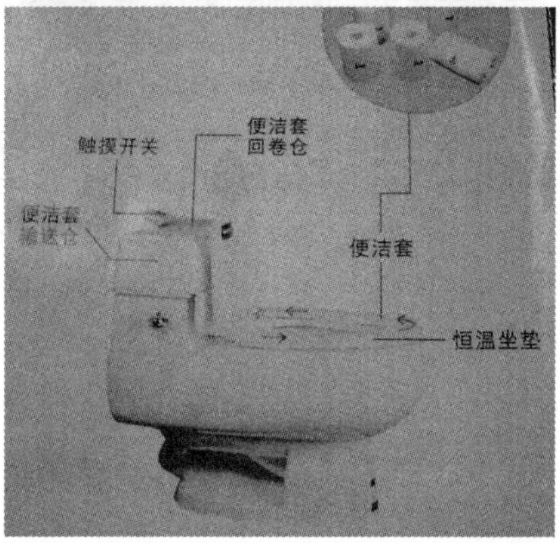

“微电脑多功能马桶”可以自动换套、自动消毒、自动除臭、自动加热坐垫，只要使用者将手伸到“微电脑多功能马桶”红外感应器2～3cm 的位置，微电脑控制系统会自动更换一圈便洁套。也可以在普通马桶上安装一个“微电脑便洁垫”，使用前只须轻按“ON”键，微电脑控制系统自动输出一圈卫生便洁套，覆盖整个坐垫，使肌肤与坐垫完全隔离，杜绝细菌交叉感染，完全消除以前使用马桶的尴尬与不便。便洁套为一次性环保用品，每次使用前自动输出，自动回收，规格：50～80 次/卷。使用一次的成本才一角多钱。这种马桶另配的“微电脑便洁垫”的控制方法需要改进，即将控制键由触摸式改为感应式，方可彻底解决交叉感染问题。

8. 地漏也是传染病的一个传染来源。香港陶大花园因塑料地漏弯管引发大面积疫情的教训告诉我们，预防非典等传染病不能忽视地漏。地漏连接着公厕地面和下水道，有时厕所清扫的干干净净，却还是臭气熏天，原因就是肮脏污浊的化粪池臭气，通过下水道和失灵的地漏水封散发出来。地漏防水处理不好会导致渗漏也可能造成病菌传播。根据世界卫生组织的报告，“非典”病毒在塑料表面存活时间可以达到 24 小时之久。现在市场上的地漏的水封多半很浅，水碗存不了多少水，如不注意每天往地漏里加水，地漏的水碗便会经常处于无水状态，使地漏成了传染疾病的通道。解决的办法是加大水封存水深度，定期往水封里加水，保持水封经常处于有水状态，或是采用带 U 形聚水器的地漏。保持 U 形聚水器蓄水的水封隔臭和防病毒传播的效果。国外的许多酒店和住宅中就有意不设地漏，从预防 SARS 等传染病的角度看，干脆取消地漏也是可以考虑的。

9. 厕所小间使用抗菌把手。小厕间怎样实现零接触是个难题，采用抗菌制品是一个可行的方法。抗菌制品，即采用添加了抗菌材料的制成品，具有持久的抗菌效力。据悉日本日常预防疾病方面，普及推广抗菌材料近 20 年来，已收到良好的效果，并且没有出现安全性等问题。用抗菌制品制成的小厕门的把手和门栓，作为一种功能抗菌材料，可以在相当程度上解决进小厕间的接触传染问题。

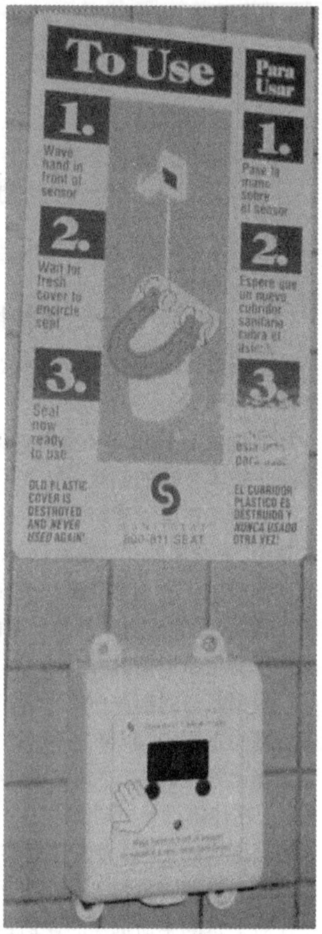

10. 加强自然通风。自然通风不好将为疫病传染提供条件。公厕的通风换气是有效的空气净化方法。据称，开窗通风可以减少 95%以上的细菌。公厕最好有自然通风，利用加高的顶部自然排风口和下部的进风口形成自然通风，是一种经济的通风方法，配之以机械排风，使空气总是处于流动状态，让病菌没有停留之地。

对于不靠外墙的公厕，应设置单独的强力排风系统，并应设新风系统，以改善公厕内的空气质量。

11. 公厕的层高不应太低。由于污染空气是随着热空气上升的，被细菌污染的空气一般停滞在大约三分之二层高的上部空间。从防疫角度考虑，单建的公厕室内高度应不小于 4m，这样可使人活动的高度范围基本上没有或很少有细菌存在。

12. 红外感应或声控照明开关。公厕的照明灯具应采用红外感应或声控开关，避免用手指去按照明开关。这也是避免接触感染的方法之一。

结语

应当说，实现公厕的“零”接触，虽然还只是个设想，但是并不是办不到的。只要全社会共同努力，特别是那些与此有关的卫生管理部门、设计部门、新型环保与无污染洁具的科研、生产制造部门的共同努力，让公厕实现“零”接触，让这些往日最容易发生传染病交叉感染的地方，成为安全、舒适、可靠，人们必须去、又乐意去的场所，也是不难做到的。

[编者按] 有思考、有深度、有创新。

走向生态设计

——呼伦贝尔大学音乐厅生态建筑及室内设计

中国建筑装饰协会五届理事会理事　呼伦贝尔纵横安全技术装饰工程有限公司董事长　刘历程

一、可持续发展

生态设计应当表现可持续发展，它是遵循着可持续发展的原则。所谓的生态建筑就是要有效地把节能设计和在生产使用及处置过程中对环境影响最小的材料结合在一起并保持了生态多样性的建筑。

目前，在国际建筑领域中有人曾提出“生命周期评估”之理论。生命周期评估是测量产品或者材料“从摇篮到坟墓”全部影响的一种有效方式。它的优点在于呈现了建筑图景的整体性，还有它以概括和平衡的风格显示各种因素影响产品或材料生命周期的方式。

根据生命周期评估的原则，它要求在建筑及室内设计中应遵循生态原则，以减少不利影响，增加回收。设计材料时，要选择地方性的、有生命要素的、可再生的、可循环利用的材料。在建筑设计中要最大程度地保护地方生态环境，减少对资源造成的影响，使资源能够循环不断，并根据最小化的生态破坏来选购材料。

对建筑的生命周期的评估，为设计师预计影响并调整相应的设计策略提供了一个有利的工具，它也将改变着我们的设计方法。对材料生命周期内的相对环境影响的评估是我们在进行建筑设计时用来评判是否具有可持续性的一种尺度，是使人类活动符合自然的一个工具。

呼伦贝尔大学音乐厅，是我最近完成的一个以生态设计为主题的演艺建筑的设计方案。尤其是对装饰材料的设计，就是要遵循着“生命周期评估”的法则，要用地方性的、可循环利用的材料，其设计就是要走生态设计的道路。

二、生态与理性

所谓的生态设计就是在建筑及室内设计上要遵循“以环境为中心”的可持续发展的原则。一是以传统的低技术的方式建造，就地取材，更多关注的是文化的生态内涵，即指传统的本质内容如何地道地传承下去；二是建筑形态的生成要顾及到环境的、功能的、精神的各方面；三是建筑所生成的美和力量应是从它所处的环境中生长出来的，同时又完完全全地融合在它所处的环境中，有着强烈的场所感。

呼伦贝尔大学音乐厅主要是用做音乐演奏、表演及会议使用的演艺建筑场所。其设计力求以抽象性的手法，通过空间比例、空间构成、几何形式、材料塑造空间的表现力以及空间中光的数量和方向性等这些人们在无意识中感受到的东西来表达一些具象的元素——传统、地方性和历史的融合，来创造一座现代音乐厅。在设计中依据两个最基本出发点，即“生态与理性”。

我们用一“帐篷”式的反射吊顶作为象征性的建筑符号，这一抽象的象征符号使人产生对神秘的蒙古等游牧民族那古老起源的联想。帐篷式的反射吊顶伸展着它那壮观的扇形的顶蓬看上去是模糊的，舞台口、墙和棚的界面是模糊的，色彩也是模糊的。混沌的空间所表现的是一种模糊的美，看上去没有多少细节，但其整体空间系统是精确的。使空间给人以视觉上的冲击力、感染力以及给人以空灵的感觉。这样一种极至的空灵反而产生出强大的张力，让人产生深刻的情感共鸣。我们的目的就是要用抽象性来获得表达具象意义上的自由，从而去探索建筑的本质。建筑的本质是空间的构建及场所的确立，而并不是简单的形式陈述。人类在其全部发展历史中运用几何性满足了这一要求，它是与自然相对的理性象征，即几何学是表现建筑和人的意志的印记，而不是自然的产物。所以建筑的目的就是创造一种能让建筑之力和自然之力在矛盾之中共生的环境。

三、草原几何学

对该音乐厅的设计过程也是我对自己几年来建筑及室内设计实践的理论总结。趋于对在空间和场所中文化对我们行为的限制作用的了解在迅速增长着。“正如人类学家教给我们的，人类、人工制品和文化的关系是非常复杂的。理性理解这些关系的困难，主要是因为决定性的交互作用发生在无意识的生命文化学层面上。”所以我们在建筑学的研究上要借用科学通用的语言——数学的思维方式。因此，我提出了“草原几何学”这一概念。

“草原几何学”的理论基础应来源于数学大陆中的“拓扑几何学”这一理论，主要是研究形状及空间的性质，体现的是“模糊”的概念及其物质哲理和空间哲理。

在自然界中，宇宙时空的秩序是物质运动的哲理。建筑领域也是如此，建筑艺术是自然物质与人类精神相结合的结晶。建筑的哲理就是在遵循自然物质哲理的基础上表现人类的精神世界。建筑的目的永远是创造一种能让建筑之力和自然之力在矛盾中共生的环境。我们对该音乐厅建筑的设计倾向于在“草原几何学”的基础上以拓扑的方式组织空间。研究和探讨了建筑空间的“模糊性”并引入了几何学。几何学是对秩序的隐喻和建筑的永恒意念。它具有自主性和既成的和谐，它超越自然，是人类理性的象征。

其实，大量的模糊概念是由科学本身的特点决定的。建筑学的模糊性特点也说明：“当系统的复杂性日益增长时，我们做出系统性的精确然而有意义的描述能力降低，”这意味着复杂程度越高，有意义的精确化能力便降低。这正说明精确的相对性，过分的精确反到模糊，适当的模糊反而精确。

在音乐厅建筑及室内设计的实践中，我们要用历史和地方传统的图式，并与现代语言相结合，而且能够形成理念。要用人们过去的理论和经验，并以内在化的空间体验，在大量已被抽象化的元素之间建立一种关系，作为创作的辅助。这些抽象元素包括场所以及场所中长时间积累的历史和文化精神，最后还要将这种关系简单化并转化成设计方案。

因此，对该音乐厅的设计，我们摒弃了传统观念中对场所的定义，而是强调形式与精神功能的完美结合。通过材质、几何性与自然这三种元素的表现形式以及我们的美学意识，感性的把握着逻辑与物质、建筑形式与材料之间的距离，并将建筑关系中的微妙处理与功能相结合，体现材料和形式的统一性。

随着几何原则的引入，它为建筑带来了人与自然互动的生气，使建筑获得了自制和沉静。在设计上，我们的目标是最大限度地约减材料，纯化表现，去除一切非本质的因素，同时在此过程中能让观众与建筑中的空间交织在一起。尽量忽视表面材料，要将整体的意象渗透进每一种材料中，然后在来选择细部。通过形式的简化，最大程度地创造着平衡。在自然的变化中，通过单纯的形式，将多层次的复杂的景象展现出来。利用模糊化的几何构图（圆、抛物线、曲线、变形、马鞍状曲面）在三维空间任意伸展、变化、塑造，用这些富有动感的几何图形表现出我们的创造力。我们从这种几何形式中能够获得的意味不是外延表达的条理分明的、直线的思维过程，而是内涵表达的例证式的、潜在的思维过程。

四、饰材的运用

对于装饰材料的运用，只有切实感受到某种物质的内在本质，才能去塑造和提炼这一物质的形式。例如，在设计木质构架时，木材并不是设计的主题，而是木质所刻划的空间以及木材具有的美学特征。设计上我们不能忽视材料的质感和色彩，因此，对该音乐厅材料的设计，我们十分强调是用特殊的方法使用普通的材料。用特殊的方法和使用普通的材料主要是体现“生态”理念，发掘“生态”潜力，强调材料“天然雕饰”美的本色以及材料生命周期对环境的影响。

蒙古族生命轮回的思想则被我们引伸到材料的选用上来，材料的选择是遵循着“生命周期评估”的原则，在选材上选用木、芦苇、铝板等这些可循环使用的材料做音乐厅的主要材料。木质材料、芦苇是循环生物，是有生命价值的东西。芦苇是多年生的水生植物，可以循环利用。

芦苇和木质材料本身有阻尼性特征，非常适合音乐厅内声波反射的需要。将木质材料经过特殊处理后取其筋骨，自有其独特的风格。木本身很温和又很朴素，木和芦苇的柔性又可任意变幻造型，经过特殊方法处理后的木料有显材料的美感，在用油丝绳做索把木拉在一起，意味着古老与现代的传承。索和木质材料结合起来既透气又透风。音乐厅的侧后墙利用穿孔铝板做材料，铝板是可再生性材料。

为了解决建筑能耗大的问题，音乐厅设计为利用地能技术作为能源；通风采用自然循环通风的方式。帐篷吊顶这种塔式结构、蒙古包式木质柳编式结构有利于通风。

五、色彩设计

在该音乐厅色彩的设计上，我们以黑、白相间中突出木质固有色为主色调，游牧民族建设的帐篷则是灵感之源。色彩具有着很强的象征意义，白色是明快的象征，黑色代表着沉静，黑色又是学子的永恒色。而不上漆的木质材料，等到经过时间的磨蚀，激起人们心灵感应的那种深沉的韵味才会渐次出现，它体现了生命的过程。这是一种模糊的、象征的美。

在建筑及装饰艺术中，建筑群体的组合使它具有远远超过其他造型艺术的一种结构的复杂性，这本身在艺术上就很有意义。因此，在该音乐厅的群体组合设计上，我们的构想就是将“音乐厅”、“游牧民族博物馆”、“生态广场”设计成一个有机组合的群体。博物馆的结构设计是模拟游牧民族古老的建筑形态，具有顺应草原风光的自然美。这种建筑及室内与景观的组群，表现了人与自然的共生。

GSCS 酒店客房数字化智能管理系统室内设计

北京中远广田装饰工程有限公司设计部经理　耿金光

【摘　要】本文在介绍 GSCS(Gustroom Service Cumputer System)的构成、系统功能、客房控制器、客服管理系统等的基础上，给出酒店客房数字智能管理的新型系统方案。

【关键词】智能控制节能模块

21 世纪随着数字、智能化的发展和向建筑业的渗透，现在社会的成员以把商务智能化带来的信息、舒适、安全的环境作为理想的目标。作为装饰行业的一员，我们深刻感觉到数字信息的发展带给我们的巨大发展机遇。目前，我国酒店客房管理系统逐渐走出过去单一强电控制模式，逐步走向以弱控强的数字智能控制，为酒店管理提供人性化、个性化以及主动的管家式服务，解决客户时时需要。

本文将在介绍基于 GSCS（Gustroom Service Cumputer System）系统基础上给出一个新型酒店客房数字智能管理系统方案。

一、数字智能管理系统的构成

1. 系统构成

本系统由三部分架构而成，具体构成如下图所示：

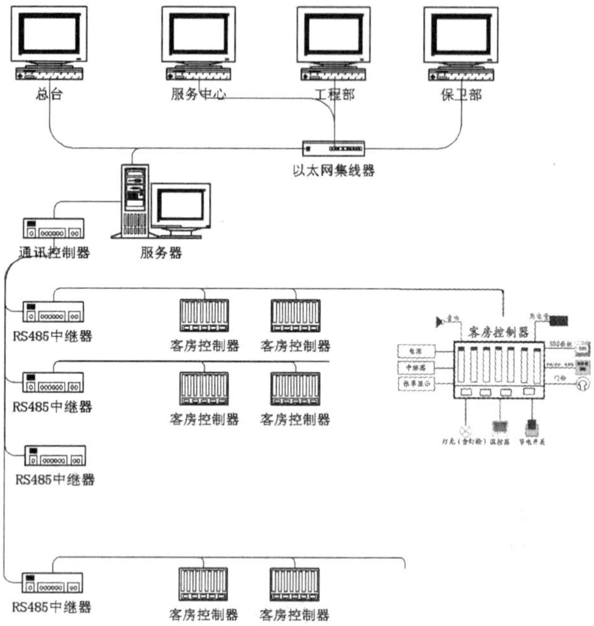

（1）客房服务计算机管理系统：PC 服务器、各部门工作站经以太网互连。

（2）客房服务现场通讯系统：中继器（RS232 标准口）、通讯控制器（RS232 标准口）、RS485 现场总线。

（3）客房设备控制系统：控制器主机、12VIC 卡节电开关、液晶温控面板、勿扰面板、墙上就近开关面板等。

该系统采用分散式客房控制器，不设床头集中控制面板，灯光通过墙上就近开关面板控制。墙上开关采用弱电直流 12V 信号，使用时安全方便。

2. 各硬件设备的分布

（1）各工作站分布在相应管理部门（一般有客房服务中心、工程部、前台、保安部等），中继器分布在各楼层弱电设备间，通讯控制器和服务器一般在弱电机房，通讯控制器设置在服务器附近，和服务器的距离尽可能短。

（2）控制器（分为配电控制一体箱和分体箱两种结构，通常安装在走廊处吊顶内或暗埋在衣柜内）、节电开关、液晶温控面板、勿扰面板分布在各个客房。

二、数字智能管理系统功能概述

（1）节电控制及身份识别功能

插专用 IC 卡取电，自动点亮所需灯光，拔卡延时断电。节电开关采用 IC 识别卡开关，可识别客房内客人/服务员的身份，且能上传人员身份及有/无人状态，从而影响控制器主机的工作响应及温控的运行方式。

（2）红外探测及非法闯入报警功能

客房卧室内安装 360 度吸顶式红外探测器，实时监测房间内有无非法闯入且上传相应数据生成报警信号；客房卫生间内安装 360 度吸顶式红外探测器，实时感应卫生间内的有无人情况且响应开关卫生间用电设备。

（3）客房管理智能网络化服务功能

房间内控制图如下图所示：

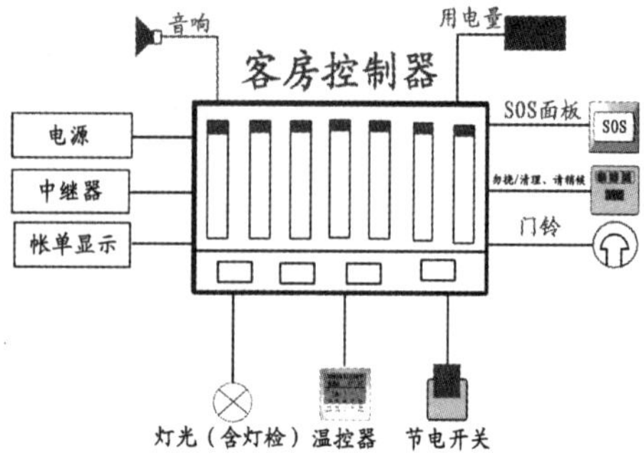

客房控制器实时上传客房有/无人、勿扰状态、SOS 求救、空调状态、房间当前温度等信息至 PC 服务器；工作站 PC 机下传房态变化、值班温度、冬夏季转换等命令经客房控制器至温控面板。

（4）温控面板智能控制功能

温控面板是一块超大液晶面板，与控制器采用 RS485 方式通讯，可显示当前年月日时间、温度、风机与电磁阀状态，并通过控制器实现空调数据的上传及接收。

（5）空调远程智能控制功能

插卡后根据温控面板指令控制风机三速，电磁阀开关，拔卡后根据房态（出租、待租）和季节（冬/夏）自动控制风机及电磁阀运行，使房间温度保持恒定，也可通过远程根据房态的改变控制空调的运行。

（6）灯检

由工程部 PC 机下传命令可检测指定房间的灯具（无客人时、不带变压器的白炽灯具），并将故障灯具上传至 PC 机。

（7）门磁

客人卡时，当房间门超时未关闭，系统会自动发出信息，提示服务员；

服务员入卡，不论白天黑夜只记录不报警；

门磁开，长时间不插卡报警，但廊灯自动点亮。

（8）用电量监测功能

客房的用电量可实时上传工程部 PC 机，方便工程部节能管理，减少不安全因素。

（9）酒水输入器

可将客人的酒水消费直接输送前台。

三、客房控制器及温控功能介绍

1. 客房灯光基本控制功能

（1）客人进房间后插取电卡（除有效开门卡外的所有卡均无效，不能取电）。房内廊灯自动点亮，床头壁灯由灭逐渐变亮到 30%亮度，衣柜灯、卫生间排风扇、卫生间镜灯、壁灯、吊灯、吸顶灯等通电，此后客房内灯光及音响才可以通过相应开关进行操作；同时上传人员身份及房态变化信息。

（2）客人拔卡离开房间后，延时 10s，系统自动关闭所有受控设备（即床头控制面板上全部受控照明、音响及衣柜灯、卫生间镜灯、排风扇、壁灯、吊灯、吸顶灯等），但不影响计算机插座、清扫插座、热水器插座、冰箱插座、风机盘管外的设备电源，另外门外“服务”指示的状态保留不变；拔卡后，墙壁开关除“服务或勿扰”开关可操作并有对应的指示外，其他开关的操作无效；同时上传人员身份及房态变化信息。

（3）插卡状态下，按动“床头左壁灯”开关，可以开关左壁灯，也可以调整其亮度，“床头右壁灯”的控制方法与“左壁灯”相同，注意床头壁灯选用功率不超过 60W 的白炽灯泡或石英灯，不能自带调光器或镇流器。

（4）电视的开关通过遥控器控制，控制面板电视开关只控制电视座电源的通断，但受节电开关控制，即拔卡后自动断电；

（5）走廊处廊灯开关和床头处总制开关可以实现对廊灯灯光的两地双控；

（6）落地灯、镜前灯、筒灯、台灯、酒柜灯在按下相应开关面板后实现灯光开关控制；

（7）勿扰显示与清理显示、门铃按钮互锁控制：即勿扰显示点亮时清理显示和门铃按钮无效，清理显示点亮后，门铃有效，勿扰显示自动关闭；

（8）请稍候功能：当客人在卫生间时，门外勿扰指示面板上的请稍候态可由卫生间墙壁开关或卫生间红外感应自动点亮。

（9）房间内“有人/无人”、是“客人/服务员”，可在插/拔卡后实时地反映在服务中心及其他计算机上，并有音乐提示变化；

（10）客人“勿扰”及“服务”的要求也可实时地反映在服务中心计算机上，并有音乐提示变化；

2．智能温控功能

（1）插卡后，空调器由温控面板指令控制，运行于有人状态（系统不分出租/待租态），初始默认设定温度为 22°，同时可以手动修改温控器的设定温度及风机三速。

（2）插卡后，客房控制器如果接受到温控面板指令，则按指令控制风机、电磁阀运行，若未接温控面板或无法连接，则按故障态运行（电磁阀开，风机低速）；

（3）拔卡后，空调控制进入无人状态，改为根据房态和季节自动运行(待租态时冬季不低于 8 度，夏季不高于 28℃运行；出租态时按冬季不低于 18℃，夏季不高于 28℃运行）；同时拔卡后依然根据温控面板发来的当前温度值来运行，若未接温控面板或无法连接，则按故障态运行（电磁阀开，风机低速）。

四、客房服务管理功能

1．总台计算机

总台计算机上的入住、退房、检查、清理、待租，是与服务中心、工程部及房间状态息息相关的。客人退房时通过服务中心服务员查房的情况进入下一个清扫程序，当服务员清扫完毕，确认房内无故障后，通过计算机键盘输入确定为待租状态。

2．服务中心计算机

（1）响应房间传来的各种信息：服务请求、房间有人/无人、客人/服务员；

（2）服务中心设置房间故障内容，并有报修人的姓名、时间、维修单序列号等；

（3）PC 机显示的信息保留最后一个楼层，最后一个房间的房态变化。

3．工程部计算机

（1）显示各楼层房间状态，如：有人/无人、故障、“服务”、“勿扰”等；

（2）响应由服务中心传来的维修要求，通过观察房内状态提供维修服务；

（3）当服务中心设置好房内故障时，打印机自动打出派工单，有报修人姓名、时间、内容等；

（4）掌握大楼所有客房房态，维修，及其他数据库。

（5）空调开启、关闭的时间和其累计运行时间。

4．上述 PC 计算机具有以下功能

（1）循环显示各楼层的客房状态及客人服务请求信息；

（2）显示指定楼层的客房状态及客人服务请求信息；

（3）客房状态发生变化时，出现窗口提示及音乐提示；

（4）服务人员的服务响应；

（5）服务人员服务到位信息的自动记录；

（6）客房状态及变化时间、客人服务请求及服务员的服务响应时间的自动实时记录；

（7）客房服务统计、分析；

（8）数据库的自动更新和维护；

（9）为酒店计算机管理网络提供规定格式的房间状态数据及通讯接口。

上述 PC 计算机采用中文视窗操作系统，客房服务软件采用中文提示、图形界面，鼠标操作。易学习、易掌握。应用软件的设计具有高容错能力，可以避免因误操作引起的软件故障。

五、系统设备技术参数及注意事项

（1）客房控制器、中继器、通讯控制器均为 220V/50HZ 交流供电，24h 不间断电源。适用电压范围应保证在 205～240V 之间。

（2）液晶温控面板为直流 7.5～12V 工作电压。

（3）客房控制器输入总功率最大不超过 1000W(5A)，单路输出功率最大不超过 600W（3A）。

（4）各设备在操作使用过程中，应小心轻放，防止跌落、碰撞，严禁接近腐蚀性物品。

（5）各设备工作环境温度应保证在-5～40℃之间。

参考文献

1. 刘国林. 综合布线[M]. 上海：同济大学出版社。

2. 陈一才. 智能建筑电气设计手册[M]. 北京：中国建材工业出版社

建筑装饰行业科技进步——智能楼宇管理系统的应用

汕头经济特区雅达环境艺术设计事务所　陈伟滔

一、概　述

随着计算机技术、信息技术和控制技术的高速发展和广泛应用，智能控制技术取得了巨大的进展，智能楼宇综合管理系统逐渐成为智能大厦的技术核心。它将建筑物内各弱电子系统集成在一个计算机网络平台上，从而实现子系统间信息、资源和任务共享。它将为业主提供一个高效、便利、可靠的管理手段，给使用者提供全面、高质、安全、舒适的综合服务。这也是建筑装饰行业科技的进步。

智能楼宇综合管理系统是以实现各专业子系统之间的信息资源的共享与管理、各子系统的互操作和快速响应与联动控制，以达到自动化监视与控制的目的。它追求的目标是：信息资源的共享与管理、提高工作效率和提供舒适的工作环境、采用“分散控制、集中管理”的模式，尽可能地减少管理人员和节约能源、能适应环境的变化和工作性质的多样化及复杂性和应付突发事件的发生。

根据智能建筑的特点和业主对大楼智能化系统工程的实际功能需求，我们提出一套“SmartBuilding 智能楼宇综合管理系统开发方案”，以满足在智能建筑硬件设备的基础上建立一个具有高度开放性、兼容性、便利性于一体的楼宇综合管理系统，以提高系统管理和维护的自动化水平和协调运行能力，真正实现了功能集成、网络集成和软件界面集成的设计目标，为智能建筑提供了高效、快捷的超值服务和管理。

本系统是以目前国际上先进的分布式信息与控制理论为基础而设计的计算机分布式系统。它综合采用了目前国际上最先进的 4C 技术，即现代计算机技术、现代控制技术、现代通信技术和现代图形显示技术，通过一个由计算机管理的一体化系统集成模式，对大楼内的楼宇设备自控系统、综合保安管理系统、消防报警系统、停车场管理系统、智能卡一卡通系统等实行集中监控和综合管理。

系统将为用户提供一个高效、便利、可靠的管理手段，给使用者提供全面、高质、安全、舒适的综合服务，使建筑成为一座现代化的高水平、高增值、高利润的智能化大厦。

二、SmartBuilding 开发目标

根据汕头市粤东信息大厦业主开发任务书的要求，最终将实现大厦各子系统集成在一个计算机平台上，实现集中监控与综合管理的功能。

2.1 智能楼宇综合管理系统（SmartBuilding）总体性能要求

1. 开放性

SmartBuilding 集成系统将是一个完全开放性的系统，通过编制子系统的接口软件将解决不同系统和产品间接口协议的“标准化”，以使它们之间具备“互操作性”。所有接口均基于标准的 TCP/IP 数据接口协议和内容,而接口软件采用现今国际流行的标准接口技术—OPC 技术。SmartBuilding 集成系统可以通过 Intranet 和 Internet 以浏览器方式实现监控和管理操作。系统的开放性设计完全遵循国际主流标准以及相关工业标准。

2. 可扩展性

SmartBuilding 的应用软件严格遵循了模块化的结构方式进行开发，系统软件功能模块完全根据用户的实际需要和控制逻辑来编制。该系统的网络结构是分布式的结构模式，可为留出接口，从而满足系统的可扩展性。

3. 互连接性

SmartBuilding 完全运行于局域网（Intranet），采用 TCP/IP 协议，可以实现各子系统相互之间的互连。

4. 安全性

网络系统是智能大厦信息集成系统的基础，必须在完善的网络管理和信息安全管理体系下，制定切实可行的管理措施，保证信息集成系统高效、可靠、安全运行。

5. 先进性

完全采用目前国际上的主流技术和系统产品，保证前期所选型的系统与今后系统性能提升在技术先进性方面的可延续性。

6. 经济性

经济成本是系统集成的重要因素之一，本项目系统研发者从系统目标和业主实际需求出发，选择具有先进性、成熟的、最经济的优质产品；并在系统合理配置和兼容性方面进行充分论证，删除不必要的设备冗余，以节省投资费用。

7. 可靠性

SmartBuilding 是一个可靠性和容错性极高的系统，使系统能不间断正常运行和有足够的延时来处理系统的故障，以确保在发生意外故障和突发事件时，系统都应该保持正常运行。

8. 人机界面的友好性

SmartBuilding 是中文界面，同时采用图形方式来显示信息点的状态

2.2 智能楼宇综合管理系统的基本研发目标说明

1. 综合化的智能大楼服务和管理

通过采用同一个操作系统的计算机平台和统一的监控管理界面，对大楼内的保安（门禁、防盗报警、闭路电视）、一卡通系统、楼控系统等进行监视与控制，实现大楼内各实时子系统的高度集成。同时系统将收集到的大楼内相关资料分析整理成具有高附加值的信息，使大楼的管理作业更趋科学化、智能化、自动化。

2. 全局化的事件管理

通过对大楼内各子系统的一体化集成，可以更有效地对各类事件进行全局管理，这样既节省了人力，也提高了大楼对突发事件的响应能力，使主管人员迅速作出决策，以减少某些事故带来的危害和损失。

3. 可靠的系统结构

系统采用统一的平台，在硬件和系统软件上可以实现双机（或多机）并行运行，具有容错和互为热备份的能力（需要额外的软硬件设备）；采用统一的网络接口协议和模块化的硬件。

4. 友好、易用、统一的人-机界面

系统提供使用中文菜单、静态图形和动态图型符号相结合的监控界面，即在静态的建筑平面图上放置随信息点状态改变的动态图型符号，来实现对信息点的监控。这些界面在风格和使用上具有一致性，操作和管理人员只需要熟悉和掌握其中一种应用界面的使用，便可全面掌握整个系统的操作和功能运用，从而降低系统建设、技术培训及维修的投资和提高系统的运行使用效率。

5. 智能化的分析和决策

可以通过编制时间响应程序和事件响应程序的方式，来实现大楼内设备的自动控制。例如空调设备的最佳启停和节能运行；照明回路和广播的时间控制；生活水箱的自动给水等，这些自动化控制与管理，省去了繁重的手动操作，同时降低了能耗，并始终大楼设备运行于最佳状态。

系统可以对楼宇中的全局性事件进行基于优先级的调度和分析处理，以及冲突预报等辅助决策。如：火灾报警的响应级别高于防盗报警；而防盗报警又高于管制门的异常报警等。

6. 兼容性和跨平台性

系统的跨平台性是指当系统的运行负荷变大性能降低时，通过换用性能更高的计算机软硬件平台，系统能够照常运行，而同时性能得到提高。SmartBuilding 系统的兼容性是系统能够实现设备的无关性，即能够连接所有支持软件连接的设备。

总之，我们的指导思想和目标原则是以系统一体化、功能一体化、网络一体化和软件界面一体化等多种集成技术为基础，运用标准化、模块化以及系列化的开放性设计，在中央监控管理级、区域监控（分层）管理级和现场信息采集与控制级的三层组成结构中，通过系统一体化的公共高速通讯网络，在整个大楼内采用统一的计算机操作系统平台，运行和操作在统一的界面环境下，以实现集中监视、控制和管理的功能。系统形成了信息和任务共享，控制相对分散独立，硬件配置灵活，软件扩充方便的并行处理分布式计算机系统的结构模式。

三、智能楼宇管理系统的组成结构

智能楼宇综合管理系统（SmartBuilding,简称 SB）基本网络结构如图 1 所示：

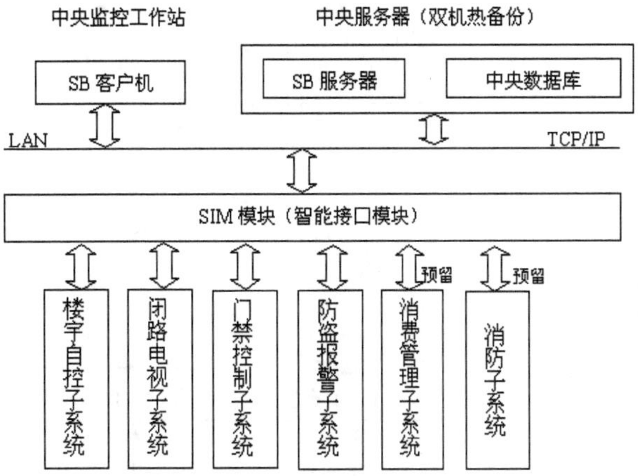

图 1　SmartBuilding 网络结构图

SmartBuilding 智能楼宇综合管理系统软件架构分两部分描述：

1. 软件总体功能结构

软件总体功能结构如图 2 所示。

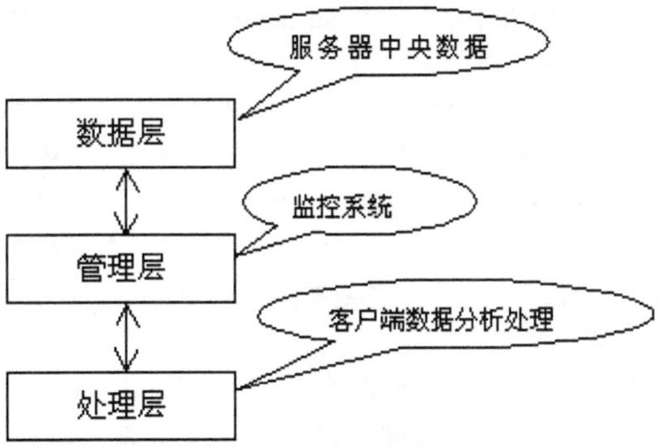

图 2　软件结构图

说明：

中央数据库：存储各个子系统的历史和实时数据，用于后台分析、管理。

监控系统：对各个子系统实时的数据和状态进行监控，并对各系统的设备以图形化标识。

处理层：对各个子系统的实时和历史数据及状态进行分析处理、转化等。

2. 软件界面流程图

软件界面流程用图 3 描述。

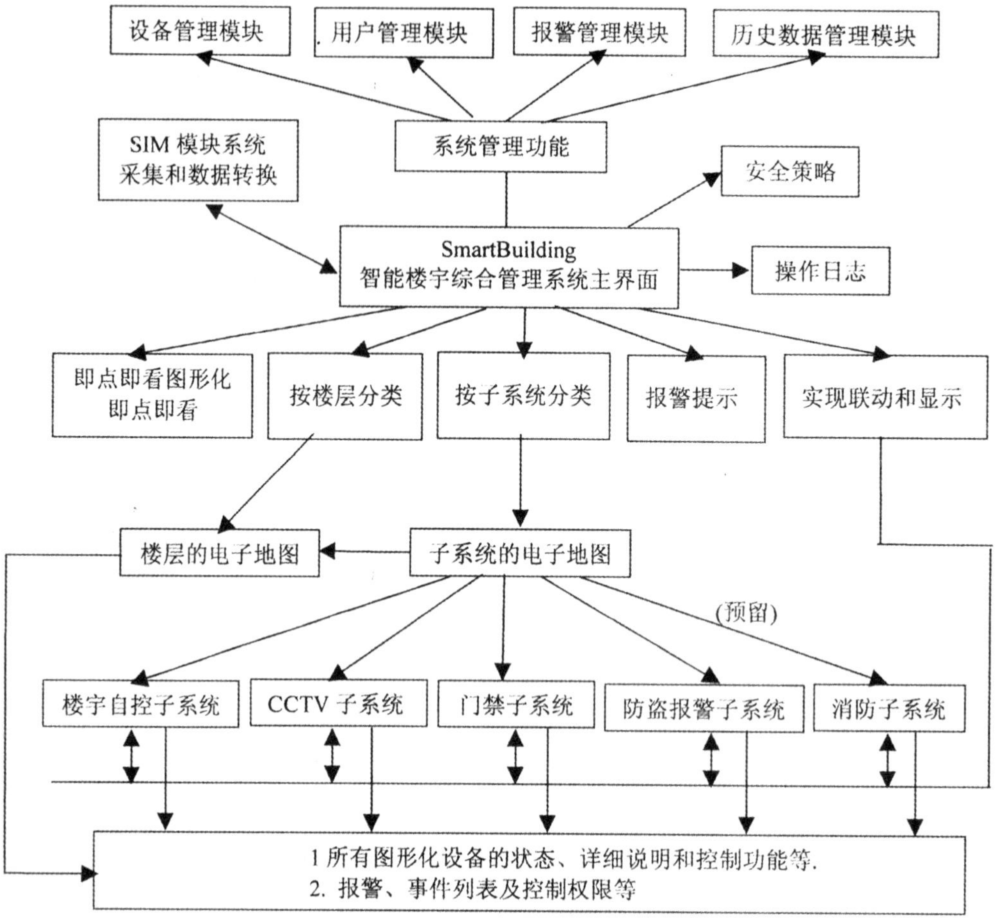

图 3　软件流程示意图

3.1 中央监控工作站

中央监控工作站是整个 SmartBuilding 系统的监视控制及操作管理中心，其功能主要包括：运行支撑软件和 SmartBuilding 监控软件；显示大楼建筑结构楼层平面图；实时、动态地显示各子系统的设备运行状态图；监视各子系统的设备状态、故障和报警，修改运行参数，同时对相应的可控设备进行控制；对各类设备故障和异常状态进行警示和处理，完成由时间程序或者是事件触发的跨子系统之间的联动功能等等。

中央监控工作站的配置如下：具有奔腾 II400MHzCPU 以上、128M 内存、4.3G 硬盘、21 寸彩色显示器(可选)、100M 以太网卡、视频捕获卡(可选)、高档声霸卡（用于提供辅助音源）(可选)、中文版 WindowsNT4.0 工作站操作系统；支撑软件：SmartBuilding 系统软件。

3.2 中央服务器

中央服务器用来运行 SmartBuilding 中央控制平台软件及存储 SmartBuilding 系统运行中产生的各种信息，如运行状态、故障报警、参数变化、联动程序执行响应等实时性数据和历史性数据，以支持中央控制平台的运行。中央服务器采用双机热备份,保证系统可靠的运行。

中央服务器包括如下设备：具有奔腾 II450MHzCPU 以上、256M 内存、9.1G 硬盘(热插拔)、4 毫米磁带机（大容量数据备份设备）(可选)、15 寸彩色显示器(可选)、100M 以太网卡、彩色喷墨打印机(可选)、中文版 WindowsNT4.0 服务器操作系统。

3.3 SIM 模块（智能接口模块）

SIM 模块用于连接各子系统与 SmartBuilding 系统，提供双方间协议格式的翻译和转换，起到一个网关的作用，也是各子系统监视和控制信息的汇集处，其配置如下：具有奔腾 II400MHzCPU 以上、128M 内存、4.3G 硬盘、15 寸彩色显示器(可选)、100M 以太网卡、中文版 WindowsNT4.0 工作站操作系统。

3.4 网络

100M 以太网交换机、TCP/IP 网络协议。

四、系统组网方式

智能建筑中所集成的系统是通过计算机网络所连接的各类设备的子网。这些设备大致分为：机电设备、通信设备、计算机及其外围设备和各类传感器、控制器这四类。它们对通信的要求，如带宽、实时性、可靠性等都是不同的，相应硬件接口、通信协议、拓扑结构、局域网存取控制方法和传输媒体等往往也都各异。例如：OA 的 LAN 和 BA 的 LAN 两者的集成不是建立在同一种类型和结构的 LAN 上，它必须同时能满足在建筑设备的自控和管理信息与 OA 的各类计算机设备和信息之间的互联通信的要求。

系统集成是一个在多层次的体系结构上所开展的工作，对设备接口、子网和通信技术的选择不仅要考虑具体的应用服务类型，还要考虑系统结构层次上更具体的要求。因为每一个层次上信息交换的类型和要求是各异的，因此，对应每个层次上的通信联网模式和技术的选用也是各不相同的。系统集成不但要着眼于横向的每一层，而且要考虑纵向的关系及它们之间的互联。

在整个智能楼宇管理系统中，从整体网络结构上看，可以分成四层，从机电设备→控制网络→信息网络→服务网络，每一层都有多种组网形式与数据传输协议，层与层之间有不同的接口方式和接口传输协议，其中有效地解决控制网络与信息网络之间的通信是智能楼宇管理系统的关键所在，基于智能大厦所要集成的各个子系统的初步情况，分别介绍如下：

1．闭路电视系统

由监控矩阵主机 RS-232 输入控制口与智能分站的 QA 控系统相连，通过智能分站输出控制视频图象的切换和接收闭路电视系统的工作状态信息，视频图象由监控矩阵主机视频输出口直接显示在 CCTV 系统的监视器上，智能分站通过以太网与中央监控站交换信息。

2．门禁系统

该系统的智能分站通过其网络控制器的 RS232 通讯口连接。智能分站通过以太网与中央监控站交换信息。

3．防盗报警系统

通过 RS232 与智能分站上的 QA 控系统相连，智能分站通过以太网与中央监控站交换信息。

4．消费系统（预留）

通过其系统的计算机与SmartBuilding智能分站直接通过快速以太网连接，智能分站通过以太网与中央监控站交换信息。

5．考勤系统

通过其系统的计算机与SmartBuilding智能分站直接通过快速以太网连接，智能分站通过以太网与中央监控站交换信息。

6．楼宇自控系统

其系统的计算机与 SmartBuilding 智能分站通过以太网连接，智能分站通过以太网与中央监控站交换信息。SmartBuilding 是通过以太网上楼宇自控系统计算机上 BA 监控软件的数据库来进行监控。

7．停车场管理系统

通过其系统的计算机与SmartBuilding智能分站直接通过快速以太网连接，智能分站通过以太网与中央监控站交换信息。

8．消防系统（预留）

采用系统主机的 RS-422 联接方式，通过智能分站的 RS-422 卡传递消防探测器报警和消防系统主机工作状态等信息，智能分站通过以太网与中央监控站交换信息。

五、系统核心功能

核心功能是指智能楼宇管理系统所必须实现的集成功能，主要包括如下几个部分：先进的集中监控管理功能、最佳的流程自动化管理功能、可靠的全局事件管理功能、高效的信息集成和综合处理功能、先进的集中监控管理功能等。

通过统一的图形化人-机界面，可以十分方便地地对各集成子系统进行集中监视、控制和管理，如：对可控设备，如：电控锁、摄像机等设备进行控制或调节；对所有信息点的状况进行监测（如：开/关状态、运行状态等），并定期刷新数据，随时显示在监视器上；随时监视系统各设备的运行状态，发生故障或是异常报警（如：火灾及安全报警等）时，自动执行警报发生信息显示和强制画面显示（依据级别设定），如弹出该报警点所在的建筑平面图；设定、修改并储存设备的运行参数，如：启停次数、运转时间、延时设置、禁停设置、方向设置等。

SmartBuilding 系统可以集成的子系统包括：楼宇自控系统、门禁控制系统、防盗报警、闭路电视系统 CCTV、一卡通系统（消费、考勤等）、停车场管理系统、电梯监视系统、消防系统。

闭路电视系统（CCTV）监控内容包括：视频矩阵主机的工作状态监视和故障报警；调用任意一台监视器和摄像机；自动切换和群组切换；控制电动云台的方位；控制电动透镜的变焦倍数、聚焦和光圈开度；视频丢失报警；视频移动报警等。

门禁控制系统监控内容包括：各通道管制门的开/关状态；通道管制门的开启；读卡机、电控锁故障报警；非法刷卡、非法闯入报警；读卡机敲击报警；长时间开关异常报警等。

防盗报警系统监控内容包括：记录所有用户和防区资料（如编号、名称、所处位置、类型等）；各种历史记录（如用户报警历史等）；设定所有用户和防区的状态；监视所有用户的当前状态（如禁用、布防、撤防、报警、未准备等）；监视所有防区的当前状态（如禁用、正常、旁路、报警、未准备、故障等）。

考勤系统监控内容包括：记录所有考勤记录；考勤机的运行情况、运行记录、故障报警；考勤情况的查询；

楼宇自控系统监控的设备包括：新风机、组合空调机、吊装空调机、盘管空调、冷冻机组、生活水系统、自动喷灌系统、泛光照明点、室外照明、地下室照明等。

电梯监视系统监视的状态为：电梯的运行状态，上下状态和楼层号。

1．最佳的流程自动化管理功能

通过编制时间响应程序和系统参数变化程序的方式，来实现大厦内机电设备的流程自动化控制，例如：能源供应设备的最佳启停和节能运行控制；电梯、公共照明的时间程序控制；发、变电设备的经济运行与监测管理等，以便使大厦内的机电设备始终处于高效节能的最佳工作状态。

2．可靠的全局事件管理功能

利用系统联动图动态地表示由楼宇事件触发的各子系统之间的综合处理，这样既节省了人力，也提高了楼宇对突发事件进行快速响应的能力。一方面系统根据事先的设定，自动联动响应程序；另一方面通过一体化的集成界面，可以更直观地全面掌握整个事件的发展情况，使楼宇管理人员迅速作出决策，以减少某些事故带来的危害和损失。

全局事件管理功能可以对各种报警和异常信号进行基于预设优先级的响应进行调度，如火灾报警响应级别高于盗窃报警，而盗窃报警又高于管制门的长时间开关异常报警。

全局事件的联动控制程序均通过事先的设定来完成，触发这些联动响应程序的事件不仅包括由火灾、安全等引发的突发事件，也包括由于设备故障或异常而引发的一般事件。在本方案中主要突发事件包括：防盗报警、门禁系统非法闯入报警、门禁系统非法刷卡报警、管制门长时间开异常报警、巡更时间/地点异常报警等；一般事件主要为设备故障报警等。

3．高效的信息集成和综合管理功能

通过集成各子系统，把各自孤立的信息（如运行状态、故障报警、参数变化、联动流程执行响应、系统配置和修改等）和共享资源管理软件互连，并完成数据的优化、汇总、储存和文件报表打印等工作，实现丰富的数据库资源，以供大楼管理者随时查询，作为大楼智能化管理的依据。

任意一个联网的用户，都可以启动该Web浏览器界面，进行数据查询、综合处理和任务管理。这些信息主要包括：楼宇设备查询（包括所有设备的编码、名称/类型以及设备所处位置）、设备故障、维修信息（包括各个子系统中所有被检测设备已发生故障和维修的信息，例如：设备名称/类型、设备位置、故障类型、故障发生时间、维修时间、维修人姓名、维修内容等）、设备的启/停信息（包括设备名称/类型、设备位置、启/停状态、启/停次数以及启/停的时间等）、设备的控制信息（包括设备名称/类型、设备位置、对设备的控制时间、控制内容、操作员姓名）、各类报警信息记录（包括报警设备名称、报警类别、报警时间、报警点位置、确认人姓名、确认时间等）、消费考勤信息、联动事件信息（包括联动触发源设备名称和位置、触发时间、确认人姓名、确认时间以及被联动设备动作结果）

六、效益分析

建筑智能化的目的是为大厦提供一个方便、舒适、高效和节能的工作环境，而节能是智能大厦的重要的目标之一。据统计，在发达国家中，建筑物的耗能占全国总耗能的30%～40%左右，而在建筑物的能耗中，通风设备，空调和照明等设备的能耗占65%左右，因此，对智能大厦的空调系统，通风设备和照明等设备进行智能控制，实际上就为正个大厦的运行和维护节省了大量的费用，并且由于该大厦的高度集成化和智能化，系统的操作和管理也相对集中，这样人员安排会更合理，也就降低了人工成本和操作、管理人员，从而也会带来经济效益。

汕头信息大厦的经济效益具体体现在以下几个方面：

提高了大厦内温度的控制精度，避免了夏季温度过冷与冬天室温过热的能源浪费。据统计，夏季设定温度下调1℃，将增加能耗9%，冬天设定温度上调1℃，将增加能耗12%；

控制大厦的新风量。新风量的大小主要保证大厦内CO_2浓度低于1000μL/L，并且，有回风的空调系统可将新风量减少到33%。

对空调、照明、电梯系统的工况进行监测，之后由BA系统自动调节大厦的设备，从而管理能源。

管理和经济效益。据统计，智能大厦中智能系统的投资回收期为3年左右，远远高于建筑的其他部分。智能大厦的运行费用和能耗比常规建筑低30～45%。

节省劳动力成本。建筑物采用智能功能后，据统计可节省劳动力成本的60%。

综上所述，智能大厦在一定的程度上是节省成本的策略性手段。SmartBuilding 智能楼宇综合管理系统为粤东信息大厦提供了一个高度智能化，高度网络化和高度集成化的实时监控和集中管理的平台，是先进的和科学的大厦管理机制，充分体现了采用先进的技术为业主带来了运行维护的节约和效益的提高（图4）。

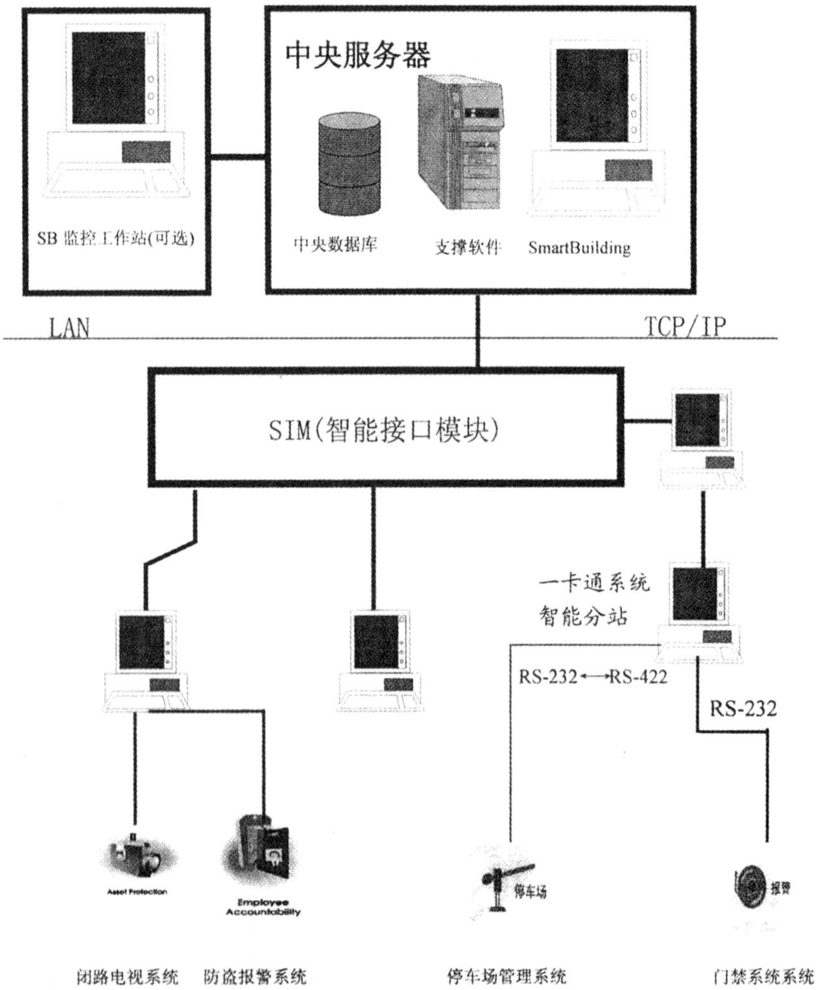

图4　SmartBuilding智能楼宇综合管理系统图

关于机场航站楼与医院室内设计及装修的认识

中国建筑装饰协会五届理事会理事　全国优秀建筑装饰协会工作者
中国建筑装饰协会信息部主任兼会刊《中国建筑装饰》主编　工会副主席　**黄　白**

一、关于机场航站楼室内设计与装修的一点认识

因工作的关系，我受中国建筑装饰协会的委托，应业主之邀，近年来有机会参加了 1.2 万㎡的浙江杭州萧山机场综合办公楼室内设计与装修施工方案（2000 年 4 月 18 日）、6 万㎡的重庆江北国际机场航站楼室内设计方案（2003 年 7 月 30 日）和设计深化及装修施工方案（2003 年 12 月 2 日）、4 万㎡的长春龙家堡机场航站楼室内设计方案（2004 年 1 月 9 日）三个机场装修装饰工程项目的室内设计与装修的评标工作，来自全国的近百家装饰企业、特别是在机场装修有业绩的装饰企业均参加了竞标。在与业主、评标委员会专家和投标单位的工作中，我学习到了很多的东西，受益匪浅。

机场航站楼的室内设计与装修，与大空间建筑的室内设计与装修有不少近似之处。故归纳了当时的一些笔记，总结了一些自认为是具有规律性的东西，兹提供出来，供业内同仁参考并共同探讨。

（一）思　路

1. 设计理念

机场航站楼，为交通建筑。应既要符合一般交通建筑的通性，又要符合机场航站楼交通建筑的特性。

室内设计理念：简洁、明快、现代。

一般要处理好四个关系的均衡（协调统一）：一是现代流行与优秀传统文化；二是超前与大众审美；三是艺术性与商业性；四是原建筑设计风格与地域个性文化。在此基础上进行创新。

2. 考虑重点

重点区域（中高档）：出港大厅、联廊、出港通道、安检区、候机厅、进港通道、行李提取厅、迎客厅、多功能厅、登机桥固定端、旅客活动场所（商场、卫生间、餐厅）。

“重中之重”是：出港大厅、安检区、候机厅、行李提取厅和迎客厅。

次重点区域（高档）：VIP、CIP。豪华、高档、舒适、安全、服务设施齐全。

3. 标段划分、装修档次和造价

杭州萧山、重庆江北、长春龙家堡三个机场与宁波、西安等机场一样，在中国都属于二类机场，装修档次为中高档。机场航站楼均分为三个标段：离（出）港厅和到（进）港厅、指廊、VIP 和 CIP 等，装修平均造价约 1200～1600 元/㎡，VIP 和 CIP 约 4000 元/㎡左右。

（二）地面、墙面、顶棚用材及其部位

1. 地面

花岗石地面：主楼旅客活动场所大空间地区——出港厅、行李提取厅、迎客厅，灰麻，

橡胶地面：指廊安检区、候机厅、联廊出港通道。

橡胶地面或花岗石地面：进港通道。

抛光砖地面：弱电机房、弱电设备间。

防火防滑橡胶地面：登机桥固定端。

2. 墙面

金属板、木纹石材或花岗石：旅客活动的大空间场所。

微晶石：旅客用卫生间。

乳胶漆：办公用房、业务用房、值班室、设备间、行李分拣厅、地下停车场。

3. 顶棚

高档金属吊顶：旅客活动场所空间，灰色。

中档金属吊顶、石膏板或矿棉板：办公用房、业务用房、值班室。

乳胶漆饰面或不吊顶：设备间、行李分拣厅。

不装饰或粗装修：地下停车场。

4. 模数

顶棚 3m　　　　灯带 3m

地面 900 mm×900 mm×30 mm、1000 mm×1000 mm ×30 mm、1200 mm×1200 mm×30 mm

石材 900 mm×900mm

墙面铝板 18000 mm×200mm

5. 常用装饰材料及部品

机场所用装饰材料并不复杂（详见表 1）。

就设备而言，主要为大便器（含配件、连体水箱）3000 元/套、小便器（含配件）1000 元/套、小便感应器（含配件）4000 元/套、面盆（含配件）600 元/套、感应龙头（含配件）4000 元/套、大空间照明灯具（含投射灯、泛光灯、悬挂灯、高显色性陶瓷金属卤化物灯）6000 元/套。

机场航站楼常用装饰材料　　表 1

材料分类	价 格	主要性能和技术指标
针孔蜂窝铝板	800 元/㎡	穿孔率 29.61%（声学要求高的墙面 17%～20%，后衬吸声玻璃丝棉），内贴进口吸声无纺布，应为聚酯烤漆，禁用后喷漆工艺
铝合金吊顶	180 元/㎡	含隔栅、配龙骨，误差＜2mm，四周水平线 100%，吊筋龙骨误差＜3cm，吊杆垂直度＜2cm
花岗石	500 元/㎡(国产) 3700 元/㎡(进口)	镜面板材光泽度≥90°，卫生间≥75°，能清晰反映出景物，符合 JC205-92 优等品标准。如山东白麻（莱州白 2 号），密度 2600kg/m^3，耐磨率 0.6g//m^3，光泽度≥95，平整度＜0.2mm，吸水率≤0.3%，长宽差＜-1.0mm，厚差＜±1.0mm。出自同一矿脉的同一坑口，而非矿山表层，按出材顺序编号。大理石 600 元/㎡
抛光地砖	180 元/㎡	800 mm×800mm
内墙铝板	460 元/㎡	800 mm×600mm　单层≥2.5mm　防火型复合铝板≥4mm
橡胶地板	500 元/㎡	含辅材，B_1 级，地基含水率＜3%，环氧底油处理，M20 的 1：2 水泥砂浆，厚度≮20mm，平整度 2m 靠尺 2mm 以内，拼接处空隙≮0.3mm，高差≮0.5mm

（三）提请注意的几个问题

1．照明

机场航站楼大空间以冷光照明为主。大空间桁架下弦高 20m 以上，如重庆的高 21m。机场照明是室内设计十分重要的环节，照度是必不可少的参数（详见表 2)。多用泛光，且注意 85°内的弦光。

机场航站楼平均照度（Lx）　　表 2

出发大厅	地面≥250　办票柜台等工作区域≥300
候机大厅	地面≥250　座位局部≥300
到达厅行李提取	≥250
通　道	≥150
办公室	≥150
设备机房	≥100
弱电机房	≥300

2．技术细节

□特殊设计：卫生间残障、绿色环保、母婴候机室。强化对弱势群体的人文关怀。

□共享大厅栏杆高 1.1m，扶手 1.2m。安检区验票玻璃档 1.2m。柱子、有的阳角墙体应有防撞栏。

□《建筑施工场界噪声限值》(GB12523-90)：白天（6：00～22：00）＜65dB　夜间（22：00～6：00）＜55 dB。

□花岗石开采后其内在应力半年后方能发散，故应提前半年以上开采。

□石材完工后地面反潮，原因为石材加工时对其做六面防水时过快，残留在石材内的水分无法排出，故应在加工时注意检测控制。

□橡胶地板裂缝修补：切割机沿缝中切出 1～15cm 深、1cm 宽槽口，再在裂缝垂直方向切同一深、宽、长 8cm 槽口，放入铁钉或钢条，位置在裂缝处平分，每条垂直槽口相距 15～20cm，空鼓必须敲破，表面附着物、油漆须用角磨机去除，刷界面处理剂。石英砂抛洒人员须穿钉鞋，干燥 12h，刀片深度应为二块地板厚再长 0.5mm，垫肢板 1m 长 45cm 宽 1.7cm 厚以上，48h 后湿洗、去蜡。

□穿线管，明敷应为薄壁钢管 KBG。

□灯具壳体及反射体，应为优质钢板或铝板冲压成型，防腐性能高，灯圈铝板，6～8m 铝型材。

□轻质隔墙，隔声效果≯35dB，任何位置可悬挂 40kg 物品。

□电动遮阳系统，材质聚脂纤维，过滤 10%以上阳光，重量 270g/㎡，B_1 级，法轮第纱面料，内置电容器单相异步电机，力矩 25～70Nm。可选用香港坚朗产品。

3．关于文脉

如中标重庆江北国际机场航站楼三标段（VIP、CIP 等）室内深化设计与装修施工的重庆港鑫建筑装饰设计工程有限公司，最先提出的设计理念是周易的“无极生太极，太极生两仪；两仪生四象，四象生八卦”，后进一步延伸为“五行之说——金木水火土”。该公司取胜之道与其说是技术不如说是文化。最高层的竞争很可能是文化的比较。

VIP、CIP 等室内空间，比较起一、二标段，更需要有一个文化主题——文脉。但切记不要望文生义。

4．关于业绩

机场航站楼室内设计与装修的竞标，在企业资质、三项认证、获奖工程等其他硬件比试过后，实际上就是业绩的竞争。在机场航站楼室内设计与装修的竞标中更为突出。

如中标重庆江北国际机场航站楼一标段（进出港厅）室内深化设计与装修施工的深圳市深装总装饰工程工业有限公司——太原机场出港厅，首都机场一号楼行李厅，长沙黄花出港厅，成都机场中指廊，宁波栎榭到港厅，沈阳桃仙出港厅，在施的 1.32 亿元、13 万㎡（总共 35 万㎡）广州白云机场二标段等。二标段（指廊）室内深化设计与装修施工的上海蓝天房屋装饰工程公司——上海浦东全部吊顶、宁波栎榭二层出港厅及 22 个小空间、陕西咸阳进出港厅、青岛到港厅、哈尔滨改造、西藏贡嘎、乌鲁木齐到港厅、成都双流改造等 8 个机场。都是大把的业绩。

专业化竞争的要求是“效率优先，兼顾公平”，体现在价格相对合理（低)、工期更为实际（短)、质量更有保障。比业绩，就是比出专业化水平，比出比较优势，比出企业在项目上的核心竞争力。

目前国内有机场航站楼业绩者还有如深圳海外装饰工程公司——首都机场二层北指廊、深圳机场等。深圳长城家俱装饰工程有限公司——首都机场二层南指廊、珠海机场出港厅、指廊等。广东省建筑装饰工程有限公司在施的1.3 亿元、12 万㎡广州白云机场三标段等。深圳市科源建筑装饰工程有限公司——湖南黄花机场到港厅设计、北京西郊机场设计、济南机场设计。深圳市美术装饰工程有限公司——浙江蕭山机场进出港厅等。福建天华建筑装饰工程有限公司——福建长乐国际机场进出港厅、首都机场进港厅等。这些建筑装饰企业都是机场航站楼装饰工程的有力竞争者。

5．关于室内设计与装修施工分开招投标

长春龙家堡机场航站楼室内设计方案的招投标，业主在发标书中规定了室内设计方案取费标准（详见表 3 ），同时规定“设计中标人不得参加下阶段本标段的施工投标”。

在当前若建筑装饰企业中标装修施工则多数业主少给或不给设计费的非正常情况下，长春龙家堡机场航站楼业主——吉林省民航机场集团公司能真给、且给付足额的设计费，无疑为我国建筑装饰工程招投标带了个好头，具有重大的进步意义。

业主关于“设计中标人不得参加下阶段本标段的施工投标”的要求，也十分有利于室内设计与装修施工的市场化两相分离，值得推广。

长春龙家堡机场航站楼室内设计方案取费标准　　**表 3**

标段	区　域	计划投资（万元）	设计取费（万元）	取费比例（%）	补偿费（万元）
Ⅰ	离港公共区（离港厅、国际国内候机厅、远机位候机厅	2700	140	5.1	10
Ⅱ	到港厅（国际国内行李提取厅、到港厅、通道）	2000	110	5.5	8
Ⅲ	VIP、CIP 及其他小空间	260	20	7.6	2

6．针对性

在室内设计投标中，不要过分地阐述理念，容易给评委造成“玩”概念，哗众取宠的印象。没有经过调研的建议最好不提，如“经济性”，如果你未有十分有力的对比数据或恰如其分的事实，若评委一个反问，说标者就哑口无言了，结果十分被动。

装修施工技术标中，通用的施工工艺及验收标准，均来自相应规范，各标书中均一样，是正常也是应该的。关键是有特色或独到之处的说明，如橡胶地板裂缝修补。

此外，标书在送交业主之前，企业要有一个专门部门和负责人对标书进行审定，特别是不要出“笑话”，如重庆江北国际机场航站楼设计深化及装修施工方案评标前夕，正是重庆地铁车站装修施工招标之时，故航站楼装修施工方案中竟出现了“地铁车站”装修施工的措施。

7．假冒伪劣

最忌讳的是造假，如浙江一家装饰企业在浙江杭州萧山机场综合办公楼室内设计与装修施工方案的投标中出示假冒的“鲁班奖”证书，成都的一家装饰企业在重庆江北国际机场航站楼设计深化及装修施工方案投标中伪造西藏贡嘎装修施工证明，深圳与广州的两家装饰企业在重庆江北国际机场航站楼设计深化及装修施工方案投标中设计标中图及文学有不少一致之处，有出自同一设计人之手之嫌。

8．说标人

一般说标时间 25～40min，答疑 10～15min。说标的关键是在单位时间内把问题说清楚，即演说要有效率。

说标人要自信、自然，精神饱满，落落大方，尽快投入，倾情演说；穿着要有个性，但应干净；应当说普通话，否则会被认为是很少与说普通话的人打交道的人；不应念稿，否则会被认为不是说标者本人设计或施工的作业。不要过多地夸奖业主或原建筑设计单位，易引发吹捧之嫌。更不要紧张，易使前功尽弃。应实事求是，注意力集中，不要所问非所答；语言应简炼，不要啰嗦。应在最短的时间内做好图板、电脑等演示设备的准备工作，不要手忙脚乱；说标辅助人员要主动敏锐地观察配合说标人的演说，既不要无所事事，也不要无所适从。

以上的种种不妥均易使评委产生疲惫、懒散、厌恶等不良反应，导致情绪低落。负面情绪所致的主要标志是，评委不再提问了。为此，说标演说应在竞标会前精心预演或彩排。

9．评标委员

评委要有缜密的思维路线和独立的科学见解，要以公平、和蔼、民主、商量的态度提出相关需答疑的问题，而不要居高临下。

评标的结尾工作还有：在选择出了入围或中标的企业后，向业主提出若干完善方案的意见或建议。

（四）建筑装饰工程质量验收要点

主要是掌握《建筑装饰装修工程质量验收规范》（GB50210-2001）和《民用建筑工程室内环境污染控制规范》（GB50325—2001）两部规范中的强制性条文。

《建筑装饰装修工程质量验收规范》
（GB50210-2001）15 条强制性条文

3　基本规定

3.1　设计

3.1.1　建筑装饰装修工程必须进行设计，并出具完整的施工图设计文件。

3.1.5　建筑装饰装修工程设计必须保证建筑物的结构安全和主要使用功能。当涉及主体和承重结构改动或增加荷载时，必须由原结构设计单位或具备相应资质的设计单位核查有关原始资料，对既有建筑结构的安全性进行核验、确认。

3.2　材料

3.2.3　建筑装饰装修工程所用材料应符合国家有关建筑装饰装修材料有害物质限量标准的规定。

3.2.9　建筑装饰装修工程所使用的材料应按设计要求进行防火、防腐和防虫处理。

3.3　施工

3.3.4　建筑装饰装修工程施工中，严禁违反设计文件擅自改动建筑主体、承重结构或主要使用功能；严禁未经设计确认和有关部门批准擅自拆改水、暖、电、燃气、通讯等配套设施。

3.3.5　施工单位应遵守有关环境保护的法律法规，并应采取有效措施控制施工现场的各种粉尘、废气、废弃物、噪声、振动等对周围环境造成的污染和危害。

4　抹灰工程

4.1　一般规定

4.1.12　外墙和顶棚的抹灰层与基层之间及各抹灰层之间必须粘结牢固。

5　门窗工程

5.1　一般规定

5.1.11　建筑外门窗的安装必须牢固。在砌体上安装门窗严禁用射钉固定。

6　吊顶工程

6.1　一般规定

6.1.12　重型灯具、电扇及其他重型设备严禁安装在吊顶工程的龙骨上。

8　饰面板（砖）工程

8.2　饰面板安装工程

8.2.4　饰面板安装工程的预埋件（或后置埋件）、连接件的数量、规格、位置、连接方法和防腐处理必须符合设施要求。后置埋件的现场拉拔强度必须符合设计要求。饰面板安装必须牢固。

8.3　饰面砖粘贴工程

8.3.4　饰面砖粘贴必须牢固。

9　幕墙工程

9.1　一般规定

9.1.8　隐框、半隐框幕墙所采用的结构粘结材料必须是中性硅酮结构密封胶，其性能必须符合《建筑用硅酮结构密封胶》（GB16776）的规定；硅酮结构密封胶必须在有效期内使用。

9.1.13　主体结构与幕墙连接的各种预埋件，其数量、规格、位置和防腐处理必须符合设计要求。

9.1.14　幕墙的金属框架与主体结构预埋件的连接、立柱与横梁的连接及幕墙面板的安装必须符合设计要求，安装必须牢固。

12　细部工程

12.5　护栏和扶手制作与安装工程

12.5.6　护栏高度、栏杆间距、安装位置必须符合设计要求。护栏安装必须牢固。

《民用建筑工程室内环境污染控制规范》（GB50325—2001）24 条强制性条文

1.0.5　民用建筑工程所选用的建筑材料和装修材料必须符合本规范规定。

3.1.1　民用建筑工程所使用的无机非金属建筑材料，包括砂、石、砖、水泥、商品混凝土、预制构件和新型墙体材料等，其放射性指标限量应符合表 3.1.1 的规定。

表　3.1.1 无机非金属建筑材料放射性指标限量

测定项目	限量
内照射指数（I_{Ra}）	≤1.0
外照射指数（I_y）	≤1.0

3.1.2　民用建筑工程所使用的无机非金属装修材料，包括石材、建筑卫生陶瓷、石膏板、吊顶材料等，进行分类时，其放射性指标限量应符合表 3.1.2 的规定。

表　3.1.2 无机非金属装修材料放射性指标限量

测定项目	限量	
	A	B
内照射指数（I_{Ra}）	≤1.0	≤1.3
外照射指数（I_y）	≤1.3	≤1.9

3.2.1　民用建筑工程室内用人造木板及饰面人造木板，必须测定游离甲醛含量或游离甲醛释放量。

4.1.1　新建、扩建的民用建筑工程设计前，必须进行建筑场地土壤中氡浓度的测定，并提供相应的检测报告。

4.1.2　民用建筑工程设计必须根据建筑物的类型和用途，选用符合本规范规定的建筑材料和装修材料。

4.2.4　民用建筑工程地点土壤中氡浓度，高于周围非地质构造断裂区域 3 倍及以上、5 倍以下时，工程设计中除采取建筑物内地面抗开裂措施外，还必须按现行国家标准《地下工程防水技术规范》中的一级防水要求，对基础进行处理。

4.2.5　民用建筑工程地点土壤中氡浓度，高于周围非地质构造断裂区域 5 倍及以上时，工程设计中除按本节第 4.2.4 条规定进行防氡处理外，还应按国家标准《新建低层住宅建筑设计与施工中氡控制导则》GB/T17785—1999 的有关规定，采取综合建筑构造措施。

4.2.6　I 类民用建筑工程地点土壤中氡浓度，高于周围非地质构造断裂区域 5 倍及以上时，应进行工程地点土壤中的镭-226、钍-232、钾-40 的比活度测定。当内照射指数（I_{Ra}）大于 1.0 或外照射指数（I_y）大于 1.3 时，工程地点土壤不得作为工程回填土使用。

4.3.1　I 类民用建筑工程必须采用 A 类无机非金属建筑材料和装修材料。4.3.3　I 类民用建筑工程的室内装修，必须采用 E_1 类人造木板及饰面人造木板。

4.3.10　民用建筑工程室内装修中所使用的木地板及其他木质材料，严禁采用沥青类防腐、防潮处理剂。

4.3.11　民用建筑工程中所使用的阻燃剂、混凝土外加剂氨的释放量不应大于 0.10%，测定方法应符合现行国家标准《混凝土外加剂中释放氨的限量》的规定。

5.1.2　当建筑材料和装修材料进场检验，发现不符合设计要求及本规范的有关规定，严禁使用。

5.2.1　民用建筑工程中所采用的无机非金属建筑材料和装修材料必须有放射性指标检测报告，并应符合设计要求和本规范的规定。

5.2.3　民用建筑工程室内装修中所采用的人造木板及饰面人造木板，必须有游离甲醛含量或游离甲醛释放量检测报告，并应符合设计要求和本规范的规定。

5.2.5　民用建筑工程室内装修中所采用的水性涂料、水性胶粘剂、水性处理剂必须有总挥发性有机化合物（TVOC）和游离甲醛含量检测报告；溶剂型涂料、溶剂型胶粘剂必须有总挥发性有机化合物（TVOC）、苯、游离甲苯二异氰酸酯（TDI）（聚氨酯类）含量检测报告，并应符合设计要求和本规范的规定。

5.2.6　建筑材料和装修材料的检测项目不全或对检测结果有疑问时，必须将材料送有资格的检测机构进行检验，检验合格后方可使用。

5.3.3　民用建筑工程室内装修所采用的稀释剂和溶剂，严禁使用苯、工业苯、石油苯、重质苯及混苯。

5.3.6　严禁在民用建筑工程室内用有机溶剂清洗施工用具。

6.0.3　民用建筑工程所用建筑材料和装修材料的类别、数量和施工工艺等，应符合设计要求和本规范的有关规定。

6.0.4　民用建筑工程验收时，必须进行室内环境污染物浓度检测。检测结果应符合表 6.0.4 的规定。

表　6.0.4 民用建筑工程室内环境污染物浓度限量

污染物	Ⅰ类民用建筑工程	Ⅱ类民用建筑工程
氡（Bq/m^3）	≤200	≤400
游离甲醛(mg/m^3)	≤0.08	≤0.12
苯(mg/m^3)	≤0.09	≤0.09
氨(mg/m^3)	≤0.2	≤0.5
TVOC(mg/m^3)	≤0.5	≤0.6

注：表中污染物浓度限量，除氡外均应以同步测定的室外空气相应值为空白值。

6.0.18　当室内环境污染物浓度的全部检测结果符合本规范的规定时，可判定该工程室内环境质量合格。

6.0.20　室内环境质量验收不合格的民用建筑工程，严禁投入使用。

二、关于医院室内设计及装修的建议

这是一篇思路性的文章，企图是：大凡对清洁卫生程度要求高的空间，是否可参考医院这种消费场所的室内设计及装修。

（一）基本理念和大致思路

1．医院也是消费场所和物业

根据市场经济原理，人们上医院也是消费行为，医疗消费足够的高是为了提醒人们进行足够的身体锻炼。医院同其他建筑一样，也是一种物业，也应按物业管理规律经营。

2．医院文化设计和 CI 设计

在遵循医院通性的原则下，突出本医院的特殊性。体现简洁、高效、人文、环保。

3．无障碍设计

残疾人厕位应独立设置，且专用空间为最大。

楼梯应设双导线扶手，以方便成人和儿童。楼梯应有起止步盲人指示。电梯门及轿箱需考虑轮椅、担架车的撞击防护。

4．照明

对病员而言，照明不应过于明亮，也不宜过于黯淡。应避免灯具的眩光。光色最好选择显色性好且略偏暖色的。

5．供水及污水处理

从系统选择、管道布置、管材及配件统筹考虑防疫要求，保证水质，防止交叉感染。采用非手动开关。污水分类收集、处理与回用。

6．管理智能化系统

标准版本包括 13 个基本模块：门诊、挂号、候诊、计费、住院、检验、查询、成本核算、病案及人事管理、护士站管理等。要求安放位置合理；设施颜色与周围环境相协调；医护人员、病员使用的用具统一设计，同环境协调；能隐蔽的尽量暗装。

7．楼宇控制智能化

包括空调、计算机站、局域网、多媒体、远程医疗系统、总控制室、电梯、五气、呼叫对讲、综合布线、安全监控、消防、通讯、有线电视、垃圾及水处理系统等。要求装饰风格应与整体空间相协调；装饰材料与原设施材质相协调，无明显修饰感；如设施的外部暴露部分在造型、颜色、质感等方面与整体环境相差较大，确实需要更换但又不能隐蔽的，应在安装前与供货商调整，以尽是避免损失；各设备在装饰面外的暴露交叉要同装饰饰面造型、线条形成韵律，同时保证设备功能不受影响。

8．专业标识设计

文字、图案、色彩标识应醒目、清晰、明确。不同科室可采用不同色彩。色彩应淡雅、和谐。注意中外文对照、款式、位置、颜色、造型、质感、装修装饰。分三大类型。

户外类：一是医院整个区域各单体建筑的导向标识及楼牌；二是道路指引；三是医院服务设施导向。

楼层类：一是室内功能总平面及各层功能平面图；二是国家规范要求的标识（消防通道、出入口等）。

科室单元类：一是医疗单位的门、窗牌；二是公共服务设施标牌；三是行业规定的特殊标记。

（二）不同功能空间的考虑

1. 停车场

最好在门诊楼地下，且为机械停车式。地面停车场应有出租车专用等候位及出入流线。

2. 门诊大厅

是医院多种流线的交叉点，人员最最密集的公众场所。按现行《综合医院建设标准》，就诊人数应是该医院床位数的3倍（60～64 m²/床），门诊部面积占医院总建筑面积的15%。

安排几个相连的厅，且区分出交通与滞留空间——便于人流组织与疏导。

自然采光与通风，共享空间为宜，且为天窗形式。

挂号、交费、取药，设置栏杆，窗口比正常人使用低一些，以1050mm为宜。

可设置大屏幕，显示各种相关信息。将站立式服务改变为坐式服务。

业务办理台应安排足够数量的排椅，配备叫号服务器，结合声光实现叫号服务。排椅由硬质改变为软质，排椅向沙发转变。除现金交易台外，其他业务办理台应尽可能关注金属栅栏、大玻璃的分割。墙、柱可用石材或金属板。

3. 候诊室

应有直接外部采光与通风（大型综合医院病员通常上此地等候时间约为一个小时），最好不要采取走廊二侧面对面候诊方式，以减轻陌生病员相互对视引起的心理负担。最好有分诊台进行药品划价。

4. 公共卫生间

在解决视线干扰问题的前提下，提倡无门卫生间。设立专用清洁间，并使打扫工具从病员视线中消失。小便器，应避免上一步式。大便器，坐式更舒服，但要解决一次性自取垫纸；蹲式，要使便器与地面在同一平面。应有两个手纸套。洁具，在厕位隔断上安装扶手及挂钩，隔断要有一定的高度。手龙头、小便器、大便器应为感应式。净手以擦手纸为宜。应在视觉显著的地方设置在何种情况应洗手的提示牌。

墙面可选用光洁块材，尽量减少宽缝。宜用专门填缝剂。也可用背面烤漆的钢化玻璃。地面可用石材或地砖，500mm×500mm为佳，大块不宜排水。隔断可采用MAX板，现场组装。

5. 护理单元

基本上四类活动人群：病员、护士、医务人员、探视人员。护士站台面宜为760mm高，为方便医患坐着交谈，可部分保留1100/760mm双层台面。综合布线应与护士站密切配合。护士站台面可选用人造石材，内部胶板贴面。地面可用PVC可橡胶块材，也可采用防污地毯。

设置病员独立卫生间，可坐式沐浴间。医护工作人员用房应与病房有一定分隔。

6. 急诊室

除有较强私密性的妇产科、污染物较多的外科创伤处置需设置单间外，其他科诊室均可设计为开放式的。科室之间用活动吊屏间隔，科室与候诊之间备有活动拉帘。电源应有插地，墙面多插座。材料应满足搞冲击、耐擦洗，护士站、服务台高760mm，医患均可坐着交流。所有阳角均应安装防撞护角。

7. CT、X光室

这类空间重要的是满足防幅射的要求，依据设备厂商提供的维护结构铅当量选用铅板，将铅板复合在铝板背面。所有墙面除门和铅门窗外，均可用色彩谈雅的铝板架空安装，注意固定螺丝孔导致防护漏洞，最好为粘贴式。铅板门宜采用胶板装饰面，垂直方向一般无防幅射要求，可用铝扣板吊顶。

8. 病房

一般医院多为一间病房有2～3间病床并配有卫生间，病房门入口净宽应为1050mm，以保证单架车出入，门套应能抗冲击。壁柜按每床宽600mm即可。座便器选用后背悬挂式对清洁有利。床头柜可用悬挂式。顶棚不易有多种造型，多用矿棉板或纸面石膏板。输液架预埋龙骨。灯光应多路控制。开窗为内倒开为宜，以满足通风、安全防护、方便清洁三种需要。入门口玻璃要选择透明无色。

卫生间应外开，门下端可包200mm高的铝板或不锈钢板。地面可用防滑地砖、橡胶块材等。

9. 医用家具和环保装饰材料

座椅高度宜90～420mm，家具材料应考虑耐用性、耐污染性、耐化学腐蚀等环保特点，如荷兰的千思板。装饰材料如环保型乳胶漆、地面铝制防静电地板、进口胶地板等。

病房——橡胶地板。卫生间、开水间、消防梯及通道——地砖。门诊楼、行政办公、科教室——防滑地砖。科研、检验——防静电地板、防腐蚀地砖。顶棚，除门诊大厅、电梯厅、过厅等公共空间外，可采用半隐式轻钢龙骨防水石膏板吊顶。墙面——杀菌彩色乳胶漆。

在楼层走廊、卫生间走廊、窗台板以下、病人床头、暖气面板等容易发生碰撞磨擦之地，装木扶手、木墙裙、贴PVC墙膜。所有墙阳角均应安装防撞护角。

（三）手 术 室

1. 整体要求

包括ICU、MICU及各类实验室、检验室等等特殊空间。手术室的准备区、隔离区和手术区——三大区域，根据规模大小，按比例合理分割统筹考虑，包括房间设置、设施摆放、通道划分，医护人员与病员、家属之间的关系，要求高效有序。装修后的手术室不仅能很好地满足使用功能的要求，也为医护人员和患者营造了一个良好的医疗环境。

2. 专业要求

不产尘、不积尘、耐腐蚀、防潮、防霉、防火、易清洁。色彩要温和、淡雅，可为淡绿色、淡黄色。绿色与血液的红色互为补色，能减轻医护人员用眼疲劳，并对患者心理有平静作用。黄色有平衡情绪低落作用，避免与绿色墙面趋同。

电气设计、净化空调设计、医用气体管线及终端设计等均应按专业化要求进行室内设计与装修施工。

3．六面体要求

□地面。应平整，采用耐磨、防滑、耐腐蚀、易清洗、易起尘及不开裂装饰材料，百级手术室可选用防静电、抗菌、防火、耐磨的橡胶地板、淡黄色 PVC 地板；千级、万级手术室可选用米黄色水磨石板或人造石地板。注意橡胶地板或人造石地板，连同地面联成一体的阴角处理。墙面——成型铝板或塑铝板墙裙、防水肌理纹乳胶漆，做好接缝。水磨石宜用 425 号或以上水泥，石子粒径 5～15mm，以防止开裂、掉石子、起砂。

地面不宜设地漏，否则应有防室内空气污染措施——如设置高水封地漏。

□墙面。宜采用轻钢龙骨隔墙，以利各种管线及墙上固定设备的暗装。面层应采用硬度较高、整体性好、拼缝少、缝隙严密的装饰材料。可用 1150 型彩色钢板，结合送风口、回风口、观察窗、嵌入式观片灯、器械柜、消毒柜、开关接口等，将墙面组合成整体，尽量减少凹凸面和缝隙。

墙面可内倾 3°，不仅可减少积尘，而且可使光线反射的角度有利于医护人员操作。可选用奥地利产的 WAX 抗培特板——强化木板。无菌区墙面可采用 600mm×600mm 淡绿色瓷砖一通到顶。踢脚板宜凹进墙面 1cm，并与地面成为一体，阴角半径为 40mm 圆角。通道两侧及转角处墙上应设二道防撞板。

□顶棚。需布置、安装高效过滤送风口、照明灯具、烟感灭火器等，各种管线均应隐藏在顶棚内。可选用轻钢龙骨 600×600mm 乳白色彩钢净化板吊顶，按缝用密封胶压条处理。顶棚顶面无影灯为暗装，可为二级顶面，二级顶两侧采用电动轨道，自动开合，尽可能减少污染。顶棚也可用铝扣板吊顶。

□门窗。应采用防尘密封隔音效果优良的中空双层窗，可选用不锈钢或塑钢专用窗。门应采用自动感应式电动彩色钢板推拉门，并装有延时器，以避免手术中人员进行频繁而出现的“开着门作手术”的现象。

4．装修与医用设备的协调

每间洁净手术室的基本装备要求

装备名称	必须配置数量	规　格
计时器	1 只/每间	
医用气体面盘	1 套/每间	
观片灯	1 个/每间	百级手术室为六联，其余为四联
组合多功能控制箱	1 个/每间	
记录板	1 个/每间	
药品柜（嵌入式）	1 个/每间	900mm×1300mm×400mm
麻醉柜（嵌入式）	1 个/每间	900mm×1300mm×400mm
器械柜（嵌入式）	1 个/每间	900mm×1300mm×400mm
组合电源插座（嵌入式）	10 个/每间	
吊塔、无影灯锚栓	各 1 个/每间	
输液导轨（含吊钩 4 个）	1 套/每间	
吊塔	1 套/每间	
无影灯	1 套/每间	

（1）无影灯根据手术室尺寸和手术要求进行配置，采用多头型；调平板的位置在送风面之上，距离送风面不小于 5cm。

（2）手术台长向沿手术室长轴布置，台面中心点与手术室地面中心相对应。

（3）手术室计时采用兼有麻醉计时、手术计时和一般计时功能的计时器。手术室计时器有分、秒的清楚标识，并配置计时控制器，停电时能自动接通自备电池，自备电池供电时间不低于 10h。计时器设在患者不易看到的墙面上方，距地高度 2m。

（4）医用气源装置分别设置在手术台病人头右侧顶棚和靠近麻醉机的墙面下部，距地高度为 1.0～2.0m；麻醉气体排放装置也设置在手术台病人头侧。

（5）器械柜、药品柜宜嵌入病人脚侧墙内方便的位置；麻醉柜嵌入病人头侧墙内方便操作的位置。

（6）输液导轨（或吊钩）位于手术台上方顶棚内，与手术台长边平行，长度大于 2.5m，轨道间距为 1.2m。

（7）记录板为暗装翻板，小型记录板长 500mm，宽 400mm；大型记录板长 800mm，宽 400mm。记录板打开后离地 1100mm，收折起来应与墙面齐平。

（8）嵌入墙内的设备与墙面齐平，缝隙涂胶，或其正面四边做不锈钢翻边。

（四）细节注意

□共享大厅栏杆高 1.1m，扶手 1.2m。柱子、墙体阳角应有防撞栏。

□《建筑施工场界噪声限值》（GB12523-90）：白天（6：00～22：00）＜65dB　夜间（22：00～6：00）＜55 dB。

□花岗石开采后其内在应力半年后方能发散，故应提前半年以上开采。

□石材完工后地面反潮，原因为石材加工时对其做六面防水时过快，残留在石材内的水份无法排出，故应在加工时注意检测控制。

□橡胶地板裂缝修补：切割机沿缝中切出 1～15cm 深、1cm 宽槽口，再在裂缝垂直方向切同一深、宽、长 8cm 槽口，放入铁钉或钢条，位置在裂缝处平分，每条垂直槽口相距 15～20cm，空鼓必须敲破，表面附着物、油漆须用角磨机去除，刷界面处理剂。石英砂抛洒人员须穿钉鞋，干燥 12h，刀片深度应为两块地板厚再长 0.5mm，垫肢板 1m 长，45cm 宽，1.7cm 厚以上，48h 后湿洗、去蜡。

□穿线管，明敷应为薄壁钢管KBG。

□轻质隔墙，隔声效果≯35dB，任何位置可悬挂40kg物品。

（五）适用法规和技术标准

1. 适用法律

▲涉及建筑主体和承重结构变动的装修工程，建设单位应当在施工前委托原设计单位或者具有相应资质条件的设计单位提出设计方案；没有设计方案的，不得施工。——《中华人民共和国建筑法》第四十九条，1998年3月1日起施行。

▲违反本法规定，涉及建筑主体和承重结构变动的装修工程擅自施工的，责令改正，处以罚款；造成损失的，承担赔偿责任；构成犯罪的，依法追究刑事责任。——《中华人民共和国建筑法》第七十条。

▲本条例所称建设工程，是指土木工程、建筑工程、线路管道和设备安装工程及装修工程。——《建设工程质量条例》第二条，2000年1月30日起施行。

▲涉及建筑主体和承重结构变动的装修工程，建设单位应当在施工前委托原设计单位或者具有相应资质条件的设计单位提出设计方案；没有设计方案的，不得施工。房屋建筑使用者在装修过程中，不得擅自变动房屋建筑主体和承重结构。——《建设工程质量条例》第十五条。

▲违反本条例规定，涉及建筑主体和承重结构变动的装修工程，没有设计方案擅自施工的，责令改正，处50万元以上100万元以下的罚款；房屋建筑使用者在装修过程中擅自变动房屋建筑主体和承重结构的，责令改正，处5万元以上10万元以下的罚款。有前款所列行为，造成损失的，依法承担赔偿责任。——《建设工程质量条例》第六十九条。

▲公共场所室内装修、装饰根据国家工程建筑消防技术标准的规定，应当使用不燃、难燃材料的，必须选用依照产品质量法的规定确定的检验机构检验合格的材料。——《中华人民共和国消防法》第十一条，1998年9月1日起施行。

▲在已竣工交付使用的住宅楼内进行室内装修活动，应当限制作业时间，并采取其他有效措施，以减轻、避免对周围居民造成环境噪声污染。——《中华人民共和国环境噪声污染防治法》第四十七条，1997年3月1日起施行。

▲建筑工程应当采取节能、节水等有利于环境与资源保护的建筑设计方案、建筑和装修材料、建筑构配件及设备。

▲建筑和装修材料必须符合国家标准。禁止生产、销售和使用有毒、有害物质超过国家标准的建筑和装修材料。——《中华人民共和国清洁生产促进法》第二十四条，2003年1月1日起施行。

▲违反本法第二十四条第二款规定，生产、销售有毒、有害物质超过国家标准的建筑和装修材料的，依照产品质量法和有关民事、刑事法律的规定，追究行政、民事、刑事法律责任。——《中华人民共和国清洁生产促进法》第三十八条。

▲物业管理区域内违反有关治安、环保、物业装饰装修和使用等方面法律、法规规定的行为，物业管理企业应当制止，并及时向有关行政管理部门报告。有关行政管理部门在接到物业管理企业的报告后，应当依法对违法行为予以制止或者依法处理。——《物业管理条例》第四十六条。

▲业主需要装饰装修房屋的，应当事先告知物业管理企业。物业管理企业应当将房屋装饰装修中的禁止行为和注意事项告知业主。——《物业管理条例》第五十三条。

▲装修材料必须符合国家标准，禁止生产、销售和使用有毒、有害物质超过国家标准的建筑和装修材料，违反这一规定，将被追究行政、民事、刑事法律责任。——《安全产生法》。

2. 适用技术标准

《建筑装饰装修工程质量验收规范》（GB50210-2001）2001年11月1日建设部（建标[2001]221号），《民用建筑工程室内环境污染控制规范》（GB50325-2001）2001年11月26日建设部（建标[2001]263号），室内装饰装修材料有害物质限量十个国家强制性标准，2001年12月10日 国家质量监督检验检疫总局发布，2002年7月1日施行。

《自动喷水灭火系统设计规范》（GB50084-2001）、《医院洁净手术部建筑技术规范》（GB50333-202）、《高层民用建筑设计防火规范》（GB50045-95）、《建筑内部装修设计防火规范》(GB50222-95)等。

3. 投标报价依据

《全国建筑装饰装修工程量清单计价暂行办法》2001年12月26日建设部（建标[2001]270号），《全国统一建筑装饰装修工程消耗量定额》（GYD-901-2002）2001年12月26日建设部（建标[2001]271号）。

4. 设计收费依据

《工程勘察设计收费管理规定》2002年1月7日国家计委、建设部（计价格[2002]10号），建筑装饰设计收费标准是4%～6%。（原《关于发布工程勘察和工程设计取费标准的通知》1992年12月29日建设部、国家物价局（[1992]价费字375号）同时废止。由政府定价改为政府指导价，设计收费比现行标准提高56%，建筑装饰设计收费标准是3%～5%。

5. 合同签订参考

《建设工程设计合同》2000年3月1日建设部、国家工商局（建设 [2000]50号），《建筑装饰工程施工合同示范文本》1996年11月12日建设部、国家工商局（建监[1996]585号），《房屋建筑工程质量保修办法》2000年6月30日建设部令第80号（装修工程2年）。

参考文献：

1. 中国医师协会，中国建筑装饰协会. 全国医院建筑设计与装修主题峰会学术报告论文集，2003

2. 赵军秀. 洁净手术室室内装修设计说明.河北建筑装饰，2004

第八部分

企业运作

如何提升建筑装饰企业的核心竞争力

中国建筑装饰协会五届理事会副会长　全国建筑装饰优秀企业家
深圳市装饰行业协会副会长　深圳市建筑装饰（集团）有限公司董事长兼总经理　**汪家玉**

关于企业核心竞争力，见仁见智，有不同的看法，不同的观点。有人说，企业文化就是企业的核心竞争力；有人说，科学管理就是企业的核心竞争力；还有人说，科学技术、人力资源就是企业的核心竞争力。

从我们企业的实践经验来说，我个人认为，企业的核心竞争力不是一个单一的指标，而是一个综合的指标。也就是说，企业的核心竞争力是由几个要素，而不是一个要素体现出来的。当然，在不同的企业，不同的时期这几个要素中必然有一个要素是比较突出的，处在中心位置。然而，企业是在不断发展的，市场也是在不断变化的，因此，在这几个要素中，处在中心位置的要素并不是固定的，很可能，某一个阶段是这个要素，某一个时期，则是另外一个要素，这要由市场来决定，要由企业发展的实际情况来决定的。

我们深装集团现已改制，全部民营，现注册资金5000万元，年产值连续三年5亿元以上，建筑装饰施工、建筑幕墙施工一级，建筑装饰设计甲级资质，企业银行资信三个A，通过三项认证，现有一刊《现代装饰》、一报《装饰集团》。

根据深装集团16年的发展，我们是从以下几个方面来提升企业核心竞争力的。

一、加强企业文化建设，树立正确的价值观，增强企业凝聚力，从而提升企业核心竞争力

装饰行业的发展经历过摸索、无序竞争到理性有序竞争的发展过程。一开始，为了企业的生存，我们十分重视开拓市场。对企业文化建设也作了一些工作，但还是认识不足，缺乏明确性、系统性。1997年，深装集团成立以后，为了企业的持续发展，企业文化建设作为企业的核心竞争力，成为企业的战略思路，重要工作。1997年，我们提出了“装饰是一种文化”的思路，经不断实践和完善，以企业价值观为核心，以人为本，到目前，深装集团已形成四个层面的企业文化。在“全国建筑装饰行业科技大会”上，我以“创建具有装饰行业特色的企业文化”作了一次发言。企业文化建设的成功对外树立了形象，对内加强了凝聚力，企业员工明白了什么事情该做，怎么去做，有何价值，形成了团结、奋斗的态势，大大提升了企业的核心竞争力。

深装集团四个层面的企业文化，其具体内容是：

第一，区别型人本文化：区别对待四种不同类型的人，四种不同的追求，即普通员工的安全感；有一技之长的员工的优越感；中高级专业技术人员的归宿感；公司领导层要提高综合价值取向，突出成就感。

第二，互补型学习文化：不断学习是企业发展的动力，在学习与实践中，根据装饰行业的特点，努力做到四个对接：

一是历史与现实的对接，向传统、向历史学习，追求其装饰的价值；二是东西方文化的对接，学习西方先进文化，互相补充，取长补短，体现各种风格的装饰；三是新材料、新工艺与新设计理念的对接，施工与设计要互补，互相学习，共创精品，如深圳地铁的新材料；四是现代装饰与民族艺术的对接，不能保守，学无止境，不断进步，如深圳的民俗村。

第三，绿色型环保文化：要努力做到四个负责，即对环境负责，对客户负责，对健康负责，对后代负责。

第四，价值型发展文化：企业价值与企业发展必须在以下四个方面体现出来，即在经济发展上有所体现，在提高文化水平上有所体现，在树立正确的价值观上有所体现，在走共同富裕的发展路上有所体现。

二、在市场竞争中，找到企业的特点与优势，充分发挥这种优势，从而提升企业的核心竞争力

每一个企业都有自己的特点，自己的优势，问题时，在市场竞争中，你如何找到自己的特点，充分发挥企业的优势呢？首先是市场的优势。市场优势是企业的核心竞争力，近年来，围绕市场，我们认真发挥了设计是龙头的作用，做了一批有影响的国家重点项目，在城市交通方面卓有成效，包括16个室内设计标、11个装修施工标。如北京城铁、天津城铁、深圳地铁、南京地铁等十多项工程，产值超亿元。我们看到了现代化城市交通发展的宏伟远景，看到了自身的特点，我们调集精兵强将，充分发挥这个优势，在城市交通系列工程中，取得了不错的成绩，人称我们有坐地铁的专利。正是这些特点，实实在在提升了企业的核心竞争力。

三、抓住机遇，做好影响大的大工程，创建精品工程，从而提升企业的核心竞争力

品牌也是核心竞争力。从1995年以来，我们获得市优工程50余项，鲁班奖工程12项。创建精品工程对提升企业核心竞争力至关重要。由我们深装集团设计、施工总承包的中华世纪坛室内装饰工程和山东省国展中心工程的设计和施工均获得鲁班奖和全国装饰工程奖，大大拓展了企业的知名度，在参与招投标中，影响很大。目前，我们正在做中国北京音乐厅装饰工程、深圳市市民中心工程的设计与施工总协调工作、深圳市展览中心工程的总设计。

这些都是技术、文化含量很高的工程，具备成为品牌的各种条件。这些又是我们争取品牌的新目标，抓住这个机遇，我们力争要把北京音乐厅室内装饰工程做成精品，把深圳市市民中心工程和市国展中心工程做成极具影响的工程，从而提升企业核心竞争力。

如何提高建筑装饰企业的核心竞争力

中国建筑装饰协会五届理事会常务理事　全国建筑装饰优秀企业家
深圳市装饰行业协会副会长　深圳远鹏装饰设计工程有限公司总经理　**叶大岳**

建筑装饰行业是业内人士普遍认为最具竞争性和风险性的行业。随着新经济时代的来临，建筑装饰市场竞争日趋激烈。作为装饰企业，面对加入WTO后国内经济形势与市场背景、政府与行业意志和引导导向调整后的变化形势，我认为加强工程质量管理、开展全员在职培训、全面加强人力资源储备、运用与管理，为配合企业机制的调整，是实现快速地将企业做大、做强，增强企业核心竞争力的关键。

一、管理到位，质量第一

深圳远鹏装饰设计工程有限公司成立于1993年，是国家建设部批准的国家建筑装饰施工一级企业和甲级设计单位，近年来，公司迅速发展业务，辐射全国，知名度在深圳乃至全国同类行业翘楚耸立。每年都有数亿元工程量的施工合同。加强管理，提高质量，减少后患，是工程质量得到保证的关键所在。体现一个装饰工程项目的成功与否：

第一是看工程质量，二是看经济效益。紧紧围绕“质量”与“效益”，狠抓管理，在实际工作中我总结了以下几点工作经验：首先争取工程项目承接成功，公司在招投标的过程中，只把同行当成对手，不做敌人，只展示自己的能力，不说对方的不足。针对工程项目的施工条件和甲方单位的要求，做认真细致的测算，争取竞标成功；

第二完善落实施工的管理方案，落实现场各管理人员的到位，实行分工负责制，组成一个完整系统的管理队伍；

第三贯彻各项岗位责任制，落实管理到位，在施工过程的质量管理上，严格要求按图施工，做工精细，技术总负责人亲临现场配合现场施工人员，把技术规范落实到各班组成员，并经常检查是否到位，发现质量问题立即整改；

第四加强成本管理，确保经济效益，控制材料成本，控制费用开支，做好现场验证签单和工程预决算工作，健全财务管理制度，对每一项工程，从工程施工开始到竣工的整个过程，我们严格抓好各项管理工作，尤其是安全和质量管理深受广大业主单位的好评，并且有的工程随着进展，甲方对远鹏公司的施工质量和信誉越来越有信心，并一再追加合同数额。比如：在江西省电力电网调度综合楼一标段中标签定890万工程施工合同，由于良好的现场管理和施工质量，最后甲方追加到了3100万的施工合同。

二、开展全员在职培训与后续教育

在知识经济时代，企业的全员职工知识结构、高级人才所占据比例将直接影响到企业于知识经济时代的竞争力。残酷的市场竞争，要么超越成为佼佼者，要么退缩，被永远地抛弃而消亡。而企业市场的竞争，是一个综合实力的系统性竞争，在企业的各个发展领域，需要不同的人才。装饰企业的单一的拉挂靠，收取管理费的低级经营方式，最终将被市场彻底淘汰。我认为以“知识”全面武装企业，将装饰企业建设成为行业内的“精锐部队”，造就一批各级技术与管理人才、职业经理队伍与注册持证、合格持证梯队，为形之所需，势之所迫。

依目前的装饰市场业务开拓、项目经理一系列工作之间，结合市场化方向发展的趋势，企业的人才培训与后续教育规划需两条腿走路：一是满足于目前在未能转换政府职能下的含地方性不规则竞争与地方保护之间培训与持证的需求。二是为迎接入世后依照国际惯例所采用的注册制的一系列培训与后续教育持证执业的终极之路。

根据国际惯例上的注册制，我国现正要求各行业与国际惯例接轨，一系列的持证要求与需求，必将很快到来。以项目经理持证工作为例，自1992年建设部颁发《施工企业项目经理资质管理试行办法》以后，至1998年间基本上未作项目经理持证的硬性指标要求，而今天，我们参加各类工程项目投标，基本上对项目经理，且是一级项目经理持证成为最基本的硬性要求。

自1998年以来，翻阅一下我们的历史档案，在参与几乎所有的工程项目投标及工程项目管理工作中，项目经理、安全主任、五大员、特殊岗位作业工种等等的各类要求，层出不穷。一方面，说明了行业管理的规范、市场竞争的加剧，取得业务的资格条件在提高；另方面，对全国保障工程的最终产品的过程与结果的品质要求，其资格与综合资质的台阶已非昔日可比。

2001年3月，建设部对各类建筑施工企业进行企业的资质再就位，重新核定其行业与专业资质等级。姑且不论其是否全面科学，但有一点让我们感悟的是，全面提升人才素质，加强人才培训与后续教育，持证作业、持证上岗，是各方面的综合要求。在知识更新瞬息万变的今天，加强在职全员培训和后续教育是必要的。

三、加强人力资源的储备和管理

在面对变幻莫测的新时代面前，淘汰值的比率在不断地加大，在谋求企业发展的道路上，企业培养人才，人才也造就了企业。远鹏公司在实际工作中，把培养、吸引和用好人才作为一项重大的战略任务来抓。以自主培养为核心，构筑业内高才吸引机制，以维系建设远鹏人才库。

“兴业之道以人为本”，提高员工综合能力，必须加强岗位培训。方式可以是脱产学习、学术交流和在职培训。以切身的实际情况为依托，远鹏公司积极支持在职员工自我培训，鼓励员工对自身素质不懈完善提高。同时致力引进和培养经营管理人才，对招募来的项目需要的阶段性人才及业内颇具实力的突出表现人才，予加以管理、培植，委以重任。人力资源的目标是要建立一个充满创造性活力的人才系统，以在不断变化的市场竞争中得到持续、高效、低耗的发展，在各种严峻形势挑战下保持和不断增强自身竞争优势。远鹏的人力资源战略，在“德才兼备”的基础上培养企业、员工共同的价值观念，让可塑性强的年轻人在实践中得到锻炼提高。

“以人为本”，远鹏的稳健发展、人力资源管理日臻完善，为公司也为人才发展构架了广阔的空间。新世纪的来临，远鹏公司全体员工精诚团结、上下齐心协力，定会取得更大的辉煌。

提升发展理念　做强做精企业

中国建筑装饰协会五届理事会常务理事　全国建筑装饰优秀企业家
浙江省建筑装饰行业协会副会长　浙江亚厦装饰集团有限公司董事长
丁欣欣

在近年来建筑装饰行业竞争日益激烈的严峻形势下，我们浙江亚厦装饰集团有限公司始终坚持“品牌立业、创新为先、文化兴企”的管理方针，不断提升经营管理理念，各项经营业务呈现跳跃式发展的良好态势，年年位居全省建筑装饰行业榜首，并荣获“2002 年度中国建筑装饰行业百强企业”第二位。2003 年我们公司建安、装饰合同签订额和产值分别比上年增长 10.2%和 9.8%，并一举取得全国建筑工程装饰奖 3 项，浙江省优质工程“钱江杯”4 项，省优质装饰工程奖 8 项，优秀装饰设计奖 5 项，另有两项工程进入全国“鲁班奖”复评。

在此基础上，我们公司的产业拓展和横向联合也呈现出快速扩张的发展强势，房地产经营如火如荼，建筑业方兴未艾，旅游业初尝甜头，为确立公司在全国同行业中的领先地位、打造企业发展新平台奠定了坚实的基础。我们的主要做法是：

一、从注重质量到塑造品牌的提升

企业创办 13 年来，我们公司始终把质量视为企业生存和发展的生命线，从争创名牌精品工程为起步，在不断开拓和壮大中提升企业品牌形象，成功走出一条品牌发展型路子。

1. 质量立业，争创精品工程。从 1989 年创办时默默无闻的乡村小厂发展至今，我们公司始终把质量视为企业的“金字招牌”，在同行业首推“无缺陷质量”原则，积极争创“精品名牌”工程。建立完善“过程精品、动态管理、细节考核、无情处罚”的管理体制，严格把好工程设计质量、现场项目管理和装饰材料使用“三道关”，公开向业主推出“质量不大标准，公司全额赔款”的承诺，实现了缺陷责任期顾客质量零投诉。从企业软硬件建设入手，共投入 3000 多万元，全套引进德国幕墙门窗生产流水线和美国产打胶机、意大利产铝板加工设备，建立了与工程配套、拥有 1.2 万㎡的幕墙、家具、石材三大加工生产基地，并率全省同行业之先于 90 年代初成功地导入 CIS（企业识别系统），工厂化的生产、装配化的施工、优质化的服务，为单项工程优良率确保在 90%以上提供了可靠的保障。

从而较好地塑造了“亚厦装饰”品牌，使企业步入了“做一项工程，创一块牌子，拓一方市场”的良性轨道。凭着质量立业、品牌经营的强大支撑力，公司业务产值和市场份额逐年快速扩张，先后创出了杭州雷峰塔景区、省高级人民法院审判大楼、嘉兴市行政中心等一大批全国建筑装饰奖工程和杭州香格里拉、西子国宾馆等高档精品酒店。今年参建的杭州雷峰塔景区等两项工程又进入全国“鲁班奖”复评。

2. 品牌拓业，加快产业升级。近年来，为进一步提升公司的市场竞争力，公司充分利用“亚厦装饰”的品牌优势，开始了以扩张发展为目标的“二次创业”，以低成本扩张为手段，通过一系列的产业拓展、横向联合和资本运作，逐步形成了适应现代企业制度要求，以亚厦控股有限公司为母体，亚厦装饰集团、房产集团、幕墙、建筑、旅游、投资等六大骨干企业为支柱的组织框架，为确立公司在全国同行业中的领先地位、打造企业发展新平台奠定了坚实的基础。特别是创立于 90 年代末的“亚厦房产集团”在短短三年多的时间内开发足迹遍及江苏镇江、宁波、嘉兴、上虞等地，开发和待开发总建筑面积达 400 多万平方米。

由亚厦房产投资 3 亿元开发的嘉兴“亚厦• 风和苑”楼盘，先后获得建设部“建筑行业智能建筑试点项目”、“中国首届优秀环境设计大赛综合金奖小区”及“嘉兴市十大品牌楼盘” 称号。“亚厦控股”的跨行业、多元化发展也为“亚厦装饰”谋求新的突破构架了新的发展平台。

二、从注重营销到理念创新的提升

近年来，建筑装饰市场竞争日益激烈化，为提升公司在同行业中的竞争优势，公司跳出一些企业靠拉关系、打价格战的传统做法，以创新为突破口，通过实施“走出去，请进来”策略，及时学习国内外同行的先进理念和专业技术，公司领导层到员工，意识、思维、理念都较好地做到与时代同步、与市场对接、在同行领先。

1. 理念创新。为进一步提升企业的核心竞争力，公司主动走出省内，参与境内外市场竞争，先后拓展了北京、上海、山东等外省市大市场，并于 1999 年取得外经权，三年间合计承包境外工程项目近 1000 万美元，既学到了先进技术，又打响了企业品牌，走出了“出国门赚洋钱”的成功一步。同时，花重金请来了多名国内外知名专家、教授，并与中国美院、浙江动脑广告机构建立长期技术协作关系，出资58万元在全国同行业首家注册设立"浙江亚厦装饰集团设计研究所"，积极研发具有自主产权的新技术、新工艺，通过"借鸡生蛋"，使企业的科技水平得到了跨越式的提升。

2. 机制创新。近年来，按照建立现代企业制度的要求，公司本着"理顺关系、精简层次、截短链条、提高效能"的思路，全面实行"扁平化管理"，使公司呈现新的生机和活力。

一是全面实行岗位激励分配制。对经营管理者实行年薪+股份期权的双重分配激励；对各个分公司实行项目总承包，鼓励他们"八仙过海，各显神通"，做大做强经营蛋糕；对项目经理打破原先"划定分区"，设立质量创优奖、业务开拓奖，加大业务提成奖励，激发项目经理承接高、大、难、新品牌工程项目的积极性；对管理人员则按其岗位、工作量、工作业绩，推行绩效挂钩考核，形成企业内部"人人压担子、个个有动力"的良好氛围。

二是推行项目目标责任制。所有工程项目实行财务统一核算、一个头对外，材料统一采购、一个头投标，项目内部竞标，一个头发包，最大限度的控制企业生产成本，降低工程造价，提高了招投标工程项目中标率和创优率，涌现了像上海、宁波、北京三家分公司年业务产值均超亿元的大户，成为这些年公司业务开拓的新亮点，2002年公司业务产值首超10亿元（含建筑）大关。

三、从注重管理到企业文化的提升

企业文化建设不是一种粉饰企业的装潢，而是现代企业管理的灵魂。从注重规范管理到企业文化建设，是我们发展规律的必然结果。强势企业文化，有利于激发全体员工的热情，整和各种资源优势，实现企业员工共同的发展远景。坚持"文化兴企"，是实现亚厦一次腾飞和"二次创业"的原动力。

1. 引进优秀人才，打造团队凝聚力。按照"事业留人、感情留人、待遇留人"的用人原则，这些年公司积极营建一流工作环境，共出资3500多万元将公司总部迁至杭州，将公司生产基地建设成为花园式厂区环境，吸引了多名在原先单位挑重担和业务精英、技术骨干加盟公司，担任公司总经理、副总经理和中层干部，通过他们的示范效应，公司共网罗了300多名各类专业人才，他们各有所长、相互渗透、又有互补，形成了推动公司可持续发展的优秀团队，成为支撑"亚厦"这座大厦的"栋梁"。

同时，公司十分注重对现有人员的培训教育，近年来先后组织60多名各级管理人员赴日本、香港、新加坡等地学习考察。定期输送技术人员到北京、上海、深圳、杭州等地脱产培训，鼓励员工参加各种形式的专业培训和职称考试，还不定期邀请国内外专家、学者前来公司讲课、辅导，培养了一支善于开拓创新和攻坚破难的项目班子队伍，带动了企业整体素质的迅速提高。

2. 培育企业文化，提升核心竞争力。当企业发展形成较大规模后，公司开始从较高文化层次来提升企业管理，引入全新的企业形象管理，实施企业CIS阶段性推进计划，推出制度化规范管理，在较短时间内打响了"亚厦"品牌，增强了每位员工对"亚厦"的认同感和自豪感，逐步形成了富有"亚厦"特色的个性化企业文化，诸如"人才是第一资源"、"质量是立业之本"、"顾客永远是对的"、"服务坚决不说不"、"企业追求无止境"等等，充分体现了"和谐敬业、追求卓越"的"亚厦"企业精神。

在加强企业内部文化建设的同时，"亚厦控股"积极参与社会文化事业，以推动文化发展为己任，把社会经济的发展与文化发展的平衡看作是企业的责任之一，如发起设立"亚厦老年康乐基金会"，出资资助慈善总会、农村困难老人和失学贫困学生，组织"亚厦"企业文化学术研讨等活动，回报社会大众，改善人民生活已成为"亚厦人"义不容辞的社会责任。

论饰材采购过程中如何防止"不正之风"

——2003年12月18日在浙江省建筑装饰行业自律研讨会上的发言

中国建筑装饰协会五届理事会理事　全国建筑装饰优秀企业家

浙江省建筑装饰行业协会常务理事　浙江福田装饰工程公司总经理　**张跃迅**

随着我国社会主义现代化建设的快速发展，建筑装饰市场正如雨后春笋般迅猛发展，这给我们所有建筑装饰企业带来了勃勃生机。然而，正当我们趁着这大好形势大展宏图之际，许多企业却碰到了这样一个问题——在装饰材料采购过程中出现"装饰材料以次充好，装饰材料采购人员拿回扣等不正之风"。

这一问题，轻者直接影响工程质量和企业利益，重者留下不安全隐患甚至会发生安全事故。因此，有效防止在装饰材料采购过程中的"不正之风"成了当前业内的一大课题。下面我就这一问题谈几点看法。

1. 要有效地防止在装饰材料采购过程中的"不正之风"，首先要搞清楚形成这些"不正之风"的根源。古人说："天下碌碌，皆为利往"。这句话虽然有些有失偏颇，但它却反映了一种社会现象——行为的本质受利益的驱动。利益驱动的本身并没有问题，问题就出在是为集体的利益还是为自己的私利，是正当的去获取利还是非法的去获取利。某些不法装饰材料供应商和装饰材料采购人员满脑子想的就是自己的私利，满脑子想的就是如何非法地去获取私利。正是在这私利的诱惑下，他们不顾企业利益，不顾他人安危，无视国家法律，行贿索贿，中饱私囊，在装饰材料采购过程中做起了手脚。正是在这私利的诱惑下，不法装饰材料供应商通过向装饰材料采购人员行贿，达到以次充好，推销假冒伪劣之产品。正是在这私利的诱惑下，一些不法装饰材料供应商不光是买通了装饰材料采购人员，甚至还买通了设计人员，更有甚者还买通了业主。

若说私利的因素是形成这些“不正之风”的根源，那么社会环境因素可以说是它的催化剂。我国社会主义市场经济还处在发展阶段，由于体制还不够完善，法制还不够健全，使一些不法装饰材料供应商和装饰材料采购人员抱有侥幸心里，认为有机可乘。贫富差距和社会意识形态等问题，更使这些人的贪欲无限膨胀，行贿索贿肆无忌惮。我曾听一位装饰材料采购人员这样辩解说：“在这个圈子里，你不拿‘回扣’是不可能的，或多或少而已，这是公开的秘密”。

2.要有效地防止在装饰材料采购过程中的“不正之风”，关键要有一个科学有效的运行机制。我曾有幸到国内几家有名的建筑装饰企业参观学习，也曾就解决这一问题，在本公司做过一些尝试，以下四种机制我觉得不错。

第一是分权机制。“不正之风”往往与权力过大过于集中联系在一起。我们不妨把装饰材料的采购权一分为二为三。寻价的寻价，考查的考查，谈判的谈判，签合同的签合同，验货的验货，付款的付款，分工明确，职能分开，相互监督。这样一方面在一定程度上加大了在装饰材料采购过程中的监督力度，另一方面，在装饰材料采购的程序上也更为慎重。权小了，管的人多了，“不正之风”也就难起来了。

第二是总包机制。即项目经理费用总承包。可以说项目经理对整个项目是最清楚最了解的人，同时他又是项目安全终身责任人。我们把装饰材料的采购权交给他，可以极大地发挥他对整个项目的了解和负责等优势的作用。这不但大大降低了工程成本，而且还提高了整个工程的质量，两全其美。我们现在有几个分公司采用的就是这个方法，效果比较好，极大地调动了项目经理的工作积极性。

第三是竞争机制。工程中标后，预算部门立即根据预算拉出装饰材料总单。采购部门根据装饰材料总单去寻价，并把每一宗装饰材料的数量、单价和时间进度在公司企业网上公布。公司每一名员工都能在公司企业网上看到这些信息。公司任一员工只要谁能买到同质量低价格的装饰材料，他就可以拿到这宗装饰材料的采购权。这一机制广泛地调动了广大员工的力量。江苏某知名装饰公司目前运行的正是这一机制。

第四是监督机制。即设立独立的寻价员，专业从事装饰材料市场信息收集，摸清装饰材料的质量和价格底。一方面，他负责向预算部提供装饰材料信息，另一方面，他负责对采购人员采购的每宗装饰材料进行监督把关。

3.要有效地防止在装饰材料采购过程中的“不正之风”，关键要建立健全一套科学的管理制度。用科学的制度规范人，一向是企业管理工作的重中之重。“不正之风”之所以泛滥，很大的因素是体制不完善，制度不健全，有漏洞。因此，在装饰材料采购过程中，建立健全一套科学的管理制度显得尤为重要。深圳某知名装饰公司在这方面做得非常成功，值得我们借鉴：

一是建立寻价制度。每宗装饰材料的采购必须先寻价，货比三家，然后根据性价比和项目实际选择意向单位进行商业谈判，最后根据性价比和项目实际确定供应商。

二是建立供应商黑名单制度。对不守信用，有不正当推销行为，销售假冒伪劣之产品的供应商列入黑名单。公司对列入黑名单的供应商的产品永不采购。

三是建立装饰材料采购终身负责制。装饰材料采购人员必须与公司签订装饰材料采购责任制合同。谁采购的装饰材料出了问题谁负责。为配合这项制度的落实，公司还利用计算机建立了装饰材料采购档案制度。详细记录每一宗装饰材料的供应商、数量、价格、采购人、联系方法和使用情况。

四是建立供应商承诺制度。即在与装饰材料供应商签订购销合同时，要求装饰材料供应商承诺：不搞不正当竞争，不向采购人员行贿，不销售假冒伪劣之产品。

4.要有效地防止在装饰材料采购过程中的“不正之风”，关键要用好人。“不正之风”说到底是人的行为。要从根本上解决这一问题，关键要用好人教育好人。首先，要严把用人关。企业在聘用或选拔装饰材料采购人员时，有德无才的人不用，有才无德的人也不用。因为装饰材料采购人员不仅要懂得项目施工知识、设计知识、材料知识和法律知识，具备社交和谈判等本领，更要具备高素质的品德和职业道德。

因此，要尽可能聘用德才兼优的人。其次，要加强教育。企业要重视对装饰材料采购人员进行理论教育，帮助他们树立正确的人生观和价值观，树立讲学习、讲政治、讲正气、讲职业道德的思想观念。要加强对他们的业务培训。帮助他们不断吸收新的科学文化知识和新的材料知识，不断提高他们的业务水平和工作能力。要加强对他们进行法治教育，帮助他们树立学法、懂法、守法的思想观念。此外，要关心他们的工作和生活。要经常检查他们的工作，肯定他们的成绩，指出存在的问题，鼓励他们树立克服困难的信心。要了解他们的生活情况，帮助他们解决工作生活中出现的困难，使他们对企业有家的感觉。

5.要有效地防止在装饰材料采购过程中的“不正之风”，关键要奖罚并举。“不正之风”不过是因为受利的诱惑。不法供应商不但拿我们的钱行贿，还趁机损害我们的利益。我们要把这份人情抢回来，把供应商的“回扣”“拿来”，以公司的名义公开奖励给一心为公的装饰材料采购人员。至于那些利欲熏心的贪婪虫，对他们我们决不能手软。若他们违反公司的制度，就严格按照公司制度处理。若他们触犯国家刑律，就将他们绳之以法。

总之，“不正之风”并不是“不治之症”。随着社会主义市场经济的不断完善，随着我国法制的不断健全，随着企业内部管理的不断加强，“不正之风”必然会有所好转。

技术创新体系和精细管理

中国建筑装饰协会五届理事会副会长　全国建筑装饰优秀企业
上海市装饰装修行业协会副会长　上海市建筑装饰工程有限公司总经理　**谢建伟**

一、关于建筑装饰企业的技术创新体系

结合我们公司高星级饭店宾馆、高级办公楼、精装修公寓等项目的设计施工实践，从两个方面谈谈我们公司是如何以市场为导向，瞄准国际先进水平，进行技术创新的，我也非常希望和愿意与同业同仁，就本文的内容进行提问，我一定努力给予满意的回答。

（一）技术创新体系的构建

我们公司成立十余年来，技术创新的发展历程，基本呈现三个比较明显的发展阶段：

第一阶段，是自发自为的技术创新阶段。这大致在1992～1996年之间，主要是接受和消化外来的技术，通过对港台澳及沿海发达地区装饰企业成熟技术的学习、借鉴和引进，逐步改变了粗放型的施工技术观，使“精细、精确、精美”的建筑室内装饰装修概念，成为每个管理者及设计施工人员的共识。同时，我们在“被动接受”的基础上，开始了技术创新活动，通过推行标准化施工管理，运用先进的电动机械工具等，在木构件饰面装修技术工艺上，取得了全面的突破，质量标准大大高于当时上海同行业水平，使高级公共建筑室内木饰面装修的现场加工工艺和外观质量，成为竞争取胜的法宝之一。比如在木饰面离缝粘贴前，先对基层板离缝部位涂刷油色，使传统的勾缝工序得到科学的调整，既方便了操作，加快了速度，木饰面外观质量也达到了工艺美术般的精细、精确和精美。这一阶段的代表性项目是：上海证券大厦、上海广场、上海浦东海关、锦沧文华大酒店（五星）、海仑宾馆（五星）、锦江饭店（五星）、建工锦江大酒店（四星）、华夏宾馆（三星）、广电大厦、东方明珠电视塔等。

第二阶段，是组织推动的技术创新阶段。这大致在1997～2000年之间，公司已基本完成第一阶段的外来技术引进和消化，以木饰面、墙地砖为标志的常规施工技术已非常成熟。

此时，上海有一大批标志性公共建筑正处建设高潮，其室内装修的标准之高，是前所未有的，而我们公司作为上海建工集团工程总承包体系中的装饰专业架构，也承担了金茂大厦、国际会议中心、科技馆、浦东国际机场、地铁车站、上海美术馆、上海电视台、东方电视台等一系列大体量、高标准内装修，这就迫切需要在国际工程合作中，形成新的技术突破。为推动这项重要工作，我们在上海同行内率先设立了总工程师室和技术部管理体系，运用第三方认证的ISO9000质量管理标准，组织领导技术创新。这阶段主要结合上述工程的技术标准，在石膏板吊顶、超重超大木门加工、石材精确切割和安装等方面取得了显著进步。

在金茂大厦施工中，我们解决了88层楼发光穹顶和观光厅墙地面石材的多项技术问题。比如，变截面锥筒发光穹顶位于54～88层酒店中庭顶端，空间高达100m，筒体内装修根本无法采用常规脚手架的形式，技术人员专门设计了下沉式可变伸缩操施工平台，类似“倒置雨伞”，可自由升降和水平伸缩，使变截面锥筒体内的登高施工非常省时、省力和安全，完全满足了现场立体交叉工况的需要。

再如88层观光厅内，厚度仅5mm的超薄复铝墨绿大理石，干挂时与异型不锈钢镶条之间要不留缝隙。地坪黑金沙花岗岩以主楼核心筒为圆心，呈放射型扇面状，地坪镶嵌的弧形青铜条，与墙面竖向线条、吊顶弧形凹槽要一一对应，这都是当时国内从未遇见的施工难点。我们现场精确放样后，在工厂用数控金刚沙水刀进行切割加工；铺设时按四分之一区域控制和调整拼装误差，圆满完成了石材斜面多边形切口、内折外翻多角度微刻槽、异型镶条折边等加工过程。

在上海国际会议中心酒店（5星）宴会厅施工中，我们面对的是两大国内之最，4400㎡连续整体轻钢龙骨石膏板吊顶，如何防止开裂？单扇高4.8m，宽1.8m，重达1000kg的巨型木门，如何加工和安装？

对前者,我们运用较为完整的“系统防止技术”，疏而不堵，释放累积变形应力，保证板缝呈结构受压状态，使该宴会厅石膏板吊顶至今未出现可见裂缝，且该项创新技术用到各种空间的石膏板吊顶工程上，都取得了满意效果，成为保证质量的重要技术手段。

对后者，我们摒弃了国内常用的铰链连接传动的常规，采用“轴向轴承连接传动装置”，将巨型木门开合剪切力，转换为楼板支撑的重力，通过轴承减少转动摩擦力，用调节装置控制门缝精度，使门扇开启的噪声、平稳性等难题得以解决。该项技术在后来的南京国际展览中心、上海国际新闻中心等多项工程上，也得到了广泛应用。

在上海科技馆飞翼形展示大厅，球幕及巨幕影院大厅等大空间、大体量区域的施工时，我们解决了四项技术难点。首先用激光全站仪配合电脑三维空间建模，对13m向20m标高螺旋渐升。投影面积超过2000㎡的球形网架吊顶转换层，进行吊点测量和受力计算，建立了整个双曲面的控制网络，并用专门操作台进行施工。第二是通过十字交叉线定位后，向四周延伸铺装吊顶铝板，并在吊顶板背面增加肋筋，控制排列顺序及平整度，保证了超大面积天棚的整体流畅感。第三是根据干挂石墙的克罗地亚沙石板材质地疏松，拼缝不允许打胶的设计要求，改革了背拴螺丝钻孔工艺，使结构强度大大增加，第四是针对大面积贝壳磨石板材薄、规格大，铺设后四周容易翘边的通病，进行多种工艺的试铺，取

得最佳经验后，再全面铺设，达到了预期的质量要求。

第三阶段，是需求拉动的技术创新阶段。这大致从2001年开始直到现在，建立在公司整体技术相当成熟，正在追赶国际先进技术水平的起点上。因此，这阶段技术创新在强化统一组织基础上，更追求创新内容直接与企业长期发展目标、企业经营战略挂钩。公司层面的技术创新核心已经从以工艺创新为核心，转移到以企业技术结构创新为核心，形成了在项目部管理层面上，注重工艺创新；在公司管理层面上，注重技术结构创新的整合性体系。

在公司层面确立了“工厂化加工、现场总装配”、“室内有害物质控制”及“构建ISO14001环境平台”的三大技术创新。目前，经过威斯汀大饭店（五星）、上海东锦江大酒店（五星）、明天广场大酒店（五星）、兴国宾馆（四星）、西郊迎宾馆（四星）、虹桥宾馆（四星）、北京京西宾馆、北京钓鱼台国宾馆等几十个高标准项目的木装修、石装修案例，整体实现了工厂化加工、现场总装配的技术创新。

在项目部层面，这阶段的重点放在天然石材系列安装技术的创新上，除了将解决空鼓、泛色、缝处理失当、石材爆边现象、石材纹路不顺等问题，作为石材饰面质量控制的重点，还在技术、工程管理部门的统一指导下，根据工程特点，有选择地对某些细节环节进行创新，形成了石材拼缝预设计、嵌缝材料工厂加工、石材表层保护、石材修色复原等等十几项新技术新工艺，使公司的石材施工质量，上升到审美层次，奠定了石饰面精细施工的技术基础。在南京海关、江苏交通厅、上海金光外滩中心办公楼、德隆国际战略投资公司办公楼、恒隆广场、庆余宾馆（三星）徐汇苑公寓、世贸湖滨公寓等工程上，取得了很大成功，其中南京海关的石材装修，被誉为“石材木做，外装内做”的精品。

通过木饰面、石饰面施工技术的系列创新，我们认识到，改变传统施工方式，不仅减少了施工现场的噪声、粉尘、挥发物的污染，成倍提高施工效率，降低材料消耗，有利于文明施工和环境保护，而且，由于工厂化生产方式，对操作工人个体技术的依赖性减低，使质量非常稳定，实现了诸如传统工艺无法实现的超长木饰面无接缝、烧毛拼缝嵌胶、快速无污染饰面平整等全新的精品标准。

工厂化加工和现场装配，还使公司的施工生产方式，进一步顺应了国际环保潮流。在建立环保实验室、投资控股专业检测公司的基础上，我们围绕环保装饰建材的选取，实现环保化施工进行的技术创新。目前已取得可喜进展，发现了装饰施工中的有害物质和气体是可控的，其关键是合适的后道工序对有害物质的散发具有屏蔽作用，因此，改变现有的工序流程，就有可能预先抑制有害物的释放，实现环保施工，为业主提供完全无害的工作生活空间。

通过对技术创新三个发展阶段的阐述，可见贯穿其中的三个关键：

第一，技术创新越来越向组织的严密化过程发展；

第二，技术创新越来越明确以企业总体发展、企业经营战略为主导，与企业发展总目标的衔接更为紧密；

第三，技术创新从单一的工艺创新，向企业技术结构创新方向发展，创新层次不断丰富，创新体系的层次也在不断深化。

（二）技术创新体系的进一步提高和完善

虽然，我们公司已初步建立了技术创新体系，但是，按照现代技术创新的内涵，仅是初步的雏形，需要不断提高和完善，由于时间所限，我对这个问题，不便做深入表述，仅谈一些基本观点，抛砖引玉，请大家指导。

就我们公司的实际，我认为需要在“创新源动力、创新战略、创新实践”三个方面进一步提高和完善。

1．关于技术创新源动力的提高和完善。企业现代创新源动力植根于企业的管理层，它一般分为两个层次，第一层次是企业最高管理层，他们要具备不断创新意识、成就意识、机会意识，最关键是要善于用人。第二层次是企业管理技术层。他们对技术创新的方向和深度，起指导和推进作用，最高管理层的决策，通过他们来组织和实施。因此，下阶段企业管理技术层要做的工作是，一要从参与重大技术创新具体活动为主，转化为以企业创新需求识别、创新战略确定、创新组织框架构建、创新激励机制构建、技术成果总结和推广为主上来；二要从技术创新能力为主转化为洞察力、机制创新能力为主上来，加快企业创新体系的国际化进程。

2．关于技术创新战略的提高和完善。完善技术创新体系的重点，是确立适合企业实际的创新战略，我们公司考虑从三个方面着手进行。

第一，在兼容技术推动和需求拉动创新模式基础上，重点发展需求拉动型创新模式，使技术创新更直接、更紧密地服务于企业发展和推动企业进步。

第二，促进个体创新非连续性向企业创新持续性发展，通过企业的组织领导，将不连续的个别技术创新活动，连接成企业创新的体系，使之形成可持续发展。

第三，注重通过学习和模仿，吸取国内外同行的成功经验，在新型应用技术、前沿技术研究方面，以拿来主义为基础，不断改进、完善和再开发，控制技术市场的投入风险，在技术成本和质量成本方面形成有效的竞争力。

3．关于技术创新实践的提高和完善。这有两个内容。

一是制定可操作的创新计划。包括创新总目标、外部环境分析、内部环境分析、内外环境综合分析、具体的目标计划、创新方案论证、计划实施控制等。重点对外部市场、客户需求、竞争对手进行分析研究，使内部创新的资源配置、激励机制等，更符合外部环境的要求，使技术创新更具市场实效性。

二是通过技术积累和信息沟通推动技术创新。技术积累包括基础理论积累和技术应用能力积累，既是个人知识技能的积累，又是企业组织层次的积累。因此，要重点做好多层次的资料总结和汇编，使企业的资源由无形变成有形，成为真正的企业积累，并为主要信息沟通提供基本资料。目前我们已完成了《室内设计方案集》、《建筑装饰施工标准图集》、《建筑装饰施工工常用工艺规范》、《项目管理文件汇编》、《室内装饰木制品工厂化加工与安装图集》等多项技术文件。

十多年的技术创新历程，使我们深深认识到：在建筑装饰企业的发展进程中，同步构建技术创新体系固然重要，然而，不断完善创新体系，使创新体系与时俱进更为重要。任何技术体系只有具备时代内涵和市场动力，才有创新的活力，才能推进建筑装饰企业现代化、国际化的发展。

二、关于精细管理的几个问题

我想与大家谈谈工程管理线条的现状如何，下一步该做些什么？怎么做？重点围绕外资工程项目，谈谈“精细管理”的问题。

精细管理的概念：一项工程的每个环节，所有过程都是有计划的实施。它具体从以下方面表现出来。

1. 有效的管理体系和人员配备。做外资工程，有效的管理体系是最重要的。我曾经对很多项目经理说过，假如你去做外资工程，不懂外语，第一你就必须配一个很棒的专业翻译，当你的助手，否则你不要去做，也不可能好。为什么？因为现场沟通，文件往来，都是用英语进行的。海湾大厦工程，我们派去了英语很好的项目工程师，外滩××号工程现在也配了英语很好的项目副经理，基本能应对下来。第二要有一个懂管理的内勤文秘，也要懂一些英语，会处理来往的文件，每一步都要清楚。第三就是深化设计的能力要强，与境外设计师能很好地沟通。这三个方面，一点都不能马虎，听不懂，看不懂，你还能做什么工程，肯定做不好。

2. 充分的技术准备。这不仅是外资工程，我想所有的项目都应该这样做。在外资工程上，我们碰到一个很大的问题，没有一个人，能把技术规范和技术要求说清楚，对所有的技术问题有清楚的认识，因为我们没有认真地去看图纸。比如外滩××号修复工程非常复杂，国外设计师已经把所有的工艺工序要求写成很厚的一本文件，你要做什么，怎么做，都清清楚楚告诉给你，如果我们有更好的办法，也可以告诉他。我不知道我们的项目经理和工程师认真读过这本“天书”没有。我们的项目部不知道修复工序怎么做，其实这本书里面都有了，人家问你的问题，都不知怎么回答，其实书里面都写了，问题是你认真读过图纸没有？认真看过设计要求没有？我也不是要每个项目经理都对技术问题非常清楚，但项目工程师必须非常清楚，这是你的职业要求。

关于“充分的技术准备”，也要抓住关键的环节。

一是对技术环节问题，光清楚还不行，还要有针对性地落到实处，我们现在遇到的主要就是落实问题，这是我最担心的。技术环节问题，你不提出来，监理和业主也会提，谁去落实？我们是承包商，必须由我们的项目部来落实。

二是技术环节问题的落实，不能似是而非，表面上好像懂了，往深处一问，就不行了。现在的问题就是似是而非，就是粗线条，这是我们管理上的大问题。比如总师室跟我说，项目部的施工组织设计编制，往往会出现“假如我们中标，就……”的语句，这都是投标书的内容，你就是抄，也要注意细节的真实性，这说明我们的精细管理很不够。我们做装修的，与土建不同，就是任何时候都要精细，每个细节都要注意，这样才能生产精致的产品。

什么是精？什么是细？其实就是工作质量的精和细，做不到这些，你最后的产品，就不会精细。

3. 一定要有水准很高的专业分包，对项目部来讲，是要有良好的协调能力。我们做装修，涉及的工种工序很多，你都要去精通，这不可能。关键是项目部的综合管理能力要强，能协调好各专业分包作业的配合默契。比如，一个专业分包的作业方案给你了，你要会分析判断，它的方案可行吗？然后与其他的专业分包工序综合起来看看，是否可行。这就是项目工程师的本职工作，而项目经理最后的实施决策，就是建立在综合管理基础之上的，要的就是可行性。

4. 有一支经过开工全面训练的施工队伍。现在我们很多问题都出在施工人员身上。尤其是外资工程，它有个特点，就是每个进场作业的人员，都必须是合格的。但我们现在一线的操作工人，都来自于农民，技术素质不高。就是一些施工管理人员，在素质上，也与现代装饰装修的标准有距离。比如在××大厦工程上，我们对顾客提供的产品，在接收、存储和保护措施方面，与国际标准相差悬殊，这反映我们的管理人员水平、要求、素质、标准太简单了。所以，我们的工程项目管理部门，应当要反复地、不厌其烦地告诉施工人员，你应该怎样做，职业训练，就是反复说，天天读，使你印象深刻，永远不会忘记。比如，施工员每天要对作业人员进行施工交底，安全巡视、质量检查要天天说、天天念、天天叫，这样肯定会有好处，坚持下去，就会培养出高标准的、高素质的，很有自律行为的施工队伍。

5. 有高标准的眼光。这是我们搞装修的一贯要求，在做不同的工程项目时，眼光一定要与设计标准相对应。比如外滩××号对我就有很大的启发，意大利的设计师对装饰材料非常重视，我们一开始还不适应，后来才了解业主要的是与“路易·威登”品牌专卖店相适应的装修档次。所以，我们做装修，为业主服务的最大内容，就是了解业主的心态和需求，按他的标准去找参照物，有高的眼光，才会有高的标准。只有心里有了标准，眼里看到了实物，有了概念，就能进行比较和鉴别，否则真的达不到外资工程的装修标准。

同样，有自己的采购渠道非常重要，设计师或业主指定的装修材料，你要知道生产商是谁，怎么样采购？要找到它的代理商，顶级品牌一定有代理商，这是国际惯例。做外资工程，必须明白这个道理，不能像国内采购一样，总想绕过代理，直接找生产商，这就缺乏诚信。

高标准还体现在，干活的知道怎么干，采购的知道买什么，做经营的知道控制什么。

再就是，要有信誉。做外资也好，做内资也好，言而有信非常重要。我发现我们有很多的问题，都出在失信上。答应的事总是做不到。后来我发现，有的时候，答应的事做到了，但在价值判断上总有问题。比如，业主的工程协调会，要求你提供资料，虽然你如期拿出来了，但质量不高，达不到他的要求，业主就会认为你言而无信。一而再，再而三的失信于人，就是问题。要言而有信，第一我清清楚楚业主要求的是什么？第二我清清楚楚到时候可以给业主什么？第三是有效的组织，在参加协调会之前，项目部一定要有分工和准备。事先不准备，怎么应对业主的问题，最后肯定出问题。

我也会遇到业主约我谈工作的情况，每次我都从几个方面进行准备，第一，是业主有什么要求？还是我们有什么问题？第二，我要先查阅投标文件和图纸，与有关同志讨论，了解项目情况。这样与业主谈的时候，就胸有成竹，就会给对方留下好的印象。有很多的组织准备，有很好的技术准备，你才能做到言而有信。

我说了这么多，归根结底就是强调“精细”二字。我们都是搞工程的，不是幻想家，做工程的就要精细，不精细，就做不好工程，我们目前的差距，也就是在精细上，这是要逐步要解决的问题，要不断的深化和优化。一个项目工程师，一个项目经理，判断他称职不称职，就看他工作精细不精细。

大家知道，2004 年对我们公司是非常重要的一年，它的重要就在于，第一次提出了新的产值目标，无论是经营、还是施工，都要比去年有百分之二十五以上的增幅。

可以这样说，今年要达到经营生产目标，按目前的状况和趋势来看，好像基本上没有大的问题，关键是这些工程项目拿到手后，怎么做好它？这是一个非常突出的矛盾。

我举个简单的例子：

比如，今年我们承接的工程项目，预计平均造价约×××万元/个，而我们项目管理部的数量，则难以胜任全年预计××个项目的施工任务，有些项目部的战线，已拉得很长，好几个项目部，都遇到了这些问题。还有的项目，正处在决标阶段，可项目经理到不了位，业主就有怀疑：你一个项目经理，同时管几个工程，能顾及全吗？对我的工程怎么能全身投入？

所以，我从 2003 年就思考过三个问题，2004 年春节团拜会上，我作了归纳。

第一个问题，与优秀的民营企业、外资公司相比，我们公司有什么不同？其实这就是我们在进一步发展时，遇到的机制、体制、管理、观念上的冲突，这些不同是什么？有哪些？，请大家提出来，凡是在我的权力范围内能解决的，一定想办法解决，我们一定要改革，一定要变化， 10 年前，我们对项目管理体制进行了改革，得益很大，影响深远。现在还是要看有什么不适应市场的，有那些要抛弃的，这样才能有发展。

第二个问题，我们在 2003 年的外资工程实践中有什么问题和差距，如何解决？我实事求是说，对重大工程、政府工程的施工管理，我都很放心。可是一做到外资工程，我就很心焦，问题很多，这说明我们在外资工程上的差距非常大。我们做的外滩××号、××大厦、××电等外资工程，个个都有问题。其实在上海投资的外商工程，还是属于国内模式，但它的业主非常职业，不淘“浆糊”，对工程的每个环节都清清楚楚。因此，外资的经理人、设计师和工程师，对我们也提出了同样的标准，你达不到标准，他就认为你不职业，问题就产生了。

第三个问题，我们现在不断提人才储备、人才培养，因此要求我们不断地引进人才，但是这又遇到了人才储备与培养同劳动生产率的问题，怎样处理？这不仅是公司的问题，也是项目部的问题，我觉得现在这已经成为矛盾了。我们营业中心和投标中心扩编后，部门的人数比有的装饰公司还大，但假如原来营业部这些人，每年做×个亿，现在人增加了一倍多，经营产值却增加不大，可想而知劳动生产率多低。现在公司要不断发展，工程数量多了，就要不断进行人才储备与培养。人才今天进来，不可能明天就派上大用场，要有一段时间的培训，花多长的时间？储备与培养的关系怎么样处理？比如项目部，如何配备人员，对项目劳动生产率和成本核算来说，当然人是越少越好，但也不是绝对的。我曾对一个项目经理说过，你现在同时在建四、五个工程，那你就要配四、五个项目常务副经理，这就牵涉到了这类人才的储备与培养。因此，这不仅是个现实问题，更重要的观念问题。再比如设计所的规模，现在也是不断扩展，比以前增加了百分之二十，技术部的办公室腾给了他们，三层楼几乎是他们全包了，看来人员还要增加。说实在的，在一个公司的发展过程中，确实有一个经济效益和发展问题的矛盾，现在我们遇到了。

我上面提的这三大问题，是我们公司在 2004 年必须面对的、必须解决的一些矛盾，对这些关系到公司命脉的问题，我们要统一思想。

在这里，我要提一提工程部和营业部提出要把工程管理从“质量为中心”转移到“以服务为中心”服务观念上来，这是我们这个行业的必然发展趋势。什么是“以服务为中心”？就是顾客想到的，我们就要想到做到；顾客没有想到的，我们也要想到和做到，当然前提是“有偿”的。最近工程管理部搞了个以顾客为中心的若干服务规定，我比较满意。希望工程部结合“六岗六分制”考评，下一步要在“精细管理”上花功夫。要设计一些工作问题，对项目部的六个岗位进行考核，看谁回答最清楚，几个轮次下来，我相信养成习惯，会有帮助的。好的习惯，是需要训练的，不断的训练，就会有好的结果。

我想，精细化应当成为工程管理下一阶段的重点，工程质量要精细，工作质量要精细，任何时候都要精细，只有精细了，做外资工程就会有把握，就不会感到累了，我们的管理水平就会进入到一个新的阶段。

用新思路推动装饰企业可持续发展

中国建筑装饰协会第五届理事会理事　首届中国建筑装饰百强企业峰会轮值主席
全国建筑装饰优秀企业家　苏州金螳螂建筑装饰股份有限公司董事长　**倪　林**

一、用体制、管理、技术创新推动企业可持续发展

——2003 年 12 月 27 日在“全国建筑装饰百强企业推介暨新闻发布会”上的发言

金螳螂 1993 年成立，在中国建筑装饰协会等方面领导的关心帮助下，取得了长足的进步，作为一家民营装饰企业，正是凭借着充满活力的适应市场经济体制的经营机制才推动了企业的持续、快速、健康发展。成立 10 年来，公司产值每年以超过 30%的增长速度递增，2002 年度，公司施工的装饰工程共获得了 2 个鲁班奖、5 个全国建筑工程装饰奖，12 个江苏省优质工程，公司已连续多年被评为“重合同、守信用”企业。自成立以来，银行对本公司的评级一直是 AAA 级，在首届“2002 年度全国建筑装饰行业百强企业”评价中，金螳螂荣获第一名，扬子晚报、苏州日报、建筑时报、首都建设报等主流媒体均在头版显著位置予以报道，引起较大反响。

作为一家民营企业，金螳螂坚信市场经济是法制经济，只有运作规范有序、具有强烈责任感的企业才能在未来的竞争中牢牢占据一席之地。我们强调的是诚信意识，依靠质量占领市场，依靠信用赢得客户，树立起良好的社会形象。我们十分注重融入社会、回报社会，我们的目标是要将金螳螂建设成为一个对社会有很大贡献、对员工有稳定保障、对股东有个可观回报的企业。公司自成立以来，已积累向国家上缴各类税收超过 1 亿元，累计向社会捐赠超过 500 万元。目前公司已通过 ISO9001、ISO14001 和 GB/T28001 三位一体管理体系认证，“金螳螂”这一品牌已被江苏省工商局认定为著名商标。

在过去的 10 年中，我们公司取得了一些成绩，更存在许多不足，跳出装饰行业来看金螳螂，我们还是一个很小型的企业。如果说我们能取得一点成绩的话，是由于金螳螂把创新看作是企业发展进步的动力源泉，我们坚持体制创新、管理创新和技术创新，利用先进的管理思想和经营理念，运用现代管理模式和科学经营手段促使企业走向良性发展轨道。为此金螳螂在津塘抗灾成立之际就以建立高效活力、适应市场经济机制的现代企业制度为目的，逐步实现了公司产权关系明晰，部门职责分明。

金螳螂成立之初，因为是一个民营企业，公司股东会、董事会、监事会、总经理及各部门职责分明，经过多年的摸索，已形成了一套比较规范的运作机制。现在，每年的财务决算、下一年度的财务预算、经营目标都必须经过股东会投票表决通过后才能执行；重大投入、重大决策都由董事会集体讨论并在年度股东会上予以通报；总经理室具体负责各项计划的实施与落实，各职能部门按照工作的性质形成了业务、设计、施工与后勤服务五大块，所有的工作都围绕前期工程（业务）与后期工程（施工）来开展，各职能中心紧密配合，通力合作、协调发展，如此形成了一个合力推动企业持续、稳定、健康地向前发展。

现代管理应该是人本管理，企业的发展动力来源于每一名员工的创造和奉献，公司逐步创造出了信任、尊重、培养、重用员工的机制和环境。从 1999 年底，公司实行了内部股份制改造，在自愿的基础上，公司的 40 位主要骨干成为了公司的股东。2003 年，公司又拿出一部分股权让今年新增的骨干持股，公司的股东将增加到近 70 位。公司各部门的骨干成为公司的股东以后，身份的转变会更加促使大家增强对企业的关注程度。我们感到，这一举措对企业的发展是有相当积极的促进作用的。

体制创新就是为了提高企业的核心竞争力。我们认为企业核心竞争力是企业独具的，长期形成的，蕴涵于企业内质的，支持企业过去、现在和未来竞争优势，使企业长时间在竞争环境中取得核心能力。这种能力可使企业不断对各种资源、要素进行优化配置、组合，从而使企业获得比竞争对手更高的市场份额和利润。金螳螂的发展模式，靠的是高起点，舍得投入。公司发展的前五年，公司股东从未从公司拿过一分钱红利，而是将所有的积累都用于公司的建设。目前公司不仅在苏州市中心拥有一个投资 5000 多万元、占地 30 余亩的园林式行政中心，还在苏州工业园区拥有一个占地 100 多亩的加工中心，全部建成后，工程共投资 5000 多万元，建筑面积达 3 万m²。从 1996 年开始，公司内部就建立了局域网，现在已基本实现了无纸化办公。所有这些投入，硬件上向业主展示了一个良好的企业形象。

高投入、高起点也同时反映在人才的培养与引进中。我们建立起了比较好的员工收入与福利体系，除了国家规定的福利、保障措施外，我们还陆续出台了员工医药费定额报销、汽车与电话费补贴、误餐补贴、工休咖啡、独生子女医疗保险、员工出差平安保险、国内旅游、出国学习、考察福利措施，这些措施的出台，在人才的引进与培养上起到了很好的作用。我们还逐步打造了一个学习型的团队，加快信息和知识的流通，培养学习和创新能力，通过提升员工的素质来推动企业向前发展。

金螳螂根据对市场的积极调研，并对装饰行业的未来发展态势做出了科学地分析和判断，通过对企业发展战略进行研究和实施，并根据生产力要素优化配置的原则和方法，不

断进行管理创新。比如公司坚持以设计为龙头打造金螳螂品牌，在公司的发展进程中，我们始终将设计部门放在发展的战略高度来对待，高起点打造设计师队伍，无论从硬件投入还是从设计师收入、培训等方面，公司的政策均有一定程度的倾斜。现在公司拥有实际是近400名，其中教授6名，硕士研究生12名，本科以上的设计师占公司设计师的80%。公司对设计师的业务培训、设计质量考评、业绩考核已经形成了一套较为科学的体系。目前公司又在上海成立了由美国、香港和海归派设计师组成的金螳螂设计研发中心。

金螳螂深深感到，要使企业基业常青，必须建立规范的企业文化建设机制，摸索一套适应企业发展，符合企业实际的独特企业文化体系。与企业管理同步运作，提高企业的向心力和凝聚力，体现企业的形象和精神。为此我们出版了企业报，还创办了针对管理层的内部简报。针对施工部门的施工简报、针对设计部门的设计简报。还通过各类丰富多彩的活动，团结广大员工，活跃身心。我们相信一个成功的企业必定已形成了一个既具时代特色又体现企业内在特点的企业文化。正是因为这样的企业文化塑造了与公司荣辱与共，先讲付出，再谈回报，“公司兴旺我光荣，公司落后我耻辱”的价值观。

管理创新意味着做好经营战略，注重发挥特色优势。做到人无我有，人有我优。比如金螳螂长期坚持质量优先原则，不挂靠、不转包。公司成立之初，我们就提出“业务是基础，设计是灵魂，质量是关键”的口号，金螳螂坚持不管工程大小、不管地域远近，均由工程管理部派出施工部门承担施工任务。我们深知质量对企业意味着什么。挂靠可能会给公司带来暂时的利益，但如果管理体系不能满足对挂靠队伍的管理，挂靠所带来的是“有限的收入、无限的责任”，最终会危及品牌。为了加强对外地市场的开拓和管理，我们成立了五个办事处。与此相适应，近年来公司还建立了比较完善的现场施工管理规范与作业规范，合格材料供应商认证制度，材料的供应始终由公司统一把关，由施工部门和材供部门一起向社会进行询价、比价，建立公司统一的材料信息体系并向各施工部门公开，保证各施工部门拿到质优价廉的材料。近年来公司所承建的国家质检总局办公楼、江苏省政府、省财政厅办公楼、青岛海信、春兰集团、海澜集团、扬子药业、丁山香格里拉大酒店、青岛香格里拉大酒店、中山香格里拉大酒店、无锡太湖饭店、南宁国际大酒店、南昌大酒店等装饰工程均受到普遍好评。

管理创新是最终为了坚持走“做强”企业之路。每一个企业的发展，都会遇到“做大”与“做强”之间选择与权衡的难题，我们金螳螂理念是：如果必须在“做大”与“做强”之间作一个选择，我们宁愿选择“做强”。在金螳螂发展的前五年，因为人力、物力、财力等方面的制约，我们也是在专注于装饰。但企业的发展，必须提升其核心竞争力，必须要有别于其他企业，目前金螳螂已经初步发展成为一个以室内外装饰设计、施工为主体，家具、广告、艺术品、景观及其他配套产业为辅助的装饰企业集团。做大主业、做强其他配套产业是一个企业的核心竞争力的体现。在装饰工程中，对业主来讲完成室内装饰仅仅是完成了一部分工作，因此，在金螳螂未来的发展规划中，与装饰行业的相关配套产业始终是我们关注的重点，当然我们发展其他产业的先决条件是我们是否有管理能力、专业人才及相应的财力，是否会成为这一行业的专家。

在做到体制创新、管理创新的基础上，我们不断加强技术创新，不断通过对企业科技发展的分析研究，找出管理、技术上的薄弱点，通过现代管理、技术攻关、取得优势技术，并配以系统的设施推广应用，带动企业管理模式的创新，并逐步形成自主知识产权。公司努力探索工业化，现场装配化的施工新模式，装饰企业要发展必须紧跟世界装饰的发展潮流，工业化生产、现场装配化施工是装饰企业未来发展的必由之路。金螳螂在这一方面正在做出了不懈的努力，目前在工业园区，投资2000多万元，为施工现场做配套的加工中心二期建设已经全面展开，与此相配套，公司已经着手从设计环节解决现场装配化的问题，在青岛香格里拉、中山香格里拉大酒店工程中，我们在装配化施工中已取得了不少经验，其工期、质量、环保等方面都受到了业主的高度评价。公司计划在部分工地推行现场装配化施工试点的基础上，将在技术逐步成熟以后，在公司内部全面推广。

不管金螳螂在以前的发展过程中取得了多少成绩，在装饰行业，任何企业始终在做完一个工程以后，所有的工作是从零开始的；不管金螳螂以前拥有过一些经验，由于企业管理经验始终是滞后于企业发展的，金螳螂今后需要学习的还有很多很多，因此体制创新、管理创新、技术创新将是公司发展的一个永恒话题，以共同推动中国建筑装饰行业的可持续发展。

二、按照完全市场经济的思路运作装饰企业

——2004年11月12日在海南博鳌“首届中国建筑装饰百强企业峰会”上的主题发言

非常高兴有这样一个机会相聚海南博鳌蓝色海岸。这对平时工作繁忙的各位领导和同行来说是一次很好的调整机会，也是一次很好的相互交流、沟通、学习和提高的契机。在这里我要代表百强企业向主办这项活动的中国建筑装饰协会和《中华建筑报》表达深深的谢意，向应邀参加此次峰会的各位领导和专家致以深深的敬意，感谢你们为装饰行业、为百强企业的发展所做出的贡献。“”“”

同时也要向所有的同行表达真诚的祝福，让我们百强企业紧密团结，为中国建筑装饰行业的持续、快速、健康发展，为中国建筑装饰行业更加美好的明天奉献出我们的力量！

能够担任首届峰会的轮值主席，对金螳螂来说是一种光荣，更是一种压力。金螳螂在两次百强评价中取得了较好的

成绩，但我们深知与同行相比还有许多的不足之处，还有许多亟待完善的地方，希望在这短短的两天时间里，大家能够通过学习、交流、讨论等多种形式加深了解、相互促进，既有所思更有所得，为企业下一步的发展指明方向、创造条件，这也是本次峰会的真正意义所在。

从2003年年起，中国建筑装饰协会已连续举行了两届“中国建筑装饰行业百强企业评价推介”活动，这项活动已逐步为广大企业所认识，它已成为更好贯彻“扶大、扶优、扶强”的战略方针，促进行业信用秩序的建立和可持续发展的比较有效的方式，也逐步被市场和社会所认可。连续两届的百强企业评价得到了行业的普遍认同，产生了较为广泛的社会影响，百强企业可以借此机会充分展现自己，进一步强化、提升企业的品牌价值，增强品牌竞争力。百强评比以企业的综合实力作为出发点，客观、准确、全面地展示了中国建筑装饰行业骨干企业的风貌，为工程业主选择装饰施工队伍提供了准确、可靠的评价信息。争创百强企业的过程，就是加强自律，共铸诚信的过程。它也为企业的发展提供了一面镜子，可以看清自身在行业中的地位，了解竞争的实力，把握行业的发展趋势，因此争创百强企业的过程就是不断奋斗的过程，必将有力地激发建筑装饰企业的积极性和创造性。

近年来建筑装饰行业已成为国民经济发展的重要产业。2003年全国建筑装饰行业产值超过8000亿元。建筑市场的繁荣，拉动了20多个相关产业的发展。当前，我国正处在经济快速发展时期，为我国建设事业的快速发展创造千载难逢的良机，我们相信建筑装饰行业具有广阔的发展前景。我们更坚信百强企业将拥有更为广阔的舞台来展示自身的实力。

同时我们也要深刻认识到目前我们所面临的形势。2005年将是我国加入WTO后，市场全面开放，与国际接轨，按照国际惯例运行更为显著的一年。当前，中国与国际社会交往的一项极为重要工作，就是要求国际社会承认中国完全市场经济地位，自2004年4月新西兰率先承认后，现已有东盟、俄罗斯、巴西、阿根廷、智利、秘鲁、尼日利亚等25个国家，都是在中国国家领导人——主席胡锦涛、总理温家宝访问这些国家时宣布承认的。按照完全市场经济的思路运作装饰企业，将是我们亟待调整的一个重要思维模式。

大量境外事务所的涌入，带来了全新的设计理念、管理理念等，一些优秀的外资公司携设计、技术、材料和管理的优势，凭借其品牌信誉、融资水平和全球化加工能力，在大项目、高技术、精装修等方面挤压国内市场空间，必然给国内建筑装饰企业特别是重点企业带来更大的竞争压力。我们的百强企业作为行业的“领头羊”我们准备好了吗？

国外先进的装饰企业进入中国，无疑会带来先进的经营理念、施工工艺和管理经验，可以促进国内建筑装饰行业技术水平和服务质量的提高，还将对我国建筑装饰行业管理体制中的一系列问题，如招投标问题、以及资质、市场准入、审查等管理方式产生较大的冲击，迫使企业加快与国际惯例接轨的步伐。同时现代化施工机具和施工工艺的引进，必然对国内施工队伍提出更高要求，要求广大从业人员不断提高技能、改善设备，从而提高整个装饰队伍的能力和素质。目前我们的装饰企业包括百强企业与国际先进水平相比，仍然竞争力不强，差距很大，从企业内部而言大部分规模不大，小而全的模式显然无法适应市场的残酷竞争。许多企业不了解国际竞争规则，更谈不上竞争经验，对市场的变化不敏感，许多中、小企业不愿在市场细分中找出路，未能创出专而精的个性化品牌，去竞争抢占市场。装饰施工企业绝大多数仍停留在传统工艺上，仍是一个劳动密集型企业，未形成一整套技术进步体系，工厂化加工刚刚起步，技术层次低下，竞争能力较弱，缺乏用自己的专业技术优势占领市场的能力。许多企业管理模式落后，企业运作难以适应建立现代企业制度的要求。

从外部环境而言，目前国内市场还很不规范，由于装饰行业技术要求不高，市场准入条件低，导致装饰队伍鱼龙混杂，恶性竞争不断。最低价中标、挂靠、转包等现象的存在，使得百强企业的生存发展环境较为恶劣，百强企业在市场上的“附加值”并不高，与一些缺乏诚信、运作不规范的企业在同一起跑线竞争，严重损害了正规企业的利益。同时现在很多装饰企业还面临着严重的应收款，严重的拖欠使得不少优秀企业举步维艰，影响了企业新技术、新工艺的开发以及新设备的购置等，也影响了企业对人力资源的培养、引进和开发，使得企业的可持续发展受到较大影响。这些问题已摆在百强企业面前，我们不得不应对，我们不能不为装饰市场的“公平、公正、公开”原则而大声疾呼。希望在这次峰会上各位领导、专家能与企业一起探讨解决问题的途径和方法，为中国装饰市场的进一步繁荣，为百强企业迅速发展献技献策。

面对压力，百强企业只有一条道路可以选择，那就是知难而上，奋发进取。“发展才是硬道理”，在发展中存在的问题也只有在不断的发展中才能解决。因此我们将积极从各方面入手，不断完善各项管理制度，与时俱进，积极进取。

1. 转变经营观念，建立科学决策机制

面对激烈的市场竞争，我们要实现规模经营，追求效益的最大化，首先必须转变陈旧的经营思路，调整经营策略，规范经营行为，树立市场竞争的全新经营理念，按照WTO的规则确定企业的经营目标，调整企业的发展战略，是企业自立于市场的基础。要从思维方式上来一个调整，加大企业对市场的宏观调控能力，找准企业在市场的定位，树立全新经营战略，寻求资源配置和经济效益的最佳结合点。

为了保证企业的一切经营行为得以规范，我们必须要建立科学的决策体系和严格的管理程序，要按照产权关系逐级建立企业经营决策失误追究机制，推行企业经营管理绩效考核、奖罚制度，从体制上对企业的经营行为进行引导和约束，使企业按照现代制度赋予的权利和职责运营，最大限度降低经营风险，提高经济效益。

2. 突出科技创新意识，促进行业技术进步

“创新是一个民族的灵魂”，建筑装饰业的技术创新应以提高技术创新能力为核心，以培育新的经济增长点为目标，通过行业引导和市场导向以推动企业创新机制的建设，为提高工程质量和经济效益提供技术保障。围绕提高工程质量，降低项目成本，企业在项目的设计和施工中要加大新技术、新材料、新工艺、新设备的推广力度，形成自己的优势技术领域。比如工厂化生产、装配式施工是当今装饰企业做大、做强的必由之路。其体现出的规模化、现代化等从根本上保证了各种装饰产成品的生产品质，任何手工都无法比拟。工厂化生产较好的实现了工程质量提高、绿色环保、工期缩短、成本降低等攸关装饰行业未来发展的重大课题，推进了装修和住宅建设的标准化和规范化。

工业化取代“作坊式”的革新，将大大推动生产力的发展，也将最终告别手工制作和半机械化生产的时代。比如信息化也是当今装饰企业迅速发展的一个直接面临的问题。企业要通过开发应用管理信息系统推进企业生产流程的更新，促进信息技术的研究和应用，利用信息技术应用平台，建立多渠道采集信息资源的网络，形成资源共享的技术情报体系。丰富的信息资源不仅体现在公司对外展现的形象（外部网站），而且也为公司决策层更好管理、运营公司提供了信息资源。通过网络协同办公，实现了无纸化办公，节约了大量办公成本，提高了工作效率。网络化连接了工程项目，使极其分散的项目得到了有效管理，项目资源计划系统的应用使工程管理中的预算、资金等管理和控制发挥效用，业务、设计、施工、投标、材料等信息的紧密结合更使成本、进度及质量得以控制。网络化、数字化更在深层次上逐步更新了员工的观念，使公司的管理进一步从“金字塔”型向“扁平化”发展。提高了工作效率，降低了企业运营成本，对企业文化建设也有积极的推动作用。

3. 实施人才发展计划，提高行业整体素质

当今市场的竞争说到底就是人才的竞争，在我国装饰行业的一线操作人员中，普遍存在着文化程度偏低和技术水平偏低的现象。有相当部分的施工员、安全员、质量员、仓库保管员等没有经过专业培训上岗，对工程的质量、安全、成本控制等必然会造成许多隐患。管理层的队伍情况虽然要好于操作层，但在新形势下整体素质仍然偏低，难以达到国际化竞争的需要。

因此必须发挥行业培训和继续教育的主导作用，对于一线操作人员进行专业培训，实现持证上岗。同时在努力提高从业人员整体素质、技能的基础上，培养出一大批有技术、善经营、会管理的高素质专业人才和管理人才队伍，重点要造就一批精通国际国内工程招投标业务，熟悉FDIC条款，掌握索赔技巧，懂法律、会外语的高级复合型人才。在人才的激励机制上也要下足功夫，通过年薪制、股票期权等方式吸引人才，合理配置和不断优化人才资源，以良好的用人机制，营造宽松的工作环境，吸引并留住优秀人才。真正从深层次上把人才视作企业的生存之本、发展之源。

4. 建立企业信用体系，发挥企业品牌效应

随着经济全球一体化，诚信问题越来越成为社会所关注的热点问题。中国装饰业要在国际大环境下健康有序地发展壮大，必须要在行业内树立诚实守信的意识，建立同国际接轨的企业信用体系，完善信用评价和信用档案制度，要把合同履约率、顾客满意度作为确定企业信用等级的主要依据。要提高企业信用的透明度，增强信用防范意识，打造企业诚信品牌，规范行业市场行为，营造良好的信用环境和投资环境。建筑装饰企业的信用体系包括对工程质量、价格、技术、环保、服务、管理等方面的承诺与践约。企业要树立诚信为本的经营理念，对工程设计、施工和服务的过程严加控制，按现代管理体系标准进行严格的科学管理，确保设计、施工和服务的质量。

企业要建立合同评审制度，在合同签订前根据标书和企业自身的情况，在相应层次上对合同进行严格的评审以确保合同的要求合理、合适、明确，确保企业有能力满足合同的要求。企业要通过获取顾客满意和不满意的信息，测量企业信用体系的符合性。要通过持续改进，不断向社会和顾客提供精良的产品和优质的服务，树立企业良好社会形象，扩大企业的知名度，打造企业信誉品牌，并在市场竞争中发挥企业的品牌优势，创造企业的品牌效应。同时避免甚至杜绝企业特别是百强企业之间的恶性竞争，压低造价，相互诋毁等不利企业形象的产生，在资源、信息方面尽可能互动和联合，抵消不利因素，避免企业两败俱伤，旁人得利。

5. 建立现代企业运作规范化制度

企业的各项管理应当有序进行，特别是在资产管理、资金管理、项目管理、信息化管理方面要有具体的运作程序，提高企业集约化管理水平。如在资金管理方面，提倡以资金融通和调控为重点，以现金流通管理为中心，以资金结算管理为基础，多渠道多方式地筹资和调剂资金，以保证资金的供应和回收。

加强公司对资金的统一调配的管理，提高资金的整体使用效能。在项目管理的规范化方面，用质量、安全、进度、成本对工程进行控制，这四大控制内容严格按照PDCA（策划、实施、检查、处置）进行管理，通过项目管理规范化运作，防止项目出现“管理风险”与“技术风险”，坚决杜绝项目亏损。对项目经理除了要求质量、安全等方面的意识和能力外，还要培养他们的经营、法律、公共关系等方面的能力，使项目经理的实际水平同公司的品牌相称。

摆在我们百强企业面前的道路是艰辛的，但又必然充满着希望。装饰行业是朝阳产业，相信经过每一位装饰从业人员的辛勤劳动，我们这个行业，连同每一家规范经营、诚实守信的企业必然会有一个更为灿烂的明天！

[编者按] 2004年3月11日，本刊主编陪同中国建筑装饰协会名誉会长张恩树到深圳考察深圳广田投资集团有限公司(下属四家企业：深圳广田装饰设计工程有限公司、深圳市京基置业有限公司、深圳市三叶制漆有限公司、北京中远广田装饰工程有限公司)，听取了中国建筑装饰协会副会长、深圳市政协委员、深圳市青年企业联合会会长、广田集团公司董事长叶远西的工作汇报。期间，叶远西送给我们一份由深圳广田投资集团有限公司主办的企业内部刊物《广田之声》2004年创刊号，内有“关于《把信送给加西亚》的讨论”的一组文章。此次会晤，在场的还有中国建筑装饰协会信息咨询委员会副秘书长高世彦，广田装饰公司董事总经理彭作栋、副总经理兼技术总监彭海浪、经营部经理周清、办公室副主任王晗等位。

本刊主编阅读了“关于《把信送给加西亚》的讨论”的一组文章后，好奇地寻问广田装饰公司周清这是一本什么书，周清说，这是一本位居世界第六的畅销书(位居第一的是《圣经》、第二的是《毛主席语录》)，我们广田集团公司要求属下所有员工必读《把信带给加西亚》。经我的要求，周清后来委托中国建筑装饰协会行业发展部主任王本明送给了我一本。

3月11日晚，本刊主编会见了中国建筑装饰协会常务理事单位、深圳坚朗建材有限公司副总经理闫桂林，说起白天发生在深圳广田装饰公司关于《把信送给加西亚》的趣事，他说，这也是我们企业的必读物，是我们公司总经理白宝鲲要求的。

《把信送给加西亚》遂引起了我们的高度重视。3月29日，本刊全体人员集体学习了《把信送给加西亚》，这也是响应中国建筑装饰协会领导今年年初提出的“要把协会办成一个学习型的协会”号召后，会刊编辑部的第一次学习会。

经本刊建议，《广田之声》主编杨彦民同意，兹将《广田之声》2004年创刊号上“关于《把信送给加西亚》的讨论”的一组文章全部刊发如下，供业内人士参考——何谓主动、敬业、忠诚……谁是送信人?

关于《把信送给加西亚》的讨论

《广田之声》前　言

《把信送给加西亚》发表于1899年，原作者是美国人艾尔伯特·哈伯特。

这本书，几乎世界上所有的语言都把它翻译出来。

一百多年来，这本书几乎影响了所有全球的大企业家，并且至今甚至于以后无数年都将持续不衰。这本书阐释的理念，到今天仍然发出理性的光辉。

其实书中只讲述了一个很简单的故事：当19世纪末美西战争爆发后，美国必须立即跟西班牙的反抗军首领加西亚取得联系。加西亚在古巴丛林的山里--没有人知道确切的地点，所以无法带信给他。美国总统必须尽快地获得他的合作。有人对总统说：“有一个名叫罗文的人，有办法找到加西亚，也只有他才找得到。”他们把罗文找来，交给他一封写给加西亚的信。罗文拿了信，把它装进一个油纸袋里，封好，吊在胸口，三个星期之后，徒步走过一个危机四伏的国家，把那封信交给加西亚。

这篇短文之所以被如此多的人认可，我想人们都是被罗文的精神所折服。作为企业的员工我们是否需加强这种敬业精神，对于上级的托付，立即采取行动，全心全意去完成任务——“把信送给加西亚”。

前段时间，在办公例会上，广田装饰公司彭作栋总经理向大家推荐了这本关于送信的传奇故事，会后，全体员工学习了《把信送给加西亚》，围绕这篇文章，大家展开了探讨。

谈团队精神

周　清

读了《把信送给加西亚》一书后，感触颇深，尤其是作者刊首语让人读后体会多多：“年轻人所需要的不只是学习书本上的知识，也不只是聆听种种的指导，而是更需要一种敬业精神，对上级的托付，立即采取行动，全心全意去完成任务——把信送给加西亚”。由此，我想到作为一名企业的员工最需具备的品质就是：“敬业、忠诚和勤奋。”

然而，要做一名英雄，只要他专注于目标，接受良好的教育，身体顶呱呱，有干劲，运用头脑，坚忍不拔，信念坚定，他就会获得成功。但是，任何事往往不是单凭某个人的力量就可以解决的，他需要团队的集体努力和共同智慧。如果罗文没有古巴引导和游击队员的帮助，那他也无法完成把信交给加西亚的任务。

由此，我想到如何建立起一支训练有素，战斗力强，且极富凝聚力的团队是我们当前的主要问题。团队精神、团队的凝聚力、战斗力并非轻而易举就可建立起来的。一个团队精神的建设又跟它的企业文化的氛围息息相关，它是企业发展历程的积淀。当然团队成员的素质和文化底蕴也是左右着企业文化导向的因素，而往往这些导向也正是团队发展建设的方向。正如作者在书中所述的“一丁点的忠诚抵得上一大堆的智慧”、“主动，就是不用别人说就会出色地完成任务”、“国家或信条的力量在于，它在人民心底唤起的真正的忠诚感。”这些都可以归结为我们企业文化建设所要提倡的元素，概括起来就是：“忠诚、敬业、勤奋”，也只有经过这些思想洗礼后的团队成员，才有可能真正成为企业发展中的中流砥柱。

最后，借用 Harry　Huntt　Ransom 的一句话来与大家共勉：“如果说，生命力使人们前途光明，团队使人们宽容，脚踏实地使人们现实，那么深厚的忠诚感就会使人生正直而有意义。”

忠诚是第一位的

徐庆海

前几天，在公司领导的推荐倡导下，阅读了由100多年前美国著名的出版家阿尔伯特·哈伯德所著的《把信送给加西亚》一书。文中介绍的是美西战争前夕，美国大兵罗文中尉临危受命，历经艰险，机智出色地完成任务。作者通过文中主人翁的绝对忠诚，强烈的责任感并主动出色地完成任务，来映射和激励人们以主动性完成工作，成为人们忠诚敬业，履行承诺，主动进取的动力。

阅读本书后，给我最大的启发是：只有全身心地投入工作才能取得成绩和荣誉。对公司、朋友、客户只有忠诚才能得到信任。对个人事业而言，只有主动去寻找、开拓，才能有创新，才能有效益。不管在公司任何部门，只要是公司的一员就应该全心投入自己的忠诚和责任感。也只有全身心的融入工作，尽责尽力，才能把事业推向辉煌。在自己认为要做的事中，必须专注做好每一件事，要做就要做得最好。现在虽然在工作中身边有太多的外界干扰，如何完成经营目标的途径不明确，也没有人可以告诉你如何做。但是我坚定地相信，只要把自己定位为“把信送给加西亚”的人，就能调整自己的心态和思路，排除各种艰难去完成公司所交付的任务。

在现实生活中，我相信没有那种自认平庸之辈，既然都是有理想、有目标的人，那就应该脚踏实地，以公司为家，用自己绝对深厚的忠诚和执着，不断充实专业知识，发挥自己的聪明才智，为公司做好每一件事。本书体现了对工作的主动性、责任感和忠诚。我个人认为忠诚应该放在第一位，然后才是主动性和责任感。因为只有对公司和事业忠诚的人才能主动去开拓市场，对任何事情和任务才会有责任感。

全力以赴　做到最好

叶志常

在公司领导的推荐下，我有幸翻阅了《把信送给加西亚》一书。阅毕，被文中的主人翁这种“勇气和不屈不挠”的精神所深深感动。它将对我的今后的工作和生活起到鞭策作用，借此机会谈谈自己的心得。

故事发生于美西战争爆发时，当时的美国总统把一封写给古巴起义军首领加西亚的信交给罗文中尉，而罗文接过信后，并没有问“他在什么地方？”而是忠于上级的托付，迅速地采取行动，全力以赴地完成任务——“把信送给加西亚”。在你的企业中，如果充满了许多碌碌无为的人，这些人要么没有能力，要么不情愿集中精力做好一件事，他们工作上拖拖拉拉，漫不经心，这种企业没有一个能够成功。我真正佩服的是那些不论老板在还是不在都会坚持工作的人，我认为这种人会迅速地接受任务，不会问任何愚蠢的问题，更不会把“信”随手扔进水坑，而是全力以赴地完成任务，这样的人永远不会被解雇，也不会为加薪问题而罢工……

本书还抄录了林肯总统写给胡克少将的信的全文，信中有一点特点值得我们的重视，它暗示了一种在组织中有滋暗长的恶习，那就是，对于位居我们之上的人以冷嘲热讽、吹毛求疵、批评抱怨的习惯。而我们任何一个人，在工作当中想当个人物，想做点事，肯定会受到批评、侮辱和误解。这是必经的磨难，每一位伟人都懂得这一点；他们还懂得，伟大是无从证明的，最后的证明在于能够含垢忍辱，无怨无悔。在工作中，如果公司出现不良的问题，我认为，作为公司的一员，应诚恳地、平静地、温和地告诉老板，向他说明。然后，让他知道改进的方式，还可以把问题揽过来，悄悄地消除它们。除此之外，对工作要么全身退出，要么全力以赴。

我想，如果我为一个人工作，就不能对他三心二意，不能阳奉阴违，如果不是全心全意，就干脆不干。“严格说来，一丁点的忠诚抵得上一大堆的智慧”。“让我们做自己的份内之事吧，尽全力而为之”。

谈罗文行为的适用性

孙伟华

“把这封信送给加西亚将军”，麦金莱总统严肃、郑重地命令道，“是！”罗文中尉干脆利落地接受了命令，然后转身而去……出色地完成了总统的交给的任务。

几天来，这个画面时常在我的大脑里面浮现。当然，这是由于近日阅读、学习了《把信送给加西亚》这本书的缘故。书中就罗文接受命令时的那一刹那“美国总统把一封写给加西亚的信交给了罗文，而罗文接过信之后，并没有问‘他在什么地方’”的细节展开了分析、讨论。

诚然，书中的讨论、观点非常精辟，也令人信服，比如书中说：要做就做到最好；拒绝平庸，选择卓越；让勤俭成为你的习惯等等。对于这些观点，在这里我不再赘述。我想说的是，在现代的企业活动中，罗文那种“并没有问‘他在什么地方’”的行为是否适用或部分适用？当然，在当时的情况下，罗文的这种行为是值得赞赏的！但是在现代的企业活动中，这种行为就得区别对待了（当然，这种主动的精神是什么时候都必须具备的）。罗文那种“并没有问‘他在什么地方’”的行为在以下的两个方面中就得考虑它的适用性了：

第一，公司领导交给下属工作时，下属必须弄明白的一点是：完成这个工作的时间。公司所有的员工每天都有他的日常工作和各种临时的、突发的工作，这些工作有些必须马上完成，有些可以迟一些时候完成；这时，领导交给了你另外一项临时的工作任务，如果该工作任务中没有指明时间，那你就必须向领导了解清楚。不然就有可能发生顾此失彼，丢了西瓜拣芝麻，出现各种无谓损失的情况。因为本来这个工作的结果是领导做出决策很重要的依据，而由于你并不了解它的紧迫性，没有在该完成的时候把这个工作完成，严重影响了领导的决策，从而造成各种损失；但也可能这个工作并不是要求马上需要完成的，而你其时正跟有关客户洽谈合同，或者其他重要的业务等工作，由于不了解领导交给你的工作的时间要求，而放下手头上重要的工作先去把那个并不急需完成的工作，从而错失商机，产生损失。所以说，对于领导交办的工作，一定要了解清楚该工作的时间要求。

第二，在允许的情况下，必须了解领导所要求的工作的目的。现代的社会分工越来越细，越来越专业，作为企业的领导者不可能也没必要对企业各个专业的工作了解得非常深入。当领导给你工作时，如果你能够了解领导让你完成这项工作的目的，作为企业的专业经理人，有可能找到另外一种工作或手段，而这个工作或手段则更好地达到领导了所需要的目的，或者为领导制定更加理想的目的，这是专业经理人的优势所在，也正是专业经理人的义务和职责。所以说，必须了解工作的目的。

但是有一点，有些工作的目的不是事先能够提出来的，或者提出的目的只能是一个概念、范围的，那就必须由负责具体工作的人去完善了。比如："总经理下达指令说：'我要求大家阅读《把信送给加西亚》这本书，然后写一篇读后感，于 2003 年 4 月 15 日之前交上来'"。显然，总经理的这个目的是要求大家去学习、去认识、去提高。至于学习、认识、提高的深度与广度，那是没办法作具体要求的，也就是说，这个目的是要大家发挥主观能动性去完成的，并没有绝对的标准。这时员工们是什么也不能问、也不需问的。只需说："OK，没问题！"即可。我如是说："OK！没问题！"我已把读后感写好，也将交上去了。

人是要有点精神的

汪 洋

社会由企业、机关、军队、学校等机构组成，每一个人服务于这些机构，每一个人就相当于社会的细胞。社会需要的是忠诚、主动、认真负责、充满活力的细胞。假如懒惰、偏执、自私的人太多，社会就是病态，企业就要完蛋。我们每个人都应该设身处地想想领导的压力，和一荣俱荣一损俱损的道理。想明白了自然就成了"送信的人"，自然会将自己的忠诚、责任、热情投入到现在的工作中去，尽职尽责，处处为公司着想。

其实小学课本里《鸡毛信》的故事就是《把信送给加西亚》的中文版，只不过我们宣扬的侧重爱国主义而缺乏引申罢了。王二小和罗文是每个人效仿的对象。最后，我想引用伟大领袖毛主席的一句话对这本书做一个高度概括："人是要有点精神的"。

主 动 性

叶步炼

打开《把信送给加西亚》，序言标题为"主动性"，联想到在我们的工作中：自我实现与主动性、敬业、忠诚决不是对立的，而是相辅相成、缺一不可的。互惠的交换：投入才有回报；忠诚才有信任；主动才有创新。

只要是公司的一员，就应该抛开任何借口，投入自己的忠诚和责任，一荣俱荣一损俱损!把身心彻底融入公司，尽职尽责，处处为公司着想，对老板承担风险的勇气报以钦佩，理解企业主的压力，那么，任何一个老板都会视你为公司的支柱。忠诚将带来信任，将被委以重任，获得梦寐以求的广阔舞台。公司要获得成功，其员工的主动性、忠诚、机智、认真负责、充满活力、足智多谋、坚持不懈和勤奋进取都是至关重要的。

做一个现代企业合格的雇员

石立达

这本能够流传 100 多年的书，向我们揭示了一种成功的模式，告诉了我们一些简单的，但又经常被忽略的道理，如何做一个现代企业合格的雇员，明白企业成功和个人发展双赢的真谛，现代企业的竞争也就是人才的竞争。

那么，什么样的人才才是企业所需要的呢？我们对于人才偏重于不断充实文化知识，而忽略了忠诚感、责任感和主动性，在日常工作中，我们会过多地看中个人的得失，而忽略企业的得失，我们会自觉地完成领导分派地我们的任务，而不会主动地发现工作，并尽善尽美地完成它，所以我们要重新调态心态，认识自己，确定自己的人生目标，并付出实际行动，成为罗文将军那样的人，做个被企业重视的人。明白人类社会的基本法则：互惠的交换；投入才有回报；忠诚才有信任；主动才有创造。

主动性

世界会给你以厚报，既有金钱也有荣誉，只要你具备这样一种品质，那就是主动。什么是主动?

让我告诉你：主动就是不用别人告诉你，你就能出色地完成工作。

次之，就是别人告诉了你一次，你就能去做。也就是说，把信送给加西亚。那些能够送信的人会得到很高的荣誉，但不一定总能得到相应的报偿。

再次之，就是这样一些人，别人告诉了他们两次，他们才会去做。这些人不会得到荣誉，报偿也很微薄。

更次之，就是有些人只有在形势所迫时才能把事情做好，他们得到的只是冷漠而不是荣誉，报偿更是微不足道了。这种人是在磨洋工。

最等而下之的就是这种人，即使有人追着他，告诉他怎么去做，并且盯着他做，他也不会把事情做好。这种人总是失业，遭到别人蔑视也是咎由自取。

——《把信送给加西亚》作者：阿尔伯特·哈伯德

[编者按] 这是一篇力作，对建筑装饰行业的大企业有启发，对中小企业也有借鉴意义。

建筑装饰企业管理创新研究

中中国建筑装饰协会五届理事会常务理事　全国建筑装饰优秀企业家
济南装饰协会副会长　山东万德福装饰工程有限公司董事长　**林　擘**

摘　要

随着中国市场经济的发展和世界经济一体化的不断加强，当前市场竞争越来越激烈，对企业的管理要求越来越高，特别是通信技术和信息技术的快速发展，使企业的经济环境发生了重大的变化。几乎每天都有充满希望的新的企业开张，但是每天也有很多企业苦苦挣扎在破产的边缘上。所以，管理创新是理论界和企业界十分关注的问题。

本文以山东万得福装饰工程有限公司为研究对象，通过对公司的现实情况的分析，研究制定出合理的公司管理创新系统。

第一部分，介绍研究的背景，研究的基本问题以及研究目的。

第二部分，详细介绍企业管理创新的概念、分类，以及企业管理创新相关的理论。

第三部分，说明在资料收集和分析中所运用的研究方法和研究设计，指出研究工具的优缺点。

第四部分，运用所选择的研究工具对山东万得福装饰工程有限公司进行分析诊断，指出公司的优势与不足。

第五部分，根据公司的情况，提出山东万得福装饰工程有限公司管理创新的策略，包括观念创新、技术创新、市场创新、现代项目管理应用、人才战略创新。

本文认为管理创新是一项长期的过程，要综合运用各项策略，并在具体实践中加以调整和改善。

[关键词] 万得福装饰工程有限公司　管理创新　策略

第一章　绪　论

1.1 研究的背景

当前建筑装饰企业的行业准入条件相对较低，装饰企业众多，规模和素质参差不齐，管理也不够规范，面对狼多肉少的建筑装饰市场，群“雄”混战，狼烟四起；部分业主违反国家有关法律法规，扰乱建筑装饰市场。施工单位在投标过程中竞相以极低价甚至低于成本价夺标，并委曲求全地接受种种不平等条件，大有飞蛾扑火之势。装饰设计的处境也苦不堪言。长期以往，使得装饰企业步履维艰，生存空间愈来愈小。而另一方面随着人们生活水平的日益提高，市场呼唤高质量、高品位的精品工程的呼声越来越高，国家相关部门也日益加强了对行业的严格管理，整个行业进入了高质量和微利润时代。

我国加入WTO后，我国建筑装饰业市场环境发生了变化。

1. 较为完善的市场经济体系逐步形成。对外开放的同时会加快对内开放，有助于全国统一建筑市场的形成；法规体系的逐步完善和透明度增加，依法办事的水平提高，有利于企业更好地把握市场环境、市场信息，掌握国家宏观调控措施和手段；非歧视性原则使竞争日趋平等，公正、公开、公平竞争环境逐步形成。

上述市场环境的变化，有利于企业发展，也将有助于规范企业行为，企业将逐步成为市场主体。企业家要以清醒的头脑和足够的心理准备对待上述变化。

2. 竞争对手多元化，竞争内容多样性。外国公司登陆中国，竞争对手国际化；合资企业将成为新的竞争力量。本土化战略是外国公司通行做法，内、外嫁接将使一批合资企业闪亮登场，并成为新的竞争力量；竞争不仅取决于价格，竞争将比较集中体现在技术、管理、资金等方面，观念更新又成为竞争取胜的重要条件。因此，必将导致中国企业的重新定位，要以竞争对手的国际化，确定自己新的发展目标的参照系，逐步形成在中国本土竞争的比较优势。

3. 国内工程承包等同于或接近于国际工程承包。历史上中国对外商投资的项目，国际金融组织贷款项目已实行国际招标，中国市场已部分国际化；项目管理将首先按国际通行的规则办事，项目管理将首先同国际接轨，中国公司将面临投标报价、合同、法律、货币金融、外贸、保险、财务、国际商务经验和国际工程项目管理等多方面能力和水平的考验；市场风险相对加大，抗风险能力强弱将成为承包商成败的关键；国际化市场的服务需求同中国公司经营方式和服务过程单一化形成很大反差。

总之，树立国际承包商的理念，强化国际承包商的服务意识，学习和运用国际工程承包原理从事国内业务将是中国承包商一项重要任务。

最后，中国公司面临压力与转变。中国公司压力主要表现为：体制不活，机制不健全，效率不高的压力；规模偏小，实力较弱，抗风险能力不强的压力；企业功能大而全、小而全，经营特色不突出的压力。这种差异性不强的状态很容易形成以价格为主要竞争内容的混战。

为此，中国公司必须进行战略性转变。

1. 企业发展目标参照系的转变（盘点核心竞争力）。有一定规模和实力的中国企业，要从国际化的市场出发，以国际大公司为坐标，调整发展目标参照系。

2. 强化服务能力和提高信用形象的转变。

3. 国内、外经营结合，开拓两个市场利用两种资源的转变，让自己成为入世后的受益者。

4. 面向市场、注重发挥协会作用的转变。

总之，市场环境的变化，导致每个企业都要对自己做出重新评价。WTO 后中国企业重新洗牌是一个不过避免的过程。有的发展壮大了，有的销声匿迹了，这将是不争的事实。认识市场变化，抓住市场机遇，迎接市场挑战，是对企业家的历史性考验。面对这种日益明显的发展趋势，如何强化管理创新，提升企业竞争力，是所有建筑装饰企业需要精心研究的课题。

1.2 研究的问题及研究目的

1.2.1 研究的问题

山东万得福装饰工程有限公司是山东、乃至全国建筑装饰行业的排头兵，在 2003 年 9 月中国建筑装饰协会首次评价的“2002 年度中国建筑装饰行业百强企业”中位居第 27 名。公司还是“全国优秀施工企业”。2004 年 3 月 31 日，我本人被山东省工商局和省信誉评级委员会共同评为“山东省诚信企业家”。

公司既有成功的经验，又存在不少问题。其中最为突出的是公司管理创新系统，这是本文研究的主要问题。

1.2.2 研究的原因

随着山东万得福装饰工程有限公司业务的发展，公司经营逐渐暴露出一些弊端。建设工程项目具有规模大、工期长、材料设备损耗大、受自然和社会环境影响大等特点。目前由于建设市场处于买方市场情况下，承包人处于不利地位，承担过多风险，项目的不确定因素种类繁多且相互关系错综复杂，项目所面临的风险增大；另一方面，市场竞争加剧，特别是外国公司的进入对公司形成加大压力；此外传统而单一的管理手段已经不适应当前企业的发展，迫切要求公司重视管理创新，完善公司管理创新体系。

1.2.3 研究的目的

本文力图运用管理创新的理论与方法，通过对该公司的管理创新研究，建立山东万得福装饰公司的管理创新系统，从而提高公司的管理创新能力，增强企业的核心竞争力。

1.3 研究的范围和限制

1.3.1 研究的范围

本文研究的范围主要包括：装饰类公司的管理创新主要内容；针对建立山东万得福装饰公司，探讨可行的制度创新、技术创新、组织创新的方法与内容；公司管理创新中应注意的问题及建议等。

1.3.2 研究的限制

本文的研究受到一定的限制。我国的工程装饰类公司管理创新目前刚刚起步，研究工作尚未形成专题化、系列化，因此公司管理创新研究还缺少足够可借鉴的经验；另一方面作者对管理创新的各种理论与方法，还不能融会贯通。所以在今后的研究之中，作者将尽力作好以下几方面的工作：一是继续学习管理创新的理论；二是进一步分析管理创新中运用的各种方法，力图针对具体情况找到与之相适应的方法。

第二章 文献和评论

2.1 问题背景

管理创新，在竞争趋于白热化的今天，直接关系到企业的生存和发展，直接影响到企业能否争取到更多的市场份额，直接影响到企业效益能否最大化。为此，2003 年 9 月 20 日中国建筑装饰协会在北京举办了首次“全国建筑装饰行业科技大会”，这是建筑装饰行业倡导管理创新的标志。在国家倡导“扶大、扶优、扶强”的战略方针指引下，山东省建筑装饰企业如何调整内部机制，加强内部管理，发挥自己在技术、人才和管理方面的优势，建立健全自己的管理创新体系；如何在经营全球化、一体化的过程中，找出适合自己发展的路子，如何立足山东、走向全国、奔向世界，争取达到国家一流建筑装饰企业；如何与时俱进，开拓创新，成为时代的弄潮儿，管理创新尤为重要。

我国企业管理创新现状

我国企业管理创新不足的原因主要有创新主体错位，造成创新动力不足和创新能力较弱；创新客体不明，缺乏有目的和针对性强的合理设计，或找不到创新的具体对象，设定不了创新的准确目标；市场经济体制不完善，法律法规不健全，政策的配套性不强，政府干预过多，创新风险与收益不对称等。

实现我国企业管理创新目标的途径在于大力倡导企业管理创新理论的研究，实行“产学研”相结合，培养大批具有创新意识和能力的工商管理专业人才，造就具有创新精神、市场经济头脑、远见卓识和战略眼光的企业家；加强企业知识和企业管理创新知识的管理；加强科学管理，企业管理的重心应从实物型管理转向价值型、知识型管理；切实转变企业的经济增长方式，努力提高经济运行的质量和效益，建立和完善适于企业管理创新的良好环境；强化企业管理创新的激励和制约机制，特别是企业高层经理人员的激励和制约机制；建立和完善社会化的企业管理信息网络，发展专业管理咨询服务机构等。

2.2 问题背景的理论范畴

2.2.1 企业管理创新的定义

管理创新就是在建立和完善扎实的管理基础工作、加强实物资源和有形资产管理的同时，不断采用适应市场需求的新的管理方式和管理方法，以人为本，重点加强知识资产管理、机遇管理和企业战略管理，有效运用企业资源，把制度创新与技术创新和制度创新有机结合起来，形成完善的动力机制、激励机制和制约机制。

企业管理创新包括思想与理念创新、经营战略创新、组织结构创新、管理制度创新、管理机制与模式的创新、运作流程创新、技术与方式方法创新、市场与产品创新等内容。管理创新是决策层创新、执行层创新和操作层创新的全方位有机结合。

2.2.2 面向知识经济的管理创新

知识经济时代经济的增长不再过分依赖于经济资源，而更加取决于知识资源。知识资源具有复制性、反复消费性及在使用中不会引起边际报酬递减等特征，这些特征以及知识资源对经济增长所起的巨大作用将对企业管理提出新的课题。

伴随着经济全球化和知识经济的到来，知识作为当今最重要的资源，正在发挥着越来越重要的作用。知识将成为推动社会发展的关键因素，成为获得利润的主要手段，企业处在知识化、信息化的社会环境中，面对急剧增长的知识和信息，将面临一种以知识为基础的更高形态的竞争，企业的兴衰成败、实力强弱已不再取决于它拥有物质、资本，而首先在于知识的拥有和创新能力，取决于是否善于进行知识管理和积极推进管理创新。

知识经济时代的新特征导致了企业管理领域的全面创新，带来经营管理的相应变革。这种变革意味着对企业、对企业经营管理者带来新机遇和新课题，提出新挑战。在知识经济的条件下，企业的外在生存环境逐渐发生变化，相互之间的竞争方式和手段也会与以往有所不同，采取的竞争策略也要作相应的调整。企业管理观念必须创新。竞争企业之间关系的复合化、多样化是知识经济时代对企业提出的新要求，以合作竞争的方式寻找提高竞争优势的战略已成为趋势，企业的核心技术与市场推广体系应该达到完美的结合，技术创新和营销创新并重。

2.2.3 管理创新的种类

2.2.3.1 方式创新——积极求变创新

处在知识经济的变革时代，企业的管理方式必须从常规阶段进入创新阶段。企业生存发展的唯一机遇存在变革之中，其核心在于创新。要主动地去推进变革，强调跳跃和变化、速度和反应，注重主动与创业精神、远见与价值控制，依靠信息共享、虚拟整合、企业间相互依存，从而不断创造优势，为赢得未来市场竞争打下坚实的基础。

2.2.3.2 观念创新——战略创新意识

企业领导是创新的决策者和组织者，成功的企业领导要有高度的洞察力和创新意识，先必须有强烈的创新意识，才能积极有效地组织企业的创新活动，并推动技术创新活动的健康发展。要从战略上、全局上，即从企业乃至国家的长远利益、整体利益出发，对企业技术创新进行决策和规划。确立“以科技成果转化为重点，以市场为导向，以产品创新为龙头，以经济效益为核心”的发展战略。

2.2.3.3 组织创新——扁平化的组织结构

知识经济时代，信息技术的发展使得知识在管理者及劳动者之间共享，企业组织等级结构已不再受到管理幅度的限制，造就了一种崭新的组织结构——扁平化的组织结构。扁平化的组织结构中等级型组织和机动的计划小组并存，具有不同知识的人分散在结构复杂的企业组织形式中，是减少管理层次，压缩职能机构，裁减人员的紧凑而富有弹性的新型团体组织。它具有敏捷、灵活、快速、高效的优点，加速知识的全方位运转，以提高组织的绩效。不但降低了企业管理的协调成本，还大大提高了企业对市场的反应速度和满足用户的能力。

2.2.3.4 战略创新——全球化的经营战略

全球化的战略，是面向全球开发与配置资本、劳动力、技术等生产资源，建立一套基于国际分工协作的高效生产体制，根据不同地区技术发展水平、优势、金融风险和企业需要来组织技术开发、配置资本和利用人力资源，建立各种形式的海外生产基地。通过启用当地营销人才或加强培训等方式，大力培养不仅懂营销、懂外语，而且熟悉当地文化特点和消费习惯的营销人才，建立面向全球的国际市场营销体系，迅速准确地把握市场信息。

2.2.3.5 制度创新——学习型的企业组织

随着知识经济时代的来临，市场信息复杂多变，人类知识日益膨胀。企业持久的竞争优势，是具备比竞争对手学习得更快的能力。学习型组织的出现，是企业制度的一次创新。真正出色的企业，都是那些能够设法使各阶层人员全心没入，并能不断学习的组织。未来理想的企业组织形式是学习型组织是超越自我，不断学习，集中精力，培养耐心，客观地观察事物。建立共同愿望，把领导者个人的愿望转化为能够鼓舞组织的愿望。组织团队学习，运用深度交谈和讨论，建立真正有创造性的“群体智力”。

2.2.3.6 企业管理理念的创新

管理理念的创新在整个创新体系中起着非常重要的作用，而且涉及企业管理的方方面面，其中心始终是围绕着人来展开的。

服务型管理观念。知识经济对管理者在组织结构中的角色定位提出新的要求，管理者的职责在于确定企业发展方向，同时能够不断地给组织和员工提供完成工作所需的资源，而不是给能够完全独立工作的员工施加太多的控制。管理层对员工所提供的资源支持包含了多个方面，从最基本的对员工之间工作的配合协调，到更好地设计和定位员工在公司内部的发展前程等，使得员工更乐于且有能力承担多方面的责任。

学习型管理观念。知识经济要求企业更加重视知识的积累和更新，通过学习型的管理，构建学习是工作、工作是学习的新型教育模式，将企业培育成学习型组织。系统地从过去和当前的研究项目和产品开发中学习，客户作为企业中共生生态系统的一部分，成为获取信息的外源。同时组织内部成员间加强联系，实现资源有效共享。培训不再是一次性，而是持续不断的活动。

团队型管理观念。有效的团队是组织结构的最大精简，在一些集团组织中，各成员公司与集团中心之间相互依存，其整个组织结构更具弹性，并随着市场环境的变化而变化，与市场保持持续的平衡进程。团队成员各有各的基本位置，但并非固定不变，各种功能角色之间不但有很多协同工作的机会，而且相互间可提供更深入的了解和更灵活的配合。某种形式的团队能够做什么，以及如何加以利用都是非常重要的。

2.3 有关文献的综合分析

管理创新是一个企业走向成熟和成功的关键之所在。不论是什么企业，要想永远立于不败之地，永久保留竞争优势，只能不断创新，要在原有优势尚存之时，就主动割舍，冲破成功形成的羁体，打造新的竞争优势。不创新，就会自以为是，不创新就会因循守旧，不创新就会固步自封，不创新就不会与时俱进。

管理创新，是改变企业命运和发展的决策和举措。迈克尔• 波特在《国家竞争优势》一书中写道：“过去成功的企业如今却无法保持竞争优势，理由就是他们无法适应自我淘汰的阵痛和困难。”我们如果要在建筑装饰企业保持自己的领先地位，就必须打造新的核心竞争力。

《创新与企业家精神》是管理大师（现代管理学之父）彼得·杜拉克（Peter.F.Drucker）近期出版的有关企业创新的经典之作。

杜拉克首次将创新（Innovation）与企业家精神（Entrepreneurship）视为企业需要加以组织，系统化的实务与训练，也视为管理者的工作与责任。他提出七个创新机会的来源，作为系统化创新及创业型管理的重心，他更提出四个创业型策略，作为如何将创新成功导入市场的可行性方法，他的这些独到的观点，创见与法则，正成为企业实际运用的最可靠的依据。

另外，党的十六大报告也指出，“创新就要不断解放思想，实事求是，与时俱进。实践没有止境，创新也没有止境。”作为全国建筑装饰行业百强企业，我们应认真学习江泽民的讲话，深刻理解创新的内涵，积极投入创新的实践，将建筑装饰企业的创新管理作得更好。

管理创新，是装饰企业做优、做精、做强的根本手段。调整内部机制，调动员工积极性，以此增强企业凝聚力；进行企业制度创新如品牌的建立和创新，是企业长远的发展战略，企业可以通过品牌的影响力来辅助实现业务的扩张和规模的扩大。

管理创新，是企业发现新机会的源泉，是企业建立技术创新体系，提高装饰科技含量，抬高装饰企业的门槛的必要手段。

人类社会发展的历史，始终伴随创新活动，在市场经济发展日益完善的今天，装饰企业的内部条件和外部环境不断发生变化，我们一定要深刻理解和掌握彼得·杜拉克的有关创新法则和理论，使装饰企业的管理创新百尺竿头，更进一步。

第三章 研究方法和设计

3.1 如何进行研究

通过对山东万得福装饰工程有限公司管理现状和存在的问题分析,利用当代创新理论和法则，解决万得福装饰公司发展成长过程中，如何与时俱进、开拓创新，更好地打造自己企业品牌，从而大大提高企业的比较优势，进而形成企业的核心竞争力，将万得福公司做优、做精、做强。

3.2 研究方法设计

3.2.1 实证研究的方法

对山东万得福装饰公司以及创新管理进行实证研究，全面了解公司经营实态，主要对公司经营基础、发展历程、经营环境、人力资源、管理体制、管理制度、公司技术与产品、市场规模与市场开发等方面进行分析，找出公司的优势与不足，并对问题进行剖析。

3.2.2 采用问卷调查法

问卷调查主要对公司的经营实态与市场进行调查。经营实态调查目的在于了解公司员工对变革的态度、对管理层的评价等问题；市场调查目的在于了解公司进行市场创新的程度、顾客忠诚度、产品竞争力等问题，并对相关问题进行推理分析，找出问题的原因。

3.3 研究的实施程序

通过文献的评论、理论的研究分析，采用问卷调研的方法、采用逻辑推理和实证的分析方法，根据山东万得福公司的实际情况，对公司的管理创新体制进行完善提高，建立和促进有利山东万得福装饰公司的创新管理系统，从而提高公司的创新管理能力，增强企业的核心竞争力。

第四章 资料处理与分析

4.1 公司的基础与优势

4.1.1 公司发展的基础雄厚

山东万得福装饰工程有限公司是经山东省人民政府批准，成立于 1993 年 1 月 20 日的中外合资企业，注册资本金 1670 万元人民币，投资总额为 1795 万元人民币。

“十年磨一剑”，历经十年的奋斗，万得福公司立足于装饰主业，致力于专业化，已发展成为全国建筑装饰行业的知名企业。公司现拥有由国家建设部颁发的建筑装饰施工一级资质、建筑装饰设计甲级资质，以及消防工程安装二级资质、建筑幕墙安装二级资质、城市及道路专业照明二级资质等的资质证书。截止到 2002 年 6 月，公司管理人员 108 人，其中高级职称者 12 人，中级职称者 28 人，初级职者 37 人，国家一级项目经理证者 18 人，二级项目经理证者 6 人，有 7 人通过全国室内设计师资格认证，12 人获得消防人员资格认证，取得施工人员上岗证者占全部工人的 72%，取得各类特殊工种上岗证者占全部工人的 21%。凭借专业资深的技术力量、严明科学的管理体制、敬业高效的经营团队、诚信经营的良好信誉，公司目前年经营业绩过亿元，每一项工程均达到“优良”标准，多项工程获奖，铸造了超群的实力和突出的工程业绩，奠定了坚实的商业地位，公司持续稳定高速地发展。自 1998 年起，公司连续多年均被评为“山东省重合同守信用”企业，自 2001 年起获得了 ISO9001 国际质量管理体系认证和“全国优秀施工企业”称号，自 1999 年起每年均被授予“济南市建筑业质量管理先进单位”，中国建筑及装饰业形象 AAA 级企业，中国建筑装饰协会常务理事单位、济南市装饰协会副会长单位、山东省企业合同管理协会理事单位等多项殊荣和认证。

万得福公司在立足装饰行业的同时，还凭借其资金、人才和管理等优势，投资控股和参股了生物科技、建筑智能、酒店经营等四家公司，实现了同心多元化的发展，壮大了公司实力，拓展了发展空间、增强了发展潜力。

4.1.2 管理制度健全，管理规范

企业的规章制度和行为规范是引导约束员工的重要措施，是将企业精神、企业理念、企业奋斗目标、企业发展战略贯彻到职工之中的根本保证，在企业的基础建设中处于举足轻重的地位。强化管理是企业建设不可或缺的重要方面，有什么样的企业精神和经营理念，必然要求与之建立相适应的管理制度和行为规范。从这种认识出发，公司一方面组织、通过了 9001 国际质量认证、14001 环境管理体系认证、18001

职业安全认证，建立了“三标一体”的《管理手册》、《程序管理文件》并运行于企业的管理中，另一方面完善健全了企业规章制度，形成了配套的制度体系，努力与时俱进，努力与现代企业和市场经济的实际出发点相吻合、从集团公司到下属单位均制定了《企业规章制度大全》（包括《办公管理制度》、《人事管理制度》《工资及待遇管理制度》《工程管理制度》《岗位工作说明》等）和规范具体管理的二级、三级管理规定及文件，有效地加强了生产管理、安全管理、资金管理和工作管理，形成了从严管理、从严治企的新局面。再一方面，制定了加强职业道德的实施意见，进行了大量的调查摸底，掌握了全公司各级各类干部、各岗位工种的情况，分门别类地制定了各自的职业道德规范和应知应会标准，还抓了文明公约、职工守则、文明用语的制定，开展了文明创建活动和道德养成教育，狠抓了政治学习、业务培训、技术练兵、技能比武等一系列群众性活动。

4.1.3 管理层素质较高

通过公司内部调查，发现公司的管理层素质较高，知识体系较为完善。主要表现为：

第一，具备良好的道德修养。公司中高层管理者具有领导人的世界观、道德观、人生观、事业观、民族自尊观、自信意识与诚信意识。企业领导人平时加强自己的道德修养水平，多学习相关方面的知识，形成自己独特的人格魅力，并感染与影响周围企业员工，对于整个企业文化的形成都起着至关重要的作用。

第二，具备一定的装饰装修专业知识。装饰装修业属于建筑业的一个分支，是门专业技术性很强的学科，它涉及许多方面的知识，具有系统性、专业性的特点。作为装饰企业的领导人，具备一定的专业知识是十分必要的，如果让外行人领导内行人，很难想象他能把企业带好。

公司管理者专业知识含盖下列几个方面：

1. 装饰装修设计方面的基本知识；

2. 装饰装修施工管理方面的基本知识；

3. 装饰装修预决算方面的知识和相关财务知识。

第三，具备较高的管理水平。公司管理者整体管理水平较高，从市场信息的搜集开始，到接洽、准备、投标、合同、设计、预算、施工、竣工、售后服务等一系列流程能够做到精心协调；具有一定的组织设计能力与执行能力；在业务的运作中，管理者能够根据实际情况，随时应变，并具备一定的创新能力。企业领导人能够设计出一套适合本企业的激励奖惩制度，调动员工的积极性。

第四，具备一定的市场营销能力和公关能力。公司领导者能够适时推出适合自己企业的营销战略和计划，设计出合理的营销组织结构，保证营销计划的顺利完成，从而在市场中找到自己的立足之地，并不断扩大市场份额。

第五，具备一定的外语和法律知识。

4.1.4 品牌意识较强

营销专家彼得·杜拉克说过，拥有市场将比拥有工厂更重要，而拥有市场的唯一办法是，拥有占统治地位的品牌。在现代激烈残酷的市场竞争中，企业品牌的地位和作用越来越被更多的人们所认识。

品牌是企业长期经营和努力的结晶，品牌既代表了商品的市场定位、性能质量，也蕴涵着巨大的经济价值和竞争优势。品牌不仅为消费者所关注，还成为企业竞争力最直接的体现。就我们山东装饰行业来说，比起南方一些企业虽然起步较晚，但经过这几年竞争洗礼，许多企业抓住了山东建筑装饰行业快速发展的机遇，快速成长，现已初步奠定了自己在装饰行业的地位，如德泰、永隆、省装、福缘来等品牌企业，2002 年资质就位，仅济南市就淘汰了 400 多家不符合要求的装饰企业，我们认为如此提高装饰行业门槛，大力规范整顿市场，取消地方保护，对我们一些发展较好的企业来说是非常有利的。我们应抓住本次机遇狠抓管理，努力拓展市场，精心塑造自己企业的品牌。创知名品牌企业，用品牌夺取市场是目前我们山东装饰企业发展的一个重要战略，谁今天忽视它的建设，谁可能在未来的发展中就会处于劣势，甚至被淘汰出局。

在树立自己企业的品牌过程中，公司注重以下几个方面：

1. 树立品牌意识，制定明确的品牌战略规划。树立品牌意识是企业实施品牌战略的基础，品牌来自企业的精心塑造，要像工程洽谈那样全力打造自己的品牌，找出品牌经营的内容、范围和意义，不放弃任何机会。

2. 树立良好的品牌形象。品牌形象是品牌形成和发展的基础，会影响顾客的品牌忠诚，从而影响品牌的市场份额乃至企业的生存与发展。注重以优秀业绩、优良工程和优质服务为支撑。作为装饰行业大公司，如果市场开发能力欠缺，不具备一定的市场份额，是很难让人相信你的实力的。同样，如果施工质量不能确保优良，不能尽可能多地拿到行业评比奖（如十佳工程、泰山杯、鲁班奖等），是不能奠定你在行业中的地位的。因此，作为装饰企业虽然说经济效益是生存的基础，但是遇到微利，甚至无利工程，如果它能提升企业的形象，亦不容忽视它潜在的经济效益。同时也应注重品牌文化的塑造，品牌文化就是超越产品实体层结晶在品牌中的经营观、价值观、审美观等观念以及经营行为的总和。品牌产品是高品质与优秀文化的结合，是物质与精神的结合。质量为名牌产品提供了物质基础，文化则为名牌产品赋予了生命和灵魂。透过品牌的文化去赢得顾客的认同和亲和力，已经成为当今市场竞争的一种深层次、高水平、智慧型的竞争。

3. 品牌推广和培养品牌忠诚度。品牌推广实际上是对各种媒体进行信息控制与利用的过程，在这个过程中，如何利用好这些可控制的传播资源，成了品牌推广制胜的关键。随着信息可传播途径的增多，分散了消费者对品牌信息的注意力。因此，公司重视品牌推广方式的多样化，使品牌信息在推广过程中突现出来，从而更好地被消费者认知或接受。真正的品牌其实是存在于顾客的内心和思想中并被认同的。品牌存在的最终意义是得到顾客最大的认同，促进顾客的实际购买，同时为企业创造价值。

4. 与所有关系利益人建立长期良好的关系。随着信息时代的到来和市场竞争的更加激烈，企业员工、股东、供应商、销售商、媒体、政府官员以及相关的各种协会等关系利益人对企业和品牌的影响不亚于顾客，客观上要求企业更加重视处理与所有关系利益人的关系。公司作为装饰企业，热心参与一些协会组织的活动。诸如中装协、勘察设计协会、装饰协会、合同管理协会等，他们是企业信息渠道的重要来源，是衡量企业发展水平的窗口，也是企业赖以生存的基础。

5．品牌创新。科学技术是当今最具影响力的事物，随着国外科技的大量涌入，我国企业只有进行技术创新，才能在日益激烈的品牌之战中立于不败之地。一个名牌产品的发展史，同时也是技术创新的历史。企业对品牌在质量上的技术创新，不仅给品牌注入了活力，也提高了品牌的市场占有率。在品牌竞争时代，为了在竞争中取胜，企业必须通过品牌创新赢得竞争优势。因此，公司引进新的经营观念、新的手段方式、新的产品组合和新的服务方式，塑造品牌独特的风格和特色。经营特色战略作为现代企业参与市场竞争的战略，要求企业顺应顾客消费的变化趋势，根据自身的条件塑造出自己的经营特色。

4.2 公司存在的主要问题

4.2.1 公司变革意识薄弱

20世纪90年代末期，公司在组织框架、分配体制、规章制度、价值观念等方面存在不少问题。为了改变当时存在的官僚作风，使政令更加畅通，因而将金字塔式管理逐渐过渡到扁平式管理，人事调整在所难免。针对多干不如少干、少干不如不干，不干不如调皮捣蛋的情况，实行多劳多得、少劳少得、不劳不得，坚决打碎大锅饭，彻底改变公司分配办法，鼓励大家人尽其才、才尽其用，努力提高和发展自己。相应的，建章立制及重新修改过去的规章制度就成了公司的当务之急。为了让变革深入人心，公司组织各种不同形式的讨论会，让大家积极参与，共同探讨，同时又聘请当时全国最知名的有关专家来公司讲座，主管部门领导也应邀前来指导工作，公司上上下下、里里外外，形成了一种强大的阵式，创造了一个非常好的改革氛围，促进了公司变革的实施。

近几年外部市场环境发生了较大变化。市场份额有限；竞争日益残酷；技术发展突飞猛进（如手绘效果图向电脑效果图过渡，现已过渡到三维动画）；装饰材料日新月异；施工工艺千变万化；人们物质文化水平的提高对装饰的品位要求也越来越高。特别是加入我国WTO，外国品牌进入中国市场，对装饰企业产生了较大冲击。但是公司应变能力不强，措施不力，因循守旧抬头。因此，适应当前形式，强化变革意识，加快公司变革是当务之急。

当然，变革的阻力不可避免。公司改革动作越大，阻力也相应的加大。这种阻力分两种情况：一是员工个体的阻力，如拖沓的工作习惯受到快节奏生活的冲击；因担心考评不及格面临下岗威胁的抵触情绪；差别巨大的工资奖金分配（岗位工资制、绩效分配制）形成的心里不平衡等。二是企业组织的阻力，表现在原有的组织框架体系被打乱后，重新按照新的要求组建结构（即当企业面临改革时，结构惯性就充当起维持稳定的反作用），企业组织形成的旧的价值观、规范约束着员工改变他们行为的努力；原有的权力关系受到了彻底冲击带来的挑战等等，不一而足。

4.2.2 技术创新体系不够完善

通过调查分析，公司十余年技术创新的发展历程，基本呈现三个比较明显的发展阶段。

第一个阶段——技术创新初始阶段。这阶段大致跨越1994～1998年之间与公司总的创建阶段相吻合。这阶段公司处于接受外来技术状态，不断将外面已经成熟的技术引进到企业生产实践中去，成为企业生产的主体。虽然，基本特征为"接受"，但也不乏自身的创新活动。如木饰面离缝粘贴施工中，有些项目采用粘贴木饰面前，先在木基层板的离缝部位涂刷2cm宽的油漆，改变先粘贴好木饰面再用油漆覆盖缝的做法。这一工序先后的调整，不仅方便了操作，加快了速度，而且使整个饰面的施工质量有了很大提高。

第二个阶段——技术创新初级阶段。这阶段大致在1999～2000年之间，与公司总的突破性发展阶段相吻合。这阶段公司已基本完成外来技术的引进工作，常规施工技术已经成熟，迫切需要新的突破。1999年，公司成立技术部，由技术部统一组织技术创新工作。这阶段技术创新工作以改进施工工艺为核心，一边总结，编写企业标准施工工艺；一边针对生产过程中经常出现的问题，组织一系列技术创新活动。这一阶段显然与前一阶段不同，它具有鲜明的组织性、前瞻性、计划性。公司明确技术创新以改进工艺为核心，由技术部根据技术发展需要确定主攻课题，有组织地开展技术创新活动，取得了一系列技术突破，为整体施工质量提高到更高层次奠定了基础。但是，从发展的角度来认识，这一阶段的创新活动起于技术目的，终于技术目的，在与企业技术创新根本目的衔接上还有一段距离。这阶段在防止石膏板开裂、超重超大巨型门连接安装技术、石材系列安装技术等方面取得了显著进步。

第三个阶段——技术创新发展阶段。这一阶段大致从2001年开始直到今日。这一阶段公司整体技术已发展到一定程度：常规技术相当成熟，主要目标正在追赶国际先进技术水平。因此，这阶段技术创新在强化统一组织基础上，更追求创新内容直接与企业长期发展目标、企业经营战略挂钩。公司层面的技术创新核心已经从以工艺创新为核心转移到以企业技术结构创新为核心上来，并形成了项目层面注重工艺创新，公司层面注重技术结构创新的立体创新体系。

通过三个发展阶段，该公司已经初步构建了现代装饰企业的技术创新体系，取得了不少成绩。但从总体上看，公司技术创新速度较慢，缺乏整体技术创新战略，技术创新的动力不强，技术创新管理水平较低，体系不够完善。

4.2.3 市场创新能力相对不足

所谓市场创新，就是企业从微观角度促进市场构成的变动和机制的创造以及伴随新产品的开发对新产品市场的开拓、占领，从而满足新需求的行为。

公司注重品牌营销，着力向消费者提供一个清晰、准确、完整的品牌形象，让消费者更感性地认识品牌、了解品牌，不断提高品牌在投资者和消费者心目中的知名度、美誉度和信任度，进而有效地提高产品的市场占有率。在营销方式上侧重于产品直销与广告促销，取得了一定的营销效果。

公司在营销过程中强化市场细分，将公共建筑装饰、住宅装饰装修、幕墙施工等专业领域细分成诸如以酒店、写字楼、文化娱乐、商业流通、餐饮健身、医药卫生等行业服务的更具专业化的装饰装修市场。并针对性开展营销工作，效果较好。

公司实行的是传统营销模式，在新的形式下，创新营销工作相对落后，在服务营销、战略联盟等方面所做的工作较少，市场创新能力相对不足。

4.2.4 风险管理体系不够完善

我们都知道，建筑装饰项目的立项、可行性研究及设计与计划等都是基于正常的、理想的技术、管理和组织以及对将来情况（政治、经济、社会等各方面）预测的基础之上而进行的。而在项目的实际运行过程中，所有的这些因素都可能产生变化，而这些变化将可能使原定的目标受到干扰甚至不能实现，这些事先不能确定的内部和外部的干扰因素，这些因素一般称之为工程项目的风险因素，对相关的问题的研究归结为风险管理的内容。在现代企业管理中，风险管理已成为必不可少的重要一环，良好的风险管理能获得巨大的经济效果，同时它有助于企业竞争能力的提高，素质和管理水平的提高。随着科技的飞速发展和人们生活节奏的不断加快，社会环境瞬息万变，不确定因素日益增多，面临的风险也越来越多，风险所致损失规模也越来越大，这些都促使企业强化风险管理。

公司在质量管理方面所做的工作较多，建立质量管理制度、加强质量认证、树立质量意识，效果明显，但风险管理的体系尚未健全，如何通过实施现代项目管理，减少运作风险，应引起足够的重视。

4.3 公司综合分析

通过调查与实证分析，对该公司的基本判断是：公司发展具有一定基础，管理基本规范，素质较好，资源较为充足，但创新管理体系还不完善，企业核心竞争能力没有培育起来。

基本的对策是：以观念创新为突破，以技术创新为重点，实施人才战略，建立公司整体管理创新系统。

第五章 结论与建议

5.1 强化观念创新

5.1.1 企业文化理念

古典科学管理注重“用人为本”，行为科学管理注重“以人为本”。在向知识经济时代迈进的过程中，最主要的经营资源就是知识。因此，综合利用知识能力的人才也就越来越重要。这时，企业能否成功的关键往往取决于对人力资源的开发和管理。市场经济社会里的企业文化，把人看成是“经济人”、“社会人”，认为人仅仅是生产机器的一个组成部分，忽视了人的精神需要与创新精神。而知识经济时代的企业文化把入看成是“文化人”。它注重发掘人的内在潜力和积极性，偏重于人的作用和价值的实现。近年来提出的“柔性管理”就是一种以人为本的企业文化，它通过管理者与员工的直接交流，使管理者更加关注员工的需要，为员工提供更多的发展事业的空间。微软公司的成功奇迹可以说是代表了一种以人为本，重视内部创新人才的企业文化的胜利。

5.1.2 “无为管理”的管理理念

世上没有永远对任何业都通行的管理模式，在不同的时期，不同的企业都应有与之相适应的形式。在管理世界中，没有权威，只有创新。美国的管理专家毕可斯描绘了这样一幅画面：由于信息技术的日益进步，未来企业的办公室内，看不到一个员工，有人选择在家或工作室工作，有人在外面拜访客户，所有的工作部可以通过网络进行。迹象表明：虚拟的办公室工作状态，已逐渐成为发展趋势。这种情况的出现，打破了传统的权威管理和严格管理，意味着组织的分权，把权力从领导者手中分散到组织成员手中，员工获得了独立处理问题的机会。领导者则支持、指导、协调员工的工作，激发员工的智慧，并为员工服务。这时企业的领导不再是聪明的总裁，而是集体智慧的网络。大家通过网络分享信息，在企业内部形成一种“无为管理”的管理理念。所谓“无为管理”并不是取消管理，而是管理进入更高层次和更高的境界，人人都是管理者，都是重大决策的参与者，也是决策的执行者。管理达到如此境界，才能使领导者摆脱日常事务，面对未来，纵观世界，审时度势，筹谋企业发展的根本大计。

5.1.3 危机管理理念

所谓危机管理就是企业为应付各种危机情境所进行的规划决策、动态调整、化解处理及员工训练等活动，其目的在于消除或降低危机所带来的威胁和损失，因势利导，把坏事变好事。根据危机的发展过程，通常可将危机管理分为两部分，即危机爆发前的预测、防范管理和危机爆发后的应急善后管理。从危机管理的目的和效果来看，前者显然比后者更为重要。危机管理是美国 IBM 计算机公司和三大汽车集团首创并成功实践的现代企业管理理论。这一现代企业管理理念的核心是要求企业必须要有忧患意识，要防微杜渐。近年来，“危机管理”愈来愈受到工商企业界的普遍关注，风靡世界。日本企业家小山秋义更是将“管理危机”引伸得形象、精辟，他认为企业经营者在参与市场竞争的过程中应该经常怀有一种“怀抱炸弹”、“如履薄冰”的危机感，才能在市场中站稳脚跟。在市场经济条件下，竞争空前激烈，市场瞬息万变，一种产品不可能永远畅销，一个企业很难长盛不衰，一个企业家也很难一辈子当“常胜将军”。“危机管理”的可贵之处，就在于提醒企业经营者要有危机意识，高瞻远瞩，不以荣誉接踵而来而不思进取，从而保持清醒的头脑，“居安思危”。

5.1.4 知识管理理念

知识管理就是运用集体的智慧提高应变和创新能力，它是为企业实现显性知识和隐形知识共享提供的新途径。知识管理既着眼于获得显性知识，更着眼于获得隐性知识，因为显性知识易于整理和进行计算机存储，而隐性知识则难以掌握，它集中存储在雇员的脑海里，是雇员所取得经验的体现。随着知识经济时代的到来，管理即将发生根本性的变革。因为，知识经济条件下，经济发展中的知识含量高，对过去一直贯穿和渗透于农业经济（或劳力经济）和工业经济（或资源经济）中的知识的作用就凸显的日益充分，知识经济时代的到来，使知识成为社会的主要财富，知识和信息逐步成为与人力、资金并列的企业第三大“战略资源”。然而，知识是一种无形的储存在人的大脑中的资产，它与有形的物资资产不同，因此，需要有不同于对物资资产的生产和分配的管理艺术和管理方式。企业知识管理是一种新的管理理念，是一项新的管理内容，它的任务就是要管理好智力资本，运用集体的智慧提高应变和创新能力。

5.1.5 战略管理理念

企业战略管理就是企业管理者在对企业外部环境和企业内部资源条件分析和预测的基础上，通过制定企业战略并付诸实施，从而保障企业生存和长期稳定发展的过程。企业战略管理是企业适应外部环境变化的需要，是企业在激烈竞争环境下的管理创新，是市场竞争的产物。随着世界经济一体化的发展，各国对外开放程度的提高，加之科技进步所引起的产品、技术更新速度的加快，使得企业所面临生存环境得不确定性和复杂性大大增加。为了生存与发展，企业必须对周围环境的各种因素及未来的投入与产出进行深入透彻的分析，因此，企业必须树立战略管理理念。可以说，战略管理的产生使社会经济发展的必然现象。正如中国古语所讲：“不谋全局者，不足谋一域；不谋万事者，不足谋一事。”现代社会，一个企业能否成功，从某种意义上讲，就是看其能否制定正确的发展战略，并予以贯彻实施，即能否灵活科学地实施战略管理，把握外部环境的变化及变化趋势，优化内部资源配置，从而取得内部资源与外部环境的协调，实现企业的发展。

5.2 加强技术创新，形成完善的技术创新体系

虽然，公司已经初步建立了现代创新体系，但是，按照现代技术创新内涵，仅能算是初步完成了一个雏形，需要全方位的不断完善。

就企业当前的实际情况而言，目前亟需在创新源动力、创新战略、创新实施三个方面进行完善。

5.2.1 创新源动力完善

企业现代创新源动力植根于企业的领导层，但是，这仅仅是一个笼统的总概念。实践告诉我们，作为企业创新源动力的领导层，一般分为两个不同层次，搞清两个层次，认识他们不同职责，对于推动企业技术创新具有十分重要的作用。

第一层次是企业最高领导层，他们是现代意义上的企业技术创新活动的根本源动力。他们的作用主要通过他们强烈的创新意识和坚定的创新决心体现出来。因此，他们最需要具备：

1．具有不断创新的意识；

2．具有成就意识；

3．具有机会意识；

4．善于用人。

虽然，他们是创新的根本源动力，但是，他们不能替代创新过程管理层。

第二层次是创新过程管理层。他们直接领导整个创新工作，对技术创新的发展方向、发展深度、技术创新对企业促进程度产生重大影响，也就是说对技术创新活动本身成效起作用。

两个层次之间是相辅相成、缺一不可：

1．没有企业领导层的创新意愿和决心，企业现代意义上的创新活动不会发生；

2．仅有领导层的创新愿望和决心，没有管理层的有效领导和实施措施，创新将停留在动机阶段；

3．领导层的创新愿望和决心只有通过管理层行之有效的组织、实施，即产生真实的创新活动，创新活动才能形成一定规模，具有相当深度，对企业发展产生影响，真正具有现代意义上的技术创新。

过去，人们不清楚创新源动力的两个层次，不明白两个层次互不相同的职责，缺一不可的关系。朦朦胧胧将其混为一谈，因而，技术创新活动往往流于松散、自发、无深度状态，难于上升到现代涵义的技术创新层面。

公司后两个阶段的技术创新实践表明，公司领导层具有强烈的创新意识和决心，因此，公司创新源动力的完善重点在于提高第二层次即创新管理层的引导水准，在于通过完善管理层的领导水准，使技术创新更深刻地服务于企业发展。

根据对该企业创新管理层现状分析,本文认为完善的内容主要有：

1．管理层主攻工作转移。要从参与重大技术创新具体活动为主转化为以企业创新需求识别、创新战略确定、创新组织框架构建、创新激励机制构建、成果总结和推广为主上来；

2．管理层重点能力转移。要从技术创新能力为主转化为洞察力、机制创新能力为主上来。

通过完善创新管理层，实现加速企业创新体系现代化进程。

5.2.2 创新战略完善

企业现代创新体系离不开与之相适应的创新战略，因此，完善创新体系的重点之一，就是确立更适合企业实际需要的创新战略。

1．促进技术推动型为主向需求拉动型为主发展。在兼容技术推动和需求拉动创新模式基础上，重点发展需求拉动型创新模式，即重点发展本企业第三创新发展阶段。目的使技术创新更直接、更紧密地服务于企业发展和推动企业进步。

2．促进个体创新非连续性向企业创新持续性发展。技术创新研究专家缪尔塞（R.Mueser）为技术创新定义：技术创新是以其构思新颖性和成功实现为特征的有意义的非连续性事件。重点指出了技术创新一个极其重要的涵义，即活动的非常规性，包括新颖性和非连续性。确实，个体创新是一个非连续性活动，但是作为企业创新体系，要通过它的组织,将无数不连续的活动,连接成企业整个创新的持续发展，充分展现企业现代创新体系的规模和深度。

3．重点发展模仿性创新。所谓模范性创新指企业通过学习，模仿率先创新者的创新思路和创新行为，吸取率先者成功经验，在工艺设计、质量控制、成本控制等创新链上进一步完善率先者失败或不成熟的部分，从而在质量、成本方面创造更大的竞争力，以确立自己在这方面的竞争地位，占有市场，获取经济效益的一种行为。

模仿创新不做新技术的开拓探索者和率先使用者，而是做有价值的新技术的积极追随者。

模仿创新是一种极其普遍的市场行为，世界上很多著名公司都依靠它高速发展。

模仿创新在产品市场风险方面，不做开拓探索者，而是做已凸现市场商业价值产品的积极追随者；在技术开发方面，研究开发活动不涉及未知的探索领域，而主要从事渐进的改进、完善和再开发。因此具有无前期市场开拓风险和成本、技术风险低的特点。

因此，模仿创新是装饰企业重点发展创新类型。

5.2.3 创新实施工作的完善

1．强化创新计划的制定。创新计划的内涵深度标志着企业创新活动的成熟程度，只有具有完整、深厚的创新计划，才能使创新真正成为企业自觉行为。

创新计划将包括创新总目标、外部环境分析、内部环境分析、内外环境综合分析、具体的目标计划、创新方案论证、计划实施控制等等内容。

创新计划重点内容将放在外部环境分析中的市场、顾客、竞争对手的分析研究上，放在内部环境分析的创新资源、现状、激励机制的力度、内部优势的分析研究上，放在内外环境综合分析中的创新突破条件分析上，放在计划实施控制制度确立上。从而制定出具有可行性的创新计划。

2．强化技术积累、信息沟通推动技术创新。没有技术积累、创新无坚实基础；没有畅通的信息沟通渠道，将浪费大量时间、人力资源。因此，技术积累、建立畅通的信息沟通渠道，将是技术创新一项基础工作。

技术积累包括知识积累和技术能力积累二个方面。技术积累既包括个人知识技能的积累，又包括企业组织层次的技术积累。因此，重点将做好个人、企业两层次的资料总结方面的组织汇编工作，使企业的资源由无形变成有形，成为真正的企业积累，并为主要信息沟通提供基本资料。只有使技术创新体系更具现代创新内涵，才能具有更强的创新活力，能更有力支撑企业适应市场经济，辅助企业加速向现代化、国际化发展。

5.2.4 技术创新风险防范的完善

在经济全球化条件下，技术创新的成败，对企业的国际和国内竞争地位具有重大影响。然而技术创新过程中包含着各种风险，只有深刻认识并有效防范这些风险，企业才能够不断地通过技术创新研制出质优价廉的新产品，从而有效地改善其绝对和相对经济效益。

1．资金保障体系。技术创新过程就是投入生产资源以换取不确定的回报的过程。为了确保科技创新项目得到源源不断的资金供应，企业必须在不断加大科研投入的同时，明确规定已完成技术创新项目所产生的经济收益必须有一定比例用于新项目开发。只有如此，企业才能不断地用新技术、新产品取代趋于过时的旧技术、旧产品，确保创新活力和竞争力。

2．政策保障体系。由于企业技术创新的集体协作性，使技术创新人员面临个人贡献难以正确评估，其具有企业专有性质的知识、技能有可能大幅度贬值等风险。为了鼓励科技创新人员将其聪明才智贡献给企业，许多企业现在实行允许科研创新人员以其技术入股的政策，有些企业还对技术人员参加在职培训采取区别对待的方针，如果培训、进修的技能属社会通用性质，则技术人员必须负担部分培训费用，如培训技能属企业专有性质，企业不但负担全部费用，而且还给予受培训人员一定数额的经济补偿。

3．决策保障体系。技术创新决策具有的“臆测性”和“实验性”，要求决策者既具有资源分配权力，以确保技术创新全过程的资源供应，又充分了解技术创新项目的意义、难度和潜在风险，具有攻克难关的强烈意愿。因此，技术创新的战略决策，最好由企业内既拥有资源分配大权又亲身介入技术创新过程的技术专家最后拍板。

5.3 完善市场创新

5.3.1 战略联盟

企业之间建立战略联盟可以获得一下竞争优势：有利于企业竞争力的提高。有利于分担风险并获得规模和范围经济。有利于扩张市场。有利于防止竞争过度。有利于挑战“大企业病”。战略联盟是顺应时代发展潮流的产物，是新技术日益推动的结果。战略联盟符合需求多样化和经营多角化的内在要求。在世界经济一体化和区域经济集团化条件下，建立战略联盟是企业适应全球竞争的需要。当今，企业应该创新市场观念，既要关注市场竞争，研究竞争，利用竞争。也要重视合作，竞争并不排斥合作，各企业都有优势和劣势，企业之间可以通过优势互补而结成战略联盟，可发挥各自在技术、资金、人才方面的优势，达到互惠互利的目的，这样有助于提高企业的生存能力和发展空间。

5.3.2 服务营销

企业在市场竞争的发展过程中依次经历过三个竞争战略阶段：一是以价格竞争为主的阶段；二是以质量竞争为主的阶段；三是以服务竞争为主的阶段。服务理念的产生与流行起因于：企业面临的市场环境变迁；消费观念的变化；产品内涵的变化；产品技术含量的变化；竞争环境的变化。在发达市场经济国家，企业已经进入了服务竞争阶段。现在，在市场经济发达的国家没有哪一个成功的公司不是竭尽全力来做好为用户服务的工作的，许多成功企业在一定程度上应归功于更好地认识了服务在产品整体概念中所占的地位。可以预言，我国的市场经济不久就会全面进入服务竞争阶段，企业应该导入服务理念。企业树立服务理念可以使企业实现差异化营销，也有助于树立良好的企业形象和创造知名品牌，并且有助于提高企业员工素质。在竞争日益激烈、技术与经营方式纷纷被模仿、企业经营趋同的今天，服务对企业市场竞争力的提高有着独特的作用，企业应十分重视以服务为主的营销创新，通过为用户提供优质全面的服务来提高企业的竞争力。一旦企业做到这一点，在市场竞争中就会战无不胜。

5.3.3 品牌经营

随着市场竞争的日益激烈，以及消费者的消费行为的逐步成熟，现在企业已经进入品牌竞争时代，如果一个企业不能生产出名牌产品，就失去在市场上称雄的实力，只能归入市场补缺者的行列。因此，品牌观念是现代企业在市场竞争过程中必须树立的观念。知名品牌是企业与顾客之间的一种高度信任关系，也是企业在市场上取得顾客认同和选择的关系，再者名牌也是市场竞争优胜劣汰的结果，反映出企业同对手之间的竞争关系。企业以品牌为中心开展经营活动有助于提高顾客的忠诚度，同时名牌效应也为企业带来丰厚的利润，而且名牌本身就是企业一笔巨大的无形资产，再者名牌还可以提高员工的尽职度。总之，在现代社会，名牌代表着企业的信誉，是企业赖以生存的基础。

5.3.4 质量管理

质量有两种含义。狭义的质量就是产品质量；广义的质量，除了产品质量之外，还包含工作质量。产品质量就是产品适合社会和人们需要所具备的特性，即产品的实用性；工作质量是指为了保证和提高产品质量所做的各方面工作达到或符合预定要求的工作。目前，由于价格竞争正让位于质量竞争，越来越多的企业把质量放在战略高度上来认识，不断强化质量观念。“质量兴企”不仅是一种口号，而是被内化为企业的重要战略和各种规章制度而被贯彻，甚至演变为一种企业文化，在对员工的行为举止产生着重要影响。世界上久负盛名的名牌，无不是在质量上精益求精，设计独具匠心，材质百里挑一，造型几近艺术品，令人赞叹不已，爱不释手。这正是质量的价值，也是哪些长盛不衰的企业和产品的秘密所在。质量，是那些雄心勃勃想称雄市场的企业一道绕不过去的关隘。

5.4 推广应用现代项目管理

5.4.1 树立现代项目管理理念

当前，传统项目管理正在经历着一场革命性的变革。1996 年美国项目管理学会颁布的项目管理知识体系中，定义项目管理为各种知识、工具、技能应用于项目工作，以达到或超过项目干系方对项目的要求和期望。这种定义虽然至今仍适用于任何一个项目，但它实质上是从管理大型项目的角度定义的。企业现在所面临的是如何利用上述定义的相同原理，管理大量不断持续发生的项目。

项目管理，是传统项目管理方法和技术在企业所有项目(无论大小)上的综合应用，并冲破了传统的管理方式和界限。按项目管理意味着项目观念渗透到企业所有的业务领域，包括市场、工程、质量管理、战略规划、人力资源管理、组织变革、业务管理等。项目管理者也不再被认为仅仅是项目的执行者，他们应能胜任更为复杂的工作，参与需求确定、项目选择、项目计划直至项目收尾的全过程，在时间、成本、质量、风险、合同、采购、人力资源等方面对项目进行全方位管理。

在这种多项目并发、高技术、快速变化、资源有限的环境下，失败和挫折是经常发生的。由于企业总是需要努力满足不断变化的市场需求和面对各种挑战，因此需要考虑实施新的管理方法。可采取的方法之一是按项目管理，将对企业中项目的执行和组织文化的变化产生深刻的影响。

5.4.2 加强项目团队建设

为了能更好地完成某一项目的目标，需要来自不同职能部门的项目成员在最佳的协作和交互环境下工作，并受到相同的利益驱动。然而，在传统的组织管理结构中，资源归某一特定职能单位的经理管理。这种结构显然不利于形成这种环境，一些建筑装饰企业在同一产品的开发、市场、销售和满足客户方面的协调工作总不是那么顺畅。在项目型的管理结构中，资源仍归属于各自的职能部门，只是临时被借调给一个或多个项目团队使用。这种理想化的结构使得项目可以由单独的项目经理更有效地进行管理，而不会受到职能型组织中存在的那种相对狭义的利益范围的束缚，从而确保资源拥有最高水准的协作能力，并增强项目团队成员实现项目目标的使命感。

通常，许多项目型组织(如系统集成商)应设立专门的项目管理小组或部门，而这些小组或部门中又包括有项目经理、计划人员、控制人员和其他项目支持人员(如长天集团、东方网景等正朝着该方向发展)。他们的主要职责是提供项目指导、管理并支持所有主要项目的计划和执行。

按项目管理涉及了项目管理的专业知识、综合管理知识和应用领域的专用知识。其中，项目管理的专业知识是一套独特的知识和技术体系。综合管理则包括了诸如计划、组织、人员管理、企业业务的执行和控制等。应用领域的专用知识包括了不同项目类型所特有的一些共性要素，应用领域可按技术特征或管理特征进行定义。

5.4.3 优化项目管理的程序

5.4.3.1 项目选择程序

由于资源的限制，对于任何企业来说，选择合适的项目配置是困难的。因此，企业必须有能力避免启动那些对企业长期发展并不重要的项目，避免有限资源的浪费。避免的方法之一就是建立一套有效的项目选择程序。在项目启动之前及将企业资源用于该项目之前，选择程序被用来确定项目的有效性和可行性。这种选择程序所采用的标准(参数)可因企业不同而不同，但通常需要基于以下几个方面考虑：

1. 企业发展战略的重要意义；
2. 立竞争优势；
3. 降低运营成本；
4. 满足客户的需要或期望；
5. 对企业的价值；
6. 对投资的回报。

这里需要重点强调的按项目管理的一个基本原则，就是企业所担负的任何一个项目都必须符合企业的发展战略、目标和方针。企业对发展远景的规划通常会转换为发展战略、目标和方针，这些目标和方针又被进一步定义为由各种项目构成的企业发展计划，并由企业所拥有的人力资源和其他资源给予相应的管理和支持。从按项目管理的观点来看，企业业务成为一种多项目的组合。所有项目构成了企业的业务内容并支持业务的发展。因此，企业所选择的项目必须满足企业业务发展的方针和目标。一些企业可能犯的一个共性错误，就是选择了只对企业业务长期发展起很小作用的项目。

通过采用项目过滤程序选择合适的项目配置只是建立按项目管理型组织的第一步。每一个通过选择标准的项目，还必须进一步从以下三个不同方面与企业业务相结合。

5.4.3.2 工作程序

大多数组织，无论管理正规与否，都会有一些工作程序存在。这些程序主要应用于整个企业的业务或产品，例如，人员雇佣程序、采购程序、报销支出程序以及其他支持企业运作的程序，其中，产品开发程序则会围绕开发产品所需的各种活动设定。许多企业花了大力气开发正规的产品开发程序，但只有极少数企业真正予以有效实施。

业务和产品的运作和开发程序是被批准项目执行的基石。大多数项目包含了这些程序中的各种活动。这些程序涉及到企业内部的大多数项目，并可以很容易地作为样板用于制定每一个项目的计划。拥有一套已建立的、明确定义且将被始终贯彻的工作程序，会对实施按项目管理起到很大的帮助作用。

5.4.3.3 资源配置程序

很多企业所面临的一个共性问题是不能准确评价其资源利用的有效性。为了有效实施按项目管理，企业必须建立一套评价其资源在各个项目上的利用效率的方法。虽然这并不容易，但仍有一些技术可以帮助企业有效管理用于执行项目的资源库。同样，需要建立某种方法估算各项目组合起来后的资源需求总和。

相对于整个企业的资源角度来讲，创立按项目管理型企业的关键是资源整合。整合意味着按最有效的方式，将企业所有的资源分配于关键项目上，而这些关键项目是通过项目过滤程序选择出来的。整合还意味着对企业有效资源库的全面掌握和管理(企业的所有资源应汇总到资源库，并能显示资源的可用性)。

理想状态下，在一个按项目管理的组织中，每一项活动或任务都包含在某一个项目中，并配置资源。企业的关键资源(或稀缺资源)在企业业务范围内的有效分配和使用，取决于对正在执行的各个项目的有效控制和充分的信息交流。

5.4.4 项目管理的知识体系

对于实施按项目管理的新型管理模式，最困难的莫过于在整个企业范围内对项目管理知识体系的应用。美国项目管理学会从八个知识范畴描述了项目管理知识体系的应用。这八个范畴分别是：范围管理、时间管理、成本管理、质量管理、人力资源管理、交流管理、风险管理、采购与分包管理。

相对于整个企业而言，这些知识范畴所涉及的工作程序并非独立存在，而是需要与企业的业务相结合，并保持在所有项目上的一致性。每个知识范畴所包含的程序对各个项目都有不同的控制作用。当这些项目管理的知识体系应用程序真正能够与企业的组织结构相融合时，可以显著增强企业在项目计划和执行过程中的运作效率。一旦这些程序得以实施并为企业的组织文化所接受，将成为企业运作的标准，并使企业更加接近于按项目管理。

5.5 适应WTO要求，实施人才战略

中国加入WTO后，将对我国现实经济社会产生全面的影响。在深刻影响中国政府的同时，也将对企业产生重大的影响。毫无疑问，入世首先是政府入世，WTO的一整套规则主要是约束政府的。但是中国政府在按照世贸组织的原则进一步开放市场，遵守国际经贸准则，逐步降低和消除各种贸易壁垒，建立公平竞争的市场秩序的直接后果，就是使国外竞争力很强的企业、产品和服务进入中国市场与我们国内企业进行竞争。作为发展中国家的企业，我们在很多方面落后于发达国家，竞争的劣势多于优势，特别是在技术创新和人力资源方面。

外国公司进入中国市场必然走本土化的道路，其首要策略是在中国建筑装饰业内争夺我们的人才。这就构成了我国建筑装饰行业内人才的争夺战，成为入世后反映在这一层面上的竞争。有专家预测，入世后必将导致外商涌入，竞争激烈，争夺人才，工资上扬，跳槽频密。据报道，世界500强企业已经有100多家在中国大陆建立了研究机构，开始争夺中国的现成人才。随着时间的推移，中外企业间展开的人才争夺战必然会愈演愈烈。因此面对加入WTO后的形势，中国建筑装饰企业必须调整人才策略，千方百计的把人才争到我们这边来，防止人才流到竞争对手那边去。据此并结合山东万得福装饰工程有限公司的实际，提出人才战略的设想。

5.5.1 用国际通行的人才招聘观念，积极地从人才市场吸引和招聘人才

人才社会化，人才市场化，使人才从不适宜的企业流出，并向适宜的企业流动。这是国外市场经济条件下，人力资源基本的配置方式。我国的人才市场经过多年的培育已经初步形成，现在已可以通过人才招聘会、人才网站、各种媒体等人才市场途径使人才供需双方进行双向选择。问题的关键是我们以什么样的观念在人才市场上进行运作。现在一般认为，从人才市场上招聘来的人才，对企业的忠诚度和稳定性较差。对此我们应该用新的观念来认识，要把人才的进出当作自然现象，来的欢迎，走的欢送。

一个具有很强吸纳能力的“铁打营盘”，能够不断地将优秀员工带来和创造出来的各种成功作法变成公司的工作程序、工作标准，变成企业的制度。强化公司能进能出的用人机制，使"流水的兵"能够常流不息，不断地把各种人才的才能沉淀在企业，转化成本企业的核心竞争力。

当然，流动在市场上的真正人才一般都是待价而沽，择主而事。企业必须把自己的品牌做亮，把知名度做高，把信誉做好，并且能够开出适宜的价格，才能把企业所需要的人才吸引到自己的企业里来。因此，能够运用好市场人才的关键在于企业自身条件，把企业做优、做强、做精，不断提升企业的核心竞争力，扩大企业市场占有率，成为行业的领头羊，这是聚集行业人才的基础。

5.5.2 用全新的观念和方法开发企业的人力资源，培养有用之才

中国最过剩的是人，最短缺的则是人力资源。企业所需的人力资源是指具有体质、智力、知识和技能综合优势的，能够实现企业目标的劳动者群体。现在，人力资源的概念已经被国内企业所接受。人力资源开发与管理不同于传统意义上的劳动人事管理，传统的企业劳动人事管理是企业按照国家的劳动人事政策和管理制度，开展企业的劳动人事工作；而人力资源开发与管理则是企业根据企业生存发展的需要，招聘、培养和管理具有体质、智力、知识和技能综合优势的员工，使员工的潜力得以充分发挥，为实现企业的市场目标服务。

在充分发挥员工潜力方面，我们认为需要从培训和激励两个方面开展工作，建成一个学习型的企业。

在培训方面，应该努力营造学习型的企业，改变过去那种按上级布置的培训任务开展针对性不强的员工培训，利用好宝贵的培训经费和培训时间，并提倡和鼓励员工自学。在职人员必须干什么学什么，缺什么补什么，有的放矢，避免学非所做。员工进入企业的不同阶段应进行不同内容的培训。如对新进员工要进行职前培训；工作一段时间后要针对其暴露出来的不足，随时进行补缺培训；对于有培养前途的员工要进行提高培训；特别是在加入 WTO 后我国建筑装饰行业面临投资多元化、国际化的新形势下，对企业员工的能力要求将是复合型、实用型的，要重点对现有中、高级管理人员和专业技术人员进行国际通用商贸规则、外语和计算机知识以及国际审美情趣发展变化趋势的培训，使之尽快具备在现代商业环境中企业依法经营所应具备的商业道德和商业信用意识，有同国际业主沟通与交流的手段与技巧以及与国外企业打交道的能力等等。培训前应该对培训对象是否具有培养价值和提高的空间做出评价，然后制订培训计划和实施方案，并严格执行，要舍得资金和人力的投入，把人才的培养抓实，抓出成效来。

在激励方面，要实行精神激励与物质激励的有机结合，双管齐下，既给人才以实现自身价值的经济实惠，又能满足其社会荣誉要求，人才的潜能才能得到最大程度的发挥。有效的激励必须依据正确的考核结果，要想使激励达到预期的目的，必须认真做好员工考核工作。员工考核的重要性已经被越来越多的企业领导人所认识，但在实施过程中方法常常过于简单，甚至仅凭领导人的好恶轻率决定。如果考核结果不能准确反映员工的实绩和能力，奖惩的结果就会适得其反，很容易回到不考核的老路上去。不通过科学的考核结果而实施的激励，很可能达不到预期的目的。对员工考核的主要内容是员工绩效，必须有定性和定量的考核指标，这是外国企业的基本原则，也是我们实行激励机制的基本原则。因此必须通过科学的考核进行有效的激励，才能使人才更好地发挥其潜力。

5.5.3 采取多种手段，把关键人才留在企业

《三国志》中有一句名言："功以才成，业由才广"，人才是成就事业的关键因素。特别是关键人才十分难得，俗话说"千军易得，一将难求"。人才争夺战的主要目标就是那些关键人才。我们一定要想方设法把招聘来的和自己培养出来的关键人才留在自己的企业里。很多企业在留住人才方面都总结出不少成功的经验。比如感情留人，事业留人，待遇留人等等，都是非常有效的办法。国际知名企业在事业留人、待遇留人方面比我们有绝对优势，美国及其他西方发达国家，采取期股的方式达到资本所有权的泛化，使职工与企业结成经济利益的共同体，产生利益的趋同效应，把关键人才牢牢地留在自己的企业里。当前我国不少企业也在仿效国外的作法，试行了股票期权和期股制，让企业核心人员持有股票期权和期股。该公司针对中外合资企业的实际，对企业核心人员持有公司股份的问题进行了积极的探索，并且已经取得了中外股东的同意，正在实施股权留人的策略。同时对企业核心人员的待遇也在逐步提高，拉大了与一般人才的待遇档次，逐步向国际通行作法靠拢。

总之，要密切注意入世后人才争夺的新情况、新特点，与时俱进，冲破封闭落后的人才观念的束缚，从经济全球化的高度来认识和把握企业人力资源的开发和人才策略的及时调整，化劣势为优势，变被动为主动，力争在与强手竞争中立于不败之地。

参考文献：

1. 得·杜拉克. 创新与企业家精神. 海口：海南出版社，2000

2. 仲良，赵弘. 现代企业概念创新. 北京：中国人事出版社，1999

3. 芮明杰，钱平凡. 再造流程，杭州：浙江人们出版社，1999

4. 纪宝成，吕一林. 市场营销学教程，北京：中国人民大学出版社，2002

5. 钱平凡. 组织转型，杭州：浙江人民出版社，1999

6. 陶德言. 知识经济时代浪潮，北京：中国城市出版社，1998

7. 杰克·R·梅瑞狄斯等. 项目管理：管理新视角. 北京：电子工业出版社，2002

8. 熊能. 企业战略再造，北京：中国电力出版社，1999

9. 徐渊. 公司再造，上海：上海译文出版社，1997

10. 袁安照，余光胜. 组织创新，山西：山西经济出版社，1998

11. [美]迈克尔·波特. 北京：竞争优势，华夏出版社，1998

12. [英]海伦·比尔等著，沈健等人译. 如何避免企业破产，北京：新华出版社，1998

13. [日]野田武辉著，陈建等人译. 企业危机预警，北京：时事出版社，1999

14. [美]迈克尔·哈默，詹姆斯·钱皮合著，胡毓源，徐获洲，周敦仁译：改革公司，上海：上海译文出版社，1998

15. [美]彼得·圣吉著，郭进隆译. 第五项修炼，上海：上海三联出版社，1994

16. [日]河野丰弘. 改造企业的文化，台湾：台湾源流出版公司，1994

17. [美] 伊查克·爱迪思著，赵睿，程甦等译. 企业生命周期，北京：中国社会科学出版社，1997

文化立企　塑造品牌

中国建筑装饰协会五届理事会常务理事　全国建筑装饰优秀企业家
深圳市装饰行业协会副会长　深圳长城家俱装饰工程有限公司董事长兼总经理　**张朝煊**

一、文化立企　首先立人

实施“文化立企”战略，建设高品位的文化企业，是顺应历史发展新趋势的必然选择。企业文化所造就的高素质的员工，是企业创造力的根本源泉。因此，所谓“文化立企”，从根本上说关键就是文化立人，通过提高人的整体素质，促进人的全面发展，从而形成强大的企业竞争力。在当今市场，任何企业的发展战略都必须立足于文化战略。“文化立企”，其精髓是把企业文化建设作为企业发展的基础工程和根本战略。

（一）人与文化的互动

文化的主体是人，人是文化的创造者，文化是人的创造物，是人的本质力量的对象化。文化意味着人化，是人的情感、意志与想象力的投射。因此，人们常把文化管理也叫做人文管理，人文所反映的就是文化的属人的本性。

有人说，管理企业有三个层次：最低层次的是行政管人，其次是制度管人，最高层次是文化管人。也有人说，经营企业有三种境界：最低层次的是经营有形的产品；较高层次的是经营服务；最高境界乃是经营某种文化理念。当然上述说法未必十分准确，但有其一定的道理。管理企业如同治理国家，必须要有自己的一套文化来引导人，影响人，但同时也要有制度、法律等“游戏规则”约束人，必要时辅以一定的行政手段进行干预。三者并不是互相排斥的，只是说在不同企业或企业发展的不同阶段，哪一部分占的比例大而已。公司现在着重强调科学管理和文化管理，所以今后一定要从行政管理手段为主向以经济、制度和文化管理手段为主转变。同样，在企业运作过程中，产品、服务和理念也是不可能截然分开的，理念需要靠产品和服务来实现，产品和服务又离不开经营者文化理念的指导。麦当劳、肯德基卖的是简单的城市快餐，却居然能风靡全球，深得各个年龄阶层人士的喜爱。这里我想除了它们的产品质量之外，更重要的是靠其服务质量和经营理念。所以与其说它们是在经营产品，不如说是在经营服务，经营文化。当人们全身心放松地坐在店里享受着美味时，其实是在消费、享受着一种独特的文化——姑且称之为“麦当劳文化”或“肯德基文化”。而此时的汉堡和可乐仅仅只是这种文化的载体，它为你带来的更多的是一种精神愉悦和享受。

那么，深思一下：麦当劳和肯德基的成功靠的是什么呢？它们独特的文化和服务又说明了什么？我想不是别的，正是所有麦当劳和肯德基员工的素质共同营造了一种特殊的文化氛围，而这种良好的文化氛围反过来又影响、感染了一批又一批的新员工，从而形成良性循环。他们有统一的培训、统一的管理模式和统一的服务模式，每个员工对客人发自内心的微笑足以让人倍感温馨。

长城自 1986 年成立以来，经营管理上的厚积薄发和企业文化建设上的逐步探索，日积月累，在行业内外拥有了良好的口碑，长城品牌效应也日渐增长。这归功于我们的广大员工对长城文化的充分认同以及在此基础上的共同努力；同时，企业良好的文化氛围也培养和塑造出了不少优秀员工，他们在长城文化的长期熏陶下，诚信为人，努力做事，创造了卓著的成绩。这是我们的宝贵资产。

（二）创建强势品牌必须拥有良好的企业文化，其关键又在于全面提高员工的综合素质

判断一个企业实力强弱有很多指标，人们.通常习惯于用规模、产值、利润等具体数字来衡量。其实，这里还有一个隐型的或者说不易量化的指标，就是整个企业人才素质的高低。无论规模也好，产值、利润也罢，归根到底都是由人来创造、实现的。很难想象，一个员工素质普遍低下的企业，能够做强做大，成为名牌。反过来，如果企业人才济济，素质良好，我想也不愁成不了行业中的佼佼者。我们曾提出，长城的战略定位是忠诚于顾客，潜心打造装饰精品，执著走自己的品牌之路。事实证明，我们的这一战略决策是完全正确的，但它要求我们必须具有卓越的管理和一流的人才。人才是企业竞争力的核心因素，没有人才，没有优秀的团队，再好的战略也无法实施。

良好的执行文化充分体现员工对组织的忠诚度、工作的使命感和紧迫感，它最关键的是解决了速度和效率问题。在“文化、战略、执行力”一文里，我们谈到执行力包括组织能力和制度性能力，其中组织能力又包含两点：一是机动灵活、反应快捷、心灵可以沟通的组织架构，二是品行良好、工作投入、具有创造力的高素质人才队伍。而制度性能力就是制度文化影响人的思维和行动产生的能力，它涉及员工的制度文化素质。制度文化素质突出表现于执行制度的坚决性和服从性，它要求员工对公司具有科学性的制度必须坚定不移地贯彻执行，谁不执行谁就要受到相应的惩处；但它又远远不仅如此，而更强调员工对于制度建设的创造性和自觉性。回顾长城十多年来的成绩，可以肯定，我们的人才队伍是不错的。但离强势品牌的要求还很远，突出表现为两点：首先，装饰行业是一个介于劳动密集型和技术密集型之间的

传统产业，主要以经验为主，不需要太多的新型高科技知识和高学历的人才，所以我们员工的素质仍普遍停留于中等或中等偏上学历，而且复合型人才非常少，尽管这几年我们在人才招聘上注意到向更高学历倾斜，但一时还难以改变大局。其次，缺乏训练有素的组织去有效地执行，企业整体的执行力有待提高。当然，这与前一点原因也有关系。本身文化素质不高，起点偏低，影响了他对事物的理解、接受程度和速度，从而影响他对企业文化、战略、政策、制度的认知度和执行力。正确的执行是达到目标的最有效方式，它在强调品质的同时，也强调速度和效率——今天的工作今天完成，决不要拖到明天！

（三）如何全面提高人才素质？

我们在 2002 年以“诚信、兼容、创新、共赢”八个字定位了长城的“文化立企”战略，2003 年又提出实施“人才强企”战略，其实两者是一脉相承的。只有先“立人”，提高人才素质，抓住竞争的根本利器，才能“立企”，才能在日益激烈的市场竞争中稳健、持续发展。

既然人才素质的高低，创造能力的强弱，从根本上决定了企业的竞争力和发展水平，因此，所谓文化立企，说到底就是文化立人，那么实施人才强企战略也就势在必行。再者，从员工个人角度讲，提高自身素质也是提升自我价值的要求和前提。如今时代在加速前进，不学习，不进步，个人的素质就随时都有可能落伍。因此，于公于私，提高人才素质都是当务之急。

那么如何实施“人才强企”战略，提高我们长城人的素质呢？关键抓住四个字：“以人为本”。文化立企，其前提、基础是“立人”，其目的、结果也是“立人”。我们为什么而工作？每个人的答案也许不尽相同。从“小我”来讲，无非是为了提高生活水平，让自己活得更好；从“大我”而言，是为了整个企业、民族乃至人类的向前发展，为了从“必然王国”到“自由王国”的跨越。我司提出“敬业乐群”的观点，要把长城建设成“一支部队、一所学校、一个家庭”，在实践中不断创新绩效评估机制和激励机制的理念，其最根本的指导精神就是“以人为本”，它是科学发展观的本质和核心。以人为本，就是一切以广大员工的根本利益为出发点，不断满足员工的多方面需求，全面提高人才素质，促进人才的全面发展。

全面提高人才素质，首先必须用先进文化来培育人、引导人、塑造人。一是要用优秀的中国传统文化教育人，全面提高员工的伦理道理素养。市场经济需要法制，更需要诚信，成熟的市场经济就是诚信经济，它反对尔虞我诈、弄虚作假、背信弃义、坑蒙拐骗。成大业者必有大德，真正的现代人，应该珍惜信誉犹如生命，将“德”视为“立人”之本。我多次说过：欲做事，先做人。“做人”是一个宽泛的概念，如何做人也不是一个可以简单概括的问题。但我认为，作为一名优秀的员工，应具备这样一些起码的职业道德：诚实守信，爱岗敬业，遵守纪律，有团队精神和主人翁精神。二是用现代人文科学理论与思想引导教育人，从而全面提升人的制度文化素质。三是要用人类先进的科学文化知识武装人的头脑，全面提升员工的科学文化素养。

全面提高人才素质，还要靠实践来锻炼，在大干中促使人才不断进步。在我们的队伍里，有的人的确是能力不足，对于他们，我们要加强培训，放开手脚让他摸索、磨练，尽快提高能力；有的人有能力，但不主动，不卖力，对此我们要既“激”又“压”，施加重担，激发他的积极性；有的人是既有能力，也有干劲，但工作上却老出岔子，这又是为什么呢？就是我们先前提到的缺乏制度性能力了。他一味凭经验办事，无法适应公司的科学管理机制，企业在多年的经验、教训中总结出来的“企业管理三大环节”（事前策划、过程控制、事后总结）和“施工现场三大控制程序”（质量、资金、成本控制程序）对其而言形同虚设。这种定向的思维模式极大地束缚了企业生产力的提高，而有效的科学管理既符合生产力发展规律，也有利于人的健康生活和才能发挥。对于这类员工，我们既要耐心引导，又要严肃警醒，非立即将其纳入现代管理轨道、尽快改变自己的管理思维和工作作风不可！再有一种人是“金子”但没有发光，这就要求我们的领导干部在基层注意观察，善于发现人才，任用人才，而决不要埋没了他的才华。“学以致用”，先是学习，而学习首先要解决观念问题，只有充分认识到文化建设的重要性和紧迫性，才能用心地去学习，学是为了用，理论指导实践嘛。最后在“用”字上下功夫，达到立竿见影的效果。

（四）推进文化“立企”、“立人”要求真务实

求真，即追求主观与客观相一致，正确认识和把握事物发展的规律；务实，是体现认识与实践相统一，深入贯彻、落实业已确定的工作方针。具体到我们企业，求真务实，就是要坚持装饰行业的发展规律和市场规律，坚持以长城文化为指导精神，将公司的战略、政策和各项规定与具体实际相结合，在实际工作中说实话、鼓实劲、干实事、求实效。“实干兴邦，空谈误国”。埋头苦干，是成就一切事业所必需的基本态度。要取得进步和发展，只能靠扎扎实实的工作和坚持不懈的努力，耽于幻想或投机取巧是不行的。我们既要明确长城的目标，又要清醒地看到眼前的实际挑战和未来面临的严峻形势，要增强危机意识，始终脚踏实地，不畏艰难，乘势而上。

求真务实，必须要狠抓落实。抓而不紧，等于不抓；抓而不实，等于白抓。现在，我们缺少的不是发展思路、企业战略或者管理制度，而是缺少一件一件、一项一项地去狠抓落实，缺少高素质的执行人才。

求真务实，要害在实践，关键在领导。当前，我们的不少干部和员工缺少求真务实的过硬作风，缺少把工作抓

落实的“心到、神到、力到”，缺少更强的责任心、更高的效率和更好的效能。所以务必要以求真务实的心态来解决好精神状态和工作作风问题，坚持多找差距、自加压力、勤奋工作、真抓实干。工作能否抓落实，取决于员工的素质和团队的作风，因此各级领导干部要以身作则，起模范带头作用，学好新知识，增强新本领，适应新形势；善于调动广大员工的积极性，化解消极因素，切实增强凝聚力、战斗力。在工作方向上既要抓重点，又要统筹兼顾；在工作目标上既要达标夺冠，又要夯实基础；在工作标准上既要追求进度效率，又要保证质量效益；在工作评价上既要让上级领导放心，又要让群众满意。把求真务实精神贯彻到我们的“文化立企”、“文化立人”等各项具体工作中去，这是衡量领导干部工作态度、工作方法、工作作风、工作实效的重要标志。

（五）文化立人，更要留人

立人是为了用人，立而不留，则不为我所用，这是企业的失败。如何保持人才对企业持续的忠诚度，并充分激发其潜能？我看关键要靠事业留人，文化留人，待遇留人。

人才最怕的就是“英雄无用武之地”，所以要留住人才，首先要打造一个有利于发展、有利于创新、有利于竞争的切合实际的事业，事业始终是人才追求自我实现的一个价值平台。

文化留人，就是要努力营造一种和谐、快乐、团结、奋进的工作环境和尊重知识、尊重人才、尊重劳动、尊重创造的企业文化氛围，使大家心情舒畅地工作，让人才彼此相互依恋，取长补短。当然，我们所讲的感情，既非江湖义气，也不是无原则的一团和气，而是同事之间健康、纯正的人际关系，它是建立在共同的理想、信念和目标基础之上的。企业要增强自身的亲和力、凝聚力和吸引力，就应该尊重每一个员工，把他们当作企业的主人，而不是简单的雇佣关系，要多与员工进行沟通，多听他们的心声，帮助其实现自身的价值。这样，员工反过来就会把企业当作自己的家，就会关心企业的每一点利益，与企业同生死，共荣辱。

待遇留人，就是要尽可能地为人才创造良好的工作、生活条件，使之无后顾之忧，能够全身心地投入到工作中去。我们坚决杜绝“大锅饭”式的分配方法，公司的政策就是要让员工明白：自己有多少付出，就有多少收获。因此，不断创新、完善员工绩效评估机制和激励机制将是我们长期性的重要任务。公司正在对今年的年终评优工作做进一步调整，以给足员工必要的物质报酬和荣誉报酬。在利益分配方面，要注意两点：一是要充分引入激励机制和竞争机制，坚持向优秀员工和具有高创造力的知识层面倾斜，力戒平均主义。二是要正确处理好短期利益与长期利益、个人利益与集体利益的平衡关系，切忌短期行为。要充分注意到当前装饰市场的竞争特点，即由于信息不对称造成市场准入高门槛的人为障碍以及市场多变等因素，企业须充分考虑积累，增强资金优势，才能增强参与市场竞争和回避风险的能力，使企业走上可持续发展之路。

谈到用人留人，我们的各级领导干部又是责任重大。邓小平指出：“善于发现人才，团结人才，使用人才，是领导者成熟的主要标志之一。”常言说：“只有落后的领导，没有落后的群众。”因此，从一定的意义上也完全可以说，没有留不住的人才，只有不擅留人或不愿留人的领导。这里，我看关键有四点：

一是要有强烈的爱才之心。真正从灵魂深处重视人才，从感情深处贴近人才。时时刻刻想人才之所虑，急人才之所难，帮人才之所需。

二是要有宽宏的容才之量。即长城文化所倡导的“兼容”思想。“金无足赤，人无完人”，每个人都有自己的个性，而且越是优秀的人才，往往个性越强，因此我们要善于包容、吸纳、凝聚各种各样的人才，以开阔的眼界和宽广的胸怀选才用才；要发扬民主，群策群力，虚心纳谏，善于倾听不同的意见，使企业内部政通人和。

三是要有高超的用人之艺。唐太宗说，君子用人如用器，各取所长，物尽其材，人尽其用。人才不是全才，也许你对设计、预算、施工都懂，但你不可能都精通，人才只是在某一领域具有一定的知识和技能。所以，对人才不能求全责备，因瑕掩瑜，责短舍长，而应该不拘一格，辨证地看待人才，坚持人事相适，容人之短，扬人之长。

四是要有正确的用人导向。企业对外界有无吸引力，主要看现有人才用得如何。如果我们连身边的人才都用不好、留不住，外面的人才又怎么会进来？留人不用是浪费，不放手使用同样是一种浪费。各级领导干部一定要敢于打破条条框框，及时发现、留住和大胆使用人才，充分发挥他们的聪明才智，形成千岩竞秀、百舸争流、人才辈出、各显其能的生动局面。

老祖先在造字时或许早就有了先见，认为“财”是“贝”与“才”的结合，只有钱财和人才都有了，才拥有了真正的财富。长城要想创造更大的财富，我认为网罗、培养、凝聚优秀人才才是最重要的环节。综合国力的强弱，主要取决于经济实力的高低，取决于国际名牌的数量多少。所以我们致力于把长城构建成强势品牌的战略思想，不仅是企业自身应对日趋激烈的市场竞争的需要，也是为了增强我们的民族自豪感。所谓“国家兴亡，匹夫有责”，为了实现这一宏伟目标，难道我们每一个长城人不应该与时俱进，不断提升综合素质，来适应强势品牌的发展需求吗？

当然，“十年树木，百年树人”，“立人”是一项长期而艰巨的任务。因此，我们实施“文化立企”战略要高瞻远瞩，做好长期努力的思想和物质准备。而且它还需要整个集体的共同努力，而不仅仅是总经理或企业文化委员会的事。

张瑞敏说过：只要找对了路，就不怕路远。让我们以此共勉吧。

二、价值成就卓越　文化塑造品牌

——2004年9月3日在“2003年度中国建筑装饰行业百强企业”颁证大会上的发言

一年前的9月21日～23日，中国建筑装饰协会在这里举办有上千人出席的“全国建筑装饰行业科技大会”，我在“企业家论坛”上演讲的题目是“文化、战略、执行力”，结合长城的实际，论述了企业文化对构建企业核心竞争力的作用。今天，第二次站在“百强企业”的领奖台上，我依然要强调这一点：文化乃品牌之灵魂，只有从文化的根基上着手塑造品牌，才能从根本上提高品牌的美誉度和知名度，把企业做强做大。

长城的成功得益于良好的企业文化，得益于我们的核心价值理念，亦即我们的明确而执著的战略定位：忠诚于顾客，潜心打造装饰精品，走自己的品牌战略之路，决不随波逐流。我们所从事的是一项长期的事业，因此在经济效益和社会效益之间，我们始终把社会效益放在第一位，着力于创建中国装饰行业的强势品牌。

找准自己的战略定位是企业成功的关键因素之一。当前我国装饰市场管理仍欠规范，队伍素质良莠不齐，加上市场信息不对称，建设单位抬高准入门槛，很多施工单位普遍追求最低价夺标的恶性竞争，中标后又偷工减料，粗制滥造，工程质量低劣，施工单位利润普遍微薄，日子过得甚是艰难。面对如此逆境，长城人原则、立场坚定，时刻保持清醒和自我，虽不能力挽狂澜，却始终追求高质量、高品位的装饰精品。我们发现，市场上存在着这样一个消费群体，他们青睐的是你的品牌，而不是一味贪图便宜。而且这一群体正在迅速扩大。我们始终瞄准着这个市场，看到了希望的曙光，建立起明确的发展战略。胜利贵在坚持，执著才能成功。

文化是企业之核心，企业价值观乃文化之核心，而企业战略则是价值观的具体体现，集中反映了我们的经营理念。企业战略定位反映的不是历史和现状，而是方向与目标。企业战略定位反映的既包括在今后一定时期要做的事，也包括企业在今后一定时期把事做到什么程度。这是一种企业信念、一种追求。当今的装饰市场僧多粥少，竞争惨烈，长城以优质取胜的战略定位即是基于这样一种现状而制订出的生存、发展之道，既可以说是我们对社会的承诺，也是所有长城人的行动指南。

成功的企业文化应该由企业家倡导，并得到广大员工的认同。长城领导层善于把企业理念通过长期实战不断总结、创新，升华为自己的管理理论，从而又指导实践。继《长城企业管理法》之后，近年来，我们又汇编了《长城的成功之路》及其续篇。她们系统总结了我们的实战经验，阐述了长城文化和我们的发展战略。我们孜孜不倦地通过培训、网站、授课、会议交流等形式组织广大员工学习、研讨，使他们在潜移默化中逐渐增强对长城文化和战略的认同感，进而落实到具体的实际行动中，认真贯彻、执行，创造了一个又一个倍受瞩目的精品工程。

2001年，深圳威尼斯酒店的成功打造可以说是长城发展史上的一个新的里程碑。“威尼斯”是中国第一个主题五星级酒店，4万m^2的室内装饰工程由我司独家完成，这也开创了深圳市五星级酒店由一家公司总包装饰的先河。

品牌的广告效应和示范效应，为我们的企业铺就了一条通往发展、壮大的捷径。2002年，长城中标8个五星级酒店装饰工程，其中3个是我们一家设计、施工总承包，仅此3个项目装饰总面积就达14万m^2。该年度我司“五星级”工程中标率达到100%，谱写了长城历史上一个灿烂的“春天”。

今年，长城更是一路凯歌。首先，在深圳本土及周边地区，我们中标了三个标志性的高档装饰工程，分别是深圳国际商会中心（58层，13万m^2）、广州南沙世贸中心大厦（五星级公寓）、深圳华润中心万象城（共55万m^2，现为一期）。它们都是议标工程，且国际商会中心是由我司一家总承包。在其他省市，中标的代表性项目有北京金宝会馆（五星级）、厦门索菲特文雅大酒店（五星级）和杭州华庭云栖度假酒店（五星级），前2个项目造价均近亿，由我司独家设计、施工总承包。刚竣工的则有华侨城栖湖公寓（五星级），已签定合同正在设计中的五星级酒店项目有6个。

今年我们的奋斗目标是确保8个“五星级”酒店施工项目，力争突破10个，从而创造长城的又一个“春天”。

有人说装饰行业的性质决定了我们很难有一般性行业中常见的所谓“回头客”，其实并不尽然。我认为关键还是在于建立你的品牌知名度和美誉度，以此来提高品牌的顾客忠诚度。继去年成都索菲特万达大饭店之后，厦门索菲特文雅大酒店也于今年一举中标，而且，西安、上海还有两个“索菲特”酒店委托我们设计，这为我司与“索菲特”酒店建立长期的战略合作关系打下了良好的基础。自2001年完成“威尼斯”酒店项目以来，其业主方深圳华侨城集团已与我司建立了良好的合作关系，先后将两个写字楼和栖湖高级公寓等工程直接委托给我们。同样，深圳航空城（东部）地产公司，自去年合作以来，我司也陆续与之签订了四个设计兼施工总包合同，双方在信任的基础上合作得非常愉快。更典型的莫过于国际零售巨头沃尔玛和家乐福。自这两大品牌进驻中国之始，就与长城结下了不解之缘，到目前为止，我们装饰过的沃尔玛和家乐福超市已分别达到15个和8个。他们一有新的连锁店建设，便少不了长城的介入，而且基本上都是一拍即合。

长城的目标是要创建中国装饰业的强势品牌。尽管我们深知任重而道远，但我们也坚信：只要我们始终坚持自己正确的战略定位，艰苦奋斗，自强不息，塑造一个富有文化品位的中国装饰名牌便指日可待。

国光装饰公司的团队精神建设

黑龙江国光建筑装饰工程有限公司　副总经理　**魏　立**

几年前，我有幸与国光公司结缘，亲身体验和目睹了她的巨大变化和快速发展。新年伊始，往往是人们回眸过去，展望未来的时候。当我静心展卷，仿佛看到一支生机勃勃的国光团队在创造国光公司辉煌今天的同时，又在续写它的美好未来，这使我震颤心灵的喜悦油然而生……。

经过艰苦创业和迅速崛起，又在短短几年实现跨越式发展，年轻的国光公司已成为东北地区建筑装饰行业中的翘楚，在中国建筑装饰行业中的影响和地位日渐显著。作为中国建筑装饰协会副会长单位和荣膺首届全国建筑装饰百强企业的国光人，为实现企业发展战略目标，又开始了新的征程。随着企业资源整合，重点以巩固和发展原有市场，大力推进跨地域经营格局的形成和快速发展，是当前企业的中心工作。历史经验和现实告诉我们，单纯依靠市场力量推动企业成长已远远不够，如何保证企业持续、稳定、健康发展，培育企业核心竞争力，已成为我们的共识和当务之急。

多年来，国光公司走出了一条以建筑装饰为主业专业化发展的道路，逐步形成了具有鲜明特色、综合配套能力较强的现代装饰企业，公司全体员工为此做出巨大贡献。在企业规模不断扩张的同时，各方面人才不断汇集国光公司旗下，如何让这些具有不同教育背景、不同社会阅历、个性风格各异的人才各尽所能、人尽其才，尽情展现自己的才华，形成国光公司稳定发展的源动力，从而保证企业快速稳定的发展，从长远来看，除了物质方面的因素之外，更需要营造自己的企业文化，需要培育一种团结向上，积极进取的团队精神。

一、铸造企业之魂

团队精神是企业文化的核心，这种认识并不是现代的时髦产物。早在二十几年前，当丰田、通用等跨国公司把团队精神引入企业管理时，曾引起企业界轰动和成为一时的焦点新闻。而今，团队精神早已成为现代企业管理者经常挂在嘴边的话题。为什么团队精神鲜活地诠释着企业之路是它发展大的魂魄？孙子谈及军事管理的要素时称“兵者五事：道天地将法”，而“道者，令民与上同意也，故可以与之死，可以与之生，而不畏危也”。在这里，文化的作用被孙子概括为能够使一个团体上下一致，共赴生死。用现代的话说，就是培育团队精神。对一个企业来说，团队精神就是依靠企业文化建设，形成共同的价值观、道德观和行为准则，用以凝聚人心，激励士气的一种企业精神。

当我们看到、听到或考察国内外成功企业，就会发现他们的共性都有企业文化即企业精神作为支撑。特别那些成功的百年企业都有独到的管理哲学、经营理念、价值追求、道德规范等，当这一切被企业员工所认同，就必然通过员工将其外显，或成为文化附加值着附于产品，或以优良的服务融会于行为，或成为一种形象定位于世人。当市场发展到一定程度时，人们更多是从企业精神这一角度审视和认识企业的。比如，当人们提及微软公司，自然而然地想到高科技产品及服务；提到海尔公司，家电产品的售后服务曾给人们留下深刻的印象等等……。

企业的团队精神是依存于企业而存在的共同价值观念，是培养员工诚信、忠于职守、乐于助人、刻苦钻研、勤勉尽责的一种非制度性约束，它如同一个企业的灵魂，支配的是人们的思维方式、行为方式，它可以使员工在思想观念、思维方式、行为方式上服从企业的根本利益并得到统一和融合。对于企业管理者来说，面对内部和外部变化所带来的挑战，将个人目标与企业目标相统一，使员工自身价值的体现和企业发展目标的实现得到有机的结合，从而保证实现企业高效运作的理想状态尤为重要。因此，在企业内部管理中，倡导团队精神和建立健全有效机制，是做好各项工作的前提。企业的团队精神如同企业的灵魂，它的成功将标志着企业由产品中心、制度中心等向企业文化中心的战略转移。

二、“敬业、守信、奉献、创新”的国光精神

小溪只能泛起美丽的浪花，海纳百川才能激起惊涛骇浪。一个好的企业，首先应该具备一支优秀的团队，而一支优秀的团队一定有属于自己的鲜明独特的团队精神。企业的团队精神至少包括以下几个方面：

1. 共同的愿望和目标

一个杰出团队精神的显著特征，是具有共同的愿望与目标。由于一个团队精神中存在着不同的价值观和不同的文化差异，因此，建立团队精神的首要任务就是整合多元化价值取向，将个人目标与团队目标相统一。国光公司的员工来自五湖四海，大家都是抱着一个共同的目的来到这里——在国光公司发展的同时实现自己的自身价值。他们企盼公司日趋辉煌，使自己工作生涯成为愉快、幸福的经历，这些人为了实现企业发展战略目标，会不断地修正自己的价值取向，个人利益服从集体利益，局部利益服从整体利益。许多员工曾发自肺腑言明：“只要公司需要我一天，我就要做国光公司的铁军”。正是由于共同的愿望和目标为我们团队的成员指明了方向，团队的力量才使得国光公司在全国众多建筑装饰企业中脱颖而出，向着行业一流企业、名牌企业迈进。

2. 信任是团队精神建设的基石

团队精神提倡的是一种和睦融洽的工作氛围，真诚开放、彼此信任成为团队精神必备的两大元素。在工作中，我们欢迎团队成员提出独立见解，勇于创新并进行开拓性工作，使员工的个性充分展现，激发出整个团队的能量。“沟通”又是构建团队精神的桥梁，个人发展离不开团队成员的协作，个性的发挥必须以能够使整个团队以及团队成员都能获益为基础。个人的“一滴水”只有放进团队精神的“大海”中，方能永不干枯，只有这种良性互动，才能使国光团队精神生机勃勃。

3. 企业家的表率作用

任何一个企业文化的形成，尤其是在企业发展的初期，或多或少都会留下企业家个人魅力的烙印。无论企业成功失败与否，企业家在塑造企业文化中具有的“权威”作用和主导地位是毋庸置疑的。企业团队精神的形成，企业家个人的一言一行，往往成为企业员工的风向标。优秀团队的领导就像一个教练，他首先应该严于律己，从点滴做起，善于鼓舞士气，调动团队中每一个员工的工作积极性，激发他们的潜在能力，尽可能为团队的员工创造一个实现自我价值的良好环境。

4. “敬业、守信、奉献、创新”是国光精神的完美体现

团队精神是企业文化的内在表象，它又依附于每个企业的不同情况、不同特点升华为企业精神。在国光公司整个发展历程中，不难看出广大员工经过了认同企业的过程并逐步发展到与企业同甘共苦、笑迎挑战，无疑企业精神的作用潜移默化地感染着每一个员工的精神世界。他们信奉和恪守“敬业、守信、奉献、创新”的国光精神，自觉地维护企业的形象，使企业精神得到完美体现。

三、从基础工作培育国光团队精神

企业团队精神的培育和形成并非一朝一夕，需要从企业基础工作的各个方面着手加以营造和培育，从细微处见精神。

1. 倡导学习性组织，不断提升员工能力

企业团队精神的培育和形成，最终需要员工的各种行为来体现。因此，企业员工能力的高低直接影响到团队精神的建设。先进企业文化的建设，企业精神的培育，需要从企业外部引进一大批具有实际工作经验的高素质人才作为补充，吸收不同企业文化的长处、优点去丰富和发展自己的企业文化，更需要通过倡导学习性组织，以各种方式的培训、互动学习，进一步提升内部员工的工作能力，让他们积极参与到团队精神建设的各种活动中来，并在活动中真正理解和接受团队精神，从而在今后的工作中去体现团队精神，丰富团队精神。经过不断学习、强化培训，让国光企业精神真正融化在公司员工的血液里。

2. 立足于企业本身，建立独特的团队精神

团队精神是抽象的，但她在不同的企业中又具有鲜明特色。目前国光公司的发展和扩张道路，走的是一条以公司投资为主体，雷同集团框架下的多元化管理经营模式。成员企业之间的经营业务、人员构成情况各不相同，因此，成员企业在培养和弘扬团队精神应有各自的特点，并通过各自的方式表现出来。比如：专业精神风貌、渊博的业务知识、巧夺天工的装饰技艺、精美的家具制作、尽善尽美的周到服务等等，都可以通过国光公司项下成员企业的员工表现出同一企业精神。另外，还要重视通过调查和研究企业微观主体之外的社会宏观大环境下所倡导的社会文化精神，然后再根据企业自身的生产经营特殊性，揉和当代主旋律形成的团队精神，才能让企业不脱离社会，且能独特于其它企业。

3. “以人为本”，为员工营造良好的工作氛围

团队精神的培育，最重要的一点就是真正体现“以人为本”的思想。并能贯彻到实际工作中去，让员工找到主人公的感觉，真正把自己作为企业的一个分子，从而把为企业服务与为自己服务结合起来。优秀的企业团队精神在凝聚和吸引人才方面的作用不能低估，在企业不断发展的同时，员工的能力能够得到不断提升，寻求科学的激励手段，从利益上激发员工动力，最终认同企业的团队精神，为员工的全面发展提供广阔的舞台。团队精神虽然存在于团队成员的精神世界中，但她又是具体的，片面强调物质利益的刺激或精神方面的鼓励都不利于团队精神的建设。因此，团队精神的培养不能回避物质利益问题，如何制定有吸引力的激励机制，留住人才、用好人才，也是培育团队精神的重要组成部分。充分考虑现阶段国光公司的自身状况，从制度和文化两个方面构建一个人本主义文化团队，才是一个企业立于不败的根本所在。

随着市场经济的发展，企业的竞争，从技术、产品、质量、服务、人才等全方位、多层次展开。实践证明，企业成败的关键还在于组成团队的“人”这个因素。如何提高人的素质，如何发挥群体和团队精神的作用，形成积极向上的企业文化，使企业内有亲和力、凝聚力，外有竞争力，是企业保持稳步、快速发展中必须解决的课题。冰山在海里移动看起来很是威严壮观，露出水面的冰山仅是它很少的一部分，而深藏在水中朦胧且强大的冰体才是铸成这威严壮观的基础条件。企业的团队精神与冰山相似，我们看不清它，是因为它深藏于海平面之下，但也正是因为这样，它才构成了企业生存和发展的深层根基，对企业的影响无时不有、无处不在。没有企业精神的企业，有如无根的浮萍，经不住市场竞争的风浪。

“国人智慧，光照天地”，这气壮山河的企业座右铭，不也诠释了企业文化、团队精神的内涵吗？团队精神建设，是企业比较优势的重要支撑，进而形成企业核心竞争力的重要组成部分。

关于装修工程“工程量清单计价”的探讨

中国建筑装饰协会信息咨询委员会专家组专家　陈晋楚

《建设工程工程量清单计价规范》是一部根据《中华人民共和国招标投标法》及建设部令第107号《建设工程施工发包与承包计价管理办法》制订的，为规范建设工程的工程量清单计价行为，统一建设工程量清单的编制和计价方法的最新规范。规范明确全部使用国有资金投资或国有资金投资为主的大型建设工程应执行本规范。

以下意见仅供企业参考，如与国家政策不符，应以国家政策为准。

一、什么是工程量清单，谁来编制工程量清单，如何编制工程量清单

“规范”明确：工程量清单是“表现拟建工程的分部分项工程项目、措施项目、其他项目名称和相应数量的明细清单”。具体地说，工程量清单是按照拟建工程施工图纸以及招标文件的相关内容，依据“规范”规定的统一项目编码、项目名称、计量单位和工程量计算规则计算出分部分项工程量和措施项目、其他项目，并以统一的表式列出工程表，这就是工程量清单。工程量清单是招标文件的组成部分，由具有编制招标文件能力的招标人或受其委托具有相应资质的中介机构进行编制。具体说应具有执业资格的造价工程师负责编制。

1. 工程量清单内容

工程量清单作为招标文件的一个组成部分，提供给投标人填写价格，以完成投标报价。所以他的内容不仅仅是工程量，而是一个完整的文件。工程量清单有统一格式，内容包括有：（1）封面；（2）填写须知；（3）总说明；（4）分部分项工程量清单；（5）措施项目清单；（6）零星工作项目表。

2. 对工程量清单格式的填写也有严格规定

（1）工程量清单由招标人填写。

（2）填表须知除规范内容外，招标人可以根据具体情况进行补充。

（3）总说明内容包括：

① 工程概况：建设规模、工程特征、计划工期、施工现场实际情况、交通运输情况、自然地理条件、环境保护要求等。

② 工程招标和分包范围

③ 工程量清单编制依据

④ 工程质量、材料、施工等的特殊要求。

⑤ 招标人自行采购材料名称、规格型号、数量等。

⑥ 预留金，自行采购材料的金额数量。

⑦ 其他需要说明的问题。

二、什么是工程量清单计价

简单说：工程量清单计价就是将招标方提供的工程量清单根据本企业的技术条件、管理水平，本着自主报价的原则，进行逐项填写单价，并计算出整个工程的投标报价，作为投标书的文件之一经济标文本。一旦中标，此报价将成为计算工程价款的依据，同时也是发承包合同的重要组成部分。工程量清单计价属于综合单价法计价，较之工料单价法更能体现定价的公开、公平性。由于工程量是由招标人统一提供的，减少了投标单位在计算工程量过程中产生的量差。在工料单价法投标报价中，由于量差而产生的价格水平高低是经常发生的。实践证明，一个识图水平高、工艺知识丰富、责任性强的预算员与一个识图能力较差，缺乏施工经验、责任性差的预算员，其量差正负可高达45%左右。实行工程量清单计价，招标单位给投标人提供了一个工程项目的统一名称和数量，消除了计量过程的差错因素，创造了一个公开、公平的竞争条件，其投标竞争真正落成实到价格竞争中。而报价的高低取决于企业自身的综合管理素质，定额只是人工、材料、机械消耗量的依据或参考，不再起约束企业定价的作用。工程量清单计价将真正体现了“发包与承包价在政府宏观调控下，由市场竞争形成”的局面。

1. 计价内容

工程量清单计价应按照招标文件规定，完成工程量清单所列项目的全部费用，包括分部分项工程费、措施项目费、其他项目费和规费、税金。工程量清单采用综合单价计价。根据“规范”规定，综合单价组成，即完成工程量清单中一个规定计量单位项目所需的人工费、材料费、机械使用费、管理费和利润，并考虑风险因素。装饰装修工程应按照设计要求并参照《规范》附录B的“工程内容”确定分部分项内容。

2. 项目统一编码格式

《规范》将整个建设工程分为：

附录A 建筑工程；附录B 装饰装修工程；附录C 安装工程；

附录D 市政工程；附录E 园林绿化工程。

《规范》统一编码将“装饰装修工程”从原来“建筑工程”的一个分部工程提升为建设工程的一级分类，与建筑工程、市政工程、安装工程等平行。

《建筑工程施工质量验收统一标准》将装饰装修工程作为建筑工程的一个分部工程。将地面、抹灰、门窗、吊顶等列为子分部工程。将整体面层、板块面层、地毯面层等列为分项工程。而“统一编码”将装饰装修工程列为“B类”工程，统一编码为“02”。

项目编码共设十二位阿拉伯数字表示。以装饰工程中楼地面工程为例：

02　01　01　001　001

清单项目名称顺序码　例 1：6 水泥焦渣垫层。1：3 水泥砂浆找平层 20mm 厚。1：2.5 水泥砂浆 30mm 厚面层。

分项工程项目名称顺序码　例水泥砂浆楼地面

分部工程顺序码　例楼地面工程

专业工程顺序码　例楼地面工程

表示附录 B 统一编码装饰装修工程

再如装饰墙、柱面工程：

02　02　04　001　001

大理石挂贴

石材墙面

墙面镶贴块料

墙柱面工程

附录 B 装饰工程

3．填写分部分项工程量清单计价

填写分部分项工程量清单计价首先要掌握"综合单价"编制方法。

（1）"综合单价"的特点。综合单价是相对于"工料单价"而言。它的"综合性"体现在：

① 费用构成的综合性。所谓"综合单价"，它是完成工程量清单中一个规定计量单位项目所需人工费、材料费、机械使用费、管理费和利润。并应考虑风险因素。而"工料单价"只包括"工料机"费用。

② 项目构成的综合性。"工料单价"是在分项工程之下又细分子目为计价单的。"综合单价"是以一个完成的装饰成品（假定），即分项工程为计量单位的。例如："楼地面工程"中的"块料面层"之一"石材楼地面"，清单统一编码 020102001。具体工程项目是铺丰镇黑花岗石地面"（统一编码：020102001001）。

项目内容：800 mm×800 mm 丰镇黑花岗石面层
80mm C10 混凝土基层
100mm 3：7 灰土垫层
石材底面刷养护液
石材正面刷保护液
石材面层酸洗打蜡

要编制"铺设丰镇黑花岗石地面"一项综合单价，就要参考至少 6 个子目的单价 才能组成该项目的工、料、机费用。

（2）"综合单价"的编制

"综合单价"的内容包括：人工费、材料费、机械使用费、管理费、利润和风险费。这就需要进行逐项计算。为便于说明问题，以下我们参考北京市建设委员会发布的京建经[2003]340 号文件"关于贯彻执行《建设工程工程清单计价规范》的实施意见"的有关精神，结合 2001 年《北京市建设工程预算定额》"有关问题的通知"（京造定[2003]5 号）的内容，对"综合单价"的编制作具体分析（以下简称"5 号文"）。

《工程量清单计价规范》中"单位工程费用汇总表"所列费用项目有 5 项，即：分部分项工程量清单计价合计、措施项目清单计价合计、其他项目清单计价合计、规费、税金。

"规费"是一项新的费用项目，在新的"建筑安装工程费用项目组成"中列入"间接费"项内。所谓"规费"是指"政府和有关部门规定必须缴纳的费用（简称规费）"。在原"定额及取费标准"中是没有单独计取的，而是包含在有关项目内。"综合单价"虽然包括以往的工、料、机和管理费、利润、税金，但它不包括新设置的"规费"。所以我们在编制综合单价时，首先要将现有定额中所含"规费"进行提取。北京市建委"5 号文"对此作了明确规定：

2001 年预算定额人工费单价和现场经费中的养老保险和医疗保险，企业管理费中的"社会保障等费用内容，在编制标底时，可参照以下比例列入规费中：

人工费单价中，规费所占比例为人工费的 18.73%

现场经费中规费是相应费率的 14.15%

企业管理费中规费是相应费率的 29.16%

根据北京市建委《通知》（京造定[2003]5 号），分部分项工程量清单计价中，综合单价的计算和编制按以下程序表确定：

以直接费为计算基础

序号	项目名称	计算式
1	人工费	工日消耗量×单价
2	材料费	材料消耗量×单价
3	机械使用费	机械消耗量×单价
4	小计	（1）＋（2）＋（3）
5	现场经费	4×费率
6	直接费	（4）＋（5）
7	企业管理费	（6）×费率
8	利润	[（6）+（7）]×费率
9	风险费用	（6）×费率
10	综合单价	（6）＋（7）＋（8）＋（9）

以人工费为计算基础的编制程序

序号	项目名称	计算式
1	人工费	工日消费量×单价
2	材料费	材料消耗量×单价
3	机械使用费	机械消耗量×单价
4	小计	（1）＋（2）＋（3）
5	现场经费	（1）×费率
6	直接费	（4）＋（5）
7	企业管理费	（1）×费率
8	利润	[（6）+（7）]×费率
9	风险费用	（6）×费率
10	综合单价	（6）＋（7）＋（8）＋（9）

在确定人工费单价，现场经费费率和企业管理费费率时，不应再考虑已列入第一条规费的内容。北京市费用定额明确装饰工程计费基础为人工费。

根据（5号文）要求，我们可以对分部分项工程量清单计价“综合计价”作一个示范演算：

（1）人工费　　　工日消耗量×人工费单价

北京市装饰定额的人工工日不分列工程和技术等级，一律以综合工日表示，内容包括基本用工、超运距用工和人工幅度差。其人工费单价因不同装饰项目而不同。例如：

地面垫层等　　　定额人工费单价为27.45/工日
油漆涂料等　　　定额人工费单价为30.81/工日
金属栏杆等　　　定额人工费单价为31.12/工日
顶棚龙骨、隔断龙骨、面板等
　　　　　　　　定额单价为32.45/工日
块料面层等　　　定额人工费单价为34.35/工日
裱糊等　　　　　定额人工费单价为38.15/工日
木地板铺设、软包等　定额人工费单价为44.07/工日

当前北京市装饰市场报价一般均执行市场价，即北京市建委造价处每季度公布的装饰《工程价信息》中人工费市场价，每工日为45～60元。

因为北京市定额人工费单价中包括：

“基本工资、辅助工资、工资性津贴、交通补助和劳动保护费，以及养老保险和医疗保险”。所以我们应该从45～60元中扣除18.73%作为“规费”。即人工费单价改为36.57～48.76元。因此，我们可以设定“综合单价”中的人工费为工日消耗量×36.57～48.76元

装饰工程项目分类人工费单价（元）（供企业参考）

	定额单价	市场价	扣除规费后的参考单价	（其中规费）
垫层类	27.45	35	28.55	(6.45)
涂饰类	30.18	40	32.51	(7.49)
天棚隔音类	32.45	45	36.57	(8.43)
块类面层类	34.35	50	40.64	(9.36)
裱糊类	38.15	55	44.70	(10.30)
木制类	44.07	60	48.76	(11.24)

市场价参考北京市2003年《工程造价信息》编制

（2）材料费　　材料消耗量×单价

北京市定额材料消耗量包括：

主要材料、辅助材料和零星材料等，并计入了相应的损耗。其内容和范围包括：从工地仓库现场集中堆放地点或现场加工地点至操作或安装地点的运输损耗、施工操作损耗和施工现场堆放损耗。当你在编制缺项工程的材料消耗时，应考虑以上范围的消耗量。

材料单价可参考市建委《工程造价信息》，但更应该注意市场实际价格，进行货比三家，取其具有竞争力的价格为宜。

（3）机械使用费　机械消耗量×单价

北京市定额设有其他机具费。包括中小型机械施用费、生产工具使用费、冬雨季施工期间所增加的机械费及仪器仪表使用费。这一部分的费用占工、料机费用比例极小。因此，我们可直接套用定额子目中的“其它机具费”。

（4）管理费　　人工费×费率

管理费的确定是比较复杂的。在新的“工程费用项目组成”中已经、取消了“其它直接费”，新设置了“措施费”。

2001年《北京市建设工程费用定额》中设有现场经费，分临时设施费和现场经贯，并明确属于工程直接费。现在我们必须进行分解：将“临时设施费（装饰工程为人工费的13～15%）”划入“措施费”，将“现场经费”划入“企业管理费”（装饰工程、现场经费为人工费的26%）。

原企业管理费为人工费的45%。由于“现场经费，中含有”养老保险“和”医疗保险费“，因此应从26%的费率中扣除14.45%，即3.75%作为规费，实际应取22.24%。企业管理费中含有“社会保障费”，因此应从45%扣除29.16%，即13.16%作为规费。实际应取企业管理费31.84%两项合计应取管理费为人工费的54.08%。

企业管理费　　　人工费×54.08%

（5）利润：《5号文》规定为（直接费＋企业管理费）×7%

通过上述分析，我们可以归纳为综合单价的编制为

① 人工费＝Σ（工日消耗量×分类日工资参考单价）

② 材料费＝Σ（材料消耗量×材料市场单价）

③ 机械使用费＝相应定额子目中的“其他机具费”

④ 管理费＝（1）×54.08%（可上下浮动）

⑤ 利润＝（1）＋（2）＋（3）＋（4）×7%（可上下浮动）

分部分项工程量清单及清单报价举例

分部分项工程量清单表

工程名称：共享大厅二层走廊

序号	项目编码	项目名称	工程数量
1	020102001001	楼地面工程 80mm0×800mm丰镇黑花岗石面层 80mm C 10混凝土基层 100mm 3：7灰土垫层 石材底面刷养护液 石材正面刷保护液 石材面层酸洗打蜡	692.52 m²

分部分项工程量清单计价表

工程名称：共享大厅二层走廊

序号	项目编码	项目名称	工程数量	金额（元）	
				综合单价	合价
1	020102001001	楼地面工程 800mm×800mm丰镇黑花岗石面层 80mm C 10混凝土基层 100mm 3：7灰土垫层 刷养护液、保护液 酸洗打蜡等	692.52 m²	265.93 273.41	184161.84 189341.89

※综合单价详见“组价表”。

综合单价组价表

单位：元　（以人工费为取费基数）

序号	计价参考	工程内容	单位	数量	人工费	材料费	机械使用费	小计	管理费	小计	利润	合计
1	1～66		m²	1	19.46	171.40	7.35	198.21	10.52	208.73	14.81	223.34
2	1～7		M^3	0.08	3.39	12.10	1.25	16.74	1.83	18.57	1.30	19.87
3	1～1		M^3	0.10	3.01	2.24	0.18	5.43	1.63	7.06	0.49	7.55
4	1～71		m²	1.10	2.06	1.28	0.09	3.43	1.11	4.54	0.32	4.86
5	1～72		m²	1.00	2.58	0.64	0.09	3.61	1.56	5.17	0.36	5.53
6	1～73		m²	1.00	1.82	1.57	0.09	3.48	0.98	4.46	0.31	4.77
合计					32.62	189.23	9.05	230.90	17.63	248.53	17.40	265.93

计价参考为北京市2001年装饰定额 人工费单价见“装饰工程项目分项分类人工费单价（参考）”。

对建筑装饰装修工程综合单价中管理费的计取标准探讨

《建筑安装工程费用项目组成》中，对“综合单价法”计价程序作如下说明：综合单价法是分部分项工程单价为全费用单位，全费用单价经综合计算后生成，其内容包括直接工程费、间接费、利润和税金（措施费也可按此方法生成全费用价格）。

各分项工程量乘以综合单价的合价汇总后，生成工程发承包价。由于各分部分项工程中的人工、材料、机械含量比例不同，各分项工程可根据其材料费占人工费、材料费、机械费合计的比例（以字母“C”代表该项比值）在以下三种计算程序中选择一种计算其综合单价。

（一）当C>Co时（Co为本地区原费用定额测算所选典型工程材料费占人工费、材料费和机械费合计的比例），可采用以人工费、材料费、机械费合计为基数计算该分项的间接费和利润。

（二）当C<Co值的下限时，可采用以人工费和机械费合计为基数计算该分项的间接费和利润。

（三）如该分项的直接费仅为人工费，无材料费和机械费时，可采用以人工费为基数计算该分项的间接费和利润。

建筑装饰装修工程招标项目通常都是包工包料方式，所以不存在第三种“以人工费为基数”的计算方法。同时，投标期的装饰材料价格一般均为高于定额价，所以在编制“综合单价”计取管理费和利润时，应采用“以直接费为计算基础”。即：

序号	费用项目	计算方法	备 注
1	分项直接工程费	人工费＋材料费＋机械费	
2	间接费	（1）相应费率	
3	利润	（1）＋（2）×相应费率	
4	合计	（1）＋（2）＋（3）	
5	含税造价	（4）×（1＋相应税率）	

根据以上规定，装饰工程“管理费”应该是：

分项直接工程费（工、料、机）费率

如何确定装饰工程管理费费率，我们可以对“以人工费取费基数”进行剖析，从中可以得一点启示。以下是2001年北京市定额基价中不同人工费含量统计表。

不同人工费含量部分分项工程统计表（北京市定额2001）

人工费占基价的比例%	分项工程名称
0.04	（顶）嵌入式铝合金方板、贴镜面不锈钢板 （地）金属地砖 金属花格栅吊顶 （墙）内护墙型钢、镭射玻璃、玻璃隔断不锈钢框 （框）不锈钢板包柱饰面、镭射玻璃板 （门）胶合板门、硬木自由门、模压板门、铝合金自由门、塑料窗、包不锈钢板（0.02）实木装饰门、0.03不锈钢板包柱子
0.06	（地）聚氯酯彩色地面、大理石、花岗石地面、踢脚大理石、钛金覆面地砖、软木复合弹性地板、塑胶地面 （顶）矿棉吸声板（T龙骨）、铝合金条板、装饰玻璃顶棚、铝方板格栅项 （墙）镜面不锈钢饰面、微晶玻璃、文化石、薄大理石 （门）铝合金全玻平开门、塑料平开门、不锈钢包门框、无框玻璃门、不锈钢卷帘门、不锈钢筒子板 （扶手）硬木、大理石扶手、电子感应横移门
0.08	（地）松木长条无地垄地板、铝合金活动地板、大理石楼梯饰面、木踢脚 （顶）拱形顶木龙骨、矿棉吸声板贴在抹灰面上 （墙）裱糊锦缎、文化石、毡薄大理石、内护墙轻钢、硬木企口板饰面、隔墙胶合板 （柱）花岗石圆柱、大芯板衬板
0.10	（地）实木复合地板 （顶）铝塑板贴在石膏板下 （墙）挂贴花岗石、铝合金内护墙、铝合金装饰板、镁铝饰板、隔墙龙骨、隔墙埃特板、隔墙石膏圆孔板 （柱）胶合板衬板、铝板饰面
0.12	（地）松木卡条有地垄地板、强化复合地板 （顶）T型烤漆吊挂龙骨、T型铝合金龙骨

续　表

	（墙）贴壁布、挂贴大理石、胶合板镜面玻璃、幻影玻璃、隔墙防水石膏板 （柱）铝塑板包柱饰面、镜面玻璃板（门）、镀锌钢板卷帘门、硬木筒子板、大理石筒子板 （栏杆）钢化玻璃栏板
0.14	（地）1：6水尼丝渣垫层、木质活动地板 （顶）木龙骨、U型轻钢龙骨、浮雕花纹涂料、贴壁布不对花 （墙）整体裱糊壁纸、钛金板饰面、电化铝板饰面、塑料装饰板、隔墙水泥加压板、隔墙泰柏板 （柱）铝合金包柱龙骨、锦缎软包 （栏杆）有机玻璃栏板
0.16	（地）砼垫层。地砖0.16外 （顶）铝合金方板龙骨、胶合板拱型面层、贴壁布、裱锦缎 （墙）铝塑板饰面、铝合金条
0.17	（地）粗砂垫层。地砖0.16内，硬木拼花地板 （顶）矿棉板吸顶龙骨、冷搁式铝合金方板龙骨、胶合板面层、装饰石膏板面层、矿棉吸声板贴在砼板上 （墙）轴面砖0.06 ㎡外，矿棉吸音板饰面粘贴切片处 （柱）方柱包圆柱贴纸面石膏板衬板、中密度板衬板
0.18	（地）踢脚0.09内 （顶）T型吸顶凹槽烤漆龙骨、多彩花纹涂料、贴壁纸不对花 （墙）分格裱糊壁布、包皮革
0.02	（地）踢脚铺地砖 （顶）铝合金条板龙骨、贴柚木夹板 （墙）弹性腻子、石膏面抹耐水腻子、大芯板衬板、树脂（千思）板饰面、软包、隔墙纸面石膏板 （柱）棒木包柱饰面
0.22	（地）卵石灌浆 （顶）贴壁纸（对花）、贴宝确板 （墙）普通乳胶漆、防裂腻子 （门）硬木窗帘盒
0.24	（地）按楼铺地砖 （墙）高级乳胶漆、胶合板（3mm）饰面 （柱）花岗石方柱 （门）窗帘盒
0.26	（地）陶瓷锦砖 （墙）轴面对0.06 ㎡外，金属和面砖、纸面石膏板衬板、胶合板衬板
0.28	（地）铺地毯 （顶）纸面石膏板面层 （柱）水油抑包括饰面
0.28	（地）硬基层1：3找平层、砼面层厚50mm （墙）胶合板　5mm　穿孔饰面 （栏杆）铝合金栏杆
0.32	（墙）釉面砖面层0.06 ㎡内
0.34	顶）合成树脂乳液 （墙）砂浆贴釉面砖(0.015 ㎡)
0.36	粘状胶、粘贴陶瓷锦砖
0.38	（顶）耐擦洗涂料 （墙）砂浆贴釉面砖（0.015 ㎡外）
	油漆、抹灰类项目
0.40	水泥面托耐水腻子、材面刷磁漆一遍
0.42	木材面刷聚氨酯清漆二遍
0.44	毡墙抹水泥砂浆
0.46	木材面刷调和漆二遍、木材面丙烯酸清漆磨退、大模板砼墙石膏拉毛
0.48	木材面磁漆磨退、石膏拉毛、砂浆贴陶瓷锦砖
0.52	抹水泥砂浆、木材面润油粉、磁漆二遍、硝基清漆磨退
0.54	木材底油油色清漆二遍
0.56	木材面调和漆三遍、磁漆罩面
0.58	涂料底层抹灰
0.60	简易抹灰、抹灰墙面水刷石
0.62	抹窗台、加气砼条板抹灰、润粉清漆二遍
0.64	清漆磨退
0.66	碎拼大理石

以下是不同人工费含量取费比较实例。

实例一，参照北京市定额（2001）

定额编号 6～11

项目名称：实木装饰门（带门框）

序号	项目名称	单位	数量	单价（元）	合价（元）
1	人工费	工日	0.36	52.00	18.27
2	材料费：门	m²	1	1050.00	1050.00
	辅料	项	1	11.00	11.00
3	机械费	项	1	33.16	33.16
4	小计(1)+(2)+(3)				1112.88
5	现场经费（1）×	%	18.72	41.00	7.68
6	直接费（4）+（5）				1120.56
7	企业管理费（1）×	%	18.72	45.00	8.42
8	利润	%	1128.98	7.00	79.03
9	风险费	%	1120.56	3.00	33.62
10					1241.63
综合取费为基价的 11.57%					

实例二：

定额编号：11～140

工程项目：润油粉、刮腻子、醇酸、清漆一遍、丙烯酸清漆磨退

序号	项目名称	单位	数量	单价（元）	合价（元）
1	人工费	工日	0.618	52.00	32.14
2	材料费	项	1	21.22	21.22
3	机械费	项	1	1.24	1.24
4	小计				54.60
5	现场经费	%	32.14	41.00	13.18
6	直接费		32.14		67.78
7	企业管理费	%		45.00	14.46
8	利润	%	82.24	7.00	5.76
9	风险费	%	67.78	3.00	2.03
10	综合单从前				90.03
综合取费为基价的６４．８％					

从以上资料中可知，装饰工程人工费比较的差距是悬殊的，它直接关系到管理费、利润、规费和税金的计取水平。笔者为企业设计了一个“取费比较表”，既看出不同人工费含量引起的不同报价水平，也可作为企业选定取费水平的参考。

不同人工费含量取费比较表（本取费比较表未含措施费）

序号	项目名称＼取分档		一	二	三	四	五	六	七	八	九	十	十一	十二	十三
1	基价		1	1	1	1	1	1	1	1	1	1	1	1	1
2	人工费占基价%已扣除规费		0.04	0.10	0.16	0.18	0.20	0.22	0.24	0.26	0.72	0.40	0.46	0.54	0.62
3	管理费费率各 54.08%		0.022	0.054	0.081	0.097	0.108	0.119	0.130	0.141	0.173	0.216	0.249	0.292	0.335
4	其中	现场经费 22.24%													
		管理费 31.84%													
5	利润[①+③]×7%		0.071	0.073	0.076	0.077	0.078	0.078	0.079	0.080	0.082	0.085	0.087	0.090	0.093
6	综合单价		1.094	1.128	1.163	1.174	1.186	1.197	1.209	1.221	1.225	1.301	1.336	1.382	1.428
7	规费	人工费×18.73%	0.0092	0.0230	0.369	0.0415	0.0461	0.0507	0.0553	0.0599	0.0737	0.0922	0.1060	0.1245	0.1629
		现场经费 3.76%	0.0015	0.0038	0.0060	0.0068	0.0075	0.0083	0.0090	0.0098	0.0120	0.0150	0.0173	0.0203	0.0233
		企管费 13.16%	0.0053	0.0132	0.0211	0.0237	0.0263	0.0290	0.0316	0.0342	0.0421	0.0526	0.0605	0.0711	0.0816
		小计	0.016	0.040	0.064	0.072	0.080	0.088	0.096	0.104	0.128	0.202	0.184	0.216	0.268
8	合计		1.110	1.184	1.227	1.246	1.266	1.285	1.305	1.325	0.383	1.503	1.520	1.598	1.696
9	税金⑧×3.4%		0.038	0.040	0.042	0.042	0.043	0.044	0.044	0.045	0.047	0.051	0.052	0.054	0.058
10	⑧+⑨合计价		1.148	1.224	1.269	1.288	1.309	1.329	1.349	1.370	1.430	1.554	1.572	1.652	1.754

从“比较表”中可知，人工费与基价的比例不同，取费的结果差距很大。笔者建议一般企业可选用“比较表”中“取费分档”的第五档，即人工费占基价的20%。

管理费为　　基价的10.8%

利　润　　（基价＋管理费）

综合单价为基价×118.6%

规费为　　基价×8%

合计　　122.6%

税金　　122.6×3.4%＝0.034

工程总价为130.90万元

在选定取费为“分档”时，企业可以根据市场竞争需要，在“三、四、五、六、七”5个分档中任选。

附：“以直接费为取费基数的综合单价组价表”，本组价表取费采用第五分档，即管理费为直接费的10.5%。

以直接费为取费基数的综合单价组价表　　单位：元

序号	计价参考	工程内容	单位	数量	人工费	材料费	机械费	小计	管理费	小计	利润	合计
1	1-66		m²	1	19.46	171.40	7.35	198.21	21.41	219.61	15.37	234.99
2	1-7		m³	0.08	3.39	12.10	1.25	16.74	1.81	18.55	1.30	19.85
3	1-1		m³	0.10	3.01	2.24	0.18	5.43	0.59	6.02	0.42	6.44
4	1-71		m²	1.10	2.06	1.28	0.09	3.43	0.37	3.80	0.127	4.07
5	1-72		m²	1.00	2.58	0.64	0.09	3.31	0.36	3.67	0.26	3.93
6	1-73		m²	1.00	1.82	1.57	0.09	3.48	0.38	3.86	0.27	4.13
7		合计			32.32	189.23	9.05	230.60	24.92	255.52	17.89	273.41

4．措施项目费的编制

根据《建筑安装工程费用项目组成》，“措施项目费”由下列项目组成：

（1）环境保护；（2）文明施工；（3）安全施工；（4）临时设施；（5）夜间施工；（6）二次拟定；（7）大型机械设备进出场及安拆；（8）混凝土、钢筋凝土模板及支架；（9）脚手架；（10）已完工程及设备保护；（11）施工排水、降水。

在《建设工程工程量清单计价规范》中，装饰装修工程量加垂直运输机械和室内空气污染测试。

北京市京造字[2003]5号文对“其他费用”的有关说明如下：“材料二次搬运费”

2001年预算定额基价中，所包括的材料二次搬运费是指建筑材料、成品、半成品和构配件等场内外运输费。在编制工程量清单时，应列入分部分项工程量清单中；由于施工场地狭小（施工用地面积小于首层建筑面积三倍时）等特殊情况而发生的建筑材料、成品、半成品和构配件等施工现场外的二次搬运费用（包括运输及装卸费用），则应列入措施项目清单中。

“冬雨季施工增加费”

2001年预算定额基价中，所包括的冬雨施工增加费是指冬雨季施工期间防雨、保温、保证工程质量等所需费用以及各雨季施工的人工降数。在编制工程量清单时，应列入分部分项工程量清单中；由于雨季防洪采取防洪措施或冬季施工采用的供暖措施所发生的费用，则应列入措施项目清单中。

“成品保护费”

2001年预算定额基价中，已包括了施工过程中的一般成品保护费用，在编制工程量清单时，应列入分部分项工程量清单中；对于竣工验收前，为已竣工程及设备进行保护所采取的措施费用，则应列入措施项目清单中。

“夜间施工费”

2001年预算定额中，已经包括了正常施工过程中夜间施工照明所消耗的电费。在编制工程量清单时，应列入分部分项工程量清单中；由于业主要求缩短工期，增加夜间施工等原因，夜间施工所发生的夜班补助费、夜间施工降效、夜间施工照明设备摊销费等费用，则列入措施项目清单中。

根据上述文件规定，下列情况可列入“措施项目”：

第一，原费用定额中的“临时设施”费，按工料机费用的13%～15%计取。

第二，由于施工场地狭小（施工用地面积小于首层建筑面积三倍时）等特殊情况而发生的建筑材料成品，半成品和构配件等施工现场外的二次搬运费用列入措施项目清单中。

由于雨季防洪采用防洪措施或冬季施工采取的供暖措施所发生的费用列入措施项目清单中。

由于竣工验收前为已完成工程及设备进行保护所采取的措施费用列入措施项目清单中。

由于业主要求缩短工期增加夜间施工等原因，夜间施所发生的夜间补助费、夜间施工津贴、夜间施工照明设备摊销等费用列入措施项目清单中。

第三，脚手架、垂直运输，执行定额子止列入措施项目清单中。

第四，室内空气污染测试费根据需要按市场价编制。

建筑装饰工程投标报价研究

中国建筑装饰协会信息咨询委员会专家组专家　**陈晋楚**

一、投标报价在企业经营管理中的地位和作用

（一）重视"投标报价"是市场竞争的需要

我国的建筑装饰业在加入WTO以后，企业应该采取的对策之一就是使"工程造价"具有市场竞争力。在国外，对建筑工程造价的确定与控制，基本是从建筑前期工程开始直至竣工交付使用全过程的实施管理，对建筑工程造价运行各主要环节，如估算、概算、预算、标底价、合同价、结算价的计价方法已形成一套共同遵守的规则，且普遍为建设项目的各方所接受和认同。这种规则对提高投资效益、维护承发包双方利益起到决定性作用。

建设部根据我国加入WTO的形势需要，适时地在工程造价领域给予立法——《建筑工程施工发包与承包计价管理办法》（简称：计价管理办法），已于2001年11月发布，为我国的建筑业在"工程造价"方面与国际接轨提供了法律依据，将行业工程造价管理纳入法制化、规范化轨道。这是我们建筑装饰装修企业在经营管理，特别是投标报价的一部重要法规，应该认真学习，深入理解，坚决贯彻执行。

建筑装饰装修企业为什么要贯彻执行《计价管理办法》，这是行业属性所决定的。《计价管理办法》第2条规定："本办法所称房屋建筑工程，是指各类房屋建筑及其附属设施与其配套的线路、管道、设备安装工程及室内外装饰装修工程。《计价管理办法》所指计价，包括编制施工图预算、招标标底、投标报价、工程结算和签订合同等活动。是从建设前期直至竣工交付使用全过程的工程造价运行和管理。因此，建筑装饰装修工程投标报价理应执行《计价管理办法》。

"投标报价"在发包方来说，是确定与控制工程造价的重要环节之一。对承包方则是在参与工程投标时向招标单位提交的投标书中所承诺的标的物的承包价格。一旦中标，将成为发承包合同中的工程造价，它是构成投标文件的核心内容。可见，编制投标报价是建筑装饰施工企业在参加工程投标过程中的一个重要环节。最大限度承揽到装饰工程，争取签订更多的工程承包合同（在自己具有的施工能力范围内），是企业赖以生存与发展的前提条件。积极捕捉市场信息，争取更多的投标机会是企业的基本策略。应该说，投标是争取市场份额的契机，竞标是争取市场份额的手段；中标是获得市场份额的最终体现。其中竞标的核心内容就在于编制有竞争力的"投标报价"。"投标报价"所以如此重要，是由《招标投标法》与之相应的评标办法内容所确定的。

《招标投标法》规定，凡符合要求的工程项目，发包单位必须通过招标形式来选择承包单位，这样，发包方可以通过对各投标竞争者的报价和其他条件进行综合比较，从中选择报价低、技术力量强、质量保证体系可靠，具有良好信誉的承包者作为中标单位签订发包与承包合同，有利于节省资金，保证质量。信誉的承包者作为中标单位签订发包与承包合同，有利于节省资金，保证质量。

（二）从评标过程看投标报价对装饰企业参与市场竞争的必要性

评标是招标运行过程中的一个重要环节。一般采用综合评标。如北京等地实行"二阶段评审"，即技术标评审和经济标评审。具体办法如下：

1．技术标

（1）响应程度：100分，权重系数0.1。配分：质量30分、工期30分、响应40分。

（2）企业信誉、综合实力：100分，权重系数0.1。配分：资质25分、项目经理25分、ISO9000认证25分、同类经验25分。

（3）施工组织设计：100分，权重系数0.2。配分：施工方案40分（针对性和难点）、质量保证体系10分、环保安全10分、计划5分、分包措施10分、进度10分、协作配合10分、总平面图布置5分。

2．经济标

经评审的最低价法，适用于通用技术项目，看是否满足实质性要求，是否低于企业成本价。经济标的投标报价的评分方法：

首先确定投标报价的范围。

$$投标报价的范围=\frac{投标报价-标底价}{标底价}\times 100\%$$

投标单位报价在标底价±5%以内（含±5%）的视为有效投标报价。称之为入围。目前装饰市场的评标办法，对标底的设置做法越来越灵活，招标人为了尽量避免透漏标底，采用多种标底。

方法之一，合成标底：

$$招标人设定的标底\times 40\%+\frac{有效投标价之和}{有效投标单位数}\times 60\%单位数$$

如招标人设定标底为1000万元×40%=400万元①，有效投标价之平均值为948万元×60%=568.8万元②，①+②=968.8万元。此为合成标底。

方法之二，$组合标底为=\frac{全面投标报价之和}{投标单位数}\times 40\%$

去掉一个最高报价，去掉一个最低报价后的

$$\frac{报价之和}{投标报价单位数-2}\times 60\%$$

方法之三，直接用投标单位之和除以投标单位数的平均值作标底。

以上三种标底在开标之前均属不可知数，对投标单位具有公开、公平性。以往完全用招标人设置的标底作评标依据的作法已经不存在了。

关于投标得分的高低，并不取决于合理低价，而是以最接近标底价为最高分值。目前普遍采用这一做法。这种做法似乎与《招标投标法》的精神不一致。《招标投标法》要求“从中选择报价低——有利于节省资金保证质量”。因此，经济标的评标办法有待改进。

3．具体评标打分的办法

技术标评分，见表1～表5。

对招标书响应程度（100分）（分数代码A1）　　表1

序号	项　目	标准分	评分标准	分值	备注
1	质量标准	30分	承诺业主质量要求 不承诺业主质量要求	30分 0分	废标
2	投标工期	30分	承诺业主工期要求 不承诺业主工期要求	30分 0分	废标
3	响　应	40分	响　　应	40分	

施工组织设计评分标（100分）（分数代码A2）　　表2

序号	项　目	标准分	评分标准	分值	备注
1	施工方案	40分	先进	36～40分	
			可　行	26～35分	
			不合理	0分	
2	质量保证体系及措施	10分	完整而措施有力	6～10分	
			较完整而措施一般	3～5分	
			欠完整	0～2分	
3	环保安全	10分	完善、可靠	6～10分	
			欠完善	0～5分	
4	劳动力及材料计划、机具计划	5分	合　理	6～10分	
			欠合理	0～2分	
5	分包措施	10分	合　理	6～10分	
			欠合理	0～5分	
6	进度计划及保证措施	10分	合　理	6～10分	
			欠合理	0～5分	
7	协调配合	10分	合　理	6～10分	
			欠合理	0～5分	
8	总平面图	5分	合　理	3～5分	
			欠合理	0～2分	

企业信誉及综合实力评分表（100分）（分数代码A3）　表3

序号	项目	标准分	评分标准	分值
1	企业资质等级	25分	一级 二级 三级	25分 20分 15分
2	项目经理资质等级	25分	一级 二级	25分 20分
3	ISO9000、14000认证	25分	二项 一项	25分 15分
4	同类工程经验	25分	有 无	25分 0分

投标报价评分表（100分）（分数代码A4）　　表4

有效投标报价范围	报价得分	有效投标报价范围	报价得分
-2～0（不含-2）	100分	-4～-2（不含-4）	95分
0～+2（不含0）	90分	-6～-4（不含-6）	90分
+2～+4（不含+2）	80分	-6以外	80分
+4～+5（不含+4）	70分		

得分计算及权值取定　　表5

代码	项　目	取值	备　注
K1	对招标文件响应程度	0.1	得分1＝A1×K1＋A2×K2＋A3×K3＋A4×K4 K1×K4为取值代码 K1＋K2＋K3＋K4＝1 A1～A4为分值代码
K2	施工组织设计	0.2	
K3	企业信誉及综合实力	0.1	
K4	投标报价	0.6	

（三）从评标实例看投标报价的重要性

1．投标报价评分

实例一：有标底评标

标底为1309216元。某工程有7家装饰公司参加投标，分别报价，见表6。

有标底评标实例（单位：元）　　表6

投标单位	投标报价（元）	投标单位	投标报价（元）
甲公司	1447555	戊公司	1339965
乙公司	1224309	已公司	1240406
丙公司	1366924	庚公司	1287876
丁公司	1160888		

计算：7家合计为9067923÷7=1295417.5×0.6=777250.5元

标底：1309216×0.4＝523686.4元

合成标底：777250.5＋523686.4=1300936.9元

用每家报价除以组合标底得出每家比分，见表7。根据评分表进行打分，见表8。

每家装饰企业比分　　表7

投标单位	组合标底（元）	投标报价(元)	比分(%)
甲公司	1300936.90	1447555	+11.27
乙公司	1300936.90	1224309	-5.89
丙公司	1300936.90	1366924	+5.07
丁公司	1300936.90	1160888	-10.77
戊公司	1300936.90	1339965	+3
已公司	1300936.90	1240406	-4.65
庚公司	1300936.90	1287876	-1

根据评分表打分　　表8

投标单位	组合标底（元）	投标报价(元)	比分(%)
甲公司	+11.27	-6以外	0分
乙公司	-5.89	-6～-4	90分
丙公司	+5.07	高于+5	0分
丁公司	-10.77	-6以外	0分
戊公司	+3	+2～+4	80分
已公司	-4.65	-6～-4	90分
庚公司	-1	-2～0	100分

实例二：无标底评标

某工程有 7 家装饰公司参加投标，分析报价，见表 9。

无标底评标报价（单位：元）　　　　表 9

投标单位	组合标底（元）	投标报价(元)	比分(%)
甲公司	1447555	+11.93	出围
乙公司	1224309	-5.34	(-6～-4)90 分
丙公司	1369924	+5.69	(高于+5)0 分
丁公司	1160888	-10.24	出围
戊公司	1339965	+3.6	(+2～+4)80 分
已公司	1240406	-4.09	(-6～-4)90 分
庚公司	1287876	-0.42	(-2～0)100 分
小计		9067923	

计算规则：投标报价总和除以 7 家的平均数。

计算：9067923÷7×0.4＝518167 元

去掉一个最高报价和一个最低报价，5 家合计：6459480 元。

计算：6459480÷（7－2）×0.6＝775137.6 元

将组合标底与各投标报价比（见实例二）。

从以上两例可以看出，即使报价水平在负的允许范围内，也不能得高分。如果技术评标分接近或相同，招标方取庚公司中标，自然要多支付 63567 元工程费，接近标底 5%，这显然不符合“节约资金”的原则。

模　拟　评　标　评　分　表　　　　表 10

序号	评分项目	分项项目	投标单位 甲公司	乙公司	丙公司	丁公司	戊公司	已公司	庚公司
1	对招标文件响应程度（权值 0.1）	质量标准	50	50	50	50	50	50	50
		投标工期	50	50	50	50	50	50	50
		承包方	100	100	100	100	100	100	100
		小计	10	10	10	10	10	10	10
2	施工组织设计（权值 0.2）	施工方案		38			34	38	36
		质量保证体系		9			8	10	9
		环保安全		9			8	10	9
		劳动力材料计划		4			4	5	4
		分包措施		9			8	9	8
		进度计划及措施		9			8	9	8
		协调配合		9			8	10	9
		总平面图		5			4	5	5
		小　计		18.4			16.0	19.2	17.6
3	企业信誉及实力（权值 0.1）	资质等级		25					
		项目管理		25					
		ISO9000 认证		25					
		同类工程经验		25					
		小计		10			10	10	10
4	投标报价（权值 0.6）		0	54	0	0	48	54	60
	合计得分			92.4			84	93.2	97.6
	名　次			3			4	2	1

2. 模拟评标评分表分析（表 10）

序号 1 响应程度：凡是参与投标的都可获得满分 10 分，此指标形同虚设。

序号 2 施工组织设计：目前在中小型装饰施工项目中已经形成一套比较成熟的模式，其内容在针对性、可行性方面有了很大提高，各企业之间的差距不大。

模拟打分按：90×0.2＝18.4 80×0.2×16　96×0.2×19.2　88×0.2＝17.6 计算。

序号 3 企业信誉与实力：在资格预审时便可确定，凡是被邀参加投标的，也可获满分 10 分。

序号 4 投标报价：参加投标七家，出围 3 家（详见评分表）

乙公司 54 分、戊公司 48 分、已公司 54 分、庚公司 60 分。

最后得分：庚公司 97.6 分、已公司 93.2 分、乙公司 92.4 分、戊公司 84 分。

从模拟评标评分中可以看出，其他三项都具有透明度，唯独投标报价，在开标前属保密性，所以说它起到了决定性作用。

在规范招标投标动作方面，也是以招标报价的保密性为前提要求。国家工商总局第 82 号令《关于禁止串通招投标行为的暂行规定》第三条规定：“投标者不得相互约定一致抬高或者压低投标价”不得在招标项目中轮流以高价位或者低价位中标。由此可见，投标报价的高低是企业竞争的核心内容。所以说，准确编制投标报价是建筑装饰装修业迎接国际接轨，参与市场竞争的重要管理手段。

（四）提高投标报价质量是装饰企业参与价格竞争提高市场占有率的必要手段

我国经济体制改革和对外开放，特别是加入 WTO 以后，给建设事业带来的最大变化就是将建设业推向市场。按照市场经济规律要求，符合建设事业特点的市场体系已经开始建立。有形市场的建立为工程建设市场增添了活力。作为建设事业的一个重要专业建筑装饰业，从一开始便投入了市场经济的大潮，以竞争的手段自立于市场。是一个最具市场活力的新兴行业。我国加 WTO 以后，国际竞争局面已经形成属建筑业的开放内容有：

允许外商在中国设立中外合资、合作经营的工程承包公司、工程监理公司；允许外国建筑企业在中国承包国外贷款和国外投资的工程。

目前，在中国境内承包工程的外商建筑企业已有 187 家。

我国建筑装饰装修市场的发展，为外资建筑公司发挥其装饰装修、设备安装、幕墙工程等方面的优势，提供了更好的机会，也构成了对我国建筑装饰装修企业的直接挑战。而这种挑战首先体现在建筑产品计价的市场化和投标报价方法的国际化方面。在这方面，我们由于受计划经济的束缚，完全市场化还缺乏必要的理论知识和实践经验。价格的市场化，体现企业是市场主体和自由竞争的原则。“价格形成机制”的变革，增加了企业竞争的价格压力，增加了价格确定的市场风险，投标报价不仅更加专业化，更加强调其技巧，已经不是过去以定额为拐棍，翻翻图纸，套套子目就可完成的，已不仅仅是预算员或造价师可以决定的，而必须强调其企业负责人对价格判断的决策能力。

投标报价的核心是通过投标实行价格竞争，是企业在努力降低产品成本基础上提高市场占有率的有力措施。要降低建筑装饰装修工程产品成本，直接关系到企业的综合管理素质。比如：材料价格信息、科学的技术管理、施工工艺改革、施工项目管理、人才优化、质量安全管理等。只有全面提高企业施工管理，才能最大限度降低工程成本，编制出具有市场竞争力的投标报价。

“投标报价”是投标单位在向招标单位提交的投标书中所许诺的标的物（这里指建筑装饰装修工程项目）的承包价格，它具有法律约束力。根据招标单位的招标文件规定，一旦中标，便成为签订发包与承包合同的依据。

因此，投标单位应严格按照招标文件的要求编制投标书，根据标的物的具体内容、范围，特别要根据企业自身的投标能力和市场竞争状况，详细计算该工程的各项单价（工、料、机）。经汇总后再加上合理取费，决定投标报价。

建筑装饰装修企业虽然一开始便投入市场经济大潮，可是在计划经济向市场经济过渡阶段，竞争机制还不完善，投标报价以甲方的标底为准的一定浮动范围来确定中标单位的，甲方的标底又是以当时的概算编制办法予以确定的，因此，投标单位为了中标，在编制投标报价时也只能以当时的概算定额来编制。所以这种投标报价不能完全反映企业实际竞争实力。如果不如此报价，将不被招标单位和审计部门认可。

在市场经济的日趋完善的形势下，目前我国的建筑装饰业的业内人士对市场竞争意识有了明显的提高，不仅国有资产投资限额以上的项目实行招标投标，就连非国有资产限额以下的工程的公开、公平、公正、诚实可信的局面逐渐形成，以往的内定标、关系标、一手遮天标、卧底标也日渐退出市场，“关系户”也逐渐发展为“关系群”、“关系网”。招标方无法满足“关系户”要求，而形成了“关系群”或“关系网”内的竞争。总之，竞争是不可避免的事实。市场竞争机制的日趋完善，有利于建筑装饰行业的健康发展。

二、建筑装饰工程投标报价的编制原则及方法

（一）编制投标报价的政策依据

我国的工程发包与承包价是在政府宏观调控下由市场竞争形成的。所谓“宏观调控”即国家根据宏观计划目标的要求，利用法律手段管理企业，借助经济手段引导企业。因此，我们必须及时掌握和了解国家对确定工程造价的有关政策和规定。

1. 工程费用项目组成

《关于调整建筑安装工程费用项目组成的若干规定》中对建标[1993]894 号文件内容作了重要调整。2003 年建设部与财政部联合发出的通知（建标[2003]206 号）指出，为适应工程计价改革工作的需要，按照国家有关法律、法规，并参照国际惯例，在总结建设部、中国人民建设银行《关于调整建筑安装工程费用项目组成的若干规定》（建标[1993]894 号）执行情况的基础上，我们制定了《建筑安装工程费用项目组成》（以下简称《费用项目组成》），现印发给你们。为了便于各地区、各部门做好《费用项目组成》发布后的贯彻实施工作，现将《费用项目组成》主要调整内容和贯彻实施有关事项通知如下：

2.《费用项目组成》调整的主要内容

（1）建筑安装工程费由直接费、间接费、利润和税金组成。

（2）为适应建筑安装工程招标投标竞争定价的需要，将原其他直接费和临时设施费以及原直接费中属工程非实体消耗费用合并为措施费。措施费可根据专业和地区的情况自行补充。

（3）将原其他直接费项下对建筑材料、构件和建筑安装物进行一般鉴定、检查所发生的检验试验费列入材料费。

（4）将原现场管理费、企业管理费、财务费和其他费用合并为间接费。根据国家建立社会保障体系的有关要求，在管理费中列出社会保障相关费用。

（5）原计划利润改为利润。

3. 工程费用参考计算方法和计价程序

为了指导各部门、各地区依据《费用项目组成》开展费用标准测算等工作，2003 年 10 月 15 日建设部和财政部共同发布了《建筑安装工程费用参考计算方法》和《建筑安装工程计价程序》。《费用项目组成》自 2004 年 1 月 1 日起施行。原建设部、中国人民建设银行《关于调整建筑安装工程费用项目组成的若干规定》（建标[1993]894 号）同时废止。

《费用项目组成》在施行中的有关问题和意见，请及时反馈给建设部标准定额司和财政部经济建设司。

新的《建筑安装工程费用》项目组成表：

- 建筑安装工程费
  - 直接费
    - 直接工程费
      - 1. 人工费
      - 2. 材料费
      - 3. 施工机械使用费
    - 措施费
      - 1. 环境保护
      - 2. 文明施工
      - 3. 安全施工
      - 4. 临时设施
      - 5. 夜间施工
      - 6. 二次搬运
      - 7. 大型机械设备进出场及安拆
      - 8. 混凝土、钢盘混凝土模板及支架
      - 9. 脚手架
      - 10. 已完工程及设备保护
      - 11. 施工排水、降水
  - 间接费
    - 规　费
      - 1. 工程排污费
      - 2. 工程定额测定费
      - 3. 社会保障费
        - （1）养老保险费
        - （2）失业保险费
        - （3）医疗保险费
      - 4. 住房公积金
      - 5. 危险作业意外伤害保险
    - 企业管理费
      - 1. 管理人员工资
      - 2. 办公费
      - 3. 差旅交通费
      - 4. 固定资产使用费
      - 5. 工具用具使用费
      - 6. 劳动保险费
      - 7. 工会经费
      - 8. 职工教育经费
      - 9. 财产保险费
      - 10. 财务费
      - 11. 税金
      - 12. 其他
  - 利润
  - 税金

4.《建设工程施工发包与承包计价管理办法》（建设部令107号）

《计价管理办法》明确：施工图预算，招标样底和投标报价由成本（直接费、间接费）、利润和税金构成。其编制不以采用以下升价办法。

（1）“工料单价法”。分部分项工程量的单价为直接费。直接费以人工、材料、机械的消耗量及其相应价格确定。间接费、利润、税金按照有关规定另行计算。

（2）“综合单价法”。分部分项工程量的单价为全费用单价。全费用单价综合计算完成分部分项工程所发生的直接费、间接费、利润、税金。

《计价管理办法》第六条规定：招标标底编制的依据为：

（1）国务院和省、自治区、直辖市人民政府建设行政主管部门的工程造价计价办法以及其他有关文件。

（2）市场价格信息：《计价管理办法》第七条规定：投标报价应当满足招标文件要求。应当依据企业定额和市场价格信息，并按照国务院和省、自治区、直辖市人民政府建设行政主管部门发布的工程造价办法进行编制。

以上区别，对于施工企业来说，必须有足够的认识，不可以将招标标底与投标报价混为一潭。

（3）《建设工程工程量清单计价规范》（GB50500-2003），此规范2003年2月17日由建设部119号公告批准，2003年7月1日起实施。明确“全部使用国有资金投资或国有资金投资为主的大中型建设工程应执行本规范“。

工程量清单计价是国际上在工程建设招标投标活动中采用的通行做法，实行工程量清单计价将有助于我国的建设工程招标投标运行活动与国际接轨。工程量清单计价包括两个方面，即：工程量清单编制和填写工程量清单计价。工程量清单由招标方、工程发包方负责编制；工程量清单计价由投标方、工程承包方根据工程量清单填写价格，最后形成投标报价。

三、运用工料单价法编制投标报价

（一）深入研究招标文件对投标报价的要求

1．有关技术规范及图纸。这是计算分部分项工程量的主要依据，同时用以计算人工、材料、机械的消耗量及其相应价格，得出工程直接费。

2．《建筑装饰工程参考定额与报价》（2003年版，朱志杰编，每年出版）。

3．地方建设工程预算定额。

4．地方建设行政主管部门发布的工程造价信息。

这是最具实用性的计价依据。各省市自治区建设单位在招标文件中，都会写明按本地区定额编制投标报价。因此，熟悉掌握正确运用本地区的装饰工程是极为重要的。

下面介绍北京市建委《2001年北京市建筑工程预算定额（装饰工程分册）》基本内容。

2002年3月4日北京市建委《关于北京市建设工程造价计价办法的通知》（京建经[2002]117号）指出：为适应市场经济发展和我国加入世贸组织的需要，进一步深化我市工程造价体制改革，逐步建立在国家宏调控下，由市场形成工程造价的机制，根据国家及我市有关法律、法规、结合2001年《北京市建设工程预算定额》（以下简称预算定额）的颁发执行，现北京市建设工程造价计价办法如下：

（二）预算定额计价管理

1．凡执行预算定额的工程实行”定额量、市场价、指

导费"的计价原则

（1）定额量

在编制建设工程预算、招标标底、投报价、工程结算时，构成工程实体的实体性消耗量等非实体性消耗，参照定额的消耗标准，由企业自主确定。

（2）市场价

① 定额中的人工、材料、机械等价格和以"元"形式出现的费用均为编制期的市场价格，在编制建设工程预算、招标标底、投标报价、工程结算时，全部实行市场价格，发承包双方可参照北京市建设工程造价信息网站或《北京工程造价信息》中的市场信息价，自主协商确定价格，并在合同中约定。

② 对于已确定的材料、设备价格，在施工过程中，若发包方又单独指定，结算时的材料、设备价格按实际发生的价格调整。

③ 发包方采购供应的材料、设备并运至承包方指定地点，承包方按实际发生的材料预算价格的99%退还发包方材料、设备款。

（3）指导费

① 现场管理费、企业管理费、利润均为指导性费率，在保证上缴国家规定的各项社会保障基金等的基础上，可上下浮动。

② 分包方在施工现场需使用总承包方提供的水电、道路、脚手架、垂直运输机械等，按有偿服务的原则，总包向分包收取总包服务费，其标准可按分包总造价（不含设备费）的2%，由总分包双方协商议定。

2．编制补充额

在编制建设工程预算、招标标底、投标报价、工程预算时，对于新材料、新技术、新工艺的工程项目，属于定额缺项项目时，应编制补充额（有关编制补充预算定额管理办法将另行规定）。

北京市将在部分工程中试行工程量清单计价办法，并在总结经验，条件成熟的基础上逐步在全市推行工程清单计价办法。

"工料单价法"是以分部分项工程量乘以单价后合计为直接工程费。直接工程费以人工、材料、机械的消耗量及其相应价格确定。直接工程费、措施费汇总后另加间接费、利润、税金生成工程发承包价。以下我们参考北京市关于"走额量、市场价"的计价原则和全国定额计算直接费。

（三）对定额量、市场价、指导费的理解与运用

所谓"定额量"是指构成工程实体的实体性消耗量，以定额为依据。"实体性消耗"指直接安装到工程上的材料消耗量。

所谓"市场价"指定额中的人工、材料、机械等价格和以"元"形式出现的费用均为编制期的市场价格，在编制投标报价、工程结算时，全部实行市场价格，发承包双方可参照北京市建设工程造价信息网站或《北京市工程造价信息》中的市场信息价格，并在合同中约定。

所谓"指导费"指现场管理费、企业管理费、利润为指导性费率，在保证上缴国家规定的各项社会保障基金等的基础上，可上下浮动。

如何执行"定额"中"量"的计算，这是编制投标报价的基础数据。工程量不实，将导致整个报价不实。包括以下四个方面。

1．工程量计算要研究招标单位提供的装饰工程施工图

目前，我国室内设计的图纸极不规范。在深圳等南方沿海地区的室内设计施工图比较完善，有设计说明、材料表、图例，图纸部分有平面布局图、天花图、地面图和分隔尺寸图、立面图、剖面图、大样图、节点图等。有了招标单位提供的施工图，加上签疑补充文件，便可以计算出工程量。

在内地，如华北地区，尤其是建筑设计师设计的装饰施工图，他们一般不单独绘出图例，详图节点部分只注明"标准图集"，所以只有施工图还无法计算全部工程量，还要准备齐"标准图集"。

2．工程量计算要注意装饰的项目划分

室内装饰主要是三个面，即地面、顶面和墙面。同一平面上的不同装饰，要分别计量。同一装饰面的不同层次要分别计量。

第一种情况容易区别。比如同一墙面，有墙裙、壁纸、裱糊、软包、乳胶漆、踢脚、挂镜线。同一地面有地台、木地板、石材、地毯等，这是极容易区别的。图纸也会明确表明。

第二种情况是在一同装饰面上不同层面需要分别计算。比如纸面石膏板吊顶、隔墙，其表面可能刷涂料或贴壁纸。木制墙裙上面还会刷油漆。另有一种不容易区别的。比如北京市装饰定额墙面乳胶漆不包括刮腻子"石材磨边"、"地面石材找平层"、"石材底面刷养护液"、"块料面层酸洗打蜡"都要单独计量。这一点要根据各地公布的定额加以区别。工程量的计算应掌握一个原则，即与组价相匹配，既不漏项，又不重复计算。

在计算工程量时，凡能套用定额的，尽可能套用定额。由于我国幅原辽阔，地区定额水平相差悬殊，定额项目内容涵盖不一，所以在计算工程量时要因地制宜。全国统一消耗定额是集中了全国具有不同地区代表性的单位参与编制并经建设部批准发布的，是当前最具参考价格的消耗定额，尤其对各公司编制企业定额、编制投标报价更有直接参考作用。

按定额内容划分装饰项目

因为在同一个建筑室内平面上，可以用不同材料来进行装饰，所以计算工程量应该以主要装饰面料来划分装饰项目进行计算。

根据《全国统一装饰装修工程消耗量定额》，将装饰工程范围划分为六大类1410个项目。《北京市建设工程预算定额》（装饰工程分册）为1643个项目（表11）。

全国定额与北京市定额的比较 表 11

装饰范围	全国定额	北京定额	取多者互借
楼地面工程（15 类）	242 项	215 项	242
墙柱面工程（4 类）	281 项	418 项	418
天棚工程（4 类）	278 项	148 项	278
门窗工程（19 类）	103 项	149 项	149
涂裱工程（4 类）	295 项	433 项	433
零星装饰（9 类）	211 项	280 项	250
合 计	1410	1643	1800

3. 对装饰装修工程量计算规则的改进方法

一些企业在计算装饰工程的工程量时，创出了一套简便易行的办法。他们感到现行的装饰定额工程量计算规则过于繁琐，条文多、文字长，难背难记且实用性差。他们对采用现行土建定额来概括装饰定额的作法提出异议，认为土建工程量可以采用粗旷式计算。而装饰装修工程却不同，例如以投影面积计算异形吊顶、楼梯等，与展开面计算有较大差别。由于大部分装饰材料价格昂贵，如进口石材有高达每平方米千元以上，工程量差 0.1 ㎡，也会造成上百元的价差。

改进的方法：

任何方便按面积计算的装饰物均按展开面积计算；其中装饰物表面的空洞面积是否要扣除，由施工工艺决定，装饰线条均按延长米计算；既不能按面积又不能按延长米计算的其他装饰物按“个”计算。

这种方法可以保证装饰工程量的准确性，对预算编制人员来说，一方面省去了死记硬背、计算规则的压力，同时也增加了熟悉施工工艺的要求。实践证明，作为一名合格的预算员，掌握施工工艺知识是必备条件。所以这不能算作额外负担。

“定额量”的第二个内容是材料消耗量。这里指的是“实体性材料”，亦即直接安装到工程上的那部分材料。材料消耗量是编制投标报价的又一重要数据。一般说，工程量确定以后，材料消耗量就是报价的重要因素，因为材料费一般占直接费的 65%左右。材料消耗量的计算比较复杂，主要有两个方面：一是由工艺标准决定的主料与辅助材料的使用要求及消耗量；二是使用过程中的损耗率。目前全国统一定额及地方定额都是根据多年的经验以及各地区施工工艺编制。由于装饰工程的特殊性，装饰造型千资百态，装饰材料千种万般，地区特点千差万别。因此标准定额子目不可能满足实际施工需要。

4. 计算材料消耗量要注意以下五点

第一点：检查定额子目所包括的材料品种是否与工艺标准相一致。同一装饰物不同的施工工艺在实际工程项目中比比皆是。比如软包的工艺，就有多种作法，其用料相差很大。试举例（表 12）：

软包材料消耗比较 表 12

	名称	单位	全国定额	参考定额	北京定额	室内定额	北京房修
人工	综合人工	工日	0.95	0.7	0.45	1.75	3.61
材料	板材	m^3	0.016	1M2	——	——	0.0138
	五夹板	m^2	1.1	1.1	——	——	大砖 0.0046 1.096
	自攻螺丝	个	28	——	——	——	——
	铁钉	Kg	0.12	0.09	——	——	0.1169
	钢钉	只	3	——	——	——	泡灯 52 个
	防火涂料	kg	0.48	——	——	——	油毡 1.127m^2
	面料	m^2	1.3	1.15	1.2	1.12	1.098
	白孔胶	kg	0.26	0.25	0.5	0.045	——
	木压条	m	3.8	3	——	——	——
	海棉	m^2	——	1.1	0.042m^3	0.12	1.05
	臭油水	kg	——	0.5	——	——	0.167
	309 胶	kg	——	——	——	0.12	双面胶布 0.612m
	腻子	kg	——	——	——	0.3	——
	调和漆	kg	——	——	——	0.07	——
	醇酸清漆	kg	——	——	——	0.07	2.0
	其他费	元	0.2	0.30	0.84	0.12	——

材料消耗的不同是由工艺不同决定的。如软包工艺一：在混凝土墙面喷涮热沥青一遍——干铺油毡一层（350g）——做木龙骨（40mm×40mm 双向，中距 450mm×600m）——铺胶合板——铺泡沫塑料（8～10mm 厚）——绷白布——包锦缎——打压条。

软包工艺二：在墙面上固定木龙骨，用水泥钉锚固，中距 400mm、450mm、600mm，在五合板（三合板）上包面料，先铺一层软垫（海棉）再包面料。四边要卷包到板的背面，然后用 4 分行钉牢。将板全部包好后，再往墙面龙骨上固定。固定方式：①用压条钉固；②用装饰螺钉固定；③在墙面木龙骨上先预埋两头尖的钉子，板背面点抹胶水，然后将板好，用木榔头或皮锤敲打严实，这种安装可以不用压条或装饰钉。

软包工艺三：将墙面先做防潮处理，用 1：3 水泥砂浆找平（20 厚），墙面涂刷冷底子油，再作一毡二油。做完防水处理后钉木龙骨（20～50mm，40～50mm 木条），双向钉在预埋砖墙或混凝土墙的木楔间距 400～600mm）。一般为 450mm×450mm。龙骨固定好后，将五合板作衬板用圆钉固定到龙骨上，然后将泡沫塑料、面料分别复于五合板上，用境钉固定在龙骨上，最后用木线在分格线上压住即可。

软包的施工工艺还有多种，按形式分根据设计不同可有：全包、墙裙以上包、分块包、图案包。按构造功能分有固定包、镶嵌包。按内在工艺分有直接包、预制包。有带防水包不带防水包，有底板加预包和无底板预包。更有简易软包即直接墙面上铺泡沫塑料和面料，用线条固定。以上各种不同工艺做法，对材料需用的品种和数量差别很大。所以在确定材料消耗量时先要确定工艺标准。

第二点：异形造型设计的材料消耗计算。

异开造型设计可以表现在地面、墙面、隔断和天花上。其中变化最丰富的要算是天花设计。全国统一消耗定额专用了“艺术造型天棚”一节。分龙骨、基层和面层计算材料消耗量，为编制报价提供了有利条件。而在实际工程中，设计师们的构思无法用有限的子目项来表述的。

对于异型造型的材料计算应该根据设计图纸，先编施工工艺，再列材料品种，后算消耗总量。最终计算出单方用料。比如有一种磨盘形吊顶，材料消耗计算就很复杂，要先编工艺，再算材料。

第三点：对新材料新工艺的材料消耗构成的计算。

新型装饰材料日新月异，推动着施工工艺的发展，材料的品种和消耗量也需根据新材料新工艺进行测定。

铝塑板饰面虽然算不上最新材料，但是目前尚无统一工艺标准，设计师也不提工艺要求，质量验收标准也未出台。因此，施工工艺具有明显的企业特点或者说是地区特点。

例如铝塑板吊顶，有直接贴在龙骨上的，也有在龙骨上先粘大芯板再贴铝塑板的，材料消耗差别很大。

再如铝塑板包圆柱，有每 30cm 做一道圆弧龙骨，先用角钢做支架，再用大芯板造型，外包 3mm 胶合板，再贴铝塑板。有直接用木方作龙骨，大芯板造型，用 20mm×30mm 木条做木笼，再外包三合板、贴铝塑板。两种做法材料消耗不同。

第四点：对单体工程的装饰材料计算。

这里主要指接待台、酒吧台（柜）、梳妆台、营业柜台等。他不仅仅是装饰，还是不同的实体构造物。必须作专项计算。

酒吧台、酒吧吊柜、背柜、卫生间洗面台等独立项目，应该根据设计实际计算材料消耗组合价格。《全国统一建筑装饰装修工程消耗定额》所列材料消耗以延长米计算，与实际消耗量出入较大，所以不能直接套用定额消耗量（表 13）。

全国统一消耗定额与北京市 2001 定额比较　　表 13

项目名称	全国				北京市 2001			
	材料名称	单位	定额编号		材料名称	单位	定额编号	
			6-210（1M² 以内）	6-211（1M² 以内）			10-63	10-64
			数量	数量			数量	数量
大理石洗漱台	毛板	m^2	0.0158	0.0158	大理石板	m^2	0.490	0.49
	大理石板	m^2	1.8047	1.7034	铁件	kg	10.379	10.379
	膨胀螺栓	套	9.2728	8.1600	板方材	m^3	0.004	
	钢板网	m^2	1.3363	1.0500	胶合板（3mm）	m^2	0.618	
	电焊条	kg	0.6650	00605	大芯板	m^2	0.927	
	水泥砂浆	m^3	0.0453	0.0428	调和漆	kg	0.007	0.087
	角钢	kg	24.3159	22.5105	酚醛清漆	kg	0.143	
	防锈漆	kg	0.1274	0.0691	防锈漆	kg	0.080	0.080
	油漆溶济油	kg	0.0131	0.0071	其它材料	元	16.82	6.18
人工工日		工日	1.204	1.204	人工工日	工日	0.40	0.40

第五点：材料的损耗率与材料规格、装饰面积的关系。

凡套用定额材料消耗量的项目，都已包括了损耗率。如果是企业自己编制的定额，其材料消耗量一定要加损耗率（表 14）。

《全国统一建筑装饰装修工程消耗量定额》

材料、半成品、成品损耗量常用项目　　表 14

序号	名　称	适用范围	损耗率（%）
15	瓷片	墙、地、柱面	3.5
16	瓷片	零星项目	6.0
17	石材块料	墙、地面	20.0

续　表

18	石材块料	成品	1.0
19	石材块料	柱、零星项目	6.0
20	石材块料	成品图案	2.0
23	资质面砖周长 800mm 内	地面	2.0
24	资质面砖周长 800mm 内	墙面、墙裙	3.5
25	资质面砖周长 2400mm 内	柱、零星项目	6.0
26	资质面砖周长 800mm 内	地面	2.0
27	木地板安装	成品安装	5.0
28	资质面砖周长 2400mm 内	墙面、墙裙	4.0
29	资质面砖周长 2400mm 内	零星项目	6.0
30	资质面砖周长 2400mm 内	地面	4.0
31	地毯		3.0

续　表

32	地毯胶垫（包括搭接）		10.0
33	木材		5.0
34	石膏板		5.0
35	墙低、对花		12.0
36	胶合板、饰面板	基　层	5.0
37	胶合板、饰面板	饰面层（不锯截）	5.0
38	胶合板、饰面板	面层（锯截）	10.0
39	胶合板、饰面板	曲线型	15.0
40	胶合板、饰面板	弧线型	30.0
41	各种装饰线条		6.0
42	各种辅助材料		5.0

由于装饰材料大部分属规格料，所以在工程使用中损耗率是不相同的。《全国统一消耗定额》是社会平均水平，作为企业编制投标报价只能作参考。应该根据工程特点和工艺特点和工艺要求测定企业损耗率。

通过实例分板，同一面积不同规格的地砖其损耗率不同，某工程采用 800mm×800mm 地砖、损耗率为 7.23%。采用 600mm×600 地砖、损耗率为 3.5%。采用 500mm×500mm 地砖损耗率为 4.49%。定额损耗率为 3.5%，可见计算损耗率不能泥于定额标准。

“定额量”的第三个内容是工时消耗量。装饰工程工时消耗量也就是装饰工程工时定额，他是在一定生产（施工）条件下，为完成一单项装饰工程所规定的劳动消耗量。他是装饰施工企业一切经济管理的基础之一，既是投标报价的计价因素，又是支付劳动报酬的根据，也是编制施工组织设计和施工进度计划的重要数据。

《全国统一建筑装饰装修工程消耗定额》中的工日消耗量是目前各建筑装饰装修施工企业投标报价的重要参考依据。各地建设行政主管部门领导下的定额管理部门，有造价管理处、定额管理研究站、造价总站、定额站、造价总站、标准定额总站等。不论叫什么名称，他们发布的定额标准，都是各地装饰企业编制投标报价时可以参考的重要依据。地区装饰定额标准，都是各地装饰企业编制投标报价时可以参考的重要依据。地区装饰定额中的工时消耗量与《全国统一建筑装饰装修工程消耗定额》有出入时，应按地区定额编制工时消耗量。

由于建筑装饰装修行业发展迅猛，新材料、新工艺不断涌现，室内设计不断翻新，目前，对于工时定额的测定与编制工作明显滞后，造成各地区以及全国装饰工程工时消耗水平产生脱离实际的现象。下面的全国统一消耗定额与北京市装饰定额作一比较。

四、对《全国统一建筑装饰装修工程消耗定额》的分析

（一）项目倒挂

《全国统一建筑装饰装修工程消耗定额》中地面铺大理石：

规格 500mm×500mm，定额编号 1-001，工时消耗 0.249 工日/m²；

规格 1000mm×1000mm，定额编号 1-003，工时消耗 0.259 工日/m²。

砂浆铺地砖：规格 200mm×200mm，定额编号 1-062，工时消耗 0.323 工日/m²；

规格 800 mm×800mm，定额编号 1-067，工时消耗 0.2903 工日/m²。

上述例子说明《全国统一建筑装饰装修工程消耗定额》铺地砖工时消耗量比铺石材工时消耗量大。这一点与市场实际情况不符，明显是倒挂现象，以北京市劳动力市场价格为例。装饰工每日 45 元～60 元。铺地砖为（0.323×45）14.595～（0.323×60）19.38 元，这个价格符合当前北京市场上的劳务发承包价格。而铺石材价格为（0.249×45）11.205～0.249×60）14.94 元，而北京市场实际价格均在 35～40 元之间。

（二）脱离市场

铺地毯（单层），定额编号 1-118，工时消耗 0.431 工日/m²；

铺地毯（双层），定额编号 1-119，工时消耗 0.647 工日/m²。

折合市场人工费（双层）为 29.115～38.82 元，这与市场实际相差甚远。北京市场铺地毯劳务价 5 元/m²。

（三）地区差别

详见表 15 和表 16。

《全国统一建筑装饰装修工程消耗定额》与《北京市 2001 定额》比较　　表 15

项目名称	单位	全国定额		北京定额	
		定额编号	工时消耗	定额编号	工时消耗
500mm×500mm 地面大理石(0.25 内)	工日/m²	1-001	0.249	1-62	0.338
1000mm×1000mm 地面大理石(0.25 外)		1-003	0.259	1-63	0.349
拼　花		1-005	0.304	1-64	0.398
200mm×200mm 地砖（砂浆贴）0.09 内	工日/m²	1-062	0.323	1-48	0.239
400mm×400mm 地砖（砂浆贴）0.16 内		1-064	0.2644	1-49	0.251
800mm×800mm 地砖（砂浆贴）0.16 内		1-067	0.2903	1-50	0.306
铺地毯单层	工日/m²	1-118	0.431	1-111	0.375
铺地毯双层		1-119	0.647	1-112	0.563
1-81	工日/m²	1-134	企 0.463	1-81	0.883

续　表

1-81	工日/m^2	1-133	平 0.412	1-81	0.883
拼花有地垄墙		1-140	0.776	1-82	1.057
无地垄墙		1-132	0.484	1-83	0.710
防静电地板	工日/m^2	1-165	0.73	1-97	0.638
楼梯铺大理石	工日/m^2	1-027	0.6450	1-152	0.912
楼梯铺地砖		1-071	0.595	1-154	0.675
楼梯铺地毯		1-124	0.963	1-155	0.697
不锈钢钢化玻璃栏板		1-191	1.28	7-15	1.110

《全国统一建筑装饰装修工程消耗定额》与《北京市 2001 定额》比较　　表 16

项目名称	单位	全国定额			北京定额		
		定额编号	定额编号	工时消耗	工时消耗	定额编号	工时消耗
大理石挂贴	工日/m^2	砖墙	2-032	0.9033	0.25M^2 内	3-153	0.746
花岗石干挂		勾缝	2-064	1.067	勾缝	3-59	1.051
					不勾缝	3-60	0.710
钢龙骨		不勾缝	2-064	0.8479		3-69	0.122
大理石包圆柱			2-067	1.1679	挂贴	5-56	0.824
					干挂	5-58	0.948
方柱		方包圆	2-068	1.4679	挂贴	5-55	0.751
					干挂	5-58	0.948
瓷砖（砂浆）	工日/m^2	200×250	2-112	0.4448	0.06m^2 内	3-133	0.471
		200×300	2-116	0.4237	0.06m^2 外	3-135	0.471
乳胶漆	工日/m^2	三遍	5-196	0.122	高级	3-106	0.046
					腻子	3-116	0.039
裱糊	工日/m^2	对花	5-288	0.2180	壁纸	3-121	0.092
		不对花	5-287	0.2040			
软包锦缎皮革	工日/m^2					3-191	0.431
						3-192	0.431
轻钢 V 型龙骨	工日/m^2	45×450	3-03	0.180	双层上人	2-9	0.19
			3-023	0.210	不上人	2-10	0.207
			3-032	0.240	立面衬面	2-13	0.132
					顶灯附加	2-16	0.091
纸面石膏板	工日/m^2	嵌入浮搁砼板下	3-097	0.12	嵌入浮搁砼板下	2-69	0.111
矿棉吸音板			3-109	0.15		2-76	0.93
铝合金方板			3-114	0.090		2-84	0.095
			3-116	0.090		2-85	0.044
粘贴铝塑板			3-091	0.17		2-126	0.182
粘帖柚木夹板			3-107	0.12		2-124	0.228
底油、调和漆、磁漆	工日/m^2	单扇木门面	5-001	0.25	工日/m^2	11-43	0.218
润油粉、底油、调整和漆、磁漆		木门	5-5	0.43		11-61	0.392
清漆磨退		木门	5-069	0.788		11-101	0.734
硝基清漆磨退			5-077	0.946		11-114	1.117
丙烯酸清漆磨退			5-087	0.197		11-140	0.618

根据上述分析，对定额量中的工时消耗量不论参考何种定额，都应该作根据本企业实际进行调整。

除了定额提供的 1500 余项工时消耗量可作参考外，还有不断出现的新材料新工艺和异型设计项目的工时消耗量，这需企业自己来测定标准。

科学制订装饰工程工时消耗定额，是目前装饰施工企业一项刻不容缓的基础管理工作。

“定额量”的第四个内容是“机械使用费”。

这是装饰装修“定额量”的一个新课题。

《全国统一建筑装饰装修工程消耗量定额》将人工、材料和施工机械台班消耗量作为组成工程直接费的三项主要内容。

以下是《全国统一定额》中机械使用的品种及范围，可供编制投标报价时参考，其台班单价可参考各地建设行政主管部门发布的单价（表 17）。

《全国统一建筑装饰装修工程消耗定额》中机械使用的品种及范围　　表 17

机械名称	单位	规　格	使　用　范　围
灰浆搅拌机	台班	200L	铺石材、水磨石、地砖、缸砖、锦砖、水泥花砖、瓷板、抹灰、干粘石、斩假石、镶贴石材
石材切割机	台班		铺石材、挂贴石材、瓷板
钢盘调直机	台班		挂贴石材
钢盘切割机	台班		挂贴石材
平面磨石机	台班	3KW	
电锤	台班	520W	挂贴石材、木龙骨、铝合金龙骨
电钻	台班		分隔嵌条、防滑条、全面玻璃
木工裁口机	台班		
木工圆锯机	台班	直径 500	塑料板、木地板、木龙骨、隔断
木工压刨床	台班		石木条、吸音墙面、隔断
电动打磨机	台班		木地板
磨电机	台班		
管子切断机	台班	直径 500	金属栏杆
交流电焊机	台班	30KW・A	不锈钢栏杆、栏板、挂贴石材、铝合金龙骨、隔断
抛光机	台班		不锈钢栏杆、栏板
电动切割机	台班		铝合金龙骨、隔断
空气压缩盒	台班	$0.3M^3$/MIN	板材

对于装饰装修工程的机械使用费，各地方有不同的表示方式。北京市 2001 年装饰定额只列出“其他机具费”，其中包括中小型机械使用费、生产工具使用费、雨季施工时间所增加的机械费及仪器仪表使用费。在 1 千多个项目中都存在其他机械费。而在《全国统一定额》中，油漆涂料项目大部分没有机械台班消耗，这是一个大小的差别。

另外，装饰工程材料加工日趋工厂化，减少现场加工。例如石材，大多在工厂按图加工就绪运到现场，这也使用机械使用情况发生变化。以上是有关“定额量”分析介绍。

（四）如何执行定额中的“市场价”

《发包与承包计价管理办法》第七条规定：“投标报价应当依据企业定额和市场价格信息，并按照国务院和省、自治区、直辖市人民政府建设行政主管部门发布的工程造价计价办法进行编制。”

北京市建委《关于北京市建设工程造价计价办法》中规定：市场价指定额中的人工、材料、机械等价格和以“元”形式出现的费用均为编制期市场价格，在编制建设工程预算，招标标底、投标报价、工程结算时，全部实行市场价格，发承包双方可参照北京市建设工程造价信息网站或《北京工程造价信息》中的市场信息价，自主协商确定价格，并在合同中约定。

根据上述规定，“市场价”包括以下内容。

1．执行市场价的范围，编制预算，招标的标底、投标报价、工程结算全部实行“市场价”。

2．时间依据为编制期的市场价。

3．市场价依据，参照地方“造价信息网站”中的编制期市场信息价。

4．参照编制期地方《工程造价信息》中的市场信息价。

关于“市场价”的实际应用，首先是材料价。由于装饰材料市场目前还没有统一市场价格管理，而且新品种、新材料发展较快，所以不论“造价信息网站”或《工程造价信息》，所提供市场价格信息均滞后于实际。通用的做法是：以定额为依托，凡可套用定额子目的，一律套用定额子目，对其中的主材单价，根据市场价调整，辅料一般不作调整。

要掌握建筑装饰材料的市场价格，必须了解建筑装饰材料市场。我国目前的装饰材料市场十分繁荣，竞争也十分激烈。尽管装饰业发展迅猛，但装饰材料工业的发展规模、生产数量远远大于需求，加上市场的无序扩展，使装饰材料价格的幅度悬殊颇大，以上报价可以鉴证。这一点，装饰施工企业在询价时需要持谨慎态度。

（五）国内装饰材料市场形式主要有三类

1．大型综合装饰材料市场

全国各大中城市都有一定数量的这类市场。他们经销各类高中档装饰材料，具有一定的配套条件，他们的经营宗旨是做到“应有尽有”。一般工程用料可以选定某一大型综合市场获得满足。如北京市营业面积超过 1 万㎡的市场就有百余家。这类市场虽然也属于摊位租赁经营，但因有大市场统一管理，经营较为规范。其材料价格凡属配套项目或达到一定数量，均可享受批发价，甚至工程价。

2．专营市场

这种市场经销单门类的装饰材料。比如石材市场、陶瓷（砖）市场、胶合板市场、板方材市场、石膏板（龙骨）市场、塑钢市场、金属材料市场、涂米市场、木地板市场、玻璃市场以及配套的电动工具市场等。专营市场的特点是可以较大范围的获得大量价格信息。这种市场一般均设在大中城市的城乡结合部，房屋简陋，费用较低，所以产品价格比大型综合市场略低。石材市场、陶瓷（砖）市场大多是产销一条龙经营。比如山东、福建、新疆、东北的石材，广东佛山、福建晋江、江苏苏州、山东淄博的墙地砖，都属这类经营方式，并在城市设库，因此价格优于一般市场。在北京，木材市场几乎由福建莆田商人垄断。他们结成团体，从东北调进圆木，集中进行制材加工，经过烘烤，分散到各经营点。其价格与市场行情基本持平。北京的胶合板市场，部分也由福建商人经营，少量由河北乡镇企业联系经销，价格较便宜，但往往夹杂劣质产品。所以在对这些商家询价时，必须以保证质量为前提。

3. 小门市场合装饰材料市场

他们散落在城市的大街小巷，为周边用提供方便服务，不失为对大市场的补充，他们以零售为主，但遇到大宗客户，也可以批发价成交。

目前，规模较大的装饰施工企业根据自己多年经验，已经积累了一些市场价格信息，有的企业与有信誉的供销商结成供应网络，为投标报价提供价格信息，一旦中标，协助施工企业组织货源，负责供应，调剂缺口等一条龙服务。

装饰材料的市场价不能以价格低廉为标准，而应该以正规市场提供的批发价为市场合理价格。目前由于货源渠道不同，所以造成价格悬殊。

在北京，四川某地生产的墙砖，每块 1.9 元，而在一路之隔的建材市场内，同类产品每块 2.9 元。新疆天山红花岗石，市场价 370 元，厂家自销 250 元。如果用量大，可到矿区直接提货，120 元/m²，代组织火车运输到北京，仅加运输费 10 元/m²。还有立邦漆，在北京，直接到库房工厂提货，比市场批发价低 10%以上。

还有一种海关市场价。外地产品通过海运到天津港，北京地区的装饰企业可以直接到天津港提货，其价格也比批发价低很多。

另一种情况，价格高于市场批发价。一般为二手市场，他们自己组织货源，自己加工或几家小作坊联手经营，其价格极不稳定，不能作为报价依据。

总之，装饰材料的市场价格，由于缺乏统一规范，所以差距甚大，施工企业在询价时，必须要有市场洞察能力，真伪分辨能力，不可以偏概全。

对于进口石材也应区别定价。比如黑金砂，有直接进口成品材的，有进荒料在国加工的，其价格相差很大。

石材的规格对价格影响极大，600mm 内有的价格，一般采用市场标价，但超过 600mm 的，招标规格石材，其价格相对要高。

加工程度不同，价格不同。如毛板、工程板、异型板等。例如进口金麻板、毛光板批发价 360 元/m²、工程板批发 420 元/m²、零售 520 元/m²，而异型材的加工价格更昂贵。

（六）人工费

北京市 2001 年装饰定额中的人工费，根据不同工程定的综合人工单价，只有工程区别，没有等级之差，见表 18。

北京市 2001 年装饰定额中人工费标准（元/日）　　表 18

垫　层	27.45
找平层、整体面层、墙面抹灰、涂料、油漆	30.81
金属栏杆	31.12
天棚龙骨、面板、隔墙龙骨	32.45
块料面层	34.35
裱糊	38.15
木地板铺设、玻璃采光顶衬板、吸音板、软包、柜架	44.07

最低工资与最高工资比为：27.45　44.07＝60.55%

北京市 2003 年《工程造价信息》发布的装饰工程人工费市场价为 45～60 元/工日。在编制投标报价时，可以根据企业投标策略决定每工日人工费单价进行调整。

（七）“措施费”编制

运用“工米单价法”编制投标报价除了“直接费”中的“直接工程费”采用“定额量”、“市场价”以外，对于新设立的“直接费”中的“措施费”也应进行具体计算。《建筑安装工程费用项目组成》中的“措施费”包括原来“费用组成”中的其他直接费和临时设施费，以及原直接费中的工程非实体消耗费用。“措施费”具体项目有前面说到的 11 项。装饰装修工程不加“垂直运输机械”和“室内空气污染测试”费。

“措施费”的计算，在北京地区可以借用《北京市建设工程定额（装饰装修工程）》中有关内容编制。

北京市费用定额中的①临时设施费装饰工程取费为人工费的 13.15%。②其他直接费则包含在每个定额子目的其他人工费和其他机具费中。《北京市建设工程预算定额》总说明：本定额的其他人工费包括材料二次搬运和冬、雨季施工期间所增加的材料费。其他机具包括中小型机械使用费、生产工具用具费、冬雨季施工期所含的机械费及仪器仪表使用费。③非实体消耗费按定额（装饰工程）第十二章、十三章协调。④“室内空气污染测试费”北京市场暂按每室面积 15 元/m² 计算。

（八）“指导费”的运用

《北京市建设工程造价计价办法》规定：“现场管理费、企业管理费、利润均匀指导性费率，在保证上缴国家规定的各项社会保障基金外花了多少，可上下浮动。

北京市建设工程费用定额（装饰工程）　　表 19

项　目		计费基数	费率（%）	
直接费	临时设施费	人工费	15.0	13.0
	现场经费	人工费	26.0	
间接费	企业管理费	人工费	45.0	
	利润	直接费＋企业管理费	7.0	
	税金	直接费＋企业管理费＋利润	3.4	

从表 19 可以看出，“临时设施费”已经纳入“直接费”的“措施费”中，要研究分析的是：现场经费、企业管理费和利润。新的“费用项目组成”间接费。规费和企业管理费、单列利润和税金。上面所说的“保证上缴国家规定的各项保障基金”就是指“规费”部分。

北京市企业管理费构成比例 表20

序号	内 容	比例（%）
1	干勤人员工资及工资附加费	45.86
2	职工教育经费，共青团经费	3.16
3	办公费	2.40
4	差旅交通费	1.65
5	固定资产拆旧修理费	5.64
6	工具、用具摊销费	0.39
7	劳动保护费	0.26
8	财务费用	2.87
9	业务招待费	0.74
10	劳动保险费	1.82
11	税金	1.72
12	社会保障等费用	29.16
13	其他	4.33
14	合计	100

从“企业管理费构成比例”（表20）中可见：

“社会保障费”应列入“规费”内。从北京市装饰定额对人工费的内容解释，应标入养老保险和医疗保险部分费用列入“规费”项内。北京市2001年定额中所包括的“规费”及测算依据是：

1．住房公积金，北京市财政局《转发财政部关于印发关于企业住宅缺席改革若干财务问题的规定的通知》（京财建[1995]1144号）。

2．基本医疗保险基金，北京市政府第68号令《北京市基本医疗保险规定》。

3．基本养老保险费，北京市政府第2号令《北京市企业城镇劳动者养老保险规定》。

4．失业保险基金（北京市政府第38号令《北京市失业保险规定》。

5．工伤保险基金（北京市政府第48号令《北京市企业劳动者工伤保险规定》。

6．《残疾人就业保障金管理暂行规定》的通知。

北京市2001年预算定额人工费单价和现场经费中的养老保险和医疗保险，企业管理费中的社会保障等费用内容，在编制标底时，可参照下列比例列入“规费”中（表21）。

表21

序号	项目名称	基 数	所占比例（%）
1	人工费单价	相应人工费单价	18.73
2	现场经费	相应费率	14.45
3	企业管理费	相应费率	29.16

投标规定：规费和税金是不能浮动的。不能浮动的部分有：

（1）现场经费：人工费的22.24%（扣除规费）。

（2）企业管理费：人工费的31.88%（扣除规费）

（3）利润：（直接费＋企业管理费）7%

以上费率，可由投标企业报价（详见《中国建筑装饰》2004年第3期（总第155期）《工程量清单计价探讨》）。

五、投标报价编制实例

（一）工料单价投标报价编制实例

北京某大厦共享大厅，装饰工程建筑面积：2556 m²。报价依据：

1．招标单位提供的工程设计图及有关说明。

2．招标文件有关内容。

3．补充文件。

4．现行标准图集、规范、工艺标准、材料做法。

5．2001年北京市建设工程预算定额及取费定额。

6．材料、人工费单价参照北京市报价《工程造价信息》及市场询价。

（二）以工料单价法编制投标报价实例

装饰工程预算，见表22和表23。

共享厅装饰工程取费表（以人工费为计算基础） 表22

序号	费用项目名称	计算式	取费金额（元）
1	直接工程费	人工费＋材料费＋机械费	1099728.36
2	直接工程费中人工费	根据预算数	102748.59
3	措施费 其中：临时设施费 脚手架费	（2）×15% 按定额计算	16512.29 15412.29 1100.00
4	措施费中人工费	按定额计算	291.38
5	直接费小计	（1）＋（3）	1116240.65
6	直接费中人工费	（2）＋（4）	103039.97
7	间接费 其中：1）规费小计 ①人工费中占18.73% ②现场经费中 ③企业管理费中 2）管理费小计 ①现场经费 ②企业管理费	(6)×23.05% (6)×3.76% (6)×13.12% (6)×22.24% (6)×31.88%	96909.08 41143.85 23750.71 3874.30 13518.84 55765.23 22916.09 32849.14
8	利润	[(5)+(7)] ×7%	84920.48
9	工程费合计	(5)+(7)+(8)	1298070.21
10	税金	(9) ×3.4%	44134.39
11	工程总造价	(9)+(10)	1342204.60

北京某大厦共享厅首层 表23

序号	定额编号	工程项目名称	单位	数量	单价	合价	人工合计
1	1-66	800mm×800mm丰镇黑花岗石面层	m²	1068.46	193.10	206319.63	15332.40
2	1-71	石材底面刷养护液	m²	1077	2.34	2520.18	1755.51
3	1-72	石材正面刷保护液	m²	1068.46	3.01	3216.08	2436.09
4	1-73	石材面层酸洗打蜡	m²	1068.46	3.09	3301.54	1527.90
5	3-172参	不锈钢面层踢脚板	m²	4.65	206.00	957.90	76.40

续　表

6	3-165 参	大芯板衬底踢脚板	m²	4.65	55.59	258.49	44.00
7	11-221	大芯板刷防火漆	m²	4.65	4.40	20.46	5.77
8	1-153	楼梯铺丰镇黑石材	m²	34.05	338.82	11536.82	1287.09
9	7-9	不锈钢钢化玻璃楼梯栏杆栏板	m²	99.14	294.55	29201.69	3577.96
10	7-48	楼梯不锈钢扶手	m²	19.60	164.20	3218.32	66.25
11	3-60	混凝土墙面干挂丰镇黑石材	m²	176.40	262.92	46379.09	5089.14
12	3-71	干挂石材镀锌角钢骨架	m²	176.40	28.67	5057.39	5327.3
13	5-70	混凝土方柱包圆柱型钢骨架	m²	322.31	30.75	9911.03	2788.00
14	5-81	方柱包围柱大芯板骨架	m²	322.31	38.11	12283.23	1115.19
15	5-79	方柱包圆柱三合板衬底	m²	322.31	34.05	10974.66	1115.19
16	5-87	方柱包圆柱铝塑板面层	m²	322.31	112.40	36227.64	3535.74
17	4-35	不锈钢框钢化玻璃隔断（12mm）	m²	99.14	353.77	35072.76	1450.42
18	435 参	不锈钢框钢化玻璃落地窗	m²	81.60	639.63	52193.81	1193.81
19	2-8	U 型吊挂式轻钢龙骨	m²	692.53	30.22	20928.27	3975.12
20	3-165 参	大芯板衬板吊顶	m²	692.53	44.20	30609.83	6551.33
21	2-126	铝塑板面层吊顶	m²	692.53	62.40	43213.87	4099.78
22	3-120	楼梯底板刷防水腻子	m²	7.17	5.24	37.57	10.56
23	3-106	楼梯底板刷乳胶漆	m²	7.17	6.31	45.24	10.56
24	6-66	直径 3～6,m 旋转门	楼	1	61278.20	61278.20	1206.80
		首层合计				749971.03	5878374

（三）以工料单价法编制投标报价实例

装饰工程预算，见表 24～表 26。

共享厅二层走廊　　**表 24**

序号	定额编号	工程项目名称	单位	数量	单价	合计	人工费合计
25	1-66	800×800 丰镇黑花岗石地面面层	m²	692.52	193.10	133725.61	9937.66
26	1-71	石材底面刷养护液	m²	698.06	2.34	1633.46	1137.84
27	1-72	石材正面刷保护液	m²	692.52	3.01	2084.49	1578.95
28	1-73	石材面层酸洗打蜡	m²	692.52	3.09	2139.89	990.30
29	3-172 参	不锈钢面层锡脚板	m²	7.23	206.00	1489.38	118.79
30	3-165 参	大芯板衬底踢脚板	m²	7.23	55.59	401.92	68.40
31	11-221	大芯板刷防火漆	m²	7.23	4.40	31.81	8.97
32	7-32	不锈钢栏杆钢化玻璃栏板（通钢）	m²	168.30	252.64	42519.31	5269.47
33	7-62	不锈钢扶手（通钢）	m²	84.40	142.75	12048.10	247.29
34	5	混凝土方柱包圆柱型钢骨架	m²	54.40	30.75	1672.80	470.56
35	5-81	方柱包圆柱大芯板骨架	m²	54.40	38.11	2073.18	188.22
36	5-79	方柱包圆柱三合板衬底	m²	54.40	34.05	1852.32	188.22
37	5-87	方柱包圆柱铝塑板面层	m²	54.40	112.40	6114.56	596.77
38	4-35	不锈钢框钢化玻璃隔断（12mm	m²	99.14	353.77	35072.76	1450.42
39	2-11	U 型吊挂轻钢龙骨	m²	911.50	51.06	46541.19	6900.06
40	2-69	纸面石膏板	m²	911.50	13.82	12596.93	3700.69
41	2-126	刮耐水腻子	m²	911.50	7.42	6763.33	1367.25
42	3-106	高级乳胶漆面层	m²	911.50	6.31	5751.57	1367.25
43	2-142	玻璃采光天棚	m²	126.00	279.72	35244.72	8377.74
		三层走廊合计				349757.33	43964.85
		工程直接费合计				1099728.36	102748.59

主　要　材　料　单　价　　**表 25**

序号	材料编号	材料名称	单位	单价	序号	材料编号	材料名称	单位	单价
1	06052	丰镇黑花岗石	m²	160	5	03011	大芯板	m²	26.90
2	05033	钢化玻璃	m²	150	6	03006	三合板	m²	6.55
3	09350	不锈钢栏杆	m²	60	7	08236	铝塑板	m²	45.00
4	09340	镜面不锈钢板	m²	180					

组　价　表（举　例）　　　表 26

定额编号	1-66	项目名称	地面铺丰镇黑磨光花岗石		
基价	193.10				
其中	人工费（元） 材料费（元） 机械费（元）	14.35 171.40 7.35			
名　称		单　位	单　价	数　量	合　价
人工	综合工日	工日	40.64	0.353	14.35
材料	丰镇黑花岗石 0.25 水泥（综合） 白水泥 砂子 建筑胶 其它材料费	m2 Kg Kg Kg Kg 元	160.00 0.366 0.55 0.036 1.700 ——	1.02 13.629 0.10 48.268 0.052 1.330	163.2 4.988 0.055 1.738 0.088 1.330
机械	其它机具费	元	——	7.35	7.35

论建筑装饰工程项目管理

中国建筑装饰协会信息咨询委员会专家组专家　高级经济师　**吴承辉**

问题的提出

建筑装饰工程是在建筑物成型的基础上，对室内、外空间的设计和施工，并以预售商品的形式推向市场，用货币评估反映出经济价值。

装饰工程项目作为管理对象，按限定时间、工程预算、质量标准、安全技术操作规程、文明施工及环境保护，完成一次性任务。具体表现在任务本身与最终成果上。为了实现“优质、高效、低耗”的目标，在工程的施工运作过程中，要做到“三控制、二管理、一协调”，即进度控制、质量控制、费用控制、合同管理、信息管理和组织协调。

装饰工程项目管理是属工程项目管理的一类。管理的对象是装饰工程项目。其定义是在项目的生命周期内，即从设计、组织工程施工，至竣工交付使用期间，用系统工程的理论、观点、方法，进行有效的规划、决策、组织、协调、控制等系统性的科学管理活动。从而按照装饰工程项目的质量、工期、造价圆满地实现目标。就是说，管理的主要任务是目标控制。管理的主要目标是工期、质量、造价，这也是行业管理的三大主轴。

装饰工程项目，是企业面向建筑市场的窗口。工程项目管理是企业管理的基础。管理素质的高低良莠，直接反映着企业的形象和信誉。决定着企业经营的兴衰成败。21 世纪人类社会已经迈向世界多级化、经济全球化的时代，世界上有的人把第三次世界大战比喻为“商战”，在没有炮火硝烟的战场上，是不相信眼泪的，更不怜悯弱者。市场国际化和激烈的竞争机制，是社会商品经济发展的必然结果。在这个形势下探讨一下建筑装饰工程项目管理是有意义的。

一、装饰工程项目管理的方法与建设程序

跨入 21 世纪的门槛，我国已经加入世界贸易组织，成为具有法人资格的成员国，面对经济全球化、市场国际化，外国企业可以走进我们的国门，并以公民的待遇参加公开、公正、公平、透明、一视同仁的工程竞标。与此同时，国内有实力的企业，也可以走出国门，参加境外的工程竞标，承揽建筑装饰工程设计和施工，为国创汇。为此，我们在探讨建筑装饰工程项目管理的同时，还要做好国际性标准，第三方的认证工作，以及风险防范管理工作。

（一）装饰工程项目管理的方法

装饰工程的生产活动与市场交易活动同时进行，它是预售商品，先有交易活动，后有“产成品”（工程项目），买卖双方都要投入生产管理。所以工程项目管理是对特殊的商品、特殊的生产活动，在特殊的市场上，进行的特殊的交易活动的管理。因此，装饰工程项目管理划分为施工项目管理与建设项目管理，他们的管理任务、内容、范围是不同的，详见表 1。

施工项目管理与建设项目管理的区别　　表 1

区别特征	施工项目管理	建设项目管理
管理任务	生产出建筑装饰合格产品、取得合法利润	取得符合要求能发挥效益的固定资产增值
管理内容	涉及从投标开始到交工为止全部生产组织与管理及维修	涉及投资周转和装饰工程施工的全过程管理
管理范围	由招标文件和工程承包合同规定的承包范围的施工	由可行性研究报告确定的建筑装饰工程项目
管理主体	装饰施工企业	建设单位或其委托的咨询监理单位

施工项目管理的对象是建筑装饰工程施工项目。工程投标，含技术标（施工组织设计）、经济标（投标报价）、资格（资质）标、设计标（装饰设计及效果图）——合同→施工准备→组织施工→竣工验收。

企业经营的目的，是让企业进入市场、融入市场、占领

市场、赢得市场，并取得合法的社会效益和经济效益，把企业做大做强。为此说，企业经营是目的，管理是手段。在社会主义市场经济的历史时期，经营管理具有市场性、专业性、自主性、国际性，企业要驾驭市场，在激烈的市场竞争中立足、发展，必须要求科学的管理体系和科学的管理人才。

（二）建设程序

建筑项目的建设程序，习惯称作基本建筑程序。项目按程序进行建设是社会经济规律的要求，是项目技术、经济规律的要求，也是项目复杂性[环境复杂、涉及面广、相关环节多、多行业多部门（配合）]决定的。

1．我国的建设程序分为六个阶段

项目建设书阶段 → 可行性研究阶段 → 设计工作阶段 → 建设准备阶段 → 建设实施阶段 → 竣工验收阶段

2．国外的建设程序分为四个阶段

项目决策阶段 → 项目组织计划设计阶段 → 项目实施阶段 → 项目试生产、竣工验收阶段

国外工程项目生命周期及阶段划分见图 1。

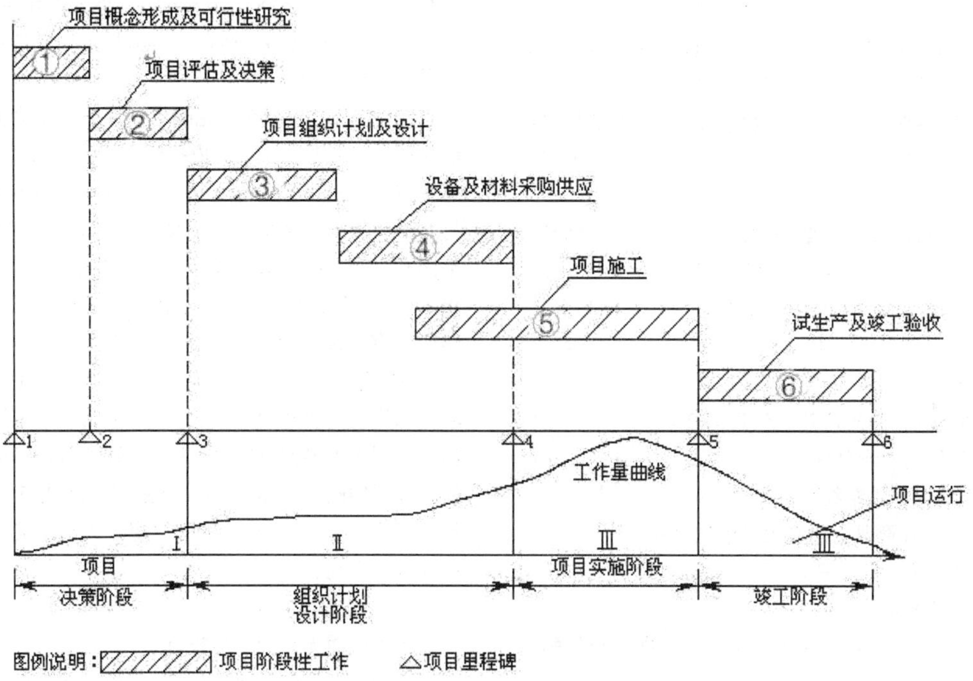

图 1 国外工程项目生命周期及阶段划分

项目程序说明：

（1）项目建议书提出；

（2）可行性研究报告提出；

（3）计划任务书下达；

（4）图纸交付，开工命令下达；

（5）项目配套竣工；

（6）试生产、验收合格。

项目管理只包括Ⅰ、Ⅱ、Ⅲ三个阶段并可以进一步详细划分。为保证项目决策的科学性、客观性，阶段Ⅰ的工作应另委托独立进行。项目进行不属于项目管理范畴。

（三）国际性标准第三方认证工作及风险防范管理

1．国际性标准第三方认证工作

如前所述，经济全球化、市场国际化，意味着外国的企业可以走进我们的国门，并以公民的待遇参加公开、公正、公平、透明、一视同仁的工程竞标，国内有实力的企业，也可以走出国门，参加境外的工程竞标，承揽建筑装饰设计和施工，为国创汇。出入国门，除要具有相应资质等级的营业牌照以外，第三方（国）认证机构审核的国际标准、认证证书也是非常重要的。即便在国内参加工程竞标，同等资质的施工企业，是否通过国际标准认证，也会在评标打分时被评委增减分数。例如 ISO9000 质量管理体系、ISO14001 环境管理体系、OHSAS18001 安全等管理体系和取自国际工会组织协会、国际人权宣言及关于儿童权利联合国公约，即将推广的 SA8000（道德规范标准）即“社会责任标准”（Social Accoutability 8000）的认证，都会成为技术性贸易壁垒，使企业参加竞标陷于被动。

2. 风险防范管理

风险管理，市场经济存在着不确定性遭受损害或损失的机会，企业经营没有零风险百分之百的获利，也没有百分之百的风险零获利。尤其是走出国门，要树立风险防范意识，提高风险的管理水平，防范的内容大致有以下几个方面。

（1）政治风险，包括在施工过程中发生的动乱、战争、政策变化、政变等。

（2）经济风险，包括通货膨胀、货币贬值、物价暴涨、汇率变化、税收指数等。

（3）商务风险，包括信誉不佳、拖欠工程款、无理刁难、合同违约等。

（4）自然风险，包括地质、水文、气象，即地震、地动、泥石流、水灾、飓风、台风等。

（5）特殊风险，包括战争、外敌入侵、叛乱、放射性污染等。

风险监测，从准备工程投标→中标签订合同→履行合同进行风险监测，采取防范措施，不能掉以轻心。

（1）投标准备阶段，主要通过投标环境调查了解工程所在国的政治、经济、社会情况，判断风险因素及对工程投标的影响程度。

（2）投标报价阶段，主要通过研究招标文件，判断自然风险和商务风险因素，为报价决策提供参考。

（3）签订合同阶段，仔细推敲合同条件、文字和含义，充分估计合同签订后来自业主、监理工程师、分包及供应商物价、汇率、自然条件以及特殊风险影响。

（4）合同实施，随时注意政治形势变化，汇率、物价变动、业主支付能力、自然灾害。

（5）工程结束，总结经验。

（四）施工项目管理在建设程序中的地位

在建设程序的六个阶段中，施工阶段具有特别重要的地位，因而便具有特殊的意义。

1. 施工阶段是设计转化为工程阶段，实现由精神到物质的飞跃。

2. 施工阶段在建设程序中，是唯一的生产活动阶段，有广泛的社会性、技术性、经济性、政策性，与国民经济的发展有着密切联系，是国家 GDP 的组成部分，尤其装饰工程施工企业的兴衰是国民经济的温度计。

3. 施工阶段是投资最多，所需资源最多的阶段，节约的潜力是巨大的。

4. 施工阶段花费时间最长，因此要面对时间带来的变化，要求动态管理。

因此，施工项目管理所面临的对象和内容，均有很大的特殊性，只有进行科学的项目管理，才能处理好这些特殊性，取得好的经济效益和社会效益。同时要求要处理好施工与其他建设程序阶段的各种关系，做到衔接适当，自成体系。

施工项目管理是企业对某项建设（装饰）项目全过程的管理。其范围包括投标承包、签订承包合同、施工准备、组织施工、交工验收，其目的是有效地实现项目承包合同目标，使企业取得经济效益。为此，必须以市场为“舞台”通过投标竞争，取得承包权。市场是项目管理的环境和条件，是企业活动的空间。企业是市场的主体，又是市场的基本经济细胞，细胞活、主体行为规范，市场才能发育和运行。“市场是管理的载体与环境”。管理的重点是合同、质量、进度、安全、环保、成本、信息。

二、项目管理的产生与发展

项目管理是古老的人类生产实践活动。在我国已有两千多年的历史，都江堰水利工程、秦朝的万里长城、宋朝丁渭修复皇宫工程、北京的故宫、天坛等名垂史册的工程项目管理活动，其中许多工程运用了科学的思想和组织方法，反映了我国古代项目管理的水平和成就。然而项目管理形成一门学科，也就是把实践上升为理论，再去指导实践却是 20 世纪 60 年代以后的事，所以说，项目工程管理是古老的，作为学科是年轻的。

20 世纪 70 年代末，党的十一届三中全会提出的经济体制改革——对外开放，对内搞活。相继提出“一个中心两个基本点”——以经济建设为中心，坚持四项基本原则——坚持共产党领导，坚持社会主义道路，坚持马克思列宁主义、毛泽东思想，坚持人民民主专政，改革开放，尤其是 1986 年“七·五”计划期间，随着改革的深化，国家由计划经济转变为有中国特色的社会主义市场经济体制。其间对外开放，不仅引进了外资和科学技术，而且也引来了外国的工程项目现代化的管理，例如鲁布格水电站引水系统工程是我国第一个利用世界银行贷款，进行国际竞争性招标和项目管理的工程（1982 年国际招标，1984 年 11 月正式开工，1988 年 7 月竣工），在 4 年多的时间里，创造了著名的鲁布格工程项目管理经验。

（1）最核心的是把竞争机制引入工程建设领域，实行优胜劣汰铁面无私的招标投标。

（2）工程建设实行全过程的工程总承包方式和项目管理。

（3）施工现场的管理机构和作业队伍精干灵活，真正能战斗。

（4）科学组织施工，讲求综合经济效益。

与此同时，我们体会到，在中国的土地上，中国工人是被外商雇佣的，却创造了比当“主人”时更高的效率。在中国的土地上，外国人却表现了相当的责任感。为什么出现这种情况呢？在当时的历史时期，中国工人的回答是，外国人能解雇你，也能多给你钱，中国的企业干部不能解雇你，也不能多给你钱。从这个简单回答的道理，让我们认识到工程项目管理与我国的管理体制和经营机制的深化改革是紧密相关的。国外管理方式的渗入，是我国建筑业迈出改革新步伐的触媒。

（一）装饰工程项目管理的地位和作用

经过 20 多年来的实践，我国对项目管理的地位和作用，已经得到共识和升华，尤其是装饰工程，它即是建筑工程的分枝和继续，也是与项目独立的存在的。与建筑工程有共性也有个性，其共性都属于项目工程，其个性建筑工程是以生产计划管理为龙头的，而装饰工程是以设计为龙头的管理。

1．项目管理的好、坏直接影响到国家或地区的经济效益、社会效益、环境效益。

2．“质量兴业”关键靠加强管理，提高项目管理水平，把企业做大做强，成为国民经济支柱产业的支柱。

3．项目管理是装饰工程施工企业的立足点、出发点和着眼点，要与国际贯标工作接轨，实施国际标准规范、落实规范服务、树立成功意识、创一流装饰企业。

4．项目管理是企业能量和竞争实力的体现。没有竞争实力就不能在市场竞争中取胜。企业的能量和竞争实力体现在企业各个要素上，体现在各个要素的组合与运行上，最根本的是体现在项目上，企业经营和项目管理两者有紧密的关系。前已叙述，企业经营是目的，管理是手段，我们要防止和杜绝管理的不规范性，即随意性、不科学性、淡化管理、无序管理、低效管理、以包代管、以奖代管，都将会在市场激烈的竞争中被淘汰，被挤出市场。优胜劣汰是铁面无私的经济规律。

（二）施工组织设计在项目管理中的作用

装饰工程项目管理的一项重要的准备工作，就是编制施工组织设计，它分为：

1．标前设计，投标前编制的施工组织设计（施工方案），满足投标标书中技术标的需要，突出目标控制、需求重点。

2．标后设计，开工前编制的施工组织设计，满足施工项目准备和实施的需要，全方面控制目标的决策。

施工组织设计，既服务于经营亦服务于施工，详见表 2 。

施工组织设计编制大纲　　　　表 2

内容概况	施工组织设计具体内涵及范围
施工部署	工程概况，项目管理层的组织机构和人员配备，质量、工期、成本、安全和文明施工控制目标的决策，分包工作内容和交叉作业施工部署，拟投入的施工力量和物质供应方式、规模、临时设施、环境保护
施工方案	设备选用方法、排序法、技术经济比较法
技术组织措施	是实现施工部署各项控制目标，提高施工效率和经济效益的挖潜包括，保证工程质量的技术组织措施、安全防护技术组织措施、控制施工进度和保证工期措施、环境污染防护措施、文明施工措施、降低成本技术措施、冬雨季施工技术措施，实现“优质、安全、快速、低耗”
施工进度计划	滚动计划法、流水作业法、网络计划法、排序法、“S”形图法
施　工平面图	线性规范法、库存理论、系统理论、PASS 办法、现场平面布置、工程工艺流程

三、施工项目管理的全过程

施工项目管理的对象，是施工项目寿命周期各阶段的工作，可分五个阶段：

投标签约阶段—→施工准备阶段—→组织施工阶段—→验收交工结算阶段—→用后服务阶段。

施工项目生产要素是施工项目目标得以实现的保证。必须进行优化配置和动态管理，又称 5M，主要包括：劳动力、材料、设备、资金和技术。

1．生产要素管理的内容：

（1）分析各项生产要素的特点。

（2）按照一定原则、方法对施工项目生产要素进行优化配置，并对配置状况进行评价。

（3）对施工项目的各项生产要素进行动态管理。

2．施工项目管理的方法，是项目管理的灵魂和动力，要做到：

（1）适用性，明确目标，选用有针对性的方法，判断可行性。

（2）灵活性，达到目标，灵活运用有效的管理方法，防止盲目、教条和僵化。

（3）坚定性和开拓性，对新方法的抵触，条件的限制，产生干扰或制约，就应有坚定性，克服困难取得效果。还要求有开拓性，研究把已经实践应用的新方法进行开拓和创新。

3．施工项目管理方法的应用步骤——取得成功，要有步骤。

（1）研究管理任务，明确其专业要求和管理方法、应用目的。

（2）调查环境，提供决策依据。

（3）选择适用可行的方法，专业对路，实现任务目标条件允许。

（4）遇到问题及时分析，找出关键，制订措施。

（5）强化动态管理，解决矛盾，产生实效。

（6）总结经验，提高管理方法和应用水平。

管理是一门科学，因为它反映了工程项目运动和管理的客观规律，在实践基础上，总结研究出来后，又去指导实践，即理论指导实践，通过实践总结出经验再升华到理论。

现代化管理思想，一是管理观点现代化，解放思想，实事求是，与时俱进，开拓创新。二是管理原理科学化，树立战略观念、市场观念、用户观念、效益观念、竞争观念、时间观念、变革观念、创新观念。

四、施工项目管理组织

施工项目管理组织机构与企业管理组织机构是局部与整体的关系。但是施工项目管理组织机构根据项目工程的规模大小和进展情况具有可塑性、机动性、灵活性，充分体现一专多能、一职多岗，机构设置的目的，是为了充分发挥项目管理功能，提高效率，达到最终目标是至关重要的，是管理成功的组织保证。也就是说，项目管理组织是一次性具有弹性的生产施工组织机构，随着工程的完工、验收，组织就可解体，进行善后安置。

（一）组织的概念，“组织”有两种含义

第一种含义作为名词出现，指组织机构。组织机构是领导体制、部门设置、层次划分、职责分工、规章制度和信息系统等构成的有机整体，是社会人的结合体，可以完成一定的任务。并为此而处理人和人、人和事、人和物的关系。

第二种含义作为动词出现，指组织行为（活动）。即通过一定权力和影响力，为达到一定目标，对所需资源进行合理配置。处理人和人、人和事、人和物关系的行为（活动）。

管理职能是通过两种含义的有机结合而产生和起作用的。

（二）组织的职能

组织职能是项目管理基本职能之一，其目的是通过合理设计和职权关系结构来使各方面的工作协同一致。项目管理的组织职能包括五个方面：组织设计—→组织系统—→组织运行—→组织行为—→组织调整。

组织运行抓好三个关键：一是人员配合—→业务交圈—→信息反馈；二是施工项目管理是优化组合，动态管理；三是组织解体前要账清、物净，不留任何尾巴。

五、施工项目经理（建造师）

（一）装饰工程施工项目经理（建造师）的地位

一个施工项目是一项一次性的整体任务，完成这个任务过程中，必须有一个最高责任者和组织者。这就是项目经理（建造师），他是项目管理中心，具有举足轻重的地位，是搞好项目管理的关键。

1．是企业法人代表在项目上的全权委托代理人。

2．是项目协调、协作、配合的桥梁和纽带。

3．是项目实施进行控制和各种信息集散中心。

4．是项目责、权、利的主体。

（二）施工项目经理（建造师）应具备的基本条件

1．政治素质，坚持“一个中心，两个基本点”，以“邓小平理论和三个代表指导实践”，遵纪守法、爱岗敬业、坚持原则、善于管理、勇于负责、不怕吃苦。

2．领导素质，多谋善断、灵活机变、当机立断、坚决果断、知人善任、善于人同、尊贤爱才、大公无私、不任人唯亲、不任人唯资、不任人为顺、不任人为全、宽容大度、公道正直、以身作则、铁面无私、赏罚严明、赏要从严、罚要谨慎、两个务必（务必保持谦虚、谨慎、不骄不躁的作风，务必保持艰苦奋斗的作风）。

3．知识素质，具有专业知识、项目管理知识，懂得项目管理规律，有决策能力，组织、指挥、应变能力。

4．实践知识，要把学到的知识和实践的经验应用于实践，通过实践再升华到理论，再去指导实践。21 世纪“创新”是灵魂，通过实践的“创新”是一个民族进步的灵魂，是企业发展的动力，也是推动企业经济增长把企业做大做强的源泉。

5．身体素质，年富力强、身体健康、精力充沛。

美国项目管理专家约翰•实认为项目经理（建造师）应具备的六条素质：专业技术知识—→工作干劲—→判断能力—→管理能力—→诚实可靠、言行一致—→机警精力充沛。

总之，项目经理（建造师），要具有经验丰富、德才兼备、理论和实践兼能、技术和经济兼通、管理与组织兼行，是项目管理的领军人物。

（三）承包责任制的含义

确立项目工程承包者与企业、职工三者之间的是责、权、利关系的一种管理手段和方法。项目经理（建造师）不是企业的法人代表，对项目而言，项目部是一个相对独立的经济实体。它是以工程项目为对象，以项目经理（建造师）负责为前提，以施工图预算为依据，以创优质工程为目标，以承包合同为纽带，以求得最终产品的最佳经济效益为目的。实行从工程项目开工到竣工交付使用的一次性全过程的承包经营管理。

法人代表是战略家，决策工程项目。项目经理（建造师）是战术家，如何干好工程。

六、装饰工程项目管理

工程管理要落实到人，作为法人代表或法人代表的委托人的知识素质是非常重要的，装饰工程施工企业，是从 20 世纪 80 年代末推行的项目经理制的管理模式，对项目工程而言，项目部是一个相对独立的经济实体，这种模式打破了职务的岗位终身制。跨入 21 世纪，为与国际管理模式接轨，通过基础知识和专业知识统考合格晋升为建造师。

21 世纪，人类已经进入了一个知识经济成为主流的世纪，一个人与自然协调可持续发展的世纪，一个东西方文化激荡融合的世纪，一个科学精神与人文精神交融统一的世纪。知识经济中的知识是指化为能力的知识，是创造效益的知识。项目经理（建造师）的知识素质，除了我们过去所讲的必须具备“五懂八会”、“七查三知”、“一管一分析”的知识以外，还要在实践的舞台上摸爬滚打，要用老板的心态去做雇员的事情。要具有新观念，不断创新，善于管理和开拓市场，有团队精神，才能成为一个有魅力的管理者——项目经理（建造师）。

结论

商品市场是没有炮火硝烟的战场，全球化经济是不相信眼泪的，更不怜悯弱者。21 世纪，企业要想立足国内市场，冲进亚洲，闯入世界，就要把企业做大做强，其科学的、现代化的项目工程管理是关键。

管理是一门科学，它正确反映了工程项目运动和管理的客观规律，把掌握的系统的理论体系应用到实践，通过实践，总结研究出的经验，升华到理论，再去指导实践，循序渐进不断创新。

科学管理首先要树立现代化管理思想，一是管理观点现代化，二是管理原理科学化。要确立战略观念、市场观念、用户观念、效益观念、竞争观念、时间观念、变革和创新观念。

[编者按] 沈瑜写东西总是令人出乎意料——摆事实，讲道理，深入分析，少偏颇，他是一位本业不太多见的既有宏观的思路又有缜密思维的职业从业者。希望大家参与讨论。本刊最看中这类高质量的论文。

从挂靠看装饰企业资质管理制度的改革

深圳市毅恒达装饰设计工程有限公司　**沈　瑜**

据2004年2月9日《深圳特区报》报道，随着建筑市场及建筑装饰市场的开放，全国各地的建筑企业纷纷涌向广东，行业繁荣的同时也带来问题重重，不少外地企业拿着资质证书、营业执照到广东省靠给施工队挂靠收取管理费过日子。

挂靠现象的存在，直接导致非法围标，施工队伍通过挂靠多家企业，名为公平投标，实为独家操作，哄抬工程造价，以达到高价中标的目的。

所谓工程挂靠，是指不具备承接某项工程资质要求的单位或个人，以某个具备资质条件的企业名义去承接施工任务的行为。挂靠行为使得建设领域里的腐败行为层出不穷，使大量工程成为关系工程、腐败工程。建筑市场及建筑装饰市场似乎已进入了这样一种不健康的发展轨道。一方面，许多经过合法注册的建筑企业及建筑装饰企业承接不到工程项目；另一方面，那些连什么资质等级都没有的企业或个人，却可以凭着与招标单位的特殊关系而能经常参与投标并承接工程，这种现象严重地破坏了正常的市场竞争规则。

无论是本地企业的挂靠，还是外地企业进入的挂靠，其危害性是相同的。挂靠现象是建设领域内的罪恶之源，建设领域里的许多腐败行为与挂靠现象有直接关系，挂靠使得建设领域内的围标、串标、陪标等违法行为屡屡发生，挂靠现象使得建设领域内公开、公平、公正的招投标制度遭到严重质疑与挑战。在挂靠泛滥的工程招投标活动中，表面上是由众多实力雄厚的一级企业在参与竞争，而实质上却是包工头之间凭借人际关系的恶斗。在这样的招投标活动中，所谓的企业资质、鲁班奖（国优）工程、全国建筑工程装饰奖、省优工程、样板工程等一切荣誉证书已显得无足轻重。只要挂靠现象存在一天，那么建设工程招投标中的资格预审、资质标、信誉标的评审就失去了任何意义，反过来正好为那些不法分子打着公平、公正、廉洁的口号从事暗箱操纵的活动提供方便。

在建设领域中，由于装饰工程工期短、施工机械投入少、工程风险小，挂靠现象尤为突出。业内人士对此早已心知肚明，心照不宣了。下面从三个方面对装饰工程的挂靠原因作深入分析，从而说明装饰企业资质管理改革的必要性。

一、从经济方面的原因来分析挂靠原因

该方面的原因又可从包工头及挂靠公司两个角度来分析问题。

首先，从包工头的角度分析看，成立一家装饰企业，既要支付一大批管理人员的工资、奖金、社会福利等费用，又要支付房租、水电费、电话费、差旅费等各种办公费用，要维持一家中等规模的一级资质装饰企业的年营运成本近200万元。而一个小型规模的包工头以挂靠一级企业的形式去承接装饰工程，一年如能完成工程造价500万元，挂靠费率按2%计算，则该包工头一年中所需支付的挂靠管理费为10万元，仅占经营一家一级装饰企业年基本开支的1/20；一个中等规模的包工头，一年如能完成工程总额为1000万元人民币，挂靠费率按2%计算，则该包工头一年中所需支付的挂靠管理费为20万元，也仅占经营一家一级装饰企业年基本开支的1/10；即使一个大型规模的包工头，一年如能完成工程总额为3000万元人民币，挂靠费率按2%计算，则该包工头一年中所需支付的挂靠管理费也仅为60万元，还是只占经营一家一级装饰企业年基本成本的1/3左右。由此可见，从经济原因出发，包工头一般是不愿意去注册装饰公司的，只要挂靠现象存在一天，他们就不会轻易放弃以挂靠的形式去承接工程的做法。

另外，从公司的角度来分析看，一家具有一级施工资质的装饰企业，即使这家企业在一年中连一个工程也承接不到，但只要一年中有20个1000万元造价的工程来挂靠，如按2%的费率收取挂靠费，则一年可收取挂靠费为400万元，去掉一年开支，可能还可获利200万元左右。当这些一级企业尝到了收取挂靠费的甜头后，就会长期沉迷在这种不劳而获的喜悦中，并继续不遗余力地寻找挂靠工程，发展包工头来挂靠，有的企业还给那些介绍项目来挂靠的人员以所收取挂靠费的10～20%的提成予以奖励。这就是当前存在于许多一级装饰企业中的现实问题。

从上述两个角度的分析可知，挂靠行为同时满足了包工头及施工企业两方面的经济利益。对于包工头这方面而言，如不放宽公司注册的各种条件并减轻公司各方面的负担，那么就难以消除挂靠现象；对于企业而言，如政府不加强建设市场的管理，增加对挂靠行为的打击力度，则难以消除这些企业收取挂靠费的欲望。

二、从装饰企业资质办理的难度来分析挂靠原因

众所周知，办理资质等级最低的装饰三级企业也要一大堆手续，特别是其人员方面的要求更使大部分想成立公司的包工头都望而却步。按照现行建筑装饰装修企业资质等级的要求，三级资质的装饰企业要求有职称的工程技术和经济管

理人员不少于 15 人，其中工程技术人员不少于 10 人，且建筑学或环境艺术、暖通、给排水、电气等专业人员齐全，工程技术人员中，具有中级以上职称的人员不少于 2 人，企业具有的三级资质以上的项目经理不少于 2 人。

对于一年能完成产值 1000 万元装饰工程的包工头来说，他的管理人员中可能有 2～3 名管工，这些管工大部分是从最基层中干出来的，虽然没有受过高等教育，但施工经验却比较丰富，可以能胜任一个四星级酒店装饰工程的项目经理职责。然而，这样的管理人员因为拿不出任何证书（大学毕业证、职称证、项目经理证），所以不具备注册公司所需的工程技术人员要求。现阶段，按照建筑业企业资质等级要求，大部分包工头是不具备成立装饰企业条件的，即使那些年产值超过 3000 万元大型规模的包工头也难以符合三级资质等级装饰企业的要求，一级企业资质根本连想都不敢想。

按照现行建筑业企业资质管理对有职称的工程技术和经济管理人员的要求，一级装饰企业为 40 人，这一规定不知道是根据什么要求制订出来的。但我们知道，在深圳 40 多家装饰一级企业中，有不少企业的全部员工（含有职称的工程技术和经济管理人员、无职称的工程技术和经济管理人员、其他辅助人员）加起来也不到 40 人，那么这些公司究竟是以什么方法升为一级企业的呢？答案似乎只有一个：那就是“做假”。

职称证书可以做假，学历证书可以做假，项目经理证书也可以做假。职称证书全国没有联网，而且许多单位可以自己评定职称，所以职称证书的真假很难辨别。然而，学历证书的造假更是尽人皆知，马路上兜售的那种假文凭属于低层次的造假，这种造假经不起全国高校文凭联网后的审查。而现在有一种高层次的文凭造假，这种文凭即使全国高校的文凭联网也查不出其真假，因为这种造假已对学生入学登记、考试成绩、学习情况、毕业鉴定等全套学生档案进行了综合造假，这种与高校权力部门串通的文凭造假行为是我国学术腐败的又一验证。此外，业内反映做假最严重的要算是 ISO 的所谓认证了，相当一部分这种认证结果是在饭桌上或私底下金钱交易中达成的。

也许管理层对于这种造假现象早已明察秋毫了，全国各类执业资格考试的逐步推行将会沉重打击假文凭、假职称的制假行为，在建设工程领域内，注册建筑师、注册结构工程师、注册监理工程师、注册造价工程师执业制度的实施有力地封杀了假文凭、假职称的生存空间。令人欣喜的是，全国一级建造师执业资格考试也将在今年首次试行，随着注册建造师制度的施行，“项目经理”这一含假率最高的职业身份将会退出历史舞台，应该说这是我国建筑施工及装饰施工企业资质管理的又一大进步。

由上分析可知，如果上级主管部门把建筑及装饰企业资质的条件订得过高，一方面会阻止相当一部分有实力、懂管理的单位和个人的进入；另一方面增加了为资质条件而进行的造假行为。如果管理层把资质方面的条件予以放宽，实行“宽进严管”，则既可以有效地避免挂靠行为，又可大大减少行业内的造假行为。

三、从低资质企业受到的歧视程度来分析挂靠原因

装饰企业资质申请必须从暂定三级开始，经过一年以后如符合条件方能转正为三级企业，之后还要经过漫长的过程才能升为二级资质。而现在的市场竞争十分不利于三级资质的装饰企业，相当一部分三级企业面临着被市场淘汰的危险。因为管理层规定的资质条件不利于低资质企业的参与竞争，从某种程度来说，低资质与无资质区别不大。下面从各等级资质装饰企业的工程承包范围来分析这一不合理性的原因。

我国现行建筑装修装饰工程专业各级资质承包工程范围为：一级企业可承担各类建筑室内、室外装修装饰工程（建筑幕墙工程除外）的施工。二级企业可承担单位工程造价 1200 万元及以下建筑室内、室外装修装饰工程（建筑幕墙工程除外）的施工。三级企业可承担单位工程造价 60 万元及以下建筑室内、室外装修装饰工程（建筑幕墙工程除外）的施工。

从上述一、二、三级装饰企业资质承包的范围可以看出：对于三级企业允许的工程承包范围是相当不公平的，这甚至不如家装企业的工程承包范围，家装企业如同时承接 100 套住房装修，每套造价 5 万元，则总价可达 500 万元，而三级资质的装饰企业能承接的工程最高造价为 60 万元。

一、二、三级装饰企业的注册资本金底数分别为 1000 万元、500 万元、50 万元，比例为 20：10：1。如按此比例与二级企业相比，三级企业也应该可以承接单项工程造价上限为 120 万元才较合理，如与造价上限不封顶的一级装饰企业相比较，三级企业可承接的单项工程造价上限在 200 万元以上也不为过分。

一、二、三级装饰企业要求的有职称的工程技术和经济管理人员的最少数量分别为 40 人、25 人、15 人，比例为 2.7:1.7:1.0。如按此比例与二级企业相比，三级企业也应该可以承接单项工程造价上限为 700 万元以上才较合理，如与造价上限不封顶的一级企业相比较，三级企业可承接单项工程造价上限在 1000 万元以上也不为过分。

还需指出的是，建设主管部门在确定装饰企业资质等级承包工程范围时忽略了这样一个非常重要的问题：装饰工程绝对不同于土建工程、水电安装工程、暖通安装工程、市政工程等其重要性及施工难度几乎与工程造价成正比例增长的工程，装饰工程的施工难度与其造价关系不大。当然，土建工程其难度确实随着建筑物楼层的增加而成正比例地增

加，楼层越高，需要的施工机械设备（尤其是垂直运输机械）的要求也越高，对管理人员及技术工人的素质要求也越高，施工质量、安全的控制难度也越大，所以造价高的高层建筑比造价低的多层建筑所要求的企业资质等级要高也是必然的。然而，装饰工程的施工难度既与建筑物的楼层高低无直接关系，又与工程造价的高低无必然的联系。例如，一幢 20 层共 200 套房的商住楼装饰工程，每层均有 10 套房装饰，每套房做法相同，主要装饰项目为抛光砖地面、轻钢龙骨石膏板天花面 ICI 乳胶漆、ICI 乳胶漆墙面、樱桃木饰面门及门套、厨卫墙地砖及铝扣板天花、TOTO 牌洁具等，每套房造价 7 万元，每层造价 70 万元，整幢楼装饰总造价为 1400 万元。

就是这么一幢简单的商住楼装修，按现行装饰企业资质承包范围要求，如进行整幢楼的招标，则只有一级资质的装饰企业可以参加投标；如按一层一层分别招标，则可有一、二级资质的装饰企业同时参加投标；如以一套一套房分别招标，则一、二、三级资质的装饰企业均可参加投标。而事实上，建设方绝对不可能把一幢 200 套住房的商住楼以一套一套进行 200 次招标的（样板房装修例外），这无疑就剥夺了仅为三级资质装饰企业的投标资格。可是，只要略有一点装修工程常识的人都知道，这样简单的装修项目就是连一般的家装企业，甚至没有任何资质的"游击队"施工队伍也可以足够胜任，更何况是经过严格要求注册的三级装饰企业了。

尽管现行建筑业企业资质管理要求对于三级资质的装饰企业已经相当不公平了，然而现实对于广大的三级装饰企业来说则显得更为残酷。

首先，从最近一年来深圳建设信息网上的招标信息可知，大部分装饰工程的投标申请人必须具备建筑装修装饰工程专业承包一级要求，二级装饰企业的投标机会远远不如一级企业，往往某些造价不到 200 万元的装饰工程也要求投标人的资质条件为装饰施工一级企业，所以三级资质装饰企业的投标机会几乎为零。

其次，从深圳市政府采购中心（含各区政府采购中心）的招标公告来看，有相当一部分装饰造价在 60 万元以内的工程都要求投标人具备装饰装修专业承包一级资质，这样的工程举例如下：

1. 深圳市景鹏小学单身宿舍楼改造工程（造价 40 万元左右）；

2. 深圳市福田区人民医院 C 栋一楼 ECT 室装饰工程（造价 30 万元左右）；

3. 深圳市福田区医院五楼骨科病房装修改造工程（造价 49.67 万元）；

4. 深圳市福田区岗厦中心教学综合楼装修工程（造价 53.9 万元）。

以上这些装饰工程的招标实例，按照国家现行建筑业企业资质承包的工程范围要求，既剥夺了二级装饰企业的投标资格，更剥夺了三级装饰企业的投标资格。而以下从深圳市政府采购中心（含各区政府采购中心）招标公告上摘录的几个例子，则是一、二级装饰企业同时剥夺三级资质装饰企业投标资格的例证，这些装饰工程的造价均在 60 万元以下，却要求投标人的资格为装饰装修专业承包二级及以上的资质，这些工程有：

1. 深圳市福田区竹香小学墙裙改造工程（造价 20 万元左右）；

2. 深圳市福田区新洲小学卫生间改造工程（造价 23.91 万元）；

3. 深圳市福田区中医院彩田村社区康福中心装饰工程（造价 35.2 万元）；

4. 深圳市福田区莲花派出所办公室改造工程（造价 48.0 万元）

5. 深圳市罗湖区机关物业办公室装修工程（造价 55.3 万元）。

总之，本该二级企业资质范围内可以施工的工程在招标时非要以一级资质的企业参加投标，而本该三级企业资质范围内可以施工的工程在招标时非要以二级甚至一级资质的企业方可参加投标，这样的现象不仅在深圳，而且在全国也相当普遍，这严重地阻碍了二级企业尤其是三级企业的生存与发展。

据初步统计，近一年来深圳建设网及深圳市政府采购中心（含各区政府采购中心）的招标信息中公布的可以供三级资质装饰企业参加投标的项目不超过 30 项，然而，在这些三级企业可以参加的投标项目中，有些工程要求项目经理具有二级以上资质（三级装饰企业成立时要求的项目经理资质要求为三级），有些工程要求近三年来类似工程的业绩不少于三个，这些要求使得广大的三级企业尤其是新成立的三级企业实际可以参加的投标项目有了一个很大的折扣，也许一年中各方面全部符合三级装饰企业投标的项目个数只有 20 项左右，而深圳市现有三级装饰企业 100 多家，一、二级装饰企业也接近 100 家，这 20 项够三级企业投标的项目同时也可由一、二级企业参与投标，如果认为一、二、三级企业的中标机会均等，则每家三级企业的年中标工程数为 0.1 个。对三级企业更为不利的是，当前有相当一部分的装饰工程的评标仍采用综合评审法，三级企业在企业资质、注册资金、财务状况、项目经理资质、近三年类似工程业绩、获奖记录等等方面明显处于不利位置，所以实际上每家三级装饰企业每年能获得中标的平均数要远远低于 0.1 个，也就是说，在现行的建设工程资质管理及招投标体制下，三级装饰企业在所有公开的招标项目中几乎没有中标的机会。

由此可见，广大的三级装饰企业正面临着极大的生存危机，因为目前的社会环境几乎不给三级资质的企业以生存发展的机会，连政府公开招标的项目也如此，那么社会上那些主要凭人际关系、金钱关系为主的非公开或半公开的招标项目更是可想而知了。为了公司的生存，广大的三级装饰企业必须想尽办法接到工程，他们中有的不得不加入到家装公司的行列中去，有的不得不象包工头那样加入到挂靠一级资质装饰企业的行列中去，这就是装饰行业的挂靠现象屡禁不止、越演越烈的主要原因。

从上述装饰工程造成挂靠现象三大原因可以看出，第一种原因是属于经济因素的范畴，第二种是属于行业进入难度的因素，第三种是属于行业内弱势阶层竞争不利因素。归根到底，这三种因素均与装饰企业资质管理规定有密切的关系，所以，解决装饰行业的挂靠问题，装饰企业资质管理的改革是关键，是突破口。

下面将为如何进行装饰企业资质管理改革进行探讨如下：

1. 改革现行装饰企业资质等级中高资质企业占有低资质企业市场份额的不公平现象。按照现行建筑业企业资质等级规定，一级装饰企业可以承接任何大小的工程，用数学符号表示为(0，∞)；二级装饰企业可以承接 1200 万元及以下的装饰工程，用数学符号表示为（0，1200），三级装饰企业可以承接 60 万元及以下的装饰工程，用数学符号表示为（0，60）。

很显然，二级企业占领了三级企业工程造价在（0，60]范围内的市场份额；一级企业既占去了二级企业工程造价在（60，1200]范围内的市场份额，又占去了三级企业工程造价在（0，60]范围内的市场份额，这将使三级企业永远处于劣势的竞争状态。所以改革的目的是要把高资质企业挤占低资质企业的市场份额还给低资质企业，改革后的一、二、三级装饰企业的工程承包范围用数学符号分别表示为：一级企业（1200，∞），二级企业（60，1200]，三级企业（0，60）。

2. 扩大装饰工程三级企业承包工程的范围。经过对建筑业内 60 项专业承包企业中三级企业承包工程范围的分析，建筑装修装饰工程专业三级企业所能承包的工程范围最为不利，建筑装修装饰工程三级企业最低注册资本金要求为 50 万元，其承包工程范围为造价 60 万元及以下的工程，承包工程范围的造价限额与最低注册资本金之比为 1.2 倍，而在 60 项建筑工程专业承包企业中，大部分三级资质企业可承包的工程范围为企业注册资本金的 5 倍。

另外，在这 60 项建筑工程专业承包企业中，除了建筑装修装饰工程三级企业的承包工程范围仅为 60 万元，其他专业的三级企业的承包范围没有一个低于 200 万元造价的。这就足以说明建筑装修装饰三级企业面对的市场份额最少，竞争中处于最不利的地位，使行业的潜在进入者不屑加入而仍然选择挂靠的身份，而且已经进入到该行业的三级资质的企业同样不得不选择挂靠以维持公司的生存，这就是现阶段装饰行业的挂靠现象在整个建设领域内最为普遍的根本原因。鉴于上述原因，我们可以按照大部分专业承包企业对三级资质的要求，按不超过企业注册资本金 5 倍的范围确定装饰三级企业的工程承接范围为 250 万元及以下建筑室内、室外装修装饰工程。

3. 降低现行装饰企业进入的门槛。实行“宽进严管”的政策，进一步放宽装饰企业注册的条件，使大批有能力、懂管理的包工头早日成为企业的法人代表，只有让这样的包工头成为企业真正的主人，让那些有能力的人再也不必去挂靠别的公司而费心，才能使那些专门靠收取挂靠费为生的公司没有立足之地。

4. 加强对一级资质装饰企业进行严密的跟踪管理。一旦发现挂靠现象即予以严惩，如罚款、降级、停止几个月的投标资格、吊销营业执照等，使这些以靠收取挂靠费为生的企业不敢接受挂靠项目。同时要对它们的资质情况进行认真的核实并重新评估，坚决铲除造假行为。

5. 改革现行建筑工程招投标办法。把原来规定可由法定代表人的授权委托代表人参加投标会议、开标会议及签订工程合同的做法改为必须由法定代表人亲自办理，只有这样才能更有效地遏制挂靠现象。因为目前大部分一级装饰企业开出的法人授权委托证明书中的代理人就是挂靠工程的包工头，这一条如能实行，那么将是对所有挂靠工程的最有力的打击：一方面作为装饰一级企业的法人代表不太可能成为那些包工头的跑腿，否则从脸面上也过不去；另一方面，可以避免一家企业在同一时间接受许多个项目来挂靠，这样至少可以大大减少挂靠项目。不过，有人肯定会对此提出异议，一家企业如果一天同时要应付几个项目的投标怎么办，是不是必须放弃某些项目的投标？回答是肯定的，首先目前的装饰施工市场是供远远大于求，某些企业不参与某个项目的投标根本不会影响该项目招标的顺利进行，作为施工单位确实应该有选择地去参与投标，参与市场竞争，而不应该盲目地去抓住所有的投标，应该作出决策，有的放矢地去参与投标，因为任何投标都是有成本的。

6. 在企业资质改革的同时，建设主管部门应做好对弱小企业的扶持。帮助与保护小企业的利益是国际上公认的做法，美国联邦政府小企业管理局同其他政府采购机构合作，开发出了一个采购预留项目，大型政府采购机构将整个合同或部分合同预留给小企业来投标，政府采购中心的预留项目能够很好地体现政府扶持和促进弱势群体发展的社会政策。

7. 投标权正确归位。政府规定的各类招投标活动中，一定要严格按建筑业资质管理的规定，把相应造价要求的工程投标权给予符合资质要求的企业，避免出现本该由三级资质企业参与的投标项目在招标时提出要求给予二级资质甚至只能给予一级资质的企业来投标的情况。这一点应以立法的形式写入招投标法中，对违反此条者应给予行政及经济处罚。

电子邮箱：yihengda@163.com

江苏省建筑装饰10强企业分析

江苏省装饰装修发展中心 高枫

2002年是江苏建筑业发展史上的一个重要的里程碑。"九五"期末江苏基本确立全国建筑大省地位后，在省委、省政府的正确领导下，全省建筑业广大干部职工继续奋发努力，抢抓机遇，加快发展，全省建筑业主要经济技术指标再度处于全国领先地位，建筑业总产值首次突破2000亿元大关，达2270.31亿元，建筑业增加值达724.4亿元，实现利税总额达99.88亿元。其中：完成建筑装饰装修产值135.91亿元，装饰装修产值占全省建筑业总产值的6.1%，同比略有增长。建筑装饰企业完成建筑业增加值15.87亿元,实现利税4.52亿元。

为激励先进，发挥优势建筑业企业的排头兵作用，鼓励建筑业企业"做大做强"，提高我省建筑业在国内外建筑市场的影响力和竞争力，省政府决定，从2002年起，在全省建筑行业评选上一年度建筑业综合实力20强企业、建筑装饰10强企业。经过省建设厅、省建筑工程管理局和省统计局的评审，报经江苏省政府同意，分别评选出2001年度和2002年度江苏省建筑业综合实力20强、建筑装饰10强企业，苏州金螳螂建筑装饰有限公司、江苏苏鑫装饰（集团）公司等14个企业分别荣获2001年度、2002年度江苏省建筑装饰10强企业，这些强势企业的特点是资质等级高（一级资质）、企业上规模、装饰施工能力强、设计理念新、经济效益好、工程质量优，是在全省装饰装修业中处于领先地位的优势企业。

一、企业的特征

2002年度评选出的10强建筑装饰企业是：苏州金螳螂建筑装饰有限公司、江苏苏鑫装饰集团公司、苏州苏明装饰公司、常泰建筑装璜工程有限公司、江苏省新江南营造集团华宇装饰工程公司、南京金陵建筑装饰有限责任公司、江苏合发集团有限责任公司、无锡王兴幕墙装饰工程有限公司、南京金鸿装饰工程有限公司、南京金中建幕墙装饰有限公司。这10强企业只占全省建筑装饰企业总个数的0.86%，资质等级均为一级企业。按登记注册类型分：国有全资企业2家、集体全资企业1家、中外合资企业1家、内地和港澳台合资企业1家、私营有限责任公司1家、其他有限责任(公司）4家。按专业承包类型分：建筑装修装饰工程专业企业6家、建筑幕墙工程专业企业4家。按地区分：南京市3家、无锡市1家、常州市1家、苏州市3家、扬州市1家、镇江市1家。值得一提的是，2001年建筑装饰10强企业全部集中在苏南5市，2002年的建筑装饰10强企业中，扬州市占了一席之地，为苏中、苏北地区填补了空白。

二、企业的规模

2002年10强企业完成建筑业总产值15.39亿元，占全省建筑装饰企业（下称全省）完成产值的18.33%，其中：苏州金螳螂建筑装饰有限公司完成建筑业总产值5.6亿元，占装饰企业建筑业总产值的6.67%，占10强的36.4%，为全省建筑装饰企业之最。

10强企业完成建筑业增加值3.3亿元，占总数的20.8%，其中：苏州金螳螂完成1.44亿元，占10强的43.6%；签订的合同额为17.35亿元，占全省总合同额的18.9%，其中：本年新签合同额14.87亿元，完成合同额11.76亿元。

10强企业计算建筑业劳动生产率的平均人数为4999人，占全省企业总人数的5.93%，按增加值计算的劳动生产率达65981元/人，高出全省平均值47150元/人，人均增加值高出10万元的有苏州金螳螂和江苏苏鑫装饰（集团）公司。

从业人数达5594人，其中：管理人员1134人，工程技术人员840人，一级项目经理82人，工程技术人员占总数的15.02%，其中：工程技术人员占期末从业人员总数20%以上的有4个企业。

10强装饰企业的资产达9.9亿元，占全省总资产的10.62%，其中：常泰建筑装璜工程有限公司为1.85亿元，为全省装饰企业之最；负债合计为7.07亿元，净资产达2.83亿元，其中：江苏苏鑫装饰（集团）公司达1亿元；实收资本为1.98亿元，其中：法人资本为1.69亿元。

三、企业的效益

10强装饰企业2002年实现工程结算收入12.58亿元，占全省总收入的17.84%，工程结算利润达1.49亿元，扣除管理费用、财务费用后的营业利润为5426万元，占全省总数的25.49%，实现利润总额为4432万元，占全省总数的23.01%，其中：苏州金螳螂装饰为2025万元，占10强的45.69%；上缴税金4150万元，产值利税率达5.57%,产值利润率为2.88%，高出全省平均值0.59个百分点，人均利润7934元/人，人均利税15341元/人，分别高出全省平均值的5678元/人和10049元/人，资产负债率为71.4%，期末拖欠工程款达2.52亿元，占建筑业总产值的16.4%，人均拖欠工程款5.04万元。

四、企业的质量

质量是建筑业的立业之本、兴业之源。实施品牌战略，走质量兴业之路，是建筑装饰企业的共识，工程质量又是企业竞争力的直接体现。企业要进一步提高对产品质量的认识，牢固树立没有高质量就没有大市场，没有高质量就没有快发展的思想，要将质量和品牌作为企业的系统工程和战略措施，长期抓，全员抓，精心策划，明确目标，狠抓落实，创出精品。苏州金螳螂建筑装饰有限公司早在公司成立之初就提出"业务是基础、设计是灵魂、质量是关键"的口号，坚持质量优先的原则，不挂靠，不转包。他们深知质量对企业意味着什么，挂靠所带来的是“有限的收入、无限的责任”，最终会危及品牌。近年来，公司已通过了ISO9001、ISO14000、GB/T28001的三位一体管理体系认证，“金螳螂”这一品牌已成为江苏省的著名品牌、全国的知名品牌。常泰建筑装璜工程有限公司在工程质量方面提出“四个一”即建一项工程、树一面旗帜、创一个品牌、占一片市场，通过各个岗位一流的工作质量来保证一流的工程质量，塑造企业的形象和品牌。江苏省新江南营造集团华宇装饰工程公司秉承“严守标准，创优质工程，精益求精，让业主满意”的质量方针，坚持不懈地走精品之路，以铁的手腕抓工程质量管理，进一步提升企业的市场形象。无锡王兴幕墙装饰工程有限公司提出了“以质量求品牌，以品牌求发展”的战略方针，近年来创出了一批优质的幕墙工程。

2002年江苏省建筑装饰企业的质量水平提高较快，10强企业荣获全国建筑工程装饰奖4项、鲁班奖4项（参建），获省建筑装饰优质工程金奖2项、银奖16项，省“扬子杯”参建奖6项。值得一提的是苏州金螳螂建筑装饰有限公司2002年一举获得全国建筑工程装饰奖3个、鲁班奖（参建）2个、省优8个、“扬子杯”参建奖4个，常泰建筑装璜工程有限公司获鲁班奖（参建）1个、省优2个、“扬子杯”参建奖1个，10强企业中有3家获得鲁班奖、6家获得省优工程奖。

五、企业的发展

在这10强企业中，苏州金螳螂建筑装饰有限公司的发展势头最快，2002年建筑业总产值达5.6亿元，实现利润总额达2025万元，建筑业增加值达1.44亿元，同比分别增长69.2%、52.5%和89.4%，江苏苏鑫装饰集团公司、无锡王兴幕墙装饰工程有限公司、苏州苏明装饰公司的各项经济技术指标也有较大幅度的提高。

苏州金螳螂建筑装饰有限公司在两年的“十强”评比中，均名列榜首。他们在企业成立之初，就将发展的着眼点放在省内，逐步向国内重点城市延伸，先后在北京、上海、杭州、重庆等市设立了驻外机构，驻外机构的人员配备采取总部委派与本土化招聘相结合的战略，以工程带动驻外机构的发展，以驻外机构的设立推动当地业务的展开，公司提出“做一个工程、树一座丰碑、赢一片市场”的方针，在几大市场站稳了脚跟，占领了市场，目前在苏州市的业务量仅占公司全部业务量的20%，外向开拓为金螳螂的发展起到了积极的推动作用。2003年建筑装饰产值可望突破8亿元大关，在2003年全国建筑装饰百强企业评比中，苏州金螳螂装饰公司名列榜首。金螳螂公司之所以能在众多的装饰企业中脱颖而出，得益于公司形成了一套行之有效的管理体系和独特的企业文化，有一大批团结拼搏、忘我工作、无私奉献的员工，他们与公司风雨同舟，埋头苦干，有一种“公司兴旺我发展、公司衰落我羞辱”的认同感和归属感，他们为公司的发展奠定了坚实的基础。金螳螂企业在发展中始终坚持工程以质量为本、员工以勤奋为本、企业以信誉为本。在市场竞争中，以诚信待人，取得了骄人的业绩，是全省装饰行业的排头兵，是全省装饰企业学习的标兵。

常泰建筑装璜公司是我省起步较早的专业装饰企业，近几年通过调整改组领导班子，引进民营资本，优化公司股权结构，理顺了内部关系，为发展壮大奠定了良好的基础。公司在发展中，紧紧围绕做大、做强、做优的目标，外抓开拓，内抓管理，坚持团结进取，务实高效，以质取胜，信誉至上的企业宗旨，保持了持续、稳定、健康发展的态势。他们的主要做法是：**创新经营，夯实跨越发展的基础。**正确的经营策略是企业占有市场，不断发展的先决条件，企业的经营方向、经营结构、经营布局、经营方针等重大战略决策的选择，直接关系到企业的生存和发展，要实现做强做优的目标，就必须站在战略的高度以全新的视野和敏锐的触角，去分析、探索装饰市场，在保持一定经营规模的同时，就要在做强做专上下功夫，在优势互补的前提下，在不同专业的企业之间形成比较优势，扩大市场，逐步形成规模优势。**重视科技和人才，积蓄可持续发展的后劲。**人才和科技是企业核心竞争能力的重要组成部分，是实现企业可持续发展的力量源泉。提升企业核心竞争能力，必须坚持以科技兴企、用人才创业的战略思想，只有在推进科技进步上认真分析项目的变化趋势，施工工艺的发展前景，因地制宜的积极推广新技术、新工艺、新材料，加快先进技术向生产力转换的步伐。在用人才创业上要坚持以人为本的宗旨，大力推进企业文化建设，树立新的道德观念、价值取向、行为规范、管理观念，积极倡导诚信意识，团队精神。做到培养人、关心人、尊重人、理解人，努力开发人才的潜力和智能，形成良好的企业文化氛围。鼓励员工选择适合自身发展的学习内容和方式，创建学习型企业，全面提高职工队伍的素质，为优秀人才脱颖而出创造平等的竞争环境和有利于施展才华，发挥才能的良好平台，在企业加快发展的同时，不断培育和提升企业的核心竞争能力，实现企业发展的新目标。

无锡王兴幕墙装饰工程有限公司连续两年被评为“十强”企业，在近十年的发展历程中，他们深深认识到科技进步与技术创新是企业发展的不竭动力，只有积极开发、推广和应用新技术、新工艺、新设备、新材料，才能加快科技成果向现实生产力的转化。为提高技术含量和人员素质，提高企业的核心竞争能力，近年来，公司跟踪国际幕墙行业发展方向，积极开展系列新型节能幕墙技术的研发工作，专门成立了技术研发中心，明确中心职能，参与制定和执行公司技术发展和技术创新、技术改造、技术引进、技术开发规划和计划，承担重大科技成果的转化应用及引进先进技术的可行性论证，自1999年起先后与国内知名大学及意大利、德国等国外知名科研机构和公司合作，开发高性能门窗、光电幕墙技术等代表国际顶尖水平的智能门窗、幕墙技术。技术的关键是人才，公司唯才是举，建立公平合理的激励机制，设立设计人员业务水平和业绩档案，吸引人才，刺激技术人员的积极性，打破传统的用人观念，不拘一格选拔人才，先后有多名优秀的青年设计人员走上领导岗位。公司注重对年青技术人员的培养，每年定期选拔三四名技术人员赴德国、意大利学习，使他们开阔眼界，学到国外的先进技术。

江苏省新江南营造集团华宇装饰工程公司是苏中、苏北地区规模较大的装饰企业之一，2002 年首次跻身 10 强之列，为苏中、苏北地区填补了空白。华宇公司的发展走过了不平凡的路，90 年代中期，公司的产值在 3000 万元左右徘徊，当时是无人才、无实力、无市场、无品牌，信心不足，出现畏难情绪，公司领导针对当时的情况，适时提出“二次创业”的发展战略，引导员工增强危机意识，在困难中寻求发展机遇，在逆境中赢得更大发展；增强创新意识，在发展中通过创新经营理念、创新管理模式、创新企业内部机制，推动企业实现可持续发展；增强人本意识，企业靠人，企业为人，只有坚持以人为本，以人为中心，尊重人才，广纳贤才，才能最大限度地发挥企业员工的积极性和创造性，推动企业的发展。

综上所述，以上“10 强”企业是我省装饰装修企业的代表，但我省装饰装修行业的发展与建筑大省的地位不相称。江苏是建筑大省，在全国建筑行业的地位举足轻重，但装饰装修行业的总体实力远落后于房屋建筑、设备安装等，还是一个比较薄弱的环节。装饰企业虽然数量较多，但是大的、强的、有很好品牌、能和国内外先进的装饰公司一争高低的还很少。除少数企业具备科研、设计、施工、产销一体化经营实力外，大部分企业规模小、实力弱，经营、技术特色不突出，市场运作模式单一。与国内外先进企业相比较，在资金、技术、人才、管理、品牌、经营者素质和能力以及企业体制、机制等方面都存在较大的差距。工程质量水平不高，精品不多，中小企业“小富即安”的思想严重。不少企业对装饰工程质量抱着得过且过的态度，缺乏精益求精的精神，对于企业的发展也比较满足于现状，开拓进取、做大做强的意识不强。

江苏装饰装修行业要在围绕做大做强企业，做出品牌上下功夫，这不仅是市场经济和行业发展的需要，也是企业增强核心竞争力，应对国际国内市场竞争挑战的需要。我们要适时鼓励推动行业内的兼并重组，组建具有能与国际大公司竞争的旗舰式的装饰企业。也可以采取股份联合体的形式，以大企业为主，将与装饰装修有关的空调、消防、幕墙、智能化等专业联合起来，把企业做大做强，不断提高企业的核心竞争能力。

第九部分

幕墙工程

·行业发展·

中国建筑幕墙可持续发展

黄　圻　郑金峰　龙文志

我国建筑幕墙工业从1983年开始起步，历经20多年的发展，到21世纪初已成为世界第一幕墙生产大国和使用大国,正在向幕墙强国发展。2003年我国生产了约1000万m^2建筑幕墙，约占全世界当年用量的2/3左右，到2003年底我国建成了约1亿㎡各式建筑幕墙（包括采光屋面）工程，占世界总量的一半还多。从首都北京到新疆库尔勒，从上海东部沿海大中城市到西部新兴城市，从海拔5000m西藏的拉萨到基本风压为1.2kP_a的东海嵊泗，从东北的哈尔滨到海南岛三亚，随处可见新型建筑幕墙装点着秀丽的城市大街。建筑幕墙已经成为现代建筑和装饰文化、个性化、艺术、新科学的重要标志。

一、幕墙的发展，发展的幕墙

中国幕墙发展三阶段:

1. 萌芽期：1983～1994年。平均每年产量约200万㎡，主要是构件式明框玻璃幕墙，引进、摸仿国外技术，一哄而起，无自己规范和标准，技术质量水平较低，龙头企业为沈阳黎明公司。

2. 成长期：1995～2002年。平均每年产量约800万㎡，除明框玻璃幕墙，发展了隐框幕墙、单元式幕墙、铝板及石材幕墙，1995年引进点支承幕墙，引进国外技术同时，开始结合国情有所创新，首先是有了中国建筑装饰协会铝制品委员会的协会技术标准，后半期有了行业技术标准和规范，上海、四川等有地方技术标准和规范，技术水平有提高，质量水平参差不齐。

建设部1994年的776号文件明确了设计院和幕墙公司的分工：建筑设计单位负责选型、提出设计要求，幕墙的制作图及施工一般都由幕墙公司负责完成。中国建筑金属结构协会铝门窗幕墙委员会、中国建筑装饰协会铝制品委员会为推动行业发展和技术进步发挥了重要作用。1996年前龙头企业为武汉凌云公司，1997年以后龙头企业为沈阳远大公司。

我国铝门窗建筑幕墙行业虽然起步较晚，但起点较高。20年来，始终坚持走先进技术改造传统产业的发展道路。通过技术创新开拓市场，通过引进国外先进技术，不断地开发新产品，形成了优化产业结构可持续发展的技术创新机制，针对工程建设的关键技术，组织科研试验和技术攻关，运用国际同行业最新的前沿技术，建成了一批在国内外同行业中有影响的大型建筑工程，取得了一系列重大成果，受到国内外同业人士的重视和好评。

20年来，一大批国内知名的航空、军工、建材、机械行业大型企业投入到铝门窗和建筑幕墙行业，以其雄厚的资本，较强的技术力量和先进的管理，为壮大行业队伍，提高行业素质发挥了重要作用，成为开拓市场和技术创新的骨干力量。90年代以后，又有一大批中外合资企业、外商独资企业和股份制民营企业集团加盟铝合金门窗与建筑幕墙行业。在1995年以前，国内知名的航空、军工企业带动行业发展。1996年以后，优秀民营企业集团以其新型企业管理机制，先进的专业技术，现代市场运作模式，为推动行业与国际市场接轨，发挥了良好的示范作用。目前铝门窗幕墙行业，已经形成了以100多家大型幕墙工程企业为主体，以50多家产值过亿元的骨干企业(民营企业集团为多数)为代表的技术创新体系。这批大型骨干企业完成的工业产值约占全行业工业总产值的70%左右，在国家重点工程、大中城市形象工程、城市标志性建筑、外资工程以及国外工程建设中，为全行业树立了良好的市场形象，成为全行业技术创新、品牌创优、市场开拓的主力军。

在国家改革开放政策的推动下，我国铝门窗建筑幕墙行业从引进国外先进技术起步，逐步缩小与国际先进水平差距。80年代，引进了一批铝门窗专用加工设备和生产技术，解决了从无到有，行业是以增量发展为主题。90年代，以引进建筑幕墙的先进生产技术和新型成套设备为主，相应地引进了国外最新的工程材料及国内的工艺技术，逐步既缩小了与国际先进水平的差距，又掌握了国外前沿技术，这时候的行业是以学习国外先进技术，独立开发中国特色产品的动态发展为主题。

中国目前是世界第一的建筑门窗、建筑幕墙生产使用大国，巨大的市场潜力和发展机遇，吸引着国际上知名的企业和跨国集团纷纷来华投资办厂，加盟工程建设。中国的建筑幕墙行业紧随国际市场令世界同业人士刮目相看。

技术创新、科技进步大大推动了我国建筑幕墙工程市场的发展，加速了建筑幕墙、铝门窗产品质量的升级；新型适销对路产品的开发，进一步拓宽了市场空间。开发研制符合国家建筑节能技术政策的新型幕墙、铝合金节能门窗产品，这些节能产品符合国家建设产业化政策，为今后我国建筑幕墙的可持续发展奠定了基本条件。

3. 发展期：2003～2010年。未来几年，我国铝门窗及建筑幕墙产品还将继续保持稳步增长的事态，预计2004年铝门窗的年产量还将维持在1.5亿m^2，在建筑门窗市场占有率将保持在55%以上。但是其产品结构会有极大的改变，断热铝型材、中空玻璃、优质五金配件等产品的铝合金节能门窗的使用比例将大大提高。

建筑幕墙仍将是公共建筑中外维护结构的主导。北京奥运会、上海世博会、广州亚运会的工程将是全世界建筑幕墙行业的亮点。也将是中国、世界优秀幕墙公司展示自己实力和最新技术的舞台，也是国内外幕墙公司拼实力、拼价格的战场。其建筑幕墙技术将以体现建筑主体风格、通透、节能环保。舒适为特点。幕墙的关键的前沿技术将有所突破。

预计平均年产量约1100～1200万㎡，现有幕墙品种：明框、隐框、金属、石材、单元、框架、点式幕墙等逐渐提高和成熟，具有中国特色的适用先进结构更加增多,双层幕墙、光电幕墙、遮阳幕墙、生态幕墙、智能幕墙、膜结构幕墙、动态幕墙等将逐渐有所发展，有不少公司已有或将有更多的自己知识产权的新技术，有些已达到国际水平。预计2010年我国的建筑幕墙行业的主要技术领域将达到国际先进水平。

二、技术进步与技术创新

20多年来，建筑门窗幕墙行业始终坚持用新技术、新工艺、新材料和先进适用技术改造传统产业，以市场为导向，以质量为龙头，以技术创新为动力，探索在市场经济条件下行业管理和行业建设的新途径。推动企业技术创新，推进行业技术进步。

1．学习国际标准和国外先进标准。组织国外同行业知名企业和行业开展不同层次的学术交流，人员互访、信息交流活动。使我国建筑门窗行业了解和掌握了世界先进技术，加速了国内建筑门窗、幕墙产品标准、规范的修订工作，缩短了与国际标准的差距。

现在建筑门窗建筑幕墙产品标准、工程技术规范、配套产品标准、原材料标准、直接相关标准、试验方法标准等国家标准、行业标准、已达400多项。其中，涉及门窗、幕墙及相关材料的标准80多项；涉及铝门窗、幕墙及相关材料的标准200多项；钢门窗及其他门窗标准100多项。这些标准、规范既参照了国际和发达国家的相关内容，又结合了中国复杂的地理气候环境和国情，其科学性、实践性、系统性都达到了国际水平或国际先进水平。

现在，工商行政、质量监督、工程监理、工程质监、司法仲裁以及工程业主、建筑施工、科研院校、信息媒体、对外交流、产业协作和生产企业等各个领域，都以建筑门窗和建筑幕墙的国家标准、行业标准指导着宏观调控、市场监控、质量监督、经济纠纷、产品营销、信息传播、科研教学、技术开发和经济预测等各种有关社会性的经济活动。这是建筑门窗、幕墙行业技术进步对社会贡献的重要体现。

2．硅酮结构密封胶。主要用于建筑幕墙受力金属构件与玻璃等非金属材料的结构性粘结。用胶接取代焊接或机械连接，是建筑幕墙应用先进科学技术的重要标志之一。长期以来，我国建筑硅酮结构密封胶全部依赖进口．每年进口多达5000t左右，用汇上亿美元。不但价格昂贵，而且相容性、粘结强度等各种技术实验全部在境外进行，贻误工期。

我国建筑幕墙工程界各级管理和工程技术人员以极大的热情参与硅酮结构胶的工程实验和应用推广工作，实践证明，我国生产的硅酮结构胶的品种、性能、工艺、质量都已经全面达到进口产品的先进水平。到目前为止，我国已有广州白云、郑州中原、杭州之江等企业获得国家生产销售认证。预计2004年该产品的国产化率可达90%。同时，我国还研制成功了环保型石材密封胶、石材干挂胶、中空玻璃专用密封胶、防霉密封胶等产品，都为建筑幕墙工程的技术创新做出了重大贡献。

3．点支承玻璃幕墙。是玻璃幕墙的一个新的发展分支，突出点连接结构旋律美和玻璃支撑结构体系的现代感，建立围护结构体系新理念：全景式幕墙，形成建筑物内外空间的通透和融合，达到人、环境、空间和谐统一的美感；它充分发挥玻璃、点驳接、支撑系统的空间造型艺术魅力，形成轻捷、新颖、通透的景观效果；它是现代建筑艺术的标志之一，倍受青睐。

这项技术是罗亿创办的珠海晶艺玻璃工程公司首先引进和开发的，为建筑幕墙工程提供了新的发展机遇和市场空间，填补了国内幕墙设计和施工技术的一项空白。点支承幕墙的支承结构从钢结构、双层索系发展到单层索系、单根索系、空间索系和玻璃结构。计算、结构等理论研究有所突破；最大单层索系点支承幕墙达86m×60m，为世界之最。

4．石材幕墙挂件不断改进，双层结构幕墙发展迅速。我国从1998年引入了双层结构幕墙，从北京的国家会计学院、旺座的双层结构幕墙开始，现在已发展到南京人寿、深圳彩电中心、深圳TCL、武汉精伦、浙江丽水、杭州电力等十多个幕墙工程，构件从国外的箱体单元式，结合中国国情开发了分体单元式、外单内构式、内外构件式等经济适用的结构，从外通风、内通风体系发展了内外结合通风体系、生物气候缓冲层等多种形式，热工计算既有静态法，也开展了CFD动态法研究，开展了热工试验和舒适度试验；国内已有不少的幕墙公司能够自主设计，一些幕墙公司已有自己的专利，当前已有上海、北京、浙江等8个省市的10项工程正在设计双层结构幕墙，正向生态型、舒适型、智能型方向发展。

通过我国工程实践和试验我国正逐步缩小销钉式、T型挂件、蝴蝶挂件等石材幕墙干挂结构的应用，改进了国外的背栓，开发了双切面抗震型背栓和背卡式等新型干挂件，石材面板从花岗石扩展到非花岗石、蜂窝石材等多种面材。石材幕墙高度已达到230m，最大风荷载已达12kP_a 。

5．断热型建筑铝型材和隔热条。建筑幕墙和铝合金门窗专用的断热型建筑铝型材的开发成功并大批量的推广应用，是我国铝门窗与幕墙行业重大技术创新成果。它为高效节能、断热环保型豪华铝门窗的推广应用创造了条件，建立了新的市场发展空间；为开发节能环保型建筑幕墙提供了新的技术基础。采用断热型建筑铝型材，配置低辐射（LOW－E）中空玻璃制成的节能环保型铝门窗，主要物理性能参数已达到建筑节能设计标准。目前我国引进了“注塑料法断热铝型材”和“嵌条法断热铝型材”两种生产工艺技术和成套专用设备，已在深圳、南海、佛山、西安、秦皇岛、北京等地建成了上百条断热型铝型材生产线，年生产能力达到30万t。我国自行开发研制的多种系列豪华节能环保型铝门窗及节能环保型玻璃幕墙已在各地推广应用，填补了国内空白，扩大了节能型建筑门窗品种系列。现在我国已研制成功断热型铝型材专用的高强度玻璃纤维增强聚酷胺（PA66GF25）型断热嵌条；试制成功了断热节能型铝门窗专用加工设备，为全面推广这项技术创造了条件。

6．建筑门窗与建筑幕墙CAD系统。中国建筑金属结构协会十分重视计算机辅助设计系统（CAD）、计算机辅助加工系统（CAM）和计算机应用于企业管理等计算机推广应用工作。80 年代后期，中国建筑金属结构协会就委托重庆大学和内江百科研究所联合研制开发建筑门窗 CAD 设计软件系统以及线材、板材（H 维）优化下料技术软件。这项研究成果，于 1990 年 5 月在重庆大学通过部级鉴定，并获得部级优秀科技成果奖。

建筑门窗和建筑幕墙 CAD 系统及下料优化技术软件，十多年来，在重庆大学和内江百科研究所的努力下，不断吸取了全行业广大设计技术人员的经验和创新成果。已经完成了各种建筑门窗（铝、塑、彩板、钢窗等）及各种建筑幕墙（玻璃、全玻、单元、金属、石材等）的产品设计、图形绘制、结构计算、文件编制、标书编辑、线材优化、板材优化等辅助设计软件。中国建筑金属结构协会举办 CAD 推广应用培训班 20 多期。各地一些大专院校和民营科研机构也参与了门窗与幕墙 CAD 应用软件的开发和推广工作。据不完全统计，全国大约有 2000 多家企业推广应用了 CAD 设计系统。建筑幕墙的计算机出图率达到 100%，建筑门窗计算机出率达到 80%左右。

7. 产品检测试验体系。80 年代初，在中国建科院和行业专家们的研究和开拓下，我国逐步建立起建筑门窗以及建筑幕墙的物理性能和技术参数的基础理论和定性定量考核体系。23 年来，在建设部和国家质量技术督局的支持指导下，我国已经建立起较为完整的建筑门窗与建筑幕墙物理性能技术参数国家标准或全国统一的行业标准及其试验方法标准，并建立起一批大型建筑幕墙和建筑门窗综合检测试验中心。1998 年，经国家质量技术监督局和建设部联合审查论证，正式确认了北京、上海、广州、海口、武汉、厦门、沈阳、济南等八个建筑幕墙检测试验中心，以及分布在全国各地的 37 个建筑门窗检测试验站，形成了中国建科院国家试验室和地方检测站（中心）两级检测的网络体系。

北京、上海、广州等中心城市，根据幕墙工程建设的需要，还建立了风洞模拟试验、地震振动台试验、传热隔热试验、隔声性能试验等专业试验室。此外，在北京、苏州、成都建立的国家结构密封胶试验室，在北京建立的平板玻璃、中空玻璃、金属复合板材试验室，在都江堰和天津建立的防火材料试验机构等等，都为我国建筑门窗、建筑幕墙科研试验、产品开发、质量论证提供了科学依据。这是我国建筑门窗行业科技进步的重要标志。

三、中国建筑幕墙技术发展及未来五年产量预测

1. 中国建筑幕墙的技术发展趋势。除了改进原有品种之外，在以下几个方面发展：

在幕墙的建筑学领域：侧重于多元化、个性化、动态化；

在幕墙的功能学领域：侧重于节能、舒适、通风和健康；

在幕墙的结构学领域：侧重于预应力结构、整体张拉结构、现代空间结构；

在幕墙面材领域：侧重于膜材、薄材（铝、钛、钛锌、不锈钢、铜、钢等）、人造材（蜂窝板材、蜂窝石材、瓷板、陶土板、高强树脂板等）；

在幕墙结构领域：除铝结构外，钢结构、索结构、玻璃结构将增长；

在幕墙发展领域：幕墙结构与主体结构、幕墙与屋顶、幕墙与内装相互融合增多；

2. 未来五年建筑幕墙产量预测（表 1）

未来五年建筑幕墙产量预测表（单位：万㎡）　　　　表 1

年 份	隐框玻璃幕墙	点式玻璃幕墙	明框玻璃幕墙	石材幕墙、人造板幕墙	金属板幕墙及屋面	双层结构幕墙	其他（生态幕墙、U 形玻璃幕墙、动态幕墙、光电屋顶及幕墙、膜结构幕墙等）	合计
2004	400	140	50	160	180	30	40	1000
2005	4O0	180	50	180	180	50	60	1100
2006	350	200	60	200	200	60	80	1150
2007	350	220	60	200	200	70	100	1200
2008	350	220	60	200	200	70	100	1200

3. 建筑幕墙招标技术要求（表 2）

建筑幕墙招标技术要求汇总表　　　　表 2

技术要求 / 幕墙类型	总体要求	基本参数	建筑要求	性能构造
明框、隐框、石材、铝板等普通幕墙	工程概况、性质、功能、面积、表高、位置。幕墙总面积、标高，幕墙清洗及清洁，其他	基本风压，地震设防烈度地面粗糙度群体效应风动实验，其他：保温、隔声、防撞、防火、防雷等	建筑倡议说明建筑艺术要求幕墙色调、风格、形式、类型等的艺术要求	风格大小开启窗、门尺寸及形式。抗风压变形、雨水渗漏、空气渗透、平面变形、其他
点支承玻璃幕墙	除以上要求外，还要增加下列要求：支承结构（玻璃助、钢结构、钢拉杆、钢拉索）、拉索结构（双层单屋、单索）、玻璃开孔方式（开孔、不开孔）、遮阳装置等			
双层幕墙	分别按外层幕墙和内层结构（幕墙、门窗）提出普通幕墙的要求还要增加下列要求：循环体系（外、内、混合）气流组织方式：（整体、廊道、通道、箱体、混合）进、出口的立面，节能，遮阳，防尘，防虫等。			
光电幕墙	除按普通幕墙要求外，还要增加下列要求：建筑物的经纬度、幕墙的朝向、发电功率、光电板类型（单晶硅、多晶硅、其他）、光电效率和寿命			
生态幕墙（通风型）	除按普通、双层、光电幕墙要求外，还要增加下列要求：风玖瑰图、建筑生态环境（绿化、水文、空气质量等）、人均日需新鲜空气量、室内平均人数、换气次数、自然通风的气路、自然通风与机械通风的配置等			

四、可持续发展呼唤着现代的企业家

改革开放是中国幕墙行业这几十年迅速发展实的前提，但在同一前提下，有的企业沉沦了，有的企业昙花一现，有的企业快步发展；从中国幕墙行业这几十年的总体发展实际来看，从中国幕墙行业可持续发展的角度来看：中国建筑幕墙的可持续发展呼唤着可持续发展企业家及其可持续发展企业家精神。

1. 何谓可持续发展企业家。作为可持续发展现代企业家（简称企业家），必须具备一些常人很难具备的特质和功能。按照现代市场经济的观点，可持续发展企业家最基本的特质和功能就是创新。企业家是企业的化身或人格化。在英文中“创新”（enterpreneur）源于“企业”（enterprise），从词源学角度看，企业和企业家原本是带着进取、冒险、胆识、兴办、创见精神来到世间的。因此，“创新”是企业家的一个自然禀赋。他是一个能够发现和利用一切可能的机会实现企业创新与发展的人或者一个领导群体。

2. 何谓可持续发展的企业家精神。所谓可持续发展的企业家精神，说到底就是企业家的创新精神。在现代市场经济条件下，企业家的创新精神至少包括如下几个方面：

一是不断追求产品创新的精神。这种创新精神的要点在于，不仅能够创造一个好的品牌，而且能够通过不断追求产品质量的改进与提高，来维护、发展和完善这个品牌，并通过这种创新来获取最大限度的长期收益。

二是不断追求技术创新的精神。技术是企业生存与发展的主动脉。作为一个企业家，必须具有不断追求技术创新的精神。这里说的技术创新，既包括高新技术的创新，也包括生产过程中生产工艺和流程等方面的革新与发明。善于发现新的技术和发明，勇于引入新的技术和工艺，不断创造新的生产方式和方法，以此来推动企业技术不断升级和生产方式不断发展，是企业家的一个重要使命。

三是不断开拓和创新市场的精神。这种创新精神的要点是，能够根据市场经济发展的实际，对市场结构、市场分布进行分析与比较，并通过分析与比较，发现和开拓新的市场，占领市场发展的制高点，提高企业的生产经营效率与收益。

四是敢于和善于进行组织和制度创新的精神。不仅要善于学习和模仿别人的成功经验与做法，而且要敢于和善于突破与超越别人的成功经验与做法，同时还要敢于在总结和综合前人经验的基础上进行再创新，实现企业组织和制度的新突破，以提高企业的发展力和竞争力。

五是团队合作与不断进取的精神。作为一个企业家，能不能和善于不善于组织一个好的团队，并能够形成很强的团队合作与进取精神，是一个企业家能不能成为名符其实的企业家的关键一环，也是一个企业能不能获得更大发展的重要条件。

3. 目前是可持续发展企业家“短缺时代”。幕墙门窗企业的成功发展离不开成功的企业家及其精神。由于我国总体上还处于发展阶段，经济体制转轨和经济结构转换还是当前我国国民经济生活面临的一个迫切任务。在这种情况下，人们重视资金和技术，甚至认为我国目前仍处于资金和技术的“短缺”时代，是可以理解的。尽管中国已有一群成功的优秀的企业家，但是，从可持续发展的角度看，与其说我国幕墙门窗行业目前还处于资金和技术的“短缺”时代，不如说目前正处于可持续发展企业家及其精神的“新短缺时代”。

五、目前存在的突出问题

1. 法规和政策不够完善和具体，可操作性不够强。就目前的技术法规体系来看，缺乏对具体专项技术或产品发展的指导性意见，研究得也很不够，使得各具体技术领域发展方向不够明确。另外，各行业普遍存在着技术标准、技术规程不能满足要求的情况，或者是没有标准和规程，或者是标准规程已经落后。建设部最近成立了建筑幕墙门窗标准化技术委员会，就是从技术管理体系上力求在今后改变这一状况。

2. 行业的发展不平衡的。东西部之间，企业之间，产品之间都存在着明显差距；市场秩序和市场行为不够规范，压价竞争，无序竞争，部分伪劣铝型材和伪劣铝门窗充斥市场的问题尚未得到根治；部分企业研制开发能力和创新能力仍然比较低，企业科技进步机制仍很脆弱，产品开发和产品质量不够稳定，技术储备较少，后劲不足：高新技术产品、新型材料、专用机电一体化的先进工艺设备以及部分特殊原材料仍有空白，和国际先进水平还有一定差距。

3. 经济发展水平低，科技投入有限，基础研究薄弱。不少企业技术储备不足，发展后劲不大，形不成技术发展的领先和先导地位，只能跟在先进国家后面，逐步地学习一些技术或局部地引进一些技术，造成了技术不系统、相互不配套、先进技术普及速度慢、普及面窄等。

4. 总体技术水平比较落后。一方面；反映在技术进步的贡献水平上还低于资金和劳动力的贡献水平。另一方面，一些国际上最先近的技术我们掌握的有限，技术配套性、综合能力较差，形不成总体的技术能力。

5. 队伍不稳定，不少从业人员素质不高。一是科研人员尤其是搞新技术研究的科研人员待遇偏低，科研经费不足，科研领域人才留不住，各行业科技人员特别是高素质的专业人员所占比例少；二是一些一线操作人员不经培训即上岗，操作技术水平较低；三是研究力量和成果分散，已有的研究成果难以转化为生产力。

6. 相关各专业间技术衔接缺乏统一规划、共同开发、相互协调的机制。各专业既缺乏单个专业从立项、方案设计、产品制造、产品使用等的纵向协调，也缺乏各专业之间的横向协调。如智能幕墙，是多学科多技术综合运作的整体，它的发展必须有多个行业、多个部门的综合协调同步发展，而我们的综合协调能力远远不够。

7. 建设市场都不同程度存在着市场混乱、不规范、不正当竞争，影响产业的技术进步。企业是技术发展的主导力量，市场不规范，就难以形成科研成果向应用技术的转化机制和技术进步机制。企业作为科技进步的主体的目标难以实现。

8. 普遍存在对环境设计、环境质量和环境效益等重视不够的问题。我国面临着严重的资源问题、环境问题和能源问题，节能是建筑外围护结构行业的重要责任，我国建筑能耗是相同气候条件发达国家的2至3倍，在全面建设小康社会的进程中，建设系统资源节约的任务十分艰巨。建筑节能是提高住宅舒适度、降低运行费用的基础，也是可持续发展的迫切要求。节能的65%主要由建筑围护系统承担。但目前无论是有关部门、企业、技术机构等对这些问题的重视程度都还没有达到应有的高度。

9．与发达市场经济国家比较，除了技术发展存在明显的差距之外，最主要的差距还在于技术进步的体制、机制和管理方面。发达市场经济国家普遍具有建筑幕墙门窗领域，企业是技术投入和促进技术发展的主体，科技和研究试验投入稳定、数量大，技术的基础理论研究比较重视，技术发展后劲充足，信息化、智能化以及机械化水平较高、工艺比较精细等共同特点。这些恰恰是我国建筑幕墙门窗领域所缺乏的。

六、发展战略遵循的原则

1．适合我国国情，符合可持续发展原则。在促进技术发展的过程中，要充分考虑我国的资源状况、环境状况，应当本着节约能源和资源、保护环境、以人为本的原则，促进适宜的技术的发展。

2．与国民经济总体发展水平相协调的原则。建筑幕墙门窗领域的技术选择还要充分考虑我国的经济发展水平，以经济承受得起作为一个重要原则。

3．近期需求和长远发展需求相协调的原则。既要解决当前的急迫需要，又要考虑我国经济的发展前景，进行适当的超前选择。

4．引进消化与自主开发相结合的原则。在国际经济一体化的大趋势下，建筑幕墙门窗领域的技术发展要融入国际潮流之中，掌握国际的技术信息并适当引进加以采用，同时，结合我国国情，积极消化吸收并进行国产化。

七、主要的发展战略

1．重点技术领域先行战略。结合我国国情，确定重点技术发展领域，集中力量组织重点技术领域的技术创新。

2．采用综合经济手段，促进高新技术产业化战略。对于有产业化前景的高新技术，政府要积极引导，每一时期选择一批，根据国家政策，争取并综合采用风险投资、股市融资、税费减免、低息贷款、保险担保等经济手段促进高新技术产业化。

3．完善技术开发机制和体系的战略。进一步改革、完善科技进步机制和管理体制，建立具有我国特点的建筑幕墙门窗领域基础研究、应用研究、转化体系，使技术进步具有内在的动力。

八、促进产业技术进步及高新技术发展的政策

1．法律法规。按照发展社会主义市场经济的要求，尽快建立和完善有利于建筑幕墙门窗领域技术进步的法律法规及法律法规的科学制定方法。法律法规包括管理方面的和技术方面的。更好地发挥技术标准对于技术进步的引导作用。 为推进新技术、新产品的利用与推广，应及时制订或修订有关标准；使标准的普遍遵守性和超前性、方向性有机结合。要加强标准的实施监督，通过保证标准实施提高技术进步范围和速度。建议完善或制订、修订门窗、幕墙、屋顶标准、规范。

（1）建筑门窗幕墙术语标准

（2）建筑门窗标准及技术规范，包含钢建筑门窗(钢门窗、不锈钢门窗、彩钢板门窗等),铝建筑门窗、塑料建筑门窗、特种门窗(防火门窗、隔声门窗、屏敝门窗、防盗门窗)等.

（3）建筑幕墙标准及技术规范，包含玻璃幕墙(玻璃板材、玻璃型材)、天然石材幕墙(挂件式、背栓式、背卡式等)、金属板幕墙(铝板、彩钢板、不锈钢板、铜板、钛板、钛锌板等)、人造板幕墙(蜂窝铝板、蜂窝钢板、蜂窝不锈钢板、蜂窝石材、千思板、陶土板、瓷板、塘瓷板等)、膜结构(PPVC.PVDF.ETFE.PTFE ‘等)。包含明框、半隐框、隐框、点式、双层、单元式、半单元式、光电、动态、生态、智能等。

（4）金属屋顶、采光顶、雨篷标准和规范。

（5）五金配件标准。

2．建立建筑幕墙的技术研究开发体系

（1）政府牵头组织建筑幕墙技术发展规划、研发体系规划和政策。

（2）建立建筑幕墙技术发展综合协调组织，协调部门、地区、行业、企业之间在技术开发过程中的关系和行动。

（3）建立高等院校、公共研究所和优秀企业三结合的专业科研基地。

（4）建立企业、协会、院校、研究所相结合专业技术应用的研发中心。争取每个技术领域都能够建立国家级技术研发中心和试验室。

3．建立完善建设领域技术交易体系。继续鼓励技术交易中介组织及多种类型技术市场的发展，包括有形市场、无形市场、各类技术网站、网页以及网上交易。利用市场机制促进技术信息传播交流，利用现代信息技术建立技术信息交流手段。

4．形成明确的鼓励技术进步的政策措施

（1）保护知识产权，肯定科研人员的作用，保护其应得利益。调动科研人员的积极性，是促进科技进步的关键。采取保护知识产权，肯定科研成果中技术人员的贡献份额，在创办企业时允许技术人员以技术入股，对于在科研方面有重大贡献的人员给予重奖等措施，激发科研人员的创新积极性，形成与国际惯例接轨的、符合高新技术产业特点的、以保护知识产权为核心的分配制度和经营制度，使技术和成果真正成为生产力要素，并在参与企业的经营与分配中获得它的应用价值。

（2）通过减免企业研究开发投入的税收，鼓励企业加大科技投入。目前，建设领域的企业普遍存在科研开发投入偏低的问题，改变这种状况，需要有政策的引导。

（3）在审批企业资质时应考察其技术管理水平。同时，要鼓励高新技术企业的创立。

（4）对于生产和使用国家产业政策倡导的新材料、新工艺、新技术、新设备，企业又得不到直接利益，甚至费工费时的，国家应给予政策倾斜。

5．深化改革，规范市场，形成技术进步促进机制。进一步加大规范市场的力度，形成公平竞争、优胜劣汰的环境，给企业注入主动要求进步的动力。

6．进一步加强国际合作。我国加人 WTO 之后的新形势，全面与国际市场接轨，参与国际竞争。首先，要继续坚持改革开放的政策，扩大对外经济技术合作，着力发展合资、合作生产的跨国公司，掌握国际行业前沿技术，创建和发展具有国际竞争能力的骨干企业。

（执笔：龙文志）

光电幕墙及光电屋顶

建设部建筑门窗幕墙技术标准委员会专家　龙文志

【摘　要】本文论述了光电幕墙（屋顶）的基本原理、结构、设计计算、安装维护。

【关键词】光电池、光电板、光电幕墙、光电屋顶。

Photoelectric curtain wall and photoelectric roof

Expert of Curtain walls&Doors and Windows Technology Standard Council, Ministry of Construction—**Long Wenzhi**

【Abstract】This paper describes the fundamental、structure、design、 calculation、installation and maintenance of photoelectric curtain wall and photoelectric roof.

【Keywords】 photoelectric cell、photoelectric panel、photoelectric curtain wall、photoelectric roof.

1　前　言

光电幕墙（屋顶）是将传统幕墙（屋顶）与光生伏打效应（光电原理）相结合的一种新型建筑幕墙（屋顶）。主要是利用太阳能来发电的一种新型的绿色的能源技术。

能源是人类生存和发展的基础，传统的能源是以消耗地球的有限资源，同时又污染人类生存环境为代价来生产的，20 世纪 70 年代全球的能源危机，使世界很多国家清醒地认识到：太阳能是一种绿色（清洁，无污染）丰富的自然能源，争相加以开发和研究，因而太阳能电池从人造卫星发电开始向地面发电普及和应用（表 1），据不完全统计，1999 年全世界太阳能电池的年产量已超过 2 亿峰瓦（MW_P）（图 1 和图 2），但其年产量与世界能源总需求相比仍然相差甚远，为了在 21 世纪能得到突破性发展，一些国家正在围绕制约太阳能电池地面大规模普及应用的一些根本问题进行研究，其中一个问题就是接收面积问题，因为太阳能是分散的，为了提供所需的能源，必须有足够的接受面积。据测算：为了满足 2000 年全球电力的需求，以太阳能电池转换率 10%计算，需要的面积为 840km×840km=705600km^2，这相当于德国和意大利两个国家的面积。

太阳能电池的五种应用领域　　**表 1**

应用领域	成本效应	标准系统	市场潜力
人造卫星的发电系统	佳，最早的太阳能发电应用	数百～千瓦	量小，但发展稳定
发展中国家居家用的太阳能系统	佳，市场呈稳定成长	5W～5000W	预估世界上有十亿人口没有电网供应电力
工业应用	利润最高的太阳能应用。	5W～1,500W	公路的急救电话、公路标志、微波自动转换装置、电栏杆、街灯等
已发展国家建立建筑物整体性的太阳能系统（Building Intergrated Photovoltaiacs）	依据电力成本及政府辅助金而定	2,000W～300,000W	美国、日本和德国发展他们已经宣布的「屋顶方案」，市场将超过每年 1,000 万 W
中央电力供应站	太贵，平常电价三倍。	一百万瓦至上千百万瓦	视石油价格及环保要求而定

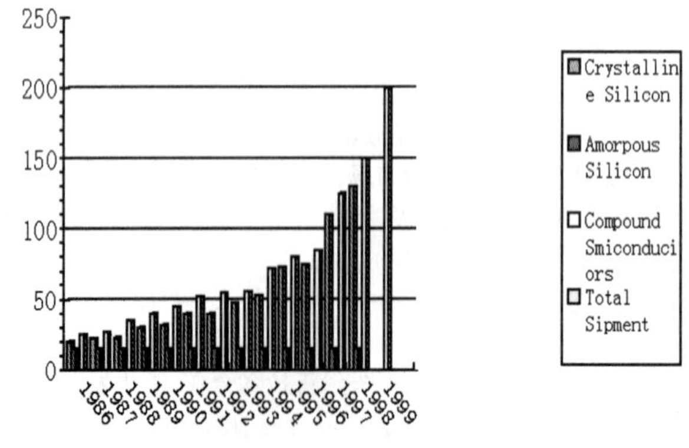

图 1　全世界 1966 年～1999 年太阳能电池产量(单位 MW_P)

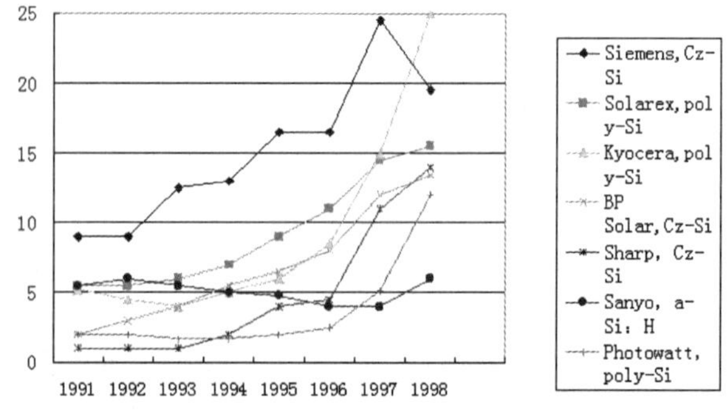

图 2　世界主要太阳能电池公司 1991 年～1998 年产量(单位 MW_P)

我国 1995 年的发电量约为 1 亿 MW·h，如果全部用太阳能电池发电，其接收面积约为 12500km^2，比天津市还要大。以上数值表明，所需的面积是相当可观的，利用建筑幕墙(屋顶)和太阳能电池相结合是解决接受面积的主要途径，应用方式有下列几种：

独立太阳能建筑系统原理图解▶

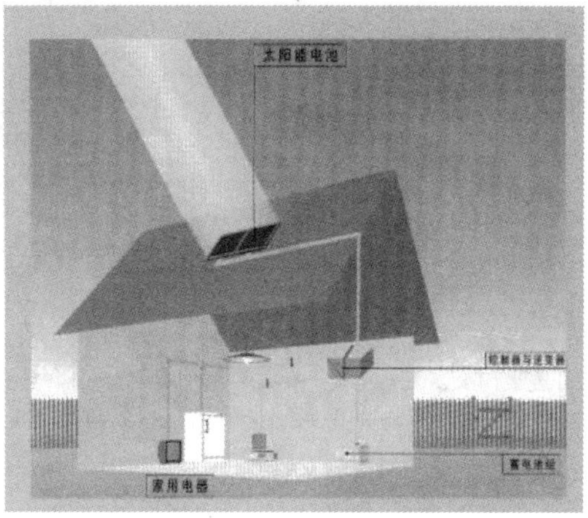

▼光伏并电网系统

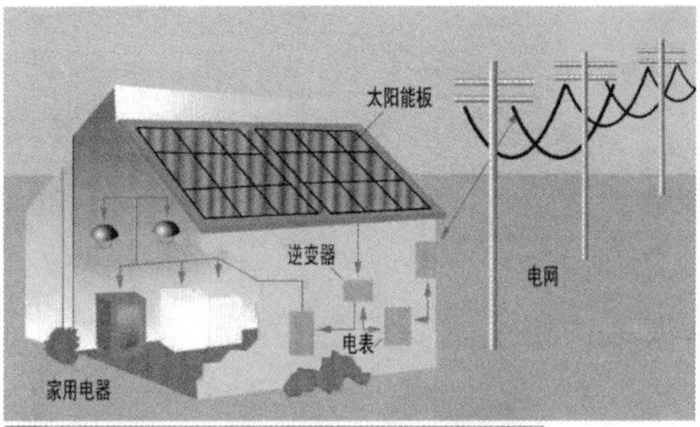

光电池屋顶

玻璃与光电池相结合的屋顶

复合彩钢板与光电池相结合的屋顶

传统砖瓦与光电池相结合的屋顶

氟碳涂料铝板与光电池相结合的幕墙

路灯

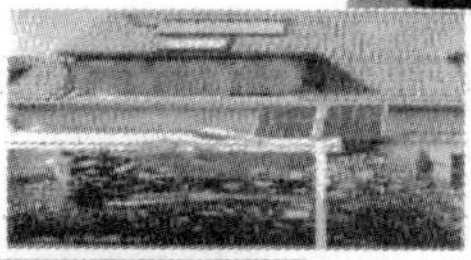

电钟 喷泉

电话亭

光电水泵

太阳能光电池其它应用

已建成的一些实例工程有：

德国慕尼黑银行光电屋顶：面积 140m^2，功率 15kw

丹麦太阳公寓光电屋顶：面积 970m^2，功率 106kw 英格兰迪旦弗尔德商场光电幕墙面积 650m^2，功率 73kw

德国慕尼黑银行光电幕墙：面积 350m^2，功率 35kw

照片

德国旭格集团总部光电幕墙大楼

南威尔斯的贝格隆园区，一座光电幕墙典型建筑

德国慕尼黑商贸中心的 6 座大厦都装光电屋顶，共有 7812 个框架光电板，每个光电板共有 84 个单晶硅太阳能电池，输出功率为 130w，光电板总和峰值功率为 1.016kw，光电板占屋顶面积 58%，发出的直流电经过逆变电器送至 2 万 V 中压电网，预计寿命 20 年，可减少 2 万 t 的 CO_2 排放量（见 Phptovoltaics Inside Report 1998　17（9）：3）。现在全世界能源约 4/5 由含碳的矿物燃料产生，如果其用量年增长率为 3%，预计到 2020 年全世界的 CO_2 排放量将增加 40%，对人类生成环境将产生灾难性后果，多次国际会议都在研讨减少 CO_2 排放量和发展绿色能源问题。光电幕墙（屋顶）的发展理所当然地被列为 21 世纪重要绿色能源。

美国制订了百万光电屋顶幕墙计划（表 2）。德国于 1999 年开始 10 万光电屋顶光电幕墙计划，预计在 6～8 年完成，每个系统定为 5kw，总容量可达 500MW。日本截止于 1997 年已建立 1600 个光电屋顶，容量为 37MW。预计到 2010 年，太阳能电池产量将达到 1800MW/年以上，年产值将超过 42 亿美元。光伏系统保有量预计为：美国 757MW，欧洲 618MW，日本 174MW。

美国百万屋顶计划的内容与指标　　　　**表 2**

指标＼年代	1997	1998	1999	2000	2005	2010
参加城市数	10	25	50	75	200	325
太阳能建筑物（千个）	2	8.5	23.5	51	376	1014
屋顶当量系统（kw）	1	1	1	2	3	4
光伏总容量（Mw）	1	6.5	15	55	270	610
单位成本（美元/Wp）	6.5	5.7	4.9	4.3	2.9	2.0
总的 CO_2 的减少（kt）	2	13	39	111	1037	3510

我国拥有丰富的太阳能资源，陆地表面每年接受的太阳辐射能为 50×10^{18}KJ，相当于 1700 亿 t 标准煤，每年日照时间大于 2000h，辐射总量高于 586KJ/m^2 的太阳能资源丰富地区和较丰富地区占全国总面积的 2/3（表 3、图 3）。我国是耗能大国，建筑能源浪费更加突出。建筑能耗占全社会总能耗的 25%，其中建筑采暖、空调、照明占 14%，建筑建造能耗为 11%，今后比例还可能有所上升。我国建筑能耗是相同气候条件发达国家的 2 至 3 倍，在全面建设小康社会的进程中，建设系统资源节约的任务十分艰巨。把资源节约、降低消耗放在突出位置，建筑节能是提高住宅舒适度、降低运行费用的基础，也是可持续发展的迫切要求。我国与国外先进水平的差距，不在材料和技术上，而是在设计标准和标准的落实上。建立以强制性标准为主体、推荐性标准为补充的建筑节能标准体系，新建建筑全面执行节能标准，建筑能耗减少 50%。加大对建筑节能的检查力度，对违反规定的建设项目，已完工的不予验收备案并责令改。节能的 65%主要由建筑围护系统承担。通过建筑一体化设计，推广应用光电幕墙（屋顶）的有效途径。尽管目前我国光电幕墙（屋顶）市场正在方兴未艾，但它具有强大的潜在市场，我们有理由预计，中国的光电幕墙\光电屋顶及光电工程在 21 世纪将会得到迅猛的发展。

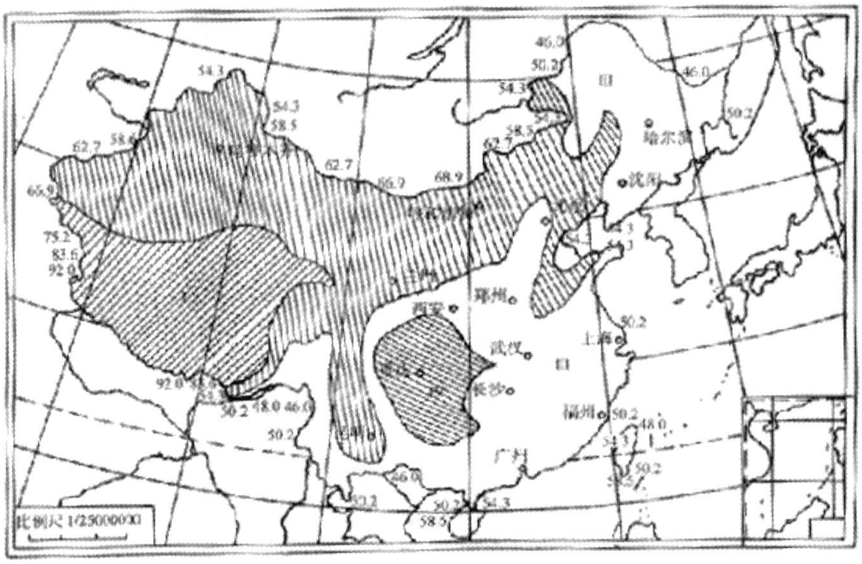

MJ/（m^2•a）

图 3　中国太阳能资源分布图

我国太阳辐射资源带　　表 3

资源带号	名称	指标
Ⅰ	资源丰富带	≥6700MJ/（m^2•a）
Ⅱ	资源较富带	5400~6700MJ/（m^2•a）
Ⅲ	资源一般带	4200~5400MJ/（m^2•a）
Ⅳ	资源贫乏带	<4200MJ/（m^2•a）

2　光电电池基本原理

光电幕墙（屋顶）的基本单元为光电板，而光电板是由若干个光电电池（又名太阳能电池）进行串、并联组合而成的电池阵列，把光电板安装在建筑幕墙（屋顶）相应的结构上就组成了光电幕墙（屋顶）。

2.1　光电现象

1983 年，法国物理学家 A.E 贝克威尔观察到光照在浸入电解液的锌电板产生了电流，将锌板换成带铜的氧化物半导体，其效果更为明显。1954 年美国科学家发现从石英提取出来的硅板，在光的照射下能产生电流，并且硅越纯，作用越强，并利用此原理做了光电板，称为硅晶光电电池。

2.2　硅晶光电电池分类

硅晶光电电池可分为单晶硅电池\多晶硅电池和非硅晶电池。

单晶硅光电电池：

表面规则稳定，

通常呈黑色，

效率约 14%～17%

多晶硅光电电池：

结构通常清晰，呈蓝色，

效率约 12%～14%

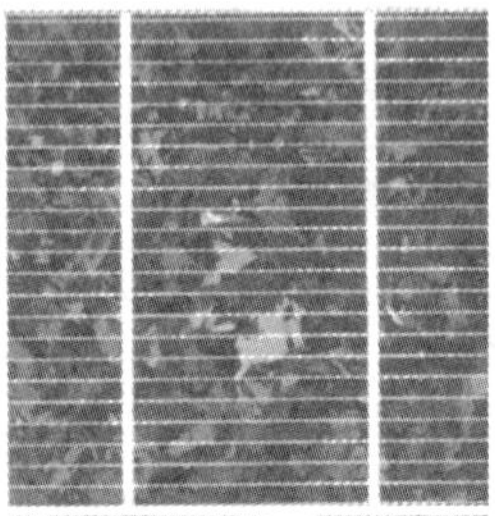

非硅晶光电电池：

透明、不透明或透明，

透过 12%的光时，颜色为灰色，效率为 5～7%。

2.3　硅晶光电电池原理

硅晶光电电池的原理是基于光照射到硅半导体 PN 结而产生的光伏效应（Photovoltraic Effect，缩写为 PV），它的外形结构有圆形的和方形的两种，其结构如图 4 所示

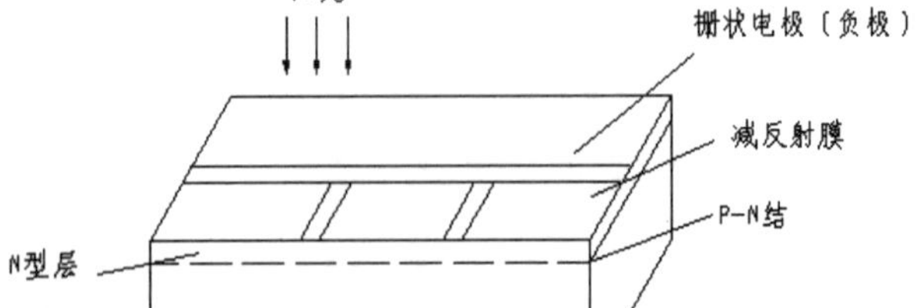

图 4　硅太阳电池结构

这是一种 N^+/P 型光电电池，它的基本材料为 P 型单晶硅，厚度在 0.4mm 以下，上表面是 N 型层，是受光层，它

和基体在交界面处形成一个 PN 结，在 n 型层上面制作金属栅线，作为正面栅状电极（负极），在整个背面也制作金属膜，作为背面金属电极（正极），这样就形成晶体硅光电电池。为了减少光的反射损失，一般在整个表面上再覆盖一层减反射膜。

当 N 型半导体和 P 型半导体紧密接触时，在交界处形成 PN 结：N 型半导体的电子和 P 型半导体的空穴，都会向对方扩散，从而形成一个内建电场。当光照射到 PN 结时，如果光子的能量大于禁带宽度（对硅而言，其数值为 1.1ev），满带中的电子就会被激发到导带中去，形成由 N 区流向 P 区的内光致电流，光致电流使 N 和 P 区分别积累了负电荷和正电，从而在 PN 结上形成附加的电势差，这就是光生伏打效应（PV），如果将 PN 结两端与外电路相连，负载便会有电流通过，示意图见图 5。

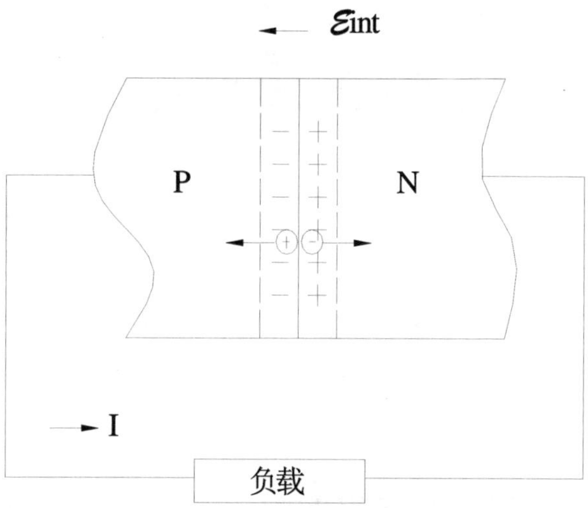

图 5　PN 结和光生伏打效应

2.4　光电电池（太阳电池）的效率

太阳电池的效率是指太阳电池的输出功率 P_M 与投射到太阳电池面积上的功率 Ps 之比，其值取决于工作点。通常采用的最大值作为太阳电池的效率，即

$$\eta=\eta_{mpp}=\frac{P_M}{P_S}=\frac{V_M \bullet IM}{P_S}$$

如果太阳电池不工作于最大功率点，则太阳电池的实际效率都低于按此定义的效率值，实际效率可能更低。

影响太阳电池的效率的因素很多，如日照强度、光谱、温度等，只有当这些因素都确定时，太阳电池的效率才能被确定。下面分别讨论上述三种因素对太阳电池效率的影响.

日照强度 S：其单位是 w/m^2，在大气层之外其值最大，称为太阳常数。在大气层之外的日照强度为 $S\approx1.37kw/m^2$。在地球表面的 S 值通常在零到 $1kw/m^2$ 之间变化。图 6 绘出了一簇以多种不同 S 值为参数的特性曲线。由图可见，短路电流 I_{SC} 随着日照度 S 的变化而有较大改变，而空载电压 V_{OC} 仅是随着 S 的变化而略有变化。如果进行粗略的简化，可以表示为（IM 为负载最佳工作点的电流）：

ISC ～ IM ～S

以及

VOC ～ VM～ LnS

因此，太阳电池的效率也可以表示为：

$\eta=\eta\,mpp\approx(S\,LnS)/S\ \approx\ LnS$

由上式可以看出，效率 η 仅是随着日照强度 S 的变化而微弱地变化，它们的关系是近似的对数关系。当太阳电池的最佳工作点始终保持在它的最大功率点上时，太阳电池具有相当好的“部分负荷特性”，既它带有部分负荷时的效率不见得会比它带有额定负荷时的效率小。

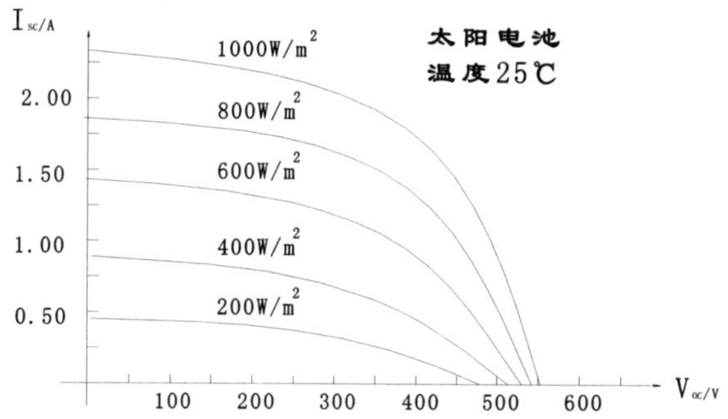

图 6　不同 S 对应的曲线簇

光线的波长 λ 或频率 f ：在非单色光的照射下，太阳电池的效率和光谱特性有关。由于地球表面上日照光谱既取决与测量瞬间的天气条件（云、雾、空气、湿度等）。因为在每一天中对应的时间不同，太阳光线与地球表面的夹角即日照投射的倾角 θ 不同，因此地球表面的日照光谱取决于日照投射的倾角 θ 。当 θ 不同的时候，太阳光在大气中所经过的距离不同，即大气质量 AM 不一样，则太阳光谱曲线就不一样。因此，需要给定太阳电池在某一光谱下的效率时，应该在相应的大气质量下给定。

太阳电池的效率还和温度有关。太阳电池具有负的温度系数，即太阳电池的效率随着温度的上升而下降。图 7 给出了日照强度为 $1kw/m^2$，而温度变化范围为 20～70℃时效率变化的情形。可用下面的公式近似表示：

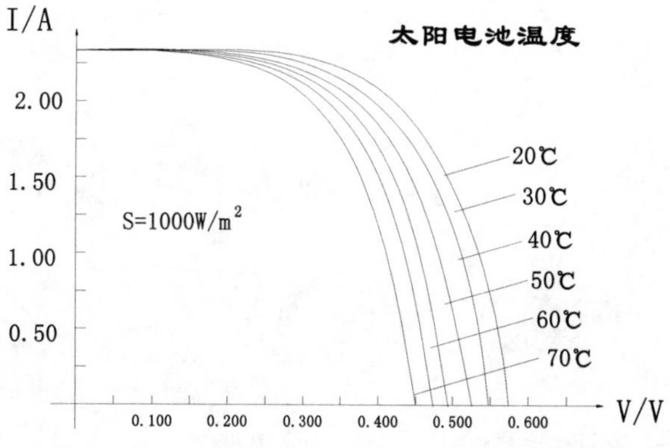

图 7 各种不同温度下太阳电池的特性曲线

$\eta=\eta_O\cdot[1-\alpha\ (T-T_O)]$

上式中，η_O=0.1，T_O=0℃；α=0.0049/℃。可以看出，温度每升高10℃，其效率大约降低5%。由上述我们可以看出，太阳电池的效率和很多因素有关。当我们定义太阳电池的效率的时候，必须确定它的工作环境才能够得出明确的效率值。

3　光电板

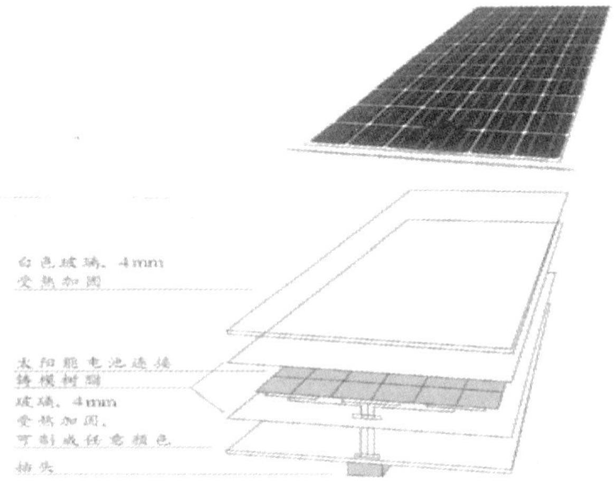

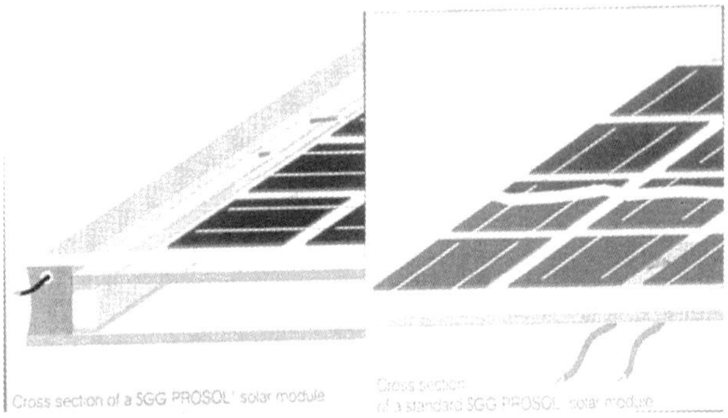

3.1　基本结构

上层一般为4mm白色玻璃，中层为光伏电池组成光伏电池阵列，下层为4mm的玻璃，其颜色可任意，上下两层和中层之间一般用铸膜树脂（EVA）热固而成，光电电池阵列被夹在高度透明，经加固处理的玻璃中，在背面是接线盒和导线。模板尺寸：500mm×500mm至2100mm×3500mm。从接线盒中穿出导线一般有两种构造：照片所显示的构造，是从接线盒穿出的导线在施工现场直接与电源插头相连，这种结构比较适合于表面不通透的建筑物，因为仅外片玻璃是透明的；照片所显示的构造是导线从装置的边缘穿出，那样导线就隐藏在框架之间，这种结构比较适合于透明的外立面，从室内可以看见此装置。模板外形，模板加工见以下照片。

3.2　光电幕墙的基本结构

光电模板安装在建筑幕墙（屋顶）的结构上则组成光电幕墙，一般情况下，建筑幕墙的立柱和横梁都是采用断热铝型材，除了要满足 JGJ102 规范和 JG3035 标准要求之外，刚度一般高一些为好，同时，光电模板要能够便于更换。下面几种结构形式是德国旭格集团提供：

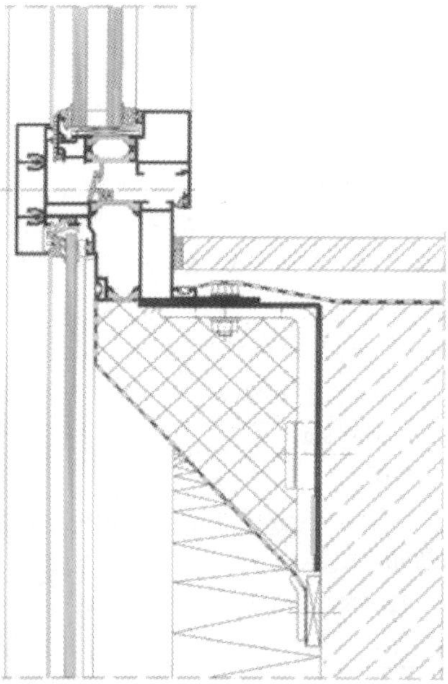

CW 80

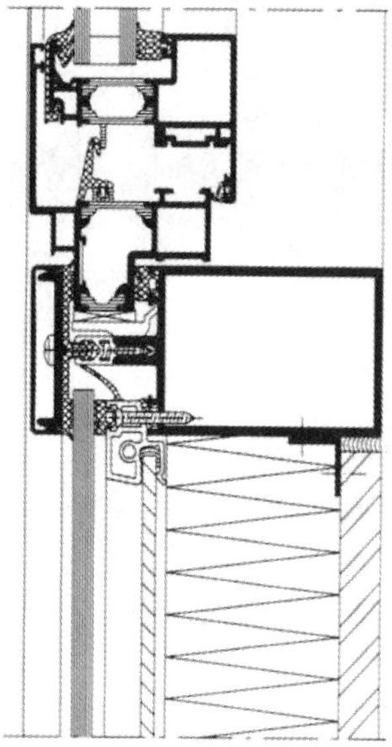

SK 60 V

图 8　旭格 CW80 系统

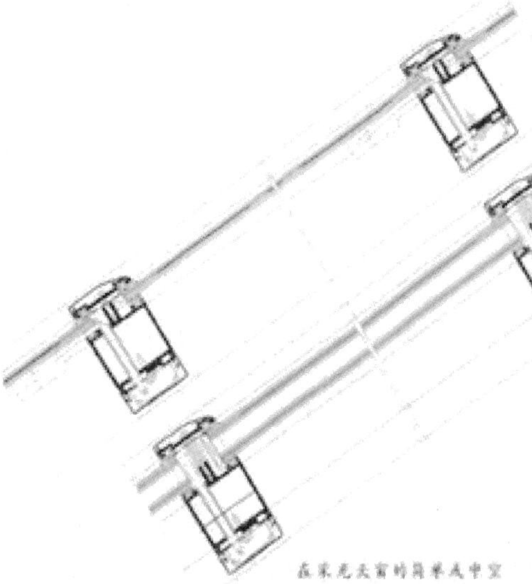

在采光天窗的简单或中空玻璃中安装光电模板

图 9　采光顶中安装光电板

4　光电幕墙(屋顶)光电面积设计计算

4.1　光电幕墙(屋顶)一般电学结构

光学幕墙(屋顶)结构设计可按照玻璃工程技术规范(JGJ102)、建筑玻璃应用技术规程(JGJ113)等有关标准和规范进行,这里简介其电学设计。

光电幕墙(屋顶)电学结构一般采用单路自然能——单蓄电池结构，其框图如图 10 所示：

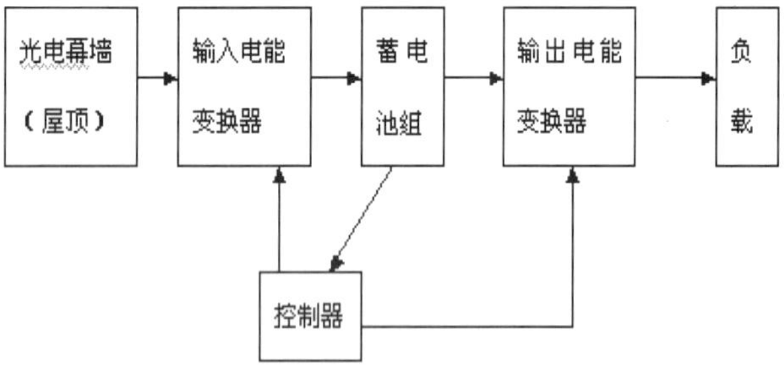

图 10　单路系统框图

光电幕墙（屋顶）所产生的电能，经过输入电能变换器，转换成能蓄电池组要求的充电电压和充电电流，向蓄电池充电，蓄电池容量按用户要求的无太阳天气连续供电天数进行设计；输出电能变换器，将蓄电池组中的直流电能转换成负载要求的电压和电流及电能形式，向负载供电。有些国家由于光电幕墙（屋顶）发出电量，经过逆变器后可并入电网，可以不设蓄电池组，中国目前还做不到这一点，所以建议采用电池组。在阴雨天气或太阳光少的情况下，也能保证一段时间的连续供电，由于输入电能变换器和输出电能变换器互相独立，其设计更为容易，光能的波动对供电质量几乎没有影响。

4.2　光电幕墙(屋顶)产生电能的计算公式:

$P_S=H\times A\times \eta \times K$ ——————————————（1）

P_S——光电幕墙（屋顶）每年生产的电能（MJ/a）；

H——光电幕墙（屋顶）所在地区，每 1 ㎡太阳能一年的总辐射能（$MJ/m^2\cdot a$），可参照图 3 查取；

A——光电幕墙（屋顶）光电面积（m^2）；

η——光电电池效率，建议如下：

单晶硅：η=12%

多晶硅：η=10%

非晶硅：η=8%

K——参正系数；

$K=K_1\cdot K_2\cdot K_3\cdot K_4\cdot K_5\cdot K_6$

各分项系数建议值如下：

K_1——光电电池长期运行性能参正系数，$K_1=0.8$；

K_2——灰尘引起光电板透明度的性能参正系数，$K_2=0.9$；

K_3——光电电池升温导致功率下降参正系数，$K_3=0.9$；

K_4——导电损耗参正系数，$K_4=0.95$；

K_5——逆变器效率，$K_5=0.85$；

K_6——光电模板朝向修正系数,其数值可参考表 4 选取。

光电板朝向与倾角的修正系数 K_6　　　　表 4

幕墙方向	光电阵列与地平面的倾角			
	0°	30°	60°	90°
东	93%	90%	78%	55%
南-东	93%	96%	88%	66%
南	93%	100%	91%	68%
南-西	93%	96%	88%	66%
西	93%	90%	78%	55%

4.3　光电幕墙（屋顶）光电面积计算举例：

[已知]:

（一）室内用电负载：

① 设备一台，日均耗电 640 W・h;

② 8W 日光灯 6 盏，平均每天照明 3 h;

③ 标称功率 60W 彩电，平均每天收看 2 h。

（二）幕墙所在地：北京。

（三）选用旭格集团或上海东连公司提供的单晶硅光电板。

（四）光电阵列与地平面倾角为 90°，幕墙方向南。

[求]：光电幕墙的光电面积。

[解]:

（一）负载用量计算

根据室内负载用电要求，日均耗电量 P_d 为：

$Pa=640W\cdot h+8\times 6\times 3\ W\cdot h+60\times 2\ W\cdot h$

$=904\ W\cdot h$

以全年工作 280d 计算全年的耗电总量 P_d 为：

$Pa=904\times 280\times 3600WS/a$

$=911\times 10^6\ WS/a$

$=911\times 10^6\ J/a$

（二)光电幕墙全年的产生电能与室内负载全年消耗的电能相等，则根据式（1）得：

$P_S=Pa=H\times A\times \eta \times K$

$$K=\frac{Pa}{H\times A\times \eta\times K}$$

查图 3：北京地区全年㎡太阳能总辐射能约为：

$H=50MJ/m^2a=5000\times10^6J/m^2\cdot a$

单晶硅光电板的效率 $\eta=12\%$

依照 4.2 节的建议参考数据：

$K=K_1\cdot K_2\cdot K_3\cdot K_4\cdot K_5\cdot K_6$

$=0.8\times0.9\times0.9\times0.95\times0.85\times0.68$

$=0.355$

则：

$$A=\frac{911\times10^6J/a}{5000\times10^6\times0.12\times0.355J/m^2a}$$

$$=4.3m^2$$

选用旭格集团或上海东连公司的光电板，

规格：1003mm×760mm 共计 8 块

则实际光电板的面积为：$1.03m\times0.76m\times8\approx6.3m^2$

满足设计要求

5　光电幕墙（屋顶）安装与维护

5.1　安装地点要选择光照比较好，周围无高大的物体遮挡太阳光照地方，当安装面积较大的光电板时，安装地方要适当宽阔一些，避免碰损光电板。

5.2　通常光电板总是朝向赤道，在北半球其表面朝南，在南半球其表面朝北。

5.3　为了更好利用太阳能，并使光电板全年接受太阳辐射量比较均匀，一般将其倾斜放置，光电电池阵列表面与地平面的夹角称为阵列倾角。

5.4　当阵列倾角不同时，各个月份光电板表面接受到太阳辐射量差别很大。有的资料认为：阵列倾角可以等于当地的纬度，但这样又往往会使夏季光电阵列发电过多而造成浪费，而冬天则由于光照不足而造成亏损。也有些资料认为：所取阵列倾角应使全年辐射量最弱的月份能得到最大的太阳辐射量，但这样又往往会使夏季削弱过多而导致全年得到的总辐射量偏小。在选择阵列倾角，应综合考虑太阳辐射的连续性，均匀性和冬季极大性等因素。大体来说，在我国南方地区，阵列倾角可比当地纬度增加 10°～15°；在北方地区，阵列倾角可比当地纬度增加 5°～10°。

5.5　光电幕墙（屋顶）的导线布线要合理，防止因布线不合理而漏水，受潮，漏电，进而腐蚀光电电池，缩短其寿命；为了防止夏天温度较高影响光电电池的效率，提高光电板寿命，还应注意光电板的散热。

5.6　光电幕墙（屋顶）安装还应注意以下几点：

安装时最好用指南针确定方位，光电板前不能有高大建筑物或树木等遮蔽阳光。

仔细检查地脚螺钉是否结实可靠，所有螺钉、接线柱等均应拧紧，不能有松动。

光电幕墙和光电屋顶都应有有效的防雷、防火装置和措施。必要时还要设置驱鸟装置。

安装时不要同时接触光电板的正负两极，以免短路烧坏或电击，必要时可用不透明材料覆盖后接线、安装。

安装光电板时，要轻拿轻放，严禁碰撞、敲击，以免损坏。

注意组件、二极管、蓄电池、控制器等电器极性不要接反。

5.7　光电幕墙（屋顶）每年至少进行两次常规性检查，时间最好在春天和秋天。在检查的时候，首先检查各组件的透明外壳及框架，有无松动和损坏。可用软布、海绵和淡水对表面进行清洗除尘，最好在早晚清洗，避免在白天较热的时候用冷水冲洗。

除了定期维护之外，还要经常检查和清洗，遇到狂风、暴雨、冰雹、大雪等天气应及时采取防护措施，并在事后进行检查，只有检查合格后再正常使用。

光电幕墙（屋顶）在中国的大规模推广应用，除了有关研究开发机构及公司企业进一步努力之外，很重要的一个方面，还需要政府有关机构和部门对其重要性和迫切性进一步提高认识，进一步扩展其战略规划和发展计划，进一步制订有效的扶持政策和措施，进一步加强指导和引导，使光电幕墙、光电屋顶在不太长的时间内，大规模合理应用，大规模健康发展。

主要参考文献

1. 刘荣主编.自然能源供电技术.北京：科学出版社

2. 主编：雷永泉. 副主编：万群、石永康.新能源材料.天津：天津大学出版社

3. 文/左元淮，林琼辉，王疏君.晶体硅太阳电池.台湾电子月刊第六卷二月专辑

4. 陈泽民主编.近代物理与高技术物理基础.北京：清华大学出版社

5. 德国旭格集团.用光电材料构造幕墙和发电

6. SGG PROSOL；BUILDING INTEGRETED PHOTOVOLTAIC SOLUTIONS

7. IN DETAIL BUILDING SKINS CONCEPTS LAYERS MATERIALS Birkhauser- Publishers for Architecture Basel · Boston · Berlin

我国铝门窗幕墙行业的竞争力分析与对策

方大集团股份有限公司装饰工程设计院　院长　**谢士涛**

经过 20 多年的发展，我国铝门窗幕墙这一新兴的产业逐步走向成熟，已经具有相当的规模。随着我国建筑业的快速发展和人民生活水平的不断提高，铝合金门窗幕墙作为建筑物重要的有机组成部分，得到了人们广泛认同。据统计，我国每年竣工的门窗幕墙面积都在 1500 万m²以上，产品的规格、品种也日益增加，档次不断提高，技术含量逐步加强，应该说门窗幕墙产业给建筑业带来了全新的气象。随着人们对建筑门窗幕墙产品档次需求的提高，国外产品国内市场面

加大，也使铝门窗幕墙市场的竞争更加激烈。

一、铝门窗幕墙行业的主要特点

1. 铝门窗幕墙行业的上中下游的关联性较为单纯，产业的兴衰完全依赖于建筑业，其市场经营的风险基本上集中在惟一的下游产业。行业的兴衰则取决于建筑业的发展和景气度。

2. 行业的成熟度不断提高，竞争日趋激烈。由于本行业的技术门槛低，准入条件不高，加上分包挂靠现象的普遍存在，使目前市场竞争已经到了白热化的程度，成本价格的竞争成了关键中的关键。

3. 大企业优势并不明鲜，规模并不经济。相当数量的规模小，加工技术、质量参差不齐的“店头加工厂”活跃在铝门窗幕墙的市场上，凭借其经营的灵活性，成为市场的不可缺的补充。而那些规模大，管理强的企业在不规范的市场面前却显得力不从心，使这些大企业退而求其次，造成分包挂靠应运而生且愈演愈烈。

4. 同行业无序竞争严重，垫资惊人，应收款大，拖累发展。尽管建筑部门三令五申，不许垫资，不许拖欠，但由于市场竞争严酷，融资体系不健全，企业的实力相对小，只能“明知山有虎，偏上虎山行”，企业的发展受到拖累，使整个产业管理水平得不到提高。

二、铝门窗幕墙产品的主要特点

1. 铝门窗幕墙产品的体积大、产品形成的过程长。受运输成本、关税的影响，铝门窗幕墙市场基本属于地域性市场，国内企业的经营和产品有90%以上是以国内市场为主。

2. 铝门窗幕墙产品发展限制相对较少，使产品和技术的创新在铝门窗幕墙领域有很大的空间，同时也是竞争的焦点。由于铝门窗幕墙属于最终的消费品，不像产品的零件或配件，由客户来定规格，铝门窗幕墙企业只要了解消费者生活品质的潜在需要，就可以针对铝门窗幕墙的结构、配件或制造进行研究开发，从而可以创造出许多的改良形式或新型的铝门窗幕墙。

3. 铝门窗幕墙产品技术保密难、推广难，技术投入风险高。由于铝门窗幕墙行业的技术进步主要来源于仿制，加上产品的开放性，使其技术的保密性大大降低。同时，由于残酷的低价竞争，使价格相对较高的新产品推广困难。

4. 国内市场的铝门窗幕墙产品以低端市场为主，技术含量不高，通用性强。高端产品技术含量高但市场份额少。加上材料供应商的技术服务，使铝门窗幕墙产品的技术准入点极低，几乎是有项目就可以上。

三、铝门窗幕墙行业产品的发展趋势

随着建筑个性化特点的加强，以及可持续发展的要求，建筑门窗幕墙产品将随着建筑新型材料的发展而进步，通过与信息技术的紧密结合而更新，以体现建筑主体风格、节能环保、舒适三者的完美。其发展趋势为：

1. 节能要求将是铝门窗幕墙产品的一个强制性的新要求。建设部已经制定了强制性的《民用建筑节能管理规定》，各地政府部门也相继出台对建筑外围护结构节能规定。对于不符合建筑节能要求的铝门窗幕墙产品将不允许使用，对于节能效果好的门窗幕墙产品将得到广泛的推广。

2. 建筑的个性化特点使越来越多的门窗幕墙新产品出现，幕墙的概念得到延伸。如国家大剧院等项目屋面系统与幕墙结构已密不可分，传统的幕墙概念对一些项目已不再适用。上海震旦大厦、上海花旗银行大厦将智能信息系统与幕墙紧密结合出现彩显幕墙等。

3. 高性能、高质量的门窗幕墙产品将越来越受到青睐。随着我国民用建筑物档次的提高和人民经济条件的改善，人们不但希望而且可以接受档次高和性能好的铝门窗和幕墙产品。

4. 新型环保型的建筑材料的出现与应用，将推动建筑门窗幕墙新产品新技术的发展。如千思板、埃特板、微晶玻璃、陶土板等一大批新型建材在建筑幕墙上使用，加速了幕墙技术的发展，同时也建立了新世纪可持续发展的技术基础。

四、竞争力分析与对策

根据行业的现状与产品的特点，结合行业产品的新趋势，要在未来的市场中处于不败，可从如下方面着手：

1. 加强市场建设，建立广泛的营销体系。由于行业的依赖性，为寻求长远发展，取得市场竞争优势，需在建筑业建立广泛的营销体系。如与我们的上中游企业（地产开发商，总包单位）建立广泛的合作关系，走联合结盟的发展道路，形成自己强大的市场营销网络。

2. 加强品牌战略管理，维护市场形象。白热化竞争的结果是优胜劣汰，在以成本和价格为主要竞争手段的市场时期，尤其要注意加强品牌保护，把质量服务放在重要位置，把保存实力苦练内功作为工作重点，切忌盲目扩张。根据市场竞争的规律，价格竞争过后应是技术的竞争与服务的竞争。幕墙产品也不会例外，因而，在品牌战略上，质量品牌是我们要维护，服务品牌我们要加强，设计品牌我们尽快要培养。

3. 加强产品的持续改良和技术的创新，立足国内放眼全球，拓展国际市场。在国内市场国际化的今天，积极地积累国际投标经验和技术水平，提高公司的整体实力，利用成本较低的相对优势，拓展国外市场。

4. 加大新产品开发与技术创新力度，在提高产品性能上下功夫，力争在高端产品上寻找利润点。

5. 利用现有资源优势，寻求多元化发展。在上中游产业方面作文章，以回避企业单纯经营下游产品的风险。总的说来，根据国家发展规划，建筑业已经成为我国相当长一段时间内的消费热点和经济增长点，为我国铝门窗幕墙行业的发展提供了广阔的市场。面对国家宏观经济调控及全国乃至世界经济的新形势，结合我们行业与产品的特点，制定相应的对策，是我们立于不败的根本。相信经过我们不懈的努力，在新的情况下，我们一定会有进步，行业也一定会有更好发展。

幕墙设计中的若干问题

中国建筑科学研究院研究员　中国建筑装饰协会铝制品委员会专家组成员　**赵西安**

一、设计的一般原则

1. 幕墙

幕墙是建筑外围护结构或装饰性结构，具有以下的特点：

它由面板和支承结构体系组成，是完整的结构系统；

它相对于主体结构有一定的位移能力；

它只承受直接作用于其上的荷载和作用，不分担主体结构的荷载和作用。

因此，固定窗不属于建筑幕墙；直接固定在实体外墙上的干挂石板也不属于建筑幕墙。

2. 技术规范及其应用

工程技术规范是已有成熟经验的总结，而不是对未来技术发展的展望。规范制定的原则是列入成熟的技术，成熟一条写一条。尚在发展中的新技术、试用中的新技术暂不列入，待应用较广泛、积累较可靠的经验、确有依据之后，再行列入。因此，规范并不限制新技术的应用，规范未列入的内容，只要是规范未禁止采用的，一般可以在工程中应用，在应用中总结经验，使它成熟起来。认为凡是规范未列入的技术不应采用的看法是不妥当的。当然，采用规范没有列入的新技术，应有充分依据，稳妥可靠，并且幕墙公司应承担相应的技术责任。

规范条文规定的严格性是不同的，应分别掌握，不能一律从严。规范的条文分为强制性条文和一般性条文。强制性条文用黑体字印刷，行文采用“必须”、“应”、“不得”、“严禁”等文字进行最严格的限制，强制性条文必须执行，所作规定必须遵守。一般性条文用宋体字印刷，其严格程度稍作放松。一般性条文用词为“应”、“宜”、“可”（相应反面词为“不应”、“不宜”、“可不”）三个等级，要区别对待。采用“应（不应）”等级的规定，正常情况下要执行；采用“宜（不宜）”的规定，优先采用；采用“可（可不）”等级的规定，可以灵活掌握，选择采用。认为只要规范条文涉及的事项，都一律按“必须”执行、不得偏离的看法是不妥当的。

由于各技术规范均在不断修改、更新，而各本规范不能同时修订、同时颁布，总是轮流先后更替，因此，在规范应用中，采用“以最新版本为准”的原则。在技术规范条文中，凡是引用相应规范时，如果只标明所引用相关标准的编号而无发布年份的，则以最新颁布的版本为准，随相关标准新版本的发表而变更，无须特别说明。例如《建筑结构荷载规范》（GBJ9-87）已于 2002 年 12 月 31 日废止，代之以 GB50009-2001，所以，从 2002 年 12 月 31 日起，在《玻璃幕墙工程技术规范》、《金属与石材幕墙工程技术规范》中引用的风荷载计算方法和系数取值，均应以 GB50009-2001 为准，无须等这两本幕墙规范修订。

3. 建筑幕墙的高度

规范的适用范围不等于该项技术的适应范围。由于规范是成熟技术的总结，只能是归纳总结量大面广、使用较多、技术成熟的经验，所以规范中有“本规范适用于……”的适用范围的规定。在规范适用范围内的工程，可以采用规范的相应规定进行设计、施工而无需其他专门的措施。反之，超出了适用范围时，除应遵守规范中的有关规定外，尚应采取其他更有效的技术措施，保证幕墙的结构安全和建筑功能满足要求。例如，《玻璃幕墙工程技术规范》（JGJ102-96）规定规范的适用范围是 150m 高度以下，实际上 1996 年时我国已有几十幢玻璃幕墙高度超过 150m，最高的金茂大厦已达 420m；国外最高的已达 445m（芝加哥西尔斯大厦）、412m（纽约世界贸易中心）。所以，150m 的规定只是在当时条件下 102 规范的适用范围，而不是玻璃幕墙的适用范围。由于这几年大量的经验积累，新颁布的 JGJ102-2003 规范就取消了适用范围 150m 以下的规定。同样，在《金属与石材幕墙工程技术规范》（JGJ133-2001）中，规定该规范的适用范围是 150m 以下的金属幕墙和 100m 以下的石材幕墙。这只是规范的适用范围，而当时国内已建石材幕墙达 175m 高度，在建石材幕墙已达 200m 高度；国外已建石材幕墙许多超过 300m。但必须指出：超规范高度的建筑幕墙应作专门的考虑，如采取必要的技术加强措施；加强设计与施工的管理、审查和监管；进行风洞试验和振动台试验等。同样建造超出规范适用范围的建筑幕墙，承建商应承担相应的责任。

二、幕墙建筑设计

1. 幕墙的换气和通风

在幕墙建筑设计中，过去强调以人工换气、通风为主，不主张开启或尽量少设开启扇，以降低能耗，防止开启扇破损，也使立面较为美观，因此 JGJ102-96 规定开启扇面积不大于幕墙面积的 15%。2003 年 SARS 之后，许多幕墙界人士进行了反思，形成了加强幕墙通风、换气的共识，甚至许多业主要求将部分固定玻璃更改为开启扇。所以在 JGJ102-2003 新修订版本中，取消了开启扇面积不大于 15% 的规定，开启扇设置由实际需要确定。

采用双层通风幕墙时，室内可以从热通道取得新风，外幕墙有进风口进风，可不必设开启扇，从而在保证自然通风的同时，使幕墙保持美观和安全。

2．防火防烟设计

（1）防火玻璃在幕墙中的应用

幕墙采用的防火玻璃应为单片防火玻璃及其制品（如中空玻璃），目前采用单片铯钾玻璃为多。防火玻璃可以在下列情况下采用：

1）防火墙两侧的玻璃面板；

2）楼层间水平隔烟层；

3）楼层结构高度小于800mm，未设实体窗下墙时，楼板上（下）的面板；

4）楼层中的透明防火隔断（透明防火墙）。

支承防火玻璃的金属骨架应采用钢结构，不宜采用铝型材。防火试验表明，铝型材在高温下迅速熔化，会使玻璃失去支承而坍落，使防火墙、防火带失效；而钢型材可以维持相当长的时间不会软化。

（2）双层通风幕墙的防火问题

双层通风幕墙通过热通道中的气流调节热通道的温度，减少室内温度与外界的温差，达到节能的要求，宜采用多层风道的通风方式。但目前国内消防规范要求层间设置封闭隔烟层，因此热通道只能是一个层高。为避免本层排风口排出的空气又被上层进风口吸入，形成气流短路，可以在满足防火隔烟要求的前提下，采用下列通风方式之一：

1）加大排风口与上层进风口的竖向距离；

2）采用本跨进风后，在邻跨排风的S形通风路线方式。

当外幕墙采用透明玻璃、要求高度通透时，层间隔烟层可采用单片铯钾防火玻璃。深圳电视中心拉索点支外幕墙就采用了这种透明隔烟措施。

（3）高度很大的内天井、内庭的防火问题

目前有些建筑设置了很高的内庭或内天井，如北京电视中心的内庭高度达到150m，为防止火灾和烟雾在层间扩散蔓延，在天井周边可采用单层铯钾防火玻璃围成井筒，并采用型钢骨架。

（4）实体墙面上的防火封堵

在群房中常有大面积混凝土墙体，塔楼部分也常有连续多层的混凝土墙体，在实体墙上建造金属和石材幕墙，层间防烟层难以施工。这时可以在门窗洞口周围设置密实的防烟封堵。

3．双层通风幕墙的选用

双层通风幕墙可节能40%～60%，降噪可达35～40dB，表现了良好的建筑性能。全国会计师培训中心北京基地实测结果，其K值可达1.0（冬天）和1.1（夏天），降噪可达37dB，均提高性能等级1～2级。

但是，双层通风幕墙造价高，技术复杂，占用建筑面积3%～5%，增大投资；外幕墙还降低了房间私密性和增大相互干扰。因此，双层通风幕墙应经过经济技术比较后，选择应用。

三、荷载和地震作用

1．风荷载计算

1）风荷载计算应按GB50009-2001进行。采用50年一遇的基本风压。体型复杂、高度超过200m的幕墙，宜进行风洞试验。

2）采光顶的体型系数可参照荷载规范采用，形状复杂、周围有高大建筑的采光顶，宜进行风洞试验确定其体型系数。

3）荷载规范没有明确列出水平采光顶、雨棚应考虑正风压。为安全起见，建议考虑可能出现正风压的作用，并考虑下列两种组合：

1.2G+1.4W

1.35G+0.6×1.4W

G和W分别代表恒载和向下的风荷载。

4）双层幕墙的风荷载问题相当复杂，还没有明确的定论。建议外幕墙按荷载规范计算，内幕墙的风荷载可按外幕墙的风荷载适当折减。

2．地震作用

按修订后的抗震规范，作用于幕墙平面垂直方向的地震作用扩大系数取为5.0。除石材幕墙外，地震作用力一般较小，不起主要作用。地震作用参与组合时，组合值系数ψ_E取为0.5。

采光顶、大面积雨棚宜考虑竖向地震作用，8度抗震设计时，竖向地震力可按恒载加活载的10%考虑（上、下两个方向）。

3．振动台试验

虽然幕墙上作用的地震力较小，不起主要控制作用，但是地震是动力作用，对幕墙的节点和连结构造形成大的冲击，甚至损坏、失效。对节点和连接构造的可靠性，可以通过振动台试验予以验证。

目前国内已进行过石材幕墙的背栓连接、短槽连接、背槽连接和背卡式连接的振动台试验；铝板幕墙和框支承玻璃幕墙（明框、隐框）的振动台试验；陶板幕墙的振动台试验。对试验条件、测试方法和结果分析已积累了较丰富的经验。

4．直接吹风试验

采用飞机螺旋桨对幕墙进行直接吹风试验（飞机头试验）在国内已经进行。试验对了解遮阳板、遮阳百页在风力作用下的振动和啸叫声有直接的结果，有利于修改其设计。双层幕墙的风力问题，也有望采用这种试验来解决。

四、结构设计的一般问题

1．幕墙设计的一般要求

目前，建筑幕墙类型繁多，构造型式多变，无法对其连接构造作出太具体的规定。因此在设计原则上要求建筑幕墙应有足够的承载力、刚度、稳定性和相对于主体结构的位移能力。其中，相对于主体结构的位移能力通过胶缝、构件间的缝隙、可微动连接（如长圆孔螺栓等）、可动连接（如铰支座、滑动连接、摇臂机构、弹簧机构等）来实现，不一定要求处处连接均为螺栓连接。

因此，规定所有连接均采用螺栓是不尽合理的。只要达到幕墙与主体结构间有一定位移能力的要求，部分节点采用焊接是可以的。

2. 钢铝型材的混合使用

在跨度较大情况下，采用钢型材与铝型材混合构件在原则上是允许的，但在实际操作上存在一些难点：

1）为保证两者共同受力，必须保证两者受力后变形（挠度）相同，这就要求钢型材紧密插入铝型材中，或者两者用密排螺栓、铆钉连接，两种方法在施工时都较困难。

2）型钢与与铝型材之间电化学绝缘困难。

因此，更方便的方法是采用钢型材，外包装饰铝板。

3. 结构的稳定性问题

现在幕墙支承的跨度越来越大，受压和受弯构件的稳定性问题逐渐突出，考虑不周，就容易产生稳定性破坏，这种破坏很突出，危险性很大。

全玻幕墙的玻璃肋很薄，在风力作用下容易产生受弯梁的平面外屈曲。曾有一个工程玻璃肋高 16m，自由边缘全长无平面外支承，存在安全隐患。因此，8m 以上的玻璃肋应考虑稳定性问题，必要时采取防止平面外失稳的措施。

单根支承钢结构在平面外的稳定问题应予注意，压杆、压弯杆件无支承长度不应超出长细比 λ 为 150 的规定。作为估算，圆钢管的无支承长度不应超过直径的 50 倍。

平面桁架、张拉索杆结构平面外应设计布置防止失稳的撑杆、拉杆或桁架。

五、框支承玻璃幕墙

1. 玻璃面板计算

弹性薄板应力和挠度计算公式只有在玻璃板挠度不大于板厚的一半时才是正确的。在玻璃实用范围内，挠度远大于板厚之半，计算出的应力与挠度偏大，不能正确反映实际情况，因此要采用折减系数 η 予以调整。

夹层玻璃系数厚度取单片玻璃厚度的 1.25 倍，中空玻璃等效厚度取单片玻璃的 1.2 倍的方法，只在两片玻璃等厚度、等强度时才适用。在玻璃厚度不等、一片钢化一片不钢化时，不能采用这种简单的折算方法。必须将外荷载按其厚度的三次方比例分配后（中空玻璃外片荷载加大 10%），再分片各自计算。

2. 横梁和立柱的最小厚度

横梁和立柱截面的受力部分（参加计算的部分），截面最小厚度应考虑下面的因素：

1）宽厚比 b/t 的限制；

2）采用螺纹直接受力连接的铝型材局部厚度不小于螺钉直径；

3）构造最小厚度。

其中，b/t 的限值由钢材或铝材的型号决定。

构造最小厚度：

钢型材：横梁不小于 2.5mm 立柱不小于 3.0mm；

铝型材：横梁，跨度不大于 1.2m 时，不小于 2.0mm；

跨度大于 1.2m 时，不小于 2.5mm；

立柱，开口部分，不小于 3.0mm；

闭口部分，不小于 2.5mm。

3. 挠度的限值

四边支承的玻璃面板：短边的 1/60；

铝型材：跨度的 1/180；

钢型材：跨度的 1/250。

由于横梁和立柱在实际工程中跨度变化很大，不可能也不必要采用绝对挠度值控制。

六、全玻幕墙

1. 全玻幕墙的支承方式

规定一个统一的高度，超出此高度后就必须吊挂不十分合理。应对不同的玻璃厚度规定不同的高度限制。规定厚度不超过 12mm 时，下端支承玻璃最大高度为 4m；15mm 时为 5m；19mm 时为 6m 是较为合理的。

2. 玻璃肋的材质

已经有工程出现施工过程中钢化玻璃肋自爆，突然飞散的事例。玻璃肋是幕墙的支承结构，一旦自爆或冲击下飞散，面板将失去支承而坍落，产生较严重的后果。因此，玻璃肋不宜采用单片钢化玻璃，当夹层有困难时，宁愿采用普通浮法玻璃。因为浮法玻璃开裂后并不立即飞散，使得有时间采取抢救措施。

采用点支承的玻璃肋，则应采用钢化夹层玻璃。

3. 防止玻璃开裂

全玻幕墙玻璃开裂的一个主要原因是玻璃变形受限，如玻璃在上、下不锈钢槽中空隙过小，密封胶硬化；玻璃嵌入结构、装修的槽口中未留足够空隙或后加装修顶死玻璃板面。

玻璃开裂的另一个主要原因是玻璃受力不均匀，如两个吊夹松紧不一致，拉力不一致；两个吊夹不在一个平面上，玻璃受面平面外剪力和弯曲；玻璃下端支承橡胶垫块厚薄高低不同等等。

防止玻璃开裂，就要加强施工中的管理，清除上列的种种因素。

4. 防止玻璃肋失稳

玻璃肋厚度小，板面宽，这种窄腹梁在风吸力作用下，自由边缘受压，容易丧失稳定。当肋高超过 12m 时，宜采取防止失稳的措施，如设置固定于自由边缘的水平不锈钢拉杆、设置水平玻璃肋等。

在风荷载标准值作用下，玻璃肋的挠度不宜大于跨度的1/200。

七、点支承玻璃幕墙

1．面板

在支承点附近，玻璃面板会产生很大的应力，面板应采用钢化玻璃、钢化夹层玻璃或钢化中空玻璃。

采用有限单元方法精确分析点支承玻璃的应力在理论上是可行的，但在工程中应用有一定的难度：在孔洞或夹片支承处边界条件难以准确给出，如果约束条件稍有差异，其应力计算结果相差很大，难以应用。因此在工程设计中还是采用公式计算为多。采用弹性小挠度计算公式时，应考虑折减系数。

点支承面板的挠度值由风荷载标准值或重力荷载标准值计算得到，其限值取支承点间沿长边距离的1/60。

2．支承装置

采用带球铰支承头的钢爪支承装置是目前应用最多、最为成熟的支承方式，由于支承头穿过玻璃，必须注意密封防渗；中空玻璃还要采用多道密封措施防止漏气。

采用夹片式支承装置，玻璃可以不用开孔，不存在漏气问题，在广州会展中心、天津泰丰植物园中应用相当满意。夹片中应设置水平托板和柔性垫片支承玻璃自重。

背栓式支承在国内已有应用，背部开锥孔，用锥形锚栓固定的方式可以避免冷桥，板面美观。背栓式连接对设备、支承装置和施工工艺有较高的技术要求，要总结经验，推广应用。

3．支承结构

点支承玻璃幕墙的支承结构可采用玻璃肋或钢结构，目前钢结构应用最为广泛。

支承钢结构的一般分析方法是采用通用计算软件如SAP、ANSYS、3D3S等等，张拉杆索结构计算中宜考虑几何非线性影响。简单结构可以采用手算方法。

梁、柱、桁架、网架、网壳等由刚性杆件组成的支承结构，要注意杆件的长细比满足规范的要求，一般情况下，杆件长细比在受压时不应大于150；受拉时不宜大于250。刚性支承结构的挠度控制值可取为跨度的1/250。

张拉杆索结构作用于主体结构上的预拉力在设计时应予考虑。采用由周边拉索和中央承压杆组成的自平衡体系，张拉力由中央承压杆承受，不会将预拉力作用在主体结构上。拉杆采用不锈钢圆钢，直径不应小于10mm；拉索可采用不锈钢绞线或铝包高强钢绞线。拉索不宜采用细钢丝组成的钢丝绳。拉索最小直径为8mm。张拉杆索结构的挠度控制值可取为跨度的1/200。

4．单层索网

单层索网由刚性的边框和双向张拉索网组成，它遮挡少，无刚性支承构件，幕墙明快通透。

单层平面索网工作时会有较大的挠度，设计时索网的挠度控制值可取为跨度的1/50。

在两座建筑物之间张拉索网时，由于地震中两座建筑物会有相对位移，因此水平拉索要设置弹簧机构吸收地震中过大的拉索伸长，防止拉断。

八、铝板幕墙

1．面板的材料

（1）复合铝板

在幕墙中采用的复合铝板应为不燃性材料芯材，通常不燃性芯材为白色；采用黑色可燃性芯材的复合板不应在幕墙中应用。

复合铝板的氟碳涂层较薄，在严重污染地区和海滨地区使用满足不了涂层厚度 40μm 的要求，这时可以考虑改用氟碳喷涂的单层铝板。

（2）单层铝板

纯铝板较软，厚度不应小于 2.5mm，通常采用厚度为3.0mm。采用高强合金铝板时，可以采用 2.0mm 的厚度。深圳电视中心采用2.0mm的滚涂铝镁合金板，效果良好。

（3）蜂窝铝板

蜂窝板有优良的承载力、刚度和保温隔声性能。宜采用铝蜂窝，总板厚10mm以上，常用15～20mm板厚。

2．胶缝

铝板幕墙目前国内常采用平胶缝，密封胶缝表面略低于铝板面。欧洲常采用不打密封的开缝方案，缝由橡胶条在深处密封。现在建筑师常常要求做开缝处理，但国产橡胶条的质量和施工技术还有待于提高，做开缝还不是很有把握，所以在目前条件下最好做深胶缝来满足建筑师的特殊要求。

3．横梁和立柱

铝板幕墙横梁与立柱的截面厚度要求与框支承玻璃墙的要求相同。

横梁和立柱的挠度限值，铝型材可按跨度的1/180考虑；钢型材可按跨度的1/250取用。

4．板肋

复合铝板和单层铝板应加肋，复合铝板还应加边肋。面板和肋之间可采用电栓钉、双面贴或结构胶连接。

原JGJ133中规定肋的挠度不应大于跨度的1/300，执行中发现太严，修订时将会考虑修改。目前可建议板肋挠度不大于跨度的1/200。

九、石材幕墙

1．石材的品种

JGJ133-2001中，石材的种类为花岗岩，且其抗弯强度试验值应大于8MPa。近几年由于建筑艺术的要求，非花岗岩的石材如砂岩、凝灰岩等已在幕墙中应用。最近到欧洲考察中，发现采用砂岩、凝灰岩，甚至多孔凝灰岩等石材作为外墙面的相当多。

由于我国环境条件比欧洲差，大理石等易受酸雨腐蚀的岩石仍不宜用于幕墙。如果建筑设计确有需要，砂岩、凝灰岩等石材可以用于幕墙，但应采取相应的加强措施。

2．石材与主体结构的连接构造

由于 JGJ133 规范作出了限制规定，目前钢销式连结的应用已大大减少。最常用的连结方式为短槽式。短槽式连结的挂板不宜采用 T 形件，宜采用 L 型挂件。铝制 L 形挂件厚度不应小于 4mm，不锈钢 L 形挂件不应小于 3mm。宽度不宜小于 40mm。要控制弧形槽的开槽深度和槽长。

背栓式连接在工程中应用已显示出其优点，用于均匀、致密石材效果良好。但应注意的是，在不均匀、多孔石材试验中曾产生过个别连接点拔出，使连结失效的现象。在坚硬而脆性的微晶玻璃中应用也产生过连接点处石材开裂的问题，应从工艺上加以改进。

国内自行开发的连结方式如背槽式和背卡式连接，经过试验验证后，已在工程中应用。背槽式连接是在石材背面板边开槽，槽深 8～12mm，槽长约 150mm，槽口宽 30mm，槽底 40mm，卡入铝制型材作为连结件。背卡式则在背面开 2mm 宽的狭槽，卡卡入长为 50mm，厚为 2×0.5mm 的不锈钢弹簧卡连接件。这些新的连接方式各具特点，可以选用。

目前已经过振动台试验，且振动台面输入最大加速度超过 0.8g（约相当于 9 度地震）的连接方式有：短槽、背栓、背槽、背卡以及用于多孔陶板的卡式连接。

3．砂岩、凝灰岩石材的应用

砂岩、凝灰岩材质较松软，强度低至 4MPa，多孔凝灰岩材质不均匀，孔洞多，所以设计中要注意以下方面：

（1）适当加大设计安全度，总安全系数不小于 3.5；

（2）加大石板的厚度，如深圳文化中心采用埃及黄砂岩，其厚度加大至 50mm；

（3）控制外挂砂岩、凝灰岩的高度；

（4）连接方式应恰当选择。一般宜选用接触面积较大、对局部缺陷不敏感的连接方式（如短槽式等）。

4．石材用胶

（1）槽口处的入槽填充胶要有足够的承载力和弹性，不宜过于脆硬。选用环氧石材胶要符合国家标准的要求，也可采用大力胶。

（2）所有与石材接触的胶（包括入槽胶和密封胶）都要进行渗油试验，确认无误后才能在工程中应用。已经有个别工具安装后出现石板渗油，难以处理，只得更换。

（3）石材用在使用前一定要认真检查，发现离析等异常现象应停止使用。

十、遮阳设计

目前，采用透时玻璃甚至采用无色清玻的玻璃幕墙日渐增多，夏日阳光直射室内，强光和高温影响了其使用条件，应当采用遮阳措施。

1．遮阳措施

一般认为，当室外温度超过 28℃，阳光射入室内超过 0.5m 时，应当进行遮阳。

遮阳措施常用的方式为：

（1）彩釉玻璃。

（2）金属管、陶瓷管。

（3）卷帘。

（4）百页帘。

（5）遮阳板。

彩釉玻璃遮阳成本较低，多用于采光顶。彩釉宜采用丝网印刷，当距视点较远时，宜用大尺寸的花纹，以免误认为积灰。彩釉遮光不多，遮阳效果较弱。

金属管（铝管、不锈钢管）和陶瓷管遮阳有良好的视觉效果，金属管还可以通水冷却，降温的同时还可提供温水。

卷帘和百页帘应用最为普遍，为保证整齐美观，宜采用电动式。在欧洲卷帘、百页常布置在室外，达到既遮光又遮热的效果，因为卷帘百页布置在室内，热量通过玻璃已进入室内，隔热效果已很小。但是在目前国内环境条件下，布置在室外容易污染，清洗困难，所以现在一般布置在室内。在双层通风幕墙中，则宜放在内外幕墙之间的热通道内。

2．遮阳板

（1）遮阳板布置

遮阳板布置在室外，可以沿竖向布置，也可以水平外挑布置。固定式遮阳板造价低，但无法调节进入室内的光线；有调节光线要求时，宜采用电动式遮阳板。

（2）遮阳板的材料

目前遮阳板多用铝板或铝型材，也有采用不锈钢板或石板。这些材料遮挡视线，因此采用反射玻璃作遮阳板的日渐增多，反射玻璃反射日光，但从室内看室外则是透明的，不妨碍视线。反射玻璃加工方便，可以采用夹层玻璃保证其安全，国外有些玻璃遮阳板的单片尺寸已达 750mm×6000mm。

3．遮阳板的设计

目前遮阳板的风荷载无确切的设计方法，对其支承结构可取比普通幕墙略小的风力计算。

遮阳板在风力作用下的颤振和啸叫声，目前没有准确的估计方法。在大型遮阳工程中，可做成 1:1 的局部试件，用直接吹风的方法通过试验确定其影响程度。直接吹风通常用飞机发动机、螺旋桨（俗称飞机头试验）来进行，广东亚洲铝型材厂有此试验设备。

十一、小　结

目前我国幕墙工程量大、形式多变、结构复杂，在设计和施工中提出了不少新问题。以上一些思考尚不成熟，仅提供同行参考。

新国标《内装修》图集石材墙面设计施工要点说明

中国建筑装饰协会专家库专家　**唐曾烈**

为了提高我国装饰工程的设计水平，统一施工标准和方法，中国建筑标准设计研究院请中国建筑设计研究院环境艺术设计研究院组织国内数家室内设计公司，经历近两年的时间编制出版了《内装修》（03J502-1~3）。这套新国标图集共3本，分别包含内墙装修、吊顶和楼地面三大类内装修做法。初步解决了我国装饰装修设计无国标图集为依据的问题。

内墙石材墙面做法仅为03J502-1图集中的一小部分。但是石材内墙面在内装工程中，尤其是在公共建筑内装工程中，占有很大的造价比例，是一单位工程中相当重要的子项工程。目前国内还没有一套完整的相关设计规范，在现实工程中，许多项目都缺少钢骨架制作和干挂件的计算书，施工做法和构造要求不明确，有些习惯做法存在不安全隐患。

结合我国施工实际，总结近几年的施工实践经验，编制出一套安全可靠、通用可行、具有一定科学依据的内墙石材墙面做法，是行业内普遍要求。

在03J502-1图集中分别列入石材干挂、石材干粘和石材湿贴三种常用做法。目前已有少量工程采用背栓式干挂法，虽然背栓材料和节点强度试验都已通过国家级检验机构的测定和认可，但其安装精度较适合用于墙面分缝的做法，在墙面插座开孔等细节处理上还有待进一步解决。

背栓式干挂法设计计算要求专业知识更高，此次未将背栓式干挂做法列入。湿贴做法不作为推荐做法，只限于某些地区在卫生间等潮湿房间应用。在有条件的情况下，还宜采用石材专用粘接剂铺贴。

石材墙面干挂做法已在国内流行多年，但一直没有相关的设计规范和专项验收规范出台，更没有专项技术标准。在编制国标图集时，主要参照的是现行的有关设计规范，其中《金属与石材幕墙工程技术规范》（JGJ133—2001）是针对室外幕墙编写的，虽然一般内墙面高度不高，基本上不考虑风荷载的作用，但相对安装精度要求更严格，在某些构造要求方面稍严格。如规定每块石材面积不宜大于1.2 ㎡，在外幕墙中为1.5 ㎡。

下面分别解释新图集的几个要点。

一、干挂法设计和施工的要点

1. 强调了钢骨架的设计和计算

在以往工程实践中，许多装饰公司因缺乏结构工程师，对干挂石材墙面的钢骨架的设计和计算都不够重视，没有正式钢骨架施工图纸，在选用做钢骨架的型材时缺乏科学依据，有的选用断面较小，片面强调施工成本；有的选用防腐蚀不好做的型材，如薄壁方通焊接点内防腐很难保证。新图集说明要求对钢骨架立柱和钢横梁分别进行刚度验算，而不必进行强度验算，因为在此类轻型钢构架设计中，刚度验算是起控制作用的，为了方便一般设计人员学习和掌握钢构件的基本验算方法，图集中有示范例题供参考。

对钢横梁要求断面不宜小于∠40×4，钢横梁相对挠度≤L/400，这一点相对比《金属与石材幕墙工程技术规范》中规定不应大于L/300高。内装修大多是密缝安装，对墙面平整度要求更高些。

2. 更加强调对影响墙面安全性的构造要求

（1）干挂法施工时，用20 mm厚石材的内装墙面高度不大于6m。外幕墙技术规范中规定用于石材幕墙的石板，厚度不应小于25mm。在内装修工程中用的石板厚度绝大多数为20mm。由于缺乏相关技术规定，在实际工程中经常有不同意见的争论，此次编写国标图集时，充分考虑到目前大量内装修均采用20mm厚标准厚石板的现实情况，所以规定可以使用20mm厚板材。但对于一些重要公共建筑，有的内墙石材墙面很高，如无限制使用也确实存在一定安全隐患。此次图集中暂时规定限高为6m，也没有很多科学依据，是一项暂定规定，应在今后通过一定的模型实验分析才更加科学。对一些重要公共建筑，尤其是地震区的工程更应注意遵守。南方地区较多采用微晶石做饰面材料，微晶石也是一种脆性材料，也应参照此图集规定处理。

（2）干挂件位置处，花岗石槽口净厚不得小于6mm，大理石槽边净厚不得小于7mm。这是一项对施工操作的新规定。在外幕墙技术规范中，在石板加工制作章节中规定短槽式安装的石板开槽宽度宜为6mm或7mm，这实际是要求确保开槽处的石板净厚度能有一定保证，避免在干挂采力点处石材体被过度削弱。在不少工程施工中，工人往往为了方便安装调平，将槽口开的较宽，这种不利于建筑长期安全的做法，必须得到纠正。

（3）对干挂点的间距位置和数量提出了具体要求，基本上与外幕墙技术规范中的要求相同。边长1.0m的石板设两个干挂点，大于1.0m的石板应加设干挂点。这项要求不仅仅是从安全上考虑，现在有的石材墙面施工完毕后，在侧光观察时会有波浪行起伏的观感，反映墙面的平整度不高。

（4）对开槽口内不允许使用一般云石胶，必须采用符合我国建材行业标准《干挂石材幕墙用环氧胶粘剂》（JC887-2001）的环氧树脂AB胶。这项规定是对内装石材墙面安全质量的最关键性要求。在以往大量工作中，往往忽视这一关键节点的重要性，一般均采用普通云石胶嵌填，由于云石胶是一种不饱和树脂，它的强度较低，尤其在施工时拌入的固化剂比例不易掌握，使嵌入槽口内的胶体强度得不到可靠的保证，致使在干挂石材的关键受力点不能确保石板的基本强度不被削弱，也无法保证干挂件能牢固固定石板，施工人为影响安全质量下降的因素太大。所以在此次编制国标图集中强调了使用粘结胶的品质要求。

3．对各项施工提出了更详细的技术和质量要求

如石板加工允许偏差应达到国标优等品的要求，石板加工允许偏差分优等品、一级品和合格品三个标准，作为内装修石材墙面必须采用优等品标准，否则无法达到内装质量标准要求。对钢骨架的焊接缝高度、立柱全高垂直偏差等也提出了质量要求，便于施工和质检验收有依据。但图集中将钢横梁的水平误差≤1.0mm 漏掉，其实这才是最重要的。因为钢横梁的水平偏差值更直接影响不锈钢干挂件挂片实际嵌入石板开槽内的深度，希望在个体设计和施工时要注意。

二、推荐一种石材干粘施工新做法

1．干粘法施工的优点

干粘法施工引入国内已有多年，早已引起众多施工单位的兴趣，但由于缺乏设计和施工的依据，一直难以推广，本图集编写时总结了一些单位的施工和试验成果，提出了较安全的设计计算方法和施工注意事项，希望这种新施工做法能有更多的实践机会，然后再进一步总结，为今后提出更科学的设计和施工技术规范提供更多的资料和经验，干粘法施工大致具有以下几方面的优点。

（1）施工现场更加文明和环保，由于没有现场切割开槽工序，所以施工现场就没有粉尘、噪音和污水的污染；

（2）施工更简捷方便，只需粘贴调平，省去拧紧螺栓等操作工序，工人携带工具减少；

（3）能适应内装设计许多特殊要求做法，如石材拼缝做鸡嘴缝会将石材接缝处厚度削薄、石墙面上有装饰石线、门窗洞侧边短窄条板、石墙面有凹凸拼缝等，这些部位往往是干挂法不容易施工，甚至会因此增加石板厚度，而用干粘法则十分方便。

2．干粘法施工中选择胶的品种是关键

在干粘法施工中是将石板用粘接剂粘贴固定在结构骨架上，粘贴的牢固程度和耐久性主要取决于胶的品质。为了确保粘接的质量，根据相关技术标准，图集要求必须选用环氧树脂 AB 型粘接剂，并应符合国家建材行业标准《干挂石材幕墙用环氧树脂胶粘剂》（JC887—2001），目前市场上供应的进口或国产环氧树脂工程胶的性能都超过该标准要求，今后随着干粘法的应用推广，还应该制定适合干粘法施工特点的专项标准。

（1）影响环氧树脂胶粘剂强度有以下几点主要因素：

A．胶的配合比。环氧树脂胶粘剂一般是由 AB 双组份组成。胶粘剂只有按生产厂商指定的配合比均匀混合，才能达到出厂的性能指标。各个产品的配合比都不太一样，在实际操作中最容易被工人掌握的是 1：1。因为在现场施工不可能用标准量具配比，而 AB 胶配合比的不精确也会使胶粘剂的实际品质下降；

B．施工场地的温度，一般胶粘剂不宜在 5℃以下的环境下施工。各品牌产品说明书中均有详细说明。

C．对粘接物表面的清洁。在石材干粘法材料之一是石板，石板在加工和存放时会在石板表面留有许多灰尘，所以必须擦干净，同时在新图集施工操作中要求将混合胶体在胶粘点位拌和几次，使石板表面上的粉尘被胶体彻底擦净。同样如将石板直接粘贴到结构承重墙体上时，也应将墙体粘接位擦干净，还应钻孔加强连接强度。

D．石板的含水率.环氧树脂固化时遇水后会大大降低强度。所以在正式施工前必须将石板风干。如必须用在有水或潮湿部位，则应选择适应这种环境使用的特种环氧树脂胶粘剂。

E．胶的出厂日期，胶的强度是随出厂日期时间而逐渐降低，各品牌胶说明书中都有有效使用年限说明。图集严格规定不准使用过期的产品。

F．胶的存放环境，胶的存放有一定的温度范围的要求，关键是不能受冰冻。另外开罐使用的胶在不使用时应将盖子盖好，减少胶体与空气的接触，取用 A、B 胶体时分别要用不同的铲刀，避免 A、B 胶体在胶罐内混合。

G．胶的老化性能，一般环氧树脂胶的抗老化性能都较好，但这也是所有用户很关心的焦点，图集中规定应有 1000h 人工老化的测试报告，剪切强度降低至值不超过 5%。人工老化试验是一项很费时间的试验，试验费用也比较高，国标图集不是技术规范，在这方面不能提出很具体的要求。但如果要求厂家每年做一次，在目前用量不十分大的情况下是不太现实的。建议要至少每 2～3 年做一次，可以保证胶品的质量。

3．干粘法施工的注意事项

在图集中已有较详细地说明，仅说明以下几点：

（1）施工前应做一定的力学性能试验，因为实际应用的石材品种很多，市场上胶的品牌也不少，为了更好检验胶粘剂的性能，在正式施工前，最好能做石材和胶的粘结拉力试验和石材和胶的抗剪强度试验，最少每种实验各两组，每组试件不少于 3 个。

（2）在承受钢架粘接点上开 φ6 mm 小孔很重要，这样可以在粘贴时更好的排出胶体与钢构件之间的空气，确保设计有效粘接面积，另外被挤出的胶体可以形成胶栓，使粘结更牢固。

（3）在胶体初凝期内不要再移动已安装好的石板。

三、提出石材墙、柱、面的维护和保养须知

石材墙柱面是十分昂贵的饰面做法，在以往的标准图集中只对设计和施工提出各种要求，对实际用户很少提出装饰成品的维护和保养要求，这样容易造成一些用户的不正当使用，使一些装饰成品受到损伤或破坏。此次图集编写时将正常使用的维护和保养须知列入，使用户能更正确地采用保养方法，是建筑成品将得到更好的保护。

新国标图集的发行和应用，还需各设计和施工单位在实践中不断提出要求和改进建议，以便在今后不断充实提高。

论开合屋顶

中国建筑装饰协会铝制品委员会专家组专家　龙文志

【关 键 词】开合屋顶，风荷载，雪荷载，地震作用。

【内容摘要】本文浅要介绍了国内外开合屋顶的几个案例和风荷载、雪荷载、地震作用设计要点。

一、什么是开合屋顶

开合屋顶（Retractable Roof Structure）又称移动天幕，是一种在短时间内（一般为 20～25min）部分或全部屋顶可以移动或开合的结构形式，它使建筑物在屋顶开启、关闭和部分开闭等状态下都可以使用（图 1、图 2），是一种动态建筑。

体育和游泳运动的发展，建造一个全天候的屋顶可开合的体育场和游泳馆越来越被人们所追求。根据气候的变化而开闭的屋顶更能够满足人们对阳光、空气的需要，改变春、夏、秋、冬四季都要通过大型空调方式来维持对空气、温度和湿度的要求，也节约了能源。开合屋顶也就应运而生。

据统计国际上从 20 世纪 60 年代至今已建成 200 余座开合结构，但绝大多数属于中小型建筑，主要用于游泳馆、网球场等体育建筑。从这些工程应用中人们已充分领略到这种结构的优越性：当雷雨风雪时将屋盖关闭，享受一种温馨与热烈；当天高气爽时将屋盖打开，感受自然之美。此外屋盖开启后室内外融为一体，尤其在夜晚，夜色与灯光融合，更有一种特殊感受。目前开合结构不仅用于体育场馆，而且广泛用于飞机库、商场、厂房及需要晾晒的仓储建筑。近来我国将开合屋顶用于旧楼改造，改善室内的自然通风，开拓了新用途。开合屋顶造价较高、施工难度较大、维护管理较难，大型开合屋顶更为突出。不少开合屋顶建筑都产生广泛影响，造成轰动效应，有的已经成为其所在城市的标志。

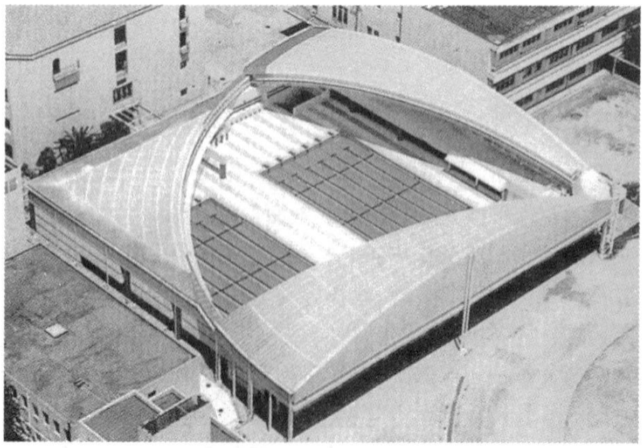

图 1　屋顶开启状态

图 2　屋顶关闭状态

二、我国目前已建的开合屋顶

开合屋顶在我国应用也是近几年之事，目前已建成有北京天亚花园（图 3～图 8）和国家电力大楼（图 9～图 11）的屋顶游泳池的开合屋顶，北京大厦为了防止“非典”，加强自然通风，将原建筑固定屋顶改造为开合屋顶（图 12～图 18）。

图 3　北京天亚花园的双层幕墙和屋顶游泳池竣工外景

图 4　北京天亚花园的屋顶游泳池竣工外景

图 5　北京天亚花园的屋顶游泳池的关闭外景

图 6　北京天亚花园的屋顶游泳池的打开外景

图 7　北京天亚花园的屋顶游泳池施工外景

图 8　北京天亚花园的屋顶游泳池施工内景

图 9　国家电力大楼开合屋顶游泳池外景

图 10　国家电力大楼开合屋顶游泳池外景

图 11　国家电力大楼开合屋顶游泳池内景

图 12　北京大厦开合屋顶关闭内景

图 13　北京大厦开合屋顶三道打开内景

图 14　北京大厦开合屋顶二道打开内景

图 15　北京大厦开合屋顶内景

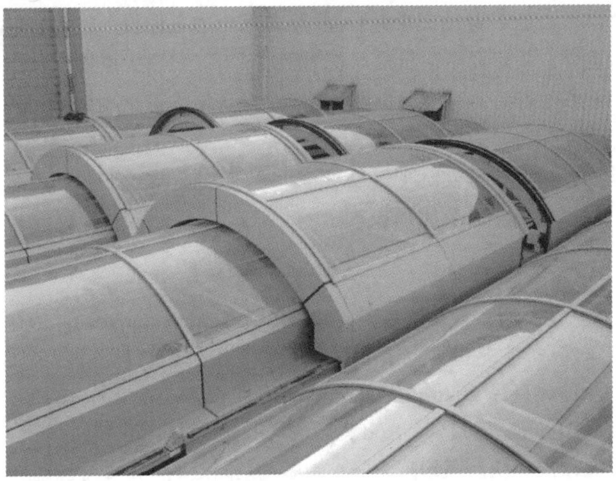

图 16　北京大厦开合屋顶外景

图 17　北京大厦开合屋顶外景

图 18　北京大厦开合屋顶外景

三、开合屋顶的发展

1950 年以前的开合结构以小型结构为主，主要用在非建筑领域。1950～1988 年的发展以膜褶皱型式的开合结构为主。80 年代末 90 年代初以来的开合屋顶结构思想，均来源于 1961 年美国建成的用现代牵引技术驱动的刚性开合结构的匹兹堡（Pittsburgh）（图 19）市民体育场，其跨度为 127m，由可开合的八瓣不锈钢屋盖组成，至今仍具有开拓性意义。

图 19　美国匹兹堡（Pittsburgh）市民体育场闭合状态

之后，世界上建造了上百个带有刚性开合单元的开合屋顶建筑。欧洲各国建造的开合式屋顶特点是，均采用了拱架、拱形网壳、部分球壳或平板网架等刚性钢结构作为移动屋盖单元的受力结构，由于膜材料轻质高强的特性，一般大规模开合屋顶的结构都是钢结构和索结构，上铺膜材料或轻型板材。屋顶采用张拉索穹顶作为支撑结构，开合屋顶采用半刚性膜屋面，屋顶系统分成若干个单元片，通过单元片的移动、转动，使之各片之间搭结、迭放来实现屋顶的开合。这种开合单元组成的开合屋顶克服了膜褶皱型式开合方式的缺陷，是大跨度屋顶结构的主要开合型式。

1989 年加拿大多伦多建成了直径 208m 的天空穹顶(Sky Dome)多功能体育场，在世界上产生了很大的轰动效应，掀起了世界上建造现代大跨度开合屋顶的新浪潮。该场馆至今仍作为多轮多申办奥运会的主场馆。日本于 1991 年建成了跨度 136m 的阿瑞卡体育场（Ariake Coliseum)；1993 年建成了日本海洋穹顶（Ocean Dome)；1993 年日本又建成了直径 218m 的福冈棒球场(Fukuoka Dome)，该馆的建成再一次引起了世界的广泛注意。

至此，大跨度开合屋盖技术得到了进一步的发展和完善，世界上对建造大型开合屋顶的疑虑逐渐消失，并对其前景和建造的必要性逐渐看好。1999 年美国建成跨度 200m 的西雅图新太平洋西北棒球场(New Pacific Northwest Baceball Park)，2000 年澳大利亚建成 245m×215m 椭圆形的墨尔本市民体育场(Melbourne Colonial Stadium)，2001 年美国建成扇形直线边长 180m 的米勒棒球场(Miller Park) ,2001 年日本建成为 2002 年世界杯足球赛的大分县体育场，直径达 274m。

目前，世界上相继建成或正在建设的带有开合屋盖的大型体育场有近 20 座，面积超过 1 万 m^2 的大型开合屋盖结构有近 10 座。这些大规模的开合结构的实现和规划产生了非常好的经济社会效果，其市场越来越好，引起了国际体育界的广泛关注，许多建筑已成为所在地的标志性建筑。开合屋顶建筑已成为体育建筑的一个重要发展趋势，正在开拓新的应用领域，堪称为"第三代体育建筑"或"现代动态建筑"。

四、中国国家体育场“鸟巢”方案为世界上最大的开启屋顶

2008 年北京奥运会主体育场——中国国家体育场的设计方案由瑞士赫尔佐格和德梅隆设计公司与中国建筑设计研究院联合设计，这个被称为“鸟巢”的方案（图 20），展现了一个新颖、独特、庞大的异型钢结构建筑物，该方案预计消耗 8 万 t 各类钢材，最长的一条钢梁达 300m，平均钢梁长度将在 50～180m 之间，巨型体育场的形象完美纯真，外观即结构，犹如树枝织成的鸟巢，其灰色矿质般的钢网以透明的膜材料覆盖，其中包含着一个土红色的碗状体育场看台。碗形看台可拆可调,看台是一个完整的没有任何遮挡的碗形，共分三层，通过体育场顶部座位调整，来实现两万个临时坐席的设置，南区和北区的第三层看台的座位可以拆除。体育场外立面基本上不需封闭式的外墙，这使得体育场可能自然通风。滑动式的可开启屋顶合上时，体育场将成为一个室内的赛场。国家体育场在奥运会比赛时将容纳 10 万名观众，建成后将有望成为世界上最大的可开启屋顶的体育场。需要解决很多技术难题。

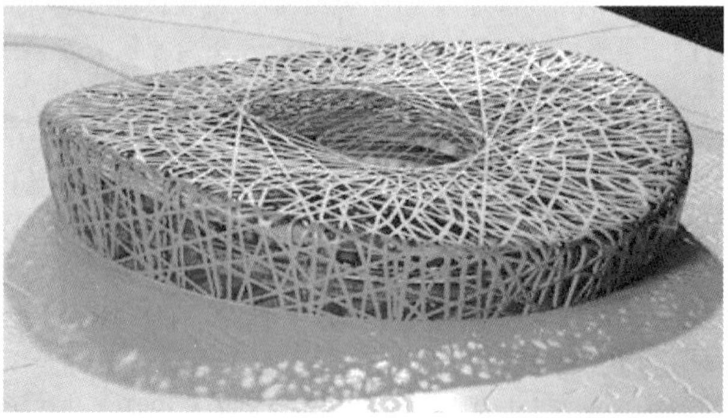

图 20　中国国家体育场“鸟巢”方案

开合屋顶、尤其是大型开合屋顶比固定屋顶在技术上有很多特殊的问题，必须慎重对待。如多种工况状态下的风荷载、雪荷载、地震作用以及特有荷载评估与选择，屋顶行走部分及轨道设计，屋顶运行故障检测及排除措施，屋顶的监控与安全保障系统设置等。为了经济安全，可动结构构造应简单并尽量轻型化；屋顶开启或关闭过程一般控制在 20～25min，为尽量减少冲击力，应控制开始或停止时间在 1～2min；应装置地震传感器和风速仪，当超过特大风速和地震强度时，开关系统应能判别，以调整整个系统不会超载；屋顶应安装电视摄像及超声波传感系统，以便及时发现故障原因；控制装置设计应有富余，当装置的任何部分失灵时不至于整个系统失灵，为此应用一种双控制系统，既能自动也能手动；在开合功能失灵时，应能保障整个屋盖结构的安全。在已建成的开合结构中不乏打开合不上、合上开不了的例子，更有一些开合结构因开合功能故障最终不得不改为固定屋盖。说明开合屋顶确实是一种技术性很强的结构形式，对设计和施工都有很高的要求。

北京已建的三个开合屋顶：国家电力大楼投入使用已近四年，北京天亚花园投入使用已近 3 年，北京大厦投入使用已快 1 年，运行情况良好，这 3 个开合屋顶虽然也学习和参考了国外一些经验、技术，但主要还是中国的工程师结合中国国情和工程实际加以创造、开发、改进，这说明我们已掌握了中、小开合屋顶技术。

五、案　例

1．加拿大多伦多天空穹顶(Sky Dome Canada)。1989 年建成，它是世界上第一座采用现代驱动技术大型开合金属屋顶，直径 208m,高度 86m，开合面积 31525m^2 ，关闭时间 20min，建筑师：Rod Robbie，工程师：C. M.Allen, 开合屋顶由 4 块屋盖组成，第 4 号屋盖是固定的，第 2 号屋盖和第 3 号屋盖可水平移动，第 1 号屋盖可旋转 180° ，赛场开启率 100%，座位开启率 91%，设计允许每年开合 200 次，建成后最初 3 年开合 300 次以上，许多都是在场内举办活动时进行开合，按使用情况看，可以达到 100 年的设计有效寿命（图 21～图 24）。

图 21　加拿大多伦多天空穹顶开启状态全景

图 22　加拿大多伦多天空穹顶全闭状态

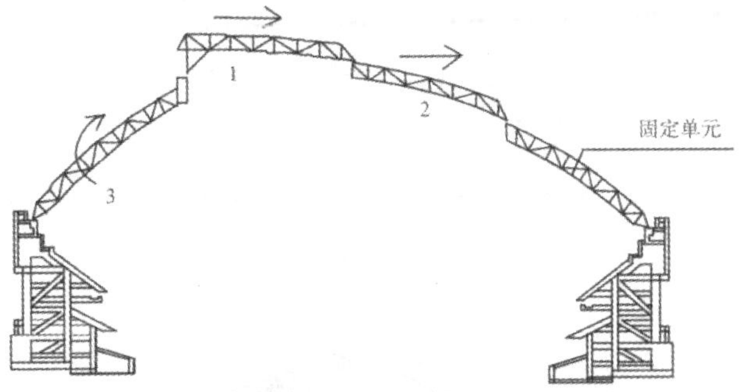

图 23　加拿大多伦多天空穹顶纵向剖面图

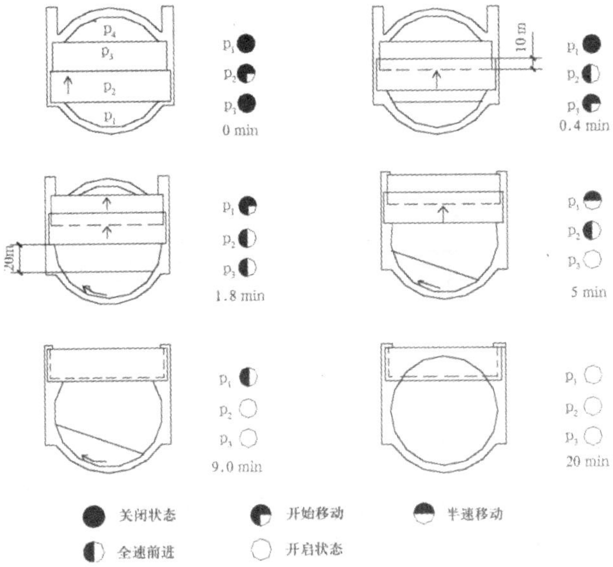

图 24　加拿大多伦多天空穹顶开合顺序图

2. 日本海洋穹顶(Ocean Dome)。建筑师：Kobe Shipyard & Machinery Works Mitsubishi HeavyIndusries Ltd.，结构师：Mitsubishi Heavy Indusries Ltd。关闭时间：10min，高度 38m，开合屋顶面积：22726m^2，钢网格屋顶结构，屋面材料：钛板+特氟隆，1993 年建成。开合屋顶由 4 块独立的拱形板组成，矢跨比为 0.21，开启时，中央两块拱形板分别向两相反方向平行移动，并与其相邻的拱形板重叠，两组两块重叠的拱形板再向两相反方向平行移动至开启终点。安装了风速表，所测量的风速传送给中心控制室，防止强风损害。安装了地震仪，如果发生了地震，地震仪指令取消屋顶开合（图 25～图 27）。

图 25　日本海洋穹顶关闭状态全景

图 26　日本海洋穹顶开启状态全景

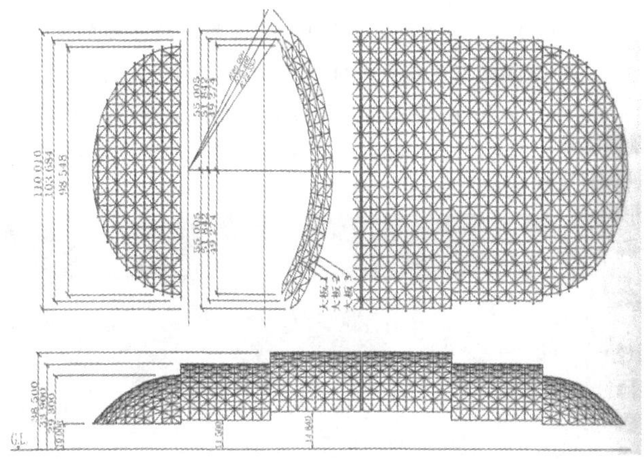

图 27　日本海洋穹顶开启、关闭状态的结构布置

3. 美国西雅图新太平洋西北棒球场(New Pacific North—westBaceball Park)。建筑师：美国 NBBJ 公司，建成时间：1999 年，跨度 200m，屋顶面积 40470m^2，闭合时间：20min（图 28 和图 29）。

(a) 开启状态

(b) 闭合状态

图 28　美国西雅图新太平洋西北棒球场

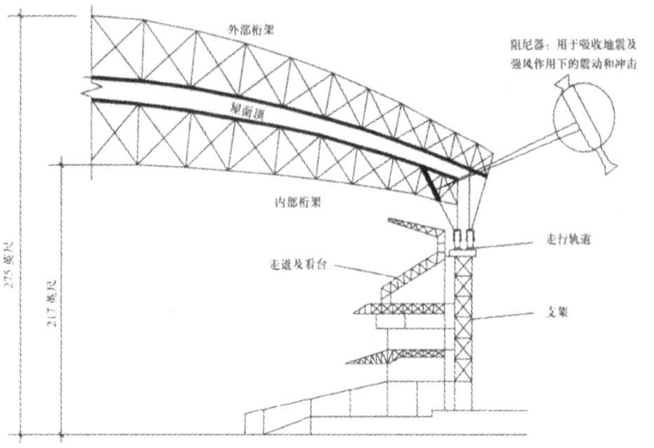

图 29 美国西雅图新太平洋西北棒球场屋顶剖面

4. 美国威斯康星州米勒运动场(Miller Park)。结构师：John Hewitt. John T Roberts. Surinder Mann。叠放扇形屋顶，扇形平面直线边长 180m，旋转移动，关闭时间 10min，屋面材料为特氟隆，2001 年建成（图 30、图 31）。

(a) 开启状态

(b) 关闭状态

图 30 美国威斯康星州米勒运动场

(a) 关闭状态的立面图

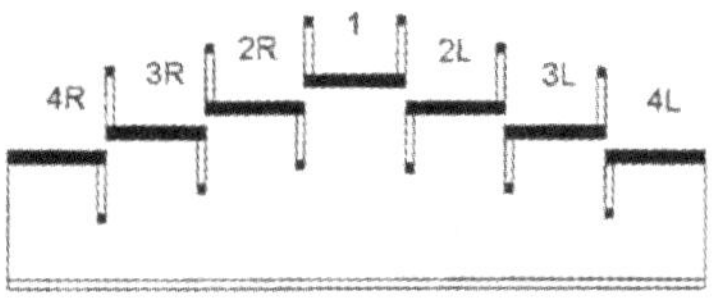

(b) 关闭状态的剖面图

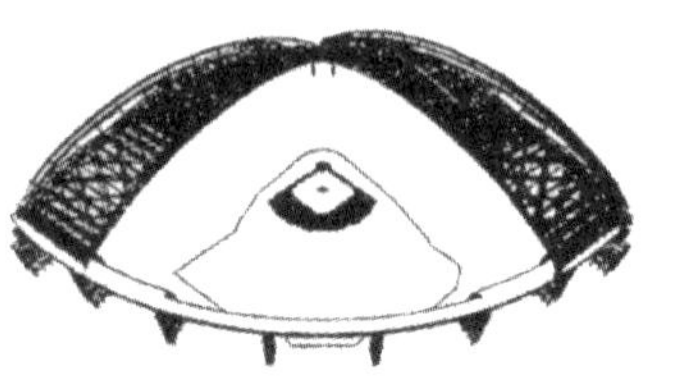

(c) 开启状态的立面图

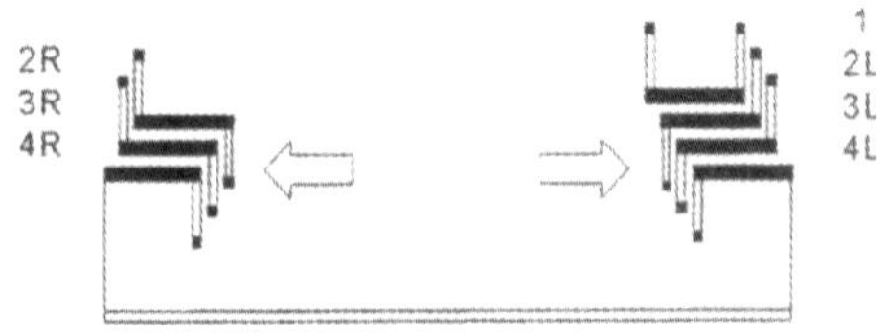

(d) 开启状态的剖面图

图 31 美国威斯康星州米勒运动场开、闭的剖面、立面图

六、开合屋顶结构的荷载

开合屋顶作为一种特殊建筑结构，除具有常规荷载和作用之外，还具有特殊荷载。常规荷载和作用：恒荷载、风荷载、雪荷载、使用荷载、地震作用和温度作用等。特殊荷载：开合屋顶启动、刹车荷载、轨道荷载（开合屋顶运动时因轨距和轨位的误差、轨道和轨道接头不平等引起的荷载）、结构变形作用导致的荷载等。

开合屋顶是一种动态建筑，和普通静态建筑不同，不是一种状态的荷载，而是多种状态下的荷载：全开、全闭、半开、部分开闭等停靠时的静态荷载、屋顶开合时的动态荷载等。这些都和开合屋顶的使用功能、地理位置、使用条件、规模大小等因素密切相关，我国地域广大、气候复杂，评估选择这些荷载除了要参考国外有关文献之外，还要结合国情和实际工程，研究、试验确定。

以风荷载而论：开合屋顶在全开、半开、全闭、运动等状态下的最大风荷载是不同的，有下列三种形式来确定最大设计风荷载：①结构能抵抗全部状态的最大风荷载；②结构能抵抗一种状态的最大风荷载；③结构能抵抗几种状态的最大风荷载。显然①种很安全，但经济性不好，特殊重要工程采用；②种和③种的经济性好或较好，但也要充分论证、研究和试验，确保其他状态下的安全前提下采用。

按建筑使用功能开合屋顶常规状态有三种：①正常条件全开，特殊条件全闭，如自然草坪的足球场；②正常条件全闭，特殊条件全开，如篮球馆；③其他：例如屋顶游泳池，冬天全闭、夏天全开，通风开合屋顶，室内的人很多时全开或部分开、室内的人很少时全闭或部分闭等。

按不利气候条件开合屋顶在停靠位置的开闭状态有三种：①大风、大雪超过限值时全开。例如我国南方冬天无雪、不采暖、在无台风地方可考虑冬天全开；我国北方夏天气温高、在无台风地方可考虑夏天全开；②大风、大雪超过限值时全闭。例我国沿海地区台风多，可考虑有台风季节全闭；我国北方冬天有大雪、要采暖可考虑冬天全闭；③其他：例如自然通风型的开合屋顶在“非典”流行期，可考虑全开或部分开；其他期间、可考虑全闭或部分闭等。总之，要根据国情、地情、实际工程情况，充分论证、研究、试验后综合选定开合屋顶的各种工况和状态进行设计。

参照文献2将开合屋顶的风荷载、雪荷载、地震作用的设计要点列于表1、表2、表3，以供参考。

风荷载设计　　表1

项　目	设　计　要　点
开、闭、部分开及运动状态设计风荷载	根据结构特点和用途全面综合的评估选定结构在开、闭、部分开及运动状态下风荷载的设计值。宜进行风洞试验确定
设计要全面	根据在风荷载作用下开合单元的强度、变形、振动等因素全面设计，确保各种状态的各种因素的安全性和可靠性
抗风设计重要环节	开合屋顶重量较轻，不利于抗风，各种状态下，尤其是全开、部分开的状态的抗负风压设计是抗风设计重要环节
面材和连接	不同屋盖高度处的风荷载作用复杂，对面材及连接产生较大局部应力，选材慎重，面材和连接的设计可靠
开合单元的飘移	开合单元在轨道上滑动时，在风荷载的作用下可能产生飘移，减小了轨道和轮子之间的摩擦力，特别是当轨道倾斜时，摩擦力减小，飘移可能会导致滑轮出轨
开合屋顶的膜材	膜材应进行张拉，消除风荷载引起的振动和飘动，要有防积雪、防积水和清洁的措施
索结构	应重视在风荷载作用下，索结构的稳定、振动和摇摆
驱动机械	在开启和关闭过程中，驱动单元的风荷载是不同的，应对每个驱动单元同步控制，防止摇摆
设计原则	宜采用“失效-安全”的设计原则，对各部附件进行‘剩余强度’设计，即开合屋顶的部分附件失效仍可维持整体结构最低安全

关于雪荷载设计要点　　表2

项　目	设　计　要　点
各开合单元的性能	在雪荷载作用下，通常各独立可开合单元的结构变形是不同的，每个单元的变形特征应根据积雪情况分别加以分析，并在各单位之间留有合适间隙
长期荷载的作用	雪荷载较大地区的开合屋顶要注意长期荷载（积雪荷载）对结构蠕变和强度的作用。宜有融雪的装置和措施
屋面积雪、下滑、积水	必要时要防止屋面积雪下滑、扩散和冲击的雪荷载。防止面材变形引起的积雪、积水
开启、闭合、部分开启状态设计雪荷载	根据结构特点和用途全面综合地评估选定结构在开、闭、部分开及运动状态下雪荷载的设计值
轨道上积雪、结冰及索道上结冰	轨道上积雪和结冰，妨碍开合结构的移动，选择合适的融雪设备，采取有效的除雪措施
大雪时开合屋顶的移动	应制定合理的方案，以便在下大雪时和屋面有积雪情况下确保屋顶顺利开合

地震作用设计要点　　表3

项　目	抗震设计要点
设计状态	以停靠状态为主，运动状态的设计视发生地震概率而定，必要时进行非线性动力反应验算。对于抗震设防烈度在7度以上的大型开合屋顶要有足够的防范，不仅要考虑水平作用，还要考虑竖向地震作用
开合屋顶的地震作用	大型开合屋顶应安装地震仪，在屋顶开合过程中，一旦发生地震并大于预定水准时，应立即采用制动器或其他措施停止单元开合；在经常发生小地震的情况下，也应采取适当防范措施，防止出轨、碰撞以及悬吊物件摆动。当在倾斜轨道上的开合结构由索牵引开合时，应考虑施加索上的冲击荷载
设计水准	宜按二水准设计：水准1，结构处在弹性阶段，不出现出轨等故障；水准2，结构可处在弹塑性阶段，但局部破坏不应引起倒塌、出轨、脱落、驱动失效等灾害性安全事故
相位差验算	为了确保安全，宜按地震时屋顶两侧支承结构的相位相反情况进行应力变化验算

到目前为止我国还没有建造过复杂大型开合屋顶，现代大型开合屋顶是集建筑、结构、机械、控制等诸多方面的综合体，如能在现有已掌握的中、小开合屋顶的技术和经验的基础上，借鉴国外技术和经验，把多学科有机地组合起来，借北京举办世界奥运会良机，攻克“鸟巢”开合屋顶的技术难题，实现大型开合屋顶“零”的突破，开拓开合屋顶应用，势必推动我国开合屋顶建筑与技术的迅速发展。

本文作一点‘抛砖引玉’浅介，仅供参考，不妥之处，敬请指正。

主要参考文献：

1. 石井一夫著. 开合屋顶结构的设计（Structural Design of Retractable Roof Structures）

2. 刘锡良编著. 现代空间结构

3. 魏东海. 北京三个开合屋顶

·理论总结·

铝板幕墙设计建议

中国建筑科学研究院　研究员　赵西安

【提　要】本文对目前铝板幕墙的设计提出若干改进建议，其中包括：铝板的选用：铝板的材料力学性能;面板的设计，横梁和立柱的设计。

【关键词】幕墙　铝板幕墙　幕墙设计

《金属与石材幕墙工程技术规范》(JGJ133-2001)颁布施行至今已四年，大量的幕墙工程设计施工积累了经验和科研成果，金属与石材幕墙的技术水平已大为提高。目前该规范正在进行全面修订。

在铝板幕墙工程设计中尚存在着一些应当改进的地方，本文就这些问题提出相应的建议，供大家讨论。

1 面板材料

1.1 面板的表面处理

铝板表面处理多为氟碳涂层，可为辊涂或喷涂。涂料中氟碳树脂含量不低于树脂总量的70%。由于树脂只占涂料干膜组成的50%～78%，所以实际上氟碳树脂占涂料干膜的总量为35%～54%。涂料中还有大约50%的溶剂，干膜成分只占涂料总量50%左右，所以笼统要求氟碳树脂含量大于75%是不合适的。

涂层的厚度，一般条件下不宜小于25μm，在海边或酸雨环境下不宜小于40μm。目前出厂的铝塑复合板，涂层最小厚度通常为25μm；而用户有要求时，单层铝板可三涂四涂，厚度可达40μm，所以对耐久性有较高要求的海边或酸雨地区可以考虑优先选用单层铝板。

1.2 单层铝板

单层铝板的基材应符合现行国家标准《铝及铝合金轧制板材》(GB/T3880)和现行行业标准《铝幕墙板板基》(YS/T429.1)。可采用纯铝板(1000系列)、铝锰合金板(3000系列)和铝镁合金板(5000系列)。其牌号和合金状态应符合现行国家标准《变形铝及铝合金牌号表示方法》(GB/T16474)和《变形铝及铝合金状态代号》(GB/T16475)的规定。

单层铝板的表面涂层应符合现行行业标准《铝幕墙板氟碳喷涂铝单板》(YS/T429.2)的要求。

用于幕墙的单层铝板，厚度应符合表1的要求。

单层铝板的厚度要求　　表1

铝板的抗拉强度σ_t(N/mm^2)	<150	150≤σ_t≤200	>200
铝板的厚度t(mm)	≥3.0	≥2.5	≥2.0

1.3 铝塑复合板

用于幕墙的铝塑复合板应符合现行国家标准《铝塑复合板》(GB/T17748)和行业标准《铝塑复合板用铝带》(YS/T432)的要求，并符合下列规定：

1．板厚不小于4mm。内、外两层铝面板宜采用铝合金板，厚度均为0.5mm，铝面板厚度偏差不大于±0.02mm。不应为降低造价而有意加工铝面板厚0.48mm的铝塑复合板。

2．铝面板与夹芯层的剥离强度不应小于7N/mm。

3．宜采用不燃或难燃芯材。铝塑复合板的选用应符合现行国家标准《建筑设计防火规范》(GBJ16)和《高层民用建筑设计防火规范》(GB50045)的规定。

4．氟碳涂层的厚度不小于25μm。

1.4 蜂窝铝板

用于幕墙的蜂窝铝板厚度不小于10mm。采用铝蜂窝夹芯。面板厚度不宜小于1.0mm。板厚为10mm时，背板厚度不小于0.5mm；板厚为12mm及以上时，背板厚度为1.0mm。面板和背板的厚度偏差不大于±0.025mm。

蜂窝铝板氟碳涂层厚度一般为25μm。

2 面板材料的力学性能

2.1 单层铝板

单层铝板是均质材料，弹性模量为0.7×10^5N/mm^2，泊松比为0.3，线膨胀系数可取为2.35×10^{-5}/℃。

单层铝板抗拉强度标准值f_{ak1}可取其屈服强度$\sigma_{0.2}$。单层铝板的抗拉强度设计值f_{a1}^t可按其抗拉强度标准值f_{ak1}除以系数1.286后采用，大体上相当于总安全系数为1.8。其抗剪强度设计值f_{a1}^v可按其抗拉强度标准值f_{ak1}除以系数2.217后采用，大体上为抗拉强度设计值的0.58倍。

单层铝板的强度设计值也可按表2采用。

单层铝板强度设计值(N/mm^2)　　表2

牌号	合金状态	$\sigma_{0.2}$	抗拉强度f_{a1}^t	抗剪强度f_{a1}^v
1060	H14、H24、H44	65	51	29
1050	H14、H24	75	58	34
	H44、H48	120	93	54
1100	H14、H24、H44	95	74	43
3003	H14、H24、H44	115	89	52
3004	O	70	54	32
	H24	175	136	79
	H43	155	121	70
5005	H14、H24、H44	115	89	52
5052	O	90	70	41
5754	H24、H44、H42	160	124	72
	H32	204	159	92

2.2 铝塑复合板

铝塑复合板是由三层材料复合而成，可以采用等效截面模量W_e和等效刚度D_e进行承载力和挠度计算。

铝塑复合板的抗弯强度设计值可由面板和背板的铝板牌号及合金状态，按表2采用，计算时的等效截面模量W_e可按表3采用；其等效刚度D_e可按表4采用。

铝塑复合板的等效截面模量W_e　　表3

厚度(mm)	4	5	6
W_e(mm³/mm)	1.60	2.00	2.50

铝塑复合板的等效弯曲刚度D_e　　表4

厚度(mm)	4	5	6
D_e(Nmm²/mm)	0.2×10^5	3.0×10^5	4.0×10^5

铝塑复合板线膨胀系数α可取为2.4×10^{-5}/°C。

2.3 蜂窝铝板

蜂窝铝板由面板、蜂窝芯材和背板组成，蜂窝铝板的抗弯强度设计值可由面板和背板的铝板牌号及合金状态，按表2采用。计算时采用的等效截面模重W_e可按表5采用；其等效刚度D_e可按表6采用。

蜂窝铝板的等效截面模量W_e　　表5

厚度(mm)	10	15	20	25
W_e(mm³/mm)	4.5	14.0	19.0	24.0

蜂窝铝板的等效弯曲刚度D_e　　表6

厚度(mm)	10	15	20	25
D_e(Nmm²/mm)	0.2×10^7	0.7×10^7	1.3×10^7	2.2×10^7

蜂窝铝板的线膨胀系数α可取为2.4×10^{-5}/°C。

3. 面板设计

3.1 折边和加肋

蜂窝铝板在制作构件时可四周折边，单层铝板和铝塑复合板宜四周折边。蜂窝铝板和铝塑复合板折边的应采用机械刻槽，并严格控制刻槽度。铝塑复合板槽底不得触及铝板；蜂窝铝板至少保留0.5mm的铝板厚度。铝塑复合板夹层和蜂窝铝板的夹芯不宜在室外空气中外露。

不折边的铝塑复合板和蜂窝铝板宜在周边用铝型材镶嵌固定，也可以采用耐候密封胶封边。不折边的蜂窝铝板，其面板还可以弯折后包封板边。

铝板可按需要设置边肋和中肋等加劲肋。铝塑复合板折边处应设边肋。加劲肋可采用金属方管、槽形或角形型材。

加劲肋应与面板可靠连结，并应有防腐措施。中肋应与边肋或与单层铝板的折边可靠连结。中肋与中肋的连结应满足传力要求。

3.2 面板的计算

1. 铝板的支承条件

由板边和肋所形成的板区格，其四边支承条件可按下列规定采用：

沿板材四周边缘：简支边；

中肋支承线：固定边。

2. 在风荷载或地震作用下的最大弯曲应力标准值可采用考虑几何非线性的有限元方法计算，也可分别按下式计算：

单层铝板：

$$\sigma_{wk}=\frac{6mw_k l_x^2}{t^2}\eta$$

$$\sigma_{EK}=\frac{6mq_{EK} l_x^2}{t^2}\eta$$

$$\theta=\frac{w_k l_x^4}{Et^4}\eta \text{ 或 } \theta=\frac{(w_k+0.5q_{Ek})l_x^4}{Et^4}$$

铝塑复合板和蜂窝铝板：

$$\sigma_{wk}=\frac{mw_k l_x^2}{W_e}\eta$$

$$\sigma_{EK}=\frac{mq_{EK} l_x^2}{W_e}\eta$$

$$\theta=\frac{w_k l_x^4}{D_e t}\eta \text{ 或 } \theta=\frac{(w_k+0.5q_{EK})l_x^4}{D_e t}$$

式中　σ_{wk}、σ_{Ek}——分别为风荷载或垂直于板面方向的地震作用产生的板中最大弯曲应力标准值(N/mm²)；

w_k——风荷载标准值(N/mm²)；

q_{Ek}——垂直于板面方向的地震作用标准值(N/mm²)；

l_x——区格的计算边长(mm)；

m——板的弯矩系数，可按其边界条件查表得出；

E——板的弹性模量(N/mm²),单层铝板为0.7×10^5N/mm²；

t——板的厚度(mm)；

W_e——铝塑复合板或蜂窝铝板的等效截面模量(mm³/mm)，可分别按表3、表5采用；

D_e——铝塑复合板或蜂窝铝板的等效弯曲刚度(Nmm²/mm)，可分别按表3、表5采用；

η——折减系数，可由参数θ按表7采用。

中肋支承线上的弯曲应力标准值可取两侧板格计算结果的平均值。

铝板中由各种荷载或作用产生的最大应力标准值，应按规定进行组合，所得的最大应力设计值不应超过铝板强度设计值。铝板的强度设计值可按表2采用。

折减系数　　表7

θ	5	10	20	40	60	80	100	120
η	1.00	0.95	0.90	0.81	0.74	0.69	0.64	0.61

θ	150	200	250	300	350	400
η	0.54	0.50	0.6	0.43	0.41	0.40

3．铝板在风荷载下用下的最大挠度，可按下列规定进行计算：

1）单层铝板：

铝板的刚度 D 可按下式计算：

$$D=\frac{Et^3}{12(1-v^2)}$$

式中　D——板的刚度(Nmm)；

t——板的厚度(mm)；

v——泊松比；

E——弹性模量(N/mm²)。

单层铝板区格的跨中挠度可按考虑几何非线性的有限元方法计算，也可按下式计算：$d_f=\frac{\mu w_k l_x^4}{D}\eta$

式中　d_f——在风荷载标准值作用下挠度最大值(mm)；

w_k——垂直于幕墙面平的风荷载标准值(N/mm²)；

μ——挠度系数，可由区格边长比和区格周边的边界条件查表；

D——板的刚度(Nmm)；

η——折减系数，可按表 7 采用；

l_x——板区格的计算边长(mm)。

2）铝塑复合板和蜂窝铝板：

铝塑复合板和蜂窝铝板的跨中挠度可按考虑几何非线性的有限元方法计算，也可按下式计算：

$$d_f=\frac{\mu w_k l_x^4}{D_e}\eta$$

式中　D_e——等效弯曲刚度(Nmm²/mm)，可分别按表 4 和表 6 采用。

3）在风荷载标准值作用下，面板挠度限值 $d_{f,lim}$ 宜按其区格计算边长 l_x 的 1/60 采用。

3.3 板肋

铝板板材可沿周边用螺栓或挂钩固定于横梁或立柱上。螺栓直径不宜小于 4mm，螺栓的数量应根据板材所受的风荷载和地震作用经计算后确定。挂钩宜设置防噪音垫片。

板面作用的荷载可按三角形或梯形分布传递到肋上，进行肋的计算时可按等弯矩原理化为等效均布荷载。

板材的边肋截面尺寸可按构造要求设计。单跨中肋可按简支梁设计。多跨交叉中肋可采用梁系计算软件进行分析，也可按交叉梁进行简化计算。

中肋应有足够的刚度。在风荷载标准值作用下，其挠度限值 $d_{f,lim}$ 宜按其支承点距离的 1/120 采用。

4 冷弯薄壁型钢的应用

现行幕墙规范中对支承钢结构的规定主要是针对热轧型钢的。近年来冷弯薄壁型钢横梁和立柱使用日渐增多，冷弯薄壁型钢的应用应符合现行国家标准《冷弯薄壁型钢结构技术规范》（GB50018）的要求。

4.1 截面最小厚度

冷弯薄壁型钢截面有效受力部位的厚度不应小于 2mm，跨度较大的立柱，截面有效受力部位的厚度不宜小于 2.5mm。

冷弯薄壁型钢板的宽厚比 b_0/t 不应大于表 8 的限值。

板件宽厚比 b_0/t 的限值　　表 8

截面板件	Q235 钢	Q345 钢
自由挑出	45	35
双侧加肋	100	80

表中自由挑出是指板件一侧与其他板件相连；双侧加肋是指板件两侧均与其他板件相连。

4.2 表面处理

冷弯薄壁型钢壁厚小，对腐蚀较为敏感，宜采用氟碳涂层、聚酯涂层或粉末涂层，涂层厚度宜用 40 μm。在进行喷涂前事先对型钢热镀锌，则其耐腐蚀性能更为可靠。

4.3 横梁和立柱计算

1．强度设计值

冷弯薄壁型钢强度设计值与按表 9 采用。

冷弯薄壁型钢的强度设计值(N/mm²)　　表 9

钢材牌号	抗拉、抗压和抗弯 f	抗剪 f_v	端面承压 f_{ce}
Q235 钢	205	120	310
Q345 钢	300	175	400

2．承载力设计

横梁的受弯、受扭计算和立柱的偏心拉压、稳定性计算仍可采用《玻璃幕墙工程技术规范》（JGJ 102-2003）相应的承载力计算公式，但公式中的塑性发展系数 γ 应取为 1.0。

扭矩较大时，应考虑进行薄壁杆件约束扭转计算。

3．冷弯薄壁型钢的横梁、立柱，在风荷载标准值作用下其挠度不宜大于跨度的 1/250。

5 支承框架设计

支承框架(横梁、立柱)设计，按《玻璃幕墙工程技术规范》（JGJ102-2003）的有关规定进行。采用冷弯薄壁型钢时，按本文第 4 项的建议设计。

横梁可以通过角码、螺钉或螺栓与立柱连接。钢横梁和钢立柱采用焊缝连接时，焊缝承载力计算所采用的焊缝长度应扣除引弧段的长度，实际焊缝长度宜比计算的焊缝长度多加 20%。焊缝应防刷除锈涂料。

立柱与主体结构之间宜采用螺栓连接。如果立柱角码与主体结构连接件采用焊缝连接时，承载力计算的焊缝长度应扣除引弧段长度，实际焊缝长度宜比计算的焊缝长度多加 20%。焊缝应涂刷防锈涂料。

---

*本文为 2005 年全国铝门窗幕墙行业年会论文

吸取巴黎机场2E厅突然坍塌的教训 增强幕墙和屋顶的安全设计

龙文志

【摘 要】本文从今年两个屋顶突然坍塌事故谈起，介绍了两个剩余强度设计的工程案例，为吸取教训，建议在建筑工程设计和审核中引入破损安全理念和剩余强度设计要求，必要时进行破损安全或剩余强度试验。

【关键词】破损安全，剩余强度设计。

一、从巴黎戴高乐机场2e候机厅和莫斯科德兰士瓦水上乐园玻璃屋顶突然倒塌事故谈起

巴黎当地2004年5月23日清晨7点左右，该市北部的夏尔-戴高乐机场的2e候机楼发生屋顶突然坍塌事故，遇难人数为4人，其中包括两名中国公民，另有多名旅客和机场人员受伤。该候机楼于2003年的6月17日举办了落成典礼，但直到同年11月份才正式投入使用。

候机楼是由巴黎机场公司的建筑师和工程师们设计和承建的，总投资达七亿五千万欧元。该候机楼是法国最大的建筑工地之一，多达400家企业参与了它的建设。法航投资了五千万欧元在新候机楼的建设方面。2e候机楼的基础设施为主体部分有450m长、650m长的廊桥停机位，能够同时处理17架飞机的飞行和降落，承载的年客流量达一千万人次。巴黎戴高乐机场2e候机厅，整体设计先进超前，主要以钢材、玻璃以及水泥板块组成。总设计师安德鲁是国际知名的现代派建筑大师。

图1 戴高乐机场2e候机厅坍塌现场

戴高乐机场2e号候机厅这样的现代先进的建筑物，竟然发生倒塌断裂的重大事故及多人死亡的恶性惨案，立即成为轰动世界的重大新闻，法国各界都难以置信。事发当天法国司法部门就开始立案调查，并且紧急召回在北京的总设计师安德鲁，法国司法机构从两个方面展开深入调查工作。一是对设计师与施工单位有关人士进行查询，以核实候机厅是否存在设计缺陷和施工隐患；二是对长期工作在候机厅内的工

图2 戴高乐机场2e候机厅坍塌后登机桥断裂

图3 戴高乐机场2e候机厅原貌

作人员及事发时现场见证人进行询问，以更全面地收集相关讯息。法国建筑界对事故的原因有种种猜测，比如地基土层沉降、去年酷暑建筑内外温差过大，金属与玻璃两种不同材质相互调节计算失误，施工中过分追求速度，选用材料质量不佳等。但总的说来不外乎设计缺陷和施工质量两个方面（图1～图3）。

2004年2月14日当地时间约晚上7时半，莫斯科德兰士瓦（Transvaal）水上乐园被冰雪覆盖的玻璃屋顶突然倒塌。玻璃屋顶坍塌事故已经造成包括两名儿童在内的至少28人死亡，另有142人受伤，其中包括20多名孩子。

图4 莫斯科水上乐园玻璃屋顶坍塌现场

图 5　莫斯科水上乐园游泳池玻璃屋顶坍塌后逃生照片

莫斯科德兰士瓦（Transvaal）水上乐园位于莫斯科西南城郊，是郊区地带颇受欢迎的几处娱乐设施之一，已经开放了两年多，里面包含一个大型的游泳池、一条人造河流和一个水滑梯。“德兰士瓦”是莫斯科最大的水上乐园，2002 年建成，位于莫斯科西南方。承建德兰士瓦水上乐园工程是由一家名为“科恰克·印沙阿特股份公司”的土耳其建筑公司承建的,建筑总面积为 20200 ㎡，能容纳 2000 人。在第一层有一个有 50 个座位的餐厅、前台、咖啡厅等。第二层有衣帽间，能容纳一百人的快餐厅，商店，储存室，在第三层还有美容美发厅等设施。

图 6　莫斯科水上乐园原貌

事故发生后，有关方面很快就成立了事故原因调查工作组。该小组成员由联邦建设委员会下属的三个机构即国家建筑工程鉴定总局、联邦建筑资质鉴定中心和国家建筑工程监控局的专家组成。在紧急情况部否认发生爆炸的说法后，俄调查部门针对事故发生的原因仍有多种说法：塌陷可能是由于上面堆积的冰雪过重造成的，玻璃幕屋顶的结构强度不够；也可能是因为室内外的温度相差太大,内外温差（室内零上 25°，室外零下 15°）导致屋顶玻璃破裂；玻璃幕屋顶用法不当；承力结构所用材料有问题；构件浇铸厂家存在技术问题；建筑设计有误；屋顶的钢筋水泥结构因通风不畅，吸收了太多由水蒸气形成的冷凝水，造成屋项结构承力下降，导致坍塌（图 4～图 6）。

这两个事故有下列共同点：

1．使用时间不长（莫斯科德兰士瓦水上乐园使用约两年，戴高乐机场的 2e 候机楼使用约一年）；

2．不是个别部件或玻璃的损坏或脱落，而是结构整体的坍塌；

3．事故发生前无征兆或者无明显征兆，坍塌突然发生，猝不及防；

4．坍塌时间分别是早晨约 7 时和傍晚约 7 时 30 分，外部环境当时不是最恶劣和极限承载状态，例如大风、大雪、地震等；

5．建筑及结构比较现代；

6．事故后果严重，死伤人较多。

戴高乐机场航站楼的事故和莫斯科德兰士瓦水上乐园事故原因的调查给出答案之前，中国建筑界一场新的争论悄悄升温：

（1）安德鲁在中国设计的四个工程（上海浦东国际机场、北京中国大剧院、上海艺术中心和广州体育馆）是否要重新进行安全审查；

（2）大跨度玻璃屋顶和建筑玻璃采光顶设计和施工质量如何规范和控制；

（3）建筑创意要不要大胆？是否设计师的创意是否过于大胆，以至于超过了现有技术的实现能力？如何处理好创意和结构这对矛盾？等。

本文仅对建筑幕墙和屋顶的结构安全设计提出一点初浅看法和建议。

二、剩余强度设计，部件失效时体系的安全性

（一）目前世界上大部分现代派建筑，基本采用轻型建筑材料，如钢材、玻璃及拉索等，讲究轻盈透明，结构环点相扣，主要是从物理力学的支点平衡及相互牵扯制约来达到整体稳固效果，目前世界各国设计标准中还都未明确提出要考虑结构的“失效—安全’设计原则，没有进行必要的剩余强度设计，正是由于现代派建筑的这些特点，导致了了新型建筑结构支撑存在着环环相扣、互为依托牵引的特点，可谓是牵一发而动全身，哪怕是一颗螺丝的脱落、一根拉索的松动、一个支柱的折断都会引发整体结构的失衡现象。所以容易出现：当一、两个受力部件或另件失效时，往往会导致整个结构体系的突然破坏，造成灾难性后果。以玻璃幕墙和玻璃屋顶为例：《玻璃幕墙工程技术规范》（JGJ 102）中，玻璃幕墙结构安全设计采用了两种方法，即允许应力法和多系数法。这两种方法的设计概念是根据全部结构无条件保证安全这一要求而产生的，即结构系统中任一部件或另件失去安全则整个系统也随之失去安全，称之为“安全寿命概念”。由于玻璃的强度离散度大，脆性断裂前没有征兆，因而玻璃结构发生的事故是突发的和偶然的，要求玻璃结构所有部件都是绝对安全是不现实的。有效的措施是：采用失效—安全设计理念，增加剩余强度设计，必要是进行剩余强度试验。

（二）失效—安全、剩余强度概念

“失效—安全”、“剩余强度” 的概念有三层意思：一是对整个结构而言，当组成该结构的一个或数个部件发生

破坏时，尽管整个结构没有原来设计的最大承载能力，但不会发生结构的整体破坏，整体结构仍然具有可以接受的最低安全水平。二是最低安全水平维持的时间，要能够满足恢复整体结构达到正常安全水平的要求。图7是德国的头顶玻璃剩余强度的试验照片，记录夹胶玻璃冲击破碎弯曲后，直至完全坠落掉下的间隔时间，这个时间能够足以更换和维修，恢复整体结构达到正常安全水平的要求。三是结构承受疲劳荷载的情况下，裂纹扩展后的剩余强度能否承受规定的使用荷载。

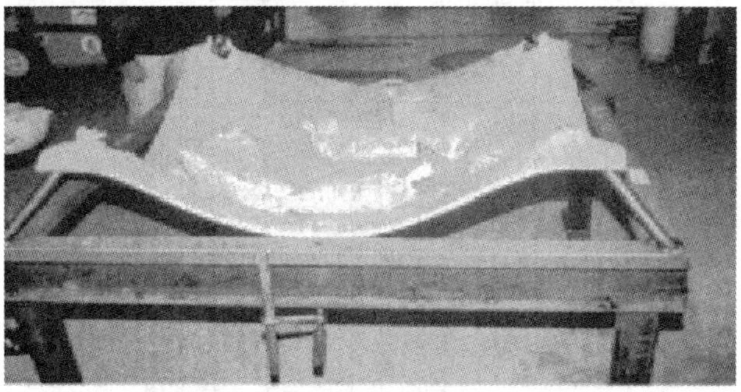

图7 夹胶玻璃剩余强度试验

在疲劳荷载的作用下，构件的裂纹会逐渐扩展，当裂纹尺寸小于临界长度时，其断裂强度因子小于材料的断裂韧度，裂纹的扩展的速度是缓慢的，称为"亚临界扩展"；当裂纹的尺寸扩展到临界长度时，其断裂强度的因子等于材料的断裂韧度，裂纹的扩展速度十分快（近似于声音的速度），构件突然发生断裂，称为"失稳扩展"。现实裂纹的尺寸扩展到临界尺寸所需的时间为"剩余强度"时间，正常情况下要满足构件的寿命要求。

在飞机结构设计中，比较早地采用了"失效—安全""剩余强度"设计概念，有效地减少了飞行的灾难性事故，又降低了飞行器的重量和成本，实践和理论都证明这是一个符合实际的、科学的设计概念。推荐在玻璃结构中采用这种设计概念。对于重要大型结构、尤其是大跨度的屋顶结构也应推荐这种设计概念。

加拿大多伦多天空穹顶屋盖结构设计就采用了"失效一安全"的设计理念，通过剩余强度设计，设置多条荷载传递路径，以保证在异常破坏事件和部分结构构件破坏情况下，屋盖不发生整体突然倒塌的灾难性事故，要求屋顶大板上任意点周围半径4.5m范围内的构件失效后，整个屋顶结构仍具有最低可接受的安全性，整体屋顶结构不发生突然坍塌事故。加拿大多伦多天空穹顶跨度205.4m，覆盖面积32375m^2，是世界上首创规模最大的开合屋顶，1989年6月正式投入使用，至今已有15年，未发生整体突然坍塌事故，这说明失效—安全、剩余强度设计对大型现代结构的屋顶也是可行的。现代建筑处理好创意和结构这对矛盾的要点是更新和健全设计理念，现代结构要增加现代结构设计理念—失效安全设计理念，进行剩余强度设计，必要时进行剩余强度试验。

三、北京某工程单索点支承玻璃幕墙剩余强度设计案例

此工程由广东金刚玻璃科技股份有限公司中标，在巴黎戴高乐机场2e候机厅倒塌事故发生后，及时增强了安全设计理念，引入了剩余强度设计。本文用估算设计阐明。

（一）为简化估算，洞口宽：2.4m×12 m，洞口高为2.7m×12 m，中间由两榀钢桁架对称等宽支承，玻璃分格为2.7m×2.4m，每一支承宽为：2.4m×12÷3=9.6m，每一支承高为：2.7m×12=32.4m，高宽比为32.4÷9.6=3.375，若双向正交单索点支承玻璃幕墙，则横向拉索受力约为竖向拉索受力的27倍。故横向受力按为单向单索点支承玻璃幕墙设计，竖向拉索除作承重索外，按剩余强度备用拉索设计估算，所谓剩余强度备用拉索是指横向拉索若有一根或两根断裂或松弛，其承受的水平荷载不转移到其他横向拉索，避免横问拉索连锁断裂，以致整体拉索断裂，而是将一根或两根断裂或松弛后，其承受的水平荷载转移到竖向拉索上，此时的竖向拉索不能断裂，故竖向拉索还要按剩余强度设计（图8和图9）。

图8 北京某工程单索点支承玻璃幕墙效果图

（二）横向拉索强度估算：

水平荷载设计值：

S=[1.2×0.3072+1.4×1.08+1.3×0.6×0.4096] KN/m^2

= [0.3686+1.512+0.3195] KN/m^2

=2.2001 KN/m^2≈2.2KN/m^2

每一节受力P，n=2，a=2.4m，

P=2.4m×2.7m×2.2 KN/m^2 =14.3KN

接参考文献2进行拉索设计分析估算。节集力P总数为奇数，横向拉索最大力T_n为：

$$T_n = \frac{2n-1}{2Sin\alpha_n}P \approx \frac{2n-1}{2\delta_n}aP = \frac{2n-1}{2\delta}aPB = \frac{2n-1}{4n\lambda}PB$$

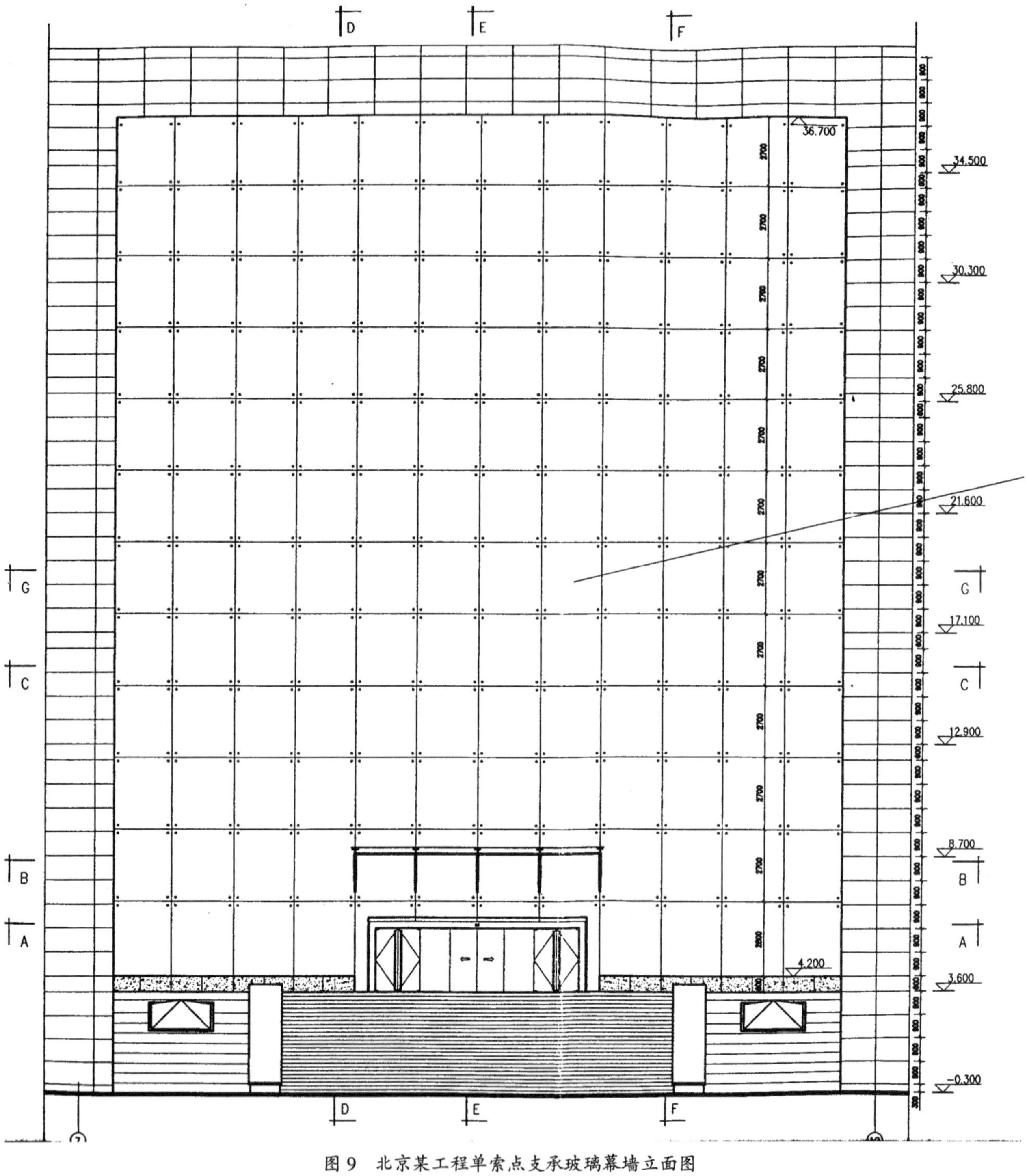

图 9　北京某工程单索点支承玻璃幕墙立面图

$$B=\sqrt[3]{\frac{1}{2n-1}}+\sqrt[3]{\frac{3}{2n-1}}+\sqrt[3]{\frac{5}{2n-1}}+\ldots\ldots\sqrt[3]{\frac{2n-5}{2n-1}}+\sqrt[3]{\frac{2n-3}{2n-1}}+\sqrt[3]{\frac{2n-1}{2n-1}}$$

n=2，B=1.693，

总挠度 δ 与跨距比 λ = δ / 2na

（1） 设 λ_1=1/30， 根据上式得：

T_1=1/30 =0.375×14.3KN×30×1.693＝272KN，

$\delta_{(1)}$ ＝2na× λ ＝2×2×2.4m÷30＝320mm

（2）设 λ_2=1/50， 根据公式得：

$T_{(2)}$ =0.375×14.3KN×50×1.693=453KN，

$\delta_{(2)}$ ＝2na× λ ＝2×2×2.4m÷50＝192mm

不锈钢绞线直径Φ32mm，其最小破断力设计值 P_f 为 627KN，则 $T_{(2)} < P_f$.

（三）施加预拉力 T_0 力学分析：

拉索结构施加预拉力 T_0 是在未受外载荷之前完成的，

受到外载荷之后，拉索产生了新的内力ΔT，尽管 T_0 和ΔT 共同平衡外力，但只有ΔT 产生拉索结构变形挠度 δ_0，设未加预拉力时拉索拉力为 T，挠度为δ；施加预拉力 T_0=KT，则ΔT=T-KT，挠度为 δ_0，当未加预拉力时 λ_2=1/50 时，$T_{(2)}$ = 453KN，施加预拉力 T_0=0.3$T_{(2)}$ 后：依照参考文献 12 式得：

$$\delta_0 = \sqrt{1-K}\ \delta$$

$$\delta_0 = \sqrt{1-0.3}\ \delta = 0.837 \times 192mm = 160mm$$

跨距比：λ =160÷9600=1/60

索最大拉力：T_n=453KN×1，3=588.9KN ＜P_f

施加预拉力：T_0=0.3$T_{(2)}$ =0.3×453KN=135.9KN

（四）剩余强度估算：

若横向索有一根断裂或松弛竖向拉索除作承重索外，按剩余强度备用拉索设计估算，所谓剩余强度备用拉索是指横向拉索若有一根，其承受的水平荷载不转移到其他横向拉索，避免横问拉索连锁断裂，以致整体拉索断裂，而是转移到竖向拉索上，故竖向拉索还要按剩余强度备用拉索设计估算。

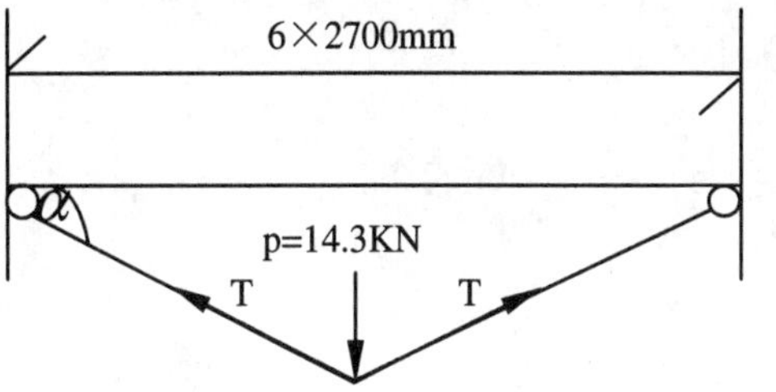

tan α =9600/（50×2700×6）=0.01185≈Sin α

T=14.3KN/（2×0.01185）=603KN

看来需要选用和横向索同样的索，不锈钢绞线直径 32m，其最小破断力设计值 P_f 为 627KN，则 T＜P_f .

四、拱形玻璃屋顶剩余强度设计案例

图 10 所示为德国奥格斯堡市（Augsburg）马克西姆（Maxim）博物馆的玻璃屋顶，是在原有的古建筑上加建的。为了保证工程安全性，采用了破损安全设计理念，进行了剩余强度设计，保证多种荷载工况下或一块或多块玻璃破碎后，结构仍能保持稳定和安全，为验证剩余设计的可靠性，该工程进行了破损安全试验（图 11 和图 12）。

屋顶为柱面壳体，结构长 37 m，跨度 14 m，矢高 4.5 m，玻璃总面积为 560m^2，每块玻璃 1.16 m x 0.95 m，为（12 mm ＋12 mm）的半钢化夹胶玻璃。由于玻璃的抗压强度非常大，因此将玻璃用于拱形屋面，使其所受主要应力为压应力，这正是发挥了玻璃的力学性能。拱形屋面的每一条拱带是由 14 块玻璃组成，相邻的玻璃板在其角部由夹板连接，形成刚节点传递其间的压力。组成拱带的玻璃板数目是由计算优化的，因为数目过多，会使节点数增加，不仅增加了制作施工的费用，也使结构显得零乱，降低了通透性；数目过少，则曲面不够光滑，建筑外形不够美观，力学上则由于玻璃板受压力方向与板面角度加大，使板跨中的附加弯矩增大，同时节点夹板对玻璃板的约束弯矩 M 也将加大，见图 13a。

图 10　马克西姆博物馆玻璃屋顶

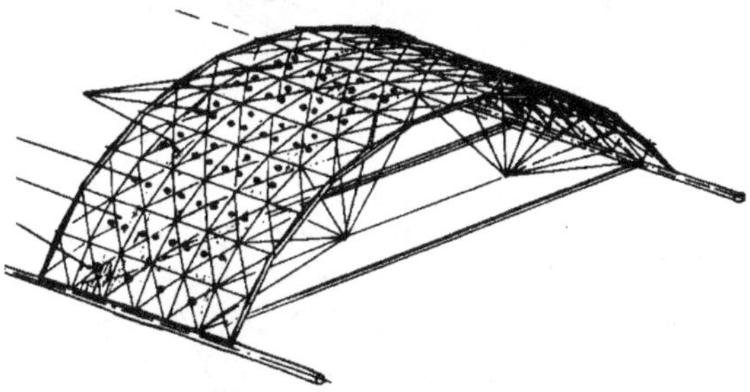

图 11　玻璃屋顶结构轴测图

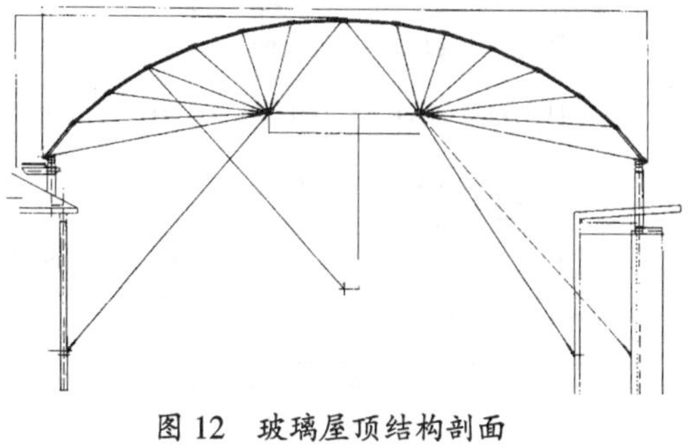

图 12　玻璃屋顶结构剖面

沿结构的纵向，玻璃的连接完全一样，同时屋顶整体的四边均由钢管与原有建筑形成封闭的支承体系，故每条玻璃拱带的侧向稳定是有保障的。组成结构的还有不可缺少的预应力钢索体系。该体系分成两组，第一组为在结构竖直面内沿轴线设置的放射线索，索的纵向间距为 3.85 m，间隔 4 块玻璃，中间联系索为φ12mm，其余为φ10mm。放射线索的作用有以下几点：

1）因为玻璃板面组成的整体并非弧线，而是折线，故折线交点应有作用于节点极的约束弯矩 M（图 13a ）才使节点平衡，而放射线索，提供了节点处的法向力 T，从而减小以至消除了约束弯矩，减少了玻璃角部的应力集中（图 13b）。

2）玻璃拱带安装完毕后，将放射线索张紧，相当于沿拱线施加法向荷载，将玻璃间空隙压实，增加了结构的初始刚度。

3）在负风压作用下，由图 13 中 *a*、*b*、*c* 索的张紧（图 13c）抵抗风吸力，以减少对玻璃拱带整体的拉力效应。

4）在对称及不对称荷载下，由于索的张紧，加强了结构的稳定性（图 14）。同时在以上两种情形下，索会产生松弛现象，初始预应力值大小的确定应使索一直处于受拉状态为准。

5）减小以至消除对边界的推力。

第二组钢索体系为在玻璃板平面内对角交叉设置的预应力钢索。这组钢索保证了当一块或多块玻璃破碎后，结构仍能保持稳定，同时与第一组钢索一起加强结构整体性。若有玻璃偶然破碎，刚破碎的玻璃所处的拱带将变得不连续，此拱带上荷载通过节点传递到相邻的拱带。

为验证剩余设计的可靠性，该工程进行了破损安全试验，模拟了一块或多块玻璃的破碎，而整个玻璃屋顶仍然安全。

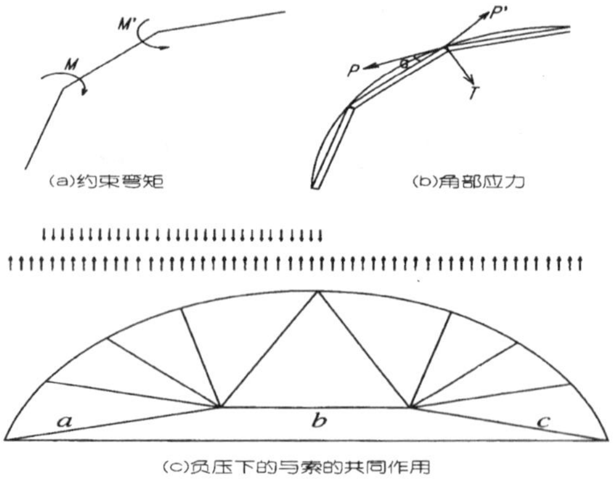

图 13　拱形玻璃面板的受力分析图

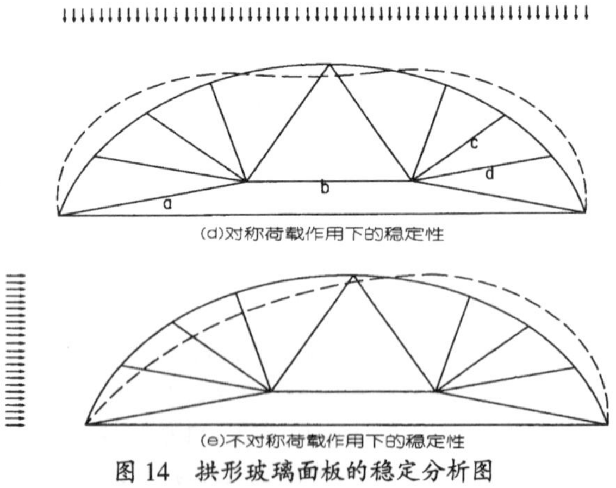

图 14　拱形玻璃面板的稳定分析图

五、清华大学 windoe 估算分析了一个混凝土的拱估算尺寸

厚度 300～400，跨度 25m 左右，矢高 8m 左右，与巴黎戴高乐机场 2e 候机厅的产屋顶有些相似，在向下对称静载作用下，拱脚柱端有比较大的集中力，见图 15；在侧向不对称静载作用下，拱线变轨迹地方的应力很大，见图 16。这样的屋顶 若没有进行剩余强度设计，容易突然整体破坏。

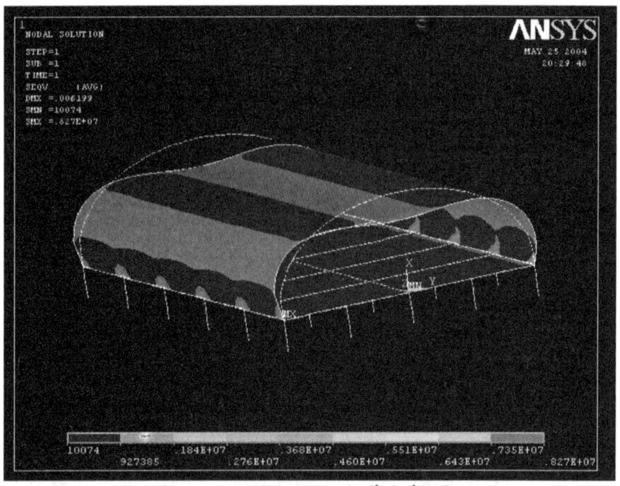

图 15　混凝土拱顶力学分析图

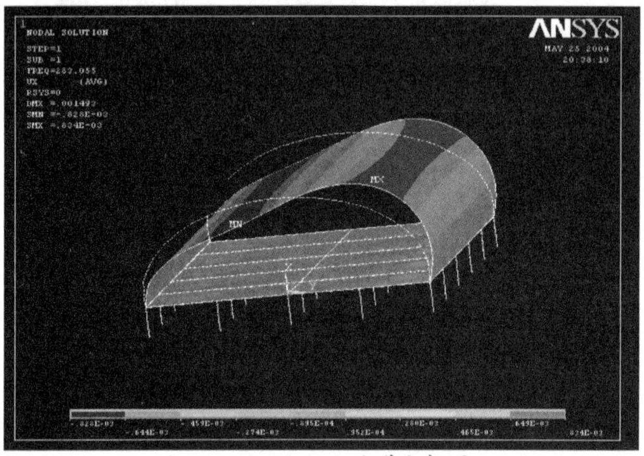

图 16　混凝土拱顶力学分析图

六、结束语

戴高乐机场 2e 号候机厅和莫斯科德兰士瓦水上乐园等两个屋顶坍塌事故的原因尚未公布，各种分析和估算也只能作参考，本文两个案例的设计和剩余强度设计也不是尽善尽美。但吸取这两个事故性质和后果的教训，可以有以下建议：

1）在建筑工程设计中引入破损安全设计理念，在建筑工程技术规范和标准中增加剩余强度设计的要求。必要时进行破损安全、剩余强度试验。

2）开展建筑工程破损安全和剩余强度设计和试验的研究。

3）可能的话，对已建和在建的重大建筑工程（包括安德鲁设计的中国工程）进行剩余强度和安全审核。

参考文献：

1. 刘锡良编著. 现代空间结构. 天津大学出版社
2. 龙文志. 单向受力拉索点支承玻璃幕墙的力学分析. 门窗幕墙信息，2003. 4月
3. 中华钢结构论坛等网上资料
4. 《疲劳与断裂》飞机. 发动机疲劳学习班讲义

[编者按] 这是一篇对防火材料在幕墙设计中的应用有深度研究的论文，既有实用价值，也可供相关规范修订时参考。作者是位有心人。

防火材料在幕墙设计中的应用

深圳市方大装饰工程有限公司　谢士涛

【摘　要】文章从消防术语着手，对防火材料的区别作了分析，尤其对幕墙设计中常用的防火玻璃、防火铝塑板、防火涂料、防火密封胶等防火材料的使用进行了深入探讨，为在设计过程中正确合理地选用防火材料提出了建议。

【关键词】防火　防火材料　防火玻璃　防火铝塑板　防火涂料　幕墙设计

1　前　言

在建筑幕墙设计中根据建筑消防的需要会使用到很多种防火材料，如防火玻璃、防火涂料、防火铝塑板、防火密封胶等。虽都称为防火材料，但各自的防火作用与防火能力却是大不一样，如防火玻璃可做防火隔断并起到防火的作用，如采用防火铝塑板单独作为面板材料做成防火隔断，耐火时间可能不会超过30min。这是因为防火铝塑板只是一种难燃的装饰材料，没有很好的耐火性。

因此，正确地理解各种材料防火的意义，全面地了解防火的作用，是我们正确地选用防火材料的关键。本文将就建筑幕墙设计中常选用的防火材料作探讨。

2　防火材料的几种分类

2.1 几条消防术语

在选用防火材料的过程中，容易混淆“防火”的第一个原因是我们对消防的术语不清楚，往往此“防火”并非彼“防火”。下面是几个应注意的消防术语：

防火：防止火灾发生和（或）限制其影响的措施。

表明防止火灾的发生可称为“防火”，限制火灾造成影响的措施也可称为“防火”。可见“防火”这一概念在消防中的范围是极其广泛，单从防火两字很难表明其防火作用。

阻燃：对材料添加物质或进行处理以抑制其燃烧、或显著减弱或延缓其在燃烧时火焰的扩展。如防火涂料的防火作用就是阻燃。

防火性能：是指暴露于火中的材料、产品和（或）构件，发生物理和（或）化学变化或保持原有的性能。

燃烧性能：是指材料和（或）制品遇火燃烧时所发生的一切物理和（或）化学变化。也就是对火反应特性。

材料对火反应特性主要包括：不燃性、着火（点着）性、火焰蔓延性、放热性、发烟性、烟气毒性等。我国采用ISO/TC92 制定的对火反应试验方法标准。对火反应试验方法是一种人为的设计模型，测试参数单一，不能与实际火灾等同。实际火灾的燃烧情况是一种复杂的综合作用，有多种因素的影响，包括材料数量、所处部位及环境等因素。所以评价材料的燃烧性能不能直接反映火灾实际危险性。

耐火性能：是指建筑构件、配件或结构在一定时间内满足标准耐火试验的稳定性、完整性和（或）隔热性的能力。

耐火极限：指在标准耐火试验条件下，建筑构件，配件或结构从受到火的作用时起，到失去稳定性、完整性或隔热性时止的这段时间。

2.2 防火材料的分类

从对“防火”这一消防术语的理解，防火材料可分为两大类，一类是**防火型**防火材料，即以防止火灾的发生为目的的防火材料，一般以材料的燃烧性能进行评价，如防火板、防火铝塑板。另一类是**措施型**的防火材料，即以限制火灾造成影响措施为目的的防火材料，常以阻燃性或耐火性能进行评价，如防火涂料、防火玻璃等。

防火型的防火材料，按照《建筑材料燃烧性能分级方法》(GB8624-1997)，根据材料对火反应的程度分为（表 1）：

1. 不燃材料；
2. 难燃材料；
3. 可燃材料；
4. 易燃材料。

防火型的防火材料燃烧性能分级　　表 1

级别	名　称	材料特性描述
A	不燃材料	它们在火中不会燃烧，大部分不会产生塑料形变，不会释放出有害的烟和气体。它们具有最好的防火性能
B1	难燃材料	指不容易被点燃和产生持续燃烧的材料。在火灾初期，它们的燃烧量较小，会出现一些烟和气体，但不会很大影响人员的避难逃生
B2	可燃材料	在燃烧时发生的烟和气体较多，材料会出现部分融溶现象。但只要适当限制它们的使用面积，则它们产生的危害是有限度的
B3	易燃材料	它们极易被点燃，并且燃烧速度十分快，可释放出大量的浓烟和有毒气体，它们产生的危害是很大的

根据不同的防火材料产品，有着相对应的试验分级标准，如《建筑用安全玻璃 防火玻璃》（GB15763.1-2001）是专门针对玻璃防火的评价标准，《防火封堵材料性能要求和试验方法》（GA 161-1997）是针对封堵材料的而编制的，《钢结构防火涂料通用技术条件》（GB14907-2002）则是钢结构用防火涂料的专用规范等。

3　防火玻璃

防火玻璃，其在防火时的作用主要是控制火势的蔓延或隔烟，是一种措施型的防火材料，其防火的效果以耐火性能进行评价。

3.1 防火玻璃的分类

防火玻璃是一种在规定的耐火试验中能够保持其完整性和隔热性的特种玻璃，按耐火性能等级分为三类，见表 2。

防火玻璃耐火性能分类　　　表 2

类别	特　性	主要用途
A 类	同时满足耐火完整性、耐火隔热性要求的防火玻璃	此类玻璃具有透光、防火（隔烟、隔火、遮挡热辐射）、隔声、抗冲击性能，适用于建筑装饰钢木防火门、窗、上亮、隔断墙、采光顶、挡烟垂壁、透视地板及其他需要既透明又防火的建筑组件中
B 类	同时满足耐火完整性、热辐射强度要求的防火玻璃	此类防火玻璃多为复合防火玻璃，具有透光、防火、隔烟特点
C 类	只满足耐火完整性要求的防火玻璃	此类玻璃具有透光、防火、隔烟、强度高等特点，适用于无隔热要求的防火玻璃隔断墙、防火窗、室外幕墙等

从结构上分，防火玻璃分为复合防火玻璃与单片防火玻璃。

3.2 复合防火玻璃

复合防火玻璃是一种在两片透明夹层玻璃之间灌注一种可遇火发泡膨胀的无色透明的特殊耐火化学物质，经硬化后制成。根据灌注化学物质的不同，复合玻璃可做成 A 类或 B 类防火玻璃。

当火灾发生时，灌注固化在防热辐射型复合防火玻璃中间的特殊透明化学物质大量地吸收火焰中的热量而发泡膨胀，同时变成不透明的白色，从而阻止玻璃迎火面火焰的热辐射向背火面传递，并在一定程度上降低迎火面向背火面传递热量。在此过程中玻璃整体保持完整，形成一个可以阻隔火焰、烟雾和燃烧产生毒气扩散与蔓延的屏障。

复合防火玻璃在紫外线长期照射下会变成乳白色及产生汽泡，失去玻璃的透明功能，因而不太适合在外墙上使用，但可在有耐火隔热性要求和防热辐射要求的防火隔断中采用。

3.3 单片防火玻璃

单片防火玻璃是将普通浮法玻璃经物理、化学处理工艺钢化而制成，因此具有良好的耐温性能和抗热炸裂性。遇到火灾时，在一定的耐火时间内不会炸破，从而可以隔断火焰和烟气。从这个意义上说，它具有防火功能，属 C 类防火玻璃。但是，它受热同时具有较高的热辐射照度，着火的一侧的热量会很快地辐射到背火的一侧，直接影响到背火侧的防火，使它的应用受到较大的限制。严格地讲此类防火玻璃称为“隔烟玻璃”要更恰当些。

3.4 防火玻璃的应用

自国内单片防火玻璃批量生产以来，防火玻璃得到了更加广泛的应用，但使用时有几点必须注意：

1．选用防火玻璃前，要先清楚由防火玻璃组成的防火构件的消防具体要求，是防火、隔火还是隔烟，耐火极限要求等。

2．防火玻璃的耐火极限与板块的大小关系密切，不能简单地以供应商的资料进行简单地认定。防火玻璃的耐火极限是根据《建筑用安全玻璃　防火玻璃》（GB 15763.1-2001）标准，测试样件的最小规格为 1100 mm×600mm。防火玻璃属于刚性脆质材料，其耐火性能很大程度上取决于玻璃尺寸，尺寸越大，耐火性能越低。

3．防火玻璃不能象普通平板玻璃那样用玻璃刀切割，必须定尺加工。

4．选用防火玻璃组成防火构件时，除考虑玻璃的防火耐久性能外，其支承结构和各元素也必须满足耐火的需要。

4　防火铝塑板

防火铝塑板是金属幕墙中常用的一种建筑材料，其防火主要是材料本身难燃烧，是防止火灾发生的防火材料，即防火型的防火材料。燃烧性能是其评价指标，常用的防火铝塑板可达到 GB8624-1997　B1 级标准。

4.1 防火铝塑板的生产工艺

防火铝塑板是由阻燃型塑料（聚乙烯）芯材两面复合表面施加装饰层或保护层的铝板构成。主要采用热贴工艺生产，生产时采用高分子膜或其他胶结材料作粘结材料，通过加热共挤加工，将铝板和塑料复合在一起形成。该工艺能保持生产连续，自动化程度高，产品质量稳定性好，为目前国内绝大多数企业采用。

4.2 防火铝塑板的阻燃机理

普通的铝塑板目前绝大多数板材都是以聚乙烯塑料为芯材，在高压、放热、放电等条件下极易引发火灾，为了使铝塑复合板成为难燃或不燃装饰材料，就必须对塑料芯材进行高效阻燃，才能制成防火安全性较高的防火铝塑板。提高铝塑板芯材阻燃的方法常用的有如下三种：

1．提高材料芯材本身的氧指数。建筑材料的氧指数一般随温度的升高而下降，氧指数 OI＜26 的建筑材料为可燃性材料，氧指数 OI＞26 的材料为难燃性材料。普通聚乙烯氧指数仅为 17.4，属可燃材料，提高其氧指数可达阻燃目的。

对聚乙烯芯材的阻燃可以采用共聚法即在聚乙烯树脂的分子链上通过共聚反应引入 X、P、N 等原子，在塑料燃烧分解时产生的 HX、NH3 等能稀释断链产生的小分子烯烃、烷烃的密度，抑制燃烧反应的进行；接枝法即将阻燃性好的单体通过接枝反应与易燃塑料的分子连上以提高其阻燃性；交联法即将呈线性分子链的聚乙烯(PE)塑料通过交联反应在分子链间形成网状结构来达到提高材料 OI 的目的。

2．混入阻燃添加剂，使其燃烧产物能起到隔绝空气与可燃气体的作用，提高产品的整体阻燃性能。目前普遍的阻燃添加剂为卤系添加剂。

3．添加金属氢氧化物阻燃剂。该方法是目前铝塑复合板芯材的一种最有效阻燃技术。金属氢氧化物如 $A1(OH)_3$、$Mg(OH)_2$ 添加在树脂中，在 200℃ 以上的温度下吸热脱水，可以带走产生的燃烧热，其脱水生成的氧化物在材料表面形成一道坚固致密的阻燃屏障，起到绝热防护作用，从而降低燃烧速度，防止火焰蔓延，达到抑制燃烧的目的。

4.3 防火铝塑板的应用

防火铝塑板作为一种难燃的装饰材料，具有外表美观、颜色持久、重量轻、强度高、适温性强、防火性好、耐酸性强、隔声性好、易保养、清洁简便等特点，在建筑内外装饰中得到了广泛的应用。

根据现行国家标准《建筑内部装修设计防火规范》（GB50222－95）表 3.2.1“单层、多层民用建筑内部各部位装修材料的燃烧性能等级”、表 3.3.1“高层民用建筑内部各部位装修材料的燃烧性能等级”、表 3.4.1“地下民用建筑内部装修材料的燃烧性能等级”中规定，防火铝塑板可用于规范规定的采用 A 级以外的装饰装修部位。

值得注意的是，防火铝塑板仅为装饰材料，可从一定程度上防止火灾的发生，一旦火灾发生其耐火性能并不能满足较高消防的需要。因此，防火铝塑板不可作为具有耐火极限要求的建筑构件材料使用，如有耐火要求的防火隔断等。

5　防火涂料

防火涂料的防火是利用涂料在火灾时的化学反应,对所涂覆的结构或构件起到隔热保护作用,从而保持结构的完整性。防火涂料是一种措施型的防火材料。

5.1 防火涂料分类与特性

防火涂料的种类繁多，根据其对火的反应分为膨胀型防火涂料与非膨胀型防火涂料；根据涂料的特性分为水性防火涂料与溶剂型防火涂料；根据涂料使用的基材不同分为钢结构防火涂料、饰面型防火涂料、电缆防火涂料，水泥、混凝土基材的防火涂料等。

5.2 防火涂料的防火性能与机理

防火涂料涂覆在基材表面后，一般可使基材的耐火能力得到很大的提高。如在钢结构构件中使用防火涂料后，可使钢结构构件的耐火能力从 15min 提高到 2h；在木结构构件中使用防火涂料后，可大大提高抗烧性能，当涂层厚度为 1mm 时，耐火极限可达 30min；电缆喷刷防火涂料后，提高了电缆的抗烧能力。

防火涂料通过其对火的反应提高基材的耐火能力，主要采用如下三种方法：

1. 隔绝可燃基材与空气的接触；
2. 释放惰性气体抑制燃烧；
3. 膨胀形成碳质泡沫隔热层。

5.3 防火涂料的应用

防火涂料具有上述优越的防火性能，受到了广大用户的欢迎，在很多的工程中得到了广泛的应用。但由于防火涂料品种多，性能各异，在使用上如不全面了解很易造成错误而达不到预期的效果。下面是防火涂料选用应注意的几个问题，供大家选用防火涂料时参考：

1．注意防火涂料适用的基材。如不能将用于木结构的防火涂料用于钢结构上。

2．区分水溶性涂料与溶剂性防火涂料的应用。钢结构防火涂料有两种：溶剂型防火涂料和水性防火涂料。从附着力角度比较，溶剂型大于水性，因此，对用于室外的钢结构应采用溶剂型防火涂料，室内钢结构可使用溶剂型或水性防火涂料。

3．注意防火涂料的毒性。有些防火涂料在与火反应时产生毒气，应谨慎选用。

4．对有隔热要求时，应选用膨胀型的防火涂料。如钢管中穿电缆时，对钢管的耐火能力提高的同时不能忘记隔热的需求。

5．耐久性问题，国产防火涂料选用的成膜剂大多为丙烯酸乳液、过氧乙烯树脂、氨基树脂等，这些成膜剂与防火组份构成防火涂料后导致防火涂料防火性能耐久性差。

6．装饰性问题，现在的饰面型防火涂料涂层较薄且具有一定装饰效果，但从室内装修的角度看，其装饰性有较大的距离。

6　防火密封胶

防火密封胶是一种封堵用的密封材料，具有密封与防火的双重性能，属于措施型防火材料。

6.1 防火密封胶的防火评价

防火密封胶是一种高分子的塑胶材料，因而对其防火等级的评价常采用《塑料燃烧性能试验方法氧指数法》（GB/T2406-93）、《塑料燃烧性能试验方法水平法和垂直法》（GB/T2408-1996）。

氧指数是指在规定条件下，固体试样在氧、氮混合气流中，维持平衡燃烧所需的最低氧含量，以氧所占的体积百分比数值表示。采用氧指数（OI）评价时，应用 GB/T2406-93 进行样品试验，计算确定氧指数。材料的氧指数(OI)与其阻燃性的对应关系如下：OI＜23 可燃，OI 在 24～28 之间稍阻燃，OI 在 29～35 之间为阻燃，OI＞36 为高阻燃。

采用 GB/T2408-1996 进行评价时，密封胶一般采用垂直法进行试验，按试验效果从高到低分为 FV-0、FV-1、FV-2 三级。

对密封胶的燃烧性能定级，虽有两个标准可选用，是同时采用还是只选用其一尚未明确规定。但《建筑内部装修设计防火规范》（GB50222-95）中 32.A.2.6 规定：塑料装饰材料，经氧指数、水平和垂直法试验，并符合表 3 中的条件，应分别定为 B1 和 B2。鉴于防火密封胶大多使用在室内，笔者认为按表 3 要求去进行测试和评价也应是合适的。

塑料燃烧性能判定　　**表 3**

级别	氧指数法	水平燃烧法	垂直燃烧法
B1	≥32	1 级	0 级
B2	≥27	1 级	1 级

6.2 防火密封胶的应用

防火密封胶作为幕墙的一种辅助材料，主要用于幕墙防火结构的密封，如图 1 所示。根据幕墙防火的要求，防火密封胶需有抗位移变形能力与防火防烟能力。

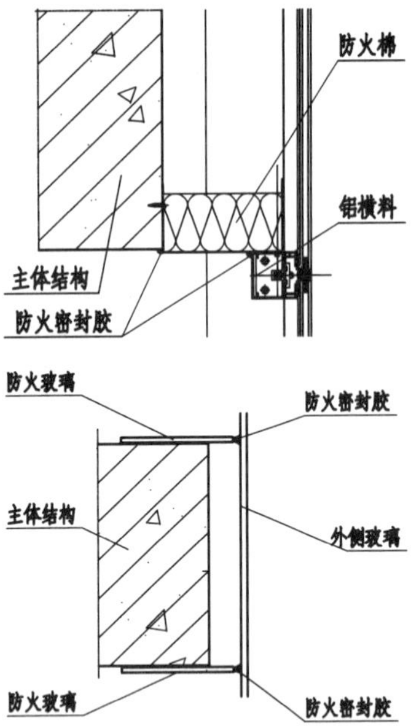

图 1　防火密封胶在幕墙中的应用

7　结论

安全问题，是设计需考虑的首要问题，消防安全也是设计过程中安全性不容忽视的一方面。正确地理解消防要求，科学合理地选用防火材料是设计人员应把握的设计前提。由于防火概念广，范围大，规范多，产品众。特别是在目前建筑材料品种繁多的情况下，以防火著称的材料层出不穷，对设计人员来讲，了解选用材料的防火本质意义重大。

随着建筑技术的发展与幕墙技术的进步，幕墙设计的范围也在扩大，对防火设计的考虑也需与时俱进。在进行防火设计选材时必须注意如下几点：

1. 充分地理解设计部位或结构对消防的真正需要。如隔火的要求与隔烟隔热的要求设计是不一样的。

2. 充分地了解防火材料的防火本质，正确选用材料。防火型的防火材料就不能用于需采用措施型防火材料的地方。

3. 防火材料的防火性能等级的理解，应对照试验报告与相关的标准或规范，这是正确选用防火材料的关键。

参考文献

1. 建筑消防百问，北京：中国建筑工业出版社，2003

2. 谢士涛，林勇生．防火玻璃幕墙与防火玻璃隔断的设计探讨．中国建筑金属结构，2003.11

3. 涂晓楠，周政懋．防火涂料，北京：化学工业出版社

4. 赵成刚．铝塑复合板及其防火阻燃技术

5. 靳为，曾会平．浅谈单片防火玻璃的使用

6. 塑料燃烧性能试验方法　氧指数法（GB/T2406-93）

7. 塑料燃烧性能试验方法　水平法和垂直法（GB/T2408-1996）

8. 建筑内部装修设计防火规范（GB50222－95）

9. 建筑材料燃烧性能分级方法（GB8624－1997）

10. 建筑用安全玻璃　防火玻璃（GB 15763.1-2001）

建筑幕墙优化设计

辽宁省经济职业技术学院讲师　**傅　冬**

辽宁省装饰协会门窗幕墙委员会专家组成员　**傅德安**

一、概　述

建筑幕墙的优化设计是最优化设计方法在建筑幕墙设计领域的应用。幕墙的最优化设计，简单地说，就是从所有可能的设计方案中，寻求最优的设计方案，以最大限度地满足设计所提出的目标。

寻求最优方案的方法是最优化方法。最优化的理论和方法是随着计算机的迅速普及而发展起来的，正因为最优化的宗旨是追求最优目标，这就决定了它的应用价值，最优化问题的解决意味着在相同条件下获得最优的方案、最好的效果和最优的经济指标。最优化的应用和推广，必将使建筑幕墙的设计提高到一个新水平。

目前,幕墙的设计，多采用类比法，参考已有的设计或经验数据，进行分析对比，从而确定所需的设计参数。也有选择有限的几种方案进行计算，最后根据设计要求确定一组较好的设计参数。一般来说，这样确定的设计方案，不是最佳的设计方案。但是，如果采用最优化方法进行设计，则可以获得最佳的设计方案。

最优化设计方法，是根据设计要求建立数学模型，选用有效的最优化计算方法，设计编写优化软件，在计算机上完成设计计算，最后获得最佳的设计方案。

二、建筑幕墙优化设计一般步骤

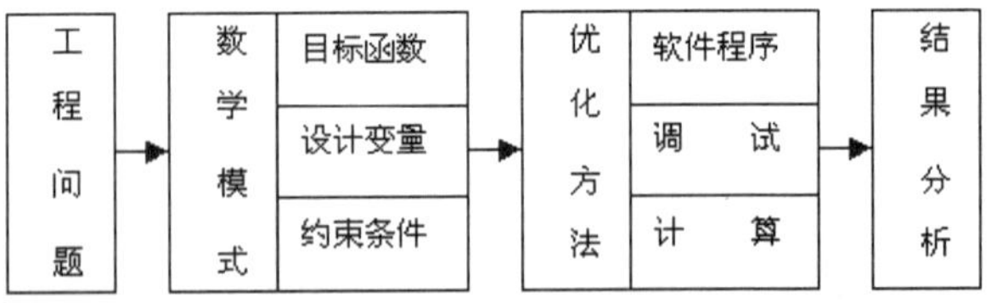

数学模型的一般形式：

$\min f(\bar{x})$

$\bar{x} \in E^n$

其中，　$\bar{x}=[x_1,\ x_2,\ x_3,\ \ldots,x_n]^T$

s.t.

$S_i(\bar{x}) \geqslant 0 \quad i=1,2,\ldots,m$

$h_j(\bar{x})=0 \quad j=1,2,\ldots,l\ (l<n)$

幕墙优化设计首先要解决的关键问题就是将工程实际

问题转化成数学模型。建立数学模型的三个基本要素是:目标函数、设计变量和约束条件。

1. 目标函数

目标函数是设计所追求的目标,它是用来衡量设计方案优劣的目标。幕墙优化设计可以是优化结构形式、确定优化的截面尺寸、成本最低、生产率最高等。

目标函数分单目标函数和多目标函数。单目标函数的求解比较简明准确，而多目标函数的求解比较繁琐。

当前，幕墙优化设计开展的工作主要是优化截面尺寸，使得幕墙的结构重量最轻。

2. 设计变量

$\bar{x}=[x_1,\ x_2,\ \ldots,x_n]^T$是设计变量。

幕墙的一个设计方案,一般可用一组参数来表示,在这些参数中,有的是预先确定的,即在设计过程中固定不变的量,即设计常量,如材料的弹性模量 E、材料的泊松比γ、材料的线膨胀系数α、材料的强度设计值等等；有些参数实质上不是常量,但在某些具体问题中可以看成常量,如风荷载,它是与地区、建筑物高度、建筑物所处的地面粗糙度、建筑物的体型等有关的量,但有的时候、有的情况下，可以作为常量处理。另一类是在优化过程中经过逐步调整，最后达到最优值的独立参数,叫做设计变量。优化设计的目的就是使各个设计变量达到最优的组合。优化截面尺寸的设计中,截面的几何参数、物理参数就是设计变量。

应当指出,合理地确定荷载和作用,是幕墙设计中十分重要的工作,作用在幕墙上的荷载有重力荷载、风荷载、雪荷载,此外还有使结构产生变形和内力的作用,有地震作用、温度作用。如果取值过大,所设计的结构尺寸会偏大,造成浪费；如果过小,则所设计的结构不够安全。

设计变量的个数就是优化问题的维数,若有 n 个设计变量 $X_1,X_2,\ldots,X_n$ 的优化问题,变量按一定次序排列就构成一个数组.设计变量的个数越多,设计自由度就越大,容易得到比较理想的设计方案,但随之而来的是,使设计复杂起来,优化计算更加困难,所以,应尽量减少设计变量的数目,将一些参数定为设计常量,而只将那些对目标函数影响较大的设计参数确定为设计变量,以使优化设计容易进行。

3. 约束条件

约束条件也叫约束函数，是设计变量本身或者设计变量之间应遵循的限制条件的数学表达式。

在优化过程中，设计变量不断改变其数值，以望达到目标函数的最小值。但设计变量的改变要受到限制和约束，设计变量在设计中的取值范围、上下边界也都必须有一定的限制，它们都是设计变量的函数。

为了保证幕墙结构能正常工作，在设计每一构件时，首先要使构件在外力作用下不破坏，即每一构件要有足够的强度。第二要考虑构件在外力作用下要变形，但变形不能超过某一允许范围，即每一构件要有足够的刚度。最后，构件在外力作用下，可能原来的形状不能继续维持而要突然改变，即原来的平衡形式不能保持稳定。幕墙构件设计时，应当考虑以上三方面以及参数本身、构造方面的要求，以数学表达式的方式写出。但对具体工程的具体构件，往往有时只考虑某些主要方面，有时可以以强度为主要的，有时则可能以刚度为主要的。假如所设计的构件能符合强度、刚度和稳定性的要求，就认为设计是安全的。

一般而言，梁在设计中应考率强度、刚度、整体稳定、局部稳定。轴心受拉构件应考虑强度和刚度。轴心受压构件应考虑强度、整体稳定、局部稳定和刚度。拉弯构件应考虑强度和刚度。压弯构件应考虑强度、整体稳定、局部稳定和刚度。

幕墙结构的连接通常有焊接、铆钉连接和螺栓连接。与主体结构的连接有前置式的预埋件连接、后置式的膨胀螺栓连接（有的省市禁用)、化学锚栓连接、穿透螺栓连接等。

约束条件的建立主要依据《玻璃幕墙工程技术规范》（JGJ102-2003）、《金属与石材幕墙工程技术规范》(JGJ133-2001)、《点支式玻璃幕墙工程技术规程》(CECS127：2001)、《钢结构设计规范》(GB50017-2003)、《高层民用建筑钢结构技术规程》(JGJ99-98）等相关国家和行业标准的要求。

4. 优化方法

寻求的过程，是设计编写计算机程序，然后在计算机上完成的，软件的设计是件十分繁重的工作，是应用最优化方法的关键环节和难点。

我们设计、编写了通用软件，用于建筑幕墙的优化设计。这套软件可用于一维问题、n 维问题、线性规划、非线性规划、无约束问题、有约束问题、等式约束和不等式约束问题。应用结果表明，软件有以下特点：实用性强，通用性好，收敛速度快，数位稳定性好，计算精确度高，便于操作，效果明显。

5. 优化结果的分析评判

对优化的结果要检查与评价其合理性,对所得到的优化参数要考虑是否需进行调整或圆整,要考证优化结果的正确性和实用性。

三、结 束 语

建筑幕墙是关系到人民生命财产安全的行业,国家实行生产许可证制。对建筑幕墙的要求是，安全可靠，实用美观和经济合理。

当前,建筑幕墙市场供求不平衡,“粥少僧多”,竞争激烈,相互压价，有的地方单价已经压得很低，若低价中标，再凭主观臆断降低材料的质量和数量，将会埋下严重的质量隐患。

建筑幕墙作为一种结构，假如过于保守地强调安全可靠，强度储备过大，选用了过大的截面尺寸或者优质材料，就意味着过重的结构重量或材料费用，势必造成成本的加大，材料的浪费，经济上的损失和效益的低下。

但如果片面地、盲目地追求经济效益和利润，甚至偷工减料，就可能使得工程不安全，最终会酿成质量事故。

优化设计就是解决安全与经济效益之间矛盾的最佳选择，在确保安全可靠的前提下，获取极大的经济效益。所谓“君子爱财，以道取之。”

实践表明，最优化设计除安全适用外，可做到重量最轻（可节省 10%～14%左右的材料)、成本最低、节省能源、加工制作和安装施工劳动力最省、工期最短。使建筑幕墙设计做到技术先进、经济合理、安全适用、确保质量。

非花岗岩石材幕墙应用的若干建议

中国建筑科学研究院　研究员
中国建筑装饰协会铝制品委员会专家组专家　**赵西安**

【提　要】 在《金属与石材幕墙工程技术规范》（JGJ133-2001）规范中未对非花岗岩石材幕墙应用作出规定，近年来这类石材幕墙工程应用日渐增多。本文根据这些工程的论证意见和实际设计施工经验，提出了其应用的若干建议，其中包括：石材性能、要求、承载力设计方法、构造措施、石材表面处理、试验、石材加工及其质量控制等。

【关键词】 非花岗岩石材幕墙　幕墙设计　幕墙施工　幕墙质量控制

一、概　述

《金属与石材幕墙工程技术规范》（JGJ133-2001）只对花岗岩石材幕墙做出了规定，未涉及非花岗岩类石材（如砂岩、大理岩、石灰岩、凝灰岩等）。

非花岗岩石材幕墙在欧洲广泛应用，历史相当久远（图1、图2a、图2b）；北美的超高层建筑中，采用石灰岩、大理岩板材的相当多，不少高度还超过200m（图3、图4）。近年来，我国一些工程中，采用了非花岗岩类石材以满足建筑艺术的要求，如深圳文化中心（凝灰岩）、东莞市行政大厦（黄褐砂岩）、中国银行北京总行（黄灰色大理岩）、广州广东发展大厦（绿色砂岩）、北京金融街建筑群（米黄色砂岩）、金殿大厦（米黄色洞石）* 等（图5、图6）。

由于现行规范对此类石材用于建筑幕墙没有相关规定，因此国内上述工程都分别进行了专家论证，提出了相应的技术措施作为设计与施工的

图1　采用石英岩外墙的办公楼（欧洲）

图2a　德国法兰克福办公楼，地中海多孔凝灰岩，墙面密缝

图2b

72层、外墙卡拉拉大理石

* 注：洞石为一般习惯的商品名称，属于多孔石灰岩，含CaO50%以上，石板内有直径为3～5mm的孔洞。

图 4　G.E.大厦，纽约，259m，70 层，外墙石灰岩

图 5　中国银行总行，北京，意大利大理石板幕墙，背栓式连接

图 6　金融街办公建筑，北京，罗马多孔石灰岩，长槽式连接

技术依据。目前正在进行 JGJ133 规范的修订，为满足石材幕墙发展的需要，将会补充非花岗岩石材幕墙的相关规定。本文的建议仅供同行讨论、参考。

二、石材的材性

（一）石材种类

非花岗岩类石材，宜优先采用火成岩；可以采用砂岩、大理岩；确有需要时，也可考虑选用石灰岩；采用疏松和多孔质石材时，宜慎重对待。

一般而言，二氧化硅（SiO_2）含量高的石材，有较高的强度和耐久性，含二氧化硅（SiO_2）50%以上的石材，适宜用于外幕墙。反之，氧化钙（CaO）含量高的石材，容易受到大气中的二氧化硫等气体的腐蚀，这类石材用于幕墙，要进行更完善的表面处理，采取更有效的防腐蚀措施。

（二）密度和均匀性

1．同一类型石材，密度都有一定的分布范围。通常密度大的石材，材质致密，强度高而耐久性好。密度 ρ_G 低于 2.1g/cm^3 的石材为低密度；ρ_G=2.1～2.5g/cm^3 为中密度；ρ_G≥2.5g/cm^3 为高密度。用于幕墙的石材，其密度宜符合表 1 的要求。

石材的密度要求　　表 1

石材种类	花岗岩	大理岩	石灰岩	砂岩
ρ_G（g/cm^3）	≥2.5	≥2.6	≥2.1	≥2.4

2．用于幕墙的石材，应质地较均匀。

（1）石材中不应有软弱夹层或软弱的矿脉。

（2）有层状花纹的岩石，不宜有粗粒、松散、多孔的条纹。

（3）多孔性岩石不宜孔径过大、孔洞过深。孔洞数量也不宜过多。否则应采取封孔措施。

（三）石材的强度

作为石材强度的重要指标为干燥状态下的弯曲强度，其数值 f_m 可取石材抗弯试验的平均值。试验方法应符合国家标准 GB9966 的要求。

火成岩（包括花岗岩）的弯曲强度试验平均值 f_m 不宜小于 10N/mm^2，当试件中有弯曲强度低于 8 N/mm^2 时，该批石材不应在幕墙中采用；其他石材 f_m 不宜低于 4 N/mm^2。当试件中有弯曲强度低于 3 N/mm^2 时，该批石材不应在幕墙中应用。

沉积岩有时各方向强度不一致，这时沿石材面板主要受力方向的强度应符合以上要求。

（四）冻融系数

石材在经过冻融循环后，强度有所降低。冻融循环试验按国家标准 GB9966.2 进行。冻融循环后的强度与原强度之比称为冻融系数。用于幕墙的石材，其冻融系数不宜小于 0.8 。

（五）吸水率

用于幕墙的石材，其吸水率不宜超过表 2 的限值。

石材吸水率限值　　表2

石材种类	花岗岩	大理岩	石灰岩	砂岩
吸水率限值（%）	0.8	0.8	4	5

（六）放射性

用于幕墙的石材，其放射性应符合《建筑材料放射性核素限量》GB6566 中 A 级、B 级石材的要求。

三、石板承载力设计

（一）石板面积

非花岗岩类石材面板的面积不宜大于 1.0m^2，支承跨度不宜大于 1.2m。可以采用背面连接方式减小支承点间的跨度。

（二）石板的厚度

1．石板的最小厚度 t_{min} 应符合表 3 的要求。

石材面板的最小厚度 t_{min}　　表3

石材种类	花岗岩	其他石材	
f_m（N/mm^2）	≥10.0	≥10.0	$4.0 \leqslant f_m < 10.0$
t_{min}（mm）	25	35	40

2．火烧石和天然粗糙面的石板，其实际厚度应比计算承载力所用的厚度大 3mm。

3．一般情况下石板厚度的公差可取为±2mm；当幕墙高度较大或抗震设防烈度为 8 度时，厚度允许正公差为+2mm，不允许负公差。

（三）石材面板的强度设计值

石材面板的弯曲强度设计值 f_1 和剪切强度设计值 f_2 可按表 4 取用。

石材面板强度设计值　　表4

石 材 种 类	花岗岩	其 他 石 材	
弯曲强度试验平均值 f_m（N/mm^2）	≥10.0	≥10.0	$4.0 \leqslant f_m < 10.0$
总安全系数 K	3.0	3.5	4.0
f_1	f_m / 2.15	f_m / 2.50	f_m /2.86
f_2	f_m /4.30	f_m /5.00	f_m /5.72

四、支承结构设计

（一）横梁和立柱的截面最小厚度

横梁和立柱截面主要受力部分的最小厚度，应符合《玻璃幕墙工程技术规范》（JGJ102-2003）第 6.2.1 条和第 6.3.1 条的规定。

（二）型钢的最小尺寸

石材幕墙支承钢结构不宜采用厚度小于 3mm 的钢管，不宜采用⊥45×4 以下的等边角钢和⊥56×36×4 以下的不等边角钢。

（三）横梁的抗扭设计

当石材面板距横梁截面重心较远时，宜考虑横梁的抗扭性能，必要时采用抗扭刚度较大的闭口截面形式。横梁截面宜有较大的空腔以插入截面尺寸较大的角码，并能设有足够数量的螺栓或螺钉抵抗横梁的扭转。

（四）温度变形空隙

横梁和立柱应按一定长度断开，断口留出不小于 15mm 的间隙，以满足横梁和立柱变形的需要。断口的间距一般不超过 12m。箱形截面钢型材的间隙可设滑动插芯连接，开口截面的型材可设型钢、钢板滑动连接。由空隙至邻近支承点的长度较小时，也可以留空不连接。

（五）横梁和立柱的连接

铝横梁和立柱一般由角码、螺栓或螺钉进行连接。钢横梁和立柱可以用螺栓连接，也可以焊接。采用焊接时应采取措施保证焊缝质量，并做好焊缝的清渣、防锈工作。

五、石材面板的构造要求

（一）石板的连接方式

1．石板不应采用钢销式连接。

2．宜采用对石材材质疏松、局部缺陷和孔洞不敏感、接触面较大的连接方式，常用长槽或短槽连接。当需要减小支承点间距时，可采用背栓或背卡式连接。

3．采用槽式连接时，槽宽不宜大于 10mm，槽深不宜小于 12mm，也不宜大于 20mm。挂板宜有位置调整装置，挂板厚度不宜小于 4mm。挂板入槽宜用改性环氧胶充填粘结。

挂板应便于石材面板安装、更换，宜采用 L 形挂板，不宜采用同一挂板连接两块石板的 T 形挂板。要防止上层石板自重通过 T 形挂板向下传递。

（二）石材面板四边板缝宜打耐候密封胶

既提高幕墙防水能力，也可防止石板破碎后坠落。耐候胶可采用深胶缝。耐候胶宜采用石材专用胶，并事先进行渗油试验确认无污染。

（三）宜在石板背面粘贴玻璃纤维布防止石板破碎落下。

六、石材表面处理

（一）多孔石灰岩等多孔石材，宜进行封孔处理。

（二）表面处理材料可采用有机硅材料或有机氟材料。

有机硅材料防水性能好，抗氧化、抗静电，但常偏碱性；有机氟防水材料抗氧化、防水、抗油、防污，且多为中性，但价格稍高，防水性能稍逊于有机硅防水材料，宜采用中性（PH 值 7.0 左右）防护剂。

（三）防护剂应有耐久性（一般应能用 3～5 年），保持石材透气性。防护剂不应改变石材表面的色泽。

（四）石材面板应先开槽、钻孔、清洗并干燥后，再进行表面处理。

（五）宜采用浸泡防护剂的方式做到六面防护。

七、试　验

非花岗岩石材种类多，产地遍布全世界，不同的石材性能变化幅度很大，因此施工安装前，宜进行必要的试验以确认幕墙的性能。

1．连接构造的承载力试验：如背栓连接的拉拔试验；槽式连接石板的加载试验等。

2．幕墙建筑性能的四项试验：风压变形、空气渗透、雨水渗漏和平面内变形能力试验。

3．必要时可进行振动台抗震试验。

八、施工要求

（一）石材面板的加工

1．采用机械开槽、钻孔。槽口中心线沿板厚方向偏差不大于2mm，要控制槽深和槽口宽度不超限，槽口应进行倒角。

2．不应采用化学溶剂清洗槽孔，应首先用清水冲净槽、孔内的石屑、粉末，再进行干燥。

3．干燥后的石板应进行六面保护剂浸泡或涂刷。如采用再次浸泡或涂刷，要在第一次保护剂干燥后再进行。

4．宜在工厂内进行槽口灌胶，装配挂板，或在石板内安装好背栓。

（二）运输和堆放

1．运输过程中要采取措施保护好金属连接件。疏松软弱石材应采取隔垫防振动、防挤压和防撞击。

2．运石材应轻拿轻放，存放时应放胶垫。

九、质量监控

（一）选择荒料

1．由业主、监理和幕墙公司三方共同确定石材来源。国内石材应由三方确认矿山和坑口。

2．开采的荒料应进行验收，加贴标志，专门场地堆放、保管。

3．荒料应确保其质量要求：

（1）均匀、致密，无风化现象，无明显疏松、薄弱夹层；

（2）色差在可控制范围内；

（3）无裂缝、暗伤、破碎带。

（二）开料

1．荒料经过验收，确认方可切割。

2．剖开的板料无裂缝，无大孔洞，无疏松层，否则剔除。

3．每$1000m^2$大料，检测一次弯曲强度，不符合标准时该批石料予以剔除。

（三）成品石板

1．成品板应按顺序排板，防止过大色差。

2．逐块检查，剔除有裂缝、大孔、疏松、缺棱掉角的石板。

3．机械加工完毕后，检查槽、孔的清洁和石板的干燥程度。

4．防护剂浸泡后，抽查渗入深度。

5．每$10000m^2$成品板，进行一次性能全面检测。

检测项目包括：干燥后强度；防水剂处理后浸水48h的强度；干燥状态下连接构造承载力；浸水48h后的连接构造承载力。

十、小　结

非花岗石板材质较差，耐久性也较弱，在用作幕墙面板时应精心设计、精心施工，确保安全。随着工程经验的不断积累，对这类石材的认识日渐加深，今后会提出更多的技术措施，进一步提高其应用水平。

我国石材幕墙挂件亟待规范

李怀亮　彭光浩　丁玉锋

【内容摘要】建筑装饰日新月异，干挂石材幕墙在我国的发展呈现出上升的趋势，而石材幕墙工程施工中的安全问题已成为行业内最关注的问题，其间最为敏感的焦点集中在石材幕墙挂件的质量与安全上，如何规范幕墙挂件是摆在行业及相关部门面前的一个重要课题。本文阐述笔者的认识和建议，仅供与业内人士共同探讨。

【关 键 词】干挂石材幕墙　石材干挂件　标准规范　安全隐患

随着国民经济的不断发展，国内现代化建设力度越来越大，推动建筑装饰材料市场随之发展。为了追求建筑物的华丽、节能、环保、自然，越来越多的装饰工程采用天然石材作为建筑内外墙饰面，装饰工艺技术的更新使石材由湿贴发展为干挂石材、由干挂石材转为石材幕墙的方式，这是装饰工艺技术的重大革新，也是科技发展和进步的必然。

众所周知，中国的石材幕墙是世界生产和使用大国。据不完全统计，国内年均石材装饰板材用于墙面装饰的约2500万㎡左右，所用石材幕墙挂件约1.4亿套左右。石材幕墙已在国内呈上升趋势，挂件的用量也随之增大，如今业内最为关心的问题就是挂件的质量，虽然在整个石材幕墙中挂件只是一个小小的配件，但它却起着四两拔千斤的作用，也可以说在整个石材幕墙的质量与安全问题中挂件是最关键的配件之一。

近五六年以来，笔者通过对全国各地石材挂件的调研，发现市场上多以“不锈铁”或镀锌挂件充当不锈钢挂件，这与“不锈铁”挂件低廉的价格有着紧密的联系。这些挂件的特点是材料质量多为再生材质，强度比不锈钢低得多，而且使用后易产生断裂；氧化铁污染石材表面及胶缝，破坏美观，石材一旦被污染日后清洗都无法消除。由于劣质干挂件长期在市场流通，被某些施工方采用，使工程质量存在着安全隐患，甚至造成安全事故。所以，业内的众多同仁通过多种形式就石材幕墙挂件安全隐患问题进行了呼吁和报道，意在引起相关部门的高度重视。

虽然现已出台干挂件行业标准，但由于有的企业缺乏了解，致使出台的标准规范贯彻落实太慢，标准中挂件品种也比较单一。行业标准《金属与石材幕墙工程技术规范》（JGJ133-2001）中确定每块板材不得超过 1.5m²，但大规格的天然石材板仍有使用。随着干挂安装技术的不断发展，目前 JC830.1-830.2××××《干挂饰面石材及其不锈钢挂件》（征求意见稿）中取消了针销式挂件（已被市场淘汰），同时要求挂件材质必须为不锈钢材质，但如今市场上难以买到真正的国标不锈钢石材挂件产品。所以，关于石材干挂件的部分我们认为还需要更好地补充完善，落后的已被淘汰的挂件要彻底取消，把安全可靠性高、安装便捷、拆装方便、经久耐用的产品向行业推广。标准修订过程中明确指出，劣质材料产品不允许进入市场，不锈钢缝挂式只限用于内墙或外墙低层特殊条件下。

目前在工程应用中有好几种工法、技术以及性能较好的产品，比如：S·E 型小单元式可拆装的石材幕墙挂件，采用铝矽镁合金材料，它的技术特点是将石材装饰板与 S·E 型安装组合件在工厂完成定位切槽，保证相邻石材平整，使整个石材幕墙垂直度和平整度更加整齐，该件为小单元式挂件，独立承载牢固性强，提高了抗震性能，与上下板连接处相互之间荷载不累积、受力简洁明确，当主体结构产生较大的位移或温差变化时，伸缩缝、沉降缝不会在板材内部产生附加应力，真正意义上实现了单块可拆装的石材幕墙，特别适用于高层建筑和抗震建筑的石材幕墙。由北京建工一建装饰公司施工的北京市国家安全局工程（4000m²）、由上海三鑫幕墙公司施工的温州大厦工（外墙面 47000 m²）等实践应用中得到了设计、施工人员的好评，它质优价廉、拆装方便，各项指标通过荷载计算均满足相关标准规范的要求。

背挂式石材干挂件，此件为垂直直角斜燕尾板型伸缩片，通过定位切槽快速准确，在饰板背面固定，因而对板材表面和边缘无损坏，板与板之间不会造成相互荷载积累，每块石板完全独立承载，并能排除硬性接触带来荷载反应，具有更好的安全性能及抗风压、抗震动和热胀冷缩等性能。可根据设计要求，为设计师提供任意设计各类图形和可创造性拼挂，增加了足够的设计空间。背挂式石材干挂件的做法，其承载能力高于传统做法，相对位移量仅为传统做法的 50% 以下，因而具有更高的安全系数，特别适用于中、高层石材幕墙建筑和抗震石材幕墙建筑，因为表面进行防腐处理，不存在形成锈蚀与污染，十分有利于永久性石材外装修。由北京建工一建装饰工程有限公司装饰的北京广播学院工程（外墙面约 5000m²）、湖北龙泰公司设计的万豪国际大厦干挂石材幕墙工程（约 8000 m²）等实践应用中深受设计及施工人员的青睐，在安装工艺中它受力均衡，传力简洁，不会产生累积承载，定位切槽，方便快捷，大大降低了综合成本。（详见附表）

铝矽镁合金挂件材质为 LD31-RCS，大家知道铝合金的种类很多，约有 170 多个系列。铝矽镁合金的材料，现广泛用于航空制造业、汽车制造业、火车制造业、船舶制造业等，在建筑业以及装饰材料行业的应用也是非常广泛的。铝矽镁石材幕墙挂件系列，集中了抗老化、耐高温、耐腐蚀、强度高、拆装方便等特点，提高了产品的技术性能，通过实践证明，在石材装饰板材的施工安装过程中板与板之间相互不传力。所以，给以后维修与养护会带来极大的方便，铝矽镁石材挂件属于更经济、更安全、更快速的产品。还有诸多同类产品就不再一一举例。

以上 S·E 型小单元式和背挂式材质为铝矽镁合金的幕墙挂件，先后于 2002 年被华北、西北地区建筑设计标准化办公室联合修订的《建筑结构通用图集》（88J-1 之外装修）和 2003、2004 年连续被建设部批准实施的 CPXY《全国民用建筑工程设计技术措施·建筑产品选用技术》标准图集选入，是唯一被选入标准图集的石材幕墙挂件产品，也是中国建筑装饰协会铝制品委员会（幕墙工程委员会）石材干挂件唯一推荐产品，同时也是建设部建筑门窗幕墙设计研究所“2004′中国建设门窗幕墙‘四新’推广产品”（表 1）。

2004 年 10 月 12 日，由国家建筑材料工业石材质量监督检验测试中心组织了制定和修订标准规范的专家和单位（国家建筑材料工业石材质量检测中心、中国建筑材料工业协会标准质量部、国家建材标准所、北京市建筑工程物资协会、中国石材工业协会、浙江大学化学系以及北京市建委建材行管办、中建装饰总公司、鸿恒基幕墙设计中心、深圳三鑫特种玻璃工程有限公司、北京爱乐贴有限公司、山东冠鲁建材工业集团公司、深圳康利石材有限公司、沈阳远大幕墙安装公司、福建溪石集团、东莞环球云石工艺厂有限公司、北京化工大学等），在北京召开了关于《天然饰面石材及其金属挂件》行业标准审议会。本着为国家、人民的财产和生命安全着想，要做到利国利民，有助于行业健康有序地快速发展。各审批单位的领导和专家应本着这个原则实施权利，让市场繁荣、让行业强盛、让我国的石材幕墙技术工艺更加科学、更加规范。石材幕墙挂件产品的生产企业应该更加重视自身的质量控制，杜绝隐患产品出厂，力争把质量好的产品输入市场。希望此次标准审议会成为行业发展与规范的新起点。

最后，我们建议还需重视石材幕墙施工单位及施工队伍整体素质的提高，从设计、选材、施工、管理、验收到一线工人的操作等几个环节都急需专业人才的培养。想提高整个行业的整体素质，保证工程质量和安全，就必须提高一线操作工人的技术素质，这不仅是当务之急，更是企业和行业发展的基础工作。一个企业、一个行业的持续性发展，主要因素就在于拥有高素质的技术工人队伍。

总而言之，如今是科技时代，各行各业的技术发展日新月异，若仍以几年前，乃至十几年前的观念，恐怕不再适合 21 世纪的发展需求。无论是哪个行业，不管是什么专业，社会的方方面面无形中与我们每个人都存在着紧密的联系，如果真要等到某一天石材板从天而降的事故成为事实时再去研究隐患，恐怕已是“亡羊补牢”；如此，国家的发展得不到前进，民族的富强也无法实现，行业的进步更无从谈起。所以，我们呼吁业内人士对建筑以及装饰工程中的安全问题予以高度重视，共同努力，使石材幕墙乃至整个行业领域健康地发展。

石材幕墙挂件性能经济分析表

表1

类型 性能	插销式干挂石材	缝挂式干挂石材	背栓式干挂幕墙	背挂式石材幕墙	S·E小单元式石材幕墙	备　　注
板材可拆换性	相邻板材用插销连接，可拆装性差，石材破坏率高	相邻板材用一个挂件，可拆装性较差，石材破坏率高	相邻板材独立支撑，拆装容易	相邻板材独立支撑，拆装性好	相邻板材独立支撑，拆装方便	背挂式、S·E 小单元式适用于各种石材幕墙。防止不同材料的静电腐蚀，连接时采用静电隔离垫
安装质量	根据板材的加工精度，相邻板材调整精度较差，累积承载	根据板材的加工精度，随层变形的能力较大，误差累积	相邻板材平整度较好，独立承载	定位切槽，垂直平整度好，为设计师任意拼挂设计创造了空间，独立承载，基准延伸	定位切槽，相邻板材平整度好，基准延伸，独立性好	背栓式在板材背面开孔安装，其加工难度较大，安装工艺复杂
抗震性能	差	较差	较好	较好	好	缝挂式适用于低层建筑或内墙装饰
适用范围	小面积内墙	小面积内墙	大面积外墙	大面积内外墙	大面积内外墙	背挂式、S·E型属铝矽镁合金挤压成型
经济性(成本)	成本较小	成本较小	成本大	成本比较小	成本较小	背挂式、S·E型综合成本降低
图例	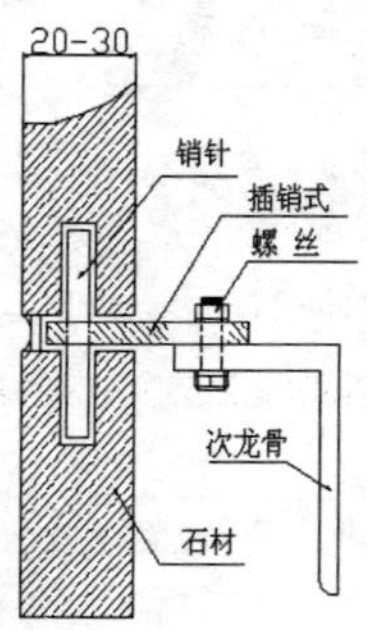	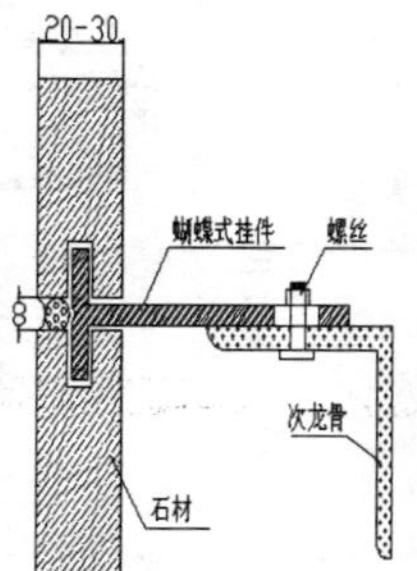	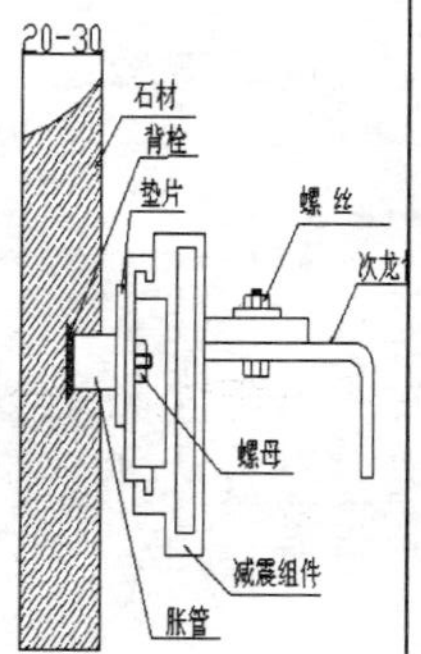	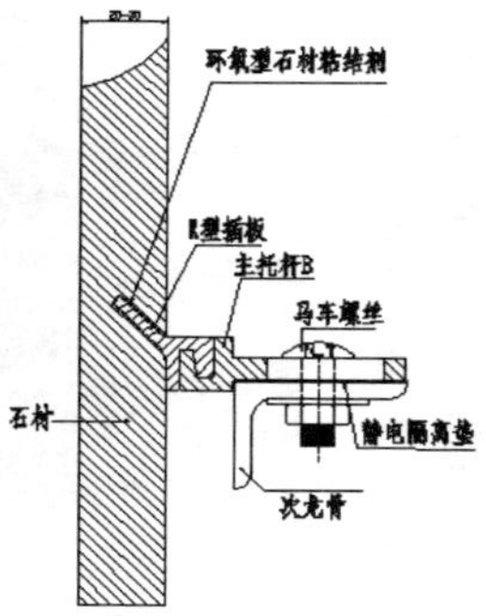	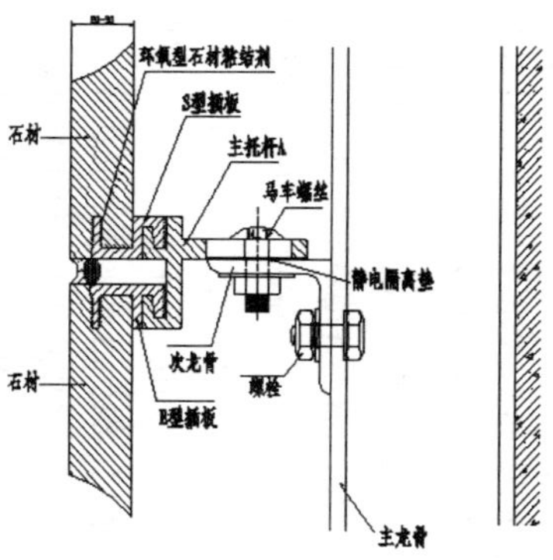	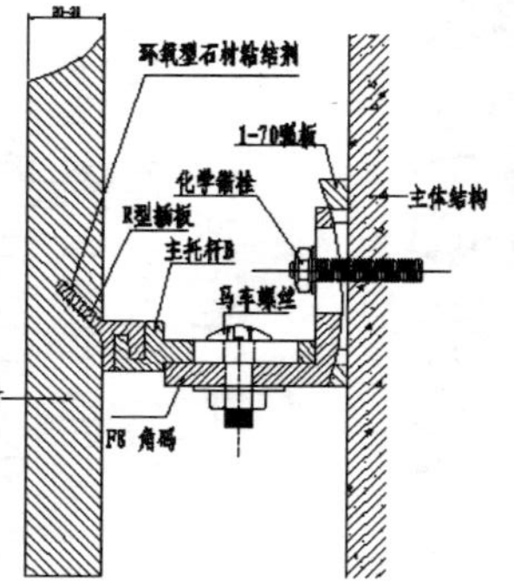 无龙骨可调式组件

云娜台风袭击浙江对幕墙的启示

龙文志

一、特　点

14 号强台风“云娜”于 2004 年 8 月 12 日在浙江省温岭市石塘镇登陆，被中国气象局认定为 1956 年以来登陆中国大陆强度最大的台风。其主要特点为：

1. 风力强。台风登陆时中心气压 950MPa，台洲椒江大陈最大风速达 58.7m/s，大大超过十二级台风 36.9m/s 的上限，台州市所有市县区都观测到 12 级大风，10 级风圈达 180km，其风速之大，杀伤力之强，为浙江省历史上所罕见。

2. 降雨强度大。根据各地水文站测报记录，从 11 日 8 时至 14 日 8 时，浙江省累计雨量超过 100mm 的站点有 275 个，其中超过 200mm 的站点有 79 个，超过 300mm 的站点有 36 个。

3. 破坏力强：高强度的降雨，造成乐清等地发生重大泥石流、山体滑坡；温台沿海平原水位暴涨，大面积农田被淹，黄岩、永嘉等 4 座县城进水，44.4 万名群众一度被洪水围困。死亡 164 人， 直接经济损失 181.28 亿。黄岩江口粮库屋顶、路桥区金清蓬街两镇 2.7 万亩蔬菜大棚被掀翻，驱车城乡不时可见被掀翻的房屋和倒坍的广告牌。

二、一些破坏实况照片

大树连根拔倒

工棚吹倒

屋盖破坏

户外广告牌、脚手架被"云娜"吹飞

工棚被刮倒

加油站的顶棚刮没了

三、幕墙损伤情况

1. 台风地区的幕墙风荷载的重现期提高到100年为宜。此次浙江椒江大陈地区的基本风压按《GB50009》50年重现期为1.4kN/m^2，换算风速为47.3m/s；100年重现期为1.65 kN/m^2，换算风速为51.4m/s，均低于此次云娜台风的实测风速58.7m/s。椒江大陈以外相邻地区如椒江洪家的基本风压按《GB50009》50年重现期为0.55 kN/m^2，换算风速为29.7m/s，100年重现期为0.65 kN/m^2，换算风速为32.3 m/s；温州市的基本风压按《GB50009》50年重现期为0.60 kN/m^2，

几十米高的烟囱只剩下几米

换算风速为31m/s，100年重现期为0.70 kN/m^2，换算风速为33.5m/s，均低于此次云娜台风的实测风速36.9m/s。

《GB50009》的7.1.2条说明：《对于围护结构，其重要性与主体结构相比要低些，重现期仍可取50年；对于其他设计情况，其重现期也可由有关的设计规范另行规定》建议如下：

（1）台风地区的幕墙风荷载的重现期提高到100年。

（2）台风地区的屋顶风荷载的重现期提高到100年，正、负风荷载均应考虑，尤其是轻质屋面更应十分注意负风荷载作用。

（3）《玻璃幕墙工程技术规范》(JGJ102-2003)第4.2.5条关于台风地区幕墙水密性设计值的基本风压按100年重现期选取。

（4）压板节点的螺钉必须进行负风压工况下的连接设计、计算。

2．台风地区的开启窗，有些是滑撑点的强度不够，有些是单点锁固定，有些是滑撑与执手的质量较差，有些是未及时关闭好窗扇导致开启扇被吹掉，并引发了旁边的玻璃破碎。

建议：

（1）台风地区外立面不采用开启窗，应采用不开启的通风装置进行通风。

（2）台风地区外立面若要采用开启窗，必须采用多点锁，应增加荷载标准值作用下，打开的连接强度设计、计算；应增加荷载设计值作用下，关闭的连接强度设计、计算，确保安全。

3．台州广电大楼大量的铝单板幕墙被吹环，主要原因是铝板板面较大，没有设计安装边肋，中肋数量不够，中肋没有和边框相连，设计不合理。加强肋靠铝板折边扣合来加强强度，没有同主体结构连接，全靠垂向折边部位银单板开槽口挂在立柱设置的螺栓上，螺栓的间距又偏大（大于 350mm），全部的应力集中在槽口中造成铝板槽口拉裂损坏。

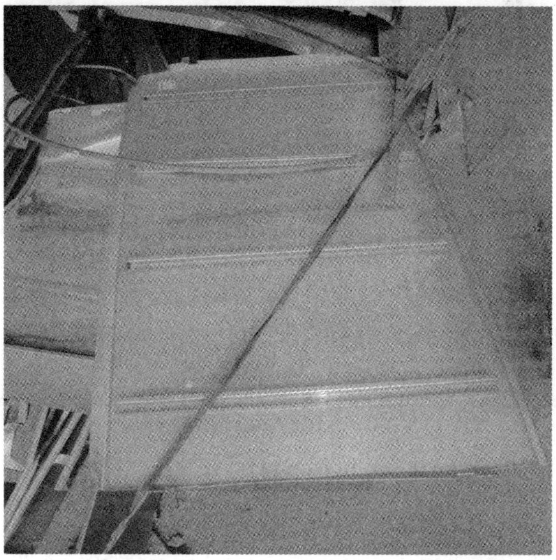

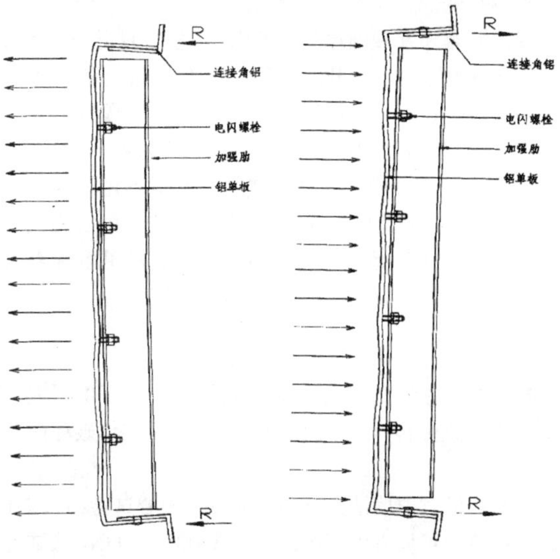

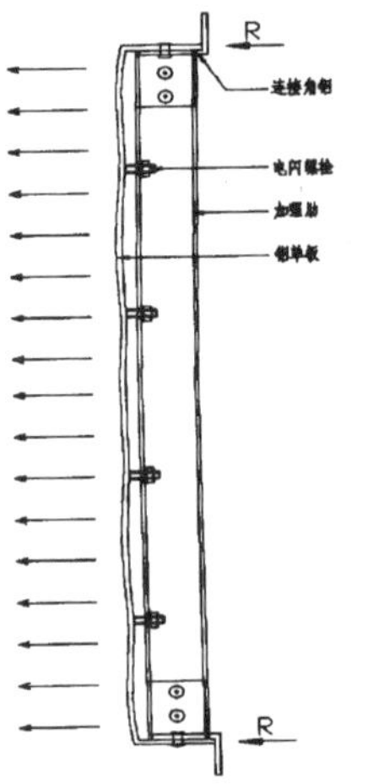

正风载剖面

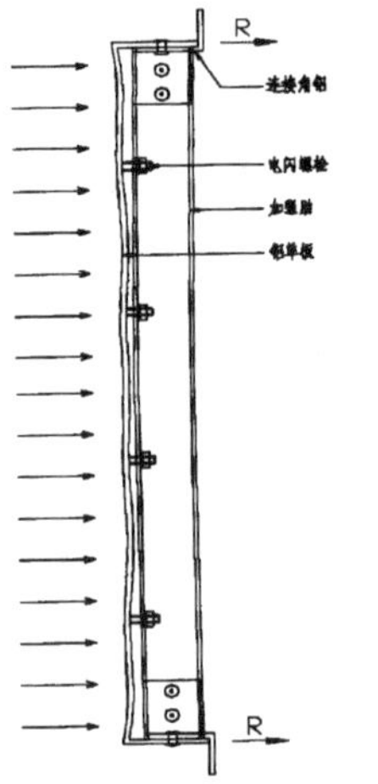

负风载剖面

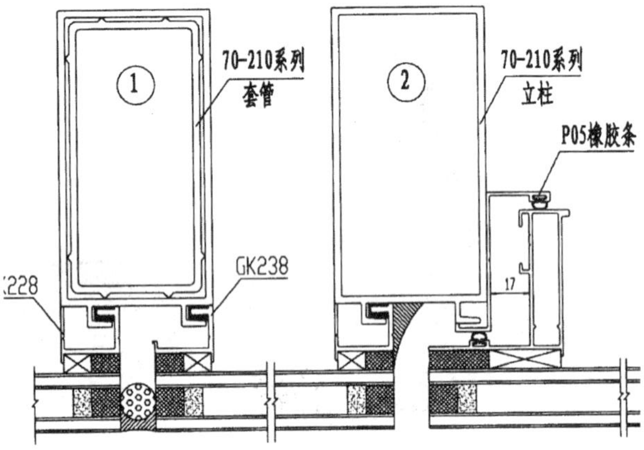

据了解还有很多铝板幕墙均有上述错误，再次呼吁：铝板幕墙要严格设计、计算，面板要有边肋，加强肋必须和边肋相连，边肋支承连接要、肋和面板连接要可靠。

4．通过这次“云娜”强台风的考验证明：温州地区一些幕墙采用了“挂钩式”幕墙系统，经受了云娜台风考验，（工程照片及节点图如图所示），板块通过挂扣方式与立柱、横梁实现线面连接，正、负风压下受力比较可靠，而且安装及拆卸方便，工厂化程度较高，现场安装量少，值得推广。

也谈花岗石幕墙隐患

中国建筑装饰协会铝制品委员会专家组成员　张　芹

花岗石幕墙在我国已广泛使用，年安装量近 100 万 m^2，笔者近年来在参加国家建筑工程装饰奖评奖(检查)、重大工程(单项工程 10 万 m^2 或者高度 230m 花岗石幕墙)技术方案论证及大型花岗石幕墙评标（审图）时，发现众多幕墙设计单位对花岗石幕墙蝶式背栓连接技术和孤形短槽连接技术还未深入理解，因此形成计算书、施工图和实际工程施工不相符合，实际施工是凭工人(施工员) 自己的见解和个人经验进行操作，这样就形成了重大工程的隐患。

一、蝶式背栓

蝶式背栓做过抗震试验和拉拔试验，如果仔细研究一下拉拔试验有关资料，可以看出蝶式背栓不是锥体破坏而是尖角破坏。

这和台湾省财团法人石材工业发展中心试验结果吻合。从试验报告中可以看出破坏拉力为 3600～4800N，从试验报

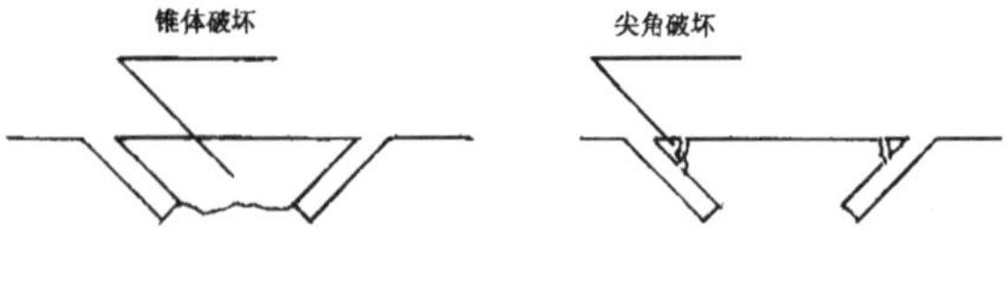

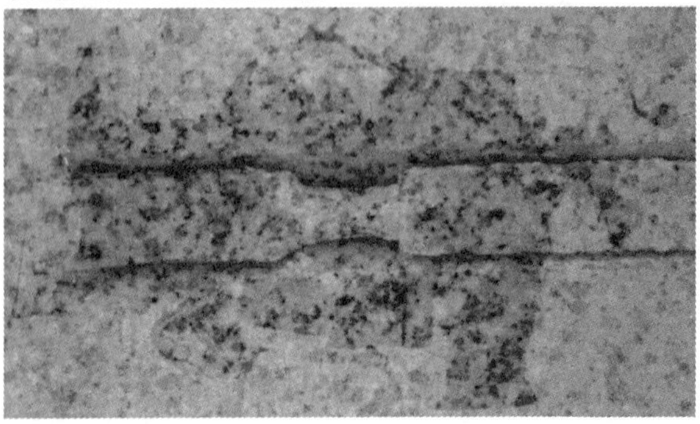

告所附图中可以大致推算出破坏截面高度约为 4mm，蝶式背栓宽 40mm，可计算出破坏截面积约为 $160mm^2$，两侧合计约 $320mm^2$，按此计算，破坏时剪应力为 11.25～$15N/mm^2$，大大高出石材剪应力，从试验报告说明“石材与蝶形背栓之间采用环氧树脂作为填缝胶。”可以分析出拉拔试验不单纯是蝶形背栓与石材连接破坏，而是一种很复杂的破坏过程。

1．首先是环氧树脂胶缝局部剥离，蝶形背栓卷曲，挤压尖角而使尖角逐步破坏。

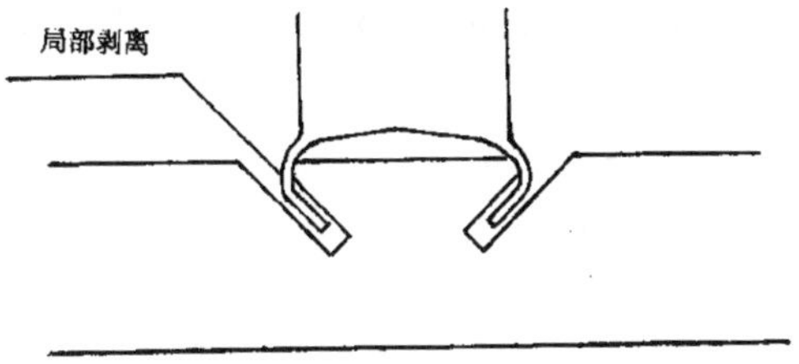

2．当尖角破坏到一定程度（如断面 4mm 深）后，提拉蝶形背栓，对槽两侧的环氧树脂胶缝产生剪切，将蝶形背栓从槽中拉出，使连接失效（剪切破坏）。

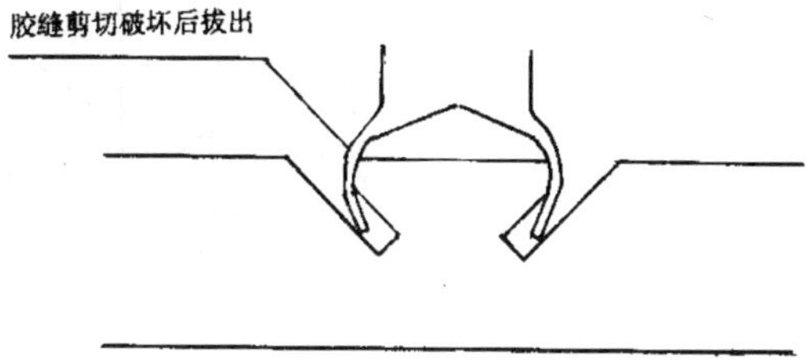

如果以上推论成立，则蝶形背栓与石材的连接不是靠它与石材的锚固，而是靠环氧树脂胶的粘接，因此这种连接设计的关键是胶缝设计。如何保证蝶形背栓和石材粘接，这就要对胶缝设计提出要求，如胶缝面积、粘接厚度等，用燕尾式槽镶嵌蝶式背栓，对胶缝质量很难进行检查（从试验报告中拉拔力相差 1.3 倍，可以推测可能和胶缝面积有关），如果采用在石材背面用环氧树脂将槽（角）铝（钢）粘贴，不需要开槽，胶缝质量便于检查，也能达到同样效果。

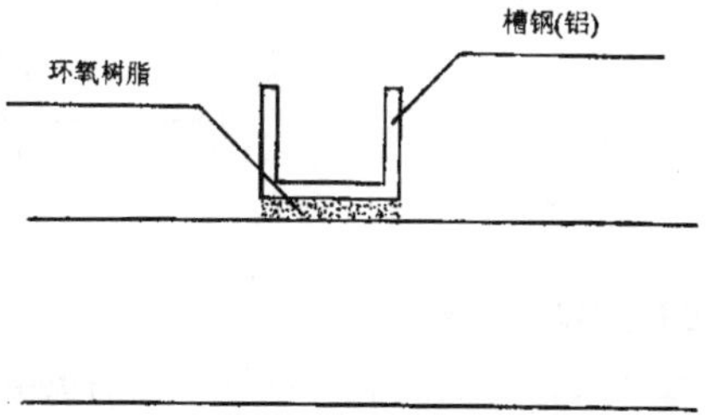

我建议蝶式背栓鉴定(推广)单位要：

（1）做一批干嵌（即不采用环氧树脂胶填缝）蝶形背栓的样品试验，测出其拉拔能力。

（2）通过试验找出胶缝构造的优化构造尺寸，如粘接面积、粘接厚度等。并对胶的设计计算参数，胶缝计算方法(公式)作出规定。

（3）对胶缝长、宽、厚度尺寸偏差作出规定，并提供胶缝质量检查方法。

如果蝶式背栓鉴定(推广)单位对蝶式背栓的连接含糊其词（即不明确其传力主要靠胶缝，并对胶缝提出明确要求），使用者往往会从背栓连接联想认为背栓与石材的连接是主要的传力结构，环氧树脂胶仅作为构造填缝，不是传力胶缝，而使工程留下隐患。

二、孤形短槽连接

为了使设计符合实际，施工中严格按设计执行，必须对孤形短槽连接技术作深入讨论。

1．开槽工艺

孤形短槽开槽是孤形短槽连接技术的基础，也是一切设计、计算的起点。只有确定了孤形短槽的有关几何参数才能着手进行孤形短槽连接设计、计算。

孤形短槽现在都采用砂轮开槽，不同直径砂轮开出的槽的几何参数不一样，因此选择砂轮直径是孤形短槽开槽的第一步。一般石材加工企业常用的砂轮直径有 350mm（14in）、300mm（12in）、250mm（10in）等。

JGJ133《金属与石材幕墙工程技术规范》第 6.3.4 条规定：“孤形槽的有效长度不应小于 80mm”。有效长度是指相对于锚入槽内挂勾底处孤形短槽的弦长。它是按 40mm 宽挂勾考虑的，即 40mm 宽挂勾且挂勾中心线与槽长中心线吻合时，挂勾两侧各可移动 20mm（理论值，实际值应不小于 15mm），如果挂勾宽度尺寸大于 40mm，应该按挂勾实际宽度加两侧活动量调整有效长度。它还与挂勾锚入的深度有关，一般挂勾锚入 10～12mm 为宜。

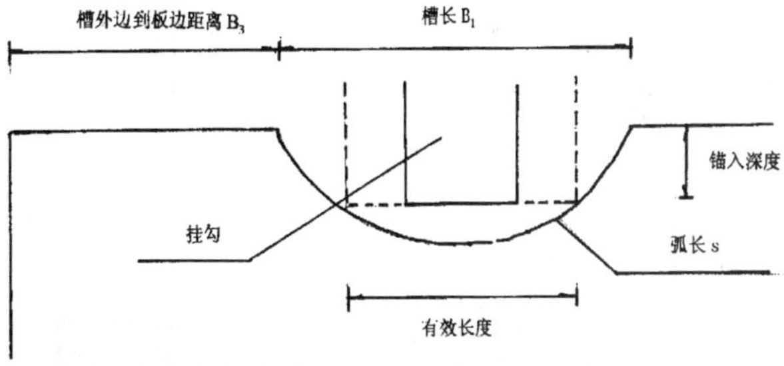

根据砂论直径与挂勾锚入短槽深度，按有效长度为 80mm 计算的孤形短槽几何参数见表 1。

孤形短槽几何参数（mm）　　表 1

砂论直径 φ	钩锚入深度 H_1	槽长 B_1	弧长 s
350	10	140	144
	12	149	154
300	10	132.5	137
	12	140.4	146
250	10	124.4	130.2
	12	130.4	137.1

《金属与石材幕墙工程技术规范》(JGJ133)还对孤形短槽的槽位（即槽边到板边的距离）作了规定，它不应小于板厚的 3 倍（3T），且不应小于 85mm，也不应大于 180mm。根据以上规定即可得出短槽长度中心线到板边的距离（槽边到板边的距离加槽长的一半）。在计算板抗弯强度时《金属与石材幕墙工程技术规范》（JGJ133）第 5.5.8 条规定：当两

侧连接时，支承边的计算边长可取为两槽槽长中心线的距离，非支承边的计算长度取为边长；当四侧连接时，计算长度可取为边长减去槽长度中心线至板边的距离。

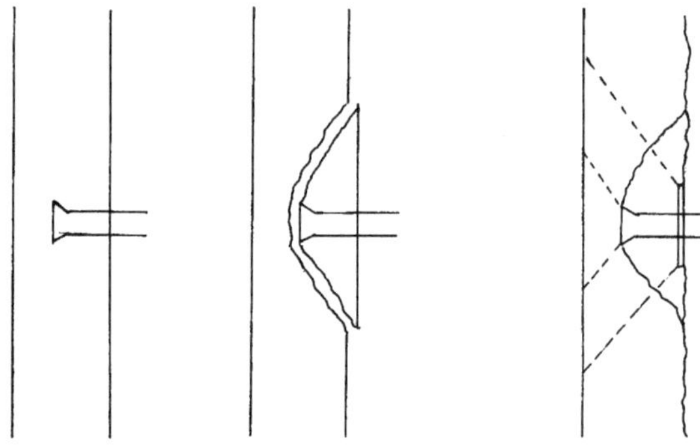

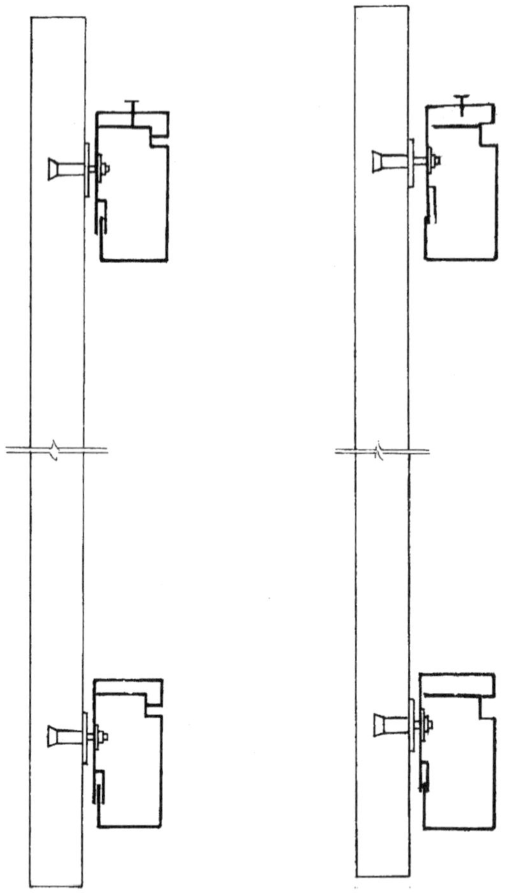

钢销式、短槽式、背栓式（四孔）为四点支承板，套用四角支承板数表。四角支承板为点支承，除了有板跨中X、Y方向弯矩外，四条边有边弯距，边弯距大于跨中弯距，长边边弯距起控制作用。由于是双向受弯，边弯距受泊松比影响（即材料的泊松比不同，弯距系数不同，计算跨度取长边。

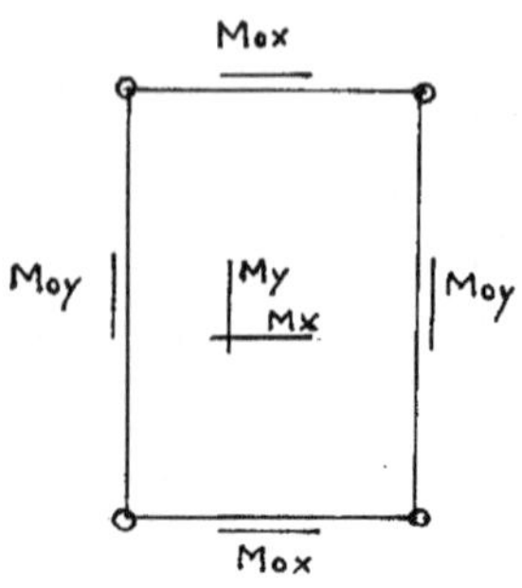

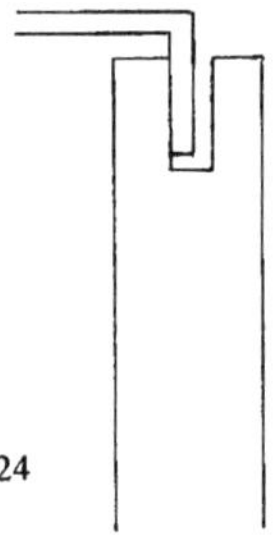

$M=qL_XL_Y/2*2h/3=qL_XL_Y\,h/3$

$W=\{L_X[（t-c）/2]^2\}/6=[L_X（t-c）^2]/24$

$\sigma=M/W=（qL_XL_Y\,h/3）/[L_X（t-c）^2]/24$

$=（qL_XL_Y\,h/3）*24/[L_X（t-c）^2]$

$=8qL_Y\,h/（t-c）^2$

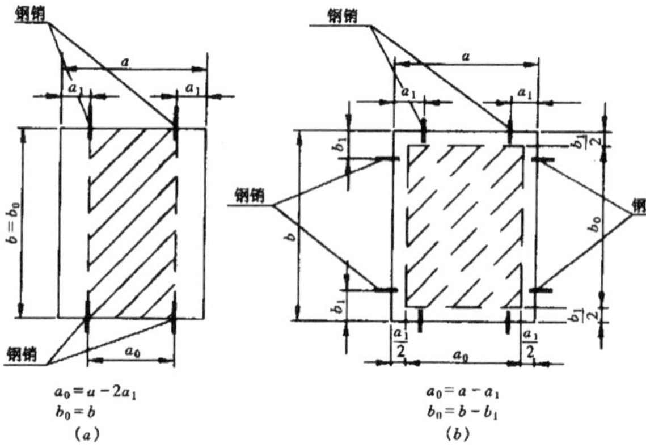

图 5.5.3　钢销连接石板的计算边长 a_0、b_0

（a）两侧连接；（b）四侧连接

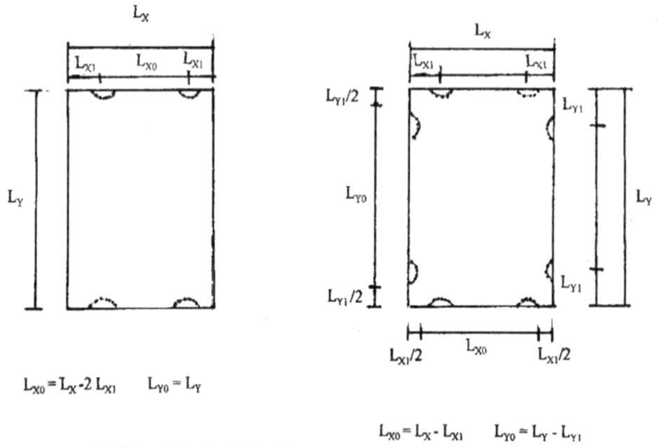

2. 花岗石板自重支承

很多设计人员在施工图中画成将花岗石板由下部挂勾顶住槽底来支承它的自重，根据孤形槽的特点如果采用挂勾顶住槽底，只可能出现下面四种情况：

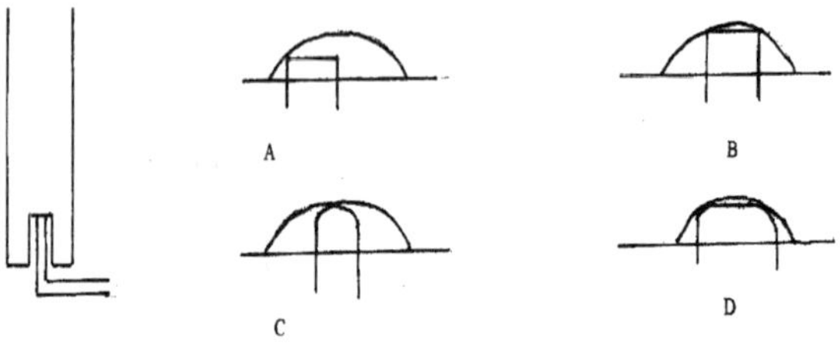

A、B、C、D四种支承均为点支承是不可取的，即花岗石板的自重是不能由挂勾角顶住来支承的， 可行的方法是下列两种方式：

（1）将花岗石板搁在挂勾托板上，在石板与挂勾托板间设柔性垫块，此时花岗石板的自重由花岗石板槽边的局部面积承担，必须校核其局部压应力。

（2）将挂勾用环氧树脂胶粘接在槽内，花岗石板的自重通过环氧树脂胶缝传给挂勾，将花岗石板支承起来，此时花岗石板下部孤形短槽与挂勾粘接成一个整体，固定在主体结构上不能位移，当建筑物平面内变形时完全靠上部挂勾在槽内移动调节，此时要对环氧树脂胶缝构造作出规定并对粘接强度进行验算。

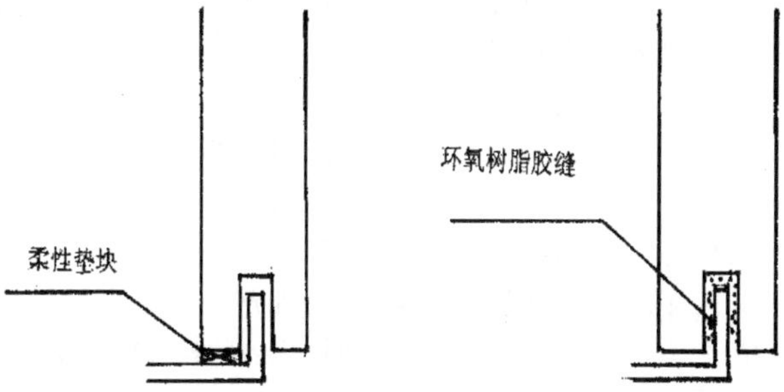

（3）建筑幕墙面板构造设计的基本要求是可以随时单独更换任何一块需要更换的面板，这一点对石材幕墙显得更为迫切，因为石材是天然材料，石材有很多隐缝，加工过程不易被发现，使用过程中由于外部环境和内在因素的影响会发展成裂缝，一旦裂缝形成，如不及时更换，会酿成大祸。因此对石材挂勾应选用每块石材能单独更换的挂勾形式，T形勾、蝶形勾都是上下连续挂勾，不能随时单独更换任何一块需要更换的石材面板，要选用L形勾，每块板上、下都采用L形勾固定时才能实现单独更换任何一块面板的目的，在使用L形勾时，下部挂勾是与横梁整体连接，上部挂勾是活动的，在上部挂勾安装定位后要采用限位装置，保证其在振动时不脱落。

不锈钢挂勾一般工程宜选用 $1C_r18N_i9$；位于潮湿地区的工程宜选用 $0C_r19N_i9$ ；重要工程宜选用 $0C_r17N_i12M_02$（$0C_r18N_i12M_02Ti$）。当采用挤压铝合金挂勾时宜选用 $6063T_5$（T_6）、$6063AT_5$（T_6）、$6061T_4$（T_6）。当采用冲压铝合金挂勾时定选用 $3A21H_{12}$（H_{22}）、$3003H_{12}$（H_{22}）、$5005H_{12}$（H_{22}）。

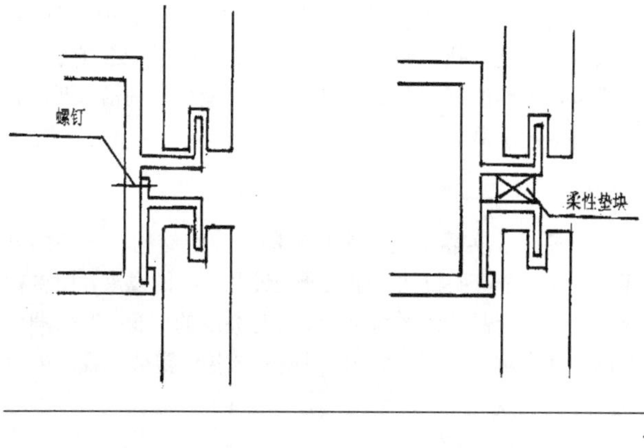

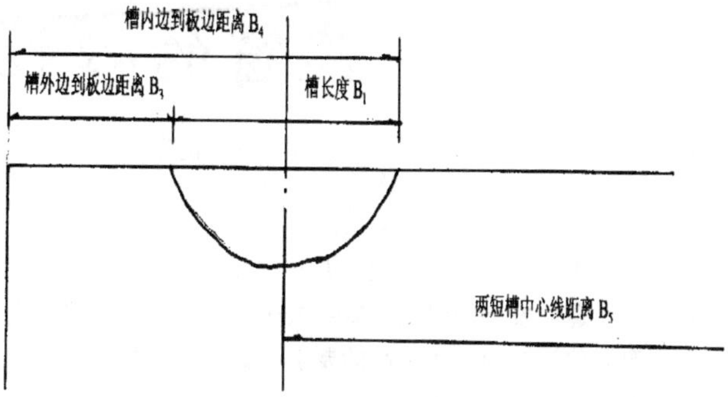

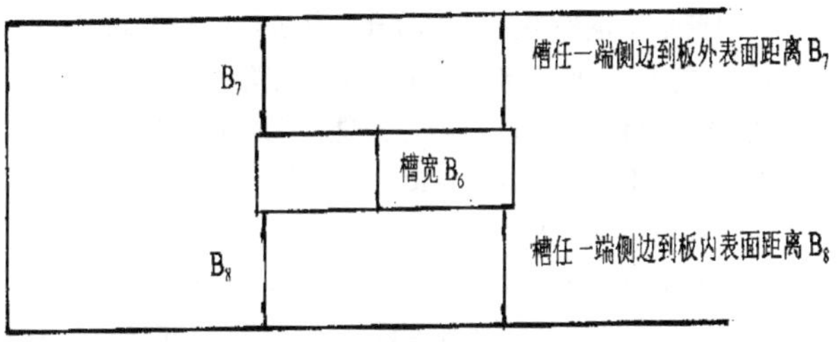

（4）.施工质量控。特别是开槽质量控制是保证设计落实的重要措施，设计即使做得准确完整，在施工时不进行质量控制，也不能取得好的效果。

A．开槽允许偏差应符合以下要求：

a．砂轮直径允许偏差 ＋1 、 －2

b． 槽长度允许偏差 B_1 ±2

c． 槽外边到板边距离 B_3 ±2

d． 槽内边到板边距离 B_4 ±3

e．两短槽中心线距离 B_5 ±2

f．槽宽 B_6 ±0.5

g．槽深角度偏差 矢高/20

h．槽任一端侧边到板外表面距离 B_7 ±0.5 槽任一端侧边到板内表面距离 B_8 ±1.5(含板厚偏差)

B．石板安装允许偏差如下:

a．挂勾中心线与孤形短槽中心偏差 ≤2mm

b．挂勾锚入深度允许偏差 ±1

c．同一行石材上端水平偏差:

相邻两板块≤1mm 长度≤35m ≤2mm

长度＞35m ≤3mm

d．同一列石材边部垂直偏差:

相邻两板块≤1mm 高度≤50m ≤2mm

高度＞50m ≤3mm

e．石材外表面平整度

相邻两块高低差≤1mm 整幅幕墙 ≤3mm

f．相邻两石材缝宽(与设计值比) ±1mm

对花岗石幕墙孤形短槽连接在设计时，按规范的开槽工艺做出开槽设计后进行节点设计和计算，并在施工中严格按规定工艺施工，它的质量才能有保证。我们要在实际工程中不断总结，来完善花岗石幕墙孤形短槽连接设计和施工工艺，提高整体技术水平，保证孤形短槽连接花岗石幕墙安全使用。

门窗的心脏——五金配件

中国建筑装饰协会铝制品委员会专家组专家　教授　**李之毅**

一、前　言

随着国民经济的发展，我国现代建筑门窗行业也随之进入了一个蓬勃发展的时代。随着人民生活水平的不断提高，人们对居住环境提出了更高的要求。安全、舒适、清净的居住环境日益为大众所青睐。

门窗是建筑外围护结构的开口部位，是建筑装饰工程的重要组成部分，抵御风雨尘虫，实现建筑热、声、光环境等物理性能的极其重要的功能性部件，并且具有建筑外立面和室内环境两重装饰效果，直接关系到建筑的使用安全、舒适节能和人民生活水平的提高。

它必须具有采光、通风、防风雨、保温、隔热、隔声、防尘、防虫、防火、防盗等多种使用功能，才能为人们提供安全舒适的室内居住环境。同时作为建筑外墙和室内装饰的一部分，其结构形式、材料质感、表面色彩等外观效果，对建筑物内外的美观协调起着十分重要的功能和装饰作用。

门窗五金配件在门窗中究竟起什么作用呢?人们往往被“配件”的“配”字所误导，在心里成为门窗中的一个配角，实质上是一个误解。

二、五金配件是决定门窗的性能的关键性部件

铝门窗的设计首先是门窗性能的建筑设计，以满足建筑物的功能要求为目标，合理确定铝门窗的性能指标及有关设计要求；建筑师设计门窗时，是从整栋房子的美观大方和所处的地区抗风压、水密性、气密性、保温、隔热、隔声等几个性能来考虑的，现北京、广东等地区已有地区性的规范已要求相应的建筑门窗符合相应的要求。

试想按照门窗的物理性能(抗风压性、水密性、气密性、隔声性、保温性、隔热性等)和机械性能(启闭力、反复启闭性)，那一个与门窗的五金配件没有关系呢?

五金配件是负责将门窗的框与扇紧密连接的部件，没有它的存在，门窗只有变成死扇，也就失去了门窗的意义。我们从门窗的性能和功能来分析一下五金件对门窗的作用。

1. 门窗物理性能指标。主要有抗风压性、气密性、水密性、保温、隔热性、隔声性。

如抗风压性。当内平开窗受正风压时，五金件锁点受力，所以宜采用多锁点形式；锁点越多，每个锁点作用给中挺的力越小，变形量相对挠度也就小了。

当内平开窗受负风压时，框受力。

当外平开窗受负风压时，锁点受力，所以宜采用多锁点形式；锁点越多，每个锁点作用给中挺的力越小，变形量相对挠度也就小了。

当外平开窗受正风压时，框受力。

以上可以看出五金件对门窗的第一性能抗风压性能的作用，决定着门窗的成败；同样，气密性、水密性、保温、隔热性、隔声性都与五金件参与的门窗密封有关。五金件的锁点和锁座分布在整个门窗的四周；当门窗锁闭后，锁点、锁座牢牢地扣在一起，与铰链(合叶)或滑撑配合，共同产生强大的密封压紧力，使密封条弹性变形，从而提供给门窗足够的密封性能，使扇、框形成一体，可以大大提高门窗的性能。

同样，门窗的机械性能指标(启闭力、反复启闭性)等启闭要求也离不开五金件的作用。

2. 门窗是轻质构件。其使用能耗约占建筑能耗的一半以上，是建筑节能的重中之重，在设计时要充分考虑门窗的节能问题，即保温性和隔热性；如果没有多点锁五金件，门窗做的再好，其保温、隔热性可想而知。

3. 门窗的防盗性能。这是业主非常关心的问题，五金件的防盗性能，尤其开发智能防盗门窗的构件中更是起重要作用。

4. 门窗有多种窗型和结构形式，窗型的各种功能全部依赖于五金件的配置。试想，没有五金件，平开下悬窗如何实现既平开又内倒的功能呢?推拉折叠门窗中又如何实现既推拉又折叠的功能呢?内倒推拉、活动百叶等，哪个不是靠五金件的作用达到它独有的特定功能呢？

因此，可以说五金件是门窗的“心脏”。

长期以来，人们对门窗五金配件的认识仅仅只认为是一种次要的不起决定作用的东西，结果真是“惨不忍睹”。很多门窗、幕墙公司(包括有的一级资质企业)、设计院和业主对门窗五金配件起主要作用的认识较模糊，结果在设计时往往会出现分格尺寸上的错误，例如本来高层建筑上不宜用大尺寸的外开窗，但一到实际运用时就节外生枝要么分格太大，要么增加无谓的窗户重量，更有甚至对五金配件的配置随意进行更改，造成抗风压、水密、气密性不足的现象，这样的例子是屡见不鲜。

经常有人讲：我用的是中空玻璃、高档铝材，为什么还做不出高档窗户？像这种情况就没有重视五金配件。曾经见到一家著名的有一级资质的幕墙公司设计建造的楼盘中竟然只用一把七子执手锁闭一个大尺寸的外开窗：还有为了节省成本，在推拉门上不用锁钩，直接在型材上铣槽，严重破坏了窗型的美观。

三、门窗系统

门窗行业实际上是一个标准的产业链结构。一环扣一环，形成一个链条机构。如欧洲经过几十年的发展，门窗行业已经形成有品牌的系统行业。没有系统的门窗，在欧洲可以说是寸步难行。门窗系统已经被欧洲各门窗公司视为公司

的核心竞争力，它的价值如同品牌效应(象海尔等)，代表品质、性能的保证，是不可估量的。

那么什么是门窗系统呢?即门窗要有良好的物理和机械性能并能通过各相关标准检测要求，满足市场存在的各种要求，各配套行业的有效配合和管理，并有好的性价比；，

国外比较大的五金配件公司，如旭格、阿鲁克等公司已经有了自己成熟的系统，这是他们用了几年甚至几十年的时间，不断摸索和研究得来的。而我们很多公司看到外国的一些皮毛后，就以为窥一斑而见全豹，不顾实际情况，生搬硬套，自己也做出一些系统，结果这套系统的门窗物理性能和机械性能怎样，不做深入研究。实践证明，一个成熟的门窗系统是要经过长期的实践考验的，它是要经过设计、应用、总结、修改、再应用、再总结的多次反复实验、论证的；

例如有的铝门窗厂只一味考虑甲方要求，没有想五金件的配置，追求小、轻、薄，结果型材出来后，现有五金配件均不能与之配套，更不能满足行业标准、技术规程的要求。这种情况都说明缺少协调和与之相应的系统概念而产生的后果。

四、我国的情况

我国地域辽阔，同时跨热带、温带、寒带，既有沙漠、又有沿海气候，既有平原、又有山脉、丘陵，地形多样，气候多变。西北地区干旱少雨多沙尘暴，这就要求门窗的气密性要好；象沿海地区多雨多台风，这就要求门窗的抗风压性、水密性要好；南方地区多高温天气，这就要求门窗的隔热性要好；象北方地区多寒冷天气、风小，这就要门窗的保温性能要好。

“非典”过后，又要对通风性能格外注意。

这就决定了我国不可能用一套系统或几个单一的系统来统一全国的窗型。

20 世纪 90 年代以来，由于国内引进的大部分为 20 欧标槽的标准槽口，即德国的 A0004 标准槽口，所以造成了目前我国市场上德国五金件一枝独秀的局面。实际上欧洲企业对不同尺寸的窗型根据实际分为几类型材槽口形式。

我国门窗市场是有其特殊性，从 80 年代的铝门窗走了一段弯路，到 90 年代引进大批的塑料窗，到今天的铝合金窗的再次蓬勃兴起，都显示了我国市场的巨大潜力。

这几年来，随着国内基础建设的强势拉动，给门窗行业提供了一个新的经济增长点。由于技术、工艺的改进，门窗，尤其是隔热铝材、电泳喷涂铝材门窗已成为新的增长点。随着居住小区窗型设计的多样化发展，窗型的设计也多样化，这就给门窗系统的多样化发展提供了一个契机。

我国的门窗和五金配件企业数量多，但绝大部分规模小、集中度低、设备落后，仍是小作坊形式的生产企业，难以形成系统的概念，需待解决。

目前，我们国家亟需提高门窗的性能和制作工艺，尽早与国际接轨。这就需要尽快提高门窗五金配件的技术水平，在观念上必须提高认识，将国人心中的五金配件的配角位置尽快提高到应有的重要位置。只有这样，才能真正提高门窗的性能和功能。

五、真正的技术在与门窗配套的系统工程

门窗五金配件是静态和动态两种效果并存，而且必须同时满足，这从本质上已经决定了门窗技术的细腻化。

在很多展会上我们看到很多著名公司的门窗，外表相当不错，电泳铝材，甚至氟碳喷涂的铝材，配置中空玻璃，色彩鲜艳，样式多样，但开启不灵活，晃动大，配置不合理。这就是不重视五金件的结果。

那么真正的门窗五金配件应该具有什么样的功能呢?除了满足门窗的物理性能、机械性能外，还要满足以下条件：

一是操作方便，单点控制，通过改变执手手柄的位置而实现各种开启功能；二是标准化和系列化，使门窗企业和建筑公司能够快捷安装；三是可调整性；四是承重力强；五是安全性高；六是应用广泛；七是适用性强，高质量规格。

高档门窗五金件为了保证门窗的优良，基本采用精密模具、自动化程度较高的工艺制造，材料在符合强度的前提下，以不锈钢、铝合金、锌合金、优质工程塑料为主。有一些厂为了贪图便宜，使用普通碳钢来制作，结果没有几个月，就开始生锈。更有甚者，只图一次利益，随意更改材料和配置，给门窗留下严重的安全隐患。

当高精度的五金配件与高精度的型材结合到一起，并不一定完全出一个好的门窗。好的五金配件和好的型材组合到一起，是要门窗公司花大力气进行系统工程设计和制作，并与各个有关方面，尤其是五金配件的协调合作，才能得到的。

有很多时候，我们经常听人家抱怨说门窗这么不灵活，只是责备五金配件。但却忽视其他的问题，如胶条、型材的质量，槽口的精度(如槽口的尺寸应是表面处理后的尺寸)，组角的加工精度等。

门窗的质量是由一系列完整的质量保证体系来决定的，制作门窗一定要重视每一个制作环节的系统工程，尤其要从根本上改变对五金配件的轻视。

六、结束语

门窗五金配件在西方发达国家属于资金和技术密集型产业，而我国则普遍存在资金不足、技术薄弱的情况，仍属于劳动密集型产业。

我国与门窗五金发达国家的这种差距正在缩小。随着国人居住条件的提高，门窗五金的需求会越来越大，且向高档化发展。门窗五金件的发展空间广阔，人们不断追求更高品格、更高品位的门窗，这就给五金件的发展提供了无穷无尽的想象空间。我们只有按照市场的发展方向，不断设计开发制作高质量、高品位的五金件，才能把门窗业推向一个又一个高峰。

关于石材幕墙工程施工管理的建议

杨伟宏　李怀亮

一、施工管理

装饰工程项目接标后，即刻对此项目图纸进行全方位分析，并按项目施工技术性质选择组织项目部，确立项目部组织机构，并对管理人员及施工人员实施进场前的集中培训、熟悉图纸及技术特点、详细研究施工管理方案、熟悉质量标准规范、确立施工计划等。

项目经理：是企业法人委托的代表，又是相对独立的组织领导，必须具有一定的专业理论和实践经验，爱岗敬业的职业道德及组织能力、协调能力、应变能力，同时要求理论和实践兼能、技术和经济兼通、管理和组织兼行的复合型人才，更应具备以下条件：

1．懂建筑装饰施工及验收规范,懂建筑分项工程工艺标准,懂工程检验详定标准和检验方法、检测手段,懂安全技术措施及有关安全、防火规定,懂岗位责任制及其他各项科学管理制度。

2．会看施工图纸（含效果图）,会找平放线（含坐标、标高及造型实样放线）,会计算工程质量按定额进行活动物化劳动分析,会编制施工设计（含网络图）,会填写施工任务书和限额领料卡（单）,会办理各种核定签证手续（含工程索赔）,会进行技术安全防火交底（进行安全教育）；会电脑操作和英语。

3．查图纸；查材料和特殊材料,查大、中、小型机械（含电动工具）,查内外预制加工成品、半成品及部件,查工种之间的配合与搭接；查装饰与土建、安装工程和工序衔接,查劳动和特殊劳动力。

4．施工技术知识；经济管理知识；法律知识。

5．管理：全面质量管理与国际质量认证贯标工作（国际标准规范）与全球一体化挂钩。

管理目标值：(1)工程质量含技术资料；(2)建设速度；(3）成本消耗。

管理阶段：

计划：回头看：找出问题所在；找特点：进行因果分析；靠群众：订出切实措施；定标准：找出管理目标。

实施：抓自检：进行质量控制；建档案：积累控制数据；画图表：观察质量波动；订管点：把住关键工序；检查：搞检查：进行措施对比；

处理：作总结：以利持续循环。

6．.效益分析：(1)企业经济效益——税后利润情况；(2)企业社会效益——信誉）。

以上要点是项目经理基本素质所在，还应具备德才兼备、经验丰富、创新精神。总之，知识在经济过程中起着关键的作用，拥有更多管理知识的人将会获得更高报酬的工作，企业将会是市场的赢家，国家将会有更快的发展。“立足国内，冲出亚洲，走向世界，进入国际市场”，加强学习、提高素质是幕墙工程项目经理永恒的主题。

二、执行标准

1．《建筑幕墙》(JGJ 3035-1996）
2．《金属与石材幕墙工程技术规范》(JGJ 133-2001）
3．《建筑幕墙抗雷性能振动台试验方法》(GB/T 1857）
4．《建筑幕墙平面内变形检测方法》(GB/T 18250）
5．《建筑幕墙物理性能分析》(GB/T 18/15225）
6．《建筑幕墙风后变形性能测试方法》(GB/15226）
7．《建筑幕墙空气渗透性能测试方法》(GB/ 15227）
8．《建筑幕墙雨水渗透性能测试方法》(GB/15228）
9．《建筑幕墙工程质量检测标准》(JGJ/T139-2001）
10．《天然石材产品放射分类控制标准》(JC158-1993）
11．《干挂石材幕墙用环氧胶粘剂》(JC887-2001）
12．《高层民用建筑设计防火规范》(GB 50045-95）
13．《建筑幕墙质量验收标准》(GB50210）

三、施工准备

1．进场准备。办公、食宿、材料等临时用场所的搭设和水、电源的提供，为进驻做好后勤保障工作。

2．技术准备。根据所提供的设计方案组织设计部和项目部在原方案的基础上进行详细的工程设计和组织计划。

3．材料准备。按设计选定的材料和设计外零配件材料由物资部统一采购。

在选材过程中按照标准规范的要求严格把关,我们对每一项所需材料进行严格的审核，不合格的坚决不允许入场，合格产品在入场前均需提交产品合格证、质量保证单、国家检测部门出具的检测报告、产品说明书以及材料供货方营业执照等相关材料证书，实行专人负责制。

（1）石材：选用国产石材，符合国家标准《天然花岗石建筑板材》(GB/18601）和《天然石材产品放射分类控制标准》(JC158-1993）的要求。

（2）金属材料：

A．所选用的金属材料符合行业标准《金属与石材幕墙工程技术规范》(JGJ133-2001）规定。

B．预埋件：受力预埋件的锚板采用 Q235 等级 B 的钢材，锚筋采用二级钢筋。

C．SE 型小单元式石材幕墙挂件：采用国标铝矽镁合金挂件，符合现行行业标准《金属与石材幕墙工程技术规范》(JGJ133-2001）的要求（此式挂件已进入国家图集）。

D．连接螺栓：在幕墙钢结构与混凝土结构连接预埋件漏放、偏差设计位置太远、设计变更同时采用高强化学锚栓连接。化学锚栓螺杆材质为A3镀锌钢。

在幕墙钢结构与挂件主板连接用不锈钢六角螺栓连接。所选用的金属材料均要进行防腐处理。

（3）石材干挂胶：干挂胶的选用其性能符合行业标准《干挂石材幕墙用环氧胶粘剂》（JC887-2001）的要求，具有国家检测部门出具的检测报告、保质期限的质量证书及证明无污染的试验报告。

E．工厂验收。检验名称,检验内容,负责人、时间、生产加工过程检验。

a．领料时检查材料牌号、质量、操作者，随生产加工计划。

b．首件自检、互检和专检，合格后加盖“三检”印，作好记录，操作者。

c．加工过程中抽检和关键工序全检，检验员。

d．对设计形状复杂零件，须质检部与设计部同时检查合格后，方可批量生产，检验员。

e．加工产品最终检验：

（a）按图纸和技术标准对产品作最终检验，合格品贴上产品标签；检验员、设计员，随生产加工计划。

（b）发现产品首批有质量问题时，立即停止验收，查明原因，及时解决,检验员。

（c）对产品外观进行检验,检验员。

（d）对有保质期的产品，检查是否超期使用,检验员。

（e）对具有方向性的产品，检查其相对位置关系是否正确检验员。

四、施工工艺流程及安装方法

工艺流程：

定位放线——基层处理——安装“L”型角码——固定主龙骨——安装次龙骨——固定挂件主板——石材安装就位——打胶勾缝——清理——成品保护/小单元式石材幕墙，即在工厂加工程度最高的一种类型幕墙，将石材面板和石材挂件中的S、E型件在工厂加工好，形成单元组合件，运至工地直接固定在主体结构的主体板上。

安装方法：

1．定位放线。水平向控制线采用以50mm水平线为依据向上（或向下）量距来控制石材的水平度和垂直方向分块。在每个立面中间位置的墙上选定一个窗口，从上到下准确找出该窗口的中心线位置，弹上墨线作为竖向控制线，以此为依据向左右量距来控制石材的垂直度和水平向分块。

2．基层处理。对混凝土外墙表面进行测量、检查其平整度，从而保证主龙骨的垂直度，根据图纸对混凝土外墙面进行基层处理，将基准面清理干净。

3．安装“L”型角板。以竖向控制线为依据的向左右量距来控制石材的垂直度和水平向的分块为基准，核定主龙骨宽度，定点固定角板于墙体。

4．固定主龙骨（立柱）。根据主龙骨图将龙骨进行编号分类码放，然后进行主龙骨的安装，安装主龙骨时将主龙骨测面上的圆孔与角板上的槽孔用螺栓连接，调节主龙骨的垂直度，最大调节量30mm。

5．安装次龙骨（横梁）。根据石材规格分块，确定次龙骨长度，编号分类码放。

主龙骨安装完毕检查合格后，可以进行次龙骨的安装，次龙骨通过专用角板连接，在主龙骨测面上钻孔用螺栓将专用角板固定在主龙骨上，专用挂件与主龙骨接触面上打长圆孔可以延主龙骨向上下调节，最大调节长度30mm（即次龙骨可上下调节），再将次龙骨与专用角板用M10螺栓连接。

6．固定挂件主板。挂件主板与次龙骨间的固定根据图纸设计位置处理，调整主板的水平即可紧固。挂件主板与次龙骨用M6螺栓通过转换角码连接。在安装固定挂件主板后检查防雷电系统设施是否完善。

7．石材安装就位。因天然石材存在色差，进场要进行养护处理后将石材由浅入深或由深入浅编排序号。石材板已在工厂加工为单元组件，由石材上下两边已定位安装S、E型副件与主板上嵌槽相对接，调整设计距离，以保证石材位置的准确性。在石材安装的同时，检验防火层、保温层、隔声层等系统设施是否完善。

8．打胶勾缝。按工程要求进行勾缝打胶工作，打胶前在石材平面边沿处粘贴美纹纸，以保护打胶时污染石材。勾缝打胶时要求达到横平竖直、宽窄一致、涂胶均匀。使得胶缝美观且耐固，石材嵌缝采用中性硅酮密封胶，以防对石材产生腐蚀。

9．清理。

（1）每一块板安装完毕后，即对表面进行清理，以确保每一块板的安装已完全符合标准。

（2）清理的内容：石材表面污垢、石板缝隙的误差、固定螺栓的紧固程度以及每块板的垂直度、平行度等。

10．安装质量检验。项目经理及工程技术人员必须按设计要求进行施工，每个步骤施工过程中检验员根据标准规范进行检查，并做好记录；每个步骤施工完成后由施工队进行自检，项目经理复检，并填写验收申请单，报检验员验收。验收合格后报请甲方及监理验收，防止将带有质量问题的工程移交业主。

11．成品保护。将距地面2m高范围成活的石材墙面采用围档保护措施，以避免碰撞损坏；2m以上的成活墙面采用防污染的遮档设施保护。

五、幕墙的主要特点

1．定位切槽，保证整个幕墙的垂直度。

2．拆装方便，为今后维护、保养提供了便利。

3．可移动，为拼装创造发展空间，直接区分了石材幕墙与干挂石材长期被混淆的概念。

4．为增加板材厚度和宽度所造成的荷载加大提供了保障，提高了安全系数。

5．石材板与板之间没有联系，完全独立承载，不会产生相互连接所产生的不可确定性应力集中和应力积累。

6．在工厂组装，拼装成单元组件，通过拼装最终完成整幅的幕墙，同时也较大地缩短了工程工期。

幕墙挂件性能经济分析

项　目	插销式干挂幕墙	缝挂式干挂幕墙	背栓式干挂幕墙	SE 小单元式石材幕墙	备　注
石材板可拆换性	相邻板材用插销连接，可拆装性较差	相邻板材用一个挂件，可拆装性较差	相邻板材独立支撑，拆装容易	相邻板材独立支撑，拆装方便	SE 小单元式适用于各种石材幕墙。防止不同材料的静电腐蚀，连接时采用隔离垫
安装质量	根据板材的加工精度，相邻板材调整精度较差	根据板材的加工精度，随层变形的能力较小	相邻板材平整度较差	定位切槽，相邻板材平整度较好	背栓式在石材背面开孔安装，其加工难度较大
抗震性能	较　差	较　差	较　好	较　好	
抗风强度	低层较好	低层较好	高、低层较好	高、低层较好	
挂件强度	较　差	较　差	较　好	较　好	SE 型属铝矽镁挤压成型
经济性	最　小	最　小	较　大	较　小	

六、施工管理措施

好的计划必须配备切实可行的管理措施才能实现，而安全施工、文明施工则是工程中不可忽视的重要环节，只有确立相应的管理制度措施，才能保证工程质量。我们既要强化安全管理环节，也要把科学安全管理同经济管理、行政管理等有机地结合起来，从而保障整个幕墙的施工管理。相应的管理制度有：

1．生产及文明施工措施。

2．现场文明管理制度。

3．防火安全制度。

4．物资采购及保管制度。

5．工程施工进度计划及保证措施。

6．产品防护措施。

7．项目经理及有关人员岗位责任制度。

8．工程施工技术保证措施。

9．工程施工质量保证措施。

10．施工机械设备保证及管理措施；

11．现场施工原始记录档案管理制度。

12．工程施工注意事项。

13．施工质量控制目标:工程质量优良，无安全事故，无质量事故。

缝挂式、背挂式、背栓式等，技术特性各有千秋，为石材干挂的发展和石材幕墙的进步奠定了基础，提供了可参考的依据。

本文就石材幕墙工程施工实践中的一点拙见示于文中，意与行业同仁共同探讨、研究，使石材幕墙生产施工技术及管理更具科学化、人性化、规范化，为行业的发展、社会的进步创新，具有巨大的意义。

·技术创新·

北京奥运会体育场游泳馆的幕墙

—— ETFE 膜结构幕墙和屋顶

龙文志

【摘　要】从北京奥运会体育场、游泳馆的膜结构幕墙和屋顶谈起，浅要介绍ETFE膜结构幕墙的膜材、结构、荷载、设计、特点。

【关键词】膜结构幕墙　ETFE

一、从北京奥运会体育场、游泳馆的幕墙和屋顶谈起

建筑幕墙仍将是公共建筑中外维护结构的主导。2008年的北京奥运会工程将是全世界建筑幕墙行业的亮点。奥运主体建筑幕墙工程将是世界顶级幕墙公司展示自己实力和最新技术的舞台，也是国内外幕墙公司拼实力、拼价格的战场。其建筑幕墙技术将以体现建筑主体风格、通透、节能环保、舒适为特点。幕墙的索结构设计、玻璃结构设计等关键的前沿技术将有所突破。2010 年我国的建筑幕墙行业的主要技术领域将达到国际先进水平。

新的国家体育场、国家游泳馆的方案已确定，称之为‘鸟巢’、‘水立方’，选用ETFE膜结构屋顶和幕墙，‘鸟巢’和‘水立方’膜结构交相辉映、晶莹剔透。新的国家体育场位于奥林匹克建设区中心平缓的坡地上，它被构思成一个轻盈的鸟巢，高低错落的网状结构缓和了其庞大的体积，并赋予它自然生动的形象，各结构单元互相支撑并聚合成一个网状的壳体，像一个树枝编成的鸟巢。

国家体育场的“鸟巢”方案

2003 年 12 月 24 日上午，国家体育场开工建设，标志着北京奥运会场馆建设工程全面启动。举世瞩目的国家体育场将是展示新世纪奥运会形象、凝聚国内外建筑设计工作者智能的标志性建筑，集中地反映了奥运会举办理念和运作水平以及举办国的建筑文化特色。国家体育场是 2008 年北京奥运会的主会场，它位于北京奥林匹克公园内，北京城市中轴线北端的东侧，占地 20.4 万㎡，建筑面积 25.8 万㎡，能容纳观众 10 万人，2006 年底建成。其业主单位是由北京市

“鸟巢”和“水立方”两个外围护膜结构交相辉映

“鸟巢”和“水立方”两个外围护膜结构晶莹剔透

国有资产经营有限责任公司和中信集团联合体共同组建的国家体育场有限责任公司。国家体育场有限责任公司负责项目的投融资、设计、建设、运营和管理,国家体育场的设计方案，是经全球设计招标产生的，由瑞士赫尔佐格和德梅隆设计事务所、奥雅纳工程顾问公司及中国建筑设计研究院设计联合体共同设计的“鸟巢”方案。该设计方案主体由一系列辐射式门式钢桁架围绕碗状坐席区旋转而成，空间结构科学简洁，建筑和结构完整统一，设计新颖，结构独特，为国内外特有建筑。

建成后的体育场外观如同树枝编织的鸟巢，既符合了奥林匹克国家体育场对功能与技术的所有要求，又摒弃了建筑界惯用的数字屏幕与大跨度的手法。其灰色矿质般钢网以透明的 ETFE 透明箔片膜覆盖，内部是一个土红色的碗状看台，这座可开合的大型穹顶没有一根立柱，在任何座位上观看比赛都没有视线遮蔽，它的结构组织形式可以由外立面直接体现出来，从各结构便进入了看台边缘的宽阔回廊。从这里不仅可以纵观整个环形成一个城市空间的缩影，可供客人闲逛、用餐及购物，起到集散大厅和骑楼的作用。

看台呈现一种碗形的整体性效果，这种均匀一致的建态形状有助于观众在观看比赛时更有效地集中注意力；同时，观众席上的人群也与建筑本身融为一个整体。 场馆的设施为人们营造了一种舒适和谐的视觉效果与气氛，在激发观众兴奋情绪的同时，也能促进运动员的良好发挥。

碗形看台

幕墙和屋顶为气垫膜结构，就像鸟类用软物装填枝条间的空隙一样，体育场上层结构的空隙采用了气垫膜进行装填。建筑表面的气垫膜不仅起到楼顶防水的作用，也使顶篷上的雨水通过特殊的装置加以收集和再利用；而半透明的楼顶设计也使阳光能充分投射进来；为草坪的生长提供必要的紫外线。此外，在网状结构内部的饭店、套房、商店和休息间的相应位置的立面上，装填了气垫膜，保证立面效果的整体感。这种填装气垫的作法允许自然通风，构成体育场可持续发展设计理念中至关重要的一个部分。可开合的屋顶是体育场必不可少的一个组成部分。当它关闭之时，体育场便有了天窗。屋顶的设计按照自身的建筑逻辑与防水气垫膜共同成一种整体的网状结构。

膜结构和钢结构内视

屋顶全开的体育场内景

体育场内的膜结构全景

2003 年 12 月 24 日，国家游泳中心举行了开工奠基仪式，2008 年北京奥运会场馆中惟一一座由华人华侨自愿捐资修建的比赛场馆正式进入开工建设阶段。三年后，一座新颖别致的北京奥运会游泳馆—“水的立方”将以那晶莹剔透亮丽身姿与雄踞东侧“鸟巢”型国家体育场交相辉映，共同装点景观如画的北京奥林匹克公园。

国家游泳中心的建设将体现中华民族的伟大的团结精神，将体现港澳同胞、台湾同胞和海外华侨华人的爱国之情，将为中华民族的奥运史留下一个永昭世人的标志性建筑。

国家游泳中心举行了开工奠基仪式

国家游泳中心的“水立方”方案

国家游泳中心位于奥林匹克公园的中心位置，占地6.295公顷，长宽尺寸大约是305m×230m。设计的目标是提供2008年奥林匹克运动会的游泳、跳水、花样游泳、水球比赛场地；赛后提供重大水上比赛场地，开展有商业用途的项目；为市民提供综合水上娱乐中心。

国家游泳中心设计方案确定 “水立方”构造 。水是整个建筑的主题，设计师希望人们通过这个建筑能体会与水有关的种种快乐：流动、多变、不确定、宁静、奔涌、潮起潮落……水的流动、多变和不确定性给人们不同的体验。当你静静地站在远处观看时，可能感觉它只是个立方体，但当你走近时，你会发现由许多特殊材料制成的“泡泡”气枕。这个立方体的构造非常特别。

“水立方”的ETFE膜结构幕墙

遥望“水立方”，呈现在人们面前的是一个水蓝色的建筑，宛如一滩平静的蓝色湖面，平和而宁静。近处的“水立方”则是一个透明的“冰块”， 如果说规矩的四方体会让人感到乏味的话，那么气泡型的膜结构幕墙，使得“水立方”凸显无边的浪漫。结构立面的灵感来源于Kelvin的“泡沫”理论，这样的结构形式还从来没有使用过，这样的设计使得这幢建筑具有一个独特的视觉效果和感受。对三维空间进行了最有效的分割，结果显示，模型在自然界中普遍存在。例如，细胞组织单元的基本排列形式、水晶的矿物结构，以及肥皂泡的天然构造。尽管结构呈现出复杂性及有机体的形式，但实际上是较简单的框架结构，具有很高的重复性。结构构成的优化目标是屋顶和墙面的气枕形状，具有重复性而又能保持一个随机无序的总体感觉。钢结构腹杆和钢结构内部节点都具有高度重复性，弦杆构件长度和几何具有重复性，避免了切割后节点位于弦杆内。 这种简洁的结构并非是看上去的杂乱无章，是依据WeariePhelan给出的“无限等体积肥皂泡陈列几何图形学”：肥皂泡是因内外气压不同而形成的一种自然结构，液体表面张力抑制肥皂泡的扩张，由于肥皂泡内的气压对各向都是相等的，因此形成了最小表面积，空中肥皂泡是球形，水平面会是半球形，泡内的压力方向永远与表面垂直，如果气泡基座不是圆形，它会自动形成一个最符合泡内、外压力平衡及最小表面积的形状。如果两个肥皂泡靠在一起，中间自然形成120° 的隔膜，至于隔膜之所以为平面，是因为隔膜两方压力相等，而勿论多少个肥皂泡连在一起，它们相接角度势必为120° （丹特，1971年）。

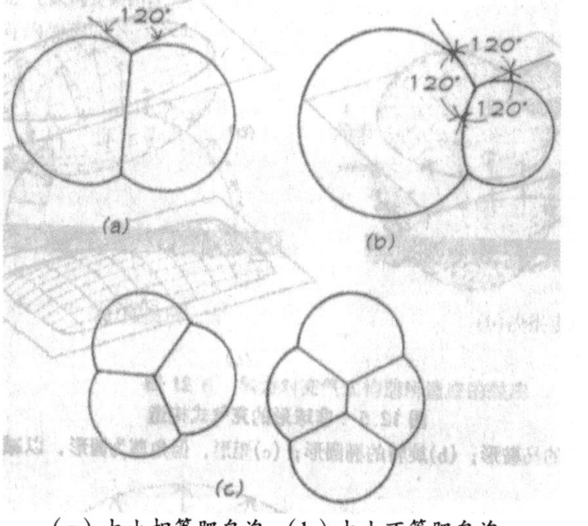

（a）大小相等肥皂泡，（b）大小不等肥皂泡，

（c）3～4个肥皂泡。

由十四面体、十二面体基本单元沿三个正交坐标轴X、Y和Z生成了巨大的空间立方体。将空间立方体进行旋转和切割，切出建筑的外边框和内部使用空间。十四面体、十二面体被切出的边线形成上弦和下弦杆件，切割面之间原有的线即为腹杆。经优化选择旋转角度和切割面，形成最终的结构几何形态。

这个看似简单的“方盒子”原来是用中国传统文化和现代科技共同“搭建”而成的。方方北京城方方水立方。“天圆地方”的设计哲学催生了“水立方”，而这个“方盒子”

又能够最佳体现国家游泳中心的多功能要求。传统文化与建筑功能就这样实现了完美结合。“泡沫”加深“水”记忆基于来自“泡沫”理论的设计灵感，他们为“方盒子”包裹上了一层建筑外皮，上面布满了酷似水分子结构的几何形状，赋予国家游泳中心与众不同的外观。这样的设计使得这幢建筑具有独特的视觉效果和感受，建筑物的轮廓和外观变得柔和，更具有水的特性。让人们一见到它，就知道这是游泳馆，而不是体操馆等其他用途的场馆。

“水立方”ETFE 膜结构幕墙表面近照

国家游泳中心内部效果图

“水立方”气泡型的膜结构内部效果图

“水立方”外墙材料采用的则是一种透明的 ETFE 充气膜结构，ETFE 膜气枕直径达 9m，外墙的高度内约有 5 个气枕。“冰块”式的外围护将游泳中心内部设施尽收眼底，壮观而震撼。ETFE 膜良好的自洁性，会让“水立方”一直保持着水的晶莹剔透。对重力荷载、风荷载、雪荷载、地震作用、温度作用等方面对膜结构进行了初步计算：ETFE 膜充气枕通过反应谱分析，结构为抗震烈度 8 度，场地类别是三类，屋顶最大侧移 X 向达 17.3mm，Y 向达 18.6mm，用钢量为 4900t，按覆盖面积计算，每平方米 156kg，按展开面积算 86.24kg/m²。ETFE 立面的双层表皮结构由一系列小的单元组成，每个单元的外面都覆盖着薄膜—双层聚四氟乙烯（ETFE）。

“水立方”呼应“圆鸟巢”在国家游泳中心的东面，是规划的奥运会主会场——国家体育场。此前，“鸟巢”方案已被确定为国家体育场的实施方案。如果把这两个方案模型对照在一起就会发现，它们之间比较协调，且相映成辉。“圆鸟巢”让人感到兴奋、动感、阳刚气息，而“水立方”呈现出的则是宁静、祥和、具有诗意的气氛。一动一静，一刚一柔，使得这个区域将成为公众的焦点。整个建筑内外层包裹的 ETFE（四氟乙烯），是一种轻质新型材料，具有有效的热学性能和透光性，可以调节室内环境，冬季保温，夏季散热，而且还会避免建筑结构受到游泳中心内部环境的侵蚀。

“圆鸟巢”和“水立方”正代表了北京融入世界建筑的发展潮流。

二、膜结构幕墙的膜材

膜结构和膜结构幕墙的发展依赖于膜村的技术革命和技术发展。从历史上来看，材料技术的革命为建筑学带来越来越多的创意，也带来无穷无尽的高要求。从现代主义到后现代主义，再到解构主义建筑理论，甚至所谓混沌理论，无不例外地要求材料革命，而每次材料革命又给建筑学添上更多的新创作语汇。从建筑色彩学来看，透过建筑立面的颜色或本色看室内的颜色，从亮到暗或从暗到亮，建筑师可根据层次深浅布局，色彩的冷暖安排，昼夜光源方向的异同，获得自己想得到的建筑光学色彩效果。从建筑美学来看，随着人们对建筑美的认识和把握，从不同角度推进了建筑的创造和发展。良好的环境能激发人的美感，良好的环境亦能给人们认同感、亲切感、指认感、文化性和适应性等不同的心理感受。材料技术的进步可以刺激建筑创作艺术中的异端精神，往往可以把这种异端不合理的设计，通过使用新材料后变为合理化。采用更新的施工方法，可以实现这种异端构想。从建筑学角度，解构主义的松散、无序、错位、奇险、偶然等均可在材料科学进步中，得到良好的营养，渗透到建筑文化中去，出现百花齐放、巧夺天工的伟大奇迹。膜结构、膜结构幕墙、膜结构屋顶正是如此。ETFE 是高强度箔片膜材，近年在建筑幕墙和屋顶较多采用，是由氟塑料制造的，它也可和织物膜材一样施加预拉力，它有很高的透光率、自洁性和防老化性，ETFE 的化学名为乙烯-四氟乙烯共聚物。其化学结构如下：

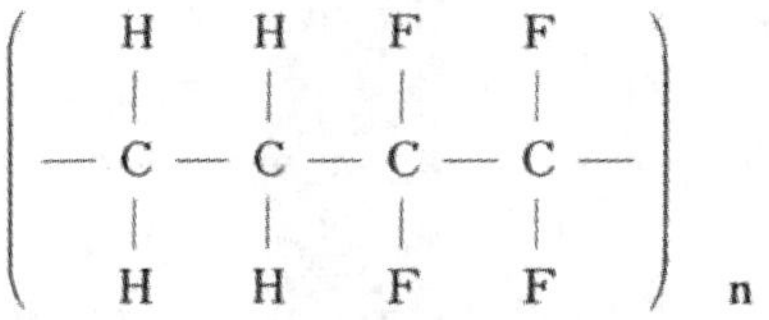

ETFE 膜材的厚度通常小于 0.20mm，是一种透明膜材（如图）。ETFE 膜材常做成气垫应用于膜结构中。最早的 ETFE 工程已有 20 余年的历史，而最著名的要数英国的伊甸园。

ETFE 膜材

ETFE 是一种含氟高分子（fluoropolymer）热塑型（thermosplastic）材料，与 PTFE 和 FEP 相近的电气特性与抗化学性，加工性及机械性都有大幅改善，机械强度高；低摩擦，耐候性、耐热性、耐燃性好；几乎对所有的化学品不反应；直接曝露于阳光、雨水或废气中没有损耗或变形，长时间曝露于户外特性并无改变 。

ETFE 膜是透明建筑幕墙和建筑屋顶中品质优越的替代材料，该膜是由人工高强度氟聚合物（ETFE）制成，其特有抗粘着表面使其具有高抗污，易清洗的特点。通常雨水即可清除主要污垢。ETFE 膜使用寿命至少为 25～35 年，是用于永久性多层可移动屋顶结构的理想材料。该膜材料多用于跨距为 4m 的两层或三层充气支撑结构，也可根据特殊工程的几何和气候条件，增大膜跨距。膜长度以易安装为标准，一般为 15～30m。小跨度的单层结构也可用较小规格。ETFE 膜达到 B1、DIN4102 防火等级标准，燃烧时也不会滴落。且该膜质量很轻，每平方米只有 0.15～0.35kg。这种特点使其即使在由于烟、火引起的膜融化情况下也具有相当的优势。根据位置和表面印刷的情况，ETFE 膜的透光率可高达 95%。该材料不阻挡紫外线等光的透射，以保证建筑内部自然光线。通过表面印刷，该材料的半透明度可进一步降低到 50%。根据几何条件及膜的层数，其 K 值可高达 2.0W/（m²·K）。耗能指数以一个三层印刷的膜为例可达到 0.77。由于其优秀品质，ETFE 膜几乎不需日常保养。可对其由于机械损坏的屋顶进行简单检查（一年一次为宜），并根据需要就地维修。 ETFE 膜完全为可再循环利用材料，可再次利用生产新的膜材料，或者分离杂质后生产其它 ETFE 产品。

薄膜的种类和特征

	NEOFLON PFA	NEOFLON FEP	NEOFLON ETFE	NEOFLON CTFE	PP·PE	PVC
非粘着性	◎	◎	◎	△	○	×
防污	◎	◎	◎	○	△	×
防霉	◎	◎	◎	◎	×	×
透明	△	◎	◎	◎	△	△
寿命	◎	◎	◎	◎	×	×
不透水蒸气	○	○	×	◎	×	×
不透气	◎	◎	○	×	○	△
耐药性	◎	◎	○	○	△	×
耐热性	◎	◎	◎	○	×	×
阻燃	◎	◎	◎	◎	×	△

◎优；　○良；　△一般；　×不好。

ETFE 性能表

规　格	单位	ASTM 测试方法	C-55A	C-55AX	C-88A	C-88AX	C-88AXM
比重		D-792	1.74	1.73	1.74	1.73	1.73
熔点	˚C	-	265	258	267	260	260
抗张强度	MPa	D-638	52	52	48	48	42
伸长率	%	D-638	382	414	415	415	433
耐冲击强度（Izod）	J/m	D256（Notched）	无破损	无破损	无破损	无破损	无破损
硬度（Durometer D Scale）	-	D-785	67	67	67	67	67
弯曲强度	MPa	D-790	960	930	910	890	870
介电常数（10^2-10^6）	-	D-150	2.6	2.6	2.6	2.6	2.6
线性热膨胀系数	10^{-5}/C	D-696	9.3	9.3	9.4	9.4	9.4
收缩率（流动方向）	%	-	1.8	1.8	1.8	1.8	1.8
抗化学性	-	-	优良	优良	优良	优良	优良

ETFE 膜为现代建筑幕墙和屋顶提供了一个崭新的面材。由这种膜材制成的屋面和墙体，质量轻，只有同等大小的玻璃质量的 1%；韧性好、抗拉强度高、不易被撕裂，延展性大于 400%；耐候性和耐化学腐蚀性强，熔融温度高达 200℃，并且不会自燃，可以加工成任何尺寸和形状，可满足大跨度要求，节省了中间支撑结构，可以设计出简洁高雅的结构；作为一种充气后使用的材料，它可以通过控制充气

量的多少，对遮光度和透光性进行调节，有效地利用自然光，节省能源；在提供了良好的透光度的同时，也兼有保温隔热性能；质量轻，可以根据需要满足通风透气、自然采光的需求；不仅如此，这种膜还具有良好的声学性能，可有效消除回声避免了玻璃层顶产生的噪声；具有的自清洁功能，使灰尘不易附在其表面。这种材料另外的一大优点就是可在现场预制成薄膜气泡，方便施工和维修；成本合理，覆盖层加上结构的费用可能只有玻璃的 2/3，而使用寿命长达 25～30 年。 近年来，由 ETFE 制成的膜材料替代传统的玻璃和其它高分子采光板用于大型建筑物的屋面或墙体，显示出无可比拟的优势。

三 、ETFE 膜结构幕墙实例

ETFE 膜的发展使得大跨度张拉膜结构保温性能大大提高，半透明、光线充足且保温良好的柔性外墙及屋顶已经变成现实，膜结构幕墙前景是采用 ETFE 膜。

ETFE 膜结构幕墙和屋顶（德国特马浴室）

张拉式 ETFE 膜结构幕墙。

德国慕尼黑同盟足球场的 ETFE 膜结构幕墙和屋顶，屋顶面积 38000 ㎡，幕墙面积 26000 m^2，ETFF 膜抗拉强度 52N/ mm^2。

安联体育场是慕尼黑两支俱乐部足球队的共同主场。为此，菱形纹理的 ETFE 外表覆膜提供了一种巧妙的设计，膜下的两种气囊在不同球队主场作战时会分别发出红色、蓝色的光芒，非球队赛事时，它是白色的。远远便可知道是谁在主场比赛，甚至可以知道主队进球，酷爱足球的德国人提议在主队进球时外表灯光可以加强。中国的国家体育场是奥运

公寓的张拉式膜（ETFE）结构幕墙

的主场馆，本身要求结构和形态在世界水准上要达到高科技高难度，在建筑上要解决新的问题。‘鸟巢’的特点，就是‘它像个鸟巢，结构即外观’。看到它的外观就看到它的结构。由混凝土和钢梁织成的庞大“鸟巢”是“扣”在了相对独立的红色碗状看台的外面；而安联体育场不具备这样的构思，它的外壳与整个体育场的结构并没有那幺密切的关系。北京“鸟巢”ETFE 膜的透光度要高于慕尼黑“救生圈”。

德国慕尼黑同盟足球场的 ETFE 膜结构幕墙和屋顶

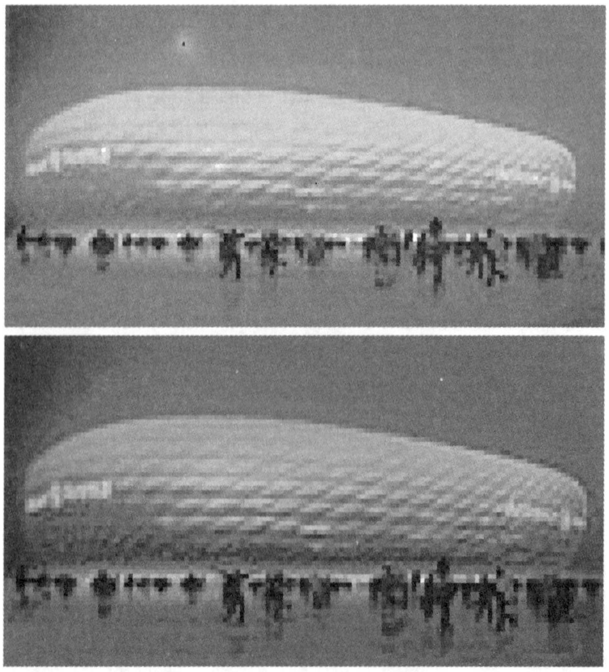

德国慕尼黑安联体育场的 ETFE 膜结构幕墙和屋顶的夜景

德国慕尼黑安联体育场的 ETFE 膜结构幕墙和屋顶俯视

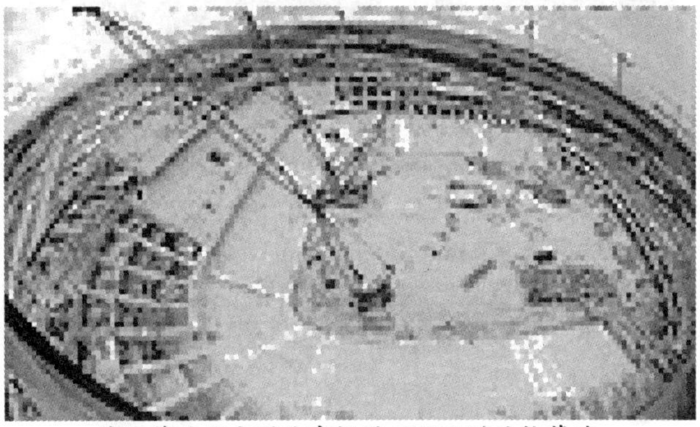

德国慕尼黑安联体育场的 ETFE 膜结构幕墙
和屋顶的施工现场

德国慕尼黑安联体育场的 ETFE 膜结构幕墙
和屋顶的施工现场

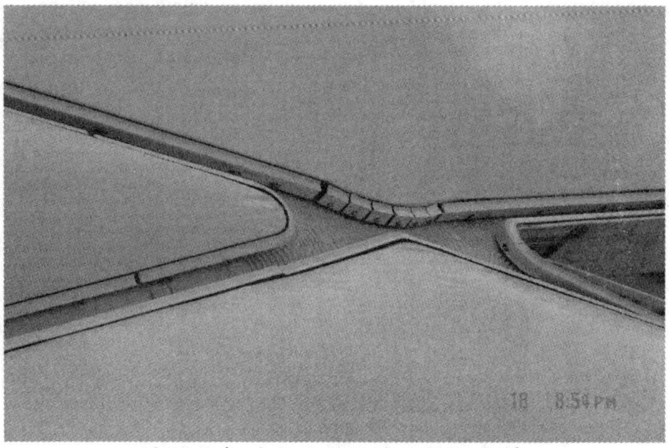

为吸收相对变位所设计的软性水槽

案例：伊甸园工程

伊甸园工程是一座植物中心，是一系列相互连接的 ETFE 膜结构的巨大温室，位于英国康沃尔博维尔达/圣奥斯泰尔（Bovelda/Austell. Cornwall），建筑设计：尼古拉斯.格林姆斯合作事务所（Nicholas Grimshaw ET Partners），结构设计：安东尼. 翰. 奥沃. 艾拉普合作事务所，建成日期：2001 年，面积：22000m^2。

伊甸园外景

由于要将伊甸园设计为轻盈的结构，因此采用了新型材料：ETFE，它可以有力地支撑起巨大的温室，ETFE 除具有坚固、轻盈的优点外，还具有很高的透光性，而且比普通玻璃有更好的隔热效果。ETFE 基本单元为正六边形，既有利于灵活设计拱式的建筑外形，又具有较强的地形适应性，不必大范围地改变原有地形。

伊甸园膜结构外景

伊甸园入口

ETFE 正六边形在工厂制成单元体，ETFE 正六边形的边框采用了轻金属管材，每一单元体很轻，现场也只需组装即可完成，这些使整个工程从制作、运输、组装便捷易行，降低了工程的成本。

伊甸园膜结构内景

伊甸园膜结构施工

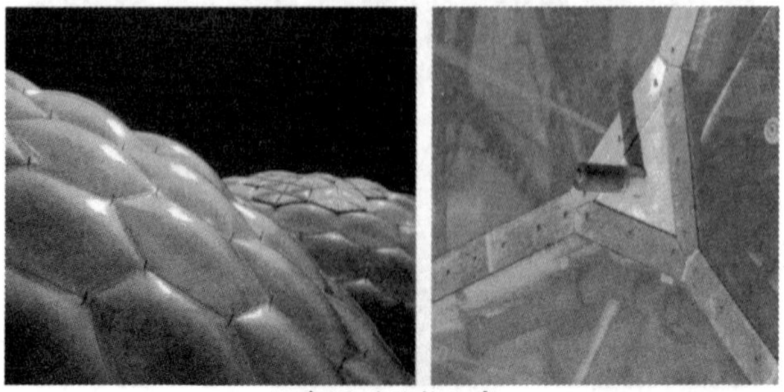

伊甸园膜结构细部

球状结构提高了利用太阳能的效率，ETFE 六边形面体的后部起着热量调节器作用，白天积蓄热量，夜间释放热量。

伊甸园内景

（1）Φ400.6mm 钢管，（2）6mm 薄钢板弯曲成形，（3）三层 ETFE 充气垫，（4）铝夹紧片，（5）Φ70mm 通户气钢栏杆，（6）铸钢节点，（7）Φ89mm 对角线拉管，（8）开启挤压铝框，（9）保温绝热层，钢和塑料的复合板材制成的槽，（10）控制压缩空气的圆筒，（11）高压空气阀门。

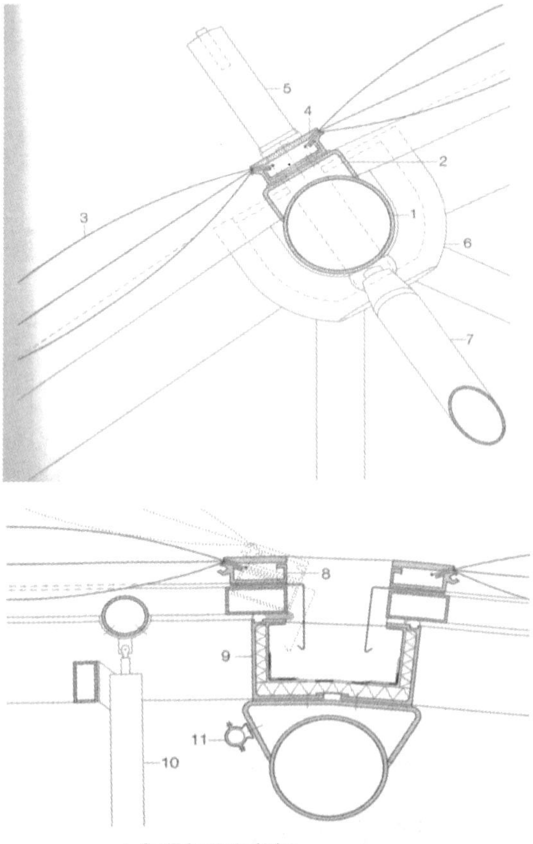

1 Ø 400.6 mm steel tube
2 6 mm sheet steel bent to shape
3 three-layer inflated ETFE cushion
4 aluminium clamping strip
5 Ø 70 mm steel cylinder as safety rail
6 cast-steel node
7 Ø 89 mm tubular diagonal member
8 extruded-aluminium frame to opening flap
9 thermal insulation, steel section; composite sheet-metal and plastic-sheet gutter
10 pneumatically operated cylindrical opening shaft
11 high-pressure-air tube for operating flap

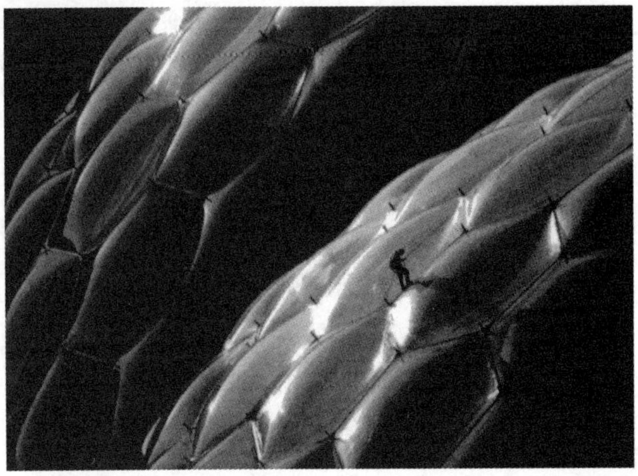

案例：英国国家太空中心是一个可举办展览并可用于教学和研究的建筑，隶属于莱斯特大学，建筑设计：尼古拉斯.格林姆肖合作事务所，结构设计：奥沃.艾拉普等，地址：英国莱斯特，面积：7000m^2 ，建筑主体是一座膜结构塔楼，造型象帆船，采用钢骨架支撑的ETFE膜结构单元式幕墙。这种坚固耐用、柔韧性强的新材料无需加建大梁，却能遮蔽强烈光线，轻巧的面材和为数不多的钢材，使工程经济、施工方便灵活，由于ETFE材料柔韧透明，使塔楼自然亲切，颇有超前风格。

英国国家太空中心塔楼膜结构幕墙

英国国家太空中心塔楼膜结构幕墙近照

英国国家太空中心塔楼膜结构幕墙内景

四、ETFE膜结构幕墙设计要点

1．ETFE在方案阶段需要考虑的要点

（1）预张力的大小及张拉方式；

（2）根据控制荷载来确定膜片的大小和索的布置方式；

（3考虑膜面及其固定件的形状以避免积水（雪）；

（4）关键节点的设计，以避免应力集中；

（5）考虑膜材的运输和吊装；

（6）耐久性与防火考虑。

2．ETFE膜结构幕墙设计阶段的要点

（1）保证膜面有足够的曲率，以获得较大的刚度和美学效果；

（2）细化支承结构，以充分表达透明的空间和轻巧的形状；

（3）简化膜与支承结构间的连接节点，降低现场施工量。

3． ETFE膜结构幕墙研究的主要问题

（1）找形（Form-finding）或更进一步叫“形态理论”；

（2）考虑膜材松弛和各向异性下的结构响应；

（3）结构在风荷载作用下的动力稳定性；

（4）裁剪优化；

（5）膜与索及支承结构间的相互作用。

五、ETFE 膜结构幕墙设计风荷载探讨

1．荷载及许用应力

（1）膜结构幕墙的荷载：固定荷载（G），雪（S），风压力（W），地震力（K），初期张力（Ti），内压（Pi）。

荷载组合：

（2）充气膜的内压设定如下：常时：196N/m^2 以上。

积雪时：大于（S+196）N/m^2，小于 1176 N/m^2

结构类型	一般幕墙（非雪区）	斜幕墙（雪区）
骨架式、张拉式	G+Ti+W+K	G+Ti+W+K+S
充气式	G+Ti+W+K+Pi	G+Ti+W+K+Pi+S

强风时：常时内压，　　暴风时：不得小于下表所示。

空气膜内压表

	H/W	内压（N/m^2）		H/W	内压（N/m^2）
球形	0.75	≥q	圆柱形	0.75	≥0.85q
	0.5	≥6.86q		0.5	≥5.88q
	0.375 以下	≥5.88q		0.375 以下	≥4.90q

该表中 H 为地面到屋顶高（m），W 为建筑物的最大宽度（m），q 为风压

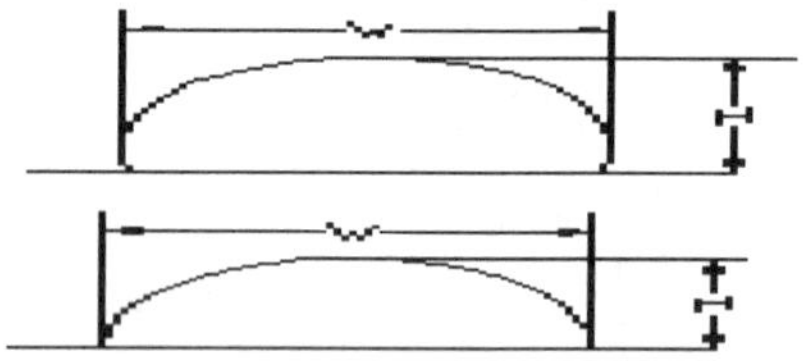

W、H 定义

（3）膜结构最大风荷载时，变形较大，其形状和初始形状可能会有较大区别，传统的按初始形状确定风载体形系数的方法可能误差较大，按照受载变形后的形态来确定风载体形系数又是一个非线性课题，加上膜结构的外形变化多异，现行荷载规范中，鲜有关于膜结构风载体形系数的具体条款。在参照现有规范确定膜结构幕墙的风荷载时，理解不同，设计取值常相差很大。因而幕墙风载体形系数宜以风洞试验为准。

（4）膜结构风洞实验很重要，但费用昂贵。早在 70 年代，日本大阪万国博览会美国馆就做过膜结构风洞实验[2]。风载过大破坏的例子，日本熊本穹顶的跨度 107m、直径 128m、高 40m，膜结构为周边支撑，双层充气膜的设计风压 302kgf/㎡，常时内压 30mmAq，强风（高 10m 处的平均风速 15m/s）时内压 60mmAq，内压由三台鼓风机维持，1999 年 18 号台风使日本熊本穹顶的双层充气膜结构破坏，现场实测风速（高 10m）：10min 平均风速是 27.6m/s，瞬间最大风速 49.3m/s，为该地区 400 年的最大风速。破坏现象为 1 层大型回转门锁定破损，22 处打开，上层索一根折断，二层空气膜的上膜、下膜破损，支撑结构损坏，双层玻璃全部破损。

（5）膜结构幕墙反转设计：膜曲面在曲率增大时，风、雪等荷载将引起大变形。支撑膜的情况下，大曲率时风荷载引起曲率反转也时有发生，在最大风荷载时不允许某种程度的反转相当困难时，反转的设计是必要的。

（6）在膜结构幕墙的分析设计中，是否要考虑材料的非线性及各向异性性能？通常预应力不超过 5%的抗拉强度、工作应力不超过 20%的抗拉强度的范围内，为简便设计计算，一般可假定膜材料为正交异性的线弹性材料， 认为膜材是处于弹性阶段，亦即不考虑材料的非线性。

（7）膜结构幕墙的安全系数。对于膜结构而言，任何情况下不允许膜中有无应力状态。在高应力状态下，膜材料的抗拉强度越高，越不易发生徐变和老化；其次，在大跨度膜结构中，膜中应力往往较大，且对膜的安全度要求较高，一般在长期荷载作用下，安全系数取 6～8；在短期荷载作用下，安全系数取 4。安全系数考虑了以下几种不利因素：膜材料本身的强度和弹性常数有较大的变异性；膜结构计算假定及计算结果的不精确性；膜材料双向应力测试与实际情况的差异；紫外线照射下膜材的老化；膜材的疲劳；膜材制作和施工过程中的划伤和折迭等。

幕墙膜结构的膜材必须具有较高的抗拉强度及抗撕裂强度。但膜材平面内的抗压、抗弯强度几乎为零，抗剪强度也很低，并具有一定的各向异性和材料几何非线性性质，使用时又易发生应力松弛和徐变，因而在膜结构分析计算中如何正确地确定膜材的各项力学参数及与结构关系将是一项极其繁琐而又必不可少的事情。

六、结 束 语

膜结构是 21 世纪“绿色建筑体系”，ETFE 膜材是 21 世纪“绿色建材”。目前，在全球范围内索膜结构无论在工程界还是在科研领域均处于热潮中。“鸟巢”、“水立方”、的方案采用膜结构幕墙和屋顶顺应了这一热潮，激了我国索膜建筑和膜材事业的发展，近年来我国建筑市场对索膜建筑技术和膜材的需求明显有大幅度增长的趋势，国外各大著名索膜技术和膜材专业公司纷纷登陆我国，随着现代科技的进一步发展，使人类面临着保护自然环境的使命。因此，天然材料和传统的古老建筑材料必将被轻而薄且保温隔热性能良好的高强轻质膜材所取代，其在建筑幕墙和屋顶领域内更广泛的应用是可以预见的。

主要参照文献：

1．刘锡良编着．现代空间结构．天津：天津大学出版社

2．张其林编着．索和膜结构．上海：同济大学出版社

3．Cristian.Schittich.BuidingSkins,Birkhauser.Basel.Boston.2001

4．关富玲等着．膜结构设计理论．浙江大学空间结构中心

5．《High-tech para high-tech》 La arquitectura las empresdel futuro

重庆北部新区高新园火星医疗器械产业大厦点支式全玻璃球冠形悬索穹顶设计

深圳三鑫特种玻璃技术股份有限公司　刘长龙　谢国生
重庆渝高新兴科技发展有限公司　段茂伟　霍晓燕

【摘　要】本文介绍了重庆北部新区高新园火星医疗器械产业大厦点支式全玻璃球冠形悬索穹顶结构设计，分析了穹顶结构体系与主体结构的关系，论述了点支式全玻璃球冠形悬索穹顶这一世界上首次采用新的结构型式，并通过有限元分析进行了结构计算验证。

【关键词】 悬索穹顶　结构设计　结构计算

1．工程概况

重庆北部新区高新园火星医疗器械产业大厦，位于重庆北部新区高新园，是北部新区高新园开发建设的具有标志性意义的建筑。该建筑主体结构为钢筋混凝土框架结构，由标准生产厂房（1～4 区）、综合办公（5、6 区）、产品陈列展示（7 区）三部分组成（图 1）。五区为弧形状建筑，地下

图 1　火星医疗器械产业大厦鸟瞰图

图 2　七区全玻璃索穹顶鸟瞰图

1 层，地上 6 层，局部 8 层，建筑高度 36.7m；六区为高层建筑，地下 1 层，地上 25 层，主体建筑高度 98.7m，建筑最高点 101.70m；七区为玻璃穹顶圆形建筑，地下 1 层，地上 2 层，建筑高度 8m。五、六、七区总建筑面积 55540 m²，外墙装饰工程约 28000 m²。七区顶部球冠形采光天棚采用全玻璃点支式悬索穹顶技术，　此种张拉整体索穹顶支承形式代表了国际最先进的建筑科技水平，而全玻璃点支式张拉整体索穹顶支承形式在世界上尚属首创（图 2）。

2．索穹顶发展的历史

随着人类物质文明与精神文明的发展，人们对建筑的要求越来越高。在众多空间结构类型中，索穹顶以其新颖的造型、巧妙的构思和经济的造价引起了世人的瞩目，国外大量的索-膜穹顶结构工程实践更显示了其强大的生命力和广阔的应用前景。

张拉整体索穹顶的概念最初是由美国建筑师富勒提出的。他的这种思想是受大自然的启发而产生的。他认为宇宙的运行就是按照张拉整体的原理进行的，即万有引力形成一个平衡的张力网，各个星球就是网中存在独立的压杆，即“压杆的孤岛存在于拉杆的海洋中”，并第一次提出了张体整体概念。该结构体系尽可能地减少受压杆而使索处于连续张拉态，它的刚度是拉索和压杆单元之间自应力平衡的结果，不依赖于任何外力作用。

3．全玻璃索穹顶结构的特点

索穹顶结构的广泛应用并不是偶然的，它有着其他结构形式无可比拟的优点。作为现代空间结构体系的佼佼者，它集新材料、新技术、新工艺和高效率于一身，并以其构造轻盈、造型别致、色彩明快受到了建筑师们的青睐。

索穹顶结构采用轻质高强的现代材料－拉索、玻璃和压杆，使结构自重大大减轻，三者的有机结合使它成为受力特性合理、结构效率极高的体系。而作为索，它们是几乎没有自然刚度的，所以索穹顶的几何形状和结构刚度必须由体系内部施加的预应力提供，由此产生了全新的施工工艺。由于耗材少，这种结构同时获得了较好的经济效益，且随着跨度的增加，单位面积的重量并不明显增加，所以索穹顶结构是现代先进建筑技术的集中体现（图 3）。

“轻”已成为建筑类的一大特点，索穹顶使人们从结构沉重感中解放出来，它以其合理的受力特性和极高的结构效率充分体现了这一特点。相对整个体形来说，索穹顶结构

图 3　七区全玻璃索穹顶透视图

中的拉索很细，压杆短而少，而集覆盖承重于一身的玻璃更具有轻巧感和流动感，整个结构看起来就像悬浮在空中，给人以美的享受和无限想像的自由空间。在玻璃的映衬下，索与杆的有规律组合同时营造了简洁、均衡和稳定的视觉效果，达到了结构形态和视觉形态“力与美”的完美统一（图 4）。

图 4　七区全玻璃索穹顶透视图

另外，全玻璃索穹顶结构给建筑师提供充分想像力的同时，对其所在地区景观的影响也是不容忽视的，尤其是在当今“建筑是环境的建筑”这一观点深入人心的年代。在阳光照射下由玻璃覆盖的建筑物内部充满了自然漫射光，无强反差的受力而使室内的空间视觉环境开阔和谐；夜晚建筑物内的灯光透过屋盖的玻璃照亮夜空，建筑物的体形宛如通体发亮的银白色玉盘，在周围环境的衬托下呈现出梦幻般神奇的效果。

4. 全玻璃索穹顶结构布置

全玻璃索穹顶结构的技术要点主要表现在结构计算、节点设计与制作、施工张拉控制三个方面。全玻璃索穹顶结构由径向索、环索、压杆、外压环和内拉环组成，共有十二组径向索、三道环索，结构跨度 18.75m（图 5）。其中径向索又分为屋面脊索和与压杆下端相连的不锈钢斜拉杆。索穹顶结构在初始无应力状态下是不稳定的，必须施加预张拉力才能使之成形为结构。该空间结构体系中，任何一根拉索张力变化就会引起整个结构的内力发生变化。整个结构可分解

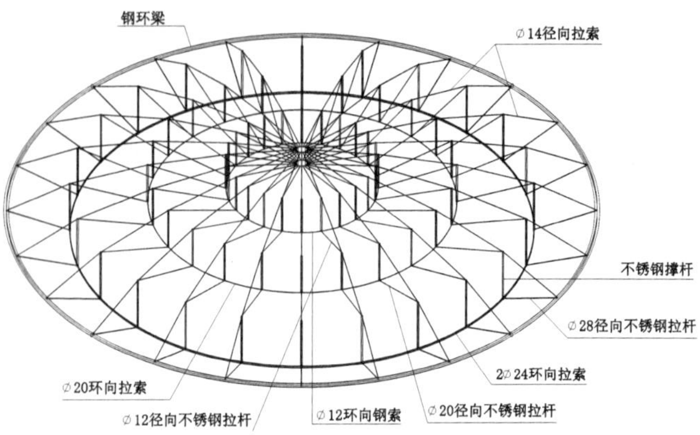

图 5　七区全玻璃索穹顶结构布置图

为单榀索桁架，每榀索桁架又可以分为若干个三角形基本组合（图 6），即索桁架由三角形基本组合构成。索穹顶结构之所以能开成穹顶，就是通过环索的张力，托起一个三角形，构成逐级向上的穹顶结构。显然，环索张力越大，屋顶隆起高度越高，环索张力减少，屋顶隆起高度降低；反之，径向索张拉力增大，屋顶隆起高度降低，径向索张拉力减小，屋顶隆起高度增高；这就是径向索与环索的内力与索穹顶结构形态的基本关系。

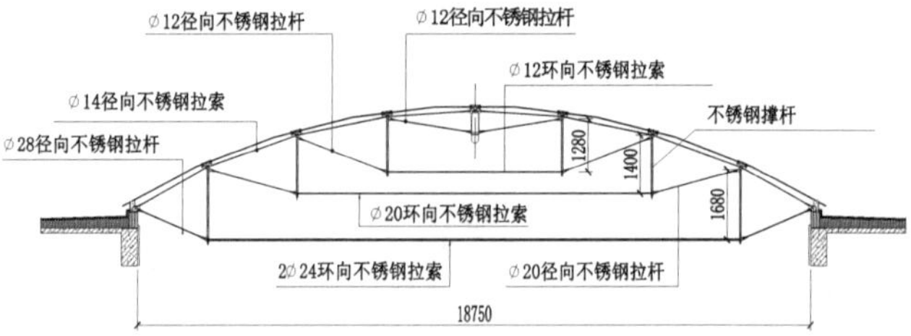

图 6　七区全玻璃单榀索穹顶结构布置图

5. 索穹顶结构节点构造设计

5.1 中心张力环节点构造设计

在中心张力环节点构造设计中，既要考虑到其满足结构需要的要求，又要兼顾其美观性，在与玻璃及不锈钢拉索的相互映衬下，要更加突出玻璃与金属之间的质感。索穹顶结构中心张力环节点构造设计见图 7。

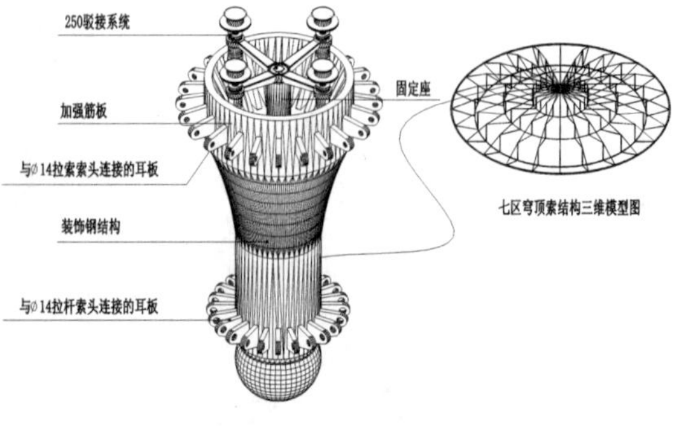

图 7　中心张力环节点构造设计

5.2 边部节点构造设计

为了不给主体结构传递较大荷载，在索穹顶结构边部设计采用了圆柱形结构，见图 8，每个索桁架边部设计有加劲板，并且采用钢管与主体结构连接。当然，为了不给主体结构传递较大弯矩，钢管与主体结构连接也可考虑铰接形式。

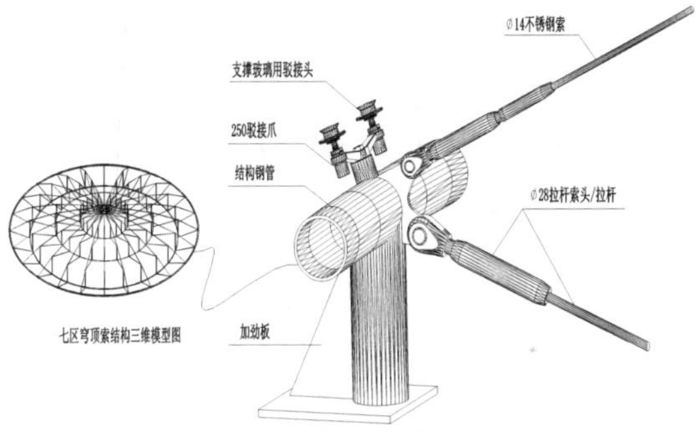

图 8　索穹顶结构边部节点设计

5.3 中部节点构造设计

索穹顶结构中部节点构造设计见图 9，中部节点为不锈钢悬空撑杆与不锈钢拉杆及不锈钢拉索的组合结构，此种结构与驳接爪和玻璃一起，组成柔顺的玻璃表面，在阳光或灯光的照射下，更能突出金属与玻璃间的质感。

为了减少不锈钢拉索与不锈钢悬空撑杆间的摩擦力，不锈钢悬空撑杆底部采用槽形结构，不锈钢拉索可以在槽形结构内自由滑动，在环索总长度控制的前提下，更易保证每段拉索的设计长度。爪点夹具的固定与安装。

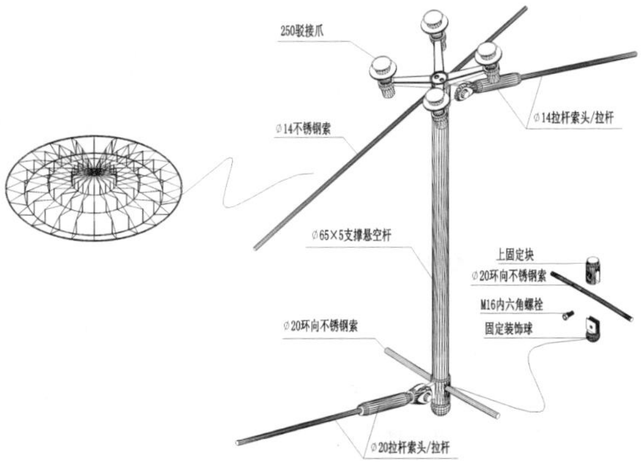

图 9　索穹顶结构中部节点设计

6．全玻璃索穹顶结构的工作机理和特点

a．索穹顶结构处于连续的张力状态，与形状关系密切。它与任何柔性的索系结构一样，索穹顶的工作机理和能力依赖于自身的形状，所以索穹顶的分析和设计主要基于形态分析理论。所谓形态分析应是形状、拓扑和状态的分析，只有找到结构的合理形态才能有良好的工作性能；

b．预应力为其提供刚度。与索结构一样，索穹顶的刚度主要靠预应力提供，结构几乎不存在自然刚度。因此，结构的形状、刚度与预应力分布、预应力力度密切相关；

c．结构本身是一种自支承体系。索穹顶结构可分解为功能迥异的三部分索系、压杆、环梁。索穹顶只有依赖环梁这个边界才能成为一个完整结构。索系支承于压杆之上索系和压杆互锁；

d．结构本身是一种自平衡体系。它在结构成形过程中不断自平衡，在荷载态，压杆下端的环索和边部环梁均是自平衡构件；

e．索穹顶形成过程就是施工过程。结构在安装过程中同时完成了施加预应力及结构成形。如果施工方法和过程与理论分析时的假设和算法不符，则形成的结构可能与设计完全不同。

7．索穹顶结构的理论分析过程

7.1 索穹顶结构的理论分析

从结构分析的观点看，索穹顶就是索一杆组合的预应力铰接体系，属张拉整体结构。索穹顶一般都具有很强的几何非线性，它和索网结构一样，其分析包括两个重要阶段：一是找形分析阶段，目的是得到自平衡的预应力几何形状；二是受力分析阶段，目的是求出在外部静、动荷载作用下结构的反应。

找形分析：　索穹顶结构与其他索系结构一样，必须施加预张力使之成形，而且结构的工作机理和特性依赖于自身的形状，没有合理的初始形态，结构就没有良好的工作性能。因此，找形分析对索穹顶结构就显得尤其重要。换句话说，索穹顶结构的分析和设计，必须首先从找形分析开始。

索穹顶结构的找形分析以几何非线性有限元分析理论为基础，因为索穹顶结构具有初始不稳定的特殊性，所以在采用有限元计算分析时，首先设定一个初始的结构状态，经过找形调整计算，及时调整病态结构，有效地对索穹顶结构进行找形分析计算，并达到理想的外部形状。

荷载态分析：索穹顶结构的组成杆件中除极少数压杆之外多数是拉杆，整个结构皆处于张力状态，如能避免柔性结构有可能发生的索松驰问题，则索穹顶结构绝无弹性失稳之虞。因此，索穹顶在判定几何稳定，完成预应力分布的自平衡状态的找形过程后，剩下的主要计算问题就是荷载态的受力分析。

本工程索穹顶结构含有内部机构并呈几何柔性，其受力分析的力学模型必须考虑非线性特性和平衡自应力的存在。计算采用大位移小应变理论，根据索单元只能受拉，不能受压，不能抵抗弯矩和剪力的特性，选择正确的有限元计算模型和单元类型，以取得符合实际的分析结果。

7.2 索穹顶结构的计算取值

a．基本风压值：$W_O=0.40KN/m^2$（50 年一遇）；

b．地区粗糙类别：C 类；

c．抗震设防烈度：6 度；

d．年最大温差：80°C；

e．抗拉强度 fg=1300Mpa，　弹性模量 E=1.25×

10^5N/mm^2；

f. 面荷载：标准值：0.902 kN/m^2，设计值：1.446kN /m^2；

g. 节点荷载：由程序计算节点分担面积，沿径向节点荷载计算见下表。

面积（m^2）	节点荷载标准值（kN）	节点荷载设计值（kN）
0.392	0.36×24＝8.64	0.49×24＝11.76
1.640	1.50	2.04
3.379	3.08	4.21
4.923	4.49	6.13
2.792	2.55	3.48

7.3 计算模型简述

在 ANSYS 计算中，根据设计方案，将穹顶结构作为整体进行建模。结构自重由程序计算时施加，预拉力在程序计算时在实常数中施加。除静力分析有关假定外，还需做以下假定：①索穹顶体系于平衡位置只能做微幅振动；②不考虑阻尼作用。计算模型见图 10。

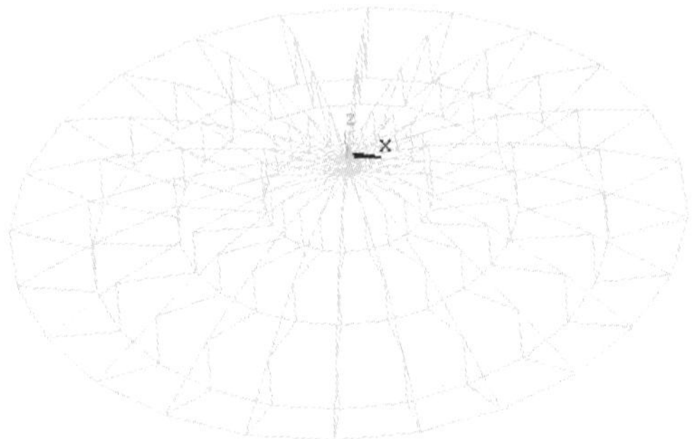

图 10 索穹顶结构计算模型

材料选用：径向选用 φ14 不锈钢拉索，环向由内到外分别选用 φ12、φ22 和双索 φ24 索，斜拉杆沿径向由内到外分别为 φ12、φ12、φ20 和 φ28 拉杆，悬空杆为 φ65×5 钢管。

7.4 计算结果分析

a. 穹顶结构在组合荷载作用下，竖直方向（即重力方向）最大位移为 94.5mm，小于 1/200，结构挠度满足规范要求。

b. 穹顶径向 φ14 拉索最大拉力为 45.206kN，小于 1300×117×0.87/2.5/1000=52.93kN；环向 φ12 拉索最大拉力为 28.78 kN，小于 1300×85.95×0.87/2.5/1000=38.88kN；环向 φ22 拉索最大拉力为 119.650 kN，小于 1300×288.35×0.87/2.5/1000=130.45kN；环向 φ24 双拉索最大拉力为 303.463 kN，小于 2×1300×336×0.87/2.5/1000=304.0kN 强度满足要求。

c. 穹顶结构中拉杆在组合荷载作用下最大应力为 160.1N/mm^2，160.1 N/mm^2 ＜f=195 N/mm^2，拉杆强度满足要求。

8. 索穹顶施工方法

a. 首先将不锈钢撑杆在塔架上临时就位，以从内向外的顺序依次按设计长度将环索安装在不锈钢撑杆的底部，如图 11 所示。

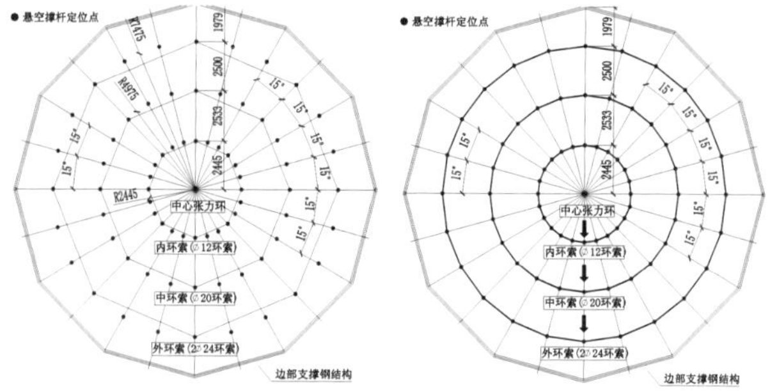

图 11 不锈钢撑杆及环索施工方法

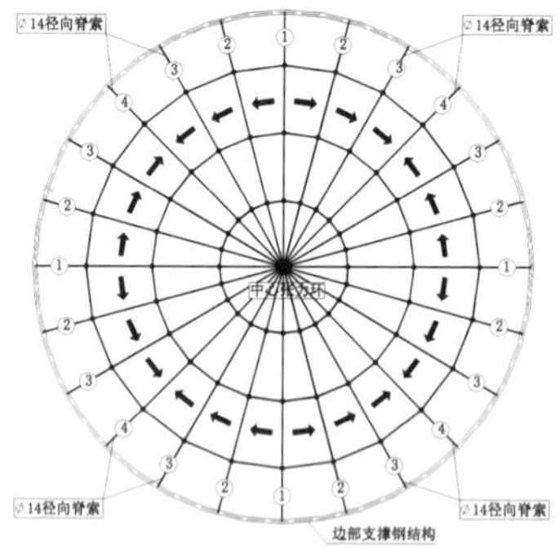

图 12 脊索施工顺序及方法

b. 将中心张力环在塔架上临时就位，安装中心张力环与边部外压环间的径向脊索，并对各段径向脊索按设计长度进行标定且作上标记，如图 12 所示。

c. 将不锈钢撑杆顶部连于相应径向脊索的设计位置，并将径向脊索上分出的斜拉杆与不锈钢撑杆下部相连，如图 13 所示。

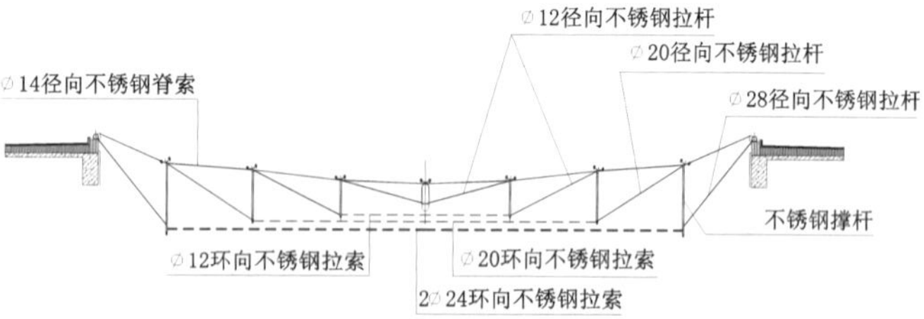

图 13 初始状态下索桁架示意图

d. 缩短外环索与外压环间不锈钢撑杆下部的斜拉杆，此时外环索偕同不锈钢撑杆提升起来，当不锈钢撑杆顶部标高达到设计标高后，将斜拉杆锚固锁紧，如图 14 所示；与此同时，用 φ40 不锈钢管分别连接相邻间不锈钢撑杆，以保持撑杆的侧向稳定。

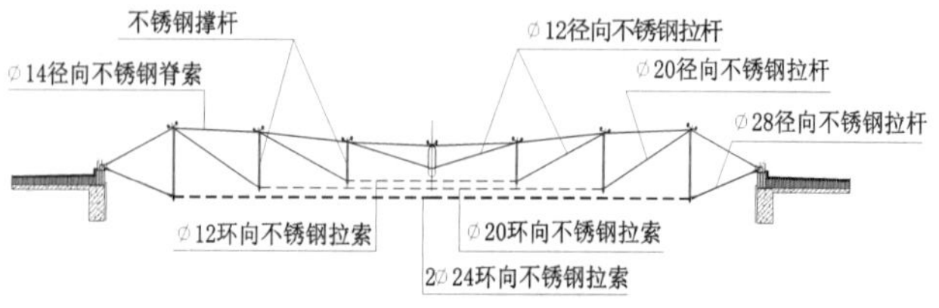

图 14 外环索张拉状态下索桁架示意图

e. 对由中环索和内环索与不锈钢撑杆组成的箍环重复

上述施工步骤，将斜拉杆收紧，并锚固于不锈钢撑杆的底部，锚固锁紧前将不锈钢撑杆顶部达到设计标高，索穹顶成形过程如图 15 所示。

f．当各不锈钢撑杆及中心张力环达到设计标高后，全面调整环索、径索、拉杆使之弹性缩短，此时，所有径向脊索及环索均产生了初拉应力，索穹顶结构状态基本形成。

g．用应力测定仪测量每根拉索的初拉应力，达到设计要求后（误差不超过±5%），将每根斜拉杆及索固定锁死。

h．复核每个不锈钢撑杆顶部标高，误差控制在设计允许误差范围内，验收合格后即可进行玻璃的安装。

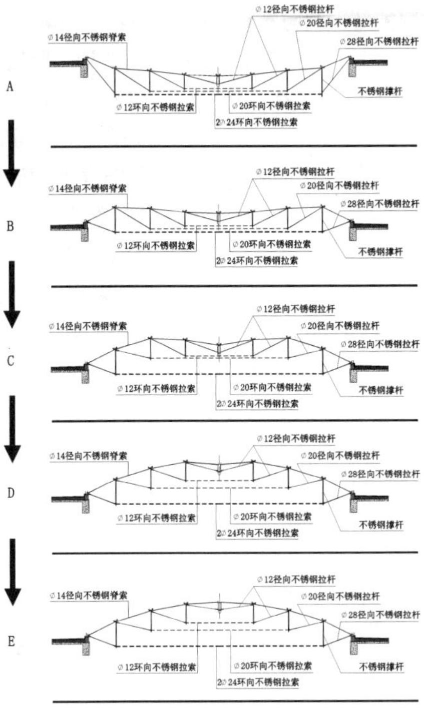

图 15 索穹顶形成过程示意图

参考文献

[1] 黄呈伟．拉索穹形屋盖结构计算分析，昆明理工大学学报，1998（3）

[2] 黄呈伟等．索穹顶结构模型试验．空间结构，1999（5）

[3] 刘锡良等．索穹顶与张拉整体穹顶．空间结构，1997（2）

[4] 陆赐麟，尹思明．预应力钢结构空间体系，钢结构，2000（4）

深圳少年宫预应力索桁架点支式弧形玻璃幕墙设计与施工

深圳市三鑫特种玻璃技术股份有限公司 **刘长龙**

【摘 要】 本文介绍了深圳少年宫预应力双鱼尾索桁架点支式弧形玻璃幕墙设计以及在我国首次采用的五跨竖向连续受力拉索结构体系的设计选型，分析了幕墙结构与主体结构的关系，对索桁架预应力施加、控制和检测，以及对曲面幕墙的空间定位、安装精度控制等进行了论述。

【关键词】 预应力索桁架 点支式弧形玻璃幕墙 空间定位 超张拉 配重检测

The Design and Construct Technology of Shenzhen Children's Palace Pre-stress Rope Trusses Point Supported Curve Glass Curtain Wall

Liuchanglong

Shenzhen Sanxin Special Glass Technology Co., LTD.

[Summary] The text mainly introduced the pre-stress's infliction, control and inspection of the five stride vertical continuum beforced rope structure system design style, and the space orientation, install precise control of the curved curtain wall and so on. All of above-mentioned are first adopted in our country.

[Key Word] the pre-stress rope trusses,curved & tempered clamp glass,space orientation,super-strain,gravity .inspection.

1．工程概况

深圳市少年宫位于深圳市福田中心区红荔路以南，金田路以北，地下一层，地上最高七层，由地下室、少年山、科学山和水晶石大厅等部分组成（图 1），总建筑面积 52900 万m²。深圳市少年宫是深圳市少年儿童进行素质教育的重要基地，是全市少年儿童的科技教育中心和团队及艺术活动的阵地，是一座集教育性、知识性、趣味性、参与性于一体的现代化建筑，是深圳市福田中心区跨世纪六大标志性建筑之一。

图 1　深圳市少年宫效果表现图

2. 幕墙简介

由于建筑艺术的需求,深圳市少年宫外立面大面积采用了石材幕墙和点支式玻璃幕墙,幕墙面积约 30000 ㎡。水晶石大厅位于整个建筑的中部,是直径 50m、高 30m、玻璃展开面积 3850 ㎡的圆柱形玻璃体，玻璃体侧面是由 610 片 10+2.28PVB+10 圆弧形曲面钢化夹胶玻璃组成,主要支承结构采用了国际上比较先进的由 φ18mm 不锈钢铰线经预张拉形成的预应力双鱼尾索桁架；玻璃体顶部是由 412 片异形钢化夹胶玻璃和 32 扇钢化夹胶玻璃排烟窗组成，投影面积为 1486m^2，玻璃体侧面及顶部玻璃总重量为 232t。建成后的深圳市少年宫水晶石大厅晶莹剔透,充满了现代建筑的美感。

2.1 幕墙材料的选用

钢索直径的选定除考虑到能承受 50 年一遇的最大荷载，同时考虑到视觉及心理因素，在本工程中主受力索（前受力索和后受力索）和承重索都选用 1×37 规格 φ18 不锈钢绞线，其压制成型最小破断力为 199.7 KN，弹性模量 $E=1.3-1.5\times10^5N/mm^2$ ，满足设计最大内力要求。驳接爪件及悬空杆和撑杆及驳接系统均选用 1Cr18Ni9（304）奥氏体抛光不锈钢件。玻璃采用深圳三鑫公司生产的 2454mm×2000mm 的 10+2.28PVB+10 透明圆弧形曲面弯钢化夹胶玻璃，其透光率为 76% ，紫外线阻隔率为 99.99%,隔声值为 40.5dB。

2.2 幕墙特点与难点

a．预应力悬索桁架属柔性结构，其支撑刚度是通过预应力的施加而形成的， 在索桁架形状确定后，其支撑刚度的大小和索桁架的刚度是否一致都取决于施加预应力值和预应力是否均衡。悬索桁架的空间定位和均衡施加预应力是保证玻璃面板安装精度和受力平衡的关键工序，是本工程的设计和施工难点。

b．水晶石大厅的圆柱形玻璃幕墙，是由多片曲面玻璃组成，这就要求每个支撑点有极高的尺寸精度，每片玻璃的形状和尺寸误差要控制在很小的范围内，施工中尺度精度能否达到设计要求是整个施工成败的关键。

2.3 预应力索桁架形状与布设

由于本工程为青少年宫，是青少年的活动园地，在索桁架结构形状确定时考虑到结构的形体语言与建筑主题相适应，选用了具有蓬勃向上为内涵的Y形多跨竖向连续受力拉索结构体系，这种结构形式在我国是首次被使用在幕墙结构上（图 2）。后受力索、前受力索、承重索都是整根连续索，通过悬空杆和固定撑杆上的连接夹块固定钢索形成索桁架结构形状，其中，顶部拉索调节器为固定端，底部拉索调节器为调整端。

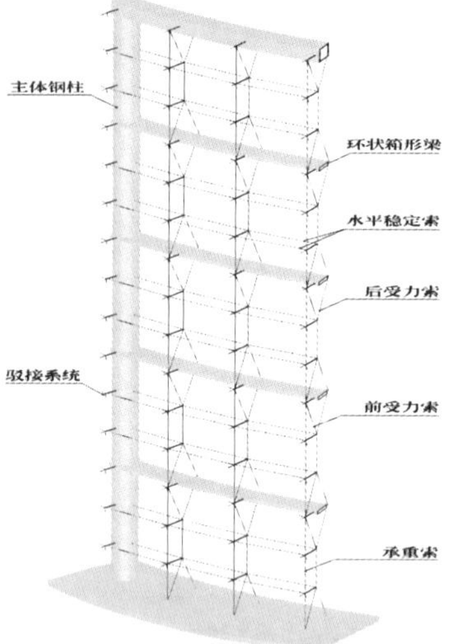

图 2　索结构三维布置图

2.4 幕墙结构传力途径

水平风荷载由玻璃面板通过驳接头及驳接爪等驳接系统传给竖向预应力双鱼尾索桁架，再通过环状箱型梁传递给主体钢柱。

3. 幕墙节点设计

3.1 环状箱型梁处节点设计

在环状箱型梁前后分别设置的不锈钢前后调节撑杆通过连接铰板与箱型梁连接（图 3），前后调节撑杆在根部设计有带螺纹调节套筒长度可调节,为防止在幕墙正常使用过程中受风振影响调节套筒螺纹松动,在安装调节到位后用不锈钢焊条点焊牢固。由于环状箱型梁只能承受水平荷载,不能承受垂直荷载,在连接铰板上设计采用腰形长孔,其玻璃和结构自重通过与面玻璃平行的 φ18 承重索传递给主体钢柱顶部钢横梁。

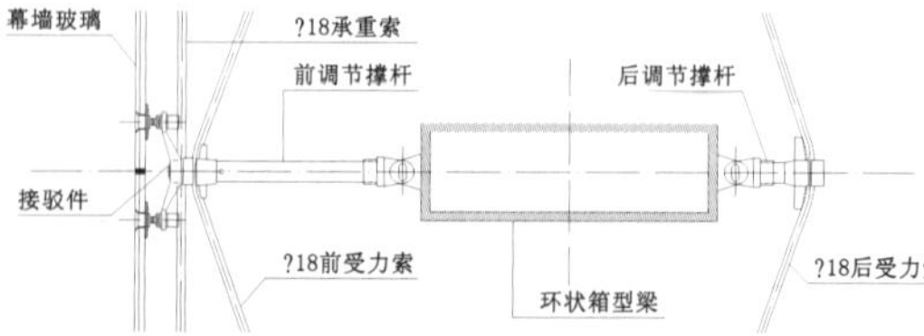

图 3　环状箱型梁处节点图

3.2 索桁架标准节点设计

两根受力索与一根承重索和不锈钢连接杆组成了索桁架标准节点（图 4），不锈钢连接杆的长度是固定的不可调整,由于索桁架为五跨连续索,主体钢结构的误差通过环状箱

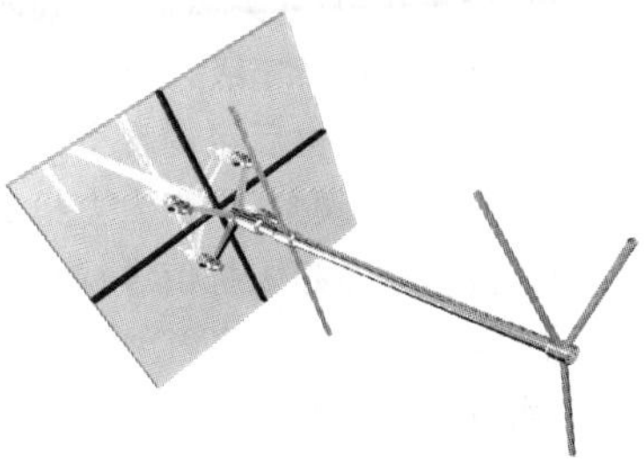

图 4　索桁架标准节点图

型梁前后分别设置的不锈钢前后调节撑杆来进行调节。索与不锈钢连接杆间的连接通过不锈钢压块用不锈钢螺栓紧固连接,索与不锈钢连接杆间的连接措施应具备抵抗一定摩擦力的能力,其大小应略大于受力索在承受最大荷载时沿垂直方向的分力。

4. 索网结构体系静力计算分析

4.1 基本参数取值

a. .基本风压取 W_0=0.75KN/m^2，地面粗糙度类别：B 类，阵风系数 β_Z 取 2.25,体型系数 μ_S 取 1.5；

b. 地震设防烈度：深圳地区地震烈度为 6 度，抗震措施按 7 度考虑；

c. 玻璃配置为钢化夹胶玻璃，10+2.28PVB+10，自重 0.54Kpa，弹性模量 E=1.0×10^5N/mm^2，在最大水平荷载作用下，应力 σ=75.7N/mm^2,变形 μ=54mm。

d. 竖向双鱼尾索桁架采用的 φ18 不锈钢拉索。弹性模量 E=1.25×10^5N/ mm^2，破断强度为 199.7KN，设计安全系数取 2.5～3.0。

4.2 索网体系结构计算模型

在索网体系计算中，选取水平一个柱间竖向五跨这一张拉单元进行空间有限元分析，计算单元结构体系布置如图 2。在计算中其边界条件假定为：竖向索桁架中每根不锈钢拉索上端与下端与环状箱形梁铰接，约束三个方向线位移，竖向索桁架两端边界连接条件考虑为刚性，水平稳定索与主体钢柱连接考虑为铰接，约束三个方向的线位移。在结构计算中，玻璃及结构自重由竖向承重索承担，水平荷载由竖向索桁架承担；水平稳定索起平面内稳定作用，不起结构作用。在每个节点处，竖向索桁架及主体钢柱受水平集中荷载作用，荷载标准值为 10.43KN,同时承受竖向集中荷载作用，荷载标准值为 4KN。

4.3 预张力的施加

索结构施加初张力的基本原则主要考虑受力的竖向索桁架在最不利荷载组合作用下，索桁架中每根拉索不允许出现压应力。为保证索结构在正常使用期间不出现松驰现象，一般预留 10%~15%的初张力作为拉力储备。但初张力也不宜过大，否则会对索桁架中间不锈钢撑杆造成不利影响。

4.4 构件强度及变形分析

根据对图 2 结构计算简图，用 ANSYS 软件作空间整体有限元分析结果见表 1：

最不利荷载作用下索的最大与最小应力　　表 1

截面	2×φ18(索桁架)	φ18(承重索)	φ10(稳定索)
σ max(N/mm^2)	273	246	93
σ min(N/mm^2)	78	67	55

5. 幕墙物理性能检测

幕墙物理性能检测在广东省建筑幕墙质量检测中心进行。试验选取水平一个柱间竖向一跨索桁架布置单元，试件规格 4908mm（宽）×6000mm（高）；玻璃分格 2454mm×2000mm。不锈钢驳接系系统、拉索及其调节系统、玻璃及玻璃密封胶等工程材料的选用与工程实际当中应用完全一致。经过检测，幕墙固定部分空气渗透量 q_o＜0.03m^3/(m·h)，空气渗透能达到国标Ⅱ级；固定部分在 1600Pa 风压作用下，以 4L/(m^2·min)的水量按规定的压力级对试验单元依次加压，无渗漏发生，雨水渗漏性能达到国标Ⅱ级；在标准风荷载的 W_O=2000Pa 作用下，试件无损坏发生。为检验幕墙的安全度，又取标准风荷载的 1.5 倍，进行了安全检测，在设计风荷载 W_K=3000Pa 作用下，幕墙试件无损坏发生，风压变形性能达到国标Ⅲ级。通过表 2，我们可以看出，在标准风荷载作用下，水平索桁架跨中最大变形 19.7mm，约为 1/305，与理论计算分析及索结构试验基本吻合，玻璃面板在风荷载标准值作用下，面板中心最大挠度 52.30mm，与理论分析基本吻合。

幕墙性能检测索桁架与玻璃变形表　　表 2

检测风压（Pa）	500Pa	1000Pa	1500Pa	2000Pa	2500Pa	3000Pa
索桁架跨中最大位移（mm）	1.2	2.3	8.8	11.6	13.7	19.7
面板玻璃跨中最大变形(mm)	3.2	6.8	11.6	23.6	33.7	51.7

6. 主要施工工艺

6.1 工艺流程

测量放线空间定位→尺寸精度控制单元的确定→连接耳板固定撑杆安装→承重索安装调整→前后受力索安装调整→索内力检测调整定位→水平索安装定位→驳接系统安装→配重试验→玻璃安装→调整打胶收口→交部验。

6.2 预应力索桁架的安装检测

6.2.1 空间尺寸定位

由于本工程是曲面点驳接幕墙玻璃是靠边缘的四个孔通过驳接系统与索桁架连接，这就对预应力索桁架的安装尺寸精度有着极高的要求，按可调整度确定索桁架上的每个支撑定位点误差必须控制在±1.5mm 以内，因此我们采用了三维空间坐标定位的方法。对每一个支撑点进行尺寸精度控制，同时设定尺寸控制单元和观测点，防止误差积累，对整体圆弧面进行几何尺寸控制（图 5）。每一个尺寸控制单元水平和竖向误差控制在±3mm 以内,对角线差控制在 5mm 以内。

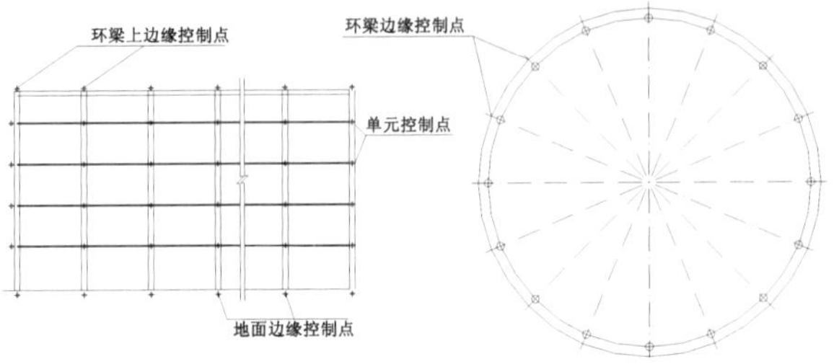

图 5　立面单元与平面单元控制点布置图

6.2.2 索桁架预应力值的确定

索桁架预应力值的设定和预应力平衡的施工方案决定着本工程的成败。水晶石大厅的索桁架支撑体系，是由 90 条 φ 18mm 的竖向前后受力索、63 条 φ 18mm 的垂直承重索和 756 条 φ 10mm 的水平稳定索组成，最大高度为 27900mm。竖向前后受力索的预应力值设定考虑的因素有：最大荷载作用时反向索内力减少值、温度变化应力、保持索桁架刚度的应力（剩余张力）、预应力索的应力松驰。经计算确定：在合拢温度在 20～25℃时，前后受力索预拉力 P_1=29KN，垂直承重索的预拉力值 P_2=33KN（图 6）。

6.2.3 预应力桁架张拉

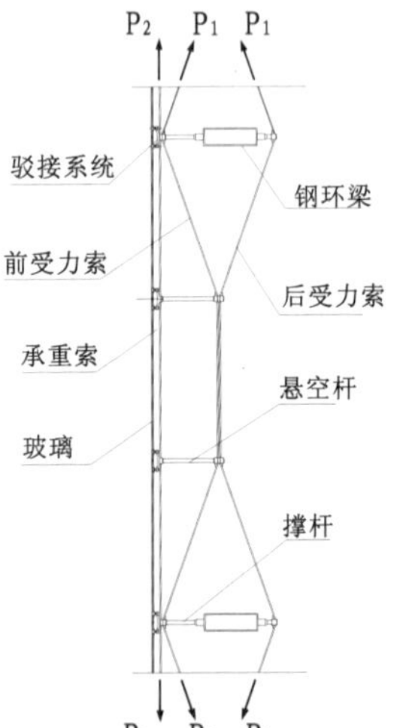

图 6 索桁架预拉力分布简图

a．在每榀索桁架内，前受力索和后受力索的预拉力值误差要控制在 1.5KN 以内。各榀索桁架中钢索预应力值误差控制在 2.5KN 以内。

b．用超张拉法达到内力平衡:竖向受力索桁架是采用整条索通过固定支点形成的多榀桁架。在预拉力施加时只能在一端进行，当预拉力通过固定支点时，因磨擦阻力等因素造成的内力损失，经试验证明每通过一个固定支点其内力损失为 10%左右，会出现内力不平衡的现象，为消除此现象，我们采用了超张拉回放的方法。在施加预应力时根据单根索所通过的固定支点的数量按损失的内力值来确定超张拉力。经 12h 持荷后将超张拉值放松到设定的预拉力值后达到跨间内力平衡。

c．预应力张拉步骤:首先安装垂直承重索并将预应力值一次施加到位，然后安装受力索。前后受力索必须同时在一端张拉，分四步进行：①在索布设结束后先进行第一级张拉,按总预拉力值的 20%控制拉力；②经调整达到内力基本平衡,空间定位基本到位后进行第二级张拉，按总预拉力值的 80%控制拉力。当拉力到位后粗调悬空杆的位置并保持拉力 48h 再进行定位尺寸调整;③当内力稳定后测量每榀桁架的内力损失情况,确定超张拉值进行超张拉，并持荷 12h；④当超张拉内力稳定后将内力放松至 100%的预拉力控制值，经测量调整后使每一榀索桁架的内力均达到预张拉值后将节点固定锁紧并与垂直承重索连接锁紧（图 7）。

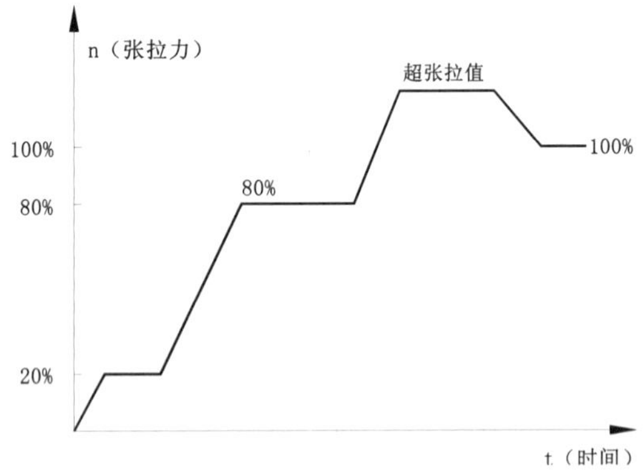

图 7 预应力张拉梯度坐标图

6.2.4 索桁架检测

经预张拉后的索桁架要按尺寸控制单元进行全面的尺寸精度检测确保安装节点的精度。索内预拉力值的检测使用索内力测定仪进行 100%检测，并记录在案，进行跟踪测量。为确保在玻璃安装后的桁架变形量满足设计要求，必须采用配重检测并在玻璃安装前进行。配重的重量按玻璃自重的 1.2～1.5 倍观察支撑结构系统的工作性能和抗变形能力。

7．曲面玻璃的质量控制与安装

a．曲面玻璃的弯曲尺寸必须按模板进行弯钢化成型检查，与标准弧线吻合度±2.5mm,弦长尺寸公差为±2mm。水平孔位和竖向孔位的尺寸公差为±0.5mm。

b．弯钢化玻璃必须进行 100%的均质处理（引爆处理）降低钢化玻璃的自爆率保证玻璃幕墙的使用安全性能。

c．玻璃安装的原则是先上后下，先中部后边缘，采取边安装边调整的办法，待全部玻璃安装后进行整体调整，达到设计要求后进行打胶收口处理。

结束语

本工程已于 2001 年 11 施工结束并通过了幕墙单项工程竣工验收，幕墙观感通透而富有立体感，各项技术指标均达到设计要求;203 年 7 月,本工程幕墙项目荣获深圳市建筑装饰工程“金鹏奖”。

重庆江北国际机场幕墙工程设计与施工

重庆江北国际机场扩建指挥部 戴 科 姜维政 赵仕伟
民航华东机场建筑设计研究院 王福龙 徐卫理
深圳三鑫特种玻璃技术股份有限公司 刘长龙 王 军 韩平元

【摘 要】本文介绍了重庆江北国际机场玻璃幕墙设计，分析了主要幕墙的结构计算、理论分析和施工方法，论述了本工程中在世界上首次采用的新的幕墙结构型式，并通过有限元分析及幕墙试验进行了验证。

【关键词】幕墙工程 幕墙施工 幕墙设计 结构计算

1. 工程概况

重庆江北国际机场航站楼及配套设施扩建项目是民航总局和重庆市人民政府“十.五”期间的重点建设项目，是重庆市的形象工程和窗口工程。它的建设对于改善重庆的形象，增强重庆市整体发展后劲，贯彻国家实施西部大开发精神，加快重庆市的发展，实现重庆市新的振兴，改善重庆市的投资环境具有重大意义。

重庆江北国际机场航站区及配套设施扩建项目位于重庆市渝北区两路镇，建筑面积8万多平方米，由航站楼主楼、连廊、指廊三部分组成（图1）。主楼为混凝土框架结构，三层，标高7.5m以上为大跨度无柱钢结构空间结构；连廊与指廊为混凝土框架结构，二层，二层以上为圆弧形钢结构支撑屋面。整个机场工程项目建筑幕墙面积约53000㎡，设计和施工由深圳三鑫特种玻璃技术股份有限公司独自承担完成。

图1 机场整体鸟瞰图

2. 幕墙简介

主楼部分是98m×171m长方形，共三层，建筑高度为33.244m。主楼正面的外墙口呈波浪形，最低点为21.90m，最高点为26.30m（图2）。正立面（陆侧）采用预应力双鱼腹拉索式点驳接玻璃幕墙；背立面（空侧）的外墙沿口也呈波浪形，最低点为21.87m，最高点为25.0m，标高7.5m以上采用预应力双鱼腹拉索式点驳接玻璃幕墙，标高7.5m以下采用石材幕墙和铝合金门、窗、卷帘门及不锈钢百叶风口（图3）；两侧山墙顶端为光滑曲线，最低点为23.52m，最高点为30.73m，标高7.5m以上采用预应力双鱼腹拉索式点驳接幕墙，标高7.5m以下采用石材幕墙和铝合金门、窗、卷帘门（图4）。

图2 航站楼陆侧效果图

图3 航站楼空侧效果图

图4 航站楼侧面效果图

图5 连廊与指廊立面效果图

连廊部分为两条 76.5m 长，12m 宽的行人通道，各有三层，高度 14.5m。7.5m 以下为蜂窝铝板金属幕墙和铝合金门窗。

指廊部分为两个 220m×33m 的候机长廊，各有三层，建筑高度为 16.7m。6.850m 标高以上部分两端为预应力拉索点驳接玻璃幕墙，两侧面为 4.0m×6.0m 椭圆形幕墙单元嵌入屋面体系中。6.850m 标高以下为蜂窝铝板及铝合金窗和金属曲板包柱。

3．幕墙设计构思

重庆江北国际机场航站区及配套设施扩建项目由航站楼主楼、连廊和指廊三部分组成。

3.1 航站楼主楼部分

航站楼主楼陆侧、空侧及两侧山墙由点驳接幕墙和石材幕墙组成（图 6）。按照建筑设计意图，遵照建筑师建筑设计思想，在陆侧及空侧标高 7.5m 以上采用了预应力双鱼腹点驳接玻璃幕墙，两侧山墙标高 7.5m 以上采用了预应力双鱼尾点驳接玻璃幕墙。为了体现整体主航站楼沉稳、厚实的建筑艺术效果，在两侧山墙及空侧标高 7.5m 以下采用了石材幕墙（图 6）。

图 6　航站楼主楼立面效果

航站楼预应力拉索式点驳接玻璃幕墙玻璃选用 12+1.90 PVB +10 钢化夹胶玻璃，大面玻璃分格基本尺寸 3000mm×2250mm，为保证人在近楼面通过玻璃幕墙有较好（含石材踢脚高度）的视觉效果，陆侧及两侧山墙到达区近地面底片玻璃分格为 3000mm×3000mm，出发层空侧及两侧山墙 7.5m 标高以上玻璃分格为 3000mm×2250mm。

航站楼陆侧预应力拉索幕墙抗风柱间距 15m，中间五片玻璃分格。在建筑标高 3.000m 向上每 2250 竖向高度上设置 2ϕ18 水平预应力不锈钢双鱼腹索桁架，在每块玻璃竖向分格线索桁架中悬空杆前端设置 ϕ14 竖向吊索，用以承担玻璃及不锈钢驳接件、索桁架自重。为防止索桁架倾覆，在索桁架跨中两根

图 7　航站楼陆侧内视效果

悬空杆的后端各设置一根不锈钢 ϕ10 稳定索（图 7）。

航站楼空侧预应力拉索幕墙抗风柱间距 15m，中间与陆侧一样也为五片玻璃分格，在建筑标高 7.5m 向上每 2250mm 竖向高度上设置 2ϕ18 水平预应力不锈钢双鱼腹索桁架，在每块玻璃竖向分格线索桁架悬空杆前端设置 ϕ14 竖向不锈钢吊索，用以承担玻璃及不锈钢驳接件、索桁架自重。同时为防止索桁架在施工过程中倾覆及正常使用过程中存在倾覆的可能性给玻璃造成挤压应力导致玻璃破损，在索桁架跨中两根悬空杆后端各设置一根不锈钢 ϕ10 稳定索（图 8），航站楼陆侧及空侧 15m 跨标准单元见图 9。

图 8　航站楼空侧内视效果

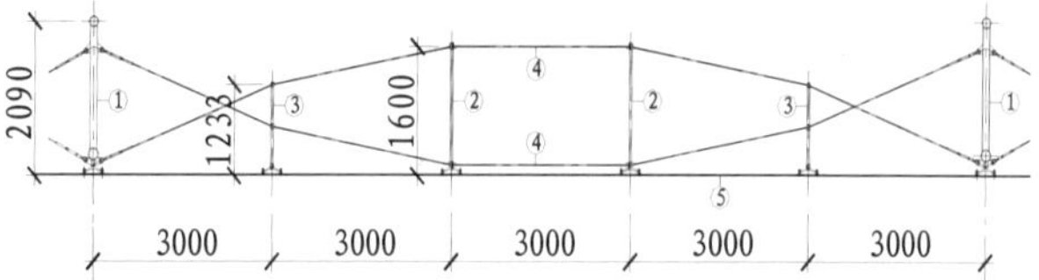

①-预应力拉索幕墙抗风柱；②-悬空连接杆；
③-悬空连接杆；④-ϕ18 不锈钢索；⑤-幕墙玻璃

图 9　航站楼陆侧及空侧 15m 跨标准单元

航站楼两侧山墙预应力拉索幕墙抗风柱间距 9m，除两端边跨为四片玻璃分格，其余均为 3 片玻璃分格，在建筑标高 3.000 处及向上每 2250mm 竖向高度上设置 2ϕ14 预应力不锈钢双鱼尾索桁架，在每块玻璃竖向分格线索桁架中悬空杆前端设置 ϕ14 竖向不锈钢吊索，用以承担玻璃及不锈钢驳接件、索桁架自重。与陆侧及空侧不锈钢双鱼腹索桁架相比，这种索结构中不存在拉索交叉叠加问题，从而避免了索桁架整体倾覆的可能性（如图 10），航站楼两侧山墙 9m 跨标准单元见图 11。

图 10　航站楼侧面内视效果

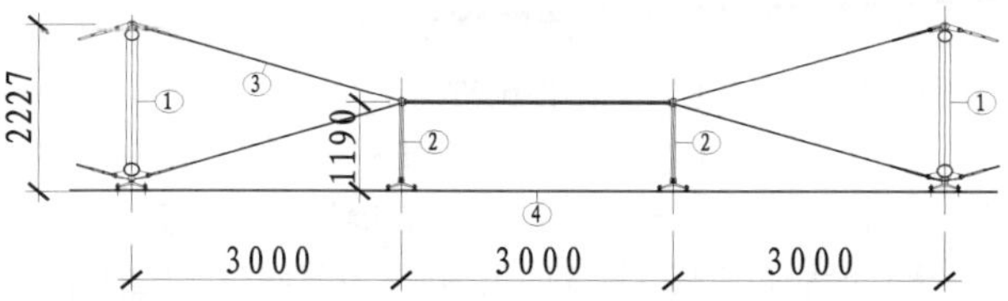

①-预应力拉索幕墙抗风柱 ②-悬空连接杆
③-φ14 不锈钢索 ④-幕墙玻璃

图 11　航站楼陆侧及空侧 15m 跨标准单元

3.2 连廊部分

连廊部分由连廊 A 及连廊 B 组成，连接航站楼主楼和指廊，位于航站楼左右两侧。

连廊部分的幕墙设计亮点在其左右两侧的圆弧幕墙上。弧幕墙竖向弧长为 4160m，水平分格宽度为 2250mm，玻璃选用 10+1.90PVB+8 弯钢化夹胶玻璃，背后不加玻璃肋等任何支撑（图 12）。

图 12　连廊内视效果

3.3 指廊和登机桥部分

指廊部分由指廊 A 及指廊 B 组成，与连廊 A 及连廊 B 和登机桥相连，位于航站楼的两端。

指廊部分的幕墙设计亮点在其左右两侧的椭圆弧幕墙窗上。玻璃选用 12+2.28PVB+12 双曲面热弯夹胶玻璃。水平不设玻璃分格缝，背后不加玻璃肋等任何支撑（图 13）。

图 13　指廊内视效果图

登机桥部分的幕墙设计亮点在其左右两侧的大玻璃板面分格上，　玻璃板块分格与登机桥主体结构相对应。玻璃选用 8+12A+8 钢化中空 IOW-E 玻璃，玻璃分格尺寸 3605mm×2500mm，平行四边形，其传热系数 K 值小于 1.8，热功性能满足建筑要求。在登机桥顶部及周边收口采用 3mm 厚铝单板，内衬保温棉，顶部采用有组织排水，排水槽采用铝单板及不锈钢制作。登机桥与指廊屋面设置伸缩缝，采用了风琴板构造措施（图 14）。

图 14　登机桥效果图

4. 幕墙采用的主要材料

玻璃：采用上海耀皮和深圳南玻公司原片，深圳三鑫公司深加工产品。

铝单板：3mm 厚，四道氟碳树脂涂层，采用香港益龙公司产品。

蜂窝铝板：10mm 厚，　其正背面铝合金板厚度均不小于 0.7mm 厚，上海加铝公司销售的德国 ALUCORE®产品。

玻璃胶：灰色，采用杭州之江和广州白云公司产品。

点式幕墙配件：材质 316L，深圳贵航公司产品。

铝型材：氟碳树脂含量不低于 75%。四道氟碳树脂涂层，涂层厚度大于 40　m，广东坚美公司产品。

石材：25mm 厚，细面白灰麻花岗石，山东莱洲刚磊集团产品。

5. 航站楼索网结构体系静力计算分析

5.1 设计基本参数取值

地区基本风压：W_0=0.50KN/m^2，　基本雪压：0.15 KN/m^2；

地区粗糙度类别：B 类，场地类别：II 类；

地震基本烈度为 7 度，近震考虑；

屋面活载：0.3 KN/m^2，屋面检修荷载：0.60 KN/m^2；

悬挂荷载：主楼 0.3 KN/m^2；指廊 0.8 KN/m^2；连廊 0.8 KN/m^2；

屋面系统荷载：檩条、面板、保温材料自重：0.45 KN/m^2；

5.2 计算模型的建立

在索网体系计算中，选取 45m 跨这一张拉单元进行空间有限元分析，共三跨，每跨 15m。该模型由四榀预应力拉索钢管桁架柱，双鱼腹水平不锈钢拉索及竖向吊索所组成（图 15）。在计算中其边界条件假定为：中间幕墙抗风柱和竖向承重索上下端铰接，约束三个方向线位移；幕墙抗风柱顶端仅约束幕墙平面外位移；水平索桁架两端边界连接条件考虑为刚性，水平索桁架与其连接考虑为铰接，约束三个方向的线位移。竖向荷载在每个节点上按照设计值取为 5.78KN，水平荷载在每个节点上均按照设计值取为 11.14KN（计算变形时按照标准值分别取为 4.82KN 和 7.96KN），单元上的节点荷载由玻璃四角传来，按面积生成。温度荷载取正负 50 度。温度线膨胀系数取 1.1×10^{-5}。水平索桁架 15 m 跨计算简图见图 16。

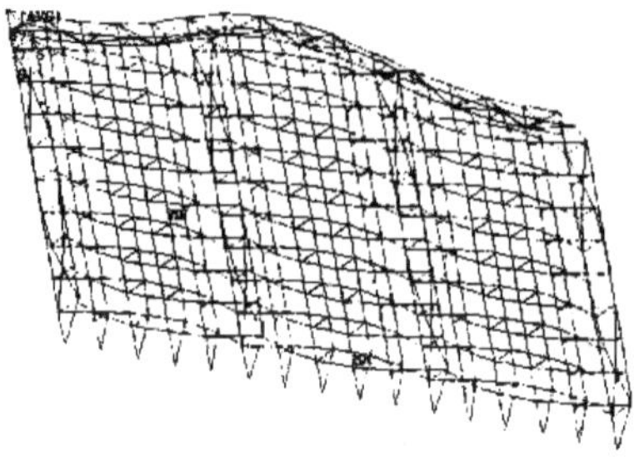

图 15　计算模型简图

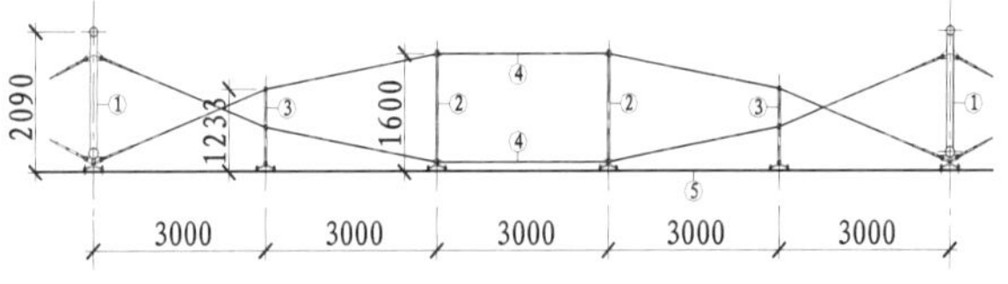

图 16　水平索桁架 15 m 跨计算简图

5.3 初应力的施加

为了保证索桁架在最不利荷载的情况下不会松弛，应给水平拉索和垂直拉索施加一定的预应力。计算分析表明，在同时作用竖向荷载、水平荷载和升温 50° 的荷载下为最不利荷载。此时，为了保证节点位移控制在 1/250 以内，需要给水平拉索初始张拉应力最大值为 297MPa，给垂直吊重索初始张拉应力为 389MPa，给稳定索初始张拉应力为 265MPa。

5.4 竖向荷载和水平荷载作用下的结果

a．最大位移 48.3mm，出现在 15m 跨水平双鱼腹索桁架，沿 Z 方向，即垂直于玻璃面的方向位移为 48.3mm。

b．索中最小拉应力为 120.9MPa，在 15m 跨水平双鱼腹索桁架中出现；最大拉应力为 566.3MPa，在垂直吊重索中出现。

c．预应力拉索钢管桁架的应力，受拉最大为 215.3MPa，受压最大为 168.7MPa。

5.5 竖向荷载、水平荷载下和温差 50 度共同作用的结果

a．最大位移为 50.1mm，出现在 15m 跨水平双鱼腹索桁架，沿 Z 方向，即垂直于玻璃面的方向位移为 50.1mm；

b．索中最小拉应力为 113.7MPa，在垂直吊重索中出现；最大拉应力为 613.8Mpa，在垂直吊重索中出现。

c．预应力拉索钢管桁架的应力，受拉最大值为 257.1MPa，受压最大值为 243.4MPa。

5.6 计算结果分析

a．水平拉索初始张拉应力为 297MPa，垂直吊重索初始张拉应力为 389MPa，稳定索初始张拉应力为 265MPa 时，索桁架中拉索在各种荷载作用下均保持受拉状态，最小拉应力为 113.7MPa，出现在垂直吊重索中。

b．在此初始预应力下，整个索桁架承受荷载作用后的变形较小。节点最大位移值为 50.1mm，变形量约为 1/299，满足要求。

c．拉索中最大拉应力 613.8MPa，钢桁架杆件最大压应力 243.4MPa，最大压应力 257.1MPa。

6．幕墙试验对幕墙设计的保证

6.1 预应力双鱼腹索桁架结构试验

预应力双鱼腹索桁架是本工程的关键性结构，加工制作要求高，索桁架张拉工艺与施工方法较为复杂。其力学性能、索桁架张拉工艺、设计的正确性、计算参数取值的合理性等均有赖于试验验证。本次试验在深圳三鑫公司索结构试验中心进行，试验检测由广东省建筑科学研究院及广东省建筑幕墙质量检测中心进行。因幕墙自重荷载由竖向拉索承受，本次检测时只进行了水平荷载实验。

6.1.1 测试内容

主要检测航站楼陆侧（空侧）水平预应力双鱼腹索桁架的刚度及其最大变形；

6.1.2 测试过程与方法

本次检测选择 15m 长双跨预应力拉索桁架（图 18），测试时在索桁架端部支点、桁架的四个玻璃支撑点处各布置 1 个位移计，分别在桁架上的 6 个支承点同时施加相同荷载。根据设计提供的试验荷载值，用油压千斤顶模拟施加水平荷载。对每个玻璃支点施加 1.8KN 水平荷载，保持 10s 以上不变，记录位移初始值，然后再依次施加约 3.6KN、5.4KN、7.2KN 的设计荷载，各保持 10s 以上，记录加载的位移值。

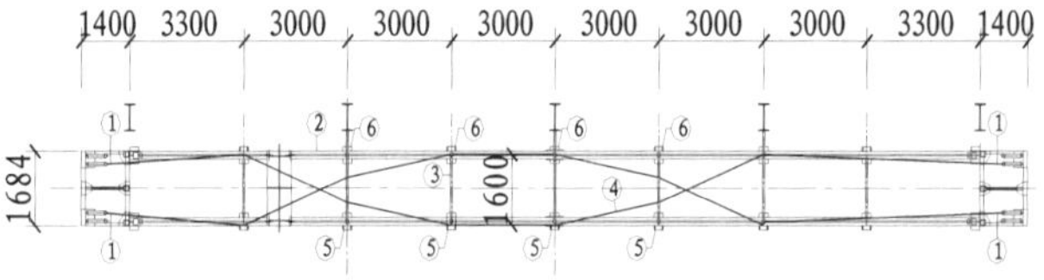

①-传感器；②-试验钢架；③-可调撑杆；
④-φ18 不锈钢索；⑤-油压千斤顶；⑥-百分表

图 17　索结构试验示意图

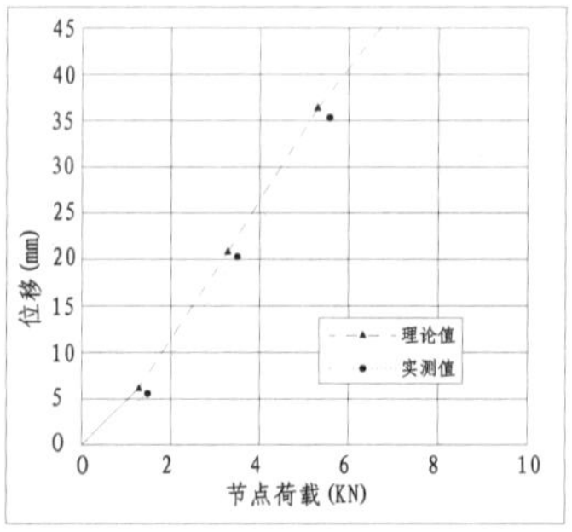

图 18　索桁架结构试验荷载变形曲线

6.1.3 测试结果及分析

根据广东省建筑幕墙质量检测中心提供的测试成果，经整理后见下表。

施加荷载（KN）	2 号支点挠度（mm）	3 号支点挠度（mm）
1.8	5.33	5.11
3.6	20.98	20.07
5.4	36.81	36.62
7.2	45.92	44.92

本次挠度试验的最大荷载为 7.2KN，为设计荷载的 1.0 倍，水平索桁架最大挠度为 45.92mm，约为 1/327，与理论计算基本吻合。对测试数据和理论曲线进行分析处理后绘成的荷载一变形曲线见图 18。实测荷载变形曲线基本符合线性规律，与理论曲线也比较接近。至于误差的形成，主要与不锈钢拉索的弹性模量取值、初张力在拉索与撑杆间的摩擦力损失、测试条件与环境等因素有关。在相同荷载检测下第二次所采集的数据要比第一次的小，这是因为水平索桁架在反复受荷检测下，存在着残余变形，主要是由于不锈钢拉索与夹具的摩擦力所引起的。

6.2 幕墙物理性能检测

幕墙物理性能检测在广东省建筑幕墙质量检测中心进行。试验选取了航站楼两侧山墙 9m 标准水平索桁架张拉单元，试件规格 4488mm（宽）×9190mm（高）；玻璃分格 22500mm×3000mm。不锈钢驳接系系统、拉索及其调节系统、玻璃及玻璃密封胶等工程材料的选用与工程实际当中应用完全一致。经过检测，幕墙固定部分空气渗透量 $q_o<0.01m^3/(m\cdot h)$，空气渗透能达到国标Ⅰ级；固定部分在 1600Pa 风压作用下，以 $4L/m^2\cdot min$ 的水量按规定的压力级对试验单元依次加压，无渗漏发生，雨水渗漏性能达到国标Ⅱ级；在标准风荷载的 W_O=2000Pa 作用下，试件无损坏发生。为检验幕墙的安全度，又取标准风荷载的 1.5 倍，进行了安全检测，在设计风荷载 W_K=3000pa 作用下，幕墙试件无损坏发生，风压变形性能达到国标Ⅲ级。在标准风荷载作用下，水平索桁架跨中最大变形 45.17mm，约为 1/332，与理论计算分析及索结构试验基本吻合，玻璃面板在风荷载标准值作用下，面板中心最大挠度 38.3mm，与理论分析基本吻合。

6.3 玻璃静压试验

为考查点支式玻璃幕墙面板的受压变形情况，设计并加工了一个水箱（图 19），试验玻璃置于水箱底部，玻璃上覆盖塑料薄膜以便盛水，用水压代替风压对玻璃进行荷载试验，本次试验在三鑫公司索结构试验检测中心进行，试验检测单位为广东省建筑幕墙质量检测中心。试验时，在水箱的不同部位安装了标尺，检测方法与步骤采取了与幕墙性能检测一样分级加载的形式。根据计算，玻璃在 130Pa、415Pa、700Pa、985Pa、1270Pa、1555Pa、1840Pa 荷载作用下，分别对应水的深度为 13mm、41.5mm、70mm、98.5mm、127mm、155.5mm、184mm，28.5mm 为一个加载级，每注入一个加载级别的水深，静止 10s 以上，采集一次数据，各测点玻璃变形与水深的关系见下表。

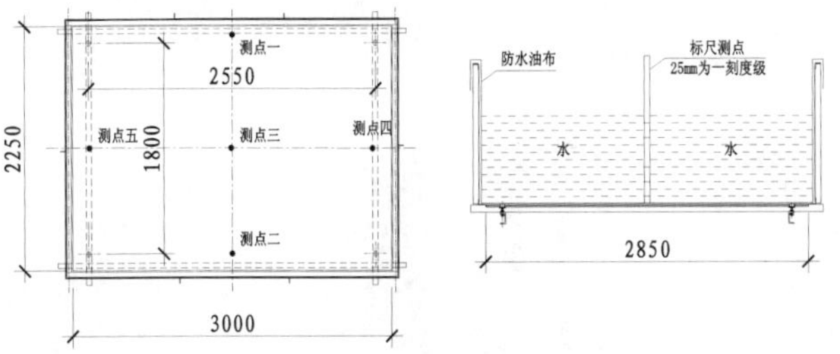

图 19　玻璃静压试验简图

位移(mm) 水深(mm)	测点一	测点二	测点三	测点四	测点五
13	--	--	--	--	--
41.5	5	5	6	3	2
70	12	10	12	6	5
98.5	18	17	17	8	7
127	26	24	26	12	8
155.5	31	30	31	14	10
184	38	38	36	16	12
13	10	9	8	3	7

7. 幕墙新技术的应用

7.1 预应力拉索钢桁架

在航站楼主楼四周采用的拉索点驳接玻璃幕墙中，陆侧和空侧每 15m 跨幕墙抗风柱及两侧山墙每 9m 跨幕墙抗风柱，采用了预应力拉索钢桁架，单榀桁架最高 31m，最低 21m，此项新技术系世界上首次采用（图 20）。该项新的结构取消了普通钢桁架斜腹杆，而采用 4 根φ22 不锈钢拉索代替来承受水平荷载，不但结构新颖，且受力合理。不锈钢拉索端头采用拉索调节机构通过经过机加的钢耳板与钢架中腹杆和弦杆连接，钢架中直腹杆与不锈钢拉索间连接采用加工精致的不锈钢压紧机构，使钢与钢间的连接新颖别致，取得了极佳的建筑艺术效果（图 21）。预应力拉索钢桁架底部采用铰支板构造措施，顶部采用三项调节机构与主体钢结构连接。

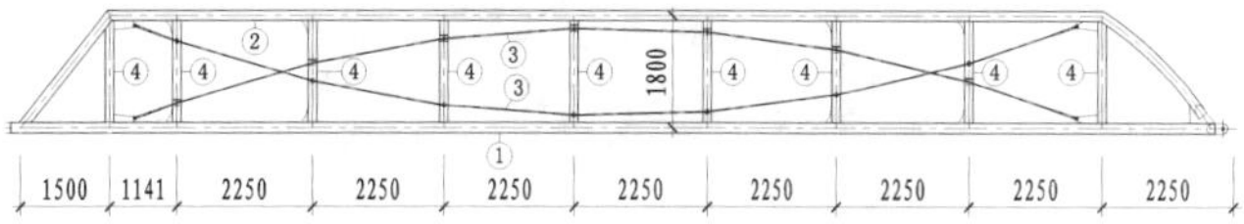

①-前弦杆;②-后弦杆;③-2φ22 不锈钢索;④-腹杆

图 20　预应力拉索钢桁架结构简图

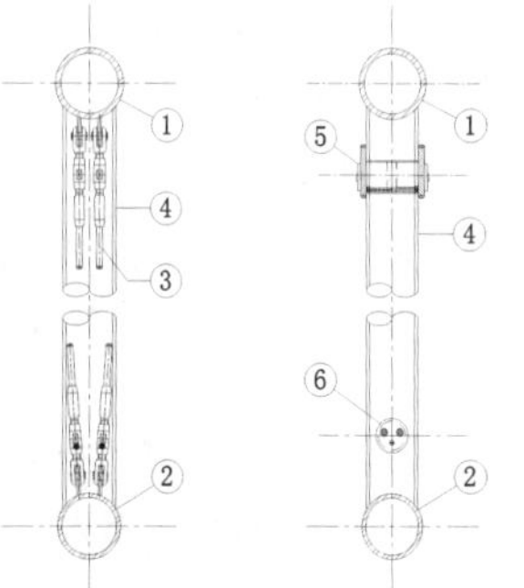

①-前弦杆;②-后弦杆;③-钢索;④-腹杆;⑤-前弦杆;⑥-后弦杆

图 21　预应力拉索钢桁架构造简图

7.2 指廊端头单索幕墙

在本工程 A、B 指廊南北端头采用了目前在国内外索结构幕墙尖端技术—单层索网点驳接玻璃幕墙，与德国慕尼黑机场区别开来的是，重庆江北国际机场采用的不但是世界上第一个曲面单层索网点驳接玻璃幕墙工程，也是世界上第一个采用单层单向索网结构的玻璃幕墙工程（图 22）。

图 22　单索幕墙内视效果

指廊端头建筑标高 7.5m 以上建筑设计为曲面玻璃幕墙，为了使单拉索的拉力得到有效的传递，在整个幕墙周围采用了曲面钢箱梁结构措施，曲面钢箱梁与主体建筑的连接采用铰接，使其将水平荷载传递给主体结构，自身重量由主体结构承担，拉索的拉力由曲面钢箱梁结构自身承担，不传递给主体结构。

指廊端头的单层索网玻璃幕墙节点，采用了驳接爪件机械压紧构造措施（图 23），爪点内压块与驳接爪用 2 根 φ18 不锈钢螺栓相连。利用钢索与内压块及驳接爪间的摩擦力来承担幕墙玻璃的自重。

图 23　单索幕墙节点构造

为保证幕墙玻璃的安全，应控制单层索网结构体系的变形，变形过大，会对幕墙玻璃造成不利影响；反之，单层索网变形控制过严，索的拉力亦随之增大，对单层索网边界的刚度要求就越高。单层索网本身不变形时，整个体系是没有刚度的，只有产生变形才有刚度，因而索网的挠度和结构刚度密切相关。随着荷载的增加，结构的位移在增加，随之结构刚度在增加。因而在相同荷载增量下，结构的位移增量随之减小，相应索的伸长量减小和索拉力增加的减少。为达到理想的设计效果，以 L/50 挠度限值来进行设计，索的拉应力合理取值范围界定在 387～464.4MPa。为增加单层索网结构体系安全储备，水平与竖向拉索采用 φ22 不锈钢绞线。

7.3 指廊侧面双曲面椭圆窗

在本工程中 A、B 指廊两个侧面共采用 80 个 6000mm×4000mm 双曲面椭圆窗，每个椭圆窗三片玻璃分割，玻璃采用 12+2.28PVB+12 钢化夹胶热弯玻璃（图 24）。为了保证安装完毕后玻璃曲面曲率的统一及曲面的光滑，采取了如下技术措施：每片玻璃采用吊挂式安装，在每片玻璃顶部设计了曲面玻璃专用吊夹，防止玻璃在自重作用下弯曲；玻璃实际加工时，中间片玻璃的拱高比相邻两片玻璃要小 5mm。椭圆窗与屋面收口采用 3mm 铝单板，双曲面异形，圆滑过渡，保证了椭圆窗的建筑效果。

图 24　指廊侧面双曲面椭圆窗

8．幕墙结构的节点构造设计

8.1 幕墙顶部节点设计

主体大跨度钢屋盖只能传递水平力，不允许传垂直力，在最不利荷载作用下，其 f_x、f_y、f_z 三个方向的变形分别为 50mm、60mm、100mm，因此要求幕墙结构不但满足牢固地连接在主体建筑物上的同时，还必须适应主体大跨度钢屋盖的多向位移。为防止主体钢屋盖变形对幕墙结构的影响，在预应力拉索幕墙抗风柱顶部采用了三向活动调节连杆铰支机构（图 25），当屋架发生变形时，此结构完全可以满足屋面的三向位移并能可靠的传递水平力。同时，由于玻璃为脆性材料，在幕墙玻璃顶部采用了风琴板密封屏，用以防止主体钢屋盖及幕墙抗风柱变形导致玻璃破损的现象发生。

图 25　幕墙顶部节点

8.2 稳定索底部节点设计

在预应力双鱼腹索桁架中，在最大水平荷载作用下，索桁架会产生变形，导致φ10 稳定索随索桁架的变形而弹性伸长，虽然在施工张拉时φ10 稳定索有一定的预张力，但在玻璃安装结束后， 预张力已经很小，约为 500～1000kg，在水平索桁架承受水平荷载出现最大变形时会导致φ10 稳定索出现松驰现象。为杜绝此种现象发生，在其底部采用了弹簧调节机构（图 26），调置机构中对内部弹簧的技术要求如下：变形伸缩△α：△α≥2（B-A）；倔强系数 K：K≥（500～1000）kg/2（B-A）。

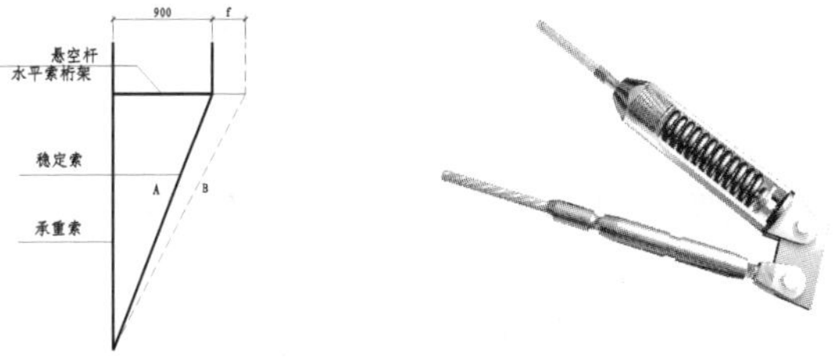

图 26　稳定索变形及构造图

9. 航站楼索结构幕墙施工工艺

a. 在每榀水平索桁架内，前受力索和后受力索的预拉力值误差要控制在 1.5KN 以内。各榀索桁架中钢索预应力值误差控制在 2.5KN 以内；

b. 用超张拉法达到内力平衡：水平受力索桁架是采用整条索通过固定支点形成的多榀桁架。在预拉力施加时只能在一端进行，当预拉力通过固定支点时，因磨擦阻力等因素造成的内力损失，经试验证明每通过一个固定支点其内力损失为 10%左右，会出现内力不平衡的现象，为消除此现象，我们采用了超张拉回放的方法。在施加预应力时根据单根索所通过的固定支点的数量按损失的内力值来确定超张拉力。经 12 小时持荷后将超张拉值放松到设定的预拉力值后达到跨间内力平衡。

c. 预应力张拉步骤：首先安装垂直承重索并将预应力值一次施加到位，然后安装水平受力索。前后受力索必须同时在一端张拉，分四步进行：①在索布设结束后先进行第一级张拉，按总预拉力值的 20%控制拉力；②经调整达到内力基本平衡，空间定位基本到位后进行第二级张拉，按总预拉力值的 80%控制拉力。当拉力到位后粗调悬空杆的位置并保持拉力 48h 再进行定位尺寸调整；③当内力稳定后测量每榀索桁架的内力损失情况，确定超张拉值进行超张拉，并持荷 12h；④当超张拉内力稳定后将内力放松至 100%的预拉力控制值，经测量调整后使每一榀索桁架的内力均达到预张拉值后将节点固定锁紧并与垂直承重索连接锁紧。

10. 结束语

重庆江北国际机场幕墙工程于 2004 年 1 月开工建设，在 120 天的施工当中，基本完成了幕墙施工任务，为机场在 2005 年春运前投入使用、2004 年 10 月 1 日前总体验收提供了有力保证。作为幕墙施工单位，对民航重庆市管理局副局长及重庆江北国际机场扩建指挥部常务副指挥长戴科、总工程师姜维政、航站办赵仕伟，对民航华东机场建筑设计研究院总工程师王福龙、建筑师徐卫理，对重庆继兴监理公司的相关领导们给予工作上的支持和帮助表示衷心的感谢！

石材墙面干粘法施工工艺实践

——介绍一种用环氧树脂工程胶粘贴墙面石材施工工艺

原深圳洪涛装饰工程公司技术顾问　高级工程师　**唐曾烈**

一、生产实践提出新的要求

随着施工工艺的不断改革和革新，在内外墙装修作法中，我国过去长年沿用的用水泥砂浆铺贴石材墙板的作法基本上已被淘汰。若干年前引进国外的采用不锈钢干挂件的“干挂施工法”，经过几年来不断地实践，对不锈钢干挂件又进行了许多改进。目前采用比较广泛的板销式不锈钢干挂件，解决了用电钻在石板侧边打孔速度缓慢的问题，采用手携电动磨切机在石材侧边开出槽口，不仅可以提高了工效，同时使干挂点的受力状况更均匀，这是我国劳动者的一项革新创造。

但是在生产实践中，新的干挂法施工工艺的劳动强度仍较大。尤其在现场切割开槽时，会产生很大的噪声和粉尘污染。有的工人为了安装方便通常将槽口宽度开到近 8mm 宽，槽口也很长，这样如采用 20mm 厚的标准板材，剩下原有石材的有效厚度仅 6mm 左右。这样就可能大大削弱干挂节点的抗拉承载力，如果石材板厚再有负公差，受力情况就更为不利。有些观点认为施工中在开槽槽口内要满填云石胶，可以弥补以上缺陷，但常用云石胶是一种不饱和树脂，使用时要配用固化剂，实际上施工中云石胶和固化剂的配比往往很不均匀，配合后的胶体强度有的很低。

此外常用的云石胶内含有一定的多元脂，在不少工程中由于嵌填了云石胶，在某些品种石材干挂点处的表面会出现“油渍”现象。槽口内的粉尘和水分也不易除净，这些也会影响粘接补强效果。还有许多特殊情况，如内装石材墙面的水平拼缝，设计有时要求磨斜边或凹槽拼缝；在门窗洞口预留装饰层厚度仅 50mm；各种石材饰面服务台和洗手台；窄长条石饰线等处，这些都难以采用“干挂法”施工。这就要求用新的施工方法来解决。针对以上问题，我公司在 1998 年便开始在工程中进行“干挂法”施工工艺的实践和探索，并先后在北京广州大厦、人民大会堂河南厅、中国人寿大厦等项目中实施，取得一定的经验。

二、干粘法工艺的基本原理

1. 胶的选用原则

（1）必须选用环氧树脂型双组份石材专用粘接工程胶，因为环氧树脂性能稳定，抗老化性能良好，能和多品种材料牢固粘接，目前国内市场上常用的环氧树脂型石材工程胶见下表。

品　牌	产　地	A∶B 配比	可操作时间
麦格博士（慢干型）	澳大利亚	1∶1	45 分钟
爱牢达（常固型）	广东	2∶1	25 分钟
祝邦(强力型)	北京	3∶2	45 分钟
快牢达（加强慢干型）	武汉	1∶1	45 分钟

（2）要有良好的粘稠度，不会产生流淌。

（3）要有恰当的初凝时间，胶体拌和后在 30～40min 开始初凝，便于施工安装和调试。

（4）无油脂性物质污染石材

（5）耐老化试验 10 年以上

2. 用环氧树脂型胶体的良好粘接性能，将石材直接粘贴在钢骨架工或土建承重墙体结构上，钢结构立柱间距约 1.2m～1.4m，与墙面竖向分缝位对齐。钢横梁常用∠40×4，横梁上表面为水平分缝标高。每块石材必须有 4 个以上胶粘接点，粘接点距板边约 100mm。粘接点面积为 40×40mm^2。粘接点处材料表面必须干净和干燥，为使胶能与钢骨架更牢固粘接，可在钢骨架粘接点钻 φ5 小孔，使胶体能被挤入钢骨架背后，形成锚头。

三、石材粘贴法施工工艺

1. 现场精确测量放线，深化内装设计图纸，绘制石材加工尺寸图和钢骨架图。

2. 施工钢骨架，通常采用 8#槽钢为立柱，∠40×4 为横梁，立柱间距按墙面竖缝分布，间距宜<1.2m。要求钢立柱垂直偏差≤2 mm，钢横梁水平误差≤1.0 mm，钢骨架用单面焊缝满焊（图 1 和图 2）。

3. 施工详图在横梁上石材粘接点位处加焊小角钢（∠40×4，L=40）。

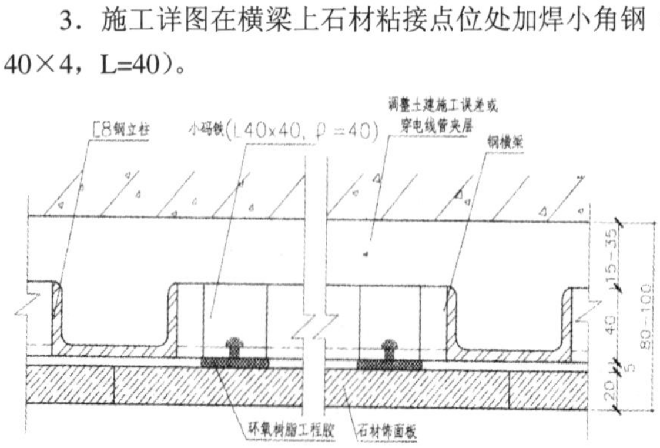

图 1　粘贴法石材墙面横剖面示意图

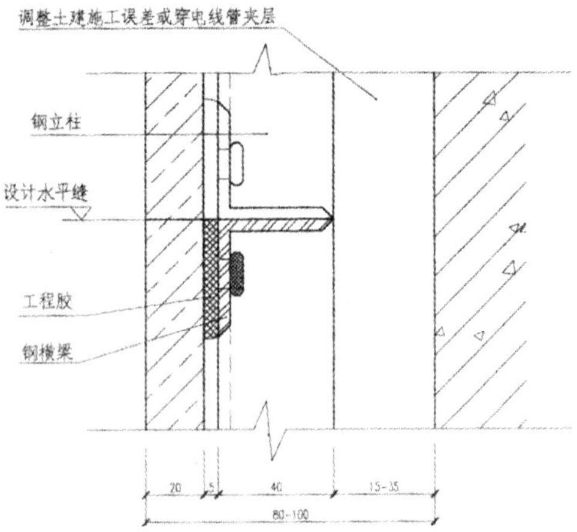

图 2　粘贴法节点详图

4. 将粘贴点位处材料表面擦干净，钢骨架上的防锈漆要用电动磨切机磨去。

5. 按选用品牌胶的使用说明比例将胶均匀拌和，最好在石材背面粘贴点位铲拌三次以上，使石材表面少量的石粉拌入胶体内。分别在石材和钢骨架上抹上一层胶体，使胶体厚度满足设计要求厚度。

6. 施工顺序由下往上分层逐块安装石材，石材安装时可用卡具和小木楔随时固定和调平调直，用 3m 铝方通吊锤和水平尺校验（图 3）。

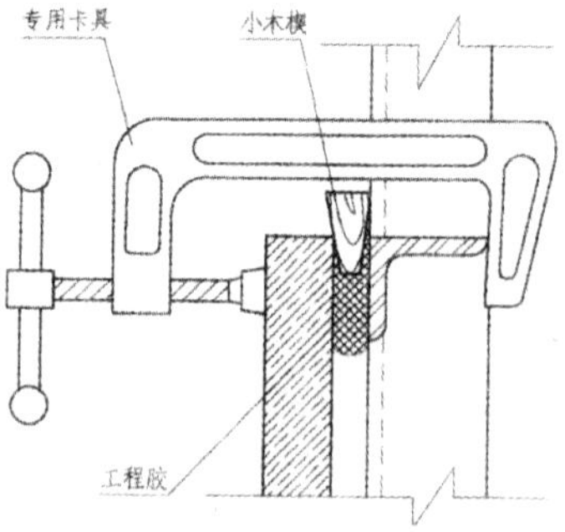

图 3　施工临时固定示电图

四、石材粘贴法施工注意事项

1. 一定要严格按产品说明的比例配胶，取 A、B 胶和拌胶的铲子应各自分开，翻拌混合要均匀。

2. 工程胶凝固时间内，对完工的墙面不能碰撞和重压。

3. 粘贴点材料表面应干净干燥。

4. 不得使用超过有效期的胶。

5. 要避免在粘贴点处再施电焊。

6. 冬季低温条件下工作应注意产品说明要求。

五、材料试验

市场供应的工程胶都会提供抗压强度、粘接抗拉强度、剪切强度和抗拉强度另外还有人工老化试验报告。我们在工程实践中，为了对工程负责，根据内墙石材墙板的实际受力情况，曾经做过三批次力学性能试验（选用澳洲麦格博士慢干型工程胶 MEGAPOXY　PM 型），还做了粘贴节点和普通干挂节点的抗拉极限荷载对比试验。

1．粘合抗拉试验（图 4）

选用质地密实的济南青和丰镇黑，石材断面为 20×30，胶缝厚 2 mm。试验结果均为石材被拉断，说明该胶体有良好的粘接力和抗拉强度。

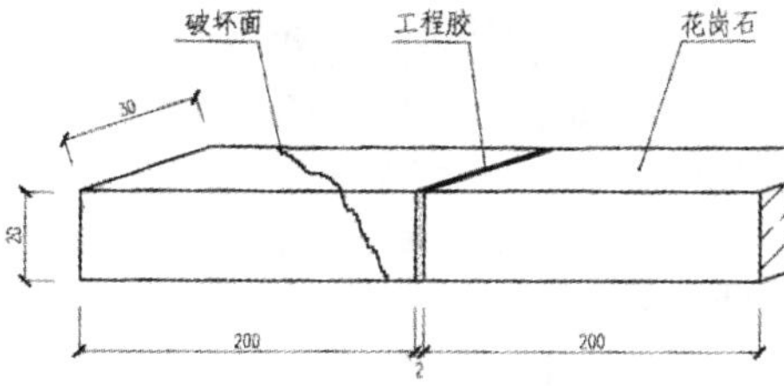

图 4　粘剪抗拉试件

2．胶缝抗剪切试验（图 5）

选用济南青花岗石，试验为光面粘接面破坏，故不能完全反映实际胶体的抗剪能力，按实验值偏低取[Q]= 6MPa，实际 20 厚墙面自重很小，考虑垂直地震力作用系数 1.2 后，抗剪安全系数仍很大（大于 50）。

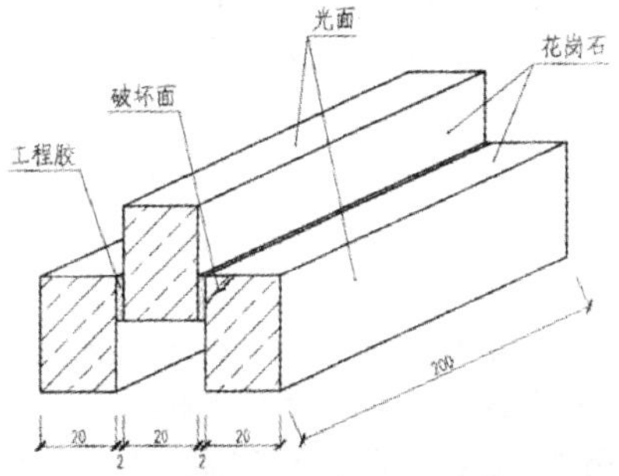

图 5　粘接抗剪试件图（在光面剪切面破坏）

3．粘贴节点和普通干挂节点抗拉承载力对比试验（图 6）。共做了大理石、紫点金麻花岗石和丰镇黑花岗石三组，每组 2×6 个试件（图 6 和图 7）见下表。

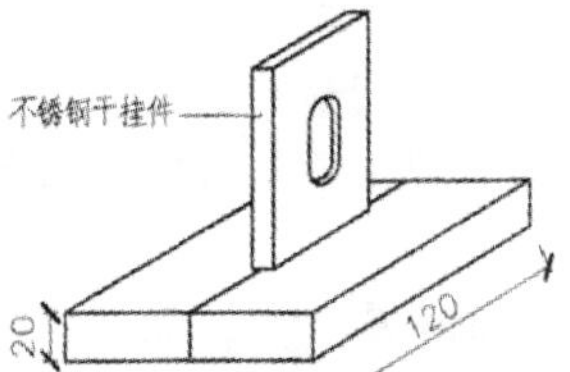

图 6　干挂做法试件

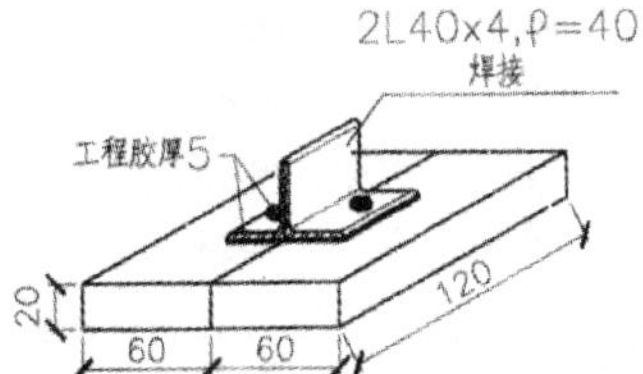

图 7　粘贴做法试件

（1）大理石

节点作法	试件编号	破坏荷载（KN）	平均值	破坏情况
干挂	LG-1 LG-2 LG-3 LG-4 LG-5 LG-6	1.92 2.88 2.34 2.50 1.84 2.64	2.35	石材破坏
粘贴	LZ-1 LZ-2 LZ-3 LZ-4 LZ-5 LZ-6	3.91 3.21 3.84 5.64 5.11 5.80	4.58	石材破坏

（2）紫点金麻花岗石

节点作法	试件编号	破坏荷载（KN）	平均值	破坏情况
干挂	GG-1 GG-2 GG-3 GG-4 GG-5 GG-6	1.64 1.56 2.07 1.57 2.19 1.41	1.74	石材破坏
粘贴	GZ-1 GZ-2 GZ-3 GZ-4 GZ-5 GZ-6	2.80 4.07 3.61 3.31 3.51 2.79	3.35	石材破坏

（3）丰镇黑花岗石

节点作法	试件编号	破坏荷载（KN）	平均值	破坏情况
干挂	GG-7 GG-8 GG-9 GG-10 GG-11 GG-12	5.39 4.17 5.74 7.18 5.28 4.74	5.42	石材破坏
粘贴	GZ-7 GZ-8 GZ-9 GZ-10 GZ-11 GZ-12	6.45 7.44 7.26 6.26 7.84 7.13	7.06	石材破坏

4．试验结果初步分析

由于建材行业的材料性能试验多为试验材料单一材料的力学性能试验，有时不能完全反映材料在实际工作状态下的性能。如抗剪强度和抗拉强度都必须考虑与所选用的石材共同作用下的力学性能。作为施工单位，我们仅能结合工程实际做一点有限的试验，应要求各材料商补充试验，为设计和施工提出切合实际更科学的数据。在现有情况下，我们初步分析结果如下：

（1）环氧树脂工程胶和石材、钢材、钢筋混凝土有良好的粘接力；

（2）粘贴法节点的抗拉破坏荷载大于普通干挂节点的抗拉破坏荷载；

（3）节点抗拉能力的大小与石材的抗拉强度有关；

（4）同品种石材相同节点作法情况下，抗拉破坏荷载值的离散度仍较大，说明配胶比例、安装精度、材质均匀性等多种因素都会影响破坏荷载值。

由此试验可见，在室内装修石材墙面施工中应用环氧树脂类石材专用工粘贴工程胶，完全可以替代现在流行的干挂法工艺。但是必须严格各道施工工序，希望材料供应厂商要结合工程使用情况，进行系统的力学试验，提供更科学的设计依据。目前可以在限定的一定范围内（如内装饰墙面高度限制）推广使用，以便取得更多的实践经验和数据。

大型球冠面透光天棚的施工

——北京新闻大厦大堂透光天棚施工小结

深圳洪涛装饰工程有限公司　许雪峰

一、工程概况

北京新闻大厦位于北京市建国门内大街26号，面临长安街，其欧式建筑的外观是长安街上新增的又一个亮点。新闻大厦是一座五星级酒店，是将来国内外媒体集中的场地之一，所以其室内装修，特别是大堂部分的装修尤显重要。

新闻大厦大堂内装设计单位是北京德港清水建筑设计有限公司。大堂中央为4根直径2m的雕花圆柱,墙柱面和地面均采用劳斯米黄大理石。大堂中央地面为一方形水刀切割牡丹花图案，中央顶棚是一个17.18m×17.18m的大面积发光天棚，在采光天棚中心隆起一个球冠形，球冠半径为7.465m，矢高0.85m，整个发光天棚不仅作为大堂的主要照明，向上隆起的球冠面也使大堂空间更加高旷。深圳洪涛装饰工程有限公司承接大堂内装修任务后，将大堂透光天棚作为施工技术难点之一，组织有关材料和加工厂家进行了科学分析和论证，并进行深化施工图设计。透光天棚由不锈钢空腹矩形焊接管材作骨架，径向主龙骨和环向次龙骨交错成受力构架。透光板采用6mm厚“美洁石”（聚酯人造云石板），纹路按径向顺纹设置。电气照明由北京赛恩电气工程公司设计，大堂照明由32盏金属卤素灯为主要光源，透光天棚只要求透光发亮，在吊顶内将所有管线和梁板均涂白色反光漆，由安放在吊顶内的金属卤素灯将透光天棚照亮，平剖面见图1、图2。

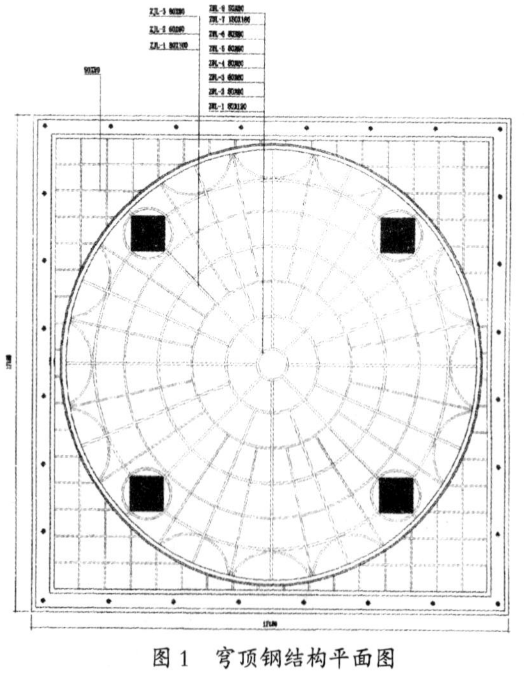

图1　穹顶钢结构平面图

二、材料选择和加工

由于此透光天棚的面积较大，钢骨架的断面尺寸不大，径向骨架杆件较长，环向杆件为四个弧形曲面组成，整个钢骨架要求自重轻而刚度大，还要便于加工和安装。

1. 透光板：原设计采用15mm厚透光天然云石和5mm厚玻璃复板，此种复合板目前只能加工成平面板，无法加工球面板，另外，这种复合板的自重约为0.54KN/㎡，已超过土建结构允许设计吊顶荷载0.40KN/㎡，而且大理石和玻璃均为脆性材料，安放在大堂中央也不安全，在综合比较了多种材料后，最后选定采用6mm厚美洁石—聚脂人造云石透光板。这种板材材质轻、有一定弹性、透光性能良好、容易加工成型，还能达到B1级防火等级。

美洁石板成品规格为1200 mm×2400mm，沿长向顺纹，由于本工程最外2圈球面板为扁长弧形，无法利用常用市场产品，便要求工厂特殊加工沿短向顺纹的板材，使整个透光天棚的纹向一致，工厂做模具热压后成型。透光板由北京先捷恒公司加工，共制作4套模具，每套模具上均刻有中线线位，每块毛板均比成品尺寸放大30～40mm，安放毛板时应将毛板中心线与模具中心线对准。热压成型后再按设计尺寸划线切割，同时保证每块扇形透光板的纹路都沿板中心线顺纹。

2. 球面钢骨架：原设计采用冷弯空腹方管作骨架，但多家工厂均无法解决双向弯曲加工环向梁，另外普通碳素钢方管在焊接后，管内防锈处理困难，这会影响整个结构的耐久性。同时也与多家铝合金管材厂联系，目前通过模具挤压成双曲面空腹梁也很困难，而且模具费很高，最后决定采用2.5mm厚不锈钢管焊接成型的方案。由上海大余幕墙材料厂加工生产。由于采用焊接方管，在断面尺寸选择上更为方便，使径向梁采用矩形断面，便于环形次梁的焊接收口，天棚钢骨架更有主次层次感。

由于是球面设计，径向主梁的曲率是一样的，比较容易加工。而环向梁为双曲面，而且各圈环向梁的曲面率均不一样，所以不能用简单的滚轧成型工艺来解决。上海大余幕墙材料厂使用进口数控拉伸弯曲机冷弯加工，将待加工的龙骨的两个方向曲率同时输入到数控拉伸弯曲机，并且开了几套专用模具顶弯成型，解决了薄壁空腹不锈钢管在弯曲加工时发生局部变形，一次加工成型。

所有的径向和环向钢梁成型后，都必须用专制木模板检测，断面尺寸用千分卡尺测量，由于弧形龙骨在成型时不宜保证两端部位的曲率，所以要将两端不少于300mm长度的部位截除。

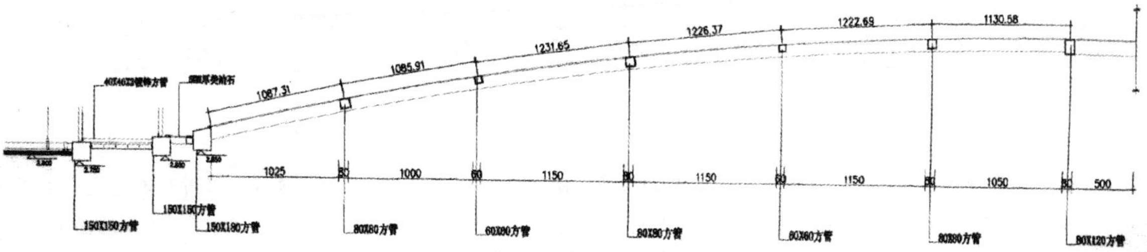

图 2　穹顶天花剖面尺寸图

为确保加工尺寸的精确，所有杆件加工完毕后，在工厂进行试拼装，并检测以下尺寸和误差：

（1）球冠面最大环形梁直径误差≤5mm；

（2）球冠面矢高误差≤3mm；

（3）径向龙骨和环向龙骨的间距误差≤3mm；

（4）每个扇形空格的对角线误差≤±3mm。经过仔细检验整个透光天棚钢骨架完全符合设计要求，最后将所有径向和环向龙骨统一编号，用木箱包装好运到工地。

三、现场安装步骤

大堂透光天棚设置在标高 7.35m 以上位置，所以不能象在工厂预拼装可在平稳的水泥地面上进行。首先在大堂搭设 6m 高的满堂红脚手架，上面满铺 50mm 厚脚手板，再在其上钉一层 12mm 厚木夹板作为工作平台，将大堂中心点和四根柱子轴线用经纬仪引至工作平台和结构楼板底，并进行复核。

1．先安装最内圈环梁，工厂按整体焊接加工，所以只需核对圆心和四点水平标高即可，用角钢吊杆临时固定。

2．拼装最外圈环梁，工厂分 16 段加工拼装，现场用角钢焊制 15 个支承托架（图 3），支承托架要稳固，将设计环梁底标高表示在支承托架吊杆上，再按此标高焊接短横梁。利用中心线在短横梁上标出环梁外圈位置，将各段环梁放在托架上，顺序安装好最外圈环梁的各分段，经过定点定位和测量直径，最后焊接固定。通过以上方法可以确保外圈环梁的直径偏差≤5mm，梁底水平标高偏差≤3mm。

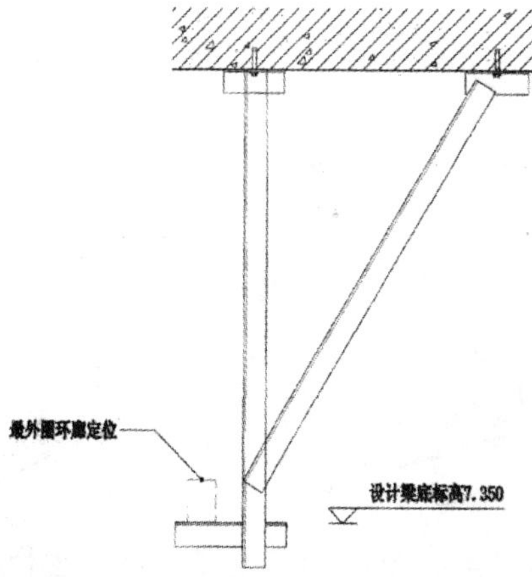

图 3

3．在内外环梁上按照定位轴线划出八等分中心线，将径向 8 根径向主龙骨依次对称就位和内外环梁焊接固定。

4．由内向外、先主后次顺序安装各环向梁和径向梁。

5．以上焊接均先用点焊临时固定，待整体结构拼装完成后再进行一次尺寸检查，包括外圈环梁梁底标高、外圈环梁直径、各分段弦长、各环扇形空间对角线长度。在以上尺寸标高检验合格后，方可满焊固定。

6．整个透光天棚钢骨架和美洁石板总重量约 10t，共设有近 100 个角钢吊杆，根据吊顶内管线分布情况，基本上为均匀分布，该部分吊顶荷载约为 0.35KN/㎡，满足土建结构设计要求。每一根吊杆平均承受约 3 ㎡的吊顶荷载。

7．安装好最外圈方形边框，调整好方框和环梁的联接尺寸，顺序由各边中点向两侧焊接平面骨架。

8．用电动磨光机打磨焊缝，再用原子灰进行修补和用水砂纸打磨平整。

9．清理现场环境，错开白日其他工种施工交叉影响，现场喷香槟金色氟碳底漆一度和面漆二度。

10．安装美洁石透光人造云石板。

四、施工要点

1．要有精确的设计放样详图和现场放线，这是加工和安装精确的必要前提，主要控制中心点和纵横控制轴线，更需特别复核定位。

2．要有特殊的工艺确保各径向和环向构件的加工精度，要加强生产部件的加工精度，除用专制木模板复核外，还要用定弧长、测矢高来复核，各分段构件重合在一起各段弧线要吻合一致。

3．工厂是首次加工这类复杂和特殊断面构件，为检查各部件的加工精度和配合，在工厂作了一次预拼装，使各部件送到工地安装时更为放心。

4．安装就位时，先临时固定内外圈环梁和最外边方形边框，使构件总体定位得到在设计控制范围以内。

5．空腹骨架在安装焊接时，必须对称施焊和对称安装杆件，现场 2 个焊接小组配合施工。

6．空腹对接杆件对焊时，要有内衬垫板，焊接时采用点焊连线，每焊一点后趁金属热融时，用小铁锤轻轻敲平，使焊完后焊缝基本平顺。

7. 美洁石弧形板是用平板加热至 80℃后放入模具中热压，为减少美洁石弧形板的反弹，必须待板自然冷却至常温后才可从模具中取出，同时加工模具时适当减少模具的球面半径，使反弹后的成型板能更接近设计弧度。

8．由于吊顶部分高度小于 8m，所以需设置一些消防喷淋头，由于球面弧型板不同于一般平面吊顶，必须要求安装公司在敷设支管时要密切配合，不仅要保证喷淋头在每块扇形板的中心线上，还需配合球面弧度，使完工后的透光天棚更协调。

钛锌板立边金属屋面系统的设计与施工

深圳三鑫特种玻璃技术股份有限公司 张桂先 张子良

【摘 要】随着有色冶金技术的发展及加工工艺的进步，钛锌板的抗腐蚀性、延性、强度以及外观颜色发生了革命性的变化。钛锌板金属屋面在大跨度公共建筑物上的应用呈现广阔前景。本文通过总结长沙跳水中心钛锌板金属屋面工程的实践，介绍了钛锌板金属屋面系统的设计与施工方法。

【关键词】钛锌板屋面 设计与施工工艺 发展和应用

The Design and Installation Method for Zinc-Titanium Metal Roof

Cheung Kwai Sin Zhang Ziliang
Sanxin Glass Technology Company Ltd,.

【Abstract】This article is a technical review of an design and build metal roof project -Changsha Diving Center for the 5th City Games. The main points of the technology of zinc-titanium metal sheet application on large span building roof is brought out by analysis the design and installation of the above-mentioned project.

【Key words】zinc-titanium sheet metal roof building technology development and application of zinc-titanium metal roofing system

一、工程简介

2003 年竣工完成的长沙五城会跳水中心工程屋面面积 2 万㎡，形状似马鞍。采用目前国际上最流行的立边双锁咬合金属屋面系统——呼吸式钛锌板金属屋面系统。

二、钛锌板屋面特点

金属屋面常用的板材有铝板、铜板、不锈钢板、钛锌板、钛金板等。其中钛锌板由于其优越的性价比而被建筑师广泛地应用。

钛锌板是锌与铜及钛金属的合金，它成分内不含铁，所以不会生锈。经过钝化处理以后，它的表面会形成一层浅灰色的氧化层，为建筑物提供一层有效及持久的保护。由于有保护层，表面不需要加涂料及不需要清洗。由于锌表面有自动愈合的能力，就算被划伤，经过一段时间以后，它就能恢复本来的颜色和保护层。由于不需要用密封胶来进行板条间的黏合，既可达到一个全面防水的表面，又能适应较大的屋面的三维变形。

钛锌板屋面有如下优越的性能：

1. 耐久性：钛锌板屋面即使在严重污染的地区仍可有很长的使用寿命。以 0.7mm 厚板为例，设计合理施工得当的屋面使用寿命至少超过 100 年。欧美各国锌板金属屋面有几百年的历史，如今，由于加了钛金属，现代锌板的耐久性更好。

2. 适应性：钛锌板即坚韧又有高度的延伸性，也容易在工地上被弯曲和焊接，故适用于各种形状的建筑造型。其可焊接性能保证复杂的形状和节点的实现；其科学的接缝保障了屋面系统在暴风雨袭击时，当屋架出现较大的三维变形情况下也不漏水；

3. 维护性：不需要维护，不需要着色，灰色调贯穿整个建筑物的生命；由于其特有的自愈性能，即使表面划伤已无需任何维护，它可在短时间内恢复原状。

4. 安全性：由于其重量轻，加上带有滑动扣件的双锁立边咬合屋面系统的应用，使其结构安全特别是在较大的负风压条件下得到了保证（滑动扣件如下图所示，间距按设计需要确定）；

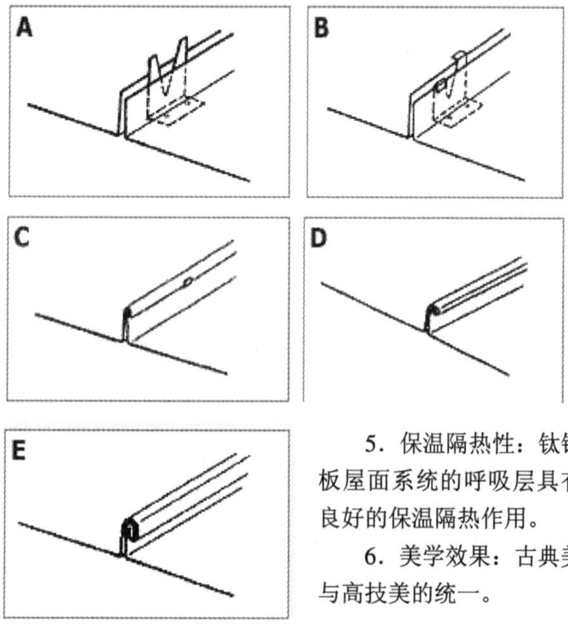

5. 保温隔热性：钛锌板屋面系统的呼吸层具有良好的保温隔热作用。

6. 美学效果：古典美与高技美的统一。

7．光污染：反射性低，不会造成眩光。

8．自洁性：钛锌板屋面可完全依靠雨水自然清洗。

9．环保性：容易再循环，回收价值为 70%。

钛锌板以其优越的性能和良好的性价比而广泛用于大型公共建筑的屋面系统：如新加坡 WoodLand 海关（65000m²）、挪威奥斯陆高德莫恩机场（62000m²）、杜塞尔多夫国际机场酒店（15000m²）、斯图加特国际机场（18000m²）、澳门娱乐中心（12000m²）、韦特拉建筑博物馆、欧洲能源论坛、长沙五城会跳水中心（20000 m²）、长沙五城会网球中心（12000m²）、湖南国际会展中心（35000 m²）等。

三、长沙五城会跳水中心设计要点

长沙五城会跳水中心钛锌板金属屋面系统设计由建筑、结构、防水、构造及避雷几部分来组成。

1．建筑设计

长沙五城会跳水中心钛锌板金属屋面形似马鞍，是一个大型双曲面造型，主跨达 126.6m，如下图所示。

2．结构设计

钛锌板屋面结构设计都是在网架、钢桁架的基础上做檩条。檩条可按连续梁、简支梁设计。对于造型复杂的屋面连续梁设计很难实现。

本工程采用简支檩条。檩条计算按风压 50 年一遇 10min 平均风压取值，钛锌板计算按风压取 50 年一遇 3s 平均分压取值。

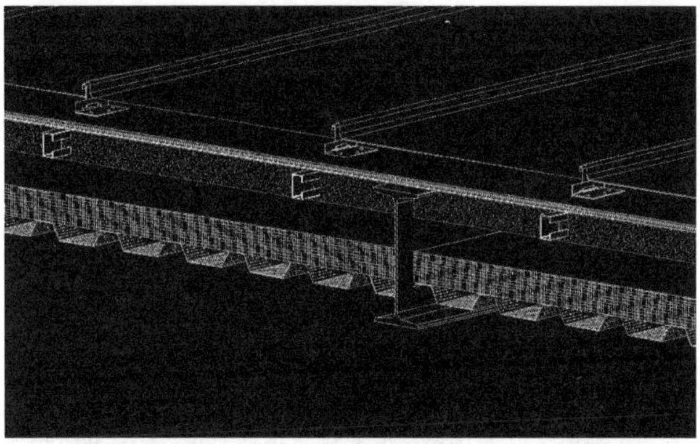

屋面檩条采用 C、Z 冷弯薄壁型钢，冷弯薄壁型钢自重轻、连接方便在屋面工程上经常采用。冷弯薄壁型钢截面计算按《冷弯薄壁型钢结构技术规范》套用，并考虑其冷弯后强度。截面高度的选择，不宜采用 250mm 以上高度截面，应考虑型钢的稳定性。

3．防水设计

防水是钛锌板屋面的主要功能之一，因而屋面在设计上一定要进行防水构造设计、屋面排水计算。钛锌板屋面由面层、呼吸层、两道设防来起到防水效果。

第一层面层，面层是屋面直接与雨水接触的一层，对面层的防水设计、处理至关重要。立边高度、咬合形式、立边方向的选择，特殊部位的构造处理，都决定了防水最终效果。

第二层呼吸层，呼吸层是屋面防水的第二道屏障，形成空腔排水系统，同时具有通风排湿的功能。呼吸层三维结构形成的空腔可把冷凝水汽化后通过空气循环带走，呼吸层的防水膜可防止冷凝水再向下一层渗透。

4．构造设计

钛锌板屋面构造层有以下几层：钛锌板面层、呼吸层、镀锌钢板找平层、保温棉、吸声棉、吊顶装饰层（见下图）。

构造层的选择，根据建筑物所在的文化背景、地理位置、气候条件、使用功能等选择。如屋面、吸声、吊顶等要求。

5．避雷设计

钛锌板屋面的避雷设计，一般采用避雷针、避雷网、避雷带三种措施来保证。

屋面设置天窗则应采用避雷针。避雷针规格可根据防雷等级、天窗面积等因素选择。如没有天窗可不设。本工程屋面要求采用避雷网，避雷网格根据防雷等级要求设置，网格大小在 10m×10m。

四、施工工艺

屋架主体结构和檩条施工完成后，屋面构造层施工工艺主要有以下几点：

1．镀锌钢板找平层加工和安装

镀锌钢板找平板是形成屋面形状的关键层面。

找平板的加工质量，将直接影响到安装的质量。

找平板之间的搭接长度要满足搭接要求，不得出现起翘现象。

连接镀锌钢板找平板与檩条的紧固件，必须连接紧密，不得出现漏打、孔洞。

安装顺序：从低往高、从周边往屋脊铺设。

2．呼吸层铺设和不锈钢扣件安装

呼吸层（丝网）的铺设，尽量减少搭接缝，搭接缝之间必须采用防水胶带或防水胶纸牢靠毡接。注意考虑丝网的临时固定。

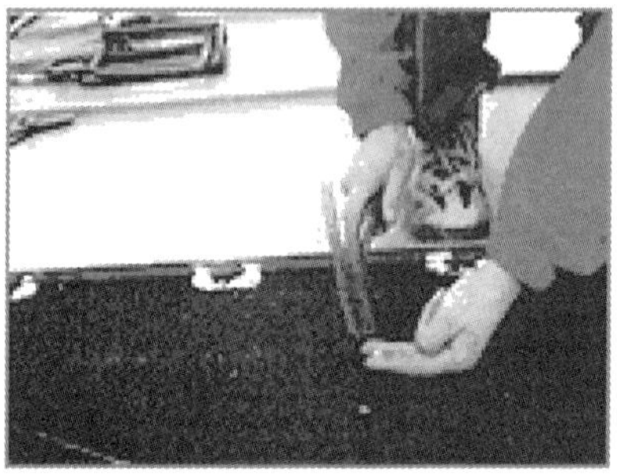

丝网铺设（1）

丝网铺设（2）

不锈钢扣件安装就位，必须准确弹线定位，否则将影响到钛锌板安装质量。注意固定扣件与滑动扣件的配合位置。

3．钛锌板加工和安装

钛锌板加工采用专用的钛锌板加工设备——立边成型机，工作环境比较寒冷（低于−10℃）的地方，必须采用专用的加热设备。钛锌板安装必须采用专用的钛锌板安装设备——立边咬合机。钛锌板的铺设方向，咬合面应背对屋面排水方向与主导风向。

钛锌板加工是在屋面加工平台上进行的，立边或弯弧后搬至要求位置安装，最后立边咬合。立边咬合大面由机械完成，局部位置由人工咬合。

安装顺序：从低往高、从周边往屋脊铺设。

立边成型机

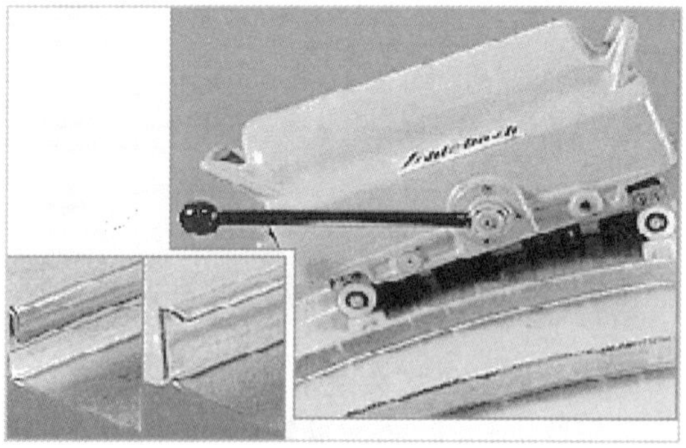

立边咬合机

4．保温棉、吸音棉安装和吊顶板安装

保温棉、吸声棉安装，注意不得出现没有铺到的地方。注意在施工过程中对半成品的保护——防雨防潮。

吊顶板安装注意控制吊顶板的挠度，过大的挠度影响建筑装饰效果；紧固件必须排列整齐有序，给人一种秩序美感。

五、未来发展和应用

随着国家经济的快速发展，全国各地的大型基础公共设施大量兴建，城市标志性建筑、会展中心、博物馆、文化中心、机场等公共建设项目愈来愈多，对高品质的屋面建材和系统产生了极大的需要。钛锌板将在金属屋面领域为建筑业和建筑装饰行业的发展发挥巨大的作用。钛锌板金属屋面系统技术也将随着其愈来愈广泛地使用而日趋进步。

浅谈椭球采光顶设计与施工技术

深圳市方大装饰工程有限公司　涂志远　林勇生

【摘　要】 主要介绍了椭球结构采光顶的结构设计、节点设计和施工安装，以及用 ROBOT97 结构计算软件进行结构力学分析的方法。

【关键字】 椭球结构采光顶　变截面工字钢　中空夹胶玻璃　空间定位

Summary: The paper introduces a method to design and install the ellipsoidal skylight. The mechanical analysis of such kind of structure using ROBOT97 is also presented.

Keywords: ellipsoidal skylight, I-shape steel of varying section, insulating laminated glass， space positioning

一、引　论

随着国内建筑业的飞速发展，很多大厦、写字楼等建筑的主体结构、建筑外形越来越复杂，与之密切相关的幕墙行业也发生了日新月异的变化。

短短二十几年，国内幕墙业的技术水平与国外差距逐步缩小。在结构形式上，单元式幕墙、拉杆\拉索式点支承幕墙、双层幕墙等得到广泛应用。在建筑造型上，出现了圆台形、球形、椭球形幕墙以及波浪形扭曲面幕墙，使得我国建筑的外型更加丰富多彩。这就对幕墙行业工程技术人员提出了更高的要求，必须更快地掌握幕墙行业的新技术、新工艺，并不断创新，满足日益变化的建筑效果的需要。下面笔者将与读者对椭球结构采光顶的设计及施工技术进行探讨。

二、椭球采光顶的设计

我国地域辽阔，南北气候差距较大，在设计选材时需考虑这些因素。

1. 主体结构形式

目前，国内的很多球形玻璃建筑，其主体结构大多采用网架形式，这种结构形式在国内已有丰富的施工设计经验并有较多的工程实例。但这种结构形式在立面效果上不够简洁，由网架球、弦杆及腹杆组成的空间网架体系也占用了室内不少空间。

在不断追求现代、通透和空间感的今天，桁架式结构以其独特的优点得到广泛应用。在力学分析方面，桁架式结构主、次钢梁受力较为明确，主受力钢梁主要承受风荷载、活荷载以及地震荷载等，次钢梁主要对整个钢架体系起稳定作用，因此在截面设计时应分别考虑，这样，整体钢架也就尤显条理清晰、粗细分明。进行结构力学分析时，可采用 ROBOT97、ANSYS、SAP、STAAD/CHINA、3D3S 等有限元分析软件。施工安装方面，桁架式结构的构件加工工艺简单，施工安装快捷。因此桁架式结构也是球形采光顶结构的较理想的选择。

桁架式结构的主次钢梁焊接成一个整体，钢架体系的抗变位能力较差，因此在与建筑主体连接的设计时，应考虑土建结构的沉降、变形等因素。

2. 采光顶面板支撑形式

采光顶结构形式一般采用点式和框架式两种结构，考虑到排水性能，沉头点式、隐框和横隐竖明结构形式采用较多。对于非中空玻璃采光顶，采用沉头点式结构较为合理，沉头点式结构简洁、外形通透，能更进一步体现通透现代的建筑效果。对于中空玻璃采光顶，宜采用隐框或横隐竖明采光顶，点式结构在中空玻璃上开孔会影响中空玻璃的密封性能，降低中空玻璃的保温、隔声功能。

3. 主材选用

桁架结构的主钢梁与次钢梁的连接一般都采用焊接，因此钢梁须选用焊接性能较好的材质，如 Q235B、Q345B 等。

外层玻璃的选用须考虑地域的因素：南方以隔热为主，北方以保温为主。因此，南方宜采用遮阳型 LOW-E 玻璃或隔热性能较好的热反射镀膜玻璃，北方则宜采用保温性能良好的高透型 LOW-E 玻璃。

在考虑采光顶隔热时，可以采用一种较新颖的处理方法——水幕。原理是在球顶设计喷泉式结构，让水从顶部溢出，自由地沿球体表面均匀流过，这既能挡住酷热的阳光照射，外观上又是一道亮丽的风景。

下面以一工程实例对椭球采光顶进一步说明。

三、工程实例

某大厦采光顶位于深圳市高新区，外形类似半个椭球，占地面积约 254 m^2，顶标高为 13.850m，椭球的长半轴为 12050mm，短半轴为 8995mm（图 1）。

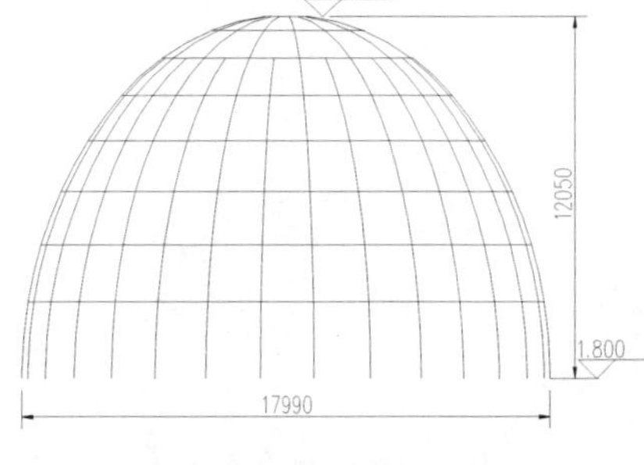

图 1　采光顶立面示意图

采光顶水平方向分格 30 等分，每 12° 一个分格，玻璃最大分格宽约 1885mm（弧长），高度方向 8 个分格，顶部一块球形玻璃顶，高度方向玻璃分格约 1900mm（弧长）。

1. 材料选用

1.1 玻璃

面板选用双曲面中空夹胶玻璃。外片为 12mmCMG165S 银灰色热反射镀膜玻璃，可见光透射比 64%，太阳能透射比 65%；内片为透明夹胶玻璃，玻璃紫外线隔阻率 99.9%。室内安装电动遮阳帘。

1.2 桁架

经线方向采用变截面工字钢和高频电焊钢管间隔布置，纬线方向采用 φ114 钢管连接，顶部为焊接箱形环梁，所有钢构件材质为 Q235-B.F。

2. 设计

2.1 结构选型

在结构形式上，选用隐框元件式结构。

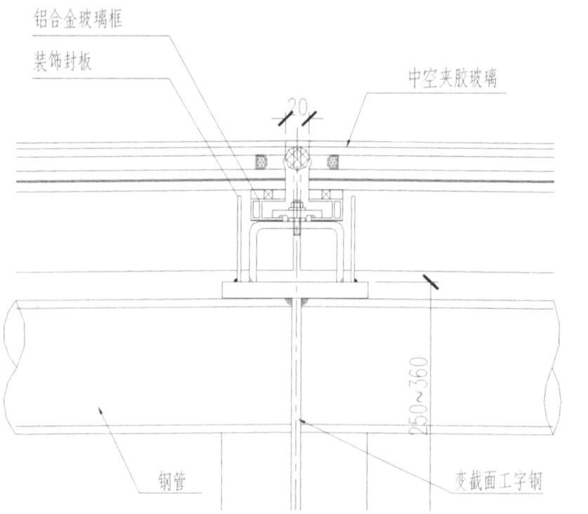

图 2 采光顶水平节点

图 2、图 3 为采光顶标准节点，水平方向玻璃框由于加工难度较大，为减小加工和安装的难度，设计时将其取消。面玻璃采用左右两边受力模式，玻璃上下端不承受风荷载，玻璃的自重通过横梁上焊接的两块钢板承担。

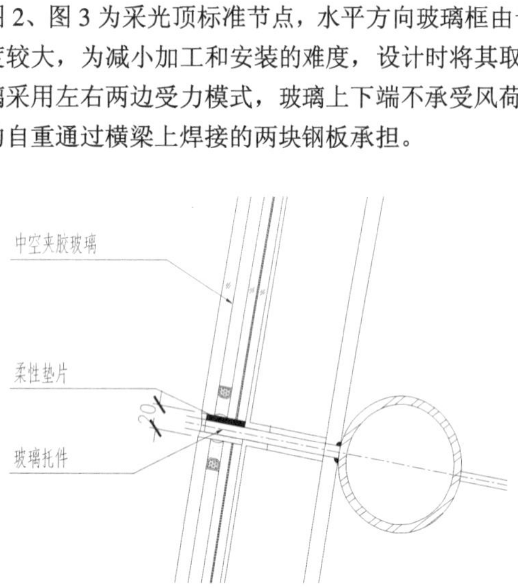

图 3 采光顶垂直节点

2.2 结构力学分析

采用法国 RoboBat 公司开发的新一代工程结构分析和设计软件 Robot97 进行受力分析。

2.2.1 荷载分析

结构所承受的荷载主要是结构本身的自重、风荷载等。受力分析采用《建筑结构荷载规范》（GB50009-2001）、《钢结构设计规范》（GB50017-2003）、《建筑抗震设计规范》（GB50011-2001）等国家规范，根据相关规范，对结构所受荷载作如下分析：

基本参数：

深圳地区，基本风压 $W_0=0.75kN/m^2$，

抗震 7 度设防

计算高度：13.850m

等效计算分格：1.885m

1）自重

结构体系自重主要来自面板和钢桁架，经过计算，折合为主钢梁上的线荷载为：

标准值为： $W_{G1}=1.351kN/m$

2）活荷载

根据相关规范，按 0.3 kN/m^2 考虑，折合为主钢梁上的线荷载为：

标准值： $W_{G2}=0.566kN/m$

3）风荷载

由于球面上每个点承受风荷载的角度均不同，为了简化计算，将球面分三段考虑，按标高划分，1.8m～8.4m、8.4～11.7m、11.7m～13.85m。每段的体型系数按相关规范取值。同时从安全角度考虑，将分格宽统一为最大分格宽 1885mm。

经计算，折合为主钢梁上的线荷载标准值为：

迎风面：

$W_{k1}=1.92kN/m$ (1.8～8.4m)

$W_{k2}=1.44kN/m$ (8.4～11.7m)

$W_{k3}=-1.92kN/m$ (11.7～13.85m)

背风面：

$W_{k1}=-1.21kN/m$ (1.8～8.4m)

$W_{k2}=-1.21kN/m$ (8.4～11.7m)

$W_{k3}=-1.92kN/m$ (11.7～13.85m)

4）地震作用

均布水平地震作用（7 度设防）

$q_{EAk}=3\times\alpha_{max}\times G_{Ak}$

$=0.38kN/m$

不考虑垂直方向地震作用。

5）温度作用

温度作用对结构分析影响较小，不予考虑。

2.2.2 荷载效应组合

根据规范，荷载和作用效应组合值按下式计算：

$S=\gamma_G S_G+\gamma_W\Psi_W S_W+\gamma_E\Psi_E S_E+\gamma_T\Psi_T S_T$

不考虑温度作用，因此 S_T=0

计算时取两种荷载组合

① DL1——由荷载效应和作用效应组合，用于计算整体钢架构件的位移和挠度。

γ_G、γ_W、γ_E 均取 1.0

ψ_W 取 1.0，ψ_E 取 0.6

垂直方向由自重和活荷载组合：

$S_{垂直}$ =1.917 kN/m

水平方向由风荷载和地震作用组合：

迎风面 $S_{水平}$ =2.148 kN/m （1.8～8.4m）

$S_{水平}$ =1.668 kN/m （8.4～11.7m）

$S_{水平}$ =-2.148 kN/m （11.7～13.85m）

背风面 $S_{水平}$ =-1.438 kN/m （1.8～8.4m）

$S_{水平}$ =-1.438 kN/m （8.4～11.7m）

$S_{水平}$ =-2.148 kN/m （11.7～13.85m）

② DL2——由荷载效应和作用效应组合，用于进行整体钢架构件的承载力计算。

γ_G、γ_W、γ_E 分别取 1.2、1.4、1.3

ψ_W 取 1.0，ψ_E 取 0.6

垂直方向由自重和活荷载组合：

$S_{垂直}$ =2.300 kN/m

水平方向由风荷载和地震作用组合：

迎风面 $S_{水平}$ =2.984 kN/m （1.8～8.4m）

$S_{水平}$ =2.312 kN/m （8.4～11.7m）

$S_{水平}$ =-2.984 kN/m （11.7～13.85m）

背风面 $S_{水平}$ =-1.990 kN/m （1.8～8.4m）

$S_{水平}$ =-1.990 kN/m （8.4～11.7m）

$S_{水平}$ =-2.984 kN/m （11.7～13.85m）

2.2.3 计算模型

钢桁架支座与建筑主体结构采用刚性连接（图 4）。

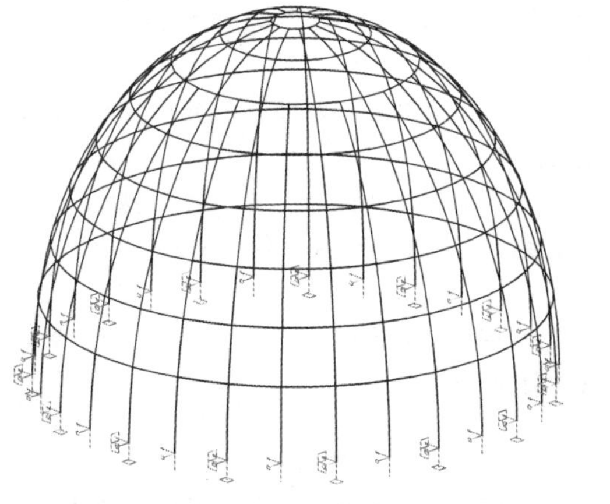

图 4　采光顶计算简图

2.2.4 计算结果分析（图 5～图 7）

3. 强度分析

应力最值表

(N/mm^2)

	Smax	Smin	Smax(My)	Smin(My)	Fx/Ax
MAX	174.63	14.269	130.26	12.45	14.269
Bar	633	709	26	220	709
Node	494	550	33	106	550
Case	2	1	2	1	2

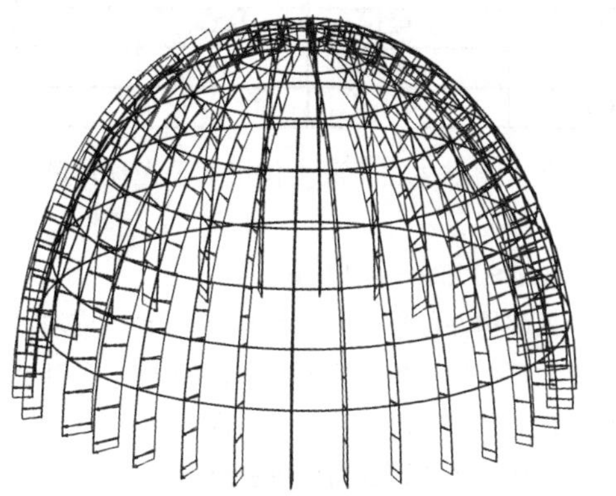

图 5　采光顶受荷简图

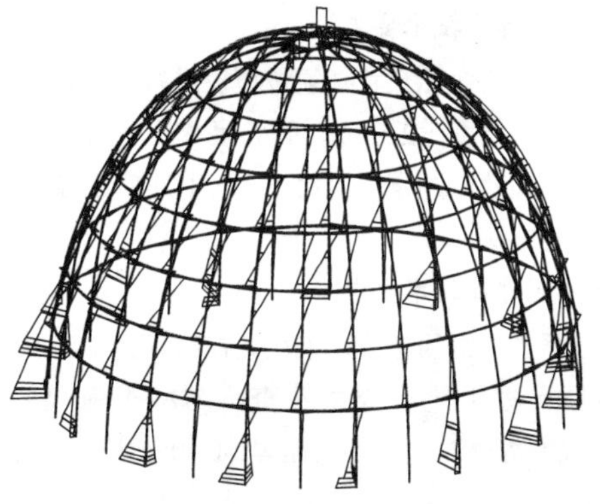

图 6　采光顶弯距简图

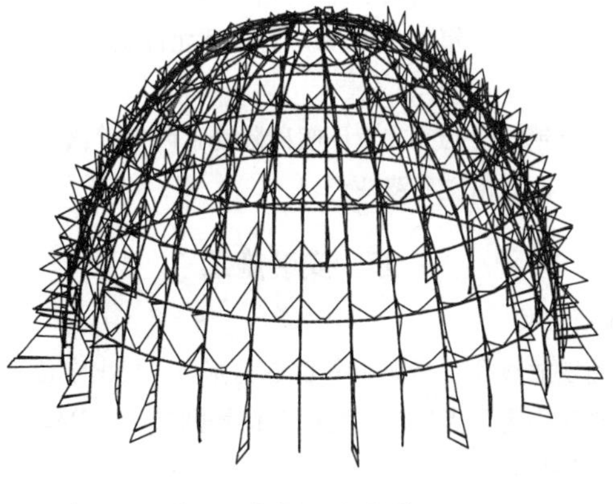

图 7　采光顶应力简图

应力最大值发生在工况二作用下采光顶背风面的底部构件，顶部构件应力较小。

σ_{max}=174.63N/mm^2 ≤[σ]

由此可知，在进行采光顶结构设计时，底部构件的截面尺寸应较大，顶部构件可以偏小。因此，将主钢梁截面尺寸设计为变截面钢梁是非常合理的。

4. 刚度分析

位移最大值表：

(mm)

	UX	UY	UZ
MAX	40.920	13.204	5.546
Node	244	194	169
Case	1	1	1

位移最大值发生在工况一作用下采光顶背风面的顶部构件。

40.92mm≤L/300=49.17mm

由于顶部构件位移较大，因此，在设计时应通过构造设计尽量增加顶部构件抗变形能力。本工程中，顶部选用了一截面尺寸较大的封闭环形箱型钢梁将主钢梁、次钢梁连接成整体，共同作用增大顶部构件抗变形能力。

四、采光顶构件加工

1. 玻璃的制作及技术要求

曲面玻璃的弯曲尺寸必须按模板进行弯钢化成型检查，与标准弧线吻合度±2.5mm，弦长尺寸公差为±2mm。

玻璃安装的原则是先上后下，先中部后边缘，采取边安装边调整的方法。

2. 钢结构制作及技术要求

变截面工字钢的腹板须采用数控线切割加工技术，翼缘弯弧后须用模板进行成型检查，与标准弧线吻合度±2.0mm。成型焊接时不得单向施焊，必须从中部向两端施焊，最大限度地消除焊接应力，加工完成后必须用模板进行二次检查。

工字钢及钢管拼接单元节点偏差不得大于±1.5mm，长度允许偏差不得超过L/2000，垂直度允许偏差L/1200，绝对误差不大于3mm。

所有钢构件必须在工厂喷砂除锈，除锈等级为Sa2.5，除锈后立即刷氟碳底漆两道。

五、安装施工

1. 放线定位

施工放线须以椭球的中心O为基点，找出定位基准线，以基准线为定位点确定不同高度位置圆的半径R1、R2等(图8)，从而确定所有水平方向和高度方向的分格点，以上定位均为空间定位，因此在放线时必须使用高精度坐标仪、角度仪等测量设备。

2. 钢结构安装及检验

钢结构安装时先将顶部的环形钢梁定位固定，其余钢构件应采用对称焊接的施工顺序，施焊时必须及时消除焊接应力，保证椭球钢架的形位精度。玻璃组件通过U型连接件与椭球钢架连接，U型连接件安装时，必须通过已制作的弧形模板进行检查调整，边安装边调整，确保安装精度。

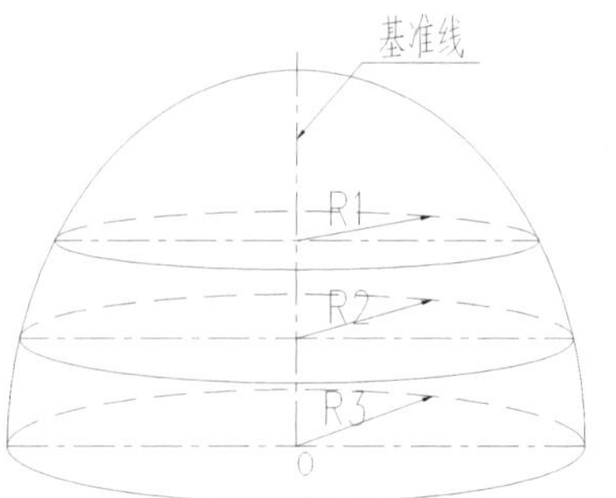

图8　施工放线简图

3. 焊接与防护

所有现场施焊处，必须手工除锈St2.5，并立即刷氟碳底漆，且在所有底漆破坏处，必须补刷底漆。所有以上工序完成后，按顺序进行以下工序，刷中间漆——薄型防火涂料（防火极限1.5h）——氟碳面漆。

4. 玻璃组件安装.。

六、其　他

该采光顶功能为会议厅、报告厅，独特的椭球型结构及全通透的空间，使得遮阳帘的设计和室内空调管道的布置显得尤为重要。可采用轨道式电动卷帘，轨道设置在工字钢翼缘部位，空调的风管道也是沿着工字钢的翼缘布置，这样布置确保了整体效果的统一。

结论：以上为椭球结构采光顶的设计和施工提出了一些经验，希望能为读者在处理类似工程时提供参考，同时还应强调以下几点：

1. 整体钢架在定位放线时，一定要准确，必须借助精密定位仪器。

2. 与玻璃连接的过渡连接钢件在安装时，一定要使用预制模板，否则玻璃在安装后会残留较大的应力，导致玻璃容易破裂。

3. 焊接时一定要注意施工顺序，否则整体钢架会因焊接应力而变形较大。

参 考 文 献

1.《玻璃幕墙工程技术规范》(JGJ102-96)
2.《建筑结构荷载规范》(GB50009-2001)
3. 钢结构设计规范》(GB50017-2003)
4.《建筑抗震设计规范》(GB50011-2001)

第十部分

家庭装饰

2004全国住宅装饰装修行业高峰论坛综述

《中国建筑装饰》编辑部

2004年11月8日～9日，由中国建筑装饰协会与上海市装饰装修行业协会共同主办、上海市装饰装修行业协会承办的“2004年全国住宅装饰装修行业高峰论坛”在上海市好望角大酒店（中国科学院上海分院学术交流中心）举行。本次论坛是继2004年9月在北京召开的“全国住宅装饰装修行业发展大会”后的一次重要会议，得到了各地的高度重视，全国40多个省市的建筑装饰协会工作者和业内企业近200名专业人士，参加了本次为期两天的高峰论坛。

本次论坛的主题是：落实“全国住宅装饰装修行业发展大会”精神，推动以规范服务达标活动为主要内容的住宅装饰装修行业自律、诚信体系建设，介绍并推广上海市住宅装饰装修行业开展规范服务达标活动的先进经验。论坛采取了会议报告、互动交流、参观考察等多种形式。

11月8日上午，论坛开幕，会议由上海市装饰装修行业协会会长李洪鑫主持，上海市建设和管理委员会副主任孙建平致欢迎词，对来自全国各地的同行表示欢迎，并简要介绍了上海市行业发展状况。中国建筑装饰协会会长马挺贵作了“加强诚信建设，推动住宅装饰装修行业可持续发展”的主旨报告（全文另发）。上海市精神文明建设办公室活动指导处处长陆建设作了“上海市家装行业创建规范服务达标的新探索”的专题报告，从宏观上介绍了通过规范服务达标活动，对上海市服务行业发展产生的巨大影响，并对住宅装饰装修行业规范服务达标活动的指导思想等做了充分介绍。上海市装饰装修行业协会秘书长赵海作了“上海市家装行业创建规范服务达标的实施情况”的专题报告，介绍了协会在开展规范服务达标活动中的具体作法及产生的影响力，并对进一步开展规范服务达标活动进行了展望。最后，建设部住宅产业化促进中心推广处处长孙克放作了“住宅全装修——推动住宅产业现代化的重要切入点”的专题报告，对住宅装饰装修行业的发展趋势进行了预测和展望。

11月8日下午，与会代表参观了上海市家装行业的龙头企业——上海荣欣家庭装潢有限公司，听取了企业发展的历程及现在运行状况的汇报，考察了企业的生产加工基地。随后，考察了上海市装饰装修行业协会的培训基地。晚上，上海市装饰装修行业协会请与会代表乘船游览了黄浦江夜景。

11月9日上午，论坛举行专题报告，会议由安徽省建筑装饰协会会长王金生主持，有四位进行了演讲。一是百安居中国有限公司副总裁史德文的“企业发展规模与经营模式的选择”，介绍了百安居进入中国后的经营模式及取得的成就。二是上海荣欣家庭装潢有限公司总经理陈国宏的“行业业态发展模式的思考和实践”，介绍了企业如何提升核心竞争能力及加强工人组织管理模式变革，推广工厂化加工及装配式施工方面的经验。三是武汉嘉禾装饰（集团）公司总裁钱俊雄的“住宅装饰装修企业如何突破发展极限”，介绍了企业在可持续发展中的WDMN经营理念与运作模式，使企业成为解决问题的企业，员工成为解决问题员工的经验。四是中国建筑装饰协会行业发展部主任王本明的“住宅装饰装修行业科技发展的展望与实施”，从6个技术发展方向上介绍了行业科技进步的实施设想。随后，上海市装饰装修行业协会会长李洪鑫就开展规范服务达标活动进行了进一步阐述。最后，中国建筑装饰协会会长马挺贵做了简要总结。

11月9日下午，与会代表首先来到上海百姓装潢有限公司，听取该公司总经理朱建涛关于企业发展状况的介绍，公司信息中心主任张海关于企业信息化建设情况和ERP管理系统的介绍，随后，与会代表参观了企业的办公环境、公司中心网站等，受到了很大启发。而后，与会代表乘坐了磁悬浮高速列车，感受了每小时431km的高速度。晚上，上海市装饰装修行业协会设宴宴请全国各地的会议代表，上海市装饰装修行业协会的全部副会长单位的代表出席作陪。

与会代表指出，本次会议会务组织周密，活动安排丰富，报告层次高，涵盖范围广泛，专业针对性强，行业指导作用大，会议规模适中，表示非常满意，对上海市装饰装修行业协会的辛勤工作，表示衷心的感谢。会议认为通过本次论坛，既学习到了上海市装饰装修行业协会开展规范服务达标活动的经验，也学习到了住宅装饰装修专业企业的发展经验，同时，看到了行业发展的大好形势，明确了今后一段时间的主要工作内容，感动收获颇为丰厚。本次高峰论坛，不仅对指导企业健康发展具有重要作用，也对促进住宅装饰装修行业可持续发展，实现行业发展目标，起到了积极的推动作用。

在2004全国住宅装饰装修行业高峰论坛上的讲话

中国建筑装饰协会会长　**马挺贵**

（二〇〇四年十一月八日）

各位领导，各位嘉宾，家装行业的同仁们：

首先，我代表中国建筑装饰协会，对2004全国住宅装饰装修行业高峰论坛胜利召开，表示热烈的祝贺！向出席大会的各位领导及嘉宾表示衷心的感谢！向全国各地建筑装饰协会及家装企业的同志出席本次会议表示热烈的欢迎！

上海是我国最大的城市，在现代化建设中，上海正在逐步成为全球的金融中心、贸易中心，是建筑发达的地区。改革开放以来，建筑装饰行业的高速发展，对上海乃至全国的经济发展、社会进步、美化城市、提高生活质量都做出了巨大贡献！近年来，在建筑业、房地产业及承办世博会等大型国际活动的拉动下，上海市的国际地位不断提高，建设速度不断加快，给建筑装饰行业提供了日益广阔的市场和良好的发展空间，使上海成为我国建筑装饰行业规模最大、产值最高、企业数量最多、资质最高和最为发达的地区之一。

在这里，我要对上海市的建筑装饰行业，特别是住宅装饰装修界的朋友和上海市装饰装修行业协会的同志们表示衷心的感谢！你们在行业发展中努力践行“三个代表”重要思想，在行业管理中的大担探索和勇于实践，为全国建筑装饰行业的健康，有序发展，创造了很多宝贵的经验。你们在全国率先进行的“室内设计师”岗位资格的认证工作，提高了行业的凝聚力，也为进一步推动行业培训工作奠定了基础；你们与上海精神文明办联合举行“规范服务达标活动”，找到了规范住宅装饰装修市场的可操作方法；你们举办的“消费者投诉中心”，为广大消费者提供了大量援助，也为行业内企业办了大量实事；在发挥老同志作用，组成协会顾问组，并在全国各地方建筑装饰协会中率先编制了中期发展纲要，使协会工作走上规范化的发展道路等，都是率先在全国开展的开拓性工作，为全国住宅装饰装修的行业管理、市场服务和企业发展的指导等，提供了可操作的方法，为全国住宅装饰装修业的发展做出了突出的贡献！全国各地协会，包括中国建筑装饰协会的同志们，都应该向你们学习，学习你们与时俱进，开拓创新的工作精神，把协会工作搞的更加出色！

党的十六届三中全会确立了科学的发展观，这是指导我国国民经济和社会发展实现第三部战略目标的思想基础。科学发展观的本质是坚持以人为本。它要求做到“正确处理速度、结构、质量和效益的关系，正确处理社会人口、资源和环境的关系，正确处理好经济社会和人的发展的关系，正确处理好政治文明、物质文明、精神文明建设的关系。就是说：不能以牺牲环境、破坏资源、牺牲长远利益换取眼前利益。树立科学发展观的目的就是实现国民经济和社会的全面、协调、可持续发展。建筑装饰行业经过改革、开放以来的 20 多年的发展，取得了辉煌的成就，但在发展过程中，以科学发展观来衡量和要求，还存在着很大差距，主要是企业规模小，从业人员（施工作业人员）素质偏低，工程的科技含量低，环境污染严重，资源浪费巨大，投诉率居高不下，这些，都是我们急待解决的问题，需要我们以科学的发展观予以调整，这就要求我们认真学习，深刻领会科学发展观，克服和改革不符合科学发展观的思想、作风、方法，使行业得到可持续发展。

在住宅装饰装修行业树立科学发展观，实施可持续发展，行业内就应该特别注意以下方面：第一是要提高行业从业者队伍的素质，提高社会责任感，保证行业能够向社会提供更高品质的服务；第二是要加快行业的科技进步，要以新材料、新技术、新工艺、改变住宅装饰装修的施工技术，提高行业的质量，环保水平；第三是要深化行业内部生产关系的改革，完善企业法人治理机制，建立合理的生产、分配、交换的机制；减少行业内部的矛盾；第四是要制定完备的行业技术、环保标准，规范行业的设计、选材、施工组织，推动行业管理的规范化和行业的可持续发展。第五是要加强行业的诚信体系建设，营造公平、公正、公开的市场竞争体系和规范、自律的市场运作体系；

树立科学的发展观，实现住宅装饰装修行业的可持续发展，需要从社会、经济、技术、思想文化等多方面入手才能切实得到调整。下面我想就树立科学发展观，实现行业可持续发展和加强住宅装饰装修行业的诚信建设，即从思想认识和社会手段上，讲三点意见。

第一是我们为什么要把住宅装饰装修行业的诚信建设，作为行业可持续发展的重要内容。

在今年 9 月份召开的全国住宅装饰装修行业发展大会上，中国建筑装饰协会制定并发布了“促进住宅装饰装修行业发展的指导意见”，作为会议的重要文件，指导全国住宅装饰装修行业的可持续发展。在这个指导意见中，有很重要的一点，就是要推广上海的经验，在全行业开展以规范服务达标为主要内容的行业诚信建设。中国建筑装饰协会计划以行业市场的准入与清除制度作为基础，把规范服务达标活动作为诚信建设的进一步提高和发展，加强行业内企业的自律水平，创造一个更为良好的行业发展社会环境，主要是从以下几个方面考虑的。

首先，诚信是市场经济的基本要求。诚就是真实，不搞虚假，信就是信用，严格履行承诺。市场经济又叫做契约经济、合同经济，能够约束市场各方主体的只有事前签定的合同，而合同是否能够被完全履行，就是依靠合同各方的诚意。如果任何一方没有诚意，合同关系就会被破坏，如果社会普遍对合同缺乏诚意，整个社会经济关系就会造成严重的混乱。因此，我们要建立社会主义市场经济的基本框架，首先就必须确定社会的诚信体系，加强全社会的诚信观念，这是建立市场经济的首要基础。诚信为本不仅是中华民族的一项重要的传统美德，也是我们在社会主义市场经济中应该发扬、坚持、光大的社会道德之一。更可以进一步把诚信看成是先进生产力的助推器，是先进文化的重要内容，是广大人民群众根本利益的主要体现。

第二，我国住宅装饰装修行业的可持续发展需要加强诚信建设。住宅装饰装修属于服务性行业，又是同广大消费者有重要联系，受到社会高度关注的行业，消费者投资装修的信心水平，社会公众舆论的引导等，都会对行业的发展产生极强烈的影响。住宅装饰装修行业可持续发展的社会基础，不仅包括人民生活水平不断提高，可支付能力的增强，同时也包括社会的思想基础，其中行业的诚信体系的规范性与完备性，对市场的影响最为直接。因此，加强全社会诚信体系建设，就从业者队伍个人来讲，是人格的升华，对企业是一笔重要的无形资产，对社会是道德与制度的统一，对国家是重要的形象。在社会文明与进步中，诚信是品德与责任的统一，是道义与准则的统一，是声誉与资源的统一，加强行业的诚信建设，就成为实施行业可持续发展的重要工作内容。

第三，在住宅装饰装修行业落实以人为本的原则，需要加强诚信建设。科学发展观的重要思想基础是“以人为本”，就是对人性的尊重，对人的全面发展的关注，这是我们从事一切工作的出发点。我国住宅装饰装修行业存在的多种问题，都可以归纳为对人的漠视，包括对企业内部、企业与消费者，企业与其相关系的材料、部品经销商等，反映在我们的整个服务体系之中。住宅装饰装修行业在设计、选材、施工组织、工程后期服务等各环节体现“以人为本”的原则，就必须以诚待人，以信取胜，构造诚信，和谐的社会环境，真正使住宅装饰装修发挥出促进人的全面发展的作用。

第二点意见是，推动规范服务达标活动就是住宅装饰装修诚信建设的突破口。

上海装饰协会为推动行业诚信体系建设，同上海市精神文明建设办公室联合，制定了详细的规范服务标准，对住宅装饰装修的合同、施工现场、工程质量等都作了定量的标准，对规范行业市场、提高企业素质、加强行业诚信建设和企业自律，起到了很好的作用。中国建筑装饰协会选择规范服务为突破口，主要是由以下几个原因决定的。

第一，规范服务达标活动适应住宅装饰装修行业特点。住宅装饰装修行业是社会联系十分复杂的行业，而一项工程的运作又分为很多分项工程、子项工程，施工的技术多样化、复杂性，决定了行业的规范化也比较困难，需要较长的时间，要有切实的措施。规范服务达标活动，强调的是统一的服务标准，并把企业内部的整改过程交给企业完成，再由协会组织验收，这样就调动了企业的积极性，能够根据企业自身的条件，按照统一的标准，通过加强企业内部管理，达到统一标准的要求，这就适应了行业内企业规模普遍偏小，成立时间较短，经营实力较弱，而工程分布广、人员管理难的特点。也对加强行业管理，规范企业市场运作，提高服务质量和工程质量，有重要的推动作用。

第二，规范服务达标活动为行业诚信建设提供了可操作的形式。如何抓行业的诚信体系建设，一直是中国建筑装饰协会关注与思考的问题，要把这项工作抓实、抓出成效，需要有一个社会认可，企业愿意参与，能够产生实效的方法。规范服务达标活动，是协会与精神文明建设主管部门联系组织的行业活动，社会的认知高度、权威性强；同时又有明确的数量标准和验评方法，行业的专业性和操作性强，易于控制、监督、检查、测评；企业又能通过这项活动，切实提高企业的管理与施工水平，产生出社会效益和经济效益，因此也具有参与的积极性，这就形成了整体良性互动的有利局面。

第三，规范服务达标活动，能够切实提高行业的社会服务能力，能够使老百姓真正得到实惠，能使行业内企业真正提高素质。规范服务达标涉及到企业的每一个员工，涵盖了企业的全部服务过程，在以统一的标准指导下，企业员工的言谈举止，施工服务将会规范化、标准化、服务与工程质量就会有质的提高，从而能让老百姓更为安心、放心、舒心的接受我们的服务，也就提高了企业及行业的市场运行品质。所以，中国建筑装饰协会将这项活动，作为落实科学发展观，保持住宅装饰装修行业全面、均衡、可持续发展的一项重点工作内容。

第三点意见是如何开展规范服务达标活动。

全面提升我国住宅装饰装修行业运行品质，是一项复杂的系统工程，中国建筑装饰协会选择以行业市场的准入与清出、推动规范服务达标这两项活动作为突破口，就是要通过开展此项工作，带动行业其他工作全面提高。所以，把规范服务达标活动组织好、运作好，对实现我们的管理目标，具有非常重要的意义。今天的会议开的很好，非常及时，全国住宅装饰装修行业聚首上海，就是要推动规范服务达标活动的开展。为了能够在全国开展好这项工作，除要积极组织学习上海的成功经验，各地还要根据各地方的市场状况、企业状况，因地制宜的制定本地区开展规范服务达标活动的具体实施方案，使这项工作能够真正落实到实处。各地在开展规范服务达标活动中，建议要特别注意做好以下几个方面的工作。

第一要深刻领会规范服务达标的意义和工作程序。规范服务达标活动需要全行业的参与，因此，对这项工作的宣传推广工作非常重要。规范服务达标活动是一项新事物、新工作，不仅给企业带来深刻变化，也会对行业管理带来新的变化，给协会工作增加新的内容，要使社会、行业、企业能够认识到这项工作的意义，对提高社会诚信程度，保护消费者合法权益，规范市场、加强管理、提高企业的规范化、科学化管理水平的重要作用，了解和掌握此项活动的程序、方法、要点等基本知识和技能，创造参与此项活动的社会环境和条件。各地协会的同志，应该以践行“三个代表”重要思想，以与时俱进的工作态度，宣传好这次活动的意义和作用。

第二是要加强同有关部门的沟通、联系与合作，共同推进规范服务达标活动。从全国看，此次规范服务达标活动，是中国建筑装饰协会与建设部精神文明建设办公室共同组织的，并得到了中央精神文明建设办公室的批准，是一次高层次的全国性活动。各地协会在开展此项工作中，要积极同地方精神文明建设主管部门联系，共同把这项工作组织好。规范服务达标活动，始终需要新闻媒体的介入，因此，也需要同新闻媒体保持密切的接触，使其能够全过程、多角度的对此项工作进行持续性、跟踪性报道。另外，工商行政管理部门、特别是消费者协会，对开展此项活动也有很高的热情和积极性，也应该加强同其的沟通、联系。同时，规范服务达标活动要求大量的培训工作，要提高企业内部人员的素质，也需要利用现有的教育资源，也需要教育机构的帮助。有些企业利用当前教育结构调整产生的闲置资源，收到了很好的效果。要通过同社会的广泛接触、沟通，尽可能的扩大此项工作的社会支持力度。

第三协会要组成专门的工作机构，配置专业干部力量，实施规范服务达标活动。规范服务达标活动，将会是协会一项常规性工作，将对住宅装饰装修专业企业的市场开拓产生极为深远、重要的影响，因此，是一项政策性、专业性很强的工作，必须要有专业人员，公开、公正、公平的开展工作，才能保证这项工作能够具有规范性、权威性、公正性和严肃性。各地在规范服务标准制定、申报程序、检验程度等方面，要组织专家进行，认真的编制，并要进行深入、细致的推敲论证，保证标准、程序上的科学性和合理性。在组织开展这项活动中，要结合行业市场的准入与清出制度的实施，应该有专门的机构或专职人员负责实施和推广，并尽可能保持人员的稳定，才能保证这项工作的顺利进行。没有组建住宅装饰装修委员会的协会，也可以借此次规范服务达标活动的机会，把组织机构尽快成立起来，使住宅装饰装修行业的管理纳入到协会工作的议事日程。

第四是要加强各地区的交流，不断完善规范服务达标活动。规范服务达标活动是一项新的工作内容，还需要通过工作实践不断完善。因此，加强各地之间的经验交流和研讨就十分重要。各地要认真积累、总结开展规范服务达标活动的经验，在适当的时候，中国建筑装饰协会将召开交流会、研讨会，对成功经验进行传播。也衷心希望各地协会及时对开展这项活动中的程序、具体措施提出完善的意见和建议，使这项活动不断丰富、完善。

同志们：住宅装饰装修行业是前景广阔的朝阳行业。我们要树立信心，努力工作，去争取行业的更大发展。衷心希望我国的住宅装饰装修行业能够通过规范服务达标活动，在科学发展观指导的新形势下，取得更大进步！

关于我国家装行业现状及问题的讨论

——应 2004 年 9 月 18 日“宜昌市家装高峰论坛”而作

中国建筑装饰协会五届理事会理事　全国优秀建筑装饰协会工作者
中国建筑装饰协会信息部主任兼会刊《中国建筑装饰》主编　工会副主席　**黄　白**

一、关于当前我国家装行业的形势

1．行业年产值和发展速度

当国民经济发展速度 GDP 为 7%～9%时，建筑业发展速度为 11%～13%时，住宅业发展速度为 18%～20%时，建筑装饰行业发展速度为 18%～20%。

进入 21 世纪，我国建筑装饰行业以年均 18%的速度发展，2000 年为 5500 亿元，2001 年为 6600 亿元，2002 年为 7200 亿元，2003 年约为 9840 亿元。年均行业总产值约占当年我国 GDP 的 6%左右。其中家装占全国建筑装饰行业年总产值的 45%、50%和 58%，占我国 GDP 的 3%左右。

如 2000 年北京市建筑装饰行业产值达 560 亿元，占全国建筑装饰工程总产值 5500 亿元的 10.1%。其中，公共建筑装饰工程 410 亿元（内装 250 亿元，幕墙 160 亿元），占全国公装工程 3000 亿元的 13.6%；家装工程 150 亿元，占全国家装工程 2500 亿元的 6%。

2002 年北京市建筑装饰行业产值达到 800 亿元，占全国建筑装饰工程总产值 7200 亿元的 11.1%。其中，公共建筑装饰工程 500 亿元，占全国公装工程 3000 亿元的 16.6%；家装工程 300 亿元，比 2000 年翻了一番，占全国家装工程 4200 亿元的 7.1%，比 2000 年增加了 1.1 个百分点。

2000 年、2001 年和 2002 年全国建筑装饰行业的发展速度分别为 25%、20%和 9%，年均 18%。2001 年比 2000 年下降了 5 个百分点，2002 年比 2001 年下降了 11 个百分点。

2003 年我国建筑装饰行业是一个高速发展年，在 GDP 高达 9.1%之时，国务院发展研究中心卢中原在 2003 年 12 月 8 日《经济日报》上的论文认为，2003 年家建材和家装材料消费增长 46.6%。12 月 14 日中央电视台晚间新闻联播报道，建筑和装饰材料发展增幅为 151%。由此推测，全国建筑装饰行业发展速度在 20%以上，产值达 8640 亿元，其中家装占 60%。

2003 年 12 月 29 日，中国社会科学院发表《2004 年中国社会蓝皮书》，强调我国消费结构——居民生活质量告别“生存型”转向“发展型”。2003 年预计居民消费水平达 4000 元，比上年增长 6%左右，城镇居民的居住水平继续提高，购买公房和商品房以及装修支出已上升至占消费比例的 10%。商品房销售面积仍保持了高速度，2003 年 1 至 9 月为 1.5189 亿m²，比上年同期增长 36%，住房的热销带动了建材装修和家具的热销。

蓝皮书指出，2004 年居民的消费结构将随着消费的增长继续向小康型和质量型发展，消费热点仍将集中有住房和装饰、汽车、移动电话和高性能、高质量的家电商品。估计到 2003 年底储蓄余额可达 10.6 万亿元，增长 22%，人均可达 8200 元，比上年人均增长 1400 元；55%的居民有债券、股票、外币储蓄、手存现金等金融资产，到 2003 年底居民的金融资产将达到 14 万亿元。说明大部分居民手头宽裕了，已过上着吃穿有余的小康生活。

2．从业人员数量

2000 年和 2001 年全国建筑装饰行业就业人数保持在 850 万人左右，2002 年有了创纪录的发展，按国家劳动和社会保障部就业司年初的预测和国家统计局年底的报告，2002 年我国新增就业 840 万人，其中家装业占 48%、400 万人，是 20 世纪 90 年代建筑装饰行业年均增加就业人员 50 万人的 8 倍。

对于经济学家来说，失业表明一部分资源没有得到利用：愿意工作并且有能力工作的人没有被用于生产。对失业者及其家庭来说，失业意味着经济拮据以及生活方式的改变：不得不放弃度假，孩子们可能不得不放弃上大学的梦想。失业不仅使失业者得不到收入，它也强烈地打击了他们的自尊心。对年青人来说，有一个工作对培养其工作技能是必要的，不论是专业技能还是守时及责任心这样的基本工作态度。那些长期失业者会变得情绪不满并可能因此丧失工作的习惯。

失业有三种：一是随着季节变换而变化的失业被称为“季节性失业”；二是一些人失业只是由于他们正处于从一个工作转换到另一个工作的过渡之中，这种失业被称为“摩擦性失业”；三是长时期的失业常常是由经济中的结构性因素造成的，这种失业被称为“结构性失业”。因装饰工人大部分来自农村，故这三种失业都存在，且多为“季节性失业”。

充分就业率是判断经济运行形势首位的定性指标。就业是保障人们生存权和和发展权的第一位的问题。国家发展改革委员会宏观经济研究院副院长刘福垣在2004年2月11日《经济日报》上强调，充分就业率应该是判断经济形势的惟一定性指标。建筑装饰行业创造的就业机会居全国首位。

2002年我国建筑装饰行业的从业人员约为1250万人，其中家装占60%、750万人；公装占40%、500万人。室内设计者现约25万人，占全行业从业者的2%。装饰装修施工人员1225万人，其中管理层约占10%、125万人，作业层（劳务层）占90%、1100万人。

2003年我国建筑装饰行业的从业人员约为1500万人，其中家装占60%、750万人；公装占40%、600万人。室内设计者现约30万人，占全行业从业者的2%。装饰装修施工人员1470万人，其中管理层约占12%、170万人，作业层（劳务层）占90%、1300万人。

如北京市建筑装饰行业现有以民工为主体的从业人员50万人，占全国建筑装饰行业1250万从业者的4%；其中，从事公装的占30%、15万人，从事家装的占70%、35万人。2002年北京市35万家装从业人员，主来自江苏、浙江等南方省市，占全市180万居住半年以上外来人口的20%，占98万进京从事土建工程民工的35%；其中，家装“正规军”占5%、2万人，“游击队”占95%、33万人。全市的家装市场份额，“正规军”占10%、10亿元（比深圳2.3亿元高4.3倍），“游击队”占90%、140亿元。所完成的150亿元家装工程产值在全国仅次于上海市（220亿元），名列第二位；人均年劳动生产率4.3万元，比成都市20万人完成20亿元产值高4.3倍。装修工人均年薪10570元，居北京市40种人均年薪职业的第31位。

3．企业数量

2000至2002年，我国建筑装饰企业数量保持在25万家左右，经过建设部2001年下半年到2002年中的进行资质重新就位的市场秩序整顿，到2002年底，有建筑装修装饰工程专业承包（施工）资质的企业2万多家，比2000年减少约25%、5000家。有建筑装饰工程专项设计资质企业1500多家，比2000年减少约33%、500家。

25万家建筑装饰企业，其中公共建筑装饰工程企业占8%、2万多家；幕墙工程企业占0.4%、1000多家；家庭装饰工程企业占92%、23万多家。

如北京市现有市建委颁发资质证书的建筑装饰企业1600多家，占全国2.5万家有资质建筑装饰企业的6.4%，其中，家装公司500多家；另有“有照无证”的6500多家，“兼营”的2.6万家，合计各类家装企业3.2万家（上海市现有1.6万家）。

4．教育

我国培养室内设计人才现有100多所大学、200多所中专中技，如清华大学美术学院、中国人民大学徐悲鸿艺术学院、北京民族大学、北京林业大学、中国矿业大学、沈阳工业大学、天津大学、天津美术学院、武汉科技大学、西安市艺术学校、西安外事学院、西安欧业学院、大庆艺术学校、徐州建筑职业技术学院、南京艺术学院尚美学院、广州市工艺美术职业高级学校、华东师范大学、杭州工艺美术学校、温州大学艺术学院、西北轻工业学院、北方工业大学、无锡轻工业大学、华侨大学、黄河科技学院、淄博学院、海南大学、潮汕职业技术学院、宿迁职业技术学院、华南农业大学、安阳师范学院、南阳理工学院等。

每年毕业学生上万人，多供职于家装企业。我国室内设计专业一直十分热门，市场需求远大于供给。

5．家装进入主流文化

家装不仅已成为中国人经济生活的消费热点，而且已成为文化生活的消费热点。2000年10月23日，由文化部文化产业司和北京市社会科学院联合主办的“大城市文化产业研讨会”所确定的25个“‘十五’期间北京市含金量最高的文化产业”，其中第21个为“装饰业”。由我国文化行政主管部门将装饰确定为文化产业，意义重大，装饰内含的文化资源将得到更合理的配置，装饰文化业将进一步得到发扬光大。家装引发了社会对家装类媒体的关注和投资热潮，并于2004年春节正式进入我国主流文化国之中。

文艺：喜剧是电视剧节假日争抢的剧种，而众多的喜剧也都想在春节与观众见面，特别是中央电视台一套这块最引人注目、影响最广泛的黄金宝地。20集轻喜剧《将装修进行到底》以它雄厚实力在激烈的竞争中脱颖而出，成为央视猴年第一部电视剧，在大年初一（2004年1月22日）早8：00在第一套节目中与全国电视观众见面。由中视影视文化公司俞胜利工作室、中央戏剧学院等单位联合摄制的《将装修进行到底》成为猴年第一剧的关键在于它是一部全新题材的电视剧，是我国首部反映家庭装修的戏。

2004年1月19日《北京广播电视报》、1月20日《北京晚报》认为，家装近年来一直热门，但关于家装的戏却只有这一部。《将装修进行到底》独辟蹊径地选择以“装修”为切入点，通过10个家装的故事，揭示了不同职业、不同身份、不同家庭、男男女女的追求和理想，以及生活中耐人寻味的酸甜苦辣。该剧的另一个看点，是会聚了影、视、歌、主持全明星阵容，这样的阵容为近年少有。20集的故事中，每集都有一两个观众十分熟知、喜爱的大明星，而且都是主演，如许戈辉、范伟、陈明、雪村、吴启华、韩影、方青卓、茹萍、伊春德、孙逸飞等。

业内及社会充分肯定，建筑装饰行业有文化，直到2004年9月2日"全国建筑装饰行业职工用心装饰世界文艺晚会"和"全国建筑装饰行业书法、绘画、篆刻摄影展"及《全国建筑装饰行业书法、绘画、篆刻优秀作品集》的出版发行，才能确切地说，建筑装饰行业有文化——文艺演出和书法绘画展，是我国建筑装饰行业文化的主要标志。连同央视猴年第一部20集轻喜剧《将装修进行到底》，建筑装饰行业文化正式进入我国主流文化之中。

杂志：历史最长的如西安的《新居室》（原《家具与生活》），比较长的如北京市家具协会的《家具与环境》、深圳的《现代装饰》、原国家建材局的《装饰装修天地》，1999年4月创刊的《时尚·家居》，1999年9月创刊的《世界家苑》，2000年上半年中国文联创办的《缤纷》、天津社会科学院的《室内风景》、天津科技出版社的《家饰》，以及《瑞丽家居》、《国际家居》、《家苑》，以及创办一年多的《中国建筑装饰装修》等20多种。

报纸：如《中华建筑报·家装》《中国建设报·装饰天地》、《中国建材报·装饰世界》、《建筑时报·家》等。

综合：几乎所有的社科类报刊、地方报刊都有装饰装饰类的专刊、专栏等，如广东的《家庭》、《北京晚报》、《华东信息报》等。

6．市场份额划分

我国现代建筑装饰行业自改革开放后即实行市场化和国际化，我国装饰企业和从业人员经过20多年的艰苦创业和不懈努力，建筑装饰工程市场占有率有了根本性的变化。公装与家装的市场份额，前者占95%，后者占100%；公装的设计与施工，前者占85%，后者占95%，外商所占15%的装饰设计和5%的装饰施工，主为大型、高档，特别是外资、合资装饰工程。装饰企业与建筑设计院及院校所占的公共建筑装饰市场份额，前者为80%，后者为20%。目前家装工程的毛利约20%、纯利约7%左右。

7．位居六大服务行业之首

家装行业在餐饮、美容、饭店、家具和广告六大行业中，产业规模位居第二，综合指标已居首位，在我国国民经济和社会发展中作用突出。

2003年家装等六大服务行业基本情况

行业	产值（亿元）	企业数（万家）	从业人员数（万人）	企业年均产值（万元）	人均年产值（万元）
餐饮	5000	350	1500	14	3.3
家装	4500	23	750	195	6.0
美容	1848	100	1200	16	1.5
饭店	1650	30	800	55	2.1
家具	924	3	200	308	4.6
广告	820	7	64	117	12.8

8．行业发展趋势

北京大学经济管理学院院长、博士生导师刘伟教授在2004年9月2日"中国建筑装饰协会成立20周年庆祝大会"上的主题报告中指出：建筑装饰行业是一个年轻的行业、朝阳的行业，近20年来建筑装饰是增长最快、最活跃的行业之一。20年来中国经济的年均增长是9.36%，而建筑装饰行业达到20%以上，几乎成倍地高于全国的经济增长。因此，任何一个工业化发达国家，建筑及围绕建筑的装修装饰和房地产业这个群落是不可或缺的主导群落。建筑装饰行业的发展与国家全面建设小康社会的指导思想是一致的，建筑装饰行业的前景是非常广阔的。建筑装饰行业是对国民经济增长贡献最大的行业之一，未来五年内建筑装饰行业保持40%的增长速度，一定没问题。

建筑装饰行业未来五年年均发展速度可达40%以上，这并非危言耸听，据国家统计局投资司2004年9月25日透露的数字，2000年以来，建筑业年均发展速度20%，以往实践数据表明，建筑装饰行业发展速度约高于建筑业的7%～17%。

9．恩格尔系数与新的"三大件"

根据联合国粮农组织提出的标准，恩格尔系数在59%以上为绝对贫困，50%～59%为勉强度日，40%～50%为小康水平，30%～405为富裕，30%以下为最富裕。目前北京的恩格尔系数由1978年58.7%的"勉强度日"进入到2004年9月31.7%的"富裕"阶段。

收入的增加，生活水平的提高，直接反映在"三大件"的变化上，20年前国人追求的是自行车、缝纫机、手表，后来变成了彩电、冰箱、洗衣机，如今人们的消费量级已经从百元级过渡到千元级，发展到今天的十万元级，正如据北京市统计局2004年9月20日的报告，汽车、住房、装修，成为了今天的"三大件"。

二、关于我国家装行业的问题

■国策目标

在全国人大通过的国策中，有二次是对家装行业发展的指南，从而确定了20世纪90年代和21世纪前5年我国家装行业发展15年的目标。

第一次是1991年4月9日七届全国人大四次会议通过的《中华人民共和国国民经济和社会发展十年规划和第八个五年计划纲要》中提出："加快住宅建设，发展室内装饰业和新型建筑材料。" 纲要强调这是"八五"期间我国调整居民收入和消费结构，提高人民生活水平的一项国策。

第二次是2001年3月15日九届全国人大四次会议通过的《中华人民共和国国民经济和社会发展第十个五年计划纲要》中提出："发展以居民住宅为重点的房地产业和装修装饰业。" 纲要强调这是我国进一步调整经济结构，发展服务业，提高供给能力和水平，发展面向生活消费和服务业的一项国策。

■重点在物业管理

1．通过物业管理装饰装修市场，这是2003年政府管理装饰装修市场的一大制度创新

2003年6月8日，国务院总理温家宝签署国务院令第379号《物业管理条例》，已经于2003年5月28日国务院第9次常务会议通过，自2003年9月1日起施行。其中有二条涉及装饰装修。第四十六条：物业管理区域内违反有关治安、环保、物业装饰装修和使用等方面法律、法规规定的行为，物业管理企业应当制止，并及时向有关行政管理部门报告。有关行政管理部门在接到物业管理企业的报告后，应当依法对违法行为予以制止或者依法处理。第五十三条：业主需要装饰装修房屋的，应当事先告知物业管理企业。物业管理企业应当将房屋装饰装修中的禁止行为和注意事项告知业主。6月12日，建设部发出"关于宣传贯彻《物业管理条例》的通知"（建住房[2003]122号）。

2．建设部《前期物业服务合同（示范文本）》

2004年9月6日，建设部公布《前期物业服务合同（示范文本）》（建住房[2004]155号），第二章服务内容与质量第7条为"装饰装修管理服务"；第六章物业的使用与维护第二十二条　乙方与装饰装修房屋的业主或物业使用人应签订书面的装饰装修管理服务协议，就允许施工的时间、废弃物的清运与处置、装修管理服务费用等事项进行约定，并事先告知业主或物业使用人装饰装修中的禁止行为和注意事项。

3．建设部《业主临时公约（示范文本）》

2004年9月6日，建设部公布《业主临时公约(示范文本)》（建住房[2004]156号），在第三章物业的使用中，有三个条款涉及家装。

第十一条　业主需要装饰装修房屋的，应事先告知物业管理企业，并与其签订装饰装修管理服务协议。业主应按装饰装修管理服务协议的约定从事装饰装修行为，遵守装饰装修的注意事项，不得从事装饰装修的禁止行为。

第十二条　业主应在指定地点放置装饰装修材料及装修垃圾，不得擅自占用物业共用部位和公共场所。本物业管理区域的装饰装修施工时间为＿＿＿＿＿＿＿＿，其他时间不得施工。

历年全国家装消费者投诉统计一览表（1996～2003）

时　间	评 价 项 目	家 装	评 价 部 门
1996年	18个投诉热点行业	第13位	中国消费者协会
	12个对消费者权益损害最多行业	第9位	
	13个欺诈行为最多行业	第7位	
1997年	10个消费者最不满意行业	第2位	中国消费者协会
1998年	4大投诉热点行业	第2位	中国消费者协会
1999年	11个劣质行业	第1位	中国消费者协会
	10大投诉热点行业	第9位	
2000年	10大维权重点行业	第1位	中国消费者协会
2001年	10大投诉热点行业	第1位	国家工商总局
2002年	6大投诉热点行业	第4位	中国消费者协会
2003年	11个投诉增幅行业	第10位	中国消费者协会
	10大维权重点行业	第3位	中国消费者协会
	10大消费者最为关心、最不放心投诉能否真正解决问题	第4位	中国社会调查所
	10大投诉热点	第2位	中国质量万里行促进会
	10大消费者申诉举报热点	第6位	国家工商总局
	10大消费者维权热点难点	第5位	中国消费者协会 搜狐网

第十三条　因装饰装修房屋影响物业共用部位、共用设施设备的正常使用以及侵害相邻业主合法权益的，业主应及时恢复原状并承担相应的赔偿责任。

■消费热点与投诉热点并存，重点在环境污染

2003年温家宝总理在《互联网信息择要》（特刊）"室内装修污染严重，规范市场刻不容缓"一文中上批示："此事关系居民生命健康，应引起重视。"

2003年10月27日，全国人大常委会副委员长李铁映在十届全国人大常委会五次会议上所作的《全国人大常委会执法检查组关于检查〈中华人民共和国建筑法〉实施情况的报告》中指出："劣质装修材料造成环境污染，甚至危害住户健康等，成为消费者投诉的热点。"

对于如何"从根本上解决消费投诉居高不下的问题"，中国消费者协会秘书长滕佳才强调，经营体系、市场秩序都将影响消费环境，应充分发挥行业协会的作用，可以通过行业自律解决；如果从行业规则上改变，就可以达到"治本"的目的。

■业界指导意见

2004年9月2日～4日，中国建筑装饰协会在北京举行有1300多位代表与会的"中国建筑装饰协会成立20周年庆典活动——家装发展大会"，通过了《住宅装饰装修行业发展若干意见》，这是一个十分重要的行业指导性意见。

■现代环境的基本理念

一是人与自然的和谐共处。2002年9月3日，时任国务院总理朱镕基在南非约翰内斯堡举行的"可持续发展世界首脑会议"上发表演讲，向世界宣告中国坚定不移地走可持续发展道路的决心。其中他强调指出，人类进入21世纪，世界正发生复杂的变化。新形势更加要求我们从人类与自然协调和谐、环境与发展相互促进的高度，以更大的决心、更坚实的步伐，走可持续发展的道路。

值得重视的是，朱镕基总理在这篇演讲中，提出的是人类应与自然协调和谐，而没有了以往传统的"人定胜天"。9月5日"可持续发展世界首脑会议"闭幕，公布了《约翰内斯堡可持续发展宣言》的承诺：以人为本，人类与自然协调和谐发展。

其实，以人为本，人与自然协调和谐共处，就是对"人定胜天"错误思维方式的否定。值得高兴的是，三峡大坝的制高点坛子岭上的说明，现已将"人定胜天"的字样取消。建筑装饰行业应树立"以人为本，人类与自然协调和谐发展"的思维方式，走可持续发展的道路。

人类的发展活动，不仅要关心其使用价值，更要关心生态环境。这是全世界20世纪80年代以来主要努力的方向。起因主要是氟利昂，当时被认为制冷效果很好，但没想到它会破坏臭氧层。上届美国总统克林顿入主白宫后第一件事就是将所有的百页窗换下，争取自然光，草坪换水。要警惕"生态难民"在中国的出现。

二是发展要有环境目标。要解决的是发展的外部不经济问题，可持续发展，可持续消费。近年来我国 GDP 是 7%，但环境损失却高达 12%，其结果是越干越穷。美国驻华使馆给其工作人员每人每年 2 万美元的环保补贴。法国法律规定，人只要闻到装修的气味就可以报警，含苯系列的溶剂一律不能使用。

三是国家环境安全。联合国认为，如果一国 GDP 有 1%的损失就可以称为“灾”，而中国高达 12%。我国 10%的粮食、12%的农畜、.40%的蔬菜不符合美国 20 世纪 70 年代的标准。

四是以人为本。这是中共中央十五大提出的“提高人民生活质量”，以及“三个代表”的要求。

2001 年 12 月 11 日我国加入世界贸易组织 WTO，此前的 11 月 15 日，另一个 WTO——世界公共厕所组织（World Toilet Organisation）在有 200 多名来自美国、中国、芬兰、日本、韩国、澳大利亚、印度、马来西亚等国的专家出席的、在新加坡举行的首届全球厕所峰会上宣告成立，厕所问题像食品、保健和贸易问题一样，登上了国际议事大堂。2004 年，下一届峰会将在我国举办。

文明社会的标志之一是，将传统中禁忌的话题公开化、透明化。目前，公共厕所建设的理念是：从设计（室内设计）、装修、卫生出发，如何使厕所感到舒适，乃至幸福。

■市场和行业

2004 年 7 月 1 日，《中华人民共和国行政许可法》正式施行，带给我国市场管理和行业管理极其深刻的变革。

1．什么是市场

所谓“市场”，根据美国第一个诺贝尔经济学奖获得者（1970 年）著名经济学家保罗·萨缪尔森的定义：是一种使买者和卖者聚集在一起相互交易并决定商品的价格和产量的机制。

那么所谓“建筑装饰市场”：是一种使买者和卖者聚集在一起相互交易并决定装饰工程这种商品的价格和产量的机制。

2．什么是行业

所谓“行业”，按照经济学的理论，就是对一类经济活动的称呼。

所谓“建筑装饰行业”，根据《国民经济行业分类》（GB/T4754—2002）的定义：是指对建筑工程后期的装饰、装修和清理活动，以及对居室的装修活动。

建筑装饰包括公共建筑装饰与住宅家庭居室装饰（简称：家装），公装又包括室内装饰与室外幕墙装饰。

3．政府的职能是什么

十六届三中全会明确提出，政府的职能为：经济调节、市场监管、社会管理、公共服务。

2003 年 1 月 7 日建设部副部长刘志峰在“2003 年全国建设工作会议”闭幕式上讲话中指出，政府的职能是：市场监管，宏观调控，公共服务，社会管理。

4．政府管理装饰市场的内容是什么

政府建设行政主管部门现进行的建筑装饰市场管理的主要内容为：建筑装饰企业资质审批、装修施工许可、招标代理、工程质量验收、环境检测、执法监督等六方面，以维护市场秩序。

5．行业协会的职能是什么

在市场经济条件下，行业协会运作的机制是：法律规范，政府监督，行业自我管理。

行业协会的职能是：法律规范，行业自律。

法律规范，就是要将行业的利益置于国家法律规范之下，否则就是“黑社会”了。

行业自律，行规行约就是行业自律，自律依靠的是制度，制订制度，就是行业立法，行业立法为的是行业服务、行业管理。

6．协会管理行业管什么

除政府市场管理内容以外的、不包括经济鉴证类和咨询服务类两大经济类社会中介组织所管理的内容。

社会利益集团	生产的产品	运作手段
政　府	公共服务	行政执法
企　业	商品服务	市场力量
协　会	行业服务	行业自律

中国建筑装饰协会 2004 年 8 月 8 日公布的“关于发布《住宅装饰装修行业自律管理企业准入与清出办法（试行）》及试点工作的通知”（中装协[2004]042 号），此次作为大会文件印发，在与会代表、特别是地方建筑装饰协会和家装企业家中引起强烈反响，普遍反映此举非常得行业之人心。

首批 17 个试点协会的宣布，使一些还存在模糊认识的地方建筑装饰协会领导纷纷要求加入试点工作行列。

行业自律管理作为发展方向，得到了建设部领导的充分肯定，汪光焘部长强调关键是建立行业管理制度。中国建筑装饰协会成立 20 周年庆典活动最重大的成果之一，不仅是终于找到了一个合法、合理的家装行业管理的突破口，而且是建筑装饰行业建立具有实质性意义行业自律管理制度的良好开端，意义非同寻常。

■注意中产阶层家装消费需求

本世纪初 10 年至 20 年是中产阶层形成的重要时期,据国家统计局预计，到明年中国将有 13%的城市家庭步入中产阶层，到 2010 年这个数字将达到 25%。从人口规模增长速度来看，相应的中产阶层人数将分别达到 7300 万人和 1.7 亿人。如果以人均家庭规模 3 口人计算，明年将有 2450 万户达到中产阶层家庭，2010 年将达到 5700 万户。这些家庭正是上万元级家电的目标消费群，而且这些人将迅速进入购买第二套房子的黄金时期。

我国尚没有明确中产概念。国际上的中产阶层是指生活水平、财产地位处于中等层次的社会群体，这一阶层是在市场的资源配置与社会纵向流动过程中自然形成的。如果按照枣核型社会结构划分，中产阶层是指位于中间的那一大部分人群。国家统计局对城市居民的调查显示，目前我国还有 60%的人处于收入平均线下，但其中很大一部分人已经具有了向上流动的趋势。本世纪初的 10 年至 20 年间，将是中国中产阶层形成的重要时期。

目前，我国的人均GDP达到1090美元，这标志着我国居民的生活总体上已进入小康水平。国际上当人均GDP超过1000美元之后，将触发国内社会消费的结构升级，我国居民的财富积累目前已经达到了消费升级的临界点。在我国大城市中，消费升级的迹象已经开始显现。在深圳、上海、北京、广州等城市，居民消费已由实物消费为主走上实物消费与服务消费并重的轨道。实物型消费比重在减少，对精神文化、餐饮、旅游的消费在增加。近期随着家电市场的活跃，行业效益和发展也先后出现走强迹象，预计到2006年我国城市空调市场需求量约在5700万台。包括航空、汽车、房地产、食品、电子产品等在内的与消费升级相关的行业今年也可有突出表现。

据国家统计局最新发布的消息，上半年我国经济增长9.7%，消费对经济增长的贡献约提高了4%。受多种因素的影响，今年前7个月社会消费品零售总额29458亿元，同比增长12.8%。这说明，居民的消费结构开始升级，处于以发展性消费为主的阶段。预计未来10年至20年城乡居民消费需求将出现快速增长的势头。据《北京晚报》9月8日报道，北京市去年全年人均可支配收入13882.6元，比上年增长11.4%。去年以来，北京市消费市场热点突出，结构升级成为推动消费需求增长的主要因素，消费热点主要集中在住房、交通和通信领域。

■重新定位，比较优势

定位——就是“第一”，第二与最后一名没什么区别。

1. 装修与装饰分开。如百安居为装修，宜家为装饰。

2. 不同消费层次的家庭分开。

3. 设计师与销售员分开。

4. 家装的连锁经营与公装的挂靠，如室内设计、装修施工均为外包，经营模式究竟有何区别，值得继续积极探讨。鼓励百花齐放，各种经营模式开展竞争。

5. 清出行业假冒——设计不收费，无控制的广告。

6. 对“游击队”重新定义，凡在工商部门登记注册的法人公司和个体工商户——通过建筑装饰协会的准入，都可以成为“正规军”的组织部分。

7. 当前家装企业发展的主要矛盾不是做大，而是做强。做强的途径是企业具有比较优势，比较优势来源于做专。有特长才能在市场上长久存身。大企业的发展方向是综合性且具专业特长。小企业则是“一招鲜”取胜。

8. 因装饰材料为“绿色”者现不及10%，故行业在社会上暂不宜提倡“绿色”。

9. 强调理念——第一次就把事情做对（德国一汽大众）。

10. 游击队仍占市场70%，说明游击队仍深受百姓欢迎，除游击队装修造价低于正规军20%外，正规军与游击队究竟还有什么区别？

家装企业成本收益构成：公司提取工程造价25～30%，项目经理提取10%～15%，设计佣金提取3%～8%。广告费占企业收益的5%～13%，房租8%～18%，员工工资5%～15%。项目经理上交公司担保金3～5万元。毛利润40%～50%，项目经理毛利润1%～15%。

11. 个性化起家装企业名称，如自己的名字。

12. 家装设计师比公装设计师容易出名。主张设计师出名、出大名，名利双收。

13. 装修经济。人们活着，无非有两个目的：一是快乐；二是美丽。装修与美容一样，都是提供美的行业。从宏观经济来看，装修经济实质上是“国情经济”，从其提供的大量就业机会、家装的大量消费、企业的民营主体、资源依赖程度低等主要特征来看，完全符合目前我国的国情。装修经济的形成，已经具备了产品、市场、资源等条件，但是还需要调整结构，以促使我国的装修经济有一个新的质的提高。

14. 与相关行业比社会的关注程度。最初的装饰行业与广告、家具、餐饮、饭店及美容等相关的五大行业相比，在国内的地位相差无几，但是现在这五大行业是否领先于装饰行业呢？如国际名牌。最明显的是受关注的程度是否超过了装饰行业的从业人员？

15.“投资”诚实有什么好处？南京艺术学院、前身上海美专主席校董蔡元培先生1936年给该校题写的校训是：诚实。

人为什么要诚实？诚实有什么好处？罗伯·法兰克（R·Frank）认为：如果这个世界上每个人都拥有充分的资讯、都知道别人的葫芦里卖的是什么药、都懂得别人的心的话，那么，“诚实”与否的问题根本就不存在，因为每个人都知道彼此的心事，所以在交往时不可能或不得不诚实。因此，只有当“资讯不完整”时，诚实的特质才有其作用。

当资讯有缺憾，而人际交往变得越来越频繁时，一个诚实的人自然比较容易得到别人的信任。因此，比较不诚实的人，诚实的人就有比较多的缔约获利机会。长此以往，诚实的人就会有比较强的竞争力。诚实也是形成核心竞争力的重要组织部分。

人一但建立了“诚实可靠”的信誉，人就等于为自己积累了一份可贵的资产，一份利己利人的资产。单位里、行业内、社会上这种人越多，大家的日子就越好过。“投资”诚实肯定利润丰厚。

中国建筑装饰协会已逝去的工程委员会理事长宋而千、铝制品委员会理事长兼秘书长彭政国，业内几乎人人都说他们好，其中一个重要的原因是，他们诚实。

吕坤有一书法作品“呻吟语”：心术以光明笃实为第一。容貌以正大老成为第一。言语以简重真切为第一。

16. 建筑装饰行业、特别是家装行业对从业人员的美——容貌、身材、气质、谈吐、思维、素质等有特殊的需求，实践表明，全国各地都不错，特别是王昭君的故乡湖北宜昌等地。凡是有美的传统、现讲诚信的地方，人长得均美。

如深圳市海大装饰有限公司2004年7月26日聘请南航深圳客航部高级乘务员许艺为公司全体员工培训礼仪，包括坐、站、行、语言、态度等10项礼仪。这不失为培养从业人员美的感觉的好方法。

我国一次精装修成品房的发展趋势

上海市房屋土地资源管理局产业处处长　李娟娟

刚才听到了房地产开发企业和装饰企业在实践全装修当中的一些体会，值得我们在上海的全装修管理工作当中进一步深入研讨。

一、上海全装修的背景

上海的全装修从2001年开始的。一是当时随着我国加入WTO，整个上海的住宅形势非常之好，特别是确定了世博会在上海召开，上海从2003年到现在房价一直居高不下。2003年宏观调控，老百姓持观望状态。整个买房购房30%是市外，不是上海市的人，还有境外的，这些人非常迫切需要全装修房。两眼一摸黑跑到上海，找不到谁来装修，他也没有精力来跑这个事，我们也接到不少的电话、来信和来访，希望有和国际接轨的全装修房。

二是上海同全国一样，投诉率一直高居不下，老百姓自己掏钱买房，买房以后自己花钱来装修，都是血汗钱，装修如果没有很好做到质量的保证，确实给老百姓带来很大的困难。这个问题，也是困扰市政府的一个很大的问题。

三是政府的导向，建设部1997年4月颁布了《家庭居室装饰装修管理办法》，国务院72号文关于推进住宅产业现代化，提到要加强对家装修管理，菜单式全装修模式避免一次装修造成的破坏结构浪费和扰民等现象。2001年建设部发布了《建设工程质量验收规范》，2002年5月1日发布了《住宅室内装饰装修管理办法》，2002年7月18日建设部发布了《商品住宅装修一次到位的实施法则》，一系列的信号告诉我们，全装修工程这样一个新生事物，可能是将来住宅建设发展的方向。

围绕着科学的发展观，如何建设一个资源节约型的住宅，上海市政府提出了要求。上海是资源约束比较大、比较严重的城市，如果能够做到资源节约化，能够做到尽量少用，资源消耗低，环境污染少，生态能够良性循环这样一套发展之路就放在我们面前。

我们现在的建筑能耗、材料能耗等占了整个行业的1/4，在这种情况下，我们考虑如何改变毛坯房的生产方式，使我们的产品能够成为一个全装修的完整的产品。这一项工作能不能做，就像上海市装饰装修行业协会赵海秘书长说的，老百姓能不能接受，市场能不能接受，这是一个关键，也就是说“实践是检验真理的标准”。

我们从2001年开始，实际上我们也非常谨慎，当时抓了15个项目3000套住宅，有的只有几十套，有的有几百套，这3000套实际上承担了试点的工作。完成试点以后2002年我们又落实了127个项目，420万㎡，大约是3.2万套住宅。这3万多套到目前为止基本上都已经交付了。我们做了一个调查，满意率大概是在90%以上。

全装修住宅到现在有3万多套，2003年的“3.15”和2004年的“3.15”，我们接到的投诉很少。我们去了解了，问题出在合同上。过去我们是毛坯房的销售合同，现在是全装修的销售合同，在合同上现在不规范。

市场上是一个新生事物，可能在销售合同其他管理方面有一整套的东西要跟上，这个投诉高，而对装修质量的投诉不太多。这就给我们增强了一种信心。2003年我们一共落实了178个项目800万㎡，大概是8万套左右，因为建筑是有一个过程，落实了178个项目，2004年、2005年、2006年可能陆续完成。我们即将要公布的第一批400万㎡，上海整个推进的力度和进度，大概是这么一个情况。

2004年年底到2005年，是检验我们全装修房能不能为市场所接受的一个非常好的时机。也就是说要有一定的量来说明我们全装修房行不行。从孙克放处长说的市场认可度和随机调查来看，从原来60%的认可度提高到80%，这只是一个随机调查，很有可能有许多的人认可全装修房，但是不一定现在就买全装修房，还要看一看，这是非常正常的。

毛坯房在我们国家实现了几十年，全装修房是从2001年在上海是刚刚开始试行的一项新的工作，毛坯房到全装修房是一个革命，涉及了方方面面，从设计、施工、开发、监督管理和质量备案，从企业到政府都会有一个非常大的变革，同时里面也存在了一个利益的重新分配。所以不同的立场、不同的行业对全装修会有不同的想法，在装饰协会目前推广当中采取这样一种积极稳妥的方式，不能说不对。但是现在从开发商的角度来讲，我们是积极地推进。

我们现在只有把这10几万套全装修房能够做好，能够让社会接受，那么我们全装修房的推动将不会是像现在每年400万㎡，可能后面会有一个跨越式的发展。是不是说做了全装修房以后，我们装修企业就没有失败？我想不会。二手房的交易在上海和一手房的交易是一样的，2003年两个2000万㎡，存量房销售2000万㎡，现房销售2000万㎡，这存量房销售2000万㎡仍然充满商机。一手房的销售也仍然充满商机，从2004年装修的业绩来看，产值来看1/3是新建住宅全装修，原来这一块是没有的，以后可能比例越来越大。现在就是按照赵海秘书长的意见，交易条件满足好的就做，不行的就不做，要做就把它做成功，把这个品牌树立起来，这是很正确的。

二、上海全装修成品房试点的基本情况

我们觉得，全装修住宅一是已经逐步为市场所接受；二是装修简洁化、装饰个性化的理念已经初步逐步的确立，把装修留给我，把装饰留给你的理念，拎一个皮包入住的理念逐步为开发商和居民所接受。

1. 做样板房

最早的时候，2001 年不管是媒体也好，不管是开发商也好，还是老百姓也好，提到全装修就提三个问题：一是性化问题如何解决；二是质量如何保证；三是价格如何确定。这是 2001 年至 2002 年上半年比较集中的问题。到目前为止个性化的问题几乎是没有人谈了。

为什么？我们在试点的过程当中采取了一个办法：凡是做样板房的，同样的样板房做的是一样的，但是必须要求有不同的装饰的摆设，我如果是一样的装修房有两套、三套是不同的，还有一套是空房子，就是交房标准房，有的甚至做十几套，十几套的装修是一样的，但是它的装饰不一样。结果老百姓进来以后就看了，我要这一套，他喜欢那一套，结果开发商告诉他，你看最后一套，那是空房子，是我的交房标准，这样使得老百姓就接受了，原来装修没有什么个性，装修里面的个性化应该是留给装饰。

2. 一条龙服务

我昨天跟百姓老总讲，百姓能不能把装饰这一块设计咨询服务加大，做这一块，这一块将来会有很大的空间。我们现在很多小区都是 1000 多套、12000 多套，几千套的房子卖完了，老百姓进去要买家具还不知道什么样的东西适合他。我们有一些楼盘已经开始做了，就是你去跟装饰服务咨询的人说，我的个性是什么，我喜欢什么，你给我设计，从家具、布艺、画、摆设等等，他先给你设计好，然后可以磋商，逐步做到你满意。然后委托装饰企业帮我去购买，一条龙的服务，我觉得这可能会是一个新的产业。能不能把这一块也做起来，我们提供一些楼盘。“创造消费、引导消费”是开发商和装饰企业的责任，我们要把认准的是发展趋势的东西，如何做到通过我们一些努力来做得更好，来引导他的消费。

3. 装修部品推荐目录

我们初步建立了装修部品推荐目录，这个推荐目录由房地产协会来做的。装修材料现在是成千成万种，凡是 60 分合格的，全部都可以进入市场。那么什么是好的？我们的推荐目录是介于 90 分的概念，符合地标、国标、行标，建立了一个装修部品推荐目录，通过一系列的程序进来。如果认可你的，在报纸上公告，请你去买保险，材料去买保险，我们想第一块就把住关。做一锅饭要好首先你要好，你不好饭就不好，所以材料关首先要把住。这个材料一定是健康型的，一定是质量是优良的。这个推荐目录现在在上海应该是有很高的权威性。我们采购人员开发商有一个采购部门，我们老总开会的时候就说原来他给我推荐的目录可能有很多的猫腻，后台有人给他回扣等等，现在老板说不要给我介绍什么，就在推荐目录给我介绍，我们又跟推荐目录的材料厂商说，凡是供应我们全装修的材料部品一定是全市的最低价，所以在这里面材料这一关里面我们形成一个良性循环的机制。

4. 对住宅建设发展的一个新挑战

全装修房建设是对住宅建设发展的一个新挑战，表现在几个方面：

一是对开发商的挑战。开发商原来对毛坯房的建设已经是驾轻就熟了，在上海开了很多座谈会了解情况，开发商说，凡是做过全装修房的，问全装修房要不要做？做。全装修房烦不烦？烦。全装修房赚不赚？赚。很奇怪，他做第一个楼盘犹豫了半天，第二个楼盘仍然说做全装修房，尽管烦都是有赚，这是我们认为敢不敢做全装修是对开发企业管理水平的一个挑战。实际上我们毛坯房的管理也很复杂，要有 100 多个图章，从前期到后期到验收，因为我们做熟了，做多少楼盘都不怕了，全装修房因为没有做过，而且交房交到老百姓直接可以住了，这里面的麻烦更大，这就是对我们开发企业的管理水平的一个挑战。在这一方面上海已经提出来，凡是 50 强房地产大型企业，必须要在这方面率先做全装修房，而且我们在 50 强评比里面有品牌管理，就是把这个指标体系放到里面去。

二是对装饰企业是一个很大的挑战。装饰企业原来做惯了一家一户的装修，现在装饰企业如果要做全装修的话，带来的第一个挑战就是施工组织，时间很短，三个月或者是半年必须把几千套完成，施工组织行不行，施工力量行不行，你的后台、后厂工厂间的配置，材料工艺行不行，这都是对装饰企业的一个考验。上海有几家企业，说先做 30 套、40 套尝试一下，看有没有能力来做。所以百姓装璜现在一个是自己有后厂，就是加工厂，另外跟山东福斯特集团进行联营，我的订单就给他做，保证后厂的制作木制品这一块，这就是非常大的对策。面对这样一个挑战，我们装饰企业应该要有准备。

很多装饰企业可能还没有介入到全装修房，可能在你们本地区全装修房推介还没有上海这么大，但是我想如果是一个趋势的话，我一直说这句话：早介入，早主动，早一点去探索，早一点有一个占领市场的能力，找一个楼盘先做，做了里面的甜酸苦辣才知道，不做不知道。像上海不少地方 70%都已经达到了全装修房，徐汇区更高达 90%，上海 19 个郊县有 10 个郊县，可能只有 10%～15%的新建住宅在做，整个上海现只有 40%，我们觉得只有短短三年，按照韩市长的要求全装修势不可挡，与可持续发展、资源节约式发展紧密相连，资源合理利用。装饰企业应该要有一个充分的认识迎接这样一个挑战。

三是对于监理也是一个挑战。监理就说毛坯房监理，我知道监理什么内容，装修监理我不知道，原来装饰监理是有一个外部监理，质量监督这一块，我们现在和装饰协会一起，整个全装修房的监理大纲已经形成技术要点，这个要点里面就把容易出现质量事故的 14 个环节，国家怎么规定，标准怎么规定，我们应该怎么操作，容易发生什么，如何去预防，这些都写清楚，然后进行培训，现在我们已经开始第三期培训。所有的监理今后到全装修房的监理，必须要拿出你的证件，你是经过全装修监理培训的，你才能上岗。

四是对政府相关管理部门的一个挑战。说实在的对于我们真的是一个挑战，对于住宅管理部门，第二块如标办，已经考虑装修住宅设计标准，就要把全装修房设计标准放进去，最后的标准是按照图纸验收，将来图纸就是一步设计到位，我的图签出来就是装修设计；第二块如说质检站，质检站原来是毛坯房的质量备案管理，现在是全装修房，你如何来进行质量备案管理，最近我们和质检站定了一个课题，这项工作一定要做，上海先搞试点，因为毛坯房有质量备案的标准，全装修房将来多了怎么办？一定要顺应这个潮流，要有相应的管理办法出台，这是全装修房第四个情况。

五是政府积极引导，各个相关部门形成合力。三年里我们逐步形成一个全装修房扩大试点的工作实施意见，全装修试点工程初装饰设计、竣工核验规定补充意见。可能有的一些初装修房已经做出来了，临时决定做全装修，所以图纸什么都要修改，重新做。在试点的过程中，觉得在这一些试点项目有很多的环节可以省略，我们就和监管办做了这样一个补充意见，里面包括原来是毛坯房，现在做全装修房，找平层、防水层不做了，水龙头做到第一个水龙头，后面不做了，电气做到入户门口，里面电气开关全部不做。还有辐射，只要有安全设施，楼梯扶手不做，就是这样一项，我们上海开发商粗粗算了一下，就这些不做，重复劳动不做，这些劳动力和成本算下来，可以降低 50～60 元/m²。

上海市新建全装修设计导则，就是为下一个五年计划的住宅标准做铺垫，按照设计导则我们在做试点。新建住宅全装修室内环境检测实施意见，是按照建设部的要求，抽 5%作为检验，“3.15”的标准，上海地方标准是对各家各户个体的装修 100%要抽检，对于全装修项目是 5%的抽检。全装修的监理工作要点，住宅部品材料推荐管理办法等等，当然还有很多东西还正在制定过程当中。

三、全装修住宅推进建设的五个有利

1．有利于住宅商品属性的完善，提供完整的住宅商品

原来的毛坯房就像是一件西装上面没有开钮扣眼，没有做口袋，口袋自己要去开，这样买回去一件衣服就不是完整的成品。我们现在也是这样，毛坯房交给老百姓，老百姓要自己来做，真的很费力。所以大家说谁要减肥就去搞装修，装修一次搞下来人瘦了十几斤，这一点也不夸张。我们做民意调查的时候，很奇怪，有一些没有做过装修的，他很有激情，他说我自己装修，我要有自己的个性，要把这个房子装修到什么程度。做过一次装修的，基本上不想自己再做装修。境外人员进来几乎就是要买全装修房，我拎着包就可以进去了。在这种情况下，我们认为社会的进步，生活水平的提高，经济的发展已经到了这样一个阶段，就像我们当年买布做衣服，现在我们很少有人再去买布来做衣服一样的道理，我们的社会发展到这样一个阶段需要我们的成品房，需要我们完整的商品房，这是一个趋势。可能在各个地区表现得不太一样，中部地区或者是西部地区慢一点，在经济发达地区可能更快一点，所以南方、深圳和广州的全装修比我们做得更快更好。

2．有利于加快住宅建设向集约化生产方式转变，提高住宅产业化水平，提高房地产业对 GDP 的贡献率

房地产作为支柱产业应该有三个标准，一是 GDP 的贡献率应该在 8%～10%，对上海来说应该是 8%～10%；二是应该带动科技的先进方向，要产业化；三是代表整个产业，一个朝阳产业。

2003 年我们 2000 万m²对 GDP 的贡献率是达到 7.2%，上海土地资源是有限，要保持可持续的发展应该有序开发，应该在 1500 m²～1800 万m²这样的开发量竣工量比较好。

作为支柱产业这两个指标怎么完成？如何提高住宅的科技含量和我们全装修的推进，这是提高 GDP 非常重要的环节。早上孙克放处长说住宅产业化必须要建立在工业化的基础上，如果我们没有工业化的生产方式，那么我们不可能实现住宅产业化，而我们恰恰住宅产业化落后于其他的产业，包括农业。农业产业化的比例已经达到 45%左右，而住宅的产业化水平只有 30%左右，哪里的民工最多？建筑工地上的民工最多。有利于集约化生产方式的转变。

3．有利于规范住宅装修市场保护消费者的利益

说实在的，我们这几年上海装饰装修行业协会工作是很有成效的，如诚信制度的建立等等，现在的投诉以及装修的质量，应该说有很大的改变。在这一块里面，还存在着马路游击队，现在占的比例还不小，马路游击队的装修，就是消费者的利益是很难得到保证。出了质量问题他已经走了，你找谁，所以很多住宅装修投诉到我们这里来，而且没有企业的装修，我们就跟他们解释，我们没有办法，没有办法帮你去维权，现在全装修开发商合同人逃也逃不掉，而且保修期都有的，你就能找到人。

4．有利于结构的安全，节约资源，保护环境，保持住宅建设可持续发展

搞装修的都知道，结构承重梁的破坏原来是很普遍的，通过全装修房这样做了以后，这一方面的情况基本上不存在。为什么？这里面就有一个很重要的观念，我们说在全装修房实施过程当中，我们要推进三个一体化：一是设计一体化；二是施工一体化；三管理一体化。

设计一体化，就是结构设计和装修设计一体化，目前有两种情况：一种是现在刚开始的明确要做全装修住宅的，设计一步到位，比如像我们奥林匹克向来就做全装修房，十年前就做全装修房，图纸出来就是全装修图纸，这是一体化；还有一种情况就是原来是结构图纸出来了，现在我要做装修，要求做装修设计尽快提前进入，和结构设计尽快形成一体化，这样很多楼盘取得了经验，像上海小安桥该留就留，空下来的就不做了，以后这堵墙肯定要打掉现在就不做了，细到什么程度？就是靠近餐桌后面是背面就是卫生间，把留在餐厅这一块的装饰面，做酒柜的做结构就做好了，留给厕所脸盆的地方就借餐厅的位置，包括北面一个晒台，下半部分就让给晒台，这里面可以放一个洗衣机，洗衣机工作间，上面就留给餐厅，这里是一个酒柜，我们提倡通过全装修房提高我们住宅使用的有效面积，向空间要面积。通过设计的一体化，使得我们老百姓业主进来看样板房以后，他们已经提不出来哪些地方还没有利用到，哪些地方还不合理。我们小安桥是做了一个结构图纸出来以后，向全市征集设计方案，然后把全市征集的设计方案有合理有效的东西，再经过设计重新表现出来。所以这样一种做法是我们将来要推广的。

施工一体化。施工的土建单位和装饰企业之间将来会有矛盾，如何解决这样一个矛盾，应该有总包，就是施工应该一体化。上海很多的家装施工企业已经意识到，跟一些大的土建施工单位要有着密切的合作，土建单位不可能去做装修，还是要依靠我们的装修。说实在的，我不知道今天家装多还是公装多，很多家装企业要比公装做全装修要做得好，因为公装是比较粗线条的，而家装是非常细致的，家装比公装做得好，当然现在公装有很多企业也在适应去装修的情况。要避免互相扯皮，听了装饰企业的介绍确实是这样，什么时候要介入到施工企业里面，有一些东西不要重复在做。朱总昨天跟我讲门框留 20cm、30cm 在那里，做装修就很难了，一两套房子就算了，上百套房子怎么办，这样的问题就是施工一体化就能很好解决这个问题，前面如果没有做好就给后面带来了很多的困难，前面做好后面就顺利了。由于进行了这样一个装修，我们资源节约了，每家每户的装修去做的话，肯定买的瓷砖、面砖就会多出来，现在我们可以像衣服剪裁一样可以套裁。

5. 有利于住宅建设与国际接轨，提高居住水平和城市现代化水平

城市现代化水平和居住水平的提高跟全装修非常有关系，装修完了以后管理方面本来公用部位都要做到面砖、地砖、瓷砖都要铺好，像电梯有的都是在市中心高档的住宅，门楼大厅做得非常好的大理石都给破坏了，给物业管理就带来了问题。通过这个整个城市的管理水平得到了很大的提高。

四、积极稳妥推进全装修试点工作

我们工作的目标就是要规范装饰市场，促使住宅装修生产从无序走向有序。贯彻节约资源和保护环境的方针，开发推广新技术，提高住宅装修科技含量，形成住宅装修成套技术和通用化的部品体系。

1. 质检证书减少矛盾

通过上海全装修项目——世贸滨江楼盘，上海最高的住宅楼 52 层，在黄浦江边上，将来也是世博会的中心场地，所以房子卖得价格很高。他是怎么做的？他是一套房子就提供一个质量检测的证书，是我们上海市质量检测专业机构检测，一个是质量的，还有一张是空气质量的，是很厉害的，因为我们只要求抽检 5%就可以的，因为买他的房子要 2 万多块一平方米，所以他就花这个钱，他来花这个钱，给你小业主买一个放心。我们说对你这样的做法我们不是很主张，因为这毕竟最后是转嫁到老百姓头上，成本提高，作为一个企业的行为未尝不可。他提供这两张证书给你，这两张证书给你以后后面带来的是后面的矛盾就很少了。

2. 环保节能性材料运用

我们在推进全装修工作当中，我们还要推广“四新材料”的应用，加强环保节能性的材料运用。

3. 积极推进住宅工业化装修

工业化的装修在上海已经做了不少的试点，上海市生态住宅小区的全装修基本上 100%，其中 10%必须是工业化装修。上海印象的 240 套房子，用的是远大整体卫浴，用的是整体的厨房，地板用的是金属龙骨直接架上去的，因为整个楼盘很多技术都在里面展示，空调是集中的，上海都用分体式空调，但是它的空调是一个机组，就是燃气机组，每家每户计量，墙体是全部保温的，采用这样的技术。

工业化的装修现在难度还是比较大，主要是价格的问题。因为我们的房子现在没有模数，一个小区里面的厕所、卫生间都可以有几十种，所以要不停开新的模，一开新的模，工业化的东西、规模越大、产品数量越多、产品价格就会下来，这一块确实有问题，2 万、3 万元一套的整体卫浴东西是好的，但是大家觉得 2 万、3 万块钱不太值得，推进有一点困难。厨房的整体的安装，我们现在已经基本上不到现场来制作，而是在后工厂做好，然后到现场来装配。

什么叫全装修房？全装修房我们要求是指在交房前套内所有功能空间的固定面和管线全部铺装和粉刷完成，厨房和卫生间的基本设施全部安装到位。具体我们可以分为菜单式装修和全装修两种。刚才天津说的菜单式装修我们也是考虑到老百姓的胃口不一样，所以我们菜单是有限的，可能有三四个菜单套餐给你，你在这个套餐里面选择。我们做完第一次开发商就说将来套餐也不做了，我做的就是全装修，就是我装修什么你想买就买，不想买就不买，就跟我们房型一样，我楼盘设计就是这样三房两厅，150 ㎡，他设计的三房两厅 130 ㎡，你愿意买我买他随便，可以选择楼盘。

套餐会给我们装修公司带来很多的麻烦，管理上有很多的麻烦，装修带来很多管理上的问题，我们看到装修的监理、工程项目监理或者是管理人员手里都有掌上电脑，跑到哪一家都想不起来拿什么地毯或者是什么颜色，搞错一家全部都要退掉不要。现在做下来开发商也不愿意做菜单式，他愿意选择全装修。

关键在于市场能不能接受，市场接受你去做。市场要需要菜单你就菜单，我们现在是这样的，菜单一定是在一个品种里面选，比如说我选择海尔的厨房，海尔的厨房有高中低档不同价位，还有不同的颜色，就要在海尔里面去选，为什么？有利于集团的购买。我们这里明确房地产开发企业是全装修住宅的第一责任人，凡是谈到问题，投诉到我们住宅窗口的，我的第一个责任人就是开发商，至于开发商和装饰企业怎么签订合同的，你的责任怎么分解，跟部分材料厂商又是怎么分解那是你开发商，我业主一定找你开发商。

五、装饰的组织管理机构一定要确定

装修的组织管理机构实际上已经分成了几块：

一是开发企业有一个装修项目管理的办法，各个企业都在做，我们处已经出了一个指导性的东西，然后各个企业根据自己在实践的过程当中形成了一个管理办法，在这个基础上还要进一步修改形成一个统一的管理办法。

二是装修企业应该有一个全装修房管理的办法，包括施工组织。刚才赵秘书长讲的施工组织非常重要，尤其是几百套、几千套一起做的时候，施工单位、建设单位、监理单位人员要形成一个项目管理部，我们每一个项目都有，分别要明确自己的管理的界面，避免互相扯皮。

三是装修设计，装修设计一体化的原则一定要实施。合理的定价是我们装修设计的一个依据，这是非常重要。不同的楼盘，应该有不同的装修设计的标准，其中主要包括是材料的选择。有人说高档房子做全装修，4000 元/m²、5000 元/m²的房子不能做全装修，而我们高档房子像世贸滨江等等都是 1.5～2 万元/m²做全装修，4000 元/m²最早毛坯房的时候，1.5 万元/m²都是全装修，包括户室中央空调，加上热水系统，再加上整个的装修，老百姓看了以后就觉得值。我们让开发商把装修的价格上墙，材料价格上墙，你买什么东西大超市买的是什么价位，老百姓把价格抄下来然后到大超市去买，一看买不到这个价，如果不从大卖场进，从厂家直接订折扣都是 50%，最低 30%，开发商让利 50%还有得赚，老百姓也觉得有得赚。同样的价格、同样的装修，同样的质量我自己何必再去花这个精力再去装修，特别是绝大部分老百姓、小业主是不懂这个行当的。到底装修什么样子他也讲不出来，所以现在有一个很奇怪的现象，凡是样板房卖的都很好，样板房一出来就给人定走了，一下就买了，开发企业就签合同一年以后才给你，最多就是告诉你给你地板处理一下，其他就不管了，他还是要买这个房子。

说明什么？我们老百姓自己不是学这个的，我学经济怎么懂得装饰，他觉得好看就要，觉得适合就要了。这里就有装饰企业如何引导消费的问题，引导消费非常重要。所以说价格很重要，什么楼盘装饰价位是多少。

我们算了一下，装饰费用大概是一套房屋价格的 10%～15%。也就是说如果是 5000 元/m²就 500 元/m²左右装修，现在上海 5000 元/m²左右的房子已经很少了，最低档的装修大概就是 600～800 元/m²左右。百姓为中心集团做工业化的装修，工业化装修完全用的是远大整体卫浴就是 700 元/m²。房价在 7000～1 万元/m²左右的大概是 1000～1200 元/m²左右的装修，当然装修大部分都考虑了空调系统，就是装修一步到位把空调系统也解决了。根据你售价的定位，你售价格定位到什么，装修也应该定到什么程度，这样就不会有什么大的问题。

特别要注意两个设计，一个是功能的设计；一个是细部的设计。功能设计是主要的，非常花哨的东西只能看，不适用。我们比较讲究厨房的合理设计，包括卫生间等等，如何把空间的结构合理的使用，要考虑到功能。细部非常重要，看装修质量关键就是看细部，现在开发商也在这上来动脑筋提出新的要求，装饰企业也要在这方面去做，细部和功能方面应该引起我们足够的重视。我们还要尽可能用一些好的材料，提高现场装配的程度，也就是说我们要推进工业化。

四是装修监理，装修监理必须要公开招标，然后要持证上岗，特别是隐蔽工程，隐蔽工程一定要验收，验收好了监理人员必须签字，你签完字以后才可能到下一个工序。

五是装修施工，现在上海一般是采取内部招投标的办法。刚才赵海秘书长说的不是没有道理，施工也给我们反映，开发商由于做全装修的情况下，在大背景好的情况下不是几百块钱的上升，比如说毛坯卖 17000 元/m²，装修完了以后就涨到 25000 块，里面利润涨了很大一块，就像毛坯房原来卖 1 万块，现在卖到 1.5 万元/m²还很多，这是市场的要求没有办法，但是装饰协会压装饰企业压得太多，一方面压成本，另一方面获得暴利确实应该引起重视，百姓说了 2004 年放弃了很多的楼盘，不公平就不做，自己要保护自己，同时我想不要有恶意的竞争，我们这个市场也会逐步走向规范。现在像土建施工百分之多少利润是摆在哪，低于这个没有人做，作为政府部门要呼吁，要引导，我们装饰企业也要能有维权意识，也要自己维护自己的合法权益。

六是使用推荐目录的材料，大卖场材料供应有几种方式：一种是百安居的形式打包一起来做，有它的好处，如果赚一个点，实际上对开发商来讲有很大的好处。你后厂材料的储备，场地等等一些材料不好还要调换等等，我只要找大卖场就全部解决问题，找百安居全部解决，何必找这个厂家那个厂家；另外一种就是主材自己找厂家，辅材找大卖场；第三种是个别的企业是清包工，清包工合理的利润，大概是 10%～15%的利润，如果是这样的话还是可以考虑的。

六、全装修的发展方向和市场需求

全装修是工业化的发展方向。一是工业化的东西使投诉率很低，有一个项目前面是做手工操作投诉率很高，后面全部做工业化装修投诉就很低了；二是能提高工作效率，降低管理成本；三是有效控制装修的成本，同时提高室内居住质量、环境质量。全装修将来要从这几个方向去努力。全装修还有“四新技术”的推广应用、把家具智能化、分质供水、户式中央空调、区域中央空调，建筑节能做好，作为一个体系来推进。生态环保，我们在生态型住宅小区建设当中，要求一定做全装修。

市场的需求，上海住宅产业化“十五纲要”是这么说的，早上孙处长也讲了，上海 2005 年基本上实现全装修。我认为我们 2001 年刚开始定，2005 年要基本实现全装修不太可能，基本实现全装修当时的概念是 80%。为什么？因为我们的别墅基本上不强求做全装修；还有 3500 项重大工程配套商品房不做全装修，这两块去掉 20%还要多一点。现在重大工程商品房每年已经占到 300～400 万m²，如果基本上实现全装修 70%左右，市中心区可以做到，像静安区、徐汇区能够做到，但是郊区有一点困难。下一个五年计划这一句话还要写上去——到 2010 年上海基本上实现全装修。这个工作还是以市场接受为标准，应该要积极稳妥地推进。

上海全装修的工作才刚刚开始，还在摸索的阶段，可能我们的教训也是给大家一个启发，你们以后可以做到更好，希望同行们对我们上海的全装修也给予很多的支持和帮助。

上海市家庭居室装饰工程人工费参考价（2004版）

上海市装饰装修行业协会

序号	项目名称	单位	参考价	说明
一	**拆除工程**			
1	拆除钢门窗（单、双扇）	樘	10.00	
2	拆除钢门窗（三、四扇）	樘	15.00	
3	拆除钢门窗（四扇以上）	樘	30.00	高层建筑按50元计取
4	拆除铝合金窗	樘	8.00	阳台封闭式铝合金窗另议
5	拆除木门窗樘	樘	10.00	
6	拆除砖墙	m²	14.00	
7	凿除地砖、墙面砖	m²	10.00	
8	铲除墙面粉刷	m²	2.50	
9	铲除平顶粉刷	m²	4.00	
10	铲除墙面平顶墙纸	m²	4.00	
11	铲除墙面平顶墙布	m²	2.00	
12	拆除木地板（含木地搁栅）	m²	8.00	
13	拆除小木地板	m²	3.00	
14	拆除固定木制品	m²	5.00	
15	拆除白铁水管（明管）	m	2.00	
16	拆除台式洗面盆	只	20.00	包括台面、支架
17	拆除立式洗面盆	只	5.00	
18	拆除水斗（水盘）	只	5.00	
19	拆除坐式大便器连水箱	只	8.00	
20	拆除浴缸	只	25.00	铸铁浴缸另议
二	**砌粉工程**			
21	新砌1砖墙	m²	12.00	
22	新砌1/2砖墙	m²	8.00	
23	新砌1/4砖墙	m²	6.00	
24	新砌玻璃砖墙	m²	20.00	
25	新粉墙面（粉光）	m²	8.00	二度
26	新粉平顶（粉光）	m²	10.00	二度
27	地坪找平层（粉平、厚度2cm）	m²	6.00	厚度4cm，单价为7元
28	铺地砖	m²	16.00	
29	铺玻化地砖	m²	25.00	
30	地坪铺花岗石、大理石	m²	30.00	
31	铺花岗石、大理石踢脚板	m	4.00	
32	地坪铺鹅卵石	m²	10.00	拼花另议
33	铺墙面砖（块料周长40cm以下）	m²	25.00	
34	铺墙面砖（块料周长40cm以上）	m²	16.00	
35	铺无缝墙面砖	m²	26.00	
36	墙面铺文化石	m²	10.00	
37	内墙面挂贴花岗石、大理石	m²	40.00	
38	墙面铺鹅卵石	m²	30.00	拼花另议
39	砌粉管道	根	50.00	
40	修粉门窗樘	樘	5.00	
三	**吊顶工程**			
41	木龙骨纸面石膏板吊平顶（平面）	m²	25.00	
42	木龙骨纸面石膏板吊平顶（高低）	m²	30.00	特殊造型另议
43	塑料扣板吊平顶	m²	15.00	包括木基层
44	金属条板、方板吊平顶	m²	20.00	包括基层
45	木格玻璃吊平顶	m²	35.00	包括玻璃安装
四	**隔墙、墙裙工程**			
46	新做木龙骨石膏板隔墙（双面）	m²	18.00	
47	新做轻钢龙骨石膏板隔墙（双面）	m²	10.00	
48	护墙板（双层夹板）平面	m²	25.00	
49	护墙板（双层夹板）凹凸	m²	35.00	
50	墙面安装镜面玻璃	m²	35.00	规格超1m²/块另议
51	墙面贴织物	m²	30.00	
五	**地板工程**			
52	铺单层长条企口地板	m²	20.00	不包括磨地板
53	铺双层长条企口地板	m²	28.00	不包括磨地板
54	铺单层免漆地板	m²	25.00	
55	铺双层免漆地板	m²	33.00	
56	铺复合地板	m²	7.00	
57	铺双层复合地板	m²	25.00	包括木地搁栅
58	安装成品木质楼梯栏杆、扶手	m	35.00	特殊造型另议
59	安装成品楼梯踏步板（有基层）	步	30.00	弧形另议
60	机械磨地板	m²	4.00	
61	钢结构楼梯、平台安装配套施工费	层	100.00	
六	**门窗工程**			
62	新做门窗樘	樘	40.00	
63	新做木窗扇	扇	88.00	包括安装
64	新做满固门（双层夹板）	扇	100.00	包括安装
65	新做工艺门	扇	150.00	包括安装
66	新做玻璃木门	扇	180.00	包括安装
67	安装成品木门	扇	30.00	

续表

68	进户防盗门安装配套施工费	扇	30.00	
七	**装修工程**			
69	新做筒子板（有樘子）	m	8.50	
70	新做筒子板（无樘子）	m	11.50	
71	实木贴脸安装（8cm 以内）	m	1.80	成品线条
72	实木贴脸安装（8cm 以外）	m	2.20	成品线条
73	夹板贴脸制作安装	m	4.20	机制人造板、夹板、木线条
74	天棚顶角线　木线条	m	1.20	
75	天棚顶角线　石膏线（角线）	m	2.50	
76	天棚顶角线　石膏线（平线）	m	1.50	
77	新做腰线	m	7.00	12mm 夹板、面层、上下线条
78	木质窗台板	m	14.00	
79	大理石窗台板（宽度 30cm 以内）	m	7.00	
80	大理石窗台板（宽度 30cm 以外）	m²	30.00	
81	窗帘箱	m	12.00	包括导轨安装
82	踢脚板安装	m	2.00	实木成品
83	踢脚夹板制作安装	m	4.50	12mm 夹板、面层夹板、线条
八	**橱柜工程**			
84	厨房吊柜　包括门板	m	85.00	宽 35cm、高 60cm
85	厨房吊柜　不包括门板	m	60.00	宽 35cm、高 60cm
86	厨房低柜　包括门板	m	95.00	宽 50cm、高 80cm
87	厨房低柜　不包括门板	m	70.00	宽 50cm、高 80cm
88	房间壁橱　木筋基层	m²	130.00	
89	房间室内壁橱　板式结构	m²	90.00	
九	**油漆工程**			
90	墙面、天棚乳胶漆	m²	7.50	包括二度批嵌，机喷费另加 3 元
91	墙面、天棚贴墙纸	m²	10.00	
92	木材面刷聚氨脂清漆	m²	12.00	三度，机喷费另加 3 元
93	木材面刷聚氨脂色漆	m²	16.00	三度，机喷费另加 3 元
94	木材面刷硝基清漆（蜡克）	m²	20.00	六度，机喷费另加 3 元
95	木材面刷硝基色漆	m²	25.00	含机喷费
96	地板刷油漆	m²	10.00	三度
97	地板擦清蜡	m²	5.00	
98	地板木基层防水涂料	m²	3.00	二度
十	**水电工程**			
99	铺设 PPR 水管	m	4.00	
100	铺设铝塑水管	m	2.20	
101	安装闸阀	只	5.00	
102	安装三角阀	只	3.00	
103	安装浴缸	只	150.00	
104	安装坐式大便器	只	50.00	
105	安装挂式小便器	只	25.00	
106	安装净身盆	只	50.00	
107	安装面盆、水盘	只	20.00	
108	安装浴缸龙头	只	15.00	
109	安装面盆龙头	只	10.00	
110	安装水盘龙头	只	5.00	
111	铺设金属电管	m	6.50	含管内穿导线
112	铺设塑料电管	m	3.50	含管内穿导线
113	安装开关、插座	只	3.00	
114	木地板安装地插座	只	10.00	
115	安装吸顶灯	只	6.00	
116	安装日光灯	只	8.00	
117	安装壁灯	只	5.00	
118	安装筒灯（射灯、冷光灯）	只	3.00	
119	安装浴霸	只	10.00	不包括墙体打洞
120	安装排气扇	只	5.00	不包括墙体打洞
121	安装脱排油烟机	只	10.00	不包括墙体打洞
122	安装热水器（电热式）	只	30.00	不包括墙体打洞
123	安装嵌入式配电箱	只	60.00	
124	砖墙凿槽	m	5.00	含修粉
125	砼墙凿槽	m	10.00	含修粉

住宅室内装饰装修工程造价计算顺序表

一	人工费	
二	材料费	按实结算
三	设计费	按实结算
四	拉圾清搬费	按实结算
五	管理费	[（一）+（二）+（三）+（四）]×（5%～10%）
六	合计	（一）+（二）+（三）+（四）+（五）
七	税金	（六）×3.41%
八	总价	（六）+（七）

家装进入我国主流文化

—— 20集轻喜剧《将装修进行到底》有关媒体报道

《中国建筑装饰》编辑部

央视猴年第一剧——20集轻喜剧《将装修进行到底》，引起首都主流媒体广泛关注。兹选择《北京广播节目报》和《北京晚报》的三篇报道与评论，供业内同仁参阅，并望引发一些思考与联想。

此间舆论认为，以《将装修进行到底》为标志，家装正式进入我国主流文化之中。

将装修进行到底　许多家庭经历过的故事

2004年1月19日《北京广播节目报》以此为题目报道：

喜剧是电视台节假日争抢的剧种，而众多的喜剧也都想在这个时候与观众见面，特别是中央电视台一套这块最引人注目、影响最广泛的黄金宝地。20集轻喜剧《将装修进行到底》以它雄厚的实力在激烈的竞争中脱颖而出，成为央视猴年第一部电视剧，在大年初一早8∶30在第一套节目中与全国电视观众见面。

由中视影视文化公司俞胜利工作室、中央戏剧学院等单位联合摄制的《将装修进行到底》成为猴年第一剧的关键在于它是一部全新题材的电视剧.是我国首部反映家庭装修的戏。家装近些年一直是热门，但关于家装的戏却只有这一部。《将装修进行到底》独辟蹊径地选择以“装修”为切入点，构思巧妙，通过10个家庭装修的故事，揭示出了不同职业、不同身份、不同家庭，男男女女的追求和理想，以及生活中耐人寻味的酸甜苦辣。该剧另一个看点，是会聚了影、视、歌、主持全明星阵容，这样的阵容为近几年少有。20集的故事中，每集都有一两个观众十分熟知、喜爱的大明星，而且都是主演。如范伟、许戈辉、陈明、雪村、吴启华、韩影、方青卓、茹萍、伊春德、孙逸飞等。

笑说装修　幽默到底

2004年1月20日《北京晚报》以此为题目报道：

装修过的人或许都有过类似的经验之谈，“要想一年不踏实你就装修吧”，一语中的且暗暗包藏了点儿幸灾乐祸的小心思，言外之意，“装修一箩筐的小事能把人搞到焦头烂额。可如果是别人装修，那就大可以站着说话不腰疼的当做笑话来看了。”于是，暗合了这点儿小心思，大年初一早8时30分，一部名为《将装修进行到底》的20集轻喜剧登陆CCTV-1，剧中是10个家庭要将装修进行到底的故事，不同职业、身份的男男女女，他们的追求与理想伴着装修的烦恼，折射出生活中耐人寻味的酸甜苦辣，轻松诙谐中的点滴心酸每每让人啼笑皆非。

除了首次描写“家装”题材，《将装修进行到底》的另一大亮点就是来剧中装修的一班大腕明星们，如许戈辉、范伟、吴启华、陈明、方青卓、雪村……汇聚了影、视、歌、主持人的全明星阵容，在20集的故事中，每集都有一两个为观众所熟知的明星担当主演。凤凰卫视主持人许戈辉更是首次出演电视剧，扮演一位自信而成功的职业女性，嫁给了一个老外，有个聪明可爱的孩子。当一个幸福的家庭遇到装修时，东西方在文化、生活习惯、品质要求方面的差异加上洋腔洋调的俏皮话，许戈辉首次触电打出了一连串幽默的火花。

李洪涛“装修”苦练侃功

2004年1月26日《北京晚报》以此为题目报道：

春节期间的电视荧屏中，央视一套上午时段播出的轻喜剧《将装修进行到底》在不知不觉间热了起来，聚焦城市热点话题，《将装修进行到底》把家庭装修的喜怒哀乐说到了人的心坎里，而剧中那个“见人说人话，见鬼说鬼话，见到人鬼说胡话”的装饰公司老板马骏更是给观众留下了深刻印象，日前记者见到马骏的扮演者人艺演员李洪涛才知道，这个看似轻松的角色着实让他吃了不少苦头。

李洪涛属于饰演的角色比本人知名度高的演员，《大宅门》中踏实文气又遭入诬陷的白颖圆，《康熙王朝》里强悍而又深情的蒙古首领葛尔丹，《贫嘴张大民的幸福生活》里憨厚幽默的山东女婿李木勺……尽管都是配角，但李洪涛凭借自己不温不火的演技让这些角色大放光彩，不过李洪涛从艺以来大多演的是正剧，甚至很多角色都带有悲剧色彩，所以一开始接到马骏这个角色李洪涛实在有点“找不着北”：“我是话剧演员出身，平时又演惯了正剧，一开始演就浑身努着劲儿，总想把角色演到一个高度，结果越演越不对劲，后来我把心态和身体放松了一点才逐渐找到演喜剧的感觉，甚至后来都有点演‘疯’了。”

李洪涛坦言自己的性格和精明、能说会道的马骏有很大反差，所以饰演起来难度很大，于是不得不给自己“加码”：“拍摄那段时间我完全把自己当成了马骏，在拍摄现场我没事就跟人‘生侃’，强行锻炼自己的适应能力，力求和自己饰演的人物靠得更近。”李洪涛还表示尽管自己演戏时放得很开，但是还是时刻提醒自己不能把这部戏演成一部闹剧：“《将装修进行到底》真正是在生活中寻找乐趣，让你从心里乐，而不是故意胳肢观众。”

谈到新一年的演艺计划，身为人艺演员的李洪涛想把重点放在老本行话剧上，如果不出意外，今年李洪涛将出演一部由任鸣执导的话剧。今年下半年李洪涛还将自己担任制片人并主演一部20集电视剧《风雨金达莱》。

从 3.15 消费者维权日引发的感想

全国优秀建筑装饰协会工作者　中国建筑装饰协会行业发展部主任　王本明

每年的 3 月 15 日，是保护消费者合法权益的日子，在此前后，都要举办一系列维护消费者合法权益的活动，但在很长时间，保护消费者合法权益，主要是以消费投诉的形式表现出来的。如何逐步减少投诉，建立保障消费者合法权益的长效机制，就成为保护消费者权益的中心议题。这不仅仅是一个保护消费者合法权益问题，同时也是一个社会诚信体系建设问题。

住宅装饰装修市场是消费者投诉较多的行业市场，主要表现在价质不符、质量低劣、污染严重、工期拖延等问题，每年 3 月 15 日都要讨论如何维权，但又从来没有从根本上得到改观。投诉居高不下的根本原因是什么呢，我们如何从根本上消除社会中侵害消费者利益的丑恶现象，使消费者的合法权益能够真正得到有效的维护呢，这需要进行深入的研究与分析。

消费者投诉是一种社会现象，其本质是社会主义阶段社会发展基本矛盾的客观反映，即人们日益增长的物质、文化需要与社会生产力发展水平有限之间的矛盾，也就是社会需求强劲而社会有效供给不足，造成的供求不平衡状态。这种不平衡状态，在住宅装饰装修市场表现得更为突出，我们需要从社会需求与社会供给两方面进行分析。

从社会需求方面分析，我国自上个世纪 90 年代中期开始，住宅开发建设的速度持续高速增长，平均年增长率超过 25%，城市房地产开发和住宅建设，已经由 1995 年的 1.1 亿平方米，在不到 10 年的时间，发展到目前的 8 亿多平方米。带动了住宅装饰装修市场的急剧扩张，形成了年产值近 5000 亿元的巨大市场。住宅装饰装修还不仅是简单的量的增长，在质的方向也有了本质的变化，要从设计的文化、艺术内涵到外观、内在、环保质量、都要求与时俱进，不断提高，特别是在全面建设小康社会中，住宅开发建设与装饰装修又成为重要的社会、经济、文化内容。社会需求在短期内的超常规发展，对社会生产力形成了严峻的考验。

从社会供给方面分析，住宅装饰装修是典型的劳动密集型行业，劳动力是最基本的生产要素。按照当前行业劳动生产率计算，需要 800 万左右劳动力，才能满足需求，但我国从事住宅装饰装修劳动力资源极为匮乏，在供不应求的市场中，大量未经培训的劳动力必然会流入市场。因此，劳动者的心理因素和体力、技术因素同社会需求都有极大的差别。客观存在的城乡差异，农业劳动者同产业工人本质的区别，都成为目前从事住宅装饰装修从业者队伍心理素质的严重缺欠。同时，劳动力的劳动习惯、劳动技能同市场需求等也有极大的差异。再从社会可提供的物质资源上分析，住宅装饰装修市场对材料与部品的需求与社会可提供的有效供给也有极大的差异，存在着一时无法调解的矛盾，从提供物质产品数量上分析，有极大的缺口，从品质上看，更与需求有实质的差别，技术质量、环保质量对社会消费需求形成了极大的制约。

在社会有效供给即劳动力、物资资料都不能满足社会需求时，社会需求就必然由低劣的无效供给来填充。表现在住宅装饰装修市场上，就是大量的假冒伪劣材料与部品，大量不合格的劳动力充斥市场，这两者又要同社会的有效供给不断结合，就会进一步破坏社会资源，形成大量质次价高的不合格工程，就必然造成损害消费者利益的现象不断发生。

从以上分析可以看出，社会需求与供给的矛盾，是造成住宅装饰装修市场投诉居高不下的根本原因，因此，要从根本上解决消费者的权益维护问题，根本的出路是增加社会的有效供给，即保护消费者权益的根本出路在于发展行业生产力，促进住宅装饰装修行业健康、有序发展，增加供给数量，提高供给质量，才能从根本上建立起保护消费者合法权益的长效机制。

如何才能尽快地发展住宅装饰装修生产力，增加各生产力要素的有效供给，满足社会各层次的需求，其根本在于扶助企业的发展，并促使其不断完善、成熟，从而增加企业向社会提供产品与服务的能力，才能从源头上增加全社会的有效供给总量，主要应从三个大的方面入手。

第一是要有社会环境条件，这其中包括国家指导思想的转变、宏观经济形势、相关产业发展和消费者行为约束四个方面。

国家发展经济的指导思想，对企业的市场行为有强大的引导作用，特别是国家关于诚信体系建设的指导思想和实施力度，直接决定了企业的自律水平。企业内部的约束机制的建立，仅靠企业自身的自觉性是不可能完全建立的，需要社会风气的推动和社会规范的制约。整个国民经济可持续发展的观念的树立和诚信体系的建立，有助于增强企业法制观念，消除企业的短期行为，完善其长期发展战略，增加在品牌、技术的投入，有利于行业生产力的发展和提高全社会的供给水平。

国家宏观经济形势稳定，对促进行业生产力持续发展具有决定性作用。国民经济发展，社会稳定，人民收入增长和生活水平提高，是住宅装饰装修行业存在的社会与经济基础。行业发展的社会与经济基础越牢固，企业的信心就越足，行业发展的活力就越大，企业的日常经营活动就越易于规范。同时，国民经济的持续发展，也为处于产业链中间环节的住宅装饰装修提供更多的优质生产资料和劳动对象，推动行业整体生产力水平的提高。

相关产业，特别是适于住宅装饰装修工程使用的材料、机具生产制造行业的规模和水平，直接决定了社会向住宅装饰装修提供有效物质供给总量，也对住宅装饰装修行业生产力发展有重大作用，住宅装饰装修是劳动密集型行业，但仍有 60%左右的工程产值是转化的装饰材料价值，装饰装修材料的品质，很大程度上决定了工程的品质。客观存在的市场上合格材料供给不足，而假、冒、伪、劣材料充斥的现象不能根治，提高工程整体品质和社会有效供给就是空谈。

消费者的不规范行为，也是造成行业生产力发展缓慢的重要原因。当前，在住宅装饰装修市场上，消费者恶意压价、骗取设计、故意刁难、苛扣工程款等现象比较普遍，使得企业大量的劳动价值不能得以实现，行业劳动者的劳动，特别是设计师的劳动得不到尊重，影响到行业健康、持续发展。同时，由于消费者支付能力存在差异，一些消费者低价购买不合格材料，自找三无的马路游击队，不仅扰乱了市场，也形成大量的劣质工程。在社会诚信体系建设中，如果不使消费者树立起权利与义务对等的观念，对增加有效供给就会造成极大的损害，诚信体系建设也永远不可能达到预期目标。

第二是必须有行业的奖惩措施，起到奖优罚劣，清理和整顿市场，增加社会有效供给的效果。

当前住宅装饰装修市场客观存在良莠不齐的现象，如果单纯以消费者通过市场的工程实践去鉴别住宅装饰装修企业，必然会造成社会有效资源的浪费，给劣质企业以可乘之机，造成大量粗制滥造工程和居高不下的消费者投诉。因此，从优化社会资源和生产力要素配置的角度，必须要奖励和惩处措施，使社会及消费者能够在工程实施前，就能够准确地选择到规范的企业，不仅保护了消费者权益，也对促进行业生产力发展极为有利。

奖励优质品牌企业，就是要通过社会第三方，推介能够向社会提供更多有效供给，即工程运作规范、质量优良的企业扩大市场占有率，这是增加社会供给，消除消费者投诉的主要方法，也是规范发展行业生产力的基本举措。在给行业树立典范和榜样方面，我们做得很不够，行业协会掌握企业的信息，有评判企业的能力，但目前不允许评比、评价企业，使行业的诚信体系建设缺乏有力的手段。规范的企业如果仅从市场中发展，速度将会十分缓慢。因此，要充分发挥行业协会的作用，在制定科学、统一评定标准的基础上，定时对行业内的企业进行信誉、质量、经营实力等多方面的评价与推介，可以推动行业生产力的健康发展。

惩处措施就是要有市场惩罚和清除制度。要把浪费社会有限的资源，破坏生产力要素组合的企业和个人坚决从市场上清除，住宅装饰装修市场已经运行了 10 年多时间，现在连三无的马路游击队都未清除，可见我们的惩处措施是多么不利。没有惩处措施，必然造成市场上鱼目混杂，给不诚信的企业以可乘之机，市场资源就不可能优化配置，势必造成生产力要素的浪费，影响和阻碍了行业生产力发展，也是形成消费者投诉的重要原因。

在评价和推介企业，采取有效惩处措施方面，我国应该学习国际运作的经验。特别是中国加入 WTO 后，国内市场国际化竞争趋势明显，部分国际化企业已经进入我国的住宅装饰装修市场，但真正能够使消费者得到实惠，还是应该放眼于发展国内企业，特别是国内的中、小企业。因为劳动密集型行业不是外国公司的优势，从获取利润的角度分析，外国企业不可能全面介入中国住宅装饰装修市场，因此，要防止国内有人借壳欺骗。要充分发挥我国企业的地域优势、人力资源优势、文化背景优势等，通过国际通用的企业评价标准、程序持续对行业内企业进行评价和惩处，就必然会净化行业生产力发展的环境，推动行业生产力的发展，增加社会的有效高质量供给。

奖惩的关键是执行，当前政府不可能出面实施，应该由协会来具体操作。协会如何操作是关键，要有社会公益心，防止乱评、乱收费，但绝不能是无所作为，管理行业的手段就是要奖惩并举，侧重于扶大、扶优、扶强，才能取得效果。

第三是需要科技的支持，走专业化发展道路，以科技进步和社会分工细化，提高社会供给的数量和质量。

任何行业生产力的发展，都离不开科技进步。没有新技术、新装备、新材料的投入，并与其他生产要素的结合，就不可能发展行业生产力，增加社会供给。要用现代工业思想为指导，改造传统的劳动密集型行业，就必须加大科技创新，提高住宅装饰装修的科技含量，才能真正满足消费者的日益增长的需求。

首先要用先进的社会科学、文化知识武装从业者，提高劳动者的思想文化、专业技术素质。对从业者进行的思想教育，主要是增强工业化意识，即团队精神、纪律观念和协作意识。这是改造农民工，使其成为产业工人的关键环节，也是提高劳动力素质的重要内容。技能培训主要是掌握新材料、新工艺、新机具的能力，特别是现代计算机应用技术的能力，以适应社会及行业的需求。以生产力中最活跃的因素，劳动者素质的提高，带动设计、施工、材料生产水平的提高。

要改革施工方式，加大工厂化加工、现场组合安装式作业的比重，变湿作业为干作业，要以标准件、成品件、集成件为主，才能保证质量，缩短工期。当前推动的一次性精装修成品房，如果运作得规范，能够形成新的生产力要素组合，可以提高社会供给水平，在一定程度上能够减少消费者投诉，但如果运作不规范，将形成新的社会资源浪费和消费者投诉热点。

加大劳动手段变革的力度，施工机具的改进和自动化机具的研发、应用是保证质量的重要条件，也是标明行业发展水平的基本标志，也是保证社会供给水平的根本，因此，要通过改革设计、施工机具，提高劳动生产率，跨越式地提高社会供给水平。

专业化是市场需求进一步细分，住宅分为高、中、低档，标准不可能完全一样，就要像旅游设施分为星级一样，要根据消费者不同需求设计、施工。社会专业化分工，是社会发展、进步的表现，也是技术发展的主要基础，没有专业化就不可能有现代化，也就不可能保证社会供给的不断增加。企业不可能满足所有消费者的需求，所以，要深入分析消费者的需求层次和水平，才能有针对性地提供相适应的供给。要将住宅装饰装修市场细分为豪华型、舒适型、经济型等专业市场，企业在各专业市场中发展，以专业化带动技术创新，技术创新才能有广阔的市场，才能使技术转化为社会供给。

“发展是硬道理”，此语对从根本上解决维护消费者权益也是一把金钥匙。我们要以新的角度去分析如何保护消费者的合法权益，并采取治本的方式，以促进行业生产力的发展，提高社会供给水平，来满足消费者日益增长的住宅装饰装修需求，才能在社会发展、进步的进程中，不断消除投诉。

从 3·15 看深圳家装业正规军与游击队之争

《中国建筑装饰》编辑部

多年来家装“游击队”泛滥成灾，隐患多多，一直是人们关注的话题。2004 年 3.15 之际，家装作为深圳市消费投诉热点之一，许多媒体对此进行了报道，特别是正规军与游击队之争，并发表相关评论。

一、“游击队”引发诸多问题

2004 年 3 月 12 日《深圳特区报》以《关注 3·15——深圳热点消费投诉家装业：“游击队”引发诸多问题》为题报道。在 3 月 10 日举行的深圳家装行业座谈会上，深圳市消委会结合一年来受理投诉的情况，对目前全市家装行业存在的问题进行剖析。其中，行业主体混乱，“游击队”大量存在使管理根本无法到位是家装行业存在诸多问题的关键原因。

一是工程质量投诉过七成。据市消委会和市家装行业协会的投诉统计，2003 年度，两会共受理消费者有关家庭装修的投诉总量 1400 多宗，其中关于工程质量的投诉约为 1000 宗，占投诉总数约 75%。从投诉内容来看，以偷工减料、以次充好、环保超标等问题最为集中，水电布线和操作不规范，漏水、漏电等很常见。去年 3 月，市民刘小姐请了朋友介绍的装修公司给自己的新家装修。工程完工时，刘小姐基本满意。但入住半年后，她发现家里所有橱柜的门都开始变形，而且有些柜门活页突然断裂，有几个门都差点掉下来。她请来懂木工的朋友一看，原来这些柜子都是用夹板做成，活页材料也是塑料外涂金属漆，难怪如此不经用。刘小姐说，她当时同装修师傅一起去买材料时，装修师傅信誓旦旦表示，买的都是最厚实最好的木板，她根本没想到熟人介绍的装修公司会有信誉问题，但最终还是被骗了。去年 4 月，市民喻先生在南山区某装饰材料市场购买了一批抛光瓷砖来装修新房，这批砖共 68 片，总计 44 ㎡，价值 8000 余元。入住后数月，在一次收看中央电视台的健康栏目的时候，其中有关装饰材料超标对人体的危害的报道引起了喻太太的注意。之后，喻先生将用量较大的装饰材料的余料送到了技术监督局委托检测。根据检测，所用的瓷砖放射性超标，不可用于住宅。喻先生夫妇立即将此投诉到南山区消委会，经过消委会与瓷砖厂家的多次协调，厂家一次性补偿喻先生 18000 元。

二是拖延工期，随意增加工程。在装修过程中，一些装修公司常常会以“行家建议”的口气，向雇主提出增加种种装修内容，这些工程当然不包含在合同工程量以内。许多雇主经不住劝，或者由于不太懂行，由着装修公司增加内容。最后导致的结果往往是，工期延后，工种费用大大超过预算。统计显示，拖延工期，合同外随意增加工程量的投诉，占家装投诉总量的 15%以上。王小姐在福田区买了一套 90 多平方米的住宅，交给某公司装修。装修前，王小姐与装修公司签订的合同总报价为 6.7 万元，包括衣柜、地板、门窗、墙面等常规内容。公司进场施工 10 天后，装修师傅告诉王小姐，她家天花板这么高，建议吊个顶比较“艺术一些”。王小姐表示考虑一下再说。但没想到两天后，装修队已经把吊顶弄好了，并且开价就是 5000 元。王小姐找公司理论，但装修公司答复是，王小姐当时并没有表示反对，而且做吊顶必须和其他木工一起做，做好了其他装修才好继续施工。王小姐气愤不过，表示拒付这笔钱。没想到装修师傅并不坚持，只扔下一句话：“那就看着办吧。”最后，由于担心装修队在其他工程上做手脚，王小姐还是无可奈何地把多出来的 5000 元“吊顶”费付了。

三是多收费，乱收费。一些装修公司利用雇主不懂行或者合同条款不明确，趁机多收材料费，擅自提高工程费等。这类投诉约占家装投诉的 5%。其欺骗手法具体表现为重复布线、多计面积、与装饰材料店合伙虚报价格等。去年就有消费者向家装协会投诉，总价才 3 万多元的装修，但水电改造就达到 2 万元之多，但工程已经做完，根本看不出倒底埋了多少水管多少电线。

四是行业主体混乱为症结所在。据统计，截止到 2003 年底，深圳市经相关部门批准，正式登记注册的家装企业为 142 家，远低于家装市场“游击队”数量。一组数字对比可以说明这个问题，据有关部门统计，2003 年全市装饰行业产值近 90 亿元，但正规注册的装修企业完成的产值仅 3 亿多元，绝大部分市场被“游击队”占领。另一方面，一些装修企业由于盲目扩张，造成管理失控，或以包代管，装修质量无法得到保证。这其中以设立分公司、办事处的形式最为突出，这些分公司、办事处与总公司之间的责、权、义务分不清，接到消费者投诉便互相推诿，无从解决，使得消费者合法权益得不到保障。“游击队”大量存在和企业盲目扩张还造成一个后果是装修行业无证上岗现象严重。项目经理或包工头大量雇佣无证人员上岗施工，施工人员无证上岗的比例高达总人数的 60%，其中专业技术工种无证上岗的又占技术人员的 50%。由于大量未经培训的无证施工人员上岗，不可避免地带来质量隐患，造成装饰工程质量差，诚信度低等种种问题。

二、提高队伍素质

为此，深圳家装企业呼吁提高队伍素质。在 2004 年 3 月 10 日举行的深圳家装行业座谈会上，深圳市消委会和市装饰行业协会联合向全市从事家居装饰服务的企业发出“诚信维权，规范服务”的倡议，与会企业纷纷在倡议书上签字，表示将积极遵守倡议的约定，保证自己企业服务的规范性。海大装饰公司刘先生在代表企业发言时表示，“没有诚信，就没有海大的今天”，海大一直把诚信作为企业发展的座右铭，他举例，公司的“阳光报价工程”就反映了这一点，虽然装饰行业的报价是个非常敏感的问题，稍有不慎，对企业就很不利。但是，公司坚持满足消费者的信息需求，结果表明，诚信对于企业的发展也是功不可没，自从实行了“阳光报价工程”后，海大的业绩量上升不少。他承诺，海大将一如既往的保持诚信，积极受理消费者的投诉，维护消费者的正当权益。名雕装饰代表彭先生则表示，导致家装行业成为消费者投诉热点行业，主要是从业人员素质低，施工队水平参差不齐，且有部分公司自律意识不强。他呼吁，同行要增强自律，提高企业工作人员的素质。他表示，自己公司将更好地开培训班，提高施工人员的技术水平，从根本上做到维护消费者的权益。

其他企业代表也纷纷表示，全力支持倡议所提，并遵守国家有关法律法规。但有代表提出，由于家装行业市场法规还不健全，导致不专业的“游击队”十分活跃，极大损害了行业的形象。3 月 12 日《深圳特区报》指出，据家装委有关负责人透露，政府相关部门针对这一情况，将逐步把管理权下放到行业协会，预计家装行业“游击队”现象将得到较好的控制。

三、正规军为何败给游击队

2004 年 3 月 12 日深圳《晶报》以“‘正规军’为何败给‘游击队’”为题发表评论。评论指出，当购房日益成为我们在都市里奋斗的内在驱动力，与之相关的室内装修也就像钉子一样越来越深地楔入我们的生活。之所以这样比喻，是因为不少人确实感受到了其间传递过来的痛——据统计，深圳市 2003 年度家装投诉总量高速 1400 多宗，而这些绝大部分乃家装“游击队”所为（相关报道见 3 月 10 日《深圳商报》）。一个必须交待的背景是，深圳家装市场时下可谓“一地鸡毛”，无孔不入的“游击队”不惟在数量上远超正规军，而且去年 100 亿市场份额的蛋糕，只给装备精良的正规军留下了区区 3 个亿，活脱脱一个劣币驱逐良币的现实版本。

家装“游击队”泛滥成灾，隐患多多，是应该予以狠狠打击了。其实，深圳中早在 1999 年就出台了一部《深圳市家庭居室装修管理规定》，未取得相应资质承接家居装修工程业务的，责令其停止违法行为，并处以违法所得两倍的罚款。但法规没有明确执行处罚的机构，似乎成了一纸空文，看来，和其他许多领域一样，我们缺乏的往往并不是制度设计，而是执行。这种体现在操作过程中的管理漏洞值得我们反省。

然而我们的思考还得继续前行：存在的就是合理的，家装“游击队”之所以屡禁不绝，自有其符合市场规律之处。也就是说，一味对它们进行指责无助于事情的解决，正规军是否也应对此揽镜自照，以寻求收复失地的途径呢？

如果说低价是家装“游击队”的利器，那么，品牌保证应该就是正规公司的制胜法宝。然而，某些正规公司的短视行为也给整个行业带来了致命的信誉危机。如有的以已之短攻彼之长，为了同“游击队”进行价格对撼，不惜以偷工减料为手段；有的为了赚取一点区区管理费，任由一些“游击队”挂靠在自己名下，无异于对好不容易积累起来的声誉的一种自杀…这一切给市民带来错觉的同时，也给“游击队”带来了赖以生存乃至坐大的空间。

因此，对于正规公司而言，突围的出路在于，一方面痛定思痛重建信誉——同样一件商品，放在街头小店一个价，放在超市一个价，放在精品专卖店里又是一个价。只要能够拿出相应的品质服务与品质保证，正规公司就可以重整河山；另一方面，由于多数正规公司的尴尬在于，一则实力不及品牌公司，一则报价又比“游击队”高许多，而主要的客户群体又不在这个档次。所以，如何向管理及经营成本要效益，尽可能缩小与“游击队”的价格差距，也是一个值得正视的话题——市场行为必须经由市场调控，否则，即使取消了所有家装“游击队”，竞争以及由此带来的问题会依然存在。

可以将“游击队”视为一种另类鲶鱼或者重新洗牌的一种契机。

关于南京市家装市场管理若干问题的思考与建议

南京市装饰行业管理办公室　**朱炳生　傅精宏**

随着人民生活水平和对居住环境质量要求的提高，家庭装饰业有了广阔的市场发展空间。据统计，2002 年住宅装饰完成工程产值达 5000 亿元，占全国建筑装饰产业的 63%，住宅装饰已经成为装饰行业的重要组成部分，成为具有相对独立的市场特点和对国民经济发展，对满足人民物质与文化需求特殊地位与作用的新兴行业。

作为社会关注的热点与焦点，家装业由于起步迟，企业规模偏小，从业人员水平素质参差不齐，管理水平较低，有时甚至破坏结构、假冒伪劣、粗制滥造、使用对人体有害的装饰材料，企业诚信度低，已经严重影响了家装行业的声誉与形象，且由于家装业法制建设相对滞后，市场运作和管理不规范，制约了行业的持续发展。净化、规范家装市场已经引起各级管理层的重视，2002 年建设部 110 号令《住宅室内装饰装修管理办法》，从 2002 年 7 月 1 日起强制执行的《民用建筑室内污染环境控制规范》和“10 类主要装饰材料有害物质限量规范”等一系列规章和办法，对规范市场、加强对住宅装饰市场的管理，进一步推动装饰行业的健康发展，满足人们的广泛需求，都具有十分重要的意义。

一、南京市家装市场的现状

截止 2003 年 3 月，进入南京市家装市场的队伍有数百家，目前已在市装饰行业管理办公室登记的有 450 家。由市建委审核发证 234 家，详见表 1、表 2 和表 3 。

企业性质分析表（按登记数） 表 1

性质	股份制	国有、集体	中外合资	外资	个体经营	合计
数量	343	33	8	2	64	450
比重	76.2%	7.3%	1.8%	0.4%	14.2%	

企业注册资金分类表（按登记表） 表 2

注册资金	50 万元以上	10～50 万元	1～10 万元	个体经营	合计
数量	216	156	14	64	450
比重	48%	34.7%	3.1%	14.2%	

企业经营规模（按发证数） 表 3

年完成量	3000 万以上	2000～3000 万元	1000～2000 万元	500～1000 万元	500 万元以下	合计
数量		2	15	45	146	208

按照 2002 年南京市房地产销售统计，商品房、二手房成交量 415 万m²按 80%考虑，家装的工程量在 28 亿元左右，与上一年统计增长额在 20%左右。根据不完全统计数字表明，正规家装公司完成的家装工程量只占市场份额的 26.7%。

二、南京市家装市场的主要特点

2002 年是南京家装业不平坦的一年，企业经历了“广告战”、“价格战”，逐渐开始以一种理性的方式去“抢”市场，市场的竞争促进了行业的发展，使一批主打“服务”牌的企业，依靠诚信，注重质量，脱颖而出，走上了良性发展道路。

1. 家装企业注重品牌，在打造诚信上走上了坚实的一步。面对市场的激烈竞争，面对消费者崇尚健康的全新消费理念，我们的家装企业从服务入手，打造诚信。普遍感到，“诚信就是生产力”，过去那种坑蒙拐骗的经营方式，必定会被市场淘汰，从去年的优秀家装企业、信得过企业、优质家装工程等评比活动，企业踊跃参加的积极性来看，本地企业开始注重形象，有好几家企业靠诚信创造了 3000 万元左右的施工产值，创历史最好水平。

2. 抓住设计龙头，注重人才培养。家装业是一个特殊的服务性行业，服务从设计开始，2002 年家装设计风格有了巨大的变化，从“简装修、重装饰”到以人与自然为本、安全实用、简洁明快、舒适温馨、绿色环保的设计理念，材料告别了榉木时代，走进了黑胡桃或者柳胺木混水漆出效果，直线条为主，板式家具配套解决了协调性的问题，得到了市场的认可。南京众多院校室内设计毕业的人才，为我市家装企业增添了活力，钟凯丽、美庭、中保龙、锦华、丹维等一批企业专门成立了设计室，园方电脑软件公司“小太阳”三维动画设计理念，从室内设计到工程报价、材料选择及家装企业的经营，提高了效率，“银城杯”家装设计大赛等活动，为企业的设计人员搭建了提高知名度的平台。

3. 企业整体实力加强，走连锁、展示，开始实施走出战略。市场的竞争，打“价格战”，损伤了行业的整体效益，企业开始扩大经营点，联合家电、橱柜等相关行业搞起了展示中心，钟凯丽、联盛、中保龙、美庭等企业展示中心的开业收到了理想的效果，江苏锦华、钟凯丽、鼎亨企业还将分公司开到了南通、丹阳、扬州等地，走出去，扩大企业知名度，家装企业力争提高整体实力，走规模经济的道路，提高企业的经济效益。

4. 以质量创信誉，健康家装，联手打造“一次性”装修房。2002 年，市装饰行业管理办公室、市建筑装饰协会评出了 20 家优秀家装企业 3 家，信得过企业，21 项家装优质工程，并参加了第一次省优、国优家装工程评比，涌现了一大批家装优质工程，以质量为根本，为企业创出了信誉。执行健康环保家装，协会组织家装专业委员会通过了健康家装联盟，走出了艰难的一步。按照住宅产业化的要求，工厂化装修，一次性装修已经在家装业出现了，钟凯丽、千里马、白兰等有实力的企业，办起了后方加工厂，提高了工程质量，缩短了工期，降低了工程成本。

5. 外地品牌家装企业的入驻，带来了新理念。2002 年，以北京东易日盛、业之峰、满堂红、上海百姓等一批外地有实力的品牌企业到我市家装市场“抢滩”，以形象宣传、经营理念、质量规范、设计新颖、管理服务等方面带来了先进理念，刺激了本地市场，使本地企业感到了压力。外地企业从业人员本土化，给家装从业人员提供了选择的余地，发展的空间，增加了就业机遇。外地来宁企业的震动，更加促使本地企业在各方面做较大的改革与调整，以适应市场的竞争需求。

6. 行业管理部门、协会积极服务，促进行业健康发展。

面对蓬勃发展的家装业和激烈竞争的市场，行业管理部门及时提出了“积极引导、逐步规范”的工作指导方针，在市政府197号令及与之配套的南京市建委制订的“南京市住宅装修装饰管理办法”，从市场准入、行业规范、从业人员要求等地方性法规、规章的指导下，协会具体制订了年度总要求，分阶段实施了“家装质量保证金、先行赔付办法”，企业工程设计评优、组织培训、参观学习，培育了金陵、金盛、汉中门、石林等家装交易市场，积极协调调解纠纷，办理资格证书等一系列工作，为规范家装市场起到了积极引导和推动作用，为维护政府的社会效益、企业的正当效益、消费者的合法权益做了大量工作。

三、南京市家装市场存在的主要问题

过度膨胀的发展带来无序的竞争，违反市场管理的行为还未得到有效控制，居高不下的投诉，反映了本市家装业存在的种种问题，近期，南京万人评议机关及省人大会上人大代表的议案所反映家装市场的问题就是证明。

1．少数企业经营不规范，低价承揽业务，偷工减料，粗制滥造，装修质量得不到保证，管理与服务承诺不兑现，我们去年接受投诉几十起，还发现了极个别的企业卷款潜逃，业主追讨无门的现象。

2．家装工程质量与先进城市相比，还有不小的差距，特别是少数企业违规施工，拆除承重结构，造成房屋安全隐患。

3．一次性装修环保检测起步晚，跟不上市场需求。一次性家装“曲高和寡”，达不到现代人的个性化要求，制约了工厂化装修，有毒有害的材料源头没有得到遏止，给居住者带来身心健康的损害。

4．正规家装企业市场占有率低。从市场分析来看，家装企业的竞争对手不是公司之间，还是“家装游击队”。

5．消费者的消费理念需不断引导。不问家装企业是否有资格，一味追求低价，使“家装游击队”有生长的土壤，媒体广告不问企业是否符合经营要求，广告中不实之词时有出现，误导消费。

6．部门管理工作仍需加强。多头执法，没有结合本地区的实际，形成综合执法，出了问题都感到有压力，部门之间的协调能力还需要加强。

四、家装市场的发展趋势、工作思路与设想

结合南京市家装市场的状况，今后家装市场发展趋势将要实现树“品牌”、拼“服务”，经营“创新”的目标，随着家装业规范化发展的推进，在企业品牌结合实力较量中，市场面临洗牌，家装业希望与危机并存。

发展趋势：

1．管理更加规范，要求努力提高“品牌”形象。为保证工程质量，降低工程成本，缩短工期，纷纷建立自己的后方工厂、材料配送基地，管理水平开始向科学化迈进。管理跟不上的企业势必将败下阵来，新的品牌势头强劲，外地品牌企业进宁的势头趋强。

2．拓展经营思路，实施步入走出战略。抓住家装主业，发展相关行业，如清洁、家政、家具、橱柜等，反过来为自己的品牌树形象。周边城市发展经营点，扩大企业品牌效应。

3．专业化分工更加明确，消费者更加理性消费。门套加工、地板铺设、洁具安装、橱柜家具生产安装等来自工厂、材料销售商的比例将增加，而家装公司的单子越来越“薄”。消费者在追求个性化的同时，讲究实用简单将占主导，因而家装公司单子分量越来越轻。

4．适应开发商追求销售亮点，积极参与全装修竞争。全装修房的比例呈上升趋势，而开发商选择队伍引进新一轮的竞争，但是目前以“马路游击队”为主的自装房仍然占市场主导，这对品牌家装企业的影响仍然最大，品牌企业必须调整发展战略。

工作思路：加强管理，规范家装市场，发展家装业。

工作重点：培育家装市场，主打服务牌，诚信服务社会

工作目标：切实加强对家装市场的管理，依法行政，综合执法，提高家装工程质量，优胜劣汰，培育壮大正规企业的市场占有率，力争达到40%左右，为市民提供舒适温馨、环保健康的居住环境。

2003年，市装饰行业管理办部门计划以“诚信、环保”为主题组织多项活动。

一是上半年进行家装优秀企业、家装设计大赛评选、家装工程评优工作；

二是从三月份开始组织家装企业赴苏州、南通学习，学习先进城市家装企业的管理经验，观摩优质工程；

三是与省管理部门、工商、房产、税务联合调研，对家装业的管理、服务、执法、纳税问题作专题调研；

四是今年安排两期家装从业人员的培训工作，提高企业综合素质；

五是联合家具、饰品、家电、装饰材料在八月份举办“2003南京家装文化节”；

六是对一次性（菜单式）装修组织一次与开发商合作活动，扩大一次性装修的影响，推动住宅产业化的进程。

主要措施：

1．联合各方，优势互补，形成合力，使我们的管理工作不再滞后，争取省、市主管部门在重视的基础上，形成合力，将管理规章更加完善；

2．超前研究家装业的发展战略，在住宅产业化的方针下，制订相应的设计、质量、报价、验收规章，使工程达到《民用建筑室内空气质量控制规范》，加强对企业管理与服务，严格准入与清退制，对信誉好、质量高的企业大力表彰，对有问题的要批评教育，对严重违规的企业要予以清除。

3．完善协会家装委员会的工作，使家装委员会制订的《南京市家装行业公约》得到全面贯彻与执行，行业自律要成为家装企业的自觉行动，企业清退及人员的清除工作要由

家装委员会公布于众，提高家装委员会的权威性，净化行业，维护消费者与装饰公司的合法利益。

4. 继续执行“家装工程质量保证金先行赔付办法”，完善该项办法，促使家装企业全面提高家装工程质量。完善“家装健康联盟”办法，使材料制造商、销售商、装饰行业共同携手，不让有毒有害的装饰材料进入南京市场。

5. 加强与媒体的合作，宣传家装管理的政策和要求，不定期安排公益性讲座，提高消费者的消费理念，破除消费者的消费误区，使家装市场走上健康良性的发展。

五、建　议

1. 根据建设部110号令《住宅室内装饰装修管理办法》，按江苏省的实际情况，征集各市的管理现状，修订完善《江苏省住宅装饰装修管理办法》，争取上升到操作性强、部门职能分工明确的地方法规。

2. 市建委召集有关部门，如工商、房产、媒体、建筑市场监察、质监等，共同会商对家装出现的问题及其工作措施，组织调研专题组，研究家装市场及装饰材料市场的若干问题，对症下药，采取有效措施，服务办实事。

3. 对家装市场的活动安排，特别对“2003南京家装文化节”倾心倾力，作为部门的一个工作重点。

4. 对《民用建筑室内空气质量规范》的检测机构的认证，早出标准，进入市场化运作，修改家装合同文本，室内空气质量检测成为强制条款，对家装设计认证及标准，家装指导价指定相关部门健全和完善。

[编者按] 如果谁自认为不懂或特懂家装的，就看看此篇文章吧。

深圳家装公司核心竞争力分析与人力资源管理创新的建议

深圳　王海光

一、问题的提出

深圳家装产业是1997年前后，伴随深圳房地产市场的迅猛发展衍生出来的一个新兴行业。2000年前后，以深圳家装“四小龙”为首的家装公司，先后创造了十数个全国第一，各公司在电视报纸等各媒体投放的广告更是铺天盖地，火爆程度由业界流传的一句“中国家装看广东，广东家装看深圳”的公开的赞誉就可见一斑。

2002年，半数以上家装公司都开办了子公司或到内地各大中城市设立分公司。深圳家装公司的外地抢滩引来了大批欲从事家装产业的“取经人”，一时间，内地家装市场开始迅速升温。然而，深圳家装市场却从2002年下半年显现旺季不旺的势头，2003年持续低迷，家装正规军辛辛苦苦夺来的市场份额正一点点失去，

2004年至今，大好家装江山，依旧是游击队的天下。是什么原因造成了深圳正规家装公司当前如此尴尬的局面？笔者认为，最直接、最简单的原因就是：目前深圳家装公司普遍没有竞争力，更没有几家公司形成了自己独有的所谓核心竞争力。

从经营模式上看，深圳各家装公司基本上大同小异。目前142家家装公司采取基本的套路是：公司老板租场地办执照、搞营销接业务，设计师负责承包设计，项目经理负责承包施工。深圳家装公司经营模式的同质化，造成其竞争力十分低下，甚至毫无核心竞争力可言。很多业内人士自己都承认，目前的家装公司充其量算得上一个中介公司。

造成这种现状的根本原因是：人力资源管理流程及管理水平大大滞后于快速萌芽发展的家装产业。深圳家装公司要想提高其核心竞争力就必须进行彻底的人力资源管理创新。人力资源管理的创新主要包括以下四个方面：一是在人力资源配置上，实行内部培训和外部劳动力市场发掘相结合的方式；二是在人力资源管理上，在浓厚的私营企业色彩下，采用灵活多变的方法，力求实现高度专业化和制度化；三是采用内部优先提拔和外部挖掘及快速提拔及人才储备；四是在人力资源激励上，采用精神激励、物质刺激双重手段，实施绩效考核，实施个人业绩、公司业绩及贡献大小等综合因素支付薪酬。

深圳家装公司竞争力低下的问题的根本是经营模式、管理体制造成的。经营模式、管理体制的滞后的根本原因是人力资源管理流程及管理水平的滞后造成的。

二、深圳家装公司竞争力现状

目前，不论从官方还是从家装公司本身的数据都无一例外地表明，深圳家装公司的竞争力十分低下且正在呈现下滑趋势。

据统计，2003年度深圳市家装企业已增至142家，其中申报产值的60多家企业完成产值2.71亿。有业内人士称，深圳家装产值实际上决不止2.71亿，而是远远大于该数字。根据深圳国土部门公布的数据，2003年度，住宅销售面积为806.56万m²，按深圳装饰行业工程造价的基本常识，最简单装修300/m²元计算，深圳家装产业2003年度的市场份

额最保守也在24亿元以上。不难看出，2003年度深圳家装市场大部分份额被游击队占领，已成为不争的事实。

深圳市装饰行业协会家装委员会主任刘英强在2004年3月6日该会第一届理事会上说：目前深圳市家装产业的主要矛盾是，消费者对高水平的家装服务的需求得不到满足。这一矛盾是结构性的，表面上市场竞争激烈，实际上这种竞争是低层次的。本质上是高品质家装服务的供给不足，大部分的市场份额为家装游击队占据。他指出，进一步开放市场，给非法经营者一个合法经营的机会，这样才可以将游击队变成正规军，纳入行业管理，有效改变70%的市场是无证经营的现状（无证经营即是家装游击队）。

刘英强认为，导致产生这一矛盾的主要因素：一是优不胜、劣不汰的市场环境；二是监管不力造成行业的信任危机；三是合格从业人员不足，导致工程质量问题多。深圳市装饰行业协会、家装监管分会2003年度接到有效投诉1000多起，同比增长10%。在所有投诉中，工程质量投诉约占总数80%，对服务态度不佳及行为不当的投诉占总数的20%。

深圳知名家装品牌——深圳市满堂红装饰装饰公司在2001年时，最高月签约装修工程额达800万，月同时在建工地400多个，年产值近亿元，该业绩至今在业界被传为佳话。满堂红董事长卢有吉曾认为，深圳家装市场保守估计在30亿元以上。他曾以满堂红公司为例进行过计算，该公司2001年曾对进入施工的十多个小区进行深入调查并进行数据综合测算后得出一个结果：市场占有率不足5%。2002年雄居深圳家装公司业绩第一的深圳雅庭装饰，其董事长汪昌镇也曾承认，他所领导的雅庭公司市场占有率绝对不超过4%。2004年3月后，深圳另一知名品牌海大装饰，不论在正式、非正式的场合或官方的媒体上，该公司无一例外的公开宣称、证明、表达着这样的一个信息：海大以6000多万元的业绩在深圳家装公司2003年度产值排名第一。无论是2001年的业界第一、现今已发展拥有20多家分公司的、却在本次官方数据评比中默默无闻的满堂红装饰集团，还是仍如日中天的2002年第一的深圳雅庭装饰集团，海大装饰公司仅以6000万产值就能排名“2003年度家装公司第一”，正有力说明了正规家装公司的市场占有率在减少，竞争力在下降。

一方面，深圳国土局公布的数据表明，住宅销售面积几年来并没有大幅度降低，销售面积相反还有所上升。该数据充分说明了家装产业的市场份额是大了而不是小了。另一方面，满堂红、雅庭、海大等公司的业绩证明，正规家装公司的市场份额在减小的同时，也有力地佐证了深圳装饰行业协会官员刘英强主任的话：70%的市场份额正被家装游击队所占领。

那么，究竟是什么原因造成了家装行业正规军目前的尴尬现状呢？

早在2001年，以深圳满堂红、雅庭、嘉音、居众等深圳家装“四小龙”曾信誓旦旦打出口号：要彻底消灭家装游击队。在2004年的今天，相信没几个人再敢说这样的话了。倘若现在有人说正规军能消灭游击队的话，人家会怀疑说这话的人是不是脑子有毛病。很简单，大家的业绩在那里摆着嘛！

三、深圳家装公司竞争力原因分析

要了解深圳家装正规军为什么处于这么尴尬的局面，要从深圳家装业正规军的企业核心竞争力谈起。

1．核心技术或物资方面的竞争力。众所周知，家装产业虽然是随着房地产的日趋成熟而快速偏发展的一个新兴行业，但其本身却属地道的传统手工制造行业。不少工种古已有之，只是现在变换了名称而已，如木工，过去叫木匠，使用操作工具由过去的斧头、锯、墨斗、刨子改良为现在的电锯、气压泵、气钉枪等。泥瓦工，过去叫泥水匠，操作工具有过去的灰刀等改良为手用切割机、搅拌机等等。除工作效率、工艺与以前相比，有着不停的变化的细分外，其好多工作的本身并不可能完全机械化，也就是说机械化不可能完全代替人工操作。这就决定了装修产业本身几乎不可能有所谓的高科技含量。

由于近年来崇尚简洁、明快、大方的装饰风格，很多家庭的装修工作并不复杂，无非是铺铺地板、地砖，刷刷油漆，做两个衣柜，安装些电器等等。这些工作决定了装修施工工艺不可能很复杂。一些稍复杂的工艺，如雕刻等，已全部由一些专业的公司用机器来完成了。装饰公司要面对的就是：简单的工艺和人。这里的人，又分设计师、工程包工头、施工工人、及贯穿在这些人进行管理工作的各方面的人。

不难看出，家庭装修过程中近乎呆板的程序化操作性质的工作很多，工艺标准也不十分精密及复杂等事实决定了，装修公司的核心竞争力的形成中，人的因素占有至关重要的决定性因素绝非偶然。

既然人的因素在深圳家装公司占有如此重要地位，那么家装公司就应该予以绝对的重视。然而，由于其赢利模式的特点，恰恰忽略了人这个至关重要的因素和环节。这也充分说明了深圳正规家装公司市场份额逐渐缩小、竞争力低下或普遍没有核心竞争力原因的根本所在。

2．业务流程。深圳家装公司的整个业务流程基本上是这样的：公司租赁办公场地办理营业执照，招聘工作人员（主要指前台、财务、营销、办公室行政人员），打广告，搞活动吸引装修业主，由设计师免费提供设计方案及工程造价预算，签约，提取工程总造价的25%～30%，分包给项目经理，项目经理提取工程总造价的10%～15%转包给施工小队长，施工小队长按工资总包干或每天若干工资包给施工组长或施工工人。表面看来，深圳家装公司这样层层分包，一路下来似乎也没什么问题。实际上，这个业务流程所带来的公司竞争力的弊端，随着整个装饰行业的快速发展和消费者业主消费观念逐步成熟理性，已越来越清晰的凸显出来了。

在1998年前后，随着房地产市场的复苏和升温，深圳家装市场迅速萌芽并呈几何式增长，一些木工、泥瓦工在此阶段集结成队并快速致富。由于缺乏市场监管和自身安全意识的淡薄，导致了安全事故的频频发生。在一片呼声中，全国第一家装饰行业协会家装委员会在深圳成立，一些工人出身的小包工头和材料商等周边产业嗅觉敏感的人们，办完工商执照及施工资格，便以自己有办公场地、合法执照为由，顺应潮流，举正规军大旗，高呼消灭家装游击队，一时间，深圳新诞生的家装公司凭借正规军的身份，在政府职能部门政策的大力扶持引导下，创造并提倡规范的施工工艺、规范的装修价格和售后维修服务有保障等多项能真正满足消费者利益的口号和实际行动，确实得到了广大消费者的一致认可，也使得深圳家装正规军一举夺得家装市场的大半江山。

3．正规军。口号是不能永远当饭吃。看似强大的深圳家装正规军，实则是由收编家装游击队演变而来，是一个在政府政策引导下产生的市场重组、演变及利益重新分配的产物。它是一个多群体利益的集合。如家装公司的经营者或老板，为了自身的利益，他必须要有利润作支撑，它提 25%～30%是必须的。笔者在 2002 年度曾就多个深圳家装公司的经营成本作过一番调查后发现：广告费 5%～13%，房租 8%～18%，员工工资 5%～15%。这就不难理解为什么很多深圳家装公司的老板总是在公开场合宣称，家装行业是微利产业，只有 3%左右的利润。项目经理（包工头）获利 10%～15%也是必须的。

4．项目经理。他们在家装公司是单独的个体，表面上隶属于家装公司，实则没有工资拿，是真正意义上的自主赢利个体。他们再向家装公司交纳 3～5 万元的工程质量保证金后，其工作就是承担家装公司派发的施工任务。项目经理一般不参与施工操作，大多数项目经理采取的手段是将工程再次转包施工小队长，其本身则常从事与家装公司的联络公关工作，而忽视了本身应做的施工管理工作，以至于闹了很多笑话。好多项目经理在工地交验时，连去工地的路都找不到或根本不知道自己负责的工地在哪儿。

5．设计师。除了家装公司老板、项目经理这两个中间层外，深圳家装公司还普遍存在这样一个相对独立、却至关重要的群体——设计师。目前，深圳大多数家装公司的设计师基本上都没有基本工资保障或拿很少的底薪工资，他们主要靠拿提成、佣金挣钱，佣金额度一般占工程总造价的 3%～8%。表面上，深圳家装公司对外都宣传说装修免设计费，实则是从工程总造价铁定要拿出一定的比例支付给设计师，“羊毛出在羊身上”，工程总造价提高几个百分点，还不是在变相地收设计费？！

6．利润。从上述事实不难看出，为什么深圳家装产业的毛利润高达 40%～50%，却没什么利润可图的根本原因在哪里了。一方面，深圳家装公司的项目经理，一般都会选择挂靠两三家家装公司，穿上谁家的衣服，就是谁家的人。很多项目经理手下的工人上班时经常带两三套衣服，以至于经常闹出在甲公司工地干活却穿着乙公司工服的闹剧。另一方面，项目经理由于本身就是包工头，所有施工工具属自有资产，工人也都是由其聘请，只不过是借家装公司的壳承接工程而已。

7．家装游击队。这些项目经理穿上带有家装公司标志的衣服就是正规军，脱下家装公司的工作服时，实际上就是家装游击队。他们自己往往凭借正规家装公司的专业身份，以低于家装公司 20%以上的价格私底下自行承接工程。有不少设计高手，根本不到家装公司上班，呆在家里也常会顾客盈门。这些凭借口碑相传的忠实客户，有来自项目经理介绍的，有设计师本人设计水平吸引而来的。这就不难理解游击队为什么会有市场了。家装公司一边说要消灭游击队，一边又提供给游击队枪支弹药和招兵买马发展壮大的机会，甚至还把游击队养在自己家里当护院，家装公司越高喊消灭游击队，游击队却越来越强大的根本原因就在这里。

综上所述，由于深圳的家装公司基本上都采取上述经营模式，工程全部采用转包给项目经理管理施工的方式，除没有实际意义上的自有设计师外，其本身根本也没有什么自有施工工具，更别谈有真正意义上的自有施工工人。所以，当消费者逐渐明白深圳家装公司构架组成的时候，只要自己的时间能满足自己经常呆在装修现场，二次装修已鲜有人再傻乎乎的去找装饰公司了。同样的一帮人设计，同样的一批人干活，同样的工艺，能省 20%的钱而不去省，这人不是钱多得没地方花了？到此，就不难理解，笔者为什么会说家装公司的竞争力十分低下，甚至根本没有核心竞争力了。

四、深圳家装公司人力资源管理现状

深圳家装公司普遍缺乏核心竞争力的根本原因实际上是缺乏科学有效的人力资源管理体系和管理机制。

众所周知，人力资源管理体系是以组织和设计为基础，通过人力资源规划进入人力资源管理各分系统（程序），主要包括招募甄选调动和岗位配置程序、引导培训和开发程序、绩效评价和绩效改进程序、报酬认可程序以及贯穿始终的沟通程序。通过人力资源管理的运做，企业追求的是高的工作效率和业绩、通畅的运做体系与发展的潜力、员工的忠诚以及企业良好的声誉等目标；员工追求的是与企业稳定的关系、报酬认可、被尊重和良好的社会交往、自身价值的实现等目标。在深圳家装公司目前工作方式的背景下，人力资源管理体系几乎形同虚设或根本从来就没有成型过。

先看人力资源管理工作的两个重要职能——人员招聘和岗位设置及培训。如前所述，家装公司一般招聘的工作人员主要包括以下岗位：设计师、办公室主任、客户服务经理、前台文员、会计、营销企划人员、市场部经理及业务员、工程总监、监理工程、项目经理等，由于设计师基本上是靠拿提成佣金为主要收入，签单越多，收入就越高，该群体在深圳家装公司的工作并不是真正意义上的设计师，他们的初期的工作内容是免费的，只有在业主认可了他们的设计方案、报价并签约付款后，他们才真正开始有收入。这使得他们前期的工作，如设计布局、工艺讲解、价格协调等谈判工作，无可避免的带有或多或少的功利心。这就导致业主交钱后的开工现场图纸交底、材料的选样等好多设计师拖延或干脆销声匿迹。反正已经签了合同，业主由主动开始变为被动。这造成了好多有本事的设计师特立独行，反正凭手艺吃饭，招设计师的公司很多，"此处不留爷，自有留爷处"。在此环节上，大多数设计师很难真正溶入企业。

由于大多数的家装公司的工作侧重点在利益驱使下，他们很现实的认为拉到客户才是他们产生利润的根本，很少有真正考虑过五年甚至更长远的规划。笔者曾先后对深圳十多家家装公司做过一项调查，调查结果是，只有一家做了五年规划，能模糊地说出规划的内容。

深圳家装公司的短线操作行为普遍给业主造成了一种明显的感觉：看设计方案前，所有人热情如火；签约施工后，别扭多多，问题多多。最关键的是，由于深圳家装公司签约承接的工程几乎百分百的转包给了项目经理进行施工，这就造成了家装公司没有真正意义上的工人。家装公司自己号称拥有成百上千的自有工人，实际上都是项目经理统一上报整编后作秀给业主看的。项目经理也不会固定每月发工资养活工人，他们喜欢采用包工，包工就是记件算工资。或支付点工工资，点工工资就是干一天活给一天工资。大多数情况下，工人为了保证全勤出工，在项目经理甲手下快干完活儿时，一般都会主动联系熟识的项目经理乙或丙要活儿干，或联系自己的工友，他们都有自己寻找活计的圈子。

可以看出，现有赢利模式下深圳家装公司的三大支柱：公司营销、工程设计、工程施工，由于其中的两大块儿——工程设计和工程施工都进行了不同形式的专业外包，没有切实有效的手段从根本上去除外包带来的弊端，如人才的培养和储备、新工艺的推广等难度都非常大。

由于家装公司承接的家装工程大多有这样的特点：工程量小、工期短。单个工种的作业时间长则 20～30 天，短则 3～5 天，工人的流动性太强。今天是你甲装饰公司的工人，明天可能就成了乙装饰公司的工人。除施工安全等基本要求外，各装饰公司均不可能进行行之有效地培训，更不可能统一给一线施工人员买些什么保险、发些福利什么的。这就导致了深圳家装市场自 1996 年前后迅速升温、火爆了近 10 年，设计风格流行变换了十数种，然而，深圳家装公司整体的施工工艺却没有多少改良，综合服务水平也没有取得长足的进步。

五、深圳家装公司人力资源管理创新建议

树立企业核心竞争力是人力资源，人力资源的核心是人才的正确经营理念，高度重视以人为本的人力资源管理创新。

现代管理大师彼得.德鲁克（P.DRUCKER）曾经说过："企业只有一项真正的资源：人。管理就是充分开发人力资源以作好工作"。事实上，人力资源又何尝不是构成企业核心竞争力最根本、最重要的核心因素呢？对一般企业如此，对以手工作业为主的深圳家装产业里的家装公司更甚。

1．在人力资源配置上，实行内部培训和外部劳动力市场发掘相结合的方式。由于人的因素在深圳家装公司占的比重实在太重要，那么就必须对人力资源进行重新配置。就施工管理层来讲，可有计划、有步骤地培养一批施工主管。人员可从现有项目经理属下的施工小队长或施工工人群体中进行挖掘。也可到深圳市装饰行业协会申请由其进行专业培训及组织推荐所需的专业人才。逐步淘汰、清理现有项目经理队伍，将项目经理所得的 10%～15%毛利润一部分返还给消费者，一部分用来提高施工主管的待遇，增加他们的收入。就一线施工人员来讲，设定合理的月工程施工总量，配置固定数量的工人，让这批固定数量的工人形成一个有效的循环，达到或满足他们期望的月出工率。采取计件工资却又能稳定一批工人，达到不养而养的同时，既稳定了质量，又降低了企业的管理成本。

2．在人力资源管理上，在浓厚的私营企业色彩下，采用灵活多变的方法，力求实现高度专业化和制度化。由于深圳家装公司大多数是夫妻档或父子档、父女档，基本上都是私营企业。公司老板应真正视员工为自己拥有的最大的财富，遵守游戏规则，时时处处体现出对那些努力工作、肯于奉献的员工给予充分尊重和特权，如在设立常规奖项的基础上，用包红包的形式公开奖励那些做出成绩的人。通过树立相同信仰，灌输价值观念，潜移默化地影响员工的行为。在维持良好的内部人际关系，保持情感互动的同时，建立明确的岗位工作手册。对常规问题的处理程序和政策都进行明文规定，以身作则，提倡刚性制度安排，分工清晰、明确。

3．采用内部优先提拔和外部挖掘及快速提拔。在人力资源管理中，要真正不任人唯亲，要任人为贤。"能者上，不能者下"。有空缺岗位优先内部竞争上岗，鼓励熟悉此项工作的人参与竞争。外部挖掘从事与空缺岗位相类似的人才，不论学历。现在深圳家装公司也走入了一个误区：一打招聘广告就要求什么本科或以上学历、工民建专业毕业有工程师职称等等。当然，科班出身的人自有其优势，但在家装产业这样一个技术含量极低的领域，有些时候招聘高学历人才是大材小用，是浪费。在把握好营销管理、设计、工程施工等三个环节关键的人必须是科班出身外，其他环节完全可以、能够大胆启用非科班人才，深圳不少业绩优秀的家装公司就是很好的例证。

4．在人力资源激励上，采用精神激励、物质刺激双重手段，实施绩效考核，实施个人业绩、公司业绩及贡献大小等综合因素支付薪酬。精神激励在深圳家装公司基本很少运用，但决不是不可以使用。除国营企业常规上使用的评比各项名称并颁发奖状、奖杯、奖金的办法外，还可以将公司员工人为分为六个级别，以星为代表，一星为一级。一星级工

人每天工资为 50 元，二星级工人 60 元，三星级工人 70 元，四星级工人 80 元，五星级工人 90 元，六星级工人 100 元，每个级别的晋升及下降设置明确的硬性指标。又可在普通员工和管理层分设金、银、铜星以示区别。也可为员工进行个人生涯设计，可以走管理路线，也可以走技术路线。总之，通过发放各种实实在在的福利及宣传培训，让每个员工通过勤奋努力工作并获得佩带各种各样的星星感到荣耀。

六、人力资源管理创新业绩实务

2002 年 9 月 15 日，笔者受深圳市某装饰工程有限公司董事长的邀请及委托，对该公司人力资源管理进行重新设置。

某装饰公司创办于 2002 年 6 月，拥有管理及行政办公人员 8 人，项目经理 6 人，设计师 5 人，由于该公司为新成立品牌，资金实力也不雄厚，品牌知名度、美誉度、客户忠诚度等各项指标几乎为零，该公司与原有深圳家装公司相比，几乎毫无竞争力可言。其每月签单量不足 20 万元，就是其竞争力低下的最好佐证。由于公司业绩不佳，员工人心涣散，几乎无向心力可言。

经过几番深入调查，笔者发现其经营模式与市场原有 100 多家家装公司大同小异。其最大优势是没有历史包袱，企业规模较小，易于进行改制。于是，笔者建议，在人力资源配置上，实行内部培训和外部劳动力市场招聘发掘相结合的方式，招取熟手木工、泥瓦工、水电工、油漆工等共 190 人，施工主管 15 人，秘密进行为期 15 天的岗前工艺强化突击培训，同时，分两批淘汰、清理原有项目经理队伍。

将项目经理所得的 15%毛利润，5%返还给消费者，5%用于补贴、奖励施工主管，5%用于增加一线工人工资。同时，取消 5 位设计师佣金提成，改为发放基本薪金 3000 元/月，并承诺公司业绩达到既定目标后给予重奖。9 月 30 日，按照设定程序，某装饰公司在深圳各大媒体连续刊登大篇幅广告，进行系列促销活动，重点突出低价格、高质量，并向所有来电话咨询的装修业主说明低价格、高质量的根本原因是：取消了项目经理和设计师提成，低价不低质。2002 年 10 月，某装饰当月业绩突破 60 万元。2002 年 11 月，在 60 万元业绩的基础上又实现翻一翻。2002 年 12 月，一举突破 240 万元/月业绩大关。此时，与当初设定的月工程施工总量基本持平，涵盖家庭装修四大工种的 180 个人，形成一个有效的循环，满足了所有工人期望的月出工率。公司在实现不养而养的同时，采取计件工资淘汰并稳定一批肯吃苦耐劳、手艺好的工人，既稳定了装修质量，又降低了企业的管理成本，极大提升了公司市场竞争力。

在笔者请求下，某装饰公司董事长和普通员工一样，坚持上、下班打卡，一般员工上班迟到罚款 10 元，部门经理罚款 30 元，总经理罚款 90 元，董事长罚款 270 元，所有罚款每周或每月全部用于工作餐，超额部分由公司垫付。值得一提的是，有一次，副董事长王先生因晚上加班而导致第二天迟到，也被人力资源部当场记录在案，按级别，他被执行罚款 270 元。某装饰员工见老板如此以身作则，遵守公司的规章制度，无不交口称赞。一时间，公司上下团结一心，士气高昂，充满斗志。此时，笔者见该公司业绩持续向好，便建议该公司董事长应不失时机地对那些努力工作、表现突出、肯于奉献的员工进行奖励。同时，在颁发常规奖金的基础上，还特别出乎意料的，额外派发董事长个人特别奖金——大红包一个，少则几百元，多则几千元。某装饰公司通过董事长发红包的事件，大肆宣扬一个信息：虽然常规情况奖有理，罚有据。但经常却有意外。不仅让受奖的人被意外来的奖项的感动，还让看的也人心动。被罚时，欲哭无泪却心甘情愿。公司受信用，重承诺，能与员工共荣辱。大大激发了员工的自主工作、争创模范意识，在员工中形成了良好的潜移默化的作用。某装饰领导层和员工保持着真诚的情感互动，在维持了良好的内部人际关系的同时，又建立了明确的岗位工作手册，对常规问题的处理程序和政策都进行明文规定，董事长、总经理以身作则，又大力提倡刚性制度安排，分工清晰、明确。

在人力资源管理中，某装饰真正做到了不任人唯亲，任人为贤。能者上，不能者下。如董事长的弟弟，本来负责材料采购工作，由于其对新材料、新工艺的接受程度较慢，影响了多个在建工地新材料、新工艺的使用和落实，立即被人力资源部门勒令下岗再培训，六个月后经过内部公开竞争上岗，其才再次得以录用在相关岗位。又如，在某装饰公司的工程管理上，不针对学历进行硬性要求，选拔了实际施工管理经验丰富、精通水、电、木、泥瓦各个工种施工工艺但却只有初中毕业学历的四川籍民工小王担任技术总监，同时，授予他很大自主工作的权利。此举，使得某装饰公司的工程施工至今没有出现一例质量缺陷或投诉事件发生。

2003 年 3 月，小王获得由某装饰公司董事长亲自颁发“2002 年度最具突出贡献奖”奖状一份及奖金一万元整。3 月 29 日，某装饰公司将公司员工及施工工人分为六个级别，以星为代表，一星为一级。一星级工人每天工资为 50 元，二星级工人 60 元，三星级工人 70 元，四星级工人 80 元，五星级工人 90 元，六星级工人 100 元，每个级别的晋升及下降设置明确的硬性指标。又可在普通员工和管理层分设金、银、铜星以示区别。同时，为员工进行个人生涯设计，所有员工既可以走管理路线，也可以走技术路线，最长为员工提供了长达 10 年的个人晋升总路线图。

截止 2003 年 12 月底，某装饰公司实现年产值 1900 万，公司固定员工达 360 余人，被喻为深圳家装界一匹最具升值潜力的黑马！

注：部分有关数据源自深圳装饰行业协会会刊《深圳家装》2004 第 1 期深圳市装饰行业协会何文祥会长工作报告和刘英强主任讲话。

[编者按] 这是一篇十分难得的好文章，取自作者2003年清华大学工商管理硕士毕业论文中的一部分，建议业内人士认真一阅。我国家装业自20世纪90年代中期以超常速度发展以来，现到了进行理性反思的时候了，希望占建筑装饰行业产值60%、企业数量90%、从业人员60%的家装业者多些思考，动起笔来。

深圳市家庭装修行业竞争结构分析

深圳市时代装饰工程有限公司行政服务中心总监　**程朝斌**

一个产业内部竞争激烈，这既不是偶然的巧合，也不能归咎于“坏运气”。相反，产业内部的竞争根植于其基础经济结构，并且远远超越了现有竞争者的行为范围。按照波特（M.F.Porter）的观点，在一个行业中存在有五种基本竞争力量，即新进入者的威胁、行业中现有企业间的竞争、替代品的威胁、供应者讨价还价的能力、用户讨价还价的能力，见图1所示。这五种基本竞争力量的现状、消长趋势及其综合强度，决定了行业竞争的激烈程度和行业的获利能力。这五种基本竞争力量的作用是不同的，问题的关键是在该行业中的企业应当找到能较好地防御这五种竞争力量的方法，甚至对这五种基本竞争力量施加影响，使它们有利于本企业，因此有必要对这五种基本竞争力逐一加以分析。

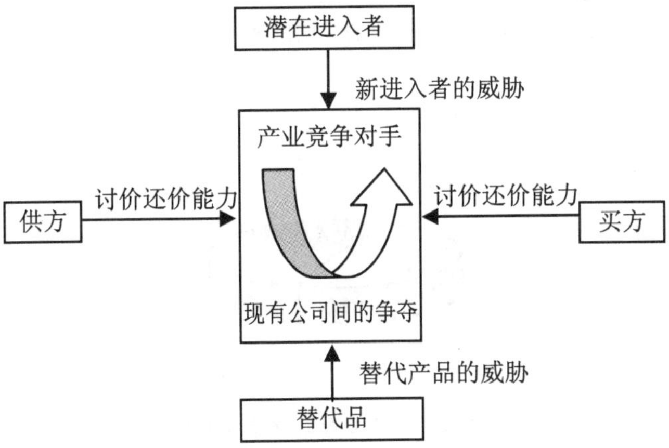

图1 驱动产业竞争的力量

一、进入市场门槛低

家装行业是一个进入壁垒很低的行业。

（一）家装行业的规模经济小

由深圳市建设局颁发的《深圳市装饰行业企业资质申请指南》中规定，新设立家装企业的条件：

1. 工商部门已核准企业名称或企业法人营业执照；

2. 有公司章程；

3. 有$100m^2$以上的经营场地；

4. 有5名工程技术人员，其中有2名设计师，技术负责人具有三年以上装修施工管理经验，并具有助理级以上技术职称；

5. 有10名以上装饰工人持证上岗；

6. 注册资金100万元以上（2002年以前为50万元以上）；

7. 有2名项目经理或已经培训取得了合格证；

8. 有20万元银行信用保函（2002年以前无此项要求）。

由此看出，准入条件低，家装企业的资本规模要求不大。在深圳家装行业，注册资金在100万以内的家装公司高达115家，超过82%；500万以上的仅占4家，不到3%。

从实际操作看，家装行业一般采用设计师与消费者一对一交谈的方式接单，消费者同意后，由公司安排施工队装修。施工队由队长等5～6人组成，一个施工队一般可同时对1～2个工地交叉作业。公司安排1名项目经理或直接由设计师对施工的进度、质量进行控制，由公司统一配送主要施工材料。因此，生产方式以一家一户现场手工作业为主，是典型的家庭作坊，生产周期短，生产要素简单，需要管理人员少，因此家装行业的最小有效组织规模小。

从实际结果看，单个家庭的产值都不高，豪宅高档装修不到百万，普通住宅简单装修少则2～3万元，年平均产值呈历年下降趋势，如表1所示。

1998～2002年平均产值　　**表1**

年　份	平均产值/户（万元）
2002	4～5
2001	8
2000	9
1999	11
1998	13

（资料来源：深圳新闻网）

所以，家装行业的生产规模性低。

（二）资金需求小

1. 生产资金压力小。家装行业是委托加工性质，一般采用消费者分三到五次的付款方式。四次付款方式如下：①签定合同支付工程造价的10%；②水电改造工程验收完毕，支付工程造价的40%；③家私天顶等造型工程验收合格后，支付工程造价的40%，并支付追加工程全款；④全面质量验收合格后支付工程最后余款10%。五次或三次付款，只是将中间80%的工程款分三次或一次支付。

施工队作为家装公司的承建商，通常需先向家装公司交付1万至3万不等的质量保证金。

因此，家装公司的生产资金压力小。

2. 营销资金需要量小。广告宣传费是家装公司一大资金要求。家装消费的特点是每个消费者，因此，家装公司要通过广告提高知名度，吸引客户来访。从深圳市主流媒体的广告价目表上可以看出，特区报价格最高，商报则为特区报的8折，晚报与晶报价格是相同的，为特区报的7折左右。

《深圳晚报》专栏广告价格表（单位：元；规格：高×宽 cm） **表 2**

规 格	4×5.5	6×5.5	8×5.5	6×11.5	8×11.5	6×17	8×17	6×23.5	8×23.5	11×23.5(1/3 版)	16×23.5(半版)
黑 红	990	1490	1980	2980	3970	4370	5290	5950	7940	10910	15880

（资料来源：深圳新闻网）

我们以在晚报或晶报上最常见的 8×17 黑红这一规格，推算一年的广告支出。深圳晚报专栏广告价格如表 2-2 所示，以每周一期，一年累计 40 周（去掉春节及淡季），则 5290 元/周×40 周=21.16 万元；以 16×23.5 黑红半版规格，推算一年的广告支出：15880×40=63.52 万元。

因此，广告费年支出在 21 万～63 万元之间。

家装公司另一大资金需求，主要集中在人员工资和办公费用支出上。

因此，100 万元的资本金，基本上可以使一个企业的运作正常化。

（三）品牌忠诚度低

家装是住宅消费产品的终端，直接面对消费者，进入障碍还与消费者对品牌的认同有关。2002 年 12 月《深圳晚报》联合斯立信市场研究顾问有限公司推出“深圳阳光家居品牌调查报告”：

1．深圳家装公司认知率及消费状况排名

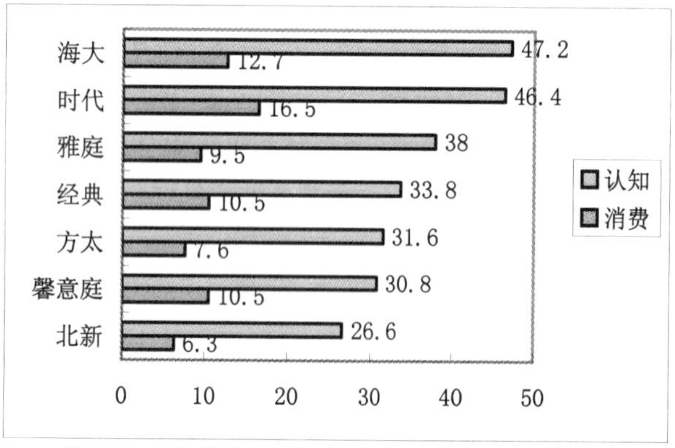

图 2 深圳人对家装公司的认知率及消费状况（单位：%）

由图 2 可知，在受访者中知道“海大”的达 47.7%；知道时代家装公司的达 46.4%。在消费状况调查中，在时代装饰消费过的占 16.5%，在海大消费过的占 12.7%，一定程度上反映了各公司的市场占有率。

2．深圳人心目中的家装公司之最

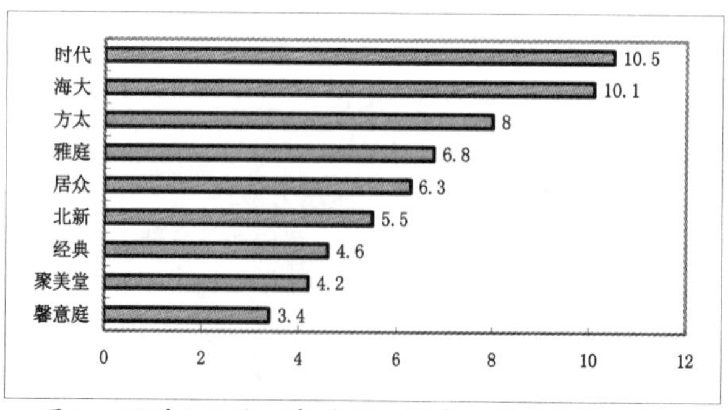

图 3 深圳人认为服务最好的家装公司（单位：%）

由图 3 可知，本次调查数据显示，认为服务最好的家装公司是时代的受访者占总样本的 10.5%，其次为海大，占 10.1%。

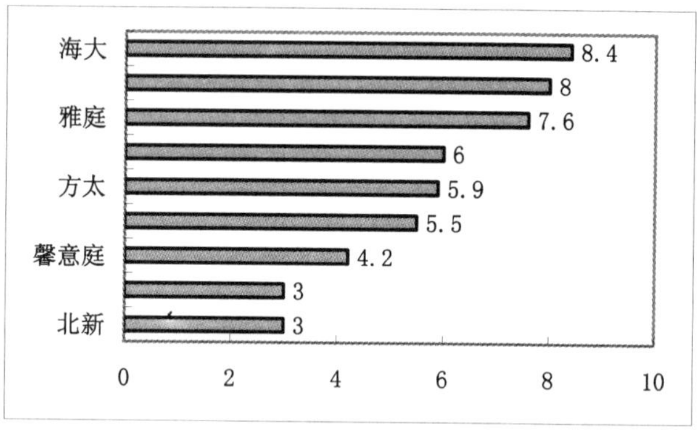

图 4 深圳人认为收费最合理的家装公司（单位：%）

由图 4 可知图，本次调查数据显示，受访者认为家装公司中收费最合理的是“海大”家装公司，占 8.4%；其次为时代家装公司，占 8%。

3．深圳人对家装公司的满意程度

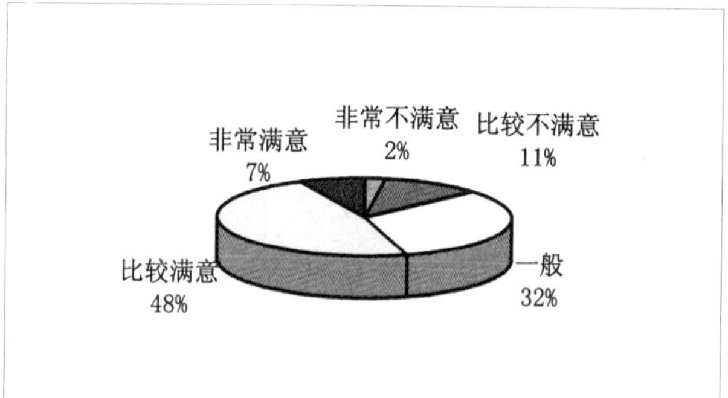

图 5 深圳人对家装公司的满意程度（单位：%）

如图 5 所示，本次调查中受访者对于家装公司的总体评价较高，以 5 分为满分制，总体平均分为 3.4 分，其中表示“比较满意”的占 47.5%，“一般”占 32.2%。

总体来说，从这部分的调查数据可以看出数据不集中，比较分散，没有出现知名度较高的企业，一定程度上可以说明，消费者的品牌忠诚度不高，品牌忠诚度的壁垒低。

因此，新进入者投入广告和促销费用以增加用户对其品牌的认识和消除对原有产品的忠诚度努力，风险不是很大。

（四）产品差异壁垒不大

标准型装修，即人们常见的基本装修，产品质量的好坏，主要取决于材料的质量高低，产品的同质化程度较高，差异化程度低。120m^2 以下的住宅装修，是市场的主流，消费者通常是中低收入家庭，因此，大部分选择简单装修。定位于中低收入家庭简单装修的企业，进入壁垒低。

豪华型装修，是一件独具特色的、充分体现主人风格的艺术作品，不仅要有大师级的设计，还要选择精品级的材料，最后要有精湛的做工，产品差异化程度高。150m^{2}以上的住宅，有较大的空间进行设计变化，消费者通常是高收入家庭，因此，大部分会选择复杂装修。定位于高收入家庭精品装修的企业，进入壁垒较大。

120～150m^{2}之间的住宅，选择标准型或中、高档型还是豪华型装修，取决于消费者的偏好。

（五）政府的限制作用小

深圳市建设局对进入家装市场的企业进行承建资格的前置审批，承建资格条件不高，但建设局通过控制审批的节奏来调节家装市场的企业数，通过年审来淘汰业绩不佳的公司。

但要进入家装行业的企业，有实力的，可通过收购或兼并弱势家装公司进入，如北新建材收购一来顺装饰公司，方太厨具收购怡庭装饰公司；实力弱的，可通过挂靠在公装公司或家装公司里从事经营活动，如公装公司里的家装部、家装公司里项目部；家装公司也可通过缩小营业范围，规避前置审批达到成立分公司的目的，如大部分家装公司的分公司。

因此，政府的限制作用小。

二、竞争激烈的零散型行业

（一）三个竞争层面

1．产品间的竞争

这里所指的产品具有以下特征：

（1）产品概念具有广义性。除产品本身的外观、内在品质等基本特征外，还包括服务、品牌等。

（2）不同风格及用途的装修产品之间缺乏替代性。由于目前家装企业不能提供较好的精装修解决方案，消费者购房后按个人风格进行重新装修的可能性很大，装修时，更多的由个人偏好决定。

2．企业间的竞争

家装企业的类型具有多样性，企业规模大小也不等，有的走高端路线，专做精品；有的走低端路线，专做平价产品。有的只做个性化装修，有的既做个性化装修又做套餐装修。无论怎样，在终端市场的具体表现，却是不同品牌之间的竞争。

3．企业与游击队间的竞争

在家装这个市场中，既有合法的企业又有无证、无照、无办公地点的游击队。它们之间的竞争具有以下特点：

（1）虽然合法性不同，但它们之间的一些产品又具有较强的替代性。

（2）由于整个建筑行业采取分包制的做法，又无统一的劳务市场，这些游击队既可能是正规公司中的合格承建商，又可能是闲散在社会上的工匠。

（二）产生激烈竞争的原因

1．众多竞争对手

1998年，首批家装企业获得成立，进入市场，到2001年底，家装企业数量比98年增长近十倍，从业人数9854人。

1998～2002年家装企业成立数量　　　表3

年份	企业数（家）	净增量（家）	增长率（%）
2002	137	-2	-1.4
2001	139	11	8.6
2000	128	66	106
1999	62	47	313
1998	15		

（资料来源：深圳装饰网）

由表3可知，深圳正规家装企业数达137家（2002年，福满庭装饰公司和百应强装饰公司被深圳市装协除名），还有众多挂靠在公装公司内的家装部，数不胜数的游击队。众多的企业都要在总需求相对确定的市场中占有一席之地，各行其是的公司很多，相互之间的竞争超过合作。

私营企业占多数，137家家装公司中，仅北新装饰一家为国营企业，私营企业占99%以上。

2．竞争对手实力相当

由于1998年以后家装行业才有正规公司，资金、技术、人才要求低，属劳动密集型行业，至今尚未形成十分著名的品牌家装企业，没有形成游击队取代不了的竞争优势，在这种缺乏权威和层次的状况下，竞争更加激烈。

家装的技术含量低，在施工方面不同风格的工程在施工上差异并不很大， 采用相应风格的设计就可以。消费者通过参观样板房，免费设计，就可获得方案，容易模仿，产品和服务差异小。由于缺少差异，消费者可能选择一家的产品或服务代替另一家，购买者将以产品的价格和服务作为选择的标准，毫无疑问，将刺激企业间互相降价以扩展各自的业务。因而就会导致激烈的价格竞争和服务竞争。

家装中，面积120m^{2}以下的住宅占绝大多数，由于面积小，留给个性化设计的空间就少，一般以功能设计为主，产品不易表现出差异些，故竞争特别激烈。

3．生产能力过剩

深圳市装饰行业协会会长何文祥在2002年装饰协会工作总结到：过去的一年，家装行业经历了诸多困难，发展艰辛。2002年底家装队伍总数为137家，123家企业参加年审。深圳市装饰行业协会统计，2002年家装企业申报完成产值23549万元（2001年深圳市家装企业申报完成产值是2.03亿元），纳税433.72万元，除海大公司年产值超过2000万位居第一，居众以600万元、北新以520万元分列第二、第三外，有24家公司未达到200万元的产值指标。

由此看出，有14家公司未参加年审而自动丧失承建资格，从此不能从事家装业务，超过总数的10%。产值在160～200万的24家企业 (规定企业产值低于200万的80%为不合格)，经营处于亏损状态，占总数的17.5%。产值在200～499万元的企业有96家，能够维持经营，占总数的

70.1%，3 家企业产值超过 500 万，有一定的盈利，仅为总数的 2%。

由以上分析不难看出，家装行业是一个竞争激烈的产业。

（三）零散的行业类型

除了前文分析的进入壁垒低、小公司众多、无规模经济性外，家装行业还有以下特征：

每个消费者希望产品有不同的式样，因此消费者的口味是零散的，所以对某一特定产品式样的需求很小，这种数量不足以支持规模生产。由于个性化装修，每套住宅装修都是独特的，其产品的多样性造成零散。

家装受房地产楼盘供应周期和气候的影响大。从表 4 可知，一般销售、生产高潮集中在春节前的半年，因此下半年生产销售规模大，上半年规模小。销售生产不稳定，波动幅度大造成零散。

2001～2002 年度商品房销售面积季度统计表　　表 4

（单位：万 m^2）

	第一季度	第二季度	第三季度	第四季度
2001 年	143.19	114.62	123.95	261.71
2002 年	163.29	129.06	119.71	296.76

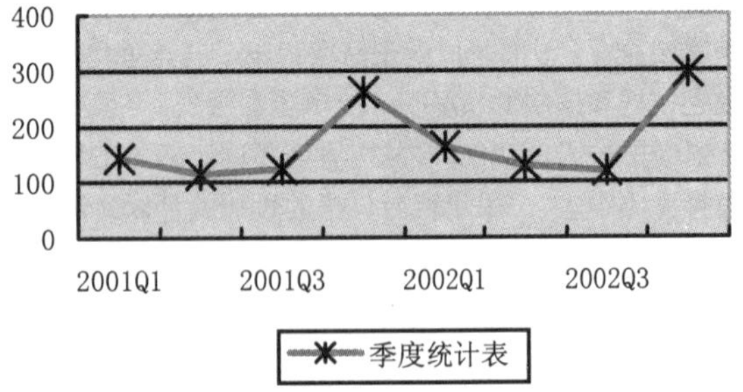

（资料来源：中原地产）

施工工种齐全。从瓷砖粘贴、木工制作到油漆，从水路改造、电器布线到卫生保洁，基本上将装修中的木工、油工、瓦工、电工、水工、焊工、清洁工等工种全部使用到。

采购品种多。家庭装修所用的材料种类也比较繁多，往往一户装修所及的材料都超过百种。同一材料的用量却很少，很多时候少到不足 1 kg或是一张，给采购带来了一定的难度。

由于消费者来自全市各地，施工作业点遍布全市，施工集中程度、采购集中程度都很低，每一户的材料配送运转成本高，高配送成本造成零散。

由以上分析可知，目前家装行业经营格局上基本上处于“零散”状态，所以家装行业是零散型的产业结构环境。在其中，有许多企业在进行竞争，没有任何企业占有显著的市场份额，也没有任何一个企业能对整个产业的发展具有重大的影响。不存在具有左右整个产业活动的市场领袖。

三、 威胁力大的替代品

识别替代产品，也就是去寻找那些能够实现家庭装修业务同种功能的其他产品。替代品设置了行业中公司可谋取利润的定价上限，从而限制了行业的潜在收益。替代品所提供的价格-性能选择机会越有吸引力，行业利润的“上盖”压得就越紧。

应当引起重视的替代品是：一是具有改善产品价格-性能比，从而排挤原产业产品的趋势；二是这些替代产品是由盈利很高的产业生产的。分析这类情形，对于决定是试图战略性地压制对手，还是将替代品作为战略计划中的一个必定包括的关键力量将是十分重要的。

一个公司的力量可能不足以支撑该行业顶住替代产品，但全行业从业公司的持续努力则很可能大大改善行业的整体处境。

家装行业替代产品的威胁主要来自：

（一）装修“游击队”

装修“游击队”，就是无固定场所、无工商注册、无承建资格认证，仅由几个相关技术人员组成的承接家庭装修的队伍。

在深圳家装市场，“游击队”与正规军的竞争由来已久。尤其是近两年，正规军携政策优势对“游击队”喊打喊杀，主流媒体擂鼓助阵，欲将之逐出市场，然而结果并不令人满意，“游击队”始终占据市场相当份额。据《深圳家装监管》2003 创刊号分析，深圳市家装市场 70%的份额由游击队占领，正规公司仅占 30%的市场份额。

彩田村，是深圳市住宅局极力推广套餐装修的公务员住宅区，截止到 2003 年 1 月 18 日，采用自装方式（即请“游击队”施工）的户数占总装修户数的 31.4%，而由住宅局力推的时代、北新两家公司合计仅为 26%，低于游击队的市场占有率。

需求决定供给，需求决定存在，中低收入、中小户型的标准型装修是“游击队”生存和发展的空间。

买房人月平均收入　　表 5

	调查选项(人数: 2794)	百分比	图例
1	2000 元以下	7%	
2	2000～3000 元	21.8%	
3	3000～4000 元	23.3%	
4	4000～5000 元	16.9%	
5	5000～6000 元	11.3%	
6	6000～7000 元	4.8%	
7	7000～8000 元	4.8%	
8	8000 元以上	10%	

（资料来源：深圳搜房网）

由表5可知买房人收入。由于月收入5000元以下的中低收入是社会的主流（占69%），居住面积在$120m^2$以下的占79.8%（见表6），而$120m^2$以下的住宅，由于户型简单，设计技术的含量低，因此，大部分消费者会选择自购材料，委托装修“游击队”施工的方式（自装）进行简单装修。

存在就是合理的。“游击队”能生存和发展，是因为有自身独特的优势，它能以比家装公司低20%～30%的价格承接工程。同时，消费者一般都是通过亲朋好友推荐来选择装修施工队，如果水平不行，口碑也就不行，“游击队”自然揽不到活，口碑好，是“游击队”的另一个优势。“游击队”中，设计师带施工队的组合，由于兼具设计功能，对装修公司威胁最大。

虽然装修行业不是技术含量很高的行业，可对于不在此行业的人来说还是一时很难搞明白，因为它涉及家装设计，上百种材料的选择，施工工艺，质量验收等等，也是一个系统工程。由于消费者的非专业性，只能对工程进行外观评价，内在的质量无法鉴别，而很多工程内在隐患不会在短时间内暴露出来。“游击队”先天的流动性，组织的不稳定性，使装修后的风险加大，安全感降低。

目前，“游击队”对家装公司的替代作用十分明显，但由于不能从根本上改善家装产品的价格-性能比，因此，“游击队”对家装公司的威胁是暂时的，随着精装修的逐步展开，随着家装公司专业化施工的深入，“游击队”的市场份额将逐步下降。

（二）材料供应商

装饰材料，摆在商场里展示的仅仅是半成品，安装妥当后才能使用。有实力的材料商为了保证产品质量，提高竞争力，提供材料安装服务，地板、窗、门及门套、PPR水管、高档洁具、厨柜、定制衣柜，都有材料商负责安装。涂料，立帮漆公司也负责喷涂。供应商通过有意识地延伸其业务范围，使家装企业业务量减少。

对于自装修的消费者，乐于选择包安装的材料商，但出了问题，商家、厂家、装修队互相推诿责任，消费者难以判断，易造成纠纷。

材料商对家装公司的威胁是局部的，由于材料商缺乏家装公司的系统集成能力，故不可能取代家装公司。随着家装公司专业化分工的发展，有安装能力的材料商有可能成为家装公司的专业分包商。

（三）房地产开发商

建筑与装修设计一体化是住宅产业化的必由之路，仅仅完成建筑设计、施工的商品房，就象一件产品一台机器的半成品，是不能到达销售终端的。住宅产业化的发展大趋势决定了作为非完整商品的毛坯房终将被取代，建设部《商品住宅装修一次到位》的规定，加速了全装修房的出现，这必将对住宅装修市场带来根本性变革。

由于一次到位的装修，能从根本上提高家装产品的性价比，故房地产开发商有可能完全取代装修公司。但房地产开发商的核心竞争能力在于解决在什么地段盖什么房子，关心的是城市的特性和不同群体的生活方式，而社会进步的趋势是专业化分工，因此，房地产商前向一体化的可能性不大，但会选择有实力的家装公司作为战略合作伙伴。

房地产商选择合作伙伴，也要考虑很多因素。品牌、质量、价格、服务等等，正规军中也有三六九等。比较而言，一些规模较大，实力雄厚的装饰企业将相对容易受到房地产商的青睐，涉足整栋住宅的装修，现在散兵游勇式的家装企业必将走向规模化经营。而一些中小型的装饰企业在竞争中处于劣势，价格的优势会逐渐失去，重组和整合是出路之一。甚至会陆续出现一些房地产商直接投资或参股的新的家装企业，就象地产和物业一样。装饰企业的重新洗牌势不可免，大浪淘沙，竞争只承认强者。

家装公司应向两个方面发展：一是大而全，二是小而精。“大而全”是指家装公司还想在市场立足的话，必须提供给消费者更好的增值服务，设计、施工、家居配套、家电配套到后期保修“一站式”全程服务，真正以消费者为中心、让消费者省却很多时间和麻烦；第二种是“小而精”的专业工作室，模式以提供专业设计为主，大多是由工作经验丰富的专业设计师开设，为消费者提供体贴的局部服务。这两种经营模式应有较大的市场空间，夹在中间定位不清的装饰公司就有可能面临淘汰。

处理好和房地产商的关系将是至关重要的，一些与房地产商关系密切的家装公司将受益匪浅。

四、处于弱势地位的供应商

（一）家装材料供应商类型

目前，深圳各类建材店遍布全市，零售场地的总面积在各类商业中是最大的，超过一万平方米的大型专业市场就有20多家，在田贝、八卦岭、笋岗、车公庙等地自发形成的建材一条街，成片的建材市场数量更多，小型的路边店更是不计其数。材料的供应在三个层面上展开：

1. 第一个层次是路边店。以沿街开店为主要销售方式，它是从五金油漆店发展而来，目前深圳还有许多这样的装饰建材一条街，它们的销售总额仍然具有举足轻重的作用。路边店大略可以分为两种类型：一类是品牌企业的形象店，另一类主要经销低档产品。

2. 第二个层次是装饰材料城。它把分散的商户集中到了一起，从而方便消费者的采购和挑选。这类市场以大规模经营为优势，集各类品牌产品于一体，为市民提供了较大的选择自由，同时大量品牌经销商直接进场也大大提高了市场本身的含金量和商业信誉。这种销售方式很快就得到了消费者的认可，时至今日它们仍然占据着装饰材料销售的主流。

最近两年，深圳新建了10多个超大规模的装饰材料城，如金丽、香江、国安居、乐安居、集美堂等，从而把这种销售模式发展到了极致。

3．第三个层次是超市模式。它是由“英国狼”百安居带入深圳的，一登陆就在业内引起了一阵较大的冲击波，但目前这种模式还在培育之中，尚未占据市场的主流。建材超市是市场发展到一定水平的产物，它在降低经营成本、促进有序竞争方面作用巨大，已在西方发达国家成为建材、饰材的零售主渠道。装饰建材市场在经营上向超市化发展已经成为不可阻拦的趋势，这不仅为消费者带来购物的便利，更主要的是代表了一种更符合现代生活方式和态度的消费文化。

在未来一段时间里，装饰材料市场仍然会持续多种业态并存的现状，但摊位市场必将逐渐失去主导地位，超市模式必将成为未来装饰材料市场的主流。

（二）深圳市场家装材料品种

地板、瓷砖、厨柜、门窗、衣柜、涂料、卫浴、五金、夹板、装饰面板等材料品种十分丰富，每个产品系列都有十个以上知名品牌可供选择。如虎王、圣象木地板，蒙娜丽莎、诺贝尔瓷砖；方太、中厨厨柜；塑钢王门窗；泽悦、史丹利衣柜；立邦、多乐士、多伦斯涂料；TOTO、科勒卫浴；帝朗、华亿达五金；福汉、伟业夹板；安格利、美高装饰面板等。

（三）家装材料商讨价还价的能力

由此可以看出：

1．家装市场的原料、配件不是由少数几家企业控制，而是由很多供应商提供的。

2．家庭装修用的材料，不是没有替代品，而是有很多替代品可以选择，购买者不会被迫接受供应商的价格和其他条件。

3．家装企业是材料供应商追逐的主要消费者，购买的数量比个体消费者大得多，占供应商销售百分比的相当大部分。

4．由于家装的生产过程，基本上是物理变化过程，因此，供应商提供的原材料对家装公司的生产制造过程和产品质量有重要影响，尤其是室内空气质量。

5．对于简单的局部装修，材料商可以实现前向一体化，如地板铺装、门窗安装，但没有能力实现系统前向一体化，尤其是复杂装修。

所以供应商讨价还价能力不强。

五、处于强势地位的消费者

（一）消费者细分

深圳是个新兴的移民城市，几乎每个来深圳的人都要购买住宅，每套住宅基本上都要装修。据搜房网（深圳）调查，消费者打算购买的面积见表6。

消费者打算购买的面积　　　　表6

	调查选项(人数: 2840)	百分比（%）	图例
1	50 m²以下	3.5	
2	50～80 m²	18.8	
3	80～100 m²	38.0	
4	100～120 m²	19.5	
5	120～130 m²	5	
6	130～150 m²	6.2	
7	150～180 m²	4.6	
8	180 m²以上	4.4	

由表6可知：

（1）低端客户。住宅面积在120m²以下的消费者，累计消费者达79.8%，是市场的主力消费群。

（2）中端客户。住宅面积在120～150 m²的消费者，达11.2%，是家装公司的积极客户。

（3）高端客户。住宅面积在150 m²以上的消费者，占市场的9%，是家装公司的忠实客户。

（二）　消费者讨价还价的能力

1．消费者的竞争手段是压低价格，要求较高的产品质量或索取更多的服务项目，并且从竞争者彼此对立的状态中获利。

2．在家装市场，由于家装公司数量多，而且大多采用免费设计、免费咨询的方法吸引消费者，因此，消费者的转换成本低，很容易找到其他公司设计施工。

3．对于标准型装修，由于装修施工的技术含量不高，消费者可以寻找材料商和“游击队”或自己动手进行后向整合，因此，后向整合力较高；对于豪华型设计，施工的技术含量要求高，消费者的后向整合力低。

4．装修公司大都通过广告吸引消费者，通过楼盘驻点，免费派送宣传资料、免费参观样板房来促销，因此消费者对家装公司的产品信息十分了解。与消费者打交道时家装公司讨价还价的力量小，以至一个大企业在与之打交道时也仅比小企业略好而已，与消费者交往时无规模优势。

5．对于消费者而言，住宅装修事关自己的生活质量，都高度重视。对于中低收入的家庭，装修费用占家庭支出的比重大，对装修的价格敏感度非常高、压价倾向明显；对于中高收入的家庭，追求时尚生活，对价格敏感度不高；对于高收入家庭，支付能力最强，要求设计完美，追求生活舒适，对价格不敏感。

在家装市场，消费者的侃价能力很强。

与房地产开发商合作中的几点体会与思考

中国建筑装饰协会五届理事会常务理事　全国杰出中青年室内建筑师
北京市建筑装饰协会家装委员会副会长　北京东易日盛装饰有限责任公司董事长　陈　辉

首先我强调我不是精装修政策的反对者，我是积极的实践者，因为我从2002年开始就做精装修。当然我现在停了，从2003年年底就把精装修施工这一块停下来，我现在只做精装修的设计。我说的问题、意见和看法，是为了解决或者是更好的发展精装修的产业政策，我看的角度跟以上各位说的角度不一样。

首先探源一下理论原因，精装修从哪来？就是从散装存在的问题；第二是散装确实不易管理；第三是扰民；第四是客户不专业；第五是投诉多。

精装修理论从哪来，就是散装存在种种弊端。国外全部是精装修，上海叫全装修。可能源于一些理论的推测，一是可以降低造价，节约社会资源20%～30%；二是菜单式可以解决个性化的需求；三是有客户需求或者是市场需求；四是有质量有保证。精装修理论来源于这四大原因。在实践中对精装修利弊得失我也做了总结，因为这几年做了五六个盘，做了二三十户。

一、精装修确实解决了的问题

1. 破坏结构。就是一小部分散装破坏结构的问题确实解决了，因为精装修当中没有说谁破坏了建筑结构。

2. 易于管理。管理责任落到地产商的头上，减少了很多政府部门的压力，因为散装造成的这种投诉，造成的这种社会问题确实给政府造成了很大的压力。

3. 客户确实省心省力。这是精装修政策确实解决的问题。

二、精装修并没有真正解决的问题

1. 扰民。从理论上讲，由于精装修并不是为客户量身定做的设计，所以客户入住以后改动的意向比较强，因为前期入住认为精装修好，入住以后才发现跟自己的实际生活不符合，所以改动意向很强。因此造成入住以后第二次装修的期限可能由五年左右减少到三年左右。也就是三至四年之后，装修将重新进入到扰民状态，这是一个方面。从另外一个方面来讲，就是从实践来看，有不低于10%的客户在收到精装修房以后立即进行重新装修，不是等到三四年以后，全部打掉，因为我们也做散装，接到很多活都是完全铲除精装修重新做，我不知道说10%是否很客观，这是我自己的分析。

2. 降低造价。就是说没有完全解决的问题里面降低造价。经过地产商的运作增加了地产税及成本，基础材料批零差价很小，并不是大家想象有20%、30%甚至50%的差价，如果我买1张板子和1000张板子可能就差1块钱，1万张可能就是3～4元，没有那么大的差价。有相当一批精装项目在签大合同的时候——合同是签大合同，但是施工是分开签的，没有形成真正有效的批量生产。我跟你签了1000套，可能30套一批，50套一批慢慢干。设计成本虽然有效降低了，但是是建立在减少大量服务和降低客户满意度的基础上，因为我们没有产生什么个性化需求，不用为个性化提供任何的服务，所以设计费用虽然是降低了，但是是建立在降低客户满意度的基础上。对于主材部分确实有效降低了成本，但是是建立在缺乏个性以及以次充好或者是欺诈，我所说的内容仅仅是北京市场，东易日盛在全国有20个直营分公司，但是精装修实践仅仅来自于北京。大家知道北京市场上地产商都是以大牌子，选取都是大牌子的主材，但是做的都是里面最次的产品，我也不怕得罪地产商，地产商自己也知道这个。可能有的产品是扫库，有的产品是特殊定做的，这个大品牌不做低档的产品，有的是批量定做的地砖。市场上的砖还分等级，他说能够30元钱就批来，但是他们确实有成本上的优势，跟零售市场上的价格不能完全相比，产品不能完全相比。

3. 质量有保证。由于地产商发包的时候大量压低发包价，1000元钱可能就是5000元，号称1500元顶多是800元，号称800元，400、500元就发包。精装修项目大部分都是盈亏平衡点上，因为我拿到精装修毛利点，人家都是给东易日盛开绿灯，最多就拿15%毛利，但是光交税就是6个多点，可能设计又是免费的，可能样板间还要免费，可能中间一些变更又是不给你钱的，一些变更根本签不来，最后大部分项目处于亏损状态。

除了万科，万科还是比较讲究诚信，但是即使万科这样的房地产公司要钱的成本也非常高，要一笔钱周期是二至三个月，我们运作过程中换了3个经理，重新要钱的成本非常大。虽然万科是我接触房地产公司里面最讲诚信的一个，钱都要回来了，但是成本非常高。

你想不亏损只有偷工减料，对于品牌企业很难做。所以北京市场很多精装修企业都是公装企业来做，公装企业不完全靠品牌吃饭，家装企业完全靠品牌吃饭，所以好多项目，好多大的一级装修公司的定价非常低，但是我也不认为他们赚钱。第一个借口都是第一个项目别赚我们，以后项目多得是，你赚钱的机会有的是，往往都是这样。现在我不相信北京精装修公司能赚到钱，而且接单有很多都是包工头挂靠，真正公司想在这里面运作盈利我觉得很难。包工头可能胆子大一些，挂靠大公司也可以在里面盈利。质量是否真的有保证？应该是解决了一部分问题同时也产生了一部分新的问题。

据我了解北京的精装修项目当中，投诉是很激烈的，甚至有的整个楼盘交不了，客户联合起来不收不验，拒绝验收，因为验不了，东西太多。出现了地产商找我们，说你们给我们扫尾，再拿出一笔钱给客户搞别的东西，让客户把这个验收了。据我调查北京的精装修项目投诉率很高，上海的情况我不清楚，我们一直很羡慕上海的商业环境，上海房地产商的素质和商业环境。

三、精装修根本解决不了的问题

1．客户的个性化。客户个性化理解上有误区，如果我换一换砖，换一换颜色，就解决了个性化的问题，这是一个误区。个性化首先存在着平面功能的个性化，每一家组成人员不同、使用方式不同、职业不同，信什么宗教等，差别太大了，不是墙、砖换颜色的设计，只有既懂客户心理，又懂社会各个层面的人才能理解，个性化不是一个简单的问题。个性化问题还是要强调的，特别是中国民族性格中的个性化问题。

2．项目的规范化操作。从家装的散装，我们又回到了公装时代，如果我们全部精装的话，公装的时代是什么样子？公装老板一聚集起来都是怨声载道，因为行业的环境太差，生存太艰难，太恶劣了，不给钱，很多问题，乱七八糟的公关等一大堆，无法形成正规化的公司运作，只能项目化运作，甚至项目化运作一个公司只能操作个别几个，大量只能去挂靠。对于一个市场来说，到底是又走向低级还是走向高级，我们装饰行业本是很残酷的生存空间，一说装饰行业都是50%的暴利，特别是精装，如果回到公装时代，我们又回到了旧社会，。

3．精装修意外得失。开发公司的意外所得，首先由于精装修可以多增加1亿元的资金，如果他卖出50%，他前期多拿到5000万元，拿到这5000万元又不需要及时付给装饰材料公司，地产商当然是合适的，所以地产商都支持。其次地产商还有利润。800～1500元，好多客户说我要退房，1500元退1500元，房地产说退可以，只能退500元，客户说你说装修是1500元，凭什么退500元，房地产商我成本就是500元，不可能压低到500元，行业精装修处于亏损和临界边缘，做得好做2～3点纯利就不错了。为了这个我们可能冒很大的亏损的风险。第三是对地产商的销售有好处，政府领导也了解到，你看那个项目4000块钱卖不掉，现在由于做了精装修以后，卖5000块钱卖得很好，证明精装修很好，我觉得这里面有一定的道理，但是也有失偏颇。这里面就属于运作，以前卖4000元钱老百姓觉得不值，你现在卖到5000元，你告诉消费者说精装修价值1500元，这样房价就是3500元，当然就值了，对销售有很大的好处，为什么要做？要是我我也做。为了研究精装修我特意买了一套精装修房，精装修内部的操作人员——房地产操作人员也是怨声载道，很难操作，开始很满意的客户都有很大的冲突，为什么？客户要求这改一下，那也改一下，累得他们吐血也满足不了客户。他们实在操作不了，增加好几倍的工作量，图纸出了很多变更，但是操作不了。我觉得地产商意外所得，如果不嫌麻烦资金利润收益率非常大。

装饰行业的意外所失，这是从装饰行业所得的情况下能够想到。第一是新的巨量的三角债，自从温总理说不能拖欠工人的工资就是单角债，不敢欠工人的债，最后债就变成单角债，你和地产公司之间的单角债，工人得付，材料商也得付，房地产商还不敢告他，里面有错综复杂的问题，就变成单角债，怕大家不理解就用三角债，这是行业的癌症。我们公装行业深受其苦，愈演愈烈。如果不是单角债，农民工和材料商也会受到损失。其次是行业环境加速恶化，本来是分散的权利，老百姓自己的权利现在集中了，集中以后有人就要用权利做文章，所以我们要进行公关、投标，行业环境又进一步恶化。第三是从业人员如果都做精装就失业，我们不需要那么多的人。这种失业是生产力的进步还是退步我们需要思考，现在美国社会问题很严重，是都高科技了，是机械化了，但是就业问题解决不了，不能为了就业而全部退成手工操作，这也不能解决问题。其实解决了设计师、监理等一些社会人员的就业问题，如果都变成精装这些人五分之一都用不了，大量的失业就产生，跟行业都没有关系，就看你有没有社会责任感的问题。第四是环保装修的倒退。为什么没有一个房地产公司跟我们合同上写的是要求达到国家环保装修标准？因为他知道价格很低根本做不到，而且我们有的客户根本就不知道，国家建设部也好，环保局也好，发了住宅室内环境标准，大家都以为只是对散装的要求，都没有认为这是对公装和精装同样的要求，很奇怪的。只有一少部分人知道这个要求是对整个行业的，不是就对散装行业，现在只有散装行业老百姓要求你环保必须达标，精装和公装根本不要求，精装价格压那么低，所用的材料必须降低。我们公司也是降低材料标准，要不然15%的毛利都没有。环保整个是一个倒退，我很敬佩上海那边做得很好。第五是强度更大的投诉。因为客户层面很高，可能这里面有记者，有律师，有中央领导，有市里领导的家属等等，他的能量很大，我记得我以前住黄浦花园的时候，客户和房地产商打架，客户能量大到什么程度，房地产商请法官的人，连法官吃饭都拍下来了，这能量有多大，可能没有那么多人投诉，但是激烈程度是很高的。

四、关于精装修深层次的思考

1. 个性化。从个性化谈中国的特色，中国的民族特色很有意思，我们作为中国人应该了解我们的中国特色，有一个段子就是“大会不发言，小会不发言，前列腺发炎”，就是我们做不了主发不了言，我们没有发言权，但是大家看到老先生说我一辈子都没有作主，你让我作一次主，在单位作不了主，在社会上作不了主，回家也作不了主。所以欧洲人、美国人终于明白中国人要求是最高的要求，他们必须把最好的车拿过来，否则中国人现在不买帐。我们做产品的时候欧洲人要求是什么，对瑕疵的要求远远比我们中国人低，我们中国人不允许有任何瑕疵，否则就是激烈的投诉、索赔。这一点外国人终于明白了，我们也明白了，我们中国人的要求比外国人高很多，而且我们长期个性受到压抑突然解放的时候，对个性化的要求更高。我们中国人还好大喜功，你日本本田雅格有三种款式：美国款、欧洲款、日本款，美国款又宽又长，欧洲款是又窄又长，日本款又窄又短，我们中国人的个头不一定比日本人高多少，比欧洲人差很多，但是我们选择美国款，因为中国人好大喜功，不想坐小车，要坐大车。奥迪 A6 欧洲人都为身高发愁，而我们还要加长 10cm。要对中国人性格了解一下，而且阶段性也不同，国外消费者阶段也不同，已经走过把车、房子看得很重的阶段，中国人还处在这个阶段，中国人对车，对房的要求远远高于外国人。

2. 对国外精装修的误解。国外是否是精装修，我认真研究了两个国家，一个是美国，一个是意大利，我到美国去看了以后，美国其实没有做精装修，美国做的其实是初装修，满足人的基本装修，有门有龙头去了就可以用，但是要想好没有好的，都是最基本的，非常简单的装修，简朴的装修，档次都是很低的，如果想委托开发商、房地产商给你改的话，他可以给你改木地板，精装修里面绝对没有木地板，要想改木地板就要加钱，门都没有实门贴皮的门，都是混油的，要想改就要加钱。

意大利精装修和我们还不一样，想怎么改就怎么改，除了建筑结构，我们的精装修不让人改，我买这套房子充分体验到就是不让你改，想尽办法不让你改，意大利设计就是想怎么改就怎么改，因为我让他们把房子重新设计一下，意大利人说为什么自己的房子不能改，在意大利如果是他的房子拆承重墙都没有人阻止，因为塌了是自己的事。从消费的属性来看，外国人不存钱，买了房子有了初装修就可以做了，没有钱做精装修，做更好的装修，都把这些配齐以后没钱了，他就一点一点攒，而且有时间、空间自己改造，因为国外的人工太贵。我前两天从美国回来，有人说 5 万美金装修半个厨房没有人愿意接，人工太贵了，他们都是今年贴壁纸，明年改墙壁，不像中国人一样全部改了，这是国情不一样。

3. 对消费者的尊重。土建房能不能改？不能改。但是装修这种东西能不能自己搞？我觉得应该允许，我花钱为什么你作主，为什么你能作主说我不需要个性呢？为什么你能作主说我只能在三套里面选，我花钱为什么你作主，这相当于一个消费者权利的问题。有的消费者说我喜欢精装修，你也不能说不行，你不能喜欢精装修，你必须是散装，这里面牵扯到市场行为。我们要尊重市场行为，尊重客户的需求。

4. 市场经济原则。什么更符合市场规律，谁更代表了先进的生产力，谁就为社会做成了更多的贡献。其实现在散装行业也在进行很多的变革，包括产业化的变革，包括整体化装修的变革。我不是说我今天反对精装修，一定要倡导做散装，而是一定符合市场化的运作，因为我们的精装修是政府人为的政策，是否符合市场原则，我觉得宜于倡导不宜强迫，有爱吃猪肉，有不爱吃猪肉，为什么都强迫吃猪肉。

五、精装修的出路

1. 尊重市场渐进推进。尊重市场有人喜欢，有人不喜欢，喜欢的先用，不喜欢的人保留自己的权利。

2. 理解市场重新定位精装修。到底是初装修还是精装修，上海是用全装修，也分不清楚是初装修还是精装修，实际上精装修造价都不低。

3. 装饰企业与消费者直接对话。我听说上海有这种模式做得很好，虽然房地产商参与，但是签合同和打款都是装饰公司和消费者直接对话，直接面对面，这就避免很多的问题，也可以进行深一步个性化操作，运作模式是否让房地产商主宰一切，应该探讨一下。

六、东易日盛简介

1997 年开业，经过 7 年发展现在取得一份成绩，现在我们有 20 家直营分公司、30 多家特许加盟企业，产业化改造也进行得如火如荼，我们不是一个简单的家装公司，而正在打造家装链的公司。

我们得了几个奖，愿跟各位共享一下，也是为整个装饰行业争得荣誉：第一由国家来评选中国特许十强，跟肯德基、全聚德都是并列的；第二得到北京房山区纳税十强称号，得到北京市纳税 A 级信用资质，三年免检；第三我们得到由世界品牌实验室和世界经济论坛共同评选中国 500 最具价值品牌，我们是家装行业唯一一家，第 398 位，品牌价值被评为 9.83 亿元，这是国际上评选；第四我们作为家装公司的代表，仅拿北京一个分公司的产值就被评为全国建筑装饰百强企业，因为全国审计我们费用太高。

我再次强调，我们不是精装修的反对者，我们希望我们行业领导，希望我们的行业政府领导再深入研究一下精装修，使精装修走得更好，更符合市场规律。

建设家装产业工人队伍　促进行业迈上新的台阶

中国建筑装饰协会第五届理事会理事　湖南鸿扬家庭装饰设计工程有限公司总经理　**陈忠平**

今天下午我坐在这里很感动，会场里面这么多人，大家都是在像幼儿园小朋友上课一样坐在这里，我们家装行业这几年能做成这个样子，就是因为家装行业有一批特别敬业的精英分子。大家带着很多问题来这次家装大会上交流，希望能够活学活用，回去立竿见影。

我今天的发言希望对大家有所启示，要讲的题目就是“建设家装产业工人队伍　促进行业迈上新的台阶”。刚才有一位策划人李金斗先生，说我们不是做家装的，我们是家居文化的创造者。我觉得我还是做家装的。

2001年我在深圳参加了家装大会，2004年参加家装发展大会，事隔三年，我有很多的感受，这次来的领导级别很高，专家的级别很高，而且大家都不约而同的提了一个词：“家装”，包括建设部黄卫副部长，象牙塔里面的清华美院的郑曙旸教授等都讲家装。从这个会上，听到了家装的产值达到了四千亿，跟中国的家电行业可以相媲美，与汽车产业相媲美，我们这些人真是很伟大，很了不起，适应了这么一个巨大的市场。

从这次会议来看，家装行业得到全社会的认可，但是家装行业的产品质量和服务质量离全社会和行业的认可还有很大的差距。从中装协报告的全国的投诉来看，房屋和住宅装修投诉的总数占全国总投诉的36.6%，三例投诉其中有一例就是投诉我们的。投诉当中呢，有很多问题，有合同的问题，也有这些售后的问题，还有别的各种问题，其中最大的问题，是施工质量的问题。因此，家装行业目前最大的问题是施工质量的问题。为什么会出现施工质量的问题，施工质量的根源在哪里，解决施工质量的问题，有没有对策，这就是我今天要在这里跟各位同行要探讨的问题。

1．家装行业施工质量的根源是施工人员游离于公司管理框架之外。家装公司都是设计、施工一条龙服务的，我们做了设计，然后再在我们这里做施工。客户到了我们公司来，一般的有五个环节，开始是咨询，紧接着是设计、预算、施工、售后。这五个环节来看，由公司两部分人完成，一部分人是打着领带，前面摆着电脑，在写字楼上班的那些所谓公司的员工，白领阶层完成的。还有一个就是我们签了合同之后的施工人员，通常说的是“蓝领”。

作为家装公司，设计也好，预算也好，咨询也好，售后也好，有很多的问题，但是相对于施工环节来看，这几个问题会小了很多。施工环节出了问题，是其他环节问题的很多倍，有70%是施工质量的问题。大多数家装公司是签了合同以后，以外包的形式包给施工队的，这是公开的秘密，一般提几十个点，作为管理、运营的费用，品牌维护的费用，还有70%是该给施工队的。施工队基本上是以外包的形式，以包代管，这是施工人员在管理之外主要的问题。

游离于管理之外外包，是目前作为公司降低管理成本，提高管理效率，提高运营效率一个很有效的手段。这种外包形式有一个前提，外包方能够达到发包方最起码的要求。但是我们现在的家装公司的施工队，能不能达到这个要求呢？显然是达不到的。我们家装公司的施工队，基本上是清一色的来自农村，像我们鸿扬，这种施工队98%以上是来自于农村，2%可能是来自于城市的下岗职工。98%都是手艺人出身，受建国以来我国城乡二元结构的影响，农民就是农民，农村就是农村；市民就是市民，城市就是城市。2003年之前，这些农民工根本就没有想过，在城市生根，能够安家，只是找一个能够赚钱的地方，在城里面只要有风吹草动，公司对他有什么不公，城市一个政策对他不利，马上卷起铺盖往老家跑，像“非典”一样，这些农民工比谁跑的都快。

2003年“广州陈志刚事件”，中央发现了这个问题，要打破城乡二元结构。作为新进城的年轻的农民工，他们来看，农村也不接纳他，城市也不接纳他，他们在城市里面生活很痛苦的，动不动就是农民工，动不动是乡下人，把他们真正当人看的很少。所以他们就很痛苦，他们很徘徊，他们过一天算一天，在这种情况下面，还谈得上什么职业道德，还谈得上什么理想，没有职业道德，没有理想，没有归属感的话，他能够把公司做好吗？

2．家装公司的这些师傅。我们都是以师傅相称，他们都是通过师傅带徒弟的形式一个一个带出来的，而不是受过什么科学、严格、正规的训练。他们的规范，对于什么标准、什么科学往往是不屑一顾的。让他把现场卫生打扫好，搞好现场管理，他就说，我做家装十几年了，都是这样子，也做得很好。你说要他对业主态度好一点，要做好服务，他说我在家里做木工的时候，一天请我吃午餐，伙食特别好，业主对我服务的特别好，我还要为别人服务，我不干的。师傅以这些不良习惯不以为耻反以为荣，在这种情况下，他对公司规范标准是不接受的。这些师傅的文化程度不高、学习能力差、专业技能也弱、不良习气也多、组织纪律差，在城市生活的困难多。相对于写字楼的员工来看，应该给予更多的关爱、更多的培训、更多的提升、更多的理解与沟通，但是实际上呢，现在的公司，对于他们更多的是责备，更多的是索取，更多的是不管。又要马儿不吃草，又要马儿长得好，这种事情哪里会有。现在有很多的公司也采取措施，加强监管力度，加强培训，不管怎么加强施工环节的管理力度还是培训，你这么抓，可能好了一阵，松一段时间，就又恢复到“辛辛苦苦几十年，一夜回到解放前”，我过去有这样的经历，相信很多家装公司的管理者也会有这种切身的体会。

根据木桶的理论，装水的多少，是最短的这一片决定的，既然我们家装公司最薄弱的一环是施工环节，我们要提高家装公司的产能、效率和效益，我们也只能从施工环节来下工夫，来动手。我们觉得可不可以这样去做：

第一方面，把这个装修师傅拉入到公司管理框架之内，原来家装公司工程部就有什么经理、施工队长，下面就不管了，真正要解决这个薄弱的一环的话，可能这样做还是不行的。是不是应该从项目施工队长，然后我们要继续管到班组长，再管到普通的师傅身上去，每一个人都不落下，像张艺谋电影一样《一个都不少》，把他管起来。

第二个方面，我们是不是把每一个工人纳入到我们公司的人力资源的管理范围之内。我们对写字楼的员工有初试，面试，职前培训，岗前培训，在职培训，也有考核，辞退，晋升，我觉得我们这个体系，是不是要把它搬到功能体系上去，装修师傅的体系上去，这样才能把我们这一块儿薄弱的一环，缺失的这一环能够弥补起来。

我们在产业工人队伍上做了很多的探索，我们这种探索也是付出了高昂的代价，付出了很多银子，增加了很多管理成本。为什么我们要这么做呢？其实也不是为了我今天要在这里做一个发言而这么做的，而是被客户逼出来的。客户有很多的愤怒，客户有很多索赔，客户有很多的不满和投诉，这些问题是有很多原因引起的，其中装修施工队伍这个问题是最多的一环。

我们这几年做了很多的探索：第一个，在2002年我们就成立了“师傅之家”，现在我们改成“工人之家”了。这个师傅之家，其实就是给每一位工人准备一张睡觉的床，给他们三餐准备热饭热菜，回来有热水洗澡，晚上有一个看电视的地方，培训有一个座位。每一个装修师傅都能享受到公司的福利，同时给装修师傅提供了一个交流的平台，进了师傅之家之后有一个最大的改变：原来的装修师傅属于装修队长，把这个师傅之家建立起来了以后，装修师傅就属于公司了。

建了师傅之家以后，紧接着2002年6月就组建施工班组。以前是施工监理管理下的施工队长制，项目由项目经理派，项目经理的每一份工资，每一份福利，每一份补助都是这个公司发给的。项目经理管到每一个施工班组长，施工班组长再管到师傅，每一个班，我们又分木工班，泥工班，水电班等，每一个班就2～4个人，我们的管理成本提高了很多，我们的管理难度也提高了很多，班组制使我们的服务质量和产品的质量提高了一大步。

3．我们筹建了一个工人培训学校。我们觉得设计师也好，文员也好，都能够在市场上面能够招聘到，但是唯独合格的工人，装修师傅不能在市场上招聘到。怎么办？我们下血本，建立了一个工人培训学校，这个学校建立在哪个地方呢？我们公司现在在北京、江西、湖北、湖南有分公司，为了这个方便，我们就选择南方的铁路枢纽城市株洲，这个学校占地面积9000㎡，建筑面积4000㎡，每年培训3000人。教材都是组织一线的员工编写的，现已经编写完毕，如开了一门课，叫现代城市生活。作为工人培训学校，已经试招生了，9月中旬正式开学，这对于我们今后产业工人队伍的建设会起到很大的推动作用，今后我们鸿扬家装进的任何工人，必须是经过鸿扬学校培训合格的，有毕业证的才行。这个培训学校不仅仅要培训理论，更多的是要动手能力。我们开玩笑，有吊顶专业、油漆专业、墙漆专业等等，每一个专业都要有很强的动手能力，很好的服务意识，很好的服从意识。

4．今年年初成立了工人人力资源管理机构。在人力资源部有一个工人人力资源的配备方式，把每一个在我们公司的这些工人记录在册，把他的身份证复印件留下来，把他的照片贴在那里，然后跟踪管理，让每一个人都关注他。而且我们提升这种通道，现在有一批这种工人师傅提升为项目经理了，他们原来都是木工出身的，工人师傅当中有很好的人才。我们今年开了一个区域大会，每年有一个年会，我们每一年都有工人师傅写的诗歌在大会上朗诵，写得很好。打通了这个通道，工人师傅可以做项目经理，可以一步一步上升，目前看来，工人师傅还没有做总经理的，相信过两年会有。

5．希望在今年年底，通过培训之后，组建我们鸿扬真正的产业工程队伍。今后鸿扬的工人，每一个都是管到个人的，你这个施工队做这个项目，不是施工班子来做这个项目，而是哪一个功能，调哪几个木工，哪几个油工，大家都在公司来领工资，要奖励到个人，要处罚到个人。工程质量不合格，公司要罚师傅，最后谁负责，都是施工队长负责。

通过这种努力，我们希望打造我们真正与传统的制造行业相媲美的产业工程队伍。我们也不断地问自己，为什么做了几十年，没有一支属于装修行业的产业工人队伍。我们有上百家的装修公司，为什么没有真正的一家有自己的产业工人队伍，包括鸿扬。我们有没有这个能力做这个事情，是不是不自量力，但是没有办法，这是市场逼出来的，客户逼出来的，要向前走。我们思考来思考去，主要是两方面的问题：

第一个是成本压力，如果把这些工人都拉到公司来管理的话，这种管理成本要多高，工资成本要多高，这种培训的成本又要多高？这种成本我们能不能够背得起。

第二个是政策风险。你原来是劳务工，只管施工队长，说得不好听的话，他生也好死也好，有保险也好没保险也好，跟我们没关系。但是真正纳入公司的管理之后，这些问题公司都要管，政策上面，我们能不能担得起这个风险？在这次会上提出这个问题，跟同行业一起来探讨。

我相信我们家装行业走过了将近十年不平凡的道路，已经创造了一个与汽车制造业和家电制造业产值并驾齐驱的这么一个产业出来。我们解决了家装行业这么多问题，我相信我们家装行业最后的问题，也能在我们手上解决。

打造诚信家装　规范行业发展

——记宜昌市首届家装赶集会

《中国建筑装饰》编辑部　宜昌市建筑装饰协会

湖北省宜昌市，是古时诗人屈原、美女王昭君的故乡，现有举世闻名的三峡大坝，人口60万，2003年建筑业产值30亿元，家装5亿元以上。0

2004年9月17日～19日，由宜昌市建设局主办、宜昌市建筑装饰协会承办的“宜昌市首届家装赶集会”在市中心夷陵广场隆重举办，出席开幕式的有宜昌市政府副秘书长肖兴乐，市建设局总工程师吴刚、副局长李绍停，市建筑装饰协会会长肖汉光、秘书长李建新，中国建筑装饰协会信息部主任兼会刊《中国建筑装饰》主编黄白、住宅装饰装修委员会（筹）副秘书长张仁、湖北省建筑装饰协会马潇等有关方面负责人，肖兴乐、吴刚、张仁、马潇、肖汉光分别代表有关方面致辞和讲话。

本次“赶集会”通过集中展示和宣传活动，搭建起诚信家装企业和消费者之间面对面沟通的平台，激活消费者家装找正规装饰企业的意识，树立宜昌市家装企业整体品牌形象，进一步推动宜昌市家装市场的健康良性发展。“赶集会”的成功举办对满足广大老百姓的需求，改善老百姓居住条件，促进宜昌市城市建设发展做出了贡献。

本届“赶集会”主要呈现以下三个特点。

一、着眼大局，服务百姓，“赶集会”精彩纷呈

经过宜昌市建设局综合考虑，本次“家装赶集会”结合建设系统的行风评议，旨在树行业新风，创诚信品牌，宜昌市建筑装饰协会秉承为企业服好务、为百姓办实事的精神，在时间紧、人员少、资金紧、任务重的前提下认真筹备，精心组织，使赶集会整体水平达到了预期目的，收到良好的效果。

1. 精心组织，效果明显。本届家装赶集会共设50个展位，40家全市家装骨干企业参展，其中工程企业35家，材料生产厂商4家，中介公司1家。北京业之峰、东易日盛、居泰隆等外地知名品牌纷纷参展。为了使“家装赶集会”上档次，主办方将“赶集会”集中在环境优美、空气清新、人气旺盛的市中心夷陵广场，营造了良好的交易环境。针对参展企业和消费者的需求，协会对参展企业、展区布置、会期活动和宣传报道都做了充分的准备，达到了预期目的。

2. 活动内容丰富，五大亮点突出。第一大亮点：在开幕式上，40家家装企业联合首次推出“宜昌市住宅装饰装修行业自律诚信宣言”签名活动，倡导广大家装企业为消费者提供诚信服务，消费者远离“游击队”，共同推动行业健康发展，营造良好的消费环境。“人无信难立，业无信不兴”，宜昌市的家装企业手拉手，共同树立起行业诚信大旗，诚信经营，让更多的宜昌家装消费者关注家装企业、家装质量和居住质量，让全市家装行业在规范中健康发展。

第二大亮点：9月4日中国建筑装饰协会评定的优秀家装企业、示范工程、诚信企业发起单位等荣誉，宜昌市有5家企业，他们把这些奖状、奖牌摆在最显眼处，在行业自律方面起带头作用，同时极大地得升了企业的市场信誉，每家均签订意向合同50多份，

第三大亮点：开通了诚信维权直通车。展会现场设立了专门投诉电话，现场维权车随时待命，凡是接到市场有关家装方面的投诉，直通车都随时载着装饰办的执法人员到现场

处理。展会期间处理消费者投诉3起。

第四大亮点：组织了高水平的家装发展专题讲座，由李建新秘书长主持，黄白和张仁就“当前我国家装市场形势及应对策略”及“家装行业企业市场准入及清出试行要点”分别做了讲座，肖汉光强调要注意细节，与会 的30多家企业老总及20多位建校师生普遍反映，报告精彩，有些在发展中迷惑的思路豁然开朗，受益匪浅，希望协会以后能多组织此类讲座。

第五大亮点：交易活跃，促进消费。虽然开展当天天气炎热 30℃，但并没有影响到百姓的参与热情，三天“赶集会”有3万多人次到场，掀起了全市家装消费的新高潮，达成意向性协议千余个，其中现场签订合同50份、成交额200余万元。“赶集会”在营造健康的家装消费环境，活跃市场等方面还将继续发挥积极的长效作用。

二、宣传功能显现，提升装饰行业形象

“赶集会”利用政府和百姓都关注参与家装展示会的契机，大力宣传装饰市场形势、有关法律法规，引导百姓建立科学的家装消费观，协会在现场举行了家装政策法规、环保知识、高配置用电知识等宣传咨询，发放各类资料 18000余份。《宜昌日报》、《三峡晚报》、《三峡商报》、《楚天都市报》、《三峡电视台》等全市主流媒体进行了全程跟踪报道。“赶集会”前后媒体报道超过了 30 篇，全方位、多角度充分报道了“赶集会”盛况，对营造家装消费气氛，促进家装消费，发挥出了较好的舆论引导作用。“赶集会”期间还举办了“蓝姬”音乐专场演出，对活跃展会现场气氛起到了很好的作用。

三、赶集会成效显现，影响很大

一是掀起了家装消费的新高潮。“赶集会”的成功举办对家装消费起到了明显的促进作用。今年以来，宜昌市房地产市场供销两旺，交易记录全面刷新，创出了历史最好水平，从而带动了与之相关联的家装行业的发展，本次“赶集会”的举办，营造出全市家装消费找正规装饰企业的良好氛围。

二是“赶集会”对家装市场的健康发展起到了积极的引导作用。“赶集会”上云集了全市最有实力的家装企业，集中展示了企业的经营理念、设计施工水准，为企业之间加强交流和学习提供了良好的舞台和契机，对推动全市装饰行业整体水平的提高发挥了积极的作用。同时，“赶集会”还是引导科学消费的重要场所，展示的装修新型智能高科技仪器，使装修质量有了进一步的保障，受到了企业和百姓的青睐。

三是“赶集会”带动了相关产业的发展。“赶集会”吸引了部分知名饰材厂商的参与，展示了新材料、新产品、新技术和新服务，带动了饰材、家具、广告等相关行业的发展。

“宜昌家装赶集会”，在中国建筑装饰协会、宜昌市政府、市建设局等有关方面领导和社会各界的大力支持下获得了圆满成功，得到了政府、业界、企业和消费者的普遍好评，是全国对9月4日结束的全国家装发展大会——家装诚信宣言活动的第一个实质性响应，宜昌市建筑装饰协会将认真总结本次“赶集会”的经验和不足之处，按照市委市政府的要求以及百姓和企业的需求，把下一届“赶集会”办出新水平，办成宜昌市的名牌精品会展，为促进全市小康建设，满足广大百姓不断增长的消费需求发挥更大的作用。

中国建筑装饰协会黄白、张仁在宜昌期间，在肖汉光会长、李建新秘书长的推荐陪同下，还会晤了宜昌市春华装饰工程有限公司总经理朱春华、金冠装饰设计工程有限公司总经理吴丙青、名仕居装饰工程有限公司总经理周时松、创意装饰工程有限公司总经理卞于强、行政主管李亚兰、三的装饰工程有限公司总经理赵成等当地知名装饰企业家，进行了有效率的沟通。

宜昌人杰地灵，政府和业界对宜昌市建筑装饰行业大发展大提高充满信心和希望。

附录：

中国建筑装饰协会所属机构和地方建筑装饰协会一览表

	名 称	地 址	邮 编	电 话	传 真	网 址或 E-Mail	负责人	
1	本会综合部	北京市海淀区三里河路 21 号甘家口大厦南楼 10 层	100037	010-88382988/88382788	88382788		王毅强	杜桂玲
2	本会信息部 会刊《中国建筑装饰》编辑部	北京市海淀区三里河路 21 号甘家口大厦南楼 10 层	100037	010-88389178/88399179	88382788 88389180	2002cbd@sina.com.cn	黄 白	
3	本会行业发展部	北京市海淀区三里河路 21 号甘家口大厦南楼 10 层	100037	010-88389181	88382788		王本明	
4	本会国际部	北京市海淀区三里河路 21 号甘家口大厦南楼 10 层	100037	010-88389166	88382788	fsl@ccd.com.cn	樊淑玲	
5	本会质量技术部	北京市海淀区三里河路 21 号甘家口大厦南楼 10 层	100037	010-88389190	88382788		熊 翔	
6	本会培训管理部 培训中心	北京市朝阳区劲松中街 405 号 （朝阳社区服务中心四层）	100021	010-87719751/87719752	87719753	www.cbdatraining.org.cn jiaowu@cbdatrainin.org.cn	王燕鸣	
7	本会施工委员会	北京市西城区西四北二条 21 号饰博苑写字楼 B 座 4003 室	100034	010-66162770/66512147	66162770			顾国华
8	本会幕墙工程委员会	北京市宣武区陶然亭路 53 号	100054	010-83515237/83516495		lw@wall21.com	张京跃	宋协昌
9	本会信息咨询委员会	北京市西城区德胜里一区 11 号楼三层	100088	010-62063379/62063380	62362321	Http://www.ccd.com.cn ccd@ccdinfo.com	崔 勇	田万良
10	本会材料委员会	北京市海淀区阜成路 42 号中裕商务花园 18 号楼 B 座三层	100036	010-88119466/88114616		www.cbh-jj.com		华敬友
11	本会建筑电气委员会	西安市西二路 23 号万景商务中心 10 楼	710004	029-87543313	87543313	www.chinaCEEnet.com	花恒久	花恒久
12	本会设计委员会	北京市海淀区三里河路 21 号甘家口大厦南楼 10 层	100037	010-88389165	88382788			田德昌
13	本会住宅装饰装修委员会（筹）	北京市海淀区三里河路 21 号甘家口大厦南楼 10 层	100037	010-88389017	88382788		张爱宁	张 仁
14	本会厨卫工程委员会	北京市海淀区车公庄西路 10 号广建宾馆 256 室	100037	010-68333403	88382788		沈绥章	张 兵
15	本会河南培训中心	郑州市金水路 103 号附 2 号海景商务 316 室	450003	0371-6283082/6229939			王晓惠	
16	本会大连培训中心	大连市五四路 66-2 号万益大厦 505 室	116011	0411-3679081/3679082	3679082		杨昭富	
17	本会深圳培训中心	深圳市上步南路锦峰大厦 14 楼 B	518031	0755-82078238/82078768	82078768		何文祥	
18	本会西安培训中心	西安市西二路 23 号万景商务中心 10 楼	710004	029-87543313	87543313	www.chinaCEEnet.com	花恒久	
19	本会烟台培训中心	烟台市迎宾路 26 号	264001	0535-6882211-2923	6888950		丁运礼	
20	本会丹东培训中心	丹东市沿江开发 L 区房坝 70 号丹东画院	118800	0415-3128158	212609		赵仁选	于 兵
21	本会辽宁培训中心	沈阳市沈河区十三纬路 58 号有色大厦 1305 室	110014	024-22702672/22822393			李晓波	李 平
22	中华建筑报社	北京市海淀区阜成路 81 号院 2 号楼	100036	010-88118138	88111476	jzbs@public.bta.net.cn	徐 朋	邓 千
23	中国建筑装饰装修杂志社	北京市海淀区三里河路 21 号甘家口大厦南楼 8 层	100037	010-88392912-14	88392862	671002@sohu.com	徐 朋	于 冰
							理事长	**秘书长**
1	北京市建筑装饰协会	北京市西城区南礼士路 42 号	100037	010-68012297/68016279		bjzsxh@263.neg	朱希斌	西广智
2	天津市环境装饰协会	天津市河西区南京路 52 号 404 室	300042	022-23304795			毛昌五	王文焕
3	上海市装饰装修行业协会	上海市金陵东路 531 号美丽华装饰城 501 室	200021	021-63743786	63743786	www.525j.com	李洪鑫	赵 海
4	重庆市建筑装饰协会	重庆市渝中区长江一路 58 号 B1 幢 6-2、3、4 号	400014	023-63672662/63672585		cq_ccda@yahoo.com.cn	喻上沛	肖能定
5	中国人民解放军建筑装饰协会	武汉市汉口建设大道 417 号凌云科技集团	430040	027-83634852	83628170		王京玲	沙启云
6	河北省建筑装饰协会	石家庄市长丰路 4 号办公楼 3 层 315 室	050051	0311-7904077	7904201		兰英富	赵春旺
7	石家庄市装饰协会	石家庄市建设北大街 34 号市建管局	050011	0311-6975342	6975342	www.sjzezs.com www.sjzzshyw.com	刘亚东	赵秀民
8	秦皇岛市建筑装饰协会	秦皇岛市建设大街 303 号	066000	0335-3048848	3223522		景银森	赵永全
9	衡水市建筑装饰装修协会	衡水市桃城区自强街 106 号	053000	0318-7951865		hzx.hsjiaju.com	侯玉东	辛跃智

10	张家口市建筑装饰协会	张家口市汉桥街1号市建筑业协会	075000	0313-2010604				李凌宝
11	山西省建筑装饰协会	太原市建设北路235号省建委	030013	0351-3070271/3280271			史应标	赵劲彬
12	太原市建筑装饰协会	太原市金刚堰46号	030009	0351-3586797			姚吉生	杨　凯
13	大同市建筑装饰协会	大同市新建北路101号市建委办公楼四层	037008	0352-2058936/2068756	2068756		郭　荣	张广礼
14	内蒙古自治区建筑装饰协会	呼和浩特市兴安北路原5303工厂招待所	010051	0471-2305922/2305923	2305909	www.nmgzs.com	甄小兵	杨志凌
15	黑龙江省建筑装饰协会	哈尔滨市南岗区东大直街308号省建设厅	150001	0451-53679364	53679364		宋执卿	吴景阳
16	鸡西市建筑装饰协会	鸡西市中心大街68号市建委装饰办	158100	0467-2380142	2380142		王世德	付进仁
17	大庆市建筑装饰协会	黑龙江省大庆市让湖路区西宾路3-12号	163453	0459-5095766/6340811			孙东伟	龚　璞
18	吉林省建筑装饰业协会	长春市南关区民康路666号306室	130041	0431-8953844	8953844	www.jlde.com	邱久才	张文学
19	长春市建筑装饰装修协会	长春市吉顺街8号	130022	0431-8635402		www.ccbd.org msz@ccbd.org	杨洪斌	从廷才
20	延边建筑业协会装饰委员会	吉林省延吉市新兴街162号	133000	0433-2515186/2610928	2655566		宫世玉	刘　侃
21	辽宁省装饰协会	沈阳市沈河区十三纬路58号中国有色大厦1305室	110005	024-22702672/22822393	22702672	www.lnjzzs.cn	杨帅邦	田　平
22	沈阳市建筑装饰协会	沈阳市沈河区热闹路8号甲市建委装饰业管理办	110014	024-22930510/22933530	22933530		侯　俊	丁玉松
23	大连市建筑装饰行业协会	大连市五四路66-2号万益大厦505室	116011	0411-83679081/83679082	83679082	sunpu@dlbuilding.com	魏作全	孙　普
24	丹东市建筑装饰协会	丹东市沿江开发L区房坝70号丹东画院	118800	0415-2168801			许传林	赵仁选
25	铁岭市装饰协会	铁岭市银州区市府路10号市建委装饰办	112000	0410-4854266			赵福祥	谢树清
26	山东省建筑装饰协会	济南市朝山街42号省建管局装饰装修处	250011	0531-6162185	6162185		程源明	刘玉涛
27	济南装饰协会	济南市历下区山大南路64号市建管局一楼113房间	250013	0531-6401877	6401877	zsxh@sohu.com	赵世忠	王培良
28	青岛市建筑装饰协会	青岛市延安三路133号市建委	266071	0532-3868211-3177	3898849		卢举林	林纪国
29	泰安市装饰装修行业协会	泰安市东岳大街40号市建委装饰装修管理处	271000	0538-8252988	8252988		张广银	陈建英
30	潍坊市装饰装修协会	潍坊市东风东街251号市建设局装饰装修管理办公室	261041	0536-8217997	8221087		陈爱文	徐小朋
31	江苏省装饰装修行业协会	南京市三元巷7号建筑大厦省建管局607～608室	210005	025-84208718	84202752		毛家泉	朱志明
32	南京市装饰行业协会	南京市白下区解放路40号201室	210016	025-84623831/84624947	84623831	ZS99@163.com	朱炳生	孙建设
33	扬州市装饰行业协会	扬州市梅岭东路20号	225002	0514-7368441	7330822		陈秋铭	陈毓秀
34	常州建筑装饰协会	常州市延陵西路杨柳巷26号四楼	213003	0519-6600170	6600170		何亚光	吴继周
35	无锡市装饰装修行业协会	无锡市汉昌路2号9楼	214005	0510-2327265	2306848		彭杏林	朱镇修
36	苏州市装修装饰行业协会	苏州市竹辉路养蚕里建设工程有形市场4F409～410室	215007	0512-65185782/65187570	65187981	www.szdg.com	孔全林	孔全林
37	徐州市装饰装修行业协会	徐州市三环东路2号升辉装饰城B1楼二层西首	221004	0516-3908125/3568838			张俊生	严孝友
38	镇江市建筑装饰协会	镇江市正东路131号市建设局六楼	212003	0511-4427677			邓学才	沈殿祥
39	江都市建筑装饰协会	江都市舜天路建工大厦	225202	0514-6977187	6977158		王　健	雷锋太
40	淮安市建筑装饰协会	淮安市北京北路112号建设大厦7007室	223001	0517-3650990	36622343		鲁国本	佘明龙
41	南通市装饰装修行业协会	南通市虹桥东村13幢附6号	116006	0513-3515171/3531300			戴建彬	王广荫
42	连云港市装饰装修行业协会	连云港市新浦通灌南路69号市建设局装饰管理办	222002	0518-5412076			徐维宏	梁　刚
43	宿迁市建筑装饰协会	宿迁市经济开发区世纪大道350号	223800	0527-4381910	4363129		徐业愚	王朝晖
44	安徽省建筑装饰协会	合肥市桐城路22号五楼（桐城路菜场对面）	230022	0551-2886523/2873845	2886523		王金平	陈幼年
45	合肥市建筑装饰协会	合肥市阜南路56号市建管局建筑装饰装修管理处	230001	0551-2643749	2653510		谢发明	罗伟民
46	浙江省建筑装饰行业协会	杭州市天目山路18号2楼	310007	0571-88800759	88800762	www.zsol.com.cn	董宜君	陈孟坡
47	杭州市建筑装饰协会	杭州市浣沙路347号6楼	310006	0571-87011350/87035965	87011350		陆乔秀	楼志武
48	温州市建筑装饰行业协会	温州市飞霞南路210号建设大楼14楼	325027	0577-88821015/88810332	88810332		周锦云	戴本松
49	金华市装饰装修协会	金华市八一南街百家居三楼	321017	0579-2477868/2477866	2477802	www.zzjj.net		曹有余
50	湖南省建筑装饰协会	长沙市解放中路92号	410011	0731-2239647			匡彦博	唐道明

51	长沙市房屋装饰装修行业协会	长沙市蔡锷中路五家井附58号市房管局	410005	0731-4415857	4415875		罗伯云	曾庆丰
52	株洲市建筑装饰协会	株洲市天元区滨江路1号（市建设局）	412000	0733-2870066	2870088		肖和卿	谭玉兰
53	江西省装饰行业协会	南昌市省政府大院省建设厅	330046	0791-6235376	6283409	13913907915808Vip@163.com	王儒明	章雪儿
54	南昌市装饰行业协会	南昌市仿古街91号东方大厦7楼B座	330008	0791-6738578			徐建中	吴光兴
55	福建省装饰装修行业协会	福州市华林路100号茶叶大楼8层802室	350003	0591-7806346	7806346	www.fjzs.org	钟昌辉	赖桂华
56	福州市建筑装饰协会	福州市东水路88号闽发大厦十层06室	350011	0591-87538672		www.fzzs.com.cn	林上成	曾建萍
57	厦门市建筑装饰协会	厦门市禾祥西路68号光华大厦18F	361004	0592-2203725/2229531	2229521		朱奖怀	洪乃命
58	莆田市建筑装饰协会	莆田市学园路333号市建设局	351100	0594-2692210/2362966	2656898		林其周	郑俊喜
59	河南省建筑装饰协会	洛阳市涧西区南昌路申泰大厦903号	471003	0379-4616766	4616638		洪　赢	王晓惠
60	洛阳市建筑装饰协会	洛阳市凯旋西路29号建设大厦14楼	471009	0379-3268315	3267985		陈士倩	赵安敏
61	开封市建筑装饰协会	开封市迎宾路1号市建委	475000	0378-3932118				李东阳
62	鹤壁市建筑装饰协会	鹤壁市奔流街1号市建委	458000	0381-2226302			田耕余	徐从友
63	焦作市建筑装饰协会	焦作市南环路建设大街市建委	454151	0391-2923687				任胜利
64	湖北省建筑装饰协会	武昌中南路14号省建设厅四楼	430071	027-68873362			傅梦飞	张兆鹏
65	武汉建筑装饰协会	武汉市江汉区新华西路马场角小路36号华西公寓C栋4单元201、202室	430015	027-85880105/85883041	85871926		彭国云	郭　伟
66	宜昌建筑装饰协会	宜昌市夷陵大道41号	443000	0717-6465728/ 6446597	8602738	www.yccd.net	肖汉光	李建新
67	广东省装饰行业协会	广州市先烈中路100号广东省科学院58号楼十楼	510070	020-83505321		www.GD-DA.com		陈书全
68	广东省建筑业协会 建筑装修装饰行业管理部	广州市越华路116号大院省煤炭大楼十楼	510030	020-83198305	83198305		陈冈陵	黄　莉
69	广州市建筑装饰协会	广州市解放北路657号三楼	510180	020-83341578	83326652	www.020.com.cn	许和铁	易自华
70	深圳市装饰行业协会	深圳市上步南路锦峰大厦14楼B	518031	0755-82078238/82078768	82078768	www.szzs.com	何文祥	冯贵兰
71	佛山市顺德区建筑装饰协会	顺德大良新城区德民路行政服务中心西座二楼	528333	0765-22836780/2836696	2836647		李碧辉	陈栋玮
72	东莞市建筑装饰协会	东莞市新兴北路新兴装饰材料城四楼	523000	0769-2650315	2697446		刘应逢	赵家粱
73	汕头市装饰协会	汕头市龙湖区榕江路金华大厦六楼	515041	0754-8469294	8940304	xin@houseABC.com	陈展群	辛　忠
74	揭阳市建筑装饰协会	揭阳市建阳路市地税局对面	522031	0663-8214291	8214291		何耀金	
75	海南省建筑装饰协会	海口市海府路59号省建设厅建筑业处	570004	0898-5330433/5334066	5342504		吴乾武	潘文雄
76	广西建筑装饰协会	南宁市鲤湾路10号柳沙大厦11楼	530022	0771-5840413/5840331	2814832		张家炳	庞　云
77	四川省建筑装饰协会	成都市人民南路四段36号省建委	610041	028-85580042	85580042		杨乾芳	陈建文
78	成都市建筑装饰协会	成都市东城根上街78号建设大厦3楼	610015	028-86643697/86273832	86643697		曾　进	刘　东
79	绵阳市建筑装饰协会	绵阳市涪城路76号	621000	0816--2232021	2230905		石风珍	姜玉平
80	贵州省建筑装饰协会	贵阳市延安西路1号省建设厅内6楼	550003	0851-5952925			罗醒民	钟建华
81	遵义市装饰协会	贵州省遵义市法院街大井坎5号市建设局装璜所	563000	0852-8255867	8260230		周江华	陆大勇
82	安顺市建筑装饰协会	贵州省安顺市客车西站新二建材市场二楼	561000	0853-3344115			刘朝梁	杨通奎
83	云南省建筑装饰行业协会	昆明市西昌路129号五楼	650032	0871-4102038/4162691	4162691		朱保荣	朱保荣
84	昆明市装饰行业协会	昆明市北区万华路193号家装市场质检站	650000	0871-6668066	5725765			刘海华
85	青海省建筑装饰协会	西宁市五四大街5号省建设厅后五楼	810001	0971-6150345	6145781		魏贤清	卢世玉
86	宁夏建筑装饰协会	银川市文化西街7号自治区建设厅建管处	750001	0951-6411154/5019460			史是伟	王东河
87	陕西省建筑装饰协会	西安市东新街486号新城国际A座一层D户	710004	029-87449694	87449694		孔祥清	王卫国
88	西安建筑装饰装修业协会	西安市西二路23号万景花园D楼207	710003	029-87447325/87458726			王发起	王春宏
89	甘肃省建筑装饰协会	兰州市城关区静宁路305号建设大厦13楼	730002	0931-8477642	8477652	www.gsjs.com.cn	韩学政	朱元华
90	乌鲁木齐市建筑装饰协会	乌鲁木齐市新民西街88号市建委	830002	0991-4605533	4619200		克依木木胡提	陈　果